제16판

형 법 학

[선택형 문제해설]

이 재 상
강 동 범
정 현 미

신 조 사

제16판 머 리 말

「형법학」 제16판이 예년에 비해 늦게 출간되었다. 선택형 문제해설집인 「형법학」이 사법시험을 준비하고 있는 법과대학 학생들뿐만 아니라 법학전문대학원 학생들이 변호사시험을 준비하고, 대학에서 형법이론을 정확하게 이해하려는 학생들에게도 널리 이용됨에 따라, 그 내용을 정비하고 보완하여 선택형 문제의 준비에 지나친 부담을 주지 않게 하려다 보니 예상보다 시간이 더 소요되었기 때문이다. 「형법학」 제16판도 강동범 교수와 정현미 교수가 중심이 되이 내용을 수정하고 보완하였다. 제15펀과 마찬가지로 정현미 교수가 총론, 강동범 교수가 각론을 담당하였다.

「형법학」 제16판은 제15판을 기초로 하면서 다음의 몇 가지에 중점을 두고 그 내용을 수정 · 보완하였다.

첫째, 형법개정 내용을 반영하였다. 2012.12.18. 공포되어 2013.6.19.자로 시행된 성폭력범죄의 대폭적인 개정과 2013.4.5. 공포 · 시행된 인신매매죄 등의 신설을 반영하여 관련문제를 새로 만들거나 수정하였다.

둘째, 문제와 판례를 과감하게 정리하였다. 수록 문제 중 금년에 출제된 지문과 중복되는 지문을 삭제하고 통합함은 물론, 관련판례를 가능한 한 해설에 편입함으로써 「형법학」이 지나치게 두꺼워져서 학생들에게 과중한 부담을 주는 것을 피하려고 하였다. 그 대신 2013년에 시행된 사법시험과 변호사시험의 출제문제를 모두 수록하였으며, 법원행시의 기출문제 중 중요한 문제는 추가로 수록하였다.

셋째, 2013년 6월까지의 중요 대법원판결을 수록하였다. 횡령죄의 불가벌적 사후행위의 범위에 관한 대법원 2013.2.21, 2010도10500 전원합의체판결, 혼인관계가 실질적으로 유지되고 있는 경우에도 강간죄가 성립한다는 대법원 2013.5.16, 2012도14788 전원합의체판결, 미성년 자녀의 부모 일방이 평온하게 그 자녀를 데리고 다른 곳으로 옮겨 갔다고 하더라도 미성년자에 대한 약취죄가 성립하지 않는다는 대법원 2013.6.20, 2010도14328 전원합의체판결, 소비자불매운동 과정에서 이루어진 신문광고 중단 등의 요구가 강요죄나 공갈죄의 수단인 협박에 해당한다고 본 대법원 2013.4.11, 2010도13774 판결 및 소비자불매운동이 위력에 의한 업무방해죄를 구성하는지에 관한 대법원 2013.3.14, 2010도410 판결 등이 그 대표적인 것이다.

앞으로도 저자들은 「형법학」을 더욱더 보완·발전해 나갈 것을 약속하는 바이다.

이제 「형법학」 제16판을 만드는데 저자들을 도와준 여러분에게 고마움의 뜻을 기록하고자 한다. 이 책의 교정은 이화여자대학교 대학원 박사과정에 재학 중인 임이랑 법학석사가 맡아 주었다. 지금 법학박사 학위논문의 준비에 전념하고 있는 임이랑 법학석사는 제14판, 제13판, 제12판 및 제11판의 교정도 해 주었다. 또한 이 기회에 제10판 이후에 이 책의 교정을 담당했던 여러분의 노력을 새겨두고자 한다. 이화여자대학교 법과대학 강사인 이강민 법학박사는 이 책의 제15판, 제14판, 제13판, 제11판 및 제10판의 교정을 맡아 주었으며, 같은 대학 대학원 박사과정에 재학 중인 차유경 법학석사 및 석사과정에 재학 중인 강선영 법학사가 제15판을 위해 수고하였다. 이들 이외에도 이화여자대학교 법과대학에 강사로 있는 이희경 법학박사가 제12판과 제10판, 한국형사정책연구원에서 연구원으로 근무하고 있는 윤지영 법학박사가 제12판, 제11판 및 제10판을 교정을 담당하였다. 이들의 노고를 다시 한 번 치하하면서 학문적인 발전을 기대하는 바이다.

끝으로 매년 「형법학」의 신판을 제작하여 주신 신조사 이명재 사장님과 이종은 부장님, 편집과 제작을 담당하신 송일근 주간님에게도 깊이 감사드린다.

2013년 8월

이화여자대학교 법학전문대학원 연구실에서

이재상 · 강동범 · 정현미

제9판 머리말

「형법학」은 제9판부터 이화여자대학교 법과대학의 강동범 교수 및 정현미 교수와 공저로 발간하기로 하였다. 강동범 교수와 정현미 교수는 이미 형법학계에서 활발한 연구활동을 전개하고 있는 중견 형법학자들이다. 두 분의 힘을 빌려, 두 분과 함께 형법학을 고치고 보완해 나가는 것이 이 책의 내용을 보다 풍부하고 체계적인 것으로 만들어 이 책에 생명을 불어넣는 데 크게 도움이 될 것으로 생각한다.

「형법학」 제9판은 지금까지의 제8판의 내용을 기초로 하면서, 그 내용을 보충하고 정비하였다. 제9판의 특색은 다음과 같다.

첫째, 2006년 초까지 있었던 제48회 사법시험과 제23회 법원행시의 기출문제를 수록하였다. 제48회 사법시험 문제는 특별한 사정이 없는 한 모두 수록하기로 하였다. 2005년도 일본 사법시험 문제 가운데 참고가 될 만한 문제도 골라 싣기로 하였다.

둘째, 2006년 5월까지 선고된 형법에 관련된 중요한 대법원판결을 모두 소개하였다. 이를 위하여 새로운 판례를 기초로 한 새 문제를 만들거나, 기존문제의 지문을 바꾸고 참고판례에 이를 소개하는 방법을 택하였다. 「형법학」에 관련된 대법원의 중요판례나 새 판례를 이 책을 통하여 이해할 수 있었으면 하는 바람이었다.

셋째, 「형법학」 제8판의 체계를 대폭 정비하였다. 중복되는 문제나 지문을 정비하여 책을 다시 읽는 경우에도 지루함을 느끼지 않도록 했으며, 사법시험의 경향에 따라 박스형 문제를 보강하였다. 문제의 순서를 이론의 체계에 따라 바로잡았으며, 일본 사법시험의 기출문제는 각 절의 뒤로 돌려 필요한 학생들만 참고하도록 하였다. 일본 사법시험 기출문제는 좋은 문제도 있지만, 우리 사법시험 문제보다는 많은 시간을 필요로 하는 문제이기 때문에 관심과 여유가 있는 학생들이 외국의 사법시험 문제로 참고하면 족하다고 판단되었기 때문이다.

앞으로 강동범 교수 및 정현미 교수와 함께 이 책을 더욱 정비·보완하고 발전시켜 나갈 것을 약속하는 바이다.

이제 이 책을 만드는 과정에 저자들을 도와준 분들에게 고마움의 뜻을 적고자 한다. 정현미 교수는 제6판에서 제8판에 이르기까지 이미 기출문제의 정리와 신경향 문제의 출제를 통하여 이 책과 인연을 맺고 있었다. 이 책의 교정은 이화여자대학교 대학원 박사과정을 수료한 이화여자대학교 법과대학의 김구슬 강사와 대학원에서 형법을 연구하고 있는 박사과정의 윤지영 법학석사, 석사과정의 김정연 법학사가 맡아 주었다. 김구슬 강사는 본인의 연구조교를 맡고 법학박사 학위논문을 준비하면서도 제7판부터 이 책의 교정을 보아 주었다. 이들의 헌신적인 도움으로 이 책의 출간이 가능하였다고 생각한다. 이 기회에 제2판부터 제8판에 이르기까지 저자를 도와준 여러분의 노고를 다시 한번 기록하고자 한다. 제8판의 교정은 이화여자대학교 박사과정의 이강민 법학석사, 제7판과 제5판의 교정은 이원경 법학석사, 제6판과 제5판의 교정은 이희경 법학석사와 이주경 법학사, 제3판은 임소정 법학석사, 제2판의 교정은 이희경, 우승아, 윤경아 법학석사들이 담당하였다. 제2판의 출간시에 판례와 문제정리를 도와준 양종관 변호사와 서정욱 변호사에게도 감사를 전한다.

끝으로 매년 「형법학」의 신판을 출간하게 해주신 신조사의 이명재 사장님과 이 책의 편집과 제작을 위해 애써 주신 이종운 주간님께도 다시 한번 감사드린다.

2006년 6월 15일
저자들을 대표하여
이 새 상

머 리 말

사법시험 1차시험에서 기본법의 비중이 커지고 각종 승진 또는 채용 시험에서 객관식 평가가 행해지면서 형법에 있어서도 객관식 문제의 중요성이 점차 강조된다고 할 수 있다. 저자의 교과서로 형법을 공부하는 학생들이 교과서와 함께 객관식 문제를 풀어보면서 교과서를 쉽게 이해할 수 있고 각종 시험에 효과적으로 대비할 수 있다는 생각이 들면서 객관식 문제집을 만들어 달라는 학생들의 요구를 따르기 위하여 이미 만들어 두었기나 출제된 문제들을 정리해 보기로 했다. 더욱이 형법개정법률이 통과되어 개정법률이 시행되는 이상 개정법률에 기초한 이론과 문제의 해설이 필요하게 되었다. 이 책이 수험생들의 객관식 문제 준비뿐만 아니라 형법교과서나 형법이론의 이해에 조금이라도 도움이 되었으면 하는 마음 간절하다.

이 책을 펴냄에 있어서는 다음의 몇 가지 점에 중점을 두었다.

첫째, 객관식 문제도 형법이론에 바탕을 두고 만들어지는 것이기 때문에 객관식 문제를 준비하는 데 있어서도 교과서를 읽고 이해하는 것이 절실히 필요하다. 따라서 이 책에서는 교과서의 이론을 정리하여 요약해 둠으로써 문제를 푸는 기초를 제공하면서 동시에 주관식 문제도 대비할 수 있게 하였다.

둘째, 본인의 교과서를 보는 학생들이 쉽게 볼 수 있게 하기 위하여 교과서의 체계와 순서를 그대로 따랐다. 학생들이 교과서의 어느 부분을 읽고 그 부분에 해당하는 문제를 풀어보면 객관식 문제를 쉽게 풀 수 있을 뿐만 아니라 교과서의 이해에도 도움이 될 것이다. 객관식 문제를 푸는 것은 형법이론의 정확한 이해가 없으면 불가능하기 때문이다.

셋째, 객관식 문제를 풀면서 답을 찾는 데 중점을 둘 때에는 한번 문제를 푼 후에는 특별히 도움이 되지 않으므로 각개의 문항을 읽으면서 그것이 문제의 정답에 해당하지 않는 이유를 분명히 밝혀야 한다. 이를 위하여 이 책에서는 문제를 가능한 한 상세히 해설하도록 하였다.

넷째, 기출문제를 가능한 한 많이 수록하도록 하였다. 기출문제는 지금까지 만들 수 있는 좋은 문제를 선택한 것이기 때문에 문제 자체로서의 가치가 있고, 문제에 따라서는 같은 문제가 여러 번 출제되는 경우도 있기 때문이다.

다섯째, 판례의 경향에 관심을 갖도록 하기 위하여 판례를 소개하거나 판례를 기초로 한 문제를 실으려고 하였다. 다만, 판례문제를 만들기 위하여 지나치게 기교적인 문제를 만드는 것은 삼가하였다.

이 책을 출판함에 있어서 본인을 도와준 몇 사람에게 고마움의 뜻을 전하고자 한다. 먼저 전주지방법원의 서현무 판사와 사법연수원에 재학중인 양종관 군이 교과서의 요약과 문제의 정리와 해설을 도와주었다. 서현무 판사와 양종관 군은 경희대학교 법과대학을 졸업하고 사법시험에 합격한 후 법조인의 길을 가고 있는 이들이다. 바쁜 시간을 나누어 이 책을 만들고 정리하는 데 저자에게 지식과 경험을 빌려주었다. 이 두 분의 도움이 없었으면 이 책을 만드는 것이 불가능했을 것이다. 끝으로 이 책을 제작해 주신 신조사의 이명재 사장님에게도 깊이 감사드린다.

1996년 4월 30일

저 자

차 례

총 론

제1편 서 론

제2편 범 죄 론

제3편 형 벌 론

각 론

제1편 개인적 법익에 대한 죄

제2편 사회적 법익에 대한 죄

제3편 국가적 법익에 대한 죄

總　論

제1편 서론/ 제2편 범죄론(구성요건-위법성-책임론-미수론-공범론-죄수론)/ 제3편 형벌론

제1편 서　　론

서 론

제 1 절 형법의 기본개념

1. 형법의 개념에 대한 설명으로 옳지 않은 것만 모두 조합한 것은?

㉠ 형법은 범죄와 형벌 또는 보안처분의 관계를 규정한 법규범의 총체이다.
㉡ 협의의 형법이란 1953년 9월 18일에 공포된 현행형법을 말한다.
㉢ 형법전 이외에 특별형법과 행정형법을 포함한 것이 광의의 형법이다.
㉣ 형법에 명문으로 정해져 있는 규정 중에서 직접 형벌과 관계없는 규정을 실질적 의미의 형법이라고 한다.
㉤ 형식적 의미의 형법은 범죄에 대한 법률효과로서 보안처분을 인정하지 않는다.
㉥ 형법학은 광의의 형법을 연구의 대상으로 한다.

① ㉢ ② ㉣ ③ ㉤
④ ㉢ ㉣ ⑤ ㉣ ㉤ ⑥ ㉤ ㉥

해설

㉣(×) 실질적 의미의 형법이란 범죄와 형사제재를 규정한 모든 규정을 말하며, 형법전에 있지만 범죄나 형벌과 관계없는 규정은 형식적 의미의 형법이 된다. ㉤(×) 형식적 의미의 형법이란 협의의 형법인 형법전을 말한다. 현행형법은 보호관찰, 사회봉사 · 수강명령(제59조의2, 제62조의2)의 보안처분을 규정하고 있다. 〈답 ⑤〉

2. 현대 형법의 전개양상과 거리가 먼 것만의 조합은?

㉠ 컴퓨터범죄에 대한 대책 고려
㉡ 피해자의 배제
㉢ 위험형법에 의한 형법적 대책의 강화
㉣ 예방기능의 강조
㉤ 형식적 의미의 죄형법정주의의 강조
㉥ 형사제재의 다양화
㉦ 원상회복 등 회복적 사법의 배제

① ㉡ ㉢ ② ㉡ ㉣ ③ ㉣ ㉦

④ ㉡ ㉤ ㉦　　⑤ ㉢ ㉣ ㉤　　⑥ ㉣ ㉤ ㉥

해설

환경범죄와 컴퓨터범죄 등 경제범죄에 대한 대책은 현대 형법학의 핵심과제이다. 위험형법에 의한 형법적 대책의 강화, 예방기능의 강조 및 사회봉사명령 등의 형사제재의 다양화는 현대 형법학에서 새로운 쟁점으로 등장하는 문제들이다. ㉡(×) 현대 형법에서는 피해자에 대한 고려가 강화되고 있다. ㉤(×) 현대에는 형식적 의미의 죄형법정주의보다는 그 내용이 실질적 정의에 합치하는 '적정한 법률 없으면 범죄 없고 형벌 없다'는 실질적 의미의 죄형법정주의가 강조된다. ㉦(×) 원상회복, 가해자 · 피해자 화해 등 회복적 사법제도의 도입은 형법학에서 최근 새로운 관심영역으로 부상되고 있다. 〈답 ④〉

3. 형법의 기능에 관한 설명 중 옳은 것은? <사시 2007년: 배점 2>

① 만일 형법이 '건전한 국민감정에 반하는 행위는 … 으로 처벌한다'라고 규정한다면 이로써 형법의 법익보호적 기능이 심각하게 손상당하게 된다.

② '강자(연방검찰)와 약자(피고인)간의 재판을 할 때 어느 쪽에도 기울지 않겠다고 한 재판은 지금 생각해 보면 강자 측에 기운 재판이었고, 약자 측에 조금 기울었다고 생각하며 한 재판은 지금 생각해 보면 오히려 중립적이었음을 알게 되었다'는 어느 미국 연방대법관의 고백은 피고인의 인권보장보다는 일반인 보호의 상대적 우위를 인정해야 함을 강조한 것이다.

③ '법은 도덕의 최소한이며, 형법은 도덕의 등뼈이다'라는 표현과 관련된 형법의 기능은 불법관(不法觀)에 있어서 결과반가치론으로 등장한다.

④ '국가형벌의 과제는 규범승인훈련에 따른 일반예방에 있다'는 주장은 형법의 소극적 일반예방기능과 관련된 것으로 단순한 규범승인훈련은 반사회윤리적 수단에 의해서도 추구될 수 있다는 비판이 제기된다.

⑤ 위험형법은 위험사회에서 등장한 새로운 위험에 적극적으로 대처함으로써 인간의 공동생활을 보호하는 사회보호적 기능을 충실히 수행할 수 있다.

해설

①(×) 형법의 기능을 법익보호적 기능, 보장적 기능 및 사회보호적 기능으로 나눈다면 지문은 보장적 기능에 해당한다. '건전한 국민의 감정에 반하는 행위'를 처벌한다면 적용범위가 지나치게 불명확하여 자의적 법적용의 위험이 있어 형법의 보장적 기능을 다할 수 없게 된다.
②(×) 피고인의 인권보장의 중요성을 시사한 것으로 처벌을 통한 사회보호나 일반인의 보호를 강조하기보다 오히려 피고인의 인권보장에 상대적 우위를 둔 것으로 볼 수 있다.
③(×) 형법은 도덕의 등뼈로서 도덕적 가치를 보호하는 기능을 한다는 의미는 형법의 사회윤리적 행위가치의 보호기능을 설명한 것이며, 그러한 측면을 고려한 관점은 불법론에서 불법의 핵심이 행위반가치에 있다는 행위반가치론과 연결된다.

④(×) 규범승인훈련에 따른 일반예방이란 적극적 일반예방의 기능과 관련된다고 볼 수 있다. 적극적 일반예방이란 형벌부과를 통해 일반인이 형법의 규범력을 확인하고 법을 준수하려는 생각을 적극적으로 갖게 됨으로써 범죄가 예방되고 형법이 추구하는 가치가 공고히 된다는 것이다.
⑤(○) 위험사회란 과학기술과 경제의 발전에 따른 핵에너지, 유전공학 등 도처에 위험이 존재하는 오늘날의 사회를 일컫는데, 위험형법은 그러한 위험사회에서 사회안전을 위한 사전적 예방수단으로서의 사회보호적 역할을 수행할 수 있다. 〈답 ⑤〉

4. 비범죄화이론(decriminalization)에 관한 기술로 옳지 않은 것은?

① 법과 윤리는 구별되어야 한다는 전제하에 법익침해성이 없는 행위는 비범죄화해야 한다는 이론이다.
② 법익침해성을 갖는 행위라 할지라도 형벌 이외의 수단으로 질서유지가 가능하다면 형사제재는 철회되어야 한다고 본다.
③ 형법의 기능 중 보충성의 원칙과 관련되는 이론이다.
④ 사회질서를 유지하고 보호하는 형법의 사회보호적 기능이 강화를 가져온다.
⑤ 이 이론에 따르면 형사입법에서나 형법해석상 범죄의 축소현상이 생긴다.

해설

④ 비범죄화이론은 형법의 기능을 사회존립에 불가결한 사회적 기능의 보호에 제한해야 한다는 주장으로 반드시 사회보호적 기능의 강화를 가져오는 것은 아니다. 〈답 ④〉

제 2 절 죄형법정주의

1. 죄형법정주의와 관계없는 것만 모두 모은 것은?

a. 공리주의사상	b. 권력분립사상	c. 법치국가사상
d. 자유주의사상	e. 특별예방사상	f. 신의성실의 원칙
g. 적정성의 원칙	h. 일사부재리의 원칙	

① a d ② d e ③ f h
④ d e f ⑤ e f h ⑥ f g h

해설

죄형법정주의의 사상적 배경은 권력분립사상과 자유주의사상이라고 할 수 있다. 또한 죄형법정주의는 국가권력의 자의적 행사를 규제함으로써 국민의 자유와 권리를 보장한다는 측면에서 법치국가사상과 연관된다. 공리주의도 형벌은 고통을 통하여 최소한도의 범죄 억제력을 발휘하면 된다고 함으로써 형벌의 야만성과 포악성을 비난한다는 점에서 죄형법정주의와 무관한 것은 아니다. 적정성의 원칙은 실질적 정의의 원칙으로서 현대 죄형법정주의의 내용이다.

이에 반하여 e(×) 특별예방사상은 범죄인의 개선에 중점을 둔 형벌이론으로서 죄형법정주의와는 아무런 관련을 가질 수 없다. f(×) 신의성실의 원칙이나, h(×) 일사부재리의 원칙도 죄형법정주의와 무관하다. 〈답 ⑤〉

2. 죄형법정주의에 대한 설명으로 옳은 것을 모두 고르면? (다툼이 있는 경우에는 판례에 의함)

a. 죄형법정주의는 형법의 보장적 기능보다 보호적 기능의 실현과 관계가 있다.
b. 신법이 경한 경우에 법률로 경한 신법의 적용을 배제하는 특별규정을 두는 것은 소급효금지의 원칙에 반한다.
c. 소년인 때에 범죄를 범한 자가 재판 중에 성인이 되면 통상의 형을 과하는 법률을 제정하는 것은 죄형법정주의에 반한다.
d. 구 정보통신망이용촉진및정보보호등에관한법률 제65조 1항 3호에서 규정하는 "불안감"이란 구성요건요소는 죄형법정주의 및 여기에서 파생된 명확성의 원칙에 반한다.
e. 위법성조각사유 등과 같이 피고인에게 유리한 규정을 제한적으로 유추하는 것은 유추해석금지의 원칙에 반한다는 것이 판례의 입장이다.
f. 형법 제184조 수리방해죄의 수리권의 근거를 관습에서 구하는 것은 죄형법정주의에 반하지 아니한다.

① b ② d ③ b c ④ c e
⑤ e f ⑥ b d e ⑦ b e f ⑧ b d e f

해설

a(×) 죄형법정주의는 자의적인 국가형벌권으로부터 국민의 자유와 권리를 보장하는 보장적 기능과 관계가 있다.
b(×) 형법 제1조 2항 및 제8조에 의하면 범죄 후 법률의 변경에 의하여 형이 구법보다 경한 때에는 신법에 의한다고 규정하고 있으나 신법에 경과규정을 두어 이러한 신법의 적용을 배제하는 것도 허용되는 것으로서, 형을 종전보다 가볍게 형벌법규를 개정하면서 그 부칙으로 개정된 법의 시행 전의 범죄에 대하여 종전의 형벌법규를 적용한다고 규정한다 하여 헌법상의 형벌불소급의 원칙이나 신법우선주의에 반한다고 할 수 없다(대법원 1999.7.9, 99도1695).
c(×) 소급효금지의 원칙은 사후입법에 의한 법률의 소급효를 금지하는 것이므로 죄를 범한 소년이 성인이 된 경우에 통상의 형을 과하는 것은 사후입법에 의한 처벌이라고 할 수 없으므로 죄형법정주의에 반하지 아니한다.
d(×) 구 정보통신망이용촉진및정보보호등에관한법률(2007.1.26. 개정 전의 법률) 제65조 1항 3호에서 규정하는 "불안감"은 평가적 · 정서적 판단을 요하는 규범적 구성요건요소이고, "불안감"이란 개념이 사전적으로 "마음이 편하지 아니하고 조마조마한 느낌"이라고 풀이되고 있어 이를 불명확하다고 볼 수는 없으므로, 위 규정 자체가 죄형법정주의

및 여기에서 파생된 명확성의 원칙에 반한다고 볼 수 없다(대법원 2008.12.24, 2008도9581).

e(○) 유추해석의 금지는 피고인에게 불이익한 유추해석을 금지하는 것이므로 피고인에게 유리한 규정을 제한적으로 유추적용하는 것은 유추해석금지의 원칙에 반한다(대법원 1997.3.20, 96도1167 전원합의체).

f(○) 관습법도 간접적으로 형법해석의 자료가 된다. 예컨대, 수리방해죄(제184조)의 전제인 수리권의 인정 여부, 부진정부작위범의 보증인지위, 원인에 있어서 자유로운 행위에 대한 책임의 근거, 배임죄에 있어서 타인의 사무처리의 근거는 물론 위법성 판단에 있어서도 관습법은 중요한 해석자료가 된다. 〈답 ⑤〉

3. 법률주의가 백지형법을 금지하는 것은 아니다. 다만 판례는 법률이 금지되는 행위의 대강을 규정하고 위임 내지 수권의 범위가 법률에 규정되어 있을 것을 요한다고 한다. 그런 의미에서 죄형법정주의에 반하는 내용을 담고 있는 것은 몇 개인가? (다툼이 있는 경우에는 대법원 또는 헌법재판소의 판례에 의함)

㉠ 구 도로교통법 시행령(2006.5.30. 개정 전의 법률) 제49조 1항에서 글을 알지 못하는 사람으로서 필기시험이 곤란하다고 인정되는 사람은 구술시험으로 필기시험을 갈음할 수 있도록 규정하고 있는데, 위임에 따라 제정된 자동차운전면허 사무처리지침에서 "글을 알지 못하는 사람이라 함은 초등학교 중퇴 이하의 학력자로서 글을 전혀 읽지 못하거나 잘 읽을 수 없는 사람을 말한다"고 규정하였다.

㉡ 유해화학물질관리법 제43조 1항(구법 제35조 1항)이 흥분·환각 또는 마취의 작용을 일으키는 유해화학물질로서 대통령령이 정하는 물질(환각물질)을 섭취·흡입하는 것을 금지하면서, 동법 시행령 제26조(개정 전 제22조)는 환각물질이란 i) 톨루엔, 초산에틸 또는 메틸알콜, ii) 신나, 접착제 및 도료, iii) 부탄가스를 말한다고 규정하였다.

㉢ 약사법(1994.1.7. 개정 전의 법률) 제77조는 '약국을 관리하는 약사 또는 한약사는 보건복지부령으로 정하는 약국관리에 필요한 사항을 준수하여야 한다'는 같은 법 제19조 4항의 규정위반자를 200만원 이하의 벌금에 처하였다.

㉣ 청소년보호법 제10조 1항은 청소년유해매체물의 결정기준으로서 청소년에게 성적인 욕구를 자극하는 선정적이거나 음란한 것, 포악성이나 범죄의 충동을 일으킬 수 있는 것 등을 규정하고 행정기관인 청소년위원회에 위임하여 청소년유해매체물을 결정하도록 하고, 그 결정된 매체물을 청소년에게 판매하는 경우 형사처벌하고 있다.

㉤ 총포·도검·화약류등단속법(2003.7.29. 개정 전의 법률) 제2조 1항은 총포의 개념에 관하여 일정한 총을 나열하면서 그 이외에 '금속성 탄알이나 가스 등을 쏠 수 있는 장약총포와 공기총 중에서 대통령령으로 정한 것을 말한다'고 규정하였는데, 같은 법 시행령 제3조 1항

은 총포를 나열하면서 총의 부품을 포함시켰다.
ⓑ 식품위생법 제11조는 식품의 과대광고와 과대포장을 금지하면서 과대광고와 과대포장의 범위를 보건복지부령으로 정한다고 규정하고 있고, 동법 시행규칙에서 과대광고와 과대포장의 범위를 나열해서 규정하고 있다.
ⓢ 구 새마을금고법(2007.5.25. 개정 전의 법률) 시행령 제24조 3호가 여유자금의 운용방법으로 국채, 지방채의 매입과 더불어 '연합회장이 정하는 유가증권의 매입'이라고 규정하였다 하더라도 죄형법정주의에 위반되거나 위임입법의 한계를 일탈한 것으로는 볼 수 없다.
ⓞ 구 석유사업법(2004.3.22. 개정 전의 법률) 제26조가 석유제품에 다른 석유제품을 혼합하는 등의 방법으로 대통령령이 정하는 유사석유화학제품을 생산·판매하는 것을 처벌하고, 석유사업법시행령에서는 휘발유 또는 경유를 연료로 사용하는 차량의 연료용으로 사용될 수 있는 것을 유사석유화학제품으로 규정하고 있었다.

① 1개 ② 2개 ③ 3개
④ 4개 ⑤ 5개 ⑥ 6개

해설

ⓐ(×) 대법원은 초등학교 졸업 이상의 학력을 가진 문맹자가 구술시험을 통하여 운전면허를 취득할 수 있는 기회를 합리적인 근거 없이 제한한 것으로서 모법의 위임범위를 벗어나 무효이라고 판시하였다(대법원 2007.3.29, 2006도8189).
ⓑ(○) 대법원 2000.10.27, 2000도4187.
ⓒ(×) 헌법재판소는 '약국관리에 필요한 사항'이라는 구성요건의 기본부분에 관하여 구체적인 기준이나 범위를 정하지 않고 그 내용을 모두 하위법령인 보건복지부령에 위임하는 것은 포괄위임입법금지의 원칙에 반한다고 결정하였다(헌재 2000.7.20, 99헌가15).
ⓓ(○) 헌재 2000.6.29, 99헌가16.
ⓔ(×) 대법원은 개정 전 총포·도검·화약류등단속법 제2조 1항이 총포를 규정하면서 탄알이나 가스 등을 쏠 수 있는 성능이 있는 것을 말한다고 규정하고 있는데, 동법 시행령에서 총의 부품을 총포에 포함시킨 것은 위임입법의 한계를 벗어났다고 판시하였다(대법원 1999.2.11, 98도2816 전원합의체).
ⓑ(○) 대법원 2002.11.26, 2002도2998.
ⓢ(○) 대법원 2010.4.29, 2009도8537 : 구 새마을금고법(2007.5.25. 개정 전의 법률) 제26조 3항에서 정하는 '여유자금의 운용'의 개념은 사전적으로도 비교적 구체적 의미를 갖는 것이어서 처벌대상 행위에 대한 예측가능성이 충분히 기대되며, 위 조항을 위반한 경우의 처벌조항인 같은 법 제66조에서는 형벌의 종류 및 그 상한과 폭을 명확히 규정하고 있는 점 등을 고려하면, 위 법 제26조 3항이 새마을금고 여유자금의 운용에 관하여 구체적 방법을 정하지 아니한 채 시행령에 위임하였다거나, 위 시행령 제24조 3호가 여유자금의 운용방법으로 국채, 지방채의 매입과 더불어 '연합회장이 정하는 유가증권의 매입'이라고 규정하였다 하더라도 죄형법정주의에 위반되거나 위임입법의 한계를 일탈한 것으로는 볼 수 없다.
〈답 ③〉

4. 죄형법정주의에 관한 설명 중 옳지 않은 것은? (다툼이 있는 경우에는 판례에 의함)
<사시 2009년: 배점 2>

① 형법상의 보호관찰은 소급적용하더라도 소급효금지의 원칙에 반하지 않는다.

② 소년범에 대해서는 상대적 부정기형을 인정하더라도 죄형법정주의에 반하지 않는다.

③ 자신의 인터넷사이트에 음란사이트로 접속할 수 있도록 링크해 놓은 것이 음란정보의 전시에 해당한다고 해석하는 것은 죄형법정주의에 위배된다.

④ 명확성의 원칙이란 최대한이 아닌 최소한의 명확성을 요구하는 것으로서, 그 문언이 법관의 보충적인 가치판단을 통해서 그 의미내용을 확인할 수 있고, 그러한 보충적 해석이 해석자의 개인적인 취향에 따라 좌우될 가능성이 없다면 죄형법정주의에 반하지 않는다.

⑤ 관습법에 의해서 위법성조각사유를 인정하는 것은 죄형법정주의에 위배되지 않는다.

해설

③(×) 링크를 포함한 일련의 행위 및 범의가 다른 웹사이트 등을 단순히 소개·연결할 뿐이거나 또는 다른 웹사이트 운영자의 실행행위를 방조하는 정도를 넘어, 이미 음란한 부호 등이 불특정·다수인에 의하여 인식될 수 있는 상태에 놓여 있는 다른 웹사이트를 링크의 수법으로 사실상 지배·이용함으로써 그 실질에 있어서 음란한 부호 등을 직접 전시하는 것과 다를 바 없다고 평가되고, 이에 따라 불특정·다수인이 이러한 링크를 이용하여 별다른 제한 없이 음란한 부호 등에 바로 접할 수 있는 상태가 실제로 조성되었다면, 그러한 행위는 전체로 보아 음란한 부호 등을 공연히 전시한다는 구성요건을 충족한다고 봄이 상당하며, 이러한 해석은 죄형법정주의에 반하는 것이 아니라, 오히려 링크기술의 활용과 효과를 극대화하는 초고속 정보통신망 제도를 전제로 하여 신설된 구 전기통신기본법 제48조의2(2001. 1. 16. 법률 제6360호 부칙 제5조 1항에 의하여 삭제, 현행 정보통신망이용촉진및정보보호등에관한법률 제65조 1항 2호 참조) 규정의 입법취지에 부합하는 것이라고 보아야 한다(대법원 2003.7.8, 2001도1335).

④(○) 명확성의 원칙은 법치국가원리의 한 표현으로서 기본권을 제한하는 법규범의 내용은 명확하여야 한다는 헌법상의 원칙이며, 그 근거는 법규범의 의미내용이 불확실하면 법적 안정성과 예측가능성을 확보할 수 없고, 법집행 당국의 자의적인 법해석과 집행을 가능하게 할 것이기 때문이다. 그러나 법규범의 문언은 어느 정도 가치개념을 포함한 일반적, 규범적 개념을 사용하지 않을 수 없는 것이기 때문에 명확성의 원칙이란 기본적으로 최대한이 아닌 최소한의 명확성을 요구하는 것으로서, 그 문언이 법관의 보충적인 가치판단을 통해서 그 의미내용을 확인할 수 있고, 그러한 보충적 해석이 해석자의 개인적인 취향에 따라 좌우될 가능성이 없다면 명확성의 원칙에 반한다고 할 수 없다(대법원 2008.10.23, 2008초기264).

〈답 ③〉

5. 소급금지원칙의 적용에 관한 설명 중 옳은 것을 모두 고른 것은? (다툼이

있는 경우에는 판례에 의함)' <변호사 2012년>

가. 가정폭력범죄의 처벌 등에 관한 특례법이 정한 사회봉사명령은 형벌 그 자체가 아니라 보안처분의 성격을 가지고 있으므로 이에 대하여는 형벌불소급의 원칙이 적용되지 아니한다.
나. 대법원 양형위원회가 설정한 '양형기준'이 발효하기 전에 공소가 제기된 범죄에 대하여 위 '양형기준'을 참고하여 형을 양정하더라도 피고인에게 불리한 법률을 소급하여 적용한 것으로 볼 수 없다.
다. 부(父)가 혼인 외의 출생자를 인지하는 경우에 그 인지의 소급효는 형법상 친족상도례에 관한 규정의 적용에는 미치지 아니한다.
라. 과거에 이미 행한 범죄에 대하여 공소시효를 정지시키는 법률이라고 하더라도 그 사유만으로 형벌불소급의 원칙에 언제나 위배되는 것은 아니다.
마. 행위 당시의 판례에 의하면 처벌대상이 되지 아니하는 것으로 해석되었던 행위를 판례의 변경에 따라 확인된 내용의 형법 조항에 근거하여 처벌하는 것은 형벌불소급의 원칙에 반하지 않는다.

① 가 나 다 ② 가 라 마 ③ 나 다 라
④ 나 라 마 ⑤ 다 라 마

해설

가(×) 가정폭력범죄의 처벌 등에 관한 특례법이 정한 보호처분 중의 하나인 사회봉사명령은 가정폭력범죄를 범한 자에 대하여 환경의 조정과 성행의 교정을 목적으로 하는 것으로서 형벌 그 자체가 아니라 보안처분의 성격을 가지는 것이 사실이다. 그러나 한편으로 이는 가정폭력범죄행위에 대하여 형사처벌 대신 부과되는 것으로서, 가정폭력범죄를 범한 자에게 의무적 노동을 부과하고 여가시간을 박탈하여 실질적으로는 신체적 자유를 제한하게 되므로, 이에 대하여는 원칙적으로 형벌불소급의 원칙에 따라 행위시법을 적용함이 상당하다. 따라서 가정폭력범죄의 처벌 등에 관한 특례법상 사회봉사명령을 부과하면서, 행위시법상 사회봉사명령 부과시간의 상한인 100시간을 초과하여 상한을 200시간으로 올린 신법을 적용한 것은 위법하다(대법원 2008.7.24, 2008어4).
나(○) 대법원 양형위원회의 양형기준은 법관이 합리적인 양형을 정하는 데 참고할 수 있는 구체적이고 객관적인 기준으로 마련된 것이므로 법적 구속력을 갖지 않는다. 따라서 대법원 양형위원회가 설정한 '양형기준'이 발효하기 전에 공소가 제기된 범죄에 대하여 위 '양형기준'을 참고하여 형을 양정한 경우, 피고인에게 불리한 법률을 소급하여 적용한 위법이 없다(대법원 2009.12.10, 2009도11448).
다(×) 부가 혼인 외의 출생자를 인지하는 경우에 있어서는 민법 제860조에 의하여 그 자의 출생시에 소급하여 인지의 효력이 생기는 것이며, 이와 같은 인지의 소급효는 친족상도례에 관한 규정의 적용에도 미친다고 보아야 할 것이므로, 인지가 범행 후에 이루어진 경우라고 하더라도 그 소급효에 따라 형성되는 친족관계를 기초로 하여 친족상도례의 규정이 적용된다(대법원 1997.1.24, 96도1731).
라(○) 형벌불소급의 원칙은 "행위의 가벌성" 즉 형사소추가 "언제부터 어떠한 조건하에서" 가능한가의 문제에 관한 것이고, "얼마동안" 가능한가의 문제에 관한 것은 아니므로, 과거에 이미 행한 범죄에 대하여 공소시효를 정지시키는 법률이라 하더라도 그 사유만으로 헌법 제12조 제1항 및 제13조 제1항에 규정한 죄형법정주의의 파생원칙인 형벌불소급의 원칙에 언제나 위배되는 것으로 단정할 수는 없다(헌결 1996.2.16, 96헌가2).
마(○) 형사처벌의 근거가 되는 것은 법률이지 판례가 아니고, 형법조항에 관한 판례의 변경은 그 법률조항의 내용을 확인하는 것에 지나지 아니하여 이로써 그 법률조항 자체가 변경된 것이라고 볼 수는 없으므로, 행위 당시의 판례에 의하면 처벌대상이 되지 아니하는 것으로 해석되었던 행위를 판례의 변경에 따라 확인된 내용의 형법조항에 근거하여 처벌한다고 하여 그것이 헌법상 평등의 원칙과 형벌불소급의 원칙에 반한다고 할 수는 없다(대법원 1999.9.17, 97도3349). 〈답 ④〉

6. 죄형법정주의의 형벌불소급원칙에 관한 다음 설명 중 옳지 않은 것은? (다툼이 있는 경우에는 판례에 의함) <사시 2008년 변형: 배점 2>

① 사회보호법 시행 이전의 범죄에 대하여 보호감호를 명하는 것은 소급효금지의 원칙에 반한다.
② 범죄행위시와 재판시 사이에 수차 법령의 개정으로 인한 형의 변경이 있을 경우에, 중간시법의 형이 행위시법의 형이나 재판시법의 형보다 가벼운 때에는 중간시법을 적용하더라도 소급효금지원칙에 위배되지 않는다.
③ 기존의 법을 변경해야 할 공익적 필요는 심히 중대한 반면에 그 법적 지위에 대한 개인적 신뢰를 보호해야 할 필요가 상대적으로 적어 개인의 신뢰이익을 관철하는 것이 객관적으로 정당화될 수 없는 경우에는 예외적으로 공소시효에 대한 진정소급입법이 허용될 수 있다.
④ 형의 집행을 유예하는 경우 명할 수 있는 보호관찰도 형사제재이므로 행위 이전에 규정되어 있지 않으면 재판시의 규정에 의하여 보호관찰을 받을 것을 명할 수 없다.
⑤ 기소된 공소사실에 대한 적용법조가 헌법재판소의 위헌결정으로 소급하여 실효된 경우, 그 피고 사건은 범죄로 되지 아니한 때에 해당하기 때문에 법원은 무죄를 선고하여야 한다.

해설

①(○) 대법원 1987.2.24, 86감도286.
②(○) 대법원 1968.12.17, 68도1324.
③(○) 헌재 1996. 2.16, 96헌가2, 96헌바7, 96헌바13 : 진정소급입법이라 하더라도 기존의 법을 변경하여야 할 공익적 필요는 심히 중대한 반면에 그 법적 지위에 대한 개인의 신뢰를 보호하여야 할 필요가 상대적으로 적어 개인의 신뢰이익을 관철하는 것이 객관적으로 정당화될 수 없는 경우에는 예외적으로 허용될 수 있다.
④(×) 보호관찰은 형벌이 아니라 장래의 위험성으로부터 행위자를 보호하고 사회를 방위하기 위한 보안처분의 성격을 가지므로 반드시 행위 이전에 규정되어 있어야 하는 것은 아니다(대법원 1997.6.13, 97도703).
⑤(○) 대법원 1999.12.24, 99도3003. 〈답 ④〉

7. 명확성의 원칙에 관한 설명 중 옳지 않은 것은?

① 죄형법정주의는 형벌법규의 명확성의 원칙에 의하여 형벌법규가 특정될 것을 요구한다.

② 현저히 사회적 혼란을 야기시킬 우려가 있는 집회와 시위를 처벌하는 법규정은 엄격히 해석해야 한다.

③ 명확성의 원칙은 일반인 또는 보통인의 판단에 의하여 금지된 행위를 판단할 수 있을 정도로 구성요건이 특정될 것을 요구한다.

④ 행위자가 어느 형벌법규에 자기 행위가 적용되는가를 식별할 수 없는 경우에 행위자를 그 법규위반으로 처벌하는 것은 허용되지 않는다.

⑤ 성인범에 대하여 상대적 부정기형을 도입하는 것도 명확성의 원칙에 반하지 않는다.

해설

④(×) 명확성의 원칙은 일반인의 이해와 판단으로 그 구성요건에 해당하는 행위인가를 판단할 수 있게 할 것을 요구하는 것이지 구체적인 행위자가 인식했는가는 문제되지 않는다고 한 경우에 적용된다고 할 것이므로 이러한 해석하에 헌법에 위반되지 아니한다.

〈답 ④〉

8. 군형법 제92조(추행)**는 '계간(鷄姦) 기타 추행을 한 자는 1년 이하의 징역에 처한다'고 규정하고 있다. 이 조항을 읽고 학생 A가 보기와 같이 말을 꺼내자 학생 B, C, D, E, F가 토론을 전개하고 있다. A가 언급하는 원칙**('이 원칙'으로 약칭함)**과 관련성이 없는 주장은?** <사시 2004년>

A: 이 조항은 구성요건이 너무 광범위하고 막연하므로 개정할 필요가 있겠다.

① B: 처벌법규의 구성요건이 다소 광범위하여 어떤 범위에서는 법관의 보충적인 해석을 필요로 하는 개념을 사용하였다고 하더라도 그 점만으로 이 원칙에 배치된다고 속단해서는 안 돼.

② C: 건전한 상식과 통상적인 법감정을 가진 사람으로 하여금 그 적용대상자가 누구이며, 구체적으로 어떠한 행위가 금지되고 있는지의 여부를 충분히 알 수 있도록 규정되어 있다면 이 원칙에 위배되지 않는다고 보아야 하지 않을까?

③ D: 이 조항이 이 원칙에 위배되는지의 여부를 판단하기 위해서는 그 입법목적과 다른 법률조항과의 연관성 등을 고려하여 '추행'이라는 일반조항에 대한 합리적인 해석이 가능한지의 여부를 우선적으로 검토해야 할 것 같아.

④ E: 강제에 의하지 아니하고 상호간에 은밀하게 행하여지는 행위에 대하

여 법정형으로 징역형만을 규정하고 있는 것은 이 원칙 위반이라고 생각해.

⑤ F: '계간'은 이 조항에서 '추행'이 무엇인지를 해석할 수 있는 판단지침으로 활용될 수 있으며, 대법원 판결 등에 의하여 이미 '추행'에 관한 구체적이고 종합적인 해석기준이 제시되고 있는 이상, 법률적용자가 이 조항을 자의적으로 확대하여 해석할 염려는 없을 것 같아.

해설

A의 발언은 죄형법정주의의 명확성의 원칙에 관한 것이며, ①②③⑤ 모두 명확성의 원칙과 관련한 내용이다. 그러나 ④ E의 발언은 행위의 불법에 비추어 볼 때 형벌이 지나치다는 지적으로 죄형의 균형을 요구하는 적정성의 원칙에 관한 것이다.
헌재 2002.6.27, 2001헌바70 : 법률적용자가 이 사건 법률조항 중 '기타 추행' 부분을 자의적으로 확대하여 해석할 염려가 없기 때문에, 형벌법규의 명확성의 원칙에 위배되지 아니한다. … 입법자가 사회적 법익을 주된 보호법익으로 하는 이 사건 법률조항을 제정하면서, 군형법 피적용자가 행한 추행의 유형이나 그 상대방의 피해상황 등을 구체적으로 구분하지 아니하고 위와 같은 사회적 법익을 침해한 모든 추행행위에 대하여 일괄적으로 1년 이하의 징역형으로 처벌하도록 규정하였다는 사유만으로 입법재량권을 자의적으로 행사하였다고 볼 수는 없으므로, 이 사건 법률조항 중 '기타 추행' 부분이 헌법상 과잉금지의 원칙 등에 위배된다고 보기도 어렵다. 〈답 ④〉

9. 명확성의 원칙에 위배되지 않는 경우만 모두 모은 것은? (다툼이 있는 경우에는 판례에 의함)

(a) 법령에 위반하여 재산을 국외에 도피한 경우를 처벌하는 재산국외도피의 죄에서 '법령에 위반하여'라는 규정
(b) 영리를 목적으로 한의사가 아닌 자가 한방의료행위를 업으로 한 경우에 무기 또는 2년 이상의 징역에 처한다는 규정에서 '한방의료행위'
(c) 미성년자로 하여금 범죄의 충동을 일으킬 수 있게 하는 만화를 반포하는 행위를 금지하는 규정 중 '잔인성을 조장할 우려가 있거나 범죄의 충동을 일으킬 수 있게 하는'이라고 한 것
(d) 불온통신의 개념을 규정하면서 '공공의 안녕질서 또는 미풍양속을 해하는 것'이라고 한 것
(e) '가정의례의 참뜻에 비추어 합리적인 범위 안에서 대통령령이 정하는 행위는 그러하지 아니하다'고 규정한 것
(f) 공중도덕상 유해한 업무에 취직하게 할 목적으로 직업소개, 근로자모집을 한 자를 처벌하는 규정에서 '공중도덕상 유해한 업무'라고 한 것
(g) 국가보안법에서 '그 죄에 대한 법정형의 최고를 사형으로 한다.'고 규정한 것
(h) 지방교육자치에관한법률에서 "교육감선거에 관하여 이 법에 정한 것

을 제외하고는 그 성질에 반하지 않는 범위 안에서 공직선거법의 시·도지사선거에 관한 규정을 준용한다."고 규정한 것
(i) 건설산업기본법에서 건설공사의 수주 및 시공과 관련하여 부정한 청탁에 의한 금품수수행위를 금지하는 규정에서 '이해관계인'이라고 한 것
(j) 공직선거법에서 '누구든지', '후보자로 추천하는 일과 관련하여'라고 한 것

① (a) (b) (c) ② (b) (c) (e) ③ (a) (c) (d) (g)
④ (b) (e) (f) (i) ⑤ (a) (b) (h) (i) (j) ⑥ (c) (g) (h) (i) (j)

해설

(a)(○) '법령에 위반하여' 라는 부분은 법률의 합리적 해석을 통하여 수범자로 하여금 그 의미내용을 합리적으로 파악할 수 있도록 규정하고 있으므로 명확성의 원칙에 위반되지 않는다(헌재 2007.7.26, 2006헌바12).
(b)(○) '한방의료행위' 란 한의학을 기초로 한 질병의 예방이나 치료행위를 하는 것을 의미하므로 그 개념이 불명확하다고 할 수 없다(헌재 1996.12.26, 93헌바65).
(c)(×) 헌재 2002.2.28, 99헌가8 : 구 미성년자보호법 제2의2의 불량만화에 대한 정의 중 전단 부분의 '음란성 또는 잔인성을 조장할 우려'라는 표현을 보면, '음란성'은 법관의 보충적인 해석을 통하여 그 규범내용이 확정될 수 있는 개념이라고 할 수 있으나, 한편 '잔인성'에 대하여는 아직 판례상 개념규정이 확립되지 않은 상태이고, … 여기에 '조장' 및 '우려'까지 덧붙여지면 사회통념상 정당한 것으로 볼 여지가 많은 것까지 처벌의 대상으로 할 수 있게 되는바, 이와 같은 경우를 모두 처벌하게 되면 그 처벌범위가 너무 광범위해지고 일정한 경우에만 처벌하게 된다면 어느 경우가 그에 해당하는지 명확하게 알 수 없다.
(d)(×) 헌재 2002.6.27, 99헌마480 : '공공의 안녕질서 또는 미풍양속을 해하는'이라는 불온통신의 개념은 너무나 불명확하고 애매하다(전기통신사업법 제53조 1항). '공공의 안녕질서', '미풍양속'은 매우 추상적인 개념이어서 어떠한 표현행위가 과연 '공공의 안녕질서'나 '미풍양속'을 해하는 것인지, 아닌지에 관한 판단은 사람마다의 가치관, 윤리관에 따라 크게 달라질 수밖에 없고 법집행자의 통상적 해석을 통하여 그 의미내용을 객관적으로 확정하기도 어렵다.
(e)(×) 헌재 1998.10. 15, 98헌마168.
(f)(×) 헌재 2005.3.31, 2004헌바29.
(g)(×) 헌재 2002.11.28, 2002헌가5.
(h)(○) 대법원 2009.10.29, 2009도5945.
(i)(○) 대법원 2009.9.24, 2007도6185.
(j)(○) 대법원 2009.5.14, 2008도11040. 〈답 ⑤〉

10. 판례가 유추해석이 아니라고 본 경우는 모두 몇 개인가?

㉠ 형법 제170조 2항의 '자기의 소유에 속하는 제166조 또는 제167조에

기재한 물건'을 자기의 소유에 속하는 제166조에 기재한 물건 또는 자기나 타인의 소유에 속하는 제167조에 기재한 물건이라고 해석한 경우
ⓛ 구 공직선거및선거부정방지법 제262조의 '자수'를 범행발각 전에 자수한 경우로 한정하여 해석한 경우
ⓒ 초병이 하자있는 의사에 의하여 총기를 편취당한 경우도 군용물분실죄(군형법 제74조)의 '분실'에 해당한다고 해석한 경우
ⓔ 주택건설촉진법의 입주개시일부터 6개월간 전매 또는 전대를 금지하는 규정을 입주개시일 전에 전매한 자에게 적용한 경우
ⓜ 무등록 주택건설사업의 기준으로 '단독주택의 경우에는 20호, 공동주택의 경우에는 20세대'라고 규정하고 있는데, 단독주택과 공동주택을 '합하여' 20호(또는 세대) 이상의 주택건설사업을 시행하고자 하는 자에게 이 규정을 적용한 경우
ⓑ 압수·수색영장에서 압수할 물건을 '압수장소에 보관중인 물건'이라고 기재하고 있는 것을 '압수장소에 현존하는 물건'으로 해석한 경우
ⓢ 정보통신망에 의하여 처리·보관 또는 전송되는 타인의 정보를 훼손하거나 타인의 비밀을 침해·도용 또는 누설하는 행위를 금지·처벌하는 규정의 '타인'에는 생존하는 개인뿐만 아니라 이미 사망한 자도 포함된다고 해석한 경우
ⓞ 비산먼지의 발생을 억제하기 위한 시설을 설치하지 아니하거나 필요한 조치를 하지 아니한 자를 처벌하는 구 대기환경보전법 제57조 4호의 규정은 고의범은 물론이고, 과실로 인하여 위 시설을 설치하지 아니하거나 필요한 조치를 하지 아니한 자도 함께 처벌하는 규정이라고 해석한 경우
ⓙ '선박용 연료유를 공급하는 사업'을 선박의 운항을 위한 용도와는 무관하게 '선박에 연료유를 공급하는 사업'으로 해석하거나 '단순한 보관 목적에서 육상용 기계의 운행을 위한 용도로 사용되는 연료유를 선박에 공급하는 사업'으로 확장하여 해석한 경우

① 1개 ② 2개 ③ 3개
④ 4개 ⑤ 5개

해설

ⓖ(○) 대법원 1994.12.20, 94모32 전원합의체 : 유추해석 아님.
ⓛ(×) 대법원 1997.3.20, 96도1167 전원합의체 : 유추해석.
ⓒ(×) 대법원 1997.7.9, 98도1719 : 유추해석.
ⓔ(×) 대법원 1991.4.23, 90도1287 : 유추해석.
ⓜ(×) 대법원 2007.10.12, 2007도6519 : 유추해석.
ⓑ(×) 대법원 2009.3.12, 2008도763 : 유추해석.

ⓢ(○) 대법원 2007.6.14, 2007도2162 유추해석 아님.
ⓞ(○) 대법원 2008.11.27, 2008도7438 유추해석 아님.
ⓩ(×) 대법원 2009.12.10, 2009도3053 : 유추해석 〈답 ③〉

11. 유추해석과 관련된 판례의 입장으로 옳은 설명이 아닌 것은?

① 도로교통법 제43조는 무면허운전 등을 금지하고 있는데, '운전면허를 받지 아니하고'라는 법률문언의 통상적인 의미에 '운전면허를 받았으나 그 후 운전면허의 효력이 정지된 경우'가 당연히 포함된다고는 해석할 수 없다.

② 압수 · 수색영장에서 압수할 물건을 '압수장소에 보관중인 물건'이라고 기재하고 있는 것을 '압수장소에 현존하는 물건'으로 해석하는 것은 유추해석이다.

③ 독점규제및공정거래에관한법률 제71조 1항은 "제66조 1항 9호 소정의 부당한 공동행위를 한 죄는 공정거래위원회의 고발이 있어야 공소를 제기할 수 있다"고 규정하고 있는바, 친고죄에 관한 고소의 주관적 불가분원칙을 규정하고 있는 형사소송법 제233조를 공정거래위원회의 고발에도 적용한다면 공정거래위원회의 고발이 없는 행위자에 대해서까지 형사처벌의 범위를 확장하는 것으로서 유추해석에 해당한다.

④ 특정경제범죄가중처벌등에관한법률 제4조 1항은 '법령을 위반하여 대한민국 또는 대한민국 국민의 재산을 국외에 이동하거나 국내에 반입하여야 할 재산을 국외에서 은닉 또는 처분하여 도피시킨 때'를 재산국외도피죄의 구성요건으로 규정하고 있는데, '국내에 반입하여야 할 재산'을 법령상 국내로의 반입의무 유무와 상관없이 국내로의 반입이 예정된 재산을 의미하는 것으로 확장하여 해석하는 것은 유추해석이다.

⑤ 형의 집행유예를 선고받은 후 집행유예가 실효되거나 취소된 경우가 특정범죄 가중처벌 등에 관한 법률 제5조의4 제6항에서 정한 '실형을 선고받은 경우'에 포함된다고 볼 수 없다.

✍ 해설

① 대법원 2011.8.25, 2011도7725 : 도로교통법 제43조는 무면허운전 등을 금지하면서 "누구든지 제80조의 규정에 의하여 지방경찰청장으로부터 운전면허를 받지 아니하거나 운전면허의 효력이 정지된 경우에는 자동차 등을 운전하여서는 아니 된다"고 정하여, 운전자의 금지사항으로 운전면허를 받지 아니한 경우와 운전면허의 효력이 정지된 경우를 구별하여 대등하게 나열하고 있다. 그렇다면 '운전면허를 받지 아니하고'라는 법률문언의 통상적인 의미에 '운전면허를 받았으나 그 후 운전면허의 효력이 정지된 경우'가 당연히 포함된다고는 해석할 수 없다.
② 대법원 2009.3.12, 2008도763 : 헌법과 형사소송법이 구현하고자 하는 적법절차와 영장주의의 정신에 비추어 볼 때, 법관이 압수 · 수색영장을 발부하면서 '압수할 물건'을 특정하기 위하여 기재한 문언은 엄격하게 해석하여야 하고, 함부로 피압수자 등에게 불

리한 내용으로 확장 또는 유추해석 하여서는 안 된다. 따라서 압수·수색영장에서 압수할 물건을 '압수장소에 보관중인 물건' 이라고 기재하고 있는 것을 '압수장소에 현존하는 물건'으로 해석할 수는 없다.
확장 해석하거나 유추 해석하는 것이어서 죄형법정주의 원칙에 어긋나 허용될 수 없다.
③ 대법원 2010.9.30, 2008도4762 : 독점규제및공정거래에관한법률 제71조 1항은 "제66조 1항 9호 소정의 부당한 공동행위를 한 죄는 공정거래위원회의 고발이 있어야 공소를 제기할 수 있다"고 규정함으로써 그 소추조건을 명시하고 있다. … 친고죄에 관한 고소의 주관적 불가분원칙을 규정하고 있는 형사소송법 제233조가 공정거래위원회의 고발에도 유추적용된다고 해석한다면 이는 공정거래위원회의 고발이 없는 행위자에 대해서까지 형사처벌의 범위를 확장하는 것으로서, 결국 피고인에게 불리하게 형벌법규의 문언을 유추해석한 경우에 해당하므로 죄형법정주의에 반하여 허용될 수 없다.
④ 대법원 2010.9.9, 2007도3681 : 특정경제범죄가중처벌등에관한법률 제4조 1항은 '법령을 위반하여 대한민국 또는 대한민국국민의 재산을 국외에 이동하거나 국내에 반입하여야 할 재산을 국외에서 은닉 또는 처분하여 도피시킨 때'를 재산국외도피죄의 구성요건으로 규정하고 있는데, … '국내에 반입하여야 할 재산'을 법령상 국내로의 반입의무 유무와 상관없이 국내로의 반입이 예정된 재산을 의미하는 것으로 확장하여 해석하는 것은 형벌법규를 지나치게 유추 또는 확장해석하여 죄형법정주의의 원칙에 어긋나는 것으로서 허용될 수 없다.
⑤ 대법원 2011.5.26. 선고 2011도2749 : 특정범죄 가중처벌 등에 관한 법률 제5조의4 제6항은 "제1항 또는 제2항의 죄로 두 번 이상 실형을 선고받고 그 집행이 끝나거나 면제된 후 3년 이내에 다시 제1항 또는 제2항의 죄를 범한 경우에는 그 죄에 대하여 정한 형의 단기의 2배까지 가중한다."고 규정하고 있다. 위 규정의 문언에 비추어, 형의 집행유예를 선고받은 후 집행유예가 실효되거나 취소된 경우가 특가법 제5조의4 제6항에서 정한 '실형을 선고받은 경우'에 포함된다고 볼 수 없다. 〈답 ②〉

12. 죄형법정주의에 의하여 금지된 유추해석에 해당하지 않는 것은? (다툼이 있는 경우에는 판례에 의함)

① 개정법률에 의해 형법 제37조 후단의 사후적 경합범의 요건인 '판결이 확정된 죄'가 '금고 이상의 형에 처한 판결이 확정된 죄'로 개정되었는바 형법 제1조 2항을 유추적용하여 위 개정법률 시행 당시 법원에 계속중인 사건 중 위 개정법률 전에 벌금형에 처한 판결이 확정된 경우에도 개정법률이 적용된다.

② 은행이 지방재정법 및 시행령의 규정에 의하여 지방자치단체와의 금고설치계약을 체결하고 금고업무를 취급하는 과정에서 지방세의 수납업무를 관장하는 경우, 은행직원이나 은행은 공문서위조 및 변조죄에 있어서의 공무원 또는 공무소에 해당한다.

③ 국내에 있는 불특정 또는 다수인에게 무상으로 의약품을 양도하는 수여행위도 구 약사법 제44조 제1항의 '판매'에 포함된다고 보는 것이 체계적이고 논리적인 해석이다.

④ 형법 제207조 3항이 규정하는 '외국에서 통용하는 외국의 화폐'는 외국

에서 강제통용력을 가진 화폐뿐만 아니라 일반인의 관점에서 통용될 것이라고 오인할 가능성이 있는 외국의 지폐도 포함된다고 보아야 하므로 관광용 기념상품으로 제조 · 판매되고 있는 미합중국 100만 달러 지폐도 외국에서 통용하는 외국의 지폐에 해당한다.

⑤ 전화기와 컴퓨터를 설치해 두고 회원들간 전화통화를 매개하는 '전화방'을 운영하는 행위도 전기통신기본법 제21조 1항 소정의 '자가전기통신설비를 이용하여 타인의 통신을 매개하는 행위'에 해당한다.

해설

① 판례는 형법 제37조의 개정법률은 피고인에게 유리한 규정이므로 개정법률 전에 벌금형의 확정판결이 있는 경우에도 유추적용해야 한다고 한다.
대법원 2004.1.27, 2001도3178 : 2004.1.20. 법률 제7077호로 공포 · 시행된 형법 중 개정법률에 의해 형법 제37조 후단의 '판결이 확정된 죄'가 '금고 이상의 형에 처한 판결이 확정된 죄'로 개정되었는바, 위 개정법률은 특별한 경과규정을 두고 있지 않으나, 형법 제37조는 경합범의 처벌에 관하여 형을 가중하는 규정으로서 일반적으로 두 개의 형을 선고하는 것보다는 하나의 형을 선고하는 것이 피고인에게 유리하므로 위 개정법률을 적용하는 것이 오히려 피고인에게 불리하게 되는 등의 특별한 사정이 없는 한 형법 제1조 2항을 유추적용하여 위 개정법률 시행 당시 법원에 계속 중인 사건 중 위 개정법률 전에 벌금형에 처한 판결이 확정된 경우에도 적용되는 것으로 보아야 한다.
② 형법 제225조의 공문서변조나 위조죄의 객체인 공문서는 공무원 또는 공무소가 그 직무에 관하여 작성하는 문서이고, 그 행위주체가 공무원과 공무소가 아닌 경우에는 형법 또는 기타 특별법에 의하여 공무원 등으로 의제되는 경우(예컨대 정부투자기관관리기본법 제18조, 지방공기업법 제83조, 한국은행법 제112조의2, 특정범죄가중처벌등에관한법률 제4조)를 제외하고는 계약 등에 의하여 공무와 관련되는 업무를 일부 대행하는 경우가 있다 하더라도 공무원 또는 공무소가 될 수는 없고, 특히 형벌법규의 구성요건을 법률의 규정도 없이 유추 · 확대해석하는 것은 죄형법정주의 원칙에 반한다(대법원 1996.3.26, 95도3073).
③ 대법원 2011.10.13, 2011도6287 : 의약품은 국민의 보건과 직결되는 것인만큼 엄격한 의약품 관리를 통하여 의약품이 남용 내지 오용되는 것을 막고 의약품이 비정상적으로 유통되는 것을 막고자 구 약사법 제44조 제1항에서 약국 개설자가 아니면 의약품을 판매하거나 또는 판매 목적으로 취득할 수 없다고 규정한 것인데, 국내에 있는 불특정 또는 다수인에게 무상으로 의약품을 양도하는 수여의 경우를 처벌대상에서 제외한다면 약사법의 위와 같은 입법목적을 달성하기 어려울 것이고 … 결국 국내에 있는 불특정 또는 다수인에게 무상으로 의약품을 양도하는 수여행위도 구 약사법 제44조 제1항의 '판매'에 포함된다고 보는 것이 체계적이고 논리적인 해석이라 할 것이고, 그와 같은 해석이 죄형법정주의에 위배된다고 볼 수 없다.
④ 형법 제207조 3항의 외국에서 통용한다고 함은 그 외국에서 강제통용력을 가지는 것을 의미하는 것이므로 외국에서 통용하지 아니하는, 즉 강제통용력을 가지지 아니하는 지폐가 그것이 비록 일반인의 관점에서 통용할 것이라고 오인할 가능성이 있다고 하더라도 위 형법 제207조 3항에서 정한 외국에서 통용하는 외국의 지폐에 해당한다고 해석하는 것은 유추해석 내지 확장해석하여 적용하는 것이 되어 죄형법정주의의 원칙에 어긋나는 것으로 허용되지 않는다(대법원 2004.5.14, 2003도3487).
⑤ 전화방 영업을 위하여 설치한 전화기와 컴퓨터는 기간전기통신사업자로부터 전기통신역무를 제공받거나 제공받은 전기통신역무를 이용하여 타인의 통신을 매개하고자 설치한

설비에 지나지 않으며, 자신의 전기통신에 이용하기 위하여 설치한 전기통신설비로는 볼 수 없다(대법원 2004.1.29, 2003도4736). 〈답 ①〉

13. 다음 설명 중 옳은 것은? (다툼이 있는 경우에는 판례에 의함)

<사시 2012년: 배점 2>

① 구성요건에 대한 확장적 유추해석은 금지되지만 위법성 및 책임의 조각사유나 소추조건 또는 처벌조각사유인 형면제 사유를 좁게 해석하는 것은 유추해석금지원칙에 반하지 아니한다.

② 동일한 형벌조항이 과거 헌법재판소의 결정에 의하여 합헌으로 선언된 바 있으나 그 후의 사정변경 때문에 새로 위헌으로 결정된 경우에도 위헌결정의 소급효를 종전의 합헌결정시점까지로 제한하는 것은 허용되지 아니한다.

③ 위치추적 전자장치의 부착명령은 보안처분적 성격을 넘어 형벌적 성격을 가지는 것으로서, 「특정 범죄자에 대한 위치추적 전자장치 부착 등에 관한 법률」을 개정하여 부착명령 기간을 연장하도록 규정하는 것은 죄형법정주의 원칙에 반한다.

④ 형벌에 관한 법령이 헌법재판소의 위헌결정으로 인하여 소급하여 그 효력을 상실하였거나 법원에서 위헌·무효로 선언되었다면, 이는 범죄 후 형이 폐지된 경우에 해당하므로 당해 법령을 적용하여 공소가 제기된 사건에 대하여는 면소를 선고하여야 한다.

⑤ 형을 종전보다 가볍게 형벌법규를 개정하면서 구법시의 행위에 대해서는 구법을 적용한다는 경과규정을 신법에 두는 것은 허용되지 아니한다.

해설

①(×) 행위자에게 유리한 규정을 제한적으로 유추하는 것도 금지되므로, 위법성 및 책임의 조각사유나 소추조건, 또는 처벌조각사유인 형면제 사유에 관하여 그 범위를 제한적으로 유추적용하는 것도 허용될 수 없다(대법원 1997.3.20, 96도1167 전원합의체).

②(○) 동일한 형벌조항에 대하여 헌법재판소가 합헌결정을 하였으나 이후 사정변경을 이유로 위헌결정 한 경우, 해석으로 위헌결정 소급효의 범위를 제한하는 것이 허용되지 않는다. 구 특정경제범죄 가중처벌 등에 관한 법률 제5조 제4항 제1호에 대하여 헌법재판소가 합헌결정을 하였으나 이후 외부 사정변경을 이유로 위헌결정을 한 경우, 위 조항은 헌법재판소법 제47조 제2항 단서에 의하여 소급하여 효력을 상실한다. 피고인이 구 특정경제범죄 가중처벌 등에 관한 법률 위반(수재등)으로 기소된 사안에서, 이에 대해서는 헌법재판소의 위헌결정으로 이미 효력을 상실한 같은 법 제5조 제4항 대신 같은 법 제5조 제3항, 제1항이 적용되어야 한다(대법원 2011.4.14, 2010도5606).

③(×) 특정 범죄자에 대한 위치추적 전자장치 부착 등에 관한 법률에 의한 성폭력범죄자에 대한 전자감시제도는, 성폭력범죄자의 재범방지와 성행교정을 통한 재사회화를 위하여 그의 행적을 추적하여 위치를 확인할 수 있는 전자장치를 신체에 부착하게 하는 부가적인 조치를 취함으로써 성폭력범죄로부터 국민을 보호함을 목적으로 하는 일종의 보

안처분이다. 이러한 전자감시제도의 목적과 성격, 운영에 관한 법률의 규정 내용 및 취지 등을 종합해 보면, 전자감시제도는 범죄행위를 한 자에 대한 응보를 주된 목적으로 책임을 추궁하는 사후적 처분인 형벌과 구별되어 본질을 달리한다(대법원 2011.7.28, 2011도5813, 2011전도99).

④(×) 헌법재판소의 위헌결정으로 인하여 형벌에 관한 법률 또는 법률조항이 소급하여 그 효력을 상실한 경우에는 당해 법조를 적용하여 기소한 피고 사건은 범죄로 되지 아니하는 때에 해당하므로, 결국 이 부분 공소사실은 무죄라 할 것이다(대법원 1999.12.24, 99도3003).

⑤(×) 형법 제1조 제2항 및 제8조에 의하면 범죄 후 법률의 변경에 의하여 형이 구법보다 경한 때에는 신법에 의한다고 규정하고 있으나 신법에 경과규정을 두어 이러한 신법의 적용을 배제하는 것도 허용되는 것으로서, 형을 종전보다 가볍게 형벌법규를 개정하면서 그 부칙으로 개정된 법의 시행 전의 범죄에 대하여 종전의 형벌법규를 적용하도록 규정한다 하여 헌법상의 형벌불소급의 원칙이나 신법우선주의에 반한다고 할 수 없다(대법원 1999.7.9, 99도1695).

〈답 ②〉

14. 죄형법정주의에 관한 설명 중 옳은 것을 모두 고른 것은? (다툼이 있는 경우에는 판례에 의함) <사시 2011년: 배점 3>

ㄱ. 건설공사의 수주 및 시공과 관련하여 발주자, 수급인, 하수급인 또는 이해관계인이 부정한 청탁에 의한 금품을 수수하는 것을 금지하고 형사처벌하는 건설산업기본법 제38조의2와 제95조의2 규정에서 '이해관계인'이라는 표현은 명확성의 원칙에 위배된다.

ㄴ. 노래방에서 고객들로 하여금 노래방 기기에 녹음 또는 녹화된 음악저작물을 재생하는 방식으로 이용하게 하는 것을 구 저작권법(2000. 1. 12. 개정 전의 법률) 제2조 3호 소정의 '공연'에 해당한다고 해석하는 것은 유추해석이라고 할 수 없다.

ㄷ. "누구든지 정보통신망에 의하여 처리 · 보관 또는 전송되는 타인의 정보를 훼손하거나 타인의 비밀을 침해 · 도용 또는 누설하여서는 아니 된다"는 「정보통신망이용촉진및정보보호등에관한법률」 제49조의 '타인'에는 생존하는 개인뿐만 아니라 이미 사망한 자도 포함된다고 해석할 수 있다.

ㄹ. 상관에게 전화를 통하여 모욕하는 경우가 군형법 제64조 1항의 상관면전모욕죄의 구성요건요소인 '상관을 그 면전에서 모욕하는' 것에 포함된다고 해석하는 것은 허용되지 않는다.

ㅁ. 미성년자의제강간 · 강제추행죄의 규정은 "…… 제297조, 제298조, 제301조 또는 제301조의2의 예에 의한다"로 되어 있어 강간죄와 강제추행죄의 미수범의 처벌에 관한 형법 제300조를 명시적으로 인용하고 있지 아니하므로, 미성년자의제강간 · 강제추행죄의 미수범에 관하여 강간죄와 강제추행죄의 예에 따른다는 취지로 해석하는 것은 금지되는 확장해석이나 유추해석에 해당한다.

ㅂ. "지방세에 관한 범칙행위에 대하여는 조세범처벌법령을 준용한다"는

> ㅂ. 지방세법 제84조 1항의 '조세범처벌법령'에 「특정범죄가중처벌등에관한법률」도 포함된다고 해석하는 것은 죄형법정주의에 반하여 허용되지 않는다.

① ㄱ ㄴ ㄹ ② ㄱ ㄴ ㅂ
③ ㄴ ㄷ ㄹ ④ ㄷ ㄹ ㅂ
⑤ ㄱ ㄴ ㄷ ㅁ ⑥ ㄱ ㄷ ㄹ ㅁ
⑦ ㄴ ㄷ ㄹ ㅂ ⑧ ㄴ ㄹ ㅁ ㅂ

✍ **해설** ··

ㄱ(×) 건설공사의 수주 및 시공과 관련하여 발주자, 수급인, 하수급인 또는 이해관계인이 부정한 청탁에 의한 금품을 수수하는 것을 금지하고 형사처벌하는 건설산업기본법 제38조의2와 제95조의2의 입법목적, 같은 법 제38조의2의 문언, 규정체계 등을 종합하여 볼 때, 같은 법 제38조의2의 '이해관계인'이란 건설공사를 도급 또는 하도급을 받을 목적으로 도급계약을 체결하기 위하여 경쟁하는 자로서 도급계약의 체결 여부에 직접적이고 법률적인 이해관계를 가진 자를 의미하고, 이러한 의미를 가진 '이해관계인'규정이 죄형법정주의의 명확성의 원칙에 위배된다고 할 수 없다(대법원 2009.9.24, 2007도6185).

ㄴ(○) 대법원 2001.9.28, 2001도4100.

ㄷ(○) 대법원 2007.6.14, 2007도2162.

ㄹ(○) 대법원 2002.12.27, 2002도2539.

ㅁ(×) 미성년자의제강간 · 강제추행죄를 규정한 형법 제305조가 "13세 미만의 부녀를 간음하거나 13세 미만의 사람에게 추행을 한 자는 제297조, 제298조, 제301조 또는 제301조의2의 예에 의한다"로 되어 있어 강간죄와 강제추행죄의 미수범의 처벌에 관한 형법 제300조를 명시적으로 인용하고 있지 아니하나, 형법 제305조의 입법취지는 성적으로 미성숙한 13세 미만의 미성년자를 특별히 보호하기 위한 것으로 보이는바, 이러한 입법취지에 비추어 보면 동조에서 규정한 형법 제297조와 제298조의 '예에 의한다'는 의미는 미성년자의제강간 · 강제추행죄의 처벌에 있어 그 법정형뿐만 아니라 미수범에 관하여도 강간죄와 강제추행죄의 예에 따른다는 취지로 해석되고, 이러한 해석이 형벌법규의 명확성의 원칙에 반하는 것이거나 죄형법정주의에 의하여 금지되는 확장해석이나 유추해석에 해당하는 것으로 볼 수 없다(대법원 2007.3.15, 2006도9453).

ㅂ(○) 특정범죄가중처벌등에관한법률은 제1조에서 '이 법은 형법 · 관세법 · 조세범처벌법 · 산림자원의조성및관리에관한법률 및 마약류관리에관한법률에 규정된 특정범죄에 대한 가중처벌 등을 규정함으로써 건전한 사회질서의 유지와 국민경제의 발전에 기여함을 목적으로 한다'고 규정할 뿐, 지방세법 위반죄를 가중처벌 대상에 포함시키지 않고 있다. 따라서 지방세법 제84조 1항의 '조세범처벌법령'에 특정범죄가중처벌등에관한법률도 포함된다고 해석하는 것은 수범자인 일반인의 입장에서 이를 쉽게 예견하기 어려운 점에 비추어 형벌법규의 명확성의 원칙에 위배되는 것이거나 형벌법규를 지나치게 확장 · 유추해석하는 것으로서 죄형법정주의에 반하여 허용되지 않는다(대법원 2008.3.27, 2007도7561). 〈답 ⑦〉

15. 죄형법정주의에 관련된 설명 중 옳지 않은 것은? (다툼이 있는 경우에는 판례에 의함)

① 개정된 전자금융거래법(부칙에 따라 공포 후 3개월이 경과한 날인 2009.4.1.

부터 시행) 시행일 이전의 법 제6조 3항 1호에 규정된 접근매체 양도·양수의 알선행위를 처벌하는 것은 형벌법규의 소급효금지 원칙에 위배된다.

② 특정범죄자에대한위치추적전자장치부착에관한법률을 개정하여 개정 전의 행위에 대해 부착명령 기간을 연장하도록 규정한 것은 소급입법금지의 원칙에 반한다.

③ 공직선거법 제251조 부분 중 '비방'은 일반적인 용어로서 일반인들도 그 대강의 법적 의미를 이해할 수 있는 표현이므로 죄형법정주의의 명확성 원칙에 위반되지 아니한다.

④ 이해관계인이 부정한 청탁에 의한 금품을 수수하는 것을 금지하고 형사처벌하는 건설산업기본법의 '이해관계인' 규정은 죄형법정주의의 명확성의 원칙에 위배된다고 할 수 없다.

⑤ 국가보안법(1980.12.31. 전문 개정된 법률) 제13조 중 "그 죄에 대한 법정형의 최고를 사형으로 한다"고 규정한 것이, 법정형의 최고가 사형이므로 그 이하의 형벌까지 모두 선고할 수 있다는 의미인지, 아니면 국가보안법 제7조 5항, 1항에 규정되어 있는 법정형 외에 사형이 법정형으로 추가된다는 의미인지 불명확하므로 형벌법규의 명확성 원칙에 반한다.

해설 ……………………………………

①(○) 개정된 전자금융거래법(부칙에 따라 공포 후 3개월이 경과한 날인 2009.4.1.부터 시행) 제49조 4항 4호, 제6조 3항 4호에 의하면 위 법 시행일 이후 비로소 법 제6조 3항 1호 내지 3호에 규정된 접근매체의 양도·양수행위 등을 알선하는 행위가 처벌되는 것이므로, 그 시행일 이전의 법 제6조 3항 1호에 규정된 접근매체 양도·양수의 알선행위를 처벌하는 것은 형벌법규의 소급효금지 원칙에 위배된다(대법원 2010.6.10, 2010도4416).

②(×) 특정범죄자에대한위치추적전자장치부착에관한법률에 의한 전자감시제도는, 성폭력범죄자의 재범방지와 성행교정을 통한 재사회화를 위하여 그의 행적을 추적하여 위치를 확인할 수 있는 전자장치를 신체에 부착하게 하는 부가적인 조치를 취함으로써 성폭력범죄로부터 국민을 보호함을 목적으로 하는 일종의 보안처분이다. 이러한 전자감시제도의 목적과 성격, 그 운영에 관한 위 법률의 규정 내용 및 취지 등을 종합해 보면, 전자감시제도는 범죄행위를 한 자에 대한 응보를 주된 목적으로 그 책임을 추궁하는 사후적 치분인 형벌과 구별되어 그 본질을 달리하는 것으로서 형벌에 관한 소급입법금지의 원칙이 그대로 적용되지 않으므로, 위 법률이 개정되어 부착명령 기간을 연장하도록 규정하고 있더라도 그것이 소급입법금지의 원칙에 반한다고 볼 수 없다(대법원 2010.12.23, 2010도11996).

③(○) 공직선거법 제251조 부분 중 "비방"의 의미는 '사회생활에서 존중되는 모든 것에 대하여 정당한 이유 없이 상대방을 깎아내리거나 헐뜯는 것'이라고 해석할 수 있는바, 이러한 용어는 일반인이 일상적으로 사용하거나 다른 법령들에서도 사용되는 일반적인 용어로서 일반인들도 그 대강의 법적 의미를 이해할 수 있는 표현이므로 죄형법정주의의 명확성원칙에 위반되지 아니한다(헌재 2010.11.25, 2010헌바53).

④(○) 이해관계인이 부정한 청탁에 의한 금품을 수수하는 것을 금지하고 형사처벌하는

건설산업기본법 제38조의2와 제95조의2의 입법 목적, 같은 법 제38조의2의 문언, 규정 체계 등을 종합하여 볼 때, 같은 법 제38조의2의 '이해관계인'이란 건설공사를 도급 또는 하도급을 받을 목적으로 도급계약을 체결하기 위하여 경쟁하는 자로서 도급계약의 체결 여부에 직접적이고 법률적인 이해관계를 가진 자를 의미하고, 이러한 의미를 가진 '이해관계인' 규정이 죄형법정주의의 명확성의 원칙에 위배된다고 할 수 없다(대법원 2009.9.24, 2007도6185).

⑤(○) 국가보안법(1980.12.31. 전문 개정된 법률) 제13조 중 "그 죄에 대한 법정형의 최고를 사형으로 한다"고 규정한 것이, 법정형의 최고가 사형이므로 그 이하의 형벌까지 모두 선고할 수 있다는 의미인지, 아니면 국가보안법 제7조 5항, 1항에 규정되어 있는 법정형 외에 사형이 법정형으로 추가된다는 의미인지 불명확하므로 형벌법규의 명확성 원칙에도 반한다(헌재 2002.11.28, 2002헌가5). 〈답 ②〉

16. 죄형법정주의에 관한 다음 설명 중 타당하지 않은 것은? (다툼이 있는 경우에는 판례에 의함)

① 공직선거법 제93조가 금지하는 탈법행위의 수단인 '광고, 인사장, 벽보, 사진, 문서 · 도화, 인쇄물이나 녹음 · 녹화테이프 기타 이와 유사한 것'에 이용자제작콘텐츠(UCC)가 포함된다고 해석하는 것은 죄형법정주의에 위배된다.

② '공인중개사의 업무 및 부동산 거래신고에 관한 법률'에 의하면 '중개업'을 영위하려는 자는 중개사무소의 개설등록을 하여야 하므로 죄형법정주의의 원칙상 중개사무소 개설등록을 하지 아니하고 부동산 거래를 중개하면서 그에 대한 보수를 약속 · 요구하는 행위를 위 법 위반죄로 처벌할 수는 없다.

③ 구 전략물자수출입공고 제48조의 '국제평화와 지역안전을 저해할 우려가 있는 지역' 부분은 형벌법규의 구성요건을 보충하는 요소라고 할 것인바, 형벌법규의 구성요건 요소로서는 지나치게 광범위하고 불명확하여 형벌법규의 명확성 원칙에 반한다.

④ 제1심판결 선고 당시에는 아동 · 청소년성보호법에서 정한 '아동 · 청소년'으로서 공개명령 · 고지명령의 대상에 해당하지 않았으나, 제2심에 이르러 만 19세에 도달하는 해의 1월 1일이 경과되었다면 공개명령 · 고지명령의 대상이 된다고 해석하는 것은 위법이 없다.

⑤ 아동 · 청소년의 성보호에 관한 법률에 정한 공개명령제도는 일종의 보안처분이어서 소급입법금지의 원칙이 그대로 적용되지 않는다.

해설

①(×) 공직선거법 제93조 1항은 탈법행위의 수단을 '광고, 인사장, 벽보, 사진, 문서 · 도화, 인쇄물이나 녹음 · 녹화테이프 기타 이와 유사한 것'이라고 표현함으로써 적용대상에 관하여 기본적으로 의사전달의 성질이나 기능을 가진 매체나 수단을 포괄적으로 규정

하고 있는 점, 무선정보통신으로 전달되는 것이 유형물이 아니라 전자정보에 해당하더라도 문자와 기호를 사용하여 관념이나 의사를 다른 사람에게 전달하는 문서가 가지는 고유의 기능을 그대로 보유하고 있는 점, 컴퓨터가 보편적으로 보급되어 일상생활화된 이른바 정보통신시대에 있어 이용자제작콘텐츠(UCC, User Created Contents)는 유체물인 종이문서 등을 대신하는 기능과 역할을 담당하고 있어 인터넷 홈페이지에 게시될 경우 선거에 미치는 영향이 문서 못지않으므로 이를 규제할 필요성이 클 뿐만 아니라 선거의 공정성을 보장하려는 공직선거법 규정의 입법취지에도 부합한다고 보이는 점 등 여러 사정을 종합적으로 고려하면, 인터넷 홈페이지에 후보자(후보자가 되고자 하는 자를 포함한다)를 지지·추천하거나 반대하는 내용이 포함되어 있거나 정당의 명칭 또는 후보자의 성명을 나타내는 내용이 포함된 제작물을 게시한 행위는 공직선거법 제255조 2항 5호, 제93조 1항의 구성요건에 해당한다고 보아야 한다(대법원 2008.9.25, 2008도6555).

②(○) '공인중개사의 업무 및 부동산 거래신고에 관한 법률' 제9조 제1항에 의하면 '중개업'을 영위하려는 자는 중개사무소를 두려는 지역을 관할하는 시장·군수 또는 구청장에게 중개사무소의 개설등록을 하여야 하므로 … 죄형법정주의의 원칙상 중개사무소 개설등록을 하지 아니하고 부동산 거래를 중개하면서 그에 대한 보수를 약속·요구하는 행위를 위 법 위반죄로 처벌할 수는 없다(대법원 2011.5.13, 2010도16970).

③(○) 구 전략물자수출입공고 제48조의 '국제평화와 지역안전을 저해할 우려가 있는 지역' 부분은 형벌법규의 구성요건을 보충하는 요소라고 할 것인바, 이는 그 내용 자체에 의하더라도 이를 한정할 다른 합리적인 기준이 없는 한 형벌법규의 구성요건 요소로서는 지나치게 광범위하고 불명확하다고 할 것이고 … 죄형법정주의가 요구하는 형벌법규의 명확성 원칙에 반한다(대법원 2010.12.23, 2008도4233).

④(○) 피고인이 제1심 판결 선고 당시에는 아동·청소년성보호법에서 정한 '아동·청소년'으로서 공개명령·고지명령의 대상에 해당하지 않았으나, 원심에 이르러 만 19세에 도달하는 해의 1월 1일이 경과되어 '아동·청소년'에서 제외됨으로써 공개명령·고지명령의 대상이 된다고 보아, 아동·청소년대상 성폭력범죄에 관한 공소사실을 유죄로 인정하여 실형을 선고하고도 공개명령·고지명령을 선고하지 아니한 제1심 판결을 파기하고 직권으로 피고인에 대하여 각 3년 간의 공개명령 및 고지명령을 선고하였다. 앞서 본 법리에 비추어 기록을 살펴보면 원심의 위와 같은 조치는 정당한 것으로 수긍할 수 있고, 거기에 상고이유의 주장과 같이 아동·청소년성보호법상 공개명령·고지명령에 관한 법리를 오해하는 등의 위법이 없다(대법원 2012.5.24, 2012도2763).

⑤(○) 아동·청소년의 성보호에 관한 법률에 정한 공개명령 제도는 … 범죄행위를 한 자에 대한 응보 등을 목적으로 그 책임을 추궁하는 사후적 처분인 형벌과 구별되어 그 본질을 달리하는 것으로서 형벌에 관한 소급입법금지의 원칙이 그대로 적용되지 않으므로, 공개명령 제도가 시행된 2010.1.1. 이전에 범한 범죄에도 공개명령제도를 적용하도록 아동·청소년의 성보호에 관한 법률이 2010.7.23. 법률 제10391호로 개정되었다고 하더라도 그것이 소급입법금지의 원칙에 반한다고 볼 수 없다(대법원 2011.3.24, 2010도14393).

〈답 ①〉

17. 적정성의 원칙에 관한 설명 중 옳지 않은 것은?

① 책임과의 관련을 떠난 지나치게 가혹한 형벌은 적정성의 원칙에 반할 수 있다.

② 특정경제범죄가중처벌등에관한법률에서 재산국외도피의 죄에서 도피금액에 따라 단계적으로 가중처벌 하는 것은 법관의 양형재량권을 과도하게

침해한 것이다.

③ 주택재건축조합의 임원을 뇌물죄의 적용에 있어서 공무원으로 의제한 것은 주택재건축사업의 공공성이라는 목적에 비추어 볼 때 목적 달성을 위하여 적절하고 필요한 수단이어서 과잉금지의 원칙에 위반된다고 볼 수 없다.

④ 헌법재판소가 간통죄에 관한 형법규정은 가족제도와 부부간의 성적 성실의무를 보호하기 위한 것이므로 위헌이 아니라고 결정한 것은 적정성의 원칙과 관련된다.

⑤ 사고피해자를 유기한 도주차량운전자에게 살인죄보다 무거운 형을 법정형으로 규정한 것은 적정성의 원칙에 반한다고 할 수 있다.

해설

②(×) 특정경제범죄가중처벌등에관한법률상 재산국외도피의 죄에서 도피금액을 기준으로 한 단계적 가중처벌에는 수긍할 만한 합리적인 이유가 있어 형벌과 책임 간의 비례원칙에 위배되지 아니한다고 본다(헌재 2007.7.26, 2006헌바12).

③(○) 주택재건축사업이 공공성을 지니고 있을 뿐만 아니라 주택재건축조합의 임원은 그 조합원들의 재산권에 대하여 중대한 영향을 미칠 수 있기 때문에 공무원에 버금가는 고도의 청렴성과 업무의 불가매수성이 요구되는바, 도시및주거환경정비법 제84조가 주택재건축조합의 임원을 뇌물죄의 적용에 있어서 공무원으로 의제한 것은 그 목적이 정당하고, 그 목적 달성을 위하여 적절하고 필요한 수단이라 할 것이며, 이러한 제한으로 인하여 보호하려는 공익과 침해되는 사익 사이에 불균형이 발생한다고 할 수 없으므로 과잉금지의 원칙에 위반된다고 볼 수도 없다(대법원 2007.4.27, 2007도694).

④(○) 간통죄를 처벌하는 형법규정은 선량한 성도덕과 일부일처주의 · 혼인제도의 유지 및 가족생활의 보장을 위하여서나 부부간의 성적 성실의무의 수호를 위하여, 그리고 간통으로 인하여 야기되는 사회적 해악의 사전예방을 위한 것이므로 헌법에 위배되지 아니한다(헌재 1990.9.10, 89헌마82).

⑤(○) 특정범죄가중처벌등에관한법률 제5조의3 제2항 1호가 사고운전자가 피해자를 사고장소로부터 옮겨 유기하고 도주한 경우에 사형 · 무기 또는 10년 이상의 징역으로 살인죄의 경우보다 무겁게 처벌하는 것은 지나치게 과중하고 가혹한 법정형을 정한 것이므로 헌법에 위반된다(헌재 1992.4.28, 90헌바24). 〈답 ②〉

18. 죄형법정주의에 관한 판례의 입장과 다른 것을 모두 고른 것은?

<사시 2010년: 배점 3>

가. 공소시효는 범죄의 성립과 형벌에 관한 것은 아니어서 소급효금지의 원칙이 당연히 적용되는 영역에 해당하지는 않는다 하더라도, 공소시효가 이미 완성된 경우 다시 소추할 수 있도록 공소시효를 소급하여 정지하는 법률을 사후적으로 제정하여 처벌대상으로 삼는 것은 그 정당성이 인정될 수 없다.

나. 폭력행위등처벌에관한법률 제4조 1항에서 규정하고 있는 범죄단체

구성원으로서의 '활동'의 개념은 위 규정의 입법취지 등을 고려한 법관의 해석에 의하여 어느 정도 보충될 수는 있지만 추상적이고 포괄적이며 모호한 측면이 강하므로 위 규정 중 '활동' 부분은 명확성의 원칙에 위배된다.

다. 약사법 제5조 3항에서 면허증의 대여를 금지한 취지는 약사 자격이 없는 자가 타인의 면허증을 빌려 영업을 하게 되는 경우 국민의 건강에 위험이 초래된다는 데에 있다 할 것이므로, 약사 자격이 있는 자에게 빌려주는 행위까지 금지되는 것으로 보는 것은 유추적용에 해당한다.

라. 강도상해죄의 법정최저형이 살인죄의 그것보다 높으나 살인죄에 있어서는 그 행위의 태양이나 동기가 극히 다양하므로 그 죄질 또는 비난가능성의 정도가 매우 가변적인 점 등에 비추어 강도상해죄의 법정형의 하한이 살인죄의 그것보다 높다고 하여 바로 과잉금지의 원칙에 위배된다고 할 수 없다.

마. 지방공기업법이 형법 제129조 내지 제132조의 적용에 있어서 지방공사와 지방공단의 임원 및 직원을 공무원으로 본다고 규정함으로써 형법상 뇌물죄의 적용범위를 임의적으로 확대하는 것은 죄형법정주의에 위배된다.

바. 청소년의성보호에관한법률 제16조에 규정된 반의사불벌죄에서 피해자인 청소년에게 의사능력이 있음에도 그 처벌을 희망하지 않는다는 의사표시 또는 처벌희망 의사표시의 철회에 명문의 근거 없이 법정대리인의 동의가 필요하다고 보는 것은 죄형법정주의 내지 유추해석금지의 원칙에 위배된다.

① 나 다 마　② 라 마 바　③ 가 나 다 라
④ 가 나 다 마　⑤ 가 다 마 바　⑥ 다 라 마 바

해설

가(×) 헌법재판소와 대법원의 다수의견은 공소시효가 완성된 경우에도 공소시효를 소급하여 정지하는 법률을 사후적으로 제정할 수 있는 예외를 허용할 수 있다고 본다. 헌재 1996.2.16, 96헌가2, 96헌바7, 96헌바13 전원재판부: 공소시효를 정지시키는 법률이라 하더라도 그 사유만으로 헌법 제12조 1항 및 제13조 1항에 규정한 죄형법정주의의 파생원칙인 형벌불소급의 원칙에 언제나 위배되는 것으로 단정할 수는 없다. … 진정소급입법이라 하더라도 기존의 법을 변경하여야 할 공익적 필요는 심히 중대한 반면에 그 법적 지위에 대한 개인의 신뢰를 보호하여야 할 필요가 상대적으로 적어 개인의 신뢰이익을 관철하는 것이 객관적으로 정당화될 수 없는 경우에는 예외적으로 허용될 수 있다. 대법원 1997.4.17, 96도3376 전원합의체: 5 · 18민주화운동등에관한특별법 제2조는 그 1항에서 그 적용대상을 '1979년 12월 12일과 1980년 5월 18일을 전후하여 발생한 헌정질서파괴범죄의공소시효등에관한특례법 제2조의 헌정질서파괴범죄행위'라고 특정하고 있으므로, 그에 해당하는 범죄는 5 · 18민주화운동등에관한특별법의 시행 당시 이미 형사소송법

제249조에 의한 공소시효가 완성되었는지 여부에 관계없이 모두 그 적용대상이 됨이 명백하다고 할 것인데, 위 법률조항에 대하여는 헌법재판소가 1996.2.16, 96헌가2, 96헌마7, 13 사건에서 위 법률조항이 헌법에 위반되지 아니한다는 합헌결정을 하였으므로, 위 법률조항의 적용범위에 속하는 범죄에 대하여는 이를 그대로 적용할 수밖에 없다.

나(×) 폭력행위등처벌에관한법률 제4조 1항에서 규정하고 있는 범죄단체 구성원으로서의 "활동"의 개념이 다소 추상적이고 포괄적인 측면이 있지만, 폭력행위등처벌에관한법률이 집단적 · 상습적인 폭력범죄를 엄히 처벌하기 위하여 제정되었고, 특히 이 사건 법률조항은 범죄단체의 사회적 해악의 중대성에 비추어 범죄의 실행 여부를 불문하고 범죄의 예비 · 음모의 성격을 갖는 범죄단체의 생성 및 존속 자체를 막으려는 데 그 입법 취지가 있는 점, … 어떠한 행위가 위 "활동"에 해당할 수 있는지는 구체적인 사건에 있어서 위 규정의 입법 취지 및 처벌의 정도 등을 고려한 법관의 합리적인 해석과 조리에 의하여 보충될 수 있는 점 등을 종합적으로 판단하면, 이 사건 법률조항 중 "활동"부분이 죄형법정주의의 명확성의 원칙에 위배된다고 할 수 없다(대법원 2008.5.29, 2008도1857).

다(×) 약사법의 입법 취지와 약사면허증에 관한 규정내용을 종합하여 보면, 약사법 제5조 3항에서 금지하는 '면허증의 대여'라 함은, 다른 사람이 그 면허증을 이용하여 그 면허증의 명의자인 약사인 것처럼 행세하면서 약사에 관한 업무를 하려는 것을 알면서도 면허증 그 자체를 빌려주는 것을 의미한다고 해석함이 상당하다. 따라서 그 면허증 대여의 상대방 즉 차용인이 무자격자인 경우는 물론이요 자격 있는 약사인 경우에도, 그 대여 이후 면허증 차용인에 의하여 대여인 명의로 개설된 약국 등 업소에서 대여인이 직접 약사로서의 업무를 행하지 아니한 채 차용인에게 약국의 운영을 일임하고 말았다면 약사면허증을 대여한 데 해당한다고 풀이하여야 한다(대법원 2003.6.24, 2002도6829).

라(○) 강도상해죄의 법정최저형이 살인죄의 그것보다 높으나 이는 살인죄에 있어서는 그 행위의 태양이나 동기가 극히 다양하므로 그 죄질 또는 비난가능성의 정도가 매우 가변적임에 비하여 강도상해죄의 경우 그 행위태양이나 동기가 비교적 단순하여 죄질과 정상의 폭이 넓지 않다 할 것이고 일반적으로 행위자의 비난가능성도 크다고 할 것이므로 준강도가 범한 강도상해죄의 법정형의 하한이 살인죄의 그것보다 높다고 하여 바로 과잉금지의 원칙을 위배하였다고 할 수 없다(헌재 1997.8.21, 96헌바9).

마(×) 형법 제129조 내지 제132조의 적용에 있어서 지방공사와 지방공단의 직원까지 공무원으로 본다고 규정한 지방공기업법 제83조는 헌법 제11조 1항, 제37조 2항 등에 위반된다고 볼 수 없고, 또한 지방공기업법 제83조의 명문의 규정에 반하여 지방공사와 지방공단의 직원을 특정범죄가중처벌등에관한법률 제4조 1항 소정의 간부직원, 즉 과장대리급 이상의 직원으로 한정하여 해석할 수도 없다(대법원 2002.7.26, 2001도6721). 판례는 지방공사 직원의 직무와 관련한 수재행위 등에 대하여 일반 사인과 달리 공무원의 수뢰죄와 동일하게 처벌하더라도 직무의 공공적 성격으로 인하여 청렴성과 불가매수성이 요구되는 경우라면 합리적 근거가 있고, 그것이 국민의 사경제활동의 자유를 지나치게 제한하여 과잉금지의 원칙에 위배한 것은 아니라고 보았다.

바(○) 처벌을 희망하지 않는다는 의사표시 또는 처벌희망 의사표시의 철회는 이른바 소극적 소송조건에 해당하고, 소송조건에는 죄형법정주의의 파생원칙인 유추해석금지의 원칙이 적용된다고 할 것인데, 명문의 근거 없이 그 의사표시에 법정대리인의 동의가 필요하다고 보는 것은 유추해석에 의하여 소극적 소송조건의 요건을 제한하고 피고인 또는 피의자에 대한 처벌가능성의 범위를 확대하는 결과가 되어 죄형법정주의 내지 거기에서 파생된 유추해석금지의 원칙에도 반한다(대법원 2009.11.19, 2009도6058 전원합의체).

〈답 ④〉

19. 죄형법정주의에 관한 판례의 입장 중 옳지 않은 것을 모두 고른 것은?

ㄱ 신·구 형법 사이의 관계가 아닌 다른 법률 사이의 관계에서는 구 형법 부칙 제4조 1항(1개의 죄가 본법시행 전후에 걸쳐서 행하여진 때에는 본법시행 전에 범한 것으로 본다)을 그대로 적용하거나 유추적용할 것이 아니다.
ㄴ 위법성 및 책임의 조각사유나 소추조건 또는 처벌조각사유인 형면제 사유에 관하여 그 범위를 제한적으로 유추적용하게 되면 행위자의 가벌성의 범위는 확대되어 행위자에게 불리하게 되는바, 이는 가능한 문헌의 범위를 넘어 범죄구성요건을 유추적용 하는 것과 같은 결과가 초래되므로 죄형법정주의의 파생원칙인 유추해석금지의 원칙에 위배하여 허용될 수 없다.
ㄷ 공무원이 "선거운동의 기획에 참여하거나 그 기획의 실시에 관여하는 행위"를 못하도록 하고 이를 위반한 경우 처벌하는 공직선거법 규정은 "선거운동", "기획", "참여", "관여"라는 불명확성을 지닌 구성요건을 사용하고 있으므로 헌법이 요구하는 죄형법정주의의 명확성의 원칙에 위배된다.
ㄹ 종업원의 위반행위에 대하여 양벌조항으로서 개인인 영업주에게도 동일하게 무기 또는 2년 이상의 징역형의 법정형으로 처벌하도록 규정하고 있는 보건범죄단속에관한특별조치법의 처벌규정은 형사법의 기본원리인 '책임 없는 자에게 형벌을 부과할 수 없다'는 책임주의에 반한다.
ㅁ 주택법 제41조의2(주택의 전매행위 제한 등) 제1항의 규정을 위반하여 입주자로 선정된 지위를 전매한 자란 그러한 지위를 전매한 매도인만을 의미하고 그러한 지위를 매수한 매수인은 해당하지 않는다.

① ㄷ ② ㄱ ㄴ ③ ㄴ ㅁ ④ ㄷ ㄹ
⑤ ㄷ ㅁ ⑥ ㄹ ㅁ

해설

ㄱ(○) 대법원 1992.12.8, 92도407.
ㄴ(○) 대법원 1997.3.20, 96도1167 전원합의체.
ㄷ(×) 조문에 "선거운동", "기획", "참여", "관여"라는 약간의 불명확성을 지닌 구성요건을 사용하고 있다고 하더라도 그 점만으로 헌법이 요구하는 죄형법정주의의 명확성의 원칙에 위배된다고 볼 수 없다(헌재 2008.5.29, 2006헌마1096 전원재판부). (다만 이 조항은 「공무원이 '그 지위를 이용하여' 하는 선거운동의 기획행위를 막는 것으로도 충분하다는 점에서 수단의 적정성과 피해의 최소성 원칙에 반하고, 법익의 균형성을 충족하고 있지 못하고 평등권을 침해하므로 위헌」이라고 하였다.)
ㄹ(○) 종업원의 위반행위에 대하여 양벌조항으로서 개인인 영업주에게도 동일하게 무기 또는 2년 이상의 징역형의 법정형으로 처벌하도록 규정하고 있는 '보건범죄단속에관한특별조치법' 제6조 중 제5조에 의한 처벌 부분이 종업원의 업무관련 무면허의료행위가 있

으면 이에 대해 영업주가 비난받을 만한 행위가 있었는지 여부와는 관계없이 자동적으로 영업주도 처벌하도록 규정하고 있고, 그 문언상 명백한 의미와 달리 "종업원의 범죄행위에 대해 영업주의 선임감독상의 과실(기타 영업주의 귀책사유)이 인정되는 경우"라는 요건을 추가하여 해석하는 것은 문리해석의 범위를 넘어서는 것으로서 허용될 수 없으므로, 결국 위 법률조항은 다른 사람의 범죄에 대해 그 책임 유무를 묻지 않고 형벌을 부과함으로써, 법정형에 나아가 판단할 것 없이, 형사법의 기본원리인 '책임 없는 자에게 형벌을 부과할 수 없다'는 책임주의에 반한다(헌재 2007.11.29, 2005헌가10 전원재판부).

㉤(○) 구 주택건설촉진법(1999.2.8. 개정 전의 법률) 제38조의3(주택의 전매행위 등의 제한) 제1항에서는 주택의 입주자로 선정된 지위 등의 '전매행위'를 금지하고, … 위와 같은 개정경위, 규정형식의 차이, 해당 규정의 입법취지 및 형벌법규의 엄격해석 원칙 등에 비추어 보면, 주택법 제41조의2 제1항의 규정을 위반하여 입주자로 선정된 지위를 전매한 자라고 함은 그러한 지위를 전매한 매도인만을 의미하고 그러한 지위를 매수한 매수인은 해당하지 않는다(대법원 2010.5.13, 2009도10477).

결국 옳은 것은 ㉠㉡㉣㉤이고, 틀린 것은 ㉢이다. 〈답 ①〉

20. 죄형법정주의의 내용과 그에 관한 판례의 태도이다. 가장 관련이 깊은 것과 올바르게 연결한 것은?

〈죄형법정주의의 내용〉

(ㄱ) 법률주의 또는 관습형법금지의 원칙

(ㄴ) 소급효금지의 원칙

(ㄷ) 명확성의 원칙

(ㄹ) 유추해석금지의 원칙

(ㅁ) 적정성의 원칙

〈판례〉

㉠ 총포·도검·화약류등단속법(2003.7.29. 개정 전의 법률) 제2조 1항은 총포에 관하여 규정하면서 기타 장약총이나 공기총도 금속성 탄알이나 가스 등을 쏠 수 있는 성능이 있는 것은 총포에 해당한다고 규정하고 있는데 같은 법 시행령이 단순히 총의 부품에 불과한 것을 총포에 해당한다고 규정한 것

㉡ 식품위생법 제11조 2항이 과대광고 등의 범위 기타 필요한 사항을 보건복지부령에 위임하고 있는 것

㉢ 1인회사의 1인주주 겸 대표이사가 회사에 대하여 배임죄를 저지를 수 있다는 판례로 변경

㉣ 청소년보호법 제26조의2 8호가 '청소년에 대하여 이성혼숙을 하게 하는 등 풍기를 문란하게 하는 영업행위를 하거나 그를 목적으로 장소를 제공하는 행위'를 하여서는 아니 된다고 규정한 것

㉤ 성폭력범죄의처벌및피해자보호등에관한법률(1997.8.22. 개정 전의 법률) 제9조 1항의 '제6조의 죄를 범한 자'에 제6조의 미수범까지 포함한

다고 해석하는 것
ⓑ 폭력행위등처벌에관한법률(2006.3.24. 개정 전의 법률) 제3조 2항이 야간에 흉기 기타 위험한 물건을 휴대하여 협박의 죄를 범한 자를 5년 이상의 유기징역에 처하도록 규정한 것

① (ㄱ)-㉠ (ㄴ)-㉢ (ㄷ)-㉤ (ㄹ)-ⓑ (ㅁ)-㉣
② (ㄱ)-㉡ (ㄴ)-㉢ (ㄷ)-㉣ (ㄹ)-㉤ (ㅁ)-ⓑ
③ (ㄱ)-㉠ (ㄴ)-㉢ (ㄷ)-㉣ (ㄹ)-ⓑ (ㅁ)-㉤
④ (ㄱ)-㉡ (ㄴ)-㉢ (ㄷ)-㉤ (ㄹ)-㉣ (ㅁ)-ⓑ
⑤ (ㄱ)-㉠ (ㄴ)-㉢ (ㄷ)-ⓑ (ㄹ)-㉤ (ㅁ)-㉣

해설

㉠ 법률주의에 위반되는 경우(대법원 1999.2.11, 98도2816 전원합의체판결). ㉡ 법률주의에 위반되지 않는 경우(대법원 2002.11.26, 2002도2998). ㉢ 피고인에게 불리하게 변경된 판례의 소급적용을 인정한 경우(대법원 1983.12.13, 83도2330 전원합의체판결). ㉣ 명확성의 원칙에 위반되지 않는 경우(대법원 2003.12.26, 2003도5980). ㉤ 유추해석으로 본 경우(대법원 1995.4.7, 95도94). ⓑ 적정성의 원칙에 위반되는 경우(헌재 2004.12.16, 2003헌가12).

〈답 ②〉

21. 죄형법정주의와 관련한 <문장>의 ㉮~㉱에 들어갈 어구를 <보기 1>, <보기 2>에서 적절하게 연결한 것은? (다툼이 있는 경우에는 판례에 의함)

<사시 2007년: 배점 3>

〈문장〉
(㉮)은/는 (㉯)에 반하지 않으며, (㉰)은/는 (㉱)에 반한다.

〈보기 1〉
A. 구 특정범죄가중처벌등에관한법률 제5조의3 제2항 1호에서 과실로 사람을 치상하게 한 자가 구호행위를 하지 아니하고 도주하거나 고의로 유기함으로써 치사의 결과에 이르게 한 경우 사형·무기 또는 10년 이상의 징역에 처하도록 하여 살인죄보다 법정형을 더 무겁게 한 것
B. 구 전기통신사업법 제53조 2항에서 '1항의 규정에 의한 공공의 안녕질서 또는 미풍양속을 해하는 것으로 인정되는 통신의 대상 등은 대통령령으로 정한다' 고 규정한 것
C. 청소년보호법 제26조의2 제8호에서 '풍기를 문란하게 하는 영업행위를 하거나 그를 목적으로 장소를 제공하는 행위' 라고 규정한 것
D. 주민등록법 제21조 2항 3호는 같은 법 제7조 4항의 규정에 의한 주

민등록부여 방법으로 허위의 주민등록번호를 생성하여 자기 또는 다른 사람의 재물이나 재산상의 이익을 위하여 이를 사용한 자를 처벌한다고 규정하고 있으므로, 타인에 의하여 이미 생성된 주민등록번호를 단순히 사용한 것을 위 법조 소정의 구성요건을 충족시킨 것으로 이해한 것

〈보기 2〉

Ⅰ. 법률주의

Ⅱ. 명확성의 원칙

Ⅲ. 유추해석금지의 원칙

Ⅳ. 적정성의 원칙

① ㉮－A ㉯－Ⅰ ㉰－B ㉱－Ⅲ
② ㉮－C ㉯－Ⅳ ㉰－D ㉱－Ⅰ
③ ㉮－C ㉯－Ⅱ ㉰－B ㉱－Ⅰ
④ ㉮－D ㉯－Ⅱ ㉰－C ㉱－Ⅳ
⑤ ㉮－B ㉯－Ⅰ ㉰－A ㉱－Ⅳ
⑥ ㉮－C ㉯－Ⅱ ㉰－D ㉱－Ⅰ
⑦ ㉮－D ㉯－Ⅲ ㉰－B ㉱－Ⅱ
⑧ ㉮－B ㉯－Ⅱ ㉰－C ㉱－Ⅲ

해설

A: 적정성의 원칙(Ⅳ)에 반한다. 특정범죄가중처벌등에관한법률 제5조의3 제2항 1호에서 과실로 사람을 치상하게 한 자가 구호행위를 하지 아니하고 도주하거나 고의로 유기함으로써 치사의 결과에 이르게 한 경우에 살인죄와 비교하여 그 법정형을 더 무겁게 한 것은 형벌체계상의 정당성과 균형을 상실한 것으로서 헌법 제10조의 인간으로서의 존엄과 가치를 보장한 국가의 의무와 헌법 제11조의 평등의 원칙 및 헌법 제37조 2항의 과잉입법금지의 원칙에 반한다(헌재 1992.4.28, 90헌바24).

B: 법률주의(Ⅰ)에 반한다. 전기통신사업법 제53조 2항은 '1항의 규정에 의한 공공의 안녕질서 또는 미풍양속을 해하는 것으로 인정되는 통신의 대상 등은 대통령령으로 정한다'고 규정하고 있는바 이는 포괄위임입법금지원칙에 위배된다. 왜냐하면 '공공의 안녕질서'나 '미풍양속'의 개념은 대단히 추상적이고 불명확하여 수범자인 국민으로 하여금 어떤 내용들이 대통령령에 정하여질지 그 기준과 대강을 예측할 수도 없게 되어 있고, 행정입법자에게도 적정한 지침을 제공하지 못함으로써 그로 인한 행정입법을 제대로 통제하는 기능을 수행하지 못한다(헌재 2002.6.27, 99헌마480).

C: 명확성의 원칙(Ⅱ)에 반하지 않는다. 청소년보호법 제26조의2 제8호 소정의 '풍기를 문란하게 하는 영업행위를 하거나 그를 목적으로 장소를 제공하는 행위'의 의미는 청소년보호법의 입법취지, 입법연혁, 규정형식에 비추어 볼 때 '청소년이 건전한 인격체로 성장하는 것을 침해하는 영업행위 또는 그를 목적으로 장소를 제공하는 행위'를 의미하는 것으로 보아야 할 것이고, 그 구체적인 예가 바로 위 규정에 열거된 '청소년에 대하여 이성혼숙을 하게 하거나 그를 목적으로 장소를 제공하는 행위'등이라고 보이는바, 이는 건전한 상식과 통상적인 법감정을 통하여 판단할 수 있고, 구체적인 사건에서는 법관의 보충적인 해석을 통하여 그 규범내용이 확정될 수 있는 개념이라 할 것이어서 위 법률조항은 명확성의 원칙에 반하지 아니하여 실질적 죄형법정주의에도 반하지 아니한다(대법원 2003.12.26, 2003도5980).

D: 유추해석 금지의 원칙(Ⅲ)에 반한다. 주민등록법 제21조 2항 3호는 같은 법 제7조 4항의 규정에 의한 주민등록번호 부여방법으로 허위의 주민등록번호를 생성하여 자기 또

는 다른 사람의 재물이나 재산상의 이익을 위하여 이를 사용한 자를 처벌한다고 규정하고 있으므로, 피고인이 허위의 주민등록번호를 생성하여 사용한 것이 아니라 타인에 의하여 이미 생성된 주민등록번호를 단순히 사용한 것에 불과하다면, 피고인의 이러한 행위는 피고인에게 불리한 유추해석을 금지하는 법리에 비추어 위 법조 소정의 구성요건을 충족시켰다고 할 수 없다(대법원 2004.2.27, 2003도6535).
죄형법정주의에 반하지 않는 경우는 C 하나이며, 반하는 경우는 A, B, D이다. 그러므로 원칙에 반하지 않는 ㉮ ㉯에 해당되는 것은 C-Ⅱ, 원칙에 반하는 ㉰ ㉱에 해당되는 것은 A-Ⅳ, B-Ⅰ, D-Ⅲ으로 연결되며, 이것을 충족하는 것은 ③번밖에 없다. 〈답 ③〉

제3절 형법의 적용범위

1. 형법 제1조 2항에 대한 설명으로 옳은 것만의 조합은?

> '범죄 후 법률의 변경에 의하여 그 행위가 범죄를 구성하지 아니하거나 형이 구법보다 경한 때에는 신법에 의한다.'
>
> a. 결과범에 있어서 범죄 후란 결과발생 후를 의미한다.
> b. 1개의 행위가 계속 중에 그 행위에 적용될 형벌법령이 수차 개정된 경우에 형벌의 변경이 없을 때에는 행위개시시의 법령이 적용된다.
> c. 형의 경중을 판단함에 있어서는 부가형을 고려할 필요가 없다.
> d. 정범의 처벌 후에 법령의 개정에 의하여 형벌이 경하게 된 때에 교사범에 대하여는 정범의 경우와 달리 신법이 적용된다.
> e. 포괄일죄로 되는 개개의 범죄행위가 법 개정의 전후에 걸쳐서 행하여진 경우에는 신·구법의 법정형에 대한 경중을 비교하여 볼 필요도 없이 범죄실행 종료시의 법이라고 할 수 있는 신법을 적용하여 포괄일죄로 처단하여야 한다.

① a d ② b c ③ c d ④ c e
⑤ d e ⑥ a c d ⑦ a d e ⑧ c d e

해설

a. 범죄 후란 행위종료 후를 의미하며, 결과발생은 포함하지 않는다. b. 행위시법은 행위개시시법이 아니라 행위종료시법이다. 실행행위의 도중에 법률의 변경이 있는 경우에 실행행위는 신법시행시에 행하여진 것이므로 당연히 신법이 적용되어야 한다(대법원 1986.7.22, 86도1012 전원합의체). c. 형의 경중을 판단함에 있어서는 주형뿐만 아니라 부가형도 비교하여야 한다는 것이 다수설이다. d. 정범의 처벌 후에 형이 경하게 된 때에도 공범에 대하여 처벌의 독립성이 인정되는 이상 교사범에 대하여 신법이 적용되는 것이 당연하다. e. 대법원 1998.2.24, 97도183 및 대법원 1994.10.28, 93도1166과 일치한다. 옳은 것은 d, e 이다. 〈답 ⑤〉

2. 형법의 시간적 적용범위에 대한 설명 중 옳지 않은 것은? (다툼이 있는 경우에는 판례에 의함)

① 행위시법과 재판시법 중 경한 법이 아니라 중간시법까지도 고려하여 가장 경한 법을 적용하여야 한다.

② 형의 경중의 비교는 원칙적으로 법정형을 표준으로 하며, 법정형 중 병과형 또는 선택형이 있을 때에는 가장 중한 형을 기준으로 하여 다른 형과의 경중을 정한다.

③ 행위 후에 법령의 변경에 의하여 징역형이 정해진 범죄에 대하여 새로 금고형이 선택형으로 추가된 경우 징역형을 선택한 경우에도 형법 제1조 2항이 적용된다.

④ 신·구법의 형의 경중은 각 소정의 가중 또는 감경을 한 후에 비교한다.

⑤ 법령의 폐지이유가 정책의 변경에서 나온 경우 범죄행위가 있은 후에 대체된 법령에 위반되지 않는다면 그 행위의 가벌성은 소멸된다.

해설

⑤(×) 한시법의 추급효에 관하여 대법원은 법률변경의 동기가 법적 견해의 변경에 기인한 경우와 단순한 사실관계의 변화에 기인한 경우를 구별하여, 전자에 있어서는 행위의 가벌성이 소멸되었으므로 처벌할 수 없지만 후자에 있어서는 가벌성이 없어지지 아니하므로 한시법의 추급효를 인정해야 한다고 본다. 따라서 법령의 폐지이유가 법적 견해의 변경에 있지 않는 한 정책의 변경만으로 가벌성이 소멸되지 않는다(대법원 1989.4.25, 88도1993).

① 대법원 1968.12.17, 68도1324, ② 대법원 1992.11.13, 92도2194, ④ 대법원 1960.9.30, 4293형상398; 대법원 1960.9.6, 4293형상296의 내용이다. ③ 이 경우에도 형의 변경이 있는 때에 해당하므로 당연히 제1조 2항이 적용된다. 〈답 ⑤〉

3. 형법의 시간적 효력에 관한 설명 중 옳지 않은 것은? (다툼이 있는 경우에는 판례에 의함) <사시 2013년: 배점 2>

① '범죄의 성립과 처벌은 행위시의 법률에 의한다(형법 제1조 제1항)'고 할 때의 '행위시'라 함은 범죄행위의 종료시를 의미한다.

② 범죄 후 법률의 개정에 의하여 법정형이 가벼워진 경우에는 당해 범죄사실에 적용될 가벼운 법정형(신법의 법정형)이 공소시효기간의 기준이 된다.

③ 포괄일죄의 경우 신법 시행 이후의 범행이 신법의 구성요건을 충족하는 때에는 신법을 적용하여야 한다.

④ 종전보다 가벼운 형으로 형벌법규를 개정하면서 부칙으로 개정 전의 범죄에 대하여는 종전의 형벌법규를 추급하여 적용하도록 규정한 경우 신법의 형이 적용되지 않는다.

⑤ 신·구법의 법정형을 기준으로 형의 경중을 비교하여 신법이 경한 경우

에도 경합범가중한 형이 구법보다 오히려 신법이 중하게 되는 결과가 된다면 신법이 적용되지 않는다.

해설

①(○) 형법 제1조 제1항 "범죄의 성립과 처벌은 행위시의 법률에 의한다"고 하여 행위시법주의를 원칙으로 한다. 행위시란 '범죄의 실행행위 종료시'를 말한다.

②(○) 범죄 후 법률의 개정에 의하여 법정형이 가벼워진 경우에는 형법 제1조 제2항에 의하여 당해 범죄사실에 적용될 가벼운 법정형(신법의 법정형)이 공소시효기간의 기준이 된다. 구 특정범죄가중처벌 등에 관한 법률 제6조 제1항, 제4항 제2호, 관세법 제271조 제2항, 제270조 제1항 제1호에 해당하는 관세포탈 미수행위를 범한 후, 2005.12.29. 위 특별법의 개정으로 위 범죄가 적용대상에서 제외되어 법정형이 가벼운 관세법으로 의율하게 되었으므로, 공소시효기간은 관세법의 법정형을 기준으로 한 3년이다(대법원 2008.12.11, 2008도4376).

③(○) 포괄일죄의 실행의 착수부터 종료시까지 수차례 법령이 바뀐 경우는 종료시의 법이 가장 중하여도 행위시법이므로 적용해야 한다(대법원 1998.2.24, 97도183).

④(○) 형법 제1조 제2항 및 제8조에 의하면 범죄 후 법률의 변경에 의하여 형이 구법보다 경한 때에는 신법에 의한다고 규정하고 있으나 신법에 경과규정을 두어 이러한 신법의 적용을 배제하는 것도 허용되는 것으로서, 형을 종전보다 가볍게 형벌법규를 개정하면서 그 부칙으로 개정된 법의 시행 전의 범죄에 대하여 종전의 형벌법규를 적용하도록 규정한다 하여 헌법상의 형벌불소급의 원칙이나 신법우선주의에 반한다고 할 수 없다(대법원 1997.7.9, 99도1695).

⑤(×) 형의 경중은 형법 제50조에 의한다. 여기서의 형은 법정형을 의미한다. 경합범가중은 고려하지 않는다. 〈답 ⑤〉

4. 자동차관리법과 동 시행규칙 제138조 1항 1호가 폐차시 원동기를 압축·파쇄 또는 절단하도록 하고 이에 위반시 처벌하였는데, 동 시행규칙 제138조 1항 1호가 삭제되면서 제138조 3항, 4항이 신설되어, 폐차과정에서 자동차 안전기준 등에 저촉되지 아니하는 원동기는 회수되어 자동차 수리용으로 재사용될 수 있도록 하였다. 그런데 위 시행규칙이 삭제되기 이전에 폐차시 원동기를 파쇄하지 아니함으로써 자동차관리법 위반죄로 재판을 받게 된 甲에 대한 다음 설명 중 틀린 것을 모두 고르면?

㉠ 보충규범의 개폐가 법률의 변경이 아니라는 견해에 의하면, 형법 제1조 1항이 적용되어 甲은 처벌된다.
㉡ 보충규범의 개폐가 법률의 변경이라는 견해에 의하면, 甲은 처벌될 수도 있고 처벌되지 않을 수도 있다.
㉢ 이러한 변경의 경우 판례는 폐차시 원동기를 압축·파쇄 또는 절단하도록 한 종전의 조치가 부당하다는 데에서 나온 반성적 조치라고 보아야 하므로 甲에 대하여는 무죄를 선고하여야 한다고 판시하였다.
㉣ 판례는 사용이 금지되었던 식품첨가물이 '건강기능식품에관한법률' 및 이에 의하여 고시된 '건강기능식품의 기준 및 규격' 등에 의하여 그

> 제한적 사용이 가능하도록 법률이 변경된 경우, 이 법률 및 고시가 시행되기 전에 위반행위를 한 자를 甲과 동일하게 취급하였다.

① ㉣ ② ㉠ ㉡ ③ ㉡ ㉣ ④ ㉢ ㉣ ⑤ ㉡ ㉢ ㉣

해설

㉠(○) 자동차관리법과 동 시행규칙이 합해져야 벌칙규정의 내용이 확정되므로 자동차관리법은 백지형법이고 동시행규칙은 보충규범이다.

㉡(○) 보충규범의 개폐가 법률의 변경이라는 견해에 의할 경우, 제1조 2항의 적용 여부가 문제되며 보충규범의 한시법적 성격에 비추어 그 추급효 인정 여부에 따라 처벌 여부가 달라지므로 옳다.

㉢(×) 그 취지는 자동차 생산기술의 발달로 그 부품의 성능과 품질이 향상됨에 따라 폐차되는 자동차의 원동기를 재사용할 필요가 있고 이를 일정한 조건 아래에서 허용하더라도 별다른 문제가 발생할 여지가 많지 않음에도 불구하고 폐차시 원동기를 압축·파쇄 또는 절단하도록 한 종전의 조치가 부당하다는 데에서 나온 반성적 조치라고 보아야 한다(대법원 2003.10.10, 2003도2770). 따라서 형사소송법 제326조 4호에 의해 면소판결을 선고히여야 한다.

㉣(×) 사용이 금지되었던 식품첨가물이 제한적 사용이 가능하도록 법률이 변경된 것은 법률이념의 변천으로 종래의 규정에 따른 처벌 자체가 부당하다는 반성적 고려에서 비롯된 것이라기보다는 건강기능식품의 국내 수요확대 등 여건의 변화에 따른 규제범위의 합리적 조정의 필요와 건강기능식품의 안전성 제고 등 그때그때의 특수한 필요에 대처하기 위한 정책적 조치에 따른 것으로 보아, 위 법률 및 고시가 시행되기 전에 이미 범하여진 위반행위에 대한 가벌성이 소멸되는 것은 아니다(대법원 2005.12.23, 2005도747).

〈답 ④〉

5. 형법의 적용범위에 관한 판례의 입장과 다른 것은?

① 식품위생법 제30조의 규정에 의하여 단란주점의 영업시간을 제한하고 있던 보건복지부 고시가 유효기간 만료로 실효되어 그 영업시간 제한이 해제됨으로써 그 후로는 영업시간제한 위반행위를 더 이상 처벌할 수 없게 되었다고 하더라도 그 이전에 범하여진 위반행위에 대한 가벌성이 소멸되는 것은 아니다.

② 대한민국 내의 미문화원에서 범죄행위를 한 자에 대하여 미문화원측이 처벌을 바라지 않았다고 하여 우리나라의 재판권이 배제되는 것은 아니다.

③ 누설한 군사기밀사항이 누설행위 이후 평문으로 저하되었거나 군사기밀이 해제되었다고 하더라도 이를 형법 제1조 2항의 '범죄 후 법률의 변경'으로 볼 수 없다.

④ 의료법이 약효에 관한 광고를 허용하고 그에 대한 벌칙조항을 삭제하면서 부칙에 그 시행 전의 약효에 관한 광고행위에 대한 벌칙의 적용에

관하여 아무런 경과규정을 두지 않았다고 하더라도 범죄 후 법률의 변경에 의하여 그 행위가 범죄를 구성하지 아니하는 경우에 해당한다고 볼 수 없다.

⑤ 기업회계기준이 개정되었지만 그 부칙에 따라 개정 전의 기업회계기준을 적용하여야 할 사안에서, 개정된 기업회계기준을 적용하여 작성한 재무제표를 금융기관에 제출하는 행위는 사기죄의 기망행위에 해당하며, 위와 같은 행위 이후에 개정 회계처리기준이 실제 시행되었다고 하더라도 이는 형법 제1조 2항이 적용되는 범죄 후 법률이 변경된 경우에 해당하지 않는다.

해설

①(○) 영업시간제한의 해제는 법률이념의 변천으로 종래의 규정에 따른 처벌 자체가 부당하다는 반성적 고려에서 비롯된 것이라기보다는 사회상황의 변화에 따른 식품접객업소의 영업시간제한 필요성의 감소와 그 위반행위의 단속과정에서 발생하는 부작용을 줄이기 위한 특수한 정책적인 필요 등에 대처하기 위하여 취하여진 조치에 불과하므로, 영업시간제한이 해제되었다고 하더라도 그 이전에 범하여진 위반행위에 대한 가벌성이 소멸되는 것은 아니다(대법원 2000.6.9, 2000도764).

②(○) 대법원 1986.6.24, 86도403.

③(○) 대법원 2000.1.28, 99도4022.

④(×) 구 의료법이 약효에 관한 광고를 허용하고 그에 대한 벌칙조항을 삭제하면서 부칙에 그 시행 전의 약효에 관한 광고행위에 대한 벌칙의 적용에 관하여 아무런 경과규정을 두지 않은 것은 약효에 대한 광고행위까지 처벌대상으로 삼은 종전의 조치가 부당하다는 반성적 고려에 의한 것이어서, 범죄 후 법률의 변경에 의하여 그 행위가 범죄를 구성하지 아니하는 경우에 해당하여 형법 제1조 2항에 따라 신법을 적용하여야 함에도 구법을 적용한 조치는 위법하다(대법원 2009.2.26, 2006도9311).

⑤ 대법원 2007.6.1, 2006도1813. 〈답 ④〉

6. 다음 중 형법 제1조 2항의 적용에 관한 판례의 입장과 다른 것은?

<사시 2010년: 배점 3>

① 사용이 금지되었던 식품첨가물 염화메틸렌과 흑색산화철이 그 후 건강기능식품에관한법률과 이에 따라 고시된 건강기능식품의 기준 및 규격 등에 의하여 그 제한적 사용이 가능하도록 법령이 변경된 경우, 위 법률 및 고시가 시행되기 전에 이미 범한 위반행위에 대한 가벌성이 소멸되지 않는다.

② 구 자동차관리법 시행규칙에 의하면 자동차폐차업자가 폐차를 요청받은 자동차의 폐차시 원동기를 압축·파쇄 또는 절단하도록 규정되어 있었다가 법령의 개정에 의하여 위 규정이 삭제된 경우, 위의 개정된 법령이 시행되기 전 폐차시 원동기를 압축·파쇄 또는 절단하지 아니하는

방법으로 이미 범한 위반행위에 대한 가벌성이 소멸된다.

③ 구 부동산중개업법과 같은 법 시행령에 의하여 부동산중개업자가 둘 수 있는 중개보조원의 인원수가 제한되어 있었다가 위의 개정된 법령에 의하여 위의 각 규정들이 삭제됨으로써 부동산중개업자가 인원수의 제한 없이 중개보조원을 고용할 수 있게 된 경우, 위와 같이 중개보조원 고용인원수 제한규정이 폐지되었다고 하더라도 그 이전에 이미 범한 중개보조원의 인원수 제한규정 위반행위에 대한 가벌성이 소멸되지 않는다.

④ 종전에 허가를 받거나 신고를 하여야만 할 수 있던 행위의 일부를 허가나 신고 없이 할 수 있도록 개발제한구역의지정및관리에관한특별조치법이 개정되었다면, 위의 개정된 법령이 시행되기 전에 이미 범한 무허가 비닐하우스 설치행위에 대한 가벌성이 소멸된다.

⑤ 구 의료법이 약효에 관한 광고를 허용하고 그에 대한 벌칙조항을 삭제하면서 부칙에 그 시행 전의 약효에 관한 광고행위에 대한 벌칙의 적용과 관련된 아무런 경과규정을 두지 않은 경우, 형법 제1조 2항에 따라 신법을 적용하여야 한다.

해설

④(×) 2005.1.27. 법률 제7383호로 개정된 개발제한구역의지정및관리에관한특별조치법에서 신설한 제11조 3항은 "건설교통부령이 정하는 경미한 행위는 허가 또는 신고를 하지 아니하고 행할 수 있다"고 규정하고 있고 그 부칙에 의하여 공포 후 6개월이 경과한 날부터 시행되었으며, 2005.8.10. 건설교통부령 제464호에서 신설한 같은 법 시행규칙 제7조의2와 [별표 3의2]는 그러한 경미한 행위들을 열거하여 규정하고 있으나, 이와 같이 종전에 허가를 받거나 신고를 하여야만 할 수 있던 행위의 일부를 허가나 신고 없이 할 수 있도록 법령이 개정되었다 하더라도 이는 법률이념의 변천으로 과거에 범죄로서 처벌하던 일부 행위에 대한 처벌 자체가 부당하다는 반성적 고려에서 비롯된 것이라기보다는 사정의 변천에 따른 규제 범위의 합리적 조정의 필요에 따른 것이라고 보이므로, 위 개발제한구역의지정및관리에관한특별조치법과 같은 법 시행규칙의 신설 조항들이 시행되기 전에 이미 범하여진 개발제한구역 내 비닐하우스 설치행위에 대한 가벌성이 소멸하는 것은 아니다(대법원 2007.9.6, 2007도4197).
① 대법원 2005.12.23, 2005도747, ② 대법원 2003.10.10, 2003도2770, ③ 대법원 2000.8.18, 2000도2943, ⑤ 대법원 2009.2.26, 2006도9311의 입장에 일치한다.

〈답 ④〉

7. 한시법의 추급효에 관하여 대법원은 법률변경의 동기를 분석하여 일시적 사정의 변경에 기인한 때에는 형법 제1조 2항의 범죄 후 법령의 개폐로 형이 폐지된 경우에 해당하지 않는다고 판시하여 실질적으로 동기설과 같은 태도를 취하고 있다. 다음 중 판례가 법령의 개폐가 일시적 사정의 변경에 기인하였다고 본 경우를 모두 나열한 것은?

㉠ 계엄포고령을 해제하였다.

ⓛ 축산물가공법 시행규칙이 식육점 경영자가 사전검사를 받아야 할 대상에서 개고기를 진열하는 행위를 삭제하였다.
ⓒ 도로운송차량법 시행규칙이 자동차점검 정비기간을 길게 개정하였다.
ⓡ 건축법령의 개정으로 바닥면적 300평방미터 미만의 종교집회장의 용도변경에는 허가를 요하지 않게 하였다.
ⓜ 청소년보호법의 개정으로 청소년의 숙박업소 출입행위가 처벌대상에서 제외되었다.
ⓑ 외국환관리규정의 개정으로 거주자가 허가를 받지 아니하고 휴대하여 출국할 수 있는 해외여행경비가 증액되었다.
ⓢ 식품위생법에 의한 보건복지부 고시에 의하여 일반음식점에 대하여 영업시간제한이 철폐되었다.

① ㉠ ㉢ ㉥　② ㉢ ㉥ ㉦　③ ㉠ ㉢ ㉥ ㉦
④ ㉢ ㉤ ㉥ ㉦　⑤ ㉠ ㉡ ㉢ ㉣ ㉤　⑥ ㉠ ㉢ ㉤ ㉥ ㉦

해설

대법원이 사실관계의 변화 때문에 형이 폐지된 경우로 보아 폐지 전에 범해진 행위에 대하여 가벌성을 인정한 경우로는 ㉠ 대법원 1985.5.28, 81도1045, ㉢ 대법원 1980.7.22, 79도2953, ㉥ 대법원 1996.2.23, 95도2858, ㉦ 대법원 2000. 6.9, 2000도764가 있다. 이외에도 에너지이용합리화법 시행규칙이 동력자원부장관의 지정을 받아야 할 열사용 기자재 중 온수보일러에서 가스용을 제외한 경우(대법원 1984.12.11, 84도413), 부동산소유권이전등기등에관한특별조치법을 폐지한 경우(대법원 1988.3.22, 87도2678), 수입식품의 유통기한의 표시를 자율화하도록 식품위생법령이 변경된 경우(대법원 1997.2.28, 96도2247), 도로교통법상 지정차로제도가 폐지된 경우(대법원 1999.11.12, 99도3567)도 사실관계의 변화 때문에 형이 폐지된 경우라고 한다. 〈답 ③〉

≪일시적 사정변경에 의한 법령개폐≫

① **대법원 2011.7.14, 2011도1303** '납세의무자가 정당한 사유 없이 1회계연도에 3회 이상 체납하는 경우'를 처벌하는 구 조세범 처벌법 제10조의 삭제는 경제·사회적 여건 변화를 반영한 정책적 조치에 따른 것으로 보일 뿐 법률이념의 변천에 따른 반성적 고려에서 비롯된 것이라고 보기 어려우므로, 위 규정 삭제 이전에 범한 위반행위의 가벌성이 소멸되지 않는다고 본 원심판단을 수긍한 사례.

② **대법원 2010.6.24, 2007도9051** 이 부분 범행 이후인 2005.12.29. 금융감독위원회공고 제2005-65호에 의하여 일정한 금원대여결정의 신고의무를 규정한 유가증권의 발행및공시등에관한규정 제69조 1항 4호 나목이 삭제되기는 하였으나, 이러한 법령의 개정은 위 신고의무의 시행 등으로 기업의 경영투명성이 크게 향상된 반면 경제여건의 변화에 따라 늘어난 상장기업의 각종 공시·신고의무 부담을 경감하여 줄 필요성이 제기되자 그에 대처하기 위한 정책적 조치에 따른 것으로 볼 수 있을 뿐, 법률이념의 변천으로 종래의 규정에 따른 처벌 자체가 부당하다는 반성적 고려에서 비롯된 것이라고는 볼 수 없다.

③ **대법원 1985.5.28, 81도1045** 계엄령의 해제는 사태의 호전에 따른 조치이고 계엄령이 부당하다는 반성적 고려에서 나온 조치는 아니므로 계엄이 해제되었다고 하여

계엄하에서 행해진 위반행위의 가벌성이 소멸된다고 볼 수 없는 것으로서 계엄기간 중의 계엄포고위반의 죄는 계엄해제 후에도 행위시의 법령에 따라 처벌되어야 하고 계엄의 해제를 범죄 후 법령의 개폐로 형이 폐지된 경우와 같이 볼 수 없다.

④ **대법원 1980.7.22, 79도2953** 도로운송차량법 시행규칙의 개정으로 자동차점검 정비기간을 길게 잡은 것은 법률이념의 변경에 의한 것이 아니고 자동차제조기술의 고도화, 도로사정의 진전 등이라는 법률이념 아닌 사정의 변천에 따라 그 필요에 대응하기 위하여 법령을 변경한 것에 불과하다고 보아야 한다.

≪반성적 고려에 의한 법령개폐≫

① **대법원 2010.7.15, 2007도7523** 행위시법인 구 정치자금법 제12조 1항에 따라 2004년도 이월금을 포함한 연간 모금한도액 1억 5천만원을 초과한 이후의 모금행위가 구 정치자금법에 따른 범죄구성요건에 해당된다고 하더라도, 그 후 2006.3.2. 개정된 정치자금법이 전년도 이월금을 연간 모금한도액에서 제외하는 것으로 규정하면서 경과규정을 별도로 두지 않고 있는 점에 비추어 볼 때, 그 개정취지는 범죄구성요건인 연간 모금한도액을 규정함에 있어 전년도 이월금을 포함하도록 하고 있는 구법의 처벌규정이 부당하다는 데에서 나온 반성적 조치라고 봄이 상당하다.

② **대법원 2010.3.11, 2009도12930** 구 군형법(2009.11.2. 개정 전의 법률) 제79조는 "허가 없이 근무장소 또는 지정장소를 일시이탈하거나 지정한 시간 내에 지정한 장소에 도달하지 못한 자는 1년 이하의 징역이나 금고에 처한다"고 규정하였으나, 원심판결 선고 후 시행된 군형법 제79조는 "허가 없이 근무장소 또는 지정장소를 일시적으로 이탈하거나 지정한 시간까지 지정한 장소에 도달하지 못한 사람은 1년 이하의 징역이나 금고 또는 300만원 이하의 벌금에 처한다"고 규정하여 벌금형이 법정형으로 추가되었는바, 그 취지는 무단이탈의 형태와 동기가 다양함에도 불구하고 죄질이 경미한 무단이탈에 대하여도 반드시 징역형 내지 금고형으로 처벌하도록 한 종전의 조치가 과중하다는 데에서 나온 반성적 조치라고 보아야 할 것이어서, 이는 형법 제1조 제2항의 '범죄 후 법률의 변경에 의하여 형이 구법보다 경한 때'에 해당한다.

③ **대법원 2010.2.25, 2009도14994** 구 군형법(2009.11.2. 개정 전의 법률) 제30조 1항 3호는 '적전, 전시, 사변 또는 계엄지역 이외의 경우에 군무를 기피할 목적으로 부대 또는 직무를 이탈한 자는 2년 이상 10년 이하의 징역에 처한다'고 규정하였으나, 원심판결 선고 후 시행된 군형법 제30조 1항 3호는 동일한 내용의 군무이탈자에 대하여 1년 이상 10년 이하의 징역에 처한다고 규정하고 있는바, 그 개정취지는 군무이탈의 형태와 동기가 다양하고 개인의 범죄적 소질보다는 주로 가정환경이나 외부적 요인에 의하여 발생하고 있음에도 불구하고 2년 이상 10년 이하의 징역형에 처벌하도록 한 종전의 조치가 과중하다는 데에서 나온 반성적 조치라고 보아야 할 것이어서, 이는 형법 제1조 2항의 '범죄 후 법률의 변경에 의하여 형이 구법보다 경한 때'에 해당한다.

④ **대법원 2010.1.28, 2009도882** 노동부장관이 고시한 요금 외의 금품을 받은 자를 1년 이하의 징역 또는 500만 원 이하의 벌금에 처하도록 규정하고 있던 구 직업안정법(2009.10.9. 개정 전의 법률) 제48조 3호가 2010.1.10.부터 시행된 직업안정법 제50조 1항 1호에서 1,000만원 이하의 과태료를 부과하는 것으로 개정되었고, 이러한 법률의 개정은 경미한 행정법규 위반에 대하여 바로 형벌을 과하는 것이 부당하다는 반성적 고려에서 이루어진 것으로서 형사소송법 제326조 4호의 범죄 후의 법령개폐로 형이 폐지되었을 때에 해당한다.

8. 한시법의 추급효에 대한 판례의 태도 중에서 법률이념의 변경에 의하여 형이 폐지된 경우로 본 것을 올바르게 연결한 것은?

> ㉠ 부동산소유권이전등기등에관한특별조치법을 폐지한 경우
> ㉡ 계량법 시행령이 화학용 부피계에 대하여 검정제도를 폐지한 경우
> ㉢ 정당한 사유 없이 명시기일에 출석하지 아니한 사람에 대하여 3년 이하의 징역 또는 500만원 이하의 벌금에 처하고 있던 구 민사소송법 제524조의8의 규정이 20일 이내의 감치에 처하도록 개정된 경우
> ㉣ 수입식품의 유통기한의 표시를 자율화하도록 식품위생법령이 변경된 경우
> ㉤ 청소년보호법의 개정으로 청소년의 숙박업소 출입행위가 처벌대상에서 제외된 경우
> ㉥ 증권거래법의 개정으로 협회등록법인이 아닌 단순한 등록법인의 미공개 중요정보를 이용한 내부자거래가 처벌대상에서 제외된 경우

① ㉠ ㉣　② ㉠ ㉡ ㉢　③ ㉠ ㉡ ㉢ ㉣
④ ㉡ ㉢ ㉤ ㉥　⑤ ㉠ ㉡ ㉢ ㉤ ㉥

해설

사실관계의 변화 때문에 형이 폐지된 경우로 보아 폐지 전에 범하여진 행위에 대하여 가벌성을 인정한 경우로는 ㉠ 대법원 1988.3.22, 87도2678, ㉣ 대법원 1997.2.28, 96도2247 등이 있고, 법률이념의 변경에 의하여 형이 폐지된 경우라고 인정한 경우로는 ㉡ 대법원 1983. 2.8, 81도165, ㉢ 대법원 2002.9.24, 2002도4300, ㉤ 대법원 2000.12.8, 2000도2626, ㉥ 대법원 1999.6.11, 98도3097 등이 있다. 이외에도 법률이념의 변경에 의하여 형이 폐지된 경우라고 인정한 경우로는 축산물가공처리법 시행규칙이 식육점 경영자가 사전검사를 받아야 할 대상에서 견육을 판매목적으로 진열한 행위를 삭제한 경우(대법원 1979.2.27, 78도1690), 특정범죄가중처벌등에관한법률의 가중처벌대상인 세금포탈 금액이나(대법원 1983.9.13, 80도902) 뇌물수수의 금액이 변경된 경우(대법원 1991.1.8, 90도2485), 특정경제범죄가중처벌등에관한법률의 가중처벌대상인 사기죄(대법원 1991.1.25, 90도2560)와 업무상 배임죄의 재산상 이익의 가액이 변경된 경우(대법원 1991.12.27, 91도196) 등이 있다. 〈답 ④〉

9. 미국인 A, B, C, D, E에 대하여 대한민국 형법을 적용할 수 없는 경우는? (다툼이 있는 경우에는 판례에 의함) <사시 2009년: 배점 2>

① A는 행사할 목적으로 한국에서 100달러짜리 미화 10장을 위조하였다.
② B는 행사할 목적으로 미국에서 100달러짜리 미화 10장을 위조하였다.
③ C는 행사할 목적으로 미국에서 1,000엔짜리 일본화폐 10장을 위조하였다.
④ D는 주미 한국대사관에 취직하기 위하여 미국에서 서울대학교 총장명의의 졸업증서를 위조하여 한국대사관에 제출하였다.
⑤ E는 미국에서 재미 한국 유학생 甲이 미국대학에 제출할 목적의 건강진

단서를 허위로 작성하여 발급하였다.

해설

A, B, C의 행위는 제207조 3항에 해당한다. A에게는 속지주의에 의해 우리 형법이 적용되며, B와 C에게는 속지주의나 속인주의에 의할 수는 없고 외국인의 국외범규정(제5조 4호)에 의해 우리 형법이 적용된다. D의 행위(공문서위조·동 행사죄)도 외국인의 국외범규정(제5조 6호)에 의해 대한민국 형법이 적용된다. E의 행위는 허위진단서작성죄(지문의 취지에 비추어 E는 의사로 보이지만, 의사가 아니라면 사문서위조죄)에 해당하는데 속지주의나 속인주의의 대상은 아니며, 외국인의 국외범 중 제5조의 적용대상도 아니므로 제6조의 적용대상범죄인가가 문제된다. 문서에 관한 죄 중 공문서범죄 이외의 범죄는 "대한민국 또는 대한민국 국민에 대한 죄"에 해당하지 않으므로 E에게는 우리 형법을 적용할 수 없다. 대법원 2006.9. 22, 2006도5010은 "사문서위조죄가 형법 제6조의 대한민국 또는 대한민국 국민에 대하여 범한 죄에 해당하지 아니함은 명백하므로 내국인이 아닌 피고인이 중국 북경시에 소재한 대한민국 영사관 내에서 타인 명의의 여권발급신청 1장을 위조한 행위는 외국인의 국외범에 해당하므로 피고인에 대한 재판권이 없다"고 하였다.

〈답 ⑤〉

10. 형법의 적용에 관한 설명 중 옳은 것(○)과 옳지 않은 것(×)을 올바르게 조합한 것은? (다툼이 있는 경우에는 판례에 의함) <사시 2013년: 배점 3>

ㄱ. A국인이 A국에서 서울지방경찰청장 명의의 운전면허증을 위조한 경우 대한민국 형법이 적용된다.
ㄴ. B국인이 B국에서 대한민국 국적의 주식회사의 사(私)인장을 위조한 경우에는 대한민국 형법이 적용된다.
ㄷ. 간통죄가 처벌되는 C국에 거주하는 C국인 남자가 간통죄의 처벌규정이 없는 D국에서 한국인을 남편으로 둔 한국인 여자와 간통한 경우 C국인 남자에 대해 대한민국 형법이 적용된다.
ㄹ. 한국인이 E국에서 살인죄를 범하고 살인죄로 기소되어 징역 7년을 선고받고 그 형의 집행을 종료한 후 한국으로 귀국한 경우에는 대한민국 형법이 적용된다.
ㅁ. F국인이 한국에서 G국인과 히로뽕을 매수하려는 공모를 한 후 G국인이 H국에서 I국인으로부터 히로뽕을 매수한 경우 F국인에 대해 대한민국 형법이 적용된다.
(※ 위의 A~I국은 대한민국이 아닌 외국을 말함)

① ㄱ(○) ㄴ(×) ㄷ(×) ㄹ(○) ㅁ(○)
② ㄱ(×) ㄴ(×) ㄷ(○) ㄹ(×) ㅁ(○)
③ ㄱ(○) ㄴ(○) ㄷ(×) ㄹ(○) ㅁ(×)
④ ㄱ(○) ㄴ(×) ㄷ(○) ㄹ(×) ㅁ(×)
⑤ ㄱ(×) ㄴ(○) ㄷ(○) ㄹ(×) ㅁ(○)
⑥ ㄱ(×) ㄴ(×) ㄷ(×) ㄹ(○) ㅁ(○)

⑦ ㄱ(○) ㄴ(×) ㄷ(○) ㄹ(○) ㅁ(○)

해설

ㄱ(○) 제5조 제6호.
ㄴ(×) 제238조 사인위조죄는 형법 제6조에 해당하지 아니하므로 중국 국적자가 중국에서 대한민국 국적 주식회사의 인장을 위조한 경우에는 외국인의 국외범으로서 그에 대하여 재판권이 없다(대법원2002.11.26, 2002도4929).
ㄷ(×) 제6조 단서에는 행위지의 법률에 의하여 범죄를 구성하지 아니하거나 소추 또는 형의 집행을 면제할 경우에는 처벌하지 않는다고 하므로, 간통죄 처벌 규정이 없는 D국에서 발생한 외국인의 간통사건을 처벌할 수 없다.
ㄹ(○) 제7조(외국에서 받은 형의 집행) 범죄에 의하여 외국에서 형의 전부 또는 일부의 집행을 받은 자에 대하여는 형을 감경 또는 면제할 수 있다.
ㅁ(○) 공모공동정범의 경우 공모지도 범죄지(대법원 1998.11.27, 98도2734). 〈답 ①〉

11. 甲에 대하여 대한민국의 형벌법령이 적용되는 경우가 아닌 것은? (다툼이 있는 경우에는 판례에 의함) <사시 2012년: 배점 2>

① 프랑스인 甲은 미국의 공항에서 영국인 A를 살해하기 위해 총격을 가하였다. A는 총상을 입고 이륙 직전의 대한민국 국적의 항공기 내로 피신하였으나, 항공기 안에서 과다출혈로 사망하였다.
② 러시아인 甲은 일본에서 중국 국적의 항공기를 납치하였으나, 기체고장으로 대한민국의 김해국제공항에 불시착하였다.
③ 중국인 甲은 중국에 있는 대한민국 영사관에서 여권발급신청서 1장을 위조하였다.
④ 캐나다인 甲은 미국에서 대한민국 국민 A를 살해한 죄로 미국 법정에서 징역형을 선고받고 미국 교도소에서 그 형의 집행이 종료되었다.
⑤ 일본인 甲은 독일 뮌헨시에 있는 유스호스텔에서 대한민국 국민 A로부터 국제학생증을 절취하고 이를 직원에게 제시하였다.

해설

①(○) 제4조(국외에 있는 내국선박 등에서 외국인이 범한 죄)는 "본법은 대한민국 영역 외에 있는 대한민국의 선박 또는 항공기내에서 죄를 범한 외국인에게 적용한다"고 규정하고 있는데, 이는 형법의 적용범위에 관한 기국주의를 말하며, 속지주의의 연장이 된다. 속지주의가 적용되는 범죄의 발생지란 범죄의 구성사실행위와 결과의 전부 또는 일부가 영역 내에서 범하여지면 되고, 공범의 행위지도 범죄지로 볼 수 있다(대법원 1998.11.27, 98도2734). 지문의 경우 피해자 A가 피신하여 항공기 내에서 사망하였으므로 대한민국 국적의 항공기가 범죄의 결과발생지가 되며, 범죄자 甲에게 대한민국 형법이 적용된다.
②(○) 판례는 중국민항기 납치사건에서, 도쿄협약과 헤이그 협약에 비추어, 항공기 착륙국인 우리나라에도 경합적으로 재판관할권이 생기어 우리나라 항공기운항안전법은 외국인의 국외범까지도 적용대상이 된다고 하였다(대법원 1984.5.22, 84도39). 우리 형법은 세계주의를 명시하지 않았지만, 법률적 효력을 가진 조약의 해석상 세계주의처럼 외국인의 국외범까지 우리법이 적용될 수 있다. 지문의 경우 우리나라는 항공기착륙국으로서 재판

관할권을 가지므로 범죄자 甲에게 형법이 적용된다.
③(×) 판례는 외국인이 중국 북경시에 소재한 대한민국 영사관 내에서 여권발급신청서를 위조한 사안에서, 제6조 본문은 대한민국 영역 외에서 대한민국 또는 대한민국 국민에 대하여 같은 법 제5조에 기재한 이외의 죄를 범한 외국인에게 적용한다고 규정하고 있는바, 중국 북경시에 소재한 대한민국 영사관 내부는 여전히 중국의 영토에 속할 뿐 이를 대한민국의 영토로서 그 영역에 해당한다고 볼 수 없을 뿐 아니라, 사문서위조죄가 형법 제6조의 대한민국 또는 대한민국 국민에 대하여 범한 죄에 해당하지 아니한다고 보아, 피고인에게 재판권이 없다고 보았다(대법원 2006.9.22, 2006도5010).
④(○) 제6조에 의하면 형법은 외국인이 외국에서 형법 제5조에 열거된 죄 이외에 대한민국 국민에 대하여 죄를 범한 때에 적용되며, 단 행위지의 법률에 의하여 범죄를 구성하지 아니하거나 소추 또는 형의 집행을 면제할 경우에는 예외로 한다고 한다(보호주의). 지문의 경우 외국인(캐나인)이 외국(미국)에서 대한민국 국민에 대해 제5조에 규정 이외의 죄인 살인죄를 범한 것이고, 이는 행위지법(미국법)에 의하더라도 처벌하는 범죄이므로 범죄자 甲에게 형법이 적용된다. 외국에서 형의 전부 또는 일부의 집행을 받은 자에 대해서는 법원의 재량으로 형을 감경 또는 면제할 수 있을 뿐이므로(제7조), 우리 형법의 적용에 의한 처벌이 가능한 점에는 영향이 없다.
⑤(○) 일본인 甲이 독일에서 대한민국 국민의 A의 국제학생증을 절취한 것이 우리나라의 형법 중 절도죄로 처벌할 수 있는지 문제이다. 이는 제6조의 보호주의 문제로서 절도죄는 대한민국 국민의 법익(재산권)을 직접적으로 침해하는 범죄이므로 제6조 본문에 의하여 처벌할 수 있고, 독일에서도 절도죄는 처벌하고 있으므로 제6조 단서의 제한에도 걸리지 않는다. 〈답 ③〉

12. 우리나라의 형법이 적용되는 경우가 아닌 것은? (다툼이 있는 경우에는 판례에 의함) <사시 2011년: 배점 2>

① 한국인이 대한민국 내의 미국문화원에서 집단으로 폭력을 행사하였으나 미국문화원 측이 이들에 대한 처벌을 바라지 않는다는 의사를 표시한 경우
② 일본인이 행사할 목적으로 중국에서 미화 100달러 지폐를 위조한 경우
③ 일본인 甲과 乙이 미국에서 미국인 A를 살해하기로 서울의 한 호텔에서 공모한 후 미국에서 A를 살해한 경우
④ 외국인에게 출입이 허용된 필리핀의 카지노에서 한국인 甲이 도박을 한 경우
⑤ 독일인 甲이 독일 내에서 북한의 지령을 받아 베를린 주재 북한이익대표부를 방문하고 그곳에서 북한공작원을 만난 경우

해설

①(○) 미국문화원이 치외법권지역이고 그 곳을 미국 영토의 연장으로 본다 하더라도 한국인의 범죄이므로 속인주의에 의해 형법 적용되며, 미국문화원 측의 불처벌 의사표시로 형법적용이 배제되는 것은 아니다. 대법원 1986.6.24, 86도403 참조: 국제협정이나 관행에 의하여 대한민국 내에 있는 미국문화원이 치외법권지역이고 그 곳을 미국 영토의 연장으로 본다 하더라도 그 곳에서 죄를 범한 대한민국 국민에 대하여 우리 법원에 먼저

공소가 제기되고 미국이 자국의 재판권을 주장하지 않고 있는 이상 속인주의를 함께 채택하고 있는 우리나라의 재판권은 동인들에게도 당연히 미친다 할 것이며 미국문화원 측이 동인들에 대한 처벌을 바라지 않았다고 하여 그 재판권이 배제되는 것도 아니다.

②(○) 외국인이 외국에서 외국지폐를 위조한 외국인의 국외범인데, 이는 형법 제207조 3항의 외국통용 외국통화 위조죄(행사할 목적으로 외국에서 통용하는 외국의 화폐, 지폐 또는 은행권을 위조 또는 변조한 자는 10년 이하의 징역)에 해당하며, 형법 제5조 외국인의 국외범(본법은 대한민국 영역 외에서 다음에 기재한 죄를 범한 외국인에게 적용한다)의 4호 통화에 관한 죄이므로 우리 형법이 적용될 수 있다.

③(○) 형법 제2조(본법은 대한민국 영역 내에서 죄를 범한 내국인과 외국인에게 적용한다)를 적용함에 있어서 공모공동정범의 경우 공모지도 범죄지로 보아야 한다(대법원 1998.11.27, 98도2734).

④(○) 형법 제3조(본법은 대한민국 영역 외에서 죄를 범한 내국인에게 적용한다)에 의하여 외국에서 도박죄를 범한 한국인에게 형법이 적용된다. 필리핀국에서 카지노의 외국인 출입이 허용되어 있다 하여도, 형법 제3조에 따라 필리핀국에서 도박을 한 피고인에게 우리나라 형법이 당연히 적용된다(대법원 2001.9.25, 99도3337).

⑤(×) 독일인이 독일 내에서 북한의 지령을 받아 베를린 주재 북한이익대표부를 방문하고 그 곳에서 북한공작원을 만났다면 위 각 구성요건상 범죄지는 모두 독일이므로 이는 외국인의 국외범에 해당하여, 형법 제5조와 제6조에서 정한 요건에 해당하지 않는 이상 위 각 조항을 적용하여 처벌할 수 없다(대법원 2008.4.17, 2004도4899 전원합의체).

〈답 ⑤〉

13. 형법의 시간적, 장소적 적용범위와 관련한 다음 설명 중 가장 옳은 것은? (다툼이 있는 경우 판례에 의함) <법원행시 2012년>

① 특정범죄 가중처벌 등에 관한 법률 위반(도주차량)으로 운전면허취소처분을 받은 자가 자동차를 운전한 경우 그 후 피의사실에 대하여 무혐의 처분을 받고 이를 근거로 행정청이 운전면허 취소처분을 철회하였다고 하더라도, 위 운전행위는 무면허운전에 해당한다.

② 살인죄로 외국에서 형의 집행을 받은 자를 국내법원에서 감경 없이 다시 살인죄로 동일한 형을 선고하였다고 하더라도 위법하다고 할 수 없다.

③ 뇌물수수죄에 대하여 수뢰액의 2배 이상 5배 이하의 벌금을 병과하는 규정이 신설된 경우, 위 신설규정의 시행 전후에 걸쳐 행하여진 뇌물수수액 전체를 벌금형 산정 기준이 되는 수뢰액으로 보아야 한다.

④ 필리핀국에서는 카지노의 외국인 출입이 허용되어 있으므로, 필리핀국에서 도박을 한 우리나라 피고인에게 우리나라 형법을 적용할 수 없다.

⑤ 정당한 사유 없이 명시기일에 출석하지 아니한 자에 대하여 형벌 대신 감치에 처하도록 법령이 개정된 경우는, 법률이념의 변천으로 종래의 규정에 따른 처벌 자체가 부당하다는 반성적 고려에서 비롯된 것이라기보다는 사회·경제적 상황의 변화에 따른 정책적인 조치에 불과하므로

그 이전에 이미 행하여진 위반행위에 대한 가벌성이 소멸되는 것이 아니다.

해설

①(×) 행정청이 운전면허 취소처분을 철회하였다면 무면허운전에 해당하지 않는다.
②(○) 일사부재리의 원칙은 우리나라 재판권이 행사되었을 때 적용되는 원칙이므로 옳은 지문이다.
③(×) 포괄일죄인 뇌물수수 범행이 특정범죄 가중처벌 등에 관한 법률 제2조 제2항의 시행 전후에 걸쳐 행하여진 경우, 위 조항에 규정된 벌금형 산정기준이 되는 수뢰액의 범위(=시행 이후에 수수한 금액)이다. 포괄일죄의 처벌은 마지막 범죄행위 종료시법인 신법에 따른다는 것과 구별해야 한다.
④(×) 속지주의가 원칙이지만, 속인주의에 따라 우리나라 형법이 적용된다.
⑤(×) 재산명시기일에 출석하지 아니한 자에 대해 감치를 하도록 개정된 경우도 법률이념의 변경 또는 반성적 고려에 따라 신법을 적용하는 경우이다. 〈답 ②〉

14. 대한민국의 형벌법규가 적용되는 범위 또는 재판관할권에 관한 설명 중 옳지 않은 것은? (다툼이 있는 경우에는 판례에 의함) <법원행시 2007년>

① 외국인이 한국으로 입국하기 위하여 중국 북경시에 소재한 대한민국 영사관 내에서 그 곳에 비치된 여권발급신청서를 위조한 경우 대한민국에 재판관할권이 있다.
② 한반도의 평시상태에서 대한민국은 미합중국 군대의 군속이 대한민국 영역 안에서 저지른 범죄로서 대한민국 법령에 의하여 처벌할 수 있는 범죄에 대한 형사재판권을 행사할 수 있다.
③ 도박죄를 처벌하지 않는 미국의 네바다주 라스베가스에 있는 호텔 도박장에서 상습으로 도박한 한국인에 대하여 대한민국에 재판관할권이 있다.
④ 미국인이 미국 내에서 한국인으로부터 주미한국대사관 영사에게 알선해 달라는 부탁을 받고 한국에 입국한 다음 그 알선명목으로 금원을 수수하여 변호사법 위반죄를 범한 경우 대한민국의 변호사법이 적용된다.
⑤ 대한민국의 국적을 가진 상태에서 미국의 시민권을 취득한 甲이 대한민국 내에 있는 토지를 매수하면서 한국인인 乙에게 위 토지에 대한 명의신탁을 한 경우, 乙은 외국인에 의한 취득이 금지된 토지를 외국인을 위하여 외국인의 자금으로 취득한 것이므로 특정범죄가중처벌등에관한법률위반(외국인을 위한 재산취득)죄의 죄책을 진다.

해설

①(×) 중국 북경시에 소재한 대한민국 영사관 내부는 여전히 중국의 영토에 속할 뿐 이를 대한민국의 영토로서 그 영역에 해당한다고 볼 수 없을 뿐 아니라, 사문서위조죄는 형법 제6조의 대한민국 또는 대한민국 국민에 대하여 범한 죄에 해당하지 아니한다(대법원 2006.9.22, 2006도5010).

②(○) 대한민국과 아메리카합중국 간의 상호방위조약 제4조에 의한 시설과 구역 및 대한민국에서의 합중국 군대의 지위에 관한 협정(1967.2.9 조약 제232호로 발효되고 2001.3.29 조약 제553호로 최종 개정된 것) 제1조 (가)항 전문, (나)항 전문, 같은 협정 제22조 4항에 의하면, 미합중국 군대의 군속 중 통상적으로 대한민국에 거주하고 있는 자는 위 협정이 적용되는 군속의 개념에서 배제되므로, 그에 대하여는 대한민국 형사재판권 등에 관하여 위 협정에서 정한 조항이 적용될 여지가 없다(대법원 2006.5.11, 2005도798).

③(○) 형법 제3조는 "본법은 대한민국 영역 외에서 죄를 범한 내국인에게 적용한다"고 하여 형법의 적용범위에 관한 속인주의를 규정하고 있고, 또한 국가 정책적 견지에서 도박죄의 보호법익보다 좀더 높은 국가이익을 위하여 예외적으로 내국인의 출입을 허용하는 폐광지역개발지원에관한특별법 등에 따라 카지노에 출입하는 것은 법령에 의한 행위로 위법성이 조각된다고 할 것이나, 도박죄를 처벌하지 않는 외국 카지노에서의 도박이라는 사정으로 그 위법성이 조각된다고 할 수 없다(대법원 2004.4.23, 2002도2518).

④(○) 외국인이 대한민국 공무원에게 알선한다는 명목으로 금품을 수수하는 행위가 대한민국 영역 내에서 이루어진 이상, 비록 금품수수의 명목이 된 알선행위를 하는 장소가 대한민국 영역 외라 하더라도 대한민국 영역 내에서 죄를 범한 것이라고 하여야 할 것이고, 형법 제2조에 의하여 대한민국의 형벌법규인 구 변호사법 제90조 1호가 적용되어야 한다(대법원 2000.4. 21, 99도3403).

⑤(○) 대한민국의 국적을 가진 상태에서 미국의 시민권을 취득한 사람이 대한민국 내에 있는 토지를 매수하면서 한국인에게 위 토지에 대한 명의신탁을 한 경우, 한국인은 외국인에 의한 취득이 금지된 토지를 외국인을 위하여 외국인의 자금으로 취득한 것이므로 특정범죄가중처벌등에관한법률위반(외국인을 위한 재산취득)죄의 죄책을 진다는 것이 판례의 태도이다(대법원 1999.12.24, 99도3354). 〈답 ①〉

15. A, B, C, D, E에 대하여 대한민국 형법을 적용할 수 있는 경우는? (다툼이 있는 경우에는 판례에 의함)

① 미국인 A가 한국인 甲으로부터 주미 한국대사관 영사에게 청탁하여 甲의 아들 乙의 병역문제를 해결하여 달라는 부탁을 받고 서울에 있는 A의 사무실에서 그 경비 명목으로 미화 2만달러를 교부받은 경우

② 미국인 B가 미국에서 프랑스인을 상해하고 한국으로 여행을 와 한국인 여자와 만나 결혼한 후 한국 국적을 취득하여 한국에 거주하고 있는 경우

③ 일본인 남자 C가 간통죄의 처벌규정이 없는 독일에서 배우자 있는 한국인 여자와 간통한 경우

④ 중국인 D가 중국에서 대한민국 국적 주식회사의 인장을 위조한 경우

⑤ 대한민국 국적을 상실하고 독일 국적을 취득한 E가 독일 내에서 북한의 지령을 받기 위하여 베를린 주재 북한이익대표부를 방문하고 그곳에서 북한공작원을 만난 경우

해설

①(○) 국내에서 외국인(A)이 뇌물에 공할 목적으로 금전을 교부받았으므로 속지주의(제2조)에 의해 우리 형법이 적용된다(대법원 2000.4.21, 99도3403).

②(×) 속인주의가 적용되기 위해서는 행위 당시에 대한민국 국적자이어야 하는데 사안의 경우 행위 당시에 甲은 미국인이므로 우리나라 형법이 적용되지 않는다. 또한 상해죄는 외국인의 국외범(제5조)에 해당하는 범죄가 아니고, 피해자가 한국인이 아니어서 제6조의 적용도 없으므로 보호주의가 적용되지 않는다.
③(×) 외국인의 국외범의 경우 제5조의 보호주의의 대상이 되는 범죄 이외에는, 제6조 단서에 의해 행위지의 법률에 의해 범죄를 구성하지 않으면 우리 형법을 적용하지 않는다(제6조). 따라서 일본인(C)이 독일에서 범한 간통죄는 행위지인 독일에서 범죄를 구성하지 않으므로 우리 형법을 적용할 수 없다.
④(×) 형법 제239조 1항의 사인위조죄는 형법 제6조의 대한민국 또는 대한민국 국민에 대하여 범한 죄에 해당하지 아니하므로 중국 국적자가 중국에서 대한민국 국적 주식회사의 인장을 위조한 경우에는 외국인의 국외범으로서 그에 대하여 재판권이 없다(대법원 2002.11. 26, 2002도4929).
⑤(×) 독일인이 독일 내에서 북한의 지령을 받아 베를린 주재 북한이익대표부를 방문하고 그곳에서 북한공작원을 만났다면 위 각 구성요건상 범죄지는 모두 독일이므로 이는 외국인의 국외범에 해당하여, 형법 제5조와 제6조에서 정한 요건에 해당하지 않는 이상 위 각 조항을 적용하여 처벌할 수 없다(대법원 2008.4.17, 2004도4899 전원합의체).

〈답 ①〉

16. 다음의 사안에 대하여 원심이 아래와 같이 판결하고 있다. 원심판결의 내용 중 대법원의 입장과 일치하지 않는 부분을 모두 고른 것은? <사시 2005년>

〈사안〉
미국인 甲과 한국인 乙, 丙이 서울 소재의 호텔 커피숍에서 홍콩에서 필로폰을 매수하여 한국으로 수입한 다음 이를 다시 괌으로 수출하여 매도하기로 공모한 후, 甲은 홍콩 소재 호텔에서 필로폰 3㎏을 구입하고 사전계획에 따라 홍콩국제공항을 출발하여 인천국제공항에 도착한 후, 괌으로 가기 위하여 인천국제공항 내에서 탑승을 대기하고 있다가 필로폰 밀수정보를 입수한 수사관들에 의하여 공항 내에서 체포되었다. 한편, 필로폰이 들어 있던 가방은 옮겨 싣기 위하여 비행기의 화물칸에서 내려져 지상으로 반출되어 있었고 필로폰 수색에 나선 수사관들에 의하여 지상에 반출되어 있던 가방과 그 안에 들어있던 필로폰이 모두 압수되었다.
〈원심판결〉
㉠ 형법 제2조의 범죄지라 함은 범죄구성사실(행위와 결과)의 전부 또는 일부가 대한민국 영역 내에서 범하여지기만 하면 된다고 볼 것이고,
㉡ 공범의 경우 정범의 행위지뿐 아니라 공범의 행위지도 범죄지로 볼 수 있다고 할 것이나,
㉢ 다만 이 때의 행위라 함은 범죄의사가 외부적으로 표현된 상태로서 주관적 · 내부적인 의사와 객관적 · 외부적인 표현(동작)을 그 요소로 하는 것으로서 단지 범죄행위를 공모한 것만으로는 행위가 있다고

볼 수 없고,
㉣ 그 공모가 범죄행위의 일부를 이루는 것이라고는 볼 수 없으므로 결국 공모가 국내에서 행하여졌다는 것은 범죄구성사실이 국내에서 이루어진 것으로는 볼 수 없다고 할 것이어서
㉤ 위 피고인(甲)의 소위는 외국인의 국외범에 해당한다.

① 없음 ② ㉠ ㉡ ③ ㉠ ㉢
④ ㉣ ㉤ ⑤ ㉢ ㉣ ㉤

해설

대법원은 형법 제2조를 적용함에 있어서 공모공동정범의 경우 공모지도 범죄지로 보아야 한다고 판시하였다(대법원 1998.11.27, 98도2734).

따라서 공모지도 범죄행위지로 볼 수 있고(㉢), 범죄행위의 일부인 공모가 국내에서 이루어진 이상 범죄구성사실이 국내에서 이루어진 것으로 볼 수 있어(㉣), 피고인의 행위는 국내범에 해당한다(㉤). 〈답 ⑤〉

제 4 절 형법이론

1. 형법의 기초이론에 관한 기술 중 옳은 것만 모두 모은 것은?

㉠ 행위자주의는 일반예방주의와 관계가 깊다.
㉡ 객관주의 형법이론은 필연적으로 응보형법이 된다.
㉢ 아내의 부정에 흥분한 남편이 아내에게 폭행을 가하여 죽게 한 경우 형벌을 과할 필요가 없다는 결론에 도달할 수 있는 이론은 일반예방론이다.
㉣ 특별예방주의는 특별한 범죄에 관하여 일반인이 이를 범하지 않도록 하기 위해 형벌을 과한다고 주장한다.
㉤ 일반예방주의는 범죄자를 처벌함에 의하여 범죄자 자신의 재범방지보다도 일반인을 범죄로부터 멀어지게 하려는 사고방식이다.

① ㉠ ② ㉡ ③ ㉤
④ ㉠ ㉡ ⑤ ㉡ ㉤ ⑥ ㉢ ㉤
⑦ ㉠ ㉢ ㉤ ⑧ ㉡ ㉢ ㉣

해설

㉠ 행위자주의는 범죄인의 반사회적 성격을 형벌의 대상으로 하고, 범죄는 범죄인의 반사회성에 대한 징표라고 이해하는 주관주의 범죄이론에 속하며 특별예방주의와 관계가 깊다. ㉡ 객관주의는 형벌이론에서 응보형주의 및 일반예방주의와 결합된다. ㉢ 범죄인이 다시 죄를 범하는 것을 방지하는 데 형벌의 목적이 있다고 이해하는 특별예방주의에 의할 경우, 남편은 우발범인으로서 재범의 위험성이 없으므로 처벌할 필요성이 없게 된

다. ㉣ 특별예방주의는 범죄인이 다시 죄를 범하는 것을 방지하는 데 형벌의 목적이 있다고 한다. 따라서 옳은 것은 ㉤뿐이다. 〈답 ③〉

2. 주관주의 범죄이론과 관계없는 것을 결합한 것은?

㉠ 필연적으로 행위주의를 택하게 된다. ㉡ 범죄사실 자체를 중시한다. ㉢ 범의의 비약적 표동 또는 범의가 확정적으로 표현되는 행위가 있으면 실행의 착수를 인정한다. ㉣ 의사결정주의를 그 사상적 배경으로 하고 있다. ㉤ 가석방제도를 둔다. ㉥ 구성요건을 추상화하고 간단히 표현한다.

① ㉠ ㉡ ② ㉠ ㉤ ③ ㉠ ㉥
④ ㉡ ㉣ ⑤ ㉡ ㉤ ⑥ ㉣ ㉥

✍ **해설**

㉠과 ㉡은 객관주의 범죄이론의 내용이다. 반면 ㉢ 내지 ㉥은 주관주의범죄이론의 내용과 일치한다. 〈답 ①〉

3. 객관주의와 주관주의를 비교 설명한 것 중 옳지 않은 것은?

① 인과관계에 관하여 객관주의는 상당인과관계설을 취하나, 주관주의는 조건설이 타당하다고 한다.
② 사실의 착오에 관하여 객관주의는 구체적 부합설 또는 법정적 부합설을 취하나, 주관주의에 의하면 추상적 부합설도 가능하다.
③ 객관주의는 도의적 책임론을 주장하나, 주관주의는 사회적 책임론을 전개한다.
④ 객관주의는 미수범의 처벌을 기수에 비하여 감경할 것을 주장하나, 주관주의는 이를 구별할 필요가 없다고 한다.
⑤ 객관주의는 공범종속성설을, 주관주의는 공범독립성설을 주장한다.

✍ **해설**

범죄이론에 관한 객관주의와 주관주의는 범죄의 주관적 요소와 객관적 요소가 동시에 나타난 분야에서만 문제되므로 인과관계론과 같이 객관적 구성요건요소만 관련된 분야에서는 대립이 없다. 〈답 ①〉

4. 구파(고전학파)와 관계없는 것은?

① 응보형주의를 주장한다.
② 자유의사를 전제로 한다.

③ 형벌효과는 일반예방주의를 취한다.
④ 범죄인에게 사회적 책임을 묻는다.
⑤ 범죄행위의 결과를 중요시한다.

해설

고전학파와 근대학파의 이론적 특징은 다음과 같다. 〈답 ④〉

구 분	고전학파(구파)	근대학파(신파)
사 상	계몽주의 · 자유주의 · 개인주의 사상	자연과학적 방법론 · 실증주의 사상
연 혁	형벌이론: 응보형주의 · 일반예방주의 범죄이론: 객관주의	형벌이론: 특별예방주의 범죄이론: 주관주의
이론적 특 징	인간의 자유의사 인정(비결정론)	인간의 자유의사는 주관적 환상에 불과(결정론)
	책임의 근거를 인간의 자유의사에 둠(도의적 책임론)	성격책임 내지 사회적 책임론
	상대적 응보형주의 형벌과 보안처분의 엄격한 구별 부정기형 반대	특별예방주의 형벌과 보안처분은 성질 같음 부정기형 인정
학 자	Kant, Hegel, Beccaria, Feuerbach	Lombroso, Ferri, Garofalo, Liszt, Liepmann, Lanza, Saldana

5. 근대학파의 고유한 주장이라고 할 수 있는 것은?

① 주관적 위법성론, 공범독립성설, 목적형론
② 범죄징표설, 사회방위론, 책임능력은 형벌적응능력이라는 주장
③ 행위자책임론, 의사책임론, 형벌개별화론
④ 사회적 책임론, 교육형론, 주의의무위반의 표준에 관한 주관설
⑤ 성격책임론, 주관적 불법요소를 인정하는 견해, 형벌과 보안처분의 일원주의

해설

①(×) 주관적 위법성론은 법을 평가규범으로 볼 것인가 또는 의사결정규범으로 이해할 것인가라는 법의 본질에 관한 문제이며 근대학파와 관계없는 이론이다.
②(○) 근대학파는 19세기 후반 자연과학적 방법론에 의하여 형법학을 실증적으로 연구하고자 한 형법이론으로 형벌이론의 특별예방주의가 범죄이론의 주관주의와 결합되어 이루어진 형법사상이다. 그 특징으로는 결정론, 범죄징표설, 성격책임 내지 사회적 책임론, 특별예방주의, 형벌과 보안처분의 일원주의 등이다. 근대학파는 범죄이론의 주관주의와 결합한다. 따라서 책임능력의 본질을 형벌적응능력이라고 한다.
③(×) 의사책임론은 고전학파의 책임이론이며, 형벌개별화론은 근대학파만의 주장이 아니다.
④(×) 주의의무의 위반에 관한 객관설과 주관설은 근대학파의 이론과 관계없다. 근대학

파가 행위자 개인의 의사와 능력을 문제삼지 않는다는 점에서 주관설은 고전학파의 이론과 가깝다.
⑤(×) 주관적 불법요소는 근대학파와 관계없는 이론이다. 〈답 ②〉

6. 신파의 이론에 적합하지 않다고 생각되는 것은?

① 심신미약자의 형을 필요적으로 감경하는 것은 타당한 입법이다.
② 형의 경중은 범행의 불법이 아니라 범죄인의 사회적 위험성에 의하여 결정되어야 한다.
③ 형벌은 범죄인의 성격에 따라서 개별화되어야 하며, 부정기형도 가능하다.
④ 형벌의 목적은 일반인에 대한 위하보다 범죄인을 개선·교육하여 사회에 적응시키고자 하는 데에 있다.
⑤ 형벌과 보안처분의 차이는 본질적인 것이 아니기 때문에 병과된 때에는 그 어느 하나를 다른 하나로 대체하는 것도 가능하다.

해설 ……………………………………

형의 경중은 범죄인의 악성 또는 반사회적 위험성에 의하여 결정된다고 하는 신파이론에 따르면 심신미약자의 행위라 할지라도 반사회적 위험성에는 차이가 없으므로 형을 감경하는 것은 타당하지 않다. 〈답 ①〉

7. 형법이론에 대한 설명 중 옳지 않은 것은?

① 심리강제설은 위하적 일반예방이론과 동의어라고 할 수 있다.
② 적극적 일반예방이론은 형벌은 법질서의 방어 또는 규범의 유지를 사명으로 한다고 해석한다.
③ 객관주의는 인간의 자유의사를 전제로 하는 개인주의적 계몽사상에서 출발한 이론이다.
④ 주관주의는 책임의 근거에 관하여는 사회적 책임론, 공범의 본질에 관하여는 공범독립성설을 취하고 미수와 기수의 구별을 부인한다.
⑤ 근대학파는 형벌이론에 있어서 특별예방주의, 범죄이론에 있어서 주관주의와 결합하여 이루어진 형법이론으로 책임에 있어서는 비결정론과 도의적 책임론을 주장한다.

해설 ……………………………………

근대학파 또는 신파는 인간의 자유의사를 부정하는 결정론에 기초하기 때문에 책임의 기초는 행위자의 반사회적 성격이며, 책임은 행위자의 반사회적 성격의 징표라고 이해하는 사회적 책임론 또는 성격책임의 원리를 주장하게 된다. 도의적 책임론은 인간의 자유의사를 인정하는 구파의 책임이론이다. 〈답 ⑤〉

8. 다음에 제시된 甲, 乙의 생각은 각각 형벌의 목적 내지 기능과 관련된 형사법의 사상들 중의 일부를 표현하고 있다. 다음 중 옳은 것을 모두 고른 것은? <변호사 2013년>

> 甲의 생각: 사회구성원은 현재 사회에서 유효하게 작동하고 있는 법률이 앞으로도 유효하게 통용될 것이라는 믿음을 가지고 있으며, 그러한 믿음 내지 기대에 입각하여 자신이 앞으로 어떻게 행동할 것인가를 결정한다. 그리고 법률에 대한 위반행위가 있을 때 그에 대하여 제재가 가해지게 됨으로써 이러한 믿음이 보다 강화된다.
> 乙의 생각: 필요한 형벌만이 정당화될 수 있다. 어떠한 형벌이 필요한 형벌인가의 여부는 다음과 같은 원칙에 따라 판단되어야 한다. "형벌은 개선이 가능하고 개선이 필요한 범죄자에게는 개선시키는 기능을, 개선이 불필요한 우발적 범죄자에게는 위하하는 기능을, 개선이 불가능한 범죄자에게는 무해화하는 기능을 수행하여야 한다."

> 가. 甲은 설령 동일한 행위자가 동일한 범죄를 또 다시 범할 가능성이 전혀 존재하지 아니하는 경우라고 할지라도 행위자를 처벌할 필요성이 인정된다고 생각할 것이다.
> 나. 乙은 설령 동일한 행위자가 동일한 범죄를 또 다시 범할 가능성이 전혀 존재하지 아니하는 경우라고 할지라도 범죄가 중한 경우에는 중한 형벌을 가할 필요성이 인정된다고 생각할 것이다.
> 다. 甲은 "누범·상습범은 규범의 정당성을 일반범죄자보다 수회에 걸쳐 명백하게 부인하였으므로 가중처벌하여야 한다."라는 주장에 찬성할 것이다.
> 라. 乙은 "법원은 범죄자에 대하여 부정기형을 선고하고, 가석방제도를 활성화하여 가석방위원회가 범죄자의 석방시기를 결정하도록 하여야 한다."라는 주장에 찬성할 것이다.

① 가 다　　② 가 라　　③ 나 라
④ 가 다 라　　⑤ 나 다 라

해설

가(○) 甲은 일반예방주의의 입장으로 재범의 위험성과는 관계없이 범죄예방을 위하여 처벌의 필요성을 인정한다.
나(×) 乙은 특별예방주의의 입장으로 재범할 가능성이 없다면 범죄가 중한 경우에는 처벌할 필요성이 없다.
다(○) 일반예방주의의 입장에서도 그 불법성이 크거나 누범·상습범의 경우에는 가중처벌할 수 있다고 본다.
라(○) 특별예방주의는 부정기형과 가석방을 긍정한다. 〈답 ④〉

제 2 편 범 죄 론

제1장 범죄의 기본개념

제 1 절 범죄의 의의와 종류

1. 범죄개념에 관한 설명 중 옳은 것은 (○), 틀린 것은 (×)로 표시한 것으로 타당한 것은?

A. 형식적 범죄개념은 범죄화와 비범죄화의 기준을 제시한다.
B. 형식적 범죄개념은 범죄체계론과 관련한 개념이다.
C. 범죄의 실질성 기준에는 사회유해성과 법익이 있다.
D. 실질적 범죄개념은 해당 국가의 헌법의 구속을 받지 않는다.
E. 범죄의 실질성은 곧 절대적 범죄개념의 내용이 된다.

① A(○) B(○) C(○) D(×) E(×)
② A(○) B(○) C(×) D(○) E(×)
③ A(×) B(○) C(○) D(○) E(×)
④ A(×) B(×) C(×) D(○) E(○)
⑤ A(×) B(○) C(○) D(×) E(×)

해설

A(×) 실질적 범죄개념이 범죄화와 비범죄화의 기준을 제시한다. D(×) 범죄의 실질성은 해당 국가의 헌법적 가치선언의 구속을 받는다. E(×) 체계내재적 실질범죄는 헌법의 구속을 받는다는 점에서 절대적 범죄와 구별된다. 절대적 범죄개념은 시공을 초월하여 언제 어디서나 타당한 범죄개념이며, 일정한 국가의 법질서와 무관하게 절대적으로 통용되는 범죄개념이다.
〈답 ⑤〉

2. 범죄가 성립되지 않는 경우만의 조합은?

㉠ 책임능력이 없는 경우
㉡ 친고죄에서 고소가 없는 경우
㉢ 반의사불벌죄에서 처벌을 원하지 않는다고 명시한 의사가 있는 경우
㉣ 아버지의 재물을 절취한 경우
㉤ 공무원이 될 자가 그가 담당할 직무에 관하여 청탁을 받고 뇌물을 받은 경우

ⓑ 과실치상죄에서 주의의무위반이 없는 경우
ⓢ 사기죄에서 기망행위가 없는 경우

① ㉠ ㉡ ㉣　② ㉠ ㉢ ㉤　③ ㉠ ㉥ ㉦
④ ㉡ ㉣ ㉥　⑤ ㉡ ㉤ ㉦

해설

㉠㉥㉦은 범죄성립조건을 결한 경우로 범죄가 성립되지 않는다. ㉠ 범죄가 성립되기 위하여는 구성요건에 해당하고 위법한 행위를 한 자에게 책임이 있어야 한다. 따라서 책임능력이 없는 자의 행위는 범죄가 되지 아니한다.
㉡과 ㉢은 소추조건에 불과하고, ㉣과 ㉤은 범죄가 성립한 경우에 형벌권의 발생을 위하여 필요한 처벌조건에 불과하다. 〈답 ③〉

3. 처벌조건에 관한 설명으로 옳지 않은 것은?

① 처벌조건에 대한 인식의 결여는 고의의 성립에 영향을 미치지 않는다.
② 처벌조건은 이미 성립한 범죄의 가벌성만을 좌우하는 조건이다.
③ 친족상도례에서 '친족의 신분'은 인적처벌조각사유이다.
④ 처벌조건을 결한 경우에는 형의 면제 또는 면소판결을 해야 한다.
⑤ 사전수뢰죄에 있어서 '공무원 또는 중재인이 된 사실'이나 파산범죄에서 '파산선고의 확정'은 객관적 처벌조건에 속한다.

해설

④ 처벌조건을 결한 경우에는 면소판결이 아닌 형의 면제판결을 하여야 한다. 처벌조건이 없는 행위에 대하여도 정당방위가 가능한 점, 처벌조건에 대한 인식은 고의내용이 되지 않는 점, 처벌조건이 없는 경우에도 공범의 성립이 가능한 점, 처벌조건이 없는 때에는 형의 면제판결을 하여야 한다는 점에서 범죄의 성립조건과 차이가 있다. 인적처벌조각사유는 처벌조건에 속하는 것으로 친족상도례에 있어서 친족의 신분, 형을 면제하는 중지미수에 있어서 자의로 중지한 자 등이 여기에 해당한다. 〈답 ④〉

4. 형법상 친고죄와 반의사불벌죄에 해당하는 범죄는 각각 몇 개인가?

㉠ 간통죄　㉡ 과실치상죄　㉢ 폭행죄
㉣ 협박죄　㉤ 사자명예훼손죄　㉥ 모욕죄
㉦ 주거침입죄　㉧ 신용훼손죄　㉨ 비밀침해죄
㉩ 업무상위력 등에 의한 간음죄

① 4개 — 2개　② 5개 — 3개　③ 6개 — 4개
④ 4개 — 3개　⑤ 5개 — 4개　⑥ 6개 — 5개

해설

친고죄 : 간통죄, 사자명예훼손죄, 모욕죄, 비밀침해죄, 업무상위력 등에 의한 간음죄

반의사불벌죄 : 과실치상죄, 폭행죄, 협박죄 〈답 ②〉

친고죄와 반의사불벌죄	
친고죄	간통죄(제241조 2항), 강간죄(제297조), 강제추행죄(제298조), 준강간 · 준강제추행죄(제299조), 미성년자 등에 대한 간음죄(제302조), 업무상위력 등에 의한 간음죄(제303조), 혼인빙자간음죄(제304조), 미성년자에 대한 간음 · 추행죄(제305조), 사자의 명예훼손죄(제308조), 모욕죄(제311조), 비밀침해죄(제316조), 업무상 비밀누설죄(제317조)
반의사불벌죄	외국원수 · 외국사절에 대한 폭행죄(제107조, 제108조), 외국국기 · 국장모독죄(제109조), 폭행 · 존속폭행죄(제260조 3항), 과실치상죄(제266조 2항), 협박 · 존속협박죄(제283조 3항), 명예훼손죄(제307조), 출판물 등에 의한 명예훼손죄(제309조)

5. 위험범에 관한 설명 중 옳은 것을 모두 고른 것은? <사시 2012년: 배점 2>

ㄱ. 구체적 위험범에서의 위험은 구성요건표지이며 객관적 구성요건은 그 위험이 발생하였을 때 비로소 충족된다.
ㄴ. 구체적 위험범에서의 위험은 고의의 인식대상이다.
ㄷ. 중상해죄, 중유기죄, 중손괴죄, 중감금죄는 구성요건의 충족을 위해 구체적 위험의 발생을 요구하는 범죄이다.
ㄹ. 형법상 구체적 위험범은 고의범뿐만 아니라 과실범의 형태로도 존재한다.

① ㄱ ㄴ ② ㄱ ㄹ ③ ㄴ ㄷ
④ ㄱ ㄴ ㄹ ⑤ ㄱ ㄷ ㄹ

해설

㉠(○) 구체적 위험범은 결과범이므로, 구체적으로 위험한 결과가 발생하여야만 구성요건이 충족된다.
㉡(○) 구체적 위험범에서는 추상적 위험범과 달리, 규정에서 '위험의 발생'을 요하는 구성요건요소로 기술되어 있으므로 고의의 인식 대상이다.
㉢(×) 중(체포)감금죄는 사람을 감금(체포)하여 가혹한 행위를 한 경우에 성립하므로 구체적인 위험발생을 구성요건요소로 하고 있지 않다. 반면 중상해죄 및 중유기죄는 생명에 대한 위험발생을, 중손괴죄는 생명 또는 신체에 대한 위험발생을 요구하고 있다.
㉣(○) 예컨대 구체적 위험범이면서 고의범인 자기소유일반건조물방화죄(제166조 2항), 자기소유일반물건방화죄(제167조 2항)에 대해서는 실화죄에서 과실범의 형태도 처벌한다(제170조 2항). 〈답 ④〉

침해범	살인죄, 상해죄, 강도죄 등의 대부분 범죄	
위험범	구체적 위험범	■ 자기소유일반건조물방화죄(제166조 2항) ■ 일반물건등방화죄(제167조) ■ 자기소유일반건조물 및 일반물건등실화죄(제170조 2항) ■ 자기소유일반건조물일수죄(제179조 2항)

		■ 폭발성물건파열죄(제172조) ■ 가스 · 전기등공급방해죄(제173조 1항) ■ 중상해죄(제258조), 중유기죄 · 존속중유기죄(제271조 3항 · 4항), 중손괴죄(제368조), 직무유기죄(제122조)
	추상적 위험범	■ 현주건조물방화죄(제164조 1항), 공용건조물방화죄(제165조), 타인소유일반건조물방화죄(제166조 1항), 현주건조물 · 공용건조물 · 타인소유일반건조물실화죄(제170조 1항) ■ 현주건조물일수죄(제177조 1항), 공용건조물일수죄(제178조), 타인소유일반건조물일수죄(제179조 1항)

6. 추상적 위험범에 대한 설명이다. 옳지 않은 것은 몇 개인가?

㉠ 법익에 대한 현실적 위태화를 요건으로 하지 않고 일반적 위험성만으로 처벌한다.
㉡ 법익침해의 전 단계에 있는 행위를 처벌함으로써 가벌성의 영역이 확대된다.
㉢ 형법의 법익보호 과제와 책임원칙을 적절히 수행한다.
㉣ 인과관계의 존재에 관한 입증부담을 완화시킬 우려가 있다.
㉤ 추상적 위험범에서 위험은 객관적 구성요건요소이며, 위험이 발생했을 때 객관적 구성요건이 충족된다.
㉥ 위험의 인식이 고의의 내용으로 요구되지는 않는다.

① 0개 ② 1개 ③ 2개
④ 3개 ⑤ 4개 ⑥ 5개

해설 ···

추상적 위험범이란 법익침해의 일반적 위험만 있으면 구성요건이 충족되는 범죄이다.
㉢(×) 추상적 위험범은 법익보호의 범위를 확대하는 것이지만 예방의 기능을 강조함으로써 책임원칙을 위험하게 할 우려가 있다.
㉤(×) 위험이 객관적 구성요건요소가 되어 위험이 발생했을 때 비로소 구성요건이 충족되는 것은 추상적 위험범이 아니라 구체적 위험범이다. 〈답 ③〉

7. 위험범에 관한 다음의 기술 중 가장 적합하지 않은 것은? (다툼이 있는 경우에는 판례에 의함) <법원행시 2007년>

① 경매방해죄는 결과의 불공정이 현실적으로 나타나는 것을 요하는 것이 아니고, 또 그 행위에는 법률적으로 경매결과에 영향을 미칠 수 있는 행위뿐 아니라 사실상 경매에 참가하려는 자의 의사결정에 영향을 미칠 수 있는 행위도 포함된다.
② 범인도피죄는 위험범으로서 현실적으로 형사사법의 작용을 방해하는 결과가 초래되어야만 하는 것은 아니다.

③ 입찰방해죄는 위계 또는 위력 기타의 방법으로 입찰의 공정을 해하는 경우에 성립하는 것으로서, 입찰의 공정을 해할 행위를 하면 족한 것이지 현실적으로 입찰의 공정을 해하는 결과가 발생할 필요가 없으므로, 적법한 입찰의 절차가 존재하지 않더라도 입찰방해죄는 성립한다.

④ 일반교통방해죄는 이른바 추상적 위험범으로서 교통이 불가능하거나 또는 현저히 곤란한 상태가 발생하면 바로 기수가 되고 교통방해의 결과가 현실적으로 발생하여야 하는 것은 아니다.

⑤ 금전 등이 든 우편물이 우체국에 접수되고 발송을 위한 소인까지 거친 단계에서 적발되었다면 수취인에게 현실로 도달되지 않았더라도 공직선거및선거부정방지법상의 금전 등 제공의 의사표시죄는 성립한다.

해설

①(○) 입찰방해죄는 위계 또는 위력 기타의 방법으로 입찰의 공정을 해하는 경우에 성립하는 위태범으로서 결과의 불공정이 현실적으로 나타나는 것을 필요로 하지 않고, 여기서 '입찰의 공정을 해하는 행위'란 공정한 자유경쟁을 방해할 염려가 있는 상태를 발생시키는 것, 즉 공정한 자유경쟁을 통한 적정한 가격형성에 부당한 영향을 주는 상태를 발생시키는 것으로, 그 행위에는 가격결정뿐 아니라 '적법하고 공정한 경쟁방법'을 해하는 행위도 포함되고, 입찰참가자들 중 일부 사이에만 담합이 이루어진 경우라고 하더라도 그것이 입찰의 공정을 해하는 것으로 평가되는 이상 입찰방해죄가 성립한다(대법원 2006. 12.22, 2004도2581).

②(○) 범인도피죄는 위험범으로 현실적으로 형사사법의 적용을 방해하는 결과가 초래되어야만 하는 것은 아니라는 것이 통설이다.

③(×) 입찰방해죄의 대상인 재입찰 절차가 처음부터 존재하였다고 할 수 없는 때에는 입찰방해죄가 성립할 수 없다(대법원 2005.9.9, 2005도3857).

④(○) 일반교통방해죄는 이른바 추상적 위험범이라는 것이 통설이다.

⑤(○) 판례는 금전 등이 든 우편물이 우체국에 접수되고 발송을 위한 소인까지 거친 단계에서 적발되었다면 수취인에게 현실로 도달되지 않았더라도 구 국회의원선거법상 금전 등 제공의 의사표시죄가 성립한다고 보았다(대법원 1989.12.22, 89도151). 〈답 ③〉

8. 범죄의 종류에 대한 설명으로 옳은 것을 모두 고르면?

㉠ 체포 · 감금죄는 기수 이후에도 공범가담이 가능하다.
㉡ 허위진단서작성죄와 법정 · 국회회의장모욕죄는 목적범이다.
㉢ 내란죄와 모해위증죄는 진정목적범이다.
㉣ 계속범은 기수시부터 공소시효가 진행된다.
㉤ 공정증서원본부실기재죄는 구성요건이 간접정범의 형태로 되어 있다.
㉥ 업무상 비밀누설죄와 업무상 횡령죄는 부진정 신분범이다.

① ㉠ ㉤ ② ㉡ ㉣ ③ ㉠ ㉡ ㉤
④ ㉠ ㉤ ㉥ ⑤ ㉡ ㉢ ㉥ ⑥ ㉡ ㉢ ㉤ ㉥

✍ **해설** ………………………………

㉠㉣ 범죄는 구성요건적 행위가 시간적 계속성을 요하는가에 따라 구성요건적 행위가 위법상태의 야기뿐만 아니라 시간적 계속성을 요하는 계속범(체포 · 감금죄, 주거침입죄, 약취 · 유인죄)과 구성요건적 결과의 발생과 동시에 범죄도 성립하는 상태범(살인죄, 상해죄, 절도죄)으로 나누어지며, 양자의 구별은 공소시효의 기산점과 공범의 성립시기에서 차이가 나타난다. 계속범에 있어서는 위법상태가 종료된 때부터 공소시효가 진행되며, 기수가 된 이후에도 행위가 계속되는 동안 공범이 성립할 수 있다. ㉡ 문서에 관한 죄 중 허위진단서작성죄(제233조)와 공정증서원본부실기재죄(제228조)는 목적범이 아니며, 국회회의장모욕죄(제138조)는 목적범이다. ㉢ 목적범이란 일정한 주관적 목적이 구성요건상 전제로 되어 있는 범죄를 말하는데, 목적의 성질에 따라 진정목적범과 부진정목적범으로 구분된다. ㉤ 허위공문서작성죄(제227조)는 작성권한 있는 공무원을 주체로 하는 진정신분범이지만, 공정증서원본부실기재죄(제228조)는 선의인 공무원에 대하여 허위신고를 하여 허위의 공문서를 작성케 함으로써 성립하는 범죄로서 간접정범의 형태에 의한 허위공문서작성죄를 특별히 규정한 것이다. ㉥ 업무상 횡령죄(제356조)는 위탁관계에 의하여 타인의 재물을 보관하는 자라는 구성적 신분 이외에 업무자라는 가중적 신분을 요하는 2중의 신분을 요하는 부진정신분범이다. 〈답 ①〉

진정신분범	부진정신분범
직무유기죄 등 공무원범죄 (제122조 내지 제128조) 수뢰죄(제129조 내지 제132조) 도주죄(제145조) 위증죄(제152조) 허위진단서작성죄(제233조) 간통죄(제241조) 유기죄(제271조) 업무상 비밀누설죄(제317조) 횡령죄(제355조 1항) 배임죄(제355조 2항)	존속살해죄(제250조 2항) 영아살해죄(제251조) 업무상 과실치사죄(제268조) 업무상 낙태죄(제270조) 영아유기죄(제272조) 업무상 횡령죄(제356조) 업무상 배임죄(제356조)

진정목적범	부진정목적범
내란죄(제87조) 범죄단체조직죄(제114조) 다중불해산죄(제116조) 직무강요죄(제136조 2항) 법정 · 국회회의장모욕죄(제138조) 무고죄(제156조) 통화위조죄(제207조) 유가증권위조죄(제214조) 공문서위조죄(제225조) 사문서위조죄(제231조) 음행매개죄(제242조) 도박개장죄(제247조) 영리목적 약취 · 유인죄(제288조) 강제집행면탈죄(제327조)	내란목적살인죄(제88조) 모해위증죄(제152 조 2항) 모해증거인멸죄(제155조 3항) 아편판매목적소지죄(제198조) 아편흡식기판매목적소지죄(제199조) 결혼을 위한 약취 · 유인죄(제291조) 출판물등에 의한 명예훼손죄(제309조) 준강도죄(제335조)

9. 목적범이 아닌 것은 모두 몇 개인가? <법원행시 2008년>

㉠ 소요죄	㉡ 소인말소죄	㉢ 준점유강취죄
㉣ 음행매개죄	㉤ 선거방해죄	㉥ 도박개장죄
㉦ 국기 · 국장모독죄		

① 1개 ② 2개 ③ 3개
④ 4개 ⑤ 5개

해설

② 목적범이 아닌 범죄는 소요죄(제115조)와 선거방해죄(제128조)이다. 소인말소죄(제221조: 행사할 목적), 준점유강취죄(제325조 2항: 물건탈환 항거 · 체포면탈 · 죄적인멸 목적), 음행매개죄(제242조: 영리의 목적), 국기 · 국장모독죄(제105조: 대한민국을 모욕할 목적), 도박개장죄(제247조: 영리의 목적)는 목적범이다. 〈답 ②〉

목적범에 해당하는 규정	
국가적 법익에 대한 범죄	내란죄(제87조), 내란목적살인죄(제88조), 국기 · 국장모독죄(제105조), 국기 · 국장비방죄(제106조), 외국국기 · 국장모독죄(제109조), 증뢰물전달죄(제133조 2항), 법정 · 국회회의장모욕죄(제138조), 모해위증죄(제152조 2항), 모해증거인멸죄(제155조 3항), 무고죄(제156조)
사회적 법익에 대한 범죄	범죄단체조직죄(제114조), 아편등 제조죄(제198조), 통화위조죄(제207조), 위조통화취득죄(제208조), 통화유사물제조죄(제211조), 유가증권위조죄(제214조), 자격모용에 의한 유가증권작성죄(제215조), 허위유가증권작성죄(제216조), 위조유가증권행사죄(제217조), 인지 · 우표위조죄(제218조), 위조인지 · 우표취득죄(제219조), 소인말소죄(제221조), 인지 · 우표유사물제조죄(제222조), 공문서위조 · 변조죄(제225조), 자격모용에 의한 공문서작성죄(제226조), 허위공문서작성죄(제227조), 사문서위조 · 변조죄(제231조), 자격모용에 의한 사문서작성죄(제232조), 공인등 위조 · 부정사용죄(제238조), 사인등 위조 · 부정사용죄(제239조), 음행매개죄(제242조), 음화제조죄(제244조), 도박개장죄(제247조)
개인적 법익에 대한 범죄	영리등을 위한 약취 · 유인 · 매매죄(제288조), 국외이송을 위한 약취 · 유인 · 매매죄(제289조), 결혼을 위한 약취 · 유인죄(제291조), 출판물등에 의한 명예훼손죄(제309조), 준점유강취죄(제325조 2항), 강제집행면탈죄(제327조), 준강도죄(제335조)

10. 고의를 초과하는 주관적 구성요건요소를 필요로 하는 범죄라고 할 수 없는 것은? (다수설에 의함) <사시 2000년>

① 음화반포죄 ② 공갈죄 ③ 인장위조죄
④ 방화예비죄 ⑤ 출판물에 의한 명예훼손죄

해설

① 음화반포죄(제243조)는 음란한 문서 또는 도화 등을 발행한다는 사실을 인식하면 족한 고의범이다.

③④⑤는 목적범이며, ②는 고의 이외에 불법영득의 의사 내지 불법이득의 의사를 필요로 한다. 〈답 ①〉

11. 다음 중 연결관계가 옳은 것은?

① 목적범 —— 증뢰물전달죄, 음행매개죄, 강제집행면탈죄
② 신분범 —— 허위공문서작성죄, 공문서위조죄, 수뢰죄, 횡령죄
③ 자수범 —— 간통죄, 강간죄, 준강간죄, 위증죄
④ 표현범 —— 강제추행죄, 위증죄
⑤ 경향범 —— 강도죄, 공연음란죄

해설

② 공문서위조죄(제225조)는 누구나 행위자가 될 수 있는 범죄로 일반범에 속한다. ③ 강간죄(제297조)의 경우에는 여자도 간접정범의 형태로 강간죄의 정범이 될 수 있으므로 자수범이 아니다. ④ 강제추행죄(제298조)는 표현범이 아니다. ⑤ 강도죄(제333조)는 경향범이 아니다.
Mezger는 범죄를 구성요건상 고의 이외에 일정한 행위의 목적이 있을 것을 요하는 목적범, 행위가 행위자의 내면적인 지식상태의 굴절·모순과정을 표현해주는 표현범(위증죄), 행위자의 주관적인 행위경향이 구성요건요소로 되어 있거나 범죄유형을 함께 규정하고 있는 경향범(학대죄, 공연음란죄, 준강간죄 등)으로 분류하였다. 〈답 ①〉

제 2 절 행 위 론

1. 각 범죄체계와 그 내용이 잘못 연결된 것만의 조합은?

㉠ 고전적 범죄체계 —— 고의와 과실은 책임요소, 심리적 책임론
㉡ 신고전적 범죄체계 —— 규범적 구성요건요소와 주관적 구성요건요소 인정, 심리적 책임론
㉢ 목적적 범죄체계 —— 고의와 과실은 구성요건요소, 순수한 규범적 책임개념
㉣ 신고전적·목적적 범죄체계 —— 고의·과실의 이중기능
㉤ 합일태적 범죄체계 —— 위법성의 인식이 고의·과실과 분리된 책임요소

① ㉠	② ㉡	③ ㉣
④ ㉡ ㉣	⑤ ㉢ ㉤	⑥ ㉣ ㉤

해설

㉡(×) 신고전적 범죄체계에서는 책임의 본질은 비난가능성이라는 규범적 책임론이 지배하는 점에 특색이 있다.
㉣㉤ 신고전적·목적적 범죄체계를 합일태적 범죄체계라고 하기도 한다. 〈답 ②〉

2. 목적적 행위론에 대한 설명으로 옳지 않은 것만의 조합은?

a. 고의 · 과실은 구성요건요소이다.
b. 고의의 설명은 용이하나 과실의 설명이 곤란하다.
c. 고의는 범죄사실의 인식과 위법성 인식을 필요로 한다.
d. 위법성의 인식가능성이 없으면 책임이 조각된다.
e. 위법성조각사유의 객관적 요건에 관한 착오를 금지착오로 본다.
f. 고의와 과실의 이중기능을 인정한다.

① a d　② b c　③ c f
④ d e　⑤ e f

해설

c(×) 목적적 행위론에 의하면 고의와 과실은 주관적 구성요건요소 내지 주관적 불법요소가 되고 위법성의 인식은 고의와 분리되어 책임개념의 중심개념이 되는바, 고의의 성립은 범죄사실의 인식으로 족하고 위법성의 인식까지 요하는 것은 아니다.
f(×) 고의와 과실을 구성요건요소로만 본다. 〈답 ③〉

3. 인과적 행위론과 목적적 행위론에 관한 기술 중 옳지 않은 것은?

① 인과적 행위론은 과실행위와 부작위를 행위에 포함시키고 있으나, 목적적 행위론은 과실행위와 부작위를 목적적 행위로 보지 않고 있다.
② 인과적 행위론은 위법성의 실질에 관하여 결과반가치를 중시하는 법익침해설을 취하나, 목적적 행위론은 행위반가치를 중시하는 인적 불법론을 취한다.
③ 인과적 행위론은 위법성의 인식에 관하여 고의설을 취하나, 목적적 행위론은 책임설을 취한다.
④ 인과적 행위론은 행위를 일정한 거동의 유의성으로 족하다고 보며 의사의 내용을 문제삼지 않으나, 목적적 행위론은 행위를 목적활동의 작용이라고 하며 목적성을 행위자의 실현의사로 파악한다.
⑤ 인과적 행위론은 고의 · 과실을 책임요소로 보고 있으나, 목적적 행위론은 고의 · 과실을 주관적 구성요건요소로 본다.

해설

①(×) 목적적 행위론은 고의뿐만 아니라 과실행위와 부작위도 모두 목적적 행위로 본다. 다만 고의는 구성요건의 실현의사를 의미함에 반하여, 과실범의 목적성은 행위실행의 방식에 대한 것이라고 한다. 〈답 ①〉

4. 사회적 행위론에 관한 설명 중 옳지 않은 것은?

① 규범적 방법에 의하여 존재론적인 행위개념을 판단하려는 이론이다.

② 행위개념의 공통된 기준으로 사회성 또는 사회적 중요성을 제시한다.
③ 사회적 중요성은 목적성과 인과성을 포함하지만 법적 행위기대를 내용으로 하지 않는다.
④ Maihofer는 인간행위에 공통된 목적성은 객관적 목적성과 잠재적 목적성이라고 한다.
⑤ Jescheck이나 Wessels도 인간행위의 목적성을 긍정하고 있다는 점에서 목적적 행위론을 보완한 행위론이라고 할 수 있다.

해설

③(×)사회적 행위론은 행위개념의 공통기준으로 사회적 중요성을 제시하고, 사회적 중요성에는 목적성과 인과성뿐만 아니라 법적 행위기대까지 포함하는 것으로 이해한다.
〈답 ③〉

5. 행위개념과 범죄체계론에 관한 설명 중 가장 옳지 않은 것은?

① 행위론은 범죄체계론의 기초이며 범죄체계에 중요한 영향을 미치는 이론이다.
② 사회적 행위론은 독자적인 범죄체계론으로 발전하지 못하고 고전적 범죄체계나 목적적 범죄체계와 결합될 수 있었을 뿐이다.
③ 신고전적 범죄체계는 구성요건의 단계에서 규범적 구성요건요소와 주관적 구성요건요소를 인정한다.
④ 신고전적·목적적 범죄체계에 있어서 불법은 결과불법과 행위불법으로 구성되며, 행위불법은 다른 형태의 고의에 의하여 인적 불법이 된다.
⑤ 신고전적·목적적 범죄체계는 신칸트학파의 영향 아래 자연과학적인 방법 이외에 정신과학적인 해석과 평가를 통하여 범죄를 이해하였다.

해설

⑤(×) 범죄개념을 형법이 추구하는 목표와 그 기초가 되는 가치관념에 따라 체계화하려는 이론이 신고전적 범죄체계이다. 〈답 ⑤〉

제 3 절 행위의 주체

1. 법인에 관한 설명으로 옳지 않은 것만의 조합은?

a. 법인이라 할지라도 범죄의 피해자가 될 수 있다.
b. 법인은 자연인인 행위자가 처벌되는 경우에도 자연인과 함께 처벌될 수 있다.
c. 다수설은 법인이 처벌되는 경우에도 법인의 범죄능력을 인정하는 것

은 아니라고 한다.
d. 법인의 범죄능력의 문제는 어디까지나 이론적 · 형사정책적 고려의 결과에 지나지 않는다.
e. 판례는 법인의 범죄주체성을 부정하면서도 비법인단체의 범죄주체성을 인정하는 입장이다.
f. 강요죄와 업무방해죄는 법인이 범죄의 객체 내지 피해자로 될 수 있는 범죄이다.

① a ② b ③ c
④ c d ⑤ d e ⑥ e f

해설

법인은 기관인 자연인을 통하여 행위하므로 형법적 평가에서 볼 때 자연인의 행위만 있을 뿐이고 법인의 행위란 단지 법적 사유의 산물에 지나지 않으므로 법인은 범죄의 주체가 될 수 없다. 그러나 법인도 일정한 경우에는 피해자가 될 수 있을 뿐만 아니라 양벌규정의 방식으로 처벌되는 경우도 있다. 법인의 범죄능력의 문제는 법인의 본질에 관한 사법상의 이론에 영향을 받은 것이 아니라 어디까지나 형사정책적 고려의 결과에 지나지 않는다.

e(×) 판례는 법인의 범죄주체성은 물론 비법인단체의 범죄주체성도 부정한다. 법인격 없는 사단과 같은 단체는 법인과 마찬가지로 사법상의 권리의무의 주체가 될 수 있음은 별론으로 하더라도 법률에 명문으로 규정이 없는 한 그 범죄능력은 없고, 그 단체의 업무는 단체를 대표하는 자연인인 대표기관의 의사결정에 따른 대표행위에 의하여 실현될 수밖에 없다(대법원 1997.1.24, 96도524).

f(×) 강요죄는 사람의 의사결정의 자유와 그 활동의 자유를 보호법익으로 하는 범죄이므로 법인은 강요죄의 객체 또는 피해자가 될 수 없다. 〈답 ⑥〉

2. 법인의 범죄능력을 인정할 것인가에 관하여는 부정설과 긍정설이 대립하고 있다. 다음 중 부정설의 논거만 모두 조합한 것은?

㉠ 범죄는 자연인의 의사활동에 따른 행위인데 법인에게는 의사와 육체가 없다.
㉡ 법인은 기관인 자연인을 통하여 행위하므로 기관의 행위는 개인의 행위임과 동시에 법인의 행위라는 양면성을 갖는다.
㉢ 책임은 위법행위에 대한 사회윤리적 비난을 의미한다.
㉣ 형법이 규정하고 있는 사형과 자유형은 법인에게는 집행할 수 없고 법인의 해산과 업무정지는 형벌이 아니다.
㉤ 법인이 사회적 존재로서 활동하는 행위는 법인의 목적범위 내에 속한다고 해야 한다.
㉥ 법인의 반사회적 활동으로부터 사회를 방위하는 형사정책적 목적은 형벌 이외의 수단에 의하여 달성할 수 있다.
㉦ 법인의 반사회적 활동으로부터 사회를 보호해야 한다.

① ㉠ ㉢ ㉥ ② ㉠ ㉣ ㉤ ③ ㉠ ㉡ ㉢ ㉣
④ ㉠ ㉢ ㉣ ㉥ ⑤ ㉠ ㉢ ㉤ ㉦ ⑥ ㉠ ㉡ ㉢ ㉣ ㉥

해설

㉠㉢㉣㉥이 부정설의 논거이다. 이에 반하여 ㉡㉤㉦은 법인의 범죄능력을 긍정하기 위한 논거들이다. 〈답 ④〉

3. 양벌규정에 관한 학설대립의 설명 중 옳지 않은 것은?

① 과실의제설은 법인책임의 기초를 과실에 두나, 그 과실은 의제되므로 법인은 책임을 면할 수 없다고 본다.
② 부작위감독책임설은 종업원의 위반행위가 기관의 감독의무해태로 인해 귀속되는 법인의 부작위책임이라고 본다.
③ 무과실책임설은 위법사실의 발생을 조건으로 이른바 전가책임 혹은 대위책임이 나타난다고 한다.
④ 과실추정설은 법인에게 과실이 없었음을 증명하지 못하면 과실이 추정된다고 한다.
⑤ 과실책임설은 종업원의 위법행위 자체에 법인의 과실이 있다고 본다.

해설

양벌규정에 의하여 법인을 처벌하는 경우에 법인의 형사책임의 성질 내지 그 근거가 무엇인가에 대하여는 크게 무과실책임설과 과실책임설의 대립이 있다. ③ 무과실책임설은 법인의 처벌규정은 범죄주체와 형벌주체의 동일을 요구하는 형법의 일반원칙 또는 책임주의의 원칙에 대한 예외로서 행정단속의 목적을 위하여 정책상 무과실책임을 인정한 것이라는 견해로 대법원이 취하고 있는 입장이다. 이는 자기의 행위와 관계없이 타인의 행위로 인하여 형벌을 과하게 된다는 의미에서 넓은 의미의 전가책임이론에 속한다. ①②④⑤는 법인의 처벌규정을 종업원의 선임·감독에 대한 법인의 과실책임을 인정한 것으로 해석하는 견해들이며, ⑤의 과실책임설은 종업원의 행위 자체에 법인의 과실이 있다고 보는 것이 아니라 법인 자신의 행위에 과실이 있기 때문에 법인이 처벌받는다고 한다. 〈답 ⑤〉

4. 양벌규정 및 법인의 범죄능력에 관한 설명 중 옳지 않은 것은?

① 법인이 그 종업원 등의 위법행위에 대해 양벌규정에 따라 부담하던 형사책임은 합병으로 인하여 존속하는 법인에는 승계되지 않는다.
② 법인격 없는 사단을 포함시키는 양벌규정이 없는 한 죄형법정주의의 원칙상 법인격 없는 사단에 대하여는 법인을 명시한 양벌규정에 의하여 처벌할 수 없다.
③ 양벌규정에 의한 법인의 형사책임은 과실책임을 전제해야 한다는 것이 최근 판례의 경향이다.

④ 양벌규정을 근거로 신분범에 있어서 신분 없는 자를 신분범으로 처벌할 수 있다.

⑤ 양벌규정에 의한 영업주의 처벌은 금지위반행위자인 종업원의 처벌에 종속하는 것이 아니라 독립하여 그 자신의 종업원에 대한 선임 · 감독상의 과실로 인하여 처벌되는 것이지만, 그 위법행위의 동기가 종업원 기타 제3자의 이익을 위한 것에 불과한 경우에는 영업주는 감독해태에 대한 책임을 지지 않는다.

해설

①(○) 회사합병이 있는 경우 피합병회사의 권리 · 의무는 사법상의 관계나 공법상의 관계를 불문하고 모두 합병으로 인하여 존속하는 회사에 승계되는 것이 원칙이지만, 그 성질상 이전을 허용하지 않는 것은 승계의 대상에서 제외되어야 할 것인바, 양벌규정에 의한 법인의 처벌은 어디까지나 형벌의 일종으로서 행정적 제재처분이나 민사상 불법행위책임과는 성격을 달리하는 점… 등에 비추어 보면, 합병으로 인하여 소멸한 법인이 그 종업원 등의 위법행위에 대해 양벌규정에 따라 부담하던 형사책임은 그 성질상 이전을 허용하지 않는 것으로서 합병으로 인하여 존속하는 법인에 승계되지 않는다(대법원 2007.8.23, 2005도4471).

②(○) 대법원 1995.7.28, 94도3325(동지: 대법원 1997.1.24, 96도524).

③(○) 최근 법인처벌의 법적 성질에 관한 판례의 태도는 과실책임설에 입각하여 형벌의 자기책임원칙에 비추어 보면 위반행위가 발생한 그 업무와 관련하여 법인이 상당한 주의 또는 관리감독 의무를 게을리한 때에 한하여 위 양벌조항이 적용된다고 봄이 상당하다고 한다(대법원 2010.12.9, 2010도12069). 그러나 종래 판례는 일관적이지 않았는데, 법인이나 사업주의 처벌에 아무런 조건이나 면책사유를 규정하지 않은 유형의 양벌규정에 대해서는 무과실책임설을 취했으나(대법원 1982.9.14, 82도1439), 미성년자보호법의 양벌규정(대법원 1987.11.10, 87도1213)이나 식품위생법의 양벌규정(대법원 1977.5.24, 77도412)에 대해서는 과실책임설을 취하였고, 법인이나 사업주의 과실책임을 근거로 처벌하는 취지가 규정된 양벌규정에서도 무과실책임설을 취하기도 (대법원 1990.10.12, 90도1219) 하였다.

④(○) 판례는 법인에 대한 양벌규정이 있는 때에는 예컨대 소유자만 정범이 될 수 있는 진정신분범에 있어서 소유자가 아닌 비신분자도 정범이 될 수 있다고 한다(대법원 1980.12.9, 80도384; 대법원 1999.7.15, 95도2870 전원합의체).

⑤(×) 판례는 위법행위의 동기가 종업원 기타 제3자의 이익을 위한 것에 불과하고 영업주의 영업에 이로운 행위가 아니라 하여도 영업주는 그 감독해태에 대한 책임을 면할 수 없다고 한다(대법원 1987.11.10, 87도1213). 이와 관련하여 헌법재판소는 구 도로법 제86조(2008.3.21. 전문 개정 전의 법률)에 대하여 위헌결정을 내린 바 있으며(헌재 2009.7.30, 2008헌가17), 현행 도로법 제100조는 '그 위반행위를 방지하기 위하여 해당 업무에 관하여 상당한 주의와 감독을 게을리하지 아니한 때'라는 단서조항을 두고 있다. 〈답 ⑤〉

5. 양벌규정 또는 법인의 범죄능력에 대한 설명 중 옳은 것을 모두 고른 것은? (다툼이 있는 경우에는 판례에 의함) <변호사 2013년>

가. 배임죄에서 타인의 사무를 처리할 의무의 주체가 법인이 되는 경우 그 타인의 사무는 법인을 대표하는 자연인인 대표기관에 의하여 처

리될 수밖에 없어 자연인인 대표기관이 배임죄의 주체가 된다.
나. 양벌규정에 의해서 법인 또는 개인을 처벌하는 경우 그 처벌은 직접 법률을 위반한 행위자에 대한 처벌에 종속하며, 행위자에 대한 선임감독상의 과실로 인하여 처벌되는 것이므로, 행위자에 대한 처벌이 법인 또는 개인에 대한 처벌의 전제조건이 된다.
다. 법인에 대한 양벌규정에 면책규정이 신설된 것은 범죄 후 법률의 변경에 의하여 그 행위가 범죄를 구성하지 않거나 형이 구법보다 경한 경우에 해당한다.
라. 행위자에 대하여 부과되는 형량을 작량감경하는 경우 양벌규정에 의하여 법인을 처벌함에 있어서도 이와 동일한 조치를 취하여야 한다.
마. 합병으로 인하여 소멸한 법인이 그 종업원 등의 위법행위에 대해 양벌규정에 따라 부담하던 형사책임은 그 성질상 이전을 허용하지 않는 것으로서 합병으로 인하여 존속하는 법인에 승계되지 않는다.

① 가 다 ② 나 마 ③ 가 나 다
④ 가 다 마 ⑤ 나 다 라

해설

가(○) 대법원 1984.10.10, 82도2595 전원합의체 : 타인의 사무를 처리할 의무의 주체가 법인인 경우 그 법인의 대표기관이 배임죄의 주체가 될 수 있는지 여부(적극)-다수의견 : 형법 제355조 제2항의 배임죄에 있어서 타인의 사무를 처리할 의무의 주체가 법인이 되는 경우라도 법인은 다만 사법상의 의무 주체가 될 뿐 범죄능력이 없는 것이며 그 타인의 사무는 법인을 대표하는 자연인인 대표기관의 의사결정에 따른 대표행위에 의하여 실현될 수밖에 없어 그 대표기관은 마땅히 법인이 타인에 대하여 부담하고 있는 의무 내용대로 사무를 처리할 임무가 있다 할 것이므로 법인이 처리할 의무를 지는 타인의 사무에 관하여는 법인이 배임죄의 주체가 될 수 없고 그 법인을 대표하여 사무를 처리하는 자연인인 대표기관이 바로 타인의 사무를 처리하는 자 즉 배임죄의 주체가 된다.
나(×) 대법원 2006.2.24, 2005도7673 : 양벌규정에 의한 영업주의 처벌은 금지위반행위자인 종업원의 처벌에 종속하는 것이 아니라 독립하여 그 자신의 종업원에 대한 선임감독상의 과실로 인하여 처벌되는 것이므로 종업원의 범죄성립이나 처벌이 영업주 처벌의 전제조건이 될 필요는 없다.
다(○) 대법원 2011.3.24, 2009도7230 : 구 주택법 제100조의 양벌규정은 2009.2.3. 법률 제9405호로 개정되면서 사업주인 법인이 그 위반행위를 방지하기 위하여 해당 업무에 관하여 상당한 주의와 감독을 게을리하지 아니한 경우에는 양벌규정에 의하여 처벌하지 않는다는 내용의 단서규정이 추가되었는바, 이는 범죄 후 법률의 변경에 의하여 그 행위가 범죄를 구성하지 아니하거나 형이 구법보다 경한 경우에 해당한다고 할 것이어서 형법 제1조 제2항에 따라 피고인 3 주식회사에게는 위와 같이 개정된 주택법의 양벌규정이 적용되었어야 할 것이다.
라(×) 대법원 1995.12.12, 95도1893 : 회사 대표자의 위반행위에 대하여 징역형의 형량을 작량감경하고 병과하는 벌금형에 대하여 선고유예를 한 이상 양벌규정에 따라 그 회사를 처단함에 있어서도 같은 조치를 취하여야 한다는 논지는 독자적인 견해에 지나지 아니하여 받아들일 수 없다.

마(○) 대법원 2007.8.23, 2005도4471 : 회사합병이 있는 경우 피합병회사의 권리 · 의무는 사법상의 관계나 공법상의 관계를 불문하고 모두 합병으로 인하여 존속하는 회사에 승계되는 것이 원칙이지만, 그 성질상 이전을 허용하지 않는 것은 승계의 대상에서 제외되어야 할 것인바, 양벌규정에 의한 법인의 처벌은 어디까지나 형벌의 일종으로서 행정적 제재처분이나 민사상 불법행위책임과는 성격을 달리하는 점, 형사소송법 제328조가 '피고인인 법인이 존속하지 아니하게 되었을 때'를 공소기각결정의 사유로 규정하고 있는 것은 형사책임이 승계되지 않음을 전제로 한 것이라고 볼 수 있는 점 등에 비추어 보면, 합병으로 인하여 소멸한 법인이 그 종업원 등의 위법행위에 대해 양벌규정에 따라 부담하던 형사책임은 그 성질상 이전을 허용하지 않는 것으로서 합병으로 인하여 존속하는 법인에 승계되지 않는다. 〈답 ④〉

6. 행위의 객체와 보호의 객체에 대한 설명 중 옳은 것은?

① 보호의 객체는 구성요건에 기재되어 있는 공격의 객체를 의미한다.

② 행위의 객체는 구성요건에 의하여 보호되는 가치적 · 관념적 대상을 말한다.

③ 행위의 객체에 관심을 가지는 것은 입법가 또는 법률가이나, 보호의 객체는 범죄자의 관심의 대상이 된다.

④ 보호법익이 없는 범죄는 예상할 수 없으나, 행위의 객체가 없는 범죄는 있을 수 있다.

⑤ 보호의 객체는 구성요건에 기재되어 있는 물적 대상이 되므로 구성요건요소가 된다.

해설

④(○) 다중불해산죄, 단순도주죄, 퇴거불응죄에는 행위의 객체가 없다. 〈답 ④〉

제2장 구 성 요 건

제 1 절 구성요건이론

1. 구성요건에 관한 설명 중 옳지 않은 것만의 조합은?

㉠ 형벌을 과하는 근거가 되는 행위유형을 추상적으로 기술한 것을 말한다. ㉡ 죄형법정주의에 근거하여 국가형벌권의 자의적인 행사를 방지하고 국민의 기본적 인권을 보장하기 위한 도구개념이다. ㉢ 구성요건해당성은 법률상의 정형적 · 추상적 개념이다. ㉣ 구성요건에 해당한다고 해서 모든 범죄가 기수로 되는 것은 아니다. ㉤ 구성요건해당성은 대전제로서의 법적 구성요건에 소전제로서 범죄구성사실을 해당시킴으로써 진행되는 논리과정을 말한다. ㉥ 기술적 구성요건요소는 법률적 평가 이외의 사회적 · 경제적 평가를 받는다.

① ㉡ ② ㉣ ③ ㉤ ④ ㉢ ㉤ ⑤ ㉢ ㉥ ⑥ ㉣ ㉤

해설

㉢(×) 구성요건과 구성요건해당성은 구별되어야 한다. 구성요건이 법률상의 정형적 · 추상적 개념임에 대하여, 구성요건해당성은 어떤 행위가 법적 구성요건의 범죄정형적인 기술에 일치하는 것을 의미한다. ㉥(×) 규범적 구성요건요소에 대한 설명이다. 〈답 ⑤〉

<table>
<tr><th colspan="3">구성요건요소의 분류</th></tr>
<tr><td rowspan="2">객관적 구성요건 요소</td><td colspan="2">행위의 외적 발생형태를 결정하는 구성요건상황</td></tr>
<tr><td colspan="2">행위의 주체, 행위의 객체, 행위의 태양, 결과의 발생 및 결과범에 있어서 행위와 결과 사이의 인과관계 등</td></tr>
<tr><td rowspan="2">주관적 구성요건 요소</td><td colspan="2">행위자의 관념세계에 속하는 심리적 · 정신적 구성요건상황</td></tr>
<tr><td colspan="2">고의범에서의 고의, 과실범에서의 과실, 목적범에서의 목적, 경향범에서의 내적 경향, 표현범에서의 행위자의 내심상태, 재산범죄에서의 불법영득의 의사 또는 불법이득의 의사</td></tr>
<tr><td>기술적 구성요건 요소</td><td>개별적인 경우에 사실확정에 의하여 그 의미를 인식할 수 있는 구성요건 요소</td><td>■ 살인죄의 '사람'
■ 절도죄의 '재물'</td></tr>
</table>

<table>
<tr><td rowspan="2">규범적 구성요건 요소</td><td rowspan="2">규범의 논리적 판단에 의하여 이해되고 보완적인 가치판단에 의하여 확정될 수 있는 구성요건요소</td><td>법률적 평가를 받는 요소</td><td>■ 간통죄의 '배우자'
■ 절도죄의 '재물의 타인성'
■ 수뢰죄의 '공무원 또는 중재인'</td></tr>
<tr><td>법률 외 사회적·경제적 평가를 받는 요소</td><td>■ 공연음란죄의 '음란'
■ 강제추행죄의 '추행'
■ 명예훼손죄의 '명예'</td></tr>
</table>

2. 구성요건이론에 관한 설명이다. 옳은 것만 모두 나열한 것은?

㉠ 모든 구성요건을 봉쇄적(폐쇄적)인 것으로 이해하는 견해에 의하면 위법성에 대한 판단은 소극적으로 이루어지면 족하며, 구성요건에 해당하는 행위가 위법한가를 적극적으로 확인할 것이 요구되지는 아니한다.
㉡ 보장구성요건은 불법구성요건과 책임구성요건을 포함하지만, 객관적 처벌조건은 범죄의 성립요건이 아니며 따라서 형법의 보장적 기능과 직접적인 관련이 없으므로 보장구성요건에 속하지 아니한다.
㉢ 규범적 구성요건요소인가 또는 기술적 구성요건요소인가의 구별은 형법규정에 의하여 명백히 구별된다.
㉣ 개방적 구성요건이론은 위법성이 구성요건 밖에서 존재하는 별도의 위법성의 요소에 의하여 결정될 수 있다는 이론이다.

① ㉠ ㉡ ② ㉠ ㉢ ③ ㉠ ㉣
④ ㉢ ㉣ ⑤ ㉠ ㉡ ㉣ ⑥ ㉡ ㉢ ㉣

해설

㉠(○) 모든 구성요건을 봉쇄적인 것으로 이해하는 견해에 의하면 모든 구성요건은 범죄의 불법내용을 결정하는 요소를 포함하고 있으므로 위법성의 문제는 소극적으로 위법성 조각사유가 있는 경우에 위법성이 조각된다는 판단만 가능하다고 본다.
㉡(×) 보장구성요건은 행위의 가벌성에 관한 형법총칙 및 각칙상의 모든 법률상의 전제조건을 포함한다.
㉢(×) 규범적 구성요건요소인가 또는 기술적 구성요건요소인가는 명백히 구별할 수 없다.
㉣(○) Welzel의 개방적 구성요건이론에 의하면 개방적 구성요건에 있어서는 구성요건에 해당하고 위법성조각사유가 없다는 것만으로 바로 위법성이 인정되는 것이 아니라 구성요건 밖에 존재하는 별도의 적극적인 위법성요소에 의하여 위법성이 인정된다고 한다.

〈답 ③〉

3. 소극적 구성요건요소이론에 관한 설명 중 바르게 된 것을 모두 고른 것은?

㉠ 위법성조각사유가 있으면 구성요건에도 해당하지 않는다.
㉡ 구성요건과 위법성조각사유는 일반적인 금지규범과 특수한 허용규범

으로 대립된다.
㉢ 범죄론은 전체구성요건과 책임이라는 2단계의 구조를 가지게 된다.
㉣ 위법성조각사유의 전제사실에 대한 착오를 금지착오로 취급할 수 있는 명쾌한 이론적 근거를 마련하였다.
㉤ 구성요건해당성은 위법성의 인식근거가 된다.
㉥ 위법성조각사유의 독자성을 파악하지 못한 잘못이 있다는 비판이 있다.
㉦ 정당화사유에 해당하는 모든 행태는 애당초 금지된 것이 아니다.

① ㉠ ㉢ ② ㉡ ㉢ ③ ㉠ ㉡ ㉢
④ ㉠ ㉢ ㉥ ⑤ ㉠ ㉢ ㉥ ㉦ ⑥ ㉢ ㉣ ㉤ ㉥

해설

㉠㉢㉥㉦(○) 소극적 구성요건요소이론은 위법성조각사유를 소극적 구성요건요소로 파악하므로 위법성조각사유가 있으면 구성요건에도 해당하지 않는 것이 된다. 따라서 구성요건해당성과 위법성은 전체구성요건으로 결합되어 하나의 판단과정으로 흡수되고, 범죄론은 전체구성요건과 책임이라는 2단계의 구조를 가지게 된다.
㉡(×) 구성요건과 위법성조각사유는 일반적인 금지규범과 특수한 허용규범으로 대립되는 것이 아니라 위법성조각사유는 불법을 조각하는 사유로서 금지규범을 제한할 뿐이라고 한다.
㉣(×) 소극적 구성요건요소이론에서 고의의 인식대상에는 구성요건이 규정하는 적극적 행위상황과 위법성조각사유의 상황이 존재하지 않는 사실에 대한 인식도 포함되기 때문에 위법성조각사유의 전제사실에 대한 착오를 사실의 착오로 취급할 수 있는 이론적 근거를 마련하였다.
㉤(×) 소극적 구성요건요소이론에 의하면 구성요건은 위법성의 존재근거가 된다.

〈답 ⑤〉

4. 소극적 구성요건표지이론에 관한 설명으로 옳지 않은 것은?

<사시 2009년: 배점 2>

① 이 이론은 구성요건을 불법판단에 본질적인 모든 표지들을 포함하는 개념으로 보아 이를 총체적 불법구성요건이라 한다.
② 이에 따르면 구성요건과 위법성조각사유는 불법구성요건을 확정하는 동일한 기능을 가지나 전자는 불법을 적극적으로, 후자는 소극적으로 확정하는 차이만 있을 뿐이다.
③ 이 이론에 의하면 위법성조각사유는 소극적 구성요건요소이므로 위법성이 조각되는 모든 행위는 처음부터 구성요건해당성이 배제된다.
④ 이에 따르면 불법과 책임의 2단계 범죄체계론을 취하게 되어 위법성 영역의 고유한 기능을 간과한다는 비판을 받게 된다.
⑤ 이 이론에 의하면 오상방위의 경우 행위상황에 대한 인식은 있으므로 고의는 인정되나 다만 착오의 회피가능성 여하에 따라 책임 인정 여부

만이 문제된다고 본다.

✍ **해설** ....

⑤(×) 소극적 구성요건표지이론에 의하면 위법성조각사유의 요건은 소극적 구성요건요소가 되므로 위법성을 조각하는 행위상황에 대한 착오는 구성요건적 착오가 되고 따라서 고의를 조각하게 된다. 〈답 ⑤〉

5. 구성요건에 관한 설명 중 옳지 않은 것은? <사시 2007년: 배점 2>

① 불법구성요건은 형법적으로 중요한 불법행위가 무엇인지 선별해주고, 이렇게 선별된 불법행위를 해서는 안 된다는 행위방향을 일반인에게 설정해주며, 잠정적으로 위법하다는 평가를 하는 기능을 한다.

② 소극적 구성요건요소이론에 의하면 위법성조각사유의 객관적 전제사실에 관한 착오(허용상황에 관한 착오)는 구성요건적 착오로서 고의를 조각한다.

③ 보장구성요건은 '법률에 의해 규율되는 가벌성의 전제조건'만을 의미하므로, 유추나 관습법으로 행위자에게 불이익을 주어서는 안 된다는 점을 강조한다.

④ 소극적 구성요건요소이론에 의할 경우 적법과 불법의 한계는 구성요건단계에서 완결되므로, 구성요건해당성은 단지 위법성을 징표하는 것에 그치지 않고 불법에 대한 종국적 판단이 구성요건단계에서 내려지는 결과를 가져온다.

⑤ 소극적 구성요건요소이론에 의할 경우, 위법성조각사유가 존재하는 경우 행위의 구성요건해당성이 부정되므로, 처음부터 구성요건에 해당하지 않는 행위와 구성요건에 해당하지만 허용되는 행위 사이의 차이가 명확히 드러난다.

✍ **해설** ....

⑤(×) 소극적 구성요건요소이론에 의하면 처음부터 구성요건에 해당하지 않는 행위와 구성요건에 해당하지만 위법성이 조각되는 행위가 구별되지 않으므로 가치의 차이가 드러나지 않는다는 문제점이 있다. 〈답 ⑤〉

6. 범죄체계의 각 요건의 특징을 나열한 것으로서 옳은 것(○)과 옳지 않은 것(×)을 올바르게 조합한 것은? (다툼이 있는 경우에는 판례에 의함)

<사시 2013년: 배점 2>

ㄱ. 책임조각사유는 소극적 구성요건표지이론에 따를 때에도 구성요건요소가 되지 않는다.
ㄴ. 하나 이상의 위법성조각사유는 서로 경합될 수 있다.

ㄷ. 기대불가능성을 근거로 책임이 조각되는 것은 법률문언으로 명시되어 있지 않은 경우에도 인정될 수 있다.
ㄹ. 구성요건해당성 및 다른 범죄성립요건 심사에서 평가되어야 할 요소를 앞질러 판단하고 있다는 비판을 받는 행위론은 인과적 행위론이다.

① ㄱ(○) ㄴ(○) ㄷ(○) ㄹ(×)
② ㄱ(×) ㄴ(○) ㄷ(○) ㄹ(×)
③ ㄱ(○) ㄴ(○) ㄷ(○) ㄹ(○)
④ ㄱ(×) ㄴ(×) ㄷ(○) ㄹ(○)
⑤ ㄱ(○) ㄴ(×) ㄷ(×) ㄹ(×)

해설

ㄱ(○) 소극적 구성요건표지이론은 위법성조각사유(소극적 구성요건 표지)의 부존재는 구성요건요소이나 책임조각사유는 구성요건 요소가 아니다.
ㄴ(○) 예컨대, 타인의 집에 불이 나서 화재를 끄기 위해 주거에 침입하는 것은 긴급피난, 추정적 승낙이 경합될 수 있다.
ㄷ(○) 면책적 긴급피난과 같은 초법규적 책임조각사유로 인정된다.
ㄹ(×) 구성요건해당성 및 다른 범죄성립요건 심사에서 평가되어야 할 요소를 앞질러 판단하고 있다는 비판을 받는 행위론은 목적적 행위론이다. 〈답 ①〉

7. 구성요건해당성이 인정되는 사례를 모두 고른 것은? <사시 2009년: 배점 2>

ㄱ. 원수를 살해하려고 주술을 사용하는 경우
ㄴ. 이웃집의 수도관이 파열되자 전화연락을 통해 주인의 동의를 얻어 문을 부수고 들어가 수도관을 수리한 사례에서 양해와 승낙을 구별하는 학설에 따를 경우
ㄷ. 절도를 위해 남의 집 유리창을 깼으나 절취할 물건이 없어 빈손으로 돌아 왔지만 이로 인해 그 방안에서 낮잠자던 사람이 연탄가스 중독에서 구조된 경우
ㄹ. 칼라복사기의 성능을 시험하기 위해 공무원 신분증을 양면복사하여 원본과 구별이 안 되는 복사물을 제작한 경우
ㅁ. 아무런 악의 없이 자신에게 접근하는 상대방에게 지레 겁을 먹고 먼저 공격하여 상해를 입힌 사례에서 엄격책임설을 적용할 경우

① ㄱ ㄹ ② ㄴ ㅁ ③ ㄷ ㄹ ④ ㄷ ㅁ
⑤ ㄴ ㄷ ㅁ ⑥ ㄷ ㄹ ㅁ ⑦ ㄱ ㄴ ㄹ ㅁ ⑧ ㄴ ㄷ ㄹ ㅁ

해설

ㄱ(×) 미신범은 살인의 의사를 실현하기 위한 행위라고 평가할 수 없어 살해행위에 해당하지 않으므로 살인죄의 구성요건해당성이 부정된다.

ㄴ(○) 피해자의 동의를 구성요건해당성을 조각하는 양해와 위법성을 조각하는 승낙을 구별하는 학설에 따를 경우 주거침입에 대한 동의는 양해가 된다. 손괴에 대한 동의는 위법성을 조각하는 승낙이라고 하는 입장과 구성요건해당성을 조각하는 양해라는 입장이 대립한다.
ㄷ(○) 주관적 정당화요소가 없는 경우 위법성조각 여부가 문제될 뿐이므로 절도미수죄와 손괴죄의 구성요건해당성은 인정된다.
ㄹ(×) 복사본도 문서위조죄의 객체이고 공문서위조죄는 고의 이외에 행사할 목적을 필요로 하는 진정목적범인데 칼라복사기의 성능을 시험하기 위한 문서복사(위조)는 행사할 목적에 해당하지 아니하므로 공문서위조죄의 구성요건에 해당하지 않는다.
ㅁ(○) 위법성조각사유의 전제사실의 착오에 관하여 엄격책임설에 의하면 위법성조각사유의 전제사실에 관한 착오는 금지착오에 해당하므로 고의는 조각되지 않고 착오에 정당한 이유가 있으면 책임이 조각될 뿐이다(제16조). 따라서 상해죄의 구성요건해당성과 위법성이 인정된다.
결국 이론 없이 구성요건해당성이 인정되는 것은 ㄷ,ㅁ이며, ㄴ은 학설에 따라 구성요건해당성이 인정 또는 부정된다. 〈답 ④, ⑤〉

제2절 결과반가치와 행위반가치

1. 결과반가치론의 내용에 관한 설명 중 옳지 않은 것만의 조합은?

> ㉠ 불법의 내용을 법익침해와 법익위태화에 치중한다.
> ㉡ 과실범의 불법판단에서 위법판단의 객관성이 보장된다.
> ㉢ 피해자 없는 범죄는 범죄가 아니라는 점을 강조한다.
> ㉣ 행위의 태양이나 특수한 주관적 불법요소는 법익침해 또는 위험이라는 객관적 요소로 환원되어 행위의 법익침해 또는 위험에 새로운 것을 추가한 때라도 불법요소가 될 수 없다.
> ㉤ 위법성조각사유의 일반원리로 법익교량을 기준으로 삼는 것은 이익보호를 목적으로 하는 법의 목적에 일치한다.
> ㉥ 실행의 착수시기와 불능범과 불능미수의 구별에서 주관설을 취한다.

① ㉡ ② ㉢ ③ ㉤
④ ㉢ ㉣ ⑤ ㉣ ㉥ ⑥ ㉤ ㉥

해설

결과반가치론은 불법의 실체가 법익의 침해 또는 그 위험에 있다는 전통적인 입장을 의미함에 반하여, 행위반가치론은 불법개념의 핵심은 결과가 아니라 행위에 대한 부정적 가치판단에 있다고 한다.
㉣(×) 불법을 법익침해라는 객관적·외부적 상태를 기준으로 판단하여 법익침해 또는 위험이라는 결과반가치에 불법의 본질이 있다고 보는 결과반가치론은 행위의 태양이나 특수한 주관적 불법요소도 법익의 침해 또는 위험이라는 객관적 요소로 환원하여 행위의 법익침해 또는 위험성격에 새로운 것을 추가한 때에는 불법요소가 될 수 있다고 한다.
㉥(×) 객관설의 입장이다. 〈답 ⑤〉

2. 결과반가치론과 행위반가치론에 대한 설명이다. 옳지 않은 것은 모두 몇 개인가?

> ㉠ 결과반가치론에 의하면 고의범과 과실범의 불법에 차이를 인정할 수 없다.
> ㉡ 일원적 행위반가치론은 불법을 지나치게 확대한다는 비판을 받고 있다.
> ㉢ 결과반가치론에 의하면 살인죄와 상해치사죄 및 과실치사죄를 같은 형으로 처벌해야 한다.
> ㉣ Welzel의 인적 불법론도 결과반가치가 불법의 제1차적 요소임을 인정한다.
> ㉤ 일원적 행위반가치론에 의하면 미수는 기수와 같은 형으로 처벌해야 한다.
> ㉥ 일원적 행위반가치론에 의하더라도 과실치사와 과실치상 및 도로교통법위반을 동일하게 처벌해야 하는 것은 아니다.
> ㉦ 이원적·인적 불법론은 결과반가치와 행위반가치가 동일한 서열에서 병존하는 중요한 불법요소라고 이해한다.

① 1개 ② 2개 ③ 3개 ④ 4개 ⑤ 5개 ⑥ 6개

해설

㉡ 불법을 확대한다는 비판을 받는 것은 행위반가치론이 아니라 결과반가치론이다.
㉣ Welzel의 인적 불법론에 의하면 행위반가치가 불법의 구성적·제1차적 요소이다.
㉥ 일원적 행위반가치론에 대하여는 과실치사와 과실치상 및 도로교통법위반의 처벌을 달리해야 하는 이유를 설명하지 못한다는 비판이 제기된다. 〈답 ③〉

3. 결과반가치의 내용에 해당하는 것을 모두 고르면?

> ㉠ 법익침해와 위험 ㉡ 고의 ㉢ 행위의 방법
> ㉣ 진정신분범의 신분 ㉤ 과실 ㉥ 불능미수의 위험성

① ㉠ ㉥ ② ㉡ ㉤ ③ ㉠ ㉢ ㉣
④ ㉠ ㉢ ㉥ ⑤ ㉠ ㉣ ㉥ ⑥ ㉢ ㉣ ㉥

해설

통설은 보호법익에 대한 침해와 위험이 결과반가치의 내용이라고 한다. 여기서 침해란 현실적으로 발생한 법익의 손상이고, 위험은 보호법익에 대한 침해의 발생이 가능한 상태를 말한다. 불능미수의 위험성은 결과발생의 구체적 위험을 의미한다 할 것이므로 결과반가치의 내용에 해당한다.
행위반가치의 내용은 크게 주관적 요소와 객관적 요소로 나눌 수 있다. 주관적 요소로는 고의·과실 이외에 목적·경향과 같은 주관적 불법요소가 있고, 객관적 요소로는 객관적 행위자요소(부진정부작위범에 있어서 보증인, 배임죄에 있어서 타인의 사무를 처리하는 자 등)와 행위의 태양(사기죄의 기망행위 등)이 있다. 〈답 ①〉

제 3 절 부작위범

1. 부작위범에 관한 설명 중 옳지 않은 것만 모두 모은 것은?

> ㉠ 부진정부작위범은 조문형식상 일정한 부작위를 범죄의 내용으로 한 것이다.
> ㉡ 의무의 충돌은 부작위범에 적용되는 특수한 위법성조각사유이다.
> ㉢ 형법상 방조행위는 부작위에 의해서도 가능하다.
> ㉣ 사회적 행위론은 부작위를 법적 행위기대라는 규범적 가치판단요소에 의하여 사회적 중요성을 가지는 인간의 행태로 보므로 부작위는 작위와 함께 행위의 기본형태를 이루게 된다.
> ㉤ 형법에 부작위범에 관한 규정이 별도로 없는 경우에는 대부분의 범죄가 부작위에 의하여 행하여질 수 없다.
> ㉥ 부진정부작위범은 자수범의 경우에는 성립하지 않는다.

① ㉠ ② ㉢ ③ ㉤ ④ ㉠ ㉢ ⑤ ㉠ ㉤ ⑥ ㉣ ㉥

해설

㉠(×)구성요건이 부작위에 의하여만 실현될 수 있는 진정부작위범은 조문상 일정한 부작위를 범죄의 내용으로 하며, 부진정부작위범의 작위의무는 법령 외에 계약, 사무관리, 선행행위, 기타 특별한 신뢰관계가 있을 때에도 성립할 수 있다.
㉢(○) 방조행위는 작위에 한하지 아니하며 종범이 보증인지위에 있는 한 부작위에 의한 방조도 가능하다(대법원 2006.4.28, 2003도4128).
㉤(×) 형법상 작위범 형식으로 규정된 범죄를 현실적으로 부작위에 의해서 실현한 범죄를 부진정부작위범이라 한다. 따라서 부작위범에 관한 명문의 규정이 없는 경우에도 대부분의 범죄가 부작위에 의하여 행하여질 수 있다. 〈답 ⑤〉

2. 부작위범의 작위의무에 관한 설명 중 옳지 않은 것만의 조합은?

> ㉠ 보증인적 지위와 보증의무를 모두 부진정부작위범의 위법성의 요소로 파악하는 입장에 따르면 부진정부작위범의 구성요건해당성이 지나치게 확대된다.
> ㉡ 보증인적 지위는 구성요건요소이나 보증인의무는 위법성요소라고 보는 것이 통설이다.
> ㉢ 보증인적 지위와 보증의무를 구별하는 이원설에 의하면 보증의무에 대한 착오를 일으킨 경우 법률의 착오가 된다.
> ㉣ 도로교통법 제54조의 교통사고운전자의 사상자구호조치의무는 위법한 선행행위의 경우에만 작위의무를 인정한 것이라고 할 수 있다.
> ㉤ 범죄목격자의 신고의무는 부작위범에 있어서의 작위의무에 해당한다.

㉥ 간호사의 보호의무는 계약에 의하여 보증인의무가 발생한 경우이다.

① ㉠ ② ㉡ ③ ㉢ ④ ㉡ ㉣ ⑤ ㉢ ㉣ ⑥ ㉣ ㉤

해설

㉠(○) 보증인지위와 보증인의무를 위법성의 요소로 파악하면 보증인 아닌 자의 부작위도 부진정부작위범의 구성요건에 해당하여 구성요건해당성이 부당하게 확대된다.
㉢(○) 이원설에 의하면 보증인의무의 착오는 법률의 착오가 되며, 통설인 책임설에 의하면 법률의 착오는 책임에 영향을 미칠 뿐이다.
㉣(×) 도로교통법 제54조의 사상자구호조치의무는 사고운전자에게 사고에 대한 유책·위법 유무와 관계없이 인정되는 의무이다. 도로교통법 제50조 1항·2항이 규정한 교통사고발생시의 구호조치의무 및 신고의무는 차의 교통으로 인하여 사람을 사상하거나 물건을 손괴한 때에 운전자 등으로 하여금 교통사고로 인한 사상자를 구호하는 등 필요한 조치를 신속히 취하게 하고, 또 속히 경찰관에게 교통사고의 발생을 알려서 피해자의 구호, 교통질서의 회복 등에 관하여 적절한 조치를 취하게 하기 위한 방법으로 부과된 것이므로 교통사고의 결과가 피해자의 구호 및 교통질서의 회복을 위한 조치가 필요한 상황인 이상 그 의무는 교통사고를 발생시킨 당해 차량의 운전자에게 그 사고발생에 있어서 고의·과실 혹은 유책·위법의 유무에 관계없이 부과된 의무라고 해석함이 상당할 것이므로, 당해 사고에 있어 귀책사유가 없는 경우에도 위 의무가 없다 할 수 없고, 또 위 의무는 신고의무에만 한정되는 것이 아니므로 타인에게 신고를 부탁하고 현장을 이탈하였다고 하여 위 의무를 다한 것이라고 말할 수는 없다(대법원 2002.5.24, 2000도1731).
㉤(×) 도로교통법에 의한 운전자의 구호의무(제54조)는 공법에 의하여 작위의무가 발생하는 경우이나 범죄목격자의 신고의무는 없다. 〈답 ⑥〉

3. 보증인지위 또는 그 근거가 되는 작위의무의 체계적 지위에 관한 학설과 그에 대한 내용에 관한 것이다. 가장 바르게 연결된 것은?

〈학설〉
(가) 위법성설 (나) 구성요건설 (다) 이분설
〈내용 및 비판〉
㉠ 부진정부작위범의 구성요건은 위법성을 징표하지 못한다.
㉡ Nagler에 의하여 주장된 보증인설이다.
㉢ 부진정부작위범의 구성요건해당성을 부당하게 확대하게 된다.
㉣ 부진정부작위범이 보증인에 의하여만 범할 수 있는 진정신분범의 성격을 갖게 된다.
㉤ 작위범에 있어서는 법적의무가 구성요건요소가 아님에도 불구하고 부작위범의 작위의무를 구성요건요소라고 하는 것은 부당하다.
㉥ 보증인지위에 대한 착오는 구성요건 착오가 되지만 보증인의무에 대한 착오는 금지착오가 된다.

① (가)-㉠ ㉣ ② (나)-㉡ ㉥ ③ (다)-㉣
④ (가)-㉠ ㉢ ⑤ (나)-㉡ ㉢ ㉤ ⑥ (다)-㉤

✍ 해설 ……………………………………

(가) 위법성설은 부진정부작위범에 있어서의 작위의무위반을 위법성의 요소로 이해하고 부작위범의 동가치성은 위법성의 특수성에 있다고 본 견해이다. 이 견해에 의하면 구성요건적 결과가 발생한 때에는 명령규범에 위반하지 않은 때에도 구성요건에 해당하게 되어 구성요건해당성을 부당하게 확대하게 되고, 부진정부작위범에 대하여만 작위의무를 위법성의 요소로 파악하여 구성요건의 징표적 기능을 부정하는 것은 범죄론의 체계와 일치하지 않는다는 비판이 있다.
(나) 구성요건설은 Nagler에 의하여 주장된 보증인설로 보증인지위가 부진정부작위범의 구성요건요소가 됨에 의하여 부진정부작위범이 보증인에 의하여만 범할 수 있는 진정신분범의 성격을 갖게 된다. 그러나 작위범에 있어서는 법적 의무가 구성요건요소가 아님에도 불구하고 부작위범의 작위의무를 구성요건요소라고 하는 것은 부당하다.
(다) 이분설은 보증인지위는 부진정부작위범의 구성요건요소이나 보증인의무는 위법성의 요소라는 견해이다.
따라서 (가)－㉠㉢, (나)－㉡㉣㉤, (다)－㉥이 된다. 〈답 ④〉

4. 행위에 작위와 부작위의 요소가 모두 포함되어 있어 형법적 판단의 대상이 명백하지 않은 경우 이에 대한 구별기준에 관한 학설과 구체적인 적용례에 대한 설명이다. 다음 중 가장 올바르지 않은 것은?

① 평가적 관찰방법은 작위와 부작위를 구별하는 것은 법적 비난의 중요성이 어디에 있는가에 따라 판단해야 할 평가문제라고 해석하는 견해이다.
② 작위와 부작위의 구별이 분명치 않을 때에는 먼저 작위부분을 검토하고 그것이 성립하지 않은 경우에 부작위를 검토하는 것이 바람직하다는 견해도 있다.
③ 과실범에 있어서 주의의무를 다하지 아니하여 적극적으로 행위를 한 경우 어느 견해에 의하든 작위범이라고 평가된다.
④ 타인의 구조행위를 적극적으로 방해한 때에도 어느 견해에 의하든 작위범이다.
⑤ 원인에 있어서 자유로운 부작위나 소극적인 안락사의 경우에 ②의 견해에 의하면 부작위이다.

✍ 해설 ……………………………………

⑤(×) 원인에 있어서 자유로운 부작위는 ①이나 ②의 견해 모두 부작위로 본다. 소극적 안락사의 경우 ②의 견해에 의하면 작위에 해당하나 ①의 견해에 의할 때는 부작위에 해당한다. ①의 견해에 의하면 치료를 맡은 의사가 치료를 포기하고 환자의 생명을 단축시키기 위해 인공심폐기를 차단한 경우 인공심폐기 차단에 법적 비난의 중점이 있는 것이 아니라 의사로서 마땅히 해야 할 치료행위를 중단하였다는 점에 법적 비난의 중점이 있으므로 부작위로 평가된다. 〈답 ⑤〉

5. 甲은 자신의 처 乙이 물에 빠진 것을 보고도 구하지 아니하여 乙은 익사하였다. 甲은 수영실력이 뛰어난 사람이었지만 자신은 처를 구조할 의무가 없

다고 생각하였다. 甲의 죄책에 관한 설명 중 옳지 않은 것은?

① 甲의 보증인지위는 乙의 생명을 보호하는 것을 내용으로 한다.
② 甲의 부작위는 작위와 구성요건적 동가치성을 갖는다.
③ 살인죄가 성립하기 위하여는 甲의 부작위와 乙의 사망 사이에 인과관계가 있어야 한다.
④ 甲이 乙을 구할 수 있었는가는 살인죄의 구성요건과 관계없다.
⑤ 甲이 처를 구조할 의무가 없다고 생각한 것은 법률의 착오이며 오인에 정당한 이유가 없어 살인죄가 인정된다.

해설

④(×) 부작위범이 성립되기 위하여는 행위자가 작위의무의 내용을 인식하고 행위의 가능성이 있었음에도 불구하고 기대되는 일정한 행위를 하지 않아야 하고, 특히 부진정부작위범이 성립하기 위하여는 이러한 부작위범의 일반적 구성요건 외에 행위자가 보증인지위에 있을 것을 요하며, 행위자의 부작위가 작위에 의한 구성요건의 실행과 같이 평가될 수 있는 요소를 갖추어야 한다. 〈답 ④〉

6. 甲은 조카인 乙을 살해할 생각으로 저수지로 데려가서 미끄러지기 쉬운 제방으로 걷게 하였고, 乙이 물에 빠지자 이를 방치하여 익사하게 하였다. 甲의 죄책에 관한 설명 중 옳지 않은 것은?

① 甲은 선행행위로 인하여 乙에 대한 보증인이 된다.
② 甲의 부작위는 살해행위와 동가치성을 가질 수 없다.
③ 부진정부작위범에 있어서도 부작위와 사망의 결과 사이에 인과관계가 있어야 한다.
④ 甲에게 살인의 고의가 있는 때에는 살인죄가 성립한다.
⑤ 甲에게 살인죄가 성립하기 위하여는 乙을 구조할 수 있었을 것을 요한다.

해설

②(×) 살인죄와 같이 결과가 발생하면 처벌되는 범죄에 있어서는 행위정형의 동가치성은 특별히 문제될 여지가 없다. 甲은 조카인 乙에 대한 친권자가 아니므로 친권자의 보호의무를 인정할 수는 없다. 그러나 乙을 살해하기 위하여 저수지로 데려갔으므로 선행행위로 인한 보증인의무를 인정하지 않을 수 없다.

피해자의 숙부로서 익사의 위험에 대처할 보호능력이 없는 나이어린 피해자를 익사의 위험이 있는 저수지로 데리고 갔던 피고인으로서는 피해자가 물에 빠져 익사할 위험을 방지하고 피해자가 물에 빠지는 경우 그를 구호해주어야 할 법적인 작위의무가 있다고 보아야 할 것이고, 피해자가 물에 빠진 후에 피고인이 살해의 범의를 가지고 그를 구호하지 아니한 채 그가 익사하는 것을 용인하고 방관한 행위는 피고인이 직접 그를 물에 빠뜨려 익사시키는 행위와 다름없다고 형법상 평가될 만한 살인의 실행행위라고 보는 것이 상당하다(대법원 1992.2.11, 91도2951). 〈답 ②〉

7. 부작위범에 관한 설명 중 옳은 것을 모두 고른 것은? (다툼이 있는 경우에는 판례에 의함) <변호사 2013년>

가. 하나의 행위가 작위범과 부작위범을 동시에 충족할 수는 없다.
나. 중고 자동차 매매를 하면서 자신의 할부금융회사에 대한 할부금 채무가 매수인에게 당연히 승계되는 것이 아니라는 이유로 그 할부금 채무의 존재를 매수인에게 고지하지 아니한 매도인에게는 부작위에 의한 사기죄가 성립하지 않는다.
다. 전담의사가 중환자실에서 인공호흡기를 부착하고 치료를 받던 환자의 처의 요청에 따라 치료를 중단하고 퇴원조치를 함으로써 귀가 후 수련의의 인공호흡기 제거로 환자가 사망한 경우, 전담의사에게 작위에 의한 살인방조죄가 성립한다.
라. 모텔 방에 투숙 중 담배를 피운 후 담뱃불을 제대로 끄지 않은 중대한 과실로 화재를 일으킨 투숙객에게도 화재를 소화할 의무가 있음에도 모텔 주인이나 다른 투숙객에게 아무 말 없이 도망쳐 나와 다른 투숙객이 사망했다면, 비록 소화하기는 쉽지 않았더라도 부작위에 의한 현주건조물방화치사죄가 성립한다.
마. 법무사가 아닌 사람이 법무사로 소개되거나 호칭되는 데도 자신이 법무사가 아니라는 사실을 밝히지 않은 채 법무사 행세를 계속하면서 근저당권설정계약서를 작성해 준 경우, 법무사가 아님을 밝힐 계약상 또는 조리상 법적 의무가 있기는 하나, 이는 법무사 명칭을 사칭하는 경우와 동등한 형법적 가치가 있다고 할 수 없으므로 부작위에 의한 법무사법위반죄(법무사명칭사용금지)가 성립하지 않는다.

① 가 다 ② 나 다 ③ 라 마
④ 가 나 다 ⑤ 나 다 마

해설

가(×) 하나의 행위가 작위범과 부작위범을 동시에 충족할 수 있다. 즉 판례상 하나의 행위가 부작위범인 직무유기죄와 작위범인 허위공문서작성, 행사죄의 구성요건을 동시에 충족하는 경우가 그것이다.
대법원 1993.12.24, 92도3334 : 공무원이 어떠한 위법사실을 발견하고도 직무상 의무에 따른 적절한 조치를 취하지 아니하고 위법사실을 적극적으로 은폐할 목적으로 허위공문서를 작성·행사한 경우에는 직무위배의 위법상태는 허위공문서작성 당시부터 그 속에 포함되는 것으로 작위범인 허위공문서작성, 동행사죄만이 성립하고 부작위범인 직무유기죄는 따로 성립하지 아니하나, 위 복명서 및 심사의견서를 허위작성한 것이 농지일시전용허가를 신청하자 이를 허가하여 주기 위하여 한 것이라면 직접적으로 농지불법전용 사실을 은폐하기 위하여 한 것은 아니므로 위 허위공문서작성, 동행사죄와 직무유기죄는 실체적 경합범의 관계에 있다.
나(○) 대법원 1998.4.14, 98도231 : 중고 자동차 매매에 있어서 매도인의 할부금융회사 또는 보증보험에 대한 할부금 채무가 매수인에게 당연히 승계되는 것이 아니라는 이유로 그 할부금 채무의 존재를 매수인에게 고지하지 아니한 것이 부작위에 의한 기망에 해당하지 아니한다.

다(○) 대법원 2004.6.24, 2002도995 : 보호자가 의학적 권고에도 불구하고 치료를 요하는 환자의 퇴원을 간청하여 담당 전문의와 주치의가 치료 중단 및 퇴원을 허용하는 조치를 취함으로써 환자를 사망에 이르게 한 행위에 대하여 보호자, 담당 전문의 및 주치의가 부작위에 의한 살인죄의 공동정범으로 기소된 사안에서, 담당 전문의와 주치의에게 환자의 사망이라는 결과 발생에 대한 정범의 고의는 인정되나 환자의 사망이라는 결과나 그에 이르는 사태의 핵심적 경과를 계획적으로 조종하거나 저지·촉진하는 등으로 지배하고 있었다고 보기는 어려워 공동정범의 객관적 요건인 이른바 기능적 행위지배가 흠결되어 있다는 이유로 작위에 의한 살인방조죄만 성립한다.

라(×) 부작위에 의한 현주건조물방화치사상죄가 성립하지 아니한다(대법원 1992.2.11, 91도2951, 대법원 2010.1.14, 2009도12109, 2009감도38).

대법원 2010.1.14. 2009도12109 : 모텔 방에 투숙하여 담배를 피운 후 재떨이에 담배를 끄게 되었으나 담뱃불이 완전히 꺼졌는지 여부를 확인하지 않은 채 불이 붙기 쉬운 휴지를 재떨이에 버리고 잠을 잔 과실로 담뱃불이 휴지와 침대시트에 옮겨 붙게 함으로써 화재가 발생한 사안에서, 위 화재가 중대한 과실 있는 선행행위로 발생한 이상 화재를 소화할 법률상 의무는 있다 할 것이나, 화재 발생 사실을 안 상태에서 모텔을 빠져나오면서도 모텔 주인이나 다른 투숙객들에게 이를 알리지 아니하였다는 사정만으로는 화재를 용이하게 소화할 수 있었다고 보기 어렵다는 이유로, 부작위에 의한 현주건조물방화치사상죄의 공소사실에 대해 무죄를 선고한 원심의 판단을 수긍한 사례.

마(×) 대법원 2008.2.28, 2007도9354 : 법무사가 아닌 사람이 법무사로 소개되거나 호칭되는 데에도 자신이 법무사가 아니라는 사실을 밝히지 않은 채 법무사 행세를 계속하면서 근저당권설정계약서를 작성한 사안에서, 부작위에 의한 법무사법 제3조 제2항 위반죄를 인정할 수 있다. 〈답 ②〉

8. 부작위범에 관한 설명 중 옳은 것을 모두 모은 것은? (다툼이 있는 경우에는 판례에 의함) <사시 2009년: 배점 2>

ㄱ. 형법 제18조에 의한 부작위범의 작위의무는 법령, 법률행위, 선행행위로 인한 경우는 물론 기타 신의성실의 원칙이나 사회상규 혹은 조리상 작위의무가 기대되는 경우에도 인정된다. ㄴ. 부작위에 의한 과실범도 성립한다. ㄷ. 부작위범에 대한 교사범은 보증인적 지위에 있는 자로 한정된다. ㄹ. 부작위에 의한 방조범은 보증인적 지위에 있는 자로 한정된다.

① ㄱ ㄷ ② ㄴ ㄹ ③ ㄱ ㄴ ㄷ
④ ㄱ ㄴ ㄹ ⑤ ㄱ ㄴ ㄷ ㄹ

해설

ㄱ(○) 대법원 2008.2.28, 2007도9354.

ㄴ(○) 작위의무 있는 자가 주의의무를 태만하여 작위의무를 이행하지 아니하였고 그로 인해 과실범의 구성요건을 충족하였다면 부작위에 의한 과실범이 성립한다. 예컨대 수영

장 안전요원이 주의를 태만하여 수영장에서 위험에 빠진 수영객을 구조하지 못해 익사하였다면 업무상과실치사죄가 성립한다.
ㄷ(×) 부작위범에 대한 교사범은 작위에 의해서만 가능하므로 보증인적 지위에 있지 않은 자도 교사범이 된다.
ㄹ(○) 부작위에 의한 방조범은 가담형태가 부작위이므로 보증인적 지위에 있는 자만이 가능하다. 〈답 ④〉

작위의무의 발생근거(형식설)	
법령에 의한 경우	▪ 민법: 친권자의 보호의무(동법 제913조), 친족간의 부양의무(동법 제974조), 부부간의 부양의무(동법 제826조) 등 ▪ 경찰관직무집행법: 경찰관의 보호조치의무(동법 제4조) ▪ 의료법: 의사의 진료와 응급조치의무(동법 제15조) ▪ 도로교통법: 운전자의 구호의무(동법 제54조)
계약에 의한 경우	▪ 고용계약에 의한 보호의무 ▪ 간호사의 환자간호의무 ▪ 신호수의 직무상 의무
조리에 의한 경우(통설)	▪ 동거하는 고용자에 대한 고용주의 보호의무 ▪ 관리자의 위험발생방지의무 ▪ 목적물의 하자에 대한 신의칙상의 고지의무
선행행위에 의한 경우	▪ 위험발생의 원인을 야기한 자의 결과발생 방지의무(형법 제18조)

9. 부작위범에 관한 설명 중 옳은 것은? (다툼이 있는 경우에는 판례에 의함)
<변호사 2012년>

① 신의성실의 원칙이나 사회상규 혹은 조리상 작위의무가 기대되는 경우에는 법적인 작위의무가 인정되지 않는다.
② 법적인 작위의무를 지고 있는 자가 결과발생을 쉽게 방지할 수 있었음에도 불구하고 이를 방관한 채 그 의무를 이행하지 아니한 경우에, 그 부작위가 작위에 의한 법익침해와 동등한 형법적 가치가 있는 것이어서 그 범죄의 실행행위로 평가될 만한 것이라면, 부작위범으로 처벌할 수 있다.
③ 부작위에 의한 방조범은 성립하지 않는다.
④ 행위자가 자신의 신체적 활동이나 물리적·화학적 작용을 통하여 적극적으로 타인의 법익상황을 악화시킴으로써 결국 그 타인의 법익을 침해하기에 이르렀더라도 작위에 의하여 악화된 법익상황을 다시 돌이키지 아니한 이상 부작위범이 성립하는 것이 원칙이다.
⑤ 진정부작위범의 경우 다수의 부작위범에게 부여된 작위의무가 각각 다르더라도 각각의 작위의무에 위반되는 행위를 공동으로 하였다면 부작위범의 공동정범이 성립할 수 있다.

✍ **해설** ··

①(×) (부작위범에서) 작위의무는 법적인 의무이어야 하므로 단순한 도덕상 또는 종교상의 의무는 포함되지 않으나 작위의무가 법적인 의무인 한 성문법이건 불문법이건 상관이 없고 또 공법이건 사법이건 불문하므로, 법령, 법률행위, 선행행위로 인한 경우는 물론이고, 기타 신의성실의 원칙이나 사회상규 혹은 조리상 작위의무가 기대되는 경우에도 법적인 작위의무는 있다(대법원 1996.9.6, 95도2551).

②(○) 형법이 금지하고 있는 법익침해의 결과발생을 방지할 법적인 작위의무를 지고 있는 자가 결과발생을 쉽게 방지할 수 있었음에도 불구하고 그 의무를 이행하지 아니한 경우에, 그 부작위가 작위에 의한 법익침해와 동등한 형법적 가치가 있는 것이어서 그 범죄의 실행행위로 평가될 만한 것이라면, 작위에 의한 실행행위와 동일하게 부작위범으로 처벌할 수 있다는 것은 판례의 입장이다(대법원 2006.4.28, 2003도4128).

③(×) 형법상 방조행위는 정범의 실행을 용이하게 하는 직접, 간접의 모든 행위를 가리키는 것으로서 작위에 의한 경우뿐만 아니라 부작위에 의하여도 성립되는 것이다(대법원 2006.4.28, 2003도4128).

④(×) 판례는 행위자가 자신의 신체적 활동이나 물리적·화학적 작용을 통하여 적극적으로 타인의 법익 상황을 악화시킴으로써 결국 그 타인의 법익을 침해하기에 이르렀다면, 이는 작위에 의한 범죄로 봄이 원칙이고, 작위에 의하여 악화된 법익 상황을 다시 되돌이키지 아니한 점에 주목하여 이를 부작위범으로 볼 것은 아니라고 한다(대법원 2004.6.24, 2002도995).

⑤(×) 부작위범 사이의 공동정범은 다수의 부작위범에게 공통된 의무가 부여되어 있고 그 의무를 공통으로 이행할 수 있을 때에만 성립한다(대법원 2008.3.27, 2008도89).

〈답 ②〉

10. 부작위범에 대한 설명 중 옳은 것은? (다툼이 있는 경우에는 판례에 의함)

<사시 2012년: 배점 2>

① 보증인지위의 발생근거에 대한 실질설(기능설)은 법령·계약·선행행위·조리 등을 주된 근거로 들며, 형식설(법원설)은 보호의무와 안전의무를 지도적 관점으로 채택한다.

② 보증인지위와 보증인의무의 체계적 지위를 구별하는 이분설에 따를 때 보증인지위와 보증인의무에 대한 착오는 구성요건적 착오에 해당한다.

③ 부작위범 사이의 공동정범은 다수의 부작위범에게 공통된 의무가 부여되어 있고 그 의무를 공통으로 이행할 수 있을 때에만 성립한다.

④ 부작위에 의한 사기죄에서 작위의무의 발생근거는 유기죄에서 보호의무의 발생근거보다 그 범위가 좁다.

⑤ 살인죄와 같은 단순결과범과 사기죄와 같은 행태의존적 결과범을 구별하는 견해에 따르면 행위정형의 동가성(동가치성)은 전자의 경우에만 특별한 의미를 가진다.

✍ **해설** ··

①(×) 보증인 지위의 발생근거에 대한 실질설(기능설)은 보증인의 의무를 법익보호 기능

에 의한 보증인의 의무인 보호의무와 위험에 대한 감시의무에 따른 안전의무로 나누어 설명한다. 법령 · 계약 · 선행행위 · 조리를 발생근거로 하는 견해는 실질설이 아니라 형식설이다.
②(×) 이분설에 의하면 보증인의 지위는 구성요건요소, 보증인의 의무는 위법성의 요소로 구분되고, 전자에 대한 착오는 구성요건적 착오, 후자에 대한 착오는 법률의 착오에 해당한다.
③(○) 부작위범 사이의 공동정범은 다수의 부작위범에게 공통된 의무가 부여되어 있고 그 의무를 공통으로 이행할 수 있을 때에만 성립한다(대법원 2008.3.27, 2008도89).
④(×) 부작위에 의한 사기죄에서 작위의무 발생근거는 법령 · 계약 · 선행행위 · 조리가 모두 인정되지만, 유기죄의 보호의무의 발생근거는 법령과 계약에 한정되므로(대법원 1977.1.1, 76도3419) 사기죄의 경우가 더 넓다.
⑤(×) 단순결과범과 형태의존적 결과범을 구별하는 견해는 행위정형의 동가성(동가치성)은 후자의 경우에 특별한 의미를 가진다고 보게 된다. 〈답 ③〉

11. 부작위범에 관한 설명 중 옳은 것은? (다툼이 있는 경우에는 판례에 의함)
<사시 2011년: 배점 2>

① 보증인지위의 체계적 지위에 관한 이분설에 의하면 자신에게 보증의무가 존재하지 아니한 것으로 오인한 경우 사실의 착오에 해당하여 고의가 조각된다.
② 유인한 피해자를 감금한 자가 탈진상태에 빠진 피해자의 얼굴에 모포를 덮어씌워 놓고 나오면서 피해자를 그냥 두면 죽을 것 같다는 생각이 들면서도 그대로 방치한 결과 피해자가 사망한 경우 감금치사죄가 성립한다.
③ 공무원이 신축건물에 대한 착공 및 준공검사를 마치고 관계서류를 작성함에 있어 그 허가조건의 위배사실을 숨기기 위하여 허위의 복명서를 작성 · 행사하였을 경우 작위범인 허위공문서작성 및 동행사죄 이외에 부작위범인 직무유기죄도 성립한다.
④ 부진정부작위범에 있어서 작위의무는 법적인 의무로서 법령, 법률행위 또는 선행행위로 인한 경우에 인정될 수 있으나, 단순한 도덕적 의무라든가 사회상규 혹은 조리에 의하여서는 인정될 수 없다.
⑤ 할부금융회사에 대한 할부금채무만 남아 있을 뿐 그 외에 저당권이 설정되어 있거나 가압류집행이 되어 있는 등의 사정이 없는 중고자동차를 매도하면서 할부금 채무의 존재를 매수인에게 고지하지 아니한 경우 그와 같은 부작위는 사기죄의 기망행위에 해당하지 않는다.

해설

①(×) 이분설은 구성요건요소인 보증인지위와 위법성의 요소인 보증인의무를 구별하므로, 보증인의무의 착오는 위법성의 착오로서 법률의 착오에 해당한다.
②(×) 피해자를 그냥 두면 죽을 것 같다는 생각이 들었는데도 방치한 것에 대해서는 살

인의 미필적 고의를 인정할 수 있다. 즉 피고인이 피해자의 얼굴에 모포를 덮어씌워 놓고 그냥 나오면서 피해자를 그대로 두면 죽을 것 같다는 생각이 들었다면, 피고인이 위와 같은 결과발생의 가능성을 인정하고 있으면서도 피해자를 병원에 옮기지 않고 사경에 이른 피해자를 그래도 방치한 소위는 피해자가 사망하는 결과에 이르더라도 용인할 수밖에 없다는 내심의 의사 즉 살인의 미필적 고의가 있다고 할 것이다(대법원 1982.11.23, 82도2024).

③(×) 공무원이 신축건물에 대한 착공 및 준공검사를 마치고 관계서류를 작성함에 있어 그 허가조건 위배사실을 숨기기 휘하여 허위의 복명서를 작성·행사하였을 경우에는 작위범인 허위공문서작성 동행사죄만이 성립하고 부작위범인 직무유기죄는 성립하지 아니한다(대법원 1972.5.9, 72도722).

④(×) 작위의무는 법령, 법률행위, 선행행위로 인한 경우는 물론 기타 신의성실의 원칙이나 사회상규 혹은 조리상 작위의무가 기대되는 경우에도 인정된다(대법원 2006.4.28, 2003도4128; 대법원 1996.9.6, 95도2551 등 참조).

⑤(○) 대법원 1998.4.14, 98도231. 〈답 ⑤〉

12. 부작위범에 관한 다음 설명 중 옳지 않은 것은? (다툼이 있는 경우에는 판례에 의함) <사시 2010년: 배점 2>

① 형법이 금지하고 있는 법익침해의 결과발생을 방지할 법적인 작위의무 있는 자가 그 의무를 이행함으로써 결과발생을 쉽게 방지할 수 있었음에도 그 결과의 발생을 용인하고 이를 방관한 채 그 의무를 이행하지 아니한 경우, 그 부작위가 작위에 의한 법익침해와 동등한 형법적 가치가 있는 것이어서 그 범죄의 실행행위로 평가될 만한 것이라면, 부작위범으로 처벌할 수 있다.

② 법무사가 아닌 사람이 법무사로 소개되거나 호칭되는 데에도 자신이 법무사가 아니라는 사실을 밝히지 않은 채 법무사 행세를 계속하면서 근저당권설정계약서를 작성한 경우, 자신이 법무사가 아님을 밝혀야 할 계약상 또는 조리상의 작위의무가 있다고 할 것이므로 법무사법위반죄에 해당한다.

③ 부작위범 사이의 공동정범은 다수의 부작위범에게 공통된 의무가 부여되어 있고 그 의무를 공통으로 이행할 수 있을 때에만 성립하므로, 공중위생관리법상 공중위생영업의 신고의무가 '공중위생영업을 하고자 하는 자'에게 부여되어 있을 경우 영업자의 직원이나 보조자를 미신고로 인한 공중위생관리법위반죄의 공동정범으로 처벌할 수 없다.

④ 입찰업무를 담당하는 공무원이 부하직원의 입찰보증금 횡령 사실을 알고도 이를 방지할 조치를 취하지 아니하고 묵인한 경우, 이는 작위에 의한 법익침해와 동등한 형법적 가치가 있으므로 부작위에 의한 업무상 횡령죄의 정범이 성립한다.

⑤ 하나의 행위가 부작위범인 직무유기죄와 작위범인 허위공문서작성·행

사죄의 구성요건을 동시에 충족하는 경우, 공소제기권자는 재량에 의하여 작위범인 허위공문서작성 · 행사죄로 공소를 제기하지 않고 부작위범인 직무유기죄로만 공소를 제기할 수 있다.

✍ **해설** ....

①(○) 대법원 1992.2.11, 91도2951.

②(○) 법무사로 소개되거나 호칭된 사건 : 법무사가 아닌 사람이 법무사로 소개되거나 호칭되는 데에도 자신이 법무사가 아니라는 사실을 밝히지 않은 채 법무사 행세를 계속하면서 근저당권설정계약서를 작성한 사안에서, 부작위에 의한 법무사법 제3조 2항 위반죄를 인정할 수 있다고 함(대법원 2008.2.28, 2007도9354).

③(○) 부작위범 사이의 공동정범은 다수의 부작위범에게 공통된 의무가 부여되어 있고 그 의무를 공통으로 이행할 수 있을 때에만 성립한다. 공중위생영업의 신고의무는 '공중위생영업을 하고자 하는 자'에게 부여되어 있고, 여기서 '영업을 하는 자'란 영업으로 인한 권리의무의 귀속주체가 되는 자를 의미하므로, 영업자의 직원이나 보조자의 경우에는 영업을 하는 자에 포함되지 않는다(대법원 2008.3.27, 2008도89).

④(×) 업무상 횡령죄의 종범을 인정함. 법원의 입찰사건에 관한 제반 업무를 주된 업무로 하는 공무원이 자신이 맡고 있는 입찰사건의 입찰보증금이 계속적으로 횡령되고 있는 사실을 알았다면, 담당 공무원으로서는 이를 제지하고 즉시 상관에게 보고하는 등의 방법으로 그러한 사무원의 횡령행위를 방지해야 할 법적인 작위의무를 지는 것이 당연하고, 비록 그의 묵인행위가 배당불능이라는 최악의 사태를 막기 위한 동기에서 비롯된 것이라고 하더라도 자신의 작위의무를 이행함으로써 결과발생을 쉽게 방지할 수 있는 공무원이 그 사무원의 새로운 횡령범행을 방조 용인한 것을 작위에 의한 법익침해와 동등한 형법적 가치가 있는 것이 아니라고 볼 수는 없다는 이유로, 그 담당 공무원을 업무상 횡령의 종범으로 처벌한 사례(대법원 1996.9.6, 95도2551).

⑤(○) 불법체류자 사건 : 하나의 행위가 부작위범인 직무유기죄와 작위범인 허위공문서작성 · 행사죄의 구성요건을 동시에 충족하는 경우, 공소제기권자는 재량에 의하여 작위범인 허위공문서작성 · 행사죄로 공소를 제기하지 않고 부작위범인 직무유기죄로만 공소를 제기할 수 있다(대법원 2008.2.14, 2005도4202). 〈답 ④〉

13. 부작위범에 관한 다음의 설명 중 옳지 않은 것은? (다툼이 있는 경우에는 판례에 의함) <법원행시 2009년 변형>

① 경찰관이 압수하여 사무실에 보관중인 증거물에 대하여 적절한 조치를 취하지 않고, 피압수자에게 돌려주라고 부하직원에게 지시하여 이를 돌려준 경우 작위범인 증거인멸죄만 성립하고 부작위범인 직무유기(거부)죄는 따로 성립하지 아니한다.

② 압류된 골프장시설을 보관하는 회사의 대표이사가 위 압류시설의 사용 및 봉인의 훼손을 방지할 수 있는 적절한 조치 없이 골프장을 개장하게 하여 봉인이 훼손되게 한 경우, 부작위에 의한 공무상표시무효죄에 해당한다.

③ 일정한 기간 내에 잘못된 상태를 바로잡으라는 행정청의 지시를 이행하

지 않았다는 것을 구성요건으로 하는 범죄는 이른바 진정부작위범으로서 그 의무이행기간의 경과에 의하여 범행이 기수에 이른다.

④ 부동산 매도인이 매매잔금을 교부받던 중에 매수인의 착오로 대금이 초과지급된다는 사실을 알면서도 착오를 제거하지 않고 매수인이 건네주는 돈을 그대로 수령하였다면 사기죄가 성립한다.

⑤ 법원의 입찰사건에 관한 제반 업무를 주된 업무로 하는 공무원이 자신이 맡고 있는 입찰사건의 입찰보증금이 계속적으로 횡령되고 있는 사실을 알았음에도 이를 제지하거나 즉시 상관에게 보고하는 등의 조치를 취하지 않은 것이 배당불능이라는 최악의 사태를 막기 위한 동기에서 비롯된 것이라면 이를 작위에 의한 법익 침해와 동등하게 보아 업무상 횡령의 종범으로 처벌할 수 없다.

해설

①(○) 대법원 2006.10.19, 2005도3909 전원합의체.
②(○) 대법원 2005.7.22, 2005도3034.
③(○) 2개월 내에 작위의무를 이행하라는 행정청의 지시를 이행하지 아니한 행위와 7개월 후 다시 같은 내용의 지시를 받고 이를 이행하지 아니한 행위는 성립의 근거와 일시 및 이행기간이 뚜렷이 구별되어 서로 양립이 가능한 전혀 별개의 범죄로서 동일성이 없다(대법원 1994.4.26, 93도1731).
④(○) 매수인이 매도인에게 매매잔금을 지급함에 있어 착오에 빠져 지급해야 할 금액을 초과하는 돈을 교부하는 경우, 매도인이 매매잔금을 교부받기 전 또는 교부받던 중에 그 사실을 알게 되었을 경우에는 특별한 사정이 없는 한 매도인으로서는 매수인에게 사실대로 고지하여 매수인의 그 착오를 제거하여야 할 신의칙상 의무를 지므로 그 의무를 이행하지 아니하고 매수인이 건네주는 돈을 그대로 수령한 경우에는 사기죄에 해당될 것이지만, 그 사실을 미리 알지 못하고 매매잔금을 건네주고 받는 행위를 끝마친 후에야 비로소 알게 되었을 경우에는 주고받는 행위는 이미 종료되어 버린 후이므로 매수인의 착오 상태를 제거하기 위하여 그 사실을 고지하여야 할 법률상 의무의 불이행은 더 이상 그 초과된 금액 편취의 수단으로서의 의미는 없으므로, 교부하는 돈을 그대로 받은 그 행위는 점유이탈물횡령죄가 될 수 있음은 별론으로 하고 사기죄를 구성할 수는 없다(대법원 2004.5.27, 2003도4531).
⑤(×) 법원의 입찰사건에 관한 제반 업무를 주된 업무로 하는 공무원이 자신이 맡고 있는 입찰사건의 입찰보증금이 계속적으로 횡령되고 있는 사실을 알았다면, 담당 공무원으로서는 이를 제지하고 즉시 상관에게 보고하는 등의 방법으로 그러한 사무원의 횡령행위를 방지해야 할 법적인 작위의무를 지는 것이 당연하고, 비록 그의 묵인행위가 배당불능이라는 최악의 사태를 막기 위한 동기에서 비롯된 것이라고 하더라도 자신의 작위의무를 이행함으로써 결과발생을 쉽게 방지할 수 있는 공무원이 그 사무원의 새로운 횡령범행을 방조 용인한 것을 작위에 의한 법익 침해와 동등한 형법적 가치가 있는 것이 아니라고 볼 수는 없다는 이유로, 그 담당 공무원을 업무상 횡령의 종범으로 처벌한다(대법원 1996.9.6, 95도2551).

〈답 ⑤〉

14. 각 사안과 甲의 죄책의 연결로 옳지 않은 것은?

① 甲은 동생 乙이 아버지 丙을 독살하려는 것을 알고도 방치하여 丙이 사망하였다. —— 존속살해죄의 방조

② 甲은 처 乙이 자살을 기도하는 것을 보고도 방치하여 乙이 사망하였다. —— 무죄

③ 甲은 아들 乙이 갇혀 있는 것을 알았으나 방치하여 乙은 빈사상태에 빠졌다. —— 감금치상죄

④ 수영교사 甲이 수영훈련 중 그의 제자 乙을 익사시킬 의사로써 乙의 위난을 보면서 구조하지 않고 가버렸는데, 의식불명상태에 빠진 乙은 타인에 의하여 구조되었다. —— 살인미수죄

⑤ 甲은 부랑아가 길가에서 병들어 있는 것을 발견하고 자기 집으로 데려와 수일간 치료하였으나 병세가 악화되므로 그대로 방치하여 사망하였다. —— 유기치사죄

해설

①(○) 가족 사이에는 서로 생명과 신체의 위험을 방지할 보증인의무가 있으므로 아버지를 독살하려는 것을 알고 방치한 때에는 존속살해죄의 종범의 죄책을 진다.
②(×) 부작위에 의한 자살방조죄가 성립한다. 부부는 서로 상대방에 대한 보증인으로서 상대방의 신체 · 생명에 대한 위험으로부터 보호할 의무가 있으므로 甲에게는 부작위에 의한 자살방조죄가 성립한다.
③(○) 甲은 감금되어 있는 乙을 구조할 보증인지위에 있으므로 부작위에 의한 감금죄가 성립하는데 乙이 이로 인하여 빈사상태에 빠졌으므로 감금치상죄의 죄책을 진다.
④(○) 甲은 계약에 의한 보증인지위에 있으므로 살인미수죄가 성립한다.
⑤(○) 사실상 보호기능을 인수함으로써 작위의무가 발생한 경우이다. 유기죄의 보호의무는 묵시적 계약에 의하여 발생하였다고 볼 수 있다. 부진정부작위범이 성립하기 위하여는 행위자에게 구성요건적 결과의 발생을 방지할 의무가 있을 것을 요하며, 이러한 작위의무 내지 보증인지위는 법령 · 계약 · 조리 · 선행행위 및 특별한 신뢰관계에 의하여 발생한다. 〈답 ②〉

15. 甲은 자동차를 운전하다가 乙을 충격하여 중상을 입혔다. 甲은 乙이 죽어도 좋다고 생각하고 그대로 도주하였다. 乙은 병원에 가지 못하고 사망하였다. 그러나 甲이 乙을 즉시 병원으로 옮겼다 하더라도 乙은 살 수 없었다. 甲의 형사책임은? (특별법은 고려하지 않는다)

① 살인죄 ② 살인미수죄
③ 업무상 과실치사죄 ④ 업무상 과실치상죄
⑤ 업무상 과실치사죄와 살인미수죄의 상상적 경합범

해설

甲에게 과실이 인정될 때에는 乙의 중상뿐만 아니라 사망도 甲의 행위로 인한 것이며 甲에게 귀속될 수 있는 것이므로 甲의 행위는 업무상 과실치상죄가 아니라 업무상 과실치

사죄의 구성요건에 해당하게 된다. 부작위에 의한 살인죄가 성립하려면 부작위가 작위와 동가치를 가져야 한다. 부작위와 작위의 동가치성은 보증인지위와 행위정형의 동가치가 인정될 것을 전제로 한다. 甲에게는 법령에 의한 보증인의무가 발생(도로교통법 제54조)했고, 甲의 구조의무는 성질상 선행행위로 인한 것이다. 다만 乙은 甲이 즉시 구조하였다 하더라도 살 수 없었던 것이므로 사망의 결과에 대하여 인과관계가 인정되지 않아 甲의 행위는 살인미수에 해당한다. 업무상 과실치사죄와 살인미수죄는 살해행위가 사망의 결과를 발생케 하는 과정의 일부를 이루고 있으므로 상상적 경합이라고 할 수 있다.
〈답 ⑤〉

16. 甲은 승용차를 운전하여 시속 60킬로미터의 속도로 왕복 8차선 도로상의 육교 밑을 진행하다가 갑자기 길을 건너려고 차도에 뛰어든 乙을 발견하고 급제동하였으나 정지하지 못하고 乙에게 중상을 입혔다. 甲은 당황한 나머지 그대로 도주하였고 방치되어 있던 乙은 사망하고 말았다. 신뢰의 원칙을 적용하고, 乙의 상처로 보아 즉시 병원으로 옮겨졌더라도 乙은 살 수 없었던 사정하에서 甲의 죄책은?

① 부작위에 의한 살인죄 ② 유기치사죄
③ 유기죄 ④ 무죄
⑤ 특정범죄가중처벌등에관한법률 위반죄(업무상 과실치사)

해설

③ 신뢰의 원칙을 적용할 때에는 왕복 8차선 도로의 육교 밑을 건너려고 뛰어든 乙을 충격한 甲에게 과실을 인정할 수 없다. 따라서 甲에게 업무상 과실치사죄나 이를 전제로 하는 특정범죄가중처벌등에관한법률 위반죄는 성립할 여지가 없으므로 ⑤는 틀렸다. 도로교통법 제54조의 교통사고발생시의 구호조치의무는 운전자에게 고의 또는 과실이 있는가를 불문하므로 선행행위가 적법한 경우에도 구호조치를 취할 보증인지위가 인정된다(대법원 1990.9.25, 90도978 참조). 그러나 甲에게 부작위에 의한 살인죄의 성립에 필요한 보증인지위는 도로교통법 제54조에 의한 구호조치의무가 인정되는 것으로써 족하지 않다. 선행행위로 인해 생명을 보호할 보증인지위를 인정하기 위해서는 선행행위가 위법해야 한다(선행행위가 반드시 위법할 필요가 없다는 견해도 있으나 일반적인 구조의무를 인정하지 않는 우리 형법에서는 타당하지 않다). 그런데 甲의 선행행위는 적법하므로 甲에게 乙의 생명에 대한 보증인지위를 인정할 수 없어 ①은 옳지 않다. 유기죄는 요부조자를 보호할 법률상·계약상 의무 있는 자가 유기하였을 때 성립하고, 도로교통법 제54조의 구조의무는 부상자를 부조할 법률상의 의무를 인정할 근거가 되므로 유기죄가 성립할 수 있다. 즉시 옮겼더라도 살 수 없었던 사정이 있으므로 사망의 결과는 유기행위에 귀속될 수 없다. 따라서 ② 유기치사죄도 틀렸고, 결국 ③ 유기죄가 정답이 된다. 〈답 ③〉

17. 甲은 늦은 밤 공원벤치에서 애인과 술을 마시며 데이트를 즐기고 있었다. 그런데 갑자기 동네 불량배 乙이 칼을 들고 나타나 위협을 하면서 애인을 추행하려 하자 옆에 있는 술병을 휘두르며 방어하다가 乙의 머리를 가격하였고, 乙은 피를 흘리며 쓰러졌다. 甲은 乙이 출혈과다로 죽을지도 모른다고 생각했지만 겁도 나고 후환도 두렵고 이런 놈은 죽어도 할 수 없다고 생각하면서 애인과 함께 그 자리를 도망쳤다. 乙은 다른 사람의 구조를 받

지 못하여 출혈과다로 사망하였다. 甲에 대한 부작위에 의한 살인죄의 성립과 관련하여 옳지 않은 것은?

① 甲의 부작위와 사망간에는 인과관계를 인정할 수 있다.

② 甲에게 고의를 인정할 수 없기 때문에 부작위에 의한 살인죄가 성립하지 않는다.

③ 甲이 乙의 머리를 가격한 행위는 정당방위에 해당한다.

④ 甲의 부작위에 행위정형의 동가치성을 인정할 수 있다.

⑤ 甲에게 乙을 구조해야 할 작위의무를 인정할 수 없기 때문에 부작위에 의한 살인죄가 성립하지 않는다.

해설

①(○) 甲의 가격으로 乙이 쓰러졌고 이를 방치한 결과 과다출혈하여 사망하였으므로 甲의 부작위와 사망 간에 인과관계는 인정된다.
②(×) 甲은 乙을 두고 떠나면 과다출혈로 사망할 수도 있지만 죽어도 할 수 없다고 생각하였으므로 적어도 살인의 미필적 고의는 인정된다.
③(○) 甲이 乙의 머리에 가격한 행위는 애인추행을 막기 위한 것이므로 타인의 법익에 대한 위법한 침해를 방어하기 위한 행위로서 정당방위에 해당한다.
④(○) 살인죄의 경우와 같이 결과가 발생하면 처벌되는 범죄에서는 행위정형의 동가치성은 특별한 의미를 갖지 않으며, 사안에서 살인의 결과가 발생한 것으로써 행위정형의 동가치성은 인정된다.
⑤(○) 선행행위로 인한 안전의무의 경우 선행행위는 객관적으로 의무에 위반했거나 위법한 것임을 요하므로 정당방위에 의하여 방위한 자에게는 선행행위로 인한 작위의무가 인정되지 않는다. 〈답 ②〉

18. 부작위범에 관한 판례의 태도와 일치하지 않는 것은 모두 몇 개인가?

㉠ 모텔 방에 투숙하여 담배를 피우다 화재를 발생시킨 후, 화재 발생 사실을 안 상태에서 모텔을 빠져나오면서도 모텔 주인이나 다른 투숙객들에게 이를 알리지 않아 사상의 결과가 발생하였다면 부작위에 의한 현주건조물방화치사상죄가 인정된다.
㉡ 압류시설의 보관자 지위에 있는 회사가 압류, 봉인에 의하여 사용이 금지된 골프장 시설물에 대하여 적절한 조치 없이 개장 및 압류시설 작동을 의도적으로 묵인 내지 방치함으로써 예견된 결과를 유발한 경우에 부작위에 의한 공무상표시무효죄의 성립을 인정할 수 있다.
㉢ 백화점에서 상품관리를 담당하는 직원이 가짜 상표를 부착하여 판매하는 점주의 행위를 방치하였다고 하여 상표법위반이나 부정경쟁방지법위반의 방조범이 되지 않는다.
㉣ 매매목적물의 소유권귀속에 관하여 소송이 계속중인 사실을 고지하지 아니하고 그 부동산을 매도하여 대금을 수령한 때에는 사기죄가

성립한다.
ⓜ 은행지점장이 부하직원의 배임행위를 알면서 방치한 때에는 배임죄의 방조범이 성립한다.
ⓗ 미성년자를 유인하여 감금한 자가 탈진상태에 빠져 있는 피해자를 구조하지 않았다고 하여 살인죄를 인정할 수는 없다.
ⓢ 폭약을 운송하는 자가 촛불을 켜두고 잠을 자다가 촛불이 쓰러져 폭약상자에 불이 붙는 순간 이를 발견하고도 진화하지 않고 도주하였다면 폭발물파열죄가 성립한다.

① 0개 ② 1개 ③ 2개 ④ 3개 ⑤ 4개

해설

㉠(×) 모텔 방에 투숙하여 담배를 피운 후 재떨이에 담배를 끄게 되었으나 담뱃불이 완전히 꺼졌는지 여부를 확인하지 않은 채 불이 붙기 쉬운 휴지를 재떨이에 버리고 잠을 잔 과실로 담뱃불이 휴지와 침대시트에 옮겨 붙게 함으로써 화재가 발생한 사안에서, 위 화재가 중대한 과실 있는 선행행위로 발생한 이상 화재를 소화할 법률상 의무는 있다 할 것이나, 화재 발생 사실을 안 상태에서 모텔을 빠져나오면서도 모텔 주인이나 다른 투숙객들에게 이를 알리지 아니하였다는 사정만으로는 화재를 용이하게 소화할 수 있었다고 보기 어렵다는 이유로, 부작위에 의한 현주건조물방화치사상죄의 공소사실에 대해 무죄를 선고한 원심의 판단을 정당하다고 본다(대법원 2010.1.14, 2009도12109).

㉡(○) 압류시설의 보관자 지위에 있는 회사로서는 … 적어도 위 압류, 봉인에 의하여 사용이 금지된 골프장 시설물에 대하여 위 시설물의 사용 및 그 당연한 귀결로서 봉인의 훼손을 초래하게 될 골프장의 개장 및 그에 따른 압류시설 작동을 제한하거나 그 사용 및 훼손을 방지할 수 있는 적절한 조치를 취할 의무는 존재한다고 보아야 할 것이고, 그럼에도 피고인이 그러한 조치 없이 위 개장 및 압류시설 작동을 의도적으로 묵인 내지 방치함으로써 예견된 결과를 유발한 경우에는 부작위에 의한 공무상표시무효죄의 성립을 인정할 수 있다(대법원 2005.7.22, 2005도3034).

㉢(×) 백화점에서 바이어를 보조하여 특정매장에 관한 상품관리 및 고객들의 불만사항 확인 등의 업무를 담당하는 직원은 자신이 관리하는 특정매장의 점포에 가짜 상표가 새겨진 상품이 진열·판매되고 있는 사실을 발견하였다면 고객들이 이를 구매하도록 방치하여서는 아니 되고 점주나 그 종업원에게 즉시 그 시정을 요구하고 바이어 등 상급자에게 보고하여 이를 시정하도록 할 근로계약상·조리상의 의무가 있다고 할 것임에도 불구하고 이러한 사실을 알고서도 점주 등에게 시정조치를 요구하거나 상급자에게 이를 보고하지 아니함으로써 점주로 하여금 가짜 상표가 새겨진 상품들을 고객들에게 계속 판매하도록 방치한 것은 작위에 의하여 점주의 상표법위반 및 부정경쟁방지법위반 행위의 실행을 용이하게 하는 경우와 동등한 형법적 가치가 있는 것으로 볼 수 있으므로, 백화점 직원인 피고인은 부작위에 의하여 공동피고인인 점주의 상표법위반 및 부정경쟁방지법위반 행위를 방조하였다고 인정할 수 있다(대법원 1997.3.14, 96도1639).

㉣(○) 부동산매매에 있어서 매매목적물에 관하여 소유권귀속에 관한 분쟁이 있어 재심소송이 계속 중에 있다면 이러한 사정들은 특별한 사정이 없는 한 매수인으로서는 매매계약의 체결 여부를 결정짓는 매우 중요한 요소이므로 매도인은 거래의 신의성실의 원칙상 매수인에게 고지할 의무가 있다 할 것이고 매도인이 매수인에게 소송계속 사실을 숨기고 매도하여 대금을 교부받았다면 이는 사기죄를 구성한다(대법원 1986.9.9, 86도956).

ⓜ(○) 은행지점장이 정범인 부하직원들의 범행을 인식하면서도 그들의 은행에 대한 배임행위를 방치하였다면 배임죄의 방조범이 성립한다(대법원 1984.11.27, 84도1906).
ⓑ(×) 미성년자를 감금하고 계속된 어느 시점에서 피고인에게 살해의 범의가 생겨 위험발생을 방지함이 없이 피감금자를 그대로 방치하여 사망케 하였다면 피고인의 행위는 부작위에 의한 살인죄를 구성한다(대법원 1982.11.23, 82도2024).
ⓢ(○) 촛불을 켜 놓고 잠든 폭약호송자가 상자에 불이 붙는 순간 이를 발견하여 쉽게 진화할 수 있는데도 도주하였다면 부작위에 의한 폭발물파열죄가 성립한다(대법원 1978.9.26, 78도1996). 〈답 ④〉

19. 부작위범에 관한 설명 중 옳은 것은? (다툼이 있는 경우에는 판례에 의함)
<사시 2013년: 배점 2>

① 보증인적 지위와 보증의무를 구별하는 이원설에 의하면 보증의무에 대한 착오를 일으킨 경우 그 착오에 정당한 이유가 있으면 과실범으로 처벌된다.
② 부작위에 의한 교사는 가능하지만 부작위에 의한 방조는 불가능하다.
③ 부진정부작위범은 작위범에 비해 불법의 정도가 가벼우므로, 형법은 이를 임의적 감경사유로 규정하고 있다.
④ 은행지점장이 은행에 대한 부하직원의 범행사실을 발견하고도 손해의 보전에 필요한 조치를 취하지 않고 배임행위를 방치하였다면 부작위에 의힌 업무상 배임죄의 정범으로 처벌된다.
⑤ 부작위자를 도구로 이용한 간접정범도 가능하다.

해설

①(×) 보증인의 지위와 의무에 관한 이원설에 의하면 보증인 의무에 관한 착오는 금지의 착오로 해결하므로 제15조에 의하여 착오에 정당한 이유가 있으면 책임을 조각한다.
②(×) 부작위에 의한 교사는 불가능하나, 부작위에 의한 방조는 가능하다. 교사는 정범에게 범죄 결의를 일으켜야 한다는 점에서 작위범만 가능한 것이나 방조는 방조범에게 보증인의무가 있는 한 가능하다.
③(×) 작위범과 같다. 다만, 부작위라는 소극적 요소를 양형에서 고려할 수는 있다.
④(×) 은행지점장이 은행에 대한 부하직원의 범행사실을 발견하고도 손해의 보전에 필요한 조치를 취하지 아니하고 배임행위를 방치한 경우 배임죄의 방조범이 성립한다(대법원 1984.11.27, 84도1906).
⑤(○) 부작위에 의한 간접정범은 의사지배를 인정할 수 없으므로 불가능하다. 그러나 부작위범을 이용한 간접정범은 의사지배가 인정되면 가능하다. 〈답 ⑤〉

20. 부작위범에 관한 다음 설명 중 옳은 것을 모두 고른 것은? (다툼이 있는 경우에는 판례에 의함) <사시 2008년: 배점 2>

㉠ 부작위범에서의 작위의무는 법적인 의무이어야 하므로 단순한 도덕상 또는 종교상의 의무는 포함되지 않으나 작위의무가 법적인 의무

인 한 법령, 법률행위, 선행행위로 인한 경우는 물론이고 기타 신의성실의 원칙이나 사회상규 혹은 조리상 작위의무가 기대되는 경우에도 부작위범에서의 작위의무에 해당한다.
ⓛ 공무원이 어떠한 위법사실을 발견하고도 직무상 의무에 따른 적절한 조치를 취하지 아니하고 위법사실을 적극적으로 은폐할 목적으로 허위공문서를 작성·행사한 경우에는 허위공문서작성죄와 허위작성공문서행사죄 외에 부작위범인 직무유기죄가 성립한다.
ⓒ 부진정부작위범에 있어서 그 부작위가 작위에 의한 법익침해와 동등한 형법적 가치가 있는 것이어서 그 범죄의 실행행위로 평가될 만한 것이라면 작위에 의한 실행행위와 동일하게 처벌할 수 있다.
ⓔ 甲이 자신의 토지에 대하여 여객정류장시설 또는 유통업무설비시설을 설치하는 도시계획이 입안되어 있어 장차 위 토지가 수용될 것이라는 점을 알고 있으면서도, 이러한 사정을 모르고 위 토지를 매수하려는 乙에게 그 사정을 고지하지 아니하고 매도한 경우 甲에게는 부작위에 의한 사기죄가 성립한다.

① ㉠ ⓛ　　② ㉠ ⓒ　　③ ⓛ ⓒ
④ ⓒ ⓔ　　⑤ ㉠ ⓛ ⓔ　　⑥ ㉠ ⓒ ⓔ

해설 ……………………………………

㉠(○) 대법원 1996.9.6, 95도2551의 내용이다.
ⓛ(×) 직무위배의 위법상태는 허위공문서작성 당시부터 그 속에 포함되는 것으로 작위범인 허위공문서작성, 동행사죄만이 성립하고 부작위범인 직무유기죄는 따로 성립하지 아니한다(대법원 1993.12.24, 92도3334).
ⓒ(○) 대법원 1996.9.6, 95도2551의 내용이다.
ⓔ(○) 대법원 1993.7.13, 93도14의 내용이다. 〈답 ⑥〉

21. 甲은 乙의 양부(養父)이다. 어느 날 甲이 집에 와보니 乙이 연탄가스를 맡아 혼수상태에 있었다. 甲은 그대로 두면 乙이 사망할 것이라고 생각하였으나 자신은 양부이니 乙을 구할 의무는 없다고 생각하고 방치하여 사망케 하였다. 보증인지위에 대한 이원설과 위법성인식에 대한 책임설에 의할 경우 甲의 죄책은?

① 과실치사죄　　② 고의살인죄　　③ 유기죄
④ 유기치사죄　　⑤ 부작위에 의한 살인미수죄

해설 ……………………………………

② 甲은 가족적 보호관계에 있는 자로서 법령에 근거한 보증인이다. 이원설에 의할 경우에 보증인지위는 구성요건요소지만, 보증인의무는 위법성의 요소이고, 甲은 보증인의무에 대한 착오를 한 것이므로 이러한 착오는 법률의 착오가 된다. 책임설에 의하면 법률의 착오는 정당한 이유가 있을 때에만 책임에 영향을 미칠 수 있다. 甲의 생명보호의무는

법과 도덕의 요구가 일치하는 경우이므로 착오에 정당한 이유가 있다고 할 수 없다. 甲은 살인죄로 처벌받아야 한다. 〈답 ②〉

22. 甲은 자신의 아들 乙이 물에 빠진 것을 보았으나 乙이 아닌 다른 아이인 줄 알았고, 타인의 자식을 구할 의무는 없다고 생각하여 구조하지 않았다. 보증인지위와 보증인의무의 범죄체계적 지위를 구별하는 이원설에 따르면서 甲의 유죄를 인정할 때 甲의 죄책은?

① 살인죄 ② 과실치사죄 ③ 유기죄
④ 유기치사죄 ⑤ 무죄

해설

② 부자간에는 법령상 친권자의 보호의무(민법 제913조)가 존재하고, 부(父)는 자(子)의 생명과 신체의 위험을 방지할 의무가 있다. 甲은 乙의 부(父)로서 보증인지위가 인정된다. 이원설에 의할 경우 보증인지위는 부진정부작위범의 구성요건요소이고 보증인의무는 위법성의 요소이다. 보증인지위에 대한 착오가 있을 때에는 구성요건적 착오로 고의를 인정할 수 없다. 사안에서 甲은 乙이 자기 아들이 아닌 것으로 착오를 한 것이므로 보증인지위에 대한 착오로 고의를 인정할 수 없고 과실이 인정되는 경우에 한하여 과실치사죄의 죄책을 질 뿐이다. 〈답 ②〉

23. 다음의 <사례>를 학생들에게 과제로 부과하였더니 <학생들의 답안> A~D가 제출되었다. 답안에 대한 평가로 옳은 것을 모두 고른 것은?

<사시 2008년: 배점 4>

〈사례〉
한의사 甲은 자신의 한의원이 평소 아들 낳는 약을 잘 짓는다는 소문을 듣고 찾아온 유부녀 乙을 진맥하고 보약을 지어주기로 하였다. 甲은 乙이 그러한 허위사실을 믿고 약을 지으러 온 줄 알면서도 甲 자신이 선전하지 않았으므로 굳이 사실대로 고지할 법적 의무가 없다고 판단하여 일상적인 부부관계에 관한 내용만 이야기하고 보약을 지어준 다음, 그 대금을 받았다. 甲의 행위가 부작위인 것으로 인정된 경우, 甲의 죄책은?

〈학생들의 답안〉
A. 판례의 입장을 따를 때, 사실을 고지할 법적 의무가 없다는 甲의 판단은 옳다. 따라서 甲은 무죄이다.
B. 작위의무의 체계적 지위에 관해 이원설을 택하면 甲이 사실고지의 법적 의무가 있음에도 불구하고 없다고 오인한 것은 사실의 착오에 해당한다. 따라서 甲에게는 사기죄가 성립되지 않는다.
C. 작위의무의 체계적 지위에 관해 이원설을 택하면 甲이 사실고지의 법적 의무가 있음에도 불구하고 없다고 오인한 것은 법률의 착오에 해당한다. 그리고 책임설에 의하면 甲에게는 과실범의 죄책이 성립

되지만, 사기죄는 과실범 처벌규정이 없으므로 甲은 무죄이다.
D. 甲이 사실고지의 법적 의무가 있음에도 불구하고 없다고 오인한 것은 위법성조각사유의 전제사실에 관한 착오에 해당한다. 그리고 제한적 책임설에 의하면 甲은 사기죄의 죄책을 진다.

〈답안에 대한 평가〉

㉠ A와 B 답안은 모두 옳다. 즉, 판례의 입장을 따르면 甲에게 사실고지의 법적 의무가 없어서 무죄이고, 이원설을 따르면 사실의 착오로서 무죄가 되는 것이다.
㉡ B 답안이 옳다. 하지만 작위의무의 체계적 지위에 관해 위법성요소설을 택하면 甲의 오인은 법률의 착오가 되어 사기죄의 고의는 인정된다.
㉢ C 답안에서 후반부 "책임설에 의하면 甲에게는 과실범의 죄책이 성립되지만, 사기죄는 과실범 처벌규정이 없으므로 甲은 무죄이다."의 부분을 "책임설에 의하면 甲은 사기죄의 죄책을 질 수 있다."로 바꾸면 C 답안은 옳은 답안이다.
㉣ D 답안에서 후반부 "제한적 책임설에 의하면 甲은 사기죄의 죄책을 진다."의 부분을 "엄격책임설에 의하면 甲은 사기죄의 죄책을 진다."로 바꾸면 D 답안은 옳은 답안이다.

① ㉠ ② ㉡ ③ ㉢ ④ ㉠ ㉢
⑤ ㉡ ㉣ ⑥ ㉢ ㉣ ⑦ ㉠ ㉡ ㉢ ⑧ ㉡ ㉢ ㉣

해설

㉢만 옳고 모두 틀렸다.

A(×) 판례는 특정 시술을 받으면 아들을 낳을 수 있을 것이라는 착오에 빠져 있는 피해자들에게 그 시술의 효과와 원리에 관하여 사실대로 고지하지 아니한 채 아들을 낳을 수 있는 시술인 것처럼 일련의 시술과 처방을 행한 의사에 대하여 사실을 고지할 법적인 의무가 있다고 보아 부작위에 의한 사기죄를 인정하였다(대법원 2000.1.28, 99도2884).

B(×) 이원설에 의하면 보증인 지위는 구성요건요소, 보증인 의무는 위법성요소에 해당하므로 보증인 의무에 대한 착오는 위법성의 착오, 즉 법률의 착오이다.

C(×) 이원설에 의하면 보증인 의무에 대한 착오가 법률의 착오라는 설명은 옳으나, 甲에게 과실범의 죄책이 성립되지만 사기죄는 과실범 처벌규정이 없어 무죄가 된다는 설명은 고의설을 따르는 경우이다. 고의설은 위법성의 인식을 고의의 구성요소로 보므로 위법성의 인식이 없으면 고의가 조각되고 이를 회피할 수 있을 때 과실범으로 처벌할 수 있기 때문이다. 책임설에 의하면 위법성의 착오, 즉 법률의 착오는 형법 제16조에 의해 착오에 정당한 이유가 있으면 책임을 조각하게 되는데 한의사가 환자에게 사실을 고지할 법적 의무가 없다는 착오는 회피가능하여 정당한 이유가 없다고 보이므로 사기죄가 인정된다.

D(×) 법적 의무가 있음에도 없다고 오인한 것은 위법성조각사유의 전제사실에 대한 착오가 아니라 법률의 착오이다. 그리고 제한적 책임설은 위법성조각사유의 전제사실에 대한 착오를 사실의 착오로 취급하므로 회피할 수 있는 착오는 고의범으로 처벌되는 것이

아니라 과실범의 처벌규정이 있는 때만 과실범으로 처벌된다.
㉠(×) A와 B의 답안은 틀렸다. 판례에 의하면 사기죄가 인정되고, 이원설에 의하면 법률의 착오로서 형법 제16조에 의하여 착오에 정당한 이유가 있을 때 벌하지 않는다.
㉡(×) B답안은 틀렸다.
㉢(○) C답안에서 책임설에 의하면 甲이 사기죄가 된다고 바꾸면 옳다.
㉣(×) D답안의 경우에 위법성조각사유의 전제사실에 대한 착오로 본 것 자체가 틀렸으므로 후반부를 '엄격책임설'로 바꾸더라도 옳은 답안이 될 수 없다. 〈답 ③〉

24. 아래의 사안(소위 보라매병원 사건)**에 대한 대법원 2004. 6. 24, 2002도995 판결을 요약한 것 중 옳지 않은 것은?**

> 피해자는 술에 취하여 화장실을 가다가 기둥에 머리를 부딪히고 시멘트 바닥에 넘어져서 경막외출혈상을 입고 A병원에서 수술을 받고 의식이 회복되고 있었으나, 뇌수술에 따른 뇌부종으로 자가호흡을 하지 못하고 호흡보조장치를 부착한 채 중환자실에서 치료를 받고 있었다. 피해자의 처 甲은 담당 의사 乙로부터 피해자가 퇴원하면 인공호흡장치가 없는 집에서는 호흡을 하지 못하여 사망하게 될 것이라는 설명을 들었음에도 불구하고, 향후 치료비 부담이 어려울 뿐만 아니라 술만 마시고 폭행을 일삼아 온 피해자가 사망하는 것이 오히려 낫다고 생각하고 乙에게 계속 퇴원을 요구하였다. 乙은 이를 받아들여 인공호흡기를 제거하고 피해자를 퇴원하게 하였다. 집으로 옮겨진 피해자는 뇌간압박에 의한 호흡곤란으로 사망하였다.

① 자기의 행위로 인하여 타인의 사망의 결과를 발생시킬 만한 가능 또는 위험이 있음을 인식하거나 예견한 때에는 살인의 미필적 고의가 인정된다.
② 甲은 피해자의 부양의무자이면서도 제1차적 보증인지위에 있으면서 보호의무를 이행하지 아니하여 피해자를 사망케 하였으므로 부작위에 의한 살인죄의 정범이 된다.
③ 乙은 환자의 사망이라는 결과나 그에 이르는 사태의 핵심적 경과를 계획적으로 조종하거나 저지·촉진하는 등으로 지배하고 있었다고 보기는 어려우므로 기능적 행위지배가 흠결되어 甲과 살인죄의 공동정범이 되지 않는다.
④ 어떠한 범죄가 적극적 작위에 의하여 이루어질 수 있음은 물론 결과의 발생을 방지하지 아니하는 소극적 부작위에 의하여도 실현될 수 있는 경우에는 법적 비난의 중요성이 어디에 있는가를 기준으로 작위와 부작위를 구별해야 할 것이므로 乙은 부작위에 의하여 살인방조죄를 범한 것이 된다.

⑤ 종범은 정범의 실행행위 중에 이를 방조하는 경우뿐만 아니라, 실행 착수 전에 장래의 실행행위를 예상하고 이를 용이하게 하는 행위를 하여 방조한 경우에도 성립한다.

해설 ....

④(×) 작위와 부작위의 구별기준에 관하여 대법원은 평가적 관찰방법에 의하지 않고 행위자가 자신의 신체적 활동이나 물리적·화학적 작용을 통하여 적극적으로 타인의 법익 상황을 악화시킴으로써 결국 그 타인의 법익을 침해하기에 이르렀다면, 작위에 의한 범죄로 봄이 원칙이라는 이유로 乙에게 작위에 의한 살인방조죄의 죄책을 인정하였다.
대법원 2004.6.24, 2002도995 : (i) 살인죄에 있어서의 고의는 반드시 살해의 목적이나 계획적인 살해의 의도가 있어야 하는 것은 아니고 자기의 행위로 인하여 타인의 사망의 결과를 발생시킬 만한 가능 또는 위험이 있음을 인식하거나 예견하면 족한 것이고 그 인식 또는 예견은 확정적인 것은 물론 불확정적인 것이더라도 소위 미필적 고의로서 살인의 범의가 인정된다. 보호자가 의학적 권고에도 불구하고 치료를 요하는 환자의 퇴원을 강청하여 담당 전문의와 주치의가 치료중단 및 퇴원을 허용하는 조치를 취함으로써 환자를 사망에 이르게 한 경우에 보호자, 담당 전문의 및 주치의가 부작위에 의한 살인죄의 공동정범으로 기소된 사안에서, 담당 전문의와 주치의에게 환자의 사망이라는 결과 발생에 대한 정범의 고의는 인정되나 환자의 사망이라는 결과나 그에 이르는 사태의 핵심적 경과를 계획적으로 조종하거나 저지·촉진하는 등으로 지배하고 있었다고 보기는 어려워 공동정범의 객관적 요건인 이른바 기능적 행위지배가 흠결되어 있다는 이유로 작위에 의한 살인방조죄만 성립한다. (ii) 어떠한 범죄가 적극적 작위에 의하여 이루어질 수 있음은 물론 결과의 발생을 방지하지 아니하는 소극적 부작위에 의하여도 실현될 수 있는 경우에, 행위자가 자신의 신체적 활동이나 물리적·화학적 작용을 통하여 적극적으로 타인의 법익 상황을 악화시킴으로써 결국 그 타인의 법익을 침해하기에 이르렀다면, 이는 작위에 의한 범죄로 봄이 원칙이고, 작위에 의하여 악화된 법익 상황을 다시 되돌이키지 아니한 점에 주목하여 이를 부작위범으로 볼 것은 아니며, 나아가 악화되기 이전의 법익 상황이 그 행위자가 과거에 행한 또 다른 작위의 결과에 의하여 유지되고 있었다 하여 이와 달리 볼 이유가 없다. 종범은 정범의 실행행위 중에 이를 방조하는 경우뿐만 아니라, 실행 착수 전에 장래의 실행행위를 예상하고 이를 용이하게 하는 행위를 하여 방조한 경우에도 성립한다. 〈답 ④〉

25. 부작위범에 관한 판례의 태도의 당부를 바르게 표시한 것은?

㉠ 공무원이 신축건물에 대한 착공 및 준공검사를 마치고 관계서류를 작성함에 있어 그 허가조건 위배사실을 숨기기 위하여 허위의 복명서를 작성·행사하였을 경우에는 허위공문서작성·동행사죄 이외에 별도로 직무유기죄가 성립한다.
㉡ 지방법원 경매계의 입찰담당공무원이 입찰보증금이 횡령되고 있는 사실을 알면서도, 이를 방지할 조치를 취하지 아니하고 나중에 실시한 입찰사건의 입찰보증금으로 일단 보전케 하는 것을 용인하였다면 업무상 횡령죄의 방조범이 성립한다.
㉢ 은행장이 은행보증 회사채의 상환금을 회사가 자체 자금으로 상환할

능력이 없다고 하더라도 이를 자체자금으로 상환하게 하는 조치를 취하지 않은 때에는 은행에 대한 업무상 배임죄가 성립한다.
㉣ 법무사가 아닌 사람이 법무사로 소개되거나 호칭되는 데에도 자신이 법무사가 아니라는 사실을 밝히지 않은 채 법무사 행세를 계속하면서 근저당권설정계약서를 작성한 경우 부작위에 의한 법무사법위반(법무사명칭사용)죄가 성립한다.
㉤ 매매 목적물에 관한 재심소송 계속사실을 숨기고 매도하여 대금을 교부받은 경우에는 부작위에 의한 사기죄가 성립한다.

① ㉠(○) ㉡(×) ㉢(○) ㉣(○) ㉤(×)
② ㉠(×) ㉡(○) ㉢(×) ㉣(×) ㉤(○)
③ ㉠(○) ㉡(○) ㉢(×) ㉣(○) ㉤(○)
④ ㉠(×) ㉡(○) ㉢(×) ㉣(○) ㉤(○)
⑤ ㉠(×) ㉡(○) ㉢(○) ㉣(○) ㉤(×)

해설

㉠(×) 직무를 유기하여 허위공문서를 작성하거나 직무유기를 은폐하기 위하여 허위공문서를 작성한 때에는 작위범인 허위공문서작성죄만 성립한다(대법원 1972.5.9, 72도722).
㉡(○) 방조는 작위뿐만 아니라 부작위에 의하여도 가능하며, 법원의 입찰사건에 관한 제반 업무를 주된 업무로 하는 공무원이 입찰사건의 입찰보증금이 횡령되고 있다는 사실을 알았을 때에는 이를 제지하고 사무원의 횡령행위를 방지할 법적인 작위의무가 있고, 이를 묵인하는 행위는 작위에 의한 법익침해와 동등한 형법적 가치 있는 행위라 할 것이므로 업무상 횡령죄의 방조범이 성립한다(대법원 1996.9.6, 95도2551).
㉢(×) 은행장이 은행보증 회사채의 상환금을 자체자금으로 상환하게 하는 조치를 취하지 않았다 하여도 회사에 자체 자금으로 상환할 능력이 있었다는 사실이 전제되지 않는 한 은행에 대한 업무상 배임죄가 성립한다고 할 수 없다(대법원 1983.3.8, 82도2873).
㉣(○) 대법원 2008.2.28, 2007도9354와 일치한다.
㉤(○) 대법원 1986.9.9, 86도956와 일치한다. 〈답 ④〉

26. A~F는 부작위범에 관한 아래 (○)(×) 문제를 풀고 개인별 답안을 작성하였다. 정답을 가장 많이 맞힌 사람은 누구인가? (다툼이 있는 경우에는 판례에 의함) <사시 2007년: 배점 4>

㉠ 어떠한 범죄가 작위 또는 부작위에 의해 실현될 수 있는 경우, 행위자가 자신의 신체적 활동이나 물리적 · 화학적 작용을 통해 적극적으로 타인의 법익상황을 악화시켜 타인의 법익을 침해하기에 이르렀다면, 이는 작위범으로 보는 것이 원칙이고, 작위에 의하여 악화된 법익상황을 되돌이키지 아니한 점에 주목하여 이를 부작위범으로 볼 것은 아니나, 악화되기 이전의 법익상황이, 그 행위자가 과거에 행한 또 다른 작위의 결과에 의하여 유지되고 있었다면 부작위범으로

보아야 한다.
㉡ 형법상 방조는 작위에 의해 정범의 실행을 용이하게 하는 경우는 물론, 부작위로 인하여 정범의 실행을 용이하게 하는 경우에도 성립되지만, 부작위에 의한 방조는 작위에 의한 방조와는 달리 정범이 실행에 착수한 이후에 그 범죄행위를 방조하는 경우에만 인정될 수 있다.
㉢ 자신의 부하 공무원이 업무상 횡령을 범하고 있다는 사실을 알고도 이를 방지할 제반 조치를 취하지 않은 상관의 경우는 부작위에 의한 업무상 횡령죄의 방조범이 성립한다.
㉣ 상표법이나 구 부정경쟁방지법을 위반하여 가짜상표를 판매하는 백화점의 매장을 단속할 업무를 하는 백화점 직원이 이를 알고도 적절한 조치를 취하지 않고 방치한 경우에는 부작위에 의한 상표법위반이나 구 부정경쟁방지법위반죄의 방조범이 성립한다.
㉤ 의사가 중환자실에서 인공호흡기를 부착하고 치료를 받던 환자의 처의 요청에 따라 치료를 중단하고 퇴원조치를 하여 그 환자가 집에서 사망한 경우 그 의사의 행위는 부작위에 의한 살인죄의 방조범이 성립한다.
㉥ 인터넷 포털 사이트 내 오락채널 총괄팀장과 위 오락채널 내 만화사업의 운영 직원들이 콘텐츠제공업체들의 음란만화 게재를 알면서도 방치한 경우 부작위에 의한 구 전기통신기본법 제48조의2 위반죄의 방조범이 성립한다.

〈개인별 작성답안〉

A:	㉠(○)	㉡(○)	㉢(○)	㉣(×)	㉤(○)	㉥(○)
B:	㉠(○)	㉡(×)	㉢(○)	㉣(×)	㉤(○)	㉥(○)
C:	㉠(○)	㉡(×)	㉢(×)	㉣(×)	㉤(○)	㉥(○)
D:	㉠(×)	㉡(○)	㉢(×)	㉣(○)	㉤(×)	㉥(×)
E:	㉠(×)	㉡(×)	㉢(○)	㉣(○)	㉤(×)	㉥(×)
F:	㉠(×)	㉡(○)	㉢(○)	㉣(○)	㉤(×)	㉥(×)

① A ② B ③ C ④ D ⑤ E ⑥ F

해설

㉠(×) ㉡(×) ㉢(○) ㉣(○) ㉤(×) ㉥(○)이 옳은 작성답안이 된다. E가 6개 중 5개를 맞추어 가장 많이 맞혔다.
㉠(×) 대법원 2004.6.24, 2002도995.
㉡(×) 종범은 정범의 실행행위 중에 이를 방조하는 경우는 물론이고 실행의 착수 전에 장래의 실행행위를 예상하고 이를 용이하게 하는 행위를 하여 방조한 경우에도 정범이 그 실행행위에 나아갔다면 성립한다(대법원 1997.4.17, 96도3377 전원합의체판결).
㉢(○) 법원의 입찰사건에 관한 제반 업무를 주된 업무로 하는 공무원이 자신이 맡고 있는 입찰사건의 입찰보증금이 계속적으로 횡령되고 있는 사실을 알았다면, 담당 공무원으

로서는 이를 제지하고 즉시 상관에게 보고하는 등의 방법으로 그러한 사무원의 횡령행위를 방지해야 할 법적인 작위의무를 지는 것이 당연하고, 비록 그의 묵인행위가 배당불능이라는 최악의 사태를 막기 위한 동기에서 비롯된 것이라고 하더라도 자신의 작위의무를 이행함으로써 결과발생을 쉽게 방지할 수 있는 공무원이 그 사무원의 새로운 횡령범행을 방조·용인한 것을 작위에 의한 법익침해와 동등한 형법적 가치가 있는 것이 아니라고 볼 수는 없으므로 그 담당 공무원의 경우 업무상 횡령의 종범이 성립한다(대법원 1996.9.6, 95도2551).

㉣(○) 대법원 1997.3.14, 96도1639.

㉤(×) 담당 전문의와 주치의에게 환자의 사망이라는 결과발생에 대한 정범의 고의는 인정되나 환자의 사망이라는 결과나 그에 이르는 사태의 핵심적 경과를 계획적으로 조종하거나 저지·촉진하는 등으로 지배하고 있었다고 보기는 어려워 공동정범의 객관적 요건인 이른바 기능적 행위지배가 흠결되어 있어 작위에 의한 살인방조죄만 성립한다(대법원 2004.6.24, 2002도995).

㉥(○) 대법원 2006.4.28, 2003도4128. 〈답 ⑤〉

27. 사례에 대한 평가로 옳은 것(○)과 옳지 않은 것(×)을 올바르게 조합한 것은?

<사시 2012년: 배점 3>

ㄱ. 甲은 길을 가던 중 갑작스런 호흡곤란을 호소하는 A로부터 도움을 요청받았으나 귀찮은 생각이 들어 이를 거절하였다. 간단한 응급처치만 있었어도 살 수 있었던 A는 10여분 후 사망하고 말았다. — 보증인지위의 발생근거에 관한 실질설(기능설)의 입장에서 판단할 때 甲은 부작위에 의한 살인죄

ㄴ. 乙은 B와 호텔방에서 다투던 중 상해의 고의로 B의 머리를 주먹으로 가격하였다. B가 정신을 잃고 쓰러지자 당황한 乙은 B가 사망한 것으로 오인하고 B가 자살한 것으로 가장하기 위하여 호텔방 베란다에서 B를 밖으로 집어던졌다. 이에 B는 땅에 떨어질 때의 충격으로 뇌진탕을 일으켜 현장에서 사망하였다. — 판례에 의하면 乙은 상해죄와 과실치사죄의 경합범[형법 제161조(사체 등의 영득) 위반 여부는 논외로 함]

ㄷ. 丙은 C가 자신의 처 D를 희롱하는 것을 보고 격분하여 C를 살해하기로 마음먹고 C의 머리를 돌로 내리쳤다. C가 정신을 잃고 쓰러지자 丙은 C가 사망한 것으로 오인하고 인근 개울가에 웅덩이를 파고 C를 파묻었는데, 사실 그 때까지 살아 있었던 C는 이로 인하여 질식하여 사망하였다. — 판례에 의하면 丙은 살인죄의 기수범[형법 제161조(사체 등의 영득) 위반 여부는 논외로 함]

ㄹ. 丁은 직무를 집행하는 공무원 E에 대하여 위험한 물건을 휴대하여 고의로 상해를 가하였다. — 부진정결과적 가중범에 대한 판례에 의하면 丁은 형법상 특수공무집행방해치상죄[3년 이상의 유기징역]와 폭력행위등처벌에관한법률위반(집단·흉기등상해)죄[3년 이상의 유기

징역]의 상상적 경합

ㅁ. 소방관 戊는 화재진압 도중 건물 1층에서 정신을 잃고 쓰러져 있는 5세의 F를 발견하고 달리 다른 구조방안이 없는 상황에서 긴급구조를 위하여 F를 두터운 이불에 싼 뒤 창문 밖으로 집어던졌다. F는 생명에는 지장이 없었으나 땅에 떨어질 때의 충격으로 부상을 입었다. — 객관적 귀속의 구체적 판단기준의 하나인 위험감소원칙에 의하면 戊는 상해죄

① ㄱ(○) ㄴ(×) ㄷ(×) ㄹ(×) ㅁ(○)
② ㄱ(○) ㄴ(○) ㄷ(×) ㄹ(×) ㅁ(×)
③ ㄱ(×) ㄴ(×) ㄷ(○) ㄹ(○) ㅁ(○)
④ ㄱ(×) ㄴ(○) ㄷ(○) ㄹ(×) ㅁ(×)
⑤ ㄱ(×) ㄴ(×) ㄷ(○) ㄹ(×) ㅁ(×)

해설

ㄱ(×) 부작위범에서 보증인지위의 발생근거에 관한 실질설(기능설)에 의하면, 보호의무(가족적 보호관계, 긴밀한 공동관계, 보호기능의 인수) 또는 안전의무(선행행위, 위험원의 감독, 타인의 행위에 대한 책임)가 인정되어야 한다. 그런데 甲은 길 가던 사람에 불과하여 어떠한 근거에 의해서도 보증인지위에 있지 않으며, 부작위에 의한 살인죄가 성립할 수 없다.

ㄴ(×) 판례는 피고인의 행위가 포괄하여 단일의 상해치사죄에 해당한다고 보았다(대법원 1994.11.4, 94도2361).

ㄷ(○) 판례는 전 과정을 개괄적으로 보면 살해라는 처음에 예견된 사실이 결국 실현된 것이라고 보아 살인죄의 기수죄책을 인정하였다(대법원 1988.6.28, 88도650).

ㄹ(×) 판례는 직무를 집행하는 공무원에 대하여 위험한 물건을 휴대하여 고의로 상해를 가한 경우에는 특수공무집행방해치상죄만 성립할 뿐, 이와는 별도로 폭력행위 등 처벌에 관한 법률위반(집단·흉기 등 상해)죄를 구성하지 않는다고 보았다(대법원 2008.11.27, 2008도7311).

ㅁ(×) 객관적 귀속의 구체적 판단기준의 하나인 위험감소원칙에 의하면 상해의 결과를 행위자에게 귀속시킬 수 없어, 戊는 무죄이다. 〈답 ⑤〉

제 4 절 인과관계와 객관적 귀속

1. 인과관계에 관한 설명 중 옳은 것만 모두 모은 것은?

㉠ 인과관계론이 범죄체계에서 차지하는 위치는 행위론이다.
㉡ 조건설은 위험감소의 경우에는 인과관계를 부정한다.
㉢ 중요설은 조건설에 의한 인과관계를 상당인과관계설과 같이 상당성 또는 개연성의 판단에 의하지 않고 구체적인 범죄구성요건의 의의와 목적 및 구성요건의 일반원칙에 따라 검토하여 결과귀속의 범위를

결정하자는 이론이다.
㉣ 목적설은 기수로부터 미수를 구분하는 것을 인과관계론의 목적으로 전제하고 심층심리학의 입장에서 행위가 결과에 대해 필연적인 경우를 기수로 보고, 우연적인 경우를 미수로 보려는 견해이다.
㉤ 원인설은 행위와 결과 사이에 그 행위가 없었다면 결과가 발생하지 않았다고 볼 수 있는 관계가 있으면 인과관계를 인정하는 견해로 절대적 제약공식이 적용된다.

① ㉠ ㉣ ② ㉡ ㉢ ③ ㉢ ㉣
④ ㉣ ㉤ ⑤ ㉠ ㉡ ㉢ ⑥ ㉡ ㉢ ㉣

해설

㉠(×) 인과관계는 결과범에 있어서 행위와 결과와의 귀책연관을 말하는 것이며, 객관적 구성요건요소에 해당한다.
㉡(×) 조건설은 논리적 인과관계를 형법에 그대로 적용하여 인과관계의 범위가 무제한하게 확대되며, 위험감소의 경우에도 인과관계를 인정한다. 다만 조건설은 인과관계에 의한 형사책임의 확대를 책임의 단계에서 수정하고자 한다.
㉤(×) 조건설에 관한 설명이다. 원인설은 조건설에 의하여 확장된 인과관계의 내부에서 결과의 발생에 대하여 중요한 영향을 준 조건과 단순한 조건을 구별하여 전자를 원인이라 하고, 원인이 될 조건에 대하여만 결과에 대한 인과관계를 인정하는 이론이다.

〈답 ③〉

2. 인과관계에 관한 설명 중 옳지 않은 것은? <사시 2007년: 배점 2>

① 상당인과관계설에 의할 경우에는 결과의 행위에 대한 귀속과 관련하여 객관적 귀속에 대한 평가가 필요없지만, 합법칙적 조건설에 의할 경우에는 객관적 귀속에 대한 별도의 평가가 필요하다.
② 합법칙적 조건설에 의할 경우 이중인과관계·비유형적 인과관계에서는 행위와 결과 사이에 인과관계가 인정되지만, 추월적 인과관계에서는 제1행위와 결과 사이에 인과관계가 부정된다.
③ 인과관계중단론에 의하더라도 인과관계가 진행되는 중에 예기치 못한 우연한 자연현상이 개입하여 결과가 발생한 경우 인과관계가 중단되지 않는다.
④ 조건설에 의하면 인과관계의 인정범위가 지나치게 확장되고 심지어는 비유형적 인과관계에 있어서도 행위와 결과 사이에 인과관계가 인정된다.
⑤ 합법칙적 조건설은 전통적 조건설의 절대적 제약조건 대신에 앞의 행위와 뒤의 결과 사이에 합법칙적 연관성이 있어야 인과관계를 인정한다.

해설

③(×) 인과관계중단론은 인과관계가 진행되는 도중에 예기치 못한 제3자의 고의 또는 과

실에 의한 행위가 개입되는 경우에는 행위와 결과 사이에 인과관계가 중단된다고 한다.

〈답 ③〉

3. 각 질문에 대한 답이 ㉠이 되는 것은 모두 몇 개인가?

〈질문 1〉 甲·乙이 丙을 살해할 것을 공모하고 丙을 향하여 총을 발사하자 丙이 응사하였는데, 乙이 丙의 탄환에 맞아 사망하였다. 극단적 조건설에 따르면 甲의 죄책은?
㉠ 살인미수 ㉡ 살인기수

〈질문 2〉 甲은 乙을 살해하려고 중상을 입혔으나 乙은 치료를 받으면 목숨을 건질 수 있었는데 치료를 태만했기 때문에 상처가 악화하여 결국 사망했다. 甲의 형사책임은? (판례에 의함)
㉠ 살인미수죄 ㉡ 살인죄

〈질문 3〉 인과관계론에서 행위 당시 행위자가 인식한 사실 및 일반인이 인식할 수 있었던 사정을 기초로 상당성을 판단하는 학설은?
㉠ 객관적 상당인과관계설 ㉡ 절충적 상당인과관계설

〈질문 4〉 甲은 丙을 살해하기 위하여 丙에게 치사량의 독약을 복용케 하였으나 약효가 나타나기 전에 乙이 단독으로 丙을 사살하였다. 합법칙적 조건설에 의할 때 甲과 乙의 죄책은?
㉠ 甲·乙 모두 살인기수 ㉡ 甲은 살인미수, 乙은 살인기수

① 없음 ② 1개 ③ 2개 ④ 3개 ⑤ 4개

해설

〈질문 1〉 ㉡ 극단적 조건설에 따르면 甲의 사격이 없었다면 丙의 사격도 없었을 것이고, 따라서 乙의 사망도 없었을 것이므로(conditio sine qua non의 공식) 甲의 사격행위와 乙의 사망 사이에는 인과관계가 인정된다. 따라서 甲은 살인기수, 丙은 정당방위에 해당한다.
〈질문 2〉 ㉡ 조건설이든 판례인 상당인과관계설에 의하든 행위와 사망 사이에 상당성이 인정되어 살인죄의 죄책을 지게 된다.
〈질문 3〉 ㉡ 행위와 결과 사이에 경험칙상 상당한 조건관계만 있으면 인과관계를 인정하는 상당인과관계설은 다시 상당성의 판단기준에 따라 행위 당시에 행위자가 인식하였거나 인식할 수 있었던 사정을 기초로 하여 상당성을 판단하는 주관적 상당인과관계설, 행위 당시에 존재하였던 모든 사정을 객관적으로 종합하여 상당성을 판단하는 객관적 상당인과관계설, 행위 당시에 행위자가 인식하였거나 인식할 수 있었던 사정뿐만 아니라 일반인이 인식할 수 있었던 사정을 기초로 하여 상당성을 판단하는 절충적 상당인과관계설로 나누어지는바, 절충적 상당인과관계설이 우리나라의 다수설·판례의 입장이다.
〈질문 4〉 ㉡ 결과가 행위와 분리된 다른 조건에 의하여 실현되어 처음 조건이 결과발생에 기여하지 못한 경우(단절적 인과관계)로서 합법칙적 조건설에 의하면 인과관계가 부정된다. 즉, 甲에 의한 조건은 구체적으로 실현되지 않았기 때문에 甲의 행위(처음 조건)와 결과발생 사이에는 인과관계가 부정되어 甲은 살인미수, 乙은 살인기수가 된다. 〈답 ①〉

4. 甲, 乙, 丙은 등산을 하기로 하였다. 甲은 평소 자신과 성격차이가 심한 丙이 빠졌으면 좋겠다고 생각하고, 등산가기 전날 밤 설사약을 탄 음료수를 丙에게 주어 마시도록 하였다. 한편 이 사실을 전혀 모르는 乙도 甲과 같은 생각으로 丙에게 설사약을 탄 간식을 주었다. 甲과 乙이 준 설사약은 각각만으로는 丙이 설사할 수 없는 적은 양에 불과하였으나, 丙은 두 사람이 준 설사약을 모두 먹었기 때문에 그 다음날 계속되는 설사로 인해 등산에 동행하지 못했다. 甲, 乙의 죄책에 대한 설명으로 옳지 않은 것은? <사시 2003년>

① 甲과 乙은 의사의 연락이 없었으므로 공동정범이 아니라 동시범이 될 수 있을 뿐이다.

② 고의에 관한 인용설에 의할 경우 甲에게 丙을 상해할 고의가 있었다.

③ 고의에 관한 의사설에 의할 경우 乙에게 丙을 상해할 고의가 있었다.

④ 甲과 乙에 대해서는 상해죄의 동시범특례(형법 제263조)가 적용된다.

⑤ 甲과 乙이 의사연락하에 사례의 행위를 하였다면 상해죄의 공동정범이 된다.

해설

④(×) 중첩적 인과관계의 사례이다. 甲과 乙의 행위는 상해의 결과에 대하여 인과관계는 있으나 객관적 귀속이 부정되어 각각 상해미수죄로 처벌된다. 상해죄의 동시범의 특례는 원인관계가 판명되지 않은 경우에 적용되는 규정이나, 설문의 경우에는 인과관계가 인정되는 경우이다. 〈답 ④〉

5. 甲은 강도의 의사로 乙에게 폭행을 가하였던바, 사망에 이르게 할 정도의 폭행이 아니었음에도 불구하고 乙은 노약하였기 때문에 폭행을 이기지 못하고 사망하였다. 甲에게는 살인의 고의가 인정되지 않았다. 甲의 죄책에 관한 다음 설명 중 옳지 않은 것은?

① 조건설에 의하면 폭행과 사망 사이의 인과관계가 인정된다.

② 상당인과관계설에 의하면 사망에 이르게 할 정도의 폭행이 아닌 경우 폭행과 사망 사이에 경험칙상 상당한 조건관계를 인정할 수 없다.

③ 상당인과관계설에서 상당성 판단을 개연성의 문제로 이해하면 비유형적인 인과의 진행의 경우 모두 인과관계를 부정해야 한다는 비판이 가능하다.

④ 합법칙적 조건설에 의하면 폭행은 시간적으로 뒤따르는 사망이라는 외계의 변화에 연결되어 구성요건적 결과로 실현된 것으로서 합법칙적 연관이 인정된다.

⑤ 객관적 귀속이론에 의하면 乙이 노약자였기 때문에 사망하였으므로 사망의 결과를 귀속할 수 없어 강도죄가 성립한다.

해설

①(○) 조건설에 의하면 甲의 폭행이 없었더라면 乙은 사망하지 않았을 것이므로 폭행과 사망 사이의 인과관계가 인정된다.

②(○) 사안에서 사망에 이르게 할 정도의 폭행이 아니라고 하므로 상당인과관계설에 의하면 원칙적으로 폭행과 사망이라는 결과 사이에 경험칙상 상당한 조건관계가 인정되지 않아 강도죄만 인정될 것이다. 다만 판례는 특이체질의 경우 인과관계를 부정하기도 하지만, 피해자가 고혈압환자이거나 지병을 앓고 있는 경우에 상당인과관계를 인정하고 있어 상당성은 실제로 명백한 기준이 되지 못하고 있음을 알 수 있다.
③(○) 상당인과관계설에 대한 비판으로 타당하다.
④(○) 합법칙적 조건설에 의하면 乙은 甲의 폭행으로 인하여 사망하였으므로 합법칙적 연관이 인정된다.
⑤(×) 객관적 귀속이론에 의하면 특이체질의 경우에도 원칙적으로 결과귀속이 인정되는 바, 甲은 폭행이라는 허용되지 않는 위험을 창출하였고, 그것은 지배가능한 것으로서 사망이라는 위험을 증대시켜 실현한 것으로서 사망의 결과를 귀속할 수 있어 강도치사죄가 인정된다. 〈답 ⑤〉

6. 행위와 결과 사이에 형법상 인과관계가 부정되는 경우는? (다툼이 있는 경우에는 판례에 의함)

① 甲은 A를 살해하기 위하여 칼로 A의 팔과 다리를 수회 찔러 자상을 입혔고, A는 수술 후 의식을 회복했으나 이때 입은 자상이 급성신부전증으로 발전되어 수분섭취에 특별히 주의하라는 지시를 받았음에도 불구하고 병원에서 콜라와 김밥을 함부로 먹은 결과 체내에 수분저류가 발생하여 약 1달 후에 패혈증으로 사망하였다.
② 乙은 구체적인 병명은 몰랐지만 A가 평소 병약한 사람인데다 음주만취된 상태였다는 것을 알고 있었다. 이 상황에서 乙은 A를 2회에 걸쳐 두 손으로 힘껏 밀어 땅바닥에 넘어뜨렸다. A는 심관상동맥경화 및 심근섬유화증세 등의 심장질환을 앓고 있었다. A의 지병과 음주만취가 A의 쇼크성 심장마비로 인한 사망에 영향을 주었다.
③ 초지조성공사를 도급받은 수급인 丙은 A에게 산불작업 하도급을 준 이후 그 작업을 감독하지 않은 잘못이 있는 상황에서 하수급인 A의 과실로 인하여 산림실화가 발생하였다.
④ 丁은 A를 폭행하여 지면에 넘어뜨렸는데 A는 평소부터 고혈압증세가 있어 넘어질 때의 자극으로 뇌출혈을 일으켜 사망하였다.
⑤ 戊가 폭행을 가하여 A를 간음하려고 하므로 A는 극도의 흥분과 공포심에 사로잡힌 나머지 이를 피하기 위하여 창문을 박차고 뛰어나가다가 사망하였다.

해설

③ 대법원은 초지조성공사를 도급받은 수급인이 하도급을 준 후 계속 감독하지 않은 잘못이 있어도 이는 도급자에 대한 도급계약상의 책임이지 하수급인의 과실로 인하여 발생한 산림실화에 상당인과관계 있는 과실이라 할 수 없다고 판시하였다(대법원 1987.4.28, 87도297).

① 대법원 1994.3.22, 93도3612, ② 대법원 1986.9.9, 85도2433, ④ 대법원 1970.9.22, 70도1387, ⑤ 대법원 1995.5.12, 95도425 참조. 〈답 ③〉

≪**인과관계를 인정한 경우**≫

① **대법원 2010.4.29, 2009도7070** 피고인의 전원(轉院)지체 등의 과실로 피해자에 대한 신속한 수혈 등의 조치가 지연된 이상 피해자의 사망과 피고인의 과실 사이에는 인과관계를 부정하기 어렵고, 전원받은 의료진의 조치가 다소 미흡하여 피해자가 전원받은 병원 응급실에 도착한 지 약 1시간 20분이 지나 수혈이 시작되었다는 사정만으로 피고인의 과실과 피해자 사망 사이에 인과관계가 단절된다고 볼 수 없다.

② **대법원 2005.3.24, 2004도8137** 알코올중독자의 수용시설을 운영 또는 관리하던 피고인들로서는 알코올중독자의 금단증상에 대비하여 의사 등을 배치하고 금단증상을 보이는 알코올중독자를 즉시 병원으로 호송하여 치료를 받게 하는 등의 조치를 다할 주의의무가 있었음에도 피해자가 금단증상을 보일 때 위와 같은 주의의무를 다하지 아니하고 피해자를 독방에 가둔 다음 그대로 방치한 과실이 있고, 피고인들은 알코올중독증세가 심해 금단증상이 잦았던 피해자가 위와 같은 경우에 자살하는 등 위험한 행동을 할 수도 있었음을 충분히 예견할 수 있었다 할 것이므로, 피고인들의 과실과 위 피해자의 사망 간에는 인과관계가 인정된다고 봄이 상당하다.

③ **대법원 2002.10.11, 2002도4315** 4일 가량 물조차 제대로 마시지 못하고 잠도 자지 아니하여 거의 탈진상태에 이른 피해자의 손과 발을 17시간 이상 묶어 두고 좁은 차량 속에서 움직이지 못하게 감금한 행위와 묶인 부위의 혈액 순환에 장애가 발생하여 혈전이 형성되고 그 혈전이 폐동맥을 막아 사망에 이르게 된 결과 사이에는 상당인과관계가 있다.

④ **대법원 2001.12.11, 2001도5005** 선행차량에 이어 피고인 운전 차량이 피해자를 연속하여 역과하는 과정에서 피해자가 사망한 경우, 피고인 운전 차량의 역과와 피해자의 사망 사이의 인과관계가 인정된다.

⑤ **대법원 2001.6.1, 99도5086** 임차인이 자신의 비용으로 설치·사용하던 가스설비의 휴즈콕을 아무런 조치 없이 제거하고 이사를 간 후 가스공급을 개별적으로 차단할 수 있는 주밸브가 열려져 가스가 유입되어 폭발사고가 발생한 경우, 임차인의 과실과 가스폭발사고 사이의 상당인과관계가 인정된다.

⑥ **대법원 2000.2.11, 99도5286** 승용차로 피해자를 가로막아 승차하게 한 후 피해자의 하차 요구를 무시한 채 당초 목적지가 아닌 다른 장소를 향하여 시속 약 60km 내지 70km의 속도로 진행하여 피해자를 차량에서 내리지 못하게 한 행위는 감금죄에 해당하고, 피해자가 그와 같은 감금상태를 벗어날 목적으로 차량을 빠져 나오려다가 길바닥에 떨어져 상해를 입고 그 결과 사망에 이르렀다면 감금행위와 피해자의 사망 사이에는 상당인과관계가 있다고 할 것이므로 감금치사죄에 해당한다.

⑦ **대법원 1997.1.24, 96도776** 건설업자가 토공사 및 흙막이공사의 감리업무까지 수행하기로 약정하였음에도 이에 위반하여 실질적인 감리업무를 수행할 수 있는 사람을 감리자로 파견하지 않은 상태에서, 건설업법 소정의 건설기술자를 현장에 배치할 의무를 위반하여 건설기술자조차 현장에 배치하지 아니한 과실은 공사현장 인접 소방도로의 지반침하 방지를 위한 그라우팅공사 과정에서 발생한 가스폭발사고와 상당한 인과관계가 있다.

⑧ **대법원 1996.9.24, 95도245** 피해자가 다른 병원으로 전원할 당시 이미 후복막에

농양이 광범위하게 형성되어 있었고 췌장이나 십이지장과 같은 후복막 내 장기 등 조직의 괴사가 진행되어 이미 회복하기 어려운 상태에 빠져 있었다면, 피해자가 다른 병원으로 전원하여 진료를 받던 중 사망하였다는 사실 때문에 피고인의 진료상의 과실과 피해자의 사망과의 사이의 인과관계가 단절된다고 볼 수는 없다.

⑨ **대법원 1995.5.12, 95도425** 폭행이나 협박을 가하여 간음을 하려는 행위와 이에 극도의 흥분을 느끼고 공포심에 사로잡혀 이를 피하려다 사상에 이르게 된 사실과는 이른바 상당인과관계가 있어 강간치사상죄로 다스릴 수 있다.

⑩ **대법원 1994.3.22, 93도3612** 살인의 실행행위가 피해자의 사망이라는 결과를 발생하게 한 유일한 원인이거나 직접적인 원인이어야만 되는 것은 아니므로, 살인의 실행행위와 피해자의 사망과의 사이에 피해자의 과실이 개재되어 그 사실이 치사의 직접적인 원인이 되었다고 하더라도 그와 같은 사실이 통상 예견할 수 있는 것에 지나지 않는다면 살인의 실행행위와 피해자의 사망과의 사이에는 인과관계가 있는 것으로 보아야 한다.

⑪ **대법원 1990.5.22, 90도580** 피고인이 야간에 오토바이를 운전하다가 도로를 무단횡단하던 피해자를 충격하여 피해자로 하여금 위 도로상에 전도케 하고, 그로부터 약 40초 내지 60초 후에 다른 사람이 운전하던 타이탄트럭이 도로 위에 전도되어 있던 피해자를 역과하여 사망케 한 경우, 피고인이 전방좌우의 주시를 게을리한 과실로 피해자를 충격하였고 나아가 사고지점 부근 도로의 상황에 비추어 야간에 피해자를 충격하여 위 도로에 넘어지게 한 후 40초 내지 60초 동안 그대로 있게 한다면 후속차량의 운전사들이 조금만 전방주시를 태만히 하여도 피해자를 역과할 수 있음이 당연히 예상되었던 경우라면 피고인의 과실행위는 피해자의 사망에 대한 직접적 원인을 이루는 것이어서 양자간에는 상당인과관계가 있다.

≪인과관계를 부정한 경우≫

① **대법원 2011.4.14, 2010도10104** 한의사인 피고인이 피해자에게 문진하여 과거 봉침을 맞고도 별다른 이상반응이 없었다는 답변을 듣고 부작용에 대한 충분한 사전 설명 없이 환부인 목 부위에 봉침시술을 하였는데, 피해자가 위 시술 직후 쇼크반응을 나타내는 등 상해를 입은 사안에서, 제반 사정에 비추어 피고인이 봉침시술에 앞서 설명의무를 다하였더라도 피해자가 반드시 봉침시술을 거부하였을 것이라고 볼 수 없어, 피고인의 설명의무 위반과 피해자의 상해 사이에 상당인과관계를 인정하기 어렵다는 이유로, 같은 취지의 원심판단을 수긍한 사례.

② **대법원 2000.9.5, 2000도2671** 야간에 고속도로를 무단횡단하는 보행자를 충격하여 사망에 이르게 한 운전자의 과실과 사고 사이에는 상당인과관계가 인정되지 않는다.

③ **대법원 1998.9.22, 98도1854** 직진신호에 따라 교차로를 통과하는 차량의 운전자가 제한속도를 지키며 진행하였더라면 피해자가 좌회전하여 진입하는 것을 발견한 후에 충돌을 피할 수 있었다는 등의 사정이 없는 한, 운전자가 제한속도를 초과하여 과속으로 진행한 잘못이 있다 하더라도 그러한 잘못과 교통사고의 발생 사이에 상당인과관계가 있다고 볼 수는 없다.

④ **대법원 1996.5.28, 95도1200** 피고인이 좌회전 금지구역에서 좌회전한 경우에도 피고인으로서는 50여 미터 후방에서 따라오던 후행차량이 중앙선을 넘어 피고인 운전차량의 좌측으로 돌진하는 등 극히 비정상적인 방법으로 진행할 것까지를 예상하여 사고발생 방지조치를 취하여야 할 업무상 주의의무가 있다고 할 수는 없고, 따라서 좌회전

금지구역에서 좌회전한 행위와 사고발생 사이에 상당인과관계가 인정되지 아니한다.

⑤ **대법원 1993.1.15, 92도2579** 신호등에 의하여 교통정리가 행하여지고 있는 'ㅏ' 자형 삼거리의 교차로를 녹색등화에 따라 직진하는 차량의 운전자는 특별한 사정이 없는 한 다른 차량들도 교통법규를 준수하고 충돌을 피하기 위하여 적절한 조치를 취할 것으로 믿고 운전하면 족하고, 대향차선 위의 다른 차량이 신호를 위반하고 직진하는 자기 차량의 앞을 가로질러 좌회전할 경우까지 예상하여 그에 따른 사고발생을 미리 방지하기 위한 특별한 조치까지 강구하여야 할 업무상의 주의의무는 없고, 위 직진차량 운전자가 사고지점을 통과할 무렵 제한속도를 위반하여 과속 운전한 잘못이 있었다 하더라도 그러한 잘못과 교통사고의 발생과의 사이에 상당인과관계가 있다고 볼 수 없다.

7. 인과관계에 대한 다음 설명 중 틀린 것은? (판례에 의함) <법원행시 2008년>

① 피해자가 피고인의 범행으로 자상을 입고, 자상이 급성신부전증으로 발전하였는데, 급성신부전증을 치료할 때에는 음식과 수분의 섭취를 억제하여야 함에도, 이와 같은 사실을 모르고 콜라와 김밥 등을 함부로 먹은 탓으로 체내에 수분저류가 발생하여 합병증이 유발됨으로써 사망하게 된 경우에도 피고인의 범행과 피해자의 사망과의 사이에는 인과관계가 있다.

② 피고인이 주먹으로 피해자의 복부를 1회 강타하여 장 파열로 인한 복막염으로 사망케 하였다면, 비록 의사의 수술지연 등 과실이 피해자의 사망의 공동원인이 되었다 하더라도 폭행치사의 죄책을 면할 수 없다.

③ 살인의 실행행위와 피해자의 사망과의 사이에 다른 사실이 개재되어 그 사실이 치사의 직접적인 원인이 되었다고 한다면 살인의 실행행위와 피해자의 사망과의 사이에 상당인과관계가 있다고 볼 여지는 없다.

④ 피고인들이 의도적으로 피해자를 술에 취하도록 유도하고 수차례 강간한 후 의식불명 상태에 빠진 피해자를 비닐창고로 옮겨 놓아 피해자가 저체온증으로 사망한 경우 피고인들은 피해자의 사망에 대한 책임을 면할 수 없다.

⑤ 선행 교통사고와 후행 교통사고 중 어느 쪽이 원인이 되어 피해자가 사망에 이르게 되었는지 밝혀지지 않은 경우 후행 교통사고를 일으킨 사람의 과실과 피해자의 사망 사이에 인과관계가 인정되기 위해서는 후행 교통사고를 일으킨 사람이 주의의무를 게을리하지 않았다면 피해자가 사망에 이르지 않았을 것이라는 사실이 증명되어야 한다.

해설 ……………………………………

③(×) 객관적 귀속이론에 의하면 특이체질의 경우에도 원칙적으로 결과귀속이 인정되는바, 甲은 폭행이라는 허용되지 않는 위험을 창출하였고, 그것은 지배가능한 것으로서 사망이라는 위험을 증대시켜 실현한 것으로서 사망의 결과를 귀속할 수 있어 강도치사죄가

인정된다. 살인의 실행행위가 피해자의 사망이라는 결과를 발생하게 한 유일한 원인이거나 직접적인 원인이어야만 되는 것은 아니므로, 살인의 실행행위와 피해자의 사망과의 사이에 다른 사실이 개재되어 그 사실이 치사의 직접적인 원인이 되었다고 하더라도 그와 같은 사실이 통상 예견할 수 있는 것에 지나지 않는다면 살인의 실행행위와 피해자의 사망과의 사이에 인과관계가 있는 것으로 보아야 한다(대법원 1994.3.22, 93도3612).

① 대법원 1994.3.22, 93도3612, ② 대법원 1984.6.26, 84도831, 84감도129, ④ 대법원 2008.2.29, 2007도10120, ⑤ 대법원 2007.10.26, 2005도8822의 내용이다.

대법원 2007.10.26, 2005도8822 : 선행 교통사고와 후행 교통사고 중 어느 쪽이 원인이 되어 피해자가 사망에 이르게 되었는지 밝혀지지 않은 경우 후행 교통사고를 일으킨 사람의 과실과 피해자의 사망 사이에 인과관계가 인정되기 위해서는 후행 교통사고를 일으킨 사람이 주의의무를 게을리하지 않았다면 피해자가 사망에 이르지 않았을 것이라는 사실이 증명되어야 하고, 그 증명책임은 검사에게 있다. 〈답 ③〉

8. 인과관계에 관한 판례의 입장과 다른 것은?

① 자동차와 피해자가 직접 충돌하지는 않았지만 자동차 운전자의 과실로 인한 열차와의 충돌사고에 놀라 넘어져 상처를 입었다면 자동차 운전자의 과실과 피해자의 부상 사이에는 상당인과관계가 인정된다.

② 의사 甲은 연탄가스 중독환자 乙이 퇴원할 당시 자신의 병명을 문의하였는데도 아무런 요양방법을 지도해 주지 아니하여, 연탄가스에 중독되었던 사실을 모른 乙이 퇴원 즉시 사고가 난 자기 집 안방에서 다시 잠을 자던 중 연탄가스에 중독되었다. 이 경우 甲의 과실과 乙의 두 번째의 연탄가스 중독과의 사이에는 인과관계가 있다.

③ 甲은 乙을 취직시켜 주겠다는 구실로 유인하여 호텔 객실에 감금한 후 강간하려 하자, 乙이 완강히 반항하던 중 甲이 대실시간 연장을 위해 전화하는 사이에 객실 창문을 통해 탈출하려다가 지상에 추락하여 사망하였다. 이 경우 甲의 강간미수행위와 乙의 사망 사이에는 인과관계가 없다.

④ 甲은 화약류취급면허가 없는 A를 화약류취급책임자로 선임하였고, A의 과실로 인하여 발파작업중 사상의 사고가 발생하였다. 이 경우 선임자 甲의 과실과 사상 사이에는 인과관계가 없다.

⑤ 고등학교 교사 甲은 비정상적으로 얇은 두개골과 뇌수종을 지닌 제자 乙의 뺨을 때려 乙이 급성 뇌압상승으로 뒤로 넘어져 사망하였다. 이 경우 甲이 乙의 허약함은 알고 있었으나 두뇌에 특별이상이 있음을 미처 알지 못했다면 甲의 행위와 乙의 사망 사이에는 인과관계가 없다.

해설

③(×) 판례는 호텔 객실에 감금당한 강간피해자가 창문을 통하여 탈출하려다가 추락하여 사망한 경우 강간미수행위와 피해자의 사망 사이에는 인과관계가 있다고 한다(대법원 1995. 5.12, 95도425).

① 대법원 1989.9.12, 89도866, ② 대법원 1991.2.12, 90도2547, ④ 대법원 1981.9.8, 81

도53, ⑤ 대법원 1978.11.28, 78도1961과 각각 일치한다. 〈답 ③〉

9. 판례에 의할 경우 인과관계가 인정되는 것은? <사시 2006년>

① 피고인이 운행하던 자동차로 도로를 횡단하던 피해자를 충격하여 피해자로 하여금 반대차선의 1차선상에 넘어지게 하여 피해자가 반대차선을 운행하던 자동차에 역과되어 사망한 경우

② 교차로에서 직진신호에 따라 과속하여 직진하던 중 접속도로에서 허용되지 아니하는 좌회전을 감행하여 자기 차량의 앞을 가로질러 진행하여 오던 차량과 충돌한 경우

③ 신호등에 의하여 교통정리가 행하여지고 있는 'ㅏ'자형 삼거리의 교차로를 녹색등화에 따라 직진하는 차량의 운전자인 피고인이 과속으로 운전하다가, 대향차선 위의 다른 차량이 신호를 위반하여 좌회전하여 사고가 발생한 경우

④ 피고인이 인터체인지 진입로부근 고속도로에서 제한최고속도를 20km 초과한 속도로 고속버스 우측으로 추월한 직후에 자동차의 30 내지 40m 전방에서 고속도로를 무단횡단하기 위하여 피고인의 진행차로인 2차로로 갑자기 뛰어든 피해자를 충격한 경우

⑤ 파도수영장에서 물놀이하던 초등학교 6학년생이 수영장 안에 엎어져 있는 것을 수영장 안전요원인 피고인이 발견하여 인공호흡을 실시하다가 구급차가 오자 인공호흡을 중단하고 의료기관에 후송하였으나 후송도중 사망한 사고에 있어서 그 사망원인이 구체적으로 밝혀지지 않은 경우

해설

① 판례에 의하면 피고인은 그와 같은 사고를 충분히 예견할 수 있었고 또한 피고인의 과실과 피해자의 사망 사이에는 인과관계가 있어 업무상 과실치사죄의 죄책을 면할 수 없다고 한다(대법원 1988.11.8, 88도928).

②③ 대법원 1993.1.15, 92도2579, ④ 대법원 2000.9.5, 2000도2671에 의하면 인과관계가 부정된다. ⑤ 대법원은 사망원인이 구체적으로 밝혀지지 아니한 상태에서 수영장 안전요원과 수영장 관리책임자에게 업무상 주의의무를 게을리한 과실이 있고 그 주의의무 위반으로 인하여 피해자가 사망하였다고 인정한 원심판결을 업무상 과실치사죄에 있어서의 과실 및 인과관계에 관한 법리오해 및 심리미진 등의 위법을 이유로 파기하였다(대법원 2002.4.9, 2001도6601). 〈답 ①〉

10. 수영장 안전요원 甲은 A(만 12세)가 수영장에서 질식하여 엎어져 있는 것을, 다른 아이들이 발견한 지 약 5분이 지나서야 뒤늦게 발견하고, 인공호흡을 실시하던 중 약 10분 뒤 구급차가 오자 A의 신체에서 소생의 기미(음식물을 토함)가 나타났는데도 곧바로 인공호흡을 중단하고 구급차에 A를 인도하였다. A는 응급후송 중에 사망하였다. 수영장의 응급실 간호사 乙은 사고 당

시 수영장 응급실에 대기하지 않고 호출기도 꺼놓은 채 방제실에서 컴퓨터 게임을 하고 있었고, 그 바람에 A에 대한 응급조치에 전혀 관여하지 못하였다. 甲과 乙의 형사책임에 관한 <보기>의 설명들 가운데 옳지 않은 것을 모두 고른 것은? <사시 2007년: 배점 3>

〈보기〉
ⓐ 甲이 A의 사고를 5분이 지나 발견하고, 인공호흡을 너무 성급히 중단한 점은 업무상 과실에 해당할 수 있다.
ⓑ 위험증대설은 甲이 A의 사고를 좀 더 신속히 발견하고 인공호흡을 충분히 실시하였을 때 A가 사망하지 않았을 가능성이 60%에 머무른 경우 甲의 과실행위와 A의 사망 사이의 인과관계를 부정한다.
ⓒ 乙의 행위는 부작위에 의한 업무상 과실에 해당한다.
ⓓ 甲과 乙에게 업무상 과실과 A의 사망에 대한 인과관계가 인정된다고 전제할 때 판례에 의하면 甲과 乙은 업무상 과실치사죄의 공동정범이 될 수 있다.
ⓔ 수영장을 운영하는 회사의 회장도 판례에 의하면 업무상 과실치사죄의 공동정범이 될 수 있다.

① ⓐ ⓑ ② ⓐ ⓓ ③ ⓐ ⓔ ④ ⓑ ⓓ
⑤ ⓑ ⓔ ⑥ ⓒ ⓓ ⑦ ⓒ ⓔ ⑧ ⓓ ⓔ

해설

관련 판결인 대법원 2002.4.9, 2001도6601은 업무상 과실치사죄에 있어서의 과실 및 인과관계에 관한 법리오해 및 심리미진 등의 위법을 이유로 원심판결을 파기하였다.

대법원 2002.4.9, 2001도6601 : 파도수영장에서 물놀이하던 초등학교 6학년생이 수영장 안에 엎어져 있는 것을 수영장 안전요원이 발견하여 인공호흡을 실시한 뒤 의료기관에 후송하였으나 후송 도중 사망한 사고에 있어서 그 사망원인이 구체적으로 밝혀지지 아니한 상태에서 수영장 안전요원과 수영장 관리책임자에게 업무상 주의의무를 게을리한 과실이 있고 그 주의의무 위반으로 인하여 피해자가 사망하였다고 인정한 원심의 판단에는 업무상 과실치사죄에 있어서의 과실 및 인과관계에 관한 법리오해 및 심리미진 등의 위법이 있다.

보기의 설명에서는 ⓑⓔ가 옳지 않다.

ⓐ(○) 甲이 A의 사고를 '5분이 지나' 발견하였고, 인공호흡을 '너무 성급히 중단'하였다고 하므로 늦게 발견하고 너무 성급히 중단한 것은 안전요원으로서 주의의무를 다하지 않은 업무상 과실에 해당된다. 이 경우 적법한 대체행위가 있었더라면 결과발생을 방지할 수 있었는가라는 인과관계와 객관적 귀속은 과실 인정과는 별개의 문제이다.

ⓑ(×) 위험증대설은 행위자가 허용된 위험을 초과하였고 이로 인하여 위험이 증가된 이상 금지된 위험을 창설하여 결과가 발생한 것이라는 이유로 결과귀속을 긍정하므로 이 경우에는 인과관계와 객관적 귀속을 긍정하게 된다.

ⓒ(○) 응급실 간호사 乙은 응급실에 대기하고 긴급 시 호출에 따를 수 있도록 주의할 의무가 있음에도 불구하고 사고 당시 수영장 응급실에 대기하지 않고 호출기도 꺼놓아 응급조치에 전혀 관여하지 못하였으므로 부작위에 의한 업무상 과실이 인정된다.

ⓓ(○) 판례는 과실범의 공동정범을 인정하므로 甲과 乙은 업무상 과실치사죄의 공동정범이 될 수 있다. 다만 사례에서 안전요원 甲과 간호사 乙이 과실행위를 서로 의사연락 아래 행하였는가라는 점은 의문이나, 판례는 이러한 경우에도 공동의 목표와 의사연락을 광범위하게 인정하는 태도를 보이므로 공동정범을 인정할 수 있다. 성수대교붕괴사건에서도 대법원은 피고인들에게 업무상 과실치사상등죄의 공동정범을 인정하였다(대법원 1997.11.28, 97도1740).

ⓔ(×) 수영장 운영회사 회장에게는 일일이 세부적인 안전대책을 강구할 직접적 주의의무를 인정하기 어렵다. 대법원은 다른 판결에서 '시공회사의 상무이사인 현장소장이 현장에서의 공사감독을 전담하고 있는 경우 사장으로서는 각개의 개별작업에 대하여 일일이 세부적인 안전대책을 강구하여야 하는 구체적이고 직접적인 주의의무가 있다고 하기 어렵다'고 하였다(대법원 1989.11.24, 89도1618). 〈답 ⑤〉

11. **판례에 의할 때 발생한 결과와 甲의 행위 사이에 인과관계가 인정되는 경우를 바르게 조합한 것은?**

> ㉠ 甲이 乙에게 반항을 억압함에 충분한 정도의 폭행 또는 협박을 가한 후 乙이 재물취거 사실을 알지 못하는 사이에 그 틈을 이용하여 우발적으로 乙의 재물을 취거하였다.
> ㉡ 甲은 주먹으로 乙의 복부를 1회 강타하여 乙이 장파열상을 입고 병원으로 호송되었으나 의사가 즉시 수술을 하지 아니하여 乙은 장파열로 인한 복막염으로 사망하였다.
> ㉢ 甲은 관상동맥폐쇄, 허혈성심근섬유화증세 등의 심장질환을 앓고 있는 乙에게 멱살을 잡아 흔들고 주먹으로 얼굴과 가슴을 때리고 땅에 넘어뜨리는 등 폭행을 가하여 乙은 관상동맥부전과 허혈성심근경색으로 사망하였다.
> ㉣ 선행차량에 이어 甲이 운전하던 차량이 피해자를 연속하여 역과하는 과정에서 피해자가 사망하였다.
> ㉤ 甲은 乙녀를 강간하기 위하여 호텔객실에 감금하였던바, 甲이 전화를 하는 사이 乙이 객실 창문을 통하여 탈출하려다가 땅에 떨어져 사망하였다.

① ㉢　② ㉢ ㉣　③ ㉢ ㉣ ㉤
④ ㉡ ㉢ ㉣ ㉤　⑤ ㉠ ㉡ ㉢ ㉣ ㉤

해설

㉠(×) 위 폭행이나 협박과 재물취득 사이에 인과관계가 존재하지 아니한다(대법원 2009.1. 30, 2008도10308).
㉡(○) 대법원 1984.6.26, 84도831.
㉢(○) 대법원 1989.10.13, 89도556.
㉣(○) 대법원 2001.12.11, 2001도5005.
㉤(○) 대법원 1995.5.12, 95도425가 각각 상당인과관계를 인정한 경우이다. 〈답 ④〉

12. 다음은 ( ) 속에 표시된 발생한 결과와 행위 사이의 인과관계에 대한 판례의 설명이다. 인과관계가 인정되는 것만 모두 조합한 것은?

> ㉠ 강간을 당한 피해자가 수치심과 절망감으로 음독자살 하였다. (사망과 강간행위 사이)
> ㉡ 4일간 물조차 제대로 마시지 못하여 거의 탈진상태에 있는 피해자의 손과 발을 17시간 이상 묶어두고 좁은 차량 속에 감금하여 묶인 부위의 혈액순환에 장애가 발생하여 혈전이 형성되고 그 혈전이 폐동맥을 막아 피해자가 사망하였다. (사망과 감금행위 사이)
> ㉢ 좌회전 금지구역에서 좌회전을 하고 있는데 50미터 후방에서 따라오던 후행차량이 중앙선을 넘어 피고인 차량 좌측으로 돌진하여 교통사고가 발생하였다. (교통사고와 좌회전금지위반행위)
> ㉣ 폭행을 당하던 피해자가 폭행을 피하기 위하여 차도를 건너가다가 자동차에 충격하여 사망하였다. (사망과 폭행 사이)
> ㉤ 운전자가 차의 시동을 끄고 시동열쇠를 꽂아둔 채 하차한 동안 조수가 운전하다가 사고를 내어 통행인에게 상처를 입혔다. (상해와 열쇠를 꽂아둔 행위)
> ㉥ 건설업자가 건설업법 소정의 건설기술자를 건설현장에 배치하지 아니하여 공사현장 인접 소방도로의 지반침하방지공사과정에서 가스폭발사고가 발생하였다. (가스폭발사고와 건설업자의 과실행위 사이)

① ㉡ ㉣　　② ㉡ ㉥　　③ ㉡ ㉣ ㉥
④ ㉢ ㉣ ㉥　　⑤ ㉡ ㉢ ㉣ ㉥　　⑥ ㉡ ㉢ ㉣ ㉤ ㉥

해설 ··

㉡ 대법원 2002.10.11, 2002도4315, ㉣ 대법원 1996.5.10, 96도529, ㉥ 대법원 1997.1.24, 96도776 이 상당인과관계를 인정하였다.
이에 반하여 대법원은 ㉠ 강간과 그로 인한 피해자의 자살(대법원 1982.11.23, 82도1446), ㉢ 좌회전 금지구역에서 좌회전한 행위와 중앙선을 넘어 돌진한 후행차량과의 충돌(대법원 1996.5.28, 95도1200), ㉤ 자동차의 시동열쇠를 꽂아둔 과실과 조수가 운전하다가 일어난 사고(대법원 1971.9.28, 71도1082) 사이에는 상당인과관계를 부정하였다. 〈답 ③〉

13. 객관적 귀속이론에 관한 설명 중 옳지 않은 것은? <사시 2006년>

① 객관적 귀속여부의 판단은 조건설 내지는 합법칙적 조건설 등에 의하여 인정되는 인과관계를 전제로 한다는 입장에 따르더라도, 부진정 부작위범의 경우 객관적 귀속이론이 적용될 수 있다.

② 행위자가 야기시킨 위험이 예견하기 어려운 비유형적인 인과진행으로 결과에 이른 경우에도 행위자가 위험을 야기시킨 이상 그 결과는 행위자에게 객관적으로 귀속된다.

③ 허용되지 않는 위험을 야기시킨 경우라고 하더라도 발생된 결과가 규범의 보호범위에 속하지 않는 경우에는 그 결과는 행위자에게 객관적으로 귀속되지 않는다.

④ 객관적 귀속을 위하여는 위험의 창출이 있어야 하는데, 행위자가 이미 진행되고 있는 인과과정 속에서 자신의 행위를 통하여 결과의 발생을 지연시킨 경우에는 객관적 귀속이 부정된다.

⑤ 행위자가 결과를 야기하지 않았더라도 다른 예비적 원인으로 동일한 결과가 발생될 가능성이 있었다고 판단되고, 현실적으로 행위자가 결과를 발생시켰다면 그 결과는 행위자에게 객관적으로 귀속된다.

해설

①(○) 부작위범의 경우 행위를 하였다면 결과가 방지될 수 있었다는 관련이 인정된다면 객관적 귀속이론을 적용할 수 있다.
②(×) 지나치게 비유형적인 인과진행의 경우에는 결과에 대한 예견가능성이 없어 객관적 귀속이 부정된다.
③(○) 결과가 구성요건의 보호범위를 벗어난 경우에는 결과는 객관적으로 귀속될 수 없다.
④(○) 행위자가 위험을 창출한 것이 아니며, 단지 이미 진행되는 인과과정에서 결과의 발생을 지연시킨 것에 불과하다면 결과를 객관적으로 귀속할 수 없다. 예컨대 이미 조난당한 사람을 구조하려고 시도하여 시간을 끌었지만 실패하여 사망한 경우 그 결과를 행위자에게 귀속할 수 없다.
⑤(○) 가설적 대체원인이 있었더라도 현실적 인과관련이 존재하는 한 객관적 귀속은 인정된다. 〈답 ②〉

14. 합법칙적 조건설과 객관적 귀속이론에 의할 때 발생한 결과를 甲에게 귀속시킬 수 없는 경우를 모두 나열한 것은?

㉠ 소방관 甲은 불을 끄기 위하여 건물 안으로 들어가 어린아이 乙을 발견하고, 乙을 안고 나가다가는 불길과 연기에 질식사할 것 같아 창문 밖으로 던졌다. 乙은 이로 인하여 중상을 입었다.
㉡ 甲이 乙을 살해하려고 구타하여 중상을 입혔으나 乙이 치료를 소홀히하여 사망하였다.
㉢ 甲과 乙은 의사의 연락 없이 각각 치사량에 이르지 않는 독약을 丙에게 먹여 丙은 甲과 乙이 준 독약을 모두 먹은 결과 사망하였다.
㉣ 甲과 乙은 의사의 연락 없이 각각 치사량의 독약을 丙에게 먹여 丙은 사망하였다.
㉤ 甲은 乙을 살해하기 위하여 피스톨을 발사하여 乙에게 상처를 입혔던바, 乙은 병원에서 치료를 받던 중 화재로 사망하였다.
㉥ 甲은 乙을 구타하였던바, 乙은 앓고 있던 뇌매독으로 뇌조직이 파괴

되어 사망하였다.
ⓢ 甲과 乙이 자동차경주를 하다가 乙이 자신의 잘못으로 사고를 당하여 사망하였다.

① ㉠ ㉢ ㉤ ② ㉠ ㉢ ㉤ ㉦ ③ ㉢ ㉣ ㉤ ㉦
④ ㉠ ㉡ ㉢ ㉤ ㉦ ⑤ ㉠ ㉢ ㉤ ㉥ ㉦

해설

㉠(×) 위험감소의 경우이다. 합법칙적 조건관계가 인정되는 경우에도 객관적 귀속이 부정된다.
㉡(○) 행위와 결과 사이에 피해자(제3자)의 행위가 개입된 경우이나, 행위자에 의하여 창설된 허용되지 않는 위험이 결과에 실현되었으므로 객관적 귀속이 인정된다.
㉢(×) 중첩적 인과관계의 경우이다. 인과관계는 인정되나 객관적 귀속이 부정된다.
㉣(○) 이중적 인과관계의 경우에는 인과관계와 객관적 귀속이 인정된다.
㉤(×) 행위자가 위험을 창출한 경우에도 그 위험이 실현되어 결과가 발생한 것이 아니라 우연에 의하여 발생하였거나 다른 위험(화재)이 결과로 실현된 때에는 객관적 귀속이 부정된다.
㉥(○) 특이체질로 인하여 발생한 결과이다. 행위자에 의하여 창설된 위험이 결과로 실현된 경우이기 때문에 인과관계뿐만 아니라 객관적 귀속도 긍정된다.
㉦(×) 고의의 자손행위에 관여한 경우이다. 규범의 보호목적에 포함되지 아니하여 객관적 귀속이 부정된다.
결국, ㉠㉢㉤㉦의 경우에는 발생된 결과의 객관적 귀속이 부정된다. 〈답 ②〉

15. 다음은 행위와 결과 사이에 피해자 또는 제3자의 행위가 개입하여 결과가 발생한 경우에 인과관계의 인정 여부가 문제되는 경우이다. 甲의 행위와 발생한 결과 사이에 인과관계(및 객관적 귀속)**가 인정되는 것은 모두 몇 개인가?** (다툼이 있으면 판례에 의함)

㉠ 甲은 乙을 살해하기 위하여 강물에 밀어 넣었다. 떠내려가던 乙은 하류에서 고기잡이를 하던 丙이 쳐놓은 그물에 걸려 丙이 구조하였으면 乙은 살 수 있었으나, 평소 乙에게 나쁜 감정을 갖고 있던 丙이 그냥 내버려두어 乙은 떠내려가 사망하였다.
㉡ 甲은 乙을 살해하기 위해 칼로 乙을 찔렀다. 병원에 입원하고 있던 乙을 평소 원한을 갖고 있던 간호사 丙이 독살하였다.
㉢ 甲이 오토바이를 운전하다가 행인 乙을 충격하였던바, 길에 넘어진 乙은 뒤따라오던 丙이 운전하는 차에 역과되어 사망하였다.
㉣ 甲이 승용차를 운전하다가 횡단하는 乙을 충격하였던바, 반대차선으로 넘어진 乙은 때마침 교행 하던 丙의 차에 역과되어 사망하였다.
㉤ 甲은 乙을 살해하기 위하여 구타하여 중상을 입혔다. 乙은 병원에 입원하여 수술을 받던 중 집도한 의사 丙이 허파를 절단하는 중대한

잘못으로 사망하였다.
ⓑ 甲에게 칼에 찔려 의사 丙의 병원으로 실려간 乙은 즉시 수술을 받았으면 살 수 있었음에도 불구하고 의사 丙이 수술을 지연시켜 乙은 출혈과다로 사망하였다.
ⓢ 甲이 방화한 집으로 乙이 가재도구를 꺼내려고 들어갔다가 불길에 휩싸여 乙이 사망하였다.

① 0개 ② 1개 ③ 2개 ④ 3개 ⑤ 4개 ⑥ 5개

해설

행위와 결과 사이에 피해자 또는 제3자의 행위가 개입하여 결과가 발생한 경우에 객관적 귀속을 인정할 것인가는 행위자에 의하여 창설된 허용되지 않는 위험이 결과에 실현되었는가에 의하여 결정된다. 먼저 선행행위에 의한 위험이 방해받지 않고 실현된 때에는 결과귀속이 인정된다. ㉠ⓑ이 여기에 해당한다. 후행행위가 별개의 추가적 위험을 창출하여 결과가 발생한 때에는 과실의 경중을 기준으로 결과귀속을 판단해야 한다. 먼저 제3자의 경미한 과실 또는 과실 없는 행위가 개입된 때에는 결과가 선행행위에 귀속된다. ㉢㉣이 여기에 속한다. 이는 ㉢ 대법원 1990.5.22, 90도580, ㉣ 대법원 1988.11.8, 88도928이 결과귀속을 인정한 경우이다. 결국 결과귀속이 인정되는 것은 ㉠㉢㉣ⓑ의 4개이다.
그러나 제3자의 고의 또는 중과실행위가 개입된 때에는 결과는 선행행위에 귀속되지 않는다. ㉡㉤이 여기에 해당한다. ⓢ 구조행위로 인하여 구조자가 스스로 위험에 빠진 때에는 객관적 귀속이 부인된다. 〈답 ⑤〉

16. **<사례>의 경우와 인과관계 인정 여부의 판단이 동일한 것을 <보기>에서 모두 고른 것은?** (다툼이 있는 경우에는 판례에 의함) <사시 2013년: 배점 4>

〈사례〉
A병원 의사가 제왕절개수술 과정에서 분만 후 1시간 경과시 예견되는 환자의 대량출혈 증상을 조기에 발견하지 못하여, 수혈과 B병원으로의 전원(轉院)을 지체하였는데, 환자가 B병원에 도착하였지만 A병원 의사로부터 충분한 설명을 받지 못한 B병원 의사가 수혈의 긴급성 판단을 그르쳐 대량출혈로 환자가 사망한 경우, A병원 의사가 예견된 대량출혈 증상을 조기에 발견하지 못하여 환자의 수혈지체를 야기한 과실과 환자의 사망 사이

〈보기〉
ㄱ. 임차인이 자신의 비용으로 설치 · 사용하던 가스설비의 주밸브만 잠근 채 휴즈콕크를 제거하고 아무런 조치 없이 이사를 간 후 가스공급을 개별적으로 차단할 수 있는 주밸브가 원인불상으로 열려져 가스가 유입되어 폭발사고가 발생하였는데 점화원인이 밝혀지지 않은 경우, 임차인의 과실과 가스폭발사고 사이

ㄴ. 건축자재인 철판 수백 장의 운반을 의뢰한 자가 절단면이 날카롭고 무거운 철판을 묶기에 매우 부적합한 폴리에스터 끈을 사용하여 철판 묶음 작업을 하는 등의 과실로 철판 쏠림 현상이 발생하였고, 이로 인하여 철판을 차에서 내리는 과정에서 철판이 쏟아져 내려 화물차 운전자가 사망한 경우, 운반 의뢰인의 과실과 화물차 운전자의 사망 사이
ㄷ. 자동차 운전자의 과실로 열차 건널목을 그대로 건너는 바람에 자동차와 열차가 충돌하였는데 자동차 왼쪽에서 열차가 지나가기를 기다리고 있던 피해자가 위 충돌사고로 놀라 넘어져 상해를 입은 경우, 자동차 운전자의 과실과 피해자가 입은 상해 사이
ㄹ. 한의사가 피해자에게 문진하여 이전에도 여러 차례 봉침을 맞고도 별다른 이상반응이 없었다는 답변을 듣고 부작용에 대한 충분한 사전 설명 없이 환부에 봉침시술을 하였는데, 피해자가 위 시술 직후 쇼크반응을 나타내는 등 상해를 입은 경우, 한의사의 설명의무 위반과 피해자의 상해 사이

① ㄱ ㄷ ② ㄱ ㄹ ③ ㄴ ㄷ
④ ㄴ ㄹ ⑤ ㄱ ㄴ ㄷ ⑥ ㄱ ㄴ ㄷ ㄹ

해설

피고인이 제왕절개수술 후 대량출혈이 있었던 피해자를 전원(轉院) 조치하였으나 전원받는 병원 의료진의 조치가 다소 미흡하여 도착 후 약 1시간 20분이 지나 수혈이 시작된 사안에서, 피고인의 전원지체 등의 과실로 신속한 수혈 등의 조치가 지연된 이상 피해자의 사망과 피고인의 과실 사이에 인과관계가 인정된다(대법원 2010.4.29, 2009도7070).
ㄱ(○) 임차인이 자신의 비용으로 설치·사용하던 가스설비의 휴즈콕크를 아무런 조치 없이 제거하고 이사를 간 후 가스 공급을 개별적으로 차단할 수 있는 주 밸브가 열려져 가스가 유입되어 폭발사고가 발생한 경우, 가스 유출로 인한 대형사고의 가능성이 있다는 것은 평균인의 관점에서 객관적으로 볼 때 충분히 예견할 수 있다는 이유로 임차인의 과실과 가스폭발사고 사이의 상당인과관계를 인정한다(대법원 2001.6.1, 99도5086).
ㄴ(○) 건축자재인 철판 수백 장의 운반을 의뢰한 자가 절단면이 날카롭고 무거운 철판을 묶기에 매우 부적합한 폴리에스터 끈을 사용하여 철판 묶음 작업을 하는 등의 과실로 철판 쏠림 현상이 발생하였고, 이로 인하여 철판을 차에서 내리는 과정에서 철판이 쏟아져 내려 화물차 운전자가 사망한 사안에서, 운반 의뢰인에게 업무상 과실치사의 죄책을 인정한 사례(대법원 2009.7.23, 2009도3219).
ㄷ(○) 자동차의 운전자가 그 운전상의 주의의무를 게을리하여 열차 건널목을 그대로 건너는 바람에 그 자동차가 열차좌측 모서리와 충돌하여 20여미터 쯤 열차 진행방향으로 끌려가면서 튕겨나갔고 피해자는 타고가던 자전거에서 내려 위 자동차 왼쪽에서 열차가 지나가기를 기다리고 있다가 위 충돌사고로 놀라 넘어져 상처를 입었다면 비록 위 자동차와 피해자가 직접 충돌하지는 아니하였더라도 자동차운전자의 위 과실과 피해자가 입은 상처 사이에는 상당한 인과관계가 있다(대법원 1989.9.12, 89도866).
ㄹ(×) 한의사인 피고인이 피해자에게 문진하여 과거 봉침을 맞고도 별다른 이상반응이

없었다는 답변을 듣고 알레르기 반응검사(skin test)를 생략한 채 환부인 목 부위에 봉침시술을 하였는데, 피해자가 위 시술 직후 아나필락시 쇼크반응을 나타내는 등 상해를 입은 사안에서, 피고인에게 과거 알레르기 반응검사 및 약 12일 전 봉침시술에서도 이상반응이 없었던 피해자를 상대로 다시 알레르기 반응검사를 실시할 의무가 있다고 보기는 어렵고, 설령 그러한 의무가 있다고 하더라도 제반 사정에 비추어 알레르기 반응검사를 하지 않은 과실과 피해자의 상해 사이에 상당인과관계를 인정하기 어렵다(대법원 2011.4.14, 2010도10104). 〈답 ⑤〉

17. 다음 <사례>에서 甲 또는 乙의 죄책에 대한 설명 중 옳지 않은 것은?

<사시 2010년: 배점 4>

〈사례 1〉 甲은 상해의 고의로 乙을 때려 乙이 빈사상태에 빠지자 사망한 것으로 오인하고, 자살한 것처럼 가장하기 위하여 乙을 베란다 아래의 땅바닥으로 떨어뜨려 뇌손상 및 뇌출혈 등으로 사망하게 하였다.

〈사례 2〉 甲은 2시간 전에 乙에게 상해를 당하여 의자에 누워 있는 피해자를 상해의 고의로 가격하여 또 다른 상해를 입혔고, 그 후 피해자는 사망하였으나, 甲·乙 중 누구의 행위로 인하여 사망의 결과가 발생하였는지에 대해서는 판명되지 않았다.

〈사례 3〉 甲과 乙이 공동하여 피해자의 신체를 상해하는 기회에 乙은 고의로 피해자를 칼로 찔러 살해하였다.

① 〈사례 1〉에서 판례는 甲의 행위가 포괄하여 단일의 상해치사죄에 해당한다고 판시하였다.

② 상해치사죄의 경우에는 형법 제263조의 동시범 특례규정이 적용되지 않는다고 보면, 〈사례 2〉에서 甲과 乙의 상해행위는 이시의 독립행위가 경합한 경우라고 보아야 하고 상해의 결과에 관한 한 형법 제19조 또는 형법 제263조가 적용될 여지가 없다.

③ 상해치사죄의 경우에는 형법 제263조의 동시범 특례규정이 적용되지 않는다고 보면, 〈사례 2〉에서 사망의 결과와 관련해서 甲과 乙은 공동정범이 아닌 동시범이 되며, 객관적 귀속론에 의한 결과귀속 여부에 따라 甲과 乙의 죄책이 달라진다.

④ 〈사례 3〉에서 판례는, 상해치사의 공동정범은 신체침해행위를 공동으로 할 의사가 있으면 성립되고, 결과를 공동으로 할 의사는 필요 없으며, 甲에게 상해행위에 대한 인식은 있었다고 할 것이므로, 그 살인행위나 치사의 결과를 예견할 수 없었다고 할 수 없는 이상 상해치사의 죄책을 면할 수 없다고 판시하였다.

⑤ 〈사례 3〉에서 공동정범은 결과적 가중범을 제외한 순수한 고의범 간에만 성립한다는 견해를 취하고 사망의 결과에 대한 甲의 예견가능성이

인정된다고 보면, 甲은 상해치사의 죄책을 지고, 甲과 乙은 동시범이 된다.

해설

①(○) 판례는 이 사안에서 피고인의 행위가 포괄하여 단일의 상해치사죄에 해당한다고 하였으므로 옳은 설명이다(대법원 1994.11.4, 94도2361).

②(○) 〈사례 2〉에서 甲과 乙의 행위는 이시의 동시범으로 각각 상해라는 결과를 입힌 상해행위임을 명시하고 있으므로 원인행위가 밝혀진 상해에 대해서는 제19조나 제263조가 적용될 여지가 없다는 설명은 옳다.

③(×) 〈사례 2〉에서 甲과 乙의 행위는 이시의 동시범으로 각각 상해라는 결과를 입힌 상해행위임은 명시하고 있으므로 상해행위 자체는 원인행위가 밝혀진 경우이다. 그런데 결과가 상해에서 나아가 사망에 이르렀지만 누구의 상해로 인해 사망한 것인지 모르는 사안이고, 상해치사죄에 상해죄의 동시범 특례규정을 적용할 수 없다고 본다면 甲과 乙은 상해죄의 죄책만 지게 될 뿐이다. 즉 사망에 대한 원인관계가 밝혀지지 않은 각각의 상해에 대해서는 객관적 귀속을 논할 수조차 없기 때문에 객관적 귀속론을 적용한다는 설명은 옳지 않다.

④(○) 〈사례 3〉에 대한 판례의 입장을 옳게 설명한 것이다. 결과적 가중범인 상해치사죄의 공동정범은 폭행 기타의 신체침해행위를 공동으로 할 의사가 있으면 성립되고 결과를 공동으로 할 의사는 필요 없으며, 여러 사람이 상해의 범의로 범행 중 한 사람이 중한 상해를 가하여 피해자가 사망에 이르게 된 경우 나머지 사람들은 사망의 결과를 예견할 수 없는 때가 아닌 한 상해치사의 죄책을 면할 수 없다(대법원 2000.5.12, 2000도745).

⑤(○) 공동정범을 순수한 고의범 간에만 성립한다고 본다면, 〈사례 3〉에서 甲은 상해치사죄, 乙은 살인죄로서 동시범이 된다는 설명은 옳다. 〈답 ③〉

제5절 구성요건적 고의

1. 구성요건적 고의에 관한 설명으로 옳지 않은 것만의 조합은?

㉠ 고의는 구성요건실현의 인식과 의사를 의미하며, 지적 요소와 의지적 요소가 결합되어 있다.
㉡ 목적적 행위론에 의하여 고의는 주관적 구성요건요소가 되었다.
㉢ 고의를 구성요건요소임과 동시에 책임요소라고 이해하는 것은 신고전적·목적적 범죄체계이다.
㉣ 고의의 이중적 지위 내지 기능을 인정하는 견해에 의하면 책임고의에는 객관적 행위상황의 인식 및 위법성 인식이 포함된다.
㉤ 구성요건적 고의의 인식대상은 객관적 구성요건요소이며, 진정신분범에서의 신분은 고의의 인식대상이다.
㉥ 처벌규정의 존재와 형벌가중사유로 되는 사실도 구성요건적 고의의 내용이다.

① ㉠ ㉢ ② ㉡ ㉥ ③ ㉢ ㉣ ④ ㉣ ㉤ ⑤ ㉣ ㉥ ⑥ ㉤ ㉥

해설

㉣(×) 고의의 이중적 기능을 인정하는 견해에 의하면 행위반가치로서의 고의는 구성요건적 고의이고, 심정반가치로서의 고의를 책임고의라고 한다. 따라서 책임고의에는 객관적 행위상황의 인식 및 위법성의 인식이 포함되지 않는다.
㉥(×) 처벌규정의 존재의 인식은 고의의 내용이 아니며, 그에 대한 착오, 즉 법률의 부지는 법률의 착오를 구성한다. 〈답 ⑤〉

2. 고의의 인식대상이 아닌 것만 모두 묶은 것은?

㉠ 행위 그 자체	㉡ 감경적 구성요건요소
㉢ 친족상도례의 친족신분	㉣ 구성요건적 결과
㉤ 반의사불벌죄	㉥ 행위방법
㉦ 인과관계	㉧ 주관적 정당화요소
㉨ 구체적 위험범에서 위험의 발생	㉩ 목적범에서 목적

① ㉢ ㉣ ② ㉢ ㉤ ③ ㉢ ㉣ ㉤ ㉧
④ ㉢ ㉤ ㉧ ㉩ ⑤ ㉡ ㉣ ㉤ ㉧ ㉨ ⑥ ㉢ ㉣ ㉤ ㉧ ㉩

해설

고의의 인식대상은 객관적 구성요건요소이므로 처벌조건인 ㉢, 소송조건인 ㉤, 주관적 정당화요소인 ㉧, 주관적 구성요건요소인 ㉩은 고의의 인식대상이 아니다. 〈답 ④〉

3. 다음은 범죄체계와 고의의 인식대상을 열거한 것이다. 그 연결이 옳지 않은 것으로 묶인 것은? <사시 2010년: 배점 3>

범죄체계	고의의 인식대상
고전적 범죄체계	㉠ 살인죄에서 사람 ㉡ 간통죄에서 간통행위가 금지되어 있다는 점 ㉢ 위조문서행사죄에서 위조문서를 행사한다는 점
목적적 범죄체계	㉣ 친족상도례에서 친족인 신분 ㉤ 영아살해죄에서 치욕을 은폐하려는 동기 ㉥ 촉탁살인죄에서 피해자의 촉탁이 있다는 점
합일태적 범죄체계	㉦ 모욕죄에서 공연성 ㉧ 배임죄에서 처리하는 사무의 타인성 ㉨ 상습절도죄에서 상습성

① ㉠ ㉣ ㉦ ② ㉡ ㉣ ㉦ ③ ㉢ ㉣ ㉨
④ ㉢ ㉤ ㉧ ⑤ ㉢ ㉧ ㉨ ⑥ ㉣ ㉤ ㉨
⑦ ㉤ ㉦ ㉨ ⑧ ㉥ ㉧ ㉨

해설

고전적 범죄체계에서 ㉡ 간통행위가 금지되었다는 점은 위법성의 인식과 관련된 것이므로 고의의 인식대상이 아니다. 목적적 범죄체계에서 ㉣ 주체로서의 신분은 객관적 구성요건요소로서 고의의 인식대상이지만 책임신분이나 처벌조건인 신분은 객관적 구성요건요소가 아니므로 고의의 인식대상이 아니며, ㉤ 동기는 행위의 동기인 책임표지에 불과하므로 고의의 인식대상이 아니다. 합일태적 범죄체계에서 ㉧ 상습성은 행위자관련적 책임요소로서 고의의 인식대상이 아니다.
따라서 정답은 ⑥번이 된다. 〈답 ⑥〉

4. 다음 중 구성요건적 고의의 인식대상을 모두 고른 것은? <사시 2013년: 배점 2>

ㄱ. 일반물건방화죄에 있어서의 공공의 위험
ㄴ. 존속살해죄에 있어서의 직계존속인 사실
ㄷ. 사전수뢰죄에서 공무원이 된 사실
ㄹ. 명예훼손죄에 있어서의 공연성
ㅁ. 범죄자 자신이 14세 이상이라는 사실
ㅂ. 문서위조죄에서 행사할 목적
ㅅ. 친족상도례에서 친족이라는 신분

① ㄱ ㄴ ㄹ ② ㄱ ㅁ ㅂ ③ ㄴ ㄷ ㄹ
④ ㄱ ㄴ ㄷ ㄹ ⑤ ㄱ ㄴ ㅂ ㅅ

해설

ㄱ(○) 구체적 위험범의 공공의 위험은 구성요건적 요소이므로 고의의 인식대상이다.
ㄴ(○) 가중되는 사실도 인식해야 한다.
ㄷ(×) 객관적 처벌조건의 존재는 인식요소가 아니다.
ㄹ(○) 공연성도 구성요건 요소이므로 인식해야 한다.
ㅁ(×) 책임능력에 대한 인식은 요하지 않는다.
ㅂ(×) 초과주관적 구성요건 요소인 목적, 경향, 표현은 별도의 인식대상이지 고의의 인식대상이 아니다.
ㅅ(×) 친족상도례의 신분은 고의의 인식대상이 아니다. 〈답 ①〉

5. 다음 설명 중 옳지 않은 것은? (다툼이 있는 경우에는 판례에 의함)
<사시 2009년: 배점 2>

① 고의의 이중적 기능(지위)에 관한 논의는 오상방위의 사례에 있어서도 실익이 있다.
② 목적범에 있어서 목적의 달성여부는 기수범의 성립에 영향이 없다.
③ 형의 집행유예를 선고하는 경우에 보호관찰과 사회봉사 또는 수강을 동시에 명할 수 있다.
④ 교사범이 성립하기 위해서는 교사자의 교사행위와 정범의 실행행위가

있어야 한다.

⑤ 자(子)가 부(父)의 재물로 오인하고 타인의 재물을 절취한 경우에는 형법 제15조 1항에 의하여 절도죄의 형을 면제한다.

해설

⑤(×) 소추조건 · 처벌조건은 고의의 대상이 아니므로 처벌조건의 하나인 인적처벌조각사유에 속하는 친족상도례에서 친족관계의 착오는 고의에 영향을 미치지 않는다. 따라서 ⑤의 경우 형이 면제되지 않는다. 〈답 ⑤〉

6. 미필적 고의와 인식있는 과실의 구별기준에 관한 설명으로 옳지 않은 것은?

① 개연성설은 결과발생의 개연성을 인식하면 미필적 고의이고 단순히 가능하다고 인식한 때에는 인식있는 과실이라고 한다.

② 가능성설에 의하면 결과발생의 가능성을 인식하면 미필적 고의라고 하여 인식있는 과실의 경우에도 고의를 인정한다.

③ 용인설은 결과발생의 가능성을 인식하고 용인하면 미필적 고의이고 결과발생의 가능성을 인식하지 못하면 인식있는 과실이라고 한다.

④ 감수설은 결과발생의 가능성을 인식하고 구성요건실현의 위험을 감수하면 미필적 고의이고 결과불발생을 신뢰할 때에는 인식있는 과실이라고 한다.

⑤ 위험차단설은 차단하지 않은 위험을 창출한 때, 즉 행위자의 행위 후에 우연에 의하여만 결과가 발생하지 않을 수 있는 경우에 미필적 고의를 인정한다.

해설

③(×) 용인설은 행위자가 결과발생의 가능성을 인식하면서도 이를 용인한 경우는 미필적 고의이고, 용인하지 않은 경우는 인식 있는 과실이 된다는 견해이다. 이에 따르면 결과발생의 가능성을 인식하지 못하면 인식 없는 과실이 된다. 판례는 용인설의 입장에서, 범죄구성요건의 주관적 요소로서 미필적 고의란 범죄사실의 발생가능성을 불확실한 것으로 표상하면서 이를 용인하고 있는 경우를 말하고, 미필적 고의가 있었다고 하려면 범죄사실의 발생가능성에 대한 인식이 있음은 물론 나아가 범죄사실이 발생할 위험을 용인하는 내심의 의사가 있어야 한다고 판시하고 있다(대법원 2009.2.26, 2007도1214; 대법원 2008.3.27, 2008도443; 대법원 1987.2.10, 86도2338). 〈답 ③〉

7. A 내지 D는 미필적 고의와 인식있는 과실의 구별기준에 대한 학설이고, ㉠에서 ㉤까지는 각각의 견해의 문제점을 지적한 것이다. 아래 설문 중 학설과 그 비판의 연결이 잘못된 것은?

〈학설〉

A. 결과발생의 개연성을 인식하면 미필적 고의이고 가능성을 인식하면

인식있는 과실이다.
B. 결과발생의 가능성을 인식하면 미필적 고의이다.
C. 결과발생의 가능성을 인식하고 내적으로 용인 또는 승인하면 미필적 고의이고 이를 거부하거나 희망하지 않을 때는 인식있는 과실이다.
D. 결과발생의 가능성을 인식하고 묵인하면 미필적 고의이고 결과가 발생하지 않을 것이라고 신뢰한 때에는 인식있는 과실이다.

〈비판〉
㉠ 교통사고를 낸 운전자나 학생들에게 수영을 하게 한 교사에게도 사고가 발생하면 결과에 대한 고의를 인정하는 결과가 된다.
㉡ 심정적 · 감정적 요소와 고의의 실현의사는 구별해야 한다.
㉢ 중환자에게 수술을 한 의사나 아들의 머리에 사과를 놓고 화살을 쏜 윌리엄 텔도 실수하여 아들을 맞힌 때에는 고의를 인정해야 하는 결과가 된다.
㉣ 고의의 지적 요소는 가능성의 인식으로 족하다고 해야 한다.
㉤ 결과가 발생해도 좋다고 생각했는가를 소송에서 증명하는 것은 곤란하다.

① A－㉢ ② B－㉠ ③ C－㉡ ④ C－㉤ ⑤ D－㉣

해설

A는 개연성설, B는 가능성설, C는 용인설, 그리고 D는 묵인설 또는 감수설의 태도이다. 각 학설에 대한 문제점을 연결하면 A－㉢㉣, B－㉠, C－㉡㉤이 된다. 따라서 틀린 것은 ⑤이다. **〈답 ⑤〉**

8. 다음 설명 중 옳은 것은? <사시 2012년: 배점 2>

① 현실적으로 존재하지 않는 형벌법규를 존재하는 것으로 오인하고 행위한 때에도 그 행위에 위험성이 있으면 처벌할 수 있다.
② 구체적 사실에 관한 착오 중 객체의 착오의 경우, 구체적 부합설과 법정적 부합설은 발생한 결과에 대한 고의 인정 여부에 대해 결론의 차이가 없다.
③ 결과의 발생이 처음부터 불가능한 것을 알면서도 실행에 착수한 경우 행위자가 생각한 대로 결과발생이 없었더라도 일반인의 관점에서 구체적 위험성이 있으면 불능미수범으로 처벌할 수 있다.
④ 친족상도례가 적용되기 위해서는 행위시에 행위자는 해당 친족관계가 존재함을 인식하여야 한다.
⑤ 형법은 과잉방위행위, 과잉피난행위, 과잉자구행위가 야간 기타 불안스러운 상태하에서 공포, 경악, 흥분 또는 당황으로 인한 때에는 벌하지

아니한다고 규정하고 있다.

✍ 해설 ……………………………………

①(×) 반전된 금지착오로서 환각범이라고도 한다. 형벌법규가 없으므로 위험의 유무를 떠나 어떤 경우에도 처벌되지 않는다.
②(○) 객체의 착오의 경우에는 구체적 부합설에 의해서도 인식사실과 발생사실이 동일한 구성요건에 해당하므로 발생사실의 고의 기수를 인정하므로 법정적 부합설과 같은 결론을 갖는다.
③(×) 불능미수범의 경우에도 미수범의 성립요건인 고의라는 주관적 구성요건을 갖추어야 하는바, 지문의 경우 기수의 고의가 인정되지 않아 불능미수범이 성립하지 않는다.
④(×) 친족상도례는 범죄의 처벌조건에 지나지 않으므로, 행위자가 인식해야 할 고의의 대상이 아니다. 따라서 친족상도례가 적용되기 위해서는 행위시에 해당 친족관계가 객관적으로 존재하면 족하고, 행위자가 친족관계의 존재를 인식해야 하는 것은 아니다.
⑤(×) 면책적 자구행위의 규정은 없다. 〈답 ②〉

9. 고의(범의)에 대한 판례의 입장과 일치하지 않는 것은? <사시 2006년>

① 고의는 내심적 사실이므로 피고인이 이를 부정하는 경우에는 사물의 성질상 고의와 상당한 관련성이 있는 간접사실을 증명하는 방법에 의하여 입증할 수밖에 없다.

② 피고인에게 범행 당시 살인의 범의가 있었는지 여부는 피고인이 범행에 이르게 된 경위, 범행의 동기, 준비된 흉기의 유무·종류·용법, 공격의 부위와 반복성, 사망의 결과발생가능성 정도, 범행 후에 있어서의 결과회피행동의 유무 등 범행 전후의 객관적인 사정을 종합하여 판단한다.

③ 공무집행방해죄에 있어서의 범의는 상대방이 직무를 집행하는 공무원이라는 사실, 그리고 이에 대하여 폭행 또는 협박을 가한다는 사실에 대한 인식과 그 직무집행을 방해할 의사가 있어야 인정할 수 있다.

④ 기업의 경영자에게 배임의 고의가 있었는지 여부를 판단함에 있어서는 문제된 경영상의 판단에 이르게 된 경위와 동기, 판단대상인 사업의 내용, 기업이 처한 경제적 상황, 손실발생의 개연성과 이익획득의 개연성 등 제반사정에 비추어 자기 또는 제3자가 재산상 이익을 취득한다는 인식과 본인에게 손해를 가한다는 인식하의 의도적 행위임이 인정되는 경우에 한하여 배임죄의 고의를 인정하는 엄격한 해석기준이 유지되어야 할 것이지만, 미필적 인식이 있었다면 고의성립을 인정할 수 있다.

⑤ 적성검사를 받지 않아 기존의 운전면허가 취소된 상태에서 자동차를 운전한 경우 운전자에게 무면허운전에 대한 고의가 있었는지 여부를 판단함에 있어 면허취소의 사유와 취소사유가 된 위법행위의 경중, 면허취소처분통지를 받지 못한 이유 등 제반사정을 두루 참작하여야 하는데,

적발 당시 운전자가 소지하고 있던 운전면허증에 적성검사기간과 경고문구가 기재되어 있었다는 사정은 중요한 간접증거이지만 그것만으로는 운전자에게 무면허운전에 대한 미필적 인식이 있었다고 보기 어렵다.

해설

③(×) 공무집행방해죄에 있어서의 범의는 상대방이 직무를 집행하는 공무원이라는 사실, 그리고 이에 대하여 폭행 또는 협박을 한다는 사실을 인식하는 것을 그 내용으로 하고, 그 인식은 불확정적인 것이라도 소위 미필적 고의가 있다고 보아야 하며, 그 직무집행을 방해할 의사를 필요로 하지 아니한다(대법원 1995.1.24, 94도1949).
① 대법원 2005.4.29, 2003도6056, ② 대법원 2002.2.8, 2001도6425, ④ 대법원 2004.7.22, 2002도4229, ⑤ 대법원 2004.12.10, 2004도6480과 각각 일치한다.

〈답 ③〉

10. 고의에 관한 판례의 태도와 일치하지 않는 경우를 모두 묶은 것은?

㉠ 관할 경찰당국이 운전면허취소통지에 갈음하여 적법한 공고를 마쳤다면 피고인은 운전면허가 취소된 사실을 알고 있었다고 해야 한다.
㉡ 강도가 베개로 피해자의 머리부분을 약 3분간 누르던 중 피해자가 저항을 멈추고 사지가 늘어졌음에도 불구하고 계속하여 누른 경우에는 살인의 고의를 인정할 수 있다.
㉢ 사망한 남편과 이름이 같은 타인소유의 부동산에 관하여 피고인 앞으로 상속을 원인으로 한 소유권이전등기를 경료 한 경우, 공정증서원본부실기재죄의 고의가 인정된다.
㉣ 여관주인이 외모나 차림 등에 청소년이라고 의심할 만한 사정이 있음에도 불구하고 신분증 등에 의하여 청소년인지의 여부를 확인하지 아니하고 청소년이 아니라는 말을 믿고 이성혼숙을 허용한 경우 청소년이라는 사실을 알았다고 할 것이다.
㉤ 가정불화가 악화되어 처와 헤어지기로 작정하고 홧김에 죽은 동생의 유품으로 보관하던 서적 등을 뒷마당에 내어놓고 불태워 버리려고 한 경우라면 처 소유의 가옥에 대한 방화의 고의를 인정할 수 있다.
㉥ 신고자가 알고 있는 객관적 사정에 의하여 신고사실이 허위이거나 허위일 가능성이 있다는 사실을 알면서도 이를 무시하고 수사기관에 신고한 경우 무고죄의 고의가 인정된다.

① ㉠ ㉢ ② ㉡ ㉤ ③ ㉣ ㉥ ④ ㉤ ㉥
⑤ ㉠ ㉡ ㉣ ⑥ ㉠ ㉢ ㉤ ⑦ ㉢ ㉤ ㉥ ⑧ ㉣ ㉤ ㉥

해설

㉠(×) 관할 경찰당국이 운전면허가 취소된 사실을 공고하였다는 사실만으로 피고인이 운전면허가 취소되었다는 사실을 알았다고는 할 수 없다(대법원 1993.3.23, 92도3045).
㉢(×) 사망한 남편과 이름이 같은 타인의 소유 부동산에 관하여 피고인 앞으로 상속을

원인으로 한 소유권이전등기를 경료한 경우에는 피고인에게 공정증서원본부실기재 및 동행사죄에 대한 범의가 없다고 보아야 한다(대법원 1995.4. 28, 94도2679).
㉤(×) 피고인이 동거하던 피해자와 가정불화가 악화되어 헤어지기로 작정하고 홧김에 죽은 동생의 유품으로 보관하던 서적 등을 뒷마당에 내어 놓고 불태워 버리려 했던 점이 인정될 뿐 피고인이 위 피해자 소유의 가옥을 불태워 버리겠다고 결의하여 불을 놓았다고 볼 수 없다면 피고인에게 방화의 범의가 있었다고 할 수 없다(대법원 1984.7.24, 84도1245).
㉡㉣㉥은 미필적 고의가 인정되는 경우이다. ㉡(○) 대법원 2002.2.8, 2001도6425, ㉣(○) 대법원 2001.8.21, 2001도3295, ㉥(○) 대법원 2000.7.4. 2000도1908 참조.

〈답 ⑥〉

11. 형법상 미필적 고의에 대한 판례의 태도와 일치하지 않는 것은?

<법원행시 2007년 변형>

① 어로저지선을 넘어 어로작업을 하면 납북될 염려가 있고, 납북되면 그들의 활동을 찬양할 것을 예견하였다고 하더라도 납북되어도 좋다는 생각에서 들어간 것이 아니면 위 범행에 대한 미필적 고의가 있다고 할 수 없다.
② 甲이 乙의 얼굴에 모포를 씌워 감금하는 등의 행위로 乙이 이미 탈진 상태에 이르러 박카스를 마시지 못하고 그냥 흘려버렸고 乙을 그대로 두면 죽을 것 같다는 생각이 들었음에도 甲이 乙의 얼굴에 모포를 덮어씌워 놓고 그대로 방치하였다면 乙에게는 살인의 미필적 고의가 있다.
③ 甲이 경영하던 기업이 과다한 금융채무부담, 덤핑판매로 인한 재무구조 악화 등으로 특별한 금융혜택을 받지 않는 한 도산이 불가피한 상황에 이르렀는데 甲이 특별한 금융혜택을 받을 수 없음에도 위 상황을 숨기고 대금지급이 불가능하게 될 가능성을 충분히 인식하면서 乙로부터 생산자재용 물품을 납품받았다면 편취의 미필적 고의가 인정된다.
④ 청소년유해업소 업주인 甲이 소개업자와 청소년 乙의 말이나 차용증 또는 현금보관증상의 주민등록번호 기재를 그대로 믿었고, 乙이 가르쳐준 연락처로 전화하여 그의 모친이라는 사람과 통화하였으며, 乙의 외모가 청소년이라고 생각할 수 없을 정도였고, 성년자의 주민등록번호가 기재된 보건증을 확인하였을 뿐 아니라 분실한 주민등록증을 다시 발급받아 오도록 독촉하였다면, 甲에게는 乙이 청소년임에도 이들을 고용한다는 점에 관하여 미필적 고의가 있었다고 할 수 없다.
⑤ 장물알선죄에 있어서 장물의 인식은 확정적 인식임을 요하지 않으며 장물일지도 모른다는 의심을 가지는 정도의 미필적 인식으로도 충분하다.

해설

④(×) 그러한 사정만으로는 甲이 청소년유해업소 업주로서의 청소년연령확인에 관하여

필요한 조치를 다하였다고는 할 수 없고, 그렇다면 甲에게는 위 乙이 청소년임에도 이들을 고용한다는 점에 관하여 적어도 미필적 고의가 있었다고 볼 것이다(대법원 2006.3.23, 2006도477).

① 대법원 1975.1.28, 73도2207, ② 대법원 1982.11.23, 82도2024(피해자가 사망하는 결과에 이르더라도 용인할 수밖에 없다는 내심의 의사 즉 살인의 미필적 고의가 있다). ③ 대법원 1983.5.10, 83도340 전원합의체, ⑤ 대법원 2006.10.13, 2004도6084의 내용이다.

〈답 ④〉

제6절 사실의 착오

1. 사실의 착오의 사안에 해당하는 것의 조합은?

㉠ 사냥중 멧돼지인 줄 알고 총을 쏘았으나 사람이 총에 맞아 죽었다.
㉡ 甲의 개를 죽이려고 총을 쏘았으나 옆에 있던 甲이 탄환에 맞아 죽었다.
㉢ 사람을 향하여 총을 쏘았으나 탄환이 나무에 맞았다.
㉣ 동성연애자 甲은 자신의 행위가 죄가 된다고 생각하고 경찰에 자수하였다.
㉤ 甲을 죽이려고 총을 쏘았으나 그의 다리를 관통함에 그쳤다.
㉥ 촉탁이 있다고 생각하고 안락사 하였다.

① ㉠ ② ㉣ ③ ㉤ ④ ㉡ ㉥ ⑤ ㉢ ㉣ ⑥ ㉤ ㉥

해설

㉡㉥이 사실의 착오에 해당한다. ㉡ 방법의 착오 중 추상적 사실의 착오에 해당한다. ㉥ 감경적 구성요건의 착오로 사실의 착오이다.

㉠ 단순한 과실치사죄, ㉢ 살인미수죄, ㉣ 환각범, ㉤ 살인미수죄에 해당하는 경우로서 구성요건적 사실의 착오가 문제될 여지가 없다.

〈답 ④〉

2. 고의의 성립에 있어서 형법상의 문제가 되는 구성요건적 착오만 모두 묶은 것은?

㉠ 형벌에 대한 착오 ㉡ 처벌조건에 대한 착오
㉢ 책임능력에 대한 착오 ㉣ 객체에 대한 착오
㉤ 범죄동기에 대한 착오
㉥ 진정신분범에서 신분에 대한 착오
㉦ 부진정신분범에서 신분에 대한 착오

① ㉣ ② ㉤ ③ ㉠ ㉣
④ ㉣ ㉥ ⑤ ㉣ ㉥ ㉦ ⑥ ㉣ ㉤ ㉥ ㉦

✍ 해설 ....

㉣㉥㉦이 구성요건적 착오이다. 구성요건적 착오(사실의 착오)는 행위자가 행위시에 고의의 성립에 필요한 객관적 구성요건요소의 전부 또는 일부에 대한 인식을 하지 못한 경우인데, 형벌 · 처벌조건 · 책임능력 · 범죄동기는 고의의 성립에 필요한 객관적 구성요건요소가 아니다. 〈답 ⑤〉

3. 다음 사례와 법 적용 사이의 연결이 옳지 않은 것은? (다툼이 있는 경우에는 판례에 의함) <변호사 2013년>

① 평소 주의가 산만한 甲은 식당에서 다른 사람의 우산을 자기 것인 줄 알고 가지고 나왔다 — 甲에게는 절도죄의 고의가 없으므로 절도죄로 처벌하지 못한다.

② 甲은 호텔에 함께 투숙한 A에게 상해를 가하고 A가 정신을 잃자 사망한 것으로 오인하고 자살한 것처럼 위장하기 위하여 베란다 아래로 A를 떨어뜨려 두개골 골절로 사망케 하였다 — 甲의 행위는 포괄하여 단일의 상해치사죄로 처벌된다.

③ 甲은 상해의 고의로 사람에게 돌을 던졌으나 빗나가서 그 옆에 있던 마을 주민이 세운 장승에 맞았고, 장승의 일부가 손괴되었다 — 甲의 행위는 추상적 사실의 착오에 해당하여 상해미수죄와 과실재물손괴죄의 상상적 경합으로 처벌된다.

④ 甲은 A를 죽이려고 목을 졸랐는데 기절한 모습을 보고 사망한 것으로 알고 모래에 파묻었으나 부검 결과 A는 목이 졸려 사망한 것이 아니라 모래에 묻혀 질식사한 것으로 판명되었다 — 甲의 행위를 개괄적 고의로 파악하는 견해에 의하면 살인죄로 처벌된다.

⑤ 甲이 A를 살해할 의사로 농약 1포를 숭늉 그릇에 넣어서 A의 식당에 놓아두었는데, 그 정을 알지 못한 A의 장녀 B가 마시고 사망하였다 — 甲은 B에 대한 살인죄로 처벌된다.

✍ 해설 ....

①(○) 甲에게는 불법영득의사와 재물의 타인성에 대한 고의가 없으므로 절도죄로 처벌할 수 없다.

②(○) 개괄적 과실에 대한 판례의 내용을 묻는 지문이다(대법원 1994.11.4, 94도2361).

③(×) 추상적 사실의 착오란 인식사실과 발생사실이 서로 다른 구성요건에 해당하는 경우(이가치적 객체간의 착오)를 말하는데, 상해의 고의로 손괴의 결과가 발생하였으므로 추상적 사실의 착오에 해당한다. 과실재물손괴죄는 처벌규정이 없으므로 상해미수죄만 성립한다.

④(○) 개괄적 고의란 행위자가 제1행위에 의하여 이미 결과가 발생하였다고 믿었으나 실제로는 연속된 제2행위에 의하여 결과가 야기된 사례를 의미한다(대법원 1988.6.28, 88도650).

⑤(○) 행위자가 목표로 삼았던 대상에 대해 다른 인과과정을 통해 결과가 발생한 경우

라는 점에서 행위자가 목표로 삼았던 대상이 아닌 다른 대상에 대해 결과가 발생한 방법의 착오로서 대법원은 고의의 전용을 인정한다(대법원 1968.8.23, 68도884). 〈답 ③〉

4. 甲은 형수 乙을 살해하기 위하여 몽둥이로 乙의 머리를 때렸으나 乙이 업고 있던 조카 丙이 몽둥이에 맞아 사망하였다. 甲의 죄책에 관한 설명 중 옳지 않은 것은?

① 판례에 의하면 살인기수
② 구체적 부합설에 의하면 살인미수와 과실치사죄의 상상적 경합
③ 법정적 부합설에 의하면 살인기수
④ 추상적 부합설에 의하면 살인미수
⑤ 판례는 법정적 부합설을 취한다.

해설 ··

설문은 구체적 사실의 착오 중 방법의 착오에 해당한다. 구체적 부합설에 의하는 경우 인식한 사실과 발생한 사실이 구체적으로 부합하지 아니하므로 인식한 사실에 대한 미수와 발생한 사실에 대한 과실범의 상상적 경합이 성립한다. 따라서 乙에 대한 살인미수와 丙에 대한 과실치사죄의 상상적 경합이 성립한다. 법정적 부합설이나 추상적 부합설의 경우 발생사실에 대한 기수책임을 인정한다. 따라서 丙에 대한 살인기수죄가 성립한다.

대법원 1984.1.24, 83도2813 : 甲이 乙을 살해하기 위하여 몽둥이로 乙을 내리쳤으나 乙이 업고 있던 아이 丙이 맞아서 사망한 경우, '소위 타격의 착오가 있는 경우라도 살인의 범의성립에 방해가 되지 않는다'고 판시하여 법정적 부합설의 입장을 취하고 있다.
〈답 ④〉

구 분	구체적 사실의 착오		추상적 사실의 착오	
	객체의 착오	방법의 착오	객체의 착오	방법의 착오
구체적 부합설	고의범의 기수책임	▪ 인식한 사실에 대한 미수범 ▪ 발생한 사실에 대한 과실범 → 상상적 경합	▪ 인식한 사실에 대한 미수범 ▪ 발생한 사실에 대한 과실범 → 상상적 경합	
법정적 부합설	고의범의 기수책임		▪ 인식한 사실에 대한 미수범 ▪ 발생한 사실에 대한 과실범 → 상상적 경합	
추상적 부합설	고의범의 기수책임		▪ 경한 죄의 고의로 중한 죄를 실현: 경한 죄의 기수범+중한 죄의 과실범 → 상상적 경합 ▪ 중한 죄의 고의로 경한 죄를 실현: 중한 죄의 미수범+경한 죄의 기수범 → 중한 죄로 처벌	

5. 甲은 폭행과 손괴의 고의로 건물 아래를 지나가던 B를 향하여 오물을 쏟아 부었으나 甲이 미처 보지 못한 B의 곁을 지나던 A가 오물을 뒤집어쓰게 된 경우 甲의 죄책이 올바르게 연결된 것은? <사시 2007년: 배점 2>

	구체적 부합설	법정적 부합설
①	A에 대한 폭행죄와 손괴죄의 상상적 경합	A에 대한 폭행죄와 손괴죄의 상상적 경합
②	B에 대한 손괴미수죄	B에 대한 손괴미수죄
③	A에 대한 폭행죄와 손괴죄의 상상적 경합	B에 대한 손괴미수죄
④	B에 대한 손괴미수죄	A에 대한 폭행죄와 손괴죄의 상상적 경합
⑤	무죄	B에 대한 손괴미수죄

해설

오물을 뒤집어쓰게 하는 행위는 신체에 대한 유형력 행사로서 폭행죄에 해당하는 동시에 의복의 효용을 해하는 손괴죄에도 해당하여 양자의 상상적 경합이 된다. 사례의 경우 미처 보지 못하여 의도하지 않은 사람에게 오물을 뒤집어쓰게 하였으므로 구체적 사실의 착오 중 방법의 착오에 해당한다. 구체적 부합설은 인식사실에 대한 미수와 발생사실에 대한 과실범의 상상적 경합을 인정하는데, 관련 죄책 중 폭행의 미수와 과실 및 손괴의 과실에 대해서는 처벌규정이 없으므로 결국 B에 대한 손괴미수죄만 성립한다. 반면, 법정적 부합설은 행위자의 인식과 발생한 사실이 법정적 사실의 범위에 속하면 고의를 인정하므로 B에 대한 고의를 A에게 전용하여 A에 대한 폭행죄와 손괴죄의 상상적 경합을 인정한다. **〈답 ④〉**

6. <보기 1>에 대한 <보기 2>의 설명 중 옳은 것(○)과 옳지 않은 것(×)을 올바르게 조합한 것은? (다툼이 있는 경우에는 판례에 의함)<사시 2013년: 배점 3>

〈보기 1〉
ㄱ. 甲은 친구가 진지한 의사로 죽여 달라고 애원하는 것으로 오인하고 살해하였으나, 공판과정에서 그 친구는 촉탁하지 않은 것으로 판명되었다.
ㄴ. 乙은 친구를 폭행하여 장파열이 생기게 하였고, 친구는 결국 그로 인해 복막염으로 사망하였는데, 이때 의사의 수술지연도 사망의 유력한 공동원인이라는 것이 공판과정에서 판명되었다.

〈보기 2〉
A. 甲의 행위는 구성요건착오에 해당하지 않는 것으로, 인식한 사실대로 촉탁살인죄가 성립한다.
B. 甲의 행위는 구성요건착오에 해당하는 것으로, 형법 제15조 제1항이 직접 적용되어 단순살인죄가 성립한다.

C. 乙의 행위가 사망결과에 대한 유력한 원인이 된 경우 그 폭행행위와 사망의 결과 사이에는 인과관계가 인정된다.
D. 乙의 행위는 이른바 '추월적 인과관계'가 되어 그 폭행행위와 사망의 결과 사이에는 인과관계가 부정된다.

① A(×), B(○), C(×), D(○) ② A(×), B(○), C(○), D(○)
③ A(×), B(×), C(○), D(×) ④ A(×), B(×), C(×), D(○)
⑤ A(○), B(×), C(○), D(×) ⑥ A(○), B(×), C(○), D(○)

해설

〈보기 1〉
ㄱ. 甲은 촉탁살인의 고의가 있으나 사실은 촉탁이 없는 경우이므로 이는 감경, 기본구성요건의 착오로서 제15조 제1항에 의하여 촉탁살인죄로 처벌된다.
ㄴ. 乙은 폭행을 하였고 사망이라는 결과발생에 제3자의 과실이 개입된 경우인데, 이 경우에도 폭행치사죄가 성립하는 것에는 지장이 없다. 설문에서 의사의 행위 개입이 고의이거나 중과실이라고 볼 만한 내용이 없으므로 단순과실의 개입이라고 봄이 상당하다.
〈보기 2〉
A(×) 甲에게 촉탁살인죄가 성립하는 것은 맞지만, 구성요건적 착오에 해당한다.
B(×) 제15조 제1항이 적용되어 촉탁살인죄가 적용된다.
C(○) 제3자의 단순과실의 개입이 있다고 하여도 인과관계는 인정된다.
D(×) 추월적 인과관계의 사안이 아니다. **〈답 ③〉**

7. 사실의 착오에 관한 <보기>의 사례 중 구체적 부합설과 법정적 부합설의 결론이 같은 것을 모두 고른 것은? <사시 2011년: 배점 2>

〈보기〉
ㄱ. 甲은 A를 원한관계에 있던 B로 오인하고 살해하였다.
ㄴ. 甲은 A를 살해하고자 독약이 든 우유를 A의 집 현관에 놓아두었으나 A의 처인 B가 먹고 사망하였다.
ㄷ. 甲은 A를 상해할 의사로 A를 향해 돌을 던졌으나 그 돌이 빗나가 A의 개가 맞아 다쳤다.
ㄹ. 甲은 A를 상해할 의사로 A를 향해 돌을 던졌으나 그 돌이 빗나가 A의 옆을 지나가던 B가 맞고 다쳤다.
ㅁ. 甲은 자신의 아버지인 A를 친구인 B로 오인하고 상해를 가하였다.

① ㄱ ㄷ ② ㄱ ㅁ ③ ㄴ ㄹ
④ ㄱ ㄷ ㄹ ⑤ ㄱ ㄷ ㅁ ⑥ ㄴ ㄷ ㄹ
⑦ ㄱ ㄴ ㄹ ㅁ ⑧ ㄱ ㄴ ㄷ ㄹ ㅁ

해설

구체적 부합설과 법정적 부합설의 결론이 같은 것은 객체의 착오와 추상적 사실의 착오의 경우이며, 이에는 ㄱ(객체의 착오), ㄷ(추상적 사실의 착오), ㅁ(객체의 착오)가 해당한다. 특히 ㅁ은 객체의 착오로 인하여 중한 죄(존속상해죄)를 범한 경우로서, 중한 죄에 대한 인식이 없어 제15조 1항에 의하여 단순상해죄를 인정하게 되는 점에서 학설에 따른 차이가 없다. 반면 ㄴ, ㄹ은 방법의 착오로서 양 학설의 결론이 다르다. 〈답 ⑤〉

8. 甲의 죄책에 대한 설명 중 옳지 않은 것은? <사시 2009년: 배점 2>

가. 甲은 A를 살해하기 위해 총을 발사하였으나 총알이 빗나가 가로수에 가려 있었던 행인 B가 맞아 사망하였다. 나. 甲은 C를 살해하기 위해 총을 발사하였으나 총알이 빗나가 C의 도자기가 파손되었다. 다. 甲은 평소 자신을 괴롭혀온 D를 살해하기로 결심하고 골목에서 기다리던 중 외모가 비슷한 D의 쌍둥이 형 E가 나타나자 E를 D로 잘못 알고 총격을 가하여 살해하였다.

① 법정적 부합설에 의하면 B에 대한 살인기수
② 구체적 부합설에 의하면 A에 대한 살인미수와 B에 대한 과실치사의 상상적 경합
③ 법정적 부합설에 의하면 C에 대한 살인미수
④ 구체적 부합설에 의하면 C에 대한 살인미수
⑤ 구체적 부합설에 의하면 D에 대한 살인미수

해설

가 : 구체적 사실의 착오 중 방법의 착오에 해당한다. 법정적 부합설에 의하면 발생사실에 대한 고의를 인정하므로 B에 대한 살인기수이며, 구체적 부합설에 의하면 인식사실의 미수와 발생사실의 과실범의 상상적 경합이 인정되므로 A에 대한 살인미수와 B에 대한 과실치사의 상상적 경합이다. 따라서 ①②는 옳다.
나 : 추상적 사실의 착오 중 방법의 착오에 해당한다. 법정적 부합설과 구체적 부합설 모두 인식사실의 미수와 발생사실의 과실범의 상상적 경합을 인정하므로 C에 대한 살인미수와 도자기에 대한 과실손괴의 상상적 경합이 되지만 과실손괴는 처벌되지 아니하기 때문에 C에 대한 살인미수만 성립한다. 따라서 ③④는 옳다.
다 : 구체적 사실의 착오 중 객체의 착오에 해당한다. 구체적 부합설이나 법정적 부합설 모두 발생한 사실에 대한 고의를 인정하므로 E에 대한 살인기수이다. 따라서 ⑤는 옳지 않다. 〈답 ⑤〉

9. 사실의 착오에 관한 다음 설명 중 옳은 것은? <사시 2010년: 배점 2>

가. 甲은 친구 A를 살해하려고 저격했는데, 탄환이 빗나가 전혀 인식하지 못하였던 친구 B에게 명중했고 그로 인해 B가 사망했다. 나. 乙은 창문에 비친 사람을 친구 C라고 믿고 살해하기 위하여 저격했는데, 실제로는 친구 D였고 그로 인해 D가 사망했다.

① 甲의 죄책은 구체적 부합설과 법정적 부합설의 결론이 결과적으로 같다.
② 甲에게는 구체적 부합설은 물론 법정적 부합설에 의하더라도 B의 사망에 대한 과실이 인정된다.
③ 甲에게는 추상적 부합설에 의하면 A에 대해서도 살인죄가 성립한다.
④ C에 대한 乙의 죄책은, 법정적 부합설에 의하면 무죄이고, 구체적 부합설에 의하면 살인미수죄이다.
⑤ 乙에게는 법정적 부합설은 물론 구체적 부합설에 의하더라도 D에 대한 살인의 고의가 인정된다.

해설

①(×) 甲의 착오는 방법의 착오이므로 구체적 부합설과 법정적 부합설의 결론은 다르다.
②(×) 법정적 부합설에 의하면 甲에게 B의 사망에 대한 고의가 인정된다.
③(×) 甲의 착오는 구체적 사실의 착오 중 방법의 착오이므로 추상적 부합설에 의하더라도 법정적 부합설과 동일하게 A에 대해서는 살인죄가 성립하지 않고 B에 대해서 살인죄가 성립한다.
④(×) 乙의 착오는 객체의 착오이므로 C에 대한 乙의 죄책은, 어느 학설에 따르더라도 발생사실인 D에 대한 기수가 된다.
⑤(○) 乙의 경우 객체의 착오로서 법정적 부합설과 구체적 부합설 어느 학설에 의하더라도 고의기수를 인정하는 점은 동일하므로 D에 대한 살인의 고의가 인정된다는 설명은 옳다.
〈답 ⑤〉

10. 甲의 형사책임에 관한 다음 <사례>-<견해>-<결론>의 연결이 올바르지 못한 것은? (특별법 위반죄의 성립 여부는 논외로 함) <사시 2012년: 배점 4>

〈사례〉
가. 甲은 乙의 자동차 유리창을 깨뜨릴 생각으로 돌을 던졌으나, 돌이 빗나가 그 옆을 지나가던 丙이 이를 맞고 상해를 입었다.
나. 甲은 乙에게 상해를 가할 생각으로 돌을 던졌으나, 돌이 빗나가 그 옆을 지나가던 丙이 이를 맞고 상해를 입었다.
다. 甲은 乙의 자동차 유리창을 깨뜨릴 생각으로 돌을 던졌으나, 돌이 빗나가 그 옆을 지나가던 丙의 자동차 유리창을 깨뜨렸다.

〈견해〉
A. 행위자가 인식한 사실과 발생한 결과가 구체적으로 부합하는 경우에만 발생결과에 대한 고의기수를 인정한다.
B. 행위자가 인식한 사실과 발생한 결과가 동일한 구성요건에 해당하거나 죄질이 같으면 발생결과에 대한 고의기수를 인정한다.
C. 구체적 사실의 착오에서 행위자가 인식한 사실과 발생한 결과가 구체적으로 부합하지 않는 경우에는 발생결과에 대한 고의기수를 인정

하지 않되, 일신전속적 법익이 아닌 경우에는 예외적으로 발생결과에 대한 고의기수를 인정한다.

〈결론〉
ㄱ. 상해죄
ㄴ. 재물손괴죄
ㄷ. 재물손괴죄의 미수범
ㄹ. 상해죄의 미수범과 과실치상죄의 상상적 경합
ㅁ. 재물손괴죄의 미수범과 과실치상죄의 상상적 경합

① 가-C-ㅁ	② 나-B-ㄱ	③ 나-C-ㄹ
④ 다-A-ㄴ	⑤ 다-A-ㄷ	⑥ 다-C-ㄴ

해설

〈사례〉 가: 추상적 사실의 착오 중 방법의 착오, 나: 구체적 사실의 착오 중 방법의 착오, 다: 구체적 사실의 착오 중 방법의 착오. 〈견해〉 A: 구체적 부합설, B: 법정적 부합설 중 죄질부합설, C: 기본적으로 구체적 부합설을 취하면서 비전속적 법익에 대하여는 고의전용을 인정하는 견해(HillenKamp의 실질적 동가치설).
가-A-㉤, 가-B-㉤, 가-C-㉤ : 자동차 손괴의 고의로 사람을 상해한 경우, 어느 견해나 ㉤ 재물손괴죄의 미수범과 과실치상죄의 상상적 경합이 인정된다.
나-A-㉣, 나-B-㉠, 나-C-㉣ : 방법의 착오로 다른 사람을 상해한 경우, A(구체적 부합설)는 ㉣ 상해미수범과 과실치상죄의 상상적 경합, B(법정적 부합설)는 ㉠ 상해죄, C(구체적 부합설, 비전속적 법익만 고의기수)에 의하면 신체는 전속적 법익이므로 고의기수가 인정되지 않아 ㉣ 상해미수범과 과실치상죄의 상상적 경합이 인정된다.
다-A-㉢, 다-B-㉡, 다-C-㉡ : 방법의 착오로 다른 자동차를 손괴한 경우, A(구체적 부합설)는 ㉢손괴죄의 미수범, B(법정적 부합설)는 ㉡ 재물손괴죄, C(구체적 부합설, 비전속적 법익만 고의기수)의 경우 재물은 비전속적 법익이므로 고의 전용을 인정하여 ㉡ 재물손괴죄가 된다. 〈답 ④〉

11. <사례>의 논점에 대하여 올바르게 파악하고 있는 것은? (다툼이 있는 경우에는 판례에 의함) <사시 2006년>

〈사례〉
복어집 주방장인 甲은 평소 음식불평을 하는 손님 乙을 살해할 생각으로 복어의 독을 제거하지 않고 요리하여 내어놓았지만 乙은 손도 대지 않고 불평만 한 채 술에 취한 상태로 식당을 나가다가 식당 바로 앞에서 트럭에 치어 그 자리에서 사망하였다. 甲은 속으로 일이 잘 되었다고 생각하며 독이 든 복어요리를 봉투에 넣어서 주방 선반 구석에 던져 놓았다. 甲이 요리를 하느라 바쁜 중에 음식을 나르는 일을 하던 丙이 선반에서 아직 온기가 있는 봉투를 발견하고 실패한 요리라고 생각하여 이를 먹고 사망하였다.

① 실행의 착수시기를 결과발생의 현실적 위험성을 포함하는 행위를 개시할 때에서 구하는 견해에 의하면 乙에 대한 살인죄의 실행의 착수를 인정할 수 없다.
② 乙을 살해할 의도로 행위 하였으나 잘못되어 丙을 사망시킨 것이므로 구체적 사실의 착오 중 방법의 착오이다.
③ 甲은 살인의 고의를 가지고 있었고 乙과 丙이 모두 사망하는 결과가 발생하였으므로 결과적으로 살인죄 기수의 죄책을 지게 된다.
④ 개괄적 고의개념을 원용하더라도 乙의 사망이라는 결과는 甲의 살인 고의에 귀속되지 않는다.
⑤ 乙에 대하여는 살인의 고의가 인정되어 살인죄 기수가 성립되고, 丙에 대하여는 독이 든 복어를 주방 선반에 올려놓은 과실이 인정되어 업무상 과실치사죄가 성립하여 양자는 실체적 경합관계이다.

해설

①(×) 甲이 살인의 고의로 독이 든 음식을 乙 앞에 내어 놓아 먹을 수 있게 한 것은 살인죄의 실행에 착수한 것이다.
②(×) 甲이 독이 든 음식으로 乙을 살해하려고 乙 앞에 내어 놓았지만 乙이 먹지 않고 나가버려 살인미수에 그치자, 甲은 다시 그 음식을 선반에 던져 놓아 丙이 그것을 먹고 사망하게 되었으므로 양자는 별개의 행위에 해당하며 방법의 착오는 아니다.
③(×) 甲은 丙에 대해 살인의 고의를 가지지 않았으므로 살인죄의 죄책을 지지 않는다.
④(○) 乙의 사망은 트럭에 친 결과이므로 甲에게 귀속시킬 수 없으며, 甲은 독이 든 음식을 준 것에 대해서만 살인미수죄의 죄책을 진다.
⑤(×) 甲은 乙에 대해 살인미수죄, 丙에 대해 과실이 인정된다면 업무상 과실치사죄의 죄책을 지며 양자는 실체적 경합관계에 있다. 〈답 ④〉

12. 객관적 구성요건요소에 대한 인식과 현실로 발생한 결과가 어느 정도 일치하여야 발생한 결과에 대한 고의범의 성립을 인정할 수 있는가에 대하여 서로 다른 견해를 가진 A, B, C의 토론 내용 중 일부이다. 다음 중 옳지 않은 것은? <사시 2002년>

A: 행위자의 인식과 발생한 사실이 동일한 구성요건에 해당하거나 죄질이 같으면 결과에 대한 고의범의 성립을 인정해야 한다고 생각해.
B: A의 견해대로라면 甲을 살해할 의도를 가졌던 사람이 甲을 향하여 총을 발사했는데 甲과는 아무런 관계도 없는 乙이 甲의 옆에 서 있다가 맞았다면 乙에 대한 살인죄만을 인정하여야 한다는 것인데, 甲에 대한 살인 고의가 어떻게 乙에 대한 살인 고의로 바뀔 수가 있지? 이 경우라면 甲에 대한 살인미수죄와 乙에 대한 과실치사죄의

상상적 경합으로 보는 것이 고의의 사실적 기초에 충실하다고 생각해.
C: 나도 B가 위에서 든 사례에서는 乙에 대한 살인죄만 인정하는 것이 타당하다고 생각해. 하지만 乙이 아니라 甲이 데리고 다니던 개가 맞았다면 단순히 甲에 대한 살인미수죄만 성립한다고 보는 것이 타당하지 않을까? 개를 죽인 것은 재물손괴죄에 해당하지만 중한 고의는 경한 고의를 흡수하니까.

① A의 견해에 의하면 B에 대하여 고의의 기수책임을 인정하는 범위가 지나치게 좁게 되고 일반인의 법감정에 반한다는 비판이 가능하다.
② A와 B의 견해에 의하면 C에 대하여 발생하지 아니한 경한 죄의 기수범을 인정하게 되는 경우가 있으므로 죄형법정주의와 조화될 수 없다는 비판이 가능하다.
③ 甲을 살해하라고 교사하였는데 정범이 乙을 甲으로 오인하여 乙을 살해한 경우 A의 견해대로라면 교사한 자는 乙에 대한 살인기수죄의 교사범의 책임을 진다.
④ 甲을 살해할 의도를 가진 사람이 乙을 甲으로 오인하여 살해한 경우의 죄책에 대하여 A, B, C는 모두 같은 결론에 이른다.
⑤ 甲이 데리고 다니던 개를 죽일 의사로 총을 발사하였으나 빗나가서 甲이 맞아 사망한 경우의 죄책에 대하여 A, B, C는 모두 같은 결론에 이른다.

해설

⑤(×) A는 법정적 부합설, B는 구체적 부합설, C는 추상적 부합설의 입장이다. ⑤의 경우에 A와 B에 의하면 재물손괴죄의 미수와 과실치사죄의 상상적 경합이 되지만, C에 의할 때에는 재물손괴죄의 기수와 과실치사죄의 상상적 경합이 된다. ①②③④는 모두 옳다. 〈답 ⑤〉

13. 인과관계의 착오에 대한 설명 중 가장 올바르지 않은 것은?

① 인과관계의 착오란 행위자가 인식한 사실과 발생한 사실은 일치하지만 그 결과에 이르는 인과관계가 행위자가 인식했던 바와 다른 경우를 말한다.
② 인과관계의 착오에 있어서는 현실로 진행된 인과관계가 예견된 인과의 진행과 본질적인 차이가 있을 때에만 사실의 착오가 있는 것이 된다.
③ 인식한 인과관계와 현실적인 인과의 진행과의 차이가 일반적인 생활경험에 의하여 예견할 수 있는 범위 안에 있고 다른 행위로 평가할 수 없을 때에는 본질적인 것이 아니다.

④ 인과관계의 착오의 문제는 결과의 객관적 귀속이 인정되기 이전에 검토되는 것이다.
⑤ 인과관계도 객관적 구성요건요소에 해당하므로 인과관계의 착오도 사실의 착오에 속한다.

해설

④(×) 인과관계의 착오 문제는 결과의 객관적 귀속이 인정된 이후에 검토되는 것이므로 결과의 객관적 귀속이 부인된 때에는 객관적 구성요건 자체가 충족되지 못하므로 인과관계의 착오가 문제되지 않는다. 〈답 ④〉

14. 甲은 평소 원한관계에 있던 乙을 살해하기 위해 과도로 수차 乙을 찔렀는바, 乙이 피를 많이 흘려 실신한 것을 보고 당황한 나머지 죽은 것으로 믿고 증거인멸의 의사로 乙을 비닐로 포장하여 자기 차의 트렁크에 실어 운반하여 자기 집 마당에 묻어 두었다. 그런데 당시 현장을 지나가던 丙이 우연히 이 광경을 목격하고 이를 신고하여 甲의 집 마당에서 乙의 사체가 발견되었고, 부검 결과 사망원인은 질식사로 판명되었다. 甲의 형사책임에 대한 설명 중 옳은 것(○)과 옳지 않은 것(×)을 올바르게 조합한 것은?

<사시 2009년: 배점 4>

가. 과도로 찌른 행위(제1행위)와 땅속에 묻은 행위(제2행위)가 사망이라는 하나의 결과를 실현하는 전체과정을 지배하는 개괄적 살인고의에 의한 단일행위라고 평가하는 견해에 의하면 甲은 살인기수죄의 죄책을 진다. 나. 위와 같은 사례유형을 고의의 문제가 아닌 객관적 귀속의 문제로 보는 견해에 의하면, 사망이라는 결과가 땅속에 묻은 행위에 의해 야기되었고, 그러한 사망결과가 일반적인 생활경험의 범위 내에서 전형적인 인과의 진행결과로 평가될 수 있는 경우에는 甲은 살인기수죄의 죄책을 진다. 다. 위와 같은 사례유형을 개괄적 고의의 문제가 아니라 인과관계의 착오의 특수한 형태로 보는 견해에 의하면 현실적으로 진행된 인과과정이 전체과정으로 보아 甲의 표상과 비본질적인 부분에서만 다른 경우에는 살인기수죄의 죄책을 진다. 라. 위와 같은 사례유형은 甲이 인식했던 인과과정과는 다르게 인과과정이 현실적으로 진행되었다는 점에서 이를 방법(수단)의 착오로 보는 견해에 의하면 법정적 부합설에 따라 甲은 살인미수죄의 죄책을 진다.

① 가(×) 나(○) 다(×) 라(○)　　② 가(×) 나(○) 다(○) 라(○)
③ 가(×) 나(×) 다(○) 라(×)　　④ 가(×) 나(×) 다(×) 라(○)
⑤ 가(○) 나(×) 다(○) 라(×)　　⑥ 가(○) 나(○) 다(○) 라(×)

⑦ 가(○) 나(×) 다(○) 라(○) ⑧ 가(○) 나(○) 다(×) 라(○)

해설

개괄적 고의 또는 인과관계의 착오사례이다. 이 문제의 해결에 대한 가, 나, 다의 설명은 옳다. 라는 인식사실과 발생사실이 동일한 구성요건에 속하므로 법정적 부합설에 의하면 살인기수의 죄책을 지므로 옳지 않다.
대법원 1988.6.28, 88도650 : 피해자가 피고인들이 살인의도로 행한 구타행위에 의하여 직접 사망한 것이 아니라 죄적을 인멸할 목적으로 행한 매장행위에 의하여 사망하게 되었다 하더라도 전과정을 개괄적으로 보면 피해자의 살해라는 처음에 예견된 사실이 결국은 실현된 것으로서 피고인은 살인죄의 죄책을 면할 수 없다. 〈답 ⑥〉

개괄적 고의의 사례에 관한 학설	
개괄적 고의설	개괄적 고의 개념을 이용하여 고의의 기수책임을 인정
인과관계 착오설	인과관계의 착오는 본질적이거나 중요하지 않으므로 행위자에게 발생한 결과에 대한 기수책임을 인정
객관적 귀속설	개괄적 고의의 사례를 객관적 귀속이론으로 해결하여 귀속 가능하면 고의기수범, 귀속 불가능하면 미수범 인정
미수설	제1행위에 의하여 어떤 결과가 발생한 것으로 알고 제2행위로 나아간 때에는 발생한 결과에 대한 미수범과 과실범의 경합범
사회적 · 형법적 행위표준설	제1행위와 제2행위를 사회적 · 형법적 표준설에 따라 1개의 행위로 보고 고의기수를 인정

15. 형법 교수가 내어준 다음 [사례]를 풀기 위하여 학생들이 [보기]와 같이 토론하고 있다. 옳은 주장을 하고 있는 학생들을 모두 고른 것은?

<사시 2008년: 배점 3>

〈사례〉
甲男은 A女를 알게 된 후 자신과 동거하던 乙女와 헤어질 것을 궁리하다가, 乙을 살해한 뒤에 A와 외국으로 이민을 가기로 작정하였다. 어느 날 甲은 乙을 살해하기 위하여 몽둥이로 내려쳤으나, 乙은 생명에는 지장 없이 의식만 잃었다. 그러나 甲은 乙이 사망한 것으로 오인하고 실족사로 가장하기 위해 乙을 낭떠러지로 밀어버렸다. 하지만 乙은 낭떠러지로 떨어지면서 바위에 머리가 부딪쳐 사망하였다. 한편 숲속에 쓰러져 있는 乙을 발견한 丙男은 乙이 강도를 당해 실신한 것으로 오인하고 간음한 후 도주하였다.

〈보기〉
○현정: 위 사례와 같은 인과과정의 상위를 비본질적이라고 보는 입장에 의하면 甲에게는 살인기수죄가 인정된다.
○혜미: 甲이 乙을 낭떠러지로 밀어버릴 때 이미 사망한 것으로 오인하

였다는 점에서 甲에게는 살인죄의 불능미수와 과실치사죄의 경합범이 성립된다.
○영준: 甲이 乙을 낭떠러지로 밀어버릴 때 비록 생존하고 있었다 하더라도 개괄적 고의 이론에 의하면 甲에게는 살인기수죄가 인정된다.
○창수: 丙이 乙을 살아 있는 사람으로 오인한 부분에서는 법정적 부합설을 따를 것인지 구체적 부합설을 따를 것인지에 따라 丙의 죄책이 달라진다.

① 현정 ② 영준 ③ 현정 영준
④ 혜미 창수 ⑤ 현정 혜미 영준 ⑥ 현정 영준 창수

해설

현정(○) 행위자가 생각한 인과관계와 현실적인 인과진행에 차이가 있지만, 그 차이(상위)가 본질적이지 않다면 기수범을 인정하는 입장이 있으며, 그것을 인과관계 착오설이라 한다.
영준(○) 개괄적 고의설에 의하면 결과가 두 개의 부분적 행위에 의해 이루어졌더라도 전체행위를 지배하는 개괄적 고의에 의해 살인의 고의를 인정하므로 甲에게 살인기수죄를 인정하게 된다.
혜미(×) 제1행위에 대한 미수범과 제2행위에 대한 과실범의 경합을 인정하는 미수설의 입장이라고 할 수 있는데, 미수는 불능미수가 아니라 장애미수이다.
창수(×) 사자를 살아있는 자로 오인하여 간음한 것은 인식한 객체와 발생한 객체가 서로 다른 구성요건(준강간죄와 사체오욕죄)에 속하는 경우로서 추상적 사실의 착오에 해당한다. 추상적 사실의 착오에 대해 법정적 부합설과 구체적 부합설은 인식한 사실의 미수와 발생한 결과의 과실의 상상적 경합을 마찬가지로 인정하므로 각 입장에 따라 죄책이 달라진다는 창수의 주장은 틀렸다. 〈답 ③〉

16. 사례에서 甲의 죄책의 해결을 위한 각 사람의 설명과 그에 대한 비판의 연결이 옳은 것은?

〈사례〉
甲은 乙이 자신의 처를 희롱하자 살인의 고의로 뒤에서 돌로 乙의 머리를 내리쳐 쓰러뜨렸고(제1행위), 甲은 乙이 죽은 것으로 알고 범행을 숨기기 위해 구덩이를 파고 乙을 묻었다(제2행위). 그런데 乙은 제1행위에 의해 죽은 것이 아니라, 제2행위인 매장에 의해 질식사한 것으로 밝혀졌다.

A: 행위 과정에 비추어 볼 때 甲의 살인의 고의는 제2행위에 대해서도 미친다.
B: 고의개념의 의제로 해결하는 것은 부당하나 현실적으로 야기된 결과

에 대한 고의기수의 책임을 인정하는 데는 찬성한다.
C: 甲에게 예견된 사실이 실현되었다고 해서 두 개의 행위를 하나의 행위로 볼 수 없다.
D: 행위의 독립성만 강조할 수 없으며 제2행위에 의해 발생한 결과는 생활경험에 비추어 예견가능한 범위에 있다.
E: 甲의 행위는 1개의 행위로 볼 수 있으므로 단일 고의로 해결할 수 있는 문제이다.
B: 인과과정은 행위자의 주관에 의해 결정되는 것이 아니므로 현실적으로 야기된 결과가 객관적으로 귀속될 수 있는가로 해결해야 한다.
D: 甲이 예견한 인과과정과 사실상 일어난 인과과정의 불일치는 비본질적인 것이다.

㉠ 사전고의까지 인정하게 되는 고의개념의 지나친 확대이다.
㉡ 이 사례의 경우 인과관계의 착오문제는 객관적 귀속이 인정된 후에 검토되므로 체계상의 문제가 있다.
㉢ 고의와 구성요건을 달리하는 행위까지 규범적으로 단일행위라고 볼 수 없다.
㉣ 고의기수를 인정하는 범위가 좁아진다.
㉤ 착오문제로 봄으로써 결국 사건 전체를 하나의 단일한 행위과정으로 파악하여 실질적인 두 개의 행위를 부정한다.

① A－㉣ ② B－㉠ ③ C－㉢
④ B－㉡ ⑤ A－㉤

해설

각 입장과 그에 대한 비판의 연결은, A: 개괄적 고의설－㉠, B: 객관적 귀속설－㉡, C: 미수설－㉣, D: 인과관계 착오설－㉤, E: 사회적 · 형법적 행위표준설－㉢. 〈답 ④〉

제7절 과 실

1. 과실에 관한 설명 중 옳은 것만의 조합은?

㉠ 과실범의 불법과 책임내용은 고의범에 비하여 가볍다고 할 수 있다.
㉡ 주의의무위반으로 인하여 결과가 발생해야 하는 것은 과실범의 객관적 귀속의 기준이다.
㉢ 불가항력에 의한 결과발생은 과실범이 아니다.
㉣ 형법에서도 과실상계가 인정된다.
㉤ 인식있는 과실은 인식없는 과실보다 언제나 중하게 처벌된다.

ⓑ 업무자가 중대한 과실로 결과를 야기시킨 경우는 업무상 과실범과 중과실범이 성립된다.
ⓢ 중과실이란 중한 결과가 발생한 경우를 말한다.

① ㉠ ㉡ ② ㉠ ㉣ ③ ㉠ ㉡ ㉢
④ ㉠ ㉢ ㉦ ⑤ ㉡ ㉢ ㉧ ⑥ ㉡ ㉥ ㉦

해설

㉠(○) 과실범의 불법과 책임내용은 법질서의 명령을 의사에 의하여서가 아니라 부주의에 의하여 위반하는 것이므로 고의범에 비하여 가볍다고 할 수 있다.
㉡(○).
㉢(○) 과실범은 주의의무에 위반하여 구성요건적 결과를 실현시킨 경우에 성립하는 것이므로 불가항력에 의한 결과발생은 과실범이 아니다.
㉣(×) 형법에서는 과실상계가 인정되지 않는다.
㉤(×) 인식있는 과실과 인식없는 과실은 형법상 같은 과실로 평가되며 그 불법이나 책임내용에 있어서 차이가 있는 것은 아니다. 따라서 인식있는 과실이 인식없는 과실보다 언제나 중하게 처벌된다고 볼 수는 없다.
㉥(×) 업무상 과실과 중과실은 형법상 1개의 구성요건에 함께 규정되어 있으므로 양자를 모두 구비하여도 상상적 경합이 아니라 업무상 과실 일죄가 될 뿐이다.
㉦(×) 중과실이란 주의의무를 현저히 태만히 하는 것을 말한다. 〈답 ③〉

2. 형법이 처벌하는 과실범이 아닌 것만 모두 묶은 것은?

a. 실화죄 b. 과실일수죄 c. 과실교통방해죄
d. 과실재물손괴죄 e. 과실치사상죄 f. 과실업무방해죄
g. 과실명예훼손죄

① b d ② d g ③ f g
④ c d g ⑤ d f g ⑥ e f g

해설

과실범은 형법에 특별규정이 있는 경우에 한하여 처벌되며 재물손괴죄, 업무방해죄, 명예훼손죄는 과실범을 처벌하는 규정이 없다. 〈답 ⑤〉

과실범의 처벌규정		
일반과실범	업무상 과실범	중과실범
실화죄(제170조)	업무상 실화죄(제171조)	중실화죄(제171조)
과실일수죄(제181조)	·	·
과실폭발성물건파열죄(제173조의2 제1항)	업무상 과실폭발성물건파열죄(제173조의2 제2항)	중과실폭발성물건파열죄(제173조의2 제2항)
과실가스·전기등 방류·공급방해죄(제173	업무상 과실가스·전기등 방류·공급방해죄(제173조의2 제2항)	중과실가스·전기등 방류·공급방해죄(제173조

조의2 제1항)		의2 제2항)
과실교통방해죄(제189조 1항)	업무상 과실교통방해죄(제189조 2항)	중과실교통방해죄(제189조 2항)
과실치상죄(제266조)	업무상 과실치상죄(제268조)	중과실치상죄(제268조)
과실치사죄(제267조)	업무상 과실치사죄(제268조)	중과실치사죄(제268조)
·	업무상 과실장물죄(제364조)	중과실장물죄(제364조)

3. 업무상 과실로 인하여 형이 가중되는 범죄가 아닌 것만의 조합은?

㉠ 과실치사죄	㉡ 과실교통방해죄	㉢ 과실치상죄
㉣ 실화죄	㉤ 과실장물취득죄	㉥ 과실일수죄

① ㉡ ② ㉢ ③ ㉣
④ ㉡ ㉥ ⑤ ㉣ ㉤ ⑥ ㉤ ㉥

해설

㉤㉥이 아니다. ㉤(×) 과실장물취득죄는 처벌되지 않고 업무상 과실과 중과실만을 처벌하고 있다(제364조). 따라서 과실장물취득죄는 업무상 과실로 인하여 형이 가중되는 범죄가 아니다. ㉥(×) 과실일수죄는 일반과실범만을 처벌하고 업무상 과실과 중과실범은 가중처벌하지 않고 일반과실범으로 처벌한다(제181조). 〈답 ⑥〉

4. 과실범의 주의의무 판단기준에 관한 통설의 논거를 나열한 것 중 옳은 것의 결합은?

a. 당위는 가능성을 전제로 한다.
b. 형법은 정상의 주의를 태만히 한 경우에 과실을 인정한다.
c. 객관적 주의의무위반은 과실범의 핵심적인 불법이다.
d. 주관적 주의의무위반은 과실범의 주관적 구성요건요소이다.
e. 객관적인 기준일 때에만 규범의 예방적 기능이 가능하다.

① a d ② a e ③ a b c
④ b c e ⑤ b c d e

해설

과실범의 주의의무 판단에 대한 통설은 객관설이다. b(×)는 객관설이 형법의 규정과 일치한다는 것이고, c(×)는 객관적 주의의무위반은 단순한 객관적 귀속의 기준에 불과한 것이 아니라 과실범의 핵심적인 불법요소가 된다는 의미이며, e(×)는 주관적 주의의무를 기준으로 할 때에는 규범의 효력을 기대할 수 없다는 것으로 모두 통설인 객관설의 논거이다. a와 d는 주관설의 논거이다. 〈답 ④〉

5. 과실의 체계적 지위에 관한 설명으로 옳지 않은 것은?

① 인과적 행위론에 기초를 둔 고전적 범죄체계에서는 과실은 순수한 책임요소이다.
② 신과실이론에서는 과실을 과실범의 구성요건요소라고 설명한다.
③ 목적적 행위론에 의하면 과실은 구성요건요소로서 위법성의 기초가 된다.
④ 고의의 이중기능을 인정하는 입장에서는 과실에 관하여도 구성요건요소와 책임요소라는 이중기능을 인정한다.
⑤ 사회적 행위론이라고 하여 반드시 과실의 이중기능을 인정해야 하는 것은 아니다.

해설

②(×) 신과실이론은 과실은 정상의 주의를 태만히 한다는 일정한 사실관계에서만 위법성이 생기는 것이기 때문에 위법성의 요소라고 해석하는 이론이다.
⑤(○) 과실범의 체계는 행위론과 밀접한 관계를 가진 것이지만 사회적 행위론을 취하는 경우에 반드시 과실의 이중기능을 인정해야 하는 것은 아니다. 〈답 ②〉

6. 과실범의 불법구성요건요소로서 주의의무위반의 판단기준에 관한 주관설에 대한 설명으로 묶인 것은? <사시 2012년: 배점 2>

ㄱ. 행위자의 주의능력이 평균인 이상인 경우 행위자는 결과발생을 방지하기 위해 자신이 할 수 있는 모든 조치를 취할 의무가 있고, 이러한 의무의 불이행으로 인하여 결과가 발생한 경우 과실범의 불법이 인정된다.
ㄴ. 행위자의 주의능력이 평균인에 미달하여 자신의 능력을 모두 발휘하더라도 결과발생의 예견이 불가능하였다면 과실범의 불법이 배제된다.
ㄷ. 행위자의 특별한 주의능력은 원칙적으로 책임 단계에서 고려될 뿐이지만, 이 경우에도 행위자의 특별한 지식과 경험은 주의의무위반 여부의 판단에 고려될 수 있다.
ㄹ. 정당방위 상황에서 피공격자가 공격자의 주의의무위반 여부를 알기가 어려워져 정당방위권의 행사가 어려워진다는 단점이 있다.
ㅁ. 국민에게 일반적 주의의무를 부과하기 때문에 평등의 원칙과 형법의 보장적 기능에 기여한다.

① ㄱ ㄷ ② ㄱ ㄴ ㄷ ③ ㄱ ㄴ ㄹ
④ ㄴ ㄷ ㄹ ⑤ ㄷ ㄹ ㅁ

해설

㉠(○) 과실범의 구성요건 요소로서의 주의의무 위반을 주관설로 판단하게 되면, 행위자가 가지고 있는 특수한 능력을 주의의무 위반에서 고려하게 되므로, 주의능력이 평균인

이상인 사람이 결과발생 방지를 위하여 자신이 할 수 있는 모든 조치를 취하지 않았다면 평균인의 입장에서는 과실로 볼 수 없는 경우라고 하여도 과실범의 불법이 인정된다.

ⓛ(○) 행위자의 주의능력이 평균에 미달하면 그 미달한 사람의 주의정도를 기준으로 해야 하므로, 일반 평균인이라면 결과를 회피할 수 있는 경우라고 하여도 당해 행위자에게는 이를 요구할 수 없으므로 행위자가 자신의 능력을 모두 발휘하였다면 과실범의 불법이 배제된다.

ⓒ(×) 행위자의 특별한 주의능력은 책임에서 고려될 뿐이라는 견해는 객관설이다. 다만 객관설에서도 행위자의 특수한 경험이나 지식은 구성요건 단계에서 고려한다.

ⓔ(○) 과실범에 대해서도 정당방위가 인정되는데, 주관설에 따르면 공격자의 주의능력이 매우 미달한 경우 과실범의 불법이 인정되지 않으므로 과실범이 성립하지 않고, 그에 대해 정당방위권도 인정되지 않는다. 그런데 피공격자로서는 공격자의 주의능력이 어느 정도인지 알기 어렵기 때문에 정당방위가 허용되는 과실범으로서의 공격인지 판단하기 어렵다.

ⓜ(×) 주관설이 아니라, 객관설의 설명이다. 객관설은 평균적 일반인의 주의 정도를 기준으로 하므로 일반인에게 예측가능성을 담보할 수 있어 형법의 보장적 기능에 기여할 수 있다. 〈답 ③〉

7. 신뢰의 원칙에 관한 설명 중 옳지 않은 것은? <사시 2002년>

① 신뢰의 원칙은 과실범의 객관적 주의의무의 제한을 통하여 과실범의 성립범위를 축소시키는 이론이다.

② 신뢰의 원칙은 허용된 위험의 법리와 사회적 위험의 적정한 분배라는 사상을 배경으로 도로교통에 관한 판례를 통하여 확립된 이론인데, 판례는 이를 차량 대 차량의 사고인가 또는 차량 대 보행자의 사고인가에 따라 구별하여 적용한다.

③ 신뢰의 원칙은 스스로 규칙을 위반한 경우에는 적용이 제한되나, 행위자의 규칙위반이 결과발생과 직접적인 관련이 없다면 적용될 여지가 있다.

④ 신뢰의 원칙은 상대방의 규칙위반을 이미 인식한 경우에는 적용이 제한된다. 판례도 고속도로상을 운행하는 자동차 운전자가 위 도로를 횡단하려는 피해자를 그 차의 제동거리 밖에서 발견한 경우 이 원칙의 적용을 제한하였다.

⑤ 신뢰의 원칙은 의료행위 등과 같이 위험을 수반하는 공동작업에 종사하는 자에게도 적용되고 있다. 따라서 의사와 보조자의 관계에서와 같이 다른 사람에 대한 지휘·감독의무가 있는 자에게도 적용된다.

해설

④(○) 대법원 2000.9.5, 2000도2671 참조 : 고속도로를 운행하는 자동차의 운전자로서는 일반적인 경우에 고속도로를 횡단하는 보행자가 있을 것까지 예견하여 보행자와의 충돌사고를 예방하기 위하여 급정차 등의 조치를 취할 수 있도록 대비하면서 운전할 주의의무가 없고, 다만 고속도로를 무단횡단하는 보행자를 충격하여 사고를 발생시킨 경우라도 운전자가 상당한 거리에서 보행자의 무단횡단을 미리 예상할 수 있는 사정이 있었고,

그에 따라 즉시 감속하거나 급제동하는 등의 조치를 취하였다면 보행자와의 충돌을 피할 수 있었다는 등의 특별한 사정이 인정되는 경우에만 자동차 운전자의 과실이 인정될 수 있다.

⑤(×) 신뢰의 원칙은 교통사고뿐만 아니라 의료행위 등 다수인의 공동에 의하여 실행되는 모든 형태의 과실범에 대하여도 확대적용된다. 다만 신뢰의 원칙을 공동작업에 의한 위험한 업무에 확대함에 있어서는 신뢰를 기초지을 수 있는 분업관계가 확립되어 있을 것을 요한다. 따라서 의사와 보조자의 관계와 같이, 다른 사람에 대한 지휘·감독의무가 있는 경우에 이 의무를 다하지 않았을 때에는 적용이 제한된다. 판례도 간호사가 다른 환자에게 수혈할 혈액을 잘못 수혈하여 환자가 사망한 경우에 간호사에게 수혈을 맡긴 의사의 과실을 인정하였다(대법원 1998.2.27, 97도2812). 〈답 ⑤〉

8. 신뢰의 원칙에 관한 판례의 태도와 일치하지 않는 것은?

① 고속도로에서 상대방 차량이 중앙선을 침범하여 진입할 것까지 예견하고 감속 등의 조치를 취해야 할 주의의무는 없다.

② 고속도로를 무단 횡단하는 피해자를 그 차의 제동거리 밖에서 발견하였다면 피해자가 반대차선의 교행차량 때문에 도로를 완전히 횡단하지 못하고 그 진행 차선쪽에서 멈추거나 다시 되돌아나가는 경우를 예견해야 한다.

③ 횡단보도의 신호가 적색인 상태에서 반대차선상에 정지해 있는 차량의 뒤로 보행자가 건너오지 않을 것이라고 신뢰하는 것이 당연하다.

④ 중앙선이 표시되어 있지 아니한 비포장도로라고 하더라도 승용차가 서로 마주보고 진행할 수 있는 정도의 너비가 되는 도로라면 마주오는 차가 도로의 중앙이나 좌측 부분으로 진행하여 올 것까지 예상하여 특별한 조치를 강구하여야 할 업무상 주의의무는 없다.

⑤ 고속도로 양측에 휴게소가 있는 경우에는 고속도로를 무단 횡단하는 보행자가 있음을 예상하여 감속 등의 조치를 취할 주의의무가 있다.

해설

①(○) 고속도로를 운행하는 자동차의 운전자로서는 일반적인 경우에 고속도로를 횡단하는 보행자가 있을 것까지 예견하여 보행자와의 충돌사고를 예방하기 위하여 급정차 등의 조치를 취할 수 있도록 대비하면서 운전할 주의의무가 없다(대법원 2000.9.5, 2000도2671).

②(○) 고속도로상이라 하더라도 제동거리 밖에서 횡단하는 피해자를 발견하였다면 감속조치를 취할 주의의무가 있다(대법원 1981.3.24, 80도3305).

③(○) 대법원 1993.2. 23, 92도2077.

④(○) 대법원 1992.7.28, 92도1137이 신뢰의 원칙을 적용한 경우이다.

⑤(×) 대법원 1997.6.28, 77도403. 〈답 ⑤〉

9. 甲은 종합병원 마취담당 의사이다. 甲은 乙의 난소종양수술을 하면서 할로

테인이라는 마취제를 사용하였던바, 乙은 수술 1주일 후 급성전격성간염증상이 진단된 간부전으로 사망하였다. 할로테인을 간기능에 이상이 있는 환자에게 사용하면 90% 이상 간기능악화로 심한 경우에는 사망하게 된다는 점은 의학상 널리 알려져 있기 때문에 마취제로 할로테인을 사용할 때에는 사전에 혈청의 생화학반응에 의한 간기능검사를 하여야 할 것임에도 불구하고 甲은 혈청검사를 하지 않고 수술하였음이 밝혀졌다. 甲의 죄책에 관한 설명 중 옳지 않은 것은?

① 주의의무를 다하였으면 결과가 발생하지 않았을 것이라는 정도에 대하여 무죄추정설과 위험증대설의 견해가 있다.

② 甲이 간기능검사를 실시하지 않고 乙을 마취한 것은 업무상 과실이 있다고 해야 한다.

③ 甲에게 업무상 과실이 있고 乙이 甲의 마취 후에 사망한 이상 甲은 업무상 과실치사의 죄책을 면할 수 없다.

④ 甲에게 업무상 과실치사의 죄책을 인정하기 위하여는 甲의 과실과 乙의 사망 사이에 인과관계가 있어야 한다는 것이 판례의 입장이다.

⑤ 위험증대설에 의하면 과실결과범이 위험범화되는 불합리한 결과를 초래한다는 비판을 면할 수 없다.

해설

과실범이 성립하기 위하여는 주의의무위반뿐만 아니라 결과발생과 인과관계 및 객관적 귀속이 인정되어야 한다. 과실범에 있어서 특수한 객관적 귀속의 기준이 주의의무위반관련성이며, 판례는 이를 인과관계의 문제로 해결한다. 따라서 행위자가 주의의무에 위반하였고 결과가 발생하였다고 할지라도 주의의무를 다한 때에도 같은 결과가 발생했다고 인정될 때에는 객관적 귀속이 부정된다. 주의의무를 다하였으면 결과가 발생하지 않았을 것이라는 정도에 대하여 무죄추정설은 단순한 가능성으로는 족하지 않고 확실성에 가까운 개연성이 있음을 요하고, 위험증대설은 행위자가 허용되지 않는 위험을 증가시켜 결과가 발생된 때에는 금지된 위험이 실현되었다는 이유로 객관적 귀속을 인정한다. 설문의 경우 위험증대설에 의하면 甲은 업무상 과실치사죄의 죄책을 진다. 〈답 ③〉

대법원 1990.12.11, 90도694 혈청에 의한 간기능검사를 시행하지 않거나 이를 확인하지 않은 피고인들의 과실과 피해자의 사망 간에 인과관계가 있다고 하려면 피고인들이 수술 전에 피해자에 대한 간기능검사를 하였더라면 피해자가 사망하지 않았을 것임이 입증되어야 할 것이다. 그러나 원심이 거시한 증거만으로는 피해자가 수술 당시에 이미 간손상이 있었다는 사실을 인정할 수 없고 그 밖에 일건 기록에 의하여도 위와 같은 사실을 인정할 아무런 자료를 찾을 수 없다.

10. 과실범에 관한 다음 설명 중 옳은 것은? (다툼이 있는 경우에는 판례에 의함) <사시 2008년: 배점 2>

① 트럭운전자가 차 높이이 제한표지가 있는 육교 밑을 통과하면서 트럭이 육교에 충돌하여 육교가 붕괴되는 바람에 보행인이 사망하였다. 그런데

트럭운전자는 이미 동일한 표지가 있는 다른 육교를 무사히 통과하였지만 유독 문제의 육교에서만 그러한 표지와 실제 높이가 달랐다. 트럭운전자는 그런 가능성까지 예견하고 차량을 정지시킨 후 확인할 주의의무는 없으므로 업무상 과실치사죄가 성립하지 않는다.

② 형법 제314조 2항은 '컴퓨터등 정보처리장치 또는 전자기록등 특수매체기록을 손괴하거나 정보처리장치에 허위의 정보 또는 부정한 명령을 입력하거나 기타 방법으로 정보처리에 장애를 발생하게 하여 사람의 업무를 방해한 자'를 처벌하도록 규정하고 있다. 여기서 '기타 방법'에는 과실로 인한 행위도 포함된다.

③ 교량붕괴 사고와 관련하여, 건설업자 甲과 이를 감독하는 공무원 乙 및 완공된 교량의 관리를 담당하는 공무원 丙의 과실이 서로 합쳐져 교량이 붕괴된 사실이 인정되더라도 과실범의 공동정범이 성립되지 않는다.

④ 내과의사 甲은 자신의 환자가 뇌혈관계통의 질환이 의심되어 신경과 전문의와 협의 진료한 결과 신경과 소견으로는 아무 문제가 없다고 회신을 받았기에 뇌혈관 질환에 대한 진료 없이 내과 진료만 계속하여 환자가 호전되자 퇴원시켰으나, 뒤늦게 환자에게 뇌혈관계통의 질환인 지주막하출혈이 발견되어 수술을 받았음에도 식물인간이 되었다면 甲에게는 업무상 과실이 인정된다.

⑤ 업무상 과실장물취득죄는 업무상 과실에 의하여 단순과실장물취득죄보다 형이 가중되는 가중적 구성요건이다.

해설

①(○) 대법원 1997.1.24, 95도2125 : 차 높이 제한표지를 설치하고 관리할 책임이 있는 행정관청은 차량의 통행에 장애가 없을 정도로 충분한 여유고를 두고 그 높이 표시를 하여야 할 의무가 있으므로, 차 높이 제한표지가 설치되어 있는 지점을 통과하는 운전자들은 그 표지판이 차량의 통행에 장애가 없을 정도의 여유고를 계산하여 설치된 것이라고 믿고 운행하면 되는 것이고, 구조물의 실제 높이와 제한표지상의 높이와의 차이가 전혀 없어졌을 가능성을 예견하여 차량을 일시 정차시키고 그 충돌 위험성이 있는지 없는지 확인한 후 운행하여야 할 주의의무가 있다고 보기 어렵다.

②(×) 본 죄는 고의범이며, 과실로 인한 업무방해를 처벌하는 규정은 없다. 기타 방법으로 정보처리에 장애를 발생하게 하여 업무를 방해하는 경우에도 과실로 인한 행위는 포함되지 않는다.

③(×) 대법원 1997.11.28, 97도1740 : 성수대교와 같은 교량이 그 수명을 유지하기 위하여는 건설업자의 완벽한 시공, 감독공무원들의 철저한 제작시공상의 감독 및 유지·관리를 담당하고 있는 공무원들이 철저한 유지·관리라는 조건이 합치되어야 하는 것이므로, 위 각 단계에서의 과실 그것만으로 붕괴원인이 되지 못한다고 하더라도, 그것이 합쳐지면 교량이 붕괴될 수 있다는 점은 쉽게 예상할 수 있고, 따라서 위 각 단계에 관여한 자는 전혀 과실이 없다거나 과실이 있다고 하여도 교량붕괴의 원인이 되지 않았다는 등의 특별한 사정이 있는 경우를 제외하고는 붕괴에 대한 공동책임을 면할 수

없다.
④(×) 대법원 2003.1.10, 2001도3292 : 내과의사가 신경과 전문의에 대한 협의진료결과 피해자의 증세와 관련하여 신경과 영역에서 이상이 없다는 회신을 받았고, 그 회신 전후의 진료 경과에 비추어 그 회신 내용에 의문을 품을 만한 사정이 있다고 보이지 않자 그 회신을 신뢰하여 뇌혈관계통 질환의 가능성을 염두에 두지 않고 내과 영역의 진료행위를 계속하다가 피해자의 증세가 호전되기에 이르자 퇴원하도록 조치한 경우, 피해자의 지주막하출혈을 발견하지 못한 데 대하여 내과의사의 업무상 과실이 있었다고 단정하기 어렵다.
⑤(×) 장물죄의 경우 단순과실장물취득죄는 존재하지 않고 과실범 처벌규정으로 업무상 과실 · 중과실 장물취득 · 운반 · 보관 · 알선죄(제364조)만 있으므로 업무상 과실장물취득죄를 단순과실장물취득죄의 가중적 구성요건이라고 할 수 없다. 〈답 ①〉

11. 판례는 과실범에 있어서의 인과관계와 객관적 귀속, 특히 주의의무위반관련성의 문제를 상당인과관계가 있는가의 여부에 의하여 해결하고 있다. 다음 중 대법원이 (　　) 속에 적시된 피고인의 과실과 결과 사이에 상당인과관계가 인정된다고 판시한 것의 조합은?

㉠ 피고인이 자동차를 운전하다가 도로를 횡단하던 피해자를 충격하여 반대차선의 1차선상에 넘어지게 하였던바, 피해자가 반대차선을 운행하던 자동차에 역과되어 사망하였다. (전방좌우를 주시하지 않은 과실)
㉡ 피고인이 좌회전 금지구역에서 좌회전하다가 50여미터 뒤에서 뒤따라오던 후행차량의 운전자가 중앙선을 넘어 피고인의 차 좌측으로 돌진하여 피고인의 차와 충격하여 사망하였다. (좌회전 금지구역에서 좌회전한 과실)
㉢ 선행차량의 충격으로 쓰러지는 피해자를 그 차를 뒤따라 진행하던 피고인의 차가 다시 역과하여 피해자는 사망하였다. (안전거리 유지하고 진로의 안전을 확인하지 아니한 과실)
㉣ 마취담당 의사인 피고인이 난소종양수술을 하면서 마취제로 할로테인을 사용할 때 해야 하는 혈청의 생화학검사를 하지 않고 수술한 결과 피해자는 간부전으로 인하여 사망하였다. (혈청에 의한 간기능검사를 시행하지 않은 과실)
㉤ 교통사고 피해자를 진료한 일반외과 의사인 피고인이 피해자의 복막에 형성된 혈종을 발견하고도 적절한 조치를 취하지 아니하여 피해자에게 조직괴사가 일어나고 회복하기 어려운 상태에 빠지자 다른 병원에 이송하여 그 병원에서 치료받다가 사망하였다. (자기 병원에 입원 중 적절한 진단과 치료를 다하지 않은 과실)

① ㉠ ㉤　② ㉠ ㉢ ㉣ ㉤　③ ㉡ ㉢ ㉤
④ ㉠ ㉡ ㉢ ㉤　⑤ ㉠ ㉡ ㉢ ㉣ ㉤

✍ **해설** ....

㉠ 대법원 1988.11.8, 88도928, ㉢ 대법원 2001.12.11, 2001도5005, ㉣ 대법원 1990.12.11, 90도694, ㉤ 대법원 1996.9.24, 95도245가 피고인의 과실과 결과 사이에 상당인과관계를 인정하였다.

이에 반하여 ㉡ 대법원 1996.5.28, 95도1200은 상당인과관계를 부정하였다. 〈답 ②〉

12. 과실범과 관련된 판례이다. 甲의 과실이 부정된 것은 모두 몇 개인가?

> ㉠ 손님이 술을 마시고 찜질방에 들어와 찜질방 직원 甲 몰래 후문으로 나가 술을 더 마신 다음 후문으로 다시 들어와 발한실(發汗室)에서 잠을 자다가 사망하였다.
> ㉡ 경찰관 甲이 동석한 동료경찰관 두 명이 술을 마시고 번갈아 총을 들어 자신의 머리에 쏘는 '러시안 룰렛 게임'을 하는 것을 제지하지 못하여 그 중 한 명이 자신이 쏜 총에 맞아 사망하였다.
> ㉢ 甲은 84세 여자노인과 11세 여자아이에게 한 손 또는 두 손으로 가슴과 배를 세게 누르고 때리는 등의 방법으로 20-30분간씩 안수기도를 하여 각각 사망에 이르게 하였다.
> ㉣ 주택수리공사에 관하여 전문적인 지식이 없는 도급인 甲이 주택수리공사 전문업자에게 주택수리를 의뢰하면서 공사에 관한 관리·감독업무를 주택수리업자에게 일임하였는데 공사중 벽이 무너져 인부가 사망하였다.
> ㉤ 甲은 야간에 고속도로에서 제한최고속도로 차량을 운전하다가 선행사고로 인하여 전방에 정차해 있는 승용차와 피해자를 충돌하여 사망에 이르게 하였다.
> ㉥ 담임교사 甲이 학생들에게 교실 안쪽에서만 유리창을 닦도록 지시하였음에도 불구하고 피해 학생이 베란다를 넘어가서 유리창을 닦다가 밑으로 떨어져 사망하였다.

① 1개 ② 2개 ③ 3개 ④ 4개 ⑤ 5개 ⑥ 6개

✍ **해설** ....

판례가 피고인에게 과실이 없다고 판시한 것은 ㉠㉡㉣㉥의 4개이다.

㉠ 찜질방 직원 및 영업주에게 손님이 몰래 후문으로 나가 술을 더 마시고 들어올 경우까지 예상하여 직원을 추가로 배치하거나 후문으로 출입하는 모든 자를 통제·관리하여야 할 업무상 주의의무가 있다고 보기 어렵고(대법원 2010.2.11, 2009도9807), ㉡ 경찰관이라 하여 동석한 동료들의 위험한 게임을 저지해야 할 의무는 없으며(대법원 1992.3.10, 91도3172), ㉣ 주택수리업자에게 수리를 의뢰한 도급인에게 공사상 필요한 안전조치를 취해야 할 주의의무는 없고(대법원 2002.4.12, 2000도3295), ㉥ 학생이 유리창을 닦다가 추락사한 경우에도 담임교사에게는 형사상의 과실책임을 물을 수 없다고 한다(대법원 1989.3.28, 89도108).

이에 반하여 ㉢ 고령의 여자노인이나 연약한 여자아이에게 안수기도를 함에 있어서는 약간의 물리력을 가하여도 골절이나 타박상을 당하여 치명적인 결과가 올 수 있다는 것을 예견해야 하며(대법원 1997.4.22, 97도538), ⓜ 야간에 고속도로를 운행하는 운전자는 노면이나 가시거리 등을 고려하여 제한최고속도 이하로 감속할 주의의무가 있다고 한다(대법원 1999.1.15, 98도2605). 〈답 ④〉

13. 과실범에 관한 설명 중 옳지 않은 것은? (다툼이 있는 경우에는 판례에 의함) <변호사 2013년>

① 피해자의 승낙은 과실범의 경우에 위법성조각사유가 되지 않는다.

② 신뢰의 원칙은 허용된 위험의 원리와 더불어 주의의무를 제한하는 기능을 수행하고 의사와 약사 사이는 물론이고 약사와 제약회사 사이에서도 적용될 수 있다.

③ 의료과오사건에서 의사의 과실 유무를 판단할 때에는 동일 업종에 종사하는 일반적 보통인의 주의정도를 표준으로 하고, 사고 당시의 일반적인 의학수준과 의료환경 및 조건 등을 고려하여야 한다.

④ 주의의무의 판단기준에 관한 주관설에 따르면 행위자가 평균인 이하의 능력을 가졌기 때문에 결과발생을 예견할 가능성이 없었더라면 과실범의 불법은 부정될 수 있다.

⑤ 행정상의 단속을 주 내용으로 하는 법규라고 하더라도 명문규정이 있거나 해석상 과실범도 벌할 뜻이 명확한 경우를 제외하고는 형법의 원칙에 따라 고의가 있어야 벌할 수 있다.

해설

①(×) 승낙과 법익침해행위 사이에는 인과관계가 있어야 한다. 그 행위는 술취한 운전자에 동승한 행위와 같이 과실행위일 수도 있다.
②(○) 대법원 1976.2.10, 74도2046 : 약사는 의약품을 판매하거나 조제함에 있어서 그 의약품이 그 표시 포장상에 있어서 약사법 소정의 검인 합격품이고 또한 부패 변질 변색되지 아니하고 유효기간이 경과되지 아니함을 확인하고 조제판매한 경우에는 특별한 사정이 없는 한 관능시험 및 기기시험까지 할 주의의무가 없으므로 그 약의 표시를 신뢰하고 이를 사용한 경우에는 과실이 없다고 볼 수 있다.
③(○) 대법원 2003.1.10, 2001도3292 : 의료사고에 있어서 의사의 과실을 인정하기 위해서는 의사가 결과 발생을 예견할 수 있었음에도 불구하고 그 결과 발생을 예견하지 못하였고, 그 결과 발생을 회피할 수 있었음에도 불구하고 그 결과 발생을 회피하지 못한 과실이 검토되어야 하고, 그 과실의 유무를 판단함에는 같은 업무와 직무에 종사하는 일반적 보통인의 주의 정도를 표준으로 하여야 하며, 이에는 사고 당시의 일반적인 의학의 수준과 의료환경 및 조건, 의료행위의 특수성 등이 고려되어야 한다.
④(○) 과실범은 행위자가 사회생활상 요구되는 주의의무를 태만히 하여 예견, 회피가능했던 결과를 야기한 경우에 성립한다. 주의의무 위반의 판단기준이 행위자표준설을 취하는 경우 행위자가 평균인 이하의 능력을 가진 경우 과실범의 불법은 부정될 수 있다.
⑤(○) 대법원 2010.2.11, 2009도9807. 〈답 ①〉

14. 과실범에 관한 설명 중 옳지 않은 것은? (다툼이 있는 경우에는 판례에 의함)

① 산후조리원의 신생아 집단관리를 맡은 책임자 甲이 이상증세를 보이는 신생아를 의사의 진찰을 받게 하지 않고 산모에게 알려 산모의 지시에 따르다 신생아가 탈수와 괴사성 장염으로 사망한 경우 甲에게 업무상 과실이 인정된다.

② 야간 당직간호사가 담당 환자의 심근경색 증상을 당직의사 甲에게 제대로 보고하지 않음으로써 甲이 필요한 조치를 취하지 못하여 환자가 사망한 경우 甲에게 업무상 과실을 인정하기 어렵다.

③ 산부인과 의사 甲이 산모의 태반조기박리에 대한 대응조치로 응급제왕절개수술을 시행하면서 수혈용 혈액을 미리 준비하지 아니하여 피해자가 수혈을 받지 못해 사망한 경우 甲에게 업무상 과실이 인정된다.

④ 의사 甲이 제왕절개수술을 시행 중 태반조기박리를 발견하고도 피해자의 출혈 여부 관찰을 간호사에게 지시하였다가 수술 후 약 45분이 지나 대량출혈을 확인하고 전원(轉院) 조치하였으나 그 후 피해자가 사망한 경우 甲에게 업무상 과실이 인정되지 않는다.

⑤ 환자의 주치의 겸 정형외과 전공의 甲이 같은 과 수련의의 처방에 대한 감독의무를 소홀히 하여, 환자가 수련의의 잘못된 처방으로 인하여 상해를 입게 된 경우 甲에게 업무상 과실이 인정된다.

해설

④(×) 甲에게 대량출혈 증상을 조기에 발견하지 못하고, 전원을 지체하여 피해자로 하여금 신속한 수혈 등의 조치를 받지 못하게 한 과실을 인정하였다(대법원 2010.4.29, 2009도7070).

① 대법원 2007.11.16, 2005도1796, ② 대법원 2007.9.20, 2006도294, ③ 대법원 2000.1.14, 99도3621, ⑤ 대법원 2007.2.22, 2005도9229 내용에 일치한다. 〈답 ④〉

15. 과실범의 구성요건요소인 결과발생, 인과관계와 객관적 귀속에 대한 설명 중 가장 옳은 것은?

① 과실범에 있어서 객관적 귀속의 문제는 주의의무위반관련성과 보호목적관련성에 의하여 결정된다.

② 결과가 규범의 보호범위 밖에서 발생한 때에도 객관적 귀속이 인정된다.

③ 운전자가 면허없는 사람에게 자동차를 운전하게 하여 그가 사고를 내었지만 사고원인이 운전미숙 때문이 아니라 술에 취하여 운전하였기 때문인 경우 규범의 보호범위에서 일어난 것으로 그 결과를 운전자에게 귀속시킬 수 없다.

④ 결과에 대한 예견가능성은 주관적 표준에 의하여 결정하여야 한다.

⑤ 결과에 대한 예견가능성은 행위자가 구체적 상황에서 결과를 예견할 수 있느냐의 문제이다.

해설

①(○) 과실범에 있어서 객관적 귀속의 문제는 결과가 주의의무위반으로 인하여 발생하였는가 또는 주의의무위반으로 침해된 규범이 이러한 결과방지를 위한 규범이었는가에 의하여 결정된다. 전자를 주의의무위반관련성이라 하고, 후자를 보호목적관련성이라고 한다.
②(×) 침해된 규범의 보호범위 밖에서 결과가 발생한 때에는 구성요건의 실현이 그 규범의 침해로 인한 것이라 할 수 없으므로 결과는 규범의 보호범위 안에서 발생해야 한다.
③(×) 무면허운전금지는 운전미숙자의 운전을 금하는 것을 목적으로 하는 것이므로 발생한 결과가 침해된 규범의 보호범위에서 일어난 것이라고 볼 수 없기 때문에 그 결과를 운전자에게 귀속시킬 수 없다.
④(×) 결과에 대한 예견가능성은 객관적 표준에 의하여 결정해야 한다.
⑤(×) 행위자가 구체적 상황에서 결과를 예견할 수 있느냐의 문제는 주관적 예견가능성으로서 책임문제에 속한다. 〈답 ①〉

16. 과실범에 관한 설명 중 옳지 않은 것은? (다툼이 있는 경우에는 판례에 의함) <사시 2009년: 배점 2>

① 업무자는 일반인에 비해 더 높은 주의의무가 요구되기 때문에 업무상 과실이 가중처벌된다는 입장에 의하면 업무상 과실범은 책임가중유형이다.
② 형법 제268조의 업무상 과실의 유무를 판단함에는 같은 업무와 직무에 종사하는 일반적 보통인의 주의정도를 표준으로 한다.
③ 형법 제10조 3항(원인에 있어서 자유로운 행위)은 과실행위에도 적용된다.
④ 형법 제30조 소정의 "2인 이상이 공동하여 죄를 범한 때"의 '죄'에는 고의범뿐만 아니라 과실범도 포함된다.
⑤ 내과의사가 신경과 전문의에 대한 협의진료 결과 피해자의 증세와 관련하여 신경과 영역에서 이상이 없다는 회신을 믿고 그것에 기초해서 환자를 치료한 경우 업무상 과실이 인정되지 않는다.

해설

①(×) 책임가중유형으로 보는 입장은 주의의무는 동일하지만 예견의무가 다르기 때문에 책임이 가중된다고 보며, 업무자는 일반인에 비해 더 높은 주의의무가 요구되기 때문에 업무상 과실이 가중처벌된다는 입장에 의하면 업무상 과실범은 불법가중유형이 된다.
②(○) 대법원 2008.8.11, 2008도3090.
⑤(○) 대법원 2003.1.10, 2001도3292. 〈답 ①〉

17. 다음 기술 중 옳은 것을 모두 고른 것은? (다툼이 있는 경우에는 판례에 의함) <사시 2010년: 배점 2>

가. 甲이 乙 경영의 식당 앞에서 乙의 소유인 고양이 1마리를, 甲 자신

이 丙으로부터 빌려 갖고 있다가 잃어버린 고양이로 잘못 알고 丙에게 되돌려 주기 위해 임의로 런닝셔츠 안에 넣어 가져간 경우, 甲에게 절도의 고의를 인정할 수 있다.

나. 甲은 A, B, C를 상대로 싸우다가 힘이 달리자 옆 포장마차로 달려가 길이 30cm의 식칼을 가지고 나와 A, B, C를 상대로 휘두르다가, 이를 말리면서 식칼을 빼앗으려던 乙의 귀를 찔러 상처를 입힌 경우, 甲에게 乙에 대한 상해의 고의를 인정할 수 없다.

다. 甲은 승용차를 운전하여 편도 5차선 도로의 1차로를 신호에 따라 진행하고 있던 중 乙이 위 도로의 오른쪽에 연결된 소방도로에서 오토바이를 운전하여 맞은편 쪽으로 가기 위해서 편도 5차선 도로를 대각선 방향으로 가로질러 진행하는 것을 미처 피하지 못하고 승용차로 충격하여 상해를 입힌 경우, 甲의 주의의무위반이 인정된다.

라. 마취회복 담당의사 甲이 회복실에 마취환자 A를 두고 떠나면서, 회복실에서 자기 환자 B의 회복처치에 전념하고 있던 간호사 乙에게 아무런 지시를 하지 않았고 乙이 A의 이상증세를 인식할 수 있던 상황도 아니었다면, 회복실에 다른 간호사가 남아있지 않았더라도 乙에게 다른 환자 A를 주시·점검할 의무는 없다.

마. 종합병원 마취담당의사 甲이 난소종양절제를 위해 전신마취에 의한 개복수술을 함에 있어서 개복 전 종합적인 간기능검사가 필수적임에도 소변에 의한 간검사 결과만을 믿고 수술한 결과 수술 후 22일 만에 환자가 급성간염으로 사망한 경우, 甲에게 업무상 과실이 인정되나, 종합적인 간기능검사를 하였더라면 간기능에 이상이 있었다는 검사결과가 나왔으리라는 점이 증명되지 않는 한 甲의 과실과 환자의 사망 사이에 인과관계가 있다고 볼 수 없다.

① 나 라 ② 라 마 ③ 가 다 마
④ 가 라 마 ⑤ 나 다 라 ⑥ 나 라 마

해설

가(×) 동일한 물건으로 오인하고 가져온 경우에는 범죄사실에 대한 인식이 있다고 할 수 없으므로 범의가 조각되어 절도죄가 성립하지 아니한다(대법원 1983.9.13, 83도1762).
나(×) 甲이 乙 등 3명과 싸우다가 힘이 달리자 식칼을 가지고 이들 3명을 상대로 휘두르다가 이를 말리면서 식칼을 뺏으려던 피해자 丙에게 상해를 입혔다면 甲에게 상해의 범의가 인정되며 상해를 입은 사람이 목적한 사람이 아닌 다른 사람이라 하여 과실상해죄에 해당한다고 할 수 없다(대법원 1987.10.26, 87도1745).
다(×) 편도 5차선 도로를 대각선 방향으로 가로질러 진행하는 경우까지 예상하여 진행할 주의의무는 없다(대법원 2007.4.26, 2006도9216).
라(○) 피해자를 감시하도록 업무를 인계받지 않은 간호사가 자기 환자의 회복처치에 전념하고 있었다면 회복실에 다른 간호사가 남아있지 않은 경우에도 다른 환자의 이상증세가 인식될 수 있는 상황에서라야 이에 대한 조치를 할 의무가 있다고 보일 뿐 회복실 내의 모든 환자에 대하여 적극적 · 계속적으로 주시 · 점검을 할 의무가 있다고 할 수 없다(대법원 1994.4.26, 92도3283).

마(○) 피고인들의 과실과 피해자의 사망 간에 인과관계가 있다고 하려면 피고인들이 수술 전에 피해자에 대한 간기능검사를 하였더라면 피해자가 사망하지 않았을 것임이 입증되어야 한다고 보고, 원심이 피해자가 수술 당시에 이미 간손상이 있었다는 사실을 증거 없이 인정함으로써 채증법칙위반 및 인과관계에 관한 법리오해의 위법을 저지른 것이라고 하였다(대법원 1990.12.11, 90도694). 〈답 ②〉

18. 과실범에 관한 설명 중 옳지 않은 것은? (다툼이 있는 경우에는 판례에 의함)

① 병원 인턴인 피고인이, 응급실로 이송되어 온 익수환자 갑을 담당의사 을의 지시에 따라 구급차에 태워 다른 병원으로 이송하던 중, 이송 도중 갑에 대한 앰부 배깅(ambu bagging)과 진정제 투여 업무만을 지시받은 피고인에게 일반적으로 구급차 탑승 전 또는 이송 도중 구급차에 비치되어 있는 산소통의 산소 잔량을 확인할 주의의무가 있다고 보기는 어렵다.

② 택시 운전자인 피고인이 심야에 밀집된 주택 사이의 좁은 골목길이자 직각으로 구부러져 가파른 비탈길의 내리막에 누워 있던 피해자의 몸통 부위를 택시 바퀴로 역과하여 그 자리에서 사망에 이르게 하고 도주한 사안에서, 사고 당시 시각과 사고 당시 도로상황 등에 비추어 자동차 운전업무에 종사하는 피고인으로서는 평소보다 더욱 속도를 줄이고 전방 좌우를 면밀히 주시하여 안전하게 운전함으로써 사고를 미연에 방지할 주의의무가 있었다.

③ 한의사인 피고인이 피해자에게 문진하여 과거 봉침을 맞고도 별다른 이상반응이 없었다는 답변을 듣고 환부인 목 부위에 봉침시술을 하여 환자가 시술 직후 쇼크반응을 나타내는 등 상해를 입은 사안에서 피고인의 설명의무 위반과 피해자의 상해 사이에 상당인과관계를 인정하였다.

④ 담당의사가 췌장 종양 제거수술 직후의 환자에 대하여 1시간 간격으로 4회 활력징후를 측정하라고 지시를 하였는데, 일반병실에 근무하는 간호사 甲이 중환자실이 아닌 일반병실에서는 그러할 필요가 없다고 생각하여 2회만 측정한 채 3회차 이후 활력징후를 측정하지 않아 환자가 과다출혈로 사망한 경우 의사의 위 지시를 수행할 의무가 있음에도 다하지 아니한 업무상 과실이 있다.

⑤ 마취전문 간호사로서 수술현장에서 집도의를 도와 피해자의 동태를 확인하면서 이상현상을 보이는 경우에 대비하여 응급조치를 준비하여야 함에도 현장을 이탈하는 등 적절한 조치를 취하지 않은 경우 마취전문

간호사로서의 필요한 조치를 다하지 아니한 업무상 과실이 있다.

해설

①(○) 대법원 2011.9.8, 2009도13959 : 병원 인턴인 피고인이, 응급실로 이송되어 온 익수환자 갑을 담당의사 을의 지시에 따라 구급차에 태워 다른 병원으로 이송하던 중 산소통의 산소잔량을 체크하지 않은 과실로 산소 공급이 중단된 결과 갑을 폐부종 등으로 사망에 이르게 하였다는 내용으로 기소된 사안에서, 을에게서 이송 도중 갑에 대한 앰부 배깅(ambu bagging)과 진정제 투여 업무만을 지시받은 피고인에게 일반적으로 구급차 탑승 전 또는 이송 도중 구급차에 비치되어 있는 산소통의 산소 잔량을 확인할 주의의무가 있다고 보기는 어렵고, 다만 피고인이 갑에 대한 앰부 배깅 도중 산소 공급 이상을 발견하고도 구급차에 동승한 의료인에게 기대되는 적절한 조치를 취하지 아니하였다면 업무상 과실이 있다고 할 것이나, 피고인이 산소 부족 상태를 안 후 취한 조치에 어떠한 업무상 주의의무 위반이 있었다고 볼 수 없는데도, 피고인에게 산소잔량을 확인할 주의의무가 있음을 전제로 업무상 과실치사죄를 인정한 원심판단에 응급의료행위에서 인턴의 주의의무 범위에 관한 법리오해 또는 심리미진의 위법이 있다.

②(○) 대법원 2011.5.26, 2010도17506 : 택시 운전자인 피고인이 심야에 밀집된 주택 사이의 좁은 골목길이자 직각으로 구부러져 가파른 비탈길의 내리막에 누워 있던 피해자의 몸통 부위를 택시 바퀴로 역과하여 그 자리에서 사망에 이르게 하고 도주한 사안에서, 위 사고 당시 시각과 사고 당시 도로상황 등에 비추어 자동차 운전업무에 종사하는 피고인으로서는 평소보다 더욱 속도를 줄이고 전방 좌우를 면밀히 주시하여 안전하게 운전함으로써 사고를 미연에 방지할 주의의무가 있었는데도, 이를 게을리한 채 그다지 속도를 줄이지 아니한 상태로 만연히 진행하던 중 전방 도로에 누워 있던 피해자를 발견하지 못하여 위 사고를 일으켰으므로, 사고 당시 피고인에게는 이러한 업무상 주의의무를 위반한 잘못이 있었는데도, 이와 달리 판단하여 피고인에게 무죄를 선고한 원심판결에 업무상 과실치사죄의 구성요건에 관한 법리오해의 위법이 있다고 한 사례.

③(×) 대법원 2011.4.14, 2010도10104 : 의사가 설명의무를 위반한 채 의료행위를 하여 피해자에게 상해가 발생하였다고 하더라도, 업무상 과실로 인한 형사책임을 지기 위해서는 피해자의 상해와 의사의 설명의무 위반 내지 승낙취득 과정의 잘못 사이에 상당인과관계가 존재하여야 하고, 이는 한의사의 경우에도 마찬가지이다. 한의사인 피고인이 피해자에게 문진하여 과거 봉침을 맞고도 별다른 이상반응이 없었다는 답변을 듣고 부작용에 대한 충분한 사전 설명 없이 환부인 목 부위에 봉침시술을 하였는데, 피해자가 위 시술 직후 쇼크반응을 나타내는 등 상해를 입은 사안에서, 제반 사정에 비추어 피고인이 봉침시술에 앞서 설명의무를 다하였더라도 피해자가 반드시 봉침시술을 거부하였을 것이라고 볼 수 없어, 피고인의 설명의무 위반과 피해자의 상해 사이에 상당인과관계를 인정하기 어렵다는 이유로, 같은 취지의 원심판단을 수긍한 사례.

④(○) 대법원 2010.10.28, 2008도8606 : 담당의사가 췌장 종양 제거수술 직후의 환자에 대하여 1시간 간격으로 4회 활력징후를 측정하라고 지시를 하였는데, 일반병실에 근무하는 간호사 甲이 중환자실이 아닌 일반병실에서는 그러할 필요가 없다고 생각하여 2회만 측정한 채 3회차 이후 활력징후를 측정하지 않았고, 甲과 근무교대한 간호사 乙 역시 자신의 근무시간 내 4회차 측정시각까지 활력징후를 측정하지 아니하였으며, 위 환자는 그 시각으로부터 약 10분 후 심폐정지상태에 빠졌다가 이후 약 3시간이 지나 과다출혈로 사망한 경우, 1시간 간격으로 활력징후를 측정하였더라면 출혈을 조기에 발견하여 수혈, 수술 등 치료를 받고 환자가 사망하지 않았을 가능성이 충분하다고 보일 뿐 아니라, 甲과 乙은 의사의 위 지시를 수행할 의무가 있음에도 3회차 측정시각 이후 4회차

측정시각까지 활력징후를 측정하지 아니한 업무상 과실이 있다.
⑤(○) 대법원 2010.3.25, 2008도590 : 피고인이 마취전문 간호사로서 의사의 구체적 지시 없이 독자적으로 마취약제와 사용량을 결정하여 치핵제거수술을 받을 피해자에게 척수마취시술을 한 후 집도의가 피해자에 대한 치핵제거수술을 시행하였고 수술현장에서도 집도의를 도와 피해자의 동태를 확인하면서 이상현상을 보이는 경우에 대비하여 응급조치를 준비하여야 함에도 현장을 이탈하는 등 적절한 조치를 취하지 않았을 뿐 아니라, 수술을 받던 피해자가 하체를 뒤로 빼면서 극도의 흥분상태로 소리를 지르는 등 통증을 호소하고 출혈이 발생한 이후에도 마취전문 간호사로서의 필요한 조치를 다하지 아니한 업무상 과실이 있다. 〈답 ③〉

제 8 절 결과적 가중범

1. 결과적 가중범의 성립에 관한 기술로 옳은 것만의 조합은?

> ㉠ 상해의 고의로 구타한바 의사의 오진으로 치료를 잘못하여 사망한 경우에 과실치사죄가 성립한다.
> ㉡ 상해를 가한 직후에 타인의 구타에 의하여 사망한 경우에 상해치사죄가 성립한다.
> ㉢ 강간당한 부녀가 치욕감에서 자살한 경우에 강간치사죄가 성립한다.
> ㉣ 기차를 전복하여 사람을 사상케 한 경우 교통방해치사죄가 성립한다.
> ㉤ 화상을 입은 피해자가 고통을 참지 못하여 수중에 들어갔다가 심장마비로 사망한 경우에 상해치사죄가 성립한다.
> ㉥ 상해할 의사로 총으로 다리를 쏘았으나 출혈과다로 피해자가 사망한 경우에 상해치사죄가 성립한다.

① ㉠ ㉢ ② ㉡ ㉣ ③ ㉢ ㉤ ④ ㉣ ㉤ ⑤ ㉣ ㉥ ⑥ ㉤ ㉥

해설

㉣㉥(○)의 경우 결과적 가중범이 성립한다.
㉠㉡㉢㉤(×)는 기본범죄와 중한 결과 사이에 인과관계나 객관적 귀속이 인정되지 않아 결과적 가중범이 성립하지 않는 경우이다. 결과적 가중범에 있어서는 인과관계 이외에도 기본범죄에 내포된 전형적인 위험이 실현되어 중한 결과가 발생하였다는 의미에서의 직접성이 있어야 객관적으로 귀속될 수 있다. 다만 중한 결과는 기본범죄를 실행하는 행위로부터 직접 발생한 것이면 족하며, 반드시 기본범죄의 결과에 의하여 발생한 것임을 요하지 아니한다. 〈답 ⑤〉

2. 결과적 가중범에 관한 설명으로 옳지 않은 것만의 조합은?

> ㉠ 연혁적으로 볼 때 결과책임의 잔재청산과 관련하여 논의되었다.
> ㉡ 기본범죄행위로부터 중한 결과가 직접 초래되었다고 볼 수 있어야

한다(직접성 원칙).
㉢ 판례는 공동정범의 본질에 관한 행위공동설의 입장에서 결과적 가중범의 공동정범을 인정하고 있다.
㉣ 고의의 기본범죄가 미수인데도 불구하고 중한 결과가 발생한 경우 학설·판례는 기수범으로 처리한다.
㉤ 형법은 결과적 가중범의 미수에 관한 규정을 두고 있지 않다.
㉥ 기본행위와 결과 사이에 인과관계를 요하지 않는다.

① ㉠ ② ㉢ ③ ㉣ ④ ㉡ ㉤ ⑤ ㉢ ㉥ ⑥ ㉤ ㉥

해설

㉠(○) 종래 결과적 가중범은 고의에 의한 기본범죄가 있고 이에 의하여 중한 결과가 발생한 이상 기본범죄와 중한 결과 사이에 인과관계가 인정되면 그 결과에 따라 처벌되어야 한다는 의미에서 책임주의에 대한 예외가 되는 것으로 이해하여 결과적 가중범을 결과책임사상의 유물(잔재)로 파악하였다. 따라서 결과적 가중범과 책임주의의 문제는 결과책임의 잔재청산과 관련하여 논의되었다.
㉡(○) 결과적 가중범에 특수한 귀속의 기준은 기본범죄에 내포된 전형적인 위험이 실현되어 중한 결과가 발생하였다는 의미에서의 직접성을 필요로 한다는 점에 있다. 다만 중한 결과는 기본범죄를 실행하는 행위로부터 직접 발생한 것이면 족하되, 반드시 기본범죄의 결과에 의하여 발생한 것임을 요하지 아니한다.
㉢(○) 판례는 공동정범은 실행행위를 같이하여 범죄를 저지른 것이라는 행위공동설의 입장에서 결과적 가중범인 상해치사죄의 공동정범은 죽일 의사는 없이 폭행 기타의 신체침해행위를 공동으로 할 의사가 있으면 성립되고, 결과를 공동으로 할 의사는 필요 없다고 한다(대법원 1978.1.17, 77도2193).
㉣(○) 기본범죄의 미수에 의하여 중한 결과가 발생한 경우 독일에서는 결과적 가중범의 미수로 인정하고 있으나 학설(김일수, 박상기, 배종대, 이재상, 정영석, 황산덕)과 판례(대법원 1971.7.25, 71도1294)는 이러한 경우 결과적 가중범의 기수로 본다. 즉 강간미수에 그친 경우라도 강간의 수단인 폭행에 의하여 피해자에게 상처를 입혔으면 강간치상죄가 성립한다.
㉤(×) 강도치사상죄(제337조, 제338조)는 결과적 가중범이지만, 이에 관한 미수범의 규정이 있다(제342조).
㉥(×) 결과적 가중범의 경우에도 기본행위와 결과 사이에 인과관계가 있어야 한다.

〈답 ⑥〉

3. 결과적 가중범에 관한 설명 중 옳은 것은? (다툼이 있는 경우에는 판례에 의함)
<사시 2006년>

① 결과적 가중범은 책임원칙과의 조화를 위해 중한 결과에 대해 적어도 예견가능성을 요구하고 있으나, 형법은 중한 결과에 대한 예견가능성을 명시적으로 요구하고 있지는 않다.
② 결과적 가중범은 그 중한 결과가 고의적인 기본범죄에 전형적으로 내포된 잠재적인 위험의 실현이라는 점에서 일반 과실범의 결과 야기에서보

다 결과반가치가 크다.

③ 결과적 가중범의 공동정범은 중한 결과에 대한 죄책을 부담시키기 위하여 기본범죄를 공동으로 할 의사만이 아니라 중한 결과를 공동으로 할 의사가 있는 경우에 성립한다.

④ 부진정결과적 가중범의 처벌은 고의로 중한 결과를 발생케 한 경우에 무겁게 벌하는 구성요건이 따로 마련되어 있는 경우에는 당연히 무겁게 벌하는 그 구성요건에서 정하는 형에 의하고, 결과적 가중범의 형이 더 무거운 경우에는 결과적 가중범에서 정한 형에 의한다.

⑤ 형법에는 결과적 가중범의 미수에 관한 규정이 없지만 성폭력범죄의처벌등에관한특례법에는 결과적 가중범의 미수범 처벌규정이 있다.

해설

①(×) 형법 제15조 2항은 '결과로 인하여 형이 중할 죄에 있어서 그 결과의 발생을 예견할 수 없었을 때에는 중한 죄로 벌하지 아니한다'고 하여 중한 결과에 대한 예견가능성을 명시적으로 요구하고 있다.

②(×) 기본범죄에 전형적으로 결합되어 있는 위험을 주의의무에 위반하여 발생케 한 것은 순수한 과실범의 경우보다 행위반가치가 큰 경우이다.

③(×) 판례는 결과적 가중범인 상해치사죄의 공동정범의 경우 폭행 기타의 신체침해행위를 공동으로 할 의사가 있으면 성립되고 결과를 공동으로 할 의사는 필요 없다고 한다(대법원 1978.1.17, 77도2193).

④(○) 고의로 중한 결과를 발생케 한 경우에 무겁게 벌하는 구성요건이 따로 마련되어 있는 경우에는 당연히 무겁게 벌하는 구성요건에서 정하는 형으로 처벌하여야 할 것이고, 결과적 가중범의 형이 더 무거운 경우에는 결과적 가중범에 정한 형으로 처벌할 수 있도록 하여야 할 것이므로, 기본범죄를 통하여 고의로 중한 결과를 발생케 한 부진정결과적 가중범의 경우에 그 중한 결과가 별도의 구성요건에 해당한다면 이는 결과적 가중범과 중한 결과에 대한 고의범의 상상적 경합관계에 있다고 보아야 할 것이다(대법원 1995.1.20, 94도2842).

⑤(×) 형법에도 결과적 가중범의 미수에 관한 규정이 있다. 예컨대 인질치상죄와 인질치사죄의 미수범 처벌규정(제324조의5), 강도치상죄와 강도치사죄 및 해상강도치상죄와 해상강도치사죄의 미수범 처벌규정(제342조)을 들 수 있다. 성폭력범죄의처벌등에관한특례법에서는 특수강도강간치사상 및 특수강간치사상의 미수를 처벌하는 규정(제14조)을 두고 있다. 〈답 ④〉

4. 결과적 가중범에 관한 설명으로 옳지 않은 것은? (다툼이 있는 경우에는 판례에 의함)

① 중한 결과는 인과관계가 있어야 할 뿐만 아니라 예견가능해야 한다.

② 살인의 미필적 고의로 강간행위를 하던 중 피해자를 살해한 때에는 강간살인죄가 성립하며, 결과적 가중범이 되지 않는다.

③ 살인의 고의로 현주건조물에 방화하여 사람을 살해한 때에는 현주건조물방화치사죄만 성립한다.

④ 기본범죄가 미수인 때에는 중한 결과가 발생해도 결과적 가중범의 미수가 된다.
⑤ 결과적 가중범의 공동정범은 물론 교사범도 가능하다.

해설

②(○) 행위자에게 살인의 고의(특히 미필적 고의)가 있는 경우에도 강간치사죄가 성립하는가에 대하여 종래 견해가 대립되었다. 판례는 강간의 목적으로 폭행을 가할 때에 살해의 범의가 있었다면 살인죄와 강간치사죄의 상상적 경합이 된다고 판시하였다(대법원 1990.5.8, 90도670). 그러나 형법은 강간살인죄를 신설하였으므로 이 경우에는 강간살인죄가 성립한다(제301조의2).
③(○) 대법원은 현주건조물방화치사죄만 성립하며, 살인죄와의 상상적 경합이 되는 것은 아니라고 판시하였다(대법원 1996.4.26, 96도485; 대법원 1983.1.18, 82도2341).
④(×) 기본범죄가 미수이고 중한 결과가 발생한 경우 판례는 강간이 미수에 그쳤다고 해도 강간치상죄의 성립에는 영향이 없다(대법원 1988.8.23, 88도1212)고 하여 기수책임을 인정한다. 〈답 ④〉

5. 결과적 가중범에 관한 설명 중 옳지 않은 것은? (다툼이 있는 경우에는 판례에 의함) <사시 2011: 배점 2>

① 친구를 살해할 의도로 친구가 살고 있는 집을 방화하여 그를 사망하게 한 경우 현주건조물방화치사죄는 살인죄에 대하여 특별관계에 있으므로 현주건조물방화치사죄만 성립한다.
② 상해 후 피해자가 졸도하자 죽은 것으로 오인하고 자살로 위장하기 위해 베란다 아래로 떨어뜨림으로써 사망의 결과를 발생하게 한 경우 상해치사죄가 성립한다.
③ 피해자의 신체 여러 부위에 심하게 폭행을 가함으로써 피해자의 심장에 악영향을 초래하여 피해자를 심근경색 등으로 사망하게 하였더라도 피해자가 평소에 심장질환을 앓고 있던 경우라면 폭행치사죄가 성립하지 아니한다.
④ 진정결과적 가중범이 성립하려면 기본범죄행위와 중한 결과발생 사이에 인과관계가 있어야 할 뿐 아니라 중한 결과발생에 대한 행위자의 예견가능성도 인정되어야 한다.
⑤ 성폭력범죄의처벌등에관한특례법의 특수강간치상죄에 있어서 상해의 결과가 발생한 이상 특수강간이 미수에 그쳤더라도 특수강간치상죄의 기수범이 된다.

해설

③(×) 피고인이 피해자의 멱살을 잡아 흔들고 주먹으로 가슴과 얼굴을 1회씩 구타하고 멱살을 붙들고 넘어뜨리는 등 신체 여러 부위에 표피박탈, 피하출혈 등의 외상이 생길 정도로 심하게 폭행을 가함으로써 평소에 오른쪽 관상동맥폐쇄 및 심실의 허혈성심근섬

유화증세 등의 심장질환을 앓고 있던 피해자의 심장에 더욱 부담을 주어 나쁜 영향을 초래하도록 하였다면, 비록 피해자가 관상동맥부전과 허혈성심근경색 등으로 사망하였더라도, 피고인의 폭행의 방법, 부위나 정도 등에 비추어 피고인의 폭행과 피해자의 사망과 간에 상당인과관계가 있었다고 볼 수 있다(대법원 1989.10.13, 89도556).
①(○) 대법원 1996.4.26, 96도485, ②(○) 대법원 1994.11.4, 94도2361, ④(○) 대법원 1988.4.12, 88도178, ⑤(○) 대법원 2008.4.24, 2007도10058 참조. 〈답 ③〉

6. 결과적 가중범과 관련된 다음 기술 중 옳은 것을 모두 고른 것은? (다툼이 있는 경우에는 판례에 의함) <사시 2008년: 배점 3>

㉠ 피고인들의 공동폭행을 피하여 화장실에 숨어 있던 피해자가 피고인들이 다시 자신을 폭행하려고 화장실 문 앞을 지키면서 당구치는 기구로 문을 내리쳐 부수자 위협을 느낀 나머지 화장실 창문 밖으로 숨으려 하다가 실족하여 떨어져 사망하였다면 피고인들은 폭행치사죄의 공동정범의 죄책을 진다.
㉡ 강도를 준비하기 위해 총포상에서 엽총을 구입하다가 오발로 사람을 사망케 한 경우에는 강도치사죄가 성립한다.
㉢ 甲이 강도의사로 영업용 자동차를 타고 과도로 운전자를 위협하자 이에 놀란 운전자가 급히 좌회전하다가 그 충격으로 甲이 들이대던 과도에 찔려 상해를 입은 경우 甲에게는 상해결과에 대한 예견가능성이 없으므로 甲은 강도치상죄로 처벌되지 않는다.
㉣ 甲은 승용차로 乙을 가로막아 승차하게 한 후 乙의 하차요구를 무시한 채 시속 70km의 속도로 진행하여 乙로 하여금 차량에서 내리지 못하게 하였다. 이에 乙이 달리는 승용차에서 뛰어내리다 길바닥에 떨어져 상해를 입고 사망한 경우 甲에게는 감금죄와 과실치사죄가 성립한다.
㉤ 중체포·감금죄는 사람을 체포·감금하여 생명에 위험을 야기한 경우 성립하는 결과적 가중범이다.
㉥ 집회 및 시위에 참가한 노동조합원 중 일부가 시위진압 경찰관들과의 몸싸움 과정에서 다중의 위력으로 경찰관들의 공무집행을 방해하여 상해에 이르게 한 경우 위 노동조합지역본부장의 직책을 가지고 그 집회 및 시위에 적극적으로 참가한 자에게는 특수공무집행방해치상죄의 공동정범으로서의 죄책이 인정된다.

① ㉠ ㉡ ② ㉠ ㉢ ③ ㉠ ㉤ ④ ㉠ ㉥
⑤ ㉠ ㉢ ㉥ ⑥ ㉠ ㉤ ㉥ ⑦ ㉡ ㉣ ㉤ ⑧ ㉠ ㉡ ㉢ ㉥

해설

㉠(○) 피고인들의 폭행행위와 피해자의 사망 사이에는 인과관계가 있으므로 폭행치사죄의 공동정범이 성립한다(대법원 1990.10.16, 90도1786).

㉡(×) 강도치사죄는 강도의 기회에 중한 결과가 발생하는 경우에 성립하는 범죄인데, 강도의 실행의 착수가 없는 단계에서는 그 결과적 가중범의 성립을 논할 여지가 없다.
㉢(×) 강도치상죄에서 상해는 강도의 기회에 범인의 행위로 인하여 발생한 것이면 족한 것이므로 강도치상죄가 성립한다(대법원 1985.1.15, 84도2397).
㉣(×) 피해자가 감금상태를 벗어날 목적으로 차량을 빠져 나오려다가 길바닥에 떨어져 상해를 입고 그 결과 사망에 이르렀다면 감금행위와 피해자의 사망 사이에는 인과관계가 인정되며, 행위자는 감금치사죄의 죄책을 지게 된다(대법원 2000.2.11, 99도5286).
㉤(×) 중체포 · 감금죄(제277조)는 사람을 체포 또는 감금하여 가혹한 행위를 가한 경우에 해당되며, 결과적 가중범은 아니다.
㉥(○) 대법원 2002.4.12, 2000도3485 내용이다. 〈답 ④〉

7. 다음 사안 중 결과적 가중범이 성립하는 것은 모두 몇 개인가?

> A. 사람이 없는 빈 헛간으로 생각하고 방화하였는데 사실은 타인의 주택이었다.
> B. 자기소유의 낡은 창고를 태우려고 방화하였는데 생각지도 못한 강풍이 불어 이웃하여 있는 타인의 주택 1채가 전소하였다.
> C. 강도가 현장으로부터 1킬로미터 떨어진 곳에서 우연히 불심검문을 받자 검문에 응하지 아니하고 흉기를 휘둘러 검문하던 경찰관에게 상해를 입혔다.
> D. 승용차에서 사람이 내리지 못하게 하려고 질주하던 중 그 사람이 차량에서 빠져나오려다 떨어져 상해를 입었다.
> E. 자기의 감독을 받는 사람에게 불결한 음식을 주는 등 학대하여 질병에 걸리게 하였다.

① 없다 ② 1개 ③ 2개 ④ 3개 ⑤ 4개 ⑥ 5개

해설

A(×) 현주건조물방화죄의 고의가 없기 때문에 일반건조물방화죄가 성립하는 경우이다.
B(○) 자기소유의 건조물에 방화하여 현주건조물을 연소케 한 경우로, 결과적 가중범인 연소죄가 성립한다.
C(○) 강도죄와 상해죄 및 결과적 가중범인 특수공무집행방해치상죄가 성립하는 경우이다. 강도죄와 특수공무집행방해치상죄의 경합범이다.
D(○) 감금치상죄가 성립한다(대법원 2000.2.11, 99도5286 참조).
E(○) 학대죄를 범하여 상해에 이르게 한 때에는 결과적 가중범인 유기치사상죄(제275조)에 해당한다.
결국 결과적 가중범이 성립하는 것은 B, C, D, E의 4개이다. 〈답 ⑤〉

8. 부진정결과적 가중범을 인정하는 견해에 의하여도 이에 해당한다고 할 수 없는 범죄는?

① 중상해죄 ② 특수공무방해치상죄 ③ 교통방해치상죄

④ 강도치상죄 ⑤ 현주건조물방화치사상죄

✍ **해설** ·····································

④(×) 강도치상죄는 진정결과적 가중범에 해당한다.
부진정결과적 가중범이란 중한 결과를 과실로 야기한 경우뿐만 아니라 고의(특히 미필적 고의)에 의하여 발생케 한 경우에도 성립하는 결과적 가중범을 말한다. 부진정결과적 가중범을 인정할 것인가 또 이를 어느 범위까지 인정할 것인가에 대하여는 견해가 일치하지 않는다. 형법에 있어서 결과적 가중범에 관하여 진정·부진정의 구별은 필요없다고 하여 이를 부정하는 견해(정성근, 황산덕)가 있으나 처벌의 불균형을 시정하기 위해서는 부진정결과적 가중범을 인정하여 이러한 경우에는 결과적 가중범과 중한 결과에 대한 고의범의 상상적 경합을 인정하는 것이 타당하다고 본다(이재상 § 15/7). 형법상의 교통방해치상죄(제188조)와 현주건조물방화치사상죄(제164조 2항), 특수공무방해치상죄(제144조 2항) 이외에 중상해죄(제258조)도 부진정결과적 가중범이다. 〈답 ④〉

9. 결과적 가중범에 관한 설명 중 옳지 않은 것은? (다툼이 있는 경우에는 판례에 의함) <사시 2005년>

① 강도가 택시를 타고 가다가 요금지급을 면할 목적으로 소지한 과도로 운전수를 협박하자 이에 놀란 운전수가 택시를 급우회전하면서 그 충격으로 강도가 겨누고 있던 과도에 어깨부분이 찔려 상처를 입은 경우라면 강도치상죄가 성립하지 아니한다.

② 상해치사죄가 성립하기 위해서는 상해의 결과가 치명적일 것을 요한다는 주장은 결과적 가중범이 성립하기 위해서 기본범죄의 결과와 중한 결과 사이에 직접성이 요구된다는 견해에서 비롯된다.

③ 직계존속이 아닌 사람을 살해할 목적으로 현주건조물에 방화하여 사망에 이르게 한 경우에는 현주건조물방화치사죄로 처벌하여야 하고 이와 더불어 살인죄와의 상상적 경합범으로 볼 것은 아니다.

④ 결과적 가중범의 미수를 부정하는 견해에 의하면 미수범 처벌규정(형법 제342조)에 결과적 가중범이 포함되어 있지만 이 규정은 강도치사죄에는 적용되지 않고 강도살인죄에 적용된다.

⑤ 협의의 공범에게 기본범죄에 대한 교사 또는 방조 이외에 중한 결과에 대한 과실이 있는 경우에는 결과적 가중범에 대한 협의의 공범을 인정할 수 있다.

✍ **해설** ·····································

①(×) 강도치상죄에 있어서의 상해는 강도의 기회에 범인의 행위로 인하여 발생한 것이면 족한 것이므로, 피고인이 택시를 타고 가다가 요금지급을 면할 목적으로 소지한 과도로 운전수를 협박하자 이에 놀란 운전수가 택시를 급우회전하면서 그 충격으로 피고인이 겨누고 있던 과도에 어깨부분이 찔려 상처를 입었다면, 피고인의 위 행위를 강도치상죄에 의율함은 정당하다(대법원 1985.1.15, 84도2397).

②(○) 중한 결과의 직접성이 기본범죄의 행위와의 사이에 인정되어야 한다는 행위표준설과 기본범죄의 결과와의 사이에 인정되어야 한다는 결과표준설이 대립하고 있다. 결과가 기본범죄의 결과로부터 직접 발생할 것을 요구할 때에는 상해치사가 성립하기 위하여 기본범죄가 치명상을 가하였을 것을 요구하며, 결과적 가중범은 기본범죄가 기수에 이를 것을 요건으로 하게 된다.
③(○) 대법원 1996.4.26, 96도485.
④(○) 결과적 가중범에 대하여 미수범이 성립할 수 있는가에 대하여 결과적 가중범의 미수는 있을 수 없으므로 결과적 가중범 처벌규정은 고의범인 인질상해·살인죄 등에만 적용된다고 해석해야 한다는 부정설과 형법이 결과적 가중범에 대하여 미수범 처벌규정을 두고 있고 미수와 기수는 결과불법의 면에서 큰 차이가 있다는 이유로 미수가 가능하다는 긍정설이 대립되고 있다.
⑤(○) 결과적 가중범에 대한 교사 또는 방조가 되기 위해서는 기본범죄에 대한 교사 또는 방조 이외에 교사범 또는 방조범에게도 중한 결과에 대한 과실이 있어야 한다.

〈답 ①〉

10. 결과적 가중범에 대한 다음 설명 중 옳지 않은 것은? (다툼이 있는 경우에는 판례에 의함) <사시 2010년: 배점 2>

① 강간피해자가 수치심과 장래에 대한 비관으로 자살한 경우에는 강간치사죄가 성립하지 않는다.
② 사람을 살해할 목적으로 현주건조물에 방화하여 사망의 결과를 발생시킨 경우에는 현주건조물방화치사죄가 성립한다.
③ 직무를 집행하는 공무원에 대하여 위험한 물건을 휴대하여 고의로 상해를 가한 경우에는 특수공무집행방해치상죄만 성립한다.
④ 강도의 기회에 과실로 피해자를 사망에 이르게 하였다면 강도가 미수에 그쳤더라도 강도치사죄가 성립한다.
⑤ 처가 경영하는 미장원에 고용된 부녀에게 성교 요구에 불응하면 해고한다고 위협하여 간음하고, 이로 인하여 피해자의 처녀막이 파열된 경우에는 업무상 위력에 의한 간음치상죄가 성립한다.

해설

①(○) 강간행위와 피해자의 자살행위 사이에 인과관계를 인정할 수 없어 강간치사죄가 성립하지 않는다(대법원 1982.11.23, 82도1446 참조).
②(○) 판례는 살인죄와 현주건조물방화치사죄의 상상적 경합범이 아니라 단순히 현주건조물방화치사죄를 인정하였다(대법원 1983.1.18, 82도2341).
③(○) 직무를 집행하는 공무원에 대하여 위험한 물건을 휴대하여 고의로 상해를 가한 경우에는 특수공무집행방해치상죄만 성립할 뿐, 이와는 별도로 폭력행위등처벌에관한법률위반(집단·흉기등상해)죄를 구성하지 않는다(대법원 2008.11.27, 2008도7311).
④(○) 기본범죄가 미수라 하더라도 결과적 가중범은 성립한다. 판례는 위험한 물건인 전자충격기를 사용하여 강간을 시도하다가 미수에 그치고, 피해자에게 약 2주간의 치료를 요하는 안면부좌상 등의 상해를 입힌 사안에서, 성폭력범죄의처벌및피해자보호등에관한법률(현행 성폭력범죄의처벌등에관한특례법)에 의한 특수강간치상죄가 성립한다고 보았

다(대법원 2008.4.24, 2007도10058).
⑤(×) 업무상 위력에 의한 간음치상죄는 없으므로 옳지 않다. 강간 등 치상죄는 강간(제297조), 유사간강(제297조의2), 강제추행(제298조), 준강간·준강제추행(제299조), 미성년자에 대한 간음·추행(제305조)과 이들 범죄의 미수(제300조)의 죄를 범한 자가 상해에 이르게 한 때에 성립한다(제301조). 〈답 ⑤〉

11. 결과적 가중범에 대한 설명이다. 甲의 죄책에 관하여 판례의 태도와 일치하지 않는 것 2개를 옳게 묶은 것은?

> ㉠ 甲이 술집에서 접대부 乙과 술을 마시고 성교까지 하였는데 술값이 부족하자 乙을 동승시키고 친구집으로 돈을 빌리러 가면서 乙의 가슴을 만지면서 추행하자 乙이 갑자기 욕설을 하면서 차에서 뛰어내리다가 사망하였다. 강제추행치사죄가 성립한다.
> ㉡ 甲이 강제로 피해자 乙을 승용차에 태우고 운전하여 가자 겁에 질린 乙이 차에서 뛰어내리다가 상처를 입었다. 감금치상죄가 성립한다.
> ㉢ 甲과 乙이 공동으로 피해자를 폭행하여 피해자가 당구장 3층에 있는 화장실에 숨자 피해자를 다시 폭행하려고 甲은 화장실을 지키고 乙은 당구치는 기구로 문을 내리쳐 부수자 위협을 느낀 피해자가 화장실 창문 밖으로 숨으려다가 실족하여 떨어짐으로써 사망하였다. 甲과 乙은 폭행치사죄의 공동정범이다.
> ㉣ 甲은 乙과 서로 시비하다가 乙을 떠밀어 땅에 엉덩방아를 찧고 주저앉게 하였는데, 乙은 외관상 건강하여 전혀 병약한 흔적이 없었지만 관상동맥경화 및 협착증세를 가진 특수체질자였기 때문에 심장마비를 일으켜 사망하였다. 사망에 대한 예견가능성이 없어 폭행치사죄가 성립하지 않는다.
> ㉤ 甲은 외견상 건강해 보이지만 평소 고혈압증세가 있는 乙(60세)과 시비 끝에 乙의 왼쪽 어깨쭉지를 잡고 약 7미터 걸어가다가 놓아주었는데 乙은 그곳에 있던 평상에 앉아 있다가 쓰러져 2주간의 안정가료를 요하는 뇌실질내 혈종의 상해를 입었다. 폭행치상죄가 성립한다.
> ㉥ 甲은 장모 乙을 살해할 의사로 밤에 乙이 살고 있는 집에 방화하여 乙이 사망하였다. 현주건조물방화치사죄와 존속살해죄의 상상적 경합이 된다.

① ㉠ ㉣　② ㉠ ㉤　③ ㉣ ㉤　④ ㉣ ㉥　⑤ ㉤ ㉥

해설

판례가 중한 결과를 예견할 수 없다는 이유로 결과적 가중범이 성립하지 않는다고 판시한 것은 ㉠㉤이다.
㉠(×) 결과적 가중범에 있어서 행위자가 행위시에 그 결과의 발생을 예견할 수 없을 때

에는 비록 그 행위와 결과 사이에 인과관계가 있다 하더라도 중한 죄로 벌할 수 없다(대법원 1988.4.12, 88도178).

㉤(×) 피고인이 어깨쭉지를 잡고 걸어가다가 놓아준 데 불과한 폭행으로 고혈압환자인 피해자가 뇌실질내 혈종의 상해를 입을 것이라고 예견할 수 없었으므로 폭행치상죄로 처벌할 수는 없다(대법원 1982.1.12, 81도1811).

㉡ 대법원 2000.5.26, 2000도440, ㉢ 대법원 1990.10.16, 90도1786, ㉣ 대법원 1985.4.3, 85도303, ㉥ 대법원 1996.4.26, 96도485과 각각 일치한다. 〈답 ②〉

12. 판례에 나타난 다음 사례들에서 피고인에게 결과적 가중범이 성립하는지 여부에 관한 다음 (○) (×) 문제에 관하여 답안을 작성하였다. 오답이 가장 많이 포함된 것은? <사시 2007년: 배점 3>

> ㉠ 피고인이 강간한 후 피해자가 자신의 장래를 책임지라고 추궁하자 피고인이 피해자를 타이르던 중 계속 반항하므로 양손으로 피해자의 목을 졸라 사망케 한 경우
>
> ㉡ 피고인이 물조차 제대로 마시지 못하고 잠도 자지 아니하여 거의 탈진상태에 이른 피해자의 손과 발을 17시간 이상 묶어 두고 좁은 차량 속에서 움직이지 못하게 감금하여 혈액순환에 장애가 발생하여 혈전이 형성되고 그 혈전이 폐동맥을 막아 사망한 경우
>
> ㉢ 피고인이 다른 공모자 甲과 절도를 공모한 후 甲이 가게에 침입하여 물건을 절취하는 동안 밖에서 망을 보던 중 예기치 않았던 인기척 소리가 나서 도주하여 버린 이후에 甲이 체포를 면탈할 목적으로 피해자에게 폭행을 가하여 상해를 입힌 경우
>
> ㉣ 피고인이 피해자 乙의 집에 침입하여 잠을 자고 있는 乙을 강간할 목적으로 손을 뻗는 순간 놀라 소리치는 乙의 입을 왼손으로 막고 오른손으로 음부 부위를 더듬던 중 乙이 피고인의 손가락을 깨물며 반항하자 물린 손가락을 비틀며 잡아 뽑아 乙에게 치아 결손의 상해를 입힌 경우
>
> ㉤ 피고인이 승용차로 피해자를 가로막아 승차하게 한 후 시속 약 60~70km의 속도로 진행하여 피해자를 차에서 내리지 못하게 하자 이를 벗어날 목적으로 차량을 빠져 나오려다가 차도에 떨어져 상해를 입고 그 결과 사망에 이른 경우

① ㉠(×) ㉡(○) ㉢(×) ㉣(○) ㉤(×)
② ㉠(○) ㉡(×) ㉢(×) ㉣(○) ㉤(○)
③ ㉠(○) ㉡(○) ㉢(○) ㉣(×) ㉤(○)
④ ㉠(×) ㉡(×) ㉢(○) ㉣(×) ㉤(○)
⑤ ㉠(○) ㉡(×) ㉢(○) ㉣(○) ㉤(○)
⑥ ㉠(○) ㉡(○) ㉢(○) ㉣(×) ㉤(×)

⑦ ㉠(×) ㉡(○) ㉢(×) ㉣(×) ㉤(×)
⑧ ㉠(×) ㉡(×) ㉢(×) ㉣(○) ㉤(×)

해설

결과적 가중범이 성립되는 경우는 ㉡㉣㉤이다. ⑥에 오답이 4개가 포함되어 가장 많다.
㉠(×) 살인의 고의로써 살인죄가 성립하므로 결과적 가중범을 논할 여지가 없다(대법원 1986. 1.11, 86도1989).
㉡(○) 결과적 가중범인 감금치사죄가 성립한다(대법원 2002.10.11, 2002도4315).
㉢(×) 망보다 도주한 피고인으로서는 다른 특수절도 공모자의 폭행행위를 예견할 수 없었으므로 강도치상의 결과적 가중범은 인정되지 아니한다(대법원 1984.2.28, 83도3321).
㉣(○) 피고인이 스스로 야기한 강간범행의 와중에서 피해자가 피고인의 손가락을 깨물며 반항하자 물린 손가락을 비틀며 잡아 뽑다가 피해자에게 치아결손의 상해를 입힌 소위를 가리켜 법에 의하여 용인되는 피난행위라 할 수 없다(대법원 1995.1.12, 94도2781).
㉤(○) 피해자가 그와 같은 감금상태를 벗어날 목적으로 차량을 빠져나오려다가 길바닥에 떨어져 상해를 입고 그 결과 사망에 이르렀다면 감금행위와 피해자의 사망 사이에는 상당인과관계가 있다고 할 것이므로 감금치사죄에 해당한다(대법원 2000.2.11, 99도5286).

〈답 ⑥〉

제3장 위 법 성

제1절 위법성의 이론

1. 위법성에 관한 설명 중 옳은 것은 ○, 옳지 않은 것은 ×로 표시한 것은?

A. 불법 여부에 대한 최종적 판단은 위법성단계에서 행해진다.
B. 실질적 의미에서 위법할지라도 항상 처벌되는 것은 아니다.
C. 적극적 형식으로 위법성을 규정하지 않는 이유는 위법성론에서는 구성요건에 해당하는 위법성만이 문제되기 때문이다.
D. 위법성의 본질을 법익침해에 있다고 보는 견해는 형식적 위법성론이다.
E. 위법성은 형법뿐만 아니라 초실정법적 원리에 의하여 판단해야 하므로 우리 형법에 있어서도 초법규적 위법성조각사유를 인정해야 한다는 것이 통설이다.

	A B C D E		A B C D E
①	○－×－○－×－×	②	○－×－×－○－○
③	×－○－○－×－×	④	○－○－○－×－×
⑤	×－○－×－×－○	⑥	×－○－○－×－○

해설

D(×) 실질적 위법성론에 해당한다.
E(×) 형법 제20조는 초법규적 위법성조각사유를 정당행위라는 위법성조각사유로 규정하고 있으므로 초법규적 위법성조각사유를 인정할 수 없다는 것이 통설이다. 〈답 ④〉

2. 위법성의 이론에 관한 설명으로 옳지 않은 것만 모두 모은 것은?

㉠ 형식적 위법성론에 의하면 위법성은 구성요건 충족과 같은 의미를 가진다.
㉡ 주관적 위법성론은 규범의 내용을 이해할 수 있는 자의 구성요건해당행위만이 위법할 수 있다고 한다.
㉢ 실질적 위법성론에 의하면 책임무능력자에 대한 정당방위는 불가능하다.

ⓡ 객관적 위법성론에 의하면 위법성조각사유에 해당함에 있어서 주관적 정당화요소는 필요하지 않다.
ⓜ 실질적 위법성론은 초법규적 위법성조각사유를 인정한다.
ⓑ 일원적 인적불법론에 의하면 구성요건적 행위는 주관적 정당화요소가 있는 경우에만 행위반가치가 탈락하여 정당화될 수 있다.
ⓢ 주관적 위법성론은 주관주의 형법이론, 객관적 위법성론은 객관주의 형법이론의 소산이다.

① ㉠ ㉣ ② ㉢ ㉣ ③ ㉢ ㉤ ④ ㉠ ㉢ ㉥
⑤ ㉡ ㉢ ㉤ ⑥ ㉢ ㉣ ㉥ ⑦ ㉢ ㉣ ㉦ ⑧ ㉢ ㉤ ㉥ ㉦

해설

㉢(×) 위법성의 평가방법에 관하여는 객관적 위법성론과 주관적 위법성론이 있다. 주관적 위법성론에 의하면 책임무능력자는 규범의 수명자가 될 수 없어 명령에 위반할 수도 없고 위법하게 행위 할 수도 없어서 책임무능력자에 대한 정당방위는 불가능하다. 실질적 위법성론은 위법성의 본질에 관한 이론이다.
㉣(×) 객관적 위법성론은 위법성 판단의 기준이 객관적이라는 것을 의미하고 주관적 요소도 위법성판단의 대상으로 삼는다. 즉 객관적 위법성론이라 하여 반드시 주관적 정당화요소가 불필요하다는 결론이 나오는 것은 아니다.
㉦(×) 주관적 위법성론과 객관적 위법성론의 대립은 불법이 책임을 전제로 하는가에 관한 문제이므로 범죄이론에 있어서의 주관주의와 객관주의의 대립과는 관련이 없다.

〈답 ⑦〉

3. 위법성에 대한 설명으로 옳지 않은 것은? <사시 2012년: 배점 2>

① 위법성의 판단기준을 행위자 개인에게 두고 법규범에 따라 의사를 결정할 능력이 없는 자의 행위는 위법하지 않다고 보는 견해에 따르면, 책임무능력자의 공격에 대해서는 정당방위를 할 수 없게 된다.
② 위법성의 평가의 방법(기준)과 대상을 구분하여 위법성의 평가는 객관적으로 해야 하나 그 대상에는 객관적 요소뿐만 아니라 주관적 요소도 포함된다고 보는 견해에 따르면, 책임무능력자의 공격에 대하여도 정당방위가 가능하게 된다.
③ 위법성의 실질을 결과반가치만으로 파악하는 견해에 따르면, 주관적 정당화요소가 결여된 경우에도 객관적 정당화상황이 존재하면 위법성이 조각될 수 있다.
④ 위법성의 실질을 행위반가치로만 파악하는 견해에 대해서는, 고의범에 있어서 기수와 미수를 동일하게 취급하게 되어 부당하다는 비판이 제기된다.
⑤ 과실범의 위법성이 조각되기 위해서도 주관적 정당화요소가 필요하다는

견해에 따르면, 자신을 살해하기 위해 공격해 오는 A를 격퇴하기 위하여 甲이 경고사격을 하였는데 뜻하지 않게 A가 그 총알에 맞아 중상을 입은 경우에는 甲에게는 주관적 정당화요소가 결여되어 있으므로 위법성이 조각되지 아니한다.

해설

①(○) 주관적 위법성론의 설명이다. 이에 의하면 책임무능력자는 주관적으로 법규범을 따를 능력이 없으므로 그에 대해 위법하다고 할 수 없고, 위법하지 않은 행위에 대해서는 정당방위를 할 수 없다고 하게 된다.
②(○) 객관적 위법성론의 설명이다. 이에 의하면 책임무능력자의 공격은 객관적으로 평가할 때 위법하며, 위법한 행위에 대해 정당방위를 할 수 있다.
③(○) 위법성의 실질을 결과반가치만으로 파악하면 주관적 정당화요소를 요하지 않으므로 객관적 정당화상황의 존재만으로 위법성은 조각된다.
④(○) 위법성의 실질을 행위반가치로만 파악하면, 고의기수범이나 고의미수범은 고의라는 행위반가치 면에서는 동일하므로, 결과반가치를 결여한 미수를 달리 취급하지 못하는 문제점이 있다.
⑤(×) 과실범의 경우에도 위법성조각을 위해서 주관적 정당화요소가 필요하다는 견해도, 과실범은 고의범과 같은 행위반가치적 요소(행위자의 의사적 요소)를 갖지 않으므로 행위자에게 객관적 정당화상황에 대한 인식만 있으면 주관적 정당화요소가 인정된다고 본다. 지문의 경우 甲에게 객관적 정당화상황에 대한 인식은 있었으므로 주관적 정당화요소가 인정되어 위법성이 조각된다. 〈답 ⑤〉

4. 다음은 위법성을 이해하는 학설 <보기 1>과 그 학설의 내용 또는 그에 대한 비판 <보기 2>이다. 그 연결이 옳지 않은 것은? <사시 2010년: 배점 2>

〈보기 1〉
가. 위법성을 규범에 대한 형식적 위반으로 보는 견해(형식적 위법성론)
나. 위법성의 본질을 권리침해, 법익침해, 사회질서위반 등에서 찾는 견해(실질적 위법성론)
다. 위법성을 의사결정규범위반으로 보는 견해(주관적 위법성론)
라. 위법성을 평가규범위반으로 보는 견해(객관적 위법성론)

〈보기 2〉
A. 초법규적 위법성조각사유를 인정할 수 있는 이론적 근거가 된다.
B. 책임무능력자의 행위는 책임이 조각되는 것이 아니라 위법하지 않은 행위이다.
C. 심신상실자의 공격에 대해서 정당방위를 할 수 있다.
D. 행위의 위법성에 대한 평가가 행위자의 개인적 사정에 의해 좌우되어서는 안 된다는 비판을 받고 있다.
E. 구성요건해당행위는 위법성조각사유가 없는 한 위법성이 인정된다.

F. 비범죄화로 기능하기 곤란한 이론이다.

① 가-E　　② 나-A　　③ 나-F
④ 다-B　　⑤ 다-D　　⑥ 라-C

해설

①(○) 가-E : 형식적 위법성론은 위법성의 본질을 명령과 금지의 형식으로 되어 있는 법규범을 위반하는 데 있다고 한다. 따라서 형식적 위법성론에 의하면 구성요건에 해당하는 행위는 실정법상의 위법성조각사유가 없으면 위법성이 인정된다.
②(○) 나-A : 실질적 위법성론은 실질적 기준에 따라 위법성의 의미를 파악하려는 입장으로, 권리침해, 법익침해, 사회질서위반 등에서 위법성의 본질을 찾는다. 따라서 실질적 위법성론에 의하면 실정법에 규정되지 않은 초법규적 위법성조각사유를 인정할 수 있는 근거 마련이 가능하다.
③(×) 나-F : 실질적 위법성론은 위법성을 실질적으로 고찰하므로 구성요건에 해당하는 행위라도 위법의 실질이 없으면 위법성을 조각시킬 수 있으므로 비범죄화로 기능하기 용이하다.
④(○) 다-B : 주관적 위법성론은 위법성을 의사결정규범위반으로 보므로 의사결정능력이 있는 사람만이 위법한 행위를 할 수 있고, 책임무능력자는 수명자가 될 수 없어 그의 행위는 위법성이 조각된다.
⑤(○) 다-D : 주관적 위법성론은 행위의 위법성에 대한 평가가 행위자 개인의 의사결정능력 유무에 의해 좌우된다는 비판을 받고 있다.
⑥(○) 라-C : 객관적 위법성론은 위법성을 객관적 평가규범위반으로 보므로 모든 사람이 규범의 수명자에 해당한다. 따라서 책임무능력자의 공격행위도 위법성이 인정되며 이에 대한 정당방위도 가능하다. 〈답 ③〉

5. 객관적 정당화사정이 존재함에도 그것을 인식하지 못하고 구성요건을 실현한 행위의 효과에 대해서 무죄설(甲), 기수범설(乙), 불능미수범설(丙)이 대립하고 있다. 각 학설에 대한 비판으로 옳게 묶은 것은? <사시 2008년: 배점 3>

㉠ 이 설에 대해서는 객관적 정당화사정이 존재함에도 그것이 행위자에게 유리하게 작용하지 못한다는 비판이 제기된다.
㉡ 이 설에 대해서는 행위자에게 유리하게 고려할 수 있는 객관적 사정이 있다고 해서 그것을 반드시 불법단계에서 고려해야 하는 것은 아니라는 비판이 제기된다.
㉢ 이 설에 대해서는 불법(위법성)의 판단을 오직 결과반가치의 여부에 의해서만 결정하려는 것이라는 비판이 제기된다.
㉣ 이 설에 대해서는 객관적 정당화사정이 존재하는 경우에는 결과반가치가 부정되어야 하고, 이 점은 불법단계에서 고려되어야 한다는 비판이 제기된다.
㉤ 이 설에 대해서는 위법성조각사유의 객관적 요건과 주관적 요건이 모두 충족되는 경우가 아니라면, 구성요건적 행위의 위법성 판단에

어떠한 영향도 미칠 수 없다는 비판이 제기된다.
ⓑ 이 설에 대해서는 발생된 결과가 과실행위로 인한 경우에는 처벌의 흠결이 생길 수 있다는 비판이 제기된다.
ⓢ 이 설에 대해서는 객관적 정당화사정이 존재한다는 사정이 행위자의 입장에서 우연적인 사정에 속한다고 해서 객관적 법질서의 관점에서까지 우연으로 돌려버릴 수는 없다는 비판이 제기된다.

① 甲-㉠ 乙-㉦ 丙-㉥ ② 甲-㉡ 乙-㉢ 丙-㉤
③ 甲-㉤ 乙-㉦ 丙-㉠ ④ 甲-㉢ 乙-㉠ 丙-㉦
⑤ 甲-㉣ 乙-㉥ 丙-㉡ ⑥ 甲-㉦ 乙-㉠ 丙-㉢
⑦ 甲-㉤ 乙-㉣ 丙-㉥ ⑧ 甲-㉥ 乙-㉣ 丙-㉦

해설

위법성조각사유에서 주관적 정당화요소를 결한 경우 어떤 법적 효과를 인정할 것인가와 관련된 문제이다. 위법성조각사유에서 주관적 정당화요소가 필요하지 않다고 보는 불요설은 주관적 정당화요소가 없어도 위법성조각을 인정하여 무죄로 보는 반면, 필요설은 주관적 정당화요소가 없으면 위법성이 조각되지 않아 기수범을 인정해야 한다는 견해와 결과반가치가 없어 불능미수에 해당할 뿐이라고 보는 견해로 나뉜다. 무죄설에 대한 비판은 ㉡㉢㉤, 기수범설에 대한 비판은 ㉠㉣㉦, 불능미수범설에 대한 비판은 ㉡㉤㉥이다.

〈답 ⑦〉

6. 다음의 A 내지 D는 주관적 정당화요소의 필요 여부, 내용 및 그것을 결한 경우의 효과에 관한 학설이다. 이 학설을 ㉠ 내지 ㉢의 사례에 적용한 결과로 옳지 않은 것은?

〈학설〉
A. 위법성조각사유에 해당하기 위하여는 주관적 정당화요소를 요하지 않고, 따라서 방위의사가 없는 경우에도 정당방위가 성립한다.
B. 위법성이 조각되기 위하여는 정당화사유의 객관적 요건이 존재하는 것만으로는 족하지 않고, 정당화상황을 인식하고 이에 근거하여 정당화의사를 가지고 행위해야 한다.
C. 위법성을 조각하기 위하여는 주관적 정당화요소가 필요하며, 주관적 정당화요소가 없는 경우에는 결과반가치가 없기 때문에 불능미수가 성립한다.
D. 위법성을 조각하기 위하여는 주관적 정당화요소가 필요하고, 주관적 정당화요소가 없는 때에는 결과가 발생한 이상 기수범이 성립한다.
〈사례〉
㉠ 甲은 자동차를 운전하다가 노상에 乙이 서 있는 것을 알지 못하고 乙을 충격하여 상처를 입혔지만 사실 乙은 甲을 살해하기 위하여 권

총을 발사하기 직전이었다.
㉡ 甲은 乙과 丙이 서로 싸우면서 乙이 丙을 칼로 찌르려는 것을 발견하고 이 기회를 이용하여 乙을 살해하기로 결심하고 乙을 향하여 총을 발사하여 乙이 사망하였다.
㉢ 甲은 乙을 살해하려고 생각하고 발사한 피스톨이 乙에게 명중되어 乙이 사망하였다. 그러나 그때 乙은 甲을 살해하려고 피스톨을 발사하기 직전이었다.

① A, ㉠ — 업무상 과실치상죄 ② B, ㉡ — 살인죄
③ C, ㉢ — 살인미수죄 ④ D, ㉢ — 살인죄
⑤ A, ㉡ — 무죄 ⑥ B, ㉢ — 살인죄

해설

A는 주관적 정당화요소 불요설의 입장이다. A견해에 의하면 ㉠ 내지 ㉢의 모든 경우에 정당방위가 성립한다. 따라서 ①이 틀린 것이 된다.
B는 주관적 정당화요소의 내용에 관한 의사설의 입장이다. ㉠ 내지 ㉢의 모든 경우에 주관적 정당화요소가 인정되지 않으므로 ㉡㉢의 경우에도 살인죄가 성립한다.
C는 주관적 정당화요소가 없는 경우의 미수범설, D는 기수범설의 입장이다. 따라서 ㉢의 경우에 C에 의하면 살인미수죄(불능미수), D에 의하면 살인죄가 성립한다. ②③④⑤⑥은 모두 옳다. 〈답 ①〉

7. 위법성이 조각되는 사례에 해당하는 것은? (다툼이 있는 경우에는 판례에 의함) <사시 2012년: 배점 2>

① 토지에 대하여 사실상의 지배권을 가지고 소유자를 대신하여 실질적으로 관리하고 있던 자가 소유권에 대한 방해를 배제하기 위하여 토지에 철주를 세우고 철망을 설치하고 포장된 아스팔트를 걷어내는 등의 방법으로, 그 토지를 그에 인접한 상가건물의 통행로로 이용하지 못하게 한 경우
② 신문기자가 조세포탈 의혹을 받고 있는 자에게 수차례 조세포탈에 대한 취재를 요구하였으나 거절당하자 인터뷰 협조요청서와 서면질의 내용을 주고 나오면서 취재요구에 응하지 않으면 자신이 취재한 내용대로 보도하겠다고 말한 경우
③ 채무자가 도피하였고 다른 채권자들이 채권확보를 위해 피해자의 물건을 취거해 갈 수 있어, 채권자가 자신의 대금 채권을 우선적으로 확보하기 위해 피해자가 부도를 낸 다음날 새벽에 승낙을 받지 아니한 채 시정장치를 부수고 피해자의 가구점에 들어가 화물차에 가구들을 실어 다른 장소로 옮겨 놓은 경우
④ 소유권의 귀속에 관한 분쟁이 있어 민사소송이 계속 중인 건조물의 자

물쇠를 쇠톱으로 절단하고 그 안에 들어간 경우

⑤ 택시운전사가 고객인 가정주부들에게 입에 담지 못할 욕설을 퍼부어 가정주부들로부터 핸드백과 하이힐로 얻어맞게 되자, 그들을 고발하기 위해 파출소로 끌고가는 것을 빙자하여 손목을 비틀어 상해를 입힌 경우

✍ **해설** ……………………………………………

①(×) 인근 상가의 통행로로 이용되고 있는 토지의 사실상 지배권자가 위 토지에 철주와 철망을 설치하고 포장된 아스팔트를 걷어냄으로써 통행로로 이용하지 못하게 한 경우는 일반교통방해죄가 성립한다(대법원 2007.12.28, 2007도7717).

②(○) 신문기자인 피고인이 고소인에게 2회에 걸쳐 증여세 포탈에 대한 취재를 요구하면서 이에 응하지 않으면 자신이 취재한 내용대로 보도하겠다고 할하여 협박하였다는 취지로 기소된 사안에서, 위 행위가 설령 협박죄에서 말하는 해악의 고지에 해당하더라도 사회상규에 반하지 아니하는 행위라고 하였다(대법원 2011.7.14, 2011도639).

③(×) 채무자인 피해자가 부도를 낸 후 도피하였고 다른 채권자들이 채권확보를 우하여 피해자의 물건들을 취거해 갈 수도 있다는 사정만으로는 피고인들이 법정절차에 의하여 자신들의 피해자에 대한 청구권을 보전하는 것이 불가능한 경우에 해당한다고 볼 수 없다(대법원 2006.3.24, 2005도8081).

④(×) 소유권의 귀속에 관한 분쟁이 있어 민사소송이 계속 중인 건조물에 관하여 현실적으로 관리인이 있음에도 위 건조물의 자물쇠를 쇠톱으로 절단하고 침입한 소위는 법정절차에 의하여 그 권리를 보전하기가 곤란하고 그 권리의 실행불능이나 현저한 실행곤란을 피하기 위해 상당한 이유가 있는 행위라고 할 수 없다(대법원 1985.7.9. 85도707).

⑤(×) 택시운전사인 피고인이 고객인 가정주부들에게 입에 담지 못할 욕설을 퍼부은 데서 발단이 되어 가정주부인 피해자 등으로부터 핸드백과 하이힐 등으로 얻어맞게 되자 그 때문에 입은 상처를 고발하기 위해 파출소로 끌고 감을 빙자하여 피해자의 손목을 잡아 틀어 상해를 가했다면 피고인의 행위가 사회통념상 용인될 만한 상당성이 있는 정당행위라고 볼 수는 없다(대법원 1991.12.27, 91도1169). 〈답 ②〉

8. 위법성조각사유에 관한 설명 중 옳지 않은 것을 모두 고른 것은? (다툼이 있는 경우에는 판례에 의함) <사시 2011년: 배점 2>

ㄱ. 방위행위, 피난행위 그리고 자구행위가 그 정도를 초과한 때에는 공통적으로 정황에 의하여 형을 감경 또는 면제할 수 있다.

ㄴ. 현재의 위법한 침해에 대해서는 정당방위 이외에 긴급피난도 가능하다.

ㄷ. 결과반가치일원론에 의하면 객관적 정당화상황이 존재함에도 불구하고 주관적 정당화요소가 없는 경우 위법성이 조각된다.

ㄹ. 장래에 예상되는 절도범의 침입을 막기 위하여 자기 집 담장에 유리조각을 박아 놓았는데 절도범이 절도의사로 그 담장을 넘다가 유리조각에 찔려 상해를 입은 경우 예방적 방위로서 정당방위로 평가될 수 없다.

ㅁ. 형법 제24조에 따르면 처분할 수 있는 자의 승낙에 의하여 그 법익을 훼손한 행위는 법률에 특별한 규정이 있는 경우에 한하여 벌하지

아니한다.

① ㄱ ② ㄷ ③ ㄱ ㄹ
④ ㄷ ㅁ ⑤ ㄹ ㅁ ⑥ ㄱ ㄴ ㄹ
⑦ ㄴ ㄷ ㅁ ⑧ ㄷ ㄹ ㅁ

해설

ㄱ(○) 정황에 의하여 형을 감경 또는 면제할 수 있는 과잉행위 규정은 정당방위, 긴급피난, 자구행위 모두에 존재한다(제21조 2항, 제22조 3항, 제23조 2항). 다만 특별한 상황에서 벌하지 않는다는 규정은 과잉자구행위의 경우에는 없다.
ㄴ(○) 현재의 위법한 침해에 대해 정당방위가 가능함은 물론이며, 현재의 위난이 위법한 때에도 정당방위에 의해 방위할 수 있지만, 긴급피난을 하는 것도 가능하다.
ㄷ(○) 결과반가치일원론은 불법내용을 결과반가치에 있다고 보므로, 주관적 정당화요소가 없더라도 객관적 정당화상황이 존재함으로써 결과반가치가 상쇄되어 위법성이 조각된다고 한다.
ㄹ(×) 정당방위에서 침해의 현재성의 판단은 방위행위시가 아니라 침해행위시를 기준으로 하므로, 상대의 침해를 예견하고 미리 방어조치를 취한 경우에도 절도범이 침입할 때 방어장치가 작용한다면 예방적 정당방위가 아니라 현재의 침해에 대한 정당방위가 된다.
ㅁ(×) 형법 제24조는 처분할 수 있는 자의 승낙에 의하여 그 법익을 훼손한 행위는 법률에 특별한 규정이 없는 한 벌하지 아니한다고 하므로, 피해자의 승낙은 일반적으로 벌하지 않지만, 예외적으로 법률에 특별한 규정이 있는 경우에 한하여 벌한다. 〈답 ⑤〉

9. 다음 <사례>에 대하여 <견해> A, B, C가 취할 수 있는 <결론>으로 옳은 것(○)과 옳지 않은 것(×)을 바르게 표시한 것은? <사시 2009년: 배점 4>

〈사례〉
경찰관 甲이 흉악범 乙을 검거하는 과정에서 乙은 흉기를 들고 격렬하게 저항하였다. 생명에 위협을 느낀 甲은 총을 빼들었으나, 乙은 저항을 멈추지 아니하므로 甲은 총으로 乙의 어깨를 내리쳤다. 甲의 가격으로 乙은 어깨뼈에 금이 가는 상처를 입었을 뿐 아니라, 甲의 의도와 달리 잠금장치가 허술했던 총이 격발되어 乙이 사망하였다.

〈견해〉
A: 과실범에 대해서는 위법성조각사유에 있어서 주관적 정당화요소가 필요하지 않다.
B: 과실범에서의 주관적 정당화요소는 위법성조각사유의 상황에 대한 인식만으로 족하다.
C: 과실범에서도 주관적 정당화요소는 위법성조각사유의 상황에 대한 인식과 의사를 모두 포함해야 한다.

〈결론〉
가. 견해 A에 의하면 乙의 사망에 대하여 甲은 과실치사죄의 죄책을 피

할 수 없다.
나. 견해 B에 의하면 乙의 사망에 대한 甲의 행위는 정당방위로 위법성이 조각된다.
다. 견해 C에 의하면 乙의 사망에 대한 甲의 행위는 위법성이 조각되지 않는다.

① 가(×) 나(×) 다(×) ② 가(○) 나(×) 다(×)
③ 가(×) 나(○) 다(×) ④ 가(×) 나(×) 다(○)
⑤ 가(○) 나(○) 다(×) ⑥ 가(○) 나(×) 다(○)
⑦ 가(×) 나(○) 다(○) ⑧ 가(○) 나(○) 다(○)

해설

가(×) 불요설인 A에 의하면 객관적인 정당화상황만 존재하면 위법성이 조각되므로 甲은 과실치사행위의 위법성이 조각된다.
나(○) 주관적 정당화요소는 정당화상황에 대한 인식으로 족하다는 정당화인식설(B)에 의하면 甲은 정당화상황에 대한 인식이 있었으므로 위법성이 조각된다.
다(○) 주관적 정당화요소는 주관적 구성요건요소인 고의에 대응하여 정당화상황에 대한 인식은 물론 정당화목적이 필요하다는 견해(C)에 의하면 甲에게는 정당화목적은 인정되지 않으므로 위법성이 조각되지 않는다. 〈답 ⑦〉

10. 위법성조각사유에 관한 설명 중 옳은 것을 모두 고른 것은? (다툼이 있는 경우에는 판례에 의함) <사시 2013년: 배점 2>

ㄱ. 형법 제24조의 규정에 의하여 위법성이 조각되는 피해자의 승낙은 개인적 법익을 훼손하는 경우에 법률상 이를 처분할 수 있는 사람의 승낙을 말할 뿐만 아니라 그 승낙이 윤리적, 도덕적으로 사회상규에 반하는 것이 아니어야 한다.
ㄴ. 피해자가 불특정 · 다수인의 통행로로 이용되어 오던 기존 통로의 일부 소유자인 피고인으로부터 사용승낙을 받지 아니한 채 통로를 활용하여 공사차량을 통행하게 함으로써 피고인의 영업에 다소 피해를 발생시키자, 피고인이 공사차량을 통행하지 못하도록 자신 소유의 승용차를 통로에 주차시켜 놓은 행위는 사회상규에 위배되지 않는 정당행위에 해당한다.
ㄷ. 소유권의 귀속에 관한 분쟁이 있어 민사소송이 계속 중인 건조물에 관하여 현실적으로 관리인이 있음에도 위 건조물의 자물쇠를 쇠톱으로 절단하고 침입한 행위는 법정절차에 의하여 그 권리를 보전하기가 곤란하고 그 권리의 실행불능이나 현저한 실행곤란을 피하기 위한 상당한 이유가 있는 행위라고 할 수 없다.
ㄹ. 경찰관의 현행범인 체포행위가 적법한 공무집행을 벗어나 불법하게

> 체포한 것으로 볼 수밖에 없다면, 현행범인이 그 체포를 면하려고 반항하는 과정에서 경찰관에게 상해를 가한 것은 정당방위에 해당한다.
> ㅁ. 사용자의 직장폐쇄가 정당한 쟁의행위로 인정되지 않는 때에는 적법한 쟁의행위로서 사업장을 점거 중인 근로자들이 직장폐쇄를 단행한 사용자로부터 퇴거요구를 받고 이에 불응한 채 직장점거를 계속하더라도 퇴거불응죄가 성립하지 않는다.

① ㄱ ㄴ ② ㄱ ㄷ ㄹ ③ ㄴ ㄹ ㅁ
④ ㄱ ㄷ ㄹ ㅁ ⑤ ㄱ ㄴ ㄷ ㄹ ㅁ

해설

ㄱ(○) 승낙행위는 사회상규에 위반하지 않아야 한다. 이러한 사회상규에 의한 피해자의 승낙 제한원리를 상해죄에만 적용할 것인지, 다른 범죄에도 확대 적용할 것인지 문제되는데 판례는 형법 제24조의 규정에 의하여 위법성이 조각되는 피해자의 승낙은 개인적 법익을 훼손하는 경우에 법률상 이를 처분할 수 있는 사람의 승낙을 말할 뿐만 아니라 그 승낙이 윤리적, 도덕적으로 사회상규에 반하는 것이 아니어야 한다(대법원 1985.12.10, 85도1892).
ㄴ(×) 피해자가 불특정·다수인의 통행로로 이용되어 오던 기존통로의 일부 소유자인 피고인으로부터 사용승낙을 받지 아니한 채 통로를 활용하여 공사차량을 통행하게 함으로써 피고인의 영업에 다소 피해가 발생하자 피고인이 공사차량을 통행하지 못하도록 자신 소유의 승용차를 통로에 주차시켜 놓은 행위가 사회상규에 위배되지 않는 정당행위에 해당한다고 할 수 없다(대법원 2005.9.30, 2005도4688).
ㄷ(○) 소유권의 귀속에 관한 분쟁에 있어 민사소송이 계속 중인 건조물에 관하여 현실적으로 관리인이 있음에도 위 건조물의 자물쇠를 쇠톱으로 절단하고 침입한 소위는 법정절차에 의하여 그 권리를 보전하기가 곤란하고 그 권리의 실행불능이나 현저한 실행곤란을 피하기 위해 상당한 이유가 있는 행위라고 할 수 없다(대법원 1985.7.9, 85도707).
ㄹ(○) 현행범인으로서의 요건을 갖추지 못한 자에 대한 경찰관의 체포를 면하려고 반항하는 과정에서 경찰관에게 상해를 가한 경우, 정당방위가 된다(대법원 2002.5.10, 2001도300).
ㅁ(○) 사용자의 직장폐쇄가 정당한 쟁위행위로 인정되지 아니하는 경우, 적법한 쟁의행위로서 사업장을 점거 중인 근로자들이 사용자로부터 퇴거요구를 받고 이에 불응한 채 직장점거를 계속한 행위는 퇴거불응죄가 아니다(대법원 2007.3.29, 2006도9307). 〈답 ④〉

제 2 절 정당방위

1. 정당방위가 인정되지 않는 경우의 조합은?

> ㉠ 정당방위에 대한 방어행위
> ㉡ 과잉방위에 대한 방어행위
> ㉢ 과실행위에 대한 방어행위

㉣ 책임무능력자의 침해에 대한 방어행위 ㉤ 사람에 의해 사주된 동물의 침해에 대한 방어행위

① ㉠ ② ㉠ ㉡ ③ ㉡ ㉤
④ ㉠ ㉡ ㉣ ⑤ ㉡ ㉢ ㉤

해설

㉠(×) 정당방위가 성립하려면 정당방위상황인 현재의 부당한 침해가 있어야 한다. 정당방위는 위법하지 않으므로 그에 대해서는 정당방위를 할 수 없다.
㉡(○) 과잉방위는 책임이 조각 내지 감경될 수 있지만, 위법하므로 정당방위를 할 수 있다.
㉢(○) 과실행위.
㉣(○) 책임무능력자의 침해도 위법하므로 정당방위가 인정될 수 있다.
㉤(○) 동물에 의한 침해가 사람에 의하여 사주된 때에는 동물을 도구로 이용한 사람에 의한 침해이므로 정당방위가 가능하다. 〈답 ①〉

2. 정당방위의 요건에 관한 설명으로 옳지 않은 것만 모두 모은 것은? (통설에 의함)

a. 방위의사와 더불어 증오심이 다소 있더라도 정당방위는 성립한다. b. 계속범에 있어서는 위법상태가 계속되는 한 정당방위가 가능하다. c. 아직 침해행위의 실행에 착수하지는 않았으나 착수 직전에 있음이 확실한 경우에는 정당방위가 가능하다. d. 이미 종결된 침해라 할지라도 반복될 계속침해는 예방의 필요가 있는 한 정당방위가 가능하다. e. 정당방위의 성립요건인 침해행위는 작위임이 원칙이지만 예외적으로 부작위가 될 수도 있다. f. 정당방위는 원칙적으로 침해행위자에 대해 성립하나, 제3자에 대한 반격은 침해행위에 대한 방위의 한 부분이 되는 한도 내에서 허용된다.

① c ② d ③ a c
④ a d ⑤ b d ⑥ d e f

해설

a(○) 방위의사는 그것이 방위행위의 동기가 되거나 유일한 요소가 될 것을 요하는 것은 아니다.
b(○) 위법상태이므로 정당방위가 가능하다.
c(○) 현재의 침해는 그 침해행위가 반드시 실행에 착수되어 미수의 단계에 이르러야 하는 것은 아니다. 따라서 공격자가 아직 실행에 착수하지 않은 때에도 방어를 지체함으로써 방어의 기회가 곤란한 때, 침해가 확실시 된 때에는 정당방위가 가능하다.
d(×) 반복될 계속침해는 비록 예방의 필요가 있는 때에도 현재의 침해라고 할 수 없고,

따라서 예방적 정당방위는 허용되지 않는다는 것이 통설이다. 예컨대 술에 취하면 폭행을 반복하거나 성관계의 계속을 강요하는 사람을 살해한 경우에 정당방위상황이 인정된다고 할 수 없다.
e(○) 침해는 작위에 의하여 이루어지는 것이 보통이나 부작위에 의한 침해도 가능하다. 다만 부작위에 의한 침해는 부작위범의 구조에 따라 보증인지위가 인정되어야 한다.
f(○) 정당방위는 침해행위자에 대해서 성립하나 제3자에 대한 반격도 그것이 침해행위에 대한 방위의 한 부분이 되는 한도 안에서는 정당방위로 허용된다. 〈답 ②〉

3. 甲의 행위가 정당방위에 해당하지 않는 것은? (다툼이 있는 경우에는 판례에 의함) <사시 2007년 변형: 배점 2>

① 공직선거후보자 甲은 다른 후보자 乙이 연설 중 자신의 부친의 과거행적과 학력기재를 언급하면서 후보자의 자질에 관한 사실을 적시하자 물리력으로 연설을 중단시켰다.
② 乙녀가 자기와 남편 丙을 험담하고 다니는 甲녀의 집에 가서 욕을 하며 행패를 부리자, 甲이 '네가 무언데 남의 집에 와서 행패냐'하면서 '나가라'고 소리쳤고, 이에 丙이 乙과 함께 甲의 멱살을 잡고 넘어뜨리며 폭행하자 甲이 丙의 다리를 깨물었다.
③ 상대방 일행이 서로 합세하여 甲을 구타하자 甲은 이를 벗어나기 위하여 손을 휘저으며 발버둥치는 과정에서 상대방에게 상해를 가하게 되었다.
④ 甲이 경찰관의 불심검문을 받아 운전면허증을 교부한 후 경찰관에게 큰소리로 욕설을 하였는데, 경찰관이 모욕죄의 현행범으로 체포하겠다고 고지한 후 甲의 오른쪽 어깨를 붙잡자 반항하면서 경찰관에게 상해를 가하였다.
⑤ 현행범인으로서의 요건을 갖추고 있지 않은 상황에서 경찰관들이 동행을 거부하는 甲을 체포하려고 하자 체포를 면하려고 반항하는 과정에서 경찰관에게 상해를 가하였다.

해설

①(×) 공직선거후보자 합동연설회장에서 후보자 乙이 적시한 연설 내용이 다른 후보자 甲에 대한 명예훼손 또는 후보자비방의 요건에 해당되나 그 위법성이 조각되는 경우, 乙의 연설 도중에 甲이 마이크를 빼앗고 욕설을 하는 등 물리적으로 乙의 연설을 방해한 행위는 乙의 '위법하지 않은 정당한 침해'에 대하여 이루어진 것일 뿐만 아니라 '상당성'을 결여하여 정당방위의 요건을 갖추지 못하였다(대법원 2003. 11.13, 2003도3606).
②(○) 甲이 다리를 깨문 것은 상대방 두 사람이 멱살을 잡고 넘어뜨리는 현재의 침해에 대한 방어행위로 볼 수 있다. 오십대의 남녀로서 부부인 공소외 1, 2가 66세의 여자인 피고인이 혼자 묵을 만들고 있는 외딴 장소에 찾아와 피고인을 넘어뜨리고 함께 일방적으로 불법한 폭행을 가함에 대하여 피고인이 취한 공소외 1의 팔을 잡아 비틀고, 다리를 무는 등의 행위는 자신을 보호하고 이를 벗어나기 위한 저항수단으로서 소극적인 방어의 한도를 벗어나지 않는 것이라고 할 것이고, 피고인의 위와 같은 행위의 경위와 그 목적

수단 및 피고인의 의사 등 제반 사정에 비추어 볼 때 피고인의 위와 같은 행위는 사회통념상 허용될 만한 상당성이 있는 행위로서 위법성이 조각된다(대법원 1999.10.12, 99도3377).
③(○) 상대방 일행이 서로 합세하여 甲을 구타하였고, 甲이 이를 벗어나기 위하여 손을 휘저으며 발버둥치는 과정에서 상대방 등에게 상해를 가하게 된 사안에서, 甲의 행위는 방어행위로서 위법성이 조각된다(대법원 2010.2.11, 2009도12958).
④(○) 피해자인 경찰관이 범행현장에서 즉시 범인을 체포할 급박한 사정이 있다고 보기도 어려우므로, 피고인이 체포를 면하려고 반항하는 과정에서 상해를 가한 것은 불법체포로 인한 신체에 대한 현재의 부당한 침해에서 벗어나기 위한 행위로서 정당방위에 해당한다(대법원 2011.5.26, 2011도3682).
⑤(○) 현행범인으로서의 요건을 갖추고 있지 않는 상황에서 경찰관들이 동행을 거부하는 자를 체포하거나 강제로 연행하려고 하였다면, 이는 적법한 공무집행이라고 볼 수 없고, 그 체포를 면하려고 반항하는 과정에서 경찰관에게 상해를 가한 것은 불법체포로 인한 신체에 대한 현재의 부당한 침해에서 벗어나기 위한 행위에 해당한다(대법원 2011.5.26, 2011도3682).
〈답 ①〉

4. 판례에 의할 경우 甲의 행위가 정당방위로 인정되는 경우만 모두 모은 것은?

㉠ 甲은 상대방이 칼을 들고 자신을 찌르자 칼을 빼앗아 그 칼로 반격을 가해 상대방에게 상해를 입혔다.
㉡ 甲은 절도범으로 오인 받아 야간에 군중들로부터 무차별 구타를 당하자 이를 방위하기 위해 소지하고 있던 손톱깎기 칼을 휘둘러 상해를 입혔다.
㉢ 甲이 운전하는 차량 앞에 상대방이 뛰어들어 함부로 타려고 하고 이에 항의하는 甲의 바지춤을 잡아당겨 찢고 甲을 끌고 가려다가 넘어지자, 甲이 상대방의 양 손목을 경찰관이 도착할 때까지 약 3분간 잡아 눌렀다.
㉣ 甲은 술에 만취하여 누나에게 덤벼들었다가 누나의 남편 乙과 누나 丙에게 심한 폭행을 당하자 칼로 乙의 허벅지를 찔러 상처를 입혔다.
㉤ 甲은 차량통행문제로 시비가 되어 차량 진행을 제지하는 아버지 앞으로 운전자가 그대로 차를 진행시키자 운전자의 머리카락을 잡아당겨 상해를 입혔다.
㉥ 甲은 자신이 점유하던 공사현장에 乙이 실력을 행사하여 들어와 현수막 및 간판을 설치하고 담장에 글씨를 쓰자 그 현수막을 찢고 간판 및 담장에 쓰인 글씨를 지웠다.
㉦ 甲이 방 안에서 乙로부터 깨진 병으로 찔리고 이유 없이 폭행을 당하여 이를 피하여 방 밖의 홀로 도망쳐 나오자 乙이 쫓아 나와서까지 폭행을 하는 과정에서, 甲이 방 안에서 乙을 껴안거나 두 손으로 멱살 부분을 잡아 흔들었고 홀 밖에서는 서로 붙잡고 밀고 당겼다.

① ㉠ ㉡ ㉢ ② ㉠ ㉡ ㉤ ③ ㉡ ㉢ ㉤
④ ㉠ ㉡ ㉢ ㉥ ⑤ ㉡ ㉢ ㉤ ㉥ ㉦

해설 ……………………………………

㉡ 대법원 1970.9.17, 70도1473, ㉢ 대법원 1999.6.11, 99도943, ㉤ 대법원 1986.10.14, 86도1091, ㉥ 대법원 1989.3.14, 87도3674, ㉦ 대법원 1989.10.10, 89도623이 정당방위를 인정하였다.
이에 반하여 ㉠ 설사 피해자가 칼을 들고 피고인을 찌르자 그 칼을 뺏어 그 칼로 반격을 가한 결과 피해자에게 상해를 입게 하였다 하더라도 그와 같은 사실만으로는 피고인에 대한 현재의 부당한 침해를 방위하기 위한 행위로서 상당한 이유가 있는 경우에 해당한다 할 수 없다(대법원 1984.1.24, 83도1873). ㉣ 정당방위에 해당하지 않는다(대법원 2000.3.28, 2000도228 참조). 〈답 ⑤〉

5. 다음 사례에 대한 설명으로 옳지 않은 것은? (다툼이 있는 경우에는 판례에 의함) <사시 2012년: 배점 2>

> Ⅰ. 甲은 남편 A로부터 20여 년에 걸친 구타와 학대를 견디다 못해 이혼소송을 제기한 후 별거하던 중, 어느 날 A가 甲을 찾아와 폭행·협박하여 강제로 성관계를 가진 후 A가 잠이 들자 甲은 더 이상 참을 수 없다고 생각하고 A를 식칼로 살해하였다.
> Ⅱ. 乙은 의붓아버지인 B로부터 12살 때부터 10여 년 동안 계속적으로 성관계를 강요받아 왔다. 더 이상 견디지 못한 乙은 남자친구와 공모하여 잠을 자고 있는 B를 살해하였다.

① 정당방위의 성립요건으로서 침해의 현재성 여부는 피침해자의 주관적 사정에 따라 결정되어야 하므로 甲이 A로부터 폭력이나 학대에 시달려 왔다면 자신의 법익에 대한 현재의 침해가 인정된다.
② B의 성관계 강요가 이후에도 반복될 염려가 있었다면 범행 당시 乙의 신체나 자유 등에 대한 현재의 부당한 침해상태가 있다고 볼 여지가 있다.
③ 침해의 현재성이 인정되지 않는다면 정당방위(제21조 제1항)는 물론 과잉방위(같은 조 제2항) 및 이를 전제로 한 야간 등 과잉방위(같은 조 제3항)도 인정되지 않는다.
④ 정당방위의 성립요건으로서의 방어행위에는 수비적 방어만이 아니라 적극적 반격도 포함되므로 乙의 범행이 적극적 반격의 형태로 행해졌다는 이유만으로 정당방위를 부정할 수 없다.
⑤ 甲과 乙이 평소 A와 B로부터 지속적인 폭행이나 학대를 당하면서 형성된 만성적인 외상 후 스트레스 장애나 우울증, 충동조절장애 등으로 사물을 변별하거나 의사를 결정할 능력이 미약한 상태에서 행위하였다고 인정되면 심신미약으로 형을 감경하여야 한다.

해설 ……………………………………

①(×) 침해나 위난의 현재성 여부는 피침해자의 주관적인 사정에 따라 결정되는 것이

아니라 객관적으로 결정되어야 한다. 하급심 판결 참조: 침해나 위난의 현재성 여부는 피침해자의 주관적인 사정에 따라 결정되는 것이 아니라 객관적으로 결정되어야 할 뿐만 아니라, 이러한 정당방위나 긴급피난이 범죄의 구성요건에 해당하는 어떤 행위의 위법성을 예외적으로 소멸시키는 사유라는 점에 비추어 그 요건으로서의 침해나 위난의 현재성은 엄격히 해석·적용되어야 한다(대전지법 2006.10.18, 2006고합102).

②(○) "그러한 침해행위가 그 후에도 반복하여 계속될 염려가 있었다면, 이 사건 범행 당시 피고인의 신체나 자유 등에 대한 현재의 부당한 침해상태가 있었다고 볼 여지가 없는 것은 아니나," 식칼로 심장을 찔러 살해한 행위는 사회통념상 상당성을 결여하여 정당방위가 성립하지 않는다고 판시하였다(대법원 1992.12.22, 92도2540).

③(○) 정당방위의 요건인 침해의 현재성이 결여되면 정당방위가 성립하지 않으며, 과잉방위는 정당방위의 정도가 초과한 경우이므로 정당방위가 인정되지 않으면 과잉방위도 인정되지 않는다.

④(○) "정당방위의 성립요건으로서의 방어행위에는 순수한 수비적 방어뿐 아니라 적극적 반격을 포함하는 반격방어의 형태도 포함"된다고 보므로 반격방어라고 해서 정당방위가 부정되는 것은 아니다(대법원 1992.12.22. 92도2540).

⑤(○) 원칙적으로 충동조절장애와 같은 성격적 결함은 형의 감면사유인 심신장애에 해당하지 아니한다고 봄이 상당하지만 그 이상으로 원래의 의미의 정신병이 도벽의 원인이라거나 혹은 도벽의 원인이 충동조절장애와 같은 성격적 결함이라할지라도 그것이 매우 심각하여 원래의 의미의 정신병을 가진 사람과 동등하다고 평가할 수 있는 경우에는 그로 인한 절도 범행은 심신장애로 인한 범행으로 보아야 한다(대법원 1999.4.27, 99도693, 99감도17). 〈답 ①〉

6. 정당방위에 관한 다음 설명 중 옳은 것을 모두 고른 것은? (다툼이 있는 경우에는 판례에 의함) <사시 2010년: 배점 2>

가. 외관상 서로 싸움을 하는 것처럼 보이지만 실제로는 한쪽 당사자가 일방적으로 불법한 공격을 하는 경우 상대방의 방어행위가 불법한 공격으로부터 자신을 보호하고 이를 벗어나기 위한 것으로 소극적인 방어의 한도를 벗어나지 않는 한 정당방위에 해당한다.
나. 절도범이 물건을 훔쳐서 도망가는 것을 발견하고 제3자가 현장에서 그를 추격하여 체포하는 행위는 정당방위가 될 수 있다.
다. 침해행위에 대하여 자기의 법익침해를 방위하기 위한 부득이한 행위가 아니고, 그 침해행위에서 벗어난 후 분풀이 목적에서 나온 공격행위는 정당방위에 해당하지 않는다.
라. 절취해 온 물건을 점유하여 사용하고 있는 사람이라도 그 물건을 훔쳐가려는 제3자에 대해서 정당방위를 할 수 있다.
마. 임대차 기간이 만료되었다 하더라도 임차인이 가옥을 명도하지 않고 있던 중에 임대인이 강제로 침입하는 행위에 대해서 임차인은 정당방위를 할 수 있다.

① 가 나 다 ② 가 나 마 ③ 나 다 마
④ 가 나 다 라 ⑤ 가 나 다 라 마

✍ 해설 ……………………………………

가(○) 대법원 1999.10.12, 99도3377에 일치한다.

나(○) 법익침해상태가 현장에서 계속되고 있는 경우에는 범죄가 기수에 이른 후에도 침해의 현재성이 인정되므로 정당방위가 가능하다.

다(○) 피해자의 침해행위에 대하여 자기의 권리를 방위하기 위한 부득이한 행위가 아니고, 그 침해행위에서 벗어난 후 분을 풀려는 목적에서 나온 공격행위는 정당방위에 해당한다고 할 수 없다(대법원 1996.4.9, 96도241).

라(○) 정당방위의 요건으로 부당한 침해란 객관적으로 법질서와 모순되는 위법한 침해라는 의미이므로 도품도 사실상 평온하게 점유하고 있다면 보호대상이 된다. 따라서 원래의 소유자가 아닌 제3자가 도품을 절취하려는 것도 현재의 부당한 침해에 해당하여 정당방위가 가능하다.

마(○) 임대인이 법에 정해진 절차에 의하지 않고 강제로 들어오면 부당한 침해이므로 임차인은 정당방위를 할 수 있다. 대법원 2008.5.8, 2007도11322 참조: 주거침입죄는 사실상의 주거의 평온을 보호법익으로 하는 것이므로, 그 주거자 또는 간수자가 건조물 등에 거주 또는 간수할 권리를 가지고 있는가의 여부는 범죄의 성립을 좌우하는 것이 아니며, 점유할 권리 없는 자의 점유라 하더라도 그 주거의 평온은 보호되어야 할 것이므로, 권리자가 그 권리를 실행함에 있어 법에 정하여진 절차에 의하지 아니하고 그 건조물 등에 침입한 경우에는 주거침입죄가 성립한다. 〈답 ⑤〉

7. 정당방위에 관한 설명이다. 옳은 것(○)과 옳지 않은 것(×)을 올바르게 조합한 것은? (다툼이 있는 경우에는 판례에 의함)

㉠ 甲은 식당에서 乙과 함께 술을 마시던 중 甲이 자신에게 욕설을 하였다는 이유로 乙이 주먹으로 甲의 얼굴을 수회 때리고 발로 가슴을 걷어 찬 후 甲이 식당 밖으로 피신하자 따라나가 플라스틱 의자로 甲의 팔 부위를 수회 내리치는 바람에 甲이 약 4주간의 치료를 요하는 골절상을 입었고, 甲이 이 과정에서 乙의 손과 멱살을 잡고 밀쳐서 乙에게 10일간의 치료를 요하는 우측 슬부좌상을 가한 경우, 이는 싸움이므로 정당방위가 성립하지 않는다.

㉡ 甲 소유의 밤나무 단지에서 乙이 밤 18개를 푸대에 주워 담는 것을 본 甲이 그 푸대를 빼앗으려다 반항하는 乙의 뺨과 팔목을 때려 상처를 입힌 경우, 甲의 행위는 乙의 절취행위를 방지하기 위한 것으로서 정당방위에 해당한다.

㉢ 경찰관의 행위가 적법한 공무집행을 벗어나 불법하게 체포한 것으로 볼 수밖에 없다면, 그 체포를 면하려고 반항하는 과정에서 경찰관에게 상해를 가한 것은 불법체포로 인한 신체에 대한 현재의 부당한 침해에서 벗어나기 위한 행위로서 정당방위에 해당한다.

㉣ 이혼소송중인 남편이 별거중인 처를 찾아와 가위로 폭행하고 변태적 성행위를 강요하는 데에 격분하여 처가 칼로 남편의 복부를 찔러 사망에 이르게 한 경우, 그 행위는 방위행위로서의 한도를 넘어선 것

> 으로 사회통념상 용인될 수 없으므로 정당방위나 과잉방위에 해당하지 않는다.

① ㉠(○) ㉡(×) ㉢(○) ㉣(○)
② ㉠(×) ㉡(○) ㉢(×) ㉣(○)
③ ㉠(×) ㉡(×) ㉢(○) ㉣(○)
④ ㉠(○) ㉡(○) ㉢(○) ㉣(×)
⑤ ㉠(○) ㉡(○) ㉢(×) ㉣(○)

해설

㉠(×) 상대방의 부당한 공격에서 벗어나거나 이를 방어하려고 한 행위였다고 봄이 상당하고, 그 행위에 이르게 된 경위와 목적 및 수단, 행위자의 의사 등 제반 사정에 비추어 위법성이 결여된 행위라고 할 것이다(대법원 1996.12.23, 96도2745).
㉡(×) 甲이 그 소유의 밤나무 단지에서 乙이 밤 18개를 푸대에 주워 담는 것을 보고 푸대를 빼앗으려다 반항하는 乙의 뺨과 팔목을 때려 상처를 입혔다면 위 행위가 비록 乙의 절취행위를 방지하기 위한 것이었다 하여도 긴박성과 상당성을 결여하여 정당방위라고 볼 수 없다(대법원 1984.9.25, 84도1611).
㉢(○) 경찰관의 행위가 적법한 공무집행을 벗어나 불법하게 체포한 것으로 볼 수밖에 없다면, 그 체포를 면하려고 반항하는 과정에서 경찰관에게 상해를 가한 것은 불법체포로 인한 신체에 대한 현재의 부당한 침해에서 벗어나기 위한 행위로서 정당방위에 해당한다(대법원 2000.7.4, 99도4341).
㉣(○) 대법원 2001.5.15, 2001도1089에 일치한다. 〈답 ③〉

8. 甲의 행위가 정당방위로 인정되는 경우는? (판례에 의함) <법원행시 2008년>

① 甲은 피해자가 동생의 혼인길을 막는다면서 甲에게 시비를 걸고 머리채를 잡아 흔들자 이에 대항하여 피해자의 오른손을 비틀면서 넘어뜨린 다음 발로 전신을 수회 찼다.
② 회사의 관리사원으로 근무하는 甲은 해고에 항의하는 농성을 제지하기 위하여 그 주동자라고 생각되는 해고근로자를 다른 근로자와 분산시켜 귀가시키거나 불응시에는 경찰에 고발, 인계할 목적으로 간부사원회의의 지시에 따라 봉고차에 강제로 태운 다음 그곳에서 내리지 못하게 하여 감금하였다.
③ 甲이 피해자로부터 갑작스럽게 뺨을 맞는 등 폭행을 당하여 서로 멱살을 잡고 다투자 주위 사람들이 싸움을 제지하였으나 피해자에게 대항하기 위하여 깨진 병으로 맨손인 피해자를 찌를 듯이 겨누어 협박하였다.
④ 경찰관들이 현행범이 아닌 甲을 현행범으로 체포하여 파출소로 강제로 끌고 가려 하자 甲은 이를 벗어날 목적으로 몸부림을 치던 중 위 경찰관들 중 1명의 뒷머리를 발로 차게 되었고, 그 과정에서 위 경찰관이

약 2주간의 치료를 요하는 상해를 입었다.

⑤ 공직선거후보자 합동연설회장에서 후보자 乙이 적시한 연설내용이 다른 후보자 甲에 대한 명예훼손 또는 후보자비방의 요건에 해당되나 그 위법성이 조각되는데, 乙의 연설 도중에 甲이 마이크를 빼앗고 욕설을 하는 등 물리적으로 乙의 연설을 방해하였다.

해설

①(×) 싸움의 경위와 그 수단 등에 비추어 볼 때 피고인의 가해행위는 일련의 상호투쟁 중에 이루어진 행위라 할 것이고, 그것이 피해자의 부당한 공격에서 벗어나거나 이를 방어하려고 한 행위였다고 볼 수는 없다(대법원 1996.9.6, 95도2945).
②(×) 정당한 업무행위라거나 사회상규에 위배되지 않는 정당한 행위라고 보기는 어렵고 또 현재의 부당한 침해를 방위하기 위하여 상당성이 인정되는 정당방위 행위라고 볼 수도 없다(대법원 1989.12.12, 89도875).
③(×) 피고인의 행위는 정당방위나 야간의 공포나 당황으로 인한 과잉방위에 해당하지 아니한다(대법원 1991.5.28, 91도80).
④(○) 현행범인으로서의 요건을 갖추고 있었다고 인정되지 않는 상황에서 경찰관들이 동행을 거부하는 자를 체포하거나 강제로 연행하려고 하였다면, 이는 적법한 공무집행이라고 볼 수 없고, 그 체포를 면하려고 반항하는 과정에서 경찰관에게 상해를 가한 것은 불법체포로 인한 신체에 대한 현재의 부당한 침해에서 벗어나기 위한 행위로서 정당방위에 해당하여 위법성이 조각된다(대법원 2002.5.10, 2001도300).
⑤(×) 乙의 연설 도중에 甲이 마이크를 빼앗고 욕설을 하는 등 물리적으로 乙의 연설을 방해한 행위는 乙의 '위법하지 않은 정당한 침해'에 대하여 이루어진 것일 뿐만 아니라 '상당성'을 결여하여 정당방위의 요건을 갖추지 못하였다(대법원 2003.11.13, 2003도3606).

〈답 ④〉

9. 위법성조각사유와 관련된 다음 기술 중 옳은 것 ㈎ 2개와 옳지 않은 것 ㈏ 3개로 묶인 것은? (다툼이 있는 경우에는 판례에 의함) <사시 2008년: 배점 3>

㉠ 서명날인운동 등의 방법으로 부패정치인을 추방하자는 취지에서 전개된 특정 후보자에 대한 낙선운동이 공직선거법에 의한 선거운동제한 규정을 위반한 경우라도 이는 시민불복종운동으로서 헌법상의 기본권 행사 범위에 속하는 정당행위에 해당하여 위법성이 조각된다.
㉡ 일방 배우자가 타방 배우자의 간통을 종용한 경우 형법 제24조 피해자의 승낙에 의한 행위로서 위법성이 조각된다.
㉢ 정당방위는 자기 또는 타인의 법익에 대한 현재의 부당한 침해를 전제로 한다. 이러한 침해는 작위만이 아니라 부작위에 의하여 행하여 질 수 있다. 그러나 단순한 민사상의 채무불이행의 경우는 부작위에 의한 침해에 해당하지 않는다.
㉣ 정당방위에 있어서 현재의 침해는 법익에 대한 침해가 목전에 있을 것을 요하므로 형식적인 기수에 이른 후 비록 법익침해행위가 계속

된다고 하여도 현재의 침해가 있다고 할 수 없다.
ⓜ 자구행위는 정당방위 및 긴급피난과는 달리 청구권의 보전을 위해서만 할 수 있다. 그러나 원상회복이 불가능한 생명, 신체, 명예 등의 권리는 청구권의 대상에 포함시킬 수 없다.
ⓑ 국가적 · 사회적 법익에 관한 범죄에서는 피해자의 승낙에 의한 위법성조각은 인정될 수 없다. 따라서 甲이 乙의 동의를 얻어 혼자서 乙 명의의 매매계약서를 작성한 경우에는 사문서위조죄가 성립한다.
ⓢ 회사측이 회사 운영을 부실하게 하여 소수주주들에게 손해를 입게 한 상황에서 주주총회에 참석한 주주가 강제로 사무실을 뒤져 회계장부를 찾아내는 것은 사회통념상 용인되는 정당행위에 해당되지 않는다.

① (가)-㉡㉢, (나)-㉠㉣㉥ ② (가)-㉡㉣, (나)-㉢㉤㉦
③ (가)-㉡㉥, (나)-㉠㉢㉣ ④ (가)-㉢㉤, (나)-㉡㉣㉦
⑤ (가)-㉢㉦, (나)-㉠㉤㉥ ⑥ (가)-㉣㉤, (나)-㉠㉡㉦
⑦ (가)-㉤㉦, (나)-㉡㉣㉥ ⑧ (가)-㉥㉦, (나)-㉠㉡㉣

해설 ······································

㉠(×) 낙선운동이 선거운동제한 규정을 위반한 위법한 행위로서 허용될 수 없는 경우 시민불복종운동으로서 헌법상의 기본권 행사 범위 내에 속하는 정당행위이거나 형법상 사회상규에 위반되지 아니하는 정당행위 또는 긴급피난으로 볼 수 없다(대법원 2004.4. 27, 2002도315).

㉡(×) 간통죄는 사회적 법익이므로 피해자의 승낙에 의해 위법성이 조각될 수 없다. 종용은 고소권 발생을 억제할 뿐이지 위법성을 조각하지 못한다.

㉢(○)

㉣(×) 범죄가 형식적인 기수에 달한 후에도 법익침해가 현장에서 계속되는 상태에 있으면 현재의 침해가 될 수 있다.

㉤(○)

㉥(×) 사문서의 위 · 변조죄는 작성권한 없는 자가 타인 명의를 모용하여 문서를 작성하는 것을 말하는 것이므로 사문서를 작성 · 수정함에 있어 그 명의자의 명시적이거나 묵시적인 승낙이 있었다면 사문서의 위 · 변조죄에 해당하지 않는다(대법원 2008.4.10, 2007도9987; 대법원 2003.5.30, 2002도235).

㉦(○) 주주총회에 참석한 의결권 대리인이 회사 사무실을 뒤져 원하는 장부를 찾아낸 경우 형법 제20조의 정당행위에 해당한다고 볼 수 없고, 방실수색죄가 성립한다(대법원 2001.9.7, 2001도2917). 〈답 ⑦〉

10. 다음 기술 중 옳은 것은? (다툼이 있는 경우에는 판례에 의함)

<사시 2010년: 배점 2>

① 현재의 위법한 침해가 있는 상황에서 정당방위는 가능하지만 긴급피난은 허용되지 않는다.

② 계속되는 절도범행을 예방하기 위하여 미리 전류장치를 설치한 이후 절도범이 침입하다가 그 전류장치를 만져서 상해를 입은 경우에는 장래의 침입에 대한 방어행위에 불과하여 정당방위가 성립될 여지가 없다.
③ 甲이 乙과 공모하여 보험사기를 목적으로 乙에게 상해를 가한 경우 甲의 상해행위는 피해자의 승낙으로 위법성이 조각된다.
④ 토지소유자가 타인이 운영하는 회사에 대하여 그 토지의 인도 등을 구할 권리가 있다는 이유로 위 회사로 들어가는 진입로를 폐쇄한 것은 정당행위 또는 자력구제에 해당하여 업무방해죄가 성립하지 않는다.
⑤ 부모가 자녀를 교육시키기 위해서는 때리거나 감금하는 것이 법적으로 허용된다고 판단하여 자녀를 지하실에 가두고 상해를 가한 경우, 엄격책임설과 법효과제한적 책임설 사이에 형사책임에 있어서의 차이는 없다.

해설

①(×) 현재의 위법한 침해에 대하여는 정당방위뿐만 아니라 긴급피난도 가능하다. 현재의 위법한 침해는 긴급피난의 현재의 위난이라는 요건에도 해당될 수 있기 때문이다.
②(×) 예방적 정당방위는 인정되지 않는다고 보지만, 침입을 하는 순간 침해의 현재성을 인정할 수 있고 전류장치는 그에 대한 방위로 보아 정당방위가 가능할 수 있다. 물론 전류장치로 인한 위해가 절도를 막기 위한 정도로 상당해야 한다.
③(×) 보험사기를 목적으로 한 상해는 사회상규에 어긋나므로 피해자의 승낙에 의해 위법성이 조각되지 않는다(대법원 2008.12.11, 2008도9606).
④(×) 회사로 들어가는 진입로를 폐쇄한 것은 정당한 행위 또는 자력구제에 해당하지 않는다(대법원 2007.5.11, 2006도4328).
⑤(○) 엄격책임설과 법효과제한적 책임설은 위법성조각사유의 전제사실의 착오 유형에서 입장을 달리하는 이론이므로 이 사안과 같은 일반적인 법률의 착오 유형에 대해서는 결론에 차이가 없다. 엄격책임설이나 법효과제한적 책임설은 모두 책임설에 해당하는 이론으로서 법률의 착오의 경우 정당한 이유가 있으면 책임이 조각된다는 동일한 결론을 내린다. 〈답 ⑤〉

11. 과잉방위에 관한 설명 중 옳지 않은 것은? <사시 2002년>

① 방위행위가 방위의 정도를 초과하고 있음을 행위자가 인식하고 있어야 과잉방위가 성립한다고 보는 입장에서 이에 대한 인식이 없는 경우를 오상방위의 일종으로 보는 견해가 있다.
② 형법은 과잉방위와 관련하여 '야간 기타 불안스러운 상황하에서 공포·경악·흥분 또는 당황으로 인한 때에는 벌하지 아니한다'는 규정을 두고 있다.
③ 과잉방위에 관한 감면규정의 이론적 근거를 책임의 감소·소멸에 두는 견해에 의하면 과잉방위에 대한 정당방위를 인정할 여지가 있게 된다.

④ 이혼소송중인 남편이 찾아와 가위로 폭행하고 변태적 성행위를 강요하는 데 격분하여 처가 칼로 남편의 복부를 찔러 사망에 이르게 한 경우 판례에 의하면 과잉방위에 해당된다.

⑤ 오상과잉방위에 과잉방위 규정을 적용하여서는 안 된다는 견해는 과잉방위규정을 적용한다면 공격자로 오인당한 무고한 제3자의 희생만 강요하는 결과가 된다는 점을 하나의 논거로 삼고 있다.

해설

①(○) 인식 없는 과잉방위에 대하여는 오상방위의 일종으로 보는 견해(차용석)가 있으나, 다수설은 방위의 정도의 초과에 대한 인식을 요하지 않으므로 인식 없는 과잉방위도 과잉방위라고 한다.
②(○) 형법 제21조 3항.
③(○) 책임감소·소멸설에 따르면 과잉방위의 위법성은 인정되므로 과잉방위에 대해서 정당방위는 가능하다.
④(×) 판례는 정당방위나 과잉방위에 해당하지 않는다고 보았다(대법원 2001.5.15, 2001도1089).
⑤(○) 오상과잉방위에 대한 과잉방위 규정의 적용을 부정하는 입장의 논거 중 하나이다. 이러한 적용부정설은 오상과잉방위를 오상방위로 보는 입장에서 주장되며, 이는 다수설에 해당한다. 〈답 ④〉

12. 甲은 귀가하여 처(妻)인 丙이 정부(情夫) 乙과 간통을 한 후 내의만 입고 있음을 발견하였다. 甲은 도주하려는 乙을 잡아 몽둥이로 때려 상처를 입혔다. 甲의 죄책에 관한 설명 중 옳은 것은?

① 甲은 乙의 간통에 대하여 정당방위를 한 것이 된다.
② 甲은 乙의 주거침입에 대하여 정당방위를 한 것이 된다.
③ 甲은 상해죄의 죄책을 면할 수 없다.
④ 甲은 과잉방위를 한 것이다.
⑤ 甲은 오상방위를 하였으므로 상해죄로 처벌받지 않는다.

해설

①(×) 사회적 법익의 침해에 대하여는 원칙적으로 정당방위가 허용되지 않는다. 간통죄는 사회적 법익에 대한 죄이지만 가족관계도 정당방위에 의하여 보호되는 법익이 된다. 정당방위가 성립하려면 현재의 침해가 있어야 하는데, 성관계가 끝난 이상(乙과 丙의) 간통은 종료되었다고 보아야 하기 때문에 간통은 현재의 침해라고 볼 수 없어 이에 대한 정당방위는 성립하지 않는다.
②(×) 통설은 주거침입죄의 보호법익을 주거의 평온이라고 하여 丙의 승낙을 받고 들어온 이상 주거침입죄는 성립하지 않는다고 하나, 주거에 수인이 거주하는 때에는 다른 사람의 주거권도 보호되어야 하기 때문에 乙은 甲에 대한 관계에서 주거침입에 해당한다. 주거침입죄는 계속범이므로 침입한 자가 퇴거할 때까지는 현재의 침해가 된다. 그러나 甲은 도주하려는 乙을 잡고 때린 것이므로 이는 침해된 주거권을 방위하기 위한 행위라고 볼 수 없어 정당방위가 성립하지 않는다.

③(○) 甲은 폭력행위등처벌에관한법률위반 내지 상해죄의 죄책을 면할 수 없다. 〈답 ③〉

13. 초소근무를 하던 군인 甲은 다음번 초소 근무자인 乙이 교대시간에 늦었다는 이유로 언쟁을 하다가 乙을 구타하였다. 이에 乙은 소지하고 있던 카빈소총을 甲의 등뒤에 겨누며 실탄을 장전하는 등 발사할 듯이 위협을 하였던바, 당황한 甲은 乙을 먼저 죽이지 않으면 위험하다고 느껴 뒤로 돌아서면서 소지하고 있던 카빈소총을 발사하여 乙을 사망케 하였다. 이에 관련된 판례의 태도로 옳지 않은 것은?

① 싸움에 있어서 정당방위 및 오상방위의 성립 여부와 관련되어 있는 사안이다.

② 싸움에서 당연히 예상을 할 수 있는 정도를 초과한 행위는 부당한 침해라고 할 수 있다.

③ 피해자인 乙에게 甲을 살해할 의사가 없었고 객관적으로 급박하고 부당한 침해가 없었다고 가정하더라도, 甲으로서는 현재의 급박하고도 부당한 침해가 있는 것으로 오인한 경우에는 오상방위가 문제된다.

④ 乙이 진실로 발사할 생각이 있었다면 甲의 행위는 정당방위가 성립되고, 그렇지 않은 경우에는 오상방위의 문제가 된다.

⑤ 오상방위에 해당하는 경우 甲에게는 정당한 사유가 인정될 수 없으므로 살인죄가 성립한다.

해설

⑤(×) 대법원은 이 경우에 오상방위라 하더라도 정당한 이유가 있는 경우에 해당한다고 판시하였다(대법원 1968.5.7, 68도370). 대법원의 태도는 명백하지 아니하나, 오상방위에 있어서 정당한 이유가 있는 경우에는 어떤 견해에 의하더라도 피고인을 살인죄로 처벌할 수 없다. 〈답 ⑤〉

제 3 절 긴급피난

1. 긴급피난에 관한 설명 중 옳지 않은 것을 조합한 것은?

㉠ 현재의 부당한 침해가 있을 것을 요한다.
㉡ 동물의 침해에 대하여도 할 수 있다.
㉢ 타인의 법익을 위하여도 할 수 있다.
㉣ 위난은 일시적이건 영구적이건 불문하나, 객관적으로 존재해야 한다.
㉤ 국가적 법익을 위하여도 할 수 있다.
㉥ 다른 방법으로 법익보전이 가능한 경우에도 인정된다.
㉦ 자초한 위난에 대하여도 원칙적으로 가능하다.

① ㉠ ㉡ ② ㉠ ㉢ ③ ㉠ ㉥ ④ ㉣ ㉤
⑤ ㉠ ㉡ ㉣ ⑥ ㉠ ㉥ ㉦ ⑦ ㉠ ㉣ ㉥ ㉦ ⑧ ㉢ ㉣ ㉤ ㉦

✍ 해설

옳지 않은 것은 ㉠㉥이다.
㉠ 긴급피난은 현재의 위난이 있으면 족하고 부당한 침해가 있을 것을 요하지 않는다.
㉥ 긴급피난은 피난행위에 의하지 아니하고는 달리 위난을 피할 수 없는 보충성을 요한다. 따라서 달리 회피할 여유 또는 방법이 있을 때에는 긴급피난이 허용되지 않는다.
㉡ 긴급피난은 정당방위와 달리 원인행위에 제한이 없기 때문에 동물의 침해에 대하여도 긴급피난을 할 수 있다. ㉢㉤ 긴급피난에 의하여 피난할 수 있는 법익은 자기 또는 타인의 모든 법익이다. 따라서 개인적 법익뿐만 아니라 국가적 법익에 대하여도 긴급피난을 할 수 있다. ㉦ 긴급피난은 피난상황에 대하여 책임 없을 것을 요건으로 하는 것이 아니므로 자초위난에 대하여도 원칙적으로 긴급피난이 가능하다. 다만, 자초위난을 이익교량의 요소로 고려하는 것을 부정하는 것은 아니므로 목적 또는 고의에 의한 자초위난의 경우에는 긴급피난을 할 수 없다. 〈답 ③〉

2. 정당방위와 긴급피난에 관한 비교 · 설명 중 옳지 않은 것은?

① 정당방위에 대해서는 정당방위 할 수 없고 긴급피난에 대해서는 긴급피난 할 수 있다.
② 정당방위에는 주관적 정당화요소가 필요하나 긴급피난에는 그것이 필요 없다.
③ 정당방위에는 엄격한 법익균형이 요구되지 않으나 긴급피난에는 그것이 요구된다.
④ 정당방위에는 위법성조각설이 타당하나 긴급피난에 관하여는 해석상 논란이 있다.
⑤ 정당방위에는 보충성이 필요하지 않으나 긴급피난에는 보충성이 필요하다.

✍ 해설

①(○) 적법한 침해에 대하여도 긴급피난을 할 수 있는 것은 물론이다.
②(×) 모든 위법성조각사유에 대하여 주관적 정당화요소가 필요하다는 것이 통설 · 판례이다.
⑤(○) 정당방위는 개인의 법익에 대한 보호뿐만 아니라 법질서의 유지를 위하여도 인정되는 것이므로 긴급피난의 경우와는 달리 보충성의 원리를 요하지 않는다. 〈답 ②〉

3. 긴급피난에 관한 설명 중 옳은 것은? <사시 2003년>

① 정당방위는 위법(부당)한 침해를 전제로 하기 때문에 '부정 대 정'(不正 對 正)의 관계로 표현됨에 비하여, 긴급피난은 '정 대 정'(正 對 正)의 관계로 표현되기 때문에 위난의 원인은 정(正)임을 요한다.
② 위난을 피하지 못할 책임 있는 자에 대한 긴급피난의 제한은 절대적인

것이 아니라 직무수행상 의무적으로 감수해야 할 범위 내에서 긴급피난을 인정하지 않는 것이다.

③ 정당방위에 있어서 공격의 현재성과 긴급피난에 있어서 위난의 현재성은 다같이 '직접 임박한 것', '방금 시작된 것' 또는 '아직도 계속중인 것'을 의미하고 그 성립범위는 동일하다.

④ 정당방위에 의하여 보호되는 법익은 개인적 법익은 물론 국가적 · 사회적 법익을 포괄하는 것에 비하여, 긴급피난에 의하여 보호되는 법익은 개인적 법익에 국한된다.

⑤ 정당화적 긴급피난에서 피난행위는 정당한 행위이기 때문에 이에 대한 정당방위와 긴급피난은 허용되지 않는다.

해설 ······································

①(×) 긴급피난에서 위난의 원인은 불문하며, 반드시 정(正)일 것을 요하지 않는다.
②(○) 위난을 피하지 못할 책임 있는 자라고 할지라도 타인의 위난을 구하기 위한 긴급피난은 물론 감수해야 할 의무의 범위를 넘는 자기의 위난에 대하여도 긴급피난을 할 수 있다.
③(×) 공격의 현재성과 위난의 현재성의 범위가 동일한 것인가에 대하여는 학설이 대립되며, 긴급피난의 위난의 범위가 더 넓다는 견해도 있다.
④(×) 반대이다.
⑤(×) 정당화적 긴급피난에 대하여 정당방위는 허용되지 않아도 긴급피난은 허용된다.
〈답 ②〉

4. 긴급피난과 강요된 행위에 관한 설명 중 옳지 않은 것은?

① 긴급피난은 자기의 법익에 대하여만 할 수 있으나, 강요된 행위는 자기 또는 친족의 법익에 대하여도 가능하다.

② 긴급피난에 의하여 보호될 수 있는 법익에는 제한이 없으나, 강요된 행위는 생명 · 신체에 한한다.

③ 긴급피난은 적법한 침해에 대하여도 가능하나, 강요된 행위는 위법한 침해가 있을 것을 요한다.

④ 긴급피난은 상당한 이유가 있을 것을 요함에 대하여, 강요된 행위에 대하여는 이에 관한 규정이 없다.

⑤ 통설은 긴급피난을 위법성조각사유, 강요된 행위를 책임조각사유라고 한다.

해설 ······································

①(×) 긴급피난은 자기뿐만 아니라 타인의 법익에 대한 현재의 위난이 있을 때에도 가능하다. ②③④⑤는 설문 그대로 옳다. 〈답 ①〉

5. 다음은 긴급피난의 본질에 관하여 위법성조각설을 취하는 A와 책임조각설

을 취하는 B 사이의 논쟁이다. 이 가운데 위법성조각설을 취한 A의 발언을 모두 모은 것은?

> ㉠ 제한적 종속형식에 의하는 한 정범이 긴급피난에 해당하면 공범에게도 긴급피난이 성립한다.
> ㉡ 긴급피난에 대하여는 정당방위나 긴급피난이 모두 가능하다.
> ㉢ 생명 대 생명과 같이 법익이 동가치인 경우 당신 견해로는 설명이 곤란하다.
> ㉣ 타인을 위한 긴급피난을 인정하고 있으므로 당신 견해는 옳지 않다.
> ㉤ 법익의 균형이 긴급피난의 요건이지 않은가?
> ㉥ 형법 제22조의 상당성은 기대불가능성을 포함하는 개념이다.

① ㉠ ㉣ ② ㉣ ㉤ ③ ㉠ ㉢ ㉤ ④ ㉠ ㉣ ㉤
⑤ ㉡ ㉢ ㉥ ⑥ ㉢ ㉣ ㉤ ⑦ ㉣ ㉤ ㉥ ⑧ ㉠ ㉢ ㉣ ㉤

해설

㉠㉣㉤이 긴급피난의 본질을 위법성조각사유로 파악한 견해의 발언이다. ㉠ 제한적 종속형식은 공범이 정범의 구성요건해당성과 위법성에 종속한다는 이론이므로 정범의 행위가 긴급피난에 해당하면 공범의 행위도 긴급피난에 해당한다고 한 것은 위법성의 연대성을 지적한 것이다. ㉣ 타인을 위한 긴급피난을 인정하고 있는 것은 위법성조각설의 근거이다. 긴급피난을 책임조각사유로 본다면 타인을 위한 긴급피난은 인정할 수 없다. ㉤ 긴급피난을 위법성조각사유로 이해하는 견해는 그 근거를 엄격한 법익의 균형에서 찾고 있다. ㉡ 긴급피난을 책임조각사유로 보아야 이에 대한 정당방위나 긴급피난이 가능하게 된다. ㉢ 법익동가치인 경우에 위법성이 조각될 수 있는가가 위법성조각설의 난점이다. ㉥ 이분설의 입장에서는 형법 제22조의 상당한 이유를 이익교량과 기대가능성을 모두 포함하는 개념으로 본다. 〈답 ④〉

6. 긴급피난과 관련된 설명으로 옳지 않은 것은?

① 강간피해자가 가해자의 손가락을 깨물며 반항하자 가해자가 물린 손가락을 비틀며 잡아 뽑다가 피해자에게 치아결손의 상해를 입힌 경우 긴급피난이 인정되지 않는다.
② 甲은 乙이 丙을 칼로 찔러 죽이려는 것을 보고 이를 막기 위하여 친구에게 빌린 꽃병을 乙에게 던졌으나 乙에게 맞지 않고 벽에 맞아 병이 깨진 경우 긴급피난이 인정된다.
③ 살인현장을 목격한 통행인이 증인으로 소환받았으나 범인의 친구들로부터 죽인다는 협박을 받고 위증을 한 경우 긴급피난이 인정된다.
④ 甲과 乙이 친구 丙의 집에서 컴퓨터게임을 하던 중 화가 난 甲이 乙을 구타하자 乙은 丙의 집에 있던 그림액자로 방어하여 그 액자가 파손되었다. 乙의 행위는 丙의 그림액자에 대해 긴급피난이고 丙은 甲에게 액

자에 대한 배상을 청구할 수 있다.

⑤ 甲은 사나운 개에게 쫓기다 부득이 乙의 가게에 뛰어들자 乙은 자기 가게의 상품이 파괴될 우려가 있다고 생각하여 그 순간 甲을 밀어내어 甲은 개에 물려 부상을 입었다. 甲의 행위는 긴급피난에 해당하며, 위법성조각설을 취하는 경우 乙은 긴급피난을 할 수 있다.

해설

①(○) 대법원 1995.1.12, 94도2781 : 피고인이 스스로 야기한 강간범행의 와중에서 피해자가 피고인의 손가락을 깨물며 반항하자 물린 손가락을 비틀며 잡아 뽑다가 피해자에게 치아결손의 상해를 입힌 소위를 가리켜 법에 의하여 용인되는 피난행위라 할 수 없다.
②(○) 타인의 위난을 피하기 위하여 제3자 소유의 병을 깨뜨린 경우에는 긴급피난이 성립한다.
③(×) 현재의 위난이 없기 때문에 긴급피난을 할 수 없다.
④(○) 긴급피난은 민법상으로도 정당화되므로 乙은 액자의 파손에 대한 배상책임이 없고 오히려 甲이 丙에 대하여 배상책임을 지게 된다.
⑤(○) 甲의 행위가 긴급피난에 해당된다는 것은 분명하다. 乙은 긴급피난의 본질에 관하여 위법성조각설을 취하는 경우에는 정당방위는 할 수 없고 긴급피난만을 할 수 있으며, 책임조각설을 취하는 경우에는 정당방위를 할 수 있다. 〈답 ③〉

7. 긴급피난이 성립되는 경우를 모두 고르면? (다툼이 있는 경우에는 판례에 의함)

㉠ 비뇨기과 의사가 진료한 환자의 에이즈 보균사실을 알고 그의 아내에게 이를 알려 준 경우
㉡ 선장이 피조개 양식장 앞 해상에 허가 없이 선박을 정박시켜 놓았다가 갑자기 태풍이 내습하자 선박의 전복을 막기 위하여 평소보다 닻줄을 길게 늘여 놓는 바람에 심한 풍랑으로 늘어진 닻줄이 타인의 피조개 양식장에 피해를 입힌 경우
㉢ 갑자기 기절한 모(母)의 치료를 위하여 군무를 이탈한 경우
㉣ 아내가 남편에게 온 편지를 남편이 없는 사이에 사무를 처리해야겠다는 생각으로 개봉한 경우
㉤ 甲에게 채무 없이 단순히 잠시 빌려준 약속어음을 甲이 乙에게 배서양도함으로써 재산상 손실을 입을 우려가 있자 재발행을 이유로 이를 소지중인 乙로부터 교부받아 찢어버린 경우
㉥ 집회장소 사용 승낙을 하지 않은 대학교측의 집회 저지 협조요청에 따라 경찰관들이 그 대학교 출입문에서 집회에 참가하려는 자들의 출입을 저지하자 다른 대학교로 장소를 옮겨서 아무런 신고 없이 집회를 한 경우
㉦ 상관으로부터 빰을 한대 얻어맞고 홧김에 상관의 뒤통수를 대검 뒷

자루로 한번 치자 상관도 야전삽으로 대항하던 중 대검으로 상관의 쇄골 부분을 찔러 사망케 한 경우

① ㉠　② ㉠ ㉡　③ ㉡ ㉢　④ ㉠ ㉡ ㉢
⑤ ㉠ ㉡ ㉤　⑥ ㉠ ㉥ ㉦　⑦ ㉢ ㉤ ㉥ ㉦　⑧ ㉠ ㉡ ㉢ ㉣ ㉤

해설

㉠ 긴급피난에 의하여 위법성이 조각된다. ㉡ 긴급피난이 성립한다(대법원 1987.1.20, 85도221).
㉢ 대법원 1969.6.10, 69도690(모(母)의 기절은 범행의 동기에 불과하다는 이유로), ㉤ 대법원 1975.5.27, 74도3559, ㉥ 대법원 1990.8.14, 90도870, ㉦ 대법원 1970. 8.18, 70도1364(급박한 경우에 해당하지 않으므로)가 긴급피난의 성립을 부정한 경우이다. ㉣ 추정적 승낙에 해당한다. 〈답 ②〉

8. 위법성 및 책임의 요소와 관련된 다음 기술 중 옳은 것은? (다툼이 있는 경우에는 판례에 의함) <사시 2008년: 배점 2>

① 긴급피난과 자구행위에 의한 위법성조각을 위해서는 공통적으로 상당한 이유가 있는 것으로 평가되어야 하고, 상당한 이유가 있는 것으로 평가받기 위해서는 공통적으로 보충성의 원칙이 적용되어야 한다.
② 서로 싸우는 도중에 상대방이 주먹으로 공격을 하자 이에 대항하여 가해한 행위는 위법성이 조각되는 정당방위로 평가될 수 없겠지만, 일반적으로 과잉방위행위로 볼 수 있다.
③ 甲이 화랑을 운영하는 乙에게 납품한 미술품의 대금을 받지 못하고 있던 중 乙이 화랑을 폐쇄하고 도주하자 야간에 폐쇄된 화랑에 들어가 납품한 미술품을 몰래 가지고 나왔다면 위법성이 조각되는 자구행위를 한 것이다.
④ 양심적 병역거부자에게 그의 양심상의 결정에 반한 행위를 기대할 가능성이 있는지 여부를 판단하기 위해서는 행위 당시의 구체적 상황을 기초로 하여 행위자의 관점에서 그 기대가능성 유무를 판단하여야 할 것이다.
⑤ 반전된 사실의 착오가 있는 경우에는 위험성이 있으면 처벌되는 것에 비하여, 반전된 법률의 착오가 있는 경우에는 착오에 정당한 이유가 없으면 처벌된다.

해설

①(○) 긴급피난과 자구행위의 상당한 이유는 각각 달리 위난을 피할 수 없는 때, 다른 보전방법이 없는 때 인정된다는 보충성의 원리를 공통적인 내용으로 한다.
②(×) 싸움의 경우 가해행위는 방어행위인 동시에 공격행위의 성격을 가지므로 정당행

위 또는 과잉방위행위라고 볼 수 없다(대법원 1993.8.24, 92도1329).
③(×) 피고인의 강제적 채권추심 내지 이를 목적으로 하는 물품의 취거행위를 자구행위로 볼 수 없다(대법원 1984.12.26, 84도2582).
④(×) 양심적 병역거부자에게 그의 양심상의 결정에 반한 행위를 기대할 가능성이 있는지 여부는 행위 당시의 구체적 상황하에서 행위자 대신에 사회적 평균인을 두고 이 평균인의 관점에서 그 기대가능성 유무를 판단하여야 한다(대법원 2004.7.15, 2004도2965 전원합의체).
⑤(×) 반전된 법률의 착오는 환각범에 해당한다. 환각범은 사실상 허용되는 행위를 금지되거나 처벌된다고 오인한 경우로서 불가벌이다. 〈답 ①〉

9. 긴급피난과 의무의 충돌을 구별한 것이다. 옳지 않은 것은? (다수설에 의함)

① 긴급피난은 현재의 위난을 요함에 반하여, 의무의 충돌에는 그것이 문제되지 않는다.
② 긴급피난에서는 위난의 원인은 불문하나, 의무의 충돌은 법적 의무가 충돌했을 것을 요한다.
③ 피난행위는 주로 부작위이나, 의무불이행행위는 작위이든 부작위이든 문제되지 않는다.
④ 긴급피난에서는 피난행위가 강제되지 않으나, 의무의 충돌에서는 그 이행이 강제된다.
⑤ 긴급피난에는 우월적 이익의 원칙이 적용되나, 같은 가치의 의무의 충돌도 위법성을 조각한다.

해설

①②(○)
③(×) 긴급피난행위는 주로 작위범에서 문제되고, 의무의 충돌은 부작위에 의하여 구성요건을 실현한 경우에 문제된다.
④(○) 긴급피난에서는 피난행위가 강제되지 않아 위난자가 위난 또는 손해를 감수할 수도 있으나, 의무의 충돌에서는 행위자가 충돌하는 의무 중 어느 하나를 이행하여야 한다.
⑤(○) 동가치의 의무의 충돌에 대하여는 (i) 동가치의 의무 중 어떤 의무의 침해도 정당화될 수 없으므로 책임만 조각한다는 견해(책임조각설), (ii) 법이 불가능을 강요할 수 없으므로 위법성이 조각된다는 견해(위법성조각설 — 다수설), (iii) 동가치의 의무가 충돌하는 경우에는 위법성이 조각되고, 해결할 수 없는 의무가 충돌하는 경우에는 책임이 조각된다는 견해(위법성 또는 책임조각설)가 있다. 〈답 ③〉

10. 의무의 충돌에 관한 기술 중 옳지 않은 것을 모두 골라 놓은 것은?

㉠ 의무의 충돌이란 동시에 이행하여야 하는 2개 이상의 의무가 존재하여 의무자는 그 중 일부의 의무만을 이행할 수 있을 뿐, 나머지 의무를 이행할 수 없게 되어 그 결과 구성요건을 실현하는 경우를 말

한다.
ㄴ 의무의 충돌을 정당행위의 일종으로 보는 견해에 의하면 의무교량을 기준으로 삼는 의무의 충돌은 이익교량을 기준으로 삼는 긴급피난과 구별되며 정당행위 중 기타 사회상규에 위배되지 아니하는 행위에 포함된다고 본다.
ㄷ 의무의 충돌을 긴급피난의 일종 또는 그 특수한 형태로 보는 견해에 의하면 충돌상황의 긴급성과 법적 평가기준의 유사성 때문에 긴급피난의 일종으로 보거나 그 특수한 형태로 본다.
ㄹ 성직자가 자기에게 부여된 종교적 의무를 이행하기 위하여 법적 의무를 이행하지 않은 경우에도 의무의 충돌에 해당하여 위법성이 조각된다.
ㅁ 면책적 의무의 충돌의 경우에는 구성요건적 의무불이행에 대한 공범성립이 불가능하다.
ㅂ 면책적 의무의 충돌에 대해서는 정당방위가 가능하다.

① ㄱ ② ㄷ ③ ㄹ ④ ㄴ ㄷ
⑤ ㄷ ㄹ ⑥ ㄷ ㅁ ⑦ ㄹ ㅁ ⑧ ㄷ ㅁ ㅂ

해설

ㄱ(○)다수설은 작위의무와 작위의무의 충돌만을 의무의 충돌로 보나, 작위의무와 부작위의무의 충돌까지 포함시키는 견해(손동권, 오영근, 이형국)도 있다.
ㄴㄷ(○) 그 법적 성질에 관해서는 긴급피난의 특수한 경우로 보는 견해와 정당행위로 보는 견해로 크게 나눌 수 있다.
ㄹ(×) 의무의 충돌이 인정되기 위해서는 법적 의무가 충돌할 것을 요한다는 것이 통설적 견해이다. 따라서 종교적 의무와 법적 의무가 충돌하는 경우에는 의무의 충돌에 해당되지 않는다.
ㅁ(×) 제한적 종속형식에 따르면 정범의 행위는 구성요건에 해당하고 위법하면 족하기 때문이다.
ㅂ(○) 구성요건에 해당하고 위법하기 때문이다. 〈답 ⑦〉

제 4 절 자구행위

1. 자구행위의 요건으로 옳은 것만의 조합은?

ㄱ 자구행위의 보호법익은 청구권이다.
ㄴ 자기 또는 타인의 청구권에 대한 침해가 있어야 한다.
ㄷ 청구권에 대한 침해가 반드시 불법할 필요는 없다.
ㄹ 자구행위는 과거의 침해에 대하여만 가능하다.
ㅁ 청구권에 대한 연대보증인이 있어 청구권의 실행이 가능한 때에는

자구행위를 할 수 없다.
ⓑ 가옥명도청구나 토지반환청구를 위한 자구행위도 허용된다.
ⓢ 자구행위에 의하여 보전될 수 있는 권리는 채권·물권은 물론 무체재산권이나 생명권을 포함한다.

① ㉠ ㉡ ② ㉠ ㉣ ③ ㉠ ㉤ ④ ㉠ ㉡ ㉤
⑤ ㉠ ㉣ ㉤ ⑥ ㉠ ㉢ ㉣ ㉤ ⑦ ㉠ ㉤ ㉥ ㉦ ⑧ ㉠ ㉡ ㉣ ㉤ ㉦

해설

자구행위가 성립하기 위하여는 (i) 법정절차에 의하여 청구권을 보전하는 것이 불가능한 경우일 것, (ii) 청구권의 실행불능 또는 현저한 실행곤란을 피하기 위한 행위일 것, (iii) 상당한 이유가 있을 것이라는 요건을 필요로 한다.
㉠(○) 자구행위의 보호법익은 청구권이다.
㉡(×) 청구권은 자기의 청구권임을 요하므로 타인의 청구권을 위한 자구행위는 허용되지 않는다. 다만 청구권자로부터 자구행위의 실행을 위임받은 자는 자구행위를 할 수 있다.
㉢(×) 청구권에 대한 침해는 불법한 것이어야 하므로 적법한 행위에 대하여는 자구행위를 할 수 없다.
㉣(○) 자구행위는 과거의 침해에 대하여만 가능하므로 현재의 침해에 대하여는 정당방위가 성립할 뿐이다.
㉤(○) 자구행위는 청구권의 실행이 불가능하거나 현저히 곤란한 사정이 있어야 하므로 채무자에 대한 청구권의 보전은 불가능하여도 청구권에 대하여 물적 담보나 인적 담보(연대보증인)가 확보되어 있는 때에는 청구권의 실현이 가능하므로 자구행위가 허용되지 않는다.
㉥(×) 법정절차에 의하여 청구권을 보전하는 것이 불가능한 경우란 장소 또는 시간관계로 공적 구제를 강구할 여유가 없고, 채무자가 도망하는 경우와 같이 후일에 공적 수단에 의하더라도 그 실효를 거두지 못할 긴급한 사정이 있는 경우를 말하므로 가옥명도청구, 토지반환청구 또는 점유사용권을 회복하기 위한 자구행위는 허용되지 않는다(대법원 1985.7.9, 85도707). 이러한 때에는 법정절차에 의하여 청구권의 보전이 불가능한 경우에 해당하지 않기 때문이다.
㉦(×) 자구행위의 보호법익인 청구권은 그 권원이 채권인가 물권인가를 불문하고 실체법상의 전형적인 권리에 한하지 않으며, 무체재산권·친족권·상속권 등의 절대권에서도 발생한다. 다만 자구행위에 의하여 보전할 수 있는 권리임을 요하기에 원상회복이 불가능한 권리, 즉 생명·신체·자유·정조·명예의 권리는 여기의 청구권에 포함될 수 없다. 대법원은 피해자가 다른 친구들 앞에서 피고인의 전과사실을 폭로함으로써 명예를 훼손하기 때문에 피해자를 구타하였다 하더라도 그 소행은 자구행위에 해당한다고 할 수 없다고 판시하였다(대법원 1969.12.30, 69도2138). 〈답 ⑤〉

2. 자구행위에 관한 설명 중 옳지 않은 것은?

① 법정절차에 의하여 청구권을 보전하기 불능한 경우의 법정절차란 통상 민사소송법상의 절차를 말한다.
② 음식점에서 돈을 내지 않고 도망가는 사람을 붙잡는 것은 자구행위에

해당한다.

③ 달려오는 자동차를 피하려다 옆에 있던 타인의 기물을 손괴한 것은 자구행위에 해당한다.

④ 1백만원의 빚을 진 채무자가 미국으로 도망하려고 하는 것을 추격하여 비행기에 오르지 못하게 방해한 것은 자구행위에 해당한다.

⑤ 절도범인이 재물을 가지고 가는 것을 사후에 길에서 본 피해자가 이를 탈환하는 것도 자구행위라고 할 수 있다.

해설

①(○) 청구권을 보전하는 법정절차는 통상 민사소송법상의 가압류 · 가처분 등의 보전절차를 의미한다. 그러나 반드시 이러한 재판상의 절차에 의한 구제에 제한하여야 할 이유는 없으므로 경찰 기타 기관에 의한 구제절차도 여기에 포함될 수 있다.
③(×) 긴급피난이 성립하는 경우이다. 〈답 ③〉

3. 다음 중 자구행위나 정당행위로 범죄의 성립이 부정될 수 있는 경우는?

① 비료를 시비한 결과 과수원 묘목이 고사하자 비료생산회사에 손해배상을 요구하면서 회사의 간부들에게 욕설을 하거나 응접탁자 등을 들었다 놓았다 하거나 현수막을 만들어 보이면서 시위를 할 듯한 태도를 보였다.

② 인근 상가의 통행로로 이용되고 있는 토지의 사실상 지배권자가 통행로로 이용하지 못하도록 토지에 철주와 철망을 설치하고 포장된 아스팔트를 걷어내었다.

③ 토지의 인도를 구할 권리가 있는 토지소유권자가 피해자가 운영하는 회사로 들어가는 진입로를 폐쇄하였다.

④ 자신 소유의 도로를 주민들이 농기계 등으로 주변의 농경지나 임야에 통행하기 위해 이용하는 것을 막기 위해 당해 도로에 깊이 1m 정도의 구덩이를 팠다.

⑤ 10여년 전부터 현재까지 피고인 甲이 주지로 있는 절에서 출입문을 세우고 대지를 절의 마당 및 통로로 점유 사용하여 오던 중, 그 대지를 매수한 A가 불법으로 절에 침입하여 담장을 쌓기 위한 기초공사로서 호를 파놓자 이로 인하여 위 절에 출입할 수 없게 된 甲이 신도들과 함께 위 호를 돌과 흙으로 메워 버렸다.

해설

①(○) 판례는 피고인에게 공갈죄의 성립을 부정한 경우이다. 다만 대법원이 이를 자구행위로 본 것인가 또는 사회상규에 위배되지 않는 행위로 본 것인가는 명백하지 않지만, 구성요건해당성이 인정되더라도 자구행위나 정당행위로서 위법성이 조각될 만한 경우이다. 대법원 1980.11.25, 79도2565 : 피고인 등이 비료를 매수하여 시비한 결과 딸기 묘목

또는 사과나무 묘목이 고사하자 그 비료를 생산한 회사에게 손해배상을 요구하면서 사장 이하 간부들에게 욕설을 하거나 응접탁자 등을 들었다 놓았다 하거나 현수막을 만들어 보이면서 시위를 할 듯한 태도를 보이는 등 하였다 하여도, 이는 손해배상청구권에 기한 것으로서 그 방법이 사회통념상 인용된 범위를 일탈한 것이라고 단정하기 어려우므로 공갈 및 공갈미수의 죄책을 인정할 수 없다.
② 대법원 2007.12.28, 2007도7717, ③ 대법원 2007.5.11, 2006도4328, ④ 대법원 2007.3.15, 2006도9418, ⑤ 대법원 1970.7.21, 70도996이 각 자구행위의 요건을 충족하지 못했다고 판시한 경우이다. 〈답 ①〉

4. 자구행위가 인정되는 경우는 모두 몇 개인가? (다툼이 있는 경우에는 판례에 의함)

> ㉠ 피해자가 다른 친구들 앞에서 피고인의 전과사실을 폭로함으로써 명예를 훼손한다는 이유로 피해자를 구타하였다.
> ㉡ 타인이 인접한 토지에서 토석을 굴착하여 피고인 소유의 토지 위에 쌓아두자 피고인이 이를 긁어내어 다른 곳으로 운반하였다.
> ㉢ 피고인이 납품대금을 받지 못하고 있던 중 피해자가 상점을 폐쇄하고 도주하자 피고인이 야간에 드라이버로 상점문을 뜯고 피해자의 물건을 들고 나왔다.
> ㉣ 건물의 전차인이 임대인의 승낙 없이 건물의 지하실을 전차하여 음식점을 하고 있자 피고인이 그 지하층의 열쇠를 새로 만들어 잠그고 피해자 소유의 의자, 탁자 등을 뜯어내었다.
> ㉤ 피해자가 그의 유일한 재산인 부동산을 방매하고 그 대금을 받는 즉시 부산 방면으로 달아나려고 하자 피고인이 가옥대금을 받는 현장에서 채권을 추심하였다.
> ㉥ 소유권의 귀속에 관한 분쟁이 있어 민사소송이 계속중인 건조물에 관하여 현실적으로 관리인이 있음에도 위 건조물의 자물쇠를 쇠톱으로 절단하고 침입하였다.

① 0개 ② 1개 ③ 2개 ④ 3개 ⑤ 4개 ⑥ 5개

해설

㉠ 명예는 자구행위에 의하여 보전할 청구권이 되지 못한다(대법원 1969.12.30, 69도2138). ㉡ 청구권의 보전이 불가능한 경우가 아니다(대법원 1996.12.20, 95도1497). ㉢ 자구행위는 재산을 임의로 처분하거나 이행 받는 것까지 정당화하지 않는다(대법원 1984.12.26, 84도2582). ㉣ 대법원 1986.12.23, 86도1372, ㉤ 대법원 1966.7.26, 66도469, ㉥ 대법원 1985.7.9, 85도707이 자구행위의 성립을 부정한 경우이다. 결국 판례에 의하면 자구행위에 해당하는 경우는 없다. 다만 ㉤의 경우에는 자구행위가 성립한다는 견해도 있다. 〈답 ①〉

5. 다음 설명 중 옳지 않은 것은? (다툼이 있는 경우에는 판례에 의함)

<변호사 2012년>

① 고의에 의한 방위행위가 위법성이 조각되기 위해서는 정당방위상황뿐 아니라 행위자에게 방위의사도 인정되어야 한다.

② 피해자의 승낙에 의한 행위가 위법성이 조각되기 위해서는 그 승낙이 유효해야 할 뿐 아니라 그 승낙에 기한 행위가 사회상규에 위배되지 아니한 경우이어야 한다.

③ 추정적 승낙이란 피해자의 현실적인 승낙이 없었다고 하더라도 행위 당시의 모든 객관적 사정에 비추어 볼 때 만일 피해자가 행위의 내용을 알았더라면 당연히 승낙하였을 것으로 예견되는 경우를 말한다.

④ 정당방위의 성립요건으로서의 방어행위는 순수한 수비적 방어뿐만 아니라 적극적 반격을 포함하는 반격방어의 형태도 포함된다.

⑤ 자구행위가 그 정도를 초과하더라도 야간 기타 불안스러운 상태하에서 공포·경악·흥분·당황으로 인한 경우에는 벌하지 아니한다.

해설 ··

①(○) 정당방위가 인정되려면 객관적 정당화상황(정당방위상황)과 주관적 정당화요소(방위의사)와 상당성이 있어야 한다.

②(○) 승낙은 기망·착오·강제 등 하자 있는 의사표시로 행해지지 않아야 하며, 윤리적·도덕적으로 사회상규에 반하는 것이 아니어야 한다(대법원 1985.12.10. 85도1892).

③(○) 추정적 승낙이란 피해자의 현실적인 승낙이 없었다고 하더라도 행위 당시의 모든 객관적 사정에 비추어 볼 때 만일 피해자가 행위의 내용을 알았더라면 당연히 승낙하였을 것으로 예견되는 경우를 말한다(대법원 2006.3.24. 2005도8081).

④(○) 정당방위가 성립하려면 침해행위에 의하여 침해되는 법익의 종류, 정도, 침해의 방법, 침해행위의 완급과 방위행위에 의하여 침해될 법익의 종류, 정도 등 일체의 구체적 사정들을 참작하여 방위행위가 사회적으로 상당한 것이어야 하고, 정당방위의 성립요건으로서의 방어행위에는 순수한 수비적 방어뿐 아니라 적극적 반격을 포함하는 반격방어의 형태도 포함되나, 그 방어행위는 자기 또는 타인의 법익침해를 방위하기 위한 행위로서 상당한 이유가 있어야 한다(대법원 1992.12.22. 92도2540).

⑤(×) 과잉자구행위의 경우에는 과잉방위나 과잉피난과 달리 '야간 기타 불안스러운 상태에서 공포 등으로 인한 경우 벌하지 않는'는 규정(제21조 3항)은 적용되지 않는다. 과잉자구행위의 경우는 정황에 의해 형을 감경 또는 면제할 수 있을 뿐이다(제23조 2항).

〈답 ⑤〉

제 5 절 피해자의 승낙

1. 피해자의 승낙이 위법성을 조각하기 위한 요건 중 옳은 것의 조합은?

㉠ 승낙능력 있는 자의 자유로운 의사에 의한 승낙이어야 한다.

ⓛ 승낙은 반드시 명시적인 의사표시임을 요한다.
ⓒ 법익침해 이전 또는 그 직후에 승낙이 있어야 한다.
ⓓ 승낙이 있다는 사실을 인식할 필요는 없다.
ⓜ 추정적 승낙에 있어서 추정은 피승낙자의 의사를 기준으로 하여 판단한다.
ⓑ 대리승낙도 유효한 승낙이다.
ⓢ 착오에 의한 승낙은 취소되지 않는 한 형법상 유효하다.
ⓞ 승낙할 수 있는 법익은 개인적 법익 중 처분가능한 것에 한한다.

① ㉠ ⓞ ② ⓛ ⓓ ③ ㉠ ⓛ ⓒ ④ ㉠ ⓛ ⓞ
⑤ ㉠ ⓒ ⓑ ⑥ ㉠ ⓜ ⓑ ⑦ ㉠ ⓛ ⓜ ⓢ ⑧ ㉠ ⓛ ⓢ ⓞ

해설

㉠ⓞ이 옳은 설명이다. 피해자의 승낙이 위법성을 조각하기 위하여는 (i) 법익주체가 승낙할 것, (ii) 법익주체의 처분할 수 있는 법익에 대한 승낙일 것, (iii) 승낙은 승낙의 의미를 이해할 능력이 있는 피해자의 자유로운 의사에 의하여 이루어질 것, (iv) 승낙은 법익침해 이전에 표시되어야 하며 법익침해시까지 계속될 것, (v) 행위자가 승낙이 있었다는 사실을 인식할 것 등을 요한다.
ⓛ 승낙은 명시적이거나 묵시적이거나를 불문하며(대법원 1983.2.8, 82도2486), 어떤 방법으로든 외부에서 인식할 수 있도록 표시하면 족하다. ⓒ 피해자의 승낙은 법익침해 이전에 있을 것을 요하므로 사후승낙은 위법성을 조각하지 않는다. ⓓ 승낙이 있다는 사실을 인식해야 한다. ⓜ 추정적 승낙에서 승낙의 추정은 주관적 의미의 추정이 아니라 객관적 추정이다. ⓑ 대리승낙은 유효한 승낙이 아니다. 왜냐하면 승낙을 하는 사람은 법익의 소지자이어야 하기 때문에 타인의 법익에 대하여는 원칙적으로 승낙할 수 없다. 따라서 국가적 또는 사회적 법익에 대한 죄는 승낙에 의하여 위법성이 조각될 수 없다. ⓢ 승낙은 자유로운 의사에 의하여 이루어져야 하므로 기망·착오·강제 등의 하자있는 의사 또는 의사의 결함상태에서 이루어진 승낙은 승낙이라고 할 수 없다. ⓞ 법익주체가 처분할 수 있는 법익에 대하여만 피해자의 승낙이 위법성을 조각할 수 있다. 〈답 ①〉

2. 음주대취된 상태에서 자동차를 운전하여 집으로 가려고 하는 甲에게 乙이 방향이 같으니 태워 달라고 하였다. 甲은 술에 취하여 위험하니 혼자 가겠다고 하였으나 乙은 사고가 나서 다쳐도 괜찮으니 태워 달라고 하였다. 甲과 乙이 집으로 가던 도중 甲은 가로수를 들이받아 이로 인하여 乙은 상처를 입게 되었다. 甲의 죄책은?

① 과실치상죄 ② 업무상 과실치상죄
③ 의무의 충돌이므로 무죄 ④ 피해자의 승낙에 의하여 무죄
⑤ 기대가능성이 없으므로 무죄

해설

설문은 법익주체의 자유로운 의사에 의한 승낙이 있는 경우이므로 피해자의 승낙에 의하여 위법성이 조각되는 경우이다. 〈답 ④〉

3. 甲의 행위에 대하여 乙이 동의한 경우, 甲의 행위에 대하여 미치는 그 동의의 법적 효과가 <사례>와 동일한 것만 <보기>에서 모두 고른 것은? (다툼이 있는 경우에는 판례에 의함) <사시 2006년>

〈사례〉
甲은 생계가 어려워 노환으로 고생중인 어머니 乙을 깊은 산골짜기에 유기하여 살해하였다.
〈보기〉
㉠ 甲은 乙로 하여금 형사처벌을 받게 할 목적으로 수사기관에 허위의 사실을 신고하여 무고하였다.
㉡ 甲은 1년 이상 병원에 입원치료중인 아내 乙에 대해 미안한 마음을 가졌으나 丙녀와 간통하였다.
㉢ 甲은 A의 14세 된 딸 乙을 약취하였다.
㉣ 甲남은 15세인 심신미약자 乙녀를 간음하였다.
㉤ 산부인과 의사 甲은 애인인 乙이 임신하자 낙태시켰다.

① ㉣ ② ㉤ ③ ㉠ ㉡ ④ ㉠ ㉢ ⑤ ㉣ ㉤

해설

사례에서 甲이 어머니 乙을 유기하여 살해한 것은 존속살해죄(제250조 2항)이며, 乙이 동의하였더라도 피해자의 승낙으로 위법성이 조각되지 않고 촉탁·승낙살인죄(제252조 1항)로서 살인죄의 감경구성요건에 해당하는 경우이다. 법적 효과가 같은 것은 ㉤의 경우로, 낙태는 임부의 동의가 있어도 처벌되지만 업무상 동의낙태죄(제270조 1항)는 부동의낙태죄(제270조 2항)보다는 형이 감경된다.
㉠ 무고죄(제156조)는 국가의 형벌권 또는 징계권을 보호하는 범죄라는 국가적 법익침해설과, 국가형벌권의 적정뿐만 아니라 피무고자 개인의 이익도 보호하는 것이라는 절충설이 대립하고 있는데, 절충설이 통설의 태도이다. 절충설에 의할 때에도 무고죄의 핵심은 국가의 심판기능을 보호하는 점에 있으므로 피무고자의 승낙은 무고죄의 성립에 영향을 미치지 못한다. ㉡ 간통죄(제241조)는 성풍속이라는 사회적 법익을 보호법익으로 하므로 피해자의 동의는 범죄성립에 영향을 미치지 못하며, 단지 고소권의 발생을 저지할 뿐이다(제241조 2항 단서). ㉢ 미성년자약취죄(제287조)의 보호법익은 미성년자의 자유이지만 보호자의 감독권도 부차적인 보호법익이므로, 미성년자의 동의를 얻었더라도 보호자의 동의가 없었다면 미성년자약취죄가 성립하는 데 지장이 없다. ㉣ 미성년자 또는 심신미약자에 대한 간음죄(제302조)는 위계 또는 위력에 의한 경우만 성립하므로 위계·위력에 의하지 않고 심신미약자의 동의가 있었다면 범죄는 성립하지 않는다. 〈답 ②〉

4. 다음 설명 중 옳은 것은? (다수설에 의함)

① 甲은 오랫동안 중병을 앓고 있던 처(妻) 乙의 승낙을 받고 乙을 집에 혼자 두고 가출하였던바, 그 사이에 乙은 사망하였다. 甲에게 유기치사죄는 성립하지 않는다.
② 甲은 12세의 소녀 乙의 승낙을 받고 그와 성교하였다. 甲에게 의제강간

죄는 성립하지 않는다.

③ 甲은 乙의 승낙을 얻어 乙소유의 빈 집을 연소시켰다. 甲에게 비현주건조물방화죄는 성립하지 않는다.

④ 甲은 정사(情死)의 의사가 없음에도 불구하고 乙에게 같이 죽을 것을 약속하여 이를 믿은 乙이 먼저 자살하게 하였다. 甲에게는 범죄가 성립하지 않는다.

⑤ 공증인 甲이 공정증서에 의한 유언장 작성시 알게 된 유언자 乙의 비밀을 그의 승낙을 받고 丁에게 이야기하였다. 甲에게 업무상 비밀누설죄는 성립하지 않는다.

해설

①(×) 甲은 乙과 부부로서 부양의무(민법 제826조 1항)가 있으므로 법률상 보호의무자에 해당하고 중병을 앓고 있는 처 乙은 요부조자에 해당한다. 따라서 甲이 乙을 집에 혼자 두고 가출한 행위는 유기로서 유기죄의 구성요건에 해당한다. 처 乙의 승낙이 위법성을 조각하는가가 문제되는데 요부조자의 승낙을 받고 유기한 행위는 사회상규에 반하여 위법하다고 할 수 있다. 요부조자를 혼자 두면 사망하리라는 예견이 가능하므로 과실이 인정되어 甲은 유기치사죄에 해당한다.
②(×) 간음에 있어서는 13세 이상이 승낙능력이 있으므로 13세 미만자의 동의를 받고 간음한 경우에는 의제강간죄(제305조)가 성립한다.
③(×) 피해자의 동의가 형의 감경사유가 되어 다른 구성요건에 해당하는 경우에 감경된 구성요건으로 처벌하는 경우가 있다. 타인소유 일반건조물에 타인의 동의를 받고 방화한 경우에 타인소유 일반건조물방화죄(제166조 1항)가 아니라 자기소유 일반건조물방화죄(제166조 2항)가 성립한다.
④(×) 위계에 의한 살인죄(제253조)가 성립한다.
⑤(○) 업무상 비밀누설죄는 피해자의 승낙이 있는 경우에 구성요건 또는 위법성이 조각된다. 〈답 ⑤〉

5. 피해자의 승낙에 관한 설명 중 옳지 않은 것은? (다툼이 있는 경우에는 판례에 의함)

① 의사로부터 필요한 설명을 받지 못한 피해자의 수술승낙은 수술의 위법성을 조각하는 유효한 승낙이 될 수 없다.

② 피고인이 피해자에게 밍크 45마리에 관하여 자기에게 그 권리가 있다고 주장하면서 이를 가져간 데 대하여 피해자의 묵시적인 동의가 있었는데, 후에 피고인의 주장이 허위임이 밝혀졌다면 피고인의 행위는 절도죄가 된다.

③ 피고인이 동거중인 피해자의 지갑에서 현금을 꺼내 가는 것을 피해자가 현장에서 목격하고도 만류하지 아니하였다면, 피해자가 이를 허용하는 묵시적 의사가 있었다고 봄이 상당하여 이는 절도죄를 구성하지 않는다.

④ 乙이 자신을 때려 주면 돈을 주겠다는 요청을 하여 甲이 피고인을 폭행

하여 다발성 좌상을 입게 하였다면, 乙의 요청은 윤리적·도덕적으로 사회상규에 어긋나는 것이어서 피해자의 승낙에 의해 위법성이 조각되지 않는다.

⑤ 계주에 대한 채권자인 피고인이 채권을 확보하기 위하여 계주로 행세하며 업무를 대행하는 것을 계주가 승인 내지 묵인한 사실이 인정된다면, 피고인의 행위는 피해자의 승낙이 있었던 것으로서 위법성이 조각되어 업무방해죄가 성립되지 않는다.

해설 ……………………………………

①(○) 진단상의 과오가 없었으면 당연히 설명받았을 자궁외임신에 관한 내용을 설명받지 못한 피해자로부터 수술승낙을 받았다면 위 승낙은 부정확 또는 불충분한 설명을 근거로 이루어진 것으로서 수술의 위법성을 조각할 유효한 승낙이라고 볼 수 없다(대법원 1993. 7.27, 92도2345).
②(×) 피고인이 피해자에게 이 사건 밍크 45마리에 관하여 자기에게 그 권리가 있다고 주장하면서 이를 가져간 데 대하여 피해자의 묵시적인 동의가 있었다면, 피고인의 주장이 후에 허위임이 밝혀졌더라도 피고인의 행위는 절도죄의 절취행위에는 해당하지 않는다(대법원 1990.8.10, 90도1211).
③(○) 대법원 1985.11.26, 85도1487.
④(○) 대법원 2010.4.29, 2010도2745.
⑤(○) 대법원 1983.2.8, 82도2486. 〈답 ②〉

6. 甲의 간음행위에 형법 제24조(피해자의 승낙에 의한 행위)**가 적용되어 무죄로 되는 경우만의 조합은?**

> ㉠ 교도관 甲남은 자기가 관리하는 구치소에 구속 중인 乙녀와 사랑에 빠져 간음하였다.
> ㉡ 대학생 甲남은 자기를 짝사랑하는 12세 소녀인 乙녀의 동의를 받아 간음하였다.
> ㉢ 미혼남녀인 甲남과 乙녀는 서로 합의하여 간음하였다.
> ㉣ 유부남인 甲남은 카바레에서 만난 乙녀와 간음하였으나, 이를 처에게 고백하고 용서받았다.

① 없음 ② ㉠ ③ ㉢ ④ ㉣
⑤ ㉠ ㉣ ⑥ ㉢ ㉣ ⑦ ㉠ ㉢ ㉣ ⑧ ㉠ ㉡ ㉢ ㉣

해설 ……………………………………

㉠ 피구금부녀간음죄(제303조 2항)와 ㉡ 미성년자의제강간죄(제305조)는 피해자가 동의하여 간음한 경우에도 성립한다. 이에 반하여 ㉢과 ㉣의 경우 乙의 동의에 의한 간음은 강간죄 등의 범죄의 구성요건에는 해당하지 않는다. 다만 ㉣의 경우 간통죄가 성립하나 배우자가 유서하였으므로 고소권 발생이 저지될 뿐이다. 결국 피해자의 승낙으로 위법성이 조각되어 무죄에 해당하는 경우는 없다. 〈답 ①〉

7. 피해자의 승낙에 관한 기술 중 옳은 것을 모두 고른 것은? (다툼이 있는 경우에는 판례에 의함) <법원행시 2010년>

㉠ 피고인이 피해자 소유인 어느 물건에 대하여 자기에게 권리가 있다고 주장하여 피해자의 묵시적인 동의 아래 이를 가져간 경우 나중에 그 권리 주장의 근거가 허위로 밝혀졌다고 하더라도 피해자가 일단 묵시적 동의를 한 이상 절도죄는 성립할 수 없다. ㉡ 불법선거운동을 적발할 목적으로 상대방 후보자의 선거운동원들이 모일 것으로 예상되는 음식점에 손님을 가장하고 들어가서 도청장치를 설치하였다면 그 음식점의 영업주가 출입을 허용하지 않았을 것으로 봄이 경험칙에 부합하므로 이와 같은 행위는 주거침입죄를 구성한다. ㉢ 행위의 위법성을 조각하는 피해자의 승낙은 개인적 법익을 훼손하는 경우에 법률상 이를 처분할 수 있는 사람의 승낙을 말할 뿐만 아니라 윤리적, 도덕적으로 사회상규에 반하는 것이 아니어야 한다. ㉣ 의사가 정밀한 진단방법을 실시하지 않은 채 환자의 병명이 자궁외 임신인 것을 자궁근종으로 오진하고 환자인 피해자에게 자궁적출수술의 불가피성만을 설명하고 자궁외임신에 관한 설명을 하지 않은 채 피해자의 승낙을 받아 자궁적출수술을 한 경우에는 위 승낙은 부정확한 설명을 근거로 이루어진 것이므로, 업무상 과실치상죄에 관한 한 수술의 위법성을 조각할 승낙으로 볼 수 없다. ㉤ 자기의 소유인 가옥이라고 하더라도 피해자가 점유관리하고 있고 피해자와 사이에서 그 가옥의 소유권에 대한 분쟁이 계속되고 있다면, 그 가옥에 침입하는 것에 대한 피해자의 추정적 승낙이 있었다고 할 수 없다.

① ㉠ ㉡ ㉢ ㉣ ㉤　② ㉠ ㉡ ㉢ ㉣　③ ㉡ ㉢ ㉣ ㉤
④ ㉠ ㉢ ㉤　⑤ ㉢ ㉣ ㉤

해설

모두 옳다. ㉠ 대법원 1990.8.10, 90도1211, ㉡ 대법원 1997.3.28, 95도2674, ㉢ 대법원 1985.12.10, 85도1892, ㉣ 대법원 1993.7.27, 92도2345, ㉤ 대법원 1989.9.12, 89도889 판결의 내용에 일치한다. 〈답 ①〉

8. 피해자의 승낙에 관한 설명 중 옳지 않은 것은? (다툼이 있는 경우에는 판례에 의함) <사시 2013년: 배점 2>

① 사문서를 작성·수정할 당시 명의자의 현실적인 승낙은 없었지만 행위 당시의 모든 객관적 사정을 종합하여 명의자가 행위 당시 그 사실을 알았다면 당연히 승낙했을 것이라고 추정되는 경우 사문서위·변조죄가

성립하지 않는다.

② 피고인이 피해자가 사용 중인 공중화장실의 용변칸에 노크하여 남편으로 오인한 피해자가 용변칸 문을 열자 강간할 의도로 용변칸에 들어간 경우 주거침입죄가 성립하고 피해자의 명시적 또는 묵시적 승낙을 인정할 수 없다.

③ 의사의 진단상의 과오가 없었으면 당연히 설명받았을 내용을 설명받지 못한 피해자로부터 의사가 수술승낙을 받았다면 위 승낙은 부정확 또는 불충분한 설명을 근거로 이루어진 것으로서 수술의 위법성을 조각할 유효한 승낙이라고 볼 수 없다.

④ 사자 명의로 된 약속어음을 작성함에 있어 사망자의 처로부터 사망자의 인장을 교부받아 생존 당시 작성한 것처럼 약속어음의 발행일자를 그 명의자의 생존 중의 일자로 소급하여 작성한 때에는 발행명의인의 추정적 승낙이 있었다고 볼 수 없다.

⑤ 피고인이 피해자와 공모하여 교통사고를 가장하여 보험금을 편취할 목적으로 피해자에게 상해를 가하였다 하더라도 피해자의 명시적 승낙이 있었던 이상 피고인의 행위는 피해자의 승낙에 의하여 위법성이 조각된다.

해설 ……………………………………

①(○) 사문서의 위·변조죄는 작성권한 없는 자가 타인 명의를 모용하여 문서를 작성하는 것을 말하는 것이므로 사문서를 작성·수정함에 있어 그 명의자의 명시적이거나 묵시적인 승낙이 있었다면 사문서의 위·변조죄에 해당하지 않고, 한편 행위 당시 명의자의 현실적인 승낙은 없었지만 행위 당시의 모든 객관적 사정을 종합하여 명의자가 행위 당시 그 사실을 알았다면 당연히 승낙했을 것이라고 추정되는 경우 역시 사문서의 위·변조죄가 성립하지 않는다(대법원 2008.4.10, 2007도9987).

②(○) 피고인이 피해자가 사용 중인 공중화장실의 용변칸에 노크하여 남편으로 오인한 피해자가 용변칸 문을 열자 강간할 의도로 용변칸에 들어간 것이라면 피해자가 명시적 또는 묵시적으로 이를 승낙하였다고 볼 수 없어 주거침입죄에 해당한다(대법원 2003.5.30, 2003도1256).

③(○) 산부인과 전무의 수련과정 2년차인 의사가 자신의 시진, 촉진결과 등을 과신한 나머지 초음파검사 등 피해자의 병증이 자궁외 임심인지, 자궁근종인지를 판별하기 위한 정밀한 진단방법을 실시하지 아니한 채 피해자의 병명을 자궁근종으로 오진하고 이에 근거하여 의학에 대한 전문지식이 없는 피해자에게 자궁적출술의 불가피성만을 강조하였을 뿐 위와 같은 진단상의 과오가 없었으면 당연히 설명받았을 자궁외 임신에 관한 내용을 설명받지 못한 피해자로부터 수술승낙을 받았다면 위 승낙은 부정확 또는 불충분한 설명을 근거로 이루어진 것으로서 수술의 위법성을 조각할 유효한 승낙이라고 볼 수 없다(대법원 1993.7.27, 92도2345).

④(○) 사자 명의로 된 약속어음을 작성함에 있어 사망자의 치료부터 사망자의 인장을 교부받아 생존 당시 작성한 것처럼 약속어음의 발행일자를 그 명의자의 생존 중의 일자로 소급하여 작성한 때에는 발행명의인의 승낙이 있었다고 볼 수 없다(대법원 2011.7.14, 2010도1025).

⑤(×) 피고인이 피해자와 공모하여 교통사고를 가장하여 보험금을 편취할 목적으로 피해자에게 상해를 가하였다면 피해자의 승낙이 있었다고 하더라도 이는 위법한 목적에 이용하기 위한 것이므로 피고인의 행위가 피해자의 승낙에 의하여 위법성이 조각된다고 할 수 없다(대법원 2008.12.11, 2008도9606). 〈답 ⑤〉

9. 다음 설명 중 옳지 않은 것은? (다툼이 있는 경우에는 판례에 의함)

<사시 2012년: 배점 2>

① 甲이 피해자와 공모하여 교통사고를 가장하여 보험금을 편취할 목적으로 피해자에게 상해를 가하였다면 피해자의 승낙이 있었다고 하더라도 이는 위법한 목적에 이용하기 위한 것이므로 피해자의 승낙에 의하여 甲의 상해죄의 위법성이 조각된다고 할 수 없다.

② 자기무고는 무고죄의 구성요건에 해당하지 아니하나, 피무고자의 교사하에 제3자가 피무고자에 대한 허위의 사실을 공무소에 신고한 경우에는 피무고자도 무고죄의 교사범의 죄책을 진다.

③ 위법성조각사유로서의 피해자의 승낙은 법익침해 이전에 표시되어야 하며 법익침해시까지 계속되어야 한다. 따라서 사후승낙은 위법성을 조각하지 않는다.

④ 친족의 생명에 대한 위해를 방어할 방법이 없는 협박에 의하여 강요된 행위는 적법행위에 대한 기대가능성이 없거나 현저히 낮기 때문에 책임이 조각되거나 그 형이 감경된다.

⑤ 의료인일지라도 의료인 아닌 자의 의료행위에 공모하여 가공하면 의료법에서 규정하는 무면허의료행위의 공동정범이 성립한다.

해설

①(○) 승낙이 있었더라도 위법한 목적에 이용하기 위한 것이므로 사회상규에 반하여 위법성이 조각되지 않는다(대법원 2008.12.11, 2008도9609).

②(○) 판례는 무고죄의 경우 본인을 무고하는 자기무고는 범죄를 구성하지 않지만, 자신의 무고를 위해 제3자를 교사·방조한 경우는 무고죄의 교사·방조범으로서 죄책을 부담한다고 본다(대법원 2008.10.23, 2008도4852).

③(○) 피해자의 승낙은 법익침해 이전에 표시되어야 하고 법익침해시까지 계속되어야 하므로 사후승낙은 허용되지 않는다.

④(×) 지문은 형법 제12조의 강요된 행위의 요건으로 적법행위의 기대가능성이 없어 책임이 조각되어 벌하지 않는 경우이다. 기대가능성이 현저히 낮아 형이 감경될 수 있다는 부분이 옳지 않은 설명이다.

⑤(○) 신분관계로 인하여 성립될 범죄에 가공하면 신분관계가 없는 자에도 공범규정(공동정범, 교사범, 종범)이 적용되므로(형법 제33조 본문), 의료인일지라도 의료인 아닌 자의 의료행위에 공모하여 가공하면 의료법 제25조 제1항이 규정하는 무면허의료행위의 공동정범으로서의 책임을 진다(대법원 1986.2.11, 85도448). 〈답 ④〉

10. 법익주체의 동의를 승낙과 양해로 구별하는 관점에서 나오는 결론 중 타당한 결론을 모두 모은 것은? (단, 피해자의 승낙에 관하여 법률에 특별한 규정이 있는 경우는 제외한다.) <사시 2009년: 배점 3>

> ㉠ 승낙이 있는 것으로 오인한 자의 행위는 위법성조각사유의 전제사실의 착오에 해당하고, 승낙이 없는 것으로 오인한 자의 행위에 대해서는 불능미수설과 기수설의 대립이 있다.
> ㉡ 양해가 있는 것으로 오인한 자의 행위는 구성요건적 착오에 해당하여 고의가 조각되고, 양해가 없는 것으로 오인한 자의 행위에 대해서는 불능미수설과 기수설의 대립이 있다.
> ㉢ 기망이 있을 경우에는 유효한 승낙 및 유효한 양해가 되지 않는다.
> ㉣ 승낙의 경우는 물론이고 양해의 경우도 사회상규에 반하지 않는 것을 그 내용으로 하는 것이어야 한다.

① ㉠ ② ㉡ ③ ㉢ ④ ㉣
⑤ ㉠ ㉡ ⑥ ㉡ ㉢ ⑦ ㉡ ㉣ ⑧ ㉢ ㉣

해설

㉠(○) 승낙은 위법성조각사유이므로 승낙이 없음에도 있다고 오인한 경우는 위법성조각사유의 전제사실의 착오이며, 승낙이 있음을 알지 못한 것은 주관적 정당화요소가 결여된 경우이다.
㉡(×) 양해가 없음에도 있다고 오인한 경우는 피해자의 의사에 반하여 구성요건을 실현한다는 점에 대한 인식이 없기 때문에 고의가 조각되지만, 양해가 있음을 알지 못한 것은 피해자의 의사에 반한 구성요건실현이 불가능한 경우이므로 불능미수가 문제된다.
㉢(×) 피해자의 승낙은 자유로운 의사결정에 의한 진지한 승낙이어야 하므로 기망 · 착오 등 하자있는 의사표시에 의한 승낙은 유효한 승낙이 될 수 없다. 그러나 하자있는 양해는 유효한 경우(예컨대 절도죄)도 있고 효력이 없는 경우(예컨대 강제추행죄)도 있다.
㉣(×) 승낙은 법질서 전체의 정신 또는 사회윤리에 비추어 용인될 수 있어야 한다. 즉 피해자의 승낙에 의한 행위는 사회상규에 반하지 않아야 한다. 그러나 양해는 위법성조각사유가 아니므로 사회상규에 의한 제한을 받지 아니한다. 〈답 ①〉

11. 추정적 승낙이 위법성을 조각하기 위한 요건에 관한 설명 중 옳지 않은 것은? (다수설에 의함)

① 법익주체가 처분할 수 있는 법익에 제한된다.
② 피해자의 승낙을 얻을 수 없었어야 한다.
③ 피해자의 반대의사가 명백한 경우라도 그것이 불합리한 때에는 추정적 승낙이 될 수 있다.
④ 승낙이 객관적으로 기대되어야 한다.
⑤ 행위자는 피해자가 승낙할 것을 인식해야 한다.

✍ 해설 ··

③(×) 추정적 승낙은 행위자가 피해자의 결정의 자유를 대리하는 제도이므로 법익주체의 의사가 명백한 때에는 그 의사를 존중하지 않으면 안 된다. 〈답 ③〉

12. 추정적 승낙에 관한 다음 설명 중 옳지 않은 것은? (다툼이 있는 경우에는 판례에 의함) <사시 2010년: 배점 2>

① 작성권한 없는 자가 타인 명의를 모용하여 사문서를 작성·수정할 당시 명의자의 현실적인 승낙은 없었지만 행위 당시의 모든 객관적 사정을 종합하여 명의자가 행위 당시 그 사실을 알았다면 당연히 승낙했을 것이라고 추정되는 경우 사문서위·변조죄가 성립하지 않는다.

② 피해자의 현실적 승낙이 가능하면 추정적 승낙은 인정되지 않는다.

③ 친지의 집을 방문하여 응접실에서 기다리던 중 마침 탁자 위에 놓인 담배를 허락 없이 피운 경우 추정적 승낙을 인정할 수 있다.

④ 추정적 승낙 여부는 행위 당시를 기준으로 판단되어야 하므로, 명의자의 명시적인 승낙이나 동의가 없다는 것을 알고 있으면서도 명의자 이외의 자의 의뢰로 권한 없이 문서를 작성하는 경우, 명의자가 문서작성 사실을 알았다면 승낙하였을 것이라고 기대하거나 예측한 것만으로는 그 승낙이 추정된다고 단정할 수 없다.

⑤ 주인의 장기간 여행으로 비어 있는 옆집에 수도관이 파열된 것을 발견하고서 이웃주민이 이를 고치기 위해 옆집의 문을 열고 들어간 경우에는 추정적 승낙이 있다고 할 수 없다.

✍ 해설 ··

①(○) 행위 당시 명의자의 현실적인 승낙은 없었지만 행위 당시의 모든 객관적 사정을 종합하여 명의자가 행위 당시 그 사실을 알았다면 당연히 승낙했을 것이라고 추정되는 경우 사문서의 위·변조죄가 성립하지 않는다(대법원 2003.5.30, 2002도235).
②(○) 추정적 승낙은 상대방이 현실적 승낙이 불가능할 때 고려되는 것이므로 옳은 설명이다.
③(○) 방문한 친지가 탁자에 놓인 담배를 피우는 것은 주인의 추정적 승낙이 예상되는 경우이다.
④(○) 명의자의 명시적인 승낙이나 동의가 없다는 것을 알고 있으면서도 명의자 이외의 자의 의뢰로 문서를 작성하는 경우 명의자가 문서작성 사실을 알았다면 승낙하였을 것이라고 기대하거나 예측한 것만으로는 그 승낙이 추정된다고 단정할 수 없다(대법원 2008.4.10, 2007도9987).
⑤(×) 행위자가 피해자의 이익을 보전하기 위하여 경미한 법익을 침해한 경우 추정적 승낙이 인정될 수 있다. 〈답 ⑤〉

13. 추정적 승낙에 해당할 수 없는 경우는?

㉠ 처가 해외출장 중인 남편에게 온 편지를 개봉하였다.
㉡ 집을 비우고 여행 중인 이웃집에 들어가 파열된 수도관을 고쳐 주었다.
㉢ 가정부가 주인이 버리려고 골라 둔 헌옷을 걸인에게 주었다.
㉣ 친구 집에 갔다 친구가 수집해 둔 우표 몇 장을 몰래 가져왔다.
㉤ 교통사고를 당하여 실신한 중상자를 구하기 위하여 그의 옷을 찢어 상처를 묶었다.
㉥ 주인이 없는 사이에 주인의 개와 고양이가 싸워 개보다 몇 배 비싼 고양이가 죽을 위험에 처한 것을 보고 고양이를 살리기 위해 엽총을 쏘아 개를 사살하고 고양이를 살렸다.

① ㉡ ② ㉣ ③ ㉠ ㉢ ④ ㉡ ㉢
⑤ ㉡ ㉥ ⑥ ㉢ ㉣ ⑦ ㉡ ㉣ ㉤ ⑧ ㉢ ㉣ ㉥

해설

㉣ 추정적 승낙에는 피해자의 이익을 위한 경우와 피해자의 가정적 의사와 일치하는 경우가 있다. 그러나 친구 집에 가서 수집한 우표를 가져온 경우는 그 어느 것에도 해당하지 않는다.
㉠㉡㉥ 피해자의 이익을 위한 경우이며, ㉢㉤ 피해자의 가정적 의사에 일치하는 경우이다. 〈답 ②〉

14. 甲의 행위에 대한 위법성판단을 ( ) 안에 기술한 경우 옳지 않은 것은?
(다툼이 있는 경우에는 판례에 의함) <사시 2007년: 배점 2>

① 통행인 甲은 술 취한 乙이 자기 팔을 잡고 시비하려 하기 때문에 잡힌 자기 팔을 놓게 하려고 팔을 뿌리쳤다. 그 때 乙이 넘어져 뇌진탕으로 사망하였다. (정당행위에 해당)
② 甲은 고열로 혼수상태에 빠진 자기 아들을 병원으로 데려가기 위해 교통신호를 무시하고 과속으로 차를 몰았다. (긴급피난에 해당)
③ 산부인과 수련의 甲은 단지 시진, 촉진만으로써 환자 乙의 병이 자궁근종이라고 판단하였다. 甲은 자궁근종의 치료로는 자궁적출술뿐임을 乙에게 설명한 후 乙로부터 그 수술에 대한 동의를 받았다. 그러나 수술을 해본 결과 乙은 자궁외임신이었다. (피해자 승낙에 해당하지 아니함)
④ 乙은 甲이 운전하는 차량 앞에 뛰어들어 함부로 타려고 하였다. 甲이 이에 항의하자 乙은 甲의 바지춤을 잡아당겨 찢고 甲을 끌고 가려다가 넘어지자, 甲이 乙의 양 손목을 경찰관이 도착할 때까지 3분간 잡아 눌렀다. (정당방위에 해당)
⑤ 노조원에 의한 회사 점거 중에 해고근로자 甲은 노조 임시사무실에 들어

갔다. 그 전에도 甲은 평소 회사에서 불필요한 마찰을 피하기 위해서 발부해 준 출입명패를 받아 복직협의 또는 노조활동의 명목으로 회사에 출입했었다. (추정적 승낙에 해당)

해설

①(○) 팔을 뿌리친 정도는 사회통념상 허용될 만한 정도의 상당성이 있는 행위이고, 그로 인해 뇌진탕으로 사망하리라고는 예견할 수 없다(대법원 1990.5.22, 90도748 참조).
②(○) 현재의 위난을 피하기 위한 행위로서 긴급피난이 될 수 있다.
③(○) 대법원 1993.7.27, 92도2345 참조.
④(○) 대법원 1999.6.11, 99도943 내용이다.
⑤(×) 회사에서 해고근로자들의 출입을 허락해 왔다 하더라도, 이는 어디까지나 회사의 업무가 정상적으로 수행되고 있는 경우에 복직협의 등에 관련하여 필요한 범위 내의 출입에 한정된 것이라고 봄이 상당할 것인바, 위 사무실은 당시 노조간부들이 무단으로 점거하여 노조 임시사무실로 사용하고 있던 중이었을 뿐 아니라, 피고인이 위 사무실에 들어간 시점도 위 회사 노조원들에 의해 회사가 점거되어 회사의 업무가 정상적으로 수행되지 아니할 때인 것으로 엿보이는바, 그렇다면 오히려 특별한 사정이 없는 한 피고인의 위와 같은 출입행위는 관리자인 회사측의 의사 내지 추정적 의사에 반하는 것이라 아니할 수 없다(대법원 1994.2.8, 93도120). 〈답 ⑤〉

제 6 절 정당행위

1. 다음 각 사례에 대한 연결이 옳은 것은?

A. 변호사가 법정에서 부득이 상대방의 명예를 훼손하는 사실을 적시하였다.
B. 매일 밤 수박이 도난당하자 밭에 숨어 망을 보다 훔친 수박을 던지고 도망하는 사람을 추격하여 체포하였다.
C. 무면허의사가 환자의 외상수술을 하였다.

Ⅰ. 정당방위　Ⅱ. 긴급피난　Ⅲ. 정당행위
Ⅳ. 명예훼손죄　Ⅴ. 체포죄　Ⅵ. 상해죄

① A－Ⅰ B－Ⅰ　② A－Ⅲ C－Ⅲ　③ A－Ⅲ C－Ⅳ
④ A－Ⅳ B－Ⅲ　⑤ B－Ⅰ C－Ⅲ　⑥ B－Ⅴ C－Ⅲ

해설

A, B, C 모두 정당행위에 해당하여 위법성을 조각한다. A. 변호사의 변론행위는 그 내용이 다른 사람의 명예를 훼손하는 경우에도 업무로 인한 행위로서 정당행위에 해당한다. 다만 법정에서 변론하는 데 그치지 않고 법정 외에서 같은 진술을 반복한 때에는 위법성이 조각되지 않는다. B. 현행범인 체포행위로서 법령에 의한 행위이므로 형법상 정당행위에 해당한다. 현행범인이란 범죄의 실행중이거나 실행의 직후인 자를 말한다(형사소송법 제211조 1항). 정당방위가 성립하지 않는 것은 행위자가 도품을 던지고 도망하였기

에 현재의 침해가 계속되고 있다고 보기는 어렵기 때문이다. C. 의사의 치료행위는 상해죄의 구성요건에는 해당하지만 정당행위로서 위법성이 조각된다고 해석하는 것이 종래의 통설(배종대, 유기천, 정성근, 정영석, 진계호, 황산덕)과 판례(대법원 1978.11.14, 78도2388)의 태도이다. 이에 의하면 무면허의사의 치료행위일지라도 의료법위반의 죄가 성립하는 것은 별개의 문제이고 치료의 목적으로 의술에 따라 시행한 이상 업무로 인한 행위로서 정당행위에 해당한다. 다만, 의사의 치료행위에 대하여는 이를 구성요건의 문제로 해결하거나(김일수, 이재상, 이형국), 피해자의 승낙에 의하여 위법성이 조각된다고 설명하는 견해(박상기)가 있고, 치료행위는 피해자의 승낙에 의하여 위법성이 조각된다고 판시한 판례도 있다(대법원 1993.7.27, 92도2345). 〈답 ②〉

2. 정당행위에 대한 설명으로 옳지 않은 것을 모두 고르면? (다툼이 있는 경우에는 판례에 의함)

㉠ 상관의 명령의 구속력은 명령이 상관의 추상적 권한 내이고 명백히 위법하지 않을 것을 요건으로 하며, 구속력 없는 상관의 명령에 따른 행위는 위법성은 물론 책임을 조각할 수도 없다. ㉡ 교사의 체벌은 어떤 경우에도 허용되지 않는다. ㉢ 중학교 교사가 피해자인 학생이 자기에게 욕설을 한 것으로 오인하고 때려 상처를 입힌 경우 위법성이 조각되지 않는다. ㉣ 초등학교 교사가 학생이 숙제를 해오지 않았다는 이유로 뺨을 때려 고막이 터지게 한 경우 위법성이 조각되지 않는다. ㉤ 친권자가 아들에게 야구방망이로 때릴 듯한 태도를 취하면서 죽인다고 협박한 경우 위법성이 조각되지 않는다. ㉥ 4세 된 아들이 대소변을 가리지 못한다고 닭장에 가두고 전신을 때려 상처를 입힌 경우 위법성이 조각되지 않는다.

① 없음 ② ㉠ ③ ㉡ ④ ㉡ ㉢
⑤ ㉡ ㉥ ⑥ ㉢ ㉣ ⑦ ㉡ ㉣ ㉤ ⑧ ㉢ ㉣ ㉥

해설

㉠ 통설과 판례(대법원 1980.5.20, 80도306)는 상관의 위법한 명령에 의한 부하의 행위는 위법성을 조각하지 아니하고 다만 절대적 구속력을 가진 명령의 경우에는 책임이 조각될 수 있을 뿐이라고 한다. ㉡ 초·중등교육법령에 따르면 교사는 학교장의 위임을 받아 교육상 필요하다고 인정할 때에는 징계를 할 수 있고 징계를 하지 않는 경우에는 그 밖의 방법으로 지도를 할 수 있는데 그 지도에 있어서는 교육상 불가피한 경우에 신체적 고통을 가하는 방법인 이른바 체벌로 할 수 있다(대법원 2004.6.10, 2001도5380). 그러나 징계권의 행사라고 할지라도 ㉢의 경우처럼 징계사유가 없는 경우(대법원 1980.9.9, 80도762), ㉣과 같이 징계행위로 인하여 피해자에게 상해를 가한 경우(대법원 1991.5.14, 91도513; 대법원 1978.3.14, 78도203), ㉤ 대법원 2002.2.8, 2001도6468, ㉥ 대법원 1969.2.4, 68도1793과 같이 그 방법이 지나치게 가혹한 경우에는 위법성이 조각되지 않는다. 〈답 ③〉

3. <사례>에 대하여 학생들이 <보기>와 같이 견해를 제시하였다. 이 중 판례의 입장과 다른 견해를 보인 학생들을 모두 모아 놓은 것은? <사시 2006년>

〈사례〉
여자중학교 체육교사인 甲은 운동장에서 乙양 등 피해 여학생들이 '무질서하게 구보한다'는 이유로 주먹으로 머리를 때리고 甲이 신고 있던 슬리퍼로 양손을 때렸으며, 감수성이 예민한 여학생인 乙양 등 2명에게 학생들이 보는 가운데 모욕감을 느낄 지나친 욕설을 하여 폭행과 모욕혐의로 기소되었다.

〈보기〉
A: 甲의 행위는 학생의 신체나 정신건강에 위험한 물건 또는 지도교사의 신체를 이용하여 학생의 신체 중 부상의 위험성이 있는 부위를 때린 행위이므로 사회통념상 용인될 수 없다.
B: 초·중등교육법령에 따르면 교사는 학교장의 위임을 받아 교육상 필요하다고 인정할 때에는 징계 내지 지도를 할 수 있으나 학생에게 신체적 고통을 가하는 이른바 체벌은 징계 내지 지도행위의 일종으로 허용되지 않는다.
C: 甲의 행위는 다른 사람이 없는 곳에서 개별적으로 훈계·훈육의 방법으로 지도·교정될 수 있는 상황이었음에도 낯모르는 사람들이 있는 데서 공개적으로 학생에게 체벌·모욕을 가한 행위이므로 정당행위로 볼 수 없다.
D: 甲의 행위는 학생의 성별, 연령, 개인적 사정에서 견디기 어려운 모욕감을 주어 방법·정도가 지나친 지도행위라고 할 수 있다.
E: 甲의 행위가 다소 스스로의 감정을 자제하지 못한 면도 있으나 교정의 목적에서 나온 것이며, 훈계하는 등의 다른 방법을 사용하기가 곤란한 상황이었다고 생각된다.

① E ② A C ③ B E ④ D E ⑤ A C D

해설

대법원은 교육상 불가피한 때에는 교사의 체벌이 지도행위로서 허용된다고 보지만, 사례의 경우 판례는 甲의 지도행위가 사회통념상 객관적 타당성을 갖추었다고 볼 수 없다는 이유로 정당행위를 인정하지 않았다.
대법원 2004.6.10, 2001도5380 : 학생의 신체나 정신건강에 위험한 물건 또는 지도교사의 신체를 이용하여 학생의 신체 중 부상의 위험성이 있는 부위를 때리거나 학생의 성별, 연령, 개인적 사정에서 견디기 어려운 모욕감을 주어 방법·정도가 지나치게 된 지도행위 등은 특별한 사정이 없는 한 사회통념상 객관적 타당성을 갖추었다고 보기 어렵다. 따라서 판례의 입장과 다른 견해는 B, E이다.

〈답 ③〉

4. 쟁의행위가 위법성을 조각하는 경우만 모은 것은? (다툼이 있는 경우에는 판례에 의함)

> ㉠ 경영주체에 의한 경영상의 결단인 구조조정을 반대하는 쟁의행위
> ㉡ 노동조합 대표자가 사용자와 합의하여 단체협약안을 마련하더라도 조합원총회의 결의를 거친 후 단체협약을 체결할 것을 명백히 한 경우, 사용자가 그 사유로 단체교섭을 회피하였음을 이유로 하는 쟁의행위
> ㉢ 노동조합이 파업을 시작한 지 4시간 만에 사용자가 바로 직장폐쇄 조치를 취한 경우
> ㉣ 노동위원회에 노동쟁의 조정신청을 하여 조정기간이 끝난 후에 한 쟁의행위
> ㉤ 쟁위행위에 대한 찬반투표를 위하여 근무시간 중에 노동조합임시총회를 개최하고 투표를 한 경우
> ㉥ 직장이나 사업장시설의 점거범위가 직장 또는 사업장시설의 일부분이고 사용자측의 출입이나 관리지배를 배제하지 않는 병존적인 점거인 경우
> ㉦ 항공회사 운항승무원 노동조합이 외국인 조종사의 채용 및 관리에 관한 주장을 관철하기 위하여 한 쟁의행위

① ㉠㉡㉦　② ㉡㉣㉦　③ ㉣㉤㉥
④ ㉡㉢㉣㉤　⑤ ㉡㉣㉤㉦　⑥ ㉢㉣㉤㉥

해설

쟁의행위와 관련하여 업무방해죄의 위법성이 조각되는 경우는 ㉣㉤㉥이다.

㉠(×) 구조조정의 반대나 정리해고를 하지 말라는 것 같은 단체교섭사항이 될 수 없는 사항을 달성하려는 쟁의행위(대법원 2006.5.12, 2002도3450)는 위법성이 조각되지 않는다. 대법원 2011.1.27, 2010도11030 : 회사와 노동조합이 체결한 단체협약서의 전체 내용, 단체협약 체결 당시의 상황 등 여러 사정에 비추어, '노동조합과의 합의에 의하여 정리해고를 실시할 수 있다'는 취지의 단체협약 조항의 진정한 의미는 '회사가 정리해고 등 경영상 결단을 하기 위해서는 반드시 노동조합과 사전에 합의하여야 한다는 취지가 아니라 사전에 노동조합에 해고 기준 등에 관하여 필요한 의견을 제시할 기회를 주고 그 의견을 성실히 참고하게 함으로써 구조조정의 합리성과 공정성을 담보하고자 하는 협의의 취지'로 해석하여야 하고, 그와 같은 단체협약 조항에 의하더라도 정리해고에 대한 쟁의행위는 그 목적이 정당화될 수는 없다.

㉡(×) 노동조합 대표자가 사용자와 합의하여 단체협약안을 마련하더라도 조합총회의 결의를 거친 후 단체협약을 체결할 것을 명백히 한 경우에 사용자가 그 사유로 단체교섭을 회피하였음을 이유로 하는 쟁의행위(대법원 1998.1.20, 97도588)는 쟁의행위의 목적의 정당성을 인정할 수 없어 위법성이 조각되지 않는다.

㉢(×) 사용자측의 노사간 교섭에 소극적인 태도, 노동조합의 파업이 노사간 교섭력의 균형과 사용자측 업무수행에 미치는 영향 등에 비추어 노동조합이 파업을 시작한 지 불과 4시간 만에 사용자가 바로 직장폐쇄 조치를 취한 것은 정당한 쟁의행위로 인정되지 아니하므로, 사용자측 시설을 정당하게 점거한 조합원들이 사용자로부터 퇴거요구를 받고 이

에 불응하였더라도 퇴거불응죄가 성립하지 아니한다(대법원 2007.12.28, 2007도5204).
㉣(○) 노동위원회에 노동쟁의 조정신청을 하여 조정기간이 끝난 후에 쟁의행위를 한 경우(대법원 2001.6.26, 2000도2871) 정당하다.
㉤(○) 쟁의행위에 대한 찬반투표를 위하여 근무시간 중에 노동조합 임시총회를 개최하고 3시간에 걸친 투표를 행한 경우(대법원 1994.2.22, 93도613), 쟁의행위가 병원의 업무개시 전이나 점심시간을 이용하여 현관로비에서 시위행위를 한 것일 뿐인 때(대법원 1992.12.8, 92도1645)에는 정당한 쟁의행위에 해당한다고 판시하였다.
㉥(○) 직장 또는 사업장시설의 점거는 적극적인 쟁의행위의 한 형태로서 그 점거의 범위가 직장 또는 사업장시설의 일부분이고 사용자측의 출입이나 관리지배를 배제하지 않는 병존적인 점거에 지나지 않을 때에는 정당한 쟁의행위로 볼 수 있으며, 이와 달리 직장 또는 사업장시설을 전면적, 배타적으로 점거하여 조합원이외의 자의 출입을 저지하거나 사용자측의 관리지배를 배제하여 업무의 중단 또는 혼란을 야기케 하는 것과 같은 행위는 정당성의 한계를 벗어난 것이라고 보았다(대법원 2007.12.28, 2007도5204).
㉦(×) 항공회사 운항승무원 노동조합이 외국인 조종사의 채용 및 관리에 관한 주장을 관철하기 위하여 한 쟁의행위에는 목적의 정당성을 인정할 수 없다(대법원 2008.9.11, 2004도746). 〈답 ③〉

5. 형법 제20조의 정당행위에 관한 판례의 입장과 다른 것은?

① 조합이 조합원인 피해자들을 상대로 각 아파트에 관한 소유권이전등기절차를 이행하고 조합목적 달성을 위한 건물 철거를 위하여 아파트를 인도하라는 취지의 가집행선고부 판결을 받았더라도 아파트를 철거한 것은 형법 제20조에 정한 정당행위에 해당하지 않는다.
② 천주교 사제가 범인을 고발하지 않고 은신처를 마련해 준 행위는 정당행위에 해당하지 않는다.
③ 버스노동조합 지부의 적법한 대표자를 배제하고 사용자에 대하여 아무런 통지를 하지 않은 채 일부 근로자들이 비상대책위원회를 구성하고 회사 대표자의 형사처벌 및 퇴진, 군내버스의 완전공영제를 요구하며 한 파업은 정당행위에 해당하지 않는다.
④ 공직선거에 출마할 정당추천 후보자를 선출하기 위한 당내 경선에서 특정인을 지지하도록 부탁할 목적으로 타인의 술값을 대신 지불한 경우는 정당행위에 해당하지 않는다.
⑤ 사용자가 제3자와 공동으로 관리·사용하는 공간을 사용자에 대한 쟁의행위를 이유로 관리자의 의사에 반하여 침입·점거한 경우, 그 공간의 점거가 사용자에 대한 관계에서 정당한 쟁의행위로 평가될 여지가 있다 하여도 이를 공동으로 관리·사용하는 제3자의 명시적 또는 추정적인 승낙이 없는 이상 위 제3자에 대하여서까지 정당행위라고 할 수는 없다.

해설

①(×) 재건축사업으로 철거가 예정되어 있는 아파트를 가집행선고부 판결을 받아 철거한

행위는 형법 제20조의 정당행위에 해당한다고 보았다(대법원 2010.2.25, 2009도8473).
② 대법원 1983.3.8, 82도3248, ③ 대법원 2008.1.18, 2007도1557, ④ 대법원 1996.6.14, 96도405, ⑤ 대법원 2010.3.11, 2009도5008 내용이다. 〈답 ①〉

6. 형법 제20조(정당행위)**의 사회상규에 위배되지 않는 행위라고 할 수 없는 것은?**

① 많은 사람이 행하고 있는 낙태행위
② 상대방의 폭력을 피하기 위한 소극적인 저항행위
③ 시위 방법의 하나로 행한 '삼보일배 행진'
④ 강제연행을 모면하기 위하여 소극적으로 상대방을 밀어붙이는 경우
⑤ 채무변제를 요구하며 행패를 부리는 피해자를 뿌리친 경우

해설

① 단순히 관례화되어 널리 행해지고 있다는 이유만으로 사회상규에 위배되지 않는 행위라고 할 수는 없다. 따라서 허위공문서를 작성하거나 의사가 낙태수술을 하는 것은 사회상규에 위배되지 않는 행위가 될 수 없다(대법원 1985.6.11, 84도1958).
그에 반하여 ② 상대방의 폭력을 피하기 위한 소극적인 저항행위(대법원 1992.3.10, 92도37), ③ 시위 방법의 하나로 행한 '삼보일배 행진'(대법원 2010.4.8, 2009도11395), ④ 강제연행을 모면하기 위해 소극적으로 밀어붙이는 행위(대법원 1990.1.23, 89도1328), ⑤ 피해자를 뿌리치는 행위(대법원 1985.11.12, 85도1978)는 사회상규에 위배되지 않는 경우이다. 〈답 ①〉

7. 정당행위에 관한 설명 중 옳지 않은 것은? (다툼이 있는 경우에는 판례에 의함) <사시 2013년: 배점 2>

① 주식회사 감사인 피고인이 회사 경영진과의 불화로 한 달 가까이 결근하다가 자신의 출입카드가 정지되어 있는데도 이른 아침에 경비원에게서 출입증을 받아 컴퓨터 하드디스크를 절취하기 위해 회사 감사실에 들어간 경우, 위 방실침입행위는 정당행위에 해당하지 않는다.
② 사채업자인 피고인이 채무자에게, 채무를 변제하지 않으면 채무자가 숨기고 싶어 하는 과거행적과 사채를 쓴 사실 등을 남편과 시댁에 알리겠다는 등의 문자메시지를 발송한 경우, 위 협박행위는 정당행위에 해당하지 않는다.
③ 회사의 긴박한 경영상의 필요에 의하여 실시되는 정리해고 자체를 전혀 수용할 수 없다는 노동조합 측의 입장 관철을 주된 목적으로 하는 쟁의행위는 정당행위에 해당하지 않는다.
④ 시위참가자들이 경찰관들의 위법한 제지행위에 대항하는 과정에서 공동하여 경찰관들에게 돌을 던지고 PVC파이프를 휘두르거나 진압방패와 채증장비를 빼앗는 등의 폭행행위를 한 것은 정당행위에 해당하지 않

는다.

⑤ 의사가 모발이식시술을 하면서 간호조무사로 하여금 '식모기를 환자의 머리부위 진피층까지 찔러 넣는 방법으로 수여부에 모발을 삽입하는 행위' 자체 중 일정 부분을 직접 하도록 맡겨두고 별반 관여하지 않은 경우라도, 간호사가 이에 관하여 어느 정도 지식을 가지고 있었다면 무면허의료행위에 대한 의사의 관여행위는 정당행위에 해당한다.

해설

①(○) 갑 주식회사 감사인 피고인이 회사 경영진과의 불화로 한달 가까이 결근하다가 자신의 출입카드가 정지되어 있는데도 이른 아침에 경비원에게서 출입증을 받아 컴퓨터 하드디스크를 절취하기 위해 회사 감사실에 들어간 경우는 방실침입죄가 성립한다(대법원 2011.8.18, 2010도9570).

②(○) 사채업자인 피고인이 채무자 갑에게, 채무를 변제하지 않으면 갑이 숨기고 싶어 하는 과거 행적과 사채를 쓴 사실 등을 남편과 시댁에 알리겠다는 등의 문자메시지를 발송한 사안에서, 피고인에게 협박죄를 인정하는 한편 위와 같은 행위가 정당행위에 해당한다는 주장을 배척한 원심판단을 수긍한 사례(대법원 2011.5.26, 2011도2412).

③(○) 정리해고나 부서 · 조직의 통폐합 등 구조조정의 실시 여부는 경영주체에 의한 고도의 경영상 결단에 속하는 사항으로서 이는 원칙적으로 단체교섭의 대상이 될 수 없고, 그것이 긴박한 경영상의 필요나 합리적인 이유 없이 불순한 의도로 추진되는 등의 특별한 사정이 없는 한, 노동조합이 실질적으로 그 실시 자체를 반대하기 위하여 쟁의행위에 나아간다면, 비록 그 실시로 인하여 근로자들의 지위나 근로조건의 변경이 필연적으로 수반된다 하더라도 그 쟁의행위는 목적의 정당성을 인정할 수 없다(대법원 2003.12.26, 2001도3380).

④(○) 시위참가자들이 경찰관들의 위법한 제지행위에 대항하는 과정에서 공동하여 경찰관들에게 PVC파이프를 휘두르거나 진압방패와 채증장비를 빼앗는 등의 폭행행위를 한 것이 정당행위나 정당방위에 해당하지 아니한다(대법원 2009.6.11, 2009도2114).

⑤(×) 의사가 모발이식수술을 하면서 이에 관하여 어느 정도 지식을 가지고 있는 간호조무사로 하여금 모발이식시술행위 중 일정 부분을 직접 하도록 맡겨둔 채 별반 관여하지 않은 것이 정당행위에 해당하지 않는다(대법원 2007.6.28, 2005도8317). 〈답 ⑤〉

8. 정당행위에 의하여 위법성이 조각되는 경우만 모두 모은 것은? (다툼이 있는 경우에는 판례에 의함)

㉠ 상사 계급의 피고인이 부대원에게 지침상 허용되지 않는 얼차려를 시켰다.

㉡ 피해자로부터 며칠간에 걸쳐 집요한 괴롭힘을 당해 온데다가 피해자가 피고인이 교수로 재직하고 있는 대학교의 강의실 출입구에서 피고인의 진로를 막아서면서 피고인을 물리적으로 저지하려 하자 피고인이 극도로 흥분된 상태에서 그 행패에서 벗어나기 위하여 피해자의 팔을 뿌리쳐 피해자에게 상해를 입혔다.

㉢ 피해자가 피고인의 동생을 구타하여 지면에 넘어뜨린 후 도주하므로

피고인이 그를 뒤따라가 그의 허리띠를 잡고 파출소로 동행할 것을 요구하자 오히려 위 피해자가 피고인의 멱살을 잡고 늘어지면서 반항하였는데 그 과정에서 피고인이 피해자를 폭행하였다.

㉣ 수지침의 전문가로서 수지침을 연구하는 사람들의 모임인 고려수지요법학회 춘천시 지회를 운영하면서 일반인들에게 수지침요법을 보급하고, 수지침을 통한 무료의료봉사활동을 하여 온 피고인이 스스로 수지침 한 봉지를 사 가지고 피고인을 찾아와서 수지침 시술을 부탁하는 자에게 아무런 대가를 받지 아니하고 수지침 시술행위를 하였다.

㉤ 인도네시아에서 침구사자격을 취득하였으나 국내에서 침술행위를 할 수 있는 면허나 자격을 취득하지 못한 자가 단순한 수지침 정도의 수준을 넘어 환자의 허리와 다리 부위에 체침을 시술하였다.

㉥ 가스 충전소를 운영하는 군수 입후보 희망자가 구정 직전에 택시 기사들에게 선물세트를 선사하였다.

① ㉠ ㉡ ② ㉡ ㉢ ③ ㉡ ㉢ ㉣
④ ㉢ ㉣ ㉤ ⑤ ㉠ ㉡ ㉢ ㉤ ⑥ ㉡ ㉢ ㉣ ㉤
⑦ ㉡ ㉢ ㉣ ㉥ ⑧ ㉡ ㉢ ㉣ ㉤ ㉥

해설

㉠(×) 판례는 피고인의 얼차려 지시행위를 정당행위로 볼 수 없다고 하였다(대법원 2006.4.27, 2003도4151).
㉡(○) 피고인의 행위는 피해자의 부당한 행패를 저지하기 위한 본능적인 소극적 방어행위에 지나지 아니하여 사회통념상 허용될 만한 정도의 상당성이 있어 위법성이 없는 정당행위이다(대법원 1995.8.22, 95도936).
㉢(○) 피고인의 행위가 폭행에 해당된다고 하여도 이는 피해자의 불법한 공격으로부터 자신을 보호하고 피해자를 파출소로 데려가기 위하여 취한 필요한 최소한도의 조치로서 사회상규에 어긋나지 아니하여 위법성이 없다(대법원 1987.1.20, 86도2492).
㉣(○) 수지침 시술행위는 의료법에서 금지하고 있는 무면허의료행위에 해당하지만, 시술의 동기와 목적 및 방법, 시술에 대한 지식수준과 경력 등을 고려하여 사회상규에 위배되지 아니하는 행위가 될 수 있으나(대법원 2000.4.25, 98도2389),
㉤(×) 외국에서 침구사 자격을 획득하였으나 국내에서 침술행위를 할 수 있는 면허나 자격이 없는 자가 체침을 시술한 경우에는 사회상규에 위배되지 아니하는 무면허의료행위로 인정될 수 없다고 하였다(대법원 2002.12.26, 2002도5077).
㉥(○) 군수 입후보 희망자가 구정 직전에 선물세트를 배포한 것은 정상적인 생활형태의 하나로서 사회상규에 위배되지 아니한다고 한다(대법원 1996.5.10, 95도2820). 〈답 ⑦〉

9. 정당행위로 인하여 위법성이 조각되는 경우를 모두 모은 것은? (다툼이 있는 경우에는 판례에 의함)

㉠ 차를 손괴하고 도망하려는 피해자를 도망하지 못하게 멱살을 잡고

흔들어 그에게 전치 14일의 흉부찰과상을 입게 하였다.
ⓛ 교사가 제자를 훈계하기 위하여 몽둥이와 당구 큐대로 학생의 둔부를 때려 3주간의 치료를 요하는 상해를 입혔다.
ⓒ 불법선거운동을 적발하기 위하여 타인의 주거에 침입하여 그의 주거에 도청장치를 설치하였다.
ⓓ 선거후보자의 회계책임자가 자원봉사자인 후보자의 배우자, 직계혈족 기타 친족에게 식사를 제공하였다.
ⓔ 새마을금고 이사장이 새마을금고법 및 정관에 반하여 비회원인 회사에 대출을 해 주어 그 회사가 대출금으로 회원인 회사근로자들의 상여금을 지급하였다.
ⓑ '회사의 직원이 회사의 이익을 빼돌린다'는 소문을 확인할 목적으로, 비밀번호를 설정함으로써 비밀장치를 한 전자기록인 피해자가 사용하던 '개인용 컴퓨터의 하드디스크'를 떼어내어 다른 컴퓨터에 연결한 다음 의심이 드는 단어로 파일을 검색하여 메신저 대화 내용, 이메일 등을 출력하였다.
ⓢ 피고인이 민원인의 자료협조요청에 응하여 사건 자료를 제공하는 데 그치지 않고 사건 자료 제공의 대가로 금원을 교부받았다.

① ㉠㉡ ② ㉠㉣ ③ ㉡㉣
④ ㉠㉡㉤ ⑤ ㉠㉣㉥ ⑥ ㉣㉤㉥

해설

㉠ 피고인이 차를 손괴하고 도망하려는 피해자를 도망하지 못하게 멱살을 잡고 흔들어 전치 14일의 흉부찰과상을 가한 경우 정당행위에 해당한다(대법원 1999. 1.26, 98도3029). ㉣ 선거후보자의 회계책임자가 자원봉사자인 후보자의 배우자, 직계혈족 기타 친족에게 식사를 제공한 행위는 지극히 정상적인 생활형태의 하나로서 사회상규에 위배되지 아니하여 위법성이 조각된다(대법원 1999.10.22, 99도2971). ㉥ 정당행위가 인정되는 경우이다(대법원 2009.12.24, 2007도6243).
㉡ 교사가 학생을 엎드리게 한 후 몽둥이와 당구 큐대로 그의 둔부를 때려 3주간의 치료를 요하는 좌상을 입혔다면 이는 징계의 범위를 넘는 것으로서 정당행위에 해당하지 아니한다(대법원 1991.5.14, 91도513). ㉢ 정당행위가 되지 아니하여 주거침입죄가 성립한다(대법원 1997.3.28, 95도2674). ㉤ 정당행위에 해당하지 아니한다(대법원 1999.2.23, 98도1869). ㉦ 정당행위에 해당하지 않는다(대법원 2009.5.14, 2008도8852).
결국 정당행위에 해당하는 것은 ㉠㉣㉥이며, 정답은 ⑤이다. 〈답 ⑤〉

10. 판례에 의할 때 사회상규에 위배되지 아니하여 위법성이 조각되는 것만 모두 모은 것은?

㉠ 시장번영회 회장으로서 일부 점포주들이 시장번영회에서 정한 상품진열관리규정에 위반한 사실을 알게 되자 시장기능을 확립하기 위해 규

정을 위반한 점포에 대해 단전조치를 취하였다.
㉡ 확성기 사용, 연설회 개최, 불법행렬, 서명날인운동, 선거운동기간 전 집회 개최 등의 방법으로 특정 후보자에 대한 낙선운동을 함으로써 공직선거법에 의한 선거운동제한 규정을 위반하였다.
㉢ 피해자가 운영하는 병원 곳곳을 돌아다니며 소리를 지르고 여러 날에 걸쳐 상복을 입은 채 병원 앞 인도 위에서 베니어 판을 목에 앞뒤로 걸고 1인 시위를 벌였다.
㉣ 기도원 운영자가 정신분열증 환자의 치료목적으로 장시간 환자의 신체를 강제로 제압하는 등 과도한 유형력을 행사하여 안수기도를 하다가 환자에게 상해를 입혔다.
㉤ 자신이 운영하는 여관에서 친구들과 일시 오락의 정도에 불과한 도박을 하여 풍속영업의 규제에 관한 법률의 구성요건에 해당하였다.
㉥ 정리해고나 사업조직의 통폐합, 공기업의 민영화 등 기업의 구조조정이 긴박한 경영상의 필요나 합리적인 이유 없이 불순한 의도로 추진되는 등의 특별한 사정이 없는 경우, 노동조합이 실질적으로 구조조정의 실시를 반대하기 위하여 쟁의행위에 나아갔다.

① ㉠ ㉡　② ㉠ ㉣　③ ㉠ ㉤
④ ㉠ ㉤ ㉥　⑤ ㉡ ㉢ ㉥　⑥ ㉡ ㉣ ㉤

해설

㉠(○) 시장관리규정에 따른 단전조치는 정당행위에 해당한다(대법원 1994.4. 15, 93도2899).
㉡(×) 확성장치 사용, 연설회 개최, 불법행렬, 서명날인운동, 선거운동기간 전 집회 개최 등의 방법으로 특정 후보자에 대한 낙선운동을 함으로써 공직선거및선거부정방지법(현행 공직선거법)에 의한 선거운동제한 규정을 위반한 피고인들의 각 행위는 위법한 행위로서 허용될 수 없는 것이고, 피고인들의 위 각 행위가 시민불복종운동으로서 헌법상의 기본권 행사 범위 내에 속하는 정당행위이거나 형법상 사회상규에 위반되지 아니하는 정당행위 또는 긴급피난의 요건을 갖춘 행위로 볼 수는 없다(대법원 2004.4.27, 2002도315).
㉢(×) 사회상규에 위배되는 행위로서 정당행위에 해당하지 아니한다(대법원 2004.11.25, 2004도6408).
㉣(×) 기도원 운영자가 정신분열증 환자의 치료 목적으로 안수기도를 하다가 환자에게 상해를 입혔다면, 장시간 환자의 신체를 강제로 제압하는 등 과도한 유형력을 행사한 것으로서 '사회상규상 용인되는 정당행위'에 해당하지 않는다(대법원 2008.8.21, 2008도2695).
㉤(○) 풍속영업자가 풍속영업소에서 도박을 하게 한 때에는 그것이 일시 오락 정도에 불과하여 형법상 도박죄로 처벌할 수 없는 경우에도 풍속영업자의 준수사항 위반을 처벌하는 풍속영업의규제에관한법률 제10조 1항, 제3조 3호의 구성요건 해당성이 있다고 할 것이나, 어떤 행위가 법규정의 문언상 일단 범죄구성요건에 해당된다고 보이는 경우에도, 그것이 정상적인 생활형태의 하나로서 역사적으로 생성된 사회생활 질서의 범위 안에 있는 것이라고 생각되는 경우에는 사회상규에 위배되지 아니하는 행위로서 그 위법성이 조각되어 처벌할 수 없다(대법원 2004.4.9, 2003도6351).

ⓑ(×) 그 쟁의행위는 목적의 정당성을 인정할 수 없다(대법원 2006.5.25, 2002도5577).

〈답 ③〉

11. 판례에 의할 때 사회상규에 위배되지 않는 행위에 관한 설명으로 옳은 것은 모두 몇 개인가?

> ㉠ 정신병원에서의 퇴원요구를 거절해 온 아내가 남편에게 재산이전 요구를 한 경우, 설령 아내가 재산이전 요구에 응하지 않으면 퇴원시켜 주지 않겠다고 말한 바 없다 하더라도 이는 해악의 고지에 해당하고, 나아가 이러한 해악의 고지가 권리의 실현수단으로 사용되었더라도 그 수단과 방법이 사회통념상 허용되는 정도나 범위를 넘는 것으로서 공갈죄를 구성한다.
> ㉡ 가요담당 방송프로듀서가 직무상 알고 지내던 가수 매니저들로부터 많게는 100만원 적게는 20만원 정도의 금품을 28회에 걸쳐 받은 것을 가리켜 의례적이라거나 사회상규에 위반되지 아니한다고 할 수 없다.
> ㉢ 뽕밭을 유린하던 소의 고삐가 나무에 얽혀 풀리지 않던 상황하에서 고삐를 낫으로 끊고 소를 밭에서 끌어낸 것은 사회상규상 용인되므로 특단의 사정이 없는 한 처벌할 수 없다.
> ㉣ 피해자가 먼저 멱살을 잡고 머리채를 잡고 늘어지는 등 덤벼들었기 때문에 이를 뿌리치는 과정에서 그 수단으로 여러 차례 밀고 당기거나 머리채를 잡았던 경우 사회상규에 반하지 않는 행위로서 위법성이 조각된다.
> ㉤ 후보자가 선거구 내 거주자에 대한 결혼축의금으로서 중앙선거관리위원회규칙이 정한 금액인 금 30,000원을 초과한 금 50,000원을 지급했더라도 그 사유가 후보자가 모친상을 당했을 때 그로부터 받은 같은 금액의 부의금에 대한 답례의 취지였다면 그것은 미풍양속으로서 사회상규에 위배되지 않는다.

① 1개　② 2개　③ 3개　④ 4개　⑤ 5개

해설

㉤ 후보자가 선거구 내 거주자에 대한 결혼축의금으로서 중앙선거관리위원회규칙이 정한 금액인 금 30,000원을 초과하여 금 50,000원을 지급한 사유가 후보자가 모친상시 그로부터 받은 같은 금액의 부의금에 대한 답례취지이었다 하더라도 그것이 미풍양속으로서 사회상규에 위배되지 않는다고 볼 수 없다(대법원 1999.5.25, 99도983).

㉠ 대법원 2001.2.23, 2000도4415은 공갈죄의 성립을 인정하였다. ㉡ 대법원 1991.6.11, 91도688, ㉢ 대법원 1976.12.28, 76도2359, ㉣ 대법원 1986.10.14, 86도1129와 같은 취지이다.

〈답 ④〉

12. 甲의 행위에 대한 평가 중 옳지 않은 것은? (다툼이 있는 경우에는 판례에 의함) <사시 2011: 배점 2>

① 甲은 자신의 교회 목사 A를 출교처분한다는 취지의 교회산하 재판위원회의 판결문을 대량 복사하여 예배에 참석한 신도들에게 배포하였다. — 목사 A의 명예가 훼손되었다 하더라도 이것이 진실한 사실로서 오로지 소속 교회 신자들의 이익에 관한 때에는 형법 제310조가 적용되거나 적어도 사회상규에 위배되지 아니하는 행위에 해당하여 위법성이 조각된다.

② 아파트의 입주자대표회의로부터 새롭게 관리업무를 위임받은 아파트관리회사의 직원 甲이 기존 관리회사의 직원들로부터 계속 업무집행을 제지받던 중 저수조 청소를 위하여 중앙공급실에 들어가려 하였으나 기존 관리회사의 직원들로부터 출입을 제지받자 출입문에 설치된 자물쇠를 손괴하고 중앙공급실에 침입하였다. — 손괴와 침입은 사회통념상 허용될 만한 정도의 상당성이 있어 정당행위에 해당한다.

③ A녀가 자신의 남편과 이웃집 여자 甲이 불륜관계를 맺은 것으로 의심하고 자신의 아들들과 함께 甲의 아파트에 찾아간 다음 거실에서 아들들과 함께 甲을 폭행하기 시작하자 甲은 이를 벗어나기 위하여 손을 휘저으며 발버둥치는 과정에서 A녀에게 상해를 가하게 되었다. — 위법한 공격으로부터 자신을 보호하고 이를 벗어나기 위한 상당성 있는 방어행위로서 위법성이 조각된다.

④ 甲은 자신의 차를 손괴하고 도망하려는 A를 도망하지 못하게 멱살을 잡고 수회 흔들어 A에게 약 14일간의 치료를 요하는 흉부찰과상을 가하였다. — 행위 자체가 다소 공격적으로 보이더라도 상당성이 있는 때에는 현행범인 체포행위로서 그 적정한 한계를 벗어나는 행위라고 볼 수 없으므로 정당행위에 해당하여 위법성이 조각된다.

⑤ A가 칼을 들고 甲을 찌르자 甲이 그 칼을 빼어 도망가는 A를 찔러 A에게 상해를 가하였다. — A에 대한 상해행위는 현재의 부당한 침해에 대한 상당성 있는 방어행위에 해당하여 위법성이 조각된다.

해설

①(○) 대법원 1989.2.14, 88도899 참조.

②(○) 대법원 2006.4.13, 2003도3902 참조. 다만 관리비 고지서를 빼앗거나 사무실의 집기 등을 들어낸 행위는 정당행위에 해당하지 않는다고 판시하였다.

③(○) 대법원 2010.2.11, 2009도12958 참조.

④(○) 대법원 1999.1.26, 98도3029 참조.

⑤(×) 피해자가 칼을 들고 피고인을 찌르자 그 칼을 빼어 그 칼로 반격을 가한 결과 피해자에게 상해를 입게 하였다 하더라도 그와 같은 사실만으로는 피고인에 대한 현재의 부당한 침해를 방위하기 위한 행위로서 상당한 이유가 있는 경우에 해당한다고 할 수 없다(대법원 1984.1.24, 83도1873).

〈답 ⑤〉

13. 위법성에 관한 설명 중 옳지 않은 것은? (다툼이 있는 경우에는 판례에 의함)
<사시 2011년: 배점 2>

① 국가정책적 견지에서 도박죄의 보호법익보다 좀더 높은 국가이익을 위하여 예외적으로 내국인의 출입을 허용하는 「폐광지역개발 지원에 관한 특별법」 등에 따라 카지노에 출입하는 것은 법령에 의한 행위로 위법성이 조각된다.

② 사용승낙을 받지 않은 장소에서 집회를 하려고 하다가 경찰의 제지로 그 장소에의 출입이 저지되자 소정의 신고 없이 다른 장소로 옮겨 집회를 한 경우 신고 없이 한 집회는 긴급피난에 해당되지 않는다.

③ 기도원장 甲이 자신이 운영하는 기도원에서 보호자의 동의 및 입회하에 안수기도 명목으로 정신분열증을 앓던 25세의 피해자 A를 눕혀 머리를 甲의 무릎 사이에 끼우고 신도들로 하여금 A의 팔과 다리를 붙잡아 움직이지 못하게 한 뒤, 수회에 걸쳐 손가락으로 A의 눈 부위를 세게 누르고 뺨을 때리는 등 유형력을 행사하여 몸에 멍이 들게 한 경우 甲의 행위는 사회상규상 용인되는 정당행위라고 볼 수 없다.

④ 甲이 乙과 공모하여 교통사고가 난 것처럼 가장하여 보험금을 편취할 목적으로 乙에게 상해를 가한 후 보험금 지급을 받았다면 甲의 행위는 사기죄에 해당함은 별론으로 하고, 상해 부분에 관하여는 피해자의 승낙이 있어 위법성이 조각된다.

⑤ 甲이 A에게 석고를 납품한 대금을 받지 못하고 있던 중 A가 화랑을 폐쇄하고 도주하자, 甲이 야간에 폐쇄된 화랑의 베니어판 문을 미리 준비한 드라이버로 뜯어내고 자신이 납품한 석고를 몰래 가지고 나온 경우 자구행위로 위법성이 조각되지 않는다.

해설

①(○) 대법원 2004.4.23, 2002도2518 참조.
②(○) 대법원 1990.8.14, 90도870 참조.
③(○) 대법원 2008.8.21, 2008도2695 참조.
④(×) 피해자의 승낙이 있었더라도, 그것이 보험사기와 같이 위법한 목적에 이용하기 위한 것이라면 피해자의 승낙에 의하여 위법성이 조각된다고 할 수 없다(대법원 2008.12.11, 2008도9606 참조). 형법 제24조의 규정에 의하여 위법성이 조각되는 피해자의 승낙은 개인적 법익을 훼손하는 경우에 법률상 이를 처분할 수 있는 사람의 승낙이어야 할 뿐만 아니라 그 승낙이 윤리적·도덕적으로 사회상규에 반하는 것이 아니어야 한다(대법원 1985.12.10, 85도1892 등 참조).
⑤(○) 대법원 1984.12.26, 84도2582 참조. 〈답 ④〉

14. 위법성이 인정되는 것은? (다툼이 있는 경우에는 판례에 의함)

① 취객이 아무 연고도 없는 타인의 집에 함부로 들어가 출입문의 유리창

을 발로 걷어차 깨뜨리는 등의 행동을 보고 그 집에 혼자 있던 가정주부가 '빨리 가라' 면서 잡고 있던 왼손으로 취객의 어깨 부위를 밀치자 취객이 몸을 제대로 가누지 못하고 앞으로 넘어져 시멘트 바닥에 이마가 부딪히면서 1차성 쇼크로 사망한 경우

② 주위통행권을 인정할 수 있음에도 주위토지통행권의 존부와 범위에 관한 확인 및 주위통행권을 방해하는 옹벽 부분에 관한 철거를 명하는 판결과 그 강제집행의 절차를 따르지 아니하고 임의로 옹벽을 철거한 행위

③ 교회담임목사를 출교처분한다는 취지의 교단산하 판결위원회의 판결문을 복사하여 예배를 보러 온 신도들에게 배포한 행위

④ 절도범으로 오인 받고 야간에 군중들로부터 무차별 구타당하자 이를 피하려고 손톱깎기 칼을 휘둘러 상해를 입힌 행위

⑤ 호텔 내 주점의 임대인이 약정기간이 만료되었고 임대차보증금도 차임연체 등으로 공제되어 이미 남아있지 않은 상태에서 미리 예고한 후 임차인의 차임연체를 이유로 계약서상 규정에 따라 위 주점에 대하여 단전 · 단수조치를 취한 행위

해설 ……………………………………

①(×) 피해자가 술에 만취하여 아무런 연고도 없는 가정주부인 피고인의 집에 들어가 유리창을 깨고 아무데나 소변을 보는 등 행패를 부리고 나가자, 피고인이 유리창 값을 받으러 피해자를 뒤따라가며 그 어깨를 붙잡았으나 상스러운 욕설을 계속하므로 더 이상 참지 못하고 잡고 있던 손으로 피해자의 어깨 부분을 밀치자 술에 취하여 비틀거리던 피해자가 몸을 제대로 가누지 못하고 앞으로 넘어져 시멘트 바닥에 이마를 부딪쳐 1차성 쇼크로 사망한 경우, 피고인의 위와 같은 행위는 피해자의 부당한 행패를 저지하기 위한 본능적인 소극적 방어행위에 지나지 아니하여 사회통념상 용인될 수 있는 정도의 상당성이 있어 형법 제20조에 정한 정당행위에 해당한다(대법원 1992.3.10, 92도37).

②(○) 주위토지통행권의 존부와 범위에 관한 확인 및 주위통행권을 방해하는 옹벽 부분에 관한 철거를 명하는 판결과 그 강제집행의 절차를 따르지 아니하고 임의로 옹벽을 철거한 행위는 도로에 관한 주위통행권을 인정할 수 있는지 여부와 관계없이 정당행위에 해당하지 않는다(대법원 2008.3.27, 2007도7933).

③(×) 대법원 1989.2.14, 88도899.

④(×) 대법원 1970.9.17, 70도1473.

⑤(×) 대법원 2007.9.20, 2006도9157(다만, 약정기간이 만료되지 않았고 임대차보증금도 상당한 액수가 남아있는 상태에서 계약해지의 의사표시와 경고만을 한 후 단전 · 단수조치를 하였다면 정당행위로 볼 수 없다) 판결은 정당행위에 해당한다고 하였다. 〈답 ②〉

15. 위법성조각사유에 관한 설명 중 옳은 것은? (다툼이 있는 경우에는 판례에 의함) <사시 2013년: 배점 2>

① 정보보안과 소속 경찰관이 자신의 지위를 내세우면서 타인의 민사분쟁에 개입하여 빨리 채무를 변제하지 않으면 상부에 보고하여 문제를 삼

겠다고 말한 경우, 상대방이 채무를 변제하고 피해 변상을 하는지 여부에 따라 직무집행 여부를 결정하겠다는 취지라도 정당행위에 해당하지 않는다.

② 정당방위행위에 대한 긴급피난은 인정될 수 있지만, 긴급피난행위에 대한 긴급피난은 인정될 수 없다.

③ 의사의 치료행위는 피해자의 유효한 승낙이 있으면 위법성이 조각된다는 견해에 의할 때 피해자가 유효한 승낙을 하였다면 설령 의사가 의료행위 과정에서 과실로 치료대상자에게 상해를 입힌 경우에도 업무상과실치상죄의 위법성이 조각된다.

④ 재물을 절취하고자 물색하던 중에 발각된 자가 빈손으로 도망가는 것을 알면서도 추적하여 그의 멱살을 잡고 붙잡은 행위는 자구행위에 해당한다.

⑤ 명예훼손죄의 특별한 위법성조각사유를 규정한 형법 제310조의 요소 중 사실의 진실성에 대한 착오가 있는 경우에는 위법성조각사유의 전제사실에 관한 착오 또는 법률의 착오가 문제될 뿐이기 때문에 위법성 그 자체는 조각될 여지가 없다.

해설

①(○) 정보보안과 소속 경찰관이 자신의 지위를 내세우면서 타인의 민사분쟁에 개입하여 빨리 채무를 변제하지 않으면 상부에 보고하여 문제를 삼겠다고 말한 사안에서, 객관적으로 상대방이 공포심을 일으키기에 충분한 정도의 해악의 고지에 해당하므로 현실적으로 피해자가 공포심을 일으키지 않았다 하더라도 협박죄의 기수에 이르렀다(대법원 2007.9.28, 2007도606 전원합의체).

②(×) 긴급피난에 대하여도 긴급피난이 가능하다.

③(×) 의사의 치료행위가 피해자의 승낙에 의하여 위법성이 조각되는 것은 상해죄에 관한 것이고, 치료과정에 과실이 있다면 업무상과실치상죄는 성립한다.

④(×) 정당방위에 해당한다.

⑤(×) 판례는 오인에 정당한 이유가 있는 경우에는 위법성이 조각된다고 한다. 〈답 ①〉

16. 위법성조각사유에 관한 다음 설명 중 옳지 않은 것은? (다툼이 있는 경우에는 판례에 의함) <법원행시 2010년>

① 공직선거후보자 甲은 다른 후보자 乙이 연설 중 자신의 부친의 과거행적과 학력기재를 언급하면서 후보자의 자질에 관한 사실을 적시하자 물리력으로 연설을 중단시켰다면 정당방위에 해당되지 아니한다.

② 작성권한 없는 자가 타인 명의를 모용하여 사문서를 작성할 당시 명의자의 현실적인 승낙은 없었지만 행위 당시의 모든 객관적 사정을 종합하여 명의자가 행위 당시 그 사실을 알았다면 당연히 승낙했을 것이라고 추정되는 경우에는 사문서위조죄가 성립하지 아니한다.

③ 회사측이 회사 운영을 부실하게 하여 소수주주들에게 손해를 입게 한

상황에서 주주총회에 참석한 주주가 강제로 사무실을 뒤져 회계장부를 찾아내는 것은 사회통념상 용인되는 정당행위에 해당되지 아니한다.

④ 사용자 甲이 건물의 6층부터 9층까지를 사용하고 제3자 乙이 건물의 2층부터 5층까지 사용하면서 건물의 1층 로비부분은 甲과 乙이 공동으로 관리·사용하는 경우에, 甲의 근로자들이 甲에 대한 쟁의행위를 이유로 1층 로비부분을 침입·점거한 것이 사용자 甲에 대한 관계에서 정당한 쟁의행위로 평가될 수 있다면 제3자 乙에 대하여도 정당행위에 해당한다.

⑤ 자신의 남편과 이혼소송 중, 남편이 만나는 여자와 그 여자의 방에서 간통을 할 것이라는 추측 하에 이혼소송에 사용할 증거를 확보하기 위하여 그들의 간통현장을 직접 보고 그 현장사진을 촬영할 목적으로 그 여자의 방에 침입한 경우, 주거침입은 정당행위에 해당하지 않는다.

해설

④(×) 공동으로 관리·사용하는 제3자의 명시적 또는 추정적인 승낙이 없는 이상 위 제3자에 대하여서까지 이를 정당행위라고 하여 주거침입의 위법성이 조각된다고 볼 수는 없다(대법원 2010.3.11, 2009도5008).

①(○) 대법원 2003.11.13, 2003도3606, ②(○) 대법원 2008.4.10, 2007도9987, ③(○) 대법원 2001.9.7, 2001도2917, ⑤(○) 대법원 2003.9.26, 2003도3000의 내용과 일치한다. 〈답 ④〉

제4장 책 임 론

제 1 절 책임이론

1. 사회적 책임론에 관한 설명 중 옳은 것만 모두 조합한 것은?

> ㉠ 자유의사를 전제로 하며, 책임능력을 범죄능력으로 본다.
> ㉡ 책임의 내용이 형벌의 목적, 특히 일반예방의 목적에 의해 결정되어야 한다는 이론으로 책임개념을 예방으로 대체한다.
> ㉢ 형벌과 보안처분의 질적인 구별을 강조한다.
> ㉣ 상습범을 책임무능력자로 평가하는 결점이 있다.
> ㉤ 기대가능성을 책임의 본질로 본다.
> ㉥ 성격책임론을 주장한다.

① ㉠ ㉤　　② ㉡ ㉥　　③ ㉣ ㉤
④ ㉣ ㉥　　⑤ ㉡ ㉢ ㉥　　⑥ ㉡ ㉣ ㉥

해설

㉠(×) 사회적 책임론은 자유의사를 부정하며, 책임능력을 형벌능력으로 이해한다.
㉡(×) 기능적 책임론의 내용이며, 예방적 책임론이라고도 한다.
㉢(×) 사회적 책임론은 형벌과 보안처분은 사회방위의 수단인 점에서 동일하며, 다만 질적 차이가 아닌 양적 차이가 있을 뿐이라고 한다.
㉣(○) 책임능력을 형벌능력으로 보는 사회적 책임론에 의하면 상습범은 형벌적응능력이 없으므로 책임무능력자가 된다는 문제가 있다.
㉤(×) 규범적 책임론에서 기대가능성을 책임의 본질로 본다.
㉥(○) 사회적 책임론은 책임의 근거를 행위자의 반사회적 성격에서 찾으므로 책임은 반사회적 성격의 징표를 문제로 하며 성격책임의 원리가 지배하게 된다. 〈답 ④〉

2. 규범적 책임론에 관한 설명으로 옳지 않은 것만 모두 조합한 것은?

> ㉠ 책임은 비난가능성이다.
> ㉡ 인간은 자주적 존재이므로 인격형성책임을 져야 하며, 그러한 범죄적 인격성에 책임비난이 가해진다.
> ㉢ 법이 불가능을 요구할 수 없다는 점을 강조한다.
> ㉣ 기대가능성은 고의 · 과실의 구성부분이다.

> ㉤ 형사미성년자가 추리소설을 읽고 살인죄를 범한 경우에 형사처벌할 수 없는 이유를 설명하기 어렵다.
> ㉥ 행위방향을 드러내는 측면의 고의는 구성요건적 고의이지만, 심정무가치를 드러내는 측면의 고의는 책임고의이다.

① ㉡ ㉢　② ㉡ ㉣　③ ㉡ ㉥　④ ㉢ ㉣
⑤ ㉢ ㉤　⑥ ㉠ ㉣ ㉥　⑦ ㉡ ㉣ ㉤　⑧ ㉣ ㉤ ㉥

해설

㉡(×) 규범적 책임론이 아닌 인격적 책임론과 관련된 설명으로, 인간은 소질과 환경의 지배를 받으면서도 한편으로는 이를 극복하고 스스로를 형성해 나가는 자주적 존재이므로 인간은 인격형성책임을 져야 하며, 그러한 범죄적 인격성에 책임비난이 가해진다고 한다.
㉣(×) 규범적 책임론에서 기대가능성, 즉 책임조각사유의 부존재라는 요소는 고의·과실과 독립된 책임요소이다.
㉤(×) 규범적 책임론이 아닌 심리적 책임론과 관련된 설명으로, 책임을 결과에 대한 행위자의 심리적 관계로 이해하여 고의·과실만 있으면 책임을 인정하므로, 책임능력이 없는 형사미성년자의 책임을 부정해야 하는 경우를 설명하기 어렵다. 〈답 ⑦〉

3. 책임의 근거 또는 본질에 대한 설명 중 옳지 않은 것은? <변호사 2013년>

① 사회적 책임론에 따르면, 책임의 근거는 행위자의 반사회적 성격에 있으므로 사회생활을 하고 있는 책임무능력자에 대하여도 사회방위를 위해 보안처분을 가하여야 한다. 이러한 의미에서 책임능력은 형벌능력을 의미한다.
② 심리적 책임론에 따르면, 책임의 본질은 결과에 대한 인식과 의사인 고의 또는 결과를 인식하지 못한 과실에 있으며, 범죄 성립의 모든 객관적·외적 요소는 구성요건과 위법성단계에, 주관적·내적 요소는 책임단계에 배치한다.
③ 도의적 책임론은 형사책임의 근거를 행위자의 자유의사에서 찾으며, 가벌성 판단에서 행위보다 행위자에 중점을 두는 주관주의 책임론의 입장이다.
④ 기능적 책임론에 따르면, 책임의 내용은 형벌의 목적, 특히 일반예방의 목적에 따라 결정되어야 하며, 책임은 예방의 필요성을 한계로 하고 예방의 필요성도 책임형벌을 제한함으로써 책임과 예방의 상호제한적 기능을 인정한다.
⑤ 규범적 책임론에 따르면, 책임의 구성요소는 행위자의 감정세계와 구성요건에 해당하는 결과 사이의 심리적 결합이 아니라 행위자의 적법행위가 요구되었음에도 불구하고 위법행위를 하였다는 환경의 평가에 있으

므로, 책임은 구성요건에 해당하는 불법행위에 대한 비난가능성이다.

해설

③(×) 도의적 책임론은 행위자보다 행위에 중점을 두는 객관주의 책임론의 입장이다. 즉 책임의 근거를 자유의사에 두고, 책임은 자유의사를 가진 자가 자유로운 의사에 의하여 적법행위를 할 수 있었음에도 불구하고 위법한 행위를 하였기 때문에 행위자에게 가해지는 도의적 · 윤리적 비난이라고 한다. 〈답 ③〉

4. 책임론에 관한 설명 중 옳지 않은 것을 모두 고르면? <사시 2008년: 배점 3>

㉠ 기능적 책임론에 대해서는, 형벌목적의 고려는 형벌론에서 충분히 이루어질 수 있으므로 이를 책임판단에서 검토할 특별한 이유가 없다는 비판이 제기된다. ㉡ 심리적 책임론에 대해서는, 강요된 행위의 경우 책임을 조각시키거나 배제시키는 것에 대한 설득력 있는 해결을 할 수 없다는 비판이 제기된다. ㉢ 사회적 책임론에 대해서는, 타행위가능성은 사회에 필요한 허구라는 비판이 제기된다. ㉣ 순수한 규범적 책임론에 대해서는, 책임평가의 대상과 그 대상의 평가를 일치시킨다는 점에서 체계 모순에 빠져 있다는 비판이 제기된다.

① ㉡ ② ㉢ ③ ㉠ ㉡
④ ㉡ ㉢ ⑤ ㉢ ㉣ ⑥ ㉠ ㉡ ㉢
⑦ ㉡ ㉢ ㉣

해설

㉢(×) 타행위가능성을 책임의 핵심내용으로 설명하는 것은 규범적 책임론이며, 그에 대한 비판에 해당한다.
㉣(×) 복합적 책임개념이 책임판단의 대상과 대상의 평가를 일치시킨다. 순수한 규범적 책임론은 복합적 책임개념에 대해 책임은 객체의 평가이지 평가되는 객체가 아니라고 비판하며 심리적 요소를 책임에서 제거한다. 즉 순수한 규범적 책임개념은 고의 · 과실과 같은 심리적 요소를 책임에서 배제하고 책임을 단지 행위의사에 대한 비난가능성으로서 순수한 평가의 문제로 보아 책임은 객체의 평가이므로 평가의 객체가 될 수 없고, '평가의 대상'과 '대상의 평가'는 구분된다고 한다. 〈답 ⑤〉

5. 책임이론에 관한 설명 중 옳은 것을 모두 묶은 것은? <사시 2007년: 배점 3>

㉠ 기능적 책임론은 책임개념을 예방으로 대체함으로써 일반예방에 대한 관계에서 책임주의가 가지고 있는 제한적 기능을 무력화시킬 수 있다는 비판을 받는다.

ⓛ 규범적 책임론에서는 위법성이 '일반적인 당위'를 문제삼는 것임에 반하여 책임은 행위자가 '달리 행위할 수 있었다'라고 하는 '개인적인 가능'을 문제삼는다.
ⓒ 책임원칙에 의하면 형벌의 근거는 책임의 존재를 전제로 하며, 형벌의 한계도 책임에 의하여 제한된다.
ⓔ 심리적 책임론은 책임을 행위에 대한 행위자의 주관적·심리적 관계로 이해하여 인식없는 과실의 경우에는 책임을 인정할 수 없고, 고의·과실이 있음에도 책임능력이 없거나 책임조각사유에 의한 책임을 부정해야 하는 경우를 설명할 수 없다는 비판을 받는다.
ⓜ 도의적 책임론은 책임능력을 형벌능력으로 파악하나, 사회적 책임론은 책임능력을 범죄능력으로 파악한다.

① ㉠ ㉡ ② ㉡ ㉢ ③ ㉠ ㉡ ㉢
④ ㉡ ㉣ ㉤ ⑤ ㉠ ㉡ ㉢ ㉣ ⑥ ㉠ ㉢ ㉣ ㉤

해설

㉠㉡㉢㉣ 모두 옳은 설명이며, ㉤ 하나만 옳지 않다. 도의적 책임론은 책임의 근거를 자유의사에 두므로 자유의사가 없는 책임무능력자에게는 형벌을 과할 수 없고, 책임능력은 범죄능력을 의미하게 된다. 반면 사회적 책임론은 책임의 근거를 행위자의 반사회적 성격에 두므로 사회생활을 하는 책임무능력자에 대해서도 보안처분을 하여야 하고, 따라서 책임능력은 형벌능력을 의미하게 된다. 〈답 ⑤〉

6. 책임에 관한 다음 문장에서 ( ) 안에 들어갈 용어가 올바르게 나열된 것은?
<법전협 모의시험 2012년>

(㉠)을(를) 주장하는 사람들은 인간에게 자유의지가 없다고 보므로 인간은 불법을 범하지 않고 적법한 행위로 나아갈 여지가 없다고 본다. 때문에 이 입장에서는 책임이 인정되지 않으므로 책임을 근거로 한 형벌은 더 이상 존재하지 않고 형벌은 장래지향적인 (㉡)(으)로 대체된다. 반면, (㉢)을(를) 주장하는 사람들은 인간의 자유의지를 긍정하고 책임의 개념을 인정한다. (㉣)은(는) 바로 이 입장에 근거하고 있다.

① ㉠ 결정론 ㉡ 보안처분 ㉢ 비결정론 ㉣ 도의적 책임론
② ㉠ 비결정론 ㉡ 형벌대체수단 ㉢ 결정론 ㉣ 사회적 책임론
③ ㉠ 결정론 ㉡ 보안처분 ㉢ 비결정론 ㉣ 사회적 책임론
④ ㉠ 비결정론 ㉡ 보안처분 ㉢ 결정론 ㉣ 도의적 책임론
⑤ ㉠ 비결정론 ㉡ 형벌대체수단 ㉢ 결정론 ㉣ 사회적 책임론

해설

결정론 – 자유의사 부정 – 보안처분 – 사회적 책임론

비결정론 - 자유의사 인정 - 형벌 - 도의적 책임론 〈답 ①〉

7. 책임주의에 관한 다음 설명 중 옳은 것(○)과 옳지 않은 것(×)을 올바르게 조합한 것은? (다툼이 있는 경우에는 판례에 의함) <사시 2010년: 배점 2>

가. 형벌의 양은 책임의 양을 초과할 수 없다.
나. 기능적 책임론은 책임의 본질을 예방이라는 형벌의 목적에 두고 있다.
다. 책임이 반드시 불법을 전제로 하여야 성립되는 것은 아니다.
라. 형벌은 책임을 근거로 한다.
마. 상습범의 형을 가중하는 것은 책임주의에 반한다.
바. 결과적 가중범에 있어서 중한 결과에 대한 예견가능성을 요구하는 것은 책임주의와 관계없다.

① 가(○) 나(×) 다(○) 라(○) 마(×) 바(×)
② 가(×) 나(○) 다(×) 라(×) 마(○) 바(×)
③ 가(○) 나(×) 다(○) 라(×) 마(×) 바(○)
④ 가(○) 나(○) 다(○) 라(○) 마(×) 바(×)
⑤ 가(×) 나(○) 다(○) 라(○) 마(○) 바(×)
⑥ 가(○) 나(×) 다(×) 라(○) 마(×) 바(×)
⑦ 가(○) 나(○) 다(×) 라(○) 마(×) 바(×)
⑧ 가(○) 나(○) 다(×) 라(○) 마(○) 바(○)

해설

가(○) 책임주의의 원칙상 형벌의 양은 책임을 초과할 수 없다.
나(○) 기능적 책임론은 책임내용이 형벌의 목적, 특히 일반예방목적에 의해 결정되어야 한다고 보므로 옳은 설명이다.
다(×) 책임은 행위의 불법이 확정된 후에 비로소 제기되는 문제이다. 따라서 불법 없는 책임이란 생각할 여지가 없고, 책임은 반드시 불법을 전제로 성립하므로 틀린 설명이 된다.
라(○) 형벌은 범죄에 대한 법률상의 효과로서 책임을 전제로 과해지므로 옳은 설명이다.
마(×) 상습범에 대해 형을 가중하는 근거는 행위자의 상습성이라는 행위자책임에 기초한 것이므로 책임주의에 반한다고 볼 수 없다. 다만 상습범의 경우 대부분 의지가 박약하여 범죄를 반복하므로 형을 감경할 수 있어도 가중할 근거가 없다는 입장에서는 형가중이 책임주의에 반한다고 보기도 한다. 그러나 모든 상습범이 의지박약자인 것은 아니고 그에 대해 형을 감경해야 하는 것은 아니다. 물론 상습범에 대해 지나친 형의 가중은 책임주의에 반하겠지만, 일반적으로 상습범의 형가중이 책임주의에 반한다는 설명은 타당하지 않다. 판례는 상습범을 가중처벌하는 특가법 위반행위에 대해서도 누범가중을 할 수 있다고도 한다(대법원 1982.10.12, 82도1865).
바(×) 결과적 가중범이란 고의에 기한 기본범죄에 의해 중한 결과가 발생한 때 형을 가중하는 범죄이므로 중한 결과에 대한 예견가능성을 요구하는 것은 책임주의를 관철시키기 위한 것이다. 〈답 ⑦〉

8. 책임에 관한 설명으로 옳지 않은 것은? (다툼이 있는 경우에는 판례에 의함)
<사시 2011: 배점 2>

① 형법 제12조의 강요된 행위에서 저항할 수 없는 폭력이란 심리적 의미에 있어서 육체적으로 어떤 행위를 절대적으로 하지 아니할 수 없게 하는 경우와 윤리적 의미에 있어서 강압된 경우를 말한다.
② 형법 제12조의 강요된 행위에 의해 법익이 위태롭게 된 제3자는 자신의 법익을 침해하는 피강요자에 대하여 정당방위를 할 수 있다.
③ 원인에 있어서 자유로운 행위의 가벌성의 근거를 원인행위와 심신장애상태 하에서의 실행행위의 불가분적 관련에서 찾는 견해는 원인행위시에 실행의 착수를 인정한다.
④ 형법 제10조 1항의 책임무능력은 생물학적 방법과 심리학적 방법을 혼합하여 판단한다.
⑤ 심리적 책임론은 행위자에게 고의는 있으나 기대불가능성을 이유로 책임이 조각되는 경우를 이론적으로 설명하기 어렵다.

해설

①(○) 대법원 2007.6.29, 2007도3306.
②(○) 형법 제12조의 강요된 행위는 위법하지만 기대가능성이 없어 책임이 조각되는 경우이므로, 행위의 위법성이 인정되는 한 정당방위를 할 수 있다.
③(×) 원인에 있어서 자유로운 행위의 가벌성의 근거를 원인행위와 심신장애상태 하에서의 실행행위의 불가분적 관련에서 찾는 견해는 책임능력 결함상태에서의 행위에 실행의 착수를 인정한다.
④(○) 형법 제10조의 심신장애는 생물학적 요소로서 정신병, 정신박약 또는 비정상적 정신상태와 같은 정신적 장애가 있는 외에 심리학적 요소로서 이와 같은 정신적 장애로 말미암아 사물에 대한 판별능력과 그에 따른 행위통제능력이 결여되거나 감소되었음을 요하는 혼합적 방법을 취하고 있다(대법원 1992.8.18, 92도1425).
⑤(○) 심리적 책임론은 고의 또는 과실이라는 심리적 사실이 있으면 책임을 인정하므로, 결과에 대한 심리적 관계는 인정되지만 기대불가능성과 같은 책임조각사유에 의해 책임을 부정해야 하는 경우를 설명하기 어렵다. 〈답 ③〉

제 2 절 책임능력

1. 책임능력에 관한 설명 중 옳은 것만의 조합은?

㉠ 기억능력과 책임능력은 일치하는 것이 아니다.
㉡ 형사미성년자와 심신상실자의 행위는 벌하지 아니한다.
㉢ 형사미성년자에게도 치료감호를 할 수 있다.
㉣ 한정책임능력자의 행위는 형을 감경할 수 있다.

ⓜ 한정책임능력자에게는 보안처분을 할 수 없다.
ⓗ 농아자라도 시비를 변별하고 이에 따라 행위할 능력이 있는 경우에는 형을 감경하지 않는다.

① ⓒ ② ⓡ ③ ㉠ ⓛ
④ ⓛ ⓒ ⑤ ⓡ ⓜ ⑥ ㉠ ⓛ ⓡ

해설

㉠(○) 책임능력과 기억능력은 다르다. 따라서 행위자가 범행 전후의 사정을 비교적 사리에 맞도록 기억한다고 하여 반드시 범행 당시 사물을 변별할 능력을 갖추고 있었다고 할 수 없으며(대법원 1990.8.14, 90도1328), 범행을 기억하고 있지 않다는 사실만으로 범행 당시 심신상실상태에 있었다고 단정할 수 없다(대법원 1985.5.28, 85도361).
ⓛ(○) 형법 제9조, 제10조 1항.
ⓒ(×) 치료감호는 심신장애자, 중독자, 정신성적 장애자에 대하여만 인정된다(치료감호법 제2조 1항).
ⓡ(×) 한정책임능력자의 행위는 형을 감경한다(제10조 2항).
ⓜ(×) 심신미약자에 대하여는 형벌 이외에 보안처분이 과하여질 수 있다(치료감호법 제2조 1항 1호).
ⓗ(×) 농아자의 행위는 필요적 감경사유이다(제11조). 그러나 농아교육의 발달에 의하여 농아자 가운데 사물을 변별하고 의사를 결정할 능력이 통상인과 조금도 다름이 없는 자가 있음에도 불구하고 모두 한정책임능력자로 규정한 것은 입법론상 문제가 있다. 〈답 ③〉

2. 책임능력에 관한 설명 중 옳은 것만으로 조합한 것은?

㉠ 심신상실과 심신미약은 정신장애에 속하는 것으로 그 정도를 달리하는 데 지나지 않는다.
ⓛ 12세 정도의 지능을 가진 성인은 형사미성년자에 준하여 책임무능력자로 취급된다.
ⓒ 시비를 변별할 능력은 있지만 이에 따라 행동할 능력이 없는 자는 심신미약자이다.
ⓡ 평소 간질병 증세가 있었더라도 범행 당시에는 간질병이 발작하지 않았다면 심신상실 내지 심신미약에 해당한다고 볼 수 없다.
ⓜ 사물을 변별하거나 의사를 결정할 능력이 없으면 그 원인을 불문하고 책임무능력자이다.
ⓗ 범행 당시를 기억하지 못한다는 사실만으로 바로 범행시 심신상실상태에 있었다고 단정할 수 없다.
ⓢ 사물변별능력이 있는 13세의 소년이 범죄를 범한 경우에 형벌은 부과할 수 없으나 소년법상의 보호처분은 부과할 수 있다.

① ㉠ ⓡ ② ⓛ ⓒ ③ ⓒ ⓜ ④ ㉠ ⓡ ⓜ
⑤ ㉠ ⓡ ⓢ ⑥ ⓛ ⓜ ⓗ ⑦ ㉠ ⓡ ⓜ ⓢ ⑧ ㉠ ⓡ ⓗ ⓢ

해설

㉠(○) 심신상실과 심신미약의 생물학적 기초는 동일하다. 사물을 변별능력과 의사결정능력이 없는가 또는 미약한가에 차이가 있을 뿐이다.
㉡(×) 성인은 심신상실자 또는 심신미약자에 해당하지 않는 한 책임능력자이다.
㉢(×) 심신상실자이다.
㉣(○) 대법원 1983.10. 11, 83도1897 판결.
㉤(×) 심신상실의 원인은 정신기능의 장애로 인하여 발생하여야 한다.
㉥(○) 대법원 1985.5.28, 85도361 판결. 그러나 범행 당시의 사정을 자세히 기억하고 있었다는 사실이 사물을 변별할 능력이 있었느냐를 판단하는 중요한 자료가 될 수 있다(대법원 1975.11.25, 75도2782).
㉦(○) 형사미성년자에게 책임능력을 전제로 하는 형벌을 과할 수는 없지만 소년법에 의한 보호처분까지 배제하는 것은 아니다. 소년법은 형벌 법령에 저촉되는 행위를 한 10세 이상 14세 미만의 소년과 장래 형벌 법령에 저촉되는 행위를 할 우려가 있는 10세 이상의 소년에 대하여 보호처분을 할 수 있다고 규정하고 있다(소년법 제4조 1항 2호 · 3호, 제32조).
〈답 ⑧〉

3. 심신상실(형법 제10조 1항)**에 관한 설명 중 옳은 것은?** (통설, 판례에 의함)

㉠ 심신상실이란 정신병 기타의 원인에 의하여 정신장애를 일으켜 사물의 시비를 변별할 능력이 없거나 또는 시비를 변별할 능력이 있는 경우라 하더라도 시비의 변별에 좇아서 행동할 능력이 없는 상태를 의미한다.
㉡ 범행 당시 술에 만취되어 정신이 없었다는 주장은 단순한 범의의 부인에 해당하므로 판결이유에서 이에 대한 판단을 명시하지 않았다고 하여 위법은 아니다.
㉢ 심신상실을 이유로 형벌을 받지 않더라도 치료감호법에 의한 치료감호에 처해질 수 있다.
㉣ 사물을 변별하거나 의사를 결정할 능력은 분리될 수 없고 관념적 경합의 관계에 있는 여러 범죄 가운데 한 범죄에 대하여만 책임능력이 없을 수는 없다.
㉤ 사물변별능력이나 의사결정능력의 유무를 판단하는 데는 범행에 이르게 된 경위, 범행의 수단과 방법, 범행을 전후한 피고인의 행동 등을 고려하지 않는다.
㉥ 심신장애로 인하여 사물을 변별하거나 의사를 결정할 능력이 있었느냐는 행위시를 기준으로 법관이 결정해야 할 사실문제에 속한다.
㉦ 의사의 감정서에 심신상실이라는 기재가 있다고 하여 법적 · 규범적 관점에서 다른 사정을 고려하지 않고 감정서의 기재대로 심신상실이라고 판단하는 것이 위법하다고 보아야 할 때도 있다.

① ㉠ ㉡　　② ㉠ ㉢

③ ㉢ ㉦ ④ ㉠ ㉢ ㉦
⑤ ㉠ ㉡ ㉢ ㉦ ⑥ ㉠ ㉡ ㉢ ㉣ ㉤
⑦ ㉠ ㉡ ㉢ ㉣ ㉤ ㉥ ⑧ ㉠ ㉡ ㉢ ㉣ ㉤ ㉥ ㉦

해설

㉠(○) 심신장애자에 대한 형법의 규정은 혼합적 방법, 즉 생물학적 · 심리적 방법이라고 할 수 있다.
㉡(×) 범행 당시 술에 만취되어 정신이 없었다는 주장은 단순한 범의의 부인이 아니라 법률상 범죄의 성립을 조각하는 이유가 되는 사실을 주장하는 것이므로 판결이유에서 이에 대한 판단을 명시하여야 한다(대법원 1969.3.31, 69도232).
㉢(○) 심신장애자로서 형법 제10조 1항의 규정에 의하여 벌할 수 없거나(심신상실자), 동조 2항의 규정에 의하여 형이 감경되는 자(심신미약자)가 금고 이상의 형에 해당하는 죄를 범하고 재범의 위험성이 있다고 인정되는 때에는 치료감호에 처한다(치료감호법 제2조 1항 1호).
㉣(×) 사물을 변별할 능력이나 의사를 결정할 능력은 구체적인 위법한 구성요건의 실현과의 관계에서 검토되어야 하고 구체적인 범죄와의 관계를 떠난 일반적 책임능력이란 있을 수 없다. 따라서 책임능력은 분리될 수 있고, 관념적 경합의 관계에 있는 여러 범죄 가운데 한 범죄에 대하여만 책임능력이 없을 수도 있다.
㉤(×) 피고인이 강도상해의 범행 직전에 술을 마시고 신경안정제를 복용하기는 하였으나, 범행에 이르게 된 경위, 범행의 수단과 방법, 범행을 전후한 위 피고인의 행동 등에 비추어 보면, 그로 인하여 사물을 변별하거나 의사를 결정할 능력이 없었거나 미약한 상태에 있었다고는 보이지 아니한다(대법원 2007.7.26, 2007도3205).
㉥(×) 법관이 결정해야 할 사실문제가 아니라 법적 · 규범적 문제에 속한다. 그러므로 법관이 감정인의 감정을 기초로 하여 그대로 판단하는가 또는 다른 판단을 하는가는 법관의 재량에 속한다.
㉦(○) 대법원 1979.5.29, 78도3230. 〈답 ④〉

4. 형법상 책임능력에 관한 설명 중 옳지 않은 것은? (다툼이 있는 경우에는 판례에 의함) <사시 2009년: 배점 2>

① 형법 제10조 1항의 심신장애자란 사물을 변별할 능력이 없거나 사물을 변별할 능력은 있지만 의사를 결정할 능력이 없는 사람을 말한다.
② 만 14세 미만의 행위자는 의사를 결정할 능력이 있더라도 책임능력이 부정된다.
③ 형법 제10조 1항과 2항에서의 심신장애란 일체의 정신적인 장애를 의미하며 반드시 신체기관의 손상이나 신체적인 질병에 의한 장애만 뜻하는 것은 아니다.
④ 심신장애 여부에 대한 최종적인 결정을 위해서는 먼저 정신과 의사나 심리학자 등의 감정이 필수적으로 이루어져야 판사에 의한 법적 판단이 가능하다.
⑤ 행위자가 청각과 발음기능의 장애를 동시에 가지고 있을 경우 반드시

형을 감경하여야 한다.

✍ **해설**

심신장애자의 행위인 여부는 반드시 전문가의 감정에 의하여만 결정할 수 있는 것이 아니고 그 행위의 전후 사정이나 기록에 나타난 제반 자료와 공판정에서의 피고인의 태도 등을 종합하여 심신상실 또는 미약자의 행위가 아니라고 인정하여도 이를 위법이라 할 수 없다(대법원 1984.4.24, 84도527). 〈답 ④〉

5. 책임능력에 관한 설명 중 옳은 것은? (다툼이 있는 경우에는 판례에 의함)

<사시 2013년: 배점 2>

① 형사미성년자라도 사물변별능력 또는 의사결정능력이 결여되어야 책임능력이 부정된다.

② 단순한 충동조절장애와 같은 성격적 결함은 원칙적으로 심신장애에 해당하지 않는다.

③ 농아자는 청각기능과 발음기능 모두에 장애가 있는 한정책임능력자로서 임의적으로 형을 감경할 수 있다.

④ 행위자에게 정신적 장애가 있는 경우에는 범행 당시 정상적인 사물변별능력과 행위통제능력이 있었다고 하더라도 형법 제10조의 심신장애가 인정된다.

⑤ 법원이 형법 제10조에 규정된 심신장애의 유무 및 정도를 판단하는 것은 법률적 판단이지만, 반드시 전문감정인의 의견에 기속되어야 한다.

✍ **해설**

①(×) 형사미성년자란 만 14세 미만자를 말한다. 14세 미만자는 성숙도에 관계없이 책임무능력자이므로 책임이 조각되어 형벌을 과할 수 없다.

②(○) 원칙적으로 충동조절장애와 같은 성격적 결함은 형의 감면 사유인 심신장애에 해당하지 아니한다고 봄이 상당하지만, 그 이상으로 원래의 의미의 정신병이 도벽의 원인이라거나 혹은 도벽의 원인이 충동조절장애와 같은 성격적 결함이라 할지라도 그것이 매우 심각하여 원래의 의미의 정신병을 가진 사람과 동등하다고 평가할 수 있는 경우에는 그로 인한 절도 범행은 심신장애로 인하 범행으로 보아야 한다(대법원 1999.4.27, 99도693, 99감도17).

③(×) 농아자의 행위는 형을 감경한다(제11조).

④(×) 심신장애 사유는 범행 시에 존재해야 하므로 평소에 간질병 증세가 있었더라도 범행 당시에 간질병이 발작하지 않았다면 심신 장애나 심신 미약이 아니다(대법원 1983.10.11, 83도1897).

⑤(×) 형법 제10조에 규정된 심신장애의 유무 및 정도의 판단은 법률적 판단으로서 반드시 전문감정인의 의견에 기속되어야 하는 것은 아니고, 여러 사정을 종합하여 법원이 독자적으로 판단할 수 있다(대법원 1999.8.24, 99도1194). 〈답 ②〉

6. 다음은 책임능력에 관한 설명으로 판례의 태도와 일치하지 않는 것은?

① 소아기호증은 성적인 측면에서의 성격적 결함으로 인하여 나타나는 것으로서, 소아기호증과 같은 질환이 있다는 사정은 그 자체만으로는 형의 감면사유인 심신장애에 해당하지 아니한다.

② 피고인이 생리기간 중에 심각한 충동조절장애에 빠져 절도범행을 저지른 것으로 의심이 된다고 하더라도 자신의 충동을 억제하지 못하여 범죄를 저지르게 되는 현상은 정상인에게서도 얼마든지 찾아볼 수 있는 일이므로, 그 정도가 심각하더라도 형의 감면사유인 심신장애에 해당하지 아니한다.

③ 정신적 장애가 정신분열증과 같은 고정적 정신질환의 경우에는 범행의 충동을 느끼고 범행에 이르게 된 과정에 있어서의 범인의 의식상태가 정상인과 같아 보이는 경우에도 범행의 충동을 억제하지 못한 것이 흔히 정신질환과 연관이 있을 수 있고, 이러한 경우에는 심신미약이라고 볼 여지가 있다.

④ 피고인들이 피해자들을 살해할 의사를 가지고 범행을 공모한 후에 대마초를 흡연하고 위 각 범행에 이른 이상, 대마초 흡연시에 이미 범행을 예견하고도 자의로 심신장애를 야기한 경우이므로 심신장애로 인한 감경 등을 할 수 없다.

⑤ 피고인이 정신분열증으로 인하여 피해자를 '사탄'이라고 생각하고 그를 죽여야만 천당에 갈 수 있다고 믿고 살해하였다면 범행 당시 심신상실 상태에 있었다고 볼 수 있다.

해설

①(○) 대법원 2007.2.8, 2006도7900 : 사춘기 이전의 소아들을 상대로 한 성행위를 중심으로 성적 흥분을 강하게 일으키는 공상, 성적 충동, 성적 행동이 반복되어 나타나는 소아기호증은 성적인 측면에서의 성격적 결함으로 인하여 나타나는 것으로서, 소아기호증과 같은 질환이 있다는 사정은 그 자체만으로는 형의 감면사유인 심신장애에 해당하지 아니한다.

②(×) 충동조절장애와 같은 성격적 결함이라 할지라도 그 정도가 심각하여 원래의 의미의 정신병을 가진 사람과 동등하다고 평가될 수 있는 때에는 심신장애로 인한 범행으로 보아야 한다(대법원 2002.5.24, 2002도1541). 대법원 2011.2.10, 2010도14512 참조: 원칙적으로 충동조절장애와 같은 성격적 결함은 형의 감면사유인 심신장애에 해당하지 아니한다고 봄이 타당하다. 다만 충동조절장애와 같은 성격적 결함이라 할지라도 그것이 매우 심각하여 원래의 의미의 정신병을 가진 사람과 동등하다고 평가할 수 있는 경우에는 그로 인한 범행은 심신장애로 인한 범행으로 보아야 한다.

③(○) 대법원 1992.8.18, 92도1425.

④(○) 대법원 1996.6.11, 96도857.

⑤(○) 대법원 1990.8.14, 90도1328. 〈답 ②〉

7. <사례>에 대한 설명 중 옳은 것은? (다툼이 있는 경우에는 판례에 의함)

<사시 2011년: 배점 2>

〈사례〉
甲은 성폭력범죄의처벌및피해자보호등에관한법률위반(13세미만미성년자강간등)죄로 징역 5년을 선고받고 복역한 후 그 형의 집행을 종료하였으나 출소 후에도 다시 십여 차례에 걸쳐 13세 미만의 여자아이들을 강간하였다. 정신감정결과 甲의 범행전력, 범행 내용 및 횟수 등에 비추어 볼 때, 甲은 이 사건 범행 당시 소아기호증으로 인하여 범행의 충동을 억제하지 못하고 범행에 이르게 된 것으로 나타났다. 甲의 변호인은 甲이 책임무능력의 상태에서 범행한 것으로 주장하였다.

① 甲의 사물변별능력이나 의사결정능력 유무는 재판시를 기준으로 법관이 규범적으로 판단하여야 한다.
② 특단의 사정이 없는 한 성격적 결함을 가진 자에 대하여 자신의 충동을 억제하고 법을 준수하도록 요구하는 것은 기대할 수 없는 행위를 요구하는 것이라고 할 수 있다.
③ 甲의 소아기호증은 성격적 결함으로 인해 나타나는 것으로서, 소아기호증과 같은 질환이 있다는 사정은 그 자체만으로는 심신장애에 해당하지 아니한다.
④ 만약 甲이 피해자들에게 폭행·협박을 가함이 없이 피해자들의 동의를 받아 간음하였다면 형사책임을 지지 않는다.
⑤ 甲의 소아기호증은 성격적 결함에 해당하지만 충동조절장애와는 달리 다른 심신장애사유와 경합된 경우라 하더라도 심신장애에 해당하지 않는다.

해설

①(×) 사물변별능력이나 의사결정능력은 재판시가 아니라 행위시를 기준으로 판단해야 한다. 책임능력은 구체적인 위법한 구성요건의 실현과의 관계에서 검토되어야 하기 때문이다(대법원 1992.8.18, 92도1425 참조).
②(×) 성격적 결함이 있다고 하여 법 준수를 기대할 수 없는 것은 아니다. 관련판례에서도 "특단의 사정이 없는 한 성격적 결함을 가진 자에 대하여 자신의 충동을 억제하고 법을 준수하도록 요구하는 것이 기대할 수 없는 행위를 요구하는 것이라고는 할 수 없다"고 하였다(대법원 2007.2.8, 2006도7900).
③(○) 소아기호증과 같은 질환이 있다는 사정 그 자체만으로는 심신장애에 해당한다고 볼 수 없으므로 옳은 설명이다. 다만 그 증상이 매우 심각하여 원래의 의미의 정신병이 있는 사람과 동등하다고 평가할 수 있거나, 다른 심신장애사유와 경합된 경우 등에는 심신장애를 인정할 여지가 있으며, 이 경우 심신장애의 인정 여부는 소아기호증의 정도, 범행의 동기 및 원인, 범행의 경위 및 수단과 태양, 범행 전후의 피고인의 행동, 증거인멸 공정의 유무, 범행 및 그 전후의 상황에 관한 기억의 유무 및 정도, 반성의 빛의 유무,

수사 및 공판정에서의 방어 및 변소의 방법과 태도, 소아기호증 발병 전의 피고인의 성격과 그 범죄와의 관련성 유무 및 정도 등을 종합하여 법원이 독자적으로 판단할 수 있다(대법원 2007.2.8, 2006도7900).
④(×) 피해자가 13세 미만의 아이이므로 피해자의 동의가 있어도 미성년자의제강간죄의 성립에는 영향을 미치지 않는다.
⑤(×) 소아기호증이 있다고 해서 그 자체로 심신장애가 인정되는 것은 아니지만, 예외적으로 다른 심신장애사유와 경합된 경우에는 심신장애를 인정할 여지가 있다(대법원 2007.2.8, 2006도7900). 〈답 ③〉

8. 소년에 대한 형사책임에 관한 설명으로 옳은 것만 모두 모은 것은?

㉠ 10세 되지 아니한 자는 일체의 형사처벌이 면제된다.
㉡ 14세 이상의 자는 형벌 또는 보안처분을 받을 수 있다.
㉢ 소년이 법정형 장기 2년 이상의 유기형에 해당하는 죄를 범한 때에는 부정기형을 선고한다.
㉣ 소년에 대한 보호관찰처분은 집행유예, 선고유예, 가석방 및 가퇴원 이외의 경우에는 부과할 수 없다.
㉤ 소년의 행위는 특성에 비추어 상당하다고 인정되는 때에 형을 감경할 수 있다.

① ㉠ ㉡ ② ㉠ ㉤ ③ ㉣ ㉤
④ ㉡ ㉢ ㉤ ⑤ ㉢ ㉣ ㉤ ⑥ ㉠ ㉡ ㉢ ㉤

해설

㉠㉡(○) 형벌 법령에 저촉되는 행위를 한 10세 이상 14세 미만의 소년에 대하여 보호처분을 할 수 있다(소년법 제4조 1항 2호).
㉢(○) 소년법 제60조 1항.
㉣(×) 소년에 대하여 집행유예, 선고유예, 가석방 및 가퇴원 이외에도 보호처분으로서 보호관찰을 받게 할 수 있다(소년법 제32조).
㉤(○) 소년법 제60조 2항 참조. 〈답 ⑥〉

9. 甲은 丙을 살해하기로 하고 친구 乙에게 丙을 살해해 주면 1억원을 주기로 약속하였다. 그런데 乙은 소심하여 맨정신으로는 丙을 살해할 수 없을 것 같아 술을 마시고 만취하여 심신상실상태에서 丙의 집 근처에서 丁을 丙으로 오인하고 살해하였다. 곧이어 乙은 丁이 차고 있던 손목시계를 빼가지고 현장을 떠났다. 甲과 乙의 형사책임과 관련된 설명 중 옳지 않은 것은?

① 고의에 의한 원인에 있어서 자유로운 행위가 문제된다.
② 판례는 형법 제10조 3항은 고의에 의한 원인에 있어서 자유로운 행위만이 아니라 과실에 의한 원인에 있어서 자유로운 행위에도 적용된다고 본다.
③ 乙이 丁을 살해한 행위는 객체의 착오로서 구체적 사실의 착오에 해당

하므로, 법정적 부합설은 물론 구체적 부합설에 의하는 경우에도 고의가 조각되지 않는다.

④ 乙이 丁을 살해한 행위에 대하여, 법정적 부합설에 의하면 甲은 살인죄의 교사범, 乙은 살인죄의 죄책을 부담한다.

⑤ 乙이 丁의 손목시계를 빼 간 행위에 대하여, 甲은 교사범의 책임을 지지 않지만 乙은 제10조 3항에 의해 책임능력자의 행위로서 책임을 부담한다.

해설

⑤(×) 乙이 丁의 손목시계를 빼 간 행위에 대하여 乙이 위험발생을 예견하고 자의로 음주한 것이 아니므로 심신상실상태에서의 행위로서 책임이 조각된다. 결국 乙에게는 살인죄만 성립한다. 甲은 살인죄의 교사범이 된다. 법정적 부합설에 의하는 한 乙의 객체의 착오 중 구체적 사실의 착오는 교사범의 고의에 영향을 미치지 않기 때문이다. 〈답 ⑤〉

10. 다음 사례에 대하여 <보기>의 견해에 따른 결론으로 옳은 것은?

<사시 2012년: 배점 3>

甲은 A를 살해하기로 마음먹고 乙에게 A의 살해를 부탁하였다. 이를 승낙한 乙은 맨 정신으로는 A를 살해할 용기가 나지 않아 술에 취한 상태에서 A를 살해하기로 마음먹고 술을 마셨다. 만취상태가 된 乙은 양심의 가책을 느껴 A의 살해를 포기하고 집으로 가는 도중에 술에 취한 나머지 가게 앞에 누워 있는 노숙자 B를 마네킹으로 오인하고 발로 차 상해를 입혔다.

〈보기〉

Ⅰ. 원인에 있어서 자유로운 행위에 대한 가벌성과 관련하여 원인설정행위가 실행행위 또는 그 착수행위이며, 심신장애상태에서의 행위는 원인행위에 기인한 결과에 지나지 않는다고 보는 견해

Ⅱ. 원인에 있어서 자유로운 행위에 대한 가벌성과 관련하여 원인설정행위와 심신장애상태에서의 실행행위의 불가분적 연관에서 책임의 근거를 인정하는 견해

Ⅲ. 과실에 의한 원인에 있어서 자유로운 행위는 위험발생을 예견할 수 있었음에도 자의로 심신장애를 야기하여 고의 혹은 과실의 결과실현행위를 한 경우가 아니라, 구성요건적 결과를 예견하였으나 자의로 심신장애를 야기하고 결과실현행위가 과실범인 경우를 의미한다는 견해

Ⅳ. 형법 제10조 제3항에서 규정하고 있는 '자의로 심신장애를 야기한 자'는 예견한 구성요건적 결과를 실현하기 위해 고의로 심신장애를

야기한 자를 의미한다고 보는 견해

① Ⅰ에 의하면 乙에게는 A에 대한 살인예비죄가 성립한다.
② Ⅱ에 의하면 乙에게 실행의 착수가 인정되어 甲에게는 살인미수죄의 교사범이 성립한다.
③ 판례는 Ⅲ을 취하고 있고, 이에 따르면 B의 상해에 대해 乙에게 형법 제10조 제3항을 적용한 형사책임을 물을 수 있다.
④ Ⅳ에 의하면 B의 상해에 대하여 乙에게 형법 제10조 제3항을 적용한 상해죄의 책임을 물을 수 없다.
⑤ Ⅱ에 따를 때 판례에 의하면 乙에게는 A에 대한 살인예비죄의 중지미수범이 성립한다.

해설 ………………………………………………

①(×) Ⅰ의 견해는 원인행위를 실행행위로 보므로 술을 마시기 시작할 때 살인행위에 착수한 것이며 따라서 乙에게는 A에 대한 살인미수죄가 성립한다.
②(×) Ⅱ의 견해에 의하면 책임무능력 상태에서 실행행위가 있을 때 착수를 인정하는데 교사받은 乙이 A의 살인에 착수하지 않았으므로 甲에게 살인미수죄의 교사범이 성립할 수 없다.
③(×) 판례는 과실에 의한 원인에 있어서 자유로운 행위는 위험발생을 예견할 수 있었음에도 자의로 심신장애를 야기하여 고의 혹은 과실의 결과실현행위를 한 경우라고 보므로 Ⅲ의 이론을 취하고 있지 않다. 그리고 설문에서 B에 대한 상해는 과실에 의한 원인에 있어서 자유로운 행위가 아니므로 형법 10조 3항이 적용되는 경우가 아니다.
④(○) Ⅳ의 견해는 구성요건적 결과실현(B에 대한 상해)에 대하여 고의로 심신장애를 일으킨 경우에 제10조 제3항을 적용한다고 하므로, 설문에서 甲은 B에 대하여는 결과실현에 대한 고의는 없으므로 제10조 제3항을 적용할 수 없으므로 옳은 설명이다.
⑤(×) 판례는 예비의 중지범을 인정하지 않는다(대법원 1999.4.9, 99도424). 〈답 ④〉

11. 다음 <사례>에 대하여 원인에 있어서 자유로운 행위와 관련된 <보기>의 견해에 의할 때 <사례>의 결론으로 옳지 않은 것은? <사시 2008년: 배점 3>

〈사례〉
甲은 평소 원수관계에 있는 乙을 살해하고자 하였으나 맨 정신으로는 실행할 용기가 나지 않아 만취된 상태에서 범행을 실행할 계획을 세웠다. 그 이후 甲은 여러 병의 양주를 마시고 책임무능력의 명정상태가 되었다. 甲은 미리 준비하여 둔 엽총을 휴대하고 乙의 집 앞으로 가서 乙을 보는 순간 그를 향하여 엽총을 쏘았으나 총알이 빗나가 옆에 있던 乙의 동생 丙이 총알에 맞아 사망하였다.
〈보기〉
㉠ 스스로 심신장애상태를 야기하는 원인행위에서 실행행위를 찾는 견해

> ㉡ 원인설정행위와 실행행위의 불가분적 관련에서 가벌성의 근거를 찾는 견해

① ㉠의 견해에 의하면 만약 甲이 乙의 집 앞으로 도착한 순간에 체포되었더라도 살인죄의 미수가 인정된다.

② ㉠의 견해에 의하면 실행행위와 책임능력의 동시존재원칙이 훼손되지 않는다.

③ ㉡의 견해에 의하면 甲은 실행행위시 책임무능력상태에 있었음에도 불구하고 그에게는 책임능력자와 동일한 책임이 부과된다.

④ ㉡의 견해에 의하면 甲에게는 실행행위시 사실의 착오가 있었지만 스스로 야기한 원인행위 때문에 착오이론에 관계없이 丙의 사망에 대한 살인고의가 인정된다.

⑤ 어느 견해에 의하더라도 착오에 관한 판례의 태도에 따르면 甲에게는 살인기수죄가 성립한다.

해설 ··

①(○) ㉠ 구성요건 모델로서 실행의 착수를 원인설정시에 인정하므로 甲이 양주를 마실 때 살인죄의 실행에 착수하였다고 본다. 따라서 甲이 乙의 집 앞에 도착한 순간 체포되었더라도 살인죄의 미수가 인정된다.
②(○) ㉠ 실행의 착수를 책임능력상태인 원인설정시에 인정하는 점에서 실행행위와 책임능력의 동시존재원칙을 고수한다.
③(○) 甲의 행위는 원인에 있어 자유로운 행위에 해당하므로 어떤 견해이든 상관없이 甲에게 책임능력자와 동일한 책임을 부과하게 된다.
④(×) ㉡의 예외 모델에 의하더라도 甲에게 책임능력자와 동일한 죄책이 인정되어야 하나 방법의 착오가 있었으므로 사실의 착오이론 중 구체적 부합설이냐 법정적 부합설이냐에 따라 죄책이 달라진다. 법정적 부합설은 丙의 사망에 대한 고의기수를 인정하나 구체적 부합설에 의하면 살인미수죄와 과실치사죄의 상상적 경합이 인정된다.
⑤(○) 판례는 방법의 착오에서 법정적 부합설을 취하므로 발생한 사실에 대한 고의기수인 살인기수죄를 인정하게 된다. 〈답 ④〉

12. 원인에 있어서 자유로운 행위에 관한 견해<보기 1>과 연결되는 내용 또는 그 비판<보기 2>이다. 그 연결이 옳은 것은? <사시 2009년: 배점 2>

> 〈보기 1〉
> ㉠ 가벌성의 근거를 자신을 도구로 이용하는 간접정범으로 이해하는 견해
> ㉡ 가벌성의 근거를 원인설정행위와 실행행위의 불가분적 관련에서 찾는 견해
> ㉢ 가벌성의 근거를 책임능력 결함상태에서의 실행행위로 이해하는 견해

〈보기 2〉

a. 甲이 주취상태로 乙을 살해하려는 계획을 가지고 음주하다가 명정상태에 빠져 그대로 잠이 들어버린 경우에도 살인미수죄를 인정해야 한다는 비판을 받는다.

b. 원인행위가 책임비난의 근거이고 곧 실행행위다. 따라서 행위와 책임의 동시존재원칙이 그대로 유지될 수 있다.

c. 책임능력 결함상태에서의 실행행위에 실행의 착수가 있고 책임비난의 근거는 원인행위에 있다.

d. 반무의식상태에서의 행위라는 개념을 인정하면 사실상 모든 행위에 책임능력이 인정된다는 비판을 받는다.

① ㉠ - b ㉡ - a ② ㉠ - a ㉢ - c ③ ㉡ - d ㉢ - a
④ ㉠ - a ㉡ - c ⑤ ㉡ - a ㉢ - b

해설

㉠은 원인행위를 실행행위로 보는 구성요건 모델의 입장으로 그 내용은 b인데 a와 같은 문제점이 있다. ㉡은 예외 모델로서 그 내용은 c이다. ㉢은 반무의식상태설의 입장이다.

〈답 ④〉

제 3 절 위법성의 인식

1. 위법성의 인식의 내용에 관한 설명이다. 옳은 것만 모두 고른 것은?

㉠ 위법성의 인식은 자신의 행위가 법적으로 금지되어 있다는 인식을 의미하며 반도덕성의 인식이나 가벌성의 인식을 뜻하지 않는다.

㉡ 행위자가 공동사회의 질서에 반하고 공동사회에 불가결한 규범에 위반한다고 인식한 때에 위법성의 인식을 인정할 수 있으므로, 위법성의 인식은 공동사회의 가치위반 또는 사회윤리적 가치위반이 그 기초가 된다.

㉢ 종교적 · 도덕적 또는 정치적 확신 때문에 자기에게 법규범을 침해할 의무가 있다고 믿고 죄를 범한 확신범 내지 양심범에게는 위법성의 인식이 있다고 할 수 없다.

㉣ 위법성의 인식은 문제된 범죄의 특수한 불법내용을 인식할 것을 필요로 하므로, 위법성의 인식은 구체적인 법규정을 인식할 것까지 요구한다.

㉤ 가중적 구성요건을 실현한 때에는 위법성의 인식은 기본적 구성요건의 반가치뿐만 아니라 가중적 구성요건의 반가치도 인식해야 한다.

① ㉠ ㉣ ② ㉠ ㉤ ③ ㉡ ㉢

④ ㉢ ㉣ ⑤ ㉠ ㉣ ㉤ ⑥ ㉡ ㉢ ㉣

✍ 해설

㉠(○)
㉡(×) 위법성 인식의 기초는 공동사회의 가치위반 또는 법가치위반이며, 사회윤리적 가치위반이나 반도덕성의 인식을 의미하는 것은 아니다.
㉢(×) 확신범 또는 양심범도 침해한 규범이 법규범임을 인식한 이상 위법성의 인식은 있다고 해야 한다.
㉣(×) 위법성의 인식은 문제된 범죄의 특수한 불법내용을 인식해야 하지만, 그렇다고 금지하고 있는 구체적인 법규정까지 인식할 것을 요구하는 것은 아니다. 정확한 법률지식은 극소수의 법률가에게만 기대할 수 있기 때문이다.
㉤(○) 〈답 ②〉

2. 위법성의 인식에 관한 설명과 학설의 연결로 옳은 것은?

A. 위법성의 인식은 고의의 내용이므로 위법성에 대한 현실적인 인식이 있어야 고의범이 성립한다고 한다.
B. 위법성이 인식은 고의의 내용이지만 그것은 위법성 인식의 가능성으로 족하다고 한다.
C. 대부분의 목적적 행위론자에 의하여 주장된 이론으로 모든 위법성조각사유에 대한 착오를 법률의 착오라고 한다.
D. 위법성조각사유의 전제사실에 대한 착오와 그 범위와 한계에 대한 착오를 구별하여 법적 효과를 다르게 인정한다.

Ⅰ. 제한적 책임설 Ⅱ. 엄격책임설
Ⅲ. 엄격고의설 Ⅳ. 제한적 고의설

① A－Ⅰ ② A－Ⅳ ③ B－Ⅲ
④ B－Ⅳ ⑤ C－Ⅳ ⑥ D－Ⅱ

✍ 해설

A-Ⅲ, B-Ⅳ, C-Ⅱ, D-Ⅰ이 올바른 연결이다. 〈답 ④〉

3. 고의와 위법성의 인식에 관한 설명 중 옳지 않은 것은?

① 제한적 고의설은 위법성인식의 가능성이 있으면 고의를 인정한다.
② 제한적 책임설은 위법성인식의 가능성이 없으면 책임이 조각된다고 한다.
③ 엄격책임설은 모든 위법성조각사유의 착오를 법률의 착오라고 한다.
④ 책임설은 위법성의 인식을 고의와 분리된 책임요소라고 한다.
⑤ 고의설은 법적대적 심리를 가진 자 또는 도의심이 박약한 자를 형사정책상 유리하게 취급한다는 비판을 받고 있다.

✍ 해설

②(×) 제한적 책임설은 위법성조각사유의 착오를 위법성조각사유의 전제사실에 대한 착오와 그 범위나 한계에 대한 착오로 나누어 이를 달리 취급한다. 〈답 ②〉

<table>
<tr><th colspan="2">학 설</th><th>내용 및 비판</th></tr>
<tr><td rowspan="2">고의설</td><td>엄 격 고의설</td><td>(i) 고의에는 범죄사실의 인식 이외에 현실적인 위법성의 인식이 필요하다는 견해. 이에 의하면 현실적인 위법성의 인식이 없으면 고의를 부인하게 되므로 사실의 착오와 법률의 착오를 불문하고 모든 착오는 고의를 조각하게 됨.
(ii) 현실적인 위법성의 인식 없이 일시적인 흥분상태나 순간적인 격분에 의하여 죄를 범하는 대부분의 중범죄나 위법성의 인식을 기대할 수 없는 상습범 또는 확신범은 고의범으로 처벌할 수 없다는 부당한 결론을 초래.</td></tr>
<tr><td>제한적 고의설</td><td>(i) 엄격고의설의 형사정책적 결함을 시정하기 위하여 위법성의 인식은 고의의 구성요소라는 고의설의 입장을 유지하면서 고의의 구성요소가 되는 위법성의 인식은 현실적인 인식일 필요는 없으며 인식의 가능성으로 족하다는 견해.
(ii) 위법성의 인식의 가능성이라는 과실적 요소를 고의의 내용으로 요구하여 서로 모순되는 고의와 과실을 결합함으로써 과실이 있으면 고의가 있다는 결론을 가져오는 것은 부당하다는 비판.</td></tr>
<tr><td rowspan="3">책임설</td><td>책임설</td><td>위법성의 인식을 고의의 구성요소가 아니라 고의와 분리된 독립한 책임요소로 이해.</td></tr>
<tr><td>엄 격 책임설</td><td>대부분의 목적적 행위론자에 의하여 주장된 이론으로 모든 위법성조각사유에 대한 착오를 법률의 착오라고 함.</td></tr>
<tr><td>제한적 책임설</td><td>위법성조각사유의 착오를 위법성조각사유의 전제사실에 대한 착오와 그 범위나 한계에 대한 착오로 나누어, 인정된 위법성조각사유의 전제사실에 대한 착오는 법적 효과에 있어서 사실의 착오와 동일하지만, 인정된 위법성조각사유의 법적 한계와 인정되지 않는 위법성조각사유에 대한 착오는 법률의 착오에 해당한다고 함.</td></tr>
</table>

4. 다음 사례에서 甲과 乙의 죄책을 <보기>의 견해에 따라 설명한 것으로 옳지 않은 것은? <사시 2012년: 배점 3>

甲은 다른 사람의 심부름으로 자기집에 들어온 사람을 절도 현행범인으로 오인하고 그를 체포하여 즉시 경찰관에게 인도하였고, 乙은 강도 현행범인을 체포한 후 현행범인은 얼마 동안 감금한 후 경찰관에게 인도해도 무방하다고 생각하고 자기집 지하실에 하루 동안 감금한 후 경찰관에게 인도하였다.

〈보기〉

Ⅰ. 위법성의 인식은 고의의 구성요소가 아니라 고의와 분리된 독립한 책임요소이다. 다만 객관적 정당화요소가 존재하지 않음에도 행위자

가 이를 존재한다고 오인한 경우 구성요건적 고의는 인정되나 고의범으로서의 심정반가치는 부정된다.
Ⅱ. 위법성의 인식은 책임요소로서의 고의의 내용이며, 위법성의 인식이 없는 경우에는 고의가 부정된다. 행위자가 객관적 정당화요소가 존재한다고 오인 한 경우에는 위법성의 인식이 없으므로 과실범이 성립할 수 있을 뿐이다.
Ⅲ. 위법성의 인식의 유무는 고의와는 관계가 없으므로 행위자가 객관적 정당화요소가 존재한다고 오인한 경우에도 고의는 부정되지 않지만, 그 오인에 불가피한 사유가 있었을 경우에는 책임이 조각된다.

① Ⅰ에 따르면 甲에 대해서는 고의책임이 부정되어 체포죄로는 처벌할 수 없다.
② Ⅰ에 따르면 乙에 대해서는 감금의 고의가 부정되어 감금죄로는 처벌할 수 없다.
③ Ⅱ에 따르면 甲에 대해서는 체포의 고의가 부정되어 체포죄로는 처벌할 수 없다.
④ Ⅱ에 따르면 乙에 대해서는 감금의 고의가 부정되어 감금죄로는 처벌할 수 없다.
⑤ Ⅲ에 따르면 甲의 오인에 불가피한 사유가 있는 경우 체포의 고의가 부정되지는 않으나 책임이 조각되어 체포죄로 처벌할 수 없다.

해설

甲의 경우는 위법성조각사유의 전제사실의 착오이고, 乙의 경우는 위법성조각사유 한계의 착오로서 법률의 착오이다. 위법성의 인식의 체계적 지위와 관련한 학설대립으로, Ⅰ은 법효과제한적 책임설, Ⅱ는 고의설, Ⅲ은 엄격책임설이다.
②(×) Ⅰ은 법효과제한적 책임설이므로 乙의 경우에 적용되는 이론이 아니다. 법률의 착오로서 乙의 오인에 정당한 사유가 없는 한 책임이 인정되어 감금죄가 성립할 수 있다.

〈답 ②〉

5. 다음 기술 중 학설에 대한 비판으로 옳지 않은 것은? <사시 2008년: 배점 2>

① 고의와 위법성 인식의 관계에 관한 엄격책임설에 대해서는 규범적 구성요건요소에 관한 회피가능한 포섭의 착오를 과실범으로 처벌하기 때문에 처벌의 부당한 흠결이 발생한다는 비판이 제기된다.
② 기대가능성의 판단표준에 관한 학설 중 국가표준설에 대해서는 국가가 항상 국민에게 적법행위를 기대하기 때문에 기대가능성이 없다는 이유로 책임이 조각되는 경우란 거의 발생하지 않는다는 비판이 제기된다.
③ 미필적 고의와 인식있는 과실의 구별에 관한 개연성설에 대해서는 고의의 본질을 지적 요소에 중점을 두고 의지적 요소를 도외시하고 있으며 결과

발생의 가능성과 개연성의 구별이 쉽지 않다는 비판이 제기된다.

④ 피해자의 승낙에 의해 위법성이 조각되는 경우에 관한 이익흠결설(또는 이익포기설)에 대해서는 승낙살인죄와 같이 피해자의 승낙이 위법성을 조각하지 않는 것으로 규정한 경우를 설명할 수 없다는 비판이 제기된다.

⑤ 중지미수의 법적 성격에 관한 불법소멸·감소설에 대해서는 중지미수의 효과가 필요적 형감면인 것을 적절하게 설명할 수 없다는 비판이 제기된다.

해설

①(×) 엄격고의설이 회피가능한 포섭의 착오를 과실범으로 처벌하기 때문에 처벌의 부당한 흠결이 발생한다. 엄격책임설은 법률의 착오에서 오인에 정당한 이유가 있느냐에 따라 책임의 조각 여부를 판단하므로 과실범처벌의 문제는 발생하지 않는다. 〈답 ①〉

제 4 절 법률의 착오

1. <사례>의 甲, 乙, 丙, 丁의 행위를 형법적으로 판단하라는 과제에 대하여 학생들이 <풀이>와 같이 설명하였다. 적용법조와 죄책 여부를 올바르게 설명한 학생만을 모두 고른 것은? (다툼이 있는 경우에는 판례에 의함)

<사시 2006년>

〈사례〉

1. 甲은 잃어버린 자기의 개를 찾아다니던 중 A의 집 앞에 묶여 있는 개가 자기의 개라고 오인하고 끌고 갔으나, 그것은 A 소유의 개였다.
2. 乙은 B를 살해할 생각으로 돌멩이로 B의 두부를 가격하였으며 B가 축 늘어지자 乙은 B가 사망한 것으로 오인하고 구덩이에 매장하였는데, 사실은 B는 매장으로 인해 질식사하였다.
3. 丙은 어둠 속에서 이웃집 사람이라고 오인하고 살해하였으나, 사실은 살해된 자가 자기의 조모인 C였다.
4. 丁은 담배에 성냥불을 붙인 다음 그 성냥불이 꺼졌다고 오인하고 D 집의 휴지통에 버렸으나, 사실은 성냥불이 꺼지지 않고 불이 번져서 D집이 소훼되었다.

〈풀이〉

홍빈: 甲의 행위는 형법 제16조(법률의 착오)의 적용을 받으며, 오인에 정당한 이유가 있으므로 처벌되지 않는다.

병덕: 乙의 행위는 형법 제14조(과실)의 적용을 받으며, 정상의 주의를 태만히 한 사실이 인정되므로 살인미수죄에 덧붙여서 과실치사죄로 처벌된다.

상미: 丙의 행위에는 형법 제15조(사실의 착오) 1항이 적용되며, 존속살해죄라는 특별히 중한 죄를 인식하지 못하였으므로 보통살인죄로 처벌된다.
유남: 丁의 행위에는 형법 제16조(법률의 착오)가 적용되며, 정당한 이유가 없으므로 실화죄로 처벌된다.

① 병덕 ② 상미 ③ 병덕 상미
④ 상미 유남 ⑤ 홍빈 병덕

해설

(1) 홍빈(×) 甲은 그 개가 타인소유라는 사실을 인식하지 못하였으므로 절도죄의 고의가 조각되며, 법률의 착오는 문제되지 않는다. 판례에 의하면 절도죄에 있어서 재물의 타인성을 오신하여 가져온 경우에 범죄사실에 대한 인식이 있다고 할 수 없으므로 범의가 조각되어 절도죄가 성립하지 아니한다고 한다(대법원 1983.9.13, 83도1762).
(2) 병덕(×) 판례에 의하면 乙에게 살인죄의 고의기수가 인정된다(대법원 1988.6.28, 88도650).
(3) 상미(○) 丙은 가중적 구성요건인 존속살해에 대한 인식이 없었으므로 형법 제15조 1항이 적용되어 보통살인죄로 처벌된다(대법원 1977.1.11, 76도3871 참조).
(4) 유남(×) 丁은 중실화죄로 처벌된다. 성냥불이 꺼진 것을 확인하지 아니한 채 플라스틱 휴지통에 던진 것은 중대한 과실에 해당한다(대법원 1993.7.27, 93도135). **〈답 ②〉**

2. 착오의 <유형>과 <사례>를 올바르게 연결한 것은? (다툼이 있는 경우에는 판례에 의함) <사시 2011년: 배점 3>

〈유형〉
A. 법률의 부지
B. 효력의 착오
C. 포섭의 착오
D. 위법성 조각사유의 한계에 관한 착오
E. 위법성 조각사유의 전제사실에 관한 착오
F. 반전된 금지의 착오
G. 반전된 사실의 착오

〈사례〉
ㄱ. 친구의 개를 허락 없이 죽이더라도 재물손괴에는 해당되지 않는다고 생각하고 죽인 경우
ㄴ. 지하철에서 승객이 손잡이를 잡기 위해 팔을 올리는 것을 소매치기하려는 것으로 오인하여 그 팔을 쳐서 전치 3주의 상해를 입힌 경우
ㄷ. 헌법상 양심의 자유가 보장되기 때문에 병역법상 입대거부를 처벌하는 규정은 무효라고 생각하고 입대를 거부한 경우

ㄹ. 남편과 사별한 과부와 간음해도 죄가 된다고 생각하고 간음한 경우 ㅁ. 건축법상 허가대상인 줄 모르고 허가 없이 근린생활시설을 교회로 용도변경하여 사용한 경우 ㅂ. 강도현장에서 범인을 체포하는 경우에는 사인(私人)도 그를 추적하여 타인의 주거에 들어가서라도 체포할 수 있다고 생각하고 타인의 주거에 무단으로 들어간 경우 ㅅ. 마네킹을 사람으로 오인하고 상해하기 위하여 돌로 친 경우

① A－ㅁ E－ㅂ G－ㅅ
② B－ㄷ C－ㄹ D－ㅂ
③ C－ㄹ D－ㅂ G－ㅅ
④ A－ㅁ D－ㄴ E－ㅂ
⑤ B－ㄷ C－ㅁ E－ㄴ
⑥ C－ㄱ E－ㄴ F－ㄹ
⑦ A－ㄱ D－ㄴ F－ㄹ

해설

옳은 연결은 A－ㅁ, B－ㄷ, C－ㄱ, D－ㅂ, E－ㄴ, F－ㄹ, G－ㅅ이다.
ㄱ－C 개의 손괴가 재물손괴가 아니라고 생각한 경우: 법률의 착오 중 금지규범의 효력범위에 관한 착오인 포섭의 착오.
ㄴ－E 정당방위상황이 없음에도 있다고 오인하여 위법성이 조각된다고 생각한 경우: 오상방위, 즉 위법성 조각사유의 전제사실에 관한 착오.
ㄷ－B 입대거부를 처벌하는 병역법규정을 무효라고 생각한 경우: 법률의 착오 중 금지규범의 효력에 관한 착오.
ㄹ－F 배우자 없는 자에게는 간통이 아님에도 죄가 된다고 오인한 경우: 환각범, 즉 반전된 금지의 착오.
ㅁ－A 건축법상 허가대상인 줄 모르고 용도변경한 경우: 포섭의 착오로 보는 등 견해 다툼이 있지만, 판례는 법률의 부지에 해당한다고 봄(대법원 1991.10.11, 91도1566).
ㅂ－D 현행범체포는 위법성이 조각되는 행위라고 생각했지만 그 한계를 오인한 경우: 위법성조각사유의 한계에 관한 착오.
ㅅ－G 마네킹을 사람으로 오인하여 상해하려는 경우: 불능미수(혹은 불능범), 즉 반전된 사실의 착오. 〈답 ⑥〉

3. 대법원은 18세 이상의 미성년자나 대학생은 유흥업소에 출입하여도 단속대상이 아니라고 믿고 미성년자를 출입시켰다가 미성년자보호법위반으로 입건된 사건에서, '형법 제16조는 단순한 법률의 부지를 말하는 것이 아니고 일반적으로 범죄가 되는 행위이지만 자기의 특수한 경우에는 허용된 행위로서 죄가 되지 않는다고 오인한 경우만을 말한다'고 판시하였다. 다음 설명 중 옳지 않은 것은?

① 판례는 법률의 착오를 위법성의 인식이 없는 경우의 특수한 경우로 보고 있다.
② 통설은 법률을 모른 경우에도 위법성의 인식이 없고, 위법성의 인식이 없는 경우가 법률의 착오이므로 법률의 부지도 법률의 착오라고 해석한다.

③ 위법성의 인식이 법률규정의 인식을 요하지 않는다고 하여 법률의 부지가 법률의 착오가 아니라고 결론내릴 수는 없다.
④ 법률의 부지를 법률의 착오로 보는가 아닌가에 따라 행위자의 처벌에 영향이 있는 것은 아니다.
⑤ 책임설에 의하면 법률의 부지에 과실이 있으면 고의범으로 처벌된다.

해설

설문은 대법원 1985.4.9, 85도25에 관한 것이다.
④(×) 법률의 부지가 법률의 착오일 때에는 부지에 대하여 정당한 이유가 있으면 처벌할 수 없음에 반하여, 법률의 착오가 아니라는 판례이론에 의할 때에는 행위자는 항상 처벌을 면할 수 없다.
⑤(○) 책임설에 의하면 법률의 부지에 과실이 있으면 책임이 감경될 뿐이므로 고의범의 성립에 영향이 없다. 대법원은 비디오물감상실업자가 18세 이상 19세 미만의 청소년을 감상실에 출입시켜 청소년보호법에 위반한 사건에서 설문의 판결과 반대되는 태도를 취하고 있다(대법원 2002.5.17, 2001도4077).
대법원 2002.5.17, 2001도4077 : 가사 18세 이상 19세 미만의 사람을 비디오감상실에 출입시킨 업주는 구 청소년보호법(이하 '법'이라고 한다)에 의한 형사처벌의 대상이 된다고 하더라도, 구 음반 · 비디오물및게임물에관한법률(이하 '음반등법'이라 한다)과 (연소자를 18세 미만의 자로 규정하면서 출입문에 '18세 미만 출입금지'표지를 하도록 한) 시행령 규정의 반대해석을 통하여 18세 이상 청소년에 대하여는 출입금지 의무가 없는 것으로 오인될 가능성이 충분하고, 법시행령 제19조가 이러한 오인 가능성을 더욱 부추겨 마치 법에 의하여 부과된 '18세 이상 19세 미만의 청소년에 대한 출입금지 의무'가 다시 법시행령 제19조와 위 음반등법 및 그 시행령의 연관해석을 통해 면제될 수 있을 것 같은 외관을 제시함에 따라, 실제로 개정된 법이 시행된 후에도 비디오물감상실의 관할부서(대구 중구청 문화관광과)는 업주들을 상대로 실시한 교육과정을 통하여 종전과 마찬가지로 음반등법 및 그 시행령에서 규정한 '만 18세 미만의 연소자' 출입금지표시를 업소출입구에 부착하라고 행정지도를 하였을 뿐, 법에서 금하고 있는 '만 18세 이상 19세 미만'의 청소년 출입문제에 관하여는 특별한 언급을 하지 않았고, 이로 인하여 피고인을 비롯한 비디오감상실업주들은 여전히 출입금지대상이 음반등법 및 그 시행령에서 규정하고 있는 '18세 미만의 연소자'에 한정되는 것으로 인식하였던 것으로 보여지는바, 사정이 위와 같다면 피고인이 자신의 비디오물감상실에 18세 이상 19세 미만의 청소년을 출입시킨 행위가 관련 법률에 의하여 허용된다고 믿었고, 그렇게 믿었던 것에 대하여 정당한 이유가 있는 경우에 해당한다.
〈답 ④〉

학 설	내 용	비 판
엄격책임설	허용구성요건의 착오를 포함한 모든 위법성조각사유의 착오를 금지의 착오라고 한다.	허용구성요건의 착오가 평가의 착오가 아니라 사실관계의 착오라는 특수성을 무시하였다.
소극적 구성요건요소이론	위법성조각사유의 요건은 소극적 구성요건요소가 되므로 위법성을 조각하는 행위상황에 대한 착오는 구성요건적 착오가 되고, 따라서 고의를 조각하게 된다고 한다.	위법성의 독자성을 부정하였다는 점과 고의의 내용으로 위법성조각사유가 존재하지 않는다는 점에 대한 인식까지 요구하는 것은 타당하다고 할 수 없다.

유추적용 제한적 책임설	사실의 착오에 관한 규정이 직접 적용될 수는 없지만 구성요건요소와 허용구성요건 사이에는 질적인 차이가 없고, 이 경우에는 고의의 본질이 되는 행위자의 구성요건적 불법을 실현하려는 결단이 없으므로 행위불법을 부정해야 하기 때문에 사실의 착오에 관한 규정을 유추적용하여 고의가 조각된다고 하는 견해이다.	고의범의 행위반가치가 의도반가치에만 있는 것은 아니며, 구성요건적 고의가 조각된다고 할 때에는 이에 대한 공범의 성립도 불가능하여 처벌의 결함을 초래한다.
법효과 제한적 책임설	허용구성요건의 착오가 고의를 조각하는 것은 아니지만 고의책임과 고의형벌을 조각하여 법효과에 있어서 구성요건의 착오와 같이 취급해야 한다는 견해이다.	이론적 타당성이 있으나 회피가능한 착오를 과실범으로 처벌하므로 과실범 처벌규정이 없는 경우 처벌의 부당한 흠결이 발생할 수 있다.

4. 위법성조각사유의 전제사실의 착오에 대한 엄격책임설, 소극적 구성요건요소이론, 유추적용설 및 법효과제한적 책임설의 내용을 열거한 것이다. 같은 이론의 결론을 묶은 것은 어느 것인가?

> ㉠ 위법성을 조각하는 행위상황에 대한 착오는 구성요건적 착오이다.
> ㉡ 위법성조각사유의 전제사실의 착오는 구성요건적 착오는 아니지만 구성요건적 착오의 규정이 적용되어야 한다.
> ㉢ 위법성조각사유의 전제사실의 착오를 포함한 모든 위법성조각사유의 착오는 금지의 착오이다.
> ㉣ 구성요건요소와 허용구성요건 사이에는 고의범의 행위불법이 인정되지 않는다는 점에서 질적인 차이가 없다.
> ㉤ 위법성조각사유의 전제사실의 착오는 구성요건적 고의를 조각한다.
> ㉥ 위법성조각사유의 전제사실의 착오는 구성요건적 고의를 조각하지 않는다.

① ㉠ ㉥ ② ㉡ ㉥ ③ ㉢ ㉣
④ ㉢ ㉤ ⑤ ㉣ ㉥ ⑥ ㉤ ㉥

해설

각 학설의 주장내용을 분류해 보면 다음과 같다. 먼저 엄격책임설의 입장과 일치하는 것은 ㉢㉥이다. 소극적 구성요건요소이론의 주장은 ㉠㉤이며, ㉣도 이 이론과 배치되지 않는다. 유추적용설의 입장은 ㉡㉣㉤이다. 그리고 법효과제한적 책임설의 입장은 ㉡㉥이다. 결국, 같은 이론이 묶여 있는 것은 법효과제한적 책임설에 관한 ㉡㉥이므로 정답은 ②이다. 〈답 ②〉

5. 위법성의 인식에 관한 설명 중 옳지 않은 것은? (다툼이 있는 경우에는 판

례에 의함) <사시 2013: 배점 2>

① 엄격책임설과 제한책임설은 위법성조각사유의 객관적 전제사실의 착오에 대한 법적 효과를 달리 본다는 점에서 차이가 있다.
② 엄격고의설과 제한고의설은 위법성의 인식이 없을 경우 고의범의 성립을 배제한다는 점에서 같으나, 고의 인정을 위해 필요로 하는 위법성의 인식 정도를 달리 본다는 점에서 구별된다.
③ 위법성의 인식은 구체적인 해당 법조문까지 인식할 것을 요하는 것은 아니고, 그 범죄사실이 사회 정의와 조리에 어긋난다는 것을 인식하는 것으로 족하다.
④ 광역시의회 의원이 선거구민들에게 의정보고서를 배부하기에 앞서 미리 관할 선거관리위원회 소속 공무원들에게 자문을 구하고 그들의 지적에 따라 수정한 의정보고서를 배부하면서 그 행위가 관계 법령에 위반되지 않는다고 믿었다면 이는 위법성을 인식하지 못한 데에 정당한 이유가 있는 경우에 해당하지 않는다.
⑤ 행위자가 위법성의 인식을 위해 기울여야 할 노력의 정도는 구체적인 행위정황, 행위자 개인의 인식능력뿐만 아니라 행위자가 속한 사회집단에 따라서도 달리 평가하여야 한다.

해설

①(○) 엄격책임설과 제한적 책임설은 오상방위와 같은 위법성조각사유의 전제사실에 관한 착오의 법적효과에서만 대립이 있다. 즉 엄격책임설은 오상방위와 같은 경우에도 형법 제16조를 적용하여 착오에 정당한 이유가 있으면 책임을 조각하고, 정당한 이유가 없으면 고의범이 성립한다고 보는 반면에, 제한적 책임설은 오상방위의 경우 구성요건적 고의가 조각되는 것으로 유추하거나, 책임고의 탈락하지만 법효과에서는 구성요건적 고의와 같은 결과를 가져온다고 본다.
②(○) 엄격고의설은 현실적인 위법성인식이 있어야 고의범이 성립한다는 입자인 반면에 제한적 고의설은 위법성 인식 가능성만 있으면 고의범이 성립한다고 보는 것에 차이가 있다.
③(○) 위법성의 인식은 법적으로 금지되어 있다는 인식을 말하는 것이지, 가벌성에 대한 인식이나 구체적인 법규정까지 인식해야 하는 것은 아니다. 위법성의 인식은 미필적 인식 또는 잠재적 인식으로도 족하다.
④(×) 광역시의회 의원이 선거구민들에게 의정보고서를 배부하기에 앞서 미리 관할 선거관리위원회 소속 공무원들에게 자문을 구하고 그들의 지적에 따라 수정한 의정보고서를 배부한 경우가 형법 제16조에 해당하여 벌할 수 없다(대법원 2005.6.10, 2005도835).
⑤(○) 정당한 이유가 있는지 여부는 행위자에게 자기 행위의 위법의 가능성에 대해 심사숙고하거나 조회할 수 있는 계기가 있어 자신의 지적능력을 다하여 이를 회피하기 위한 진지한 노력을 다하였더라면 스스로의 행위에 대하여 위법성을 인식 할 수 있는 가능성이 있었음에도 이를 다하지 못한 결과 자기행위의 위법성을 인식하지 못한 것인지 여부에 따라 판단하여야 할 것이고, 이러한 위법성의 인식에 필요한 노력의 정도는 구체적인 행위정황과 행위자 개인의 인식능력 그리고 행위자가 속한 사회집단에 따라 달리 평가되어야 한다(대법원 2006.3.24, 2005도3717). 〈답 ④〉

6. 지방자치단체장 선거에 출마한 甲은 상대후보 A의 도덕성에 치명적 타격을 줄 수 있는 허위의 사실을 지역신문기자 乙에게 제보하였다. 乙은 제보의 사실 여부를 자세히 확인하지 아니한 채, 이를 진실로 여기고 지역주민들의 중요한 알 권리를 위해서 지역신문에 기사화하였다. 이 사례를 위법성조각사유의 전제사실에 관한 착오로 보아 해결할 경우 옳은 설명을 모두 고른 것은? (「공직선거법」 위반은 논외로 함) <변호사 2013년>

(가) 엄격책임설에 의하면 乙은 출판물에 의한 허위사실 적시 명예훼손죄(제309조 2항)의 간접정범으로 처벌된다.
(나) 제한적 책임설 중 법효과제한적 책임설에 의하면 乙은 진실한 사실 적시 명예훼손죄(제307조 1항)로 처벌된다.
(다) 제한적 책임설 중 유추적용설에 의하면 甲은 乙이 범한 진실한 사실 적시 명예훼손죄(제307조 1항)에 대한 교사범으로 처벌된다.

① (나) ② (다) ③ (가), (다)
④ (나), (다) ⑤ 없음

해설

(가)(×) 위법성조각사유의 전제사실에 대한 착오는 구성요건적 착오와 금지착오의 가운데에 위치하는 독립된 형태의 착오로 이해된다. 엄격책임설에 의하면 乙은 제보의 사실여부를 자세히 확인하지 않은 과실이 있으므로, 그 착오에 정당한 이유가 인정되지 않는다. 따라서 乙은 형법 제307조 1항의 명예훼손죄의 직접정범이 될 수 있을 뿐이다(대법원 19947.4.12, 93도3535, 대법원 2004.5.14, 2003도5370).
(나)(×) 법효과제한적 책임설에 의하면 乙에게는 과실이 있을 뿐, 고의는 없으므로 과실범으로 처벌될 뿐인데, 제307조 1항의 명예훼손죄는 과실범이 없으므로 무죄이다.
(다)(×) 유추적용설에 의하는 경우에도 乙은 과실범이므로 무죄이므로, 이에 가담한 甲에게 교사범의 책임을 물을 수는 없다. 이러한 경우 출판물에 의함 명예훼손죄의 간접정범이 성립한다. 〈답 ⑤〉

7. 다음 사례에서 甲의 형사책임과 관련된 설명으로 옳은 것은? (다툼이 있는 경우에는 판례에 의함) <사시 2012년: 배점 2>

○○병원의 마취전문간호사인 甲과 외과과장인 乙이 공동하여 위 병원에서 A를 상대로 치핵제거수술을 하면서, 甲은 마취의사가 아니므로 의료법상 집도의사의 구체적인 지시가 있는 경우에만 마취시술을 할 수 있음에도 불구하고 집도의사인 乙의 지시 없이 A의 요추에 마취액을 투여하여 척수마취를 시행하였다. 한편, 수술받던 A가 통증을 호소하고 출혈이 발생하였음에도 불구하고 甲과 乙은 수술을 중단하거나 응급조치를 취하지 아니한 채 지혈제를 투여하면서 치핵제거수술을 계속 진행하였다. A는 그로 인하여 혈압상승으로 인한 호흡저하 및 무호흡으로 심장박동이 정지되는 등 심폐정지로 사망하였다. 甲은 공판과정에서 삭

> 종 자료들을 제시하면서 의료법위반에 대해 정당한 이유가 있는 법률의 착오였음을 주장하고 있다.

① 甲이 주장하는 착오에 정당한 이유가 있는 것으로 판단될 경우에는 그 형을 감경하여야 한다.
② 엄격고의설에 따르면 甲이 무면허의료행위의 위법성을 현실적으로 인식하지 못하였으나 인식가능성이 있었다면 의료법위반죄의 고의책임이 인정된다.
③ 만일 甲이 관련 의료법 규정을 몰라 무면허의료행위가 죄가 되지 아니하는 것으로 오인하였다고 판단될 경우에는 의료법위반죄의 위법성이 조각된다.
④ A의 사망에 대한 甲의 과실 유무는 甲의 주관적인 주의 정도가 아닌 같은 업무와 직무에 종사하는 일반적 보통인의 주의 정도를 기준으로 판단한다.
⑤ A에 대한 수술과정에서 甲과 乙 사이에 분업적 협력에 의한 신뢰의 원칙이 적용된다면 甲의 주관적 주의의무위반이 인정되지 않기 때문에 업무상과실치사죄의 책임이 조각된다.

해설

①(×) 착오에 정당한 이유가 있는 것으로 판단될 경우에는 책임이 조각된다.
②(×) 엄격고의설에 따르면 甲이 무면허의료행위의 위법성을 현실적으로 인식하지 못한 이상 의료법위반죄의 고의책임을 인정할 수 없다.
③(×) 판례는 법률의 부지의 경우 법률의 착오로 보지 않으므로 고의범으로 처벌된다.
④(○) 정당한 이유가 있는지 여부는 행위자에게 자기 행위의 위법의 가능성에 대해 심사숙고하거나 조회할 수 있는 계기가 있어 자신의 지적능력을 다하여 이를 회피하기 위한 진지한 노력을 다하였더라면 스스로의 행위에 대하여 위법성을 인식할 수 있는 가능성이 있었음에도 이를 다하지 못한 결과 자기 행위의 위법성을 인식하지 못한 것인지 여부에 따라 판단하여야 할 것이고, 이러한 위법성의 인식에 필요한 노력의 정도는 구체적인 행위정황과 행위자 개인의 인식능력 그리고 행위자가 속한 사회집단에 따라 달리 평가되어야 한다(대법원 2006.3.24, 2005도3717).
⑤(×) 신뢰의 원칙을 적용하는 경우 객관적 주의의무가 제한되므로, 구성요건해당성이 부정된다.
〈답 ④〉

8. 다음은 위법성조각사유의 전제사실의 착오에 관한 학설의 설명이다. <보기 1>과 <보기 2>의 연결이 옳은 것은? <사시 2010년: 배점 3>

> 〈보기 1〉
> 가. 위법성인식은 고의와는 독립된 책임요소로서 위법성에 관한 착오는

모두 책임영역에서 취급되어야 한다.
나. 위법성조각사유의 전제사실의 착오는 구성요건적 착오와 금지착오의 중간적 성격을 가지고 있다.
다. 구성요건과 위법성은 총체적 불법구성요건으로 결합되어 하나의 판단과정으로 흡수되고, 범죄론은 불법과 책임이라는 2단계 구조를 가진다.
라. 고의 성립에 필요한 위법성인식은 반드시 현실적 인식일 필요는 없고, 그 인식가능성만 있으면 충분하다.
마. 고의의 성립에는 범죄사실인식 이외에 위법성의 현실적인 인식이 있어야 하고 위법성인식이 없으면 고의가 부인된다.

〈보기 2〉
㉠ 이 이론은, 확신범 또는 상습범에 대해서 고의범을 인정할 수 없을 뿐만 아니라, 과실범의 처벌규정이 없는 때에는 무죄를 선고할 수 밖에 없는 형사정책적 결함을 가지고 있다는 비판을 받는다.
㉡ 이 이론은, 과실로 구성요건적 사실을 인식하지 못한 경우에는 과실범의 성립을 인정하면서, 과실로 행위의 위법성을 인식하지 못한 경우에는 고의범의 성립을 인정하는 것이 되어 균형이 맞지 않는다는 비판을 받는다.
㉢ 착오에 빠진 행위자가 과실범 처벌규정이 없어 처벌받지 않을 경우에도 이를 교사·방조한 행위자에 대해서는 처벌이 가능하다.
㉣ 이 이론은 위법성조각사유가 범죄론에서 가지는 독자적 기능을 무시한다는 비판을 받는다.
㉤ 위법성조각사유의 전제사실의 착오는 어디까지나 고의행위에 이르게 된 동기의 착오에 불과한데, 이러한 동기의 착오가 고의범으로 처벌할 범죄를 과실범으로 처벌할 정도로 중요한 착오라고 볼 수 없다.

① 가-㉡ 나-㉤ 다-㉣ 라-㉠ 마-㉢
② 가-㉢ 나-㉤ 다-㉣ 라-㉠ 마-㉡
③ 가-㉤ 나-㉡ 다-㉣ 라-㉠ 마-㉢
④ 가-㉤ 나-㉢ 다-㉣ 라-㉡ 마-㉠
⑤ 가-㉤ 나-㉣ 다-㉢ 라-㉡ 마-㉠

해설

가. 엄격책임설에 대한 설명이며, 그에 대한 논거는 ㉤이다.
나. 법효과제한적 책임설에 대한 설명이며, 그에 대한 논거는 ㉢이다.
다. 소극적 구성요건표지이론에 대한 설명이며, 그에 대한 비판은 ㉣이다.
라. 제한고의설에 대한 설명이며, 이에 대한 비판은 ㉡이다.

마. 엄격고의설에 대한 설명이며, 이에 대한 비판은 ㉠이다. 〈답 ④〉

9. 법효과제한적 책임설에 따를 경우 구성요건적 고의의 인식대상에 포함되지 않는 것을 모두 고른 것은? <사시 2011년: 배점 2>

ㄱ. 절도죄에서 재물의 타인성
ㄴ. 강도의 경우 예비행위도 금지되어 있다는 사실
ㄷ. 특수절도죄에서 흉기의 휴대
ㄹ. 위증죄에서 자신이 법률에 의하여 선서한 증인이라는 사실
ㅁ. 자기소유일반건조물방화죄에서 공공의 위험
ㅂ. 정당방위에서 현재의 부당한 침해의 존재
ㅅ. 명예훼손죄에 있어서 적시된 사실이 진실하고 공공의 이익을 위한 것이라는 사실

① ㅂ ㅅ ② ㄱ ㄷ ㅁ ③ ㄴ ㅂ ㅅ
④ ㄷ ㄹ ㅁ ⑤ ㄱ ㄴ ㅁ ㅂ ⑥ ㄱ ㄷ ㅁ ㅅ
⑦ ㄴ ㄹ ㅂ ㅅ ⑧ ㄴ ㄹ ㅁ ㅂ

해설

법효과제한적 책임설은 책임설 중에서도 위법성조각사유의 전제사실의 착오에 대해서만 견해를 달리하여 이를 법률의 착오로 보지 않고 법효과면에서 사실의 착오와 같이 취급하는 학설이므로, 위법성의 인식을 고의요소로 보지 않고 책임요소로 보는 책임설과 기본입장은 같다. 따라서 책임설의 하나인 법효과제한적 책임설의 구성요건적 고의의 인식대상은 객관적 구성요건요소이다. 즉 구성요건에 규정된 행위의 주체, 행위의 객체, 행위의 방법, 구성요건적 결과 등이 이에 해당한다. 따라서 고의의 인식대상인 객관적 구성요건요소에 해당하지 않는 것은 ㄴ ㅂ ㅅ 이다.

ㄴ(×) 강도예비죄라는 금지규정에 대한 인식은 위법성의 인식과 관련되며 구성요건적 고의의 인식대상은 아니다.

ㅂ(×) 정당방위상황으로 구성요건적 고의의 인식대상은 아니다.

ㅅ(×) 형법 제310조 위법성조각사유에 대한 인식의 문제이므로 구성요건적 고의의 인식대상과는 무관하다. 〈답 ③〉

10. 위법성조각사유의 전제사실의 착오에 관한 학설에 대한 설명이다. (가), (나), (다) 안에 들어갈 문장을 <보기>에서 골라 순서대로 나열한 것은? <사시 2009년: 배점 2>

엄격책임설은 "모든 위법성조각사유에 관한 착오는 위법성의 착오로 보아야 하므로 위법성조각사유의 전제사실에 관한 착오는 위법성의 착오이다"라고 주장하고 있으나, 이에 대해서는 "(가)"라는 비판이 가해진다. 또한 유추적용설은 "위법성조각사유의 전제사실에 관한 착오는 구성요건의 착오는 아니지만 양자 사이에는 질적인 차이가 없으므로 구성

요건착오 규정을 유추적용해야 한다"라고 주장하나, "(나)"와 같은 비판이 제기되고 있다. 이에 대하여 법효과제한적 책임설은 "위법성조각사유의 전제사실에 관한 착오는 구성요건적 고의를 조각하는 것은 아니지만 고의책임과 고의형벌을 조각하여 법효과에 있어서 구성요건적 착오와 같이 취급해야 한다"라고 주장하나, "(다)"라는 비판이 제기되고 있다.
〈보기〉
ㄱ. 위법성조각사유의 전제사실에 관한 착오가 단순히 평가의 착오가 아니라 사실관계에 대한 착오라는 특수성을 무시하였다.
ㄴ. 구성요건단계에서는 고의의 행위불법을 인정하면서 책임단계에서는 과실불법을 전제로 하는 과실책임을 부과하는 것은 이론적으로 모순이다.
ㄷ. 위법성조각사유의 전제사실에 관한 착오가 있을 때 구성요건적 고의가 조각된다고 할 경우에는 공범의 성립이 불가능하여 처벌의 흠결을 초래한다.

① ㄱ ㄴ ㄷ ② ㄱ ㄷ ㄴ ③ ㄴ ㄱ ㄷ
④ ㄴ ㄷ ㄱ ⑤ ㄷ ㄱ ㄴ ⑥ ㄷ ㄴ ㄱ

해설

ㄱ : 위법성조각사유의 전제사실의 착오를 평가의 착오, 즉 위법성의 착오로 취급하는 견해에 대한 비판이므로 엄격책임설에 대한 것이다.
ㄴ : 구성요건적 고의(고의불법)를 인정하면서 책임형식으로서의 고의를 탈락시켜 과실책임을 인정하는 법효과제한적 책임설의 문제점을 지적한 것이다.
ㄷ : 위법성조각사유의 전제사실의 착오에 빠진 자를 교사·방조한 행위에 대한 처벌흠결을 지적(과실범에 대한 교사범·방조범은 성립할 수 없기 때문)하고 있으므로 유추적용설에 대한 비판이다. 〈답 ②〉

11. 甲은 하산하다가 야생 멧돼지에게 쫓겨 급히 도망치며 달리던 중 마침 乙의 전원주택을 발견하고 그 집으로 뛰어들어가 몸을 숨겨 위기를 모면하였다. 집주인 乙은 甲을 도둑으로 오인하여, 그를 쫓아내려는 의도로 "도둑이야!"라고 외쳤다. 甲이 자초지종을 설명하려고 다가가자 乙은 자신을 공격하려는 것으로 오인하여 그의 가슴을 힘껏 밀어 넘어뜨렸다. 이 사안에서 乙이 오인한 점에 대하여는 정당한 이유가 인정된다고 볼 때, 甲과 乙의 형사책임에 관한 설명 중 옳은 것은? <변호사 2012년>

① 엄격책임설에 따르면 乙의 행위는 폭행의 구성요건적 고의뿐 아니라 위법성의 인식도 부정되지는 않으므로 폭행죄가 인정된다.
② 제한책임설(유추적용설)에 따르면 乙은 폭행의 구성요건적 고의가 배제되어 무죄이다.
③ 법효과 제한적 책임설에 따르면 乙의 행위는 폭행의 구성요건적 고의가

인정되므로 폭행죄의 죄책을 진다.

④ 엄격고의설에 따르면 乙의 행위는 폭행의 고의가 인정되므로 폭행죄의 죄책을 진다.

⑤ 甲의 주거침입행위는 자구행위에 해당하여 무죄이다.

해설

①(×) 엄격책임설은 위법성조각사유의 전제사실의 착오를 법률의 착오로 다루므로 구성요건적 고의는 부정되지 않지만, 위법성의 인식은 부정될 수 있다. 사안은 위법성의 인식이 없는 법률의 착오로서, 오인에 정당한 이유가 인정된다고 하므로 책임이 조각되어 폭행죄가 인정되지 않는다.
②(○) 제한책임설(유추적용설)에 따르면 위법성조각사유의 전제사실에 관한 착오는 구성요건의 착오는 아니지만 구성요건착오 규정을 유추적용하여 고의가 조각된다고 한다. 그러므로 폭행의 구성요건적 고의가 조각되어 무죄라는 설명은 옳다.
③(×) 법효과 제한책임설에 의하면 책임고의가 조각되어 폭행죄의 죄책을 지지 않는다.
④(×) 엄격고의설에 의하면 현실적인 위법성인식이 없으면 고의가 조각되고, 그 오인에 과실이 있고 과실범처벌규정이 있으면 과실범으로 처벌된다. 사안에서는 폭행의 고의가 없었고, 오인한 점에 대해서도 정당한 이유가 인정되므로 과실범으로도 처벌할 수 없어 (물론 폭행의 과실범 처벌규정도 없다) 폭행죄의 죄책을 지지 않는다.
⑤(×) 甲의 주거침입행위는 긴급피난에 해당하여 위법성이 조각된다. 〈답 ②〉

12. 甲은 맹견을 피하여 집으로 뛰어드는 乙을, 그 사정을 모르고 멱살을 잡고 밖으로 끌어내었다. 다음 설명 중 옳지 않은 것은? (다수설에 의함)

① 乙의 주거침입은 긴급피난에 의하여 위법성이 조각된다.

② 甲의 폭행은 위법성조각사유의 전제사실의 착오에 해당한다.

③ 소극적 구성요건요소이론에 의하면 甲의 행위는 범죄를 구성하지 않는다.

④ 엄격책임설에 의하면 甲은 폭행죄에 해당할 수 있다.

⑤ 제한적 책임설에 의하는 때에도 甲은 폭행죄에 의하여 처벌 받을 수 있다.

해설

甲의 행위는 폭행죄의 구성요건에 해당한다. 그런데 甲은 乙의 주거침입을 막기 위하여 폭행한 것이므로 정당방위에 의하여 위법성이 조각될 수 있는가가 문제된다. 乙의 주거침입은 긴급피난의 본질에 관하여 위법성조각설에 의하든 이원설에 의하든 적법한 행위가 된다. 따라서 甲의 행위는 정당방위가 될 수 없고 오상방위(위법성조각사유의 전제사실에 대한 착오)에 해당할 뿐이다.
⑤(×) 제한적 책임설에 의하면 구성요건적 착오규정이 적용되어야 하므로, 허용구성요건에 대한 회피할 수 있는 착오는 고의범으로 처벌되는 것이 아니라 과실범의 처벌규정이 있는 때에만 과실범으로 처벌받게 되는데, 과실폭행죄는 처벌규정이 없으므로 甲은 무죄이다. 〈답 ⑤〉

13. 甲은 폭력배인 乙로부터 "이제 곧 너를 혼내주러 가겠으니 각오하고 있어라"는 협박전화를 받았다. 그런데 甲은 마침 자신이 주문한 음식을 배달하

러 집으로 들어오는 丙을 乙로 오인하고 (약간의 주의를 했더라면 乙이 아니라 배달부 丙이라는 사실을 알 수 있었음) **오직 乙의 폭력으로부터 정당방위를 해야 겠다는 생각으로 丙에게 폭행을 가하였다. 이러한 경우 어떠한 학설에 따르면 甲의 죄책이 가장 무겁게 되는가?** <사시 2006년>

① 엄격고의설 ② 엄격책임설 ③ 유추적용설
④ 법효과제한적 책임설 ⑤ 소극적 구성요건요소론

해설

위법성조각사유의 전제사실의 착오인 오상방위의 사례에 대해 엄격책임설만 금지의 착오로 취급하며, 다른 학설들에 의하면 결국 고의가 조각된다. 즉 위법성조각사유의 전제사실의 착오에 대해 소극적 구성요건요소론은 구성요건적 착오로 보아 고의가 조각된다고 본다. 그리고 유추적용설은 구성요건적 착오규정을 유추적용함으로써, 법효과제한적 책임설은 법효과에서 구성요건적 착오와 같이 취급하여 고의가 조각된다고 보는 한편, 엄격고의설은 위법성의 인식이 없으면 고의가 조각된다고 본다. 사례에서 甲이 약간의 주의를 했더라면 사실을 알 수 있었다고 하므로 정당한 이유가 없어 엄격책임설에 의할 때 책임이 조각되지 않아 폭행죄로 처벌되지만, 다른 학설에 의하면 고의가 조각되고 폭행죄의 경우 과실범 처벌규정도 없기 때문에 무죄가 된다. 《답 ②》

14. 다음 <보기>는 어느 착오의 해결에 관한 각 학생들의 대화내용이다. 각 학생의 견해에 따라 <사례>를 해결하는 경우 <丙의 죄책>에 대한 설명으로 그 연결이 옳은 것은? <사시 2008년: 배점 3>

〈보기〉
학생 A: 이러한 유형의 착오는 본질적으로 사실의 착오와 유사하고 불법구성요건에 대한 실현의사가 결여되어 있으므로 고의범에 상응하는 행위불법이 없다.
학생 B: 이 착오에 빠진 행위자는 법에 충실하려고 하였지만 부주의로 상황을 착오하여 구성요건적 결과를 발생시킨 경우이므로 고의책임을 부담시킬 수 없고 그 착오에 과실이 인정되면 과실범으로 처벌할 수 있다.
학생 C: 이러한 유형의 착오는 사실의 착오에 해당하므로 이에 대한 형법규정이 직접 적용된다.
학생 D: 이 착오에 빠진 행위자는 자기행위의 위법성을 인식하지 못한 경우이므로 형법 제16조에 따라서 해결되어야 할 것이다.
〈사례〉
강도 甲이 어두운 골목길에서 乙을 흉기로 위협하며 금품을 요구하자 乙은 지갑을 꺼내는 듯하다가 甲의 손목을 붙잡고 "강도야"라고 소리치며 반항하였다. 이 때 그곳을 지나가던 시민 丙은 부주의로 乙이 甲을 흉기로 위협하는 것으로 오인하여 甲을 구하기 위한 방위의사로 주위에 있던 벽돌을 가지고 乙의 뒷머리를 내려쳐 전치 3주의 상해를 가하였다.

〈丙의 죄책〉
㉠ 2단계 범죄체계론에서의 불법 고의가 부정되므로 과실치상죄에 해당한다.
㉡ 구성요건적 고의는 인정되지만 사실의 착오에 관한 규정을 유추적용하여 과실치상죄에 해당한다.
㉢ 정당한 이유가 인정되지 않으므로 상해죄에 해당한다.
㉣ 불법고의는 인정되지만 책임고의가 탈락되어 과실치상죄에 해당한다.
㉤ 오인에 정당한 이유가 있으므로 상해죄의 책임이 조각된다.

① A－㉠ B－㉣
② A－㉡ C－㉠
③ A－㉠ D－㉡
④ B－㉡ D－㉢
⑤ B－㉣ C－㉡
⑥ C－㉢ D－㉤

해설

사례는 오상방위로서 위법성조각사유의 전제사실에 관한 착오에 관한 것이다. A－㉡ 유추적용설, B－㉣ 법효과제한적 책임설, C－㉠ 소극적 구성요건요소이론, D－㉢ 엄격책임설로 연결된다. 〈답 ②〉

15. 중학생(만 14세) 甲과 그의 누나인 乙은 함께 한적하고 어두운 골목길로 늦은 귀가를 서두르던 중, 동네 입구부터 계속 자신들을 뒤따르던 건장한 체격의 남자(丙)가 있음을 감지하였다. 그가 강도일지도 모른다는 두려움에 발걸음을 재촉하던 중 乙이 뒤돌아보니 희미한 가로등 불빛 아래에 비친 丙이 얼마 전부터 자신을 귀찮게 따라다니며 구애를 하던 남자였음을 알아차렸다. 하지만 乙은 이 기회에 丙을 골려 주려는 의도로 甲에게 '저 남자가 손에 무기 같은 것을 들고 있으니 강도 같다'며 '이 기회에 학원에서 배운 너의 유도실력을 한번 발휘해 보라'고 폭행을 사주하였다. 그러면서 乙은 부모님께 도움을 청하겠다면서 앞서 달려갔다. 잠시 후 丙이 甲에게 다가와 乙의 집 위치를 물으려는 의도로 가볍게 등을 두드리는 순간, 甲은 재빨리 뒤돌아서며 업어치기 기술로 그를 넘어뜨렸다. 丙을 강도로 오인한 점에 대하여는 甲의 과실이 인정되고, 공범성립에 관하여는 제한적 종속형식에 따를 경우, 甲·乙의 죄책에 관한 설명 중 옳지 않은 것은? <사시 2007년: 배점 3>

① 제한적 책임설(유추적용설)에 따르면 甲은 무죄, 乙은 폭행죄의 간접정범이 된다.
② 엄격책임설에 따르면 甲은 폭행죄, 乙은 폭행죄의 교사범이 된다.
③ 엄격고의설에 따르면 甲은 무죄, 乙은 폭행죄의 간접정범이 된다.
④ 소극적 구성요건요소이론에 따르면 甲은 무죄, 乙은 폭행죄의 간접정범이 된다.
⑤ 법효과제한적 책임설에 따르면 甲은 폭행죄, 乙은 폭행죄의 교사범이 된다.

✍ **해설**

甲의 착오는 위법성조각사유의 전제사실에 대한 착오이므로 甲은 오상방위에 해당하고, 乙은 그러한 착오를 일으킨 甲을 이용하여 丙을 폭행한 사안이다.

이 경우 먼저 정범인 甲(만 14세이므로 형사미성년자가 아님)에 대하여 살펴보면 오상방위를 한 경우 엄격고의설, 소극적 구성요건요소이론, 법효과제한적 책임설, 유추적용설에 의하면 과실범으로 처벌받을 수 있으나 폭행죄에 있어서 과실범은 처벌받지 아니하므로 무죄가 된다. 다만 엄격책임설에 의하면 오인에 과실이 있으므로 법률의 착오에서 정당한 이유가 없어 폭행죄가 성립한다. 그러므로 답은 일단 ⑤가 된다.

이후 乙의 행위를 검토하는 것은 더욱 어려운 문제가 되는데 먼저 엄격책임설을 오상방위의 논거로 취한 경우 정범배후정범의 이론을 논증할 수 있다. 그 외의 입장에서는 간접정범과 교사범을 논의할 수 있다. 의사지배의 측면에서 간접정범의 성립을 논증하고 다음으로 교사범을 논증할 수 있는데 주의할 점은, 제한적 종속형식을 취하게 되면 정범이 과실범이 되는 데 있어서 법효과제한적 책임설과 엄격책임설의 입장에서는 구성요건고의가 탈락되는 것이 아니라 책임이 탈락되는 것이므로 교사범이 성립될 수 있으나, 구성요건착오 유추적용설이나 소극적 구성요건요소이론에 의하면 구성요건이 탈락되므로 교사범의 성립이 부정되고 오로지 간접정범의 문제로 국한된다는 점이다.

⑤ 법효과제한적 책인설에 의하면 甲에게는 책임고의가 조각되어 과실범이 성립하지만, 폭행은 과실범 처벌규정이 없으므로 불가벌이 된다. 그러나 착오를 일으킨 甲을 이용한 乙에게는 폭행죄의 교사범이 성립한다. 〈답 ⑤〉

16. 다음 <사례>에 관한 형사책임을 설명한 <결론> 중 옳지 않은 것을 모두 고른 것은? <사시 2009년: 배점 3>

> 〈사례〉
> A. 악수를 청하는 甲을 강도로 오인하고 상해를 가한 경우
> B. 甲이 乙을 살해할 의사로 총으로 쏴 살해하였으나, 총을 발사하기 직전 乙 역시 甲을 살해하기 위해 권총의 방아쇠를 당기려고 하였다는 것이 판명된 경우
> C. 甲의 승낙이 있는 것으로 오인하고 甲을 살해한 경우
>
> 〈결론〉
> 가. A의 경우에 엄격고의설에 의하면 그 오인에 과실이 있는 때에는 과실치상죄가 성립된다.
> 나. A의 경우에 제한적 책임설에 의하면 그 오인에 정당한 이유가 없는 때에는 상해죄가 성립된다.
> 다. B의 경우에 주관적 정당화요소 불요설에 의하면 단순살인죄의 불능미수가 성립된다.
> 라. B의 경우에 제한적 책임설에 의하면 과실치사죄가 성립된다.
> 마. C의 경우에 엄격책임설에 의하면 단순살인죄의 불능미수가 성립된다.

① 가 다　　② 나 라　　③ 가 나 라

④ 나 다 마　　⑤ 다 라 마　　⑥ 가 나 다 라
⑦ 나 다 라 마　　⑧ 가 나 다 라 마

해설

A는 위법성조각사유의 전제사실의 착오로서 오상방위이다. 엄격고의설에 의하면 고의가 인정되기 위해서는 위법성의 현실적인 인식이 필요하기 때문에 오상방위는 고의가 조각되고 오인에 과실이 있으면 과실치상죄가 성립하므로 결론 가는 옳다.
제한적 책임설 중 i) 구성요건적 착오규정 유추적용설에 의하면 오상방위의 경우 고의가 조각되며 오인에 과실이 있고 과실범 처벌규정이 있을 때에는 과실범이 성립하고, ii) 법효과제한적 책임설에 의하면 오상방위의 경우 구성요건적 고의는 조각되지 않으나 책임고의가 조각되어 고의범은 성립하지 않고 오인에 과실이 있고 과실범 처벌규정이 있을 때에는 과실범이 성립한다. 따라서 제한적 책임설에 의하면 오인에 정당한 이유가 없는 때에는 과실치상죄가 성립하므로 결론 나는 옳지 않다. B는 주관적 정당화요소가 결여된 경우인 우연방위에 해당한다. 주관적 정당화요소 불요설에 의하면 위법성이 조각되므로 다의 결론은 옳지 않고, 제한적 책임설은 우연방위와는 무관하므로 결론 라도 옳지 않다. C는 특별히 중한 죄가 되는 사실을 인식하지 못한 경우에 해당한다. 즉 살인죄의 승낙은 위법성조각사유가 아니므로 위법성조각사유의 전제사실의 착오는 아니고, 따라서 엄격책임설 등이 적용될 여지가 없다. 승낙살인의 고의로 보통살인을 범하였으므로 제15조 1항에 따라 승낙살인죄가 성립한다. 결국 결론 마도 옳지 않다. 〈답 ⑦〉

17. 법률의 착오에서 정당한 이유에 관한 설명 중 옳지 않은 것은?

① 정당한 이유의 판단은 회피가능성의 판단문제이며, 착오의 회피가능성은 구체적인 위법성의 인식가능성을 전제로 한다.
② 위법성의 인식에 필요한 노력의 정도는 구체적인 행위정황과 행위자 개인의 인식능력 그리고 행위자가 속한 사회집단에 따라 달리 평가되어야 한다.
③ 행위가 단순한 법률위반에 그치는 것이 아니라 동시에 도덕질서에 대한 중대한 침해가 될 때에는 법률의 착오는 회피가능하다고 해야 한다.
④ 행위가 도덕질서와 직접적 관계를 가지지 않을 때에는 행위자에게 법규정을 조사할 의무가 없다.
⑤ 행위자가 법률을 올바르게 해석하고 그 효과를 판단할 수 있는 능력이 있을 것을 전제로 스스로의 사고에 의한 위법성의 판단도 불가능한 것은 아니다.

해설

②(○) 대법원 2009.1.30, 2008도8607.
④(×) 행위가 도덕질서와 직접적 관계를 가지지 않은 때에도 행위자는 법규정을 조사하고 확인할 의무가 있다. 따라서 행위자가 직업상 필요한 교육을 받지 아니하여 위법성을 인식하지 못한 때에도 그 착오는 회피할 수 없는 것이 아니다. 대법원은 민원사무 담당 공무원에게 탐정업이 인·허가 또는 등록사항이 아니라는 말을 듣고 신용조사업법이 금지

하는 소재탐지나 사생활조사 등을 한 경우에는 정당한 이유를 인정하지 않았다(대법원 1994.8.26, 94도780). 〈답 ④〉

18. 죄가 되지 않는 것으로 믿고 아래 행위를 한 경우에 법률의 착오에 정당한 이유가 없는 경우는? (판례에 의함)

① 甲은 부대장의 허가를 받고 부대 안에 유류를 저장하였다.
② 甲은 동생 乙의 이름으로 입대하였으나 乙이 군복무를 필한 사실을 알고 탈영하였다.
③ 교장 甲은 교과식물을 비치하기 위하여 양귀비를 학교 화단에 심었다.
④ 甲은 부인이 죽자 신고하지 않고 매장하였다.
⑤ 甲은 60세의 부녀자로서 기업사채의 정의에 대한 해석이 용이하지 않아 관할 공무원과 변호사에게 상담한 끝에 신고해야 할 사채에 해당하지 않는다고 믿고 신고하지 않았다.

해설

①(○) 부대장의 허가를 받아 부대 내에 유류를 저장한 경우 오인에 정당한 이유가 있다고 판시하였다(대법원 1971.10.12, 71도1356).
②(○) 이복동생의 이름으로 해병대에 지원입대한 자가 휴가시, 위 동생이 군에 복무중임을 알았고, 다른 사람의 이름으로 군생활을 할 필요가 없다고 생각하여 귀대치 않다가 징병검사를 받고 예비역으로 복무하던 중 군무이탈자의 자진복귀명령에 위반한 경우 오인에 정당한 이유가 있다고 판시하였다(대법원 1974.7.23, 74도1399).
③(○) 초등학교 교장이 도교육위원회의 지시에 따라 교과내용으로 되어 있는 꽃 양귀비를 교과식물로 비치하기 위하여 양귀비 종자를 사서 교무실 앞 화단에 심은 것이라면 이는 죄가 되지 아니하는 것으로 오인한 행위로서 그 오인에 정당한 이유가 있는 경우에 해당한다(대법원 1972.3.31, 72도64).
④(×) 사람이 죽으면 으레 당국에 신고한 연후에 시체를 매장하여야 함은 일반상식으로 되어 있으므로 그것을 몰랐다고 변소한다 하여 이를 형법 제16조의 위법행위를 합법행위로 오인하였음에 정당한 이유가 있는 때에 해당한다고 할 수 없다(대법원 1979.8.28, 79도1671).
⑤(○) 경제의 안정과 성장에 관한 긴급명령 공포 당시 기업사채의 정의에 대한 해석이 용이하지 않았던 사정하에서 겨우 국문 정도 해득할 수 있는 60세의 부녀자가 채무자로부터 사채신고권유를 받았지만 지상에 보도된 내용을 검토하고 관할 공무원과 자기가 소송을 위임하였던 변호사에게 문의·확인한 바 본건 채권이 이미 소멸되었다고 믿고 또는 그렇지 않다고 하더라도 신고하여야 할 기업사채에 해당하지 않는다고 믿고 신고를 하지 아니한 경우에는 이를 벌할 수 없다고 할 것이다(대법원 1976.1.13, 74도3680). 〈답 ④〉

19. 법률의 착오에서 오인에 정당한 이유가 있다고 본 판례는 몇 개인가?

㉠ 숙박업소에서 위성방송수신장치를 이용하여 수신한 외국의 음란한 위성방송프로그램을 투숙객 등에게 제공한 피고인이, 이전에 그와

유사한 행위로 '혐의없음' 처분을 받은 전력이 있었고, 일정한 시청차단장치를 설치하였기 때문에 허용되는 행위로 생각하였다.
㉡ 지방자치단체장이 관행적으로 간담회를 열어 업무추진비 지출 형식으로 참석자들에게 음식물을 제공해 오면서 이를 법령에 의하여 허용되는 행위라고 생각하였다.
㉢ 일본 영주권을 가진 재일교포가 영리를 목적으로 관세물품을 구입한 것이 아니라거나 국내 입국시 관세신고를 하지 않아도 되는 것으로 생각하였다.
㉣ 1인 시위가 법령에 저촉되지 않는다는 경찰관의 말을 믿고 시위 중 다른 사람의 명예를 훼손해도 된다고 생각하였다.
㉤ 문신 시술행위가 의료행위에 해당하는지 여부를 몰랐다.
㉥ 변리사로부터 타인의 등록상표가 상품의 품질이나 원자재를 보통으로 표시하는 방법으로 사용하는 상표로서 효력이 없다는 자문과 감정을 받아 자기의 행위가 죄가 되지 아니한다고 믿고서 자신이 제작한 물품의 의장등록을 하고 그 등록상표와 유사한 상표를 사용하였다.
㉦ 공무원이 그 직무에 관하여 실시한 봉인 등의 표시를 행위자가 손상, 은닉 기타의 방법으로 그 효용을 해함에 있어서 그 봉인 등의 표시가 법률상 효력이 없다고 생각하였다.
㉧ 도의회의원선거에 출마하려는 자가 공직선거법에 관하여 잘 알고 있지 않으면서도 스스로의 생각에 따라 기부행위 금지기간에 기부행위 등의 사전선거운동을 하는 것이 의례적인 행위로서 합법적이라고 생각하였다.

① 0개 ② 1개 ③ 2개 ④ 3개 ⑤ 4개

해설

모두 오인에 정당한 이유가 없다고 판시한 경우이다.
㉠ 구 풍속영업의규제에관한법률 제3조 2호 위반행위를 한(숙박업소에서 음란한 외국의 위성방송프로그램을 수신하여 투숙객 등으로 하여금 시청하게 함) 피고인이 그 이전에 그와 유사한 행위로 '혐의없음' 처분을 받은 전력이 있다거나 일정한 시청차단장치를 설치하였다는 등의 사정만으로는, 형법 제16조의 정당한 이유가 있다고 볼 수 없다(대법원 2010.7.15, 2008도11679).
㉡ 지방자치단체장이 관행적으로 간담회를 열어 업무추진비 지출 형식으로 참석자들에게 음식물을 제공해 오면서 법령에 의하여 허용되는 행위라고 오인하였다 하더라도, 그 오인에 정당한 이유가 없어 법률의 착오에 해당하지 않는다(대법원 2007.11.16, 2007도7205).
㉢ 일본 영주권을 가진 재일교포가 영리를 목적으로 관세물품을 구입한 것이 아니라거나 국내 입국시 관세신고를 하지 않아도 되는 것으로 착오하였다는 등의 사정만으로는 형법 제16조의 법률의 착오에 해당하지 않는다(대법원 2007.5.11, 2006도1993).

ⓡ '1인 시위'가 적법한 행위라고 하더라도 그에 의하여 다른 사람의 명예를 훼손하는 것까지 허용된다고 할 수는 없으며, 1인 시위가 법령에 저촉되지 않는다는 경찰관의 말을 믿었다는 사정만으로는 피고인이 자신의 명예훼손 행위가 법령에 의하여 죄가 되지 않는 것으로 오인하고 그 오인에 정당한 이유가 있었다고 볼 수도 없다(대법원 2007.4.12, 2007도618).

ⓜ 피고인이 문신 시술행위가 의료행위에 해당하는지 여부를 전혀 몰랐다고 하더라도 이는 법률의 부지에 불과하여, 그와 같은 사정만으로 피고인에게 범의가 없었다거나 위법성의 인식이 없었다고 할 수 없다(대법원 2007.2.8, 2006도8889).

ⓑ 변리사로부터 타인의 등록상표가 상품의 품질이나 원재료를 보통으로 표시하는 방법으로 사용하는 상표로서 효력이 없다는 자문과 감정을 받아 자신이 제작한 물통의 의장등록을 하고 그 등록상표와 유사한 상표를 사용한 경우, 설사 피고인이 위와 같은 경위로 자기의 행위가 죄가 되지 아니한다고 믿었다 하더라도 이러한 경우에는 누구에게도 그 위법의 인식을 기대할 수 없다고 단정할 수 없으므로 피고인은 상표법 위반의 죄책을 면할 수 없다(대법원 1995.7.28, 95도702).

ⓢ 공무원이 그 직무에 관하여 실시한 봉인 등의 표시를 손상 또는 은닉 기타의 방법으로 그 효용을 해함에 있어서 그 봉인 등의 표시가 법률상 효력이 없다고 믿은 것은 법규의 해석을 잘못하여 행위의 위법성을 인식하지 못한 것이라고 할 것이므로 그와 같이 믿은 데에 정당한 이유가 없는 이상, 그와 같이 믿었다는 사정만으로는 공무상표시무효죄의 죄책을 면할 수 없다(대법원 2000.4.21, 99도5563).

ⓞ 도의회의원 선거에 출마하려는 단위 농업협동조합장은 공직선거법에 관하여 비전문가인 스스로의 사고에 의하여 피고인의 행위들이 의례적인 행위로서 합법적이라고 잘못 판단하였다는 것에 불과한바, 이러한 사정만으로는 피고인의 행위가 죄가 되지 아니하는 것으로 오인한 데 정당한 이유가 있다고 볼 수 없다(대법원 1996.5.10, 96도620). 〈답 ①〉

20. 판례에 의할 경우 형법 제16조의 정당한 이유가 있으면 (○), 정당한 이유가 없으면 (×)라는 <○, × 문제>에 대하여 甲, 乙, 丙, 丁, 戊가 다음과 같이 답을 한 경우 가장 많이 정답을 맞힌 사람은? <사시 2006년>

〈○, × 문제〉

A. 일반음식점 영업허가를 받은 자가 실제로는 주로 주류를 조리·판매하는 영업을 하더라도 일반음식점 영업허가를 받은 이상 청소년보호법의 규정에 저촉되지 않는다고 믿고 19세 미만의 청소년을 고용한 경우

B. 부동산중개업자가 부동산중개업협회의 자문을 통하여 인원수의 제한 없이 중개보조원을 채용하는 것이 허용되는 것으로 믿고서 제한인원을 초과하여 중개보조원을 채용함으로써 부동산중개업법 위반에 이르게 된 경우

C. 국유재산을 대부받아 주유소를 경영하는 자가 담당공무원에게 위 국유지상에 건축물을 건축할 수 있는지의 여부를 문의하여, 담당공무원의 답변대로 건축을 한 뒤 위 국유재산을 불하받지 못하면 건물을 즉시 철거하겠다는 각서와 함께 건축허가신청서를 제출하여 건축허가를 받고, 건물을 신축하여 준공검사를 받은 지 1년여 후에 위 국

유재산을 매수하였으나, 국유재산법에 의하면 기부를 전제로 한 시설물의 축조 이외에는 국유지상에 건물을 신축할 수 없다는 사실을 알고 있었던 경우

D. 관할부서가 업주들을 상대로 실시한 교육과정을 통하여 구 음반·비디오물및게임물에관한법률 및 그 시행령에 규정한 '만 18세 미만의 연소자' 출입금지표시를 업소 출입구에 부착하라고 행정지도를 하였을 뿐 구 청소년보호법에서 금지하고 있는 '만 18세 이상 19세 미만'의 청소년 출입문제에 관하여는 특별한 언급을 하지 않았고, 이로 인하여 비디오물감상실업주가 출입금지대상이 '18세 미만의 연소자'에 한정되는 것으로 인식하고 자신이 경영하는 비디오물감상실에 18세 이상 19세 미만의 청소년을 출입시킨 경우

E. 민원사무 담당공무원에게 탐정업이 인·허가 또는 등록사항이 아니라는 말을 듣고 신용조사업법이 금지하는 소재탐지나 사생활조사 등을 한 경우

F. 활법종목의 사회체육지도자 자격증을 취득하고 당국의 인가를 받아 활법원을 운영하는 자가 활법원으로 찾아오는 환자들에게 신체불균형상태를 교정하기 위하여 행하는 압박 등의 시술행위가 무면허의료행위가 되지 않는다고 믿고 이를 행한 경우

G. 산림과에서 산림훼손허가를 받으려고 하였으나 관광지조성승인이 난 지역이므로 별도로 산림훼손허가를 받을 필요가 없으니 도시과에 문의하라는 담당공무원의 말을 듣고, 다시 도시과에 확인하여 본 바 역시 같은 이유로 허가가 필요 없다고 하였으나 피고인의 요구에 따라 군수명의의 산림법배제확인서를 작성해 주자 이를 믿고 산림훼손행위를 한 경우

〈개인별 작성답안〉

甲: A-(○) B-(×) C-(○) D-(×) E-(○) F-(×) G-(○)
乙: A-(×) B-(○) C-(×) D-(○) E-(○) F-(×) G-(×)
丙: A-(○) B-(×) C-(×) D-(×) E-(×) F-(○) G-(○)
丁: A-(×) B-(×) C-(○) D-(○) E-(×) F-(×) G-(○)
戊: A-(×) B-(○) C-(×) D-(×) E-(×) F-(×) G-(○)

① 甲 ② 乙 ③ 丙 ④ 丁 ⑤ 戊

해설

A(×) 대법원 2004.2.12, 2003도6282.
B(×) 대법원 2000.8.18, 2000도2943.
C(○) 대법원 1993.10.12, 93도1888.
D(○) 대법원 2002.5.17, 2001도4077.
E(×) 대법원 1994.8.26, 94도780.

F(×) 대법원 1995.4.7, 94도1325.
G(○) 대법원 1993.9.14, 92도1560. 〈답 ④〉

21. 판례에 의할 때 법률의 착오에서 정당한 이유가 있다고 본 경우만 모두 고른 것의 조합은?

> ㉠ 가처분결정으로 직무집행정지중인 자가 변호사의 조언을 받아 종단의 보관금을 소송비용으로 지출품위서에 결재 후 지급하였다.
> ㉡ 주민등록지를 이전한 자가 이미 같은 주소에 향토예비군대원신고가 되어 있으므로 재차 동일 주소에 대원신고를 할 필요가 없다고 생각하여 이를 행하지 않았다.
> ㉢ 임대를 업으로 하는 자가 임차인으로 하여금 계약상의 의무이행을 강요하기 위한 수단으로 계약서의 조항을 근거로 임차물에 대하여 일방적으로 단전·단수조치를 하였다.
> ㉣ 사안을 달리하는 사건에 관한 대법원의 판례를 잘못 이해하여 자신의 행위가 허용된다고 오인하고 무허가의약품을 제조·판매하였다.
> ㉤ 이전에 십전대보초를 광고·판매한 행위에 대하여 검찰에서 무혐의 결정을 받은 일이 있어 자기의 행위가 죄가 되지 않는다고 믿고 십전대보초와 성분이 유사한 가감삼십전대보초를 허가 없이 제조·판매하였다.
> ㉥ 자격기본법에 의한 민간자격증을 취득한 자가 무면허의료행위에 해당되지 않는다고 믿고 한방의료행위인 침술행위를 하였다.
> ㉦ 허가를 담당하는 공무원이 허가를 요하지 않는 것으로 잘못 알려줘 이를 믿었기 때문에, 허가를 요하는 행위를 허가 없이 하였다.
> ㉧ 甲이 제약회사 근무자인 乙로부터 제약에 쓰일 마약을 구해달라는 부탁을 받고, 제약회사에 쓰이는 마약은 구해주어도 죄가 되지 않는 것으로 믿고 생아편을 구해주었다.

① ㉠㉡ ② ㉡㉤ ③ ㉠㉡㉤ ④ ㉡㉢㉤
⑤ ㉡㉤㉦ ⑥ ㉠㉡㉢㉤ ⑦ ㉡㉢㉤㉥ ⑧ ㉡㉢㉤㉧

해설

㉠(×) 대법원 1990.10.16, 90도1604.
㉡(○) 대법원 1974.11.12, 74도2676.
㉢(×) 대법원 2007.9.20, 2006도9157.
㉣(×) 대법원 1995.7.28, 95도1081.
㉤(○) 대법원 1995.8.25, 95도717.
㉥(×) 대법원 2003.5.13, 2003도939.
㉦(○) 대법원 1995.7.11, 94도181.
㉧(×) 대법원 1983.9.13, 83도1927. 〈답 ⑤〉

22. 착오에 관한 다음 설명 중 옳지 않은 것을 모두 고른 것은? (다툼이 있는 경우에는 판례에 의함) <사시 2008년: 배점 2>

> ㉠ 일반인이 현행범인을 체포하여 48시간 동안 감금하는 것이 허용되는 것으로 착오하고 감금하였더라도 책임설에 의하면 감금죄의 고의는 인정된다.
> ㉡ 甲이 A, B, C 3명과 싸우면서 이들에게 식칼을 휘두르던 중 이를 말리면서 식칼을 뺏으려던 乙에게 상해를 입힌 경우, 상해를 입은 사람이 목적한 사람이 아닌 다른 사람이라 하여도 甲에게 乙에 대한 과실치상죄가 아닌 상해죄가 성립한다.
> ㉢ 진정신분범의 신분이 있는 것으로 오인한 경우에는 형법 제16조 법률의 착오 규정에 따라 그 오인에 정당한 이유가 있으면 벌하지 아니한다.
> ㉣ 甲은 자신이 분만한 영아가 남편 아닌 자에 의한 강간 때문에 태어난 것으로 오인하고 치욕을 은폐하기 위하여 분만 직후 영아를 살해한 경우, 甲에게 영아살해죄가 성립한다.
> ㉤ 甲이 乙을 살해할 목적으로 발사한 총탄이 이를 제지하려고 뛰어들던 丙에게 명중되어 丙이 사망한 경우에 구체적 부합설은 살인죄의 성립을 인정한다.

① ㉠ ㉡ ② ㉡ ㉣ ③ ㉢ ㉤
④ ㉠ ㉢ ㉤ ⑤ ㉡ ㉣ ㉤ ⑥ ㉢ ㉣ ㉤

해설

㉠(○) 책임설은 고의를 책임요소인 위법성의 인식과 달리 구성요건요소로 보는데, 이 사안은 위법성인식에 대한 착오로서 고의의 성립에는 영향을 미치지 않는다. 따라서 감금죄의 고의 인정에는 어떤 지장도 없다.
㉡(○) 방법의 착오로서 판례는 고의기수를 인정하므로 상해죄가 성립한다. 대법원 1987.10.26, 87도1745 참조.
㉢(×) 진정신분범의 경우 신분이 없는 자는 주체의 흠결로서 범죄를 구성할 수 없는 불가벌적 불능범에 해당하므로 법률의 착오가 문제될 여지가 없다.
㉣(○) 영아살해에서 참작할 만한 동기는 초과주관적 구성요건요소로서 고의의 인식대상이 아니므로 그에 대한 착오는 사실의 착오가 될 수 없다. 행위자가 인식한 대로 범죄가 성립하므로 영아살해죄가 인정된다.
㉤(×) 사안의 경우 구체적 사실의 착오 중 방법의 착오에 해당하므로 구체적 부합설에 의하면 인식한 사실의 미수와 발생한 사실의 과실의 상상적 경합이 성립한다.

〈답 ③〉

제 5 절 기대가능성

1. 기대가능성이론이 적용되는 경우가 아닌 것만 모두 모은 것은?

ⓐ 구금된 수형자의 단순도주행위	ⓑ 강요된 행위
ⓒ 오상방위행위	ⓓ 면책적 긴급피난행위
ⓔ 범인 가족의 증거인멸행위	ⓕ 과잉방어행위

① ⓒ ② ⓕ ③ ⓐ ⓔ
④ ⓑ ⓒ ⑤ ⓒ ⓕ ⑥ ⓐ ⓒ ⓕ

해설

ⓒ만 기대가능성이론이 적용되지 않는다. 오상방위는 위법성조각사유의 전제사실에 착오가 있는 경우로서 기대가능성이론이 적용될 여지가 없다. 〈답 ①〉

2. 기대불가능성으로 책임이 조각될 수 있는 경우만 모두 묶은 것은?

㉠ 생명에 대한 위해를 피하기 위해 타인의 생명을 침해한 경우
㉡ 절도범인 형을 은닉한 행위
㉢ 수험생이 우연히 알게 된 시험문제의 답을 암기하여 답안지를 쓴 행위
㉣ 야간에 당황한 상태에서 한 과잉방위
㉤ 유괴된 딸의 생명을 구하기 위한 절취행위
㉥ 자신의 신체를 보호하기 위한 범죄행위

① ㉠ ㉤ ② ㉠ ㉣ ㉤ ③ ㉠ ㉣ ㉤ ㉥
④ ㉡ ㉢ ㉤ ㉥ ⑤ ㉠ ㉡ ㉢ ㉤ ㉥ ⑥ ㉠ ㉡ ㉢ ㉣ ㉤ ㉥

해설

㉠(○) 같은 가치의 법익이 충돌되었으므로 긴급피난에 의해 위법성이 조각되지 않는 경우, 기대불가능성으로 인한 책임조각이 가능하다. 면책적 긴급피난을 인정하는 경우도 마찬가지이다.
㉡(○) 친족 간의 범인은닉은 기대가능성이 없어 벌하지 않는다.
㉢(○) 기대가능성이 없다는 이유로 무죄를 선고하였다(대법원 1966.3.22, 65도1164).
㉣(○) 과잉방위라도 형법 제21조 2항과 3항에 해당하는 경우 기대불가능성 내지 기대가능성의 감소를 이유로 책임이 조각되거나 감경될 수 있다.
㉤㉥(○) 강요된 행위에 해당한다. 〈답 ⑥〉

3. 강요된 행위에 관한 설명 중 옳지 않은 것을 모두 모은 것은?

㉠ 저항할 수 없는 폭력이란 강제적 폭력만을 의미하며 절대적 폭력은 포함되지 않는다.

㉡ 강요된 행위에는 상당한 이유를 요하지 않는다. ㉢ 강요된 행위에 대해서는 정당방위가 불가능하다. ㉣ 북한에 거주하는 사람이나 납북어부가 북한에서 한 국가보안법 위반 행위는 강요된 행위에 해당한다. ㉤ 자초한 강제상태의 경우에도 책임이 조각된다.

① ㉠ ㉡ ② ㉠ ㉢ ③ ㉡ ㉢
④ ㉢ ㉣ ⑤ ㉢ ㉤ ⑥ ㉡ ㉢ ㉤

해설

㉠(○) 다수설과 판례(대법원 1983.12.13, 83도2276)는 강제적 폭력에 제한한다.
㉡(○) 책임조각사유로서 상당한 이유와 관계 없다.
㉣(○) 대법원 1976.9.14, 75도414; 대법원 1956.3.16, 4288형상304.
㉢(×) 강요된 행위는 위법하지만 책임이 조각되는 것이므로 위법한 행위인 이상 정당방위가 가능하다.
㉤(×) 자초한 강제상태의 경우에는 적법행위에 대한 기대가능성이 없다고는 볼 수 없으므로 강요된 행위가 성립되지 않아 책임이 조각되지 않는다. 대법원도 피강요자의 책임있는 사유로 인하여 강제상태가 야기된 때에는 강요된 행위가 될 수 없다고 한다(대법원 1973.1.30, 72도2585). 〈답 ⑤〉

4. 형법 제12조의 강요된 행위와 관련하여 다음 설명 중 옳지 않은 것은? (다툼이 있는 경우에는 판례에 의함) <사시 2010년: 배점 2>

① 강요된 행위는 강제상태 하에서는 행위자에게 적법행위의 기대가능성이 없다는 것을 이유로 책임조각을 인정하는 규정이다.
② 폭력을 그 정도에 따라 '절대적 폭력'과 '강제적 폭력'으로 구분하는 경우에 제12조의 폭력에 '절대적 폭력'은 포함되지 않는다.
③ 제12조의 폭력은 심리적 의미에 있어서 육체적으로 어떤 행위를 절대적으로 하지 아니할 수 없게 하는 경우만을 의미하며 윤리적 의미에 있어서 강압된 경우는 포함되지 않는다.
④ 제12조의 협박은 '사람에게 외포심을 일으키게 할 의사로 위해를 가할 것을 고지하는 것'을 말하며, 협박은 반드시 명시적·외형적으로 행해질 것을 요하지 않는다.
⑤ 성장교육과정을 통하여 형성된 내재적인 관념 내지 확신으로 인하여 행위자의 의사결정이 사실상 강제되는 경우에는 강요된 행위가 될 수 없다.

해설

③(×) 형법 제12조에서 저항할 수 없는 폭력은, 심리적인 의미에 있어서 육체적으로 어떤 행위를 절대적으로 하지 아니할 수 없게 하는 경우와 윤리적 의미에 있어서 강압된 경우를 말하고, 협박이란 자기 또는 친족의 생명, 신체에 대한 위해를 달리 막을 방법이

없는 협박을 말하며, 강요란 피강요자의 자유스런 의사결정을 하지 못하게 하면서 특정한 행위를 하게 하는 것을 말한다(대법원 1983.12.13, 83도2276).
⑤(○) 형법 제12조에서 말하는 것은 강요된 행위를 저항할 수 없는 폭력이나, 생명·신체에 위해를 가하겠다는 협박 등 다른 사람의 강요행위에 의하여 이루어진 행위를 의미하는 것이지 어떤 사람의 성장교육과정을 통하여 형성된 내재적인 관념 내지 확신으로 인하여 행위자 스스로의 의사결정이 사실상 강제되는 결과를 낳게 하는 경우까지 의미한다고 볼 수 없다(대법원 1990.3.27, 89도1670). 〈답 ③〉

5. 강요된 행위(형법 제12조)에 관한 설명 중 옳은 것은? (다툼이 있는 경우에는 판례에 의함) <법전협 모의시험 2012년>

① 친족의 명예에 대한 위해를 내용으로 하는 협박 때문에 자유로운 의사결정을 못한 경우라면 강요된 행위에 해당한다.
② 절대적 폭력에 의하여 이루어진 행위라면 행위자에게 강요된 행위임을 이유로 죄책을 물을 수 없다.
③ 행위자가 강제상태를 자초한 경우에도 적법행위의 기대가능성이 없다면 강요된 행위에 해당한다.
④ 강요의 수단인 폭력·협박과 강요된 행위 사이에 인과관계가 없으면 강요자에게 죄책을 물을 수 없다.
⑤ 범죄를 행하는 것만이 위해를 피할 수 있는 유일한 방법인 경우라야 방어할 방법이 없는 협박에 해당한다.

해설

①(×) 형법 제12조는 저항할 수 없는 협박이나 자기 또는 친족의 생명·신체에 대한 위해를 방어할 방법이 없는 협박에 의하여 강요된 행위를 벌하지 않는다.
②(×) 형법 제12조의 저항할 수 없는 폭력은, 심리적인 의미에 있어서 육체적으로 어떤 행위를 절대적으로 하지 아니할 수 없게 하는 경우와 윤리적 의미에 있어서 강압된 경우를 말하고, 협박이란 자기 또는 친족의 생명, 신체에 대한 위해를 달리 막을 방법이 없는 협박을 말하며, 강요라 함은 피강요자의 자유스런 의사결정을 하지 못하게 하면서 특정한 행위를 하게 하는 것을 말한다(대법원 1983.12.13, 83도2276).
③(×) 반국가단체의 지배하에 있는 북한지역으로 탈출하는 자는 특별한 사정이 없는 한 북한집단구성원과의 회합이 있을 것이라는 사실을 예측할 수 있고 자의로 북한에 탈출한 이상 그 구성원과의 회합은 예측하였던 행위이므로 강요된 행위라고는 인정할 수 없다(대법원 1973.1.30, 72도2585).
④(×) 강요의 수단인 폭력·협박과 강요된 행위 사이에 인과관계가 없는 때에는 행위자는 책임이 조각되지 않고 강요자와 공범관계가 성립한다.
⑤(○) 〈답 ⑤〉

6. 기대가능성에 관한 설명 중 옳지 않은 것은? (다툼이 있는 경우에는 판례에 의함) <변호사 2012년>

① 적법행위에 대한 기대가능성이 없으면 책임을 물을 수 없다는 것이 규

범적 책임론의 입장이다.

② 양심적 병역거부자의 경우 적법행위에 대한 기대가능성이 인정될 수 있다.

③ 자신의 강도상해 범행을 일관되게 부인하였으나 유죄판결이 확정된 자는, 별건으로 기소된 공범의 형사사건에서 자신의 범행사실을 사실대로 진술할 기대가능성이 없기 때문에 위증죄가 성립하지 않는다.

④ 형법 제12조(강요된 행위)는 적법행위의 기대가능성이 없으므로 책임조각이 인정되는 규정이라고 할 수 있다.

⑤ 적법행위의 기대가능성 유무는 행위 당시의 구체적 상황하에 행위자 대신에 사회적 평균인을 두고 이 평균인의 관점에서 판단하여야 한다.

해설 ……………………………………

①(○) 규범적 책임론에서는 책임의 본질을 적법행위에 대한 기대가 가능함에도 불법하게 행위한 행위자에 대한 '비난가능성'이라고 이해하므로 적법행위에 대한 기대가능성이 없으면 책임을 물을 수 없다.

②⑤(○) 양심적 병역거부자에게 그의 양심상의 결정에 반한 행위를 기대할 가능성이 있는지 여부를 판단하기 위해서는, 행위 당시의 구체적 상황 하에 행위자 대신에 사회적 평균인을 두고 이 평균인의 관점에서 그 기대가능성 유무를 판단하여야 할 것인바, 양심적 병역거부자의 양심상의 결정이 적법행위로 나아갈 동기의 형성을 강하게 압박할 것이라고 보이기는 하지만 그렇다고 하여 그가 적법행위로 나아가는 것이 실제로 전혀 불가능하다고 할 수는 없다고 할 것인바, 법규범은 개인으로 하여금 자기의 양심의 실현이 헌법에 합치하는 법률에 반하는 매우 드문 경우에는 뒤로 물러나야 한다는 것을 원칙적으로 요구하기 때문이다(대법원 2004.7.15. 2004도2965 전원합의체).

③(×) 자신의 강도상해 범행을 일관되게 부인하였으나 유죄판결이 확정된 피고인이 별건으로 기소된 공범의 형사사건에서 자신의 범행사실을 부인하는 증언을 한 사안에서, 피고인에게 사실대로 진술할 기대가능성이 있으므로 위증죄가 성립한다(대법원 2008. 10.23. 2005도10101).

④(○). 〈답 ③〉

7. 기대가능성이 없는 경우에 해당하여 甲을 벌할 수 없는 것은? (다툼이 있는 경우 통설·판례에 의함)

① 증인으로 선서한 甲은 사실대로 진술하면 자신의 범죄를 시인하는 것이 되고 증언을 거부하면 자신의 범죄를 암시하는 것이 되어 사실대로 진술하기 어려운 처지에서 증언거부권을 포기하고 허위의 진술을 하였다.

② 탄약창고에서 보초근무중이던 甲은 乙과 丙이 그 창고 내에서 포탄피를 절취하는 현장을 목격하고도 그들이 자신의 상급자들이라는 이유로 이를 제지하지 않고 묵인하였다.

③ 甲은 乙로부터 신제품 도면을 훔쳐 오지 않으면 인질로 잡혀 있는 甲의 내연의 처를 죽이겠다는 협박을 받고 회사의 디자인실에서 도면을 절취

하였다.

④ A주식회사의 사장 비서실 직원인 甲은 사장의 지시를 받고 좌천될 것이 두려워 국세청 담당직원에게 뇌물을 공여하였다.

⑤ 군인인 甲은 상사의 지시에 따라 군용물을 매각하였다.

해설

①(×) 증인으로 선서한 이상 진실대로 진술한다고 하면 자신의 범죄를 시인하는 진술을 하는 것이 되고 증언을 거부하는 것은 자기의 범죄를 암시하는 것이 되어 증인에게 사실대로의 진술을 기대할 수 없다고 하더라도 형사소송법상 이러한 처지의 증인에게는 증언을 거부할 수 있는 권리를 인정하여 위증죄로부터의 탈출구를 마련하고 있는만큼 적법행위의 기대가능성이 없다고 할 수 없으므로 선서한 증인이 증언거부권을 포기하고 허위의 진술을 하였다면 위증죄의 처벌을 면할 수 없다(대법원 1987.7.7, 86도1724 전원합의체).

②(×) 대법원 1966.7.26, 66도914.

③(○) 통설에 의하면 사실상의 부부도 형법 제12조의 친족에 포함된다. 강요된 행위는 기대가능성이 없어 책임이 조각되는 경우이며, 여기에 해당하지 않는다고 할지라도 기대가능성이 없다는 점은 동일하다.

④(×) 판례는 상사의 범법행위에 가담한 부하에게 적법행위의 기대가능성이 없다고 할 수 없다고 한다(대법원 1999.7.23, 99도1911).

⑤(×) 부하에게 적법행위의 기대가능성이 없다고 할 수 없다(대법원 1983.12.13, 83도2543).

〈답 ③〉

8. 적법행위에 대한 기대가능성이 인정되지 않는 것만 모은 것은? (판례에 의함)

> ㉠ 종교적 양심상의 신조에 어긋난다는 이유로 병역의무의 이행을 거부한 경우
> ㉡ 선거기간 중 지구당의 대표자가 당직회의를 마치고 난 후 음식점에서 지구당회의에 참석한 당직자와 일반당원에게 술과 음식을 제공한 경우
> ㉢ 안전기획부의 상사의 명령에 따라 부하직원이 대통령선거에서 특정후보에게 불리한 여론을 조성하기 위하여 허위사실을 담은 책자를 발간·배포한 경우
> ㉣ 대공수사요원이 상관의 지시에 따라 가혹행위를 반복하다가 피해자의 목 부분이 욕조의 턱에 눌려 질식사하게 한 경우
> ㉤ 직장 상사가 뇌물을 수수하는 데 부하직원이 관여한 경우
> ㉥ 사용자가 경영부진의 자금압박으로 임금 및 퇴직금을 기일 내에 지급하지 못한 경우
> ㉦ 영업정지처분에 대한 집행정지 신청이 잠정적으로 받아들여졌다는 사정만으로는, 구 음반·비디오물및게임물에관한법률 위반으로 기소된 피고인에게 적법행위의 기대가능성이 없다고 볼 수는 없다.

① ㉤ ② ㉡ ㉤ ③ ㉠ ㉡ ㉤ ㉦
④ ㉠ ㉡ ㉣ ㉦ ⑤ ㉠ ㉡ ㉢ ㉤ ㉥ ⑥ 없음

✍ **해설**

모두 적법행위의 기대가능성이 있는 경우이다.
㉠ 양심적 병역거부자에게는 그의 양심상의 결정에 반하는 적법행위의 기대가능성이 있다. 양심적 병역거부자에게 그의 양심상의 결정에 반한 행위를 기대할 가능성이 있는지의 여부를 판단하기 위해서는, 행위 당시의 구체적 상황하에 행위자 대신에 사회적 평균인을 두고 이 평균인의 관점에서 그 기대가능성 유무를 판단하여야 할 것인바, 양심적 병역거부자의 양심상의 결정이 적법행위로 나아갈 동기의 형성을 강하게 압박할 것이라고 보이기는 하지만 그렇다고 하여 그가 적법행위로 나아가는 것이 실제로 전혀 불가능하다고 할 수는 없다고 할 것인바, 법규범은 개인으로 하여금 자기의 양심의 실현이 헌법에 합치하는 법률에 반하는 매우 드문 경우에는 뒤로 물러나야 한다는 것을 원칙적으로 요구하기 때문이다.(대법원 2004.7.15, 2004도2965 전원합의체).
㉡ 당직자회의장소가 아닌 음식점에서 참석 당직자만이 아닌 일반당원도 포함시켜 술 등 음식을 제공한 행위를 허용되는 기부행위라고 볼 수 없고, 이를 의례적이거나 직무상의 행위로 사회상규에 위배되지 아니하거나 기대가능성이 없는 행위로 볼 수도 없다(대법원 1998.6.9, 97도856).
㉢㉣ 상관의 위법한 명령에 의한 행위이다. 상관의 명령이 범죄를 범하라는 내용일 때에는 구속력이 없으므로 적법행위의 기대가능성이 없다고 할 수 없다(㉢ 대법원 1999.4.23, 99도636. ㉣ 대법원 1988.2.23, 87도2358).
㉤ 직장 상사의 범법행위에 가담한 부하에 대하여 직무상 지휘·복종관계에 있다는 이유만으로 범법행위에 가담하지 않을 기대가능성이 없다고는 할 수 없다(대법원 2007.5.11, 2007도1373).
㉥ 근로기준법 제112조, 제36조에서 정하는 임금 및 퇴직금 등의 기일 내 지급의무 위반죄는 사용자가 그 지급을 위하여 최선의 노력을 다하였으나, 경영부진으로 인한 자금사정 등으로 지급기일 내에 지급할 수 없었던 불가피한 사정이 사회통념에 비추어 인정되는 경우에만 면책되는 것이고, 단순히 사용자가 경영부진 등으로 자금압박을 받아 이를 지급할 수 없었다는 것만으로는 그 책임을 면할 수 없다(대법원 2006.2.9, 2005도9230).
㉦ 영업정지처분에 대한 집행정지 결정은 피고인이 제기한 영업정지처분 취소사건의 본안판결 선고시까지 그 처분의 효력을 정지한 것으로서 행정청의 처분의 위법성을 확정적으로 선언하지도 않았으므로, 위 집행정지 신청이 잠정적으로 받아들여졌다는 사정만으로는, 구 음반·비디오물및게임물에관한법률 위반으로 기소된 피고인에게 적법행위의 기대가능성이 없다고 볼 수는 없다(대법원 2010.11.11, 2007도8645). 〈답 ⑥〉

9. 기대가능성에 대한 다음의 설명 중 틀린 것은? (다툼이 있는 경우에는 판례에 의함) <법원행시 2008년>

① 직장의 상사가 범법행위를 하는데 가담한 부하에게 직무상 지휘·복종관계에 있다 하여 범법행위에 가담하지 않을 기대가능성이 없다고 할 수 없다.
② 국토이용관리법 제21조의7 제1항에 의하면 신고지역으로 지정된 구역

안에 있는 토지 등의 거래계약을 체결하고자 하는 당사자는 공동으로 그 조항 소정의 신고를 하게 되어 있지 이전등기시에 하게 되어 있지는 않으므로 매수인이 토지를 미등기전매하는 경우라고 하여 매도인의 당초의 거래에 대한 신고의 기대가능성이 없다고 할 수는 없다.

③ 당국이 피고인이 간부로 있는 전국교직원노동조합이나 기타 단체에 대하여 모든 옥내외 집회를 부당하게 금지하고 있다고 하여 그 집회신고의 기대가능성이 없다 할 수 없으므로, 위와 같은 이유만으로 관할경찰서장에게 신고하지 않고 옥외집회를 주최한 것이 죄가 되지 않는다고 할 수 없다.

④ 양심적 병역거부자에게 그의 양심상의 결정에 반한 행위를 기대할 가능성이 있는지 여부를 판단하기 위해서는, 행위 당시의 구체적 상황하에 행위자 대신에 사회적 평균인을 두고 평균인의 관점에서 그 기대가능성 유무를 판단하여야 한다.

⑤ 수학여행을 온 대학교 3학년생 34명이 지도교수의 인솔 하에 피고인 경영의 나이트클럽에 찾아와 단체입장을 원하자 그들 중 일부만의 학생증을 제시받아 확인한 후 입장을 시킨 경우에, 모든 학생들의 연령을 일일이 증명서로 확인할 것을 요구하는 것이 기대가능성 없는 것이라고 할 수는 없다.

해설

①(○) 대법원 2007.5.11, 2007도1373.
②(○) 대법원 1990.10.30, 90도1798.
③(○) 대법원 1992.8.14, 92도1246.
④(○) 대법원 2004.7.15, 2004도2965 전원합의체.
⑤(×) 단체입장하는 학생들이 모두 성년자일 것으로 믿은 데에는 정당한 이유가 있었다고 할 것이고, 따라서 위와 같은 상황 아래서 피고인에게 위 학생들 중에 미성년자가 섞여 있을지도 모른다는 것을 예상하여 그들의 증명서를 일일이 확인할 것을 요구하는 것은 사회통념상 기대가능성이 없다고 봄이 상당하므로 이를 벌할 수 없다(대법원 1987.1.20, 86도874).

〈답 ⑤〉

제5장 미 수 론

제1절 미 수 범

1. 미수범에 관한 설명 중 옳지 않은 것만의 조합은?

㉠ 미수를 처벌하는 근거는 행위의 결과발생의 위험이다.
㉡ 미수범이란 범죄의 실행을 목적으로 하는 준비행위를 완료하지 못한 상태이다.
㉢ 미수범의 형은 기수범보다 감경할 수 있다.
㉣ 형법상 과실범의 미수는 처벌하는 규정이 없다.
㉤ 형법상 진정부작위범의 미수를 처벌하는 규정은 없다.
㉥ 미수범처벌에서 형의 감경의 대상은 주형에 한하고, 부가형이나 보안처분은 감경할 수 없다.
㉦ 미수범이 되는가 안 되는가는 결과범의 경우에만 문제가 될 수 있다.

① ㉠ ㉡　② ㉡ ㉣　③ ㉡ ㉤
④ ㉡ ㉤ ㉥　⑤ ㉢ ㉣ ㉦　⑥ ㉡ ㉣ ㉤ ㉥

✍ **해설**

㉠(○) 미수범의 처벌근거에 대하여 주관설은 위험하거나 또는 위험하지 않은 행위에 의하여 표현된 법적대적 의사에 있다고 하며, 객관설은 구성요건에 의하여 보호되는 행위의 객체에 대한 위험에 있다고 본다. 절충설(통설)은 미수의 처벌근거는 범죄의사에 있지만 미수의 가벌성은 법배반적 의사가 법질서의 효력과 법적 안정성에 대한 신뢰를 깨뜨리는 데 족할 때에만 인정된다고 본다. 우리 형법은 결과의 발생이 불가능하더라도 위험성이 있는 때에는 처벌한다는 규정을 두어 불능미수를 벌하고 있어(제27조) 미수범에 관하여 주관주의적 위험형법과 객관주의적 침해형법의 절충적 입장을 취하고 있다.
㉡(×) 미수범이란 범죄의 실행에 착수하여 행위를 종료하지 못하였거나 결과가 발생하지 아니한 때를 말한다. 따라서 준비행위를 완료한 경우에도 결과가 발생하지 않으면 미수가 된다.
㉢(○) 제25조 2항 참조.
㉣(○) 과실범의 미수를 처벌하는 규정이 없을 뿐만 아니라 미수범은 고의에 의한 실행의 착수를 전제로 하므로 이론상으로도 과실범의 미수는 생각할 수 없다.
㉤(×) 현행 형법상의 진정부작위범의 미수를 처벌하는 규정으로는 퇴거불응죄가 있다(제322조).
㉥(○) 미수의 경우에 감경할 수 있는 형은 주형에 한하며 부가형 또는 보안처분에 대하여는 이를 감경할 수 없다. 다만 징역형과 벌금형이 병과된 때에는 징역형뿐만 아니라

벌금형도 감경할 수 있다.
㈀(○) 미수범은 주관적 요건으로 고의와 객관적 요건으로 실행의 착수 및 범죄의 미완성이 필요하다. 따라서 미수범은 원칙적으로 구성요건적 결과를 요하는 결과범에서만 문제된다. 〈답 ③〉

2. 미수범의 처벌규정이 없는 것은?

① 손괴죄 ② 유기죄 ③ 횡령죄
④ 협박죄 ⑤ 체포죄

해설

② 유기죄(제271조)는 미수범 처벌규정이 없다.
① 재물손괴죄는 제371조, ③ 횡령죄는 제359조, ④ 협박죄는 제286조, ⑤ 체포죄는 제280조에 미수범 처벌규정이 있다. 〈답 ②〉

형법상 미수범을 처벌하는 범죄	
개인적 법익에 대한 죄	살인·존속살해(제250조), 영아살해(제251조), 촉탁·승낙에 의한 살인 등(제252조), 상해·존속상해(제257조), 체포·감금, 존속체포·감금(제276조), 중체포·중감금, 존속중체포·존속중감금(제277조), 특수체포·특수감금(제278조), 협박(제283조), 약취·유인(제287조 이하), 강간(제297조), 강제추행(제298조), 준강간·준강제추행(제299조), 주거침입·퇴거불응(제319조), 특수주거침입(제320조), 강요(제324조), 점유강취·준점유강취(제325조), 절도(제329조), 야간주거침입절도(제330조), 특수절도(제331조), 자동차 등 불법사용(제331조의2), 강도(제333조), 특수강도(제334조), 인질강도(제336조), 강도상해(제337조), 강도살인(제338조), 강도강간(제339조), 해상강도(제340조), 사기(제347조), 준사기(제348조), 편의시설부정이용(제348조의2), 공갈(제350조), 횡령·배임(제355조), 업무상의 횡령과 배임(제356조), 배임수증죄(제357조), 재물 또는 문서의 손괴(제366조), 공익건조물파괴(제367조), 특수손괴(제369조).
사회적 법익에 대한 죄	폭발물사용죄(제119조), 분묘발굴죄(제160조), 방화의 죄(제164조 이하), 사체 등의 영득죄(제161조), 교통방해죄(제185조 이하), 통화에 관한 죄(제207조 이하), 유가증권에 관한 죄(제214조 이하), 문서에 관한 죄(제225조 이하), 인장에 관한 죄(제238조 이하).
국가적 법익에 대한 죄	내란의 죄(제87조 이하), 외환의 죄(제92조 이하), 외국에 대한 사전죄(제111조), 불법체포·감금죄(제124조), 공무상 비밀표시무효죄(제140조), 부동산강제집행효용침해죄(제140조의2), 공용서류 등의 무효와 공용물의 파괴죄(제141조), 도주죄(제145조 이하), 집합명령위반죄(제145조 2항).

3. 현행법상 처벌규정이 없어 미수범이 처벌되지 않는다는 점에 이견이 없는 범죄는?

㉠ 낙태치사죄 ㉡ 인질치사죄 ㉢ 강도치사죄

㉣ 특수강간치사죄	㉤ 해상강도치사죄	㉥ 강간치상죄
㉦ 친족강간치상죄	㉧ 현주건조물일수치사죄	

① ㉠ ㉣ ② ㉠ ㉥ ③ ㉡ ㉤ ④ ㉢ ㉣
⑤ ㉠ ㉣ ㉥ ⑥ ㉡ ㉤ ㉧ ⑦ ㉣ ㉥ ㉦ ⑧ ㉠ ㉢ ㉥ ㉦

해설

낙태치사상죄와 강간치사상죄에는 미수범 처벌규정이 없다.
형법은 인질치사상, 강도치사상죄와 해상강도치사상죄 및 현주건조물일수치사상죄에 관하여 미수범 처벌규정을 두고 있고(제324의5, 제342조, 제182조), 특별법인 성폭력범죄의 처벌 등에 관한 특례법 제15조도 특수강도강간치사상죄, 특수강간치사상죄, 친족관계에 의한 강간치사상죄, 장애인 강간치사상죄 및 13세 미만의 미성년자에 대한 강간치사상죄의 미수범 처벌규정을 두고 있다. 〈답 ②〉

4. 다음 문장의 (   ) 안에 (a)에서 (l)까지의 <어구> 중 적당한 말을 골라 넣어 실행의 착수에 관한 올바른 설명을 완성하면? <사시 2007년: 배점 3>

실행의 착수시기에 관하여 (㉠)은 (㉡)에 실행의 착수를 인정하는 (㉢)과 (㉣)에 실행의 착수를 인정하는 (㉤)로 나누어진다. (㉢)에 대해서도 강도, 강간 등과 같은 결합범에서는 실행의 착수를 확정하기가 용이하지만 하나의 행위로 이루어진 범죄에서는 실행의 착수를 확정하기 곤란하고, 실행의 착수시기를 너무 늦게 잡음으로써 처벌의 공백이 생길 수 있다는 비판이 가해진다. 이에 대해 (㉥)은 (㉦)에 따라 구성요건 실행행위가 직접 개시되었을 때를 실행의 착수시기로 본다.

〈어구〉
(a) 주관설 (b) 객관설 (c) 절충설
(d) 형식적 객관설 (e) 실질적 객관설 (f) 주관적 객관설
(g) 범의를 징표하는 외부적 행위가 개시된 때
(h) 구성요건해당행위가 개시된 때
(i) 구성요건(또는 법익침해)에 대한 밀접한 행위가 개시된 때
(j) 행위에 의해 표현된 법적대적 의사
(k) 행위가 지닌 법익침해의 위험성
(l) 행위자의 범행계획

① ㉡-(i) ㉢-(c) ㉣-(g) ㉦-(j) ② ㉡-(h) ㉢-(d) ㉣-(i) ㉦-(l)
③ ㉡-(i) ㉢-(d) ㉣-(h) ㉦-(k) ④ ㉡-(h) ㉢-(f) ㉣-(g) ㉦-(l)
⑤ ㉡-(g) ㉢-(e) ㉣-(i) ㉦-(j)

해설

㉠-(b) 객관설, ㉡-(h) 구성요건해당행위가 개시된 때, ㉢-(d) 형식적 객관설, ㉣-(i) 구성

요건(또는 법익침해)에 대한 밀접한 행위가 개시된 때, ㉤-(e) 실질적 객관설, ㉥-(f) 주관적 객관설, ㉦-(l) 행위자의 범행계획. 〈답 ②〉

<table>
<tr><th colspan="3">실행의 착수시기</th></tr>
<tr><th colspan="2">학 설</th><th>내용과 문제점</th></tr>
<tr><td colspan="2" rowspan="2">형식적 객관설</td><td>엄격한 의미에서의 구성요건에 해당하는 정형적인 행위 또는 그 일부를 개시한 때</td></tr>
<tr><td>실행의 착수시기를 지나치게 늦추어, 처벌해야 할 경우까지 구성요건 실현행위가 없다는 이유로 처벌할 수 없게 되는 형사정책상의 결함이 있다.</td></tr>
<tr><td rowspan="3">실질적 객관설</td><td rowspan="2">Frank의 공식</td><td>자연적으로 보아 구성요건적 행위와 필연적으로 결합되어 있어 그 구성요소로 보이는 거동이 있으면 구성요건 실현의 전단계의 행위라 하더라도 실행의 착수가 있다.</td></tr>
<tr><td>실행의 착수를 자연적 생활관에 의하여 판단하기 때문에 명백한 기준이 되지 못한다.</td></tr>
<tr><td>위험한 법익 침해의 공식</td><td>행위가 보호법익에 대하여 직접적인 위험을 야기한 때 또는 법익침해에 밀접한 행위가 있을 때</td></tr>
<tr><td colspan="2">주 관 설</td><td>범죄란 범죄적 의사의 표동이므로 범의와 그 성립이 수행적 행위에 의하여 확정적으로 나타난 때 또는 범의의 비약적 표동이 있는 때</td></tr>
<tr><td colspan="2">주관적 객관설
(개별적 객관설)</td><td>행위자의 주관적인 범죄계획에 비추어(주관적 표준) 범죄의사의 분명한 표명이라고 볼 수 있는 행위가 보호법익에 대한 직접적 위험을 발생시킨 때(객관적 표준)</td></tr>
</table>

5. 실행의 착수에 관한 견해인 <보기 1>과, 이에 대한 내용 또는 비판인 <보기 2>를 올바르게 연결한 것은? <사시 2008년: 배점 2>

〈보기 1〉

가. 법률에 기술된 구성요건에 해당하는 정형적인 행위 또는 적어도 구성요건에 해당한다고 볼 수 있는 행위의 일부를 실현하였을 때에 실행의 착수가 있다.

나. 행위자의 전체적 범행계획에 비추어 볼 때 행위가 당해 구성요건에 의하여 보호되는 법익에 대한 직접적인 위험을 발생시키는 행위로 볼 수 있을 때에 실행의 착수가 있다.

다. 보호법익에 대한 직접적 위험 또는 법익침해에 대한 밀접한 행위가 있으면 실행의 착수가 있다.

〈보기 2〉

A. 판단자의 자의가 개입될 여지가 있고, 행위자의 내심상태를 고려함이 없이 행위의 의미를 파악한다는 것은 불가능하다는 비판이 제기된다.

B. 이 견해에 의하면 외형적으로는 동일한 행위라도 행위자의 범행계획에 따라 의미가 달라질 수 있다.
C. 행위자의 내심만 고려하기 때문에 미수의 성립 범위가 지나치게 확대될 위험이 있다.
D. 실행의 착수를 인정하는 시점이 지나치게 늦어지기 때문에 예비행위의 영역이 넓게 확대되어 처벌의 공백이 생길 수 있다는 문제점이 있다.

① 가-A 나-B 다-D ② 가-A 나-C 다-D
③ 가-B 나-C 다-A ④ 가-C 나-A 다-D
⑤ 가-C 나-B 다-A ⑥ 가-D 나-A 다-C
⑦ 가-D 나-B 다-A ⑧ 가-D 나-B 다-C

해설

가(형식적 객관설)-D: 형식적 객관설에 대한 비판적 설명. 구성요건적 행위를 기준으로 실행의 착수를 인정하여 실행의 착수시점이 늦어짐으로써 미수의 범위는 축소되는 반면 예비의 범위는 넓어지는 문제가 있다.
나(절충설)-B: 실행의 착수시기를 구성요건적 행위 이외에 행위자의 범죄계획을 고려하여 결정한다는 절충설의 설명.
다(실질적 객관설 중 밀접행위시설)-A: 밀접행위시설에 대한 비판적 설명. 밀접행위시설의 경우 무엇이 객관적으로 밀접한 행위인가에 대한 판단은 제3자가 하게 되므로 결국 판단자의 자의가 개입될 문제가 있다.
C는 주관설에 대한 비판으로 연결될 사항이 없다. 〈답 ⑦〉

6. 개별적 객관설에 의할 때에 실행의 착수가 있다고 할 수 없는 경우는?

① 간첩을 위하여 국내에 침입하였다.
② 야간에 절도하기 위하여 남의 집의 담을 넘었다.
③ 금품을 절취하기 위하여 고속버스 선반 위에 놓인 손가방의 한쪽 걸쇠를 열었다.
④ 자동차 안에 있는 물건을 훔치려고 차문을 당겼다.
⑤ 강간하기 위해 팔을 비틀었다.

해설

① 기밀탐지가 가능한 국내에 침투·상륙함으로써 간첩죄의 실행의 착수가 있다고 본 주관설 입장의 판례이며(대법원 1984.9.11, 84도1381), 개별적 객관설에 의하면 아직 실행의 착수를 인정할 수 없다. 개별적 객관설은 실행의 착수시기에 관하여 실질적·객관적 요소와 주관적 요소를 결합한 절충적 견해로서 구성요건에 해당하는 행위 또는 행위자의 범죄계획에 비추어 직접 구성요건의 실현을 위한 행위가 개시되면 실행의 착수가 인정된다고 한다.
② 야간주거침입절도죄는 주거에 침입한 때에 구성요건의 일부가 실현되어 이미 구성요건적 행위가 개시되었다고 보아 실행의 착수가 인정된다(대법원 1970.4.24, 70도507).

③ 절도죄의 실행의 착수를 인정할 수 있다(대법원 1983.10.25, 83도2432).
④ 자동차 안에 있는 물건을 훔치려고 차문을 당겼을 때에는 실행의 착수가 인정된다(대법원 1986.12.23, 86도2256). 그러나 자동차 안에 있는 물건을 훔칠 생각으로 자동차 유리창을 통해 그 내부를 손전등으로 비추어 본 행위는 실행의 착수가 인정되지 않고 예비에 불과하다(대법원 1985.4.23, 85도464).
⑤ 강간죄는 폭행 · 협박행위가 있을 때에 실행의 착수가 있다. 〈답 ①〉

7. 실행의 착수시기 또는 기수시기에 관한 설명 중 옳지 않은 것은? (다툼이 있는 경우에는 판례에 의함) <변호사 2012년>

① 위장결혼의 당사자 및 브로커와 공모한 피고인이 허위로 결혼사진을 찍고 혼인신고에 필요한 서류를 준비하여 위장결혼의 당사자에게 건네준 것만으로는 공전자기록등부실기재죄의 실행에 착수한 것으로 볼 수 없다.

② 부동산의 매도인이 제1차 매수인에게서 중도금을 수령한 후, 다시 제2차 매수인에게서 계약금만을 지급받더라도 배임죄의 실행의 착수는 인정된다.

③ 피고인이 방화의 의사로 뿌린 휘발유가 인화성이 강한 상태로 피고인의 처와 자녀가 있는 주택 주변과 피해자의 몸에 적지 않게 살포되어 있는 사정을 알면서도 라이터를 켜 불꽃을 일으킴으로써 피해자의 몸에 불이 붙은 경우, 비록 외부적 사정으로 불이 방화 목적물인 주택 자체에 옮겨 붙지는 아니하였다 하더라도 현존건조물방화죄의 실행의 착수가 인정된다.

④ 피해자의 해외도피를 방지하기 위하여 피해자를 협박하고 이에 피해자가 겁을 먹고 있는 상태를 이용하여 피해자 소유의 여권을 교부하게 함으로써 피해자가 그의 여권을 강제회수당하였다면 강요죄의 기수가 성립한다.

⑤ 위조사문서행사죄는 상대방이 위조된 문서의 내용을 실제로 인식할 필요 없이 상대방으로 하여금 위조된 문서를 인식할 수 있는 상태에 둠으로써 기수가 된다.

해설

①(○) 공전자기록등부실기재죄에 있어서의 실행의 착수시기는 공무원에 대하여 허위의 신고를 하는 때라고 보아야 할 것인바, 이 사건 피고인이 위장결혼의 당사자 및 중국 측 브로커와의 공모하에 허위로 결혼사진을 찍고, 혼인신고에 필요한 서류를 준비하여 위장결혼의 당사자에게 건네준 것만으로는 아직 공전자기록등부실기재죄에 있어서 실행에 착수한 것으로 보기 어렵다(대법원 2009.9.24, 2009도4998).
②(×) 부동산의 이중양도에 있어서 매도인이 제2차 매수인으로부터 계약금만을 지급받고 중도금을 수령한 바 없다면 배임죄의 실행의 착수가 있었다고 볼 수 없다. 피고인이 제1차 매수인으로부터 계약금 및 중도금 명목의 금원을 교부받은 후 제2차 매수인에게

부동산을 매도하기로 하고 계약금만을 지급받은 뒤 더 이상의 계약 이행에 나아가지 않았다면 배임죄의 실행의 착수가 있었다고 볼 수 없다(대법원 2003.3.25, 2002도7134).

③(○) 피고인이 방화의 의사로 뿌린 휘발유가 인화성이 강한 상태로 주택주변과 피해자의 몸에 적지 않게 살포되어 있는 사정을 알면서도 라이터를 켜 불꽃을 일으킴으로써 피해자의 몸에 불이 붙은 경우, 비록 외부적 사정에 의하여 불이 방화 목적물인 주택 자체에 옮겨 붙지는 아니하였다 하더라도 현존건조물방화죄의 실행의 착수가 있었다고 봄이 상당하다(대법원 2002.3.26, 2001도6641).

④(○) 형법 제324조 소정의 폭력에 의한 권리행사방해죄(강요죄)는 폭행 또는 협박에 의하여 권리행사가 현실적으로 방해되어야 할 것인바, 피해자의 해외도피를 방지하기 위하여 피해자를 협박하고 이에 피해자가 겁을 먹고 있는 상태를 이용하여 동인 소유의 여권을 교부하게 하여 피해자가 그의 여권을 강제 회수당하였다면 피해자가 해외여행을 할 권리는 사실상 침해되었다고 볼 것이므로 권리행사방해죄(강요죄)의 기수로 보아야 한다(대법원 1993.7.27, 93도901).

⑤(○) 위조사문서의 행사는 상대방으로 하여금 위조된 문서를 인식할 수 있는 상태에 둠으로써 기수가 되고 상대방이 실제로 그 내용을 인식하여야 하는 것은 아니므로, 위조된 문서를 우송한 경우에는 그 문서가 상대방에게 도달한 때에 기수가 되고 상대방이 실제로 그 문서를 보아야 하는 것은 아니다(대법원 2005.1.28, 2004도4663). 〈답 ②〉

8. 절도죄의 실행의 착수가 인정되는 경우는? (판례에 의함)

① 절취할 의사로 주간에 남의 집에 침입하였다.
② 훔칠 물건을 찾으려고 자동차 안을 들여다보았다.
③ 남의 집에 들어가기 위하여 열쇠를 만들었다.
④ 소매치기하기 위하여 호주머니를 더듬었다.
⑤ 집 밖에서 절취할 곳을 물색하다가 검거되었다.

해설

①(×) 절취의사로 타인의 주거에 침입한 것만으로는 실행의 착수가 인정되지 않는다(대법원 1966.9.20, 66도1108).

②(×) 실행의 착수는 인정되지 않고 절도죄의 예비에 불과하다(대법원 1985.4.23, 85도464).

③(×) 실행의 착수가 인정되지 않는다.

④(○) 소매치기가 피해자의 양복 상의주머니 속의 금품을 절취하려고 그 호주머니에 손을 뻗쳐 더듬은 경우 실행의 착수가 인정된다(대법원 1984.12.11, 84도2524).

⑤(×) 집 밖에서 절취할 대상을 찾는 것만으로는 실행의 착수가 인정되지 않는다. 이에 반하여 집 안에 들어가 훔칠 물건을 물색한 때에는 실행의 착수가 인정된다(대법원 1984.3.13, 84도71). 〈답 ④〉

9. 다음 설명 중 옳은 것을 모두 고른 것은? (다툼이 있는 경우에는 판례에 의함)

<사시 2013년: 배점 3>

ㄱ. 피고인이 아파트 신축공사 현장 안에 있는 건축자재 등을 훔칠 생각으로 공범과 함께 공사현장 안으로 들어간 후 창문을 통하여 신축 중인 아파트의 지하실 안쪽을 살핀 경우 특수절도죄의 실행의

착수가 인정된다.

ㄴ. 소송사기의 고의로 소를 제기한 경우 아직 그 소장이 피고에게 송달되지 않아도 사기죄의 실행의 착수가 인정된다.

ㄷ. 강간을 목적으로 피해자의 집에 침입하여 안방에서 자고 있는 피해자의 가슴과 엉덩이를 만진 경우 강간죄의 실행의 착수가 있다고 볼 수 없다.

ㄹ. 피고인이 제1차 매수인으로부터 계약금 및 중도금 명목의 금원을 교부받은 후 제2차 매수인에게 부동산을 매도하기로 하고 계약금을 지급받았다면 배임죄의 실행의 착수가 인정된다.

ㅁ. 금융기관 직원이 전산단말기를 이용하여 다른 공범들이 지정한 특정 계좌에 돈이 입금된 것처럼 허위의 정보를 입력하는 방법으로 위 계좌로 돈이 입금되도록 하였으나, 그 후 그러한 입금이 취소되어 현실적으로 인출되지 못하였다면 컴퓨터등사용사기죄의 미수에 해당한다.

ㅂ. 상대방에게 해악을 고지하였더라도 상대방이 고지된 해악의 의미를 인식하지 못한 경우 협박죄의 미수가 된다.

① ㄱ ㄹ ㅁ ② ㄴ ㄷ ㅂ ③ ㄴ ㄹ ㅂ
④ ㄱ ㄷ ㄹ ㅁ ⑤ ㄴ ㄷ ㅁ ㅂ

해설 ……………………………………

ㄱ(×) 피고인이 아파트 신축공사 현장안에 있는 건축자재 등을 훔칠 생각으로 공범과 함께 위 공사현장 안으로 들어간 후 창문을 통하여 신축 중인 아파트의 지하실 안쪽을 살핀행위가 특수절도죄의 실행의 착수에 해당하지 않는다(대법원 2010.4.29, 2009도14554).
ㄴ(○) 소송에서 주장하는 권리가 존재하지 않는 사실을 알고 있으면서도 법원을 기망한다는 인식을 가지고 소를 제기하면 이로써 실행의 착수가 있고 소장의 유효한 송달을 요하지 아니한다고 할 것인바, 이러한 법리는 제소자가 상대방의 주소를 허위로 기재함으로써 그 허위주소로 소송서류가 송달되어 그로 인하여 상대방 아닌 다른 사람이 그 서류를 받아 소송이 진행된 경우에도 마찬가지로 적용된다(대법원 2006.11.10, 2006도5811).
ㄷ(○) 강간죄의 실행의 착수가 있었다고 하려면 강간의 수단으로서 폭행이나 협박을 한 사실이 있어야 할 터인데 피고인이 강간할 목적으로 피해자의 집에 침입하였다 하더라도 안방에 들어가 누워 자고 있는 피해자의 가슴과 엉덩이를 만지면서 간을 시도하였다는 사실만으로는 강간의 수단으로 피해자에게 폭행이나 협박을 개시하였다고 하기는 어렵다(대법원 1990.5.25, 90도607).
ㄹ(×) 실행의 착수는 매도인이 제2차 매수인과의 사이에 매매계약을 체결하고 중도금을 수령할 때 실행의 착수가 있다(대법원 1983.10.11, 83도2057).
ㅁ(×) 컴퓨터사용사기죄의 기수시기에 관하여 판례는 "금융기관직원이 전산단말기를 이용하여 다른 공범들이 지점한 특정계좌에 돈이 입금된 것처럼 허위의 정보를 입력하는 방법으로 위계좌로 입금되도록 한 경우, 그 후 그러한 입금이 취소되어 현실적으로 인출도지 못하였다고 하더라도 컴퓨터사용사기죄는 기수이다"라고 판시하여 입금절차 완료시를 기수시기로 본다(대법원 2006.9.14, 2006도4127).

ㅂ(○) 협박죄의 미수범 처벌조항은 ㉠ 해악의 고지가 현실적으로 상대방에게 도달하지 아니한 경우나, ㉡ 도달은 하였으나 상대방이 이를 지각하지 못하였거나 ㉢ 고지된 해악의 의미를 인식하지 못한 경우 등에 적용된다(대법원 2007.9.28, 2007도606 전원합의체).

〈답 ②〉

10. 甲과 乙은 2009.4.22. 13:00경 A가 거주하는 ○○아파트 C동 202호에 이르러 그 곳에 들어가 금품을 절취하기 위하여 육각렌치로 출입문 시정장치를 손괴하던 중 A에게 발각되어 도주하다가 경찰에게 체포되었다. 특수절도죄의 성립 여부에 관한 설명 중 옳지 않은 것을 모두 고른 것은? (다툼이 있는 경우에는 판례에 의함) <변호사 2013년>

가. 甲과 乙에게 특수절도죄의 미수범이 성립한다.
나. 만약 甲과 乙이 출입문 시정장치를 손괴하고 방 안까지 들어가자마자 A에게 발각되어 도주한 경우라면 특수절도죄의 미수범이 성립한다.
다. 만약 甲과 乙이 방 안까지 들어갔다가 절취할 금품을 찾지 못하여 거실로 돌아 나오다 A에게 발각되어 도주한 경우라면 특수절도죄의 미수범이 성립한다.
라. 만약 甲이 1층에서 망을 보고 乙이 같은 날 23:30경 위 202호의 불이 꺼져 있는 것을 보고 금품을 절취하기 위하여 도시가스 배관을 타고 올라가다가 발은 1층 방범창을 딛고 두 손은 1층과 2층 사이에 있는 도시가스 배관을 잡고 있던 상태에서 A에게 발각되어 도주한 경우라면 특수절도죄의 미수범이 성립한다.
마. 만약 甲과 乙이 절도의 범의로 같은 날 22:00경 乙이 아파트 현관에서 망을 보고 甲이 202호 출입문 시정장치를 육각렌치로 손괴한 후 안으로 들어가려는 순간, 귀가하던 A에게 발각되어 도주한 경우라면 특수절도죄의 미수범이 성립한다.

① 가 나　② 가 마　③ 가 나 라
④ 다 라 마　⑤ 가 나 라 마

해설

가(×) 실행의 착수가 없으므로 미수범도 성립할 수 없다(대법원 2009.12.24, 2009도9667).
나(×) 아직 물색행위를 하지 아니하였으므로 절도죄의 실행의 착수가 없어 주거침입죄만 성립한다(대법원 1992.9.8, 92도1650, 92감도80).
다(○) 대법원 2003.6.24, 2003도1985, 2003감도26([1] 야간이 아닌 주간에 절도의 목적으로 다른 사람의 주거에 침입하여 절취할 재물의 물색행위를 시작하는 등 그에 대한 사실상의 지배를 침해하는 데에 밀접한 행위를 개시하면 절도죄의 실행에 착수한 것으로 보아야 한다. [2] 주간에 절도의 목적으로 방 안까지 들어갔다가 절취할 재물을 찾지 못하여 거실로 돌아나온 경우, 절도죄의 실행 착수가 인정된다고 한 사례)
라(×) 도시가스 배관을 잡고 있는 상태에 불과하였다면 아직 절도의 실행의 착수에 이르지 못하였다(대법원 2008.3.27, 2008도917).

마(○) 야간에 절도의 목적으로 출입문에 장치된 자물통 고리를 절단하고 출입문을 손괴한 뒤 집 안으로 침입하려다가 발각된 것이라면 이는 특수절도죄의 실행에 착수한 것이다(대법원 1986.9.9, 86도1273). 〈답 ③〉

11. 범죄실현단계에 대한 내용으로 다음 설명 중 옳지 않은 것만 모두 고른 것은? (다툼이 있으면 판례에 의함)

(A) 정범을 예비죄로 처벌하는 이상 예비단계에서 그 종범의 성립은 긍정된다.
(B) 피교사자의 행위가 예비에 그칠 것으로 인식하고 교사한 경우 교사자는 불가벌이다.
(C) 범죄구성요건을 실현하는 현실적 위험을 가진 행위를 개시할 때에 실행의 착수를 인정하는 입장에 의하면, 미결수가 탈주의 목적으로 감방의 창살을 사람이 빠져나갈 수 있도록 줄톱으로 절단한 경우 그것만으로도 특수도주죄의 실행의 착수가 인정된다.
(D) 몸값을 목적으로 사장 외아들을 약취하려고 학교 주변의 다방에서 기다리는 때는 인질강도죄의 실행의 착수가 있다.
(E) 침입대상인 아파트에 사람이 있는지를 확인하기 위해 그 집의 초인종을 누른 행위는 주거침입죄의 실행에 착수한 것이다.
(F) 현주건조물에 방화하기 위해 비현주건조물에 방화한 때는 현주건조물방화죄의 실행의 착수가 있다.

① (A) (D) ② (B) (C) ③ (D) (E)
④ (A) (D) (E) ⑤ (A) (D) (F) ⑥ (B) (C) (F)

해설

(A)(×) 예비죄의 종범에 관해서는 긍정설도 있으나 부정설이 통설이고 판례의 입장이다. 판례는 '형법 제32조 1항의 타인의 범죄를 방조한 자는 종범으로 처벌한다는 규정의 타인의 범죄란 정범이 범죄를 실현하기 위하여 착수한 경우를 말하는 것이므로 종범이 처벌되기 위하여는 정범의 실행의 착수가 있는 경우에만 가능하고 정범이 실행의 착수에 이르지 아니한 예비의 단계에 그친 경우에는 이에 가공하는 행위가 예비의 공동정범이 되는 경우를 제외하고는 이를 종범으로 처벌할 수 없다'고 한다(대법원 1976.5.25, 75도1549).
(B)(○) 교사자의 고의는 기수의 고의이어야 하므로, 피교사자의 행위가 미수 또는 예비에 그칠 것으로 인식하고 교사한 경우에 교사자는 불가벌이다.
(C)(○) 특수도주죄란 법률에 의하여 체포·구금된 자가 수용설비 또는 기구를 손괴하거나 사람에게 폭행 또는 협박을 가하거나 2인 이상이 합동하여 도주하는 것을 말하는바(제146조), 미결수가 탈주의 목적으로 감방의 창살을 사람이 빠져나갈 수 있도록 줄톱으로 절단하는 것은 수용설비·기구를 손괴하기 시작한 때에 해당하므로 실행의 착수를 인정할 수 있다.
(D)(×) 인질강도죄의 실행의 착수는 사람을 약취하여 석방의 대가를 요구한 때이다.
(E)(×) 침입대상인 아파트에 사람이 있는지를 확인하기 위해 그 집의 초인종을 누른 행위만으로는 침입의 현실적 위험성을 포함하는 행위를 시작하였다거나, 주거의 사실상의

평온을 침해할 객관적인 위험성을 포함하는 행위를 한 것으로 볼 수 없다(대법원 2008.4.10, 2008도1464).

(F)(○) 방화죄는 판례에 의하면 불이 방화목적물 내지 도화물체에 점화된 경우에 실행의 착수가 인정되므로 현주건조물에 방화하기 위한 수단으로서 일반건조물에 방화한 때에는 현주건조물방화죄의 실행의 착수도 인정된다. 〈답 ④〉

12. 실행의 착수에 관한 절충설에 의할 때 (　　) 속의 범죄에 대한 실행의 착수를 인정할 수 있는 경우는 모두 몇 개인가?

㉠ 야간에 절도하기 위하여 타인의 주거에 침입하였다. (야간주거침입절도죄) ㉡ 간음하기 위하여 잠자고 있는 부녀의 옷을 벗겼다. (강간죄) ㉢ 강도하겠다는 생각으로 집에 들어갔으나 피해자가 없어 물건을 훔쳐 나왔다. (강도죄) ㉣ 간첩이 휴전선을 넘어 국내에 들어왔다. (간첩죄) ㉤ 보험금을 타기 위하여 집에 불을 질렀다. (사기죄) ㉥ 현주건조물에 방화하기 위해 옆에 있는 일반건조물에 불을 질렀다. (현주건조물방화죄) ㉦ 두 사람이 아파트 신축공사장의 건축자재를 훔칠 생각으로 공사현장 안으로 들어가 창문을 통하여 신축 중인 아파트의 지하실 안쪽을 살폈다. (특수절도)

① 1개 ② 2개 ③ 3개 ④ 4개 ⑤ 5개

해설

절충설인 개별적 객관설에 의하면 구성요건에 해당하는 행위가 있거나 행위자의 범죄계획에 비추어 직접 구성요건의 실현을 위한 행위가 있는 때에 실행의 착수를 인정한다.

㉠(○) 야간주거침입죄는 주거에 침입한 때에 구성요건에 해당하는 행위가 있으므로 실행의 착수가 인정된다(대법원 1970.4.24, 70도507).

㉡(×) 강간죄는 폭행 또는 협박을 개시한 때에 실행의 착수가 인정된다. 따라서 잠자는 부녀의 몸을 만지거나 옷을 벗긴 것만으로는 강간죄의 실행의 착수를 인정할 수 없다(대법원 1990.5.25, 90도607).

㉢(×) 강도죄도 폭행·협박을 개시한 때에 실행의 착수를 인정할 수 있다. 따라서 강도의 의사가 있는 때에도 폭행·협박을 하지 않은 이상 강도죄의 착수를 인정할 수 없다.

㉣(×) 간첩죄의 실행의 착수시기는 국가기밀을 탐지·수집하는 행위를 개시한 때이다. 판례는 국내에 침입한 때에 실행의 착수를 인정하나(대법원 1984.9.11, 84도1381), 이는 주관설의 입장에서만 이해할 수 있다.

㉤(×) 사기죄는 기망행위를 시작한 때에 실행의 착수를 인정할 수 있으므로, 보험사기의 경우에는 보험금을 청구한 때에 실행의 착수를 인정할 수 있다.

㉥(○) 방화죄는 방화목적물 또는 도화물체에 점화한 때에 실행의 착수가 인정되므로, 현주건조물에 방화하기 위한 수단으로 일반건조물에 방화한 때에는 현주건조물방화죄의 실행에 착수한 것이 된다.

㉦(×) 2인 이상이 합동하여 재물을 절취하면 특수절도가 되는데, 2인이 함께 행동했지만, 창문을 통하여 지하실 안쪽을 살피는 것으로는 절취의 실행에 착수했다고 볼 수 없

다(대법원 2010.4.29, 2009도14554). 〈답 ②〉

13. (　　) 속의 범죄에 대한 실행의 착수를 인정할 수 없는 경우는?

① 강도의 목적으로 자고 있는 A에게 권총을 겨누고 흔들어 깨웠으나 A는 이미 다른 자에 의하여 마취제로 혼취되어 있어 깨어나지 못하자 A를 그냥 두고 재물을 탈취해갔다. (강도죄)

② 야간에 절도의 목적으로 자물통고리를 절단하고 출입문을 손괴한 뒤 집 안으로 침입하려다 발각되었다. (특수절도죄)

③ 주거로 들어가는 문의 시정장치를 부수었다. (주거침입죄)

④ 방화의 의사로 벽에 휘발유를 뿌리고 점화하였으나 집주인이 발견하고 소화하여 뜻을 이루지 못하였다. (현주건조물방화죄)

⑤ 야간에 다세대주택 2층의 불이 꺼져 있는 것을 보고 물건을 절취하기 위하여 가스배관을 타고 올라가다가, 발은 1층 방범창을 딛고 두 손은 1층과 2층 사이에 있는 가스배관을 잡고 있던 상태에서 순찰 중이던 경찰관에게 발각되자 그대로 뛰어내렸다. (야간주거침입절도죄)

해설

①(○) 강도죄는 폭행·협박을 개시하여야 실행이 착수된다. 그런데 여기의 폭행은 상대방의 현실적 또는 가상적 반항을 불가능하게 하는 육체적·심리적 강제효과를 가진 모든 수단을 말한다. 따라서 수면 중에 있는 사람, 술에 취한 사람 또는 의식 없는 사람에 대하여도 강도가 가능하다. 피해자가 행위자의 의도를 모른 때에도 본죄의 폭행에 해당한다. 따라서 강도의 실행에 착수하였다고 볼 수 있으나 폭행·협박과 재물탈취와의 사이에 인과관계가 결여되어 있으므로 강도미수이다.

②(○) 야간에 절도의 목적으로 출입문에 장치된 자물통 고리를 절단하고 출입문을 손괴한 뒤 집 안으로 침입하려다가 발각된 것이라면 이는 특수절도죄의 실행에 착수한 것이다(대법원 1986.9.9, 86도1273).

③(○) 주거로 들어가는 문의 시정장치를 부수거나 문을 여는 등 침입을 위한 구체적 행위를 시작하였다면 주거침입죄의 실행의 착수는 있었다고 보아야 하고, 신체의 극히 일부분이 주거 안으로 들어갔지만 사실상 주거의 평온을 해하는 정도에 이르지 아니하였다면 주거침입죄의 미수에 그친다(대법원 1995.9.15, 94도2561).

④(○) 방화죄의 실행의 착수는 발화 또는 점화가 있을 것을 요한다(통설, 판례). 따라서 사례의 경우 실행의 착수는 인정된다.

⑤(×) 이러한 행위만으로는 주거의 사실상의 평온을 침해할 현실적 위험성이 있는 행위를 개시한 때에 해당한다고 보기 어려우므로, 야간주거침입절도죄의 실행의 착수에 이르지 못했다(대법원 2008.3.27, 2008도917). 〈답 ⑤〉

14. (　　) 속의 범죄에 대한 실행의 착수가 인정되는 경우만 모두 묶은 것은? (판례에 의함)

㉠ 수출할 사람에게 비지정문화재를 판매하려다가 가격절충이 되지 않

아 계약이 성사되지 못했다. (문화재보호법상 비지정문화재수출죄)
ⓛ 북한과의 범민족단합대회추진을 위한 예비회담을 하기 위하여 판문점을 향하여 출발하려 하였다. (국가보안법상 회합죄)
ⓒ 입영대상자가 병역면제처분을 받을 목적으로 병원으로부터 허위의 병사용진단서를 발급받았다. (병역법상 사위행위죄)
ⓔ 외화를 반출하기 위하여 일화 400만엔이 들어 있는 휴대용 가방을 가지고 보안검색대에 나아가지 않은 채 공항 내에서 탑승을 기다리고 있던 중에 체포되었다. (외국환거래법 위반죄)
ⓜ 범죄수익이 아직 생기지 않았지만 범죄수익을 은닉하려고 하였다. (범죄수익 등 은닉에 관한 죄)

① ㉠ ② ㉢ ③ ㉣ ④ ㉠ ㉡
⑤ ㉡ ㉣ ⑥ ㉢ ㉣ ⑦ ㉣ ㉤ ⑧ 없음

해설

㉠㉡㉢㉣㉤의 경우 모두 실행의 착수를 인정하지 아니하였다.
㉠(×) 수출할 사람에게 비지정문화재를 판매하려다가 가격절충이 되지 않아 계약이 성사되지 못한 단계에서는 국외로 반출하는 행위에 근접·밀착하는 행위가 있었다고 볼 수 없어 비지정문화재수출미수죄가 성립하지 않는다. 비지정문화재수출미수죄로 기소된 공소사실을 공소장변경 없이 비지정문화재수출예비·음모죄로 인정할 수 없다(대법원 1999.11.26, 99도2461).
㉡(×) 피고인들의 소위는 국가보안법 제8조 4항·1항의 회합예비죄에 해당하고, 회합장소인 판문점 평화의 집으로 가던 중 그에 훨씬 못미치는 검문소에서 경찰의 저지로 그 뜻을 이루지 못한 것이라면 아직 반국가단체의 구성원과의 회합죄의 실행에 착수하였다고 볼 수 없다(대법원 1990.8.28, 90도1217).
㉢(×) 병역법 제86조에 정한 '사위행위'란 병역의무를 감면받을 조건에 해당하지 않거나 그러한 신체적 상태가 아님에도 불구하고 병무행정당국을 기망하여 병역의무를 감면받으려고 시도하는 행위를 가리키는 것이므로, 다른 행위 태양인 도망·잠적 또는 신체손상에 상응할 정도로 병역의무의 이행을 면탈하고 병무행정의 적정성을 침해할 직접적인 위험이 있는 단계에 이르렀을 때에 비로소 사위행위의 실행을 한 것이라고 보아야 한다. 입영대상자가 병역면제처분을 받을 목적으로 병원으로부터 허위의 병사용진단서를 발급받았다고 하더라도 이러한 행위만으로는 사위행위의 실행에 착수하였다고 볼 수 없다(대법원 2005.9. 28, 2005도3065).
㉣(×) 외국환거래법 제28조 1항 3호에서 규정하는, 신고를 하지 아니하거나 허위로 신고하고 지급수단·귀금속 또는 증권을 수출하는 행위는 지급수단 등을 국외로 반출하기 위한 행위에 근접·밀착하는 행위가 행하여진 때에 그 실행의 착수가 있다고 할 것인데, 피고인이 일화 500만엔은 기탁화물로 부치고 일화 400만엔은 휴대용 가방에 넣어 국외로 반출하려고 하는 경우에, 500만엔에 대하여는 기탁화물로 부칠 때 이미 국외로 반출하기 위한 행위에 근접·밀착한 행위가 이루어졌다고 보아 실행의 착수가 있었다고 할 것이지만, 휴대용 가방에 넣어 비행기에 탑승하려고 한 나머지 400만엔에 대하여는 그 휴대용 가방을 보안검색대에 올려놓거나 이를 휴대하고 통과하는 때에 비로소 실행의 착수가 있다고 볼 것이고, 피고인이 휴대용 가방을 가지고 보안검색대에 나아가지 않은

채 공항 내에서 탑승을 기다리고 있던 중에 체포되었다면 일화 400만엔에 대하여는 실행의 착수가 있다고 볼 수 없다(대법원 2001.7.27, 2000도4298).

ⓜ(×) 범죄수익은닉의규제및처벌등에관한법률 제3조 1항 3호에서 정한 범죄수익 등의 은닉에 관한 죄의 미수범으로 처벌하려면 그 실행에 착수한 것으로 인정되어야 하고, 위와 같은 은닉행위의 실행에 착수하는 것은 범죄수익 등이 생겼을 때 비로소 가능하므로, 아직 범죄수익 등이 생기지 않은 상태에서는 범죄수익 등의 은닉에 관한 죄의 실행에 착수하였다고 인정하기 어렵다(대법원 2007.1.11, 2006도5288). 〈답 ⑧〉

15. 미수범에 관한 판례의 입장과 일치하지 않은 것은? <사시 2007년: 배점 2>

① 부동산에 관한 공갈죄에서 부동산에 관하여 소유권이전등기에 필요한 서류를 교부받았다면 미수에 해당된다.

② 야간에 강간을 목적으로 침입한 후, 자고 있던 피해자의 가슴과 엉덩이를 만지면서 강간하려고 하였으나 피해자가 비명을 지르는 바람에 도망한 경우라면 강간죄의 장애미수에 해당한다.

③ 주택을 방화할 의사로 뿌린 휘발유가 인화성이 강한 상태로 주택주변과 피해자의 몸에 적지 않게 살포되어 있는 사정을 알면서도 라이터를 켜 불꽃을 일으킴으로써 피해자의 몸에 불이 붙은 경우라면 현존건조물방화죄의 실행의 착수가 인정된다.

④ 장롱 안에 있는 옷가지에 불을 놓아 건물을 소훼하려 하였으나 불길이 치솟는 것을 보고 겁이 나서 물을 부어 불을 껐다면 현주건조물방화죄의 장애미수에 해당한다.

⑤ 야간에 아파트에 침입하여 물건을 훔칠 의도하에 아파트의 베란다 철제난간까지 올라가 잠겨져 있지 않은 유리창문을 열려고 하는 중 사람소리가 들려 이를 중단한 경우 야간주거침입절도죄의 미수에 해당한다.

해설

①(○) 부동산에 대한 공갈죄는 그 부동산에 관하여 소유권이전등기를 경료받거나 또는 인도를 받은 때에 기수로 되는 것이고, 소유권이전등기에 필요한 서류를 교부 받은 때에 기수로 되어 그 범행이 완료되는 것은 아니다(대법원 1992.9.14, 92도1506).

②(×) 강간죄의 실행의 착수가 있었다고 하려면 강간의 수단으로서 폭행이나 협박을 한 사실이 있어야 할 터인데, 피고인이 강간할 목적으로 피해자의 집에 침입하였다 하더라도 안방에 들어가 누워 자고 있는 피해자의 가슴과 엉덩이를 만지면서 간음을 기도하였다는 사실만으로는 강간의 수단으로 피해자에게 폭행이나 협박을 개시하였다고 하기는 어렵다(대법원 1990.5.25, 90도607).

③(○) 피고인이 방화의 의사로 뿌린 휘발유가 인화성이 강한 상태로 주택주변과 피해자의 몸에 적지 않게 살포되어 있는 사정을 알면서도 라이터를 켜 불꽃을 일으킴으로써 피해자의 몸에 불이 붙은 경우, 비록 외부적 사정에 의하여 불이 방화 목적물인 주택 자체에 옮겨 붙지는 아니하였다 하더라도 현존건조물방화죄의 실행의 착수가 있었다고 봄이 상당하다(대법원 2002.3.26, 2001도6641).

④(○) 피고인이 장롱 안에 있는 옷가지에 불을 놓아 건물을 소훼하려 하였으나 불길이

치솟는 것을 보고 겁이 나서 물을 부어 불을 끈 것이라면, 위와 같은 경우 치솟는 불길에 놀라거나 자신의 신체안전에 대한 위해 또는 범행 발각시의 처벌 등에 두려움을 느끼는 것은 일반 사회통념상 범죄를 완수함에 장애가 되는 사정에 해당한다고 보아야 할 것이므로, 이를 자의에 의한 중지미수라고는 볼 수 없다(대법원 1997.6.13, 97도957).
⑤(○) 야간에 아파트에 침입하여 물건을 훔칠 의도하에 아파트의 베란다 철제난간까지 올라가 유리창문을 열려고 시도하였다면 야간주거침입절도죄의 실행에 착수한 것으로 보아야 한다(대법원 2003.10.24, 2003도4417). 〈답 ②〉

16. 실행의 착수에 관한 판례의 태도 중 옳은 것을 모두 나열한 것은?

㉠ 대여금청구소송의 피고가 법원을 기망할 의사를 가지고 허위내용의 서류를 작성하고 이에 따른 주장을 담은 답변서와 함께 증거로 제출한 경우 사기죄의 실행에 착수하였다.
㉡ 자신이 토지의 소유자라고 허위의 주장을 하면서 소유권보존등기 명의자를 상대로 보존등기의 말소를 구하는 소송을 제기한 경우 사기죄의 실행에 착수한 것으로 볼 수 없다.
㉢ 태풍피해에 복구보조금 지원절차의 전제가 된 피해신고만 하고 보조금 지원신청을 하지 않았다고 해도 사기죄의 실행에 착수한 것이다.
㉣ 장애인단체의 지회장이 지방자치단체로부터 보조금을 더 많이 지원받기 위하여 허위의 보조금 정산보고서를 제출한 경우 사기죄의 실행에 착수하였다.
㉤ 부동산의 매도인이 제1차 매수인으로부터 계약금 및 중도금 명목의 금원을 교부받은 후 제2차 매수인에게 부동산을 매도하기로 하고 계약금만을 지급받은 뒤 계약 이행에 나아가지 않더라도 배임죄의 실행에 착수하였다.

① ㉠ ② ㉢ ③ ㉤
④ ㉠ ㉤ ⑤ ㉢ ㉤ ⑥ ㉠ ㉢ ㉤

해설

㉠(○) 적극적인 방법으로 법원을 기망할 의사를 가지고 허위내용의 서류를 증거로 제출하거나 그에 따른 주장을 담은 답변서나 준비서면을 제출한 경우에 사기죄의 실행의 착수가 있다(대법원 1998.2.27, 97도2786).
㉡(×) 피고인 또는 그와 공모한 자가 자신이 토지의 소유자라고 허위의 주장을 하면서 소유권보존등기 명의자를 상대로 보존등기의 말소를 구하는 소송을 제기한 경우 그 소송에서 위 토지가 피고인 또는 그와 공모한 자의 소유임을 인정하여 보존등기말소를 명하는 내용의 승소확정판결을 받는다면, 이에 터잡아 언제든지 단독으로 상대방의 소유권보존등기를 말소시킨 후 위 판결을 부동산등기법 제130조 2호 소정의 소유권을 증명하는 판결로 하여 자기 앞으로의 소유권보존등기를 신청하여 그 등기를 마칠 수 있게 되므로, 이는 법원을 기망하여 유리한 판결을 얻음으로써 '대상 토지의 소유권에 대한 방해를 제거하고 그 소유명의를 얻을 수 있는 지위'라는 재산상 이익을 취득한 것이고, 그 경우 기수시기는 위 판결이 확정된 때이다(대법원 2006.4.7, 2005도9858 전원합의체).

㉢(×) 태풍 피해복구보조금 지원절차가 행정당국에 의한 실사를 거쳐 피해자로 확인된 경우에 한하여 보조금 지원신청을 할 수 있도록 되어 있는 경우, 피해신고는 국가가 보조금의 지원 여부 및 정도를 결정함에 있어 그 직권조사를 개시하기 위한 참고자료에 불과하므로 허위의 피해신고만으로는 위 보조금 편취범행의 실행에 착수한 것이라고 볼 수 없다(대법원 1999.3.12, 98도3443).

㉣(×) 장애인단체의 지회장이 지방자치단체로부터 보조금을 더 많이 지원받기 위하여 허위의 보조금 정산보고서를 제출한 경우, 보조금 정산보고서는 보조금의 지원 여부 및 금액을 결정하기 위한 참고자료에 불과하고 직접적인 서류라고 할 수 없으므로 보조금 편취범행(기망)의 실행에 착수한 것으로 보기 어렵다(대법원 2003.6.13, 2003도1279).

㉤(×) 피고인이 제1차 매수인으로부터 계약금 및 중도금 명목의 금원을 교부받은 후 제2차 매수인에게 부동산을 매도하기로 하고 계약금만을 지급받은 뒤 더 이상의 계약 이행에 나아가지 않았다면 배임죄의 실행의 착수가 있었다고 볼 수 없다(대법원 2003.3.25, 2002도7134). 〈답 ①〉

17. 다음 중 甲에게 괄호 안의 범죄에 대한 실행의 착수를 인정할 수 있는 것을 모두 고른 것은? (다툼이 있는 경우에는 판례에 의함) <사시 2010년: 배점 2>

가. 甲과 乙이 공모하여 丙의 재물을 강취하기로 하고 甲이 현장에서 망을 보고 있는 사이 乙이 丙을 폭행·협박하다가 경찰관에게 체포된 경우 (특수강도죄)
나. 甲이 조직폭력배인 乙에게 丙을 살해할 것을 교사하여 乙이 이를 승낙하고, 乙이 丙을 살해하기 위한 흉기를 구입하다가 불심검문을 하던 경찰관에 의해 체포된 경우 (살인죄)
다. 甲이 종량제 쓰레기봉투에 인쇄할 시장 명의의 문안이 새겨진 필름을 제조한 경우 (공문서위조죄)
라. 甲이 야간에 아파트에 침입하여 물건을 훔칠 의도로 아파트의 베란다 철제난간까지 올라가 유리창문을 열려고 시도하다가 아파트 경비원에게 발각되어 체포된 경우 (야간주거침입절도죄)
마. 甲이 다가구용 단독주택인 빌라의 잠기지 않은 대문을 열고 들어가 공용계단으로 빌라 3층까지 올라갔다가 1층으로 내려온 경우 (주거침입죄)

① 가 마 ② 가 라 마 ③ 나 다 라
④ 다 라 마 ⑤ 가 나 다 마 ⑥ 가 다 라 마

해설

가(○) 합동범인 특수강도의 경우 乙이 폭행·협박을 개시하여 강도의 실행에 착수한 이상 甲에게도 특수강도의 실행의 착수가 인정된다.

나(×) 교사범인 甲의 경우 정범인 乙의 실행행위가 없는 이상 실행의 착수를 인정할 수 없다.

다(×) 종량제 쓰레기봉투에 인쇄할 시장 명의의 문안이 새겨진 필름을 제조하는 행위에 그친 경우에는 아직 위 시장 명의의 공문서인 종량제 쓰레기봉투를 위조하는 범행의 실행의 착수에 이르지 아니한 것으로 볼 수 있다(대법원 2007.2.23, 2005도7430).
라(○) 야간에 아파트에 침입하여 물건을 훔칠 의도하에 아파트의 베란다 철제난간까지 올라가 유리창문을 열려고 시도하였다면 야간주거침입절도죄의 실행에 착수한 것으로 보아야 한다(대법원 2003.10.24, 2003도4417).
마(○) 다가구용 단독주택인 빌라의 잠기지 않은 대문을 열고 들어가 공용계단으로 빌라 3층까지 올라갔다가 1층으로 내려온 사안에서, 주거인 공용계단에 들어간 행위자가 거주자의 의사에 반한 것이라면 주거에 침입한 것이라고 보아야 한다(대법원 2009.8.20, 2009도3452).

〈답 ②〉

18. 실행의 착수에 대한 설명으로 옳지 않은 것은? (판례에 의함)<법원행시 2009년>

① 침입 대상인 아파트에 사람이 있는지 확인하기 위해 초인종을 누른 행위만으로는 주거침입죄의 실행의 착수에 해당하지 아니한다.
② 야간에 다세대주택에 침입하여 물건을 절취하기 위하여 가스배관을 타고 오르다가 순찰 중이던 경찰관에게 발각되어 그냥 뛰어내린 경우 야간주거침입절도죄의 실행의 착수에 이르지 못하였다.
③ 소송사기의 고의로 소를 제기한 경우 아직 그 소장이 피고에게 송달되지 않았다면 소송사기의 실행에 착수한 것으로 볼 수 없다.
④ 사기도박에 필요한 준비를 갖추고 그러한 의도로 피해자들에게 도박에 참가하도록 권유한 때 또는 늦어도 그 정을 알지 못하는 피해자들이 도박에 참가한 때에 이미 사기죄의 실행에 착수하였다.
⑤ 피고인이 대물변제의 예약에 위배하여 2007.6.13. ○○Ⅲ 상가부지를 공소외 4 주식회사(대표이사 공소외 5)에 매도하고 2007.6.14. 계약금 20억 원을 받았으나, 중도금을 수령한 바 없어 배임의 실행에 착수하였다고 할 수 없으므로, 피고인의 위와 같은 행위는 공소외 1에 대한 관계에서 배임미수죄에도 해당하지 않는다.

해설

①(○) 침입 대상인 아파트에 사람이 있는지를 확인하기 위해 그 집의 초인종을 누른 행위만으로는 침입의 현실적 위험성을 포함하는 행위를 시작하였다거나, 주거의 사실상의 평온을 침해할 객관적인 위험성을 포함하는 행위를 한 것으로 볼 수 없다(대법원 2008.4.10, 2008도1464).
②(○) 대법원 2008.3.27, 2008도917.
③(×) 대법원 2006.11.10, 2006도581.
④(○) 사기죄는 편취의 의사로 기망행위를 개시한 때에 실행에 착수한 것으로 보아야 하므로, 사기도박에서도 사기적인 방법으로 도금을 편취하려고 하는 자가 상대방에게 도박에 참가할 것을 권유하는 등 기망행위를 개시한 때에 실행의 착수가 있는 것으로 보아야 한다. 피고인 등이 사기도박에 필요한 준비를 갖추고 그러한 의도로 피해자들에게 도박에 참가하도록 권유한 때 또는 늦어도 그 정을 알지 못하는 피해자들이 도박에 참가한 때에는 이미 사기죄의 실행에 착수하였다고 할 것이므로, 피고인 등이 그 후에 사기도박을 숨기기 위하여 얼마간 정상적인 도박을 하였더라도 이는 사기죄의 실행행위에 포함되

는 것이어서 피고인에 대하여는 피해자들에 대한 사기죄만이 성립하고 도박죄는 따로 성립하지 아니함에도, 이와 달리 피해자들에 대한 사기죄 외에 도박죄가 별도로 성립하는 것으로 판단하고 이를 유죄로 인정한 원심판결에 사기도박에 있어서의 실행의 착수시기 등에 관한 법리오해의 위법이 있다(대법원 2011.1.13, 2010도9330).

⑤(○) 피고인이 대물변제의 예약에 위배하여 2007.6. 13. ○○Ⅲ 상가부지를 공소외 4 주식회사(대표이사 공소외 5)에 매도하고 2007.6.14. 계약금 20억 원을 받았으나, 중도금을 수령한 바 없어 배임의 실행에 착수하였다고 할 수 없으므로, 피고인의 위와 같은 행위는 공소외 1에 대한 관계에서 배임미수죄에도 해당하지 않는다(대법원 2010.4.29, 2009도14427). 〈답 ③〉

19. 괄호 안 범죄의 실행의 착수가 있었다고 인정되지 않는 것만 모두 고른 것은? (판례에 의함) <법원행시 2008년>

> ㉠ 출입문이 열려 있으면 안으로 들어가겠다는 의사 아래 출입문을 당겨보는 행위 (주거침입죄)
> ㉡ 제1차 매수인으로부터 계약금 및 중도금 명목의 금원을 교부받은 후 제2차 매수인에게 부동산을 매도하기로 하고 계약금을 지급받은 행위 (배임죄)
> ㉢ 은행강도 범행으로 강취할 돈을 송금받을 계좌를 개설한 행위 (범죄수익 등의 은닉에 관한 죄)
> ㉣ 민사소송의 피고가 적극적인 방법으로 법원을 기망할 의사를 가지고 허위내용의 서류를 증거로 제출하거나 그에 따른 주장을 담은 답변서나 준비서면을 제출한 행위 (사기죄)
> ㉤ 간첩의 목적으로 외국 또는 북한에서 국내에 침투 또는 월남하는 경우에는 기밀탐지가 가능한 국내에 침투 상륙한 행위 (간첩죄)

① ㉠㉡ ② ㉡㉢ ③ ㉢㉣ ④ ㉠㉡㉢ ⑤ ㉡㉢㉤

해설

㉡ 대법원 2003.3.25, 2002도7134, ㉢ 대법원 2007.1.11, 2006도5288은 실행에 착수한 것으로 볼 수 없다고 하였다.

반면, ㉠ 대법원 2006.9.14, 2006도2824(주거의 사실상의 평온을 침해할 객관적인 위험성을 포함하는 행위를 한 것으로 볼 수 있으므로), ㉣ 대법원 1998.2.27, 97도2786, ㉤ 대법원 1984.9.11, 84도1381은 실행의 착수를 인정하였다. 〈답 ②〉

20. 형법 교수가 내어준 다음 <사례>의 甲과 乙의 죄책을 논하기 위하여 학생들이 <보기>와 같이 이야기하고 있다. 옳은 이야기를 한 학생을 모두 고른 것은? <사시 2009년 : 배점 2>

> 〈사례〉
> 1. 甲은 길에 주차된 자동차 안의 물건을 훔치려는 의도로 면장갑을 끼

고 칼을 소지한 채 손전등을 비춰 자동차 내부를 살펴보다가 자동차 주인에게 발각되었다.

2. 乙은 강간할 목적으로 새벽 4시에 피해자의 방문을 심하게 두드렸고 이에 피해자가 창문에 걸터앉아 가까이 오면 뛰어 내리겠다고 함에도 불구하고 베란다를 통해 창문으로 침입하려 하였으며 결국 피해자가 창문에서 뛰어내려 중상을 입었다.

〈보기〉

A: 실행의 착수시기에 관한 주관설의 입장에 의하면 甲에게는 절도죄의 실행착수를 인정할 수 있다.

B: 판례의 입장에 따르면 甲에게는 절도죄의 실행착수를 인정할 수 없다.

C: 甲은 면장갑을 끼고 칼까지 소지했으므로 절도예비죄로 처벌된다.

D: 강간죄의 실행착수 시기는 폭행이나 협박을 개시한 때라고 보는 것이 판례의 입장이다.

E: 판례의 입장에 따르면 乙은 폭행이나 협박을 하지 않았고, 간음을 시작한 것도 아니므로 乙에게는 강간죄의 실행착수를 인정할 수 없다.

F: 乙에게는 강간예비죄의 죄책이 주어지므로 형사사법의 공백이 초래되지 않는다.

G: 실행의 착수시기에 관한 주관설에 따르면 乙에게 강간죄의 실행착수를 인정할 수 있지만, 피해자가 입은 중상은 乙의 소행이 아니므로 乙에게 강간치상죄의 죄책을 부과할 수는 없다는 것이 판례의 입장이다.

① A B D ② A B E ③ A B G ④ A D E
⑤ A D G ⑥ C E F ⑦ A B D E ⑧ A B D G

해설

A(○) 주관설은 범의의 비약적 표동이 있을 때 또는 범의가 그 수행적 행위에 의해 확정적으로 나타난 때 실행의 착수가 있다고 하므로 甲의 행위는 절도죄의 실행착수를 인정할 수 있다.

B(○) 절도의 예비행위로 볼 수는 있겠으나 타인의 재물에 대한 지배를 침해하는데 밀접한 행위를 한 것이라고는 볼 수 없어 절취행위의 착수에 이른 것이었다고 볼 수 없다(대법원 1985.4.23, 85도464).

C(×) 甲의 행위는 절도예비에 해당하지만 절도예비의 처벌규정이 없으므로 甲은 처벌되지 아니한다.

D(○) 강간죄는 부녀를 간음하기 위하여 피해자의 항거를 불능하게 하거나 현저히 곤란하게 할 정도의 폭행 또는 협박을 개시한 때에 그 실행의 착수가 있다고 보아야 할 것이고, 실제로 그와 같은 폭행 또는 협박에 의하여 피해자의 항거가 불능하게 되거나 현저히 곤란하게 되어야만 실행의 착수가 있다고 볼 것은 아니다(대법원 2000.6.9, 2000도1253).

E(×) 乙은 강간의 수단으로서의 폭행에 착수하였다고 할 수 있으므로 강간의 착수가 인정된다(대법원 1991.4 9, 91도288).

F(×) 乙은 강간죄의 실행에 착수한 것이므로 강간예비가 될 수 없으며, 강간예비를 처벌하는 규정은 없다.
G(×) 폭행이나 협박을 가하여 간음을 하려는 행위와 이에 극도의 흥분을 느끼고 공포심에 사로잡혀 이를 피하려다 사상에 이르게 된 사실과는 이른바 상당인과관계가 있어 강간치사상죄로 다스릴 수 있다(대법원 1995.5.12, 95도425). 〈답 ①〉

제 2 절 중지미수

1. 중지미수의 법적 성격을 설명하는 학설을 올바르게 연결한 것은?

A. 미수의 단계에 이른 행위자에게 '되돌아가는 황금의 다리'를 만들어 두기 위해 중지미수를 특별히 취급하는 것이라고 본다.
B. 중지미수가 범죄성립요건의 하나를 소멸 또는 감소하기 때문에 형을 감면한다고 이해한다.
C. 중지미수의 형의 감경은 책임감소로, 형의 면제는 범죄의 기수를 방지하기 위한 데 있다고 본다.
D. 중지미수는 일반예방이나 특별예방에 비추어 형을 면제하거나 감경할 필요가 있다고 본다.
E. 자의에 의한 중지의 공적을 인정하여 중지미수를 특별취급한다고 본다.

Ⅰ. 법률설　Ⅱ. 결합설　Ⅲ. 보상설
Ⅳ. 형벌목적설　Ⅴ. 형사정책설

① A－Ⅲ　② A－Ⅳ　③ B－Ⅰ
④ C－Ⅴ　⑤ D－Ⅱ　⑥ E－Ⅱ

해설

A－Ⅴ 형사정책설, B－Ⅰ 법률설, C－Ⅱ 결합설, D－Ⅳ 형벌목적설, E－Ⅲ 보상설에 해당한다. 〈답 ③〉

2. 중지미수의 성립에 관하여 타당한 것만의 조합은?

(a) 절대로 다시 기도하지 않는다는 의사로써 중지함을 요한다.
(b) 결과가 발생한 경우에도 행위자의 진지한 의사에 의한 중지가 있으면 중지미수가 성립한다.
(c) 타인에 의탁하여 결과의 발생을 방지케 함으로써도 성립할 수 있다.
(d) 중지행위로 인하여 결과가 방지되었을 것을 요구하는 것은 아니다.
(e) 행위자가 회오에 의하여 중지함을 요한다.
(f) 착수미수의 경우에는 실행행위의 중지로 족하다.

① (a) (c) ② (b) (d) ③ (c) (f)
④ (a) (b) (f) ⑤ (a) (c) (f) ⑥ (b) (d) (e)

해설

(a)(×) 착수미수는 실행행위를 중지하는 것, 행위의 계속을 포기하는 부작위에 의하여 중지미수가 되는데, 행위의 계속을 포기한다는 것은 행위의 목표달성 자체를 종국적으로 포기할 것을 필요로 하는 것은 아니다. 따라서 행위자가 다음에 보다 유리한 상황에서 실행하기 위하여 잠정적으로 중지한 때에도 중지미수가 될 수 있다.
(b)(×) 자의에 의하여 중지한 경우에도 결과가 발생하면 기수가 되므로 중지미수가 될 수 없다.
(c)(○) 중지범의 요건인 결과발생의 방지는 원칙적으로 행위자 자신이 결과의 발생을 방지하기 위한 행위를 할 것을 요하지만 타인의 도움을 받아서 행하여도 무방하다. 다만 이러한 경우에 그 타인은 행위자로 인하여 행위하였을 것을 필요로 하며, 제3자에 의한 결과의 방지가 범인 자신이 결과발생을 방지한 것과 동일시될 수 있을 정도의 노력을 요한다.
(d)(×) 중지행위와 결과불발생 사이의 인과관계는 중지미수의 성립요건이다.
(e)(×) 중지가 회오 등의 윤리적 동기에 기인한 것이어야 할 필요는 없다는 것이 통설이다.
(f)(○) 행위자가 결과발생에 필요한 행위를 다하지 아니한 착수미수의 경우는 실행행위의 중지로 족하다. 반면 결과발생에 필요한 행위를 다한 실행미수의 경우는 결과발생을 방지하여야 한다. **〈답 ③〉**

3. 중지미수와 장애미수의 구별기준에 관한 학설 <보기 1>과 그 학설의 내용 또는 그에 대한 비판 <보기 2>가 올바르게 연결된 것은? <사시 2006년>

〈보기 1〉
(가) 외부적 사정과 내부적 동기로 구별하여 외부적 사정에 의하여 범죄가 완성되지 않은 경우는 장애미수이고, 그렇지 않은 경우는 중지미수이다.
(나) 후회, 동정 기타 윤리적 동기에 의하여 중지한 경우는 중지미수이고, 그렇지 않은 경우는 장애미수이다.
(다) 할 수 있었음에도 불구하고 하기를 원하지 않아서 중지한 때는 중지미수이고, 하려고 하였지만 할 수가 없어서 중지한 때는 장애미수이다.
(라) 사회통념상 범죄수행에 장애가 될 만한 사유가 있는 경우는 장애미수이지만, 그러한 사유가 없음에도 불구하고 자기의사에 의하여 중지한 때에는 중지미수이다.
(마) 범행을 중지하게 된 내심적 태도를 규범적 관점에서 평가하여 합법성으로의 회귀 또는 법의 궤도로의 회귀라고 볼 수 있으면 중지미수이다.

〈보기 2〉
A. 이 견해는 자의성과 윤리성을 혼동하고 있으며 자의성을 인정하는 범위가 지나치게 협소하다는 비판을 받고 있다.

B. 이 견해에 따르면 범행 당일 미리 제보를 받은 세관직원들이 범행장소 주변에 잠복근무를 하고 있어 그들이 왔다갔다 하는 것을 보고 범행이 발각될 것을 두려워한 나머지 범행을 중도에 포기한 경우에는 중지미수가 성립하지 않는다.
C. 이 견해는 더 나은 범행의 기회를 잡기 위해 중지한 경우에는 중지미수가 성립하지 않는다고 본다.
D. 이 견해에 대해서는 자의성과 가능성을 혼동하고 있으며 해석에 따라서는 자의성의 범위가 부당하게 확대된다는 비판이 가해진다.
E. 이 견해는 강제적 장애사유가 없음에도 불구하고 자율적 동기에 의하여 중지한 때에는 자의성이 인정되지만 범인의 의사와 관계없이 사태를 현저히 불리하게 만든 장애사유 때문에 타율적으로 중지한 때에는 자의성이 인정되지 않는다고 본다.

① ㈎－E ㈏－B ㈐－D ㈑－C ㈒－A
② ㈎－B ㈏－A ㈐－D ㈑－E ㈒－C
③ ㈎－B ㈏－A ㈐－C ㈑－E ㈒－D
④ ㈎－E ㈏－C ㈐－A ㈑－B ㈒－D
⑤ ㈎－B ㈏－D ㈐－E ㈑－A ㈒－C
⑥ ㈎－E ㈏－B ㈐－C ㈑－D ㈒－A

해설

㈎는 객관설이다. 객관설에 의하면 B의 결과가 된다. ㈏는 주관설이며, A가 주관설에 대한 비판이다. ㈐는 프랑크의 공식이고, D는 이에 대한 비판이다. ㈑는 절충설이다. 절충설은 자율적 동기에 의한 중지인가 또는 강제적 장애사유에 의한 중지인가를 기준으로 하는 견해이며, E가 그 내용이다. ㈒는 규범설이며, 이 견해는 법의 괘도 또는 합법으로의 회귀가 있어야 자의성이 인정된다고 한다. C가 규범설의 내용이다.
결국 ㈎－B, ㈏－A, ㈐－D, ㈑－E, ㈒－C로 연결된다. 〈답 ②〉

4. 중지미수에 대한 설명 중 가장 옳지 않은 것은? (판례에 의함)

① 라이터로 휴지에 불을 붙여 장롱 안에 있는 옷가지에 불을 놓아 집을 소훼하려 하였다가 불길이 치솟는 것을 보고 겁이 나서 불을 끈 경우에는 행위자의 자의성이 인정되기 어려우므로 현주건조물방화의 장애미수죄에 해당한다.
② 피해자를 살해하려고 그의 목 부위와 왼쪽 가슴 부위를 칼로 수회 찔렀으나 피해자의 가슴 부위에서 많은 피가 흘러나오는 것을 발견하고 겁이 나서 그만둔 경우 자의에 의한 중지미수가 아니다.
③ 자신의 집을 방문하려는 채권자를 살해하려고 독약을 준비하였으나 채권자가 도착한 순간 마음이 변하여 독살하지 않은 경우 자의에 의한 살

인죄의 중지미수이다.

④ 피해자를 강간하려다가 피해자의 다음번에 만나 친해지면 응해 주겠다는 취지의 간곡한 부탁으로 인하여 그 목적을 이루지 못한 후 피해자를 자신의 차에 태워 집에까지 데려다 주었다면 이는 중지미수에 해당한다.

⑤ 강도가 강간하려고 하였으나 피해자가 임신중인데다 시장에 간 남편이 곧 돌아온다고 하여 그만둔 경우 자의에 의한 중지미수가 아니다.

해설

①(○) 피고인이 장롱 안에 있는 옷가지에 불을 놓아 건물을 소훼하려 하였으나 불길이 치솟는 것을 보고 겁이 나서 물을 부어 불을 끈 것이라면, 위와 같은 경우 치솟는 불길에 놀라거나 자신의 신체안전에 대한 위해 또는 범행 발각시의 처벌 등에 두려움을 느끼는 것은 일반 사회통념상 범죄를 완수함에 장애가 되는 사정에 해당한다고 보아야 할 것이므로, 이를 자의에 의한 중지미수라고는 볼 수 없다(대법원 1997.6.13, 97도957).

②(○) 피고인이 피해자를 살해하려고 그의 목 부위와 왼쪽 가슴 부위를 칼로 수회 찔렀으나 피해자의 가슴 부위에서 많은 피가 흘러나오는 것을 발견하고 겁을 먹고 그만두는 바람에 미수에 그친 것이라면, 위와 같은 경우 많은 피가 흘러나오는 것에 놀라거나 두려움을 느끼는 것은 일반 사회통념상 범죄를 완수함에 장애가 되는 사정에 해당한다고 보아야 할 것이므로, 이를 자의에 의한 중지미수라고 볼 수 없다(대법원 1999.4.13, 99도640).

③(×) 피고인이 피해자를 강간하려다가 피해자의 다음 번에 만나 친해지면 응해 주겠다는 취지의 간곡한 부탁으로 인하여 그 목적을 이루지 못한 후 피해자를 자신의 차에 태워 집에까지 데려다 주었다면 피고인은 자의로 피해자에 대한 강간행위를 중지한 것이고 피해자의 다음에 만나 친해지면 응해주겠다는 취지의 간곡한 부탁은 사회통념상 범죄실행에 대한 장애라고 여겨지지는 아니하므로 피고인의 행위는 중지미수에 해당한다(대법원 1991.6.25, 91도436).

④(○) 피고인이 피해자를 강간하려다가 피해자의 다음 번에 만나 친해지면 응해 주겠다는 취지의 간곡한 부탁으로 인하여 그 목적을 이루지 못한 후 피해자를 자신의 차에 태워 집에까지 데려다 주었다면 피고인은 자의로 피해자에 대한 강간행위를 중지한 것이고 피해자의 다음에 만나 친해지면 응해주겠다는 취지의 간곡한 부탁은 사회통념상 범죄실행에 대한 장애라고 여겨지지는 아니하므로 피고인의 행위는 중지미수에 해당한다(대법원 1993.10.12, 93도1851).

⑤(○) 강도가 강간하려고 하였으나 잠자던 피해자의 어린 딸이 잠에서 깨어 우는 바람에 도주하였고, 또 피해자가 시장에 간 남편이 곧 돌아온다고 하면서 임신중이라고 말하자 도주한 경우에는 자의로 강간행위를 중지하였다고 볼 수 없다(대법원 1993.4.13, 93도347).

〈답 ③〉

5. 중지미수의 자의성의 판단 기준에 관하여 A는 프랑크의 공식, B는 주관설, C는 절충설을 취하고 있다. 다음 ㉠ 내지 ㉣ 가운데 A와 C의 견해에 의하여 모두 자의성이 인정되는 것은?

㉠ 甲은 절도의 의사로 심야에 주차장에서 차량을 물색하고 있던 중 차량을 훔칠 수는 있지만 나쁜 일을 하지 않겠다고 생각하고 그만두었다.

㉡ 甲은 보석가게에 진열되어 있는 반지를 훔치려고 진열대의 문을 열고 반지를 잡았으나 붙어 있는 가격표의 가격이 너무 싼 것을 보고 그 자리를 떠났다.
㉢ 甲은 살인의 의사로 칼로 乙을 한 번 찌른 후 다시 찌르려고 했으나 乙이 살려달라고 애원하자 동정심에서 그만 찌르고 떠나서 乙은 생명을 구할 수 있었다.
㉣ 甲은 乙을 강간하려고 폭행하고 옷을 벗겼으나 乙이 생리중인 것을 알고 그만두었다.

① ㉠ ㉢ ② ㉡ ㉢ ③ ㉢ ㉣
④ ㉠ ㉢ ㉣ ⑤ ㉡ ㉢ ㉣ ⑥ ㉠ ㉡ ㉢ ㉣

해설

주관설은 후회, 동정 기타 윤리적 동기에 의하여 중지한 경우에만 자의성을 인정하므로 ㉠과 ㉢의 경우에 자의성이 인정된다. Frank의 공식은 할 수 있었음에도 불구하고 하기를 원하지 않아서 중지한 때에 자의성이 인정된다고 함에 반하여, 절충설은 자율적 동기에 의하여 중지한 때에 자의성을 인정한다. Frank의 공식에 의할 때에는 ㉠㉡㉢ 및 ㉣의 경우에 모두 자의성이 인정됨에 반하여, 절충설에 의하면 ㉠과 ㉢의 경우에만 자의성이 인정된다. 따라서 절충설과 Frank의 공식에 의할 때 모두 자의성이 인정되는 것은 ㉠과 ㉢이다. 〈답 ①〉

6. 중지범이 인정되는 것은? (통설과 판례에 따름)

① 마약을 제조하려 하였으나 제조상에 어려움이 있고 판로가 마땅하지 않으며, 발각의 두려움과 함께 피고인 중 한 명이 포악하여 마음에 들지 않는다는 이유로 제조를 단념한 경우
② 대마 2상자를 사가지고 돌아오다 이 장사를 다시하면 내 인생을 망치게 된다는 생각이 들어 이를 불태운 경우
③ 절도범인이 금품을 물색하던 중 오늘은 운이 나쁘다고 생각하여 다음 기회로 미룬 경우
④ 강도의 목적으로 주거에 침입하였으나 그 집 식구가 의외로 많아서 강도의 의사를 버린 경우
⑤ 바람소리를 듣고 경관이 온 것으로 착각하여 절도를 중지한 경우

해설

①(×) 발각의 두려움으로 인하여 중단한 때에는 자의성이 인정되지 않는다.
②(×) 대마관리법 제19조 1항 2호, 제4조 3호 위반죄는 대마를 매매함으로써 성립하는 것이므로 설사 피고인이 대마 2상자를 사가지고 돌아오다 이 장사를 다시 하게 되면 내 인생을 망치게 된다는 생각이 들어 이를 불태웠다고 하더라도 이는 양형에 참작되는 사유는 될 수 있을지언정 이미 성립한 죄에는 아무 소장이 없어 이를 중지미수에 해당된다

할 수 없다(대법원 1983.12.27, 83도2629).
③(○) 범행의욕의 상실과 같은 내적 동기에서 자율적으로 중지한 경우에는 자의성이 인정되어 중지미수가 성립한다.
④(×) 폭행 · 협박이 없었으므로 강도의 실행의 착수가 없다. 강도예비만 될 뿐이다. 예비의 중지가 문제되나 통설 · 판례는 이를 부정한다.
⑤(×) 장애사유의 존재 유무는 범인의 표상을 기준으로 하여야 하므로 장애미수이다.

〈답 ③〉

7. 甲에게 중지미수가 인정되는 경우만을 조합한 것은? (다수설 및 판례에 의함)

㉮ 甲과 乙은 A를 살해할 것을 공모하고 甲이 A에게 권총을 발사하여 A는 부상에 그쳤는데, 甲은 공포감에 살의를 포기하고 乙에게 귀가를 권했으나 乙은 듣지 않고 甲의 권총을 빼앗아들고 A를 살해했다.
㉯ 乙이 甲에게 丙을 살해할 것을 교사하여 甲이 丙을 살해하려고 권총을 발사하려는 순간 丙의 얼굴이 자기의 선친의 모습과 비슷하였으므로 그만두었다.
㉰ 甲은 乙에게 丙을 살해하라고 교사하고, 乙은 이를 받아들여 丙에게 독약을 먹였으나 양심의 가책을 느끼고 丙을 병원으로 옮겨 살렸다.
㉱ 소매치기인 甲이 전차 안에서 타인의 외투주머니 안에 손을 넣었으나 면식이 있는 형사가 있기 때문에 손을 뺐는데, 실은 그 안에는 무일푼이었다.
㉲ 甲은 乙을 살해하기 위해 독약을 먹였는데 치사량에 미달하였기 때문에 그대로 두었어도 乙은 죽지 않았을 것임에도 이를 모르고 乙이 신음하는 것을 보고 자신의 잘못을 뉘우치고 乙을 병원으로 데려가 치료를 받게 하여 구조하였다.
㉳ 甲은 乙과 공유하는 대지를 乙의 승낙을 받지 않고 담보에 제공하고 가등기를 경료하였다가 가등기를 말소하였다.

① ㉯ ② ㉰ ③ ㉲
④ ㉯ ㉲ ⑤ ㉯ ㉰ ㉲ ⑥ ㉯ ㉰ ㉲ ㉳

해설

㉮(×) 공범의 경우에는 실행미수의 경우뿐만 아니라 착수미수에 있어서도 범죄가 기수에 달하면 중지미수는 생각할 여지가 없기 때문에 공범이 자신의 행위를 중지한 것만으로는 중지미수가 성립할 수 없고, 다른 공범 또는 정범의 행위까지 중지케 하여 결과의 발생을 방지하여야 한다.
㉯(○) 중지미수의 효과는 인적처벌조각사유이므로 그 효과는 자의로 중지한 자에게만 미친다. 따라서 교사범과 종범에 있어서 정범이 자의로 중지한 때에는 정범은 중지미수가 되지만 공범은 장애미수의 공범이 된다.
㉰(×) 정범이 자의에 의하여 중지한 경우에도 교사범에게는 자의성이 인정되지 않는다.
㉱(×) 설문과 같이 뒤져보았으나 실은 원하는 물건이 없었던 경우는 불능미수가 성립하

지 않고 장애미수가 된다.
㉤(○) 불능미수에 대한 중지미수가 가능한가에 관하여 다수설은 적극설을 취하고 있다. 결과발생이 불가능한 경우를 가능한 경우에 비하여 무겁게 처벌하는 것은 불합리하다는 것을 이유로 한다.
㉥(×) 횡령죄의 기수(대법원 1978.11.28, 78도2175)이므로 중지미수가 성립할 수 없다.

〈답 ④〉

8. 다음의 <사례>를 법학과 학생이 <보고서>와 같이 풀었다. <보고서>의 ㉠~㉣ 중에서 옳지 않은 것을 모두 고른 것은? <사시 2005년>

〈사례〉
甲男은 콧대 높은 乙女를 애인으로 만들기 위해 乙女의 직장 앞에 차를 대 놓고 기다리다가 퇴근길의 乙女를 집까지 데려다 주겠다며 차에 태웠다. 甲男은 으슥한 장소에 이르러 차를 세우고는 乙女를 강간할 목적으로 협박하며 강제로 옷을 벗기려고 하였는데, 乙女가 며칠 전에 수술하여 배가 아프니 그만두라고 애원하자, 甲男은 간음은 시도해보지도 않은 채 강간을 그만두었다. 하지만 甲男은 乙女가 하차를 요구하였으나 이를 거부하고, 데이트나 하자며 한 시간 가량 차에 태워 다니다가 경찰관에게 단속되었다. 甲男의 죄책은?
〈보고서〉
㉠ 甲男은 乙女에게 간음을 시도하지는 않았지만 강간의 의사로 협박하였으므로 강간죄의 실행의 착수가 인정된다. 하지만 간음이 달성되지 못했으므로 강간죄의 미수로 처리되어야 하는데, 중지미수의 자의성과 관련하여 ㉡ 대법원은 '범죄의 실행행위에 착수하고 그 범죄가 완수되기 전에 자기의 자유로운 의사에 따라 범죄의 실행행위를 중지한 경우에 그 중지가 일반사회통념상 범죄를 완수함에 장애가 되는 사정에 의한 것이 아니라면, 이는 중지미수에 해당한다'고 판시한다. 따라서 이러한 ㉢ 대법원의 입장을 따르면 甲男의 행위는 강간죄의 중지미수에 해당한다.
아울러 甲男이 乙女를 차에 태우고 한 시간 가량 달린 행위는 감금죄에 해당하는데, ㉣ 위 〈사례〉에서 대법원은 강간죄의 미수와 감금죄는 상상적 경합관계에 있다고 본다.

① ㉢ ② ㉠㉣ ③ ㉡㉢ ④ ㉢㉣ ⑤ ㉠㉢㉣

해설

㉢(×) 판례는 이와 유사한 사건에서 '甲, 乙, 丙이 강도행위를 하던 중 甲, 乙은 피해자를 강간하려고 작은 방으로 끌고 가 팬티를 강제로 벗기고 음부를 만지던 중 피해자가 수술한 지 얼마 안 되어 배가 아프다면서 애원하는 바람에 그 뜻을 이루지 못하였다면, 강도행위의 계속 중 이미 공포상태에 빠진 피해자를 강간하려고 한 이상 강간의 실행에

착수한 것이고, 피고인들이 간음행위를 중단한 것은 피해자를 불쌍히 여겨서가 아니라 피해자의 신체조건상 강간을 하기에 지장이 있다고 본 데에 기인한 것이므로, 이는 일반의 경험상 강간행위를 수행함에 장애가 되는 외부적 사정에 의하여 범행을 중지한 것에 지나지 않는 것으로서 중지범의 요건인 자의성을 결여하였다'고 판시한바(대법원 1992.7.28, 92도917), 설문의 경우 판례의 태도에 의하면 강간죄의 장애미수에 해당한다.
㉣(×) 판례는 감금이 동시에 강간의 수단이 된 때에는 양 죄가 상상적 경합이 되나(대법원 1983.4.26, 83도323), 감금행위가 단순히 강도상해 범행의 수단이 되는데 그치지 아니하고 강도상해의 범행이 끝난 뒤에도 계속된 경우에는 감금죄와 강도상해죄는 경합범이 된다고 한다(대법원 2003.1.10, 2002도4380). 따라서 설문의 경우 판례의 입장에 따르면 甲이 강간미수가 끝난 후에 乙을 차에 태우고 한 시간 가량 달린 행위는 감금행위에 해당하므로 강간미수와 감금죄는 경합범 관계에 있다고 해야 한다. 〈답 ④〉

9. 다음 설명 중 옳은 것은? (다툼이 있는 경우에는 판례에 의함)

<사시 2012년: 배점 3>

① 중지미수와 불능미수는 착수미수와 실행미수에 따라 그 성립요건을 달리하기 때문에 착수미수와 실행미수를 구별하는 실익이 있다.
② 중지미수를 장애미수나 불능미수보다 더 가볍게 처벌하는 근거에 관한 이론 중 위법성(불법)소멸설이나 책임소멸설은 현행 형법의 태도와 일치하지 않는다.
③ 특수강간미수범이 피해자를 상해에 이르게 한 때에는 특수강간치상미수죄가 성립한다.
④ 포괄일죄의 관계에 있는 범행의 일부를 실행한 후 공범관계에서 이탈하였으나 다른 공범자에 의하여 나머지 범행이 이루어진 경우, 공범관계에서 이탈한 자는 관여하지 않은 부분에 대하여 죄책을 부담하지 않는다.
⑤ 자신이 토지의 소유자라고 허위의 주장을 하면서 소유권보존등기 명의자를 상대로 보존등기의 말소를 구하는 소송을 제기하여 보존등기 말소를 명하는 내용의 확정판결을 받았더라도 아직 자기 앞으로 소유권보존등기를 경료하지 않은 상태라면 사기죄의 미수범이 성립한다.

해설

①(×) 중지미수와 달리 불능미수는 착수미수와 실행미수에 따라 그 성립요건을 달리하고 있지 않으므로 착수미수와 실행미수를 구별하는 실익이 없다.
②(○) 중지미수의 이론적 근거인 위법성(불법)감소설이나 책임감소설에 의하면 중지미수에 해당하는 자에 대하여는 무죄를 선고해야 하는데, 우리 형법은 필요적 감면해 줄 수 있지만 무죄를 선고하지는 못한다는 점에서 우리 형법과 일치하지 않는 이론이다.
③(×) 특수강간치상죄(기수)가 성립한다.
④(×) 피고인이 관여하지 않은 부분에 대하여도 죄책을 부담한다(대법원 2011.1.13, 2010도9927).
⑤(×) 확정판결을 받은 이상 아직 자기 앞으로 소유권보존등기를 경료하지 않은 상태라고 하더라도 사기죄의 기수범이 성립한다. 〈답 ②〉

10. 중지미수에 관한 <보기 1>의 주장과 그에 대한 논거인 <보기 2>의 연결이 올바른 것은? <사시 2010년: 배점 3>

〈보기 1〉
가. 행위자가 실행에 착수한 후 자의로 결과발생의 방지를 위하여 노력하였으면, 행위자의 사후적인 노력 때문이 아니라 애초부터 결과발생이 불가능하여 결과가 발생하지 않았더라도 불능미수의 중지미수를 인정한다.
나. 행위자는 자의로 중지하였으나 그 이후 일반적인 생활위험이 실현되어 범행의 결과가 발생한 경우 중지미수가 인정된다.
다. 예비행위를 하면서 실행의 착수 이전에 중지한 경우 예비행위의 중지미수가 인정된다.

〈보기 2〉
A. 발생한 결과와 행위자의 행위 사이에 인과관계 내지 객관적 귀속이 없다.
B. 중지미수를 양형에 관한 특별규정으로 보면 형법 제26조(중지범)를 적용할 수 있다.
C. 형의 균형을 이유로 형법 제26조(중지범)를 적용할 수 있다.
D. 결과발생을 방지하는 행위가 중지미수의 요건은 아니다.
E. 결과가 무엇이든 범행에 의해 나중에 발생된 결과가 있을 경우 중지미수는 성립할 수 없다.

① 가－B 나－A 다－C
② 가－B 나－C 다－A
③ 가－B 나－E 다－C
④ 가－D 나－A 다－C
⑤ 가－D 나－C 다－A

해설

가–B 불능적 중지미수의 경우에 중지미수를 인정하는 것은 불능미수만 인정하는 것에 비하여 양형에서 유리해지므로 중지미수를 양형에 관한 특별한 규정으로 보는 B와 연결된다.
나–A 행위자가 자의로 중지하였음에도 결과가 발생한 경우 원칙적으로 중지미수는 성립할 수 없으나, 발생된 결과에 대하여 인과관계나 객관적 귀속이 부정되는 경우에는 예외적으로 중지미수가 성립할 수 있다.
다–C 예비의 중지를 인정하는 견해이며, 형의 불균형을 시정하기 위해서 예비죄에 대하여도 중지미수를 적용하자는 논의이므로 C와 연결된다. **〈답 ①〉**

11. 미수범에 관한 설명 중 옳지 않은 것은? (다툼이 있는 경우에는 판례에 의함) <사시 2011년: 배점 2>

① 공범자 중 1인의 자의에 의한 중지에 의해 실제로 결과가 방지된 경우에

중지하지 않은 다른 공범자에 대해서는 장애미수의 규정이 적용된다.

② 중지미수의 자의성 여부에 관한 판례의 태도에 따르면 행위자의 중지가 일반사회통념상 범죄를 완수함에 장애가 되는 사정에 의한 것이 아니라고 평가될 수 있으면 자의성이 인정될 수 있다.

③ 불능미수의 위험성 판단에 관한 추상적 위험설과 구체적 위험설은 그 판단 자료로서 일반인이 인식할 수 있었던 사정을 포함시키는지의 여부에 따라 차이가 있다.

④ 불능미수의 위험성 판단과 관련하여 행위자가 인식한 사정과 일반인이 인식할 수 있었던 사정이 일치하지 않는 경우에 어느 사정을 기초로 판단할 것인지가 명확하지 않다는 비판을 받고 있는 견해에 의하면, 명백히 사정거리 밖에 있는 자에 대해 사정거리 안에 있는 것으로 오인하고 총격한 경우에 위험성이 부정된다.

⑤ 실탄 세 발이 든 총으로 피해자를 살해하기 위해 첫 발을 쏘았으나 총알이 빗나가자 다시 쏠 수 있었음에도 불구하고 그 이후의 사격행위를 포기한 경우, 중지한 시점의 행위자의 생각을 기준으로 종료미수(실행미수)와 미종료미수(착수미수)를 구별하는 견해에 의하면 실행행위는 종료된 것이 된다.

해설

①(○) 중지미수의 효과는 일신전속적이므로 자의로 중지한 자에게만 미친다. 자의로 중지한 자만 중지미수에 해당하며, 다른 공범자는 장애미수에 해당할 뿐이다.
②(○) 대법원 1985.11.12, 85도2002 참조.
③(○) 구체적 위험설은 위험성의 판단자료로서 행위 당시에 행위자가 인식한 사실 이외에 일반인이 인식할 수 있었던 사정을 포함시키지만, 추상적 위험설은 일반인이 인식할 수 있었던 사정을 고려하지 않는다.
④(○) 불능미수의 위험성에 관한 견해 중 구체적 위험설에 대한 비판이다. 구체적 위험설에 의하면 일반인이 인식할 수 있었던 사정도 위험성 유무의 판단자료에 포함시키는데, 지문에서 명백히 사정거리 밖에 있었던 경우라고 하므로 그 위험성은 부정된다.
⑤(×) 중지한 시점의 행위자의 생각을 기준으로 본다면, 다시 쏠 수 있음에도 사격행위를 포기한 것은 실행행위가 종료하지 않은 착수미수에 해당한다. 〈답 ⑤〉

12. 미수범에 대한 설명 중 옳은 것은? (다툼이 있는 경우에는 판례에 의함)

<사시 2009년: 배점 2>

① 일반적으로 사람으로 하여금 공포심을 일으키게 하기에 충분한 해악을 고지하였으나 상대방이 현실적으로 공포심을 일으키지 아니한 경우에는 협박죄의 미수범이 성립한다.

② 임신중절의 목적으로 태아를 모체 밖으로 배출시킨 후 살해한 경우에는 낙태죄가 성립하고 살인죄는 성립하지 않는다.

③ 진정부작위범은 거동범의 성격을 가지므로 형법상 진정부작위범의 미수범을 처벌하는 규정은 존재하지 않는다.
④ 진정결과적 가중범은 고의범과 과실범의 결합형태이고, 과실범의 미수는 처벌대상이 아니므로 진정결과적 가중범의 미수범을 처벌하는 규정은 존재하지 않는다.
⑤ 애당초 결과발생이 불가능한 경우에는 결과발생을 방지하기 위한 진지한 노력이 있더라도 중지미수를 인정할 수 없다고 하는 견해는 행위자의 방지행위로 결과발생이 방지된 것이 아니라는 점을 근거로 들고 있다.

해설

①(×) 일반적으로 사람으로 하여금 공포심을 일으키게 하기에 충분한 정도의 해악을 고지함으로써 상대방이 그 의미를 인식한 이상, 상대방이 현실적으로 공포심을 일으켰는지 여부와 관계없이 그로써 구성요건은 충족되어 협박죄의 기수에 이르는 것으로 해석하여야 한다(대법원 2007.9.28, 2007도606 전원합의체).
②(×) 낙태죄는 태아를 자연분만기에 앞서서 인위적으로 모체 밖으로 배출하거나 모체 안에서 살해함으로써 성립하고, 그 결과 태아가 사망하였는지 여부는 낙태죄의 성립에 영향이 없다(대법원 2005.4.15, 2003도2780). 따라서 낙태죄와 살인죄의 경합범이 된다.
③(×) 진정부작위범은 결과의 발생을 필요로 하지 않는 거동범이므로 미수범이 성립할 수 없다는 것이 다수설이지만, 형법에는 진정부작위범인 퇴거불응죄의 미수범을 처벌하는 규정(제322조)이 있다.
④(×) 형법은 진정결과적 가중범에 해당하는 인질치사상죄(제324조의5), 강도치사상죄 · 해상강도치사상죄(제342조)의 미수범을 처벌하는 규정을 두고 있다. 〈답 ⑤〉

제 3 절 불능미수

1. 형법 제27조의 불능미수에 관한 설명 중 옳지 않은 것만 모두 묶은 것은?

(a) 불능범과 불능미수는 위험성의 유무에 의하여 구별된다.
(b) 불능미수도 실행의 착수가 있어야 한다.
(c) 주체의 착오로 결과발생이 불가능한 경우도 포함한다.
(d) 처벌받는 것으로 알고 아버지의 재물을 절취하면 불능범이다.
(e) 타인의 빈 주머니에 돈이 있는 줄로 잘못 알고 손을 넣은 경우는 절도죄의 미수에 해당한다.
(f) 모조품을 골동품으로 잘못 알고 훔친 경우는 절도죄의 불능미수에 해당한다.
(g) 불능미수는 임의적 감면사유에 해당한다.

① (c) ② (d) ③ (d) (e)
④ (c) (d) (f) ⑤ (d) (e) (f) ⑥ (e) (f) (g)

해설

(a)(○) 불능범과 불능미수는 위험성의 유무에 의하여 구별된다.
(b)(○) 불능미수도 미수범이므로 행위자가 실행에 착수하였을 것을 요한다.
(c)(×) 형법의 해석에 있어서도 주체의 착오로 인하여 결과의 발생이 불가능한 경우에 불능미수가 성립될 수 있다고 해석하는 견해도 있으나(박상기, 이형국), 다수설은 주체의 흠결의 경우에는 신분없는 자의 행위로서 미수범의 행위반가치를 결하였다고 하여야 하므로 불능미수가 성립할 수 없고 불능범이 된다고 본다(이재상, 김일수, 김종원, 유기천, 정성근).
(d)(×) 사실상 허용되고 있는 행위를 금지되거나 처벌된다고 오인한 경우로서 환각범에 해당하며, 불능범 또는 불능미수와 구별된다.
(e)(○) 소매치기가 피해자의 주머니에 손을 넣어 금품을 절취하려 하였으나 그곳에는 금품이 들어 있지 아니한 경우라도 그러한 행위는 절도라는 결과발생의 위험성을 충분히 내포하고 있으므로 이는 절도미수에 해당한다(대법원 1986.11.25, 86도2090).
(f)(×) 모조품이든 골동품이든 타인의 재물이고, 이는 동일객체의 성질의 착오로서 사실의 착오에 관한 어느 학설에 의하더라도 절도죄의 고의·기수책임이 인정된다. 〈답 ④〉

2. 사실의 흠결에 관한 기술로 옳은 것만 모두 묶은 것은?

㉠ 구성요건해당행위가 있으나 결과발생의 사정이 존재하지 않을 경우
㉡ 행위자가 그 행위로부터 결과가 발생할 가능성을 인식하지 못한 경우
㉢ 구체적으로 범죄행위를 함에 있어서 행위자가 행위의 위법을 의식하지 못한 경우
㉣ 자기의 신발을 타인의 것으로 오인하고 절취하였다면 절도미수이다.
㉤ 돈 한 푼 없는 통행인의 재물을 강취하고자 하였다면 강도미수이다.
㉥ 공무원으로 오인하고 증뢰하였다면 공무원이 아니었어도 증뢰죄가 성립한다.
㉦ 화재가 아닌데 화재가 났다고 오신하고 진화용물건을 감추면 진화방해죄가 성립한다.

① ㉠ ② ㉤ ③ ㉠ ㉤ ④ ㉢ ㉤
⑤ ㉣ ㉤ ⑥ ㉠ ㉢ ㉤ ⑦ ㉤ ㉥ ㉦ ⑧ ㉠ ㉣ ㉤ ㉥

해설

사실의 흠결이론은 미수를 구성요건요소 가운데 인과관계의 착오의 경우에 제한하고 그 이외의 구성요건요소, 즉 범죄의 주체·객체·수단 또는 행위상황 등이 구비되지 않은 때에는 구성요건의 흠결로서 당연히 벌할 수 없는 불능범이 된다는 이론이다. 이에 의하면 구성요건적 결과가 흠결된 경우는 불능미수이지만, 그 이외의 구성요건적 요소가 흠결된 경우는 이미 미수의 구성요건해당성을 결하기 때문에 범죄가 성립하지 않는 경우에 해당하게 된다. ㉠㉤이 사실의 흠결에 해당한다.
㉡ 주의의무위반이 있는 과실범에 해당하고, ㉢ 위법성인식이 없는 경우인 법률의 착오에 해당한다. ㉣㉥ 객체의 흠결의 경우로서 범죄가 성립하지 않는 불능범이다. ㉦ 행위상황의 흠결에 해당하므로 불능범이다. 〈답 ③〉

3. 불능미수에 관한 설명 중 잘못된 것은?

① 甲은 乙을 살해하려고 목을 힘껏 졸랐으나 乙은 이미 사망한 상태였고, 그때 일반인들도 乙의 사망을 알 수 없었던 경우 주관설에 의하면 살인미수가 된다.

② 甲은 乙을 살해하기 위하여 발포한바, 乙은 이미 수 분 전에 사망하였다. 절대적 · 상대적 불능설에 의하면 불능범으로 되고 추상적 위험설에 의하면 살인죄의 불능미수가 된다.

③ 甲은 당뇨병환자에게는 설탕이 치명적인 것으로 알고 당뇨병환자인 乙에게 설탕을 먹였으나 乙이 별 이상 없이 생존한 경우 형법 제27조의 규정에 따르면 甲은 무죄가 될 수밖에 없다.

④ 금전을 소지하지 않은 자의 주머니에 절도의 의사로써 손을 넣은 것을 절도죄의 불능미수라고 보는 것은 구체적 위험설에서는 물론 추상적 위험설의 입장에서도 가능하다.

⑤ 자기의 물건을 타인의 물건으로 믿고서 절취행위를 한 경우 추상적 위험설에 의하면 절도죄의 불능미수로 된다.

해설

①(○) 주관설에 의하면 범죄의사가 확실하게 표현된 이상 그것이 객관적으로 절대불능인 때에도 미수범으로 처벌하여야 한다.
②(○) 구객관설에 의하면 시체에 대한 살해행위는 객체의 절대적 불능에 해당하여 불능범이 되고, 추상적 위험설은 행위시에 행위자가 인식한 사실을 기초로 하여 행위자가 생각한 대로의 사정이 존재하였으면 일반인의 판단에서 결과발생의 위험성이 있는 경우를 추상적 위험이라 하여 추상적 위험이 있는 경우에는 불능미수가 된다. 따라서 ②의 경우는 행위자가 乙이 살아 있다고 오인하고 발포하였으므로 일반인이 보기에 결과발생에 대한 위험성을 느껴 불능미수가 된다.
③(×) 형법 제27조는 위험성이 있으면 처벌하고, 그 위험성 여부에 관하여 학설이 대립되고 있다.
④(○) 타인의 호주머니에 금전이 있을 가능성을 상정할 수 있으므로 이에 대한 결과발생의 위험성을 일반인이 인식하게 된다. 따라서 추상적 위험설은 물론 구체적 위험설에 의하는 경우에서도 당연히 불능미수가 된다.
⑤(○) 추상적 위험설에 의하면 행위자가 인식한 사실을 기초로 하여 일반인의 입장에서 결과발생의 위험성 여부를 판단하므로 타인재물이었다면 구성요건실현의 가능성이 있어 일반인이 결과발생의 위험성을 느끼므로 불능미수가 된다. 〈답 ③〉

4. 불능미수에 관한 다음 설명 중 옳지 않은 것은? (다툼이 있는 경우에는 판례에 의함) <사시 2010년: 배점 2>

① 사망한 지 얼마 되지 않은 사람을 살아있는 사람으로 오인하고 살해할 의사로 총을 발사한 경우 구객관설에 따르면 불능범이다.

② 치사량에 해당한다고 생각하고 살해하려 하였으나 지사량 미달의 독약

이었던 경우 구체적 위험설에 따르면 불능범이다.

③ 설탕으로도 사람을 죽일 수 있다고 생각하고 설탕을 먹인 경우 주관설에 따르면 불능미수이다.

④ 독약으로 오인하고 설탕을 먹여 살해하려고 한 경우 추상적 위험설에 따르면 불능미수이다.

⑤ 소송비용을 편취할 의사로 소송비용의 지급을 구하는 손해배상청구의 소를 제기한 경우 사기죄의 불능범에 해당한다.

해설

①(○) 구객관설은 절대적 불능과 상대적 불능으로 구별하여 전자는 불능범, 후자는 미수범으로 판단한다. 살인의 대상이 사체인 경우 결과발생이 개념적으로 불가능한 절대적 불능에 해당하므로 불능범이다.
②(×) 구체적 위험설은 행위 당시에 행위자가 인식한 사정과 일반인이 인식할 수 있었던 사정을 기초로 일반적 경험법칙에 따라 객관적·사후적으로 판단하여 결과발생의 개연성이 있는 경우는 구체적 위험성이 있으므로 불능미수로 본다. 따라서 치사량 미달의 독약이었지만 행위자가 그것으로 살해할 수 있다고 인식하였고, 일반인도 살해의 개연성을 인식할 수 있다고 객관적으로 판단되므로 불능미수범이 성립한다.
③(○) 주관설은 주관적으로 범죄의사가 확실히 표현된 이상 그것이 객관적으로 절대불능인 경우에도 미수로 처벌해야 한다고 보므로 설탕으로 살해하려고 하여도 불능미수가 된다.
④(○) 추상적 위험설은 행위 당시에 행위자가 인식한 사정을 기초로 하여 일반인의 입장에서 판단하므로 설탕을 독약으로 오인하였지만, 그것으로 살해하겠다는 행위자의 인식은 위험하다고 일반인의 입장에서 판단할 수 있으므로 불능미수가 된다.
⑤(○) 소송비용을 편취할 의사로 소송비용의 지급을 구하는 손해배상청구의 소를 제기한 경우, 사기죄의 불능범에 해당한다(대법원 2005.12.8, 2005도8105). 〈답 ②〉

5. 불능범과 불능미수를 구별하는 기준으로서 '위험성'의 판단방법에 관한 설명 중 옳은 것을 모두 고른 것은? <사시 2005년>

㉠ 주관설에 대해서는 불능미수의 한계를 명확히 할 수 없고, 행위자의 의사 이외에 객관적 요소를 고려하지 않으므로 미수범의 성립범위를 과도하게 넓힐 우려가 있다는 비판이 제기되고 있다.
㉡ 구객관설은 결과발생의 불가능성을 절대적 불능과 상대적 불능으로 구별하여 전자의 경우에는 위험성을 부정하여 불능범이 되고 후자의 경우에는 위험성을 인정하여 불능미수가 된다는 견해이다.
㉢ 구체적 위험설에 대해서는 행위자가 인식한 사정과 일반인이 인식할 수 있었던 사정이 일치하지 않는 경우에 어느 사정을 기초로 판단할 것인가가 명확하지 않다는 비판이 제기되고 있다.
㉣ 추상적 위험설은 밀가루를 독약으로 알고 먹인 경우에 행위자가 인식한 대로라면 일반인의 입장에서도 위험성이 있다고 판단되는 때에

는 불능미수에 해당한다고 한다.
ⓜ 추상적 위험설에 대해서는 행위자가 경솔하게 잘못 안 경우에도 그 사실을 기초로 위험성을 판단해야 한다는 것은 부당하다는 비판이 제기되고 있다.
ⓑ 구객관설은 시체를 살아있는 사람으로 오인하고 발포한 경우, 치사량 미달의 독약을 음용하게 하여 사람을 살해하려고 한 경우에는 결과발생이 개념적으로 불가능한 절대적 불능으로 보아 위험성을 부정하여 벌할 수 없다고 한다.

① ㉠ ㉡ ㉢ ㉣ ② ㉠ ㉡ ㉢ ㉤ ③ ㉠ ㉡ ㉣ ㉥
④ ㉠ ㉡ ㉢ ㉣ ㉤ ⑤ ㉡ ㉢ ㉣ ㉤ ㉥

✍ 해설 ……………………………………

구객관설은 시체에 대한 살해행위는 객체의 절대적 불능에 해당하여 처벌할 수 없고, 치사량 미달의 독약으로 살해를 기도한 경우는 수단의 상대적 불능으로 보아 미수범으로써 처벌받아야 한다고 한다. 그러므로 ㉥만 옳지 않다. 〈답 ④〉

6. 불능미수의 위험성에 관한 구객관설과 추상적 위험설의 입장에서, 위험성이 인정되어 가벌적인 불능미수가 되는 경우의 수를 합하면 몇 개인가?

㉠ 시체를 산 사람으로 생각하고 발포한 경우
㉡ 상대가 부재중임에도 재실중이라고 믿고 거실을 향하여 발포한 경우
㉢ 설탕을 독약이라고 오인하고 먹인 경우
㉣ 충분하다고 생각하고 치사량 미달의 독약을 먹인 경우
㉤ 탄환이 있다고 믿고 발사하였으나 다른 사람이 탄환을 빼 놓은 경우

① 5개 ② 6개 ③ 7개 ④ 8개 ⑤ 9개

✍ 해설 ……………………………………

구객관설은 상대적 불능인 경우에 위험성을 인정하므로 ㉡㉣이 미수가 된다(2개). 추상적 위험설은 판단의 기초를 행위자의 주관에 두고 일반인이 판단하는 것이므로 모두 위험성이 인정된다(5개). 주관설에 의하면 위 사례 모두 행위자가 결과발생이 가능하다고 인식한 경우이므로 위험성이 인정되며, 인상설에 의하더라도 법평온상태를 교란할 정도의 인상은 있었다고 할 것이므로 같은 결과가 된다. 〈답 ③〉

7. 불능미수에 관한 판례의 입장으로서 옳지 않은 것만 모두 모은 것은?

㉠ 치사량 미달의 농약을 음료수병에 섞어 마시게 하였지만 피해자가 사망하지 않았다면 불능미수에 해당한다.
㉡ 우물에 섞은 농약의 악취가 심하여 보통의 경우에는 마시기가 어렵고, 섞인 농약의 분량이 치사량에 이르지 않았을 때에는 불능미수에

해당한다.
㉢ 필로폰 제조를 시도하였으나 그 약품배합 미숙으로 완제품을 만들지 못한 경우에는 불가벌적 불능범이 성립한다.
㉣ 甲이 丙을 살해하라면서 乙에게 치사량의 농약이 든 병을 주고, 또 丙소유의 승용차의 브레이크호스를 잘라 제동기능을 상실시켜 丙이 차를 운전하다가 인도에 부딪치게 하였으나 다행히 丙이 사망에 이르지 아니하였다면, 甲의 호스절단행위는 살인미수죄를 구성하나, 甲이 乙에게 농약을 준 행위는 불능범에 해당하여 처벌되지 아니한다.
㉤ 수입자동승인품목을 수입제한품목이나 수입금지품목으로 잘못 알고 반제품인 양 가장하여 수입허가신청을 하였더라도, 이를 사위 기타 부정한 행위로써 수입허가를 받은 경우에 해당한다고 볼 수 없다.
㉥ 甲이 乙을 독살하려 하였으나 乙이 토함으로써 그 목적을 이루지 못한 경우에는 甲이 사용한 독의 양이 치사량 미달이어서 결과발생이 불가능한 경우도 있을 것이므로, 甲의 행위가 장애미수와 불능미수 중 어느 경우에 해당하는지 가릴 필요가 있다.
㉦ 일정량 이상을 먹으면 사람이 죽을 수도 있는 '초우뿌리'나 '부자' 달인 물을 마시게 하였지만 피해자가 사망하지 않은 경우 불능미수에 해당한다.

① ㉠ ㉢ ② ㉡ ㉣ ③ ㉢ ㉣ ④ ㉢ ㉥ ⑤ ㉤ ㉦

해설

㉠(○) 판례에 의하면 요구르트 한 병마다 섞은 농약 1.6씨씨가 치사량에 약간 미달한다 하더라도 이를 마시는 경우 사망의 결과발생의 가능성을 배제할 수는 없다고 한다(대법원 1984.2.28, 83도3331).
㉡(○) 판례에 의하면 살인의 결과가 발생할 위험성이 절대로 없다고 단정할 수는 없으므로 피고인에게 살인미수의 죄책을 인정하였음은 정당하다고 한다(대법원 1973.4.30, 73도354).
㉢(×) 판례는 성질상 결과발생의 위험성이 있어 습관성의약품제조미수범으로 처단한 것은 정당하다고 본다(대법원 1985.3.26, 85도206).
㉣(×) 피고인이 원심 상피고인에게 피해자를 살해하라고 하면서 준 원비-디 병에 성인 남자를 죽게 하기에 족한 용량의 농약이 들어 있었고, 또 피고인이 피해자 소유의 승용차의 브레이크호스를 잘라 브레이크액을 유출시켜 주된 제동기능을 완전히 상실시킴으로써 그 때문에 피해자가 그 자동차를 몰고 가다가 반대차선의 자동차와 충돌을 피하기 위하여 브레이크 페달을 밟았으나 전혀 제동이 되지 아니하여 사이드브레이크를 잡아당김과 동시에 인도에 부딪치게 함으로써 겨우 위기를 모면하였다면 피고인의 위 행위는 어느 것이나 사망의 결과발생에 대한 위험성을 배제할 수 없다 할 것이므로 각 살인미수죄를 구성한다(대법원 1990.7.24, 90도1149).
㉤(○) 대법원 1984.6.26, 84도341.
㉥(○) 대법원 1984.2.14, 83도2967.
㉦(○) 불능범은 범죄행위의 성질상 결과발생 또는 법익침해의 가능성이 절대로 있을 수 없는 경우를 말한다. 일정량 이상을 먹으면 사람이 죽을 수도 있는 '초우뿌리'나 '부자'

달인 물을 마시게 하여 피해자를 살해하려다 미수에 그친 행위가 불능범이 아닌 살인미수죄에 해당한다(대법원 2007.7.26, 2007도3687). 〈답 ③〉

8. 불능미수와 불능범의 구별기준에 관한 <학설>과 아래 <사례>에 대한 설명으로 옳지 않은 것은?

〈학설〉

주관설은 범죄의사가 확실하게 표현된 이상 미수범으로 처벌된다고 하고, 추상적 위험설은 행위시에 행위자가 인식한 사실을 기초로 일반인의 판단에서 위험성이 있다고 인정되면 미수범이 된다고 하며, 구체적 위험설은 행위시에 행위자가 인식한 사실과 일반인이 인식한 사실을 종합하여 위험성을 판단한다고 하고, 구객관설은 절대적 불능이면 불능범, 상대적 불능이면 불능미수라고 한다.

〈사례〉

(1) 甲은 경찰관으로부터 탄환이 장전되지 않은 권총을 탈취하여 탄환이 장전되었다고 생각하고 X를 향하여 방아쇠를 당겼다. 탄환이 장전되지 않은 사실은 경찰관 이외에는 아무도 알 수 없었다.
(2) 甲은 청산가리라고 생각하고 설탕을 술에 타서 X에게 마시게 했다. 그 용기의 라벨을 보면 설탕이라는 것은 누구나 알 수 있었다.
(3) 甲은 침대에 X가 자고 있다고 생각하고 침대에 총을 쏘았으나, X는 외출하여 무사하였다. 그 침대는 누가 보아도 X가 취침중인 것 같은 외관이었다.
(4) 甲은 녹말가루로 사람을 죽일 수 있다고 생각하고 소화약이라고 속여 이를 술에 타서 X에게 마시게 하였다.

① 주관설에 의하면 (1) 내지 (4)의 경우에 모두 불능미수가 된다.
② 추상적 위험설에 의하여도 주관설과 같은 결론이 된다.
③ 구체적 위험설에 의하면 (1)과 (3)의 경우는 불능미수, (2)와 (4)는 불능범이 된다.
④ 구객관설에 의하면 (1)(2)(4)는 불능범, (3)은 불능미수가 된다.
⑤ 인상설은 주관설과 같은 결론이지만 미신범을 처벌하지 않는 근거를 설명할 수 있다.

해설

위험성의 판단 기준에 관한 각 학설을 (1)에서 (4)까지의 사례에 적용하면 아래와 같다. 먼저 주관설에 의하면 (1) 내지 (4)의 사례에 모두 위험성이 인정되어 불능미수가 된다. 인상설에 의하더라도 같은 결론이 된다. 다만 인상설은 미신범을 처벌하지 않는 근거를 설명할 수 있다는 점에서 주관설과 차이가 있다. 다음에 추상적 위험설은 행위자가 인식한 사실을 기초로 일반인의 입장에서 위험성을 판단하므로 (1) 내지 (3)의 사례에는 위험성이 인정되어 불능미수가 되지만, (4)의 사례에서는 위험성이 없어 불능범이 된다. 녹말가루로 사람을 살해할 수는 없기 때문이다. 이에 반하여 구체적 위험설은 일반인이 인식한 사실과 특히 행위자가 인식한 사실을 기초로 위험성을 판단하므로 사례 (1)에서는 탄환이 장전되어 있는 권총, 사례 (2)에서는 설탕, 사례 (3)에서는 취침중인 X, 사례 (4)에서는 녹말가루가 기초가 된다. 사례 (2)에서 행위자는 청산가리라고 생각했지만 일반인은 쉽게 설탕임을 알 수 있었으므로 설탕이 판단기준이 된다. 구객관설은 절대적 불능이면 불능범, 상대적 불능이면 불능미수라고 하므로, 사례 (1)(2)(4)에서는 위험성이 인정되지 않아 불능범이 되지만, (3)의 사례에서는 위험성이 인정되어 불능미수가 된다. 결국 틀린 것은 ②가 된다. 〈답 ②〉

9. 다음 중 불능범에 해당하는 것을 모두 고른 것은? (판례에 의함)

<법원행시 2009년>

> ㉠ 필로폰 제조를 공모하고 그 제조원료인 염산에페트린과 파라디움, 에테르 등 수종의 화공약품을 사용하여 필로폰 제조를 시도하였으나 그 제조기술의 부족으로 필로폰 완제품을 제조하지 못하였고, 미완성품에서도 필로폰 성분이 검출되지 아니한 경우
> ㉡ 임대인과 임대차계약을 체결한 임차인이 임차건물에 거주하기는 하였으나 그의 처만이 전입신고를 마친 후에 경매절차에서 배당을 받기 위하여 임대차계약서상의 임차인 명의를 처로 변경하여 경매법원에 배당요구를 한 경우
> ㉢ 소송비용을 편취할 의사로 소송비용의 지급을 구하는 손해배상청구의 소를 제기한 경우
> ㉣ 甲이 다른 공범자들과 공모하여 마약을 매수하려 하였으나 매도인이 소금을 대신 교부함으로써 매수에 실패한 경우
> ㉤ 임야를 편취할 목적으로 사망한 자를 상대로 허위의 내용의 소송을 제기한 경우

① ㉠ ㉡ ㉢ ② ㉡ ㉢ ㉣ ③ ㉡ ㉢ ㉤
④ ㉢ ㉣ ㉤ ⑤ ㉠ ㉡ ㉢ ㉤

해설

㉠(×) 히로뽕 제조를 공모하고 그 제조원료인 염산에페트린과 파라디움, 에테르등 수종의 화공약품을 사용하여 히로뽕 제조를 시도하였으나 그 제조기술의 부족으로 히로뽕 완제품을 제조하지 못하였다면, 비록 미완성품에서 히로뽕 성분이 검출되지 아니하였다고 하여도 향정신성의약품제조미수죄의 성립에 소장이 있다고 할 수 없다(대법원 1984.10.10, 84도1793).

㉡(○) 임대인과 임대차계약을 체결한 임차인이 임차건물에 거주하기는 하였으나 그의 처만이 전입신고를 마친 후에 경매절차에서 배당을 받기 위하여 임대차계약서상의 임차인 명의를 처로 변경하여 경매법원에 배당요구를 한 경우, 실제의 임차인이 전세계약서상의 임차인 명의를 처의 명의로 변경하지 아니하였다 하더라도 소액임대차보증금에 대한 우선변제권 행사로서 배당금을 수령할 권리가 있다 할 것이어서, 경매법원이 실제의

임차인을 처로 오인하여 배당결정을 하였더라도 이로써 재물의 편취라는 결과의 발생은 불가능하다 할 것이고, 이러한 임차인의 행위를 객관적으로 결과발생의 가능성이 있는 행위라고 볼 수도 없으므로 형사소송법 제325조에 의하여 무죄를 선고하여야 한다(대법원 2002.2.8, 2001도6669).

㉢(○) 소송비용을 편취할 의사로 소송비용의 지급을 구하는 손해배상청구의 소를 제기한 경우, 사기죄의 불능범에 해당한다(대법원 2005.12.8, 2005도8105).

㉣(×) 불능범은 범죄행위의 성질상 결과발생 또는 법익침해의 가능성이 절대로 있을 수 없는 경우를 말하는 것이다(대법원 2007.7.26, 2007도3687).

㉤(○) 소송사기에 있어서 피기망자인 법원의 재판은 피해자의 처분행위에 갈음하는 내용과 효력이 있는 것이어야 하고, 그렇지 아니하는 경우에는 착오에 의한 재물의 교부행위가 있다고 할 수 없어서 사기죄는 성립되지 아니한다고 할 것이므로, 피고인의 제소가 사망한 자를 상대로 한 것이라면 이와 같은 사망한 자에 대한 판결은 그 내용에 따른 효력이 생기지 아니하여 상속인에게 그 효력이 미치지 아니하고 따라서 사기죄를 구성한다고 할 수 없다(대법원 2002.1.11, 2000도1881). 〈답 ③〉

10. 가벌적 불능미수 또는 불가벌적 불능범에 대하여 올바르게 설명한 학생을 모두 고른 것은? (다툼이 있는 경우에는 판례에 의함) <사시 2008년: 배점 2>

> 보미: 가벌적 불능미수란 구성요건요소가 존재하지 아니함에도 불구하고 이를 존재한다고 착오한 경우라는 점에서 반전된 금지착오의 형태라고 볼 수 있다.
> 현정: 가벌적 불능미수의 판단 기준에 관한 추상적 위험설에 의하면 위험성 판단은 행위자가 행위 당시에 인식한 사정을 기초로 이것이 객관적으로 일반인의 판단으로 보아 결과발생의 가능성이 있느냐를 따져야 한다.
> 영준: 소송비용을 편취할 의사로 소송비용의 지급을 구하는 손해배상청구의 소를 제기한 경우에는 사기죄의 불가벌적 불능범에 해당된다.
> 혜미: 결과발생이 처음부터 불가능한 것을 알면서 행위자가 이를 실행한 경우, 위험성이 있다고 인정되면 가벌적 불능미수가 성립한다.
> 창수: 일정량 이상을 먹으면 사람이 죽을 수도 있는 약초인 '부자' 달인 물을 마시게 하여 피해자를 살해하려다 미수에 그친 행위는 불가벌적 불능범이 아닌 살인미수죄에 해당한다.

① 영준 창수 ② 보미 현정 영준
③ 현정 영준 창수 ④ 현정 혜미 창수
⑤ 보미 현정 영준 창수 ⑥ 현정 영준 혜미 창수

해설

현정, 영준, 창수(○).

소송비용을 편취할 의사로 소송비용의 지급을 구하는 손해배상청구의 소를 제기한 경우, 사기죄의 불능범에 해당한다(대법원 2005.12.8, 2005도8105). 일정량 이상을 먹으면 사람이 죽을 수도 있는 '초우뿌리'나 '부자' 달인 물을 마시게 하여 피해자를 살해하려다 미수에 그친 행위가 불능범이 아닌 살인미수죄에 해당한다(대법원 2007.7.26, 2007도3687).
보미(×) 불능미수는 반전된 사실의 착오이며, 반전된 금지착오는 환각범에 해당한다.
혜미(×) 처음부터 행위자가 결과발생이 불가능한 것을 알고 행위한 경우에는 기수의 고의가 없으므로 미수범도 성립하지 않는다. 〈답 ③〉

11. 다음은 이른바 불능미수의 중지미수에 관한 설명이다. (가)~(라)에 들어갈 말을 <보기>에서 골라 순서대로 배열한 것으로서 옳은 것은?

<사시 2012년: 배점 3>

> (가) 경우와 같이 (나) 때에 중지미수의 성립을 인정할 수 있느냐에 대해 견해가 대립한다. 소극설은 (다)는 점을 이유로 이를 부정하는데 반하여, 적극설은 (라)는 점을 이유로 이를 긍정한다.

〈보기〉

A. 소매치기가 지갑을 훔치려고 피해자의 양복 안으로 손을 넣었으나 주머니가 찢어져 비어 있다는 것을 알고 이미 다른 소매치기가 지갑을 절취하였다고 생각하여 범행을 그만 둔
B. 일정량 이상을 먹으면 죽을 수도 있으나 치사량에 현저히 미달하는 초우뿌리나 부자 달인 물을 치사량에 해당하는 것으로 오인하고 피해자에게 마시게 한 후 곧 후회하고 피해자로 하여금 토하게 한 (위험성은 인정되는 것으로 전제함)
C. 결과발생이 처음부터 불가능하였으나 행위자가 이를 모르고 자의로 중단하거나 결과방지를 위하여 진지하게 노력한
D. 행위 당시에 이미 결과발생이 불가능하다는 사실을 알고 스스로 실행행위를 그만 둔
E. 중지미수 규정을 적용하지 않는다면 발생이 가능한 결과를 자의로 중단하거나 적극적으로 방지한 경우와 비교하여 형의 불균형이 생긴다
F. 행위자의 자의에 의한 중단이나 적극적인 방지행위에 의하여 결과가 발생하지 않은 것이 아니라 결과발생이 처음부터 불가능하였다

	(가)	(나)	(다)	(라)
①	A	C	E	F
②	A	D	F	E
③	A	D	E	F
④	B	C	F	E
⑤	B	C	E	F
⑥	B	D	F	E

해설

(B. 일정량 이상을 먹으면 죽을 수도 있으나 치사량에 현저히 미달하는 초우뿌리나 부자달인 물을 치사량에 해당하는 것으로 오인하고 피해자에게 마시게 한 후 곧 후회하고 피해자로 하여금 토하게 한) 경우와 같이 (C. 결과발생이 처음부터 불가능하였으나 행위자가 이를 모르고 자의로 중단하거나 결과방지를 위하여 진지하게 노력한) 때에 중지미수의 성립을 인정할 수 있는냐에 대해 견해가 대립한다. 소극설은 (F. 행위자의 자의에 의한 중단이나 적극적인 방지행위에 의하여 결과가 발생하지 않은 것이 아니라 결과발생이 처음부터 불가능하였다)는 점을 이유로 이를 부정하는데 반하여, 적극설은 (E. 중지미수 규정을 적용하지 않는다면 발생이 가능한 결과를 자의로 중단하거나 적극적으로 방지한 경우와 비교하여 형의 불균형이 생긴다)는 점을 이유로 이를 긍정한다. 〈답 ④〉

제 4 절 예 비 죄

1. 예비와 음모에 관한 설명으로 옳지 않은 것을 모두 모은 것은?

㉠ 다수설은 예비죄를 기본범죄의 발현형태로 본다.
㉡ 현행 형법상 예비와 음모를 구별할 실익이 있다.
㉢ 다수설은 예비죄의 실행행위성을 인정한다.
㉣ 예비는 물적 준비행위이고 음모는 인적 준비행위라고 할 수 있다.
㉤ 예비에 대한 고의 또는 과실이 있어야 한다.
㉥ 누구든지 죽이고 싶다는 생각으로 사냥용 엽총을 구입한 경우 살인죄에 대한 예비가 성립한다.
㉦ 음모는 반드시 수인의 존재를 필요로 한다.

① ㉠ ㉡ ② ㉡ ㉣ ③ ㉡ ㉥ ④ ㉠ ㉢ ㉣
⑤ ㉡ ㉣ ㉤ ⑥ ㉡ ㉤ ㉥ ⑦ ㉢ ㉣ ㉦ ⑧ ㉡ ㉣ ㉤ ㉥

해설

㉠(○) 예비죄의 기본범죄에 대한 관계에 대하여는 견해의 대립이 있다. 발현형태설 · 독립범죄설 · 이분설이 그것인데, 예비를 기본범죄의 발현형태로 보는 발현형태설이 다수설이다.

㉡(×) 현행 형법상 예비를 처벌하는 범죄는 예비에 선행하는 범죄발전의 일단계인 음모에 해당되어 모두 처벌되므로 양자의 구별실익은 없다.

㉢(○) 예비죄에 독자적인 실행행위를 인정할 수 있는가에 대하여 견해의 대립이 있다. 예비죄의 법적 성질을 독립범죄로 이해할 때에는 실행행위성도 당연히 인정되며, 발현형태설에 의하면 실행행위는 기본범죄에 대한 정범의 실행에 한정되므로 실행의 착수 이전의 예비행위의 실행행위성은 생각할 수 없다는 점에서 이를 부정하는 견해(이형국)와 기본범죄에 대하여만 실행행위를 인정하는 것은 실행행위의 상대적 · 기능적 성격을 무시한다는 점과 예비죄도 구성요건의 수정형태에 의하여 처벌이 확대된 것이므로 그 자체의 실행행위성을 인정할 수 있다는 견해(이재상, 백형구, 정성근, 진계호, 차용석)가 있다. 긍정설이 다수설이다.

㉣(○)
㉤(×) 예비죄가 성립하려면 주관적 요건으로 예비의 고의와 기본범죄를 범할 목적이 있어야 한다. 따라서 과실에 의한 예비죄나 과실범에 대한 예비는 있을 수 없다.
㉥(×) 막연한 범죄의사로 총기를 구입한 것은 살인의 예비라고 볼 수 없다. 판례도 살해의 용도에 공하기 위한 흉기를 준비하였다 하더라도 그 흉기로써 살해할 대상자가 아직 확정되지 아니한 경우 살인예비죄는 성립되지 아니한 것으로 본다(대법원 1959.9.1, 4292형상387).
㉦(○) 〈답 ⑥〉

2. 예비에 관한 설명 중 가장 옳지 않게 서술된 것은? (다수설, 판례에 의함)

① 행사할 목적으로 미리 준비한 물건과 인쇄기를 사용하여 위조할 통화를 사진 찍어 그 필름원판과 이를 현상한 인화지를 만들었다면 통화위조예비죄가 성립한다.
② 일본으로 밀항하고자 밀항선 선장에게 도항비로 일화 100만엔을 주기로 약속했으나 그 후 이 밀항을 포기한 정도라면 밀항의 음모에 불과할 뿐 예비 정도에는 이르지 아니한 것이다.
③ 예비죄가 성립하기 위하여는 주관적 요건으로 예비의 고의와 기본범죄를 범할 목적이 있어야 하고, 객관적 요건으로 실행의 착수에 이르지 않는 객관적 준비행위가 있을 것을 요한다.
④ 공범독립성설에 의하면 예비죄의 교사범과 종범은 그 자체가 교사 또는 종범의 예비로 처벌받는 결과가 된다.
⑤ 예비행위의 수단, 방법에 제한이 없다고 하여 타인예비가 예비의 개념에 당연히 포함된다고 할 수는 없다.

해설

①(○) 피고인이 행사할 목적으로 미리 준비한 물건들과 옵셋 인쇄기를 사용하여 한국은행권 100원권을 사진 찍어 그 필름 원판 7매와 이를 확대하여 현상한 인화지 7매를 만들었음에 그쳤다면, 아직 통화위조의 착수에는 이르지 아니하였고 그 준비단계에 불과하다(대법원 1966.12.6, 66도1317).
②(○) 대법원 1986.6.24, 86도437.
③(○) 과실에 의한 예비죄나 과실범의 예비죄는 성립할 수 없다.
④(×) 교사 또는 종범의 '예비'가 아니라 '미수'로 처벌받는다.
⑤(○) 타인예비란 타인의 실행행위를 위하여 예비행위를 하는 것을 말하는데 타인예비가 예비의 개념에 포함될 수 있는가에 대하여는 견해가 대립된다. 실질적 타인예비인 교사의 미수를 예비로 처벌하는 점에 비추어 타인예비도 예비에 포함된다는 견해가 있으나, 이에 따르면 예비죄의 범위가 지나치게 확대될 뿐만 아니라 정범과 공범은 구별되어야 할 것이므로 타인예비는 예비가 될 수 없다는 부정설(다수설)이 타당하다. 〈답 ④〉

3. 형법상의 범죄 중 예비 또는 음모행위를 벌하는 규정을 둔 것은 모두 몇 개

인가? <법원행시 2008년>

㉠ 제98조(간첩죄)	㉡ 제136조(공무집행방해죄)
㉢ 제167조(일반물건방화죄)	㉣ 제185조(일반교통방해죄)
㉤ 제297조(강간죄)	

① 1개 ② 2개 ③ 3개 ④ 4개 ⑤ 5개

해설 ……………………………………

① 제101조 1항 참조. 〈답 ①〉

예비・음모・선동・선전을 처벌하는 범죄		
예비・음모・선동・선전	국가적 법익	내란의 죄 전부, 외환의 죄 전부
예비・음모・선동	사회적 법익	폭발물사용죄(제119조)
예비・음모	국가적 법익	외국에 내한 사전죄(제111조), 도주원조죄(제147조), 간수자의 도주원조죄(제148조)
	사회적 법익	(i) 방화와 실화의 죄: 현주건조물방화(제164조), 공용건조물방화(제165조), 일반건조물방화(제166조 1항), 폭발성물건파열(제172조 1항), 가스・전기 등 방류(제172조의2), 가스・전기 등 공급방해(제173조 1항・2항) (ii) 일수와 수리에 관한 죄: 현주건조물일수(제177조), 공용건조물일수(제178조), 일반건조물일수(제179조) (iii) 교통방해의 죄: 기차 등 교통방해(제186조), 기차 등 전복(제187조) (iv) 음용수에 관한 죄: 음용수독물혼입(제192조 2항), 수도음용수독물혼입(제193조 2항), 수도불통(제195조) (v) 통화에 관한 죄: 통화위조(제207조 1항), 외국통화위조(제207조 2항・3항) (vi) 유가증권・인지와 우표에 관한 죄: 유가증권위조 등(제214조), 자격모용유가증권작성 등(제215조), 우표(인지)위조 등(제218조 1항)
	개인적 법익	(i) 살인의 죄: 살인(제250조 1항), 존속살해(제250조 2항), 위계살인(제253조) (ii) 약취와 유인의 죄: 국외이송목적약취(유인, 매매)(제289조 1항), 피약취자국외이송(제289조 2항) (iii) 강도의 죄 전부

4. 예비, 음모에 관한 다음 설명 중 틀린 것은? (판례에 의함) <법원행시 2009년>

① 중지범은 범죄의 실행에 착수한 후 자의로 그 행위를 중지한 때를 말하는 것이고 실행의 착수가 있기 전인 예비음모의 행위를 처벌하는 경우에 있어서 중지범의 관념은 이를 인정할 수 없다.

② 특정범죄가중처벌등에관한법률 제5조의4 제3항에 규정된 상습강도죄를 범한 범인이 그 범행 외에 상습적인 강도의 목적으로 강도예비를 하였다가 강도에 이르지 아니하고 강도예비에 그친 경우에도 그것이 강도상습성의 발현이라고 보여지는 경우에는 강도예비행위는 상습강도죄에 흡수되어 위 법조에 규정된 상습강도죄의 1죄만을 구성하고 이 상습강도죄와 별개로 강도예비죄를 구성하지 아니한다.

③ 법률에 예비, 음모와 미수는 처벌한다고 규정하면서, 동 예비, 음모의 형에 관하여 별도의 규정이 없다면, 이는 미수범에 준하여 처벌할 수 있다고 해석될 뿐이지 본범에 준하여 처벌할 수 있다고 해석할 수는 없다.

④ 예비행위의 방조행위는 방조범으로서 처단할 수 없다.

⑤ 살해의 목적으로 동일인에게 일시·장소를 달리하고 수차에 걸쳐 단순한 예비행위를 하거나 또는 공격을 가하였으나 미수에 그치다가 드디어 그 목적을 달성한 경우에 그 예비행위 내지 공격행위가 동일한 의사발동에서 나왔고 그 사이에 범의의 갱신이 없는 한 각 행위가 같은 일시·장소에서 행하여 졌거나 또는 다른 장소에서 행하여졌거나를 막론하고 또 그 방법이 동일하거나 여부를 가릴 것 없이 그 살해의 목적을 달성할 때까지의 행위는 모두 실행행위의 일부로서 이를 포괄적으로 보고 단순한 1개의 살인기수죄로 처단할 것이지 살인예비 내지 미수죄와 동 기수죄의 경합죄로 처단할 수 없다.

해설 ……………………………………

③(×) 부정선거관련자처벌법(2008.12.19. 법률 제9147호로 폐지) 제5조 4항에 동법 제5조 1항의 예비·음모는 이를 처벌한다고만 규정하고 있을 뿐이고 그 형에 관하여 따로 규정하고 있지 아니한 이상 죄형법정주의의 원칙상 위 예비·음모를 처벌할 수 없다(대법원 1977.6.28, 77도251). 즉, 형법 제28조에 의하면 범죄의 예비 또는 음모는 특별한 죄형규정이 있을 때에 한하여 처벌할 수 있도록 되어 있는데 부정선거관련자처벌법 제5조 4항에 의하면 동조 1항에 예비·음모와 미수는 처벌한다고 규정하고 있으나 동 예비·음모의 형에 관하여 아무런 규정이 없으며, 이를 본범이나 미수범에 준하여 처벌함은 죄형법정주의 원칙상 허용할 수 없으니 결국 위 소위는 처벌할 수 없다(대법원 1979.12.26, 78도957).

① 대법원 1999.4.9, 99도424. ② 대법원 2003.3.28, 2003도665. ④ 정범이 실행의 착수에 이르지 아니하고 예비단계에 그친 경우에는, 이에 가공한다 하더라도 예비의 공동정범이 되는 때를 제외하고는 종범으로 처벌할 수 없다(대법원 1979.5.22, 79도552). ⑤ 대법원 1965.9.28, 65도695. 〈답 ③〉

5. 예비의 종범이 가능한가에 대하여 긍정설과 부정설이 대립되고 있다. 다음의 ㉠ 내지 ㉤의 설명 중 부정설의 논거를 모두 묶은 것은?

㉠ 공범종속성설의 당연한 결론이다.

> ㉡ 예비죄의 실행행위성을 인정할 수 없다.
> ㉢ 예비와 미수의 구별은 공범의 성립에 영향을 주지 않는다.
> ㉣ 예비죄의 처벌범위를 부당하게 확대할 위험이 있다.
> ㉤ 방조의 미수에 관한 처벌규정을 두지 않은 것과 모순된다.

① ㉠ ㉡ ㉣　　② ㉡ ㉢ ㉣　　③ ㉡ ㉣ ㉤
④ ㉢ ㉣ ㉤　　⑤ ㉠ ㉡ ㉣ ㉤

해설

㉠ 공범종속성설은 예비의 종범을 인정하기 위한 논거이며, ㉢ 예비와 미수의 구별이 공범의 성립에 영향이 없다면 예비의 공범도 가능하게 된다. 이에 반하여 ㉡㉣㉤은 모두 예비의 종범에 대한 부정설의 논거이다. 〈답 ③〉

6. 예비죄에 관한 설명 중 옳은 것을 모두 고른 것은? (다툼이 있는 경우에는 판례에 의함) <사시 2013년: 배점 3>

> ㄱ. 과실에 의한 예비나 과실범의 예비는 불가벌이다.
> ㄴ. 예비단계에서 방조에 그친 경우, 정범이 실행에 착수하였더라도 불가벌이다.
> ㄷ. 예비죄의 공동정범은 불가벌이다.
> ㄹ. 예비죄의 방조범은 불가벌이다.

① ㄱ　　② ㄱ ㄹ　　③ ㄴ ㄷ
④ ㄷ ㄹ　　⑤ ㄱ ㄴ ㄹ

해설

ㄱ(○) 예비죄는 목적범이므로 고의범이어야 하고, 과실범은 모두 결과범이므로 예비는 처벌되지 않는다.
ㄴ(×) 예비단계의 방조도 정범이 실행에 착수였다면 방조범이 성립할 수 있다.
ㄷ(×) 예비죄도 실행행위성은 인정되므로 공동정범이 성립할 수 있다.
ㄹ(○) 예비죄의 방조범은 처벌되지 않는다. 〈답 ②〉

7. 다음 <보기>의 설명 중 옳지 않은 것을 모두 고른 것은? (다툼이 있는 경우에는 판례에 의함) <사시 2012년: 배점 2>

> 〈보기〉
> ㄱ. 甲이 주택가를 배회하며 절도범행 대상을 물색할 당시 발각될 경우에 대비하여 체포를 면탈할 목적으로 칼과 테이프 등을 휴대하고 있었다면 甲은 강도예비죄로 처벌된다.
> ㄴ. 甲이 乙의 강도예비행위를 공동으로 행할 의사로 가공하였더라도 甲은 물론 乙도 강도의 실행에 착수하지 아니하였다면 甲을 강도예

비죄의 공동정범으로 처벌할 수 없다.
ㄷ. 甲이 A를 살해하기 위하여 乙과 丙 등을 고용하면서 그들에게 범행 대가의 지급을 약속한 경우, 그러한 약속은 살인죄의 실현에 실질적으로 기여할 수 있는 외적 행위로 볼 수 없기 때문에 甲을 살인예비죄로 처벌할 수 없다.
ㄹ. 乙이 행사할 목적으로 통용하는 대한민국의 화폐를 위조하기 위한 예비행위를 하면서, 甲이 부주의로 놓아둔 도구를 乙이 이용하였더라도 甲을 통화위조예비죄의 방조범으로 처벌할 수 없다.

① ㄱ ㄷ ② ㄴ ㄹ ③ ㄱ ㄴ ㄷ
④ ㄱ ㄴ ㄹ ⑤ ㄴ ㄷ ㄹ

해설

㉠(×) 절도를 하기로 생각하고 발각되면 사용할 수도 있다고 생각하면서 주머니 칼을 소지한 사안에서, 강도를 할 목적을 가진 경우까지 강도예비로 처벌할 수 있다고 본다면 흉기를 휴대한 특수절도를 준비하는 행위는 거의 모두가 강도예비로 처벌받을 수밖에 없게 되어 형법이 흉기를 휴대한 특수절도의 예비행위에 대한 처벌조항을 두지 않은 것과 배치되는 결과를 초래하게 된다는 점 및 정당한 이유 없이 흉기 기타 위험한 물건을 휴대하는 행위 자체를 처벌하는 조항을 폭력 행위 등 처벌에 관한 법률 제7조에 따라 마련하고 있다는 점 등을 고려하면, 강도예비 · 음모죄가 성립되기 위해서는 예비 · 음모 행위자에게 미필적으로라도 '강도'를 할 목적이 있음이 인정되어야 하고 그에 이르지 않고 단순히 '준강도'할 목적이 있음에 그치는 경우에는 강도예비 · 음모죄로 처벌할 수 없다고 봄이 상당하다(대법원 2006.9.14, 2004도6432).
㉡(×) 예비죄 자체의 실행행위성은 인정되므로 예비죄의 공동정범은 인정된다(통설 · 판례).
㉢(×) 피고인 甲은 피해자 A를 살해하기 위하여 피고인 乙과 위 공소외인을 공고하였고 그들에게 살인의 대가를 지급하기로 약정하였으므로, 피고인 甲에게는 살인죄를 범할 목적 및 살인의 준비에 관한 고의가 인정될 뿐 아니라 그가 살인죄의 실현을 위한 준비행위를 하였음을 인정할 수 있고, 따라서 피고인 甲에 대해여 살인예비죄가 성립한다(대법원 2009.10.29, 2009도7150).
㉣(○) 형법 제32조 1항 소정 타인의 범죄란 정범이 범죄의 실현에 착수한 경우를 말하는 것이므로 종범이 처벌되기 위하여는 정범의 실행의 착수가 있는 경우에만 가능하고 형법 전체의 정신에 비추어 정범이 실행의 착수에 이르지 아니한 예비의 단계에 그친 경우에는 이에 가공하는 행위가 예비의 공동정범이 되는 경우를 제외하고는 종범의 성립을 부정하고 있다(대법원 1976.5.25, 75도1549). 〈답 ③〉

8. 옳은 것을 모두 조합한 것은? (다툼이 있는 경우에는 판례에 의함)

㉠ 내란죄, 간첩죄, 현주건조물방화죄를 예비 · 음모한 자가 자수하는 경우 필요적으로 형을 감면한다.
㉡ 甲은 A를 살해하기 위하여 권총을 구입하였으나 생각을 바꾸어 범행을 포기하고 권총을 버린 경우 살인예비로 처벌된다.

ⓒ 甲은 乙이 A를 독살하기 위하여 독약을 구하고 있다는 사실을 알면서 乙에게 독약을 살 수 있는 약국을 알려 주었는데, 乙은 독약을 구입하였지만 아직 A에게 독약을 주지 못한 경우 甲은 살인예비죄의 방조범으로 처벌된다.
ⓓ 음모란 2인 이상의 자 사이에 성립한 범죄실행의 합의를 말하는 것으로, 객관적으로 보아 특정한 범죄의 실행을 위한 준비행위라는 것이 명백히 인식되고, 그 합의에 실질적인 위험성이 인정될 때 음모죄가 성립한다.
ⓔ 예비 · 음모를 처벌하는 규정은 있으나 그 형을 따로 정하지 않은 경우 예비 · 음모를 처벌할 수 없다.

① ⓑ ⓓ ② ⓑ ⓔ ③ ⓐ ⓒ ⓓ
④ ⓐ ⓓ ⓔ ⑤ ⓑ ⓓ ⓔ ⑥ ⓐ ⓑ ⓓ ⓔ
⑦ ⓐ ⓒ ⓓ ⓔ ⑧ ⓐ ⓑ ⓒ ⓓ ⓔ

해설

ⓐ(○) 자수는 임의적 감면사유이지만(제52조). 내란죄와 내란목적 살인죄(제90조), 외환의 죄(제101조), 외국에 대한 사전죄(제111조 3항), 폭발물사용죄(제120조), 현주건조물방화죄, 공용건조물방화죄, 일반건조물방화죄 및 폭발성물건파열죄(제175조), 통화위조죄(제213조)의 경우 예비 · 음모죄에 대하여 자수한 경우에 필요적으로 형을 감면하도록 규정하고 있다.
ⓑ(○) 甲이 A를 살해하기 위하여 권총을 구입한 행위는 주관적으로 예비의 고의와 기본범죄를 범할 목적이 있고 객관적으로 실행의 착수에 이르지 않은 객관적 준비행위이므로 이는 살인예비죄의 구성요건을 충족시켰다. 다만 甲이 생각을 바꾸어 범행을 포기하고 권총을 버린 행위에 대하여 판례는 예비의 중지미수를 인정하지 않으므로(대법원 1999.4.9, 99도424), 甲의 행위는 살인예비의 중지미수가 아닌 살인예비에 해당한다.
ⓒ(×) 甲은 乙의 살인예비를 방조한 경우이다. 판례는 '종범이 처벌되기 위하여는 정범의 실행의 착수가 있는 경우에만 가능하고 정범이 실행의 착수에 이르지 아니한 예비의 단계에 그친 경우에는 이에 가공하는 행위가 예비의 공동정범이 되는 경우를 제외하고는 이를 종범으로 처벌할 수 없다'고 하여 예비죄의 종범을 인정하지 않는다(대법원 1979.11.27, 79도2201; 대법원 1978.2.28, 77도3406; 대법원 1976.5.25, 75도1549).
ⓓ(○) 대법원 1999.11.12, 99도3801.
ⓔ(○) 부정선거관련자처벌법 제5조 4항에 동법 제5조 1항의 예비 · 음모는 이를 처벌한다고만 규정하고 있을 뿐이고 그 형에 관하여 따로 규정하고 있지 아니한 이상 죄형법정주의의 원칙상 위 예비 · 음모를 처벌할 수 없다(대법원 1977.6.28, 77도251). 〈답 ⑥〉

제6장 공 범 론

제 1 절 공범이론

1. 필요적 공범이 아닌 것은 모두 몇 개인가?

a. 공갈죄	b. 방화죄	c. 도박죄	d. 간통죄
e. 낙태죄	f. 내란죄	g. 소요죄	h. 증수뢰죄
i. 배임수증죄	j. 부녀매매죄		

① 1개 ② 2개 ③ 3개
④ 4개 ⑤ 5개

해설

a. 공갈죄, b. 방화죄, e. 낙태죄는 필요적 공범이 아니다. 낙태죄는 행위자 단독으로 구성요건을 실현할 수 있다. 다만 의사 등의 낙태죄에 있어서만 의사와 부녀는 필요적 공범 중 대향범이라고 할 수 있다. 필요적 공범이란 구성요건의 실현에 반드시 2인 이상의 참가가 요구되는 범죄유형을 말한다. 〈답 ③〉

필요적 공범의 종류		
집 합 범	동일한 법정형 규정	▪ 소요죄(제115조)
	상이한 법정형 규정	▪ 내란죄(제87조)
대 향 범	대향자에게 동일한 법정형 규정	▪ 간통죄(제241조 1항) ▪ 도박죄(제246조 1항) ▪ 아동혹사죄(제274조) ▪ 부녀매매죄(제288조 2항)
	대향자에게 상이한 법정형 규정	▪ 뇌물죄(제129조, 제133조) ▪ 배임수증재죄(제357조 1항 · 2항)
	대향자 중 일방만 처벌	▪ 음화등 반포 · 판매 · 임대죄(제243조) ▪ 촉탁 · 승낙살인죄(제252조 1항) ▪ 자살관여죄(제252조 2항) ▪ 범인은닉죄(제151조 1항)

2. 제한적 정범개념이론과 확장적 정범개념이론에 대한 설명이다. 제한적 정범개념이론에 대한 설명을 모두 조합한 것은?

㉠ 구성요건에 해당하는 행위를 스스로 행한 자만 정범이 된다. ㉡ 인과관계에 관한 조건설을 전제로 하는 이론이다. ㉢ 공범규정은 정범의 처벌을 확장하는 처벌확장사유이다. ㉣ 공범규정은 정범의 처벌범위를 축소하는 처벌축소사유이다. ㉤ 간접정범의 정범성을 인정하기 어렵다는 비판을 받는다. ㉥ 형법의 보장적 기능을 침해한다는 비판을 받는 이론이다. ㉦ 정범과 공범의 구별은 원칙적으로 필요로 하지 않고 단일정범개념으로 충분하다. ㉧ 형법의 규정은 이 정범개념을 기초로 하고 있다고 볼 수 있다.

① ㉠ ㉢ ㉤ ② ㉠ ㉢ ㉦ ③ ㉡ ㉣ ㉦
④ ㉠ ㉢ ㉤ ㉧ ⑤ ㉡ ㉣ ㉥ ㉦ ⑥ ㉠ ㉢ ㉤ ㉥ ㉧

해설

제한적 정범개념이론에 대한 설명은 ㉠㉢㉤㉧이다. 제한적 정범개념이론은 구성요건에 해당하는 행위를 스스로 행한 자만 정범이 된다는 견해이다(㉠). 이에 의하면 공범규정은 정범의 처벌을 확장하는 처벌확장사유가 된다(㉢). 형법은 제한적 정범개념을 기초로 하고 있다(㉧)고 할 수 있지만, 이 이론에 의할 때에는 간접정범의 정범성을 인정하기 어렵다(㉤). ㉡㉣㉥㉦은 확장적 정범개념이론에 대한 설명이다. 〈답 ④〉

3. 甲에 대하여 형법총칙상의 공범규정이 적용되는 경우는? (다툼이 있는 경우에는 판례에 의함) <사시 2013년: 배점 3>

① 공무원 아닌 甲은 乙이 공무원에게 뇌물을 제공하도록 주선하였다.
② 임산부 甲은 산부인과 의사 乙에게 부탁하여 낙태수술을 받았다.
③ 甲은 乙의 자살을 교사하였다.
④ 변호사 사무실 직원 甲이 법원공무원 乙에게 부탁하여 수사 중인 사건의 체포영장 발부자 명단을 제공받았다.
⑤ 성년인 甲은 영리 목적을 가진 乙의 주선에 따라 A녀와 간음을 하였다.

해설

①(○) 외부에서 각 대향자에게 관여하는 행위에 대하여는 공범규정이 적용된다. 예) 증뢰자나 수뢰자에 대한 제3자의 교사·방조 뿐 아니라 공동정범도 가능하다.
②(×) 임산부는 자기낙태죄의 정범이 될 뿐이다.
③(×) 자살교사죄라는 독립한 구성요건이 적용될 뿐이다.
④(×) 변호사 사무실 직원인 피고인 갑이 법원공무원인 피고인 을에게 부탁하여, 수사 중인 사건의 체포영장 발부자 53명의 명단을 누설받은 사안에서, 피고인 을이 직무상 비밀을 누설한 행위와 피고인 갑이 이를 누설받은 행위는 대향범 관계에 있으므로 공범에 관한 형법총칙 규정이 적용될 수 없으므로, 피고인 갑의 행위가 공무상비밀누설교사죄에

해당하지 않는다(대법원 2011.4.28, 2009도3642).
⑤(×) 성매매특별법이 적용될 뿐이다. 〈답 ①〉

4. 정범과 공범의 구별기준에 관한 甲, 乙, 丙, 丁의 견해와 a, b, c의 내용이 서로 부합되는 것은? <사시 2008년: 배점 4>

甲: 자기의 범죄를 행할 의사를 가지고 행위한 자는 정범이고, 타인의 범죄를 행할 의사로 행위한 자는 공범이다.
a. 청부받아 살인을 행한 자는 정범에 해당된다.
b. 인과조건의 동가치성을 전제로 하는 조건설을 기초로 한다.
c. 간접정범과 공동정범의 정범성을 설명할 수 없는 문제점이 있다.

乙: 범행을 지배하였다고 평가되는 자는 정범이고, 자신의 범행지배 없이 단지 범행을 야기하거나 촉진시킨 자는 공범이다.
a. 제한적 정범개념에 기초하되, 정범개념을 확대한다.
b. 촉탁살인은 상대방의 진지한 부탁으로 인한 행위이므로 공범에 해당한다.
c. 수단의 계획적·의식적 조종의사인 주관적 표지로만 정범과 공범을 구별한다.

丙: 구성요건에 해당하는 행위의 전부나 일부를 직접 행한 자가 정범이고, 실행행위 이외의 방법으로 단지 조건을 제공한 자는 공범이다.
a. 제3자를 위한 사기죄를 범한 자는 공범이 된다.
b. 형법상 공범규정은 가벌성을 확장한 형벌확장사유이다.
c. 간접정범의 정범성은 인정되지만 공동정범의 정범성이 부정되는 문제점이 있다.

丁: 행위수행의 시간적 연관을 기준으로 하여 실행행위시에 가담하는 자는 정범이고, 그 전이나 후에 가담하는 자는 공범이다.
a. 구성요건적 행위시에 방조한 자를 공범으로 본다.
b. 간접정범의 정범성을 설명할 수 없다는 문제점이 있다.
c. 타인으로 하여금 범행을 결의하게 한 교사범을 정범으로 본다.

① 甲－a 乙－a 丙－b 丁－b ② 甲－a 乙－b 丙－b 丁－b
③ 甲－a 乙－b 丙－b 丁－a ④ 甲－b 乙－a 丙－b 丁－b
⑤ 甲－b 乙－a 丙－c 丁－b ⑥ 甲－b 乙－b 丙－c 丁－a
⑦ 甲－c 乙－c 丙－a 丁－a ⑧ 甲－c 乙－c 丙－a 丁－c

해설

甲－b: 주관설 중 의사설(고의설)의 입장이다. 주관설은 정범과 공범은 모두 결과에 대한 조건을 제공한 점에서 같으므로 주관적 요소에 의해서만 그 구별이 가능하다고 보며, 주관적 요소가 정범의사인지, 공범의사인지에 따라 정범과 공범을 구별해야 한다는 입장이

의사설이다. 그런 점에서 의사설은 인과관계에 관한 조건설을 기초로 하고 있다.
乙-a: 행위지배설의 입장이다. 행위지배설에 의한 정범개념의 출발은 제한적 정범개념이지만, 객관적 행위가담뿐만 아니라 주관적 조종의사를 고려하여 정범성을 설명하므로 제한적 정범개념에 입각한 객관설에 비해 정범개념이 확대된다.
丙-b: 형식적 객관설의 입장이다. 형식적 객관설은 구성요건에 해당하는 행위를 스스로 행한 자만이 정범이라는 제한적 정범개념과 관련되며, 공범규정을 정범의 처벌을 확장하는 형벌확장사유로 본다.
丁-b: 실질적 객관설 중에서 동시설의 입장이다. 동시설에 의하면 행위수행 이전에 가담하는 간접정범은 공범이 되므로, 그 정범성을 설명할 수 없다는 문제점이 있다. 〈답 ④〉

정범과 공범의 구별기준

학 설			구별기준
객관설	형식적 객관설		■ 구성요건에 해당하는 행위를 직접 행한 자: 정범 ■ 실행행위 이외의 방법으로 조건을 제공한 자: 공범 * 제한적 정범이론에 입각한 견해
	실질적 객관설	필연설	■ 결과발생에 필연적 행위를 한 자: 정범 ■ 그렇지 않은 자: 공범 * 인과관계에 관한 원인설에 입각한 견해
		동시설	■ 행위시에 가담한 자: 정범 ■ 그 전이나 후에 가담한 자: 공범 * 간접정범의 정범성을 설명할 수 없음
주관설	고의설		■ 정범의사로 행위한 자: 정범 ■ 공범의사로 행위한 자: 공범
	목적설(이익설)		■ 자기의 목적 또는 이익을 위해 행위한 자: 정범 ■ 타인의 목적 또는 이익을 위해 행위한 자: 공범 * 정범 없는 공범을 인정하게 됨
행위지배설	실행지배		■ 직접정범: 모든 구성요건요소를 스스로 유책하게 실행한 자
	의사지배		■ 간접정범: 우월적 의사지배로 타인을 도구로 이용하여 범죄를 실행한 자
	기능적 행위지배		■ 공동정범: 각자가 역할분담에 따라 전체계획의 수행에 필요불가결한 부분을 기능적으로 수행한 자

5. 다음 기술 중 옳은 것을 모두 모은 것은? (다툼이 있는 경우에는 판례에 의함)
<사시 2009년: 배점 3>

가. 간접정범의 실행의 착수시기를 피이용자에 대한 이용행위의 개시시라고 한다면 간접정범의 기수시기는 이용행위의 종료시가 될 것이고, 착수시기를 피이용자의 실행행위의 개시시라고 한다면 간접정범의 기수시기는 피이용자의 실행행위의 종료시가 될 것이다.
나. 대향범에 있어서 불가벌적 대향자가 필요적 공범의 내부에서 적극적으로 관여한 경우 교사죄로 처벌된다.

다. 확장적 정범개념에 의하면 방조범의 정범성도 긍정된다.
라. 국립대학 학생인 甲이 학생과 직원에게 허위내용의 증명원을 제출하여 학생증을 발급받은 경우 허위공문서작성죄의 간접정범이 성립하지 않는다.
마. 甲이 乙을 강요하여 乙의 손가락을 절단하게 한 경우 강요죄가 성립하는 것은 별문제로 하고, 강요에 의한 자상(自傷)이 상해죄의 구성요건에 해당하지 아니하므로 상해죄의 간접정범이 되지는 않는다.

① 가 다 ② 나 다 ③ 다 라
④ 라 마 ⑤ 가 나 다 ⑥ 나 다 라

해설

가(×) 간접정범의 실행의 착수시기에 대한 학설대립과 무관하게 피이용자가 구성요건을 실현했을 때 기수가 된다는 점에 견해가 일치한다.
나(×) 2인 이상의 서로 대향된 행위의 존재를 필요로 하는 대향범에 대하여는 공범에 관한 형법총칙 규정을 적용할 수 없다는 것이 통설 · 판례(대법원 2011.10.13, 2011도6287; 대법원 2007.10.25, 2007도6712; 대법원 2001.12.28, 2001도5158)이다.
다(○) 확장적 정범개념은 구성요건적 결과발생에 조건을 설정한 자는 모두 정범이라고 하므로 방조범도 정범이 된다.
라(○) 공무원 아닌 자는, 공정증서원본부실기재죄에 해당하는 경우를 제외하고는, 허위공문서작성죄의 간접정범이 될 수 없다는 것이 통설 · 판례(대법원 2006.5.11, 2006도1663)이다.
마(×) 자상은 구성요건해당성이 없으므로 피해자를 협박하여 그로 하여금 자상케 한 경우에는 상해죄의 간접정범이 된다(대법원 1970.9.22, 70도1638 참조). 〈답 ③〉

6. 공범종속성설과 공범독립성설의 차이를 설명한 것 중 공범종속성설의 내용만 모은 것은?

(1) 미수의 공범은 인정되나 공범의 미수는 인정되지 않는다.
(2) 미수의 공범뿐만 아니라 공범의 미수도 인정된다.
(3) 기도된 교사에 관한 형법 제31조 2항과 3항의 규정은 특별규정이다.
(4) 기도된 교사에 관한 규정은 당연한 규정이다.
(5) 간접정범은 공범이며, 별도로 간접정범의 개념도 필요 없다.
(6) 간접정범은 정범이다.
(7) 공범과 신분에 관한 형법 제33조 단서의 규정이 원칙규정이다.
(8) 신분의 연대성을 규정한 제33조 본문이 당연규정이다.
(9) 자살교사 · 방조죄를 처벌하는 것은 특별규정이다.
(10) 자살교사 · 방조죄를 처벌하는 규정을 둔 것은 당연하다.

① (1) (3) (5) (7) (9) ② (1) (3) (6) (8) (9) ③ (1) (4) (6) (7) (9)
④ (2) (3) (5) (8) (9) ⑤ (2) (3) (6) (8) (10) ⑥ (2) (4) (5) (7) (10)

해설 ……………………………………

(1)(3)(6)(8)(9)가 공범종속성설의 내용임에 반하여, (2)(4)(5)(7)(10)은 공범독립성설의 입장이다. 〈답 ②〉

구 분	공범종속성설	공범독립성설
범죄이론	객관주의	주관주의
공범의 미수	(i) 정범의 행위가 가벌미수로 된 때 (ii) 기도된 교사(제31조 2항 · 3항)는 특별규정	(i) 정범의 실행행위가 없는 경우에도 공범의 미수 인정 (ii) 기도된 교사(제31조 2항 · 3항)는 공범독립성설의 근거이다.
간접정범	피이용자의 행위를 정범의 행위로 볼 수 없으므로 이용자는 정범이 된다. 따라서 간접정범개념을 인정하게 됨.	교사 · 방조행위가 있는 이상 공범은 성립할 수 있으므로 이용자는 정범이 아니라 공범이다. 따라서 간접정범개념을 부정하게 됨.
공범과 신분	신분의 연대성을 규정한 제33조 본문을 당연규정으로 본다.	신분의 개별성을 규정한 제33조 단서를 원칙적 규정으로 본다.
자살 관여죄	자살이 범죄가 아님에도 불구하고 교사 · 방조자를 처벌하는 제252조 2항을 특별규정으로 본다.	제252조 2항을 공범독립성설의 유력한 근거로 본다.

7. <보기>는 공범의 종속형식에 관한 서로 다른 A, B, C, D의 입장에 대한 설명이다. A, B, C, D의 입장에 따른 결론으로 옳은 것은? <사시 2011년: 배점 3>

> 〈보기〉
> A는 공범의 성립범위를 가장 좁게 인정하고, 반대로 B는 가장 넓게 인정한다. C는 공범이 성립하기 위한 조건으로 정범의 실행행위의 구성요건해당성과 위법성만 있으면 되는 것으로 보고, D는 책임개별화원칙을 반영하지 못한다는 비판을 받고 있다.

① 타인의 주거에 침입할 것을 교사하였으나 피교사자가 주거자의 승낙을 얻어 주거에 들어간 경우, A의 입장에 의하면 주거침입교사죄가 성립할 수 없지만 C의 입장에 의하면 주거침입교사죄가 성립할 수 있다.

② 강도를 교사하였으나 피교사자가 예비의 단계에서 체포된 경우, A의 입장에 의하면 강도예비교사죄가 성립할 수 없고 C의 입장에 의하면 강도예비교사죄가 성립할 수 있다.

③ 형사미성년자를 교사하여 절도를 행하게 한 경우, C의 입장에 의하면 절도교사죄가 성립할 수 없지만 D의 입장에 의하면 절도교사죄가 성립할 수 있다.

④ 피교사자의 아버지가 소유하는 물건을 절취하도록 교사한 경우에 D의

D의 입장에서는 절도교사죄가 성립할 수 있다.

⑤ 행사의 목적 없는 타인을 교사하여 사문서를 위조하게 한 경우 D의 입장에 의하면 사문서위조교사죄가 성립할 수 있지만 A의 입장에서는 사문서위조교사죄가 성립할 수 없다.

해설 ……………………………………

보기에서는 모두 공범종속성설을 설명하고 있다. 공범의 성립이 정범에 종속한다고 볼 때, 종속의 조건이 확장될수록 공범의 성립범위는 좁아진다.
A. 확장적(최극단적) 종속형식: 정범의 행위가 구성요건해당성, 위법성, 유책성 및 가벌성까지 갖추어야 공범 성립. 공범의 성립범위를 가장 좁게 인정함.
B. 최소한의 종속형식: 정범의 행위가 구성요건해당성만 있으면 공범 성립. 공범의 성립범위를 가장 넓게 인정함.
C. 제한적 종속형식: 정범의 행위가 구성요건해당성, 위법성이 있어야 공범 성립.
D. 극단적 종속형식: 정범의 행위가 구성요건해당성, 위법성, 유책성이 있어야 공범 성립.
①(×) 주거침입죄는 양해대상 범죄이고, 정범에 해당하는 피교사자의 행위는 주거침입죄의 구성요건해당성이 없다. 정범의 행위가 구성요건해당성조차 없으므로 A, C 입장 모두의 경우에 교사범(공범)이 성립될 수 없다.
②(×) 공범의 종속형식은 정범이 적어도 구성요건에 해당하는 행위를 한 경우의 문제이므로, 공범종속성설의 어떤 입장이든 공범이 성립하기 위해서는 정범은 적어도 실행에 착수하여 기수 또는 미수에 이를 것을 요한다. 그런데 정범에 해당하는 피교사자가 예비의 단계에서 체포되었다면, A, C 입장 모두의 경우에 교사범(공범)이 성립될 수 없다.
③(×) 정범에 해당하는 피교사자가 형사미성년자이므로 그 행위는 구성요건에 해당하며 위법하나 유책하지 않은 경우이다. 따라서 C의 입장에서는 교사범(공범)의 성립이 가능한 반면, D의 입장에서는 교사범(공범)이 성립하지 않는다.
④(○) 정범에 해당하는 피교사자는 인적처벌조각사유에 의해 처벌되진 않지만, 피교사자의 행위는 위법하고 유책하므로 B, D 입장 모두의 경우 교사범(공범)의 성립이 가능하다.
⑤(×) 목적 없는 고의 있는 도구를 이용한 경우인데, 피교사자에게 행사의 목적이 없으므로 사문서위조죄의 구성요건해당성이 부정된다. 따라서 A, D 입장 모두의 경우에 공범인 사문서위조교사죄가 성립할 수 없다. 〈답 ④〉

8. 공범의 종속성설과 관련된 설명 중 옳은 것을 모두 고른 것은?
<사시 2008년: 배점 2>

㉠ 공범종속성설에 의하면 공범은 정범이 일정한 범죄성립요건을 구비한 때에 한하여 성립한다.
㉡ 제한적 종속형식에 의하면 甲이 13세인 乙에게 절도행위를 교사한 경우에는 甲에게 절도교사죄가 성립될 수 없다.
㉢ 공범종속성설은 형법 제31조 2항 · 3항(기도된 교사)을 특별규정으로 이해하고 있다.
㉣ 공범독립성설은 형법 제33조(공범과 신분) 단서를 원칙규정으로 보며, 같은 조 본문을 예외규정으로 파악한다.

> ⓜ 甲이 乙을 교사하여 乙의 아버지의 물건을 훔쳐오게 한 경우에 극단적 종속형식에 따르면 甲에게 절도교사죄가 성립되지 않는다.
> ⓑ 공범독립성설은 자살교사·방조를 처벌하는 형법 제252조 2항을 당연규정으로 파악한다.

① ㉠ ㉢ ㉥　② ㉢ ㉣ ㉥　③ ㉠ ㉡ ㉢ ㉣
④ ㉠ ㉡ ㉣ ㉥　⑤ ㉠ ㉢ ㉣ ㉥　⑥ ㉡ ㉢ ㉣ ㉤
⑦ ㉢ ㉣ ㉤ ㉥　⑧ ㉠ ㉢ ㉣ ㉤ ㉥

해설

㉠㉢㉣㉥이 옳다.
㉡(×) 제한적 종속형식에 의하면 정범이 구성요건과 위법성을 갖추면 공범의 성립이 가능하므로 구성요건해당성과 위법성은 있지만 책임능력이 없는 형사미성년자를 교사한 甲에게 절도교사죄가 성립할 수 있다.
㉤(×) 극단적 종속형식에 의할 때 정범의 행위가 구성요건해당성, 위법성, 책임을 갖추고 있으면 공범이 성립할 수 있다. 乙에게 적용되는 친족상도례는 인적처벌조각사유에 불과하고, 정범인 乙의 행위는 절도죄의 구성요건해당성, 위법성 및 책임을 모두 갖추고 있으므로 甲에게 절도교사죄가 성립할 수 있다. 〈답 ⑤〉

9. 정범과 공범에 관한 설명 중 옳지 않은 것은?

① 목적적 행위지배설에 의하면 정범의 일종인 공동정범은 범죄의사인 고의와 목적적 행위지배가 있어야 하므로 과실에 의한 공동정범은 부정된다.
② 판례는 '정범의 성립은 교사범의 구성요건의 일부를 형성하고 교사범이 성립함에는 정범의 범죄행위가 인정되는 것이 그 전제요건이 된다'고 하여 공범종속성설의 입장을 취하고 있다.
③ 판례는 '제30조의 "공동하여 죄를 범한 때"의 "죄"란 고의범과 과실범을 불문하며 공동의사는 반드시 고의를 공동으로 가질 의사임을 요하지 않는다'고 하여 과실범의 공동정범을 인정하는 입장이다.
④ 공범의 처벌근거에 관한 학설 중 순수야기설은 정범의 실행행위가 없더라도 정범을 교사한 자를 교사범으로 처벌할 수 있다고 본다.
⑤ 공범의 처벌근거에 대한 견해 중 불법가담설에 의하면 책임 없는 정범에 대한 공범성립은 불가능하다.

해설

①(○) 목적적 행위지배설은 목적적 행위지배가 정범의 표지이며, 목적적 실현의사인 구성요건적 고의가 행위지배의 요소라고 본다. 그리고 목적성은 고의와 동일한 것이므로 정범과 공범의 구별도 고의범에서만 문제될 뿐이라고 한다.
④(○) 공범의 불법을 정범의 불법에서 찾지 않고 공범 그 자체의 불법인 공범구성요건을 인정하여 공범불법의 독자성을 인정하는 견해인 순수야기설에 의하면, 정범을 교사한

자는 정범의 실행행위가 없더라도 스스로 법익을 침해한 것이므로 교사범으로 처벌될 수 있다.
⑤(×) 불법가담설은 공범의 처벌근거를 정범에게 위법한 행위를 야기 또는 촉진한 점에서 구하며, 책임가담설을 제한적 종속형식에 의하여 수정한 이론이다. 따라서 불법가담설에 의하면 책임 없는 정범에 대한 공범의 성립도 가능하다. 〈답 ⑤〉

제2절 간접정범

1. ㉠에서 ㉥까지의 ( ) 안에 아래 A에서 F까지의 문장을 적절히 넣으면 간접정범의 본질에 관한 기술이 완성된다. ㉠에서 ㉥까지의 ( ) 안에 들어가야 할 문장을 옳게 배열한 것은? <사시 2007년: 배점 3>

형법 제34조에 규정된 간접정범이 정범인가 아니면 공범인가에 관하여 견해의 대립이 있다. 우선 형법이 규정하고 있는 간접정범은 공범으로 파악하는 견해가 있다. 이 견해는(㉠)(라)는 점을 전제로 하여 (㉡)(라)고 한다. 그 근거로 (㉢)(라)는 점을 들고 있다.
이에 대하여 간접정범을 정범으로 파악하는 입장이 있다. 이 견해는 (㉣)(라)고 한다. 그리고 (㉤)(라)고 하면서 그 근거로는 (㉥)(라)는 점을 들고 있다.

A. 현행 형법은 극단적 종속형식에 입각하고 있다.
B. 간접정범의 본질을 우월적 의사지배에서 찾아야 한다.
C. 간접정범을 교사와 방조의 예에 의하여 처벌하고 있다.
D. 형법 제34조의 표제어가 '간접정범'으로 되어 있다.
E. 형법이 교사 또는 방조로 규정한 것은 이용행위의 형태를 분류한 것에 불과하다.
F. 공범 처벌의 불비를 보완하기 위한 제도이다.

① A B C D E F ② A F C B E D ③ D A F C E B
④ E F C D A B ⑤ F C B E D A

해설

형법이 규정하고 있는 간접정범을 공범으로 파악하는 견해는 A를 전제로 하여 F라고 한다. 그 근거로 C를 들고 있다. 이에 대하여 간접정범을 정범으로 파악하는 입장이 있다. 이 견해는 B라고 한다. 그리고 E라고 하면서 그 근거로는 D를 들고 있다. 〈답 ②〉

2. 甲은 12세의 양녀 乙을 데리고 장기간 여행을 하고 있는 중이다. 甲이 乙을 버릇이 없다는 이유로 수차 폭행하자 乙은 甲에 대하여 극도의 공포심을 갖게 되었다. 甲은 乙로 하여금 가게에 가서 물건을 훔쳐오게 하였다. 甲이

교사범인가 또는 간접정범인가에 대한 다음 설명 중 옳지 않은 것은?

① 극단적 종속형식에 의하면 甲은 교사범이 될 수 없다.

② 제한적 종속형식에 의하면 甲은 절도의 교사범이 될 수 있다.

③ 乙이 절대적 강제하에서 의사결정의 자유가 없었다면 甲은 간접정범이다.

④ 피이용자가 형사미성년자인 경우에도 이용자에게 교사범이 성립할 수 있다는 견해에 의하면 甲은 이 경우에도 교사범이 된다.

⑤ 乙이 미성년자로서 사물을 변별할 능력이 있었다고 할지라도 위의 경우는 간접정범이 될 수 있다.

해설

①(○) 乙이 형사미성년자이므로 극단적 종속형식에 의하면 甲은 교사범이 될 수 없다.
②(○) 乙의 행위는 위법하므로 제한적 종속형식에 의하면 甲은 교사범이 된다.
③(○) 절대적 강제하에 있는 타인을 이용한 행위는 종속형식에 관한 어떤 견해를 취하더라도 간접정범이 된다.
④(×) 형사미성년자를 이용한 경우에 교사범이 될 수 있다고 하더라도 피이용자의 의사를 제압한 경우에는 간접정범이 될 수 있다.
⑤(○) 乙에게 사물을 변별할 능력이 있었던 때에도 그의 의사를 제압한 경우에는 간접정범이 될 수 있다. 〈답 ④〉

3. 의사 甲은 정을 모르는 간호사 乙을 이용하여 환자 A를 살해할 것을 기도하고 乙에게 독약이 든 주사기를 주어 A에게 주사하게 하였다. 乙은 독약이 든 것을 알고 있으면서 그대로 A에게 주사하여 A를 살해하였다. 다음 A~E까지의 설명 중 옳지 않은 것의 조합은?

A. 범죄공동설의 입장에서 보면 甲과 乙은 공동하여 A에 대한 살해행위를 했으므로 甲과 乙은 살인죄에 대한 공동정범이 된다.
B. 乙이 살인죄의 죄책을 지는 것은 당연하지만, 甲의 乙에 대한 이용행위는 교사가 아니라 실행행위이므로 乙이 도중에 정을 알았다 하더라도 甲 또한 살인죄의 죄책을 지게 된다.
C. 甲은 살인죄의 정범으로서의 고의를 가졌지만 결과적으로는 乙에게 A에 대한 살해를 교사한 것이므로 甲은 살인죄의 교사범이 된다.
D. 甲에게 살인죄의 죄책을 인정하는 견해가 이용자의 의도에 반하여 피이용자가 정을 알게 된 것을 상당인과관계의 범위를 일탈한 것으로 해석하는 것에 대하여, 살인죄의 교사범이라는 견해는 이를 인과과정에 관한 경미한 착오라고 해석한다.
E. 乙이 정을 알면서 주사한 경우 간접정범의 실행의 착수시기를 이용자의 이용행위시라고 해석하면 甲은 살인미수의 교사범이 된다.

① A B E　　② A C D　　③ A D E
④ B C D　　⑤ B D E

해설

A(×) 범죄공동설에 의하더라도 공동의 의사가 없으면 공동정범이 되지 않는다.
B(○) 甲의 이용행위시에 실행행위가 있다고 할 것이므로 甲이 살인죄의 죄책을 지는 것은 명백하다.
C(○) 甲은 간접정범의 고의로 교사의 결과를 발생케 하였으므로 살인죄의 교사범이 된다.
D(×) 甲이 살인죄의 정범인가 교사범인가는 甲에게 의사지배를 인정할 것인가에 따라 좌우되며 상당인과관계의 문제는 아니다.
E(×) 乙처럼 악의의 도구인 때는 피이용자의 성질에 대한 착오로서 간접정범이 성립한다고 해석하는 견해도 있으나, 이용자에게 행위지배가 있었다고 볼 수 없으므로 공범이 성립할 수 있을 뿐이다. 따라서 이 사안에서 甲의 행위는 교사범으로서 미수의 교사인가 기수의 교사인가가 문제될 뿐이며, 甲은 살인기수의 교사범이 된다. 〈답 ③〉

4. 간접정범에 대한 설명 중 옳지 않은 것은?

① 공범독립성설은 간접정범의 본질을 정범이 아니라 공범으로 파악한다.
② 판례는 내란죄에 있어서 국헌문란의 목적이 없는 피이용자를 이용한 경우에 간접정범을 인정하고 있지 않다.
③ 우리 형법은 간접정범에 대한 처벌을 교사·방조의 예에 의하도록 규정하고 있다.
④ 피이용자가 책임무능력자임에도 불구하고 이용자는 책임능력자인 것으로 오인하고 교사 또는 방조한 때에는 간접정범이 될 수 없고 공범이 성립할 뿐이다.
⑤ 피이용자가 간접정범이 기도한 범위를 초과하여 실행한 때에는 간접정범은 초과부분에 대하여 책임을 지지 않는다.

해설

①(○) 공범독립성설(주관주의범죄론)에 의하면, 간접정범은 종래의 공범종속성설이 피교사자가 처벌받지 않을 때에는 교사자도 처벌받지 않는 결함을 구제하기 위하여 만들어 낸 불필요한 개념에 불과하므로 간접정범은 마땅히 공범의 개념에 포함된다고 한다.
②(×) 목적 없는 고의 있는 도구를 이용한 경우에는 간접정범의 특징이 되는 의사지배가 없으므로 간접정범을 인정할 수 있느냐가 문제된다. 의사지배가 인정되지 않으므로 간접정범이 성립하지 않는다고 해석하는 견해가 있으나 행위지배를 규범적·심리적 행위지배 또는 사회적 행위지배로 파악하여 간접정범을 인정하는 견해가 통설·판례의 태도이다. 판례는 범죄는 '어느 행위로 인하여 처벌되지 아니 하는 자'를 이용하여서도 이를 실행할 수 있으므로, 내란죄의 경우에도 '국헌문란의 목적'을 가진 자가 그러한 목적이 없는 자를 이용하여 이를 실행할 수 있다고 판시하였다(대법원 1997.4.17, 96도3376 전원합의체).
③(○) 형법 제34조 1항.

④(○) 이용자가 피이용자를 생명 있는 도구로 알고 이용하였으나 사실은 악의의 도구인 때 피이용자의 성질에 대한 착오는 행위자의 주관을 표준으로 하여 결정해야 하므로 간접정범이 성립한다는 견해가 있으나, 이용자에게 행위지배가 있었다고 볼 수 없으므로 공범이 성립할 뿐이다.
⑤(○) 다만 간접정범이 결과적 가중범의 중한 결과를 예견할 수 있었던 때에는 결과적 가중범의 간접정범이 가능하다. 〈답 ②〉

5. 간접정범에 해당하는 경우를 모두 모은 것은?

> ㉠ 공무원이 정을 모르는 자기의 처로 하여금 뇌물을 받게 한 경우
> ㉡ 스스로 낙태에 착수했다가 생명이 위험해진 임부가 의사를 찾아가 낙태해 줄 것을 부탁하자 의사가 임부의 생명을 구하기 위해 낙태수술을 한 경우
> ㉢ 행사의 목적 없는 고의 있는 타인을 도구처럼 이용하여 통화를 위조하게 한 경우
> ㉣ 수표의 발행인 이닌 지기 허위신고의 고의 없는 발행인을 교사·방조하여 허위신고하게 한 경우
> ㉤ 사기죄로 기소된 처에 대한 재판에서 처에게 유리한 증언을 해주도록 남편이 증인에게 부탁하여 실현시킨 경우
> ㉥ 장난삼아 빈총이라고 친구를 기망하여 사냥용 총을 격발하게 한 결과 우연히 지나가던 사람에게 명중하여 사망하게 된 경우

① ㉠ ㉡ ② ㉢ ㉥ ③ ㉤ ㉥
④ ㉠ ㉡ ㉢ ⑤ ㉢ ㉣ ㉥ ⑥ ㉣ ㉤ ㉥

해설

㉠은 신분 없고 고의 없는 도구, ㉡은 적법하게 행위 하는 도구, ㉢은 목적 없는 고의 있는 도구를 이용한 경우이므로 간접정범이 된다.
㉣ 수표금액의 지급책임을 부담하는 자 또는 거래정지처분을 당하는 자는 오로지 발행인에 국한되는 점에 비추어 볼 때 발행인 아닌 자는 부정수표단속법이 정한 허위신고죄의 주체가 될 수 없고, 허위신고의 고의 없는 발행인을 이용하여 간접정범의 형태로 허위신고죄를 범할 수도 없다(대법원 1992.11.10, 92도1342). ㉤ 위증죄는 자수범이므로 간접정범이 성립할 수 없다. ㉥ 과실에 의한 간접정범은 있을 수 없다. 〈답 ④〉

6. 간접정범에 관한 설명 중 옳은 것은? (다툼이 있는 경우 판례에 의함)

① 공무원이 아닌 자가 행사할 목적으로 관공서에 허위내용의 증명원을 제출하여 그 내용이 허위인 정을 모르는 담당공무원으로부터 그 증명원의 내용과 같은 증명서를 발급받은 경우 공문서위조죄의 간접정범이 성립한다.
② 회사 경영자 甲의 청탁으로 국회의원 A가 甲과 지역구 지방자치단체장 사이에 공장의 지역구 유치와 관련한 간담회를 주선하고 甲은 회사 소

속 직원들로 하여금 A가 사실상 지배·장악하고 있던 후원회에 후원금을 기부하게 한 경우 정치자금법 위반(특정행위와 관련한 정치자금기부)죄의 간접정범은 성립하지 않는다.

③ 처벌되지 아니하는 타인의 행위를 적극적으로 유발하고 이를 이용하여 자신의 범죄를 실현한 자는 형법 제34조 1항이 정하는 간접정범의 죄책을 지게 되고, 그 과정에서 타인의 의사를 부당하게 억압하여야만 간접정범에 해당하는 것은 아니다.

④ 호적계장인 甲이 행사할 목적으로 A의 부탁을 받고 면장 모르게 호적계에 보관중인 면장의 고무인과 직인을 이용하여 인감증명서 용지에 날인함으로써 A의 인감증명서를 작성한 경우 허위공문서작성죄의 간접정범이 성립한다.

⑤ 경찰관 甲이 행사할 목적으로 A의 음주운전을 눈감아주기 위하여 A에 대한 음주운전자 적발보고서를 찢어버리고, 부하로 하여금 일련번호가 동일한 가짜 음주운전 적발보고서에 B의 음주운전 사실을 기재케 하여 그 정을 모르는 담당경찰관으로 하여금 음주운전자 음주측정처리부에 B의 음주운전 사실을 기재케 한 경우 허위공문서작성죄의 간접정범은 성립하지 않는다.

해설 ···

①(×) 어느 문서의 작성권한을 갖는 공무원이 그 문서의 기재 사항을 인식하고 그 문서를 작성할 의사로써 이에 서명·날인하였다면, 설령 그 서명·날인이 타인의 기망으로 착오에 빠진 결과 그 문서의 기재사항이 진실에 반함을 알지 못한 데 기인한다고 하여도, 그 문서의 성립은 진정하며 여기에 하등 작성명의를 모용한 사실이 있다고 할 수는 없으므로, 공무원 아닌 자가 관공서에 허위내용의 증명원을 제출하여 그 내용이 허위인 정을 모르는 담당공무원으로부터 그 증명원 내용과 같은 증명서를 발급받은 경우 공문서위조죄의 간접정범으로 의율할 수는 없다(대법원 2001.3.9, 2000도938).

②(×) 정치자금법 위반(특정행위와 관련한 정치자금기부)죄의 간접정범이 성립한다(대법원 2008.9.11, 2007도7204).

③(○) 대법원 2008.9.11, 2007도7204.

④(×) 포괄적 권한을 수여받은 업무보조자인 공무원이 보관하고 있던 작성권자의 인장을 날인하여 허위공문서를 작성한 때에는 공문서위조죄가 성립한다(대법원 1996.4.23, 96도424).

⑤(×) 대법원 1996.10.11, 95도1706이 허위공문서작성죄의 간접정범을 인정한 경우이다.

〈답 ③〉

7. (　) 속 범죄의 간접정범이 성립하는 경우는 모두 몇 개인가? (다툼이 있는 경우에는 다수설에 의함)

㉠ 심신미약자를 시켜 부녀를 강간하게 하였다. (강간죄)
㉡ 의사가 정을 모르는 간호사를 시켜 환자에게 독약을 주사하게 하여

독살하려고 하였으나 간호사는 정을 알면서 그 기회를 이용하여 환자에게 독약을 주사하였다. (살인죄)
㉢ 가게의 상품을 손괴하기 위하여 길에 서 있는 행인 앞으로 승용차를 몰아 이를 피하려고 가게에 뛰어든 행인이 상품을 손괴하게 하였다. (손괴죄)
㉣ 옆에 서 있는 사람을 밀어 넘어지게 하여 충돌된 피해자로 하여금 상처를 입게 했다. (상해죄)
㉤ 죽이겠다고 위협하여 증인으로 하여금 위증하게 하였다. (위증죄)

① 1개 ② 2개 ③ 3개 ④ 4개 ⑤ 5개 ⑥ 없음

해설

㉠ 심신미약자를 이용한 경우에는 의사지배가 인정되지 않는다. ㉡ 피이용자의 성질에 착오가 있는 경우이다. 다수설은 교사범이 될 뿐이라고 한다. ㉢ 긴급피난에 의하여 행위하는 행인을 이용한 경우이다. 간접정범이 성립한다. ㉣ 사람을 물적 도구로 이용한 직접정범이다. ㉤ 위증죄는 자수범이므로 간접정범이 성립할 수 없다. 〈답 ①〉

8. 간접정범이 성립할 수 없는 범죄는? (판례에 의함)

① 살인죄 ② 강간죄 ③ 위증죄
④ 허위공문서작성죄 ⑤ 무고죄

해설

자수범이란 정범 자신이 구성요건적 행위를 직접 실행해야 범할 수 있는 범죄이므로 직접정범만이 가능하며, 간접정범이나 자수적 실행 없는 공동정범은 성립하지 않는다. 자수범의 인정 여부와 인정기준에 대하여는 견해의 대립이 있으나, 긍정설의 기준은 모두 일면적 타당성밖에 없으므로 결국 어떤 범죄가 자수범인가는 개별적인 구성요건의 체계적·합리적 해석에 따라 판단해야 한다. ③ 위증죄가 자수범이라는 점에는 견해가 일치하므로 간접정범이나 공동정범의 형태에 의하여 위증죄를 범할 수는 없다.
② 강간죄는 신분범도 자수범도 아니므로 남자는 물론 여자도 정범이 될 수 있고 간접정범에 의하여 범할 수도 있다. ④ 허위공문서작성죄의 간접정범이 성립하는가에 대하여는 경우가 나뉘어져 있다. 공무원 아닌 자가 공무원을 이용하여 간접정범으로 본죄를 범할 수 있는가에 대하여 통설과 판례(대법원 1976.8.24, 76도151)는 이를 부정한다. 그러나 공무소 내의 공무원이 그 직위를 이용하여 행사의 목적으로 허위공문서를 기안하여 그 정을 모르는 상사의 서명날인을 받아 공문서를 완성한 경우에 통설과 판례(대법원 1990.10.30, 90도1912)는 허위공문서작성죄의 간접정범이 성립한다고 한다. 〈답 ③〉

9. 간접정범에 관한 설명 중 옳지 않은 것은? (다툼이 있는 경우에는 판례에 의함)
<법전협 모의시험 2012년>

① 간접정범은 어느 행위로 인하여 처벌되지 아니하는 자 또는 과실범으로 처벌되는 자를 교사 또는 방조하여 범죄행위의 결과를 발생하게 함으로써 성립한다.

② 공무원 아닌 자가 허위공문서 작성의 간접정범인 때에는 공정증서원본등부실기재죄의 경우 이외에는 이를 처벌하지 아니한다.
③ 국헌문란의 목적을 달성하기 위하여 그러한 목적이 없는 대통령을 이용하여 비상계엄 전국확대조치를 한 것은 간접정범의 방법으로 내란죄를 실행한 것이다.
④ 정을 모르는 사람을 이용하여 그 사람으로 하여금 선서케 하고 위증하게 한 경우 그 이용자에게는 위증죄의 간접정범이 성립한다.
⑤ 기안을 담당하는 보조 공무원이 허위공문서를 기안하여 그 정을 모르는 작성권자의 결재를 받아 공문서를 완성한 때에는 허위공문서작성죄의 간접정범이 성립한다.

해설

①(○) 형법 제34조 제1항.
②(○) 어느 문서의 작성권한을 갖는 공무원이 그 문서의 기재 사항을 인식하고 그 문서를 작성할 의사로써 이에 서명날인하였다면, 설령 그 서명날인이 타인의 기망으로 착오에 빠진 결과 그 문서의 기재사항이 진실에 반함을 알지 못한 데 기인한다고 하여도, 그 문서의 성립은 진정하며 여기에 하등 작성명의를 모용한 사실이 있다고 할 수는 없으므로, 공무원 아닌 자가 관공서에 허위 내용의 증명원을 제출하여 그 내용이 허위인 정을 모르는 담당공무원으로부터 그 증명원 내용과 같은 증명서를 발급받은 경우 공문서위조죄의 간접정범으로 의율할 수는 없다(대법원 2001.3.9, 2000도938).
③(○) 범죄는 '어느 행위로 인하여 처벌되지 아니하는 자'를 이용하여서도 이를 실행할 수 있으므로, 내란죄의 경우에도 '국헌문란의 목적'을 가진 자가 그러한 목적이 없는 자를 이용하여 이를 실행할 수 있다(대법원 1997.4.17, 96도3376).
④(×) 위증죄는 자수범이므로 간접정범이 성립할 수 없다.
⑤(○) 공문서의 작성권한이 있는 공무원의 직무를 보좌하는 자가 그 직위를 이용하여 행사할 목적으로 허위의 내용이 기재된 문서 초안을 그 정을 모르는 상사에게 제출하여 결재하도록 하는 등의 방법으로 작성권한이 있는 공무원으로 하여금 허위의 공문서를 작성하게 한 경우에는 간접정범이 성립되고 이와 공모한 자 역시 그 간접정범의 공범으로서의 죄책을 면할 수 없는 것이고, 여기서 말하는 공범은 반드시 공무원의 신분이 있는 자로 한정되는 것은 아니라고 할 것이다(대법원 1992.1.17, 91도2837). 〈답 ④〉

10. 간접정범에 관한 다음 설명 중 옳지 않은 것은? (다툼이 있는 경우에는 판례에 의함) <사시 2008년: 배점 2>

① 甲이 자기에게 유리한 판결을 얻기 위하여 증거가 조작되어 있다는 정을 인식하지 못하는 乙을 이용하여 그로 하여금 민사소송의 당사자가 되게 하고 법원을 기망하여 소송 상대방의 재물을 취득하였더라도 甲은 소송당사자가 아니므로 사기죄의 간접정범의 죄책을 지지 않는다.
② 확장적 정범개념에 의하면 직접·간접으로 구성요건실현에 조건을 제공한 모든 자는 정범이 되므로 간접정범도 당연히 정범이 된다.

③ 사법경찰관 甲이 乙을 구속하기 위하여 진술조서 등을 허위로 작성한 후 이를 기록에 첨부하여 구속영장을 신청하고, 진술조서 등이 허위로 작성된 정을 모르는 검사와 영장전담판사를 기망하여 구속영장을 발부받은 후 그 영장에 의하여 乙을 구금하였다면 甲에게는 직권남용감금죄의 간접정범이 성립한다.

④ 진정목적범에서 목적 있는 자가 목적 없는 자를 강요하여 자신의 도구나 손발과 같이 목적 없는 자로 하여금 범행을 실행하게 한 경우 목적 있는 자는 진정목적범의 간접정범이 된다.

⑤ 공무원 아닌 甲이 공문서의 작성권한이 있는 공무원 乙의 직무를 보좌하는 자인 丙을 교사하여 丙으로 하여금 그 직위를 이용하여 행사할 목적으로 허위의 내용이 기재된 문서 초안을 그 정을 모르는 乙에게 제출하여 결재하도록 함으로써 乙로 하여금 허위의 공문서를 작성하게 한 경우 甲은 허위공문서작성죄의 간접정범의 교사범으로서의 죄책을 진다.

해설

①(×) 甲이 존재하지 않는 약정이자에 관한 내용을 부가하여 위조한 乙명의 차용증을 바탕으로 乙에 대한 차용금채권을 丙에게 양도하고, 이러한 사정을 모르는 丙으로 하여금 乙을 상대로 양수금 청구소송을 제기하게 한 경우, 甲의 행위는 丙을 도구로 이용한 간접정범 형태의 소송사기죄를 구성한다(대법원 2007.9.6, 2006도3591).

③(○) 감금죄는 간접정범의 형태로도 행하여질 수 있는 것이므로, 인신구속에 관한 직무를 행하는 자 또는 이를 보조하는 자가 피해자를 구속하기 위하여 진술조서 등을 허위로 작성한 후 이를 기록에 첨부하여 구속영장을 신청하고, 진술조서 등이 허위로 작성된 정을 모르는 검사와 영장전담판사를 기망하여 구속영장을 발부받은 후 그 영장에 의하여 피해자를 구금하였다면 형법 제124조 1항의 직권남용감금죄가 성립한다(대법원 2006.5.25, 2003도3945).

④(○) 범죄는 '어느 행위로 인하여 처벌되지 아니하는 자'를 이용하여서도 이를 실행할 수 있으므로, 내란죄의 경우에도 '국헌문란의 목적'을 가진 자가 그러한 목적이 없는 자를 이용하여 이를 실행할 수 있다(대법원 1997.4.17, 96도3376 전원합의체).

⑤(○) 공문서의 작성권한이 있는 공무원의 직무를 보좌하는 자가 그 직위를 이용하여 행사할 목적으로 허위의 내용이 기재된 문서 초안을 그 정을 모르는 상사에게 제출하여 결재하도록 하는 등의 방법으로 작성권한이 있는 공무원으로 하여금 허위의 공문서를 작성하게 한 경우에는 간접정범이 성립하고 이와 공모한 자 역시 그 간접정범의 공범으로서의 죄책을 면할 수 없는 것이고, 여기서 말하는 공범은 반드시 공무원의 신분이 있는 자로 한정되는 것은 아니다(대법원 1992.1.17, 91도2837). 〈답 ①〉

11. 다음 기술 중 甲에게 ( )속의 범죄의 간접정범이 성립하는 것을 모두 고른 것은? (다툼이 있는 경우에는 판례에 의함) <사시 2011년: 배점 3>

ㄱ. 남편 甲이 사기죄로 기소된 처에 대한 재판에서 처에게 유리한 증언을 해주도록 증인 A에게 부탁하여 A가 위증을 한 경우 (위증죄)

ㄴ. 수표의 발행인이 아닌 甲이 허위신고의 고의 없는 발행인 A를 교사하여 허위신고하게 한 경우 (부정수표단속법상 허위신고죄)
ㄷ. 축산업협동조합이 점유하고 있는 A 소유의 창고 패널을 절취할 의사를 가진 甲이 위 조합으로부터 허락을 받지 않은 채 그 정을 모르는 A로 하여금 창고의 패널을 취거하게 하여 영득한 경우 (절도죄)
ㄹ. 甲이 A명의의 차용증을 가지고 있기는 하나 그 채권의 존재에 관하여 A와 다툼이 있는 상황에서 당초에 없던 약정이자에 관한 내용을 부가한 A명의의 차용증을 새로 위조한 후 이를 바탕으로 甲의 채권자인 B에게 차용원금 및 위조된 차용증에 기한 약정이자 2,500만원을 양도하고, 이러한 사정을 모르는 B로 하여금 A를 상대로 양수금 청구소송을 제기하도록 하여 B가 소를 제기하였다가 취하한 경우 (사기미수죄)
ㅁ. 포괄적 권한을 수여받은 공무원 甲이 보관하고 있던 작성권자의 인장을 날인하여 허위공문서를 작성한 경우 (허위공문서작성죄)

① ㄱ ㄷ ② ㄷ ㄹ ③ ㄹ ㅁ
④ ㄱ ㄴ ㅁ ⑤ ㄱ ㄷ ㄹ ⑥ ㄴ ㄷ ㅁ
⑦ ㄷ ㄹ ㅁ ⑧ ㄴ ㄷ ㄹ ㅁ

해설

ㄱ(×) 위증죄는 자수범에 해당하므로 그에 대한 간접정범이 성립할 수 없다.
ㄴ(×) 부정수표단속법 제4조가 '수표금액의 지급 또는 거래정지처분을 면할 목적'을 요건으로 하고, 수표금액의 지급책임을 부담하는 자 또는 거래정지처분을 당하는 자는 발행인에 국한되는 점에 비추어 볼 때 그와 같은 발행인이 아닌 자는 부정수표단속법 제4조가 정한 허위신고죄의 주체가 될 수 없고, 발행인이 아닌 자는 허위신고의 고의 없는 발행인을 이용하여 간접정범의 형태로 허위신고죄를 범할 수도 없다(대법원 2007.3.15, 2006도7318).
ㄷ(○) 피고인이 축산업협동 공소외 조합이 점유하는 타인 소유의 창고의 패널을 점유자인 공소외 조합으로부터 명시적인 허락을 받지 않은 채 소유자인 위 타인으로 하여금 취거하게 한 경우 소유자를 도구로 이용한 절도죄의 간접정범이 성립될 수 있지만, 여러 사정에 비추어 피고인에게 공소외 조합의 의사에 반하여 위 창고의 패널을 뜯어간다는 범의가 있었다고 단정하기는 어렵다고 한 판례가 있다(대법원 2006.9.28, 2006도2963). 그러나 이 사안에서 甲은 판례에서와 달리 절취의사를 가진 경우이며, 고의 없는 A를 이용하여 영득하였으므로 절도죄의 간접정범이 성립한다.
ㄹ(○) 甲이 B를 도구로 이용한 간접정범 형태의 소송사기죄를 구성하는데, B가 소를 제기하였다가 취하하였으므로 甲은 소송사기 미수죄의 간접정범에 해당한다. 대법원 2007.9.6, 2006도3591 참조: 자기에게 유리한 판결을 얻기 위하여 소송상의 주장이 사실과 다름이 객관적으로 명백하거나 증거가 조작되어 있다는 정을 인식하지 못하는 제3자를 이용하여 그로 하여금 소송의 당사자가 되게 하고 법원을 기망하여 소송 상대방의 재물 또는 재산상 이익을 취득하려 하였다면 간접정범의 형태에 의한 소송사기죄가 성립하게 된다.
ㅁ(×) 甲은 보관하고 있던 작성권자의 직인을 날인하여 문서를 만들었으므로 허위공문서작성죄의 간접정범이 아니라 공문서위조죄에 해당한다. 공문서 작성권자로부터 일정한

요건이 구비되었는지 여부를 심사하여 그 요건이 구비되었음이 확인될 경우에 한하여 작성권자의 직인을 사용하여 작성권자 명의의 공문서를 작성하라는 포괄적인 권한을 수여받은 업무보조자인 공무원이, 그 위임의 취지에 반하여 공문서 용지에 허위내용을 기재하고 그 위에 보관하고 있던 작성권자의 직인을 날인하였다면, 그 업무보조자인 공무원에게 공문서위조죄가 성립할 것이고, 그에게 위와 같은 행위를 하도록 지시한 중간결재자인 공무원도 공문서위조죄의 공범으로서의 책임을 면할 수 없다(대법원 1996.4.23, 96도424).

〈답 ②〉

12. 간접정범에 관한 다음 설명 중 옳은 것(○)과 옳지 않은 것(×)을 올바르게 조합한 것은? (다툼이 있는 경우에는 판례에 의함) <사시 2010년: 배점 3>

가. 경찰서 보안과장이 甲의 음주운전을 눈감아주기 위하여 그에 대한 음주운전자 적발보고서를 찢어버리고, 부하로 하여금 일련번호가 동일한 가짜 음주운전자 적발보고서에 乙에 대한 음주운전 사실을 기재하게 하여 그 정을 모르는 담당경찰관으로 하여금 乙에 대한 음주운전 사실을 기재하도록 한 경우에는 허위공문서작성죄의 간접정범이 성립한다.
나. 타인을 비방할 목적으로 허위의 기사자료를 그 정을 모르는 기자에게 제공하여 신문 등에 보도되게 한 경우에는 출판물에 의한 명예훼손죄의 간접정범이 성립한다.
다. 공무원 아닌 자가 관공서에 허위내용의 증명원을 제출하여 그 내용이 허위인 정을 모르는 담당공무원으로부터 그 증명원 내용과 같은 증명서를 발급받은 경우에는 공문서위조죄의 간접정범이 성립한다.
라. 회사 경영자가 내막을 알지 못하는 소속 직원들로 하여금 회사 소재지 지역구 국회의원의 담당사무에 대한 청탁과 관련하여 그 국회의원이 사실상 지배·장악하고 있던 후원회에 후원금을 기부하게 하였더라도, 그 경영자에게는 정치자금법위반죄의 간접정범이 성립하지 않는다.
마. 공무원 아닌 자가 허위사실을 신고하여 면장의 거주확인증을 발급받은 경우에는 허위공문서작성죄의 간접정범이 성립한다.

① 가(○) 나(○) 다(○) 라(×) 마(○)
② 가(○) 나(○) 다(×) 라(○) 마(○)
③ 가(○) 나(×) 다(○) 라(×) 마(×)
④ 가(○) 나(○) 다(×) 라(×) 마(×)
⑤ 가(×) 나(×) 다(○) 라(○) 마(○)

해설

가(○) 경찰서 보안과장이 A의 음주운전을 눈감아 주기 위하여 그에 대한 음주운전자 적발보고서를 찢어버리고, 부하로 하여금 일련번호가 동일한 가짜 음주운전 적발보고서에 B

에 대한 음주운전 사실을 기재케 하여 그 정을 모르는 담당경찰관으로 하여금 주취운전자 음주측정처리부에 B에 대한 음주운전 사실을 기재하도록 한 이상, B가 음주운전으로 인하여 처벌을 받았는지 여부와는 관계없이 허위공문서작성 및 동행사죄의 간접정범으로서의 죄책을 면할 수 없다(대법원 1996.10.11, 95도1706).

나(○) 타인을 비방할 목적으로 허위사실인 기사의 재료를 신문기자에게 제공한 경우에 기사를 신문지상에 게재하느냐의 여부는 신문 편집인의 권한에 속한다고 할 것이나 이를 편집인이 신문지상에 게재한 이상 기사의 게재는 기사재료를 제공한 자의 행위에 기인한 것이므로 기사재료의 제공행위는 형법 제309조 2항 소정의 출판물에 의한 명예훼손죄의 죄책을 면할 수 없다(대법원 1994.4.12, 93도3535).

다(×) 어느 문서의 작성권한을 갖는 공무원이 그 문서의 기재 사항을 인식하고 그 문서를 작성할 의사로써 이에 서명날인하였다면, 설령 그 서명날인이 타인의 기망으로 착오에 빠진 결과 그 문서의 기재사항이 진실에 반함을 알지 못한 데 기인한다고 하여도, 그 문서의 성립은 진정하며 여기에 하등 작성명의를 모용한 사실이 있다고 할 수는 없으므로, 공무원 아닌 자가 관공서에 허위내용의 증명원을 제출하여 그 내용이 허위인 정을 모르는 담당공무원으로부터 그 증명원 내용과 같은 증명서를 발급받은 경우 공문서위조죄의 간접정범으로 의율할 수는 없다(대법원 2001.3.9, 2000도938).

라(×) 정유회사 경영자의 청탁으로 국회의원이 위 경영자와 지역구 지방자치단체장 사이에 정유공장의 지역구 유치와 관련한 간담회를 주선하고 위 경영자는 정유회사 소속 직원들로 하여금 위 국회의원이 사실상 지배·장악하고 있던 후원회에 후원금을 기부하게 한 경우, 국회의원에게는 정치자금법 제32조 3호 위반죄가, 경영자에게는 정치자금법 위반죄의 간접정범이 성립한다(대법원 2008.9.11, 2007도7204).

마(×) 공무원 아닌 자가 허위의 공문서위조의 간접정범이 되는 때에는 형법 제228조(공정증서원본등부실기재죄)의 경우 이외에는 처벌하지 아니한다(대법원 1961.12.14, 4292형상645).

〈답 ④〉

제 3 절 공동정범

1. 공동정범에 관한 판례의 입장으로 옳지 않은 것은?

① 모의를 주도한 피고인이 함께 범행 대상을 물색하다가 다른 공모자들이 강도의 대상을 지목하고 뒤쫓아 가자 비대한 체격 때문에 뒤따라가지 못한 채 범행현장에서 200m 정도 떨어진 곳에 앉아 있었으나 위 공모자들이 피해자를 쫓아가 강도상해의 범행을 하였다면 강도상해죄의 공동정범으로서의 죄책을 진다.

② 부작위범 사이의 공동정범은 다수의 부작위범에게 공통된 의무가 부여되어 있고 그 의무를 공통으로 이행할 수 있는 때에만 성립한다.

③ 공모자들이 공모한 범행을 수행하거나 목적 달성을 위해 나아가는 도중에 부수적인 다른 범죄가 파생되리라고 예상하거나 충분히 예상할 수 있는데도 이를 방지하기에 족한 합리적인 조치를 취하지 아니하고 공모한 범행에 나아갔다가 결국 그와 같이 예상되던 범행들이 발생하였다

하더라도, 그 파생적인 범행 하나하나에 대하여 개별적인 의사의 연락이 없었다면 당초의 공모자들에게 그 범행 전부에 대하여 공동정범의 죄책을 물을 수 없다.

④ 공모에 의한 범죄의 공동실행은 스스로 범죄의 구성요건을 실현하지 않았지만 실현행위를 하는 공범자에게 그 행위결정을 강화하도록 협력하는 것으로도 가능하다.

⑤ 공모공동정범에서 다른 공모자가 실행에 착수하기 전에 탈퇴하더라도 공모에 주도적으로 참여하여 다른 공모자의 실행에 영향을 미친 자는 범행을 저지하기 위하여 적극적으로 노력하지 않으면 공모관계에서 이탈하였다고 할 수 없다.

해설 ……………………………………

①(○) 다른 3명의 공모자들과 강도 모의를 하면서 삽을 들고 사람을 때리는 시늉을 하는 등 그 모의를 주도한 피고인이 함께 범행 대상을 물색하다가 다른 공모자들이 강도의 대상을 지목하고 뒤쫓아 가자 단지 "어?"라고만 하고 비내한 체격 때문에 뒤따라가지 못한 채 범행현장에서 200m 정도 떨어진 곳에 앉아 있었으나 위 공모자들이 피해자를 쫓아가 강도상해의 범행을 하였다면, 피고인에게 공동가공의 의사와 공동의사에 기한 기능적 행위지배를 통한 범죄의 실행사실이 인정되므로 피고인은 강도상해죄의 공모관계에 있고, 다른 공모자가 강도상해죄의 실행에 착수하기까지 범행을 만류하는 등으로 그 공모관계에서 이탈하였다고 볼 수 없으므로 강도상해죄의 공동정범으로서의 죄책을 진다(대법원 2008.4.10, 2008도1274).

②(○) 부작위범 사이의 공동정범은 다수의 부작위범에게 공통된 의무가 부여되어 있는 그 의무를 공통으로 이행할 수 있을 때에만 성립한다(대법원 2008.3.27, 2008도89),

③(×) 공모자들이 그 공모한 범행을 수행하거나 목적 달성을 위해 나아가는 도중에 부수적인 다른 범죄가 파생되리라고 예상하거나 충분히 예상할 수 있는데도 그러한 가능성을 외면한 채 이를 방지하기에 족한 합리적인 조치를 취하지 아니하고 공모한 범행에 나아갔다가 결국 그와 같이 예상되던 범행들이 발생하였다면, 비록 그 파생적인 범행 하나하나에 대하여 개별적인 의사의 연락이 없었다 하더라도 당초의 공모자들 사이에 그 범행 전부에 대하여 암묵적인 공모는 물론 그에 대한 기능적 행위지배가 존재한다고 보아야 한다(대법원 2007.4.26, 2007도428).

④(○) 공모에 의한 범죄의 공동실행은 모든 공범자가 스스로 범죄의 구성요건을 실현하는 것을 전제로 하지 아니하고, 그 실현행위를 하는 공범자에게 그 행위결정을 강화하도록 협력하는 것으로도 가능하며, 이에 해당하는지 여부는 행위 결과에 대한 각자의 이해 정도, 행위 가담의 크기, 범행지배에 대한 의지 등을 종합적으로 고려하여 판단하여야 한다(대법원 2006. 12.22, 2006도1623).

⑤(○) 공모공동정범에 있어서 공모자 중의 1인이 다른 공모자가 실행행위에 이르기 전에 그 공모관계에서 이탈한 때에는 그 이후의 다른 공모자의 행위에 관하여는 공동정범으로서의 책임은 지지 않는다 할 것이나, 공모관계에서의 이탈은 공모자가 공모에 의하여 담당한 기능적 행위지배를 해소하는 것이 필요하므로 공모자가 공모에 주도적으로 참여하여 다른 공모자의 실행에 영향을 미친 때에는 범행을 저지하기 위하여 적극적으로 노력하는 등 실행에 미친 영향력을 제거하지 아니하는 한 공모관계에서 이탈하였다고 할 수 없다(대법원 2010.9.9, 2010도6924). 〈답 ③〉

2. 공범에 관한 설명 중 옳은 것을 모두 모은 것은? (다툼이 있는 경우에는 판례에 의함) <사시 2009년: 배점 3>

> ㉠ 부작위범 사이의 공동정범은 다수의 부작위범에게 공통된 의무가 부여되고 있고 그 의무를 공통으로 이행할 수 있을 때에만 성립한다.
> ㉡ 공무원을 함정에 빠뜨릴 의사로 직무와 관련되었다는 형식을 빌려 그 공무원에게 금품을 공여한 경우에도 공무원이 그 금품을 직무와 관련하여 수수한다는 의사를 가지고 받아들이면 뇌물수수죄가 성립한다.
> ㉢ 포괄일죄의 범행 도중에 공동정범으로 범행에 가담한 자는 비록 그가 그 범행에 가담할 때에 이미 이루어진 종전의 범행을 알았다 하더라도 그 가담 이후의 범행에 대하여만 공동정범으로서의 책임을 진다.
> ㉣ 구성요건 행위 일부를 직접 분담하여 실행하지 않은 자라도 공동정범으로서의 죄책을 질 수 있기 위해서는 전체 범죄에 있어서 그가 차지하는 지위, 역할이나 범죄 경과에 대한 지배 내지 장악력 등을 종합해 볼 때, 단순한 공모자에 그치는 것이 아니라 범죄에 대한 본질적 기여를 통한 기능적 행위지배가 존재하는 것으로 인정되는 경우여야 한다.
> ㉤ 결과적 가중범인 상해치사죄의 공동정범은 폭행 기타의 신체침해 행위를 공동으로 할 의사가 있으면 성립되고 결과를 공동으로 할 의사는 필요 없으며, 여러 사람이 상해의 범의로 범행 중 한 사람이 중한 상해를 가하여 피해자가 사망에 이르게 된 경우 나머지 사람들은 사망의 결과를 예견할 수 없는 때가 아닌 한 상해치사의 죄책을 면할 수 없다.

① ㉠㉡㉢ ② ㉡㉢㉣ ③ ㉢㉣㉤
④ ㉠㉢㉣㉤ ⑤ ㉡㉢㉣㉤ ⑥ ㉠㉡㉢㉣㉤

해설

㉠ 대법원 2008.3.27, 2008도89, ㉡ 대법원 2008.3.13, 2007도10804, ㉢ 대법원 1982.6.8, 82도884, ㉣ 대법원 2007.4 26, 2007도428, ㉤ 대법원 2000.5.12, 2000도745의 내용이다. **〈답 ⑥〉**

3. 공범에 관한 설명 중 옳은 것(○)과 옳지 않은 것(×)을 올바르게 조합한 것은? (다툼이 있는 경우에는 판례에 의함) <사시 2011년: 배점 3>

> ㄱ. 은행원의 배임행위에 비은행원이 공동정범으로 가공한 경우, 은행원과 비은행원에 대해서는 업무상 배임죄의 공동정범이 성립하고 비은행원은 형법 제33조 단서에 의하여 단순배임죄로 처벌된다.
> ㄴ. 의사가 의사 아닌 자의 무면허의료행위에 공모하여 가공한 경우에는

공동정범이 될 수 없다.

ㄷ. 포괄일죄의 범행 도중에 공동정범으로 범행에 가담한 자가 그 범행에 가담할 때에 이미 이루어진 종전의 범행을 알았다면, 공모공동정범의 이론에 따라 가담자도 포괄일죄의 모든 범행에 대해서 공동정범으로 책임을 진다.

ㄹ. 형법 제31조 1항은 협의의 공범인 교사범이 그 성립과 처벌에 있어서 정범에 종속한다는 일반적인 원칙을 선언한 것에 불과하고, 신분관계로 인하여 형이 가중되는 경우에 신분 있는 자가 신분 없는 자를 교사하여 죄를 범하게 한 때에는 형법 제33조 단서가 형법 제31조 1항에 우선하여 적용됨으로써 신분이 있는 교사범은 신분이 없는 정범보다 중하게 처벌된다.

ㅁ. 확장적 정범개념이론에 의하면 형법 총칙상의 공범규정은 형벌확장사유가 된다.

① ㄱ(○) ㄴ(○) ㄷ(×) ㄹ(○) ㅁ(×) ② ㄱ(×) ㄴ(×) ㄷ(○) ㄹ(○) ㅁ(×)
③ ㄱ(○) ㄴ(○) ㄷ(×) ㄹ(×) ㅁ(○) ④ ㄱ(×) ㄴ(×) ㄷ(×) ㄹ(○) ㅁ(×)
⑤ ㄱ(○) ㄴ(×) ㄷ(×) ㄹ(○) ㅁ(×) ⑥ ㄱ(○) ㄴ(○) ㄷ(○) ㄹ(×) ㅁ(×)
⑦ ㄱ(○) ㄴ(×) ㄷ(×) ㄹ(○) ㅁ(○) ⑧ ㄱ(×) ㄴ(○) ㄷ(×) ㄹ(×) ㅁ(×)

해설

ㄱ(○) 판례는 부진정신분범에서 비신분자는 제33조 본문에 의해 부진정신분범의 공범(업무상 배임죄의 공동정범)이 되고 그 과형만 단서에 의하여 결정(단순배임죄)된다는 입장이다(대법원 1999.4.27, 99도883 판결 참조).

ㄴ(×) 형법은 제33조에서 '전 3조의 규정을 적용한다'고 하여 본문이 교사범, 종범, 공동정범에도 적용되므로 비신분자도 신분자와 함께 진정신분범의 공동정범이 될 수 있다. 판례도 의료인 아닌 자의 의료행위에 공모하여 가공하면 의료법 제25조 1항이 규정하는 무면허의료행위의 공동정범으로서의 책임을 진다고 본다(대법원 1986.2.11, 85도448).

ㄷ(×) 포괄일죄의 일부에 공동정범으로 가담한 자는 비록 그가 그때에 이미 이루어진 종전의 범행을 알았다 하여도 그 가담 이후의 범행에 대해서만 공동정범으로서 책임을 진다(대법원 1982.6.8, 82도884).

ㄹ(○) 대법원 1994.12.23, 93도1002 참조.

ㅁ(×) 확장적 정범개념이론에 의하면 구성요건적 결과의 발생에 기여한 자는 모두 정범에 해당하므로, 형법 총칙상의 공범규정은 형벌축소사유에 해당하게 된다. 〈답 ⑤〉

4. 甲은 乙과 공모하여 A녀를 강간하기 위해 A녀에게 칼을 들이대고 협박하였지만 A녀의 애원에 못 이겨 강간의사를 포기하여 乙에게 그냥 돌아가겠다는 말을 남기고 자기 집으로 돌아가 버렸다. 그러나 그 직후 乙은 A녀를 강간하였다. 甲의 형사책임은? (다툼이 있는 경우에는 판례에 의함)

<사시 2013년: 배점 2>

① 협박죄의 공동정범

② 성폭력범죄의처벌등에관한특례법위반(특수강간)죄의 장애미수
③ 성폭력범죄의처벌등에관한특례법위반(특수강간)죄의 중지미수
④ 성폭력범죄의처벌등에관한특례법위반(특수강간)죄의 공동정범
⑤ 강간죄의 방조범

해설

④(○) 2인 이상이 공동하여 강간을 하는 경우에는 1인이 범행을 중지한 경우에도 다른 공범의 실행을 방지하지 않으면 미수가 아니라 기수의 책임을 지며, 성폭력범죄의처벌등에관한법률위반(특수강간)죄의 공동정범의 죄책이 인정된다. 〈답 ④〉

5. 공동정범에 관한 설명 중 옳은 것을 모두 고른 것은? (다툼이 있는 경우에는 판례에 의함) <변호사 2013년>

가. 2인 이상이 범죄에 공동가공하는 공범관계에서 비록 전체의 모의과정이 없더라도 수인 사이에 순차적으로 또는 암묵적으로 상통하여 의사의 결합이 이루어지면 공모관계가 성립한다.
나. 乙, 丙과 A회사의 사무실 금고에서 현금을 절취할 것을 공모한 甲이 乙과 丙에게 범행도구를 구입하여 제공해 주었을 뿐만 아니라 乙과 丙이 사무실에서 현금을 절취하는 동안 범행장소가 보이지 않는 멀리 떨어진 곳에서 기다렸다가 절취한 현금을 운반한 경우, 甲은 乙, 丙의 합동절도의 공동정범의 죄책을 진다.
다. 甲이 부녀를 유인하여 성매매를 통해 수익을 얻을 것을 乙과 공모한 후, 乙로 하여금 유인된 A녀(16세)의 성매매 홍보용 나체사진을 찍도록 하고, A가 중도에 약속을 어길 경우 민·형사상 책임을 진다는 각서를 작성하도록 하였지만, 자신이 별건으로 체포되어 구치소에 수감 중인 동안 A가 乙의 관리 아래 성매수의 대가로 받은 돈을 A, 乙 및 甲의 처 등이 나누어 사용한 경우라도 甲에게는 공모관계에서의 이탈이 인정된다.
라. 포괄일죄의 범행 도중에 공동정범으로 범행에 가담한 자는 비록 그가 그 범행에 가담할 때에 이미 이루어진 종전의 범행을 알았다 하더라도 그 가담 이후의 범행에 대하여만 공동정범의 책임을 진다.
마. 甲과 乙은 알선 등과 관련하여 금품 등을 특정 금액 이하로만 받기로 약정하고 이를 수수하기로 공모하였지만 乙이 공모내용을 현저히 초과하는 금품을 수수한 경우, 수수한 금품 등의 구체적 금액을 공범자가 알아야 공모공동정범이 성립하는 것은 아니므로 甲에게는 乙이 수수한 금품 전부에 관하여 공모공동정범이 성립한다.

① 가 나 다 ② 가 나 라 ③ 나 다 라
④ 가 나 라 마 ⑤ 나 다 라 마

해설 ··

가(○) 2인 이상이 범죄에 공동가공하는 공범관계에 있어서 공모는 법률상 어떤 정형을 요구하는 것이 아니고 2인 이상이 공모하여 범죄에 공동가공하여 범죄를 실현하려는 의사의 결합만 있으면 되는 것으로서, 비록 전체의 모의과정이 없다고 하더라도 수인 사이에 순차적으로 또는 암묵적으로 상통하여 그 의사의 결합이 이루어지면 공모관계가 성립하고, 이러한 공모가 이루어진 이상 실행행위에 직접 관여하지 아니한 자라도 다른 공범자의 행위에 대하여 공동정범으로서의 형사책임을 진다(대법원 1997.9.12, 97도1706).

나(○) 甲은 범행장소에 있지 아니하더라도 합동절도의 공동정범의 죄책을 진다(대법원 1998.5.21, 98도321 전원합의체).

다(×) 판례는 甲의 공모관계의 이탈을 부정하였다(대법원 2010.9.9, 2010도6924).

라(○) 포괄적 일죄의 일부에 공동정범으로 가담한 자는 비록 그가 그때에 이미 이루어진 종전의 범행을 알았다 하여도 그 가담 이후의 범행에 대해서만 공동정범으로서 책임을 진다(대법원 1982.6.8, 82도884).

마(×) 대법원 2010.10.14, 2010도387. 〈답 ②〉

6. 공동정범에 관한 설명 중 옳지 않은 것은? (다툼이 있는 경우에는 판례에 의함) <변호사 2012년>

① 甲이 주도하여 乙, 丙과 절도를 하기로 공모한 후, 甲과 乙이 실행행위에 이르기 전에 망을 보기로 한 丙이 공모관계에서 이탈한 경우, 그 이후의 甲과 乙의 절취행위에 대하여 丙은 공동정범으로서의 책임을 지지 아니하고 그 이탈의 표시는 명시적일 필요는 없다.

② 甲이 A회사의 직원으로서 경쟁업체에 유출하기 위해 회사의 영업비밀을 무단으로 반출함으로써 업무상 배임죄의 기수에 이르렀다면, 그 이후 乙이 甲과 접촉하여 그 영업비밀을 취득하더라도 乙에 대해서 업무상 배임죄의 공동정범은 성립하지 않는다.

③ 甲과 乙이 공동하여 강도하기로 공모하고 함께 협박에 사용할 등산용 칼을 구입하였으나 실행의 착수에 이르지 못한 경우, 강도예비죄의 공동정범이 된다.

④ 甲이 A녀를 강간하고 있을 때, 乙 스스로 甲의 강간행위에 가담할 의사로 甲이 모르는 사이에 망을 보아준 경우, 乙은 강간죄의 공동정범이 된다.

⑤ 甲과 乙이 칼을 들고 강도하기로 공모한 경우, 乙이 피해자의 거소에 들어가 피해자를 향하여 칼을 휘둘러 상해를 가하였다면 대문 밖에서 망을 본 甲은 상해의 결과에 대하여도 공동정범으로서의 책임을 면할 수 없다.

해설 ··

①(○) 공모공동정범에 있어서 공모자 중의 1인이 다른 공모자가 실행행위에 이르기 전에 그 공모관계에서 이탈한 때에는 그 이후의 다른 공모자의 행위에 관하여는 공동정범으로서의 책임은 지지 않는다 할 것이나, 공모관계에서의 이탈은 공모자가 공모에 의하

여 담당한 기능적 행위지배를 해소하는 것이 필요하므로 공모자가 공모에 주도적으로 참여하여 다른 공모자의 실행에 영향을 미친 때에는 범행을 저지하기 위하여 적극적으로 노력하는 등 실행에 미친 영향력을 제거하지 아니하는 한 공모관계에서 이탈하였다고 할 수 없다(대법원 2008.4.10, 2008도1274).
②(○) 회사직원이 영업비밀을 경쟁업체에 유출하거나 스스로의 이익을 위하여 이용할 목적으로 무단으로 반출한 때 업무상 배임죄의 기수에 이르렀다고 할 것이고, 그 이후에 위 직원과 접촉하여 영업비밀을 취득하려고 한 자는 업무상 배임죄의 공동정범이 될 수 없다(대법원 2003.10.30, 2003도4382).
③(○) 형법 제32조 1항 소정 타인의 범죄란 정범이 범죄의 실현에 착수한 경우를 말하는 것이므로 종범이 처벌되기 위하여는 정범의 실행의 착수가 있는 경우에만 가능하고 형법 전체의 정신에 비추어 정범이 실행의 착수에 이르지 아니한 예비의 단계에 그친 경우에는 이에 가공하는 행위가 예비의 공동정범이 되는 경우를 제외하고는 종범의 성립을 부정하고 있다고 보는 것이 타당하다(대법원 1976.5.25, 75도1549).
④(×) 공동정범은 행위자 상호간에 범죄행위를 공동으로 한다는 공동가공의 의사를 가지고 범죄를 공동실행하는 경우에 성립하는 것으로서, 여기에서의 공동가공의 의사는 공동행위자 상호간에 있어야 하며 행위자 일방의 가공의사만으로는 공동정범관계가 성립할 수 없다(대법원 1985.5.14, 84도2118).
⑤(○) 강도합동범 중 1인이 피고인과 공모한대로 과도를 들고 강도를 하기 위하여 피해자의 거소를 들어가 피해자를 향하여 칼을 휘두른 이상 이미 강도의 실행행위에 착수한 것임이 명백하고, 그가 피해자들을 과도로 찔러 상해를 가하였다면 대문 밖에서 망을 본 공범인 피고인이 구체적으로 상해를 가할 것까지 공모하지 않았다 하더라도 피고인은 상해의 결과에 대하여도 공범으로서의 책임을 면할 수 없다(대법원 1998.4.14, 98도356).

〈답 ④〉

7. 공동정범의 성립 여부에 관한 설명 중 옳은 것은? (다툼이 있는 경우 판례에 의함)

① 甲은 2시간 전에 乙의 폭행으로 부상을 당하여 의자에 누워있던 丙을 밀어 땅바닥에 떨어지게 함으로써 丙이 사망하게 되었는데, 甲, 乙 중 누구의 행위로 사망하였는지 알 수 없는 경우 甲은 폭행치상죄의 죄책을 진다.

② 甲은 乙이 丙을 칼로 찔러 죽이려는 것을 알고 乙이 모르게 丙의 집 현관문의 시정장치를 풀어놓고 丙에게 수면제를 먹여 잠들게 하여 乙이 丙을 칼로 찔러 살해하기 쉽도록 한 경우 甲과 乙은 살인죄의 공동정범이 된다.

③ 甲은 포괄일죄인 무면허영업을 수년간 하고 있던 중 乙과 공동으로 무면허영업을 계속한 경우 乙은 자신이 영업에 참여하기 이전의 甲의 행위에 대하여도 甲과 함께 공동정범으로서의 책임을 진다.

④ 교량을 건설하는 데 있어 甲은 부실공사를 하고, 乙은 공사 감독공무원으로서 공사감독을 소홀히 하고, 교량이 완성된 후에는 교량의 유지·관리를 담당하는 丙이 유지·관리를 소홀히 한 바람에 결국 다리가 붕

괴되어 지나가던 사람이 사망한 경우 甲, 乙, 丙은 업무상 과실치사죄의 단독정범은 성립할 수 있으나 공동정범은 될 수 없다.

⑤ 성인오락실 업주 甲이 손님들에게 상품권을 경품으로 제공하고, 乙이 인접한 곳에서 이를 현금으로 환전해주며, 丙은 甲에게 환전소에서 회수한 상품권에 해당하는 수량만큼의 신상품권을 추가 할인하여 공급한 경우 甲, 乙, 丙은 사행행위등규제및처벌특례법 위반죄의 공동정범에 해당한다.

✍ **해설** ....

①(×) 판례는 시간적 차이가 있는 독립된 상해행위나 폭행행위가 경합하여 사망의 결과가 발생한 때에도 동시범의 특례가 적용된다고 한다(대법원 2000.7.28, 2000도2466).
②(×) 편면적 공동정범의 경우이므로 공동정범이 인정되지 않는다(대법원 1985.5.14, 84도2118).
③(×) 승계적 공동정범의 경우에 후행자는 가담 이후의 행위에 대하여만 공동정범이 된다(대법원 1997.6.27, 97도163).
④(×) 판례에 의하면 과실범의 공동정범도 인정된다(대법원 1997. 11.28, 97도1740).
⑤(○) 대법원 2007.3.15, 2006도8929. 〈답 ⑤〉

8. 공동정범에 관한 다음 설명 중 옳은 것은 모두 몇 개인가?(다툼이 있는 경우 판례에 의함) <법원행시 2012년>

㉮ 농협 판매부장인 A가 담보가치가 전혀 없는 담보물을 제공받는 등으로 백미를 외상판매하다 그 대금의 회수를 어렵게 하여 그들에게 동액 상당의 재산상 이득을 취득하게 하고 농협에게 동액 상당의 손해를 가한 경우, A가 농협 판매부장으로 부임하기 이전의 백미 외상거래에 대해서도 부임 직후 위와 같은 문제점을 알면서도 그 거래를 지속하였다면 농협 판매부장 부임 이후의 범행에 대해서만이 아니라 그 이전의 백미 외상거래 전체에 대하여 공동정범으로서의 책임을 진다.

㉯ B가 갑 투자금융회사에 입사하여 다른 공범들과 특정회사 주식의 시세조정 주문을 내기로 공모한 다음 시세조정행위의 일부를 실행한 후 갑 회사로부터 해고를 당하였고, 다른 공범들이 그 이후의 나머지 시세조정행위를 계속한 사안에서, B가 다른 공범들의 범죄실행을 저지하지 않은 이상 갑 회사의 퇴사 이후의 나머지 공범들이 행한 시세조정행위에 대하여도 공동정범으로서의 책임을 진다.

㉰ C가 다른 공범들과 합동하여 강도범행을 공모하고 C는 집 밖에서 망을 보기로 하였으나 다른 공범들이 피해자의 집에 침입한 후 담배 생각이 나서 담배를 사기위하여 망을 보지 않았다고 하더라도 C는 다른 공범들에 의하여 이루어진 강도상해죄의 죄책을 진다.

> ㉣ D가 공범들과 함께 강도범행을 저지른 후 피해자의 신고를 막기 위하여 공범들이 묶여있는 피해자를 옆방으로 끌고가 강간범행을 할 때에 D는 자녀들을 감시하고 있었다면, D는 직접 강간행위를 하지 않았다 하더라도 강도강간의 공동정범으로 처벌받는다.

① 없음 ② 1개 ③ 2개
④ 3개 ⑤ 4개

해설

㉮(×) 대법원은 승계적 공동정범을 인정하지 않는다. 따라서 자기 범행만 책임지면 된다.
㉯(○) 이미 실행의 착수가 있은 후에 공동정범의 탈퇴는 인정되지 않는다.
㉰(○) 다른 공범들의 침입 후 담배를 사기 위해서 망을 보지 않는 것이 실행의 착수 전 공동정범 탈퇴의 의사표시로 볼 수 없으므로 강도상해죄의 죄책을 진다.
㉱(○) 직접 강간을 하지 않았더라도 묵시적 의사연락이 있고 실행의 분담이 인정되므로 강도강간의 공동정범이 된다. 〈답 ④〉

9. 승계적 공동정범의 성립범위에 대한 甲과 乙의 대화 중 각각의 입장에 부합하는 내용으로 ㉠~㉤의 조합 중에서 옳지 않은 것은? <사시 2005년>

> 甲: 후행자가 이미 이루어진 사정을 이용하여 실행한 경우 선행자의 가담 이전의 행위를 이용하였다는 점을 간과한 乙의 입장은 타당성이 없다.
> 乙: 행위지배설에 의하면 후행자에게 선행자가 이미 실행한 부분에 대하여 행위지배의 요소인 실현의사가 있었다고 볼 수 없으므로 甲의 입장은 부당하다.
>
> ---
>
> ㉠ 의사연락이 전체행위의 어느 시점에서 있었는지는 문제되지 않으므로 후행자도 전체범죄에 대한 공동정범의 책임을 져야 한다.
> ㉡ 공동실행의 의사는 소급될 수 없다고 본다.
> ㉢ 행위지배설의 입장에서는 설명하기 곤란하다는 비판을 받는다.
> ㉣ 자기책임의 원칙과 조화될 수 없다는 비판을 받는다.
> ㉤ 선행자가 이미 실현한 행위부분과 후행자의 행위기여 사이에는 인과관계가 없다고 본다.

① 甲-㉠ 乙-㉡ ② 甲-㉡ 乙-㉢ ③ 甲-㉢ 乙-㉡
④ 甲-㉢ 乙-㉤ ⑤ 甲-㉣ 乙-㉤

해설

승계적 공동정범의 성립범위에 대해 甲은 적극설의 입장이고, 乙은 소극설의 입장이다. 甲의 입장인 적극설은 공동정범의 성립요건인 공동의 의사와 공동가공의 사실이 모두 존재하고, 의사의 연락이 전체행위의 어느 시점에 있었는가는 문제되지 않으므로 후행자도 전체범죄에 대하여 공동정범의 책임을 져야 한다는 것을 이유로 한다(㉠). 적극설은 행위지배설의 입장에서는 설명하기 곤란하다는 점(㉢)과 자기책임의 원칙과 조화될 수 없다는 비판을 받는다(㉣).
乙의 입장인 소극설은 후행자의 행위는 선행자에 의하여 이미 행하여진 행위의 원인이 될 수 없으며 형법상의 추인 또는 사후고의를 인정할 수 없다는 점을 근거로 한다(㉡㉤).
따라서 甲의 입장에 해당하는 것은 ㉠㉢㉣이고, 乙의 입장에 해당하는 것은 ㉡㉤이다.
따라서 틀린 것은 ②이다. 〈답 ②〉

10. 승계적 공동정범의 인정 여부에 관한 적극설(Ⅰ)·소극설(Ⅱ)과 다음 <사례>의 乙·丁의 형사책임에 대한 연결이 옳지 않은 것은 모두 몇 개인가?

〈사례 1〉 甲은 강도의 의사로 A를 폭행하여 상처를 입혔다. A가 의식을 잃고 있을 때에 甲은 지나가던 乙에게 사정을 이야기하고 乙과 함께 A의 재물을 운반하였다.
〈사례 2〉 丙은 B녀를 강간하려고 폭행하다가 상처를 입힌 후 지나가는 丁과 함께 의식이 없는 B를 간음하였다. (특별법은 적용 안함)

Ⅰ-乙-특수강도죄	Ⅱ-乙-특수절도죄
Ⅰ-丁-강간죄	Ⅱ-丁-준강간죄

① 없음 ② 1개 ③ 2개 ④ 3개 ⑤ 4개

해설

후행자가 선행자의 의사를 이해하고 이미 이루어진 사정을 이용하면서 실행에 참가한 때에는 공동정범의 성립요건인 공동의 의사와 공동가공의 사실이 모두 존재하고, 의사의 연락이 전체 행위의 어느 시점에 있었는가는 문제되지 않으므로 후행자도 전체범죄에 대하여 공동정범의 책임을 져야 한다는 적극설에 의하면, 乙은 특수강도죄, 丁은 강간죄에 해당한다. 상해행위는 乙과 丁의 가담 이전에 이미 완성되었으므로 乙·丁에게 귀속시킬 수 없기 때문이다. 이에 반하여 후행자에게 그 가담 이후의 행위에 관하여만 공동정범의 성립을 인정하는 소극설에 의하면, 乙은 甲과 합동하여 타인의 재물을 절취한 것이므로 특수절도죄(제331조 2항)가 성립하고, 丁은 丙의 폭행에 의하여 심신상실의 상태 또는 항거불능의 상태에 있는 B를 간음하였으므로 준강간죄(2인 이상이 합동하여 강간죄·준강간죄를 범한 때에는 성폭력범죄의처벌등에관한특례법상 특수강간죄·특수준강간죄(제4조))에 해당한다. 〈답 ①〉

11. 다음 사례에서 甲과 乙의 형사책임에 관한 설명으로 옳은 것은? (다툼이 있는 경우에는 판례에 의하며, 특별법 위반죄의 성립 여부는 논외로 함)
<사시 2012년: 배점 2>

전문수렵인인 甲과 乙은 함께 멧돼지 사냥을 하던 중 멀리서 움직이는 물체가 멧돼지라고 생각하고 함께 총을 발사하자고 서로 손짓을 한 후 동시에 사냥총 1발씩을 각각 발사하였으나, 그 물체는 멧돼지가 아니라

> 심마니 A였다. 甲과 乙이 쏜 총알 중 1발은 옆의 나무에 맞았고, 다른 1발은 A의 심장에 맞아 A가 사망하였다. 그런데 A를 사망에 이르게 한 그 총알은 누가 쏜 것인지 판명되지 않았다.

① 고의의 독립행위가 경합하여 사망의 결과가 발생한 경우 그 원인행위가 판명되지 아니한 때에는 공동정범의 예에 의하여야 하므로, 甲과 乙은 살인미수죄의 공동정범으로 처벌된다.
② 과실의 독립행위가 경합하여 사망의 결과가 발생하였으나 그 원인행위가 판명되지 아니한 경우 각 행위는 미수범으로 처벌되는데, 업무상 과실치사죄에는 미수범처벌규정이 없으므로 甲과 乙에 대해서 무죄를 선고하여야 한다.
③ 고의행위이든 과실행위이든 행위를 공동으로 할 의사로 결과를 발생케 한 경우에는 공동정범이 성립하고 그 원인행위가 판명되지 아니한 경우 각 행위는 미수범으로 처벌되나, 업무상 과실치사죄에는 미수범처벌규정이 없으므로 甲과 乙에 대해서 무죄를 선고하여야 한다.
④ 고의행위이든 과실행위이든 행위를 공동으로 할 의사로 결과를 발생케 한 경우에는 공동정범이 성립하고, 공동정범의 경우에는 독립행위의 경합이 문제되지 않으므로 甲과 乙은 업무상 과실치사죄의 공동정범으로 처벌된다.
⑤ 과실범 상호간에는 공동정범이 성립할 수 없고, 비록 원인행위가 판명되지 않더라도 A의 사망은 甲 또는 乙의 과실행위에 의한 것이 분명하므로 甲과 乙은 각각 업무상 과실치사죄로 처벌된다.

해설

①(×) 제19조 독립행위의 경합에 의하면 공동정범이 아니라 각 행위를 미수범으로 처벌한다. 상해죄의 경우 동시범의 특례로 공동정범의 예에 의해 처벌하나, 이 사안은 살인의 고의를 인정할 수 없는 경우이므로 고의의 독립행위가 경합한 것도 아니다.
②(×) 甲과 乙은 '함께 총을 발사하자고 서로 손짓을 하였다'고 하므로 이는 의사의 연락이 있는 것으로서 독립행위가 경합한 경우가 아니다.
③(×) 사안의 경우 상호의사의 연락이 있어 공동정범이 되므로, 독립행위경합 등의 문제는 애초 제기될 여지가 없다(대법원 1997.11.28, 97도1740).
④(○) 사안은 과실범의 공동정범이 성립하는 경우이므로, 甲과 乙은 업무상 과실치사죄의 공동정범으로 처벌된다.
⑤(×) 판례는 과실범의 공동정범을 인정하므로, 이 사안의 경우 甲과 乙은 함께 업무상 과실치사죄의 공동정범으로 처벌된다(대법원 1979.8.21, 79도1249 참조). 〈답 ④〉

12. 사냥꾼 甲과 乙은 사냥을 하던 중 곰이 나타난 것으로 알고 각각 1발씩 곰을 향하여 엽총을 발사하였다. 그러나 산삼을 캐고 있던 丙이 총탄에 맞아

사망했고 누구의 탄환에 맞은 것인지는 알 수 없다. 다음 설명 중 옳지 않은 것은?

① 판례는 행위공동설에 입각하여 과실범의 공동정범을 인정한다.
② 과실범의 공동정범을 인정하면 甲과 乙에게 업무상 과실치사죄의 공동정범이 성립한다.
③ 판례는 교량붕괴사건에서 교량제조자와 감독공무원 및 유지관리자 사이에도 업무상 과실치사죄의 공동정범이 성립한다고 판시했다.
④ 과실범의 공동정범을 인정하지 않는 통설에 의하면 甲과 乙은 무죄이다.
⑤ 과실범의 공동정범을 인정하지 않아도 甲의 행위로 인하여 총을 쏘게 된 것이므로 甲은 업무상 과실치사죄의 책임을 져야 한다.

해설 ……………………………………

과실범의 공동정범에 관한 문제이다. 과실범의 공동정범을 인정하지 않는 통설에 의하면 甲과 乙 중 누구의 행위에 의하여 결과가 발생하였는지가 밝혀지지 않는 한 甲과 乙 모두 업무상 과실치사죄가 성립할 수 없다. 따라서 ⑤가 옳지 않은 것이 된다. 판례가 과실범의 공동정범을 인정하여 공동책임을 인정한 근거도 이러한 의미에서 이해할 수 있다.
③ 대법원 1997.11.28, 97도1740 · 1741은 성수대교 붕괴사고에 있어서 시공업체와 감독공무원 및 유지관리 담당공무원의 공동책임을 인정하고 업무상 과실치사죄의 공동정범을 인정하였다. 〈답 ⑤〉

13. 다음 설명 중 옳은 것은? (다툼이 있는 경우에는 판례에 의함)
<사시 2013년: 배점 2>

① 결과적 가중범의 경우 중한 결과가 발생하였더라도 기본범죄가 미수에 그친 이상 결과적 가중범의 미수범이 성립한다.
② 예비의 중지는 인정될 수 없으므로 행위자가 예비단계에서 자의로 실행의 착수로 나아가지 않으면 예비죄를 처벌하는 규정이 있다고 하더라도 불가벌이다.
③ 공모자가 공모에 주도적으로 참여하여 다른 공모자의 실행에 영향을 미친 때에는 범행을 저지하기 위하여 적극적으로 노력하는 등 실행에 미친 영향력을 제거하지 않는 한 실행의 착수 이전이라도 공모관계로부터의 이탈이 인정되지 않는다.
④ 선행행위자가 실행에 착수한 후라면 후행행위자는 선행행위자의 행위에 공동정범으로 가담할 수 없다.
⑤ 피교사자가 범죄의 실행을 승낙만 했을 뿐 실행의 착수에 나아가지 않은 경우에는 교사자만 예비 또는 음모에 준하여 처벌된다.

해설 ……………………………………

①(×) 위험한 물건인 전자충격기를 사용하여 강간을 시도하다가 미수에 그치고, 피해자

에게 약 2주간의 치료를 요하는 안면부 좌상 등의 상해를 입힌 사안에서, 성폭력범죄의 처벌 및 피해자 보호등에 관한 법률에 의한 특수강간치상죄가 성립한다고 보아 결과적 가중범의 기수를 인정한다(대법원 2008.4.24, 2007도10058).
②(×) 중지범은 범죄의 실행에 착수한 후 자의로 그 행위를 중지한 때를 말하는 것이고 실행의 착수가 있기 전인 예비음모의 행위를 처벌하는 경우에 있어서 중지범의 관념은 이를 인정할 수 없다(대법원 1999.4.9, 99도424). 예비죄로 처벌된다.
③(○) 공모자들과 강도를 모의하고 삽을 들고 사람을 때리는 시늉을 하는 등 모의를 주도한 피고인이 함께 범행대상을 물색하다가 강도의 대상을 지목하고 뒤쫓아 가자 단지 "어?"라고만 하고 비대한 체격때문에 200미터 떨어진 곳에서 앉아 있었던 경우에도 공모관계의 이탈이 아니다(대법원 2008.4.10, 2008도1274).
④(×) 판례는 "연속된 히로뽕 제조행위 도중에 공동정범으로 범행에 가담한 자는 그가 범행에 가담할 때에 이미 이루어진 종전의 범행을 알았다 하더라도 그 가담 이후의 범행에 대하여만 공동정범의 책임을 지는 것이라고 할 것이니 비록 이 사건에서 갑의 제조행위가 포괄하여 하나의 죄가 된다고 할지라도 피고인에게 그 가담 이전의 제조행위에 대하여까지 유죄를 인정할 수는 없다"고 판시한다(대법원 1982.6.8, 82도884). 통설도 가담 이후의 범죄에 대하여만 공동정범이 성립한다고 본다.
⑤(×) 교사를 받은 자가 범죄의 실행을 승낙하고 실행의 착수에 이르지 아니한 때에는 교사자와 피교사자를 음모 또는 예비에 준하여 처벌한다(제31조 제2항). 〈답 ③〉

14. 공모공동정범이론에 관한 설명 중 옳은 것만 모두 묶은 것은?

> ㉠ 甲과 乙, 乙과 丙이 순차로 공모하여 丙이 실행한 때 乙과 丙의 공모를 甲이 모른 때에도 甲은 공동정범이 된다.
> ㉡ 공동행위주체설은 공모공동정범의 성립을 부정하는데, 판례가 공모공동정범을 인정하는 근거는 행위공동설이다.
> ㉢ 실행공동정범은 묵시적인 의사의 연락으로 족하지만 공모공동정범은 묵시적인 의사의 연락만으로는 성립하지 않는다.
> ㉣ 甲과 乙이 공모하여 甲이 실행행위에 가담하지 아니한 경우에 공동정범의 성립은 乙이 실행의 준비를 하는 단계에서는 불가능하다.
> ㉤ 실행행위에 가담하지 아니한 공모자가 공동정범이 되는지는 행위지배의 유무에 의해서 결정된다는 유력설이 있다.
> ㉥ 공모공동정범이론에 의하면 망을 보는 자는 항상 어김없이 공동정범이 된다.
> ㉦ 공모공동정범이론에 의하면 공동정범이 성립하기 위해서는 적어도 공범자들 사이에 공동가공의 의사가 있고 공모자의 1인이 실행에 착수할 것을 필요로 한다.

① ㉠ ㉢ ② ㉠ ㉣ ③ ㉠ ㉡ ㉣
④ ㉡ ㉢ ㉣ ⑤ ㉣ ㉤ ㉦ ⑥ ㉠ ㉣ ㉤ ㉦
⑦ ㉡ ㉢ ㉤ ㉥ ⑧ ㉣ ㉤ ㉥ ㉦

해설 ……………………………………

㉠(○) 공모공동정범이론에 의하면 수인의 순차공모가 있으면 공모가 있다고 보아 공동정범이 성립한다.
㉡(×) 공동행위주체설은 공동의사주체설에 대립하여 공모공동정범의 공동정범성을 부정하기 위하여 주장된 이론이다. 판례가 들고 있는 공모공동정범의 이론적 근거는 행위공동설이 아니라 공동의사주체설이다(대법원 1983.3.8, 82도3248).
㉢(×) 공모공동정범의 공동가공의 의사도 명시적 · 묵시적인 경우를 불문한다.
㉣(○) 공모공동정범이란 2인 이상의 자가 공모하여 그 공모자 가운데 일부가 공모에 따라 범죄의 실행에 나아간 때에는 실행행위를 담당하지 아니한 공모자에게도 공동정범이 성립한다는 이론이므로, 乙이 범죄의 실행에 나아가지 아니한 실행의 준비행위단계에서는 공동정범이 성립하지 않는다.
㉤(○) 기능적 행위지배설은 행위지배에 의하여 공모공동정범을 설명하는 이론이다.
㉥(×) 공모공동정범이론은 범행의 모의에 참가한 자는 범죄의 실행에 나아가지 아니한 경우에도 공동정범이 성립할 수 있다는 이론이므로 망을 보는 자가 어김없이 공동정범이 되는 것과는 관계없다.
㉦(○) 공동정범이 성립하기 위하여는 반드시 공범자 전원이 범죄의 실행행위에 가담할 필요는 없고, 적어도 공범자들 사이에 범죄에 대한 공동가공의 의사가 있는 경우 즉 상호간에 범의의 연락이 있고 그 공범자 일부가 범죄의 실행에 당한 경우에는 결국 전원이 공동일체로서 범죄를 실행한 것이 되고, 스스로 직접 그 실행행위를 분담하지 아니한 자도 그 범죄 전체에 관하여 공동정범으로서 책임을 진다(대법원 1988.3.22, 87도2539).

〈답 ⑥〉

15. **승계적 공동정범과 과실범의 공동정범, 공모공동정범 및 공모관계의 이탈에 관한 판례의 태도를 설명한 것이다. 옳은 답으로 연결된 것은?**

(1) 승계적 공동정범에 있어서 후행자는
㉠ 상호이해는 후행자에게 전체범죄를 귀속하게 하므로 전체범죄에 대한 공동정범이 된다.
㉡ 사후인식을 근거로 행위지배를 인정할 수 없으므로 가담 이후의 행위에 대하여만 공동정범이 된다.

---

(2) 과실범의 공동정범이 가능한가에 대하여는
㉠ 기능적 행위지배는 공동의 행위결의에 기초하므로 과실범의 동시범이 될 뿐이다.
㉡ 공동으로 행위한 이상 과실범의 공동정범도 가능하다.

---

(3) 공모공동정범에 있어서는
㉠ 공동정범은 공동의 의사뿐만 아니라 공동가공의 사실이 필요하므로 실행행위를 분담하지 않은 공모공동정범은 공동정범이 될 수 없다.
㉡ 공모에 의하여 공동의사주체가 성립한 이상 한 사람이 실행에 착

수하면 공모에 참여한 자도 공동정범이 될 수 있다.

(4) 실행에 착수하기 전에 공모관계에서 이탈한 자는
㉠ 기능적 행위지배를 제거하지 않는 한 공동정범의 죄책을 면할 수 없다.
㉡ 공모공동정범의 근거가 상실되었으므로 공동정범이 성립하지 않는다.

① ㉠-㉠-㉠-㉠ ② ㉠-㉠-㉡-㉡ ③ ㉠-㉡-㉠-㉡
④ ㉡-㉡-㉠-㉠ ⑤ ㉡-㉡-㉡-㉡

해설

판례는 승계적 공동정범에 있어서 후행자는 가담 이후의 행위에 대하여만 공동정범이 된다고 하며, 행위공동설에 입각하여 과실범의 공동정범을 인정하고, 공동의사주체설을 근거로 공모공동정범을 인정하며, 실행에 착수하기 전에 공모관계에서 이탈한 자에게는 공동정범이 성립하지 않는다는 태도를 취하고 있다. (1) 내지 (4)는 모두 ㉡이 옳으며, 따라서 정답은 ⑤가 된다. 〈답 ⑤〉

16. 공동정범의 성립 여부와 관련된 판례의 입장으로 거리가 먼 것은?

① 甲이 공범들과 공동하여 피해자의 신체에 상해를 가하는 기회에 공범 중 1인이 피해자를 살해한 경우, 甲이 살인행위를 공모하거나 공범의 살인행위에 관여하지 아니하였다면 살인죄의 죄책은 지지 않지만 예견이 가능한 공범의 가해행위로 사망의 결과가 초래된 이상 甲은 상해치사죄의 죄책을 진다.

② 다른 3명의 공모자들과 강도 모의를 하면서 삽을 들고 사람을 때리는 시늉을 하는 등 그 모의를 주도한 甲이 함께 범행 대상을 물색하다가 다른 공모자들이 강도의 대상을 지목하고 뒤쫓아 가자 단지 "어?"라고만 하고 비대한 체격 때문에 뒤따라가지 못한 채 범행현장에서 200m 정도 떨어진 곳에 앉아 있었으나 위 공모자들이 피해자를 쫓아가 강도상해 범행을 한 경우 甲은 강도상해죄의 공동정범으로서의 죄책을 진다.

③ 甲과 乙이 강도를 하기로 공모하고 乙이 과도를 들고 피해자의 거소에 들어가 피해자를 향하여 칼을 휘둘러 상해를 가하였다면 대문 밖에서 망을 본 甲은 상해의 결과에 대하여도 공범으로서의 책임을 면할 수 없다.

④ 3인 이상의 범인이 합동절도의 범행을 공모한 후 적어도 2인 이상의 범인이 범행현장에서 시간적·장소적으로 협동관계를 이루어 절도의 실행행위를 분담하여 절도범행을 한 경우에, 그 공모에는 참여하였으나 현

장에서 절도의 실행행위를 분담하지 아니한 다른 범인에 대하여도 그가 현장에서 절도범행을 실행한 위 2인 이상의 범인의 행위를 자기 의사의 수단으로 하여 합동절도의 범행을 하였다고 평가할 수 있는 정범성의 표지를 갖추고 있다고 보여지는 한 그 다른 범인에 대하여 합동절도의 공동정범의 성립을 부정할 이유가 없다.

⑤ 처가 구속된 남편을 대행하여 그의 지시를 받아 회사를 운영하면서 조세포탈행위를 하다가 협의이혼하고 스스로 회사를 경영한 경우 남편은 협의이혼 후의 조세포탈에 관하여는 처와 조세포탈의 공범관계에 있다고 할 수 없다.

해설

①(○) 결과적 가중범인 상해치사의 공동정범은 폭행 기타의 신체침해 행위를 공동으로 할 의사가 있으면 성립되고 결과를 공동으로 할 의사는 필요 없으며, 여러 사람이 상해의 범의로 범행 중 한 사람이 중한 상해를 가하여 피해자가 사망에 이르게 된 경우 나머지 사람들은 사망의 결과를 예견할 수 없는 때가 아닌 한 상해치사의 죄책을 면할 수 없다(대법원 2000.5.12, 2000도745).

②(○) 피고인에게 공동가공의 의사와 공동의사에 기한 기능적 행위지배를 통한 범죄의 실행사실이 인정되므로 강도상해죄의 공모관계에 있고, 다른 공모자가 강도상해죄의 실행에 착수하기까지 범행을 만류하는 등으로 그 공모관계에서 이탈하였다고 볼 수 없으므로 강도상해죄의 공동정범으로서의 죄책을 진다(대법원 2008.4.10, 2008도1274).

③(○) 강도합동범 중 1인이 피고인과 공모한 대로 과도를 들고 강도를 하기 위하여 피해자의 거소에 들어가 피해자를 향하여 칼을 휘두른 이상 이미 강도의 실행행위에 착수한 것임이 명백하고, 그가 피해자들을 과도로 찔러 상해를 가하였다면 대문 밖에서 망을 본 공범인 피고인이 구체적으로 상해를 가할 것까지 공모하지 않았다 하더라도 피고인은 상해의 결과에 대하여도 공범으로서의 책임을 면할 수 없다(대법원 1998.4.14, 98도356).

④(○) 대법원 1998.5.21, 98도321 전원합의체.

⑤(×) 대법원은 피고인이 범행의 일부를 실행한 후 공범관계에서 이탈하였으나 다른 공범자에 의하여 나머지 범행이 이루어진 경우, 피고인이 관여하지 않은 부분에 대하여도 죄책을 부담하므로, 처가 구속된 남편을 대행하여 그의 지시를 받아 회사를 운영하면서 조세포탈행위를 하다가 협의이혼하고 스스로 회사를 경영한 경우, 남편은 처와 조세포탈의 공범관계에 있으며 협의이혼 후 조세포탈에 관하여도 마찬가지라고 하였다(대법원 2008.7.24, 2007도4310).

〈답 ⑤〉

17. A, B, C의 각 사안에서 공동정범으로 처벌되는 자들을 모두 골라 옳게 짝지은 것은? (다툼이 있는 경우에는 판례에 의함) <사시 2007년: 배점 3>

A. 국회의원 후보자인 甲이 상대후보를 국회의원에 당선되지 못하게 할 목적으로 유세위원인 乙, 丙과 허위사실을 공표할 것을 공모한 후 乙만이 실행에 나아간 경우에 공직선거법상 허위사실공표죄의 죄책을 누가 부담하는지 여부

B. 甲이 乙, 丙과 X주식회사에 대한 주가를 조작하기로 공모하여, 甲이 유통 부분에 대한 조작을 맡아 집중적으로 시세조종을 하고, 乙 및 丙과 함께 자금을 조달하는 역할도 동시에 한 사실이 인정된다면, 乙과 丙이 Y은행의 직원인 피해자 丁에게 X주식회사의 주가 전망과 유상증자 참여에 대하여 거짓말을 하면서 丁으로 하여금 X주식회사의 주식을 담보로 Y은행으로부터 돈을 차용할 때 차주가 되어달라고 기망하는 행위를 할 때, 甲이 직접 참여한 사실이 없는 경우에 丁에 대한 사기죄의 죄책을 누가 부담하는지 여부
C. 甲이 피해자 일행을 한 사람씩 나누어 강간하자는 乙과 丙의 제의에 아무런 대답도 하지 않고 따라 다니다가 자신의 강간 상대방으로 남겨진 丁에게 일체의 신체적 접촉도 시도하지 않은 채 乙과 丙이 인근 숲 속에서 각각 강간을 마칠 때까지 丁과 함께 이야기만 나눈 경우에 강간죄의 죄책을 누가 부담하는지 여부

① A: 乙 丙　　B: 甲 乙 丙
② A: 甲 乙 丙　　B: 甲 乙 丙
③ A: 甲 乙 丙　　C: 甲 乙 丙
④ A: 乙 丙　　C: 乙 丙
⑤ B: 甲 乙 丙　　C: 甲 乙 丙
⑥ B: 乙 丙　　C: 乙 丙

해설

A 사안의 경우 甲, 乙, 丙은 모두 공동정범으로 인정된다. 즉 세 사람이 공모하고 한 사람만 실행에 나갔더라도 모두 허위사실공표죄의 공모공동정범이 성립된다고 한 사례이다. 공모가 이루어진 이상 실행행위에 직접 관여하지 아니한 자라도 다른 공모자의 행위에 대하여 공동정범으로서 형사적 책임을 진다(대법원 2002.4.10, 2001모193).
B 사안의 경우 甲, 乙, 丙은 모두 공동정범으로 인정된다. 피고인 甲이 피고인 乙 등과 X주식회사에 대한 주가를 조작하기로 공모하여, 피고인 甲이 유통 부분에 대한 조작을 맡아 집중적으로 시세조종을 하고, 피고인 乙 등과 함께 X주식회사에 대한 주가조작을 위한 자금을 조달하는 역할도 동시에 한 사실이 인정되므로, 비록 피고인 甲이 피해자로 하여금 X주식회사의 주식을 담보로 Y은행으로부터 돈을 차용할 때 차주가 되어 달라고 기망하는 행위를 한 사실이 없다고 하더라도, 위 자금조달에 대하여 피고인 甲과 피고인 乙 등 사이에 암묵적인 의사의 상통이 있었다고 볼 것이어서, 공동정범의 법리상 피고인 甲 역시 피고인 乙등과 함께 사기죄의 책임을 져야 한다(대법원 2004.5.28, 2004도1465).
C 사안의 경우 甲에게 강간의 공동가공 의사가 인정되지 않으므로 乙, 丙만 강간죄의 죄책을 진다. 피해자 일행을 한 사람씩 나누어 강간하자는 피고인 일행의 제의에 아무런 대답도 하지 않고 따라다니다가 자신의 강간 상대방으로 남겨진 丁에게 일체의 신체적 접촉도 시도하지 않은 채 다른 일행이 인근 숲 속에서 강간을 마칠 때까지 丁과 함께 이야기만 나눈 경우, 피고인에게 다른 일행의 강간범행에 공동으로 가공할 의사가 있었다고 볼 수 없다(대법원 2003.3.28, 2002도7477). 〈답 ②〉

18. 다음 중 옳지 않은 것은? (판례에 의함) <법원행시 2008년>

① 시간적 차이가 있는 독립된 상해행위나 폭행행위가 경합하여 사망의 결과가 일어나고 그 사망의 원인된 행위가 판명되지 않은 경우에는 공동정범의 예에 의하여 처벌한다.

② 공모자 중의 어떤 사람이 다른 공모자가 실행행위에 이르기 전에 그 공모관계에서 이탈한 때에는 그 이후의 다른 공모자의 행위에 관하여 공동정범으로서의 책임은 지지 않는다고 할 것이나, 그 이탈의 표시는 명시적이어야 한다.

③ 범인이 자신을 위하여 타인으로 하여금 허위의 자백을 하게 하여 범인도피죄를 범하게 한 경우 그 타인이 형법 제151조 2항에 의하여 처벌을 받지 아니하는 친족에 해당하여도 범인도피교사죄에 해당한다.

④ 공동정범이 성립하기 위한 주관적 요건으로서 공동가공의 의사는 타인의 범행을 인식하면서도 이를 제지하지 아니하고 용인하는 것만으로는 부족하다.

⑤ 타인을 모해할 목적으로 위증을 교사하면, 정범에게 모해의 목적이 없었다고 하더라도 교사자를 모해위증교사죄로 처단할 수 있다.

해설

② 이탈의 표시는 반드시 명시적임을 요하지 않는다(대법원 1986.1.21, 85도2371).
① 대법원 2000.7.28, 2000도2466, ③ 대법원 2006.12.7, 2005도3707, ④ 대법원 2008.4.10, 2008도1274, ⑤ 대법원 1994.12.23, 93도1002의 내용이다. 〈답 ②〉

19. 각 사안에 대한 甲, 乙의 죄책이 올바르게 연결되지 않은 것은? (다툼이 있는 경우 판례에 의함)

① 甲은 오토바이 판매점을 경영하는 자로서 乙에게 '오토바이를 훔쳐오라, 그리하면 장물은 내가 사 주겠다'고 말하여 乙은 인근에서 오토바이를 절취하여 가지고 왔다. (甲, 乙은 절도죄의 공동정범)

② 甲, 乙, 丙은 재물을 절취하기로 공모한 후, 丙은 방법만 제시하고 甲과 乙이 현장에 가서 재물을 절취했다. (甲, 乙은 특수절도죄)

③ 甲, 乙은 절취할 것을 합의하고 타인의 주거에 침입했으나 값진 물건을 찾을 수 없자 화가 난 甲은 그 집의 거울을 깨버렸는데 乙은 그 사실을 몰랐다. (甲, 乙의 주거침입 및 절도미수에 대한 공동정범과 甲 단독의 손괴죄)

④ 甲과 乙은 강도를 공모하고 丙의 집에 침입하여 甲이 丙을 폭행하던 중 丙을 강간하였고 乙은 그 사실을 알지 못하고 물건을 가지고 나왔다. (甲은 강도강간죄, 乙은 특수강도죄)

⑤ 甲과 乙은 절도를 공모하고, 乙은 현장에서 망을 보기로 하였다. 甲이

丙의 집에 들어가서 훔칠 물건을 찾고 있던 중 乙은 공포심을 느껴 도망하고 말았다. 甲은 그 후 丙에게 발각되자 체포를 면하기 위해 그를 때려 상처를 입혔으나 물건을 가지고 나오지는 못하였다. (甲은 강도상해죄, 乙은 특수절도죄의 미수)

해설

①(×) 판례는 甲이 乙에게 '오토바이를 훔쳐오라, 그리하면 장물은 내가 사 주겠다'고 말한 것만으로는 공동정범의 성립을 인정하기 위한 공동가공의 의사가 있었다고 보기 어려워 甲을 절도죄의 공동정범으로 처벌할 수는 없다고 판시하였다(대법원 1997.9.30, 97도1940).
②(○) 시간적 · 장소적 협동관계에 있는 甲, 乙은 특수절도이고, 대법원은 합동범의 공모공동정범도 성립할 수 있다고 하므로(대법원 1998.5.21, 98도321 전원합의체) 丙은 특수절도의 공동정범이 된다.
③(○) 공동정범 가운데 어느 1인이 공동의사의 범위를 초과한 때에는 그 부분은 공동정범이 아니라 단독정범이 된다. 따라서 설문에서 주거침입과 절도는 공동정범이지만 재물손괴는 甲의 단독정범이 된다.
④(○) 甲에게 강도강간죄가 성립한다는 점은 의문이 없다. 甲의 강간행위는 공동의사의 범위를 초과한 것이므로 그 부분은 공동정범이 아니라 단독정범이고 甲이 乙과 합동하여 강도한 것은 특수강도죄에 해당한다.
⑤(○) 강도상해죄의 성립 여부는 다른 공범자가 이를 예기할 수 있었는가에 따라 결정된다. 판례는 특수절도의 범인들이 범행 후 서로 다른 길로 도주하다가 그 중 1인이 폭행하여 상해를 가한 때에는 다른 공범자에게 강도상해죄의 성립을 인정하였으나(대법원 1984.10.10, 84도1887), 망을 보다가 도주한 후에 다른 절도공범자가 폭행하여 상해를 가한 때에는 다른 공범자는 이를 예기할 수 없었다고 하므로(대법원 1984.2.28, 83도3321) 甲은 강도상해죄, 乙은 특수절도죄의 미수가 된다. 〈답 ①〉

20. 공동정범에 관한 판례의 태도 중 옳은 것을 모두 나열한 것은?

㉠ 전자제품 등을 밀수입해 올테니 이를 팔아달라는 제의를 받고 승낙한 경우 밀수입 범행을 공동으로 하겠다는 공동의 의사를 표시한 것으로 볼 수 있다.
㉡ 여권위조행위에 가담한 것만으로는 공동가공의 의사로 밀항행위에까지 가담하였다고 볼 수 없다.
㉢ 피고인이 임대인 행세를 하여 달라는 부탁을 받고 임대인인 것처럼 행세하여 전세금액 등을 확인함으로써 위조사문서의 행사에 관하여 역할분담을 한 경우, 피고인의 행위는 위조사문서행사에 있어서 기능적 행위지배의 공동정범 요건을 갖추었다.
㉣ 포괄일죄의 범행 도중에 공동정범으로 범행에 가담한 자는 그가 그 범행에 가담할 때에 이미 이루어진 종전의 범행을 알았을 경우에는 전체에 대하여 공동정범으로 책임을 진다.
㉤ '황소를 훔쳐오면 문제없이 팔아주겠다'고 말한 것은 황소절취행위

에 대한 공모의 의사표시로 볼 수 있다.
ⓑ 전국노점상총연합회가 주관한 도로행진시위에 참가하여 경찰관 등에 대한 특수공무집행방해를 하던 중 체포된 경우 체포 이후에 이루어진 다른 시위참가자들의 범행에 대해서는 본질적 기여를 통한 기능적 행위지배가 존재한다고 보기 어려워 공모공동정범의 죄책을 인정할 수 없다.
ⓢ 甲은 위조된 부동산임대차계약서를 담보로 제공하고 피해자로부터 돈을 빌려 편취할 것을 계획하면서 乙에게 임대인 행세를 부탁하였고, 피해자가 乙에게 확인전화를 하자 乙은 임대인인 것처럼 행세하여 전세금액 등을 확인해 준 경우, 甲과 乙은 위조사문서행사죄의 공동정범에 해당한다.

① ㉡ ㉢ ② ㉠ ㉡ ㉢ ③ ㉠ ㉣ ㉤
④ ㉠ ㉡ ㉢ ㉣ ⑤ ㉡ ㉢ ㉥ ㉦ ⑥ ㉠ ㉡ ㉢ ㉣ ㉥

해설

㉠(×) 전자제품 등을 밀수입해 올테니 이를 팔아달라는 제의를 받고 승낙한 경우, 그 승낙은 물품을 밀수입해 오면 이를 취득하거나 그 매각알선을 하겠다는 의사표시로 볼 수 있을 뿐 밀수입 범행을 공동으로 하겠다는 공모의 의사를 표시한 것으로는 볼 수 없다(대법원 2000.4.7, 2000도576).
㉡(○) 밀항단속법 제3조 1항에서 규율하는 밀항행위는 여권위조행위와는 전혀 별개의 행위로서 밀항에 반드시 위조여권이 필요한 것도 아니고 위조여권을 반드시 밀항행위에만 사용할 수 있는 것도 아니므로, 여권위조행위에 가담한 것만으로는 공동가공의 의사로 밀항행위에까지 가담하였다고 볼 수 없다(대법원 1998.9.22, 98도1832).
㉢(○) 공동피고인이 위조된 부동산임대차계약서를 담보로 제공하고 피해자로부터 돈을 빌려 편취할 것을 계획하면서 피해자가 계약서상의 임대인에게 전화를 하여 확인할 것에 대비하여 피고인에게 미리 전화를 하여 임대인 행세를 하여 달라고 부탁하였고, 피고인은 위와 같은 사정을 잘 알면서도 이를 승낙하여 실제로 피해자의 남편으로부터 전화를 받자 자신이 실제의 임대인인 것처럼 행세하여 전세금액 등을 확인함으로써 위조사문서의 행사에 관하여 역할분담을 한 경우, 피고인의 행위는 위조사문서행사에 있어서 기능적 행위지배의 공동정범 요건을 갖추었다(대법원 2010.1.28, 2009도10139).
㉣(×) 포괄일죄의 범행 도중에 공동정범으로 범행에 가담한 자는 비록 그가 그 범행에 가담할 때에 이미 이루어진 종전의 범행을 알았다 하더라도 그 가담 이후의 범행에 대하여만 공동정범으로 책임을 진다(대법원 1997.6.27, 97도163).
㉤(×) 피고인이 제3자에게 '황소를 훔쳐오면 문제없이 팔아주겠다'고 말한 것은 제3자가 황소를 절취하여 오면 이 장물에 관하여 매각 알선을 하겠다는 의사표시를 한 것이라고 볼 수 있을 뿐 피고인이 바로 제3자의 황소절취행위를 공동으로 하겠다는 이른바 공모의 의사를 표시한 것이라고 볼 수는 없다(대법원 1975.2.25, 74도2228).
㉥(○) 대법원 2009.6.23, 2009도2994.
㉦(○) 대법원 2010.1.28, 2009도10139. 〈답 ⑤〉

21. 공동정범에 관한 판례의 태도로 옳지 않은 것은?

① 노동조합 지부장 등 피고인들이 위 점거파업 과정에서 벌어진 노조원들의 폭행, 체포, 상해 등의 범죄행위에서 일부에 대하여 구체적으로 모의하거나 이를 직접 분담하여 실행한 바가 없었다면 공동정범으로 인정할 수 없다.

② 甲이 乙과 공모하여 가출 미성년자 丙을 유인하고 성매매 홍보용 나체사진을 찍은 후, 甲은 별건으로 구치소에 수감 중인 동안 乙의 관리 아래 丙이 성매수 대가로 받은 돈을 乙과 甲의 처가 나누어 사용한 경우, 甲은 乙과 함께 미성년자유인죄, 아동·청소년의성보호에관한법률 위반(음란물제작·강요행위등)죄의 공동정범의 죄책을 진다.

③ 건설회사대표가 장기간에 걸쳐 건설공사 현장소장들의 뇌물공여행위를 보고받고 이를 확인·결재하는 등의 방법으로 위 행위에 관여한 경우 사전에 구체적인 대상 및 액수를 정하여 뇌물공여를 지시하지 아니하였다고 하더라도 그 핵심적 경과를 계획적으로 조종하거나 촉진하는 등으로 기능적 행위지배를 하였으므로 공모공동정범이 인정된다.

④ 주택재개발조합의 업무집행 임원이 아닌 '감사'가 업무집행 임원과 공동하여 구 도시및주거환경정비법 제85조 5호 위반죄를 범한 경우에도 공동정범이 성립한다.

⑤ 甲은 위조된 부동산임대차계약서를 담보로 피해자로부터 돈을 빌려 편취할 것을 계획하면서 乙에게 전화를 하여 임대인 행세를 하여 달라고 부탁하였고, 乙은 피해자의 남편으로부터 전화를 받자 자신이 실제의 임대인인 것처럼 행세하여 전세금액 등을 확인해 준 경우, 甲과 乙은 위조사문서행사죄의 공동정범이 된다.

해설 ....

①(×) 판례는 당초의 공모자들이 범죄행위들 중 일부에 대하여 구체적으로 모의하거나 이를 직접 분담하여 실행한 바가 없었더라도, 각 범행에 대한 암묵적인 공모는 물론 그 범행들에 대한 본질적 기여를 통한 기능적 행위지배를 한 자에 해당한다고 보았다(대법원 2011.1. 27, 2010도11030).

②(○) 甲이 乙과 공모하여 가출 청소년 丙(여, 16세)에게 낙태수술비를 벌도록 해 주겠다고 유인하였고, 乙로 하여금 丙의 성매매 홍보용 나체사진을 찍도록 하였으며, 丙이 중도에 약속을 어길 경우 민·형사상 책임을 진다는 각서를 작성하도록 한 후, 자신이 별건으로 체포되어 구치소에 수감 중인 동안 丙이 乙의 관리 아래 12회에 걸쳐 불특정 다수 남성의 성매수 행위의 상대방이 된 대가로 받은 돈을 丙, 乙 및 甲의 처 등이 나누어 사용한 경우, 丙의 성매매 기간 동안 甲이 수감되어 있었다 하더라도 위 甲은 乙과 함께 미성년자유인죄, 구 청소년의성보호에관한법률(현행 아동·청소년의성보호에관한법률) 위반죄의 책임을 진다(대법원 2010.9.9, 2010도6924).

③(○) 건설 관련 회사의 유일한 지배자가 회사 대표의 지위에서 장기간에 걸쳐 건설공

사 현장소장들의 뇌물공여행위를 보고받고 이를 확인·결재하는 등의 방법으로 위 행위에 관여한 경우, 비록 사전에 구체적인 대상 및 액수를 정하여 뇌물공여를 지시하지 아니하였다고 하더라도 그 핵심적 경과를 계획적으로 조종하거나 촉진하는 등으로 기능적 행위지배를 하였다고 보아 공모공동정범의 죄책을 인정하여야 한다(대법원 2010.7.15, 2010도3544).
④(○) 주택재개발조합의 업무집행 임원이 아닌 '감사'가 업무집행 임원과 공동하여 구 도시및주거환경정비법 제85조 5호 위반죄를 범한 경우, 위 죄의 공동정범으로 처벌할 수 있다(대법원 2010. 6.24, 2009도14296).
⑤(○) 전국금속노동조합 쌍용자동차 지부의 자동차공장 점거파업 과정에서의 피고인들의 지위, 역할, 점거파업 과정에서 벌어진 집단 폭력행위의 성격과 경위, 그 규모와 형태, 구체적인 방법과 진행 과정, 위 노동조합의 지휘체계 등 여러 사정을 종합할 때, 위 노동조합 지부장 등 피고인들이 위 점거파업 과정에서 벌어진 노조원들의 폭행, 체포, 상해 등의 범죄행위들 중 일부에 대하여 구체적으로 모의하거나 이를 직접 분담하여 실행한 바가 없었더라도, 각 범행에 대한 암묵적인 공모는 물론 그 범행들에 대한 본질적 기여를 통한 기능적 행위지배를 한 자에 해당한다(대법원 2010.1.28, 2009도10139). 〈답 ①〉

제 4 절 교 사 범

1. 교사범에 관한 설명 중 옳지 않은 것을 모두 묶은 것은?

a. 교사행위는 명시적·직접적 행위임을 요하지 않고 교사의 방법에는 제한이 없지만, 부작위에 의한 교사는 불가능하다.
b. 교사자의 고의는 범죄의 완성에 대한 것이어야 한다.
c. 정범의 실행행위가 있어야 한다.
d. 과실범에 대한 교사는 있을 수 없다.
e. 정범이 범죄를 결의하고 있는가는 교사범의 성립에서 문제되지 않는다.

① b ② c ③ d
④ e ⑤ a c ⑥ d e

해설

a(○) 교사는 반드시 명시적·직접적 방법에 의함을 요하지 아니하고 묵시적인 경우도 포함하며, 교사의 방법에는 제한이 없다. 다만 범의의 유발이라는 교사의 본질상 부작위에 의한 교사는 불가능하며, 강요·위력 또는 기망에 의한 때에는 간접정범이 성립할 수 있으므로 이 경우에는 교사행위가 될 수 없다.
b(○) 교사자가 단순히 미수에 그치게 할 의사를 가졌음에 불과한 때에는 고의가 있다고 할 수 없다. 즉 교사의 미수는 처벌되지만 미수의 교사는 처벌할 수 없다.
c(○) 정범의 실행이 없는 때에는 교사범이 되지 아니하고 제31조 2항에 의하여 예비·음모에 준하여 처벌받을 수 있을 뿐이다.
d(○) 과실범에 대한 교사는 있을 수 없다. 피교사자는 교사에 의하여 범죄실행의 결의를 해야 하기 때문이다. 형법은 과실범으로 처벌되는 자를 이용하는 행위를 간접정범으로 처벌하고 있다(제34조 1항).
e(×) 교사자의 교사행위에는 교사범이 타인에게 범죄를 실행케 하려는 의사가 있어야

하며, 정범의 실행행위도 정범이 범죄의 결의를 할 것을 요한다. 피교사자(정범)가 이미 범죄를 결의하고 있을 때에는 교사행위라고 할 수 없다. 〈답 ④〉

2. 교사범이 성립하는 경우는 어느 것인가?

㉠ 피교사자가 이미 범죄를 결의하고 있었다. ㉡ 절도를 결의하고 있는 자에게 강도를 교사하였다. ㉢ 살인을 결의하고 있는 자에게 상해를 교사하였다. ㉣ 수사기관이 범죄의 결의를 하고 있는 자에게 범행기회를 제공하였다. ㉤ 막연히 사람을 죽이라고 말하였다.

① ㉠ ② ㉡ ③ ㉣ ④ ㉤
⑤ ㉡ ㉣ ⑥ ㉢ ㉤ ⑦ ㉣ ㉤ ⑧ ㉠ ㉡ ㉢

해설

㉠(×) 교사행위란 타인에게 범죄의 결의를 가지게 하는 것을 말하므로 피교사자가 이미 범죄를 결의하고 있을 때에는 교사행위라고 할 수 없다.
㉡(○) 이미 범죄의 결의를 하고 있던 정범이 교사자의 의사에 의하여 가중적 구성요건을 실현한 때에는 교사가 가능하다.
㉢(×) 이미 범죄의 결의를 가지고 있는 자에게 그 결의보다 경미한 죄를 범하도록 한 때에는 방조는 될 수 있어도 교사는 될 수 없다. 교사행위에 대하여는 위험감소로서 객관적 귀속이 부정되기 때문이다.
㉣(×) 기회제공형 함정수사이다. 기회제공형의 함정수사는 적법하다고 보는 것이 학설과 판례(대법원 2007.5.31, 2007도1903)의 태도이며, 수사기관에게는 기수의 고의가 없으므로 교사범이 성립하지 않는다.
㉤(×) 교사는 특정범죄에 대한 결의를 가지게 하는 것이므로 막연히 죄를 범하라고 하는 것과 같이 범죄일반을 교사하는 것은 교사라고 할 수 없다. 다만 범행방법까지 구체적으로 지시할 것을 요하는 것은 아니다. 〈답 ②〉

3. 교사범과 관련된 설명으로 옳지 않은 것은?

① 甲은 乙이 불능범이 될 줄 알면서도 그 정을 모르는 乙을 교사하였다. 甲은 무죄이다.
② 甲은 특정인을 살해하라는 교사에 대해 승낙만 하고 실행에는 착수하지 않았다. 甲은 살인의 예비·음모에 준하여 처벌된다.
③ 경찰관 甲은 전과자 乙이 절도할 대상을 찾는 것을 알고 丙에게 금고를 비워두게 하고 乙의 친구 丁에게 乙을 시켜 丙의 금고에서 돈을 가져오게 하여 乙은 丙의 금고를 열다가 甲에게 검거되었다. 甲은 절도미수의 교사, 乙은 절도미수에 해당한다.
④ 甲은 乙에게 절도를 교사하였지만 乙은 강도를 결의하고 丙과 공모하여 丁에게 폭행을 가하고 금품을 강취하였다. 甲은 절도교사죄, 乙·丙은

특수강도죄에 해당한다.

⑤ 甲은 乙에게 살인을 교사한바, 乙은 이를 승낙한 후 방화하였다. 甲은 살인예비 · 음모죄로 처벌된다.

해설

①(○) 정범이 불능범임을 안 때에는 교사자 역시 불가벌이며 교사의 고의도 없다고 해야 한다.
②(○) '효과 없는 교사'에 해당한다. 효과 없는 교사에는 피교사자가 교사를 승낙하기만 하고 아무런 행위를 하지 아니한 경우, 행위를 하였지만 그것이 예비 또는 음모에 이른 경우, 실행에 착수하였으나 그것이 불가벌적 미수에 그친 경우가 포함된다. 형법은 이 경우에 교사자와 피교사자를 예비 · 음모에 준하여 처벌한다(제31조 2항).
③(×) 甲은 丁을 시켜 乙에게 절도를 교사한 것이므로 교사의 교사에 해당하지만 甲은 乙에게 미수를 교사한 것에 불과하므로 이 점에서 교사범이 성립할 수 없게 된다. 乙은 절도의 실행에 착수하였으므로 절도미수죄의 죄책을 면할 수 없다.
④(○) 교사의 내용과 실행행위가 구성요건을 달리하나 공통적 요소를 포함하고 있는 양적 초과의 경우에 교사자는 초과부분에 대하여는 책임을 지지 않는다. 따라서 甲은 절도죄의 교사범, 乙 · 丙은 특수강도죄의 죄책을 지게 된다.
⑤(○) 피교사자가 교사받은 범죄와 전혀 다른 범죄를 실행한 경우, 즉 질적 초과의 경우에는 교사자는 교사범으로서의 책임을 지지 않는다. 다만 교사한 범죄에 대하여는 제31조 2항의 책임을 져야 한다. 〈답 ③〉

4. 판례에 의할 때 (　　) 속 범죄의 교사범이 성립하는 경우를 모두 묶은 것은?

㉠ 피해자를 정신차릴 정도로 때려 주라고 했다. (상해죄) ㉡ 연소한 자에게 밥값을 구해 오라고 했다. (절도죄) ㉢ 대리시험을 칠 사람에게 시험장에 입장하라고 했다. (주거침입죄) ㉣ 부정임산물의 제재를 업으로 하는 자에게 해태상자를 만들어 달라고 하면서 도벌자금을 제공하였다. (산림법 위반죄) ㉤ 의사 아닌 자에게 의사에게 부탁해서 허위진단서를 받아달라고 했다. (허위진단서작성죄)

① ㉠ ㉣　② ㉣ ㉤　③ ㉠ ㉡ ㉢
④ ㉢ ㉣ ㉤　⑤ ㉠ ㉢ ㉣ ㉤　⑥ ㉠ ㉡ ㉢ ㉣ ㉤

해설

㉠(○) 교사자가 피교사자에게 피해자를 '정신차릴 정도로 때려주라'고 교사하였다면 이는 상해에 대한 교사로 봄이 상당하다(대법원 1997.6.24, 97도1075).
㉡(×) 밥값을 구해 오라는 것만으로는 절도를 교사하였다고 할 수 없다(대법원 1984.5.15, 84도418).
㉢(○) 대리응시자들의 시험장의 입장은 시험관리자의 승낙 또는 그 추정된 의사에 반한 불법침입이라 아니할 수 없고 이와 같은 침입을 교사한 이상 주거침입교사죄가 성립한다(대법원 1967.12.19, 67도1281).
㉣(○) 백송을 도벌하여 상자를 만들어 달라고 말하면서 도벌자금을 교부한 이상 피고인

의 위 청탁으로 공소외인들이 도벌의 범의를 일으켰다고 볼 수 있어 교사죄가 성립한다(대법원 1969.4.22, 69도255).
ⓜ(○) 의사 아닌 자를 교사하여 의사와 공모하여 허위진단서를 작성케 하면 허위진단서 작성의 교사죄가 성립한다(대법원 1967.1.24, 66도1586). 〈답 ⑤〉

5. 교사범에 관한 설명 중 옳지 않은 것은? (다툼이 있는 경우 통설·판례에 의함)

① 스스로 본인을 무고하는 자기무고가 무고죄의 구성요건에 해당하지 아니하여 무고죄를 구성하지 않는 이상, 甲의 교사·방조 하에 乙이 甲에 대한 허위의 사실을 신고하여 乙이 무고죄로 처벌받는다고 하더라도, 乙을 교사·방조한 甲은 교사·방조범의 죄책을 부담하지 아니한다.
② 甲이 乙에게 강도를 교사했는데 乙이 절도죄만 범한 경우 甲은 강도예비(음모)죄와 절도죄의 교사범의 상상적 경합범으로 처벌된다.
③ 甲이 이미 흉기휴대 특수강도를 결심하고 있는 乙을 설득하여 단순강도죄를 범하도록 한 경우 甲은 특수강도죄의 교사범으로 처벌되지 않음은 물론이고 단순강도죄의 교사범으로도 처벌되지 않는다.
④ 甲이 乙, 丙, 丁으로부터 절취해 온 장물을 상습적으로 매수하여 오던 중 乙, 丙에게 드라이버를 사 주면서 '丁이 구속되어 있으니 너희들이 도망다니려면 돈도 필요할텐데 열심히 일하라'고 말하였다면, 甲은 乙, 丙이 범한 특수절도죄의 교사범이 된다.
⑤ 甲이 乙에게 乙의 처 A의 간통현장을 알려줌으로써 처의 간통현장을 목격하고 흥분한 乙을 통하여 A를 폭행하려는 목적을 달성한 경우 甲은 폭행죄의 교사범으로 처벌되지 않는다.

해설 ……………………………………

①(×) 형법 제156조의 무고죄는 국가의 형사사법권 또는 징계권의 적정한 행사를 주된 보호법익으로 하는 죄이나, 스스로 본인을 무고하는 자기무고는 무고죄의 구성요건에 해당하지 아니하여 무고죄를 구성하지 않는다. 그러나 피무고자의 교사·방조 하에 제3자가 피무고자에 대한 허위의 사실을 신고한 경우에는 제3자의 행위는 무고죄의 구성요건에 해당하여 무고죄를 구성하므로, 제3자를 교사·방조한 피무고자도 교사·방조범으로서의 죄책을 부담한다(대법원 2008.10.23, 2008도4852).
④(○) 교사는 반드시 직접적·명시적일 것을 요하지 아니하고 묵시적인 방법으로도 가능하다. 따라서 드라이버를 사주면서 열심히 일하라(도둑질하라)고 하는 것도 특수절도의 교사가 된다(대법원 1991.5.14, 91도542).
⑤(○) 단순히 범죄를 유발할 수 있는 상황을 만든 것은 교사가 될 수 없다. 〈답 ①〉

6. 교사범에 관한 설명 중 옳지 않은 것은? (다툼이 있는 경우에는 판례에 의함)
<사시 2013년: 배점 2>

① 범인 자신이 타인으로 하여금 허위의 자백을 하게 하여 자신을 도피시

킨 경우 범인도피죄의 교사범이 성립한다.

② 무면허운전으로 사고를 낸 자가 동생을 경찰서에 대신 출두시켜 허위의 자백을 하게 하여 범인도피죄를 범하게 한 경우 동생이 친족간의 특례 규정(형법 제151조 제2항)에 의하여 처벌을 받지 않는 친족 또는 동거 가족에 해당한다고 하여도 범인도피죄의 교사범이 성립한다.

③ 무고자를 교사하여 자신을 무고하도록 한 피무고자에 대해서는 무고죄의 교사범이 성립하지 않는다.

④ 자기의 형사사건에 관하여 타인을 교사하여 위증죄를 범하게 한 경우 위증죄의 교사범이 성립한다.

⑤ 피고인이 자기에 대한 형사사건의 증거가 될 석유난로를 은닉하게 할 의사로 다른 사람을 교사하여 숲 속에 버리게 한 경우 증거인멸죄의 교사범이 성립한다.

해설

①②(○) ㉠범인이 자신을 위하여 타인으로 하여금 허위의 자백을 하게 하여 범인도피죄를 범하게 하는 행위는 방어권의 남용으로 범인도피교사죄에 해당하는 바, 이 경우 그 타인이 형법 제151조 제2항에 의하여 처벌을 받지 아니하는 친족, 호주 또는 동거 가족에 해당한다 하여 달리 볼 것은 아니다. ㉡무면허 운전으로 사고를 낸 사람이 동생을 경찰서에 대신 출두시켜 피의자로 조사받도록 한 행위는 범인도피교사죄를 구성한다(대법원 2006.12.7, 2005도3707).

③(×) 타인에게 자기무고를 교사한 경우에는 무고죄의 교사범이 된다는 것이 판례이다(대법원 2008.10.23, 2008도4852).

④(○) 형사피고인이 자기의 형사사건에 관하여 타인을 교사하여 위증하게 한 경우에 본죄의 교사범이 성립할 수 있는가에 대하여, 이는 방어권을 남용하는 것이라고 할 것이라고 할 것이어서 교사범의 죄책을 부담케 함이 상당하다(대법원 2004.1.27, 2003도5114).

⑤(○) 자기 형사사건에 대하여 증거를 인멸하기 위하여 타인을 교사한 때는, 방어권의 남용으로 증거인멸교사죄가 성립한다(대법원 1965.12.10, 65도826). 〈답 ③〉

7. 아래 (가)~(바)에 들어갈 말을 <보기>에서 골라 순서대로 배열한 것으로서 옳은 것은? <사시 2012년: 배점 3>

타인을 교사하여 죄를 범하게 한 자는 죄를 실행한 자와 동일한 형으로 처벌되므로, 정범이 기수에 이르면 교사범도 기수범으로 처벌되고 정범이 미수에 그치면 교사범도 미수범으로 처벌된다. 그러나 (가) 경우와 같은 이른바 (나)에 있어서는 (다)을 예비·음모에 준하여 처벌하고, (라) 경우와 같은 이른바 (마)에 있어서는 (바)을 예비·음모에 준하여 처벌한다.

〈보기〉

ㄱ. 甲이 乙에게 A를 살해할 것을 제의하였는데 乙이 그 제의를 거절한

ㄴ. 乙이 A를 살해하려 한다는 사실을 알고 甲이 범행준비에 쓰라고 하면서 乙에게 돈을 주었으나 乙이 범행을 포기한
ㄷ. 甲이 乙에게 A를 살해할 것을 부탁하여 乙이 이를 승낙하였으나 A가 지인(知人)이라는 것을 알고 범행으로 나아가지 않은
ㄹ. 실패한 교사
ㅁ. 기도된 교사
ㅂ. 효과 없는 교사
ㅅ. 교사의 미수
ㅇ. 甲과 乙
ㅈ. 甲

	(가)	(나)	(다)	(라)	(마)	(바)
①	ㄱ	ㄹ	ㅈ	ㄴ	ㅅ	ㅇ
②	ㄱ	ㅂ	ㅇ	ㄴ	ㄹ	ㅈ
③	ㄱ	ㄹ	ㅇ	ㄷ	ㅂ	ㅈ
④	ㄴ	ㅂ	ㅈ	ㄷ	ㅅ	ㅇ
⑤	ㄷ	ㅂ	ㅇ	ㄱ	ㄹ	ㅈ
⑥	ㄷ	ㅁ	ㅈ	ㄱ	ㅂ	ㅇ

해설

그러나 (가: ㉢ 甲이 乙에게 A를 살해할 것을 알고 범행으로 나아가지 않은) 경우와 같은 이른바 (나: ㉥ 효과 없는 교사)에 있어서는 (다: ㉧ 甲과 乙)을 예비·음모에 준하여 처벌하고, (라: ㉠ 甲이 乙에게 A를 살해할 것을 제의하였는데 乙이 그 제의를 거절한) 경우와 같은 이른바 (마: ㉣ 실패한 교사)에 있어서는 (바: ㉨ 甲)을 예비·음모에 준하여 처벌한다. 〈답 ⑤〉

8. 교사의 착오에 관한 기술 중 옳지 않은 것은? (단, 법정적 부합설에 의함)

① 살인을 교사하였는데 강도를 한 경우에는 교사자는 살인예비·음모죄의 책임만 진다.

② 절도를 교사하였는데 방화를 한 경우에는 교사자에게 교사책임을 물을 수 없다.

③ 甲은 乙에게 丙으로부터 금전을 절취할 것을 결의하게 하였던바, 乙은 丁을 丙으로 오인하고 丁으로부터 금전을 강취하였을 경우 甲은 절도교사죄의 책임을 진다.

④ 甲의 집에서의 현금절취를 교사했는데 乙의 집에서 물건을 절도한 경우에는 교사자는 절도교사죄의 책임을 진다.

⑤ 甲은 乙을 교사하여 丙을 살해하도록 하였다. 乙이 丙을 향하여 총을

쏘아 丙에 명중한 것으로 알았으나 총에 맞아 죽은 자는 丁인 경우 살인미수의 교사의 죄책을 진다.

✍ **해설** ………………………………………

③(○) 양적 초과의 경우에 교사자는 초과부분에 대하여는 책임을 지지 않으므로 甲에게 절도죄의 교사범이 성립한다.
⑤(×) 법정적 부합설에 의할 때에는 甲은 살인기수의 교사범의 죄책을 지게 된다. 그러나 구체적 부합설에 의할 때에는 정범의 객체의 착오가 교사범에 대하여 방법의 착오가 된다. 따라서 甲의 죄책은 丙에 대한 살인미수와 丁에 대한 과실치사의 교사범의 상상적 경합이 성립하지만, 과실치사죄의 교사범은 있을 수 없으므로 甲은 살인미수의 교사범이 된다. 〈답 ⑤〉

9. 공범의 착오에 관한 설명으로 옳은 것만을 모두 모은 것은?

㉠ 甲이 乙에게 허위공문서를 작성할 것을 교사하였으나 乙은 공문서를 위조하여 甲에게 준 경우, 甲은 허위공문서작성죄의 교사, 乙은 공문서위조죄의 죄책을 진다.
㉡ 甲은 乙에게 A를 상해하라고 교사하였으나 乙은 직접 실행하지 않고 다시 丙으로 하여금 丁을 교사하여 丁이 A에게 상해를 입힌 경우, 甲, 乙, 丙은 모두 상해죄의 교사범이다.
㉢ 피교사자가 구체적 사실에 관해 객체의 착오를 한 경우 교사자에 대해서는 방법의 착오가 된다는 전제 하에 법정적 부합설을 취하면 교사자는 실행한 범죄의 기수에 대한 교사범으로 처벌된다.
㉣ 상해를 교사하였으나 피교사자에 의해 상해를 입은 피해자가 사망한 경우, 피교사자에게 피해자의 사망에 대한 예견가능성이 인정되는 한 교사자도 상해치사죄의 죄책을 진다.
㉤ 강도를 교사하여 승낙을 받았는데 피교사자가 막상 범행현장에서 현주건조물방화죄를 범한 경우 교사자는 강도예비죄, 피교사자는 강도예비죄와 현주건조물방화죄의 실체적 경합이 된다.

① ㉠ ㉣　　② ㉡ ㉢　　③ ㉢ ㉣
④ ㉠ ㉡ ㉣　　⑤ ㉡ ㉢ ㉣　　⑥ ㉠ ㉡ ㉢ ㉤

✍ **해설** ………………………………………

㉠(○) 乙은 공문서위조죄의 정범이다. 甲은 乙에게 허위공문서작성을 교사하였는데, 乙이 공문서를 위조하였으므로 甲은 乙의 초과부분에 대하여는 교사범이 되지 아니하고 교사의 범위 안에서 허위공문서작성죄의 교사범이 된다고 해야 한다. 乙이 공범인 甲에게 위조한 공문서를 교부한 것은 위조공문서행사죄가 되지 않는다.
㉡(○) 간접교사도 타인을 교사하여 죄를 범한 자에 해당한다고 보아야 하므로 교사범과 같이 처벌하여야 한다. 판례도 간접교사를 교사범으로 처벌하고 있다(대법원 1974.1.29, 73도3104). 甲, 乙, 丙은 모두 상해죄의 교사범이고, 丁은 상해죄의 정범이다.

㉢(○) 피교사자의 구체적 사실에 관한 객체의 착오는 고의를 조각하지 않는다. 교사자에게 방법의 착오가 되는 경우에도 법정적 부합설에 의하면 교사범은 교사한 범죄의 기수의 교사범으로 처벌된다.
㉣(×) 교사자에게 상해치사죄가 성립하는가는 피교사자의 예견 여부와는 관계가 없고 교사자가 피해자의 사망을 예견해야 한다.
㉤(○) 기도된 교사 중 효과 없는 교사의 경우이다. 모두 강도예비죄에 의하여 처벌받지만, 피교사자에게는 그 이외에 현주건조물방화죄가 성립한다. 〈답 ⑥〉

10. 甲의 죄책에 관하여 가장 옳은 것은?

① 甲은 乙을 교사하여 丙을 상해하도록 하였다. 乙은 丁을 丙으로 오인하고 丁을 공격하다가 잘못하여 사망에 이르게 한 경우 법정적 부합설에 의할 때 甲은 과실치상의 책임을 진다.
② 甲이 변심한 A(女)에게 보복할 목적으로 친구 乙에게 A를 강간할 것을 부탁하자 乙은 이를 승낙하였다. 그런데 그 후 乙이 마음을 바꾸어 A를 강제추행한 경우 甲은 강간미수죄의 교사범이 성립한다.
③ 甲이 乙에게 丙을 살해할 것을 교사하여 乙은 丙을 향하여 총을 발사하였으나 옆에 있던 개가 맞아 죽었다. 법정적 부합설에 의할 때 甲은 살인미수와 재물손괴의 교사범이 된다.
④ 甲은 乙에게 丙을 죽이라고 교사하였다. 乙은 이를 승낙하였으나 실행에 착수하지 못하고 검거된 경우 甲과 乙은 살인미수의 죄책을 진다.
⑤ 치과의사 甲이 환자의 대량유치를 위해 치과기공사들에게 내원환자들에게 진료행위를 하도록 지시하였다. 그들이 각자 단독으로 의료행위를 하였다면 甲은 무면허의료행위의 교사범에 해당한다.

해설

①(×) 법정적 부합설에서는 정범의 구체적 사실의 착오에 관하여는 객체의 착오와 방법의 착오를 불문하고 결과에 대한 고의의 성립이 인정되고 구체적 사실의 착오는 교사자의 고의에 영향을 미치지 않는다. 따라서 甲은 일단 상해죄의 교사범이 성립한다. 乙이 치사의 결과를 내었으므로 甲도 상해치사의 결과에 대한 책임을 질 것인가의 문제가 있다. 통설과 판례(대법원 1993.10.8, 93도1873)는 교사자에게 결과에 대한 과실(예견가능성)이 있는 때에는 결과적 가중범의 교사가 성립한다고 한다.
②(×) 피교사자가 교사한 내용보다 적게 실행한 경우로서 교사자는 피교사자가 실행한 범위에서 책임을 진다. 따라서 甲은 강제추행죄의 교사범, 乙에게는 강제추행죄가 성립한다.
③(×) 추상적 사실의 착오 중 방법의 착오에 해당한다. 피교사자의 실행행위의 착오와 교사의 관계에 관하여는 착오의 일반이론이 그대로 적용된다. 따라서 법정적 부합설에 의하면 살인미수의 교사범이 성립한다.
④(×) 교사를 받은 자가 범죄의 실행을 승낙하고 실행의 착수에 이르지 아니한 때에는 교사자와 피교사자를 예비·음모에 준하여 처벌한다(제31조 2항).
⑤(○) 치과의사가 환자의 대량유치를 위해 치과기공사들에게 내원환자들에게 진료행위를 하도록 지시하여 그들이 각 단독으로 전항과 같은 진료행위를 하였다면 무면허의료행

위의 교사범에 해당한다(대법원 1986.7.8, 86도749). 〈답 ⑤〉

※ 다음 사실관계를 읽고 아래 각 문항(문 11~12)**에 대하여 답하시오.**

甲은 X를 살해하기 위해서 乙을 찾아가 X의 살해를 교사하였으나, 乙은 이를 거절하였다. 그때 乙과 함께 있던 乙의 친구 A는 甲에게 살인청부업자인 B의 전화번호를 알려 주면서 한 번 찾아가 보라고 하였다. 이에 따라 甲은 B를 찾아가 직접 하든 다른 누구를 시키든 X를 살해하라고 교사하였고, B는 1억원의 사례금을 받고 이를 승낙하였다. B는 자신이 직접 실행에 착수하지 않고, C에게 5,000만원을 주면서 X의 살해를 교사하였다. C는 처음부터 X를 살해할 의사가 없음에도 불구하고, 이를 수락하는 것으로 B를 기망하여 5,000만원을 받은 후 사전에 예정되었던 대로 외국으로 이민을 가 버렸다.

11. 위의 사안에서 甲의 죄책에 대한 설명 중 옳은 것은? (다툼이 있는 경우에는 판례에 의함)

① 甲의 乙에 대한 행위는 효과 없는 교사(형법 제31조 2항)에 해당하며, 형법상 처벌할 수 없다.

② 甲의 B에 대한 행위는 실패한 교사(형법 제31조 3항)에 해당하며, 살인미수죄의 죄책을 진다.

③ 甲의 乙에 대한 행위는 공범종속성설에 의할 경우 살인미수죄로 처벌될 수 있다.

④ 甲의 B에 대한 행위는 공범독립성설에 의할 경우 살인미수죄로 처벌될 수 있다.

⑤ 甲의 B에 대한 행위는 간접교사의 미수로서 불가벌이다.

해설

①(×) 살해를 교사하였으나 거절당한 경우 실패한 교사로서 교사자인 甲만 살인죄의 예비·음모에 준하여 처벌된다(제31조 3항).
②(×) 교사 받은 자가 실행에 나가지 않은 것은 효과 없는 교사로서 甲과 B는 살인죄의 예비·음모에 준하여 처벌된다(제31조 2항).
③(×) 공범종속성설에 의하면 정범의 실행행위가 없으므로 공범의 미수는 성립되지 않는다.
④(○) 교사의 미수의 경우 공범독립성설은 정범의 실행 여부와 독립하여 교사자에게 미수범이 성립한다고 본다.
⑤(×) 교사 받은 자가 실행에 나가지 않은 효과 없는 교사로서 살인죄의 예비·음모에 준하여 처벌된다(제31조 2항). 〈답 ④〉

12. 위의 사안에서 A, B, C의 죄책에 대한 설명 중 옳은 것은? (다툼이 있는 경우에는 판례에 의함)

① A는 간접교사의 미수로서 살인예비죄로 처벌된다.
② 만약 B가 甲의 교사에 따라 X를 살해하였다면, A는 살인죄의 방조범으로 처벌된다.
③ B의 행위는 간접교사의 미수로서 불가벌이다.
④ B가 甲의 살인교사를 승낙한 행위와 C에게 살인을 교사한 행위는 각각 교사의 미수로서 실체적 경합이 된다.
⑤ C의 행위는 살인예비죄와 사기죄의 상상적 경합이 된다.

해설 ....

①(×) A의 방조는 정범의 실행행위가 없어 기도된 방조에 불과하며, 기도된 방조에 대해서는 처벌규정이 없어 불가벌이다.
②(○) 만약 정범의 실행행위가 있었다면 A는 살인죄의 방조범이 된다.
③(×) B의 경우 실패한 교사로서 살인죄의 예비·음모에 준하여 처벌된다(제31조 3항).
④(×) B의 행위는 포괄적으로 살인죄의 예비·음모에 해당한다.
⑤(×) C에게는 살인의 고의가 처음부터 없었으므로 살인예비죄는 성립하지 않고 사기죄만 성립한다. 〈답 ②〉

제5절 종 범

1. 종범에 관한 다음 기술 중 옳지 않은 것을 조합한 것은?

> ㉠ 방조행위는 작위에 한하지 않고 부작위에 의하여도 가능하다.
> ㉡ 과실에 의한 방조는 인정되지 않는다.
> ㉢ 정범의 실행행위가 반드시 고의행위일 필요는 없다.
> ㉣ 판례는 예비에 대한 방조를 인정한다.
> ㉤ 방조의 방법에는 제한이 없으나, 적어도 정범이 실행에 착수한 이후에 방조할 것을 요한다.
> ㉥ 다수설에 의하면 방조행위와 정범의 실행행위 사이에는 인과관계가 있어야 한다.
> ㉦ 미수의 방조는 방조가 될 수 없다.

① ㉠ ㉡ ㉢ ② ㉠ ㉣ ㉤ ③ ㉡ ㉢ ㉤
④ ㉢ ㉣ ㉤ ⑤ ㉢ ㉤ ㉦ ⑥ ㉤ ㉥ ㉦

해설 ....

㉠(○) 방조행위는 작위에 제한되지 않는다.
㉡(○) 종범이 성립하기 위하여는 방조의 고의와 정범의 고의가 있어야 한다. 따라서 과실에 의한 방조는 허용되지 않는다.

ⓒ(×) 정범의 실행행위는 고의범이어야 하며, 과실범에 대한 방조는 간접정범이 성립할 수 있을 뿐이다.
ⓔ(×) 판례는 예비죄에는 실행행위가 없고, 예비의 종범을 처벌하면 처벌의 범위가 부당하게 확대되며, 법감정에도 반한다는 이유로 예비의 종범을 부정한다(대법원 1976.5.25, 75도1549).
ⓜ(×) 방조행위는 반드시 정범이 실행에 착수한 이후에 그 구성요건을 실현하는 것을 돕는 것임을 요하지 않는다. 정범이 실행에 착수하기 전에 그 예비행위를 방조한 때에도 정범이 실행에 착수한 경우에는 방조행위가 될 수 있다.
ⓑ(○) 방조행위와 정범의 실행행위 사이에 인과관계가 있어야 하는가에 관하여 방조행위는 정범의 범죄에 대하여 인과관계가 있을 것을 요하며, 적어도 그 범죄실행의 방법이나 수단에 영향을 미칠 것을 요한다는 긍정설이 다수설이다.
ⓢ(○) 종범의 고의는 기수의 고의여야 한다. 〈답 ④〉

2. 교사범과 종범에 대한 다음 설명 중 옳지 못한 것만의 조합은?

ⓐ 교사범은 범죄를 결의하게 하였을 것을 요하나, 방조는 범죄의 실행을 용이하게 하는 것이다.
ⓑ 부작위에 의한 교사는 불가능하나, 방조는 가능하다.
ⓒ 과실에 의한 교사는 불가능하나, 방조는 가능하다.
ⓓ 미수의 교사도 불가능하고, 미수의 방조도 불가능하다.
ⓔ 기도된 교사는 처벌되나, 기도된 방조는 벌하지 않는다.
ⓕ 방조자는 반드시 정범과의 의사연락이 필요하다.
ⓖ 종범을 방조하거나 교사를 방조한 경우에도 정범에 대한 방조행위가 된다.

① ⓐ ② ⓐ ⓑ ③ ⓑ ⓓ
④ ⓒ ⓕ ⑤ ⓒ ⓔ ⓖ ⑥ ⓓ ⓔ ⓕ ⓖ

해설

ⓐ(○) 교사범은 타인으로 하여금 범죄를 결의하여 실행케 한 자를 말하고, 방조란 정범에 의한 구성요건의 실행을 가능하게 하거나, 쉽게 하거나 또는 정범에 의한 법익침해를 강화하는 것을 말한다.
ⓑ(○) 교사행위는 교사자가 정범에게 범죄의 결의를 일으키는 것을 요하므로 부작위에 의한 교사는 불가능하나, 방조행위는 반드시 작위에 한하지 아니하므로 부작위에 의한 방조도 가능하다.
ⓒ(×) 교사범이나 방조범은 각각 이중의 고의, 즉 교사의 고의와 정범의 고의, 방조의 고의와 정범의 고의가 있어야 하므로 과실에 의한 교사는 물론 과실에 의한 방조도 불가능하다. 또한 과실범에 대한 교사나 방조도 성립하지 않는다.
ⓓ(○) 미수의 교사나 미수의 방조는 모두 불가능하다. 양자는 모두 정범이 범죄를 실행함으로써 기수에 이르러 결과가 발생할 것이라는 사실에 대한 인식을 요하기 때문이다.
ⓔ(○) 기도된 교사는 제31조에 처벌규정이 있으나, 기도된 방조는 처벌규정이 없다.
ⓕ(×) 종범에게 방조의 고의와 정범의 고의가 있으면 족하며, 종범과 정범 사이에 의사

의 연락을 필요로 하지 않는다. 따라서 편면적 종범도 인정된다.
ⓖ(○) 연쇄방조도 정범에 대한 방조가 된다. 〈답 ④〉

3. 종범에 관한 다음 설명 중 옳은 것만 모두 조합한 것은? (다툼이 있는 경우에는 판례에 의함)

> ㉠ 주식회사의 전무이사 겸 개발사업본부장이 자신의 회사가 시공 중인 아파트의 시행사 대표로부터 위 아파트에 관한 회사 대표이사 명의의 분양계약서, 분양대금 입금표 등을 위조하여 이를 담보로 저축은행 등으로부터 대출금 명목으로 금원을 편취하겠다는 제의를 받은 다음 저축은행이 보내는 우편물에 대하여 아무런 답변을 하지 않는 방법으로 묵인하여 줄 것을 승낙하고 나아가 회사의 법인 인감증명서를 시행사 대표에게 교부하여 준 행위는 대출금편취 범행을 방조한 행위에 해당한다.
> ㉡ 간호보조원의 무면허진료행위가 있은 후에 의사가 이를 진료부에 기재하는 행위는 정범의 실행행위 종료 후의 단순한 사후행위에 불과하다.
> ㉢ 방조자의 인식과 정범의 실행행위 사이에 착오가 있고 양자의 구성요건이 다른 경우에는 원칙적으로 방조자의 고의가 조각되는 것이나, 양자의 구성요건이 중첩되는 부분이 있는 경우에는 그 중복되는 한도 내에서는 방조자의 죄책이 인정된다.
> ㉣ 정범이 범행을 한다는 정을 알면서 그 실행행위를 용이하게 하는 행위를 한 자는 그 행위가 직접적이거나 간접적이거나를 가리지 아니하고 방조범으로 인정되나, 적어도 정범이 누구에 의하여 실행되는지는 알아야 한다.
> ㉤ 간첩이 무전기를 매몰하는 데 망을 보아준 행위는 간첩방조죄를 구성한다.
> ㉥ 게임제공업자가 게임장에 사행성유기기구를 비치하고 고객들이 이를 통해 얻은 경품용 상품권을 환전해 줌으로써 고객들로 하여금 게임물을 이용하여 사행행위를 하게 한 경우, 경품용 상품권 발행업자에게 위 사행행위 영업 등에 관한 방조범의 책임을 물을 수 없다.

① ㉠ ② ㉡ ③ ㉢
④ ㉠ ㉢ ⑤ ㉡ ㉣ ⑥ ㉠ ㉤ ㉥

해설

㉠(○) 정범인 시행사 대표에게 범행의 결의를 강화하도록 하고 그의 대출금편취 범행을 용이하게 하여 이를 방조한 행위에 해당한다(대법원 2007.4.27, 2007도1303).
㉡(×) 의사의 진료부 기재행위는 단순한 사후행위가 아니라 무면허의료행위의 방조에 해당한다(대법원 1982.4.27, 82도122).

㉢(○) 대법원 1985.2.26, 84도2987.
㉣(×) 정범이 범행을 한다는 점을 알면서 그 실행행위를 용이하게 한 이상 그 행위가 간접적이거나 직접적이거나를 불문하고, 또 정범이 누구에 의하여 실행되었는가를 알 필요도 없다(대법원 1977.9.28, 76도4133).
㉤(×) 간첩이란 적국을 위하여 국가기밀을 탐지·수집하는 것을 지칭하는 것이므로 무전기를 매몰하는 행위를 간첩행위라고 할 수 없기 때문에 이를 망보아 준 행위도 간첩방조죄를 구성하지 않는다(대법원 1983.4.26, 83도416).
㉥(×) 사행행위 영업 등에 관한 방조범의 책임을 인정하였다(대법원 2007.10.26. 2007도4702). 〈답 ④〉

4. 甲에게 ( ) 속의 범죄에 대한 종범이 성립하지 않는 경우는?

① 甲은 乙이 丙의 집에 들어가 물건을 훔치려고 하는 것을 알고 乙을 만나 丙의 집 도면을 전해 주었다. 乙은 이를 보고 丙의 집에 들어가 물건을 훔쳐 나왔다. (절도죄)
② 甲은 乙이 丙을 살해하려는 것을 알고 乙이 丙의 집에 들어가는 것을 보고 밖에서 차를 세우고 기다리다가 丙을 죽이고 나온 乙을 태워 주어 도망가게 하였다. (살인죄)
③ 甲은 乙이 친구 丙을 죽이려고 하는 것을 알고 乙에게 '지금이 죽일 기회다'라고 말하여 살인의 결의를 강화하게 하였다. (살인죄)
④ 甲은 乙이 오토바이를 절취하려는 것을 알고 범행에 사용할 승합차를 빌려주고 절취한 오토바이를 사주겠다는 말을 하였고, 乙은 오토바이를 절취하였다. (절도죄)
⑤ 甲은 乙이 丙의 집에 불을 지른 후에 휘발유 병을 던져 집이 전소되도록 하였다. (방화죄)

해설

①(○) 甲은 정범에 의한 구성요건의 실행을 용이하게 하였다. 방조행위의 방법에는 제한이 없으므로 범죄실행의 방법을 조언하거나 필요한 정보를 제공하는 기술적 조언도 이에 해당한다.
②(×) 종범은 이미 범죄를 결의하고 있는 자에게 그 결의를 강화하거나 실행을 쉽게 하거나 가능하게 함으로써 성립한다. 범죄가 종료된 이후에 범인을 은닉 또는 도피하게 한 때에는 종범이 아닌 범인은닉죄(제151조)가 성립한다.
③(○) 이미 범죄의 결의를 하고 있는 자에게 그 결의를 강화하였으므로 살인죄의 방조범이 성립한다.
④(○) 범행에 사용할 도구를 빌려주거나, 오토바이를 절취하여 오면 그 물건을 사 주겠다고 한 것은 절도죄의 방조에 해당한다(대법원 1997.9.30, 97도1940).
⑤(○) 기수가 된 후라도 그 종료 이전에는 종범의 성립이 가능하므로 이미 감금된 자의 감금상태가 계속되도록 하는 경우 또는 절도범을 추격하는 소유자를 막아서 도주를 도와주는 행위와 같이 방조행위가 될 수 있다. 〈답 ②〉

5. 다음 설명 중 가장 옳지 않은 것은? (다툼이 있는 경우에는 판례에 의함)

<법원행시 2012년>

① 2인 이상의 서로 대향된 행위의 존재를 필요로 하는 관계에 있어서는 공범이나 방조범에 관한 형법총칙 규정의 적용이 있을 수 없다.

② 형법상 방조행위는 정범이 범행을 한다는 정을 알면서 그 실행행위를 용이하게 하는 직접 · 간접의 행위를 말하므로, 방조범은 정범의 실행을 방조한다는 이른바 방조의 고의와 정범의 행위가 구성요건에 해당하는 행위인 점에 대한 정범의 고의가 있어야 하고, 방조범에 있어서 정범의 고의는 정범에 의하여 실현되는 범죄의 구체적 내용을 인식할 것을 요한다.

③ 정범의 성립은 교사범의 구성요건의 일부를 형성하고 교사범이 성립함에는 정범의 범죄행위가 인정되는 것이 그 전제요건이 된다.

④ 종범은 정범의 실행행위 중에 이를 방조하는 경우뿐만 아니라, 실행 착수 전에 장래의 실행행위를 예상하고 이를 용이하게 하는 행위를 하여 방조한 경우에도 성립한다.

⑤ 이른바 편면적 종범에 있어서도 정범의 범죄행위 없이 방조범만이 성립될 수 없다.

해설

①(○) 대향범은 필요적 공범이므로 총칙상 공범규정이 적용되지 않는다.
②(×) 방조범은 교사범과는 다르게 정범의 실행을 용이하게 하는 것이 주목적이므로 정범이 실현하는 범죄의 구체적 내용을 인식할 필요는 없다.
⑤(○) 편면적 종범이라도 정범이 실행에 착수해야 성립한다. 즉 협의의 공범(교사범과 종범)은 정범이 실행에 착수하지 않으면 성립하지 않는다. 〈답 ②〉

6. (　　) 속의 범죄에 대한 종범이 성립하지 않는 경우는? (판례에 의함)

㉠ 은행지점장이 정범인 부하직원들의 범행을 인식하면서도 그들의 은행에 대한 배임행위를 방치하였다. (배임죄)

㉡ 이미 스스로 입영기피를 결심하고 집을 나서는 甲에게 피고인이 이별을 안타까워하는 뜻에서 '잘 되겠지, 몸조심하라'하고 악수를 나누었다. (병역법위반)

㉢ 기간통신사업자의 담당직원이 무등록업자에게 060회선을 임대하여 실시간 1:1 증권상담서비스 사업을 영위하게 하였다. (구 증권거래법 위반: 무등록투자자문업)

㉣ 도박을 하는 자리에서 도금으로 사용하리라는 점을 알면서 채무변제조로 금원을 교부하였다. (도박죄)

㉤ 핵폐기장 설치 반대시위의 일환으로 행하여진 대학생들의 시청 기습점

거시위에 대하여 전혀 모르고 있다가 시위 직전에 주동자로부터 지시를 받고 시위현장 사진촬영행위를 하였다. (집회및시위에관한법률위반)
ⓑ 백화점에서 바이어를 보조하여 특정매장에 관한 상품관리 및 고객들의 불만사항 확인 등의 업무를 담당하는 직원이 자신이 관리하는 특정매장의 점포에 가짜상표가 새겨진 상품이 진열·판매되고 있는 사실을 발견하고도 점주 등에게 시정조치를 요구하거나 상급자에게 이를 보고하지 아니함으로써 점주로 하여금 가짜상표가 새겨진 상품들을 고객들에게 계속 판매하도록 방치하였다. (상표법·부정경쟁방지및영업비밀보호에관한법률위반)
ⓢ 범인이 자신을 위해 자신의 처가 허위의 자백을 하는 것을 도와주었다. (범인도피죄)

① ⓛ ② ⓛ ⓜ ③ ⓛ ⓢ
④ ⓛ ⓒ ⓢ ⑤ ⓛ ⓡ ⓜ ⑥ ⓛ ⓒ ⓜ ⓢ

해설

㉠(○) 대법원 1984.11.27, 84도1906.
㉡(×) 이미 스스로 입영기피를 결심하고 집을 나서는 甲에게 피고인이 이별을 안타까워하는 뜻에서 '잘 되겠지, 몸조심하라' 하고 악수를 나눈 행위는 입영기피의 범죄의사를 강화시킨 방조행위에 해당한다고 볼 수 없다(대법원 1983.4.12, 82도43).
㉢(○) 대법원 2007.11.29, 2006도119.
㉣(○) 대법원 1970.7.28, 70도1218.
㉤(○) 대법원 1997.1.24, 96도2427.
㉥(○) 대법원 1997.3.14, 96도1639.
㉦(○) 범인이 자신을 위하여 타인으로 하여금 허위의 자백을 하게 하여 범인도피죄를 범하게 하는 행위는 방어권의 남용으로 범인도피교사죄에 해당하는바, 이 경우 그 타인이 형법 제151조 2항에 의하여 처벌을 받지 아니하는 친족, 호주 또는 동거 가족에 해당한다 하여 달리 볼 것은 아니다. 이와 같은 법리는 범인을 위해 타인이 범하는 범인도피죄를 범인 스스로 방조하는 경우에도 마찬가지로 적용된다(대법원 2008.11.13, 2008도7647).

〈답 ①〉

7. 방조범에 관한 설명으로 옳은 것(○)과 옳지 않은 것(×)을 올바르게 조합한 것은? (다툼이 있는 경우에는 판례에 의함) <변호사 2012년>

가. 정범이 실행에 착수하기 전에 방조한 경우에는 그 이후 정범이 실행에 착수하였더라도 방조범이 성립할 수 없다.
나. 간호조무사의 무면허진료행위가 있은 후에 이를 의사가 진료부에 기재하는 행위는 범죄종료 후의 사후행위에 불과하므로 무면허의료행위의 방조에 해당하지 않는다.
다. 방조범에 있어서 정범의 고의는 정범에 의하여 실현되는 범죄의 구

> 체적 내용을 인식할 것을 요하는 것은 아니고 미필적 인식 또는 예견으로 족하다.
> 라. 방조범은 정범이 누구인지를 확실히 알아야 한다.

① 가(○) 나(○) 다(×) 라(○)
② 가(○) 나(×) 다(○) 라(×)
③ 가(×) 나(○) 다(×) 라(○)
④ 가(×) 나(×) 다(○) 라(×)
⑤ 가(×) 나(×) 다(○) 라(○)

해설

가(×) 종범은 정범의 실행행위 중에 이를 방조하는 경우는 물론이고 실행의 착수 전에 장래의 실행행위를 예상하고 이를 용이하게 하는 행위를 하여 방조한 경우에도 정범이 그 실행행위에 나아갔다면 성립한다(대법원 1997.4.17, 96도3377 전원합의체).
나(×) 진료부는 환자의 계속적인 진료에 참고로 공하여지는 진료상황부이므로 간호보조원의 무면허진료행위가 있은 후에 이를 의사가 진료부에다 기재하는 행위는 정범의 실행행위 종료 후의 단순한 사후행위에 불과하다고 볼 수 없고 무면허의료행위의 방조에 해당한다(대법원 1982.4.27, 82도122).
다(○) 방조범에 있어서 정범의 고의는 정범에 의하여 실현되는 범죄의 구체적 내용을 인식할 것을 요하는 것은 아니고 미필적 인식 또는 예견으로 족하다(대법원 2005.4.29, 2003도6056).
라(×) 정범이 범행을 한다는 점을 알면서 그 실행행위를 용이하게 한 이상 그 행위가 간접적이거나 직접적이거나를 가리지 않으며 이 경우 정범이 누구에 의하여 실행되어지는가를 확지할 필요는 없다(대법원 1977.9.28, 76도4133). 〈답 ④〉

8. 방조범에 관한 다음 설명에 대해 옳고 그름을 맞게 표시한 것은? (다툼이 있으면 판례에 의함)

> A. 편면적 종범에서는 정범의 범죄행위가 없더라도 방조범만 성립될 수 있다.
> B. 간첩인 정을 알면서 그의 심부름으로 안부편지를 전해 준 것만으로는 간첩방조죄를 구성하지 않는다.
> C. 피방조자가 자의로 실행행위를 중지하거나 결과발생을 방지한 때에 방조자는 중지미수가 된다.
> D. 간접적으로 정범을 방조하는 경우 정범이 누구인지 알 필요는 없다.
> E. 미수의 방조에서는 방조자의 고의가 부정된다.

① A(○) B(○) C(×) D(×) E(×)
② A(○) B(○) C(○) D(×) E(×)
③ A(×) B(×) C(○) D(○) E(○)
④ A(×) B(○) C(×) D(○) E(○)

⑤ A(×) B(×) C(×) D(○) E(○)
⑥ A(○) B(×) C(×) D(○) E(○)

해설

A(×) 편면적 종범에서도 정범의 범죄행위 없이 방조범만이 성립될 수 없다. 피고인이 단독으로 자기 아들에 대한 징집을 면탈케 할 목적으로 사위행위를 하였으나 아들이 아무런 행위도 하지 않은 경우 피고인이 아들의 범죄행위에 가공하거나 방조한 것으로 볼 수 없다(대법원 1974.5.28, 74도509).
B(○) 방조행위는 정범의 범죄에 대하여 인과관계가 있을 것을 요하며, 적어도 그 범죄의 실행의 방법이나 수단에 영향을 미쳤을 것을 요한다. 정범의 실행행위와 직접 관련되지 아니한 행위를 도와준 데 지나지 아니한 때에는 이를 방조행위라고 할 수 없다. 따라서 간첩의 심부름으로 안부편지나 사진을 전달한 것만으로는 간첩방조죄를 구성하지 아니한다(대법원 1966.7.12, 66도470).
C(×) 방조자는 장애미수가 된다.
D(○) 정범이 범행을 한다는 점을 알면서 그 실행행위를 용이하게 한 이상 그 행위가 간접적이거나 직접적이거나를 가리지 않으며, 이 경우 정범이 누구에 의하여 실행되어지는가를 확지할 필요는 없다(대법원 1977.9.28, 76도4133).
E(○) 방조자의 고의는 기수의 고의이어야 한다. 따라서 미수의 방조에서는 방조자의 고의가 부정된다. 〈답 ④〉

9. 다음 설명 중 옳은 것은? (다툼이 있는 경우에는 판례에 의함)
<법전협 모의시험 2012년>

① 예비단계에서 기여한 자에 대한 방조범이 성립하기 위해서는 정범이 실행에 착수하여야 한다.
② 중한 결과발생에 직접 가담하지 않은 자에게 결과적 가중범의 공동정범을 인정하기 위해서는 기본범죄와 중한 결과 발생 사이의 인과관계만 있으면 족하다.
③ 과실로 방조한 경우에도 방조범이 성립한다.
④ 피교사자가 이미 범죄의 결의를 가지고 있는 때에도 교사범이 성립한다.
⑤ 진정신분범에 대하여 교사범이나 방조범은 성립할 수 있어도 공동정범은 성립할 수 없다.

해설

①(○) 형법 제32조 제1항 소정 타인의 범죄란 정범이 범죄의 실현에 착수한 경우를 말하는 것이므로 종범이 처벌되기 위하여는 정범의 실행의 착수가 있는 경우에만 가능하고 형법 전체의 정신에 비추어 정범이 실행의 착수에 이르지 아니한 예비의 단계에 그친 경우에는 이에 가공하는 행위가 예비의 공동정범이 되는 경우를 제외하고는 종범의 성립을 부정하고 있다고 보는 것이 타당하다(대법원 1976.5.25, 75도1549).
②(×) 결과적 가중범인 상해치사죄의 공동정범은 폭행 기타의 신체침해 행위를 공동으로 할 의사가 있으면 성립되고 결과를 공동으로 할 의사는 필요 없으며, 여러 사람이 상해의 범의로 범행 중 한 사람이 중한 상해를 가하여 피해자가 사망에 이르게 된 경우 나

머지 사람들은 사망의 결과를 예견할 수 없는 때가 아닌 한 상해치사의 죄책을 면할 수 없다(대법원 2000.5.12, 2000도745).
③(×) 과실에 의한 방조는 불가능하다.
④(×) 교사행위란 타인에게 범죄의 결의를 가지게 하는 것을 말하므로 피교사자가 이미 범죄를 결의하고 있을 때에는 교사행위라고 할 수 없다.
⑤(×) 형법 제33조에서 '전 3조의 규정을 적용한다'고 하여 본문이 교사범, 종범, 공동정범에도 적용되므로 비신분자도 신분자와 함께 진정신분범의 공동정범이 될 수 있다. 의료인일지라도 의료인 아닌 자의 의료행위에 공모하여 가공하면 의료법 제25조 제1항이 규정하는 무면허의료 행위의 공동정범으로서의 책임을 진다(대법원 1986.2.11, 85도448).
〈답 ①〉

10. 판례가 방조행위로 보지 않은 것을 모두 모은 것은?

㉠ 정범이 변호사법 위반행위를 하려는 것을 알면서 자금능력 있는 자를 소개하고 교섭한 행위
㉡ 부동산 명의수탁자가 신탁부동산을 매각하려는 것을 알고 부동산 소개업자가 매수자를 소개해 준 행위
㉢ 부정 유출된 맥주의 가액을 미8군 내 음료판매처에서 판매한 것처럼 금전등록기에 찍어 넣은 행위
㉣ 증권회사 직원들이 부정 인출된 주식을 관리 · 운용해 준 행위
㉤ 웨이터가 미성년자를 홀 출입구까지 안내한 행위
㉥ 간첩이란 정을 알면서 간첩에게 숙식을 제공한 행위

① ㉠ ㉡ ② ㉠ ㉤ ③ ㉣ ㉥ ④ ㉤ ㉥
⑤ ㉠ ㉡ ㉤ ⑥ ㉠ ㉤ ㉥ ⑦ ㉠ ㉡ ㉣ ㉥ ⑧ ㉡ ㉢ ㉤ ㉥

해설

㉤(×) 웨이터가 미성년자를 홀 출입구까지 안내한 행위만으로는 미성년자를 클럽에 출입시킨 행위의 방조로 볼 수 없다(대법원 1984.8.21, 84도781).
㉥(×) 간첩이란 정을 알면서 간첩에게 숙식을 제공한 행위만으로 간첩방조죄에 해당한다고 할 수 없다(대법원 1967.1.31, 66도1661).
㉠ 대법원 1982.9.14, 80도2566, ㉡ 대법원 1988.3.22, 87도2585, ㉢ 대법원 1984.6.26, 81도3153, ㉣ 대법원 1995.9.29, 95도456이 방조행위로 본 경우이다. 〈답 ④〉

11. 乙이 乙 자신의 아버지를 살해한 경우, 이를 방조한 甲에 대하여 법원이 형의 종류를 유기징역으로 선택할 경우 처단형의 범위는? (존속살해죄의 법정형은 사형, 무기징역, 7년 이상의 유기징역, 보통살인죄의 법정형은 사형, 무기징역, 5년 이상의 유기징역임) (다툼이 있는 경우에는 판례에 의함)
<사시 2013년: 배점 3>

① 5년 이상 15년 이하의 징역
② 2년 6월 이상 15년 이하의 징역

③ 2년 6월 이상 7년 6월 이하의 징역
④ 7년 이상 15년 이하의 징역
⑤ 3년 6월 이상 15년 이하의 징역

해설

②(○) 을은 존속살해죄가 성립하고, 갑은 존속살해죄의 방조범이 성립하나 처벌은 보통 살인죄의 방조범으로 처벌하면 된다. 방조범은 정범에 비하여 형을 필요적으로 감경한다. 따라서 5년 이상 30년 이하의 징역에서 필요적 감경을 하면 2년 6월 이상 15년 이하의 징역이 된다. 〈답 ②〉

12. 방조에 관한 설명 중 옳은 것을 모두 고른 것은? (다툼이 있는 경우에는 판례에 의함) <사시 2011년: 배점 3>

ㄱ. 정범의 실행행위를 간접적으로 방조하였더라도, 정범이 범행을 한다는 정을 알면서 그 실행행위를 용이하게 한 이상 방조범이 성립될 수 있고 이 경우 방조자는 정범이 누구인가를 몰라도 상관없다.
ㄴ. 甲이 친구 乙의 부탁을 받고 乙이 건네주는 금전을 밀수자금인 줄 알면서 자신의 선박 기관실에 은닉한 행위는 관세법상 무면허수입 예비죄의 방조범에 해당한다.
ㄷ. 스스로 본인을 무고하는 자기무고는 무고죄의 구성요건에 해당하지 아니하여 무고죄를 구성하지 않으므로 피무고자의 방조 하에 제3자가 피무고자에 대한 허위의 사실을 신고한 경우에 제3자의 행위는 무고죄에 해당하지만 제3자를 방조한 피무고자에 대하여는 방조범이 성립하지 않는다.
ㄹ. 교통사고를 낸 甲이 자기 대신 사고운전자로 허위자백한 자신의 처에게 사고발생 경위, 도주 경위 등에 관하여 상세한 정보를 제공함으로써 처로 하여금 심리적으로 안정할 수 있게 한 경우에는 범인도피죄의 방조범이 성립한다.
ㅁ. 방조범은 피방조자의 실행착수 전후는 물론 범죄실행 중이거나 범죄가 종료된 후에도 성립할 수 있으므로, A를 살해하려는 乙의 계획을 우연히 알게 된 甲이 A의 집으로 들어가는 乙을 보고 A의 집 앞에 차를 세우고 기다리고 있다가 A를 살해하고 나오는 乙을 태워 도망가게 한 경우 甲에게는 살인죄의 방조범이 성립한다.
ㅂ. 甲이 적법하게 운영되는 인터넷 게임사이트의 온라인 포커게임에서 통용되는 사이버머니를 구입하고자 하는 사람을 유인하여 돈을 받고 위 게임사이트에 접속하여 일부러 패하는 방법으로 사이버머니를 판매한 경우, 게임사이트 개설자는 무죄라 하더라도 甲에게는 도박개장방조죄가 성립한다.

> ㅅ. 간호보조원의 무면허진료행위가 있은 후 환자의 계속진료에 참고하는 진료부에 의사가 무면허진료결과를 기재한 행위는 보건범죄단속에관한특별조치법상 무면허의료행위 방조로 볼 수 있다.

① ㄱ ㄹ ② ㄴ ㅂ ③ ㄷ ㅁ
④ ㄱ ㄹ ㅅ ⑤ ㄴ ㄷ ㅂ ⑥ ㄹ ㅁ ㅅ
⑦ ㄱ ㄹ ㅁ ㅅ ⑧ ㄱ ㅁ ㅂ ㅅ

해설

ㄱ(○) 대법원 1977.9.28, 76도4133.
ㄴ(×) 정범이 실행의 착수에 이르지 아니한 예비의 단계에 그친 경우에는 이에 가공하는 행위에 대해서는 방조범의 성립을 부정하는 것이 타당하다(대법원 1976.5.25, 75도1549 참조). 예비행위의 방조행위는 방조범으로서 처단할 수 없는 것이고 그와 같은 법리는 특정범죄가중처벌등에관한법률 및 관세법에 규정된 무면허수입등 예비죄의 방조행위에 있어서도 마찬가지이다(대법원 1979.11.27, 79도2201).
ㄷ(×) 형법 제156조의 무고죄는 국가의 형사사법권 또는 징계권의 적정한 행사를 주된 보호법익으로 하는 죄이나, 스스로 본인을 무고하는 자기무고는 무고죄의 구성요건에 해당하지 아니하여 무고죄를 구성하지 않는다. 그러나 피무고자의 교사·방조 하에 제3자가 피무고자에 대한 허위의 사실을 신고한 경우에는 제3자의 행위는 무고죄의 구성요건에 해당하여 무고죄를 구성하므로, 제3자를 교사·방조한 피무고자도 교사·방조범으로서의 죄책을 부담한다(대법원 2008.10.23, 2008도4852).
ㄹ(○) 범인이 자신을 위하여 타인으로 하여금 허위의 자백을 하게 하여 범인도피죄를 범하게 하는 행위는 방어권의 남용으로 범인도피교사죄에 해당하는바, 이 경우 그 타인이 형법 제151조 2항에 의하여 처벌을 받지 아니하는 친족, 호주 또는 동거 가족에 해당한다 하여 달리 볼 것은 아니다. 한편, 이와 같은 법리는 범인을 위해 타인이 범하는 범인도피죄를 범인 스스로 방조하는 경우에도 마찬가지로 적용된다(대법원 2008.11.13, 2008도7647).
ㅁ(×) 상태범이나 즉시범의 경우에 정범이 기수가 된 이후에는 방조범은 성립하지 않는다. 사안에서 乙이 이미 살해하고 나왔으므로 甲은 살인죄의 방조범이 될 수 없다(범인도피죄의 성립은 가능하다).
ㅂ(×) 인터넷 게임사이트의 온라인게임에서 통용되는 사이버머니를 구입하고자 하는 사람을 유인하여 돈을 받고 위 게임사이트에 접속하여 일부러 패하는 방법으로 사이버머니를 판매한 사람에게는, 정범인 위 게임사이트 개설자의 도박개장행위를 인정할 수 없는 이상 종범인 도박개장방조죄도 성립하지 않는다(대법원 2007.11.29, 2007도8050).
ㅅ(○) 대법원 1982.4.27, 82도122. 〈답 ④〉

13. 다음 설명 중 옳은 것을 모두 고른 것은? (다툼이 있는 경우에는 판례에 의함) <사시 2011년: 배점 3>

> ㄱ. 부진정부작위범은 행위자에게 고의가 있는 경우에만 성립할 수 있고 과실이 있는 경우에는 성립할 수 없다.
> ㄴ. 피이용자에게 고의가 없는 경우는 물론 목적범에 있어서 피이용자

에게 목적이 없는 경우에도 간접정범이 성립할 수 있다.
ㄷ. 정범의 행위가 고의행위인 이상 방조가 과실에 의한 것이라도 방조범이 성립할 수 있다.
ㄹ. 기본범죄에 대해서는 고의가 인정되고 중한 결과는 과실에 의해 발생한 범죄에 대해서도 "2인 이상이 공동으로 죄를 범한 때에는 각자를 그 죄의 정범으로 처벌한다"고 규정하고 있는 형법 제30조가 적용될 수 있다.
ㅁ. 정범의 행위가 과실행위인 경우에도 그에 대한 방조범이 성립할 수 있다.

① ㄱ ㄴ ② ㄴ ㄹ ③ ㄹ ㅁ
④ ㄱ ㄴ ㄹ ⑤ ㄴ ㄷ ㄹ ⑥ ㄷ ㄹ ㅁ

해설

ㄱ(×) 부진정부작위범은 행위자에게 고의가 있는 경우뿐만 아니라 과실이 있는 경우에도 성립할 수 있다.
ㄴ(○) 목적범·신분범인 경우 그 목적 또는 신분이 없는 자, 위법성이 조각되는 자 등을 마치 도구나 손발과 같이 이용하여 간접으로 죄의 구성요소를 실행한 경우에도 간접정범이 성립한다(대법원 1983.6.14, 83도515 전원합의체 참조). 내란죄의 경우에도 '국헌문란의 목적'을 가진 자가 그러한 목적이 없는 자를 이용하여 간접정범을 범할 수 있다(대법원 1997.4.17, 96도3376 전원합의체 참조).
ㄷ(×) 과실에 의한 방조는 있을 수 없다. 협의의 공범인 교사와 방조는 모두 이중의 고의를 요한다. 방조의 경우에도 정범의 실행을 방조한다는 '방조의 고의'와 정범의 행위가 구성요건에 해당하는 행위라는 인식, 즉 '정범의 고의'가 있어야 한다.
ㄹ(○) 판례는 결과적 가중범에 대해서 제30조의 공동정범을 인정하는 입장이다. 대법원 2000.5.12, 2000도745 참조 : 결과적 가중범인 상해치사죄의 공동정범은 폭행 기타의 신체침해 행위를 공동으로 할 의사가 있으면 성립되고 결과를 공동으로 할 의사는 필요 없으며, 여러 사람이 상해의 범의로 범행 중 한 사람이 중한 상해를 가하여 피해자가 사망에 이르게 된 경우 나머지 사람들은 사망의 결과를 예견할 수 없는 때가 아닌 한 상해치사의 죄책을 면할 수 없다.
ㅁ(×) 과실범에 대한 방조범은 성립할 수 없고, 방조범의 경우 정범의 실행행위는 고의행위여야 한다. 과실범에 대한 방조는 간접정범이 문제될 뿐이다. 〈답 ②〉

14. 방조범에 관한 다음 설명 중 옳은 것(○)과 옳지 않은 것(×)을 올바르게 조합한 것은? (다툼이 있는 경우에는 판례에 의함) <사시 2010년: 배점 3>

가. 방조범은 정범의 실행행위 중에 이를 방조하는 경우에는 성립하지만, 정범이 실행행위에 착수하기 전에 장래의 실행행위를 예상하고 이를 용이하게 하는 행위를 하여 방조한 경우에는 성립하지 않는다.
나. 방조는 작위뿐만 아니라 부작위에 의하여도 가능하다.
다. 피방조자가 자의로 실행행위를 중지하거나 결과발생을 방지한 때에 방조자는 중지미수가 된다.
라. 정범이 실행의 착수에 이르지 아니한 예비의 단계에 그친 경우에는 이에 가공한 행위가 예비의 공동정범이 될 때를 제외하고는 이를 방조범으로 처벌할 수 없다.
마. 과실에 의한 방조는 불가능하나, 과실범에 대한 방조는 간접정범으로 처벌될 수 있다.
바. 방조를 시도하였으나 정범이 범죄실현에 나아가지 아니한 경우에는 예비 또는 음모에 준하여 처벌한다.

① 가(○) 나(○) 다(○) 라(×) 마(×) 바(×)
② 가(○) 나(○) 다(×) 라(○) 마(○) 바(×)
③ 가(○) 나(×) 다(○) 라(○) 마(×) 바(×)
④ 가(○) 나(×) 다(×) 라(×) 마(○) 바(○)
⑤ 가(×) 나(○) 다(×) 라(○) 마(×) 바(○)
⑥ 가(×) 나(○) 다(×) 라(○) 마(○) 바(×)
⑦ 가(×) 나(×) 다(×) 라(○) 마(○) 바(×)
⑧ 가(×) 나(×) 다(○) 라(×) 마(×) 바(○)

해설

가(×) 종범은 정범의 실행행위 중에 이를 방조하는 경우는 물론이고 실행의 착수 전에 장래의 실행행위를 예상하고 이를 용이하게 하는 행위를 하여 방조한 경우에도 정범이 실행행위에 나아갔다면 성립한다(대법원 1997.4.17, 96도3377 전원합의체).
나(○) 형법상 방조는 작위에 의하여 정범의 실행을 용이하게 하는 경우는 물론, 직무상의 의무가 있는 자가 정범의 범죄행위를 인식하면서도 그것을 방지하여야 할 제반 조치를 취하지 아니하는 부작위로 인하여 정범의 실행행위를 용이하게 하는 경우에도 성립된다(대법원 1996.9.6, 95도2551).
다(×) 중지미수는 자의적으로 결과발생을 방지한 자에게만 인정되므로 피방조자인 정범의 자의적 중지가 인정되더라도 방조자에게 자의적 중지가 인정되지 않으면 방조자는 중지미수가 될 수 없다.
라(○) 대법원 1976.5.25, 75도1549.
마(○) 과실에 의한 방조는 불가능하나, 과실범에 대한 방조는 간접정범으로 처벌될 수 있으므로 옳은 설명이다.
바(×) 방조를 시도하였으나 정범이 실행의 착수로 나아가지 아니한 기도된 방조에 대해서는 기도된 교사와는 달리 형법상 처벌규정이 없어 처벌되지 않는다. 〈답 ⑥〉

15. 방조범에 관한 설명 중 옳은 것을 모두 모은 것은? (다툼이 있는 경우에는 판례에 의함) <사시 2009년: 배점 2>

㉠ 의사 甲이 입원치료를 받을 필요가 없는 환자 乙이 보험금 수령을 위하여 입원치료를 받으려고 하는 사실을 알면서도 입원을 허가하여

형식상으로 입원치료를 받도록 한 후 입원확인서를 발급하여 주었고 乙이 이를 제출하여 보험금을 수령하였다면 甲에게는 사기방조죄가 성립한다.
㉡ 방조범은 정범의 실행행위 중에 이를 방조하는 경우뿐만 아니라, 실행의 착수 전에 장래의 실행행위를 예상하고 이를 용이하게 하는 행위를 하여 방조한 경우에도 정범이 그 실행행위에 나아갔다면 성립한다.
㉢ 자동차 운전면허가 없는 甲의 요구에 응하여 乙이 이를 인식하면서도 승용차를 제공하여 甲이 무면허운전을 하였다면 이는 도로교통법 위반(무면허운전) 범행의 방조행위에 해당한다.
㉣ 乙은 강도를 준비하고 있는 甲이 범행도구를 마련하는 것을 도와주었다. 그러나 甲이 실행의 착수 전에 마음을 바꾸어 범행을 포기하였다면 甲은 강도예비, 乙은 강도예비의 방조범으로 처벌된다.

① ㉠ ㉢ ② ㉠ ㉡ ㉢ ③ ㉠ ㉡ ㉣
④ ㉡ ㉢ ㉣ ⑤ ㉠ ㉡ ㉢ ㉣

해설

㉠(○) 대법원 2006.1.12, 2004도6557.
㉡(○) 대법원 1997.4.17, 96도3377 전원합의체.
㉢(○) 대법원 2000.8.18, 2000도1914.
㉣(×) 형법 제32조 1항 소정 타인의 범죄란 정범이 범죄의 실현에 착수한 경우를 말하는 것이므로 종범이 처벌되기 위하여는 정범의 실행의 착수가 있는 경우에만 가능하고 형법 전체의 정신에 비추어 정범이 실행의 착수에 이르지 아니한 예비의 단계에 그친 경우에는 이에 가공하는 행위가 예비의 공동정범이 되는 경우를 제외하고는 종범의 성립을 부정하고 있다고 보는 것이 타당하다(대법원 1976.5.25, 75도1549). 〈답 ②〉

16. 다음 설명 중 옳은 것(○)과 옳지 않은 것(×)을 올바르게 조합한 것은? (다툼이 있는 경우에는 판례에 의함) <사시 2008년: 배점 2>

(가) 자가용화물자동차의 소유자에게 대가를 지급하고 운송을 의뢰하여 화물운송이라는 용역을 제공받았더라도 이러한 유상운송행위의 상대방에게는 형법총칙상의 공범규정이 적용되지 않아 자가용화물자동차의 유상운송을 금지 · 처벌하는 화물자동차운수사업법 위반죄의 공범으로 처벌할 수 없다.
(나) 방조범의 성립에는 정범과 방조범 사이에 의사의 일치를 요건으로 하는 것은 아니므로, 정범의 횡령행위를 방조할 의사로 행위한 자는 이러한 방조행위를 인식하지 못한 정범의 범죄행위가 없더라도 횡령방조죄가 성립한다.
(다) 사(私)기업체의 직원이 본인에 대한 회사의 징계해고 사안에서 동생을 교사하여 증거를 변조하게 하였다면 증거변조교사죄가 성립한다.

㈑ 은행원이 아닌 자가 은행원들과 공모하여 업무상 배임죄를 범한 경우, 은행원이 아닌 자는 형법 제33조 본문에 의하여 업무상 배임죄의 공동정범이 성립하되, 같은 조 단서에 의하여 단순배임죄에 정한 형으로 처벌된다.
㈒ 소속 직원의 배임행위로 인한 결과발생이 현실적으로 불가능하다는 사실을 알고 있는 은행지점장이 그 직원의 배임행위를 방치하였다면 배임미수죄의 방조범이 성립한다.

① ㈎(○) ㈏(○) ㈐(×) ㈑(○) ㈒(×)
② ㈎(○) ㈏(×) ㈐(○) ㈑(○) ㈒(○)
③ ㈎(×) ㈏(○) ㈐(×) ㈑(×) ㈒(○)
④ ㈎(○) ㈏(×) ㈐(×) ㈑(○) ㈒(○)
⑤ ㈎(○) ㈏(×) ㈐(×) ㈑(○) ㈒(×)

해설

㈎(○) 대법원 2005.11.25, 2004도8819.
㈏(×) 방조범은 정범의 존재를 전제로 하므로, 편면적 종범에서도 정범의 범죄행위 없이 방조범만이 성립될 수 없다(대법원 1974.5.28, 74도509).
㈐(×) 형법 제155조 1항은 '타인의 형사사건 또는 징계사건에 관한 증거를 인멸, 은닉, 위조 또는 변조하거나 위조 또는 변조한 증거를 사용한 자'를 처벌한다고 규정하고 있는바, 증거인멸등죄는 위증죄와 마찬가지로 국가의 형사사법작용 내지 징계작용을 그 보호법익으로 하므로, 위 법조문에서 말하는 '징계사건'이란 국가의 징계사건에 한정되고 사인간의 징계사건은 포함되지 않는다(대법원 2007.11.30, 2007도4191).
㈑(○) 업무상 타인의 사무를 처리하는 자의 신분이 없는 자가 신분자의 배임행위에 가담한 경우에는 형법 제33조 단서에 의하여 단순배임죄에 정한 형으로 처벌된다.
㈒(×) 종범의 고의는 범죄의 완성을 위한 고의여야 하므로 단순히 미수에 그치게 할 의사로 방조한 미수의 방조는 방조행위가 될 수 없으며, 결과발생의 불능을 인식하고 방조한 경우에도 방조범은 성립하지 않는다. 〈답 ⑤〉

제 6 절 공범과 신분

1. 공범과 신분에 관한 설명으로 옳지 않은 것만 조합한 것은? (통설에 의함)

ⓐ 신분 없는 자도 신분범의 공동정범이 될 수 있다.
ⓑ 신분범에서 비신분자는 단독으로 그 죄의 정범이 되지 못한다.
ⓒ 형법 제33조 본문은 진정신분범, 단서는 부진정신분범에 관한 규정이다.
ⓓ 제33조 본문은 신분자가 비신분자에게 가공한 때에는 적용되지 않는다.

ⓔ 신분으로 경한 죄가 성립하는 경우 비신분자인 공범도 경한 죄의 형으로 처벌한다. ⓕ 불구성적 신분의 신분자는 비신분자와 공동정범이 되지 않는다.

① ⓒ ⓓ ② ⓔ ⓕ ③ ⓐ ⓓ ⓔ
④ ⓑ ⓓ ⓕ ⑤ ⓐ ⓑ ⓒ ⓓ ⑥ ⓒ ⓓ ⓔ ⓕ

해설

ⓐ(○) 제33조 본문에 의하여 당연하다.
ⓑ(○) 신분범에서 신분은 정범요소이기 때문이다.
ⓒ(○) 통설은 본문은 진정신분범, 단서는 부진정신분범에 적용된다고 한다.
ⓓ(○) 진정신분범에 있어서 신분은 정범요소이므로 신분 없는 자의 행위는 구성요건해당성이 없다. 따라서 신분자가 비신분자를 이용하여 진정신분범을 범한 경우에는 간접정범이 성립한다.
ⓔ(×) 감경적 신분에 있어서 형법이 '각자를 그 책임에 따라 벌한다'고 규정하지 않고 '중한 형으로 벌하지 아니한다'고 규정하고 있기 때문에 이에 대하여 비신분자도 언제나 경한 형으로 벌해야 한다는 견해도 있으나, 통설은 단서의 책임의 개별화 원칙에 따라 형의 가중 또는 감경사유는 언제나 신분자의 일신에 한하고 공범에게는 미치지 않는다고 해석한다.
ⓕ(×) 불구성적 신분을 가진 자의 범죄에 신분 없는 자가 가공한 경우는 신분자에게 범죄가 구성되지 아니하므로 비신분자의 범죄도 성립하지 않는다. 그러나 신분자와 비신분자가 공동정범이 된 때에는 그 범죄가 성립한다. 〈답 ②〉

2. 형법 제33조 본문이 적용되는 경우와 단서가 적용되는 경우를 각각 1개씩 조합한 것으로 옳은 것(본문 - 단서)**은 아래 10개의 조합 중 몇 개인가?** (다수설에 의함)

㉠ 甲이 타인의 사무를 처리하는 乙에게 乙의 임무에 관하여 부정한 청탁을 하면서 재물을 공여하였다. ㉡ 甲은 증인 乙에게 위증을 교사하였다. ㉢ 甲은 乙이 보관하고 있던 타인소유의 시계를 乙과 함께 매각하였다. ㉣ 甲은 아들 乙과 공모하여 남편 丙을 살해하였다. ㉤ 甲은 경찰관 乙을 교사하여 무고한 丙을 체포케 하였다. ㉥ 甲은 乙을 교사하여 교통사고를 낸 乙의 처 대신 丙을 범인으로 경찰에 출두시켰다. ㉠－㉡, ㉠－㉢, ㉠－㉣, ㉠－㉤, ㉡－㉣ ㉡－㉥, ㉢－㉣, ㉢－㉤, ㉢－㉥, ㉥－㉤

① 1개 ② 2개 ③ 3개 ④ 4개 ⑤ 5개 ⑥ 6개

✍ 해설 ………………………………………

형법 제33조 본문은 진정신분범에서 신분 없는 자가 신분 있는 자의 행위에 가담한 경우에 적용되며, 동조 단서는 부진정신분범에 대하여 적용된다고 해석하는 것이 다수설이다. ㉡㉢은 진정신분범에서 신분 없는 자가 신분 있는 자의 행위에 가담한 경우이므로 형법 제33조 본문이 적용된다. 이에 반하여 ㉣㉤은 부진정신분범에 신분 없는 자가 가담한 경우이므로, 동조 단서가 적용되는 경우이다. 다수설은 불법체포·감금죄(제124조)는 체포·감금죄(제276조)에 대하여 책임이 가중되는 부진정신분범이라고 해석한다. 이에 반하여 불법체포·감금죄를 체포·감금죄와는 성질을 달리하는 독립된 범죄라고 해석하는 견해도 있다(이재상, 각론 43/34). 다수설에 의하면 불법체포·감금죄를 교사한 경우에 제33조 단서가 적용된다. ㉠ 필요적 공범(배임수증죄)의 내부자 사이에는 제33조가 적용될 여지가 없다. ㉥ 범인은닉죄의 친족간의 특례는 책임조각사유인 소극적 신분이므로 제33조 단서가 적용될 여지가 없다.
따라서 ㉡-㉣, ㉢-㉣, ㉢-㉤의 3개만 옳다. 〈답 ③〉

3. 형법 제33조 단서가 적용되지 않는 경우만 묶은 것은? (다툼이 있는 때에는 다수설에 의함)

㉠ 甲은 친구 乙을 교사하여 乙의 아버지 丙을 유기하게 하였다. ㉡ 甲은 친구 乙을 교사하여 자기 아버지 丙을 살해하였다. ㉢ 기자 甲은 의사 乙에게 치료한 환자 丙의 비밀을 누설하게 하였다. ㉣ 甲은 丙의 재물을 업무상 보관하던 중 보관자 아닌 乙과 함께 이를 횡령하였다. ㉤ 甲은 자기의 형사사건에 증인이 된 乙을 교사하여 위증하게 하였다. ㉥ 의사 甲은 처 乙과 공동하여 임부의 동의를 얻어 낙태수술을 하였다.

① ㉠ ㉢ ② ㉡ ㉥ ③ ㉢ ㉤
④ ㉢ ㉥ ⑤ ㉣ ㉤ ⑥ ㉤ ㉥

✍ 해설 ………………………………………

통설은 제33조 단서가 부진정신분범에만 적용된다고 해석한다. 다만 단서는 책임의 개별화를 규정한 것이므로 신분 없는 자가 신분 있는 자에게 가담한 경우뿐만 아니라 신분 있는 자가 신분 없는 자의 행위에 가담한 경우에도 적용된다. ㉡ 존속살해죄, ㉥ 업무상 낙태죄는 부진정신분범이며, ㉠ 존속유기죄, ㉣ 업무상 횡령죄는 이중적 신분범이므로 형법 제33조 단서가 적용된다.
이에 반하여 ㉢ 업무상 비밀누설죄와 ㉤ 위증죄는 진정신분범이므로 제33조 단서가 적용될 여지가 없다. 〈답 ③〉

4. 공범과 신분에 관한 설명 중 옳은 것을 모두 고른 것은? (다툼이 있는 경우에는 판례에 의함) <사시 2013년: 배점 3>

ㄱ. 甲이 A를 모해할 목적으로 乙에게 위증을 교사한 경우, 정범인 乙에게 모해의 목적이 없었다고 하더라도, 형법 제33조 단서에 의하

여 甲에게는 모해위증죄의 교사범이 성립한다.
ㄴ. 업무상 타인의 사무를 처리하는 지위에 있지 아니한 자가 그러한 신분관계가 있는 자와 공모하여 업무상 배임죄를 범한 경우 그러한 신분관계가 없는 자에 대하여는 형법 제33조 단서에 의하여 배임죄에 정한 형으로 처벌하여야 한다.
ㄷ. 의료인일지라도 의료인 아닌 자의 의료행위에 공모하여 가공하면 의료법이 규정하는 무면허의료행위의 공동정범으로서 책임을 져야 한다.
ㄹ. 도박의 습벽이 있는 甲이 도박의 습벽이 없는 乙의 도박을 방조하면 甲에게는 상습도박죄의 방조범이 성립한다.

① ㄱ ㄴ ㄷ　② ㄱ ㄴ ㄹ　③ ㄱ ㄷ ㄹ
④ ㄴ ㄷ ㄹ　⑤ ㄱ ㄴ ㄷ ㄹ

해설

ㄱ(O) 형법 제152조 제1항과 제2항은 위증을 한 범인이 형사사건의 피고인 등을 '모해할 목적'을 가지고 있었는가 아니면 그러한 목적이 없었는가 하는 범인의 특수한 상태의 차이에 따라 범인에게 과할 형의 경중을 구별하고 있으므로, 이는 바로 형법 제33조 단서 소정의 "신분관계로 인하여 형의 경중이 있는 경우"에 해당한다고 봄이 상당하다. 피고인 갑을 모해할 목적으로 을에게 위증을 교사한 이상, 가사 정범인 을에게 모해의 목적이 없었다고 하더라도, 형법 제33조 단서의 규정에 의하여 피고인을 모해위증교사죄로 처단할 수 있다(대법원 1994.12.23, 93도1002).
ㄴ(O) 업무상 배임죄는 신분관계가 없는 자가 그러한 신분관계가 있는 자와 공모하여 업무 상배임죄를 저질렀다면 그러한 신분관계가 없는 자에 대하여는 형법 제33조 단서에 의하여 단순배임죄에 정한 형으로 처단하여야 할 것이다(대법원 1999.4.27, 99도883).
ㄷ(O) 의사가 의료인이 아닌 자와 공모하여 무면허 의료행위를 하면 공동정범으로서 책임을 진다(대법원 1986.2.11, 85도448).
ㄹ(O) 상습도박의 죄나 상습도박방조의 죄에 있어서의 상습성은 행위의 속성이 아니라 행위자의 속성으로서 도박을 반복해서 거듭하는 습벽을 말하는 것인바, 도박의 습벽이 있는 자가 타인의 도박을 방조하면 상습도박방조의 죄에 해당하는 것이며, 도박의 습벽이 있는 자가 도박을 하고 또 도박방조를 하였을 경우 상습도박방조의 죄는 무거운 상습도박의 죄에 포괄시켜 1죄로서 처단하여야 한다(대법원 1984.4.24, 84도195). 〈답 ⑤〉

5. 공범과 신분에 관한 설명 중 옳은 것을 모두 묶은 것은? <사시 2002년>

㉠ 형법 제33조 본문이 부진정신분범에도 적용된다는 견해나 적용되지 않는다는 견해나 모두 甲이 乙을 교사하여 乙의 직계존속을 살해하게 한 경우에 신분관계 없는 甲에 대한 과형은 형법 제33조 단서에 의하여 단순살인죄에 정한 형으로 하여야 한다는 점에서는 일치한다.
㉡ 상습절도죄에 있어서의 '상습성'은 부진정신분이며, 가감적 신분범에서의 신분에 해당한다.

ⓒ 형법 제33조 본문이 부진정신분범에 대한 공범 성립의 근거도 규정하는 것으로 보는 견해에 의하면, 업무상 타인의 사무를 처리하는 지위에 있는 甲이 그와 같은 신분관계에 있지 아니한 乙과 공동으로 업무상 배임죄를 저지른 경우 乙도 업무상 배임죄의 공동정범이 된다.
ⓓ 형법 제33조 본문이 진정신분범에만 적용되고 부진정신분범에는 적용되지 아니한다는 견해에 의하면, 업무상 타인의 사무를 처리하는 지위에 있는 甲이 그와 같은 신분관계에 있지 아니한 乙과 공동으로 업무상 배임죄를 범한 경우 乙은 배임죄의 공동정범이 된다.
ⓔ 판례는 형법 제152조 2항의 모해위증죄에 있어서 '모해할 목적'도 형법 제33조 단서에서 규정하는 신분에 해당하므로, 甲이 모해할 목적으로 乙에게 위증을 교사한 경우 정범인 乙에게 모해의 목적이 없었다고 하더라도 형법 제33조 단서의 규정에 의하여 甲을 모해위증교사죄로 처단할 수 있다고 한다.

① ㉠ ㉡ ㉣ ② ㉡ ㉣ ㉤ ③ ㉠ ㉡ ㉢ ㉤
④ ㉠ ㉢ ㉣ ㉤ ⑤ ㉠ ㉡ ㉢ ㉣ ㉤

해설

㉠(○) 다수설이나 소수설의 어느 견해도 신분 없는 甲이 살인죄의 형으로 처벌받는다는 점에는 견해가 일치한다.
㉡(○) 상습범은 부진정신분범이다.
㉢(○) 본문이 부진정신분범에도 적용된다는 견해에 의하면 신분 없는 자도 업무상 배임죄의 공동정범이 된다.
㉣(○) 다수설에 의하면 乙은 진정신분범인 배임죄의 공동정범이 된다.
㉤(○) 대법원 1994.12.23, 93도1002. 〈답 ⑤〉

6. 甲의 죄책에 관한 연결 중 옳지 않은 것은? (다툼이 있으면 판례에 의함)

① 도박의 습벽 없는 甲이 도박상습자 乙을 교사하여 도박하게 한 경우 — 단순도박죄의 교사범 성립
② 甲이 국헌문란의 목적을 달성하기 위해 그러한 목적이 없는 대통령으로 하여금 비상계엄을 전국적으로 확대하게 한 경우 — 내란죄의 간접정범 성립
③ 치과의사 甲이 치과기공사 乙로 하여금 내원환자에 대한 진료행위를 하도록 지시하여 乙이 단독으로 진료한 경우 — 무면허의료행위의 교사범 성립
④ 공무원 아닌 甲이 행사할 목적으로 호적부를 작성할 권한 있는 공무원 乙에게 자신에 관한 허위의 호적부를 작성할 것으로 교사하여 乙이 행사할 목적으로 허위의 호적부를 작성한 경우 — 허위공문서작성죄의 교

사범 성립

⑤ 甲이 친구인 乙에게 乙의 아들인 丙(5세)을 유기하도록 교사하여 乙이 丙을 유기한 경우 — 유기죄의 교사범 성립

해설

①(×) 도박죄는 필요적 공범이므로 이에 대하여 제33조가 적용될 것인가가 문제된다. 통설·판례는 필요적 공범의 내부참가자 사이에는 형법총칙의 공범에 관한 규정이 적용되지 않는다고 한다. 이에 반하여 필요적 공범의 외부에서 관여하는 행위에 대하여는 공범규정이 적용될 수 있다. 따라서 비상습자가 상습자의 도박을 교사한 경우 제33조의 해석에 관한 통설에 의하면 단서만 적용되어 단순도박죄의 교사범이 성립하고 이로 처벌된다. 반면 소수설과 판례에 의하면 제33조 본문에 의하여 상습도박죄의 교사범이 성립하지만 동조 단서에 의하여 단순도박죄로 처벌된다.

②(○) 목적 없는 고의 있는 도구를 이용한 때에도 간접정범이 성립한다.

③(○) 의료인이 의료인 아닌 자의 의료행위에 가공하면 무면허의료행위의 교사범으로서의 책임을 진다(대법원 1986.7.8, 86도749).

④(○) 공무원이 허위의 호적부를 작성한 때에는 허위공문서작성죄가 성립하므로 이에 대한 교사범인 甲도 허위공문서작성죄의 교사범이 된다. 〈답 ①〉

7. 공범과 신분에 대한 설명 중 옳지 않은 것은? (다툼이 있으면 판례에 의함)

① 정치자금법에 의하면 규정을 위반하여 후원금을 받거나 기부한 자를 처벌함으로써 후원회 및 후원인만이 범죄의 주체가 될 수 있는 일종의 신분범으로 규정하고 있으므로 신분을 갖추지 아니한 자는 공범으로도 처벌될 수 없다.

② 상호신용금고의 임원이 아닌 자가 신분관계 있는 임원과 공모하여 상호신용금고법 위반죄를 저질렀다면 비신분자에게 상호신용금고법 위반죄가 성립한다.

③ 의료인일지라도 의료인 아닌 자의 의료행위에 공모하여 가공하면 의료법 제25조 1항이 규정하는 무면허의료행위의 공동정범으로서의 책임을 진다.

④ 신분관계가 없는 자가 신분관계가 있는 자와 공모하여 업무상 배임죄를 저질렀다면 신분관계가 없는 자에 대하여는 단순배임죄에 정한 형으로 처단한다.

⑤ 변호사법 제109조 2호, 제34조 4항은 변호사 아닌 자가 변호사를 고용하여 법률사무소를 개설·운영하는 행위를 처벌하도록 규정하고 있으므로, 변호사 아닌 자에게 고용되어 법률사무소의 개설·운영에 관여한 변호사의 행위가 일반적인 형법총칙상의 공모, 교사 또는 방조에 해당되는 경우 변호사를 변호사 아닌 자의 공범으로 처벌할 수 없다.

해설

①(×) 대법원 2010.6.24, 2010도1958: 정치자금법 제11조 2항 2호는 후원인이 하나의

국회의원후원회 등에 연간 기부할 수 있는 한도액을 500만원으로 규정하고 제45조 2항 2호는 위 규정을 위반하여 후원금을 받거나 기부한 자를 처벌하고 있는바, 위 조항은 후원회 및 후원인을 그 수범자로 하는 것이므로 후원회 및 후원인만이 범죄의 주체가 될 수 있는 일종의 신분범이라고 할 것이므로, 그 신분을 갖추지 아니한 자는 형법 제33조의 규정에 따라 그 신분을 가진 자와 공범으로만 처벌될 수 있다.
②(○) 대법원 1997.12.26, 97도2609.
③(○) 대법원 1986.2.11, 85도448.
④(○) 대법원 1999.4. 27, 99도883.
⑤(○) 대법원 2004.10.28, 2004도3994. 〈답 ①〉

8. 형법상 신분에 관한 설명 중 옳은 것을 모두 고른 것은? <사시 2005년>

㉠ 진정신분범의 경우 신분에 대해 행위자의 적극적 착오가 있더라도 정당한 이유가 없으면 고의기수범으로 처벌된다.
㉡ 부진정신분범의 경우 가중적 신분에 대한 행위자의 소극적 착오는 형법 제15조 1항이 적용되어 중한 죄로 벌하지 아니한다.
㉢ 상습범의 상습성을 신분으로 보더라도 이에 대한 행위자의 소극적 착오는 상습범의 성립에 영향이 없다.
㉣ 소극적 신분의 경우 신분 있는 정범을 교사한 신분 없는 자의 죄책은 형법 제33조 본문의 규정에 따른다.
㉤ 목적범의 경우 목적 없는 고의 있는 도구를 이용한 자의 죄책을 간접정범으로 보는 견해는 그 전제로서 목적을 신분으로 보는 태도를 취해야 한다.

① ㉠ ㉡ ② ㉡ ㉢ ③ ㉠ ㉡ ㉢
④ ㉡ ㉢ ㉣ ⑤ ㉡ ㉢ ㉣ ㉤

해설

㉠(×) 진정신분범에 있어서 신분에 대한 적극적 착오란 신분이 없는 자가 신분이 있는 것으로 오인하고 진정신분범을 범한 경우로 주체의 착오를 말한다. 이 경우 불능미수가 성립할 수 있다고 보는 견해가 있으나 주체의 흠결의 경우에는 어떤 때에도 불능미수가 성립할 수 없고 구성요건의 흠결로서 불가벌로 해석하는 것이 타당하다.
㉡(○) 부진정신분범에 있어서 가중적 신분을 인식하지 못한 때에는 중한 죄로 벌할 수 없다.
㉢(○) 상습이란 반복된 행위에 의하여 얻어진 행위자의 습벽으로 인하여 죄를 범하는 것으로 행위의 본질을 이루는 성질이 아니라 행위자의 특성을 이루는 성질로 고의의 인식대상이 아니다. 따라서 이에 대한 착오는 상습범의 성립에 영향이 없다.
㉣(×) 형법 제33조는 구성적 신분과 가감적 신분에 대하여만 규정하고, 신분이 범죄의 성립 또는 가벌성을 조각하는 소극적 신분에 대하여는 아무런 규정이 없다. 따라서 소극적 신분과 공범의 관계는 공범의 종속성이라는 일반이론에 따라 해결해야 하며, 형법 제33조 본문이 적용될 경우는 아니다. 판례는 의료인이 의료인 아닌 자의 의료기관 개설행위에 가공한 때에는 의료법 위반죄의 공동정범에 해당한다고 한다(대법원 2001.11.30,

2001도2015).
ⓜ(×) 목적범에서 목적은 구성요건요소이므로 이를 결한 자의 행위는 구성요건해당성이 없다. 따라서 목적을 신분으로 보지 않더라도 목적 없는 고의 있는 도구를 이용한 자에 대하여 사회적 행위지배 또는 규범적 행위지배를 인정하여 간접정범의 성립을 인정할 수 있다. 〈답 ②〉

9. 다음의 <입장>을 전제로 할 때, <보기>의 ㉠~㉣ 중에서 옳지 않은 것을 모두 고른 것은? <사시 2006년>

〈입장〉
형법 제33조는 '신분관계로 인하여 성립될 범죄에 가공한 행위는 신분관계가 없는 자에게도 전 3조의 규정을 적용한다. 단 신분관계로 인하여 형의 경중이 있는 경우에는 중한 형으로 벌하지 아니한다'고 규정하고 있다. 여기서 본문은 진정신분범의 성립과 과형 및 부진정신분범의 성립을 대상으로 한 것이고, 단서는 부진정신분범의 과형을 대상으로 한 것이다.

〈보기〉
㉠ 어머니가 자식을 교사하여 남편(자식의 실부)을 살해하도록 한 경우 어머니의 죄책이 무엇이 되는지 문제되는데, 보통살인죄와 존속살해죄는 신분관계로 형의 경중이 있는 경우이므로 어머니에게는 보통살인죄의 교사범이 성립한다.
㉡ 선서하지 않은 증인이 선서한 증인을 교사하여 위증하게 한 경우에 선서하지 않은 증인도 위증죄의 교사범이 성립한다.
㉢ 비점유자가 업무상 점유자와 공모하여 횡령한 경우에 비점유자도 형법 제33조 본문에 의해 공범관계가 성립되며, 다만 그 처단에 있어서 동조 단서의 적용을 받는다.
㉣ 은행원이 아닌 자가 은행원들과 공모하여 업무상 배임죄를 저지른 경우 은행원 아닌 자의 행위가 배임죄에 해당하는지 문제되는데, 업무상 타인의 사무를 처리하는 신분관계로 인하여 형의 경중이 있는 경우이므로 신분관계 없는 자에게는 배임죄가 성립한다.

① ㉠ ㉡ ② ㉠ ㉣ ③ ㉡ ㉢
④ ㉡ ㉣ ⑤ ㉢ ㉣

해설

공범과 신분에 관한 소수설 · 판례의 입장이며, 그에 의하면 ㉠㉣이 옳지 않다. ㉠ 어머니의 경우 존속살해죄 교사범이 성립하지만, 제33조 단서에 의해 보통살인죄의 교사범으로 처벌된다. ㉣ 비신분자가 업무상 타인의 사무를 처리하는 신분자에게 가공한 경우에 제33조 본문에 의하여 비신분자에게는 업무상 배임죄의 공동정범이 성립하지만, 제33조

단서에 의하여 단순배임죄의 형으로 처벌된다. 〈답 ②〉

10. 형법상 신분과 관련된 설명으로 판례의 입장과 다른 것만 묶은 것은?

> ㉠ 도박의 습벽이 있는 자가 도박을 하고 또 도박방조를 하였을 경우 상습도박방조의 죄는 무거운 상습도박의 죄에 포괄시켜 일죄로서 처단하여야 한다.
> ㉡ 비점유자가 업무상 점유자와 공모하여 횡령한 경우 비점유자도 형법 제33조 본문에 의하여 공동정범관계가 성립된다.
> ㉢ 민법상 친족관계가 있는 경우에는 친족간의 정의(情誼)를 고려할 때 정치자금법에서 정한 방법으로 돈을 주고받으리라고 기대하기 어려움을 이유로 책임이 조각되는 사유를 정한 것이므로, 정치자금을 기부받는 자와 민법 제777조의 규정에 의한 친족관계에 있는 자가 그러한 친족관계 없는 자와 공모하여 정치자금법에 정하지 아니한 방법으로 정치자금을 기부한 경우에는 친족관계에 있는 자의 책임은 조각되지 아니한다.
> ㉣ 성인용 오락영업허가업소의 지배인도 업주의 유사사행행위 범행에 가공한 행위의 정도 및 내용에 따라 공동정범이 성립될 수 있다.
> ㉤ 의사 甲이 의사가 아닌 乙의 병원개설행위에 공모하여 가공한 경우 의료법 위반죄의 공동정범에 해당된다.
> ㉥ 공직선거및선거부정방지법(현행 공직선거법)에 의한 기부행위의 주체로 인정되지 아니하는 자가 기부행위의 주체자 등과 공모하여 기부행위를 한 경우 기부행위 주체자의 공동정범으로 처벌할 수 없다.

① ㉡ ② ㉢ ③ ㉤
④ ㉠ ㉡ ⑤ ㉢ ㉣ ⑥ ㉤ ㉥

해설

㉠(○) 대법원 1986.7.8, 86도749.

㉡(○) 면의 예산과는 별도로 면장이 면민들로부터 모금하여 그 개인명의로 예금하여 보관하고 있던 체육대회성금의 업무상 점유보관자는 면장뿐이므로 면의 총무계장이 면장과 공모하여 업무상 횡령죄를 저질렀다 하여도 업무상 보관책임 있는 신분관계가 없는 총무계장에 대하여는 형법 제33조 단서에 의하여 형법 제355조 2항에 따라 처단하여야 한다(대법원 1989.10.10, 87도1901). 비신분자도 업무상 횡령죄가 성립하지만 처벌은 단순횡령죄로 한다는 취지이다.

㉢(×) 정치자금을 기부하는 자와 받는 자 사이에 민법상 친족관계가 있는 경우에는 친족간의 정의(情誼)를 고려할 때 정치자금법에서 정한 방법으로 돈을 주고 받으리라고 기대하기 어려움을 이유로 책임이 조각되는 사유를 정한 것이지 범죄의 구성요건해당성이 조각되는 사유를 정한 것이 아니므로, 정치자금을 기부받는 자와 민법 제777조의 규정에 의한 친족관계에 있는 자가 그러한 친족관계 없는 자와 공모하여 정치자금법에 정하지 아니한 방법으로 정치자금을 기부한 경우에는 형법 제33조 본문에서 말하는 '신분관계로

인하여 성립될 범죄에 가공한 행위'에 해당한다고 볼 수 없으며, 친족관계에 있는 자의 책임은 조각된다(대법원 2007.11.29, 2007도7062).

㉣(○) 신분관계로 인하여 성립될 범죄에 가공한 행위는 신분관계가 없는 자도 공동정범의 책임을 지게 되는 것이므로 성인용 오락영업허가업소의 지배인도 업주의 유사사행행위 범행에 가공한 행위의 정도 및 내용에 따라 공동정범으로 의율할 수 있다(대법원 1990.11.13, 90도1848).

㉤(○) 의료인이 의료인이나 의료법인 아닌 자의 의료기관 개설행위에 공모하여 가공하면 의료법 제66조 3호, 제30조 2항 위반죄의 공동정범에 해당된다(대법원 2001.11.30, 2001도2015).

㉥(○) 공직선거및선거부정방지법 제257조 1항 1호 소정의 각 기부행위제한위반의 죄는 같은 법 제113조, 제114조, 제115조에 각기 한정적으로 열거되어 규정하고 있는 신분관계가 있어야만 성립하는 범죄이고 죄형법정주의의 원칙상 유추해석은 할 수 없으므로 각 해당 신분관계가 없는 자의 기부행위는 각 해당 법조항위반의 범죄로는 되지 아니하며, 또한 각 법조항을 구분하여 기부행위의 주체 및 그 주체에 따라 기부행위제한금지의 요건을 각기 달리 규정한 취지는 각 기부행위의 주체자에 대하여 그 신분에 따라 각 해당 법조로 처벌하려는 것이므로, 각 기부행위의 주체로 인정되지 아니하는 자가 기부행위의 주체자 등과 공모하여 기부행위를 하였다고 하더라도 그 신분에 따라 각 해당 법조로 처벌하여야지 기부행위 주체자에 해당하는 법조 위반의 공동정범으로 처벌할 수는 없다(대법원 2008.3.13, 2007도9507). 〈답 ②〉

11. 다음 <사례>의 해결에 관한 견해 중 옳은 것(○)과 옳지 않은 것(×)을 올바르게 조합한 것은? <사시 2010년: 배점 4>

〈사례 1〉
甲은 심신상실자 A를 이용할 생각으로 타인의 자동차를 손괴하도록 사주하고, 이에 따라 A는 타인의 자동차를 손괴하였다.
〈사례 2〉
乙은 B를 교사하여 B의 아버지 C를 살해하도록 하였다.
〈사례 3〉
丙, 丁, 戊는 금은방에서 귀금속을 절취하기로 모의하고, 공모한 대로 丙은 사전에 금은방의 내부구조와 경비시스템을 파악하여 丁과 戊에게 제공하고, 丁과 戊는 위 금은방에 침입하여 귀금속을 절취하였다.

〈견해〉
가. 정범개념 우위성을 전제하면 甲에게는 손괴죄의 교사범이 성립하지 않는다.
나. 공범의 처벌근거에 관한 소위 책임가담설을 전제하면 甲에게는 손괴죄의 교사범이 성립하지 않는다.
다. 공범의 정범종속성에 관하여 소위 극단종속형식을 전제하면 甲에게는 손괴죄의 교사범이 성립한다.

라. 판례에 의하면 乙은 존속살해죄의 교사범이 성립하고, 존속살해죄의 교사범의 형으로 처벌된다.
마. 형법 제33조의 본문은 신분범 일반에 대한 공범의 성립을, 그리고 단서는 부진정신분범의 과형을 규정한 것으로 해석하면 乙에게는 존속살해죄의 교사범이 성립한다.
바. 판례에 따라 丙에게 합동절도의 공동정범이 성립하기 위해서는 丁과 戊가 범행현장에서 시간적·장소적으로 협동관계를 이루어 절도의 실행행위를 분담하여 절도범행을 하고, 丙이 그러한 丁과 戊의 행위를 자기의사의 수단으로 하여 합동절도의 범행을 하였다고 평가할 수 있는 정범성의 표지를 갖추고 있다고 보여져야 한다.

① 가(○) 나(○) 다(×) 라(×) 마(○) 바(×)
② 가(×) 나(○) 다(×) 라(○) 마(×) 바(×)
③ 가(○) 나(×) 다(×) 라(×) 마(○) 바(×)
④ 가(×) 나(×) 다(×) 라(○) 마(○) 바(○)
⑤ 가(○) 나(○) 다(×) 라(×) 마(○) 바(○)
⑥ 가(×) 나(×) 다(○) 라(○) 마(×) 바(○)

해설

가(○) 정범과 공범의 관계에 관하여 정범개념이 먼저 정해져야 한다는 정범개념의 우위성에 의하면 甲은 A를 이용할 생각으로 사주하였으므로 단순한 교사가 아니라 우월적 의사지배라는 정범성이 인정되어 손괴죄의 간접정범이 된다.
나(○) 책임가담설은 공범이 정범을 유책하게 범죄에 말려들게 하여 정범을 타락시켰다는 점에 공범의 처벌근거가 있다고 보므로, 정범의 행위가 유책할 때 공범이 성립한다는 극단적 종속형식과 연결된다. 따라서 甲에게 공범(교사범)을 인정하기 위해서는 정범인 A의 행위의 유책성이 전제되어야 하나, A는 심신상실자로서 책임이 없으므로 甲은 교사범이 될 수 없다.
다(×) 극단적 종속형식에 의하면 정범의 행위가 구성요건해당성과 위법성 및 책임까지 있어야 공범이 성립할 수 있으나, 정범인 A는 책임이 없으므로 甲에게는 공범인 교사범이 성립할 수 없다.
라(×) 판례에 의하면 乙에게 형법 제33조 본문에 의해 존속살해죄의 교사범이 성립하지만, 그 단서에 의해 과형이 개별화되어 乙은 보통살인죄의 교사범으로 처벌된다.
마(○) 제33조의 본문은 신분범 일반에 대한 공범의 성립을, 단서는 부진정신분범의 과형을 규정한 것으로 해석하는 입장(판례 또는 소수설)에 의하면, 乙에게 성립되는 범죄가 존속살해죄라는 것은 옳다.
바(○) 3인 이상의 범인이 합동절도의 범행을 공모한 후 적어도 2인 이상의 범인이 범행현장에서 시간적, 장소적으로 협동관계를 이루어 절도의 실행행위를 분담하여 절도범행을 한 경우에는 공동정범의 일반이론에 비추어 그 공모에는 참여하였으나 현장에서 절도의 실행행위를 직접 분담하지 아니한 다른 범인에 대하여도 그가 현장에서 절도범행을 위 2인 이상의 범인의 행위를 자기 의사의 수단으로 하여 합동절도의 범행을 하였다고 평가할 수 있는 정범성의 표지를 갖추고 있다고 보여지는 한 그 다른 범인에 대하여 합동절도의 공동정범의 성립을 부정할 이유가 없다(대법원 1998.5.21, 98도321 전원합의체).
〈답 ⑤〉

12. 乙에게 인정되는 범죄와 동일한 범죄의 공동정범, 교사범 또는 방조범의 성립을 甲에게도 인정할 수 있는 경우를 모두 고른 것은? (다툼이 있는 경우에는 판례에 의함) <변호사 2012년>

가. 부인 甲이 그의 아들 乙과 더불어 남편을 살해한 경우 나. A회사 경리과장 乙의 배임행위를 A회사 직원이 아닌 친구 甲이 함께한 경우 다. 甲이 乙을 사주하여 법정에서 위증하게 한 경우 라. 공무원이 아닌 甲이 공무원인 남편 乙과 함께 뇌물을 수수한 경우

① 가 ② 가 나 ③ 가 나 다
④ 나 다 라 ⑤ 가 나 다 라

해설

가(○) 판례에 의하면 甲과 乙에게 존속살해죄의 공동정범이 성립한다. 다만 존속관계가 아닌 甲은 보통살인죄의 형으로 처단된다(대법원 1961.8.2, 4294형상284 참조).
나(○) 판례에 의하면 甲과 乙에게 업무상 배임죄의 공동정범이 성립하고, 신분관계가 없는 甲은 형법 제33조 단서에 의하여 단순배임죄에 정한 형으로 처단된다(대법원 1999.4.27, 99도883).
다(○) 乙에 대해서는 위증죄, 甲에 대해서는 위증죄의 교사범이 성립한다.
라(○) 수뢰죄는 신분범이지만, 제33조 본문에 따라서 신분이 없는 甲도 乙과 함께 수뢰죄의 공동정범이 된다. 〈답 ⑤〉

제7장 죄 수 론

제1절 죄수이론

1. 죄수이론에 관한 다음 설명 중 옳은 것만 모두 모은 것은?

㉠ 법익표준설은 상상적 경합의 경우를 실질상 수죄로 본다.
㉡ 행위표준설은 상상적 경합의 경우를 실질상 수죄로 본다.
㉢ 구성요건표준설은 상상적 경합의 경우를 실질상 일죄로 본다.
㉣ 행위표준설은 법조경합의 경우를 실질상 수죄로 본다.
㉤ 의사표준설은 법조경합의 경우를 실질상 수죄로 본다.
㉥ 법익표준설은 수개의 법익침해가 일죄를 구성하는 경우를 설명하지 못한다.
㉦ 의사표준설은 연속범을 포괄일죄로 본다.

① ㉠ ㉢　　② ㉡ ㉣　　③ ㉠ ㉢ ㉥
④ ㉠ ㉥ ㉦　　⑤ ㉢ ㉤ ㉥　　⑥ ㉣ ㉥ ㉦

해설

옳은 설명은 ㉠㉥㉦이다.
㉠㉥ 법익표준설은 범죄의 수를 범죄행위로 인하여 침해되는 보호법익의 수 또는 결과의 수를 기준으로 하여 결정하는 견해이므로, 1개의 행위에 의하여 수개의 법익을 침해한 상상적 경합은 실질상 수죄이지만 처벌상 일죄로 취급된다. ㉡ 행위표준설에 의하면 행위가 1개인 상상적 경합을 일죄라고 한다. ㉢ 구성요건표준설에 의할 때에도 상상적 경합은 원래 수죄이지만 과형상 일죄로 취급될 뿐이다. ㉣ 행위표준설은 1개 또는 수개의 행위가 외관상 수개의 구성요건에 해당하는 것같이 보이나 형벌법규의 성질상 하나의 형벌법규만 적용되고 다른 법규의 적용을 배척하여 일죄만 성립하는 법조경합의 경우를 수죄라고 보는 난점을 가지고 있다. 다만 행위표준설에서 말하는 행위를 구성요건적 행위라고 해석할 때에는 법조경합이 일죄가 될 수 있다. ㉤㉦ 의사표준설에 의하면 상상적 경합, 법조경합은 물론 연속범도 의사의 단일성이 인정되면 일죄가 된다고 본다. 〈답 ④〉

2. 죄수결정기준에 관한 학설과 그에 입각한 판례의 태도이다. 옳게 연결한 것은?

〈죄수결정 기준에 관한 학설〉
(가) 행위표준설　　(나) 법익표준설
(다) 의사표준설　　(라) 구성요건표준설

〈판례의 태도〉
㉠ 위조통화행사죄와 사기죄
㉡ 강간과 강제추행의 죄, 간통죄, 공갈죄
㉢ 조세포탈범의 죄수
㉣ 소유자를 달리하는 수 필지의 임야훼손

① (가)-㉠ (나)-㉡ (다)-㉢ (라)-㉣
② (가)-㉡ (나)-㉠ (다)-㉣ (라)-㉢
③ (가)-㉢ (나)-㉡ (다)-㉠ (라)-㉣
④ (가)-㉡ (나)-㉣ (다)-㉠ (라)-㉢
⑤ (가)-㉡ (나)-㉠ (다)-㉢ (라)-㉣

해설 ………………………………………

옳게 연결된 것은 (가)-㉡, (나)-㉠, (다)-㉣, (라)-㉢이다.

㉠ 통화위조죄에 관한 규정은 공공의 거래상의 신용 및 안전을 보호하는 공공적인 법익을 보호함을 목적으로 하고 있고, 사기죄는 개인의 재산법익에 대한 죄이어서 양 죄는 그 보호법익을 달리하고 있으므로, 위조통화를 행사하여 재물을 불법영득한 때에는 위조통화행사죄와 사기죄의 양 죄가 성립된다(대법원 1979.7.10, 79도840).

㉡ 미성년자 의제강간죄 또는 미성년자 의제강제추행죄는 행위시마다 한 개의 범죄가 성립하고(대법원 1982.12.14, 82도2442), 간통죄는 성교행위마다 1개의 간통죄가 성립하며(대법원 1982.12.14, 82도2448), 공갈죄에서도 협박행위마다 하나의 죄를 구성한다(대법원 1958.4.11, 4290형상360).

㉢ 조세포탈범의 죄수는 위반사실의 구성요건 충족 횟수를 기준으로 하여 예컨대, 소득세포탈범은 각 과세연도의 소득세마다, 법인세포탈범은 각 사업연도의 법인세마다, 그리고 부가가치세의 포탈범은 각 과세기간인 6월의 부가가치세마다 1죄가 성립하는 것이 원칙이나, 특정범죄가중처벌등에관한법률 제8조 1항은 연간 포탈세액이 일정액 이상이라는 가중사유를 구성요건화하여 조세범처벌법 제9조 1항의 행위와 합쳐서 하나의 범죄유형으로 하고 그에 대한 법정형을 규정한 것이므로, 조세의 종류를 불문하고 1년간 포탈한 세액을 모두 합산한 금액이 특정범죄가중처벌등에관한법률 제8조 1항 소정의 금액 이상인 때에는 같은 항 위반의 1죄만이 성립하고, 또한 같은 항 위반죄는 1년 단위로 하나의 죄를 구성하며 그 상호간에는 경합범 관계에 있다 할 것이고, 특정범죄가중처벌등에관한법률 제8조 1항에서 말하는 '연간 포탈세액 등'은 각 세목의 과세기간 등에 관계없이 각 연도별로 포탈한 또는 부정 환급받은 모든 세액을 합산한 금액을 의미한다(대법원 2000.4.20, 99도3822 전원합의체).

㉣ 피고인이 무허가로 소유자를 달리하는 수 필지의 임야를 파헤쳐 도로를 개설함으로써 임야를 훼손하였다 하더라도 피고인의 산림훼손 행위가 단일 및 계속적인 의사로써 행하여진 이상 포괄일죄를 구성한다(대법원 1983.3.8, 83도122). 〈답 ②〉

3. 죄수에 관한 설명 중 옳은 것은? (다툼이 있는 경우에는 판례에 의함)

① 甲은 길에서 통행인 乙과 丙에게 돈을 내어놓으라고 하면서 乙과 丙의 얼굴을 때리고 돈을 강취하여 각 그들에게 상처를 입혔다. 강도치상죄

의 경합범이다.

② 甲은 훔친 통장으로 예금청구서를 위조한 후 이를 은행원에게 제출하여 돈을 받았다. 위조사문서행사죄와 사기죄는 상상적 경합의 관계에 있다.

③ 甲은 자동차를 운전하다가 맞은편에서 오는 차를 충격하여 자기 차의 동승자 乙과 맞은 편 차 운전사 丙을 사망에 이르게 하였다. 업무상 과실치사죄의 경합범이다.

④ 甲은 강도의 목적으로 통행인 乙에게 접근하여 술에 취한 乙의 호주머니에서 지갑을 꺼내고, 다시 乙에게 폭행을 가하여 시계를 빼앗았다. 절도죄와 강도죄의 경합범이다.

⑤ 甲은 살인의 고의로 칼로 복부를 찔러 乙의 옷을 손괴하고 乙을 살해하였다. 손괴죄와 살인죄의 상상적 경합이다.

해설

①(○) 강도를 위하여 乙과 丙에게 폭행한 경우는 乙에 대한 폭행·협박과 丙에 대한 폭행·협박이 있으므로 경합범이 된다.
②(×) 위조사문서행사죄와 사기죄는 한 개의 행위로 인한 것이므로 상상적 경합이 될 것으로 생각되나, 판례는 이 경우에도 실체적 경합이라고 한다(대법원 1981.7. 28, 81도529).
③(×) 한 개의 행위로 인한 것이므로 상상적 경합이다.
④(×) 포괄하여 강도죄만 성립하는 경우이다.
⑤(×) 손괴죄는 불가벌적 수반행위이다. 〈답 ①〉

4. 죄수결정에 관한 설명 중 옳지 않은 것은? (다툼이 있는 경우에는 판례에 의함) <사시 2005년>

① 대마취급자가 아닌 자가 절취한 대마를 흡입할 목적으로 소지하는 행위는 절도죄의 불가벌적 사후행위로서 절도죄에 포괄 흡수된다.

② 강도가 시간적으로 접착된 상황에서 가족을 이루는 수인에게 폭행·협박을 가하여 집안에 있는 재물을 탈취한 경우 이를 탈취하는 행위는 그 소유자가 누구인지 불구하고 단일한 강도죄의 죄책을 진다.

③ 무면허운전으로 인한 도로교통법 위반죄에 있어서는 어느 날에 운전을 시작하여 다음 날까지 동일한 기회에 일련의 과정에서 계속 운전을 한 경우 등 특별한 경우를 제외하고는 운전한 날마다 무면허운전으로 인한 도로교통법위반의 1죄가 성립한다.

④ 피고인이 당초부터 피해자를 기망하여 약속어음을 교부받은 경우에는 그 교부받은 즉시 사기죄가 성립하고 그 후 이를 피해자에 대한 피고인의 채권의 변제에 충당하였다 하더라도 불가벌적 사후행위가 됨에 그칠 뿐, 별도로 횡령죄를 구성하지 아니한다.

⑤ 부동산의 명의수탁자가 신탁자의 승낙 없이 甲 앞으로 근저당권설정등

기를 경료했다가 후에 그 말소등기를 신청함과 동시에 乙 앞으로 소유권이전등기를 신청함에 따라 甲 명의의 근저당권말소등기와 乙 명의의 소유권이전등기가 순차 경료된 경우 乙 명의로 소유권이전등기를 경료해 준 행위는 별도의 횡령죄를 구성하지 아니한다.

해설

①(×) 대마취급자가 아닌 자가 절취한 대마를 흡입할 목적으로 소지하는 행위는 절도죄의 보호법익과는 다른 새로운 법익을 침해하는 행위이므로 절도죄 외에 별개의 죄를 구성한다고 할 것이며, 절도죄와 무허가대마소지죄는 경합범의 관계에 있다(대법원 1999.4.13, 98도3619).

②(○) 강도가 시간적으로 접착된 상황에서 가족을 이루는 수인에게 폭행·협박을 가하여 집안에 있는 재물을 탈취한 경우 그 재물은 가족의 공동점유 아래 있는 것으로서, 이를 탈취하는 행위는 그 소유자가 누구인지에 불구하고 단일한 강도죄의 죄책을 진다(대법원 1996.7.30, 96도1285).

③(○) 무면허운전으로 인한 도로교통법 위반죄에 있어서는 어느 날에 운전을 시작하여 다음 날까지 동일한 기회에 일련의 과정에서 계속 운전을 한 경우 등 특별한 경우를 제외하고는 사회통념상 운전한 날을 기준으로 운전한 날마다 1개의 운전행위가 있다고 보는 것이 상당하므로, 운전한 날마다 무면허운전으로 인한 도로교통법위반의 1죄가 성립한다(대법원 2002.7.23, 2001도6281).

④(○) 피고인이 당초부터 피해자를 기망하여 약속어음을 교부받은 경우에는 그 교부받은 즉시 사기죄가 성립하고 그 후 이를 피해자에 대한 피고인의 채권의 변제에 충당하였다 하더라도 불가벌적 사후행위가 됨에 그칠 뿐, 별도로 횡령죄를 구성하지 않는다(대법원 1983.4.26, 82도3079).

⑤(○) 부동산의 명의수탁자가 신탁자의 승낙 없이 甲 앞으로 근저당권설정등기를 경료했다가 후에 그 말소등기를 신청함과 동시에 乙 앞으로 소유권이전등기를 신청함에 따라 甲 명의의 근저당권말소등기와 乙 명의의 소유권이전등기가 순차 경료된 경우, 甲 명의의 근저당권설정등기를 경료할 당시에 해당 부동산에 대한 불법영득의 의사를 외부에 객관적으로 나타냄으로써 횡령죄는 이미 완성되었으므로 甲 명의의 근저당권설정등기의 말소는 乙 명의의 소유권이전등기의 준비행위에 불과하다 할 것이어서 乙 명의의 소유권이전등기를 경료해 준 행위는 횡령물의 처분행위로서 새로운 법익의 침해를 수반하지 않는 불가벌적 사후행위에 해당하여 별도의 횡령죄를 구성하지 아니한다(대법원 2000.3.24, 2000도310).

〈답 ①〉

제 2 절 일 죄

1. 다음 연결이 옳지 않은 것은?

Ⅰ. 절도죄와 특수절도죄 Ⅱ. 상해죄와 상해치사죄
Ⅲ. 상해죄와 살인죄 Ⅳ. 유기죄와 살인죄
Ⅴ. 일반이적죄와 모병이적죄 Ⅵ. 절도죄와 장물죄

A. 법조경합 중 특별관계	B. 법조경합 중 보충관계
C. 법조경합 중 흡수관계	D. 택일관계

① Ⅰ－A ② Ⅱ－A ③ Ⅲ－C
④ Ⅳ－C ⑤ Ⅴ－B ⑥ Ⅵ－D

해설

법조경합은 행위가 외형상 수개의 구성요건에 해당할지라도 실질적으로는 1개의 구성요건만 적용된다는 점에서 외형상의 경합 또는 부진정경합이라고 한다. 법조경합에 수개의 구성요건을 적용하는 것은 이중평가금지의 원칙에 반한다는 것을 근거로 한다. 법조경합에는 특별관계·보충관계 및 흡수관계의 세 가지가 있다. 특별관계란 어떤 구성요건이 다른 구성요건의 모든 요소를 포함하고 그 이외의 다른 특별한 표지까지 구비해야 성립하는 경우를 말한다. 특별관계에서는 특별법은 일반법에 우선한다는 원리에 의하여 특별법만 적용되고 일반법은 적용되지 않는다. 통설은 택일관계도 법조경합의 하나로 들고 있다. 택일관계란 양립되지 않는 두 개의 구성요건 사이에 그 일방만이 적용되는 관계를 말한다. 그러나 법조경합은 행위가 외견상 수개의 구성요건에 해당하는 경우인데 반하여 택일관계는 외견상으로도 하나의 범죄만 성립한다는 점에서 법조경합과 구별된다. Ⅰ. 특수절도죄와 절도죄의 경우처럼 가중적 구성요건과 기본적 구성요건과의 관계는 특별관계(A)이다. Ⅱ. 상해치사죄는 상해죄에 대한 특별법(A)이다. Ⅲ. 상해죄와 살인죄는 일반적으로 흡수관계(C)라고 할 수 있다. Ⅳ. 유기죄와 살인죄, Ⅴ. 일반이적죄와 모병이적죄는 각각 보충관계(B)이다. Ⅵ. 절도죄와 장물죄는 택일관계(D)이다. 〈답 ④〉

법조경합		
특별관계	가중적·감경적 구성요건과 기본적 구성요건	존속살해죄－살인죄 특수폭행죄－폭행죄
	결합범·결과적 가중범과 그 내용인 범죄	강도죄－절도죄·폭행죄·협박죄 상해치사죄－상해죄·과실치사죄
	특별형벌법규와 일반형벌법규	폭행죄에 대한 폭력행위등처벌에관한법률－형법
흡수관계	상해죄와 살인죄	
보충관계	일반이적죄와 모병이적죄 모욕죄와 명예훼손죄(특별/흡수라는 견해도 있다)	

2. 다음 중 일죄가 성립하는 경우는? (다툼이 있는 경우에는 판례에 의함)

<사시 2013년: 배점 2>

① 신용협동조합의 전무가 수개의 거래처로부터 각기 다른 일시에 조합정관상의 1인당 대출한도를 초과하여 대출하여 달라는 부탁을 받고 이에 응하여 각기 다른 범의 하에 부당대출을 해준 경우

② 계속적으로 무면허로 운전할 의사를 가지고 10일에 걸쳐 무면허운전을 반복한 경우

③ 히로뽕 완제품을 제조하고, 그때 함께 만든 액체 히로뽕 반제품을 땅에 묻어 두었다가 약 1년 9개월 후, 이전에 제조를 요구했던 사람이 아닌 다른 사람들의 요구에 따라 그들과 함께 위 반제품으로 완제품을 제조한 경우
④ 법원을 기망하여 승소판결을 받고 그 확정판결에 의해 소유권이전등기를 경료한 경우
⑤ 예금주인 현금카드 소유자를 협박하여 그 카드를 갈취한 후 이를 이용하여 현금자동지급기에서 예금을 인출한 경우

해설 ……………………………………………

①(×) 신용협동조합 전무가 수개의 거래처로부터 각기 다른 일시에 1인당 대출한도를 초과하여 대출을 하여 달라는 부탁을 받고 이에 응하여 각기 다른 범의 하에 부당대출을 하여 준 경우, 포괄일죄에 해당하지 않는다(대법원 1997.9.26, 97도1469).
②(×) 무면허운전으로 인한 도로교통법위반죄는 운전한 날마다 1죄가 성립한다고 보아야 한다(대법원2002.7.23, 2001도6281).
③(×) 히로뽕 완제품을 제조할 때 함께 만든 액체 히로뽕 반제품을 땅에 묻어 두었다가 약 1년 9월 후에 앞서 제조시의 공범 아닌 자 등의 요구에 따라 그들과 함께 위 반제품으로 그 완제품을 제조한 경우 포괄일죄를 이룬다고 할 수 없으므로 형법 제37조 전단의 경합범으로 의율처단하여야 한다(대법원1991.2.26, 90도2900).
④(×) 법원을 기망하여 승소판결을 받고 그 확정판결에 의하여 소유권이전등기를 경료한 경우에는 사기죄와 별도로 공정증서원본 불실기재죄가 성립하고 양죄는 실체적 경합범 관계에 있다(대법원 1983.4.26, 83도188).
⑤(○) 예금주인 현금카드 소유자를 협박하여 그 카드를 갈취하였고, 하자 있는 의사표시이기는 하지만 피해자의 승낙에 의하여 현금카드를 사용할 권한을 부여받아 이를 이용하여 현금을 인출한 이상, 피해자가 그 승낙의 의사표시를 취소하기까지는 현금카드를 적법, 유효하게 사용할 수 있고, 은행의 경우에도 피해자의 지급정지 신청이 없는 한 피해자의 의사에 따라 그의 계산으로 적법하게 예금을 지급할 수밖에 없는 것이므로, 피고인이 피해자로부터 현금카드를 사용한 예금인출의 승낙을 받고 현금카드를 교부받은 행위와 이를 사용하여 현금자동지급기에서 예금을 여러 번 인출한 행위들은 모두 피해자의 예금을 갈취하고자 하는 피고인의 단일하고 계속된 범의 아래에서 이루어진 일련의 행위로서 포괄하여 하나의 공갈죄를 구성한다고 볼 것이다(대법원 1996.9.20, 95도1728). 〈답 ⑤〉

3. 법조경합에 관한 설명 중 옳지 않은 것은? (다툼이 있는 경우에는 판례에 의함) <사시 2004년>

① 1개의 행위가 사기죄와 업무상 배임죄의 각 구성요건을 모두 구비한 때에 양 죄는 법조경합의 관계에 있다.
② 공직선거의 기부행위 제한기간 중 정당 내에서 실시된 공직후보경선에서 후보자로 당선될 목적으로 선거권을 가진 당원들에게 금품을 제공한 경우, 공직선거후보자로 당선되게 할 목적으로 금품을 제공함으로 인한 정당법 위반죄와 기부행위 제한기간 중의 기부행위로 인한 공직선거및

선거부정방지법 위반죄는 법조경합의 관계가 아니다.

③ 강간죄와 강간의 수단인 폭행죄는 법조경합의 관계에 있다.

④ 공기호부정사용죄와 '행사할 목적'이 그 주관적 구성요건이 아닌 자동차관리법 제71조 위반죄(자동차등록번호판부정사용)는 법조경합의 관계가 아니다.

⑤ '누구든지 다단계판매조직 또는 이와 유사하게 단계적으로 가입한 자로 구성된 다단계조직을 이용하여 재화 등의 거래 없이 금전거래만을 하거나 재화 등의 거래를 가장하여 사실상 금전거래만을 하는 행위를 하여서는 아니 된다'고 규정하고 있는 방문판매등에관한법률 제23조 2항의 위반죄는 사기죄와 법조경합의 관계가 아니다.

해설

①(×) 1개의 행위에 관하여 사기죄와 업무상 배임죄의 각 구성요건이 모두 구비된 때에는 양 죄를 법조경합 관계로 볼 것이 아니라 상상적 경합관계로 봄이 상당하고, 나아가 업무상 배임죄가 아닌 단순배임죄라고 하여 양 죄의 관계를 달리 보아야 할 이유도 없다(대법원 2002.7.18, 2002도669 전원합의체).

②(○) 공직선거및선거부정방지법과 정당법은 각기 그 입법목적 및 보호법익을 달리하고 있을 뿐만 아니라 … 정당법의 규정이 공직선거및선거부정방지법의 규정에 대하여 특별법의 관계에 있다고 볼 수 없고, 이들은 각기 독립된 별개의 구성요건으로서 1개의 행위가 각 구성요건을 충족하는 경우에는 상상적 경합의 관계에 있다고 보아야 한다(대법원 2003.4.8, 2002도6033).

③(○) 대법원 2002.5.16, 2002도51 전원합의체.

④(○) 형법상의 공기호부정사용죄는 고의와 더불어 '행사할 목적'이 있음을 요하는 반면 자동차관리법은 '행사할 목적'을 그 주관적 구성요건으로 하지 아니하고 있는 점에 비추어 보면, 자동차관리법 제78조, 제71조가 형법 제238조 1항 소정의 공기호부정사용죄의 특별법 관계에 있다고는 보여지지 아니한다(대법원 1997.6.27, 97도1085).

⑤(○) 각 그 구성요건을 달리하는 별개의 범죄로서, 서로 보호법익을 달리하고 있어 양 죄를 각 상상적 경합관계로 볼 것이 아니라 실체적 경합관계로 봄이 상당하다(대법원 2001.3.27, 2000도5318).

〈답 ①〉

4. 법조경합에 관한 다음 설명 중 가장 틀린 것은? (다툼이 있는 경우 판례에 의함) <법원행시 2012년>

① 법조경합은 1개의 행위가 외관상 수 개의 죄의 구성요건에 해당하는 것처럼 보이나 실질적으로 1죄만을 구성하는 경우를 말하며, 실질적으로 1죄인가 또는 수죄인가는 구성요건적 평가와 보호법익의 측면에서 고찰하여 판단하여야 한다.

② 법조경합의 한 형태인 특별관계란 어느 구성요건이 다른 구성요건의 모든 요소를 포함하는 이외에 다른 요소를 갖추어야 성립하는 경우이므로 자동차등록번호판을 부정사용하는 행위를 처벌하는 자동차관리법 위반죄와 행사할 목적으로 공무소의 기호인 자동차등록번호판을 부정사용하

는 행위를 처벌하는 형법 제238조 제1항의 공기호부정사용죄는 특별관계에 있다.

③ 폭행 또는 협박으로 부녀를 강간한 경우에는 강간죄만 성립하고, 그것과 별도로 강간의 수단으로 사용된 폭행·협박이 형법상의 폭행죄나 협박죄 또는 폭력행위 등 처벌에 관한 법률 위반죄를 구성한다고는 볼 수 없으며, 강간죄와 이들 각 죄는 법조경합의 관계이다.

④ 타인의 위탁에 의하여 사무를 처리하는 자가 그 사무처리상 임무에 위배하여 본인을 가망하고 착오에 빠진 본인으로부터 재물을 교부받은 경우에는 배임죄와 사기죄는 법조경합 관계가 아니라 상상적 경합관계에 있다.

⑤ 국회의원 선거에서 정당의 공천을 받게 하여 줄 의사나 능력이 없음에도 이를 해 줄 수 있는 것처럼 기망하여 공천과 관련하여 금품을 받은 경우, 공직선거법상 공천관련 금품수수죄와 사기죄가 모두 성립하고 양자는 법조경합관계가 아니라 상상적 경합의 관계에 있다.

해설

①(○) 법조경합이나 상상적 경합이 모두 하나의 행위로 이루어졌을 때 구별하는 기준이다. 즉 구성요건적 평가와 보호법익의 측면에서 서로 다르다면 상상적 경합이 되는 것이다.
②(×) 특별관계가 되기 위해서는 특별규정이 일반규정의 구성요건을 모두 포함하고 있어야 한다. 그러나 자동차관리법 위반죄와 공기호부정사용죄는 그 보호법익도 다르고 구성요건적인 면에서도 다르다. 따라서 법조경합으로 볼 수 없다.
③(○) 법조경합이 성립하면 이를 분리하여 따로 평가할 수 없다.
④(○) 대법원은 배임죄와 사기죄가 같은 재산범이기는 하지만 그 보호법익이 다르고 구성요건도 다르다고 한다. 따라서 보호법익이 다르고 그 구성요건이 다르다면 법조경합이 아니라 상상적 경합이 된다.
⑤(○) 금품수수죄는 구가적 법익과 관련된 것이고, 사기죄는 개인적 법익에 관련된 것이므로 서로 보호법익이 다르기 때문에 상상적 경합이 된다. 〈답 ②〉

5. 법조경합에 관한 설명 중 가장 옳지 않은 것은? (다툼이 있는 경우에는 판례에 의함) <법원행시 2009년>

① 법조경합의 한 형태인 특별관계란 어느 구성요건이 다른 구성요건의 모든 요소를 포함하는 이외에 다른 요소를 구비하여야 성립하는 경우로서 특별관계에 있어서는 특별법의 구성요건을 충족하는 행위는 일반법의 구성요건을 충족하지만 반대로 일반법의 구성요건을 충족하는 행위는 특별법의 구성요건을 충족하지 못한다.

② 유세품에 대하여 수입면허 없이 수입함으로써 관세를 포탈한 경우 무면허수입죄는 관세포탈죄에 흡수되어 오로지 관세포탈죄만이 성립한다.

③ 폭행 또는 협박으로 부녀를 강간한 경우에는 강간죄만 성립하고, 그것과 별도로 강간의 수단으로 사용된 폭행·협박이 형법상의 폭행죄나 협

박죄를 구성한다고는 볼 수 없으며, 강간죄와 이들 각 죄는 이른바 법조경합의 관계일 뿐이다.

④ 1개의 행위에 관하여 사기죄와 업무상 배임죄의 각 구성요건이 모두 구비된 때에는 양 죄를 법조경합 관계로 볼 것이 아니라 상상적 경합관계로 봄이 상당하다.

⑤ 형법 제307조의 명예훼손죄와 공직선거및선거부정방지법상의 후보자비방죄는 이른바 법조경합의 관계에 있으므로 위 후보자비방죄만이 성립한다.

✍ **해설** ··

①(○) 대법원 2003.4.8, 2002도6033.
②(○) 대법원 1984.6.26, 84도782.
③(○) 대법원 2002.5. 16, 2002도51.
④(○) 대법원 2002.7.18, 2002도669 전원합의체.
⑤(×) 형법 제307조의 명예훼손죄와 공직선거및선거부정방지법 제251조의 후보자비방죄가 상상적 경합의 관계에 있다(대법원 1998.3.24, 97도2956). 〈답 ⑤〉

6. 죄수 및 경합에 관한 설명 중 옳은 것은? (다툼이 있는 경우에는 판례에 의함) <사시 2013년: 배점 2>

① 수사업무에 종사하는 甲이 乙 등 18명의 도박범행사실을 적발하였음에도 이를 형사입건하는 등 범죄수사에 필요한 조치를 다하지 않고 乙 등으로부터 묵인해 달라는 부탁을 받고 그 도박사실을 발견하지 못한 것처럼 근무일지를 허위로 작성하고, 파출소장에게 허위로 이를 보고한 경우 허위공문서작성죄, 허위작성공문서행사죄, 직무유기죄가 성립한다.

② 피해신고를 받고 출동한 두 명의 경찰관에게 욕설을 하면서 순차로 폭행을 하여 경찰관의 정당한 직무집행을 방해한 경우 포괄하여 하나의 공무집행방해죄가 성립한다.

③ 강간치상범이 자신의 범행으로 인하여 실신상태에 있는 피해자를 그대로 방치하고 도주한 경우에는 강간치상죄와 유기죄의 실체적 경합이다.

④ 甲이 A녀가 자동차에서 내릴 수 없는 상태에 있음을 이용하여 강간하려고 결의하고 자동차의 주행속도를 높여 A녀가 자동차에서 탈출하지 못하게 한 뒤 범행장소까지 A녀를 강제로 데려가 강간하려다 미수에 그친 경우 감금죄와 강간미수죄의 실체적 경합이다.

⑤ 피해자를 감금하여 강도상해의 범행이 끝난 뒤에도 계속해서 감금한 경우 감금죄와 강도상해죄의 실체적 경합이다.

✍ **해설** ··

①(×) 공무원이 어떠한 위법사실을 발견하고도 직무상 의무에 따른 적절한 조치를 취하지 아니하고 위법사실을 적극적으로 은폐할 목적으로 허위공문서를 작성, 행사한 경우에

는 직무 위배의 위법상태는 허위공문서작성 당시부터 그 속에 포함되는 것으로 작위범인 허위공문서작성, 동행사죄만이 성립하고 부작위범인 직무유기죄는 다로 성립하지 아니한다(대법원 1999.12.24, 99도2240).

②(×) 판례는 공무집행방해죄의 죄수를 공무원의 수에 따라 정한다. 동시에 여러 사람이 공무를 집행중이면 수개의 공무집행방해죄의 상상적 경합이라고 한다(대법원 2009.6.25, 2009도3505).

③(×) 강간치상의 범행을 저지른 자가 그 범행으로 실신상태에 있는 피해자를 구호하지 않았다고 하여 강간치상죄만 구성하는 것이고 별도로 유기죄가 되지 않는다(대법원 1980.6.24, 80도726).

④(×) 감금이 동시에 강간·강도의 수단이 된 때에는 양 죄가 상상적 경합이 된다(대법원 1997.1.21, 96도2715).

⑤(○) 감금행위가 단순히 강도상해 범행의 수단이 되는데 그치지 않고 강도상해의 범행이 끝난 뒤에도 감금행위가 계속된 경우는 감금죄와 강도상해죄는 경합범이다(대법원 2003.1.10, 2002도4380). 〈답 ⑤〉

7. 죄수에 관한 설명으로 옳지 않은 것은? (다툼이 있는 경우에는 판례에 의함)
<사시 2012년: 배점 2>

① 폭행으로 부녀를 강간한 경우에는 강간죄만 성립하고 이와 별도로 폭행죄는 성립하지 않으며, 양자는 법조경합의 관계에 있다.

② 법조경합의 한 형태인 특별관계란 어느 구성요건이 다른 구성요건의 모든 요소를 포함하는 외에 다른 요소를 구비하여야 성립하는 경우로서 특별관계에 있어서는 특별법의 구성요건을 충족하는 행위는 일반법의 구성요건을 충족한다.

③ 법조경합은 1개의 행위가 외관상 수개의 죄의 구성요건에 해당하는 것처럼 보이나 실질적으로 1죄만을 구성하는 경우인데 반해 상상적 경합은 1개의 행위가 실질적으로 수개의 구성요건을 충족하는 경우로서, 실질적으로 1죄인가 또는 수죄인가는 구성요건적 평가와 보호법익의 측면에서 고찰하여 판단하여야 한다.

④ 피해 신고를 받고 출동한 두 명의 경찰관에게 욕설을 하면서 순차로 폭행을 하여 경찰관의 정당한 직무집행을 방해한 경우, 포괄하여 하나의 공무집행방해죄가 성립한다.

⑤ 장물죄는 타인(본범)이 불법하게 영득한 재물의 처분에 관여하는 범죄이므로 자기의 범죄에 의하여 영득한 물건에 대하여는 성립하지 아니하고 이는 불가벌적 사후행위에 해당한다.

해설 ……………………………………

①(○) 폭행 또는 협박으로 부녀를 강간한 경우에는 강간죄만 성립하고, 그것과 별도로 강간의 수단으로 사용된 폭행·협박이 형법상의 폭행죄나 협박죄 또는 폭력행위등 처벌에 관한 법률위반의 죄를 구성한다고는 볼 수 없으며, 강간죄와 이들 각 죄는 이른바 법

조경합의 관계일 뿐이다(대법원 2002.5.16, 2002도51 전원합의체).
②(○) 어느 구성요건이 다른 구성요건의 모든 요소를 포함하고 그 이외의 다른 요소까지 구비해야 성립하는 경우를 특별관계라고 한다.
③(○) 법조경합은 1개의 행위가 외관상 수개의 죄의 구성요건에 해당하는 것처럼 보이나 실질적으로 1죄만을 구성하는 경우를 말하며, 실질적으로 1죄인가 또는 수죄인가는 구성요건적 평가와 보호법익의 측면에서 고찰하여 판단하여야 한다(대법원 2011.11.24, 2010도8568).
④(×) 동일한 공무를 집행하는 여럿의 공무원에 대하여 폭행 · 협박 행위를 한 경우에는 공무를 집행하는 공무원의 수에 따라 여럿의 공무집행방해죄가 성립하고 여럿의 공무집행방해죄는 상상적 경합의 관계에 있다(대법원 2009.6.25, 2009도3505).
⑤(○) 장물죄는 타인(본범)이 불법하게 영득한 재물의 처분에 관하여는 범죄이므로 자기의 범죄에 의하여 영득한 물건에 대하여는 성립하지 아니하고 이는 불가벌적 사후행위에 해당하나 여기에서 자기의 범죄라 함은 정범자(공동정범과 합동범을 포함한다)에 한정되는 것이므로 평소 본범과 공동하여 수차 상습범으로 절도등 범행을 자행함으로써 실질적인 범죄집단을 이루고 있었다하더라도, 당해 범죄행위의 정범자(공동정범이나 합동범)로 되지 아니한 이상 이를 자기의 범죄라고 할 수 없고 따라서 그 장물의 취득을 불가벌적 사후행위라고 할 수 없다(대법원 1986.9.9, 86도1273). 〈답 ④〉

8. 불가벌적 사후행위에 대한 기술 중 옳지 않은 것은?

① 절취한 금반지를 매각하는 것은 불가벌적 사후행위로서 처벌되지 않는다.
② 불가벌적 사후행위는 상태범의 사후행위에 인정되는 것이다.
③ 공무원의 신분증명서를 위조한 자가 전당포에서 그 증명서를 제시한 행위는 불가벌적 사후행위가 아니다.
④ 열차승차권을 절취한 자가 역무원으로부터 대금을 환불받은 경우에는 불가벌적 사후행위라는 것이 판례의 태도이다.
⑤ 불가벌적 사후행위의 범위에 대하여는 손해발생설, 위법상태설, 법익침해설 등이 대립되고 있다.

해설 ··

①(×) 사후행위는 주된 범죄와 보호법익을 같이하거나 침해의 양을 초과하지 않아야 한다. 절취한 재물의 처분행위는 새로운 법익을 침해하는 경우에 해당(민법 제250조)하여 불가벌적 사후행위가 되지 않는다.
③(○) 공문서위조죄 이외에 위조공문서행사죄가 성립한다.
④(○) 판례는 '열차승차권은 그 자체에 권리가 화체되어 있는 무기명증권이므로 이를 곧 사용하여 승차하거나 권면가액으로 양도할 수 있고 매입금액의 환불을 받을 수 있는 것으로서 열차승차권을 절취한 자가 역직원으로부터 그 대금의 환불을 받음에 있어서 비록 기망행위가 수반된다고 하더라도 따로 사기죄로 평가할 만한 새로운 법익의 침해가 있다고 할 실질을 가지지 못하므로 절도의 불가벌적 사후행위로 보아야 한다'고 판시하였다(대법원 1975.8.29, 75도1996).
⑤(○) 불가벌적 사후행위의 인정범위와 관련하여 위법상태설(사후행위가 주된 행위의 구성요건에서 예상하고 있는 위법상태의 범위를 초월한 때에 불가벌적 사후행위를 구성할 수 없고 별죄를 구성한다는 견해), 손해발생설(새로운 행위에 의하여 새로운 손해를 발생시킨 때에는 그 사후행위는 별죄를 구성하고 불가벌적인 사후행위가 될 수 없다는 견해), 법익침해설(사후행위가

별도의 새로운 법익을 침해하는 경우에는 별죄를 구성하고 불가벌적 사후행위가 될 수 없다는 견해)이 있다. 〈답 ①〉

9. 절도죄와 연결된 행위 중 불가벌적 사후행위만의 조합은?

㉠ 절취한 신용카드로 물건을 샀다. ㉡ 훔친 권총으로 살인하였다. ㉢ 절취한 전당표로 전당물을 찾았다. ㉣ 예금통장을 절취하고 현금을 인출하였다. ㉤ 절취한 카메라를 부숴버렸다. ㉥ 절취한 자기앞수표를 현금으로 교환하였다.

① ㉠ ② ㉢ ③ ㉤ ④ ㉠ ㉢
⑤ ㉢ ㉥ ⑥ ㉤ ㉥ ⑦ ㉢ ㉣ ㉤ ⑧ ㉢ ㉤ ㉥

해설

㉤㉥만 불가벌적 사후행위에 해당한다.
㉠은 사기죄, ㉡은 살인죄, ㉢은 사기죄가 성립하므로 불가벌적 사후행위가 아니다. ㉣ 예금통장을 절취하고 현금을 인출하는 행위는 새로운 법익의 침해로 절도죄 외에 따로 사기죄가 성립한다. 〈답 ⑥〉

10. 불가벌적 사후행위 또는 불가벌적 수반행위가 되지 않는 것의 조합은? (다툼이 있는 경우에는 판례에 의함)

㉠ 횡령을 교사한 후 그 횡령한 물건을 취득한 행위 ㉡ 절취한 장물을 담보로 돈을 빌린 행위 ㉢ 향정신성의약품 수수 후 소지행위 ㉣ 명의수탁자가 신탁자의 동의 없이 근저당권을 설정한 후에 저당권말소등기를 신청함과 동시에 타인에게 근저당권을 설정등기해 준 경우 ㉤ 열차승차권을 절취한 자가 환불받은 경우

① ㉠ ② ㉠ ㉡ ③ ㉠ ㉢
④ ㉡ ㉣ ⑤ ㉠ ㉡ ㉢ ⑥ ㉢ ㉣ ㉤

해설

㉠ 횡령을 교사한 후 그 횡령한 물건을 취득한 때에는 횡령교사죄와 장물취득죄의 경합범이 성립된다(대법원 1969.6.24, 69도692).
㉡ 절도범인이 절취한 장물을 자기 것인 양 제3자에게 담보로 제공하고 금원을 편취한 경우에는 별도의 사기죄가 성립한다(대법원 1980.11.25, 80도2310).
㉢ 향정신성의약품수수의 죄가 성립한 경우에 소지행위는 이에 당연히 수반되는 행위로서 불가벌적 수반행위에 해당한다(대법원 1990.1.25, 89도1211). 이에 반하여 대마를 절취하여 소지한 때에는 절도죄와 대마소지죄의 경합범이 된다(대법원 1999. 4.13, 98도3619).

㉣ 횡령물의 처분행위로서 불가벌적 사후행위에 해당하여 별개의 횡령죄가 되지 않는다. 명의신탁받아 보관중이던 토지를 피해자의 승낙 없이 제3자에게 근저당설정등기를 경료해 준 경우 횡령죄가 성립하고, 그 후 또다시 다른 사람에게 근저당권설정등기를 경료해 주었다 하더라도 이는 횡령물의 처분행위로서 별개의 횡령죄를 구성하지 않는다(대법원 1996.11.29, 96도1755). ㉤ 절도죄 외에 사기죄가 성립하지 않는다(대법원 1975.8.29, 75도1996). 따라서 ㉠㉡은 경합범이고, ㉢은 불가벌적 수반행위, ㉣㉤은 불가벌적 사후행위에 해당한다. 〈답 ②〉

11. 불가벌적 사후행위에 관한 설명 중 옳지 않은 것은? (다툼이 있는 경우에는 판례에 의함)

① 부동산을 그 소유자로부터 매수한 자가 그의 명의로 소유권이전등기를 하지 아니하고 제3자와 맺은 명의신탁약정에 따라 매도인으로부터 바로 그 제3자에게 중간생략의 소유권이전등기를 경료한 경우, 그 제3자가 신탁받은 부동산의 일부에 대한 토지수용보상금 중 일부를 소비하고, 이어 수용되지 않은 나머지 부동산 전체에 대한 반환을 거부한 경우, 그 반환거부행위는 그 금원 횡령죄의 불가벌적 사후행위가 아닌 별개의 횡령죄를 구성한다.

② 절도범인으로부터 장물보관을 의뢰받고 그 정을 알면서 이를 인도받아 보관하고 있다가 자기 마음대로 이를 처분하였을 경우, 그 처분행위는 장물보관죄의 불가벌적 사후행위에 불과하여 별도로 횡령죄가 성립하지 않는다.

③ 부동산의 명의수탁자가 신탁자의 승낙 없이 甲 앞으로 근저당권설정등기를 경료했다가 후에 그 말소등기를 신청함과 동시에 乙 앞으로 소유권이전등기를 신청함에 따라 甲 명의의 근저당권말소등기와 乙 명의의 소유권이전등기가 순차 경료된 경우, 乙 명의로 소유권이전등기를 경료해 준 행위는 별도의 횡령죄를 구성한다.

④ 신용카드를 절취한 후 이를 사용한 경우 신용카드의 부정사용행위는 새로운 법익의 침해로 보아야 하고, 절도범행의 불가벌적 사후행위로 볼 수 없다.

⑤ 절취한 자기앞수표(금융기관 발행)를 음식대금으로 교부하고 거스름돈을 환불받은 행위는 절도의 불가벌적 사후행위로서 별도로 사기죄가 되지 아니한다.

해설 ……………………………………

③ 부동산의 명의수탁자가 신탁자의 승낙 없이 甲 앞으로 근저당권설정등기를 경료했다가 후에 그 말소등기를 신청함과 동시에 乙 앞으로 소유권이전등기를 신청함에 따라 甲 명의의 근저당권말소등기와 乙 명의의 소유권이전등기가 순차 경료된 경우, 甲 명의의 근저당권설정등기를 경료할 당시에 해당 부동산에 대한 불법영득의 의사를 외부에 객관

적으로 나타냄으로써 횡령죄는 이미 완성되었고, 명의신탁자의 소유권에 대한 침해가 회복되지 아니한 상태에서 乙 명의의 소유권이전등기를 경료해 준 행위는 횡령물의 처분행위로서 불가벌적 사후행위에 해당하여 별도의 횡령죄를 구성하지 아니한다(대법원 2000.3.24, 2000도310).

① 이른바 중간생략등기형 명의신탁에 있어서 명의수탁자가 신탁받은 부동산의 일부에 대한 토지수용보상금 중 일부를 소비하고, 이어 수용되지 않은 나머지 부동산 전체에 대한 반환을 거부한 경우, 그 반환거부행위는 그 금원 횡령죄의 불가벌적 사후행위가 아닌 별개의 횡령죄를 구성한다(대법원 2001.11.27, 2000도3463). ② 장물보관죄가 성립되는 때에는 이미 그 소유자의 소유물추구권을 침해하였으므로 그후의 횡령행위는 불가벌적 사후행위에 불과하여 별도로 횡령죄가 성립하지 않는다(대법원 2004.4.9, 2003도8219). ④ 대법원 1996.7.12, 96도1181 내용이다. ⑤ 금융기관발행의 자기앞수표는 현금에 대신하는 기능을 하고 있으므로 절취한 자기앞수표를 현금 대신으로 교부한 행위는 절도행위에 대한 가벌적 평가에 당연히 포함되는 것으로 봄이 상당하다 할 것이므로 절취한 자기앞수표를 음식대금으로 교부하고 거스름돈을 환불받은 행위는 절도의 불가벌적 사후처분행위로서 사기죄가 되지 아니한다(대법원 1987.1.20, 86도1728). 〈답 ③〉

12. 불가벌적 사후행위에 해당하는 것을 모두 조합한 것은? (다툼이 있는 경우에는 판례에 의함)

> ㉠ 횡령한 물건을 매각처분한 경우
> ㉡ 대마취급자 아닌 자가 절취한 대마를 흡입할 목적으로 소지한 경우
> ㉢ 회사의 대표이사가 은행을 기망하여 교부받은 금원을 횡령한 경우
> ㉣ 사람을 살해한 후 그 사체를 유기한 경우
> ㉤ 약속어음을 할인하여 줄 의사가 없으면서 있는 것처럼 기망하여 약속어음을 교부받은 후 이를 피해자에 대한 채권의 변제에 충당한 경우

① ㉠　　② ㉠ ㉡　　③ ㉠ ㉤
④ ㉡ ㉢　　⑤ ㉠ ㉡ ㉤　　⑥ ㉡ ㉢ ㉤

해설

불가벌적 사후행위에 해당하는 것은 ㉠㉤이다.

㉠ 횡령한 재물에 대하여는 선의취득이 가능하기 때문에 불가벌적 사후행위가 될 수 있다(대법원 1978.11.28, 78도2175). ㉤ 피고인이 당초부터 피해자를 기망하여 약속어음을 교부받은 경우에는 그 교부받은 즉시 사기죄가 성립하고 그 후 이를 피해자에 대한 피고인의 채권의 변제에 충당하였다 하더라도 불가벌적 사후행위가 됨에 그칠 뿐, 별도로 횡령죄를 구성하지 않는다(대법원 1983.4.26, 82도3079).

㉡ 대마취급자가 아닌 자가 절취한 대마를 흡입할 목적으로 소지하는 행위는 절도죄와 무허가대마소지죄의 경합범이다(대법원 1999.4.13, 98도3619). ㉢ 대표이사가 회사의 대표기관으로서 피해자들을 기망하여 교부받은 금원은 그 회사에 귀속되는 것인데, 그 후 대표이사가 이를 횡령한 것이라면 이는 위 사기범행과는 침해법익을 달리하므로 횡령죄가 성립되는 것이고, 이를 단순한 불가벌적 사후행위로만 볼 수 없다(대법원 1989.10.24, 89도1605). ㉣ 사람을 살해한 다음 그 범죄의 흔적을 은폐하기 위하여 그 시체를 유기하였을 때에는 살인죄와 사체유기죄의 경합범이 성립하고, 사체유기를 불가벌적 사후행위라

할 수 없다(대법원 1984.11.27, 84도2263). 〈답 ③〉

13. 불가벌적 사후행위에 해당하는 것은 모두 몇 개인가? (다툼이 있는 경우에는 판례에 의함) <법원행시 2009년>

㉮ 주식회사의 대표이사가 타인을 기망하여 회사가 발행하는 신주를 인수하게 한 다음 그로부터 납입받은 신주인수대금을 보관하던 중 개인용도로 소비한 경우 ㉯ 부동산에 피해자 명의의 근저당권을 설정하여 줄 의사가 없음에도 피해자를 속이고 근저당권설정을 약정하여 금원을 편취한 다음, 그 부동산에 관하여 제3자 명의로 근저당권설정등기를 마친 경우 ㉰ 부동산 명의수탁자가 신탁자의 승낙 없이 甲 앞으로 근저당권설정등기를 경료하였다가 그 후 그 말소등기를 신청함과 동시에 乙 앞으로 근저당권설정등기를 신청하여 甲 명의의 근저당권말소등기가 경료되고 순차로 乙 명의의 근저당권설정등기가 경료된 경우 ㉱ 명의신탁 받아 보관 중이던 토지를 명의신탁자의 승낙 없이 제3자에게 근저당권설정등기를 경료해 준 다음, 다시 피해자의 승낙 없이 다른 사람에게 이를 매도한 경우 ㉲ 부정한 이익을 얻거나 기업에 손해를 가할 목적으로 그 기업에 유용한 영업비밀이 담겨 있는 타인의 재물을 절취한 후 그 영업비밀을 사용하는 경우

① 1개 ② 2개 ③ 3개 ④ 4개 ⑤ 없음

해설

㉮(×) 주식회사의 대표이사가 타인을 기망하여 회사가 발행하는 신주를 인수하게 한 다음 그로부터 납입받은 신주인수대금을 보관하던 중 횡령한 행위는 사기죄와는 전혀 다른 새로운 보호법익을 침해하는 행위로서 별죄를 구성한다(대법원 2006.10.27, 2004도6503).
㉯(×) 부동산에 피해자 명의의 근저당권을 설정하여 줄 의사가 없음에도 피해자를 속이고 근저당권설정을 약정하여 금원을 편취한 경우라 할지라도, 이러한 약정은 사기 등을 이유로 취소되지 않는 한 여전히 유효하여 피해자 명의의 근저당권설정등기를 하여 줄 임무가 발생하는 것이고, 그럼에도 불구하고 임무에 위배하여 그 부동산에 관하여 제3자 명의로 근저당권설정등기를 마친 경우, 이러한 배임행위는 금원을 편취한 사기죄와는 전혀 다른 새로운 보호법익을 침해하는 행위로서 사기 범행의 불가벌적 사후행위가 되는 것이 아니라 별죄를 구성한다(대법원 2008.3.27, 2007도9328).
㉰(○) 부동산 명의수탁자가 신탁자의 승낙 없이 甲 앞으로 근저당권설정등기를 경료하였다가 그 후 그 말소등기를 신청함과 동시에 乙 앞으로 근저당권설정등기를 신청하여 甲 명의의 근저당권말소등기와 乙 명의의 근저당권설정등기가 순차 경료된 경우, 명의수탁자의 횡령행위는 甲 앞으로 근저당권설정등기를 경료할 당시에 완성되었으므로 그 후 다시 乙 앞으로 근저당권설정등기를 경료한 행위는 횡령물의 처분행위로서 새로운 법익의 침해를 수반하지 않는 이른바 불가벌적 사후행위에 해당하여 별도의 횡령죄를 구성하

지 아니하고, 乙 명의의 근저당권설정등기가 경료되기 전에 동시에 신청한 甲 명의의 근저당권말소등기가 먼저 경료되었다 하여 달리 볼 것은 아니다(대법원 1999.4.27, 99도5).
㉣(○) 명의신탁 받아 보관중이던 토지에 대하여 피해자인 명의신탁자의 승낙 없이 제3자에게 근저당권설정등기를 경료해 주면 그 때에 그 토지에 대한 횡령죄가 성립하고, 그 후 피해자의 승낙 없이 그 토지를 다른 사람에게 매도하더라도 이는 횡령물의 처분행위로서 별개의 횡령죄를 구성하지 아니한다(대법원 1999.11.26, 99도2651).
㉤(×) 부정한 이익을 얻거나 기업에 손해를 가할 목적으로 그 기업에 유용한 영업비밀이 담겨 있는 타인의 재물을 절취한 후 그 영업비밀을 사용하는 경우, 영업비밀의 부정사용행위는 새로운 법익의 침해로 보아야 하므로 위와 같은 부정사용행위가 절도범행의 불가벌적 사후행위가 되는 것은 아니다(대법원 2008.9.11, 2008도5364). 〈답 ②〉

14. 불가벌적 사후행위에 관한 다음 설명 중 옳지 않은 것은? (다툼이 있는 경우에는 판례에 의함) <사시 2010년: 배점 2>

① 부정한 이익을 얻을 목적으로 타인의 영업비밀이 담긴 CD를 절취하여 그 영업비밀을 부정사용한 경우, 그 부정사용행위는 절도죄의 불가벌적 사후행위에 해당한다.
② 약속어음을 편취한 후, 이를 숨기고 그 사실을 모르는 제3자로부터 할인받은 경우, 그 어음할인 행위는 별도의 사기죄를 구성한다.
③ 자동차를 절취한 후 자동차 등록번호판을 떼어낸 행위는 절도죄의 불가벌적 사후행위에 해당되지 않는다.
④ 부동산에 피해자 명의의 근저당권을 설정하여 줄 의사가 없음에도 피해자를 속이고 근저당권설정을 약정하여 금원을 편취하고, 그 약정이 취소되지 않았음에도 그 후 그 부동산에 관하여 제3자 명의로 근저당권설정등기를 마친 경우, 이와 같은 행위는 사기죄와 별도로 배임죄가 성립한다.
⑤ 장물이라는 사정을 알면서 절도범으로부터 자기앞수표를 교부받아 이를 물품구입 대금으로 지급하고 거스름돈을 받았다면 이는 장물죄의 불가벌적 사후행위에 해당한다.

해설

①(×) 부정한 이익을 얻을 목적으로 타인의 영업비밀이 담긴 CD를 절취하여 그 영업비밀을 부정사용한 경우, 절도죄와 별도로 부정경쟁방지및영업비밀보호에관한법률상 영업비밀부정사용죄가 성립한다(대법원 2008.9.11, 2008도5364).
②(○) 편취한 약속어음을 그와 같은 사실을 모르는 제3자에게 편취사실을 숨기고 할인받는 행위는 당초의 어음 편취와는 별개의 새로운 법익을 침해하는 행위로서 기망행위와 할인금의 교부행위 사이에 상당인과관계가 있어 새로운 사기죄를 구성한다(대법원 2005.9.30, 2005도5236).
③(○) 자동차를 절취한 후 자동차 등록번호판을 떼어내는 행위는 절도범행의 불가벌적 사후행위가 아니라 별도로 자동차관리법위반에 해당한다(대법원 2007.9.6, 2007도4739).
④(○) 부동산에 피해자 명의의 근저당권을 설정하여 줄 의사가 없음에도 피해자를 속이

고 근저당권설정을 약정하여 금원을 편취한 경우라 할지라도, 이러한 약정은 사기 등을 이유로 취소되지 않는 한 여전히 유효하여 피해자 명의의 근저당권설정등기를 하여 줄 임무가 발생하는 것이고, 그럼에도 불구하고 임무에 위배하여 그 부동산에 관하여 제3자 명의로 근저당권설정등기를 마친 경우, 이러한 배임행위는 금원을 편취한 사기죄와는 전혀 다른 새로운 보호법익을 침해하는 행위로서 사기범행의 불가벌적 사후행위가 되는 것이 아니라 별죄를 구성한다(대법원 2008.3.27, 2007도9328).

⑤(○) 금융기관 발행의 자기앞수표는 그 액면금을 즉시 지급받을 수 있는 점에서 현금에 대신하는 기능을 가지고 있어서 장물인 자기앞수표를 취득한 후 이를 현금 대신 교부한 행위는 장물취득에 대한 가별적 평가에 당연히 포함되는 불가벌적 사후행위로서 별도의 범죄를 구성하지 아니한다(대법원 1993.11.23, 93도213). 〈답 ①〉

15. 甲의 ⓑ행위가 ⓐ행위와 결합하여 실체법상 일죄로 평가받는 관계에 있거나, ⓐ행위에 대한 불가벌적 사후행위로 평가받는 사례를 모두 모아 놓은 것은? (다툼이 있는 경우에는 판례에 의함) <변호사 2012년>

가. ⓐ 전과가 있던 甲은 친구 乙인 것처럼 가장하여 A회사에 취직하기 위하여 허락없이 임의로 친구 乙 명의의 이력서를 작성하였다. ⓑ 甲은 위 乙 명의의 이력서에 날인하기 위하여 허락 없이 임의로 乙 명의의 인장을 만들어 乙 이름 뒤에 날인하였다.
나. ⓐ 甲은 乙을 살해하였다. ⓑ 甲은 乙의 시체를 바다에 투기하였다.
다. ⓐ 甲은 乙의 지갑을 훔쳐 달아나던 중 이웃 주민 丙, 丁에게 추격을 당하게 되었다. 이에 甲은 체포를 면탈할 목적으로 가지고 있던 주머니칼로 丙의 팔에 전치 3주의 상해를 입혔다. ⓑ 甲은 계속하여 추격해온 丁에게 위 칼을 내밀며 "쫓아오면 칼로 찔러 죽인다."라고 소리쳐 협박하였다.
라. ⓐ 乙은 丙으로부터 토지를 매수하면서 甲과 명의신탁약정을 하여 甲이 丙으로부터 곧장 토지의 소유권이전등기를 경료받도록 하였다. 甲은 위 토지를 보관하고 있던 중 토지의 일부가 수용되자 그 대가로 받은 토지수용보상금을 임의로 소비하였다.ⓑ 이후 甲은 乙로부터 나머지 토지 전체의 소유권이전등기를 乙 명의로 경료해 줄 것을 요청받았으나 甲은 이를 거부하였다.

① 가 다 ② 나 라 ③ 다 라
④ 가 다 라 ⑤ 나 다 라

해설

가(○) ⓐ의 경우 甲은 사문서위조죄에 해당하고, ⓑ의 경우 甲은 인장위조죄에 해당하는데, 인장위조죄는 문서위조죄에 흡수된다. 흡수관계에 있는 인장위조죄와 사문서위조죄를 경합범으로 잘못 기소한 경우에 인장위조사실 자체가 없는 것으로 밝혀진 경우에는 경합범으로 기소한 인장위조의 공소사실에 대한 판단으로서 별도로 무죄선고를 하여야 한다(대법원 1978.9.26, 78도1787).

나(×) ⓐ의 경우 甲은 살인죄에 해당하고, ⓑ의 경우 甲은 사체유기죄에 해당하는데, 두 죄는 실체적 경합 관계에 있다. 사람을 살해한 다음 그 범죄의 흔적을 은폐하기 위하여 그 시체를 다른 장소로 옮겨 유기하였을 때에는 살인죄와 사체유기죄의 경합범이 성립하고 사체유기를 불가벌적 사후행위라 할 수 없다(대법원 1984.11.27, 84도2263).
다(○) ⓐ의 경우 甲은 준강도상해죄에 해당하며, ⓑ의 경우 丁에 대한 협박은 강도상해죄와 포괄일죄의 관계에 있다. 절도범이 체포를 면탈할 목적으로 체포하려는 여러 명의 피해자에게 같은 기회에 폭행을 가하여 그 중 1인에게만 상해를 가하였다면 이러한 행위는 포괄하여 하나의 강도상해죄만 성립한다(대법원 2001.8.21, 2001도3447).
라(×) ⓐ의 경우 甲에게는 신탁자 乙에 대한 횡령죄가 성립하고, ⓑ의 경우 별개의 횡령죄가 성립하는 것이지 불가벌적 사후행위가 되는 것이 아니다. 명의수탁자가 신탁 받은 부동산의 일부에 대한 토지수용보상금 중 일부를 소비하고, 이어 수용되지 않은 나머지 부동산 전체에 대한 반환을 거부한 경우, 부동산의 일부에 관하여 수령한 수용보상금 중 일부를 소비하였다고 하여 객관적으로 부동산 전체에 대한 불법영득의 의사를 외부에 발현시키는 행위가 있었다고 볼 수는 없으므로, 그 금원 횡령죄가 성립된 이후에 수용되지 않은 나머지 부동산 전체에 대한 반환을 거부한 것은 새로운 법익의 침해가 있는 것으로서 별개의 횡령죄가 성립하는 것이지 불가벌적 사후행위라 할 수 없다(대법원 2001.11.27, 2000도3463).
〈답 ①〉

16. 연속범이 포괄일죄가 되기 위한 요건에 해당하지 않는 것은?

① 법익의 동일성 ② 침해의 동종성 ③ 범죄의 반복성
④ 범의의 단일성 ⑤ 시간적 · 장소적 계속성

해설

포괄일죄란 수개의 행위가 포괄적으로 한 개의 구성요건에 해당하여 일죄를 구성하는 경우를 말한다. 포괄일죄의 태양으로는 결합범 · 계속범 · 접속범 · 연속범 · 집합범이 있다. 연속범이 되려면 개별적인 행위가 구성요건에 해당하고 위법 · 유책해야 하며 이 이외에 객관적 요건으로는 개별적인 행위가 피해법익이 같고(법익의 동일성), 원칙적으로 같은 구성요건에 해당하고, 범행방법이 동일(침해의 동종성)할 뿐 아니라 일정한 시간적 · 장소적 연관(시간적 · 장소적 계속성)이 있어야 한다. 주관적 요건으로는 범의의 단일성이 인정되어야 한다.
〈답 ③〉

17. 죄수에 관하여 옳지 않은 것은? (다툼이 있는 경우에는 판례에 의함)

① 특수절도 · 야간주거침입절도 · 단순절도 등의 사실을 상습적으로 반복하였다고 볼 수 있다면, 이러한 경우 하나의 상습특수절도죄만이 성립한다.
② 동일한 장소에서 동일한 방법으로 수인을 살해한 경우 그것이 시간적으로 접착된 경우라도 경합범이다.
③ 음주상태로 자동차를 운전하다가 제1차 사고를 내고 그대로 진행하여 제2차 사고를 낸 후 음주측정을 받아 도로교통법 위반(음주운전)죄가 인정된 경우 제1차 및 제2차 사고 당시의 음주운전죄는 실체적 경합 관계에 있다.

④ 甲과 乙은 강도의 고의로 丙의 집에 침입하여 그 곳 거실에 있는 丙을 폭행한 후 안방으로 들어가 그의 처 丁을 협박하고 그 집안에 있는 금품을 강취한 경우 특수강도죄의 단순일죄에 해당한다.

⑤ 여러 사람이 함께 공무를 집행하는 경우 이에 대하여 폭행을 가하여 공무집행을 방해하였다면 이는 상상적 경합이다.

해설

①(○) 대법원 1975.5.27, 75도1184.
②(○) 대법원 1969.12.30, 69도2062.
③(×) 음주상태로 자동차를 운전하다가 제1차 사고를 내고 그대로 진행하여 제2차 사고를 낸 후 음주측정을 받아 도로교통법 위반(음주운전)죄로 약식명령을 받아 확정되었는데, 그 후 제1차 사고 당시의 음주운전으로 기소된 경우 위 공소사실은 약식명령이 확정된 도로교통법 위반(음주운전)죄와 포괄일죄 관계에 있다(대법원 2007.7.26, 2007도4404).
④(○) 판례에 의하면 강도가 시간적으로 접착된 상황에서 가족을 이루는 수인에게 폭행·협박을 가하여 집안에 있는 재물을 탈취한 경우, 그 재물은 가족의 공동점유 아래 있는 것으로서, 이를 탈취하는 행위는 그 소유자가 누구인지에 불구하고 단일한 강도죄의 죄책을 지므로 甲의 행위는 특수강도죄의 단순일죄에 해당한다(대법원 1996.7.30, 96도1285).
⑤(○) 대법원 1961.9.28, 61도415. 〈답 ③〉

18. 포괄일죄에 관한 설명 중 옳지 않은 것은 몇 개인가? (판례가 있을 때는 그에 의한다)

> ㉠ 명의수탁된 부동산에 대한 토지수용보상금의 일부를 소비하고, 수용되지 않은 부동산의 반환을 거부한 경우 전체에 대한 포괄일죄가 성립된다.
> ㉡ 주식시세조종 등의 목적으로 자본시장법 제176조와 제178조에 해당하는 수개의 행위를 단일하고 계속된 범의 아래 일정기간 계속하여 반복한 경우, 자본시장법 제176조와 제178조에서 정한 시세조종행위 및 부정거래행위 금지 위반의 포괄일죄가 성립한다.
> ㉢ 포괄일죄의 중간에 다른 종류의 죄의 확정판결이 있을 때에는 확정판결 전후의 범죄는 2개의 범죄로 나누어져 경합범이 된다.
> ㉣ 포괄일죄의 일부를 이루는 사실에 대하여 확정판결이 있는 때에는 다른 사실에 대하여도 기판력이 미친다.
> ㉤ 상습사기의 범행이 단순사기죄의 확정판결의 전후에 걸쳐서 행하여진 경우에는 그 죄는 두 죄로 분리되지 않고 확정판결 후인 최종의 범죄행위 시에 완성되는 것이다.
> ㉥ 무면허운전으로 여러 차례 적발된 경우 도로교통법 위반죄의 포괄일죄가 성립된다.

① 0개 ② 1개 ③ 2개 ④ 3개 ⑤ 4개

✍ **해설** ....

㉠(×) 불가벌적 사후행위나 포괄일죄가 아니고, 경합범이다(대법원 2001.11.27, 2000도3463).
㉡(○) 대법원 2011.10.27, 2011도8109.
㉢(×) 포괄일죄의 중간에 다른 종류의 죄의 확정판결이 끼어 있는 경우에도 그 죄는 2죄로 분리되지 않고 확정판결 후인 최종의 범죄행위시에 완성된다(대법원 2003.8. 22. 2002도5341; 대법원 2002.7.12. 2002도2029).
㉣(○) 대법원 1983.12.13, 83도2609. 다만 전원합의체판결은 상습범의 경우에 확정판결의 기판력이 미치기 위하여는 포괄일죄인 상습범으로 처단되었을 것을 요한다고 한다(대법원 2004.9.16, 2001도3206 전원합의체).
㉤(○) 대법원 2010.7.8, 2010도1939.
㉥(×) 무면허운전으로 인한 도로교통법위반죄에 있어서는 어느 날에 운전을 시작하여 다음날까지 동일한 기회에 일련의 과정에서 계속 운전을 한 경우 등 특별한 경우를 제외하고는 사회통념상 운전한 날을 기준으로 운전한 날마다 1개의 운전행위가 있다고 보는 것이 상당하므로 운전한 날마다 무면허운전으로 인한 도로교통법위반의 1죄가 성립한다고 보아야 할 것이고, 비록 계속적으로 무면허운전을 할 의사를 가지고 여러 날에 걸쳐 무면허운전행위를 반복하였다 하더라도 이를 포괄하여 일죄로 볼 수는 없다(대법원 2002.7.23, 2001도6281). 경합범이라는 취지이다. 〈답 ④〉

19. 다음 포괄일죄에 관한 설명 중 틀린 것만 고른 것은?(다툼이 있는 경우에는 판례에 의함) <법원행시 2012년>

㉮ 포괄일죄로 되는 개개의 범죄행위 가 법 개정의 전후에 걸쳐서 행하여진 경우에는 신·구법의 법정형에 대한 경중을 비교하여 신법의 법정형보다 구법의 법정형이 더 가볍다면 구법을 적용하여 포괄일죄로 처단하여야 한다.
㉯ 포괄일죄로 되는 개개의 범죄행위가 다른 종류의 죄의 확정판결의 전후에 걸쳐서 행하여진 경우에는 그 죄를 2죄로 분리하여 각각 공소시효가 진행된다.
㉰ 컴퓨터로 음란 동영상을 제공한 제1범죄행위로 서버컴퓨터가 압수된 이후 다시 장비를 갖추어 동종의 제2범죄행위를 하고 제2범죄행위로 인하여 약식명령을 받아 확정된 경우, 뒤늦게 기소된 제1범죄행위는 제2범죄행위와 포괄일죄의 관계에 있어 면소판결을 내려야 한다.
㉱ 상습범으로서 포괄적 일죄의 관계에 있는 여러 개의 범죄사실 중 일부에 대하여 유죄판결의 확정판결이 있고, 그 나머지 부분 즉 위 확정판결의 사실심 선고 전에 저질러진 범행이 나중에 기소되었는데, 그 확정판결의 죄명이 상습범이 아닌 기본 구성요건의 범죄로 처단된 경우라 하더라도 그것이 뒤에 기소된 사건과 상습범으로서의 포괄일죄에 해당되는 것으로 판단되면 그 기판력이 그 사실심판결 선고 전의 나머지 범죄에 미친다.

① ㉮ ㉯ ㉰ ② ㉮ ㉯ ㉱ ③ ㉮ ㉰ ㉱

④ ㉯ ㉰ ㉱　　　　⑤ ㉮ ㉯ ㉰ ㉱

해설

㉮(×) 포괄일죄는 하나의 죄로 보기 때문에 마지막 범행이 끝나는 때를 범죄행위의 종료시점으로 본다. 따라서 종료시점인 신법이 적용되어야 한다.
㉯(×) 다른 종류의 죄가 중간에 확정판결이 있었던 경우에는 분리되지 않는다. 동종 범죄가 확정판결이 있어야 분리된다. 이는 이중 평가를 하지 않기 때문이다.
㉰(×) 이미 처벌되었음에도 또 범행을 하였다면 범의의 갱신으로 보아 또 다른 범죄를 처벌한다.
㉱(×) 상습범이 아닌 기본구성요건의 범죄로 처단된 경우라면 상습범으로 판단하지 않았기 때문에 그 기판력이 나머지 범죄에 미치지 않는다. 〈답 ⑤〉

20. 포괄일죄에 관한 다음 기술 중 옳은 것을 모두 고른 것은? (다툼이 있는 경우에는 판례에 의함) <사시 2010년: 배점 3>

> 가. 포괄일죄는 수개의 행위가 포괄적으로 1개의 구성요건에 해당하여 일죄를 구성하는 경우로, 본래 일죄라는 점에서 과형상 일죄와 구별된다.
> 나. 포괄일죄의 범행 도중에 공동정범으로 범행에 가담한 자는 비록 그가 그 범행에 가담할 때에 이미 이루어진 종전의 범행을 알았다 하더라도 그 가담 이후의 범행에 대하여만 공동정범으로 책임을 진다.
> 다. 타인의 사무를 처리하는 자가 여러 사람으로부터 각각 같은 종류의 부정한 청탁과 함께 금품을 받은 행위는, 비록 금품 제공자가 다르다고 하더라도 단일하고도 계속된 범의 아래 일정기간 반복하여 이루어진 것이고 피해법익도 동일하므로 배임수재죄의 포괄일죄에 해당한다.
> 라. 상습절도의 범행을 한 자가 절도 습벽의 발현으로 자동차등불법사용 범행을 함께 저질렀다 하더라도 자동차등불법사용죄와 상습절도죄는 그 보호법익이 다르므로 포괄일죄가 아닌 별개의 범죄를 구성한다.
> 마. 하나의 소송사건에서 동일한 선서하에 수차례에 걸쳐 허위의 감정보고서를 제출하는 경우에 각 감정보고서 제출행위시마다 각각 허위감정죄가 성립하므로 포괄일죄가 아닌 경합범으로 처벌하여야 한다.

① 가　　② 가 나　　③ 가 나 다
④ 가 나 다 라　　⑤ 가 나 다 라 마

해설

가(○) 포괄일죄는 본래 일죄라는 점에서 실질적으로 수죄이지만 처벌만 일죄로 하는 과형상 일죄(상상적 경합)와 차이가 있다. 대법원 1982.11.23, 82도2201 참조 : 포괄일죄라는 것은 일반적으로 각기 따로 존재하는 수개의 행위가 당해 구성요건을 한번 충족하여 본래적으로 일죄라는 것으로 이 수개의 행위가 혹은 흡수되고 혹은 사후행위가 되고 혹은 위법상태가 상당 정도 시간적으로 경과하는 등으로 본래적으로 일죄의 관계가 이루어지는 것이므로 별개의 죄가 따로 성립하지 않음은 물론 과형상의 일죄와도 이 점에서 그 개념 등을 달리하는 것이다.

나(○) 포괄적 일죄의 일부에 공동정범으로 가담한 자는 그가 그때에 이미 이루어진 종전의 범행을 알았다 하여도 그 가담 이후의 범행에 대해서만 공동정범으로서 책임을 진다(대법원 1982.6.8, 82도884).

다(×) 타인의 사무를 처리하는 자가 동일인으로부터 그 직무에 관하여 부정한 청탁을 받고 여러 차례에 걸쳐 금품을 수수한 경우, 그것이 단일하고도 계속된 범의 아래 일정 기간 반복하여 이루어진 것이고 그 피해법익도 동일한 때에는 이를 포괄일죄로 보아야 한다. 다만, 여러 사람으로부터 각각 부정한 청탁을 받고 그들로부터 각각 금품을 수수한 경우에는 비록 그 청탁이 동종의 것이라고 하더라도 단일하고 계속된 범의 아래 이루어진 범행으로 보기 어려워 그 전체를 포괄일죄로 볼 수 없다(대법원 2008.12.11, 2008도6987).

라(×) 상습절도 등의 범행을 한 자가 추가로 자동차등불법사용의 범행을 한 경우에 그것이 절도 습벽의 발현이라고 보이는 이상 자동차등불법사용의 범행은 상습절도 등의 죄에 흡수되어 1죄만이 성립하고 이와 별개로 자동차등불법사용죄는 성립하지 않는다(대법원 2002.4.26, 2002도429).

마(×) 하나의 소송사건에서 동일한 선서 하에 이루어진 법원의 감정명령에 따라 감정인이 동일한 감정명령사항에 대하여 수차례에 걸쳐 허위의 감정보고서를 제출하는 경우에는 각 감정보고서 제출행위시마다 각기 허위감정죄가 성립한다 할 것이나, 이는 단일한 범의 하에 계속하여 허위의 감정을 한 것으로서 포괄하여 1개의 허위감정죄를 구성한다(대법원 2000.11.28, 2000도1089). 〈답 ②〉

21. 포괄일죄 등에 관한 다음 설명 중 틀린 것은? (다툼이 있는 경우에는 판례에 의함) <법원행시 2008년>

① 피해자를 위협하여 항거 불능케 한 후 1회 간음하고 2백 미터쯤 오다가 다시 1회 간음한 경우에 있어 단순일죄로 처단하여야 한다.

② 수개의 업무상 횡령행위라 하더라도 피해법익이 단일하고, 범죄의 태양이 동일하며, 단일 범의의 발현에 기인하는 일련의 행위라고 인정될 때에는 포괄하여 1개의 범죄라고 봄이 타당하고, 포괄일죄의 공소시효는 최종의 범죄행위가 종료한 때부터 진행한다.

③ 검사가 수개의 협박범행을 먼저 기소하고 다시 별개의 협박범행을 추가로 기소하였는데 이를 병합하여 심리하는 과정에서 전후에 기소된 각각의 범행이 모두 포괄하여 하나의 협박죄를 구성하는 것으로 밝혀진 경우, 법원은 추가 기소된 부분에 대하여 공소기각판결을 하여야 한다.

④ 포괄일죄에 있어서는 그 전체 범행의 시기와 종기, 범행방법, 피해자나 상대방, 범행횟수나 피해액의 합계 등을 명시하면 이로써 그 범죄사실은 특정되는 것이다.

⑤ 포괄일죄의 관계에 있는 범행 일부에 관하여 약식명령이 확정된 경우,

약식명령의 발령시를 기준으로 하여 그 전의 범행에 대하여는 면소의 판결을 하여야 하고, 그 이후의 범행에 대하여서만 일개의 범죄로 처벌하여야 한다.

해설 ....

③ 검사가 수개의 협박 범행을 먼저 기소하고 다시 별개의 협박범행을 추가로 기소하였는데 이를 병합하여 심리하는 과정에서 전후에 기소된 각각의 범행이 모두 포괄하여 하나의 협박죄를 구성하는 것으로 밝혀진 경우, 이중기소에 대하여 공소기각판결을 하도록 한 형사소송법 제327조 3호의 취지는 동일사건에 대하여 피고인으로 하여금 이중처벌의 위험을 받지 아니하게 하고 법원이 2개의 실체판결을 하지 아니하도록 함에 있으므로, 위와 같은 경우 법원이 각각의 범행을 포괄하여 하나의 협박죄를 인정한다고 하여 이중기소를 금하는 위 법의 취지에 반하는 것이 아닌 점과 법원이 실체적 경합범으로 기소된 범죄사실에 대하여 그 범죄사실을 그대로 인정하면서 다만 죄수에 관한 법률적인 평가만을 달리하여 포괄일죄로 처단하는 것이 피고인의 방어에 불이익을 주는 것이 아니어서 공소장변경 없이도 포괄일죄로 처벌할 수 있는 점에 비추어 보면, 비록 협박죄의 포괄일죄로 공소장을 변경하는 절차가 없었다거나 추가로 공소장을 제출한 것이 포괄일죄를 구성하는 행위로서 기존의 공소장에 누락된 것을 추가·보충하는 취지의 것이라는 석명절차를 거치지 아니하였다 하더라도, 법원은 전후에 기소된 범죄사실 전부에 대하여 실체판단을 할 수 있고, 추가기소된 부분에 대하여 공소기각판결을 할 필요는 없다(대법원 2007.8.23, 2007도2595).

① 대법원 1970.9.29, 70도1516(피고인의 의사 및 범행시각과 장소로 보아 두 번째의 간음행위는 처음 한 행위의 계속으로 볼 수 있다), ② 대법원 2006.11.9, 2004도4234, ④ 대법원 2007.8.23, 2006도5041, ⑤ 대법원 1994.8.9, 94도1318의 내용이다. 〈답 ③〉

22. 죄수에 관한 판례의 태도 중 옳지 않은 것은?

① 단일하고 계속된 범의하에 동종의 범행을 일정기간 반복하여 행하고 그 피해법익도 동일한 경우에는 각 범행을 통틀어 포괄일죄로 볼 것이나, 이러한 범의의 단일성과 계속성을 인정할 수 없을 때에는 각 범행마다 별개의 죄가 성립하는 것이므로 경합범으로서 처벌하여야 한다.

② 상습상해와 공동공갈이 모두 폭력행위 습벽이 발현되어 저질러진 것이라고 하더라도 폭력행위등처벌에관한법률 위반(공동공갈)죄와 폭력행위등처벌에관한법률 위반(상습상해)죄는 경합범의 관계에 있다.

③ 뇌물을 여러 차례에 걸쳐 수수함으로써 그 행위가 여러 개라 하더라도 그것이 단일하고 계속적 범의에 의하여 이루어지고 동일 법익을 침해한 때에는 포괄일죄에 해당한다.

④ 농업협동조합법상의 호별방문죄는 연속적으로 두 집 이상을 방문함으로써 성립하는 범죄로서 선거운동을 위하여 다수의 조합원을 호별로 방문한 때에는 포괄일죄로 보아야 한다.

⑤ 강도가 동일한 장소에서 동일한 방법으로 시간적으로 접착된 상황에서

수인의 재물을 강취하였다고 하더라도, 수인의 피해자들에게 폭행 또는 협박을 가하여 그들로부터 그들이 각기 점유하고 있는 재물을 각각 강취하였다면, 피해자들의 수에 따라 수개의 강도죄를 구성하는 것이고, 다만 피해자들의 반항을 억압하는 수단인 폭행·협박행위가 사실상 공통으로 이루어졌기 때문에 법률상 1개의 행위로 평가되어 상상적 경합으로 볼 수 있는 경우가 있는 것은 별 문제이다.

해설 ……………………………………

①(○) 단일한 범의의 발동에 의하여 상대방을 기망하고 그 결과 착오에 빠져 있는 동일인으로부터 일정기간 동안 동일한 방법에 의하여 금원을 편취한 경우에는 이를 포괄적으로 관찰하여 일죄로 처단하는 것이 가능할 것이나, 범의의 단일성과 계속성이 인정되지 아니하거나 범행방법이 동일하지 않은 경우에는 각 범행은 실체적 경합범에 해당한다(대법원 2004.6.25, 2004도1751).

②(×) 폭력행위등처벌에관한법률 제2조 1항에서 말하는 '상습'이란 같은 항 각 호에 열거된 각 범죄행위 상호간의 상습성만을 의미하는 것이 아니라, 같은 항 각 호에 열거된 모든 범죄행위를 포괄한 폭력행위의 습벽을 의미하는 것이라고 해석함이 상당하므로, 위와 같은 습벽을 가진 자가 폭력행위등처벌에관한법률 제2조 1항 각 호에 열거된 형법 각 조 소정의 다른 수종의 죄를 범하였다면 그 각 행위는 그 각 호 중 가장 중한 법정형의 상습폭력범죄의 포괄일죄에 해당한다(대법원 2008.8.21, 2008도3657).

③(○) 대법원 1999.1.29, 98도3584.

④(○) 농업협동조합법 제172조 2항, 제50조 2항은 임원이 되려는 자가 정관으로 정하는 기간 중에 선거운동을 위하여 조합원을 호별로 방문하는 행위를 불법 선거운동으로 규정하여 이를 처벌하고 있다. 위 호별방문죄는 … 단일한 선거운동의 목적으로 둘 이상 조합원의 호를 계속해서 방문한 것으로 볼 수 있으면 그 성립이 인정되고, 이와 같이 연속성이 인정되는 각 호별방문행위는 그 전체가 포괄일죄의 관계에 있게 된다(대법원 2010.7.8, 2009도14558).

⑤(○) 피고인이 여관에서 종업원을 칼로 찔러 상해를 가하고 객실로 끌고 들어가는 등 폭행·협박을 하고 있던 중, 마침 다른 방에서 나오던 여관의 주인도 같은 방에 밀어 넣은 후, 주인으로부터 금품을 강취하고, 1층 안내실에서 종업원 소유의 현금을 꺼내 갔다면, 여관 종업원과 주인에 대한 각 강도행위가 각 별로 강도죄를 구성하되 피고인이 피해자인 종업원과 주인을 폭행·협박한 행위는 법률상 1개의 행위로 평가되는 것이 상당하므로 위 2죄는 상상적 경합범 관계에 있다(대법원 1991.6.25, 91도643). 〈답 ②〉

23. 판례의 태도와 일치하지 않는 것들로만 묶은 것은?

㉠ 상습성을 갖춘 자가 여러 개의 죄를 반복하여 저지른 경우에는 각 죄를 별죄로 보아 경합범으로 처단할 것이 아니라 그 모두를 포괄하여 상습범이라는 하나의 죄로 처단하여야 한다.

㉡ 향정신성의약품수수의 죄가 성립한 경우에는 수수한 약품을 투약하기 위하여 소지하는 행위는 수수에 수반되는 불가벌적 수반행위에 해당한다.

㉢ 소속부대 창고에서 보관 중이던 군용미를 2001년부터 2003년까지 8회에 걸쳐 매각하거나 임의로 소비한 때에는 수개의 업무상 횡령행위에 해당한다.
㉣ 선서한 증인이 같은 기일에 여러가지 허위의 진술을 한 때에는 포괄하여 1개의 위증죄를 구성하는 것이지 수개의 위증죄가 성립하는 것은 아니다.
㉤ 직계존속을 폭행하고 상해를 가한 것이 존속에 대한 동일한 폭력습벽의 발현에 의한 것으로 인정될 때에는 상습존속상해죄와 상습존속폭행죄의 경합범이 된다.

① ㉠ ㉡ ② ㉡ ㉣ ③ ㉡ ㉢ ㉣
④ ㉡ ㉢ ㉤ ⑤ ㉢ ㉣ ㉤

해설

㉠(○) 대법원 2004.9.16, 2001도3206 전원합의체.
㉡(×) 대법원은 향정신성의약품수수의 죄가 성립되는 경우에 그 수수행위의 결과로서 그에 당연히 수반되는 향정신성의약품의 소지행위는 수수죄의 불가벌적 수반행위로서 수수죄에 흡수되고 별도의 범죄를 구성하지 않지만(대법원 1990.1.25, 89도1211), 수수한 메스암페타민을 장소를 이동하여 투약하고서 잔량을 은닉하는 방법으로 소지한 행위는 사회통념상 수수행위와는 독립한 별개의 행위를 구성한다고 판시하였다(대법원 1999.8.20, 99도1744). 즉 투약목적으로 소지하는 행위는 수수행위에 당연히 수반되는 불가벌적 수반행위의 범위를 벗어났다는 것이다.
㉢(×) 수개의 업무상 횡령행위라 하더라도 피해법익이 단일하고, 또 범죄의 태양이 동일하며 단일 범의의 발현에 기인하는 일련의 행위라고 인정될 때에는 포괄하여 1개의 범죄라고 봄이 타당하다(대법원 1993.10.12, 93도1512).
㉣(○) 대법원 1990. 2.23, 89도1212.
㉤(×) 직계존속인 피해자를 폭행하고 상해를 가한 것이 존속에 대한 동일한 폭력습벽의 발현에 의한 것으로 인정되는 경우, 그 중 법정형이 더 중한 상습존속상해죄에 나머지 행위들을 포괄시켜 하나의 죄만이 성립한다(대법원 2003.2.28, 2002도7335). 〈답 ④〉

제3절 수 죄

1. 상상적 경합에 관한 설명 중 옳지 않은 것만의 조합은?

㉠ 1개의 행위는 구성요건적 행위가 1개임을 의미한다.
㉡ 결합범이나 결과적 가중범의 실행행위의 일부가 같아도 상상적 경합이 된다.
㉢ 수개의 죄는 이종의 죄에 해당하는 경우뿐만 아니라 동종의 죄에 해당하여도 좋다.
㉣ 수개의 죄는 고의범이건 과실범이건 불문한다.

ⓜ 수 개의 죄 중 무거운 것에 따라 처벌한다.
ⓑ 경한 죄의 필요적 몰수·추징에 관한 규정에 의한 추징은 가능하다.

① 없음 ② ⓛ ③ ⓡ
④ ⓒ ⓡ ⑤ ⓒ ⓜ ⑥ ⓡ ⓑ

해설

모두 옳다. 상상적 경합은 1개의 행위가 수개의 죄에 해당할 때에 인정된다. 상상적 경합에 있어서 1개의 행위는 구성요건의 실행행위가 완전히 같을 때뿐만 아니라 부분적 동일성이 인정되는 경우에도 가능하다. 따라서 결합범이나 결과적 가중범, 목적범 또는 계속범에 있어서 일부의 행위가 같은 경우에도 상상적 경합은 가능하다.
ⓜ 1개의 행위가 수개의 죄에 해당하는 경우에는 가장 중한 죄에 정한 형으로 처벌한다(제40조). ⓑ 상상적 경합의 관계에 있는 사기죄와 변호사법 위반죄에 대하여 형이 더 무거운 사기죄에 정한 형으로 처벌하기로 하면서도, 필요적 몰수·추징에 관한 구 변호사법 제116조, 제111조에 의하여 청탁 명목으로 받은 금품 상당액을 추징한다(대법원 2006. 1.27, 2005도8704). 〈답 ①〉

2. 상상적 경합에 해당하는 것만 모두 묶은 것은? (다툼이 있는 경우에는 판례에 의함)

a. 사람을 살해하여 사체를 유기하였다.
b. 사람을 체포하여 끌고가서 감금하였다.
c. 1개의 고소장의 수인을 무고하였다.
d. 강간을 위한 수단으로 감금하였다.
e. 1개의 폭탄으로 사람을 죽이고 재물을 손괴하였다.
f. 1개의 행위로 여러 집에 불을 내었다.

① a d e ② b e f ③ c d e
④ c e f ⑤ d e f

해설

a(×) 살인죄와 사체유기죄의 경합범이 성립한다(대법원 1997.7.25, 97도1142).
b(×) 포괄하여 한 개의 감금죄가 성립한다.
c(○) 국가적 또는 사회적 법익 가운데 개별적 고유가치를 가진 범죄에 대하여도 법익주체의 수에 상응하는 범죄가 성립하므로 상상적 경합이 성립하며, 따라서 수인의 공무집행을 방해한 경우는 물론 수인의 공무원에게 동시에 증뢰하거나, 수인에게 위증을 교사한 경우, 수개의 문서를 동시에 행사한 때에도 상상적 경합이 성립한다.
d(○) 행위의 부분적 동일성이 인정되어도 1개의 행위가 된다. 따라서 감금이 동시에 강간의 수단이 된 때에는 1개의 행위로 인한 것이므로 상상적 경합이 된다. 그러나 실행행위의 부분적 동일성은 동시성으로 족하지 않으므로 주거침입의 경우에 범한 명예훼손 또는 강간은 주거침입과 1개의 행위라고 할 수 없다. 강간·강도 또는 절도를 범하기 위하여 주거침입한 때에도 행위의 단일성은 인정되지 않으므로 경합범이 될 뿐이다.
e(○) 실행행위가 같은 이상 고의범과 과실범도 1개의 행위가 될 수 있으므로 폭탄을

던져 재물을 손괴하고 과실로 사람을 살해한 때에도 1개의 행위라고 볼 수 있으므로 역시 상상적 경합이다.
f(×) 상상적 경합의 성립요건으로는 행위의 단일성과 수개의 죄라는 두 가지 요건이 필요하므로 사회적 법익을 보호하는 범죄에 있어서 1개의 행위에 의하여 여러 집에 불을 낸 때에는 구성요건적 불법이 양적으로 증가되거나 강화되는 데 지나지 않으므로 1개의 범죄가 성립할 뿐이다. 즉 1개의 방화죄가 성립한다. 〈답 ③〉

3. 상상적 경합범 관계에 있지 않은 것을 모두 조합한 것은? (다툼이 있는 경우에는 판례에 의함)

> ㉠ 위조된 수개의 문서를 일괄하여 행사한 경우
> ㉡ 강도범이 체포를 면하려고 경찰관에게 폭행을 가한 경우
> ㉢ 절도범이 체포를 면하려고 경찰관에게 협박한 경우
> ㉣ 배우자 있는 자들이 상대방에게도 배우자 있는 사실을 인식하면서 서로 간통한 경우
> ㉤ 소주병으로 피해자의 머리를 1회 쳐서 상해를 가하고 또 가위로 피해자를 찔러 죽인다고 협박한 경우
> ㉥ 기념전시회에 참석한 손님들에게 피해자가 공사대금을 주지 않는다는 취지로 소리를 치며 소란을 피운 경우

① ㉡ ② ㉠ ㉣ ③ ㉡ ㉤
④ ㉣ ㉥ ⑤ ㉡ ㉣ ㉤ ⑥ ㉢ ㉣ ㉥

해설

㉠(○) 위조한 수개의 문서의 일괄행사는 상상적 경합관계에 있다(대법원 1956.9.7, 4289형상188).
㉡(×) 실체적 경합.
㉢(○) 절도범이 체포를 면탈할 목적으로 경찰관에게 폭행·협박을 가한 때에는 준강도죄와 공무집행방해죄를 구성하고 양 죄는 상상적 경합관계에 있으나, 강도범이 체포를 면탈할 목적으로 경찰관에게 폭행을 가한 때에는 강도죄와 공무집행방해죄는 실체적 경합관계에 있고 상상적 경합관계에 있는 것이 아니다(대법원 1992.7.28, 92도917).
㉣(○) 제241조 전문과 후문은 주관적 구성요건으로서의 고의의 내용을 달리하므로 배우자 있는 자들이 상대방에게도 배우자가 있음을 인식하면서 서로 간통하는 이른바 이중간통의 경우에는 쌍방 모두 위 전문과 후문에 해당하게 되고, 이는 처분상의 일죄인 상상적 경합의 관계에 있다(대법원 1990.1.25, 89도1317).
㉤(×) 포괄일죄. 위험한 물건인 소주병으로 피해자의 머리를 1회 쳐서 상해를 가하고 또 흉기인 가위로 동 피해자를 찔러 죽인다고 협박을 한 경우 협박행위는 피고인에게 인정된 상해사실과 같은 시간 같은 장소에서 동일한 피해자에게 가해진 것임이 명백하여 달리 특별한 사정이 없는 한 상해의 단일범의 하에서 이루어진 하나의 폭언에 불과하여 위 상해죄에 포함되는 행위라고 봄이 상당하다(대법원 1976.12.14, 76도3375).
㉥(○) 피해자의 기념전시회에 참석한 손님들에게 피해자가 공사대금을 주지 않는다는 취지로 소리를 치며 소란을 피웠다는 업무방해죄와 명예훼손죄는 1개의 행위에 의하여 실현된 경우로서 상상적 경합관계에 있다(대법원 2007.2.23, 2005도10233). 〈답 ③〉

4. 다음 사례에서 각각의 범죄가 상상적 경합범 관계에 있지 않은 것은? (다툼이 있는 경우에는 판례에 의함)

① 피고인이 피해자가 자동차에서 내릴 수 없는 상태에 있음을 이용하여 강간하려고 결의하고, 주행중인 자동차에서 탈출불가능하게 하여 외포케 하고 50킬로미터를 운행하여 여관 앞까지 강제연행한 후 강간하려다 미수에 그친 경우, 감금죄와 강간미수죄 사이

② 여관에서 종업원을 칼로 위협하고 객실로 끌고 들어가는 등 폭행·협박을 하고 있던 중, 마침 다른 방에서 나오던 여관의 주인도 같은 방에 밀어 넣은 후 주인의 금품을 강취하고 여관 안내실에서 종업원의 현금을 꺼내 간 경우, 주인과 종업원에 대한 각각의 특수강도죄 사이

③ 강도가 한 개의 강도범행을 하는 기회에 두 명의 피해자에게 각각 폭행을 가하여 각각 상해를 입힌 경우, 각각의 강도상해죄 사이

④ 업무상 과실로 인하여 교량을 손괴하여 자동차의 교통을 방해하고 그 결과 자동차를 추락시킨 경우, 업무상 과실일반교통방해죄와 업무상 과실자동차추락죄 사이

⑤ 재물을 강취한 후 피해자를 살해할 목적으로 집에 불을 질러 사망케 한 경우, 강도살인죄와 현주건조물방화치사죄 사이

해설

①(○) 대법원 1983.4.26, 83도323.
②(○) 대법원 1991.6.25, 91도643.
③(×) 강도가 한 개의 강도범행을 하는 기회에 수명의 피해자에게 각 폭행을 가하여 각 상해를 입힌 경우에는 각 피해자별로 수개의 강도상해죄가 성립하며 이들은 실체적 경합범의 관계에 있다(대법원 1987.5.26, 87도527).
④(○) 업무상 과실로 인하여 교량을 손괴하여 자동차의 교통을 방해하고 그 결과 자동차를 추락시킨 경우에는 구 형법 제189조 2항, 제185조 소정의 업무상 과실일반교통방해죄와 같은 법 제189조 2항, 제187조 소정의 업무상 과실자동차추락죄가 성립하고, 위 각 죄는 형법 제40조 소정의 상상적 경합관계에 있다(대법원 1997.11.28, 97도1740).
⑤(○) 대법원 1998.12.8, 98도3416. 〈답 ③〉

5. 판례의 태도와 부합하지 않은 것은?

① 운전면허 없이 혈액 1밀리미터당 3.1밀리그램의 술에 취한 상태에서 자동차를 운전한 경우, 도로교통법상 무면허운전행위와 주취운전행위는 상상적 경합관계에 있다.

② 예금주인 현금카드 소유자를 협박하여 그 카드를 갈취한 다음 피해자의 승낙에 의하여 현금카드를 이용하여 현금자동지급기에서 현금을 인출한 경우 공갈죄와는 별도로 절도죄를 구성한다.

③ 강취한 현금카드를 사용하여 현금자동지급기에서 예금을 인출한 경우

강도죄와는 별도로 절도죄를 구성한다.

④ 상상적 경합관계에 있는 2개의 죄 중 형이 더 무거운 죄에 정한 형으로 처벌하면서도, 가벼운 죄에 대하여 징역형과 벌금형을 병과할 수 있도록 규정한 조항에 의하여 벌금형을 병과한 조치는 정당하다.

⑤ 예비군중대장이 그 소속예비군으로부터 금원을 교부받고 그 예비군이 예비군훈련에 불참하였음에도 불구하고 참석한 것처럼 허위내용의 중대학급편성명부를 작성·행사한 경우, 수뢰후부정처사죄 외에 별도로 허위공문서작성 및 동행사죄가 성립하고 이들 죄와 수뢰후부정처사죄는 각각 상상적 경합관계에 있다.

해설 ……………………………………

①(○) 무면허운전행위와 주취운전행위는 상상적 경합관계에 있다(대법원 1987.2.24, 86도2731).

②(×) 포괄하여 하나의 공갈죄를 구성한다(대법원 2007.5.10, 2007도1375).

③(○) 강취한 현금카드를 사용하여 현금자동지급기에서 예금을 인출한 행위는 피해자의 승낙에 기한 것이라고 할 수 없으므로, 현금자동지급기 관리자의 의사에 반하여 그의 지배를 배제하고 그 현금을 자기의 지배하에 옮겨 놓는 것이 되어서 강도죄와는 별도로 절도죄를 구성한다(대법원 2007.5.10, 2007도1375).

④(○) 대법원 2008.12.24, 2008도9169.

⑤(○) 허위공문서작성죄와 동행사죄가 수뢰후부정처사죄와 각각 상상적 경합관계에 있을 때에는 허위공문서작성죄와 동행사죄 상호간은 실체적 경합범 관계에 있다고 할지라도 상상적 경합범 관계에 있는 수뢰후부정처사죄와 대비하여 가장 중한 죄에 정한 형으로 처단하면 족한 것이고 따로이 경합가중을 할 필요가 없다'고 판시하고 있는바, 이는 연결효과에 의한 상상적 경합은 부정하면서 그 처벌은 상상적 경합의 예에 따르고 있다.

〈답 ②〉

6. 상상적 경합범에 관한 설명 중 옳지 않은 것은? (다툼이 있는 경우에는 판례에 의함) <변호사 2012년>

① 작위범인 허위공문서작성죄와 부작위범인 직무유기죄가 상상적 경합관계에 있는 경우, 작위범인 허위공문서작성죄로 기소하지 않고 부작위범인 직무유기죄로만 기소할 수 있다.

② 공소제기의 효력은 상상적 경합관계에 있는 죄의 전부에 미치고, 상상적 경합관계에 있는 죄들 중 일부의 죄에 대하여 형을 선고한 판결이 확정되면 기판력은 다른 죄에도 미친다.

③ 상상적 경합관계에 있는 죄들 중 일부에 대해 무죄가 선고되어 검사만 상고한 경우, 무죄부분의 유·무죄 여하에 따라 처단할 죄목과 양형이 다르므로 상고심은 유죄부분도 함께 심판대상으로 하여야 한다.

④ 상상적 경합관계에 있는 죄들 중 일부의 죄에 대해 공소시효가 완성되

었다고 하여 그 죄와 상상적 경합관계에 있는 다른 죄의 공소시효까지 완성되는 것은 아니다.

⑤ 상상적 경합관계에 있는 수죄에 대하여 모두 무죄가 선고되었고, 검사가 그 전부에 대하여 상고하였으나 그중 일부에 대하여는 상고이유로 삼지 않았다고 하더라도 상고심에 전부 이심되며 상고심으로서는 그 무죄부분까지 나아가 판단하여야 한다.

해설

①(○) 하나의 행위가 부작위범인 직무유기죄와 작위범인 허위공문서작성·행사죄의 구성요건을 동시에 충족하는 경우, 공소제기권자는 재량에 의하여 작위범인 허위공문서작성·행사죄로 공소를 제기하지 않고 부작위범인 직무유기죄로만 공소를 제기할 수 있다(대법원 2008.2.14, 2005도4202).

②(○) 동일인 한도초과 대출로 상호저축은행에 손해를 가하여 상호저축은행법 위반죄와 업무상배임죄가 모두 성립한 경우, 두 죄는 형법 제40조에서 정한 상상적 경합관계에 있고, 형법 제40조의 상상적 경합관계의 경우에는 그 중 1죄에 대한 확정판결의 기판력은 다른 죄에 대하여도 미친다(대법원 2011.2.24, 2010도13801).

③(○) 상상적경합관계에 있는 무죄 부분에 대하여 검사가 상고함으로써 그 유죄 부분은 그 무죄 부분의 유·무죄 여하에 따라서 처단될 죄목과 양형을 좌우하게 되므로, 결국 그 유죄 부분도 함께 상고심의 판단대상이 된다(대법원 2005.1.27, 2004도7488).

④(○) 변호사법 위반죄의 공소시효가 완성되었다고 하여 그 죄와 상상적 경합관계에 있는 사기죄의 공소시효까지 완성되는 것은 아니다(대법원 2006.12.8, 2006도6356).

⑤(×) 상상적 경합 관계에 있는 수죄에 대하여 모두 무죄가 선고되었고, 이에 검사가 무죄 부분 전부에 대하여 상고하였으나 그 중 일부 무죄 부분(A)에 대하여는 이를 상고이유로 삼지 않은 경우, 비록 상고이유로 삼지 아니한 무죄 부분(A)도 상고심에 이심되지만 그 부분은 이미 당사자 간의 공격방어의 대상으로부터 벗어나 사실상 심판대상에서 이탈하게 되므로, 상고심으로서도 그 무죄 부분에까지 나아가 판단할 수 없다. 따라서 상고심으로부터 다른 무죄 부분(B)에 대한 원심판결이 잘못되었다는 이유로 사건을 파기환송 받은 원심은 그 무죄 부분(A)에 대하여 다시 심리·판단하여 유죄를 선고할 수 없다(대법원 2008.12.11, 2008도8922). 〈답 ⑤〉

7. <보기> 사례 중 판례가 상상적 경합이라고 판단한 경우들만으로 묶인 것은? <사시 2007년: 배점 2>

〈보기〉

㉠ 공무원이 취급하는 사건에 관하여 청탁 또는 알선을 할 의사와 능력이 없음에도 청탁 또는 알선을 한다고 기망하고 금품을 교부받은 경우 사기죄와 변호사법 위반죄

㉡ 위조통화를 행사하여 재물을 불법영득한 경우 위조통화행사죄와 사기죄

㉢ 공무원이 직무에 관하여 기망수단으로 재물을 교부받은 경우 사기죄와 수뢰죄

㉣ 피해자를 강제로 승용차에 태우고 가면서 주먹으로 피해자를 때려

반항을 억압한 후 현금 35만원을 빼앗고 피해자에게 안면부 타박상을 입힌 후, 계속하여 15km 정도를 진행하다가 내려준 경우 감금죄와 강도상해죄

㉤ 사람을 살해할 목적으로 현주건조물에 방화하여 사망에 이르게 한 경우 현주건조물방화치사죄와 살인죄

㉥ 모 기관을 비방할 목적으로 출판물에 의하여 공연히 허위의 사실을 적시·유포함으로써 업무를 방해한 경우 출판물에 의한 명예훼손죄와 업무방해죄

① ㉠ ㉢ ㉣ ② ㉠ ㉢ ㉤ ③ ㉠ ㉢ ㉥
④ ㉡ ㉢ ㉥ ⑤ ㉢ ㉣ ㉤ ⑥ ㉢ ㉤ ㉥

해설

㉠(○) 대법원 2006.1.27, 2005도8704 상상적 경합 인정.

㉡(×) 통화위조죄에 관한 규정은 공공의 거래상의 신용 및 안전을 보호하는 공공적인 법익을 보호함을 목적으로 하고 있고, 사기죄는 개인의 재산법익에 대한 죄이어서 양 죄는 그 보호법익을 달리하고 있으므로 위조통화를 행사하여 재물을 불법영득한 때에는 위조통화행사죄와 사기죄의 양 죄가 성립된다(대법원 1979.7.10, 79도840).

㉢(○) 대법원 1977.6.7, 77도1069 상상적 경합 인정.

㉣(×) 감금행위가 단순히 강도상해 범행의 수단이 되는 데 그치지 아니하고 강도상해의 범행이 끝난 뒤에도 계속된 경우에는 1개의 행위가 감금죄와 강도상해죄에 해당하는 경우라고 볼 수 없고, 이 경우 감금죄와 강도상해죄는 형법 제37조의 경합범 관계에 있다(대법원 2003.1. 10, 2002도4380).

㉤(×) 형법 제164조 후단이 규정하는 현주건조물방화치사상죄는 그 전단이 규정하는 죄에 대한 일종의 가중처벌 규정으로서 과실이 있는 경우뿐만 아니라, 고의가 있는 경우에도 포함된다고 볼 것이므로 사람을 살해할 목적으로 현주건조물에 방화하여 사망에 이르게 한 경우에는 현주건조물방화치사죄로 의율하여야 하고 이와 더불어 살인죄와의 상상적 경합범으로 의율할 것은 아니다(대법원 1996.4.26, 96도485).

㉥(○) 대법원 1993.4.13, 92도3035 상상적 경합 인정. 〈답 ③〉

8. 죄수에 관한 설명 중 판례의 태도와 일치하지 않는 것은?

① 부녀를 폭행하여 시계와 핸드백을 빼앗고 이어서 강간하려다가 반항하자 뺨을 때리고 목을 조르는 등 반항을 제지하려고 하였으나 상처만 입히고 실패한 경우, 강도강간미수죄와 상해죄의 상상적 경합관계가 성립한다.

② 자동차 운전자가 업무상 과실로 사람을 상해에 이르게 함과 동시에 물건을 손괴하고 도주한 경우, 특정범죄가중처벌등에관한법률위반(도주차량)죄 및 물건 손괴 후 필요한 조치를 취하지 아니함으로 인한 도로교통법 제106조 소정의 죄는 상상적 경합관계에 있다.

③ 무허가 카지노영업으로 인한 관광진흥법 위반죄와 도박개장죄는 상상적

경합관계에 있다.

④ 두 명의 경찰관에게 욕설을 하면서 차례로 폭행을 하여 정당한 직무집행을 방해한 경우, 폭행이 동일 장소에서 동일한 기회에 이루어졌으므로 공무집행방해죄는 상상적 경합관계에 있다.

⑤ 경찰관이 검사로부터 범인을 검거하라는 지시를 받고서도 그 직무상의 의무에 따른 적절한 조치를 취하지 아니하고 오히려 범인에게 전화로 도피하라고 권유하여 그를 도피케 한 경우, 범인도피죄만 성립하고 직무유기죄는 따로 성립하지 않는다.

해설 ···

①(×) 강도가 재물강취의 뜻을 재물의 부재로 이루지 못한 채 미수에 그쳤으나 그 자리에서 항거불능의 상태에 빠진 피해자를 간음할 것을 결의하고 실행에 착수했으나 역시 미수에 그쳤더라도, 반항을 억압하기 위한 폭행으로 피해자에게 상해를 입힌 경우에는 강도강간미수죄와 강도치상죄가 성립되고, 이는 1개의 행위가 2개의 죄명에 해당되어 상상적 경합관계가 성립된다(대법원 1988.6.28, 88도820).

②(○) 차의 운전자가 업무상 주의의무를 게을리하여 사람을 상해에 이르게 함과 아울러 물건을 손괴하고도 피해자를 구호하는 등 도로교통법 제50조 1항의 규정에 의한 조치를 취하지 아니한 채 도주한 때에는, 특정범죄가중처벌등에관한법률 위반죄와 물건손괴 후 필요한 조치를 취하지 아니함으로 인한 도로교통법 제106조 소정의 죄는 1개의 행위가 수개의 죄에 해당하는 상상적 경합범의 관계에 있다(대법원 1993.5.11, 93도49).

③(○) 무허가 카지노영업으로 인한 관광진흥법 위반죄와 도박개장죄는 상상적 경합관계에 있다(대법원 2009.12.10, 2009도11151).

④(○) 대법원 2009.6.25, 2009도3505.

⑤(○) 범인을 도피케 하여 직무를 유기한 때에는 작위범인 범인도피죄만 성립하고 부작위범인 직무유기죄는 따로 성립하지 않는다고 한다(대법원 1996.5.10, 96도51). 〈답 ①〉

9. 상상적 경합관계에 대한 다음 설명 중 옳지 않은 것은? (다툼이 있는 경우에는 판례에 의함)

① 동일인 한도초과 대출로 상호저축은행에 손해를 가하여 상호저축은행법 위반죄와 업무상 배임죄가 모두 성립한 경우, 두 죄는 형법 제40조에서 정한 상상적 경합관계에 있다.

② 검사가 긴급체포 등 강제처분의 적법성에 의문을 갖고 대면조사를 위한 피의자 인치를 2회에 걸쳐 명하였으나 사법경찰관이 이행하지 경우, 인권옹호직무명령불준수죄와 직무유기죄가 모두 인정되고 두 죄는 상상적 경합관계에 있다.

③ 구 전자금융거래법에서 규정하는 접근매체 양도죄의 경우, 하나의 행위로 수개의 접근매체를 한꺼번에 양도하였다면 하나의 행위로 수개의 전자금융거래법 위반죄를 범한 상상적 경합관계에 해당한다.

④ 음주 또는 약물의 영향으로 정상적인 운전이 곤란한 상태에서 자동차를

운전하여 사람을 상해에 이르게 함과 동시에 다른 사람의 재물을 손괴한 경우, 특정범죄가중처벌등에관한법률위반(위험운전치사상)죄와 업무상과실 재물손괴로 인한 도로교통법 위반죄가 성립하고, 두 죄는 상상적 경합관계에 있다.

⑤ 영리를 목적으로 무면허의료행위를 업으로 하는 자가 일부 돈을 받지 아니하고 무면허 의료행위를 한 경우, 보건범죄단속에관한특별조치법 위반죄와 의료법 위반죄는 상상적 경합관계에 있다.

해설

①(○) 동일인 한도초과 대출로 상호저축은행에 손해를 가하여 상호저축은행법 위반죄와 업무상 배임죄가 모두 성립한 경우, 두 죄는 형법 제40조에서 정한 상상적 경합관계에 있고, 형법 제40조의 상상적 경합관계의 경우에는 그 중 1죄에 대한 확정판결의 기판력은 다른 죄에 대하여도 미친다(대법원 2011.2.24, 2010도13801).

②(○) 형법 제139조에 규정된 인권옹호직무명령불준수죄와 형법 제122조에 규정된 직무유기죄의 각 구성요건과 보호법익 등을 비교하여 볼 때, 인권옹호직무명령불준수죄가 직무유기죄에 대하여 법조경합 중 특별관계에 있다고 보기는 어렵고 양 죄를 상상적 경합관계로 보아야 한다(대법원 2010.10.28, 2008도11999).

③(○) 구 전자금융거래법에서 규정하는 접근매체 양도죄는 각각의 접근매체마다 1개의 죄가 성립하는 것이고, 다만 수개의 접근매체를 한꺼번에 양도한 행위는 하나의 행위로 수개의 전자금융거래법 위반죄를 범한 경우에 해당하여 각 죄는 상상적 경합관계에 있다(대법원 2010.3.25, 2009도1530).

④(○) 음주 또는 약물의 영향으로 정상적인 운전이 곤란한 상태에서 자동차를 운전하여 사람을 상해에 이르게 함과 동시에 다른 사람의 재물을 손괴한 때에는 특정범죄가중처벌등에관한법률위반(위험운전치사상)죄 외에 업무상과실 재물손괴로 인한 도로교통법 위반죄가 성립하고, 위 두 죄는 1개의 운전행위로 인한 것으로서 상상적 경합관계에 있다(대법원 2010.1.14, 2009도10845).

⑤(×) 보건범죄단속에관한특별조치법 위반죄의 1죄만이 성립한다고 보았다. 무면허의료행위는 그 범죄의 구성요건의 성질상 동종범죄의 반복이 예상되는 것이므로 반복된 수개의 행위는 포괄적으로 한 개의 범죄를 구성하는 점, 영리를 목적으로 무면허의료행위를 업으로 한 자가 일부 돈을 받지 않고 무면허의료행위를 한 경우에 그 행위에 대한 평가는 이미 보건범죄단속에관한특별조치법 위반죄의 구성요건적 평가에 포함되어 있다고 보는 것이 타당한 점, … 영리를 목적으로 무면허의료행위를 업으로 하는 자가 일부 돈을 받지 아니하고 무면허의료행위를 한 경우에도 보건범죄단속에관한특별조치법 위반죄의 1죄만이 성립하고 별개로 의료법 위반죄를 구성하지 않는다(대법원 2010.5.13, 2010도2468).

〈답 ⑤〉

10. 甲은 강도죄를 저지르고 지명수배중인 상태에서 자신을 체포하려는 경찰관에게 상해를 가하여 공무집행을 방해하였다. 그 처단형의 범위는? (단, 유기징역형을 선택하고, 다른 가중·감경사유는 없는 것으로 하며, 다툼이 있는 경우에는 판례 및 다수설에 의함)

※강도죄: 3년 이상의 유기징역, 강도상해죄: 무기 또는 7년 이상의 징역, 공무집행방해죄: 5년 이하의 징역(징역형 외에는 생략), 상해죄: 7년 이하의 징역(징역형 외에

는 생략)

① 7년 이상 15년 이하의 징역 ② 22년 이하의 징역
③ 22년 6월 이하의 징역 ④ 3년 이상 37년 이하의 징역
⑤ 3년 이상 45년 이하의 징역

해설 ··

甲은 강도죄, 상해죄 및 공무집행방해죄를 범하였고, 상해죄와 공무집행방해죄는 상상적 경합관계에 있다. 우선 공무집행방해죄와 상해죄의 상상적 경합의 경우, 상한은 형법 제40조에 의하여 중한 죄인 상해죄의 형으로 처벌하므로 甲에게는 1월 이상 7년 이하의 징역형이 성립한다. 그리고 강도죄와의 실체적 경합관계에 의해 상한은 중한 죄인 강도죄에 정한 장기 30년 이하의 형에 2분의 1을 가중하면 45년 이하의 형이 성립하고, 형법 제38조 1항 2호 본문에 의하여 각 죄에 정한 형의 장기 또는 다액을 합산한 형기 또는 액수를 초과할 수 없으므로 37년을 초과할 수 없다. 개정된 형법 제42조에 의하면 유기는 1월 이상 30년 이하로 한다. 단, 유기징역 또는 유기금고에 대하여 형을 가중하는 때에도 50년까지로 한다. 하한은 대법원 판례의 전체적 대조주의에 의하여 1월보다 더 중한 3년(강도죄)이 되므로 甲에게는 3년 이상 37년 이하 징역형의 범위에서 처단형이 결정된다. 〈답 ④〉

11. 경합범에 관한 다음 설명 중 옳은 것은?

① A는 甲죄와 乙죄를 범한 것으로 공소제기되었으나 항소심에서 이미 공소제기된 丙죄가 병합심리되었다. 甲 · 乙 · 丙죄는 모두 경합범이 된다.
② 甲죄와 乙죄의 중간에 벌금형의 확정판결이 있는 丙죄가 있는 경우에 甲죄와 乙죄는 경합범이 아니다.
③ 순차로 범한 甲죄와 乙죄가 있을 때 乙죄에 대하여 징역형을 선고한 확정판결이 있은 후에 甲죄가 발각된 때에는 甲죄와 乙죄는 경합범이 되지 않는다.
④ 포괄일죄의 중간에 다른 종류의 죄의 확정판결이 있을 때에도 확정판결을 받은 죄와 그 포괄일죄는 경합범이 된다.
⑤ 경합범 중 甲죄에 대하여 사형을 선택한 때에 乙죄에 대하여 벌금형을 선택할 때에는 병과할 수 있다.

해설 ··

①(○) 수개의 죄가 모두 판결이 확정되지 아니한 죄인 경우 그것이 같이 판결될 상태에 있으면 동시적 경합범이 될 수 있으므로 1심에서 별도로 판결된 수죄일지라도 항소심에서 병합심리한 때에는 동시적 경합범이 된다.
②(×) 금고 이상의 형을 선고한 판결이 확정된 죄와 그 판결확정 전에 범한 죄를 사후적 경합범이라고 한다. 따라서 이 경우 판결확정 전후의 죄는 서로 경합범이 되지 않는다. 그러나 중간에 벌금형의 확정판결이 있는 甲죄와 乙죄는 경합범이다.
③(×) 甲죄와 乙죄는 사후적 경합범에 해당한다.
④(×) 죄를 범한 시기는 범죄의 종료시를 기준으로 한다. 따라서 포괄일죄의 중간에 확

정판결이 있을지라도 그 범죄는 확정판결 후에 종료되었으므로 그 판결확정 전에 범한 죄가 될 수 없다. 즉 경합범이 될 수 없다. 이는 원래 1개인 죄가 확정판결에 의하여 2죄로 나누어질 수는 없기 때문이다(대법원 2002.7.12, 2002도2029).
⑤(×) 가장 중한 죄에 정한 형이 사형 또는 무기징역이나 무기금고인 때에는 가장 중한 죄에 정한 형으로 처벌한다(제38조 1항 1호). 즉 병과할 수 있는 것이 아니라 흡수주의가 적용된다. 〈답 ①〉

12. 甲은 2005년 한 해 동안 다음과 같은 범행을 저지르거나 판결을 받았다. 甲이 범한 범죄 중 형법 제37조의 경합범으로 보기 어려운 것은?

① 3월 1일 징역형을 선고한 판결이 확정된 공문서위조죄와 그 이전인 1월 3일에 범한 사문서위조죄 상호간
② 4월 3일에 범한 야간주거침입절도죄와 4월 7일에 범한 상해죄에 대하여 동시에 판결을 받을 경우 각 죄 상호간
③ 3월 1일 공문서위조죄에 관한 징역형을 선고한 판결이 확정되기 이전인 1월 3일에 범한 사문서위조죄와 그 이후인 4월 7일에 범한 상해죄 상호간
④ 1월 3일에 범한 사문서위조죄로 7월 1일 징역형을 선고한 판결을 받아 그 무렵 그 판결이 확정되었으나, 4월 3일에 범한 야간주거침입절도죄가 그 이후에 발각되어 판결을 받음에 있어, 그 사문서위조죄와 야간주거침입절도죄 상호간
⑤ 4월 3일에 범한 야간주거침입절도죄에 대하여 9월 1일 제1심 판결을 받은 후 항소한 상태에서, 4월 7일에 범한 상해죄가 발각되어 제1심 판결을 받고 항소하여 항소심에서 위 두 사건을 병합하여 11월 3일 선고공판을 하게 되었는데 그 이전인 9월 8일 별도로 금고형이 선고된 교통사고처리특례법 위반사건이 확정되었을 경우, 위 교통사고처리특례법 위반죄와 야간주거침입절도죄 및 상해죄 상호간

해설 ··

③ 확정판결 전에 저지른 범죄와 확정판결 후에 저지른 범죄는 형법 제37조에서 말하는 경합범관계에 있는 것이 아니다(대법원 1970.12.22, 70도2271).
①④⑤ 사후적 경합범, ② 동시적 경합범이다. 〈답 ③〉

13. 다음 (　) 속 범죄가 실체적 경합에 해당하지 않는 것은? (다툼이 있는 경우에는 판례에 의함)

① 甲과 乙에 대하여 각기 칼을 휘둘러 甲을 사망에 이르게 하고, 乙에 대하여는 상처를 입혔다. (상해치사죄와 상해죄)
② 장시간에 걸쳐 집단적으로 본부장실을 점거하고 구호를 제창하는 등의 위력을 행사하는 방법으로 업무를 방해하는 과정에서 그 소란의 일환으

로 공동으로 재물을 손괴하였다. (업무방해죄와 공동재물손괴죄)

③ 甲이 乙 명의의 신용카드를 부정사용하여 현금자동인출기에서 현금을 인출하고 그 현금을 취득하였다. (신용카드부정사용죄와 절도죄)

④ 甲은 법원을 기망하여 승소판결을 받고 그 확정판결에 기하여 소유권이전등기를 경료하였다. (사기죄와 공정증서원본 부실기재죄)

⑤ 회사 명의의 합의서를 임의로 작성·교부하여 회사에 재산상 손해를 가하였다. (사문서위조죄·동 행사죄와 업무상 배임죄)

해설

①(○) 두 사람에 대하여 각기 칼을 휘둘러 한 사람을 사망에 이르게 하고, 또 한 사람에 대하여는 상처를 입게 한 경우에는 상해치사죄와 상해죄의 두 죄가 성립한다(대법원 1981.5.26, 81도811).

②(○) 공동재물손괴의 범행은 업무방해의 과정에서, 그 소란의 일환으로 저지른 것이기는 하지만, 양 죄는 피해자가 다를 뿐 아니라, 업무방해의 범행은 공동재물손괴의 범행 외에 장시간에 걸쳐 집단적으로 한국철도공사 사업본부장실을 점거하고 구호를 제창하는 등의 위력을 행사하는 방법으로 저지른 것이어서 행위의 태양이 다르다고 할 것이고, 따라서 양 죄는 실체적 경합범의 관계에 있다(대법원 2007.5.11, 2006도9478).

③(○) 甲이 乙 명의의 신용카드를 부정사용하여 현금자동인출기에서 현금을 인출하고 그 현금을 취득까지 한 행위는 여신전문금융업법 제70조의 신용카드부정사용죄에 해당할 뿐 아니라 그 현금을 취득함으로써 현금자동인출기 관리자의 의사에 반하여 그의 지배를 배제하고 그 현금을 자기의 지배하에 옮겨놓는 것이 되므로 별도로 절도죄를 구성하고, 위 양 죄의 관계는 그 보호법익이나 행위태양이 전혀 달라 실체적 경합관계에 있다(대법원 1995.7.28, 95도997).

④(○) 법원을 기망하여 승소판결을 받고 그 확정판결에 의하여 소유권이전등기를 경료한 경우에는 사기죄와 별도로 공정증서원본 부실기재죄가 성립하고 양 죄는 실체적 경합범 관계에 있다(대법원 1983.4.26, 83도188).

⑤(×) 회사 명의의 합의서를 임의로 작성·교부한 행위에 대하여 약식명령이 확정된 사문서위조 및 그 행사죄의 범죄사실과 그로 인하여 회사에 재산상 손해를 가하였다는 업무상 배임의 공소사실은 그 객관적 사실관계가 하나의 행위이므로 1개의 행위가 수개의 죄에 해당하는 경우로서 형법 제40조에 정해진 상상적 경합관계에 있다(대법원 2009.4.9, 2008도5634).

〈답 ⑤〉

14. 죄수에 관한 설명 중 옳지 않은 것을 조합한 것은? (다툼이 있는 경우에는 판례에 의함)

ㄱ 절도범이 체포를 면탈할 목적으로 체포하려는 여러 명의 피해자에게 같은 기회에 폭행을 가하여 그 중 1인에게만 상해를 가하였다면 하나의 강도상해죄만 성립한다.

ㄴ 주취운전과 음주측정불응의 각 도로교통법 위반죄는 실체적 경합관계에 있다.

ㄷ 강도가 시간적으로 접착된 상황에서 가족들에게 폭행을 가하여 집안

에 있는 재물을 탈취한 경우, 그 재물이 가족의 공동점유 하에 있다면 단일한 강도죄가 성립한다.
㉣ 대마취급자가 아닌 자가 절취한 대마를 흡입할 목적으로 소지하는 행위는 절도죄의 불가벌적 사후행위로서 따로 처벌되지 아니한다.
㉤ 직무를 집행하는 공무원에 대하여 위험한 물건을 휴대하여 고의로 상해를 가한 경우에는 특수공무방해치상죄만 성립한다.
㉥ 슈퍼마켓 사무실에서 식칼로 피해자를 협박한 죄와 연이어 매장을 돌면서 손님을 몰아내어 영업을 방해한 죄는 실체적 경합이 된다.

① ㉠　② ㉣　③ ㉠ ㉣
④ ㉡ ㉢　⑤ ㉡ ㉤　⑥ ㉢ ㉣ ㉥

해설

㉠(○) 절도범이 체포를 면탈할 목적으로 체포하려는 여러 명의 피해자에게 같은 기회에 폭행을 가하여 그 중 1인에게만 상해를 가하였다면 포괄하여 하나의 강도상해죄만 성립한다(대법원 2001.8.21, 2001도3447).
㉡(○) 주취운전은 도로교통법 시행령이 정한 기준 이상으로 술에 '취한' 자가 행위의 주체인 반면, 음주측정거부는 술에 취한 상태에서 자동차 등을 운전하였다고 인정할 만한 상당한 이유가 있는 자가 행위의 주체인 것이어서, 결국 양자가 반드시 동일한 법익을 침해하는 것이라거나 주취운전의 불법과 책임내용이 일반적으로 음주측정거부의 그것에 포섭되는 것이라고는 단정할 수 없으므로, 결국 주취운전과 음주측정거부의 각 도로교통법 위반죄는 실체적 경합관계에 있는 것으로 보아야 한다(대법원 2004.11.12, 2004도5257).
㉢(○) 대법원 1996.7.30, 96도1285.
㉣(×) 대마취급자가 아닌 자가 절취한 대마를 흡입할 목적으로 소지하는 행위는 절도죄의 보호법익과는 다른 새로운 법익을 침해하는 행위이므로 절도죄의 불가벌적 사후행위가 아니고, 절도죄와 무허가대마소지죄는 경합범의 관계에 있다(대법원 1999.4.13, 98도3619).
㉤(○) 직무를 집행하는 공무원에 대하여 위험한 물건을 휴대하여 고의로 상해를 가한 경우에는 특수공무집행방해치상죄만 성립할 뿐, 이와는 별도로 폭력행위등처벌에관한법률위반(집단 · 흉기등상해)죄를 구성하지 않는다(대법원 2008.11.27, 2008도7311).
㉥(○) 대법원 1991.1.29, 90도2445. 〈답 ②〉

15. 죄수관계에 관한 설명 중 옳은 것을 모두 고른 것은? (다툼이 있는 경우에는 판례에 의함) <변호사 2012년>

가. 위조통화를 행사하여 상대방으로부터 재물을 편취한 경우, 위조통화행사죄와 사기죄는 실체적 경합관계에 있다.
나. 차의 운전자가 음주의 영향으로 정상적인 운전이 곤란한 상태에서의 운전 중 교통사고로 사람에게 상해를 입게 하여 특정범죄가중처벌등에관한법률위반(위험운전치사상)죄와 도로교통법위반(음주운전)죄가 성립한 경우, 양 죄는 실체적 경합관계에 있다.

다. 타인의 사무를 처리하는 자가 본인을 기망하여 재물을 교부받은 경우, 사기죄만 성립한다.
라. 국립병원 의사가 허위의 진단서를 작성한 경우, 허위진단서작성죄와 허위공문서 작성죄의 상상적 경합에 해당한다.
마. 공무원이 직무집행을 빙자하여 타인의 재물을 갈취한 경우, 공갈죄만 성립한다.

① 가 나 마 ② 가 다 마 ③ 나 다 라
④ 나 라 마 ⑤ 다 라 마

해설

가(○) 통화위조죄에 관한 규정은 공공의 거래상의 신용 및 안전을 보호하는 공공적인 법익을 보호함을 목적으로 하고 있고, 사기죄는 개인의 재산법익에 대한 죄이어서 양 죄는 그 보호법익을 달리하고 있으므로 위조통화를 행사하여 재물을 불법영득한 때에는 위조통화행사죄와 사기죄의 양 죄가 성립된다(대법원 1979.7.10, 79도840).

나(○) 음주로 인한 특정범죄가중처벌 등에 관한 법률 위반(위험운전치사상)죄와 도로교통법 위반(음주운전)죄는 입법 취지와 보호법익 및 적용영역을 달리하는 별개의 범죄이므로, 양 죄가 모두 성립하는 경우 두 죄는 실체적 경합관계에 있다(대법원 2008.11.13, 2008도7143).

다(×) 업무상 배임행위에 사기행위가 수반된 때의 죄수 관계에 관하여 보면, 사기죄는 사람을 기망하여 재물의 교부를 받거나 재산상의 이익을 취득하는 것을 구성요건으로 하는 범죄로서 임무위배를 그 구성요소로 하지 아니하고 사기죄의 관념에 임무위배 행위가 당연히 포함된다고 할 수도 없으며, 업무상 배임죄는 업무상 타인의 사무를 처리하는 자가 그 업무상의 임무에 위배하는 행위로써 재산상의 이익을 취득하거나 제3자로 하여금 이를 취득하게 하여 본인에게 손해를 가하는 것을 구성요건으로 하는 범죄로서 기망적 요소를 구성요건의 일부로 하는 것이 아니어서 양 죄는 그 구성요건을 달리하는 별개의 범죄이고 형법상으로도 각각 별개의 장에 규정되어 있어, 1개의 행위에 관하여 사기죄와 업무상배임죄의 각 구성요건이 모두 구비된 때에는 양 죄를 법조경합 관계로 볼 것이 아니라 상상적 경합관계로 봄이 상당하다 할 것이고, 나아가 업무상배임죄가 아닌 단순배임죄라고 하여 양 죄의 관계를 달리 보아야 할 이유도 없다(대법원 2002.7.18, 2002도669 전원합의체).

라(×) 형법이 제225조 내지 제230조에서 공문서에 관한 범죄를 규정하고, 이어 제231조 내지 제236조에서 사문서에 관한 범죄를 규정하고 있는 점 등에 비추어 볼 때 형법 제233조 소정의 허위진단서작성죄의 대상은 공무원이 아닌 의사가 사문서로서 진단서를 작성한 경우에 한정되고, 공무원인 의사가 공무소의 명의로 허위진단서를 작성한 경우에는 허위공문서작성죄만이 성립하고 허위진단서작성죄는 별도로 성립하지 않는다(대법원 2004.4.9, 2003도7762).

마(○) 공무원이 직무집행의 의사 없이 또는 직무처리와 대가적 관계없이 타인을 공갈하여 재물을 교부하게 한 경우에는 공갈죄만이 성립하고, 이러한 경우 재물의 교부자가 공무원의 해악의 고지로 인하여 외포의 결과 금품을 제공한 것이라면 그는 공갈죄의 피해자가 될 것이고 뇌물공여죄는 성립될 수 없다고 하여야 할 것이다(대법원 1994.12.22, 94도2528).

〈답 ①〉

16. <보기 1>의 ( ) 속에 들어갈 죄수관계에 부합하는 사례를 <보기 2>에서 모두 고른 것은? (다툼이 있는 경우에는 판례에 의함) <사시 2012년: 배점 2>

〈보기 1〉
건물관리인이 건물주로부터 월세임대차계약 체결업무를 위임받고도 임차인을 속여 전세임대차계약을 체결하고 그 보증금을 편취한 경우, 업무상 배임죄와 사기죄가 성립하고 두 죄는 ( )의 관계에 있다.

〈보기 2〉
가. 강도가 한 개의 강도범행을 하는 기회에 여러 명의 피해자에게 각 폭행을 가하여 각 상해를 입혔다.
나. 이미 절취한(이 부분은 논외로 함) 피해자 명의의 신용카드를 부정사용하여 현금자동인출기에서 현금서비스로 현금을 인출하여 취득하였다.
다. 강도가 재물강취의 뜻을 재물의 부재로 이루지 못한 채 미수에 그쳤으나 그 자리에서 항거불능의 상태에 빠진 피해자를 간음할 것을 결의하고 실행에 착수했으나 역시 미수에 그쳤더라도 반항을 억압하기 위한 폭행으로 피해자에게 상해를 입혔다.
라. 피해자 3명과 함께 같은 자리에서 약 4시간 동안 사기도박을 하여 피해자들로부터 각각 도금을 편취하였다.

① 가 나 ② 나 다 ③ 다 라
④ 가 나 라 ⑤ 나 다 라

해설

〈보기 1〉 실체적 경합 : 건물관리인이 건물주로부터 월세임대차계약 체결업무를 위임받고도 임차인을 속여 전세임대차계약을 체결하고 그 보증금을 편취한 경우, 업무상 배임죄와 사기죄가 성립하고 두 죄는 실체적 경합의 관계에 있다(대법원 2010.11.11, 2010도140690).
가-실체적 경합 : 한 개의 강도 범행을 하는 기회에 수명의 피해자에게 각 폭행을 가하여 각 상해를 입힌 경우는 수 개의 강도상해죄의 실체적 경합이다(대법원 1987.5.26, 87도527).
나-실체적 경합 : 피해자 명의의 신용카드를 부정사용하여 현금자동인출기에서 현금을 인출하고 그 현금을 취득까지 한 행위는 신용카드업법 제25조 1항(현행 여신전문금융업법 제70조 1항)의 부정사용죄에 해당할 뿐 아니라 그 현금을 취득함으로써 현금자동인출기 관리자의 의사에 반하여 그 지배를 배제하고 그 현금을 자기의 지배하에 옮겨 놓는 것이 되므로 별도로 절도죄를 구성하고, 위 양 죄의 관계는 그 보호법익이나 행위태양이 전혀 달라 실체적 경합관계에 있는 것으로 보아야 한다(대법원 1995.7.28, 95도997).
다-상상적 경합 : 강도가 재물강취의 뜻을 재물의 부재로 이루지 못한 채 미수에 그쳤으나 그 자리에서 항거불능의 상태에 빠진 피해자를 간음할 것을 결의하고 실행에 착수했으나 역시 미수에 그쳤더라도 반항을 억압하기 위한 폭행으로 피해자에게 상해를 입힌 경우에는 강도강간미수죄와 강도치상죄가 성립되고 이는 1개의 행위가 2개의 죄명에 해당되어 상상적 경합관계가 성립된다(대법원 1988.6.28, 88도820).
라-상상적 경합 : 피고인 등이 피해자들을 유인하여 사기도박으로 도금을 편취한 행위는 사회관념상 1개의 행위로 평가하는 것이 타당하므로, 피해자들에 대한 각 사기죄는 상상적 경합의 관계에 있다(대법원 2011.1.13, 2010도9330). 〈답 ①〉

17. 죄수에 관한 판례의 태도로 옳지 않은 것은?

① 피고인이 '자신의 집에 메스암페타민을 숨겨두어 소지한 행위'와 그 후 '투약하고 남은 것을 일반 투숙객들의 사용에 제공되는 모텔 화장실 천장에 숨겨두어 소지한 행위'는 별개의 독립한 범죄가 아니라 포괄일죄에 해당한다.

② '가장거래에 의한 사기죄'와 '분식회계에 의한 사기죄'는 범행 방법이 동일하지 않아 그 피해자가 동일하더라도 포괄일죄가 성립한다고 할 수 없다.

③ 강도가 피해자에게 상해를 입혔으나 재물의 강취에는 이르지 못하고 그 자리에서 항거불능 상태에 빠진 피해자를 간음한 경우에는 강도상해죄와 강도강간죄의 상상적 경합범이 성립한다.

④ 필로폰을 수입한 다음 타인간에 필로폰 거래가 있는 것으로 가장된 정보를 수사기관에 제공할 목적으로 커피숍 및 식당에 맡겨두기 위하여 소지한 행위는 필로폰 수입행위와는 독립한 별개의 소지행위이다.

⑤ 구 조세범처벌법 제11조의2 제4항 및 구 조세범처벌법 제11조의2 제4항 소정의 무거래 세금계산서 교부 및 수수로 인한 조세범처벌법 위반죄는 각 세금계산서마다 하나의 죄가 성립한다.

해설

①(×) 별개의 독립한 범죄로 보았다(대법원 2011.2.10, 2010도16742).

②(○) 석유를 수입하는 것처럼 가장하여 신용장 개설은행들로 하여금 신용장을 개설하게 하고 신용장 대금 상당액의 지급을 보증하게 함으로써 동액 상당의 재산상 이익을 취득한 행위는 피해자들인 신용장 개설은행별로 각각 포괄하여 1죄가 성립하고, 분식회계에 의한 재무제표 및 감사보고서 등으로 은행으로 하여금 신용장을 개설하게 하여 신용장 대금 상당액의 지급을 보증하게 함으로써 동액 상당의 재산상 이익을 취득한 행위도 포괄하여 1죄가 성립한다고 할 것이나, 위와 같이 '가장거래에 의한 사기죄'와 '분식회계에 의한 사기죄'는 범행 방법이 동일하지 않아 그 피해자가 동일하더라도 포괄일죄가 성립한다고 할 수 없다. 대법원 2010.5.27, 2007도10056.

③(○) 강도가 피해자에게 상해를 입혔으나 재물의 강취에는 이르지 못하고 그 자리에서 항거불능 상태에 빠진 피해자를 간음한 경우에는 강도상해죄와 강도강간죄만 성립하고, 그 실행행위의 일부인 강도미수 행위는 위 각 죄에 흡수되어 별개의 범죄를 구성하지 않는다. 대법원 2010.4.29, 2010도1099.

④(○) 필로폰을 수입한 다음 타인간에 필로폰 거래가 있는 것으로 가장된 정보를 수사기관에 제공할 목적으로 커피숍 및 식당에 맡겨두기 위하여 소지한 행위는 필로폰 수입행위와는 독립한 별개의 소지행위이다. 대법원 2010.4.29, 2010도1071.

⑤(○) 구 조세범처벌법 제11조의2 제4항 및 구 조세범처벌법 제11조의2 제4항 소정의

무거래 세금계산서 교부 및 수수로 인한 조세범처벌법 위반죄는 각 세금계산서마다 하나의 죄가 성립한다. 대법원 2010.1.14, 2008도8868. 〈답 ①〉

대법원 2011.7.14, 2009도10759 피고인이 위조상표가 부착된 상품을 판매하여 갑의 상표권을 침해하였다는 내용으로 기소된 사안에서, 이미 유죄판결이 확정된 을 등록상표에 대한 상표권침해죄 범죄사실과 공소사실 중 병 등록상표에 대한 상표권침해 부분은 침해의 대상이 되는 등록상표를 달리하여 각 별개의 상표권침해죄를 구성하므로 비록 상표권자 및 표장이 같더라도 두 죄를 포괄하여 하나의 죄가 성립하는 것으로 볼 수 없는데도, 이와 달리 판단하여 확정판결의 효력이 이 부분 공소사실에 미친다고 보아 면소를 선고한 원심판결에 상표권침해죄 죄수에 관한 법리오해의 위법이 있다.

대법원 2011.6.24, 2010도9737 농업협동조합 조합장으로서 차기 조합장 선거 후보자인 피고인 갑과 조합 이사인 피고인 을이 신규조합원들을 상대로 피고인 갑의 재직 중 사업실적과 향후 계획을 홍보하는 특강 등을 실시한 후 위 조합원들에게 점심을 제공하였다고 하여 '임직원의 지위 이용 선거운동'으로 인한 농업협동조합법(2011.3.31. 법률 제10522호로 개정되기 전의 것, 이하 '농협법'이라 한다) 위반죄와 '이익제공'으로 인한 농협법 위반죄의 상상적 경합으로 기소된 사안에서, 위 두 죄는 주체나 행위 태양 등이 다르므로 실체적 경합 관계에 있다는 전제에서, 위 식사제공은 선거운동으로 인정되는 신규조합원 교육의 실시 과정에서 부수적으로 수반된 것으로서 피고인 갑의 당선을 목적으로 한 별도의 이익제공 행위로 보기 어렵다는 이유로 위 식사제공 행위 부분에 대하여 무죄를 인정한 원심판단을 수긍한 사례.

대법원 2011.6.10, 2011도2351 피고인이 범한 갑죄, 을죄, 병죄의 범행일시는 모두 피고인의 정죄 등에 대한 판결(이하 '제1판결'이라 한다) 확정 이후이고, 그 중 갑죄와 을죄의 범행일시는 피고인의 무죄에 대한 판결(이하 '제2판결'이라 한다) 확정 전인 반면 병죄의 범행일시는 그 이후인데, 무죄의 범행일시가 제1판결 확정 전인 사안에서, 무죄와 갑죄 및 을죄는 처음부터 동시에 판결할 수 없었던 경우여서, 경합범 중 판결을 받지 아니한 죄에 대하여 형을 선고할 때는 그 죄와 판결이 확정된 죄를 동시에 판결할 경우와 형평을 고려하도록 한 형법 제39조 1항은 여기에 적용될 여지가 없으나, 그렇다고 마치 확정된 제2판결이 존재하지 않는 것처럼 갑죄 및 을죄와 병죄 사이에 형법 제37조 전단의 경합범 관계가 인정되어 형법 제38조가 적용된다고 볼 수도 없으므로, 확정된 제2판결의 존재로 인하여 이를 전후한 갑죄 및 을죄와 병죄 사이에는 형법 제37조 전·후단의 어느 경합범 관계도 성립할 수 없고, 결국 각각의 범죄에 대하여 별도로 형을 정하여 선고할 수밖에 없다는 이유로, 같은 취지의 원심판단은 정당하다.

대법원 2011.2.10, 2010도16742 피고인이 자신의 집에 메스암페타민 0.8g을 숨겨두어 소지하다가(이하 '1차 소지행위'라 한다), 그 후 수차에 걸쳐 투약하고 남은 0.38g을 평소 자신의 지배·관리 아래에 있지 않을 뿐 아니라 일반 투숙객들의 사용에 제공되는 모텔 화장실 천장에 숨겨두어 소지한(이하 '2차 소지행위'라 한다) 경우, 1차 소지행위와 2차 소지행위는 소지의 장소와 태양 등에 현저한 차이와 변화가 존재하고, 2차 소지행위는 1차 소지행위보다 수사기관의 압수·수색 등에 의하여 발각될 위험성이 훨씬 낮은 것이어서, 그만큼 메스암페타민의 오·남용으로 인한 보건상의 위해로 이어질 가능성이 상대적으로 높아 이들 소지행위는 그 소지죄의 보호법익과 관련하여서도 법익침해의 동일성을 달리할 정도의 차이를 보이고 있으므로, 비록 1차 소지행위와 2

차 소지행위가 시간적으로 하나의 계속성을 가지는 소지행위에 포섭되는 것이긴 하지만, 피고인은 2차 소지행위를 통하여 1차 소지행위와는 별개의 실력적 지배관계를 객관적으로 드러냈다고 평가하기에 충분하므로, 2차 소지행위를 1차 소지행위와 별개의 독립한 범죄로 보아야 한다.

18. 죄수에 관한 설명으로 옳지 않은 것은? (다툼이 있는 경우에는 판례에 의함)
<법원행시 2009년>

① 피고인이 승용차를 운전하던 중 음주단속을 피하기 위하여 위험한 물건인 승용차로 단속 경찰관을 들이받아 위 경찰관의 공무집행을 방해하고 위 경찰관에게 상해를 입게 한 경우, 특수공무집행방해치상죄만 성립할 뿐, 이와는 별도로 폭력행위등처벌에관한법률위반(집단 · 흉기 등 상해)죄를 구성하지 않는다.

② 음주운전으로 단속된 피고인이 경찰관의 음주측정 요구를 3차에 걸쳐 거부하여 음주측정거부로 입건된 후 경찰관에게 채혈을 요구하여 혈중알콜농도가 0.130%로 판명된 경우, 음주운전으로 인한 도로교통법위반죄와 음주측정거부로 인한 도로교통법 위반죄가 모두 성립하고, 두 죄의 관계는 실체적 경합이다.

③ 범인도피를 위하여 허위공문서를 작성하여 행사한 경우 허위공문서작성죄 및 동행사죄는 범인도피죄와 각각 상상적 경합관계에 있고, 허위공문서작성죄와 동행사죄는 실체적 경합범 관계에 있다.

④ 피고인이 피해신고를 받고 출동한 경찰관 甲을 폭행하고, 곧이어 이를 제지하는 경찰관 乙을 폭행한 경우 각 경찰관에 대하여 공무집행방해죄가 성립하고, 위 두 죄는 실체적 경합관계에 있다.

⑤ 절도범인이 그 범행수단으로 주거침입을 한 경우에 그 주거침입행위는 별개로 주거침입죄를 구성하여 절도죄와는 실체적 경합의 관계에 서는 것이 원칙이다.

해설 ....

①(○) 부진정결과적 가중범에 있어서, 고의로 중한 결과를 발생하게 한 행위가 별도의 구성요건에 해당하고 그 고의범에 대하여 결과적 가중범에 정한 형보다 더 무겁게 처벌하는 규정이 있는 경우에는 그 고의범과 결과적 가중범이 상상적 경합관계에 있다고 보아야 할 것이지만, 위와 같이 고의범에 대하여 더 무겁게 처벌하는 규정이 없는 경우에는 결과적 가중범이 고의범에 대하여 특별관계에 있다고 해석되므로 결과적 가중범만 성립하고 이와 법조경합의 관계에 있는 고의범에 대하여는 별도로 죄를 구성한다고 볼 수 없다(대법원 2008.11.27, 2008도7311).

②(○) 도로교통법 제107조의2 제2호 음주측정불응죄의 규정 취지 및 입법 연혁 등을 종합하여 보면, 주취운전은 이미 이루어진 도로교통안전침해만을 문제삼는 것인 반면 음주측정거부는 기왕의 도로교통안전침해는 물론 향후의 도로교통안전 확보와 위험 예방을

함께 문제삼는 것이고, 나아가 주취운전은 도로교통법 시행령이 정한 기준 이상으로 술에 '취한' 자가 행위의 주체인 반면, 음주측정거부는 술에 취한 상태에서 자동차 등을 운전하였다고 인정할 만한 상당한 이유가 있는 자가 행위의 주체인 것이어서, 결국 양자가 반드시 동일한 법익을 침해하는 것이라거나 주취운전의 불법과 책임내용이 일반적으로 음주측정거부의 그것에 포섭되는 것이라고는 단정할 수 없으므로, 결국 주취운전과 음주측정거부의 각 도로교통법 위반죄는 실체적 경합관계에 있는 것으로 보아야 한다(대법원 2004.11.12, 2004도5257).

③(○) 예비군 중대장이 그 소속예비군으로부터 금원을 교부받고 그 예비군이 예비군훈련에 불참하였음에도 불구하고 참석한 것처럼 허위내용의 중대학급편성명부를 작성, 행사한 경우라면 수뢰후부정처사죄 외에 별도로 허위공문서작성 및 동행사죄가 성립하고 이들 죄와 수뢰후부정처사죄는 각각 상상적 경합관계에 있다고 할 것이다(대법원 2001.2.9, 2000도1216; 대법원 1983.7.26, 83도1378).

④(×) 범죄 피해 신고를 받고 출동한 두 명의 경찰관에게 욕설을 하면서 차례로 폭행을 하여 신고 처리 및 수사 업무에 관한 정당한 직무집행을 방해한 경우, 동일한 장소에서 동일한 기회에 이루어진 폭행행위는 사회관념상 1개의 행위로 평가하는 것이 상당하므로, 위 공무집행방해죄는 형법 제40조에 정한 상상적 경합의 관계에 있다(대법원 2009.6.25, 2009도3505).

⑤(○) 형법 제330조의 야간주거침입절도죄 및 제331조 1항의 손괴특수절도죄를 제외하고 일반적으로 주거침입은 절도죄의 구성요건이 아니므로, 절도범인이 그 범행수단으로 주거침입을 한 경우에 그 주거침입행위는 절도죄에 흡수되지 아니하고 별개로 주거침입죄를 구성하여 절도죄와는 실체적 경합의 관계에 서는 것이 원칙이다. 따라서 주간에 주거에 침입하여 절도함으로써 특정범죄가중처벌등에관한법률 제5조의4 제5항 위반죄가 성립하는 경우, 별도로 형법 제319조의 주거침입죄를 구성한다(대법원 2008.11.27, 2008도7820). 〈답 ④〉

19. 성년인 甲이 괄호 안의 법정형을 갖는 A죄(1년 이상 5년 이하의 징역), **B죄**(30년 이하의 징역), **C죄**(1년 이하의 징역)**를 범하였고, 위 각 죄가 형법 제37조 전단의 경합범관계에 있다고 가정하는 경우, 법원이 경합범 가중을 하여 甲에게 선고할 수 있는 징역형**(처단형)**의 범위는?** (다만, 다른 가중감경사유는 없으며, 다툼이 있는 경우에는 판례에 의함)

① 1년 이상 36년 이하
② 1월 이상 22년 6월 이하
③ 1월 이상 25년 이하
④ 1월 이상 21년 이하
⑤ 1년 이상 22년 6월 이하

해설

①(○) A죄와 B죄 및 C죄는 동시적 경합범이다. 경합범은 가장 중한 죄(B죄)에 정한 장기의 2분의 1까지 가중할 수 있으므로 45년이 되지만, 각 죄에 정한 형의 합산한 형기를 초과할 수 없으므로 장기는 36년 이하의 징역(30+5+1)이다. 경합범의 처벌에 있어서도 전체적 대조주의가 적용되므로 단기는 1년 이상의 징역이 된다. 〈답 ①〉

20. 甲은 丙의 보석상회에서 다이아몬드반지를 고르는 척하다가 다이아몬드반지를 가지고 그대로 도망쳤다. 그것을 눈치챈 丙이 甲을 쫓아가 멱살을 잡

고 훔친 반지를 내놓으라며 실랑이를 벌이고 있는데 때마침 길을 가다가 이러한 광경을 목격한 甲의 친구 乙이 자세한 사항을 모르고 甲과 丙이 싸우는 것으로 오해하여 甲의 편을 들면서 甲과 같이 丙을 때려 약 2주간의 상해를 입혔다. 한편, 이러한 사실의 신고를 받고 출동한 경찰관 丁이 甲과 乙을 체포하려고 하자 甲과 乙은 丁을 발로 차 丁에게 약 2주간의 상해를 가하였다. 다음 설명 중 옳지 않은 것은? (다툼이 있는 경우에는 판례에 의함)

① 甲은 丙과 丁에 대한 강도상해죄 내지 강도치상죄의 죄책을 면할 수 없다.

② 甲의 丁에 대한 강도치상죄는 공무집행방해죄와 상상적 경합관계에 있다.

③ 乙은 甲과 함께 丙을 폭행함으로써 丙에 대한 상해 내지 폭행치상의 범위에서 甲과 공동정범이 성립한다.

④ 乙에게도 丁에 대한 공무집행방해죄가 성립하며, 폭행치상죄와 상상적 경합관계에 있다.

⑤ 乙은 丙 및 丁에 대하여 각 상해 내지 폭행치상죄가 성립하고, 각 죄는 상상적 경합관계에 있다.

✍ 해설 ·······································

①(○) 甲이 다이아몬드반지를 고르는 척하다가 가져온 행위는 절도에 해당한다. 착오에 의한 피해자의 처분행위가 없어 사기죄는 성립하지 않기 때문이다. 따라서 甲은 체포를 면탈할 목적으로 丙에게 상처를 입힐 정도로 폭행을 가하였으므로 준강도죄의 구성요건을 충족시키나 설문에서 甲에게 상해의 고의가 있는지 분명하지 않으므로 강도치상죄의 성립 여부가 문제된다. 이러한 경우 통상 상해의 결과를 예견할 수 있다고 할 것이므로 결국 甲은 강도치상죄의 죄책을 면할 수 없다. 丁에 대하여도 강도의 기회에 폭행하여 상해를 입혔으므로 같은 범죄가 성립한다.
②(○) 대법원 1992.7.28, 92도917.
③(○) 乙에게는 甲의 절도에 관한 인식이 없었으므로 甲과 준강도 내지 강도치상에 관한 공동의 의사가 형성되었다고 할 수 없다. 따라서 준강도 내지 강도치상죄에 관한 공동정범의 문제는 제기되지 않고, 폭행치상 또는 상해의 범위에서 甲과 공동정범이 성립한다.
⑤(×) 乙의 丙 및 丁에 대한 각 상해 내지 폭행치상죄는 실체적 경합관계에 있다. 〈답 ⑤〉

21. 형법 제37조의 경합범에 관한 기술 중 옳지 않은 것은? (판례가 있는 경우에는 판례에 의함)

① 형법 제37조 후단에 의하면 금고 이상의 형을 선고한 판결이 확정된 죄와 그 판결확정 전에 범한 죄를 경합범으로 한다고 규정하고 있으므로 여기서 말하는 '판결'에는 약식명령은 포함되지 않는다.

② 형법 제37조 후단의 경합범에 있어서 '판결이 확정된 죄'란 수개의 독립된 죄 중의 어느 죄에 대하여 확정판결이 있었던 사실 자체를 의미하고 일반사면으로 형의 선고의 효력이 상실된 여부는 묻지 않는다.

③ 경합범을 동시에 판결할 경우, 각 죄에 정한 형이 사형 또는 무기징역이나 무기금고 이외의 동종의 형인 때에는 가장 중한 죄에 정한 장기 또는 다액에 그 2분의 1까지 가중하되 각 죄에 정한 형의 장기 또는 다액을 합산한 형기 또는 액수를 초과할 수 없으나, 과료와 과료, 몰수와 몰수는 병과할 수 있다.

④ 경합범에 의한 판결의 선고를 받은 자가 경합범 중의 어떤 죄에 대하여 사면 또는 형의 집행이 면제된 때에는 다른 죄에 대하여 다시 형을 정한다.

⑤ 무기징역에 처하는 판결이 확정된 죄와 형법 제37조의 후단 경합범의 관계에 있는 죄에 대하여 공소가 제기된 경우 형법 제38조 1항 1호가 흡수주의를 취하였으므로 뒤에 공소제기된 후단 경합범에 대한 형을 필요적으로 면제하여야 한다.

해설 ....

⑤(×) 무기징역에 처하는 판결이 확정된 죄와 형법 제37조의 후단 경합범의 관계에 있는 죄에 대하여 공소가 제기된 경우, 법원은 두 죄를 동시에 판결할 경우와 형평을 고려하여 후단 경합범에 대한 처단형의 범위 내에서 후단 경합범에 대한 선고형을 정할 수 있고, 형법 제38조 1항 1호가 형법 제37조의 전단 경합범 중 가장 중한 죄에 정한 처단형이 무기징역인 때에는 흡수주의를 취하였다고 하여 뒤에 공소제기된 후단 경합범에 대한 형을 필요적으로 면제하여야 하는 것은 아니다(대법원 2008.9.11, 2006도8376).

〈답 ⑤〉

22. 형법은 경합범을 동시적 경합범과 사후적 경합범으로 구별하여 규정하고 있다. 이에 관한 다음 설명 중 옳은 것(○)과 옳지 않은 것(×)을 올바르게 조합한 것은? (다툼이 있는 경우에는 판례에 의함) <사시 2010년: 배점 3>

가. 경합범은 수개의 행위로 범해진 수개의 죄라는 점에서 상상적 경합이나 포괄일죄와 구별된다.

나. 동시적 경합범에서의 수개의 죄는 모두 판결이 확정되지 않아야 하는데, 경합범 중 일죄에 대한 부분만 파기환송되고 다른 죄가 확정된 때에는 예외적으로 동시적 경합범이 된다.

다. 甲이 A, B, C, D의 4개 죄를 범한 후에 B죄만이 발각되어 B죄에 대하여 금고 이상의 형에 처한 판결이 확정된 경우에는 B죄와 A, C, D죄 사이에 사후적 경합범이 성립한다.

라. 甲이 A, B, C, D의 4개 죄를 범하였는데, B죄에 대하여 금고 이상의 형에 처한 판결이 확정되었고 A죄는 B죄의 확정판결 전에 범하였으나, C, D죄는 B죄의 확정판결 후에 범한 경우, A, B죄는 사후적 경합범이 되지만 B죄와 별도로 C, D죄가 동시적 경합범이 되는 것은 아니다.

> 마. 포괄일죄의 중간에 다른 종류의 범죄에 대하여 금고 이상의 형에 처한 확정판결이 끼어 있는 경우에는 그 포괄일죄는 확정판결 후의 범죄로 다루어야 하므로 사후적 경합범이 되지 않는다.
> 바. 금고 이상의 형에 처한 판결이 확정된 A죄에 대하여 일반사면이 이루어져 형의 선고의 효력이 상실된 경우, 그 확정 이전에 범한 B죄와 A죄는 사후적 경합범이 되지 않는다.

① 가(○) 나(○) 다(×) 라(×) 마(○) 바(×)
② 가(○) 나(×) 다(○) 라(×) 마(○) 바(×)
③ 가(○) 나(○) 다(×) 라(×) 마(○) 바(○)
④ 가(×) 나(×) 다(○) 라(○) 마(×) 바(○)
⑤ 가(×) 나(×) 다(○) 라(×) 마(○) 바(×)

해설

가(○) 경합범은 수개의 행위로 범해진 수개의 죄이나, 상상적 경합은 실질상 수죄이지만 과형상 일죄이고 포괄일죄는 수개의 행위가 당해 구성요건을 한 번 충족하여 본래적으로 일죄를 구성한다.
나(×) 동시적 경합범에서의 수개의 죄는 모두 판결이 확정되지 않아야 하므로, 일부의 죄라도 확정된 경우에는 동시적 경합범이 성립할 수 없다.
다(○) 모두 판결확정 전에 범한 죄이므로 사후적 경합범이 된다.
라(×) A, B죄는 사후적 경합범이 되지만 B죄와 별도로 C, D죄는 동시적 경합범이 된다.
마(○) 포괄일죄로 되는 개개의 범죄행위가 다른 종류의 죄의 확정판결의 전후에 걸쳐서 행하여진 경우에는 그 죄는 2죄로 분리되지 않고 확정판결 후인 최종의 범죄행위시에 완성된다(대법원 2003.8.22, 2002도5341).
바(×) 형법 제37조 후단의 경합범에 있어서 '판결이 확정된 죄'라 함은 수개의 독립된 죄 중의 어느 죄에 대하여 확정판결이 있었던 사실 자체를 의미하고 일반사면으로 형의 선고의 효력이 상실된 여부는 묻지 않는다(대법원 1996.3.8, 95도2114). 따라서 A죄에 대해 일반사면이 이루어져 형의 선고의 효력이 상실된 경우, 그 확정 전에 범한 B죄와 A죄는 사후적 경합범이 된다.

〈답 ②〉

제 3 편 형 벌 론

형 벌 론

제 1 절 형벌의 종류

1. 형의 종류와 관련된 설명 중 옳은 것을 모두 고르면?

㉠ 형의 종류가 중한 것부터 경한 것으로 배열하면 사형－징역－금고－자격상실－자격정지－벌금－구류－과료－몰수 순이다.
㉡ 유기징역은 1월 이상 30년 이하로 하되, 가중하는 경우에는 40년까지 가능하다.
㉢ 유기금고가 유기징역보다 중할 수 있다.
㉣ 벌금은 5만원 이상으로 하되, 감경하는 경우에는 5만원 미만으로 할 수 있다.
㉤ 구류는 1일 이상 30일 미만으로 하되, 가중하는 경우에는 3월까지 가능하다.
㉥ 과료는 2천원 이상 5만원 미만으로 하되, 가중하는 경우에는 10만원까지 할 수 있다.
㉦ 벌금과 과료는 판결확정일로부터 30일 이내에 납입하여야 한다.
㉧ 과료를 납입하지 아니하는 경우 노역장 유치기간은 1일 이상 30일 미만이다.

① ㉠ ㉡ ㉢　　② ㉡ ㉢ ㉥　　③ ㉢ ㉤ ㉥
④ ㉠ ㉡ ㉢ ㉣　　⑤ ㉠ ㉡ ㉦ ㉧　　⑥ ㉠ ㉢ ㉣ ㉦ ㉧

해설

㉠(○) 형의 경중은 제41조 기재의 순서에 의한다(제50조 1항).
㉡(×) 가중하는 경우에는 50년까지 가능하다(제42조).
㉢(○) 유기금고의 장기가 유기징역의 장기를 초과하는 때에는 금고를 중한 것으로 보기 때문에(제50조 1항) 옳다.
㉣(○) 제45조.
㉦(○) 제69조 1항.
㉧(○) 제69조 2항 참조.
㉤㉥(×) 구류나 과료는 가중으로 그 한계가 변경되지 않는다(제46조, 제47조). 〈답 ⑥〉

2. 사형에 관한 설명 중 맞는 것을 모두 고르면?

> ㉠ 현행법상 행위시에 20세 미만인 자에 대해서는 사형의 판결을 할 수 없다.
> ㉡ 대법원은 사형이 위헌인가 합헌인가에 관하여 명확한 판단을 내리고 있지 않다.
> ㉢ 형법에는 결과적 가중범에 관하여 사형을 과하는 규정이 없다.
> ㉣ 사형의 집행방법에 관하여는 형사소송법이 규정하고 있다.
> ㉤ 심신미약자에 대하여는 사형을 과할 수 없다.
> ㉥ 법정형이 절대적 사형으로 규정된 범죄는 여적죄이다.

① ㉤ ㉥ ② ㉠ ㉢ ㉥ ③ ㉡ ㉢ ㉣
④ ㉡ ㉣ ㉤ ⑤ ㉢ ㉣ ㉤ ⑥ ㉢ ㉤ ㉥
⑦ ㉠ ㉡ ㉢ ㉥ ⑧ ㉠ ㉡ ㉣ ㉤

해설

㉠(×) 소년법 제59조는 죄를 범할 당시 18세 미만인 소년에 대하여 사형 또는 무기형으로 처할 경우에는 15년의 유기징역으로 한다고 규정하고 있다. 즉 행위시에 18세 미만인 소년에 대하여는 사형 또는 무기형을 과할 수 없다.
㉡(×) 대법원은 범행의 동기·태양·죄질, 살해의 수단·방법의 집요성·잔학성, 결과의 중요성, 피해자의 수, 피해감정, 범인의 연령, 전과, 범행 후의 정황, 범인의 환경, 교육 정도 등 제반 사정을 참작하여 죄책이 심히 중대하고 죄형의 균형이나 범죄의 일반적 예방의 견지에서도 극형이 불가피하다고 인정되는 경우에 사형의 선택도 허용된다고 함으로써 사형이 헌법에 반하는 것은 아니라고 하였다(대법원 1991.2.26, 90도2906).
㉢(×) 형법은 현주건조물방화치사죄(제164조 2항)·해상강도치사죄(제340조 3항)에 대하여 사형을 과하는 규정을 두고 있다.
㉣(×) 사형의 집행방법은 형법이 직접 규정하고 있다(제66조).
㉤(○) 심신미약자는 필요적 감경사유(제10조 2항)이므로 사형을 과할 수 없게 된다.
㉥(○) 형법은 여적죄에 대하여 절대적 사형을 규정하고 있다(제93조). 〈답 ①〉

3. 형벌에 관한 설명 중 맞지 않는 것을 모두 고르면? (다툼이 있으면 판례에 의함)

> ㉠ 사형의 위하력은 사형존치론의 논거인 반면, 인도주의 위반, 오판의 구제불가능, 형벌목적의 달성 불가능은 사형폐지론의 논거이다.
> ㉡ 대법원은 사형이 위헌이 아니라고 판시하였다.
> ㉢ 사형은 법무부장관의 명령에 의해, 교도소 내에서 교수하여 집행한다.
> ㉣ 18세 미만인 자에 대하여는 사형을 집행할 수 없다.
> ㉤ 자유형 중 징역과 금고는 무기와 유기로 나누어지며, 금고는 정역에 복무하지 않는 점에서 징역과 구별된다.

ⓑ 구류는 정역에 복무하게 하지 않는다.

① ㉣ ㉥ ② ㉡ ㉢ ㉣ ③ ㉡ ㉢ ㉤
④ ㉡ ㉢ ㉥ ⑤ ㉢ ㉣ ㉥ ⑥ 없음

해설

㉡ 헌법 제12조 1항에 의하면 형사처벌에 관한 규정이 법률에 위임되어 있을 뿐 그 처벌의 종류를 제한하지 않고 있으며, 현재 우리나라의 실정과 국민의 도덕적 감정 등을 고려하여 국가의 형사정책으로 질서유지와 공공복리를 위하여 형법 등에 사형이라는 처벌의 종류를 규정하였다 하여 이것이 헌법에 위반된다고 할 수 없다(대법원 1991.2.26, 90도2906). ㉢ 형사소송법 제463조, 형법 제66조 참조. ㉣ 소년법 제59조 참조. ㉤㉥ 형법 제67조, 제68조 참조. 〈답 ⑥〉

4. 형벌에 관한 설명 중 옳지 않은 것은? (다툼이 있는 경우에는 판례에 의함) <사시 2011년: 배점 2>

① 징역형과 벌금형을 병과하는 경우 징역형에 대하여 그 집행을 유예하면서 벌금형에 대하여는 그 선고를 유예할 수 있다.
② 징역형의 집행유예와 벌금형이 병과된 후 징역형의 집행유예의 효력을 상실케 하는 내용의 특별사면이 있는 경우 그 벌금형의 선고의 효력도 상실된다.
③ 징역형과 벌금형 가운데에서 벌금형을 선택하여 선고하면서 그에 대한 노역장 유치기간을 환산한 결과 징역형의 장기보다 유치기간이 더 길게 되더라도 위법한 것은 아니다.
④ 하나의 벌금형에 대한 노역장 유치기간은 어떠한 경우에도 3년을 초과할 수 없다.
⑤ 피고인과 필요적 공범관계에 있는 자에 대해 아직 공소가 제기되지 않은 상태라도 그 공범자의 소유에 속하는 범죄 제공물은 몰수할 수 있다.

해설

①(○) 대법원 1976.6.8, 74도1266.
②(×) 형법 제41조, 사면법 제5조의2 제1항 2호, 제7조 등의 규정의 내용 및 취지에 비추어 보면, 여러 개의 형이 병과된 사람에 대하여 그 병과형 중 일부의 집행을 면제하거나 그에 대한 형의 선고의 효력을 상실케 하는 특별사면이 있는 경우, 그 특별사면의 효력이 병과된 나머지 형에까지 미치는 것은 아니므로 징역형의 징행유예와 벌금형이 병과된 신청인에 대하여 징역형의 집행유예의 효력을 상실케 하는 내용의 특별사면이 그 벌금형의 선고의 효력까지 상실케 하는 것은 아니다(대법원 1997.10.13, 96모33).
③(○) 대법원 2000.11.24, 2000도3945.
④(○) 형법 제69조 2항에 의하면 벌금을 납입하지 아니한 자에 대해서는 '1일 이상 3년 이하'의 기간 노역장에 유치하여 작업에 복무하게 할 수 있으므로, 하나의 벌금형에 대한 노역장 유치기간이 3년을 초과하지 않는 한 문제되지 않는다.

⑤(○) 대법원 2006.11.23, 2006도5586. 〈답 ②〉

5. 현행 형법상 형벌에 관한 설명 중 옳지 않은 것은? (다툼이 있는 경우에는 판례에 의함) <법전협 모의시험 2012년>

① 가석방의 처분이 실효됨이 없이 무기수는 10년, 유기수는 그 잔형기를 경과한 경우 형의 집행을 종료한 것으로 간주한다.

② 행위자에게 유죄의 재판을 아니 할 경우에는 몰수의 요건이 있더라도 몰수만을 선고할 수 없다.

③ 형법 제53조에 의한 작량감경의 방법도 제55조(법률상의 감경)의 방법에 따라야 한다.

④ 형의 선고를 받은 자는 시효의 완성으로 그 집행이 면제된다.

⑤ 누범가중의 요건인 '금고 이상의 형이 선고된 선행범죄'에는 고의범뿐만 아니라 과실범도 포함된다.

해설

②(×) 대법원 1973.12.11, 73도1133 전원합의체(형법 제59조에 의하여 형의 선고유예를 하는 경우에도 몰수의 요건이 있는 때에는 몰수형만의 선고를 할 수 있다고 해석함이 상당하다) 〈답 ②〉

6. 형벌에 관한 다음 설명 중 옳은 것(○)과 옳지 않은 것(×)을 올바르게 조합한 것은? (다툼이 있는 경우에는 판례에 의함) <사시 2012년: 배점 2>

ㄱ. 수개의 범죄사실 중 일부에 관하여만 자수한 경우에는 그 부분 범죄사실에 대하여만 자수의 효력이 있다.
ㄴ. 형법은 '벌금을 감경할 때에는 그 다액의 2분의 1로 한다'고 규정하고 있으므로 죄형법정주의 원칙상 벌금형의 하한은 감경할 수 없다.
ㄷ. 주형에 대해서는 선고를 유예하지 않더라도 추징에 대해서는 선고를 유예할 수 있다.
ㄹ. 피고인과 공범관계에 있지만 공소제기 되지 않은 자의 소유에 속하는 범죄행위에 제공된 물건은 몰수할 수 없다.
ㅁ. 수형자 아닌 제3자가 수형자의 의사와는 무관하게 벌금의 일부를 납부하더라도 벌금형의 시효는 중단된다.
ㅂ. 밀수전용의 선박이 관세법에 의하여 몰수대상이 되는지의 여부를 판단함에 있어 당해 선박이 누구의 소유에 속하는가 하는 것은 그 공부상의 명의 여하에 불구하고 권리의 실질적인 귀속관계에 따라 판단하여야 한다.

① ㄱ(○) ㄴ(×) ㄷ(×) ㄹ(×) ㅁ(○) ㅂ(○)

② ㄱ(○) ㄴ(○) ㄷ(○) ㄹ(○) ㅁ(×) ㅂ(○)

③ ㄱ(○) ㄴ(×) ㄷ(×) ㄹ(×) ㅁ(×) ㅂ(○)
④ ㄱ(○) ㄴ(×) ㄷ(○) ㄹ(×) ㅁ(○) ㅂ(○)
⑤ ㄱ(×) ㄴ(×) ㄷ(×) ㄹ(×) ㅁ(○) ㅂ(×)
⑥ ㄱ(×) ㄴ(○) ㄷ(○) ㄹ(○) ㅁ(×) ㅂ(×)

해설

㉠(○) 수개의 범죄사실 중 일부에 관하여만 자수한 경우에는 그 부분 범죄사실에 대하여만 자수의 효력이 있다(대법원 1994.10.14, 94도 2130).
㉡(×) 제45조(벌금) 벌금은 5만원 이상으로 한다. 다만, 감경하는 경우에는 5만원 미만으로 할 수 있다.
㉢(×) 형법 제59조에 의하더라도 몰수는 선고유예의 대상으로 규정되어 있지 아니하므로 주형에 대하여 선고를 유예하는 경우에는 그 부할 몰수 추징에 대하여도 선고를 유예할 수 있으나, 그 주형에 대하여 선고를 유예하지 아니하면서 이에 부가할 몰수·추징에 대하여서만 선고를 유예할 수는 없다(대법원 1988.6.21, 88도551).
㉣(×) 형법 제48조 제1항의 '범인'에 해당하는 공범자는 반드시 유죄의 죄책을 지는 자에 국한된다고 볼 수 없고 공범에 해당하는 행위를 한 자이면 족하므로 이러한 자의 소유물도 형법 제48조 제1항의 '범인 이외의 자의 소유에 속하지 아니하는 물건'으로서 이를 피고인으로부터 몰수할 수 있다(대법원 2006.11.23, 2006도5586).
㉤(×) 수형자가 벌금의 일부를 납부한 경우에는 이로써 집행행위가 개시된 것으로 보아 그 벌금형의 시효가 중단된다고 봄이 상당하고, 이 경우 벌금의 일부 납부란 수형자 본인이 스스로 벌금을 일부 납부한 경우, 즉 벌금의 일부를 수형자 본인 또는 그 대리인이나 사자가 수형자 본인의 의사에 따라 이를 납부한 경우를 말하는 것이고, 수형자 본인의 의사와는 무관하게 제3자가 이를 납부한 경우는 포함되지 아니한다(대법원 2001.8.23, 2001모91).
㉥(○) 밀수전용의 선박·자동차 기타 운반기구가 관세법 제183조에 의하여 몰수대상이 되는지의 여부를 판단함에 있어 당해 운반기구가 누구의 소유에 속하는가 하는 것은 그 공부상의 명의 여하에 불구하고 권리의 실질적인 귀속관계에 따라 판단하여야 한다(대법원 1999.12.10, 99도3478). 〈답 ③〉

7. 몰수에 대한 설명 중 옳은 것만 모두 모은 것은? (다툼이 있는 경우에는 판례에 의함)

㉠ 형법 제49조 단서는 행위자에게 유죄의 재판을 하지 아니할 때에도 몰수의 요건이 있는 때에는 몰수만을 선고할 수 있다고 규정하고 있으므로 면소의 경우에도 원칙적으로 몰수를 할 수 있다.
㉡ 부동산의 소유권을 이전받을 것을 내용으로 하는 계약(1차 계약)을 체결한 자가 그 부동산에 대하여 다시 제3자와 소유권이전을 내용으로 하는 계약(전매계약)을 체결한 것이 부동산등기특별조치법 제8조 1호 위반행위에 해당하는 경우, 전매계약에 의하여 제3자로부터 받은 대금은 위 조항의 처벌대상인 '1차 계약에 따른 소유권이전등기를 하지 않은 행위'로 취득한 것이 아니므로 형법 제48조에 의한 몰수나 추징의 대상이 될 수 없다.

ⓒ 체포될 당시에 미처 송금하지 못하고 소지하고 있던 자기앞수표나 현금이 장차 실행하려고 한 동종의 외국환거래법위반의 범행에 제공하려는 물건이라면, 그 이전에 범해진 외국환거래법위반의 '범죄행위에 제공하려고 한 물건'으로 볼 수 있으므로 몰수할 수 있다.
ⓓ 마약류관리에관한법률에 의한 몰수나 추징은 범죄행위로 인한 이득의 박탈을 목적으로 하는 것이 아니라 징벌적 성질의 처분이므로, 범행으로 인하여 이득을 취득한 것이 없더라도 법원은 그 가액의 추징을 명하여야 한다.
ⓔ 공소가 제기되지 아니한 사실에 대해서는 몰수나 추징을 선고할 수 없다.
ⓕ 성매매알선등행위의처벌에관한법률 제25조의 규정에 의한 추징은 범인이 실제로 취득한 이익에 한정되어야 하고, 피고인이 성매매알선 등 행위를 하는 과정에서 지출한 비용은 추징액에서 공제된다.

① ㉠ ㉡ ㉤ ② ㉠ ㉤ ㉥ ③ ㉡ ㉢ ㉣
④ ㉡ ㉢ ㉥ ⑤ ㉡ ㉣ ㉤

해설

㉠(×) 형법 제49조 단서는 행위자에게 유죄의 재판을 하지 아니할 때에도 몰수의 요건이 있는 때에는 몰수만을 선고할 수 있다고 규정하고 있으나, 우리 법제상 공소의 제기 없이 별도로 몰수만을 선고할 수 있는 제도가 마련되어 있지 아니하므로 실체판단에 들어가 공소사실을 인정하는 경우가 아닌 면소의 경우에는 원칙적으로 몰수도 할 수 없다(대법원 2007.7.26, 2007도4556).

㉡(○) 대법원 2007.12.14, 2007도7353.

㉢(×) 자기앞수표나 현금은 장차 실행하려고 한 외국환거래법 위반의 범행에 제공하려는 물건일 뿐, 그 이전에 범해진 외국환거래법 위반의 '범죄행위에 제공하려고 한 물건'으로는 볼 수 없으므로 몰수할 수 없다(대법원 2008.2.14, 2007도10034).

㉣(○) 마약류관리에관한법률 제67조에 의한 몰수나 추징은 범죄행위로 인한 이득의 박탈을 목적으로 하는 것이 아니라 징벌적 성질의 처분이므로, 그 범행으로 인하여 이득을 취득한 바 없다 하더라도 법원은 그 가액의 추징을 명하여야 하고, 그 추징의 범위에 관하여는 죄를 범한 자가 여러 사람일 때에는 각자에 대하여 그가 취급한 범위 내에서 의약품 가액 전액의 추징을 명하여야 한다(대법원 2010.8.26, 2010도7251).

㉤(○) 형법 제49조 단서는 행위자에게 유죄의 재판을 하지 아니할 때에도 몰수의 요건이 있는 때에는 몰수만을 선고할 수 있다고 규정하고 있으므로 몰수뿐만 아니라 몰수에 갈음하는 추징도 위 규정에 근거하여 선고할 수 있다고 할 것이나, 우리 법제상 공소의 제기 없이 별도로 몰수나 추징만을 선고할 수 있는 제도가 마련되어 있지 아니하므로 위 규정에 근거하여 몰수나 추징을 선고하기 위하여서는 몰수나 추징의 요건이 공소가 제기된 공소사실과 관련되어 있어야 하고, 공소가 제기되지 아니한 별개의 범죄사실을 법원이 인정하여 그에 관하여 몰수나 추징을 선고하는 것은 불고불리의 원칙에 위반되어 허용되지 아니한다(대법원 2010.5.13, 2009도11732).

㉥(×) 피고인이 성매매알선 등 행위를 하는 과정에서 지출한 비용은 그것이 그 범죄로 인하여 얻은 금품에서 지출되었다고 하더라도 성매매알선의 대가로 취득한 금품을 소비

하는 방법에 지나지 아니하므로 추징액에서 이를 공제할 것은 아니다(대법원 2010.4.15, 2009도14925).
〈답 ⑤〉

8. 몰수 · 추징에 관한 기술 중 옳지 않은 것은? (다툼이 있는 경우에는 판례에 의함)

① 피고인의 소유물은 물론 공범자의 소유물도 그 공범자의 소추 여부를 불문하고 몰수할 수 있고, 여기에서의 공범자에는 공동정범, 교사범, 방조범은 물론 필요적 공범관계에 있는 자도 포함된다.

② 알선행위에 대한 대가로 용역대금과 함께 이에 대한 부가가치세 상당액을 교부받아 이를 실제로 납부한 경우 그 납부세액을 환급받을 수 있다는 특별한 사정이 없는 한 이를 추징의 대상에서 제외하여야 한다.

③ 예금통장이 몰수된 경우에 예금반환채권까지 몰수된 것으로는 볼 수 없다.

④ 공무원이 그 권한에 의하여 작성한 문서의 내용에 일부 허위기재된 부분이 있다면 몰수대상이 된다.

⑤ 몰수하여야 할 압수물이 멸실, 파손 또는 부패의 염려가 있거나 보관하기에 불편하여 형사소송법 제132조의 규정에 따라 매각하여 그 대가를 보관하는 경우에는 그 대가보관금을 몰수할 수 있다.

해설

①(○) 대법원 2006.11.23, 2006도5586 참조. 또 주형의 선고를 유예하는 경우에도 몰수의 요건이 있는 때에는 몰수만을 선고할 수 있다.

②(○) 알선수재자가 알선의뢰인과 사이에 금융기관 임직원의 직무에 속하는 사항에 관하여 알선을 하고 그 대가를 지불하기로 하는 용역제공계약의 형식을 취한 다음 알선행위에 대한 대가로 용역대금과 함께 이에 대한 부가가치세 상당액을 교부받아 이를 실제로 납부한 경우 그 납부세액을 환급받을 수 있다는 특별한 사정이 없는 한 이를 추징의 대상에서 제외하여야 한다(대법원 2012.9.13, 2011도16066).

④(×) 대법원은 군 피엑스(PX)에서 공무원인 군인이 그 권한에 의하여 작성한 월간판매실적보고서의 내용에 일부 허위기재된 부분이 있더라도 이는 공무소인 소관 육군부대의 소유에 속하는 것이므로 이를 허위공문서 작성의 범행으로 인하여 생긴 물건으로 누구의 소유도 불허하는 것이라 하여 형법 제48조 1항 1호를 적용, 몰수하였음은 부당하다고 판시하였다(대법원 1983.6.14, 83도808).

⑤(○) 대법원 1996.11.12, 96도2477.
〈답 ④〉

9. 범인의 소유에 속하는 다음 물건 중 몰수할 수 없는 것을 조합한 것은?

㉠ 위조문서행사죄에 있어서 위조문서
㉡ 살인의 청탁에 응하여 얻은 보수금
㉢ 주거침입의 수단으로 사용한 망치

ⓡ 피해자를 발로 찼을 때 신었던 구두
ⓜ 방화에 사용한 등유를 현장에 운반한 용기
ⓗ 공무원이 뇌물로 수수한 토지
ⓢ 살인에 사용한 엽총을 맡기고 빌린 현금
ⓞ 살인범인이 사체를 산속에 운반하기 위해 사용한 자동차
ⓙ 대형할인매장에서 수회 상품을 절취하면서 싣고 간 자신의 승용차
ⓒ 장물을 매각하여 취득한 금전

① ㉠ ㉢ ② ㉡ ㉥ ③ ㉣ ㉦
④ ㉣ ㉧ ⑤ ㉤ ㉦ ⑥ ㉤ ㉩
⑦ ㉦ ㉨

✍ 해설

몰수의 대상은 (i) 범죄행위에 제공하였거나 제공하려고 한 물건(㉠㉢㉤㉧㉨), (ii) 범죄행위로 인하여 생하였거나 이로 인하여 취득한 물건(㉡㉥), 전 (i)(ii)의 대가로 취득한 물건(㉩)이다.
㉣(×) 피해자를 발로 찼을 때 신었던 구두는 범죄행위에 제공한 물건이라고 할 수 없고, ㉦(×) 살인에 사용한 엽총과 그것을 맡기고 빌린 돈은 동일성이 인정되지 않으므로 몰수할 수 없다. 〈답 ③〉

10. 다음 중 몰수할 수 없는 것은 몇 개인가?

㉠ 강도죄에 있어서 강취한 타인의 의복
㉡ 도박에 이겨서 얻은 금품
㉢ 수뢰죄에 있어서의 수뢰한 뇌물
㉣ 정을 아는 제3자가 받은 뇌물
㉤ 범인을 은닉한 사례로 받은 돈
㉥ 권총과 단도를 준비했으나 권총으로 살인한 경우의 단도
㉦ 살인죄를 범할 때 사용한 피해자 소유의 과도
㉧ 피해자로 하여금 사기도박에 참여하도록 유인하기 위하여 제시한 수표
㉨ 관세법상 허위신고죄의 대상이 된 물건
㉩ 도박자금으로 대여한 금원

① 0개 ② 1개 ③ 2개
④ 3개 ⑤ 4개

✍ 해설

㉠㉦(×) 범인 이외의 자의 소유에 속하는 물건은 몰수할 수 없다. 그러나 ㉣(○) 범죄 후 그 정을 알면서 취득한 물건은 몰수할 수 있다. ㉧㉩(○) 범죄행위에 제공한 물건으로 몰수할 수 있다(㉧: 대법원 2002.9.24, 2002도3589). ㉥(○) 범죄행위에 제공하려고 한 물건으로 몰수할 수 있다. ㉡㉢㉤(○) 범죄행위로 인하여 취득한 물건으로 몰수할 수

있다. ⓩ(×) 관세법 제188조 1호 소정의 물품에 대한 수입신고를 함에 있어서 주요사항을 허위로 신고한 경우에 위 물건은 신고의 대상물에 지나지 않아 신고로서 이루어지는 허위신고죄의 범죄행위 자체에 제공되는 물건이라고 할 수 없으므로 형법 제48조 1항 소정의 몰수요건에 해당한다고 볼 수 없다(대법원 1974.6.11, 74도352).

〈답 ④〉

11. 몰수 · 추징에 관한 설명 중 옳지 않은 것을 모두 고른 것은? (다툼이 있는 경우에는 판례에 의함) <사시 2012년: 배점 3>

> ㄱ. 피해자로 하여금 사기도박에 참여하도록 유인하기 위하여 고액의 수표를 제시해 보이기만 한 경우 그 수표가 직접적으로 도박자금으로 사용되지 아니한 이상 몰수할 수 없다.
> ㄴ. 「특정경제범죄 가중처벌 등에 관한 법률」에 의한 몰수 · 추징은 범죄로 인한 이득의 박탈을 목적으로 한 형법상의 몰수 · 추징과는 달리 재산국외도피사범에 대한 소위 징벌적 성격의 처분이라고 보는 것이 상당하므로 그 도피재산이 회사의 소유라거나 피고인들이 그로 인하여 이득을 취한 바가 없다고 하더라도 피고인들 모두에 대하여 그 도피재산의 가액 전부의 추징을 명하여야 한다.
> ㄷ. 장물을 처분하여 그 대가로 취득한 현금은 몰수의 선고를 할 것이 아니라 피해자에게 교부하는 선고를 하여야 한다.
> ㄹ. 금품선거사건을 수사 중인 수사기관이 피고인의 주거에 대한 압수 · 수색을 실시하고 그 집행을 종료함으로써 압수 · 수색영장이 효력을 상실하였음에도 며칠 후 그 영장에 기하여 다시 같은 장소에 대한 압수 · 수색을 실시하면서 선거인들에게 제공하고 남은 돈을 발견하고 압수하였다면, 그 압수가 위법하여 그 돈은 증거로 사용될 수 없으므로 이를 몰수할 수 없다.
> ㅁ. 공무원이 자신의 권한에 의하여 허위로 작성한 공문서가 압수된 경우 이를 몰수할 수 있다.

① ㄱ ㄴ ㄷ ② ㄱ ㄷ ㅁ ③ ㄱ ㄹ ㅁ
④ ㄴ ㄷ ㄹ ⑤ ㄴ ㄹ ㅁ

해설

㉠(×) 피해자로 하여금 사기도박에 참여하도록 유이하기 위하여 고액의 수표를 제시해 보인 경우, 형법 제48조 소정의 몰수가 임의적 몰수에 불과하여 법관의 자유재량에 맡겨져 있고, 위 수표가 직접적으로 도박자금으로 사용되지 아니하였다 할지라도, 위 수표가 피해자로 하여금 사기도박에 참여하도록 만들기 위한 수단으로 사용된 이상, 이를 몰수할 수 있다(대법원 2002.9.24, 2002도3589).

㉡(○) '가'항의 피고인 을에 대한 추징은 특정경제범죄가중처벌등에관한법률 제10조 제3항, 제1항에 의한 것으로서 형법상의 몰수, 추징과는 달리 범죄로 인한 이득의 박탈을 목적으로 한 것이라기보다는 재산국외도피사범에 대한 징벌의 도를 강화하여 범행대상

인 재산을 필요적으로 몰수하고 그 몰수가 불능인 때에는 그 가액을 납부하게 하는 징벌적 성질의 처분이라고 봄이 상당하므로 그 도피재산이 피고인 을이 아닌 '가'항 회사의 소유라거나 피고인 을이 이를 점유하지 아니하고 그로 인하여 이득을 취한 바가 없다고 하더라도 추징할 수 있다(대법원 1995.3.10, 94도1075).

㉢(○) 장물을 처분하여 그 대가로 취득한 압수물은 몰수할 것이 아니라 피해자에게 교부하여야 할 것이다(대법원 1969.1.21, 68도1672).

㉣(×) 이미 그 집행을 종료함으로써 효력을 상실한 압수·수색영장에 기하여 다시 압수·수색을 실시하면서 몰수대상물건을 압수한 경우, 압수 자체가 위법하게 됨은 별론으로 하더라도 그것이 위 물건의 몰수의 효력에는 영향을 미칠 수 없다(대법원 2003.5.30, 2003도705).

㉤(×) 군 피.엑스(P.X)에서 공무원인 군인이 그 권한에 의하여 작성한 월간판매실적보고서의 내용에 일부 허위기재된 부분이 있더라도 이는 공무소인소관 육군부대의 소유에 속하는 것이므로 이를 허위공문서 작성의 범행으로 인하여 생긴 물건으로 누구의 소유도 불허하는 것이라 하여 형법 제48조 제1항 제1호를 적용, 몰수하였음은 부당하다(대법원 1983.6.14, 83도808).

〈답 ③〉

12. 다음 추징에 관한 설명 중 옳은 것을 모두 고른 것은? (다툼이 있는 경우 판례에 의함) <법원행시 2012년>

> ㉮ 주형인 징역형의 선고를 유예할 경우에도 추징을 선고할 수 있다.
> ㉯ 수인이 공동하여 공무원이 취급하느 사건 또는 사무에 관하여 청탁을 한다는 명목으로 금품을 받은 경우 그 금품을 분배하였더라도 각자에게 전액을 몰수하거나 그 가액을 추징하여야 한다.
> ㉰ 범죄행위로 취득한 주식의 가액을 추징하는 경우, 주식의 취득대가를 추징금액에서 공제하여야 한다.
> ㉱ 공소사실에 관하여 이미 공소시효가 완성되어 유죄의 선고를 할 수 없는 경우에도 추징만을 선고할 수 있다.
> ㉲ 금품의 무상차용을 통하여 위법한 재산상 이익을 취득한 경우 범인이 받은 부정한 이익은 무상으로 대여받은 금품 그 자체이므로 추징의 대상도 금푼 그 자체다.
> ㉳ 수뢰자가 자기앞수표를 뇌물로 받아 이를 소비한 후 자기앞수표 상당액을 증뢰자에게 반환하였다 하더라도 수뢰자로부터 그 가액을 추징하여야 한다.

① ㉮ ㉳　　② ㉮ ㉯ ㉰　　③ ㉮ ㉯ ㉲
④ ㉯ ㉰ ㉲　　⑤ ㉰ ㉱ ㉳

해설

㉮(○) 주형을 선고유예하면 부가형은 선고유예해도 되고 안해도 된다. 그러나 주형을 선고유예하지 않으면 부가형은 선고유예할 수 없다.

㉯(×) 특별히 징벌적 몰수·추징이 아닌 한 연대하여 추징하지는 않는다. 따라서 분배

받은 만큼 몰수하거나 그 가약을 추징하면 된다.
㉰(×) 주식 가액을 추징할 때 주식 취득대가를 공제하지 않는다.
㉱(×) 이미 공소시효가 경과하였으면 추징도 할 수 없다.
㉲(×) 대여 받았기 때문에 돌려줘야 할 금품이다. 그러나 무상으로 대여받은 경우 그 이자 상당액을 이익 보는 것이므로 그 만큼만 추징하면 된다.
㉳(○) 받은 그대로 돌려준 것이 아니라면 받은 사람에게 추징하여야 한다. 〈답 ①〉

13. 자격상실에 있어서 상실되는 자격에 해당하지 않는 것을 모두 고르면?

㉠ 공법상의 선거권	㉡ 법인의 감사
㉢ 법인의 이사	㉣ 법인의 지배인
㉤ 기업체의 장	㉥ 법인의 업무에 관한 검사역

① ㉤ ② ㉠ ㉣ ③ ㉢ ㉣
④ ㉣ ㉤ ⑤ ㉣ ㉥ ⑥ ㉤ ㉥
⑦ ㉡ ㉢ ㉥ ⑧ 없음

해설

사형·무기징역 또는 무기금고의 판결을 받은 자는 (i) 공무원이 되는 자격, (ii) 공법상의 선거권과 피선거권, (iii) 법률로 요건을 정한 공법상의 업무에 관한 자격, (iv) 법인의 이사·감사 또는 지배인 기타 법인의 업무에 관한 검사역이나 재산관리인이 되는 자격을 상실한다(제43조 1항). 〈답 ①〉

제 2 절 형의 양정

1. 법률상 형의 감경과 면제에 대한 연결로 옳지 않은 것만 모두 모은 것은?

㉠ 특수폭행죄를 범한 후 수사기관에 자수한 때 — 임의적 감면
㉡ 위증죄를 범한 자가 그 공술한 사건의 재판이 확정되기 전에 자백한 때 — 임의적 감면
㉢ 실행의 수단 또는 대상의 착오로 인하여 결과의 발생이 불가능하더라도 위험성이 있는 때 — 필요적 감면
㉣ 외국에서 형의 전부 또는 일부의 집행을 받은 때 — 필요적 감면
㉤ 타인의 명예를 훼손한 후 그 피해자에게 자복한 때 — 임의적 감면
㉥ 범인이 자의로 실행에 착수한 행위를 중지하거나 그 행위로 인한 결과의 발생을 방지한 때 — 필요적 감면
㉦ 통화위조죄를 범할 목적으로 예비 또는 음모한 자가 그 목적한 죄의 실행에 이르기 전에 자수한 때 — 필요적 감면
㉧ 현주건조물방화죄를 범할 목적으로 예비 또는 음모한 자가 그 목적한 죄의 실행에 이르기 전에 자수한 때 — 필요적 감면

① ㉠ ㉦ ㉧ ② ㉡ ㉢ ㉣ ③ ㉢ ㉣ ㉤
④ ㉠ ㉡ ㉢ ㉣ ⑤ ㉡ ㉢ ㉣ ㉦ ⑥ ㉢ ㉣ ㉦ ㉧

해설

㉠(○) 자수는 임의적 감면사유이다.
㉡(×) 자수·자복은 원칙적으로 임의적 감면사유이지만(제52조), 위증죄와 무고죄의 자수·자백은 필요적 감면사유(제153조, 제157조)이다.
㉢(×) 불능미수로서 임의적 감면사유이다(제27조).
㉣(×) 외국에서 형의 집행을 받는 때는 임의적 감면사유이다(제7조).
㉤(○) 자복은 임의적 감면사유이다.
㉥(○) 중지미수(제26조).
㉦(○) 통화위조예비죄의 자수(제213조).
㉧(○) 방화예비죄의 자수(제175조)는 필요적 감면사유이다. 〈답 ②〉

2. 다음 중 甲에 대하여 최소한 형을 감경하여야 하는 경우를 고르면 모두 몇 개인가? (다툼이 있는 경우에는 판례에 의함)

㉠ 甲이 피해자를 살해하려고 그의 목 부위와 왼쪽 가슴 부위를 칼로 수회 찔렀으나 피해자의 가슴 부위에서 많은 피가 흘러나오는 것을 발견하고 겁을 먹고 그만둔 경우
㉡ 농아자인 甲이 소매치기를 한 경우
㉢ 甲이 지나가던 행인을 인질로 붙잡고 수감 중인 동료의 석방을 요구하다가 행인을 풀어준 경우
㉣ 甲이 대마 2상자를 사가지고 돌아오다가 이 장사를 다시 하게 되면 내 인생을 망치겠다는 생각이 들어 이를 불태운 경우
㉤ 중환자 乙의 보호자가 의학적 권고에도 불구하고 치료를 요하는 乙의 퇴원을 강청하여 담당전문의인 甲이 치료중단 및 퇴원을 허용하는 조치를 취함으로써 乙이 사망한 경우

① 1개 ② 2개 ③ 3개
④ 4개 ⑤ 5개 ⑥ 없음

해설

최소한 형을 감경하여야 하는 경우는 필요적 감경사유 또는 필요적 감면사유에 해당하는 때이다.
㉠(×) 대법원 1999.4.13, 99도640은 자의에 의한 중지에 해당하지 않는다고 하였으므로 장애미수로서 임의적 감경사유이다.
㉡(○) 농아자의 행위는 형을 감경한다(제11조).
㉢(×) 인질을 안전한 장소로 풀어준 때에는 그 형을 감경할 수 있다(제324조의6).
㉣(×) 이미 기수가 되었으므로 양형에서 참작사유가 될 뿐이다(대법원 1983.12.27, 83도2629).

ⓜ(○) 작위에 의한 살인방조이므로(대법원 2004.6.24, 2002도995) 필요적 감경사유이다.
〈답 ②〉

3. 형법 제52조의 자수에 관한 설명 중 옳지 않은 것의 조합은? (다툼이 있는 경우에는 판례에 의함)

> ㉠ 범죄사실을 수사기관에 신고한 이상 범죄사실의 세부에 다소의 차이가 있어도 관계없다.
> ㉡ 범죄사실이 발각된 후에 신고하거나 지명수배를 받은 후라 할지라도 체포 전에 자발적으로 신고한 이상 자수가 된다.
> ㉢ 죄의 뉘우침이 있는가의 여부는 문제되지 않는다.
> ㉣ 수사기관의 질문 또는 조사에 응하여 범죄사실을 진술하는 것은 자수가 아니다.
> ㉤ 일단 자수가 성립하였더라도 수사기관이나 법정에서 범행을 부인하면 자수의 효력은 소멸한다.
> ㉥ 일부의 범죄사실에 대한 자수는 그 부분의 범죄사실에 대하여 자수로서의 효력이 있다.

① ㉠ ㉢ ② ㉢ ㉤ ③ ㉢ ㉥
④ ㉤ ㉥ ⑤ ㉡ ㉢ ㉤ ⑥ ㉢ ㉤ ㉥

해설

㉠(○) 대법원 1994.5.10, 94도659와 일치한다.
㉡(○) 범죄사실과 범인이 누구인가가 발각된 후라 하더라도 또 수사기관에 의해 지명수배를 받은 연후라 하더라도 범인이 체포되기 전에 자발적으로 자기의 범죄사실을 수사기관에 신고한 이상 자수로 보아야 할 것이고 또한 국가보안법 및 반공법에서 규정한 자수를 형법상의 자수와 구별하여 해석할 근거는 없다(대법원 1968.7.30, 68도754).
㉢(×) 형법 제52조가 자수를 형의 감경사유로 삼은 첫째 이유는 범인이 죄를 뉘우치고 있다는 데에 있으므로 죄의 뉘우침이 없는 자수는 외형상은 자수일지라도 형법규정이 정한 자수라고 할 수 없다(대법원 1994.10.14, 94도2130; 대법원 1993.6.11, 93도1054).
㉣(○) 수사기관의 직무상의 질문 또는 조사에 응하여 범죄사실을 진술하는 것은 자백일 뿐 자수로는 되지 않는다. 수사기관에 뇌물수수의 범죄사실을 자발적으로 신고하였으나 수뢰액을 실제보다 적게 신고함으로써 적용법조와 법정형이 달라지게 된 경우, 자수는 성립하지 아니한다(대법원 2004.6.24, 2004도2003).
㉤(×) 형법 제52조 1항에서 말하는 자수란 범인이 자발적으로 자신의 범죄사실을 수사기관에 신고하여 그 소추를 구하는 의사표시를 함으로써 성립하는 것으로서, 범행이 발각된 후에 수사기관에 자진출석하여 범죄사실을 자백한 경우도 포함하며, 일단 자수가 성립한 이상 자수의 효력은 확정적으로 발생하고 그 후에 범인이 번복하여 수사기관이나 법정에서 범행을 부인한다고 하여 일단 발생한 자수의 효력이 소멸하는 것은 아니다(대법원 2004.10.14, 2003도3133).
㉥(○) 대법원 1994.10.14, 94도2130과 일치한다. 〈답 ②〉

4. 자수에 관한 다음 설명 중 옳은 것은 모두 몇 개인가? (다툼이 있는 경우 판례에 의함) <법원행시 2012년>

> ㉮ 형법 제52조 제1항에서 말하는 '자수'란 범인이 자발적으로 자신의 범죄사실을 수사기관에 신고하여 그 소추를 구하는 의사표시를 함으로써 성립하는 것으로서, 범행이 발각된 후에 수사기관에 자진 출석하여 범죄사실을 자백한 경우도 포함하며, 일단 자수가 성립한 이상 자수의 효력은 확정적으로 발생하고 그 후에 범인이 번복하여 수사기관이나 법정에서 범행을 부인한다고 하여 일단 발생한 자수의 효력이 소멸하는 것은 아니라고 할 것이다.
> ㉯ 수사기관에의 신고가 자발적이라고 하더라도 그 신고의 내용이 자기의 범행을 명백히 부인하는 등의 내용으로 자기의 범행으로서 범죄성립요건을 갖추지 아니한 사실일 경우에는 자수는 성립하지 아니하고, 일단 자수가 성립하지 아니한 이상 그 이후의 수사과정이나 재판과정에서 범행을 시인하였다고 하더라도 새롭게 자수가 성립할 여지는 없다.
> ㉰ 형법 제52조 제1항 소정의 자수를 형의 감경사유로 삼는 주된 이유는 범인이 그 죄를 뉘우치고 있다는 점에 있으므로 범죄사실을 부인하거나 죄의 뉘우침이 없는 자수는 그 외형은 자수일지라도 법률상 형의 감경사유가 되는 진정한 자수라고는 할 수 없다.
> ㉱ 법인의 직원 또는 사용인이 위반행위를 하여 양벌규정에 의하여 법인이 처벌받는 경우, 법인에게 자수감경에 관한 형법 제52조 제1항의 규정을 적용하기 위하여는 법인의 이사 기타 대표자가 수사책임이 있는 관서에 자수한 경우에 한하고, 그 위반행위를 한 직원 또는 사용인이 자수한 것만으로 위 규정에 의하여 형을 감경할 수 없다.

① 1개　② 2개　③ 3개
④ 4개　⑤ 없음

해설

㉮(○) 일단 자수가 성립하면 그 후에 번복하여 범행을 부인하더라도 발생한 자수의 효력이 소멸되지 않는다.
㉯(○) ㉮의 경우와 반대로 생각해보면 된다.
㉰(○) 자수는 자기를 처벌해 달라는 의사표현이 있어야 한다. 이러한 의사표현이 빠져 있다면 온전한 자수라고 볼 수 없다.
㉱(○) 법인은 대표자에 의해서 의사표시를 할 수 있다. 따라서 법인의 의사표시를 할 수 있는 이사 기타 대표자가 해야 자수가 된다. 〈답 ④〉

5. 자수감경에 관한 설명 중 가장 잘못된 것은? (다툼이 있는 경우에는 판례에 의함)
<법원행시 2007년 변형>

① 법인의 직원 또는 사용인이 위반행위를 하여 양벌규정에 의하여 법인이 처벌받는 경우 그 위반행위를 한 직원 또는 사용인이 자수하면 법인에게 형법 제52조 1항의 자수감경 규정을 적용할 수 있다.

② 법인의 직원 또는 사용인이 위반행위를 하여 양벌규정에 의하여 법인이 처벌받는 경우, 법인에게 자수감경에 관한 형법 제52조 1항의 규정을 적용하기 위하여는 법인의 이사 기타 대표자가 수사책임이 있는 관서에 자수한 경우에 한하고, 그 위반행위를 한 직원 또는 사용인이 자수한 것만으로는 위 규정에 의하여 형을 감경할 수 없다.

③ 피고인이 검찰에 조사 일정을 문의한 다음 지정된 일시에 검찰에 출두하는 등의 방법으로 자진출석하여 범행을 시인하였다가 그 후 법정에서 범행사실을 부인한 경우에는 자수한 것으로 볼 수 있다.

④ 수사기관에 자수서를 소지하고 자발적으로 출석하였으나 조사를 받으면서 범행을 부인하다가 구속된 직후에 자수서를 제출하고 범행사실을 시인한 경우에는 자수한 것으로 볼 수 없다.

⑤ 피고인이 대마초 41g씩을 은박지에 포장하여 운동화 1켤레의 각 안창 밑에 넣은 다음 이를 신은 채 김포세관 문형 검색장치를 통과하려고 할 때 금속탐지음이 울리자 김포세관 소속 공무원 甲이 피고인에게 휴대품을 꺼내도록 한 다음 다른 휴대품이 있는지 여부를 물으면서 휴대용 금속탐지기로 피고인의 몸을 검색하였는데, 그래도 피고인의 하체 부근에서 계속 금속탐지음이 나자 피고인에게 무엇이냐고 물었고, 이에 피고인이 담배라고 대답하였으나 대마초임을 직감한 위 甲이 다시 대마초냐고 묻자 피고인이 대마초를 은닉, 소지한 사실을 시인하여 피고인을 김포세관 특수조사과에 인계한 경우 자수한 것으로 볼 수 없다.

해설

①(×) 법인의 직원 또는 사용인이 위반행위를 하여 양벌규정에 의하여 법인이 처벌받는 경우, 법인에게 자수감경에 관한 형법 제52조 1항의 규정을 적용하기 위하여는 법인의 이사 기타 대표자가 수사책임이 있는 관서에 자수한 경우에 한하고, 그 위반행위를 한 직원 또는 사용인이 자수한 것만으로는 위 규정에 의하여 형을 감경할 수 없다(대법원 1995.7.25, 95도391).

②(○) 대법원 1995.7.25, 95도391.

③(○) 대법원 2005.4.29, 2002도7262(자진출석하여 범행을 사실대로 진술하였다면 자수가 성립되었다고 할 것이고, 자수가 성립된 후 법정에서 범행사실을 부인한다고 하여 뉘우침이 없는 자수라거나, 이미 발생한 자수의 효력이 없어진다고 볼 수 없다).

④(○) 대법원 2004.10.14, 2003도3133.

⑤(○) 대법원 1999.4.13, 98도4560(자발성이 결여되어 자수에 해당하지 않는다). 〈답 ①〉

6. 형의 감경사유가 되는 자수에 관한 기술로서 옳은 것을 모두 고른 것은?
(판례에 의함) <법원행시 2010년>

> ㉠ 피고인이 검찰의 소환에 따라 자진 출석하여 검사에게 범죄사실에 관하여 자백함으로써 형법상 자수의 효력이 발생하였다면, 그 후에 검찰이나 법정에서 범죄사실을 일부 부인하였다고 하더라도 일단 발생한 자수의 효력이 소멸하는 것은 아니다.
> ㉡ 법인의 직원 또는 사용인이 위반행위를 하여 양벌규정에 의하여 법인이 처벌받는 경우, 법인에게 자수감경에 관한 형법 제52조 제1항의 규정을 적용하기 위하여는 법인의 이사 기타 대표자가 수사책임이 있는 관서에 자수한 경우에 한하고, 그 위반행위를 한 직원 또는 사용인이 자수한 것만으로는 위 규정에 의하여 형을 감경할 수 없다.
> ㉢ 법률상의 형의 감경사유가 되는 자수를 위하여는, 범인이 자기의 범행으로서 범죄성립요건을 갖춘 객관적 사실을 자발적으로 수사관서에 신고하여 그 처분에 맡기는 것으로 족하고, 더 나아가 법적으로 그 요건을 완전히 갖춘 범죄행위라고 적극적으로 인식하고 있을 필요까지는 없다.
> ㉣ 자수란 범인이 자발적으로 자신의 범죄사실을 수사기관에 신고하여 그 소추를 구하는 의사표시로서 이를 형의 감경사유로 삼는 주된 이유는 범인이 그 죄를 뉘우치고 있다는 점에 있으므로, 혐의를 받고 있는 수개의 범죄사실 중 일부에 관하여만 자수한 경우에는 그 일부에 대하여도 자수로서의 효력이 없다.
> ㉤ 범죄사실과 범인이 누구인가가 발각된 후라 하더라도 범인이 자발적으로 자기의 범죄사실을 수사기관에 신고한 경우에는 이를 자수로 보아야 한다.

① ㉠ ㉡ ㉢ ㉣ ㉤ ② ㉠ ㉡ ㉢ ㉤ ③ ㉠ ㉢ ㉤
④ ㉡ ㉢ ㉤ ⑤ ㉠ ㉢

해설

㉠(○) 대법원 2002.8.23, 2002도46.
㉡(○) 대법원 1995.7.25, 95도391.
㉢(○) 대법원 1995.6.30, 94도1017.
㉤(○) 대법원 1965.10.5, 65도59.
㉣(×) 형법 제52조 제1항 소정의 자수란 범인이 자발적으로 자신의 범죄사실을 수사기관에 신고하여 그 소추를 구하는 의사표시로서 이를 형의 감경사유로 삼는 주된 이유는 범인이 그 죄를 뉘우치고 있다는 점에 있으므로 범죄사실을 부인하거나 죄의 뉘우침이 없는 자수는 그 외형은 자수일지라도 법률상 형의 감경사유가 되는 진정한 자수라고는 할 수 없다. 수개의 범죄사실 중 일부에 관하여만 자수한 경우에는 그 부분 범죄사실에 대하여만 자수의 효력이 있다(대법원 1994.10.14, 94도2130). 〈답 ②〉

7. 형의 가감례에 관한 설명 중 옳지 않은 것은?

① 법률상의 감경사유가 수개 있는 때에는 가장 유리한 사유 하나만 적용한다.
② 법률상의 감경을 한 경우에도 다시 작량감경 할 수 있다.
③ 작량감경사유가 여러 개 있을 때에도 거듭 감경할 수는 없다.
④ 하나의 죄에 대하여 징역형과 벌금형을 병과하여야 할 경우 징역형에만 작량감경을 하고 벌금형에는 작량감경을 하지 않는 것은 위법하다.
⑤ 유기징역에 대하여 형을 가중하는 때에는 50년까지로 한다.

해설 ··

①(×) 법률상의 감경사유에 해당할 때에는 작량감경의 경우와는 달리 거듭 감경할 수 있다(제55조 2항).
③(○) 작량감경은 범죄의 모든 정상을 종합적으로 관찰하여 형을 감경함이 상당하다고 인정될 때 1회에 한하여 적용되는 것이고, 정상 하나하나에 거듭할 수 있는 것이 아니다(대법원 1964.4.7, 63도410).
④(○) 대법원 1997.8.26, 96도3466.
⑤(○) 형법 제42조 참조. 〈답 ①〉

8. 형의 양정에 관한 설명 가운데 옳은 것은?

① 양형의 기초가 되는 최고원리는 책임주의이다.
② 구성요건표지인 특별한 범행동기 · 수단은 양형의 참작사유가 되며, 특히 범행의 잔혹성은 형벌가중사유로 작용한다.
③ 단계이론은 일정한 책임범위 내에서 일정한 형벌의 상한과 하한을 고려하여 구체적인 양형을 해야 한다는 이론이다.
④ 판례는 심신미약상태에서 범한 수죄 가운데 일부의 죄만을 감경할 수 있다고 한다.
⑤ 법률상 감경 · 누범가중 · 경합범가중 · 작량감경의 순으로 한다.

해설 ··

①(○) 양형의 기초가 되는 원리는 책임주의이다. 예방의 목적은 행위자의 책임과 일치하는 범위에서만 고려할 수 있다.
②(×) 범행의 잔혹성은 양형의 참작사유는 되지만 형벌가중사유는 되지 않는다.
③(×) 단계이론이란 형량은 불법과 책임에 따라서 결정하지만 형벌의 종류와 집행 여부는 예방적 목적에 따라 결정해야 한다는 견해이며, 지문은 범위이론에 대한 설명이다.
④(×) 대법원은 강도살인죄와 사체유기죄는 시간 · 장소가 계속 접근한 관련성 있는 행위로서 피고인은 위 범행 당시 심신미약상태에 있었음이 명백하므로 제10조 2항의 감경을 하려면 양 죄 공히 감경하여야 할 것임에도 불구하고 강도살인죄만을 감경하고 사체유기죄에 대한 감경을 유탈하였음은 위법하다고 판시하였다(대법원 1960.9.30, 4293형상509).
⑤(×) 형의 가감례는 각칙 본조에 의한 가중, 제34조 2항(특수한 교사 · 방조)의 가중, 누

범가중, 법률상 감경, 경합범가중, 작량감경의 순으로 한다(제56조). 〈답 ①〉

9. 작량감경에 대한 판례의 태도와 일치하지 않는 설명은?

> ㉠ 형법 제53조에 의한 작량감경의 방법도 제55조(법률상의 감경)의 방법에 따라야 한다.
> ㉡ 법정형 중에서 무기징역을 선택한 후 작량감경한 결과 유기징역을 선고하게 되었을 경우에는 피고인이 미성년자라 하더라도 부정기형을 선고할 수 없다.
> ㉢ 개전의 정이 있어 작량감경을 하였다고 하더라도 잠재적인 재범의 위험성은 범행 후의 개전의 정과는 반드시 일치하는 것은 아니라고 할 것이므로 작량감경을 하였다고 해서 재범의 위험성을 인정 못할 바 아니다.
> ㉣ 형법 제38조 1항 3호에 의하여 징역형과 벌금형을 병과하는 경우 징역형에만 작량감경을 하고 벌금형에는 작량감경을 하지 아니하였다면 이는 위법하다.

① ㉠ ② ㉣ ③ ㉠ ㉡
④ ㉡ ㉢ ⑤ ㉢ ㉣

해설

㉣(×) 대법원 2006.3.23, 2006도1076과 배치된다. '징역형과 벌금형을 병과하여야 할 경우 징역형에만 작량감경을 하고 벌금형에는 작량감경을 하지 않는 것은 위법하다'고 한 것(대법원 2011.5.26, 2011도3161; 대법원 1997.8.26, 96도3466)은 하나의 범죄에 징역형과 벌금형을 병과하여야 하는 사안에 대한 것이며, ㉣은 형법 제38조(동시적 경합범의 처벌) 1항 3호에 의하여 징역형과 벌금형을 병과하는 경우, 즉 경합범인 수죄에 대하여 각각 형종을 달리하기 때문에 병과하는 경우에 대한 것이므로 다른 내용이다.
㉠ 대법원 1964.10.28, 64도454, ㉡ 대법원 1991.4.9, 91도357, ㉢ 대법원 1983.3.8, 83도59의 내용이다. 〈답 ②〉

10. 심신미약자인 甲은 절도죄로 징역 1년 6개월의 선고를 받아 복역을 마치고 출소하였다. 이후 甲은 생계가 곤란하여 출감한 지 6개월 만에 다시 강도범행을 저질렀으나 곧 후회하여 자수에 이르렀다. 형법상 허용되는 감경 또는 면제를 모두 하는 경우 甲에 대한 처단형의 범위는? (단, 강도죄의 법정형은 3년 이상의 유기징역임)

① 3년 이상 15년 이하의 징역 또는 형의 면제
② 1년 6월 이상 25년 이하의 징역
③ 9월 이상 6년 3월 이하의 징역
④ 9월 이상 6년 3월 이하의 징역 또는 형의 면제
⑤ 4월 15일 이상 6년 3월 이하의 징역 또는 형의 면제

해설

형의 가감은 각칙 본조에 의한 가중, 제34조 2항의 가중, 누범가중, 법률상 감경, 경합범 가중, 작량감경의 순서로 행하며, 법률상의 감경은 거듭할 수 있다.
(1) 甲에게는 먼저 누범가중을 해야 한다. 누범에 대하여 장기를 2배까지 가중하고(제35조), 유기징역을 가중할 때에는 50년까지로 한다(형법 제42조: 2010.4.15. 개정, 2010.10.16. 시행). 장기 30년을 2배 가중하면 60년이나, 50년을 넘지 못하므로 甲의 누범가중한 형은 3년 이상 50년 이하의 징역이다. (2) 자수는 임의적 감면사유이므로 자수감경을 하면서 형을 면제할 수 있음은 물론이다. (3) 감경을 할 경우에 유기징역은 형기의 2분의 1까지 감경한다. 甲은 심신미약자이므로 1년 6월 이상 25년 이하의 징역에 처해야 한다. 다시 자수감경할 경우의 형은 9월 이상 12년 6월 이하의 징역이 된다. (4) 甲에게 다시 작량감경할 때에는 4월 15일 이상 6년 3월 이하의 징역이 된다. 〈답 ⑤〉

11. 형의 양정에 관한 설명 중 잘못된 것을 2개씩 조합한 것은? (다툼이 있는 경우에는 판례에 의함)

㉠ 형의 감경에는 법률의 규정에 의하여 형이 감경되는 법률상 감경과 법원이 피고인의 정상을 참작하여 작량하여 형을 감경하는 재판상 감경이 있다.
㉡ 형의 가중은 죄형법정주의의 원칙상 법률상 가중만 인정되고 재판상 가중은 인정되지 아니하나, 일단 가중사유가 있다면 반드시 가중을 해야 하며 반드시 법정형 이상의 형이 선고되어야 한다.
㉢ 피고인의 범행 후의 정황도 양형에 있어서 참작하여야 할 조건의 하나이다.
㉣ 자수란 범인이 자발적으로 자신의 범죄사실을 수사기관에 신고하여 그 소추를 구하는 의사표시를 함으로써 성립하고, 여기서 신고의 내용이 되는 '자신의 범죄사실'이란 자기의 범행으로서 범죄성립요건을 갖춘 객관적 사실을 의미한다.
㉤ 수사기관에 뇌물수수의 범죄사실을 자발적으로 신고하였다면 그 수뢰액을 실제보다 적게 신고함으로써 적용법조와 법정형이 달라지게 되었다고 하더라도 자수의 성립에는 영향이 없다.
㉥ 항소제기기간 이후부터 항소를 취하한 때까지의 미결구금일수를 전부를 본형에 산입하여야 한다.

① ㉠ ㉡　② ㉠ ㉢　③ ㉠ ㉥
④ ㉡ ㉣　⑤ ㉡ ㉤　⑥ ㉤ ㉥

해설

㉠(○) 형의 감경에는 법률상 감경(필요적 감경, 임의적 감경)과 재판상 감경(작량감경)이 있다.
㉡(×) 법률상의 가중사유가 있으면 법정형에 그 가중사유를 적용하여 처단형이 정하여지고 그 처단형의 범위 내에서 구체적으로 선고형을 정하는 것이므로 가중사유가 있다

고 하여 반드시 법정형 이상의 형이 선고되어야 하는 것은 아니다.
㉢(○) 제51조 4호.
㉣(○) 대법원 2004.6.24, 2004도2003의 내용이다.
㉤(×) 자수의 성립을 부인하였다(대법원 2004.6.24, 2004도2003).
㉥(○) '항소제기기간 이후부터 항소를 취하한 때까지의 미결구금일수'를 본형에 산입하지 않기로 한 검사의 형집행지휘처분은 위법하고 그 미결구금일수 '전부'를 본형에 산입하여야 한다(대법원 2010.4.16, 2010모179). 〈답 ⑤〉

12. 미결구금일수 산입에 대한 기술 중 옳지 않은 것은? (다툼이 있는 경우에는 판례에 의함)

① 판결선고 전 미결구금일수는 그 전부가 법률상 당연히 본형에 산입하게 되었으므로, 판결에서 별도로 미결구금일수 산입에 관한 사항을 판단할 필요가 없다.

② 판결선고 전의 구금일수를 전혀 산입하지 아니한 경우에는 법령의 적용을 하지 아니한 위법이 있는 것이다.

③ 법원은 판결선고 전의 구금일수를 구속영장이 발부되지 아니한 다른 범죄사실에 관한 죄의 형에 산입할 수 없다.

④ 선고형이 2개 이상 있을 때에는 그 중 어느 형에 산입하는지를 분명히 해야 함에도 2개의 선고형 중 어느 형에 산입하는지 또한 쌍방에 산입하면 며칠씩을 산입할 것인지 밝히지 아니하였다면, 판결이유를 제대로 갖추지 아니한 위법이 있다고 할 것이다.

⑤ 판결선고 전 구금일수 전부를 본형에 산입하면서 판결에서 그 산입일수를 명시하지 않고 단지 그 전부를 산입한다고 표시하는 것이 위법하다고는 할 수 없다.

해설

①(○) 형법 제57조 제1항 중 "또는 일부" 부분은 헌법재판소 2009.6.25. 선고 2007헌바25 사건의 위헌결정으로 효력이 상실되었다. 그리하여 판결선고 전 미결구금일수는 그 전부가 법률상 당연히 본형에 산입하게 되었으므로, 판결에서 별도로 미결구금일수 산입에 관한 사항을 판단할 필요가 없다(대법원 2009.12.10, 2009도11448).
②(○) 대법원 1994.7.29, 94도1354.
③(×) 대법원은 수개의 공소사실로 공소가 제기된 피고인이 그 중 일부의 범죄사실만으로 구속영장이 발부되어 구금되어 있었고, 법원이 그 수개의 범죄사실을 병합심리한 끝에 피고인에게 구속영장이 발부된 일부 범죄사실에 관한 형과 나머지 범죄사실에 관한 죄의 형으로 나누어 2개의 형을 선고할 경우에, 법원이 판결선고 전의 구금일수를 구속영장이 발부되지 아니한 다른 범죄사실에 관한 죄의 형에 산입할 수도 있다고 판시하였다(대법원 1996.5.10, 96도800).
④(○) 대법원 1995.7.11, 95도1084.
⑤(○) 대법원 1999.4.15, 99도357 전원합의체. 〈답 ③〉

13. 판결의 공시에 관한 형법 제58조의 규정 내용과 어긋나는 것은?

① 피고 사건에 대하여 무죄의 판결을 선고할 때에는 판결공시의 취지를 선고할 수 있다.
② 피해자의 이익을 위하여 필요하다고 인정할 때에는 판결공시의 취지를 선고할 수 있다.
③ 위 ②의 경우에는 피해자의 청구가 있는 경우에 한하여 피고인의 부담으로 판결공시의 취지를 선고할 수 있다.
④ 피고 사건에 대하여 공소기각의 판결을 선고할 때에는 판결공시의 취지를 선고할 수 있다.
⑤ 피고 사건에 대하여 면소의 판결을 선고할 때에는 판결공시의 취지를 선고할 수 있다.

해설 ··

④(×) 판결의 공시란 피해자의 이익(제58조 1항)이나 피고인의 명예회복(제58조 2항)을 위하여 판결의 선고와 함께 관보 또는 일간신문 등을 이용하여 판결의 전부 또는 일부를 공적으로 주지시켜 주는 제도를 말한다. 따라서 무죄 또는 면소판결의 사유가 아닌 공소기각판결을 선고하는 경우에는 판결공시 취지를 선고할 수 없다.
②③(○) 동조 1항. 법원이 필요하다고 인정하는 경우, 피해자의 청구가 있는 경우에 한하여 피고인의 부담으로 판결공시의 취지를 선고할 수 있다. 〈답 ④〉

제 3 절 누 범

1. 甲은 A죄로 징역 1년을 선고받고 2005년 1월 1일 집행을 종료하였는데, 2007년 3월 10일 B죄(유기징역에 해당함)**를 범하였다. 다음 설명 중 옳은 것을 모두 고르면?** (다툼이 있는 경우에는 통설·판례에 의함)

> ㉠ A죄를 누범이라 한다.
> ㉡ B죄를 누범이라 한다.
> ㉢ 누범이 되는지 여부는 실행의 착수시기를 기준으로 한다.
> ㉣ 누범이 되는지 여부는 기수시기를 기준으로 한다.
> ㉤ 누범에 대하여는 형의 장기의 2배까지 가중한다.
> ㉥ 판결선고 후 누범인 것이 발각된 때에는 선고한 형을 통산하여 다시 형을 정할 수 있다.

① ㉡ ㉤ ② ㉠ ㉢ ㉤ ③ ㉠ ㉣ ㉥
④ ㉡ ㉢ ㉥ ⑤ ㉡ ㉢ ㉤ ㉥ ⑥ ㉡ ㉣ ㉤ ㉥

해설 ··

㉡(○) 광의의 누범은 확정판결을 받은 범죄가 있는 경우에 그 후에 다시 범한 죄를 의

미한다. 전자를 전범, 후자를 후범이라 한다. 그러나 협의에 있어서 누범은 광의의 누범 가운데 제35조의 요건을 구비한 경우, 즉 금고 이상의 형을 받아 그 집행을 종료하거나 면제를 받은 후 3년 내에 금고 이상에 해당하는 죄를 범한 것만을 말하므로 설문에서 B 죄가 누범이 된다.

㉢(○) 누범이 되는지 여부는 후범의 실행의 착수시기를 기준으로 결정한다는 점에 관하여 견해가 일치하고 있다.

대법원 2006.4.7, 2005도9858 전원합의체: 형법 제35조 소정의 누범이 되려면 금고 이상의 형을 받아 그 집행을 종료하거나 면제를 받은 후 3년 내에 다시 금고 이상에 해당하는 죄를 범하여야 하는바, 이 경우 다시 금고 이상에 해당하는 죄를 범하였는지 여부는 그 범죄의 실행행위를 하였는지 여부를 기준으로 결정하여야 하므로 3년의 기간 내에 실행의 착수가 있으면 족하고, 그 기간 내에 기수에까지 이르러야 되는 것은 아니다.

㉤(○) 누범에 대하여는 형의 장기를 2배까지 가중하도록 하고 있으나, 단기는 가중되지 아니한다(대법원 1969.8.19, 69도1129).

㉥(○) 제36조. 그러나 확정판결에 의하여 선고한 형을 가중하는 것은 일사부재리의 원칙에 반한다는 비판을 면할 수 없다. 〈답 ⑤〉

2. 누범에 대한 설명으로 옳지 않은 것을 모두 모은 것은? (다툼이 있는 경우에는 판례에 의함)

> ㉠ 사형선고를 받은 자가 형의 집행을 면제받은 때에는 누범이 될 수 있다.
> ㉡ 집행유예기간 중에 범한 죄는 누범이 될 수 있다.
> ㉢ 집행유예가 취소되어 징역형의 집행을 마친 경우는 누범이 될 수 있다.
> ㉣ 일반사면에 의하여 형의 효력이 상실될 때에는 누범전과가 될 수 없다.
> ㉤ 특별사면에 의하여 형의 집행이 면제된 때에도 누범전과가 될 수 없다.
> ㉥ 징역형의 전과가 복권된 때에는 누범전과가 될 수 있다.
> ㉦ 가석방 중에 죄를 범한 경우뿐만 아니라 형집행정지 중에 죄를 범한 때에도 누범이 될 수 없다.
> ㉧ 누범의 형은 그 장기뿐만 아니라 단기도 2배까지 가중한다.
> ㉨ 과실범으로 금고형을 선고받은 후에 범한 죄도 누범이 될 수 있다.
> ㉩ 상습범 중 일부의 행위가 누범의 기간 내에 이루어지면 그 상습범은 누범에 해당한다.

① ㉡ ㉤ ㉧　　② ㉠ ㉢ ㉥ ㉧　　③ ㉡ ㉤ ㉧ ㉨
④ ㉡ ㉤ ㉧ ㉩　　⑤ ㉣ ㉤ ㉥ ㉧　　⑥ ㉤ ㉦ ㉧ ㉩

해설

㉠(○) 사형선고를 받은 자는 누범이 될 여지가 없지만 감형으로 유기징역이나 유기금고로 되거나 특별사면 또는 형의 시효로 그 집행이 면제된 때에는 누범의 요건을 충족할 수 있다.

㉡(×) 집행유예기간 중에 있는 자는 형의 집행 전이거나 일부 집행을 받은 자이므로 누범이 될 수 없다.

ⓒ(○) 집행유예가 취소되어 징역형의 집행을 마친 때에는 누범전과가 된다.
ⓔ(○) 일반사면에 의하여는 형선고의 효력이 상실되므로(사면법 제5조 1호) 누범전과가 되지 않는다.
ⓜ(×) 특별사면은 형의 집행을 면제할 뿐이므로(사면법 제5조 2호) 누범전과가 된다.
ⓗ(○) 징역형의 전과가 복권된 때에도 자격을 회복시키는 것에 지나지 않으므로 누범전과가 될 수 있다.
ⓢ(○) 가석방 또는 형집행정지 중에 죄를 범한 때에도 같다.
ⓞ(×) 누범에 대하여는 형의 장기를 2배까지 가중한다.
ⓙ(○) 전범(前犯)의 형이 금고 이상이어야 하지만, 고의범인가 과실범인가는 묻지 않는다.
ⓒⓗ(○) 대법원 1982.5.25, 82도600(상습범 중 일부 소위가 누범기간 내에 이루어진 이상 나머지 소위가 누범기간 경과 후에 행하여졌더라도 그 행위 전부가 누범관계에 있는 것이다)과 일치한다. 〈답 ①〉

3. 다음 누범에 관한 설명 중 가장 옳은 것은?(다툼이 있는 경우에는 판례에 의함) <법원행시 2012년>

① 특별사면으로 출소한 후 복권까지 받았다면 출소 후 3년 이내에 다시 죄를 범하였더라도 누범이 되지 않는다.
② 상습절도범행에 적용되는 특정범죄 가중처벌 등에 관한 법률 제5조의4 제1항 위반죄에 있어서는 형법 제35조 소정의 누범가중요건에 해당하는 전과가 있더라도 누범가중을 하여서는 아니 된다.
③ 판결선고 후에 누범인 것이 발각된 때에는 선고한 형의 집행을 종료한 경우에도 그 선고한 형을 통산하여 다시 형을 정할 수 있다.
④ 누범가중의 사유가 되는 전과에 관한 사실은 공소장에 기재되어 있지 않더라도 피고인의 자백만으로 인정할 수 있다.
⑤ 3년의 누범기간 내에 범죄 실행의 착수가 있었으나 기수에 이르지 못했다면 누범으로 처벌할 수 없다.

해설

①(×) 복권은 정지된 자격에 대한 복권이라서 형선고 효력이 상실되지 않는다. 따라서 누범이 되지 않으려면 형집행 종료나 면제 후 3년이 지나야 한다.
②(×) 상습가중과 누범가중은 별개의 것이다. 상습범은 상습적으로 범죄를 저지른 경우(범죄의 종류도 유사하다)에 그 범죄들을 포괄하여 가중처벌하지만 누범은 이미 처벌받은 자가 또 다시 금고 이상의 죄를 범했을 때 가중처벌하는 것이다.
③(×) 형집행을 종료한 경우에는 그 선고한 형을 통산하여 다시 형을 정할 수 없다(형법 제36조).
④(○) 누범 가중 사유는 범죄가 될 사실이 아니고 단순한 전과 사실이므로 굳이 공소장에 기재되지 않더라도 인정될 수 있다.
⑤(×) 누범기간 내에 실행의 착수만 있으면 누범 처벌이 가능하다. 〈답 ④〉

4. 형법 제35조의 누범에 관한 다음 설명 중 옳은 것을 모두 고른 것은? (다툼이 있는 경우에는 판례에 의함) <법원행시 2011년>

> ㉠ 금고 이상의 형을 받아 그 집행을 종료하거나 면제를 받은 후 3년 내에 금고 이상에 해당하는 죄를 범한 사람을 누범으로 처벌한다.
> ㉡ 집행유예 기간 중에 범한 죄에 대하여는 형법 제35조의 누범처벌 규정이 적용되지 않는다.
> ㉢ 형법 제35조는 누범에 대하여 형의 장기 및 단기를 모두 2배까지 가중하도록 규정하고 있다.
> ㉣ 3년의 누범기간 내에 범죄 실행의 착수가 있었으나 기수에 이르지 못했다면 누범으로 처벌할 수 없다.
> ㉤ 판결선고 후 누범인 것이 발각된 때에는 선고한 형의 집행을 종료하거나 그 집행이 면제된 경우가 아니라면 그 선고한 형을 통산하여 다시 형을 정할 수 있다.

① ㉠ ㉡ ㉢　　② ㉠ ㉡ ㉤　　③ ㉠ ㉢ ㉤
④ ㉡ ㉢ ㉣　　⑤ ㉡ ㉣ ㉤

해설

㉠(○) 금고 이상의 형을 받아 그 집행을 종료하거나 면제를 받은 후 3년내에 금고 이상에 해당하는 죄를 범한 자는 누범으로 처벌한다(형법 제35조 제1항).
㉡(○) 금고 이상의 형을 받고 그 형의 집행유예기간 중에 금고 이상에 해당하는 죄를 범하였다 하더라도 이는 누범가중의 요건을 충족시킨 것이라 할 수 없다(대법원 1983. 8.23, 83도1600).
㉢(×) 누범의 형은 그 죄에 정한 형의 장기의 2배까지 가중한다(형법 제35조 2항).
㉣(×) 형법 제35조 소정의 누범이 되려면 금고 이상의 형을 받아 그 집행을 종료하거나 면제를 받은 후 3년 내에 다시 금고 이상에 해당하는 죄를 범하여야 하는바, 이 경우 다시 금고 이상에 해당하는 죄를 범하였는지 여부는 그 범죄의 실행행위를 하였는지 여부를 기준으로 결정하여야 하므로 3년의 기간 내에 실행의 착수가 있으면 족하고, 그 기간 내에 기수에까지 이르러야 되는 것은 아니다(대법원 2006.4.7, 2005도9858 전원합의체).
㉤(○) 판결선고 후 누범인 것이 발각된 때에는 그 선고한 형을 통산하여 다시 형을 정할 수 있다. 단, 선고한 형의 집행을 종료하거나 그 집행이 면제된 후에는 예외로 한다(형법 제36조).

〈답 ②〉

5. 맹인(盲人)인 피고인이 누범기간 중에 상상적 경합범의 관계에 있는 A죄와 B죄를 범하였다. 피고인에게 작량감경사유가 있어 감경하는 경우 처단형의 범위는? (A죄의 법정형은 30년 이하의 징역, B죄의 법정형은 1년 이상 5년 이하의 징역임)

① 30년 이하의 징역　　② 1년 이상 25년 이하의 징역
③ 6월 이상 15년 이하의 징역　　④ 3월 이상 6년 3월 이하의 징역

⑤ 6월 이상 25년 이하의 징역

해설

형의 가감순서는 각칙 본조 가중, 제34조 2항 가중, 누범가중, 법률상 감경, 경합범가중, 작량감경의 순인데, 이 사례에서는 누범가중과 작량감경이 해당된다. 먼저 가감의 기준이 되는 법정형을 정해야 하는데, 상상적 경합에서 "가장 중한 죄에 정한 형으로 처벌"한다(제40조)는 것은 각 법조의 상한과 하한 모두 중한 형의 범위 내에서 처단한다는 것을 의미(대법원 1984.2.28, 83도3160: 전체적 대조주의)하므로 기준이 되는 법정형은 "1년 이상 30년 이하"의 징역이다. 누범은 장기의 두 배를 가중(제35조)하되 50년을 넘지 못하므로(제42조: 2010.4.15. 개정, 2010.10.16, 시행) 1년 이상 50년 이하의 징역이 되며, 작량감경도 법률상 감경의 방법을 따라야 하므로 작량감경을 하면 6월 이상 25년 이하가 된다. 농아자는 필요적 감경사유이지만 맹인이라는 점은 법률상 감경사유가 아니다. 〈답 ⑤〉

6. 2002. 2. 1. 절도죄로 징역 8월을 선고받아 복역하다가 2002. 8. 15. 특별사면으로 출소한 자가 2005. 8. 1부터 2006. 2. 28까지 사이에 상습으로 절도범행을 서질러 특정범죄가중처벌등에관한법률위반(질도)**죄**(무기 또는 3년 이상의 징역)**로 기소되었다. 2006. 9. 1. 제1심판결을 선고할 경우 다음의 설명 중 옳은 것은?**

① 누범에 해당하지 아니한다.
② 유기징역형을 선택한 후 작량감경을 할 경우 처단형의 단기는 3년 이상이다.
③ 유기징역형을 선택한 후 작량감경을 할 경우 처단형의 장기는 30년 이하이다.
④ 무기징역형을 선택한 후 작량감경을 할 경우 처단형의 단기는 7년 이상이다.
⑤ 무기징역형을 선택한 후 작량감경을 할 경우 처단형의 장기는 50년 이하이다.

해설

특별사면은 원칙적으로 형의 집행이 면제되며(사면법 제5조 2호), 금고 이상의 형을 받아 그 집행을 면제받은 후 3년 내에 금고 이상에 해당하는 죄를 범하면 누범이 된다. 그런데 상습범 중 일부 행위가 누범기간 내에 이루어졌다면 나머지 행위가 누범기간 경과 후에 행하여졌더라도 행위 전부가 누범관계에 있으므로(대법원 1982.5.25, 82도600), 설문의 경우 누범이 되어 장기의 2배까지 가중한다(제35조). 유기징역형을 선택하면 3년 이상 50년 이하(제42조 단서)이므로 작량감경을 하면 처단형은 1년 6월 이상 25년 이하가 되고(제55조 1항 3호), 무기징역형을 선택하고 작량감경을 하면 10년 이상 50년 이하가 된다(동항 2호). 〈답 ⑤〉

7. 甲은 2002.5.1. 사기죄로 징역 1년을 선고받고 복역하다가 2002. 10. 30. 가석방되었는데, 그 집행종료예정일은 2002.12.31.이었다. 그런데 甲은 2002.11.

27. 유가증권위조죄(10년 이하의 징역)**를 범하고, 2005.11.17. 도박죄**(500만원 이하의 벌금 또는 과료)**를 범한 뒤, 2005.11.30. 상습으로 타인의 재물을 편취하고, 2006.1.2. 역시 상습으로 타인의 재물을 편취하였는바, 위 두 번의 편취행위에 관하여 상습사기죄**(15년 이하의 징역 또는 3,000만원 이하의 벌금)**로 나머지 두 죄와 함께 기소되었다. 법원이 2006.2.10. 甲의 위 각 죄를 모두 유죄로 인정하여 판결을 선고하려고 할 때 경합범가중을 하기 전의 처단형의 범위에 관하여 다음 <보기>의 설명 중 옳은 것만을 모두 묶은 것은?** (다만, 도박죄에 대하여는 벌금형을, 상습사기죄에 대하여는 징역형을 선택하고, 설문에 나타난 것 외에 형의 가중·감면 사유는 없는 것으로 하며, 단기는 고려하지 않는다)

〈보기〉
A. 유가증권위조죄에 대하여는 20년 이하의 징역형
B. 도박죄에 대하여는 1,000만원 이하의 벌금형
C. 상습사기죄 중 2005.11.30. 범행에 대하여는 22년 6월 이하의 징역형, 2006.1.2. 범행에 대하여는 15년 이하의 징역형
D. 상습사기죄에 대하여 포괄하여 15년 이하의 징역형
E. 상습사기죄에 대하여 포괄하여 30년 이하의 징역형

① D ② E ③ A C
④ A E ⑤ B D

해설

누범의 요건에 관한 문제이다.
A(×) 누범가중을 하려면 '금고 이상의 형을 받아 그 집행을 종료하거나 면제를 받은 후' 이어야 하는데 유가증권위조죄는 가석방기간 중에 범하였으므로 누범에 해당하지 않는다(대법원 1976.9.14, 76도2071).
B(×) 도박죄는 형의 집행종료 후 3년 이내에 범하였지만 누범가중요건인 '금고 이상에 해당하는 죄'는 선고형을 의미하므로, 벌금형을 선고하는 경우에는 누범가중을 할 수 없다(대법원 1982.9.14, 82도1702).
C(×)·D(×)·E(○) 상습범은 포괄일죄이고, 상습범 중 일부가 누범기간 내에 행하여졌다면 나머지 행위가 누범기간 경과 후에 행하여졌더라도 그 행위 전부가 누범관계에 있는 것이므로(대법원 1982.5.25, 82도600), 상습사기죄에 대하여는 장기의 2배로 30년까지 가중할 수 있는데(제35조 2항), 그것은 50년의 상한을 넘지 않는다(제42조 단서: 2010.4.15. 개정, 2010.10.16. 시행).
〈답 ②〉

제 4 절 집행유예 · 선고유예 · 가석방

1. 집행유예에 관한 설명으로 옳지 않은 것은 몇 개인가?

㉠ 벌금이나 구류의 집행을 유예할 수 있다.

ⓛ 주형에 대한 집행을 유예하면서 몰수 등 부가형을 선고할 수 있다.
ⓒ 집행유예를 하는 경우에는 보호관찰이나 사회봉사명령, 수강명령 및 원상회복을 명할 수 있다.
ⓔ 집행유예의 선고를 받은 자가 유예기간 중 벌금 이상의 형에 해당하는 범죄를 저지른 경우 집행유예의 선고는 효력을 잃는다.
ⓜ 집행유예의 선고가 실효 또는 취소됨이 없이 유예기간을 경과한 때에는 형의 선고가 있었다는 기왕의 사실 자체가 없어진다.
ⓑ 보호관찰기간은 집행을 유예한 기간으로 한다. 다만 특별한 사정이 있는 경우에는 법원이 집행유예기간을 넘어서 보호관찰기간을 정할 수 있다.
ⓢ 성폭력범죄를 범한 소년에 대하여 형의 집행을 유예하는 경우에는 반드시 보호관찰 · 사회봉사 또는 수강을 명하여야 한다.
ⓞ 특정강력범죄로 형의 선고를 받아 그 집행을 종료하거나 면제를 받은 후 10년이 경과하지 아니한 자가 다시 특정강력범죄를 범한 때에는 형의 집행을 유예하지 못한다.

① 1개　② 2개　③ 3개
④ 4개　⑤ 5개　⑥ 6개

해설

ⓖ(×) 집행유예는 3년 이하의 징역 또는 금고를 선고할 경우에만 허용된다.
ⓛ(○) 주형의 선고 또는 집행을 유예하면서 몰수 등 부가형의 요건이 있는 때에는 몰수만을 선고할 수도 있다(대법원 1990.4.27, 89도2291; 대법원 1973.12.11, 73도1133 전원합의체).
ⓒ(×) 형법은 집행유예의 경우에 원상회복을 명하는 것은 인정하지 않고 있다.
ⓔ(×) 유예기간 중 고의로 범한 죄로 금고 이상의 실형을 선고받아 그 판결이 확정된 때에는 집행유예가 실효된다(제63조).
ⓜ(×) 형법 제65조 소정의 '형의 선고는 효력을 잃는다'는 취의는 형의 선고의 법률적 효과가 없어진다는 것일 뿐 형의 선고가 있었다는 기왕의 사실 자체까지 없어진다는 뜻이 아니다. 따라서 형의 집행종료 후 7년 이내에 집행유예의 판결을 받고 그 기간을 무사히 경과하여 7년을 채우더라도 형법 제81조의 '형을 받음이 없이 7년을 경과'하는 때에 해당하지 아니하여 형의 실효를 선고할 수 없다(대법원 1983.4.2, 83모8).
ⓑ(×) 보호관찰기간은 유예기간으로 하지만 법원은 유예기간의 범위 내에서 보호관찰기간을 정할 수 있다.
ⓢ(○) 성폭력범죄의처벌등에관한특례법 제16조 3항.
ⓞ(○) 특정강력범죄의처벌에관한특례법 제5조. 〈답 ⑤〉

2. 형법상 집행유예에 관한 다음 설명 중 옳은 것은? (다툼이 있는 경우에는 판례에 의함) <법원행시 2011년>

① 징역형에 대해서만 집행유예를 선고할 수 있다.

② 형의 집행을 유예하면서 사회봉사명령 또는 수강명령을 선고하려면 유예기간의 범위 내에서 보호관찰을 받을 것도 함께 명하여야 한다.

③ 집행유예의 선고를 받은 자가 유예기간 중 고의로 범한 죄로 금고 이상의 실형을 선고받아 그 판결이 확정된 때에는 법원은 결정으로 집행유예의 선고를 취소하여야 한다.

④ 집행유예 기간 중에 고의로 범한 범죄라도 집행유예가 실효 또는 취소됨이 없이 그 유예기간이 경과한 경우에는 이에 대해 다시 집행유예의 선고를 할 수 있다.

⑤ 형법 제37조 후단의 경합범 관계에 있는 죄에 대하여 두 개의 징역형을 선고하면서 하나의 징역형에 대해서만 집행유예를 선고할 수 있고, 이때 법원이 그 집행유예기간의 시기(始期)를 다른 하나의 징역형의 집행종료일로 정하는 것도 가능하다.

해설

①(×) 제62조(집행유예의 요건) ① 3년 이하의 징역 또는 금고의 형을 선고할 경우에 제51조의 사항을 참작하여 그 정상에 참작할 만한 사유가 있는 때에는 1년 이상 5년 이하의 기간 형의 집행을 유예할 수 있다.

②(×) 제62조의2(보호관찰, 사회봉사 · 수강명령) ① 형의 집행을 유예하는 경우에는 보호관찰을 받을 것을 명하거나 사회봉사 또는 수강을 명할 수 있다.

③(×) 제63조(집행유예의 실효) 집행유예의 선고를 받은 자가 유예기간 중 고의로 범한 죄로 금고 이상의 실형을 선고받아 그 판결이 확정된 때에는 집행유예의 선고는 효력을 잃는다.

④(○) 집행유예 기간 중에 범한 범죄라고 할지라도 집행유예가 실효 취소됨이 없이 그 유예기간이 경과한 경우에는 이에 대해 다시 집행유예의 선고가 가능하다(대법원 2007. 2.8, 2006도6196).

⑤(×) 형법 제37조 후단의 경합범 관계에 있는 죄에 대하여 두 개의 징역형을 선고하면서 하나의 징역형에 대하여만 집행유예를 선고하고 그 집행유예기간의 시기를 다른 하나의 징역형의 집행종료일로 한 것은 위법하다(대법원 2002.2.26, 2000도4637).

〈답 ④〉

3. 누범 또는 집행유예에 관한 설명 중 옳지 않은 것은? (다툼이 있는 경우에는 판례에 의함) <사시 2008년: 배점 2>

① 누범이 성립하려면 금고 이상의 형의 선고가 유효하여야 하므로 일반사면이나 복권을 받은 경우는 누범가중사유로 인정되지 않는다.

② 상습범 중 일부 행위가 누범기간 내에 있는 이상 나머지 행위가 누범기간 경과 후에 행하여졌더라도 위의 행위 전부가 누범에 해당한다.

③ 누범이 성립하려면 금고 이상의 형을 받아 그 집행을 종료하거나 면제를 받은 후 3년 내에 다시 금고 이상에 해당하는 죄를 범하여야 하는바, 3년의 기간 내에 실행의 착수가 있으면 족하고 그 기간 내에 기수

에까지 이르러야 되는 것은 아니다.

④ 하나의 자유형 중 일부에 대해서는 실형을 선고하고, 나머지에 대해서는 집행유예를 선고하는 것은 허용되지 않는다.

⑤ 집행유예가 실효되기 위해서는 유예기간 중 고의로 범한 죄로 금고 이상의 실형을 선고받아 그 판결이 확정되어야 한다.

해설

①(×) 일반사면에 의해 형선고의 효력이 상실되므로 그 범죄는 누범의 전과가 될 수 없다(대법원 1965.11.30, 65도910). 그러나 복권은 사면의 경우와 같이 형의 언도의 효력을 상실시키는 것이 아니고, 다만 형의 언도의 효력으로 인하여 상실 또는 정지된 자격을 회복시킴에 지나지 아니하는 것이므로 복권이 있었다고 하더라도 그 전과사실은 누범가중사유에 해당한다(대법원 1981.4.14, 81도543).

②(○) 대법원 1982.5.25, 82도600.

③(○) 대법원 2006.4.7, 2005도9858 전원합의체.

④(○) 형을 병과 한 경우에는 그 형의 일부에 대하여도 집행을 유예할 수 있지만(제62조 2항), 하나의 형의 일부에 대한 집행유예는 허용되지 않는다(대법원 2007.2.22, 2006도8555).

⑤(○) 형법 제63조 참조. 〈답 ①〉

4. 판례에 의할 경우 甲에 대하여 집행유예의 판결을 선고할 수 없는 것으로 모두 묶인 것은?

㉠ 甲이 2000년 10월 1일 A죄를 범하고 기소되어 2001년 1월 5일 제1심법원에서 징역 1년에 집행유예 2년을 선고받고 그 판결이 항소기간의 도과로 확정되었는데, 그 후 2000년 12월 1일 범행한 B죄가 발각되어 2001년 3월 20일 제1심법원에서 B죄에 대한 유죄판결을 선고하는 경우

㉡ 甲이 ㉠과 같은 사안에서 B죄를 2001년 1월 20일 범한 경우

㉢ 甲이 2000년 7월 1일 A죄를 범하여 같은 해 9월 1일 제1심법원에서 징역 1년에 집행유예 2년을 선고받고 항소하였으나 같은 해 12월 1일 항소가 기각되고, 다시 상고하여 대법원에 계속 중 2001년 1월 1일 새로이 B죄를 범하였다. 그 후 대법원에서 같은 해 3월 2일 甲의 상고가 기각됨으로써 제1심판결이 확정되었는데, 같은 해 3월 20일 제1심법원에서 B죄에 대하여 유죄판결을 선고하는 경우

㉣ 甲이 특정범죄가중처벌등에관한법률상 도주차량죄 A로 징역 1년에 집행유예 2년을 선고받아 확정된 후 그 유예기간 중 다시 같은 죄 B를 범하였으나 그에 대한 징역형의 유죄판결 선고 전에 A죄가 일반사면의 대상이 된 경우

㉤ 甲이 사문서위조죄로 징역 1년에 집행유예 2년의 형을 선고받아 그 판결이 확정된 후 그 집행유예기간 중에 다시 사문서위조죄를 범하

였으나 징역형의 유죄판결선고 전에 집행유예기간이 경과한 경우

① ㉡ ② ㉢ ③ ㉠ ㉡
④ ㉢ ㉤ ⑤ ㉠ ㉢ ㉤ ⑥ ㉡ ㉢ ㉣

해설

집행유예기간 중에 다시 집행유예를 선고할 수 있는가의 문제이다. 집행유예가 실효 또는 취소됨이 없이 유예기간을 경과한 때에는, 형의 선고가 이미 그 효력을 잃게 되어 '금고 이상의 형을 선고'한 경우에 해당한다고 보기 어려울 뿐 아니라, 집행의 가능성이 더 이상 존재하지 아니하여 집행종료나 집행면제의 개념도 상정하기 어려우므로 위 단서 소정의 요건에 해당하지 않는다고 할 것이므로, 집행유예기간 중에 범한 범죄라고 할지라도 집행유예가 실효·취소됨이 없이 그 유예기간이 경과한 경우에는 이에 대해 다시 집행유예의 선고가 가능하다(대법원 2007.2.8, 2006도6196).

㉠(○) B죄는 A죄의 집행유예판결이 확정되기 전에 범한 죄이므로 다시 집행유예를 할 수 있다.

㉡(×) A죄에 대한 판결이 확정된 후에 B죄를 범한 경우이므로 집행유예를 할 수 없다.

㉢(○) A죄에 대한 집행유예의 판결이 상고심의 계속 중에 B죄를 범한 경우이다. B죄는 A죄의 집행유예판결이 확정되기 전에 범한 죄이므로 다시 집행유예를 할 수 있다.

㉣㉤(○) 일반사면(사면법 제5조 1항 1호)이나 집행유예기간의 경과(제65조)에 의해 형선고의 효력이 상실되므로 집행유예가 가능하다. 〈답 ①〉

5. 甲은 2000년 범한 죄로 2001년에 징역 1년에 집행유예 3년을 선고받고 확정되었다. 그 후 다시 2002년에는 1999년에 범한 죄로 징역 1년의 확정판결을 받았다. 이 경우 2001년에 확정되었던 집행유예선고의 효력은 어떻게 되는가? (다툼이 있으면 판례에 의함)

① 면제된다. ② 유지된다. ③ 실효된다.
④ 취소된다. ⑤ 취소할 수 있다.

해설

개정 형법은 집행유예의 선고를 받은 자가 유예기간 중 고의로 범한 죄로 금고 이상의 실형을 선고받아 그 판결이 확정된 때에는 집행유예의 선고는 효력을 잃는다고 규정하고 있다(제63조). 그러나 甲이 다시 징역 1년의 확정판결을 받은 범죄는 집행유예의 선고를 받기 이전에 범한 범죄로 인한 것이므로 집행유예는 실효되지 않는다. 〈답 ②〉

6. 집행유예에 관한 설명 중 옳지 않은 것만 모은 것은? (다툼이 있는 경우에는 판례에 의함)

㉠ 하나의 자유형 중 일부에 대해서는 실형을, 나머지에 대해서는 집행유예를 선고하는 것은 허용되지 않는다. ㉡ 형의 집행유예를 선고받은 사람이 그 선고가 실효 또는 취소됨이 없이 정해진 유예기간을 무사히 경과하여 형의 선고가 효력을 잃게

된 경우 선고유예 결격사유인 자격정지 이상의 형을 받은 전과가 있는 자에 해당한다.
㉢ 집행유예기간 중 다시 집행유예를 선고할 수 있는 경우에 해당되지 아니함에도 이를 간과하여 다시 집행유예 판결이 선고되어 전자의 집행유예기간 중 후자의 집행유예 판결이 확정된 경우, 비록 후자의 판결 선고 당시 법원이나 검찰이 집행유예기간 중인 사실을 간과하였다고 하더라도 그러한 사정만으로 전자의 판결의 집행유예 선고가 실효되는 것이 위법하다고 할 수는 없다.
㉣ 집행유예의 선고를 받은 후 그 선고의 실효 또는 취소됨이 없이 유예기간을 경과한 때에는 형의 선고는 효력을 잃는다. 따라서 형의 집행이 면제될 뿐만 아니라 처음부터 형의 선고가 없었던 상태로 돌아가게 되므로 형의 선고가 있었다는 기왕의 사실까지 없어지는 것이다.
㉤ 집행유예의 선고를 받은 후 그 판결확정 전에 '금고 이상의 형이 확정된 때부터 그 집행을 종료하거나 면제된 후 3년까지의 기간에 범한 죄로 형을 선고받은 자'라는 것이 발각된 때에도 그 집행유예의 선고를 취소한다.
㉥ 집행유예를 하기 위하여는 정상에 참작할 만한 사유가 있어야 하는데, 그 판단의 기준시기는 범행시가 아닌 판결시이다.
㉦ 하나의 판결로 두 개의 징역형을 선고할 경우에는 하나의 형에 대하여만 집행유예를 선고할 수 있다.

① ㉣ ㉤
② ㉡ ㉣ ㉤
③ ㉡ ㉢ ㉤ ㉥
④ ㉠ ㉡ ㉢ ㉣ ㉦
⑤ ㉠ ㉢ ㉤ ㉥ ㉦

해설

㉠(○) 집행유예의 요건에 관한 형법 제62조 1항이 '형'의 집행을 유예할 수 있다고만 규정하고 있다고 하더라도, 이는 같은 조 2항이 그 형의 '일부'에 대하여 집행을 유예할 수 있는 때를 형을 '병과'할 경우로 한정하고 있는 점에 비추어 보면, 조문의 체계적 해석상 하나의 형의 전부에 대한 집행유예에 관한 규정이라 할 것이고, 또한 하나의 자유형에 대한 일부 집행유예에 관하여는 그 요건, 효력 및 일부 실형에 대한 집행의 시기와 절차, 방법 등을 입법에 의해 명확하게 할 필요가 있어, 그 인정을 위해서는 별도의 근거규정이 필요하므로 하나의 자유형 중 일부에 대해서는 실형을, 나머지에 대해서는 집행유예를 선고하는 것은 허용되지 않는다(대법원 2007.2.22, 2006도8555).
㉡(○) 대법원 2012.6.28, 2011도10579.
㉢(○) 집행유예기간 중에 있는 자로서 다시 집행유예를 선고할 수 있는 경우에 해당되지 아니함에도 이를 간과하여 다시 집행유예 판결이 선고되어 전자의 집행유예기간 중 후자의 집행유예 판결이 확정된 경우, 형의 집행유예 선고의 실효에 관한 규정인 형법 제63조 소정의 '금고 이상의 형의 선고를 받아'라는 의미는 그 실형의 선고만을 지칭하

는 것이 아니라 금고 이상의 형이 선고된 이상 그 형의 집행을 유예한 경우도 포함되고, 법원의 판결이 선고되어 확정된 이상 그 판결이 재심 등 다른 불복절차에 의하여 번복되거나 혹은 상소권회복 등에 의하여 그 확정력이 배제되지 않는 이상 그 확정판결 자체는 유효하므로, 비록 후자의 판결 선고 당시 법원이나 검찰이 집행유예기간 중인 사실을 간과하였다고 하더라도 그러한 사정만으로 전자의 판결의 집행유예 선고가 실효되는 것이 위법하다고 할 수는 없다(대법원 1997.4.1, 96모109).

㉣(×) 형의 선고가 효력을 잃는다는 것은 형의 선고의 법률적 효과가 없어진다는 것을 의미할 뿐이어서 형의 선고가 있었다는 기왕의 사실까지 없어지는 것은 아니다(대법원 2003.12.26, 2003도3768).

㉤(×) 제64조의 '집행유예의 선고를 받은 후'란 집행유예를 선고한 판결이 확정된 후를 의미한다. 따라서 그 판결확정 전에 발견된 경우는 집행유예를 취소할 수 없다(대법원 2001.6.27, 2001모135).

㉦(○) 형법 제37조 후단에 의하여 하나의 판결로 두 개의 형을 선고할 때에는 각각의 형에 대하여 집행유예를 선고하거나 하나의 판결에 대하여만 집행유예를 선고하는 것도 허용된다(대법원 2002.2.26, 2000도4637). 〈답 ①〉

7. 성년인 甲과 乙은 2004.10.1. 합동하여 특수절도죄(법정형: 1년 이상 10년 이하의 징역)**를 범하였다는 사실로 기소되어 재판을 받았고, 법원은 2006.12.1. 두 사람 모두에게 유죄판결을 선고하려고 한다. 甲과 乙에게 아래와 같은 전과가 있는 경우 A~E의 설명 중 옳지 않은 것을 모두 고른 것은?**

<사시 2007년: 배점 3>

> ㉠ 甲은 2002.5.1. 특수절도죄로 징역 3년의 확정판결을 선고받고 복역하던 중 2003.8.15. 가석방 출소하여 2005.3.1. 가석방기간이 지났다.
> ㉡ 乙은 2001.12.5. 간통죄로 징역 1년을 선고받고 복역하다가 2002.10.5. 만기 출소하여 그 형의 집행을 종료하였다.
>
> ---
>
> A. 甲에 대하여는 집행유예를 선고할 수 없다.
> B. 甲은 누범에 해당한다.
> C. 乙은 누범에 해당한다.
> D. 乙에 대하여는 집행유예를 선고할 수 없다.
> E. 乙에 대하여는 징역 15년까지 선고할 수 있다.

① A D ② B E ③ A C D
④ B C E ⑤ A B C D ⑥ A C D E

해설

'금고 이상의 형을 선고한 판결이 확정된 때부터 그 집행을 종료하거나 면제된 후 3년까지의 기간' 에 범한 죄에 대하여는 집행유예를 선고할 수 없다(제62조 1항 단서). 甲의 경우 징역 3년의 형이 확정된 때(2002.5.1.)부터 그 집행이 종료(2005.3.1.)된 후 3년까지의 기간에 속하는 2004.10.1.에 범한 죄에 대하여 집행유예를 선고할 수 없고, 乙의 경우 징역 1년의 형이 확정된 때(2001.12.5.)부터 그 집행이 종료(2002.10.5.)된 후 3년까지의 기간에 속하는 2004.10.1.에 범한 죄에 대하여 집행유예를 선고할 수 없다. 따라서 A, D는 옳다.
누범은 '금고 이상의 형을 받아 그 집행을 종료하거나 면제를 받은 후 3년 내에 금고 이상에 해당하는 죄를 범한 자'이다(제35조). 甲의 경우 아직 징역 3년 형의 집행이 종료되기 전인 가석방기간 중에 범한 것이므로 누범이 아니지만, 乙은 징역 1년 형의 집행이 종료된 후 3년 내에 범하였으므로 누범이다. 따라서 B는 틀렸고, C는 옳다.
누범은 장기의 2배까지 가중하므로 乙에 대하여는 징역 20년까지 선고할 수 있다. 따라서 E는 틀렸다. 〈답 ②〉

8. 甲에 대하여 집행유예의 판결을 선고할 수 있는 경우를 모두 모은 것은?
(다툼이 있는 경우에는 판례에 의함) <사시 2009년: 배점 3>

가. 甲은 2006.7.1. 乙에 대한 사기죄를 범하여 2006.9.1. 제1심법원에서 징역 1년에 집행유예 2년을 선고받고 항소하여, 항소심에서 재판계속 중 2006.12.30. 새로이 乙에 대한 무고죄를 범하였다. 그 후 2007.3.10. 위 판결이 원심판결대로 확정되었는데, 2007.3.20. 제1심법원에서 위 무고죄에 대하여 징역형의 유죄판결을 선고하는 경우
나. 甲은 2006.7.1. 무고죄로 징역 1년을 선고받고 같은 달 9. 항소기간의 경과로 그 판결이 확정된 후 2007.1.30. 위 징역 1년의 집행을 종료하였다. 그 후 甲이 2008.6.1. 강도죄를 범하여 2008.8.1. 제1심법원에서 강도죄에 대하여 징역형의 유죄판결을 선고하는 경우
다. 甲이 2006.10.1. 사기죄로 불구속기소되어 2007.1.5. 제1심법원에서 징역 1년에 집행유예 2년을 선고받고 그 판결이 항소기간의 경과로 2007.1.13. 확정되었다. 그 후 甲이 2007.1.15. 사기죄를 범하여 2007.1.30. 제1심법원에서 사기죄에 대하여 징역형의 유죄판결을 선고하는 경우
라. 甲은 2007.1.13. 제1심법원에서 강도죄로 징역 3년을 선고받고 같은 달 21. 그 판결이 항소기간의 경과로 확정되었다. 甲은 교도소 수감 중인 2007.3.25. 동료 수감인을 흉기로 폭행하여 폭력행위등처벌에관한법률위반(집단·흉기등상해)죄를 범하여 2007.8.20. 제1심법원에서 그 죄에 대하여 징역형의 유죄판결을 선고하는 경우
마. 甲은 2006.7.1. 사기죄로 징역 2년을 선고받고 같은 달 9. 항소기간의 경과로 그 판결이 확정되어 교도소에서 복역 중, 성실한 수감생활로 2008.3.1. 가석방되었다. 그 가석방기간은 2008.8.30. 자로 경과하였다. 그 후 甲은 2008.9.20. 강도죄를 범하여 2008.10.15. 제1심법원에서 강도죄에 대하여 징역형의 유죄판결을 선고하는 경우

① 가 ② 가 나 ③ 가 다
④ 가 마 ⑤ 나 다 라

해설

가(○) 甲이 무고죄를 범한 시점은 2006.12.30.이므로 사기죄에 대한 판결이 확정된 시점인 2007.3.10. 이전이다. 따라서 '금고 이상의 형을 선고한 판결이 확정된 때부터 그 집행을 종료하거나 면제된 후 3년까지의 기간에 범한 죄'에 해당하지 않으므로 무고죄에 대하여 3년 이하의 징역형을 선고하는 경우에는 집행유예를 선고할 수 있다.
나(×) 甲이 무고죄로 그 집행을 종료한 시점은 2007.1.30.이며, 다시 강도죄를 범한 시점은 2008.6.1.이므로 금고 이상의 형을 선고한 판결이 확정된 때부터 그 집행을 종료한 후 3년 이내에 범한 죄에 해당하여 강도죄에 대하여 3년 이하의 징역형을 선고하는 경우에도 집행유예를 선고할 수 없다.
다(×) 甲이 사기죄로 징역 1년에 집행유예 2년을 선고받은 판결이 확정된 시점은 2007.1.13.이고 집행유예기간의 종료시점은 2009.1.12.이다. 그런데 甲이 다시 사기죄를 범한 시점은 집행유예기간 중인 2007.1.15.이므로 그 사기죄에 대하여 3년 이하의 징역형을 선고하는 경우에도 집행유예를 선고할 수 없다. 대법원 2007.2.8, 2006도6196 참조(집행유예기간 중에 범한 범죄라고 할지라도 집행유예가 실효 취소됨이 없이 그 유예기간이 경과한 경우에는 이에 대해 다시 집행유예의 선고가 가능하다).
라(×) 甲이 강도죄로 징역 3년을 선고받은 판결이 확정된 시점은 2007.1.21.이고 폭력행위등처벌에관한법률 위반죄를 범한 시점은 교도소 수감중인 2007.3.25.이다. 따라서 '금고 이상의 형을 선고한 판결이 확정된 때부터 그 집행을 종료하거나 면제된 후 3년까지의 기간에 범한 죄'에 해당하므로 집행유예를 선고할 수 없다.
마(×) 甲이 사기죄로 징역 2년을 선고받은 판결이 확정된 시점은 2006.7.9.이고, 집행을 종료한 시점은 가석방기간이 경과된 2008.8.30.이며 그 집행을 종료한 후 3년이 되는 시점은 2011.8.29.이다. 그런데 甲이 강도죄를 범한 시점은 2008.9.20.이므로 금고 이상의 형을 선고한 판결이 확정된 때부터 그 집행을 종료한 후 3년까지의 기간에 범한 죄에 해당하여 집행유예를 선고할 수 없다. 〈답 ①〉

9. 집행유예의 실효와 취소에 관한 설명 중 옳지 않은 것은 모두 몇 개인가?

㉠ 집행유예의 선고를 받은 자가 유예기간 중에 범한 절도죄로 다시 집행유예를 선고받은 때에는 먼저 선고받은 집행유예는 효력을 잃는다.
㉡ 집행유예의 선고를 받은 자가 집행유예를 선고받기 전에 범한 절도죄로 징역 1년의 실형을 선고받은 때에는 집행유예는 효력을 잃지 않는다.
㉢ 집행유예의 선고를 받은 자가 유예기간 중 범한 과실범으로 금고 1년의 실형을 선고받은 때에는 집행유예는 실효된다.
㉣ 집행유예의 선고를 받은 자가 유예기간 중 범한 죄로 유예기간 중 다시 집행유예를 선고받은 사실이 발각된 때에는 집행유예의 선고를 취소한다.
㉤ '금고 이상의 형이 확정된 때부터 그 집행을 종료하거나 면제된 후 3년까지의 기간에 범한 죄로 형을 선고받은 자'라는 것이 발각된 이

> 상 그 사실이 집행유예를 받은 후에 발각 되었는가 또는 그 전에 발각되었는가와 관계없이 그 집행유예의 선고를 취소한다.

① 1개 ② 2개 ③ 3개
④ 4개 ⑤ 5개 ⑥ 6개

해설

㉠(×) 집행유예의 선고를 받은 자가 유예기간 중 고의로 범한 죄로 금고 이상의 실형을 선고받아 그 판결이 확정된 때에만 집행유예가 실효되므로(제63조) 다시 집행유예를 선고받은 때에는 집행유예가 효력을 잃지 않는다.
㉡(○) 유예기간 중 고의로 범한 죄로 실형을 선고받은 때에만 집행유예가 실효된다.
㉢(×) 유예기간 중 고의로 범한 죄로 실형을 선고받은 때에만 집행유예가 실효되므로 과실범으로 금고형의 실형을 선고받은 때에는 집행유예는 실효되지 않는다.
㉣(○) 형법 제64조 1항, 제62조 단행의 금고 이상의 형을 선고받는다는 것은 실형의 선고뿐만 아니라 집행유예의 선고의 경우도 포함한다.
㉤(×) 집행유예의 취소는 '금고 이상의 형이 확정된 때부터 그 집행을 종료하거나 면제된 후 3년까지의 기간에 범한 죄로 형을 선고받은 자'라는 것이 판결확정 후에 발각된 경우로 제한된다.
〈답 ③〉

10. 누범, 집행유예, 선고유예에 관한 설명 중 옳은 것을 모두 고른 것은? (다툼이 있는 경우에는 판례에 의함) <사시 2011년: 배점 3>

> ㄱ. 형의 집행유예를 선고받고 그 선고가 실효 또는 취소됨이 없이 정해진 유예기간을 무사히 경과한 경우라도 형의 선고를 유예할 수 없다.
> ㄴ. 형의 집행유예를 선고받은 자가 그 선고 이전의 범죄로 유예기간 중에 금고 이상의 실형을 다시 선고받고 그 판결이 확정되었다면 집행유예 선고는 그 효력을 잃는다.
> ㄷ. 주형과 부가형이 있는 경우 주형을 선고유예하면서 부가형도 선고유예할 수 있으나, 주형을 선고유예하지 않으면서 부가형만을 선고유예할 수는 없다.
> ㄹ. 하나의 판결로 두 개의 징역형을 선고하는 경우 그 가운데 하나의 징역형에 대해서만 집행유예를 선고할 수 없다.
> ㅁ. 형의 집행을 유예하면서 피고인에게 유죄로 인정된 범죄행위를 뉘우치거나 그 범죄행위를 공개하는 취지의 말이나 글을 발표하도록 하는 내용의 사회봉사명령은 위법하다.
> ㅂ. 특별사면에 의하여 형의 집행이 면제된 후 3년 이내에 다시 금고 이상에 해당하는 죄를 범한 경우 누범가중사유에 해당한다.

① ㄱ ㄹ ㅁ ② ㄱ ㅁ ㅂ ③ ㄴ ㄷ ㅁ
④ ㄷ ㄹ ㅁ ⑤ ㄷ ㅁ ㅂ ⑥ ㄹ ㅁ ㅂ

⑦ ㄱ ㄴ ㄷ ㅂ ⑧ ㄱ ㄷ ㅁ ㅂ

✍ **해설**

ㄱ(○) 형의 집행유예를 선고받은 것은 선고유예의 결격요건인 형법 제59조 1항 단행의 "자격정지 이상의 형을 받은 전과"에 해당하므로 형의 선고유예를 할 수 없다(대법원 2003.12.26, 2003도3768).

ㄴ(×) 유예기간 중 범한 범죄가 아니므로 실효되지 않는다. 형법 제63조에 의하면 집행유예기간 중에 고의로 범한 죄에 대하여 금고 이상의 실형을 선고받아 그 판결이 확정된 경우에만 집행유예의 선고가 실효된다.

ㄷ(○) 대법원 1988.6.21, 88도551 참조.

ㄹ(×) 형법 제37조 후단의 경합범관계에 있는 죄에 대하여 형법 제39조 1항에 의하여 따로 형을 선고하여야 하기 때문에 하나의 판결로 두 개의 자유형을 선고하는 경우 그 두 개의 자유형은 각각 별개의 형이므로 형법 제62조 1항에 정한 집행유예의 요건에 해당하면 그 각 자유형에 대하여 각각 집행유예를 선고할 수 있는 것이고, 또 그 두 개의 자유형 중 하나의 자유형에 대하여 실형을 선고하면서 다른 자유형에 대하여 집행유예를 선고하는 것도 우리 형법상 이러한 조치를 금하는 명문의 규정이 없는 이상 허용되는 것으로 보아야 한다(대법원 2002.2.26, 2000도4637).

ㅁ(○) 재벌그룹 회장의 횡령행위 등에 대하여 집행유예를 선고하면서 사회봉사명령으로서 일정액의 금전출연을 주된 내용으로 하는 사회공헌계획의 성실한 이행을 명하는 것은 시간단위로 부과될 수 있는 일 또는 근로활동이 아닌 것을 명하는 것이어서 허용될 수 없고, 준법경영을 주제로 하는 강연과 기고를 명하는 것은 헌법상 양심의 자유 등에 대한 심각하고 중대한 침해가능성, 사회봉사명령의 의미나 내용에 대한 다툼의 여지 등의 문제가 있어 허용될 수 없다(대법원 2008.4.11, 2007도8373).

ㅂ(○) 특별사면이나 복권은 형의 언도의 효력을 상실시키는 것이 아니므로 누범가중사유에 해당한다(대법원 1981.4.14, 81도543). 〈답 ⑧〉

11. 다음 설명 중 옳은 것을 모두 모은 것은? (다툼이 있는 경우에는 통설·판례에 의함)

㉠ 판례에 의하면, 형법 제59조 1항에 형의 선고를 유예할 수 있는 요건으로 규정된 '개전의 정상이 현저한 때'란 죄를 깊이 뉘우치고 있는 것을 의미하는 것으로 범죄사실을 부인하는 경우에는 죄를 뉘우친다고 할 수 없어 형의 선고유예를 할 수 없다.

㉡ 주형에 대하여 선고를 유예하지 아니하면서 이에 부가할 몰수·추징에 대하여서만 선고를 유예할 수는 없다.

㉢ 형의 선고유예를 받은 자가 유예기간 중 자격정지 이상의 형에 처한 판결이 확정되더라도 검사의 청구에 의한 선고유예 실효의 결정에 의하여 비로소 선고유예가 실효된다.

㉣ 집행유예기간 중에 범한 죄에 대하여 공소가 제기된 후 그 재판 도중에 집행유예기간이 경과한 경우 집행유예기간 중에 범한 죄에 대하여는 다시 집행유예를 선고할 수 없다.

㉤ 징역형이 확정되어 집행을 종료한 후 3년 이내인 자라고 할지라도

그 징역형이 확정되기 전에 범한 범죄에 대하여는 집행유예를 할 수 있다.
ⓑ 형법 제37조 후단의 경합범관계에 있는 두 죄에 대하여 자유형을 선고하는 경우 하나의 자유형에 대하여 실형을 선고하면서 다른 자유형에 대하여 집행유예를 선고하는 것은 허용되지 않는다.

① ㉠㉢ ② ㉡㉣ ③ ㉠㉡㉣ ④ ㉡㉢㉤ ⑤ ㉢㉣㉤

해설

㉠(×) 대법원은 전원합의체판결을 통하여 종래의 판례를 변경하면서 피고인이 범죄사실을 부인하는 경우에도 선고유예를 할 수 있다고 판시하였다.
대법원 2003.2.20, 2001도6138 전원합의체 : 선고유예의 요건 중 '개전의 정상이 현저한 때'라고 함은 반성의 정도를 포함하여 널리 형법 제51조가 규정하는 양형의 조건을 종합적으로 참작하여 볼 때 형을 선고하지 않더라도 피고인이 다시 범행을 저지르지 않으리라는 사정이 현저하게 기대되는 경우를 가리킨다고 해석할 것이고, 이와 달리 여기서의 '개전의 정상이 현저한 때'가 반드시 피고인이 죄를 깊이 뉘우치는 경우만을 뜻하는 것으로 제한하여 해석하거나, 피고인이 범죄사실을 자백하지 않고 부인할 경우에는 언제나 선고유예를 할 수 없다고 해석할 것은 아니다.
㉡(○) 대법원 1988.6.21, 88도551. 그러나 주형에 대하여 선고를 유예하는 경우에 그 부가형인 몰수·추징에 대하여 선고를 유예할 수 있다(대법원 1980.12.9, 80도584).
㉢(○) 형법 제60조, 제61조 1항; 형사소송법 제335조, 제336조 1항.
대법원 2007.6.28, 2007모348 : 형법 제60조, 제61조 1항, 형사소송법 제335조, 제336조 1항의 각 규정에 의하면, 형의 선고유예를 받은 자가 유예기간 중 자격정지 이상의 형에 처한 판결이 확정되더라도 검사의 청구에 의한 선고유예 실효의 결정에 의하여 비로소 선고유예가 실효되는 것이고, 또한 형의 선고유예의 판결이 확정된 후 2년을 경과한 때에는 형법 제60조가 정하는 바에 따라 면소된 것으로 간주되고, 그와 같이 유예기간이 경과함으로써 면소된 것으로 간주된 후에는 실효시킬 선고유예의 판결이 존재하지 아니하므로 선고유예 실효의 결정(선고유예된 형을 선고하는 결정)을 할 수 없으며, 이는 원결정에 대한 집행정지의 효력이 있는 즉시항고 또는 재항고로 인하여 아직 그 선고유예 실효 결정의 효력이 발생하기 전 상태에서 상소심에서의 절차 진행 중에 그 유예기간이 그대로 경과한 경우에도 마찬가지이다.
㉣(×) 집행유예기간 중에 범한 죄에 대하여 공소가 제기된 후 그 재판 도중에 집행유예기간이 경과한 경우에는 집행유예기간 중에 범한 죄에 대하여 다시 집행유예를 선고할 수 있다(대법원 2007.2.8, 2006도6196). 집행유예가 실효 또는 취소됨이 없이 유예기간을 경과한 때에는, 형의 선고가 이미 그 효력을 잃게 되어 '금고 이상의 형을 선고'한 경우에 해당한다고 보기 어려울 뿐 아니라, 집행의 가능성이 더 이상 존재하지 아니하여 집행종료나 집행면제의 개념도 상정하기 어렵기 때문이다.
㉤(○) 형법은 금고 이상의 형이 확정된 때부터 그 집행을 종료하거나 면제된 후 3년까지의 기간에 죄에 대하여만 집행유예를 할 수 없다고 규정하기 있기 때문에 그 확정 전에 범한 죄에 대하여는 집행유예를 할 수 있다.
ⓑ(×) 형법 제37조 후단의 경합범관계에 있는 죄에 대하여 형법 제39조 1항에 의하여 따로 형을 선고하여야 하기 때문에 하나의 판결로 두 개의 자유형을 선고하는 경우 그 두 개의 자유형은 각각 별개의 형이므로 형법 제62조 1항에 정한 집행유예에 해당하면 그 각 자유형에 대하여 각각 집행유예를 선고할 수 있는 것이고, 또 그 두 개의 자유형

중 하나의 자유형에 대하여 실형을 선고하면서 다른 자유형에 대하여 집행유예를 선고하는 것도 우리 형법상 이러한 조치를 금하는 명문의 규정이 없는 이상 허용되는 것으로 보아야 한다(대법원 2002.2.26, 2000도4637). 〈답 ④〉

12. 집행유예와 선고유예에 관한 다음 설명 중 옳은 것은 모두 몇 개인가?(다툼이 있는 경우에는 판례에 의함) <법원행시 2012년 수정>

㉮ 피고인을 금고 이상의 형에 처한 판결이 확정된 상태에서 그 확정 전에 피고인이 범한 갑죄에 대하여 형법 제37조 후단 경합범으로 형을 선고하는 경우에 갑죄를 범할 당시에 처벌받은 전력이 없었다면 판결이 확정된 죄를 동시에 판결할 경우와 형평성을 고려하여 갑죄에 대하여 형의 선고를 유예할 수 있다. ㉯ 집행유예의 효과에 관한 형법 제65조에서 '형의 선고가 효력을 잃는다'는 의미는 구 형의실효등에관한법률에 의한 형의 실효와 같이 형의 선고에 의한 법적 효과가 장래에 향하여 소멸한다는 취지이다. ㉰ 형법 제37조 후단의 경합범 관계에 있는 죄에 대하여 두 개의 징역형을 선고하면서 하나의 징역형에 대해서만 집행유예를 선고할 수 있지만, 집행유예기간의 기산점을 다른 하나의 징역형의 집행종료일로 정할 수는 없다. ㉱ 업무상 과실치사죄로 집행유예 기간 중에 다시 업무상 과실치사죄를 범하여 금고형으로 처단할 경우에는 집행유예를 선고할 수 없다. ㉲ 보호관찰이나 사회봉사 또는 수강을 명한 집행유예를 받은 사람이 준수사항이나 명령을 위반할 경우에는 그 정도가 가벼운 경우라도 집행유예의 선고를 취소할 수 있다.

① 없음 ② 1개 ③ 2개
④ 3개 ⑤ 4개

해설

㉮(×) 동시에 재판을 받았을 경우라면 선고유예가 될 수 없었을 것이므로 선고유예 할 수 없다.
㉯(○) 대법원 2010.9.9, 2010도8021: 집행유예의 효과에 관한 형법 제65조에서 '형의 선고가 효력을 잃는다'는 의미는 구 형의실효등에관한법률에 의한 형의 실효와 같이 형의 선고에 의한 법적 효과가 장래에 향하여 소멸한다는 취지이다. 따라서 위 규정에 따라 형의 선고가 효력을 잃는 경우에도 그 전과는 구 특정범죄가중처벌등에관한법률 제5조의4 제5항에서 정한 '징역형을 받은 경우'로 볼 수 없다.
㉰(○) 대법원 2002.2.26, 2000도4637
㉱(×) 판례에 따르면 집행유예 기간 중에 범행을 하더라도 그 선고가 집행유예 기간 경과 후에 있게 되면 집행유예를 할 수 있게 된다.
㉲(×) 정도가 무거운 때에 집행유예 선고를 취소할 수 있다(제62조 2항). 〈답 ③〉

13. 선고유예제도에 관한 설명 중 옳지 않은 것은? (다툼이 있는 경우에는 판례에 의함) <사시 2013년: 배점 3>

① 선고가 유예된 형에 벌금형을 선택하면서 그 금액을 정하지 않은 채 선고유예판결을 하는 것은 위법이다.

② 형의 선고를 유예하는 경우에 재범방지를 위하여 지도와 원호가 필요한 때에는 1년의 보호관찰을 받을 것을 명할 수 있다.

③ 선고유예는 집행유예와 마찬가지로 법원이 유예기간을 정하여야 한다.

④ 선고유예의 조건으로 사회봉사명령, 수강명령을 부과할 수 없다.

⑤ 주형과 부가형이 있는 경우 주형을 선고유예하면서 부가형도 선고유예할 수 있지만, 주형을 선고유예하지 않으면서 부가형만을 선고유예할 수는 없다.

해설

①(○) 선고유예하는 형이 벌금형일 경우에 벌금액과 환형유치처분까지 해두어야 한다(대법원 1988.11.19, 86도2654).

②(○) 선고유예하는 경우에도 보호관찰을 명할 수 있고 기간은 1년이다(제59조의2).

③(×) 형의 선고유예를 받은 날로부터 2년을 경과한 때에는 면소된 것으로 간주한다(제60조). 유예기간은 언제나 2년이다.

④(○) 사회봉사명령이나 수강명령은 집행유예의 선고에서만 허용된다.

⑤(○) 형법 제59조에 의하더라도 몰수는 선고유예의 대상으로 규정되어 있지 아니하므로 주형에 대하여 선고를 유예하는 경우에는 그 부가할 몰수 추징에 대하여도 선고를 유예할 수 있으나, 그 주형에 대하여 선고를 유예하지 아니하면서 이에 부가할 몰수 추징에 대하여서만 선고를 유예할 수는 없다(대법원 1988.6.21, 88도551). 〈답 ③〉

14. 선고유예에 관한 설명 중 옳지 않은 것은? (다툼이 있는 경우에는 판례에 의함) <사시 2006년>

① 형의 선고를 유예할 수 있는 경우는 선고할 형이 1년 이하의 징역이나 금고, 자격정지 또는 벌금의 형인 경우에 한하고, 구류형에 대하여는 선고를 유예할 수 없다.

② 징역형과 벌금형을 병과할 경우에 벌금형은 선고하고 징역형에 대하여만 선고를 유예할 수 있다.

③ 필요적 몰수의 경우라고 하더라도 주형을 선고유예 할 때에는 몰수나 몰수에 갈음하는 추징도 선고유예를 할 수 있다.

④ 자격정지 이상의 형을 받은 전과가 있는 때에는 선고유예를 할 수 없으므로 징역형의 선고유예를 받았던 자에 대하여는 선고유예를 할 수 없다.

⑤ 형의 선고를 유예하는 경우에도 그 판결이유에서 선고형은 정해 놓아야 하고, 피고인이 판결선고 전에 구금되었을 경우에는 그 구금일수도 선고형에 산입해 두어야 한다.

✍ 해설

①(○) 대법원 1993.6.22, 93오1.
②(○) 대법원 1976.6.8, 74도1266.
③(○) 대법원 1978.4.25, 76도2262.
④(×) 대법원은 '선고유예의 결격사유(형법 제59조 1항 단서)인 "자격정지 이상의 형을 받은 전과"라 함은 자격정지 이상의 형을 선고받은 범죄경력 자체를 의미하는 것으로, 그 형의 효력이 상실되었는지의 여부는 묻지 않는 것으로 해석함이 상당하다'고 하여 집행유예기간이 경과된 경우(대법원 2003.12.26, 2003도3768)나 형의실효등에관한법률에 따라 추후 실효된 경우(대법원 2004.10.15, 2004도4869)에도 선고유예를 할 수 없다고 한다. 그러나 형의 선고가 효력을 잃는 집행유예와는 달리 선고유예기간(2년)을 경과한 때에는 면소된 것으로 간주되므로 '형을 선고받은 범죄경력 자체'가 없다고 보아야 한다.
⑤(○) 형법 제59조에 의하여 형의 선고를 유예하는 판결을 할 경우에도 선고가 유예된 형에 대한 판단을 하여야 하는 것이므로 선고유예 판결에서도 그 판결이유에서는 선고할 형의 종류와 양 즉 선고형을 정해 놓아야 하고, 그 선고를 유예하는 형이 벌금형일 경우에는 그 벌금액뿐만 아니라 환형유치처분까지 해 두어야 한다(대법원 1988.1.19, 86도2654). 〈답 ④〉

15. 선고유예에 관한 설명으로 옳은 것은 몇 개인가? (다툼이 있는 경우에는 판례에 의함)

㉠ 범죄사실을 부인하는 경우에는 선고유예를 할 수 없다.
㉡ 집행유예의 선고를 받고 그 유예기간을 무사히 경과한 자에 대하여는 선고유예의 선고가 가능하다.
㉢ 징역형과 벌금형을 병과하는 경우 징역형에 대하여는 집행을 유예하고, 벌금형에 대하여는 선고를 유예할 수 있다.
㉣ 형의 선고를 유예하는 경우 보호관찰, 사회봉사명령 또는 수강명령을 명할 수 있다.
㉤ 주형에 대하여 선고를 유예할 경우에도 추징을 선고할 수 있다.
㉥ 선고유예판결을 할 경우에 그 판결이유에서는 선고할 형의 종류와 양, 즉 선고형을 정해 놓아야 하고, 그 선고를 유예하는 형이 벌금형일 경우에는 그 벌금액뿐만 아니라 환형유치처분까지 해 두어야 한다.

① 1개 ② 2개 ③ 3개
④ 4개 ⑤ 5개 ⑥ 6개

✍ 해설

㉠(×) 개전의 정상이 현저한 때란 범행을 자백할 것을 요건으로 하지 않는다(대법원 2003. 2. 20, 2001도6138 전원합의체).
㉡(×) 선고유예의 결격사유인 '자격정지 이상의 형을 받은 전과'는 반드시 실형전과만을 말하는 것이 아니며, 집행유예를 선고받아 그 유예기간을 경과한 경우도 포함한다(대법원 2003.12.26, 2003도3768).

㉢(○) 형을 병과할 경우 일부에 대한 선고유예도 가능하다(제59조 2항). 따라서 징역형과 벌금형을 병과하면서 어느 한쪽만을 선고유예 할 수 있고, 또는 징역형은 집행유예를 하고 벌금형은 선고유예를 할 수도 있다(대법원 1976.6.8, 74도1266).
㉣(×) 집행유예의 경우에는 보호관찰·사회봉사명령·수강명령을 명할 수 있으나, 선고유예를 할 때에는 보호관찰만 가능하다(제59조의2).
㉤(○) 주형의 선고유예를 하는 경우에도 몰수만을 선고할 수 있다(제59조). 추징도 성질상 몰수와 다를 바 없으므로 주형을 선고유예하고 추징만을 선고할 수 있다(대법원 1981.4.14, 81도614).
㉥(○) 대법원 1988.1.19, 86도2654. 〈답 ③〉

16. 집행유예와 선고유예를 비교한 것으로 옳지 않은 것은?

① 집행유예는 3년 이하의 징역 또는 금고형을 선고할 경우에 할 수 있으나, 선고유예는 1년 이하의 징역이나 금고형을 선고할 경우에 할 수 있다.
② 집행유예는 벌금형에 대하여 할 수 없으나, 선고유예는 이 경우에도 할 수 있다.
③ 선고유예는 자격정지 이상의 형을 선고받은 전과가 없을 것을 요건으로 하나, 집행유예는 전과가 있는 경우에도 할 수 있다.
④ 집행유예의 효과는 형의 선고가 효력을 잃는 것임에 반하여, 선고유예의 효과는 형의 집행이 면제된다.
⑤ 선고유예를 받은 때에는 2년을 경과하면 면소되지만, 집행유예의 경우에는 유예기간을 경과하면 형의 선고가 효력을 잃는다.

해설

④(×) 형의 선고를 유예받은 날로부터 2년을 경과한 때에는 면소된 것으로 간주한다(제60조). 즉 집행유예의 효과는 형의 선고의 효력을 잃는 것이지만 선고유예의 효과는 면소이다. 〈답 ④〉

17. 다음 <사례>를 읽고 이에 답한 학생들(A~F) 중 올바른 답변을 한 학생들로만 묶인 것은? (다툼이 있는 경우에는 판례에 의함) <사시 2010년: 배점 3>

〈사례 1〉
甲은 2005년 절도죄를 범하여 징역 1년, 집행유예 2년을 선고받은 판결이 2006년 3월 5일 확정되었고 집행유예의 실효·취소됨이 없이 그 집행유예기간을 무사히 마쳤다. 이후 甲은 성실히 생활하였으나 2008년 8월경 경미한 횡령죄를 범하여 2009년 2월에 공소제기되었다. 甲이 범행을 완강히 부인하는 경우 법원은 甲에 대하여 형의 선고를 유예할 수 있는가?

〈사례 2〉

乙은 2008년 10월 절도죄를 범하여 징역 1년, 집행유예 2년을 선고받은 판결이 2009년 2월 20일 확정되었으나, 2008년 7월 사기죄를 범한 사실이 뒤늦게 드러난 경우, 법원은 공소제기 된 사기죄에 대하여 집행유예를 선고할 수 있는가?

〈사례 3〉
丙은 2007년 절도죄를 범하여 징역 1년, 집행유예 2년을 선고받은 판결이 2008년 1월 15일 확정되었다. 丙은 집행유예 기간인 2009년 8월 업무상 과실장물취득죄를 범하여 금고 6월을 선고받고 그 판결이 2009년 11월 18일 확정되었다. 이 경우 절도죄에 대한 집행유예는 실효되는가?

〈사례 1에 대한 설명〉
A : 甲에게는 자격정지 이상의 형을 받은 전과가 있으므로 횡령죄에 대하여 형의 선고를 유예할 수 없다.
B : 집행유예의 전과가 있다 하더라도 집행유예의 실효·취소됨이 없이 집행유예기간을 무사히 마친 경우에는 형선고의 효과가 없어지므로 선고유예를 할 수 있으나, 이 사례에서는 甲이 범행을 완강히 부인하고 있으므로 선고유예를 하지 못한다.
C : 甲에게 집행유예의 전과가 있더라도 그 유예기간을 무사히 마쳤으므로 범행의 부인 여부에 상관없이 형의 선고를 유예할 수 있다.

〈사례 2에 대한 설명〉
D : 금고 이상의 형을 선고받아 그 집행을 종료하거나 면제된 후 3년을 경과하지 아니한 경우에는 집행유예를 할 수 없으므로 乙의 사기죄에 대해서는 집행유예를 선고하지 못한다.
E : 乙의 사기죄는 집행유예기간 중 범한 것이 아니므로 사기죄에 대해 집행유예의 선고가 가능하다.

〈사례 3에 대한 설명〉
F : 丙이 절도죄의 집행유예기간 중 업무상 과실장물취득죄를 범하였고, 그에 대해서 금고 이상의 실형을 선고받아 그 형이 확정되었으므로 절도죄에 대한 집행유예 선고는 효력을 잃는다.

① A E ② B E ③ C E
④ A E F ⑤ B D F ⑥ C E F

해설

옳은 설명은 A, E이다.

사례 1에 대한 설명: A(○), B(×), C(×) 선고유예는 1년 이하의 징역이나 금고, 자격정지 또는 벌금의 형을 선고할 경우에 제51조의 사항을 참작하여 할 수 있으나, 자격정지 이상의 형을 받은 전과가 있는 자에 대해서는 예외로 한다(제59조). 甲은 집행유예기간을 무사히 마쳤지만 징역 1년과 집행유예 2년을 선고받은 범죄경력이 있기 때문에 선고유예의 결격사유에 해당한다. 집행유예기간의 경과로 형의 선고는 효력을 잃지만 형의 선고가 있었다는 기왕의 사실까지 없어지는 것은 아니므로(대법원 2003.12.26, 2003도3768 참조), 甲은 자격정지 이상의 형을 받은 전과가 있는 자로서 선고유예를 받을 수 없어 A는 옳고, C는 틀린 설명이 된다. 선고유예의 요건인 '개전의 정상이 현저한 때'란 반드시 피고인이 죄를 깊이 뉘우치는 것을 의미하지 않으며, 또한 범죄사실을 자백하지 않고 부인하면 언제나 선고유예를 할 수 없는 것은 아니나(대법원 2003.2.20, 2001도6138 전원합의체 참조), 甲의 경우 자격정지 이상의 전과가 있다는 사실로 인해 선고유예를 할 수 없기 때문에 B도 틀렸다.

사례 2에 대한 설명: D(×), E(○) 집행유예는 3년 이하의 징역 또는 금고의 형을 선고할 경우에 제51조의 사항을 참작하여 할 수 있지만, 금고 이상의 형을 선고한 판결이 확정된 때부터 그 집행을 종료하거나 면제된 후 3년까지의 기간에 범한 죄에 대해서는 예외이다(제62조). 그러나 甲이 범한 사기죄는 집행유예판결을 받기 이전에 범한 것이므로 결격사유가 아니며 사기죄에 대해 집행유예를 선고할 수 있으므로 E가 옳다.

사례 3에 대한 설명. F(×) 집행유예의 선고를 받은 자가 유예기간 중 고의로 범한 죄로 금고 이상의 실형을 선고받아 그 판결이 확정된 때에는 집행유예의 선고는 효력을 잃는다(제63조). 그런데 甲은 고의범이 아니라 과실범을 범하였기 때문에 집행유예의 선고가 실효되지 않으므로 F는 틀린 설명이다. 〈답 ①〉

18. 회사원 甲男은 2007.11.1. 심야에 평소 사모하던 회사동료 乙을 여관방으로 유인하여 강간을 하려다가 미수에 그치고, 2007.12.1. 乙과 여관에 같이 갔었던 일을 회사에 소문내겠다고 공갈하여 겁을 먹은 乙로부터 현금 200만원을 교부받았다. 이러한 甲의 범행에 대하여 담당재판부는 2008.2.1. 모두 유죄판결을 선고하려고 한다. 甲에게 <보기 1>의 가, 나, 다, 라 중 어느 하나에 해당하는 사유가 있는 경우에 <보기 2>의 각 기술 중 옳은 것(○)과 옳지 않은 것(×)을 올바르게 조합한 것은? (설문에서 제시된 이외의 사유는 없으며, 소추요건도 모두 갖춘 것으로 함. 다툼이 있는 경우에는 판례에 의함) <사시 2008년: 배점 4>

〈보기 1〉

가. 甲은 2007.11.1. 乙을 여관방에 감금하여 강간을 시도하였다.

나. 甲은 2007.12.1. 乙로부터 받은 현금 200만원을 자신의 금고에 보관해 두었다. 그 이후 수사기관에 체포되면서 현금 200만원이 모두 압수되었다.

다. 甲은 간통죄로 징역 6월을 선고받아 그 형이 확정되고, 2004.2.3. 그 형의 집행이 종료되었다.

라. 甲은 절도죄로 징역 1년에 집행유예 2년을 선고받고, 2005.12.1. 그 판결이 확정되었다.

〈보기 2〉

> A. '가'에서와 같이 감금행위가 강간의 수단이 된 경우에는 강간미수죄만 성립한다.
> B. '나'의 경우 유죄선고와 함께 금원을 몰수하여야 한다.
> C. '다'의 경우 징역 2년에 집행유예 3년을 선고할 수 있다.
> D. '라'의 경우 징역 3년에 집행유예 5년을 선고할 수 있다.

① A(×) B(×) C(○) D(×) ② A(×) B(○) C(○) D(○)
③ A(○) B(○) C(×) D(○) ④ A(×) B(○) C(×) D(×)
⑤ A(○) B(○) C(×) D(×) ⑥ A(×) B(×) C(○) D(○)
⑦ A(○) B(×) C(○) D(×) ⑧ A(○) B(×) C(×) D(○)

해설

A(×) 강간죄의 성립에 언제나 직접적으로 또 필요한 수단으로서 감금행위를 수반하는 것은 아니므로 감금행위가 강간미수죄의 수단이 되었다 하여 감금행위는 강간미수죄에 흡수되어 범죄를 구성하지 않는다고 할 수는 없는 것이고, 그때 감금죄와 강간미수죄는 한 개의 행위에 의하여 실현된 경우로서 형법 제40조의 상상적 경합관계에 있다(대법원 1983.4.26, 83도323).

B(×) 현금 200만원은 피해자 乙의 소유로서 범인 이외의 자의 소유에 속하므로 몰수할 수 없고 피해자 乙의 교부청구가 있을 때 환부해야 한다.

C(○) '금고 이상의 형을 선고한 판결이 확정된 때부터 그 집행을 종료하거나 면제된 후 3년까지의 기간에 범한 죄'에 대하여는 집행유예를 선고할 수 없다(제62조 1항 단서). '다'의 경우 간통죄에 대한 형 집행이 종료된 후(2004.2.3.) 3년까지의 기간(2007.2.2.)에 범한 죄에 대하여는 집행유예를 선고할 수 없는데, 甲이 범한 감금죄와 강간미수, 그리고 공갈죄는 위 기간 이후에 범한 죄이므로 집행유예를 선고할 수 있다.

D(○) 집행유예기간 중에 범한 죄에 대하여 형을 선고할 때에, 집행유예의 결격사유를 정하는 현행 형법 제62조 1항 단서 소정의 요건에 해당하는 경우란, 이미 집행유예가 실효 또는 취소된 경우와 그 선고 시점에 미처 유예기간이 경과하지 아니하여 형 선고의 효력이 실효되지 아니한 채로 남아 있는 경우로 국한되고, 집행유예가 실효 또는 취소됨이 없이 유예기간을 경과한 때에는 위 단서 소정의 요건에 해당하지 않으므로, 집행유예기간 중에 범한 범죄라고 할지라도 집행유예가 실효 또는 취소됨이 없이 그 유예기간이 경과한 경우에는 이에 대해 다시 집행유예의 선고가 가능하다(대법원 2007.7.27, 2007도768). 따라서 2008.2.1.에 유죄판결을 선고하는 경우에는 절도죄에 대한 집행유예기간이 경과(2007.11.30.)한 후에 범한 공갈죄는 물론 집행유예기간 중에 범한 감금죄와 강간미수죄에 대하여도 집행유예를 선고할 수 있다. 〈답 ⑥〉

19. 가석방에 관하여 옳지 않은 것은 어느 것인가?

① 징역 또는 금고의 집행 중 행상이 양호하고 개전의 정이 현저하여야 한다.
② 무기수는 20년, 유기수는 형기의 3분의 1을 경과하여야 한다.
③ 가석방의 처분이 실효됨이 없이 무기수는 10년, 유기수는 그 잔형기를

경과한 경우 형의 집행을 종료한 것으로 간주한다.
④ 가석방된 자는 보호관찰을 받지 아니한다.
⑤ 가석방의 취소는 가석방자가 감시에 관한 규칙을 위반하거나 보호관찰의 준수사항을 위반하였을 때에 행해진다.

해설

④(×) 가석방이란 자유형을 집행 받고 있는 자가 개전의 정이 현저하다고 인정되는 때에는 형기만료 전에 조건부로 수형자를 석방하고 일정한 기간을 경과한 때에는 형의 집행을 종료한 것으로 간주하는 제도를 말한다(제72조: 2010.4.15. 개정, 2010.10.16. 시행, 제76조). 가석방된 자는 가석방기간 중 보호관찰을 받는다. 다만, 가석방을 허가한 행정관청이 필요가 없다고 인정한 때에는 그러하지 아니하다(제73조의2 제2항). 〈답 ④〉

20. 가석방에 관한 설명 중 옳지 않은 것은?

① 가석방의 기간은 무기형에 있어서는 10년으로 하고, 유기형에 있어서는 남은 형기로 하되, 그 기간은 10년을 초과할 수 없다.
② 가석방처분이 취소된 경우 가석방 중의 일수는 형기에 산입하지 않는다.
③ 가석방기간 중 과실로 인하여 금고 이상의 형의 선고를 받아 그 판결이 확정된 때에도 가석방처분은 효력을 잃는다.
④ 벌금 또는 과료의 병과가 있는 때에는 그 금액을 완납하여야 한다.
⑤ 가석방의 처분을 받은 후 그 처분이 실효 또는 취소되지 아니하고 가석방기간을 경과한 때에는 형의 집행을 종료한 것으로 본다.

해설

①(○) 제73조의2 제1항.
②(○) 가석방이 취소된 때에는 가석방 중의 일수는 형기에 산입하지 아니한다(제76조 2항).
③(×) 가석방 중 금고 이상의 형의 선고를 받아 그 판결이 확정된 경우 가석방처분은 실효되지만 과실로 인한 죄로 형의 선고를 받았을 때에는 실효되지 아니한다(제74조).
④(○) 제72조 2항.
⑤(○) 제76조 1항. 〈답 ③〉

제 5 절 형의 시효와 소멸

1. 형의 시효에 관한 설명 중 옳지 않은 것은? <법원행시 2005년>

① 형의 시효는 형을 선고하는 재판의 확정일로부터 기산한다.
② 형의 시효기간은 선고형의 경중에 따라 장단의 차이가 있다.
③ 형의 시효는 사형, 징역, 금고에 있어서는 수형자를 체포함으로 인하여 중단된다.

④ 벌금, 과료, 몰수와 추징에 있어서는 강제처분을 개시함으로 인하여 형의 시효가 중단된다.
⑤ 형의 시효가 완성되면 형의 선고는 효력을 잃는다.

해설

①(○) 형의 시효란 형을 선고받아 판결이 확정된 후 그 집행을 받지 않고 일정기간이 경과한 경우에 형의 집행이 면제되는 것을 말한다(제77조).
②(○) 제78조.
③④(○) 수형자의 체포(사형 · 징역 · 금고 · 구류의 경우), 강제처분의 개시(벌금 · 과료 · 몰수 · 추징의 경우)로 인해 시효가 중단된다(제80조).
⑤(×) 형의 선고를 받은 자는 시효의 완성으로 인하여 그 집행이 면제된다(제77조).

〈답 ⑤〉

2. 형의 시효에 관한 설명 중 옳지 않은 것은? (다툼이 있는 경우에는 판례에 의함)

① 형의 선고를 받은 자는 시효의 완성으로 인하여 그 집행이 면제된다.
② 시효는 형을 선고하는 재판이 확정된 후 그 집행을 받음이 없이 법정의 시효기간을 경과함으로 인하여 완성된다.
③ 시효의 기간은 사형은 30년, 무기의 징역 또는 금고는 20년, 10년 이상의 징역 또는 금고는 15년이다.
④ 시효는 형의 집행의 유예나 정지 또는 가석방 기타 집행할 수 없는 기간은 진행되지 아니한다.
⑤ 유체동산 경매의 방법으로 추징형을 집행하는 경우 검사의 징수명령서를 집행관이 수령하는 때가 아니라 집행관이 집행에 착수한 때에 강제처분의 개시가 있는 것으로 보아야 한다.

해설

⑤(×) 유체동산 경매의 방법으로 추징형을 집행하는 경우에는 검찰징수사무규칙 제17조에 의한 검사의 징수명령서를 집행관이 수령하는 때에 강제처분의 개시가 있는 것으로 보아야 하고, 다만 집행관이 그 후에 집행에 착수하지 못하면 시효중단의 효력이 없어진다(대법원 2006.1.17, 2004모524).

〈답 ⑤〉

3. 형의 시효기간 중 옳지 않은 것은?

① 사형 — 30년 ② 무기징역 — 20년 ③ 유기징역 — 10년
④ 벌금 — 3년 ⑤ 구류, 과료 — 1년

해설

③(×) 형의 시효는 일정한 기간이 경과한 때에 형벌집행권을 소멸시키는 제도이다. 유기징역형의 시효는 10년 이상의 징역 또는 금고-15년, 3년 이상의 징역이나 금고-10

년, 3년 미만의 징역이나 금고－5년이다. 자격정지도 10년 이상인 경우－10년, 5년 이상－5년, 5년 미만－3년이며, 벌금 · 몰수와 추징의 시효는 3년이고, 구류 또는 과료는 1년이다(제78조). 〈답 ③〉

4. 시효의 정지사유가 아닌 것은?

① 형의 집행유예 ② 형의 집행정지
③ 가석방 ④ 천재지변으로 집행할 수 없는 기간
⑤ 형의 선고를 받은 자가 도주한 기간

해설

⑤(×) 형의 시효는 형의 집행유예나 정지 또는 가석방 기타 집행할 수 없는 기간은 진행되지 않는다. 기타 집행할 수 없는 기간이란 천재지변 기타 사변으로 형을 집행할 수 없는 기간을 말하며, 형의 선고를 받은 자가 도주하거나 소재불명인 기간은 포함하지 않는다(제79조). 〈답 ⑤〉

5. 아래 기간계산에 관한 내용 중 타당하지 않은 것은?

① 연 또는 월로써 정한 기간은 역수에 따라 계산한다.
② 형기가 만료된 경우에는 종료일에 석방한다.
③ 형은 판결이 확정된 날로부터 기산한다.
④ 징역 · 금고 · 구류와 유치에 있어서 구속되지 아니한 일수는 형기에 산입하지 아니한다.
⑤ 형기의 기산점은 초일을 산입하고, 시효에 있어서는 초일이 포함되지 아니한다.

해설

① 제83조, ② 제86조, ③ 제84조 1항, ④ 제84조 2항 참조.
⑤(×) 형의 집행과 시효기간의 초일은 모두 1일로 산정한다(제85조). 〈답 ⑤〉

6. 형의 실효에 관한 설명 중 옳지 않은 것은?

① 형법은 재판상의 실효만을 규정하고 있으나 형의실효등에관한법률은 당연실효를 인정하고 있다.
② 재판상의 실효의 대상은 징역형과 금고형 및 벌금형이다.
③ 피해를 보상하고 자격정지 이상의 형을 받음이 없이 7년을 경과하였을 것을 요한다.
④ 형의 집행종료 후 7년 이내에 집행유예의 판결을 받고 유예기간을 경과한 때에는 형의 실효를 선고할 수 없다.
⑤ 자격정지 이상의 형을 받음이 없이 3년을 초과하는 징역 · 금고는 10

년, 3년 이하의 징역·금고는 5년, 벌금은 2년의 기간이 경과하면 당연히 실효된다.

해설

①(○) 형법은 재판상의 실효만을 규정하고 있다(제81조).
②(×) 재판상의 실효의 대상은 징역형과 금고형에 한하나, 형의실효등에관한법률에 의한 당연실효의 대상은 벌금, 구류 또는 과료에 확대되었다.
③(○) 재판상의 실효는 피해를 보상하고 자격정지 이상의 형을 받음이 없이 7년을 경과한 때에 본인 또는 검사의 신청에 의하여 법원이 형의 실효를 선고한다. 실효의 재판이 확정되면 형선고의 효력은 장래에 향하여 소멸한다.
④(○) 대법원 1983.4.2, 83모8의 태도와 일치한다.
⑤(○) 형의실효등에관한법률 제7조 1항. 〈답 ②〉

7. 징역 5년의 형을 선고받은 수형자가 자격정지 이상의 형을 선고받음이 없이 몇 년을 경과하면 그 형이 당연히 실효되는가?

① 15년 ② 10년 ③ 7년
④ 5년 ⑤ 3년

해설

② 형의실효등에관한법률에 의하여 당연실효되는 기간은 3년을 초과하는 징역·금고는 10년, 3년 이하의 징역·금고는 5년, 벌금은 2년, 구류·과료는 형의 집행을 종료하거나 그 집행이 면제된 때이다(제7조 1항). 〈답 ②〉

8. 복권에 관한 설명 중 옳지 않은 것은?

① 자격정지의 선고를 받은 자에게 자격정지기간 내에 자격을 회복시키는 제도이다.
② 자격정지 이상의 형을 받음이 없이 정지기간의 2분의 1을 경과해야 한다.
③ 형의 실효의 경우와 달리 손해를 보상할 필요는 없다.
④ 본인 또는 검사의 신청이 있으면 법원이 자격의 회복을 선고한다.
⑤ 복권은 사면에 의하여도 가능하다.

해설

③(×) 복권은 자격정지를 선고받은 자에게 자격정지의 기간이 만료되지 않아도 자격을 회복시켜 사회복귀를 돕게 하는 제도이다. 복권은 자격정지의 선고를 받은 자가 피해자의 손해를 보상하고 자격정지 이상의 형을 받음이 없이 정지기간의 2분의 1을 경과한 때에 할 수 있다(제82조). 따라서 복권도 손해를 보상할 것을 요건으로 한다. 〈답 ③〉

제 6 절 보안처분

1. 우리 법제상 인정되지 않는 보안처분을 모두 고르면?

㉠ 보호처분	㉡ 보호관찰	㉢ 보안관찰
㉣ 치료감호	㉤ 보호감호	

① ㉤ ② ㉠ ㉤ ③ ㉡ ㉢
④ ㉢ ㉣ ⑤ ㉢ ㉤ ⑥ ㉠ ㉢ ㉣

해설

형법은 총칙에서 형벌에 관한 규정을 두고 있을 뿐이며 보안처분은 인정하지 않고, 다만 특별법에서 보안처분에 관한 규정을 두고 있다. 소년법은 소년에 대한 보호처분을, 보안관찰법은 보안관찰의 보안처분을, 치료감호법은 치료감호와 보호관찰을 규정하고 있다.

㉤(×) 구 사회보호법이 종래 보호감호·치료감호 및 보호관찰의 보안처분을 규정하고 있었으나, 2005.8.4. 구 사회보호법이 폐지됨으로써 보호감호가 폐지되고, 그 대체입법인 치료감호법에 의하여 치료감호와 보호관찰만 남게 되었다. 〈답 ①〉

2. 치료감호법에 의한 보안처분에 대한 설명 중 옳지 않은 것은?

① 심신상실자뿐만 아니라 심신미약자에 대하여도 치료감호를 할 수 있다.
② 치료감호를 위하여는 치료감호시설의 치료가 필요하고 재범의 위험성이 인정되어야 한다.
③ 심신장애자에 대한 치료감호기간에는 제한이 없으나, 중독자에 대한 치료감호의 수용기간은 2년을 초과할 수 없다.
④ 형벌과 치료감호가 병과된 때에는 치료감호를 먼저 집행하며, 치료감호의 집행기간은 형기에 산입된다.
⑤ 치료감호심의위원회는 피치료감호자가 집행을 개시한 후 1년을 경과했거나, 치료감호와 형이 병과되어 형기 상당의 치료감호를 집행받은 자에 대하여는 법정대리인 등에게 상당한 기간을 정하여 치료감호시설 외에서의 치료를 위탁할 수 있다.

해설

①(○) 치료감호법 제2조 1항 1호.
②(○) 치료감호를 선고하기 위하여는 재범의 위험성이 인정되어야 할 뿐만 아니라 치료감호시설에서의 치료가 필요해야 한다.
③(×) 치료감호법은 약물중독자에 대한 치료감호기간은 2년을 초과할 수 없다고 규정하면서 심신장애자에 대한 치료기간도 15년으로 제한하고 있다(치료감호법 제16조 2항). 치료감호기간이 지나치게 장기간 계속되는 것을 막기 위한 것이다.
④(○) 치료감호와 형벌 사이에는 대체주의가 적용된다(치료감호법 제18조).

⑤(○) 치료감호법 제23조. 〈답 ③〉

3. 현행법상의 보안처분에 대한 설명 중 옳지 않은 것은?

① 사회보호법폐지법률에 의하여 상습범에 대한 보호감호제도는 폐지되었다.
② 사회보호법의 폐지로 인하여 상습누범자에 대한 대책은 형의 가중으로 일원화되었다.
③ 치료감호법의 보호관찰은 치료감호가 가종료되거나 치료위탁된 피치료감호자에게 적용되는 보안처분이며, 그 기간은 3년이다.
④ 형의 집행을 유예하는 경우에는 보호관찰을 받을 것을 명하거나 사회봉사 또는 수강을 명할 수 있다.
⑤ 3년 이상의 징역형의 집행을 종료한 자에 대하여는 보호관찰등에관한법률에 의하여 보호관찰이 개시된다.

해설

①(○) 사회보호법의 폐지로 인하여 보호감호는 폐지되었다.
②(○) 특정범죄가중처벌등에관한법률의 개정에 의하여 상습 강·절도죄의 누범에 대한 법정형은 더욱 가중되었다.
③(○) 치료감호법 제32조.
④(○) 제62조의2.
⑤(×) 보호관찰등에관한법률에 의한 보호관찰은 형의 집행유예·선고유예의 선고를 받은 자 및 가석방된 자, 임시퇴원자와 소년법에 의한 보호관찰의 보호처분을 받은 자에게 적용되며(제3조 1항), 장기간의 자유형의 집행을 받은 자에 대한 보호관찰은 현행법상 인정되지 않는다. 〈답 ⑤〉

4. 다음 <설명>과 관련이 있는 것을 <보기>에서 모두 고르면?

〈설명〉
㈎ 형의 선고를 유예하는 경우에 재범방지를 위하여 지도 및 원호가 필요한 경우, 이를 명할 수 있다.
㈏ 형의 집행을 유예하는 경우, 법원은 집행유예기간의 범위 내에서 이 기간을 정할 수 있다.
㈐ 가석방처분을 받은 자가 이것의 준수사항을 위반하고 그 정도가 무거운 때에는 가석방처분을 취소할 수 있다.

〈보기〉
㉠ 사회봉사명령 ㉡ 수강명령
㉢ 보호관찰 ㉣ 치료감호

① ㉠ ② ㉡ ③ ㉢
④ ㉠ ㉡ ⑤ ㉠ ㉢ ⑥ ㉢ ㉣

해설

㉢ 보호관찰에 대한 설명이다. ㈎ 제59조의2 제1항. ㈏ 제62조의2 제2항. ㈐ 제75조.

〈답 ③〉

5. 보호관찰 · 사회봉사 · 수강명령에 대한 설명 중 옳지 않은 것은?

① 형의 선고를 유예하는 경우에도 사회봉사를 명할 수 있다.
② 벌금 미납자가 시회봉사의 대체집행 신청을 할 수 있는 시기는 벌금형이 확정된 때부터이다.
③ 군법 적용 대상자에 대한 특례 규정상 보호관찰을 받을 것을 명할 수 없어 보호관찰의 부과를 전제로 한 위치추적 전자장치의 부착명령도 명할 수 없다.
④ 집행유예를 선고하면서 사회봉사명령으로서 일정액의 금전출연을 주된 내용으로 하는 사회공헌 계획의 성실한 이행을 명하는 것은 허용될 수 없다.
⑤ 준법경영을 주제로 하는 강연과 기고를 명하는 것은 헌법상 양심의 자유 등을 침해하는 문제가 있어 허용될 수 없다.

해설

①(×) 선고유예의 경우에는 보호관찰만이 가능하다(제59조의2 제1항).
②(○) 벌금 미납자의 사회봉사 집행에 관한 특례법상 벌금 미납자가 시회봉사의 대체집행 신청을 할 수 있는 시기는 벌금형이 확정된 때부터이고, 그 종기는 납부명령이 벌금 미납자에게 고지된 날로부터 30일이 되는 날이다(대법원 2012.1.16, 2011모16).
③(○) 대법원 2012.2.23, 2011도8124 : 현역 군인인 성폭력범죄 피고인에게 집행유예를 선고하는 경우 보호관찰 등에 관한 법률 제56조가 정한 군법 적용 대상자에 대한 특례 규정상 보호관찰을 받을 것을 명할 수 없어 보호관찰의 부과를 전제로 한 위치추적 전자장치의 부착명령 역시 명할 수 없는데도, 원심이 피고인에 대하여 전자장치의 부착을 명한 것은 위법하다.
④⑤(○) 법원이 명하는 사회봉사의 의미나 내용은 피고인이나 집행 담당 기관이 쉽게 이해할 수 있어 집행 과정에서 그 의미나 내용에 관한 다툼이 발생하지 않을 정도로 특정되어야 하므로, 피고인으로 하여금 자신의 범죄행위와 관련하여 어떤 말이나 글을 공개적으로 발표하라는 사회봉사를 명하는 것은 경우에 따라 피고인의 명예나 인격에 대한 심각하고 중대한 침해를 초래할 수 있고, 그 말이나 글이 어떤 의미나 내용이어야 하는 것인지 쉽게 이해할 수 없어 집행 과정에서 그 의미나 내용에 관한 다툼이 발생할 가능성이 적지 않으며, 유죄로 인정된 범죄행위를 뉘우치거나 그 범죄행위를 공개하는 취지의 말이나 글을 발표하도록 하는 취지의 것으로도 해석될 가능성이 적지 않으므로 이러한 사회봉사명령은 위법하다(대법원 2008.4.11, 2007도8373). 〈답 ①〉

各 論

제1편 개인적법익에 대한 죄/ 제2편 사회적법익에 대한 죄/ 제3편 국가적법익에 대한 죄

제 1 편 개인적 법익에 대한 죄

제1장 생명과 신체에 대한 죄

제 1 절 살인의 죄

1. 살인의 죄에 관한 설명 중 옳지 않은 것을 모두 고르면? (판례와 통설에 의함)

> ㉠ 살인죄의 객체인 사람의 시기와 관련하여 진통설이 타당하다.
> ㉡ 7세와 3세 된 어린아이에게 함께 죽자고 권유하여 물속으로 따라 들어오게 하여 익사케 한 때에는 살인죄가 성립한다.
> ㉢ 甲이 乙을 살해하기 위하여 丙, 丁을 고용하면서 그들에게 대가의 지급을 약속한 경우 살인예비죄가 성립한다.
> ㉣ 살해의 목적으로 동일인에게 일시·장소를 달리하고 수차에 걸쳐 공격을 하였으나 미수에 그치다가 그 목적을 달성한 경우 그 공격행위가 동일한 의사발동에서 나왔고 그 사이에 범의의 갱신이 없더라도 각 행위가 다른 장소에서 행하여졌거나 그 방법이 동일하지 않다면 살인미수죄와 살인기수죄의 경합범으로 처벌하여야 한다.
> ㉤ 분신자살을 기도한 자의 유서를 대필해 주었다면 자살방조죄에 해당한다.
> ㉥ 자녀문제와 고부갈등, 경제적 어려움 등으로 가정불화를 겪던 甲과 乙이 말다툼을 하다가 乙이 '죽고 싶다' 또는 '같이 죽자'고 하며 甲에게 기름을 사오라고 하자, 甲이 휘발유 1병을 사다주었는데 乙이 몸에 휘발유를 뿌리고 불을 붙여 자살한 경우 甲의 행위는 자살방조죄에 해당한다.

① ㉢　　② ㉣　　③ ㉠ ㉤
④ ㉡ ㉢　　⑤ ㉢ ㉤　　⑥ ㉣ ㉥
⑦ ㉠ ㉡ ㉥　　⑧ 없음

해설

㉣ 살해의 목적을 달성할 때까지의 행위는 모두 실행행위의 일부로서 이를 포괄적으로 보고 단순한 한 개의 살인기수죄로 처단할 것이지 살인예비 내지 미수죄와 동 기수죄의 경합범으로 처단할 수 없는 것이다(대법원 1965.9.28, 65도695).
㉠ 살인죄의 객체인 사람의 시기에 관한 학설에는 진통설, 일부노출설, 전부노출설, 독립호흡설 등 네 가지 견해가 대립하고 있으나, 대법원판례는 통설과 마찬가지로 진통설을 채택하고 있다(대법원 1982.10.12, 81도2621; 대법원 2007.6.29, 2005도3832). 다만, 민

법상 권리의무의 주체인 사람의 시기에 관하여는 전부노출설이 통설이다. ㉡ 대법원 1987.1.20, 86도2395, ㉢ 대법원 2009.10.29, 2009도7150, ㉤ 대법원 1992.7.24, 92도1148, ㉥ 대법원 2010.4.29, 2010도2328의 내용과 일치한다. 〈답 ②〉

2. 살인죄의 고의가 인정되지 않는 것을 모두 고르면? (다툼이 있는 경우에는 판례에 의함)

> ㉠ 강도가 베개로 피해자의 머리 부분을 약 3분간 누르던 중 피해자가 저항을 멈추고 사지가 늘어졌음에도 불구하고 계속하여 누른 경우
> ㉡ 가로 15㎝, 세로 16㎝, 길이 153㎝, 무게 7㎏의 각이 진 목재로 길바닥에 누워 있던 피해자의 머리를 때려 피해자가 외상성 뇌지주막하출혈로 사망한 경우
> ㉢ 인체의 급소를 잘 알고 있는 무술교관 출신의 피고인이 무술의 방법으로 피해자의 울대(聲帶)를 가격하여 사망케 한 경우
> ㉣ 피고인이 9세의 여자 어린이에 불과하여 항거를 쉽게 제압할 수 있는 피해자를 도로에서 약 17미터 떨어진 야산 속의 경작하지 않는 밭으로 데리고 들어가 목을 감아서 졸라 실신시킨 후 그곳을 떠나버린 경우
> ㉤ 피고인이 살상하려는 의도 없이 과도를 소지하고 있었는데 피해자로부터 폭행을 당하자 소지하고 있던 길이 30센티미터의 과도로 피해자를 힘껏 찔러 사망케 한 경우
> ㉥ 담당전문의와 주치의인 피고인들이, 보호자가 의학적 권고에도 불구하고 치료를 요하는 환자의 퇴원을 강청하자, 치료중단 및 퇴원을 허용하는 조치를 취하여 환자가 사망한 경우
> ㉦ 건장한 체격의 피고인이 왜소한 체격의 피해자를 폭행하고, 특히 급소인 목을 설골이 부러질 정도로 세게 졸라 사망하게 한 경우
> ㉧ 자기 분에 이기지 못하여 식도를 휘두르는 피고인을 말리거나 식도를 뺏으려고 한 그 밖의 피해자들을 닥치는 대로 찌르는 무차별 횡포를 부리던 중에 그의 부(父)를 찔러 사망하게 한 경우

① ㉣ ② ㉧ ③ ㉠ ㉢
④ ㉡ ㉤ ⑤ ㉡ ㉧ ⑥ ㉥ ㉦

해설

㉧ 피고인이 칼에 찔려 쓰러진 부(父)를 부축해 데리고 나가지 못하도록 한 일이 있다고 하여 그의 부(父)를 살해할 의사로 식도로 찔러 살해하였다는 사실을 인정하기는 어렵다고 봄이 상당하다(대법원 1977.1.11, 76도3871).
㉠ 대법원 2002.2.8, 2001도6425, ㉡ 대법원 1998.6.9, 98도980, ㉢ 대법원 2000.8.18, 2000도2231, ㉣ 대법원 1994.12.22, 94도2511, ㉤ 대법원 1987.12.8, 87도2195, ㉥ 대법원 2004.6.24, 2002도995, ㉦ 대법원 2001.3.9, 2000도5590이 각각 살인의 고

의를 인정하였다. 〈답 ②〉

3. 존속살해죄에 관한 설명 중 옳지 않은 것은? (다툼이 있는 경우에는 판례에 의함)

① 객체는 자기 또는 배우자의 직계존속이며, 배우자였던 자의 직계존속은 여기에 해당하지 않는다.

② 직계존속이란 법률상의 개념이며 민법에 의한 친자관계를 말하는 것으로 호적상의 기재가 그 기준이 된다.

③ 입양의 의사로 친생자 출생신고를 하고 자신을 계속 양육하여 온 사람을 살해한 경우 존속살해죄가 성립한다.

④ 인지된 혼인외 출생자가 생부를 살해한 경우 또는 출생신고가 되지 않은 사생아가 생모를 살해한 경우 모두 존속살해죄가 성립한다.

⑤ 甲은 아들 乙과 공모하여 乙이 남편 丙을 살해하는 것을 방치한 경우 甲과 乙은 존속살해죄의 공동정범이다.

해설

①(○) 따라서 사망한 배우자의 직계존속을 살해한 때에는 본죄가 성립하지 않는다.

②(×) 친자관계라는 사실은 호적상의 기재 여하에 의하여 좌우되는 것은 아니며 호적상 친권자라고 등재되어 있다 하더라도 사실에 있어서 그렇지 않은 경우에는 법률상 친자관계가 생길 수 없다. 이와 같은 취지에서 판례는 피고인이 호적부상 피해자와 모(母) 사이에 태어난 친생자로 등재되어 있으나 피해자가 집을 떠난 사이 모가 타인과 정교관계를 맺어 피고인을 출산하였다면 피고인과 피해자 사이에는 친자관계가 없으므로 존속상해죄는 성립될 수 없다고 하였다(대법원 1983. 6.28, 83도996).

③(○) 버려진 아이를 친자로 입양하였더라도 양친자관계를 창설하려는 명백한 의사가 없는 경우에는 직계존속이라 할 수 없어 존속살해죄가 성립하지 않는다(대법원 1981. 10.13, 81도2466). 그러나 피고인이 입양의 의사로 친생자 출생신고를 하고 자신을 계속 양육하여 온 사람을 살해한 경우, 위 출생신고는 입양신고의 효력이 있으므로 존속살해죄가 성립한다(대법원 2007.11.29, 2007도8333). 당사자가 입양의 의사로 친생자 출생신고를 하고 거기에 입양의 실질적 요건이 구비되어 있다면 그 형식에 다소 잘못이 있더라도 입양의 효력이 발생하고, 이 경우의 허위의 친생자 출생신고는 법률상의 친자관계인 양친자관계를 공시하는 입양신고의 기능을 하게 되는 것이다.

④(○) 혼인외 출생자와 생부 사이에는 친자관계가 인정되지 않으나 인지된 경우에는 직계존속이 되며, 혼인외 출생자와 생모 사이에는 친자관계가 인정된다.

⑤(○) 판례는 제33조 본문을 진정신분범뿐만 아니라 부진정신분범에 대하여도 공범성립의 근거를 규정한 것으로 이해하는 소수설의 입장에서 처(妻)와 자(子)가 공동하여 남편을 살해한 때에 처에게도 존속살해죄의 공동정범을 인정하였다(대법원 1961.8.2, 4294형상284). 또한 은행원 아닌 자가 은행원과 공모하여 업무상 배임에 가담한 때에는 업무상배임죄가 성립하지만 배임죄에 의하여 처벌해야 한다고 판시하였다(대법원 1986.10.28, 86도1517). 이에 반하여 제33조 본문이 진정신분범에 대하여만 적용되고, 단서를 부진정신분범의 공범성립과 그 과형에 대한 규정으로 이해하는 통설에 의하면, 신분자와 비신분자가 부진정신분범을 범한 경우 신분자는 부진정신분범, 비신분자는 보통 범죄의 공동

정범이 된다. 따라서 비신분자인 甲은 보통살인죄로, 신분자인 乙은 존속살해죄로 처벌된다. 〈답 ②〉

4. 영아살해죄의 주체인 '직계존속'의 해석과 관련하여 Ⅰ, Ⅱ, Ⅲ의 세 견해가 있고, 형법 제33조 단서의 해석을 둘러싸고 A, B의 두 견해가 있다고 가정한다(다만, 영아살해죄에 가공한 자에게는 형법 제33조 본문은 적용이 없고 같은 조 단서가 직접 적용되는 것으로 전제할 것)**. 이와 같은 견해의 대립을 고려하여 아래의 사례를 검토할 때, Ⅰ, Ⅱ, Ⅲ과 A, B의 견해의 조합에 따른 甲의 죄책으로 옳은 것은?** <사시 2003년>

〈견해〉

Ⅰ. 영아살해죄에서 말하는 '직계존속'이란 법률상의 직계존속만을 의미한다.

Ⅱ. 영아살해죄에서 말하는 '직계존속'이란 산모만을 의미한다.

Ⅲ. 영아살해죄에서 말하는 '직계존속'이란 법률상의 직계존속과 사실상의 직계존속을 모두 의미한다.

A. 제33조 단서의 '중한 형으로 벌하지 아니한다'란 비신분자는 항상 경한 형으로 처벌해야 한다는 의미이다.

B. 제33조 단서의 '중한 형으로 벌하지 아니한다'란 신분에 따른 책임개별화를 선언한 것이므로 비신분자는 통상의 형으로 처벌해야 한다는 의미이다.

〈사례〉

甲남과 乙녀는 혼인신고를 하지 아니한 채 동거하던 중 乙이 임신하여 출산하게 되었다. 분만 직전 甲은 양육할 수 없음을 예상하고 乙에게 영아를 살해하도록 교사하였다. 甲의 교사를 받은 乙도 이에 동조하여 양육할 수 없음을 예상하고 분만 직후 신생아실에 몰래 들어가 영아를 살해하였다.

① Ⅰ+A → 살인죄의 교사범
② Ⅲ+B → 살인죄의 교사범
③ Ⅱ+B → 영아살해죄의 교사범
④ Ⅱ+A → 살인죄의 교사범
⑤ Ⅲ+A → 영아살해죄의 교사범

해설

영아살해죄의 직계존속은 법률상의 직계존속만을 의미한다는 Ⅰ견해에 의하는 경우, A견해에 의하면 甲은 비신분자이므로 경한 형인 영아살해죄의 교사범으로 처벌되며, B견해에 의하면 통상의 형인 살인죄의 교사범이 된다.

직계존속은 산모만을 의미한다는 Ⅱ견해에 의할 때에도 甲은 비신분자가 된다. 따라서 A견해에 의하면 甲은 영아살해죄의 교사범이 되고, B견해에 의하면 살인죄의 교사범이 된다.

영아살해죄의 직계존속은 법률상의 직계존속과 사실상의 직계존속을 포함한다는 Ⅲ견해에 의하면 甲과 乙은 모두 신분자이므로 제33조 단서가 적용될 여지가 없다. 따라서 A, B견해와 조합하더라도 어떤 경우든 甲은 영아살해죄의 교사범이 된다(그러나 제33조 단서가 적용될 수 없는 경우에 제33조 단서의 해석에 관한 견해를 조합시킨 점에서 문제에 의문이 있다). 〈답 ⑤〉

5. 다음 중 옳은 것(○)과 틀린 것(×)을 바르게 표시한 것은? (다툼이 있는 경우에는 다수설과 판례에 의함)

> ㉠ 살인예비죄가 성립하기 위한 준비행위는 단순히 범행의 의사 또는 계획만으로는 부족하고 객관적으로 보아서 살인죄의 실현에 실질적으로 기여할 수 있는 외적 행위를 필요로 한다.
> ㉡ 자신의 처가 자살하려는 것을 보고도 방치하여 처가 사망한 경우 부작위에 의한 살인죄가 성립한다.
> ㉢ 타인에게 자살할 것을 교사하였으나 거절당한 경우 살인예비죄의 죄책을 부담한다.
> ㉣ 산첩이 불득정의 경찰관으로부터 체포를 낭하세 될 위급한 때의 방어를 위하여 무기를 휴대한 경우 살인예비죄가 성립한다.
> ㉤ 금원 편취목적으로 인터넷 사이트 내 자살관련 카페 게시판에 청산염 등 자살용 유독물의 일반적 효능 소개를 곁들인 판매광고를 하였고 이를 본 자살자와 청산염 구입을 위한 상담용 이메일을 주고받고 통화까지 하였으나 서로 접촉이 중단된 후, 자살자가 다른 경로로 입수한 청산염을 이용하여 자살한 경우 자살방조죄가 성립한다.

① ㉠(○) ㉡(×) ㉢(×) ㉣(○) ㉤(×)
② ㉠(○) ㉡(×) ㉢(×) ㉣(×) ㉤(○)
③ ㉠(○) ㉡(×) ㉢(×) ㉣(○) ㉤(○)
④ ㉠(×) ㉡(○) ㉢(○) ㉣(×) ㉤(×)
⑤ ㉠(○) ㉡(×) ㉢(×) ㉣(×) ㉤(×)

✍ **해설**

㉠(○) 대법원 2009.10.29, 2009도7150.
㉡(×) 형법은 살인죄의 객체인 사람이란 타인을 의미하므로 자살은 구성요건해당성이 없다는 전제하에서 자살을 처벌하지 않지만, 타인의 자살에 관여하는 행위는 자살교사·방조죄로 처벌하고 있다(제252조 2항). 남편은 처의 자살을 방지할 보증인지위에 있다 할 것이므로 부작위에 의한 자살방조죄가 성립된다.
㉢(×) 자살관여죄(제252조 2항)는 자살을 교사 또는 방조하였을 때에 실행의 착수가 있고, 본인이 자살행위를 하였을 것을 요건으로 하지 않으므로 설문의 경우 자살교사미수죄(제254조)의 책임을 부담하게 된다.
㉣(×) 살인대상이 특정되지 아니한 한 살인예비죄의 성립을 인정할 수 없다(대법원 1959.7.31, 59도308).
㉤(×) 자살방조에 해당하지 않는다(대법원 2005.6.10, 2005도1373). 〈답 ⑤〉

6. 甲, 乙, 丙, 丁의 형사책임에 대하여 옳은 것만 조합한 것은? (다툼이 있는 경우에는 다수설과 판례에 의함)

> ■ 甲은 남편의 간암이 회복가망 없음을 비관한 나머지 같이 자살할 것을 결심하고 남편의 동의를 얻어 한강에 투신하였으나 甲은 약간의 상처만 입고, 남편은 아무 상처도 없이 구조되었다.
> ■ 乙은 A와 사랑에 빠졌으나 부모의 반대로 결혼할 수 없게 되자 A의 정사(情死)요구를 받고 이를 승낙하였다. 그 후 A가 준비한 독약을 먹자 乙은 A의 목을 졸라 A가 죽는 것을 확인하고 자신도 A가 준 독약을 먹었으나 구조되었다.
> ■ 丙은 중풍에 시달리는 자신의 시어머니 B에게 자살을 권유하였는데, B는 며느리의 말이 옳다고 생각하여 자신의 아들 丁에게 '수면장애가 있으니 수면제를 구해달라'고 하여 수차례 수면제를 건네받았다(이때 丁은 B가 자살하려 한다는 것을 알고 있었다). B는 치사량으로 충분하다고 생각하여 그 동안 건네받은 수면제를 한꺼번에 복용하였으나 수면제는 치사량에 턱없이 모자라는 분량이었다.
> ■ 甲은 (㉠ 자살교사미수죄, ㉡ 승낙살인미수죄)에 해당한다.
> ■ 乙은 (㉢ 자살방조죄, ㉣ 촉탁에 의한 살인죄)에 해당한다.
> ■ 丙은 (㉤ 존속살해의 불능미수죄, ㉥ 자살교사의 불능미수죄)에 해당한다.
> ■ 丁은 (㉦ 자살방조의 불능미수죄, ㉧ 살인예비죄, ㉨ 무죄)에 해당한다.

① ㉠ ㉢ ㉤ ㉧　② ㉠ ㉢ ㉥ ㉦　③ ㉠ ㉣ ㉥ ㉦
④ ㉠ ㉣ ㉥ ㉨　⑤ ㉡ ㉢ ㉥ ㉨　⑥ ㉡ ㉣ ㉤ ㉨
⑦ ㉡ ㉣ ㉥ ㉦　⑧ ㉡ ㉣ ㉥ ㉧

해설

甲: 합의동사의 경우 통설은 공동자살을 기도한 자 중 한 사람이 생존한 경우에 타인의 자살을 교사 또는 방조한 사실이 인정되면 자살관여죄의 성립을 인정하고 있으며, 형법은 자살관여죄의 미수범을 처벌하고 있다(제254조). 설문에서 甲은 남편과 함께 자살할 것을 결의하고 남편의 동의를 얻어 자살을 기도하여 한강에 투신하였으나 모두 구제되었으므로 자살교사미수의 책임을 진다(㉠). 그러나 만일 甲과 남편이 같은 생각으로 동시에 함께 자살하기로 합의하였다면 자살방조미수의 책임을 부담하게 될 것이다.

乙: 자살관여죄와 촉탁·승낙에 의한 살인죄의 구별에 관하여는 자살의 지도적 역할을 누가 했느냐에 따라 구별하는 견해와 자살자의 자유롭고 책임 있는 의사결정이 기초가 된 때에는 자살관여죄가 성립하지만 그렇지 않은 경우에는 촉탁에 의한 살인죄가 성립한다는 견해가 있으나, 자살관여죄는 어디까지나 타인의 자살에 공범의 형식으로 가담하는 경우임에 반하여 촉탁·승낙에 의한 살인죄는 살인죄의 정범에 해당한다고 할 것이므로 정범과 공범의 판단 기준인 행위지배의 유무에 의하여 그것이 없는 때에만 자살관여죄(제252조 2항)가 성립하고, 타인을 교사하여 자살을 결의하게 하고 나아가 그 촉탁을 받아 살해한 때에는 촉탁살인죄(제252조 1항)가 성립한다고 할 것이다. 설문의 경우에 乙은 A의 정사요구에 의하여 이를 승낙하고 나아가 A의 목을 졸라 죽였으므로 乙은 촉탁살인죄의 책임을 지게 된다(㉣).

丙, 丁: 치사량에 턱없이 모자라는 수면제로 자살하게 하는 것은 불능미수에 해당한다. 丙은 자살교사죄(ⓗ), 丁은 자살방조죄(ⓢ)의 구성요건에 해당하는 행위를 하였다. 〈답 ③〉

7. 甲은 조카 乙(9세)과 丙(7세)을 살해할 생각으로 저수지로 데리고 가서 미끄러지기 쉬운 쪽으로 유인하여 함께 걷고 있었는데, 丙이 먼저 미끄러져 물에 빠졌고, 乙이 놀라서 이를 쳐다보는 동안 甲이 乙을 밀어 乙이 물에 빠졌다. 결국 두 아이가 물에 빠져 숨졌는데, 이 사안에서 甲의 죄책에 대한 설명으로 타당한 것은? (다툼이 있는 경우에는 판례에 의함)<변시모의 2010년>

① 甲은 두 아이에 대해 보증인적 지위가 인정되므로 乙과 丙에 대한 부작위에 의한 살인죄가 인정된다.

② 丙에 대해 甲이 보증인적 지위에 있다 하더라도 丙이 스스로 미끄러져 물에 빠진 것이므로 甲에게는 행위정형의 동가치성이 인정되지 않아 부작위에 의한 살인죄를 인정할 수 없다.

③ 다수설과 판례는 부작위범의 성립에 보증인적 지위와 더불어 행위정형의 동가치성이 요구된다고 하므로 甲이 乙을 밀어 물에 빠지게 한 것은 부작위에 의한 살인죄를 구성하는 데 아무런 문제가 없다.

④ 乙과 丙에 대해 甲의 살인죄가 인정되고, 甲의 행위는 전체적으로 보아 하나의 구성요건적 행위라 할 수 있으므로 乙에 대한 살인죄와 丙에 대한 살인죄의 상상적 경합이 성립한다.

⑤ 甲에게 민법상의 보증인적 지위가 인정되지 않는다고 하더라도 甲에게는 선행행위에 의한 보증인적 지위를 인정할 수 있다.

해설

피해자의 숙부로서 익사의 위험에 대처할 보호능력이 없는 나이 어린 피해자를 익사의 위험이 있는 저수지로 데리고 갔던 피고인으로서는 피해자가 물에 빠져 익사할 위험을 방지하고 피해자가 물에 빠지는 경우 그를 구호하여 주어야 할 법적인 작위의무가 있다고 보아야 할 것이고, 피해자가 물에 빠진 후에 피고인이 살해의 범의를 가지고 그를 구호하지 아니한 채 그가 익사하는 것을 용인하고 방관한 행위(부작위)는 피고인이 그를 직접 물에 빠뜨려 익사시키는 행위와 다름없다고 형법상 평가될 만한 살인의 실행행위라고 보는 것이 상당하다(대법원 1992.2.11, 91도2951). 즉 丙에 대해서는 부작위이지만, 乙에 대해서는 작위이다. 乙을 민 행위와 丙을 방치한 행위는 하나의 행위라고 할 수 없으므로 상상적 경합이 아닌 실체적 경합에 해당한다. 〈답 ⑤〉

8. 살인죄에 대한 다음 설명 중 옳지 않은 것을 모두 고르면? (다툼이 있는 경우에는 다수설·판례에 의함)

살인죄의 객체는 생명이 있는 이상 생존능력의 유무를 불문하므로, 소위 ㉠ 식물인간도 살인죄의 객체인 사람이며, ㉡ 이미 총격을 받은 피해자에 대한 확인사살도 살인죄를 구성한다. 그리고 피고인이 격분하여 피해자를 살해하려고 낫을 들고 피해자에게 다가서려고 하였으나 제3자가 이를 제지하여 그 틈을 타서 피해자가 도망함으로써 살해하지 못한 경우 ㉢ 아직 살인의 실행행위에 착수하였다고 할 수 없으므로 살인예비에 불과하다. 또한 피고인이 피해자를 살해하라고 하면서 공범에게 준 원비-디 병에 성인 남자를 죽게 하기에 족한 용량의 농약이 들어 있었고, 또 피고인이 피해자의 승용차의 브레이크호스를 잘라 브레이크액을 유출시켜 주된 제동기능을 완전히 상실시킴으로써 피해자가 그 자동차를 몰고 가다가 반대차선의 자동차와의 충돌을 피하기 위하여 브레이크 페달을 밟았으나 전혀 제동이 되지 아니하여 사이드브레이크를 잡아당김과 동시에 인도에 부딪치게 함으로써 겨우 위기를 모면하였다면 피고인의 행위는 ㉣ 포괄하여 하나의 살인미수죄를 구성한다. 그러나 피고인이 단일한 범의로 동일한 장소에서 동일한 방법으로 시간적으로 접착된 상황에서 처와 자식들을 살해하였다고 하더라도 휴대하고 있던 권총에 실탄 6발을 장전하여 처와 자식들의 머리에 각기 1발씩 순차로 발사하여 살해하였다면, ㉤ 피해자들의 수에 따라 수개의 살인죄를 구성한다.

① ㉢ ② ㉢ ㉣ ③ ㉢ ㉤
④ ㉡ ㉢ ㉣ ⑤ ㉡ ㉢ ㉤ ⑥ ㉢ ㉣ ㉤
⑦ ㉠ ㉡ ㉢ ㉤ ⑧ ㉠ ㉡ ㉣ ㉤

해설

㉠(○) 식물인간은 운동·감각·의식 등의 작용을 담당하는 대뇌피질이 손상을 입어 운동기능이나 의식이 정지되고, 뇌간이 담당하는 호흡기능·소화기능·심장박동기능밖에 하지 못하게 된 상태로서 뇌사자와는 다르다.
㉡(○) 대법원 1980.5.20, 80도306 전원합의체.
㉢(×) 피고인이 낫을 들고 피해자에게 접근함으로써 살인의 실행행위에 착수하였다고 할 것이므로 이는 살인미수에 해당한다(대법원 1986.2.25, 85도2773).
㉣(×) 각 살인미수죄를 구성한다(대법원 1990.7.24, 90도1149).
㉤(○) 대법원 1991.8.27, 91도1637. 〈답 ②〉

제 2 절 상해와 폭행의 죄

1. 상해죄에 관한 설명으로 옳지 않은 것만 모두 모은 것은?

㉠ 성병감염, 처녀막 파열은 물론 머리카락이나 음모를 자르는 것도 상해에 해당한다.
㉡ 사실과 달리 호적부에 부(父)로 등재되어 있는 자를 상해한 경우 존속상해죄가 성립될 수 없다.

> ㉢ 상해를 입힌 행위가 동일한 일시, 장소에서 동일한 목적으로 저질러진 것이라 하더라도 피해자를 달리하고 있으면 피해자별로 각각 별개의 상해죄를 구성한다.
> ㉣ 피고인이 피해자를 협박하여 그로 하여금 자상(自傷)케 한 경우에 피고인에게 상해의 결과에 대한 인식이 있고 또 그 협박의 정도가 피해자의 의사결정의 자유를 상실케 함에 족한 것인 이상 피고인에 대하여 상해죄를 구성한다.

① ㉠　　② ㉠ ㉡　　③ ㉠ ㉣
④ ㉡ ㉢　　⑤ ㉢ ㉣

해설

㉠ 상해죄에 있어서 상해의 의의에 관하여 다수설은 생리적 기능훼손설을 취하고 있다. 따라서 외상이 있는 경우, 성병감염, 처녀막 파열은 물론 보행불능 · 수면장애 · 식욕감퇴 등 신체의 생리적 기능의 장애를 일으킨 경우는 상해에 해당하지만, 단순히 모발이나 음모를 자르거나 손톱 · 발톱을 깎는 경우에는 생리적 기능을 훼손한 것이라고 할 수 없어 상해라고 할 수 없다(대법원 2000.3.23, 99도3099: 음모를 자른 경우 강제추행치상죄의 상해에 해당하지 않는다).
㉡ 대법원 1983.6.28, 83도996, ㉢ 대법원 1983.4.26, 83도524, ㉣ 대법원 1970.9.22, 70도1638의 내용과 일치한다. 〈답 ①〉

2. 상해의 죄에 관한 판례의 입장으로 볼 수 없는 것은?

① 태아를 사망에 이르게 하는 행위가 임산부 신체의 일부를 훼손하는 것이라거나 태아의 사망으로 인하여 그 태아를 양육, 출산하는 임산부의 생리적 기능이 침해되어 임산부에 대한 상해가 된다고 볼 수는 없다.
② 오랜 시간 동안의 협박과 폭행을 이기지 못하고 실신하여 범인들이 불러온 구급차 안에서야 정신을 차리게 되었다면 외부적으로 어떤 상처가 발생하지 않았다고 하더라도 신체에 대한 상해가 있었다고 봄이 상당하다.
③ 흉기에 의한 가해행위가 상호 의사연락이 없는 甲, 乙 중 어느 한 사람의 소행일 가능성이 없는 경우에는 甲, 乙 모두에게 그 가해행위로 인한 상해부분에 대한 죄책을 물을 수 없다.
④ 위험한 물건인 소주병으로 피해자의 머리를 1회 쳐서 상해를 가하고 또 흉기인 가위로 동 피해자를 찔러 죽인다고 협박을 하였다면 상해죄와 협박죄는 상상적 경합범의 관계에 있다.
⑤ 피고인의 구타행위로 상해를 입은 피해자가 정신을 잃고 빈사상태에 빠지자 사망한 것으로 오인하고, 자신의 행위를 은폐하고 피해자가 자살한 것처럼 가장하기 위하여 피해자를 베란다 아래의 바닥으로 떨어뜨려

사망케 하였다면, 피고인의 행위는 포괄하여 단일의 상해치사죄에 해당한다.

해설

①(○) 대법원 2007.6.29, 2005도3832.
②(○) 외부적으로 어떤 상처가 발생하지 않았다고 하더라도 생리적 기능에 훼손을 입어 신체에 대한 상해가 있었다고 봄이 상당하다(대법원 1996.12.10, 96도2529).
③(○) 상해죄의 동시범은 두 사람 이상이 가해행위를 하여 상해의 결과가 발생한 경우에 그 상해가 어느 사람의 가해행위로 말미암은 것인지 분명치 않다면 가해자 모두를 공동정범으로 본다는 것이므로 가해행위를 한 것 자체가 분명하지 않은 사람에 대하여는 동시범으로 다스릴 수 없다. 따라서 만일 흉기로 피해자의 얼굴을 찍은 것이 피고인들 중 어느 한 사람의 소행일 가능성이 없는 상황이라면, 피고인들 상호간에 의사의 연락이 있었다고 볼 수 없는 경우 피고인들에 대하여 흉기에 의한 상해행위 부분까지 그 죄책을 물을 수는 없다(대법원 1984.5.15, 84도488).
④(×) 피고인의 협박행위가 피고인에게 인정된 상해행위와 같은 시간, 같은 장소에서 동일한 피해자에게 가해진 경우에는 특별한 사정이 없는 한 상해의 단일범의하에서 이루어진 하나의 폭언에 불과하여 상해죄에 포함되는 행위라고 봄이 상당하다(대법원 1976.12.14, 76도3375).
⑤(○) 대법원 1994.11.4, 94도2361. 〈답 ④〉

3. 중상해죄에 해당하는 경우를 모두 모은 것은?

㉠ 때려서 실명케 하였다.	㉡ 때려서 이가 부러졌다.
㉢ 혀를 물어뜯었다.	㉣ 남자의 성기를 절단하였다.
㉤ 때려서 청력을 상실케 하였다.	
㉥ 1~2개월간 입원할 정도로 다리가 부러졌다.	

① ㉠ ㉡ ㉤　② ㉠ ㉢ ㉤　③ ㉠ ㉢ ㉣ ㉤
④ ㉠ ㉢ ㉣ ㉥　⑤ ㉠ ㉢ ㉣ ㉤ ㉥

해설

중상해죄는 사람의 신체를 상해하여 생명에 대한 위험을 발생케 하거나, 불구, 불치나 난치의 질병이라는 중한 결과에 이르게 함으로써 성립하는 범죄이다(제258조). 여기서 불구란 신체의 전체조직에 있어서 고유한 기능을 가지고 있는 중요부분의 상실을 의미하므로 ㉠ 실명케 한 경우, ㉢ 혀를 깨물어 발음을 곤란하게 한 경우, ㉣ 성기를 절단한 경우, ㉤ 청력을 상실하게 한 경우는 불구에 해당한다.
㉡ 치아가 빠지거나 부러진 것만 가지고는 신체의 중요부분이 상실된 경우라고 할 수 없어 불구에 해당하지 않으며(대법원 1960.2.29, 4292형상413), ㉥ 1~2개월간 입원할 정도로 다리가 부러진 상해 또는 3주간의 치료를 요하는 우측흉부자상도 중상해에 해당하지 않는다(대법원 2005.12.9, 2005도7527). 〈답 ③〉

4. 甲은 A에게 복수하기 위하여 대가지급을 약속하고 乙에게 "A의 다리를 부러뜨려 1~2개월간 입원케 하라"고 교사하고, 이를 승낙한 乙은 며칠 후 칼

로 A의 우측 가슴을 찔러 3주간의 치료가 필요한 우측흉부자상을 가한 경우, 다음 설명 중 옳은 것은? (특별법 위반의 점은 논외로 하고, 다툼이 있는 경우에는 판례에 의함) <사시 2010년: 배점 3>

① 乙은 중상해죄에 해당한다.
② 甲은 상해죄의 교사범에 해당한다.
③ 자상으로 인하여 파상풍에 감염되어 2주 후 A가 사망하였다면, 乙에게는 상해치사죄, 甲이 사망의 결과발생을 예견할 수 있었던 경우 甲에게는 상해치사죄의 공동정범이 성립한다.
④ 乙이 범행을 승낙한 단계에서 범행이 발각되었다면 甲과 乙은 상해죄의 예비·음모로 처벌된다.
⑤ 甲의 교사 전에 이미 乙이 A에게 동일한 정도의 피해를 가할 생각을 가지고 있었던 경우에도 甲에게는 상해죄의 교사범이 성립한다.

해설

①(×) 중상해죄는 사람의 신체를 상해하여 생명에 대한 위험을 발생, 불구 또는 불치나 난치의 질병에 이르게 함으로써 성립하는데, 1~2개월간 입원할 정도로 다리가 부러지는 상해 또는 3주간의 치료를 요하는 우측흉부자상은 그로 인하여 생명에 대한 위험을 발생하게 한 경우라거나 불구 또는 불치나 난치의 질병에 이르게 한 경우에 해당한다고 보기 어렵다(대법원 2005.12.9, 2005도7527).
②(○) 상해 부위에 차이가 있더라도 상해죄의 교사범이 성립함에는 영향이 없고, 정범인 乙의 행위가 중상해가 아닌 상해에 해당하므로 甲은 상해죄의 교사범이 된다.
③(×) 자상행위가 피해자를 사망하게 한 직접적인 원인은 아니었다 하더라도 이로부터 발생된 다른 간접적 원인이 결합되어 사망의 결과를 발생하게 한 경우라도 그 행위와 사망 간에는 인과관계가 있다고 할 것인바, 피해자가 부상한 후 1개월이 지난 후에 패혈증 등으로 사망하였다 하더라도 그 패혈증이 위 자창으로 인한 과다한 출혈과 상처의 감염 등에 연유한 것인 이상 자상행위와 사망과의 사이에 인과관계의 존재를 부정할 수 없다(대법원 1982.12.28, 82도2525). 甲은 실행행위를 분담하지 않았으므로, 상해치사죄의 교사범이 성립할 뿐이다.
④(×) 甲의 행위는 효과 없는 교사에 해당하므로, 甲과 乙은 예비·음모에 준하여 처벌된다(형법 제31조 2항). 그러나 상해죄의 예비·음모는 처벌규정이 없으므로 甲과 乙은 불가벌이다.
⑤(×) 교사범이란 타인(정범)으로 하여금 범죄를 결의하게 하여 그 죄를 범하게 한 때에 성립하는 것이고 피교사자는 교사자의 교사에 의하여 범죄실행을 하여야 하는 것이므로, 피교사자가 이미 범죄의 결의를 가지고 있을 때에는 교사범이 성립할 여지가 없다(대법원 1991.5.14, 91도542).
〈답 ②〉

5. 상해와 관련된 설명 중 옳지 않은 것은? (다툼이 있는 경우에는 판례에 의함) <사시 2011년: 배점 2>

① 도주하는 강도 甲을 체포하려던 동네주민 A가 甲을 덮쳐 오른손으로 甲의 목을 잡고 왼손으로 甲의 가슴 부분을 잡는 순간 甲이 들고 있던 벽

돌에 끼어 있는 철사에 찔려 부상을 입은 경우 甲은 강도상해죄의 죄책을 지지 않는다.

② 甲이 A녀의 왼쪽 가슴을 꽉 움켜잡아서 약 10일간의 치료를 요하는 좌상을 입혔고, A가 그 치료를 위하여 병원에서 주사를 맞고 3일간 투약을 받았을 경우 甲은 강제추행치상죄의 죄책을 진다.

③ 甲이 심야에 소주병을 깨어 찌를 듯한 태도를 보이며 손바닥으로 A의 얼굴을 여러 차례 때리자, 극도의 공포감을 이기지 못하고 기절하였던 A가 출동한 119 구급차 안에서 겨우 정신을 차리게 되었다면, A가 외부적으로 어떤 상처를 입지 않았다고 하더라도 甲에게 상해의 죄책을 물을 수 있다.

④ 甲이 날치기 수법으로 A가 들고 있던 가방을 탈취하면서 가방을 놓지 않고 버티는 A를 5m 가량 끌고 감으로써 A의 무릎 등에 상해를 입힌 경우 甲은 강도치상죄의 죄책을 진다.

⑤ 절도범 甲이 절도현장에서 체포를 면탈할 목적으로 자신을 체포하려고 하는 A, B에게 폭행을 가하여 B에게만 상해의 결과가 발생하였을 경우 甲은 A에 대한 준강도죄와 B에 대한 강도치상죄의 죄책을 진다.

해설

①(○) 대법원 1985.7.9, 85도1109.
②(○) 대법원 2000.2.11, 99도4794.
③(○) 대법원 1996.12.10, 96도2529.
④(○) 대법원 2007.12.13, 2007도7601.
⑤(×) 절도범이 체포를 면탈할 목적으로 체포하려는 여러 명의 피해자에게 같은 기회에 폭행을 가하여 그 중 1인에게만 상해를 가하였다면 이러한 행위는 포괄하여 하나의 강도상해죄만 성립한다(대법원 2001.8.21, 2001도3447). 〈답 ⑤〉

6. 폭행죄의 폭행에 해당하는 것은 모두 몇 개인가? (다툼이 있는 경우에는 판례에 의함)

> ㉠ 옷을 벗기고 가위로 음모를 잘랐다.
> ㉡ 피해자의 집 마당에 인분을 집어던졌다.
> ㉢ 욕설을 하면서 피해자의 집 대문을 발로 찼다.
> ㉣ 사람에게 침을 뱉으며 손이나 옷을 잡아당겼다.
> ㉤ 피해자의 사생활을 신문에 공개하겠다고 하였다.
> ㉥ 돌을 던져 서 있는 사람의 의복만 스치게 하였다.
> ㉦ 전화기로 전화하면서 고성을 내고 전화내용을 녹음하여 듣게 하였다.
> ㉧ 피해자에게 근접하여 욕설을 하면서 손발이나 물건을 휘두르거나 던졌다.

① 1개 ② 2개 ③ 3개 ④ 4개

⑤ 5개 ⑥ 6개 ⑦ 7개 ⑧ 8개

해설

폭행죄에 있어서 폭행이란 사람의 신체에 대한 유형력의 행사를 의미하므로, ㉠㉣㉥㉧이 여기에 해당한다.

㉠ 대법원 2000.3.23, 99도3099(병리적으로 보아 피해자의 신체의 건강상태가 불량하게 변경되거나 생활기능에 장애가 초래되었다고 할 수는 없을 것이므로, 그것이 폭행에 해당할 수 있음은 별론으로 하고 강제추행치상죄의 상해에 해당한다고 할 수는 없다), ㉧ 대법원 1990.2.13, 89도1406이 폭행에 해당한다고 판시한 경우이다. ㉣㉥도 사람의 신체에 대한 유형력의 행사가 있는 경우이다.

이에 반하여 ㉢ 대법원 1991.1.29, 90도2153, ㉦ 대법원 2003.1.10, 2000도5716(특수한 방법으로 수화자의 청각기관을 자극하여 그 수화자로 하여금 고통스럽게 느끼게 할 정도의 음향을 이용하였다는 등의 특별한 사정이 없는 한 신체에 대한 유형력의 행사를 한 것으로 보기 어렵다)은 폭행이라고 할 수 없다고 판시하였다. ㉡ 사람의 신체에 대한 유형력의 행사라 할 수 없고(대법원 1977.2.8, 75도2673), ㉤ 사람에게 해악을 고지한 것은 협박에 해당한다.

〈답 ④〉

폭행의 분류	폭행의 내용	해당 범죄
최광의	대상이 무엇인가를 묻지 아니하고 유형력을 행사하는 모든 경우	■ 소요죄(제115조) ■ 다중불해산죄(제116조)
광 의	사람에 대한 직접 · 간접의 유형력의 행사	■ 공무집행방해죄(제136조) ■ 특수도주죄(제146조) ■ 강요죄(제324조)
협 의	사람의 신체에 대한 유형력의 행사	■ 폭행죄(제260조) ■ 특수공무원폭행죄(제125조)
최협의	상대방의 반항을 불가능 · 현저히 곤란하게 할 정도의 강력한 유형력의 행사	■ 강도죄(제333조) ■ 강간죄(제297조) ■ 유사강간죄(제297조의2)

7. 「폭력행위 등 처벌에 관한 법률」 제3조 제1항(집단 · 흉기등)의 '행위자가 흉기 기타 위험한 물건을 휴대'한 경우라고 인정될 수 있는 사례를 모두 고른 것은? (다툼이 있는 경우에는 판례에 의함) <변호사 2013년>

가. 甲은 주먹으로 A의 얼굴 부위를 1회 때려 그로 인하여 상해가 발생하였고, 당구대 위에 놓여 있던 당구공으로 A의 머리를 툭툭 건드렸고 그로 인하여 상해가 발생하지는 아니하였다.

나. 甲은 자신의 승용차 트렁크에서 공기총을 꺼내어 A를 향해 들이대고 협박하였다. 공기총에는 실탄이 장전되지 아니한 상태였으나, 승용차 트렁크에는 공기총 실탄이 보관되어 있었다.

다. 甲은 A가 식칼을 들고 나와 자신을 찌르려고 하자 이를 저지하기 위하여 그 칼을 뺏은 다음 A를 훈계하면서 칼의 칼자루 부분으로 A의 머리를 가볍게 쳤다.

라. 甲은 A가 견인료 납부를 요구하면서 자신의 승용차 앞을 가로막고 서 있자 A의 다리 부분을 위 승용차 앞범퍼로 들이받고 약 1m 정도 진행하였고, 이로 인하여 A는 땅바닥으로 넘어졌다.

마. 甲은 A 등과 이혼에 관한 사항을 협의하던 도중 A 등과 가벼운 실랑이를 하게 되었다. 이 과정에서 甲의 승낙 없이 A의 아버지인 B가 甲의 아들을 자신의 중형승용차에 태운 후 시동을 걸고 출발하려고 하였다. 甲은 이를 제지하기 위하여 급히 자신의 소형승용차를 출발시켜 B가 운전하던 승용차를 저속으로 가볍게 충격하였다. 이로 인하여 B는 특별한 치료를 요하지 않는 가벼운 상해를 입었으며, 甲의 차량과 B의 차량도 경미한 손상을 입게 되었다.

① 가 나　② 가 라　③ 나 다
④ 나 라　⑤ 라 마

해설

가(×) 대법원 2008.1.17, 2007도9624(피고인이 당구공으로 피해자의 머리를 때린 행위로 인하여 사회통념상 피해자나 제3자에게 생명 또는 신체에 위험을 느끼게 하였으리라고 보여지지 아니하므로).
나(○) 대법원 2002.11.26, 2002도4586.
다(×) 대법원 1989.12.22, 89도1570(피해자가 위험성을 느꼈으리라고는 할 수 없다).
라(○) 대법원 1997.5.30, 97도597.
마(×) 대법원 2009.3.26, 2007도3520(이혼 분쟁 과정에서 자신의 아들을 승낙 없이 자동차에 태우고 떠나려고 하는 피해자들 일행을 상대로 급하게 추격 또는 제지하는 과정에서 자동차를 사용하게 된 점, 소형승용차(라노스)로 중형승용차(쏘나타)를 충격한 것이고, 충격할 당시 두 차량 모두 정차하여 있다가 막 출발하는 상태로서 차량 속도가 빠르지 않았으며 상대방 차량의 손괴 정도가 그다지 심하지 아니한 점, 자동차의 충격으로 피해자들이 입은 상해의 정도가 비교적 경미한 점 등의 여러 사정을 종합하면, 피고인의 자동차 운행으로 인하여 사회통념상 상대방이나 제3자가 생명 또는 신체에 위험을 느꼈다고 보기 어려우므로). 〈답 ④〉

8. 甲이 '흉기 기타 위험한 물건을 휴대하고' 범행한 경우를 모두 모아 놓은 것은? (다툼이 있는 경우에는 판례에 의함) <사시 2002년 변형>

㉠ 甲은 전처인 乙에게 재결합하지 않으면 죽이겠다는 내용의 협박편지를 보내면서 청산염 2그램 정도를 동봉 우송하여 乙에게 도달하게 하였다.
㉡ 甲은 깨어지지 아니한 맥주병으로 乙의 등을 폭행하였다.
㉢ 甲은 친구인 乙, 丙과 흉기를 휴대하여 타인의 건물에 침입하기로 공모한 후 甲은 흉기를 소지하지 않고 건물 안으로 들어가고, 乙, 丙은 건물로부터 약 30 내지 50미터 떨어진 곳에 주차한 차 안에서

흉기를 휴대하고 망을 보고 있었다.
㉣ 甲은 乙로부터 쇠파이프로 머리를 구타당하면서 이에 대항하여 그곳에 있던 각목으로 乙의 허리를 구타하였다.

① ㉡ ② ㉡ ㉣ ③ ㉢ ㉣
④ ㉠ ㉢ ㉣ ⑤ ㉠ ㉡ ㉢ ㉣

해설

위험한 물건이란 물건의 객관적 성질과 사용방법에 따라서는 사람을 살상할 수 있는 물건을 말하며, 그 물건이 사람을 살상하기 위하여 제조된 것임을 요하지 않는다. 또 휴대는 위험한 물건을 범행현장에서 그 범행에 사용하려는 의도로 소지하거나 몸에 지니는 것을 말하므로 그 범행과는 전혀 무관하게 이를 우연히 소지하는 경우에는 여기에 포함되지 않는다. 판례는 소지뿐만 아니라 널리 이용하는 경우까지 여기에 포함시킨다(대법원 1997.5.30, 97도597).
㉠(×) 위험한 물건의 '휴대'라 함은 범행현장에서 범행에 사용할 의도 아래 위험한 물건을 몸 또는 몸 가까이 소지하는 것을 말하므로 청산염 2그램 정도를 협박편지에 동봉 우송하여 피해자에게 도달케 하였다는 것만으로는 위험한 물건의 휴대라고 할 수 없다(대법원 1985.10.8, 85도1851).
㉡(○) 대법원 1991.12.27, 91도2527.
㉢(×) 폭력행위등처벌에관한법률 제3조 1항, 제2조 1항, 형법 제319조 1항 소정의 특수주거침입죄는 흉기 기타 위험한 물건을 휴대하여 타인의 주거나 건조물 등에 침입함으로써 성립하는 범죄이므로, 특수주거침입죄의 구성요건이 충족되었다고 볼 수 있는지의 여부는 직접 건조물에 들어간 범인을 기준으로 하여 그 범인이 흉기를 휴대하였다고 볼 수 있느냐의 여부에 따라 결정되어야 한다(대법원 1994.10.11, 94도1991).
㉣(×) 위험한 물건인지의 여부는 구체적인 사안에 따라서 사회통념에 비추어 그 물건을 사용하면 그 상대방이나 제3자가 곧 위험성을 느낄 수 있는가의 여부에 따라 이를 판단하여야 할 것이므로 쇠파이프(길이 2m, 직경 5㎝)로 머리를 구타당하면서 이에 대항하여 그곳에 있던 각목(길이 1m, 직경 5㎝)으로 상대방의 허리를 구타한 경우에 각목은 위험한 물건이라고 할 수 없다(대법원 1981.7.28, 81도1046). 〈답 ①〉

① **대법원 2010.11.11, 2010도10256** (i) 어떤 물건이 폭력행위등처벌에관한 법률 제3조 1항에서 정한 '위험한 물건'에 해당하는지 여부는 구체적인 사안에서 사회통념에 비추어 그 물건을 사용하면 상대방이나 제3자가 생명 또는 신체에 위험을 느낄 수 있는지 여부에 따라 판단하여야 한다. 이러한 판단 기준은 자동차를 사용하여 사람의 생명 또는 신체에 위해를 가하거나 다른 사람의 재물을 손괴한 경우에도 마찬가지로 적용된다. (ii) 피고인이 甲과 운전 중 발생한 시비로 한차례 다툼이 벌어진 직후 甲이 계속하여 피고인이 운전하던 자동차를 뒤따라온다고 보고 순간적으로 화가 나 甲에게 겁을 주기 위하여 자동차를 정차한 후 4 내지 5m 후진하여 甲이 승차하고 있던 자동차와 충돌한 경우 본래 자동차 자체는 살상용, 파괴용 물건이 아닌 점 등을 감안하더라도, 위 충돌 당시와 같은 상황하에서는 甲은 물론 제3자라도 피고인의 자동차와 충돌하면 생명 또는 신체에 살상의 위험을 느꼈을 것이므로, 피고인이 자동차를 이용하여 甲에게 상해를 가하고, 甲의 자동차를 손괴한 행위는 폭력행위 등 처벌에 관한 법률 제3조 1항이 정한 '위험한 물건'을 휴대하여 이루어진 범죄라고 봄이 상당

하다.

② **대법원 2010.4.29, 2010도930** 피고인이 술에 취하여 경륜장 매표소에서 행패를 부리자 피해자들을 비롯한 다수의 경륜장 직원들이 피고인을 제지하였고 이에 피고인이 경륜장 사무실로 들어가자 위 직원들이 따라 들어간 점, 피고인은 사무실 안에서도 위 직원들 5~6명이 있는 상태에서 소화기들을 던지며 소란을 피웠는데 특정인을 겨냥하여 던진 것으로는 보이지 아니하는 점, 피해자들이 상해를 입지 않은 점 등의 여러 사정을 종합하면, 피고인이 위 소화기들을 던진 행위로 인하여 사회통념상 피해자들이나 제3자가 생명 또는 신체에 위험을 느꼈던 것으로는 보기 어려우므로 피고인에 대한 폭력행위 등 처벌에 관한 법률 제3조 1항 위반죄가 성립하지 아니한다.

9. 폭행과 관련한 설명 중 옳은 것은? (다툼이 있는 경우에는 판례에 의함)

<사시 2011년: 배점 2>

① 경찰관 A, B가 甲에 대하여 접수된 피해 신고를 받고 함께 출동하여 신고 처리 및 수사 업무를 집행 중이었는데, 甲이 같은 장소에서 위 경찰관들에게 욕설을 하면서 먼저 A를 폭행하고 곧이어 이를 제지하는 B를 폭행하였다면, 甲의 A, B에 대한 공무집행방해죄는 상상적 경합의 관계에 있다.

② 강요죄에서 강요의 수단이 되는 폭행은 상대방의 의사자유를 제한할 수 있는 정도의 사람의 신체에 대한 유형력의 행사이어야 한다.

③ 집회·시위 과정에서 음향을 이용하여 청각기관을 직접 자극한 경우 그것이 의사전달수단으로서 합리적 범위를 넘어 상대방에게 고통을 줄 의도로 이루어졌더라도 공무집행방해죄의 폭행이 될 수 없다.

④ 강제추행죄는 상대방에 대하여 폭행 또는 협박을 가하여 항거를 곤란하게 한 뒤에 추행행위를 하는 경우뿐만 아니라, 폭행행위 자체가 추행행위인 경우도 포함되는 것이며 이 경우에 있어서의 폭행은 상대방의 의사를 억압할 정도의 것임을 요한다.

⑤ 甲은 A의 집에서 절도범행을 마친 지 10분 가량 지나 A의 집에서 200m 가량 떨어진 버스정류장이 있는 곳에서 甲을 절도범인이라고 의심하고 뒤쫓아 온 A에게 붙잡혀 그의 집으로 끌려갔다. 甲이 A의 집에서 A를 폭행한 경우 준강도죄가 성립한다.

해설 ……………………………………

①(○) 동일한 공무를 집행하는 여럿의 공무원에 대하여 폭행·협박 행위를 한 경우에는 공무를 집행하는 공무원의 수에 따라 여럿의 공무집행방해죄가 성립하고, 위와 같은 폭행·협박 행위가 동일한 장소에서 동일한 기회에 이루어진 것으로서 사회관념상 1개의 행위로 평가되는 경우에는 여럿의 공무집행방해죄는 상상적 경합의 관계에 있다(대법원 2009.6.25, 2009도3505).

②(×) 강요죄의 폭행은 사람의 의사결정과 의사활동에 강제효과를 발생하게 하는 유형

력의 행사이다. 따라서 사람의 신체에 대한 유형력의 행사뿐 아니라 물건에 대한 유형력의 행사(예컨대 맹인이 끌고 가는 개를 붙잡거나 사람이 타고 가는 차의 타이어에 총을 쏘아 flat tire를 만드는 것)도 포함된다(광의의 폭행).

③(×) 민주사회에서 공무원의 직무수행에 대한 시민들의 건전한 비판과 감시는 가능한 한 널리 허용되어야 한다는 점에서 볼 때, 공무원의 직무 수행에 대한 비판이나 시정 등을 요구하는 집회 · 시위 과정에서 일시적으로 상당한 소음이 발생하였다는 사정만으로는 이를 공무집행방해죄에서의 음향으로 인한 폭행이 있었다고 할 수는 없다. 그러나 의사전달수단으로서 합리적 범위를 넘어서 상대방에게 고통을 줄 의도로 음향을 이용하였다면 이를 폭행으로 인정할 수 있다(대법원 2009.10.29, 2007도3584).

④(×) 강제추행죄는 상대방에 대하여 폭행 또는 협박을 가하여 항거를 곤란하게 한 뒤에 추행행위를 하는 경우뿐만 아니라 폭행행위 자체가 추행행위라고 인정되는 경우도 포함되는 것이며, 이 경우에 있어서의 폭행은 반드시 상대방의 의사를 억압할 정도의 것임을 요하지 않고 상대방의 의사에 반하는 유형력의 행사가 있는 이상 그 힘의 대소강약을 불문한다(대법원 2002.4.26, 2001도2417).

⑤(×) 그 폭행은 사회통념상 절도범행이 이미 완료된 이후에 행하여졌으므로 준강도죄가 성립하지 않는다(대법원 1999.2.26, 98도3321). 〈답 ①〉

10. 상해와 폭행에 관한 설명 중 옳지 않은 것은? (다툼이 있는 경우에는 판례에 의함) <사시 2013년: 배점 2>

① 피고인이 피해자의 젖가슴을 꽉 움켜잡음으로써 피해자에게 젖가슴에 약 10일간의 치료를 요하는 좌상을 입혀서 심한 압통과 약간의 종창이 생긴 피해자가 그 치료를 위해 병원에서 주사를 맞고 3일간 투약을 했다면 이는 강제추행치상죄에 있어서의 상해에 해당한다.

② 상해죄의 동시범 규정은 가해행위를 한 것 자체가 분명하지 않은 사람에게도 적용된다.

③ 폭력행위등처벌에관한법률위반(집단 · 흉기등폭행)죄의 '위험한 물건을 휴대하여'라 함은 피고인이 폭행을 가할 당시에 범행에 사용할 의도로 위험한 물건을 소지하면 족하고 피해자가 그 사실을 인식해야 하는 것은 아니다.

④ 1~2개월간 입원할 정도로 다리가 부러진 상해 또는 칼에 찔려 입게 된 약 3주간의 치료를 요하는 우측흉부자상은 중상해에 해당하지 않는다.

⑤ 상해를 입힌 행위가 동일한 일시, 장소에서 동일한 목적으로 저질러진 것이라 하더라도 피해자를 달리 하고 있으면 피해자별로 각각 별개의 상해죄가 성립한다.

해설

① (○) 대법원 2000.2.11, 99도4794.

② (×) 가해행위를 한 것 자체가 분명하지 않은 사람에 대하여는 동시범으로 다스릴 수 없다(대법원 1984.5.15, 84도488).

③ (○) 대법원 1984.4.10, 84도353.

④ (○) 대법원 2005.12.9, 2005도7527.
⑤ (○) 피해자별로 각각 별개의 상해죄를 구성한다고 보아야 할 것이고 1개의 행위가 수개의 죄에 해당하는 경우라고 볼 수 없다(대법원 1983.4.26, 83도524). 〈답 ②〉

제3절 과실치사상의 죄

1. 과실을 인정할 수 있는 경우는? (다툼이 있는 경우에는 판례에 의함)

> ㉠ 고속도로에서 무단횡단하는 자를 충격하였다.
> ㉡ 육교 밑을 무단횡단하는 자를 충격하였다.
> ㉢ 자동차전용도로에서 무단횡단하는 통행인을 충격하였다.
> ㉣ 갑자기 차도에 뛰어드는 사람을 충격하였다.
> ㉤ 초등학교 앞 횡단보도 아닌 곳을 횡단하는 학생을 충격하였다.
> ㉥ 골프경기 중 골프공을 쳐서 아무도 예상하지 못한 자신의 등 뒤편으로 보내어 등 뒤에 있던 경기보조원(캐디)에게 상해를 입혔다.

① ㉠ ㉢ ② ㉣ ㉤ ③ ㉤ ㉥
④ ㉠ ㉡ ㉢ ⑤ ㉢ ㉣ ㉤ ⑥ ㉣ ㉤ ㉥

해설

㉤ 초등학교 앞은 교통규칙위반이 빈번히 일어나는 곳이기 때문에 신뢰의 원칙이 적용되지 않는다. 대법원은 자동차와 자동차 또는 자동차와 자전거의 충돌사고에 대하여는 신뢰의 원칙을 엄격하게 적용하는 반면, 횡단보도가 아닌 곳에서 일어난 사고에 대하여도 운전자의 과실을 인정하여 보행자에 대한 사고에 대하여는 완전하게 신뢰의 원칙을 적용하고 있다고 할 수 없다. ㉥ 대법원 2008.10.23, 2008도6940은 주의의무를 현저히 위반하여 사회적 상당성의 범위를 벗어난 행위로서 과실상해죄가 성립한다고 보았다.
다만 ㉠ 대법원 2000.9.5, 2000도2671, ㉡ 대법원 1985.9.10, 84도1572, ㉢ 대법원 1990.1.23, 89도1395, ㉣ 대법원 1983.9.13, 83도1537 등의 경우에는 보행자에 대한 관계에서도 신뢰의 원칙을 적용하여 운전자의 과실을 부정하고 있다. 〈답 ③〉

2. 업무상 과실치사상죄와 업무방해죄의 업무의 개념에 관한 설명 중 옳지 않은 것은?

① 업무상 과실치사상죄와 업무방해죄의 업무는 모두 보수를 받을 것을 요하지 않는다.
② 업무상 과실치사상죄의 업무는 생명·신체에 대한 위험을 초래할 업무에 제한되지만 업무방해죄에는 이러한 제한이 없다.
③ 어느 경우나 실제 반복되어 행하지 않는 한 업무가 아니다.
④ 업무상 과실치사상죄에서는 오락을 위한 수렵이나 운전도 업무에 속하지만 업무방해죄에 있어서는 그러하지 아니하다.

⑤ 업무상 과실치사상죄의 업무는 불법한 경우를 포함하나 업무방해죄의 업무는 보호할 가치 있는 업무에 제한된다.

해설

업무상 과실치사상죄의 업무와 업무방해죄의 업무는 ① 모두 보수의 유무를 불문하며, ② 전자의 업무가 생명·신체에 대한 위험을 방지하는 업무에 제한됨에 반하여, 후자의 업무는 이러한 제한이 없고, ③ 업무는 객관적으로 상당한 횟수 반복하여 행하여지거나 또는 반복·계속할 의사로 행하여진 것이어야 한다. 그러나 장래 반복하여 행할 의사로 행한 때에는 단 1회의 행위라도 업무에 해당한다(대법원 1966.5.31, 66도536). ④ 전자의 업무는 업무 자체에 제한되지 않고 그 업무에 수반하는 수렵 등 업무에 수반하는 일체의 행위를 포함하며 나아가 오락을 위한 일시적인 자동차운전이나 수렵 등도 업무에 해당하지만 후자의 업무개념은 그와 같이 확장될 수 없다는 점에서 차이가 있다. ⑤ 전자의 업무는 적법한 업무일 것을 요하지 않지만 후자의 업무는 형법상 보호할 만한 가치 있는 업무에 제한된다. 〈답 ③〉

각칙상의 업무의 기능	해당 범죄
과실범에서의 업무	업무상 과실치사상죄(제268조) 업무상 실화죄(제171조) 업무상 과실교통방해죄(제189조) 업무상 과실장물취득죄(제364조)
진정신분범의 요소	업무상 비밀누설죄(제317조) 허위진단서작성죄(제233조)
부진정신분범의 요소	업무상 횡령죄와 업무상 배임죄(제356조) 업무상 낙태죄(제270조) 업무상 위력 등에 의한 간음죄(제303조)
보호법익	업무방해죄(제314조)
행위방법	아동혹사죄(제274조)

3. 업무상 과실치사상죄가 성립하지 않는 것을 모두 고르면? (판례에 의함)

㉠ 무면허운전자가 운전을 잘못하여 통행인을 치어 부상시킨 경우
㉡ 간호사가 의사의 지시로 정맥주사를 놓음에 있어 주사약을 잘못 다루어 환자를 치사시킨 경우
㉢ 가정부가 주인집 개를 데리고 산책하던 중, 그 개가 통행인을 물어 뜯은 경우
㉣ 의사가 휴가 중에 수렵하던 중, 엽총을 잘못 다루어 친구를 치사시킨 경우
㉤ 화물차를 주차하고 적재함에 적재된 토마토 상자를 운반하던 중 적재된 상자 일부가 떨어지면서 지나가던 사람에게 상해를 입힌 경우
㉥ 산후조리원의 신생아 집단관리책임자가 산후조리원에 입소한 신생아

가 계속하여 수유량 및 체중이 지나치게 감소하고 잦은 설사 등의 이상증세를 보이자, 의사의 진찰을 받도록 하지는 않았지만 산모에게 신생아의 이상증세를 즉시 알리고 적절한 조치를 구하여 산모의 지시를 따랐는데 그 신생아가 탈수 내지 괴사성 장염으로 사망한 경우

ⓢ 건물소유자가 건물의 한 층을 임대하였는데 그 층의 내부벽면에 설치된 분전반을 통해 위층으로 가설된 전선이 합선으로 단락되어 화재가 나서 피해자에게 상해가 발생한 경우

① ㉢ ㉦　　② ㉠ ㉢ ㉣　　③ ㉡ ㉣ ㉤
④ ㉢ ㉤ ㉦　　⑤ ㉤ ㉥ ㉦　　⑥ ㉢ ㉣ ㉤ ㉦

해설

업무상 과실치사상죄의 업무는 사람이 사회생활상의 지위에 기하여 반복·계속할 의사를 가지고 행하는 사무를 말한다. 다만 본죄는 사람의 생명이나 신체를 보호하는 범죄이므로 성질상 사람의 생명 또는 신체에 위험을 줄 수 있는 업무에 제한된다. 그러나 그 사무가 영리를 위한 것이든 오락을 위한 것이든 묻지 않으며, 적법한 사무일 것을 요하는 것도 아니다. ㉤ 대법원 2009.7.9, 2009도2390, ㉥ 대법원 2007.11.16, 2005도1796 참조.
㉢ 가정부가 개를 데리고 산책하는 것은 업무라고 할 수 없다. ㉦ 안전배려 내지 안전관리 사무에 계속적으로 종사하여 사회생활면에서 하나의 지위로서의 계속성을 가지지 아니한 채 단지 건물의 소유자로서 건물을 비정기적으로 수리하거나 건물의 일부분을 임대하였다는 사정만으로는 업무상 과실치상죄에 있어서의 '업무'로 보기 어렵다(대법원 2009.5.28, 2009도1040). 〈답 ①〉

대법원 2007.11.16, 2005도1796 산후조리원에 입소한 신생아가 출생 후 10일 이상이 경과하도록 계속하여 수유량 및 체중이 지나치게 감소하고 잦은 설사 등의 이상증세를 보임에도 불구하고, 산후조리원의 신생아 집단관리를 맡은 책임자가 의사나 한의사 등의 진찰을 받도록 하지 않아 신생아가 탈수 내지 괴사성 장염으로 사망하였다면, 위 집단관리 책임자가 산모에게 신생아의 이상증세를 즉시 알리고 적절한 조치를 구하여 산모의 지시를 따른 것만으로는 업무상 주의의무를 다하였다고 볼 수 없어 신생아 사망에 대한 업무상 과실치사의 죄책이 인정된다.

4. 자동차 운전자의 업무상 주의의무에 관한 설명 중 옳지 않은 것은? (다툼이 있는 경우에는 판례에 의함)

① 고속도로를 운행하는 자동차 운전자는 일반적인 경우에 고속도로를 횡단하는 보행자가 있을 것까지 예견하여 보행자와의 충돌사고를 예방하기 위해 급정차 등의 조치를 취할 수 있도록 대비하면서 운전할 주의의무는 없다.

② 자동차 운전자는 횡단보도의 신호가 적색인 상태에서 반대차선에 정차

해 있는 차량의 뒤로 보행자가 건너올 수 있다는 것을 예견하여 정차해야 할 주의의무는 없다.

③ 운전자에게 야간에 무등화인 자전거를 타고 차도를 무단횡단하는 경우까지를 예상하여 제한속력을 감속하고 반대차선상의 동태까지 살피면서 서행운행할 주의의무는 없다.

④ 앞차를 뒤따라 운전하는 차량의 운전자로서는 선행차량에 충격하여 쓰러지는 피해자를 연속하여 역과하지 않도록 앞차와 충분한 안전거리를 확보하고 진로의 안전을 확인하면서 진행해야 할 주의의무가 있다.

⑤ 덤프트럭의 운전자가 쓰레기하치장에서 차체와 적재함 사이에 사람이 있는가를 확인한 후에 덤프기어를 내려 피해자가 차체와 적재함 사이에 끼어들어 사망하지 않도록 해야 할 주의의무가 있다.

해설

⑤ 덤프트럭의 운전석과 적재함 사이에 유리가 있어 후방 주시가 가능하다 하더라도 사고장소인 쓰레기하치장에 다른 주울 만한 쓰레기도 없었고 사고지점이 95센티미터 높이의 차체 위로서 고의로 뛰어 오르기 전에는 위 차량과 관계없이 쓰레기를 줍는 사람들이 접근할 이유와 필요성이 없는 곳이었다면 피해자가 위 차체와 적재함 사이에 끼어들어 사고가 발생하리라고 예견하기 어렵다 할 것이므로 그와 같은 적재함 사이의 차체를 확인하지 않고 덤프기어를 내렸다 하여 그 운전자에게 업무상 주의의무를 태만히 한 과실이 있다고 할 수는 없다(대법원 1984.10.10, 84도1868).

① 대법원 2000.9.5, 2000도2671, ② 대법원 1993.2.23, 92도2077, ③ 대법원 1984.9.25, 84도1695, ④ 대법원 2001.12.11, 2001도5005과 각각 일치한다. 〈답 ⑤〉

5. 의료사고에 있어서 의사의 업무상 주의의무위반이 인정되는 것을 모두 모은 것은? (다툼이 있는 경우에는 판례에 의함)

㉠ 내과의사가 신경과 전문의에 대한 협의진료 결과 피해자에게 신경과 영역에서 이상이 없다는 회신을 받고 이를 신뢰하여 뇌혈관계통 질환의 가능성을 염두에 두지 않고 내과 영역 치료를 계속하다가 환자의 뇌지주막하출혈을 발견하지 못하여 환자가 식물인간상태에 이르게 되었다.

㉡ 마취환자의 의식이 회복되기 전에 마취회복을 담당한 의사가 피해자에게 자발호흡이 있는 것만 확인하고는 의식이 회복되었는지 분명하지 않은 상태에서 특정 간호사에게 확실한 인계조치나 구체적인 지시도 하지 않은 채 환자를 떠나 피해자가 의식을 회복하지 못하고 사망하였다.

㉢ 의사가 입회하지 않은 상태에서 의사의 처방과 지시에 따라 뇌출혈 환자의 수술 직후부터 간호사 등이 환자의 대퇴부 정맥에 연결된 튜

브를 통하여 항생제 · 소염진통제 등의 주사액을 투여해 오던 중 간호사가 간호실습생에게 정맥주사를 실시하게 하여 간호실습생이 뇌실외배액관에 주사액을 투여하여 피해자가 사망하였다.
㉣ 의사가 간호사를 신뢰하여 간호사에게 환자에 대한 수혈을 일임하였는데 간호사가 다른 환자에게 수혈할 혈액을 당해 환자에게 잘못 수혈하여 환자가 사망하였다.
㉤ 요추 척추후궁절제 수술 도중에 수술용 메스가 부러지자 담당의사가 부러진 메스조각을 찾아 제거하려 하였으나 찾지 못하자 부러진 메스조각을 그대로 둔 채 수술 부위를 봉합하였다.

① ㉠ ㉤ ② ㉡ ㉣ ③ ㉡ ㉤
④ ㉡ ㉢ ㉣ ⑤ ㉡ ㉣ ㉤ ⑥ ㉡ ㉢ ㉣ ㉤

해설

㉠(×) 의료사고에 있어서 신뢰의 원칙이 적용되는 경우이다(대법원 2003.1.10, 2001도3292).
㉡(○) 마취환자의 마취회복업무를 담당한 의사로서는 마취환자가 수술 도중 특별한 이상이 있었는지를 확인하여 특별한 이상이 있었던 경우에는 보통 환자보다 더욱 감시를 철저히 하고, 또한 마취환자가 의식이 회복되기 전에는 호흡이 정지될 가능성이 적지 않으므로 피해자의 의식이 완전히 회복될 때까지 주위에서 관찰하거나 적어도 환자를 떠날 때는 피해자를 담당하는 간호사를 특정하여 그로 하여금 환자의 상태를 계속 주시하도록 하여 만일 이상이 발생한 경우에는 즉시 응급조치가 가능하도록 할 의무가 있다(대법원 1994.4.26, 92도3283).
㉢(×) 간호사가 의사의 처방에 의한 정맥주사를 의사의 입회 없이 간호실습생에게 실시하도록 하여 발생한 의료사고에 대하여는 의사의 과실을 인정할 수 없다(대법원 2003.8.19, 2001도3667).
㉣(○) 수혈은 부작용을 수반하는 의료행위이므로 수혈을 담당하는 의사로서는 간호사가 과오를 범하지 않도록 충분히 지도 · 감독을 하여 사고의 발생을 미연에 방지하여야 할 주의의무가 있고, 이를 소홀히 한 채 만연히 간호사를 신뢰하여 간호사에게 당해 의료행위를 일임함으로써 간호사의 과오로 환자에게 위해가 발생하였다면 의사는 그에 대한 과실책임을 면할 수 없다(대법원 1998.2.27, 97도2812).
㉤(×) 부러진 메스가 쉽게 발견되지 않을 경우 수술과정에서 무리하게 제거하려고 하면 부가적인 손상을 줄 우려가 있어 일단 봉합한 후에 재수술을 통하여 제거하거나 그대로 두는 경우가 있는 점에 비추어 의사의 과실을 인정할 수 없다(대법원 1999.12.10, 99도3711).
〈답 ②〉

대법원 2007.5.10, 2006도6178 혈액원 소속의 검사자들이 채혈한 혈액의 검사를 잘못한 상태에서 부적격 혈액들을 출고하여 이를 수혈받은 피해자들로 하여금 C형 간염 등이 감염되는 상해를 입게 한 경우, 혈액원장에게 업무상 과실치상의 죄책이 인정된다. 혈액원의 관리 · 운영자로서 혈액의 적격 여부의 확인과 검사를 통하여 부적격 혈액의 출고를 방지하여야 할 책임이 있는 혈액원장과, 혈액원의 내부적 업무분장에 따라 부여된 행정적 업무를 처리하는 검사과장은, 그 각 지위와 업무 내용에 따라 요구되는 업무상의 주의의무의 내용이 다르다 할 것이므로, 검사자들의 혈액검사 오류로 인하여 부적격 혈액이 출고됨으로써 피해자들이 수혈감염에 의한 상해를 입은 데 대하여 혈액원장에게 업무상 과실치상의 죄책이 인정되는 경우 검사과장에 대해서도 당연히 업무상 과실치상의 죄책을 인정하여야 하는 것은 아니다.

6. 판례에 의할 경우 중과실이 인정되는 경우를 모두 고르면?

> ㉠ 안수기도를 하면서 노인과 어린아이의 배와 가슴 부분을 세게 때리고 누르는 행위를 수십분 반복하여 사망케 한 경우
> ㉡ 성냥불로 담배를 붙인 다음 그 성냥불이 꺼진 것을 확인하지 않은 채 플라스틱 휴지통에 던져 불을 낸 경우
> ㉢ 농약을 평소에 신문지에 포장하여 판매하여 온 것과 같은 모양으로 포장하여 점포선반에 방치하고 가족에게 알리지 않아 사고가 발생한 경우
> ㉣ 함께 술을 마시던 동료 경찰관들 중 두 사람이 갑자기 총을 꺼내 번갈아 자기의 머리에 대고 쏘는 게임을 하다가 한 사람이 사망한 경우 같이 술을 마시던 다른 경찰관들의 경우
> ㉤ 수술 도중에 수술용 메스가 부러지자 담당의사가 부러진 메스조각을 찾아 제거하려고 노력을 다하였으나 찾지 못하여 그대로 수술부위를 봉합한 경우

① ㉠ ㉡ ② ㉠ ㉢ ③ ㉢ ㉣
④ ㉠ ㉡ ㉢ ⑤ ㉢ ㉣ ㉤ ⑥ ㉠ ㉡ ㉢ ㉤

해설

㉠(○) 대법원 1997.4.22, 97도538.
㉡(○) 대법원 1993.7.27, 93도135에 의하면 중실화죄가 인정되는 경우이다.
㉢(○) 대법원 1966.11.16, 4294형상312가 중과실치사죄의 성립을 인정한 경우이다.
㉣(×) 형사상 책임을 지울 만한 위법한 주의의무위반이 있다고 평가할 수 없다(대법원 1992.3.10, 91도3172).
㉤(×) 담당의사의 과실을 인정할 수 없다(대법원 1999.12.10, 99도3711). 〈답 ④〉

제 4 절 낙태의 죄

1. 다음 기술 중 옳지 않은 것은? (다툼이 있는 경우에는 판례에 의함)
<사시 2010년: 배점 2>

① 낙태죄를 침해범으로 보는 견해에 의하면 태아를 살해한 때 낙태죄의 기수가 된다.
② 제왕절개수술을 함에 있어 임산부의 상태변화, 의료진의 처치경과 등 제반사정을 토대로 의학적으로 수술이 가능하였고 규범적으로 수술이

필요하였던 시기(時期)를 분만개시의 시점으로 볼 수 있다.

③ 낙태죄를 위험범으로 보는 견해에 의하면 태아를 모체 내에서 살해한 경우뿐만 아니라 모체 외로 배출시키는 경우에도 낙태죄가 성립한다.

④ 산부인과 의사가 임산부로부터 낙태시술을 부탁받고 낙태시술을 하였으나 태아가 살아서 미숙아 상태로 출생하자 그 미숙아에게 염화칼륨을 주입하여 사망하게 한 경우, 업무상 촉탁낙태죄와 살인죄의 실체적 경합범이 성립한다.

⑤ 산부인과 의사가 제왕절개수술 중 과실로 모체 안에서 태아를 사망에 이르게 하였더라도, 태아의 사망 자체를 임산부에 대한 상해로 볼 수 없다.

해설

①(○) 침해범설에 의하면 보호법익인 태아의 생명을 침해(즉 태아를 살해)하여야 기수가 된다.

②(×) 제왕절개수술의 경우 '의학적으로 제왕절개수술이 가능하였고 규범적으로 수술이 필요하였던 시기'는 판단하는 사람 및 상황에 따라 다를 수 있어, 분만개시 시점, 즉 사람의 시기도 불명확하게 되므로 이 시점을 분만의 시기로 볼 수는 없다(대법원 2007.6.29, 2005도3832).

③(○) 위험범설에 의하면 태아의 생명에 대한 위험의 야기로 기수가 되므로 태아를 살해한 때는 물론 모체 밖으로 배출하면 기수이다. 낙태죄는 태아를 자연분만기에 앞서서 인위적으로 모체 밖으로 배출하거나 모체 안에서 살해함으로써 성립하고, 그 결과 태아가 사망하였는지 여부는 낙태죄의 성립에 영향이 없다(대법원 2005.4.15, 2003도2780).

④(○) 염화칼륨 주입행위를 낙태를 완성하기 위한 행위에 불과한 것으로 볼 수 없고, 살아서 출생한 미숙아가 정상적으로 생존할 확률이 적다고 하더라도 그 상태에 대한 확인이나 최소한의 의료행위도 없이 적극적으로 염화칼륨을 주입하여 미숙아를 사망에 이르게 하였다면 미숙아를 살해하려는 범의가 인정된다(대법원 2005.4.15, 2003도2780). 통설과 판례(대법원 2005.4.15, 2003도2780)는 낙태죄를 위태범으로 해석하여 태아를 모체 외에 배출한 후에 살해한 때에는 낙태죄와 살인죄(영아살해죄)의 경합범이 된다고 한다.

⑤(○) 현행 형법이 사람에 대한 상해 및 과실치사상의 죄에 관한 규정과는 별도로 태아를 독립된 행위객체로 하는 낙태죄, 부동의 낙태죄, 낙태치상 및 낙태치사의 죄 등에 관한 규정을 두어 포태한 부녀의 자기낙태행위 및 제3자의 부동의 낙태행위, 낙태로 인하여 위 부녀에게 상해 또는 사망에 이르게 한 행위 등에 대하여 처벌하도록 한 점, 과실낙태행위 및 낙태미수행위에 대하여 따로 처벌규정을 두지 아니한 점 등에 비추어 보면, 우리 형법은 태아를 임산부 신체의 일부로 보거나, 낙태행위가 임산부의 태아양육, 출산 기능의 침해라는 측면에서 낙태죄와는 별개로 임산부에 대한 상해죄를 구성하는 것으로 보지는 않는다고 해석된다. 따라서 태아를 사망에 이르게 하는 행위가 임산부 신체의 일부를 훼손하는 것이라거나 태아의 사망으로 인하여 그 태아를 양육, 출산하는 임산부의 생리적 기능이 침해되어 임산부에 대한 상해가 된다고 볼 수는 없다(대법원 2007.6.29, 2005도3832).

〈답 ②〉

2. 낙태죄에 관한 설명 중 옳지 않은 것은? (다툼이 있는 경우에는 다수설·판례에 의함)

① 甲은 임부 乙의 승낙을 받고 낙태행위를 하였으나 태아는 행위시에 모체 내에서 이미 죽어 있었다. 甲은 불가벌이다.

② 간호사 甲은 임부 乙과 제3자와 공동하여 낙태하였다. 甲에게는 동의낙태죄, 乙에게는 자기낙태죄가 성립한다.

③ 甲은 임부 乙의 의뢰에 의하여 약을 팔았는데 乙이 그 약을 먹고 낙태하였다. 甲은 자기낙태죄의 종범, 乙은 자기낙태죄가 된다.

④ 산부인과 의사 甲은 임산부 乙이 배가 아프고 출혈이 있다고 호소하자 태반조기박리현상이 있는 것으로 진단하고, 위 상태로는 乙의 생명에 직접적인 위험이 없음을 알면서도 乙로부터 경제적인 사정이 있어서 낙태하여야 한다는 촉탁이 있자 즉시 낙태시술을 하였다. 甲은 업무상 동의낙태죄, 乙은 자기낙태죄이다.

⑤ 甲은 낙태수술을 하다가 임부의 신체에 상해를 입혔으나 낙태가 성공하지 못하였다. 甲은 낙태치상죄가 된다.

해설

①(○) 형법은 낙태죄의 미수나 과실에 의한 낙태를 벌하지 않는다.
②(○) 업무상 낙태죄(제270조 1항)의 주체는 면허를 가진 의사, 한의사, 조산사, 약제사, 약종상에 제한된다. 의사는 반드시 산부인과 전문의에 제한되지 않지만 치과의사나 수의사는 여기에 포함되지 않는다.
③(○) 낙태죄는 태아의 생명·신체를 주된 보호법익으로 하며, 임부의 부탁으로 낙태를 한 자는 자기낙태죄의 공동정범이 성립되지 아니하고 그 신분에 의하여 동의낙태죄 또는 업무상 낙태죄가 성립한다. 다만, 임부에게 그가 복용할 약을 판 것에 불과한 때에는 자기낙태죄의 종범이 된다.
④(○) 산부인과 의사 甲이 임산부 乙의 경제적 사정으로 인한 인공임신중절수술의 촉탁을 받아 행한 수술행위에 대하여는 모자보건법상 위법성이 조각되지 않으므로 업무상 동의낙태죄가 성립한다. 임산부 乙에게는 업무상 동의낙태죄의 교사범이 아니라 자기낙태죄가 성립한다.
⑤(×) 낙태치사상죄는 부녀를 사상에 이르게 함으로써 완성되고 낙태의 기수·미수는 불문한다는 견해도 있으나, 다수설은 본죄는 낙태죄를 범하여 사람을 사상에 이르게 함으로써 성립하고 낙태죄는 미수범을 벌하지 아니하므로 낙태치사상죄는 낙태가 기수에 이른 때에만 성립한다고 한다. 〈답 ⑤〉

3. 낙태에 대한 설명 중 옳지 않은 것은? (다툼이 있는 경우에는 판례에 의함) <사시 2006년>

① 의사가 임산부의 생명을 구하기 위해 인공임신중절수술을 한 경우는 긴급피난행위로서 허용된다.

② 의사·한의사·조산사·약제사·약종상 등이 임산부의 촉탁이나 승낙을 받아

낙태한 경우에도 업무상 동의낙태죄로 처벌하는 이유는 임산부에게는 태아의 생명에 대한 처분권이 없어서 피해자승낙이론에 의해 정당화될 수 없기 때문이다.

③ 인공임신중절수술은 모자보건법 제14조 1항 5호에 의하면 임신의 지속이 보건의학적 이유로 모체의 건강을 심히 해하는 경우에는 가능하나, 해할 우려가 있는 경우에는 허용되지 아니한다.

④ 임산부는 인공임신중절수술에 동의하는데 사실혼 관계의 배우자가 반대하는 경우에는 원칙적으로 낙태할 수 없다.

⑤ 낙태죄는 태아를 자연분만기에 앞서서 인위적으로 모체 밖으로 배출하거나 모체 안에서 살해함으로써 성립하고, 배출 결과 태아가 사망하였는지의 여부는 낙태죄의 성립에 영향이 없다.

해설

①(○) 대법원 1976.7.13, 75도1205.
③(×) 모자보건법 제14조 1항 5호는 인공임신중절수술이 허용되는 경우의 하나로 '임신의 지속이 보건의학적 이유로 모체의 건강을 심히 해하고 있거나 해할 우려가 있는 경우'를 규정하고 있다.
④(○) 인공임신중절수술은 원칙적으로 본인과 배우자(사실상의 혼인관계에 있는 자를 포함)의 동의를 얻어야 가능하고(모자보건법 제14조 1항), 배우자의 사망·실종·행방불명 기타 부득이한 사유로 인하여 동의를 얻을 수 없는 경우에는 본인의 동의만으로 그 수술을 행할 수 있다(동조 2항).
⑤(○) 낙태죄가 침해범인가 위태범인가에 대하여 견해가 대립하는데, 판례는 위태범설을 취한다(대법원 2005.4.15, 2003도2780). 〈답 ③〉

4. 생명과 신체에 관한 죄에 대한 설명 중 옳지 않은 것은? (다툼이 있는 경우에는 판례에 의함) <사시 2012년: 배점 2>

① 공휴일 또는 야간에 구치소 소장을 대리하는 당직간부에게는 구치소에 수용된 수용자들의 생명·신체에 대한 위험을 방지할 법령상 내지 조리상의 의무가 있고, 이와 같은 의무를 직무로서 수행하는 교도관들의 업무는 업무상 과실치사죄에서 말하는 업무에 해당한다.

② 낙태죄는 태아를 자연분만기에 앞서서 인위적으로 모체 밖으로 배출하거나 모체 안에서 살해함으로써 성립하고, 그 결과 태아가 사망하였는지 여부는 낙태죄의 성립에 영향이 없다.

③ 양친자관계를 창설하려는 명백한 의사가 있고 기타 입양의 실질적 요건이 구비되었음에도 입양신고를 하지 아니한 채 친생자 출생신고를 한 이후 계속하여 자신을 양육하여 온 사람을 살해한 경우 존속살해죄가 성립한다.

④ 인터넷 사이트 내 자살 관련 카페 게시판에 청산염 등 자살용 유독물의

판매광고를 한 행위가 단지 금원 편취목적의 사기행각의 일환으로 이루어졌고, 자살자들이 다른 경로로 입수한 청산염을 이용하여 자살하였다면 자살방조에 해당하지 않는다.

⑤ 형법의 해석상 태아는 임산부 신체의 일부에 해당된다고 볼 수 있어, 낙태행위는 임산부 신체의 일부에 대한 훼손이나 임산부의 태아 양육·출산 기능의 침해 측면에서 낙태죄와는 별개로 임산부에 대한 상해죄를 구성한다.

해설

①(○) 대법원 2007.5.31, 2006도3493.
②(○) 대법원 2005.4.15, 2003도2780.
③(○) 대법원 2007.11.29, 2007도8333, 2007감도22.
④(○) 대법원 2005.6.10, 2005도1373.
⑤(×) 우리 형법은 태아를 임산부 신체의 일부로 보거나, 낙태행위가 임산부의 태아양육, 출산기능의 침해라는 측면에서 낙태죄와는 별개로 임산부에 대한 상해죄를 구성하는 것으로 보지는 않는다고 해석되고, 따라서 태아를 사망에 이르게 하는 행위가 임산부 신체의 일부를 훼손하는 것이라거나 태아의 사망으로 인하여 그 태아를 양육, 출산하는 임산부의 생리적 기능이 침해되어 임산부에 대한 상태가 된다고 볼 수는 없다(대법원 2009.7.9, 2009도1025; 대법원 2007.6.39, 2005도3832). 〈답 ⑤〉

제 5 절 유기와 학대의 죄

1. 유기죄에 관한 설명 중 옳지 않은 것을 모두 고르면? (다툼이 있는 경우에는 판례에 의함)

> ㉠ 작위는 물론 부작위에 의해서도 범할 수 있다.
> ㉡ 보호법익은 피유기자의 생명·신체의 안전이며, 추상적 위험범이다.
> ㉢ 보호의무자만 주체가 되는데, 보호의무는 법률이나 계약에 제한되지 않는다.
> ㉣ 행위자가 요부조자에 대한 보호책임의 발생원인이 된 사실이 존재한다는 것을 인식하고, 이에 기한 부조의무를 해태한다는 의식이 있음을 요한다.
> ㉤ 4년여 동안 동거하기도 하면서 내연관계를 맺어왔다는 사정이 있다면 두 사람의 사이에 부부간의 상호 부양의무에 준하는 보호의무를 인정할 수 있다.
> ㉥ 특정 종교의 교리를 이유로 딸의 수술을 거부하여 사망케 한 때에는 유기치사죄가 성립한다.

① ㉠ ㉡ ② ㉠ ㉢ ③ ㉡ ㉤

④ ㉢㉤ ⑤ ㉡㉤㉥ ⑥ ㉢㉣㉤
⑦ ㉢㉣㉥ ⑧ ㉣㉤㉥

해설

㉠㉡㉢ 유기죄는 피유기자의 생명·신체의 안전을 보호법익으로 하는 추상적 위험범으로 작위뿐만 아니라 부작위에 의하여도 범해질 수 있다. 유기죄는 부조를 요하는 자를 보호할 의무 있는 자만이 주체가 될 수 있는 신분범이다. 다수설은 유기죄 성립의 전제가 되는 보호의무의 근거를 법률상 또는 계약상의 의무뿐만 아니라 널리 사무관리·관습 또는 조리에 의하여도 보호의무가 발생한다고 하고 있지만, 판례(대법원 1977.1.11, 76도3419)는 이를 법률상 또는 계약상의 의무 있는 자에 제한하고 있다. ㉣㉤ 대법원 2008.2.14, 2007도3952, ㉥ 대법원 1980.9.24, 79도1387 참조. 〈답 ④〉

대법원 2008.2.14, 2007도3952 (i) 유기죄가 성립하기 위하여는 행위자가 형법 제271조 1항이 정한 바에 따라 '노유, 질병 기타 사정으로 인하여 부조를 요하는 자를 보호할 만한 법률상 또는 계약상 의무 있는 자'에 해당하여야 할 뿐만 아니라, 요부조자에 대한 보호책임의 발생원인이 된 사실이 존재한다는 것을 인식하고, 이에 기한 부조의무를 해태한다는 의식이 있음을 요한다. (ii) 형법 제271조 1항에서 말하는 법률상 보호의무 가운데는 민법 제826조 1항에 근거한 부부간의 부양의무도 포함되며, 나아가 법률상 부부는 아니지만 사실혼 관계에 있는 경우에도 위 민법 규정의 취지 및 유기죄의 보호법익에 비추어 위와 같은 법률상 보호의무의 존재를 긍정하여야 하지만, 사실혼에 해당하여 법률혼에 준하는 보호를 받기 위하여는 단순한 동거 또는 간헐적인 정교관계를 맺고 있다는 사정만으로는 부족하고, 그 당사자 사이에 주관적으로 혼인의 의사가 있고 객관적으로도 사회관념상 가족질서적인 면에서 부부공동생활을 인정할 만한 혼인생활의 실체가 존재하여야 한다. (iii) 4년여 동안 동거하기도 하면서 내연관계를 맺어왔다는 사정만으로는 두 사람의 관계를 사실혼 관계라고 보거나 두 사람의 사이에 부부간의 상호 부양의무에 준하는 보호의무를 인정할 수 없다.

2. 甲의 행위의 형사책임을 (1)~(4)의 순서로 바르게 나열한 것은? (다툼이 있는 경우에는 판례에 의함)

(1) 주점 운영자 甲은 손님으로 와서 수일 동안 식사는 한 끼도 하지 않은 채 계속하여 술을 마시고 만취한 乙을 주점 내에 그대로 방치하여 저체온증 등으로 사망에 이르게 하였다.
(2) 사생아를 출산한 산모 甲이 영하 10도의 추운 겨울밤에 그 아이를 자식 없는 집 대문 앞에다 갖다 놓았는데 동사하고 말았다.
(3) 강간치상범 甲은 실신상태에 있는 피해자 乙을 그대로 방치해 두고 도주하였다(강간치상죄는 논외루 함).
(4) 甲은 길을 지나다가 어린아이 乙이 물에 빠져서 허우적거리는 것을 보고 쉽게 구할 수 있었음에도 불구하고 방치하여 乙은 익사하였다.

㉠ 상해치사죄	㉡ 과실치사죄	㉢ 영아살해죄
㉣ 유기죄	㉤ 유기치사죄	㉥ 영아유기죄
㉦ 영아유기치사죄	ⓞ 무 죄	

① ㉠-㉢-㉣-ⓞ ② ㉠-㉥-㉣-㉡ ③ ㉣-㉥-㉣-ⓞ
④ ㉣-㉦-ⓞ-ⓞ ⑤ ㉤-㉥-ⓞ-ⓞ ⑥ ㉤-㉦-㉣-㉡
⑦ ㉤-㉦-㉣-ⓞ ⑧ ㉤-㉦-ⓞ-ⓞ

해설

(1) 주점의 운영자로서 피해자의 생명 또는 신체에 대한 위해가 발생하지 아니하도록 피해자를 주점 내실로 옮기거나 인근에 있는 여관에 데려다 주어 쉬게 하거나 피해자의 지인 또는 경찰에 연락하는 등 필요한 조치를 강구하여야 할 계약상의 부조의무를 부담하므로 유기치사죄(㉤)가 성립한다(대법원 2011.11.24, 2011도12302).
(2) 직계존속이 치욕을 은폐하기 위하거나 양육할 수 없음을 예상하거나 특히 참작할 만한 동기로 인하여 영아를 유기하여 사망에 이르게 한 경우에는 영아유기치사죄(㉦)가 성립한다(제272조, 제275조).
(3) 유기죄는 요부조자의 생명 · 신체에 대한 추상적 위험범이므로 유기죄에 의하여 발생할 정도의 위험이 이미 다른 범죄에 의하여 발생한 때에는 그 범죄로 처벌될 뿐이고 이로 인하여 보호의무가 발생하는 것은 아니다. 따라서 포괄적으로 단일의 강간치상죄만을 구성하며(ⓞ) 별도로 유기죄를 구성하지 아니한다(대법원 1980.6.24, 80도726).
(4) 유기죄 성립의 전제가 되는 보호의무의 발생근거를 통설과 같이 넓게 해석하여 법률상 또는 계약상의 보호의무자뿐만 아니라 관습 · 사무관리 · 조리상의 의무자를 포함한다고 하더라도 설문의 경우에 甲이 乙에 대한 보호의무자가 된다고 할 수 없으므로 甲에게 유기치사죄의 책임을 물을 수 없다(ⓞ). 〈답 ⑧〉

3. 유기죄 및 살인죄와 관련된 甲의 죄책으로 옳은 것은? (특가법위반은 제외함)

① 甲은 乙과 일정한 거리를 동행하던 중 乙이 술취한 상태에서 논두렁으로 굴러 떨어졌음에도 이를 방치하여 乙은 동사하였다. 유기치사죄가 성립한다.
② 甲은 잘못하여 乙에게 상처를 입혔지만 乙이 타인의 구조가 없어도 자력으로 치료를 받을 수 있음을 확인하고 현장을 떠났다. 유기죄가 성립한다.
③ 甲은 잘못으로 乙에게 중상을 입혔다. 甲은 乙이 사망하지 않을 것으로 생각하고 의식불명의 乙을 두고 도주하였다. 乙이 수시간 후에 사망하였다. 살인죄가 성립한다.
④ 甲은 잘못하여 乙에게 의식불명의 중상을 입혔다. 甲은 乙을 싣고 병원으로 가다가 발각될 것이 두려워 乙이 죽을지도 모른다는 것을 알면서도 병원과 반대방향으로 달렸고 乙은 사망하였다. 살인죄가 성립한다.
⑤ 甲은 자동차를 운전하다가 잘못하여 乙에게 중상을 입혔다. 甲은 겁이 나서 乙을 방치하고 도주하였다. 유기죄가 성립하지 않는다.

✍ **해설**

①(×) 일정한 거리를 동행한 사실만으로 법률상·계약상의 보호의무가 있다고 할 수 없어 유기죄가 성립하지 않는다(대법원 1977.1.11, 76도3419).
②(×) 유기의 고의가 없다.
③(×) 살인의 고의를 인정할 수 없다.
④(○) 유기죄는 살인죄에 대하여 보충관계에 있으므로 행위자에게 살인의 고의(미필적 고의)가 있는 때에는 살인죄가 성립할 뿐 유기죄는 성립하지 아니한다.
⑤(×) 乙은 선행행위로 인하여 부조를 요하는 자이고, 甲은 도로교통법 제54조에 근거한 법률에 의한 보호의무자임이 명백하므로 乙을 사고현장에 방치하고 도주한 甲에게는 유기죄가 성립한다. 〈답 ④〉

4. 甲의 죄책에 대한 설명 중 옳지 않은 것을 모두 고른 것은? (다툼이 있는 경우에는 판례에 의함) <사시 2011년: 배점 3>

ㄱ. 타인의 재물을 공유하는 甲이 공유자 A의 승낙을 받지 않고 공유대지를 담보로 제공하고 가등기를 경료하였다가 A에게 진심으로 미안한 마음이 들어 채무를 변제한 후 가등기를 말소하였다. — 횡령죄의 중지미수범
ㄴ. 甲은 원수 A의 집에 방화하려고 화염병을 만들어 A의 집을 찾아갔으나 집안에서 아이들의 즐거운 웃음소리가 들리자 차마 화염병을 던질 수 없어 그대로 돌아오고 말았다. — 현주건조물방화예비죄
ㄷ. 甲이 절도범행을 준비하면서 뜻하지 않게 발각될 경우를 대비하여 체포를 면탈할 목적으로 등산용 칼을 3일 동안 휴대하고 있다가 강물에 던져버렸다. — 강도예비죄
ㄹ. 재단법인의 이사장 직무대리인 甲이 후원회 기부금을 정상회계처리하지 않고 자신과 친분 관계에 있는 A에게 확실한 담보도 제공받지 아니한 채 대여하였다가 후회하고 A로부터 원금을 회수하였다. — 배임죄의 중지미수범
ㅁ. 미혼모 甲은 임신이 되자 양육할 수 없음을 예상하고 아이를 출산한 다음 날 아이를 고아원 앞에 내다버린 후 집에 가서 고민하다가 자신의 행위를 뉘우치고 다음 날 고아원에 찾아가 자신이 아이의 어머니라고 이야기하고 아이를 찾아왔다. — 영아유기죄의 중지미수범

① ㄴ ㄷ ② ㄱ ㄷ ㄹ ③ ㄱ ㄹ ㅁ
④ ㄷ ㄹ ㅁ ⑤ ㄱ ㄴ ㄷ ㄹ ⑥ ㄱ ㄷ ㄹ ㅁ
⑦ ㄴ ㄷ ㄹ ㅁ ⑧ ㄱ ㄴ ㄷ ㄹ ㅁ

✍ **해설**

ㄱ(×) 타인의 재물을 공유하는 자가 공유자의 승낙을 받지 않고 공유대지를 담보에 제공하고 가등기를 경료한 경우 횡령행위는 기수에 이르고 그 후 가등기를 말소했다고 하

여 중지미수에 해당하는 것이 아니며 가등기말소 후에 다시 새로운 영득의사의 실현행위가 있을 때에는 그 두 개의 횡령행위는 경합범 관계에 있다(대법원 1978.11.28, 78도2175).

ㄴ(○) 매개물을 통한 점화에 의하여 건조물을 소훼함을 내용으로 하는 형태의 방화죄의 경우에, 범인이 그 매개물에 불을 켜서 붙였거나 또는 범인의 행위로 인하여 매개물에 불이 붙게 됨으로써 연소작용이 계속될 수 있는 상태에 이르러야 방화죄의 실행의 착수가 인정된다(대법원 2002.3.26, 2001도6641). 따라서 甲의 행위는 현주건조물방화죄의 예비에 해당하는데, 판례는 "실행의 착수가 있기 전인 예비음모의 행위를 처벌하는 경우에 있어서 중지범의 관념은 이를 인정할 수 없다(대법원 1999.4.9, 99도424)"고 하여 예비의 중지를 인정하지 않으므로, 甲은 현주건조물방화예비죄가 된다.

ㄷ(×) 강도예비 · 음모죄가 성립하기 위해서는 예비 · 음모 행위자에게 미필적으로라도 '강도'를 할 목적이 있음이 인정되어야 하고 그에 이르지 않고 단순히 '준강도'할 목적이 있음에 그치는 경우에는 강도예비 · 음모죄로 처벌할 수 없다(대법원 2006.9.14, 2004도6432).

ㄹ(×) 재단법인의 이사장 직무대리인이 후원회 기부금을 정상 회계처리하지 않고 자신과 친분관계에 있는 신도에게 확실한 담보도 제공받지 아니한 채 대여한 경우, 그 신도가 이자금을 제때에 불입하고 나중에 원금을 변제하였다 하더라도 배임죄가 성립한다(대법원 2000.12.8, 99도3338).

ㅁ(×) 영아유기죄는 추상적 위험범이므로, 요부조자를 보호 없는 상태에 둠으로써 기수가 된다. 〈답 ⑥〉

제2장 자유에 대한 죄

제1절 협박의 죄

1. 협박죄에 관한 설명 중 옳은 것을 모두 고르면? (다툼이 있는 경우에는 판례에 의함)

> ㉠ 피해자와 횟집에서 술을 마시던 중 피해자가 모래 채취에 관하여 항의하는 데에 화가 나서, 횟집 주방에 있던 회칼 2자루를 들고 나와 죽어버리겠다며 자해하려고 한 것만으로는 협박에 해당한다고 할 수 없다.
> ㉡ 협박죄는 사람의 의사결정의 자유를 보호법익으로 하는 위험범으로, 일반적으로 사람으로 하여금 공포심을 일으키게 하기에 충분한 정도의 해악을 고지함으로써 상대방이 그 의미를 인식한 이상, 상대방이 현실적으로 공포심을 일으켰는지 여부와 관계없이 협박죄는 기수에 이른다.
> ㉢ 친족의 생명을 해할 것을 협박하여 권리행사를 방해한 경우에도 협박죄가 성립한다.
> ㉣ 피해자 본인이나 그 친족뿐만 아니라 그 밖의 '제3자'에 대한 법익침해를 내용으로 하는 해악을 고지하는 것이라고 하더라도 피해자 본인과 제3자가 밀접한 관계에 있어 그 해악의 내용이 피해자 본인에게 공포심을 일으킬 만한 정도의 것이라면 협박죄가 성립할 수 있으나, 이 때 '제3자'에는 법인은 포함되지 아니한다.
> ㉤ 협박죄에 있어서의 해악을 가할 것을 고지하는 행위는 언어에 의한 것은 물론, 한마디 말도 없이 거동에 의하여서도 고지할 수 있다.
> ㉥ 혼자 술을 마시던 중 甲 정당이 국회에서 예산안을 강행처리하였다는 것에 화가 나서 공중전화를 이용하여 경찰서에 여러 차례 전화를 걸어 전화를 받은 각 경찰관에게 경찰서 관할구역 내에 있는 甲 정당의 당사를 폭파하겠다는 말을 한 경우 각 경찰관에 대한 협박죄를 구성한다.

① ㉠ ㉡　　② ㉡ ㉤　　③ ㉠ ㉤ ㉥
④ ㉡ ㉣ ㉤　　⑤ ㉡ ㉤ ㉥　　⑥ ㉠ ㉡ ㉤ ㉥
⑦ ㉡ ㉣ ㉤ ㉥　　⑧ ㉢ ㉣ ㉤ ㉥

✍ **해설**

㉠(×) 단순한 자해행위 시늉에 불과한 것이 아니라 피고인의 요구에 응하지 않으면 피해자에게 어떠한 해악을 가할 듯한 위세를 보인 행위로서 협박에 해당한다고도 볼 수 있다(대법원 2011.1.27, 2010도14316).
㉡(○) 협박죄가 침해범인가 위험범인가에 대해, 통설은 미수범을 처벌(제286조)하므로 의사의 자유가 침해되었음을 요하는 침해범이라고 봄에 반하여 판례(대법원 2007.9.28, 2007도606 전원합의체)는 위험범이라고 하였다. 그러나 협박죄의 보호법익인 의사의 자유는 침해의 결과를 야기할 수 있고, 형법이 협박죄의 미수범을 처벌하고 있을 뿐만 아니라, 협박의 미수를 기수로 처벌해야 할 필요도 없다는 점에서 협박죄를 침해범이라고 해석하는 다수설이 옳다고 생각된다.
㉢(×) 폭행 또는 협박으로 권리행사를 방해하거나 의무 없는 일을 하게 한 때에는 강요죄가 성립하고(제324조), 이 경우 협박죄는 보충관계에 의하여 별도로 성립하지 않는다.
㉣(×) '제3자'에는 자연인뿐만 아니라 법인도 포함되지만 법인은 협박죄의 객체가 될 수 없다(대법원 2010.7.15, 2010도1017).
㉤(○) 대법원 2011.1.27, 2010도14316.
㉥(×) 甲 정당에 관한 해악을 고지한 것이므로 각 경찰관 개인에 관한 해악을 고지하였다고 할 수 없고, 다른 특별한 사정이 없는 한 일반적으로 甲 정당에 대한 해악의 고지가 각 경찰관 개인에게 공포심을 일으킬 만큼 서로 밀접한 관계에 있다고 보기 어렵다(대법원 2012.8.17, 2011도10451). 〈답 ②〉

대법원 2007.9.28, 2007도606 전원합의체 (i) 협박죄가 성립하려면 고지된 해악의 내용이 행위자와 상대방의 성향, 고지 당시의 주변 상황, 행위자와 상대방 사이의 친숙의 정도 및 지위 등의 상호관계, 제3자에 의한 해악을 고지한 경우에는 그에 포함되거나 암시된 제3자와 행위자 사이의 관계 등 행위 전후의 여러 사정을 종합하여 볼 때에 일반적으로 사람으로 하여금 공포심을 일으키게 하기에 충분한 것이어야 하지만, 상대방이 그에 의하여 현실적으로 공포심을 일으킬 것까지 요구하는 것은 아니며, 그와 같은 정도의 해악을 고지함으로써 상대방이 그 의미를 인식한 이상, 상대방이 현실적으로 공포심을 일으켰는지 여부와 관계없이 그로써 구성요건은 충족되어 협박죄의 기수에 이르는 것으로 해석하여야 한다. (ii) 결국, 협박죄는 사람의 의사결정의 자유를 보호법익으로 하는 위험범이라 봄이 상당하고, 협박죄의 미수범 처벌조항은 해악의 고지가 현실적으로 상대방에게 도달하지 아니한 경우나, 도달은 하였으나 상대방이 이를 지각하지 못하였거나 고지된 해악의 의미를 인식하지 못한 경우 등에 적용될 뿐이다.

구 분	개 념	해당 범죄
광 의	공포심을 일으킬 목적으로 상대방에게 해악을 고지하는 것을 말하며, 해악의 고지로 인하여 상대방에게 공포심이 일어났는가는 불문한다.	소요죄(제115조) 다중불해산죄(제116조) 공무집행방해죄(제136조 1항) 직무강요죄(제136조 2항) 특수도주죄(제146조)
협 의	상대방이 현실로 공포감을 느낄 수 있을 정도의 해악을 고지하는 것.	협박죄(제283조) 공갈죄(제350조) 강요죄(제324조)

최 협 의	상대방의 반항을 불가능하게 하거나 현저히 곤란하게 할 정도의 해악을 고지하는 것.	점유강취죄(제325조) 강간죄(제297조) 유사강간죄(제297조의2) 강제추행죄(제298조) 강도죄(제333조) 준강도죄(제335조)

2. 협박죄에 대한 설명 중 옳은 것을 모두 고르면? (다툼이 있는 경우에는 판례에 의함)

> ㉠ 손님의 물건이 없어지자 피용인에게 '물건을 잃어버린 것은 네 책임이니 피해자를 찾아서 해결하라'고 한 것은 협박에 해당한다.
> ㉡ 채권추심회사의 지사장이 자신의 횡령행위에 대한 민·형사상 책임을 모면하기 위하여 회사 본사에 '회사의 내부비리 등을 관계 기관에 고발하겠다'는 취지의 서면을 보내는 한편, 위 회사의 임원에게 전화를 걸어 위 서면의 내용과 같은 취지로 발언한 경우 위 회사의 임원에 대한 협박죄가 성립한다.
> ㉢ 언쟁 중 '입을 찢어 버릴라'라고 한 것은 단순한 감정적인 욕설에 불과하여 협박에 해당하지 않는다.
> ㉣ 여관의 매도인이 계약금과 잔금 일부를 수령하였는데도 여관을 명도하지 않자 매수인이 매도인에게 여관을 명도해 주든가 명도소송비용을 내놓지 않으면 고소하여 구속시키겠다고 말한 것은 협박으로 볼 수 없다.
> ㉤ 피해자로부터 뺨을 맞는 등 폭행을 당하여 서로 멱살을 잡고 다투자 주위 사람들이 싸움을 제지하였으나 피해자에게 대항하기 위하여 깨어진 병으로 피해자를 찌를 듯이 겨누어 협박한 경우 정당방위나 과잉방위에 해당하지 아니한다.

① ㉢ ㉣　　② ㉠ ㉢ ㉣　　③ ㉡ ㉢ ㉣
④ ㉡ ㉣ ㉤　　⑤ ㉠ ㉡ ㉢ ㉣　　⑥ ㉡ ㉢ ㉣ ㉤

해설

㉠(×) 발생가능할 것으로 생각될 수 있는 구체적인 해악의 고지가 없다(대법원 1998.3.10, 98도70).
㉡(○) 대법원 2010.7.15, 2010도1017.
㉢(○) 대법원 1986.7.22, 86도1140.
㉣(○) 대법원 1984.6.26, 84도648.
㉤(×) 피고인이 피해자로부터 갑작스럽게 뺨을 맞는 등 폭행을 당하여 서로 멱살을 잡고 다투자 주위 사람들이 싸움을 제지하였으나 피해자에게 대항하기 위하여 깨어진 병으로 피해자를 찌를 듯이 겨누어 협박한 경우, 피고인의 행위는 자기의 법익에 대한 현재의 부당한 침해를 방어하기 위한 것이라고 볼 수 있으나, 맨손으로 공격하는 상대방에 대하여 위험한 물건인 깨어진 병을 가지고 대항한다는 것은 사회통념상 그 정도를 초과한 방

어행위로서 상당성이 결여된 것이고, 또 주위 사람들이 싸움을 제지하였다는 상황에 비추어 야간의 공포나 당황으로 인한 것이었다고 보기도 어렵다(대법원 1991.5.28, 91도80).

〈답 ③〉

3. 다음 기술 중에서 옳지 않은 것은? (다툼이 있는 경우에는 판례에 의함)

<사시 2009년 변형>

① 협박죄가 성립하기 위해서는 행위자가 해악의 내용을 실현할 수 있는 위치에 있어야 하고 실제로 해악을 가할 의사가 있어야 한다.

② 제3자로 하여금 해악을 가하도록 하겠다는 방식으로 해악을 고지하여 상대방이 현실적으로 외포심을 느꼈더라도 고지자가 제3자의 행위를 사실상 지배하거나 제3자에게 영향을 미칠 수 있는 지위에 있는 것으로 믿게 하는 명시적 · 묵시적 언동을 하였거나 제3자의 행위가 고지자의 의사에 의하여 좌우될 수 있는 것으로 상대방이 인식한 적이 없다면 협박죄는 성립될 수 없다.

③ 공군중사가 상관을 폭언협의로 고소한 후 상관에게 폭언사실을 부인하면 상관의 추가 비위사실을 적은 목록을 수사관서에 제출하겠다고 말한 것은 협박에 해당한다.

④ 정보보안과 소속경찰관이 자신의 지위를 내세우면서 타인의 민사분쟁에 개입하여 빨리 채무를 변제하지 않으면 상부에 보고하여 문제를 삼겠다고 말한 것은, 객관적으로 상대방이 공포심을 일으키기에 충분한 정도의 해악의 고지에 해당하므로 현실적으로 피해자가 공포심을 일으키지 않았다 하더라도 협박죄의 기수에 해당한다.

⑤ 권리행사나 직무집행의 일환으로 상대방에게 일정한 해악을 고지한 경우, 그 해악의 고지가 정당한 권리행사나 직무집행으로서 사회상규에 반하지 아니하는 때에는 협박죄가 성립하지 않는다.

해설

① 협박죄에 있어서의 협박이란 사람으로 하여금 공포심을 일으킬 수 있는 정도의 해악을 고지하는 것을 의미하므로, 고의는 행위자가 그러한 정도의 해악을 고지한다는 것을 인식 · 인용하는 것을 그 내용으로 하며 고지한 해악을 실제로 실현할 의도나 욕구까지 필요로 하지 않는다(대법원 1991.5.10, 90도2102).

② 협박의 경우 행위자가 직접 해악을 가하겠다고 고지하는 것은 물론, 제3자로 하여금 해악을 가하도록 하겠다는 방식으로도 해악의 고지는 얼마든지 가능하지만, 이 경우 고지자가 제3자의 행위를 사실상 지배하거나 제3자에게 영향을 미칠 수 있는 지위에 있는 것으로 믿게 하는 명시적 · 묵시적 언동을 하였거나 제3자의 행위가 고지자의 의사에 의하여 좌우될 수 있는 것으로 상대방이 인식한 경우에 한하여 비로소 고지자가 직접 해악을 가하겠다고 고지한 것과 마찬가지의 행위로 평가할 수 있고, 만약 고지자가 위와 같은 명시적 · 묵시적 언동을 하거나 상대방이 위와 같이 인식을 한 적이 없다면 비록 상대방이 현실적으로 외포심을 느꼈다고 하더라도 이러한 고지자의 행위가 협박죄를 구성한

다고 볼 수는 없다(대법원 2006.12.8, 2006도6155). ③ 대법원 2008.5.29, 2006도6347, ④⑤ 대법원 2007.9.28, 2007도606 전원합의체의 내용이다. 〈답 ①〉

제 2 절 체포와 감금의 죄

1. 체포 · 감금죄에 관한 설명 중 틀린 것을 모두 고르면? (다툼이 있는 경우에는 판례에 의함)

> ㉠ 체포 · 감금죄는 계속범이다.
> ㉡ 피해자는 체포 · 감금에 대한 인식이 있어야 한다.
> ㉢ 유아(영아)나 정신병자에 대해서도 감금죄가 성립한다.
> ㉣ 부작위에 의한 체포 · 감금도 가능하므로, 형기가 끝난 사람을 석방하지 않는 것은 감금죄에 해당한다.
> ㉤ 불법체포 후 감금한 경우는 체포죄가 감금죄에 흡수되어 경합범이 되지 않는다.
> ㉥ 체포 · 감금의 수단으로 폭행 · 협박을 한 경우 감금죄만 성립한다.

① ㉠ ㉡　② ㉠ ㉣　③ ㉡ ㉢
④ ㉡ ㉢ ㉤　⑤ ㉡ ㉢ ㉥　⑥ ㉢ ㉤ ㉥

해설

㉠㉢㉣ 감금죄는 그 성질상 어느 정도의 시간적 계속성을 요건으로 하는 계속범에 속하며, 피해자가 방안에 있는 사실을 모르고 문을 잠근 후에 그 사실을 알고도 문을 열어주지 않은 경우와 같이 작위뿐만 아니라 부작위에 의한 감금죄도 가능하다. 체포 · 감금죄는 사람의 잠재적 이전의 자유를 보호법익으로 하므로 자연적 · 잠재적 의미에서 행동의 의사를 가질 수 있는 자연인은 모두 본죄의 객체가 된다. 따라서 정신병자 · 명정자 · 수면자 · 불구자는 본죄의 객체가 되지만, 이전의 자유를 가지지 못하는 유아는 본죄의 객체가 될 수없다. ㉡ 체포 · 감금죄는 잠재적 이전의 자유를 보호법익으로 하는 범죄이므로 객관적으로 피해자의 잠재적인 행동의 자유를 침해한 사실이 있으면 성립하며, 피해자가 현실로 자유박탈에 대한 인식을 하였는가는 본죄의 성립에 영향이 없다. ㉤ 사람을 체포하여 감금까지 한 때에는 포괄하여 하나의 감금죄만 성립한다. ㉥ 체포 · 감금의 수단으로 폭행 또는 협박을 한 때에는 본죄만 성립하고 폭행죄 또는 협박죄는 본죄에 흡수된다(대법원 1982.6.22, 82도705). 〈답 ③〉

2. 감금죄가 성립하지 않는 경우를 모두 조합한 것은?

> ㉠ 승용차에 태우고 질주하여 내리지 못하게 하였다.
> ㉡ 목욕하고 있는 여자의 옷을 감추어 나가지 못하게 하였다.
> ㉢ 포승으로 결박하여 약 30분간 거리를 돌아다녔다.
> ㉣ 검사가 구속기간이 지난 피의자를 석방하지 않았다.

ⓜ 경찰관에게 허위사실을 신고하여 구속되게 하였다.
ⓗ 사람을 위협하여 일정한 장소에 출두하게 하였다.
ⓢ 甲은 乙이 자고 있는 사이에 乙의 방문을 잠궜으나 乙이 깨기 전에 문을 열어주었다.
ⓞ 직공에게 근로시간중 노무를 강요하기 위하여 문을 잠그고 외출하지 못하게 하였다.

① ㉠ ㉢ ② ㉡ ㉤ ③ ㉢ ㉥
④ ㉡ ㉢ ㉥ ⑤ ㉢ ㉣ ㉤ ⑥ ㉢ ㉤ ㉥
⑦ ㉡ ㉤ ㉥ ㉦ ⑧ ㉢ ㉤ ㉦ ㉧

해설

㉠㉡(○) 사람이 일정한 장소에서 탈출하는 것을 현저히 곤란하게 하는 경우이므로 감금죄에 해당한다.
㉢(×) 감금죄는 사람을 일정한 장소 밖으로 나가지 못하게 하여 신체적 활동의 자유를 장소적으로 제한할 때 성립한다는 점에서 체포죄와 구별된다. 체포죄에 해당한다.
㉣(○) 부작위에 의한 감금죄에 해당한다.
㉤(○) 간접정범에 의한 감금죄에 해당한다.
㉥(×) 사람을 협박하여 일정한 장소에 출석케 하는 것은 강요죄에 해당한다. 신체에 대하여 직접적·현실적 구속을 가하여 자유를 빼앗는 것이 아니므로 체포라고 할 수 없고, 일정한 장소 밖으로 나가지 못하게 하는 것이 아니므로 감금도 아니다.
㉦(○) 감금죄는 객관적으로 피해자의 잠재적인 행동의 자유를 침해한 사실이 있으면 기수가 되며, 이에 대한 피해자의 인식은 본죄의 성립에 영향이 없다.
㉧(○) 작업을 강제하기 위해서라고 할지라도 문을 잠그고 외출하지 못하게 한 것은 감금죄를 구성한다. 〈답 ③〉

3. 甲, 乙, 丙, 丁의 행위에 관한 설명 중 틀린 것을 모두 고르면? (다툼이 있는 경우에는 판례에 의함)

- 甲은 승용차로 A를 가로막아 승차하게 한 후 A의 하차 요구를 무시한 채 당초 목적지가 아닌 다른 장소를 향하여 질주하자 A가 차량에서 빠져 나오려다가 길에 떨어져 상해를 입고 사망하였다.
- 乙은 B를 강간하기로 결의하고, B에게 '자동차에 타라. 타지 않으면 가만 놔두지 않겠다'고 협박하여 자동차에 타게 한 후 내려달라는 애원에도 불구하고 50킬로미터를 운행하여 여관 앞까지 가서 강간하려다 실패하였다.
- 丙은 C가 옥상에 있는 것을 알고 사다리를 다른 곳으로 옮겨 버렸다.
- 丁은 세탁물이 종종 없어지는 것을 수상히 여기던 중 심야에 담을 넘고 들어와 옷을 훔쳐 도망하려는 D를 붙잡아 다음날 아침 경찰에 인도할 때까지 자기 집 지하실에 가두어 두었다.

㉠ 甲의 행위는 감금치사죄에 해당한다. ㉡ 乙의 행위는 감금죄와 강간미수죄의 실체적 경합범에 해당한다. ㉢ 乙의 협박은 감금죄에 흡수되어 별도로 협박죄를 구성하지 않는다. ㉣ 丙의 행위는 감금죄에 해당한다. ㉤ 丁의 행위는 감금죄에 해당한다.

① ㉡ ② ㉢ ③ ㉡ ㉢
④ ㉡ ㉤ ⑤ ㉣ ㉤ ⑥ ㉠ ㉡ ㉢
⑦ ㉠ ㉢ ㉣ ⑧ ㉡ ㉢ ㉣

해설

㉠(○) 승용차로 피해자를 가로막아 승차하게 한 후 피해자의 하차 요구를 무시한 채 당초 목적지가 아닌 다른 장소를 향하여 시속 약 60km 내지 70km의 속도로 진행하여 피해자를 차량에서 내리지 못하게 한 행위는 감금죄에 해당하고, 피해자가 그와 같은 감금상태를 벗어날 목적으로 차량을 빠져 나오려다가 길바닥에 떨어져 상해를 입고 그 결과 사망에 이르렀다면 감금행위와 피해자의 사망 사이에는 상당인과관계가 있다고 할 것이므로 감금치사죄에 해당한다(대법원 2000.2.11, 99도5286).

㉡(×)

㉢(○) 강간죄의 성립에 언제나 직접적으로 또 필요한 수단으로서 감금행위를 수반하는 것은 아니므로 감금행위가 강간미수죄의 수단이 되었다 하여 감금행위는 강간미수죄에 흡수되어 범죄를 구성하지 않는다고 할 수는 없고, 그때에는 감금죄와 강간미수죄는 1개의 행위에 의하여 실현된 경우로서 형법 제40조의 상상적 경합관계에 있다. 따라서 피고인이 피해자가 자동차에서 내릴 수 없는 상태에 있음을 이용하여 강간하려고 결의하고, 주행 중인 자동차에서 탈출불가능하게 하여 외포케 하고 50킬로미터를 운행하여 여관앞까지 강제연행한 후 강간하려다 미수에 그친 경우 위 협박은 감금죄의 실행의 착수임과 동시에 강간미수죄의 실행의 착수라고 할 것이다(대법원 1983.4.26, 83도323). 그리고 감금을 하기 위한 수단으로서 행사된 단순한 협박행위는 감금죄에 흡수되어 따로 협박죄를 구성하지 아니한다(대법원 1982.6.22, 82도705).

㉣(○) 감금죄는 사람이 일정한 구역에서 나가는 것을 불가능하게 하거나 현저히 곤란하게 하여 신체적 활동의 자유를 제한하는 경우에 성립한다.

㉤(○) 현행범인은 누구든지 영장 없이 체포할 수 있으므로(형소법 제212조), 丁이 절도현행범인 D를 체포한 행위는 법령에 의한 정당행위로서 위법성을 조각한다. 그러나 검사 또는 사법경찰관리 아닌 자가 현행범인을 체포한 때에는 즉시 검사 또는 사법경찰관리에게 인도하여야 한다(동법 제213조). 따라서 丁이 D를 지하실에 감금한 행위는 체포에 필요한 범위를 초과한 것으로 감금죄에 해당한다. 〈답 ①〉

4. 감금죄에 관한 설명 중 옳지 않은 것은?

① 일정한 장소에서 나가지 못하게 한 때에도 그 안에서 어느 정도의 생활의 자유가 허용되면 감금죄는 성립하지 않는다.

② 甲이 A를 여관으로 납치하여 감금한 후 친구 乙을 불러내어 함께 A를 교대로 감시하면서 구타한 경우 甲과 乙은 중감금죄의 공동정범이다.

③ 감금행위가 강간미수의 수단이 된 경우에는 감금죄와 강간미수죄는 상

상적 경합의 관계에 있다.

④ 감금행위가 강도상해 범행의 수단에 그치지 아니하고 강도상해의 범행이 끝난 후에도 계속된 경우에는 감금죄와 강도상해죄는 경합범의 관계에 있다.

⑤ 피해자의 손과 발을 17시간 이상 묶어 좁은 차량 속에서 움직이지 못하게 감금한 결과 묶인 부위의 혈액 순환에 장애가 발생하여 혈전이 형성되고 그 혈전이 폐동맥을 막아 피해자가 사망한 때에는 감금치사죄가 성립한다.

해설

①(×) 감금죄는 감금된 구역 범위 안에서 생활의 자유가 허용된 경우에도 성립한다(대법원 1998.5.26, 98도1036). 따라서 경찰서에 감금한 후 경찰서 밖으로 나가지 못하게 하였다면 설사 경찰서 안에서 식사도 하고 사무실 안팎을 내왕하게 하였어도 감금죄는 성립한다(대법원 1991.12.30, 91모5).
②(○) 사람을 감금하여 가혹한 행위를 한 때에는 중감금죄가 성립한다(제277조). 폭행·협박을 하거나, 수면을 허용하지 않거나, 옷을 벗겨 수치심을 일으키게 하는 것도 가혹한 행위에 속한다. 감금죄는 계속범이므로 기수가 된 후에도 공범의 성립이 가능하다.
③(○) 대법원 1983.4.26, 83도323 참조.
④(○) 대법원 2003.1.10, 2002도4380 참조.
⑤(○) 대법원 2002.10.11, 2002도4315 참조. 〈답 ①〉

5. 자유에 대한 죄에 관한 설명 중 옳은 것을 모두 고른 것은? (다툼이 있는 경우에는 판례에 의함) <사시 2011년: 배점 3>

ㄱ. 해악의 고지가 제3자로 하여금 해악을 가하도록 하겠다는 방식인 경우 고지자가 제3자에게 영향을 미칠 수 있는 지위에 있는 것으로 믿게 하는 묵시적 언동을 하는 때에도 협박죄의 협박이 된다.
ㄴ. 부녀매매죄는 죄의 성질상 매매계약 후 대금을 지급받아야 기수가 된다.
ㄷ. 피해자를 강제로 승용차에 태우고 가면서 피해자의 금품을 강취하기 위해 상해를 가한 후 금품을 강취한 다음 피해자를 태운 채 계속하여 상당한 거리를 운전하여 간 경우 강도상해죄와 감금죄의 상상적 경합이 된다.
ㄹ. 미성년자가 스스로 가출하여 유인에 동의한 경우에도 보호자의 동의가 없으면 미성년자유인죄는 성립한다.
ㅁ. 흉기를 휴대하여 피해자를 협박한 경우 피해자가 처벌을 원하지 않으면 처벌할 수 없다.

① ㄱ ㄴ ② ㄱ ㄹ ③ ㄷ ㄹ
④ ㄹ ㅁ ⑤ ㄱ ㄴ ㄹ ⑥ ㄱ ㄷ ㄹ

⑦ ㄱ ㄹ ㅁ ⑧ ㄴ ㄷ ㅁ

✍ **해설**

ㄱ(○) 대법원 2006.12.8, 2006도6155.
ㄴ(×) 부녀매매죄는 추업에 사용할 목적으로 부녀를 매매한 때 성립하는 범죄로서, 기수시기는 부녀의 신체에 대한 사실상의 지배가 이전된 때이다. 대금의 지급 여부는 본죄의 기수에 영향을 미치지 않는다.
ㄷ(×) 감금행위가 단순히 강도상해 범행의 수단이 되는 데 그치지 아니하고 강도상해의 범행이 끝난 뒤에도 계속된 경우에는 1개의 행위가 감금죄와 강도상해죄에 해당하는 경우라고 볼 수 없고, 이 경우 감금죄와 강도상해죄는 형법 제37조의 경합범 관계에 있다(대법원 2003.1.10, 2002도4380).
ㄹ(○) 대법원 2003.2.11, 2002도7115.
ㅁ(×) 형법 제283조 3항은 피해자의 명시한 의사에 반하여 공소를 제기할 수 없는 대상범죄로서 같은 조 제1항 및 제2항에 규정된 형법상 단순협박죄와 존속협박죄만을 규정하고 있을 뿐이므로, 형법 제284조에서 규정하는 단체 또는 다중의 위력을 보이거나 위험한 물건을 휴대한 특수협박죄의 경우에는 형법 제283조 3항이 적용될 수 없다(대법원 2008.7.24, 2008도4658). 즉 특수협박죄는 반의사불벌죄가 아니다. 〈답 ②〉

6. 다음 사례에서 甲과 乙의 죄책에 대한 설명으로 옳지 않은 것은? (다툼이 있는 경우에는 판례에 의함) <사시 2012년: 배점 2>

> 사장 甲은 자신이 추진하는 사업에 반대하는 장인(丈人) A를 주주총회에 참석하지 못하게 하기 위하여 친구 乙에게 "어떻게 해서든 네 차에 A를 태워 여기저기 돌아다니면서 A가 총회장에 참석할 수 없도록 해라"고 교사하였고, 乙은 이를 승낙하였다. 乙은 사건 당일 집을 나오는 A를 협박하여 강제로 승용차에 태운 뒤 A의 하차요구에도 불구하고 몇 시간 동안 도로를 주행하다가 집에 데려다 주었다.

① 위 사례에서 甲은 존속감금죄의 교사범의 죄책을 진다.
② A가 정신병자인 경우에도 乙에게는 감금죄가 성립하는 데 지장이 없다.
③ 감금하기 위해 그 수단으로 행사된 협박에 대해서는 별개의 죄가 성립하지 않는다.
④ 만약 乙이 A를 자동차에 감금한 상태에서 A를 폭행·협박하여 금품을 강취한 후 약 1시간 동안 도로를 주행하다가 집으로 데려다 주고 도주하였다면, 乙은 감금죄와 강도죄의 상상적 경합의 죄책을 진다.
⑤ 만약 A가 감금상태를 벗어나기 위하여 달리던 차량을 빠져나오다가 길바닥에 떨어져 사망하였다면, 乙이 A의 사망을 예견할 수 있었던 경우 乙은 감금치사죄의 죄책을 진다.

✍ **해설**

①(○) 甲은 제33조 단서에 의하여 존속감금죄의 교사범이 성립한다.

②(○) 정신병자도 감금죄의 객체가 될 수 있다(대법원 2002.10.11, 2002도4315).
③(○) 감금을 하기 위한 수단으로 행사된 단순한 협박행위는 감금죄에 흡수되어 따로 협박죄를 구성하지 아니한다(대법원 1982.6.22, 82도705).
④(×) 감금행위가 단순히 강도상해 범행의 수단이 되는 데 그치지 아니하고 강도상해의 범행이 끝난 뒤에도 계속된 경우에는 1개의 행위가 감금죄와 강도상해죄에 해당하는 경우라고 볼 수 없고, 이 경우 감금죄와 강도상해죄는 형법 제37조의 경합범 관계에 있다(대법원 2003.1.10, 2002도4380).
⑤(○) 대법원 2000.2.11, 99도5286. 〈답 ④〉

제 3 절 약취와 유인의 죄

1. 약취 · 유인의 죄에 관한 설명 중 옳지 않은 것을 모두 고르면?

> ㉠ 미성년자의 동의를 받고 유괴한 경우에는 미성년자약취 · 유인죄에 해당하지 않는다.
> ㉡ 영리목적약취 · 유인죄는 사람을 객체로 하므로 성인이든 미성년자이든 불문한다.
> ㉢ 판례는 일관하여 인격적 지각이 있고 법질서에 호소할 능력이 있는 부녀에 대하여는 부녀매매죄가 성립할 수 없다고 한다.
> ㉣ 국외이송목적약취 · 유인죄는 국외에 이송할 목적으로 약취 · 유인하면 기수에 이르고 이송의 목적을 달성했는가는 불문한다.
> ㉤ 약취 · 유인된 피해자를 안전한 곳으로 풀어주면 형을 감경할 수 있다.
> ㉥ 약취, 유인 및 인신매매의 죄는 대한민국 영역 밖에서 죄를 범한 외국인에게도 적용한다.

① ㉠ ㉢ ② ㉡ ㉢ ③ ㉣ ㉤
④ ㉠ ㉢ ㉥ ⑤ ㉡ ㉢ ㉣ ⑥ ㉣ ㉤ ㉥

해설

㉠ 미성년자약취 · 유인죄는 미성년자의 자유권이 주된 보호법익이지만 보호자의 감독권 또한 부차적인 보호법익이 된다는 것이 통설과 판례의 태도이다. 따라서 미성년자의 동의를 받거나 보호자의 동의가 있다 하더라도 본죄는 성립한다(대법원 2003.2.11, 2002도7115). ㉢ 판례는 종래 인격의 지각이 있고 법질서에 호소할 능력이 있는 부녀에 대하여는 부녀매매죄가 성립할 수 없다고 하였으나(대법원 1971.3.9, 71도27; 대법원 1959.3.13, 4292형상7), 그 후 전원합의체판결을 통하여 견해를 변경하였다(대법원 1992.1.21, 91도1402 전원합의체). ㉤ 형법 제295조의2. ㉥ 2013.4.5의 개정으로 세계주의가 신설되었다(제296조의2). 〈답 ①〉

2. 약취 · 유인 및 인신매매의 죄에 관한 설명 중 틀린 것을 모두 고르면? (다툼이 있는 경우에는 판례에 의함)

> ㉠ '추행 · 간음 · 영리의 목적'으로 약취 · 유인한 행위와 '결혼의 목적'으로 약취 · 유인한 행위의 법정형은 같다.
> ㉡ 미성년자를 유혹하여 달아나게 하였다면 미성년자약취 · 유인죄가 성립한다.
> ㉢ 노동력 착취, 성매매와 성적 착취, 장기적출을 목적으로 사람을 약취 또는 유인하거나 매매한 행위를 처벌하는 규정을 신설하였다.
> ㉣ 약취 · 유인 · 인신매매의 죄를 범하여 약취 · 유인 · 매매된 사람을 상해한 때에는 약취 · 유인 · 인신매매의 죄와 상해죄의 경합범이 된다.
> ㉤ 미성년자 혼자 머무는 주거에 침입하여 강도범행을 하는 과정에서 미성년자와 그 부모에게 폭행 · 협박을 가하여 일시적으로라도 부모와의 보호관계가 사실상 침해 · 배제되었다면 미성년자약취죄가 성립한다.

① ㉣　　② ㉡ ㉢　　③ ㉣ ㉤
④ ㉠ ㉡ ㉣　　⑤ ㉠ ㉢ ㉤　　⑥ ㉡ ㉢ ㉣
⑦ ㉡ ㉣ ㉤　　⑧ 없음

해설

㉠(○) 2013.4.5. 개정시 제288조 제1항의 목적에 '결혼'을 추가하여 '추행 · 간음 · 영리'의 목적과 동일하게 처벌한다.
㉡(×) 미성년자약취 · 유인죄는 미성년자를 약취 또는 유인하여 자기 또는 제3자의 실력적 지배하에 둠으로써 개인의 자유를 침해하는 것을 내용으로 한다. 따라서 미성년자를 사실적 지배하에 두지 못하고 단순히 달아나게 하는 것만으로는 본죄가 성립하지 않는다.
㉢(○) 대법원 2008.1.17, 2007도8485 참조.
㉣(×) 2013.4.5의 개정으로 약취 · 유인 · 매매 · 이송 등 상해 · 치상죄(제290조)와 살인 · 치사죄(제291조)가 신설되었다.
㉤(×) 의도가 미성년자를 보호관계로부터 이탈시키는데 있지 않고 금품을 강취하는데 있어 미성년자약취죄가 성립하지 않는다(대법원 2008.1.17, 2007도8485). 〈답 ⑦〉

대법원 2008.1.17, 2007도8485 강도범행을 하는 과정에서 혼자 주거에 머무르고 있는 미성년자를 체포 · 감금하거나 혹은 미성년자와 그의 부모를 함께 체포 · 감금 또는 폭행 · 협박을 가하는 경우, 나아가 주거지에 침입하여 미성년자의 신체에 위해를 가할 것처럼 협박하여 부모로부터 금품을 강취하는 경우와 같이, 일시적으로 부모와의 보호관계가 사실상 침해 · 배제되었다 할지라도, 그 의도가 미성년자를 기존의 생활관계 및 보호관계로부터 이탈시키는 데 있었던 것이 아니라 단지 금품강취를 위하여 반항을 제압하는 데 있었다거나 금품강취를 위하여 고지한 해악의 대상이 그곳에 거주하는 미성년자였던 것에 불과하다면, 특별한 사정이 없는 한 미성년자를 약취한다는 범의를 인정하기 곤란할 뿐 아니라, 보통의 경우 시간적 간격이 짧아 그 주거지를 중심으로 영위되었던 기존의 생활관계로부터 완전히 이탈되었다고 평가하기도 곤란하다. 미성년자 혼자 머무는 주거에 침입하여 강도 범행을 하는 과정에서 미성년자와 그 부모에게 폭행 · 협박을 가하여 일시적으로 부모와의 보호관계가 사실상 침해 · 배제되었더라도, 미성년자가 기존의 생활관계로부터 완전히 이탈되었다거나 새로운 생활관계가 형성되었다고 볼 수 없고 범인의 의도도 위와 같은 생활관계의 이탈이 아니라 단지 금품 강취를 위한 반항 억압에 있었으므로, 형법 제287조의 미성년자약취죄가 성립하지 않는다.

3. 사례에서 약취 · 유인의 죄와 관련된 설명으로 옳은 것을 모두 고르면? (다툼이 있는 경우에는 판례에 의함)

〈사례〉
甲은 자신의 아내가 교통사고로 사망하자 미성년인 자(子) A의 양육을 A의 외할아버지에게 맡겨 왔으나, 교통사고 배상금 등을 둘러싸고 외할아버지와의 사이에 분쟁이 발생하자 자신이 직접 A를 양육하기로 마음먹고, 학교에서 귀가하는 A를 본인의 의사에 반하여 강제로 차에 태우고 할아버지에게 간다는 등의 거짓말로 속인 후 고아원에 데려가 A의 수용문제를 상담하고, 개사육장에서 잠을 재운 후 다른 아동복지상담소에 데리고 가기도 하였다.

㉠ 미성년자를 보호 · 감독하는 자라 하더라도 미성년자약취 · 유인죄의 주체가 될 수 있다.
㉡ 친아버지로서 친권자인 甲의 A에 대한 행위는 미성년자약취 · 유인죄를 구성하지는 않는다.
㉢ 미성년자를 약취 · 유인한 자가 계속하여 감금하였을 경우에는 별도로 감금죄가 성립한다.
㉣ 미성년자를 약취 · 유인한 자가 계속하여 감금하였다 하여도 별도로 감금죄는 성립하지 않는다.

① ㉠ ㉢　　② ㉠ ㉣　　③ ㉡ ㉢
④ ㉡ ㉣　　⑤ ㉠ ㉡ ㉢　　⑥ ㉠ ㉡ ㉣

해설

㉠㉡ 대법원 2008.1.31, 2007도8011, ㉢㉣ 미성년자를 유인한 자가 계속하여 불법하게 감금하였을 때에는 미성년자유인죄 이외에 감금죄가 별도로 성립한다(대법원 1998.5.26, 98도1036).
〈답 ①〉

대법원 2008.1.31, 2007도8011 (i) 미성년자를 보호감독하는 자라 하더라도 다른 보호감독자의 감호권을 침해하거나 자신의 감호권을 남용하여 미성년자 본인의 이익을 침해하는 경우에는 미성년자 약취 · 유인죄의 주체가 될 수 있다. (ii) 미성년자인 피해자의 아버지가 피해자의 어머니이자 자신의 처가 교통사고로 사망하자 피해자의 외조부에게 피해자의 양육을 맡겨 왔으나, 교통사고 배상금 등을 둘러싸고 분쟁이 발생하자 자신이 직접 피해자를 양육하기로 마음먹고, 학교에서 귀가하는 피해자를 본인의 의사에 반하여 강제로 차에 태우고 할아버지에게 간다는 등의 거짓말로 속인 후 고아원에 데려가 피해자의 수용문제를 상담하고, 개사육장에서 잠을 재운 후 다른 아동복지상담소에 데리고 가는 등으로 사실상 지배함으로써 미성년자인 피해자를 약취하였다고 인정한 것은 정당하다.

4. 약취·유인의 죄 등에 관한 설명 중 옳지 않은 것은? (특별법 위반은 논외로 하고, 다툼이 있는 경우에는 판례에 의함) <사시 2003년 변형>

① 독자적인 설교에 의하여 가출한 미성년자를 전도관에 입관케 하여 껌팔이 등 행상을 시킨 경우에는 미성년자유인죄가 성립한다.

② 간음할 목적으로 11세의 피해자를 유혹하여 모텔 앞길에서부터 모텔 객실까지 데리고 간 이상, 간음목적유인죄의 기수에 이른 것이다.

③ 18세의 여자를 유흥주점에 팔 생각으로 유인하여 자기 집에 데리고 있으면서 강간한 후, 유흥주점 업주에게 넘기려다 검거된 경우 영리목적유인죄와 강간죄의 경합범이 성립한다.

④ 16세의 소녀를 위계로써 간음한 경우 미성년자간음죄가 성립한다.

⑤ 베트남 국적 여성이 남편의 동의 없이 생후 13개월 된 자녀를 베트남의 친정으로 데려간 것은 국외이송약취 및 피약취자국외이송죄를 구성한다.

해설

①(○) 피해자가 자발적으로 가출한 때에도 유인에 의한 하자 있는 의사에 의한 것일 때에는 미성년자유인죄가 성립한다(대법원 1982.4.27, 82도186).

②(○) 피고인은 피해자를 자유로운 생활관계로부터 이탈시켜 피고인의 사실적 지배 아래로 옮겼다고 할 것이고, 이로써 간음목적유인죄의 기수에 이른 것으로 보아야 한다(대법원 2007.5.11, 2007도2318).

③(○) 유흥주점에 팔 생각으로 유인한 이상 영리목적유인죄가 성립하며(제288조) 강간죄와 경합범이 된다.

④(○) 제302조.

⑤(×) 미성년의 자녀를 부모가 함께 동거하면서 보호·양육하여 오던 중 부모의 일방이 상대방 부모나 그 자녀에게 어떠한 폭행, 협박이나 불법적인 사실상의 힘을 행사함이 없이 그 자녀를 데리고 종전의 거소를 벗어나 다른 곳으로 옮겨 자녀에 대한 보호·양육을 계속하였다면, 그 행위가 보호·양육권의 남용에 해당한다는 등 특별한 사정이 없는 한 설령 이에 관하여 법원의 결정이나 상대방 부모의 동의를 얻지 아니하였다고 하더라도 그러한 행위에 대하여 곧바로 형법상 미성년자에 대한 약취죄의 성립을 인정할 수는 없다(대법원 2013.6.20, 2010도14328 전원합의체). 〈답 ⑤〉

5. 추행·간음·영리·국외이송등목적 약취·유인죄에 대한 설명 중 맞는 것은?

① 추행·간음 또는 영리의 목적으로 미성년자를 약취 또는 유인한 때에는 미성년자약취·유인죄가 성립한다.

② 추행 · 간음목적으로 약취 · 유인한 죄와 그 미수범은 친고죄이다.
③ 부녀매매죄에 있어 매매는 민법상의 매매와 같은 개념으로 반드시 사실상의 지배의 이전이 있지 않더라도 매매계약을 체결하면 기수가 된다.
④ 약취 · 유인의 죄를 범하여 약취 · 유인된 사람을 살해한 때에는 약취 · 유인죄와 살인죄의 경합범이 된다.
⑤ 외국에서 외국으로 이송할 목적으로 약취 · 유인한 때에는 국외이송목적 약취 · 유인죄가 성립하지 않는다.

해설

①(×) 본죄의 객체는 사람이다. 따라서 미성년자약취 · 유인죄(제287조)가 성립하는 것이 아니라 추행 · 간음 또는 영리목적 약취 · 유인죄(제288조 제1항)가 성립한다.
②(×) 2012.12.18. 개정으로 친고죄 규정(제296조)이 삭제되었다. 따라서 친고죄가 아니다.
③(×) 반드시 민법상의 매매의 개념과 동일한 것이 아니다. 따라서 사실상의 지배의 이전이 있어야 기수가 되고 매매계약의 체결만으로는 미수에 불과하다.
④(×) 2013.4.5의 개정으로 신설된 약취 · 유인 · 매매 · 이송 등 살인 · 치사죄(제291조)가 성립한다.
⑤(○) 형법은 국외라고 규정하고 있기 때문에 이를 대한민국 영역 외로 해석하는 통설에 의하면 외국에서 외국으로 이송할 목적인 때에는 본죄가 성립하지 않는다. 〈답 ⑤〉

6. 甲의 행위의 형사책임을 (1)~(3)의 순서로 바르게 나열한 것은?

(1) 甲은 미성년자를 간음할 목적으로 유인하였으나 감시가 소홀했기 때문에 탈출하여 뜻을 이루지 못하였다.
(2) 甲은 석방의 대상으로 재물을 취득할 목적으로 7세 아동에게 '엄마가 저기에서 기다린다' 고 속여 甲의 집으로 데리고 왔다.
(3) 甲은 길에서 배회하는 18세의 가출소녀 A를 만나자 윤락녀로 팔 생각으로 A에게 취직자리를 찾아 주겠다고 속여서 여관으로 유인한 후 포주에게 돈을 받고 넘기려다가 검거되었다.

㉠ 간음목적유인죄
㉡ 간음목적유인죄의 미수
㉢ 인질강도죄
㉣ 인질강도죄의 미수
㉤ 영리목적유인죄
㉥ 영리목적유인죄의 미수
㉦ 인신매매죄의 미수
㉧ 미성년자유인죄

① ㉠-㉣-㉤
② ㉠-㉣-㉦
③ ㉠-㉤-㉤
④ ㉠-㉤-㉦
⑤ ㉡-㉣-㉥
⑥ ㉡-㉣-㉦
⑦ ㉡-㉥-㉥
⑧ ㉡-㉥-㉦

해설

(1) 간음목적약취 · 유인죄(제288조 1항)는 간음의 목적으로 사람을 약취 · 유인하면 기수

(㉠)에 이르며, 간음의 목적을 달성하였는지 여부는 묻지 않는다.
(2) 사람(미성년자)을 체포·감금·약취 또는 유인하여 석방의 대상으로 재물 또는 재산상의 이익을 취득한 때에는 인질강도죄(제336조)가 성립되지만, 석방의 대가로 재물을 취득할 목적으로 사람(미성년자)을 약취 또는 유인한 때에는 인질강도에 착수하였다고 할 수 없으므로 영리목적을 위한 유인죄(㉢)에 해당한다. 다만 석방의 대상으로 재물을 취득할 목적으로 미성년자를 약취·유인한 경우에는 특정범죄가중처벌등에관한법률 제5조의2에 따라 가중처벌된다
(3) 윤락녀로 팔기 위하여 유인한 때에는 사실상의 지배하에 두면 영리목적약취·유인죄의 기수(㉢)에 이르며 목적의 달성 여부는 문제가 되지 않는다. 〈답 ③〉

제 4 절 강요의 죄

1. 강요죄가 성립하는 경우만 모두 고르면?

㉠ 甲은 乙을 협박하여 법률상 의무 있는 일을 하게 하였다.
㉡ 甲은 장애인 乙이 타고 가는 휠체어를 부수어 가지 못하게 했다.
㉢ 교도소의 간수인 甲은 乙을 오랫동안 꿇어앉게 하였다.
㉣ 甲은 세무관리 乙을 협박하여 허위의 감세처분을 받았다.
㉤ 甲은 음주운전하려는 친구 乙의 멱살을 잡아 운전석에서 끌어내렸다.
㉥ 甲은 乙과 계약을 체결한 후에 폭력배로 하여금 乙을 폭행케 하여 계약포기서를 쓰게 하였다.

① ㉠ ㉡ ② ㉠ ㉣ ③ ㉡ ㉥
④ ㉢ ㉣ ⑤ ㉣ ㉤

해설

㉠(×) 강요죄는 폭행·협박으로 법률상 의무 없는 일을 하게 하는 것이므로, 법률상 의무 있는 일을 하게 한 경우는 협박죄 또는 폭행죄만 성립할 뿐 강요죄는 성립하지 않는다(대법원 2008.5.15, 2008도1097).
㉡(○) ㉡은 직접 물건에 대한 유형력의 행사이지만 강제효과에 있어서 사람에 대한 폭행과 같은 효과를 가지는 경우이다.
㉢(×) 폭행·가혹행위죄(제125조)
㉣(×) 직무강요죄(제136조 2항)
㉤(×) 강요죄의 위법성판단에 있어서는 목적과 수단의 관계를 고려해야 한다. 따라서 폭력에 의하여 범죄를 저지하는 것은 위법이라고 할 수 없으므로 강요죄가 성립하지 않는다.
㉥(○) 강요죄는 폭행 또는 협박으로 사람의 권리행사를 방해하거나 의무 없는 일을 하게 함으로써 성립하는 범죄이다(제324조). 〈답 ③〉

대법원 2008.5.15, 2008도1097 강요죄는 폭행 또는 협박으로 사람의 권리행사를 방해하거나 의무 없는 일을 하게 하는 것을 말하고, 여기에서 '의무 없는 일'이란 법령, 계약 등에 기하여 발생하는 법률상 의무 없는 일을 말하므로, 폭행 또는 협박으

로 법률상 의무 있는 일을 하게 한 경우에는 폭행 또는 협박죄만 성립할 뿐 강요죄는 성립하지 아니한다.

2. 강요죄와 관련된 설명 중 옳은 것(○)과 옳지 않은 것(×)을 바르게 표시한 것은? (다툼이 있는 경우에는 판례에 의함)

> ㉠ 환경단체 소속 회원들이 축산 농가들의 폐수 배출 단속활동을 벌이면서 폐수 배출현장을 사진촬영하거나 지적하는 한편 폐수 배출사실을 확인하는 내용의 사실확인서를 징구하는 과정에서 서명하지 아니할 경우 법에 저촉된다고 겁을 주는 등의 행위는 강요행위에 해당하지 아니한다.
> ㉡ 외교관을 유괴하여 감금한 후 수감 중인 정치범을 석방해야 풀어주겠다고 하였으나 체포된 경우 인질강요죄의 미수범에 해당한다.
> ㉢ 甲이 乙에게 전과가 있음을 알고 폭로하겠다고 위협하여 丙의 시계를 훔쳐오게 한 것은 강요죄와 절도죄의 교사범의 상상적 경합이 된다.
> ㉣ 여자 경리직원이 회사 돈을 횡령한 것을 알고 자기와 성관계를 갖지 않으면 고발하겠다고 하였는데, 여자 경리직원이 공포심은 가졌으나 성관계요구에는 응하지 않은 경우 강요죄의 미수범에 해당한다.
> ㉤ 상사 계급의 甲이 그의 잦은 폭력으로 신체에 위해를 느끼고 겁을 먹은 상태에 있던 부대원들에게 청소 불량 등을 이유로 40분 내지 50분간 머리박아(속칭 '원산폭격')를 시키거나 양손을 깍지 낀 상태에서 약 2시간 동안 팔굽혀펴기를 50~60회 정도 하게 한 것은 강요죄에 해당한다.
> ㉥ 직장상사가 범죄행위를 저지른 부하직원에게 징계절차에 앞서 자진하여 사직할 것을 권한 것은 강요죄에 해당한다.

① ㉠(×) ㉡(○) ㉢(○) ㉣(○) ㉤(○) ㉥(×)
② ㉠(○) ㉡(○) ㉢(○) ㉣(○) ㉤(×) ㉥(○)
③ ㉠(○) ㉡(×) ㉢(○) ㉣(○) ㉤(×) ㉥(×)
④ ㉠(×) ㉡(○) ㉢(○) ㉣(×) ㉤(○) ㉥(×)
⑤ ㉠(○) ㉡(×) ㉢(×) ㉣(×) ㉤(○) ㉥(○)

해설

㉠(×) '협박'에 의한 강요행위에 해당한다(대법원 2010.4.29, 2007도7064).
㉡(○) 사람을 체포·감금·약취 또는 유인하여 이를 인질로 삼아 제3자에 대하여 권리행사를 방해하거나 의무 없는 일을 하게 한 때에는 인질강요죄가 성립하며 미수범도 처벌된다(제324조의5).
㉢(○) 절도죄의 교사범과 강요죄의 상상적 경합이 된다. 다만 강요죄는 일반적인 정신적 자유를 보호하기 위한 범죄이므로 감금죄, 약취·유인죄, 강간죄 또는 강도죄가 성립한

때에는 강요죄가 성립하지 않는다.
㉣(○) 개인의 의사와 그 행동의 자유를 침해하는 것을 내용으로 하는 강요죄의 위법성을 판단함에 있어서는 목적의 비난가능성과 수단의 비난가능성 및 목적과 수단 사이의 관련성을 합목적적으로 고려하여 판단하여야 할 것인바, 설문의 경우 목적과 수단의 내적 연관을 인정할 수 없어 강요죄의 미수가 성립한다.
㉤(○) 강요죄에 해당한다(대법원 2006.4.27, 2003도4151).
㉥(×) 강요죄에 해당하지 않는다(대법원 2008.11.27, 2008도7018). 〈답 ①〉

3. 강요죄 또는 인질강요죄에 대한 설명으로 옳지 않은 것은?

㉠ 골프시설의 운영자가 골프회원에게 불리하게 변경된 내용의 회칙에 대하여 동의한다는 내용의 등록신청서를 제출하지 아니하면 회원으로 대우하지 아니하겠다고 통지한 후 이에 동의하지 아니한 회원들의 예약을 사실상 거부하거나, 예약이 된 경우에도 이를 취소한 것은 강요죄에 해당한다.
㉡ 연예인의 팬미팅 공연을 할 의무가 있다고 믿고 특정연예인에게 팬미팅 공연을 요구하면서 그것이 이행되지 않으면 안 좋은 일을 당할 것이라고 협박한 경우 강요죄가 성립한다.
㉢ 인질강요죄에서 강요의 상대방은 인질 이외의 자일 것을 요한다.
㉣ 사람을 체포·감금·약취 또는 유인하면 인질강요죄의 실행에 착수한 것이 된다.
㉤ 노조간부에 대한 고발취소 및 석방을 요구하며 사장을 인질로 삼은 경우 인질강요죄에 해당한다.
㉥ 석방감경규정은 자의에 의하여 풀어 주었을 것을 요건으로 하지 않는다.
㉦ 피해자를 안전한 장소로 풀어준 때에 형을 감경하는 규정(석방감경규정)은 약취유인죄, 인질강요죄와 인질강도죄에 적용된다.

① ㉠ ㉢ ② ㉣ ㉤ ③ ㉡ ㉢ ㉣
④ ㉡ ㉣ ㉦ ⑤ ㉣ ㉤ ㉦ ⑥ ㉡ ㉢ ㉣ ㉦

해설

㉠(○) 재산상 불이익이라는 해악을 고지하는 방법으로 회원들을 협박하여 회원권이라는 재산적 권리의 행사를 제한하고 변경된 회칙을 승낙하도록 강요한 것으로서 강요죄에 해당한다(대법원 2003.9.26, 2003도763).
㉡(×) 피고인에게 그 연예인이 공연을 할 의무가 없다는 점에 대한 미필적 인식, 즉 강요죄의 고의가 있다고 보기 어렵다. 이 경우 협박죄는 성립할 수 있어도 강요죄는 성립하지 않는다(대법원 2008.5.15, 2008도1097).
㉢㉤(○) 인질강요죄는 사람을 체포·감금·약취 또는 유인한 후에 이를 인질로 삼아 제3자에 대하여 강요한 경우에 성립한다.
㉣(×) 인질강요죄는 강요, 즉 권리행사를 방해하거나 의무 없는 일을 행하게 하였을 때

실행에 착수한 것으로 보아야 한다.
ⓑ(○) 인질을 안전한 장소로 풀어 주면 족하고 자의성을 요건으로 하지 않으며, 기수가 된 이후에 중지한 경우에도 적용되며, 임의적 감경에 해당한다는 점에서 중지미수와 구별된다.
ⓢ(×) 석방감경에 관한 규정은 약취·유인죄, 인질강요죄, 인질상해·치상죄에 대하여 적용되나, 체포·감금죄, 인질강도죄에 대하여는 적용되지 않는다. 〈답 ④〉

제 5 절 강간과 추행의 죄

1. 강간과 추행의 죄에 대한 설명 중 옳지 않은 것을 모두 고르면? (다툼이 있는 경우에는 판례에 의함)

> ㉠ 혼인관계가 파탄된 경우뿐만 아니라 혼인관계가 실질적으로 유지되고 있는 경우에도 남편이 반항을 불가능하게 하거나 현저히 곤란하게 할 정도의 폭행이나 협박을 가하여 아내를 간음한 경우에는 강간죄가 성립한다.
> ㉡ 강간죄와 강제추행죄 모두 여자는 물론 남자도 객체가 된다.
> ㉢ 강제추행의 폭행은 강간의 경우와 마찬가지로 항거를 불가능하게 하거나 현저히 곤란하게 하는 정도이어야 한다.
> ㉣ 폭행 자체가 추행에 해당하는 경우 강제추행죄가 성립할 수 있다.

① ㉢ ② ㉠ ㉢ ③ ㉡ ㉣
④ ㉠ ㉡ ⑤ ㉠ ㉣ ⑥ ㉡ ㉢ ㉣

해설

㉠(○) 대법원은 실질적인 부부관계가 인정될 수 없는 상태에 이르렀다면 법률상의 배우자인 처도 강간죄의 객체가 된다(대법원 2009.2.12, 2008도8601)고 하였으나 대법원 2013.5.16, 2012도14788, 2012전도252 전원합의체에 의해 견해를 바꾸었다.
㉡(○) 강간죄의 객체가 부녀에서 사람으로 개정(2012.12.18)되었으므로 강간죄의 객체도 부녀에 한정되지 않는다.
㉢(×) 판례는 강제추행죄의 폭행은 상대방의 의사를 억압할 정도의 것임을 요하지 않고 상대방의 의사에 반하는 유형력의 행사가 있는 이상 그 힘의 대소강약은 불문한다고 한다(대법원 2002.4.26, 2001도2417; 대법원 1994.8.23, 94도630).
㉣(○) 강제추행죄에 있어서 폭행·협박은 반드시 추행 이전에 있어야 하는 것이 아니라 폭행 자체가 추행에 해당하는 때에도 강제추행죄가 성립한다(대법원 1992.2.28, 91도3182). 〈답 ①〉

2. 강간과 추행의 죄에 대한 설명 중 옳지 않은 것은 모두 몇 개인가? (다툼이 있는 경우에는 판례에 의함)

> ㉠ 아파트 엘리베이터 내에 11세의 여아 甲과 단둘이 탄 다음 甲을 향

하여 성기를 꺼내어 잡고 여러 방향으로 움직이다가 이를 보고 놀란 甲 쪽으로 가까이 다가간 행위는 위력에 의한 추행에 해당한다.
ⓛ 피해자를 팔로 힘껏 껴안고 강제로 두 차례 입을 맞춘 행위는 강제추행에 해당하지 않는다.
ⓒ 잠을 자고 있는 피해자의 옷을 벗기고 자신의 바지를 내린 상태에서 피해자의 음부 등을 만지는 바람에 피해자가 잠에서 깨어나 피고인이 성기를 삽입하려고 할 때에는 객관적으로 항거불능의 상태에 있지 아니하였다면 준강간미수죄가 성립하지 않는다.
ⓔ 피해자를 위협하여 항거불능케 한 후 1회 간음하고 200미터쯤 오다가 다시 1회 간음한 경우 단순일죄로 처단한 것은 정당하다.
ⓜ 강간하고 나서 약 1시간 후 장소를 옮겨 같은 피해자를 다시 1회 강간한 경우 실체적 경합범에 해당한다.

① 1개 ② 2개 ③ 3개
④ 4개 ⑤ 5개 ⑥ 없음

해설

ⓖ(○) 대법원 2013.1.16, 2011도7164, 2011전도124.
ⓛ(×) 강제추행에 해당한다(대법원 1983.6.28, 83도399).
ⓒ(×) 피고인이 잠을 자고 있는 피해자의 옷을 벗기고 자신의 바지를 내린 상태에서 피해자의 음부 등을 만지는 행위를 한 시점에서 피해자의 항거불능의 상태를 이용하여 간음을 할 의도를 가지고 간음의 수단이라고 할 수 있는 행동을 시작한 것으로서 준강간죄의 실행에 착수하였다고 보아야 할 것이고, 그 후 피고인이 위와 같은 행위를 하는 바람에 피해자가 잠에서 깨어나 피고인이 성기를 삽입하려고 할 때에는 객관적으로 항거불능의 상태에 있지 아니하였다고 하더라도 준강간미수죄의 성립에 지장이 없다(대법원 2000.1.14, 99도5187).
ⓔ(○) 대법원 1970.9.29, 70도1516(피고인의 의사 및 범행시각과 장소로 보아 두 번째의 간음행위는 처음에 한 행위의 계속으로 볼 수 있으므로).
ⓜ(○) 대법원 1987.5.12, 87도694(범행시간과 장소를 달리하고 있을 뿐만 아니라 각 별개의 범의에서 이루어진 행위로서). 〈답 ②〉

3. 강간과 강제추행의 죄에 관한 설명으로 옳지 않은 것을 모두 고르면?

ⓖ 12세의 피보호·감독부녀를 위력으로 간음한 때에는 미성년자의제강간죄(제305조)가 성립한다.
ⓛ 보호 중인 18세의 소녀를 위력에 의하여 간음한 때에는 미성년자간음죄(제302조)가 성립한다.
ⓒ 처가 고용한 미장원에 근무하는 부녀를 위력에 의하여 간음한 때에는 업무상 위력에 의한 간음죄(제303조)가 성립한다.
ⓔ 교도소 교도관이 수감 중인 여자죄수와 사랑에 빠져 성관계를 가진 때

에는 피구금부녀간음죄(제303조 2항)가 성립한다.
ⓜ 판례에 의하면, 성전환수술을 받아 여성으로서의 신체와 외관을 갖추었으며, 수술 이후 30여 년간 개인적·사회적으로 여성으로서의 생활을 영위해 가고 있는 사람을 폭행과 협박으로 간음한 경우 강간죄에 해당한다.
ⓑ 차에 태워달라는 12세 소녀를 차에 태운 후 강간할 의사로 한적한 길로 접어들자 소녀가 내려달라고 하였지만 이를 무시하고 10분쯤 더 가서 강간하려고 하였으나 완강한 저항으로 인해 강간하지 못하고 과실로 상처만 입힌 때에는 감금죄와 강간치상죄의 상상적 경합범에 해당한다.

① 없음 ② ㉣ ③ ㉠ ㉢
④ ㉠ ㉤ ⑤ ㉡ ㉢ ⑥ ㉤ ㉥

해설

㉤(○) 피해자가 성장기부터 남성에 대한 불일치감과 여성으로의 성귀속감을 나타냈고, 성전환수술로 인하여 여성으로서의 신체와 외관을 갖추었으며, 수술 이후 30여년간 개인적·사회적으로 여성으로서의 생활을 영위해 가고 있는 점 등을 고려할 때, 사회통념상 여성으로 평가되는 성전환자로서 강간죄의 객체인 '부녀'에 해당한다(대법원 2009.9.10, 2009도3580).
㉥(○) 강간에 착수하여 상처를 입힌 이상 강간치상죄가 성립한다. 감금행위가 강간의 수단이 되지 않은 때에는 감금죄와 강간치상죄의 실체적 경합범이 되는 것이 명백하지만, 대법원은 감금행위가 강간죄나 강도죄의 수단이 된 경우에도 감금죄는 강간죄나 강도죄에 흡수되지 아니하고 별죄를 구성한다고 판시하였다(대법원 1997.1.21, 96도2715).
〈답 ①〉

대법원 2009.9.10, 2009도3580 강간죄의 객체는 부녀로서 여자를 가리키는 것이므로, 강간죄의 성립을 인정하기 위하여는 피해자를 법률상 여자로 인정할 수 있어야 한다. 종래에는 사람의 성을 성염색체와 이에 따른 생식기·성기 등 생물학적인 요소에 따라 결정하여 왔으나, 근래에 와서는 생물학적인 요소뿐 아니라 개인이 스스로 인식하는 남성 또는 여성으로의 귀속감 및 개인이 남성 또는 여성으로서 적합하다고 사회적으로 승인된 행동·태도·성격적 특징 등의 성역할을 수행하는 측면, 즉 정신적·사회적 요소들 역시 사람의 성을 결정하는 요소 중의 하나로 인정받게 되었으므로, 성의 결정에 있어 생물학적 요소와 정신적·사회적 요소를 종합적으로 고려하여야 한다.

4. 준강간죄에 해당하는 것을 모두 조합한 것은?

㉠ 술취한 부녀를 유혹하여 간음한 경우
㉡ 여직원에게 술을 먹여 취하게 한 다음 간음한 경우
㉢ 수면제 넣은 술을 마시게 하고 잠든 것을 이용하여 간음한 경우

ⓡ 마취상태에 있는 부녀를 간음한 경우
ⓜ 12세 여아의 동의를 얻어 간음한 경우
ⓑ 수면 중인 부녀의 옷을 벗기고 간음한 경우
ⓢ 의식을 잃고 있는 부녀를 간음한 경우
ⓞ 폭행으로 쓰러져 있는 부녀를 간음한 경우

① ㉠ ㉡ ㉢ ② ㉡ ㉢ ㉣ ③ ㉣ ㉥ ㉦
④ ㉠ ㉣ ㉥ ㉦ ⑤ ㉣ ㉤ ㉦ ㉧ ⑥ ㉣ ㉥ ㉦ ㉧
⑦ ㉠ ㉡ ㉢ ㉣ ㉥ ⑧ ㉡ ㉣ ㉥ ㉦ ㉧

해설

준강간죄의 객체는 심신상실 또는 항거불능의 상태에 있는 부녀이다. 따라서 ㉡㉢의 경우처럼 행위자가 간음하기 위하여 이러한 상태를 야기하여 간음한 때에는 강간죄가 성립한다. ㉤ 12세의 여아를 간음한 때에는 그의 동의가 있는 때에도 미성년자 의제강간죄(제305조)가 성립한다. ㉠ 술취한 부녀를 유혹하여 간음했다는 것만으로는 범죄가 성립하지 않는다. ㉣㉥㉦㉧은 준강간죄가 성립하는 경우이다(대법원 2000.1.14, 99도5187 참조).

〈답 ⑥〉

5. 다음 각 <사례>에 대한 답변 중 잘못된 것을 모두 고르면? (다툼이 있는 경우에는 판례에 의함)

〈사례〉
(1) 甲남은 평소 짝사랑하던 A녀를 강간하기로 결심하고 새벽 4시에 A의 집에 갔으나 A가 문을 열어주지 않았다. 이에 甲이 문을 부수고 들어갈 듯한 기세로 문을 두드리자 A는 창문에 걸터앉아 가까이 오면 뛰어내리겠다고 하였으나 甲이 베란다를 통해 창문으로 침입하려고 하였고, 이를 본 A는 창문으로 뛰어내려 결국 중상을 입었다. 甲의 죄책은?
(2) 乙은 B와 공모하여 C녀를 강간하기 위해 C의 집에 침입하여 C에게 칼을 들이대고 협박하였지만 C의 애원에 못이겨 강간을 포기한 채 B에게 그냥 돌아가겠다는 말을 하고 C의 집을 떠났다. 그러나 그 후 B는 C를 강간하였다. 乙의 죄책은?
(3) 丙과 丁은 의사의 연락 없이 순차로 D를 강간하였는데, D는 이로 인해 상처를 입었으나 누구에 의한 것인지 알 수 없었다. 丙과 丁의 죄책은?

〈답변〉
㉠ 甲이 부수고 들어갈 듯한 기세로 문을 두드리고 베란다를 통해 창문으로 침입하려고 한 것만으로는 주거침입죄의 실행의 착수는 별론으로 하고, 강간죄의 실행에 착수하였다고 할 수는 없으므로 甲

에게 강간치상죄는 성립하지 않는다.
㉡ 甲이 부수고 들어갈 듯한 기세로 문을 두드리고 베란다를 통해 창문으로 침입하려고 한 것은 강간죄의 실행에 착수하였다고 할 수 있으므로 甲에게 강간치상죄가 성립한다.
㉢ 乙은 중지하여 미수에 그쳤지만 공범이 범죄를 완성하였기 때문에 乙도 강간죄의 기수의 공동정범에 해당한다.
㉣ 丙과 丁은 강간치상죄의 동시범인데 원인행위가 판명되지 아니하였으므로 강간치상죄의 미수범으로 처벌된다.
㉤ 丙과 丁은 강간치상죄의 동시범인데 원인행위가 판명되지 아니하였으므로 강간죄로 처벌된다.

① ㉠ ㉢ ② ㉠ ㉣ ③ ㉠ ㉤
④ ㉡ ㉣ ⑤ ㉡ ㉤ ⑥ ㉡ ㉢ ㉣
⑦ ㉡ ㉢ ㉤ ⑧ ㉡ ㉣ ㉤

해설

(1) 甲: 간음할 목적으로 새벽 4시에 여자 혼자 있는 방문 앞에 가서 피해자가 방문을 열어 주지 않으면 부수고 들어갈 듯한 기세로 방문을 두드리고 피해자가 위험을 느끼고 창문에 걸터앉아 가까이 오면 뛰어 내리겠다고 하는데도 베란다를 통하여 창문으로 침입하려고 하였다면, 강간의 수단으로서의 폭행에 착수하였다고 할 수 있으므로 강간의 착수가 있었다고 할 것이다(대법원 1991.4.9, 91도288). 폭행이나 협박을 가하여 간음을 하려는 행위와 이에 극도의 흥분을 느끼고 공포심에 사로잡혀 이를 피하려다 사상에 이르게 된 사실과는 이른바 상당인과관계가 있어 강간치사상죄로 다스릴 수 있다(대법원 1995.5.12, 95도425). 따라서 답변 중 ㉠은 틀렸고, ㉡이 옳다.
(2) 乙: 공범의 경우에 중지미수가 되려면 공범이 자신의 행위를 중지하였을 뿐만 아니라 다른 공범 또는 정범의 행위까지 중지케 하여 결과의 발생을 방지하여야 한다. 乙은 자신의 행위를 중단하고 범행장소를 떠났지만 공범인 B의 행위를 적극적으로 중지케 하여 결과발생을 방지하지 않아 결국 결과가 발생하였으므로 강간죄의 공동정범이 된다. 따라서 ㉢은 옳다.
(3) 丙과 丁: 丙과 丁이 각각 강간죄를 범한 것은 명백하다. 동시 또는 이시의 독립행위가 경합한 경우에 원인된 행위가 판명되지 아니한 때에는 각 행위를 미수범으로 처벌하며(제19조), 상해죄에 관한 동시범의 특례를 규정한 제263조는 상해죄와 폭행죄에 관한 특별규정이므로 그 보호법익을 달리하는 강간치상죄에 대하여 적용할 수 없어(대법원 1984.4.24, 84도372) 丙과 丁은 모두 강간치상죄의 책임을 질 수 없다. 따라서 ㉣은 틀렸고, ㉤이 옳다. 〈답 ②〉

6. 강간(강제추행)**상해죄 또는 강간**(강제추행)**치상죄의 상해에 해당하는 것만 모두 모은 것은?** (다툼이 있는 경우에는 판례에 의함)

㉠ 처녀막 파열상을 입혔다.
㉡ 상간 과정에서 피해자의 얼굴과 머리를 때려 피해자가 코피를 흘리

고 콧등이 부었다.
ⓒ 피해자가 강간을 피하여 뛰어내리다가 상처를 입었다.
ⓓ 3~4일간의 치료를 요하는 외음부 충혈상을 입게 했다.
ⓔ 어깨와 목에 입으로 빨아서 생긴 반상출혈상을 입혔다.
ⓕ 강간미수과정에서 손바닥에 약 2센치 정도의 긁힌 상처를 입게 했다.
ⓖ 질내에 손가락을 넣어 음부 염증으로 병원에서 주사를 맞고 3일간 치료약을 투약케 하였다.
ⓗ 왼쪽 젖가슴에 10일간의 치료를 요하는 좌상을 입혀 병원에서 주사를 맞고 3일간 투약케 하였다.
ⓘ 치료를 받지 않아도 일상생활에 지장 없는 7일간의 치료를 요하는 흉부피하출혈상과 통증을 발생시켰다.

① ㉠ ㉡
② ㉠ ㉡ ㉧
③ ㉠ ㉥ ㉦
④ ㉠ ㉡ ㉢ ㉦ ㉧
⑤ ㉠ ㉡ ㉢ ㉤ ㉦
⑥ ㉠ ㉢ ㉣ ㉤ ㉦ ㉧

해설

판례가 강간치상죄 또는 강제추행치상죄를 인정한 것은 ㉠㉡㉢㉦㉧이다.
㉠ 강간으로 인하여 처녀막이 파열된 경우에 강간치상죄가 성립한다는 것은 판례의 일관된 태도이다(대법원 1995.7.25, 94도1351). ㉡ 비록 병원에서 치료를 받지 않더라도 일상생활에 지장이 없고 또 자연적으로 치료될 수 있는 것이라 하더라도 강간치상죄에 있어서의 상해에 해당한다(대법원 1991.10.22, 91도1832). ㉢ 결과적 가중범인 강간치상죄가 성립하기 위하여는 상해의 결과가 강간행위 자체에서 일어나거나, 그 수단인 폭행·협박에 의하여 발생한 경우는 물론, 강간행위에 수반되어 일어났을 것을 요한다. 또한 판례는 ㉦ 대법원 2003.9.26, 2003도4606, ㉧ 대법원 2000.2.11, 99도4794에서 강간치상죄 또는 강제추행치상죄의 성립을 인정하였다.
이에 반하여 판례는, 굳이 치료할 필요가 없어서 자연적으로 치유되어 일상생활을 하는데 아무런 지장이 없는 경우에는 강간치상죄의 상해에 해당되지 아니하며, 따라서 폭행 또는 협박이 없어도 일상생활 중 발생할 수 있는 것이거나 합의에 따른 성교행위에서도 통상 발생할 수 있는 상해를 야기한 때에는 강간치상죄 또는 강제추행치상죄가 성립하지 않는다고 한다. ㉣ 대법원 1989.1.31, 88도831, ㉤ 대법원 1991.11.8, 91도2188, ㉥ 대법원 1987.10.26, 87도1880, ㉨ 대법원 1994.11.4, 94도1311이 강간치상죄가 성립하지 않는다고 판시한 경우이다. 〈답 ④〉

① **대법원 2003.9.26, 2003도4606** 강간행위에 수반하여 생긴 상해가 극히 경미한 것으로서 굳이 치료할 필요가 없어서 자연적으로 치유되며 일상생활을 하는 데 아무런 지장이 없는 경우에는 강간치상죄의 상해에 해당되지 아니한다고 할 수 있을 터이나, 그러한 논거는 피해자의 반항을 억압할 만한 폭행 또는 협박이 없어도 일상생활 중 발생할 수 있는 것이거나 합의에 따른 성교행위에서도 통상 발생할 수 있는 상해와 같은 정도임을 전제로 하는 것이므로 그러한 정도를 넘는 상해가 그 폭행 또는 협박에 의하여 생긴 경우라면 상해에 해당된다고 할 것이며, 피해자의 건강상태가 나쁘

게 변경되고 생활기능에 장애가 초래된 것인지는 객관적 · 일률적으로 판단될 것이 아니라 피해자의 연령, 성별, 체격 등 신체 · 정신상의 구체적 상태를 기준으로 판단하여야 한다.

② **대법원 1994.11.4, 94도1311** 피해자를 강간하려다가 미수에 그치고 그 과정에서 피해자에게 경부 및 전흉부 피하출혈, 통증으로 약 7일간의 가료를 요하는 상처가 발생하였으나 그 상처가 굳이 치료를 받지 않더라도 일상생활을 하는 데 아무런 지장이 없고 시일이 경과함에 따라 자연적으로 치유될 수 있는 정도라면 그로 인하여 신체의 완전성이 손상되고 생활기능에 장애가 왔다거나 건강상태가 불량하게 변경되었다고는 보기 어려워 강간치상죄의 상해에 해당하지 않는다.

7. 다음 설명 중 옳은 것(○)과 옳지 않은 것(×)을 바르게 표시한 것은? (다툼이 있는 경우에는 판례에 의함)

> ㉠ 청소년에게 성교의 대가로 돈을 주겠다고 거짓말하여 청소년이 이에 속아 피고인과 성교행위를 하였다면, 피고인의 행위는 청소년의성보호에관한법률 제10조 4항(현행 제7조 4항, 위계에 의한 여자청소년간음죄) 소정의 위계에 해당한다.
> ㉡ 14세의 중학생인 피해자가 소형승용차 안에서 강간범행을 모면하려고 저항하는 과정에서 물리적 충돌로 인하여 입은 '우측 슬관절 부위 찰과상'은 강간치상죄의 상해에 해당한다.
> ㉢ 강간 후 의식불명에 빠진 피해자를 창고로 옮겨 놓아 저체온증으로 사망하였다면 강간치사죄가 성립한다.
> ㉣ 함께 놀다가 큰 저항 없이 여관방에 함께 들어갔는데, 피고인이 강간하려 하다가 소변을 보기 위하여 화장실에 가 있는 사이에 피해자가 강간을 모면하기 위하여 4층에서 창문을 넘어 뛰어내림으로써 상해를 입은 경우에는 강간치상죄로 처벌할 수 없다.
> ㉤ 강간치상 후 범행은폐를 위해 피해자를 살해한 경우 강간살인죄에 해당한다.

① ㉠(○) ㉡(×) ㉢(○) ㉣(×) ㉤(○)
② ㉠(×) ㉡(○) ㉢(○) ㉣(○) ㉤(○)
③ ㉠(×) ㉡(○) ㉢(×) ㉣(○) ㉤(○)
④ ㉠(○) ㉡(○) ㉢(×) ㉣(○) ㉤(×)
⑤ ㉠(○) ㉡(○) ㉢(○) ㉣(○) ㉤(○)
⑥ ㉠(×) ㉡(○) ㉢(○) ㉣(×) ㉤(×)

해설

㉠(×) 사리판단력이 있는 청소년에 관하여는 그러한 금품의 제공과 성교행위 사이에 불가분의 관련성이 인정되지 아니하는 만큼 이로 인하여 청소년이 간음행위 자체에 대한 착오에 빠졌다거나 이를 알지 못하였다고 할 수 없으므로 피고인의 행위는 청소년의성보호에관한법률 제10조 4항 소정의 위계에 해당하지 아니한다(대법원 2001.12.24, 2001도

5074).
㉡(○) 대법원 2005.5.26, 2005도1039.
㉢(○) 피고인들이 의도적으로 피해자를 술에 취하도록 유도하고 수차례 강간한 후 의식불명 상태에 빠진 피해자를 비닐창고로 옮겨 놓아 피해자가 저체온증으로 사망한 경우 강간치사죄가 성립한다(대법원 2008.2.29, 2007도10120).
㉣(○) 강간을 모면하기 위하여 4층 여관방의 창문을 넘어 뛰어내리다가 상해를 입은 경우 예견가능성이 없으므로 강간치상죄로 처벌할 수 없다(대법원 1993.4.27, 92도3229).
㉤(○) 1995년 형법 개정 전 제301조(강간치사상)의 법정형이 "무기 또는 5년 이상의 징역"이었던 상황에서는 강간치상죄와 살인죄의 실체적 경합범(대법원 1987.1.20, 86도2360), 강간치사죄와 살인죄의 상상적 경합범(대법원 1990.5.8, 90도670)이 성립하였으나, 1995년 형법개정에서 강간살인죄(제301조의2: 사형 또는 무기징역)가 신설된 이래 더 이상 유지될 수 없고, 강간살인죄로서 단순1죄가 성립된다. 즉 강간살인죄는 강간범인이 강간의 기회에 살인행위를 함으로써 성립하는 것이므로, 강간범행의 실행중이거나 그 실행 직후 또는 실행의 범의를 포기한 직후로서 사회통념상 범죄행위가 완료되지 아니하였다고 볼 수 있는 단계에서 살인이 행하여지면 족하다. 대법원 1996.7.12, 96도1108(강도살인), 대법원 1992.1.21, 91도2727(강도상해) 참조. 〈답 ②〉

8. 다음 설명 중 옳지 않은 것은? (다툼이 있는 경우에는 판례에 의함)

① 간음하려는 부녀가 놀라 소리치자 부녀의 입을 손으로 막았는데 손가락을 깨물며 반항하자 손가락이 끊어질듯 한 통증을 느낀 피고인이 깨물린 자기 손가락을 비틀어 빼는 과정에서 부녀의 치아 1개가 부러진 경우 강간치상죄가 성립한다.

② 상해를 가한 부분을 고의범인 상해죄로 처벌하면서 이를 다시 결과적 가중범인 강제추행치상죄의 상해로 인정하여 처벌할 수는 없다.

③ 피해자를 폭행하여 비골골절 등의 상해를 가한 다음 강제추행한 경우 강제추행치상죄로 처벌할 수 없다.

④ 초등학교 기간제 교사가 다른 학생들이 지켜보는 가운데 건강검진을 받으러 온 학생의 옷 속으로 손을 넣어 배와 가슴 등의 신체 부위를 만진 행위는 구 성폭력범죄의처벌및피해자보호등에관한법률 제8조의2 제5항에서 말하는 '추행'에 해당한다.

⑤ 30대 초반의 가정을 가진 남성인 직장상사가 20대 초반의 미혼 여성인 피해자에 대하여 그 의사에 반하여 피해자의 어깨를 주무르고 껴안은 것만으로는 추행에 해당하지 않는다.

해설

① 대법원 1995.1.12, 94도2781(상해의 결과는 강간에 수반하는 행위에서 발생한 것), ②③ 대법원 2009.7.23, 2009도1934(피고인의 위 폭행을 강제추행의 수단으로서의 폭행으로 볼 수 없어 위 상해와 강제추행 사이에 인과관계가 없다), ④ 대법원 2009.9.24, 2009도2576 참조.
⑤ 여성에 대한 추행에 있어 신체 부위에 따라 본질적인 차이가 있다고 볼 수 없으므로

추행에 해당한다(대법원 2004.4.16, 2004도52). 〈답 ⑤〉

9. 성범죄에 관한 다음 설명 중 옳지 않은 것은? (다툼이 있는 경우에는 판례에 의함) <사시 2008년 변형: 배점 2>

① 강간치상죄의 상해는 피해자의 신체의 완전성을 훼손하거나 생리적 기능에 장애를 초래하는 것을 의미하고, 여기서의 '생리적 기능'은 육체적 기능을 의미하므로 정신적 기능은 이에 포함되지 않는다.

② 성폭력범죄의처벌및피해자보호등에관한법률에 의하면, 주거침입하거나 2인 이상이 합동하여 강간죄를 범한 경우에 형법상 강간죄에 비하여 가중처벌하고 있으며, 이는 모두 친고죄가 아니다.

③ 甲남이 乙녀와 춤을 추면서 乙의 의사에 반하여 유방을 만진 행위가 순간적인 행위에 불과하더라도 乙의 성적 자유를 침해한 유형력의 행사이므로 甲에게는 강제추행죄가 성립한다.

④ 술에 취하여 잠을 자고 있던 피해자를 발견하고 갑자기 욕정을 일으켜 피해자의 옆에 누워 피해자의 몸을 더듬다가 바지를 벗기려는 순간 피해자가 어렴풋이 잠에서 깨어났으나 잠결에 자신의 애인으로 착각하여 불을 끄라고 말하였고, 피고인이 여관으로 가자고 제의하자 그냥 빨리 하라고 하여 간음한 경우 준강간죄에 해당한다.

⑤ 미성년자의제강제추행죄의 성립에 필요한 주관적 구성요건요소는 고의만으로 충분하고, 그 외에 성욕을 자극·흥분·만족시키려는 주관적 동기나 목적까지 있어야 하는 것은 아니다.

해설

①(×) 성폭력범죄의처벌및피해자보호등에관한법률 제9조 1항의 상해는 피해자의 신체의 완전성을 훼손하거나 생리적 기능에 장애를 초래하는 것으로, 반드시 외부적인 상처가 있어야만 하는 것이 아니고, 여기서의 생리적 기능에는 육체적 기능뿐만 아니라 정신적 기능도 포함된다(대법원 1999.1.26, 98도3732).

②(○) 구 성폭력범죄의처벌및피해자보호등에관한법률(현행 성폭력범죄의 처벌 등에 관한 특례법)에 의하면 업무상 위력 등에 의한 추행죄(제11조), 공중밀집장소에서의 추행죄(제13조), 통신매체이용음란죄(제14조)만 친고죄이다(제15조).

③(○) 피해자와 춤을 추면서 피해자의 유방을 만진 행위가 순간적인 행위에 불과하더라도 피해자의 의사에 반하여 행하여진 유형력의 행사에 해당하고 피해자의 성적 자유를 침해할 뿐만 아니라 일반인의 입장에서도 추행행위라고 평가될 수 있는 것으로서, 폭행행위 자체가 추행행위라고 인정되어 강제추행에 해당한다(대법원 2002.4.26, 2001도2417).

④(○) 피고인의 간음행위 당시 피해자가 잠결에 피고인을 자신의 애인으로 잘못 알았다고 하더라도 피해자가 심신상실상태에 있었다고 볼 수 없다(대법원 2000.2.25, 98도4355).

⑤(○) 대법원 2006.1.13, 2005도6791(형법 제305조의 미성년자의제강제추행죄는 '13세 미만의 아동이 외부로부터의 부적절한 성적 자극이나 물리력의 행사가 없는 상태에서 심리적 장

애 없이 성적 정체성 및 가치관을 형성할 권익'을 보호법익으로 하는 것으로서, 그 성립에 필요한 주관적 구성요건요소는 고의만으로 충분하고, 그 외에 성욕을 자극·흥분·만족시키려는 주관적 동기나 목적까지 있어야 하는 것은 아니라고 하면서 초등학교 4학년 담임교사(남자)가 교실에서 자신이 담당하는 반의 남학생의 성기를 만진 행위가 미성년자의제강제추행죄에서 말하는 '추행'에 해당한다고 하였다). 〈답 ①〉

10. 성범죄에 대한 설명 중 옳은 것을 모두 고르면? (다툼이 있는 경우에는 판례에 의함)

> ㉠ 병원 응급실에서 당직 근무를 하던 의사가 가벼운 교통사고로 인하여 비교적 경미한 상처를 입고 입원한 여성 환자들의 바지와 속옷을 내리고 음부 윗부분을 진료행위를 가장하여 수회 누른 행위는 업무상 위력 등에 의한 추행에 해당한다.
> ㉡ 초등학교 4학년 담임교사(남자)가 교실에서 자신이 담당하는 반의 남학생의 성기를 만진 행위는 미성년자의제강제추행죄의 '추행'에 해당한다.
> ㉢ 에스컬레이터에서 카메라폰으로 여성의 치마 속 신체 부위를 일정한 시간 동안 동영상 촬영하여 영상정보가 주기억장치 등에 입력되었으나 카메라폰의 저장버튼을 누르지 않은 상태에서 경찰관에게 발각되었다면 성폭력범죄의 처벌 등에 관한 특례법 위반(카메라등 이용촬영)죄의 미수범이 성립한다.
> ㉣ 자고 있는 부녀의 옷을 벗기고 엉덩이를 만지며 성교를 기도하다가 부녀가 깨자 놀라서 도망한 때에는 강간죄의 미수범이 성립한다.
> ㉤ 전자충격기를 사용하여 강간을 시도하다가 미수에 그치고, 피해자에게 약 2주간의 치료를 요하는 안면부 좌상 등의 상해를 입힌 경우, 구 성폭력범죄의처벌및피해자보호등에관한법률상의 특수강간치상죄가 성립한다.

① ㉠ ㉢ ② ㉡ ㉤ ③ ㉢ ㉣
④ ㉣ ㉤ ⑤ ㉠ ㉡ ㉤ ⑥ ㉠ ㉢ ㉣
⑦ ㉡ ㉢ ㉣ ⑧ ㉠ ㉡ ㉣ ㉤

해설

㉠(○) 대법원 2005.7.14, 2003도7107.
㉡(○) 대법원 2006.1.13, 2005도6791.
㉢(×) 구 성폭력범죄의 처벌 및 피해자보호 등에 관한 법률(2010.4.15. 법률 제10258호 성폭력범죄의 피해자보호 등에 관한 법률로 개정되기 전의 것) 제14조의2 제1항에서 정한 '카메라 등 이용 촬영죄'는 카메라 기타 이와 유사한 기능을 갖춘 기계장치 속에 들어 있는 필름이나 저장장치에 피사체에 대한 영상정보가 입력됨으로써 기수에 이른다고 보아야 한다. 그런데 최근 기술문명의 발달로 등장한 디지털카메라나 동영상 기능이 탑재된 휴

대전화 등의 기계장치는 촬영된 영상정보가 사용자 등에 의해 전자파일 등의 형태로 저장되기 전이라도 일단 촬영이 시작되면 곧바로 촬영된 피사체의 영상정보가 기계장치 내 RAM 등 주기억장치에 입력되어 임시저장되었다가 이후 저장명령이 내려지면 기계장치 내 보조기억장치 등에 저장되는 방식을 취하는 경우가 많고, 이러한 저장방식을 취하고 있는 카메라 등 기계장치를 이용하여 동영상 촬영이 이루어졌다면 범행은 촬영 후 일정한 시간이 경과하여 영상정보가 기계장치 내 주기억장치 등에 입력됨으로써 기수에 이르는 것이고, 촬영된 영상정보가 전자파일 등의 형태로 영구저장되지 않은 채 사용자에 의해 강제종료되었다고 하여 미수에 그쳤다고 볼 수는 없다(대법원 2011.6.9, 2010도10677).

㉣(×) 강간죄의 실행의 착수가 있었다고 하려면 강간의 수단으로서 폭행이나 협박을 한 사실이 있어야 할 터인데 자고 있는 피해자의 가슴과 엉덩이를 만지면서 간음을 기도하였다는 사실만으로는 강간의 수단으로 피해자에게 폭행이나 협박을 개시하였다고 하기는 어렵다(대법원 1990.5.25, 90도607).

㉤(○) 대법원 2008.4.24, 2007도10058(성폭력범죄의처벌및피해자보호등에관한법률 제9조 1항에 의하면 같은 법 제6조 1항에서 규정하는 특수강간의 죄를 범한 자뿐만 아니라, 특수강간이 미수에 그쳤다고 하더라도 그 피해자가 상해를 입었으면 특수강간치상죄가 성립하는 것이고, 같은 법 제12조에서 규정한 위 제9조 1항에 대한 미수범 처벌규정은 제9조 1항에서 특수강간치상죄와 함께 규정된 특수강간상해죄의 미수에 그친 경우, 즉 특수강간의 죄를 범하거나 미수에 그친 자가 피해자에 대하여 상해의 고의를 가지고 피해자에게 상해를 입히려다가 미수에 그친 경우에 적용되므로, 사안의 경우 특수강간치상죄가 성립한다). 〈답 ⑤〉

11. 다음 기술 중 옳은 것(○)과 옳지 않은 것(×)을 올바르게 조합한 것은? (다툼이 있는 경우에는 판례에 의함) <사시 2010년 변형: 배점 3>

가. 유부녀인 피해자에 대하여 성교 요구에 불응하면 혼인외 성관계 사실을 폭로하겠으며 폭력조직 부하들을 동원하여 신체에 위해를 가할 수도 있다는 것을 암시하는 등 협박하여 피해자를 간음한 때에는 강간죄가 성립한다.

나. 2인 이상이 합동하여 부녀를 강간하고 그로 인해 피해자가 정신과적 증상인 외상후스트레스 장애를 일으킨 경우에는 「성폭력범죄의 처벌 및 피해자보호 등에 관한 법률」상 특수강간치상죄가 성립하지 않는다.

다. 자신의 처가 경영하는 가게 종업원들과 노래를 부르다가 여자 종업원을 뒤에서 껴안고 블루스를 추면서 순간적으로 유방을 만진 정도라면 강제추행죄가 성립하지 않는다.

라. 같은 시간에 같은 장소에서 부녀자들인 A와 B를 강제로 추행함에 있어 A의 반항을 억압하는 과정에서 깨어진 병조각을 휴대하고 있었다면 비록 B의 반항을 억압하는 과정에서는 이를 휴대하지 아니하고 있었다 하더라도 B에 대한 범행 역시 성폭력범죄의 처벌 등에 관한 특례법위반(특수강제추행)죄에 해당한다.

마. 자신의 처와 전 남편 사이에서 태어난 딸을 강간한 경우 「성폭력범

죄의 처벌 및 피해자보호 등에 관한 법률」상 친족관계에 의한 강간죄가 성립하지 않는다.
바. 강간의 범행 후에 특수강도의 범의를 일으켜 피해자의 다이아몬드를 강취한 경우 「성폭력범죄의 처벌 및 피해자보호 등에 관한 법률」상 특수강도강간죄가 성립한다.

① 가(×) 나(×) 다(○) 라(×) 마(○) 바(×)
② 가(○) 나(×) 다(×) 라(○) 마(○) 바(×)
③ 가(×) 나(×) 다(×) 라(×) 마(○) 바(×)
④ 가(×) 나(×) 다(×) 라(○) 마(○) 바(○)
⑤ 가(○) 나(○) 다(×) 라(○) 마(×) 바(○)
⑥ 가(○) 나(×) 다(×) 라(○) 마(×) 바(×)
⑦ 가(○) 나(×) 다(×) 라(○) 마(×) 바(○)
⑧ 가(○) 나(○) 다(×) 라(×) 마(○) 바(×)

해설

가(○) 대법원 2007.1.25, 2006도5979.
나(×) 정신과적 증상인 외상후스트레스 장애도 성폭력범죄의 처벌 및 피해자보호 등에 관한 법률 제9조 1항 소정의 상해에 해당한다(대법원 1999.1.26, 98도3732).
다(×) 폭행행위 자체가 추행행위라고 인정되어 강제추행에 해당된다(대법원 2002.4.26, 2001도2417).
라(○) 대법원 1992.3.31, 92도265.
마(×) 법률이 정한 혼인의 실질관계는 모두 갖추었으나 법률이 정한 방식, 즉 혼인신고가 없기 때문에 법률상 혼인으로 인정되지 않는 이른바 사실혼으로 인하여 형성되는 인척도 성폭력범죄의 처벌 및 피해자보호 등에 관한 법률 제7조 5항이 규정한 사실상의 관계에 의한 친족에 해당한다(대법원 2000.2.8, 99도5395).
바(×) 강간범이 강간행위 후에 강도의 범의를 일으켜 그 부녀의 재물을 강취하는 경우에는 형법상 강도강간죄가 아니라 강간죄와 강도죄의 경합범이 성립될 수 있을 뿐인바, 성폭력범죄의 처벌 및 피해자보호 등에 관한 법률 제5조 2항은 형법 제334조(특수강도) 등의 죄를 범한 자가 형법 제297조(강간) 등의 죄를 범한 경우에 이를 특수강도강간 등의 죄로 가중하여 처벌하고 있으므로, 다른 특별한 사정이 없는 한 강간범이 강간의 범행 후에 특수강도의 범의를 일으켜 그 부녀의 재물을 강취한 경우에는 이를 성폭력범죄의처벌및피해자보호등에관한법률 제5조 2항 소정의 특수강도강간죄로 의율할 수 없다(대법원 2002.2.8, 2001도6425).

〈답 ⑥〉

대법원 2007.1.25, 2006도5979 (i) 강간죄가 성립하려면 가해자의 폭행·협박은 피해자의 항거를 불가능하게 하거나 현저히 곤란하게 할 정도의 것이어야 하고, 그 폭행·협박이 피해자의 항거를 불가능하게 하거나 현저히 곤란하게 할 정도의 것이었는지 여부는 그 폭행·협박의 내용과 정도는 물론, 유형력을 행사하게 된 경위, 피해자와의 관계, 성교 당시와 그 후의 정황 등 모든 사정을 종합하여 판단하여야 한다. (ii) 상대방에 대하여 폭행 또는 협박을 가하여 추행행위를 하는 경우에 강제추행죄가 성립하려면 그 폭행 또는 협박이 항거를 곤란하게 할 정도일 것을 요하고, 그 폭행·협박이 피해자의 항거를 곤란하게 할 정도의 것이었는지 여부 역시 그 폭행·협박의 내용과 정도는 물론, 유형력을 행사하게 된 경위, 피해자와의 관계, 추행 당시와 그 후의 정황 등 모든 사정을 종합하여 판단하여야 한다. (iii) 가해자가 폭행을 수반함이 없이 오직 협박만을 수단으로 피해자를 간음 또는 추행한 경우에도 그 협박의 정도가 피해자의 항거를 불가능하게 하거나 현저히 곤란하게 할 정도의 것(강간죄)이거나 또는 피해자의 항거를 곤란하게 할 정도의 것(강제추행죄)이면 강간죄 또는 강제추행죄가 성립하고, 협박과 간음 또는 추행 사이에 시간적 간격이 있더라도 협박에 의하여 간음 또는 추행이 이루어진 것으로 인정될 수 있다면 달리 볼 것은 아니다. (iv) 유부녀인 피해자에 대하여 혼인외 성관계 사실을 폭로하겠다는 등의 내용으로 협박하여 피해자를 간음 또는 추행한 경우에 있어서 그 협박이 강간죄와 강제추행죄에 해당하는 폭행의 정도의 것이었는지 여부에 관하여는, 일반적으로 혼인한 여성에 대하여 정조의 가치를 특히 중시하는 우리 사회의 현실이나 형법상 간통죄로 처벌하는 조항이 있는 사정 등을 감안할 때 혼인외 성관계 사실의 폭로 자체가 여성의 명예손상, 가족관계의 파탄, 경제적 생활기반의 상실 등 생활상의 이익에 막대한 영향을 미칠 수 있고, 경우에 따라서는 간통죄로 처벌받는 신체상의 불이익이 초래될 수도 있으며, 나아가 폭로의 상대이나 범위 및 방법(예를 들면 인터넷 공개, 가족들에 대한 공개, 자녀들의 학교에 대한 공개 등)에 따라서는 그 심리적 압박의 정도가 심각할 수 있으므로, 단순히 협박의 내용만으로 그 정도를 단정할 수는 없고 그 밖에도 협박의 경위, 가해자 및 피해자의 신분이나 사회적 지위, 피해자와의 관계, 간음 또는 추행 당시와 그 후의 정황, 그 협박이 피해자에게 미칠 수 있는 심리적 압박의 내용과 정도 등 모든 사정을 종합하여 신중하게 판단하여야 한다. 유부녀인 피해자에 대하여 혼인외 성관계 사실을 폭로하겠다는 등의 내용으로 협박하여 피해자를 간음 또는 추행한 경우, 위와 같은 협박이 피해자를 단순히 외포시킨 정도를 넘어 적어도 피해자의 항거를 현저히 곤란하게 할 정도의 것이었다고 보기에 충분하므로, 강간죄 및 강제추행죄가 성립한다.

※ **<사례>를 읽고 아래 문항(12~13)에 대하여 답하시오.** (특별법 위반의 점은 논외로 하고, 다툼이 있는 경우에는 판례에 의함) <사시 2011년: 배점 2>

〈사례〉

구속기소된 甲에 대한 공판절차가 진행 중이다. 법정에서 甲과 피해자 A녀는 다음과 같이 진술하고 있다. A녀의 진술은 신빙성이 있다고 가정한다.

[甲의 진술] 2010.7.1. 저녁 무렵 여자친구를 만나 술을 마셔 만취된 상태에서 다음 날 02:00경 여자친구와 헤어진 후 공원 근처를 배회하였으나 술에 취한 탓인지 기억이 잘 나지 않는다. 당시 용변이 급하여 공중화장실에 들어간 것 같고, 한 용변 칸 앞에서 노크를 하니 누가 안에서 문을 열어 주므로 그 안으로 들어갔던 기억이 어렴풋이 날 뿐이다.

[A녀의 진술] 2010.7.2. 02:00경 남편과 귀가하던 중 용변을 보려고 근처 공원의 공중화장실로 들어갔고, 남편은 부근에서 기다리고 있었다.

> 용변을 보던 중 노크 소리가 나길래, 남편이 노크하는 것으로 잘못 알고 용변 칸의 잠금장치를 열고 문을 밖으로 밀었다. 그 순간, 甲이 들어 왔다. 술 냄새가 났으나, 완전히 만취된 것 같지는 않았다. 소스라치게 놀라 나가라고 소리를 질렀으나, 甲은 갑자기 용변 칸의 문을 잠근 다음 한손으로는 나를 벽 쪽으로 밀어붙여 반항을 억압하고 자신의 바지를 내리며 강간을 시도하였다. 내가 임신 중이라고 말하며 중단해 줄 것을 호소하자 甲은 갑자기 강간을 중단하고 나가던 중, 남편에게 붙잡혔다. 당시 甲이 나를 강간하는 과정에서 나는 발을 밟혀 왼쪽 발목이 붓는 등 약 2주간의 치료를 요하는 좌족관절부좌상을 입었다. 나는 그 치료를 위해 병원에서 보름 정도 마사지와 찜질치료를 받고 약을 먹었다. 甲에 대한 엄중처벌을 원하고 고소장을 제출하였다.

12. 甲의 변호인의 다음 주장 중에서 옳은 것을 모두 고른 것은?

> ㄱ. 甲은 범행 당시 술에 만취되어 기억이 없었으므로 그의 책임능력 여부를 판단하기 위해서는 전문가의 감정을 받고, 법원은 그 감정결과에 따라야 한다.
> ㄴ. 甲이 자의로 강간범행을 중지하였으므로 형법 제26조의 규정에 따라 형의 감면을 하여야 한다.
> ㄷ. A녀가 입은 상해는 강간치상죄의 상해에는 해당하지 않는다.
> ㄹ. 甲이 용변 칸에 들어간 행위는 A녀의 유효한 승낙에 기한 것이다.

① 없음 ② ㄱ ③ ㄴ
④ ㄷ ⑤ ㄹ ⑥ ㄱ ㄷ
⑦ ㄴ ㄹ

해설

ㄱ(×) 형법 제10조 1항·2항에 규정된 심신장애의 유무 및 정도의 판단은 법률적 판단으로서 반드시 전문감정인의 의견에 기속되어야 하는 것은 아니고, 정신분열증의 종류와 정도, 범행의 동기, 경위, 수단과 태양, 범행 전후의 피고인의 행동, 반성의 정도 등 여러 사정을 종합하여 법원이 독자적으로 판단할 수 있다(대법원 1999.1.26, 98도3812).

ㄴ(×) 강도가 강간하려고 하였으나 잠자던 피해자의 어린 딸이 잠에서 깨어 우는 바람에 도주하였고, 또 피해자가 시장에 간 남편이 곧 돌아온다고 하면서 임신 중이라고 말하자 도주한 경우에는 자의로 강간행위를 중지하였다고 볼 수 없다(대법원 1993.4.13, 93도347).

ㄷ(×) 피해자가 범행 당시 용변 칸에서 피고인에 대하여 반항하던 중 피고인의 발에 왼쪽 발목을 밟혔고 이로 인해 부은 발목치료를 위해 병원에서 보름 정도 맛사지와 찜질치료를 하였고 약을 먹기도 하였다면, 피해자가 입은 위 상해는 피고인이 피해자를 강간하기 위하여 행사한 폭행 또는 그에 수반되는 행위로 인하여 발생한 것이라고 봄이 상당하므로 강간치상죄에 있어서의 상해에 해당한다(대법원 2003.5.30, 2003도1256).

ㄹ(×) 타인의 주거에 거주자의 의사에 반하여 들어가는 경우는 주거침입죄가 성립하며 이 때 거주자의 의사라 함은 명시적인 경우뿐만 아니라 묵시적인 경우도 포함되고 주변 사정에 따라서는 거주자의 반대의사가 추정될 수도 있는 것인데, 피고인이 피해자가 사용중인 공중화장실의 용변칸에 노크하여 남편으로 오인한 피해자가 용변칸 문을 열자 강간할 의도로 용변칸에 들어간 것이라면 피해자가 명시적 또는 묵시적으로 이를 승낙하였다고 볼 수 없어 주거침입죄에 해당한다(대법원 2003.5.30, 2003도1256). 〈답 ①〉

13. 甲의 형법상 죄책에 대한 설명 중 옳은 것은?

① 공중화장실은 누구나 들어갈 수 있는 곳이고, 위 용변 칸은 A녀가 점유하는 방실이라고 볼 수 없으므로 甲이 위 용변 칸에 들어간 행위는 방실침입죄에 해당하지 아니한다.

② 甲이 용변 칸의 문을 잠그고 A녀를 나가지 못하게 한 행위는 A녀를 강간할 의사로 폭행·협박을 하는 과정에서의 일련의 행위에 포함되므로 강간미수죄가 성립하는 외에 따로 감금죄가 성립하지는 않는다.

③ 甲에게는 방실침입죄, 감금죄, 강간치상죄가 성립한다.

④ 甲에게는 감금죄와 강간치상죄만 성립한다.

⑤ 甲에게는 방실침입죄, 강간미수죄, 감금치상죄가 성립한다.

해설

甲에게는 방실침입죄와 강간치상죄가 성립한다. 또한 甲이 A녀를 강간하기 위해 용변칸의 문을 잠근 것은 감금죄에 해당하는데, 감금행위가 강간죄나 강도죄의 수단이 된 경우에도 감금죄는 강간죄나 강도죄에 흡수되지 아니하고 별죄를 구성한다(대법원 1997.1.21, 96도2715). 따라서 甲에게는 방실침입죄, 감금죄, 강간치상죄가 성립한다. 〈답 ③〉

14. 성범죄에 관한 설명 중 옳지 않은 것은? (다툼이 있는 경우에는 판례에 의함) <변호사 2013년>

① 특수강간범이 강간행위 계속 중에 특수강도의 행위를 한 후 강간행위를 종료한 경우 성폭력범죄의 처벌 등에 관한 특례법상의 특수강도강간죄가 성립한다.

② 甲, 乙, 丙이 사전의 모의에 따라 강간할 목적으로 심야에 인가에서 멀리 떨어져 있어 쉽게 도망할 수 없는 야산으로 피해자 A, B, C를 유인한 다음 곧바로 암묵적인 합의에 따라 각자 마음에 드는 피해자 1명씩만을 데리고 불과 100m 이내의 거리에 있는 곳으로 흩어져 동시 또는 순차적으로 피해자들을 각각 강간하였다면, 甲에게는 A, B, C 모두에 대한 성폭력범죄의 처벌 등에 관한 특례법상의 특수강간죄가 성립한다.

③ 자신이 알고 있는 사람과 다툼을 일으키고 자신의 말을 무시하고 차량이 주차된 장소로 가는 48세 부녀자인 A를 뒤따라가 '그냥 가면 가만두

지 않겠다'라고 하면서 바지를 벗고 자신의 성기를 보여준 甲의 행위는 비록 사람들이 왕래하는 골목길 도로이고 직접적인 신체적 접촉이 없었으나, 주차된 차량들 사이에서 발생한 것이고, 저녁 8시경에 이루어졌으며, 객관적으로 일반인에게 성적 수치심과 혐오감을 일으키는 행위이므로 강제추행죄가 성립한다.

④ 강간범이 강간행위 후에 강도의 범의를 일으켜 그 부녀의 재물을 강취하는 경우에는 강도강간죄가 아니라 강간죄와 강도죄의 경합범이 성립한다.

⑤ 성폭력범죄의 처벌 등에 관한 특례법상의 공중밀집장소에서의 추행죄에서 규정하고 있는 공중밀집장소란 공중의 이용에 상시적으로 제공, 개방된 상태에 놓여 있는 곳 일반을 의미하므로, 공중밀집장소의 일반적 특성을 이용한 행위라고 보기 어려운 특별한 사정이 있는 경우에 해당하지 않는 한 추행행위 당시의 현실적인 밀집도 내지 혼잡도에 따라 그 규정의 적용 여부를 달리한다고 볼 수 없다.

해설

①(○) 다른 특별한 사정이 없는 한 특수강간범이 강간행위 종료 전에 특수강도의 행위를 한 이후에 그 자리에서 강간행위를 계속하는 때에도 특수강도가 부녀를 강간한 때에 해당하여 구 성폭력범죄의 처벌 및 피해자보호 등에 관한 법률 제5조 2항에 정한 특수강도강간죄로 의율할 수 있다(대법원 2010.12.9, 2010도9630).

②(○) 대법원 2004.8.20, 2004도2870.

③(×) 甲의 성별 · 연령, 행위에 이르게 된 경위, 甲에 대하여 어떠한 신체 접촉도 없었던 점, 행위장소가 사람 및 차량의 왕래가 빈번한 도로로서 공중에게 공개된 곳인 점, 피고인이 한 욕설은 성적인 성질을 가지지 아니하는 것으로서 '추행'과 관련이 없는 점, A가 자신의 성적 결정의 자유를 침해당하였다고 볼 만한 사정이 없는 점 등 제반 사정을 고려할 때, 단순히 피고인이 바지를 벗어 자신의 성기를 보여준 것만으로는 폭행 또는 협박으로 '추행'을 하였다고 볼 수 없다(대법원 2012.7.26, 2011도8805).

④(○) 대법원 2002.2.8, 2001도6425.

⑤(○) 대법원 2009.10.29, 2009도5704. 〈답 ③〉

15. 성폭력범죄에 관한 설명 중 옳은 것을 모두 고른 것은? (다툼이 있는 경우에는 판례에 의함) <사시 2013년: 배점 3>

ㄱ. 피고인이 심신미약자인 피해자에게 남자를 소개시켜 주겠다고 거짓말을 하고 피해자가 이에 속아 여관으로 와서 피고인과 간음을 하게 된 경우 형법 제302조의 심신미약자간음죄가 성립한다.

ㄴ. 다른 특별한 사정이 없는 한 특수강간범이 강간행위 종료 전에 특수강도의 행위를 한 이후에 그 자리에서 강간행위를 계속하는 경우 성폭력범죄의 처벌 등에 관한 특례법위반(특수강도강간등)죄가 성립한다.

ㄷ. 피고인이 12세인 피해자의 동의를 얻어 간음을 한 경우에도 형법 제305조의 미성년자의제강간죄가 성립한다.
ㄹ. 피고인이 폭행을 수반함이 없이 오직 협박만을 수단으로 피해자를 간음한 경우에도 그 협박의 정도가 피해자의 항거를 불가능하게 하거나 현저히 곤란하게 할 정도의 것이면 강간죄가 성립하고, 협박과 간음 사이에 시간적 간격이 있어도 협박에 의해 간음이 이루어졌다면 강간죄는 성립한다.
ㅁ. 피고인이 엘리베이터 안에서 피해 여성을 칼로 위협해 꼼짝하지 못하게 하여 피해자가 이를 외면하거나 피할 수 없게 한 상황에서 자위행위를 하는 것을 보여 준 것만으로는 성폭력범죄의 처벌 등에 관한 특례법위반(특수강제추행)죄가 성립하지 않는다.

① ㄱ ㅁ ② ㄴ ㄷ ③ ㄴ ㄷ ㄹ
④ ㄴ ㄷ ㄹ ㅁ ⑤ ㄱ ㄴ ㄷ ㄹ

해설

ㄱ(×) 피해자가 여관으로 온 행위와 성교행위 사이에는 불가분의 관련성이 인정되지 아니하는 만큼 이로 인하여 피해자가 간음행위 자체에 대한 착오에 빠졌다거나 이를 알지 못하였다고 할 수는 없다 할 것이어서, 피고인의 행위는 형법 제302조 소정의 위계에 의한 심신미약자간음죄에 있어서 위계에 해당하지 아니한다(대법원 2002.7.12, 2002도2029).

ㄴ(○) 대법원 2010.12.9, 2010도9630.

ㄷ(○) 미성년자의제강간죄(형법 제305조)는 13세 미만의 사람에 대하여 간음, 추행하면 성립하며, 폭행 · 협박을 요하지 않는다. 피해자의 동의는 동죄의 성립에 영향이 없다.

ㄹ(○) 대법원 2007.1.25, 2006도5979.

ㅁ(×) 강제추행죄의 추행에 해당한다(대법원 2010.2.25, 2009도13716). 〈답 ③〉

제3장 명예와 신용에 대한 죄

제1절 명예에 관한 죄

1. 명예훼손죄에 대한 설명으로 틀린 것은? (다툼이 있는 경우에는 판례에 의함)

㉠ 명예훼손죄의 보호법익은 주관적 명예이다.
㉡ 명예의 주체인 사람에는 자연인 외에 법인도 포함된다.
㉢ 명예훼손사실을 발설한 것이 사실이냐는 질문에 대답하는 과정에서 타인의 명예를 훼손하는 사실을 발설하게 된 것이라도 명예훼손에서 말하는 사실적시라고 할 수 있다.
㉣ 허위사실 적시에 의한 명예훼손죄에 해당하는 행위에 대하여는 위법성조각에 관한 형법 제310조가 적용될 여지가 없다.
㉤ 甲이 제3자에게 乙이 丙을 선거법 위반으로 고발하였다는 말만 하고 그 고발의 동기나 경위에 관하여 언급하지 않았다면, 乙의 사회적 가치나 평가를 침해하기에 충분한 구체적 사실이 적시되었다고 보기 어렵다.
㉥ 인터넷 포털사이트의 지식검색 질문·답변 게시판에 성형시술 결과가 만족스럽지 못하다는 주관적인 평가를 주된 내용으로 하는 한 줄의 댓글을 게시한 경우 비방할 목적이 있었다고 볼 수 있다.
㉦ 66명의 교사 중 37명이 그 회원으로 있는 '3·19동지회 소속 교사들이 학생들을 선동하여 무단 하교하게 하였다'고 적시한 때에는 집합명칭에 의하여 구성원의 명예를 훼손한 것이다.

① ㉠ ㉢　② ㉠ ㉥　③ ㉢ ㉣
④ ㉠ ㉢ ㉥　⑤ ㉠ ㉥ ㉦　⑥ ㉡ ㉢ ㉦

해설

㉠(×) 통설·판례(대법원 1987.5.12, 87도739)는 명예훼손죄의 보호법익을 사람의 가치에 대한 사회적 평가인 이른바 외적 명예라고 한다.
㉢(×) 명예훼손사실을 발설한 것이 사실이냐는 질문에 대답하는 과정에서 타인의 명예를 훼손하는 사실을 발설하게 된 것이라면, 그 발설내용과 동기에 비추어 명예훼손의 범의를 인정할 수 없고, 질문에 대한 단순한 확인대답이 명예훼손에서 말하는 사실적시라고도 할 수 없다(대법원 2008.10.23, 2008도6515).
㉤(○) 대법원 2009.9.24, 2009도6687.

ⓑ(×) 그 표현물은 전체적으로 보아 성형시술을 받을 것을 고려하고 있는 다수의 인터넷 사용자들의 의사결정에 도움이 되는 정보 및 의견의 제공이라는 공공의 이익에 관한 것이어서 비방할 목적이 있었다고 보기 어렵다(대법원 2009.5.28, 2008도8812).
ⓢ(○) 명예훼손죄는 어떤 특정한 사람 또는 인격을 보유하는 단체에 대하여 그 명예를 훼손함으로써 성립하는 것이므로 피해자는 특정한 것임을 요하고, 다만 서울시민 또는 경기도민과 같은 막연한 표시에 의해서는 명예훼손죄를 구성하지 아니한다 할 것이지만, 집합적 명사를 쓴 경우에도 그것에 의하여 그 범위에 속하는 특정인을 가리키는 것이 명백하면, 이를 각자의 명예를 훼손하는 행위라고 볼 수 있다(대법원 2000.10.10, 99도5407).

〈답 ④〉

2. 명예훼손죄의 공연성 여부에 대해 사례의 경우와 동일한 것을 모두 고르면?
(판례에 의함)

〈사례〉
4월 15일 자신의 집에서 같은 동네에 사는 A에게 피해자의 명예를 훼손하는 말을 하고, 이어서 같은 달 22일 음식점에서 C에게 피해자의 명예를 훼손하는 사실을 적시한 경우

㉠ 진정서와 고소장을 특정 사람들에게 개별적으로 우송하여 다수인에게 배포한 경우
㉡ 동일한 교회에 소속된 교인 15명에게 출판물을 배부한 경우
㉢ 교사의 비행을 적은 진정서를 학교 이사장에게 제출한 경우
㉣ 사기혐의로 고소하였으나 검찰에서 무혐의 처분이 내려지자 야당 국회의원들을 통해 해결하고자 국회의원에게 이에 관한 자료를 넘겨주어 그 국회의원의 국회발언이 신문에 보도된 경우
㉤ 甲이 평소 A가 자신의 일에 간섭하는 것에 기분이 나쁘다는 이유로 B로부터 취득한 A의 범죄경력기록을 같은 아파트에 거주하는 C에게 보여주면서 "전과자이고 나쁜 년"이라고 말한 경우

① ㉠ ㉡　　② ㉠ ㉢　　③ ㉢ ㉤
④ ㉠ ㉡ ㉣　　⑤ ㉡ ㉢ ㉣　　⑥ ㉡ ㉣ ㉤

해설

사례에서 대법원 1968.12.24, 68도1569은 공연성을 인정하였다. ㉠ 대법원 1991.6.25, 91도347, ㉡ 대법원 1984.2.28, 83도3124, ㉣ 대법원 2004.4.9, 2004도340은 공연성이 있다고 하였다.
㉢ 대법원 1983.10.25, 83도2190, ㉤ 대법원 2010.11.11, 2010도8265는 공연성이 없다고 하였다.

〈답 ④〉

≪공연성을 인정한 경우≫

① **대법원 2008.2.14, 2007도8155** 개인 블로그의 비공개 대화방에서 상대방으로부터 비밀을 지키겠다는 말을 듣고 일대일로 대화하였다고 하더라도, 그 사정만으로 대

화 상대방이 대화내용을 불특정 또는 다수에게 전파할 가능성이 없다고 할 수 없으므로, 명예훼손죄의 요건인 공연성을 인정할 여지가 있다.

② **대법원 1994.9.30, 94도1880** 비록 두세 사람이 있는 자리에서 허위사실을 유포하였다고 하더라도 그 사람들에 의하여 외부에 전파될 가능성이 있는 경우

③ **대법원 1990.7.24, 90도1167** 비록 세 사람이 있는 자리에서 또는 한 사람에게 전화로 허위사실을 유포하였다 하더라도 그 사람들에 의하여 외부에 전파될 가능성이 있는 경우

④ **대법원 1984.2.28, 83도3292** 행위자와 이해관계를 같이 하는 다수의 주주들에게 인쇄물을 우송한 경우

⑤ **대법원 1983.10.11, 83도2222** 옆집사람 및 피해자의 시어머니 등 2인 앞에서 명예를 훼손하는 말을 한 경우

⑥ **대법원 1968.12.24, 68도1569** 개별적으로 한 사람에 대하여 사실을 유포하였더라도 연속하여 수인에게 사실을 유포한 경우

≪공연성을 부정한 경우≫

① **대법원 2011.9.8, 2010도7497** 피고인이 자신의 아들 등에게 폭행을 당하여 입원한 피해자의 병실로 丙과 함께 병문안을 가서 피해자의 모(母) 甲과 甲의 이웃 乙 및 피고인의 일행 丙 등이 있는 자리에서 피해자에 대한 폭행사건에 관하여 대화를 나누던 중 "학교에 알아보니 피해자에게 원래 정신병이 있었다고 하더라."라고 허위사실을 말한 경우

② **대법원 1984.4.10, 83도49** 여관방에서 피해자 및 그 가족들 앞에서 명예를 훼손하는 말을 한 경우

③ **대법원 1984.3.27, 84도86** 외박을 추궁하는 아내에게 동침한 사실을 말한 경우

④ **대법원 1983.9.27, 83도2040** 타인을 비방하는 내용의 진정서를 특정한 1인에게 우송한 경우

⑤ **대법원 1967.5.16, 66도787** 타인의 명예를 훼손하였다는 장소가 초등학교 교장관사로서 그곳에는 동 교장의 부인 혼자만 있었던 경우

3. 甲의 행위에 대해 명예훼손죄의 '공연성'이 인정되는 경우(○)와 인정되지 않는 경우(×)가 판례의 입장에 따라 옳게 표시된 것은? <사시 2002년 변형>

㉠ 甲은 언론사 기자 乙에게 사실을 적시하였는데 乙이 취재를 한 상태에서 아직 기사화하여 보도하지 아니하였다.
㉡ A교파를 떠난 목사인 甲은 자신의 말을 몰래 녹음하여 이를 명예훼손죄의 증거자료로 삼을 목적으로 자신의 집으로 찾아와 거짓말을 하면서 발언을 유도한 乙, 丙 등 A교파 신자 6명에게 A교파의 지도자인 丁의 여자 문제 등 사생활에 관한 구체적 사실을 이야기하였다.
㉢ 甲은 지방의회 의원선거를 앞두고 특별한 친분관계도 없는 乙의 집에 찾아가 乙에게 시의회의원이면서 다시 그 후보자가 되고자 하는

丙이 A와 바람을 피워 아들까지 두었다는 말을 하고, 다음날 丁의 집을 찾아가 丁에게도 같은 말을 하였다.
㉣ 요식업협회 조합장인 甲은 조합 이사 乙의 측근인 같은 조합 이사 丙에게 이사회에서 乙을 불신임하게 된 사유를 설명하는 과정에서 乙의 여자관계에 관한 소문을 말하였다.
㉤ 甲은 직장의 전산망에 설치된 전자게시판에 乙의 명예를 훼손하는 사실을 적시한 내용의 글을 게시하였다.

① ㉠(○) ㉡(○) ㉢(○) ㉣(○) ㉤(○)
② ㉠(×) ㉡(×) ㉢(○) ㉣(×) ㉤(○)
③ ㉠(×) ㉡(○) ㉢(×) ㉣(×) ㉤(×)
④ ㉠(×) ㉡(×) ㉢(○) ㉣(○) ㉤(○)
⑤ ㉠(○) ㉡(○) ㉢(○) ㉣(○) ㉤(×)

해설

판례가 취하고 있는 전파성의 이론에 의하면 특정한 한 사람에 대한 사실의 적시도 비밀이 보장되거나 전파될 가능성이 없는 특수한 경우가 아니면 공연성이 인정된다. ㉡ 대법원 1996.4.12, 94도3309, ㉣ 대법원 1990.4.27, 89도1467이 이러한 특수한 경우에 해당하여 공연성이 인정되지 않는다고 판시한 경우이다. ㉠ 대법원 2000.5.16, 99도5622(통상 기자가 아닌 보통 사람에게 사실을 적시할 경우에는 그 자체로서 적시된 사실이 외부에 공표되는 것이므로 그 때부터 곧 전파가능성을 따져 공연성 여부를 판단하여야 할 것이지만, 그와는 달리 기자를 통해 사실을 적시하는 경우에는 기사화되어 보도되어야만 적시된 사실이 외부에 공표된다고 보아야 할 것이므로 기자가 취재를 한 상태에서 아직 기사화하여 보도하지 아니한 경우에는 전파가능성이 없다고 할 것이어서 공연성이 없다고 봄이 상당하다)의 경우도 공연성이 없다고 판시하였다.
이에 반하여 ㉢은 판례가 전파성의 이론에 의하여 공연성을 인정한 경우이며(대법원 1996.7.12, 96도1007), ㉤ 판례는 전자게시판에 글을 게시한 경우에도 공연성을 인정하였다(대법원 2000.5.12, 99도5734). 〈답 ②〉

4. 명예훼손죄에 관한 판례의 태도와 일치하지 않는 것을 모두 고르면?

㉠ 우리나라 유명 소주회사가 일본의 주류회사에 지분이 50% 넘어가 일본 기업이 되었다고 하는 사실적시는 가치중립적 표현으로서 명예훼손적 표현이 아니다.
㉡ 식당 내의 방 안에서 피해자의 친척 한 사람만 있는 자리에서 피해자가 어떤 여자와 불륜관계에 있다고 말한 경우 공연성이 없다.
㉢ 피해자 부부가 전과가 많다고 발언한 내용을 들은 사람들이 피해자들과는 일면식이 없다거나, 또는 이미 피해자들의 전과사실을 알고 있었다면 공연성, 즉 발언이 전파될 가능성이 없다.
㉣ 방송국 시사프로그램을 시청한 후 방송국 홈페이지의 시청자 의견란

에 작성·게시한 글 중 특히, '그렇게 소중한 자식을 범법행위의 변명의 방패로 쓰시다니 정말 대단하십니다'는 등의 표현은 그 게시글 전체를 두고 보더라도, 출연자인 피해자에 대한 사회적 평가를 훼손할 만한 모욕적 언사라고 할 것이다.

ⓜ 목사가 예배 중 특정인을 가리켜 "이단 중에 이단이다"라고 설교한 부분은 명예훼손죄에서 말하는 '사실의 적시'에 해당한다.

ⓑ 다방 안에서 피해자와 동업관계로 친한 사람과 단둘이 대화하는 과정에서 피해자의 횡령사실을 말하였다면, 비록 몇 사람의 손님이 자리를 멀리하여 떨어져 있었다고 하더라도 공연성이 있다고 할 것이다.

① ⓛ ⓒ ② ⓒ ⓜ ③ ⓜ ⓑ
④ ⓖ ⓛ ⓒ ⑤ ⓒ ⓡ ⓜ ⑥ ⓒ ⓜ ⓑ

해설

판례는 공연성의 개념에 관하여 전파성의 이론을 채택하고 있다.
ⓒ 명예훼손의 발언(피해자들이 전과가 많다는 내용)을 들은 사람들이 피해자들과는 일면식이 없다거나 이미 피해자들의 전과사실을 알고 있었다고 하더라도 공연성 즉 발언이 전파될 가능성이 없다고 볼 수 없다(대법원 1993.3.23, 92도455). ⓜ '사실의 적시'에 해당하지 않는다(대법원 2008.10.9, 2007도1220). ⓑ 피고인이 다방에서 피해자와 동업관계로 친한 사이인 공소외인에 대하여 피해자의 험담을 한 경우에 있어서 다방내의 좌석이 다른 손님의 자리와 멀리 떨어져 있고 그 당시 공소외인은 피고인에게 왜 피해자에 관해서 그런 말을 하느냐고 힐책까지 한 사실이 있다면 전파될 가능성이 있다고 볼 수 없다(대법원 1984.2.28, 83도891).
ⓖ '(주)진로가 일본 아사히 맥주에 지분이 50% 넘어가 일본 기업이 됐다'는 부분은 가치중립적인 표현으로서, 우리나라와 일본의 특수한 역사적 배경과 소주라는 상품의 특수성 때문에 '참이슬'소주를 생산하는 피해자 회사의 대주주 내지 지배주주가 일본 회사라고 적시하는 경우 일부 소비자들이 '참이슬'소주의 구매에 소극적이 될 여지가 있다 하더라도 이를 사회통념상 피해자 회사의 사회적 가치 내지 평가가 침해될 가능성이 있는 명예훼손적 표현이라고 볼 수 없다(대법원 2008.11.27, 2008도6728). ⓛ 대법원 1981.10.27, 81도1023 참조. ⓡ 대법원 2003.11.28, 2003도3972의 내용이다. 〈답 ⑥〉

5. 명예훼손죄와 관련된 설명으로 옳은 것은? (다툼이 있는 경우에는 판례에 의함)

ⓖ 진실인 사실을 공연히 유포하여 타인의 신용을 훼손한 경우 명예훼손죄와 신용훼손죄의 상상적 경합범이 성립한다.

ⓛ 신문기자에게 경쟁자의 명예를 훼손하는 내용의 사실을 알려주었으나 신문기자는 기사거리가 넘쳐 이를 기사화하지 않은 경우 출판물에 의한 명예훼손죄의 미수범이 성립한다.

ⓒ 비록 허위의 사실을 적시하였더라도 그 허위의 사실이 특정인의 사회적 가치 내지 평가를 침해할 수 있는 내용이 아니라면 형법 제

307조 소정의 명예훼손죄는 성립하지 않는다.
㉣ 개인 블로그의 비공개 대화방에서 상대방으로부터 비밀을 지키겠다는 말을 듣고 일대일로 대화하였다면 대화 상대방이 대화내용을 불특정 또는 다수에게 전파할 가능성이 없다고 할 수 있으므로, 명예훼손죄의 요건인 공연성을 인정할 여지가 없다.
㉤ 어느 사람에게 귀엣말 등 그 사람만 들을 수 있는 방법으로 그 사람 본인의 사회적 가치 내지 평가를 떨어뜨릴 만한 사실을 이야기하였다고 하더라도 그 사람이 들은 말을 스스로 다른 사람들에게 전파하였다면 명예훼손죄의 구성요건인 공연성이 인정된다.
㉥ 명예훼손행위가 진실한 사실로서 오로지 공공의 이익에 관한 것인 경우 그 위법성이 조각되는데, 그 조각사유에 대한 증명은 엄격한 증거에 의하여야 하는 것은 아니므로 그 증명에 전문증거에 대한 증거능력의 제한을 규정한 형사소송법 제310조의2는 적용될 여지가 없다.

① ㉠ ㉡ ② ㉡ ㉢ ③ ㉢ ㉥
④ ㉠ ㉡ ㉥ ⑤ ㉢ ㉣ ㉥ ⑥ ㉢ ㉤ ㉥

해설

㉠(×) 신용훼손죄는 허위의 사실을 유포하거나 기타 위계로써 사람의 신용을 훼손함으로써 성립하는 범죄이므로(제313조) 진실인 사실을 유포한 때에는 명예훼손죄만이 성립한다.
㉡(×) 판례는 기자를 통하여 사실을 적시하는 경우에 기자가 기사화하여 보도하지 않은 때에는 공연성이 인정되지 않는다고 판시하였다(대법원 2000.5.16, 99도5622).
㉢(○) 명예훼손죄가 성립하기 위하여는 사실의 적시가 있어야 하고, 적시된 사실은 이로써 특정인의 사회적 가치 내지 평가가 침해될 가능성이 있을 정도로 구체성을 띠어야 하는 것이며, 비록 허위의 사실을 적시하였더라도 그 허위의 사실이 특정인의 사회적 가치 내지 평가를 침해할 수 있는 내용이 아니라면 형법 제307조 소정의 명예훼손죄는 성립하지 않는다(대법원 2007.6.15, 2004도4573).
㉣(×) 개인 블로그의 비공개 대화방에서 상대방으로부터 비밀을 지키겠다는 말을 듣고 일대일로 대화하였다고 하더라도, 그 사정만으로 대화 상대방이 대화내용을 불특정 또는 다수에게 전파할 가능성이 없다고 할 수 없으므로, 명예훼손죄의 요건인 공연성을 인정할 여지가 있다(대법원 2008.2.14, 2007도8155).
㉤(×) 불특정 또는 다수인에게 전파될 가능성이 있다고 볼 수 없어 명예훼손의 구성요건인 공연성을 충족하지 못하는 것이다(대법원 2005.12.9, 2004도2880).
㉥(○) 대법원 1996.10.25, 95도1473의 내용과 일치한다. 〈답 ③〉

6. 출판물 등에 의한 명예훼손죄에 관한 다음의 기술 중 판례의 태도가 아닌 것은?

① 형법 제310조(위법성조각사유)가 본죄의 행위에는 적용되지 아니한다.
② 신문이나 월간지 등 언론매체의 기사 중에 특정인의 사회적 가치나 평

가를 저하시키기에 충분한 구체적인 사실의 적시가 있다고 하기 위해서는, 그러한 구체적인 사실이 기사내용 중에 직접적으로 명시되어 있어야 한다.

③ 가로 약 25cm, 세로 약 30cm되는 모조지 위에 싸인펜으로 특정인의 인적사항·인상·말씨 등을 기재하고 위 사람은 정신분열증 환자로서 무단가출하였으니 연락해 달라는 취지의 내용을 기재한 광고문은 형법 제309조에서 말하는 출판물에 해당한다고 보기 어렵다.

④ 출판물에 의한 명예훼손죄는 간접정범에 의하여도 가능한바, 정을 모르는 기자에게 허위의 기사를 제공하여 신문에 보도케 한 경우에도 본죄가 성립한다.

⑤ 개인의 사적인 신상에 관하여 방송·잡지 등에 적시된 사실도 그 적시의 주요한 동기가 공공의 이익을 위한 것이라면 형법 제310조 소정의 공공의 이익에 관한 것으로 볼 수 있다.

해설

② 신문이나 월간지 등 언론매체의 기사 중에 특정인의 사회적 가치나 평가를 저하시키기에 충분한 구체적인 사실의 적시가 있다고 하기 위해서는, 반드시 그러한 구체적인 사실이 기사내용 중에 직접적으로 명시되어 있을 것을 요구하는 것은 아니지만, 적어도 기사내용 중의 특정 문구에 의하여 그러한 사실이 곧바로 유추될 수 있을 정도의 표현은 있어야 한다(대법원 2007.6.15, 2004도4573).

① 대법원 1969.9.23, 69도1662, ③ 대법원 1986.3.25, 85도1143, ④ 대법원 1994.4.12, 93도3535, ⑤ 대법원 1996.4.12, 94도3309와 각각 일치한다. 〈답 ②〉

대법원 1998.10.9, 97도158 형법 제309조 1항 소정의 '기타 출판물'에 해당한다고 하기 위하여는, 사실적시의 방법으로서 출판물 등을 이용하는 경우 그 성질상 다수인이 견문할 수 있는 높은 전파성과 신뢰성 및 장기간의 보존가능성 등 피해자에 대한 법익침해의 정도가 더욱 크다는 데 그 가중처벌의 이유가 있는 점에 비추어 보면, 그것이 등록·출판된 제본인쇄물이나 제작물이 아니라고 할지라도 적어도 그와 같은 정도의 효용과 기능을 가지고 사실상 출판물로 유통·통용될 수 있는 외관을 가진 인쇄물로 볼 수 있어야 한다. 형법 제309조 1항 소정의 '사람을 비방할 목적'이란 가해의 의사 내지 목적을 요하는 것으로서 공공의 이익을 위한 것과는 행위자의 주관적 의도의 방향에 있어 서로 상반되는 관계에 있다고 할 것이므로, 형법 제310조의 공공의 이익에 관한 때에는 처벌하지 아니한다는 규정은 사람을 비방할 목적이 있어야 한다는 형법 제309조 1항 소정의 행위에 대하여는 적용되지 아니하고 그 목적을 필요로 하지 않는 형법 제307조 1항의 행위에 한하여 적용되는 것이고, 반면에 적시한 사실이 공공의 이익에 관한 것인 경우에는 특별한 사정이 없는 한 비방 목적은 부인된다고 봄이 상당하므로 이와 같은 경우에는 형법 제307조 1항 소정의 명예훼손죄의 성립 여부가 문제될 수 있고 이에 대하여는 다시 형법 제310조에 의한 위법성조각 여부가 문제로 될 수 있다.

7. 숙박업소의 인 · 허가를 담당하는 공무원 甲은 A에게 2,000만원의 채무를 지고 있던 중, 새로 숙박업을 하려는 乙이 甲에게 접근하여 1,000만원을 은밀히 제공하려고 하자 차라리 A에게 직접 건네주라고 말하였다. 乙은 甲의 말대로 A의 은행계좌로 1,000만원을 송금하였다. 그후 담당공무원이 변경되어 甲의 업무를 공무원 B가 담당하게 되었다. 乙과 경쟁관계에 있는 丙은 乙이 공무원 B에게 2,000만원을 주었다는 소문을 사실로 알고 乙의 숙박업을 못하게 할 목적으로 민영텔레비전 방송사 기자인 丁에게 이러한 내용을 제보하였으며, 丁은 특종이라고 판단하여 별다른 확인 없이 방송하였다. 이에 관한 다음 [보기]의 기술 중 옳은 것으로 짝지어진 것은? (다툼이 있는 경우에는 판례에 의함) <사시 2007년: 배점 3>

> [보기]
> ㉠ 甲은 제3자인 乙에게 뇌물을 제공하게 하였으므로 제3자 뇌물제공죄를 범한 것이나, 부정한 청탁의 존부가 문제될 수 있다.
> ㉡ 甲은 부정한 청탁이 없다고 하여도 대가관계만 인정된다면 수뢰죄로 처벌될 수 있다.
> ㉢ 丙은 허위의 사실을 적시하여 B의 명예를 훼손하였으므로 허위사실 적시 명예훼손죄에 해당한다.
> ㉣ 丁은 사실확인 없이 허위의 사실을 보도하였으므로 진실이라고 믿은 데에 상당한 이유가 있음을 입증하지 못하는 한 명예훼손죄의 위법성이 조각되지 않는다.

① ㉠ ㉡ ② ㉠ ㉢ ③ ㉡ ㉢
④ ㉡ ㉣ ⑤ ㉢ ㉣

해설

㉠(×) 공무원이 직접 뇌물을 받지 아니하고 증뢰자로 하여금 다른 사람에게 뇌물을 공여하도록 한 경우, 그 다른 사람이 공무원의 사자 또는 대리인으로서 뇌물을 받은 경우나 그 밖에 예컨대, 평소 공무원이 그 다른 사람의 생활비 등을 부담하고 있었다거나 혹은 그 다른 사람에 대하여 채무를 부담하고 있었다는 등의 사정이 있어서 그 다른 사람이 뇌물을 받음으로써 공무원은 그만큼 지출을 면하게 되는 경우 등 사회통념상 그 다른 사람이 뇌물을 받은 것을 공무원이 직접 받은 것과 같이 평가할 수 있는 관계가 있는 경우에는 형법 제130조의 제3자 뇌물제공죄가 아니라, 형법 제129조 1항의 뇌물수수죄가 성립한다(대법원 2004.3.26, 2003도8077).
㉡(○) 단순수뢰죄(제129조 1항)는 부정한 청탁을 구성요건으로 하지 않는다.
㉢(×) 적시사실이 허위라는 점에 대한 인식이 없었으므로 형법 제15조 1항에 의해 사실적시 명예훼손죄가 성립할 수 있을 뿐이다.
㉣(○) 공연히 사실을 적시하여 사람의 명예를 훼손한 행위가 처벌되지 않기 위하여는 적시된 사실이 객관적으로 볼 때 공공의 이익에 관한 것으로서 행위자도 공공의 이익을 위하여 그 사실을 적시한 것이어야 될 뿐만 아니라, 그 적시된 사실이 진실한 것이거나 적어도 행위자가 그 사실을 진실한 것으로 믿었고, 또 그렇게 믿을 만한 상당한 이유가 있어야 하며(대법원 2002.9.24, 2002도3570), 진실한 사실로서 오로지 공공의 이익에 관

한 때에 해당된다는 점을 행위자가 증명하여야 하는 것이고, 법원이 적법하게 증거를 채택하여 조사한 다음 형법 제310조 소정의 위법성조각사유의 요건이 입증되지 않는다면 그 불이익은 피고인이 부담하는 것이다(대법원 2004.5.28, 2004도1497). 〈답 ④〉

8. 다음 설명 중 옳은 것을 모두 고르면? (다툼이 있는 경우에는 판례에 의함)

> ㉠ 甲은 최근에 사망한 소설가 乙이 얼마 전에 건강하다고 생각하였기 때문에 사망을 의심하였지만 乙의 소설은 도작이라고 모 신문에 발표하였다. 그 후에 밝혀진 바에 의하면 도작임이 판명되었다. 甲은 명예훼손죄를 범한 것이다.
> ㉡ 사익적 목적이나 동기가 있는 때에는 형법 제310조의 공익성이 인정되지 않는다.
> ㉢ 인터넷 게시판에 게시한 글들 중 '듣보잡', '함량미달', '함량이 모자라도 창피한 줄 모를 정도로 멍청하게 충성할 사람', '싼 맛에 갖다 쓰는 거죠', '비욘 드보르잡', '개집' 등이라고 한 부분은 피해자의 사회적 평가를 저하시킬 만한 추상적 판단이나 경멸적 감정을 표현한 것으로서 모욕적인 언사에 해당한다.
> ㉣ 甲은 乙이 동성애자가 아님에도 불구하고 인터넷 사이트에 7회에 걸쳐 乙이 동성애자라는 내용의 글을 게재하였다. 동성애자라는 사실은 가치중립적인 표현이므로 甲은 명예훼손죄를 범한 것이 아니다.
> ㉤ 회사의 대표이사에게 압력을 가하여 단체협상에서 양보를 얻어내기 위한 방법의 하나로 현수막과 피켓을 들고 확성기를 사용하여 반복해서 불특정다수의 행인을 상대로 소리치면서 거리행진을 함으로써 대표이사의 명예를 훼손한 행위는 위법성이 조각된다.

① ㉢ ② ㉠ ㉡ ③ ㉢ ㉣
④ ㉠ ㉣ ㉤ ⑤ ㉢ ㉣ ㉤

해설

㉠(×) 사자에 대한 명예훼손죄가 성립하기 위하여는 공연히 허위의 사실을 적시하여야 한다(제308조).

㉡(×) 다수설은 형법 제310조의 오로지 공공의 이익에 관한 것이란 반드시 이를 유일한 동기로 하는 경우에 제한되는 것이 아니라 주로 그것이 동기가 된 경우라면 족하다고 해석한다. 판례도 행위자의 주요한 목적이나 동기가 공공의 이익을 위한 것이라면 부수적으로 사익적 목적이나 동기가 내포되어 있더라도 형법 제310조의 적용을 배제할 수 없다고 한다(대법원 1996.10.25, 95도1473).

㉢(○) 대법원 2011.12.22, 2010도10130 참조.

㉣(×) 어떤 표현이 명예훼손적인지 여부는 그 표현에 대한 사회통념에 따른 객관적 평가에 의하여 판단하여야 하므로 가치중립적인 표현을 사용하였다 하더라도 사회통념상 그로 인하여 특정인의 사회적 평가가 저하되었다고 판단된다면 명예훼손죄가 성립할 수 있다(대법원 2007.10.25, 2007도5077).

ⓜ(×) 대법원 2004.10.15, 2004도3912(공공의 이익을 위하여 사실을 적시한 것으로 볼 수 없어) 참조. 〈답 ①〉

9. 다음 사례들에 대한 죄책으로 인정될 수 없는 것은? (다툼이 있는 경우에는 판례에 의함) <사시 2005년>

사례 1: 수사과정에서 수사경찰관으로부터 고문, 폭행, 협박을 받았다는 허위의 사실을 다른 사람 4인에게 순차적으로 유포한 행위
사례 2: 망인의 사망사실을 알면서 그 사람은 사망한 것이 아니고 빚 때문에 도망다니며 죽은 척하는 나쁜 놈이라고 공연히 허위의 사실을 적시한 경우
사례 3: 의사가 의료기기 회사와의 분쟁을 정치적으로 해결하기 위하여 국회의원에게 해당 의료기기 회사에 관하여 권력비호와 특혜금융 및 의료기기의 성능이 좋지 않다는 허위의 사실을 제보하였을 뿐인데, 위 국회의원의 예상치 못한 발표로 그 사실이 일간신문에 게재된 경우에 의사의 행위
사례 4: 동네사람 4명과 구청직원 2명 등이 있는 자리에서 피해자가 듣는 가운데 구청직원에게 피해자를 가리키면서 '저 망할년 저기 오네'라고 피해자를 경멸하는 욕설 섞인 표현을 한 경우
사례 5: 교수가 학생들 앞에서 직접적으로 표현하지는 아니하였지만 간접적이고 우회적인 표현으로 피해자의 이성관계에 관한 진실한 사실을 암시하는 발언을 행한 경우

① 허위사실적시 명예훼손죄 ② 진실사실적시 명예훼손죄
③ 사자명예훼손죄 ④ 출판물에 의한 명예훼손죄
⑤ 모욕죄

해설 ....

사례 1: 허위사실적시 명예훼손죄에 해당한다(대법원 1985.12.10, 84도2380).
사례 2: 사자명예훼손죄는 사자에 대한 사회적·역사적 평가를 보호법익으로 하는 것이므로 그 구성요건으로서의 사실의 적시는 허위의 사실일 것을 요하는바, 피고인이 사망자의 사망사실을 알면서 위 망인은 사망한 것이 아니고 빚 때문에 도망다니며 죽은 척하는 나쁜 놈이라고 함은 공연히 허위의 사실을 적시한 행위로서 사자의 명예를 훼손하였다고 볼 것이다(대법원 1983.10.25, 83도1520).
사례 3: 출판물에 의한 명예훼손죄는 간접정범에 의하여 범하여질 수도 있으므로 타인을 비방할 목적으로 허위의 기사재료를 그 정을 모르는 기자에게 제공하여 신문 등에 보도되게 한 경우에도 성립할 수 있으나 제보자가 기사의 취재·작성과 직접적인 연관이 없는 자에게 허위의 사실을 알렸을 뿐인 경우에는, 제보자가 피제보자에게 그 알리는 사실이 기사화되도록 특별히 부탁하였다거나 피제보자가 이를 기사화할 것이 고도로 예상되는 등의 특별한 사정이 없는 한, 피제보자가 언론에 공개하거나 기자들에게 취재됨으로써 그 사실이 신문에 게재되어 일반 공중에게 배포되더라도 제보자에게 출판·배포된 기사에 관하여 출판물에 의한 명예훼손죄의 책임을 물을 수는 없고(대법원 2002.6.28, 2000도3045), 허위사실적시 명예훼손죄가 성립할 뿐이다.
사례 4: 동네사람 4명과 구청직원 2명 등이 있는 자리에서 피해자가 듣는 가운데 구청직원에게 피해자를 가리키면서 '저 망할년 저기 오네'라고 피해자를 경멸하는 욕설 섞인 표현을 하였다면 피해자를 모욕하였다고 볼 수 있다(대법원 1990.9.25, 90도873).
사례 5: 명예훼손죄에 있어서의 사실의 적시는 사실을 직접적으로 표현한 경우에 한정될 것은 아니고, 간접적이고 우회적인 표현에 의하더라도 그 표현의 전 취지에 비추어 그와 같은 사실의 존재를 암시하고, 또 이로써 특정인의 사회적 가치 내지 평가가 침해될 가능성이 있을 정도의 구체성이 있으면 족한 것이다(대법원 1991.5.14, 91도420). 따라서 진실사실적시 명예훼손죄가 성립한다.
결론적으로 출판물에 의한 명예훼손죄가 성립하지 않는다. 〈답 ④〉

10. 명예훼손죄와 관련된 甲의 죄책으로 옳게 연결된 것만 모두 모은 것은?

㉠ 甲은 정치인 乙을 비방할 목적으로 허위의 사실을 라디오 방송국에 투서하였다: 출판물에 의한 명예훼손죄(형법 제309조 2항)
㉡ 甲이 乙을 모욕할 고의로 다수의 사람이 있는 휴게실에서 '미친 년'이라고 하였으나 모두 자기들의 대화에 열중하여 아무도 인식하지 않았다: 무죄
㉢ 甲이 乙의 명예를 훼손할 고의로 허위인 사실을 진실로 오인하여 적시하였다: 명예훼손죄(형법 제307조 2항)
㉣ 변호사 甲은 형사재판에서 변론을 위해 乙에 대한 허위의 사실을 적시하였다: 무죄
㉤ 甲은 乙을 사자로 오인하고 공연히 허위의 사실을 적시하였지만 乙이 생존하고 있었다: 사자명예훼손죄(형법 제308조)
㉥ 甲은 乙의 명예를 훼손할 의사로 공연히 사실을 적시하였는데 乙이 이미 죽었다: 무죄
㉦ 甲은 乙을 사자로 오인하고 공연히 사실을 적시하였지만 乙이 생존하고 있었다: 사자명예훼손죄(형법 제308조)

① ㉣ ㉤ ② ㉤ ㉥ ③ ㉤ ㉥ ㉦
④ ㉠ ㉡ ㉤ ㉥ ⑤ ㉠ ㉢ ㉤ ㉦ ⑥ ㉡ ㉣ ㉤ ㉥

해설

㉠(×) 성립되지 않는다: 출판물에 의하여 사실을 적시함으로써 불특정 또는 다수인이 인식할 수 있는 상태에 이르러야 성립한다.
㉡(×) 모욕죄가 성립한다: 불특정 또는 다수인에게 인식 가능성이 있으면 족하다.
㉢(×) 제307조 1항: 2항의 결과가 발생하였지만 제15조 1항이 적용되어 1항의 죄책을 지게 된다.
㉣(×) 변론을 위해서도 허위사실을 적시하는 것은 권리남용으로 위법성이 조각되지 않고 명예훼손죄(제307조 2항)가 성립한다.
㉤(○) 제307조 2항에 해당하지만 제15조 1항에 의해 사자명예훼손죄가 성립한다.

ⓑ(○) 사자에 대한 사실적시는 처벌되지 않으며, 제307조 1항의 불능미수가 될 수 있지만 미수범을 처벌하지 않으므로 무죄이다.
ⓢ(×) 과실에 의해 제307조 1항을 실현했지만 과실범을 처벌하지 않으므로 무죄이다.

〈답 ②〉

11. 명예에 관한 죄에 대한 다음 설명 중 옳지 않은 것을 모두 고른 것은? (다툼이 있는 경우에는 판례에 의함) <사시 2010년: 배점 3>

가. 기자를 통해 사실을 적시하는 경우에는 기사화되어 보도되어야만 적시된 사실이 외부에 공표된다고 보아야 할 것이므로 기자가 취재를 한 상태에서 아직 기사화하여 보도하지 아니한 경우에는 공연성이 없다.
나. 이혼소송 계속 중인 처가, 이혼소송 과정에서 남편에게 유리한 증거자료를 작성하여 주었던 남편의 친구에게 서신을 보내면서 남편의 명예를 훼손하는 문구가 기재된 별도의 서신을 동봉한 경우에는 공연성이 없다.
다. 甲은 시청 산림과 소속 공무원 乙이 이웃사람의 불법 산림훼손 사실을 잘못 조사하자, 경찰관에게 乙을 직무유기로 처벌해 달라고 진정하였고, 경찰관은 내사 결과 직무유기혐의가 없다고 판단하여 내사를 종결하였다. 이에 불만을 품은 甲이 시청 공무원들 6명이 듣고 있는 자리에서 "사건을 조사한 경찰관에 대하여 내일 구속영장이 발부될 것이다"고 말한 경우, 이는 사실적시이기는 하지만 현재나 과거의 사실을 적시한 것이 아니므로 명예훼손죄에 해당하지 않는다.
라. 허위사실적시에 의한 명예훼손죄에서 적시한 사실이 허위이면 그것이 사회적 평가를 저하시킬 수 있는 성질의 것인가는 문제되지 않는다.
마. 신문기자가 오로지 공공의 이익을 위하여 공무원의 공금 1백만원 횡령사실을 보도하였으나 실제 횡령액수는 95만원이었을 경우, 신문기자에게는 그 공무원에 대하여 허위사실적시에 의한 명예훼손죄가 성립한다.
바. 타인을 비방하는 내용의 컴퓨터 워드프로세서로 작성되어 프린트된 A4용지 7쪽 분량의 인쇄물을 여러 사람에게 배부한 경우 출판물에 의한 명예훼손죄가 성립하지 않는다.

① 나 다 라 ② 다 라 마 ③ 다 라 바
④ 라 마 바 ⑤ 다 라 마 바 ⑥ 가 나 다 라 마

해설

가(○) 대법원 2000.5.16, 99도5622.

나(○) 대법원 2000.2.11, 99도4579.

다(×) 피고인이 경찰관을 상대로 진정한 사건이 혐의가 인정되지 않아 내사종결 처리되었음에도 불구하고 공연히 '사건을 조사한 경찰관이 내일부로 검찰청에서 구속영장이 떨어진다'고 말한 것은 현재의 사실을 기초로 하거나 이에 대한 주장을 포함하여 장래의 일을 적시한 것으로 볼 수 있어 명예훼손죄에 있어서의 사실의 적시에 해당한다(대법원 2003.5.13, 2002도7420).

라(×) 비록 허위의 사실을 적시하였더라도 그 허위의 사실이 특정인의 사회적 가치 내지 평가를 침해할 수 있는 내용이 아니라면 형법 제307조 소정의 명예훼손죄는 성립하지 않는다(대법원 2009.9.24, 2009도6687).

마(×) 형법 제307조 2항을 적용하기 위하여 적시된 사실이 허위의 사실인지 여부를 판단하는 경우, 적시된 사실의 내용 전체의 취지를 살펴볼 때 중요한 부분이 객관적 사실과 합치되면 세부에 있어서 진실과 약간 차이가 나거나 다소 과장된 표현이 있다 하더라도 이를 허위의 사실이라고 볼 수 없다(대법원 2008.10.9, 2007도1220).

바(○) 대법원 2000.2. 11, 99도3048. 〈답 ②〉

12. 모욕죄에 대한 설명 중 옳지 않은 것을 모두 고르면? (다툼이 있는 경우에는 판례에 의함)

> ㉠ 자기의 일기장에 '甲은 곰 같은 놈이다'라고 써서 소지하고 있었다. 모욕죄가 성립한다.
> ㉡ 다방에서 모르는 사람들 앞에서 甲에게 '도둑놈', '죽일놈'이라고 욕설을 퍼부었다. 모욕죄가 성립한다.
> ㉢ '애꾸눈', '병신'이라고 말한 경우도 모욕에 해당한다.
> ㉣ '아무것도 아닌 똥꼬다리 같은 놈이 잘 운영되어 가는 어촌계를 파괴하려 한다'고 한 것은 사실의 적시에 해당하지 않으므로 모욕에 해당한다.
> ㉤ '부모가 그런 식이니 자식도 그런 것이다'라고 한 것은 모욕에 해당한다.
> ㉥ 임차인대표회의의 전임회장을 비판하며 "전 회장의 개인적인 의사에 의하여 주택공사의 일방적인 견해에 놀아나고 있기 때문에"라고 한 표현은 전체 문언상 모욕죄의 '모욕'에 해당하지 않는다.

① ㉠ ② ㉠ ㉣ ③ ㉠ ㉤
④ ㉡ ㉣ ⑤ ㉠ ㉡ ㉣ ⑥ ㉠ ㉡ ㉤
⑦ ㉣ ㉤ ㉥ ⑧ ㉡ ㉣ ㉤ ㉥

해설

㉠(×) 일기장에 곰 같은 놈이라고 적어둔 것만으로는 공연성이 인정되지 않는다.

㉡(○) '도둑놈', '죽일놈'이라고 욕설하는 것은 경멸의 의사를 표현한 것이다(대법원 1961.2.24, 4293형상864).

㉢(○) 대법원 1994.10.25, 94도1770.

㉣(○) 대법원 1989.3.14, 88도1397.

㉤(×) '부모가 그런 식이니 자식도 그런 것이다'와 같은 표현으로 인하여 상대방의 기분이 다소 상할 수 있다고 하더라도 그 내용이 너무나 막연하여 그것만으로 곧 상대방의 명예감정을 해하여 형법상 모욕죄를 구성한다고 보기는 어렵다(대법원 2007.2.22, 2006도8915).
㉥(○) 대법원 2008.12.11, 2008도8917. 〈답 ③〉

13. 명예훼손죄에 관한 설명 중 옳지 않은 것을 모두 고른 것은? (다툼이 있는 경우에는 판례에 의함) <사시 2012년: 배점 4>

ㄱ. 객관적으로 피해자의 사회적 평가를 저하시키는 사실에 관한 보도내용이 소문이나 제3자의 말, 보도를 인용하는 방법으로 단정적인 표현이 아닌 전문(傳聞) 또는 추측한 것을 기사화한 형태로 표현하였지만, 그 표현 전체의 취지로 보아 그 사실이 존재할 수 있다는 것을 암시하는 방식으로 이루어진 경우에는 사실을 적시한 것이라고 보아야 한다.
ㄴ. 위 'ㄱ'과 같은 보도가 이루어진 경우 객관적으로 피해자의 명예를 훼손하는 보도내용에 해당하는지, 그 내용이 진실한지, 거기에 피해자를 비방할 목적이 있는지, 보도내용이 공공의 이익에 관한 것인지 여부는 원칙적으로 소문이나 제3자의 말, 인용된 보도의 존부 자체를 기준으로 하여 결정되어야 한다.
ㄷ. 명예훼손 행위가 진실한 사실로서 오로지 공공의 이익에 관한 때에는 형법 제310조(위법성의 조각)에 따라 처벌할 수 없는데, 여기서 '진실한 사실'이란 그 내용 전체의 취지를 살펴볼 때 중요한 부분이 객관적 사실과 합치되는 사실이라는 의미로서 세부(細部)에 있어 진실과 약간 차이가 나거나 과장된 표현이 있더라도 무방하다.
ㄹ. 적시된 사실이 진실한 것이라는 증명이 없을 경우에는 행위자가 진실한 것으로 믿었고 또 그렇게 믿을 만한 상당한 이유가 있었다고 할지라도 형법 제310조가 적용될 수 없다.
ㅁ. 적시된 사실이 공공의 이익에 관한 것인지 여부와 관련하여 '피해자가 공무원 내지 공적 인물과 같은 공인(公人)인지 아니면 사인(私人)인지 여부'는 그 판단기준에 해당하나, '피해자가 명예훼손적 표현의 위험을 자초한 것인지 여부'는 그 판단기준에 해당하지 아니한다.
ㅂ. 형법 제310조의 법적 성격을 거증책임의 전환규정이라고 보는 견해에 의하면 적시사실의 진실성 및 공익관련성의 존부에 대한 거증책임은 피고인이 아니라 검사에게 있다.

① ㄱ ㄴ ② ㄴ ㄷ ③ ㄴ ㄹ ㅂ
④ ㄴ ㅁ ㅂ ⑤ ㄱ ㄷ ㄹ ㅁ ⑥ ㄴ ㄹ ㅁ ㅂ
⑦ ㄱ ㄴ ㄷ ㄹ ㅁ ⑧ ㄴ ㄷ ㄹ ㅁ ㅂ

해설

㉠(○) 대법원 2008.11.27, 2007도5312.

㉡(×) 그리고 이러한 보도내용으로 인한 형법 제307조 1항·2항과 구 정보통신망 이용촉진 및 정보보호 등에 관한 법률(2007.12.21. 법률 제8778호로 개정되기 전의 것) 제61조 1항·2항 등에 의한 명예훼손죄의 성립 여부나 형법 제310조의 위법성조각상유의 존부 등을 판단할 때, 객관적으로 피해자의 명예를 훼손하는 보도내용에 해당하는지, 그 내용이 진실한지, 거기에 피해자를 비방할 목적이 있는지 보도내용이 공공의 이익에 관한 것이지 여부 등은 원칙적으로 그 보도내용의 주된 부분인 암시된 사실 자체를 기준으로 살펴보아야 한다. 그 보도내용에 인용된 소문 등의 내용이나 표현방식, 그 신빙성 등에 비추어 암시된 사실이 무엇이고 그것이 진실인지 여부 등에 대해 구체적으로 심리·판단하지 아니한 채 그러한 소문, 제3자의 말 등의 존부에 대한 심리·판단만으로 바로 이를 판단해서는 안 된다(대법원 2008.11.27, 2007도5312).

㉢(○) 대법원 2001.10.9, 2001도3594; 대법원 2007.12.14, 2006도2074.

㉣(×) 적시된 사실이 진실한 것이라는 증명이 없더라도 행위자가 진실한 것으로 믿었고 또 그렇게 믿을 만한 상당한 이유가 있는 경우에는 위법성이 없다고 보아야 할 것이다(대법원 1996.8.23, 94도3191; 대법원 2007.12.14, 2006도2074).

㉤(×) 적시한 사실이 공공의 이익에 관한 것인지 여부는 당해 명예훼손적 표현으로 인한 피해자가 공무원 내지 공적 인물과 같은 공인인지 아니면 사인에 불과한지, 그 표현이 객관적으로 국민이 알아야 할 공공성·사회성을 갖춘 공적 관심 사안에 관한 것으로 사회의 여론형성 내지 공개토론에 기여하는 것인지 아니면 수순한 사적인 영역에 속하는 것인지, 피해자가 그와 같은 명예훼손적 표현의 위험을 자초한 것인지, 그리고 그 표현에 의하여 훼손되는 명예의 성격과 침해의 정도, 그 표현의 방법과 동기 등의 여러 사정에 비추어 판단하여야 할 것이다(대법원 2009.6.11, 2009도156).

㉥(×) 형사소송에서 거증책임은 원칙적으로 검사에게 있으므로 거증책임전환규정이라는 견해에 의하면 피고인(행위자)이 진실성과 공익성을 증명하여야 할 것이다. 판례(대법원 1996.10.25, 95도1473; 대법원 2007.5.10, 2006도8544)는, "적시된 사실이 진실한 사실로서 오로지 공공의 이익에 관한 때에 해당한다는 점은 행위자가 증명하여야 한다."고 한다.

〈답 ⑥〉

14. 지방자치단체장 선거에 출마한 甲은 상대후보 A의 도덕성에 치명적 타격을 줄 수 있는 허위의 사실을 지역신문기자 乙에게 제보하였다. 乙은 제보의 사실 여부를 자세히 확인하지 아니한 채, 이를 진실로 여기고 지역주민들의 중요한 알 권리를 위해서 지역신문에 기사화하였다. 이 사례를 위법성조각사유의 전제사실에 관한 착오로 보아 해결할 경우 옳은 설명을 모두 고른 것은? (「공직선거법」 위반은 논외로 함) <변호사 2013년>

가. 엄격책임설에 의하면 乙은 출판물에 의한 허위사실 적시 명예훼손죄(제309조 2항)의 간접정범으로 처벌된다. 나. 제한적 책임설 중 법효과제한적 책임설에 의하면 乙은 진실한 사실 적시 명예훼손죄(제307조 1항)로 처벌된다. 다. 제한적 책임설 중 유추적용설에 의하면 甲은 乙이 범한 진실한 사실 적시 명예훼손죄(제307조 1항)에 대한 교사범으로 처벌된다.

① 나 ② 다 ③ 가 다 ④ 나 다 ⑤ 없음

해설

사례의 경우 乙은 착오로 허위사실적시 명예훼손에 대한 인식이 없으므로 제15조 1항이 적용되어 사실적시 명예훼손죄인 제307조 1항의 구성요건에 해당한다.
가(×) 엄격책임설은 위법성조각사유의 전제사실에 관한 착오를 법률의 착오로 보므로 제16조에 의해 착오에 정당한 이유가 있으면 책임이 조각된다. 사례에서 乙은 제보의 사실 여부를 자세히 확인하지 아니하였으므로 착오에 관하여 정당한 이유가 없다. 따라서 乙은 형법 제307조 1항 명예훼손죄의 직접정범이다.
나(×) 법효과제한적 책임설에 의하면 乙에게는 고의불법 · 과실책임이 인정되는데, 명예훼손죄는 과실범 처벌규정이 없으므로 무죄이다.
다(×) 유추적용설에 의하면 乙은 과실범으로 구성요건해당성이 없고, 어느 종속형식에 의하든 甲은 교사범이 될 수 없다. 甲은 출판물에 의한 명예훼손죄의 간접정범이 성립할 수 있을 뿐이다. 〈답 ⑤〉

15. <보기> 중 (a)~(c)의 [해결]은 ㉠~㉣의 [견해]에 따라 [사례]에 대한 甲의 형사책임을 제시한 것이다. 올바르게 연결한 것을 모두 고른 것은?

<사시 2013년: 배점 4>

〈보기〉
[사례]
신문기자 甲은 평소 잘 알고 지내던 乙로부터, K건설회사의 비리가 담겨 있는 서류를 넘겨받아, 추가조사를 하였다면 허위의 사실임을 알 수 있었음에도 불구하고 별도로 추가조사를 진행하지 않은 채 평소 乙의 태도를 신뢰하여 그 서류에 기재된 내용이 진실한 것으로 믿고, 이전부터 사회적 물의를 일으켜 온 K회사의 비리를 밝혀 공익을 실현할 수 있는 좋은 기회라고 생각하고는 그 서류의 내용을 기사로 작성하여 신문에 게재하였다. 이후 甲의 행위가 공익에 관한 것임은 인정되었으나 위 서류의 내용은 허위임이 밝혀졌다. (다만, 甲에게 '비방의 목적'이 있었는지 여부는 판례의 태도에 의함)
[견해]
㉠ 금지착오의 일종으로 보아 해결을 시도하는 견해
㉡ 구성요건착오를 유추적용하여 해결을 시도하는 견해
㉢ 행위자의 성실한 검토의무를 주관적 정당화요소로 인정하여 해결을 시도하는 견해
㉣ 행위자가 허위의 사실을 진실한 것으로 믿은 데 상당한 이유가 있는지 여부에 따라 해결을 시도하는 견해
[해결]
(a) 무죄
(b) 명예훼손죄(형법 제307조 1항)
(c) 출판물에 의한 명예훼손죄(형법 제309조 1항)

① ㉠-(c), ㉡-(a), ㉢-(c), ㉣-(a)
② ㉠-(a), ㉡-(a), ㉢-(b), ㉣-(b)
③ ㉠-(c), ㉡-(a), ㉢-(c), ㉣-(c)
④ ㉠-(b), ㉡-(b), ㉢-(b), ㉣-(b)
⑤ ㉠-(b), ㉡-(a), ㉢-(b), ㉣-(b)

해설

사례에서 甲은 공공의 이익을 위해 허위사실을 경솔하게 진실한 것으로 믿고 신문에 게재하였다. 우선 출판물에 의한 명예훼손죄가 문제되는바, 동죄가 성립하려면 주관적 구성요건으로 비방의 목적이 있어야 하는데, 판례는 비방의 목적과 공공의 이익은 서로 상반되는 관계에 있다(대법원 2005.4.29, 2003도2137)고 하므로 甲에게 동죄는 성립하지 않는다. 다음으로 甲은 허위성에 대한 인식이 없었으므로 허위사실적시 명예훼손죄는 성립할 수 없고, 제15조 1항에 의해 사실적시 명예훼손죄의 구성요건에 해당한다. 그에 따라 제310조의 위법성조각 여부를 검토하여야 하는데, 甲이 진실성에 관하여 착오를 하였으므로 이것을 어떻게 취급할 것인가가 문제된다.
㉠ 위법성조각사유의 전제사실의 착오로서 금지착오의 일종으로 이해하는 견해를 엄격책임설이라고 한다. 이에 의하면 제16조에 의해 오인에 정당한 이유가 있으면 책임이 조각되고 정당한 이유가 없으면 고의범이 성립한다. 甲은 추가조사를 하지 않았으므로 정당한 이유가 없어 제307조 1항의 명예훼손죄가 성립[(b)]한다.
㉡ 위법성조각사유의 전제사실의 착오로서 구성요건착오를 유추적용하는 견해에 의하면, 甲의 고의가 조각되고 과실범은 처벌되지 않으므로 무죄[(a)]가 된다.
㉢ 진실성에 대한 성실한 검토가 있었다면 착오가 있더라도 위법성이 조각(즉 정당화)된다는 견해에 의하면, 甲은 성실한 검토(즉 추가조사)를 하지 않았으므로 위법성이 조각될 수 없다. 따라서 제307조 1항의 명예훼손죄가 성립[(b)]한다.
㉣ 판례의 입장(대법원 2007.12.14, 2006도2074)인데, 甲에게 상당한 이유가 없으므로 위법성이 조각되지 않고 제307조 1항의 명예훼손죄가 성립[(b)]한다. 〈답 ⑤〉

제 2 절 신용·업무와 경매에 관한 죄

1. 신용훼손죄에 관한 설명 중 옳지 않은 것을 모두 고르면? (다툼이 있는 경우에는 판례에 의함)

㉠ 명예훼손행위와 신용훼손행위는 불특정 또는 다수의 사람에게 행할 필요가 있다.
㉡ 명예훼손죄와 신용훼손죄는 현실로 사람의 사회적 평가나 신용을 훼손시킬 것을 요하지는 않는 위험범이다.
㉢ 불특정 또는 다수인에게 파산자인 甲의 파산에 관한 사실을 알린 경우 명예훼손죄는 성립하지만 신용훼손죄는 성립하지 않는다.
㉣ 하나의 행위로 죽은 사람의 명예와 신용을 훼손시킨 경우 적시한 사실의 내용에 따라 명예훼손죄는 성립할 수 있으나 신용훼손죄는 성

립하지 않는다.

① ㉠ ② ㉣ ③ ㉠ ㉢
④ ㉠ ㉣ ⑤ ㉡ ㉢

해설

㉠(×) 명예훼손행위는 불특정 또는 다수의 사람에게 행해져야 공연성의 요건을 충족한다(다만 판례는 이른바 전파성이론을 취하고 있다). 그러나 신용훼손행위는 공연성을 요하지 않는다. 따라서 특정인에게 하여도 무방하다.
㉡(○) 양자 모두 추상적 위험범으로 보는 것이 통설이다.
㉢(○) 진실을 알린 경우이므로 제307조 1항의 명예훼손죄만 성립하고 신용훼손죄는 성립하지 않는다.
㉣(○) 사자명예훼손죄와 신용훼손죄는 모두 허위사실을 적시한 경우에 한하여 성립한다. 따라서 적시한 사실의 내용이 진실한 경우에는 범죄가 성립하지 않는다. 사자는 명예의 주체가 될 수 있으나 신용의 주체가 될 수는 없다. 따라서 허위사실을 적시한 경우에는 사자명예훼손죄는 성립하지만 신용훼손죄는 성립할 수 없다. 〈답 ①〉

2. 신용훼손죄와 관련된 설명으로 옳지 않은 것은? (다툼이 있는 경우에는 판례에 의함)

① 편지의 내용 중 기본적인 사실이 진실이라 하더라도, 상당부분의 허위내용을 부가시킴으로써 신용훼손의 정도가 증가되었다면 신용훼손죄의 성립이 부정되는 것은 아니다.
② 건축설계자에게 제품변경을 요청하면서 '신기술 인정기간이 지나서 신기술 제품이 아닐 뿐더러 그 판매가격이 비싸므로 다른 제품으로 대체할 수 있게 해 달라'라는 취지의 문서를 보낸 경우, 정화조를 판매하는 회사의 지불능력이나 지불의사에 대한 사회적 신뢰를 저해한 것이 아니므로 신용훼손죄가 성립하지 않는다.
③ 퀵서비스 운영자가 배달업무를 하면서, 손님의 불만이 예상되는 경우에는 평소 경쟁관계에 있는 피해자 운영의 퀵서비스 명의로 된 영수증을 작성·교부함으로써 손님들로 하여금 불친절하고 배달을 지연시킨 사업체가 피해자 운영의 퀵서비스인 것처럼 인식하게 한 것은 신용훼손죄에 해당한다.
④ 피해자가 계주로서 계 불입금을 모아서 도망가더라도 책임지고 도와줄 사람이 없다는 취지의 말은 피해자에 대한 개인적 의견이나 평가를 진술한 것에 불과하여 허위사실의 유포라고 볼 수 없다.
⑤ 甲은 은행 앞으로 '乙이 대출금 이자를 연체하여 丙이 연체이자를 대납하였다'는 등의 허위내용을 기재한 편지를 보내어 은행으로 하여금 오인 또는 착각 등을 일으키게 한 경우 乙에 대한 신용훼손죄를 인정할

수 있다.

✍ 해설

③ 퀵서비스의 주된 계약내용이 신속하고 친절한 배달이라 하더라도, 그와 같은 사정만으로 위 행위가 피해자의 경제적 신용, 즉 지급능력이나 지급의사에 대한 사회적 신뢰를 저해하는 행위에 해당한다고 보기는 어려우므로, 신용훼손죄에 해당하지 않는다(대법원 2011.5.13, 2009도5549).
①⑤ 대법원 2006.12.7, 2006도3400, ② 대법원 2006.5.25, 2004도1313, ④ 대법원 1983.2.8, 82도2486(형법상 신용훼손죄에서 허위사실의 유포라 함은 객관적으로 진실과 부합하지 않는 과거 또는 현재의 사실을 유포하는 것으로서(미래의 사실도 증거에 의한 입증이 가능할 때에는 여기의 사실에 포함된다고 할 것이다) 피고인의 단순한 의견이나 가치판단을 표시하는 것은 이에 해당하지 않는다)의 내용이다. 〈답 ③〉

대법원 2006.12.7, 2006도3400 편지의 내용 중 기본적인 사실이 진실이라 하더라도, 상당부분의 허위내용을 부가시킴으로써 신용훼손의 정도가 증가된 이상 신용훼손죄의 성립에 영향이 생기는 것도 아니다. 피해자가 연체이자를 대납하였다는 허위의 내용을 기재한 편지를 은행에 송부한 행위는 은행의 오인 또는 착각 등을 일으켜 위계로써 피해자의 신용을 훼손한 경우에 해당한다.

3. 업무방해죄의 업무에 해당하지 않는 것을 모두 고르면? (판례에 의함)

㉠ 상사의 명에 따라 일시적으로 수행하는 업무 ㉡ 종중정기총회를 주재하는 종중회장의 의사진행업무 ㉢ 업무를 준비하기 위한 일시적 사무 ㉣ 주간의 공장조업이 끝난 후 야간에 당직근무자 등을 통한 공장출입자에 대한 통제업무 ㉤ 타인이 점유·경작하는 토지의 소유권자가 점유이전을 받지 못한 상태에서 내용증명을 발송한 후 하는 경작 ㉥ 새로운 전자제품 제조업무를 준비하기 위한 공장의 이전사무 ㉦ 구청장의 조경공사 촉구지시에 따라 건물 앞에서 하는 1회적인 조경공사

① ㉢ ㉥ ② ㉠ ㉤ ㉥ ③ ㉡ ㉢ ㉥
④ ㉡ ㉢ ㉦ ⑤ ㉤ ㉥ ㉦ ⑥ ㉢ ㉤ ㉥ ㉦
⑦ ㉡ ㉢ ㉣ ㉥ ㉦ ⑧ ㉢ ㉣ ㉤ ㉥ ㉦

✍ 해설

㉢ 대법원 1985.4.9, 84도300, ㉤ 대법원 1977.10.11, 77도2502(타인이 점유·경작하는 토지의 소유권자가 점유이전을 받지 못한 상태에서 내용증명을 발송한 후 경작하는 경우라도 정당한 업무집행행위라고 볼 수 없다), ㉥ 대법원 1989.9.12, 88도1752(새로운 전자제품 제조업무를 준비하기 위한 공장의 이전사무는 성질상 새로운 전자제품 제조업무를 준비하기 위한 일시적인 사무는 될지언정 전자제품 제조업무에 부수되는 계속성을 지닌 업무라고 볼 수 없으

므로 이러한 공장의 이전사무를 방해한 경우 업무방해죄는 성립하지 않는다), ㉦ 대법원 1993.2.9, 92도2929(계속적인 사업 또는 사무가 아니므로)은 업무에 해당하지 않는다고 하였다.

이에 반하여 ㉠ 대법원 1971.5.24, 71도399, ㉡ 대법원 1995.10.12, 95도1589(종중정기총회를 주재하는 종중회장의 의사진행업무 자체는 1회성을 갖는 것이라고 하더라도 그것이 종중회장으로서의 사회적인 지위에서 계속적으로 행하여 온 종중업무수행의 일환으로 행하여진 것이라면, 그와 같은 의사진행업무도 형법 제314조 소정의 업무방해죄에 의하여 보호되는 업무에 해당한다), ㉣ 대법원 1992.2.11, 91도1834(주간에 있어서의 공장조업이 끝났다고 하더라도 공장건물 및 기자재 관리나 야간에 당직근무자 등을 통한 공장출입자에 대한 통제는 물론 공장정문의 정상적인 개폐 등의 업무는 회사의 주된 업무와 밀접불가분의 관계에 있으면서 계속적으로 수행되어지는 회사의 부수적 업무라 할 것이므로, 이는 업무방해죄에서 보호의 대상으로 삼고 있는 업무에 해당한다)는 업무방해죄의 업무에 해당한다고 하였다. 〈답 ⑥〉

4. 업무방해죄에 해당하지 않는 것을 모두 고르면? (다툼이 있는 경우에는 판례에 의함)

> ㉠ 전국철도노동조합의 총파업 결의 이후에도 노사 간에 단체교섭이 계속 진행되다가 최종적으로 결렬된 직후 노동조합 집행부가 중앙노동위원회 위원장의 직권중재회부결정에도 불구하고 직권중재회부 시 쟁의행위 금지규정 등을 위반하면서 파업에 돌입할 것을 지시하여, 조합원들이 전국 사업장에 출근하지 아니한 채 업무를 거부하여 철도 운행이 중단되도록 함으로써 한국철도공사에 영업수익 손실과 대체인력 보상금 등 막대한 손해를 입혔다.
> ㉡ 공장을 양도한 양도인이 계약에 위배하여 외상채무자로부터 외상대금을 받아갔다.
> ㉢ 가옥을 명도받기 위하여 단전조치를 하였다.
> ㉣ 대학에서 학생운동을 하다 제적된 자가 고등학교를 졸업한 친구의 이름으로 위장 취업하였다.
> ㉤ 10여 명의 공장 종업원들이 회사의 공장 정문을 봉쇄하고 밖으로 나가려는 이사를 밖으로 나가지 못하게 하였다.
> ㉥ 사립대학교에서 석사학위 논문작성자가 대부분을 타인에게 의존하여 대학원 논문을 제출하였다.
> ㉦ 입학시험성적을 임의로 고쳐 허위로 작성된 사정부로 사정처리하였다.

① ㉡ ② ㉠ ㉡ ③ ㉠ ㉢
④ ㉡ ㉢ ㉣ ⑤ ㉡ ㉢ ㉤ ⑥ ㉡ ㉥ ㉦
⑦ ㉢ ㉥ ㉦ ㉧ ⑧ ㉣ ㉤ ㉥ ㉧

해설

㉡ 자신이 경영하던 공장을 양도하면서 미수 외상대금채권의 수금권을 포기하기로 약정하고도 이를 외상채무자들에게 고지하지 아니하고 외상대금을 수령하였다 하여 위계로

양수인의 공장경영업무를 방해한 것이라 할 수 없다(대법원 1984.5.9, 83도2270). ㉠ 대법원 2011.3.17, 2007도482 전원합의체, ㉢ 대법원 1962.4.12, 62도17 참조. ㉣ 판례는 회사의 위장취업을 업무방해죄에 해당(위계에 의하여 위 회사의 근로자로서의 적격자를 채용하는 업무를 방해한 것)한다고 판시하였다(대법원 1992.6.9, 91도2221). ㉤ 회사를 위한 업무종사자들의 자유의사를 제압하거나 혼란케 할 만한 정도의 세력은 업무방해죄에 있어서의 행위수단인 위력에 해당하는 것으로 위 종업원들의 행위는 업무방해죄를 구성한다(대법원 1992.2.11, 91도1834). ㉥ 석사학위논문 정도의 학술적 저작물을 작성함에 있어서는 논문작성 과정에서 타인으로부터 외국서적의 번역이나 자료의 통계처리 등 단순하고 기술적인 조력을 받는 것은 허용된다고 보아야 할 것이나, 그 작성자로서는 학위논문의 작성을 통하여 논문의 체제나 분류방법 등 논문 작성방법을 배우고, 지도교수가 중점적으로 지도하여 정립한 논문의 틀에 따라 필요한 문헌이나 자료를 수집하여 분석 · 정리한 다음 이를 논문의 내용으로 완성하는 것이 가장 중요한 일이라 할 것이므로, 자료를 분석 · 정리하여 논문을 완성하는 일의 대부분을 타인에게 의존하였다면 그 논문은 논문작성자가 주체적으로 작성한 논문이 아니라 타인에 의하여 대작한 것이어서 위계에 의한 사립대학원의 학사업무를 방해한 것이다(대법원 1996.7.30, 94도2708). ㉦ 위계로써 입학사정위원들의 사정업무를 방해한 것이다(대법원 1994.3.11, 93도2305). 〈답 ①〉

대법원 2011.3.17, 2007도482 전원합의체 (i) 근로자는 원칙적으로 헌법상 보장된 기본권으로서 근로조건 향상을 위한 자주적인 단결권 · 단체교섭권 및 단체행동권을 가지므로(헌법 제33조 1항), 쟁의행위로서 파업이 언제나 업무방해죄에 해당하는 것으로 볼 것은 아니고, 전후 사정과 경위 등에 비추어 사용자가 예측할 수 없는 시기에 전격적으로 이루어져 사용자의 사업운영에 심대한 혼란 내지 막대한 손해를 초래하는 등으로 사용자의 사업계속에 관한 자유의사가 제압 · 혼란될 수 있다고 평가할 수 있는 경우에 비로소 집단적 노무제공의 거부가 위력에 해당하여 업무방해죄가 성립한다고 보는 것이 타당하다. (ii) 피고인을 비롯한 전국철도노동조합 집행부가 중앙노동위원회 위원장의 직권중재회부결정에도 불구하고 파업에 돌입할 것을 지시하여, 조합원들이 전국 사업장에 출근하지 아니한 채 업무를 거부하여 철도 운행이 중단되도록 함으로써 한국철도공사에 영업수익 손실과 대체인력 보상금 등 막대한 손해를 입힌 사안에서, 중앙노동위원회 위원장의 중재회부보류결정의 경위 및 내용, 노동조합의 총파업 결의 이후에도 노사 간에 단체교섭이 계속 진행되다가 최종적으로 결렬된 직후 위 직권중재회부결정이 내려진 점을 감안할 때, 한국철도공사로서는 노동조합이 필수공익사업장으로 파업이 허용되지 않는 사업장에서 구 노동조합 및 노동관계조정법(2006.12.30. 법률 제8158호로 개정되기 전의 것)상 직권중재회부 시 쟁의행위 금지규정 등을 위반하면서까지 파업을 강행하리라고는 예측할 수 없었다 할 것이고, 나아가 파업의 결과 수백 회에 이르는 열차 운행이 중단되어 한국철도공사의 사업운영에 예기치 않은 중대한 손해를 끼친 사정들에 비추어, 위 파업은 사용자의 자유의사를 제압 · 혼란케 할 만한 세력으로서 형법 제314조 1항에서 정한 '위력'에 해당한다고 보기에 충분하다.

5. 업무방해죄에 대한 설명 중 옳지 않은 것은? (다툼이 있는 경우에는 판례에 의함)

① 매도인이 논을 매도하여 매수인이 이를 인도받아 경작하고 있는 경우에 설사 그 매매가 무효라 하더라도 매도인이 매수인의 경작을 방해한 행

위는 업무방해죄에 해당된다.

② 당해 토지를 점유할 권원을 주장할 수 없는 종전의 점유경작자인 甲이 합법적인 절차에 의하지 아니하고 농지를 경작하는 乙의 행위를 방해하였다고 하더라도 업무방해죄는 성립하지 않는다.

③ 토지의 인도집행이 있은 후에도 종전 경작자가 다시 그 토지를 경작하자 매수인이 다시 적법한 인도절차를 밟지 않고 경작을 하는 것을 종전 경작자가 저지한 경우 이는 업무방해죄에 해당하지 않는다.

④ 정당한 권한 없이 점포를 철거하려고 하자 단지 점포철거만을 못하게 방해한 경우에는 업무방해죄가 성립하지 않는다.

⑤ 자신의 명의로 등록을 하였으나 실제로는 피해자가 운영하던 학원에 대하여 피해자와 사이에 분쟁이 발생하자 피해자에게 교육청에 학원에 대한 폐원신고를 하겠다는 취지를 내용증명우편으로 보낸 뒤 임의로 폐원신고를 한 것은 업무방해죄를 구성하지 않는다.

해설

①(○) 대법원 1969.5.27, 69도572.

②(○) 종전의 점유경작자가 그 토지를 점유할 권원을 대항할 수 없음에도 불구하고 합법적인 절차에 의하지 아니한 관리인의 농지경작행위를 방해한 경우, 관리인의 농지경작행위는 정당한 업무수행이라고 할 수 없으므로 점유권원이 없는 자가 그 행위를 방해하였다 하더라도 업무방해죄가 성립하지 않는다(대법원 1975.12.23, 74도3255).

③(○) 토지의 인도집행이 있은 후에도 피고인(종전 경작자)이 다시 그 토지를 경작하고 있었다면 그 점유가 비록 불법점유라 하여도 새로운 점유상태가 형성되었다고 할 것이어서 매수인이 다시 적법한 인도절차를 밟지 않고 한 경작행위는 정당한 업무집행이라 할 수 없으므로 이를 저지한 피고인의 행위는 업무방해죄에 해당하지 않는다(대법원 1977.5.24, 76도3460).

④(○) 대법원 1967.10.31, 67도1086의 내용이다.

⑤(×) 자신의 명의로 등록되어 있는 피해자 운영의 학원에 대하여 피해자의 승낙을 받지 아니하고 폐원신고를 하였다고 하더라도 피해자에게 사전에 통고를 한 뒤 폐원신고를 하였다면 피해자에게 오인·착각 또는 부지를 일으켜 이를 이용하여 피해자의 업무를 방해한 것으로 보기는 어렵고, 오히려 피해자가 운영하고 있는 학원이 자신의 명의로 등록되어 있는 지위를 이용하여 임의로 폐원신고를 함으로써 피해자의 업무를 위력으로써 방해한 것이다(대법원 2005.3.25, 2003도5004). 〈답 ⑤〉

6. 업무방해죄에 관한 기술 중 옳지 않은 것은? (다툼이 있는 경우에는 판례에 의함) <사시 2006년 변형>

① 대부업체 직원이 대출금을 회수하기 위하여 한 달여에 걸쳐 매일 평균 10통 가량, 어느 날은 심지어 90여 통에 이르는 전화공세를 하였으나 실제 통화 연결 횟수는 19회에 불과한 경우라고 하더라도 피해자의 정상적인 간판업 업무를 보지 못하게 하였다면 위력에 의한 업무방해죄가

성립한다.

② 업무방해죄에 있어서 그 보호대상이 되는 업무는 그 기초가 된 계약 또는 행정행위 등이 반드시 적법하여야 하는 것은 아니지만, 반사회성을 띠는 경우라고까지는 할 수 없다고 하더라도 법적 보호라는 측면에서는 그와 동등한 평가를 받을 수밖에 없는 정도라면 위 업무에 해당하지 않는다.

③ 업무방해죄의 '위력'은 반드시 업무에 종사중인 사람에게 직접 가해지는 세력이어야만 하는 것은 아니고, 사람의 자유의사를 제압하기에 충분한 상태를 조성하여 사람으로 하여금 자유로운 행동을 불가능하게 하거나 현저히 곤란하게 하는 행위도 이에 포함될 수 있다.

④ 임대인이 임차인의 차임연체를 이유로 점포에 관한 임대차계약을 적법하게 해지하기는 하였지만 여전히 임차인이 점포를 점유하고 식당영업을 하고 있는 상태에서, 점포에 설치된 임차인 소유의 간판을 철거한 것은 위력을 사용하여 임차인의 업무를 방해한 것이다.

⑤ 임대인으로부터 건물을 임차하여 학원을 운영하던 피고인이 건물을 인도한 이후에도 자신 명의로 된 학원설립등록을 말소하지 않고 휴원신고를 연장함으로써 새로운 임차인이 그 건물에서 학원설립등록을 하지 못하도록 한 것은 위력에 의한 업무방해에 해당한다.

해설

⑤ 피고인의 휴원연장신고와 새로운 임차인이 학원설립등록을 하지 못한 점 사이에 인과관계가 있다고 단정하기 어렵고, 피고인의 행위가 새로운 임차인의 자유의사를 제압·혼란케 할 정도의 위력에 해당한다고 보기 어려우므로, 피고인의 행위가 위력에 의한 업무방해죄를 구성한다고 볼 수 없다(대법원 2010.11.25, 2010도9186).
① 대법원 2005.5.27, 2004도8447, ② 대법원 2002.8.23, 2001도5592, ③ 대법원 2011.10.13, 2009도5698, ④ 대법원 2005.3.10, 2004도341의 내용이다. 〈답 ⑤〉

7. 다음 설명 중 옳은 것(○)과 틀린 것(×)을 바르게 표시한 것은? (다툼이 있는 경우에는 판례에 의함)

㉠ 회사 운영권의 양도·양수 합의의 존부 및 효력에 관한 다툼이 있는 상황에서 양수인이 비정상적으로 위 회사의 임원변경등기를 마친 것이라면, 양도인의 침해행위가 양수인의 '업무'에 대한 업무방해죄를 구성하는 것으로 볼 수 없다.

㉡ 지방공기업법 등의 규정에 의해 공사의 신규직원의 채용권한이 사장에게 귀속되어 있다면, 사장이 그 규정에 따라 신규직원의 채용권한을 행사하는 것은 위 권한의 귀속주체인 사장 본인에 대한 관계에서

는 업무방해죄의 객체인 타인의 업무에 해당한다고 할 수 없다.
㉢ 업무방해죄는 업무방해의 결과가 실제로 발생함을 요하는 것은 아니고 업무방해의 결과를 초래할 위험이 발생하면 충분하지만, 결과발생의 염려가 없는 경우에는 업무방해죄가 성립하지 않는다.
㉣ 업무방해죄의 행위의 객체는 타인의 업무이고, 여기서 타인이라 함은 범인 이외의 자연인과 법인 및 법인격 없는 단체를 가리키므로, 대학교 자체도 업무방해죄에 있어서의 업무의 주체가 될 수 있다.

① ㉠(○) ㉡(○) ㉢(○) ㉣(×) ② ㉠(○) ㉡(○) ㉢(×) ㉣(○)
③ ㉠(○) ㉡(×) ㉢(○) ㉣(×) ④ ㉠(×) ㉡(○) ㉢(○) ㉣(×)
⑤ ㉠(○) ㉡(×) ㉢(×) ㉣(×) ⑥ ㉠(×) ㉡(○) ㉢(×) ㉣(○)
⑦ ㉠(×) ㉡(×) ㉢(○) ㉣(○) ⑧ ㉠(×) ㉡(×) ㉢(×) ㉣(○)

해설

㉠(○) 회사 유영권의 양도·양수 합의의 존부 및 효력에 관한 다툼이 있는 상황에서 양수인이 비정상적으로 위 회사의 임원변경등기를 마친 것만으로는 회사 대표이사로서 정상적인 업무에 종사하기 시작하였다거나 그 업무가 양도인에 대한 관계에서 보호할 가치가 있는 정도에 이르렀다고 보기 어려워, 양도인의 침해행위가 양수인의 '업무'에 대한 업무방해죄를 구성하는 것으로 볼 수 없다(대법원 2007.8.23, 2006도3687).
㉡(×) 구 지방공기업법(2002.3.25. 개정 전의 법률) 등의 규정에 의해 공사의 신규직원의 채용권한이 사장에게 귀속되어 있다고 하더라도, 사장이 그 규정에 따라 신규직원의 채용권한을 행사하는 것은 법인인 공사의 기관으로서의 지위에서 공사의 업무를 집행하는 것에 불과하므로, 신규직원 채용업무는 공사의 업무에 해당한다(대법원 2007.12.27, 2005도6404): 지방공사 사장이 신규직원 채용권한을 행사하는 것은 공사의 기관으로서 공사의 업무를 집행하는 것이므로, 위 권한의 귀속주체인 사장 본인에 대한 관계에서도 업무방해죄의 객체인 타인의 업무에 해당한다고 한 사례.
㉢(○) 甲회사가 10여년간 도로를 폐기물 운반차량의 통행로로 이용하여 오기는 하였으나, 그 도로와 얼마 떨어지지 않은 지점에 그 도로를 대체하여 폐기물 운반차량의 통행이 가능한 도로가 개설되어 있어, 甲회사로서는 그 도로를 통하지 않고도 위 대체도로를 이용하여 종전과 같이 폐기물 운반차량을 운행할 수 있었다고 보이고, 피고인의 통행방해 행위로 인하여 폐기물 운반업무가 방해되는 결과발생의 염려가 없었다고 볼 여지가 충분하다. 또한, 피고인은 철책 펜스 등을 설치하더라도 위 대체도로를 이용하면 폐기물 운반이 가능한 것으로 생각하였다고 하고 있으므로 피고인에게 폐기물 운반업무를 방해한다는 고의가 있었다고 보기도 어렵다(대법원 2009.1.30, 2008도10560).
㉣(×) 업무방해죄에 있어서의 행위의 객체는 타인의 업무이고, 여기서 타인이라 함은 범인 이외의 자연인과 법인 및 법인격 없는 단체를 가리키므로, 법적 성질이 영조물에 불과한 대학교 자체는 업무방해죄에 있어서의 업무의 주체가 될 수 없다(대법원 1999.1.15, 98도663). 〈답 ③〉

8. 업무방해죄에 관한 설명 중 판례의 입장과 다른 것은?

① 실질적으로 피해자가 단독으로 운영하여 온 사업장임에도 자신 명의로

사업자등록이 되어 있고 자신이 상주하여 지게차 판매 등을 하고 있는 지위를 이용하여, 사업장이 자신의 소유라고 주장하며 피해자에게 "사업장에는 얼씬도 하지 말고 일절 관여하지 말라"고 말하면서 피해자의 사업장 출입을 금지하기 위하여 출입문에 설치된 자물쇠의 비밀번호를 변경한 경우 위계에 의한 업무방해죄가 성립한다.

② 업무방해의 과정에서 행하여진 재물손괴나 협박의 죄는 업무방해죄와 각 실체적 경합관계에 있고, 그들 행위가 이른바 '불가벌적 수반행위'에 해당하는 것이 아니다.

③ 대학교 시간강사 임용과 관련하여 허위의 학력이 기재된 이력서만을 제출한 경우 임용심사업무 담당자가 불충분한 심사로 인하여 허위 학력이 기재된 이력서를 믿은 것이므로 위계에 의한 업무방해죄를 구성하지 않는다.

④ 한국도로공사가 고속도로 통행료 자동징수시스템을 도입하기로 결정하고 제조구매 입찰을 실시하면서 업체 선정을 위한 현장성능시험을 시행하였는데, 당시 입찰에 참가한 회사의 시스템이 시험에 관한 기본가정 내지 도로공사의 제안요청서상 요구되는 기술적 조건을 충족하지 못하였고 입찰참여조건을 위반하여 성능시험 자체가 부적합한 것으로 드러났다고 하더라도, 도로공사의 위 성능시험 업무는 업무방해죄의 보호대상이 된다.

⑤ 기존의 비실명예금을 합의차명에 의하여 명의대여자의 실명으로 전환한 행위는 금융실명거래및비밀보장에관한긴급재정경제명령에 따른 금융기관의 실명전환에 관한 업무를 방해한 경우에 해당하지 않는다.

✍ **해설** ··

① 위력에 의한 업무방해죄가 성립한다(대법원 2009.4.23, 2007도9924).
② 대법원 2009.10.29, 2009도10340(재물손괴나 협박의 행위가 업무방해의 죄에 대하여 별도로 고려되지 않을 만큼 경미한 것이라고 할 수 없으므로), ③ 대법원 2009.1.30, 2008도6950, ④ 대법원 2010.5.27, 2008도2344(위 시험의 개시나 수행과정에서의 하자 정도가 반사회성을 띠는 데까지 이르렀다고 볼 수 없으므로), ⑤ 대법원 1997.4.17, 96도3377 전원합의체 참조.

〈답 ①〉

9. 업무방해죄에 대한 설명 중 옳은 것(○)과 옳지 않은 것(×)을 바르게 열거한 것은? (판례에 의함)

㉠ 법원의 직무집행정지 가처분결정에 의하여 그 직무집행이 정지된 자가 법원의 결정에 반하여 직무를 수행함으로써 업무를 계속 행하는 경우 그 업무도 업무방해죄에서 말하는 업무에 해당한다.

ㄴ 임대인이 임차인이 경영하는 지하실다방에 출입할 수 있는 샷터문의 개방시간을 단축시키고 다방으로 통하는 배전선을 떼어 전등 · 환기 장치를 쓰지 못하게 한 것은 위력에 의한 업무방해가 된다.
ㄷ 부녀자가 논뚝에 서서 벼를 베고 있는 사람들에게 '벼를 베기만 해봐라. 좋지 못할 것이다.'라고 말한 경우 업무를 방해할 정도의 위력이라고 볼 수 없다.
ㄹ 공인중개사의 명의로 등록되어 있으나 실제로는 공인중개사 아닌 피해자가 자본을 투입하고 주도적으로 운영하는 형식으로 동업하여 중개사무소를 운영하다가 분쟁이 발생하여 공인중개사가 중개사무소의 폐업신고 한 경우 업무방해죄를 구성하지 않는다.
ㅁ 변호사사무실 앞에서 붉은색 페인트로 '무죄라고 약속하고 이백만원에 선임했다.'라는 등 허위사실을 기재한 흰 까운을 입고 낚시용 의자에 앉거나 그 장소 주변을 배회한 것만으로는 업무방해죄를 구성하지 않는다.

① (○)－ㄱㄴㄷㄹ (×)－ㅁ ② (○)－ㄱㄷㄹ (×)－ㄴㅁ
③ (○)－ㄴㄷ (×)－ㄱㄹㅁ ④ (○)－ㄴㄷㄹ (×)－ㄱㅁ
⑤ (○)－ㄴㄹ (×)－ㄱㄷㅁ ⑥ (○)－ㄴㄹㅁ (×)－ㄱㄷ
⑦ (○)－ㄷㄹ (×)－ㄱㄴㅁ ⑧ (○)－ㄷㄹㅁ (×)－ㄱㄴ

해설

ㄱ(×) 그 업무는 국법질서와 재판의 존엄성을 무시하는 것으로서 사실상 평온하게 이루어지는 사회적 활동의 기반이 되는 것이라 할 수 없고, 비록 그 업무가 반사회성을 띠는 경우라고까지는 할 수 없다고 하더라도 법적 보호라는 측면에서는 그와 동등한 평가를 받을 수밖에 없으므로, 그 업무 자체는 법의 보호를 받을 가치를 상실하였다고 하지 않을 수 없어 업무방해죄에서 말하는 업무에 해당하지 않는다(대법원 2002.8.23, 2001도5592).
ㄴ(×) 위계에 의한 업무방해가 된다(대법원 1962.4.12, 62도17)(위력으로 보는 것이 타당하다는 반대견해 있음).
ㄷ(○) 그러한 언사만으로는 사회관념상 벼를 베는 업무를 방해할 정도의 위력이라고 볼 수 없다(대법원 1967.1.31, 66도1686).
ㄹ(○) 공인중개사가 아닌 자의 중개업은 법에 의하여 금지된 행위로서 형사처벌의 대상이 되는 범죄행위에 해당하는 것으로서 사회통념상 도저히 용인될 수 없는 정도로 반사회성을 띠는 경우에 해당하여 업무방해죄의 보호대상이 되는 업무라고 볼 수 없다(대법원 2007.1.12, 2006도6599).
ㅁ(×) 변호사사무실 앞에서 붉은색 페인트로 '무죄라고 약속하고 이백만원에 선임했다' 라는 등 허위사실을 기재한 흰 까운을 입고 낚시용 의자에 앉거나 그 장소 주변을 배회한 경우 위와 같은 허위사실을 유포한 것은 변호사로서의 업무에 지장을 주거나 지장을 줄 위험을 발생하게 하여 그 업무의 경영을 저해하는 행위에 해당하므로 업무방해죄를 구성한다(대법원 1991.8.27, 91도1344). 〈답 ⑦〉

10. 업무방해죄에 대한 설명으로 옳지 않은 것을 모두 고른 것은? (다툼이 있는 경우에는 판례에 의함) <사시 2005년 변형>

㉠ 의료인이나 의료법인이 아닌 자가 의료기관을 개설하여 운영하는 행위는 그 위법의 정도가 중하여 사회생활상 도저히 용인될 수 없는 정도로 반사회성을 띠고 있으므로 업무방해죄의 보호대상이 되는 '업무'에 해당하지 아니한다. ㉡ 형법상 업무방해죄의 보호대상이 되는 '업무'라 함은 직업 또는 계속적으로 종사하는 사무나 사업을 말하는 것으로서 타인의 위법한 행위에 의한 침해로부터 보호할 가치가 있어야 하는 것이므로 그 업무의 기초가 된 계약 또는 행정행위는 적법하여야 한다. ㉢ 건물의 전차인이 임대인의 승낙 없이 전차하였다고 하더라도 전차인이 불법침탈 등의 방법에 의하여 위 건물의 점유를 개시한 것이 아니고 그 동안 평온하게 음식점 등 영업을 하면서 점유를 계속하여 온 경우 위 전차인의 업무는 업무방해죄에 의하여 보호받는 권리가 될 수 있다. ㉣ 피고인을 포함한 집회참가자 약 1,500명이 당초 신고한 집회장소를 벗어나 피해자 회사가 운영하는 매장을 둘러싸고 함성을 지르며 매장점거를 계속 시도하였고, 그 과정에서 이를 저지하는 경찰과 충돌하여 폭력을 행사하였으며, 위와 같은 매장점거 시도행위로 인하여 피해자 회사의 매장을 방문한 손님들의 출입이 현저히 곤란해졌다면, 피고인의 행위는 위력에 의한 업무방해죄를 구성한다.

① ㉡ ② ㉣ ③ ㉡ ㉢
④ ㉠ ㉢ ㉣ ⑤ ㉡ ㉢ ㉣

해설

㉠(○) 대법원 2001.11.30, 2001도2015 참조.
㉡(×) 형법상 업무방해죄의 보호대상이 되는 '업무'라 함은 직업 또는 계속적으로 종사하는 사무나 사업을 말하는 것으로서 타인의 위법한 행위에 의한 침해로부터 보호할 가치가 있는 것이면 되고, 그 업무의 기초가 된 계약 또는 행정행위 등이 반드시 적법하여야 하는 것은 아니다(대법원 1996.11.12, 96도2214).
㉢(○) 대법원 1986.12.23, 86도1372 참조.
㉣(○) 대법원 2011.10.13, 2009도5698 참조. 〈답 ①〉

11. 업무방해죄에 대한 설명 중 옳은 것(○)과 옳지 않은 것(×)을 바르게 표시한 것은? (판례에 의함)

㉠ 다른 사람이 작성한 논문을 피고인이 전혀 수정하지 아니한 채 자신을 저작자 명의로 하여 학회 편집담당자에게 송부하고 학회지에의

게재를 요청하여 위 논문이 그대로 게재되었다 하더라도 실제 저작자가 피고인에게 논문의 저작자 표시를 피고인 단독 또는 실제 저작자와 공동명의로 하는 점에 관하여 동의하거나 적극적인 권유를 하였다면 업무방해죄가 성립하지 않는다.

㉡ 회사가 사업장의 이전을 계획하고 그 이전을 전후하여 사업을 중단 없이 영위할 목적으로 이전에 따른 사업의 지속적인 수행방안, 새 사업장의 신축 및 가동개시와 구 사업장의 폐쇄 및 가동중단 등에 관한 일련의 경영상 계획의 일환으로서 시간적 · 절차적으로 일정기간의 소요가 예상되는 사업장 이전을 추진 · 실시하는 행위는 업무방해죄에 의한 보호의 대상이 되는 업무에 해당하지 않는다.

㉢ 여관 및 식당과 농장의 차량이나 손님, 등산객, 인근 주민들의 통행로로 이용되어 오던 도로의 토지 일부의 소유자라 하더라도 그 도로의 중간에 바위를 놓아두거나 이를 파헤침으로써 차량의 통행을 못하게 한 행위는 일반교통방해죄 및 업무방해죄에 해당한다.

㉣ 주주가 주주총회에 참석하면서 소유 주식 중 일부에 관한 의결권의 대리행사를 타인들에게 나누어 위임하여 주주총회에 참석한 그 의결권 대리인들이 대표이사의 주주총회장에서의 퇴장 요구를 거절하면서 고성과 욕설 등을 사용하여 대표이사의 주주총회의 개최, 진행을 포기하게 만든 경우 업무방해죄가 성립한다.

㉤ 도로관리청으로부터 권한을 위임받았지만 적재량 측정을 강제하기 위한 조치를 취할 권한은 없는 피해자로부터 축조작을 의심받고 적재량 재측정을 요구받은 피고인이 이를 거부하고 고속도로를 빠져나가려 하자, 재측정을 시킬 목적으로 차량에 올라탄 피해자를 그대로 둔 채 차량을 진행한 행위는 업무방해죄를 구성하지 아니한다.

① ㉠(○) ㉡(×) ㉢(○) ㉣(×) ㉤(○)
② ㉠(×) ㉡(×) ㉢(○) ㉣(○) ㉤(○)
③ ㉠(○) ㉡(○) ㉢(×) ㉣(×) ㉤(×)
④ ㉠(×) ㉡(×) ㉢(○) ㉣(×) ㉤(○)
⑤ ㉠(○) ㉡(○) ㉢(×) ㉣(○) ㉤(×)

해설

㉠(×) 업무방해죄의 성립에 아무런 영향이 없다(대법원 2009.9.10, 2009도4772).
㉡(×) 그 자체로서 일정기간 계속성을 지닌 업무의 성격을 지니고 있을 뿐만 아니라 회사의 본래 업무인 목적 사업의 경영과 밀접불가분의 관계에서 그에 수반하여 이루어지는 것으로 볼 수 있으므로 이 점에서도 업무방해죄에 의한 보호의 대상이 되는 업무에 해당한다(대법원 2005.4.15, 2004도8701).
㉢(○) 대법원 2002.4.26, 2001도6903.
㉣(○) 대법원 2001.9.7, 2001도2917.

ⓜ(○) 대법원 2010.6.10, 2010도935(적재량 측정을 강제할 수 있는 법령상의 근거가 없는 한, 측정에 불응하는 자를 고발하는 것은 별론으로 하고, 측정을 강제하기 위한 조치를 취할 권한은 없으므로, 이를 위한 조치가 정당한 업무집행이라고 볼 수는 없다). 〈답 ②〉

12. 판례 중 업무방해죄의 성립이 인정되지 않은 것은? <사시 2009년: 배점 3>

① 주한미국대사관에 비자를 신청하면서 허위의 사실을 기재하여 신청서와 이를 입증할 다른 허위자료까지 제출하고 공범에게는 미국대사관에서 문의전화가 오면 허위답변을 하도록 시킨 경우

② 오전 9시 이전에 출근하여 업무준비를 한 후 오전 9시부터 근무하도록 되어 있는 직원들에게 쟁의행위의 적법절차를 거치지 않고 집단으로 오전 9시 정각에 출근하도록 함으로써 업무수행에 지장을 초래한 경우

③ 서류배달업 회사의 직원이 회사가 배달을 의뢰받은 서류포장 속에 특정종교를 비방하는 전단을 집어넣어 함께 배달되도록 한 경우

④ 출제교수로부터 신입생전형시험문제를 제출받은 대학교수가 그 문제를 응시생에게 알려준 경우

⑤ 기업의 영업비밀을 사외로 유출하지 않을 것을 서약한 회사의 직원이 경제적인 대가를 얻기 위하여 경쟁업체에 영업비밀을 유출한 경우

해설

⑤ 기업의 영업비밀을 사외로 유출하지 않을 것을 서약한 회사의 직원이 경제적인 대가를 얻기 위하여 경쟁업체에 영업비밀을 유출하는 행위는 피해자와의 신임관계를 저버리는 행위로서 업무상 배임죄를 구성한다(대법원 1999.3.12, 98도4704).

① 대법원 2004.3.26, 2003도7927, ② 대법원 1996.5.10, 96도419, ③ 대법원 1999.5.14, 98도3767, ④ 대법원 1991.11.12, 91도2211에 의하면 업무방해죄가 인정된다.

〈답 ⑤〉

① **대법원 2004.3.26, 2003도7927** 주한외국영사관의 비자발급업무와 같이 상대방으로부터 신청을 받아 일정한 자격요건 등을 갖춘 경우에 한하여 그에 대한 수용 여부를 결정하는 업무에 있어서는 신청서에 기재된 사유가 사실과 부합하지 않을 수 있음을 전제로 하여 그 자격요건 등을 심사·판단하는 것이므로, 그 업무담당자가 사실을 충분히 확인하지 아니한 채 신청인이 제출한 허위의 신청사유나 허위의 소명자료를 가볍게 믿고 이를 수용하였다면 이는 업무담당자의 불충분한 심사에 기인한 것으로서 신청인의 위계가 업무방해의 위험성을 발생시켰다고 할 수 없어 위계에 의한 업무방해죄를 구성하지 않는다고 할 것이지만, 신청인이 업무담당자에게 허위의 주장을 하면서 이에 부합하는 허위의 소명자료를 첨부하여 제출한 경우 그 수리 여부를 결정하는 업무담당자가 관계 규정이 정한 바에 따라 그 요건의 존부에 관하여 나름대로 충분히 심사를 하였으나 신청사유 및 소명자료가 허위임을 발견하지 못하여 그 신청을 수리하게 될 정도에 이르렀다면 이는 업무담당자의 불충분한 심사가 아니라 신청인의 위계행위에 의하여 업무방해의 위험성이 발생된 것이어서 이에 대하여 위계에 의한 업무방해죄가 성립된다.

② **대법원 1996.5.10, 96도419** 단체협약에 따른 공사 사장의 지시로 09 : 00 이전에 출근하여 업무준비를 한 후 09 : 00부터 근무를 하도록 되어 있음에도 피고인이 쟁의행위의 적법한 절차를 거치지도 아니한 채 조합원들로 하여금 집단으로 09 : 00 정각에 출근하도록 지시를 하여 이에 따라 수백, 수천 명의 조합원들이 집단적으로 09 : 00 정각에 출근함으로써 전화고장수리가 지연되는 등으로 위 공사의 업무수행에 지장을 초래하였다면 이는 실질적으로 피고인 등이 위 공사의 정상적인 업무수행을 저해함으로써 그들의 주장을 관철시키기 위하여 한 쟁의행위라 할 것이나 쟁의행위의 적법한 절차를 거치지 아니하였음은 물론 이로 인하여 공익에 커다란 영향을 미치는 위 공사의 정상적인 업무운영이 방해되었을 뿐만 아니라 전화고장수리 등을 받고자 하는 수요자들에게도 상당한 지장을 초래하게 된 점 등에 비추어 정당한 쟁의행위의 한계를 벗어난 것으로 업무방해죄를 구성하고, 피고인의 이와 같은 행위가 노동3권을 보장받고 있는 근로자의 당연한 권리행사로서 형법 제20조 소정의 정당행위에 해당한다고 볼 수 없다.

13. 업무방해죄가 성립하는 경우를 모두 고르면? (다툼이 있는 경우에는 판례에 의함)

㉠ 교육청 시설과 건축팀장으로서 학교 신축공사의 발주와 감독업무를 담당하던 자가 벽돌납품업체를 선정함에 있어 미리 A가 운영하는 B 회사의 조적번호를 전달받았음에도 공평하게 평가하는 척하면서 B 회사의 적벽돌을 지목하여 추천하였다.

㉡ 공사감독자가 시공회사에 대하여 자신이 추천하는 하도급업체, 납품업체 또는 감리원을 선정하게 하거나 현장소장을 교체하도록 하였다.

㉢ 대한주택공사가 시행하는 택지개발사업의 공동택지용지 수의공급업무와 관련하여 택지개발예정지구 지정공고일 이후에 대상토지를 매수하여 관련 규정상 신청자격이 없는 자가, 계약일자를 위 공고일 이전으로 허위기재한 매매계약서를 기초로 소유권이전등기를 마친 후 그 등기부등본과 계약일자를 허위로 기재한 소유토지조서를 첨부하여 수의공급신청을 하였다.

㉣ 저축은행 경영진이 저축은행의 영업정지가 임박한 상황에서 저축은행에 파견되어 있던 금융감독원 감독관에게 알리지 아니한 채 영업마감 후에 특정 고액 예금채권자들에게 영업정지 예정사실을 알려주어 예금을 인출하도록 하였다.

㉤ 출자전환주식 매각업무의 주간사를 선정하는 과정에서 1차 선정위원회가 준수해야 하는 평가표에 따를 경우 甲업체 심사결과가 경쟁상대인 乙업체보다 불리하다고 판단되자, 위 평가표의 평가항목별 배점을 甲업체에 유리하게 수정하여 甲업체를 1순위로, 乙업체를 2순위로 선정한 다음, 이러한 사실을 고지하지 않은 채 2차 선정위원회에 위 심사결과와 수정된 평가표를 제출하여 평가절차를 진행하게 하였다.

① ㉠ ㉡ ㉢ ② ㉡ ㉢ ㉤ ③ ㉢ ㉣ ㉤
④ ㉠ ㉡ ㉢ ㉣ ⑤ ㉠ ㉡ ㉢ ㉤ ⑥ ㉠ ㉡ ㉣ ㉤
⑦ ㉡ ㉢ ㉣ ㉤ ⑧ ㉠ ㉡ ㉢ ㉣ ㉤

해설

㉠(○) 발주처의 단순한 의견제시가 아닌 위계에 의한 업무방해에 해당한다(대법원 2007.6.14, 2007도2178).

㉡(○) 하도급업체 또는 납품업체의 선정 업무, 감리원 채용의 업무, 그리고 인사관리의 업무는 모두 부수적이고 일회적인 것이라고 해도 본래의 업무수행의 일환으로 행하여지는 사무로서 형법 제314조 1항이 규정하는 업무에 해당되고, 피고인이 공사감독자로서의 사회적 지위와 권세에 의한 압박을 통하여 자신이 추천하는 하도급업체, 납품업체 또는 감리원을 선정하게 하거나 현장소장을 교체하도록 한 것은 위력에 의한 업무방해에 해당한다(대법원 2007.6.14, 2007도2178).

㉢(○) 대한주택공사의 택지공급업무의 적정성과 공정성을 해할 위험을 초래한 것에 해당하여 위계에 의한 업무방해죄를 구성한다(대법원 2007.12.27, 2007도5030).

㉣(○) 영업정지 예정사실 통지에 관한 파견감독관의 부지를 이용하여 예금채권자들로 하여금 예금을 인출하도록 한 것은 파견감독관의 상시감독업무를 방해한 것으로 업무방해죄의 위계에 해당한다(대법원 2013.1.24, 2012도10629).

㉤(○) 위 평가표의 임의수정 및 제출행위는 위계에 해당하고 이로 인하여 위 2차 선정위원회의 민간전문가가 매각 주간사를 선정하는 업무의 적정성 내지 공정성을 해할 위험이 발생하였으므로 위계에 의한 업무방해죄가 성립한다(대법원 2008.1.17, 2006도1721).

〈답 ⑧〉

14. 다음 기술 중 판례에 의할 때 업무방해죄가 인정되는 것(○)과 인정되지 않는 것(×)을 올바르게 조합한 것은? <사시 2010년: 배점 3>

가. 특정회사가 제공하는 게임사이트에서 정상적인 포커게임을 하고 있는 것처럼 가장하면서 통상적인 업무처리과정 하에서 적발해 내기 어려운 사설 프로그램을 이용하여 약관상 양도가 금지되는 포커머니를 약속된 상대방에게 이전해준 경우
나. A가 B로부터 임차하여 경작 중이던 농작물을 甲이 트랙터로 갈아엎은 다음 그곳에 이랑을 만들고 새로운 농작물을 심어 A의 자유로운 논밭 경작행위를 불가능하게 하거나 현저히 곤란하게 한 경우
다. 신규직원 채용권한을 가지고 있는 지방공사 사장이 시험업무 담당자에게 지시하여 상호 공모 내지 양해 하에 시험성적조작 등의 부정한 행위를 한 경우
라. 주식회사의 대표이사가 회사의 직원들과 공모하여 위 회사의 주주총회에서 위력으로 개인주주들이 발언권과 의결권을 행사하지 못하도록 한 경우
마. 공사 노동조합이 임금 등 근로조건 개선을 내세워 쟁의행위에 돌입

하였으나, 구조조정 조기시행 방침이 경영상의 필요와 합리적인 이유 없이 결정되었다는 등의 특별한 사정 없이 그 주된 목적이 정부의 공기업 구조조정 및 그 일환으로 추진되는 하부기구 통폐합을 반대하기 위한 대정부 투쟁에 있는 경우
바. 시험의 출제위원이 문제를 선정하여 시험실시자에게 제출하기 전에 이를 외부에 유출하였으나, 그 후 유출된 문제가 시험실시자에게 제출되지 아니한 경우

① 가(○) 나(○) 다(×) 라(×) 마(○) 바(×)
② 가(×) 나(○) 다(○) 라(×) 마(○) 바(×)
③ 가(○) 나(×) 다(×) 라(○) 마(○) 바(○)
④ 가(×) 나(×) 다(○) 라(×) 마(×) 바(○)
⑤ 가(○) 나(○) 다(×) 라(○) 마(×) 바(×)

해설

가(○) 회사의 정상적인 게임사이트 운영업무를 방해한 것이므로 위계에 의한 업무방해죄를 구성한다(대법원 2009.10.15, 2007도9334).
나(○) 위력에 의한 업무방해죄에 해당한다(대법원 2009.9.10, 2009도5732).
다(×) 법인인 공사에게 신규직원 채용업무와 관련하여 오인·착각 또는 부지를 일으키게 하였다고 볼 수는 없어, 그 부정행위가 곧 위계에 의한 업무방해죄에 있어서의 '위계'에 해당한다고 할 수 없다(대법원 2007.12.27, 2005도6404).
라(×) 형법상 업무방해죄의 보호대상이 되는 '업무'라 함은 직업 기타 사회생활상의 지위에 기하여 계속적으로 종사하는 사무 또는 사업을 말하는 것인데, 주주로서 주주총회에서 의결권 등을 행사하는 것은 주식의 보유자로서 그 자격에서 권리를 행사하는 것에 불과할 뿐 그것이 '직업 기타 사회생활상의 지위에 기하여 계속적으로 종사하는 사무 또는 사업'에 해당한다고 할 수 없다(대법원 2004.10.28, 2004도1256).
마(○) 쟁의행위의 정당성을 인정할 수 없다(대법원 2003.12.11, 2001도3429).
바(×) 시험의 출제위원이 문제를 선정하여 시험실시자에게 제출하기 전에 이를 유출하였다고 하더라도 이러한 행위 자체는 위계를 사용하여 시험실시자의 업무를 방해하는 행위가 아니라 그 준비단계에 불과한 것이고, 그 후 그와 같이 유출된 문제가 시험실시자에게 제출되지도 아니하였다면 그러한 문제유출로 인하여 시험실시 업무가 방해될 추상적인 위험조차도 있다고 할 수 없으므로 업무방해죄가 성립한다고 할 수 없다(대법원 1999.12.10, 99도3487). 〈답 ①〉

15. 컴퓨터 업무방해죄에 관한 설명으로 옳지 않은 것은? (다툼이 있는 경우에는 판례에 의함)

① 컴퓨터의 무권한 사용은 컴퓨터 업무방해죄의 행위 방법이 아니다.
② 피해자 회사의 네이버 포털사이트 서버가 이용자의 컴퓨터에 정보를 전송하는 데에는 아무런 영향을 주지 않고, 다만 이용자의 동의에 따라 피고인이 불특정 다수의 인터넷 이용자들에게 배포한 프로그램이 설치

된 컴퓨터 화면에서만 네이버 화면이 전송받은 원래 모습과는 달리 피고인의 광고가 대체 혹은 삽입된 형태로 나타나도록 하는 것에 불과한 것만으로는 컴퓨터 등 장애 업무방해죄로 의율할 수 없다.

③ 포털사이트 운영회사의 통계집계시스템 서버에 허위의 클릭정보를 전송하여 검색순위 결정과정에서 위와 같이 전송된 허위의 클릭정보가 실제로 통계에 반영됨으로써 정보처리에 장애가 현실적으로 발생하였다면, 그로 인하여 실제로 검색순위의 변동을 초래하지는 않았더라도 컴퓨터 등 장애 업무방해죄가 성립한다.

④ 컴퓨터시스템 서버를 관리하던 직원이 전보발령을 받아 웹서버를 관리·운영할 권한이 없는 상태에서, 웹서버에 접속하여 홈페이지 관리자의 아이디와 비밀번호를 변경한 경우 컴퓨터 등 장애 업무방해죄가 성립한다.

⑤ 메인컴퓨터의 비밀번호를 후임자에게 알려주지 않은 시스템관리자의 행위는 컴퓨터 등 장애 업무방해죄에 해당한다.

해설 ……………………………………

①(○) 컴퓨터 등 장애 업무방해죄(제314조 2항)는 컴퓨터 등 정보처리장치 또는 전자기록 등 특수매체기록을 손괴하거나 정보처리장치에 허위의 정보 또는 부정한 명령을 입력하거나 기타 방법으로 정보처리에 장애를 발생케 함으로써 성립하며, 단순한 컴퓨터의 무권한 사용으로는 본죄가 성립하지 않는다.
②(○) 이것만으로는 정보처리장치의 작동에 직접·간접으로 영향을 주어 그 사용목적에 부합하는 기능을 하지 못하게 하거나 사용목적과 다른 기능을 하게 하였다고 볼 수 없어 컴퓨터 등 장애 업무방해죄로 의율할 수 없다(대법원 2010.9.30, 2009도12238).
③(○) 대법원 2009.4.9, 2008도11978.
④(○) 컴퓨터 등 장애 업무방해죄(제314조 2항)에 해당한다(대법원 2006.3.10, 2005도382).
⑤(×) 대법원 2004.7.9, 2002도631. 〈답 ⑤〉

① **대법원 2009.4.9, 2008도11978** 포털사이트 운영회사의 통계집계시스템 서버에 허위의 클릭정보를 전송하여 검색순위 결정과정에서 위와 같이 전송된 허위의 클릭정보가 실제로 통계에 반영됨으로써 정보처리에 장애가 현실적으로 발생하였다면, 그로 인하여 실제로 검색순위의 변동을 초래하지는 않았다 하더라도 '컴퓨터 등 장애 업무방해죄'가 성립한다.

② **대법원 2006.3.10, 2005도382** 대학의 컴퓨터시스템 서버를 관리하던 피고인이 전보발령을 받아 더 이상 웹서버를 관리·운영할 권한이 없는 상태에서, 웹서버에 접속하여 홈페이지 관리자의 아이디와 비밀번호를 무단으로 변경한 행위는, 피고인이 웹서버를 관리·운영할 정당한 권한이 있는 동안 입력하여 두었던 홈페이지 관리자의 아이디와 비밀번호를 단지 후임자 등에게 알려 주지 아니한 행위와는 달리, 정보처리장치에 부정한 명령을 입력하여 정보처리에 현실적 장애를 발생시킴으로써 피해 대학에 업무방해의 위험을 초래하는 행위에 해당하여 컴퓨터 등 장애 업무방해죄를 구성한다.

③ **대법원 2004.7.9, 2002도631** 메인 컴퓨터의 비밀번호는 시스템관리자가 시스템에

접근하기 위하여 사용하는 보안 수단에 불과하므로, 단순히 메인 컴퓨터의 비밀번호를 알려주지 아니한 것만으로는 정보처리장치의 작동에 직접 영향을 주어 그 사용목적에 부합하는 기능을 하지 못하게 하거나 사용목적과 다른 기능을 하게 하였다고 볼 수 없어 형법 제314조 2항에 의한 컴퓨터 등 장애 업무방해죄로 의율할 수 없다 할 것이다.

16. 경매 · 입찰방해죄에 관한 설명 중 옳지 않은 것은?

① 입찰시행자가 입찰을 실시할 법적 의무에 기하여 시행한 입찰이라야만 입찰방해죄의 객체가 되는 것은 아니다.

② 국가 또는 공공단체가 하는 경매 · 입찰뿐만 아니라 사인이 하는 경매 · 입찰도 포함한다.

③ 담합행위도 공정한 가격의 결정을 해할 때에는 본죄가 성립한다.

④ 입찰절차에서 실질적으로는 단독입찰을 하면서 마치 경쟁입찰을 한 것처럼 가장하는 경우, 입찰방해죄가 성립되지 않는다.

⑤ 담합행위는 본죄에 해당하지만 신탁입찰은 본죄를 구성하지 않는다.

해설

①(○) 대법원 2007.5.31, 2006도8070의 내용이다.

④(×) 경매 · 입찰의 공정을 해하는 것에는 공정한 가격의 결정을 해하는 경우뿐만 아니라 적법하고 공정한 경매 · 입찰의 방법을 해하는 경우도 포함하므로 가장경쟁자를 조작하는 경우는 본죄를 구성하게 된다(대법원 2003.9.26, 2002도3924; 대법원 1988.3.8, 87도2646).

⑤(○) 한 사람을 대표로 신탁하여 단독으로 입찰케 하는 신탁입찰은 본죄를 구성할 수 없다.

〈답 ④〉

17. 입찰방해죄에 관한 설명 중 옳지 않은 것은? (판례에 의함)

① 고속도로 휴게소 운영권 입찰에서 여러 회사가 각자 입찰에 참가하되 누구라도 낙찰될 경우 동업하여 새로운 회사를 설립하고 그 회사로 하여금 휴게소를 운영하기로 합의한 후 입찰에 참가한 경우에는 입찰방해죄가 성립하지 않는다.

② 위계 또는 위력 기타의 방법으로 담합이 이루어진 것과 같은 결과를 얻어내거나 다른 입찰자들의 응찰 내지 투찰행위를 저지하려는 시도가 있었지만 위계 또는 위력 등의 정도가 담합이 이루어진 것과 같은 결과를 얻어내거나 그들의 응찰 내지 투찰행위를 저지할 정도에 이르지 못하였고 또 실제로 방해된 바도 없다면 입찰방해죄로 처벌할 수 없다.

③ 실제로는 수의계약을 체결하면서 입찰절차를 거쳤다는 증빙을 남기기 위하여 입찰을 전혀 시행하지 아니한 채 형식적인 입찰서류만을 작성하여 입찰이 있었던 것처럼 조작한 행위는 입찰방해죄에 해당하지 않는다.

④ 입찰참가자들 사이의 담합행위가 입찰방해죄로 되기 위하여는 반드시 입찰참가자 전원 사이에 담합이 이루어져야 하는 것은 아니고, 입찰참가자들 중 일부 사이에만 담합이 이루어진 경우라고 하더라도 그것이 입찰의 공정을 해하는 것으로 평가되는 이상 입찰방해죄는 성립한다.

⑤ 공정한 자유경쟁을 통한 적정한 가격형성을 목적으로 하는 입찰절차가 아니라 공적·사적 경제주체의 임의의 선택에 따른 계약체결의 과정에 공정한 경쟁을 해하는 행위가 개재되었다 하여 입찰방해죄로 처벌할 수 없다.

해설

① 고속도로 휴게소 운영권 입찰에서 여러 회사가 각자 입찰에 참가하되 누구라도 낙찰될 경우 동업하여 새로운 회사를 설립하고 그 회사로 하여금 휴게소를 운영하기로 합의한 후 입찰에 참가한 경우 입찰방해죄가 성립한다(대법원 2006. 12.22, 2004도2581).
② 입찰방해미수행위에 불과하고 입찰방해죄의 기수에 이르렀다고 할 수는 없다(대법원 2003.9.26, 2002도3924). ③ 입찰방해행위에 해당한다고 할 수 없다(대법원 2001.2.9, 2000도4700). ④ 대법원 2009.5.14, 2008도11361, ⑤ 대법원 2008.12.24, 2007도9287의 내용이다.
〈답 ①〉

대법원 2003.9.26, 2002도3924 입찰자들의 전부 또는 일부 사이에서 담합을 시도하는 행위가 있었을 뿐 실제로 담합이 이루어지지 못하였고, 또 위계 또는 위력 기타의 방법으로 담합이 이루어진 것과 같은 결과를 얻어내거나 다른 입찰자들의 응찰 내지 투찰행위를 저지하려는 시도가 있었지만 역시 그 위계 또는 위력 등의 정도가 담합이 이루어진 것과 같은 결과를 얻어내거나 그들의 응찰 내지 투찰행위를 저지할 정도에 이르지 못하였고 또 실제로 방해된 바도 없다면, 이로써 공정한 자유경쟁을 방해할 염려가 있는 상태, 즉 공정한 자유경쟁을 통한 적정한 가격형성에 부당한 영향을 주는 상태를 발생시켜 그 입찰의 공정을 해하였다고 볼 수 없어, 이는 입찰방해미수행위에 불과하고 입찰방해죄의 기수에 이르렀다고 할 수는 없다.

18. 다음 설명 중 옳지 않은 것을 모두 고르면? (다툼이 있는 경우에는 판례에 의함)

㉠ 공사가 발주한 시각장애인용 음성유도기 제작설치 입찰에 관한 담합에 가담하기로 하였다가 자신이 낙찰받기 위하여 당초의 합의에 따르지 아니한 채 원래 낙찰받기로 한 특정업체보다 저가로 입찰한 행위는 위계로써 입찰의 공정을 해한 것이다.

㉡ 다른 사람이 작성한 논문을 자신 단독 혹은 공동으로 작성한 논문인 것처럼 학술지에 제출하여 발표한 논문연구실적을 부교수 승진심사 서류에 포함하여 제출하였더라도 당해 논문을 제외한 다른 논문만으로도 부교수 승진요건을 월등히 충족하고 있었다면 위계에 의한 업무방해죄를 구성하지 않는다.

> ㉢ 초등학생들이 학교에 등교하여 교실에서 수업을 듣는 것은 업무방해죄의 업무에 해당한다.
> ㉣ 소비자불매운동이 헌법상 보장되는 정치적 표현의 자유나 일반적 행동의 자유 등의 점에서도 전체 법질서상 용인될 수 없을 정도로 사회적 상당성을 갖추지 못한 때에는 그 행위 자체가 위법한 세력의 행사로서 형법 제314조 1항의 업무방해죄에서 말하는 위력의 개념에 포섭될 수 있다.
> ㉤ 시설부지를 분양하면서 일정 요건을 갖춘 분양신청자를 대상으로 추첨을 통해 1인의 분양대상자를 선정하는 방식으로 분양절차를 진행한 경우 입찰방해죄의 입찰절차에 해당하지 않는다.

① ㉢　② ㉠ ㉣　③ ㉡ ㉢　④ ㉡ ㉣
⑤ ㉢ ㉤　⑥ ㉡ ㉢ ㉤　⑦ ㉡ ㉣ ㉤　⑧ ㉢ ㉣ ㉤

해설

㉠(○) 이러한 일부 입찰자의 행위는 위와 같은 담합을 이용하여 낙찰을 받은 것이라는 점에서 적법하고 공정한 경쟁방법을 해한 것이 되고, 따라서 이러한 일부 입찰자의 행위 역시 입찰방해죄에 해당한다(대법원 2010.10.14, 2010도4940).
㉡(×) 당해 논문을 제외한 다른 논문만으로도 부교수 승진 요건을 월등히 충족하고 있었다는 등의 사정만으로는 승진심사 업무의 적정성이나 공정성을 해할 위험성이 없었다고 단정할 수 없으므로 위계에 의한 업무방해죄를 구성한다(대법원 2009.9.10, 2009도4772).
㉢(×) 초등학생들이 학교에 등교하여 교실에서 수업을 듣는 것은 헌법 제31조가 정하고 있는 무상으로 초등교육을 받을 권리 및 초·중등교육법 제12, 13조가 정하고 있는 국가의 의무교육 실시의무와 부모들의 취학의무 등에 기하여 학생들 본인의 권리를 행사하는 것이거나 국가 내지 부모들의 의무를 이행하는 것에 불과할 뿐 그것이 '직업 기타 사회생활상의 지위에 기하여 계속적으로 종사하는 사무 또는 사업'에 해당한다고 할 수 없다(대법원 2013.6.14. 2013도3829).
㉣(○) 대법원 2013.3.14, 2010도410 참조.
㉤(○) 한국토지공사 경북지사가 폐기물최종처리시설 부지를 조성·분양함에 있어 사전에 그 분양가격을 확정 공고한 다음, 포항시장의 심의 및 추천을 받아 신청예약금을 납부한 분양신청자들을 대상으로 하여 추첨의 방식으로 1인의 당첨자를 선정하는 것에 불과한 이 사건 분양절차는, 공정한 자유경쟁을 통한 적정한 가격형성을 목적으로 하는 입찰절차에 해당한다고 볼 수 없다(대법원 2008.12.24, 2007도9287). 〈답 ③〉

19. 다음 설명 중 옳지 않은 것은? (다툼이 있는 경우에는 판례에 의함)
<사시 2012년: 배점 2>

① 욕설을 하고 소란을 피우는 등 위력을 행사하여 공무원의 직무집행을 방해하였다면 업무방해죄가 성립한다.
② 실질적으로 단독입찰을 하면서 경쟁입찰인 것처럼 가장하여 그 입찰가격으로 낙찰을 받았다면 입찰방해죄가 성립한다.

③ 피해자를 여관으로 유인하기 위하여 남자를 소개시켜 주겠다고 거짓말을 하고 피해자가 이에 속아 여관으로 오게 되었고 거기에서 성관계를 가졌더라도 형법 제302조의 위계에 의한 심신미약자간음죄가 성립하지 아니한다.

④ 민사소송을 제기함에 있어 피고의 주소를 허위로 기재하여 법원공무원으로 하여금 변론기일소환장 등을 허위주소로 송달케 하였다는 사실만으로는 이로 인하여 법원공무원의 구체적이고 현실적인 어떤 직무집행이 방해되었다고 할 수는 없으므로, 이로써 바로 위계에 의한 공무집행방해죄가 성립한다고 볼 수는 없다.

⑤ 출원에 대한 심사업무를 담당하는 공무원이 출원사유가 허위임을 알면서도 스스로 중간결재를 하는 등 위계로써 결재권자의 최종결재를 받아낸 경우, 작위범인 위계에 의한 공무집행방해죄만 성립하고 부작위범인 직무유기죄는 따로 성립하지 아니한다.

해설

①(×) 대법원 2009.11.19, 2009도4166 전원합의체(지방경찰청 민원실에서 민원인들이 전정사건의 처리와 관련하여 지방경찰청장과의 면담 등을 요구하면서 이를 제지하는 경찰관들에게 큰소리로 욕설하고 행패를 부린 경우 업무방해죄가 성립하지 아니한다)는 업무방해죄의 업무에 공무는 포함되지 않는다는 견해(공무제외설)로 변경하였다.

②(○) 위계로써 입찰의 공정을 해한 경우에 해당한다(대법원 1994.11.8, 94도2142).

③(○) 피해자가 여관으로 온 행위와 성교행위 사이에는 불가분의 관련성이 인정되지 아니하는 만큼 이로 인하여 피해자가 간음행위 자체에 대한 착오에 빠졌다거나 이를 알지 못하였다고 할 수는 없다 할 것이어서, 피고인의 위 행위는 형법 제302조 소정의 위계에 의한 심신미약자간음죄에 있어서 위계에 해당하지 아니한다(대법원 2002.7.12, 2002도2029).

④(○) 대법원 1996.10.11, 96도312.

⑤(○) 직무위배의 위법상태가 위계에 의한 공무집행방해행위 속에 포함되어 있는 것이라고 보아야 할 것이므로, 이와 같은 경우에는 작위범인 위계에 의한 공무집행방해죄만이 성립하고 부작위범인 직무유기죄는 따로 성립하지 아니한다(대법원 1997.2.28, 96도2825).

〈답 ①〉

20. 업무방해죄에 관한 설명 중 옳지 않은 것은? (다툼이 있는 경우에는 판례에 의함) <변호사 2013년>

① 업무방해죄의 성립에는 업무방해의 결과가 실제로 발생함을 요하지 않고, 업무방해의 결과를 초래할 위험이 발생하는 것이면 족하다.

② 시장번영회의 회장으로서 시장번영회에서 제정하여 시행 중인 관리규정을 위반하여 칸막이를 천장까지 설치한 일부 점포주들에 대하여 회원들의 동의를 얻어 시행되고 있는 관리규정에 따라 단전조치를 한 경우 업무방해죄로 처벌할 수 없다.

③ 근로자들이 집단적으로 근로의 제공을 거부하여 사용자의 정상적인 업무 운영을 저해하고 손해를 발생하게 한 행위는 당연히 업무방해죄의 위력에 해당되고 노동관계 법령에 따른 정당한 쟁의행위로서 위법성이 조각되는 경우가 아닌 한 업무방해죄로 처벌된다.

④ 폭력조직 간부가 조직원들과 공모하여 타인이 운영하는 성매매업소 앞에 속칭 '병풍'을 치거나 차량을 주차해 놓는 등 위력으로써 성매매업을 방해한 경우 업무방해죄로 처벌할 수 없다.

⑤ 수산업협동조합의 신규직원 채용에 응시한 A와 B가 필기시험에서 합격선에 못 미치는 점수를 받게 되자, 채점업무 담당자들이 조합장인 피고인의 지시에 따라 점수조작행위를 통하여 이들을 필기시험에 합격시킴으로써 필기시험 합격자를 대상으로 하는 면접시험에 응시할 수 있도록 한 사안에서, 위 점수조작행위에 공모 또는 양해하였다고 볼 수 없는 일부 면접위원들이 조합의 신규직원 채용업무로서 수행한 면접업무는 위 점수조작행위에 의하여 방해되었다고 보아야 한다.

해설

①(○) 대법원 2007.4.27, 2006도9028.
②(○) 대법원 1994.4.15, 93도2899(형법 제20조 소정의 정당행위에 해당한다).
③(×) 대법원 2011.3.17, 2007도482 전원합의체.
④(○) 대법원 2011.10.13, 2011도7081(업무방해죄의 보호대상이 되는 업무라고 볼 수 없다).
⑤(○) 대법원 2010.3.25, 2009도8506. 〈답 ③〉

제4장 사생활의 평온에 대한 죄

제1절 비밀침해의 죄

1. 비밀침해죄의 객체가 되지 않는 것을 모두 고르면?

> ㉠ 봉함한 원고
> ㉡ 봉함한 녹음테이프
> ㉢ password가 있어야 접근할 수 있는 정보
> ㉣ 정보에 접근금지 기재가 되어 있는 데이터
> ㉤ 윗칸을 밖으로 빼내면 아랫칸의 내용물을 쉽게 볼 수 있는 구조로 되어 있는 2단 서랍의 잠금장치가 된 아랫칸

① ㉡　② ㉣　③ ㉠ ㉢
④ ㉡ ㉤　⑤ ㉣ ㉤　⑥ 없음

해설

㉡㉢(○) 비밀침해죄의 객체인 전자기록 등 특수매체기록(제316조 2항)은 사람의 지각으로는 직접 인식할 수 없는 기록으로서 비밀을 담고 있는 것이면 족하므로 CD · 마이크로필름 · 녹음테이프도 본죄의 객체가 된다.
㉣(×) 컴퓨터나 기록에 접근금지 또는 허가가 필요하다고 기재되어 있는 것만으로는 비밀장치한 특수매체기록이라고 할 수 없다. 〈답 ②〉

대법원 2008.11.27, 2008도9071 서랍이 2단으로 되어 있어 그 중 아랫칸의 윗부분이 막혀 있지 않아 윗칸을 밖으로 빼내면 아랫칸의 내용물을 쉽게 볼 수 있는 구조로 되어 있는 서랍이라고 하더라도, 피해자가 아랫칸에 잠금장치를 하였고 통상적으로 서랍의 윗칸을 빼어 잠금장치 된 아랫칸 내용물을 볼 수 있는 구조라거나 그와 같은 방법으로 볼 수 있다는 것을 예상할 수 없어 객관적으로 그 내용물을 쉽게 볼 수 없도록 외부에 의사를 표시하였다면, 형법 제316조 1항의 규정 취지에 비추어 아랫칸은 윗칸에 잠금장치가 되어 있는지 여부에 관계없이 그 자체로서 형법 제316조 1항에 규정하고 있는 비밀장치에 해당한다고 할 것이다.

2. 甲에게 ( ) 속의 범죄가 성립하는 것을 모두 고르면? (특별법 위반은 논외. 통설에 의함)

> ㉠ 모 회사 고문변호사 A가 회사의 업무내용에 관한 비밀서류를 갖고

병원에 가서 치료를 마친 후 잘못하여 서류를 병원에 두고 갔는데, 의사 甲이 그 서류를 보고 증권을 하고 있는 친구에게 내용을 알려주었다. (업무상 비밀누설죄)

㉡ 甲은 乙에게 온 편지를 뜯지 않고 약물에 적셔 내용을 읽어보았다. (비밀침해죄)

㉢ 甲은 자신의 해킹기술을 과시할 목적으로 모 대학 전산시스템에 침입하여 등록금납부현황과 대학의 통장계좌번호 등을 입수하였다. (비밀침해죄)

㉣ 甲은 乙에게 온 우편엽서에 입찰에 관한 중요한 정보가 적혀 있는 것을 보고 엽서를 가져가 丙에게 보여주었다. (업무상 비밀누설죄)

㉤ 변호사 甲은 골프장에서 의뢰인인 乙의 업무에 관한 중요한 정보를 듣고 친구인 丙에게 알려주었다. (업무상 비밀누설죄)

㉥ 의사 甲은 증언거부권이 있음에도 불구하고 법정에서 자기가 진단한 乙의 신체결함에 관하여 증언하였다. (업무상 비밀누설죄)

① ㉡ ㉢　② ㉢ ㉥　③ ㉤ ㉥
④ ㉡ ㉢ ㉤　⑤ ㉡ ㉢ ㉥　⑥ ㉠ ㉡ ㉢ ㉣

해설

㉡㉢(○) 기술적 수단을 이용하여 편지 또는 비밀장치한 특수매체기록의 내용을 알아낸 경우이므로 비밀침해죄가 성립한다.
㉠(×) 비밀을 누설하는 방법에는 제한이 없지만 A에게는 비밀을 누설한다는 점에 대한 인식이 없다. 업무상 비밀누설죄는 업무처리 중 또는 직무상 지득한 타인의 비밀을 누설하는 경우에 성립하는 것이므로 甲이 업무처리와 관계없이 알게 된 사실은 그것이 비밀에 속한다 하여도 본죄의 비밀에는 해당하지 않는다.
㉣(×) 甲은 업무상 비밀누설죄의 주체가 아니며 우편엽서의 기재 내용이 비밀이라고 할 수도 없다. 〈답 ①〉

3. 업무상 비밀누설죄에 관한 설명 중 옳지 않은 것은?

① 공연히 누설할 필요가 없고, 부작위에 의하여도 가능하다.
② 상대방이 현실적으로 비밀을 인식하였을 것을 요하지 않는다.
③ 사생활의 비밀에 한하지 않고 공적 생활에서의 비밀도 포함하지만, 업무처리와 관계없이 알게 된 비밀은 객체가 되지 않는다.
④ 비밀의 주체는 자연인, 법인 또는 법인격 없는 단체를 포함하며, 공인회계사, 세무사, 변호사 아닌 변호인도 주체가 된다.
⑤ 비밀은 본인이 비밀로 할 것을 원할 뿐만 아니라 객관적으로도 비밀로 할 이익이 있어야 한다는 것이 다수설이다.

해설

①(○) 비밀을 누설하는 방법에는 제한이 없으며, 비밀을 기재한 서류를 방치하여 다른 사람이 읽게 하는 경우와 같이 부작위에 의하여 비밀을 누설할 수도 있다.
②(○) 본죄는 비밀이 누설되어 상대방에게 도달됨으로써 완성되며, 상대방이 그 내용을 요지할 것을 요하지 않는 추상적 위험범이다.
③(○) 본죄의 비밀은 개인의 비밀인 한 반드시 사생활에 관한 비밀임을 요하지 아니하고 공적 생활에 있어서의 비밀도 포함한다. 그러나 행위객체는 업무처리중 또는 직무상 지득한 타인의 비밀이므로 업무처리와 관계없이 지득한 비밀을 누설한 때에는 본죄가 성립하지 않는다.
④(×) 업무상 비밀누설죄에 있어서 비밀의 주체는 자연인뿐만 아니라 법인 또는 법인격 없는 단체를 포함한다. 다만 본죄의 비밀은 개인의 비밀에 제한된다. 형법은 업무상 비밀누설죄의 주체로 변호사 아닌 변호인이나 소송대리인 · 세무사 또는 흥신소에 종사하는 자와 같이 현대사회에 새롭게 등장한, 타인의 비밀을 알게 되는 업무에 종사하는 자를 그 주체로 규정하고 있지 않다(제317조).
⑤(○) 본죄의 비밀이 되는지에 관하여는 본인의 의사에 따라야 한다는 주관설, 객관적으로 비밀로서 보호하여야 할 이익이 있어야 한다는 객관설, 본인이 비밀로 할 것을 원할 뿐 아니라 객관적으로도 비밀로 할 이익이 있어야 한다는 절충설 등이 대립하고 있으나 절충설이 다수설이다. 〈답 ④〉

제 2 절 주거침입의 죄

1. 주거침입죄의 객체가 될 수 없는 것을 모두 고르면? (다툼이 있는 경우에는 판례에 의함)

㉠ 선박	㉡ 자동차	㉢ 항공기
㉣ 주거용 차량	㉤ 물탱크시설	㉥ 극장의 좌석
㉦ 캠프장의 천막	㉧ 아파트의 공용 엘리베이터	

① ㉡ ㉥ ② ㉡ ㉧ ③ ㉢ ㉦
④ ㉡ ㉤ ㉥ ⑤ ㉡ ㉤ ㉧ ⑥ ㉣ ㉥ ㉦

해설

㉠㉡㉢㉣ 주거침입죄의 객체는 사람의 주거, 관리하는 건조물, 선박이나 항공기 또는 점유하는 방실이므로 자동차는 그 객체가 될 수 없다. 다만 주거용 차량은 객체가 된다. ㉤ 건조물침입죄의 객체인 관리하는 건조물은 주위 벽, 기둥과 지붕 또는 천정으로 구성된 구조물로서 사람이 기거하거나 출입할 수 있는 장소를 말하므로, 물탱크시설은 이에 해당하지 않는다(대법원 2007.12.13, 2007도7247). ㉥ 극장은 객체가 될 수 있으나 극장의 좌석은 객체가 될 수 없다. ㉦ 주거침입죄의 객체인 주거는 사람이 일상생활을 영위하기 위하여 점거하는 장소로서 반드시 사람이 현존할 것을 요하는 것은 아니며, 주거의 설비 또는 그 구조 여하는 묻지 않는다. 따라서 천막 · 판자집은 물론 토굴이라도 주거가 될 수 있다. ㉧ 다가구용 단독주택이나 다세대주택 · 연립주택 · 아파트 등 공동주택의 내부에 있는 엘리베이터, 공용 계단과 복도는 특별한 사정이 없는 한 주거침입죄의 객체인

'사람의 주거'에 해당한다(대법원 2009.9.10, 2009도4335). 〈답 ④〉

대법원 2009.9.10, 2009도4335 (i) 주거침입죄에 있어서 주거란 단순히 가옥 자체만을 말하는 것이 아니라 그 정원 등 위요지를 포함한다. 따라서 다가구용 단독주택이나 다세대주택 · 연립주택 · 아파트 등 공동주택 안에서 공용으로 사용하는 엘리베이터, 계단과 복도는 주거로 사용하는 각 가구 또는 세대의 전용 부분에 필수적으로 부속하는 부분으로서 그 거주자들에 의하여 일상생활에서 감시 · 관리가 예정되어 있고 사실상의 주거의 평온을 보호할 필요성이 있는 부분이므로, 다가구용 단독주택이나 다세대주택 · 연립주택 · 아파트 등 공동주택의 내부에 있는 엘리베이터, 공용 계단과 복도는 특별한 사정이 없는 한 주거침입죄의 객체인 '사람의 주거'에 해당하고, 위 장소에 거주자의 명시적, 묵시적 의사에 반하여 침입하는 행위는 주거침입죄를 구성한다. (ii) 피고인이 강간할 목적으로 피해자를 따라 피해자가 거주하는 아파트 내부의 엘리베이터에 탄 다음 그 안에서 폭행을 가하여 반항을 억압한 후 계단으로 끌고 가 피해자를 강간하고 상해를 입힌 사안에서, 피고인이 성폭력범죄의 처벌 및 피해자보호 등에 관한 법률 제5조 1항에 정한 주거침입범의 신분을 가지게 되었다는 이유로, 주거침입을 인정하지 않고 강간상해죄만을 선고한 원심판결을 파기한 사례.

2. 甲은 乙녀가 혼자 잠자고 있는 방의 창문을 열고 문 안으로 얼굴을 들이밀었다. 甲의 죄책에 관한 설명 중 옳지 않은 것은?

① 통설은 주거침입죄가 성립하기 위하여 신체의 전부가 주거에 들어가야 한다고 해석한다.
② 통설에 의하면 甲에게 방 안에 몸 전체가 들어갈 의사가 없으면 주거침입죄는 성립할 수 없게 된다.
③ 판례는 이 경우에 주거침입죄의 미수가 된다고 판시했다.
④ 판례는 주거침입죄의 성립에 신체가 모두 들어갈 필요는 없다는 것을 전제로 한다.
⑤ 판례는 주거침입죄의 기수시기는 주거의 평온이 침해되었을 때라고 해석한다.

해설

대법원 1995.9.15, 94도2561은 이 경우에 주거침입죄의 기수를 인정하였다. 이는 주거침입죄의 보호법익인 주거의 평온이 침해된 때에 주거침입죄가 기수에 이른다고 본 것이다. 그러나 신체가 모두 들어갈 것을 요한다는 다수설에 의하면 이 경우는 고의가 없기 때문에 범죄가 성립하지 않는다고 한다. 〈답 ③〉

대법원 1995.9.15, 94도2561 주거침입죄는 사실상의 주거의 평온을 보호법익으로 하는 것이므로, 반드시 행위자의 신체의 전부가 범행의 목적인 타인의 주거 안으로 들어가야만 성립하는 것이 아니라 신체의 일부만 타인의 주거 안으로 들어갔다고 하더라도 거주자가 누리는 사실상의 주거의 평온을 해할 수 있는 정도에 이르렀다면 범죄구성요건을 충족하는 것이라고 보아야 하고, 따라서 주거침입죄의 범의는 반드시 신체의 전부가 주거 안으로 들어간다는 인식이 있어야만 하는 것이 아니라 신체의 일부라도 타인의 주거 안으로 들어간다는 인식이 있으면 족하다 할 것이고, 이러한 범의로써 예컨대 주거에 들어가는 문의 시정장치를 부수거나 문을 여는 등 침입을 위한 구체적 행위를 시작하였다면 주거침입죄의 실행의 착수는 있었다고 보아야 하고, 신체의 극히 일부분이 주거 안에 들어갔지만 사실상의 주거의 평온을 해하는 정도에 이르지 아니하였다면 주거침입죄의 미수에 그친다. 야간에 타인의 집의 창문을 열고 집 안으로 얼굴을 들이미는 등의 행위를 하였다면 피고인이 자신의 신체의 일부가 집 안으로 들어간다는 인식하에 하였더라도 주거침입죄의 범의는 인정되고, 비록 신체의 일부만이 주거에 들어갔다고 하더라도 사실상 주거의 평온을 해하였다면 주거침입죄는 기수에 이르렀다.

3. 주거침입죄가 인정되는 경우를 모두 고르면? (판례에 의하고, 판례가 없으면 다수설에 의함)

㉠ 버스회사 차장이 절도의 목적으로 사무실에 들어간 경우
㉡ 소매치기하기 위하여 백화점에 들어간 경우
㉢ 뇌물을 주기 위하여 공무원의 집에 들어간 경우
㉣ 절취의사로 다가구용 단독주택인 빌라의 잠기지 않은 대문을 열고 들어가 공용계단으로 빌라 3층까지 올라갔다가 1층으로 내려온 경우
㉤ 지역기관장들의 불법선거운동을 적발하기 위해 기관장들의 조찬모임에서의 대화내용을 도청하기 위한 도청장치를 설치할 목적으로 손님을 가장하여 조찬모임장소인 음식점에 들어간 경우
㉥ 금품을 훔칠 생각으로 혼자 살고 있는 집에 도시가스 검침원을 가장하여 거주자의 승낙을 받고 들어간 경우
㉦ 일반인의 출입이 허용된 촉석루 내 의기사에 보관 중이던 공용물건인 논개영정을 적법한 권한 없이 강제로 철거할 목적으로 위 의기사에 들어간 경우

① ㉠ ㉣ ㉤ ② ㉠ ㉤ ㉦ ③ ㉠ ㉡ ㉤ ㉦
④ ㉠ ㉤ ㉥ ㉦ ⑤ ㉡ ㉢ ㉣ ㉤ ⑥ ㉠ ㉣ ㉤ ㉥ ㉦

해설

㉠(○) 대법원 1979.10.30, 79도1882.
㉡(×) 백화점 · 은행 · 식당과 같이 일반인에게 공개된 장소에 범죄를 목적으로 들어갔다는 것만으로는 주거침입죄가 성립하지는 않는다. 판례는 범죄를 목적으로 주거에 들어간 때에는 본죄가 성립한다는 태도이나, 이 경우까지 주거침입죄가 성립한다고 하지는 않는다.
㉢(×) 범죄를 목적으로 들어갔다고 하더라도 뇌물을 주기 위하여 들어간 경우에는 주거침입죄가 성립하지 않는다. 피해자의 의사에 반한다고 할 수 없기 때문이다.
㉣(○) 대법원 2009.8.20, 2009도3452.
㉤(○) 일반인의 출입이 허용된 음식점이라 하더라도 영업주의 명시적 또는 추정적 의사에 반하여 들어간 것이라면 주거침입죄가 성립되는바, 영업주인 乙이 甲의 출입을 허용하지 않았을 것으로 보는 것이 경험칙에 부합하므로, 그와 같은 행위는 주거침입죄가 성립한다(대법원 1997.3.28, 95도2674). 타인의 주거에 침입한 행위가 비록 불법선거운동 등

을 적발하려는 목적으로 이루어진 것이라고 하더라도, 타인의 주거에 도청장치를 설치하는 행위는 그 수단과 방법의 상당성을 결하는 것으로서 정당행위에 해당하지 않는다.
ⓗ(○) 판례에 의하면 주거자 또는 관리자의 승낙이나 허가를 얻어 들어갔다 하더라도 부정행위를 할 목적으로 들어간 때에는 주거자나 관리자의 의사 또는 추정된 의사에 반한다고 할 수 있으므로 주거침입죄가 성립한다.
ⓢ(○) 대법원 2007.3.15, 2006도7079. 〈답 ⑥〉

≪일반인에게 출입이 허용된 장소에 들어간 경우≫

(1) **주거침입죄를 인정한 경우**

① **대법원 2008.11.13, 2006도755** 전국노동조합대표자회의 등이 특정 대학교 총장에게 전국노동자대회 등 개최를 위한 장소사용 허가를 요청하였다가 명시적으로 불허통보를 받았음에도 대회 개최를 위하여 각 대학교에 들어간 행위는 건조물침입죄에 해당한다.

② **대법원 2008.5.8, 2007도11322** 다른 사람의 주택에 무단 침입한 범죄사실로 이미 유죄판결을 받은 사람이 그 판결이 확정된 후에도 퇴거하지 않은 채 계속하여 당해 주택에 거주한 경우, 위 판결 확정 이후의 행위는 별도의 주거침입죄를 구성한다.

③ **대법원 2003.5.13, 2003도604** 대학교가 한국대학총학생연합의 행사개최를 불허하고 외부인의 출입을 금지하는 한편 경찰에 시설물 보호를 위한 경비지원을 요청하였음에도불구하고 피고인이 다른 많은 학생들과 함께 위 행사에 참여하거나 주최하기 위하여 대학교에 들어간 경우

④ **대법원 1990.3.13, 90도173** 출입이 금지된 시간에 연안여객 터미널의 담벽을 드럼통을 딛고 넘어들어가 건물 화장실의 창문을 통해 들어간 경우

⑤ **대법원 1983.3.8, 82도1363** 월정사 경내에 날이 새기 전에 잠겨진 뒷문을 넘어 다중(37명)이 고함을 지르고 소란을 피우면서 집단적으로 난입한 경우

(2) **주거침입죄를 부정한 경우**

대법원 1985.2.8, 84도2917 당구장, 다방, 독서실 등 영업소가 들어서 있는 건물의 공공계단과 복도에 범죄의 목적이 아닌 이유로 들어간 경우

≪부정행위 또는 범죄를 목적으로 사인의 주거에 들어간 경우≫

(1) **주거침입죄를 인정한 경우**

① **대법원 1992.9.25, 92도1520** 대학 당국의 허락을 받지 않은 채 범행도구로 쓰일 쇠파이프와 최루탄을 들고 대학교의 강의실에 침입한 경우

② **대법원 1989.9.12, 89도889** 건물의 소유자라고 주장하는 피고인과 그것을 점유·관리하고 있는 피해자 사이에 건물의 소유권에 대한 분쟁이 계속되고 있는 상황에서 피고인이 그 건물에 침입한 경우

③ **대법원 1983.7.12, 83도1394** 피해자와 이웃 사이에서 그 주거에 무상출입하던 관계에 있었다 하더라도 범죄의 목적으로 피해자의 승낙 없이 그 주거에 들어간 경우

(2) **주거침입죄를 부정한 경우**

대법원 1967.9.26, 67도1089 술에 취하여 시비중에 상대방의 주거에 따라 들어가서 때린 이유를 따진 경우

4. 주거침입죄에 관한 설명으로 옳지 않은 것을 모두 모은 것은? (다툼이 있는 경우에는 판례에 의함)

㉠ 침입대상인 아파트에 사람이 있는지를 확인하기 위해 그 집의 초인종을 누른 행위는 주거침입죄의 실행에 착수한 것이다.
㉡ 야간에 다세대주택 2층의 불이 꺼져 있는 것을 보고 물건을 절취하기 위하여 가스배관을 타고 올라가다가, 발은 1층 방범창을 딛고 두 손은 1층과 2층 사이에 있는 가스배관을 잡고 있던 상태에서 순찰 중이던 경찰관에게 발각되어 뛰어내렸다면 야간주거침입절도죄의 실행에 착수한 것이다.
㉢ 무효인 경락허가결정에 기한 인도명령의 집행으로서 점유가 피고인으로부터 타인에게 이전된 건물에 피고인이 들어간 행위는 주거침입죄에 해당한다.
㉣ 대리시험을 보기 위해 시험장에 들어간 경우에는 주거침입죄가 성립한다.
㉤ 경찰관이 현행범을 추격하던 중 범인의 아버지의 집에까지 뒤따라 들어간 경우에는 주거침입죄가 성립한다.
㉥ 사인(私人)이 현행범을 추격하던 중 범인의 부(父)의 집까지 쫓아 들어가 부(父)와 시비 끝에 부(父)에게 상해를 입힌 경우 주거침입죄가 성립한다.

① ㉠ ㉢ ② ㉡ ㉣ ③ ㉡ ㉤
④ ㉢ ㉣ ⑤ ㉠ ㉡ ㉤ ⑥ ㉢ ㉣ ㉤

해설

㉠(×) 초인종을 누른 행위만으로 침입의 현실적 위험성을 포함하는 행위를 시작하였다거나, 주거의 사실상의 평온을 침해할 객관적인 위험성을 포함하는 행위를 한 것으로 볼 수 없다(대법원 2008.4.10, 2008도1464).
㉡(×) 야간주거침입죄의 실행의 착수에 이르지 못하였다(대법원 2008.3.27, 2008도917). 그러나 다세대주택 2층으로 들어가기 위하여 가스배관을 타고 1층과 2층 사이에 있는 가스배관을 잡고 있는 경우에도 실행의 착수를 인정할 수 없다고 한 것은 의문이다. 이미 배관을 타고 올라가 발로 1층 방범창을 딛고 있는 단계라면 2층 주택의 위요지에 침입했다고 보거나, 전체건조물에 침입했다고 볼 수 있기 때문이다.
㉤(×) 현행범인의 체포에 수반하는 행위로 위법성이 조각된다.
㉢ 대법원 1987.11.10, 87도1760, ㉣ 대법원 1967.12.19, 67도1281, ㉥ 대법원 1965.12.21, 65도899와 일치한다. 〈답 ⑤〉

5. 주거침입죄에 대한 설명으로 옳지 않은 경우를 모은 것은? (판례에 의함)

㉠ 주택의 매수인이 계약금과 중도금을 지급하고 그 주택을 명도받아 점유하고 있던 중 매매계약을 해제하고 중도금반환청구소송을 제기

하여 승소판결을 받고 강제집행에 착수한 이후에 매수인이 시정해 놓은 그 주택의 출입문을 매도인이 열고 들어간 경우 주거침입죄가 성립하지 않는다. ㉡ 간통 현장을 직접 목격하고 그 사진을 촬영하기 위하여 상간자의 주거에 들어간 경우 주거침입죄가 성립한다. ㉢ 주거침입죄의 경우 주거침입의 범의로써, 주거로 들어가는 문의 시정장치를 부수거나 문을 여는 등의 행위를 시작하였다면 주거침입죄의 실행의 착수는 있었다고 보아야 한다. ㉣ 출입문이 열려 있으면 안으로 들어가겠다는 의사 아래 출입문을 당겨보는 행위만으로는 주거침입의 실행에 착수한 것으로 볼 수 없다. ㉤ 이미 수일 전에 두 차례에 걸쳐 피해자를 강간하였던 피고인이 대문을 몰래 열고 들어와 담장과 피해자가 거주하던 방 사이의 좁은 통로에서 창문을 통하여 방안을 엿본 경우 주거침입죄가 성립한다.

① ㉠　　② ㉡　　③ ㉣
④ ㉡ ㉣　　⑤ ㉠ ㉡ ㉢　　⑥ ㉠ ㉡ ㉤

해설

㉠(○) 매도인으로서는 매수인이 그 주택에 대한 모든 권리를 포기한 것으로 알고 그 주택에 들어간 것이라고 할 수 있을 뿐만 아니라 또한 그 주택에 대하여 보호받아야 할 피해자의 주거에 대한 평온상태는 소멸되었다고 볼 수 있으므로 매도인의 위 소위는 주거침입죄를 구성하지 아니한다(대법원 1987.5.12, 87도3).
㉡(○) 간통 현장의 사진촬영을 하기 위한 것이었다는 이유만으로는 정당행위가 될 수 없다(대법원 2003.9.26, 2003도3000).
㉢(○) 대법원 2003.10.24, 2003도4417의 내용이다.
㉣(×) 주거침입죄의 실행의 착수는 주거자, 관리자, 점유자 등의 의사에 반하여 주거나 관리하는 건조물 등에 들어가는 행위, 즉 구성요건의 일부를 실현하는 행위까지 요구하는 것은 아니고 범죄구성요건의 실현에 이르는 현실적 위험성을 포함하는 행위를 개시하는 것으로 족하므로, 출입문이 열려 있으면 안으로 들어가겠다는 의사 아래 출입문을 당겨보는 행위는 바로 주거의 사실상의 평온을 침해할 객관적인 위험성을 포함하는 행위를 한 것으로 볼 수 있어 그것으로 주거침입의 실행에 착수한 것으로 보아야 한다(대법원 2006.9.14, 2006도2824).
㉤(○) 주거에 대한 사실상의 평온이 침해된 이상 주거침입죄는 기수에 이르렀다(대법원 2001.4.24, 2001도1092).　〈답 ③〉

6. 쟁의행위와 관련하여 주거침입죄를 인정한 판례는 몇 개인가?

㉠ 노조원들에 의한 회사 점거 중 법률적 쟁송이 아닌 개별적 또는 집단적 협의과정을 통하여 해고의 효력을 다투고 있는 해고근로자가 노조 임시사무실에 들어간 경우

ⓛ 법률적 쟁송으로 해고의 효력을 다투고 있는 조합대의원이 아닌 해고근로자가 조합대의원 회의에 참석하는 것을 허락하지 아니한 회사의 의사에 반하여 함부로 그곳에 들어간 경우
ⓒ 해고된 근로자가 시위근로자 570여 명과 함께 회사건물 본관을 힘으로 밀어붙이고 그 건물을 점거한 경우
ⓔ 법률적 쟁송으로 해고의 효력을 다투고 있는 해고근로자가 조합원의 자격으로서 회사 경비원의 제지를 뿌리치고 회사 내로 들어가 노동조합 사무실에서 출근투쟁을 벌인 경우
ⓜ 쟁의행위를 하는 대학교의 근로자가 대학교측의 불법한 직장폐쇄 후 대학교 구내에 있는 주차장과 식당 또는 노동조합 사무실 등지에 출입한 경우

① 1개 ② 2개 ③ 3개
④ 4개 ⑤ 5개

해설

ⓖ(○) 해고근로자로서 노동조합법 제12조의2에서 개입을 금지하는 제3자에 해당하지 아니하는 자는 '상당한 기간 내에 그 해고가 부당노동행위이거나 무효라고 주장하여 노동위원회나 법원에 부당노동행위의 구제신청이나 해고무효확인의 소를 제기하여 그 효력을 다투는 자'에 국한된다. 따라서 노조원들에 의한 회사 점거중 해고근로자가 노조 임시사무실에 들어간 행위는 건조물침입죄를 구성한다(대법원 1994.2.8, 93도120).
ⓛ(○) 해고를 당한 후 해고처분무효확인소송을 제기하여 노동조합의 조합원인 근로자의 지위를 그대로 갖고 있다 하더라도 회사가 조합의 대의원이 아닌 피고인에게 회사 내의 조합대의원 회의에 참석하는 것을 허락하지 아니하였는데도 그 의사에 반하여 함부로 거기에 들어가고 회사경비원들의 출입통제업무를 방해한 것은 건조물침입죄와 업무방해죄에 해당한다(대법원 1991.9.10, 91도1666).
ⓒ(○) 건조물침입죄가 성립한다(대법원 1990.6.12, 90도672).
ⓔ(×) 근로자가 사용자에 의하여 해고되었다 하더라도 상당한 기간 내에 노동위원회나 법원에 부당노동행위의 구제신청이나 해고무효확인의 소를 제기하여 그 해고의 효력을 다투는 때에는 근로자의 신분이나 당해 노동조합의 조합원 또는 임원의 신분을 계속 보유하기 때문에 노동쟁의조정법 제13조의2에서 개입을 금지하는 제3자에 해당하지 아니하여 노동조합 사무실에 들어가는 경우에도 주거침입죄가 성립되지 않는다(대법원 1994.2.8, 93도120).
ⓜ(×) 사용자의 직장폐쇄가 정당한 쟁의행위로 인정되지 아니하는 때에는 다른 특별한 사정이 없는 한 근로자가 평소 출입이 허용되는 사업장 안에 들어가는 행위는 주거침입죄를 구성하지 아니한다(대법원 2002.9.24, 2002도2243). 〈답 ③〉

7. 퇴거불응죄에 관한 설명 중 옳지 않은 것은?

① 적법하게 주거에 들어간 자가 퇴거요구를 받고도 나가지 않는 경우에 성립한다.
② 퇴거요구는 주거권자가 반드시 명시적으로 하여야 하는 것은 아니다.

③ 진정부작위범이다.
④ 진정부작위범이므로 미수범처벌규정이 없다.
⑤ 퇴거요구를 받고도 즉시 퇴거에 응하지 않으면 기수가 된다.

해설

①(○) 퇴거불응죄는 적법하게 주거에 들어간 것을 전제로 한다. 따라서 처음부터 주거권자의 의사에 반하여 주거에 침입한 자에 대하여는 퇴거불응죄가 성립하지 않는다.
②(○) 퇴거요구는 반드시 명시적으로 행하여져야 하는 것은 아니며 묵시적으로도 가능하다.
③(○) 본죄는 주거권자의 퇴거요구를 받고 이에 응하지 않음으로써 성립하는 진정부작위범이다.
④(×) 형법은 진정부작위범인 퇴거불응죄의 미수범을 처벌하고 있다(제322조). 그러나 진정부작위범의 미수범은 있을 수 없다. 〈답 ④〉

8. 특수주거침입죄가 성립되는 것을 모두 모은 것은? (판례에 의함)

> ㉠ 수인이 흉기를 휴대하여 타인의 건조물에 침입하기로 공모한 후 그 중 일부는 흉기를 은폐한 채로 차 안에서 망을 보고 나머지 일부만이 흉기를 휴대하지 않고 건조물 안으로 들어간 경우
> ㉡ 수인이 범행도구로 쓰일 쇠파이프와 최루탄을 나누어 들고 대학 당국의 허락을 받지 않은 채 대학교 강의실에 침입한 경우
> ㉢ 출입문이 잠긴 채 관리인이 없는 '골리앗 크레인'에 70명 정도가 들어가서 농성을 한 경우
> ㉣ 군의회에서 군수 불신임 결의안을 채택하려 하자 군수와 부군수 등이 직원들을 시켜 의원들이 본회의장에 들어가는 것을 저지하고, 의원들이 소회의실에서 의사를 진행하려 하자 다시 소회의장에 난입하여 회의장을 점거하고 의사진행을 못하게 한 경우
> ㉤ 칼을 휴대하여 버섯을 채취하러 산에 갔다 온 후 계속 칼을 가지고 있다가 우연히 야간에 이웃집에 들어간 경우

① ㉠ ㉡ ㉢ ② ㉠ ㉡ ㉣ ③ ㉡ ㉢ ㉣
④ ㉡ ㉢ ㉤ ⑤ ㉡ ㉣ ㉤ ⑥ ㉢ ㉣ ㉤
⑦ ㉠ ㉡ ㉢ ㉣ ⑧ ㉡ ㉢ ㉣ ㉤

해설

특수주거침입죄는 단체 또는 다중의 위력을 보이거나 흉기 기타 위험한 물건을 휴대하여 주거 등에 침입한 경우에 성립한다(제320조). 특수주거침입죄가 성립하는 것은 ㉡㉢㉣이다.
㉡ 일반적으로 대학교의 강의실은 그 대학 당국에 의하여 관리되면서 그 관리업무나 강의와 관련되는 사람에 한하여 출입이 허용되는 건조물이지 널리 일반인에게 개방되어 누구나 자유롭게 출입할 수 있는 곳은 아니다(대법원 1992.9.25, 92도1520). ㉢ 대법원 1991.

6.11, 91도753, ㉣ 대법원 1998.5.12, 98도662 참조.
이에 반하여 ㉠ 수인이 흉기를 휴대하여 타인의 건조물에 침입하기로 공모한 후 그 중 일부는 밖에서 망을 보고 나머지 일부만이 건조물 안으로 들어갔을 경우에 있어서 특수주거침입죄의 구성요건이 충족되었다고 볼 수 있는지의 여부는 직접 건조물에 들어간 범인을 기준으로 하여 그 범인이 흉기를 휴대하였다고 볼 수 있느냐의 여부에 따라 결정되어야 한다(대법원 1994.10.11, 94도1991). ㉤ 폭력행위등처벌에관한법률의 목적과 그 제3조 1항의 규정 취지에 비추어 보면, 같은 법 제3조 1항 소정의 '흉기 기타 위험한 물건을 휴대하여 그 죄를 범한 자'란 범행현장에서 그 범행에 사용하려는 의도 아래 흉기를 소지하거나 몸에 지니는 경우를 가리키는 것이지 그 범행과는 전혀 무관하게 우연히 이를 소지하게 된 경우까지를 포함하는 것은 아니다(대법원 1990.4.24, 90도401). 〈답 ③〉

9. 퇴거불응죄 및 주거침입죄와 관련된 설명 중 옳은 것(○)과 옳지 않은 것(×)을 바르게 표시한 것은? (다툼이 있는 경우에는 판례에 의함)

> ㉠ 정당한 퇴거요구를 받고 건물에서 나가면서 가재도구 등을 남겨두는 행위는 퇴거불응죄를 구성한다.
> ㉡ 사용자의 직장폐쇄가 정당한 쟁의행위로 인정되지 아니하는 때에는 적법한 쟁의행위로서 사업장을 점거 중인 근로자들이 직장폐쇄를 단행한 사용자로부터 퇴거요구를 받고 이에 불응한 채 직장점거를 계속하더라도 퇴거불응죄가 성립하지 아니한다.
> ㉢ 건물신축 공사현장에 무단으로 들어간 뒤 타워크레인에 올라가 이를 점거한 경우 건조물침입죄가 성립한다.
> ㉣ 피해자 소유의 축사건물 및 그 부지를 임의경매절차에서 매수한 사람이 위 부지 밖에 설치된 피해자 소유 소독시설을 통로로 삼아 위 축사건물에 출입한 경우 건조물침입죄를 구성한다.

① ㉠(×) ㉡(○) ㉢(○) ㉣(○)　② ㉠(×) ㉡(×) ㉢(○) ㉣(×)
③ ㉠(○) ㉡(○) ㉢(×) ㉣(○)　④ ㉠(×) ㉡(○) ㉢(×) ㉣(○)
⑤ ㉠(○) ㉡(×) ㉢(○) ㉣(×)　⑥ ㉠(○) ㉡(×) ㉢(×) ㉣(×)

해설

㉠(×) 주거침입죄와 퇴거불응죄는 모두 사실상의 주거의 평온을 그 보호법익으로 하고, 주거침입죄에서의 침입이 신체적 침해로서 행위자의 신체가 주거에 들어가야 함을 의미하는 것과 마찬가지로 퇴거불응죄의 퇴거 역시 행위자의 신체가 주거에서 나감을 의미하므로, 정당한 퇴거요구를 받고 건물에서 나가면서 가재도구 등을 남겨둔 경우 퇴거불응죄를 구성하지 않는다(대법원 2007.11.15, 2007도6990).
㉡(○) 대법원 2007.12.28, 2007도5204 참조.
㉢(×) 타워크레인은 건설기계의 일종으로서 작업을 위하여 토지에 고정되었을 뿐이고 운전실은 기계를 운전하기 위한 작업공간 그 자체이지 건조물침입죄의 객체인 건조물에 해당하지 아니하고, 피고인들이 공사현장에 컨테이너 박스 등으로 가설된 현장사무실 또는 경비실 자체에 들어가지 아니하였다면, 피고인들이 공사현장의 구내에 들어간 행위를 공사현장 구내에 있는 건조물인 현장사무실 또는 경비실에 침입한 행위로 보거나, 위 공

사현장 구내에 있는 건축중인 건물에 침입한 행위로 볼 수 없다(대법원 2005.10.7, 2005도5351).

㉣(○) 위 소독시설은 축사출입차량의 소독을 위하여 설치한 것이기는 하나 별개의 토지 위에 존재하는 독립한 건조물로서 축사 자체의 효용에 제공된 종물이 아니므로, 위 출입행위는 건조물침입죄를 구성한다(대법원 2007.12.13, 2007도7247). 《답 ④》

① **대법원 2010.4.29, 2009도14643** 차량 통행이 빈번한 도로에 바로 접하여 있고, 도로에서 주거용 건물, 축사 4동 및 비닐하우스 2동으로 이루어진 시설로 들어가는 입구 등에 그 출입을 통제하는 문이나 담 기타 인적·물적 설비가 전혀 없고 노폭 5m 정도의 통로를 통하여 누구나 축사 앞 공터에 이르기까지 자유롭게 드나들 수 있는 사실 등을 이유로, 차를 몰고 위 통로로 진입하여 축사 앞 공터까지 들어간 행위가 주거침입에 해당한다고 본 원심판단에 법리오해 등의 위법이 있다고 한 사례.

② **대법원 2010.3.11, 2009도12609** 퇴거불응죄에 있어서 '건조물'이라 함은 단순히 건조물 그 자체만을 말하는 것이 아니고 위요지를 포함하고, '위요지'가 되기 위하여는 건조물에 인접한 그 주변 토지로서 관리자가 외부와의 경계에 문과 담 등을 설치하여 그 토지가 건조물의 이용을 위하여 제공되었다는 것이 명확히 드러나야 할 것인데, 화단의 설치, 수목의 식재 등으로 담장의 설치를 대체하는 경우에도 건조물에 인접한 그 주변 토지가 건물, 화단, 수목 등으로 둘러싸여 건조물의 이용에 제공되었다는 것이 명확히 드러난다면 위요지가 될 수 있다.

10. 다음 설명 중 옳지 않은 것은? (다툼이 있는 경우에는 판례에 의함)

<사시 2012년: 배점 2>

① 업무방해죄의 성립에는 업무방해의 결과가 실제로 발생함을 요하지 않고 업무방해의 결과를 초래할 위험이 발생하는 것이면 족하며, 업무수행 자체가 아니라 업무의 적정성 내지 공정성이 방해된 경우에도 업무방해죄가 성립한다.

② 업무방해죄는 널리 업무의 경영을 저해하는 경우에도 성립하고, 업무로서 행해져 온 회사의 경영행위에는 그 목적사업의 직접적인 수행뿐만 아니라 그 확장, 축소, 전환, 폐지 등의 행위도 정당한 경영권 행사의 일환으로서 이에 포함된다.

③ 포털사이트 운영회사의 통계집계시스템 서버에 허위의 클릭정보를 전송하여 검색순위 결정 과정에서 위와 같이 전송된 허위의 클릭정보가 실제로 통계에 반영됨으로써 정보처리에 장애가 현실적으로 발생하였다면, 그로 인하여 실제로 검색순위의 변동을 초래하지는 않았다 하더라도 컴퓨터등장애업무방해죄가 성립한다.

④ 사용자가 제3자와 공동으로 관리·사용하는 공간을 사용자에 대한 쟁의행위를 이유로 관리자의 의사에 반하여 침입·점거한 경우 비록 그 공간의 점거가 사용자에 대한 관계에서 정당한 쟁의행위로 평가될 여지가

있다 하여도 위 제3자의 명시적 또는 추정적인 승낙이 없는 이상 위 제3자에 대하여서까지 이를 정당행위라고 하여 주거침입죄의 위법성이 조각된다고 볼 수는 없다.

⑤ 적법한 쟁의행위로 사업장을 점거 중인 근로자들이 직장폐쇄를 단행한 사용자로부터 퇴거요구를 받고 이에 불응한 채 직장점거를 계속하였다면 사용자의 직장폐쇄가 정당한 쟁의행위로 인정되지 아니하더라도 퇴거불응죄가 성립한다.

해설

①(○) 대법원 2009.9.10, 2009도4772; 대법원 2010.3.25, 2009도8506.
②(○) 대법원 2005.4.15, 2004도8701.
③(○) 대법원 2009.4.9, 2008도11978.
④(○) 대법원 2010.3.11, 2009도5008.
⑤(×) 사용자의 직장폐쇄는 노사간의 교섭태도, 경과, 근로자측 쟁의행위의 태양, 그로 인하여 사용자측이 받는 타격의 정도 등에 관한 구체적 사정에 비추어 형평상 근로자측의 쟁의행위에 대한 대항·방위 수단으로서 상당성이 인정되는 경우에 한하여 정당한 쟁의행위로 평가받을 수 있는 것이고, 사용자의 직장폐쇄가 정당한 쟁의행위로 인정되지 아니하는 때에는 적법한 쟁의행위로서 사업장을 점거 중인 근로자들이 직장폐쇄를 단행한 사용자로부터 퇴거요구를 받고 이에 불응한 채 직장점거를 계속하더라도 퇴거불응죄가 성립하지 아니한다(대법원 2007.12.28, 2007도5204). 〈답 ⑤〉

11. 주거침입죄에 관한 설명 중 옳지 않은 것은? (다툼이 있는 경우에는 판례에 의함) <변호사 2012년>

① 주거침입죄에서 주거란 단순히 가옥 자체만을 말하는 것이 아니라 그 정원 등 위요지를 포함한다.

② 다세대주택·연립주택·아파트 등 공동주택의 내부에 있는 엘리베이터, 공용 계단과 복도는 특별한 사정이 없는 한 주거침입죄의 객체인 '사람의 주거'에 해당한다.

③ 복수의 주거권자 중 한 사람이 그 주거에의 출입을 승낙하더라도, 그 승낙이 다른 주거권자의 의사에 직접·간접으로 반하는 경우 그 출입행위는 주거침입에 해당한다.

④ 임대차 기간이 종료된 후에는 임차인이 계속 점유하고 있는 건물에 그 소유자가 무단으로 들어가더라도 주거침입죄가 성립하지 않는다.

⑤ 피고인이 피해자가 사용 중인 공중화장실의 용변칸에 노크하여 남편으로 오인한 피해자가 용변칸 문을 열자 강간할 의도로 용변칸에 들어간 것이라면, 피해자가 명시적 또는 묵시적으로 이를 승낙하였다고 볼 수 없어 주거침입에 해당한다.

해설

①②(○) 대법원 2009.8.20, 2009도3452(주거침입죄에서 주거란 단순히 가옥 자체만을 말하는 것이 아니라 그 정원 등 위요지를 포함한다. 따라서 다가구용 단독주택이나 다세대주택·연립주택·아파트 등 공동주택 안에서 공용으로 사용하는 계단과 복도는, 주거로 사용하는 각 가구 또는 세대의 전용부분에 필수적으로 부속하는 부분으로서 그 거주자들에 의하여 일상생활에서 감시·관리가 예정되어 있고 사실상의 주거의 평온을 보호할 필요성이 있는 부분이므로, 특별한 사정이 없는 한 주거침입죄의 객체인 '사람의 주거'에 해당한다).
③(○) 대법원 1984.6.26, 83도685.
④(×) 임차인이 임료를 제대로 지급하지 않거나 임대차 기간이 지났음에도 임대차건물에서 나가지 않는다는 이유로, 임대인이 임차인의 의사에 반하여 임대차건물에 들어간다면 주거침입죄가 성립한다(대법원 1973.6.26, 73도460).
⑤(○) 대법원 2003.5.30, 2003도1256. 〈답 ④〉

12. 주거침입죄에 관한 설명 중 옳은 것(○)과 옳지 않은 것(×)을 올바르게 조합한 것은? (다툼이 있는 경우에는 판례에 의함) <사시 2013년: 배점 2>

ㄱ. 주거침입죄가 계속범이라는 견해에 의하면 불법하게 주거에 침입한 자가 퇴거요구를 받고 불응한 때에는 퇴거불응죄가 별도로 성립한다.
ㄴ. 남편의 부재 중 처와 간통할 목적으로 처의 승낙 하에 주거에 들어간 경우에는 주거침입죄가 성립한다.
ㄷ. 피고인이 이웃에 있는 고종사촌인 A의 집에 놀러 가서 잠시 머무르고 있는 동안에 A에게 돈을 변제하고자 찾아온 B의 돈을 절취하였다면 주거침입죄가 성립한다.
ㄹ. 점유자에게 건물을 점유할 권리가 없는 경우라고 하더라도 권리자가 그 권리의 실행을 위하여 자력구제의 수단으로 건물에 침입한 경우에 주거침입죄가 성립한다.
ㅁ. 주거침입죄에서 침입행위의 객체인 주거는 가옥 그 자체만을 의미하며 그에 부속하는 위요지는 포함되지 않는다.

① ㄱ(×) ㄴ(○) ㄷ(×) ㄹ(○) ㅁ(×)
② ㄱ(×) ㄴ(×) ㄷ(×) ㄹ(○) ㅁ(○)
③ ㄱ(×) ㄴ(○) ㄷ(○) ㄹ(○) ㅁ(×)
④ ㄱ(○) ㄴ(○) ㄷ(×) ㄹ(○) ㅁ(×)
⑤ ㄱ(○) ㄴ(×) ㄷ(○) ㄹ(×) ㅁ(○)
⑥ ㄱ(×) ㄴ(○) ㄷ(×) ㄹ(×) ㅁ(×)

해설

ㄱ(×) 주거침입죄가 계속범이라면 침입한 자가 퇴거할 때까지 침입상태는 계속되는 것이므로 퇴거요구를 받고 불응하더라도 별도로 퇴거불응죄가 성립하지 않는다.
ㄴ(○) 대법원 1983.6.26, 83도685.
ㄷ(×) 당초부터 불법목적을 가지고 A의 집에 들어갔거나 그의 의사에 반하여 그의 집에

들어간 것이 아니어서 주거침입죄는 성립하지 않는다(대법원 1984.2.14, 83도2897).
ㄹ(○) 주거침입죄는 사실상의 주거의 평온을 보호법익으로 하는 것이므로 그 거주자 또는 간수자가 건조물 등에 거주 또는 간수할 권리를 가지고 있는가의 여부는 범죄의 성립을 좌우하는 것이 아니며, 점유할 권리없는 자의 점유라고 하더라도 그 주거의 평온은 보호되어야 할 것이므로, 권리자가 그 권리실행으로서 자력구제의 수단으로 건조물에 침입한 경우에도 주거침입죄가 성립한다(대법원 1985.3.26, 85도122).
ㅁ(×) 주거란 단순히 가옥 자체만을 말하는 것이 아니라 그에 부속하는 위요지를 포함한다(대법원 2010.4.29, 2009도14643). 〈답 ①〉

제5장 재산에 대한 죄

제1절 절도의 죄

1. 형법상 재물에 대한 설명 중 옳지 않은 것으로만 2개를 조합한 것은?

㉠ 유체성설은 '관리할 수 있는 동력은 재물로 간주한다'라고 규정한 형법 제346조를 예외규정으로 본다.
㉡ 부동산 절도는 성립되지 않으나, 사기죄·공갈죄·횡령죄의 객체인 재물에는 부동산도 포함된다는 것이 통설이다.
㉢ 부동산은 장물이 될 수 있다.
㉣ 백지의 자동차출고의뢰서 용지는 그것이 어떠한 권리도 표창하고 있지 않으므로 절도죄의 객체가 되는 재물에 해당하지 아니한다.
㉤ 사람의 신체는 소유권의 대상이 될 수 없으므로 설령 신체로부터 분리되었다고 하여도 형법상 재물로 볼 수 없다.
㉥ 야생동물이라도 동물원이나 사육장에서 사람이 사육하고 있으면 재물이 된다.
㉦ 절도죄, 횡령죄는 장물죄 및 손괴죄와 함께 재물만을 객체로 하는 재물죄이다.

① ㉠ ㉡ ② ㉠ ㉣ ③ ㉡ ㉤ ④ ㉡ ㉥
⑤ ㉢ ㉤ ⑥ ㉣ ㉤ ⑦ ㉤ ㉦ ⑧ ㉥ ㉦

해설

㉣(×) 백지의 자동차출고의뢰서 용지가 어떠한 권리도 표창하고 있지 않다 하더라도 경제적 가치가 없다고는 할 수 없어 이는 절도죄의 객체가 되는 재물에 해당한다(대법원 1996.5.10, 95도3057).
㉤(×) 사람의 신체는 재물이 아니다. 그러나 분리된 인체의 일부는 재물이 된다.

〈답 ⑥〉

분류의 기준		해당 죄명
객 체	재물죄	절도죄, 횡령죄, 장물죄, 손괴죄
	이득죄	배임죄
	재물죄+이득죄	강도죄, 사기죄, 공갈죄

영득의사	영득죄	절도죄, 강도죄, 사기죄, 공갈죄, 횡령죄
	손괴죄	손괴죄
침해방법	탈취죄	절도죄, 강도죄, 장물죄, 횡령죄
	편취죄	사기죄, 공갈죄

2. 형법상 점유에 관한 설명 중 옳은 것은? (다툼이 있는 경우에는 판례에 의함)
<사시 2007년: 배점 2>

① 재물에 대한 사실상의 지배를 요하므로 피해자가 자신의 가게 안에서 반지를 잃어버린 직후에 손님이 이를 발견하고 가져간 경우 점유이탈물 횡령죄가 성립한다.

② 권리행사방해죄에 있어서의 타인의 점유라 함은 권원으로 인한 점유를 의미하므로 무효인 강제경매절차에서 경매목적물을 매수하여 이를 점유하고 있는 매수인의 점유는 권리행사방해죄에 있어서의 타인의 점유라고 할 수 없다.

③ 집 문 앞에 배달된 신문은 주인이 이를 인식하지 못한 이상 주인의 구체적인 지배의사가 존재하지 않고 신문보급소의 지배도 이미 벗어났으므로 지나가던 사람이 이를 가져간 경우 점유이탈물횡령죄가 성립한다.

④ 은행에서 출납을 담당하는 여직원이 퇴근길에 자신이 관리하는 은행의 돈을 몰래 가지고 나와 유흥비로 사용한 경우에는 해당 금전에 대한 은행과의 공동점유를 침해하였으므로 절도죄가 성립한다.

⑤ 유흥주점 업주가 과다한 술값 청구에 항의하는 피해자들을 폭행 또는 협박하여 피해자들로부터 일정 금액을 지급받기로 합의한 다음, 피해자들이 결제하라고 건네준 신용카드로 합의에 따라 현금서비스를 받거나 물품을 구입한 경우, 신용카드에 대한 피해자들의 점유가 피해자들의 의사에 기하지 않고 이탈하였거나 배제되었다고 보기 어려워 여신전문금융업법상의 신용카드부정사용에 해당하지 않는다.

해설 ··

①(×) 재물에 대한 사실상의 지배는 구체적·개별적인 것은 물론 일반적 지배도 포함하므로 피해자의 가게 안에 있는 물건은 피해자의 점유에 속한다. 따라서 절도죄가 성립한다.
②(×) 무효인 경매절차에서 경매목적물을 경락받아 이를 점유하고 있는 낙찰자의 점유는 적법한 점유로서 그 점유자는 권리행사방해죄에 있어서의 타인의 물건을 점유하고 있는 자이다(대법원 2003.11.28, 2003도4257).
③(×) 점유의사는 현실적인 것은 물론 잠재적인 것도 포함하고, 사회규범적 관점에서 주인의 지배를 인정할 수 있으므로 집 문 앞에 배달된 신문은 주인이 이를 인식하지 못하였다 하여도 주인의 점유에 속한다. 따라서 절도죄가 성립한다.
④(×) 금융기관의 출납직원이 자신의 권한범위 내에서 관리하는 돈은 직원의 단독점유

에 속한다고 할 것이므로 업무상 횡령죄가 성립한다.

⑤ (○) 여신전문금융업법 제70조 1항 4호의 신용카드부정사용죄의 객체인 강취, 횡령, 기망 또는 공갈로 취득한 신용카드는 소유자 또는 점유자의 의사에 기하지 않고 그의 점유를 이탈하거나, 그의 의사에 반하여 점유가 배제된 신용카드를 가리킨다(대법원 2006.7.6, 2006도654). 〈답 ⑤〉

재물에 대한 사실상의 지배를 뜻하는 형법상의 점유개념은 구성요건에서 차지하는 기능에 따라 다음과 같이 구별할 수 있다.

점유의 기능	해당 죄명	내 용
행위 대상	절도죄 (제329조)	■ 점유: 행위의 대상(행위 객체) ■ 점유(재물에 대한 지배)의 적법성 불요
행위 주체 (신분요소)	횡령죄 (제355조 1항)	■ 점유: 재물에 대한 사실상 지배+법률상 지배 ■ 점유는 위탁관계에 기한 것임을 요함
보호 객체	권리행사방해죄 (제323조)	■ 점유: 행위 객체+보호법익 ■ 점유는 적법한 권원에 의한 것임을 요함

① **대법원 2008.7.10, 2008도3252** 어떤 물건이 타인의 점유하에 있는지 여부는, 객관적인 요소로서의 관리범위 내지 사실적 관리가능성 외에 주관적 요소로서의 지배의사를 참작하여 결정하되 궁극적으로는 당해 물건의 형상과 그 밖의 구체적인 사정에 따라 사회통념에 비추어 규범적 관점에서 판단하여야 한다.

② **대법원 2003.11.28, 2003도4257** 형법 제323조의 권리행사방해죄에 있어서의 타인의 점유라 함은 권원으로 인한 점유 즉 정당한 원인에 기하여 그 물건을 점유하는 권리있는 점유를 의미하는 것으로서 본권을 갖지 아니한 절도범인의 점유는 여기에 해당하지 아니하나, 반드시 본권에 의한 점유만에 한하지 아니하고 동시이행항변권 등에 기한 점유와 같은 적법한 점유도 여기에 해당한다고 할 것이고, 한편 쌍무계약이 무효로 되어 각 당사자가 서로 취득한 것을 반환하여야 할 경우 어느 일방의 당사자에게만 먼저 그 반환의무의 이행이 강제된다면 공평과 신의칙에 위배되는 결과가 되므로 각 당사자의 반환의무는 동시이행관계에 있다고 보아 민법 제536조를 준용함이 옳다고 해석되고, 이러한 법리는 경매절차가 무효로 된 경우에도 마찬가지라고 할 것이므로 무효인 경매절차에서 경매목적물을 경락받아 이를 점유하고 있는 낙찰자의 점유는 적법한 점유로서 그 점유자는 권리행사방해죄에 있어서의 타인의 물건을 점유하고 있는 자라고 할 것이다.

3. 절도죄에 있어서의 점유에 대한 설명 중 옳지 않은 것을 모두 고른 것은? (다툼이 있는 경우에는 판례에 의함) <사시 2010년: 배점 2>

가. 물건에 대한 지배의사는 잠재적 의사로도 충분하다.
나. 불법한 점유이더라도 사회통념상 사실상 평온한 점유가 설정되었다고 판단되면 점유로 인정된다.
다. 지배의사는 의사능력을 요하기 때문에 정신병자의 지배의사를 인정하기가 곤란하다.
라. 점유의사는 포괄적 지배의사로도 족하다.
마. 입목을 절취하기 위하여 캐낸 경우 아직 소유자의 입목에 대한 점유가 침해되는 것이 아니라 이를 운반하거나 반출한 때 비로소 그 점유가 침해된다.
바. 재물에 대한 지배의사는 점유의 전제조건이므로 이것이 없으면 처음부터 점유란 생각할 수 없다.
사. 고속버스 운전사가 승객이 두고 내린 물건을 현실적으로 발견하지 못하였더라도 그 물건이 운전사의 지배영역 내에 있으므로 그 점유를 인정할 수 있다.

① 가 나 라 ② 가 마 바 ③ 나 다 마
④ 나 바 사 ⑤ 다 마 사 ⑥ 라 마 바

해설

가, 라(○) 물건에 대한 지배의사는 구체적 · 개별적 의사는 물론 잠재적 · 일반(포괄)적 의사로도 충분하다.
나(○) 재물에 대한 물적 지배는 사실상의 처분가능성을 의미하므로 절도범인과 같이 적법한 권원이 없더라도 점유가 인정된다.
다(×) 점유(지배)의사는 사실상의 지배의사 내지 처분의사로 족하므로 정신병자도 점유의사가 인정된다.
마(×) 입목을 절취하기 위하여 캐낸 때에 소유자의 입목에 대한 점유가 침해되어 범인의 사실적 지배하에 놓이게 되므로 범인이 그 점유를 취득하고 절도죄는 기수에 이른다. 이를 운반하거나 반출하는 등의 행위는 필요하지 않다(대법원 2008.10.23, 2008도6080).
바(○) 지배의사는 점유의 주관적 요소이므로 지배의사가 없으면 점유는 인정될 수 없다. 다만 사망한 자의 점유와 관련하여, 판례(대법원 1993.9.28, 93도2143)는 피해자가 생전에 가진 점유가 사망 후에도 여전히 계속되는 것으로 보았다.
사(×) 고속버스 운전사는 고속버스의 관수자로서 차내에 있는 승객의 물건을 점유하는 것이 아니고, 승객이 잊고 내린 유실물을 교부받을 권능만을 가질 뿐이므로, 그 유실물을 현실적으로 발견하지 아니하는 한 이에 대한 점유를 개시하였다고 할 수 없고, 그 사이에 다른 승객이 유실물을 발견하고 이를 가져갔다면 절도에 해당하지 아니하고 점유이탈물횡령죄에 해당한다(대법원 1993.3.16, 92도3170). 〈답 ⑤〉

4. 절도죄가 성립하지 않는 것을 모두 고르면? (다툼이 있는 경우에는 판례에 의함)

㉠ 시계수리점에 맡긴 자기 시계를 몰래 가져왔다.
㉡ 사실상 퇴사하면서 회사의 승낙 없이 부동산매매계약서 사본을 가지고 나갔다.
㉢ 강간한 후 피해자가 두고 간 지갑에서 돈을 가져갔다.
㉣ 지게꾼이 손님이 운반해 달라는 물건을 혼자 옮기다가 이를 팔아버

렸다.
ⓜ 당구장 점원이 당구장에 떨어져 있는 고객의 지갑을 습득하였다.
ⓗ 회사의 문서를 복사 한 후 원본은 제자리에 갖다 놓고 그 사본만 가져갔다.
ⓢ 발행자가 회수하여 세 조각으로 찢어버림으로써 폐지로 되어 쓸모없는 것처럼 보이는 약속어음의 소지를 침해하여 가져갔다.

① 1개 ② 2개 ③ 3개 ④ 4개
⑤ 5개 ⑥ 6개 ⑦ 7개 ⑧ 8개

해설

절도죄가 성립하지 않는 경우는 ㉠㉣㉥ 3개이다. ㉠ 권리행사방해죄가 성립한다. 절도죄의 보호법익은 소유권이므로 점유의 침해가 있어도 소유권을 침해하지 않으면 절도죄는 성립하지 않는다. ㉡ 사실상 퇴사하면서 회사의 승낙 없이 가지고 간 부동산매매계약서 사본들은 절도죄의 객체인 재물에 해당한다(대법원 2007.8.23, 2007도2595). ㉢ 강간을 당한 피해자가 도피하면서 현장에 두고 간 손가방은 사회통념상 피해자의 지배하에 있는 물건이라고 보아야 할 것이므로 그 손가방 안에 들어 있는 피해자 소유의 돈을 꺼낸 행위는 절도죄를 구성한다(대법원 1984.2.28, 84도38). ㉣ 지게꾼에게 단독으로 물건을 운반할 것을 위탁한 때에는 운반자의 단독점유가 인정되어 횡령죄가 성립할 뿐 절도죄가 성립하지 않는다(대법원 1982.11.23, 82도2394). ㉤ 당구장 안에 떨어진 물건은 주인이 점유하고 있다고 할 것이므로 절도죄를 구성한다(대법원 1988.4.25, 88도409). ㉥ 절도죄가 성립하지 아니한다(대법원 1996.8.23, 95도192). ㉦ 절도죄가 성립한다(대법원 1976.1.27, 74도3442).

〈답 ③〉

5. 절도죄에 대한 설명 중 옳지 않은 것을 모두 고르면? (다툼이 있는 경우에는 판례에 의함)

㉠ 피고인이 절취한 '도시계획구조변경계획서'가 폐지로서 소각할 것이라고 하더라도 그 내용을 알아볼 수 있고 그 내용이 경제생활상 가치가 있는 이상 재물에 해당한다.
㉡ 피고인이 어머니의 명의로 구입·등록하여 어머니에게 명의신탁한 자동차를 피해자에게 담보로 제공한 후 피해자 모르게 자동차를 취거하여 온 경우 피고인의 행위는 절도죄를 구성한다.
㉢ 피고인이 피해자에게 밍크 45마리에 관하여 자기에게 그 권리가 있다고 주장하면서 가져간 데 대하여 피해자의 묵시적인 동의가 있었다면, 피고인의 주장이 후에 허위임이 밝혀졌더라도 피고인의 행위는 절도죄의 절취행위에는 해당하지 않는다.
㉣ 리조트 전산팀에 근무하던 자가 판매목적으로 권한 없이 리프트탑승권 발매기를 임의 조작한 다음 한 장씩 찍혀 나오는 탑승권을 뜯어간 행위가 탑승권 위조행위에 해당하는 것은 별론으로 하고 위조탑

승권 절취행위는 될 수 없다.
ⓜ 타인이 굴 양식면허를 받은 구역 내에서 자연서식하는 바지락을 양식면허권자 아닌 자가 몰래 채취하였다면 절도죄에 해당한다.

① ㉠ ㉡ ② ㉣ ㉤ ③ ㉠ ㉢ ㉣
④ ㉡ ㉣ ㉤ ⑤ ㉢ ㉣ ㉤

해설

㉠(○) 대법원 1981.3.24, 80도2902.
㉡(○) 대법원 2012.4.26, 2010도11771(당사자 사이에 자동차의 소유권을 그 등록명의자 아닌 자가 보유하기로 약정한 경우, 그 약정 당사자 사이의 내부관계에 있어서는 등록명의자 아닌 자가 소유권을 보유하게 된다고 하더라도 제3자에 대한 관계에 있어서는 어디까지나 그 등록명의자가 자동차의 소유자라고 할 것이다).
㉢(○) 대법원 1990.8.10, 90도1211.
㉣(×) 탑승권 위조행위와 위조탑승권 절취행위가 결합된 것이다(대법원 1998.11.24, 98도2967).
㉤(×) 수산업법에 의한 양식어업권은 행정관청의 면허를 받아 해상의 일정구역 내에서 그 소유의 수산동·식물을 양식할 수 있는 권리를 가리키는 것으로서 그 면허를 받았다는 사실만으로써 곧 당해구역 내에 자연적으로 번식하는 수산동·식물에 관하여 당연히 소유권이나 점유권을 취득한다고 할 수는 없으므로, 타인이 굴 양식면허를 받은 구역 내에서 피고인이 자연서식의 바지락을 채취하였다고 하더라도 수산업법위반이 됨은 별론으로 하고 절도죄를 구성한다고는 할 수 없다(대법원 1983.2.8, 82도696). 그러나 양식 중인 굴을 타인이 채취하면 절도죄가 성립한다. 〈답 ②〉

6. 절도의 죄가 성립하지 않는 경우를 모두 고른 것은? (판례에 의함)

㉠ 군인이 다른 내무반에 있는 총기를 몰래 자기 내무반에 갖다 둔 경우
㉡ 운행중인 지하철 전동차 선반 위에 승객이 잊고 간 가방을 다른 승객이 가져간 경우
㉢ 철도운송 승무원이 운송중인 화물의 이삿짐 포장을 풀고 그 속에 넣어둔 물건을 꺼내간 경우
㉣ 임차인이 식재(植栽)한 대나무를 토지소유자가 임차인의 의사에 반하여 벌채한 경우
㉤ 자기 논에 물을 품어 넣기 위하여 토지개량조합의 배수로에 토지개량조합규칙에 위배되는 행위로 특수한 공작물을 설치하여 자기 논에 저수한 물을 타인이 그의 논에 품어 넣은 경우

① ㉤ ② ㉠ ㉣ ③ ㉢ ㉤
④ ㉠ ㉡ ㉤ ⑤ ㉡ ㉢ ㉤ ⑥ ㉠ ㉡ ㉢ ㉤

해설

㉠(×) 군인이 총기를 분실하고 그것을 보충하기 위하여 타부대 총기를 취거한 행위는

자기 또는 타인을 위한 영득의사에 의한 행위라고는 할 수 없으므로 절도죄로 처벌할 수 없다(대법원 1977.6.7, 77도1069).
㉡(×) 점유이탈물횡령죄가 성립한다(대법원 1999.11.26, 99도3963).
㉢(○) 운송중의 화물은 교통부의 기관에 의하여 점유보관되는 것이라 해석되고, 피고인들의 점유 · 보관하에 있는 것이라 볼 수 없는 바여서 업무상 횡령으로 보지 아니하고, 특수절도로 보았음은 정당하다(대법원 1969.7.8, 69도798).
㉣(○) 타인소유의 토지 위에 심은 나무의 소유권은, 심은 자가 권원 없는 때에는 토지소유자에게 귀속하고, 권원에 의하여 심은 때에는 심은 자에게 있는바, 토지의 임차인은 권원 있는 자이므로 임차인이 식재한 대나무를 토지소유자가 임차인의 의사에 반하여 벌채한 것은 절도죄에 해당한다(대법원 1980.9.30, 80도1874).
㉤(×) 자기 논에 물을 품어 넣기 위하여 토지개량조합의 배수로에 토지개량조합규칙에 위배되는 행위로서 특수한 공작물을 설치하여 자기 논에 물을 저수하였다 하여도 그 물이 물을 막은 사람의 사실상이나 법률상 지배하에 있다고 인정되지 못하므로, 그 물은 절도죄의 객체가 되지 못한다(대법원 1964.6.23, 64도209). 〈답 ④〉

대법원 1999.11.26, 99도3963 승객이 놓고 내린 지하철의 전동차 바닥이나 선반 위에 있던 물건을 가지고 간 경우, 지하철의 승무원은 유실물법상 전동차의 관수자로서 승객이 잊고 내린 유실물을 교부받을 권능을 가질 뿐 전동차 안에 있는 승객의 물건을 점유한다고 할 수 없고, 그 유실물을 현실적으로 발견하지 않는 한 이에 대한 점유를 개시하였다고 할 수도 없으므로, 그 사이에 이와 같은 유실물을 발견하고 가져간 행위는 점유이탈물횡령죄에 해당함은 별론으로 하고 절도죄에 해당하지는 않는다.

7. 절도죄에 관한 설명 중 옳은 것(○)과 옳지 않은 것(×)을 바르게 표시한 것은? (다툼이 있는 경우에는 다수설과 판례에 의함)

㉠ 자동차 명의신탁관계에서 제3자가 명의수탁자로부터 승용차를 가져가 매도할 것을 허락받고 인감증명 등을 교부받았다면 설사 명의신탁자가 주차해 둔 위 승용차를 명의신탁자 몰래 운전하여 가져갔다고 하더라도 절도죄를 구성하는 것은 아니다.
㉡ 돈사에서 대량으로 사육되는 돼지에 대한 이중의 양도담보설정계약이 체결된 경우 뒤에 양도담보설정계약을 체결한 이중양수 채권자가 임의로 돼지를 반출한 행위는 절도죄를 구성한다.
㉢ 사원이 회사를 퇴사하면서 부품과 원료의 배합비율과 제조공정을 기술한 자료와 회사가 시제품의 품질을 확인하거나 제조기술 향상을 위한 각종 실험을 통하여 나타난 결과를 기재한 자료를 가져간 경우 이는 절도에 해당한다.
㉣ 양도담보권자인 채권자가 제3자에게 담보목적물인 동산을 매각하여 제3자로 하여금 그 목적물을 취거하게 한 경우, 제3자로서는 자기의 소유물을 취거한 것이므로 절도죄를 구성하지 않는다.

① ㉠(○) ㉡(○) ㉢(○) ㉣(×) ② ㉠(○) ㉡(○) ㉢(×) ㉣(×)

③ ㉠(○) ㉡(×) ㉢(○) ㉣(○) ④ ㉠(×) ㉡(○) ㉢(○) ㉣(○)
⑤ ㉠(○) ㉡(×) ㉢(×) ㉣(○) ⑥ ㉠(×) ㉡(○) ㉢(×) ㉣(×)
⑦ ㉠(×) ㉡(×) ㉢(○) ㉣(×) ⑧ ㉠(×) ㉡(×) ㉢(×) ㉣(○)

해설 ……………………………………………

㉠(×) 대법원 2007.1.11, 2006도4498은 '자동차나 중기(또는 건설기계)의 소유권의 득실변경은 등록을 함으로써 그 효력이 생기고 그와 같은 등록이 없는 한 대외적 관계에서는 물론 당사자의 대내적 관계에 있어서도 그 소유권을 취득할 수 없는 것이 원칙이지만, 당사자 사이에 그 소유권을 등록명의자 아닌 자가 보유하기로 약정하였다는 등의 특별한 사정이 있는 경우에는 그 내부관계에 있어서는 그 등록명의자 아닌 자가 소유권을 보유하게 된다'고 하여 '자동차 명의신탁관계에서 제3자가 명의수탁자로부터 승용차를 가져가 매도할 것을 허락받고 인감증명 등을 교부받아 명의신탁자가 주차해 둔 위 승용차를 명의신탁자 몰래 운전하여 가져간 경우, 위 제3자와 명의수탁자의 공모 · 가공에 의한 절도죄의 공모공동정범이 성립한다'고 하였다.
㉡(○) 대법원 2007.2.22, 2006도8649 참조.
㉢(○) 대법원 2008.2.15, 2005도6223 참조.
㉣(○) 대법원 2008.11.27, 2006도4263 참조. 〈답 ④〉

① **대법원 2008.11.27, 2006도4263** 양도담보권자인 채권자가 제3자에게 담보목적물인 동산을 매각한 경우, 제3자는 채권자와 채무자 사이의 정산절차 종결 여부와 관계없이 양도담보 목적물을 인도받음으로써 소유권을 취득하게 되고, 양도담보의 설정자가 담보목적물을 점유하고 있는 경우에는 그 목적물의 인도는 채권자로부터 목적물반환청구권을 양도받는 방법으로도 가능하다. 채권자가 양도담보 목적물을 위와 같은 방법으로 제3자에게 처분하여 그 목적물의 소유권을 취득하게 한 다음 그 제3자로 하여금 그 목적물을 취거하게 한 경우, 그 제3자로서는 자기의 소유물을 취거한 것에 불과하므로, 채권자의 이 같은 행위는 절도죄를 구성하지 않는다.

② **대법원 2007.2.22, 2006도8649** (i) 금전채무를 담보하기 위하여 채무자가 그 소유의 동산을 채권자에게 양도하되 점유개정의 방법으로 인도하고 채무자가 이를 계속 점유하기로 약정한 경우 특별한 사정이 없는 한 그 동산의 소유권은 신탁적으로 이전되는 것에 불과하여, 채권자와 채무자 사이의 대내적 관계에서는 채무자가 소유권을 보유하나 대외적인 관계에서의 채무자는 동산의 소유권을 이미 채권자에게 양도한 무권리자가 되는 것이어서 다시 다른 채권자와 사이에 양도담보설정계약을 체결하고 점유개정의 방법으로 인도하더라도 선의취득이 인정되지 않는 한 나중에 설정계약을 체결한 채권자로서는 양도담보권을 취득할 수 없는데, 현실의 인도가 아닌 점유개정의 방법으로는 선의취득이 인정되지 아니하므로 결국 뒤의 채권자는 적법하게 양도담보권을 취득할 수 없다. (ii) 돈사에서 대량으로 사육되는 돼지에 대한 이중의 양도담보설정계약이 체결된 경우 뒤의 채권자는 적법하게 양도담보권을 취득할 수 없으므로, 뒤에 양도담보설정계약을 체결한 이중양수 채권자가 임의로 돼지를 반출한 행위는 절도죄를 구성한다.

8. 불법영득의사와 절도죄의 성립 여부에 관한 기술 중 옳은 것은?

① 불법영득의사의 존재를 절도죄의 요건으로 삼는 필요설의 입장을 취하

면, 불요설을 취하는 경우보다 손괴죄가 성립되는 범위가 줄어든다.

② 불법영득의사의 존재를 절도죄의 요건으로 삼지 아니하는 불요설의 입장을 취하면, 사용절도도 절도의 한 종류로 인정하는 것이 용이해진다.

③ 친구의 집을 방문했다가 좋은 사진기를 보고 동생의 졸업식 때 기념촬영을 위하여 하루만 사용할 목적으로 그 친구의 허락 없이 몰래 가지고 나왔는데 졸업식 때 분실하고 말았다. 불법영득의사의 존재를 절도죄의 요건으로 삼는 필요설의 입장을 취하면 절도죄가 성립한다.

④ 타인의 그림 전시회를 방해할 목적으로 전시장에 진열되어 있던 그림 두 개를 몰래 밖으로 가지고 나와 옥외로 던져 버렸다. 불법영득의사의 존재를 절도죄의 요건으로 삼는 필요설의 입장을 취하면 절도죄가 성립할 여지가 전혀 없다.

⑤ 甲은 乙의 도장과 인감도장을 그의 책상서랍에서 몰래 꺼내어 가서 그것을 차용금증서의 연대보증인란에 찍고 난 후 곧 제자리에 넣어두었다. 불법영득의사의 존재를 절도죄의 요건으로 삼는 필요설의 입장을 취하더라도 절도죄가 성립한다.

해설 ……………………………………………

불법영득의사의 불요설에 의하면 ① 손괴의 의사로 재물을 취거한 경우나, ② 사용절도의 경우에도 절도죄가 성립할 수 있다. 이에 반하여 필요설에 의하면 ⑤ 반환의사로 재물을 취거한 사용절도는 절도가 아니며, ④ 불법영득의사의 내용에 경제적 용도에 따라 사용할 의사를 포함하는가에 따라 그림을 옥외로 던지는 경우에도 영득의 의사를 인정할 여지가 있다. 다만 ③ 불법영득의 의사도 취거시에 있어야 한다. 따라서 반환의사로 취득하였으나 후에 재물이 분실되거나 부서졌다고 하여 불법영득의 의사가 인정되는 것은 아니다. 〈답 ②〉

9. 불법영득의사가 인정되는 것은 모두 몇 개인가? (다툼이 있는 경우에는 판례에 의함) <법원행시 2011년 변형>

㉠ 범죄를 저지르고 도주하기 위하여 자신이 근무하던 중국집 앞에 세워져 있는 주인의 오토바이를 그의 승낙 없이 타고 가서 다른 곳에 버린 경우

㉡ 타인 소유의 버스요금함 서랍 견본 1개를 그에 대한 최초 고안자로서의 권리를 확보하겠다는 생각으로 가지고 나가 변리사에게 의장출원을 의뢰하고 그 도면을 작성한 뒤 당일 이를 원래 있던 곳에 가져다 둔 경우

㉢ 은행이 발급한 직불카드를 사용하여 타인의 예금계좌에서 자기의 예금계좌로 돈을 이체시킨 후 직불카드를 반환한 경우 직불카드에 대한 불법영득의사

㉣ 살인범행의 증거를 인멸하기 위하여, 살해된 피해자의 주머니에서 꺼낸 지갑을 살해도구로 이용한 골프채와 옷 등 다른 증거품들과 함께 자신의 차량에 싣고 가다가 쓰레기 소각장에서 태워버린 경우
㉤ 회사의 총무과장이 회사의 물품대금채권을 확보할 목적으로 채무자의 승낙을 받지 아니한 채 그의 의사에 반하여 부산에 있는 채무자의 점포 앞에 세워놓은 채무자 소유의 자동차를 운전하여 광주에 있는 위 회사로 옮겨 놓은 다음, 법원의 가압류결정과 감수보존명령에 따라 집행관이 보존하게 될 때까지 위 회사의 지배하에 둔 경우

① 1개 ② 2개 ③ 3개
④ 4개 ⑤ 5개 ⑥ 없음

해설

㉠(○) 자동차등불법사용죄가 아닌 절도죄가 성립한다(대법원 2002.9.6, 2002도3465).
㉡(×) 대법원 1991.6.11, 91도878.
㉢(×) 대법원 2006.3.9, 2005도7819.
㉣(×) 대법원 2000.10.13, 2000도3655.
㉤(○) 대법원 1990.5.25, 90도573. 〈답 ②〉

10. 판례에 의할 때 불법영득의사가 인정되어 甲에게 절도죄가 성립하는 것은?

㉠ 甲은 동네선배로부터 차량을 빌렸다가 반환하지 아니한 보조열쇠를 이용하여 그 후 3차례에 걸쳐 위 차량을 2~3시간 정도 운행한 후 원래 주차된 곳에 갖다 놓아 반환하였다.
㉡ 채권자인 甲은 채무자인 乙의 책상서랍을 승낙 없이 뜯어 돈을 꺼내 자기의 채권의 변제에 충당하였다.
㉢ 甲은 사촌형제인 乙과의 분규로 재단법인 이사장직을 사임한 뒤 乙의 집무실에 찾아가 잘못을 나무라는 과정에서 화가 나서 乙을 혼내 주려고 乙의 가방을 들고 나와 버렸다.
㉣ 甲은 상사와의 의견 충돌 끝에 항의의 표시로 사표를 제출한 다음 평소 자신이 전적으로 보관, 관리해 오던 이른바 비자금 관계서류 및 금품이 든 가방을 들고 나왔다.
㉤ 甲은 乙의 집에서 금원을 일시 차용한다는 쪽지를 써 놓고 乙 소유의 현금을 가지고 나왔다.
㉥ 甲은 乙에게 굴삭기를 매도하면서 乙이 대금을 지급하지 않으면 굴삭기를 회수하여 가도 좋다는 약정을 받고 이를 乙에게 양도하여 소유권이전등록을 해준 후 乙이 대금을 지급하지 않자 그 굴삭기를 가져갔다.

① ㉠ ㉢ ② ㉢ ㉥ ③ ㉡ ㉤ ㉥

④ ㉢ ㉣ ㉤　　⑤ ㉠ ㉢ ㉤ ㉥　　⑥ ㉡ ㉢ ㉣ ㉤

해설

㉠(×) 피해자와의 친분관계, 차량의 운행경위, 운행시간, 운행 후의 정황 등에 비추어 불법영득의사가 있었다고 볼 수 없다. 따라서 절도죄는 성립하지 않는다(대법원 1992.4.24, 92도118).

㉡(○) 자기채권의 추심을 위하여 채무자의 점유하에 있는 채무자 소유의 금원을 불법하게 탈취한 것으로 불법영득의 의사가 있다(대법원 1983.4.12, 83도297).

㉢(×) 불법영득의 의사가 인정되지 않는다(대법원 1993.4.13, 93도328).

㉣(×) 불법영득의 의사가 있다고 할 수 없을 뿐 아니라 그 서류 및 금품이 타인의 점유하에 있던 물건이라고도 볼 수 없다(대법원 1995.9.5, 94도3033).

㉤(○) 甲이 乙의 사전승낙 없이 금원을 절취한 것으로 절도죄에 해당한다.

㉥(○) 굴삭기의 소유권은 여전히 乙에게 있고 위의 약정만으로 乙의 점유를 배제해도 좋다는 의사가 포함된 것이라고 볼 수는 없으므로, 甲의 굴삭기 취거행위는 절취에 해당하고 불법영득의 의사도 인정된다(대법원 2001.10.26, 2001도4546). 〈답 ③〉

11. 절도죄에 대한 설명 중 옳은 것(○)과 옳지 않은 것(×)을 바르게 표시한 것은? (판례에 의함)

> ㉠ 소대장으로서 장갑차의 탑승원 중 가장 상급자라면, 그 장갑차 내에 적재된 군용물을 단독점유하고 있다고 볼 수 있다.
> ㉡ 乙이 甲과의 사이에 甲으로부터 영업허가명의 및 사업자명의를 빌리기로 하는 약정을 체결하고, 甲 명의로 발급된 사업자등록증 및 영업허가증을 乙이 교부받아 보관하고 있는데 甲이 이를 임의로 가져갔다면 절도죄가 성립한다.
> ㉢ 타인이 소유권을 포기하고 버린 물건으로 오인하여 이를 취득하였다면 이와 같이 오인하는 데에 정당한 이유가 인정되지 않더라도 절도의 범의를 인정할 수 없다.
> ㉣ 피고인이 甲의 영업점 내에 있는 甲 소유의 휴대전화를 허락 없이 가지고 나와 이를 이용하여 통화를 하고 문자메시지를 주고받은 다음 약 1~2시간 후 甲에게 아무런 말을 하지 않고 위 영업점 정문 옆 화분에 놓아두고 간 경우 피고인에게 불법영득의사가 없다.
> ㉤ 경리직원의 요청으로 은행에 동행하여 경리직원이 찾은 현금의 일부를 그의 부탁으로 소지하게 된 동료직원이 경리직원과 동행하여 함께 근무하는 사무실에 당도한 후 소지하게 된 금원을 경리직원에게 교부하면서 그 중 일부를 현금처럼 가장한 종이뭉치와 바꿔치기 한 경우 절도죄가 성립하는 것은 아니다.

① ㉠(○)　㉡(○)　㉢(○)　㉣(○)　㉤(×)
② ㉠(○)　㉡(○)　㉢(×)　㉣(○)　㉤(○)
③ ㉠(○)　㉡(×)　㉢(○)　㉣(○)　㉤(×)

④ ㉠(○) ㉡(×) ㉢(×) ㉣(×) ㉤(○)
⑤ ㉠(×) ㉡(○) ㉢(○) ㉣(×) ㉤(×)
⑥ ㉠(×) ㉡(○) ㉢(×) ㉣(×) ㉤(×)

해설

㉠(×) 소대장으로서 장갑차의 탑승원 중 가장 상급자라 하더라도, 그 장갑차 내에 적재된 군용물을 단독점유하고 있다고 볼 수 없다(대법원 1984.2.28, 83도3271).
㉡(○) 명의대여 약정에 따른 신청에 의하여 발급된 영업허가증과 사업자등록증은 피해자가 인도받음으로써 피해자의 소유가 되었다 할 것이므로 이를 명의대여자가 가지고 간 때에는 절도죄에 해당한다(대법원 2004.3.12, 2002도5090).
㉢(×) 절도의 범의는 타인의 점유하에 있는 타인소유물을 그 의사에 반하여 자기 또는 제3자의 점유하에 이전하는 데에 대한 인식을 말하므로, 타인이 그 소유권을 포기하고 버린 물건으로 오인하여 이를 취득하였다면 이와 같이 오인하는 데에 정당한 이유가 인정되는 한 절도의 범의를 인정할 수 없다(대법원 1989.1.17, 88도971).
㉣(×) 피고인이 甲의 휴대전화를 자신의 소유물과 같이 경제적 용법에 따라 이용하다가 본래의 장소와 다른 곳에 유기한 것이므로 피고인에게 불법영득의사가 있었다고 할 것이다(대법원 2012.7.12, 2012도1132).
㉤(×) 운반을 위하여 소지하게 된 타인의 금원을 영득한 행위는 피해자의 점유를 침탈함에 돌아가기 때문에 절도죄가 성립한다(대법원 1966.1.31, 65도1178). 〈답 ⑥〉

대법원 2008.6.12, 2008도2440 절취한 타인의 신용카드를 이용하여 현금지급기에서 계좌이체를 한 행위는 컴퓨터등사용사기죄에서 컴퓨터 등 정보처리장치에 권한 없이 정보를 입력하여 정보처리를 하게 한 행위에 해당함은 별론으로 하고 이를 절취행위라고 볼 수는 없고, 한편 위 계좌이체 후 현금지급기에서 현금을 인출한 행위는 자신의 신용카드나 현금카드를 이용한 것이어서 이러한 현금인출이 현금지급기 관리자의 의사에 반한다고 볼 수 없어 절취행위에 해당하지 않으므로 절도죄를 구성하지 않는다.

12. 절도죄의 실행의 착수를 인정할 수 없는 경우는? (개별적 객관설에 의함)

① 야간에 아파트에 침입하여 물건을 훔칠 의도하에 아파트의 베란다 철제 난간까지 올라가 유리창문을 열려고 시도하였다.
② 노상에 세워둔 자동차 안의 물건을 훔칠 생각으로 유리창을 따기 위해 면장갑을 끼고 칼을 소지한 채 자동차 내부를 손전등으로 비추어 보았다.
③ 차 속에 있는 물건을 훔치기 위하여 차문을 당겼다.
④ 소매치기하기 위하여 주머니에 손을 넣었으나 빈 주머니였다.
⑤ 주간에 절도의 목적으로 방 안까지 들어갔다가 절취할 재물을 찾지 못하여 거실로 돌아 나왔다.

해설

절도죄의 실행의 착수시기는 재물에 대한 타인의 사실상의 지배를 침해하는 데 밀접한 행위가 개시된 때라고 할 것이므로, ① 야간에 타인의 재물을 절취할 목적으로 주거에 침입한 때에는 주거에 침입한 행위의 단계에서 야간주거침입절도죄의 실행에 착수한 것이며(대법원 1984.12.26, 84도2433), 주거침입죄의 실행의 착수는 구성요건의 실현에 이르는 현실적 위험성을 포함하는 행위를 개시하면 족하므로 아파트의 철제난간에 올라가 유리창문을 열려고 시도하였다면 야간주거침입절도죄의 실행에 착수한 것이다(대법원 2003.10.24, 2003도4417). ⑤ 주간에는 타인의 주거에 침입하여 절취할 재물을 물색한 때에 비로소 실행의 착수를 인정할 수 있다(대법원 2003.6.24, 2003도1985; 대법원 1987.1.20, 86도2199). ③ 행위자가 차 속에 있는 물건을 훔치기 위하여 자동차의 문을 열려고 앞문 손잡이를 잡아당긴 경우에는 절도의 실행의 착수를 인정할 수 있지만(대법원 1986.12.23, 86도2256), ② 자동차 안에 훔칠 물건이 있는가 하고 자동차의 유리창을 통하여 안을 들여다 본 것만으로는 절도의 예비행위로 볼 수는 있겠으나, 타인의 재물에 대한 지배를 침해하는 데 밀접한 행위를 한 것이라고는 볼 수 없어 절도죄의 실행의 착수가 있다고 할 수 없다(대법원 1985.4.23, 85도464). 절취를 위하여는 별도의 행위가 필요하기 때문이다. ④ 소매치기의 경우 금품을 절취하려고 피해자의 호주머니에 손을 뻗쳐 그 겉을 더듬은 때에 실행의 착수가 인정된다(대법원 1984.12.11, 84도2524). 〈답 ②〉

13. 절도죄의 실행의 착수가 인정되는 것을 모두 고르면? (판례에 의함)

㉠ 응접실에 침입하여 책상 위에 놓여 있던 라디오를 절취할 목적으로 라디오 선을 건드린 경우 ㉡ 야간에 타인의 재물을 절취할 목적으로 사람의 주거에 침입한 경우 ㉢ 평소 잘 아는 피해자에게 전화채권을 사주겠다고 하면서 골목길로 유인하여 돈을 절취하려고 기회를 엿본 경우 ㉣ 피해자의 집 부엌문에 시정된 열쇠고리의 장식을 뜯은 경우

① ㉣ ② ㉠ ㉡ ③ ㉡ ㉢
④ ㉠ ㉡ ㉢ ⑤ ㉠ ㉡ ㉣

해설

㉠ 대법원 1966.5.3, 66도383, ㉡ 대법원 2003.10.24, 2003도4417은 실행의 착수를 인정하였다.
이에 반하여 ㉢ 대법원 1983.3.8, 82도2944, ㉣ 대법원 1989.2.28, 88도1165는 절도죄의 실행에 착수한 것으로 볼 수 없다고 하였다. 〈답 ②〉

14. 절도죄의 불가벌적 사후행위에 해당하는 것을 모두 고르면? (다툼이 있는 경우에는 판례에 의함)

㉠ 절취한 자기앞수표를 현금으로 교환하였다. ㉡ 절취한 물건을 자기 것인 양 매각하였다. ㉢ 절취한 예금통장으로 현금을 인출하였다. ㉣ 절취한 문서로 피해자의 재물을 편취하였다. ㉤ 절도범으로부터 장물보관을 의뢰받은 자가 그 정을 알면서 이를 보관하고 있다가 횡령하였다.

ⓑ 절취한 자동차에서 자동차등록번호판을 떼어냈다.
ⓢ 영업비밀이 담겨 있는 타인의 재물을 절취한 후 그 영업비밀을 사용하였다.

① 없음 ② ⓢ ③ ㉠ ㉡
④ ㉠ ㉣ ⑤ ㉠ ㉤ ⑥ ㉠ ㉤ ㉥

해설

불가벌적 사후행위가 되기 위하여는 사후행위가 절도행위와 보호법익을 같이하고 그 침해의 양을 초과하지 않을 것을 요하므로, 사후행위가 다른 사람의 법익이나 다른 법익을 침해한 때에는 불가벌적 사후행위라고 할 수 없다. 따라서 ㉡㉢㉣의 경우는 절도죄 외에 새로운 법익을 침해한 것이므로 별도로 사기죄를 구성한다. ㉥ 자동차를 절취한 후 자동차등록번호판을 떼어내는 행위는 자동차관리법 제81조 1호, 제10조 2항에 의해 처벌되는 행위로서 새로운 법익의 침해로 보아야 하므로 번호판을 떼어내는 행위가 절도범행의 불가벌적 사후행위가 되는 것은 아니다(대법원 2007.9.6, 2007도4739). ⓢ 영업비밀의 부정사용행위는 새로운 법익의 침해로 보아야 하므로 위와 같은 부정사용행위가 절도범행의 불가벌적 사후행위가 되는 것은 아니다. 절도죄와 영업비밀부정사용죄(부정경쟁방지및영업비밀보호에관한법률)가 성립한다(대법원 2008.9.11, 2008도5364).
그러나 ㉠ 금융기관 발행의 자기앞수표는 현금에 대신하는 기능을 하고 있으므로 절취한 자기앞수표를 교부하거나 현금과 교환하는 행위는 물론 대금을 지불하고 거스름돈을 받은 행위도 절도행위에 대한 가벌적 평가에 당연히 포함된다(대법원 1987.1.20, 86도1728).
㉤ 대법원 2004.4.9, 2003도8219 참조. 〈답 ⑤〉

15. 절도죄에 대한 설명 중 옳지 않은 것은? (판례에 의함)

① 타인이 갈취한 재물을 그 타인의 의사에 반하여 절취하였다면 절도죄를 구성하고, 장물취득죄가 되지 않는다.
② 생강농사 동업관계에 있던 두 사람이 불화가 생겨 그 중 1인이 나오지 않자, 남은 동업인이 혼자 생강 밭을 경작하여 생강을 반출한 행위는 절도죄를 구성하지 않는다.
③ 약정에 기한 인도 등의 청구권이 인정된다고 하더라도, 취거 당시에 점유이전에 관한 점유자의 명시적·묵시적인 동의가 있었던 것으로 인정되지 않는 한, 절도죄가 성립한다.
④ 흉기휴대절도의 범인이 범행수단으로 주거침입을 한 경우 그 주거침입행위는 절도죄에 흡수될 뿐 별도로 주거침입죄를 구성하는 것은 아니다.
⑤ 2인 이상이 합동하여 주간에 절도목적으로 타인의 주거에 침입하였다 하여도 아직 절취할 물건의 물색행위를 시작하기 전이라면 특수절도죄의 실행에는 착수한 것으로 볼 수 없다.

해설

①(○) 대법원 1966.12.20 66도1437.

②(○) 대법원 2009.2.12, 2008도11804.
③(○) 대법원 2010.2.25, 2009도5064.
④(×) 형법 제331조 2항의 특수절도에 있어서 주거침입은 그 구성요건이 아니므로, 절도범인이 그 범행수단으로 주거침입을 한 경우에 그 주거침입행위는 절도죄에 흡수되지 아니하고 별개로 주거침입죄를 구성하여 절도죄와는 실체적 경합의 관계에 있다(대법원 2009.12.24, 2009도9667).
⑤(○) 대법원 2009.12.24, 2009도9667(주간에 아파트 출입문 시정장치를 손괴하다가 발각되어 도주한 피고인들이 특수절도미수죄로 기소된 사안에서, '실행의 착수'가 없었다는 이유로 형법 제331조 2항의 특수절도죄의 점에 대해 무죄를 선고한 원심 판단을 수긍) 참조. 〈답 ④〉

16. 다음 <보기>에서 甲에게 (　) 속의 범죄가 성립하는 것을 모두 고른 것은?
(다툼이 있는 경우에는 판례에 의함) <사시 2012년: 배점 3>

〈보기〉
ㄱ. 조직폭력배인 甲은 성매매업소를 운영하는 A가 영업이익을 정기적으로 상납하지 않는다는 이유로 A의 업소 앞에 폭력배들의 차량을 주차해 놓아 A의 영업에 지장을 주었다. (업무방해죄)
ㄴ. 甲은 절취의사로 A의 핸드백을 낚아채다가 A가 핸드백 끈을 붙잡아 그 뜻을 이루지 못한 채, A가 소리를 지르며 자신의 팔을 붙잡으려 하자 체포를 면하기 위해 A에게 폭행을 가하였다. (준강도미수죄)
ㄷ. 甲은 주간에 A가 운영하는 가게에 침입하여 계속 머무르다가 같은 날 야간에 A 소유의 재물을 절취해 나왔다. (야간주거침입절도죄)
ㄹ. 甲은 지나가는 행인을 협박하여 재물을 강취한 후 도주하다가 순찰 중인 경찰관 A가 자신을 추격하자 체포를 면하기 위하여 A에게 폭행을 가하였다. (강도죄와 공무집행방해죄의 실체적 경합)

① ㄱ ㄴ　② ㄱ ㄷ　③ ㄴ ㄷ
④ ㄴ ㄹ　⑤ ㄷ ㄹ

해설

ㄱ(×) 성매매알선 등 행위는 법에 의하여 원천적으로 금지된 행위로서 형사처벌의 대상이 되는 중대한 범죄행위일 뿐 아니라 정의관념상 용인될 수 없는 정도로 반사회성을 띠는 경우에 해당하므로, 업무방해죄의 보호대상이 되는 업무라고 볼 수 없다(대법원 2011.10.13, 2011도7081).
ㄴ(○) 준강도죄의 기수 여부는 절도행위의 기수 여부를 기준으로 하여 판단하여야 한다(대법원 2004.11.18, 2004도5074 전원합의체).
ㄷ(×) 형법은 제329조에서 절도죄를 규정하고 곧바로 제330조에서 야간주거침입절도죄를 규정하고 있을 뿐, 야간절도죄에 관하여는 처벌규정을 별도로 두고 있지 아니하다. 이러한 형법 제330조의 규정형식과 그 구성요건의 문언에 비추어 보면, 형법은 야간에 이루어지는 주거침입행위의 위험성에 주목하여 그러한 행위를 수반한 절도를 야간주거침입절도죄로 중하게 처벌하고 있는 것으로 보아야 하고, 따라서 주거침입이 주간에 이루어진 경우에는 야간주거침입절도죄가 성립하지 않는다고 해석하는 것이 타당하다(대법원

2011.4.14, 2011도300, 2011감도5).
ㄹ(○) 절도범인이 체포를 면탈할 목적으로 경찰관에게 폭행·협박을 가한 때에는 준강도죄와 공무집행방해죄를 구성하고 양 죄는 상상적 경합관계에 있으나, 강도범인이 체포를 면탈할 목적으로 경찰관에게 폭행을 가한 때에는 강도죄와 공무집행방해죄는 실체적 경합관계에 있다(대법원 1992.7.28, 92도917). 〈답 ④〉

17. 절도죄에 관한 설명 중 옳지 않은 것은? (다툼이 있는 경우에는 판례에 의함) <변호사 2013년>

① 甲이 A 소유 토지에 임대차계약 등을 체결하지 않는 등 권한 없이 식재한 감나무에서 감을 수확한 경우 그 감나무는 甲의 소유라고 볼 수 있으므로 甲은 절도죄로 처벌되지 않는다.

② A가 육지에서 멀리 떨어진 섬에서 광산을 개발하기 위하여 발전기, 경운기 엔진을 섬으로 반입하였다가 광업권 설정이 취소됨으로써 광산 개발이 불가능하게 되자 그 물건들을 창고 안에 두고 철수한 뒤 10년 동안 나타나지 않고 사망한 후, 그 섬에서 거주하는 甲이 그 물건들을 자신의 집 근처로 옮겨 놓은 경우, A의 상속인에게 그 물건에 대한 점유가 인정되지 않으므로 甲은 절도죄로 처벌되지 않는다.

③ 甲이 A의 자취방에서 재물강취의사 없이 A를 살해한 후 4시간 30분 동안 그 곁에 있다가 예금통장과 인장이 들어 있는 A의 잠바를 걸치고 나온 경우, A의 점유가 인정되므로 甲은 절도죄로 처벌된다.

④ 금은방에서 순금목걸이를 구입할 것처럼 기망하여 건네받은 다음 화장실에 다녀오겠다고 거짓말하고 도주한 甲은 절도죄로 처벌된다.

⑤ 내리막길에 주차된 자동차를 절취할 목적으로 조수석 문을 열고 시동을 걸려고 차 안의 기기를 만지다가 핸드브레이크를 풀게 되어 시동이 걸리지 않은 상태에서 약 10미터 전진하다가 가로수를 들이받게 한 甲은 절도죄의 기수로 처벌되지 않는다.

해설

①(×) 타인의 토지상에 권원 없이 식재한 수목의 소유권은 토지소유자에게 귀속하고 권원에 의하여 식재한 경우에는 그 소유권이 식재한 자에게 있으므로, 권원 없이 식재한 감나무에서 감을 수확한 것은 절도죄에 해당한다(대법원 1998.4.24, 97도3425).
②(○) 대법원 1994.10.11, 94도1481.
③(○) 대법원 1993.9.28, 93도2143.
④(○) 대법원 1994.8.12, 94도1487(도주하기 전까지는 아직 피해자의 점유하에 있었다고 할 것이므로).
⑤(○) 대법원 1994.9.9, 94도1522. 〈답 ①〉

18. 절도죄의 가중적 구성요건과 관련된 설명 중 옳은 것(○)과 옳지 않은 것(×)을 바르게 표시한 것은? (다툼이 있는 경우에는 판례에 의함)

> ㉠ 자기가 종업원으로 있는 사진관 안에 둔 주인소유의 금품을 야간에 절취하였다면 야간주거침입절도죄에 해당한다.
> ㉡ 칼, 유리병, 염산은 특수절도죄의 흉기에 해당하지만, 장난감 권총은 이에 해당하지 않는다.
> ㉢ 야간에 절도의 목적으로 출입문에 장치된 자물통의 고리를 절단하고 출입문을 훼손한 뒤 집 안으로 침입하려다가 발각된 것이라면 특수절도죄의 실행에 착수한 것이다.
> ㉣ 야간에 불이 꺼져 있는 상점의 출입문을 손으로 열어 보려고 하였으나 출입문의 하단에 부착되어 있던 잠금고리가 잠겨 있어 열리지 않았는데, 출입문을 발로 걷어차자 잠금고리의 아래쪽 부착 부분이 출입문에서 떨어져 출입문과의 사이가 뜨게 되면서 출입문이 열려 상점 안으로 침입하여 재물을 절취하였다면 특수절도죄에 해당한다.
> ㉤ 절도범인이 혼자 입목을 땅에서 완전히 캐낸 후에 비로소 제3자가 가담하여 함께 입목을 운반한 경우 특수절도죄가 성립한다.

① ㉠(○) ㉡(○) ㉢(○) ㉣(○) ㉤(×)
② ㉠(○) ㉡(○) ㉢(×) ㉣(×) ㉤(○)
③ ㉠(○) ㉡(×) ㉢(○) ㉣(×) ㉤(×)
④ ㉠(○) ㉡(×) ㉢(×) ㉣(×) ㉤(○)
⑤ ㉠(×) ㉡(○) ㉢(○) ㉣(○) ㉤(×)
⑥ ㉠(×) ㉡(○) ㉢(○) ㉣(×) ㉤(×)
⑦ ㉠(×) ㉡(○) ㉢(×) ㉣(○) ㉤(○)
⑧ ㉠(×) ㉡(×) ㉢(○) ㉣(○) ㉤(×)

✍ 해설 ……………………………………………

㉠(×) 자기가 종업원으로 있는 사진관 안에 둔 주인소유의 금품을 야간에 절취하였다면, 절도죄에는 해당될지언정 야간주거침입절도죄에는 해당한다고 볼 수 없다(대법원 1976. 4.13, 76도414).

㉡(○) 흉기란 원래 '사람의 살상이나 재물의 손괴를 목적으로 제작되고 또 그 목적을 달성하는 데 적합한 물건'을 말하나, 특수절도죄(제331조 2항)의 흉기는 이러한 흉기에 제한되지 아니하고 널리 위험한 물건과 같은 뜻으로 이해된다. 그러나 본죄의 가중사유는 흉기의 객관적 위험성에 있으므로 흉기는 신체적 위험을 초래하는 데 객관적으로 적합한 물건이어야 한다. 따라서 객관적으로 위험하지 않은 장난감 권총은 본죄의 흉기에 해당하지 않는다.

㉢(○) 대법원 1986.9.9, 86도1273.

㉣(○) 대법원 2004.10.15, 2004도4505(이는 물리적으로 위장시설을 훼손하여 그 효용을 상실시키는 행위에 해당한다)과 일치한다.

㉤(×) 특수절도죄의 성립을 부정하였다(대법원 2008.10.23, 2008도6080 참조). 〈답 ⑤〉

19. 절도죄의 가중적 구성요건과 관련된 설명 중 잘못된 것을 모두 고르면?
(다툼이 있는 경우에는 판례에 의함)

> ㉠ 甲(만 18세)과 乙(만 10세)은 상점에서 현금을 훔치기로 하였다. 甲은 상점에서 마치 물건을 구매할 것처럼 가장하여 주인과 흥정하면서 주인의 시선을 돌리게 하였고, 그 틈을 이용해 乙이 상점 내부에 있는 소형금고에서 현금을 훔친 경우 특수절도죄가 성립한다.
> ㉡ 야간에 카페에서 그곳 내실에 들어가 장식장 안에 있던 정기적금통장을 꺼내들고 카페로 나오던 중 발각되자 돌려준 경우 야간주거침입절도죄의 기수범이 성립한다.
> ㉢ 甲과 乙은 乙의 동생 집에서 절도하기로 하고 乙이 동생 집에 들어가 절취하는 동안 甲은 그 집 안의 가까운 곳에 대기하고 있다가 절취물을 가지고 乙과 함께 나온 경우 甲은 특수절도죄에 해당한다.
> ㉣ 단순절도와 야간주거침입절도를 상습적으로 범한 경우에는 상습야간주거침입절도죄의 일죄만이 성립한다.

① 없음 ② ㉠ ③ ㉠ ㉡
④ ㉡ ㉢ ⑤ ㉢ ㉣

해설

㉠(○) 절도를 모의하고 현장에서 역할을 분담하여 실행행위를 하였으므로 공동정범이 되지만, 절도죄의 경우에는 합동범을 가중처벌하는 특수절도죄(제331조 2항)에 해당한다. 합동은 2인 이상의 시간적·장소적 협력이 있으면 성립하며, 협력자 모두가 처벌되어야 하는 것은 아니다.
㉡(○) 행위자가 카페로 나오던 중 발각되어 타인의 재물을 돌려주었기에 타인의 재물을 취득한 것이라고 볼 수 있는가가 문제되는데, 이는 경험칙에 따라 재물의 크기와 무게에 비추어 쉽게 운반할 수 없는 재물은 적어도 피해자의 지배범위를 벗어나야 재물을 취득하였다고 볼 수 있음에 대하여, 돈이나 옷 또는 일상용품과 같이 쉽게 운반할 수 있는 재물은 손에 잡거나 호주머니 또는 가방에 넣는 것만으로도 재물을 취득했다고 볼 수 있으므로 행위자의 행위는 재물을 취득한 것에 해당하여 야간주거침입절도죄의 기수가 된다(대법원 1991.4.23, 91도476).
㉢(○) 특수절도죄에서 말하는 합동이란 시간적·장소적 협동을 의미한다고 보는 것이 통설과 판례의 태도이다. 판례는 현장에서 망을 본 자와 직접 실행행위를 담당하는 자는 시간적·장소적으로 협동관계에 있다고 본다. 망을 본 자도 현장에서 실행행위를 분담하는 것으로 보기 때문이다(대법원 1971.4.6, 71도311). 따라서 공범이 절취행위를 하는 동안 피해자 집 안의 가까운 곳에 대기하고 있다가 절취품을 가지고 같이 나온 경우 합동범이 된다(대법원 1996.3.22, 96도313). 또한 친족상도례는 정범과 공범 사이는 물론 수인의 공범에 대하여도 적용되나, 친족상도례는 친족관계가 있는 자 사이에만 적용되므로 甲의 특수절도죄에는 영향이 없다.
㉣(○) 단순절도와 야간주거침입절도를 상습적으로 범한 경우에는 그 중 법정형이 중한 상습야간주거침입절도죄에 나머지 행위들을 포괄시켜 하나의 죄만이 성립한다(대법원 1979.12.11, 79도2371).

〈답 ①〉

20. 대법원 1998. 5. 21, 98도321 전원합의체판결은 '3인 이상의 범인이 합동절도의 범행을 공모한 후 2인 이상의 범인이 범행현장에서 시간적·장소적으로 협동관계를 이루어 절도의 실행행위를 분담하여 범행을 한 경우에, 그 공모에는 참여하였으나 현장에서 절도의 실행행위를 직접 분담하지 아니한 다른 범인에 대하여도 합동절도의 공동정범이 성립될 수 있다'는 취지로 판시하였다. 이 판결과 관련된 설명 중 옳은 것을 빠짐없이 모두 묶은 것은?

<사시 2004년>

㉠ 합동범에 관한 공모공동정범설의 입장에서는 합동에 공모공동의 개념이 포함된다고 보므로 실행행위를 분담하지 않은 공모자도 당연히 합동범에 해당하게 된다. ㉡ 위 판례의 입장을 따를 경우 직접 실행행위에 참여하지 않고 배후에서 합동절도의 범행을 조종하는 수괴를 공동정범으로 처벌할 수 있게 된다. ㉢ 위 판례의 입장을 비판하는 견해에 의하면 합동범을 필요적 공범 또는 공동정범의 특별한 형태로 파악하므로 합동범에 대해서는 공동정범과 공범의 규정이 적용될 여지가 없다. ㉣ 2인의 범인이 합동절도의 범행을 공모한 후 1인의 범인만이 단독으로 절도의 실행행위를 한 경우에는 위 판례의 입장을 취하더라도 합동절도가 성립할 여지가 없게 된다. ㉤ 위 판례의 입장을 취하더라도 합동절도의 모의에 참가한 사람 모두가 공동정범이 되는 것은 아니고 행위기여도를 고려하여야 하며, 장소적으로 협동한 범인도 방조만 한 경우에는 합동절도의 종범으로 처벌된다.

① ㉠ ㉡ ㉣ ② ㉡ ㉢ ㉤ ③ ㉠ ㉡ ㉣ ㉤
④ ㉠ ㉢ ㉣ ㉤ ⑤ ㉠ ㉡ ㉢ ㉣ ㉤

해설

㉠㉡㉣㉤이 판결과 관련된 설명으로 옳다. ㉢은 옳지 않다. 위 판례의 입장을 비판하는 견해는 합동범의 공동정범을 인정하지 않지만, 합동범에 대한 협의의 공범(교사범, 종범)의 성립까지 부정하는 것은 아니다.

㉠ 합동범에 관한 공모공동정범설에 의하면 실행행위를 분담하지 않은 공모자도 합동범에 해당한다. ㉡ 판례에 의하면 2인 이상의 범인의 행위가 합동절도로 평가되는 한 다른 범인에 대하여 합동절도의 공동정범의 성립을 부정할 이유가 없다고 보므로 배후의 수괴는 합동범의 공동정범으로 처벌할 수 있다. ㉣ 위 판례는 합동범에 대해 현장설을 취하는 입장 자체를 변경한 것이 아니라, 2인 이상의 합동범이 성립하는 경우 배후의 수괴에 대해서 합동범의 공동정범을 인정하는 취지이므로, 공모한 2인 중 1인만 현장에 있었다면 합동범이 성립할 여지가 없다. ㉤ 위 판례에 의하면 행위기여도에 따라 범행현장에 존재하지 아니한 범인도 합동범의 공동정범이 될 수 있으며, 상황에 따라서는 장소적으로 협동한 범인도 방조만 한 경우에는 종범으로 처벌될 수 있다고 본다. 〈답 ③〉

대법원 1998.5.21, 98도321 전원합의체 3인 이상의 범인이 합동절도의 범행을 공모한 후 적어도 2인 이상의 범인이 범행현장에서 시간적·장소적으로 협동관계를 이루어 절도의 실행행위를 분담하여 절도범행을 한 경우에는 공동정범의 일반이론에 비추어 그 공모에는 참여하였으나 현장에서 절도의 실행행위를 직접 분담하지 아니한 다른 범인에 대하여도 그가 현장에서 절도범행을 실행한 위 2인 이상의 범인의 행위를 자기의 의사의 수단으로 하여 합동절도의 범행을 하였다고 평가할 수 있는 정범성의 표지를 갖추고 있다고 보여지는 한 그 다른 범인에 대하여 합동절도의 공동정범의 성립을 부정할 이유가 없다. 형법 제331조 2항 후단의 규정이 위와 같이 3인 이상이 공모하고 적어도 2인 이상이 합동절도의 범행을 실행한 경우에 대하여 공동정범의 성립을 부정하는 취지라고 해석할 이유가 없을 뿐만 아니라, 만일 공동정범의 성립가능성을 제한한다면 직접 실행행위에 참여하지 아니하면서 배후에서 합동절도의 범행을 조종하는 수괴는 그 행위의 기여도가 강력함에도 불구하고 공동정범으로 처벌받지 아니하는 불합리한 현상이 나타날 수 있다. 그러므로 합동절도에서도 공동정범과 교사범·종범의 구별기준은 일반원칙에 따라야 하고, 그 결과 범행현장에 존재하지 아니한 범인도 공동정범이 될 수 있으며, 반대로 상황에 따라서는 장소적으로 협동한 범인도 방조만 한 경우에는 종범으로 처벌될 수도 있다.

21. 자동차불법사용죄에 관한 설명으로 옳지 않은 것은?

① 자동차뿐만 아니라 선박, 항공기 및 원동기장치자전거의 사용절도를 처벌하는 범죄이다.

② 주관적 구성요건으로는 고의가 있으면 족하고 불법영득의 의사는 필요하지 않다.

③ 소유자의 승낙 없이 오토바이를 타고 가서 다른 장소에 버린 경우 자동차불법사용죄가 성립한다.

④ 자동차를 일시 사용한 경우에는 불법영득의 의사가 있는 때에도 자동차불법사용죄가 아니라 절도죄가 성립한다.

⑤ 절도의 습벽이 있는 자가 자동차불법사용의 범행도 함께 저지른 경우에는 상습절도죄의 포괄일죄가 성립한다.

해설

③ 자동차불법사용죄는 절도죄에 대한 보충규정이므로 불법영득의 의사가 없기 때문에 절도죄가 성립하지 않는 때에만 인정되는 범죄이다. 따라서 소유자의 승낙 없이 오토바이를 타고 가서 다른 장소에 버린 경우에는 불법영득의 의사가 인정되므로 자동차불법사용죄가 아니라 절도죄가 성립한다(대법원 2002.9.6, 2002도3465). ⑤ 자동차불법사용의 위법성에 대한 평가는 상습절도의 구성요건적 평가 내지 위법성평가에 포함되어 있다고 할 것이므로, 상습절도의 범행을 저지른 자가 추가로 자동차불법사용의 범행을 한 경우에도 상습절도의 일죄가 성립한다(대법원 2002.4.26, 2002도429). 〈답 ③〉

22. 친족상도례에 관한 설명 중 옳은 것(○)과 옳지 않은 것(×)을 올바르게 조합한 것은? (다툼이 있는 경우에는 판례에 의함) <사시 2007년 변형: 배점 3>

가. 강도죄와 강제집행면탈죄를 제외한 모든 재산범죄와 그 미수범에 대

해서 형법 제328조(친족간의 범행과 고소)가 준용된다.
나. 아버지의 방에서 다른 사람의 물건으로 알고 절취하였는데 아버지의 물건이었을 경우에는 친족상도례에 관한 규정이 적용되지 않는다.
다. 장물범이 본범의 피해자와 동거하지 않는 직계혈족인 경우에는, 피해자의 고소가 있어야 공소를 제기할 수 있다.
라. 인지가 범행 후에 이루어진 경우라고 하더라도 그 소급효에 따라 형성되는 친족관계를 기초로 하여 친족상도례의 규정이 적용된다.
마. 사기죄에 있어서 친족상도례에 관한 규정은 피기망자와 피해자 모두 사이에 친족관계가 있는 경우에만 적용되므로, 법원을 기망하여 제3자의 재물을 편취한 경우에 피해자인 제3자와 사기죄를 범한 자가 직계혈족의 관계에 있다고 하더라도 그 형을 면제할 수 없다.

① 가(×) 나(×) 다(○) 라(×) 마(○)
② 가(×) 나(×) 다(×) 라(○) 마(×)
③ 가(○) 나(○) 다(○) 라(×) 마(×)
④ 가(×) 나(×) 다(×) 라(○) 마(○)
⑤ 가(○) 나(○) 다(○) 라(○) 마(×)
⑥ 가(○) 나(○) 다(×) 라(×) 마(○)
⑦ 가(×) 나(○) 다(×) 라(○) 마(×)
⑧ 가(○) 나(×) 다(○) 라(×) 마(○)

해설

가(×) 권리행사방해죄에 규정된 친족상도례(제328조)는 강도죄와 손괴죄를 제외한 모든 재산범죄에 준용된다.
나(×) 친족상도례는 인적처벌조각사유이므로 그에 대한 착오는 친족상도례의 적용에 아무 영향이 없다.
다(×) 장물범과 본범의 피해자 사이에는 친족상도례가 그대로 준용되므로 직계혈족인 경우에는 동거와 무관하게 형이 면제된다(제365조 1항).
라(○) 대법원 1997.1.24, 96도1731.
마(×) 법원을 기망하여 제3자로부터 재물을 편취한 경우에 피기망자인 법원은 피해자가 될 수 없고 재물을 편취당한 제3자가 피해자라고 할 것이므로, 피해자인 제3자와 사기죄를 범한 자가 직계혈족의 관계에 있을 때에는 그 범인에 대하여 형법 제328조 1항을 준용하여 형을 면제하여야 한다(대법원 1976.4.13, 75도781). 〈답 ②〉

23. 고소가 있어야만 甲 또는 乙이 처벌되는 경우만으로 바르게 짝지어진 것은? (다툼이 있는 경우에는 판례에 의함) <사시 2006년 변형>

㉠ 甲과 乙이 甲과 따로 사는 甲의 숙부 A의 집에서 그의 고려청자를 절취한 경우 甲

㉡ 甲과 乙이 乙과 같이 사는 乙의 숙부 A를 폭행·협박하여 A의 외제 승용차를 강취한 경우 乙
㉢ 甲이 고향에서 일시 상경한 이종사촌 동생 A의 지갑에서 현금을 절취한 경우 甲
㉣ 甲이 자신과 싸운 형 A가 마시는 커피잔에 분뇨를 넣어 사용하지 못하도록 만든 경우 甲
㉤ 甲이 원한이 있던 A의 사망한 부친이 일제시대 때 경찰로서 친일활동을 하였다는 허위의 사실을 공표한 경우 甲

① ㉠ ㉡ ② ㉡ ㉢ ③ ㉢ ㉣
④ ㉠ ㉡ ㉣ ⑤ ㉠ ㉢ ㉤

해설

㉠ 동거하지 않는 방계혈족이므로 친고죄이다(제328조 2항). ㉢ 일시적으로 숙박하는 것은 동거에 해당하지 않으므로 제328조 2항에 의해 친고죄이다. ㉤ 사자명예훼손죄는 친고죄이다.
㉡㉣ 강도죄와 손괴죄에는 친족상도례의 준용규정이 없다. 〈답 ⑤〉

24. **( ) 속의 범죄에 관한 실행의 착수를 인정할 수 있는 것(○)과 이를 인정할 수 없는 것(×)을 올바르게 조합한 것은?** (다툼이 있는 경우에는 판례에 의함) <사시 2011년: 배점 3>

ㄱ. 야간에 손전등과 노끈을 이용하여 도로에 주차된 차량의 문을 열고 현금을 훔치기로 마음먹고, 차량의 문이 잠겨 있는지 확인하기 위해 양손으로 운전석 문의 손잡이를 잡고 열려고 하던 중 경찰관에게 발각된 경우 (절도죄)
ㄴ. 아파트 신축공사 현장 안에 있는 건축자재를 훔칠 생각으로 공범과 함께 위 공사현장 안으로 들어간 후 창문을 통하여 신축 중인 아파트의 지하실 안쪽을 살피다가 발각된 경우 (특수절도죄)
ㄷ. 부동산을 매도하여 제1차 매수인에게 계약금과 중도금을 받은 매도인이 동 부동산을 제2차 매수인에게 매도하고 계약금을 받은 경우 (배임죄)
ㄹ. 장해보상지급청구권자에게 보상금을 찾아주겠다고 거짓말을 하여 그 청구권자를 보상금 지급기관까지 유인한 경우 (사기죄)
ㅁ. 방화의 의사로 뿌린 휘발유가 인화성이 강한 상태로 주택주변과 피해자의 몸에 적지 않게 살포되어 있는 사정을 알면서도 라이터를 켜 불꽃을 일으킴으로써 피해자의 몸에 불이 붙었으나, 곧바로 진화되어 불이 방화 목적물인 주택 자체에 옮겨 붙지는 않은 경우 (현주건조물방화죄)

① ㄱ(×) ㄴ(×) ㄷ(○) ㄹ(×) ㅁ(○)
② ㄱ(○) ㄴ(×) ㄷ(×) ㄹ(○) ㅁ(○)
③ ㄱ(○) ㄴ(○) ㄷ(○) ㄹ(×) ㅁ(×)
④ ㄱ(×) ㄴ(×) ㄷ(×) ㄹ(×) ㅁ(○)
⑤ ㄱ(○) ㄴ(○) ㄷ(○) ㄹ(○) ㅁ(×)
⑥ ㄱ(○) ㄴ(×) ㄷ(×) ㄹ(×) ㅁ(○)
⑦ ㄱ(×) ㄴ(○) ㄷ(×) ㄹ(○) ㅁ(×)
⑧ ㄱ(○) ㄴ(×) ㄷ(○) ㄹ(×) ㅁ(○)

해설

ㄱ(○) 위 행위는 승합차량 내의 재물을 절취할 목적으로 승합차량 내에 칩입하려는 행위에 착수한 것으로 볼 수 있고, 그로써 차량 내에 있는 재물에 대한 피해자의 사실상의 지배를 침해하는 데에 밀접한 행위가 개시된 것으로 보아 절도죄의 실행에 착수한 것으로 봄이 상당하다(대법원 2009.9.24, 2009도5595).

ㄴ(×) 아파트의 지하실 안쪽을 살핀 행위는 지하실에 놓여 있던 동파이프에 대한 피해자의 사실상의 지배를 침해하는 밀접한 행위라고 볼 수 없어 특수절도죄의 실행의 착수에 해당하지 않는다(대법원 2010.4.29, 2009도14554).

ㄷ(×) 부동산 이중양도에 있어서 매도인이 제2차 매수인으로부터 계약금만을 지급받고 중도금을 수령한 바 없다면 배임죄의 실행의 착수가 있었다고 볼 수 없다(대법원 2010.4.29, 2009도14427).

ㄹ(×) 보상금 지급기관까지 유인한 것만으로는 사기죄에 있어서의 기망행위의 착수에 이르렀다고 보기 어렵다(대법원 1980.5.13, 78도2259).

ㅁ(○) 현존건조물방화죄의 실행의 착수가 있었다고 봄이 상당하다(대법원 2002.3.26, 2001도6641).

〈답 ⑥〉

25. 甲과 乙은 2009.4.22. 13:00경 A가 거주하는 ○○아파트 C동 202호에 이르러 그 곳에 들어가 금품을 절취하기 위하여 육각렌치로 출입문 시정장치를 손괴하던 중 A에게 발각되어 도주하다가 경찰에게 체포되었다. 특수절도죄의 성립 여부에 관한 설명 중 옳지 않은 것을 모두 고른 것은? (다툼이 있는 경우에는 판례에 의함) <변호사 2013년>

가. 甲과 乙에게 특수절도죄의 미수범이 성립한다.
나. 만약 甲과 乙이 출입문 시정장치를 손괴하고 방 안까지 들어가자마자 A에게 발각되어 도주한 경우라면 특수절도죄의 미수범이 성립한다.
다. 만약 甲과 乙이 방 안까지 들어갔다가 절취할 금품을 찾지 못하여 거실로 돌아 나오다 A에게 발각되어 도주한 경우라면 특수절도죄의 미수범이 성립한다.
라. 만약 甲이 1층에서 망을 보고 乙이 같은 날 23:30경 위 202호의 불이 꺼져 있는 것을 보고 금품을 절취하기 위하여 도시가스 배관을

> 타고 올라가다가 발은 1층 방범창을 딛고 두 손은 1층과 2층 사이에 있는 도시가스 배관을 잡고 있던 상태에서 A에게 발각되어 도주한 경우라면 특수절도죄의 미수범이 성립한다.
> 마. 만약 甲과 乙이 절도의 범의로 같은 날 22:00경 乙이 아파트 현관에서 망을 보고 甲이 202호 출입문 시정장치를 육각렌치로 손괴한 후 안으로 들어가려는 순간, 귀가하던 A에게 발각되어 도주한 경우라면 특수절도죄의 미수범이 성립한다.

① 가 나　② 가 마　③ 가 나 라
④ 다 라 마　⑤ 가 나 라 마

해설

가나(×) 2인 이상이 합동하여 야간이 아닌 주간에 절도의 목적으로 타인의 주거에 침입하였다 하여도 아직 절취할 물건의 물색행위를 시작하기 전이라면 특수절도죄의 실행에는 착수한 것으로 볼 수 없는 것이어서 그 미수죄가 성립하지 않는다(대법원 2009.12.24, 2009도9667).
다(○) 대법원 2003.6.24, 2003도1985, 2003감도26.
라(×) 야간주거침입절도죄의 실행의 착수에 이르지 못했다(대법원 2008.3.27, 2008도917).
마(○) 제331조 1항의 특수절도죄의 실행에 착수한 것이다(대법원 1986.9.9, 86도1273).

〈답 ③〉

26. 절도죄에 관한 설명 중 옳은 것을 모두 고른 것은? (다툼이 있는 경우에는 판례에 의함) <사시 2013년: 배점 3>

> ㄱ. 법원으로부터 송달된 심문기일소환장은 재산적 가치가 있는 물건으로서 절도죄의 재물에 해당한다.
> ㄴ. 타인의 명의를 모용하여 발급받은 신용카드를 사용하여 현금자동지급기에서 현금대출을 받았다면 현금대출을 받은 부분에 대해서는 절도죄가 성립한다.
> ㄷ. 건물 임차인이 임대인으로부터 임대차계약의 종료를 원인으로 한 명도요구를 받고 건물에서 퇴거하면서, 건물 외벽 쪽에 설치하여 사용하던 냉장고의 전원이 연결되어 있는 상태로 두고 나옴으로써 임대인의 요구에 따라 철거하기까지 전기사용료가 나오게 한 경우 절도죄가 성립하지 않는다.
> ㄹ. 일시사용의 목적으로 소유자의 승낙 없이 오토바이를 타고 가다가 원래 있던 장소로부터 3km 정도 떨어진 장소에 버린 경우 절도죄가 성립하지 않는다.
> ㅁ. 결혼식장에서 축의금 접수인인 것처럼 가장하여 하객으로부터 결혼식 축의금을 받아 가로챈 경우 절도죄가 성립한다.

ㅂ. 같은 회사 동료 여직원의 자리에서 도장을 몰래 가져가 혼인신고서에 도장을 찍고 곧바로 제자리에 갖다 놓은 경우 불법영득의 의사가 인정되어 절도죄가 성립한다.
ㅅ. 타인의 유선전화기를 무단으로 사용하여 전화통화를 한 경우 절도죄가 성립하지 않는다.
ㅇ. 타인의 컴퓨터에 저장된 정보를 범인 소유의 종이에 출력 또는 복사해 갔다면 절도죄가 성립한다.

① ㄱ ㄴ ㅂ ② ㄴ ㄷ ㅂ ③ ㄱ ㄷ ㅁ ㅅ
④ ㄱ ㄹ ㅁ ㅇ ⑤ ㄷ ㄹ ㅁ ㅅ ⑥ ㄱ ㄴ ㄷ ㅁ ㅅ
⑦ ㄱ ㄴ ㄷ ㅁ ㅅ ㅇ

해설

ㄱ(○) 대법원 2000.2.25, 99도5775.
ㄴ(○) 카드회사의 내심의 의사는 물론 표시된 의사도 카드명의인인 피모용자에게 현금자동지급기에 의한 현금대출(현금서비스)을 허용하는 데 있을 뿐 피고인에게 이를 허용한 것은 아니므로, 피고인이 타인의 명의를 모용하여 발급받은 신용카드를 사용하여 현금자동지급기의 관리자의 의사에 반하여 그의 지배를 배제한 채 그 현금을 자기의 지배하에 옮겨 놓는 행위로서 절도죄에 해당한다(대법원 2006.7.27, 2006도3126).
ㄷ(○) 임차인이 퇴거 후에도 냉장고에 관한 점유·관리를 그대로 보유하고 있었다고 보아야 하므로, 냉장고를 통하여 전기를 계속 사용하였다고 하더라도 이는 당초부터 자기의 점유·관리하에 있던 전기를 사용한 것일 뿐 타인의 점유·관리 하에 있던 전기가 아니어서 절도죄가 성립하지 않는다(대법원 2008.7.10, 2008도3252).
ㄹ(×) 본래의 장소와 다른 곳에 유기하는 경우에는 불법영득의 의사가 인정된다(대법원 1981.10.13, 81도2394; 대법원 1984.12.26, 84감도392).
ㅁ(○) 피해자의 교부행위의 취지는 신부 측에 전달하는 것일 뿐 피고인에게 그 처분권을 주는 것이 아니므로, 이를 피고인에게 교부한 것이라고 볼 수 없고 단지 신부 측 접수대에 교부하는 취지에 불과하므로 피고인이 그 돈을 가져간 것은 신부 측 접수처의 점유를 침탈하여 범한 절취행위라고 보는 것이 정당하다(대법원 1996.10.15, 96도2227, 96감도94).
ㅂ(×) 도장에 대한 불법영득의 의사가 있었다고 볼 수 없다(대법원 2000.3.28, 2000도493).
ㅅ(○) 전기통신사업자에 의하여 가능하게 된 전화기의 음향송수신기능을 부당하게 이용하는 역무는 무형적인 이익에 불과하고 물리적 관리의 대상이 될 수 없어 재물이 아니라고 할 것이므로 절도죄의 객체가 되지 아니한다(대법원 1998.6.23, 98도700).
ㅇ(×) 컴퓨터에 저장되어 있는 '정보' 그 자체는 유체물이라고 볼 수도 없고, 물질성을 가진 동력도 아니므로 재물이 될 수 없다 할 것이며, 또 이를 복사하거나 출력하였다 할지라도 그 정보 자체가 감소하거나 피해자의 점유 및 이용가능성을 감소시키는 것이 아니므로 그 복사나 출력 행위를 가지고 절도죄를 구성한다고 볼 수도 없다. 또한 피고인이 컴퓨터에 저장된 정보를 출력하여 생성한 문서는 피해회사의 업무를 위하여 생성되어 피해회사에 의하여 보관되고 있던 문서가 아니라, 피고인이 가지고 갈 목적으로 피해회사의 업무와 관계없이 새로이 생성시킨 문서라 할 것이므로, 이는 피해회사 소유의 문서라고 볼 수는 없다 할 것이어서, 이를 가지고 간 행위를 들어 피해회사 소유의 문서를 절취한 것으로 볼 수는 없다(대법원 2002.7.12, 2002도745). 〈답 ⑥〉

제2절 강도의 죄

1. 강도죄에 대한 설명 중 옳은 것을 모두 고르면? (다툼이 있는 경우에는 판례에 의함)

> ㉠ 두 조각으로 찢어진 어음이라고 하더라도 강도죄의 객체인 재물에 해당하며, 설사 피해자가 이를 부당한 방법으로 소지하게 된 것이라고 하여도 범죄의 성립에 영향이 없다.
> ㉡ 지나가는 자가용 승용차를 세우고 운전자를 칼로 협박하여 목적지까지 타고 갔다면 강도죄에 해당한다.
> ㉢ 미리 준비한 돌멩이로 안면을 1회 강타하여 상처를 입히고 가방을 빼앗은 것이라면 강도상해죄에 해당한다.
> ㉣ 피해자의 뒤를 따라 가다가 그 등을 발로 세게 차서 상해를 입힌 다음 물건을 빼앗은 것이라면 피해자의 반항을 억압할 수 있을 정도의 폭력행위에 해당하지 않는다.
> ㉤ 강도죄의 재산상의 이익은 반드시 사법상 유효한 재산상의 이득만을 의미하는 것이 아니고 외견상 재산상의 이득을 얻을 것이라고 인정할 수 있는 사실관계만 있으면 되지만, 법률상 정당하게 그 이행을 청구할 수 있는 것이 아니라면 강도죄에 있어서의 재산상의 이익에 해당하지 않는다.
> ㉥ 반항이 불가능할 정도의 폭행 또는 협박이 있은 후에 그로부터 상당한 시간이 경과한 후 폭행 또는 협박이 있은 곳과 다른 장소에서 금원을 교부받은 경우 강도죄의 기수로 처벌된다.
> ㉦ 강도의 의사로 피해자를 폭행하였는데, 피해자는 단순한 공포심 때문에 재물을 교부한 경우 강도미수죄와 공갈죄의 상상적 경합범이 성립한다.

① ㉠ ㉢ ② ㉣ ㉤ ③ ㉠ ㉢ ㉣
④ ㉠ ㉢ ㉤ ⑤ ㉠ ㉢ ㉣ ㉦ ⑥ ㉠ ㉢ ㉤ ㉥
⑦ ㉡ ㉣ ㉤ ㉥ ⑧ ㉣ ㉢ ㉤ ㉥

해설

㉠(○) 대법원 1987.10.13, 87도1240.
㉡(×) 택시 운전사를 폭행·협박하여 택시를 운행케 한 경우에는 강도죄가 성립하지만, 설문과 같이 자가용 승용차를 운행케 한 경우에는 재산상의 이익을 취득한 것이 아니어서 강도죄를 구성하지 아니하고, 강요죄(제324조)가 성립할 뿐이다.
㉢(○) 대법원 1986.12.23, 86도2203(피해자의 반항을 억압할 수 있을 정도의 폭행행위에 해당).
㉣(×) 피해자의 반항을 억압할 수 있을 정도의 폭력행위에 해당한다(대법원 1972.1.31, 71도2114).
㉤(×) 법률상 정당하게 그 이행을 청구할 수 있는 것이 아니라도 강도죄에 있어서의 재

산상의 이익에 해당하는 것이며, 따라서 이와 같은 재산상의 이익은 반드시 사법상 유효한 재산상의 이득만을 의미하는 것이 아니고 외견상 재산상의 이득을 얻을 것이라고 인정할 수 있는 사실관계만 있으면 된다(대법원 1994.2.22, 93도428).

ⓑ(×) 길이 약 25cm 가량의 과도에 의해서 반항이 불가능한 정도에 이른 폭행 · 협박이 있은 후(01:00경) 그로부터 상당한 시간이 경과한 후(같은 날 19:00경) 폭행 · 협박이 있던 곳과는 다른 장소에서 금원을 교부받은 경우, 특수강도죄의 기수로 처벌할 수 없다(대법원 1995.3.28, 95도91).

ⓢ(×) 피해자의 반항이 불가능할 정도의 폭행 · 협박이 있었다 하더라도 재물의 교부가 피해자의 의사에 반하여 반항이 불가능한 상태에서 강취된 것이라고 볼 수 없는 설문의 경우에는 강도죄의 기수가 되지 아니하고 미수에 그칠 뿐이다. 재물의 교부는 피해자의 의사에 반하여 반항이 불가능한 상태에서 강취된 것이라기보다는 피해자의 하자 있는 의사에 의하여 교부된 것이고, 강도미수는 공갈을 포함하기 때문이다(대법원 1995.3.28, 95도91).

〈답 ①〉

2. 강도죄에 관한 설명 중 옳은 것은 모두 몇 개인가? (다툼이 있는 경우에는 판례에 의함)

> ㉠ 감금행위가 강도죄의 수단이 된 경우 감금죄는 강도죄에 흡수되지 아니하고 별죄를 구성한다.
> ㉡ 주점 도우미인 피해자와의 윤락행위 도중 시비 끝에 피해자를 이불로 덮어씌우고 폭행한 후 이불 속에 들어 있는 피해자를 두고 나가다가 탁자 위의 피해자 손가방 안에서 현금 20만원 등이 든 피해자의 키홀더를 우발적으로 가져간 경우 강도죄가 성립하지 않는다.
> ㉢ 수회에 걸쳐 '총을 훔쳐 전역 후 은행이나 현금수송차량을 털어 한탕하자'는 말을 하는 것은 강도음모죄에 해당하지 않는다.
> ㉣ 외상물품 대금채권의 회수를 의뢰받은 자가 그 추심과정에서 폭행을 가하여 재물을 취득한 경우 불법영득의사가 없으므로 강도죄의 성립은 부정된다.
> ㉤ 강도의 의사로 자고 있는 피해자에게 권총을 겨누고 일어나서 돈을 내 놓으라고 하였으나 피해자가 잠에서 깨지 않자 피해자가 자는 사이 피해자 소유의 물건을 갖고 간 경우 강도미수죄가 성립한다.
> ㉥ 노상에서 통행인과 언쟁 중 얼굴을 주먹으로 강타하자 통행인이 코피를 흘리며 실신하여 넘어지면서 그의 호주머니에서 떨어진 지폐를 주워들고 떠난 경우 강도상해죄가 성립한다.

① 1개　② 2개　③ 3개
④ 4개　⑤ 5개　⑥ 6개

해설

㉠(○) 감금행위가 강도죄의 수단이 된 경우에도 감금죄는 강도죄에 흡수되지 아니하고 별죄를 구성하며(대법원 1997.1.21, 96도2715), 상상적 경합의 관계에 있다.

ⓛ(○) 강도죄는 사람의 반항을 억압함에 충분한 폭행 또는 협박을 사용하여 타인의 재물을 강취하거나 재산상의 이익을 취득함으로써 성립하는 범죄이므로, 타인에 대하여 반항을 억압함에 충분한 정도의 폭행 또는 협박을 가한 사실이 있다 해도 그 타인이 재물 취거의 사실을 알지 못하는 사이에 그 틈을 이용하여 우발적으로 타인의 재물을 취거한 경우에는 위 폭행이나 협박이 재물 탈취의 방법으로 사용된 것이 아님은 물론, 그 폭행 또는 협박으로 조성된 피해자의 반항억압의 상태를 이용하여 재물을 취득하는 경우에도 해당하지 아니하여 양자 사이에 인과관계가 존재하지 아니한다 할 것이므로, 위 폭행 또는 협박에 의한 반항억압의 상태가 처음부터 재물 탈취의 계획하에 이루어졌다거나 양자가 시간적으로 극히 밀접되어 있는 등 전체적·실질적으로 단일한 재물 탈취의 범의의 실현행위로 평가할 수 있는 경우에 해당하지 아니하는 한 강도죄의 성립을 인정하여서는 안 된다(대법원 2009.1.30, 2008도10308).

ⓒ(○) 단순히 범죄결심을 외부에 표시·전달하는 것만으로는 부족하고 객관적으로 보아 특정한 범죄의 실행을 위한 준비행위라는 것이 명백히 인식되고, 그 합의에 실질적인 위험성이 인정될 때에 비로소 음모죄가 성립하므로, 군인인 피고인들이 수회에 걸쳐 '총을 훔쳐 전역 후 은행이나 현금수송차량을 털어 한탕하자'는 말을 나눈 행위는 강도음모로 볼 수 없다(대법원 1999.11.12, 99도3801).

ⓔ(×) 채권자로부터 채무자에 대한 외상물품 대금채권의 회수를 의뢰받았다 하더라도, 채무자의 반항을 억압할 정도의 폭행과 협박을 가하여 재물 및 재산상 이득을 취득한 이상 이는 정당한 권리행사라고 볼 수 없음이 명백하여 강도상해죄가 성립함에는 아무런 지장이 없다(대법원 1995.12.12, 95도2385). 정당한 권리행사라도 그 수단·방법이 사회통념상 용인되는 정도를 넘으면 범죄가 성립된다는 것이 판례의 확고한 입장이다.

ⓜ(○) 강도죄에 있어서의 폭행·협박은 상대방의 의사를 억압하여 반항을 불가능하게 할 정도에 이를 것을 요하고, 상대방의 현실적 또는 가상적 반항을 불가능하게 하는 육체적·심리적 강제효과를 가진 모든 수단을 강도죄의 폭행이라고 할 수 있다. 따라서 수면중에 있는 사람, 술에 취한 사람 또는 의식 없는 사람에 대하여도 강도가 가능하다. 그러나 강도죄가 기수가 되기 위하여는 폭행·협박과 재물의 강취 사이에 인과관계가 있어야 한다.

ⓑ(×) 강도죄가 성립하려면 폭행·협박이 재물취거의 수단이 되어야 한다. 뿐만 아니라 그 사이에 인과관계가 있어야 한다. 폭행·협박은 재물의 강취시에 이루어져야 하며 적어도 그 기수 이전에 있었음을 요하고, 이때 폭행·협박과 재물취거 사이에는 시간적 연관이 있어야 한다. 설문과 같이 행위자가 강도의 고의 없이 폭행·협박하여 상대방이 항거불능의 상태에 빠진 후에 재물강취의 고의가 생겨 재물을 취거한 때에는 폭행·협박이 재물강취의 수단이 되었다고 볼 수 없으므로 강도죄의 성립은 부정된다. 대법원도 타인에게 상해를 가하여 혼미상태에 빠지게 한 경우에 우발적으로 그의 재물을 도취하는 행위는 폭행을 도취의 수단으로 사용한 것이 아니므로 강도죄가 성립하지 아니한다고 판시하였다(대법원 1956.8.17, 4289형상170). 또한 재물지배의 의사는 현실적 의사임을 요하지 않으며 잠재적 지배의사로 족하므로, 실신한 통행인의 호주머니에서 떨어진 지폐에 대하여는 여전히 통행인의 점유가 인정된다. 따라서 甲의 행위는 점유이탈물횡령죄가 아닌 절도죄가 성립한다. 〈답 ④〉

3. 강도와 절도의 죄에 관한 설명으로 옳은 것은? (다툼이 있는 경우에는 판례에 의함) <사시 2009년 변형: 배점 2>

① 절도범인이 처음에는 흉기를 휴대하지 아니하였으나 체포를 면탈할 목

적으로 폭행 또는 협박을 가할 때에 비로소 흉기를 휴대 사용하게 된 경우에는 단순강도에 해당하는 준강도가 된다.

② 피해자가 그 소유의 오토바이를 타고 심부름을 다녀오라고 하여서 피고인이 그 오토바이를 타고 가다가 마음이 변하여 이를 반환하지 아니한 채 그대로 타고 가버렸다면 절도죄를 구성한다.

③ 폭행·협박으로 타인의 재물을 탈취한 이상 피해자가 우연히 재물탈취 사실을 알지 못하였다고 하더라도 강도죄는 성립하고, 폭행·협박당한 자가 탈취당한 재물의 소유자 또는 점유자일 것을 요하지도 않는다.

④ 피고인이 폭행·협박으로 피해자로 하여금 매출전표에 서명을 하게 한 다음 이를 교부받아 소지하였더라도 피해자가 그 매출전표에 허위 서명한 경우에는 신용카드회사들이 신용카드 가맹점 규약 또는 약관의 규정을 들어 그 금액의 지급을 거절할 수 있기 때문에 피고인에게는 재산상 이익을 취득한 강도죄의 기수가 인정될 수 없다.

⑤ 절도죄는 소유권을 침해하는 범죄이기 때문에 피해물건의 소유자와 점유자가 다른 경우에 친족상도례에 관한 규정은 절도범인이 피해물건의 소유자와의 사이에서만 친족관계가 있는 경우에도 적용될 수 있다.

해설

①(×) 특수강도의 준강도가 된다(대법원 1973.11.13, 73도1553 전원합의체).
②(×) 횡령죄가 성립할 수 있으나, 절도죄를 구성하지는 않는다(대법원 1986.8.19, 86도1093).
③(○) 대법원 2010.12.9, 2010도9630과 일치한다.
④(×) 허위서명한 탓으로 금액의 지급을 거절할 가능성이 있다 하더라도, 그로 인하여 피고인들이 각 매출전표 상의 금액을 지급받을 가능성이 완전히 없어져 버린 것이 아니고 외견상 여전히 그 금액을 지급받을 가능성이 있는 상태이므로 피고인들이 재산상 이익을 취득하였다고 볼 수 있다(대법원 1997.2.25, 96도3411).
⑤(×) 판례는 절도범인이 피해물건의 소유자나 점유자의 어느 일방과 사이에서만 친족관계가 있는 경우에는 친족상도례를 적용할 수 없다고 본다(대법원 1980.11.11, 80도131).

〈답 ③〉

4. 준강도죄에 관한 설명 중 옳지 않은 것은? (다툼이 있는 경우에는 판례에 의함)

① 절도가 체포를 면하거나 재물의 탈환을 항거하거나 죄적을 인멸할 목적으로 폭행·협박한 때에 성립한다.

② 절도범이 범행이 발각되어 옷을 잡히자 체포를 면하려고 충동적으로 저항을 시도하여 잡은 손을 뿌리치는 바람에 피해자가 밀려 넘어지면서 상처를 입은 경우에는 준강도죄가 성립하지 않는다.

③ 절도범이 절도현장에서 은신 중 피해자에게 발각되어 추적당하던 끝에

범행현장과 떨어진 곳에서 뒤쫓아 온 피해자를 폭행한 때에도 준강도죄가 성립한다.

④ 준강도죄에 있어서의 '재물의 탈환을 항거할 목적'이라 함은 일단 절도가 재물을 자기의 배타적 지배하에 옮긴 뒤 탈취한 재물을 피해자측으로부터 탈환당하지 않기 위하여 대항하는 것을 말한다.

⑤ 절도가 미수에 그친 때에도 폭행·협박을 가한 이상 준강도죄의 기수가 인정된다.

해설

②(○) 준강도죄의 폭행은 강도죄의 그것과 같이 상대방의 반항을 억압할 정도, 즉 반항을 억압하는 수단으로서 일반적·객관적으로 가능하다고 인정되는 정도에 이르러야 한다. 따라서 피고인이 옷을 잡히자 체포를 면하려고 충동적으로 저항을 시도하여 잡은 손을 뿌리친 정도의 폭행을 준강도로 의율할 수는 없다(대법원 1985.5.14, 85도619).

③(○) 절도범인이 범행의 종료 후 안전지대로 이탈하지 못하고 추적당하여 체포되려 하자 구타한 경우에는 절도행위와 체포를 면하기 위한 구타행위와의 사이에 시간상 및 거리상 극히 근접한 관계에 있다 할 것이므로 준강도죄가 성립한다(대법원 1982.7.13, 82도1352).

④(○) 대법원 2003.7.25, 2003도2316의 내용이다.

⑤(×) 대법원은 전원합의체판결을 통하여 준강도죄의 기수와 미수는 절도의 기수·미수에 따라 결정된다고 판시하여 종래의 판례의 태도를 변경하였다(대법원 2004.11.18, 2004도5074 전원합의체). 〈답 ⑤〉

5. 준강도에 관한 설명 중 옳지 않은 것은? (다툼이 있는 경우에는 판례에 의함)
<사시 2006년>

① 준강도죄의 성립에 필요한 수단으로서의 폭행이나 협박의 정도는 상대방의 반항을 억압하는 수단으로서 일반적·객관적으로 가능하다고 인정되는 정도의 것이면 되고 현실적으로 반항을 억압하였음을 필요로 하는 것은 아니다.

② 준강도죄를 규정한 형법 제335조에는 범죄의 주체는 절도범인이고, 행위는 폭행·협박으로만 되어 있지 행위의 정도·방법 따위에 대하여는 언급이 없어 행위로서는 단순한 준강도인지 특수강도의 준강도인지를 구별지을 근거가 없으므로, 강도의 예에 의할 것인지 특수강도의 예에 의할 것인지는 행위의 주체인 절도의 태양에 따라 구별지어야 한다.

③ 甲과 乙이 빈 담배가게를 털기로 하고 甲은 가게 밖에서 망을 보고 있다가 예기치 않은 인기척이 나므로 멀리 도주하였고, 乙은 자그마한 담배창구로 몸을 빠져 나오려고 하였으나 시간이 지체되어 피해자에게 붙들리자 체포를 면탈할 목적으로 피해자에게 폭행을 가하여 상해를 입힌 경우, 甲에게 강도상해죄의 죄책을 지울 수 없다.

④ 강도살인죄의 주체인 강도는 준강도죄의 범인을 포함한다고 할 것이어서, 절도가 체포를 면탈하거나 죄적을 인멸할 목적으로 사람을 살해한 때에도 강도살인죄가 성립한다.

⑤ 절도범인이 체포를 면탈할 목적으로 경찰관에게 폭행·협박을 가한 때에는 준강도죄와 공무집행방해죄는 상상적 경합관계에 있으나, 강도범인이 체포를 면탈할 목적으로 경찰관에게 폭행을 가한 때에는 강도죄와 공무집행방해죄는 실체적 경합관계에 있다.

해설 ······································

①(○) 대법원 1981.3.24, 81도409.

②(×) 준강도는 단순강도로 처벌되는 준강도와 특수강도로 처벌되는 준강도가 있다(제335조 참조). 양자의 구별 기준에 대해 절도의 태양에 의하는 견해(대법원 소수의견)와 폭행·협박의 태양에 의하는 견해가 대립하는데, 판례는 후자의 견해를 취하고 있다. 절도범인이 처음에는 흉기를 휴대하지 아니하였으나, 체포를 면탈할 목적으로 폭행 또는 협박을 가할 때 비로소 흉기를 휴대하고 사용하게 된 경우에는 특수강도의 준강도가 된다(대법원 1973.11.13, 73도1553 전원합의체).

③(○) 대법원 1984.2.28, 83도3321.

④(○) 대법원 1987.9.22, 87도1592.

⑤(○) 대법원 1992.7.28, 92도917. 〈답 ②〉

6. 준강도죄에 관한 다음 설명 중 옳지 않은 것을 모두 고르면? (다툼이 있는 경우에는 판례에 의함)

㉠ 절도가 친족간의 범행인 경우에도 준강도죄는 성립한다.

㉡ 명절 귀성열차표를 예매하려는 사람들이 줄을 서 있는 혼잡한 틈을 이용하여 소매치기를 하려고 피해자의 안주머니에 손을 넣었으나, 이를 목격한 사람이 '소매치기다'라고 고함을 지르자 미수에 그친 보복으로 고함친 사람의 얼굴을 한 대 가격하고 도주하였다면 준강도미수죄가 성립한다.

㉢ 밤에 절도를 할 목적으로 주거에 침입했다가 그 상태에서 주인과 마주쳐 주인을 폭행하고 도망가면 준강도미수죄가 성립한다.

㉣ 절도범인 甲을 체포하려고 피해자가 폭력을 가해 오자 甲이 이를 피하기 위하여 엉겁결에 솥뚜껑을 들어 그 폭력을 막아내려다가 그 솥뚜껑에 스치어 피해자가 상처를 입게 되었다면 甲에게 강도상해죄가 성립한다.

㉤ 절도죄의 교사범이나 종범은 준강도죄의 행위주체가 될 수 없다.

㉥ 甲과 乙이 피해자의 주거에 침입하여 절도하던 중 발각되어 甲은 밖으로 도주하고 뒤이어 도주하던 乙은 현장에서 피해자에게 잡히게 되어 체포를 면탈할 목적으로 폭행을 가하여 상해를 입힌 경우 甲에

게는 강도상해죄가 성립하지 아니한다.

① ㉡ ㉣ ② ㉣ ㉥ ③ ㉠ ㉡ ㉢
④ ㉡ ㉣ ㉥ ⑤ ㉡ ㉣ ㉤ ⑥ ㉠ ㉢ ㉣ ㉤

해설

㉠(○) 절도가 친족간의 범행인 경우에도 재물의 탈환을 항거하거나 체포를 면탈하거나 죄적을 인멸할 목적으로 폭행·협박을 가한 때에는 당연히 준강도죄가 성립한다.
㉡(×) 준강도죄의 구성요건인 폭행은 강도죄의 폭행의 정도와의 균형상 상대방의 반항을 억압할 정도, 즉 반항을 억압하는 수단으로서 일반적·객관적으로 가능하다고 인정되는 정도면 족하다 할 것이고, 이는 체포되려는 구체적 상황에 비추어 체포의 공격력을 억압함에 족한 정도의 것인지의 여부에 따라 결정되어야 할 것이므로, 피고인이 옷을 잡히자 체포를 면하려고 충동적으로 저항을 시도하여 잡은 손을 뿌리친 정도의 폭행을 준강도죄로 의율할 수는 없다(대법원 1985.5.14, 85도619). 설문에서 목격자의 얼굴을 한 대 가격한 것은 상대방의 반항을 억압할 정도의 폭행이라고는 볼 수 없으므로 절도미수와 폭행죄의 경합범이 성립한다.
㉢(○) 야간주거침입절도죄에 있어서는 야간에 주거에 침입한 때에 실행의 착수가 있으므로 사례의 경우 준강도미수죄가 성립한다.
㉣(×) 피고인을 체포하려는 피해자가 체포에 필요한 정도를 넘어서서 발로 차며 늑골골절상 등 전치 3개월을 요하는 중상을 입힐 정도로 심한 폭력을 가해오자 피고인이 이를 피하기 위하여 솥뚜껑을 들어 폭력을 막아내려다가 그 솥뚜껑에 스치어 피해자가 상처를 입게 되었다면, 피고인의 행위는 피해자의 체포의사를 제압할 정도의 폭행에 해당하지 않는다(대법원 1990.4.24, 90도193).
㉤(○) 기수·미수를 불문하지만 절도죄의 정범(공동정범, 합동범 포함)만이 준강도죄의 주체가 될 수 있고, 교사범과 종범은 제외된다.
㉥(×) 甲 역시 발각되었음을 알고 도망하는 과정에 乙이 체포된 사정으로 보아 乙을 추격하는 피해자에게 체포를 면하기 위하여 폭력행위를 할 것을 전혀 예기치 못한 것으로는 볼 수 없다 할 것이므로 그 폭행의 결과로 발생한 상해에 관하여 강도상해죄가 성립한다(대법원 1984.12.26, 84도2552). 〈답 ④〉

7. 다음 <사례>에 관한 형사책임을 설명한 <결론> 중 옳은 것은?

<사시 2009년: 배점 3>

〈사례〉
가. 甲은 체포면탈의 목적으로 사용할 흉기를 휴대하고 타인의 재물을 절취하여 나오던 중 경찰에 체포되었다.
나. 乙은 지하철에서 X의 지갑을 절취하기 위하여 X의 주머니를 더듬던 중 맞은편에 앉아있던 Y가 "강도야"라고 소리치자 체포를 면탈하기 위하여 도망쳤다.
다. 丙은 아파트에 침입하여 재물을 절취하여 나오다가 그 아파트의 경비원에게 발각되어, 아파트 경비실에서 자신의 신원을 확인받던 중 체포상태를 벗어나기 위하여 경비원을 폭행하고 달아났다.

〈결론〉
A. 강도의 예비에 해당한다.
B. 준강도의 미수에 해당한다.
C. 준강도의 기수에 해당한다.

① 가－A ② 가－B ③ 나－B
④ 나－C ⑤ 다－B ⑥ 다－C

해설

가(연결할 결론 없음) 甲의 행위는 특수절도죄에 해당한다. 흉기를 휴대한 것은 체포면탈 목적으로 준강도할 목적에 그치므로 강도의 예비에 해당하지 않는다(대법원 2006.9.14, 2004도6432). 체포를 면탈하기 위해 폭행 · 협박도 하지 않고 체포되었으므로 준강도의 실행에 착수하지 않아 준강도의 미수 내지 기수에 해당할 여지가 없다.
나(연결할 결론 없음) 乙의 행위는 절도죄의 미수에 해당한다. 체포면탈의 목적으로 폭행 또는 협박을 개시한 것이 아니라 도망친 것에 불과하므로 준강도의 실행에 착수하지도 않아 준강도의 미수 내지 기수에 해당할 여지가 없다.
다(C) 丙의 행위는 절도죄의 기수에 해당한다. 절도가 체포면탈을 목적으로 폭행하였으므로 준강도 기수에 해당한다. 〈답 ⑥〉

8. A가 운영하는 금은방의 종업원으로 최근까지 수년간 일하였던 甲은 생활이 어렵게 되자, 그 금은방 건물의 경비원이 새벽 2시에서 4시 사이에는 항상 자리를 비운다는 사정을 알고, 그 시간에 직원들만 알고 있는 뒷문의 자물쇠만 부수고 금은방에 침입하면 경비원의 저항 없이 쉽게 귀금속을 절도할 수 있다고 판단하여 이를 실행하기로 결심하였다. 그후 신용불량자가 되어 고생하고 있던 친구 乙, 丙에게 이를 제안하였고 乙, 丙도 같이 범행할 것에 동의하였다. 하지만 丙은 양심의 가책을 느껴 범행에 가담하지 않기로 결심하고 범행 당일 범행현장에 나가지 않았다. 그러나 이러한 사실을 알지 못하고 약속한 시간에 범행현장에 나타난 甲과 乙은 그 시간에는 경비원 등의 저항 없이 쉽게 절도할 수 있다고 확신하고 '우리끼리라도 털자'라고 결의한 뒤, 乙은 밖에서 망을 보고 甲은 뒷문의 자물쇠를 부수고 금은방 건물로 들어갔다. 그러나 생각과는 달리 경비원 B가 나타나 자신을 잡으려 하자 B가 피를 흘리며 기절하여 쓰러질 때까지 폭행을 가한 후 도망해버렸다. 건물 내에서 어떤 일이 일어난 것인지를 전혀 알 수 없었던 乙은 호기심에 건물 내부를 보았는데, B는 기절하여 움직이지 않고 귀금속은 널려 있으므로 '이왕 이렇게 된 것 빨리 챙겨서 가자'고 생각하고 귀금속을 챙겨 달아났다. 이 경우 甲, 乙, 丙의 죄책을 <보기>에서 골라 올바르게 연결한 것은? (다툼이 있는 경우에는 판례에 의함) <사시 2006년>

〈보기〉
㉠ 특수절도죄의 기수
㉡ 특수절도죄의 미수와 상해죄의 경합범

ⓒ 강도상해죄의 기수
ⓓ 무죄

	甲	乙	丙		甲	乙	丙
①	ⓑ	ⓐ	ⓓ	②	ⓑ	ⓒ	ⓐ
③	ⓒ	ⓐ	ⓐ	④	ⓒ	ⓐ	ⓓ
⑤	ⓒ	ⓒ	ⓓ				

해설

丙은 모의에 가담하였으나 다른 공모자들이 실행에 착수하기 전에 이탈하였기 때문에 음모에 불과하고 절도죄의 예비·음모는 불가벌이므로 형사책임을 지지 않는다.
乙은 밖에서 망을 보았지만 甲이 야간에 자물쇠를 부수고 금은방 건물로 들어갔으므로, 둘 모두 특수절도(제331조 1항)의 실행에 착수한 것이다. 절도의 실행에 착수한 甲은 체포를 면하기 위해 상해를 가하였으므로, 준강도의 미수이지만 강도상해죄의 기수가 된다(대법원 1988.2.9, 87도2492; 대법원 1971.1.26, 70도2518).
乙은 상해까지는 모의한 바 없으므로, 甲이 상해를 가할 것이라는 점을 예견하지 못했다고 볼 수 없는 한 강도상해죄의 죄책을 지지만(대법원 1989.12.12, 89도1991; 대법원 1989.3.28, 88도2291), 전혀 예견할 수 없었다면 상해에 대해서는 책임을 지지 않는다. 사안의 경우 乙은 전혀 예견할 수 없었다고 보이므로(경비원 등의 저항 없이 쉽게 절도할 수 있다고 확신하였고, 건물 내에서 어떤 일이 일어난 것인지를 전혀 알 수 없었다) 강도상해죄는 성립하지 않지만(대법원 1984.2.28, 83도3321), 재물을 취득하였기 때문에 특수절도죄의 기수가 된다. 〈답 ④〉

9. 강도상해죄 또는 강도치상죄가 성립하지 않는 경우를 모두 고르면? (판례에 의함)

ⓐ 甲은 乙의 뒤를 자동차를 타고 따라가다가 핸드백을 탈취하려고 하였으나, 乙이 핸드백을 놓지 않고 쓰러져 乙의 왼손 손가락에 골절상을 입게 했다.
ⓑ 甲은 날치기 수법으로 乙이 들고 있던 가방을 탈취하면서 가방을 놓지 않고 버티는 乙을 5m 가량 끌고 가 무릎 등에 상해를 입혔다.
ⓒ 甲은 간음의 목적으로 乙녀에게 단도로 상처를 입히고 乙이 가지고 있던 시계를 빼앗았다.
ⓓ 甲은 장난감 권총으로 은행에서 돈을 찾아오는 A회사 경리직원 乙을 협박하여 돈을 빼앗았다. 이에 乙은 당황하여 뒤로 넘어지면서 뇌에 상처를 입었다.
ⓔ 甲은 벽돌을 들고 乙을 협박하여 돈을 빼앗았다. 甲이 도주하자 乙은 甲을 잡기 위하여 甲을 덮쳐 오른 손으로 목을 잡고 왼손으로 앞부분을 잡다가 甲이 들고 있던 벽돌에 끼어 있는 철사에 찔려 부상을 입었다.

① ㉠ ㉤ ② ㉠ ㉢ ㉣ ③ ㉠ ㉢ ㉤
④ ㉠ ㉡ ㉢ ㉤ ⑤ ㉡ ㉢ ㉣ ㉤ ⑥ ㉠ ㉡ ㉢ ㉣ ㉤

해설

㉠(×) 판례는 날치기가 원칙적으로 절도에 해당한다는 전제에서, 날치기 수법의 절도범이 점유탈취의 과정에서 우연히 피해자를 넘어지게 하거나 부상케 한 경우이고 강제력의 행사가 피해자의 반항을 억압하기 위한 것이 아니었다면 강도치상죄로 의율할 수 없다고 한다(대법원 2003.7.25, 2003도2316).
㉡(○) 날치기 수법의 점유탈취과정에서 상대방의 반항에 부딪혔음에도 불구하고 피해자를 끌고 가면서 억지로 재물을 빼앗은 행위는 강도에 해당하고 상해를 입힌 경우에는 강도치상죄의 성립을 인정할 수 있다(대법원 2007.12.13, 2007도7601).
㉢(×) 강도치상죄의 주체는 강도이므로, 강간범인이 간음하는 과정에서 상처를 입힌 후 강도한 때에는 강간치상죄와 강도죄의 경합범이 된다.
㉣(○) 강도상해죄와 강도치상죄의 상해는 반드시 강도의 수단인 폭행에 의하여 일어날 것을 요하지 않고, 그 원인이 강도의 기회에 이루어지면 족하므로(대법원 1984.6.26, 84도970) 강도상해죄가 성립한다.
㉤(×) 피해자들의 부상이 강도를 체포하려는 과정에서 스스로의 행위의 결과로 생긴 경우에는 강도상해죄로 의율할 수 없다(대법원 1985.7.9, 85도1109). 〈답 ③〉

① **대법원 2007.12.13, 2007도7601** 날치기와 같이 강제력을 사용하여 재물을 절취하는 행위가 때로는 피해자를 넘어뜨리거나 상해를 입게 하는 경우가 있고, 그러한 결과가 피해자의 반항 억압을 목적으로 함이 없이 점유탈취의 과정에서 우연히 가해진 경우라면 이는 강도가 아니라 절도에 불과하지만, 그 강제력의 행사가 사회통념상 객관적으로 상대방의 반항을 억압하거나 항거 불능케 할 정도의 것이라면 이는 강도죄의 폭행에 해당한다. 그러므로 날치기 수법의 점유탈취 과정에서 이를 알아채고 재물을 뺏기지 않으려는 상대방의 반항에 부딪혔음에도 계속하여 피해자를 끌고 가면서 억지로 재물을 빼앗는 행위는 피해자의 반항을 억압한 후 재물을 강취한 것으로서 강도에 해당한다.

② **대법원 2003.7.25, 2003도2316** (i) 날치기와 같이 강력적으로 재물을 절취하는 행위는 때로는 피해자를 전도시키거나 부상케 하는 경우가 있고, 구체적인 상황에 따라서는 이를 강도로 인정하여야 할 때가 있다 할 것이나, 그와 같은 결과가 피해자의 반항억압을 목적으로 함이 없이 점유탈취의 과정에서 우연히 가해진 경우라면 이는 절도에 불과한 것으로 보아야 한다. (ii) 준강도죄에 있어서의 '재물의 탈환을 항거할 목적'이라 함은 일단 절도가 재물을 자기의 배타적 지배하에 옮긴 뒤 탈취한 재물을 피해자측으로부터 탈환당하지 않기 위하여 대항하는 것을 말한다. (iii) 피해자의 상해가 차량을 이용한 날치기 수법의 절도시 점유탈취의 과정에서 우연히 가해진 것에 불과하고, 그에 수반된 강제력 행사도 피해자의 반항을 억압하기 위한 목적 또는 정도의 것은 아니었다면 강도치상죄로 의율할 수 없다.

③ **대법원 1985.7.9, 85도1109** 강도상해죄는 강도가 사람을 상해한 경우에 성립하는 것이므로 도주하는 강도를 체포하기 위해 위에서 덮쳐 오른손으로 목을 잡고, 왼손으로 앞부분을 잡는 순간 강도가 들고 있던 벽돌에 끼어 있는 철사에 찔려 부상을 입었다거나 또는 도망하려는 공범을 뒤에서 양팔로 목을 감싸잡고 내려오다 같이 넘어져 부상을 입은 경우라면, 위 부상들은 피해자들의 적극적인 체포행위 과정에서 스스로의 행

위의 결과로 입은 상처이어서 위 상해의 결과에 대하여 강도상해죄로 의율할 수 없다.

10. 강도상해죄와 강도치상죄에 관한 판례의 입장으로 옳지 않은 것은 몇 개인가?

㉠ 특수절도의 범인들이 만일에 대비하여 식칼 1자루씩을 가진 후 범행 중 발각되자 두 갈래로 나누어 도주하다가, 그 중 1인이 소지하던 식칼을 추격자를 향하여 휘두르고 길에 있던 벽돌을 던져 상해를 가한 때에는, 다른 공범자에게도 강도상해죄가 성립한다.
㉡ 특수절도의 범인 중 망을 보던 자가 도망한 후에 다른 절도공범자가 체포를 면하기 위하여 피해자를 폭행, 상해를 가한 때에는 도망한 공범에게도 강도상해죄가 성립한다.
㉢ 피해자가 피고인의 폭행·협박으로 극도의 공포심에 사로잡혀 창문으로 뛰어내려 탈출을 시도하다가 상해의 결과가 발생한 때에는 강도치상죄가 성립한다.
㉣ 절도범행 직후 경찰관에게 붙잡혀 파출소로 연행되던 자가 체포를 면하기 위하여 과도로 경찰관을 찔러 상해를 가한 때에는 강도상해죄를 구성한다.
㉤ 피해자로부터 재물을 강취하고 피해자가 운전하는 자동차에 함께 타고 도주하다가 단속 경찰관이 뒤따라오자 피해자를 칼로 찔러 상해를 가하였는데, 강취와 상해 사이에 1시간 20분이라는 시간적 간격이 있었다면 강도상해죄가 성립하지 아니한다.

① 1개 ② 2개 ③ 3개
④ 4개 ⑤ 5개 ⑥ 없음

해설

대법원은 ㉠ 나머지 범인도 위 공범이 추격하는 피해자에게 체포되지 아니하려고 위와 같이 폭행할 것을 전연 예기하지 못한 것으로는 볼 수 없다 할 것이므로 강도상해죄의 책임을 면할 수 없지만(대법원 1984.10.10, 84도1887), ㉡ 망을 보다가 도망한 후에 다른 공범자가 폭행으로 상해를 가한 경우에 도망한 자는 이를 예기할 수 없었으므로 강도상해죄는 성립하지 않는다고 판시하였다(대법원 1984.2.28, 83도3321). ㉢의 경우 상해의 결과는 강도행위와 상당인과관계가 있고 또 그 결과를 예견할 수 있으므로 강도치상죄가 성립한다고 판시하였다(대법원 1996.7.12, 96도1142). 또한 준강도죄의 폭행·협박은 절도의 기회에 이루어져야 한다는 전제에서 ㉣ 절도범인이 체포되어 연행중에 있거나 아직 신병확보가 확실하다고 할 수 없는 때에는 절도의 기회에 체포를 면할 목적으로 폭행하여 상해를 가한 것이므로 강도상해죄를 구성한다고 하였고(대법원 2001.10.23, 2001도4142), ㉤ 강도상해죄가 성립한다(대법원 1992.1.21, 91도2727). 옳지 않은 것은 ㉡㉤ 2개이다.

〈답 ②〉

11. 강도상해죄 내지 강도치상죄와 관련된 죄책의 설명으로 옳지 않은 것은?
(다툼이 있는 경우에는 판례에 의함) <사시 2005년 변형>

① 甲이 다세대주택 2층에 있는 피해자의 집에 재물을 훔치기 위하여 열려 있는 현관문을 통하여 방 안에 들어가 뒤지던 중 피해자에게 발각되자 체포를 면탈할 목적으로 피해자를 밀어 1층 난간으로 떨어뜨리고, 피해자가 피고인의 목덜미를 붙잡자 주먹으로 얼굴을 때려 상해를 가한 경우, 절도범행의 실행의 착수를 인정할 수 없으므로 강도상해죄가 성립하지 아니한다.

② 甲이 절도행위 중 발각되어 도주하다가 곧바로 뒤쫓아 온 보안요원에게 붙잡혀서 보안사무실에서 그 경위를 확인받던 중 체포된 상태를 벗어나기 위해 보안요원을 폭행하여 상해를 가한 경우에는 강도상해죄가 성립한다.

③ 甲이 피해자의 집에서 절도범행을 마친 지 10분 가량 지나 피해자의 집에서 200m 가량 떨어진 버스정류장이 있는 곳에서 甲을 절도범인이라고 의심하고 뒤쫓아 온 피해자에게 붙잡혀 피해자의 집으로 돌아왔을 때 비로소 피해자를 폭행하여 상해를 가한 경우에는 강도상해죄가 성립하지 아니한다.

④ 甲과 乙이 합동하여 노상에서 협박으로 피해자의 재물을 강취한 후, 그 자리에서 피해자가 그만 보내달라고 요구하자 공동하여 피해자를 상해한 경우 강도상해죄가 성립한다.

⑤ 甲과 乙은 강도를 공모하고 장난감 권총과 포승을 준비하여 丙의 집에 들어가서, 乙은 포승으로 丙을 묶어두고 甲은 장난감 권총으로 망을 보고 있고 그 사이 乙은 금품을 물색하였다. 그러나 丙이 소리를 지르는 바람에 甲은 가지고 있던 권총으로 丙의 머리를 때려 전치 2주간의 상처를 입혔다. 甲과 乙은 물건을 가져가지 못한 채 도망하였다. 甲과 乙은 강도치상죄의 죄책을 진다.

해설

①(×) 야간이 아닌 주간에 절도의 목적으로 다른 사람의 주거에 침입하여 절취할 재물의 물색행위를 시작하는 등 그에 대한 사실상의 지배를 침해하는 데에 밀접한 행위를 개시하면 절도죄의 실행에 착수한 것으로 보아야 한다(대법원 2003.6.24, 2003도1985).

②(○) 준강도는 절도범인이 절도의 기회에 재물탈환의 항거 등의 목적으로 폭행 또는 협박을 가함으로써 성립되는 것으로서, 여기서 절도의 기회라고 함은 절도범인과 피해자측이 절도의 현장에 있는 경우와 절도에 잇달아 또는 절도의 시간·장소에 접착하여 피해자측이 범인을 체포할 수 있는 상황, 범인이 죄적인멸에 나올 가능성이 높은 상황에 있는 경우를 말하고, 그러한 의미에서 피해자측이 추적태세에 있는 경우나 범인이 일단 체포되어 아직 신병확보가 확실하다고 할 수 없는 경우에는 절도의 기회에 해당한다. 따라서 절도범인이 일단 체포되었으나 아직 신병확보가 확실하지 않은 단계에서 체포상태를 면하기 위해 폭행하여 상해를 가한 경우, 그 행위는 절도의 기회에 체포를 면탈할 목

적으로 폭행하여 상해를 가한 것으로서 강도상해죄에 해당한다(대법원 2001.10.23, 2001도4142).

③(○) 피해자의 집에서 절도범행을 마친 지 10분 가량 지나 피해자의 집에서 200m 가량 떨어진 버스정류장이 있는 곳에서 피고인을 절도범인이라고 의심하고 뒤쫓아 온 피해자에게 붙잡혀 피해자의 집으로 돌아왔을 때 비로소 피해자를 폭행한 경우, 그 폭행은 사회통념상 절도범행이 이미 완료된 이후에 행하여졌으므로 준강도죄가 성립하지 않는다(대법원 1999.2.26, 98도3321).

④(○) 강도범이 강도를 하는 기회에 범행의 현장에서 사람을 상해한 이상, 재물강취의 수단인 폭행으로 인하여 상해의 결과가 발생한 것이 아니고, 재물의 탈환을 항거하거나 체포를 면탈하거나 죄적을 인멸할 목적으로 폭행을 가한 것이 아니라고 하더라도 강도상해죄가 성립한다(대법원 1992.4.14, 92도408).

⑤(○) 강도공범자 중 1인이 강도의 기회에 피해자에게 폭행을 가하여 상해를 입힌 경우, 다른 공범자도 재물강취의 수단으로 폭행이 가해질 것이라는 점에 관하여 상호의사의 연락이 있었던 것이므로, 구체적으로 상해에 관하여는 공모하지 않았다고 하더라도 폭행으로 생긴 결과에 대하여 공범으로서의 책임을 진다(대법원 1988.12.13, 88도1844). 또한 강도치상죄의 성립에는 강도의 기수·미수를 묻지 않는다. 〈답 ①〉

12. 강도죄에 대한 설명 중 옳지 않은 것을 모두 고르면? (다툼이 있으면 판례에 의함)

㉠ 甲과 乙이 가위로 귀를 자르겠다고 협박하자 피해자가 자신의 신용카드 매출전표에 허위서명을 하여 교부한 후, 甲과 乙이 잠들어 있는 틈을 타서 몰래 매출전표를 가지고 나온 경우 강도미수죄가 성립한다. ㉡ 甲이 야간에 A의 주거에 침입하여 드라이버를 들이대며 협박하여 A의 반항을 억압한 상태에서 강간행위의 실행 도중 범행현장에 있던 B 소유의 핸드백을 가져간 경우 특수강도강간죄가 성립한다. ㉢ 甲과 乙이 행인의 재물을 탈취할 것을 공모하고 지나가는 피해자를 범행대상으로 지목하여 그에게 다가가서 乙이 피해자가 들고 있던 가방을 낚아채고 甲은 피해자를 힘껏 떠밀어 콘크리트 바닥에 넘어져 상처를 입게 한 경우 甲과 乙에게 강도상해죄가 성립한다. ㉣ 甲이 여관에 들어가 1층 안내실에 있던 여관 관리인을 칼로 찔러 상해를 가하고 금품을 강취한 다음 각 객실에 들어가 투숙객들로부터 금품을 강취하였다면, 포괄하여 1개의 강도상해죄만을 구성하는 것이 아니라 실체적 경합범의 관계에 있다. ㉤ 甲이 乙(18세)을 약취한 후 乙의 아버지 丙으로부터 그 석방의 대가로 금 100만원을 취득한 경우에 인질강도죄가 성립한다.

① ㉠ ② ㉢ ③ ㉠ ㉡
④ ㉠ ㉢ ⑤ ㉠ ㉣ ⑥ ㉡ ㉢
⑦ ㉡ ㉣ ㉤ ⑧ ㉢ ㉣ ㉤

✍ 해설 ··

㉠(×) 피고인들이 폭행·협박으로 피해자로 하여금 매출전표에 서명을 하게 한 다음 이를 교부받아 소지함으로써 이미 외관상 매출전표를 제출하여 신용카드회사들로부터 그 금액을 지급받을 수 있는 상태가 되었는바, 피해자가 매출전표에 허위서명한 탓으로 피고인들이 신용카드회사들에게 매출전표를 제출하여도 신용카드회사들이 신용카드 가맹점 규약 또는 약관의 규정을 들어 그 금액의 지급을 거절할 가능성이 있다 하더라도, 그로 인하여 피고인들이 매출전표상의 금액을 지급받을 가능성이 완전히 없어져 버린 것이 아니고 외관상 여전히 그 금액을 지급받을 가능성이 있는 상태이므로, 결국 피고인들이 '재산상 이익'을 취득하였다고 볼 수 있으며, 피고인들이 매출전표를 작성시켜 취득한 후에, 피고인들이 잠들어 있는 틈을 타서 피해자가 피고인들 몰래 매출전표를 가지고 나온 탓으로 피고인들이 카드회사로부터 매출전표에 기재된 금원을 지급받지 못하게 되었다 하더라도 이미 기수에 달한 강제이득죄의 성부에 어떠한 영향을 줄 수 없다(대법원 1997.2.25, 96도3411).

㉡(○) 대법원 2010.12.9, 2010도9630.

㉢(○) 피고인들이 합동하여 절도범행을 하는 도중에, 사전에 구체적인 의사연락이 없었다고 하여도, 피고인이 체포를 면탈할 목적으로 피해자를 힘껏 떠밀어 콘크리트 바닥에 넘어뜨려 상처를 입게 함으로써 추적을 할 수 없게 한 경우, 폭행의 정도가 피해자의 추적을 억압할 정도의 것이었던 이상 피고인들은 강도상해의 죄책을 면할 수 없다(대법원 1991.11.26, 91도2267).

㉣(○) 강도가 서로 다른 시기에 다른 장소에서 수인의 피해자들에게 각기 폭행 또는 협박을 하여 각 피해자들의 재물을 강취하고 그 피해자들 중 1인을 상해한 경우에는 각기 별도로 강도죄와 강도상해죄가 성립하는 것임은 물론 법률상 1개의 행위로 평가되는 것도 아닌바, 피고인의 위와 같은 각 행위는 비록 시간적으로 접착된 상황에서 동일한 방법으로 이루어지기는 하였으나 포괄하여 1개의 강도상해죄만을 구성하는 것이 아니라, 실체적 경합범의 관계에 있다(대법원 1991.6.25, 91도643).

㉤(○) 사람을 약취하여 이를 인질로 삼아 재물 또는 재산상의 이익을 취득한 경우에는 인질강도죄(제336조)가 성립하고, 약취·유인죄와 공갈죄의 결합범인 인질강도죄는 약취·유인죄와 법조경합의 관계에 있다. 〈답 ①〉

13. 강도살인죄에 관한 설명 중 옳지 않은 것은? (다툼이 있는 경우에는 판례에 의함) <사시 2007년: 배점 2>

① 채무를 면탈할 의사로 채권자를 살해하였으나, 채무의 존재가 명백할 뿐만 아니라 채권자의 상속인이 존재하고 그 상속인에게 채권의 존재를 확인할 방법이 확보되어 있는 경우에는 강도살인죄가 성립하지 않는다.

② 강도살인죄는 강도범인이 강도의 기회에 살인행위를 함으로써 성립하는 것이므로, 강도범행의 실행중이거나 그 실행 직후 또는 실행의 범의를 포기한 직후로서 사회통념상 범죄행위가 완료되지 아니하였다고 볼 수 있는 단계에서 살인이 행하여짐을 요건으로 한다.

③ 술집 안에 피고인과 술집 주인 두 사람밖에 없는 상황에서 술값 지급을 요구하는 술집 주인을 살해하면 피해자는 피고인에 대하여 술값 채권을 행사할 수 없게 되고, 피해자 이외의 사람들에게는 피해자가 피고인에

대하여 술값 채권을 가지고 있음이 알려져 있지 아니한 탓으로 피해자의 상속인이 있다 하더라도 피고인에 대하여 그 채권을 행사할 가능성은 없다 할 것이므로, 술값 채무를 면탈할 목적으로 피해자를 살해한 것은 강도살인죄에 해당된다.

④ 강도범행 직후 신고를 받고 출동한 경찰관이 위 범행현장으로부터 약 150m 지점에서 화물차를 타고 도주하는 피고인을 발견하고 순찰차로 추적하여 격투 끝에 피고인을 붙잡았으나, 피고인이 너무 힘이 세고 반항이 심하여 수갑도 채우지 못한 채 피고인을 순찰차에 억지로 밀어 넣고서 파출소로 연행하고자 하였는데, 그 순간 피고인이 체포를 면하기 위하여 소지하고 있던 과도로 옆에 앉아 있던 경찰관을 찔러 사망케 한 경우, 강도죄와 살인죄의 실체적 경합범에 해당된다.

⑤ 강도살인죄는 고의범이므로 수인이 합동하여 강도를 한 경우 그 중 1인이 사람을 살해하는 행위를 하였다면 그 범인은 강도살인죄의 기수 또는 미수의 죄책을 지는 것이고 다른 공범자도 살해행위에 관한 고의의 공동이 있었으면 그 또한 강도살인죄의 기수 또는 미수의 죄책을 진다.

해설

①②(○) 대법원 2004.6.24, 2004도1098.

③(○) 대법원 1999.3.9, 99도242.

④(×) 피고인의 살인행위는 강도행위와 시간상 및 거리상 극히 근접하여 사회통념상 범죄행위가 완료되지 아니한 상태에서 이루어진 것이라고 보이므로(살인행위 당시에 피고인이 체포되어 신체가 완전히 구속된 상태이었다고 볼 수 없다), 강도살인죄가 성립한다(대법원 1996.7.12, 96도1108).

⑤(○) 대법원 1991.11.12, 91도2156. 〈답 ④〉

14. 강도강간 등과 관련된 각 사례에서 A~E의 죄책을 순서대로 나열한 것으로 옳은 것은? (다툼이 있는 경우에는 판례에 의함)

- A는 피해자를 강간한 후 강도의 의사를 일으켜 재물을 강취하였다.
- B는 강간하기 위해 피해자에게 폭행을 하던 중 재물을 강취하였는데 강간하지는 못하였다.
- C는 재물을 강취하기 위해 피해자의 집에 침입하였는데 마침 피해자가 혼자 있어서 피해자를 강간하였다.(주거침입은 논외로 함)
- D는 재물을 강취하기 위해 피해자에게 폭행을 하던 중 미모에 혹하여 강간하였는데, 순찰중인 경찰관이 오는 것을 보고 재물을 빼앗지 못하고 도주하였다.
- E는 지나가던 행인 부녀를 칼로 위협하여 핸드백을 빼앗아 열어 보았으나 귀중품이 없자 부녀를 강간하려다가 부녀의 반항으로 실패하였

는데 그 과정에서 칼로 부녀를 찔러 전치 5주의 상처를 입혔다.

㉠ 강도죄와 강간죄의 경합범
㉡ 강도강간죄
㉢ 강간미수죄와 강도죄의 상상적 경합범
㉣ 강도미수죄와 강간죄의 경합범
㉤ 강도강간미수죄
㉥ 강도예비죄와 강간죄의 경합범
㉦ 강도강간미수죄와 강간상해죄의 경합범
㉧ 강도강간미수와 강도상해죄의 상상적 경합범

① ㉠-㉢-㉡-㉡-㉦ ② ㉠-㉢-㉥-㉤-㉧
③ ㉠-㉤-㉥-㉡-㉧ ④ ㉠-㉤-㉥-㉤-㉦
⑤ ㉡-㉢-㉡-㉤-㉦ ⑥ ㉡-㉢-㉣-㉣-㉦
⑦ ㉡-㉤-㉡-㉤-㉧ ⑧ ㉡-㉤-㉣-㉡-㉧

해설

A: 강도강간죄는 강도라는 신분을 가진 범인이 강간죄를 범하였을 때에 성립하는 범죄이고, 따라서 강간범이 강간행위 후에 강도의 범의를 일으켜 그 부녀의 재물을 강취한 경우에는 강도강간죄가 아니라 강도죄와 강간죄의 경합범이 성립할 수 있을 뿐이다(대법원 1988.9.9, 88도1240).
B: 강도강간죄는 강도라는 신분을 가진 범인이 강간죄를 범하였을 때에 성립하는 범죄이고, 따라서 강간범이 강간행위 후에 강도의 범의를 일으켜 그 부녀의 재물을 강취한 경우에는 강도강간죄가 아니라 강도죄와 강간죄의 경합범이 성립될 수 있을 뿐이나, 강간범이 강간행위 종료 전, 즉 그 실행행위의 계속중에 강도의 행위를 할 경우에는 이때에 바로 강도의 신분을 취득하는 것이므로 이후에 그 자리에서 강간행위를 계속하는 때에는 강도가 부녀를 강간한 때에 해당하여 강도강간죄를 구성한다(대법원 1988.9.9, 88도1240).
C: 강도강간죄는 강도의 실행에 착수한 강도범인이 부녀를 강간함으로써 성립하는 범죄이므로, 강도의 실행에 착수하지 아니한 C가 피해자를 강간하였다 하더라도 강도강간죄는 성립하지 아니한다. 형법은 강도의 예비를 처벌하고 있다(제343조).
D: 강도강간죄는 강도범인이 강도의 기회에 강간행위를 한 경우에 성립되는 것으로서 강도가 실행에 착수하였으나 아직 강도행위를 완료하기 전에 강간을 한 경우도 이에 포함되며(대법원 1986.5.27, 86도507), 강도의 단계에서 강간의 결과가 발생하면 되는 것이지 강도의 기수나 미수를 묻지 아니한다(대법원 1985.10.22, 85도2001).
E: 판례는 강도가 재물의 부재로 재물강취의 뜻을 이루지 못하여 미수에 그쳤으나, 그 자리에서 항거불능의 상태에 빠진 피해자를 간음할 것을 결의하고 실행에 착수하여 역시 미수에 그쳤으되 반항을 억압하기 위한 폭행으로 피해자에게 상해를 입힌 경우에는 강도강간미수죄와 강도치상죄가 성립하고, 이는 1개의 행위가 2개의 죄명에 해당되어 상상적 경합관계가 성립된다고 한다(대법원 1988.6.28, 88도820). 이는 강도강간, 강도치상 등의 죄는 강도의 기회에 강간 또는 치상의 결과가 발생하면 되는 것이지 강도의 기수나 미수를 가리지 않기 때문이라고 한다(대법원 1985.10.25, 85도2001). 그러나 강도가 이미 미수에 그친 후에 강간의 범의를 일으켜 강간하는 과정에서 상해를 가한 때에는 강도강간죄

의 미수와 강간상해죄의 경합범이 된다고 하지 않을 수 없다. 〈답 ③〉

15. 甲의 행위가 (특수)**강도강간죄를 구성하지 않는 것은?** (판례에 의함)

㉠ 甲은 폭행·협박으로 A남으로부터 금품을 빼앗고 이어서 B녀를 강간하였다.
㉡ 甲과 乙은 강도범행 중, 甲이 강간할 의사를 표명하면서 협박을 하고 乙이 강간하였다.
㉢ 甲과 乙은 강도범행을 저지른 후, 피해자의 신고를 막기 위하여 乙이 묶여 있는 피해자를 옆방으로 끌고 가 강간할 때에 甲은 단지 자녀들을 감시하고 있었다.
㉣ 甲은 강도의 범의로 야간에 칼을 휴대한 채 타인의 주거에 침입하여 집 안의 동정을 살피다가 혼자서 집을 보던 피해자를 발견하고 갑자기 욕정을 일으켜 칼로 협박하여 강간하였다.

① ㉠ ② ㉡ ③ ㉢
④ ㉣ ⑤ ㉠ ㉢ ⑥ ㉡ ㉣
⑦ ㉢ ㉣ ⑧ 없음

해설

㉠(○) 대법원 1991.11.12, 91도2241.
㉡(○) 대법원 1985.2.26, 84도2732(협박자도 강도강간죄의 죄책을 져야 한다).
㉢(○) 대법원 1986.1.21, 85도2411(단지 자녀들을 감시하고 있었다 하더라도 강도강간의 공동죄책을 면할 수 없다)이 모두 강도강간죄를 인정하였다.
㉣(×) 대법원 1991.11.22, 91도2296(야간에 흉기를 휴대한 채 타인의 주거에 침입하여 집 안의 동정을 살피는 것만으로는 특수강도의 실행에 착수한 것이라고 할 수 없으므로 특수강도강간죄에 해당한다고 할 수 없다). 〈답 ④〉

16. 다음 기술 중 괄호 안의 범죄가 성립하고 그 범죄들이 상상적 경합관계에 있는 것을 모두 고른 것은? (다툼이 있는 경우에는 판례에 의함)

<사시 2008년: 배점 3>

㉠ 甲이 절도범행을 하여 다른 사람의 물건을 가지고 나오다가 마침 부근을 순찰하던 경찰관에게 발각되자 체포를 면탈할 목적으로 경찰관에게 폭행을 가하였다. (준강도죄와 공무집행방해죄)
㉡ 甲은 A의 인장을 위조하고 이를 이용하여 A명의의 사문서를 위조하였다. (인장위조죄와 사문서위조죄)
㉢ 甲이 강도범행의 실행에 착수하였으나 강취할 만한 재물이 없어 미수에 그치자, 그 자리에서 항거불능의 상태에 빠진 피해자를 간음할 것을 결의하고 실행에 착수하였으나 역시 미수에 그쳤지만 반항을

억압하기 위한 폭행으로 피해자에게 상해를 입혔다. (강도강간미수죄와 강도치상죄)
㉣ 甲은 A에게 수표금액을 지급할 의사나 능력이 없는 상태에서 부도가 예상되는 당좌수표를 발행하여 주고 A로부터 금원을 차용하였으며, 그 당좌수표가 지급기일에 부도처리되었다. (사기죄와 부정수표단속법 위반죄)
㉤ 공무원인 의사 甲이 공무소의 명의로 A에 대한 허위진단서를 작성하였다. (허위공문서작성죄와 허위진단서작성죄)

① ㉠ ㉢ ② ㉠ ㉣ ③ ㉠ ㉡ ㉢
④ ㉠ ㉢ ㉣ ⑤ ㉡ ㉣ ㉤ ⑥ ㉢ ㉣ ㉤

해설

㉠(상상적 경합) 절도범인이 체포를 면탈할 목적으로 경찰관에게 폭행·협박을 가한 때에는 준강도죄와 공무집행방해죄를 구성하고 양 죄는 상상적 경합관계에 있으나, 강도범인이 체포를 면탈할 목적으로 경찰관에게 폭행을 가한 때에는 강도죄와 공무집행방해죄는 실체적 경합관계에 있고 상상적 경합관계에 있는 것이 아니다(대법원 1992.7.28, 92도917).
㉡(법조경합 중 흡수관계) 흡수관계에 있는 인장위조죄와 사문서위조죄를 경합범으로 잘못 기소한 경우에 인장위조사실 자체가 없는 것으로 밝혀진 경우에는 경합범으로 기소한 인장위조의 공소사실에 대한 판단으로서 별도로 무죄선고를 하여야 한다(대법원 1978.9.26, 78도1787).
㉢(상상적 경합) 강도강간미수죄와 강도치상죄가 성립하고 이는 1개의 행위가 2개의 죄명에 해당되어 상상적 경합관계가 성립된다(대법원 1988.6.28, 88도820).
㉣(실체적 경합) 범의의 단일성과 계속성이 인정되지 아니하거나 범행방법이 동일하지 않은 경우에는 각 범행은 실체적 경합범에 해당하는바, 사기의 수단으로 발행한 수표가 지급거절된 경우 부정수표단속법 위반죄와 사기죄는 그 행위의 태양과 보호법익을 달리하므로 실체적 경합범의 관계에 있다(대법원 2004.6.25, 2004도1751).
㉤(일죄) 형법이 제225조 내지 제230조에서 공문서에 관한 범죄를 규정하고, 이어 제231조 내지 제236조에서 사문서에 관한 범죄를 규정하고 있는 점 등에 비추어 볼 때 형법 제233조 소정의 허위진단서작성죄의 대상은 공무원이 아닌 의사가 사문서로서 진단서를 작성한 경우에 한정되고, 공무원인 의사가 공무소의 명의로 허위진단서를 작성한 경우에는 허위공문서작성죄만이 성립하고 허위진단서작성죄는 별도로 성립하지 않는다(대법원 2004.4.9, 2003도7762). 〈답 ①〉

17. 甲은 심야에 길가에 주차된 자동차를 골라 그 문을 열고 동전 등 물건을 훔치는 범행을 계속해 오던 중, 어느 날 밤 등산용 칼을 휴대하고 범행대상으로 삼을 자동차를 물색하다가 경찰순찰차가 나타나자 급히 멈추었다. 그리고 甲은 자신의 범행을 감추기 위해 마치 자신의 집에 들어가는 것처럼 乙의 집의 문을 열고 들어가다가 乙의 인기척을 듣고 몸의 일부만 들어간 상태에서 돌아서 나온 경우, 甲의 죄책과 관련한 다음 설명 중 옳지 않은 것은? (다툼이 있는 경우에는 판례에 의함) <사시 2007년: 배점 2>

① 범행대상인 자동차를 물색하는 정도로는 아직 절도의 실행에 착수했다

고 보기 어렵다.

② 흉기를 휴대했다 하더라도 실행의 착수가 인정되지 않는 이상 특수절도죄는 성립하지 않는다.

③ 준강도죄의 실행의 착수는 인정되지 않지만, 절도를 하다가 적발되면 흉기로 사용할 의도로 등산용 칼을 휴대한 이상 준강도의 예비·음모로서 강도예비·음모죄가 성립한다고 보아야 한다.

④ 타인의 주거의 문을 열고 몸의 일부가 들어간 이상 주거침입죄의 실행의 착수는 긍정된다.

⑤ 신체의 일부분이 주거 안으로 들어갔지만 사실상 주거의 평온을 해하는 정도에 이르지 아니하였다면 주거침입죄의 미수에 그친다고 보아야 한다.

해설

①(○) 타인의 재물에 대한 사실상의 지배를 침해하는 데에 밀접한 행위를 개시하면 절도죄의 실행에 착수한 것으로 보아야 한다. 따라서 타인의 주거 등에 침입하여 절취할 물건을 물색한 때에는 절도죄의 실행의 착수가 있지만(대법원 2003.6.24, 2003도1985), 단순히 절취대상물을 물색하는 것만으로는 절도죄의 실행의 착수가 인정되지 않는다(대법원 1985.4.23, 85도464).

③(×) 강도예비·음모죄가 성립하기 위해서는 예비·음모 행위자에게 미필적으로라도 '강도'를 할 목적이 있음이 인정되어야 하고, 그에 이르지 않고 단순히 '준강도'할 목적이 있음에 그치는 경우에는 강도예비·음모죄로 처벌할 수 없다(대법원 2006.9.14, 2004도6432).

④⑤(○) 대법원 1995.9.15, 94도2561의 내용이다. 〈답 ③〉

18. 다음 사례의 해결을 위하여 A부터 I까지 절도죄(1), 강도죄(2), 강도치상죄(3)를 기재한 경우, A에서 I까지 들어갈 용어를 옳게 지적한 것은?

〈사례〉
甲은 乙에게 丙의 집에 침입하여 금품을 절취해 오도록 시켰다. 乙은 丙의 집에 침입하여 금품을 물색하던 중 丙에게 발각되자 丙을 과도로 위협하고 주먹으로 얼굴을 수회 구타하여 금품을 강취하였다. 이로 인하여 丙은 얼굴에 타박상을 입었다.

〈사례해결〉
"이 경우는 甲이 의도한 범죄와 발생한 결과가 구성요건을 달리하는 착오가 발생한 경우, 즉 추상적 사실의 착오의 경우에 해당한다. 의도한 범죄는 (A)이며, 발생한 결과는 (B)이므로, 경한 죄를 범할 의사로 중한 결과가 발생한 경우에 해당하며 제15조 1항에 의하여 (C)의 교사의 죄책을 물을 수는 없고, 甲의 의사와 乙의 행위의 결과가 합치하는 한도, 즉 (D)의 한도에서 교사의 죄책을 부담함에 그친다. 만약 甲

이 (E)를 교사하고 乙이 (F)를 실행하여 피해자에게 상처를 입힌 경우에는 중한 죄가 교사한 경한 죄의 결과적 가중범이므로, 중한 결과에 대하여 고의를 필요로 하지 않는다면 중한 결과에 대하여도 책임을 묻지 않을 수 없다. 따라서 이 경우에는 (G)를 교사하여 (H)의 결과를 발생케 한 것이므로, 교사자 甲은 (I)의 교사의 책임을 지지 않을 수 없다."

	A	B	C	D	E	F	G	H	I
①	(1)	(3)	(2)	(1)	(1)	(2)	(1)	(3)	(1)
②	(1)	(3)	(2)	(1)	(2)	(2)	(2)	(3)	(2)
③	(1)	(3)	(3)	(1)	(1)	(3)	(1)	(1)	(2)
④	(1)	(3)	(3)	(1)	(2)	(2)	(1)	(2)	(3)
⑤	(1)	(3)	(3)	(1)	(2)	(2)	(2)	(3)	(3)

해설

A부터 I까지의 ( ) 속에 들어갈 용어는 A－절도죄 (1), B－강도치상죄 (3), C－강도치상죄 (3), D－절도죄 (1), E－강도죄 (2), F－강도죄 (2), G－강도죄 (2), H－강도치상죄 (3), I－강도치상죄 (3)이 된다. 〈답 ⑤〉

19. 강도의 죄와 관련한 판례의 태도와 일치하지 않는 것을 조합한 것은?

㉠ 공범들이 재물을 강취할 의사로 피해자에게 폭행을 가한 후 공범 중 1인이 나머지 공범들 몰래 피해자가 도망가면서 남겨 둔 옷에서 자기앞수표를 꺼내어 사용하였다면, 나머지 공범들에게 위 공범 중 1인의 강도행위에 대하여 책임을 물을 수 없다.

㉡ 피해자로부터 현금카드를 강취한 후 강취한 현금카드를 사용하여 현금자동지급기에서 예금을 인출한 경우 강도죄와 절도죄의 실체적 경합이 인정된다.

㉢ 강도가 한 개의 강도범행을 하는 기회에 수인에게 각 폭행을 가하여 각 상해를 입힌 경우에는 각 피해자별로 수개의 강도상해죄가 성립하며, 이들은 실체적 경합범의 관계에 있다.

㉣ 甲과 乙이 원양어선에 승선하여 남태평양 해상에서 근무하던 중 A 등이 자신들에 대하여 조업거부 등을 이유로 징계의결을 하고 하선시키려고 하자 불만을 품고, A 등 선원 10명을 살해하고 선박을 지배하여 일본 부근으로 항해하여 선박을 매도하거나 침몰시킨 후 일본으로 밀입국하기로 결의한 후, A 등을 살해하고 바다에 투기한 경우 해상강도살인죄 및 사체유기죄의 경합범에 해당한다.

㉤ 피해자를 살해한 직후 피해자가 운전하고 온 차량의 적재함에 피해

자의 시체를 실으면서 그 상의 조끼에서 지갑을 발견하고, 피해자의 신원이 밝혀지는 것을 숨기기 위하여 지갑을 꺼내 그 차량의 사물함에 넣어두었다가, 15시간 가량 지난 후 범행현장에 다시 왔을 때 지갑 속에 들어 있던 돈과 피해자의 바지주머니에 들어 있던 10만원 가량의 돈을 꺼내어, 지갑 속의 돈은 계곡에다 지갑째로 버리고, 바지주머니에서 꺼낸 돈을 유류대금과 담배값 등으로 사용한 경우 강도살인죄로 처벌할 수 없다.

① ㉠ ② ㉠ ㉣ ③ ㉡ ㉢
④ ㉠ ㉢ ㉤ ⑤ ㉢ ㉣ ㉤

해설

㉠(×) 피고인들이 재물을 강취할 의사로 피해자에 대하여 폭행을 가한 이상, 그 중 1인이 나머지 피고인들 몰래 피해자가 도망가면서 남겨 둔 옷에서 500만원권 자기앞수표 4장 합계 2,000만원을 꺼내어 사용하였다 할지라도 이러한 위 1인의 강도행위를 나머지 피고인들이 예측할 수 있었다 할 것이므로, 위 1인의 강도행위에 대하여 나머지 피고인들도 책임을 면할 수 없다(대법원 2004.10.28, 2004도4437).
㉡(○) 강도죄는 공갈죄와는 달리 피해자의 반항을 억압할 정도로 강력한 정도의 폭행·협박을 수단으로 재물을 탈취하여야 성립하는 것이므로, 피해자로부터 현금카드를 강취하였다고 인정되는 경우에는 피해자로부터 현금카드의 사용에 관한 승낙의 의사표시가 있었다고 볼 여지가 없고, 따라서 강취한 현금카드를 사용하여 현금자동지급기에서 예금을 인출한 행위는 피해자의 승낙에 기한 것이라고 할 수 없으므로, 현금자동지급기 관리자의 의사에 반하여 그의 지배를 배제하고 그 현금을 자기의 지배하에 옮겨 놓는 것이 되어서 강도죄와는 별도로 절도죄를 구성한다(대법원 2007.5.10, 2007도1375).
㉢(○) 대법원 1987.5.26, 87도527.
㉤(○) 대법원 2004.6.24, 2004도1098(피고인이 피해자 소유의 돈과 신용카드에 대하여 불법영득의 의사를 갖게 된 것이 살해 후 상당한 시간이 지난 후로서 살인의 범죄행위가 이미 완료된 후의 일이라면, 살해 후 상당한 시간이 지난 후에 별도의 범의에 터잡아 이루어진 재물취거행위를 그보다 앞선 살인행위와 합쳐서 강도살인죄로 처단할 수 없다)의 내용이다.
㉣(○) 선박을 매도하거나 침몰시키려고 한 것은 선박에 대한 불법영득의 의사가 있으므로 甲·乙은 해상강도살인죄의 죄책을 면할 수 없다(대법원 1997.7.25, 97도1142). 또한 사람을 살해한 자가 그 사체를 다른 장소로 옮겨 유기하였을 때에는 별도로 사체유기죄가 성립한다. 〈답 ①〉

20. 다음 설명 중 옳은 것(○)과 옳지 않은 것(×)을 올바르게 구성한 것은? (다툼이 있는 경우에는 판례에 의함) <사시 2008년: 배점 3>

가. 시간과 장소를 달리하여 직계존속인 피해자를 폭행하고, 상해를 수회 가한 것이 존속에 대한 동일한 폭력 습벽의 발현에 의한 것으로 인정되는 경우 그 중 법정형이 중한 상습존속상해죄만 성립한다.
나. 절도범이 체포를 면탈할 목적으로 체포하려는 두 명의 피해자에게

같은 기회에 폭행을 가하여 그 중 1인에게만 상해를 가하였다면 상해를 입지 아니한 피해자에 대한 준강도죄와 상해를 입은 피해자에 대한 강도상해죄가 성립한다.

다. 甲이 신문기자를 통하여 乙에 대한 사실을 적시함으로써 乙의 명예를 훼손하고자 하였으나 위 사실을 취재한 신문기자가 취재만 해놓고 아직 기사화하여 보도하지 않은 경우 甲에게 명예훼손죄가 성립하지 않는다.

라. 증여자와 수증자가 구두의 증여계약을 체결한 후 증여자가 그 목적물을 제3자에게 매도한 경우 배임죄가 성립한다.

마. 법원의 직무집행정지 가처분결정에 의하여 그 직무집행이 정지된 자가 법원의 결정에 반하여 계속하여 직무를 수행하고 있을 때 그의 업무를 방해한 경우 업무방해죄가 성립하지 않는다.

① 가(○) 나(○) 다(○) 라(○) 마(×)
② 가(○) 나(×) 다(○) 라(×) 마(○)
③ 가(×) 나(×) 다(○) 라(×) 마(○)
④ 가(○) 나(×) 다(○) 라(○) 마(○)
⑤ 가(○) 나(○) 다(○) 라(×) 마(○)
⑥ 가(×) 나(○) 다(×) 라(×) 마(×)
⑦ 가(○) 나(○) 다(×) 라(○) 마(×)
⑧ 가(○) 나(○) 다(○) 라(×) 마(×)

해설

가(○) 직계존속인 피해자를 폭행하고, 상해를 가한 것이 존속에 대한 동일한 폭력습벽의 발현에 의한 것으로 인정되는 경우, 그 중 법정형이 더 중한 상습존속상해죄에 나머지 행위들을 포괄시켜 하나의 죄만이 성립한다(대법원 2003.2.28, 2002도7335).

나(×) 절도범이 체포를 면탈할 목적으로 체포하려는 여러 명의 피해자에게 같은 기회에 폭행을 가하여 그 중 1인에게만 상해를 가하였다면 이러한 행위는 포괄하여 하나의 강도상해죄만 성립한다(대법원 2001.8.21, 2001도3447).

다(○) 통상 기자가 아닌 보통 사람에게 사실을 적시할 경우에는 그 자체로서 적시된 사실이 외부에 공표되는 것이므로 그 때부터 곧 전파가능성을 따져 공연성 여부를 판단하여야 할 것이지만, 그와는 달리 기자를 통해 사실을 적시하는 경우에는 기사화되어 보도되어야만 적시된 사실이 외부에 공표된다고 보아야 할 것이므로, 기자가 취재를 한 상태에서 아직 기사화하여 보도하지 아니한 경우에는 전파가능성이 없다고 할 것이어서 공연성이 없다고 봄이 상당하다(대법원 2000.5.16, 99도5622).

라(×) 서면에 의하지 아니한 증여계약이 행하여진 경우 당사자는 그 증여가 이행되기 전까지는 언제든지 이를 해제할 수 있으므로 증여자가 구두의 증여계약에 따라 수증자에 대하여 증여목적물의 소유권을 이전하여 줄 의무를 부담한다고 하더라도 그 증여자는 수증자의 사무를 처리하는 자의 지위에 있다고 할 수 없다(대법원 2005.12.9, 2005도5962).

마(○) 그 업무는 국법질서와 재판의 존엄성을 무시하는 것으로서 사실상 평온하게 이루어지는 사회적 활동의 기반이 되는 것이라 할 수 없고, 비록 그 업무가 반사회성을 띠는 경우라고까지는 할 수 없다고 하더라도 법적 보호라는 측면에서는 그와 동등한 평가를 받을 수밖에 없으므로, 그 업무 자체는 법의 보호를 받을 가치를 상실하였다고 하지 않을 수 없어 업무방해죄에서 말하는 업무에 해당하지 않는다(대법원 2002.8.23, 2001도5592). 〈답 ②〉

제 3 절 사기의 죄

1. 사기죄가 성립하지 않는 경우는? (판례에 의함)

① 아파트를 분양함에 있어서 분양대상 아파트를 특정하고 분양을 쉽게 하기 위하여 아파트 평형의 수치를 과장하여 광고하였다.

② 백화점 식품매장에서 남은 생식품에 대하여 가공일을 고친 바코드라벨을 부착하여 판매하였다.

③ 음식점에서 수입육을 팔면서 한우만을 판다고 광고하였다.

④ 누에, 동충하초, 녹용 등 여러 가지 재료를 혼합하여 제조한 '녹동달오리골드'라는 제품이 성인병에 특별한 효능이 있는 약이라고 허위광고하여 고가에 판매하였다.

⑤ 대형백화점에서 종전에 판매한 바 없는 신상품을 종전가격과 할인가격을 비교·표시하고 대폭 세일하는 것처럼 판매하였다.

해설

판례는 상품판매에 있어서 어느 정도의 추상적인 과장이나 허위광고는 상거래의 관행과 신의칙에 비추어 시인될 수 있는 한 허용되지만, 구체적 사실을 지적한 허위광고는 기망행위에 해당한다고 한다. ① 아파트를 분양함에 있어 아파트 평형의 수치를 다소 과장하여 광고를 한 사실은 인정되나 분양가 결정방법, 분양계약 체결의 경위 및 최종대금의 절충과정 등 제반 사정에 비추어 볼 때 위 광고는 그 거래 당사자 사이에서 매매대금을 산정하기 위한 기준이 되었다고 할 수 없고, 단지 분양대상 아파트를 특정하고 나아가 위 아파트의 분양이 쉽게 이루어지도록 하려는 의도에서 한 것에 지나지 않으므로 위 과대광고는 기망행위에 해당하지 않는다(대법원 1991.6.11, 91도788).
이에 반하여 ② 대법원 1996.2.13, 95도2121, ③ 대법원 1997.9.9, 97도1561, ④ 대법원 2004.1.15, 2001도1429, ⑤ 대법원 1992.9.14, 91도2994가 사기죄의 성립을 인정한 경우이다. 다만 ⑤는 사기죄의 성립에 피해자에게 재산상의 손해의 발생을 요하는가와 관련하여 문제가 제기되는 판결이다. 〈답 ①〉

① **대법원 2004.1.15, 2001도1429** 일반적으로 상품의 선전·광고에 있어 다소의 과장·허위가 수반되는 것은 그것이 일반 상거래의 관행과 신의칙에 비추어 시인될 수 있는 한 기망성이 결여된다고 하겠으나, 거래에 있어서 중요한 사항에 관하여 구체적 사실을 거래상의 신의성실의 의무에 비추어 비난받을 정도의 방법으로 허위로 고지한 경우에는 과장·허위광고의 한계를 넘어 사기죄의 기망행위에 해당한다. 따라서 오리·하명·누에·동충하초·녹용 등 여러 가지 재료를 혼합하여 제조·가공한 '녹동달

오리골드'라는 제품이 당뇨병·관절염·신경통 등의 성인병 치료에 특별한 효능이 있는 좋은 약이라는 허위의 강의식 선전·광고행위를 하여 이에 속은 노인들로 하여금 위 제품을 고가에 구입하도록 한 것은 그 사술의 정도가 사회적으로 용인될 수 있는 상술의 정도를 넘은 것이어서 사기죄의 기망행위를 구성한다.

② **대법원 1992.9.14, 91도2994** 사기죄에서의 기망은 널리 재산상의 거래관계에 있어 서로 지켜야 할 신의와 성실의 의무를 저버리는 모든 적극적 및 소극적 행위로서 사람으로 하여금 착오를 일으키게 하는 것을 말하며, 사기죄의 본질은 기망에 의한 재물이나 재산상 이익의 취득에 있고, 상대방에게 현실적으로 재산상 손해가 발생함을 그 요건으로 하지 아니하는바, 일반적으로 상품의 선전·광고에 있어 다소의 과장·허위가 수반되는 것은 그것이 일반 상거래의 관행과 신의칙에 비추어 시인될 수 있는 한 기망성이 결여된다고 하겠으나, 거래에 있어서 중요한 사항에 관하여 구체적 사실을 거래상의 신의성실의 의무에 비추어 비난받을 정도의 방법으로 허위로 고지한 경우에는 과장·허위광고의 한계를 넘어 사기죄의 기망행위에 해당한다. 따라서 백화점 등에 대한 소비자들의 신뢰(정당한 품질, 정당한 가격)는 백화점 스스로의 대대적인 광고에 의하여 창출된 것으로서 이에 대한 소비자들의 신뢰는 보호되어야 할 것이어서 종전에 출하한 일이 없던 신상품에 대하여 첫출하시부터 종전 가격 및 할인가격을 비교표시하여 막바로 세일에 들어가는 이른바 변칙세일은 진실규명이 가능한 구체적 사실인 가격조건에 관하여 기망이 이루어진 경우로서 그 사술의 정도가 사회적으로 용인될 수 있는 상술의 정도를 넘은 것이어서 사기죄의 기망행위를 구성한다.

2. 사기죄가 성립하는 경우를 모두 조합한 것은? (판례에 의함)

> ㉠ 허위의 채권을 주장하여 법원에 소장을 제출하였다.
> ㉡ 법원을 기망하여 얻은 인낙조서에 의하여 성명미상자 소유의 미등기 토지에 대한 소유권보존등기를 경료하였다.
> ㉢ 허위의 내용으로 지급명령을 신청하였다.
> ㉣ 허위의 채권을 주장하여 제소전 화해를 신청하였다.
> ㉤ 민사소송을 진행하던 중 법원에 조작된 증거를 제출하면서 별개의 허위의 권원을 추가로 주장하였다.
> ㉥ 채권이 소멸된 판결정본이나 원인관계가 소멸한 약속어음 공정증서에 기하여 강제집행을 하였다.
> ㉦ 타인소유 부동산에 관하여 아무 권한이 없는 사람을 상대로 소유권확인소송을 제기함으로써 법원을 기망하여 승소판결을 받고 그 확정판결을 이용하여 동 부동산에 대한 소유권보존등기를 마쳤다.
> ㉧ 사망자를 상대로 허위의 사실을 주장하여 승소판결을 받았다.

① ㉠㉢㉤㉥　② ㉠㉢㉤㉧　③ ㉠㉤㉥㉦
④ ㉢㉣㉤㉥　⑤ ㉢㉤㉥㉦　⑥ ㉠㉡㉢㉣㉤
⑦ ㉠㉡㉢㉤㉧　⑧ ㉠㉡㉢㉤㉥㉦

해설

㉠(○) 소송사기는 부실한 청구를 목적으로 법원에 허위의 사실을 주장하는 소장을 제출

하거나 허위의 증거를 제출하거나 그러한 내용의 답변서나 준비서면을 제출한 때에 실행에 착수한 것이다(대법원 1998.2.27, 97도2786; 대법원 1988.9.20, 87도964).
㉡(×) 인낙조서에 의하여 성명미상자로부터 위 토지의 소유권 또는 지분권을 이전받은 것이 아니므로 소송사기가 성립한다고 볼 수 없다(대법원 1984.4.10, 83도2289).
㉢(○) 지급명령을 신청한 때에는 상대방이 이의신청을 하면 지급명령을 신청한 때에 소를 제기한 것으로 보게 되고, 이의신청을 하지 않으면 확정되므로 사기죄가 성립한다(대법원 2004.6.24, 2002도4151).
㉣(×) 화해에는 형성적 효력이 있으므로 허위의 채권으로 화해신청을 한 때에도 사기죄가 성립할 수 없다.
㉤(○) 허위의 사실을 주장하여 소장을 제출하는 경우뿐만 아니라 민사소송을 진행하던 중에 별개의 허위의 권원을 추가로 주장하는 경우에도 소송사기에 해당한다(대법원 2004.6.25, 2003도7124).
㉥(○) 채권이 소멸된 판결정본에 기하여 강제집행하거나(대법원 1992.12.22, 92도2218), 원인관계가 소멸한 약속어음 공정증서에 의하여 강제집행한 때에도 사기죄가 성립한다(대법원 1999.12.10, 99도2213).
㉦(×) 피고인이 타인소유의 부동산에 관하여 아무런 권한이 없는 사람을 상대로 소유권확인 등의 청구소송을 제기함으로써 법원을 기망하여 승소판결을 받고 그 확정판결을 이용하여 동 부동산에 대한 소유권보존등기를 경료했다 하여도, 위 판결의 효력은 소송당사자들 사이에만 미치고 제3자인 부동산소유자에게는 미치지 아니하여 위 판결로 인하여 위 부동산에 대한 제3자의 소유권이 피고인에게 이전되는 것도 아니므로 사기죄를 구성한다고 볼 수 없다(대법원 1985.10.8, 84도2642).
㉧(×) 사망자 또는 실재하지 아니한 자를 상대로 한 제소는 사기죄를 구성하지 아니한다(대법원 2002.1.11, 2000도1881; 대법원 1992.12.11, 92도743; 대법원 1987.12.22, 87도852).

〈답 ①〉

① **대법원 2004.6.25, 2003도7124** 피고인이 특정 권원에 기하여 민사소송을 진행하던 중 법원에 조작된 증거를 제출하면서 종전에 주장하던 특정 권원과 별개의 허위의 권원을 추가로 주장하는 경우에 그 당시로서는 종전의 특정권원의 인정 여부가 확정되지 아니하였고, 만약 종전의 특정 권원이 배척될 때에는 조작된 증거에 의하여 법원을 기망하여 추가된 허위의 권원을 인정받아 승소판결을 받을 가능성이 있으므로, 가사 나중에 법원이 종전의 특정 권원을 인정하여 피고인에게 승소판결을 선고하였다고 하더라도, 피고인의 이러한 행위는 특별한 사정이 없는 한 소송사기의 실행의 착수에 해당된다.

② **대법원 2004.6.24, 2002도4151** 지급명령신청에 대해 상대방이 이의신청을 하면 지급명령은 이의의 범위 안에서 그 효력을 잃게 되고 지급명령을 신청한 때에 소를 제기한 것으로 보게 되는 것이지만 이로써 이미 실행에 착수한 사기의 범행 자체가 없었던 것으로 되는 것은 아니다. 또한 지급명령을 송달받은 채무자가 2주일 이내에 이의신청을 하지 않는 경우에는 지급명령은 확정되고, 이와 같이 확정된 지급명령에 대해서는 항고를 제기하는 등 동일한 절차 내에서는 불복절차가 따로 없어서 이를 취소하기 위해서는 재심의 소를 제기하거나 청구이의의 소로써 강제집행의 불허를 소구할 길이 열려 있을 뿐인데, 이는 피해자가 별도의 소로써 피해구제를 받을 수 있는 것에 불과하므로 허위의 내용으로 신청한 지급명령이 그대로 확정된 경우에는 소송사기의 방법으로 승소 판결을 받아 확정된 경우와 마찬가지로 사기죄는 이미 기수에 이르렀다고 볼 것이다.

③ **대법원 2003.12.26, 2003도4914** 자기앞수표를 교부한 자가 이를 분실하였다고 허위로 공시최고신청을 하여 제권판결을 선고받아 확정되었다면, 그 제권판결의 적극적 효력에 의해 그 자는 그 수표상의 채무자인 은행에 대하여 수표를 소지하지 않고도 수표상의 권리를 행사할 수 있는 지위를 취득하였다고 할 것이므로, 이로써 사기죄에 있어서의 재산상 이익을 취득한 것으로 보기에 충분하다고 할 것이고, 이는 제권판결이 그 신청인에게 수표상의 권리를 행사할 수 있는 형식적 자격을 인정하는 데 그치고, 그를 실질적 권리자로 확정하는 것이 아니라는 점만으로 달리 볼 수는 없다.

④ **대법원 1984.4.10, 83도2289** 소송사기는 법원을 기망하여 자기에게 유리한 판결 등을 얻고 이에 기하여 상대방으로부터 재물의 교부를 받거나 재산상 이익을 취득하는 것을 말하는바, 피고인이 공소외 甲으로 하여금 피고인을 상대로 성명미상자 소유의 미등기토지에 대한 소유권이전등기청구소송을 제기토록 하고 피고인이 그 토지의 일부를 위 甲에게 매도하였으니 그 지분에 대한 소유권이전등기절차를 이행하라는 내용의 인낙조서를 작성하고 그 토지에 관하여 대위신청자에 의해서 등기부상에 피고인의 명의로 소유권보존등기를 등재케 하였다면 피고인은 위 인낙조서에 의하여 위 성명미상자로부터 위 토지의 소유권 또는 지분권을 이전받은 것이 아니므로 위 토지를 편취한 것이라고 볼 여지가 없으니 소송사기가 성립한다고 볼 수 없다.

3. 사기죄에 대한 설명 중 옳은 것을 모두 고르면? (다툼이 있는 경우에는 판례에 의함)

> ㉠ 주식매도인이 주식매수인에게 주식거래의 목적물이 증자 전의 주식이 아니라 증자 후의 주식이라는 점을 제대로 알리지 않은 것은 사기죄의 기망행위에 해당한다.
> ㉡ 공사대금채권과 대여금채권을 합산하여 임대차보증금반환채권으로 전환하기로 합의하여 임대차계약을 체결하고, 실제로 임차인이 임대차목적물에 거주하면서 주민등록전입신고를 하고 확정일자를 받은 경우, 임차인이 이에 기하여 경매법원으로부터 배당을 받은 행위는 사기죄를 구성한다.
> ㉢ 주권포기각서나 수출물품 수령증은 사기죄의 객체가 되지만, 보험가입사실증명원은 사기죄의 객체가 되지 아니한다.
> ㉣ 부동산의 이중매매에 있어서 매도인이 제1의 매매계약을 일방적으로 해제할 수 없는 처지에 있었다는 사정을 고지하지 아니하였다면 제2의 매수인을 기망한 것이다.
> ㉤ 적극적 소송당사자인 원고뿐만 아니라 방어적인 위치에 있는 피고라 하더라도 허위내용의 서류를 작성하여 이를 증거로 제출하거나 위증을 시키는 등의 적극적인 방법으로 법원을 기망하여 착오에 빠지게 한 결과 승소확정판결을 받음으로써 자기의 재산상의 의무이행을 면하게 된 경우에는 그 재산가액 상당에 대하여 사기죄가 성립한다.
> ㉥ 시효취득을 주장하는 자가 자주점유의 추정을 받고 있는 경우에는

비록 자주점유에 관한 처분문서를 위조했다고 하더라도 이를 이용한 소송행위가 사기죄를 구성하지는 아니한다.

① ㉣ ② ㉡ ㉢ ③ ㉡ ㉣
④ ㉢ ㉣ ⑤ ㉤ ㉥ ⑥ ㉠ ㉢ ㉤
⑦ ㉡ ㉢ ㉤ ⑧ ㉢ ㉤ ㉥

해설

㉠(○) 주식거래의 목적물이 증자 전의 주식이 아니라 증자 후의 주식이라는 점은 주식거래 여부나 그 내용을 결정하는 데 중요한 사항이므로, 주식매도인은 주식매수인에게 이를 고지할 의무가 있는데 매도인이 매수인에게 이를 제대로 알리지 않아 피해자들을 기망한 것이다(대법원 2006.10.27, 2004도6503).
㉡(×) 사기죄로 처벌할 수 없다(대법원 2004.7.22, 2003도6412).
㉢(○) 주권포기각서는 주권을 포기한다는 의사표시가 담긴 처분문서로서 경제적 가치가 있어 재물성이 있으며(대법원 1996.9.10, 95도2747), 수출물품 수령증은 내국신용장 개설은행에 매입시키기 위하여 반드시 첨부해야 될 필요불가결의 증서임이 분명하여 그 한도 내에서 경제적 가치와 재물성이 있다고 볼 수 있으므로 사기죄의 객체가 된다(대법원 1982.9.28, 82도1656). 이에 반하여 보험가입사실증명원은 사기죄의 객체가 되지 아니한다(대법원 1997.3.28, 96도2625).
㉣(×) 부동산의 이중매매에 있어서 매도인이 제1의 매매계약을 일방적으로 해제할 수 없는 처지에 있었다는 사정만으로는, 바로 제2의 매매계약의 효력이나 그 매매계약에 따르는 채무이행, 또는 제2의 매수인의 매매목적물에 대한 권리의 실현에 장애가 된다고도 볼 수 없는 것이므로, 매도인이 제2의 매수인에게 그와 같은 사정을 고지하지 아니하였다고 하여 제2의 매수인을 기망한 것이라고 할 수 없다(대법원 1991.12.24, 91도2698).
㉤(○) 대법원 2004.3.12, 2003도333 판결의 내용이다.
㉥(×) 대법원은 자주점유를 추정받고 있는 자라고 할지라도 점유의 권원에 관한 증거를 위조하는 등 사회통념상 용인될 수 없는 소송행위를 한 때에는 사기죄가 성립한다고 판시하였다(대법원 1997.10.14, 96도1405). 〈답 ⑥〉

대법원 1997.3.28, 96도2625 보험가입사실증명원은 교통사고를 일으킨 차가 교통사고처리특례법 제4조에서 정한 취지의 보험에 가입하였음을 보험회사가 증명하는 내용의 문서일 뿐이고 거기에 재물이나 재산상의 이익의 처분에 관한 사항을 포함하고 있는 것은 아니므로, 이러한 문서의 불법취득에 의해 침해된 또는 침해될 우려가 있는 법익은 보험가입사실증명원인 서면 그 자체가 아니고 그 문서가 교통사고처리특례법 제4조에 정한 보험에 가입한 사실의 진위에 관한 내용이라고 할 것이고, 따라서 이러한 증명에 의하여 사기죄에서 말하는 재물이나 재산상의 이익이 침해된 것으로 볼 것은 아니어서 보험가입사실증명원은 사기죄의 객체가 되지 아니한다.

4. 사기죄가 성립하는 경우를 2개씩 바르게 조합한 것은? (판례에 의함)

㉠ 중고자동차매매계약을 체결하면서 매도인이 할부금융회사 또는 보증보험에 할부금 채무가 남아 있음을 매수인에게 고지하지 아니한 경우

ⓛ 산업재해보상 보험급여를 지급받을 수 있는 지위에 있는 자가 특정 일자에 업무상 재해를 입은 사실이 없음에도 불구하고, 허위내용의 목격자진술서를 첨부하는 등의 부정한 방법으로 요양신청을 하여 산업재해보상 보험급여를 지급받은 경우
ⓒ 토지에 대하여 도시계획이 입안되어 있어 장차 협의매수되거나 수용될 것이라는 사정을 매수인에게 고지하지 않고 매도한 경우
ⓡ 임대인과 임대차계약을 체결한 임차인이 임차건물에 거주하기는 하였으나 그의 처만이 전입신고를 마친 후에 경매절차에서 배당을 받기 위하여 임대차계약서상의 임차인 명의를 처로 변경하고 경매법원에 배당요구를 하여 배당결정을 받은 경우
ⓜ 국가소유인 미등기 토지에 대하여 타인을 소유자로 내세운 다음 그 타인을 상대로 토지에 대하여 매매를 원인으로 한 소유권이전등기절차이행의 소를 제기하여 소송진행중 쌍방 소송대리인에게 화해하도록 하여 재판부로 하여금 그 타인이 대금수령과 상환으로 토지에 대한 소유권이전등기절차를 이행한다는 취지의 화해조서를 작성하게 한 경우

① ⓖ ⓛ ② ⓖ ⓒ ③ ⓖ ⓡ
④ ⓛ ⓒ ⑤ ⓛ ⓡ ⑥ ⓛ ⓜ
⑦ ⓒ ⓜ ⑧ ⓡ ⓜ

해설

ⓖ(×) 중고자동차매매에 있어서 매도인의 할부금융회사 또는 보증보험에 대한 할부금 채무가 매수인에게 당연히 승계되는 것이 아니므로 할부금 채무의 존재를 매수인에게 고지하지 아니한 것은 부작위에 의한 기망에 해당하지 않는다(대법원 1998.4.14, 98도231).
ⓛ(○) 사안의 기망행위는 특별한 사정이 없는 한 그 자체로 이미 사회통념상 권리행사의 수단으로 용인할 수 없는 정도로서 사기죄가 성립한다(대법원 2003.6.13, 2002도6410).
ⓒ(○) 부작위에 의한 사기죄를 구성한다(대법원 1993.7.13, 93도14).
ⓡ(×) 실제의 임차인이 전세계약서상의 임차인 명의를 처의 명의로 변경하지 아니하였다 하더라도 소액임대차보증금에 대한 우선변제권 행사로서 배당금을 수령할 권리가 있다 할 것이어서, 경매법원이 실제의 임차인을 처로 오인하여 배당결정을 하였더라도 이로써 재물의 편취라는 결과의 발생은 불가능하다 할 것이고, 이러한 임차인의 행위를 객관적으로 결과발생의 가능성이 있는 행위라고 볼 수도 없으므로 무죄를 선고하여야 한다(대법원 2002.2.8, 2001도6669).
ⓜ(×) 소송상 화해의 효력은 소송당사자들 사이에만 미치고 제3자인 토지소유자에게는 미치지 아니하며 그 화해조서에 기하여 위 토지에 대한 제3자의 소유권이 원고에게 이전되는 것도 아니므로 위와 같은 행위가 사기죄를 구성한다고 할 수 없다(대법원 1987.8.18, 87도1153).
〈답 ④〉

5. 사기죄에 관하여 기술한 판례의 태도에 대한 당부를 옳게 표시한 것은?

㉠ 타인의 명의를 빌려 예금계좌를 개설한 후, 통장과 도장은 명의인에게 보관시키고 자신은 그 계좌의 현금인출카드를 소지한 채, 명의인을 기망하여 그 계좌로 돈을 송금하게 하였으나 위와 같이 송금된 돈을 인출하지 않던 중에 명의인이 이를 인출해 간 경우 사기죄가 성립한다.
㉡ 민법 제746조의 불법원인급여에 해당하여 급여자가 수익자에 대한 반환청구권을 행사할 수 없다고 하더라도, 수익자가 기망을 통하여 급여자로 하여금 불법원인급여에 해당하는 재물을 제공하도록 하였다면 사기죄가 성립한다.
㉢ 피고인이 피해자들을 기망하여 투자금 명목의 돈을 편취하는 과정에서 이자 지급 약정하에 대여금을 교부받았으나 이자를 지급하지 않은 경우, 위 이자 부분에 대해서도 사기죄가 성립하기 위하여는 피고인의 기망행위로 인해 이자 부분에 관한 별도의 처분행위가 있어야 하는 것은 아니다.
㉣ 피고인이 타인과 공모하여 그 공모자를 상대로 제소하여 의제자백의 판결을 받아 이에 기하여 부동산의 소유권이전등기를 한 경우, 그 부동산의 진정한 소유자가 따로 있다고 하더라도 이는 소송상대방의 의사에 부합하는 것으로서 착오에 의한 재산적 처분행위가 있다고 할 수 없으므로 소송사기죄가 성립하지 아니한다.
㉤ 사기행위에 있어 그 대가가 일부 지급된 경우, 편취액은 교부받은 재물 전부가 아니라 그 재물의 가치로부터 대가를 공제한 차액이다.

① ㉠(×) ㉡(○) ㉢(○) ㉣(×) ㉤(○)
② ㉠(×) ㉡(○) ㉢(×) ㉣(×) ㉤(×)
③ ㉠(×) ㉡(×) ㉢(×) ㉣(×) ㉤(○)
④ ㉠(○) ㉡(○) ㉢(○) ㉣(○) ㉤(○)
⑤ ㉠(○) ㉡(○) ㉢(○) ㉣(×) ㉤(×)
⑥ ㉠(○) ㉡(○) ㉢(×) ㉣(○) ㉤(×)
⑦ ㉠(○) ㉡(○) ㉢(○) ㉣(○) ㉤(×)
⑧ ㉠(○) ㉡(○) ㉢(×) ㉣(○) ㉤(○)

해설

㉠(○) 타인의 명의를 빌려 예금계좌를 개설한 후 통장과 도장은 명의인에게 보관시키고 자신은 위 계좌의 현금인출카드를 소지한 채 명의인을 기망하여 위 예금계좌로 돈을 송금하게 한 경우, 자신은 통장의 현금인출카드를 소지하고 있으면서 언제든지 카드를 이용하여 차명계좌 통장으로부터 금원을 인출할 수 있었고, 명의인을 기망하여 위 통장으로 돈을 송금받은 이상 이로써 송금받은 돈을 자신의 지배하에 두게 되어 편취행위는 기수에 이르렀다고 할 것이고, 이후 편취금을 인출하지 않고 있던 중 명의인이 이를 인출

하여 갔다 하더라도 이는 범죄성립 후의 사정일 뿐 사기죄의 성립에 영향이 없다(대법원 2003.7.25, 2003도2252).
㉡(○) 대법원 2006.11.23, 2006도6795와 일치한다.
㉢(×) 사기죄의 '처분행위'는 재산적 처분행위로서 주관적으로 피기망자가 처분의사 즉 처분결과를 인식하고 객관적으로는 이러한 의사에 지배된 행위가 있을 것을 요하므로, 이자 부분에 관한 별도의 처분행위가 있어야 한다(대법원 2011.4.14, 2011도769).
㉣(○) 대법원 1997.12.23, 97도2430과 일치한다.
㉤(×) 재물편취를 내용으로 하는 사기죄에 있어서는 기망으로 인한 재물교부가 있으면 그 자체로써 피해자의 재산침해가 되어 이로써 곧 사기죄가 성립하는 것이고, 상당한 대가가 지급되었다거나 피해자의 전체 재산상에 손해가 없다 하여도 사기죄의 성립에는 그 영향이 없으므로 사기죄에 있어서 대가가 일부 지급된 경우에도 편취액은 피해자로부터 교부된 재물의 가치로부터 그 대가를 공제한 차액이 아니라 교부받은 재물 전부이다(대법원 2000.7.7, 2000도1899). 〈답 ⑥〉

6. 사기죄에 대한 설명 중 옳은 것을 모두 고르면? (다툼이 있는 경우에는 판례에 의함)

㉠ 기망행위에 의하여 조세를 포탈하거나 조세의 환급 · 공제를 받은 경우에는 조세범처벌법에서 이러한 행위를 처벌하는 규정을 별도로 두고 있으므로 형법상 사기죄는 성립하지 않는다.
㉡ 사람을 기망하여 재물을 포기하게 한 다음 이를 습득하는 것은 사기죄를 구성하지 않는다.
㉢ 재산이 없으면서 결혼하면 수억원짜리 부동산의 명의를 이전시켜 주겠다고 속여 결혼하였다면 사기죄가 성립한다.
㉣ 동일한 피해자에 대하여 수회에 걸쳐 기망행위를 하여 금원을 편취하였으나 범의의 단일성과 계속성이 인정되지 않거나 범행방법이 동일하지 않은 경우 각 범행은 실체적 경합범이 된다.
㉤ 주식회사의 대표이사가 타인을 기망하여 회사가 발행하는 신주를 인수하게 한 다음 그로부터 납입받은 신주인수대금을 보관하던 중 횡령한 행위는 사기죄의 불가벌적 사후행위로서 별죄를 구성하지 아니한다.
㉥ 매매잔금을 건네주고 받는 행위를 끝마친 후에 초과금액을 수령한 것을 알았지만 돈을 그대로 받았다면 사기죄가 성립한다.

① ㉠ ㉣ ② ㉠ ㉤ ③ ㉡ ㉥
④ ㉢ ㉤ ⑤ ㉣ ㉥ ⑥ ㉠ ㉡ ㉣
⑦ ㉠ ㉡ ㉤ ⑧ ㉠ ㉣ ㉤

해설

㉠(○) 대법원 2008.11.27, 2008도7303.
㉡(×) 사람을 기망하여 재물을 포기하게 한 다음에 이를 습득하는 경우에는 재물의 포기를 처분행위라고 할 것이므로 사기죄가 성립한다.

㉢(×) 사기결혼은 재산권을 침해하는 경우가 아니므로 사기죄를 구성하지 않는다. 다만 결혼을 가장하여 금품을 편취한 때에는 사기죄가 성립한다.
㉣(○) 대법원 2004.6.25, 2004도1751.
㉤(×) 주식회사의 대표이사가 타인을 기망하여 회사가 발행하는 신주를 인수하게 한 다음 그로부터 납입받은 신주인수대금을 보관하던 중 횡령한 행위는 사기죄와는 전혀 다른 새로운 보호법익을 침해하는 행위로서 별죄를 구성한다(대법원 2006.10.27, 2004도6503).
㉥(×) 사기죄가 성립하지 않는다(대법원 2004.5.27, 2003도4531). 〈답 ①〉

대법원 2004.5.27, 2003도4531 부작위에 의한 기망은 법률상 고지의무 있는 자가 일정한 사실에 관하여 상대방이 착오에 빠져 있음을 알면서도 그 사실을 고지하지 아니함을 말하는 것으로서, 매도인이 매매잔금을 교부받기 전 또는 교부받던 중에 그 사실을 알게 되었을 경우에는 특별한 사정이 없는 한 매도인으로서는 매수인에게 사실대로 고지하여 매수인의 그 착오를 제거하여야 할 신의칙상 의무를 지므로 그 의무를 이행하지 아니하고 매수인이 건네주는 돈을 그대로 수령한 경우에는 사기죄에 해당될 것이지만, 그 사실을 미리 알지 못하고 매매잔금을 건네주고 받는 행위를 끝마친 후에야 비로소 알게 되었을 경우에는 주고 받는 행위는 이미 종료되어 버린 후이므로 매수인의 착오 상태를 제거하기 위하여 그 사실을 고지하여야 할 법률상 의무의 불이행은 더 이상 그 초과된 금액 편취의 수단으로서의 의미는 없으므로, 교부하는 돈을 그대로 받은 그 행위는 점유이탈물횡령죄가 될 수 있음은 별론으로 하고 사기죄를 구성할 수는 없다.

7. 사기죄의 처분행위에 해당하는 것으로만 2개를 바르게 조합한 것은? (다툼이 있는 경우에는 판례에 의함)

㉠ 배당이의소송의 제1심에서 패소판결을 받고 항소한 자의 항소취하 행위
㉡ 부동산가압류결정을 받아 부동산에 관한 가압류집행까지 마친 자가 그 가압류를 해제하는 행위
㉢ 채무자가 채무변제를 위하여 甲에게 대물변제하기로 한 물건을 乙에게 처분하는 행위
㉣ 치료비 채무를 면탈하기 위하여 환자인 자신의 처와 영화를 보고 오겠다고 병원 직원을 속여 병원을 빠져나와 도주한 경우에 병원 직원이 외출을 허락한 행위
㉤ 출판사 경영자가 출고현황표를 조작하는 방법으로 실제출판부수를 속여 작가에게 인세의 일부만을 지급한 경우 작가가 나머지 인세에 대한 청구권을 행사하지 아니한 행위
㉥ 양도증서 등 특허관련 명의변경 서류를 위조하여 일본국 특허청 공무원에게 제출함으로써 특허의 출원자를 자신의 명의로 변경한 경우에 특허출원명의의 변경행위

① ㉠ ㉢ ② ㉠ ㉣ ③ ㉠ ㉥

④ ㉡ ㉣　　⑤ ㉡ ㉤　　⑥ ㉢ ㉣
⑦ ㉢ ㉤　　⑧ ㉣ ㉥

해설

㉠(○) 사기죄는 타인을 기망하여 착오에 빠뜨리고 그 처분행위를 유발하여 재물이나 재산상의 이득을 얻음으로써 성립하는 것이므로 여기에 처분행위라고 하는 것은 재산적 처분행위를 의미하는 것이라고 할 것인바, 배당이의소송의 제1심에서 패소판결을 받고 항소한 자가 그 항소를 취하하면 그 즉시 제1심판결이 확정되고 상대방이 배당금을 수령할 수 있는 이익을 얻게 되는 것이므로 위 항소를 취하하는 것 역시 사기죄에서 말하는 재산적 처분행위에 해당한다(대법원 2002.11.22, 2000도4419).
㉡(○) 부동산가압류결정을 받아 부동산에 관한 가압류집행까지 마친 자가 그 가압류를 해제하면 소유자는 가압류의 부담이 없는 부동산을 소유하는 이익을 얻게 되므로 가압류를 해제하는 것 역시 사기죄에서 말하는 재산적 처분행위에 해당하고, 그 이후 가압류의 피보전채권이 존재하지 않는 것으로 밝혀졌다고 하더라도 가압류의 해제로 인한 재산상의 이익이 없었다고 할 수 없다(대법원 2007.9.20, 2007도5507).
㉢(×) 사기죄에 있어서 기망의 정도는 적어도 그것이 거래관계에서 요구되는 신의성실의 원칙에 반하는 정도에 이르러야 하므로, 비록 상대방은 착오에 빠뜨렸다고 할지라도 그것으로 인하여 거래의 목적을 달성하는 데 지장이 없을 때에는 기망행위가 있었다고 하기 어렵다. 따라서 채무자가 채무변제를 위하여 甲에게 대물변제하기로 한 사실을 乙에게 고지하지 아니하고 대물변제하기로 한 물건을 처분하였다고 하더라도 이 대물변제의 예약 때문에 당연히 乙이 그 물건을 인도받아 소유권을 취득하는 데 장애가 되는 것이 아니므로 이와 같은 사실만으로는 채무자가 乙을 기망하여 그 매매대금을 편취한 것이라고 볼 수 없다(대법원 1989.10.24, 89도1397).
㉣(×) 치료비 채무의 이행을 모면하기 위하여 피고인이 거짓말을 하고 입원환자인 처와 함께 병원을 빠져 나와 도주하였다 하여도 그것만으로는 피고인이 위 치료비의 지급채무를 면탈받은 것은 아니라 할 것이므로 사기죄가 될 수 없다(대법원 1970.9.22, 70도1615).
㉤(○) 부작위에 의한 처분행위에 해당한다(대법원 2007.7.12, 2005도9221).
㉥(×) 특허권에 관한 처분행위가 있었다고 볼 수 없으므로 사기죄를 구성하지 않는다(대법원 2007.11.16, 2007도3475). 〈답 ⑤〉

대법원 2007.7.12, 2005도9221 (i) 사기죄는 타인을 기망하여 착오를 일으키게 하고 그로 인한 처분행위를 유발하여 재물·재산상의 이득을 얻음으로써 성립하고, 여기서 처분행위라 함은 재산적 처분행위로서 피해자가 자유의사로 직접 재산상 손해를 초래하는 작위에 나아가거나 또는 부작위에 이른 것을 말하므로, 피해자가 착오에 빠진 결과 채권의 존재를 알지 못하여 채권을 행사하지 아니하였다면 그와 같은 부작위도 재산의처분행위에 해당한다. (ii) 출판사 경영자가 출고현황표를 조작하는 방법으로 실제출판부수를 속여 작가에게 인세의 일부만을 지급한 경우, 작가가 나머지 인세에 대한 청구권의 존재 자체를 알지 못하는 착오에 빠져 이를 행사하지 아니한 것은 사기죄에 있어 부작위에 의한 처분행위에 해당한다.

8. 甲에게 사기죄가 성립하는 경우는 모두 몇 개인가? (판례에 의함)

㉠ 주식회사의 실질적 경영자인 甲이, 전(前) 대표이사가 지방자치단체

에 기부금을 납부하기로 약정하고 골프장사업을 승인받으면서 그 이행을 위해 약속어음을 발행·교부한 사실을 잘 알고 있음에도, 위 어음을 분실하였다는 허위사유를 들어 법원을 기망하고 제권판결을 선고받았다.

ⓛ 대출자금으로 빌딩을 경락받았으나 분양이 저조하여 자금조달에 실패한 甲은 수분양자들과의 사이에 대출금으로 충당되는 중도금을 제외한 계약금과 잔금의 지급을 유예하고 1년의 위탁기간 후 재매입하기로 하는 등의 비정상적인 이면약정을 체결하고 점포를 분양하였음에도, 금융기관에 대해서는 그러한 이면약정의 내용을 감춘 채 분양 중도금의 집단적 대출을 교섭하여 중도금 대출 명목으로 금원을 지급받았다.

ⓒ 甲은 乙로부터 대출을 의뢰받은 다음 乙이 자동차의 실제구입자가 아니어서 자동차할부금융의 대상이 되지 아니함에도 乙이 실제로 자동차를 할부로 구입하는 것처럼 乙명의의 대출신청서 등 관련서류를 작성한 후 이를 할부금융회사에 제출하여 자동차 할부금융으로 대출금을 받았다.

ⓔ 어음의 발행인들인 甲과 乙은 각자 자력이 부족한 상태에서 자금을 편법으로 확보하기 위하여 서로 동액의 융통어음을 발행하여 교환하였다. 위 어음 교환 후 乙은 어음을 결제하였지만, 甲은 어음을 결제하지 못하였다.

ⓜ 부동산중개업자인 甲이 아파트 입주권을 매도하면서 그 입주권을 2억 5,000만 원에 확보하여 2억 9,500만 원에 전매한다는 사실을 매수인에게 고지하지 않았다.

① 1개 ② 2개 ③ 3개
④ 4개 ⑤ 5개 ⑥ 없음

해설

㉠(×) 위 기부금 증여계약은 지방자치단체장의 공무수행과 결부된 금전적 대가로서 그 조건이나 동기가 사회질서에 반하여 무효이므로 지방자치단체로서는 위 어음금의 지급을 청구할 수 없음에도, 위 증여가 유효하다고 판단하여 甲을 유죄로 인정한 원심판결에는 민법 제103조에 관한 법리오해 또는 증여의 효력에 관한 심리미진의 위법이 있다(대법원 2010.1.28, 2007도9331).

㉡(○) 대법원은 대출 금융기관에 대하여 비정상적인 이면약정의 내용을 알릴 신의칙상 의무가 있다고 보아 이를 알리지 않은 것은 사기죄의 요건으로서의 부작위에 의한 기망에 해당한다고 판시하였다(대법원 2006.2.23, 2005도8645).

㉢(○) 사채업자가 대출희망자로부터 대출을 의뢰받은 다음 대출희망자가 자동차의 실제 구입자가 아니어서 자동차할부금융의 대상이 되지 아니함에도 그가 실제로 자동차를 할부로 구입하는 것처럼 그 명의의 대출신청서 등 관련서류를 작성한 후 이를 할부금융회사에 제출하여 자동차할부금융으로 대출금을 받은 경우, 할부금융회사로서는 사채업자가

할부금융의 방법으로 대출의뢰인들 명의로 자동차를 구입하여 보유할 의사 없이 단지 자동차할부금융대출의 형식을 빌려 자금을 융통하려는 의도로 할부금융대출을 신청하였다는 사정을 알았더라면 할부금융대출을 실시하지 않았을 것이므로, 사채업자로서는 신의성실의 원칙상 사전에 할부금융회사에게 자동차를 구입하여 보유할 의사 없이 자동차할부금융대출의 방법으로 자금을 융통하려는 사정을 고지할 의무가 있다 할 것이고, 그럼에도 불구하고 이를 고지하지 아니한 채 대출의뢰인들 명의로 자동차할부금융을 신청하여 그 대출금을 지급하도록 한 행위는 고지할 사실을 묵비함으로써 거래상대방인 할부금융회사를 기망한 것이 되어 사기죄를 구성한다(대법원 2004.4.9, 2003도7828).

㉣(×) 어음의 발행인들이 각자 자력이 부족한 상태에서 자금을 편법으로 확보하기 위하여 서로 동액의 융통어음을 발행하여 교환한 경우에는, 특별한 사정이 없는 한 쌍방은 그 상대방의 부실한 자력상태를 용인함과 동시에 상대방이 발행한 어음이 지급기일에 결제되지 아니할 때에는 자기가 발행한 어음도 결제하지 않겠다는 약정하에 서로 어음을 교환하는 것이므로, 사기죄가 성립하는 것은 아니다(대법원 2002.4.23, 2001도6570).

㉤(×) 매매로 인한 법률관계에 아무런 영향도 미칠 수 없는 것이어서 매수인의 권리의 실현에 장애가 되지 아니하는 사유까지 매도인이 매수인에게 고지할 의무가 있다고는 볼 수 없다(대법원 2011.1.27, 2010도5124). 〈답 ②〉

9. 사기죄에 관한 다음 설명 중 옳지 않은 것은? (다툼이 있는 경우에는 판례에 의함)

① 장애인단체의 지회장이 지방자치단체로부터 보조금을 더 많이 지원받기 위하여 허위의 보조금 정산보고서를 제출한 경우에는 사기죄의 실행의 착수가 있다.

② 수인의 피해자에 대하여 각 별로 기망행위를 하여 각각 재물을 편취한 경우에는 범의가 단일하고 범행방법이 동일하더라도 피해자별로 독립한 사기죄가 성립한다.

③ 부동산 소유권이전등기절차 이행을 구하는 소를 제기하여 동시이행 조건 없이 이행을 명하는 승소확정판결을 받은 자가, 부동산 소유권을 이전받더라도 매매잔금을 공탁할 의사나 능력이 없음에도 피해자에게 매매잔금을 공탁해 줄 것처럼 거짓말을 하여 그러한 내용으로 합의한 후 그에 따라 부동산 소유권을 임의로 이전받은 행위는 사기죄의 기망행위에 해당한다.

④ 부동산의 명의수탁자가 명의신탁관계를 알리지 않고 제3자에게 그 부동산을 처분하여 소유권이전등기를 경료한 경우 사기죄가 성립하지 않는다.

⑤ 甲은 乙에게 백미 100가마의 채무가 있는데, 乙에게 백미 100가마를 변제한다고 말하면서 10가마의 백미보관증을 교부하자, 문맹인 乙은 이를 그대로 100가마의 백미보관증이라고 믿고 받았다. 甲에게 사기죄는 성립하지 않는다.

해설

①(×) 장애인단체의 지회장이 제출한 보조금 정산보고서는 보조금의 지원 여부 및 금액

을 결정하기 위한 참고자료에 불과하고 직접적인 서류라고 할 수 없으므로 보조금 편취범행(기망)의 실행에 착수한 것으로 보기 어렵다(대법원 2003.6.13, 2003도1279).
②(○) 대법원 2000.7.7, 2000도1899.
③(○) 대법원 2011.3.10, 2010도14856(사회통념상 권리행사의 수단으로서 용인할 수 있는 범위를 벗어난 것).
④(○) 부동산의 명의수탁자가 부동산을 제3자에게 매도하고 매매를 원인으로 한 소유권이전등기까지 마쳐 준 경우, 명의신탁의 법리상 대외적으로 수탁자에게 그 부동산의 처분권한이 있는 것임이 분명하고, 제3자로서도 자기명의의 소유권이전등기가 마쳐진 이상 무슨 실질적인 재산상의 손해가 있을 리 없으므로 그 명의신탁 사실과 관련하여 신의칙상 고지의무가 있다거나 기망행위가 있었다고 볼 수도 없어서 그 제3자에 대한 사기죄가 성립될 여지가 없고, 나아가 그 처분시 매도인(명의수탁자)의 소유라는 말을 하였다고 하더라도 역시 사기죄가 성립하지 않으며, 이는 자동차의 명의수탁자가 처분한 경우에도 마찬가지이다(대법원 2007.1.11, 2006도4498).
⑤(○) 대법원 1990.12.26, 90도2037. 〈답 ①〉

10. 사기죄에 관한 판례의 태도를 기술한 것 중 옳지 않은 것은?

① 甲은 행정당국에서 피해실사를 거쳐 태풍피해복구보조금을 지급하겠다고 하자 그 보조금을 받기 위하여 당국에 허위의 피해신고를 하였으나 그 목적을 이루지 못한 경우 사기죄가 성립하지 않는다.
② 계속적인 물품거래 도중 일시적인 자금압박으로 물품대금을 지급하지 못한 것에 불과한 때에는 거래 당시부터 편취의 범의가 있었다고 할 수 없으므로 사기죄에 해당한다고 할 수 없다.
③ 신축중인 다세대주택에 관하여 피고인이 법원을 기망하여 건축주명의변경절차 이행청구소송에서 승소확정판결을 받았다거나 나아가 이에 기하여 위 다세대주택에 관한 건축허가 명의를 변경하였다 하여 사기죄가 성립하는 것은 아니다.
④ 신생 수입브랜드의 시계를 마치 오랜 전통을 지닌 브랜드의 제품인 것처럼 허위광고 함으로써 그 품질과 명성을 오인한 구매자들에게 고가로 판매한 행위는 사기죄의 기망행위에 해당한다.
⑤ 피고인의 기망에 따라 피해자가 제작한 도자기 중 실제로 피고인에게 배달된 것뿐만 아니라 피고인이 지정하는 장소로의 배달을 위하여 피해자가 보관중인 도자기도 피고인에게 교부된 것으로 보아야 하므로 사기죄는 모두 기수에 이르렀다고 해야 한다.

해설

①(○) 사기죄의 실행의 착수시기는 기망행위를 개시한 때이며, 단순히 기망을 위한 수단을 준비하는 정도로는 아직 실행의 착수가 있다고 볼 수 없다(대법원 1999.3.12, 98도3443).
②(○) 거래물품의 편취에 의한 사기죄의 성립 여부는 거래 당시를 기준으로 피고인에게 납품대금을 변제할 것처럼 거짓말을 하여 피해자로부터 물품을 편취할 고의가 있었는지

의 여부에 의하여 판단해야 한다(대법원 2003.1.24, 2002도5265).
③(×) 신축중인 다세대주택에 관하여 건축허가 명의가 변경되었다 하여 그 소유권이 변경된 건축허가 명의인에게 이전되는 것은 아니므로, 피고인이 법원을 기망하여 건축주명의변경절차 이행청구소송에서 승소확정판결을 받았다거나 나아가 이에 기하여 위 다세대주택에 관한 건축허가 명의를 변경하였다 하여 위 다세대주택 그 자체를 편취한 것으로는 볼 수 없고, 단지 건축주로서 공사를 계속하여 다세대주택을 완공하고 사용승인을 받은 다음 건축물대장에 등재하여 완공된 다세대주택에 관하여 그의 명의로 소유권보존등기를 경료할 수 있는 등 건축허가에 따른 재산상 이익을 취득한 것으로 보아야 한다. 또한 소송사기의 경우에는 당해 소송의 판결이 확정된 때에 범행이 기수에 이르는 것이므로, 신축중인 다세대주택 4동의 건축주 명의변경을 목적으로 하는 사기소송을 제기하여 4동 전부에 대하여 승소판결을 선고받아 그 판결이 확정된 이상 승소판결을 받은 후 3동에 관하여만 건축주 명의변경이 이루어졌다 하더라도 4동 전부에 대하여 건축허가에 따른 재산상 이익을 취득한 사기죄의 기수에 이른 것으로 보아야 한다(대법원 1997.7.11, 95도1874).
④(○) 대법원 2008.7.10, 2008도1664의 내용이다.
⑤(○) 판례는 사기죄에 있어서 재물의 교부는 재물의 현실적 인도를 필요로 하는 것이 아니며 재물이 범인의 사실상의 지배 아래 들어가 그의 자유로운 처분이 가능한 상태에 놓인 경우도 포함한다고 한다(대법원 2003.5.16, 2001도1825). 〈답 ③〉

① **대법원 2008.7.10, 2008도1664** 3대째 시계제조업을 하던 가문이 아님에도, 마치 3대에 걸쳐 180년 동안 시계제조업을 이어온 브랜드인 것처럼 허위의 광고문구를 작성하여 이를 잡지나 홈쇼핑 방송, 기타 각종 매체를 통해 홍보함으로써, 이를 본 사람들로 하여금 위 지오모나코가 180년을 이어온 전통 있는 브랜드로서 그만큼 위 시계의 품질과 명성이 뛰어날 것으로 오인케 하는 방법으로 개당 수백만원을 호가하는 고가의 시계들을 판매한 것은 사회적으로 용인될 수 있는 한계를 넘은 것으로서 사기죄의 기망행위에 해당한다.

② **대법원 1999.3.12, 98도3443** 태풍피해복구보조금 지원절차가 행정당국에 의한 실사를 거쳐 피해자로 확인된 경우에 한하여 보조금 지원신청을 할 수 있도록 되어 있는 경우, 피해신고는 국가가 보조금의 지원 여부 및 정도를 결정함에 있어 그 직권조사를 개시하기 위한 참고자료에 불과하므로, 허위의 피해신고만으로는 위 보조금 편취범행의 실행에 착수한 것이라고 볼 수 없다.

11. 사기죄에 대한 설명 중 옳은 것(○)과 옳지 않은 것(×)을 바르게 표시한 것은? (판례에 의함)

㉠ 자신이 토지의 소유자라고 허위의 주장을 하면서 소유권보존등기 명의자를 상대로 보존등기 말소를 구하는 소송을 제기하여 보존등기 말소를 명하는 내용의 승소확정판결을 받은 경우, 상대방의 소유권보존등기가 말소될 뿐 이로써 원고가 당해 부동산에 대하여 어떠한 권리를 회복 또는 취득하거나 의무를 면하는 것은 아니므로 법원을 기망하여 재물이나 재산상 이익을 편취한 것이라고 볼 수 없다.
㉡ 물건을 사면서 대금을 위조통화로 지불한 경우 사기죄와 위조통화행

사죄의 경합범이 된다.
㉢ 사기의 수단으로 발행한 수표가 지급거절된 경우 사기죄와 부정수표단속법 위반죄는 상상적 경합범의 관계에 있다.
㉣ 처음부터 장기간에 걸쳐 불특정 다수로부터 회원가입비 명목의 금원을 편취할 목적으로 상당한 자금을 투자하여 성인사이트를 개설하고 직원까지 고용하여 사기행위를 영업으로 한 경우에는 그 행위의 반복성이 영업이라는 면에서 행위 그 자체의 속성이므로 이를 근거로 상습성을 인정할 수 없다.
㉤ 甲이 乙에게 이중매도한 택지분양권을 순차 매수한 丙·丁에게 이중매도 사실을 숨긴 채 자신의 명의로 형식적인 매매계약서를 작성해 준 경우 甲이 직접 매매대금을 수령하지 않았더라도 丙·丁에 대한 사기죄가 성립한다.
㉥ 주유소 운영자가 농민들에게 면세유를 공급한 것처럼 부당하게 발급받은 면세유류공급확인서로 석유정제업자를 기망하여 부가가치세 등에 상당한 석유류를 취득한 경우 석유정제업자에게 현실적인 재산상 손해가 없더라도 사기죄가 성립한다.

① ㉠(○) ㉡(○) ㉢(×) ㉣(○) ㉤(×) ㉥(×)
② ㉠(○) ㉡(○) ㉢(×) ㉣(×) ㉤(○) ㉥(×)
③ ㉠(×) ㉡(○) ㉢(×) ㉣(×) ㉤(○) ㉥(○)
④ ㉠(×) ㉡(×) ㉢(○) ㉣(×) ㉤(×) ㉥(○)
⑤ ㉠(×) ㉡(×) ㉢(×) ㉣(○) ㉤(×) ㉥(○)

해설

㉠(×) 종전 판례(대법원 1983.10.25, 83도1566)의 입장인데, 대법원 2006.4.7, 2005도9858 전원합의체는 '대상 토지의 소유권에 대한 방해를 제거하고 그 소유명의를 얻을 수 있는 지위'라는 재산상 이익을 취득한 것이어서 사기죄에 해당하고, 그 경우 기수시기는 위 판결이 확정된 때라고 판시하여 종전 판례를 변경하였다.
㉡(○) 위조통화를 행사하여 재물을 취득한 때에는 위조통화행사죄 이외에 사기죄의 구성요건이 충족되는 것이 일반적이지만, 이 경우 양 죄의 관계에 관하여 통설은 위조통화행사죄에 사기죄는 흡수되어 별죄를 구성하지 않는다고 해석한다. 양 죄는 그 보호법익을 달리하는 것이므로 양 죄의 상상적 경합범이 된다는 견해도 있으나, 판례는 양 죄가 경합범의 관계에 있다고 해석한다(대법원 1979.7.10, 79도840).
㉢(×) 부정수표단속법 위반죄와 사기죄는 그 행위의 태양과 보호법익을 달리하므로 실체적 경합범의 관계에 있다(대법원 2004.6.25, 2004도1751).
㉣(×) 행위의 반복성이 영업이라는 면에서 행위 그 자체의 속성에서 나아가 행위자의 속성으로서 상습성을 내포하는 성질을 갖게 되고, 또한 이미 투자한 자금에 얽매여 그러한 사기행위를 쉽게 그만둘 수 없다는 자본적 또는 경제활동상의 의존성도 습벽의 내용이 될 수 있으므로 상습성을 인정할 수 있다(대법원 2006.9.8, 2006도2860).
㉤(○) 대법원 2009.1.30, 2008도9985.
㉥(○) 대법원 2009.1.15, 2006도6687. 〈답 ③〉

대법원 2006.4.7, 2005도9858 전원합의체 피고인 또는 그와 공모한 자가 자신이 토지의 소유자라고 허위의 주장을 하면서 소유권보존등기 명의자를 상대로 보존등기의 말소를 구하는 소송을 제기한 경우 그 소송에서 위 토지가 피고인 또는 그와 공모한 자의 소유임을 인정하여 보존등기 말소를 명하는 내용의 승소확정판결을 받는다면, 이에 터잡아 언제든지 단독으로 상대방의 소유권보존등기를 말소시킨 후 위 판결을 부동산등기법 제130조 2호 소정의 소유권을 증명하는 판결로 하여 자기 앞으로의 소유권보존등기를 신청하여 그 등기를 마칠 수 있게 되므로, 이는 법원을 기망하여 유리한 판결을 얻음으로써 '대상 토지의 소유권에 대한 방해를 제거하고 그 소유명의를 얻을 수 있는 지위'라는 재산상 이익을 취득한 것이어서 사기죄에 해당하고, 그 경우 기수시기는 위 판결이 확정된 때이다.

12. 사기죄가 성립하는 경우를 모두 고르면? (다툼이 있는 경우에는 판례에 의함)

㉠ 금품을 받을 것을 전제로 성행위를 하는 부녀를 기망하여 성행위의 대가 지급을 면한 경우
㉡ 역 직원이 없는 틈을 타서 승차권 없이 열차에 승차하는 경우
㉢ 채무이행을 연기받기 위하여 지급할 의사와 능력이 없으면서 수표를 발행한 경우
㉣ 결산이 적자임에도 불구하고 분식결산서를 작성한 후 이를 토대로 금융기관으로부터 대출을 받은 경우
㉤ 시술을 받으면 아들을 낳을 수 있을 것이라는 착오에 빠져 있는 피해자들에게 시술의 효과와 원리를 고지하지 않고 아들을 낳을 수 있는 시술인 것처럼 시술과 처방을 행한 경우
㉥ 아파트 소유권이전등기청구권을 가압류당한 아파트 수분양권자가 위 청구권을 행사하거나 아파트를 매도할 수 없게 되자 가압류채권자에게 가압류를 해제하여 주면 아파트 매도대금으로 채무를 변제하겠다고 거짓말하여, 이에 속은 채권자로부터 가압류해제신청서를 받아 가압류를 해제한 후 아파트를 매도하였으면서도 위 채무를 변제하지 아니한 경우

① ㉠ ㉤ ② ㉠ ㉥ ③ ㉠ ㉡ ㉤
④ ㉢ ㉣ ㉥ ⑤ ㉠ ㉢ ㉥ ⑥ ㉠ ㉡ ㉢ ㉤
⑦ ㉠ ㉢ ㉣ ㉥ ⑧ ㉠ ㉢ ㉣ ㉤ ㉥

해설

㉠(○) 일반적으로 부녀와의 성행위 자체는 경제적으로 평가할 수 없고, 부녀가 상대방으로부터 금품이나 재산상 이익을 받을 것을 약속하고 성행위를 하는 약속 자체는 선량한 풍속 기타 사회질서에 위반한 사항을 내용으로 하는 법률행위로서 무효이나, 사기죄의 객체가 되는 재산상의 이익이 반드시 사법상 보호되는 경제적 이익만을 의미하지 아니하고, 부녀가 금품 등을 받을 것을 전제로 성행위를 하는 경우 그 행위의 대가는 사기죄의 객체인 경제적 이익에 해당하므로, 부녀를 기망하여 성행위 대가의 지급을 면하는

경우 사기죄가 성립한다(대법원 2001.10.23, 2001도2991).
ⓛ(×) 기망행위와 착오가 없으므로 사기죄가 성립하지 않는다.
ⓒ(○) 대법원 2005.9.15, 2005도5215.
ⓔ(○) 대법원 2000.9.8, 2000도1447.
ⓜ(○) 대법원 2000.1.28, 99도2884.
ⓑ(○) 대법원 2007.7.26, 2007도3160. 〈답 ⑧〉

대법원 2007.7.26, 2007도3160 아파트 소유권이전등기청구권을 가압류당한 아파트 수분양권자가 위 청구권을 행사하거나 아파트를 매도할 수 없게 되자 가압류채권자에게 가압류를 해제하여 주면 아파트 매도대금으로 채무를 변제하겠다고 거짓말하여 이에 속은 채권자로부터 가압류해제신청서를 받아 가압류를 해제한 후 아파트를 매도하였으면서도 위 채무를 변제하지 아니한 경우, 위 수분양권자로서는 가압류가 해제됨으로써 아파트 매도가 용이해져 매도대금을 수령할 수 있게 된 이익이 있으므로 가압류청구금액 상당의 재산상의 이익을 취득한 사기죄가 성립한다.

13. 소송사기에 대한 설명 중 옳지 않은 것은? (다툼이 있는 경우에는 판례에 의함)
<사시 2006년 변형>

① 피고인이 이동통신 판매대리점의 컴퓨터를 이용하여 이동통신회사들의 전산망에 접속한 다음 전산상으로 사용정지된 휴대전화를 사용할 수 있도록 하거나 유심칩 읽기를 통해 문자메시지 발송한도를 해제한 것은 사기죄에 해당한다.
② 법원을 기망하여 제3자를 상대로 한 부동산소유권이전등기청구소송에서 승소판결을 받고 확정되었으면 사기죄는 기수에 이르렀고, 그 확정판결에 기하여 소유권이전등기를 경료하고 비치케 한 경우에는 사기죄와 별도로 공정증서원본부실기재 및 부실기재공정증서원본행사죄가 성립하고, 각 죄는 실체적 경합관계에 있다.
③ 피고가 적극적인 방법으로 법원을 기망할 의사를 가지고 허위내용의 서류를 증거로 제출하거나 그에 따른 주장을 담은 답변서나 준비서면을 제출하는 경우에는 실행에 착수하였다고 볼 수 있다.
④ 피고인이 피해자와 사이에 온천의 시공에 필요한 비용을 포함한 일체의 비용을 자신이 부담하기로 약정하였음에도 피해자를 상대로 공사대금청구의 소를 제기하면서 시공 외의 비용은 모두 피해자가 부담한다는 내용으로 변조한 인증합의서를 소장에 첨부하여 제출한 경우에는 소송사기의 실행에 착수하였다고 볼 수 있다.
⑤ 피고인이 타인명의로, 그 타인이 임야를 매수한 사실이 없는데도 매수한 것처럼 허위의 사실을 주장하여 그 임야에 대한 소유권이전등기를 거친 자들을 상대로 각 그 소유권이전등기 말소를 구하는 소송을 제기하였다가 취하하였더라도 사기죄의 실행에 착수하였다고 볼 수 없다.

✍ 해설 ……………………………………

①(×) 전산상 자동으로 처리된 것일 뿐 사기죄 구성요건인 '사람을 기망하여 재산상 이득을 취득한 경우'에 해당한다고 볼 수 없는데도, 이와 달리 보아 피고인에게 사기죄를 인정한 원심판단에 법리오해의 위법이 있다(대법원 2011.7.28, 2011도5299).
②(○) 대법원 1983.4.26, 83도188.
③(○) 대법원 1998.2.27, 97도2786.
④(○) 대법원 2005.3.24, 2003도2144.
⑤(○) 소송의 결과 원고가 승소한다고 가정하더라도 피고들의 등기가 말소될 뿐이고 이것만으로 피고인이 위 임야에 관한 어떠한 권리를 취득하거나 의무를 면하는 것은 아니므로 법원을 기망하여 재물이나 재산상 이익을 편취한 것이라고 보기 어려우니 위 소제기 행위를 가리켜 사기의 실행에 착수한 것이라고 할 수 없다(대법원 1981.12.8, 81도1451).

〈답 ①〉

14. 소송사기에 관한 설명 중 옳지 않은 것은? (통설 및 판례에 의함)

① 일방적인 권리주장을 기재한 통고서 등을 작성하여 내용증명우편으로 발송한 후 이를 법원에 증거로 제출한 경우, 소송사기에서 말하는 증거의 조작이라고 볼 수 없다.
② 피고인이 타인명의로 제3자를 상대로 법원을 기망하여 지급명령과 가집행선고부 지급명령을 발부받고 이를 채무명의로 하여 채무자의 제3채무자에 대한 정기예금 원리금 채권에 대하여 채권압류 및 전부명령을 하게 하고 송달시켜 위 채권을 전부받았다면, 전부받은 채권을 현실적으로 수령하지 않았더라도 기수에 이른 것이다.
③ 허위의 채권을 피보전권리로 삼아 가압류를 한 경우에도 소송사기죄의 실행에 착수한 것이다.
④ 자기앞수표를 갈취당한 자가 이를 분실하였다고 허위로 공시최고신청을 하여 제권판결을 선고받은 때에도 사기죄가 성립한다.
⑤ 부동산 경매절차에서 피고인들이 허위의 공사대금채권을 근거로 유치권 신고를 한 경우, 소송사기의 실행의 착수가 있다고 볼 수 없다.

✍ 해설 ……………………………………

①(○) 소송사기에서 말하는 증거의 조작이란 처분문서 등을 거짓으로 만들어 내거나 증인의 허위 증언을 유도하는 등으로 객관적·제3자적 증거를 조작하는 행위를 말하는 것이므로, 위 행위를 증거의 조작이라고 볼 수 없다(대법원 2004.3.25, 2003도7700).
②(○) 대법원 1977.1.11, 76도3700.
③(×) 가압류는 강제집행의 보전방법에 불과한 것이어서 허위의 채권을 피보전권리로 삼아 가압류를 하였다고 하더라도 그 채권에 관하여 현실적으로 청구의 의사표시를 한 것이라고는 볼 수 없으므로, 본안소송을 제기하지 아니한 채 가압류를 한 것만으로는 사기죄의 실행에 착수하였다고 할 수 없다(대법원 1988.9.13, 88도55).
④(○) 대법원 2003.12.26, 2003도4914(수표의 소지인인 피해자는 원인관계의 흠결이나 하자에 관계 없이 수표상의 권리를 행사할 수 있는 자격이 있으므로, 위법하게 제권판결을 선고

받아 그 수표를 무효로 하였다면, 이로써 피해자에게 현실적·경제적으로 재산상 손해가 생겼는지 여부에 관계 없이, 피해자의 수표상의 권리를 침해하여 재산상 손해를 입혔다고 보아야 한다).
⑤(○) 대법원 2009.9.24, 2009도5900(유치권자가 경매절차에서 유치권을 신고하는 경우 법원은 이를 매각물건명세서에 기재하고 그 내용을 매각기일공고에 적시하나, 이는 경매목적물에 대하여 유치권 신고가 있음을 입찰예정자들에게 고지하는 것에 불과할 뿐 처분행위로 볼 수는 없고, 또한 유치권자는 권리신고 후 이해관계인으로서 경매절차에서 이의신청권 등 몇 가지 권리를 얻게 되지만 이는 법률의 규정에 따른 것으로서 재물 또는 재산상 이득을 취득하는 것으로 볼 수도 없으므로 소송사기 실행의 착수가 있다고 볼 수는 없다). 〈답 ③〉

15. 판례가 소송사기(미수 포함)로 인정한 것(○)과 인정하지 않은 것(×)을 바르게 표시한 것은? <사시 2009년: 배점 3>

> 가. 가계수표발행인이 자기가 발행한 가계수표를 타인이 교부받아 소지하고 있는 사실을 알면서도, 또한 그 수표가 적법하게 지급제시되어 수표상의 소구의무(遡求義務)를 부담하고 있음에도 불구하고 허위의 분실사유를 들어 공시최고 신청을 하고 이에 따라 법원으로부터 제권판결(除權判決)을 받음으로써 수표상의 채무를 면한 경우
> 나. 공동소유자에게 공유하고 있던 부동산의 매각처분권한을 위임하여 위 부동산을 매매하였음에도 불구하고 이를 권원 없는 불법매도라고 주장하여 소를 제기한 경우
> 다. 점유취득시효 완성 후 등기명의인을 상대로 점유취득시효 완성을 원인으로 한 소유권이전등기청구소송을 제기하면서 점유의 권원에 관한 증거를 위조하고 그 진정성립 등에 관한 위증을 교사한 경우

① 가(○) 나(○) 다(○) ② 가(○) 나(○) 다(×)
③ 가(○) 나(×) 다(○) ④ 가(×) 나(○) 다(○)
⑤ 가(○) 나(×) 다(×) ⑥ 가(×) 나(○) 다(×)
⑦ 가(×) 나(×) 다(○) ⑧ 가(×) 나(×) 다(×)

해설

가(○) 채무를 면한 수표금 상당의 재산상 이득을 취하였으므로 사기죄에 해당한다(대법원 1999.4.9, 99도364).
나(○) 법관으로 하여금 착오에 빠지게 함으로써 본인에게 유리한 재판을 하게 하고 그 효과로서 위 부동산을 영득하려는 것이므로 사기죄의 미수에 해당한다(대법원 1987.5.12, 87도417).
다(○) 토지를 20년 이상 점유하여 왔더라도 점유권원의 성질이 불분명하여 일단 자주점유로 추정받기는 하나, 상대방이 그 추정을 번복시킬 수 있는 사실을 입증하면 취득시효를 인정받을 수 없어 결국 상대방의 입증 여부에 따라 소송의 승패가 결정되는 소송에서, 소송의 승패에 결정적인 증거인 자주점유의 권원에 관한 처분문서를 위조하고, 그 성립에 관한 위증을 교사함으로써 상대방의 추정번복의 입증을 원천적으로 봉쇄하고 법원으로서도 그 처분문서의 성립이 인정되는 한 채증법칙상 그 문서의 내용대로 인정할 수밖에 없도록 하는 등의 소송행위는 사회통념상 도저히 용인될 수 없다고 할 것이므로, 비록 점유자가 자주점유로 추정받는다고 하더라도 위와 같은 기망행위에 의하여 적극적

으로 법원을 기망하여 착오에 빠지게 함으로써 승소판결을 받고, 등기까지 했던 것이라면 그 행위는 정당한 권리행사라 할 수 없어 사기죄를 구성한다(대법원 1997.10.14, 96도1405). 〈답 ①〉

16. 사기죄에 대한 설명 중 옳지 않은 것은? (다툼이 있는 경우에는 판례에 의함)

① 영업범이란 집합범의 일종으로 구성요건의 성질에서 이미 동종행위가 반복될 것으로 당연히 예상되는 범죄를 가리키는 것이므로, 피고인의 사기범행이 동종의 행위를 반복한 것으로 되어 있더라도 이를 영업범이라고 할 수는 없다.

② 의사인 피고인이 입원치료를 받을 필요가 없는 환자들이 보험금 수령을 위하여 입원치료를 받으려고 하는 사실을 알면서도 입원을 허가하여 형식상으로 입원치료를 받도록 한 후 입원확인서를 발급하여 준 경우 사기방조죄가 성립한다.

③ 사기도박에 있어서 사기적인 방법으로 도금을 편취하려고 하는 자가 상대방에게 도박에 참가할 것을 권유하는 등의 행위를 개시한 때에 사기죄의 실행의 착수가 있는 것으로 보아야 한다.

④ 쇼핑몰 상가분양사업을 계획하면서 사채와 분양대금만으로 사업부지 매입 및 공사대금을 충당할 수 있다는 막연한 구상 외에 체계적인 사업계획 없이 무리하게 쇼핑몰 상가분양을 강행한 경우 편취의 범의를 인정할 수 있다.

⑤ 평상시 금융기관의 여·수신업무를 처리할 권한이 있는 금융기관 직원이 범죄의 목적으로 전산단말기를 이용하여 다른 공범들이 지정한 특정계좌에 무자원 송금의 방식으로 거액을 입금하였다면 컴퓨터등사용사기죄에서의 '권한 없이 정보를 입력하여 정보처리를 하게 한 경우'에 해당하지 않는다.

해설 ··

①(○) 대법원 2004.7.22, 2004도2390.
②(○) 대법원 2006.1.12, 2004도6577.
③(○) 대법원 2011.1.13, 2010도9330.
④(○) 대법원 2005.4.29, 2005도741.
⑤(×) 형법 제347조의2에서 정하는 컴퓨터등사용사기죄에서의 '권한 없이 정보를 입력하여 정보처리를 하게 한 경우' 에 해당한다(대법원 2006.1.26, 2005도8507). 〈답 ⑤〉

17. 사기죄 등에 관한 다음 설명 중 옳지 않은 것은? (다툼이 있는 경우에는 판례에 의함) <사시 2008년: 배점 2>

① 위조한 사문서를 기망의 수단으로 행사하여 재물 또는 재산상의 이익을

취득한 경우 위조사문서행사죄와 사기죄의 실체적 경합범이 성립한다.

② 자기가 점유하는 타인의 재물을 영득함에 있어서 기망의 수단을 사용한 경우 사기죄와 횡령죄의 상상적 경합범이 성립한다.

③ 타인의 사무를 처리하는 자가 본인을 기망하여 재산상의 이익을 취득하고 본인에게 손해를 가한 경우 배임죄와 사기죄의 상상적 경합범이 성립한다.

④ 자신이 절취한 장물을 자기소유인 것처럼 제3자에게 담보로 제공하고 금원을 편취한 경우 절도죄와 사기죄의 실체적 경합범이 성립한다.

⑤ 대표이사가 회사의 상가분양 사업을 수행하면서 수분양자들을 기망하여 분양대금을 편취한 후 그 분양대금을 임의로 사용한 경우 사기죄와 횡령죄의 실체적 경합범이 성립한다.

해설

①(○) 예금통장을 강취하고 예금자명의의 예금청구서를 위조한 다음 이를 은행원에게 제출·행사하여 예금인출금 명목의 금원을 교부받았다면 강도, 사문서위조 및 동행사, 사기의 각 범죄가 성립하고 이들은 실체적 경합관계에 있다(대법원 1991.9.10, 91도1722).
②(×) 자기가 점유하는 타인의 재물을 횡령하기 위하여 기망수단을 쓴 경우에는 피기망자에 의한 재산처분행위가 없으므로 일반적으로 횡령죄만 성립되고 사기죄는 성립되지 아니한다(대법원 1980.12.9, 80도1177).
③(○) 대법원 2002.7.18, 2002도669 전원합의체.
④(○) 대법원 1980.11.25, 80도2310.
⑤(○) 대법원 2005.4.29, 2005도741. 〈답 ②〉

18. 사기죄에 관한 설명 중 옳지 않은 것은? (다툼이 있는 경우에는 판례에 의함)
<사시 2007년: 배점 2>

① 사기죄의 성립에는 상대방에게 현실적으로 재산상의 손해가 발생할 필요는 없다.

② 사기죄의 본질은 기망에 의한 재물이나 재산상 이익의 취득에 있고, 기망은 널리 재산상의 거래관계에 있어서 서로 지켜야 할 신의칙에 반하는 행위로서 사람으로 하여금 착오를 일으키게 하는 것을 말한다.

③ 원고가 소송에서 주장하는 권리가 존재하지 않는 사실을 알고 있으면서도, 법원을 기망한다는 인식을 가지고 소를 제기하면서 상대방의 주소를 허위로 기재함으로써 그 허위주소로 소송서류가 송달되어 그로 인하여 소송상대방 아닌 다른 사람이 그 서류를 받아 소송이 진행된 경우라도, 소송사기의 실행의 착수를 인정할 수 있다.

④ 매수인이 매매잔금을 지급함에 있어서 착오에 빠져 지급해야 할 금액을 초과하는 돈을 교부하는 경우, 매도인이 매매잔금을 교부받던 중에 그 사실을 알게 되었음에도 불구하고 상대방이 건네주는 돈을 그대로 수령

하였다면 특별한 사정이 없는 한 매도인에게 사기죄가 성립한다.

⑤ 금융기관 직원이 전산단말기를 이용하여 다른 공범들이 지정한 특정계좌에 돈이 입금된 것처럼 허위의 정보를 입력하여 위 계좌로 입금완료되었다고 하더라도, 그 뒤 그러한 입금이 취소되어 현실적으로 재산상의 이익을 얻지 못하게 된 경우 컴퓨터등사용사기죄의 미수범에 해당한다.

해설

①(○) 대법원 2004.4.9, 2003도7828.
②(○) 대법원 2002.2.5, 2001도5789.
③(○) 대법원 2006.11.10, 2006도5811.
④(○) 대법원 2004.5.27, 2003도4531.
⑤(×) 금융기관 직원이 전산단말기를 이용하여 다른 공범들이 지정한 특정계좌에 돈이 입금된 것처럼 허위의 정보를 입력하는 방법으로 위 계좌로 입금되도록 한 경우, 이러한 입금절차를 완료함으로써 장차 그 계좌에서 이를 인출하여 갈 수 있는 재산상 이익을 취득하였으므로 형법 제347조의2에서 정하는 컴퓨터등사용사기죄는 기수에 이르렀고, 그 후 그러한 입금이 취소되어 현실적으로 인출되지 못하였다고 하더라도 이미 성립한 컴퓨터등사용사기죄에 어떤 영향이 있다고 할 수는 없다(대법원 2006.9.14, 2006도4127).

〈답 ⑤〉

대법원 2006.11.10, 2006도5811 소송사기는 법원을 기망하여 자기에게 유리한 판결을 얻고 이에 터잡아 상대방으로부터 재물의 교부를 받거나 재산상 이익을 취득하는 것을 말하는 것으로서 소송에서 주장하는 권리가 존재하지 않는 사실을 알고 있으면서도 법원을 기망한다는 인식을 가지고 소를 제기하면 이로써 실행의 착수가 있고 소장의 유효한 송달을 요하지 아니한다고 할 것인바, 이러한 법리는 제소자가 상대방의 주소를 허위로 기재함으로써 그 허위주소로 소송서류가 송달되어 그로 인하여 상대방 아닌 다른 사람이 그 서류를 받아 소송이 진행된 경우에도 마찬가지로 적용된다.

19. 재산범죄와 관련한 아래 문장에서 어느 ( )에도 들어갈 수 없는 죄명은?
(다툼이 있는 경우에는 판례에 의함) <사시 2009년: 배점 3>

가. 기업의 경영자가 주식을 매입함에 있어 합리적으로 가능한 범위 내에서 수집한 정보를 근거로 하여 당해 기업이 처한 경제적 상황이나 그 행위로 인한 손실발생과 이익획득의 개연성 등의 제반 사정을 신중하게 검토하지 아니한 채, 당해 기업이나 경영자 개인이 정치적인 이유 등으로 곤란함을 겪고 있는 상황에서 벗어나기 위해서는 비록 경제적인 관점에서 기업에 재산상 손해를 가하는 결과가 초래되더라도 이를 용인할 수밖에 없다는 인식하에 의도적으로 그와 같은 행위를 하였다면 ( )의 고의는 있었다고 봄이 상당하다.

나. 손자가 할아버지 소유의 농업협동조합 예금통장을 절취하여 이를 현

금자동지급기에 넣고 조작하는 방법으로 예금 잔고를 자신의 거래은행 계좌로 이체한 경우 위 농업협동조합이 ( )의 피해자이기 때문에 친족상도례를 적용할 수 없다.

다. 강취한 현금카드를 사용하여 현금자동지급기에서 예금을 인출한 행위는 피해자의 승낙에 기한 것이라고 할 수 없으므로 현금자동지급기 관리자의 의사에 반하여 그의 지배를 배제하고 그 현금을 자기의 지배하에 옮겨 놓는 것이 되어서 강도죄와는 별도로 ( )를 구성한다고 할 것이다.

라. 자동차의 명의신탁관계에서 제3자가 명의수탁자로부터 허락받고 인감증명 등을 교부받아 명의신탁자가 점유하고 있는 위 자동차를 신탁자 몰래 가져간 경우 위 제3자와 명의수탁자의 공모·가공이 밝혀지면 ( )의 공모공동정범이 성립한다.

마. 피고인이 접속 후 매 30초당 정보이용료 1,000원이 부과되는 060 회선을 임차하여 휴대폰 사용자들인 피해자들에게 음악편지도착 등의 문자메세지를 무작위로 보내어 마치 아는 사람으로부터 음악 및 음성메세지가 도착한 것으로 오인하게 하여 통화버튼을 눌러 접속하게 한 후 정보이용료가 부과되게 한 행위는 ( )의 구성요건에 해당한다.

① 사기죄 ② 횡령죄 ③ 업무상 배임죄
④ 절도죄 ⑤ 컴퓨터등사용사기죄

해설

가(업무상 배임죄) 당해 기업이나 경영자 개인이 정치적인 이유 등으로 곤란함을 겪고 있는 상황에서 벗어나기 위해서는 비록 경제적인 관점에서 기업에 재산상 손해를 가하는 결과가 초래되더라도 이를 용인할 수밖에 없다는 인식하에 의도적으로 그와 같은 행위를 하였다면 업무상 배임죄의 고의는 있었다고 봄이 상당하다(대법원 2007.3.15, 2004도5742).

나(컴퓨터등사용사기죄) 농업협동조합이 컴퓨터등사용사기 범행의 피해자이므로 친족상도례를 적용할 수 없다(대법원 2007.3.15, 2006도2704).

다(절도죄) 강취한 현금카드를 사용하여 현금자동지급기에서 예금을 인출한 행위는 피해자의 승낙에 기한 것이라고 할 수 없으므로, 현금자동지급기 관리자의 의사에 반하여 그의 지배를 배제하고 그 현금을 자기의 지배하에 옮겨 놓는 것이 되어서 강도죄와는 별도로 절도죄를 구성한다(대법원 2007.5.10, 2007도1375).

라(절도죄) 자동차 명의신탁관계에서 제3자가 명의수탁자로부터 승용차를 가져가 매도할 것을 허락받고 인감증명 등을 교부받아 위 승용차를 명의신탁자 몰래 가져간 경우, 위 제3자와 명의수탁자의 공모·가공에 의한 절도죄의 공모공동정범이 성립한다(대법원 2007.1.11, 2006도4498).

마(사기죄) 피고인이 접속 후 매 30초당 정보이용료 1,000원이 부과되는 060 회선을 임차하여 휴대폰 사용자들인 피해자들에게 음악편지도착 등의 문자메세지를 무작위로 보내어 마치 아는 사람으로부터 음악 및 음성메세지가 도착한 것으로 오인하게 하여 통화버튼을 눌러 접속하게 한 후 정보이용료가 부과되게 한 행위는 사기죄의 구성요건에 해당한다(대법원 2004.10.15, 2004도4705). 〈답 ②〉

20. 사기죄에 관한 다음 설명 중 옳지 않은 것을 모두 고르면? (다툼이 있는 경우에는 판례에 의함)

㉠ 피고인의 딸과 피해자의 아들이 혼인하여 피고인과 피해자가 사돈지간인 경우 피해자의 고소가 있어야 공소를 제기할 수 있다. ㉡ 입원의 필요성이 없음에도 의사로 하여금 입원치료의 필요성이 있다고 오판하도록 하여 필요 이상의 장기입원을 하고 보험회사에 대하여 보험약관에 정한 입원기간을 충족시켰다고 주장하면서 보험금을 청구하는 행위는 사기죄에 있어서의 기망행위에 해당한다. ㉢ 명의신탁자가 매도인 명의를 수탁자로 하여 제3자에게 신탁재산을 매도하는 계약을 체결하면서 수탁자가 위 신탁재산의 매도를 반대하며 매도에 따른 절차이행에 협조하기를 거절하고 있는 사정을 숨겼다고 하여 매수인인 제3자에 대한 기망행위가 되는 것은 아니다. ㉣ 피고인이 여러 피해자를 유인하여 사기도박으로 도금을 편취한 경우 피해자별로 수개의 사기죄가 성립하고, 피해자들에 대한 각 사기죄는 실체적 경합의 관계에 있다. ㉤ 채무자가 채권자에 대하여 소정기일까지 지급할 의사나 능력이 없음에도 종전 채무의 변제기를 늦출 목적에서 어음을 발행, 교부한 경우에는 사기죄가 성립한다. ㉥ 특정 질병을 앓고 있는 사람이 보험회사가 정한 약관에 그 질병에 대한 고지의무를 규정하고 있음을 알면서도 이를 고지하지 아니한 채 그 사실을 모르는 보험회사와 그 질병을 담보하는 보험계약을 체결한 다음 바로 그 질병의 발병을 사유로 하여 보험금을 청구하였다고 하더라도 보험회사가 고지의무위반을 이유로 보험계약을 해제할 수 있다면 사기죄가 성립하지는 않는다.

① ㉢ ㉣　　② ㉣ ㉥　　③ ㉠ ㉡ ㉣
④ ㉠ ㉢ ㉤　　⑤ ㉡ ㉣ ㉥　　⑥ ㉠ ㉢ ㉣ ㉤
⑦ ㉠ ㉢ ㉣ ㉥　　⑧ ㉠ ㉢ ㉤ ㉥

해설

㉠(×) 친족상도례가 적용되는 친족의 범위는 민법의 규정에 의하여야 하는데, 민법 제769조는 '혈족의 배우자의 혈족'을 인척에 포함시키지 않고 있으므로 사기죄의 피고인과 피해자가 사돈지간이라고 하더라도 이를 민법상 친족으로 볼 수 없다(대법원 2011.4.28, 2011도2170).
㉡(○) 대법원 2007.6.15, 2007도2941 참조.
㉢(×) 피고인이 이른바 계약명의신탁약정에 의하여 명의수탁자에게 명의신탁한 부동산

을 피해자에게 매도함에 있어, 해당 부동산의 소유명의자인 명의수탁자가 명의신탁자인 피고인에게 종전의 명의신탁약정에 기한 포괄적 명의사용 허락을 이미 철회하였고 해당 부동산의 매도를 반대하고 그 매도에 따른 절차이행에 협조하지 아니하겠다는 의사를 명시적으로 밝히고 있는 이상, 피고인이 해당 부동산을 피해자에게 매도하여 그 부동산에 관하여 피해자에게 소유권을 이전해주는 것은 불가능하거나 현실적으로 매우 어려운 일이라고 할 것이고, 일반거래의 경험칙상 피해자가 해당 부동산의 소유명의자인 명의수탁자가 해당 부동산의 매도를 반대하고 그 매도에 따른 절차이행에 협조하지 아니하겠다고 하고 있는 사정을 미리 알았더라면 해당 부동산을 매수하지 아니하였을 것이라는 관계가 인정된다면, 피고인으로서는 신의성실의 원칙상 피해자와 매매계약을 체결하기 이전에 명의수탁자의 위와 같은 의사에 관하여 피해자에게 미리 고지하여야 할 법률상 의무가 있다고 할 것인데도, 피고인이 이를 숨긴 채 명의수탁자 명의로 매매계약을 체결한 것은 피해자를 기망한 것이라고 봄이 상당하다(대법원 2007.11.30, 2007도4812).

㉣(×) 사회관념상 1개의 행위로 평가하는 것이 타당하므로, 피해자들에 대한 각 사기죄는 상상적 경합의 관계에 있다(대법원 2011.1.13, 2010도9330).

㉤(○) 사기죄는 타인을 기망하여 착오에 빠뜨리게 하고 그 처분행위를 유발하여 재물 또는 재산상의 이득을 얻음으로써 성립하는 것인데, 여기서 처분행위라고 하는 것은 재산적 처분행위를 의미하고 그것은 주관적으로 피기망자가 처분의사, 즉 처분결과를 인식하고 객관적으로는 이러한 의사에 지배된 행위가 있을 것을 요하지만 반드시 작위에 의할 것임을 요하지는 아니하며, 한편 채무이행을 연기 받는 것도 사기죄에 있어서 재산상의 이익이 되므로 채무자가 채권자에 대하여 소정기일까지 지급할 의사나 능력이 없음에도 종전 채무의 변제기를 늦출 목적에서 어음을 발행, 교부한 경우에는 사기죄가 성립한다(대법원 2007.3.30, 2005도5972).

㉥(×) 특정 질병을 앓고 있는 사람이 보험회사가 정한 약관에 그 질병에 대한 고지의무를 규정하고 있음을 알면서도 이를 고지하지 아니한 채 그 사실을 모르는 보험회사와 그 질병을 담보하는 보험계약을 체결한 다음 바로 그 질병의 발병을 사유로 하여 보험금을 청구하였다면 특별한 사정이 없는 한 사기죄에 있어서의 기망행위 내지 편취의 범의를 인정할 수 있고, 보험회사가 그 사실을 알지 못한 데에 과실이 있다거나 고지의무위반을 이유로 보험계약을 해제할 수 있다고 하여 사기죄의 성립에 영향이 생기는 것은 아니다(대법원 2007.4.12, 2007도967).

〈답 ⑦〉

21. 사기죄에 관한 설명 중 옳지 않은 것은? (다툼이 있는 경우에는 판례에 의함) <변호사 2012년>

① 변호사가 대법관에게 로비자금으로 사용한다고 기망하여 의뢰인에게서 금원을 교부받은 경우 사기죄가 성립할 수 있다.

② 사기범행의 피해자로부터 현금을 예금계좌로 송금 받은 경우 사기죄의 객체는 재산상 이익이 아니라 재물이다.

③ 임대차계약을 체결하면서 임대인이 임차인에게 임대목적물에 대한 경매가 진행 중인 사실을 알리지 않으면 사기죄가 성립할 수 있다.

④ 피기망자와 피해자가 일치하지 않아도 사기죄가 성립할 수 있다.

⑤ 상대방으로부터 소송비용 명목으로 일정한 금액을 이미 송금 받았음에도 불구하고 그 상대방을 피고로 하여 소송비용 상당액의 지급을 구하

는 손해배상금 청구의 소를 제기하였다가 판사의 권유에 따라 소를 취하한 경우라도 사기죄의 미수범으로 처벌된다.

해설 ....

①(○) 대법원 1995.9.15, 95도707.
②(○) 대법원 2010.12.9, 2010도6256(사기죄의 객체는 타인이 점유하는 '타인의' 재물 또는 재산상의 이익이므로, 피해자와의 관계에서 살펴보아 그것이 피해자 소유의 재물인지 아니면 피해자가 보유하는 재산상의 이익인지에 따라 '재물'이 객체인지 아니면 '재산상의 이익'이 객체인지 구별하여야 하는 것).
③(○) 대법원 1998.12.8, 98도3263(임차인이 등기부를 확인 또는 열람하는 것이 가능하더라도 사기죄가 성립).
④(○) 대법원 1991.1.15, 90도2180.
⑤(×) 대법원 2005.12.8, 2005도8105(민사소송법상 소송비용의 청구는 소송비용액 확정절차에 의하도록 규정하고 있으므로, 위 절차에 의하지 아니하고 손해배상금 청구의 소 등으로 소송비용의 지급을 구하는 것은 소의 이익이 없는 부적법한 소로서 허용될 수 없다고 할 것이므로, 소송비용을 편취할 의사로 소송비용의 지급을 구하는 손해배상청구의 소를 제기하였다고 하더라도 이는 객관적으로 소송비용의 청구방법에 관한 법률적 지식을 가진 일반인의 판단으로 보아 결과발생의 가능성이 없어 위험성이 인정되지 않는다). 〈답 ⑤〉

22. 사기죄에 관한 설명 중 옳지 않은 것을 모두 고르면? (다툼이 있는 경우에는 판례에 의함)

㉠ 사람을 기망하여 부동산의 소유권을 이전받거나 제3자로 하여금 이전받게 함으로써 이를 편취한 경우에 특정경제범죄가중처벌등에관한법률 제3조의 적용을 전제로 하여 이득액을 산정함에 있어서, 편취한 부동산에 대하여 압류나 가등기가 경료되어 있다는 사정은 부동산의 객관적인 시가보다 감액하여 평가할 사유가 되지 못한다.
㉡ 자기 상점 앞에 설치되어 있는 담배자동판매기에 행인이 동전을 넣고 담배를 꺼내가는 것을 지켜보면서 상점 주인은 행인이 진짜 동전을 넣는 것으로 생각했지만 사실은 가짜 동전이었던 경우 사기죄가 성립한다.
㉢ 甲이 乙명의 차용증을 가지고 있기는 하나 그 채권의 존재에 관하여 乙과 다툼이 있는 상황에서 당초에 없던 월 2푼의 약정이자에 관한 내용 등을 부가한 乙명의 차용증을 새로 위조하여, 이를 바탕으로 자신의 처에 대한 채권자인 丙에게 차용원금 및 위조된 차용증에 기한 약정이자를 양도하고, 이러한 사정을 모르는 丙으로 하여금 乙을 상대로 양수금 청구소송을 제기하도록 한 경우, 甲의 행위는 丙을 도구로 이용한 간접정범 형태의 소송사기죄를 구성한다.
㉣ 신용보증기금의 신용보증서 발급이 피고인의 기망행위에 의하여 이루어진 이상 그로써 사기죄는 성립하고, 그로 인하여 피고인이 취득

한 재산상 이익은 신용보증금액 상당액이다.
ⓜ 공무원이 취급하는 사건에 관하여 청탁 또는 알선을 할 의사와 능력이 없음에도 청탁 또는 알선을 한다고 기망하고, 이에 속은 피해자로부터 청탁 또는 알선을 한다는 명목으로 금품을 받은 경우, 그 행위는 변호사법 위반죄나 알선수재죄를 구성하는 것과 상관없이 사기죄를 구성한다.

① ㉡　　② ㉠ ㉡　　③ ㉡ ㉣
④ ㉣ ㉤　　⑤ ㉠ ㉡ ㉣　　⑥ ㉠ ㉡ ㉤
⑦ ㉡ ㉢ ㉣　　⑧ ㉢ ㉣ ㉤

해설

㉠(×) 사람을 기망하여 부동산의 소유권을 이전받거나 제3자로 하여금 이전받게 함으로써 이를 편취한 경우에 특정경제범죄가중처벌등에관한법률 제3조의 적용을 전제로 하여 그 부동산의 가액을 산정함에 있어서는, 그 부동산에 아무런 부담이 없는 때에는 그 부동산의 시가 상당액이 곧 그 가액이라고 볼 것이지만, 그 부동산에 근저당권설정등기가 경료되어 있거나 압류 또는 가압류 등이 이루어져 있는 때에는 특별한 사정이 없는 한 아무런 부담이 없는 상태에서의 그 부동산의 시가 상당액에서 근저당권의 채권최고액 범위 내에서의 피담보채권액, 압류에 걸린 집행채권액, 가압류에 걸린 청구금액 범위 내에서의 피보전채권액 등을 뺀 실제의 교환가치를 그 부동산의 가액으로 보아야 한다(대법원 2007.4.19, 2005도7288 전원합의체).
㉡(×) 자동판매기 기타 유료 자동설비를 이용하여 재물 또는 재산상의 이익을 취득한 때에는 편의시설부정이용죄가 성립한다(제348조의2). 편의시설부정이용죄는 사기죄에 대한 보충적 구성요건이면서 동시에 절도죄의 적용범위를 축소하는 특별구성요건이다.
㉢(○) 대법원 2007.9.6, 2006도3591.
㉣(○) 대법원 2008.2.28, 2007도10416.
㉤(○) 대법원 2008.2.28, 2007도10004. 〈답 ②〉

23. 다음 기술 중 사기죄가 성립하지 않는 것을 모두 고른 것은? (다툼이 있는 경우에는 판례에 의함) <사시 2010년: 배점 2>

가. 토지거래허가를 받지 아니하여 유동적 무효의 상태인 부동산매매계약이라 하더라도 매수인이 제3자로부터 금전을 융자받을 목적으로 매도인을 기망하여 매도인 소유의 부동산에 제3자 앞으로 근저당권을 설정하게 함으로써 재산상 이익을 취득한 경우
나. 부동산 가압류결정을 받아 부동산에 관한 가압류집행까지 마친 자가 기망을 당하여 그 압류를 해제하였는데, 그후 가압류의 피보전채권이 존재하지 않는 것으로 밝혀진 경우
다. 甲이 건축허가를 받는데 필요하다고 乙을 속여 교부받은 인감증명서 등으로 등기소요 서류를 작성한 후 乙소유의 부동산에 대해 甲

명의로 소유권이전등기를 마친 경우
라. 금품 등을 받을 것을 전제로 성행위에 응한 부녀를 기망하여 성행위 대가의 지급을 면한 경우
마. 보험모집인인 甲이 자동차 보험가입자인 乙의 형사책임을 면하게 하기 위하여 乙의 미납보험료가 정상적으로 납부된 것처럼 전산조작하는 방법으로 보험회사를 기망하여 보험가입사실증명원을 발급받은 경우
바. 분식회계에 의한 재무제표 등으로 금융기관을 기망하여 대출을 받은 경우

① 가 마　　② 다 마　　③ 라 마
④ 마 바　　⑤ 가 다 마　　⑥ 나 다 라

해설

가(○) 사기죄가 성립한다(대법원 2008.2.14, 2007도10658).
나(○) 부동산 가압류결정을 받아 부동산에 관한 가압류집행까지 마친 자가 그 가압류를 해제하면 소유자는 가압류의 부담이 없는 부동산을 소유하는 이익을 얻게 되므로, 가압류를 해제하는 것 역시 사기죄에서 말하는 재산적 처분행위에 해당하고, 그 이후 가압류의 피보전채권이 존재하지 않는 것으로 밝혀졌다고 하더라도 가압류의 해제로 인한 재산상의 이익이 없었다고 할 수 없다(대법원 2007.9.20, 2007도5507). 이러한 경우 가압류청구금액 상당의 재산상의 이익을 취득한 사기죄가 성립한다(대법원 2007.7.26, 2007도3160).
다(×) 피해자의 위 부동산에 관한 처분행위가 있었다고 할 수 없으므로 사기죄를 구성하지 않는다(대법원 2001.7.13, 2001도1289).
라(○) 일반적으로 부녀와의 성행위 자체는 경제적으로 평가할 수 없고, 부녀가 상대방으로부터 금품이나 재산상 이익을 받을 것을 약속하고 성행위를 하는 약속 자체는 선량한 풍속 기타 사회질서에 위반한 사항을 내용으로 하는 법률행위로서 무효이나, 사기죄의 객체가 되는 재산상의 이익이 반드시 사법상 보호되는 경제적 이익만을 의미하지 아니하고, 부녀가 금품 등을 받을 것을 전제로 성행위를 하는 경우 그 행위의 대가는 사기죄의 객체인 경제적 이익에 해당하므로, 부녀를 기망하여 성행위 대가의 지급을 면하는 경우 사기죄가 성립한다(대법원 2001.10.23, 2001도2991).
마(×) 보험가입사실증명원은 교통사고를 일으킨 차가 교통사고처리특례법 제4조에서 정한 취지의 보험에 가입하였음을 보험회사가 증명하는 내용의 문서일 뿐이고 거기에 재물이나 재산상의 이익의 처분에 관한 사항을 포함하고 있는 것은 아니므로, 이러한 문서의 불법취득에 의해 침해된 또는 침해될 우려가 있는 법익은 보험가입사실증명원인 서면 그 자체가 아니고 그 문서가 교통사고처리특례법 제4조에 정한 보험에 가입한 사실의 진위에 관한 내용이라고 할 것이고, 따라서 이러한 증명에 의하여 사기죄에서 말하는 재물이나 재산상의 이익이 침해된 것으로 볼 것은 아니어서 보험가입사실증명원은 사기죄의 객체가 되지 아니한다(대법원 1997.3.28, 96도2625).
바(○) 분식회계에 의한 재무제표 등으로 금융기관을 기망하여 대출을 받았다면 사기죄는 성립하고, 변제의사와 변제능력의 유무 그리고 충분한 담보가 제공되었다거나 피해자의 전체 재산상에 손해가 없고, 사후에 대출금이 상환되었다고 하더라도 사기죄의 성립에는 영향이 없다(대법원 2005.4.29, 2002도7262). 〈답 ②〉

24. 신용카드관련 범죄에 대한 설명 중 옳지 않은 것을 모두 조합한 것은? (판례에 의함)

> ㉠ 단순히 절취한 신용카드를 제시하였을 뿐 매출표에 서명하여 이를 교부하지 않았다면 신용카드부정사용죄의 미수에 해당한다.
> ㉡ 현금카드의 소유자로부터 편취한 현금카드를 이용하여 현금자동지급기에서 예금을 인출한 경우 포괄하여 하나의 사기죄를 구성한다.
> ㉢ 직불카드를 절취한 후 그 직불카드를 이용하여 현금자동지급기에서 피해자의 예금을 인출한 때에는 직불카드부정행사죄(여신전문금융업법 제70조 1항)에 해당한다.
> ㉣ 절취한 타인명의의 신용카드로 수회에 걸쳐 물품을 구입한 때에는 절도죄와 수개의 사기죄는 실체적 경합관계에 있고, 수개의 신용카드부정사용죄는 포괄일죄가 된다.
> ㉤ 절취한 타인의 신용카드로 가맹점에서 물품을 구입하고 매출전표를 작성·교부한 때에는 절도죄와 사기죄, 사문서위조죄 및 동행사죄, 신용카드부정사용죄의 실체적 경합이 된다.
> ㉥ 폭행·협박으로 피해자로 하여금 매출전표에 서명을 하게 한 다음 이를 교부받아 소지한 경우, 피해자가 허위로 서명을 하여 교부하였더라도 강도죄가 성립한다.

① ㉢ ㉤ ② ㉣ ㉤ ③ ㉤ ㉥
④ ㉠ ㉡ ㉤ ⑤ ㉠ ㉢ ㉤ ⑥ ㉡ ㉢ ㉣
⑦ ㉡ ㉤ ㉥ ⑧ ㉠ ㉢ ㉤ ㉥

해설 ……………………………………

㉠(×) 신용카드의 사용이란 신용카드를 제시하여 매출전표에 서명하여 교부하는 일련의 행위를 말하며(대법원 1993.11.23, 93도604), 절취한 신용카드의 부정사용죄에는 미수범 처벌규정이 없다.
㉡(○) 대법원 2005.9.30, 2005도5869.
㉢(×) 직불카드를 사용하여 현금자동지급기에서 현금을 인출하는 것은 직불카드를 그 본래의 용법에 따라 사용하는 것이라고 할 수는 없으므로, 피고인이 피해자의 직불카드를 절취한 후 그 직불카드를 이용하여 현금을 인출한 행위는 직불카드부정사용죄에 해당하지 않는다(대법원 2003.11.14, 2003도3977).
㉣(○) 대법원 1996.7.12, 96도1181.
㉤(×) 사문서위조 및 동행사죄는 신용카드부정사용죄에 흡수되어 별도로 성립하지 않는다(대법원 1992.6.9, 92도77).
㉥(○) 대법원 1997.2.25, 96도3411. 〈답 ⑤〉

① **대법원 2005.9.30, 2005도5869** 예금주인 현금카드 소유자로부터 그 카드를 편취하여, 비록 하자 있는 의사표시이기는 하지만 현금카드 소유자의 승낙에 의하여 사용권한을 부여받은 이상, 그 소유자가 승낙의 의사표시를 취소하기까지는 현금카드를

적법 · 유효하게 사용할 수 있으며, 은행 등 금융기관은 현금카드 소유자의 지급정지 신청이 없는 한 카드 소유자의 의사에 따라 그의 계산으로 적법하게 예금을 지급할 수밖에 없는 것이므로, 피고인이 현금카드의 소유자로부터 현금카드를 사용한 예금인출의 승낙을 받고 현금카드를 교부받은 행위와 이를 사용하여 현금자동지급기에서 예금을 여러 번 인출한 행위들은 모두 현금카드 소유자의 예금을 편취하고자 하는 피고인의 단일하고 계속된 범의 아래에서 이루어진 일련의 행위로서 포괄하여 하나의 사기죄를 구성한다고 볼 것이지, 현금자동지급기에서 카드 소유자의 예금을 인출 · 취득한 행위를 현금자동지급기 관리자의 의사에 반하여 그가 점유하고 있는 현금을 절취한 것이라 하여 이를 현금카드 편취행위와 분리하여 따로 절도죄로 처단할 수는 없다.

② **대법원 1993.11.23, 93도604** 신용카드업법 제25조 1항 소정의 신용카드부정사용죄의 구성요건적 행위인 신용카드의 사용이라 함은 신용카드의 소지인이 신용카드의 본래 용도인 대금결제를 위하여 가맹점에 신용카드를 제시하고 매출표에 서명하여 이를 교부하는 일련의 행위를 가리키므로, 단순히 신용카드를 제시하는 행위만으로는 신용카드부정사용죄의 실행에 착수한 것에 불과하고 그 사용행위를 완성한 것으로 볼 수 없다.

25. 다음 설명 중 옳은 것을 모두 고른 것은? (다툼이 있는 경우에는 판례에 의함) <사시 2008년: 배점 2>

㉠ 신용카드 대금을 결제할 의사나 능력이 없음에도 불구하고 자기명의로 신용카드를 발급받아 현금자동지급기를 통하여 현금대출을 받은 경우 사기죄와 절도죄가 성립한다. ㉡ 타인의 명의를 모용하여 발급받은 신용카드로 현금자동지급기에서 현금서비스를 받는 경우 인출한 현금에 대해서는 절도죄가 성립한다. ㉢ 강취한 신용카드를 가지고 자신이 그 신용카드의 정당한 소지인인 것처럼 가게 종업원을 속이고 물품을 구입한 경우 여신전문금융업법상 신용카드부정사용죄와 별도로 사기죄는 성립하지 않는다. ㉣ 소유자를 공갈하여 예금인출에 대한 승낙을 받고 현금카드를 교부받은 후 이를 이용하여 현금자동지급기에서 예금을 인출한 경우 공갈죄와 별도로 절도죄는 성립하지 않는다. ㉤ 잔여통화가능 금액이 없어 더 이상 사용할 수 없는 공중전화카드의 자기기록 부분에 전자정보를 기록하여 사용가능한 공중전화카드로 만든 경우 유가증권위조죄가 성립한다.

① ㉠ ㉡ ㉢ ② ㉠ ㉡ ㉣ ③ ㉠ ㉡ ㉤
④ ㉠ ㉢ ㉣ ⑤ ㉡ ㉢ ㉣ ⑥ ㉡ ㉢ ㉤
⑦ ㉡ ㉣ ㉤ ⑧ ㉢ ㉣ ㉤

해설

㉠(×) 카드사용으로 인한 카드회사의 손해는 그것이 자동지급기에 의한 인출행위이든 가맹점을 통한 물품구입행위이든 불문하고 모두가 피해자인 카드회사의 기망당한 의사표

시에 따른 카드발급에 터잡아 이루어지는 사기의 포괄일죄이다(대법원 1996.4.9, 95도2466).

ⓛ(○) 피고인이 타인의 명의를 모용하여 신용카드를 발급받은 경우, 비록 카드회사가 피고인으로부터 기망을 당한 나머지 피고인에게 피모용자 명의로 발급된 신용카드를 교부하고, 사실상 피고인이 지정한 비밀번호를 입력하여 현금자동지급기에 의한 현금대출(현금서비스)을 받을 수 있도록 하였다 할지라도, 카드회사의 내심의 의사는 물론 표시된 의사도 어디까지나 카드명의인인 피모용자에게 이를 허용하는 데 있을 뿐 피고인에게 이를 허용한 것은 아니라는 점에서, 피고인이 타인의 명의를 모용하여 발급받은 신용카드를 사용하여 현금자동지급기에서 현금대출을 받는 행위는 카드회사에 의하여 미리 포괄적으로 허용된 행위가 아니라, 현금자동지급기의 관리자의 의사에 반하여 그의 지배를 배제한 채 그 현금을 자기의 지배하에 옮겨 놓는 행위로서 절도죄에 해당한다(대법원 2006.7.27, 2006도3126).

ⓒ(×) 신용카드부정사용죄와 별도로 사기죄가 성립한다(대법원 1997.1.21, 96도2715).

ⓔ(○) 대법원 1996.9.20, 95도1728 참조.

ⓜ(○) 공중전화카드는 형법 제214조의 유가증권에 해당하므로 폐공중전화카드의 자기기록 부분에 전자정보를 기록하여 사용가능한 공중전화카드를 만든 행위는 유가증권위조죄에 해당한다(대법원 1998.2.27, 97도2483). 〈답 ⑦〉

대법원 1996.9.20, 95도1728 예금주인 현금카드 소유자를 협박하여 그 카드를 갈취하였고, 하자 있는 의사표시이기는 하지만 피해자의 승낙에 의하여 현금카드를 사용할 수 있는 권한을 부여받아 이를 이용하여 현금을 인출한 이상, 피해자가 그 승낙의 의사표시를 취소하기까지는 현금카드를 적법·유효하게 사용할 수 있고, 은행의 경우에도 피해자의 지급정지 신청이 없는 한 피해자의 의사에 따라 그의 계산으로 적법하게 예금을 지급할 수밖에 없는 것이므로, 피고인이 피해자로부터 현금카드를 사용한 예금인출의 승낙을 받고 현금카드를 교부받은 행위와 이를 사용하여 현금자동지급기에서 예금을 여러 번 인출한 행위 등은 모두 피해자의 예금을 갈취하고자 하는 피고인의 단일하고 계속된 범의 아래에서 이루어진 일련의 행위로서 포괄하여 하나의 공갈죄를 구성한다고 볼 것이지, 이를 현금카드 갈취행위와 분리하여 따로 절도죄로 처단할 수는 없다.

26. 신용카드범죄와 관련된 다음 설명 중 옳은 것만 고른 것은? (다툼이 있는 경우에는 판례에 의함) <사시 2010년: 배점 2>

가. 절취한 타인의 신용카드를 이용하여 현금지급기에서 자신의 예금계좌로 돈을 이체시킨 후 현금을 인출한 행위는 절도죄가 성립한다.
나. 부정한 방법으로 발급받은 자기 또는 타인 명의의 신용카드를 실제로 사용하면 이는 신용카드부정사용죄를 구성한다.
다. 신용카드부정사용죄와 사기죄는 행위태양과 보호법익이 유사하여 상상적 경합관계에 있다.
라. 절취한 타인의 신용카드로 여러 가맹점에서 수차례 물품을 구입한 경우 신용카드부정사용죄 부분은 포괄하여 일죄가 된다.
마. 정상적으로 대금을 결제할 의사나 능력없이 발급받은 자기명의의 신

용카드로 물품을 구입하고, 또 현금서비스를 받았다면 물품을 구입한 행위와 현금서비스를 받은 행위는 모두 사기죄의 포괄일죄이다.
바. 신용카드를 절취한 사람이 대금을 결제하기 위하여 신용카드를 제시하고 카드회사의 승인까지 받았다고 하더라도 매출전표에 서명한 사실이 없고 도난카드임이 밝혀져 최종적으로 매출취소로 거래가 종료되었다면 신용카드부정사용이 기수에 이른 것이 아니다.

① 가 라 마 ② 라 마 바 ③ 가 나 라 바
④ 가 다 라 바 ⑤ 가 라 마 바 ⑥ 나 다 라 바

해설

가(×) 절취한 타인의 신용카드를 이용하여 현금지급기에서 계좌이체를 한 행위는 컴퓨터등사용사기죄에서 컴퓨터 등 정보처리장치에 권한 없이 정보를 입력하여 정보처리를 하게 한 행위에 해당함은 별론으로 하고 이를 절취행위라고 볼 수는 없고, 한편 위 계좌이체 후 현금지급기에서 현금을 인출한 행위는 자신의 신용카드나 현금카드를 이용한 것이어서 이러한 현금인출이 현금지급기 관리자의 의사에 반한다고 볼 수 없어 절취행위에 해당하지 않으므로 절도죄를 구성하지 않는다(대법원 2008.6.12, 2008도2440).

나(×) 신용카드부정사용죄의 객체는 위조 · 변조 · 분실 · 도난 · 강취 · 횡령 · 사취 · 갈취된 신용카드나 직불카드이다(여신전문금융업법 제70조 1항). 따라서 자기명의의 신용카드를 사용하는 경우에는 신용카드부정사용죄가 성립하지 않는다.

다(×)

라(○) 절취한 카드로 가맹점들로부터 물품을 구입하겠다는 단일한 범의를 가지고 그 범의가 계속된 가운데 동종의 범행인 신용카드 부정사용행위를 동일한 방법으로 반복하여 행하였고, 또 위 신용카드의 각 부정사용의 피해법익도 모두 위 신용카드를 사용한 거래의 안전 및 이에 대한 공중의 신뢰인 것으로 동일하므로, 동일한 신용카드를 위와 같이 부정사용한 행위는 포괄하여 일죄에 해당하고, 신용카드를 부정사용한 결과가 사기죄의 구성요건에 해당하고 그 각 사기죄가 실체적 경합관계에 해당한다고 하여도 신용카드부정사용죄와 사기죄는 그 보호법익이나 행위의 태양이 전혀 달라 실체적 경합관계에 있으므로 신용카드 부정사용행위를 포괄일죄로 취급하는데 아무런 지장이 없다(대법원 1996.7.12, 96도1181).

마(○) 카드사용으로 인한 대금 결제의 의사와 능력이 없으면서도 있는 것 같이 가장하여 카드회사를 기망하고, 카드회사는 이에 착오를 일으켜 일정 한도 내에서 카드사용을 허용해 줌으로써 기망당한 카드회사의 신용공여라는 하자 있는 의사표시에 편승하여 자동지급기를 통한 현금대출도 받고, 가맹점을 통한 물품구입대금 대출도 받아 카드발급회사로 하여금 같은 액수 상당의 피해를 입게 함으로써, 카드사용으로 인한 일련의 편취행위가 포괄적으로 이루어지는 것이다. 따라서 카드사용으로 인한 카드회사의 손해는 그것이 자동지급기에 의한 인출행위이든 가맹점을 통한 물품 구입 행위이든 불문하고 모두가 피해자인 카드회사의 기망당한 의사표시에 따른 카드발급에 터잡아 이루어지는 사기의 포괄일죄이다(대법원 1996.4.9, 95도2466).

바(○) 신용카드를 절취한 사람이 대금을 결제하기 위하여 신용카드를 제시하고 카드회사의 승인까지 받았다고 하더라도 매출전표에 서명한 사실이 없고 도난카드임이 밝혀져 최종적으로 매출취소로 거래가 종결되었다면, 신용카드부정사용의 미수행위에 불과하다(대법원 2008.2.14, 2007도8767). 〈답 ②〉

27. 신용카드관련 범죄에 대한 설명 중 옳지 않은 것을 모두 고르면? (판례에 의함)

> ㉠ 유흥주점 업주가 과다한 술값 청구에 항의하는 피해자들을 폭행 또는 협박하여 피해자들로부터 일정 금액을 지급받기로 합의한 다음, 피해자들이 결제하라고 건네준 신용카드로 합의에 따라 현금서비스를 받거나 물품을 구입한 경우 여신전문금융업법상의 신용카드부정사용에 해당하지 않는다.
> ㉡ 폭행 · 협박으로 피해자로 하여금 신용카드 매출전표에 서명하게 하여 교부받은 경우 아직 신용카드회사에 매출전표를 제출하지 않았다 하더라도 강도죄가 성립한다.
> ㉢ 타인의 신용카드를 부정사용하여 현금자동인출기에서 현금을 인출하여 취득한 행위는 신용카드부정사용죄와 절도죄의 상상적 경합범이 된다.
> ㉣ 강취한 신용카드를 자신의 신용카드인양 가맹점에서 사용하여 주류 등을 취득하였다면 신용카드부정사용죄와 사기죄의 상상적 경합범이 된다.
> ㉤ 정당하게 신용카드를 발급받은 자라 하더라도 과다한 부채의 누적 등으로 신용카드 사용대금을 변제할 의사나 능력이 없는 상황에 처하였음에도 불구하고 신용카드를 사용한 경우 사기죄에 해당한다.

① ㉢ ② ㉠ ㉡ ③ ㉠ ㉣
④ ㉠ ㉤ ⑤ ㉢ ㉣ ⑥ ㉡ ㉢ ㉣
⑦ ㉢ ㉣ ㉤ ⑧ ㉠ ㉢ ㉣ ㉤

해설

㉠(○) 여신전문금융업법 제70조 1항 4호에서 말하는 '강취, 횡령, 기망 또는 공갈로 취득한 신용카드'란 소유자 또는 점유자의 의사에 기하지 않고 그의 점유를 이탈하거나 그의 의사에 반하여 점유가 배제된 신용카드를 가리키며, 이러한 신용카드를 취득하거나 그 점유를 배제하는 행위를 한 자가 반드시 유죄의 처벌을 받을 것을 요하지 아니한다. 신용카드에 대한 피해자들의 점유가 피해자들의 의사에 기하지 않고 이탈하였거나 배제되었다고 보기 어려워 여신전문금융업법상의 신용카드부정사용에 해당하지 않는다(대법원 2006.7.6, 2006도654).

㉡(○) 강도죄의 재산상의 이익은 반드시 사법상 유효한 재산상의 이득만을 의미하는 것이 아니고 외견상 재산상 이득을 얻을 것이라고 인정할 수 있는 사실관계만 있으면 족하다(대법원 1997.2.25, 96도3411).

㉢(×) 신용카드부정사용죄에 해당할 뿐 아니라 그 현금을 취득함으로써 현금자동인출기 관리자의 의사에 반하여 그의 지배를 배제하고 그 현금을 자기의 지배하에 옮겨 놓는 것이 되므로 별도로 절도죄를 구성하고, 위 양 죄의 관계는 그 보호법익이나 행위태양이 전혀 달라 실체적 경합관계에 있는 것으로 보아야 한다(대법원 1995.7.28, 95도997).

㉣(×) 신용카드부정사용죄와 별도로 사기죄가 성립하며(대법원 1997.1.21, 96도2715), 신용카드부정사용죄와 사기죄는 그 보호법익이나 행위의 태양이 전혀 달라 실체적 경합관

계에 있다(대법원 1996.7.12, 96도1181).
㉤(○) 신용카드 사용으로 인한 신용카드업자의 금전채권을 발생케 하는 행위는 카드회원이 신용카드업자에 대하여 대금을 성실히 변제할 것을 전제로 하는 것이므로, 카드회원이 일시적인 자금궁색 등의 이유로 그 채무를 일시적으로 이행하지 못하게 되는 상황이 아니라 이미 과다한 부채의 누적 등으로 신용카드 사용으로 인한 대출금채무를 변제할 의사나 능력이 없는 상황에 처하였음에도 불구하고 신용카드를 사용하였다면, 사기죄에 있어서 기망행위 내지 편취의 범위를 인정할 수 있다(대법원 2006.3.24, 2006도282).

〈답 ⑤〉

28. 사기죄에 대한 설명 중 틀린 것은? (판례에 의함)

① 피고인이 점포에 대한 권리금을 지급한 것처럼 허위의 사용내역서를 작성·교부하여 동업자들을 기망하고 출자금 지급을 면제받으려 하였으나 미수에 그친 경우 동업자들이 피고인에 대한 출자의무를 명시적으로 면제하지 않았더라도, 착오에 빠져 이를 면제해 주는 결과에 이를 수 있어, 이는 부작위에 의한 처분행위에 해당한다.

② 예고등기로 인한 경매대상 부동산의 경매가격 하락 등을 목적으로 허위의 채권을 주장하며 채권자대위의 방식에 의한 원인무효로 인한 소유권보존등기 말소청구소송을 제기한 경우 소송을 통하여 법원을 기망하여 승소판결을 얻음으로써 재물 또는 재산상 이익을 취득하려는 고의 내지 불법영득의 의사가 있었다고 볼 수 없다.

③ 근저당권자의 대리인이 채무자 겸 소유자인 피해자를 대리하여 경매개시결정 정본을 받을 권한이 없음에도, 경매개시결정 정본 등 서류의 수령을 자신에게 위임한다는 내용의 피해자 명의의 위임장을 위조하여 법원에 제출하는 방법으로 경매개시결정 정본을 교부받은 경우, 비록 근저당권이 유효하다고 하더라도 사기죄의 기망행위에 해당한다.

④ 무주부동산의 국가 귀속절차가 취해진 바가 없어 확정적으로 국가 소유가 되지 않은 상황에서 호적신고를 허위로 하는 등으로 상속인을 조작한 후 국가 명의의 소유권보존등기 말소청구를 하여 그 청구의 일부인용판결에 준하는 화해권고결정이 확정된 경우 소송사기의 기수가 된다.

⑤ 사기죄에서 피해자에게 그 대가가 지급된 경우 피해자를 기망하여 그가 보유하고 있는 그 대가를 다시 편취하거나 피해자로부터 그 대가를 위탁받아 보관 중 횡령하였다고 하여 기존에 성립한 사기죄와는 별도의 새로운 사기죄나 횡령죄가 성립하는 것은 아니다.

해설 ···

①(○) 대법원 2009.3.26, 2008도6641.
②(○) 대법원 2009.4.9, 2009도128.

③(○) 대법원 2009. 7.9, 2009도295(사회통념상 도저히 용인될 수 없으므로).
④(○) 대법원 2011.12.13, 2011도8873(청구인용부분에 대하여는 법원을 기망하여 유리한 결정을 받음으로써 당해 부동산 자체를 취득하지는 못하였더라도 '대상 토지의 소유명의를 얻을 수 있는 지위'라는 재산상 이익을 취득한 것이므로).
⑤(×) 새로운 법익의 침해가 발생한 경우이므로, 기존에 성립한 사기죄와는 별도의 새로운 사기죄나 횡령죄가 성립한다(대법원 2009.10.29, 2009도7052). 〈답 ⑤〉

29. <사례 1>과 <사례 2>에 대한 ㉠~㉥의 설명 중 옳지 않은 것을 모두 고르면? (판례에 의함)

〈사례 1〉 甲은 자기 할아버지의 농협 예금통장을 몰래 가져와 농협지점에 설치된 현금자동지급기에 예금통장을 넣고 조작하여 할아버지의 예금계좌에서 70만원을 자신이 거래하는 은행에 개설된 자기계좌로 이체한 후 예금통장은 원래 있던 곳에 갖다 놓았다.
〈사례 2〉 乙은 타인의 명의를 모용하여 발급받은 신용카드를 사용하여 현금자동지급기에서 현금대출을 받고, 그 신용카드의 번호와 비밀번호를 이용하여 ARS 전화서비스를 통하여 신용대출을 받았다.

㉠ 甲이 예금통장을 원래 있던 곳에 갖다 놓았다 하여도 예금통장에 대한 절도죄가 성립한다.
㉡ 甲이 자기계좌로 70만원을 이체한 행위는 컴퓨터등사용사기죄에 해당한다.
㉢ 예금통장에 대해 재산범죄가 성립하는 경우 甲에게는 형이 면제된다.
㉣ 예금이체가 재산범죄를 구성하는 경우 甲에게는 형이 면제된다.
㉤ 乙이 현금대출을 받은 행위는 현금자동지급기의 관리자에 대한 절도죄에 해당한다.
㉥ 乙이 ARS 전화서비스를 통하여 신용대출을 받은 행위는 부정한 명령을 입력하여 정보처리를 하게 함으로써 재산상의 이익을 취득하는 행위로서 컴퓨터등사용사기죄에 해당한다.

① ㉣ ② ㉠ ㉡ ③ ㉢ ㉤
④ ㉣ ㉥ ⑤ ㉤ ㉥ ⑥ ㉡ ㉤ ㉥
⑦ ㉢ ㉣ ㉤ ㉥ ⑧ 없음

해설

㉠(○) 예금통장을 절취하여 예금을 인출한 후 예금통장을 반환하였다고 하여도 예금통장의 고유한 기능가치가 침해되었으므로 불법영득의사가 있다.
㉡(○) 권한 없이 정보를 입력한 것으로 컴퓨터등사용사기죄에 해당한다.
㉢(○) 甲은 피해자의 직계혈족이므로 형이 면제된다(형법 제344조).
㉣(×) 타인예금의 불법이체에 의한 컴퓨터등사용사기죄의 경우 피해자가 예금주인가 금융기관인가에 대해 견해가 대립할 수 있는데, 대법원은 금융기관이 피해자라고 하였다(대법원 2007.3.15, 2006도2704).

ⓜ(○) 대법원 2006.7.27, 2006도3126의 내용이다.
ⓗ(×) 부정한 명령을 입력한 것이 아니라 권한 없이 정보를 입력한 것이다(대법원 2006.7.27, 2006도3126). 〈답 ④〉

① **대법원 2007.3.15, 2006도2704** 친척소유 예금통장을 절취한 피고인이 그 친척 거래 금융기관에 설치된 현금자동지급기에 예금통장을 넣고 조작하는 방법으로 친척 명의 계좌의 예금잔고를 피고인이 거래하는 다른 금융기관에 개설된 피고인 명의 계좌로 이체한 경우, 그 범행으로 인한 피해자는 이체된 예금 상당액의 채무를 이중으로 지급해야 할 위험에 처하게 되는 그 친척 거래 금융기관이라 할 것이고, 거래약관의 면책조항이나 채권의 준점유자에 대한 법리 적용 등에 의하여 위와 같은 범행으로 인한 피해가 최종적으로는 예금명의인인 친척에게 전가될 수 있다고 하여, 자금이체거래의 직접적인 당사자이자 이중지급 위험의 원칙적인 부담자인 거래 금융기관을 위와 같은 컴퓨터등사용사기 범행의 피해자에 해당하지 않는다고 볼 수는 없으므로 위와 같은 경우에는 친족 사이의 범행을 전제로 하는 친족상도례를 적용할 수 없는 것이다.

② **대법원 2006.7.27, 2006도3126** 타인의 명의를 모용하여 발급받은 신용카드를 사용하여 현금자동지급기에서 현금대출을 받는 행위는 카드회사에 의하여 미리 포괄적으로 허용된 행위가 아니라, 현금자동지급기의 관리자의 의사에 반하여 그의 지배를 배제한 채 그 현금을 자기의 지배하에 옮겨 놓는 행위로서 현금자동지급기의 관리자에 대한 절도죄에 해당하고 위와 같이 타인의 명의를 모용하여 발급받은 신용카드의 번호와 그 비밀번호를 이용하여 ARS 전화서비스나 인터넷 등을 통하여 신용대출을 받는 방법으로 재산상 이익을 취득하는 행위 역시 미리 포괄적으로 허용된 행위가 아닌 이상, 컴퓨터 등 정보처리장치에 권한 없이 정보를 입력하여 정보처리를 하게 함으로써 재산상 이익을 취득하는 행위로서 대출금융기관에 대한 컴퓨터등사용사기죄에 해당한다.

30. 사기죄에 대한 설명 중 틀린 것은? (판례에 의함)

① 甲이 일제시대 사정(査定)받은 토지에 대하여 소유자 미복구를 원인으로 국가 명의의 소유권보존등기가 되어 있는 상태에서, 피고인이 타인과 공모하여 乙이 사정명의인 甲의 소유권을 대습상속한 것처럼 상속인의 사망 시기 등을 조작한 다음 乙을 원고로 하여 국가를 상대로 소유권보존등기 말소등기 청구소송을 제기하여 이를 일부 인용하는 취지의 화해권고결정이 확정된 경우 청구인용 부분은 사기죄의 대상인 재산상 이익의 편취에 해당한다.

② 피고인이 부동산에 대해 甲과 신탁금지약정을 체결한 사실을 乙 은행에 알리지 아니한 채 위 부동산을 담보신탁하고 乙 은행에서 대출을 받았다 하더라도 사기죄는 성립하지 아니한다.

③ 피고인이 피해자를 기망하여 부동산 매매계약을 체결하면서 그 대금 중 일부는 현금으로 송금 받고, 나머지는 피해자의 피고인에 대한 기존 채권과 상계하는 방법으로 지급하기로 한 경우 피해자가 후에 그 재산적

처분행위를 사기를 이유로 민법에 따라 취소할 수 있다고 하여도 피고인은 재산상 이익을 취득하였다고 보아야 한다.

④ 甲이 자신이 개발한 주식운용프로그램을 이용하면 상당한 수익을 낼 수 있으며 주식운용에 따른 수익금이 발생할 경우 그 중 1/2에 해당하는 돈을 매달 지급받기로 약정하고, 만일 손해가 발생하더라도 원금과 은행 정기예금 이자 상당의 반환은 보장하겠다는 취지로 A를 기망하여 A의 자금이 예치된 A 명의 주식계좌에 대한 사용권한을 부여받은 경우 甲은 재산상 이익을 취득한 것으로 사기죄에 해당한다.

⑤ 유치권에 의한 경매를 신청한 유치권자가 피담보채권인 공사대금 채권을 실제와 달리 허위로 크게 부풀려 유치권에 의한 경매를 신청한 것만으로는 할 소송사기죄의 실행의 착수에 해당한다고 할 수 없다.

해설

①(○) 이미 국가 명의로 소유권보존등기가 되어 있는 상태에서 소유권보존등기의 말소청구를 하고 청구의 일부인용 판결에 준하는 화해권고결정이 확정된 이상, 청구인용 부분에 대하여는 법원을 기망하여 유리한 결정을 받음으로써 '대상 토지의 소유명의를 얻을 수 있는 지위'라는 재산상 이익을 취득하였다고 할 것이고, 이는 사기죄의 대상인 재산상 이익의 편취에 해당한다는 이유로, 위 청구인용 부분에 대하여 사기죄, 그리고 화해권고결정에 의하여 등기말소청구를 포기한 부분에 대하여 사기미수죄를 각 인정한 원심판단을 수긍하였다(대법원 2011.12.13, 2011도8873).

②(○) 어떤 법률행위를 하려는 사람이 그 법률행위에 따른 상대방의 법률상 지위에 아무런 영향도 미칠 수 없는 사유까지 상대방에게 고지할 의무가 있다고 볼 수는 없으므로, 신탁금지약정 사실을 고지하지 아니하였다고 하여 乙 은행을 기망하였다고 평가할 수 없다(대법원 2012.4.13, 2011도2989).

③(○) 대법원 2012.4.13, 2012도1101.

④(○) 경제적 이익을 기대할 수 있는 자금운용의 권한 내지 지위의 획득도 그 자체로 경제적 가치가 있는 것으로 평가할 수 있다면 사기죄의 객체인 재산상의 이익에 포함되므로, 피고인은 장래의 수익 발생을 조건으로 한 수익분배청구권을 취득하였을 뿐 아니라 그러한 경제적 이익을 기대할 수 있는 자금운용의 권한과 지위를 획득하였고, 이는 주식거래의 특성 등에 비추어 충분히 경제적 가치가 있다고 평가할 수 있으므로 A를 기망하여 그러한 권한과 지위를 획득한 것 자체를 사기죄의 객체인 재산상 이익을 취득한 것으로 볼 수 있어, 피고인에게 사기죄를 인정한 원심판단의 결론은 정당하다(대법원 2012.9.27, 2011도282).

⑤(×) 유치권에 의한 경매를 신청한 유치권자는 일반채권자와 마찬가지로 피담보채권액에 기초하여 배당을 받게 되는 결과 피담보채권인 공사대금 채권을 실제와 달리 허위로 크게 부풀려 유치권에 의한 경매를 신청할 경우 정당한 채권액에 의하여 경매를 신청한 경우보다 더 많은 배당금을 받을 수도 있으므로, 이는 법원을 기망하여 배당이라는 법원의 처분행위에 의하여 재산상 이익을 취득하려는 행위로서, 불능범에 해당한다고 볼 수 없고, 소송사기죄의 실행의 착수에 해당한다(대법원 2012.11.15, 2012도9603). 〈답 ⑤〉

31. 다음 설명 중 옳은 것(○)과 옳지 않은 것(×)을 올바르게 조합한 것은? (다툼이 있는 경우에는 판례에 의함) <사시 2008년: 배점 3>

가. 형법상 사기죄의 성질은 「특정경제범죄가중처벌등에관한법률」 제3조 1항에 의해 가중처벌되는 경우에도 그대로 유지되므로, 「특정경제범죄가중처벌등에관한법률」 제3조 1항 위반죄에도 형법상 친족상도례에 관한 규정이 그대로 적용된다. 나. 친족상도례에 관한 규정은 형법 제323조의 권리행사방해죄와 형법 제327조의 강제집행면탈죄에도 적용된다. 다. 소송사기에 있어서 소장을 접수하지 아니한 채 가압류를 한 사실만으로는 사기죄의 실행에 착수한 것으로 볼 수 없다. 라. 대학교가 교내에서의 집회를 허용하지 아니하고 집회와 관련된 외부인의 출입을 금지하였음에도 집회를 위하여 집회장소인 대학교 강당에 들어간 경우 대학교에 들어갈 때 구체적으로 제지를 받지 아니하였다면 건조물침입죄가 성립하지 않는다. 마. 아버지 소유의 현금카드를 훔쳐서 이를 은행 현금자동지급기에 넣고 조작하는 방법으로 그 은행계좌의 예금잔고를 자신의 거래은행계좌로 이체한 경우 친족상도례에 의하여 형이 면제된다.

① 가(○) 나(○) 다(○) 라(×) 마(○)
② 가(○) 나(○) 다(○) 라(×) 마(×)
③ 가(○) 나(○) 다(×) 라(×) 마(×)
④ 가(○) 나(×) 다(○) 라(○) 마(×)
⑤ 가(×) 나(×) 다(○) 라(×) 마(×)
⑥ 가(×) 나(○) 다(×) 라(○) 마(○)
⑦ 가(×) 나(○) 다(×) 라(×) 마(○)
⑧ 가(○) 나(×) 다(○) 라(×) 마(×)

해설

가(○) 대법원 2000.10.13, 99오1 참조.

나(×) 친족상도례규정은 강도죄와 손괴죄, 점유강취죄, 준점유강취죄, 강제집행면탈죄를 제외한 재산범죄에 적용된다.

다(○) 가압류는 강제집행의 보전방법에 불과한 것이어서 허위의 채권을 피보전권리로 삼아 가압류를 하였다고 하더라도 그 채권에 관하여 현실적으로 청구의 의사표시를 한 것이라고는 볼 수 없으므로, 본안소송을 제기하지 아니한 채 가압류를 한 것만으로는 사기죄의 실행에 착수하였다고 할 수 없다(대법원 1988.9.13, 88도55).

라(×) 대학교가 교내에서의 집회를 허용하지 아니하고 집회와 관련된 외부인의 출입을 금지하였는데도 집회를 위하여 그 대학교에 들어간 것이라면 비록 대학교에 들어갈 때 구체적으로 제지를 받지 아니하였다고 하더라도 대학교 관리자의 의사에 반하여 건조물에 들어간 것으로서 건조물침입죄가 성립한다(대법원 2003.9.23, 2001도4328).

마(×) 손자가 할아버지 소유 농업협동조합 예금통장을 절취하여 이를 현금자동지급기에 넣고 조작하는 방법으로 예금잔고를 자신의 거래은행 계좌로 이체한 경우, 위 농업협동조합이 컴퓨터등사용사기 범행부분의 피해자이므로 친족상도례를 적용할 수 없다(대법원 2007.3.15, 2006도2704). 〈답 ⑧〉

32. 컴퓨터사용사기죄에 관한 설명 중 옳지 않은 것은?

① 컴퓨터조작에 의한 불법이익의 취득이 사기죄에 의하여 처벌되지 않는 결함을 보완하기 위한 규정이다.
② 프로그래머나 오퍼레이터가 아니라도 본죄를 범할 수 있다.
③ 컴퓨터에 허위의 정보나 부정한 명령을 입력하거나 권한 없이 정보를 입력·변경하여 정보처리를 하게 하여야 한다.
④ 재산상의 이익을 취득하거나 제3자로 하여금 취득하게 하여야 한다.
⑤ 오퍼레이터를 기망하여 컴퓨터에 허위의 정보를 입력하여 이익을 취득한 때에도 본죄가 성립한다.

해설

컴퓨터사용사기죄는 사기죄에 대한 보충적 구성요건이므로 사기죄가 성립한 때에는 컴퓨터사용사기죄는 성립될 여지가 없다. 따라서 오퍼레이터를 기망한 때에는 사기죄가 성립하며 본죄가 문제될 여지는 없다. 〈답 ⑤〉

33. 편의시설부정이용죄에 대한 설명 중 옳지 않은 것은?

① 사기죄가 성립할 수 없는 경우의 보충적 구성요건이다.
② 절도죄가 성립하는 때에도 본죄가 성립할 여지가 있다.
③ 현금자동지급기는 유료자동설비가 아니므로 본죄의 객체가 되지 않는다.
④ 자동판매기를 손괴한 후 재물을 가져간 때에는 성립하지 않는다.
⑤ 판례는 타인의 전화카드를 절취하여 전화통화에 이용한 경우에도 본죄가 성립한다고 한다.

해설

①②(○) 편의시설부정이용죄는 사기죄가 성립할 수 없는 경우에 처벌의 결함을 보충하는 범죄임과 동시에 절도죄가 성립하는 때에는 자동판매기를 이용하여 경미한 절도를 행한 경우에 절도죄의 적용범위를 제한하는 기능을 한다.
③(○) 행위의 객체는 유료자동설비이며, 현금자동지급기는 유료자동설비가 아니다.
④(○) 본죄의 행위는 자동설비를 이용하여 재물 또는 재산상의 이익을 취득하는 것이므로 자동판매기를 손괴하고 그 안에 있던 물건을 가져간 때에는 손괴죄와 절도죄가 성립한다.
⑤(×) 대법원은 전화카드를 절취하여 전화통화에 이용한 경우에는 편의시설부정이용죄가 성립하지 않는다고 판시하였다(대법원 2001.9.25, 2001도3625). 이 경우에 판례는 사문서부정행사죄가 성립한다고 한다(대법원 2002.6.25, 2002도461). 〈답 ⑤〉

대법원 2001.9.25, 2001도3625 형법 제348조의2에서 규정하는 편의시설부정이용의 죄는 부정한 방법으로 대가를 지급하지 아니하고 자동판매기, 공중전화 기타 유료자동설비를 이용하여 재물 또는 재산상의 이익을 취득하는 행위를 범죄구성요건으로 하고 있는데, 타인의 전화카드(한국통신의 후불식 통신카드)를 절취하여 전화통화에 이용한 경우에는 통신카드 서비스이용계약을 한 피해자가 그 통신요금을 납부할 책임을 부담하게 되므로, 이러한 경우에는 피고인이 '대가를 지급하지 아니하고' 공중전화를 이용한 경우에 해당한다고 볼 수 없어 편의시설부정이용죄를 구성하지 않는다.

34. 다음 기술 중 甲에게 사기죄가 성립하는 것을 모두 고른 것은? (다툼이 있는 경우에는 판례에 의함) <사시 2011년: 배점 3>

ㄱ. 甲은 은행의 송금 절차의 착오로 자신의 계좌에 입금된 500만 원을 은행에 대하여 예금반환청구를 하여 이를 지급받았다.
ㄴ. 甲은 전매금지된 택지분양권을 A에게 매도한 뒤 이를 다시 B에게 매도한 다음, 이중매도한 사실을 고지하지 아니한 채 B가 C에게 이 분양권을 전매하는 매매계약에 형식적인 매도인으로 관여하면서 직접 매매대금을 수령하지 않고 C로 하여금 B에게 매매대금을 교부하게 하였다.
ㄷ. 甲은 채무변제의 의사나 능력 없이 제3자에 대한 차량담보대출채권을 담보로 제공하고 새마을금고로부터 자동차담보채권액만큼 대출을 받았다. 다만 새마을금고측도 甲의 재무상태 등에 대한 실사를 거쳤지만 새마을금고측의 과실로 甲에 대한 대출이 가능하지 않다는 점을 알아내지 못하였다.
ㄹ. 甲은 A에게 국회의원 입법로비 자금으로 사용할 테니 1,000만 원을 달라고 말하여 그 명목으로 받은 돈을 자신의 채무변제에 사용하였다. 甲은 처음부터 로비자금으로 사용할 의도가 아니라 자신의 기존 채무를 변제하는 데 사용할 생각이었다.

① ㄱ ㄴ　② ㄴ ㄷ　③ ㄴ ㄹ
④ ㄷ ㄹ　⑤ ㄱ ㄷ ㄹ　⑥ ㄴ ㄷ ㄹ
⑦ ㄱ ㄴ ㄷ ㄹ

해설

ㄱ(×) 피고인이 자신 명의의 계좌에 착오로 송금된 돈을 다른 계좌로 이체하는 등 임의로 사용한 경우 횡령죄가 성립한다(대법원 2010.12.9, 2010도891; 대법원 2005.10.28, 2005도5975).

ㄴ(○) 재물편취를 내용으로 하는 사기죄에 있어서는 기망으로 인한 재물교부가 있으면 그 자체로써 피해자의 재산침해가 되어 곧 사기죄는 성립하는 것이고, 그로 인한 이익이 결과적으로 누구에게 귀속하는지는 사기죄의 성부에 아무런 영향이 없다. 따라서 甲이 乙에게 이중매도한 택지분양권을 순차 매수한 丙·丁에게 이중매도 사실을 숨긴 채 자신

의 명의로 형식적인 매매계약서를 작성해 준 경우 甲이 직접 매매대금을 수령하지 않았더라도 丙·丁에 대한 사기죄가 성립한다(대법원 2009.1.30, 2008도9985).
ㄷ(○) 대출이 새마을금고의 재무상태 등에 대한 실사를 거쳐 실행됨으로써 새마을금고가 위 대출이 가능하다는 착오에 빠지는 원인 중에 새마을금고 측의 과실이 있더라도 사기죄의 성립이 인정된다(대법원 2009.6.23, 2008도1697).
ㄹ(○) 민법 제746조의 불법원인급여에 해당하여 급여자가 수익자에 대한 반환청구권을 행사할 수 없다고 하더라도, 수익자가 기망을 통하여 급여자로 하여금 불법원인급여에 해당하는 재물을 제공하도록 하였다면 사기죄가 성립한다(대법원 2006.11.23, 2006도6795). 〈답 ⑥〉

35. 부당이득죄와 관련된 판례의 입장으로 옳지 않은 것은?

① 형법상 부당이득죄에 있어서 궁박이라 함은 '급박한 곤궁'을 의미하고, '현저하게 부당한 이익의 취득'이라 함은 단순히 시가와 이익과의 배율로만 판단할 것이 아니라 구체적·개별적 사안에 있어서 일반인의 사회통념에 따라 결정하여야 한다.
② 개발사업 등이 추진되는 사업부지 중 일부의 매매와 관련된 이른바 '알박기'사건에서 부당이득죄의 성립 여부가 문제되는 경우, 피해자가 궁박한 상태에 빠지게 된 데에 피고인이 적극적으로 원인을 제공하였거나 상당한 책임을 부담하는 정도에 이르러야 한다.
③ 공동주택 및 판매시설 건축사업의 대상이 된 대지지분 등 부동산의 소유자가 사업자의 매도 제안을 거부하다가 통상 가격의 약 45배의 대금에 이를 매도한 경우 부당이득죄가 성립한다.
④ 아파트 신축사업이 추진되기 수년 전 사업부지 중 일부 토지를 취득하여 거주 또는 영업장소로 사용하던 피고인이 이를 사업자에게 매도하면서 시가 상승 등을 이유로 대금의 증액을 요구하여 종전보다 1.5 내지 3배 가량 높은 대금을 받은 경우 부당이득죄가 성립하지 아니한다.
⑤ 주상복합건물 신축사업 부지 중 일부 부동산을 매수하였다가, 위 사업의 시행사에 주변 부지의 평당 매매가보다 약 2.4배 이상 비싼 금액에 다시 매도한 경우 부당이득죄가 성립하지 아니한다.

해설

①(○) 대법원 2008.12.11, 2008도7823.
②(○) 대법원 2009.1.15, 2008도8577.
③(×) 부당이득죄의 성립을 부정하였다(대법원 2008.12.11, 2008도7823).
④(○) 대법원 2009.1.15, 2008도1246.
⑤(○) 대법원 2010.5.27, 2010도778. 〈답 ③〉

① **대법원 2009.1.15, 2008도8577** 개발사업 등이 추진되는 사업부지 중 일부의 매매와 관련된 이른바 '알박기'사건에서 부당이득죄의 성립 여부가 문제되는 경우, 그

범죄의 성립을 인정하기 위해서는 피고인이 피해자의 개발사업 등이 추진되는 상황을 미리 알고 그 사업부지 내의 부동산을 매수한 경우이거나 피해자에게 협조할 듯한 태도를 보여 사업을 추진하도록 한 후에 협조를 거부하는 경우 등과 같이, 피해자가 궁박한 상태에 빠지게 된 데에 피고인이 적극적으로 원인을 제공하였거나 상당한 책임을 부담하는 정도에 이르러야 한다. 이러한 정도에 이르지 않은 상태에서 단지 개발사업 등이 추진되기 오래 전부터 사업부지 내의 부동산을 소유하여 온 피고인이 이를 매도하라는 피해자의 제안을 거부하다가 수용하는 과정에서 큰 이득을 취하였다는 사정만으로 함부로 부당이득죄의 성립을 인정해서는 안 된다.

② **대법원 2006.7.7, 2005도9686** (i) 형법상 부당이득죄에 있어서 궁박이라 함은 '급박한 곤궁'을 의미하고, '현저하게 부당한 이익의 취득'이라 함은 단순히 시가와 이익과의 배율로만 판단할 것이 아니라 구체적 · 개별적 사안에 있어서 일반인의 사회통념에 따라 결정하여야 하는 것으로서, 피해자가 궁박한 상태에 있었는지 여부 및 급부와 반대급부 사이에 현저히 부당한 불균형이 존재하는지 여부는 거래당사자의 신분과 상호간의 관계, 피해자가 처한 상황의 절박성의 정도, 계약의 체결을 둘러싼 협상과정 및 거래를 통한 피해자의 이익, 피해자가 그 거래를 통해 추구하고자 한 목적을 달성하기 위한 다른 적절한 대안의 존재 여부 등 제반 상황을 종합하여 구체적으로 판단하되, 특히 우리 헌법이 규정하고 있는 자유시장경제질서와 여기에서 파생되는 사적 계약자유의 원칙을 고려하여 그 범죄의 성립을 인정함에 있어서는 신중을 요한다. (ii) 거래당사자의 신분과 상호간의 관계, 피해자가 처한 상황의 절박성 정도, 피고인이 부동산을 보유하게 된 경위 및 보유기간, 주변 부동산의 시가, 가격결정을 둘러싼 협상과정 및 거래를 통한 피해자의 이익 등 여러 사정을 종합하여 보면, 피고인이 부동산을 감정가의 약 4배에 해당하는 가격으로 매도함으로써 사회통념상 과도한 이득을 취하였다는 사정 등만으로 피고인이 피해자의 궁박한 상태를 이용하여 현저하게 부당한 이득을 취득하였다고 단정할 수 없다.

36. 형법상 친족상도례에 관한 설명 중 옳은 것을 모두 고른 것은? (다툼이 있는 경우에는 판례에 의함) <사시 2011년: 배점 3>

ㄱ. A가 소유자 B로부터 C에게 전달해 달라는 부탁과 함께 고려청자를 교부받아 보관하다가 B의 아들 甲이 대신 전달해 주겠다며 A로부터 고려청자를 가져가 보관하던 중 이를 임의로 매각한 경우 甲에게는 친족상도례의 규정이 적용되지 않는다.
ㄴ. 甲이 법원을 기망하여 A로부터 재물을 편취한 경우 A와 甲이 직계혈족의 관계에 있다면 甲에 대해서는 형이 면제된다.
ㄷ. 혼인 외의 출생자 甲이 생부 A의 자동차를 절취한 후 친자임을 알게 된 A가 甲을 인지하여도 친족상도례의 규정이 적용되지 않는다.
ㄹ. 손자 甲이 할아버지 A의 은행예금통장을 절취하여 이를 현금자동지급기에 넣고 조작하는 방법으로 예금 잔고를 자신의 거래 은행 계좌로 이체한 경우 친족상도례의 규정이 적용되어 甲에 대해서는 형이 면제된다.
ㅁ. 甲이 혼인하여 따로 살고 있는 친동생 A의 집에 놀러갔다가 A의 시계를

절취한 경우 친족상도례의 규정이 적용되어 甲에 대해서는 형이 면제된다.

① ㄱ ㄴ　② ㄱ ㅁ　③ ㄴ ㄹ
④ ㄴ ㅁ　⑤ ㄱ ㄴ ㅁ　⑥ ㄱ ㄷ ㅁ
⑦ ㄴ ㄷ ㄹ　⑧ ㄴ ㄹ ㅁ

해설

ㄱ(○) 횡령범인이 위탁자가 소유자를 위해 보관하고 있는 물건을 위탁자로부터 보관받아 이를 횡령한 경우에 형법 제361조에 의하여 준용되는 제328조 2항의 친족간의 범행에 관한 조문은 범인과 피해물건의 소유자 및 위탁자 쌍방 사이에 같은 조문에 정한 친족관계가 있는 경우에만 적용되고, 단지 횡령범인과 피해물건의 소유자간에만 친족관계가 있거나 횡령범인과 피해물건의 위탁자간에만 친족관계가 있는 경우에는 적용되지 않는다(대법원 2008.7.24, 2008도3438).

ㄴ(○) 법원을 기망하여 제3자로부터 재물을 편취한 경우에 피기망자인 법원은 피해자가 될 수 없고 재물을 편취당한 제3자가 피해자라고 할 것이므로 피해자인 제3자와 사기죄를 범한 자가 직계혈족의 관계에 있을 때에는 그 범인에 대하여 형법 제328조 1항을 준용하여 형을 면제하여야 한다(대법원 1976.4.13, 75도781).

ㄷ(×) 형법 제344조, 제328조 1항 소정의 친족간의 범행에 관한 규정이 적용되기 위한 친족관계는 원칙적으로 범행 당시에 존재하여야 하는 것이지만, 父가 혼인 외의 출생자를 인지하는 경우에 있어서는 민법 제860조에 의하여 그 자의 출생시에 소급하여 인지의 효력이 생기는 것이며, 이와 같은 인지의 소급효는 친족상도례에 관한 규정의 적용에도 미친다고 보아야 할 것이므로, 인지가 범행 후에 이루어진 경우라고 하더라도 그 소급효에 따라 형성되는 친족관계를 기초로 하여 친족상도례의 규정이 적용된다(대법원 1997.1.24, 96도1731).

ㄹ(×) 은행이 컴퓨터 등 사용사기 범행 부분의 피해자이므로 친족상도례를 적용할 수 없다(대법원 2007.3.15, 2006도2704).

ㅁ(×) 甲과 A는 친족 중 방계혈족인데 동거친족이 아니므로 제328조 2항의 친족에 해당하여 A의 고소가 있어야 공소를 제기할 수 있다(상대적 친고죄). 〈답 ①〉

37. 다음 사례에서 甲의 죄책으로 옳은 것은? (다툼이 있는 경우에는 판례에 의함) <사시 2012년: 배점 2>

① 甲이 A로부터 소송비용 명목으로 B를 통하여 100만 원을 이미 송금받았음에도 불구하고, A를 피고로 하여 종전에 甲이 A를 상대로 제기하였던 여러 소와 관련된 소송비용 상당액의 지급을 구하는 손해배상금 청구의 소를 제기한 경우 사기죄가 성립한다.

② 예금주 甲이 A에게 기망당한 송금의뢰인 B로부터 자신의 은행계좌에 송금된 돈을 어느 날 우연히 발견하고 은행을 상대로 예금반환을 청구하여 그 돈을 출금한 경우 은행을 상대로 한 사기죄가 성립한다.

③ A회사 운영자 甲이 'A회사의 B에 대한 채권'이 존재하지 않는다는 사실을 알면서도 그 사실을 모르는 A회사의 채권자 乙에게 'A회사의 B에

대한 채권'의 압류 및 전부명령을 신청하게 하여 그 명령을 받게 하였으나, 아직 乙이 B를 상대로 전부금 소송을 제기하지는 않은 상태인 경우 사기미수죄가 성립한다.

④ 甲이 환자들의 건강상태에 맞게 적정한 진료행위를 하지 않은 채 입원의 필요성이 적은 환자들에게까지 입원을 권유하고 퇴원을 만류하는 등으로 장기간의 입원을 유도하여 국민건강보험공단에 과도한 요양급여비를 청구하였다면, 그 중 일부 기간에 관하여는 실제 입원치료가 필요한 것으로 인정되더라도 그 부분을 포함한 당해 입원기간의 요양급여비 전체에 대하여 사기죄가 성립한다.

⑤ 甲이 자신 소유의 부동산에 A 명의의 근저당권을 설정하여 줄 의사가 없음에도 A를 속이고 근저당권 설정을 약정하여 금원을 편취하고, 그 후 그 부동산에 관하여 B 명의로 근저당권설정등기를 하여 준 경우 사기죄만 성립하고 배임죄는 성립하지 않는다.

해설

①(×) 불능범의 판단기준으로서 위험성의 판단은 피고인이 행위 당시에 인식한 사정을 놓고 이것이 객관적으로 일반인의 판단으로 보아 결과발생의 가능성이 있느냐를 따져야 하고, 한편 민사소송법상 소송비용의 청구는 소송비용액 확정절차에 의하도록 규정하고 있으므로, 위 절차에 의하지 아니하고 손해배상금 청구의 소 등으로 소송비용의 지급을 구하는 것은 소의 이익이 없는 부적법한 소로서 허용될 수 없다. 따라서 소송비용을 편취할 의사로 소송비용의 지급을 구하는 손해배상청구의 소를 제기하였다고 하더라도 이는 객관적으로 소송비용의 청구방법에 관한 법률적 지식을 가진 일반인의 판단으로 보아 결과 발생의 가능성이 없어 위험성이 인정되지 않으므로 사기죄의 불능범에 해당한다(대법원 2005.12.8, 2005도8105).

②(×) 피고인은 예금주로서 은행에 대하여 예금반환을 청구할 수 있는 권한을 가진 자이므로, 위 은행을 피해자로 한 사기죄가 성립하지 않는다(대법원 2010.5.27, 2010도3498).

③(×) 乙이 A회사에 대하여 진정한 채권을 가지고 있는 이상 위와 같은 사정만으로는 법원을 기망하였다고 볼 수 없고, 乙이 B를 상대로 전부(추심)금 소송을 제기하지 않은 이상 소송사기의 실행에 착수하였다고 볼 수도 없다(대법원 2009.12.10, 2009도9982).

④(○) 대법원 2009.5.28, 2008도4665.

⑤(×) 채무의 담보로 근저당권설정등기를 하여 줄 임무가 있음에도 불구하고 이를 이행하지 않고 임의로 제3자의 명의로 근저당권설정등기를 마치는 행위는 배임죄를 구성하는 것인바, 부동산에 피해자 명의의 근저당권을 설정하여 줄 의사가 없음에도 피해자를 속이고 근저당권 설정을 약정하여 금원을 편취한 경우라 할지라도, 이러한 약정은 사기 등을 이유로 취소되지 않는 한 여전히 유효하여 피해자 명의의 근저당권설정등기를 하여 줄 임무가 발행하는 것이고, 그럼에도 불구하고 임무에 위배하여 그 부동산에 관하여 제3자 명의로 근저당권설정등기를 마친 경우, 이러한 배임행위는 금원을 편취한 사기죄와는 전혀 다른 새로운 보호법익을 침해하는 행위로서 사기 범행의 불가벌적 사후행위가 되는 것이 아니라 별죄를 구성한다고 보아야 한다(대법원 2008.3.27, 2007도9328).

〈답 ④〉

38. 다음 설명 중 옳지 않은 것은? (다툼이 있는 경우에는 판례에 의함)

<사시 2013년: 배점 2>

① 사기죄를 범한 자가 피해자에게 그 대가를 지급한 후, 그 피해자를 기망하여 그가 보유하고 있는 그 대가를 다시 편취하거나 그 피해자로부터 그 대가를 위탁받아 보관 중 횡령한 경우 기존에 성립한 사기죄와는 별도의 새로운 사기죄나 횡령죄가 성립한다.

② 사기죄가 성립하기 위해서는 기망행위와 상대방의 착오 및 재물의 교부 또는 재산상 이익의 공여와의 사이에 순차적인 인과관계가 있어야 하지만, 착오에 빠진 원인 중에 피기망자 측에 과실이 있는 경우에도 사기죄가 성립한다.

③ 실제 일부 입원치료가 필요하더라도 그 범위를 넘는 장기간의 입원을 유도하여 과도한 요양급여비를 청구한 행위는 사회통념상 권리행사의 수단으로 용인할 수 없는 것이어서 요양급여비에서 실제 필요한 입원치료비를 공제한 차액에 대하여 사기죄가 성립한다.

④ 절도범이 타인으로부터 절취한 금전을 다른 금전과 섞거나 교환하지 않고 쇼핑백에 넣어 자신의 집에 숨겨두었는데, 이를 안 그 타인의 지시를 받은 자가 절도범에게 겁을 주어 위 금전을 교부받은 경우 공갈죄가 성립하지 않는다.

⑤ 아파트 건축사업이 추진되기 약 15년 전부터 사업부지 내 일부 부동산을 소유하여 온 사람이 사업자의 매도 제안을 거부하다가 인근 토지 시가의 40배가 넘는 대금을 받고 매도하였다는 사정만으로는 부당이득죄가 성립하지 않는다.

해설

①(○) 이는 새로운 법익의 침해가 발생한 경우이므로, 기존에 성립한 사기죄와는 별도의 새로운 사기죄나 횡령죄가 성립한다(대법원 2009.10.29, 2009도7052).

②(○) 대법원 2009.6.23, 2008도1697.

③(×) 환자들의 건강상태에 맞게 적정한 진료행위를 하지 않은 채 입원의 필요성이 적은 환자들에게까지 입원을 권유하고 퇴원을 만류하는 등으로 장기간의 입원을 유도하여 국민건강보험공단에 과다한 요양급여비를 청구한 행위는 사회통념상 권리행사의 수단으로 용인할 수 없는 것이어서, 비록 그 중 일부 기간에 대하여 실제 입원치료가 필요하였다고 하더라도 그 부분을 포함한 당해 입원기간의 요양급여비 전체에 대하여 사기죄가 성립한다(대법원 2009.5.28, 2008도4665).

④(○) 피고인이 절도범에게서 되찾은 돈은 절취 대상인 당해 금전이라고 구체적으로 특정할 수 있어 객관적으로 절도범의 다른 재산과 구분됨이 명백하므로 이를 타인인 절도범의 재물이라고 볼 수 없고, 따라서 비록 피고인이 절도범을 공갈하여 돈을 교부받았더라도 타인의 재물을 갈취한 행위로서 공갈죄가 성립된다고 볼 수 없다(대법원2012.8.30, 2012도6157).

⑤(○) 대법원 2009.1.15, 2008도8577. 〈답 ③〉

제 4 절 공갈의 죄

1. 공갈의 죄에 대한 설명 중 옳지 않은 것을 모두 고르면? (판례에 의함)

㉠ 회사 사장이 여비서와 정을 통한 사실을 공개하겠다고 위협하여 돈 100만원을 양로원에 기탁하게 하였다면 공갈죄가 성립한다.
㉡ 사람을 협박하여 공포심을 느낀 乙이 묵인하는 사이에 그의 재물을 가져갔다면 공갈죄가 성립한다.
㉢ 폭력배를 잘 알고 있다는 지위를 이용하여 불법한 위세를 보임으로써 재물의 교부나 재산상의 이익을 요구한 때에도 공갈죄가 성립한다.
㉣ 부동산에 대한 공갈죄는 그 부동산의 소유권이전등기에 필요한 서류를 교부받은 때에 기수로 되어 그 범행이 완료되는 것이다.
㉤ 투자금의 회수방편으로 피해자를 강요하여 물품대금을 횡령하였다는 자인서를 받아낸 뒤, 이를 근거로 돈을 갈취한 경우에는 강요죄와 공갈죄의 경합범이 된다.

① ㉣　② ㉠ ㉡　③ ㉡ ㉢
④ ㉡ ㉣　⑤ ㉡ ㉤　⑥ ㉣ ㉤
⑦ ㉠ ㉡ ㉤　⑧ ㉠ ㉡ ㉢ ㉣

해설

㉠(○) 공갈죄는 제3자로 하여금 재물의 교부를 받거나 재산상의 불법한 이익을 얻게 한 경우에도 성립한다(제350조).
㉡(○) 편취죄인 공갈죄가 성립하려면 피공갈자의 재물교부나 재산상 이익 공여라는 처분행위가 있을 것을 요하며, 처분행위는 반드시 작위에 한하지 아니하고 부작위 또는 묵인으로도 족하다. 따라서 외포심을 일으켜 상대방이 묵인하고 있는 동안에 공갈자가 직접 재물을 탈취한 때에도 공갈죄가 성립한다(대법원 1960.2.29, 4292형상997).
㉢(○) 공갈죄에 있어서 해악의 고지는 반드시 명시의 방법에 의할 것을 요하지 아니하며 언어나 거동에 의하여 상대방으로 하여금 해악에 이르게 될 것이라는 인식을 갖게 하는 것이면 족하다(대법원 2003.5.13, 2003도709).
㉣(×) 부동산에 대한 공갈죄는 그 부동산에 관하여 소유권이전등기를 경료받거나 또는 인도를 받은 때에 기수로 되는 것이고, 소유권이전등기에 필요한 서류를 교부받은 때에 기수로 되어 그 범행이 완료되는 것은 아니다(대법원 1992.9.14, 92도1506).
㉤(×) 포괄하여 공갈죄 일죄만을 구성한다고 보아야 한다(대법원 1985.6.25, 84도2083).

〈답 ⑥〉

2. 공갈죄에 대한 판례의 태도로 옳지 않은 것은?

① 피해자의 기망에 의하여 부동산을 비싸게 매수한 자가 그 계약을 취소하지 않고 피해자를 협박하여 전매차익을 받아낸 경우에는 공갈죄가 성립한다.

② 교통사고의 피해자가 사고운전자의 사용자에게 과다한 금원을 요구하면서 이에 응하지 않으면 신고할 것 같은 태도를 보여 겁을 먹은 사용자로부터 금원을 받아낸 경우에는 공갈죄가 성립한다.
③ 종업원이 주인을 협박하여 업소에 취직을 한 후 종업원으로서 상당한 근로를 제공한 바 없으면서도 그 주인으로부터 월급 상당액을 받은 경우에는 공갈죄가 성립한다.
④ 피해자로부터 임차보증금 반환채권 양도계약이나 동산양도담보부 금전소비대차계약 또는 약속어음 등의 공정증서를 작성받은 것만으로는 재산상 이익을 취득한 경우에 해당하지 아니한다.
⑤ 국가안전기획부 직원이 아들 담임교사의 부탁을 받고 그 담임교사의 채무자에게 채무변제를 독촉하는 과정에서 '부동산투기로 구속될 수도 있으니 잘 해결하라'는 말을 하였더라도 공갈죄는 성립하지 아니한다.

해설

①(○) 정당한 권리행사의 범위를 넘은 것으로서 사회통념상 용인될 수 없으므로 공갈죄를 구성한다(대법원 1991.9.24, 91도1824).
②(○) 손해배상을 받기 위한 수단으로서 사회통념상 허용되는 범위를 넘어서 그 권리행사를 빙자하여 상대방을 외포하게 함으로써 재물을 교부받은 경우에 해당하므로 공갈죄가 성립한다(대법원 1990.3.27, 89도2036).
③(○) 종업원이 주인에게 종업원으로서 상당한 근로를 제공한 바가 없다면 이는 갈취행위로 보아야 한다(대법원 1991.10.11, 91도1755).
④(×) 공갈죄는 사람을 공갈하여 재물의 교부를 받거나 재산상의 이익을 취득함으로써 성립하고, 채무의 변제 또는 채권양도 등을 약속받는 것도 여기의 재산상의 이익에 해당하므로, 피고인이 피해자로부터 임차보증금 반환채권 양도계약이나 동산양도담보부 금전소비대차계약 또는 약속어음 등의 공정증서를 작성받은 것은 재산상 이익을 취득한 경우에 해당한다(대법원 2010.12.9, 2010도10187).
⑤(○) 다소 위협적인 말을 하였더라도 사회통념상 허용되는 범위를 넘어선 것이라고 할 수 없다(대법원 1993.12.24, 93도2339). 〈답 ④〉

3. 甲에게 공갈죄 또는 그 미수범이 성립하는 경우는? (다툼이 있는 경우에는 판례에 의함)

① 소방도로를 무단점용하고 있는 甲이 乙에 대해 자릿세를 지급받을 정당한 권원이 없음에도 불구하고 乙과 자릿세를 약정하고 이를 받아왔다.
② 甲은 그 소유건물에 인접한 대지 위에 건축허가 조건에 위반되게 건물을 신축하여 사용하는 소유자로부터 일조권침해 등으로 인한 손해배상에 관한 합의금을 받아왔다.
③ 甲은 가출자의 가족에 대하여 그 소재를 알려주는 조건으로 보험가입을 요구하였다.
④ 甲은 피해자로부터 범인으로 오인되어 경찰에 끌려가 구타당하여 입원

하게 되자 그 치료비를 요구하고 응하지 않으면 무고죄로 고소하겠다고 말하였다.

⑤ 공사수급인 甲의 공사부실로 하자가 발생되어 도급인측에서 하자보수시까지 기성고 잔액의 지급을 거절하자 甲이 비리를 고발하겠다고 협박하고 사무실의 무단점거 및 직원들에 대한 폭행 등의 수단을 써서 기성고 공사대금을 교부받았다.

해설

①(○) 피고인이 소방도로를 무단점용하고 있어 자릿세 등을 지급받을 정당한 권원이 없다 하더라도 피해자가 이를 알면서 피고인과 자릿세를 지급하기로 약정하여 이를 지급하여 온 이상 피고인이 소방도로 무단점용으로 인한 도로법상의 처벌을 받는 것은 별론으로 하되 공갈죄로 문의할 수는 없다(대법원 1985.5.14, 84도2289).

②(○) 소유자로부터 일조권 침해 등으로 인한 손해배상에 관한 합의금을 받은 것은 사회통념상 용인되는 범위를 넘지 않는 것이어서 공갈죄가 성립되지 않는다(대법원 1990.8.14, 90도114).

③(○) 가출자의 가족에 대하여 가출자의 소재를 알려주는 조건으로 보험가입을 요구한 피고인의 소위는 그로 인하여 가족들에 새로운 외포심을 일으키게 되거나 외포심이 더하여진다고는 볼 수 없으므로 이를 공갈죄에 있어서의 협박이라고 할 수 없다(대법원 1976.4.27, 75도2818).

④(○) 치료비를 내지 않으면 고소하겠다고 하는 것만으로는 공갈죄가 성립하지 않는다(대법원 1971.11.9, 71도1629).

⑤(×) 정당한 권리가 있다 하더라도 그 권리행사를 빙자하여 사회통념상 허용되는 범위를 넘어 협박을 수단으로 상대방을 외포시켜 재물의 교부 또는 재산상의 이익을 받는 경우와 같이 그 행위가 정당한 권리행사라고 인정되지 아니하는 경우에는 공갈죄가 성립된다고 할 것인바, 비리를 관계기관에 고발하겠다는 내용의 협박 내지 사무실의 장시간 무단점거 및 직원들에 대한 폭행 등의 위법수단을 써서 기성고 공사대금 명목으로 금원을 교부받은 소위는 사회통념상 허용되는 범위를 넘는 것으로서 공갈죄에 해당한다(대법원 1991.12.13, 91도2127).

〈답 ⑤〉

4. 공갈죄에 대한 설명으로 옳은 것(○)과 옳지 않은 것(×)을 바르게 표시한 것은? (다툼이 있는 경우에는 판례에 의함)

㉠ 기자행세를 하면서 술집에서 나체쇼를 한 접대부를 고발할 것처럼 데리고 나와 여관으로 유인한 다음, 겁에 질려 있는 상태를 이용하여 1회 성교한 경우 공갈죄가 성립하지 않는다.

㉡ 공갈죄에 있어서 공갈의 상대방은 재산상의 피해자와 동일함을 요하지 아니하며, 공갈의 목적이 된 재물 기타 재산상의 이익을 처분할 수 있는 사실상 또는 법률상의 권한을 갖거나 그러한 지위에 있음을 요하는 것도 아니다.

㉢ 피해자를 공갈하여 그로 하여금 지정한 예금계좌에 돈을 입금케 하였다면 공갈죄의 기수에 이른 것이다.

> ㉣ 공갈죄의 수단으로서의 협박은 객관적으로 사람의 의사결정의 자유를 제한하거나 의사실행의 자유를 방해할 정도로 겁을 먹게 할 만한 해악을 고지하는 것을 말하고, 그 해악에는 인위적인 것뿐만 아니라 천재지변 또는 신력이나 길흉화복에 관한 것도 포함될 수 있다.
> ㉤ 교통경찰관인 甲은 음주운전을 단속하던 중 음주운전 중인 乙을 발각하고 乙이 잘 봐달라고 애원하자 돈 50만원을 주면 입건하지 않겠다고 위협하여 乙로부터 50만원을 받았다면 공갈죄와 수뢰죄의 상상적 경합이 성립한다.

① ㉠(○) ㉡(×) ㉢(○) ㉣(×) ㉤(×)
② ㉠(○) ㉡(○) ㉢(×) ㉣(×) ㉤(×)
③ ㉠(×) ㉡(○) ㉢(×) ㉣(○) ㉤(×)
④ ㉠(○) ㉡(×) ㉢(×) ㉣(○) ㉤(○)
⑤ ㉠(○) ㉡(×) ㉢(○) ㉣(○) ㉤(○)
⑥ ㉠(×) ㉡(×) ㉢(○) ㉣(○) ㉤(○)

해설

㉠(○) 대법원 1983.2.8, 82도2714.
㉡(×) 공갈죄에 있어서 공갈의 상대방은 재산상의 피해자와 동일함을 요하지는 아니하나, 공갈의 목적이 된 재물 기타 재산상의 이익을 처분할 수 있는 사실상 또는 법률상의 권한을 갖거나 그러한 지위에 있음을 요한다(대법원 2005.9.29, 2005도4738).
㉢(○) 대법원 1985.9.24, 85도1687.
㉣(○) 공갈죄의 수단으로서의 협박은 객관적으로 사람의 의사결정의 자유를 제한하거나 의사실행의 자유를 방해할 정도로 겁을 먹게 할 만한 해악을 고지하는 것을 말하고, 그 해악에는 인위적인 것뿐만 아니라 천재지변 또는 신력이나 길흉화복에 관한 것도 포함될 수 있으나, 다만 천재지변 또는 신력이나 길흉화복을 해악으로 고지하는 경우에는 상대방으로 하여금 행위자 자신이 그 천재지변 또는 신력이나 길흉화복을 사실상 지배하거나 그에 영향을 미칠 수 있는 것으로 믿게 하는 명시적 또는 묵시적 행위가 있어야 공갈죄가 성립한다(대법원 2002.2.8, 2000도3245).
㉤(○) 공무원이 직무집행의 의사 없이 직무집행을 빙자하여 재물을 교부받은 경우에는 공갈죄만 성립하지만, 직무집행의 의사로 당해 직무와 관련하여 타인을 폭행 또는 협박하여 재물의 교부를 받은 때에는 수뢰죄와 공갈죄의 상상적 경합이 된다. 〈답 ⑤〉

5. 판례에 의할 때 공갈죄(또는 그 미수죄)**가 성립하는 경우를 모두 모은 것은?**

> ㉠ 매도인이 매매대금을 더 내지 않으면 징역 가는 한이 있더라도 다른 데 매도하겠다고 말하여 금원을 교부받았다.
> ㉡ 조직폭력배와 잘 알고 있는 것처럼 행세하여 호텔 이용료를 지급하지 않았다.
> ㉢ 지역신문의 발행인이 시정에 관한 비판기사 및 사설 등을 보도하면

서 관련 공무원에게 광고의뢰 및 직보배정을 타신문사와 같은 수준으로 높게 해달라고 요구하였다.
㉣ 토지매도인이 그 매매대금을 지급받기 위하여 매수인을 상대로 하여 당해 토지에 관한 소유권이전등기말소청구소송을 제기하고, 위 대금을 변제받지 못하면 위 소송을 취하하지 아니하고 예고등기도 말소하지 않겠다는 취지를 통고하였다.
㉤ 피해자의 정신병원에서의 퇴원요구를 거절하면서 재산이전을 요구해 온 피해자의 배우자가 요구에 응하지 않으면 퇴원시켜 주지 않겠다는 말을 하지는 않았지만 겁을 먹은 피해자가 재산이전 요구에 응하였다.

① ㉡ ㉤ ② ㉠ ㉡ ㉢ ③ ㉠ ㉡ ㉤
④ ㉡ ㉣ ㉤ ⑤ ㉢ ㉣ ㉤ ⑥ ㉡ ㉢ ㉣ ㉤

해설

㉠(×) 해악의 고지라고 볼 수 없다(대법원 1969.12.9, 69도1552).
㉡(○) 공갈죄의 협박은 반드시 명시적인 방법에 의할 것을 요하지 않으며, 거동 또는 피해자와의 특수한 사정에 의하여 해악에 이르게 할 것이라는 인식을 갖게 하면 족하다(대법원 2003.5.13, 2003도709).
㉢(×) 상대방을 협박하였다고 볼 수 없다(대법원 2002.12.10, 2001도7095).
㉣(×) 처분권주의, 변론주의의 원리를 채택하고 있는 민사소송에 있어 부당한 제소나 그 소송의 유지라 하더라도 상대방은 이에 응소하여 방어권을 충분히 행사할 수 있는 것이고 소의 취하는 상대방이 이를 강제할 수 없는 것이므로, 토지매도인이 그 매매대금을 지급받기 위하여 매수인을 상대로 하여 당해 토지에 관한 소유권이전등기말소청구소송을 제기하고 위 대금을 변제받지 못하면 위 소송을 취하하지 아니하고 예고등기도 말소하지 않겠다는 취지를 알렸다고 하여 이를 지목하여 공갈행위라고 단정할 수는 없다(대법원 1989.2.28, 87도690).
㉤(○) 재산이전에 응하지 않으면 퇴원시켜 주지 않겠다고 하지 않았더라도 암묵적 의사표시로서 해악을 고지한 경우에 해당한다(대법원 2001.2.23, 2000도4415). 〈답 ①〉

6. 공갈죄에 관한 설명 중 옳지 않은 것은?

① 방송기자인 甲이 乙에게 乙이 경영하는 건설회사가 건축한 아파트의 진입도로 미비 등 공사상의 하자에 관하여 속보방송으로 계속 보도할 것 같은 태도를 보이자, 乙은 위 방송으로 말미암아 아파트 건축사업에 큰 타격을 받고 자신이 경영하는 회사의 신용에 커다란 손실이 있게 될 것을 우려하여 방송을 하지 말아 달라는 취지로 돈 200만원을 甲에게 교부하였고, 甲이 이를 수령하였다면 공갈죄가 성립한다.
② 조상천도제를 지내지 아니하면 가정에 액운이 온다고 하여 천도제 비용 명목으로 100만원을 받았다 하더라도 공갈죄는 성립하지 않는다.
③ 甲은 돈을 갈취하기 위하여 乙을 협박하였으나, 乙은 甲을 불쌍히 여기

고 돈 5만원을 주었다면 공갈죄가 아니라 협박죄가 성립한다.

④ 甲은 乙에게 '깡패들을 동원하여 가루로 만들어 버리겠다'고 협박하여 乙로부터 乙의 현금카드 1장을 교부받고 예금인출의 승낙도 받았다. 甲이 乙의 현금카드를 사용하여 현금자동지급기에서 도합 17회에 걸쳐 금 750만원 상당을 인출하였다면 포괄하여 공갈죄가 성립한다.

⑤ 공갈죄의 수단으로 한 협박은 공갈죄에 흡수될 뿐 별도로 협박죄를 구성하지 않으므로, 협박죄에 대한 피해자의 고소가 취소되었다 하여 공갈죄로 처벌하는 데에 아무런 장애가 되지 아니한다.

해설

①(○) 공갈죄가 성립하려면 협박, 외포 및 재산적 처분행위의 각 구성요건이 충족되고 각 구성요건 사이에 인과관계가 있어야 함은 당연하며, 설문에서 甲이 속보방송을 계속할 것 같은 태도를 보임으로써 乙로 하여금 위 방송으로 말미암아 그의 아파트 건축사업이 큰 타격을 받고 자신이 경영하는 회사의 신용에 커다란 손실을 입게 될 것을 우려하여 방송을 하지 말아 달라는 취지로 금원을 교부하게 한 것으로 이는 공갈죄의 구성요건이 충족되고, 인과관계도 인정된다(대법원 1991.5.28, 91도80). 예문에서는 기망행위나 강취행위가 없으며, 협박행위는 공갈죄에 흡수된다.

②(○) 대법원 2002.2.8, 2000도3245.

③(×) 공갈죄는 피해자에게 외포심을 일으키게 할 정도의 폭행·협박에 의하여 재물을 교부받거나 기타 재산상의 이익을 취득함으로써 성립하므로 피해자에게 외포심을 일으키게 할 정도의 폭행·협박과 재물의 교부 또는 재산상의 이익의 취득 사이에는 인과관계가 있어야 한다. 따라서 공갈은 하였으나 상대방이 외포심을 일으키지 않았거나 동정과 같은 다른 이유로 재물을 교부한 때에는 공갈에 의한 재물교부가 아니므로 공갈죄는 미수에 그친다.

④(○) 현금카드를 갈취하여 현금자동지급기에서 현금을 인출한 때에는 포괄하여 공갈죄가 성립한다(대법원 1996.9.20, 95도1728).

⑤(○) 대법원 1996.9.24, 96도2151. 〈답 ③〉

7. <보기 1>의 사례에 대한 토론의 결과는 <보기 2>와 같다. 각 사례에 대하여 법률에 근거하여 올바른 것만을 묶은 것은? (다툼이 있는 경우에는 판례에 의함) <사시 2006년>

〈보기 1〉

甲은 2005.12.6. 23:00경 이종사촌 동생인 A가 상해죄를 범하여 기소중지된 자라는 사실을 알고도 A를 도피케 하였고(Ⅰ), A의 도피자금을 마련하기 위하여 B의 집에 들어가 다이아몬드반지 1개를 절취하였는데, 그 반지는 B가 연회장에 참석하기 위하여 甲의 누나로서 혼인하여 따로 사는 C로부터 빌린 것이었다(Ⅱ). 한편 C는 甲이 준비하는 A의 도피자금에 보태기 위하여 타인(甲과는 친족관계가 없다)의 금목걸이 1개를 절취하여 甲에게 교부하였고, 이에 甲은 위 금목걸이가 훔친 물건임을 알면서도 C로부터 교부받았다(Ⅲ). 그래도 도피자금이 부족하게 되자, 甲은 야간에 이미 결혼한 甲의 여동생 D의 집에 찾아가 D에게 폭행을 가하여 D로부터 현금 100만원을 갈취하였다(Ⅳ). 이러한 사실을 알게 된 E가 甲을 나무라자, 이에 화가 난 甲은 E에게 상해를 가하였는데, 호적부상 甲은 E와 어머니 F 사이에 태어난 친생자로 등재되어 있으나, 사실은 E가 수년간 집을 떠나 있는 사이에 F가 G와 정교관계를 맺어 甲을 출산한 것이다(Ⅴ).

〈보기 2〉
Ⅰ. 친족인 甲이 본인인 A를 위하여 범인도피죄를 범한 경우에 해당하므로 甲의 범인도피에 대하여 처벌할 수 없다.
Ⅱ. 甲은 혈족인 C소유의 물건을 절취한 경우에 해당하므로 형을 면제하여야 한다.
Ⅲ. 장물범인 甲과 본범인 C 사이에 친족관계가 있으므로, 甲의 장물죄에 대하여 형을 감경 또는 면제하여야 한다.
Ⅳ. 甲의 공갈행위는 폭력행위등처벌에관한법률 제2조 2항에 해당하여 형법상 공갈죄에 비하여 그 법정형이 더 무겁게 되나, 친족상도례에 관한 형법의 규정은 그대로 적용되므로 피해자인 D의 고소가 있어야 논할 수 있다.
Ⅴ. 甲은 직계존속인 E에게 상해를 가한 것이므로 상해죄보다 법정형이 무거운 존속상해죄로 처벌되어야 한다.

① Ⅰ Ⅳ ② Ⅱ Ⅴ ③ Ⅰ Ⅱ Ⅲ
④ Ⅰ Ⅳ Ⅴ ⑤ Ⅲ Ⅳ Ⅴ

해설

Ⅰ(○) 이종사촌동생은 방계혈족이므로 범인도피죄의 친족간의 특례에 해당하여 처벌할 수 없다(제151조 2항).
Ⅱ(×) 친족상도례에 관한 규정은 범인과 피해물건의 소유자 및 점유자 모두 사이에 친족관계가 있는 경우에만 적용되고, 절도범인이 피해물건의 소유자나 점유자의 어느 일방과의 사이에서만 친족관계가 있는 경우에는 적용되지 않는다(대법원 1980.11.11, 80도131).
Ⅲ(×) 장물범(甲)과 본범(C) 사이에 제328조 2항의 친족(동거하지 않는 방계혈족)관계가 존재하나 장물죄의 친족상도례는 적용되지 않는다(제365조 2항).
Ⅳ(○) 공갈죄가 야간에 범하여져 폭력행위등처벌에관한법률 제2조 2항에 의해 가중처벌되는 경우에도 형법상 공갈죄의 성질은 그대로 유지되는 것이고, 특별법인 위 법률에 친족상도례에 관한 형법 제354조, 제328조의 적용을 배제한다는 명시적인 규정이 없으므로, 형법 제354조는 위 특별법 제2조 2항 위반죄에도 그대로 적용된다(대법원 1994.5.27, 94도617). D는 동거하지 않는 방계혈족이므로 제328조 2항이 적용되어 친고죄이다.
Ⅴ(×) 친자관계라는 사실은 호적상의 기재 여하에 의하여 좌우되는 것은 아니며 호적상 친권자라고 등재되어 있다 하더라도, 사실에 있어서 그렇지 않은 경우에는 법률상 친자관계가 생길 수 없다 할 것인바, 피고인은 호적부상 피해자와 모(母) 사이에 태어난 친

생자로 등재되어 있으나 피해자가 집을 떠난 사이 모(母)가 타인과 정교관계를 맺어 피고인을 출산하였다면 피고인과 피해자 사이에는 친자관계가 없으므로 존속상해죄는 성립될 수 없다(대법원 1983.6.28, 83도996). 〈답 ①〉

제 5 절 횡령의 죄

1. 영득행위설에 의하면 횡령죄가 성립하기 위하여는 불법영득의 의사가 있어야 한다. 다음 중 판례에 의할 때 불법영득의 의사가 인정되는 경우를 모두 조합한 것은?

> ㉠ 법인의 대표자가 이사직무집행정지 가처분결정을 당한 이사의 소송비용을 법인 경비에서 지급하였다.
> ㉡ 학교법인 산하 대학교 총장 등에 대한 형사재판의 변호사비용을 법인회계자금 및 교비회계자금에서 지급하였다.
> ㉢ 대표이사가 회사를 위하여 보관하고 있는 회사소유의 금전으로 이사회의 승인절차를 거치지 아니하고 자기의 채권변제에 충당하였다.
> ㉣ 주상복합상가의 매수인들로부터 우수상인유치비 명목으로 금원을 납부받아 보관하던 중 그 용도와 무관하게 일반경비로 사용하였다.
> ㉤ 사립학교법상 교비회계에 속하는 금원을 같은 학교법인에 속하는 다른 학교의 교비회계에 사용하였다.
> ㉥ 법인의 대표자가 이사회에서 사전에 전용결의가 이루어지지 않았음에도 불구하고 예비비를 전용하여 기관운영판공비, 회의비 등으로 사용하였다.

① ㉡ ㉤ ② ㉡ ㉢ ㉤ ③ ㉡ ㉣ ㉤
④ ㉠ ㉡ ㉢ ㉤ ⑤ ㉠ ㉡ ㉣ ㉤ ⑥ ㉡ ㉢ ㉣ ㉤
⑦ ㉢ ㉣ ㉤ ㉥ ⑧ ㉠ ㉡ ㉢ ㉣ ㉤

해설

대법원은 예산을 집행할 직책이 있는 자가 경비부족을 메우기 위하여 항목을 유용한 경우에는 항목유용 자체가 위법한 목적이 있다거나 예산의 용도가 엄격히 제한되어 있는 경우가 아닌 한 불법영득의 의사가 있었다고 단정할 수 없다는 태도를 취하고 있다.
㉠(×) 법인의 이사를 상대로 한 이사직무집행정지 가처분결정이 된 경우에는 법인의 업무수행에 지장이 초래될 것이므로 법인으로서는 가처분에 대항하여 항쟁할 필요가 있고 필요한 한도에서 법인의 대표자가 법인경비에서 가처분사건의 피신청인인 이사의 소송비용을 지급하더라도 이는 법인의 업무수행을 위한 비용을 지급한 것에 해당하여 횡령죄가 성립하지 아니한다(대법원 2003.5.30, 2003도1174).
㉡(○) 법인의 구성원이 업무수행에 있어 관계법령을 위반함으로써 형사재판을 받게 되었다면 그의 개인적인 변호사비용을 법인자금으로 지급한다는 것은 횡령에 해당한다(대법원 2003.5.30, 2002도235).

㉢(×) 대표이사가 회사를 위하여 보관하고 있는 회사소유의 금전으로 자신의 채권의 변제에 충당하는 행위는 회사와 이사의 이해가 충돌하는 자기거래행위에 해당하지 않는다고 할 것이므로, 대표이사가 이사회의 승인 등의 절차 없이 자신의 회사에 대한 채권을 변제하였더라도 그에게는 불법영득의 의사가 인정되지 아니하여 횡령죄의 죄책을 물을 수 없다(대법원 1999.3.22, 98도2296).
㉣(○) 용도가 엄격히 제한된 자금을 위탁받아 그 제한된 용도 이외의 목적으로 자금을 이용한 경우에는 횡령죄가 성립하므로 상가매수인이 지정한 용도 이외의 경비로 위탁자금을 사용한 때에는 횡령죄가 성립한다(대법원 2002.8.23, 2002도366).
㉤(○) 사립학교법에 의하면 학교법인의 회계는 학교회계와 법인회계로 구분되고 학교회계 중 교비회계에 속하는 수입은 용도가 엄격히 제한되기 때문에 교비회계자금을 다른 학교의 교비회계에 사용한 경우에는 불법영득의 의사가 인정된다(대법원 2002.5.10, 2001도1779).
㉥(×) 자신의 이익을 위한 것이 아니고 경비부족을 메우기 위한 예산전용의 경우에는 불법영득의 의사가 인정되지 않는다(대법원 2002.2.5, 2001도5439). 〈답 ③〉

구 분	월권행위설	영득행위설
횡령죄의 본질	위탁된 물건에 대해 권한초월행위를 함으로써 신임관계를 깨뜨리는 것	위탁된 물건을 불법하게 영득하는 것
불법영득 의사	요하지 않음	요함
일시사용/손괴/은닉의사로 처분	횡령죄 성립	횡령죄 불성립
검 토		▪ 판례: 일관하여 영득행위설의 입장에서 불법영득의 의사가 없는 때에는 횡령죄의 성립을 부정(대법원 2004.3.12, 2004도134; 대법원 1987.4.28, 86도824). ▪ 통설: 횡령죄의 보호법익은 소유권이므로 소유권을 침해하는 의사로서 불법영득의 의사가 있어야 함. 영득행위설이 타당

2. 횡령죄가 성립하는 경우를 모두 고르면? (다툼이 있는 경우에는 판례에 의함)

㉠ 사금채취광업권을 명의신탁받아 보관하던 중 수차례에 걸친 반환요구를 거부하였다.
㉡ 송금절차의 착오로 자기계좌에 잘못 입금된 돈을 인출, 소비하였다.
㉢ 산지기로서 종중 소유의 분묘를 간수하고 있는 자가 분묘에 설치된 석등과 문관석을 영득하였다.
㉣ 원인무효인 소유권이전등기의 명의자가 그 부동산을 영득하였다.
㉤ 공갈에 의하여 점유하게 된 재물을 영득하였다.
㉥ 은행예금의 인출을 의뢰받고 예금통장과 인장을 가지고 있던 자가

예금을 인출하여 자기를 위하여 소비하였다. ⓢ 어음을 할인해 줄 의사가 없음에도 불구하고 할인해 주겠다고 속이고 어음을 교부받아 보관하다가 자기의 차용금에 대한 담보로 사용하였다.

① ㉡ ㉥ ② ㉠ ㉡ ㉢ ③ ㉠ ㉡ ㉥
④ ㉡ ㉢ ㉣ ⑤ ㉡ ㉢ ㉥ ⑥ ㉢ ㉥ ㉦
⑦ ㉠ ㉡ ㉢ ㉥ ⑧ ㉡ ㉢ ㉤ ㉦

해설

㉠(×) 광업권은 재물인 광물을 취득할 수 있는 권리에 불과하지 재물 그 자체는 아니므로 횡령죄의 객체가 된다고 할 수 없고, 광업법 제12조가 광업권을 물권으로 하고 광업법에서 따로 정한 경우를 제외하고는 부동산에 관한 민법 기타 법령의 규정을 준용하도록 규정하고 있다 하여 광업권이 부동산과 마찬가지로 횡령죄의 객체가 된다고 할 수는 없다(대법원 1994.3.8, 93도2272).
㉡(○) 판례는 횡령죄의 성립을 인정한다(대법원 2005.10.28, 2005도5975). 그러나 이 경우는 사기죄가 성립한다고 해석하는 것이 타당하다.
㉢(×) 산지기로서 종중 소유의 분묘를 간수하고 있는 자는 그 분묘에 설치된 석등이나 문관석 등을 점유하고 있다고는 할 수 없으므로 이러한 물건 등을 반출하여 가는 행위는 횡령죄가 아니고 절도죄를 구성한다(대법원 1985.3.26, 84도3024).
㉣(×) 원인무효인 소유권이전등기의 명의자로서 그 부동산을 법률상 유효하게 처분할 수 있는 지위에 있지 않은 자는 횡령죄의 주체인 타인의 재물을 보관하는 자에 해당하지 않는다(대법원 1989.2.28, 88도1368).
㉤(×) 횡령죄는 불법영득의 의사 없이 목적물의 점유를 개시한 경우라야 하고 타인을 공갈하여 재물을 교부케 한 경우에는 공갈죄를 구성하는 외에 그것을 소비하고 타에 처분하였다 하더라도 횡령죄를 구성하지는 않는다(대법원 1986.2.11, 85도2513).
㉥(○) 금전의 수수를 수반하는 사무처리를 위임받은 자가 그 행위에 기하여 위임자를 위하여 제3자로부터 수령한 금전은 목적이나 용도를 한정하여 위탁된 금전과 마찬가지로 달리 특별한 사정이 없는 한 그 수령과 동시에 위임자의 소유에 속하고, 위임을 받은 자는 이를 위임자를 위하여 보관하는 관계에 있다고 보아야 하므로(대법원 2005.11.10, 2005도3627), 횡령죄가 성립한다.
㉦(×) 위탁된 약속어음을 수탁자가 자신의 채무변제에 충당하였다면 이와 같은 수탁자의 행위는 위탁의 취지에 반하는 것으로서 횡령죄를 구성하나, 피고인이 당초부터 피해자를 기망하여 약속어음을 교부받은 경우에는 그 교부받은 즉시 사기죄가 성립하고, 그 후 이를 자기의 차용금에 대한 담보로 사용하였다 하더라도 불가벌적 사후행위가 됨에 그칠 뿐, 별도로 횡령죄를 구성하지 않는다(대법원 1983.4.26, 82도3079). 〈답 ①〉

3. 횡령죄가 성립하는 경우는 몇 개인가? (판례에 의함)

㉠ 익명조합원이 출자한 금원을 영업자가 소비하였다. ㉡ 위탁매매인이 위탁물의 판매대금을 소비하였다. ㉢ 매도담보로 제공된 부동산을 점유하고 있던 채무자가 임의로 처분하

였다.
㉣ 양도담보물을 채무자가 임의로 처분하였다.
㉤ 환매특약부매매에 있어서 매수인이 환매계약에 위반하여 매각하였다.
㉥ 계주가 계원들로부터 받은 곗돈을 임의로 영득하였다.
㉦ 회사가 사원들로부터 받은 입사보증금을 임의로 소비하였다.

① 1개 ② 2개 ③ 3개
④ 4개 ⑤ 5개 ⑥ 없음

해설

횡령죄가 성립하는 것은 ㉡ 1개이다. 횡령죄의 객체는 자기가 점유하는 타인소유의 재물이다. 따라서 자기의 소유물에 대하여는 횡령죄가 성립할 여지가 없다. 위탁매매의 경우에 위탁매매인이 위탁물을 매매하고 수령한 금원은 위탁자의 소유에 속하여 위탁매매인이 함부로 이를 소비하거나 인도를 거부한 때에는 횡령죄가 성립한다(대법원 1990.3.27, 89도813).
㉠ 이명조합의 경우 익명조합원이 출자한 금원은 영업자의 재산이 되므로 영업자에 대하여는 이를 타인의 재산이라고 할 수 없어 횡령죄가 성립하지 않는다(대법원 1973.1.30, 72도2704). ㉢ 매도담보의 경우에도 현행법상 정산형 양도담보로서의 효력만을 인정해야 하기 때문에 목적물의 소유권이 채무자에게 있으므로 채무자가 이를 처분한 때에는 횡령죄를 구성하지 아니한다. ㉣ 양도담보의 경우에는 그 목적물의 소유권이 여전히 채무자에게 남아 있으므로 채무자에 대한 관계에서는 타인의 재물이 될 수 없기 때문에 채무자는 횡령죄의 주체가 될 수 없다. 그러나 채무자는 담보의 범위 안에서 그 물건을 관리하는 사무를 처리하는 자이므로 채무자가 이를 임의로 처분할 때에는 배임죄가 성립한다(대법원 1989.7.25, 89도350). ㉤ 환매특약부매매의 경우에도 목적물의 소유권이 매수인에게 있으므로 매수인이 환매계약에 위반하여 제3자에게 환매의 목적물을 처분한 경우에도 횡령죄는 성립하지 않는다. ㉥ 계주가 계원들로부터 징수한 계불입금은 일단 계주에게 그 소유권이 귀속된다 할 것이고, 계주는 지정된 계원에게 징수한 곗돈을 지급하여야 할 사무를 처리하는 자이므로 이를 자의로 소비한 때에는 배임죄를 구성한다(대법원 1995.9.29, 95도1176). ㉦ 입사보증금은 일단 사용자에게 소유권이 이전되므로 사용자가 이를 임의로 소비하여도 타인의 재물을 횡령한 것이 되지 아니한다(대법원 1979.6.12, 79도656).

〈답 ①〉

4. 횡령죄(또는 업무상 횡령죄)**가 성립하는 경우를 모두 고르면?** (다툼이 있는 경우에는 판례에 의함)

㉠ 친구로부터 일시 집을 지켜 달라는 부탁을 받은 甲은 집을 보고 있던 친구 집에서 돈을 가지고 나왔다.
㉡ 주식회사 대표이사가 자기 채무의 변제를 위하여 회사를 발행인으로 하는 액면 100만원의 약속어음을 발행하여 채권자에게 교부하였다.
㉢ 신문배달원이 수금한 신문대금을 소비하였다.
㉣ 백화점 점원이 고객으로부터 받은 대금을 자신의 주머니에 넣어 소

비하였다.
ⓜ 공동점유 중인 공유물을 점유자 중 1인이 임의로 매각하였다.
ⓑ 출자지분이 2인에게 귀속되어 있는 유한회사의 대표사원이 자신이 업무상 보관중이던 회사재산을 다른 사원의 승낙을 얻어 개인용도로 소비하였다.
ⓢ 타인과의 사이에 공탁금을 수령하여 그 중 일부를 반환하기로 약정하고 배당절차에서 자신의 명의로 금원을 수령한 후 약정에 반하여 금원의 반환을 거부하였다.

① ⓒ ⓑ ② ⓖ ⓒ ⓑ ③ ⓒ ⓑ ⓢ
④ ⓖ ⓝ ⓒ ⓡ ⑤ ⓖ ⓝ ⓒ ⓜ ⑥ ⓖ ⓒ ⓑ ⓢ
⑦ ⓒ ⓡ ⓜ ⓢ ⑧ ⓒ ⓜ ⓑ ⓢ

해설

ⓖⓡ(×) 친구집을 지켜 주는 자나 백화점의 점원은 친구집 또는 백화점에 있는 물건을 점유하고 있다고 할 수 없으므로 이를 영득한 때에는 절도죄가 성립한다.
ⓝ(×) 재산상의 이익은 횡령죄의 객체가 되지 아니한다. 배임죄가 성립한다.
ⓒ(○) 신문배달원이 수금한 신문대금은 신문배급소의 장에게 속하므로 횡령죄가 성립한다.
ⓜ(×) 공동점유 중인 물건은 타인이 점유하는 재물이므로 절도죄가 성립한다.
ⓑ(○) 본인과 유한회사는 별개의 인격체이므로 보관중인 회사의 재산을 개인용도로 소비한 때에는 횡령죄가 성립한다(대법원 1986.9.9, 86도280).
ⓢ(×) 피고인이 A회사와 사이에 공탁금을 수령하여 그 중 4,100만원을 A회사에 반환하기로 약정하였다고 하더라도, 배당절차에서 피고인 자신의 명의로 수령한 금원은 피고인의 소유에 속하고 횡령의 대상이 된 금원이 A회사의 소유에 속하지 아니한 이상, 피고인이 위 약정에 반하여 4,100만원의 반환을 거부한다고 하여 횡령죄로 처벌할 수는 없다(대법원 2007.7.26, 2007도1840). 〈답 ①〉

5. 횡령죄가 성립하지 않는 경우를 모두 고르면? (다툼이 있는 경우에는 판례에 의함)

ⓖ 부동산 입찰절차에서 수인이 대금을 분담하되 그 중 1인 명의로 낙찰받기로 약정하고 낙찰을 받은 후 명의인이 그 부동산을 임의로 처분하였다.
ⓝ 주인이 종업원에게 금고 열쇠와 오토바이 열쇠를 맡기고 금고 안의 돈은 배달될 가스대금으로 지급할 것을 지시한 후 외출하였는데, 혼자서 점포를 지키던 종업원이 금고 안에서 현금을 꺼내어 오토바이를 타고 도주하였다.
ⓒ 甲은 부동산을 乙에게 매도하고 소유권이전등기를 하지 않고 있음을 이용하여 다시 丙에게 팔고 이전등기를 해 주었다.
ⓡ 의류유통 판매업체인 A 주식회사 대표이사 甲이, A 회사가 B 회사

> 등과 체결한 투자약정과 B 회사와 체결한 위탁판매 및 구매계약의 사무처리 위임에 따라 투자금으로 구입한 의류의 판매대금을 A 회사 명의 미지정계좌로 입금받아 임의로 소비하였다.
> ㉤ 금전을 대여하면서 채무자로부터 그 담보로 동산을 교부받은 담보권자가 담보권의 범위를 벗어나서 담보물의 반환을 거부하거나 처분하였다.
> ㉥ 공사대금 및 학교 운영비 명목으로 학교법인의 수익용 기본재산을 교비회계로 임의전출하였다가, 위 사실이 적발되자 다시 동일한 금액을 교비회계에서 법인회계로 임의전출하였다.

① ㉠ ㉡　② ㉠ ㉢　③ ㉡ ㉣
④ ㉣ ㉤　⑤ ㉠ ㉡ ㉣　⑥ ㉠ ㉢ ㉣
⑦ ㉠ ㉢ ㉤　⑧ ㉡ ㉣ ㉤

해설

㉠(×) 입찰절차에서 낙찰인의 지위에 서게 되는 사람은 어디까지나 그 명의인이므로 입찰목적 부동산의 소유권은 경락대금을 실질적으로 부담한 자가 누구인가와 상관없이 그 명의인이 취득한다 할 것이므로 그 부동산은 횡령죄의 객체인 타인의 재물이라고 볼 수 없어 명의인이 이를 임의로 처분하더라도 횡령죄를 구성하지 않는다(대법원 2000.9.8, 2000도258).
㉡(○) 횡령죄가 성립한다(대법원 1982.3.9, 81도3396).
㉢(×) 민법이 물권변동에 관하여 형식주의를 취하고 있는 이상 부동산에 관하여 이전등기를 경료할 때까지는 그 부동산의 소유권은 매수인에게 이전되지 아니하므로 이는 매도인의 재물이지 타인의 재물이 아니다. 따라서 횡령죄가 성립할 여지는 없고 배임죄의 성립 여부만이 문제된다.
㉣(○) 금전의 수수를 수반하는 사무처리를 위임받은 자가 그 행위에 기하여 위임자를 위하여 제3자로부터 수령한 금전은 목적이나 용도를 한정하여 위탁된 금전과 마찬가지로, 달리 특별한 사정이 없는 한 그 수령과 동시에 위임자의 소유에 속하고, 위임을 받은 자는 이를 위임자를 위하여 보관하는 관계에 있으므로 이를 임의로 소비하면 횡령죄가 성립한다(대법원 2011.6.10, 2010도17202).
㉤(○) 위탁의 취지에 반하여 자기 또는 제3자의 이익을 위하여 권한 없이 그 재물을 자기의 소유인 것 같이 처분하는 것으로서 불법영득의 의사가 인정된다(대법원 2007.6.14, 2005도7880).
㉥(○) 횡령죄의 불법영득의사가 인정된다(대법원 2008.5.29, 2006도3742). 〈답 ②〉

6. 판례에 의할 경우 甲에게 횡령죄가 성립하는 것은?

> ㉠ 甲은 동업재산을 다른 동업자들의 동의 없이 통지만 하고 임의로 처분하였다.
> ㉡ 1인 주주회사의 주주인 甲은 회사의 금전을 주주총회의 결의나 이사회의 결의 없이 임의로 소비하였다.
> ㉢ 채권을 양도한 채권양도인 甲은 양도통지 전에 채무자로부터 채권을

추심하여 금전을 수령한 후 이를 임의로 소비하였다.
㉣ 甲은 乙로부터 레미콘 대금을 지급하라는 명목으로 금원을 받았으면서도 임의로 자기의 채권과 상계처리하였다.
㉤ 甲은 乙로부터 乙소유 토지를 담보로 제공하여 대출을 받아 달라는 요청에 따라 대출받은 금원을 자신의 채무변제에 임의사용하였다.
㉥ 甲은 부동산의 명의수탁자인 乙로부터 그 소유권이전등기를 경료받은 후 다시 丙에게 임의로 그 소유권이전등기를 경료해 주었다.

① ㉠ ㉡ ㉢ ② ㉠ ㉡ ㉣ ③ ㉠ ㉣ ㉤
④ ㉡ ㉣ ㉤ ⑤ ㉠ ㉡ ㉢ ㉣ ⑥ ㉠ ㉡ ㉢ ㉥
⑦ ㉠ ㉡ ㉢ ㉣ ㉤ ⑧ ㉠ ㉡ ㉢ ㉤ ㉥

해설

㉠(○) 동업재산은 동업자의 합유에 속한다 할 것이므로 다른 동업자에게 통지를 하였다 하여도 동의를 얻지 못하였으므로 횡령죄가 성립한다(대법원 1993.2.23, 92도387).
㉡(○) 회사와 주주는 별개의 인격이어서 1인회사의 재산이 곧바로 그 1인주주의 소유라고 볼 수 없으므로 횡령죄가 성립하고, 또한 그로 인하여 그 본인인 회사에 재산상 손해가 발생하였을 때에는 배임죄가 성립한다(대법원 1996.8.23, 96도1525).
㉢(○) 대법원 1999.4.15, 97도666 전원합의체는 지명채권의 양도인이 양도통지 전에 채무자로부터 채권을 추심하여 수령한 금전의 소유권이 양수인에게 속하고 양도인은 이를 양수인을 위하여 보관하는 지위에 있다는 이유로, 횡령죄의 성립을 인정하였다.
㉣(○) 위탁의 취지에 반하여 상계처리한 경우에는 횡령죄가 성립한다(대법원 1984.11.13, 84도1199).
㉤(○) 甲이 대출받은 금원의 소유권이 누구에게 있는가가 문제된다. 대법원은 금전의 수수를 수반하는 사무처리를 위임받은 자가 그 행위에 기하여 위임자를 위하여 제3자로부터 수령한 금전은, 목적이나 용도를 한정하여 위탁된 금전과 마찬가지로 달리 특별한 사정(금전의 소유를 우선 수임자에게 귀속시키기로 하는 약정 등)이 없는 한 그 수령과 동시에 위임자의 소유에 속하고, 위임을 받은 자는 이를 위임자를 위하여 보관하는 관계에 있다고 판시하여 위 금원의 소유권은 乙에게 있으므로 횡령죄가 성립한다고 한다(대법원 1996.6.14, 96도106).
㉥(×) 수탁자인 乙의 처분행위는 대외적으로 유효하여 甲은 그 부동산의 권리를 취득하는 것이지 명의수탁자의 지위를 승계하는 것이 아니므로 甲이 한 처분행위는 권리자의 처분행위로서 횡령죄가 성립할 수 없다(대법원 1989.2.28, 88도1368). 〈답 ⑦〉

대법원 2000.11.10, 2000도3013 동업자 사이에 손익분배의 정산이 되지 아니하였다면 동업자의 한 사람이 임의로 동업자들의 합유에 속하는 동업재산을 처분할 권한이 없는 것이므로, 동업자의 한 사람이 동업재산을 보관중 임의로 횡령하였다면 지분비율에 관계없이 임의로 횡령한 금액 전부에 대하여 횡령죄의 죄책을 부담한다.

7. 횡령죄(업무상 횡령죄 포함)**에 해당하는 경우는?** (판례에 의함)
① 채무자가 채권자에게 동산을 양도담보로 제공하고 점유개정의 방법으로

점유하면서 양도담보의 목적물을 제3자에게 처분한 경우

② 병원에서 의약품 선정·구매 업무를 담당하는 약국장이 병원을 대신하여 제약회사로부터 의약품 공급의 대가로 그 의약품 매출액에 비례하여 기부금 명목의 돈을 받아 보관중 임의소비한 경우

③ 채무담보조로 미등기건물의 가옥대장에 그 소유명의를 채권자 앞으로 변경등록하여 두었는데 채무자의 상속인이 위 건물을 임의로 처분한 경우

④ 액면을 보충·할인하여 달라는 의뢰를 받고 액면 백지인 약속어음을 교부받은 자가 보충권의 한도를 넘어 보충하여 임의로 사용한 경우

⑤ 회사원이 근무회사의 영업상 중요한 기밀사항을 노트에 기재하여 가지고 있다가 퇴직시 회사에 이 노트를 반환하지 아니하고 가지고 온 경우

해설

①(×) 채무자가 채권자에게 동산을 양도담보로 제공하고 점유개정의 방법으로 점유하고 있는 경우에는 그 동산의 소유권은 여전히 채무자에게 유보되어 있는 것이어서 채무자는 자기의 물건을 보관하고 있는 셈이 되므로, 양도담보의 목적물을 제3자에게 처분하거나 담보로 제공하였다 하더라도 횡령죄를 구성하지 아니한다(대법원 2009.2.12, 2008도10971).

②(○) 위 돈은 불법원인급여에 해당하지 않아 병원이 약국장에게 여전히 반환청구권을 가지므로, 업무상 횡령죄가 성립한다(대법원 2008.10.9, 2007도2511).

③(×) 대내적으로는 채무자 및 그의 상속인이 소유권자이므로 횡령죄는 성립하지 않는다(대법원 1983.2.22, 82도2616).

④(×) 발행인에 대하여 보관자의 지위에 있다고 할 수 없으므로 배임죄가 성립할 수 있는 경우이다(대법원 1995.1.20, 94도2760).

⑤(×) 노트에 기재된 내용이 회사의 기밀사항이라 하여도 이 노트는 피고인의 소유에 속한다고 볼 것이어서 퇴직시에 이를 회사에 반환하지 아니하고 가지고 나온 행위가 횡령죄를 구성한다고 할 수 없다(대법원 1994.5.24, 94도763). 〈답 ②〉

① **대법원 2008.3.14, 2007도7568** 목적과 용도를 정하여 위탁한 금전은 정해진 목적과 용도에 사용할 때까지는 이에 대한 소유권이 위탁자에게 유보되어 있다고 보아야 할 것이나, 특별히 그 금전의 특정성이 요구되지 않는 경우 수탁자가 위탁의 취지에 반하지 않고 필요한 시기에 다른 금전으로 대체시킬 수 있는 상태에 있는 한 이를 일시 사용하더라도 횡령죄를 구성한다고 할 수 없고, 수탁자가 그 위탁의 취지에 반하여 다른 용도에 소비할 때 비로소 횡령죄를 구성한다.

② **대법원 1995.1.20, 94도2760** 발행인으로부터 일정한 금액의 범위 내에서 액면을 보충·할인하여 달라는 의뢰를 받고 액면 백지인 약속어음을 교부받아 보관중이던 자가 발행인과의 합의에 의하여 정해진 보충권의 한도를 넘어 보충을 한 경우에는 발행인의 서명날인 있는 기존의 약속어음 용지를 이용하여 새로운 별개의 약속어음을 발행한 것에 해당하여 이러한 보충권의 남용행위로 인하여 생겨난 새로운 약속어음에 대하여는 발행인과의 관계에서 보관자의 지위에 있다 할 수 없으므로, 설사 그 약속어음을 자신의 채무변제조로 제3자에게 교부하여 임의로 사용하였다고 하더라도, 발행인으로 하여금 제3자에 대하여 어음상의 채무를 부담하는 손해를 입게 한 데에 대한 배임죄가 성립될 수 있음은 별론으로 하고, 보관자의 지위에 있음을 전제로 횡령죄가 성립할 수는 없다.

8. 횡령죄에 대한 다음 설명 중 옳은 것을 모두 고르면? (판례에 의함)

> ㉠ 약속어음금의 추심의뢰를 받고 어음금을 수령하여 보관중인 때에는 횡령죄의 구성요건인 타인의 재물의 보관에 해당한다.
> ㉡ 수표발행 권한을 위임받은 자는 그 수표자금으로서 예치된 금원에 대하여 이를 보관하는 지위에 있다.
> ㉢ 타인이 재료의 주요부분과 노력을 제공하여 건축한 건물의 건축허가 명의를 수탁받은 회사의 실질적인 경영자는 소유권보존등기가 되지 않은 신축건물을 보관하는 자에 해당한다.
> ㉣ 금융실명거래및비밀보장에관한긴급재정경제명령이 시행된 이후 금융기관으로서는 특별한 사정이 없는 한 실명확인을 한 예금명의자만을 예금주로 인정할 수밖에 없으므로 수탁자 명의의 예금에 입금된 금전은 수탁자만이 법률상 지배·처분할 수 있을 뿐이고 위탁자는 예금의 예금주가 자신이라고 주장할 수는 없기 때문에, 수탁자가 위탁자로부터 반환요구를 받았음에도 이를 영득할 의사로 반환을 거부하더라도 횡령죄는 성립하지 아니한다.
> ㉤ 사단법인의 지부나 지회가 독립된 별개의 법인격이나 권리주체가 아니라 사단법인에 소속된 하부조직에 불과하다면, 사단법인의 지부나 지회가 사단법인과는 별도의 독립채산제 방식으로 운영되고 있다고 하더라도 그 지부나 지회가 보관하고 있는 재산은 사단법인의 소유일 뿐 지부나 지회의 소유가 되는 것은 아니다.

① ㉠ ㉡　② ㉠ ㉢　③ ㉡ ㉢
④ ㉠ ㉡ ㉢　⑤ ㉠ ㉡ ㉣　⑥ ㉠ ㉡ ㉢ ㉤
⑦ ㉡ ㉢ ㉣ ㉤　⑧ ㉠ ㉡ ㉢ ㉣ ㉤

해설

㉠ 대법원 1983.10.25, 83도1520, ㉡ 대법원 1983.9.13, 82도75, ㉢ 대법원 1990.3.23, 89도1911, ㉤ 대법원 2012.1.27, 2010도10739의 내용이다.
㉣ 타인의 금전을 위탁받아 보관하는 자가 보관방법으로 금융기관에 자신의 명의로 예치한 경우 보관을 위탁받은 금전이 수탁자 소유로 된다거나 위탁자가 위 금전의 반환을 구할 수 없는 것은 아니므로 수탁자가 이를 함부로 인출하여 소비하거나 또는 위탁자로부터 반환요구를 받았음에도 이를 영득할 의사로 반환을 거부하는 경우에는 횡령죄가 성립한다(대법원 2000.8.18, 2000도1856). 〈답 ⑥〉

① **대법원 2000.8.18, 2000도1856** 타인의 금전을 위탁받아 보관하는 자가 보관방법으로 금융기관에 자신의 명의로 예치한 경우, 금융실명거래및비밀보장에관한긴급재정경제명령이 시행된 이후 금융기관으로서는 특별한 사정이 없는 한 실명확인을 한 예금명의자만을 예금주로 인정할 수밖에 없으므로 수탁자 명의의 예금에 입금된 금전은 수탁자만이 법률상 지배·처분할 수 있을 뿐이고 위탁자로서는 위 예금의 예금주가 자신이라고 주장할 수는 없으나, 그렇다고 하여 보관을 위탁받은 위 금전이 수탁자

소유로 된다거나 위탁자가 위 금전의 반환을 구할 수 없는 것은 아니므로 수탁자가 이를 함부로 인출하여 소비하거나 또는 위탁자로부터 반환요구를 받았음에도 이를 영득할 의사로 반환을 거부하는 경우에는 횡령죄가 성립한다.

② **대법원 1990.3.23, 89도1911** 소유권보존등기가 되어 있지 않은 건물이 실제로 피해자가 재료의 주요부분과 노력을 제공하여 건축한 피해자의 소유로서 건축허가명의만을 甲회사에게 신탁한 경우에 있어서, 부동산등기법 제131조 1호, 건축법시행규칙 제6조 등의 규정내용에 비추어 볼 때 甲회사의 실질적인 경영자인 피고인은 건축허가명의자인 甲회사의 명의로 소유권보존등기를 하여 대외적으로 유효하게 위 건물을 처분할 수 있는 지위에 있는 자이어서 타인의 부동산인 위 건물을 보관하는 자에 해당한다.

9. 명의신탁 부동산의 처분과 횡령죄의 성립 여부에 대한 설명으로 옳지 않은 것은? (다툼이 있는 경우에는 판례와 다수설에 의함)

① 부동산 소유자로부터 직접 명의수탁을 받은 2자간 명의신탁의 경우에 수탁자가 그 부동산을 임의로 처분한 때에는 횡령죄가 성립한다.

② 명의신탁계약에 의하여 신탁자가 매도인과 매매계약을 체결하고 수탁자 앞으로 이전등기를 한 3자간 등기명의신탁의 경우 수탁자가 처분한 때에는 신탁자에 대한 횡령죄가 성립한다.

③ 명의신탁계약의 수탁자가 당사자가 되어 매매계약을 체결하고 이전등기를 한 계약명의신탁의 경우에 매도인이 선의인 때에는 횡령죄가 성립한다.

④ 계약명의신탁의 경우 매도인이 악의인 때에는 수탁자는 신탁자에 대한 관계에서 '타인의 재물을 보관하는 자'의 지위에 있다고 볼 수 없다.

⑤ 계약명의신탁의 경우 매도인이 악의인 때에는 수탁자에게 횡령죄가 성립한다는 견해와 배임죄가 성립한다는 견해가 대립되고 있다.

해설 ··

①(○) 대법원 2000.2.22, 99도5227; 대법원 1999.10.12, 99도3170 참조.

②(○) 3자간 등기명의신탁의 경우 횡령죄가 성립한다는 점에 판례와 학설이 일치한다(대법원 2008.2.29, 2007도11029; 대법원 2002.8.27, 2002도2926; 대법원 2001.11.27, 2000도3463).

③(×) 신탁자와의 명의신탁약정에 의하여 수탁자가 매매계약의 당사자가 되어 매도인과 매매계약을 체결하고 수탁자에게 이전등기를 하는 계약명의신탁에 있어서 매도인이 선의인 경우에는 횡령죄가 성립하지 않는다(대법원 2000.3.24, 98도4347). 이 경우에 배임죄가 성립하는가에 관하여 긍정설과 부정설이 대립하고 있다. 판례는 부정설의 입장이다(대법원 2008.3.27, 2008도455; 대법원 2004.4.27, 2003도6994).

④(○) 대법원 2012.12.13, 2010도10515 참조.

⑤(○) 매도인이 악의인 때에 횡령죄설과 배임죄설이 대립하고 있으나, 후설이 다수설이다.

〈답 ③〉

10. 횡령죄에 대한 기술 중 옳은 것은? (다툼이 있는 경우에는 판례에 의함)

① 독립채산제로 운영하기로 한 감정평가법인 지사에서 근무하는 감정평가

사들이 접대비 명목 등으로 임의로 나누어 사용할 목적으로 보관 중이던 돈의 일부를 비자금으로 조성한 행위는 업무상 횡령죄에 해당하지 아니한다.

② 회사의 이사 등이 업무상의 임무에 위배하여 보관 중인 회사의 자금으로 뇌물을 공여하였다면, 그 이사 등은 회사의 이익을 도모할 목적으로 행한 것으로 보아야 하므로 업무상 횡령죄를 구성하는 것은 아니다.

③ 농지매매증명을 발급받을 수 없어 농지를 매수할 수 없었던 자가 농지를 매수하여 농지를 매수할 자격이 있는 수탁자 앞으로 명의신탁한 후 농지법 시행 등의 사정변경으로 인하여 신탁자가 수탁자에 대하여 위 농지에 관한 명의신탁을 해지하고 그 반환을 구할 수 있게 된 경우 그 시점부터는 수탁자가 신탁자를 위하여 위 농지를 보관하는 자의 지위에 서게 된다.

④ 피고인이 甲주식회사의 경영권을 인수한 후 주주총회에서 피고인측 이사 3명이 선출되었다고 하여 피고인이 甲회사 소유의 예금을 보관하는 자의 지위에 있었다고 할 수 없다.

⑤ 부동산의 보관은 등기부상의 소유명의인에 대하여 인정되므로 등기부상 소유명의인의 '배우자'로서 소유명의인의 위임에 의하여 그 부동산의 실질적인 지배·관리권 및 대외적인 처분권을 갖고 있는 경우라도 횡령죄의 주체인 '부동산의 보관자'에 해당하지 아니한다.

해설

①(×) 피고인들이 위 지사를 독립채산제로 운영하기로 했다고 하더라도 그것은 지사가 처리한 감정평가업무로 인한 경제적 이익의 분배에 관하여 그와 같이 약정을 한 것에 불과한 것이므로 피고인들이 사용한 지사의 자금이 법률상으로는 감정평가법인의 자금이 아니라고 할 수는 없고, 당초의 비자금 조성 목적 등에 비추어, 위 비자금 조성행위는 업무상 횡령죄에 해당한다(대법원 2010.5.13, 2009도1373).

②(×) 이는 오로지 회사의 이익을 도모할 목적이라기보다는 뇌물공여 상대방의 이익을 도모할 목적이나 기타 다른 목적으로 행하여진 것이라고 보아야 하므로, 그 이사 등은 회사에 대하여 업무상 횡령죄의 죄책을 면하지 못한다(대법원 2013.4.25, 2011도9238).

③(○) 대법원 2010.6.24, 2009도9242의 내용이다.

④(×) 주주총회에서 피고인 측 이사 3명이 선출됨으로써 피고인이 甲회사의 실질적 운영자의 지위를 취득하였던 점 등에 비추어 위 예금을 보관하는 자의 지위에 있었다고 볼 수 있다(대법원 2011.3.24, 2010도17396).

⑤(×) 부동산의 보관은 원칙적으로 등기부상의 소유명의인에 대하여 인정되지만, 등기부상의 명의인이 아니라도 소유자의 위임에 의거해서 실제로 타인의 부동산을 관리·지배하면서 제3자에게 유효하게 처분할 수 있는 지위에 있는 자는 그 부동산에 대한 지배력을 가지고 있는 자로서 횡령죄의 성립에 있어 그 부동산을 보관하는 자에 해당한다고 보아야 할 것이므로, 등기부상 소유명의인의 '배우자'로서 소유명의인의 위임에 의하여 그 부동산의 실질적인 지배·관리권 및 대외적인 처분권을 갖고 있는 경우, 횡령죄의 주

체인 '부동산의 보관자'에 해당한다(대법원 2010.1.28, 2009도1884). 〈답 ③〉

11. 횡령죄와 관련된 설명 중 옳은 것을 모두 고르면? (다툼이 있는 경우에는 판례에 의함)

> ㉠ 민법상 점유보조자라고 할지라도 그 물건에 대하여 사실상 지배력을 행사하는 경우에는 형법상 보관의 주체로 볼 수 있으므로 이를 영득한 경우에는 절도죄가 아니라 횡령죄에 해당한다.
> ㉡ 공무원이 보관하던 돈을 자동차소모품대, 회사단체에 대한 기부 등 소속 공무소의 이익을 위해 소비하였다면 불법영득의사를 인정할 수 없다.
> ㉢ 보험을 유치하면서 보험회사로부터 지급받은 시책비 중 일부를 개인적인 용도로 사용하였더라도 그 금전이 통상적인 실적급여의 성격을 가진 시책비라면 횡령죄를 구성하지 않는다.
> ㉣ 상호신용금고의 경영자가 장부상 직원들의 봉급을 인상한 것처럼 하고 실제로는 종전과 같은 액수를 지급하면서 그 차액으로 회사의 부외부채를 변제하였다면 업무상 횡령죄가 성립한다.
> ㉤ 채무자가 지불각서를 써 주기로 하고, 채권자가 주장하는 채권액과 일치하는가를 확인할 목적으로 수표들을 건네받아 수표들의 매수와 액면금을 확인하던 중 수표들의 액면금 총액이 채권액에 미치지 못하자 수표들 중 일부를 찢어 버리며, 나머지 수표들의 반환을 거부한 경우 횡령죄가 성립한다.

① ㉢ ② ㉡ ㉣ ③ ㉢ ㉣
④ ㉠ ㉡ ㉢ ⑤ ㉡ ㉢ ㉤ ⑥ ㉠ ㉡ ㉢ ㉤
⑦ ㉡ ㉢ ㉣ ㉤ ⑧ ㉠ ㉡ ㉢ ㉣ ㉤

해설

㉠(○) 대법원 1982.3.9, 81도3396.
㉡(○) 대법원 1982.3.9, 81도3009(횡령죄에 있어서의 불법영득의 의사는, 타인의 재물을 보관하는 자가 그 위탁취지에 반하여 권한 없이 스스로 소유권자의 처분행위(반환거부를 포함)를 하려는 의사를 의미하고, 보관자가 소유자의 이익을 위하여 이를 처분하는 경우에는 특단의 사정이 없는 한 불법영득의 의사를 인정할 수 없다).
㉢(○) 대법원 2006.3.9, 2003도6733의 내용이다.
㉣(×) 회사의 채무를 변제한 것이어서 횡령의 범의가 있었다고 볼 수 없다(대법원 1986.6.24, 86도538).
㉤(○) 대법원은 조리에 의한 위탁관계에 의하여 타인소유의 재물을 보관하는 자로서 그 재물의 반환을 거부하였다는 이유로 횡령죄의 성립을 인정하였다(대법원 1996.5.14, 96도410).
〈답 ⑥〉

12. 횡령죄에 대한 설명 중 옳은 것(○)과 옳지 않은 것(×)을 바르게 표시한 것은? (판례에 의함)

> ㉠ 채권자가 채무자로부터 채권확보를 위하여 담보물을 제공받을 때 그 물건이 채무자가 보관중인 타인의 물건임을 알았다면 채무자의 횡령행위에 공모가담한 것이다.
> ㉡ 자기가 점유하는 타인의 원사에 대하여 불법영득의 의사로 연사의 가공행위를 하였다면 횡령죄는 기수가 된다.
> ㉢ 집합건물의 관리회사가 구분소유자들로부터 특별수선충당금의 명목으로 금원을 납부받아 보관하던 중 이를 일반경비로 사용한 경우 횡령죄를 구성한다.
> ㉣ 목적과 용도를 정하여 위탁한 금전에 대한 이자를 수탁자가 임의로 소비하면 횡령죄를 구성한다.

① ㉠(○) ㉡(×) ㉢(○) ㉣(○) ② ㉠(×) ㉡(×) ㉢(○) ㉣(○)
③ ㉠(○) ㉡(○) ㉢(○) ㉣(○) ④ ㉠(×) ㉡(○) ㉢(○) ㉣(×)
⑤ ㉠(○) ㉡(○) ㉢(○) ㉣(×) ⑥ ㉠(×) ㉡(×) ㉢(○) ㉣(×)
⑦ ㉠(○) ㉡(×) ㉢(×) ㉣(○) ⑧ ㉠(×) ㉡(○) ㉢(○) ㉣(○)

해설

㉠(×) 채권자가 채무자로부터 채권확보를 위하여 담보물을 제공받을 때 그 물건이 채무자가 보관중인 타인의 물건임을 알았다고 하여도 그것만으로 채권자가 채무자의 불법영득행위인 횡령행위에 공모가담한 것으로 단정할 수 없다(대법원 1992.9.8, 92도1396).
㉡(○) 대법원 1981.5.26, 81도673(불법영득의 의사가 객관적으로 외부에 표현된 것이므로 횡령죄는 기수가 된다).
㉢(○) 대법원 2004.5.27, 2003도6988.
㉣(○) 대법원 2006.7.27, 2005도2726(이자 또한 특별한 사정이 없는 한 위탁자에게 속한다고 할 것이므로, 수탁자가 임의로 소비하면 횡령죄를 구성한다). 〈답 ⑧〉

13. 판례에 의할 때 횡령죄가 성립한다고 볼 수 없는 경우는?

① 군대의 취사반장이 사병급식용 고기를 처분한 경우
② 다방종업원이 다방주인 소유의 오토바이를 타고 심부름을 가다가 마음이 변하여 그대로 타고 가버린 경우
③ 회사가 신주를 발행하여 실제로는 타인으로부터 제3자 명의로 자금을 빌려 자기의 계산으로 신주를 인수하면서도 제3자 명의를 차용한 다음, 회사의 대표이사가 가지급금의 형식으로 회사의 자금을 인출하여 위 차용원리금 채무의 변제에 사용한 경우
④ 乙이 甲으로부터 타인발행의 약속어음의 할인을 부탁받고 어음에 배서·양도받아 이를 다시 丙에게 배서·양도하였는데 지급기일에 부도가

되어 丙으로부터 어음금의 지급을 요구받자 다시 甲에게 어음금의 상환을 요구하여 이를 지급받은 다음 어음회수에 사용하지 아니하고 소비한 경우

⑤ 임차인이 이사하면서 그 소유 물건들을 임대인의 방해로 옮기지 못하고 그 임차공장 내에 그대로 두었는데 임대인이 그후 이를 임의로 매각하거나 반환을 거부한 경우

해설

①(○) 피고인은 소속대 사병식당의 취사반장으로서 사병급식용 부식을 관리하는 직책을 맡고 있었으므로 국가소유인 사병급식용 고기를 처분한 행위는 횡령죄를 구성한다(대법원 1982.3.23, 81도2455).

②(○) 피해자 소유의 오토바이를 타고 심부름을 다녀오라고 하여서 오토바이를 타고 가다가 마음이 변하여 이를 반환하지 아니한 채 그대로 타고 가버렸다면 횡령죄를 구성함은 별론으로 하고 적어도 절도죄를 구성하지는 아니한다(대법원 1986.8.19, 86도1093).

③(×) 회사가 신주를 발행하여 실제로는 타인으로부터 제3자 명의로 자금을 빌려 자기의 계산으로 신주를 인수하면서도 제3자 명의를 차용한 경우, 이는 상법 등에서 허용하지 않는 자기주식의 취득에 해당하므로 회사의 신주인수행위는 무효라고 보아야 할 것이지만, 신주인수대금의 납입을 위하여 회사가 제3자 명의로 금원을 차용한 행위의 효력은 부정할 수 없고 차용원리금의 상환의무는 회사가 부담한다고 보아야 하므로, 회사의 대표이사가 가지급금의 형식으로 회사의 자금을 인출하여 차용원리금 채무의 변제에 사용하였다고 하더라도 업무상 횡령죄에 해당한다고 볼 수 없다(대법원 2005.2.18, 2002도2822).

④(○) 甲이 乙에게 약속어음 회수용으로 용도를 특정하여 돈을 지급하였다면, 甲으로서도 위 약속어음을 회수하여 소지하여야 그 발행인으로부터 어음금을 회수할 수 있는 것이므로 乙은 甲을 위하여, 그리고 그 어음회수를 위하여 그 돈을 보관하는 자의 지위에 있다고 볼 것이므로 乙이 이 돈을 甲의 의사에 반하여 어음회수용으로 사용하지 아니하고 소비한 것이라면 횡령죄가 성립한다(대법원 1989.11.14, 89도968).

⑤(○) 임차인이 이사하면서 그가 소유하거나 타인으로부터 위탁받아 보관중이던 물건들을 임대인의 방해로 옮기지 못하고 그 임차공장 내에 그대로 두었다면 임대인은 사무관리 또는 조리상 당연히 임차인을 위하여 위 물건들을 보관하는 지위에 있다 할 것이므로, 임대인이 그 후 이를 임의로 매각하거나 반환을 거부하였다면 횡령죄를 구성한다(대법원 1985.4.9, 84도300).

〈답 ③〉

14. 횡령죄가 성립하는 것을 모두 고르면? (판례에 의함)

㉠ 조합원 중 한 사람이 조합재산 처분으로 얻은 대금을 임의로 소비한 경우

㉡ 오피스텔 등 신축·분양사업의 시행사인 甲주식회사와 시공사인 乙주식회사가 동업계약을 체결하여 조합을 구성하였는데, 甲회사의 대표이사인 피고인이 조합사업과 관련된 부가가치세를 납부한 후 돌려받은 환급금을 개인적인 용도에 임의로 사용한 경우

㉢ 보관계약에 따라 포장된 정부양곡의 보관자가 가마니 속의 정부보유

미를 빼내 임의로 소비한 경우
㉣ 회사가 사용해 오던 교육청 토지에 대한 공개경쟁입찰절차에서 회사에 명의를 빌려주고 낙찰자로 선정된 회사직원이 자신을 매수인으로 하여 교육청 교육장과 매매계약을 체결하고 등기를 이전받은 후 위 토지의 보상금을 임의 소비한 경우
㉤ 재건축조합 조합장이 자신의 위법행위에 관한 형사사건의 변호사 선임료를 지출함에 있어 이사 및 대의원회의 승인을 받고 재건축조합의 자금으로 변호사 비용을 지출한 경우

① ㉡ ㉢ ② ㉡ ㉤ ③ ㉠ ㉡ ㉢
④ ㉠ ㉡ ㉤ ⑤ ㉡ ㉢ ㉣ ⑥ ㉡ ㉣ ㉤
⑦ ㉠ ㉡ ㉣ ㉤ ⑧ ㉡ ㉢ ㉣ ㉤

해설

㉠(○) 대법원 2011.11.24, 2010도5014.
㉡(○) 대법원 2011.5.26, 2011도1904.
㉢(×) 보관계약에 따라 포장된 정부양곡 가마니 속의 정부보유미의 점유는 정부에 있으므로 이 양곡을 빼낸 보관자의 행위는 절도죄에 해당한다(대법원 1956.1.27, 4288형상375).
㉣(×) 매수인의 지위에 있는 자는 계약에서 표시된 바에 따라 '피고인'으로 봄이 상당함에도, 이와 달리 '회사'가 위 매매계약의 매수인임을 전제로 피고인이 위 토지의 보상금을 임의 소비한 행위가 회사에 대한 관계에서 횡령죄에 해당한다고 본 원심판결에 법리오해의 위법이 있다는 이유로 파기하였다(대법원 2010.1.28, 2009도11868).
㉤(○) 대법원 2006.10.26, 2004도6280. 〈답 ④〉

대법원 2006.10.26, 2004도6280 재건축조합 조합장이 조합장 개인을 위하여 자신의 위법행위에 관한 형사사건의 변호인을 선임하는 것을 재건축조합의 업무라고 볼 수 없으므로, 그가 재건축조합의 자금으로 자신의 변호사 비용을 지출하였다면 이는 횡령에 해당하고, 위 형사사건의 변호사 선임료를 지출함에 있어 이사 및 대의원회의 승인을 받았다 하여도 재건축조합의 업무집행과 무관한 조합장 개인의 형사사건을 위하여 변호사 선임료를 지출하는 것이 위법한 이상 위 승인은 내재적 한계를 벗어나는 것으로서 횡령죄의 성립에 영향을 미치지 아니한다.

15. 횡령죄가 성립하는 경우를 모두 모은 것은? (판례에 의함)

㉠ 위탁받아 보관하고 있던 타인소유의 기계들을 임의로 담보로 제공하였으나 기계가 타인의 소유여서 공장저당법에 의하여 근저당의 효력이 미치지 않았다.
㉡ 약속어음을 할인하기 위하여 배서양도의 형식으로 교부받은 수탁자가 이를 자신의 채무변제에 소비하였다.
㉢ 甲회사가 시공중이던 공사가 중단된 후, 이를 인수한 乙회사가 잔여

공사를 진행하면서 甲회사가 현장에 남겨두었던 형틀을 사용하고 반환요구에 불응하였다.
㉣ 농지의 소유권을 취득할 수 없는 물품제조 회사가 매수한 농지를 명의수탁받은 자가 임의로 그 농지를 타인에게 처분하였다.
㉤ 어업면허권을 양도하였으나 아직 자기명의로 되어 있는 것을 틈타서 손실보상금을 수령하여 일부를 생활비로 소비하였다.
㉥ 매수한 차량을 지입회사에 지입시켜 두었다가 그 권리관계에 문제가 생겨 피해자와 합의하여 그 차를 처분하고 대금으로 압류되어 있는 다른 차량을 찾아서 넘겨 주기로 약정하였으나, 매각대금을 보관하다가 임의소비하였다.

① ㉠ ㉤ ㉥ ② ㉡ ㉤ ㉥ ③ ㉢ ㉣ ㉤
④ ㉠ ㉡ ㉢ ㉣ ⑤ ㉠ ㉢ ㉤ ㉥ ⑥ ㉡ ㉢ ㉤ ㉥
⑦ ㉠ ㉡ ㉢ ㉤ ㉥ ⑧ ㉠ ㉡ ㉢ ㉣ ㉤ ㉥

해설

㉠(○) 다른 사람의 재물을 보관하고 있던 사람이 그 사람의 동의 없이 담보로 제공하는 행위는 불법영득의 의사를 표현하는 행위이므로 횡령죄를 구성하며, 그 담보제공행위가 무효이거나 소유권이 침해되는 결과가 발생하였는지의 여부는 영향을 미치지 않는다(대법원 2002.11.13, 2002도2219).
㉡(○) 수탁자가 할인을 위하여 교부받은 약속어음을 자신의 채무변제에 충당하였다면 위탁의 취지에 반하는 것으로서 횡령죄를 구성한다(대법원 1983.4.26, 82도3079).
㉢㉤(○) 조리에 의하여 타인의 재물을 보관하던 자가 이를 횡령하거나 반환을 거부한 경우이다(㉢대법원 1969.12.9, 69도1923, ㉤ 대법원 1993.8.24, 93도1578).
㉣(×) 물품제조 회사가 농지를 매수하여 피고인 명의로 소유권이전등기를 마침으로써 소유명의를 신탁하여 두었는데 피고인이 그 후 이를 타인에게 처분한 경우 물품제조 회사는 농지의 소유권을 취득할 수 없으므로 피고인은 원인무효인 소유권이전등기의 명의자에 불과하여 횡령죄는 성립하지 아니한다(대법원 2010.6.24, 2009도9242).
㉥(○) 금전의 수수를 수반하는 사무처리를 위임받은 자가 그 행위에 기하여 제3자로부터 수령한 금전은, 목적이나 용도를 한정하여 위탁된 금전과 마찬가지로 그 수령과 동시에 위임자의 소유에 속하고 위임받은 자는 이를 위임자를 위하여 보관하는 관계에 있으므로 이를 임의소비한 때에는 횡령죄가 성립한다(대법원 2003.6.24, 2003도1741). 〈답 ⑦〉

16. 횡령죄가 성립하는 것을 모두 고르면? (판례에 의함)

㉠ 여러 개의 학교법인을 운영하는 자가 학교법인의 금원을 다른 학교법인을 위하여 사용하였다.
㉡ 지하철 전동차 선반 위에 다른 승객이 잊고 내린 물건을 가져갔다.
㉢ 복권을 나누어 당첨을 확인하도록 한 수인 사이에서 복권당첨금 수령인이 타인에게 당첨금을 나누어 주는 것을 거부하였다.

㉣ 회사의 대표이사가 5명의 근로자들의 급여에서 국민연금 보험료 중 근로자 기여금을 공제한 후 이를 보관하던 중 회사 운영자금으로 임의로 사용하였다.
㉤ 종중회장으로부터 담보대출을 받아달라는 부탁과 함께, 적법한 종중총회의 결의 없이 종중소유의 임야를 이전받은 다음 임야를 담보로 금원을 대출받아 임의로 사용하였다.

① ㉠ ㉢ ② ㉢ ㉤ ③ ㉠ ㉡ ㉢
④ ㉠ ㉢ ㉣ ⑤ ㉠ ㉢ ㉤ ⑥ ㉡ ㉢ ㉣
⑦ ㉢ ㉣ ㉤ ⑧ ㉠ ㉢ ㉣ ㉤

해설

㉠(○) 대법원 2000.12.8, 99도214(각 학교법인은 별개의 법인격을 가진 소유의 주체로서 이를 실질적으로 1개의 학교법인이라고 볼 수 없으므로 각 학교법인의 금원을 다른 학교법인을 위하여 사용한 경우 이를 단순히 예산항목을 유용하거나 장부상의 분식이나 이동에 불과하다고 할 수 없고, 각 학교법인 사이에서의 자금이동이 단순한 대차관계에 불과하다고 할 수도 없으므로).
㉡(×) 대법원 1999.11.26, 99도3963(점유이탈물횡령죄)은 횡령죄가 성립하지 않는다고 하였다.
㉢(○) 대법원 2000.11.10, 2000도4335(수인 사이에는 어느 누구의 복권이 당첨되더라도 당첨금을 공평하게 나누거나 공동으로 사용하기로 하는 묵시적인 합의가 있었다고 보아야 하므로).
㉣(○) 대법원 2011.2.10, 2010도13284(원천공제의 취지상 사용자가 근로자에게 위 기여금을 공제한 임금을 지급하면 그 즉시 사용자는 공제된 기여금을 근로자를 위하여 보관하는 것으로 보아야 한다).
㉤(○) 대법원 2005.6.24, 2005도2413(비록 피고인이 임야를 이전받는 과정에서 적법한 종중총회의 결의가 없었다고 하더라도 피고인은 임야나 위 대출금에 관하여 사실상 종중의 위탁에 따라 이를 보관하는 지위에 있다고 보아야 할 것이어서). 〈답 ⑧〉

대법원 1999.11.26, 99도3963 승객이 놓고 내린 지하철의 전동차 바닥이나 선반 위에 있던 물건을 가지고 간 경우, 지하철의 승무원은 유실물법상 전동차의 간수자로서 승객이 잊고 내린 유실물을 교부받을 권능을 가질 뿐 전동차 안에 있는 승객의 물건을 점유한다고 할 수 없고, 그 유실물을 현실적으로 발견하지 않는 한 이에 대한 점유를 개시하였다고 할 수도 없으므로, 그 사이에 이와 같은 유실물을 발견하고 가져간 행위는 점유이탈물횡령죄에 해당함은 별론으로 하고 절도죄에 해당하지는 않는다.

17. 횡령죄에 대한 설명 중 옳은 것을 모두 고르면? (판례에 의함)

㉠ 타인으로부터 용도나 목적이 특정되어 보관된 금전이 보관 도중에 특정의 용도나 목적이 소멸되었다면 횡령죄의 적용에 있어서 위탁자의 소유물이라고 할 수 없다.
㉡ 주식회사의 주주 겸 대표이사가 장차 신주발행절차에서 자신이 취득하게 될 주식을 타인에게 매도하고자 하면서 다만 양도소득세 등의

부담을 피하기 위해 주식매수인이 회사에 대해 직접 신주를 인수하는 절차를 취한 경우, 대표이사가 주식매수인으로부터 받은 주식매매대금을 보관중 개인적인 용도로 사용하였다고 하더라도 횡령죄를 구성하는 것은 아니다.
㉢ 타인의 부동산을 보관 중인 자가 불법영득의사를 가지고 그 부동산에 근저당권설정등기를 경료한 후 같은 부동산에 별개의 근저당권을 설정한 경우 특별한 사정이 없는 한 불가벌적 사후행위로 볼 수 없고, 별도로 횡령죄를 구성한다.
㉣ 수개의 업무상 횡령행위라 하더라도 피해법익이 단일하고, 범죄의 태양이 동일하며 단일 범의의 발현에 기인하는 일련의 행위라고 인정될 때에는 포괄하여 1개의 범죄라고 봄이 타당하다.

① ㉣ ② ㉠ ㉡ ③ ㉢ ㉣
④ ㉠ ㉡ ㉢ ⑤ ㉠ ㉢ ㉣

해설

㉠(×) 타인으로부터 용도가 엄격히 제한된 자금을 위탁받아 보관하는 자가 그 자금을 제한된 용도 이외의 목적으로 사용하는 것은 횡령죄가 되는 것이고, 이와 같이 용도나 목적이 특정되어 보관된 금전은 그 보관 도중에 특정의 용도나 목적이 소멸되었다고 하더라도 위탁자가 이를 반환받거나 그 임의소비를 승낙하기까지는 횡령죄의 적용에 있어서는 여전히 위탁자의 소유물이라고 할 것이다(대법원 2002.11.22, 2002도4291).
㉡(×) 회사에 대한 관계에서 신주인수인은 대표이사가 아니라 주식매수인이므로 대표이사가 주식매수인으로부터 받은 주식매매대금은 신주인수대금으로서 이를 보관중 개인적인 용도로 사용하였다면 횡령죄를 구성한다(대법원 2006.10.27, 2004도6503).
㉢(○) 대법원 2013.2.21, 2010도10500 전원합의체.
㉣(○) 대법원 2006.6.2, 2005도3431. 〈답 ③〉

18. 횡령죄와 관련된 다음 설명에 대한 판단(옳음(○)과 틀림(×))**과 동일한 것을 보기에서 모두 고르면?** (판례에 의함)

〈설명〉
甲은 乙로부터 乙소유의 미등기건물의 관리를 위임받아 거주하여 오던 중 임의로 건물에 대하여 자신의 명의로 보존등기를 한 다음, 丙으로부터 금원을 차용하고 丙 앞으로 근저당권설정등기를 해 준 경우 건물에 대한 甲명의의 보존등기는 횡령죄를 구성하지만, 丙명의의 근저당권설정등기는 횡령죄를 구성하지 않는다.

㉠ 甲과 乙은 신문사를 공동으로 경영하기로 하고 각각 3억원을 투자하였는데 신문사 경영이 어려워지자 乙은 동업관계에서 탈퇴하고 甲이 단독으로 신문사를 경영하면서 乙에게 乙의 투자금 반환조로 2억원

을 지급하기로 약정하였음에도 甲이 乙에게 위 금원을 지급하지 않고 임의로 소비한 경우 업무상 횡령죄에 해당한다.

ㄴ 甲은 乙로부터 임금으로 10만원권 자기앞수표를 교부받아 귀가중에 꺼내보고 100만원권 수표임을 발견하였으나 이를 乙에게 알리지 않고 용돈으로 소비한 경우 점유이탈물횡령죄에 해당한다.

ㄷ 채무자 법인의 대표이사인 甲을 비롯한 공동상속인들이 피상속인의 채무자 법인에 대한 대여금채권을 공동상속하였는데 甲이 다른 공동상속인들로부터 대여금채권의 변제수령에 관한 권한을 위임받은 바가 없음에도 단독으로 피상속인의 채무자 법인에 대한 채권을 변제받는 것으로 회계처리하면서 채무자 법인의 자금을 인출한 경우 甲의 상속분을 초과하는 부분은 다른 공동상속인들에 대한 횡령죄가 성립한다.

ㄹ 증권예탁결제원에 예탁되어 계좌간 대체 기재의 방식에 의하여 양도되는 주권은 횡령죄의 객체가 될 수 있다.

ㅁ 수의계약을 체결하는 공무원이 해당 공사업자와 적정한 금액 이상으로 계약금액을 부풀려서 계약하고 부풀린 금액을 자신이 되돌려 받기로 사전에 약정한 다음 그에 따라 수수한 돈은 성격상 횡령금이 아니고 뇌물에 해당한다.

① ㄱ ② ㄱ ㄷ ③ ㄴ ㄹ
④ ㄷ ㅁ ⑤ ㄱ ㄴ ㄹ ⑥ ㄱ ㄷ ㅁ
⑦ ㄴ ㄹ ㅁ ⑧ ㄴ ㄷ ㄹ ㅁ

해설

〈설명〉은 맞다. 미등기건물의 관리를 위임받아 보관하고 있는 자가 임의로 건물에 대하여 자신의 명의로 보존등기를 하거나 동시에 근저당권설정등기를 마치는 것은 객관적으로 불법영득의 의사를 외부에 발현시키는 행위로서 횡령죄에 해당하고, 피해자의 승낙 없이 건물을 자신의 명의로 보존등기를 한 때 이미 횡령죄는 완성되었다 할 것이므로, 횡령행위의 완성 후 근저당권설정등기를 한 행위는 피해자에 대한 새로운 법익의 침해를 수반하지 않는 불가벌적 사후행위로서 별도의 횡령죄를 구성하지 않는다(대법원 1993.3.9, 92도2999).

ㄱ(×) 甲의 죄책과 관련하여 문제되는 것은 甲이 단독으로 경영한 이후에 위 금원의 소유권 및 甲의 법률상 지위이다. 합유물은 조합에서 조합원 1인이 탈퇴하면 나머지 조합원에게 그 소유권이 귀속한다. 따라서 위 금원은 甲에게 그 소유권이 있다. 결국 甲은 乙의 금원을 보관하는 자의 지위에 있지 아니하므로 횡령죄가 성립할 여지가 없고, 또한 절도죄도 성립하지 않는다. 더 나아가 甲이 乙에게 투자금 반환조로 금 2억원을 지급하기로 약정한 것은 단순한 민사상 채무에 불과하므로 배임죄 역시 성립하지 않는다(대법원 1996.5.28, 96도140).

ㄴ(○) 잘못 받아온 초과금은 점유이탈물에 해당하므로 이를 영득한 행위는 점유이탈물 횡령죄를 구성한다. 그러나 금융기관발행의 자기앞수표는 즉시 지급받을 수 있어 현금적 성격이 강하므로 습득·횡령한 자기앞수표를 현금 대신으로 교부하거나 현금으로 교환하

는 행위는 점유이탈물횡령죄에 수반하는 당연한 결과로서 횡령행위의 가벌적 평가에 포함되고 별도로 사기죄를 구성하지 아니한다(대법원 1987.1. 20, 86도1728).
ⓒ(×) 그 인출금액 중 피고인의 상속분을 초과하는 부분에 대하여는 권한 없이 채무자 법인 소유의 금원을 인출한 것이어서 채무자 법인에 대한 업무상 횡령죄가 성립한다 할 것이고, 피고인이 위와 같이 인출한 금원에 대하여 다른 공동상속인들과 사이에 어떠한 위탁관계를 맺고 있다고 할 수 없으므로 다른 공동상속인들을 위하여 위 인출금원을 보관하는 자의 지위에 있다고 할 수 없다(대법원 2006.6.30, 2005도5338).
ⓔ(○) 횡령죄의 객체인 타인의 재물이라 함은 부동산, 동산은 물론 유가증권 등을 포함하는 개념인바, 증권예탁결제원에 예탁되어 계좌간 대체 기재의 방식에 의하여 양도되는 주권은 유가증권으로서 재물에 해당되므로 횡령죄의 객체가 될 수 있다(대법원 2007.10. 11, 2007도6406).
ⓜ(×) 성격상 뇌물이 아니고 횡령금에 해당한다(대법원 2007.10.12, 2005도7112). 〈답 ③〉

대법원 1996.5.28, 96도140 피고인과 함께 신문사를 경영하기로 했던 고소인이 경영의 어려움을 이유로 동업관계에서 탈퇴하고 피고인 단독으로 경영하게 된 이후에는 피고인이 고소인의 금원을 보관하는 자의 지위에 있지 아니하고, 단순히 위 고소인과의 관계에서 피고인이 그의 투자금 반환조로 금원을 일부 지급키로 한 민사상 채무자의 지위에 그칠 뿐이므로, 공소사실이 피고인의 단독 경영 이후의 금원 소비를 문제로 하고 있는 한 피고인은 보관자의 지위에 있지 않다.

19. 횡령죄에 대한 설명 중 옳은 것은? (다툼이 있는 경우에는 판례에 의함)
<사시 2006년>

① 위탁된 물건에 대한 권한을 초월하여 행위를 함으로써 위탁에 의한 신임관계를 깨뜨리는 데 횡령죄의 본질이 있다는 견해에 따르면 일시 사용이나 손괴 또는 은닉의사로 자기 점유물을 처분한 때에는 횡령죄가 성립하지 않는다.
② 채권자가 그 채권의 지급을 담보하기 위하여 채무자로부터 수표를 발행·교부받아 이를 소지한 경우에 채권자는 횡령죄의 주체인 타인의 재물을 보관하는 자의 지위에 있다.
③ 금전의 수수를 수반하는 사무처리를 위임받은 자가 그 행위에 기하여 위임자를 위하여 제3자로부터 수령한 금전은 달리 특별한 사정이 없는 한 그 수령과 동시에 위임을 받은 자의 소유에 속하나, 위임자와 관련하여서는 보관자의 지위가 인정되어 이를 임의로 소비하면 횡령죄가 성립한다.
④ 명의수탁자가 신탁받은 부동산의 일부에 대한 토지수용보상금 중 일부를 소비하고, 이어 수용되지 않은 나머지 부동산 전체에 대한 반환을 거부한 경우에는 별개의 횡령죄가 성립한다.
⑤ 조합장이 조합으로부터 공무원에게 뇌물로 전달하여 달라고 금원을 교부받아 이를 뇌물로 전달하지 않고 임의로 소비한 경우 급여한 금원의

소유권은 조합에 귀속하나 조합장의 불법보다는 조합의 불법이 더 크므로 조합장의 행위는 횡령죄에 해당하지 않는다.

✍ 해설 ……………………………………

①(×) 횡령죄의 성립에 불법영득의사가 필요하지 않다는 견해(월권행위설)에 따르면 일시 사용이나 손괴의사만 있는 때에도 횡령죄가 성립한다.
②(×) 채권자가 그 채권의 지급을 담보하기 위하여 채무자로부터 수표를 발행·교부받아 이를 소지한 경우에는, 단순히 보관의 위탁관계에 따라 수표를 소지하고 있는 경우와는 달리 그 수표상의 권리가 채권자에게 유효하게 귀속되고, 채권자와 채무자 사이의 수표 반환에 관한 약정은 원인관계상의 인적항변사유에 불과하므로, 채권자는 횡령죄의 주체인 타인의 재물을 보관하는 자의 지위에 있다고 볼 수 없다(대법원 2000.2.11, 99도4979).
③(×) 금전의 수수를 수반하는 사무처리를 위임받은 자가 그 행위에 기하여 위임자를 위하여 제3자로부터 수령한 금전은 목적이나 용도를 한정하여 위탁된 금전과 마찬가지로 달리 특별한 사정이 없는 한 그 수령과 동시에 위임자의 소유에 속하고, 위임을 받은 자는 이를 위임자를 위하여 보관하는 관계에 있다고 보아야 한다(대법원 2005.11.10, 2005도3627).
④(○) 부동산의 일부에 관하여 수령한 수용보상금 중 일부를 소비하였다고 하여 객관적으로 부동산 전체에 대한 불법영득의 의사를 외부에 발현시키는 행위가 있었다고 볼 수는 없으므로, 그 금원 횡령죄가 성립된 이후에 수용되지 않은 나머지 부동산 전체에 대한 반환을 거부한 것은 새로운 법익의 침해가 있는 것으로서 별개의 횡령죄가 성립하는 것이지 불가벌적 사후행위라 할 수 없다(대법원 2001.11. 27, 2000도3463).
⑤(×) 민법 제746조에 불법의 원인으로 인하여 재산을 급여하거나 노무를 제공한 때에는 그 이익의 반환을 청구하지 못한다고 규정한 뜻은 급여를 한 사람은 그 원인행위가 법률상 무효임을 내세워 상대방에게 부당이득반환청구를 할 수 없고, 또 급여한 물건의 소유권이 자기에게 있다고 하여 소유권에 기한 반환청구도 할 수 없어서 결국 급여한 물건의 소유권은 급여를 받은 상대방에게 귀속된다는 것이므로 조합장이 조합으로부터 공무원에게 뇌물로 전달하여 달라고 금원을 교부받은 것은 불법원인으로 인하여 지급받은 것으로서 이를 뇌물로 전달하지 않고 타에 소비하였다고 해서 타인의 물을 보관중 횡령하였다고 볼 수는 없다(대법원 1988.9.20, 86도628). 〈답 ④〉

20. 횡령죄 또는 업무상 횡령죄에 관한 설명 중 옳지 않은 것을 모두 고른 것은? (다툼이 있는 경우에는 판례에 의함)

㉠ 자본의 구성단위 또는 주주권을 의미하는 주식은 재물에 해당되므로 횡령죄의 객체가 될 수 있다.
㉡ 회사소유 재산을 주주나 대표이사가 제3자의 자금조달을 위하여 담보로 제공하는 등 사적인 용도로 임의처분하였다면 그 처분에 관하여 주주총회나 이사회의 결의가 있었는지의 여부와는 관계없이 횡령죄의 죄책을 면할 수는 없다.
㉢ 구분소유자 전원의 공유에 속하는 공용부분인 지하주차장 일부를 그 중 1인이 독점 임대하고 수령한 임차료를 임의로 소비한 경우 횡령죄가 성립한다.

㉣ 동업약정에 따라 주택건축사업 등을 목적으로 하는 주식회사를 설립하고 그 사업을 공동으로 영위하기 위하여 자신이 매수한 토지를 회사에 출자하였음에도, 토지의 매수자금에 상당하는 금액이 회사의 회계장부상 자신으로부터의 단기차입금으로 계상되어 있다는 이유만으로 다른 동업자들의 반대에 불구하고 회사명의로 금융기관에 예치중인 돈을 임의로 인출하여 자신의 채무변제에 사용한 행위는 업무상 횡령죄를 구성한다.

㉤ 회사의 대표이사가 자신이 당사자일 뿐만 아니라 자신의 경영권을 방어하기 위한 목적으로 신주를 발행하는 과정에서 저지른 배임행위에 대한 소송을 수행하면서 그 변호사 비용을 회사의 자금으로 지급한 경우 업무상 횡령죄가 성립하지 않는다.

㉥ 주식회사의 대표이사가 회사의 금원을 인출하여 사용하였는데 그 사용처에 관한 증빙자료를 제시하지 못하고 있고 그 인출사유와 금원의 사용처에 관하여 납득할 만한 합리적인 설명을 하지 못하고 있다면, 이러한 금원은 그가 불법영득의 의사로 회사의 금원을 인출하여 개인적 용도로 사용한 것으로 추단할 수 있어 업무상 횡령죄가 성립한다.

① ㉢　　② ㉠ ㉡　　③ ㉡ ㉣
④ ㉠ ㉢ ㉤　　⑤ ㉠ ㉢ ㉥　　⑥ ㉡ ㉢ ㉤

해설

㉠(×) 상법상 주식은 자본구성의 단위 또는 주주의 지위(株主權)를 의미하고, 주주권을 표창하는 유가증권인 주권(株券)과는 구분이 되는바, 주권(株券)은 유가증권으로서 재물에 해당되므로 횡령죄의 객체가 될 수 있으나, 자본의 구성단위 또는 주주권을 의미하는 주식은 재물이 아니므로 횡령죄의 객체가 될 수 없다(대법원 2005.2.18, 2002도2822).
㉡(○) 대법원 2005.8.19, 2005도3045.
㉢(×) 구분소유자 전원의 공유에 속하는 공용부분인 지하주차장 일부를 피고인이 독점 임대하였더라도 피고인이 그 공용부분을 다른 구분소유자들을 위하여 보관하는 지위에 있는 것은 아니므로, 위 공용부분을 임대하고 수령한 임차료 역시 다른 구분소유자들을 위하여 보관하는 것은 아니라고 할 것이어서 그 돈을 임의로 소비하였어도 횡령죄가 성립하지 아니한다(대법원 2004.5.27, 2003도6988).
㉣(○) 대법원 2005.4.15, 2003도7773.
㉤(×) 업무상 횡령죄가 성립한다(대법원 2008.6.26, 2007도9679).
㉥(○) 대법원 2008.3.27, 2007도9250. 〈답 ④〉

21. 재산범죄와 불법원인급여의 관계에 관한 사례 설명 중 옳은 내용을 모두 고른 것은? (다툼이 있는 경우에는 판례에 의함) <사시 2009년: 배점 3>

ㄱ. 甲이 乙에게 乙과 원한관계에 있는 丙을 납치하여 살해할 준비를 하는 비용을 달라고 거짓말을 하여 금품을 교부받았을 경우 乙이

甲에게 제공한 금품은 불법원인급여에 해당하여 乙에게 반환청구권이 인정되지 않으므로 甲은 사기죄의 죄책을 지지 않는다.
ㄴ. 甲이 乙로부터 丙에 대한 배임증재의 목적으로 전달하여 달라고 교부받은 금전은 불법원인급여에 해당하여 甲이 위 금전을 丙에게 전달하지 않고 임의로 소비하였다고 하더라도 甲은 횡령죄의 죄책을 지지 않는다.
ㄷ. 甲이 기자행세를 하면서 주점 객실에서 나체쇼를 한 주점 접대부 乙을 고발할 것처럼 데리고 나와 여관으로 유인한 다음 겁에 질려 있는 乙의 상태를 이용하여 동침하면서 1회 성교한 것은 乙의 정조대가에 상당하는 재산상 이익을 취득한 것이어서 甲은 공갈죄의 죄책을 진다.
ㄹ. 포주인 甲이 다방종업원으로 일하던 乙에게 윤락을 권유하여 고용한 후 乙이 받은 화대를 甲이 일단 보관하다가 나중에 둘이 절반씩 분배하기로 약정하고서, 甲이 보관중인 乙의 화대를 임의로 소비한 경우에 그 화대는 불법원인급여에 해당하지만 甲은 횡령죄의 죄책을 진다.

① ㄱ ㄴ ② ㄱ ㄷ ③ ㄴ ㄷ
④ ㄴ ㄹ ⑤ ㄷ ㄹ ⑥ ㄱ ㄴ ㄷ
⑦ ㄱ ㄷ ㄹ ⑧ ㄴ ㄷ ㄹ

해설

ㄱ(×) 민법 제746조의 불법원인급여에 해당하여 급여자가 수익자에 대한 반환청구권을 행사할 수 없다고 하더라도, 수익자가 기망을 통하여 급여자로 하여금 불법원인급여에 해당하는 재물을 제공하도록 하였다면 사기죄가 성립한다(대법원 2006.11.23, 2006도6795).
ㄴ(○) 甲이 乙로부터 제3자에 대한 뇌물공여 또는 배임증재의 목적으로 전달하여 달라고 교부받은 금전은 불법원인급여물에 해당하여 그 소유권은 甲에게 귀속되는 것으로서 甲이 위 금전을 제3자에게 전달하지 않고 임의로 소비하였다고 하더라도 횡령죄가 성립하지 않는다(대법원 1999.6.11, 99도275).
ㄷ(×) 부녀가 주점접대부라 할지라도 피고인과 매음을 전제로 정교를 맺은 것이 아닌 이상 피고인이 매음대가의 지급을 면하였다고 볼 여지가 없으니 공갈죄가 성립하지 아니한다(대법원 1983.2.8, 82도2714).
ㄹ(○) 포주와 윤락녀의 사회적 지위, 약정에 이르게 된 경위와 약정의 구체적 내용, 급여의 성격 등을 종합해 볼 때 포주의 불법성이 윤락녀의 불법성보다 현저히 크므로 화대의 소유권은 여전히 윤락녀에게 속하는 것이어서 포주가 이를 임의로 소비한 때에는 횡령죄가 성립한다(대법원 1999.9.17, 98도2036). 〈답 ④〉

22. 횡령죄 또는 업무상 횡령죄가 성립하는 경우는? (판례에 의함)

① 주식회사의 대표이사 甲은 乙로부터 금원을 차용하여 주금을 납입하고

납입취급은행으로부터 납입금 보관증명서를 교부받아 회사의 설립등기 절차 또는 증자등기절차를 마친 후 이를 인출하여 乙에게 차용금채무를 변제하였다.

② 회사의 비자금을 회계장부상 일반자금 속에 은닉하여 두었다.

③ 건물에 대한 과반수 지분을 가진 공유자들이 과반수 지분권에 기하여 건물의 사용·수익에 대한 결정에 따라 위 건물의 임대수익을 분배하면서 지분이 미미한 피해자에게 그의 지분 상당액을 배분하지 않았다.

④ 재단법인의 이사장 甲은 법인세 신고를 앞두고 전년도에 비하여 급격한 세액 증가를 피하려는 동기에서 재단법인의 자금을 인출하여 재단 이사장과 이사들의 명의로 금융기관에 예치·보관한 후, 이 자원을 재원으로 하여 재단의 신규사업을 추진하여 왔다.

⑤ K기업의 이사 甲은 국회의원 선거 전에 국가 안전기획부 차장이 불러 '지금 각 기업마다 의원들이 할당되어 있는데 乙후보는 K기업 사람이니 지원하라'는 취지로 말하자 이를 거절하지 못하고 회사재산을 처분하여 그 대금을 선거자금으로 지원하였다.

✍ **해설**

①(×) 주금을 가장납입하여 증자절차를 마친 후 그 금원을 인출하여 채무를 변제하는 경우에는 불법영득의 의사를 인정할 수 없으므로 횡령죄는 성립하지 않는다(대법원 2004.6.17, 2003도7645 전원합의체; 대법원 2004.12.10, 2003도3963).

②(×) 횡령행위의 한 태양으로서의 은닉이란, 타인의 재물의 보관자가 위탁의 본지에 반해 그 재물을 발견하기 곤란한 상태에 두는 것을 말하는 것인바, 피고인이 조성한 비자금이 회사의 장부상 일반자금 속에 은닉되어 있었다 하더라도 이는 당해 비자금의 소유자인 회사 이외의 제3자가 이를 발견하기 곤란하게 하기 위한 장부상의 분식(粉飾)에 불과하여 그것만으로 피고인의 불법영득의 의사를 인정할 수는 없다(대법원 1999.9.17, 99도2889).

③(×) 피고인들이 피해자에게 지분 상당액을 배분하지 않고 다른 공유자들에게 배분한 것은 공유자의 과반수로써 적법하게 결정된 건물의 사용·수익 방법에 따른 것으로서, 피해자의 지분 상당액은 위 방법에 따라 배분받은 다른 공유자들에게 귀속되는 것일 뿐, 피해자에게 곧바로 귀속된다고 보기 어려우므로(다만, 이로 인하여 피해자의 공유지분이 침해당하였다면 다른 공유자들 상대로 부당이득반환을 구할 수 있을 뿐이다), 결국 피고인들이 피해자를 위하여 피해자의 건물지분에 해당하는 금액을 보관하는 지위에 있었다고 볼 수 없다(대법원 2009.6.11, 2009도2461).

④(×) 위 자금 인출행위는 법인세신고를 앞두고 전년도에 비하여 급격한 세액신고의 증가를 피하려는 동기에서 시작된 것으로서 개인적인 영득의 목적에서 직접 비롯한 것은 아니며, 보관중인 인출금을 사적으로 소비한 바 없을 뿐 아니라 이를 재단을 위하여 쓰겠다고 수차례 공언한 사정들을 종합하여 보면 피고인의 자금 인출행위는 불법영득의사를 실현하는 횡령행위에 해당되지 않는다(대법원 1998.2.13, 97도1962).

⑤(○) 회사의 이사가 보관중인 회사 재산을 처분하여 그 대금을 공직선거에 입후보한 타인의 선거자금으로 지원한 경우 그것이 회사의 이익을 도모할 목적으로 합리적인 범위 내에서 이루어졌다면 그 이사에게 횡령죄에 있어서 요구되는 불법영득의 의사가 있다고

할 수 없을 것이나, 그것이 회사의 이익을 도모할 목적보다는 그 후보자 개인의 이익을 도모할 목적이나 기타 다른 목적으로 행하여졌다면 그 이사는 회사에 대하여 횡령죄의 죄책을 면하지 못한다(대법원 1999.6.25, 99도1141). 〈답 ⑤〉

23. 횡령죄(업무상 횡령죄 포함)**가 성립하는 것을 모두 고른 것은?** (다툼이 있는 경우에는 판례에 의함) <사시 2008년: 배점 3>

> ㉠ 법인의 이사를 상대로 한 이사직무집행정지 가처분결정이 난 후 법인의 대표자가 법인의 자금에서 당해 가처분 사건의 피신청인인 이사의 소송비용을 지급한 경우
> ㉡ 일방이 타방의 상호, 상표 등의 영업표지를 이용하고 그 영업에 관하여 일정한 통제를 받으며 이에 대한 대가를 타방에 지급하기로 하는 계약 형태인 이른바 '프랜차이즈 계약(가맹점 계약)'에 있어서 그 가맹점주가 보관중인 물품판매대금을 본사의 승인 없이 소비한 경우
> ㉢ 부동산에 관하여 신탁자가 수탁자와 명의신탁약정을 맺고 신탁자가 매매계약의 당사자가 되어 매도인과 매매계약을 체결하되 다만 등기를 매도인으로부터 수탁자 앞으로 직접 이전하는 방법에 의한 명의신탁에 있어서 명의수탁자가 그 부동산을 임의로 처분한 경우
> ㉣ 회사에 대하여 개인적인 채권을 가지고 있는 대표이사가 이사회의 승인 없이 회사를 위하여 보관하고 있는 회사소유의 금전으로 자신의 회사에 대한 채권의 변제에 충당한 경우
> ㉤ 타인의 금전을 위탁받아 보관하는 자가 보관방법으로 금융기관에 자신의 명의로 예치한 후 이를 함부로 인출하여 소비한 경우
> ㉥ 부동산을 공동으로 상속한 자들 중 1인이 부동산을 혼자 점유하던 중 다른 공동상속인의 상속지분을 임의로 처분한 경우

① ㉠ ㉡ ② ㉢ ㉤ ③ ㉢ ㉣ ㉤
④ ㉢ ㉤ ㉥ ⑤ ㉡ ㉢ ㉣ ㉤ ⑥ ㉢ ㉣ ㉤ ㉥
⑦ ㉡ ㉢ ㉣ ㉤ ㉥ ⑧ ㉠ ㉡ ㉢ ㉣ ㉤ ㉥

해설

㉠(×) 법인의 이사를 상대로 한 이사직무집행정지 가처분결정이 된 경우, 당해 법인의 업무를 수행하는 이사의 직무집행이 정지당함으로써 사실상 법인의 업무수행에 지장을 받게 될 것은 명백하므로 법인으로서는 그 이사 자격의 부존재가 객관적으로 명백하여 항쟁의 여지가 없는 경우가 아닌 한 위 가처분에 대항하여 항쟁할 필요가 있다고 할 것이고, 이와 같이 필요한 한도 내에서 법인의 대표자가 법인 경비에서 당해 가처분 사건의 피신청인인 이사의 소송비용을 지급하더라도 이는 법인의 업무수행을 위하여 필요한 비용을 지급한 것에 해당하고 법인의 경비를 횡령한 것이라고는 볼 수 없으며, 대표이사 해임소송 등이 제기된 경우에도 동일한 논리가 적용된다(대법원 2007.12.28, 2006도9100).
㉡(×) 이른바 '프랜차이즈 계약'의 기본적인 성격은 각각 독립된 상인으로서의 본사 및 가맹점주 간의 계약기간 동안의 계속적인 물품공급계약이고, 동업계약 관계로는 볼 수

없으므로 가맹점주인이 판매하여 보관중인 물품판매 대금은 그의 소유라 할 것이어서 그가 이를 임의소비한 행위는 프랜차이즈 계약상의 채무불이행에 지나지 아니하므로, 횡령죄는 성립하지 아니한다(대법원 1998.4.14, 98도292).

㉢(○) 신탁자가 수탁자와 명의신탁약정을 맺고 신탁자가 매매계약의 당사자가 되어 매도인과 매매계약을 체결하되 다만 등기를 매도인으로부터 수탁자 앞으로 직접 이전하는 이른바 중간생략등기형 명의신탁 또는 3자간 등기명의신탁 관계에서 명의수탁자가 명의신탁된 부동산 지분을 임의로 처분하였다면 횡령죄가 성립한다(대법원 2002.2.22, 2001도6209).

㉣(×) 회사에 대하여 개인적인 채권을 가지고 있는 대표이사가 회사를 위하여 보관하고 있는 회사소유의 금전으로 자신의 채권 변제에 충당하는 행위는 회사와 이사의 이해가 충돌하는 자기거래행위에 해당하지 않는 것이므로, 대표이사가 이사회의 승인 등의 절차 없이 그와 같이 자신의 회사에 대한 채권을 변제하였더라도, 이는 대표이사의 권한 내에서 한 회사 채무의 이행행위로서 유효하고, 따라서 불법영득의 의사가 인정되지 아니하여 횡령죄의 죄책을 물을 수 없다(대법원 2002.7.26, 2001도5459).

㉤(○) 횡령죄에 있어서 보관이라 함은 재물이 사실상 지배하에 있는 경우뿐만 아니라 법률상의 지배 · 처분이 가능한 상태를 모두 가리키는 것으로 타인의 금전을 위탁받아 보관하는 자는 보관방법으로 이를 은행 등의 금융기관에 예치한 경우에도 보관자의 지위를 갖는 것이다(대법원 2000.8.18, 2000도1856).

㉥(×) 부동산에 관한 횡령죄에 있어서 타인의 재물을 보관하는 자의 지위는 동산의 경우와는 달리 부동산에 대한 점유의 여부가 아니라 부동산을 제3자에게 유효하게 처분할 수 있는 권능의 유무에 따라 결정하여야 하므로, 부동산을 공동으로 상속한 자들 중 1인이 부동산을 혼자 점유하던 중 다른 공동상속인의 상속지분을 임의로 처분하여도 그에게는 그 처분권능이 없어 횡령죄가 성립하지 아니한다(대법원 2000.4.11, 2000도565).

〈답 ②〉

24. 횡령죄와 다른 범죄와의 관계에 관한 다음 설명 중 옳은 것은? (다툼이 있는 경우에는 판례에 의함) <사시 2010년: 배점 2>

① 장물보관 의뢰를 받은 자가 그 정을 알면서 이를 보관하고 있다가 임의로 처분한 경우 장물보관죄와 별도로 횡령죄가 성립한다.

② 甲이 乙에게 회사 자금을 주식매각대금 명목으로 지급하여 이를 횡령한 경우 그 금원은 단순히 횡령행위에 제공된 물건일 뿐 횡령행위에 의하여 영득된 장물이 아니다.

③ 주식회사의 대표이사가 타인을 기망하여 회사가 발행하는 신주를 인수하게 한 다음 그로부터 신주인수대금을 납입받아 보관하던 중 이를 개인적인 용도로 사용하는 행위는 사기죄와 별도로 횡령죄를 구성한다.

④ 타인의 재물을 보관하는 자가 보관하고 있는 재물을 영득할 의사로 은닉하여 횡령한 경우, 채권자들의 강제집행을 면탈하는 결과를 가져온다면 횡령죄와 별도로 강제집행면탈죄가 성립한다.

⑤ 甲이 명의신탁받아 보관중이던 토지를 임의로 매각하여 이를 횡령한 후 그 매각대금을 이용하여 다른 토지를 취득하였다가 이를 제3자에게 담

보로 제공하였다면 명의신탁 토지에 대한 횡령죄와는 별개의 횡령죄가 성립한다.

✍ **해설**

①(×) 장물보관죄가 성립되는 때에는 이미 그 소유자의 소유물추구권을 침해하였으므로 그 후의 횡령행위는 불가벌적 사후행위에 불과하여 별도로 횡령죄가 성립하지 않는다(대법원 1976.11.23, 76도3067).
②(×) 그 금원은 단순히 횡령행위에 제공된 물건이 아니라 횡령행위에 의하여 영득된 장물에 해당한다고 할 것이고, 나아가 설령 甲이 乙에게 금원을 교부한 행위 자체가 횡령행위라고 하더라도 이러한 경우 甲의 업무상 횡령죄가 기수에 달하는 것과 동시에 그 금원은 장물이 된다(대법원 2004.12.9, 2004도5904).
③(○) 사기죄와는 전혀 다른 새로운 보호법익을 침해하는 행위로서 별죄를 구성한다(대법원 2006.10.27, 2004도6503).
④(×) 양 죄의 구성요건 및 강제집행면탈죄에 있어 은닉의 개념에 비추어 보면 타인의 재물을 보관하는 자가 보관하고 있는 재물을 영득할 의사로 은닉하였다면 이는 횡령죄를 구성하는 것이고 채권자들의 강제집행을 면탈하는 결과를 가져온다 하여 이와 별도로 강제집행면탈죄를 구성하는 것은 아니다(대법원 2000.9.8, 2000도1447).
⑤(×) 횡령한 물건을 처분한 대가로 취득한 물건을 이용한 것에 불과할 뿐이어서 명의신탁 토지에 대한 횡령죄와 별개의 횡령죄를 구성하지 않는다(대법원 2006.10.13, 2006도4034). 〈답 ③〉

25. 재산죄에 대한 다음 설명 중 옳은 것을 모두 고르면? (판례에 의함)

㉠ 타인의 재물을 보관하는 자가 기망을 사용하여 그 재물을 영득하였다면 횡령죄가 성립한다.
㉡ 동창회비로 특정하여 받아 보관하던 돈을 아직 동창회가 구성되지도 않은 상황에서 임의로 동창회를 대신한다는 명목으로 소비하였다면, 불법영득의 의사가 있었다고 하지 않을 수 없다.
㉢ 대출의 조건 및 용도가 임야매수자금으로 한정되어 있는 정책자금을 대출받음에 있어 임야매수자금을 실제보다 부풀린 허위의 계약서를 제출함으로써 대출취급기관을 기망하였다고 하더라도 대출받을 자금을 상환할 의사와 능력이 있었다면 편취의 고의가 있었다고 할 수 없다.
㉣ 공동상속인 중 1인이 상속재산인 임야를 보관 중 다른 상속인들로부터 매도 후 분배 또는 소유권이전등기를 요구받고도 그 반환을 거부한 경우 이때 이미 횡령죄가 성립하고, 그 후 그 임야에 관하여 다시 제3자 앞으로 근저당권설정등기를 경료해 준 행위는 불가벌적 사후행위로서 별도의 횡령죄를 구성하지 않는다.

① ㉠ ㉡ ② ㉠ ㉣ ③ ㉡ ㉢
④ ㉡ ㉣ ⑤ ㉢ ㉣ ⑥ ㉠ ㉡ ㉢

⑦ ㉠ ㉡ ㉣　　　　　　⑧ ㉠ ㉡ ㉢ ㉣

해설

㉠(○) 대법원 1987.12.22, 87도2168.
㉡(○) 대법원 2006.7.27, 2005도2726(보관취지에 반하는 것이 되어 불법영득의 의사가 있었다고 하지 않을 수 없다).
㉢(×) 대출의 조건 및 용도가 임야매수자금으로 한정되어 있는 정책자금을 대출받음에 있어 임야매수자금을 실제보다 부풀린 허위의 계약서를 제출함으로써 대출취급기관을 기망하였다면, 대출받을 자금을 상환할 의사와 능력이 있었는지 여부를 불문하고 편취의 고의가 있었다고 할 것이다(대법원 2007.4.27, 2006도7634).
㉣(○) 대법원 2010.2.25, 2010도93. 〈답 ⑦〉

26. 다음 설명 중 옳지 않은 것은? (다툼이 있는 경우에는 판례에 의함)

<사시 2005년 변형>

① 피해자로부터 위탁받아 식재·관리하여 오던 나무들을 피해자 모르게 제3자에게 매도하는 계약을 체결하고 제3자로부터 계약금을 수령한 상태에서 피해자에게 적발되어 위 계약이 더 이행되지 아니하고 무위로 그쳤다 하더라도 횡령기수에 해당한다.
② 자신이 보관하고 있던 재물이 없어졌는데 그 행방이나 사용처를 제대로 설명하지 못하는 경우 횡령죄가 성립한다.
③ 청산회사의 대표청산인이 청산회사 소유의 부동산에 관하여 자신의 개인채권자에게 소유권이전등기를 경료해 준 경우, 청산회사의 채권자에 대한 관계에서는 업무상 배임죄가 성립하지 아니한다.
④ 외상 매매계약을 해제하여 반환청구권을 갖게 된 매도인이 매수인이 점유하고 있던 매매물품을 임의로 가져간 경우 절도죄가 성립한다.
⑤ 피해자에게 토지를 매도하고 계약금과 중도금을 받은 자가 제3자 앞으로 토지에 대하여 근저당권설정등기를 하였다면, 비록 피해자가 근저당권설정등기를 하기 전에 처분금지가처분을 해 두었다 하더라도 배임죄는 성립한다.

해설

①(×) 횡령기수가 아니라 횡령미수에 해당한다(대법원 2012.8.17, 2011도9113).
②(○) 피해자의 불상을 보관하고 있었음은 명백한 상태에서, 피해자로부터 불상의 반환을 요구받고도 이를 반환하지 아니하였고, 그와 같이 반환하지 못하는 이유를 수시로 번복하고 있을 뿐 불상의 행방에 관하여 납득할 만한 설명을 하지 못하고 있는 경우 횡령죄가 성립한다(대법원 2009.12.10, 2008도10669).
③(○) 청산회사의 대표청산인이 처리하는 채무의 변제, 재산의 환가처분 등 회사의 청산의무는 청산인 자신의 사무 또는 청산회사의 업무에 속하는 것이므로, 청산인은 회사의 채권자들에 대한 관계에 있어 직접 그들의 사무를 처리하는 자가 아니다(대법원 1990.5.25, 90도6).

④(○) 매매에 대한 반환청구권이 매도인에게 있었다 하여도 그 물품은 매수인의 점유에 속하므로 절도행위에 해당된다(대법원 1973.2.28, 72도2538).
⑤(○) 배임죄에 있어서 '재산상 손해를 가한 때'라 함은 현실적으로 손해를 가한 경우뿐만 아니라 손해발생의 위험을 초래한 경우도 포함되는 것이므로 염전의 2분의 1 지분을 매도하고 계약금과 중도금을 받은 자가 잔금과 상환으로 이전등기절차를 하여 줄 임무에 위배하여 제3자 앞으로 근저당권설정등기를 하였다면 비록 피해자가 위 근저당권설정등기를 하기 전에 처분금지가처분을 해 두었다 하더라도 배임죄의 성립에 아무런 영향을 미칠 수 없다(대법원 1990.10.16, 90도1702). 〈답 ①〉

27. 다음 기술 중 옳은 것은? (다툼이 있는 경우에는 판례에 의함)

<사시 2007년: 배점 2>

① 17세의 소녀를 간음할 목적으로 약취 · 유인하였으나 다음날 그 소녀가 탈출하여 간음하지 못한 경우 간음목적약취 · 유인미수죄가 성립한다.
② 예금주인 현금카드 소유자로부터 일정한 금액의 현금을 인출해 오라는 부탁을 받으면서 이와 함께 현금카드를 건네받은 것을 기화로 그 위임을 받은 금액을 초과하여 현금을 인출한 경우 절도죄가 성립한다.
③ 환전하여 달라는 부탁과 함께 교부받은 돈을 그 목적과 용도에 사용하지 않고 임의로 위탁자에 대한 채권에 상계충당한 경우 이는 당초 위탁한 취지에 반하는 것으로서 횡령죄를 구성한다고 볼 것이고, 위탁자에 대한 채권의 존재는 횡령죄의 성립에 영향을 미치는 것이 아니며, 또한 상계할 수 있는 반대채권이 있어 그에 상계충당하였다는 것만으로는 용도 내지 목적을 특정하여 위탁한 돈의 반환을 거절할 정당한 사유가 되지 못한다.
④ 근로자들의 직장점거가 개시 당시 적법한 것이라면, 사용자가 이에 대응하여 적법하게 직장폐쇄를 하더라도 사용자의 사업장에 대한 물권적 지배권이 전면적으로 회복되는 것은 아니므로, 근로자가 사업장으로부터의 퇴거요구에 불응하여도 퇴거불응죄가 성립하지 않는다.
⑤ 일반인으로 하여금 명의인의 권한 내에서 작성된 문서라고 믿게 할 수 있는 정도의 형식과 외관을 갖추고 있지 못한 사문서인 경우, 사문서의 명의인이 허무인이거나 문서의 작성일자 전에 이미 사망하였을지라도 그러한 문서 역시 공공의 신용을 해할 위험성이 있으므로 사문서위조죄가 성립한다.

해설

①(×) 목적범의 경우 목적의 달성 여부는 기수에 영향이 없으므로 간음목적을 달성하지 못하였다고 하여도 약취 · 유인을 함으로써 기수가 된다.
②(×) 예금주인 현금카드 소유자로부터 일정한 금액의 현금을 인출해 오라는 부탁을 받으면서 이와 함께 현금카드를 건네받은 것을 기화로 그 위임을 받은 금액을 초과하여 현

금을 인출하는 방법으로 그 차액 상당을 위법하게 이득할 의사로 현금자동지급기에 그 초과된 금액이 인출되도록 입력하여 그 초과된 금액의 현금을 인출한 경우에는 그 인출된 현금에 대한 점유를 취득함으로써 이때에 그 인출한 현금 총액 중 인출을 위임받은 금액을 넘는 부분의 비율에 상당하는 재산상 이익을 취득한 것으로 볼 수 있으므로, 이러한 행위는 그 차액 상당액에 관하여 형법 제347조의2(컴퓨터등사용사기)에 규정된 '컴퓨터 등 정보처리장치에 권한 없이 정보를 입력하여 정보처리를 하게 함으로써 재산상의 이익을 취득'하는 행위로서 컴퓨터등사용사기죄에 해당한다(대법원 2006.3.24, 2005도3516).

③(○) 대법원 1997.9.26, 97도1520의 내용이다.

④(×) 근로자들의 직장점거가 개시 당시 적법한 것이었다 하더라도 사용자가 이에 대응하여 적법하게 직장폐쇄를 하게 되면, 사용자의 사업장에 대한 물권적 지배권이 전면적으로 회복되는 결과 사용자는 점거중인 근로자들에 대하여 정당하게 사업장으로부터의 퇴거를 요구할 수 있고 퇴거를 요구받은 이후의 직장점거는 위법하게 되므로, 적법히 직장폐쇄를 단행한 사용자로부터 퇴거요구를 받고도 불응한 채 직장점거를 계속한 행위는 퇴거불응죄를 구성한다(대법원 1991.8.13, 91도1324).

⑤(×) 행사할 목적으로 작성된 문서가 일반인으로 하여금 당해 명의인의 권한 내에서 작성된 문서라고 믿게 할 수 있는 정도의 형식과 외관을 갖추고 있으면 문서위조죄가 성립하는 것이고, 위와 같은 요건을 구비한 이상 그 명의인이 실재하지 않는 허무인이거나 또는 문서의 작성일자 전에 이미 사망하였다고 하더라도 그러한 문서 역시 공공의 신용을 해할 위험성이 있으므로 문서위조죄가 성립한다고 봄이 상당하며, 이는 공문서뿐만 아니라 사문서의 경우에도 마찬가지라고 보아야 한다(대법원 2005.2.24, 2002도18 전원합의체).

〈답 ③〉

28. 횡령죄에 대한 다음 설명 중 옳지 않은 것을 모두 고르면? (판례에 의함)

㉠ 법인의 운영자 또는 관리자가 법인을 위한 목적이 아니라 법인과는 아무런 관련이 없거나 개인적인 용도로 착복할 목적으로 법인의 자금을 빼내어 별도로 비자금을 조성하였다면, 그 조성행위 자체로써 불법영득의 의사가 실현된 것으로 볼 수 있다.

㉡ 회사의 대표이사가 회사로 하여금 자신의 채무에 관하여 연대보증채무를 부담하게 한 다음 회사의 자금을 임의로 인출하여 위 연대보증채무의 변제에 사용한 행위는, 연대보증채무 부담으로 인한 배임 범행의 불가벌적 사후행위에 해당한다.

㉢ 타인의 재물인가 또는 그 재물을 보관하는가와 관련된 법률관계에 당사자의 국적·주소, 물건 소재지, 행위지 등이 외국과 밀접하게 관련되어 있어서 국제사법 제1조 소정의 외국적 요소가 있는 경우에는, 국제사법의 규정에 좇아 정하여지는 준거법을 1차적인 기준으로 하여 당해 재물의 소유권의 귀속관계 등을 결정하여야 한다.

㉣ 동업자 사이에 손익분배 정산이 되지 아니한 경우에 동업자 한 사람이 동업재산을 보관 중 임의로 횡령하였다면, 지분비율에 관계없이 횡령한 금액 전부에 대하여 횡령죄의 죄책을 부담한다.

ⓜ 주식회사의 사실상 경영자인 甲이, 乙에게서 돈을 차용하여 가장납입의 방법으로 회사의 유상증자에 참여한 후 乙이 납입한 주금 해당액을 바로 인출하여 자기앞수표로 반환하였는데, 이후 회계감사에 대비하여 위 수표를 乙에게서 잠시 돌려받아 회사 계좌에 입금한 뒤 다시 해당 금액을 인출하여 변제한 경우 甲에게 불법영득의사가 존재한다.

ⓑ 집행채무자가 제3채무자에 대하여 가지는 금전채권에 관하여 압류 및 추심명령이 행하여졌는데 제3채무자가 피압류채무를 스스로 변제하였거나 또는 그에 관하여 민법 제487조에 기한 변제공탁을 하여 집행채무자가 이를 수령한 경우에, 집행채무자는 집행채권자의 금전을 '보관'하는 관계에 있다.

① ㉠ ㉣　　② ㉡ ㉤　　③ ㉠ ㉢ ㉣
④ ㉡ ㉤ ㉥　　⑤ ㉠ ㉡ ㉤ ㉥　　⑥ ㉠ ㉢ ㉣ ㉤

해설

㉠(○) 대법원 2010.12.9, 2010도11015(이때 그 행위자에게 법인의 자금을 빼내어 착복할 목적이 있었는지 여부는 그 법인의 성격과 비자금의 조성 동기, 방법, 규모, 기간, 비자금의 보관방법 및 실제 사용용도 등 제반 사정을 종합적으로 고려하여 판단하여야 한다).

㉡(×) 연대보증채무 부담으로 인한 배임죄와 다른 새로운 보호법익을 침해하는 것으로서 배임범행의 불가벌적 사후행위가 되는 것이 아니라 별죄인 횡령죄를 구성한다고 보아야 하며, 횡령행위로 인출한 자금이 선행 임무위배행위로 인하여 회사가 부담하게 된 연대보증채무의 변제에 사용되었다 하더라도 달리 볼 것은 아니다(대법원 2011.4.14, 2011도277).

㉢(○) 대법원 2011.4.28, 2010도15350.

㉣(○) 대법원 2011.6.10, 2010도17684.

㉤(×) 甲이 회계감사에 대비하여 수표를 회사에 일시 반환하도록 하였다가 다시 인출하여 돌려준 사정만으로는 위 돈이 회사에 실질적으로 귀속된 것으로 볼 수 없고, 오히려 위 인출 및 반환과 재인출 경위에 비추어 이는 즉시 반환이 예정된 일시 차용에 불과하여 그 실질은 위 가장납입금의 당초 약정에 따른 종국적 인출행위라고 보는 것이 타당하므로, 甲에게 회사의 돈을 임의로 유용한다는 불법영득의사가 존재한다고 볼 수 없다(대법원 2011.9.8, 2011도7262).

㉥(×) 집행채무자가 제3채무자에 대하여 가지는 금전채권에 관하여 압류 및 추심명령이 행하여져서 제3채무자는 집행채무자에게 그 채권금을 지급하는 것이, 집행채무자는 이를 수령하는 것이 각 금지된다고 하더라도(민사집행법 제227조 1항 참조), 제3채무자가 위와 같은 금지에도 불구하고 피압류채무를 스스로 변제하였거나 또는 그에 관하여 민법 제487조에 기한 변제공탁을 하였다면, 집행채무자가 그로써 수령한 금전은 자기 채권에 관한 원래의 이행으로 또는 변제공탁 등과 같이 변제에 갈음하는 방법을 통하여 취득한 것으로서 역시 그의 소유에 속한다고 할 것이고, 그가 단지 집행채권자 또는 제3채무자의 금전을 '보관'하는 관계에 있다고 할 수 없다. 따라서 집행채무자가 그 금전을 집행채권자에게 반환하는 것을 거부하였다고 하여 그에게 횡령의 죄책을 물을 수는 없다. 이는 제3채무자가 원래 민사집행법 제248조에서 정하는 집행공탁을 하여야 할 것을 착오로

변제공탁을 하였다고 해서 달리 볼 수 없다(대법원 2012.1.12, 2011도12604). 〈답 ④〉

29. 횡령죄에 관한 설명 중 옳은 것을 모두 고른 것은? (다툼이 있는 경우에는 판례에 의함) <사시 2013년: 배점 2>

> ㄱ. 부동산에 대한 원인무효인 소유권이전등기의 명의자는 횡령죄의 주체인 '타인의 재물을 보관하는 자'에 해당한다고 할 수 없다.
> ㄴ. A주식회사의 대표이사인 甲이 자신의 채권자 乙에게 차용금에 대한 담보로 A주식회사 명의의 정기예금에 질권을 설정하여 주었는데, 그 후 乙이 甲의 동의하에 위 정기예금 계좌에 입금되어 있던 A주식회사의 자금을 전액 인출하였다면 甲의 예금인출 동의행위는 업무상 배임죄의 불가벌적 사후행위가 아니라 업무상 횡령죄에 해당한다.
> ㄷ. 학교법인 이사장이, 학교법인이 설치·운영하는 대학 산학협력단이 용도를 특정하여 교부받은 국고보조금 중 3억원을 대학 교비계좌로 송금하여 교직원 급여 등으로 사용하였다면 업무상 횡령죄에 해당한다.
> ㄹ. 甲과 乙이 부동산을 공유하던 중, 甲이 乙의 지분을 임의로 처분하였다면, 타인의 재물을 보관하는 자가 신임관계에 반하여 처분한 것이므로 횡령죄에 해당한다.

① ㄱ ㄴ ② ㄱ ㄷ ③ ㄱ ㄹ
④ ㄷ ㄹ ⑤ ㄱ ㄴ ㄷ

해설

ㄱ(○) 대법원 2007.5.31, 2007도1082; 대법원 1989.2.28, 88도1368.
ㄴ(×) 예금인출동의행위는 이미 배임행위로써 이루어진 질권설정행위의 사후조처에 불과하여 새로운 법익의 침해를 수반하지 않는 이른바 불가벌적 사후행위에 해당하고, 별도의 횡령죄를 구성하지 않는다(대법원 2012.11.29, 2012도10980).
ㄷ(○) 국고보조금으로 교부된 산학협력단 자금을 지정된 용도 외의 용도에 사용한 것으로서 업무상 횡령죄에 해당한다(대법원 2011.10.13, 2009도13751).
ㄹ(×) 처분권능이 없어 횡령죄가 성립하지 아니한다(대법원 2000.4.11, 2000도565).
〈답 ②〉

30. 다음 설명 중 횡령죄 또는 업무상 횡령죄가 성립하는 것을 모두 고른 것은? (다툼이 있는 경우에는 판례에 의함) <사시 2013년: 배점 3>

> ㄱ. 지사에 근무하는 직원들이 본사를 위하여 보관 중이던 돈의 일부를 접대비 명목 등으로 임의로 나누어 사용하려고 비자금으로 조성한 경우
> ㄴ. 마을 이장이 경로당 화장실 개·보수 공사를 위하여 업무상 보관

중이던 공사비를 그 용도 외에 다른 용도로 사용하였지만, 과거에 마을을 위하여 자신의 개인 돈을 지출하였던 경우

ㄷ. 회사의 대표이사가 보관 중인 회사 재산을 회사의 이익을 도모할 목적보다는 후보자 개인의 이익을 도모할 목적으로 처분하여 그 대금을 정치자금으로 기부한 경우

ㄹ. 분쟁에 대한 실질적인 이해관계는 단체에게 있으나 법적인 이유로 그 대표자의 지위에 있는 개인이 소송 기타 법적 절차의 당사자가 되었다거나 대표자의 지위에 있음으로 말미암아 의무적으로 행한 행위 등과 관련하여 분쟁이 발생한 상황에서 단체의 비용으로 변호사 선임료를 지출한 경우

ㅁ. 이른바 계약명의신탁 방식으로 명의수탁자가 당사자가 되어 명의신탁약정이 있다는 사실을 알고 있는 소유자와 부동산에 관한 매매계약을 체결하고 그 명의로 소유권이전등기를 마쳤는데, 명의수탁자가 자신의 채무를 담보하기 위해 위 부동산에 관해 제3자에게 근저당권을 설정해 준 경우

① ㄱ ㅁ　② ㄱ ㄴ ㄷ　③ ㄴ ㄷ ㄹ

④ ㄱ ㄴ ㄷ ㄹ　⑤ ㄱ ㄴ ㄷ ㅁ

해설

ㄱ(○) 감정평가법인 지사에서 근무하는 감정평가사들이 접대비 명목 등으로 임의로 나누어 사용할 목적으로 감정평가법인을 위하여 보관 중이던 돈의 일부를 비자금으로 조성한 경우 피고인들이 위 지사를 독립채산제로 운영하기로 했다고 하더라도 그것은 지사가 처리한 감정평가업무로 인한 경제적 이익의 분배에 관하여 그와 같이 약정을 한 것에 불과한 것이므로 피고인들이 사용한 지사의 자금이 법률상으로는 위 법인의 자금이 아니라고 할 수는 없고, 당초의 비자금 조성 목적 등에 비추어 비자금 조성 당시 피고인들의 불법영득의사가 객관적으로 표시되었다고 할 것인 점 등에 비추어, 위 비자금 조성행위는 업무상 횡령죄에 해당한다(대법원 2010.5.13, 2009도1373).

ㄴ(○) 업무상 보관 중이던 공사비를 그 용도 외에 다른 용도로 사용한 이상 횡령죄는 성립하고, 과거 마을을 위하여 개인 돈을 지출하였다고 하여 이에 충당할 수는 없다(대법원 2010.9.30, 2010도7012).

ㄷ(○) 회사의 대표이사가 보관 중인 회사 재산을 처분하여 그 대금을 정치자금으로 기부한 경우 그것이 회사의 이익을 도모할 목적으로 합리적인 범위 내에서 이루어졌다면 그 이사에게 횡령죄에 있어서 요구되는 불법영득의 의사가 있다고 할 수 없을 것이나, 그것이 회사의 이익을 도모할 목적보다는 후보자 개인의 이익을 도모할 목적이나 기타 다른 목적으로 행하여졌다면 그 이사는 회사에 대하여 횡령죄의 죄책을 면하지 못한다(대법원 2005.5.26, 2003도5519).

ㄹ(×) 대법원 2009.9.10, 2009도4987.

ㅁ(×) 명의신탁자와 명의수탁자가 이른바 계약명의신탁약정을 맺고 명의수탁자가 당사자가 되어 그러한 명의신탁약정이 있다는 사실을 알고 있는 소유자로부터 부동산을 매수하는 계약을 체결한 후 그 매매계약에 따라 명의수탁자 앞으로 당해 부동산의 소유권이전등기가 행하여졌다면 '부동산 실권리자명의 등기에 관한 법률' 제4조 2항 본문에 의하

여 명의수탁자 명의의 소유권이전등기는 무효이고 당해 부동산의 소유권은 매도인이 그대로 보유하게 된다. 나아가 그 경우 명의신탁자는 부동산매매계약의 당사자가 되지 아니하고 또 명의신탁약정은 위 법률 제4조 1항에 의하여 무효이므로, 그는 다른 특별한 사정이 없는 한 부동산 자체를 매도인으로부터 이전받아 취득할 수 있는 권리 기타 법적 가능성을 가지지 못한다. 따라서 이때 명의수탁자가 명의신탁자에 대한 관계에서 횡령죄에서의 '타인의 재물을 보관하는 자'의 지위에 있다고 볼 수 없다(대법원 2012.12.13, 2010도10515).

〈답 ②〉

제 6 절 배임의 죄

1. 배임죄에 대하여 옳은 설명을 모두 고르면?

> ㉠ 사무처리의 내용은 사적 사무뿐만 아니라 공적 사무도 포함한다.
> ㉡ 금전채무를 담보하기 위하여 채무자가 채권자에게 점유개정에 의하여 양도한 동산을 처분하는 경우에는 배임죄가 성립된다.
> ㉢ 증여자가 구두의 증여계약에 따라 수증자에게 증여목적물의 소유권을 이전하여 줄 의무를 부담한다면 그 증여자는 수증자의 사무를 처리하는 자의 지위에 있다.
> ㉣ 계주가 불입한 곗돈을 임의로 소비한 때에는 배임죄가 성립한다.
> ㉤ 저금통장에서 돈의 인출을 의뢰받은 자가 의뢰인의 의사에 반하여 의뢰받은 돈보다 더 많은 돈을 인출한 경우에는 배임죄가 성립한다.

① ㉠ ㉢ ㉣ ② ㉡ ㉢ ㉣ ③ ㉡ ㉣ ㉤
④ ㉢ ㉣ ㉤ ⑤ ㉠ ㉡ ㉢ ㉣ ⑥ ㉠ ㉡ ㉣ ㉤
⑦ ㉠ ㉢ ㉣ ㉤ ⑧ ㉡ ㉢ ㉣ ㉤

해설

㉠(○) 대법원 1975.11.25, 73도1881.
㉡(○) 대법원 2010.11.25, 2010도11293(채무자는 채권자(양도담보권자)가 담보의 목적을 달성할 수 있도록 이를 보관할 의무를 지게 되어 채권자에 대하여 그의 사무를 처리하는 자의 지위에 있게 된다 할 것이니, 채무자가 양도담보된 동산을 처분하는 등 부당히 그 담보가치를 감소시키는 행위를 한 경우에는 배임죄가 성립).
㉢(×) 서면에 의하지 아니한 증여계약이 행하여진 경우 당사자는 그 증여가 이행되기 전까지는 언제든지 이를 해제할 수 있으므로 증여자가 구두의 증여계약에 따라 수증자에 대하여 증여 목적물의 소유권을 이전하여 줄 의무를 부담한다고 하더라도 그 증여자는 수증자의 사무를 처리하는 자의 지위에 있다고 할 수 없다(대법원 2005.12.9, 2005도5962).
㉣(○) 대법원 1994.3.8, 93도2221(계주가 계원들로부터 징수한 계불입금은 일단 계주에게 그 소유권이 귀속된다 할 것이고, 계주는 지정된 계원에게 징수한 곗돈을 지급하여야 할 사무를 처리하는 자이므로).
㉤(○) 대법원 1972.3.28, 72도297.

〈답 ⑥〉

2. 배임죄에 관한 기술 중 옳지 않은 것은?

① 배신설에 의하면 타인의 사무를 처리하는 자는 고유한 권한으로서 그 처리를 하는 자에 한하지 않고 그 자의 보조기관으로서 직접 또는 간접으로 그 처리에 관한 사무를 담당하는 자도 포함한다.

② 판례는 행위자가 본인을 위한다는 의사를 가지고 행위를 하였다고 하더라도 그 목적과 취지가 법령이나 사회상규에 위반된 위법한 행위로서 용인할 수 없는 경우에는 배임죄의 성립을 인정한다.

③ 대학교수가 학교법인으로부터 교부받아 소지하고 있던 판공비 지출용 법인신용카드를 업무와는 무관하게 지인들과의 식사대금 등의 결제 등 개인적 용도에 사용한 경우 업무상 배임죄로 처벌할 수 있다.

④ 퇴사한 전직 동료의 편의를 위하여 회사 컴퓨터에 저장된 개인 파일 등을 복사해 준 경우, 배임의 고의가 있었다고 단정하기 어렵다.

⑤ 아파트 건축분양회사가 수분양자들에게 소유권이전등기절차를 이행하지 않은 채 분양 전 금융기관과 체결한 근저당권설정계약에 따라 근저당권설정등기를 경료해 준 경우 수분양자들에 대한 배임죄가 성립한다.

해설

①(○) 대법원 2000.4.11, 99도334.
②(○) 대법원 2002.7.22, 2002도1696.
③(○) 대법원 2006.5.26, 2003도8095.
④(○) 대법원 2009.5.28, 2008도5706.
⑤(×) 부동산을 이중으로 매도한 경우에 매도인이 선매수인에게 소유권이전의무를 이행하였다고 하여 후매수인에 대한 관계에서 그가 임무를 위법하게 위배한 것이라고 할 수 없는바, 수분양자들의 매매계약보다 앞선 추가담보제공의 약정에 기하여 근저당권설정등기를 경료한 것이 수분양자들에 대한 관계에서 타인의 사무를 처리하는 자로서 그 임무를 위법하게 위배한 것으로서 배임죄가 성립된다고 할 수 없다(대법원 2009.2.26, 2008도11722).

〈답 ⑤〉

대법원 2002.7.22, 2002도1696 (i) 업무상 배임죄는 타인의 사무를 처리하는 자가 그 임무에 위배하는 행위로서 재산상의 이익을 취득하거나 제3자로 하여금 이를 취득하게 하여 본인에게 손해를 가함으로써 성립하는바, 이 경우 그 임무에 위배하는 행위라 함은 처리하는 사무의 내용, 성질 등 구체적 상황에 비추어 법률의 규정, 계약의 내용 혹은 신의칙상 당연히 할 것으로 기대되는 행위를 하지 않거나 당연히 하지 않아야 할 것으로 기대하는 행위를 함으로써 본인과의 사이의 신임관계를 저버리는 일체의 행위를 포함하는 것으로 그러한 행위가 법률상 유효한가의 여부는 따져볼 필요가 없고, 행위자가 가사 본인을 위한다는 의사를 가지고 행위를 하였다고 하더라도 그 목적과 취지가 법령이나 사회상규에 위반된 위법한 행위로서 용인할 수 없는 경우에는 그 행위의 결과가 일부 본인을 위하는 측면이 있다고 하더라도 이는 본인과의 신임관계를 저버리는 행위로서 배임죄의 성립을 인정함에 영향이 없다. (ii) 금융기관인 회사가 대출을 함에 있어 대출을 받는 자가 이미 채무변제능력을 상실하여 그에게 자금을 대여할 경우 회사에 손해가 발생하리라는 정을 충분히 알면서 이에 나아갔거나, 충분한 담보를 제공받는 등 상당하고도 합리적인 채권회수조치를 취하지 아니한 채 만연히 대여해 주었다면, 그와 같은 자금대여는 타인에게 이익을 얻게 하고 회사에 손해를 가하는 행위로서 회사에 대하여 배임행위가 된다.

3. 배임죄가 성립하는 것은 몇 개인가? (판례에 의함)

㉠ 피고인이 담보권 실행을 위한 경매절차가 진행 중인 호텔을 피해자에게 매도하면서 소유권 확보방안으로 최선순위 근저당권과 소유권이전청구권 가등기를 이전하여 주기로 한 약정에 따라 중도금까지 수령하였는데도, 가등기를 피고인이 실질적으로 지배하는 회사에 이전하였다.
㉡ 부동산을 경락한 자가 그 경락허가결정이 확정된 후에 소유자에게 경락을 포기하겠다고 약속하고도 경락대금을 완납하고 소유권이전등기를 하였다.
㉢ 대표이사가 회사에서 지급할 의무 없는 돈을 지급하였다.
㉣ 특정 목적을 위하여 조성된 기금을 부적격업체에 지출하였다.
㉤ 은행지점장이 기한이 되었으나 대출받은 자로부터 대출금을 회수하기 어렵다고 판단하여 대출기한을 연장하여 주었다.
㉥ 점유개정의 방법으로 양도담보에 제공한 어선(20t 이하)을 다시 제3자에게 매도하고 어선원부상 소유자명의를 변경 등록하였으면서도 자신이 계속 점유 사용하였다.

① 1개 ② 2개 ③ 3개
④ 4개 ⑤ 5개 ⑥ 없음

해설

㉠ 대법원 2011.6.30, 2011도1651, ㉢ 대법원 1984.2.28, 83도2928, ㉣ 대법원 1997.10.24, 97도2042가 배임행위에 해당한다고 판시한 경우이다.
이에 반하여 ㉡은 신의칙상 배임행위가 있다고 보기 어려운 경우이다(대법원 1969.2.25, 69도46). ㉤ 대법원은 대출기한의 연장이 배임죄에 해당하기 위하여는 기한연장 당시에는 대출금을 회수할 수 있었는데 기한을 연장해 주면 채무자의 자금사정이 악화될 것이라는 사정을 알고 있었어야 한다고 판시하였다(대법원 1999.7.9, 99도1864). ㉥ 동산을 양도담보로 제공하고 점유개정의 방법으로 점유하고 있다가 이를 다시 제3자에게 역시 점유개정의 방법으로 양도하는 경우에는, 제3자가 그 동산을 선의취득할 수가 없으므로, 최초의 양도담보권자에게 어떠한 재산상 손해의 위험이 발생한다고 할 수 없어 배임죄가 성립하지 않는다. 따라서 점유개정의 방법으로 양도담보에 제공한 동산인 어선(20t 이하)을 다시 제3자에게 매도하고 어선원부상 소유자명의를 변경 등록한 것만으로는 양도담보권자에게 어떠한 재산상 손해를 발생시킬 위험이 없으므로 배임죄가 성립하지 않는다(대법원 2007.2.22, 2006도6686). 〈답 ③〉

4. 판례가 업무상 배임죄의 성립을 인정한 경우를 모두 고르면?

㉠ 사실상 학교법인의 경영을 주도하고 학교자금을 보관·관리하던 학교법인의 이사 겸 학교법인이 설립한 고등학교 교장이 학교 재산에 대하여 임대차계약을 체결하였다.
㉡ 주식회사의 이사가 어음금의 지급능력이 없는 사람이 발행한 약속어음에 회사명의로 배서하였다.
㉢ 금융기관의 장이 거래처에 신규대출을 한 것처럼 정리하였으나 대출금을 교부하지 않고 기존 대출금에 대한 원리금 및 연체이자에 충당하였다.
㉣ 주식회사의 이사가 외상대금을 회수하는 것이 불가능한 상태에서 외상거래를 하였다.
㉤ 비영리재단법인의 이사장이 설립목적과 다른 목적으로 재단의 기본재산을 매도하려고 했으나 주무관청의 허가를 받지 못하자 재단법인의 명칭과 목적을 변경하고 법인의 운영을 다른 사람에게 넘긴 후 대가로 금원을 받았다.
㉥ 신탁회사가 신탁재산으로 불량한 유가증권을 매입하였다.
㉦ 전환사채 발행을 위한 이사회 결의에는 하자가 있었다 하더라도 실권된 전환사채를 제3자에게 배정하기로 의결한 이사회 결의에는 하자가 없어 전환사채 발행절차를 진행하였다.

① ㉡ ㉣ ② ㉠ ㉡ ㉤ ㉥
③ ㉡ ㉣ ㉥ ㉦ ④ ㉡ ㉢ ㉣ ㉤ ㉦
⑤ ㉡ ㉣ ㉤ ㉥ ㉦ ⑥ ㉠ ㉡ ㉣ ㉤ ㉥

해설

㉠(○) 사실상 업무를 처리하는 자도 배임죄의 주체가 될 수 있으므로 업무상 배임죄가 성립한다(대법원 2000.3.14, 99도457).
㉡(○) 대법원 2000.5.26, 99도2781
㉢(×) 대법원은 회사에 새로운 손해가 발생한 경우가 아니라는 이유로 업무상 배임죄의 성립을 부정하였다(대법원 2000.6.27, 2000도1155).
㉣(○) 대법원 2000.4.11, 99도334.
㉤(○) 대법원 2001.9.28, 99도2639.
㉥(○) 대법원 2004.7.9, 2004도810.
㉦(×) 대법원 2009.5.29, 2007도4949 전원합의체 참조. 〈답 ⑥〉

5. 배임죄에 대한 설명 중 옳은 것은? (다툼이 있는 경우에는 판례에 의함)

㉠ 甲이 乙의 부동산을 자기명의로 신탁이전한 후 이를 담보로 금전을 차용하여 乙에게 주기로 하였음에도 불구하고 그 금전을 임의로 소

비한 경우 배임죄가 아니라 횡령죄가 성립한다.
ⓛ 甲이 乙로부터 일정한 금액의 범위 내에서 액면을 보충, 할인하여 달라는 의뢰를 받고 액면 백지의 약속어음을 교부받아 보관하던 중 합의에 의해 정해진 보충권의 한도를 넘는 액면을 기재하고 그 약속어음을 자신의 채무변제조로 丙에게 교부한 경우 배임죄가 성립한다. (재산죄 이외는 논외)
ⓒ 甲이 질권자 乙로부터 질물의 보관을 위탁받아 보관하다가 소유자인 丙에게 교부한 경우 배임죄가 성립할 수는 없다.
ⓓ 새마을금고 이사장 甲이 임무에 위배하여 乙에게 금고 이사장명의로 채무를 부담하는 각서를 작성·교부한 경우 그것이 이사회의 의결이 없어 무효라고 하더라도 배임죄가 성립된다.
ⓜ 골프시설의 운영자가 일반회원들을 위한 회원의 날을 없애고, 일반회원들 중에서 주말예약에 대하여 우선권이 있는 특별회원을 모집한 것은 일반회원들에 대하여 배임죄를 구성한다.
ⓑ 회사직원 甲이 영업비밀을 경쟁업체에 유출하거나 스스로의 이익을 위하여 이용할 목적으로 무단으로 반출한 이후에 甲과 접촉하여 영업비밀을 취득하려고 한 乙은 업무상 배임죄의 공동정범이 될 수 없다.

① ㉠ ㉡ ② ㉠ ㉣ ③ ㉡ ㉢
④ ㉡ ㉥ ⑤ ㉢ ㉣ ⑥ ㉢ ㉤
⑦ ㉣ ㉤ ⑧ ㉣ ㉥

해설

㉠(×) 타인소유의 부동산을 자기명의로 신탁이전하고 이를 담보로 금전을 차용하여 부동산소유자에게 금전을 주기로 하였는데, 차용한 금전을 자의로 소비하였다면 배임죄가 성립하고 횡령이 될 수 없다(대법원 1961.1.25, 4293형상879). 차용금의 소유권은 甲에게 귀속되기 때문이다.
㉡(○) 甲이 乙과의 합의에 의하여 정해진 보충권의 한도를 넘는 액수를 기재한 것은 발행인의 서명날인이 있는 기존의 약속어음용지를 이용하여 새로운 별개의 약속어음을 발행한 것에 해당하여 유가증권위조죄를 구성한다(대법원 1999.6.11, 99도1201). 甲이 약속어음을 임의로 소비하여 乙로 하여금 丙에 대하여 어음상의 채무를 부담하는 손해를 입게 한 데 대하여는 배임죄가 성립한다(대법원 1995.1.20, 94도2760).
㉢(×) 타인의 재산관리에 관한 사무의 일부를 대행하고 있는 甲이 乙에 대한 배임행위로 인하여 제3자인 丙으로 하여금 재산상의 이익을 취득하게 하고, 그로 인하여 乙에게 동액 상당의 재산상의 손해를 발생케 하였으므로 배임죄를 구성한다.
㉣(×) 배임행위가 법률상 무효이기 때문에 본인의 재산상태가 사실상으로도 악화된 바가 없다면 현실적인 손해가 없음은 물론이고 실해가 발생할 위험도 없는 것이어서 본인에게 재산상의 손해를 가한 것이라고 할 수 없으므로, 새마을금고 이사장이 임무에 위배하여 이사회의 의결 없이 타인에게 금고 이사장명의로 채무를 부담하는 각서를 작성·교부하였다 하더라도 배임죄가 성립된다고 할 수 없다(대법원 1987.11.10, 87도993).

ⓜ(×) 골프시설의 운영자는 일반회원들의 골프회원권이라는 재산관리에 관한 사무를 대행하거나 그 재산의 보전행위에 협력하는 지위에 있다고 할 수 없으므로 배임죄의 주체인 타인의 사무를 처리하는 자라고 할 수 없다(대법원 2003.9.26, 2003도763).

ⓑ(○) 대법원 2003.10.30, 2003도4382(회사직원이 영업비밀을 경쟁업체에 유출하거나 스스로의 이익을 위하여 이용할 목적으로 무단으로 반출한 때 업무상 배임죄의 기수에 이르렀다 할 것이므로)의 내용이다. 〈답 ④〉

6. 배임죄에 대한 설명 중 옳은 것을 모두 고르면? (판례에 의함)

㉠ 배임죄의 주체인 타인의 사무를 처리하는 자는 제3자에 대한 대외관계에서 그 사무에 관한 권한이 존재할 것을 요하지 않으나, 그 사무는 포괄적 위탁사무일 것을 요한다.

㉡ 회사의 대표이사가 제3자를 위하여 회사의 재산을 담보로 제공한 후 이미 설정한 담보물을 교체하는 경우에 기존 담보물의 가치보다 새로 제공하는 담보물의 가치가 더 작거나 동일하여도 회사에 재산상 손해가 발생하였다고 볼 수 있다.

㉢ 거래상대방의 대향적 행위의 존재를 필요로 하는 유형의 배임죄에 있어서 거래상대방을 배임의 실행행위자와 공동정범으로 인정하기 위하여는, 실행행위자의 행위가 피해자 본인에 대한 배임행위에 해당한다는 것을 알면서도 그 배임행위에 편승하여 이익을 취득한 것으로 족하고, 실행행위자의 배임행위를 교사하거나 또는 배임행위의 전 과정에 관여하는 등으로 배임행위에 적극 가담할 것을 필요로 하는 것은 아니다.

㉣ 주택조합 정산위원회 위원장이 해임되고 후임 위원장이 선출되었는데도 업무인계를 거부하고 있던 중 정산위원회를 상대로 제기된 소송의 소장부본 및 변론기일소환장을 송달받고도 그 제소사실을 정산위원회에 알려주지도 않고 스스로 응소하지도 않아 의제자백에 의한 패소확정판결을 받게 한 경우 업무상 배임죄가 성립한다.

㉤ 대기업 또는 대기업의 회장 등 개인이 정치적으로 난처한 상황에서 벗어나기 위하여 자회사 및 협력회사 등으로 하여금 특정 회사의 주식을 매입수량, 가격 및 매입시기를 미리 정하여 매입하게 한 행위는 업무상 배임행위에 해당한다.

㉥ 마을의 물류창고 신축 회사로부터 공사에 따른 피해보상 예치금을 받아 보관하던 마을 이장이 탄핵으로 사임한 후에도 후임 이장에게 위 예치금을 인계하지 않고 계속 보관하다가 예치금 반환기간이 종료되자 마을 주민들의 동의 없이 회사에 반환한 행위는 배임행위에 해당한다.

① ㉠ ㉡ ② ㉠ ㉢ ③ ㉢ ㉤

④ ㉣ ㉤ ⑤ ㉡ ㉢ ㉣ ⑥ ㉣ ㉤ ㉥
⑦ ㉢ ㉣ ㉤ ㉥ ⑧ ㉠ ㉡ ㉢ ㉤ ㉥

해설

㉠(×) 배임죄의 주체로서 타인의 사무를 처리하는 자라 함은 타인과의 대내관계에 있어서 신의성실의 원칙에 비추어 그 사무를 처리할 신임관계가 존재한다고 인정되는 자를 의미하고 반드시 제3자에 대한 대외관계에서 그 사무에 관한 권한이 존재할 것을 요하지 않으며, 또 그 사무가 포괄적 위탁사무일 것을 요하는 것도 아니다(대법원 1999.6.22, 99도1095).

㉡(×) 회사의 대표이사가 제3자를 위하여 회사의 재산을 담보로 제공한 후 이미 설정한 담보물을 교체하는 경우에 기존 담보물의 가치보다 새로 제공하는 담보물의 가치가 더 크다면, 특별한 사정이 없는 한 회사에게 위와 같은 방법으로 증가된 담보가치 중에서 피담보채무액에 상당하는 액수만큼 재산상 손해가 발생하였다고 할 것이나, 회사의 대표이사가 제3자를 위하여 회사의 재산을 담보로 제공한 후 이미 설정한 담보물을 교체하는 경우에 기존 담보물의 가치보다 새로 제공하는 담보물의 가치가 더 작거나 동일하다면 회사에 재산상 손해가 발생하였다고 볼 수 없다(대법원 2006.11.9, 2004도7027).

㉢(×) 거래상대방의 대향적 행위의 존재를 필요로 하는 유형의 배임죄에 있어서 거래상대방을 배임의 실행행위자와 공동정범으로 인정하기 위하여는 실행행위자의 행위가 피해자 본인에 대한 배임행위에 해당한다는 것을 알면서도 소극적으로 그 배임행위에 편승하여 이익을 취득한 것만으로는 부족하고, 실행행위자의 배임행위를 교사하거나 또는 배임행위의 전 과정에 관여하는 등으로 배임행위에 적극 가담할 것을 필요로 한다(대법원 2006.10.26, 2006도5147).

㉣(○) 대법원 1999.6.22, 99도1095.

㉤(○) 대법원 2007.3.15, 2004도5742.

㉥(○) 대법원 2009.2.12, 2008도10915. 〈답 ⑥〉

7. 다음의 <설명>과 <보기>는 배임죄에 대한 판례의 내용을 서술한 것이다. <설명>에 대한 판단(옳음(○) 또는 틀림(×))과 동일한 것을 <보기>에서 모두 고르면?

〈설명〉
1인회사의 주주가 개인적 거래에 수반하여 법인 소유의 부동산을 담보로 제공한다는 사정을 거래상대방이 알면서 가등기의 설정을 요구하고 그 가등기를 경료받았다면 거래상대방은 배임행위의 방조범에 해당한다.

〈보기〉
㉠ 토석채취권을 매도한 자는 매수인이 토석을 채취할 수 있도록 그에게 토석채취허가에 필요한 서류를 넘겨주어 허가를 받는 데 협력할 의무가 있음에도 이에 위배하여 타인에게 토석채취권을 양도하고 소요서류를 교부하여 토석채취허가를 취득케 한 경우에는 배임죄가 성립힌다.
㉡ 다방영업허가에 따르는 재산적 이익의 실질적 귀속자인 甲이 피고인

에게 다방시설을 포함한 운영권 일체를 임대함에 있어서 임대기간 동안은 다방영업허가 명의를 피고인 명의로 변경하고, 그 임대기간이 종료될 때에는 다시 甲 또는 甲이 지정하는 제3자 앞으로 명의를 변경하기로 약정하였는데 피고인이 명의환원 약정을 부인하고 자신이 명실상부한 영업허가 명의자라고 주장하면서 영업장소를 이전하고 다방의 상호를 변경하고 甲의 명의변경 요구를 거부하는 행위는 배임죄에 해당한다.

㉢ 금원을 변제할 것을 약정하면서, 그 담보로 자신 소유인 부동산을 타에 매도하거나 그 부동산에 관하여 은행에 이미 근저당설정등기가 된 것 이외에는 타에 추가로 담보설정하지 않겠다는 내용의 지불증서를 작성한 후 이를 공증까지 한 바 있는데도 이에 위배하여 타인에게 근저당설정등기를 경료하여 주었다면 배임죄가 성립한다.

㉣ 배임행위에 해당하는 한 재산처분에 관한 결정권을 가진 학교법인의 이사회의 결의가 있었다거나 감독청의 허가를 받아서 한 것이라고 하여 정당화될 수 없다.

㉤ 본인에게 손해를 가하였다면 재산상 이익을 행위자 또는 제3자가 취득한 사실이 없다고 할지라도 배임죄가 성립한다.

① ㉠ ㉡ ② ㉠ ㉣ ③ ㉡ ㉣
④ ㉡ ㉤ ⑤ ㉢ ㉤ ⑥ ㉠ ㉡ ㉣
⑦ ㉠ ㉢ ㉣ ⑧ ㉠ ㉢ ㉤

해설

설명의 내용은 틀렸다. 대법원은 '거래상대방의 대향적 행위의 존재를 필요로 하는 유형의 배임죄에 있어서 거래상대방으로서는 기본적으로 배임행위의 실행행위자와는 별개의 이해관계를 가지고 반대편에서 독자적으로 거래에 임한다는 점을 감안할 때, 거래상대방이 배임행위를 교사하거나 그 배임행위의 전 과정에 관여하는 등으로 배임행위에 적극가담함으로써 그 실행행위자와의 계약이 반사회적 법률행위에 해당하여 무효로 되는 경우 배임죄의 교사범 또는 공동정범이 될 수 있음은 별론으로 하고, 관여의 정도가 거기에까지 이르지 아니하여 법질서 전체적인 관점에서 살펴볼 때 사회적 상당성을 갖춘 경우에 있어서는 비록 정범의 행위가 배임행위에 해당한다는 점을 알고 거래에 임하였다는 사정이 있어 외견상 방조행위로 평가될 수 있는 행위가 있었다 할지라도 범죄를 구성할 정도의 위법성은 없다고 봄이 상당하다'고 하면서, 거래상대방이 배임행위의 방조범에 해당한다고 한 원심판결을 파기하였다(대법원 2005.10.28, 2005도4915).

㉠(○) 대법원 1979.7.10, 79도961.

㉡(○) 대법원 1981.8.20, 80도1176(피고인은 임대기간이 종료되면 약정대로 그 허가명의를 변경할 수 있도록 협력할 의무가 있고, 이 의무이행은 피고인 자신의 사무인 동시에 甲의 사무이므로).

㉢(×) 위와 같은 약정은 피고인이 자기소유의 부동산을 추후 매도하거나 타에 담보제공하지 않겠다는 내용에 불과하여 그런 약정에 따른 임무는 단순한 민사상의 채무를 부담하는 경우에 해당할 뿐, 이로 인하여 피고인이 배임죄에서 말하는 타인의 사무를 처리하

는 자에 해당한다고는 할 수 없다(대법원 1984.12.26, 84도2127).
㉣(○) 대법원 2000.3.14, 99도457.
㉤(×) 배임죄는 본인에게 재산상의 손해를 가하는 외에 배임행위로 인하여 행위자 스스로 또는 제3자로 하여금 재산상의 이익을 취득할 것을 요건으로 하므로, 본인에게 손해를 가하였다고 할지라도 재산상 이익을 행위자 또는 제3자가 취득한 사실이 없다면 배임죄가 성립하지 않는다(대법원 2006.7.27, 2006도3145). 〈답 ⑤〉

8. 다음 판례에 관한 설명 중 옳지 않은 것을 모두 고른 것은?

㉠ 소위 1인회사에 있어서 그 1인주주 겸 대표이사가 업무상의 임무에 위배하여 본인인 주식회사에 재산상 손해가 발생하였을 때에는 업무상 배임죄가 성립한다.
㉡ 금융기관이 상환능력이 의심스러운 채무자에게 실제로 대출금을 추가로 교부한 경우라도 새로운 대출금이 기존 대출금의 원리금으로 상환되도록 약정되어 있었다면 금융기관의 재산상 손해발생의 위험은 발생하지 않았으므로 배임죄는 성립하지 않는다.
㉢ 甲은 자신의 처가 A에 대하여 부담하는 채무의 대물변제 명목으로 자기소유의 무허가건물을 A에게 양도하고, 재차 자신의 처가 B에 대하여 부담하는 채무의 대물변제 명목으로 위 무허가건물을 B에게 양도하고 무허가건물대장상의 소유자명의를 B로 변경한 경우 배임죄의 실행의 착수에 해당한다.
㉣ 직무발명에 대한 특허를 받을 수 있는 권리 등을 사용자 등에게 승계한다는 취지를 정한 약정 또는 근무규정의 적용을 받는 종업원 등이라고 하더라도 직무발명과 관련하여 배임죄의 주체인 '타인의 사무를 처리하는 자'의 지위에 있다고 할 수 없다.

① ㉠ ㉣ ② ㉡ ㉢ ③ ㉡ ㉣
④ ㉡ ㉢ ㉣ ⑤ ㉠ ㉡ ㉢ ㉣

해설

㉠(○) 배임죄의 주체는 타인을 위하여 사무를 처리하는 자이며 그의 임무위반행위로써 그 타인인 본인에게 재산상의 손해를 발생케 하였을 때 이 죄가 성립하는 것인즉, 소위 1인회사에 있어서도 행위의 주체와 그 본인은 분명히 별개의 인격이며, 그 본인인 주식회사에 재산상의 손해가 발생하였을 때에는 배임죄는 기수가 되는 것이므로 궁극적으로 그 손해가 주주의 손해가 된다 하더라도 이미 성립한 죄에는 아무 영향이 없다(대법원 1983.12.13, 83도2330 전원합의체).
㉡(×) 금융기관이 실제로 거래처에게 대출금을 새로 교부한 경우에는 거래처가 그 대출금을 임의로 처분할 수 없다거나 그 밖에 어떠한 이유로든 그 대출금이 기존 대출금의 원리금으로 상환될 수밖에 없다는 등의 특별한 사정이 없는 한 비록 새로운 대출금이 기존 대출금의 원리금으로 상환되도록 약정되어 있다고 하더라도 그 대출과 동시에 이미 손해발생의 위험은 발생하였다고 보아야 할 것이므로 업무상 배임죄가 성립한다(대법원

2003.10.10, 2003도3516).

㉢(○) 무허가건물대장은 무허가건물의 정비에 관한 행정상의 사무처리의 편의를 위하여 작성 · 비치되는 것으로서 그 대장에의 기재에 의하여 무허가건물에 관한 권리의 변동이 초래되거나 공시되는 효과가 생기는 것이 아니므로 무허가건물대장에 소유자로 등재되었다는 사정만으로는 그 무허가건물에 대한 소유권 기타의 권리를 취득하거나 권리자로 추정되는 효력은 없다 할 것이나, 무허가건물의 양도인은 특별한 사정이 없는 한 대금수령과 동시에 양수인에게 그 건물을 인도할 의무가 있다 할 것이고, 무허가건물의 양수인은 양도인으로부터 무허가건물을 인도받아 점유함으로써 소유권에 준하는 사용 · 수익 · 처분의 포괄적인 권능을 가지게 되므로, 이와 같이 양수인에게 무허가건물을 인도할 의무를 부담하는 양도인이 중도금 또는 잔금까지 수령한 상태에서 양수인의 의사에 반하여 제3자에게 그 무허가건물을 이중으로 양도하고 중도금까지 수령하였다면 이는 양수인에 대한 관계에서 임무위배행위로서 배임죄의 실행의 착수가 있었다고 할 것이고, 더 나아가 제3자로부터 잔금을 수령하고 무허가건물을 인도하였다면 이는 배임죄의 기수에 해당한다(대법원 2005.10.28, 2005도5713).

㉣(×) 종업원 등이 그 발명의 내용에 관한 비밀을 유지한 채 사용자 등의 특허권 등 권리의 취득에 협력하여야 할 의무는 자기 사무의 처리라는 측면과 아울러 상대방의 재산보전에 협력하는 타인 사무의 처리라는 성격을 동시에 가지게 되므로, 이러한 경우 종업원 등은 배임죄의 주체인 '타인의 사무를 처리하는 자'의 지위에 있다고 할 것이다(대법 2012.11.15, 2012도6676). 〈답 ③〉

9. 다음 설명에 대한 판단(옳음(○)과 틀림(×))**과 동일한 것을 보기에서 모두 고르면?** (판례에 의함)

〈설명〉
건설업자가 피해자들 소유의 토지 위에 다세대주택을 신축하여 그 중 일부를 피해자들에게 분양해 주기로 하면서 분양대금의 선지급 명목으로 토지의 소유권을 이전받은 후 이를 담보로 대출받은 돈을 임의로 사용한 경우 배임죄가 성립한다.

㉠ 甲은 자기소유 부동산을 A에게 매도할 뜻이 없으면서도 A와 매매계약을 체결하고 계약금을 받은 뒤 다시 B에게 매도하는 계약을 체결하고 계약금과 중도금을 받았는데, C가 더 높은 가격으로 구입하겠다고 하자 甲은 다시 C에게 매도하고 이전등기를 해 주었다. 甲에게는 사기죄와 배임죄가 성립한다.

㉡ 甲이 A에게서 돈을 차용하면서, 회원 가입 시에 일정 금액을 예탁하였다가 탈퇴 등의 경우에 예탁금을 반환받는 이른바 예탁금 회원제로 운영되는 골프장의 자기 회원권을 담보로 제공한 후 이를 제3자에게 임의로 매도한 경우 배임죄가 성립한다.

㉢ 채무자가 자동차의 등록명의를 양도담보권자에게 담보조로 넘겨놓고서 점유하고 있던 중 타인에게 그 자동차를 매도하였다면, 그 매도

직후에 그 등록명의를 양도담보권자 스스로 매수인 등에게 넘겨주었다고 하더라도 배임죄가 성립한다.
㉣ 아파트 건축공사 시행사의 대표이사가 시공사와의 아파트 건축공사 도급계약을 체결하면서 분양수입금을 공동명의로 개설한 예금계좌로만 수령하고 그 분양수입금으로 공사대금 등을 지급하기로 특약하였음에도, 이를 어기고 아파트에 대한 분양수입금을 공동명의 예금계좌에 입금하지 아니한 채 이를 시행사의 기존 채무의 변제 등에 사용한 경우 배임죄가 성립한다.
㉤ 채무의 담보로 근저당권설정등기를 하여 줄 임무가 있음에도 불구하고 이를 이행하지 않고 임의로 제3자명의로 근저당권설정등기를 마치는 행위는 배임죄를 구성한다.

① ㉠ ㉡ ② ㉡ ㉤ ③ ㉢ ㉣
④ ㉠ ㉡ ㉤ ⑤ ㉠ ㉢ ㉤ ⑥ ㉡ ㉢ ㉣

해설

〈설명〉은 틀렸다. 건설업자가 피해자들 소유의 토지 위에 다세대주택을 신축하여 그 중 일부를 피해자들에게 분양해 주기로 하면서 분양대금의 선지급 명목으로 토지의 소유권을 이전받은 후 이를 담보로 대출받은 돈을 임의로 사용한 경우, 위 대출금을 공사 목적 범위 내에서 사용할 임무는 배임죄에 있어서 타인의 사무에 해당하지 않는다(대법원 2007.10.11, 2007도6161).

㉠(○) A에 대해서는 사기죄가 성립하고, B에 대해서는 배임죄가 성립하며 양 죄의 경합범이다.

㉡(○) 대법원 2012.2.23, 2011도16385(甲과 A 사이에 골프회원권에 관하여 유효하게 담보계약이 체결되어 甲이 담보물인 골프회원권을 담보목적에 맞게 보관·관리할 의무를 부담함으로써 A의 사무를 처리하는 자의 지위에 있다) 참조.

㉢(×) 채무자가 자동차의 등록명의를 양도담보권자에게 담보조로 넘겨놓고서 점유 중, 타인에게 그 자동차를 매도하였더라도 그 매도 직후에 그 등록명의를 양도담보권자 스스로 매수인 등에게 넘겨주었다면 채무자의 행위를 가리켜 부당하게 담보가치를 감소시키는 행위라고 할 수 없다(대법원 1989.7.25, 89도350).

㉣(×) 특약은 시행사의 수급인인 시공사에 대한 공사대금 채무의 변제를 확보하는 방편으로 약정한 것에 불과할 뿐이고, 위 아파트의 수분양자로부터 분양수입금을 수령할 권한 자체는 여전히 시행사에 있으며, 그 분양수입금으로 시공사에 공사대금을 지급하는 사무는 시행사 자신의 사무에 속하는 것이므로, 시행사의 위 행위는 시공사에 대한 단순한 민사상의 채무불이행에 불과할 뿐 배임죄를 구성한다고 볼 수 없다(대법원 2008.3.13, 2008도373).

㉤(○) 대법원 2008.3.27, 2007도9328 참조. 〈답 ③〉

10. 배임죄에 대한 설명 중 옳은 것은? (다툼이 있는 경우에는 판례에 의함)

① 매도인과 매수인 사이에 소유권이전등기절차를 이행하기로 하는 재판상 화해가 성립한 경우에는 매매의 경우와는 달리 매도인의 등기협력의무

는 소멸된다.

② 근저당권설정자가 근저당권의 목적이 되는 토지 자체가 아니라 그 토지에 식재된 수목을 처분하는 경우에는 배임죄가 성립한다고 볼 수 없다.

③ 채무자가 채권자와 사이에 그로부터 금원을 차용하되 그 담보로 채무자 소유의 주식에 대하여 현실 교부의 방법으로 양도담보를 설정하기로 약정하고 그로부터 차용금의 일부를 수령한 후 아직 채권자에게 주식의 현실 교부가 이루어지지 아니한 상태에서 채무자가 제3자와 사이에 그로부터 금원을 차용하되 그 담보로 그 주식의 일부 또는 전부에 대하여 현실 교부의 방법으로 양도담보를 설정하기로 약정하고 제3자로부터 차용금의 일부를 수령하였더라도 배임죄의 실행에 착수한 것이라고 할 수 없다.

④ 매도인이 부동산을 매도한 후 그 매매계약을 해제하고 이를 다시 제3자에게 매도한 경우, 매도인의 계약해제사유가 적법한 것이 아닌데 이를 적법한 해제사유로 믿고 그 믿음에 정당한 사유가 있었다고 보여지지 아니하더라도 매도인에게 배임의 범의를 인정할 수는 없다.

⑤ 부동산을 이중으로 양도한 경우 배임죄의 실행의 착수시기는 2차매매의 중도금을 수령한 때이고, 기수시기는 소유권이전등기를 경료한 때이다.

해설

①(×) 위임받은 타인의 사무가 부동산소유권이전등기의무인 경우에 매도인의 임무위배행위로 인하여 매도인의 소유권이전등기의무가 이행불능되거나 이행불능에 빠질 위험성이 있으면 배임죄가 성립하고, 매도인과 매수인 사이에 소유권이전등기절차를 이행하기로 하는 재판상 화해가 성립한 경우에도 마찬가지이다(대법원 2007.7.26, 2007도3882).

②(×) 근저당권설정자는 채권자가 담보의 목적을 달성할 수 있도록 그 담보물을 보관할 의무를 지게 되어 채권자에 대하여 그의 사무를 처리하는 자의 지위에 있고, 한편 토지에 식재된 수목은 특별한 사정이 없는 한 그 토지의 부합물에 해당하여 그 토지에 설정된 근저당권의 효력이 미치므로, 근저당권설정자가 그 근저당권의 목적이 되는 토지에 식재된 수목을 처분하는 등으로 부당히 그 담보가치를 감소시키는 행위를 한 경우에는 배임죄가 성립한다(대법원 2007.1.11, 2006도4215).

③(×) 채무자가 채권자와 사이에 그로부터 금원을 차용하되 그 담보로 채무자 소유의 주식에 대하여 현실 교부의 방법으로 양도담보를 설정하기로 약정하고 채권자로부터 차용금의 일부 또는 전부를 수령한 이상 특단의 사정이 없는 한 채무자는 채권자에게 그 주식을 현실로 교부함으로써 채권자가 그 주식에 대한 양도담보권을 취득하는 데에 협력할 임무가 있다고 할 것이므로, 아직 채권자에게 주식의 현실 교부가 이루어지지 아니한 상태에서 채무자가 제3자와 사이에 그로부터 금원을 차용하되 그 담보로 그 주식의 일부 또는 전부에 대하여 현실 교부의 방법으로 양도담보를 설정하기로 약정하고 제3자로부터 차용금의 일부 또는 전부를 수령하였다면 이는 채권자에 대한 양도담보권 취득을 위한 주식교부절차 협력의무 위배와 밀접한 행위로서 배임죄의 실행의 착수에 해당한다(대법원 2010.2.25, 2009도13187).

④(×) 매매계약에 있어서 매도인이 부동산을 매도한 후 그 매매계약을 해제하고 이를

다시 제3자에게 매도한 경우에 그 매매계약의 해제가 해제요건을 갖추지 못하여 부적법하더라도 매도인이 그 해제가 적법한 것으로 믿고 그 믿음에 정당한 이유가 있다면 매도인에게 배임죄의 범의를 인정할 수 없지만, 매도인이 들고 있는 계약해제사유가 적법한 것이 아닌데 매도인이 이를 적법한 해제사유로 믿고 그 믿음에 정당한 사유가 있었다고 보여지지 아니하는 경우 매도인의 배임의 범의는 인정되며, 이 같은 법리는 기부약정과 같은 증여계약에도 마찬가지로 적용되어야 한다(대법원 2007.3.29, 2006도6674).
⑤(○) 판례는 이중매매의 경우에 배임죄는 후매수인으로부터 중도금 수령시에 실행의 착수가 있고(대법원 2003.3.25, 2002도7134; 대법원 1984.8.21, 84도691), 소유권이전등기를 경료하면 기수가 된다고 한다(대법원 1984.11.27, 83도1946). 〈답 ⑤〉

대법원 2003.3.25, 2002도7134 피고인이 제1차 매수인으로부터 계약금 및 중도금 명목의 금원을 교부받은 후 제2차 매수인에게 부동산을 매도하기로 하고 계약금만을 지급받은 뒤 더 이상의 계약 이행에 나아가지 않았다면 배임죄의 실행의 착수가 있었다고 볼 수 없다.

11. 이중매매가 배임죄를 구성하는 경우는? (판례에 의함)

① 음식점의 임차권양도계약을 체결한 양도인이 점포를 이중양도하였다.
② 계약금을 받은 부동산의 매도인이 이중매도하고 소유권이전등기를 경료하였다.
③ 채무자에게 환매권을 주는 형식을 취하여 담보 목적의 소유권이전등기를 마친 채권자가 제3자에게 근저당권을 경료해 주었다.
④ 동산에 대하여 점유개정의 방법으로 양도담보를 설정하면서 이중양도담보를 제공해서는 안 된다는 특약을 하였음에도 위 특약을 위반하여 나중에 이중으로 양도담보를 설정해 주었다.
⑤ 신탁자와 신축아파트에 대한 부동산관리처분 신탁계약을 체결하고 소유권이전등기까지 경료해 준 위탁자가 임의로 신탁목적물을 제3자에게 매도하여 제3자로 하여금 아파트를 임대하고 보증금을 받게 하였다.

해설

①(×) 음식점 임대차계약에 의한 임차인의 지위를 양도한 자는 양도사실을 임대인에게 통지하고 양수인이 갖는 임차인의 지위를 상실하지 않게 할 의무가 있다고 하여도, 이러한 임무는 임차권 양도인으로서 부담하는 채무로서 양도인 자신의 의무일 뿐이지 자기의 사무임과 동시에 양수인의 권리취득을 위한 사무의 일부를 이룬다고 볼 수 없으므로 양도인을 배임죄의 주체인 타인의 사무를 처리하는 자로 볼 수 없다(대법원 1991.12.10, 91도2184).
②(×) 대법원 1980.5.27, 80도290; 대법원 1984.5.15, 84도315.
③(○) 채권의 담보를 목적으로 부동산의 소유권이전등기를 마친 채권자는 채무자가 변제기일까지 그 채무를 변제하면 채무자에게 그 소유명의를 환원하여 주기 위하여 그 소유권이전등기를 이행할 의무가 있으므로, 그 변제기일 이전에 그 임무에 위배하여 제3자에게 근저당권을 경료하여 주었다면 변제기일까지 채무자의 채무변제가 없었다고 하더라도 배임죄는 성립하고, 그와 같은 법리는 채무자에게 환매권을 주는 형식을 취하였다고 하여 다를 바가 없다(대법원 1995.5.12, 95도283).

④(×) 동산에 대하여 점유개정의 방법으로 이중양도담보를 설정한 경우 뒤의 양도담보권자는 처음의 양도담보권자에 대하여 배타적으로 자기의 담보권을 주장할 수 없으므로 이중으로 양도담보제공이 된 것만으로는 가사 담보권설정자가 처음의 양도담보권자에게 이중으로 양도담보제공을 하지 않기로 특약하였더라도 그에게 담보권의 상실이나 담보가치의 감소 등 손해가 발생한다고 볼 수 없으므로 배임죄를 구성하지 않는다(대법원 1989.4.11, 88도1586).

⑤(×) 대법원 2009.2.26, 2008도11722 참조. 〈답 ③〉

대법원 2009.2.26, 2008도11722 신탁회사와 신축아파트에 대한 부동산관리처분 신탁계약을 체결하고 소유권이전등기까지 경료해 준 아파트 건축분양회사가 임의로 신탁목적물인 아파트를 제3자에게 매도하여 제3자로 하여금 아파트를 임대하고 보증금을 받게 한 경우, 신탁계약의 목적은 소유권이전등기의 경료로써 이미 달성되었고 신탁목적물에 대한 보존 · 관리 및 비용부담 등의 사무는 위탁자인 건축분양회사 자신의 사무에 해당하므로, 위탁자의 위 처분행위는 배임죄를 구성하지 않는다.

12. 판례의 입장에 대한 설명으로 옳은 것은?

① 이미 타인의 채무에 대하여 보증을 하였는데 피보증인이 변제자력이 없어 결국 보증인이 그 보증채무를 이행하게 될 우려가 있다면, 피보증인이 신규로 자금을 차용하는 데 담보를 제공하면서 그 신규자금이 이미 보증을 한 채무의 변제에 사용되도록 한 경우가 아니라도, 보증인으로서는 새로 손해를 발생시킬 위험을 초래한 것이라고 볼 수는 없다.

② 회사의 사업부 영업팀장이 체인점에 대한 전매입고 금액을 삭제하여 체인점에 대한 외상대금채권이 줄어든 것으로 처리하는 전산조작행위를 하였다면, 회사가 관리 · 운영하는 전산망 이외에 전표, 매출원장 등 회사의 체인점들에 대한 외상대금채권의 존재와 액수를 확인할 수 있는 방법들이 존재하고, 또한 삭제된 전매입고 금액을 기술적으로 용이하게 복구하는 것이 가능하다고 하더라도 업무상 배임죄는 기수에 이른 것이다.

③ 매도인이 토지거래허가지역 내에 있는 토지에 관한 매매계약을 체결하고 매수인으로부터 계약금과 중도금을 수령하였으나 토지거래허가를 받지 못한 상태에서 위 토지를 제3자에게 이중으로 매도하고 매매대금 전액을 지급받은 경우에도 매수인에 대한 배임죄는 성립하지 않는다.

④ 위조된 약속어음을 진정한 어음인 것처럼 속이고 기존 물품대금의 변제를 위해 이를 채권자에게 교부하여 그 어음이 결제되지 않은 경우 사기죄가 성립한다.

⑤ 공장저당권설정자로부터 금융기관에 대한 피담보채무를 이행인수하면서 공장저당법에 의하여 공장저당권이 설정된 공장기계를 함께 양수한 자가 제3자에게 그 목적물을 임의처분한 경우 배임죄가 성립하지 않는다.

✍ 해설

①(×) 이미 타인의 채무에 대하여 보증을 하였는데, 피보증인이 변제자력이 없어 결국 보증인이 그 보증채무를 이행하게 될 우려가 있다고 하더라도 보증인이 피보증인에게 신규로 자금을 제공하거나 피보증인이 신규로 자금을 차용하는 데 담보를 제공하면서 그 신규자금이 이미 보증을 한 채무의 변제에 사용되도록 한 경우가 아니라면, 보증인으로서는 결국 기보증채무와 별도로 새로 손해를 발생시킬 위험을 초래한 것이라고 볼 수밖에 없다(대법원 2004.7.9, 2004도810).

②(×) 전산조작행위라는 사실행위만으로는 곧바로 회사의 해당 체인점들에 대한 외상대금채권의 소멸이라는 법적 효과가 생기는 것은 아니므로 위 전산조작행위가 회사에 현실적인 손해를 가한 경우에는 해당하지 아니하고, 회사의 외상대금채권 행사가 곤란하게 되는 상태가 조성된 것은 사실이라 할 것이나, 그렇다고 하여 곧바로 회사의 외상대금채권 행사가 사실상 불가능해지거나 현저히 곤란하게 되었다고 단정할 수는 없고, 만일 회사가 관리·운영하는 전산망 이외에 전표, 매출원장 등 회사의 체인점들에 대한 외상대금채권의 존재와 액수를 확인할 수 있는 방법들이 존재하고, 또한 삭제된 전매입고 금액을 기술적으로 용이하게 복구하는 것이 가능하다면, 위와 같은 전산조작행위로 말미암아 회사의 체인점들에 대한 외상대금채권 행사가 사실상 불가능해지거나 또는 현저히 곤란하게 된다고 할 수는 없을 것이므로 회사에 재산상 실해 발생의 위험이 생기는 것도 아니라 할 것이며, 회사의 체인점들에 대한 외상대금채권 행사가 사실상 불가능해지거나 또는 현저히 곤란해진 것이 아니라면, 해당 체인점의 점주들이 그에 상응하는 재산상 이익을 취득하였다고 보기도 어려울 것이다(대법원 2006.7.27, 2006도3145).

③(○) 토지거래허가지역 내의 토지에 관하여 허가를 받지 않고 체결한 매매계약은 무효이므로 매도인에게 소유권이전등기에 협력할 의무가 없어 이를 처분하더라도 배임죄는 성립하지 않는다(대법원 1996.8.23, 96도1514; 대법원 1996.2.9, 95도2891).

④(×) 위조된 약속어음을 채권자에게 교부한 때에도 어음이 결제되지 않는 한 대금지급채무는 소멸되지 않으므로 사기죄는 성립되지 않는다(대법원 1983.4.12, 82도2938).

⑤(×) 양수인은 채무변제시까지 목적물을 담보 목적에 맞게 보관하여야 할 임무가 있다 할 것이므로 그 임무에 위배하여 제3자에게 임의 매도한 때에는 배임죄가 성립한다(대법원 2003.7.11, 2003도67). 〈답 ③〉

13. 배임죄에 관한 설명 중 옳지 않은 것은? (판례에 의함)

① 회사의 이사가 주주 배정의 방법으로 신주를 발행하는 경우 시가보다 낮게 발행가액 등을 정함으로써 주주들로부터 가능한 최대한의 자금을 유치하지 못하였다고 하여 배임죄의 구성요건인 임무 위배, 즉 회사의 재산보호의무를 위반하였다고 볼 것은 아니다.

② 대표이사가 대표권을 남용하여 자신의 개인채무에 대하여 회사 명의의 차용증을 작성하여 주었는데 그 상대방이 이와 같은 진의를 알았거나 알 수 있었던 경우 그 행위는 회사에 대하여 무효가 되는 것이므로, 무효인 차용증을 작성하여 준 것만으로는 업무상 배임죄가 성립하지 않는다.

③ 부동산매매에서 미리 소유권을 이전받은 매수인이 목적물을 담보로 제

공하고 매매대금 지급을 위한 자금을 마련하여 매도인에게 제공하기로 약정한 경우 매수인은 신임관계에 기하여 매도인의 사무를 처리하는 자에 해당한다.

④ 불법매각된 국유지의 환수업무를 처리하는 공무원이 다수의 이해관계가 충돌하고 법적 해결이 용이하지 않은 상황에서 이를 해결하기 위하여 선의의 취득자 보호를 위한 국유재산법상 특례매각에 관한 규정을 유추 적용하기로 하면서 결과적으로 국가에 재산상 손해가 발생하였다고 하더라도 업무상 배임죄에 해당하지 않는다.

⑤ 신주발행에서 대표이사가 일반 주주들에 대하여 그들의 신주인수권과 기존 주식의 가치를 보존하는 임무를 대행한다거나 주주의 재산보전 행위에 협력하는 자로서 타인의 사무를 처리하는 자의 지위에 있다고는 볼 수 없다.

해설

①(○) 대법원 2009.5.29, 2007도4949 전원합의체.

②(○) 대법원 2010.5.27, 2010도1490(회사에 재산상 손해가 발생하였다거나 재산상 실해 발생의 위험이 초래되었다고 볼 수 없어).

③(×) 이는 기본적으로 매수인이 매매대금의 재원을 마련하는 방편에 관한 것이고, 그 성실한 이행에 의하여 매도인이 대금을 모두 받게 되는 이익을 얻는다는 것만으로 매수인이 신임관계에 기하여 매도인의 사무를 처리하는 것이 된다고 할 수 없다(대법원 2011.4.28, 2011도3247).

④(○) 대법원 2008.6.26, 2006도2222(문제해결을 위한 직무범위 내의 정책판단과 선택이므로).

⑤(○) 대법원 2010.10.14, 2010도387(신주발행은 주식회사의 자본조달을 목적으로 하는 것으로서, 신주발행과 관련한 대표이사의 업무는 회사의 사무일 뿐이므로 신주발행 과정에서 대표이사가 납입된 주금을 회사를 위하여 사용하도록 관리·보관하는 업무 역시 회사에 대한 선관주의의무 내지 충실의무에 기한 것으로서 회사의 사무에 속하는 것). 〈답 ③〉

대법원 2009.5.29, 2007도4949 전원합의체 주주는 회사에 대하여 주식의 인수가액에 대한 납입의무를 부담할 뿐 인수가액 전액을 납입하여 주식을 취득한 후에는 주주유한책임의 원칙에 따라 회사에 대하여 추가 출자의무를 부담하지 않는 점, 회사가 준비금을 자본으로 전입하거나 이익을 주식으로 배당할 경우에는 주주들에게 지분비율에 따라 무상으로 신주를 발행할 수 있는 점 등에 비추어 볼 때, 회사가 주주 배정의 방법, 즉 주주가 가진 주식 수에 따라 신주, 전환사채나 신주인수권부사채(이하 '신주 등'이라 한다)의 배정을 하는 방법으로 신주 등을 발행하는 경우에는 발행가액 등을 반드시 시가에 의하여야 하는 것은 아니다. 따라서, 회사의 이사로서는 주주 배정의 방법으로 신주를 발행하는 경우 원칙적으로 액면가를 하회하여서는 아니 된다는 제약 외에는 주주 전체의 이익, 회사의 자금조달의 필요성, 급박성 등을 감안하여 경영판단에 따라 자유로이 그 발행조건을 정할 수 있다고 보아야 하므로, 시가보다 낮게 발행가액 등을 정함으로써 주주들로부터 가능한 최대한의 자금을 유치하지 못하였다고 하여 배임죄의 구성요건인 임무위배, 즉 회사의 재산보호의무를 위반하였다고 볼 것은 아니다. 그러나 주주배정의 방법이 아니라 제3자에게 인수권을 부여하는 제3자 배정방법의 경우, 제3자는 신주 등을 인수함으로써 회사의 지분을 새로 취득하게 되므로 그 제3자와 회사와의 관계를 주주의 경우와 동일하게 볼 수는 없다. 제3자에게 시가보다 현저하게 낮은 가액으로 신주 등을 발행하는 경우에는 시가를 적정하게 반영하여 발행조건을 정하거나 또는 주식의 실질가액을 고려한 적정한 가격에 의하여 발행하는 경우와 비교하여 그 차이에 상당한 만큼 회사의 자산을 증가시키지 못하게 되는 결과가 발생하는데, 이 경우에는 회사법상 공정한 발행가액과 실제 발행가액과의 차액에 발행주식수를 곱하여 산출된 액수만큼 회사가 손해를 입은 것으로 보아야 한다. 이와 같이 현저하게 불공정한 가액으로 제3자 배정방식에 의하여 신주 등을 발행하는 행위는 이사의 임무위배행위에 해당하는 것으로서 그로 인하여 회사에 공정한 발행가액과의 차액에 상당하는 자금을 취득하지 못하게 되는 손해를 입힌 이상 이사에 대하여 배임죄의 죄책을 물을 수 있다. 다만, 회사가 제3자 배정의 방법으로 신주 등을 발행하는 경우에는 회사의 재무구조, 영업전망과 그에 대한 시장의 평가, 주식의 실질가액, 금융시장의 상황, 신주의 인수가능성 등 여러 사정을 종합적으로 고려하여, 이사가 그 임무에 위배하여 신주의 발행가액 등을 공정한 가액보다 현저히 낮추어 발행한 경우에 해당하는지를 살펴 이사의 업무상 배임죄의 성립 여부를 판단하여야 한다.

14. 다음 설명 중 옳은 것(○)과 옳지 않은 것(×)을 바르게 표시한 것은? (판례에 의함)

> ㉠ 아파트 건축공사의 시행사가 수분양자들에게 소유권이전등기절차를 이행하지 않은 채 분양계약서에 기재된 대출한도금액을 초과한 근저당권설정등기를 경료한 경우 수분양자들에 대한 배임죄가 성립한다.
> ㉡ 일정 수의 보증인을 요구하는 은행의 대출규정에 위배하여 대출을 하였다면 다른 보증인에 의하여 채권회수가 모두 이루어진다 하더라도 배임죄가 성립한다.
> ㉢ 배임죄에 있어서 재산상 손해는 경제적 관점에서 파악하여야 하므로 부당대출행위에 의한 업무상 배임죄가 성립하는 경우에는, 담보물의 가치를 초과하여 대출한 금액이나 실제로 회수가 불가능하게 된 금액이 손해액이 된다.
> ㉣ 회사 직원이 영업비밀이나 영업상 주요한 자산인 자료를 적법하게 반출한 경우라면 퇴사시에 경쟁업체에 유출하거나 스스로의 이익을 위하여 이용할 목적으로 이를 반환하거나 폐기하지 아니하였더라도 업무상 배임죄에 해당하지 아니한다.

① ㉠(○) ㉡(○) ㉢(○) ㉣(×) ② ㉠(×) ㉡(○) ㉢(○) ㉣(○)
③ ㉠(○) ㉡(○) ㉢(×) ㉣(○) ④ ㉠(×) ㉡(○) ㉢(○) ㉣(×)
⑤ ㉠(○) ㉡(×) ㉢(×) ㉣(○) ⑥ ㉠(×) ㉡(○) ㉢(×) ㉣(×)
⑦ ㉠(○) ㉡(○) ㉢(×) ㉣(×) ⑧ ㉠(×) ㉡(×) ㉢(○) ㉣(○)

해설

㉠(○) 대법원 2009.5.28, 2009도2086.
㉡(○) 대법원 2002.6.28, 2000도3716(은행의 입장에서는 그 대출 당시에 채권회수가 곤란

해질 위험에 처하게 된 것이므로).
㉢(×) 부실대출에 의한 업무상 배임죄가 성립하는 경우에는 담보물의 가치를 초과하여 대출한 금액이나 실제로 회수가 불가능하게 된 금액만을 손해액으로 볼 것은 아니고, 재산상 권리의 실행이 불가능하게 될 염려가 있거나 손해발생의 위험이 있는 대출금 전액을 손해액으로 보아야 하며, 그것을 제3자가 취득한 경우에는 그 전액을 특정경제범죄가중처벌등에관한법률 제3조에서 규정한 제3자로 하여금 취득하게 한 재산상의 가액에 해당하는 것으로 보아야 한다(대법원 2000.3.24, 2000도28).
㉣(×) 회사 직원이 영업비밀이나 영업상 주요한 자산인 자료를 적법하게 반출하여 그 반출행위가 업무상 배임죄에 해당하지 않는 경우라도 퇴사시에 그 영업비밀 등을 회사에 반환하거나 폐기할 의무가 있음에도 경쟁업체에 유출하거나 스스로의 이익을 위하여 이용할 목적으로 이를 반환하거나 폐기하지 아니하였다면, 이러한 행위는 업무상 배임죄에 해당한다(대법원 2009.10.15, 2008도9433). 〈답 ⑦〉

15. 배임죄에 관한 판례의 설명 중 옳지 않은 것은 모두 몇 개인가?

㉠ 미성년자와 친생자관계는 없으나 호적상 친모로 등재되어 있는 자가 미성년자의 상속재산을 처분한 때에는 배임죄가 성립하지 않는다.
㉡ 적대적 M&A로부터 경영권을 유지하기 위하여 종업원의 자사주 매입에 회사자금을 지원한 경우에는 업무상 배임죄가 성립한다.
㉢ 법인의 대표자 또는 피용자가 그 법인 명의로 한 채무부담행위가 관련 법령에 위배되어 법률상 효력이 없는 경우에는 그로 인하여 법인에게 어떠한 손해가 발생한다고 할 수 없으므로, 그 행위로 인하여 법인이 민법상 사용자책임 또는 법인의 불법행위책임을 부담하는 등의 특별한 사정이 없는 한 그 대표자 또는 피용자의 행위는 배임죄를 구성하지 아니한다.
㉣ 신주발행에 있어서 대표이사가 납입의 이행을 가장한 때에는 상법 제628조 1항에 의한 가장납입죄가 성립하는 이외에 기존 주주에 대한 업무상 배임죄가 성립한다.
㉤ 보증보험회사의 경영자가 경영상의 판단에 따라 영업으로 행한 보증보험계약의 인수는 이로 인하여 회사에 손해가 발생한 경우에도 배임죄가 성립하지 않는다.
㉥ 회사의 대표이사가 재무구조가 불량하여 이미 채무변제능력을 상실한 사람의 채무를 회사 이름으로 지급보증 또는 연대보증할 때에는 배임죄가 성립하지만, 단순히 채무초과상태에 있다는 이유만으로 배임행위가 되지는 않는다.
㉦ 신용협동조합의 전무가 조합의 담당 직원을 기망하여 예금인출금 또는 대출금 명목으로 금원을 교부받아 사기죄가 성립한 때에는 업무상 배임죄는 성립할 여지가 없다.

① 0개 ② 1개 ③ 2개

④ 3개 ⑤ 4개 ⑥ 5개

✍ **해설**

판례의 태도와 일치하지 않는 것은 ㉠㉣㉦ 3개이다.
㉠ 배임죄에 있어서 타인의 사무를 처리하는 자란 신의성실의 원칙에 비추어 그 사무를 처리할 신임관계가 존재한다고 인정되는 자이면 족하므로 미성년자의 친모로 호적상 등재되어 있는 자도 여기에 포함된다(대법원 2002.6.14, 2001도3534). ㉣ 신주발행에 있어서 대표이사가 일반주주들의 신주인수권과 기존 주식의 가치를 보전하는 사무를 처리하는 지위에 있다고 볼 수 없고, 납입가장의 방법에 의하여 주금이 납입된 경우 회사재산에 대한 지분가치로서의 기존 주식의 가치가 감소하게 될 수는 있으나, 이는 업무상 배임죄에 있어서의 재산상의 손해에 해당하지 않으므로 기존 주주에 대한 업무상 배임죄는 성립하지 않는다(대법원 2004.5.13, 2002도7340). ㉦ 타인의 사무를 처리하는 자가 본인을 기망하여 재산상의 이익을 취득한 때에는 사기죄와 업무상 배임죄의 상상적 경합이 된다(대법원 2002.7.18, 2002도669 전원합의체).
이에 반하여 ㉡㉢㉤㉥은 판례의 태도와 일치한다. ㉡ 종업원 지주제도 하에서 회사의 경영자가 종업원의 자사주 매입을 돕기 위하여 회사자금을 지원하는 것 자체는 회사에 대한 임무위배행위라고 할 수 없어도 경영자의 자금지원의 주된 목적이 경영자의 회사에 대한 경영권을 유지하고자 하는 데 있다면, 그 자금지원은 경영자의 이익을 위하여 회사재산을 사용하는 것이 되어 회사의 이익에 반하므로 회사에 대한 관계에서 임무위배행위가 된다(대법원 1999.6.25, 99도1141). ㉢ 대법원 2010.9.30, 2010도6490. ㉤ 경영자가 개인적 이익을 취할 의도 없이 선의에 기하여 수집한 정보를 바탕으로 경영상의 판단에 따라 행한 행위는 배임의 고의를 인정할 수 없다(대법원 2004.7.22, 2002도4229). ㉥ 대법원 2004.6.24, 2004도520. 〈답 ④〉

16. 다음 설명 중 옳지 않은 것을 모두 고르면? (판례에 의함)

㉠ 증권회사의 직원 甲은 A로부터 주식매입주문을 받지 않고 A가 증권회사에 맡겨놓은 5,000만원으로 주식 1천 주를 매수하였으나 주식시세가 하락하여 A에게 500만원 정도의 손해를 입히고 증권회사는 수수료를 취득하였다. 甲의 행위는 업무상 배임죄이다.
㉡ 주식회사의 대표이사 甲은 회사의 유일한 재산인 아파트부지 및 건물을 매도하고 소유권이전등기를 경료하여 주었는데, 처분시에 주주총회의 특별결의나 이사회의 승인을 거치지 아니하여 위 매매계약과 소유권이전등기는 무효이다. 甲의 행위는 업무상 배임죄이다.
㉢ 신용금고의 대표이사 甲은 A로부터 실제로 돈이 입금되지 아니하였음에도 이미 입금된 듯이 입금전표와 거래원장을 작성하고 전산입력까지 마친 다음 예금통장을 A에게 교부하였는데, 신용금고와 A 사이에 예금계약이 적법하게 체결되지 않았다. 甲의 행위는 업무상 배임죄이다.
㉣ 은행장 甲은 회수불능이 예상되는 회사로부터 대출을 부탁받고 돈을 받은 후 대출해 주었다. 甲의 행위는 업무상 배임죄와 배임수재죄의

경합범이다.
ⓜ 주식회사의 대표이사 甲은 유상증자를 통한 신주발행을 함에 있어 납입을 가장하는 방법에 의하여 주금이 납입된 상태에서 자기 또는 제3자에게 신주를 발행해 주었고, 이후 그 주식인수인이 그 신주인수대금을 실제로 회사에 납부하지 아니하고 있다. 甲의 행위는 업무상 배임죄이다.

① ⓜ ② ⓛ ⓒ ③ ⓒ ⓡ
④ ⓒ ⓜ ⑤ ⓖ ⓛ ⓒ ⑥ ⓛ ⓒ ⓡ
⑦ ⓛ ⓒ ⓜ ⑧ 없음

해설

ⓖ(○) 증권회사 사원이 고객의 주문 없이 고객이 입금해 둔 돈으로 주식을 매입하여 손해를 입힌 때에는 업무상 배임죄가 성립한다(대법원 1995.11.21, 94도1598).
ⓛ(○) 甲은 타인의 사무를 처리하는 지위에 있다. 배임죄는 배임행위로 인하여 본인에게 재산상 손해가 발생한 때에 기수가 된다. 배임죄에 있어 재산상의 손해라 함은 전체 재산가치의 감소를 말하며, 재산상 손해를 가한 때라 함은 현실적인 손해를 가한 경우뿐만 아니라 재산상 실해 발생의 위험을 초래한 경우도 포함한다. 재산상 손해의 유무에 대한 판단은 본인의 전 재산상태와의 관계에서 법률적 판단에 의하지 아니하고 경제적 관점에서 파악하여야 하므로 법률적 판단에 의하여 당해 배임행위가 무효라 하더라도 경제적 관점에서 배임행위로 인하여 본인에게 현실적인 손해를 가하였거나 재산상 실해 발생의 위험을 초래한 경우에는 재산상의 손해를 가한 때에 해당한다(대법원 1995.11.21, 94도1375). 따라서 甲의 행위는 배임죄의 기수에 해당한다.
ⓒ(○) 배임죄는 타인의 사무를 처리하는 자가 임무에 위배하여 본인에게 재산상 손해를 가한 때 성립한다. 甲에게는 위 금고에 실제로 예금이 입금되었을 때 이를 기초로 입금전표와 거래원장을 작성하고 예금통장 등을 교부하여야 하는 의무가 있고, 손해는 경제적 관점에서 판단해야 하므로, 현실적으로 손해가 발생한 경우뿐만 아니라 가치의 감소라고 볼 수 있는 재산상의 손해가 발생한 것으로 본다. 따라서 설문에서 설사 신용금고와 乙 사이에 민사상의 예금계약이 적법하게 체결된 것이 아니어서 신용금고에 예금반환채무가 발생한 것은 아니라고 하더라도, 그 허위의 예금은 신용금고로부터 언제든지 인출될 수 있는 상태에 있게 됨으로써 이미 신용금고에 재산상 손해발생의 위험을 초래하였다고 보아야 하므로 甲은 업무상 배임죄의 책임을 진다(대법원 1996.9.6, 96도1606).
ⓡ(○) 甲은 타인의 사무를 처리하는 자로서 부정한 청탁을 받고 재물을 취득하였으므로 배임수재죄가 성립한다(대법원 1983.3.8, 82도2873). 은행장이 회수불능상태의 회사에 대출한 때에는 업무상 배임죄가 성립한다.
ⓜ(×) 비록 회사의 대표이사가 유상증자를 통한 신주발행을 함에 있어 납입을 가장하는 방법에 의하여 주금이 납입된 상태에서 자기 또는 제3자에게 신주를 발행해 주었고, 이후 그 주식인수인이 그 신주인수대금을 실제로 회사에 납부하지 아니하고 있다 하더라도 그로 인하여 회사에게 그 신주인수대금 상당의 자본이 감소하는 등의 재산상 손해가 발생한 것으로는 보기 어렵다고 할 것이므로, 그 행위가 업무상 배임죄에 해당한다고 할 수는 없다(대법원 2007.9.6, 2005도1847). 〈답 ①〉

17. 재산죄에 관한 판례의 입장과 일치하는 것(○)과 일치하지 않는 것(×)을 올바르게 표시한 것은?

> ㉠ 재벌그룹 소속 甲회사가 골프장 건설 사업을 진행 중인 비상장회사 乙의 주식 전부를 보유하고 乙회사를 위하여 수백억원의 채무보증을 한 상태에서 甲회사의 대표이사와 이사들이 乙회사의 주식 전부를 주당 1원으로 계산하여 위 대표이사 등에게 매도한 것은 주식의 적정한 객관적 교환가치보다 현저하게 낮은 가격으로 매도함으로써 甲회사에 손해를 가한 배임행위에 해당한다.
> ㉡ 甲이 A에게서 임야를 매수하면서, 계약금을 지급하는 즉시 甲 앞으로 소유권을 이전받되 매매잔금은 일정기간 내에 위 임야를 담보로 대출을 받아 지급하고 건축허가를 받지 못하면 계약을 해제하여 원상회복해 주기로 약정하였는데도, 소유권이전등기를 받은 직후 이를 담보로 제공하고 융통한 자금을 A에게 매매대금으로 지급하지 아니하였다면 타인의 사무를 처리하는 자가 그 임무에 위배하는 행위를 한 것이다.
> ㉢ A주식회사의 실질적인 대주주 겸 경영자인 甲이 A회사의 이익에 반하여 다른 회사를 위한 금원차용의 담보에 사용할 의도로 금융기관에 보관 중인 A회사의 전환사채 100억원을 회수할 당시에 이미 업무상 배임죄는 기수에 이르며, 이로 인한 손해액은 전환사채의 권면액인 100억원 상당이다.
> ㉣ 영화제작사인 甲회사의 대표이사가, 회사가 제작한 영화에 관련된 비용을 투자자인 乙회사가 부담하는 대신, 乙회사에 甲회사 명의의 은행통장과 법인인감, 보안카드를 건네주고, 자신이 이를 변제하지 못할 경우 위 통장계좌로 입금받을 예정인 부가가치세 환급금으로 대체하기로 하는 내용의 지불각서를 작성하여 준 후 환급금의 입금사실을 먼저 확인하고 통장 분실신고를 한 뒤 재발급받은 새 통장을 이용하여 위 돈을 다른 계좌로 이체하고 출금하여 다른 채권자들에게 지급하였더라도 배임죄가 성립하지 아니한다.
> ㉤ 본인에 대한 배임행위가 본인 이외의 제3자에 대한 사기죄를 구성한다 하더라도 그로 인하여 본인에게 손해가 생긴 때에는 사기죄와 함께 배임죄가 성립한다.

① ㉠(○) ㉡(○) ㉢(○) ㉣(×) ㉤(×)
② ㉠(○) ㉡(○) ㉢(×) ㉣(×) ㉤(○)
③ ㉠(○) ㉡(×) ㉢(×) ㉣(×) ㉤(○)
④ ㉠(○) ㉡(×) ㉢(○) ㉣(×) ㉤(○)
⑤ ㉠(×) ㉡(×) ㉢(○) ㉣(○) ㉤(○)

해설

㉠(○) 대법원 2008.5.15, 2005도7911의 내용이다.

㉡(×) 피고인이 소유권이전등기를 받은 당일 이를 담보로 제공하여 자금을 융통하였고 그 후에도 같은 일을 하였으며 융통한 자금을 A에게 매매대금으로 지급하지 아니하였다고 하여도 타인의 사무를 처리하는 자가 그 임무에 위배하는 행위를 한 것으로 볼 수 없고, 그러한 담보제공 등의 행위가 피고인이 위 임야를 A에게 반환할 의무를 현실적으로 부담하고 있지 아니한 상태에서 행하여진 이상 달라지지 아니하므로, 피고인에게 배임죄가 성립하지 않는다(대법원 2011.4.28, 2011도3247).

㉢(○) 배임죄에서 본인에게 손해를 가한 때라 함은 재산적 실해를 가한 경우뿐만 아니라 실해발생의 위험을 초래한 경우도 포함하는 것이므로 피해자의 재산을 무단으로 반출하여 실해발생의 위험을 초래하는 때에는 배임죄의 기수로 되고, 그와 같은 무단 반출 당시의 손해가 배임죄의 손해액이 된다(대법원 2010.12.23, 2008도8851).

㉣(×) 대표이사로서는 자신이 위 현상료 등을 변제할 때까지 乙회사가 위 예금채권에 대한 실질적인 담보권을 유지하고, 나아가 이를 변제하지 못한 경우에는 乙회사가 위 예금을 직접 출금할 수 있도록 협력해야 할 의무가 있음에도, 스스로 위 예금을 출금·소비함으로써 위 의무에 위배하여 乙회사에 손해를 가하였으므로 배임죄를 구성한다(대법원 2010.8.19, 2010도6280).

㉤(○) 대법원 2010.11.11, 2010도10690의 내용이다. 〈답 ④〉

18. **아래 <사례>에 나타난** (업무상) **배임죄 관련 사항에 대하여 옳은 <설명>을 모두 고른 것은?** (다툼이 있는 경우에는 판례에 의함) <사시 2009년: 배점 4>

〈사례〉

ㄱ. 주식회사인 A社의 대주주이자 대표이사인 甲은 자신의 상속세 납부자금을 마련하기 위하여 乙과 사이에 A社의 주식 전부를 매도하는 내용의 주식매매계약을 체결한 후 위 주식매매계약이 해제될 경우 甲이 부담할 매매대금반환채무를 담보하기 위하여 A社의 유일한 재산인 부동산에 관하여 순위 2번으로 乙을 채권자로 하는 근저당권설정등기를 마쳤다.

ㄴ. 甲은 이전에도 자신의 개인적 채무를 담보하기 위하여 A社의 위 부동산에 순위 1번으로 B은행을 채권자로 하는 근저당권설정등기를 마친 적이 있다.

ㄷ. 甲은 위와 같이 순위 1, 2번의 근저당권을 설정한 후에도 위 부동산의 담보가치가 피담보채권액을 20억원 가량 초과하는 것을 이용하여 C새마을금고 이사장인 丙에게 부탁하여 10억원을 대출받고 순위 3번의 근저당권설정등기를 마쳤다.

ㄹ. 위 대출 당시 적용되던 「새마을금고법」에는 "금고의 동일인에 대한 대출은 출자금총액과 적립금 합계액의 100분의 20 또는 총자산의 100분의 1 중 큰 금액을 초과하지 못한다"는 규정이 있었고, 甲에 대한 대출금 10억원은 그 대출한도를 초과하는 것이었다.

〈설명〉

가. 주식회사의 대표이사는 이사회 또는 주주총회의 결의에 주주 또는 회사채권자에게 손해가 될 내용이 포함되어 있더라도 그 결의에 따라야 할 의무가 있으므로 ㄱ 사례의 경우에 甲의 행위를 승인하는 이사회 또는 주주총회의 사전 결의가 있었으면 甲은 배임죄의 죄책을 지지 않는다.

나. 甲이 ㄴ 사례의 담보제공행위로 배임죄를 저지른 것이라면 이미 동일한 피해자의 동일한 재산에 대한 범죄가 실현된 것이므로 그 후 ㄱ 및 ㄷ 사례의 추가 담보제공행위는 기존의 법익침해상태에 포함되는 불가벌적 사후행위이므로 별도의 배임죄가 성립하지 않는다.

다. 「새마을금고법」에서 동일인에 대한 대출한도를 정한 취지는 소수의 회원들에게 거액의 대출이 이루어지는 것을 제한하여 다수의 회원들에게 골고루 대출이 이루어질 수 있도록 함으로써 회원 다수에게 대출 혜택이 돌아가도록 함과 아울러 회원 1인에 대하여 과도한 대출을 하면 당해 회원의 변제능력 상실로 대출금의 회수가 불가능하게 됨에 따라 그 재정이 악화되어 새마을금고가 부실화될 수도 있어 이를 방지하고자 하는 데에 있으므로, ㄷ 사례의 경우 丙은 새마을금고가 다른 회원들에게 정당하게 대출할 자금을 부당하게 감소시킨 결과를 초래한 것으로 그 대출금에 대한 회수의 가능 여부나 담보의 적정 여부에 관계없이 새마을금고에 재산적 손해를 입게 한 것이 되고 배임죄의 죄책을 진다.

라. ㄷ 사례에서 丙은 甲이 A社의 재산을 개인채무의 담보로 제공한다는 사실을 알면서도 이에 편승하여 은행 금리보다 높은 새마을금고의 금리에 따른 이자 수입이라는 이득을 얻은 것으로서 법질서 전체적인 관점에서 살펴볼 때 사회적 상당성을 갖춘 경우라면 甲의 배임죄에 대한 방조범이 되지 않는다.

① 가	② 나	③ 다	④ 라
⑤ 가 라	⑥ 나 다	⑦ 다 라	⑧ 나 다 라

해설

가(×) 회사의 대표이사는 이사회 또는 주주총회의 결의가 있더라도 그 결의내용이 회사채권자를 해하는 불법한 목적이 있는 경우에는 이에 맹종할 것이 아니라 회사를 위하여 성실한 직무수행을 할 의무가 있으므로 대표이사가 임무에 배임하는 행위를 함으로써 주주 또는 회사 채권자에게 손해가 될 행위를 하였다면 그 회사의 이사회 또는 주주총회의 결의가 있었다고 하여 그 배임행위가 정당화될 수는 없다(대법원 2005.10.28, 2005도4915).

나(×) 배임죄는 재산상 이익을 객체로 하는 범죄이므로, 1인회사의 주주가 자신의 개인채무를 담보하기 위하여 회사 소유의 부동산에 대하여 근저당권설정등기를 마쳐 주어 배임죄가 성립한 이후에 그 부동산에 대하여 새로운 담보권을 설정해 주는 행위는 선순위 근저당권의 담보가치를 공제한 나머지 담보가치 상당의 재산상 이익을 침해하는 행위로서 별도의 배임죄가 성립한다(대법원 2005.10.28, 2005도4915).
다(×) 새마을금고의 동일인 대출한도 제한규정은 새마을금고 자체의 적정한 운영을 위하여 마련된 것이지 대출채무자의 신용도를 평가해서 대출채권의 회수가능성을 직접적으로 고려하여 만들어진 것은 아니므로 동일인 대출한도를 초과하였다는 사실만으로 곧바로 대출채권을 회수하지 못하게 될 위험이 생겼다고 볼 수 없고, … 일반적으로 이러한 동일인 대출한도 초과대출이라는 임무위배의 점에 더하여 대출 당시의 대출채무자의 재무상태, 다른 금융기관으로부터의 차입금, 기타 채무를 포함한 전반적인 금융거래상황, 사업현황 및 전망과 대출금의 용도, 소요기간 등에 비추어 볼 때 채무상환능력이 부족하거나 제공된 담보의 경제적 가치가 부실해서 대출채권의 회수에 문제가 있는 것으로 판단되는 경우에 재산상 손해가 발생하였다고 보아 업무상 배임죄가 성립한다고 해야 한다(대법원 2008.6.19, 2006도4876 전원합의체).
라(○) 거래상대방의 대향적 행위의 존재를 필요로 하는 유형의 배임죄에 있어서 거래상대방으로서는 기본적으로 배임행위의 실행행위자와는 별개의 이해관계를 가지고 반대편에서 독자적으로 거래에 임한다는 점을 감안할 때, 거래상대방이 배임행위를 교사하거나 그 배임행위의 전 과정에 관여하는 등으로 배임행위에 적극 가담함으로써 그 실행행위자와의 계약이 반사회적 법률행위에 해당하여 무효로 되는 경우 배임죄의 교사범 또는 공동정범이 될 수 있음은 별론으로 하고, 관여의 정도가 거기에까지 이르지 아니하여 법질서 전체적인 관점에서 살펴볼 때 사회적 상당성을 갖춘 경우에 있어서는 비록 정범의 행위가 배임행위에 해당한다는 점을 알고 거래에 임하였다는 사정이 있어 외견상 방조행위로 평가될 수 있는 행위가 있었다 할지라도 범죄를 구성할 정도의 위법성은 없다고 봄이 상당하다(대법원 2005.10.28, 2005도4915). 〈답 ④〉

19. 배임죄 또는 업무상 배임죄에 대한 설명으로 옳지 않은 것을 모두 고르면?
(판례에 의함)

㉠ 주식회사의 대표이사가 주주들에게 법인의 가지급금을 지급함에 따라 가지급금에 대한 인정이자를 계산하여 익금에 산입하여야 함에도 주주들로부터 인정이자를 회수하지 않고 회수한 것처럼 회계서류를 조작한 경우 배임죄가 성립한다.
㉡ 채무자가 그 소유의 동산에 대하여 점유개정의 방식으로 채권자들에게 이중의 양도담보 설정계약을 체결한 후 양도담보 설정자가 목적물을 임의로 제3자에게 처분하였다면 뒤의 채권자에 대한 관계에서 배임죄가 성립한다.
㉢ 1인회사의 주주가 자신의 개인채무를 담보하기 위하여 회사 소유의 부동산에 대하여 근저당권설정등기를 마쳐 주어 배임죄가 성립한 이후에 그 부동산에 대하여 새로운 담보권을 설정해 주었다 하여 별도의 배임죄가 성립하는 것은 아니다.
㉣ 주식회사의 주권발행 전 주식을 타인에게 매도하였음에도, 위 주식을 포기하고 주식회사에 반환한 행위는 배임죄에 해당한다.
㉤ 대출에 있어서 부실한 담보를 받고 대출한도 거래약정 또는 여신한도 거래약정을 체결하고 그 한도금액을 여러 번에 걸쳐 나누어 인출

> 한 경우 그 여러 번의 인출행위는 포괄하여 배임죄의 일죄가 성립한다.

① ㉠ ㉣ ② ㉡ ㉢ ③ ㉢ ㉤
④ ㉠ ㉡ ㉢ ⑤ ㉡ ㉢ ㉣ ⑥ ㉡ ㉢ ㉤
⑦ ㉡ ㉣ ㉤ ⑧ ㉡ ㉢ ㉣ ㉤

해설

㉠(○) 대법원 2005.9.29, 2003도4890.
㉡(×) 양도담보권자라 할 수 없는 뒤의 채권자에 대한 관계에서는, 설정자인 채무자가 타인의 사무를 처리하는 자에 해당한다고 할 수 없어 배임죄가 성립하지 않는다(대법원 2004.6.25, 2004도1751).
㉢(×) 선순위 근저당권의 담보가치를 공제한 나머지 담보가치 상당의 재산상 이익을 침해하는 행위로서 별도의 배임죄가 성립한다(대법원 2005.10.28, 2005도4915).
㉣(×) 피해자가 피고인으로부터 주식을 적법하게 양수하였다면, 피해자는 주식 양수인으로서 특별한 사정이 없는 한 양도통지 등 피고인의 협력 없이 단독으로 위 주식 양수사실을 증명하여 주식회사에 대하여 명의개서 청구를 하는 등 자신이 적법한 주주임을 주장할 수 있는 것이고, 주식 양수인이 명의개서 여부를 자유로이 결정할 권리를 가지고 있어 주식 양도인인 피고인에게는 명의개서 청구권이 없으므로 피고인에게 피해자의 명의개서 절차에 협조할 의무가 있다고 보기 어렵고, 피고인이 주식 양도 이후 임의로 주식회사에 대하여 그 주식을 포기한다거나 이를 반환한다는 의사표시를 하였을지라도 이는 무권한자의 행위로서 아무런 효력이 없어 피해자가 자신이 여전히 적법한 주주임을 주장하는 데에 아무런 장애가 없으므로 이로써 분쟁을 야기하는 등 사실상 불편을 초래하였다고 볼 수 있을지언정 피고인이 피해자에게 현실적인 손해를 가하였거나 재산상 실해 발생의 위험을 초래하였다고 보기 어렵다(대법원 2011.5.13, 2010도16391).
㉤(×) 대출에 있어서 부실한 담보를 받고 대출한도 거래약정 또는 여신한도 거래약정을 체결하면 그 때에 그 한도금액 범위 내에서 한 개의 배임죄가 성립한다고 볼 것이며 그 한도금액을 여러 번에 걸쳐 나누어 인출하였다고 하여 그 여러 번의 인출행위를 포괄하여 배임죄의 일죄가 성립한다고 볼 것은 아니다(대법원 2001.2.9, 2000도5000). 〈답 ⑧〉

대법원 2004.6.25, 2004도1751 금전채무를 담보하기 위하여 채무자가 그 소유의 동산을 채권자에게 양도하되 점유개정에 의하여 채무자가 이를 계속 점유하기로 한 경우 특별한 사정이 없는 한 동산의 소유권은 신탁적으로 이전됨에 불과하여 채권자와 채무자 사이의 대내적 관계에서 채무자는 의연히 소유권을 보유하나 대외적인 관계에 있어서 채무자는 동산의 소유권을 이미 채권자에게 양도한 무권리자가 되는 것이어서 다시 다른 채권자와 사이에 양도담보 설정계약을 체결하고 점유개정의 방법으로 인도를 하더라도 선의취득이 인정되지 않는 한 나중에 설정계약을 체결한 채권자는 양도담보권을 취득할 수 없는데, 현실의 인도가 아닌 점유개정으로는 선의취득이 인정되지 아니하므로, 결국 뒤의 채권자는 양도담보권을 취득할 수 없고, 따라서 이와 같이 채무자가 그 소유의 동산에 대하여 점유개정의 방식으로 채권자들에게 이중의 양도담보 설정계약을 체결한 후 양도담보 설정자가 목적물을 임의로 제3자에게 처분하였다면 양도담보권자라 할 수 없는 뒤의 채권자에 대한 관계에서는, 설정자인 채무자가 타인의 사무를 처리하는 자에 해당한다고 할 수 없어 배임죄가 성립하지 않는다.

20. 다음 설명 중 옳은 것을 모두 고른 것은? (다툼이 있는 경우에는 판례에 의함)
<사시 2011년: 배점 3>

ㄱ. 청산가리를 먹고 신음 중인 A를 본 甲이 보호의무가 있음에도 이를 방치한 결과 A가 사망한 경우 만약 甲이 즉시 병원으로 후송했더라도 의학기술상 치료가 불가능하다는 것이 판명되었다면, 甲에 대해서는 유기치사죄가 성립하지 않는다.
ㄴ. 국가정보기관 직원 甲이 동료직원 A가 특정정당과 연계하여 정보기관의 비리를 폭로한다는 첩보를 입수하고, 이를 제지하기 위하여 A를 정보기관에 감금하고 변호인과의 접촉을 차단한 경우, 甲의 행위는 그 정도가 초과된 과잉피난에 해당한다.
ㄷ. 술에 취한 A가 무단으로 차를 세우고 승차하려고 하자 운전자 甲이 이를 제지하는 과정에서 약 3분간 A의 양 손목을 누른 경우, 甲의 행위는 정당방위에 해당한다.
ㄹ. 甲이 자신의 밤나무단지에서 밤 13개를 자루에 몰래 주워 담는 A의 자루를 빼앗으려다가 반항하는 A의 뺨과 팔목을 때려 상처를 입힌 경우, 甲의 행위는 정당방위에 해당하지 않는다.
ㅁ. 甲이 내연의 관계에 있는 A에게 불륜관계를 지속하는 대가로서 부동산에 관한 소유권이전등기를 경료해 주기로 약정한 후 그 등기의무를 이행하지 않은 경우, 甲에 대해서는 배임죄가 성립한다.

① ㄴ ㅁ ② ㄷ ㄹ ③ ㄱ ㄴ ㄷ
④ ㄱ ㄷ ㄹ ⑤ ㄱ ㄷ ㅁ ⑥ ㄱ ㄴ ㄷ ㄹ
⑦ ㄱ ㄷ ㄹ ㅁ ⑧ ㄴ ㄷ ㄹ ㅁ

해설

ㄱ(○) 치사량의 청산가리를 음독했을 경우 미처 인체에 흡수되기 전에 지체없이 병원에서 위세척을 하는 등 응급치료를 받으면 소생할 가능은 있을지 모르나 이미 이것이 혈관에 흡수되어 피고인이 피해자를 변소에서 발견했을 때의 피해자의 증상처럼 환자의 안색이 변하고 의식을 잃었을 때는 우리의 의학기술과 의료시설로서는 그 치료가 불가능하여 결국 사망하게 되는 것이고 또 일반적으로 병원에서 음독환자에게 위세척 호흡촉진제 강심제주사 등으로 응급가료를 하나 이것이 청산가리 음독인 경우에는 아무런 도움도 되지 못하는 것이므로 피고인의 유기행위와 피해자의 사망 간에는 상당인과관계가 없다(대법원 1967.10.31, 67도1151).
ㄴ(×) 과잉피난은 긴급피난행위가 상당한 정도를 초과한 경우이므로, 과잉피난이 되려면 자기 또는 타인의 법익에 대한 현재의 위난이 있어야 한다. '정보기관의 비리를 폭로'하는 것이 보호가치나 보호필요가 있는 법익에 대한 '위난'이라고 할 수 없고, '정보기관의 비리폭로에 대한 첩보를 입수한 상태'를 '현재'의 위난에 해당한다고 볼 수 없다. 따라서 甲의 행위는 과잉피난에 해당하지 않는다.
ㄷ(○) 대법원 1999.6.11, 99도943.
ㄹ(○) 대법원 1984.9.25, 84도1611.
ㅁ(×) 내연의 처와의 불륜관계를 지속하는 대가로서 부동산에 관한 소유권이전등기를

경료해 주기로 약정한 경우, 위 부동산 증여계약은 선량한 풍속과 사회질서에 반하는 것으로 무효이어서 위 증여로 인한 소유권이전등기의무가 인정되지 아니하는 이상 동인이 타인의 사무를 처리하는 자에 해당한다고 볼 수 없어 비록 위 등기의무를 이행하지 않는다 하더라도 배임죄를 구성하지 않는다(대법원 1986.9.9, 86도1382). 〈답 ④〉

21. 다음 설명 중 옳은 것을 모두 고르면? (판례에 의함)

> ㉠ 주주총회의 특별결의 없이 한 여객자동차운수사업면허의 양도는 무효인데, 주식회사의 대주주인 전 대표이사가 주주총회의 특별결의 없이 채권자에게 주식회사의 여객자동차운수사업면허에 관한 권리를 양도하였고 채권자로부터 여객자동차운수사업면허에 관한 권리를 다시 양수하였음을 내세운 자가 여객자동차운수사업면허 명의변경청구를 하자 당시 주식회사의 등기부상 대표이사로서 회사운영을 책임지고 있던 피고인이 첫 변론기일에 양수인의 청구를 인낙한 경우 전 대표이사의 여객자동차운수사업면허 양도행위와 별도로 피고인의 인낙행위가 배임죄를 구성하는 것은 아니다.
> ㉡ 대기업의 회장 등이 경영상의 판단이라는 이유로 甲 계열회사의 자금으로 재무구조가 상당히 불량한 상태에 있는 乙 계열회사가 발행하는 신주를 액면가격으로 인수한 것은 그 자체로 업무상 배임행위임이 분명하고 배임에 대한 고의도 충분히 인정된다.
> ㉢ 배임행위의 상대방이 실행행위자에 대한 채권의 회수를 위하여 실행행위자의 적극적인 제의를 받아들인 데 불과하다면 배임행위의 상대방을 실행행위자의 배임행위에 관한 공동정범으로 처벌할 수 없다.
> ㉣ 주식회사의 임원이나 회계책임자가 당해 회사의 주식을 매수하여 대주주가 되려고 하는 자에게 미리 대주주대여금 명목으로 회사자금을 교부하여 그 돈으로 주식매수대금을 지급하게 하였더라도 업무상 배임죄에 해당하지 아니한다.
> ㉤ 건물에 관하여 전세임대차계약을 체결할 권한이 없음에도 임차인들을 속이고 전세임대차계약을 체결하여 그 임차인들로부터 전세보증금 명목으로 돈을 교부받은 행위는 사기죄에 해당하고, 위 건물에 관하여 전세임대차계약이 아닌 월세임대차계약을 체결하여야 할 업무상 임무를 위배하여 전세임대차계약을 체결함으로써 건물주로 하여금 전세보증금반환채무를 부담하게 한 행위는 위 사기죄와 별도로 업무상 배임죄에 해당한다.

① ㉢ ㉤　　② ㉠ ㉡ ㉢　　③ ㉡ ㉢ ㉣
④ ㉡ ㉢ ㉤　　⑤ ㉠ ㉡ ㉢ ㉣　　⑥ ㉠ ㉡ ㉢ ㉤
⑦ ㉡ ㉢ ㉣ ㉤　　⑧ ㉠ ㉡ ㉢ ㉣ ㉤

해설

㉠(×) 당시 주식회사의 등기부상 대표이사로서 회사운영을 책임지고 있던 피고인으로서는 채권자로부터 여객자동차운수사업면허에 관한 권리를 다시 양수하였음을 내세운 자의 여객자동차운수사업면허 명의변경청구에 대하여 주주총회의 결의가 없었다는 사정 등을 내세워 그 청구를 적극적으로 다투었어야 함에도 불구하고 이에 이르지 아니한 채 첫 변론기일에 위 양수인의 청구를 인낙하였다면, 전 대표이사의 여객자동차운수사업면허 양도행위와는 별도로 피고인의 위와 같은 인낙행위로 말미암아 위 주식회사에게 여객자동차운수사업면허를 상실하는 재산상 손해가 발생할 위험이 초래되었다고 할 것이다(대법원 2006.6.2, 2004도7112).

㉡(○) 대법원 2004.6.24, 2004도520.

㉢(○) 대법원 2006.10.26, 2006도5147.

㉣(×) 주식회사의 임원이나 회계책임자가 당해 회사의 주식을 매수하여 대주주가 되려고 하는 자에게 미리 대주주대여금 명목으로 회사자금을 교부하여 그 돈으로 주식매수대금을 지급하게 하는 행위는 대주주가 되려는 자의 개인적인 이익을 도모하고 회사의 부실을 초래하는 것으로서, 그 대여행위가 회사의 이익을 위한 것임이 명백하고 회사 내부의 정상적인 의사결정절차를 거쳤으며 그로 인하여 회사의 자금운용에 아무런 어려움이 발생하지 않을 뿐만 아니라 대여금회수를 위한 충분한 담보도 확보되어 있다는 등의 특별한 사정이 없는 한 업무상 배임죄(경우에 따라서는 업무상 횡령죄)에 해당한다(대법원 2007.2.8, 2006도483).

㉤(○) 대법원 2010.11.11, 2010도10690(사기죄와 업무상 배임죄는 서로 구성요건 및 그 행위의 태양과 보호법익을 달리하고 있어 상상적 경합범의 관계가 아니라 실체적 경합범의 관계에 있다).

〈답 ④〉

22. 업무상 배임죄 등에 관한 다음 설명 중 옳은 것은? (판례에 의함)

① 주식회사의 증자업무를 담당한 자가 주식인수인과 사전에 공모하여 주금납입취급은행 이외의 제3자로부터 납입금에 해당하는 금액을 차입하여 주금을 납입하고 납입취급은행으로부터 납입금보관증명서를 교부받아 회사의 증자등기절차를 마친 직후 이를 인출하여 위 차용금채무의 변제에 사용하는 경우 업무상 배임죄로 처벌할 수 있다.

② 입주자대표회의 회장이 지출결의서에 날인을 거부함으로써 아파트 입주자들에게 열 사용요금의 연체료를 부담시킨 경우 공급업체가 연체료 상당의 재산상 이익을 취득한 것이므로 업무상 배임죄가 성립한다.

③ 주식회사의 실질적 경영자가 자신의 개인사업체가 회사에 골프장 조경용 수목을 매도하였다는 허위의 매매계약을 체결하고 그 매매대금 채권과 회사의 자신에 대한 채권을 상계처리한 경우 수목 매매대금 채권이 존재하지 아니하여 상계가 법률상 무효라면 회사에 재산상 실해 발생의 위험이 초래되었다고 볼 수 없으므로 업무상배임죄가 성립하지 아니한다.

④ 회사의 대표이사가 대표권을 남용하여 회사 명의의 약속어음을 발행하

였다면, 비록 상대방이 그 남용의 사실을 알았거나 중대한 과실로 알지 못하여 회사가 상대방에 대하여는 채무를 부담하지 아니한다 하더라도 그 약속어음이 제3자에게 유통되지 아니한다는 특별한 사정이 없는 한 경제적 관점에서는 회사에 대하여 배임죄에서의 재산상 실해 발생의 위험이 초래되었다고 봄이 상당하다.

⑤ 수분양권 매매계약과 관련하여 제2매수인이 매수 당시에는 이중매매 사실을 몰랐으나 나중에 그 사실을 알고 매도인을 상대로 소송을 제기하던 중 오히려 매도인과 약정을 맺고 그의 도움으로 승소판결을 받고 분양권에 대한 소유권이전등기까지 마친 경우 배임죄의 공동정범이 성립한다.

해설

①(×) 타인으로부터 금원을 차용하여 주금을 가장납입한 직후 이를 인출하여 차용금의 변제에 사용한 경우 불법영득의 의사를 인정할 수 없어 상법상 납입가장죄와 별도로 업무상 횡령죄가 성립하지 아니하는 것과 같은 이유로, 재산상의 이익을 취한다는 의사가 있었다고 볼 수는 없으므로, 배임죄 역시 성립한다고 할 수 없다(대법원 2004.6.17, 2003도7645 전원합의체).

②(×) 열 사용요금 납부 연체로 인하여 발생한 연체료는 금전채무 불이행으로 인한 손해배상에 해당하므로, 공급업체가 연체료를 지급받았다는 사실만으로 공급업체가 그에 해당하는 재산상의 이익을 취득하게 된 것으로 단정하기 어렵고, 나아가 공급업체가 열 사용요금 연체로 인하여 실제로는 아무런 손해를 입지 않았거나 연체료 액수보다 적은 손해를 입었다는 등의 특별한 사정이 인정되는 경우에 한하여 비로소 연체료 내지 연체료 금액에서 실제 손해액을 공제한 차액에 해당하는 재산상의 이익을 취득한 것으로 볼 수 있을 뿐이므로, 공급업체가 연체료 상당의 재산상 이익을 취득한 것으로 보아 업무상 배임죄의 성립을 인정한 것은 잘못이다(대법원 2009.6.25, 2008도3792).

③(×) 피고인의 수목 매매대금 채권이 존재하지 아니하여 상계가 법률상 무효라고 하더라도 회사에 재산상 실해 발생의 위험이 초래되었다고 보아야 하므로 업무상배임죄가 성립한다(대법원 2012.2.23, 2011도15857).

④(○) 대법원 2013.2.14, 2011도10302(약속어음이 제3자에게 유통될 경우 회사가 소지인에 대하여 어음금채무를 부담할 위험은 이미 발생하였다 할 것이므로).

⑤(×) 대법원 2009.9.10, 2009도5630은 제2매수인의 민사상 권리행사가 매도인의 배임행위를 교사하거나 전 과정에 관여하는 등 배임행위에 적극 가담한 경우에 해당한다고 볼 수 없다는 이유로, 배임죄의 공동정범의 성립을 부정하였다. 〈답 ④〉

23. 다음 기술 중 판례에 의할 때 甲에게 (업무상) **배임죄가 성립하지 않는 것을 모두 고른 것은?** (특별법 위반의 점은 논외로 함) <사시 2010년: 배점 3>

가. 지상건물을 철거해 주기로 약정한 대지매도인 甲이 잔금 수령 후 철거약정기한 전에 그 건물에 관하여 타인 앞으로 소유권이전청구권 보전을 위한 가등기를 마쳐준 사안에서, 甲이 철거약정기한까지 위 가등기를 말소하고 건물철거의무를 이행할 수 있을 것으로 믿었고 객관적으로도 그 이행이 가능하였다는 등의 특별한 사정이 있는 경우

나. 영업사원인 甲이 회사가 정한 할인율보다 높은 할인율을 정하여 낮은 가격으로 제품을 판매하였다 하여도 시장 거래가격으로 판매하여 제3자인 거래처가 재산상 이익을 취득한 것으로 볼 수 없는 경우
다. 재단법인의 이사장 직무대리 甲이 후원회 기부금을 정상 회계처리하지 않고 자신과 친분관계가 있는 사람에게 확실한 담보도 제공받지 아니한 채 대여한 경우
라. 그룹회사의 회장 甲이 그룹 조정본부 임원들과 함께 해외 금융자본과 특정계열사의 분쟁을 해결하기 위해 그 계열사의 유상증자에 다른 계열사들을 동원하여 참여시킴으로써 동원된 다른 계열사들에게 손해를 입힌 경우
마. 매도인 甲이 매수인 乙에게 임야를 매도하고 일부 잔금까지 지급받았음에도 다시 위 임야를 제3자에게 매도한 후 계약금을 지급받고는 그 앞으로 소유권이전청구권 보전을 위한 가등기를 마쳐준 경우
바. 주식회사 대표이사 甲이 개인의 차용금 채무에 관하여 개인명의로 작성하여 교부한 차용증에 추가로 회사의 법인 인감을 날인한 경우

① 가 나 다 ② 가 나 라
③ 가 나 바 ④ 가 마 바
⑤ 나 다 바 ⑥ 나 다 라 마
⑦ 다 라 마 바 ⑧ 가 나 다 라 마 바

해설

가(×) 대지 및 지상건물의 소유자가 대지를 매도하면서 잔대금 수령 후 일정 기간 내에 매수인을 위하여 그 지상건물을 스스로 철거하고 멸실등기절차를 해주기로 약정하였음에도 매수인으로부터 잔대금을 모두 수령한 뒤에 그 지상건물에 대하여 제3자 앞으로 소유권이전청구권 보전을 위한 가등기를 마쳐주었다면, 그와 같은 매도인의 행위는 대지에 대한 매수인의 소유권행사에 지장을 초래케 하였다는 점에서 매수인 앞으로의 소유권이전등기임무에 위반되는 배임행위라고 할 것이지만, 매도인이 지상건물을 철거하기로 약속한 기한까지 위 가등기를 말소하고 건물철거의무를 이행할 수 있을 것으로 믿었고 객관적으로도 그 이행이 가능하였다는 등의 특별한 사정이 있는 경우에는 배임죄의 고의가 인정되지 않는다고 봄이 상당하다(대법원 2006.12.21, 2006도2684).
나(×) 대법원 2009.12.24, 2007도2484 참조.
다(○) 대여받은 자가 이자금을 제때에 불입하고 나중에 원금을 변제하였다 하더라도 배임죄가 성립한다(대법원 2000.12.8, 99도3338).
라(○) 업무상 배임죄가 성립한다(대법원 2008.5.29, 2005도4640).
마(○) 매수인에게 손해발생의 위험을 초래하는 행위로서 배임죄를 구성한다(대법원 2008.7.10, 2008도3766).
바(×) 대표이사가 개인의 차용금 채무에 관하여 개인명의로 작성하여 교부한 차용증에 추가로 회사의 법인 인감을 날인하였다고 하더라도 대표이사로서 행한 적법한 대표행위라고 할 수 없으므로 회사가 위 차용증에 기한 차용금 채무를 부담하게 되는 것이 아님은 물론이고, 나아가 금원의 대여자는 위와 같은 행위가 적법한 대표행위가 아님을 알았

거나 알 수 있었다 할 것이어서 회사가 대여자에 대하여 사용자책임이나 법인의 불법행위 등에 따른 손해배상의무도 부담할 여지가 없으므로, 결국 회사에 재산상 손해가 발생하였다거나 재산상 실해 발생의 위험이 초래되었다고 볼 수 없다(대법원 2004.4.9, 2004도771).

〈답 ③〉

대법원 2009.12.24, 2007도2484 (i) 업무상 배임죄는 본인에게 재산상의 손해를 가하는 외에 배임행위로 인하여 행위자 스스로 재산상의 이익을 취득하거나 제3자로 하여금 재산상의 이익을 취득하게 할 것을 요건으로 하므로, 본인에게 손해를 가하였다고 할지라도 행위자 또는 제3자가 재산상 이익을 취득한 사실이 없다면 배임죄가 성립할 수 없다. (ii) 피고인이 피해 회사의 승낙 없이 임의로 지정 할인율보다 더 높은 할인율을 적용하여 회사가 지정한 가격보다 낮은 가격으로 제품을 판매하는 이른바 '덤핑판매'로 제3자인 거래처에 재산상의 이익이 발생하였는지 여부는 경제적 관점에서 실질적으로 판단하여야 할 것인바, 피고인이 피해 회사가 정한 할인율 제한을 위반하였다 하더라도 시장에서 거래되는 가격에 따라 제품을 판매하였다면 지정 할인율에 의한 제품가격과 실제 판매시 적용된 할인율에 의한 제품가격의 차액 상당을 거래처가 얻은 재산상의 이익이라고 볼 수는 없다.

24. 죄수에 관한 설명 중 옳은 것은? (다툼이 있는 경우에는 판례에 의함)

<사시 2011년: 배점 2>

① 절도범이 체포를 면탈할 목적으로 자신의 멱살을 잡는 경찰관의 얼굴을 주먹으로 때려 넘어뜨린 경우 준강도죄와 공무집행방해죄의 실체적 경합범이 성립한다.

② 조합 이사장이 조합 명의로 당좌수표를 발행한 후 정당한 소지인이 지급제시기간 내에 지급제시하였으나 거래정지처분의 사유로 지급기일에 지급되지 아니하게 하고, 위와 같은 발행으로 조합에 재산상 손해를 가하여 업무상 배임이 인정되는 경우 부정수표단속법 위반죄와 업무상 배임죄의 상상적 경합이다.

③ 통행인이 많은 거리에서 지나가던 행인과 몸싸움을 하다가 출동한 경찰관이 행인 편을 든다는 이유로 화가 나서 옷을 전부 벗어 항의한 경우 공연음란죄와 공무집행방해죄의 상상적 경합이다.

④ 주식회사의 대표이사가 영업비로 사용한다고 담당 직원을 기망하여 회사자금을 교부받은 경우 사기죄와 업무상 배임죄의 실체적 경합범이 성립한다.

⑤ 백화점에서 위조통화를 교부하여 상품권을 구입한 경우 사기죄와 위조통화행사죄의 상상적 경합이다.

해설

①(×) 절도범인이 체포를 면탈할 목적으로 경찰관에게 폭행·협박을 가한 때에는 준강도죄와 공무집행방해죄를 구성하고 양 죄는 상상적 경합관계에 있으나, 강도범인이 체포

를 면탈할 목적으로 경찰관에게 폭행을 가한 때에는 강도죄와 공무집행방해죄는 실체적 경합관계에 있고 상상적 경합관계에 있는 것이 아니다(대법원 1992.7.28, 92도917).
②(○) 대법원 2004.5.13, 2004도1299.
③(×) 고속도로에서 승용차를 손괴하거나 타인에게 상해를 가하는 등의 행패를 부리던 자가 이를 제지하려는 경찰관에 대항하여 공중 앞에서 알몸이 되어 성기를 노출한 경우 공연음란죄가 성립한다(대법원 2000.12.22, 2000도4372). '옷을 전부 벗어 항의'한 것이 직무를 집행하는 경찰관을 폭행 또는 협박한 것으로 볼 수 없어 공무집행방해죄는 성립하지 아니한다.
④(×) 1개의 행위가 사기죄와 업무상 배임죄의 각 구성요건을 모두 충족하는 때에는 양 죄는 법조경합 관계가 아니라 상상적 경합관계이다(대법원 2002.7.18, 2002도669 전원합의체).
⑤(×) 통화위조죄에 관한 규정은 공공의 거래상의 신용 및 안전을 보호하는 공공적인 법익을 보호함을 목적으로 하고 있고, 사기죄는 개인의 재산법익에 대한 죄이어서 양 죄는 그 보호법익을 달리하고 있으므로 위조통화를 행사하여 재물을 불법영득한 때에는 위조통화 행사죄와 사기죄의 양 죄가 성립된다(대법원 1979.7.10, 79도840). 이는 실체적 경합범으로 본 것이다. 〈답 ②〉

25. 사례에서 甲의 형사책임에 대한 평가로 옳은 것(○)과 옳지 않은 것(×)을 올바르게 조합한 것은? (다툼이 있는 경우에는 판례에 의하며, 특별법 위반죄의 성립 여부는 논외로 함) <사시 2012년: 배점 3>

가. 주식회사의 대표이사 甲은 자신의 다른 횡령사실(이 부분은 논외로 함)을 감추기 위하여 가공의 공사대금을 지급한 것처럼 허위로 회계처리하면서 가공의 공사대금에 대한 부가가치세 명목으로 회사자금 550만원을 임의로 지출한 후 그 지출액 상당을 매입세액으로 환급받아 다시 입금하였다. (업무상 횡령죄 성립)
나. 甲은 乙로부터 乙소유의 임야를 명의신탁받아 보관하고 있던 중,
(1) 丙으로부터 돈을 차용하면서 乙의 승낙 없이 그 임야에 관하여 丙 앞으로 근저당권설정등기를 경료해 주고, (배임죄 성립)
(2) 그 이후 丁으로부터 돈을 차용하면서 乙의 승낙 없이 그 임야에 관하여 丁 앞으로 근저당권설정등기를 경료해 주었다. (배임행위의 불가벌적 사후행위)
다. 甲은 '인쇄기'를 乙에게 매도하기로 하고 乙로부터 그 매매대금의 일부인 계약금 및 중도금을 수령한 직후 乙 모르게 위 인쇄기를 자신의 채권자인 丙에게 기존 채무변제에 갈음하여 양도하였다. (배임죄 성립)
라. 甲은 그 소유 A부동산을 乙에게 유효하게 양도하면서 乙로부터 계약금 및 중도금에 갈음하여 乙소유의 B부동산을 이전받기로 하고, 이에 따라 B부동산에 관한 소유권이전등기 서류를 모두 교부받았음에도 불구하고, A부동산을 丙에게 이중으로 양도하고 丙 앞으로 소유권이전등기를 마쳤다. (배임죄 성립)

① 가-○ 나(1)-○ 나(2)-○ 다-○ 라-×
② 가-○ 나(1)-○ 나(2)-× 다-× 라-○
③ 가-○ 나(1)-× 나(2)-× 다-× 라-○
④ 가-× 나(1)-○ 나(2)-○ 다-○ 라-×
⑤ 가-× 나(1)-○ 나(2)-○ 다-× 라-×
⑥ 가-× 나(1)-× 나(2)-× 다-○ 라-○

해설

가(○) 주식회사의 대표이사가 자신의 다른 횡령사실을 감추기 위한 목적으로 가공의 공사대금을 지급한 것처럼 허위로 회계처리하면서 가공의 공사대금에 대한 부가가치세 명목으로 회사 자금을 임의로 지출한 경우에는 그로써 횡령죄는 기수에 이른다. 그 후에 그 지출액 상당을 매입세액으로 환급받아 회사에 다시 입금하였다고 하더라도 이미 성립한 횡령죄에 영향을 미치지 아니한다(대법원 2008.11.13, 2006도4885).
나(1)(×) (2)(×) 명의신탁받아 보관 중이던 토지를 피해자의 승낙 없이 제3자에게 근저당권설정등기를 경료해 준 경우 횡령죄가 성립하고, 그 후 또 다시 다른 사람에게 근저당권설정등기를 경료해 주었다 하더라도 이는 횡령물의 처분행위로서 별개의 횡령죄를 구성하지 않는다(대법원 1996.11.29, 96도1755).
다(×) 대법원 2011.1.20, 2008도10479 전원합의체 참조. 판례는 동산 이중매매는 부동산 이중매매와 달리 배임죄가 성립하지 않는다고 한다.
라(○) 양도인이 비록 양수인의 부동산에 관하여 자기 앞으로 소유권이전등기를 마치지 않은 상태였다 하더라도 그 이전등기에 필요한 서류를 모두 교부받은 이상 양도인 앞으로의 소유권이전등기는 그 실행 여부만이 남아 있는 것이고 이는 오로지 양도인의 의사와 행위에 의하여 좌우될 사항이어서 그 상태는 사회통념 내지 신의칙에 비추어 계약금 및 중도금을 이행받은 경우와 마찬가지라고 봄이 상당하여 이 경우 양도인이 양도부동산을 제3자에게 이중양도하고 소유권이전등기를 마쳤다면 이는 양수인에 대한 배임행위가 된다(대법원 1986.10.28, 86도936). 〈답 ③〉

대법원 2011.1.20, 2008도10479 전원합의체 (i) 매매와 같이 당사자 일방이 재산권을 상대방에게 이전할 것을 약정하고 상대방이 그 대금을 지급할 것을 약정함으로써 그 효력이 생기는 계약의 경우(민법 제563조), 쌍방이 그 계약의 내용에 좇은 이행을 하여야 할 채무는 특별한 사정이 없는 한 '자기의 사무'에 해당하는 것이 원칙이다. 매매의 목적물이 동산일 경우, 매도인은 매수인에게 계약에 정한 바에 따라 그 목적물인 동산을 인도함으로써 계약의 이행을 완료하게 되고 그때 매수인은 매매목적물에 대한 권리를 취득하게 되는 것이므로, 매도인에게 자기의 사무인 동산인도채무 외에 별도로 매수인의 재산의 보호 내지 관리 행위에 협력할 의무가 있다고 할 수 없다. 동산매매계약에서의 매도인은 매수인에 대하여 그의 사무를 처리하는 지위에 있지 아니하므로, 매도인이 목적물을 매수인에게 인도하지 아니하고 이를 타에 처분하였다 하더라도 형법상 배임죄가 성립하는 것은 아니다. (ii) 피고인이 '인쇄기'를 甲에게 양도하기로 하고 계약금 및 중도금을 수령하였음에도 이를 자신의 채권자 乙에게 기존채무변제에 갈음하여 양도함으로써 재산상 이익을 취득하고 甲에게 동액 상당의 손해를 입혔다는 배임의 공소사실에 대하여, 피고인은 甲에 대하여 그의 사무를 처리하는 지위에 있지 않다는 이유로 무죄를 선고한 원심판단을 수긍하였다.

26. 재산죄의 성립에 관한 설명 중 옳은 것을 모두 고른 것은? (다툼이 있는 경우에는 판례에 의함) <변호사 2012년>

> 가. 채권자가 양도담보로 제공된 부동산을 변제기 후에 담보권의 실행 차원에서 처분한 경우, 그 목적물을 부당하게 염가로 처분하거나 청산금의 잔액을 채무자에게 지급해주지 않으면 배임죄가 성립한다.
> 나. 자기소유의 동산에 대해 매수인과 매매계약을 체결한 매도인이 중도금까지 지급받은 상태에서 그 목적물을 제3자에 대한 자기의 채무변제에 갈음하여 그 제3자에게 양도해 버린 경우에는 기존 매수인에 대한 배임죄가 성립한다.
> 다. 명의신탁 약정에 따라 수탁자가 부동산 매매계약의 매수인으로 나서서 그 정을 모르는 매도인과 매매계약을 체결하고 그 목적물을 자기 명의로 등기한 후 임의로 처분한 경우에는 횡령죄가 성립한다.
> 라. 양도담보로 제공된 동산을 채권자가 채무자와의 합의를 통해 점유보관하고 있다가 변제기가 도래하기 전에 그 목적물을 임의로 제3자에게 처분하면 횡령죄가 성립한다.

① 라 ② 가 나 ③ 가 다
④ 나 라 ⑤ 나 다 라

해설

가(×) 양도담보권자가 변제기 경과 후에 담보권을 실행하기 위하여 담보목적물을 처분하는 행위는 담보계약에 따라 양도담보권자에게 주어진 권능이어서 자기의 사무처리에 속하는 것이지 타인인 채무자, 설정자의 사무처리에 속하는 것이라고 볼 수 없으므로 양도담보권자가 담보권을 실행하기 위하여 담보목적물을 처분함에 있어 시가에 따른 적절한 처분을 하여야 할 의무는 담보계약상의 민사책임의무이고 그와 같은 형법상의 의무가 있는 것이 아니므로 그에 위반한 경우 배임죄가 성립된다고 볼 수 없다(대법원 1989.10.24, 87도126). 양도담보가 처분정산형의 경우이건 귀속정산형의 경우이건 간에 담보권자가 변제기 경과 후에 담보권을 실행하여 그 환가대금 또는 평가액을 채권원리금과 담보권 실행비용 등의 변제에 충당하고 환가대금 또는 평가액의 나머지가 있어 이를 담보제공자에게 반환할 의무는 담보계약에 따라 부담하는 자신의 정산의무이므로 그 의무를 이행하는 사무는 곧 자기의 사무처리에 속하는 것이라 할 것이고 이를 부동산매매에 있어서의 매도인의 등기의무와 같이 타인인 채무자의 사무처리에 속하는 것이라고 볼 수는 없어 그 정산의무를 이행하지 아니한 소위는 배임죄를 구성하지 않는다(대법원 1985.11.26, 85도1493 전원합의체).

나(×) 대법원 2011.1.20, 2008도10479 전원합의체 참조.

다(×) 횡령죄는 타인의 재물을 보관하는 자가 그 재물을 횡령하는 경우에 성립하는 범죄인바, 부동산실권리자명의등기에관한법률 제2조 1호 및 제4조의 규정에 의하면, 신탁자와 수탁자가 명의신탁 약정을 맺고, 이에 따라 수탁자가 당사자가 되어 명의신탁 약정이 있다는 사실을 알지 못하는 소유자와 사이에서 부동산에 관한 매매계약을 체결한 후 그 매매계약에 기하여 당해 부동산의 소유권이전등기를 수탁자 명의로 경료한 경우에는, 그 소유권이전등기에 의한 당해 부동산에 관한 물권변동은 유효하고, 한편 신탁자와 수탁자 사이의 명의신탁 약정은 무효이므로, 결국 수탁자는 전소유자인 매도인뿐만 아니라 신탁자에 대한 관계에서도 유효하게 당해 부동산의 소유권을 취득한 것으로 보아야 할 것이고, 따라서 그 수탁자는 타인의 재물을 보관하는 자라고 볼 수 없다(대법원 2000. 3.24, 98도4347). 이 경우 배임죄가 성립하는가에 관하여 긍정설과 부정설이 대립하고 있으나 판례는 부정설을 취하고 있다(대법원 2004.4.27, 2003도6994).
라(○) 대법원 1989.4.11, 88도906. 〈답 ①〉

27. 배임수재죄에 관한 설명 중 옳은 것은? (다툼이 있는 경우에는 판례에 의함)
<사시 2007년 변형>

① 타인의 사무처리자의 지위를 취득하기 전에 부정한 청탁을 받은 경우에도 배임수재죄로 처벌할 수 있다.
② 배임죄의 주체와 배임수재죄의 주체는 타인의 재산상의 사무를 처리하는 자라는 점에서 동일하다.
③ 본인에게 재산상의 손해를 발생시켰는가의 여부는 배임수재죄의 성립에는 영향이 없다.
④ 배임수재죄에 있어서 부정한 청탁이라 함은 청탁이 사회상규와 신의성실의 원칙에 반하는 것을 말하고, 그 청탁은 반드시 명시적이어야 한다.
⑤ 배임수재죄에서 타인의 사무를 처리하는 자는 타인과의 대내관계에 있어서 신의성실의 원칙에 비추어 그 사무를 처리할 신임관계가 존재한다고 인정되는 자를 의미하고, 또한 제3자에 대한 대외관계에서도 그 사무에 관한 권한이 존재할 것을 요한다.

해설

①(×) 형법 제357조 1항에 정한 배임수재죄는 타인의 사무를 처리하는 자가 그 임무에 관하여 부정한 청탁을 받고 재물 또는 재산상의 이익을 취득한 경우에 성립하는 범죄로서 원칙적으로 타인의 사무를 처리하는 자라야 그 범죄의 주체가 될 수 있고, 그러한 신분을 가지지 아니한 자는 신분 있는 자의 범행에 가공한 경우에 한하여 그 주체가 될 수 있으며, 배임수재죄는 타인의 사무를 처리하는 지위를 가진 자에게 부정한 청탁을 행하여야 성립하는 것으로 형법 제357조 1항에 규정되어 있고, 타인의 사무를 처리하는 자의 지위를 취득하기 전에 부정한 청탁을 받은 행위를 처벌하는 별도의 구성요건이 존재하지 않는 이상, 타인의 사무처리자의 지위를 취득하기 전에 부정한 청탁을 받은 경우에 배임수재죄로는 처벌할 수 없다고 보는 것이 죄형법정주의의 원칙에 부합한다(대법원 2010.7. 22, 2009도12878).
②(×) 배임수재죄의 주체는 재산상의 사무를 처리하는 자에 한정되지 않는다.
③(○) 대법원 1984.8.21, 83도2447의 내용이다.
④(×) 배임수증죄에 있어서 부정한 청탁이라 함은 청탁이 사회상규와 신의성실의 원칙에 반하는 것을 말하고, 이를 판단함에 있어서는 청탁의 내용과 이와 관련되어 교부받거나 공여한 재물의 액수, 형식, 보호법익인 사무처리자의 청렴성 등을 종합적으로 고찰하여야 하며 그 청탁이 반드시 명시적임을 요하는 것은 아니다(대법원 2005.1.14, 2004도6646).

⑤(×) 배임수재죄의 주체로서 타인의 사무를 처리하는 자라 함은 타인과의 대내관계에 있어서 신의성실의 원칙에 비추어 그 사무를 처리할 신임관계가 존재한다고 인정되는 자를 의미하고, 반드시 제3자에 대한 대외관계에서 그 사무에 관한 권한이 존재할 것을 요하지 않는다(대법원 2003.2.26, 2002도6834). 〈답 ③〉

28. **배임수재죄가 성립하지 않는 경우는?**

① 회사 임원이 직무범위에서 선처해 달라는 부탁을 받고 돈을 받았다.

② 신문기자가 기사송고를 하지 말라는 부탁을 받고 돈을 받았다.

③ 보험회사 지부장이 사인(死因)에 의심이 있는데도 보험금을 빨리 타게 해 달라는 청탁을 받고 돈을 받았다.

④ 건설회사 대표이사가 돈을 받고 파산 직전의 회사를 입찰업체로 지정하였다.

⑤ 종합병원 의사들이 의료품수입업자로부터 본래의 적응증 이외에도 처방을 해 달라는 청탁을 받고 돈을 받았다.

해설

배임수재죄는 임무에 관하여 부정한 청탁을 받을 것을 요건으로 하므로 청탁을 받은 경우에도 부정한 청탁이 아닌 때에는 성립하지 아니한다. 여기서 부정한 청탁이란 사회상규 또는 신의칙에 반하는 청탁을 말한다. 단순히 직무범위 내에서 편의를 부탁하거나 선처를 바란다는 내용의 청탁만으로는 부정한 청탁이라고 할 수 없다. 〈답 ①〉

29. **배임수증재죄와 관련한 설명으로 옳지 않은 것을 모은 것은?**

㉠ 재건축조합장이 재건축 현장의 철거공사 수주와 관련하여 철거업체로부터 금품을 수수한 경우 배임수재죄의 주체가 된다.

㉡ 대학원생들이 지도교수들을 통하여 다른 대학교 교수인 피고인에게 "학위논문 작성에 필요한 실험대행 및 논문의 주요부분 작성 등 편의를 제공하여 문제없이 학위를 취득하게 해 달라"는 청탁을 하고 금품을 교부한 경우 피고인의 행위는 배임수재죄에 해당한다.

㉢ 피고인이 광고대행업무를 수행하는 주식회사의 대표이사에게, 방송사 관계자에게 사례비를 지급하여서라도 특정 학원 소속 강사만을 채용하고 특정 회사에서 출판되는 교재를 채택하여 수능과외방송을 하는 내용의 방송협약을 체결해 달라고 부탁하고 금원을 제공한 경우 부정한 청탁에 해당한다.

㉣ 회원제 골프장의 예약업무 담당자가 부킹대행업자의 청탁에 따라 회원에게 제공해야 하는 주말부킹권을 부킹대행업자에게 판매하고 그 대금 명목의 금품을 받은 것은 배임수재죄에 해당한다.

㉤ 구 병역법상 지정업체의 대표이사인 피고인이 병역의무자를 형식적으로

> 당해 지정업체 소속 병역특례 산업기능요원으로 편입시킨 뒤 다른 회사에서 근무하도록 해 달라는 부정한 청탁을 받고 그 대가로 위 지정업체 명의의 계좌로 금원을 송금받은 경우 배임수재죄가 성립한다.

① ㉠ ② ㉡ ③ ㉠ ㉣ ④ ㉡ ㉢ ⑤ ㉡ ㉤

해설

㉠(○) 대법원 2007.6.29, 2007도3096.
㉡(×) 대법원은 대학원생들이 지도교수들을 통하여 다른 대학교 교수인 피고인에게 "학위논문 작성에 필요한 실험대행 및 논문의 주요부분 작성 등 편의를 제공하여 문제없이 학위를 취득하게 해 달라"는 청탁을 하고 금품을 교부한 사안에서, 위 청탁은 부정한 청탁에 해당하지만, 타 대학 대학원생들에 대한 논문지도 및 심사업무가 피고인의 업무라고 할 수 없으며, 피고인이 대학원생들 지도교수들의 배임수재행위에 공모하였다고 보기도 어렵다고 하였다(대법원 2008.3.27, 2006도3504).
㉢(○) 대법원 2002.4.9, 99도2165.
㉣(○) 대법원 2008.12.11, 2008도6987.
㉤(○) 대법원 2009.3.12, 2008도1321(피고인이 당해 지정업체의 대표이사이자 주요 주주이므로 위 지정업체가 재물 또는 재산상 이익을 받는 것은 피고인이 받는 것과 사실상 동일하게 평가할 수 있으므로).
〈답 ②〉

대법원 2002.4.9, 99도2165 방송은 공적 책임을 수행하고 그 내용의 공정성과 공공성을 유지하여야 하는 것이므로, 광고대행업무를 수행하는 주식회사의 대표이사에게, 방송사 관계자에게 사례비를 지급하여서라도 특정 학원 소속 강사만을 채용하고 특정 회사에서 출판되는 교재를 채택하여 특정 회사의 이익을 위해 수능과외방송을 하는 내용의 방송협약을 체결해 달라고 부탁하는 것은 사회상규와 신의성실의 원칙에 반하는 것으로서 부정한 청탁에 해당된다.

30. 형법상 배임수재죄 및 배임증재죄에 관한 설명 중 옳은 것(○)과 옳지 않은 것(×)을 올바르게 조합한 것은? (다툼이 있는 경우에는 판례에 의함)

<사시 2009년: 배점 3>

> 가. 배임수재죄에서 말하는 '재산상 이익의 취득'이라 함은 현실적인 취득만을 의미하므로 단순한 요구 또는 약속만을 한 경우에는 배임수재죄의 기수로 처벌하지 못한다.
> 나. 타인의 사무를 처리하는 자가 그 임무에 관하여 부정한 청탁을 받았고 자신이 아니라 다른 사람으로 하여금 재물 또는 재산상의 이익을 취득하게 한 경우에 사회통념상 그 다른 사람이 재물 또는 재산상의 이익을 받은 것을 부정한 청탁을 받은 자가 직접 받은 것과 동일하게 평가할 수 있는 관계가 있는 경우에는 배임수재죄가 성립할 수 있다.
> 다. 타인의 사무를 처리하는 자가 그 임무에 관하여 부정한 청탁을 받

고 사무처리 후 사직으로 인하여 그 직무를 담당하지 아니하게 된 상태에서 재물을 수수하게 되었다면 그 재물의 수수가 부정한 청탁과 관련하여 이루어진 것이라고 하더라도 배임수재죄는 성립하지 않는다.
라. 배임수재죄와 배임증재죄는 필요적 공범의 관계에 있으므로 수재자와 증재자가 같이 처벌받아야 한다.
마. '부정한 청탁'이라 함은 청탁이 사회상규와 신의성실의 원칙에 반하는 것을 말하고 이를 판단함에 있어서는 청탁의 내용과 이에 관련되어 취득한 재물이나 재산상 이익의 액수와 형식, 보호법익인 거래의 청렴성 등을 종합적으로 고찰하여야 하며, 그 청탁은 묵시적으로 이루어지더라도 무방하다.

① 가(×) 나(×) 다(○) 라(○) 마(×)
② 가(×) 나(○) 다(×) 라(○) 마(○)
③ 가(○) 나(×) 다(○) 라(×) 마(○)
④ 가(○) 나(○) 다(○) 라(×) 마(×)
⑤ 가(○) 나(○) 다(×) 라(×) 마(○)
⑥ 가(×) 나(○) 다(×) 라(×) 마(○)
⑦ 가(×) 나(×) 다(○) 라(×) 마(○)
⑧ 가(○) 나(○) 다(×) 라(○) 마(×)

해설

가(○) 배임수재죄에서 말하는 '재산상의 이익의 취득'이라 함은 현실적인 취득만을 의미하므로 단순한 요구 또는 약속만을 한 경우에는 이에 포함되지 아니한다(대법원 1999.1.29, 98도4182).
나(○) 배임수재죄는 법문상 타인의 사무를 처리하는 자가 그 임무에 관하여 부정한 청탁을 받았다 하더라도 자신이 아니라 다른 사람으로 하여금 재물 또는 재산상의 이익을 취득하게 한 경우에는 성립하지 않음이 명백하고, 다만 사회통념상 그 다른 사람이 재물 또는 재산상 이익을 받은 것을 부정한 청탁을 받은 자가 직접 받은 것과 같이 평가할 수 있는 관계가 있는 경우에만 성립할 수 있다(대법원 2008.3.27, 2006도3504).
다(×) 타인의 사무를 처리하는 자가 그 임무에 관하여 부정한 청탁을 받은 이상 그 후 사직으로 인하여 그 직무를 담당하지 아니하게 된 상태에서 재물을 수수하게 되었다 하더라도, 그 재물 등의 수수가 부정한 청탁과 관련하여 이루어진 것이라면 배임수재죄가 성립한다(대법원 1997.10.24, 97도2042).
라(×) 통상 필요적 공범의 관계에 있기는 하나 이것은 반드시 수재자와 증재자가 같이 처벌받아야 하는 것은 아니고, 증재자에게는 정당한 업무에 속하는 청탁이라도 수재자에게는 부정한 청탁이 될 수도 있다(대법원 1991.1.15, 90도2257).
마(○) 배임수증죄에 있어서 부정한 청탁은 반드시 명시적임을 요하지 않는다(대법원 2005.1.14, 2004도6646).
〈답 ⑤〉

31. 배임의 죄에 대한 다음 설명 중 옳지 않은 것은? (판례에 의함)

① 주식회사 직원이 대표이사의 직무발명을 특허출원하면서 임의로 특허출원서 발명자란에 대표이사 외에 자신의 성명을 추가로 기재하여 공동발명자로 등재되게 한 경우 업무상 배임죄는 성립하지 아니한다.

② 주택조합아파트 시공회사 직원이 조합장으로부터 조합의 이중분양에 관한 민원을 회사에 보고하지 않고 묵인하거나 이중분양에 대한 조치를 강구할 때 조합의 입장을 배려하여 달라는 청탁을 받고 위 아파트 분양권을 취득한 경우 배임수재죄가 성립한다.

③ 주식회사의 실질적 경영자가 자신의 개인사업체가 회사에 수목을 매도하였다는 허위의 매매계약을 체결하고 그 매매대금 채권과 회사의 자신에 대한 채권을 상계처리한 경우 업무상 배임죄가 성립한다.

④ 주식회사를 사실상 관리하는 甲이 회사가 처분금지가처분등기를 해둔 토지를 매수하려는 乙로부터 사업의 더 큰 손실을 피하기 위하여 가처분을 취하해 달라는 청탁을 받고 그 대가로 자신이 지정한 계좌로 돈을 송금받은 경우 甲에게는 배임수재죄가, 乙에게는 배임증재죄가 성립한다.

⑤ 주식회사의 실질적 경영자 甲이 자신의 개인채무를 담보하기 위하여 회사 소유 부동산에 乙 앞으로 근저당권설정등기를 마친 경우 甲이 개인채무를 담보하기 위하여 근저당권을 설정한다는 사정을 乙이 잘 알고 있었더라도 甲에게 업무상 배임죄가 성립하지 않는다.

해설

①(○) 대법원 2011.12.13, 2011도10525(위 행위만으로 피해자 회사에 재산상 손해가 발생하였다거나 재산상 손해발생의 위험이 초래되었다고 볼 수 없어).

②(○) 대법원 2011.2.24, 2010도11784.

③⑤(○) 대법원 2012.2.23, 2011도15857(③ 수목 매매대금 채권이 존재하지 아니하여 상계가 법률상 무효라고 하더라도 회사에 재산상 실해 발생의 위험이 초래되었으므로, ⑤ 위 행위는 대표권 남용행위로서 무효이므로 회사에 재산상 손해가 발생하였다거나 재산상 실해 발생의 위험이 초래된 것으로 볼 수 없어).

④(×) 甲이 받은 돈은 부정한 청탁의 대가임이 분명하고 甲에게 부정한 청탁에 대한 인식이 없었다고 볼 수 없어 배임수재죄가 성립하나, 반면 乙은 사업의 더 큰 손실을 피하기 위하여 가처분 취하의 대가로 甲이 지정하는 계좌로 돈을 송금한 점, 乙로서는 위 돈이 궁극적으로 회사에 귀속될 것인지 甲에게 귀속될 것인지에 관한 분명한 인식이 있었다고 볼 수 없는 점 등 제반 사정에 비추어, 乙이 가처분 취하의 대가로 돈을 교부한 행위는 사회상규에 위배되지 아니하여 배임증재죄를 구성할 정도의 위법성은 없다(대법원 2011.10.27, 2010도7624). 〈답 ④〉

32. 배임죄에 관한 설명 중 옳지 않은 것은? (다툼이 있는 경우에는 판례에 의함) <사시 2013년: 배점 2>

① 새마을금고 임 · 직원이 동일인 대출한도 제한규정을 위반하여 초과대출행위를 하였더라도 대출채권 회수에 문제가 없는 것으로 판단되는 경우라면 업무상 배임죄가 성립하지 않는다.

② 낙찰계의 계주가 계원들에게서 계 불입금을 징수하지 않은 상태에서 부담하는 계금지급의무는 배임죄에서 말하는 '타인의 사무'에 해당한다.

③ 임대인이 점포를 타인에게 매도하여 중도금까지 수령하였는데, 이러한 사실을 알고 있는 그 점포의 임차인이 점포의 임대차 계약 당시 "타인에게 점포를 매도할 경우 우선적으로 임차인에게 매도한다."라는 특약을 이유로 매매대금을 일방적으로 결정하여 공탁하고 임대인과 공모하여 임차인 명의로 소유권이전등기를 경료한 경우 배임죄의 공동정범에 해당한다.

④ 회사의 승낙 없이 임의로 지정 할인율보다 더 높은 할인율을 적용하여 회사가 지정한 가격보다 낮은 가격으로 제품을 판매하는 이른바 '덤핑판매'에서, 제3자인 거래처에 시장 거래 가격에 따라 제품을 판매한 경우라도 행위자 또는 제3자가 재산상 이익을 취득한 사실이 없다면 업무상배임죄가 성립하지 않는다.

⑤ 매도인이 매수인으로부터 중도금을 수령한 이후에 매매목적물인 '동산'을 제3자에게 양도하는 행위는 배임죄에 해당하지 않는다.

해설

①(○) 새마을금고의 동일인 대출한도 제한규정은 새마을금고 자체의 적정한 운영을 위하여 마련된 것이지 대출채무자의 신용도를 평가해서 대출채권의 회수가능성을 직접적으로 고려하여 만들어진 것은 아니므로 동일인 대출한도를 초과하였다는 사실만으로 곧바로 대출채권을 회수하지 못하게 될 위험이 생겼다고 볼 수 없다(대법원 2008.6.19, 2006도4876 전원합의체).

②(×) 계주가 계원들로부터 계불입금을 징수하게 되면 그 계불입금은 실질적으로 낙찰계원에 대한 계금지급을 위하여 계주에게 위탁된 금원의 성격을 지니고 따라서 계주는 이를 낙찰 · 지급받을 계원과의 사이에서 단순한 채권관계를 넘어 신의칙상 그 계금지급을 위하여 위 계불입금을 보호 내지 관리하여야 하는 신임관계에 들어서게 되므로, 이에 기초한 계주의 계금지급의무는 배임죄에서 말하는 타인의 사무에 해당한다. 그러나 계주가 계원들로부터 계불입금을 징수하지 아니하였다면 그러한 상태에서 부담하는 계금지급의무는 위와 같은 신임관계에 이르지 아니한 단순한 채권관계상의 의무에 불과하여 타인의 사무에 속하지 아니하고, 이는 계주가 계원들과의 약정을 위반하여 계불입금을 징수하지 아니한 경우라 하여 달리 볼 수 없다(대법원 2009.8.20, 2009도3143).

③(○) 대법원 1983.7.12, 82도180(임대인의 배임행위에 적극가담한 것으로서 배임죄의 공동정범에 해당한다).

④(○) 대법원 2009.12.24, 2007도2484.

⑤(○) 대법원 2011.1.20, 2008도10479 전원합의체. 〈답 ②〉

제7절 장물의 죄

1. 장물에 해당하는 것을 모두 모은 것은? (다툼이 있는 경우에는 판례에 의함)

> ㉠ 장물인 돈으로 산 물건
> ㉡ 장물인 현금을 예금하여 두었다가 인출한 돈
> ㉢ 장물인 자기앞수표와 교환한 현금
> ㉣ 장물인 현금을 소액권으로 바꾼 돈
> ㉤ 장물인 예금통장으로 은행에서 인출한 돈

① ㉤ ② ㉡ ㉤ ③ ㉢ ㉣
④ ㉣ ㉤ ⑤ ㉡ ㉢ ㉣ ⑥ ㉢ ㉣ ㉤
⑦ ㉡ ㉢ ㉣ ㉤ ⑧ ㉠ ㉡ ㉢ ㉣ ㉤

해설

㉠ 장물인 돈으로 산 물건은 대체장물이므로 장물이 아니다. 그러나 판례는 금전은 고도의 대체성을 가지고 있고 금액에 의하여 표시되는 금전적 가치가 의미를 갖는다는 점을 고려하여, ㉣ 장물인 현금을 소액환으로 바꾸거나, ㉢ 자기앞수표를 현금으로 교환한 경우뿐만 아니라, ㉡ 현금을 예금해 두었다가 찾은 돈에 대하여도 장물성을 인정한다(대법원 2004.3.12, 2004도134; 대법원 2000.3.10, 98도2579). ㉤ 장물인 예금통장에서 인출한 돈은 새로운 사기죄에 의하여 영득한 재물이므로 장물이 된다. 〈답 ⑦〉

장 물 죄	
객 체	■ 재물 ■ 재산상의 이익이나 권리는 장물이 될 수 없다. ■ 동산인가 부동산인가는 묻지 않는다.
본범의 성 질	■ 본범은 재산범죄임을 요한다(배임죄, 손괴죄는 제외). ■ 장물은 재산범죄에 의하여 영득한 재물을 의미하므로 재산범죄에 제공된 재물은 장물이 아니다(예: 이중매매된 부동산). ■ 본범 또는 제3자가 그 장물에 대하여 소유권을 취득한 때에는 장물성을 상실한다(예: 제3자가 선의취득한 물건).
본범의 실현정도	■ 장물은 본범의 구성요건에 해당하고 위법한 행위에 의하여 영득한 것임을 요하고, 본범의 행위가 유책할 것은 요하지 않는다. ■ 본범이 소추되거나 처벌받을 것도 요하지 않는다. ■ 본범이 기수에 이를 것을 요한다(통설).
재물의 동일성	■ 대체장물은 장물이 아니다. 다만 그것이 다른 재산범죄에 의하여 취득한 것일 때에는 장물성이 인정된다. ■ 장물인 금전을 다른 돈으로 환전하거나 자기앞수표를 현금으로 교환하는 경우에는 장물성이 유지된다(통설).

대법원 2004.3.12, 2004도134 장물이라 함은 재산범죄로 인하여 취득한 물건 그 자체를 말하고, 그 장물의 처분대가는 장물성을 상실하는 것이지만, 금전은 고도의 대체성을 가지고 있어 다른 종류의 통화와 쉽게 교환할 수 있고, 그 금전 자체는 별다른 의미가 없고 금액에 의하여 표시되는 금전적 가치가 거래상 의미를 가지고 유통되고 있는 점에 비추어 볼 때, 장물인 현금을 금융기관에 예금의 형태로 보관하였다가 이를 반환받기 위하여 인출한 경우에 예금계약의 성질상 인출된 현금은 당초의 현금과 물리적인 동일성은 상실되었지만 액수에 의하여 표시되는 금전적 가치에는 아무런 변동이 없으므로 장물로서의 성질은 그대로 유지된다고 봄이 상당하고, 자기앞수표도 그 액면금을 즉시 지급받을 수 있는 등 현금에 대신하는 기능을 가지고 거래상 현금과 동일하게 취급되고 있는 점에서 금전의 경우와 동일하게 보아야 한다.

2. 장물이 될 수 있는 것을 모두 고르면?

> ㉠ 장물을 전당잡힌 전당표
> ㉡ 12세 소년이 훔친 시계
> ㉢ 장물인 금반지를 녹여서 만든 금괴
> ㉣ 뇌물로 받은 보석 목걸이
> ㉤ 사기도박에 의해 취득한 재물
> ㉥ 편취한 당좌수표로 은행에서 지급받은 현금
> ㉦ 선의의 제3자가 선의 · 평온 · 공연하게 2년 이상 점유해온 도품

① ㉤ ㉥ ② ㉠ ㉡ ㉤ ③ ㉠ ㉢ ㉥
④ ㉡ ㉢ ㉤ ⑤ ㉡ ㉤ ㉦ ⑥ ㉢ ㉤ ㉥
⑦ ㉡ ㉢ ㉣ ㉦ ⑧ ㉡ ㉢ ㉤ ㉥

해설

㉠(×) 전당표는 장물과 동일성이 인정되지 않는다.
㉡(○) 장물은 본범이 구성요건에 해당하고 위법하면 족하며, 본범에게 책임이 있을 것까지 요하지는 않는다.
㉢(○) 장물의 동일성이 유지된다.
㉣(×) 뇌물은 재산범죄에 의하여 영득한 재물이 아니다.
㉤(○) 사기도박의 경우에도 사기죄가 성립하므로 사기죄에 의하여 영득한 재물이다.
㉥(○) 은행에 대한 사기죄에 의하여 영득한 재물이다.
㉦(×) 민법 제249조와 제250조에 의하여 제3자가 선의취득하여 2년이 경과한 장물은 장물성을 상실한다.
〈답 ⑧〉

3. 장물죄에 관한 설명 중 옳은 것을 모두 모은 것은? (판례에 의함)

> ㉠ 횡령을 교사한 후 그 횡령한 물건을 취득한 때에는 횡령죄의 교사범이 성립하고, 장물취득죄는 불가벌적 사후행위에 해당한다.
> ㉡ 가입권자가 전화관서로부터 전화역무를 제공받을 권리인 전화가입권

이 강취된 것이라는 정을 알면서 이를 매수한 경우 장물취득죄는 성립하지 아니한다.

㉢ 본범의 행위에 관한 법적 평가는 그 행위에 대하여 우리 형법이 적용되지 아니하는 경우에도 우리 형법을 기준으로 하여야 하고 또한 이로써 충분하므로, 본범의 행위가 우리 형법에 비추어 절도죄 등의 구성요건에 해당하는 위법한 행위라고 인정되는 이상 이에 의하여 영득된 재물은 장물에 해당한다.

㉣ 차량을 절취한 본범으로부터 그 차량을 이용한 강도제의를 수락하고 이를 운전하여 범행예정 장소까지 운행해 준 경우 강도예비죄 외에 장물운반죄는 성립하지 않는다.

㉤ 채무자가 채권자에게 양도담보로 제공한 물건을 임의로 타인에게 양도한 행위는 배임죄에 해당하고, 그 타인이 그러한 사정을 알면서 그 물건을 취득한 경우에는 장물취득죄가 된다.

㉥ 장물인 자기앞수표를 취득한 후 이를 현금 대신 교부한 행위는 장물취득에 대한 가벌적 평가에 당연히 포함되는 불가벌적 사후행위로서 별도의 범죄를 구성하지 아니한다.

① ㉠ ㉡ ② ㉡ ㉢ ③ ㉡ ㉥
④ ㉣ ㉥ ⑤ ㉤ ㉥ ⑥ ㉡ ㉢ ㉣
⑦ ㉡ ㉢ ㉥ ⑧ ㉡ ㉤ ㉥

해설

㉠(×) 횡령죄의 교사범과 장물취득죄의 경합범이 성립하는 경우이다(대법원 1969.6.24, 69도692).

㉡(○) 장물은 재물임을 요하며, 전화가입권은 재산상의 이익에 불과하므로 장물이 될 수 없다(대법원 1971.2.23, 70도2589).

㉢(○) 대법원 2011.4.28, 2010도15350.

㉣(×) 판례는 강도예비죄와 함께 장물운반죄의 성립을 인정하였다(대법원 1999.3.26, 98도3030).

㉤(×) 양도담보로 제공한 후 다시 다른 사람에게 양도한 물건은 배임행위에 제공한 물건이지 배임행위로 인하여 영득한 물건 자체는 아니므로 장물이라고 할 수 없다(대법원 1983.11.8, 82도2119).

㉥(○) 대법원 1993.11.23, 93도213. 〈답 ⑦〉

4. 장물죄에 대한 설명 중 옳은 것(○)과 옳지 않은 것(×)을 바르게 표시한 것은? (다툼이 있는 경우에는 판례에 의함)

㉠ 형사미성년자가 절취한 재물 또는 외교관이 절취한 재물은 장물이다.

㉡ 장물인 정을 아는 자에게 장물을 매각한 대금 중 일부를 그 정을 아는 자가 받은 경우 장물취득죄가 성립한다.

ⓒ 장물인 정을 모르고 보관하던 중 장물인 정을 알게 되었고, 위 장물을 반환하는 것이 불가능하지 않음에도 불구하고 계속 보관한 경우에는 장물보관죄에 해당한다.
ⓓ 사기 · 공갈 · 횡령 등으로 취득된 재물은 본범이 시효취득하기까지는 장물성이 소멸되지 않으나, 즉시 취득자가 나타나면 장물성은 소멸된다.

① ㉠(○) ㉡(○) ㉢(×) ㉣(×) ② ㉠(○) ㉡(×) ㉢(×) ㉣(○)
③ ㉠(○) ㉡(×) ㉢(○) ㉣(×) ④ ㉠(○) ㉡(×) ㉢(○) ㉣(○)
⑤ ㉠(×) ㉡(○) ㉢(×) ㉣(○) ⑥ ㉠(×) ㉡(×) ㉢(○) ㉣(×)
⑦ ㉠(×) ㉡(○) ㉢(×) ㉣(○) ⑧ ㉠(×) ㉡(○) ㉢(○) ㉣(×)

해설

㉠(○) 장물은 본범의 구성요건에 해당하고 위법한 행위에 의하여 영득한 것으로 족하다. 따라서 본범의 행위가 유책할 것까지 요하지 않으며, 본범이 소추되거나 처벌받는 것도 요하지 않는다. 즉 본범에게 소송조건 또는 처벌조건이 없는 때에도 장물죄는 성립한다.
㉡(×) 장물은 재산범죄에 의하여 영득한 재물 그 자체임을 요하므로 대체장물은 장물성을 상실하며, 장물매수자는 장물인 정을 알았으므로 돈은 사기에 의하여 영득한 재물도 아니다. 따라서 장물취득죄가 성립하지 않는다.
㉢(○) 장물인 정을 모르고 보관하던 중 장물인 정을 알게 되었고, 위 장물을 반환하는 것이 불가능하지 않음에도 불구하고 계속 보관함으로써 피해자의 정당한 반환청구권 행사를 어렵게 하여 위법한 재산상태를 유지시킨 경우에는 장물보관죄에 해당한다(대법원 1987.10.13, 87도1633).
㉣(○) 민법 제249조에 의하여 제3자가 선의취득한 재물은 장물성을 상실하지만, 목적물이 도품이거나 유실물일 때에는 선의취득에 대한 특례가 인정된다(민법 제250조).

〈답 ④〉

5. 甲에게 장물죄가 성립하지 않는 경우를 모두 고르면? (다툼이 있으면 판례에 의함)

㉠ 甲은 乙이 전당포에 맡겨 두었던 시계를, 훔쳐온 것을 알면서 이를 사고 乙에게 대금을 주었다.
㉡ 甲은 乙이 자동차를 훔쳐오면 사겠다고 약속하고 대금을 지급했다.
㉢ 甲은 乙에게 자기 회사 상품을 훔쳐올 것을 교사하여 乙이 훔친 물건을 매수하였다.
㉣ 甲은 乙이 회사에서 훔친 다이아몬드임을 알면서 이를 乙로부터 증여받았다.
㉤ 甲은 자동차의 등록명의자 아닌 지입자로부터 자동차를 임대받은 乙이 그 자동차를 매각한다는 것을 알면서 매수하였다.
㉥ 甲은 乙이 수탁받은 재산을 신탁자의 승낙 없이 매각하는 정을 알면서 매수하였다.

㉦ 전당포영업자 甲이 보석을 전당잡으면서 인도받을 당시 장물인 정을 몰랐다가 그 후 장물일지도 모른다고 의심하면서 소유권포기각서를 받았다.

① ㉠ ㉡ ② ㉠ ㉣ ③ ㉡ ㉥
④ ㉢ ㉣ ⑤ ㉠ ㉡ ㉢ ⑥ ㉠ ㉢ ㉣
⑦ ㉡ ㉥ ㉦ ⑧ ㉡ ㉤ ㉥ ㉦

해설

㉠㉣(○) 행위자가 장물을 취득할 때에 장물에 대한 고의가 있는 이상 유상취득이든 무상취득이든 이를 묻지 않는다.
㉡(×) 장물취득죄에 있어서의 취득이라고 하기 위하여는 재물에 대한 점유의 이전(인도)과 사실상의 처분권의 획득이라는 두 가지 요소가 있어야 한다. 따라서 단순한 계약만으로는 장물취득죄가 성립하지 않는다.
㉢(○) 장물죄는 타인이 불법하게 영득한 재물에 대하여만 성립하므로 본범의 정범 또는 공동정범에 대하여는 본범 이외에 별도로 장물죄가 성립하지 않지만(대법원 1986.9.9, 86도1273), 타인의 범죄에 가공한 것에 불과한 협의의 공범은 스스로 본범을 실행한 자가 아니므로 장물죄를 범할 수 있다. 처음부터 절도를 교사하여 장물을 취득한 경우에도 같다.
㉤(×) 자동차의 등록명의자 아닌 지입자로부터 그 자동차를 임대 또는 전대받은 자는 그 자동차에 관하여 법률상 처분할 수 있는 지위에 있다고 할 수 없으므로 타인의 재산을 보관하는 자에 해당하지 아니하며, 따라서 그로부터 자동차를 매수한 행위는 장물취득죄가 되지 아니한다(대법원 1978.10.10, 78도1714).
㉥(×) 신탁행위에 있어서는 수탁자가 외부관계에 대하여 소유자로 간주되므로 이를 취득한 제3자는 수탁자가 신탁자의 승낙 없이 매각하는 정을 알고 있는 여부에 불구하고 장물취득죄가 성립하지 아니한다(대법원 1979.11.27, 79도2410).
㉦(×) 전당포영업자가 보석들을 전당잡으면서 인도받을 당시 장물인 정을 몰랐다가 그 후 장물일지도 모른다고 의심하면서 소유권포기각서를 받은 행위는 장물취득죄에 해당하지 않고, 또한 전당포영업자가 대여금채권의 담보로 보석들을 전당잡은 경우에는 이를 점유할 권한이 있는 때에 해당하여 장물보관죄 역시 성립하지 않는다(대법원 2006.10.13, 2004도6084).
〈답 ⑧〉

6. 장물죄에 대한 옳은 설명(○)과 옳지 않은 설명(×)을 바르게 표시한 것은? (판례에 의함)

㉠ 매수인이 매매계약 체결시에는 장물의 정을 몰랐다 할지라도 그 후 정을 알고 인도를 받은 경우 장물취득죄가 성립된다. ㉡ 평소 본범과 공동하여 수차 상습으로 절도를 자행함으로써 실질적인 범죄집단을 이루고 있었다면 당해 범죄행위의 정범이 아니라도 그 장물의 취득은 불가벌적 사후행위에 해당한다. ㉢ 허가 없이 문화재를 발굴한 본범에 대하여 공소시효가 완성되어 그 위반물품에 대하여 몰수 또는 추징은 할 수 없는 단계에 이르렀을

때에도 그 위반물품에 대한 문화재보호법상의 장물성을 잃게 되는 것은 아니다.
㉣ 밀수품이 강도행위에 의하여 취득된 경우에는 관세법 위반(관세장물취득)죄와 강도죄가 성립하고, 양 죄는 실체적 경합범의 관계에 있다.

① ㉠(○) ㉡(○) ㉢(○) ㉣(○) ② ㉠(○) ㉡(○) ㉢(×) ㉣(×)
③ ㉠(○) ㉡(×) ㉢(○) ㉣(×) ④ ㉠(○) ㉡(×) ㉢(×) ㉣(×)
⑤ ㉠(×) ㉡(○) ㉢(○) ㉣(○) ⑥ ㉠(×) ㉡(○) ㉢(×) ㉣(○)
⑦ ㉠(×) ㉡(×) ㉢(○) ㉣(○) ⑧ ㉠(×) ㉡(×) ㉢(×) ㉣(×)

해설

㉠(○) 대법원 1960.2.17, 4292형상496.
㉡(×) 장물죄는 타인(본범)이 불법하게 영득한 재물의 처분에 관여하는 범죄이므로 자기의 범죄에 의하여 영득한 물건에 대하여는 성립하지 아니하고 이는 불가벌적 사후행위에 해당하나, 여기에서 자기의 범죄라 함은 정범자(공동정범과 합동범을 포함한다)에 한정되는 것이므로, 평소 본범과 공동하여 수차 상습으로 절도 등 범행을 자행함으로써 실질적인 범죄집단을 이루고 있었다 하더라도, 당해 범죄행위의 정범자(공동정범이나 합동범)로 되지 아니한 이상 이를 자기의 범죄라고 할 수 없고 따라서 그 장물의 취득을 불가벌적 사후행위라고 할 수 없다(대법원 1986.9.9, 86도1273).
㉢(×) 문화재가 허가 없이 발굴된 것이라고 하더라도 허가 없이 발굴된 문화재는 영구하게 문화재보호법 제82조 3항·4항 위반죄의 대상이 되는, 이른바 장물성을 보유한다고는 할 수 없으며, 허가 없이 발굴한 본범에 대하여 공소시효가 완성되어 국가과형권을 발동할 수가 없게 되어서 그 위반물품에 대하여 몰수 또는 추징도 할 수 없는 단계에 이르렀을 때에는 그 위반물품에 대한 이른바 문화재보호법상의 장물성도 잃게 되는 것이라고 봄이 상당하다(대법원 1987.10.13, 87도538).
㉣(×) 양 죄는 상상적 경합범의 관계에 있다(대법원 1982.12.28, 81도1875). 〈답 ④〉

7. 장물죄에 대한 설명 중 옳지 않은 것을 모두 고르면? (판례에 의함)

㉠ 타인이 갈취한 재물을 그 타인의 의사에 반하여 절취하였다면 절도죄를 구성하고 장물취득죄가 되지 않는다.
㉡ 장물을 운반한 후 이를 계속 보관하면 장물운반죄와 장물보관죄의 상상적 경합범이 된다.
㉢ 장물인 정을 알고 취득한 자가 이를 제3자에게 양도한 때에는 장물취득죄만 성립한다.
㉣ 양곡보관을 본래의 업무로 하는 창고업자가 그 보관의뢰자와의 사이에 양곡의 매매 또는 그 알선을 한 경우에는 업무상 과실장물죄의 업무에 해당한다.
㉤ 횡령하려는 회사 자금을 교부받은 때에는 횡령죄의 공범이 되며 장물취득죄는 성립할 수 없다.

① ㉡ ② ㉠ ㉣ ③ ㉠ ㉤
④ ㉡ ㉤ ⑤ ㉢ ㉣ ⑥ ㉢ ㉣ ㉤

해설

㉠(○) 대법원 1966.12.20, 66도1437의 내용이다.
㉡(×) 장물운반과 보관은 동일 구성요건 내의 행위의 태양에 불과하므로 장물을 운반한 후에 보관하면 포괄하여 장물보관죄가 성립한다.
㉣(○) 형법 제364조의 업무라고 함은 본래의 업무는 물론 그에 부수되는 업무도 포함한다고 해석함이 타당하며, 창고업을 경영하는 자로서 본래의 업무로 양곡을 보관하는 동시에 보관의뢰자들과 간에 양곡의 매매 또는 그 알선을 하는 등 거래를 한 경우에 있어서는 그 매매 또는 그 알선은 본래의 창고업에 부수된 업무라고 하여야 할 것이다(대법원 1962.5.17, 61도596).
㉤(×) 甲이 회사 자금으로 乙에게 주식매각 대금조로 금원을 지급한 경우, 그 금원은 단순히 횡령행위에 제공된 물건이 아니라 횡령행위에 의하여 영득된 장물에 해당한다고 할 것이고, 나아가 설령 甲이 乙에게 금원을 교부한 행위 자체가 횡령행위라고 하더라도 이러한 경우 甲의 업무상 횡령죄가 기수에 달하는 것과 동시에 그 금원은 장물이 된다(대법원 2004.12.9, 2004도5904). 〈답 ④〉

8. 장물죄에 관한 설명 중 옳지 않은 것은? (다툼이 있는 경우에는 판례에 의함)

① 장물인 고려청자 향로를 매각하여 달라는 의뢰를 받음에 있어 이 향로가 장물인지의 여부를 확인하여야 할 업무상 주의의무가 있는 자가 이를 게을리한 채 이 향로를 넘겨받아 보관하던 중 타인으로부터 금원을 차용하면서 이 향로를 담보로 제공한 경우, 업무상 과실장물보관죄가 성립하고 별도로 횡령죄는 성립하지 아니한다.
② 재산범죄를 저지른 이후에 별도의 재산범죄의 구성요건에 해당하는 사후행위가 있었다면 그 행위는 불가벌적 사후행위로서 처벌의 대상이 되지 않으므로 그 사후행위로 인하여 취득한 물건은 장물이 될 수 없다.
③ 신용카드를 절취한 본범으로부터 보수를 줄테니 대신 물건을 구입하여 달라는 부탁을 받고 신용카드가 절취된 것이라는 정을 알면서 그 부탁을 들어줄 생각으로 이를 건네받았다면 장물취득죄는 성립하지 않는다.
④ 장물운반행위를 공모한 일이 없는 이상 타인이 절취하여 운전하는 승용차의 뒷좌석에 편승한 것을 가리켜 장물운반행위의 실행을 분담하였다고는 할 수 없다.
⑤ 장물죄에 있어서 장물의 인식은 확정적 인식임을 요하지 않으며 장물일지도 모른다는 의심을 가지는 정도의 미필적 인식으로도 충분하고, 장물인 정을 알고 있었느냐의 여부는 장물 소지자의 신분, 재물의 성질, 거래의 대가 기타 상황을 참작하여 이를 인정할 수밖에 없다.

✍ **해설**

①(○) 업무상 과실로 장물을 보관하고 있다가 처분한 행위는 업무상 과실장물보관죄의 가벌적 평가에 포함되고 별도로 횡령죄를 구성하지 않는다(대법원 2004.4.9, 2003도8219).

②(×) 형법 제41장의 장물에 관한 죄에 있어서의 '장물'이라 함은 재산범죄로 인하여 취득한 물건 그 자체를 말하므로, 재산범죄를 저지른 이후에 별도의 재산범죄의 구성요건에 해당하는 사후행위가 있었다면 비록 그 행위가 불가벌적 사후행위로서 처벌의 대상이 되지 않는다 할지라도 그 사후행위로 인하여 취득한 물건은 재산범죄로 인하여 취득한 물건으로서 장물이 될 수 있다(대법원 2004.4.16, 2004도353).

③(○) 대법원 2003.5.13, 2003도1366(장물취득죄에서 '취득'이라고 함은 점유를 이전받음으로써 그 장물에 대하여 사실상의 처분권을 획득하는 것을 의미하며, 단순히 본범을 위하여 사용할 목적으로 장물을 일시 건네받은 것만으로는 장물을 취득한 것으로 볼 수 없다).

④(○) 대법원 1983. 9.13, 83도1146.

⑤(○) 대법원 2006.10.13, 2004도6084. 〈답 ②〉

9. 장물죄에 관한 설명 중 옳지 않은 것은? (다툼이 있는 경우에는 판례에 의함)

① 장물은 재산범죄에 의하여 영득하게 된 재물을 의미하므로 이중매매로 인하여 배임죄가 성립된 대상 부동산을 매수한 경우에는 장물취득죄가 성립하지 않는다.

② 장물인 수입자동차를 신규등록하였다면 최초 등록명의인이 해당 수입자동차를 원시취득하게 되는 것이므로 도난차량인 미등록 수입자동차를 취득하여 신규등록을 마친 후 위 자동차가 장물일지도 모른다고 생각하면서 이를 양도한 경우에는 장물양도죄가 성립하지 않는다.

③ 장물인 정을 알면서 이를 뇌물로 수수한 때에는 수뢰죄와 장물취득죄의 상상적 경합범이 된다.

④ 전당포영업자가 돈을 대여하고 물건을 전당잡는 행위(질권설정행위)는 전당잡은 물건에 대하여 사실상의 처분권을 획득하는 행위로서 장물취득죄에 있어서의 취득행위에 해당한다.

⑤ 스키장의 리프트 탑승권 발매기를 임의로 조작하여 위조한 유가증권인 리프트 탑승권을 뜯어온 것이라는 정을 알면서도 이를 건네받아 취득하였다면 장물취득죄가 성립한다.

✍ **해설**

①(○) 배임행위로 인하여 영득한 것은 재산상의 이익이고, 위 배임범죄에 제공된 대지는 범죄로 인하여 영득한 것 자체는 아니므로 그 취득자 또는 전득자에 대하여 배임죄의 가공 여부를 논함은 별문제로 하고 장물취득죄로 처단할 수 없다(대법원 1975.12.9, 74도2804).

②(×) 구 자동차관리법(2009.2.6. 개정 전의 법률) 제6조가 "자동차 소유권의 득실변경은 등록을 하여야 그 효력이 생긴다."고 규정하고 있기는 하나, 위 규정은 도로에서의 운행

에 제공될 자동차의 소유권을 공증하고 안전성을 확보하고자 하는 데 그 취지가 있는 것이므로, 장물인 수입자동차를 신규등록하였다고 하여 그 최초 등록명의인이 해당 수입자동차를 원시취득하게 된다거나 그 장물양도행위가 범죄가 되지 않는다고 볼 수는 없다. 따라서 장물양도죄가 성립한다(대법원 2011.5.13, 2009도3552).

④(○) 대법원 2006.10.13, 2004도6084.

⑤(○) 대법원 1998.11.24, 98도2967. 〈답 ②〉

10. 장물죄의 친족상도례에 대한 다음 서술의 ( ) 안에 들어갈 것을 어구군에서 고르면?

> "결혼하여 분가한 형이 갈취당한 시계임을 알면서 그 처분을 알선한 경우에는 (㉠). 결혼하여 분가한 아들이 소매치기해 온 목걸이임을 알면서 보관한 경우에는 (㉡). 결혼하여 분가한 여동생의 남편이 횡령한 금반지임을 알면서 구입한 경우에는 (㉢)."
>
> ---
>
> 어구군: ⓐ 형의 필요적 면제 ⓑ 형의 필요적 감면
> ⓒ 형의 임의적 감면 ⓓ 친고죄
> ⓔ 소추나 처벌에 아무 영향이 없음

① ㉠-ⓐ ㉡-ⓑ ㉢-ⓓ ② ㉠-ⓐ ㉡-ⓓ ㉢-ⓑ

③ ㉠-ⓑ ㉡-ⓐ ㉢-ⓓ ④ ㉠-ⓑ ㉡-ⓐ ㉢-ⓔ

⑤ ㉠-ⓓ ㉡-ⓑ ㉢-ⓔ ⑥ ㉠-ⓓ ㉡-ⓒ ㉢-ⓔ

해설

장물범과 본범의 피해자 사이에 제328조 1항과 2항의 신분관계가 존재하면 이를 준용하는데(제365조 1항), ㉠의 경우 2항의 친족에 해당하므로 피해자인 형의 고소가 있어야 공소를 제기할 수 있다. ㉡과 ㉢의 경우 본범(결혼하여 분가한 아들, 결혼하여 분가한 여동생의 남편)과 장물범 사이에 친족관계가 존재하므로 이들 사이에 제328조 1항의 신분관계가 있는 때에는 그 형을 감경 또는 면제한다. ㉡의 경우 본범과 장물범은 직계혈족의 신분관계가 있으므로 장물범은 필요적 감면이 되지만, ㉢의 경우 동거하지 않는 친족(인척)이므로 제328조 2항의 신분관계에 해당하여 장물죄의 친족상도례가 적용되지 않는다(제365조 2항). 〈답 ⑤〉

11. 장물에 관한 다음 설명 중 옳지 않은 것을 모두 고른 것은? (다툼이 있는 경우에는 판례에 의함) <사시 2008년: 배점 2>

> ㉠ 장물인 정을 모르고 장물을 보관하다가 그 후에 장물인 정을 알고도 이를 계속하여 보관한 경우 그 점유권한이 있는 때에는 장물보관죄가 성립하지 않는다.
>
> ㉡ 절도를 교사한 甲이 그 절도범으로부터 당해 장물을 매수한 경우 甲에게 절도교사죄와 장물취득죄가 성립한다.

㉢ 甲이 권한 없이 인터넷뱅킹으로 타인의 예금계좌에서 자신의 예금계좌로 돈을 이체한 후 그 중 일부를 인출하여 그 정을 아는 乙에게 교부한 경우 乙에게는 장물취득죄가 성립한다.
㉣ 아버지가 아들이 절취하여 가지고 온 장물을 취득하여 보관한 경우 아버지에 대하여는 그 형을 면제하여야 한다.

① ㉠ ② ㉢ ③ ㉡ ㉢
④ ㉢ ㉣ ⑤ ㉠ ㉡ ㉢ ⑥ ㉠ ㉢ ㉣
⑦ ㉡ ㉢ ㉣ ⑧ ㉠ ㉡ ㉢ ㉣

해설

㉠(○) 장물인 정을 모르고 장물을 보관하였다가 그 후에 장물인 정을 알게 된 경우 그 정을 알고서도 이를 계속하여 보관하는 행위는 장물죄를 구성하는 것이나 이 경우에도 점유할 권한이 있는 때에는 이를 계속하여 보관하더라도 장물보관죄가 성립하지 않는다(대법원 1986.1.21, 85도2472).
㉡(○) 횡령교사를 한 후 그 횡령한 물건을 취득한 때에는 횡령교사죄와 장물취득죄의 경합범이 성립된다(대법원 1969.6.24, 69도692).
㉢(×) 대법원 2004.4.16, 2004도353(컴퓨터등사용사기죄에 의하여 취득한 예금채권은 재물이 아니라 재산상 이익이므로, 그가 자신의 예금계좌에서 돈을 인출하였더라도 장물을 금융기관에 예치하였다가 인출한 것으로 볼 수 없으므로 장물취득죄는 성립하지 않는다).
㉣(×) 장물죄에는 친족상도례에 관한 특례가 규정되어 있는바, 장물죄의 범인비호적 성격을 고려하여 장물범(아버지)과 본범(아들)이 직계혈족인 경우 형을 '감경 또는 면제한다'(제365조 2항 참조). 〈답 ④〉

12. 장물에 관한 설명 중 옳지 않은 것은? (다툼이 있는 경우에는 판례에 의함)
<사시 2011년: 배점 2>

① A로부터 장물인 귀금속의 매도를 부탁받은 甲이 그 귀금속이 장물임을 알면서도 매매를 중개한 후, 매수인 B에게 이를 전달하려다가 B를 만나기 전에 체포되었다면 甲에게는 장물알선죄가 성립한다.
② 甲이 채권의 담보로 수표를 교부받았다가 뒤에 장물인 정을 알게 되었음에도 이를 보관한 경우 장물보관죄가 성립한다.
③ 장물인 수표를 금융기관에 예금의 형태로 보관하였다가 이를 반환받기 위하여 동일한 액수의 현금을 인출한 경우 그 현금의 장물성은 인정된다.
④ A가 권한 없이 주식회사 B의 아이디와 비밀번호를 입력하여 인터넷뱅킹에 접속한 다음 B회사의 예금계좌로부터 A의 예금계좌로 1,000만 원을 이체한 다음 그 중 200만 원을 인출하여 위와 같은 사정을 잘 알고 있는 甲에게 모른 척해 달라고 건네준 경우 甲에게는 장물취득죄가 성립하지 않는다.
⑤ 타인에게 양도담보로 제공한 물건을 다시 제3자에게 양도한 경우 그 물

건은 장물이 될 수 없다.

해설

①(○) 장물인 귀금속의 매도를 부탁받은 자가 그 귀금속이 장물임을 알면서도 매매를 중개하고 매수인에게 이를 전달하려다가 매수인을 만나기도 전에 체포되었다 하더라도, 위 귀금속의 매매를 중개함으로써 장물알선죄는 성립한다(대법원 2009.4.23, 2009도1203).
②(×) 장물인 정을 모르고 장물을 보관하였다가 그 후에 장물인 정을 알게 된 경우 그 정을 알고서도 이를 계속하여 보관하는 행위는 장물죄를 구성하는 것이나 이 경우에도 점유할 권한이 있는 때에는 이를 계속하여 보관하더라도 장물보관죄가 성립하지 않는다(대법원 1986.1.21, 85도2472).
③(○) 대법원 2004.3.12, 2004도134.
④(○) 대법원 2004.4.16, 2004도353.
⑤(○) 양도담보로 제공한 후 다시 타에 양도한 물건은 배임행위에 제공한 물건이지 배임행위로 인하여 영득한 물건 자체는 아니므로 장물이라고 볼 수 없다(대법원 1983.11.8, 82도2119). 〈답 ②〉

13. 다음 사례에서 甲, 乙, 丙, 丁의 죄책에 대한 설명 중 옳은 것은? (다툼이 있는 경우에는 판례에 의함) <사시 2012년: 배점 3>

> Ⅰ. 甲은 1,500만원이 예금되어 있는 A 명의의 예금통장을 몰래 가져가 이를 이용하여 예금 1,000만원을 인출한 후 바로 예금통장을 A에게 반환하였다.
> Ⅱ. B가 인터넷뱅킹을 하던 중 계좌번호를 잘못 입력하는 바람에 착오로 乙 명의의 계좌로 송금한 돈을 乙이 임의로 인출하여 소비하였다.
> Ⅲ. 丙은 예금주이자 현금카드 소유자인 C로부터 C 명의의 현금카드를 강취한 후 그 카드를 이용하여 현금자동지급기에서 현금을 인출하여 소비하였다.
> Ⅳ. 丁은 자신의 통장이 사기범행에 이용되리라는 사정을 알고도 자신의 명의로 예금계좌를 개설한 다음 그 통장을 戊에게 양도하였다. 戊는 D를 속여 D로 하여금 돈을 위 계좌로 송금하게 하였다. 그 후 丁은 위 송금된 돈의 일부를 인출하였다.

① 甲의 행위로 인하여 예금통장 자체가 가지는 경제적 가치가 그 인출된 예금액만큼 소모되었다고 할 수 없고 甲이 통장을 사용한 직후 곧 반환한 이상 통장에 대한 불법영득의사가 없었다고 보아야 하므로 甲이 통장을 몰래 가져가 예금을 인출한 행위는 절도죄에 해당하지 아니한다.
② 乙과 B 사이에 횡령죄의 구성요건인 보관관계가 인정된다고 보기 어려우므로 乙의 소비행위는 횡령죄에 해당하지 아니한다.
③ 丙에게는 인출된 현금의 보관자의 지위가 인정되므로 丙의 소비행위는 횡령죄에 해당한다.

④ 丙의 현금 인출행위는 강취행위의 불가벌적 사후행위이므로 절도죄에 해당하지 아니한다.

⑤ 戊의 사기행위는 丁이 D로부터 丁의 예금계좌로 돈을 송금받아 취득함으로써 종료되는 것이고, 그 후 丁이 자신의 예금계좌에서 위 돈을 인출하였다 하더라도 이는 예금명의자로서 은행에 예금반환을 청구한 결과일 뿐이므로 丁의 인출행위는 장물취득죄에 해당하지 아니한다.

해설 ……………………………………

①(×) 예금통장은 예금채권을 표창하는 유가증권이 아니고 그 자체에 예금액 상당의 경제적 가치가 화체되어 있는 것도 아니지만, 이를 소지함으로써 예금채권의 행사자격을 증명할 수 있는 자격증권으로서 예금계약사실뿐 아니라 예금액에 대한 증명기능이 있고 이러한 증명기능은 예금통장 자체가 가지는 경제적 가치라고 보아야 하므로, 예금통장을 사용하여 예금을 인출하게 되면 그 인출된 예금액에 대하여는 예금통장 자체의 예금액 증명기능이 상실되고 이에 따라 그 상실된 기능에 상응한 경제적 가치도 소모된다. 그렇다면 타인의 예금통장을 무단사용하여 예금을 인출한 후 바로 예금통장을 반환하였다 하더라도 그 사용으로 인한 위와 같은 경제적 가치의 소모가 무시할 수 있을 정도로 경미한 경우가 아닌 이상, 예금통장 자체가 가지는 예금액 증명기능의 경제적 가치에 대한 불법영득의 의사를 인정할 수 있으므로 절도죄가 성립한다(대법원 2010.5.27, 2009도9008).

②(×) 대법원 2010.12.9, 2010도891(어떤 예금계좌에 돈이 착오로 잘못 송금되어 입금된 경우에는 그 예금주와 송금인 사이에 신의칙상 보관관계가 성립한다) 판결 참조.

③④(×) 횡령죄의 위탁관계는 사실상의 위탁관계로 족하지만 강도범인과 피해자 사이에는 신임관계가 존재하지 않으므로 위탁관계를 인정할 수 없다. 판례(대법원 2007.5.10, 2007도1375)는, "강취한 현금카드를 사용하여 현금자동지급기에서 예금을 인출한 행위는 피해자의 승낙에 기한 것이라고 할 수 없으므로, 현금자동지급기 관리자의 의사에 반하여 그의 지배를 배제하고 그 현금을 자기의 지배하에 옮겨 놓는 것이 되어서 강도죄와는 별도로 절도죄를 구성한다."고 한다.

⑤(○) 대법원 2010.12.9, 2010도6256. 〈답 ⑤〉

대법원 2010.12.9, 2010도6256 (i) 장물취득죄에서 '취득'이라 함은 장물의 점유를 이전받음으로써 그 장물에 대하여 사실상 처분권을 획득하는 것을 의미하는데, 이 사건의 경우 본범의 사기행위는 피고인이 예금계좌를 개설하여 본범에게 양도한 방조행위가 가공되어 본범에게 편취금이 귀속되는 과정 없이 피고인이 피해자로부터 피고인의 예금계좌로 돈을 송금받아 취득함으로써 종료되는 것이고, 그 후 피고인이 자신의 예금계좌에서 위 돈을 인출하였다 하더라도 이는 예금명의자로서 은행에 예금반환을 청구한 결과일 뿐 본범으로부터 위 돈에 대한 점유를 이전받아 사실상 처분권을 획득한 것은 아니므로, 피고인의 위와 같은 인출행위를 장물취득죄로 벌할 수는 없다. (ii) 사기범행에 이용되리라는 사정을 알고서도 자신의 명의로 새마을금고 예금계좌를 개설하여 甲에게 이를 양도함으로써 甲이 乙을 속여 乙로 하여금 1,000만 원을 위 계좌로 송금하게 한 사기범행을 방조한 피고인이 위 계좌로 송금된 돈 중 140만 원을 인출하여 甲이 편취한 장물을 취득하였다는 공소사실에 대하여, 甲이 사기범행으로 취득한 것은 재산상 이익이어서 장물에 해당하지 않는다는 원심판단은 적절하지 아니하지만, 피고인의 위와 같은 인출행위를 장물취득죄로 벌할 수는 없으므로, 위 '장물취득' 부분을 무죄로 선고한 원심의 결론은 정당하다.

14. 재산범죄에 관한 설명 중 옳은 것을 모두 고른 것은? (다툼이 있는 경우에는 판례에 의함) <변호사 2013년>

가. 장물인 귀금속의 매도를 부탁받은 甲이 그 귀금속이 장물임을 알면서도 매매를 중개하고 매수인에게 이를 전달하려다가 매수인을 만나기 전에 체포된 경우에는 위 귀금속의 매매를 중개함으로 인한 장물알선죄가 성립하지 않는다.
나. 렌터카회사의 공동대표이사 중 1인인 A가 회사 보유 차량을 자신의 개인적인 채무담보 명목으로 B에게 넘겨준 후, 렌터카회사와 B 사이에 법적 분쟁이 진행 중에 다른 공동대표이사인 甲이 위 차량을 몰래 회수하도록 한 경우 위 B의 점유는 권리행사방해죄의 보호대상인 점유에 해당하지 않는다.
다. 무효인 경매절차에서 경매목적물을 경락받아 이를 점유하고 있는 낙찰자의 점유는 적법한 점유로서, 동시이행항변권을 가지고 있는 점유자는 권리행사방해죄에 있어서의 타인의 물건을 점유하고 있는 자라고 할 것이다.
라. 불법원인급여에 해당하여 급여자가 수익자에 대한 반환청구권을 행사할 수 없다고 하더라도 수익자가 기망을 통하여 급여자로 하여금 불법원인급여에 해당하는 재물을 제공하도록 하였다면 사기죄가 성립한다.
마. 소송비용을 편취할 의사로 소송비용의 지급을 구하는 손해배상청구의 소를 제기한 경우에는 사기죄의 불가벌적 불능범에 해당한다.

① 가 나 마 ② 가 다 마 ③ 나 다 라
④ 나 라 마 ⑤ 다 라 마

해설

가(×) 장물인 정을 알면서, 장물을 취득·양도·운반·보관하려는 당사자 사이에 서서 서로를 연결하여 장물의 취득·양도·운반·보관행위를 중개하거나 편의를 도모하였다면, 그 알선에 의하여 당사자 사이에 실제로 장물의 취득·양도·운반·보관에 관한 계약이 성립하지 아니하였거나 장물의 점유가 현실적으로 이전되지 아니한 경우라도 장물알선죄가 성립한다(대법원 2009.4.23, 2009도1203). 장물알선죄의 기수시기에 대해 계약성립시설, 점유이전시설도 있으나 판례는 알선행위시설의 태도를 명백히 한 것이다.
나(×) 피해자의 점유는 법정절차를 통하여 점유 권원의 존부가 밝혀짐으로써 분쟁이 해결될 때까지 잠정적으로 보호할 가치 있는 점유에 포함된다고 할 것이므로 권리행사방해죄의 보호대상인 점유에 해당한다(대법원 2006.3.23, 2005도4455).
다(○) 대법원 2003.11.28, 2003도4257.
라(○) 대법원 2006.11.23, 2006도6795.
마(○) 대법원 2005.12.8, 2005도8105. 〈답 ⑤〉

제 8 절 손괴의 죄

1. 손괴죄가 성립하지 않는 경우는?

㉠ 도서에 낙서한 경우	㉡ 식기에 방뇨한 경우
㉢ 축견을 살상한 경우	㉣ 새장 내의 새를 날려 보낸 경우
㉤ 사람이 현존하는 자동차를 소훼한 경우	
㉥ 밭에 세워 둔 경운기를 소훼한 경우	

① ㉤ ② ㉡ ㉣ ③ ㉢ ㉣
④ ㉤ ㉥ ⑤ ㉠ ㉡ ㉢ ⑥ ㉡ ㉢ ㉣
⑦ ㉡ ㉣ ㉤ ⑧ 없음

해설

손괴죄는 타인의 재물, 문서 또는 전자기록 등 특수매체기록을 손괴 또는 은닉한 경우뿐만 아니라 기타의 방법으로 그 효용을 해하는 경우에도 성립한다. 따라서 물질적 훼손뿐만 아니라 ㉠㉡㉢㉣의 경우와 같이 사실상 또는 감정상 그 물건을 본래의 용도에 사용할 수 없게 하는 행위를 한 때에도 손괴죄는 성립한다. ㉤ 현주건조물방화죄가 성립한다. ㉥ 구체적 위험범인 일반물건방화죄(제167조 1항)가 성립하기 위하여는 공공의 위험이 발생할 것을 요한다. 밭에 세워 둔 경운기에 불을 질러 전소시킨 것만으로는 공중의 생명·신체·재산을 침해할 가능성이 있다고 볼 수 없으므로 설문의 경우에는 일반물건방화죄가 성립하지 않고 손괴죄가 성립한다. 〈답 ①〉

2. 문서손괴죄가 성립하지 않는 경우를 모두 고르면? (판례에 의함)

> ㉠ 자기가 소유하는 타인명의의 문서를 찢었다.
> ㉡ 타인에게 교부한 자기명의의 영수증을 찢었다.
> ㉢ 명의인의 부탁을 받고 타인이 가지고 있는 문서의 내용을 고쳤다.
> ㉣ 연명으로 작성된 문서의 일부를 삭제하였다.
> ㉤ 채무자가 채권자에게 써 준 약속어음을 잠시 반환받아 임의로 금액을 고쳤다.
> ㉥ 경리장부를 옮겨 적는 과정에서 누계가 잘못된 부분을 찢었다.

① ㉠ ② ㉥ ③ ㉠ ㉥
④ ㉢ ㉤ ⑤ ㉤ ㉥ ⑥ ㉠ ㉡ ㉤
⑦ ㉠ ㉣ ㉥ ⑧ ㉣ ㉤ ㉥

해설

㉠(×) 문서손괴죄의 객체는 타인소유의 문서에 한한다.
㉡㉢(○) 사문서위조죄에 있어서의 위조란 작성권한 없는 자가 타인명의를 모용하여 문서를 작성하는 것을 말하므로, 사문서의 작성권자가 타인소유의 문서의 내용을 고치거나

(대법원 1987.4.14, 87도177) 작성권자의 동의를 받아 같은 문서에 새로운 사실을 기입할 때에는 문서손괴죄가 성립한다.
㉣(○) 연명으로 작성된 사문서의 일부를 말소하는 것은 문서의 효용을 일부 없애는 것이므로 문서손괴죄에 해당한다.
㉤(○) 유가증권위조 · 변조죄는 타인명의의 유가증권을 전제로 하고, 허위유가증권작성죄는 허위의 사항을 기재함으로써 성립한다. 비록 자기명의의 유가증권이라 할지라도 이미 타인에 교부되어 있는 유가증권에 대하여 함부로 그 금액을 수정하여 그 본래의 금액대로 사용하지 못하게 하였다면 문서손괴죄를 구성한다.
㉥(×) 손괴죄의 객체인 문서란 거기에 표시된 내용이 적어도 법률상 또는 사회생활상 중요한 사항에 관한 것이어야 하는바, 이미 작성되어 있던 장부의 기재를 새로운 장부로 이기하는 과정에서 누계 등을 잘못 기재하다가 그 부분을 찢어버리고 계속하여 종전 장부의 기재내용을 모두 이기하였다면 그 당시 새로운 경리장부는 아직 작성 중에 있어서 손괴죄의 객체가 되는 문서로서의 경리장부가 아니라 할 것이고, 또 그 찢어버린 부분이 진실된 증빙내용을 기재한 것이었다는 등의 특별한 사정이 없는 한 그 이기과정에서 잘못 기재되어 찢어버린 부분 그 자체가 손괴죄의 객체가 되는 재산적 이용가치 내지 효용이 있는 재물이라고도 볼 수 없다(대법원 1989.10.24, 88도1296). 〈답 ③〉

3. 손괴죄에 대한 설명으로 옳은 것(○)과 옳지 않은 것(×)을 바르게 표시한 것은? (다툼이 있는 경우에는 판례에 의함)

> ㉠ 양어장 관리인이 고의로 수문을 개방하여 어류를 방류한 경우 손괴죄에 해당한다.
> ㉡ 회사의 경리사무 처리상 필요불가결한 매출계산서, 매출명세서 등의 반환을 거부함으로써 그 문서들을 일시적으로 그와 같은 용도에 사용할 수 없게 하는 것은 손괴죄에 해당한다.
> ㉢ 타인에게 맡겨둔 자기명의의 차용증서에서 자기명의를 지우고 허무인의 이름을 기재한 경우 문서손괴죄와 사문서위조죄의 상상적 경합범에 해당한다.
> ㉣ 甲소유의 토지를 임차하여 쪽파를 재배한 乙이 명인방법을 갖추지 않고 쪽파를 제3자에게 매도하였으나, 일정기간 내에 수확하지 않은 쪽파는 임의처분할 수 있다는 甲과 乙 사이의 약정에 따라 甲이 위 기간 경과 후 수확되지 아니한 쪽파를 갈아엎은 경우 손괴죄가 성립한다.

① ㉠(○) ㉡(○) ㉢(○) ㉣(○)
② ㉠(○) ㉡(○) ㉢(○) ㉣(×)
③ ㉠(○) ㉡(×) ㉢(○) ㉣(×)
④ ㉠(○) ㉡(×) ㉢(×) ㉣(○)
⑤ ㉠(×) ㉡(○) ㉢(○) ㉣(×)
⑥ ㉠(×) ㉡(○) ㉢(×) ㉣(○)
⑦ ㉠(×) ㉡(×) ㉢(○) ㉣(○)
⑧ ㉠(×) ㉡(×) ㉢(×) ㉣(○)

해설

㉠(○) 새장 안의 새를 날려보낸 경우와 같이 손괴죄를 구성한다.

ⓛ(○) 회사의 경리사무 처리상 필요불가결한 매출계산서, 매출명세서 등의 반환을 거부함으로써 그 문서들을 일시적으로 그와 같은 용도에 사용할 수 없게 하는 것은 그 문서의 효용을 해한 경우에 해당한다(대법원 1971.11.23, 71도1576).
ⓒ(○) 사문서의 작성명의인이 허무인인 경우에도 사문서위조죄가 성립한다(대법원 2005.2.24, 2002도18 전원합의체). 또한 자기명의의 문서라 할지라도 이미 타인에 교부되어 있는 문서에 대하여 함부로 이를 무효화시켜 그 용도에 사용하지 못하게 하였다면 문서손괴죄를 구성하며(대법원 1987.4.14, 87도177), 양 죄는 상상적 경합의 관계에 있다.
ⓡ(×) 쪽파의 매수인은 명인방법을 취하지 않은 이상 쪽파에 대한 소유권을 취득하였다고 볼 수 없어 그 소유권은 여전히 매도인에게 있고 매도인과 제3자 사이에 일정기간 후 임의처분의 약정이 있었다면 그 기간 후에 제3자가 쪽파를 손괴하였더라도 재물손괴죄가 성립하지 않는다(대법원 1996.2.23, 95도2754). 〈답 ②〉

4. 손괴죄가 성립하지 않는 것을 모두 고르면? (판례에 의함)

> ㉠ 약속어음의 수취인이 차용금의 지급담보를 위하여 은행에 보관시킨 약속어음을, 은행지점장이 발행인의 부탁을 받고 그 지급기일란의 일자를 지운 경우
> ㉡ 허위내용의 확인서를 소유자의 의사에 반하여 찢어버린 경우
> ㉢ 물건을 본래의 사용목적에 공할 수 없게 하는 상태로 만드는 것이 아니라 일시 이용할 수 없는 상태로 만든 경우
> ㉣ 타인소유의 광고용 간판을 페인트로 도색하여 광고문안을 지워버린 경우
> ㉤ 도로변에 가식되어 있는 나무를 뽑았으나 그 직후 제3자가 그대로 다시 심은 경우
> ㉥ 크레인을 이용하여 주택에 부합된 태양열 온수장치와 심야전기 보일러를 주택 옥상에서 분리한 뒤 땅에 내려놓은 경우
> ㉦ 해고노동자 등이 복직을 요구하는 집회를 개최하던 중 계란 30개를 건물에 투척하여 건물 벽이 더럽혀진 경우
> ㉧ 컴퓨터 등에 수록된 데이터를 삭제한 경우

① ㉡ ② ㉢ ③ ㉦ ④ ㉠ ㉡
⑤ ㉡ ㉦ ⑥ ㉢ ㉤ ⑦ ㉢ ㉣ ㉥ ⑧ ㉢ ㉤ ㉥ ㉦

해설

㉠(○) 대법원 1982.7.27, 82도223.
㉡(○) 대법원 1982.12.28, 82도1807.
㉢(○) 대법원 1993.12.7, 93도2701(효용을 해하는 것에 해당).
㉣(○) 대법원 1991.10.22, 91도2090.
㉤㉥(○) 재물손괴죄에서의 효용을 해하는 행위에는 일시 물건의 구체적 역할을 할 수 없는 상태로 만드는 경우도 해당하므로 손괴죄가 성립한다.
㉦(×) 대법원 2007.6.28, 2007도2590(계란 30여 개를 건물에 투척한 행위는 건물의 효용을 해하는 정도의 것에 해당하지 않는다) 참조.

ⓞ(○) 전자기록 등 특수매체기록을 손괴한 때에도 손괴죄가 성립한다(제366조 참조). 〈답 ③〉

5. 손괴죄에 관한 설명 중 옳지 않은 것은? (판례에 의함)

① 포도주 원액이 부패하여 포도주 원료로서의 효용가치는 상실되었으나, 그 산도가 1.8도 내지 6.2도에 이르고 있어 식초의 제조 등 다른 용도에 사용할 수 있는 경우에는 재물손괴죄의 객체가 될 수 있다.

② 경락받은 공장건물을 개조하기 위하여 그 안에 시설되어 있는 타인의 자재를 적법한 절차 없이 철거하였더라도 재물손괴죄에는 해당하지 않는다.

③ 자신의 집에 인접한 타인의 대지에 대해 재산세를 부담하기로 하고 임차하여 마당으로 사용하던 중 생활하수 등을 처리하기 위해 위 대지의 구석 부분에 구덩이를 파고 거기에 깨어진 콘크리트조각 50개 가량을 집어넣었다고 하더라도, 위 대지가 현재까지 다른 용도로는 사용되지 아니한 채 방치되어 있어 잡초가 곳곳에 나고 동네사람들이 버린 쓰레기와 돌조각 등으로 덮혀져 있었다면 손괴죄가 성립하지 아니한다.

④ 약속어음의 발행인이 소지인으로부터 그 어음을 교부받아 수취인란에 타인의 이름을 기재함으로써 배서의 연속을 상실케 한 경우, 문서손괴죄가 성립한다.

⑤ 해고노동자 등이 복직을 요구하는 집회를 개최하던 중 래커 스프레이를 이용하여 회사 건물 외벽과 1층 벽면 등에 낙서한 행위는 건물의 효용을 해한 것이다.

해설

①(○) 대법원 1979.7.24, 78도2138.
②(×) 피고인이 경락받은 농수산물 저온저장 공장건물 중 공냉식 저온창고를 수냉식으로 개조함에 있어 그 공장에 시설된 피해자 소유의 자재에 관하여 피해자에게 철거를 최고하는 등 적법한 조치를 취함이 없이 이를 일방적으로 철거하게 하여 손괴하였다면, 이는 재물손괴의 범의가 없었다고 할 수 없고 이것이 사회상규상 당연히 허용되는 것이라고 할 수도 없다(대법원 1990.5.22, 90도700).
③(○) 대법원 1989.1.31, 88도1592(대지가 갖는 본래의 효용을 해한 것이라 할 수 없어)
④(○) 어음의 수취인란에 타인의 이름을 추가로 기입하여 위 어음배서의 연속성을 상실하게 함으로써 그 효용을 해한 경우에는 문서손괴죄에 해당한다(대법원 1985.2.26, 84도2802).
⑤(○) 래커 스프레이를 이용하여 회사 건물 외벽과 1층 벽면 등에 낙서한 행위는 건물의 효용을 해한 것으로 볼 수 있다(대법원 2007.6.28, 2007도2590). 〈답 ②〉

6. 손괴죄에 해당하는 것을 모두 고르면? (다툼이 있는 경우에는 판례에 의함)

㉠ 甲소유였다가 약정에 따라 乙명의로 이전되었으나 권리관계에 다툼이 생긴 토지상에서 甲이 버스공용터미널을 운영하고 있는데 乙이

甲의 영업을 방해하기 위하여 철조망을 설치하려 하자 甲이 위 철조망을 가까운 곳에 마땅한 장소가 없어 터미널로부터 약 200 내지 300미터 가량 떨어진 甲소유의 다른 토지 위에 옮겨 놓았다.
ⓛ A가 자기가 판 우물을 이용하기 위하여 위 우물에 A소유인 고무호스를 연결하여 고무호스에 우물이 통하도록 하고 그 고무호스를 땅에 묻어서 수도관과 같이 이용하고 있었는데 甲이 위 고무호스 중 약 1.5미터를 발굴하여 우물가에 제쳐 놓음으로써 그 고무호스에 물이 통하지 못하도록 하였다.
ⓒ 판결에 의하여 명도받은 토지의 경계에 설치해 놓은 철조망과 경고판을 치워 버렸다.
ⓔ 甲의 아버지가 건립하여 甲이 물려받은 변소에 대하여 이웃사람들에게 같이 사용할 것을 허락함으로써 이웃사람들이 같이 사용하여 오다가 사용자들이 약 6년 전에 그들의 비용으로 보수를 하였는데, 甲이 사용자들에게 사용중지를 통고한 후 위 변소를 부숴버렸다.
ⓜ 관리처분계획의 인가·고시 이후 분양처분의 고시 이전에 재개발구역 안의 무허가건물을 제3자가 임의로 손괴하였다.

① ⓛ ⓒ ② ㉠ ⓛ ⓒ ③ ⓛ ⓒ ⓜ
④ ⓒ ⓔ ⓜ ⑤ ⓛ ⓒ ⓔ ⓜ ⑥ ㉠ ⓛ ⓒ ⓔ ⓜ

해설

㉠(×) 재물의 소재를 불명하게 함으로써 그 발견을 곤란 또는 불가능하게 하여 그 효능을 해하게 하는 재물은닉의 범의가 있다고 할 수 없다(대법원 1990.9.25, 90도1591).
ⓛ(○) 대법원 1971.1.26, 70도2378.
ⓒ(○) 대법원 1982.7.13, 82도1057(울타리로서의 역할을 해한 때에는 재물손괴죄가 성립)
ⓔ(×) 변소의 소유권이 甲에게 있는 이상 재물손괴죄가 성립하지 않는다(대법원 1971.6.29, 71도926).
ⓜ(○) 대법원 2004.5.28, 2004도434는 손괴죄가 성립한다고 판시하였다. 〈답 ③〉

대법원 2004.5.28, 2004도434 구 도시재개발법(2002.12.30. 폐지된 법률)에 의한 재개발구역 안의 무허가건물에 대한 사실상 소유권은 관리처분계획의 인가·고시에 의하여 이에 해당하는 아파트 등을 분양받을 조합원의 지위로 잠정적으로 바뀌고, 분양처분의 고시가 있는 경우에는 같은 법 제39조 1항 전문의 규정에 의하여 그에 대한 사실상 소유권이 소멸하고 분양받은 아파트에 대한 소유권만이 남게 되는 것이므로, 관리처분계획의 인가·고시 이후 분양처분의 고시 이전에 재개발구역 안의 무허가건물을 제3자가 임의로 손괴할 경우 특별한 사정이 없는 한 재물손괴죄가 성립한다.

7. 경계침범죄에 대한 설명 중 옳은 것을 모두 고르면? (판례에 의함)

㉠ 경계침범죄는 토지의 경계에 관한 권리관계의 안정을 확보하여 사권

> 을 보호하고 사회질서를 유지하려는 데 그 목적이 있다.
> ㉡ 실제상의 경계선에 부합되지 않는 경계표라면 그것이 종전부터 일반적으로 승인되어 온 것이라 할지라도 경계침범죄의 계표에 해당되지 않는다.
> ㉢ 기존 경계가 진실한 권리상태와 맞지 않는다는 이유로 당사자의 어느 한쪽이 기존 경계를 무시하고 일방적으로 경계측량을 하여 이를 실체권리관계에 맞는 경계라고 주장하면서 그 위에 계표를 설치하더라도 이 경계표는 경계침범죄에서 말하는 계표에 해당되지 않는다.
> ㉣ 경계침범죄에서 말하는 경계표는 어느 정도 객관적으로 통용되는 사실상의 경계를 표시하는 것으로서 영속적인 것을 말하고 일시적인 것은 이에 해당되지 않는다.
> ㉤ 기왕에 건립되어 있던 담벽의 연장선상에 위 담벽과 연결하여 추가로 담벽을 설치한 것은 경계침범죄를 구성한다.

① ㉠ ㉢　　② ㉡ ㉤　　③ ㉠ ㉡ ㉢
④ ㉠ ㉢ ㉣　　⑤ ㉡ ㉣ ㉤　　⑥ ㉡ ㉢ ㉣ ㉤

해설

㉠(○) 대법원 1992.12.8, 92도1682.
㉡(×) 비록 실제상의 경계선에 부합되지 않는 경계표라 할지라도 그것이 종전부터 일반적으로 승인되어 온 것이라면 그와 같은 경계표는 형법 제370조 소정의 계표에 해당된다(대법원 1991.9.10, 91도856).
㉢(○) 대법원 1986.12.9, 86도1492.
㉣(×) 형법 제370조에서 말하는 경계표는 그것이 어느 정도 객관적으로 통용되는 사실상의 경계를 표시하는 것이라면 영속적인 것이 아니고 일시적인 것이라도 이 죄의 객체에 해당한다(대법원 1999.4.9, 99도480).
㉤(×) 기왕에 건립되어 있던 담벽의 연장선상에 위 담벽과 연결하여 추가로 담벽을 설치한 것은 피고인 주장의 경계를 보다 확실히 하고자 한 행위에 지나지 아니할 뿐, 이로써 새삼스레 피해자 소유의 토지경계에 대한 인식불능의 결과를 초래한다고는 볼 수 없다(대법원 1992.12.8, 92도1682). 〈답 ①〉

8. 경계침범죄에 관한 설명 중 옳지 않은 것은? (판례에 의함)

① 종래 통용되던 사실상의 경계가 법률상의 정당한 경계가 아니더라도 경계로서의 객관성을 상실하지 않는 한 형법상의 경계에 해당한다.
② 계표의 손괴 등의 행위가 있더라도 토지경계의 인식불능의 결과가 발생하지 않는 한 경계침범죄가 성립하지 아니한다.
③ 건물을 신축하면서 건물의 처마를 피해자 소유의 가옥 지붕 위로 나오게 한 것은 경계침범죄에 해당한다.
④ 경계는 이해관계인들의 묵시적 합의에 의하여 정하여질 수 있으며, 일

시적인 경계표도 경계침범죄의 객체가 될 수 있다.

⑤ 타인의 토지에 무단으로 주택을 건설하는 행위는 경계침범죄를 구성한다.

해설

①②(○) 대법원 1992.12.8, 92도1682.

③(×) 피고인이 건물을 신축하면서 그 건물의 1층과 2층 사이에 있는 처마를 피해자 소유의 가옥 지붕 위로 나오게 한 사실만으로는 양 토지의 경계가 인식불능되었다고 볼 수 없으므로 경계침범죄의 구성요건에 해당하지 아니한다(대법원 1984.2.28, 83도1533).

④(○) 대법원 1999.4.9, 99도480.

⑤(○) 대법원 1968.9.17, 68도967. 〈답 ③〉

9. 다음 설명에 대한 판단(옳음(○)과 틀림(×))**과 동일한 것을 보기에서 모두 고르면?** (판례에 의함)

〈설명〉
재건축사업으로 철거예정이고 그 입주자들이 모두 이사하여 아무도 거주하지 않은 채 비어 있는 아파트라면, 그 객관적 성상이 본래 사용목적인 주거용으로 쓰일 수 없는 상태가 아니라거나 입주자들이 주택재건축정비사업조합에로의 신탁등기 및 명도를 거부하는 방법으로 계속 그 소유권을 행사하고 있다고 하더라도, 위 아파트는 재물손괴죄의 객체가 될 수 없다.

㉠ 자기가 속하고 있는 종중 소유라고 믿고 있는 임야에 대한 타인명의의 등기권리증을 그 소지인이 제시하자 이를 가지고 가서 위 종중이 원고가 되어 그 말소등기를 구하는 민사사건에 증거로 제출한 행위는 문서은닉죄에 해당하지 아니한다.

㉡ 문서손괴죄의 객체는 타인소유의 문서이며 행위자 자신의 점유 하에 있는 문서라 할지라도 타인소유인 이상 이를 손괴하는 행위는 문서손괴죄에 해당한다.

㉢ 공동재물손괴행위가 업무방해의 과정에서 그 소란의 일환으로 저지른 것이라면, 업무방해가 공동재물손괴행위 외에 장시간에 걸쳐 집단적으로 사업본부장실을 점거하고 구호를 제창하는 등의 위력을 행사하는 방법으로 저지른 것이라고 하더라도 양 죄는 상상적 경합범의 관계에 있다.

㉣ 종래 통용되어 오던 사실상의 경계가 법률상의 정당한 경계인지 여부에 대하여 다툼이 있다면, 그 사실상의 경계는 형법 제370조에서 말하는 경계에 해당하지 아니한다.

㉤ 형법 제370조의 경계를 표시하는 경계표는 반드시 담장 등과 같이 인위적으로 설치된 구조물만을 의미하는 것으로 볼 것은 아니고, 수

목이나 유수 등과 같이 종래부터 자연적으로 존재하던 것이라도 경계표지로 승인된 것이면 여기의 경계표에 해당한다.

ⓑ 토지의 경계에 관하여 다툼이 있던 중에 그 경계선 부근에 심어져 있던 조형소나무 등을 뽑아내고 그 부근을 굴착한 것은 형법 제370조의 경계침범행위에 해당한다.

① ㉣ ② ㉢ ㉣ ③ ㉠ ㉢ ㉣
④ ㉠ ㉤ ㉥ ⑤ ㉡ ㉢ ㉣ ⑥ ㉡ ㉤ ㉥
⑦ ㉠ ㉡ ㉤ ㉥ ⑧ ㉠ ㉡ ㉢ ㉤ ㉥

해설

〈설명〉의 내용은 틀렸다. 재건축사업으로 철거예정이고 그 입주자들이 모두 이사하여 아무도 거주하지 않은 채 비어 있는 아파트라 하더라도, 그 객관적 성상이 본래 사용목적인 주거용으로 쓰일 수 없는 상태라고 할 수 없고, 더욱이 피해자들이 주택재건축정비사업조합에로의 신탁등기 및 명도를 거부하는 방법으로 계속 그 소유권을 행사하고 있는 상황에서, 위와 같은 사정만으로는 위 각 아파트가 재물로서의 이용가치나 효용이 없는 물건으로 되었다고 할 수 없으므로, 위 각 아파트는 재물손괴죄의 객체가 된다(대법원 2007.9.20, 2007도5207).

㉠(○) 대법원 1979.8.28, 79도1266.

㉡(○) 대법원 1984.12.26, 84도2290.

㉢(×) 공동재물손괴의 범행은 업무방해의 과정에서 그 소란의 일환으로 저지른 것이기는 하지만, 양 죄는 피해자가 다를 뿐 아니라, 업무방해의 범행은 공동재물손괴의 범행 외에 장시간에 걸쳐 집단적으로 한국철도공사 사업본부장실을 점거하고 구호를 제창하는 등의 위력을 행사하는 방법으로 저지른 것이어서 행위의 태양이 다르다고 할 것이므로 양 죄는 실체적 경합범의 관계에 있다(대법원 2007.5.11, 2006도9478).

㉣(×) 종래 통용되어 오던 사실상의 경계가 법률상의 정당한 경계인지 여부에 대하여 다툼이 있다고 하더라도, 그 사실상의 경계가 법률상 정당한 경계가 아니라는 점이 이미 판결로 확정되었다는 등 경계로서의 객관성을 상실하는 것으로 볼 만한 특단의 사정이 없는 한, 여전히 형법 제370조에서 말하는 경계에 해당한다(대법원 2007.12.28, 2007도9181).

㉤㉥(○) 대법원 2007.12.28, 2007도9181. 〈답 ②〉

제9절 권리행사를 방해하는 죄

1. 권리행사방해죄에 대한 설명 중 옳은 것을 모두 고르면? (다툼이 있는 경우에는 판례에 의함)

㉠ 회사의 공동대표이사 중 1인인 甲이 자신의 개인적인 채무담보 명목으로 A에게 회사 보유 차량의 점유를 이전해 주었는데 다른 공동대표이사 乙이 위 차량을 몰래 회수한 경우, A의 점유는 권리행사방해

죄의 보호대상인 점유에 해당되지 않는다.
㉡ 자기소유의 가압류된 부동산을 채권자의 승낙 없이 철거한 경우 권리행사방해죄가 성립한다.
㉢ 적법한 권원에 기하여 물건을 점유하였지만 그 후에 점유물을 소유자에게 명도하여야 할 사정이 발생하였음에도 점유자가 임의로 명도를 하지 아니하고 계속 점유하고 있다면 그 점유자는 권리행사방해죄에 있어서의 타인의 물건을 점유하고 있는 자에 해당하지 않는다.
㉣ 타인의 점유 또는 권리의 목적이 된 자기의 전자기록 등 특수매체기록을 취거 · 은닉 · 손괴한 경우 권리행사방해죄가 성립한다.
㉤ 폭행 또는 협박으로 타인의 점유에 속하는 자기의 물건을 강취한 경우 중권리행사방해죄가 성립한다.

① ㉠ ㉢ ② ㉡ ㉣ ③ ㉢ ㉤
④ ㉠ ㉡ ㉣ ⑤ ㉠ ㉢ ㉤ ⑥ ㉠ ㉢ ㉣ ㉤

해설

㉠(×) A의 점유는 권리행사방해죄의 보호대상인 점유에 해당한다(대법원 2006.3.23, 2005도4455).
㉡(○) 대법원 1960.9.14, 4292형상537.
㉢(×) 적법한 권원에 기하여 물건을 점유한 이상 그 후에 점유물을 소유자에게 명도하여야 할 사정이 발생하였다 할지라도 점유자가 임의로 명도를 하지 아니하고 계속 점유하고 있다면 그 점유자는 권리행사방해죄에 있어서의 타인의 물건을 점유하고 있는 자이다(대법원 1977.9.13, 77도1672).
㉣(○) 형법 제323조.
㉤(×) 점유강취죄(제325조 1항)가 성립한다. 〈답 ②〉

2. 권리행사방해죄가 성립하지 않는 것을 모두 고르면? (판례에 의함)

㉠ 회사의 과점주주인 부사장이 회사 명의로 소유권등기가 경료되어 타인이 점유 중인 선박을 취거하였다.
㉡ 乙이 절취하여 보관하고 있던 솥을 소유자 甲이 乙의 허락 없이 임의로 운반하여 갔다.
㉢ 회사가 구입하여 보유 중이나 아직 신규등록 절차를 마치지 않은 미등록 상태의 차량을 회사의 공동대표이사 중 1인이 자신의 개인적인 채무담보 명목으로 피해자에게 넘겨주었는데 다른 공동대표이사가 위 차량을 몰래 회수하였다.
㉣ 乙이 甲 소유의 입목을 벌채하는 등의 공사를 완료하면 甲은 乙에게 대금지급에 갈음하여 그 벌채된 원목을 인도한다는 내용의 계약에 따라 乙이 계약상의 의무를 이행하였지만, 甲은 벌채된 원목을 임의

로 타인에게 매도하였다.

① ㉡ ㉢ ② ㉢ ㉣ ③ ㉠ ㉡ ㉢
④ ㉠ ㉡ ㉣ ⑤ ㉡ ㉢ ㉣ ⑥ ㉠ ㉡ ㉢ ㉣

해설 ....

㉠(×) 회사 명의로 소유권등기가 경료된 것이라면 피고인의 소유라 할 수 없고 피고인이 회사의 과점주주라거나 부사장이라 하여도 피고인의 소유라 할 수 없는 것이므로, 권리행사방해죄를 구성하지 아니한다(대법원 1984.6.26, 83도2413).
㉡(×) 권리행사방해죄에 있어서 타인의 점유라 함은 권원으로 인한 점유, 즉 정당한 원인에 기하여 그 물건을 점유하는 권리 있는 자의 점유를 말하는 것이므로 본권을 갖지 않는 절도범의 점유는 여기에 해당하지 않는다(대법원 1994.11.11, 94도343).
㉢(×) 자동차소유권의 득실변경은 등록을 하여야 그 효력이 생기고, 권리행사방해죄의 객체는 자기의 소유물에 한하는데, 렌트카회사가 구입하여 보유 중이나 아직 위 회사나 피고인 명의로 신규등록 절차를 마치지 않은 미등록 상태인 승용차는 범행 당시 렌트카회사 혹은 피고인의 소유물이라고 할 수 없어 권리행사방해죄는 성립하지 아니한다(대법원 2006.3.23, 2005도4455).
㉣(○) 권리행사방해죄의 구성요건 중 타인의 '권리'란 반드시 제한물권만을 의미하는 것이 아니라 물건에 대하여 점유를 수반하지 아니하는 채권도 이에 포함된다(대법원 1991.4.26, 90도1958).
〈답 ③〉

3. 권리행사방해죄에 관한 설명 중 옳지 않은 것은? (다툼이 있는 경우에는 판례에 의함)

① 일단 적법한 권원에 기하여 물건을 점유한 이상 그 점유를 하게 한 계약이 해제되더라도 형법 제323조의 타인의 물건을 점유하고 있는 자라고 할 것이다.
② 권리행사방해죄의 구성요건 중 타인의 '권리'란 반드시 제한물권만을 의미하는 것이 아니라 물건에 대하여 점유를 수반하지 아니하는 채권도 포함된다.
③ 주식회사의 대표이사가 그 지위에 기하여 그 직무집행행위로서 타인이 점유하는 위 회사의 물건을 취거한 경우 위 회사의 물건도 권리행사방해죄에 있어서의 '자기의 물건'에 해당한다.
④ 관련법령에 의하여 그 명의인이 영업소 안에 보관하거나 게시하여야 할 의무가 있는 식품접객업 영업허가증과 사업자등록증을 타인에게 대여하는 약정은 사회질서에 위반하는 법률행위로서 무효이고, 위와 같은 무효인 약정에 따라 명의차용자가 위 허가증 등을 허가관청으로부터 인도받았다 하더라도 그 소유권은 인도 당시부터 명의대여자에게 귀속되므로 명의차용자의 점유는 적법한 원인에 기한 것이라고 할 수 없다.
⑤ 차량대여회사가 차량대여시 받아둔 서면특약을 근거로 급박한 필요성이

없는데도 실력으로 차량을 회수한 행위는 정당행위에 해당하지 않고 권리행사방해죄에 해당한다.

해설

①(○) 대법원 1960.9.14, 4293형상448.
②(○) 대법원 1991.4.26, 90도1958.
③(○) 대법원 1992.1.21, 91도1170.
④(×) 식품접객업 영업허가가 행정관청의 허가이고 그 영업 자체가 국민의 보건과 관계가 있으며, 나아가 부가가치세법에 의한 사업자등록이 납세의무와 관련되어 있다 하더라도 당사자 사이에서 그 허가명의 및 등록명의를 대여하는 것이 허용되지 않는다고 볼 것은 아니며, 명의대여 약정에 따른 신청에 의하여 발급된 영업허가증과 사업자등록증은 명의차용자가 인도받음으로써 명의차용자의 소유가 되었다고 할 것이므로, 이를 명의대여자가 가지고 간 행위는 절도죄에 해당한다(대법원 2004.3.12, 2002도5090).
⑤(○) 대법원 1989.7.25, 88도410. 〈답 ④〉

4. 다음 설명 중 옳은 것(○)과 옳지 않은 것(×)을 바르게 표시한 것은? (판례에 의함)

> ㉠ 지입차량의 관리위임을 맡은 운수사의 영업부장 또는 대표자가 차량관리 수위탁계약을 부활시켜 주겠다는 약정에 위반하여 타인과 다시 관리위임계약을 체결하였다면 배임죄가 성립한다.
> ㉡ 자신의 택시를 회사에 지입하여 운행하는 자가 회사의 요구로 택시를 회사 차고지에 입고하였다가 회사의 승낙을 받지 않고 가져간 행위는 권리행사방해죄에 해당하지 않는다.
> ㉢ 종합건설회사가 유치권 행사를 위하여 점유하고 있던 주택에 피고인이 그 소유자인 처(妻)와 함께 출입문 용접을 해제하고 들어가 거주한 경우 권리행사방해죄에 해당한다.
> ㉣ 토지소유자가 그 지상 건물소유자에 대하여 건물철거 및 토지인도청구권을 갖는 경우 허위채무로 위 건물에 근저당권설정등기를 경료한 건물소유자의 행위는 강제집행면탈죄를 구성하지 않는다.

① ㉠(○) ㉡(×) ㉢(○) ㉣(×) ② ㉠(○) ㉡(○) ㉢(○) ㉣(○)
③ ㉠(○) ㉡(○) ㉢(×) ㉣(×) ④ ㉠(×) ㉡(×) ㉢(×) ㉣(×)
⑤ ㉠(×) ㉡(○) ㉢(×) ㉣(○) ⑥ ㉠(×) ㉡(○) ㉢(○) ㉣(○)
⑦ ㉠(×) ㉡(×) ㉢(○) ㉣(○) ⑧ ㉠(○) ㉡(×) ㉢(×) ㉣(×)

해설

㉠(×) 지입차량의 관리위임을 맡은 운수사가 지입차주에 대하여 차량관리 수위탁계약을 부활시켜 줄 의무는 지입차주에 대한 단순한 채무에 불과하여, 결국 위 운수사의 영업부장 또는 대표자 등은 위 지입차주의 사무를 처리하는 지위에 있는 자에 해당한다고 할 수 없으므로 그 약정에 위반하여 타인과 다시 관리위임계약을 체결하였다 하더라도 배임

죄가 성립하지 아니한다(대법원 1978.10.10, 78도1714).
㉡(○) 피고인이 택시를 회사에 지입하여 운행하였다고 하더라도, 피고인이 회사와 사이에 위 택시의 소유권을 피고인이 보유하기로 약정하였다는 등의 특별한 사정이 없는 한, 위 택시는 그 등록명의자인 회사의 소유이고 피고인의 소유는 아니라고 할 것이므로 회사의 요구로 위 택시를 회사 차고지에 입고하였다가 회사의 승낙을 받지 않고 이를 가져간 피고인의 행위는 권리행사방해죄에 해당하지 않는다(대법원 2003.5.30, 2000도5767).
㉢(○) 형법 제323조의 권리행사방해죄에 있어서의 타인의 점유라 함은 권원으로 인한 점유, 즉 정당한 원인에 기하여 물건을 점유하는 것을 의미하지만, 반드시 본권에 기한 점유만을 말하는 것이 아니라 유치권 등에 기한 점유도 여기에 해당한다(대법원 2011.5.13, 2011도2368).
㉣(○) 대법원 2008.6.12, 2008도2279의 내용이다. 〈답 ⑥〉

대법원 2008.6.12, 2008도2279 채권자의 채권이 금전채권이 아니라 토지소유자로서 그 지상 건물의 소유자에 대하여 가지는 건물철거 및 토지인도청구권인 경우라면, 채무자인 건물소유자가 제3자에게 허위의 금전채무를 부담하면서 이를 피담보채무로 하여 건물에 관하여 근저당권설정등기를 경료하였다는 것만으로는 직접적으로 토지소유자의 건물철거 및 토지인도청구권에 기한 강제집행을 불능케 하는 사유에 해당한다고 할 수 없으므로 건물소유자에게 강제집행면탈죄가 성립한다고 할 수 없고, 이는 건물소유자가 토지 임차인으로서 임대인인 토지소유자에 대하여 민법 제643조의 건물매수청구권을 행사함으로써 건물소유자와 토지소유자 사이에 건물에 관한 매매관계가 성립하여 토지소유자가 건물소유자에 대하여 건물에 관한 소유권이전등기 및 명도청구권을 가지게 된 후에 건물소유자가 제3자에게 허위의 금전채무를 부담하면서 이를 피담보채무로 하여 건물에 관하여 근저당권설정등기를 경료한 경우에도 마찬가지이다.

5. 권리행사방해죄에 대한 설명 중 틀린 것을 모두 고르면? (다툼이 있는 경우에는 판례에 의함)

㉠ 甲이 택시를 회사에 지입하여 운행하였다고 하더라도 甲과 회사 사이에 위 택시의 소유권을 甲이 보유하기로 약정하였다는 등의 특별한 사정이 없는 한, 회사의 요구로 위 택시를 회사 차고지에 입고하였다가 회사의 승낙을 받지 않고 이를 가져간 행위는 권리행사방해죄에 해당하지 아니한다.
㉡ 타인에게 자기의 변소를 사용하도록 허락한 자가 그 변소를 손괴한 경우 권리행사방해죄가 성립한다.
㉢ 권리행사방해죄에서의 보호대상인 '타인의 점유'에는 점유권원의 존부가 외관상 명백하지 아니하여 법정절차를 통하여 권원의 존부가 밝혀질 때까지의 점유와 같이 법정절차를 통한 분쟁해결시까지 잠정적으로 보호할 가치있는 점유도 포함된다.
㉣ 부동산실권리자명의등기에관한법률에 의하여 명의신탁이 허용되는 경우나 부동산에 관한 물권을 취득하기 위한 계약에서 명의수탁자가 그 일방당사자가 되고 그 타방당사자가 명의신탁약정이 있다는 사실

을 알지 못하는 경우 이외에는, 명의수탁자로서는 명의신탁 받은 부동산이 권리행사방해죄에 있어서 '자기의 물건'이라고 할 수 없다.

ⓜ 운수회사 직원이 지입차주가 점유하는 차량 또는 번호판을 지입료 등 연체를 이유로 무단 취거한 행위가, 지입료 등이 연체된 경우 계약의 일방해지 및 차량의 회수처분이 가능하도록 하고 있는 위수탁계약에 따른 것이라고 하더라도 권리행사방해죄에 해당한다.

① ㉡ ② ㉠ ㉣ ③ ㉡ ㉤
④ ㉢ ㉣ ⑤ ㉠ ㉢ ㉤ ⑥ 없음

해설

㉠(○) 대법원 2003.5.30, 2000도5767(위 택시는 등록명의자인 회사의 소유이고 피고인의 소유는 아니라고 할 것이므로).

㉡(×) 승낙을 얻어 타인의 변소를 사용하는 권리는 채권적인 사용관계이고 점유권을 내용으로 하는 것이 아니기 때문에 위 변소를 손괴하여도 권리행사방해죄가 성립되지 않는다(대법원 1971.6.29, 71도926).

㉢㉤(○) 대법원 2010.10.14, 2008도6578의 내용이다.

㉣(○) 부동산실권리자명의등기에관한법률 제4조 1항·2항 및 제8조에 의하면 종중 및 배우자에 대한 특례가 인정되는 경우나 부동산에 관한 물권을 취득하기 위한 계약에서 명의수탁자가 그 일방당사자가 되고 그 타방당사자가 명의신탁약정이 있다는 사실을 알지 못하는 경우 이외에는 명의수탁자는 명의신탁 받은 부동산의 소유자가 될 수 없고, 이는 제3자에 대한 관계에 있어서도 마찬가지이므로, 명의수탁자로서는 명의신탁 받은 부동산이 '자기의 물건'이라고 할 수 없다(대법원 2007.1.11, 2006도4215). 〈답 ①〉

6. 권리행사방해죄에 관한 설명 중 옳은 것을 모두 고른 것은? (다툼이 있는 경우에는 판례에 의함) <사시 2013년: 배점 3>

ㄱ. 甲이 자동차등록원부상 A명의로 등록되어 있는 차량을 B에게 담보로 제공하였음에도 불구하고, B의 승낙 없이 미리 소지하고 있던 위 차량의 보조키를 이용하여 이를 운전하여 간 경우 권리행사방해죄가 성립하지 않는다.

ㄴ. 권리행사방해죄의 보호대상인 '타인의 점유'에는 절도범인의 점유와 같이 점유할 권리 없는 자의 점유임이 외관상 명백한 경우는 포함되지 않는다.

ㄷ. 무효인 경매절차에서 경매목적물을 경락받아 이를 점유하고 있는 낙찰자의 점유는 동시이행항변권이 있더라도 적법한 점유가 아니므로 그 점유자는 권리행사방해죄에 있어서의 타인의 물건을 점유하고 있는 자라고 할 수 없다.

ㄹ. 甲이 이른바 중간생략등기형 명의신탁 또는 계약명의신탁의 방식으로 자신의 처에게 등기명의를 신탁하여 놓은 점포에 자물쇠를 채워

점포의 임차인을 출입하지 못하게 한 경우 권리행사방해죄가 성립한다.
ㅁ. A주식회사의 실질적인 대표이사인 甲이 지입차주인 B, C가 지입료 납부를 거부하거나 지체하였다는 이유로 그들이 점유하는 A주식회사 명의의 트럭을 무단으로 가져온 경우 권리행사방해죄가 성립한다. (다만, A주식회사와 B, C 사이에 트럭의 소유관계에 관한 특약은 없음)

① ㄴ ㅁ ② ㄷ ㄹ ③ ㄱ ㄴ ㄹ
④ ㄱ ㄴ ㅁ ⑤ ㄱ ㄷ ㄹ ⑥ ㄴ ㄷ ㅁ
⑦ ㄱ ㄴ ㄷ ㄹ ⑧ ㄱ ㄴ ㄷ ㅁ

해설

ㄱ(○) 대법원 2005.11.10, 2005도6603(담보로 제공한 차량이 자동차등록원부에 타인 명의로 등록되어 있는 이상 그 차량은 피고인의 소유는 아니므로).
ㄴ(○) 대법원 2010.10.14, 2008도6578; 대법원 2006.3.23, 2005도4455.
ㄷ(×) 무효인 경매절차에서 경매목적물을 경락받아 이를 점유하고 있는 낙찰자의 점유는 적법한 점유로서 그 점유자는 권리행사방해죄에 있어서의 타인의 물건을 점유하고 있는 자라고 할 것이다(대법원 2003.11.28, 2003도4257).
ㄹ(×) 명의신탁이 무효로 되는 경우에는 말할 것도 없고, 유효한 명의신탁이 되는 경우에도 제3자인 부동산의 임차인에 대한 관계에서는 명의신탁자는 소유자가 될 수 없으므로, 어느 모로 보나 신탁한 부동산이 권리행사방해죄에서 말하는 '자기의 물건'이라 할 수 없다(대법원 2005.9.9, 2005도626).
ㅁ(○) 대법원 1992.1.21, 91도1170(주식회사의 대표이사가 직무집행행위로서 타인이 점유하는 회사의 물건을 취거한 행위는 회사의 대표기관으로서의 행위라고 평가되므로, 회사의 물건도 권리행사방해죄에 있어서의 "자기의 물건"에 해당한다). 〈답 ④〉

7. 강제집행면탈죄에 관한 설명 중 옳지 않은 것은? (다툼이 있으면 판례에 의함)

① 강제집행면탈죄는 강제집행을 면할 목적으로 재산을 은닉·손괴·허위양도 또는 허위의 채무를 부담하여 채권자를 해할 위험상태에 이름으로써 성립하는 위태범이다.
② 허위양도한 부동산의 시가액보다 그 부동산에 의하여 담보된 채무액이 더 많다고 하여 그 허위양도로 인하여 채권자를 해할 위험이 없다고 할 수 없다.
③ 재산의 은닉이란 강제집행을 실시하는 자에 대하여 재산의 발견을 불능 또는 곤란케 하는 것을 말하는 것으로서, 재산의 소재를 불명케 하는 경우는 물론 그 소유관계를 불명하게 하는 경우도 포함한다.
④ 채무자가 타인에게 채무를 부담하고 있는 양 가장하는 방편으로 자기 소유의 부동산에 관하여 소유권이전청구권 보전을 위한 가등기를 경료하여 준 경우에는 강제집행면탈죄가 성립한다.

⑤ 가압류 후에 목적물의 소유권을 취득한 제3취득자가 다른 사람에 대한 허위의 채무에 기하여 근저당권설정등기를 경료하더라도 강제집행면탈죄에 해당하지 아니한다.

해설 ···

①(○) 대법원 2007.6.1, 2006도1813.
②(○) 대법원 1999.2.12, 98도2474.
③(○) 대법원 2005.10.13, 2005도4522.
④(×) 채무자가 타인에게 채무를 부담하고 있는 양 가장하는 방편으로 채무자 소유의 부동산에 관하여 소유권이전청구권 보전을 위한 가등기를 경료하여 주었다 하더라도 그와 같은 가등기는 원래 순위보전의 효력밖에 없는 것이므로 가등기를 경료한 사실만으로는 피고인이 강제집행을 면탈할 목적으로 허위채무를 부담하여 채권자를 해한 것이라고 할 수 없다(대법원 1987.8.18, 87도1260).
⑤(○) 대법원 2008.5.29, 2008도2476. 〈답 ④〉

대법원 2008.5.29, 2008도2476 가압류에는 처분금지적 효력이 있으므로 가압류 후에 목적물의 소유권을 취득한 제3취득자 또는 그 제3취득자에 대한 채권자는 그 소유권 또는 채권으로써 가압류권자에게 대항할 수 없다. 그러므로 가압류 후에 목적물의 소유권을 취득한 제3취득자가 다른 사람에 대한 허위의 채무에 기하여 근저당권설정등기 등을 경료하더라도 이로써 가압류권자의 법률상의 지위에 어떤 영향을 미칠 수 없고, 따라서 강제집행면탈죄에는 해당하지 아니한다.

8. 강제집행면탈죄에 대한 설명 중 틀린 것을 모두 고르면? (다툼이 있는 경우에는 판례에 의함)

㉠ 강제집행면탈죄의 재산에는 동산·부동산뿐만 아니라 재산적 가치가 있어 민사집행법에 의한 강제집행 또는 보전처분이 가능한 특허 내지 실용신안 등을 받을 수 있는 권리도 포함된다.
㉡ 채권자가 부동산에 대하여 강제경매신청을 하자 채무자가 강제집행을 면탈할 목적으로 임대차조사를 나온 집달관에게 임차인이 보증금 없이 월 차임을 지급하며 살고 있는데도 전세금을 내고 임차를 하고 있다고 거짓말을 한 경우, 설령 이러한 허위의 임대차사실이 부동산임대차 보고서에 기재되고 경매법원이 위 임차인에게 배당요구할 것을 통지하였다고 하더라도 강제집행면탈죄는 성립하지 않는다.
㉢ 가압류 결정 정본이 송달된 날짜와 피고인이 채권을 양도한 날짜가 동일하므로 가압류 결정 정본이 제3채무자에게 송달되기 전에 피고인이 채권을 허위로 양도하였다면 강제집행면탈죄에 해당한다.
㉣ 회사의 어음 채권자들의 가압류 등을 피하기 위하여 회사의 예금계좌에 입금된 회사자금을 인출하여 제3자 명의의 다른 계좌로 송금한 경우, 이른바 어음 되막기 용도의 자금 조성을 위하여 위와 같은 행위를 하였다고 하더라도 강제집행면탈죄를 구성한다.

ⓜ 회사 대표가 계열회사들 소유 자금 중 일부를 임의로 빼돌려 자기 소유 자금과 구분없이 거주지 안방에 보관한 행위는 회사 대표 개인의 채권자들에 대한 강제집행면탈행위로서의 은닉행위로 평가할 수 있다.

① ㉠ ㉢ ② ㉡ ㉤ ③ ㉣ ㉤
④ ㉠ ㉡ ㉢ ⑤ ㉠ ㉢ ㉣ ⑥ ㉡ ㉣ ㉤

해설

㉠(○) 대법원 2001.11.27, 2001도4759.
㉡(×) 피고인은 공소외인이 부동산에 대하여 강제경매신청을 하자 강제집행을 면탈한 목적으로 임대차조사를 하러 나온 집달관에게 임차인이 부동산 중 건물의 일부를 보증금 없이 월 금 20,000원의 차임을 지급하며 살고 있는데도 전세금 1,000,000원을 지급하고 1년간 임차를 하고 있다고 거짓말을 하였고, 이와 같은 허위의 임대차사실이 부동산임대차 보고서에 기재되고 경매법원이 위 임차인에게 배당요구할 것을 통지한 사실이 있다면 이는 단순히 거짓말을 한 것을 넘어서 경매목적 부동산에 대한 강제집행을 면탈한 목적으로 허위의 채무를 부담한 경우에 해당한다고 보아야 하고, 강제집행면탈죄는 위태범이므로 허위의 채무를 부담한다는 것은 채무가 없으면서도 있는 것처럼 가장하는 것을 말하는 것이고 이로 인하여 채권자를 해할 위험이 있으면 되는 것이지 반드시 채권자를 해하는 결과가 있어야 하는 것은 아니라고 보아야 한다. 그러므로 위 임차인이 그 후 배당요구를 한 바 없고 우선변제를 받은 바 없다고 하여도 강제집행면탈죄의 성립에는 영향이 없다(대법원 1989.5.23, 88도343).
㉢(○) 대법원 2012.6.28, 2012도3999.
㉣(○) 대법원 2005.10.13, 2005도4522(회사의 어음채권자들의 가압류 등을 피하기 위하여 회사의 예금계좌에 입금된 회사자금을 인출하여 제3자 명의의 다른 계좌로 송금하였다면 강제집행면탈죄를 구성하는 것이고, 이른바 어음 되막기 용도의 자금조성을 위하여 위와 같은 행위를 하였다는 사정만으로는 강제집행면탈 행위가 정당행위에 해당한다고 볼 수 없다).
㉤(×) 위와 같은 행위는 계열회사들에 대한 횡령행위의 일부를 구성하는 것일 뿐이고 이를 일률적으로 회사 대표 개인의 채권자들에 대한 강제집행면탈행위로서의 은닉행위로 평가할 수는 없다(대법원 2007.6.1, 2006도1813). 〈답 ②〉

9. 강제집행면탈죄가 성립하지 않는 경우를 모두 고르면? (다툼이 있는 경우에는 판례에 의함)

㉠ 강제집행을 면하기 위해 가옥대장의 소유자명의를 변경시킨 경우 ㉡ 금전채무 불이행에 따라 건물을 명도하기로 제소전화해를 한 채무자가 허위의 금전채무를 부담하고 그 담보목적으로 매매예약을 원인으로 한 가등기를 경료하여 준 경우 ㉢ 임차권을 허위로 제3자에게 이전한 경우 ㉣ 강제집행을 당할 염려가 있어서 자신이 수탁하고 있던 부동산에 관한 신탁계약을 해지하고 부동산을 신탁자에게 돌려준 경우 ㉤ 사업장의 유체동산에 대한 강제집행을 면할 목적으로 사업자등록의 사업자명의를 변경함이 없이 금전등록기의 사업자이름을 변경한 경우

① ㉣ ② ㉠ ㉤ ③ ㉡ ㉣
④ ㉠ ㉢ ㉤ ⑤ ㉠ ㉡ ㉣ ㉤

해설

㉠(○) 가옥대장의 소유자명의의 변경(대법원 1968.7.31, 68도677).
㉡(×) 현실적으로 강제집행이 있을 것으로 예상되는 권리는 채권자의 건물명도청구권으로서 채무자가 허위의 금전채무를 부담하였다 하여 명도청구권의 집행에 장애가 된다고 할 수 없고, 허위채권담보를 목적으로 채무자가 경료해 준 가등기는 본등기를 위한 순위보전의 효력밖에 없는 것이므로 가등기가 경료되었다는 것만으로는 채권자의 위 건물에 대한 명도청구권에 기한 강제집행을 불능케 하는 사유에 해당한다고는 할 수 없어, 허위채무부담과 가등기경료사실 등만으로는 건물명도청구권자에 대한 강제집행면탈죄는 성립하지 않는다(대법원 1984.2.14, 83도708).
㉢(○) 임차권명의의 제3자에의 이전(대법원 1971.4.20, 71도319).
㉣(×) 신탁자의 신탁재산에 대한 정당한 권리행사이고 강제집행면탈죄의 허위양도에 해당하지 아니한다(대법원 1983.7.26, 82도1524).
㉤(○) 금전등록기의 사업자이름 변경(대법원 2003.10.9, 2003도3387)도 허위양도에 해당한다. 〈답 ③〉

대법원 2003.10.9, 2003도3387 형법 제327조에 규정된 강제집행면탈죄에 있어서의 재산의 '은닉'이라 함은 강제집행을 실시하는 자에 대하여 재산의 발견을 불능 또는 곤란케 하는 것을 말하는 것으로서, 재산의 소재를 불명케 하는 경우는 물론 그 소유관계를 불명하게 하는 경우도 포함하나, 재산의 소유관계를 불명하게 하는 데 반드시 공부상의 소유자명의를 변경하거나 폐업신고 후 다른 사람 명의로 새로 사업자 등록을 할 것까지 요하는 것은 아니고, 강제집행면탈죄의 성립에 있어서는 채권자가 현실적으로 실제로 손해를 입을 것을 요하는 것이 아니라 채권자가 손해를 입을 위험성만 있으면 족하다. 사업장의 유체동산에 대한 강제집행을 면탈할 목적으로 사업자등록의 사업자명의를 변경함이 없이 사업장에서 사용하는 금전등록기의 사업자이름만을 변경한 경우, 강제집행면탈죄에 있어서 재산의 '은닉'에 해당한다.

10. 강제집행면탈죄에 관한 판례의 태도와 일치하는 것을 모두 고르면?

㉠ 18억원 정도의 채무초과상태에서, 발행한 약속어음이 부도가 났다는 것만으로는 강제집행을 당할 위험이 있는 상태라고 할 수 없다.
㉡ 채무자 소유의 유체동산에 대하여 자기소유라고 사칭하면서 제3자이의의 소를 제기하여 강제집행정지결정을 받은 때에는 재산을 은닉한 경우에 해당한다.
㉢ 장래 발생할 특정한 조건부채무를 담보하기 위하여 부동산에 근저당설정등기를 경료한 때에는 허위의 채무를 부담한 경우에 해당한다.
㉣ 담보목적의 가등기권자가 다른 채권자의 강제집행을 불가능하게 하기 위하여 채무자와 공모하여 정확한 청산절차를 거치지 않고 의제자백판결을 통하여 본등기를 경료하고 가등기 후에 경료된 가압류등기를 말소케 한 때에는 강제집행면탈죄가 성립한다.

ⓜ 피고인이 허위채무를 부담하고 근저당권설정등기를 해 준 부동산 이외에 약간의 다른 재산이 더 있는 경우에도 성립한다.
ⓗ 채무자의 재산을 보관하는 자가 그 재물을 영득할 의사로 은닉한 때에는 횡령죄와 강제집행면탈죄의 상상적 경합이 된다.
ⓢ 채권자들에 의한 복수의 강제집행이 예상되는 경우 재산을 은닉 또는 허위양도함으로써 채권자들을 해하였다면 채권자별로 각각 강제집행면탈죄가 성립하고, 상호 상상적 경합범의 관계에 있다.

① ㉠ ㉣ ㉥ ② ㉣ ㉤ ㉦ ③ ㉡ ㉢ ㉥
④ ㉠ ㉢ ㉥ ㉦ ⑤ ㉡ ㉣ ㉤ ㉦ ⑥ ㉠ ㉡ ㉣ ㉤ ㉦

해설

㉠(×) 약속어음이 부도가 난 것만으로도 강제집행을 받을 위험이 있는 상태에 있다고 인정한다(대법원 1999.2.9, 96도3141).
㉡(○) 대법원 1992.12.8, 92도1653.
㉢(×) 장래 발생할 채무를 담보하기 위한 것이라면 허위의 채무라고 할 수 없다(대법원 1996.10.25, 96도1531).
㉣(○) 대법원 2000.7.28, 98도4558.
㉤(○) 대법원 1990.3.23, 89도2506.
㉥(×) 횡령죄가 성립한 때에는 강제집행면탈죄는 성립하지 않는다(대법원 2000.9.8, 2000도1447).
㉦(○) 대법원 2011.12.8, 2010도4129. 〈답 ⑤〉

11. 강제집행면탈죄에 대한 설명으로 옳은 것을 모두 고르면? (다툼이 있는 경우에는 판례에 의함)

㉠ 채권자가 지급명령의 신청을 한 사실이 없더라도 채권확보를 위하여 소송을 제기할 기세를 보이는 이상 강제집행면탈죄의 객관적 상태요건은 갖추어졌다고 본다.
㉡ 강제집행면탈죄에 있어서의 강제집행에는 소유권이전등기의 강제집행은 물론 경매법에 의한 경매도 포함된다.
㉢ 피고인이 타인에게 채무를 부담하고 있는 양 가장하는 방편으로 피고인 소유의 부동산들에 관하여 소유권이전청구권보전을 위한 가등기를 경료한 경우에는 강제집행면탈죄에 해당한다.
㉣ 강제집행을 면할 목적으로 재산을 허위양도한 이상은 설사 채무자에게 집행을 확보할 수 있는 충분한 재산이 남아 있다 하더라도 강제집행면탈죄는 성립한다.
㉤ 채권자에 대한 채무변제로 자기소유의 건물을 대물변제하기로 하였으나 이를 이행하지 아니하여 채권자가 강제집행을 하려 하자, 이를

면하기 위하여 또 다른 채권자와 위 건물에 대하여 대물변제계약을 체결한 경우 강제집행면탈죄가 성립한다.

① ㉠ ② ㉠ ㉢ ③ ㉡ ㉤
④ ㉢ ㉣ ⑤ ㉠ ㉣ ㉤

해설

㉠(○) 채권자가 채권확보를 위하여 소송을 제기할 듯한 기세를 보이자 채무자가 강제집행을 면할 목적으로 자기재산을 타인에게 허위양도한 경우 구체적으로 강제집행이 사실상 일어나고 있었던 것이 아니었어도 강제집행면탈죄가 성립한다(대법원 1973.10.31, 73도384).
㉡(×) 강제집행면탈죄에서 말하는 강제집행이란 소위 광의의 강제집행인 소유권이전등기 절차이행의 청구소송의 제기도 포함된다(대법원 1983.10.25, 82도808). 그러나 본죄는 채권자의 채권을 보호하는 데 근본취지가 있으므로 벌금·과료 또는 몰수 등의 재판의 집행, 국세징수법에 의한 체납처분, 경매법에 의한 경매는 이에 해당하지 않는다.
㉢(×) 피고인이 타인에게 채무를 부담하고 있는 양 가장하는 방편으로 피고인 소유의 부동산들에 관하여 소유권이전청구권 보전을 위한 가등기를 경료하여 주었다 하더라도 그와 같은 가등기는 원래 순위보전의 효력밖에 없는 것이므로 그와 같이 각 가등기를 경료한 사실만으로는 피고인이 강제집행을 면탈할 목적으로 허위채무를 부담하여 채권자를 해한 것이라고 할 수 없다(대법원 1987.8.18, 87도1260).
㉣(×) 약간의 잉여재산이 있다고 하여 채권자를 해할 위험이 없다고 할 수 없지만(대법원 1990.3.23, 89도2506; 대법원 2008.4.24, 2007도4585), 강제집행을 면할 목적으로 재산을 허위양도하였다 하여도 채무자에게 집행을 확보할 수 있는 충분한 재산이 있으면 채권자를 해하였다고 할 수 없다(대법원 2011.9.8, 2011도5165).
㉤(×) 강제집행면탈죄는 재산을 은닉·손괴·허위양도 또는 허위의 채무를 부담할 때에 성립하므로 다른 채권자에게 대물변제하는 것은 그 어느 유형에도 해당하지 아니한다.

〈답 ①〉

12. 다음 설명 중 옳지 않은 것을 모두 고르면? (판례에 의함)

㉠ '보전처분 단계에서의 가압류채권자의 지위' 자체는 원칙적으로 민사집행법상 강제집행 또는 보전처분의 대상이 될 수 없어 강제집행면탈죄의 객체에 해당한다고 볼 수 없다.
㉡ 채무자가 제3채무자 소유 부동산 경매사건에서 지급받을 배당금 채권의 일부에 채권자가 가압류를 해 두었는데, 채무자 사망 후 채무자의 상속인과 제3채무자가 공모하여 제3채무자의 채무자에 대한 채무가 완제된 것처럼 가장하여 채무자의 상속인을 상대로 청구이의의 소를 제기하고 그 판결에 기하여 강제집행정지 및 경매취소에 이르게 한 경우 강제집행면탈죄가 성립한다.
㉢ 계약명의신탁 약정을 맺고 명의수탁자가 당사자가 되어 매도인과 부동산에 관한 매매계약을 체결한 후 그 명의로 소유권이전등기를 마친 경우, 계약명의신탁 약정을 매도인이 알았든 몰랐든 그 부동산은 채무자인 명의신탁자에 대한 강제집행이나 보전처분의 대상이 될 수 없다.

㉣ 채권자가 채무자에 대한 채무명의에 기하여 제3채무자에 대한 매매잔대금채권에 관하여 압류 및 전부명령을 받고 그 명령이 제3채무자에게 송달되자 피고인이 채무자와 공모하여 위 잔대금이 전부명령 송달 전에 전액 지급된 양 허위영수증을 발행한 경우 강제집행면탈죄가 성립한다.

㉤ 채무자가 자신의 부동산에 甲명의로 허위의 금전채권에 기한 담보가등기를 설정하고 이를 乙에게 양도하여 乙명의의 본등기를 경료하게 한 경우, 甲명의 담보가등기 설정행위로 강제집행면탈죄가 성립한다고 하면 그 후 乙명의로 이루어진 가등기 양도 및 본등기 경료행위는 불가벌적 사후행위가 된다.

① ㉡ ② ㉣ ③ ㉠ ㉢
④ ㉡ ㉢ ⑤ ㉣ ㉤ ⑥ ㉠ ㉣ ㉤

해설

㉠(○) 대법원 2008.9.11, 2006도8721.
㉡(○) 대법원 2011.7.28, 2011도6115(소유관계를 불명하게 하는 방법에 의한 '재산의 은닉'에 해당).
㉢(○) 대법원 2011.12.8, 2010도4129.
㉣(×) 강제집행면탈죄는 성립하지 아니한다(대법원 1984.6.12, 82도1544).
㉤(×) 채무자가 자신의 부동산에 甲명의로 허위의 금전채권에 기한 담보가등기를 설정하고 이를 乙에게 양도하여 乙명의의 본등기를 경료하게 한 경우 甲명의 담보가등기 설정행위로 강제집행면탈죄가 성립한다고 하더라도, 그 가등기를 양도하여 본등기를 경료하게 함으로써 소유권을 상실케 하는 행위는 면탈의 방법과 법익침해의 정도가 훨씬 중하다는 점을 고려할 때 이를 불가벌적 사후행위로 볼 수는 없다(대법원 2008.5.8, 2008도198).
㉥(○) 대법원 2009.5.28, 2009도875. 〈답 ⑤〉

대법원 1984.6.12, 82도1544 채권자가 채무자에 대한 채무명의에 기하여 제3채무자에 대한 매매잔대금채권에 관하여 압류 및 전부명령을 받고 그 명령이 제3채무자에게 송달되자 피고인이 채무자와 공모하여 위 잔대금이 전부명령 송달 전에 전액 지급된 양 허위영수증을 발행한 경우, 피고인이 채무자로부터 허위영수증을 수취한 것이 제3채무자에 대한 전부명령의 송달로 위 잔대금채권에 대한 집행이 완료된 후라면 이로써는 동 채권에 대한 채권자의 강제집행을 방해하였다고는 볼 수 없고, 또 위 영수증의 발행 및 그 수취행위는 제3채무자의 재산에 대한 형법 제327조 소정의 어느 행위에도 해당되지 않는다 할 것이므로 강제집행면탈죄는 성립하지 아니한다.

13. 다음 설명 중 옳지 않은 것은? (다툼이 있는 경우에는 판례에 의함)
<사시 2011년: 배점 2>

① 재건축사업으로 철거가 예정되어 있었고 그 입주자들이 모두 이사하여 아무도 기주하지 않은 채 비어 있는 아파트라도 그 아파트 자체의

객관적 성상이 본래 사용목적인 주거용으로 사용될 수 없는 상태가 아니고 그 소유자들이 재건축조합으로의 신탁등기 및 인도를 거부하는 방법으로 계속 그 소유권을 행사하는 상황이었다면 재물손괴죄의 객체가 된다.

② 경락받은 농수산물 저온저장 공장건물 중 공냉식 저온창고를 수냉식으로 개조함에 있어 그 공장에 시설된 타인소유의 자재에 관하여 그 타인에게 철거를 최고하지 아니하고 철거한 경우에는 재물손괴의 범의를 인정할 수 있다.

③ 회사의 주주로서 주주총회에서 의결권을 행사하는 것은 주식의 보유자로서 그 자격에서 권리를 행사하는 것이므로 주주총회에서 주주의 의결권 행사를 방해하는 경우에는 업무방해죄가 성립한다.

④ 허위의 채무를 부담하는 내용의 채무변제계약 공정증서를 작성한 후 이에 기하여 채권압류 및 추심명령을 받은 때에 강제집행면탈죄가 성립함과 동시에 그 범죄행위가 종료된다.

⑤ 계약명의신탁 방식으로 명의수탁자가 당사자가 되어 명의신탁약정이 있다는 사실을 알지 못하는 소유자와 부동산에 관한 매매계약을 체결하고 그 매매계약에 따라 당해 부동산의 소유권이전등기를 명의수탁자 명의로 마친 경우, 그 부동산에 대하여 채무자인 명의신탁자에게 강제집행면탈죄가 성립하지 않는다.

해설

①(○) 대법원 2007.9.20, 2007도5207.
②(○) 대법원 1990.5.22, 90도700.
③(×) 형법상 업무방해죄의 보호대상이 되는 '업무'라 함은 직업 기타 사회생활상의 지위에 기하여 계속적으로 종사하는 사무 또는 사업을 말하는 것인데, 주주로서 주주총회에서 의결권 등을 행사하는 것은 주식의 보유자로서 그 자격에서 권리를 행사하는 것에 불과할 뿐 그것이 '직업 기타 사회생활상의 지위에 기하여 계속적으로 종사하는 사무 또는 사업'에 해당한다고 할 수 없다(대법원 2004.10.28, 2004도1256).
④(○) 대법원 2009.5.28, 2009도875.
⑤(○) 대법원 2009.5.14, 2007도2168. 〈답 ③〉

14. 강제집행면탈죄에 관한 다음 설명 중 옳지 않은 것을 모두 고른 것은? (다툼이 있는 경우에는 판례에 의함) <사시 2012년: 배점 3>

ㄱ. 이혼을 요구하는 처로부터 재산분할청구권에 근거한 가압류 등 강제집행을 받을 우려가 있는 상태에서 남편이 강제집행을 면탈할 목적으로 허위의 채무를 부담하고 소유권이전청구권보전가등기를 경료한 경우 강제집행면탈죄가 성립한다.

ㄴ. 강제집행면탈죄가 성립하려면 강제집행을 받을 위험이 있는 객관적 상태가 존재해야 하는데, 여기서 강제집행에는 금전채권에 관한 강제집행뿐만 아니라 존재하지 않는 채권에 기초한 강제집행과 벌금의 집행을 위한 강제집행도 포함된다.
ㄷ. 진의에 의하여 재산을 양도하였다면 설령 그것이 강제집행을 면탈할 목적으로 이루어진 것으로서 채권자의 불이익을 초래하는 결과가 되었다고 하더라도 강제집행면탈죄의 허위양도 또는 은닉에는 해당하지 않는다.
ㄹ. 허위채무 등을 공제한 후 채무자의 적극재산이 남는다고 예측되는 경우에는 그 허위채무 부담행위로 채권자를 해할 위험이 있더라도 강제집행면탈죄가 성립하지 않는다.
ㅁ. 명의신탁자가 명의수탁자와 계약명의신탁 약정을 맺고, 명의수탁자가 당사자가 되어 그 사실을 모르는 매도인과 부동산 매매계약을 체결한 다음 명의수탁자 명의로 소유권이전등기를 마친 경우, 그 부동산은 명의신탁자의 강제집행면탈죄의 객체가 될 수 있다.

① ㄱ ㄴ ㅁ ② ㄱ ㄷ ㄹ ③ ㄱ ㄷ ㅁ
④ ㄴ ㄷ ㄹ ⑤ ㄴ ㄹ ㅁ ⑥ ㄷ ㄹ ㅁ

해설

ㄱ(○) 대법원 2008.6.26, 2008도3184.
ㄴ(×) 강제집행면탈죄에서의 강제집행이라 함은 민사소송법 또는 동법의 준용에 의한 강제집행을 지칭하며(대법원 1972.5.31, 72도1090), 소위 광의의 강제집행인 소유권이전등기 절차이행의 청구소의 제기도 포함된다(대법원 1983.10.25, 82도808). 그러나 벌금·과료·몰수 등의 재판의 집행은 물론, 국세징수법에 의한 체납처분은 여기에 해당하지 아니한다.
ㄷ(○) 대법원 1986.8.19, 86도1191; 대법원 1998.9.8, 98도1949.
ㄹ(×) 강제집행면탈죄는 위태범으로 현실적으로 강제집행을 받을 우려가 있는 객관적인 상태에서 주관적으로 강제집행을 면탈하려는 목적으로 재산을 은닉, 손괴, 허위양도하거나 허위채무를 부담하여 채권자를 해할 위험이 있으면 성립하는 것이고, 반드시 채권자를 해하는 결과가 야기되거나 행위자가 어떤이득을 취하여야 범죄가 성립하는 것은 아니며, 채무자에게 약간의 다른 재산이 있다 하여 채권자를 해할 우려가 없다고 할 수 없다(대법원 2008.4.24, 2007도4585).
ㅁ(×) 이른바 계약명의신탁의 경우 소유자가 선의인 때에는 명의수탁자가 당해 부동산의 완전한 소유권을 취득하고, 소유자가 악의인 때에는 당해 부동산의 소유권은 매도인이 그대로 보유하게 되므로, 어느 경우든지 명의신탁자는 그 매매계약에 의해서는 당해 부동산의 소유권을 취득하지 못하게 되어, 결국 그 부동산은 명의신탁자에 대한 강제집행이나 보전처분의 대상이 될 수 없다(대법원 2011.12.8, 2010도4129). 〈답 ⑤〉

15. 강제집행면탈죄에 관한 설명 중 옳지 않은 것은? (다툼이 있는 경우에는 판례에 의함) <변호사 2013년>

① 강제집행면탈죄는 채권자의 권리보호를 주된 보호법익으로 하는 위험범이므로 채권자의 채권이 존재하지 않더라도 강제집행면탈죄가 성립할 수 있다.

② 채무자와 제3채무자 사이에 채무자의 장래청구권이 충분하게 표시되었거나 결정된 법률관계가 존재한다면 동산·부동산뿐만 아니라 장래의 권리도 강제집행면탈죄의 객체에 해당한다.

③ 객관적 구성요건으로 강제집행을 받을 객관적 상태가 요구되며, 이는 민사소송에 의한 강제집행 또는 가압류·가처분 등의 집행을 당할 구체적 염려가 있는 상태를 말한다.

④ 약 18억 원 정도의 채무초과 상태에 있는 자가 자신이 발행한 약속어음이 부도가 난 경우, 강제집행을 당할 구체적인 위험을 인정할 수 있다.

⑤ 국세징수법에 의한 체납처분은 강제집행면탈죄의 강제집행에 포함되지 않는다.

해설

①(×) 강제집행의 기본이 되는 채권자의 권리, 즉 채권의 존재는 강제집행면탈죄의 성립요건으로서 채권의 존재가 인정되지 않을 때에는 강제집행면탈죄는 성립하지 않는다(대법원 2011.9.8, 2011도5165).

②(○) 대법원 2011.7.28, 2011도6115.

③(○) 대법원 1981.6.23, 81도588.

④(○) 대법원 1999.2.9, 96도3141.

⑤(○) 대법원 2012.4.26, 2010도5693. 〈답 ①〉

제 2 편　사회적 법익에 대한 죄

제1장 공공의 안전과 평온에 대한 죄

제 1 절 공안을 해하는 죄

1. 범죄단체조직죄에 대한 설명 중 옳지 않은 것을 모두 고르면?

> ㉠ 예비 · 음모행위를 목적한 죄의 기수범으로 처벌하는 규정이다.
> ㉡ 범죄는 형법뿐만 아니라 특별법, 경범죄처벌법의 대상범죄행위도 포함한다.
> ㉢ 단체 또는 집단을 조직하거나, 이에 가입하는 것은 물론 그 구성원으로 활동하는 자도 본죄에 해당한다.
> ㉣ 최소한의 통솔체제를 갖추어야 한다.
> ㉤ 목적한 죄에 정한 형으로 처벌하되, 그 형을 감경할 수 있다.

① ㉠ ㉣ ② ㉡ ㉣ ③ ㉢ ㉤
④ ㉠ ㉡ ㉤ ⑤ ㉢ ㉣ ㉤

해설

범죄단체조직죄란 사형, 무기 또는 장기 4년 이상의 징역에 해당하는 범죄를 목적으로 하는 단체 또는 집단을 조직하거나, 이에 가입하거나 그 구성원으로 활동함으로써 성립하는 범죄이다(제114조).

㉠(○) 목적한 범죄를 실행했는가는 본죄의 성립에 영향이 없다.

㉡(×) 본죄의 범죄는 반드시 형법에 규정된 범죄임을 요하지 않고 특별법에 규정된 범죄도 포함한다. 다만 단체의 조직이나 가입을 처벌하는 조직범죄나 경범죄처벌법이 적용되는 경범은 여기서 제외된다.

㉢㉤(○) 형법 제114조.

㉣(×) 단체란 특정다수인이 일정한 범죄를 수행한다는 공동목적 아래 이루어진 계속적인 결합체를 말하므로 단체를 주도하는 최소한의 통솔체제를 갖추어야 하지만, 집단은 통솔체계를 갖출 필요는 없다. 〈답 ②〉

2. 소요죄에 관한 설명 중 옳은 것을 모두 고르면?

> ㉠ 다중이란 한 지방의 평온을 해할 정도의 다수인이어야 한다.
> ㉡ 폭행 · 협박의 현장에 있는 자가 아니면 소요죄의 수괴의 책임을 물을 수 없다.

ⓒ 폭행 · 협박을 하여도 한 지방의 평온을 해할 정도에 이르지 않으면 소요죄는 미수가 된다.
ⓔ 소요죄에서 말하는 폭행이란 사람에 대한 것에 한정되지 않는다.
ⓜ 다중불해산죄가 성립한 후에 폭행 · 협박한 때에는 소요죄와 다중불해산죄의 경합범이 된다.
ⓑ 소요죄가 성립하기 위하여는 공공의 안전이 현실적으로 침해된 결과가 발생해야 한다.

① ㉠ ㉣ ② ㉠ ㉢ ㉣ ③ ㉡ ㉢ ㉣
④ ㉢ ㉤ ㉥ ⑤ ㉡ ㉢ ㉤ ㉥

해설

㉠(○) 소요죄는 군집범죄이고, 공공의 안전을 보호법익으로 하는 범죄이므로 다중이란 한 지방의 평온을 해할 정도의 다수인임을 요한다는 것이 통설이다.
㉡(×) 소요죄는 내란죄와 달리 그 참가정도에 따라 구분하여 처벌하지 않는다.
㉢(×) 소요죄는 미수범을 처벌하지 않는다.
㉣(○) 소요죄의 폭행은 최광의의 그것으로 사람 또는 물건에 대한 일체의 유형력을 의미한다.
㉤(×) 다중불해산죄는 소요죄에 대하여 보충관계에 있으므로 전자가 소요죄로 발전한 때에는 다중불해산죄는 소요죄에 흡수된다.
㉥(×) 소요죄는 추상적 위험범이므로 공공의 안전이 현실적으로 침해된 결과가 발생하였을 것을 요하지 않는다. 〈답 ①〉

3. 소요죄에 관한 설명으로 옳지 않은 것은?

① 소요죄는 다중이 집합할 것을 요하고 다수인은 한 지방의 평온을 해할 정도의 폭행 · 협박 또는 손괴를 할 수 있는 정도의 다수인이어야 한다.
② 다중의 집합에는 주모자나 공동의 목적이 있을 것을 요하지 않는다.
③ 폭행 · 협박 또는 손괴는 다중의 합동력에 의할 것을 요하므로 다중의 전원이 폭행 등을 하여야 한다.
④ 소요죄의 고의는 공동의 의사를 의미하므로 공동의사 없이 다중이 집합한 때에 폭행 · 협박이 있은 때에는 다수인의 행위라도 본죄가 성립하지 않고 특수폭행죄 또는 특수협박죄가 성립할 뿐이다.
⑤ 소요죄는 다중범죄이지만 다중 밖에서 가담한 자에 대하여는 형법총칙상의 공범규정이 적용된다는 것이 다수설의 입장이다.

해설

③(×) 소요죄는 집합범죄이므로 집합된 다중의 합동력에 의하여 폭행 · 협박 또는 손괴할 것을 요한다. 그러나 다중의 합동력으로 폭행하였다는 것은 폭행 등이 다중의 구성원에 의하여 공동으로 행하여진 것임을 요구한다는 의미이며, 반드시 다중의 전원이 폭행하였을 것을 요한다는 의미는 아니다.

④(○) 소요죄의 고의는 다중의 합동력으로 폭행 · 협박 또는 손괴한다는 의사, 즉 공동의 의사를 의미한다. 이러한 공동의사는 군중심리로 족하다고 할 것이므로 반드시 행위자 사이의 공모나 계획 또는 사전의 의사연락이 있어야 하는 것은 아니지만, 공동의사가 없으면 소요죄는 성립할 수 없다.

⑤(○) 소요죄는 필요적 공범이므로 구성원 내에서는 총론의 공범규정이 적용되지 않는다. 다만 집단 외에서 가담한 자에 대하여 공범규정이 적용될 수 있는가에 대하여 견해의 대립이 있으나, 집단범죄라 할지라도 집단 외에서 자금이나 정보를 제공한 경우는 당연히 공범규정이 적용되어야 할 것이므로 공범규정이 적용된다는 것이 다수설이다.

〈답 ③〉

4. 공무원자격사칭죄가 성립하는 경우를 모두 고르면?

> ㉠ 형사라고 하면서 신체수색을 한 경우
> ㉡ 중앙정보부원을 사칭하고 대통령사진이 파손되었다는 자인서를 쓰게 한 경우
> ㉢ 합동수사반원이라고 하면서 채권을 추심한 경우
> ㉣ 판사라고 말한 뒤 피의자를 신문하고 허위조서를 만든 경우
> ㉤ 진짜 순경인 자가 경사라고 계급을 사칭한 경우

① ㉠ ② ㉠ ㉤ ③ ㉡ ㉢
④ ㉡ ㉤ ⑤ ㉢ ㉣

해설

공무원자격사칭죄는 공무원의 자격을 사칭하여 그 직권을 행사함으로써 성립하는 범죄(제118조)이므로 공무원의 자격을 사칭하고 직권을 행사한다는 두 가지 요건이 구비되어야 한다. 본죄가 성립하려면 공무원자격을 사칭하였을 뿐만 아니라 직권을 행사하였을 것을 요하므로 ㉡㉢㉣㉤의 경우는 해당 공무원의 직권행사라고 할 수 없어 공무원자격사칭죄가 성립하지 않는다. 직권행사가 없는 단순한 사칭은 경범죄에 해당할 뿐이다(경범죄처벌법 제1조 8호).

〈답 ①〉

대법원 1981.9.8, 81도1955 공무원자격사칭죄가 성립하려면 어떤 직권을 행사할 수 있는 권한을 가진 공무원임을 사칭하고 그 직권을 행사한 사실이 있어야 하는바, 피고인들이 그들이 위임받은 채권을 용이하게 추심하는 방편으로 합동수사반원임을 사칭하고 협박한 사실이 있다고 하여도 위 채권의 추심행위는 개인적 업무이지 합동수사반원의 수사업무의 범위에 속하지 않으므로 이를 공무원자격사칭죄로 처단할 수 없다.

제 2 절 폭발물에 관한 죄

1. 폭발물사용죄에 관한 설명 중 옳지 않은 것은?

① 구체적 위험범으로, 공공위험죄이다.

② 폭발물이란 폭발작용의 위력이나 파편의 비산 등으로 사람의 생명, 신체, 재산 및 공공의 안전이나 평온에 직접적이고 구체적인 위험을 초래할 수 있는 정도의 강한 파괴력을 가지는 물건을 의미한다.
③ 전쟁, 천재 기타 사변시에 범한 때에 형이 가중된다.
④ 피해자의 동의는 본죄의 성립에 영향을 미치지 못한다.
⑤ 화염병을 던진 경우에도 본죄에 해당한다.

해설

①(○) 본죄를 추상적 위험범이라고 해석하는 견해도 있으나, 본죄에 있어서 구성요건요소로 요구되고 있는 사람의 생명·신체·재산을 해하거나 공안을 문란하게 한다는 것은 공공의 위험을 의미한다고 해석할 것이므로 구체적 위험범이라고 봄이 타당하다. 폭발물을 사용하여 사람의 생명·신체 또는 재산을 해하거나 기타 공안을 문란케 함으로써 성립하는 공공위험죄이다.
②(○) 대법원 2012.4.26, 2011도17254 참조.
③(○) 형법 제119조 2항 참조.
④(○) 공장·작업장 또는 연구소에서 안전규칙을 준수한 폭발물의 사용은 위법성을 조각한다. 그러나 피해자의 동의는 본죄의 성립에 영향을 미치지 못한다.
⑤(×) 본죄의 폭발물은 법률적 개념 또는 규범적 개념이므로 폭발의 파괴력이 사람의 생명·신체·재산을 해하거나 공안을 문란케 할 정도에 이르러야 한다. 따라서 소총이나 화염병은 폭발물이라고 할 수 없다. 〈답 ⑤〉

2 폭발물사용죄에 관한 설명 중 옳지 않은 것은? (다툼이 있는 경우에는 다수설에 의함)

① 폭발물 사용으로 인하여 사회공공생활의 질서가 침해된다는 사회적 위험성을 고려한 사회적 법익에 대한 죄이다.
② 폭발물에 해당하기 위하여는 폭발의 파괴력이 사람의 생명·신체·재산을 해하거나 공안을 문란케 할 정도에 이르러야 한다.
③ 예비·음모·선동을 벌하되 선전은 벌하지 아니한다.
④ 판례는 휴전 중일지라도 전시폭발물사용죄의 전시에 해당한다고 한다.
⑤ 통설은 생명·신체 또는 재산을 해하고 공안을 문란케 한다는 점에 대한 고의가 필요하다고 하나 판례는 부정한다.

해설

①(○) 다수설은 본죄가 폭발물의 사용으로 인하여 사회공공생활의 질서가 침해된다는 사회적 위험성을 고려한 사회적 법익에 대한 죄라고 이해하고 있다.
②(○) 폭발물은 법률적 또는 규범적 개념이므로 폭발의 파괴력이 사람의 생명·신체·재산을 해하거나 공안을 문란케 할 정도에 이르러야 한다. 원자핵의 폭발이 본죄의 폭발물 사용에 해당하는가에 대해서는 견해가 대립된다.
③(○) 형법 제120조.
④(○) 대법원 1956.11.30, 4289형상217 참조.

⑤(×) 폭발물사용죄는 구체적 위험범이므로 생명·신체 또는 재산을 해하거나 공안을 문란케 한다는 사실을 인식해야 한다는 점에서 판례도 통설과 같은 태도이다(대법원 1969.7.8, 69도832). 〈답 ⑤〉

제 3 절 방화와 실화의 죄

1. 방화죄의 본질에 관하여 통설과 판례는 방화죄가 공공위험죄와 재산죄의 이중성격을 가지고 있다고 해석함에 반하여(이중성격설)**, 방화죄는 공공의 안전과 평온을 보호하기 위한 공공위험죄라는 견해**(공공위험죄설)**도 주장되고 있다. 다음 중 공공위험죄설의 논거를 모두 나열한 것은?**

㉠ 형법은 방화죄를 사회적 법익에 대한 죄로 규정하고 있다.
㉡ 자기소유와 타인소유의 건조물이나 물건에 대한 방화죄의 법정형에는 차이가 있다.
㉢ 자기소유 건조물이나 물건에 대한 방화죄도 처벌하고 있다.
㉣ 현주건조물방화죄나 공용건조물방화죄는 소유권에 따라 처벌에 차이를 두지 않는다.
㉤ 형법은 방화죄에 대하여도 소훼의 결과를 요구하고 있다.
㉥ 공공위험죄는 본질상 침해범인 손괴죄를 전제로 할 수 없다.

① ㉡ ㉤ ② ㉠ ㉡ ㉢ ③ ㉠ ㉢ ㉣
④ ㉡ ㉣ ㉤ ⑤ ㉢ ㉣ ㉥ ⑥ ㉠ ㉢ ㉣ ㉤
⑦ ㉠ ㉢ ㉣ ㉥ ⑧ ㉡ ㉢ ㉤ ㉥

해설

방화죄를 순수한 공공위험죄로서 재산죄와는 관계가 없다는 공공위험죄설은 ㉠㉢㉣㉥을 논거로 한다. 이에 반하여 ㉡㉤은 통설인 이중성격설의 논거이다. 〈답 ⑦〉

2. 방화죄의 기수시기에 관한 <학설>과 <논거> 및 <비판>이 옳게 연결된 것은?

〈학설〉
㉮ 불이 매개물을 떠나 독립하여 연소할 수 있는 상태에 이르러야 한다. (독립연소설)
㉯ 목적물의 중요부분이 소실되어 효용이 상실된 때이다. (효용상실설)
㉰ 목적물의 중요부분에 연소가 개시된 때이다. (중요부분 연소개시설)
㉱ 손괴죄의 손괴의 정도에 이르러야 한다. (일부손괴설)

〈논거〉
㉠ 방화죄는 공공위험죄이면서도 재산죄이므로 소훼의 결과가 발생해야

기수가 된다.
㉡ 방화죄는 공공위험죄인 이상 공공의 위험이 발생한 때에 기수가 된다.
㉢ 공공의 위험은 독립연소의 가능성만으로 발생하지 않는다.
㉣ 방화죄의 재산죄적 성격에 비추어 손괴의 정도에 이르면 기수가 된다고 해야 한다.

〈비판〉
ⓐ 방화죄의 공공위험죄로서의 성격을 무시하고 방화죄를 손괴죄와 같이 취급하는 것은 잘못이다.
ⓑ 독립연소설과 실질적인 차이가 없다.
ⓒ 목조건물이 대부분인 우리나라에서 기수시기를 너무 빨리 정한다.
ⓓ 손괴죄에서도 요구하지 않는 파괴를 요구하는 것은 방화죄의 재산죄적 성격을 지나치게 강조한 것이다.

① ㉮－㉠－ⓒ ㉯－㉡－ⓑ ㉰－㉣－ⓓ ㉱－㉢－ⓐ
② ㉮－㉠－ⓓ ㉯－㉢－ⓑ ㉰－㉡－ⓒ ㉱－㉣－ⓐ
③ ㉮－㉡－ⓒ ㉯－㉠－ⓓ ㉰－㉢－ⓑ ㉱－㉣－ⓐ
④ ㉮－㉡－ⓒ ㉯－㉠－ⓓ ㉰－㉣－ⓐ ㉱－㉢－ⓑ
⑤ ㉮－㉡－ⓒ ㉯－㉢－ⓑ ㉰－㉠－ⓓ ㉱－㉣－ⓐ

해설

㉮ 독립연소설은 방화죄를 공공위험죄로 파악하는 공공위험죄설을 근거로 기수시기를 정하는 견해이다. 따라서 공공의 위험이 발생한 때에 기수가 되며, 기수시기를 너무 빨리 정한다는 비판을 받는다. 따라서 ㉮는 ㉡ⓒ와 연결되며, ①②는 정답이 아니다. ㉯ 효용상실설은 방화죄를 공공위험죄이면서도 재산죄라고 보는 이중성격설을 기초로 소훼의 결과가 발생하면 기수가 된다고 하며, 손괴죄에서도 요구하지 않는 파괴를 요구하는 것은 방화죄의 재산죄적 성격을 지나치게 강조한 것이라는 비판을 받는다. 따라서 ㉯는 ㉠ⓓ와 연결되며, ⑤도 정답에서 제외된다. ㉰ 중요부분 연소개시설은 공공의 위험은 독립연소의 가능성만으로 발생하지 않는다고 하여 중요부분의 연소를 개시해야 기수가 된다고 하나, 독립연소설과 실질적인 차이가 없다는 비판을 받는다. 따라서 ㉰는 ㉢ⓑ와 연결되며, ④도 정답이 될 수 없다. ㉱ 일부손괴설은 ㉣ⓐ와 연결되며, 따라서 정답은 ③이 된다. 〈답 ③〉

방화죄의 기수시기	내 용	비 판
독립연소설	불이 매개물을 떠나 목적물에 독립하여 연소할 수 있는 상태에 이르렀을 때에 기수가 된다고 하는 견해(판례)이다.	목조건물이 대부분인 우리의 실정에서 기수의 범위가 지나치게 확대된다.
효용상실설	화력에 의하여 목적물의 중요부	방화죄의 재산죄적 성격을 지나

	분이 소실되어 그 효용이 상실된 때에 기수가 된다고 하는 견해(종래의 다수설)이다.	치게 강조하여 손괴죄에 있어서도 요구되지 않는 중요부분의 효용상실을 요구하고 있다.
절 충 설	■ 중요부분 연소개시설 : 목적물의 중요부분에 연소가 개시되었을 때에 기수가 된다는 견해이다.	독립연소설의 내용을 달리 표현한 것에 불과하다.
	■ 일부손괴설: 효용상실설을 기초로 하면서 손괴죄에 있어서 손괴의 정도에 이르렀을 때에 기수가 된다는 견해이다.	방화죄의 재산죄적 성격을 중시하여 공공위험죄로서의 성격을 무시하였다.

3. 방화죄에 대한 설명 중 옳지 않은 것을 모두 고르면? (다툼이 있는 경우에는 판례에 의함)

> ㉠ 방화죄는 사회적 법익에 관한 죄로서 공공의 이익을 그 주된 보호법익으로 하나 통설은 재산범죄적 성격도 인정하고 있다.
> ㉡ 방화죄 중 현주건조물등방화죄(제164조)는 추상적 위험범이나 일반물건방화죄(제167조)는 구체적 위험범이다.
> ㉢ 방화죄의 기수시기인 소훼의 개념과 관련하여 여러 학설이 있으나 판례는 독립연소설에 따르고 있다.
> ㉣ 甲이 乙의 승낙을 얻어 乙 소유 주거에 방화하면 甲은 현주건조물등방화죄(제164조), 乙은 자기소유일반건조물등방화죄(제166조 2항)의 책임을 진다.
> ㉤ 방화를 내란의 수단으로 한 경우에는 내란죄와 방화죄의 상상적 경합범이 성립한다.
> ㉥ 타인의 선박에 침입하여 준비한 휘발유 한 통을 갑판에 뿌리고 소지중이던 라이터에 불을 켰으나 발각되어 실패하였다면 선박침입죄의 기수와 방화죄의 미수의 경합범이 된다.

① ㉤ ② ㉣ ㉤ ③ ㉤ ㉥
④ ㉠ ㉢ ㉣ ⑤ ㉡ ㉢ ㉥ ⑥ ㉡ ㉣ ㉤
⑦ ㉢ ㉤ ㉥ ⑧ ㉣ ㉤ ㉥

해설 ……………………………………

㉢(○) 화력이 매개물을 떠나 목적물인 건조물 스스로 연소할 수 있는 상태에 이름으로써 기수가 된다(대법원 2007.3.16, 2006도9164). 다만 독립연소설에 의하는 경우에도 방화죄는 목적물 자체에 불이 붙은 것을 요하므로 건조물방화의 경우에는 건물의 지붕·천정·마루·문기둥 또는 창틀에 불이 붙을 때에 기수가 되지만, 가구·서가·카펫 등에 불이 붙은 데 지나지 않는 경우에는 그것이 건물에 접착되어 있는 경우라 할지라도 독립연소의 단계에 이르렀다고 볼 수 없다.

㉣(×) 통설은 현주건조물에 현주자의 동의를 얻어 방화한 경우에는 일반건조물방화죄가 되고, 일반건조물에 소유자의 동의를 얻어 방화한 경우에는 자기소유일반건조물방화죄가 된다고 한다. 따라서 승낙을 받아 주거에 방화한 甲의 행위는 자기소유일반건조물방화죄에 해당한다.
㉤(×) 내란죄의 폭동에 수반하여 살인 · 상해 · 강도 · 손괴 · 방화 등의 행위가 있는 때에 관하여 통설과 판례는 살인죄 · 상해죄 또는 방화죄 등은 내란의 목적을 달성하기 위한 수단에 불과하므로 내란죄에 흡수된다고 한다(대법원 1997.4.17, 96도3376 전원합의체). 이에 대하여 내란죄와 살인죄 · 상해죄 · 강도죄 · 방화죄는 그 보호법익을 달리하며, 그것이 내란에 반드시 수반하는 것도 아니라는 이유로 내란죄와 상상적 경합이 된다고 하는 견해도 있다(이재상 § 39/16).
㉥(○) 방화죄의 실행의 착수시기는 매개물에 발화 또는 점화한 때이고(통설, 대법원 1960.7.22, 4293형상213), 기수시기는 불이 매개물을 떠나 목적물에 독립하여 연소할 수 있는 상태에 이르렀을 때이다(독립연소설). 따라서 甲의 행위는 방화죄의 미수이고 선박침입죄와는 경합범의 관계에 있다. 〈답 ②〉

4. 방화죄에 관한 설명 중 옳은 것은?

① 甲은 번화가의 도로에 주차해 둔 乙소유의 자동차에 방화하여 전소시켰다. 甲에게는 손괴죄만 성립하고 방화죄는 성립하지 않는다.
② 범인이 혼자서 거주하는 임대가옥에 불을 놓아 소훼시킨 경우는 일반건조물방화죄가 성립한다.
③ 범인이 타인소유의 현주건조물을 연소시키기 위하여 인접한 타인소유의 창고에 불을 놓았으나 통행인의 소화활동에 의하여 창고만 소훼하는 데 그친 때에는 일반건조물방화죄의 기수가 성립한다.
④ 범인이 친구 乙과 공모하여 乙의 처가 관광여행을 떠난 것을 기화로 乙소유의 가옥을 소훼시킨 경우 일반건조물방화죄의 기수가 성립한다.
⑤ 범인이 타인소유의 비현주건조물에 방화하여 인접한 타인소유의 비현주건조물을 연소케 한 경우 연소죄가 성립한다.

해설

①(×) 일반건조물(자동차)방화죄가 성립한다(제166조).
②(○) 범인이 단독으로 거주하는 가옥은 현주건조물이 아니다.
③(×) 현주건조물방화죄의 미수에 해당한다.
④(×) 현주건조물에는 행위 당시에 사람이 현존할 필요가 없으므로 처가 부재중일지라도 현주건조물이 된다.
⑤(×) 연소죄는 자기소유 일반건조물이나 일반물건을 소훼하여 현주건조물, 공용건조물 또는 타인소유의 건조물이나 물건에 연소된 때에만 성립한다(제168조). 〈답 ②〉

5. 방화죄에 대한 설명 중 옳은 것을 모두 고르면? (다툼이 있으면 판례에 의함)

㉠ 방화의 의사로 주택 등에 휘발유를 뿌려 놓고 라이터를 켰으나 다른

사람의 몸에 불이 붙었을 뿐 주택 등에 인화하지 않았다면 현주건조물방화죄의 실행의 착수가 있었다고 볼 수 없다.
ⓛ 타인소유의 일반물건에 방화하여 소훼하였으나 공공의 위험이 발생하지 않은 경우 타인소유일반물건방화죄의 미수범이 성립한다.
ⓒ 보험금을 타기 위해 보험에 가입된 자기의 독거가옥에 방화한 경우 자기소유일반건조물방화죄가 성립한다.
ⓡ 다수인이 현존하는 가옥임을 알면서 사망의 결과를 예견하고 불을 질러 사람이 소사한 경우 현주건조물방화치사죄가 성립한다.
ⓜ 평소 사이가 나쁜 옆집에 불이 난 것을 보고 구경하던 중 소방관의 소방협력요구를 받자 달아난 경우 경범죄처벌법 위반죄가 성립할 뿐이다.

① ⓖ ⓒ　　② ⓒ ⓜ　　③ ⓡ ⓜ
④ ⓖ ⓛ ⓡ　　⑤ ⓛ ⓡ ⓜ　　⑥ ⓒ ⓡ ⓜ

해설

ⓖ(×) 현주건조물방화죄의 실행의 착수시기는 발화 또는 점화시이다(대법원 2002.3.26, 2001도6641).
ⓛ(×) 일반물건방화죄는 불을 놓아 제164조 내지 제166조에 기재된 이외의 물건을 소훼하여 공공의 위험을 발생케 함으로써 성립하는 구체적 위험범이므로 불을 놓아 물건을 소훼한 때에도 공공의 위험이 발생하지 않은 경우에는 일반물건방화죄가 성립하지 아니하고, 타인소유의 물건인 때에 한하여 손괴죄가 성립한다.
ⓒ(×) 자기소유에 속하는 건조물이라도 압류 기타 강제처분을 받거나 타인의 권리 또는 보험의 목적이 된 때에는 타인의 물건으로 간주하므로(제176조) 이 경우 타인소유일반건조물방화죄를 구성한다.
ⓡ(○) 다수인이 현존하는 건조물에 방화하였고 사망의 결과에 대한 예견이 있었으므로 중한 결과에 대한 미필적 고의를 인정할 수 있다. 현주건조물방화치사상죄는 중한 결과에 대하여 과실 있는 경우뿐만 아니라 고의 있는 때에도 성립하는 부진정결과적 가중범이라고 보는 것이 다수설과 판례의 태도이다(대법원 1983.1.18, 82도2341). 따라서 중한 결과에 대하여 미필적 고의를 인정할 수 있으므로 현주건조물방화치사죄와 살인죄의 상상적 경합범이 성립한다. 그러나 판례는 현주건조물방화치사죄에는 살인죄가 포함된다는 이유로 이 경우에 현주건조물방화치사죄가 성립할 뿐이라고 하였다(대법원 1996.4.26, 96도485).
ⓜ(○) 화재를 구경하는 자에게는 소방관의 소방협력요구에 응할 작위의무가 있다고 할 수 없으므로, 화재에 있어서 진화용의 시설 또는 물건을 은닉 또는 손괴하거나 기타 방법으로 진화를 방해하는 것을 내용으로 하는 진화방해죄는 성립하지 않는다. 다만 경범죄처벌법 제1조 36호(공무원 원조불응죄)에 해당할 뿐이다. 〈답 ③〉

대법원 2002.3.26, 2001도6641 피고인이 방화의 의사로 뿌린 휘발유가 인화성이 강한 상태로 주택주변과 피해자의 몸에 적지 않게 살포되어 있는 사정을 알면서도 라이터를 켜 불꽃을 일으킴으로써 피해자의 몸에 불이 붙은 경우, 비록 외부적 사정에 의하여 불이 방화 목적물인 주택 자체에 옮겨 붙지는 아니하였다 하더라도 현주건조물방화죄의 실행의 착수가 있었다고 봄이 상당하다.

6. 방화의 죄에 관한 설명 중에서 옳지 않은 것은? (다툼이 있는 경우에는 판례에 의함)

① 경찰관이 화재의 발생을 목격하면서 소방서에 통보하지 않았기 때문에 소방차의 출동이 늦어진 때에는 진화방해죄가 성립한다.

② 고압가스 밸브의 조작을 잘못하여 타인의 건조물을 붕괴시킨 때에는 과실폭발성물건파열죄가 성립한다.

③ 주부가 일상 사용하고 있는 가스레인지의 조작을 잘못하여 화재가 발생한 경우에 업무상 실화죄가 성립하는 것은 아니다.

④ 타인소유의 현주건조물에 방화하자 불이 옆에 있는 자기소유의 일반건조물에 옮겨 붙은 경우 연소죄가 성립된다.

⑤ 담뱃불을 완전히 끄지 않은 과실로 인하여 타인의 사과나무를 소훼한 자는 실화죄로 처벌될 수 있다.

해설

①(○) 소방관 · 경찰관리와 같이 진화할 법률상 의무 있는 자가 화재보고를 하지 않아 진화를 방해하는 것은 부작위에 의한 진화방해에 해당한다.
②(○) 고압가스는 폭발성물건에 해당한다(제173조의2 제1항, 제172조 1항).
③(○) 주부가 일상 가스레인지를 사용하는 것은 업무가 될 수 없다.
④(×) 연소죄는 자기소유건조물등방화죄나 자기물건방화죄를 범하여 타인소유의 건조물이나 물건을 연소한 경우에 성립하는 결과적 가중범이다. 〈답 ④〉

7. 사례 1~5에서 성립하는 범죄로 ㉠이 답이 되는 것은 몇 개인가? (다툼이 있는 경우에는 판례에 의함)

〈사례 1〉 甲은 절도의 목적으로 乙의 집에 들어가 금고를 열려고 하였으나 乙에게 발각되자 체포를 면하기 위하여 몽둥이로 乙의 머리를 때렸고, 乙은 사망하였다. 甲은 큰일났다고 생각하고 乙의 집에 불을 지르고 달아났다. 乙의 집은 전소되었는데, 乙의 가족은 그때 여행 중이었다. 甲의 죄책은? (주거침입은 제외함)
㉠ 강도치사, 현주건조물방화
㉡ 강도치사, 일반건조물방화

〈사례 2〉 甲은 자신의 집 안방에서 잠을 자고 있는 아버지 乙과 동생 丙을 살해하기 위하여 두루마리 화장지를 말아 장롱 뒷면에 나 있는 구멍을 통하여 장롱 안으로 집어넣은 다음, 라이터로 화장지에 불을 붙여 장롱으로 불이 번지자 그곳에서 빠져 나온 연기로 인하여 乙과 丙이 질식사하도록 하고, 집을 소훼하였다. 甲의

> 죄책은? (판례에 의함)
> ㉠ 현주건조물방화죄와 존속살해죄 및 살인죄의 상상적 경합
> ㉡ 현주건조물방화치사죄와 존속살해죄의 상상적 경합
>
> 〈사례 3〉 甲은 고향에 있는 자기소유의 빈 집을 철거하기 위하여 방화를 하였는데, 갑자기 불어온 강풍에 의해 이웃집에 불이 옮겨 붙어 그 이웃집까지 전소되었다. 甲의 죄책은?
> ㉠ 일반건조물방화죄
> ㉡ 연소죄
>
> 〈사례 4〉 甲은 乙의 집에 침입하여 乙을 결박하고 재물을 강취한 후 乙이 자신을 신고할 것이 두려워 살해하려고 乙의 집에 방화한 결과 乙이 사망하였다. 甲의 죄책은? (판례에 의함, 주거침입부분은 따로 논하지 않음)
> ㉠ 강도죄와 현주건조물방화치사죄의 실체적 경합범
> ㉡ 강도살인죄와 현주건조물방화치사죄의 상상적 경합범
>
> 〈사례 5〉 甲은 乙의 집에서 불이 나는 것을 구경하고 있는데 소방관이 소화기를 빌려 달라고 하자 이를 부숴버렸다. 甲의 죄책은?
> ㉠ 무죄
> ㉡ 진화방해죄

① 없음　② 1개　③ 2개
④ 3개　⑤ 4개　⑥ 5개

해설

〈사례 1〉 甲이 금고를 열려고 한 때에 절도의 실행에 착수하였다고 할 것이므로 체포를 면탈할 목적으로 乙을 때려 죽음에 이르게 한 행위는 준강도에 의한 강도치사죄가 된다. 또한 현주건조물인 이상 사람이 현재할 것을 요하지는 않기 때문에 乙이 사망하였다 하더라도 그의 가족이 여행 중인 경우 현주건조물방화죄가 성립한다. ㉠이 답이다.
〈사례 2〉 판례는 존속살인죄와 현주건조물방화치사죄는 상상적 경합관계에 있으므로, 법정형이 중한 존속살인죄로 의율함이 타당하다고 한다(대법원 1996.4.26, 96도485). 다만, 개정 형법은 존속살해죄의 법정형을 현주건조물방화치사죄와 동일하게 하였기 때문에 이 경우에 판례이론에 따라 상상적 경합을 인정할 것인가는 의문이다. 답은 ㉡이 된다.
〈사례 3〉 자기소유의 빈 집은 제166조 2항의 자기소유에 속하는 일반건조물에 해당하고, 이를 방화하여 제164조 1항의 현주건조물에 해당하는 이웃집을 과실로 인하여 연소한 경우이므로 제168조 1항의 연소죄가 성립한다. 연소죄는 진정결과적 가중범이다. 이웃집에 연소된 점으로 미루어 공공의 위험도 긍정된다고 본다. ㉡이 답이다.
〈사례 4〉 강도가 불을 질러 사람을 살해한 때에는 강도살인죄와 현주건조물방화치사죄의 상상적 경합이 된다(대법원 1998.12.8, 98도3416). 답은 ㉡이 된다.
〈사례 5〉 진화방해죄에 있어서 진화용의 시설 또는 물건은 타인소유이건 자기소유이건 불문하기 때문에 甲의 행위는 화재에 있어서 진화용의 물건을 손괴하는 것을 내용으로 하는 진화방해죄를 구성한다(제169조). ㉡이 답이다.
결국 ㉠이 답인 것은 1개이고, 4개는 ㉡이 답이다. 〈답 ②〉

8. A~F의 사례에서 성립하는 범죄로 (2)가 답이 되는 것은 몇 개인가?

〈사례 A〉 비현주건조물을 현주건조물이라고 오신하고 방화하여 이를 소훼하였다.
(1) 비현주건조물방화죄 (2) 현주건조물방화죄
〈사례 B〉 현주건조물을 소훼할 의사로 인접한 비현주건조물에 방화하였지만 비가 와서 비현주건조물을 소훼하는 데 그쳤다.
(1) 비현주건조물방화죄 (2) 현주건조물방화미수죄
〈사례 C〉 현주건조물을 소훼할 의사로 인접한 비현주건조물에 방화하여 현주건조물에 불이 옮겨져 모두 소훼케 하였다.
(1) 비현주건조물방화죄와 현주건조물방화죄의 상상적 경합
(2) 현주건조물방화죄
〈사례 D〉 가족이 같이 거주하고 있는 자기소유의 가옥에 가족의 외출 중 방화하여 소훼시켰다.
(1) 현주건조물방화죄 (2) 비현주건조물방화죄
〈사례 E〉 비현주건조물을 소훼할 의사로 그 수단으로서 인접한 현주건조물에 방화하여 비현주건조물에 불이 옮겨져 모두 소훼케 하였다.
(1) 현주건조물방화죄와 비현주건조물방화죄의 상상적 경합
(2) 현주건조물방화죄
〈사례 F〉 노상에서 전봇대 주변에 놓인 쓰레기에 불을 놓아 공공의 위험을 발생하게 하였다. (판례에 의함)
(1) 타인소유일반물건방화죄 (2) 자기소유일반물건방화죄

① 1개 ② 2개 ③ 3개
④ 4개 ⑤ 5개 ⑥ 6개

해설

〈사례 A〉 현주건조물방화의 고의로 비현주건조물을 소훼한 때에는 객관적으로 실현된 범위 내에서 비현주건조물방화죄가 성립한다. (1)이 옳다.
〈사례 B〉 비현주건조물은 현주건조물방화의 수단에 불과하므로 현주건조물방화미수죄에 흡수된다. (2)가 옳다.
〈사례 C〉 방화죄는 공공위험죄이므로 수개의 건조물을 소훼한 경우에도 무거운 죄 1죄가 성립한다. 따라서 현주건조물방화죄만 성립한다. (2)가 옳다.
〈사례 D〉 가족도 타인이며 타인이 주거로 사용하는 건조물을 방화하였으므로 현주건조물방화죄가 성립한다. (1)이 옳다.
〈사례 E〉 C와 같은 이유로 현주건조물방화죄만 성립한다. (2)가 옳다.
〈사례 F〉 재활용품과 쓰레기 등은 '무주물'로서 형법 제167조 2항에 정한 '자기 소유의 물건'에 준하는 것으로 보아야 하므로, 여기에 불을 붙인 후 불상의 가연물을 집어넣어 그 화염을 키움으로써 전선을 비롯한 주변의 가연물에 손상을 입히거나 바람에 의하여 다른 곳으로 불이 옮아 붙을 수 있는 공공의 위험을 발생하게 하였다면, 일반물건방화죄

가 성립한다(대법원 2009.10.15, 2009도7421). (2)가 옳다.
(2)가 옳은 것은 사례 B, C, E, F의 4개이다. 〈답 ④〉

9. 방화죄에 관한 설명 중 옳지 않은 것을 모두 고른 것은? (다툼이 있는 경우에는 판례에 의함) <사시 2009년: 배점 3>

ㄱ. 甲이 방화의 의사로 뿌린 휘발유가 인화성이 강한 상태로 주택 주변과 피해자 乙의 몸에 적지 않게 살포되어 있는 사정을 알면서도 라이터를 켜 불꽃을 일으킴으로써 피해자 乙의 몸에 불이 붙은 경우 과실치상죄가 성립함은 별론으로 하고 방화 목적물인 주택 자체에 옮겨 붙지는 아니하였기 때문에 현주건조물방화죄의 실행의 착수를 인정할 수 없다.
ㄴ. 甲이 동거인과 가정불화로 홧김에 죽은 동생의 유품으로 보관 중이던 서적 등을 뒷마당에 내어놓고 불태우는 과정에서 건물에 불이 번진 때에는 현주건조물에 대한 방화의 범의를 인정하기 곤란하다.
ㄷ. 甲이 원한관계에 있는 乙을 살해할 목적으로 현주건조물에 방화하여 사망에 이르게 한 경우에는 현주건조물방화치사죄와 살인죄의 상상적 경합이 된다.
ㄹ. 자기의 처와 같이 살고 있는 집에 방화한 때에는 현주건조물방화죄가 성립하지만, 범인 혼자 살고 있는 집에 방화한 때에는 현주건조물방화죄가 성립하지 않는다.
ㅁ. 甲은 자신의 창고가 「국세징수법」에 의한 체납처분에 의해 압류되자 홧김에 불을 놓아 소훼하였지만 공공의 위험을 발생케 하지 못한 경우 타인소유일반건조물방화죄가 성립한다.
ㅂ. 甲이 乙의 창고에 불을 지르자 강풍에 의해 불길이 번져 인접하고 있는 丙의 창고를 연소한 경우에는 타인소유일반건조물방화죄와 연소죄의 상상적 경합이 된다.

① ㄱ ㅁ ② ㄷ ㅁ ③ ㅁ ㅂ
④ ㄱ ㄷ ㅂ ⑤ ㄴ ㄹ ㅂ

해설

ㄱ(×) 피고인이 방화의 의사로 뿌린 휘발유가 인화성이 강한 상태로 주택 주변과 피해자의 몸에 적지 않게 살포되어 있는 사정을 알면서도 라이터를 켜 불꽃을 일으킴으로써 피해자의 몸에 불이 붙은 경우, 비록 외부적 사정에 의하여 불이 방화 목적물인 주택 자체에 옮겨 붙지는 아니하였다 하더라도 현존건조물방화죄의 실행의 착수가 있었다고 봄이 상당하다(대법원 2002.3.26, 2001도6641).
ㄴ(○) 대법원 1984.7.24, 84도1245.
ㄷ(×) 형법 제164조 2항이 규정하는 현주건조물방화치사상죄는 1항에 규정하는 죄에 대한 일종의 가중처벌규정으로서 불을 놓아 사람의 주거에 사용하거나 사람이 현존하는 건조물을 소훼함으로 인하여 사람을 사상에 이르게 한 때에 성립되며 동 조항이 사형, 무

기 또는 7년 이상의 징역의 무거운 법정형을 정하고 있는 취의에 비추어 보면 과실이 있는 경우뿐만 아니라 고의가 있는 경우도 포함된다고 볼 것이므로, 현주건조물 내에 있는 사람을 강타하여 실신케 한 후 동건조물에 방화하여 소사케 한 피고인을 현주건조물에의 방화죄와 살인죄의 상상적 경합으로 의율할 것은 아니다(대법원 1983.1.18, 82도2341).

ㄹ(○) 현주건조물방화죄에서의 '사람'이란 범인 이외의 모든 자연인을 말한다.

ㅁ(○) 방화죄에 있어서는 자기의 소유에 속하는 물건이라도 압류 기타 강제처분을 받거나 타인의 권리 또는 보험의 목적물이 된 때에는 타인의 물건으로 간주된다(제176조). 타인소유일반건조물방화죄는 추상적 위험범으로서(제167조 1항) 위험의 발생은 구성요건요소가 아니므로 공공의 위험을 발생케 하지 못한 경우에도 타인소유일반건조물방화죄가 성립한다.

ㅂ(×) 연소죄는 자기소유 일반건조물 또는 일반물건에 대한 방화가 확대되어 현주·공용 또는 타인소유 일반건조물·일반물건에 연소한 경우에 성립하는 범죄이다. 그런데 설문의 경우 타인소유 일반건조물에 대한 방화가 연소한 것이므로 타인소유일반건조물방화죄만 성립하고 연소죄는 성립하지 않는다. 〈답 ④〉

※ 다음 사실관계를 읽고 아래 각 문항(10~11)**에 대하여 답하시오.**

직장 동료인 甲男과 알고 지내던 乙女는 甲이 장기간 해외근무를 하기 위하여 떠나자 丁男과 동거생활을 시작하면서 丁의 아들 丙을 출산하였다. 그러나 丙이 출생한 직후 丙에 대한 출생신고를 하기도 전에 丁이 갑자기 사망하자, 乙은 해외근무를 마치고 귀국한 甲에게 이전에 우연히 1회 성관계를 맺은 것을 빌미로 丙이 甲의 아들이라고 속이고 甲과 혼인한 후 丙을 甲과 乙의 친생자로 출생신고 하였다. 한편 丙이 성년이 된 후에야 비로소 자신의 아들이 아니라는 사실을 알게 된 甲은 乙과 이혼하기로 하고, 丙과의 친자관계를 해소하기 위하여 소송을 준비하고 있다. 이에 乙과 丙은 甲이 거주하는 집에 우연히 불이 난 것처럼 꾸며서 甲을 살해하기로 모의하였다. 기회를 엿보던 乙은 甲이 안방에서 곤하게 잠든 것을 확인한 다음 주방의 가스레인지 주변에 플라스틱 재질의 주방용품을 흩뜨려 놓고, 丙은 가스레인지에 물주전자를 올려놓고 가스불을 켜 놓은 후, 乙과 丙은 함께 외출하였다. 얼마 후에 물주전자의 물이 모두 증발하면서 물주전자와 주방용품 일부에 불이 붙었으나 곧바로 스프링클러가 작동하여 불은 더 이상 옮겨 붙지 않은 상태로 진화되었다. 그러나 甲은 주방용품 등이 타면서 발생한 연기 및 유독가스에 질식하여 사망하였다.

10. 위 사안에 관하여 방화죄의 실행의 착수와 기수시기에 관한 다음 설명 중 옳은 것은? (다툼이 있는 경우에는 판례에 의함) <사시 2008년: 배점 2>

① 곧바로 진화되는 등의 사정으로 인하여 목적물인 건조물 자체에는 불이 옮겨 붙지 못하였다면 실행의 착수가 있었다고 볼 수 없으나, 이로 인

하여 사람이 사망하였다면 현주건조물방화치사죄가 성립한다.

② 곧바로 진화되는 등의 사정으로 인하여 목적물인 건조물 자체에는 불이 옮겨 붙지 못하였다고 하더라도 현주건조물방화죄의 실행의 착수가 있었다고 보아야 할 것이다. 그러나 아직 불이 매개물을 떠나 목적물에서 스스로 연소할 수 있는 상태에는 이르지 못하였으므로 현주건조물방화죄의 기수에는 이르지 아니하였다.

③ 매개물을 통한 점화에 의하여 건조물을 소훼함을 내용으로 하는 형태의 방화죄의 경우에도 매개물에 불이 붙어 연소작용이 계속될 수 있는 상태에 이르러야 방화죄의 실행의 착수를 인정할 수 있으므로, 곧바로 진화되는 등의 사정으로 인하여 목적물인 건조물 자체에는 불이 옮겨 붙지 못하였다면 현주건조물방화예비죄에 해당한다.

④ 현주건조물방화죄는 법익침해의 현실적 위험을 야기하지 않더라도 일반적 위험성만 있으면 가벌성이 인정되는 추상적 위험범이므로 위 사안은 현주건조물방화죄의 기수에 이른 것으로 보아야 한다.

⑤ 건조물 자체에는 불이 옮겨 붙지 못하였다고 하더라도 물주전자와 주방용품 일부에 불이 붙은 것만으로도 목적물의 효용을 상실시킨 것이므로 현주건조물방화죄의 기수에 이른 것으로 보아야 한다.

해설

방화죄의 착수시기는 '불을 놓은 때, 즉 점화시'이고, 기수시기는 '목적물에 독립하여 연소할 수 있을 때(독립연소설)'이다. 매개물을 통한 점화에 의하여 건조물을 소훼함을 내용으로 하는 형태의 방화죄의 경우에, 범인이 그 매개물에 불을 켜서 붙였거나 또는 범인의 행위로 인하여 매개물에 불이 붙게 됨으로써 연소작용이 계속될 수 있는 상태에 이르렀다면, 그것이 곧바로 진화되는 등의 사정으로 인하여 목적물인 건조물 자체에는 불이 옮겨 붙지 못하였다고 하더라도, 방화죄의 실행의 착수가 있었다고 보아야 한다(대법원 2002.3.26, 2001도6641). 그러나 물주전자와 주방용품 일부에 불이 붙었으나 곧바로 스프링클러가 작동하여 불은 더 이상 옮겨 붙지 않은 상태로 진화되었다면 '화력이 매개물을 떠나 목적물에서 스스로 연소할 수 있는 상태'에 이르렀다고 볼 수 없으므로 방화죄의 기수에 이르렀다고는 할 수 없다. 〈답 ②〉

11. 위 사안에서 乙과 丙의 죄책에 관한 설명 중 옳은 것은? (다툼이 있는 경우에는 판례에 의함) <사시 2008년: 배점 3>

① 乙에게는 현주건조물방화치사죄가 성립하고, 丙에게는 현주건조물방화치사죄와 존속살해죄가 성립하며 양 죄는 상상적 경합관계이다.

② 乙과 丙에게 현주건조물방화예비죄와 단순살인죄의 공동정범이 성립한다.

③ 乙과 丙에게 현주건조물방화치사죄의 공동정범이 성립한다.

④ 乙과 丙에게 현주건조물방화치사죄와 존속살해죄가 성립하고 양 죄는 상상적 경합관계이며, 乙은 현주건조물방화치사죄로 처벌된다.

⑤ 乙과 丙에게 현주건조물방화죄와 존속살해죄가 성립하고 양 죄는 상상적 경합관계이며, 乙은 현주건조물방화죄와 단순살인죄로 처벌된다.

해설

현주건조물방화치사죄는 사망에 대하여 고의가 있는 때에도 성립하는 부진정결과적 가중범이고(대법원 1996.4.26, 96도485), 방화와 사망 간에 인과관계도 있으며, 현주건조물방화죄가 미수에 그쳤다고 하더라도 결과적 가중범은 기수가 되므로 乙과 丙에게 현주건조물방화치사죄가 성립한다.

丙의 경우 "친자관계라는 사실은 호적상의 기재 여하에 의하여 좌우되는 것은 아니며 호적상 친권자라고 등재되어 있다 하더라도 사실에 있어서 그렇지 않은 경우에는 법률상 친자관계가 생길 수 없다 할 것인바, 피고인은 호적부상 피해자와 모(母) 사이에 태어난 친생자로 등재되어 있으나 피해자가 집을 떠난 사이 모(母)가 타인과 정교관계를 맺어 피고인을 출산하였다면 피고인과 피해자 사이에는 친자관계가 없으므로(대법원 1983.6.28, 83도996)" 丙에게는 존속살해죄가 아닌 보통살인죄가 성립한다.

한편 현주건조물방화치사죄와 살인죄 · 존속살해죄의 관계에 대해, "사람을 살해할 목적으로 현주건조물에 방화하여 사망에 이르게 한 경우에는 현주건조물방화치사죄로 의율하여야 하고 이와 더불어 살인죄와의 상상적 경합범으로 의율할 것은 아니며, 다만 존속살인죄와 현주건조물방화치사죄는 상상적 경합범 관계에 있으므로, 법정형이 중한 존속살인죄로 의율함이 타당하다(대법원 1996.4.26, 96도485). 따라서 乙과 丙 모두 현주건조물방화치사죄만 성립한다.

판례는 결과적 가중범의 공동정범을 인정하므로, 乙과 丙은 현주건조물방화치사죄의 공동정범이 된다. 〈답 ③〉

제 4 절 일수와 수리에 관한 죄

1. 일수죄와 방화죄의 비교 · 설명 중 옳지 않은 것을 모두 고르면?

> ㉠ 일수죄나 방화죄 모두 현주건조물이 객체로 규정되어 있다.
> ㉡ 일수죄나 방화죄 모두 공용건조물이 객체로 규정되어 있다.
> ㉢ 방화죄의 경우 자기소유물에 대한 결과적 가중범규정이 있으나, 일수죄는 없다.
> ㉣ 일수죄나 방화죄 모두 자수에 대한 필요적 감면규정이 있다.
> ㉤ 일수죄나 방화죄 모두 자기소유 일반건조물에 대해서는 미수범 처벌규정이 없다.
> ㉥ 일수죄나 방화죄 모두 타인소유이든 자기소유이든 일반물건에 대한 범죄는 구체적 위험범이다.

① ㉣ ㉤　② ㉣ ㉥　③ ㉤ ㉥
④ ㉠ ㉡ ㉢　⑤ ㉡ ㉢ ㉤　⑥ ㉢ ㉣ ㉤

✍ **해설**

수해를 일으켜 공공의 안전을 해하는 것을 내용으로 하는 일수죄는 공공의 평온을 보호법익으로 하는 공공위험죄라는 점에서 방화죄와 본질을 같이하며, 보호법익이 보호받는 정도는 추상적 위험범이다. 다만 자기물건일수죄는 구체적 위험범에 해당한다.

㉣(×) 방화예비 · 음모죄에는 자수에 대한 필요적 감면규정이 있으나(제175조), 일수죄에는 자수에 대한 특별규정이 없다.

㉥(×) 방화죄의 경우 타인소유이든 자기소유이든 일반물건에 대한 방화죄는 구체적 위험범(제167조)임에 반하여, 일수죄의 경우에는 자기소유일반물건일수죄는 구체적 위험범(제179조 2항)이지만 타인소유일반물건일수죄는 추상적 위험범(제179조 1항)이다. 〈답 ②〉

2. 수리방해죄에 대한 설명 중 옳지 않은 것은 모두 몇 개인가?

㉠ 수리권을 보호법익으로 하는 범죄로서 공공위험죄가 아니다.
㉡ 수리권의 근거는 법령 · 계약뿐만 아니라 관습에 의한 경우도 포함한다.
㉢ 현존하는 수리의 이익을 요한다.
㉣ 수도에 의한 음용수의 이용도 본죄의 수리에 해당한다.
㉤ 수로를 폐쇄하거나 변경하는 것은 본죄에 해당한다.
㉥ 농촌주택에서 배출되는 생활하수관의 배수관을 토사로 막아 하수를 내려가지 못하게 한 경우에도 수리방해죄가 성립한다.

① 0개 ② 1개 ③ 2개
④ 3개 ⑤ 4개 ⑥ 5개

✍ **해설**

㉠㉡㉢㉤(○) 제방을 결궤하거나 수문을 파괴하거나 기타 방법으로 수리를 방해함으로써 성립하는 수리방해죄의 보호법익은 수리권이므로 본죄가 성립하려면 현존하는 수리의 이익이 있어야 하며, 수리권의 근거는 법령 · 계약뿐만 아니라 관습에 의한 경우도 포함된다(대법원 1968.2.20, 67도1677).

㉣(×) 본죄의 물이 자연수인가 인공수인가를 불문하나, 수도에 의한 음용수의 이용은 수도불통죄(제195조)에 의하여 보호받을 뿐이고 본죄의 수리에는 해당하지 않는다.

㉥(×) 원천 내지 자원으로서의 물의 이용이 아니라, 하수나 폐수 등 이용이 끝난 물을 배수로를 통하여 내려보내는 것은 형법 제184조 소정의 수리에 해당한다고 할 수 없고, 그러한 배수 또는 하수처리를 방해하는 행위는, 특히 그 배수가 수리용의 인수(引水)와 밀접하게 연결되어 있어서 그 배수의 방해가 직접 인수에까지 지장을 초래한다는 등의 특수한 경우가 아닌 한, 수리방해죄의 대상이 될 수 없다. 농촌주택에서 배출되는 생활하수의 배수관(소형 PVC관)을 토사로 막아 하수가 내려가지 못하게 한 경우, 수리방해죄에 해당하지 아니한다(대법원 2001.6.26, 2001도404). 〈답 ③〉

제 5 절 교통방해의 죄

1. 일반교통방해죄에 대한 설명 중 옳지 않은 것을 모두 고르면? (다툼이 있는 경우 판례에 의함)

> ㉠ 공공위험죄이며, 추상적 위험범이므로 교통방해의 결과가 발생해야 하는 것은 아니다.
> ㉡ 객체는 육로·수로 또는 교량이며 공해상의 해로도 객체인 수로에 해당한다.
> ㉢ 공중의 왕래에 사용되는 장소인 이상 소수인만 통행하는 도로라 할지라도 본죄의 객체가 된다.
> ㉣ 폭력으로 통행을 차단하여 통행하지 못하게 하는 것은 본죄에 해당하지 않는다.
> ㉤ 인근 상가의 통행로로 이용되고 있는 토지의 사실상 지배권자가 위 토지에 철주와 철망을 설치하고 포장된 아스팔트를 걷어냄으로써 통행로로 이용하지 못하게 한 경우 본죄를 구성한다.
> ㉥ 왕복 4차로의 도로 중 편도 3개 차로 쪽에 차량 2, 3대와 간이테이블 수십개를 이용하여 길가 쪽 2개 차로를 차지하는 포장마차를 설치하고 영업행위를 하였더라도 교통량이 상대적으로 적은 야간에 이루어졌고 통행차량이 나머지 1개 차로와 반대편 차로를 이용할 수 있었다면 본죄를 구성하는 것은 아니다.

① ㉤ ② ㉢ ㉣ ③ ㉣ ㉤
④ ㉣ ㉥ ⑤ ㉡ ㉢ ㉣ ⑥ ㉣ ㉤ ㉥

해설

일반교통방해죄는 육로·수로 또는 교량을 파괴 또는 불통하거나 기타 방법으로 교통을 방해하는 것이다(제185조).
㉡(○) 공해상의 수로라 할지라도 교통방해의 대상이 될 수 있는 한 수로라고 하지 않을 수 없다.
㉢(○) 공중의 왕래에 사용되는 육로인 이상 관리자나 소유자가 누구인가는 물론, 노면의 광협이나 통행인의 다과를 불문하고 본죄의 객체가 된다.
㉣(×) 폭력으로 통행을 차단하거나 허위의 표지를 세우는 것은 손괴나 불통 이외의 방법으로 교통을 방해할 수 있는 대표적인 방법이므로 이 경우에도 일반교통방해죄가 성립한다고 해야 한다.
㉤(○) 대법원 2007.12.28, 2007도7717의 내용이다.
㉥(×) 비록 그러한 영업행위가 교통량이 상대적으로 적은 야간에 이루어졌다 하더라도 그로 인하여 도로의 교통을 방해하여 차량통행이 현저히 곤란한 상태가 발생하였다고 하지 않을 수 없고, 이 도로를 통행하는 차량이 나머지 1개 차로와 반대편 차로를 이용할 수 있었다고 하더라도 형법 제185조의 일반교통방해죄를 구성한다(대법원 2007.12.14, 2006도4662).
〈답 ④〉

2. 기차등전복죄에 관한 설명 중 옳지 않은 것은?

① 사람이 현존하는 기차 · 전차 · 자동차 · 선박 또는 항공기를 전복함으로써 성립하는 추상적 위험범이다.
② 사람이 현존한다는 것은 실행행위를 개시할 때 사람이 있으면 족하다.
③ 차고에 들어가 있는 정차 중인 자동차는 본죄의 객체가 아니다.
④ 전복이란 차량을 탈선시켜 넘어가게 하는 것을 말하므로 탈선시키는 것만으로는 본죄가 성립하지 않는다.
⑤ 기차등전복죄의 행위방법은 전복 · 매몰 · 추락 또는 파괴이다.

해설

기차전복죄는 사람이 현존하는 기차 · 전차 · 자동차 · 선박 또는 항공기를 전복 · 매몰 · 추락 또는 파괴하는 것이다(제187조). 교통기관의 기능이 유지되는 한, 반드시 운행되고 있을 것을 요하는 것은 아니다. 따라서 차고에 들어가 있거나 정차 또는 정박중인 것도 본죄의 객체가 된다. 〈답 ③〉

3. 일반교통방해죄에 관한 판례의 설명 중 옳지 않은 것은?

① 주민들에 의하여 공로로 통하는 유일한 통행로로 오랫동안 이용되어 온 폭 2미터의 골목길을 자신의 소유라는 이유로 폭 50 내지 75센티미터만 남겨두고 담장을 설치하여 주민들의 통행을 현저히 곤란하게 하였다면 일반교통방해죄가 성립한다.
② 영농을 위한 경운기나 리어카 등의 통행을 위한 농로로 개설된 도로에 말뚝 50개를 설치하고 차량통행금지 표지석을 세우는 등의 방법으로 사실상 통행을 불가능하게 하였다면 일반교통방해죄가 성립한다.
③ 공터로 두었을 때 인근 주민들이 일시 지름길로 사용하였다는 것만으로는 일반교통방해죄의 육로라고 할 수 없다.
④ 도로의 대부분을 차지하면서 행진하는 방법으로 시위를 하는 것은 이로 인하여 차량의 소통이 방해되었다고 할지라도 일반교통방해죄가 성립하지 않는다.
⑤ 사람이 현존하는 선박에 대해 매몰행위의 실행을 개시하고 그로 인하여 선박을 매몰시켰다 하더라고 매몰의 결과발생시 사람이 현존하지 않았거나 선박에 있는 사람을 안전하게 대피시켰다면 선박매몰죄의 미수가 된다.

해설

①(○) 형법 제185조 소정의 육로라 함은 사실상 일반공중의 왕래에 공용되는 육상의 통로를 널리 일컫는 것으로서 그 부지의 소유관계나 통행권리관계 또는 통행인의 많고 적음 등은 가리지 않는 것이다. 주민들에 의하여 공로로 통하는 유일한 통행로로 오랫동안 이용되어 온 폭 2m의 골목길을 자신의 소유라는 이유로 폭 50 내지 75cm 가량만 남겨

두고 담장을 설치하여 주민들의 통행을 현저히 곤란하게 하였다면 일반교통방해죄를 구성한다(대법원 1994.11.4, 94도2112).
②(○) 도로가 농가의 영농을 위한 경운기나 리어카 등의 통행을 위한 농로로 개설되었다 하더라도 그 도로가 사실상 일반 공중의 왕래에 공용되는 도로로 된 이상 다른 차량도 통행할 수 있는 것이므로 이러한 차량의 통행을 방해한다면 일반교통방해죄에 해당한다(대법원 1995.9.15, 95도1475).
③(○) 토지의 소유자가 자신의 토지의 한쪽 부분을 일시 공터로 두었을 때 인근 주민들이 위 토지의 동서쪽에 있는 도로에 이르는 지름길로 일시 이용한 적이 있다 하여도 이를 일반 공중의 내왕에 공용되는 도로라고 할 수 없으므로 형법 제185조 소정의 육로로 볼 수 없다(대법원 1984.11.13, 84도2192).
④(○) 피고인 등 약 600명의 노동조합원들이 차도만 설치되어 있을 뿐 보도는 따로 마련되어 있지 아니한 도로 우측의 편도 2차선의 대부분을 차지하면서 대오를 이루어 행진하는 방법으로 시위를 하고 이로 인하여 나머지 편도 2차선으로 상·하행차량이 통행하느라 차량의 소통이 방해되었다 하더라도 피고인 등의 시위행위에 대하여 일반교통방해죄를 적용할 수 없다(대법원 1992.8.18, 91도2771).
⑤(×) 사람이 현존하는 선박에 대해 매몰행위의 실행을 개시하고 그로 인하여 선박을 매몰시켰다면 매몰의 결과발생시 사람이 현존하지 않았거나 범인이 선박에 있는 사람을 안전하게 대피시켰다고 하더라도 선박매몰죄의 기수로 보아야 할 것이지 이를 미수로 볼 것은 아니다(대법원 2000.6.23, 99도4688). 〈답 ⑤〉

4. 교통방해의 죄에 관한 판례의 입장으로 옳지 않은 것은?

① 총길이 338m의 대형 유조선의 유류탱크 일부에 구멍이 생기고 선수마스트, 위성통신 안테나, 항해등 등이 파손된 정도에 불과한 것은 형법 제187조에 정한 선박의 '파괴'에 해당하지 않는다.

② 예인선 선장 乙은 甲의 지시에 따라 사고의 위험성이 높은 시점에 출항하는 등 무리하게 예인선을 운항한 결과 예인되던 선박에 적재된 물건이 해상에 추락하여 선박교통을 방해한 경우 甲과 乙에게 업무상 과실 일반교통방해죄의 공동정범이 인정된다.

③ 피고인의 가옥 앞 도로가 폐기물 운반차량의 통행로로 이용되어 가옥 일부에 균열 등이 발생하자 피고인이 도로를 가로막고 앉아서 위 차량의 통행을 일시적으로 방해한 행위는 일반교통방해죄에 해당한다.

④ 피고인이 자기 집 앞 도로에 트랙터를 세워두거나 철책 펜스를 설치함으로써 폐기물 운반차량의 통행을 불가능하게 한 것은 일반교통방해죄를 구성한다.

⑤ 전국노조총연맹 준비위원회가 주관한 도로행진시위가 사전에 집회및시위에관한법률에 따라 옥외집회신고를 마쳤어도, 신고의 범위에 따른 제한을 현저히 일탈하여 주요도로 전차선을 점거하여 행진 등을 함으로써 교통소통에 현저한 장해를 일으켰다면, 일반교통방해죄를 구성한다.

해설

①(○) 대법원 2009.4.23, 2008도11921.
②(○) 대법원 2009.6.11, 2008도11784.
③(×) 교통을 방해하여 통행을 불가능하게 하거나 현저하게 곤란하게 하는 행위라고 보기는 어려우므로 일반교통방해죄를 구성하지 아니한다(대법원 2009.1.30, 2008도10560).
④(○) 대법원 2009.1.30, 2008도10560.
⑤(○) 대법원 2008.11.13, 2006도755. 〈답 ③〉

대법원 2009.4.23, 2008도11921 형법 제187조에서 정한 '파괴'란 다른 구성요건행위인 전복, 매몰, 추락 등과 같은 수준으로 인정할 수 있을 만큼 교통기관으로서의 기능·용법의 전부나 일부를 불가능하게 할 정도의 파손을 의미하고, 그 정도에 이르지 아니하는 단순한 손괴는 포함되지 않는다. 총길이 338m, 갑판 높이 28.9m, 총톤수 146,848톤, 유류탱크 13개, 평형수탱크 4개인 대형 유조선의 유류탱크 일부에 구멍이 생기고 선수마스트, 위성통신 안테나, 항해등 등이 파손된 정도에 불과한 것은 형법 제187조에 정한 선박의 '파괴'에 해당하지 않는다.

제2장 공공의 신용에 대한 죄

제 1 절 통화에 관한 죄

1. 통화에 관한 죄의 설명으로 옳지 않은 것을 모두 고르면?

㉠ 변조는 진정한 통화를 전제로 한다.
㉡ 위화가 진화 이상의 가치를 가지는 경우에는 위조가 될 수 없다.
㉢ 고화를 이용하여 새로운 통화를 만든 것은 통화위조에 해당한다.
㉣ 1,000원권을 가공하여 5,000원권으로 만든 것은 통화변조에 해당한다.
㉤ 위조통화취득죄는 위조라는 것을 알면서 취득해야 하며, 미수범을 처벌한다.
㉥ 공범자 사이에 위조통화를 수수하는 것도 위조통화취득죄가 될 수 있다.

① ㉠ ㉢ ② ㉡ ㉥ ③ ㉢ ㉣
④ ㉣ ㉤ ⑤ ㉡ ㉣ ㉥

해설

㉠(○) 변조는 진정한 통화를 전제로 하므로 가공으로 인하여 진화의 외관 내지 진화의 동일성이 상실되지 않을 것을 요한다는 점에서 위조와 구별된다.
㉡(×) 통화위조죄에 있어서 위조란 통화의 발행권자 아닌 자가 통화의 외관을 가지는 물건을 작성하는 것을 말한다. 통화의 실질적 가치가 문제되는 것은 아니기 때문에 위화가 진화 이상의 가치를 가지는 경우에도 위조가 될 수 있다.
㉢(○) 고화나 폐화를 이용하여 새로운 통화를 제작하건 사진 · 인쇄 또는 복사의 방법에 의하건 위조의 방법에는 제한이 없다.
㉣(○) 통화의 모양과 문자를 고쳐서 그 명가를 변경하는 것은 변조에 해당한다.
㉤(○) 위조통화취득죄는 행사의 목적이 있어야 성립하는 목적범이지만 행위시에 위조라는 정을 알고 취득하였을 것을 요한다.
㉥(×) 공범자 사이에 위조통화를 수수하는 것은 취득에 해당하지 않는다. 〈답 ②〉

2. 위조통화행사죄에 해당하는 것을 모두 모은 것은?

㉠ 위조화폐를 도박에 사용하였다.
㉡ 위조화폐를 타인에게 증여하였다.
㉢ 위조화폐를 화폐수집상에게 팔았다.

㉣ 위조화폐를 공중전화기에 투입하였다.
㉤ 위조화폐를 정을 모르는 자와 교환하였다.

① ㉠ ㉣ ㉤ ② ㉠ ㉡ ㉢ ㉤ ③ ㉠ ㉡ ㉣ ㉤
④ ㉠ ㉢ ㉣ ㉤ ⑤ ㉠ ㉡ ㉢ ㉣ ㉤

해설

위조통화행사죄의 행사란 위조통화를 진정한 통화인 것처럼 거래상의 유통에 놓는 것을 말한다. ㉢ 화폐수집상이 위조화폐를 유통시킬 수도 있다. ㉡㉤ 진정한 통화로 유통될 수 있게 한 이상 유상인가 무상인가는 불문한다. ㉠㉣ 행사라고 하기 위하여 상대방에게 위화임을 알릴 필요는 없다. 〈답 ⑤〉

3. 통화에 대한 죄의 설명 중 옳지 않은 것을 모두 고르면? (판례에 의함)

㉠ 행사의 목적 없이 위조한 통화도 위조통화행사죄의 객체가 된다.
㉡ 통화를 위조하고 행사한 때에는 통화위조죄와 위조통화행사죄가 뒤다.
㉢ 자신의 신용력을 증명하기 위하여 타인에게 보일 목적으로 통화를 위조한 경우에도 행사할 목적이 있다.
㉣ 진정한 통화인 미화 1달러 및 2달러 지폐의 발행연도, 발행번호, 미국 재무부를 상징하는 문양, 재무부장관의 사인, 일부 색상을 고친 것만으로는 통화가 변조되었다고 볼 수 없다.
㉤ 행사할 목적으로 미리 준비한 물건들과 옵세트인쇄기를 사용하여 한국은행권 지폐를 사진찍어 그 필름 원판과 이를 확대하여 현상한 인화지를 만들었음에 그쳤다면 통화위조의 착수에 이르렀다고 볼 수 없다.
㉥ 외국에서 통용하지 아니하는, 즉 강제통용력을 가지지 아니하는 지폐라도 그것이 일반인의 관점에서 통용할 것이라고 오인할 가능성이 있는 외국의 지폐라면 형법 제207조 3항에서 규정한 '외국에서 통용하는 외국의 지폐'에 해당한다.

① ㉥ ② ㉠ ㉡ ③ ㉡ ㉣
④ ㉢ ㉥ ⑤ ㉡ ㉤ ㉥ ⑥ ㉢ ㉤ ㉥

해설

㉠(○) 위조통화행사죄의 객체는 위조 · 변조한 통화이면 족하며, 반드시 통화위조 · 변조죄가 성립되는 통화일 필요는 없다.
㉡(○) ㉡의 경우에 양 죄가 성립하는데, 다수설은 경합범의 관계에 있다고 보는 반면에 소수설은 목적범에 있어서 목적을 달성할 때까지의 행위는 하나의 행위가 된다고 할 수 있으므로 양 죄는 상상적 경합의 관계에 있다고 한다.
㉢(×) 형법 제207조 소정의 '행사할 목적'이란 유가증권위조의 경우와 달리, 위조, 변조한 통화를 진정한 통화로서 유통에 놓겠다는 목적을 말하므로, 자신의 신용력을 증명하기 위하여 타인에게 보일 목적으로 통화를 위조한 경우에는 행사할 복적이 있다고 할 수 없다(대법원 2012.3.29, 2011도7704).

㉣(○) 진정한 통화에 대한 가공행위로 인하여 기존 통화의 명목가치나 실질가치가 변경되었다거나 객관적으로 보아 일반인으로 하여금 기존 통화와 다른 진정한 화폐로 오신하게 할 정도의 새로운 물건을 만들어 낸 것으로 볼 수 없다면 통화가 변조되었다고 볼 수 없다(대법원 2004.3.26, 2003도5640).
㉤(○) 대법원 1966.12.6, 66도1317 참조.
㉥(×) 외국에서 통용하지 아니하는, 즉 강제통용력을 가지지 아니하는 지폐는 비록 일반인이 통용할 것이라고 오인할 가능성이 있다고 하더라도 외국에서 통용하는 외국의 지폐에 해당한다고 할 수 없다(대법원 2004.5.14, 2003도3487). 〈답 ④〉

4. 아래 각 사례에서 甲의 행위에 대해 성립하는 범죄가 아닌 것을 <보기>에서 모두 고르면? (다툼이 있으면 다수설에 의함)

사례 1: 甲은 행사의 목적으로 위조화폐를 절취하였다.
사례 2: 甲은 물건을 사고 거스름돈으로 받은 돈에 위조화폐가 있음을 발견하고 이를 팁으로 주었다.
사례 3: 甲은 통용기간이 경과한 구 화폐 '환'을 '원'으로 고쳐서 밤중에 노점에서 술을 사서 마셨다.
사례 4: 甲은 위조통화임을 알고 있는 자에게 그가 위조통화를 유통시키리라는 것을 예상 내지 인식하면서 위조통화를 교부하였다.

〈보기〉
㉠ 통화위조죄　㉡ 위조통화행사죄
㉢ 사기죄　㉣ 위조통화취득죄
㉤ 절도죄　㉥ 위조통화취득후 지정행사죄

① ㉠　② ㉠ ㉡　③ ㉠ ㉤
④ ㉠ ㉡ ㉣　⑤ ㉠ ㉡ ㉤　⑥ ㉡ ㉢ ㉤

해설

사례 1: 행사할 목적으로 위조된 통화를 취득한 경우에는 위조통화취득죄(제208조)가 성립한다. 여기의 취득의 방법은 불문한다. 범죄행위로 인하여 취득한 경우도 포함하므로 甲에게는 ㉣ 위조통화취득죄가 성립한다. 위조화폐는 소유가 금지된 금제품이므로 절도죄는 성립하지 않는다(다수설).
사례 2: 위조된 통화임을 모르고 취득한 후에 그 정을 알고 행사한 때에는 위조통화취득 후 지정행사죄(제210조)가 성립한다. 위조된 통화인 것을 모르고 취득한 이상 그것이 적법한가 또는 위법한가는 문제되지 않으며, 행사도 진정한 통화로 유통하게 한 이상 유·무상 여부를 불문하므로 甲의 행위는 ㉥ 위조통화취득 후 지정행사죄에 해당한다.
사례 3: 다수설은 통용기간이 경과하였으나 교환 중인 구화가 통화라고 할 수 있는가에 대하여 강제통용력이 인정되지 않는 것은 통용하는 통화라고 할 수 없다고 하여 이를 위조·행사하는 행위는 ㉢ 사기죄 등의 범죄를 구성할 가능성은 있으나 통화위조·동행사죄는 성립하지 않는다고 한다.
사례 4: 교부행위 자체가 통화에 대한 공공의 신용 또는 거래의 안전을 해할 위험이 있으므로 ㉡ 위조통화행사죄가 성립한다(대법원 2003.1.10, 2002도3340).

따라서 ㉠ 통화위조죄와 ㉤ 절도죄는 성립하지 않는다. 〈답 ③〉

5. 통화에 관한 죄에 대한 서술 중 옳은 것(○)과 옳지 않은 것(×)을 맞게 표시한 것은? (다툼이 있는 경우에는 판례에 의함)

> ㉠ 1만원권 지폐의 앞뒷면을 흑백의 전자복사기로 복사하여 비슷한 크기로 잘라 밤에 택시요금으로 지불하였으나 택시운전자에게 발각된 경우 통화위조죄 및 위조통화행사죄가 성립한다.
> ㉡ 1만원권의 앞뒷면을 잘라내서 이를 각각 다른 종이(지폐를 칼라복사한 것)에 접합하여 도합 1만원권 2매를 만든 경우 통화위조죄가 성립한다.
> ㉢ 일본국의 자동판매기에 투입하여 일본국의 500엔짜리 주화처럼 사용하기 위하여 한국은행발행 500원짜리 주화의 표면 일부를 깎아내어 손상을 가한 경우 통화변조죄가 성립한다.
> ㉣ 스위스 화폐로서 1998년까지 통용되었으나 현재는 통용되지 않고 다만 스위스 은행에서 신권과의 교환이 가능한 진폐(眞幣)는 형법 제207조 2항 소정의 내국에서 '유통하는' 외국의 화폐에 해당하지 아니한다.

① ㉠(○) ㉡(○) ㉢(○) ㉣(×) ② ㉠(×) ㉡(×) ㉢(×) ㉣(○)
③ ㉠(○) ㉡(○) ㉢(×) ㉣(○) ④ ㉠(×) ㉡(×) ㉢(○) ㉣(×)
⑤ ㉠(○) ㉡(×) ㉢(○) ㉣(×) ⑥ ㉠(×) ㉡(○) ㉢(×) ㉣(○)

해설

㉠(×) 통화위조죄와 위조통화행사죄의 객체인 위조통화는 그 유통과정에서 일반인이 진정한 통화로 오인할 정도의 외관을 갖추어야 할 것이므로, 한국은행발행 1만원권 지폐의 앞뒷면을 전자복사기로 복사하여 비슷한 크기로 자른 것은 객관적으로 진정한 통화로 오인할 정도에 이르지 못하여 통화위조죄 및 위조통화행사죄의 객체가 될 수 없다(대법원 1986.3.25, 86도255). 통화유사물도 통화에 유사한 외관을 갖추었을 것을 필요로 한다.
㉡(○) 컬러복사에 의하여 일반인이 진정한 통화로 오인할 정도의 통화의 외관을 갖춘 경우에는 통화위조죄가 성립한다.
㉢(×) 주화의 표면을 일부 깎아낸 것만으로는 기존 주화의 명목가치나 실질가치를 변경하였거나 새로운 화폐를 만들어낸 것은 아니다(대법원 2002.1.11, 2000도3950).
㉣(○) 대법원 2003.1.10, 2002도3340의 내용이다. 〈답 ⑥〉

① **대법원 2003.1.10, 2002도3340** (i) 스위스 화폐로서 1998년까지 통용되었으나 현재는 통용되지 않고 다만 스위스 은행에서 신권과의 교환이 가능한 진폐(眞幣)가 형법 제207조 2항 소정의 내국에서 '유통하는' 외국의 화폐에 해당하지 아니한다. (ii) 위조통화임을 알고 있는 자에게 그 위조통화를 교부한 경우에 피교부자가 이를 유통시키리라는 것을 예상 내지 인식하면서 교부하였다면, 그 교부행위 자체가 통화에 대한 공공의 신용 또는 거래의 안전을 해할 위험이 있으므로 위조통화행사죄가 성립한다.
② **대법원 2002.1.11, 2000도3950** 피고인이 한국은행발행 500원짜리 주화의 표면

일부를 깎아내어 손상을 가하였지만 그 크기와 모양 및 대부분의 문양이 그대로 남아 있어, 이로써 기존의 500원짜리 주화의 명목가치나 실질가치가 변경되었다거나, 객관적으로 보아 일반인으로 하여금 일본국의 500엔짜리 주화로 오신케 할 정도의 새로운 화폐를 만들어 낸 것이라고 볼 수 없고, 일본국의 자동판매기 등이 위와 같이 가공된 주화를 일본국의 500엔짜리 주화로 오인한다는 사정만을 들어 그 명목가치가 일본국의 500엔으로 변경되었다거나 일반인으로 하여금 일본국의 500엔짜리 주화로 오신케 할 정도에 이르렀다고 볼 수는 없다.

6. 다음 설명 중 옳은 것을 모두 고른 것은? (다툼이 있는 경우에는 판례에 의함)
<사시 2010년: 배점 3>

가. 위조통화를 행사하여 재물을 불법영득한 경우 위조통화행사는 언제나 기망적인 요소를 포함하고 있을 뿐 아니라 그 법정형이 가중되어 있으므로 사기죄는 위조통화행사죄에 흡수된다.
나. 진정한 통화에 대한 가공행위로 인하여 기존 통화의 명목가치나 실질가치가 변경되었다거나 객관적으로 보아 일반인으로 하여금 기존 통화와 다른 진정한 화폐로 오신하게 할 정도의 새로운 물건을 만들어 낸 것으로 볼 수 없다면 통화변조죄가 성립하지 않는다.
다. 위조 · 변조통화행사죄란 위조 또는 변조된 통화의 점유 또는 처분권을 타인에게 이전하여 통화로서 유통하게 하는 것을 말하므로, 위조통화임을 알고 있는 제3자에게 그 위조통화를 교부한 경우에는 피교부자가 이를 유통시키리라는 것을 예상 내지 인식하였더라도 위조 · 변조통화행사죄가 성립하지 않는다.
라. 공무원의 뇌물수수가 공여자들의 함정교사에 의한 경우, 뇌물공여자들에게 그 공무원을 함정에 빠뜨릴 의사 외에 실제 뇌물을 공여할 의사가 있었고 그 공무원에게 직무와 관련하여 금품을 수수한다는 의사가 있었더라도 그 공무원을 뇌물수수죄로 처벌하지 못한다.
마. 정치자금 기부행위가 정치인의 구체적 직무범위와 관련하여 기부자에게 유리한 행위를 기대하거나 그에 대한 사례로서 이루어졌다면 그 기부금에 대해서는 뇌물성이 인정된다.
바. 금품의 무상대여를 통하여 위법한 재산상 이익을 취득한 경우 범인이 받은 부정한 이익은 그로 인한 금융이익 상당액이므로 추징의 대상이 되는 것은 무상으로 대여받은 금품 그 자체가 아니고 위 금융이익 상당액이다.

① 가 라 마 ② 가 라 바 ③ 나 라 마
④ 나 마 바 ⑤ 다 라 바 ⑥ 다 마 바

해설

가(×) 통화위조죄와 사기죄는 그 보호법익을 달리하고 있으므로 위조통화행사죄와 사기죄의 양 죄가 성립된다(실체적 경합)(대법원 1979.7.10, 79도840). 이에 대하여 학설은 위조통화행사죄에 있어서 행사는 언제나 기망적 요소를 포함하고 있으므로 사기죄는 위조통화행사죄 속에 흡수되어 별도로 성립하지 않는다는 견해와 위조통화의 행사와 기망행위는 한 개의 행위로 인한 것이므로 양 죄의 상상적 경합범이 된다는 견해로 나뉜다.
나(○) 대법원 2004.3.26, 2003도5640.
다(×) 위조통화임을 알고 있는 자에게 그 위조통화를 교부한 경우에 피교부자가 이를 유통시키리라는 것을 예상 내지 인식하면서 교부하였다면, 그 교부행위 자체가 통화에 대한 공공의 신용 또는 거래의 안전을 해할 위험이 있으므로 위조통화행사죄가 성립한다(대법원 2003.1.10, 2002도3340).
라(×) 피고인의 뇌물수수가 공여자들의 함정교사에 의한 것이기는 하나, 뇌물공여자들에게 피고인을 함정에 빠뜨릴 의사만 있었고 뇌물공여의 의사가 전혀 없었다고 보기 어려울 뿐 아니라, 뇌물공여자들의 함정교사라는 사정은 피고인의 책임을 면하게 하는 사유가 될 수 없다(대법원 2008.3.13, 2007도10804).
마(○) 대법원 2008.6.12, 2006도8568.
바(○) 대법원 2007.3.30, 2006도7241. 〈답 ④〉

제 2 절 유가증권 · 인지와 우표에 관한 죄

1. 유가증권위조죄에 있어서 유가증권에 해당하지 않는 것만 조합한 것은? (다툼이 있으면 판례에 의함)

㉠ 신용카드	㉡ 공중전화카드
㉢ 스키장의 리프트탑승권	㉣ 위조한 약속어음
㉤ 할부구매전표	㉥ 정기예금증서
㉦ 우편환증서	㉧ 국채

① ㉠ ㉤ ② ㉠ ㉥ ③ ㉠ ㉤ ㉥
④ ㉠ ㉥ ㉦ ⑤ ㉡ ㉤ ㉧ ⑥ ㉡ ㉤ ㉥ ㉦

해설

유가증권이 되기 위하여는 재산권이 증권에 화체되고 그 권리의 행사와 처분에 증권의 점유를 필요로 해야 한다. 판례가 유가증권이 아니라고 판시한 것은 ㉠㉥이다.
㉠ 대법원은 신용카드에는 재산권이 화체되어 있지 않다는 이유로 유가증권이 될 수 없다고 해석한다(대법원 1999.7.9, 99도857). ㉥ 정기예금증서는 예탁금반환청구권의 유통이나 행사를 목적으로 작성된 것이 아니라 채무자가 그 증서의 소지인에게 변제하여 책임을 면할 목적으로 발행된 면책증권에 불과하여 유가증권에 해당하지 않는다(대법원 1984.11.27, 84도2147).
이에 반하여 ㉡㉢㉣㉤㉦㉧은 재산권이 증권에 화체되어 있고 권리의 행사와 처분에 증권의 점유를 필요로 하는 점에서 유가증권이다. ㉡ 대법원 1998.2.27, 97도2483, ㉢ 대법원 1998.11.24, 98도2967 참조. ㉣ 유가증권은 사법상 유효할 것을 요하지 않는다. 따라서 위조된 유가증권도 여기에 해당한다(대법원 1982.6.22, 82도677). ㉤ 대법원 1995.3.14, 95도20. ㉦㉧ 유가증권의 발행자는 사인인가, 국가 또는 공공단체인가를 불문한다.
〈답 ②〉

대법원 1999.7.9, 99도857 신용카드업자가 발행한 신용카드는 이를 소지함으로써 신용구매가 가능하고 금융의 편의를 받을 수 있다는 점에서 경제적 가치가 있다고 하더라도, 그 자체에 경제적 가치가 화체되어 있거나 특정의 재산권을 표창하는 유가증권이라고 볼 수 없고, 단지 신용카드 회원이 그 제시를 통하여 신용카드회원이라는 사실을 증명하거나 현금자동지급기 등에 주입하는 등의 방법으로 신용카드업자로부터 서비스를 받을 수 있는 증표로서의 가치를 갖는 것이어서, 이를 사용하여 현금자동지급기에서 현금을 인출하였다 하더라도 신용카드 자체가 가지는 경제적 가치가 인출된 예금액만큼 소모되었다고 할 수 없으므로, 이를 일시 사용하고 곧 반환한 경우에는 불법영득의 의사가 없다.

2. 유가증권위조죄에 해당하지 않는 경우를 모두 고르면? (다툼이 있는 경우에는 판례에 의함)

㉠ 유효기간이 지난 승차권의 날짜를 고쳐 유효한 것으로 만들었다. ㉡ 발행권자를 기망하여 수표용지에 날인케 하였다. ㉢ 찢어진 약속어음을 조합하여 약속어음의 외관을 만들었다. ㉣ 회사의 대표이사가 은행과 당좌거래약정이 되어 있는 전 대표이사 명의로 수표를 발행하였다. ㉤ 약속어음의 액면란에 보충권의 범위를 초월한 금액을 기입하였다. ㉥ 은행 명의로 무기명 정기예금증서를 작성하였다.

① ㉥　　② ㉡ ㉥　　③ ㉣ ㉥
④ ㉠ ㉢ ㉤　　⑤ ㉡ ㉢ ㉥　　⑥ ㉡ ㉣ ㉥

해설

㉠(○) 이미 실효된 유가증권에 가공하여 새로운 유가증권을 작성한 경우 위조에 해당한다.
㉡(×) 유가증권위조죄의 위조라 함은 작성권한 없는 자가 타인명의의 유가증권을 작성하는 것을 말하며, 위조의 방법에는 제한이 없다. 따라서 간접정범의 방법에 의한 위조도 가능하므로 기망수단에 의하여 타인으로 하여금 약속어음용지에 발행인으로 서명 · 날인케 한 후에 마음대로 어음요건을 기재하여 어음을 발행한 때에도 위조에 해당하나, 발행권자를 기망하여 이미 기재한 수표용지에 날인케 한 때에는 유가증권의 위조가 아니라 사기에 해당할 뿐이다.
㉢(○) 찢어서 폐지로 된 타인발행 명의의 약속어음 파지면을 이용 · 조합하여 어음의 외형을 만든 행위도 위조에 해당한다(대법원 1976.1.27, 74도3442).
㉣(×) 타인의 대리 또는 대표자격으로 문서를 작성하는 경우 그 대표자 또는 대리인은 자기를 위하여 작성하는 것이 아니고 본인을 위하여 작성하는 것으로서 그 문서는 본인의 문서이고 본인에 대하여서만 효력이 생기는 것이므로 회사의 대표이사직에 있는 자가 은행과의 당좌거래약정이 되어 있는 종전 당좌거래명의를 변경함이 없이 그대로 전 대표이사 명의를 사용하여 회사의 수표를 발행하였다 하여도 유가증권위조죄가 성립되지 아니한다(대법원 1975.9.23, 74도1684).
㉤(○) 백지어음에 대하여 취득자가 발행자와의 합의에 의하여 정하여진 보충권의 한도를 넘어 보충을 한 행위(대법원 1989.12.12, 89도1264)는 위조에 해당한다.
㉥(×) 무기명 정기예금증서는 유가증권이 아니다. 〈답 ⑥〉

3. 유가증권변조행위에 해당하지 않는 경우를 모두 고르면? (다툼이 있는 경우에는 판례에 의함)

> ㉠ 약속어음의 발행일자를 변경하는 경우
> ㉡ 타인이 가지고 있는 자기명의의 환어음의 수취인을 변경한 경우
> ㉢ 환어음의 지급기일을 변경한 경우
> ㉣ 약속어음의 지급인의 주소를 변경한 경우
> ㉤ 수표의 액면을 고치는 경우
> ㉥ 회사 대표자가 대표권을 남용하여 주권의 기재사항을 변경한 경우

① ㉡ ② ㉡ ㉢ ③ ㉡ ㉥
④ ㉢ ㉤ ⑤ ㉠ ㉡ ㉥ ⑥ ㉠ ㉣ ㉤

해설

유가증권위조죄(제214조)란 행사할 목적으로 대한민국 또는 외국의 공채증서 기타 유가증권을 위조 또는 변조함으로써 성립한다. 위조란 작성권한 없는 자가 타인명의의 유가증권을 작성하는 것을 말하고, 변조란 진정하게 성립된 유가증권의 내용에 권한 없는 자가 그 유가증권의 동일성을 해하지 않는 범위에서 변경을 가하는 것을 말하므로 ㉡과 같이 타인에게 속한 자기명의의 유가증권에 변경을 가하는 것은 변조에 해당하지 않고 문서손괴죄가 성립한다. ㉥ 회사의 대표이사가 주권작성에 관한 일반적 권한을 가지고 있는 이상 유가증권변조죄를 구성하지 않는다(대법원 1980.4.22, 79도3034).
㉠㉢㉣㉤은 모두 유가증권의 변조행위에 해당한다. 〈답 ③〉

4. 허위유가증권작성죄가 성립하는 경우를 모두 조합한 것은? (판례에 의함)

> ㉠ 선적사실이 없는 화물을 선적하였다는 내용의 선하증권을 발행하였다.
> ㉡ 주권발행 전에 주식을 양도받은 자에게 주권을 발행하여 주었다.
> ㉢ 약속어음의 발행인이 은행을 통하여 지급이 이루어지는 약속어음의 발행을 위하여 은행에 신고된 것이 아닌 다른 인장을 날인하였다.
> ㉣ 지급은행과 당좌거래사실이 없음에도 불구하고 수표를 발행하였다.
> ㉤ 실재하지 않는 회사명의의 약속어음을 발행하였다.
> ㉥ 발행일자를 소급하여 주권을 발행하였다.
> ㉦ 원인관계가 존재하지 않는 경우에 약속어음을 발행하였다.

① ㉠ ㉢ ㉤ ② ㉠ ㉣ ㉦ ③ ㉠ ㉤ ㉥
④ ㉠ ㉣ ㉤ ㉥ ⑤ ㉠ ㉣ ㉥ ㉦ ⑥ ㉠ ㉡ ㉢ ㉤ ㉥

해설

허위유가증권작성죄는 행사할 목적으로 허위의 유가증권을 작성하거나 기존의 유가증권에 허위의 사실을 기재함으로써 성립한다. 여기서 허위의 사항을 기재하는 것은 기재권한 있는 자가 기존의 유가증권에 진실에 반하는 사항을 기재하는 것을 말한다.
㉠(○) 선하증권 기재의 화물을 인수하거나 확인하지도 아니하고 또한 선적할 선편조차

예약하거나 확보하지도 않은 상태에서 실제로 선적한 일이 없는 화물을 선적하였다는 내용의 선하증권을 발행 · 교부하였다면 허위유가증권작성죄의 죄책을 면할 수 없다(대법원 1995.9.29, 95도803).
㉡(×) 피고인이 주권발행 전에 주식을 양도받은 자에 대하여 주권을 발행한 경우에 가사 그 주식양도가 주권발행 전에 이루어진 것이어서 상법 제335조에 의하여 무효라 할지라도 권리의 실체관계에 부합되어 허위의 주권발행의 범의가 있다고 할 수 없다(대법원 1982.6.22, 81도1935).
㉢(×) 그것이 발행인의 인장인 이상 그 어음의 효력에는 아무런 영향이 없으므로 허위유가증권작성죄가 성립되지 않는다(대법원 2000.5.30, 2000도883).
㉣(○) 대법원 1956.6.26, 4289형상128.
㉤(○) 대법원 1970.12.29, 70도2389.
㉥(○) 대법원 1974.1.15, 70도2341.
㉦(×) 대법원 1977.5.24, 76도4132. 〈답 ④〉

5. 위조유가증권행사죄에 해당하지 않는 것은?

① 소비벽이 있는 甲이 자신의 낭비벽을 감추기 위하여 乙에게 돈을 대여한 것처럼 가장하기 위하여 위조한 乙의 어음을 다른 사람에게 보여 주었다.
② 甲은 은행에서 어음할인을 받기 위하여 어음을 위조하여 은행원에게 제시했다.
③ 융자를 받기 위하여 타인의 위조어음임을 알면서 자기의 신용을 받을 목적으로 거래관계자에게 보였다.
④ 진정한 배서가 있는 어음을 선의로 취득한 후 그것이 위조어음이라는 정을 알면서 어음금회수를 위하여 배서인에게 제시하였다.
⑤ 은행의 임직원이 자기가 사용한 돈을 숨기기 위하여 어음을 위조하여 감사받으면서 감사관의 책상 위에 올려놓았다.

해설 ....

①②③(○) 위조등유가증권행사죄에 있어서의 '행사'는 반드시 유가증권을 유통에 놓을 필요가 없다. 따라서 유가증권을 할인하기 위하여 제시한 경우뿐만 아니라 신용을 얻기 위하여 타인에게 보이는 경우도 행사에 해당한다.
④(×) 어음을 선의취득한 자가 진실한 서명자인 배서인에게 어음을 지불받기 위하여 제시하는 것은 당연한 권리의 행사이며 위조어음의 행사라고 할 수 없다.
⑤(○) 행사는 위조유가증권을 타인이 인식할 수 있는 상태에 두면 족하다. 〈답 ④〉

6. 유가증권에 관한 죄에 대한 설명 중 옳지 않은 것은? (판례에 의함)

① 허위작성유가증권행사죄 또는 위조유가증권행사죄에 있어서의 유가증권이라 함은 허위작성 또는 위조된 유가증권의 원본은 물론 전자복사기 등을 사용하여 기계적으로 복사한 사본도 이에 해당한다.
② 甲이 백지약속어음의 액면란 등을 부당 보충하여 위조한 후 乙이 甲과

공모하여 금액란을 임의로 변경한 경우 乙의 행위는 유가증권위조나 변조에 해당하지 않는다.

③ 타인이 위조한 액면과 지급기일이 백지로 된 약속어음을 구입하여 행사의 목적으로 백지인 액면란에 금액을 기입하여 그 위조어음을 완성하는 행위는 백지어음 형태의 위조행위와는 별개의 유가증권위조죄를 구성한다.

④ 甲이 그 망부(亡父)의 사망 후 그의 명의를 거래상 자기를 표시하는 명칭으로 사용하여 온 경우에는 甲에 의한 망부 명의의 어음발행은 甲 자신의 어음행위라고 볼 것이고 이를 가리켜 타인의 명의를 모용하여 어음을 위조한 것이라고 할 수 없다.

⑤ 행사할 목적으로 발행일자의 기재가 없는 수표를 위조한 경우 수표위조의 부정수표단속법 위반죄가 성립한다.

해설

①(×) 허위작성유가증권행사죄 또는 위조유가증권행사죄에 있어서의 유가증권이라 함은 허위작성 또는 위조된 유가증권의 원본을 말하는 것이지 전자복사기 등을 사용하여 기계적으로 복사한 사본은 이에 해당하지 않는다(대법원 2007.2.8, 2006도8480).

②(○) 유가증권변조죄에 있어서 변조라 함은 진정으로 성립된 유가증권의 내용에 권한 없는 자가 그 유가증권의 동일성을 해하지 않는 한도에서 변경을 가하는 것을 말하므로, 이미 타인에 의하여 위조된 약속어음의 기재사항을 권한 없이 변경하였다고 하더라도 유가증권변조죄는 성립하지 아니한다. 그리고 위조된 약속어음의 액면금액을 권한 없이 변경하는 것이 당초의 위조와는 별개의 새로운 유가증권위조로 된다고 할 수도 없다(대법원 2008.12.24, 2008도9494).

③(○) 이는 진정하게 성립된 백지어음의 액면란을 보충권 없이 함부로 기입하는 행위가 유가증권위조죄에 해당한다는 법리와 조금도 다를 바 없다(대법원 1982.6.22, 82도677).

④(○) 어음에 기재되어야 할 어음행위자의 명칭은 반드시 어음행위자의 본명에 한하는 것은 아니고 상호·별명 그 밖의 거래상 본인을 가리키는 것으로 인식되는 칭호라면 어느 것이나 다 가능하다고 볼 것이므로, 피고인이 그 망부의 사망 후 그의 명의를 거래상 자기를 표시하는 명칭으로 사용하여 온 경우에는 피고인에 의한 망부 명의의 어음발행은 피고인 자신의 어음행위라고 볼 것이고 이를 가리켜 타인의 명의를 모용하여 어음을 위조한 것이라고 할 수 없다(대법원 1982.9.28, 82도296).

⑤(○) 수표의 외관이 일반인으로 하여금 진정한 수표라고 신용하게 할 정도의 것이라면 동 수표가 수표요건을 결하여 실체법상 무효의 것이라 해도 위조죄는 성립한다(대법원 1973.6.12, 72도1796). 〈답 ①〉

7. 다음 각 질문에 대한 답이 ㉠인 것은 모두 몇 개인가? (다툼이 있는 경우에는 판례에 의함)

〈질문 1〉 甲은 A회사의 대표이사로 근무하다 그만둔 자로서, 유흥비에 궁한 나머지 A회사 대표이사 乙명의의 액면 10만원짜리 수표를 작성 · 발행하였다면 甲의 형사책임은?
㉠ 유가증권위조죄 ㉡ 자격모용에 의한 유가증권작성죄
〈질문 2〉 행사할 목적으로 복권의 당첨번호를 고친 경우는?
㉠ 유가증권위조죄 ㉡ 유가증권변조죄
〈질문 3〉 대리권 또는 대표권 있는 자가 권한 외의 사항에 관하여 본인 또는 회사 명의의 유가증권을 발행한 행위는?
㉠ 유가증권위조죄 ㉡ 자격모용에 의한 유가증권작성죄
〈질문 4〉 백지수표의 소지인이 보충권을 남용하여 수표상의 금액을 부당하게 보충한 행위는?
㉠ 유가증권위조죄 ㉡ 횡령죄
〈질문 5〉 수표의 발행인란에 발행인의 본명을 사용하지 않고 거래상 사용해 오던 별명을 기재한 행위는?
㉠ 유가증권위조죄 ㉡ 무죄
〈질문 6〉 직무집행정지 가처분결정을 받은 대표이사가 대표이사 명의의 유가증권을 작성한 행위는?
㉠ 유가증권범죄 불성립 ㉡ 자격모용에 의한 유가증권작성죄
〈질문 7〉 피고인과 甲은 甲이 피고인으로부터 돈을 차용하는 것처럼 가장하기로 공모한 다음, 피고인이 위조된 자기앞수표가 들어 있는 봉투를 乙을 통해 공범 甲과 그 위조사실을 모르는 丙이 함께 있는 자리에서 甲에게 교부하였다면, 甲이 위조된 자기앞수표를 봉투에서 꺼내거나 丙에게 보여 주지도 않았다 하더라도 피고인의 행위는 위조유가증권행사죄에 해당한다.
㉠ 맞다. ㉡ 틀리다.
〈질문 8〉 甲은 허위내용의 선하증권을 작성해 달라는 乙의 부탁을 받고 이를 승낙한 후 허위내용으로 작성한 선하증권을 행사할 의사가 분명한 乙에게 교부하고, 乙이 그 허위작성된 선하증권을 행사하였다(허위유가증권작성죄는 논외로 함). 이런 경우
㉠ 甲, 乙은 허위작성유가증권행사죄의 공동정범이 된다.
㉡ 甲은 허위작성유가증권행사죄의 교사범, 乙은 허위작성유가증권행사죄의 정범이 된다.

① 2개 ② 3개 ③ 4개
④ 5개 ⑤ 6개

해설

〈질문 1〉 ㉠ 대리 또는 대표권을 모용하여 유가증권을 작성하는 때에는 유가증권위조죄를 구성하지 아니하고 자격모용에 의한 유가증권작성죄를 구성한다. 그러나 대표이사 乙의 명의 자체를 모용한 때에는 유가증권위조죄가 성립한다.
〈질문 2〉 ㉠ 동일성을 해하였으므로 위조에 해당한다.

〈질문 3〉 ㉡ 대리권 또는 대표권 있는 자라 할지라도 권한 외의 사항 또는 명백히 권한을 초월한 사항에 관하여 본인 또는 회사명의의 유가증권을 발행한 경우에는 권한 없는 자와 마찬가지로 자격모용에 의한 유가증권작성죄가 성립한다.
〈질문 4〉 ㉠ 금액란이 백지인 수표의 소지인이 보충권을 남용하여 그 금액을 부당보충하는 행위는 백지보충권의 범위를 초월하여 발행인의 서명·날인이 있는 기존의 수표용지를 이용한 새로운 수표를 발행하는 것에 해당하여 유가증권위조죄를 구성한다(대법원 1999.6.11, 99도1201).
〈질문 5〉 ㉡ 수표에 기재되어야 할 수표행위자의 명칭은 반드시 수표행위자의 본명에 한하는 것은 아니고 상호, 별명 그 밖의 거래상 본인을 가리키는 것으로 인식되는 칭호라면 어느 것이나 다 가능하다(대법원 1996.5.10, 96도527).
〈질문 6〉 ㉡ 대표이사 직무집행정지 가처분결정은 대표이사의 직무집행만을 정지시킬 뿐 대표이사의 자격까지 박탈하는 것은 아니나 가처분결정이 송달되어 일체의 직무집행이 정지됨으로써 직무집행의 권한이 없게 된 대표이사가 그 권한 밖의 일인 대표이사 명의의 유가증권을 작성·행사하는 행위는 자격모용유가증권작성 및 동행사죄에 해당한다(대법원 1987.8.18, 87도145).
〈질문 7〉 ㉡ 위조된 자기앞수표를 행사한 경우에 해당한다고 볼 수 없다(대법원 2010.12.9, 2010도12553).
〈질문 8〉 ㉠ 허위의 선하증권을 발행하여 타인에게 교부함으로써 그 타인으로 하여금 이를 행사하여 그 선하증권상의 물품대금을 지급받게 한 소위는 허위유가증권행사죄와 사기죄의 공동정범을 인정하기에 충분하다(대법원 1985.8.20, 83도2575). 〈답 ③〉

대법원 2010.12.9, 2010도12553 (i) 위조유가증권행사죄의 처벌목적은 유가증권의 유통질서를 보호하는 데 있는 만큼 단순히 문서의 신용성을 보호하고자 하는 위조공·사문서행사죄의 경우와는 달리 교부자가 진정 또는 진실한 유가증권인 것처럼 위조유가증권을 행사하였을 때뿐만 아니라 위조유가증권임을 알고 있는 자에게 교부하였더라도 피교부자가 이를 유통시킬 것임을 인식하고 교부하였다면, 그 교부행위 그 자체가 유가증권의 유통질서를 해할 우려가 있어 처벌의 이유와 필요성이 충분히 있으므로 위조유가증권행사죄가 성립한다고 보아야 할 것이지만, 위조유가증권의 교부자와 피교부자가 서로 유가증권위조를 공모하였거나 위조유가증권을 타에 행사하여 그 이익을 나누어 가질 것을 공모한 공범의 관계에 있다면, 그들 사이의 위조유가증권 교부행위는 그들 이외의 자에게 행사함으로써 범죄를 실현하기 위한 전단계의 행위에 불과한 것으로서 위조유가증권은 아직 범인들의 수중에 있다고 볼 것이지 행사되었다고 볼 수는 없다. (ii) 피고인과 甲은 甲이 피고인으로부터 1,500만원을 차용하는 것처럼 가장하기로 공모한 다음, 피고인이 위조된 100만원권 자기앞수표 14장 외에 10만원권 수표 10장이 들어 있는 봉투를 乙을 통해 공범 甲과 그 위조사실을 모르는 丙이 함께 있는 자리에서 甲에게 교부하자, 甲은 그 자리에서 자신의 연인 丙을 보증인으로 하는 차용증을 작성하여 乙에게 주었는데, 이때 甲은 봉투에서 10만원권 수표 10장을 꺼내어 丙에게 보여 주었으나 위조된 100만원권 자기앞수표는 봉투에서 꺼내거나 丙에게 보여 주지도 않은 사안에서, 乙이나 甲이 위조된 자기앞수표를 丙에게 제시하는 등으로 이를 인식하게 하였다고 할 수 없어 이들이 위 봉투를 丙의 면전에서 주고받은 행위를 위조된 자기앞수표를 행사한 경우에 해당한다고 볼 수 없고, 따라서 乙이나 甲에게 위 수표를 교부한 것이 이를 행사한 경우에 해당한다고 볼 수도 없음에도, 피고인에 대한 위 위조유가증권행사의 공소사실을 유죄로 인정한 원심판결은 법리오해의 위법이 있다.

8. 다음 유가증권에 관한 죄에 대한 설명 중 틀린 것은? (다툼이 있는 경우에는 판례에 의함) <법원행시 2011년>

① 문방구 약속어음 용지를 이용하여 작성되었다고 하더라도 그 전체적인 형식·내용에 비추어 일반인이 진정한 것으로 오신할 정도의 약속어음 요건을 갖추고 있으면 형법상 유가증권에 해당한다.

② 폐공중전화카드의 자기기록 부분에 전자정보를 기록하여 사용가능한 공중전화카드를 만든 행위는 유가증권위조죄에 해당한다.

③ 위조된 약속어음임을 알고 있는 자에게 교부한 경우에는 약속어음을 진정 또는 진실한 약속어음인 것처럼 사용한 것이라고 할 수 없어 위조유가증권행사죄가 성립할 여지가 없다.

④ 주식회사 대표이사로 재직하던 피고인이 대표이사가 타인으로 변경되었음에도 이전부터 사용하여 오던 피고인 명의로 된 위 회사 대표이사의 명판을 이용하여 피고인을 위 회사의 대표이사로 표시하여 약속어음을 발행한 경우 후임 대표이사의 승낙을 얻었다고 하더라도 자격모용유가증권작성죄가 성립한다.

⑤ 배서인의 주소기재는 배서의 요건이 아니므로 약속어음 배서인의 주소를 허위로 기재하였다고 하더라도 그것이 배서인의 인적 동일성을 해하여 배서인이 누구인지를 알 수 없는 경우가 아닌 한 약속어음상의 권리관계에 아무런 영향을 미치지 않으므로, 그것을 허위로 기재하더라도 허위유가증권작성죄에 해당되지 않는다.

해설

①(○) 대법원 2001.8.24, 2001도2832.
②(○) 대법원 1998.2.27, 97도2483.
③(×) 위조유가증권행사죄의 처벌목적은 유가증권의 유통질서를 보호하고자 함에 있는 만큼 단순히 문서의 신용성을 보호하고자 하는 위조, 공·사문서행사죄의 경우와는 달리 교부자가 진정 또는 진실한 유가증권인 것처럼, 위조유가증권을 행사하였을 때뿐만 아니라 위조유가증권임을 알고 있는 자에게 교부하였더라도 피교부자가 이를 소통시킬 것임을 인식하고 교부하였다면 그 교부행위 그 자체가 유가증권의 유통질서를 해할 우려가 있어 위조유가증권행사죄가 성립한다(대법원 1983.6.14, 81도2492).
④(○) 대법원 1991.2.26, 90도577(설사 약속어음을 작성·행사함에 있어 후임 대표이사의 승낙을 얻었다거나 위 회사의 실질적인 대표이사로서의 권한을 행사하는 피고인이 은행과의 당좌계약을 변경하는 데에 시일이 걸려 잠정적으로 전임 대표이사인 그의 명판을 사용한 것이라 하더라도 이는 합법적인 대표이사로서의 권한행사라 할 수 없어 자격모용유가증권작성 및 동행사죄에 해당한다).
⑤(○) 대법원 1986.6.24, 84도547. 〈답 ③〉

9. 유가증권과 관련된 죄에 대한 다음 설명 중 옳지 않은 것은? (다툼이 있는 경우에는 판례에 의함) <사시 2008년 변형>

① 약속어음의 발행인으로부터 어음금액이 백지인 약속어음의 할인을 위임받은 사람이 위임범위 내에서 어음금액을 기재한 후 어음할인을 받으려고 하다가 그 목적을 이루지 못하자 유통되지 아니한 당해 약속어음을 원상태대로 발행인에게 반환하기 위하여 어음금액의 기재를 삭제한 경우에는 유가증권변조라고 볼 수 없다.

② 사자 명의로 된 약속어음을 작성함에 있어 사망자의 처로부터 사망자의 인장을 교부받아 생존 당시 작성한 것처럼 약속어음의 발행일자를 그 명의자의 생존 중의 일자로 소급하여 작성한 때에는 발행명의인의 승낙이 있었다고 볼 수 없다.

③ 유가증권은 형식상 일반인으로 하여금 유효한 유가증권이라고 오신할 수 있을 정도의 외관을 갖추고 있으면 되므로 비록 허무인 명의로 작성된 경우에도 유가증권위조죄가 성립할 수 있으나, 위조한 유가증권이 발행인의 날인이 없는 경우에는 유가증권으로서 외관을 갖춘 것이라 볼 수 없어 유가증권위조죄가 성립하지 않는다.

④ 자기앞수표의 발행인이 수표의뢰인으로부터 수표자금을 입금받지 아니한 채 자기앞수표를 발행하더라도 그 수표의 효력에는 아무런 영향이 없으므로 허위유가증권작성죄가 성립하지 않는다.

⑤ 국제전화카드의 뒷면에 은박코팅으로 감춰져 있는 카드일련번호를 사용해 국제전화를 한 다음, 이미 사용한 국제전화카드의 카드일련번호 부분에 새 국제전화카드에서 벗겨 낸 은박코팅을 다시 붙인 국제전화카드를 그 판매소에서 진정한 것인 것처럼 새 국제전화카드와 바꿔치기한 것은 유가증권위조죄 및 동행사죄에 해당한다.

해설

①(○) 약속어음의 할인을 위임받은 자의 권한범위 내에 속한다고 할 것이므로 이를 유가증권변조라고 볼 수 없다(대법원 2006.1.13, 2005도6267).

②(○) 대법원 2011.7.14, 2010도1025.

③(○) 유가증권위조죄에 있어서의 유가증권이라 함은 형식상 일반인으로 하여금 유효한 유가증권이라고 오신할 수 있을 정도의 외관을 갖추고 있으면 되므로 그것이 비록 허무인 명의로 작성되었거나 유가증권으로서의 요건의 흠결 등 사유로 무효한 것이라 하여도 유가증권위조죄의 성립에는 아무런 영향이 없다(대법원 1979.9.25, 78도1980). 그리하여 판례는 약속어음에 발행인의 날인이 없고, 위조자가 임의로 날인한 무인만 있는 경우(대법원 1992.6.23, 92도976) 또는 위조한 가계수표에 발행인의 날인이 없는 경우(대법원 1985.9.10, 85도1501)에는 일반인이 진정한 것으로 오신할 정도의 형식과 외관을 갖춘 유가증권이라고 할 수 없다는 이유로 유가증권위조죄의 성립을 부정하였다.

④(○) 형법 제216조 전단의 허위유가증권작성죄는 작성권한 있는 자가 자기명의로 기본

적 증권행위를 함에 있어서 유가증권의 효력에 영향을 미칠 기재사항에 관하여 진실에 반하는 내용을 기재하는 경우에 성립하는바, 자기앞수표의 발행인이 수표의뢰인으로부터 수표자금을 입금받지 아니한 채 자기앞수표를 발행하더라도 그 수표의 효력에는 아무런 영향이 없으므로 허위유가증권작성죄가 성립하지 아니한다(대법원 2005.10.27, 2005도4528).

⑤(×) 국제전화카드의 소지자가 공중전화기 등에 카드를 넣어 그 카드 자체에 내장된 금액을 사용하여 국제전화서비스를 이용하는 것이 아니라, 카드 뒷면의 은박코팅을 벗기면 드러나는 카드일련번호를 전화기에 입력함으로써 카드일련번호에 의해 전산상 관리되는 통화가능금액을 사용하여 국제전화서비스를 이용하는 것으로서, 그 카드 자체에는 카드일련번호가 적혀 있을 뿐 자기띠 등 전자적인 방법으로 통화가능 금액에 관한 정보 등은 입력되어 있지 않으며, 카드의 소지자가 카드를 분실하는 등으로 카드를 실제 소지하고 있지 않더라도 카드일련번호만 알고 있으면 국제전화서비스를 이용하는 데 아무런 지장이 없을 뿐만 아니라 카드일련번호만을 다른 사람에게 알려주는 방법으로 그 사람으로 하여금 카드를 소지할 필요 없이 국제전화서비스를 이용할 수 있도록 하는 것도 가능한 점에 비추어, 위 국제전화카드는 형법 제214조의 유가증권에 해당한다고 보기 어렵다(대법원 2011.11.10, 2011도9620). 〈답 ⑤〉

10. 甲이 처벌되는 경우는? (다툼이 있는 경우에는 판례에 의함) <사시 2006년>

① 甲은 행사할 목적으로 스키장 리프트탑승권을 위조하기 위하여 인쇄기를 구입하였으나 단속이 심하여 위조할 계획을 포기한 경우

② 甲은 A의 외동딸인 대학생 B를 인질로 삼아 A의 국회의원 출마를 포기하게 할 목적으로 B를 약취·유인하기로 乙과 모의하였으나, A가 스스로 출마를 포기하자 범행계획을 포기한 경우

③ 甲과 乙은 甲의 변심한 애인 A에게 보복하기 위하여, 乙은 A를 강간하고 甲은 그 장면을 촬영하여 인터넷상에 유포하기로 모의한 후, 범행을 결행하기 위하여 밤에 카메라 등을 준비하여 A가 기거하는 오피스텔 부근에 도착하였는데, A가 애인과 함께 오피스텔로 들어가는 것을 보고는 다음 기회로 범행을 미룬 경우

④ 선서한 증인 甲이 일단 기억에 반한 허위의 진술을 하였으나 그 신문이 끝나기 전에 그 진술을 취소·시정한 경우

⑤ 甲은 자신을 죽여 달라는 A의 부탁을 받고 필요한 독약을 준비하였으나 심경이 변하여 죽이기를 포기하고 준비하였던 독약을 버린 경우

해설

①(○) 스키장의 리프트탑승권은 유가증권이고(대법원 1998.11.24, 98도2967), 이를 위조하기 위해 인쇄기를 준비한 것은 예비에 해당하므로 처벌된다(제224조, 제214조).

②(×) 인질강요죄(제324조의2)는 예비·음모의 처벌규정이 없다.

③(×) 특수강간죄(성폭력특별법 제4조)는 예비·음모의 처벌규정이 없다.

④(×) 증인의 증언은 그 전부를 일체로 관찰 판단하는 것이므로 선서한 증인이 일단 기억에 반하는 허위의 진술을 하였더라도 그 신문이 끝나기 전에 그 진술을 철회·시정한

×) 대리권자 또는 대표권자가 그 권한을 남용하여 본인명의의 문서를 작성한 경우에 사문서위조·동행사는 성립하지 않는다(대법원 1983.4.12, 83도332).
○) 지방세의 수납업무를 일부 관장하는 시중은행의 직원이나 은행이 형법 제225조의 공무원 또는 공무소가 되는 것은 아니므로 세금수납영수증도 공문서에 해당하지 다(대법원 1996.3.26, 95도3073).
○) 공사감독일지는 공사를 발주한 관서의 장을 대리하여 현장에 주재하며 공사 전반 한 감독업무에 종사하는 공사감독관의 지위에서 직무상 작성하는 문서로서 당해 관청에 비치하여야 할 공문서이다(대법원 1989.12.12, 89도1253). 〈답 ③〉

문서위조죄 등에 대한 설명 중 옳지 않은 것은? (판례에 의함)

사문서변조에 있어서 그 변조 당시 명의인의 명시적, 묵시적 승낙 없이 한 것이면 변조된 문서가 명의인에게 유리하여 결과적으로 그 의사에 합치한다 하더라도 사문서변조죄가 성립한다.

타인으로부터 약속어음 작성에 사용하라고 인장을 교부받았음에도 그 인장을 사용하여 그 타인명의의 지급명령 이의신청취하서를 작성한 경우 사문서위조죄가 성립한다.

2인 이상의 연명으로 된 문서를 위조한 때에는 작성명의인의 수대로 수개의 문서위조죄가 성립한다.

부동산등기법에 의해 법무사가 주민등록증 등에 의하여 등기의무자가 본인인지 여부를 확인하고, 등기의무자가 본인 확인을 위해 필요한 우무인을 찍는 확인서면의 작성과정에서 법무사가 피고인에게 속아 등기의무자를 피고인과 공모한 자로 하는 확인서면을 작성한 경우 피고인의 행위는 사문서위조죄에 해당한다.

표이사가 회사 명의로 허위내용의 영수증과 세금계산서를 작성하면서 미 퇴직한 종전의 대표이사를 승낙 없이 대표이사로 표시하였더라도 문서위조 및 위조사문서행사죄에 해당하지 않는다.

법원 1985.1.22, 84도2422.
법원 1970.9.22, 70도1623.
법원 1987.7.21, 87도564.
인서면은 부동산등기법 제49조 3항, 2항에 의해 법무사가 주민등록증 등에 의 의무자가 본인인지 여부를 확인하고 작성하는 서류이므로 위 확인서면은 법무 문서일 뿐이고, 확인서면 작성과정에서 등기의무자가 본인 확인을 위해 필요 을 찍게 된다고 하더라도 그 등기의무자를 위 확인서면의 작성명의인으로 볼 며, 법무사가 피고인들로부터 속아 등기의무자를 피고인들과 공모한 자로 하는 작성하였다고 하더라도 작성명의인이 문서를 작성한 이상 이를 피고인들이 으로 볼 수도 없다(대법원 2010.11.25, 2010도11509).
원 2008.11.27, 2006도2016(주식회사의 대표이사가 그 대표 자격을 표시하는 방

경우 위증이 되지 아니한다(대법원 1993.12.7, 93도2510).
⑤(×) 촉탁살인죄나 자살방조죄(제252조)는 예비·음모의 처벌규정이 없다. 〈답 ①〉

11. 우표에 관한 죄의 설명 중 옳지 않은 것은?

① 외국의 우표를 위조한 때에도 우표위조죄가 성립한다.
② 위조된 우표를 우표수집상에 판매한 경우에도 위조우표행사죄가 성립한다.
③ 위조우표취득죄는 위조우표라는 정을 알면서 취득한 때에 성립한다.
④ 우표소인말소죄는 주관적 구성요건으로 행사의 목적이 있을 필요가 없다.
⑤ 우표라고 오신할 외관을 갖지 않은 우표의 모조품을 제조한 때에는 우표유사물제조죄가 성립한다.

해설

①(○) 인지·우표등의 위조·변조죄의 객체는 대한민국 또는 외국의 인지·우표 기타 우편요금을 표시하는 증표이다(제218조 1항).
②(○) 위조우표취득죄 및 위조우표행사죄에서 말하는 '행사'라 함은 위조된 대한민국 또는 외국의 우표를 진정한 우표로서 사용하는 것으로 반드시 우편요금의 납부용으로 사용하는 것에 한정되지 않고 우표수집의 대상으로서 매매하는 경우도 포함한다. 따라서 위조된 우표를 그 정을 알고 있는 자에게 교부하더라도 '행사할 목적'에 해당된다(대법원 1989.4.11, 88도1105).
④(×) 우표등소인말소죄는 행사할 목적으로 대한민국 또는 외국의 인지, 우표 기타 우편요금을 표시하는 증표의 소인 기타 사용의 표지를 말소한 때 성립하는 범죄이다(제221조).
⑤(○) 우표유사물제조죄는 판매할 목적으로 대한민국 또는 외국의 공채증서, 인지 또는 우표 등의 유사물을 제조·수입·수출하거나 판매함으로써 성립한다. 〈답 ④〉

제3절 문서에 관한 죄

1. 문서의 개념요소로 반드시 필요한 것에 해당하지 않는 것을 모두 고르면?

㉠ 구체적 의사의 체화	㉡ 표시기재의 계속성
㉢ 시각적 방법에 의한 이해	㉣ 법률적 중요성
㉤ 작성명의인	㉥ 작성명의인의 실재성
㉦ 작성자의 성명	

① ㉥ ㉦ ② ㉠ ㉥ ㉦ ③ ㉡ ㉢ ㉤
④ ㉢ ㉣ ㉤ ⑤ ㉢ ㉥ ㉦ ⑥ ㉡ ㉣ ㉤ ㉥

해설

문서에 관한 죄에 있어서의 문서란 문자 기타 시각적 방법으로 이해할 수 있는 부호에 의하여 사상 또는 관념을 표시한 물체로서, 그 개념적 요소로서는 (i) 유체물에 결합되어 있는 사람의 의사표시로서 계속성을 가져야 한다는 계속적 기능, (ii) 물체에 기재된 의

사표시는 일정한 법률관계를 증명할 수 있고 또 증명하기 위한 것이어야 한다는 증명적 기능, (iii) 문서의 작성자 또는 보증인을 의미하는 명의인이 표시되어야 한다는 보장적 기능을 필요로 한다.
명의인이란 문서를 실제로 작성하는 자를 말하는 것이 아니라 법적 거래에 있어서 의사표시의 주체를 말한다. 따라서 ㉦ 작성자의 성명은 필요하지 않다. ㉥ 문서의 명의인이 실재하여야 하는가에 관하여, 통설과 판례는 공문서는 물론 사문서에 대하여도 명의인이 실재함을 요하지 않는다는 전제에서 사망한 사람이나 허무인 명의의 문서도 문서에 해당한다고 해석하고 있다(대법원 2005.2.24, 2002도18 전원합의체). 〈답 ①〉

대법원 2005.2.24, 2002도18 전원합의체 문서위조죄는 문서의 진정에 대한 공공의 신용을 그 보호법익으로 하는 것이므로 행사할 목적으로 작성된 문서가 일반인으로 하여금 당해 명의인의 권한 내에서 작성된 문서라고 믿게 할 수 있는 정도의 형식과 외관을 갖추고 있으면 문서위조죄가 성립하는 것이고, 위와 같은 요건을 구비한 이상 그 명의인이 실재하지 않는 허무인이거나 또는 문서의 작성일자 전에 이미 사망하였다고 하더라도 그러한 문서 역시 공공의 신용을 해할 위험성이 있으므로 문서위조죄가 성립한다고 봄이 상당하며, 이는 공문서뿐만 아니라 사문서의 경우에도 마찬가지라고 보아야 할 것이다. 이와 달리, 타인명의의 문서를 위조하여 행사하였다고 하더라도 그 명의인이 실재하지 않는 허무인이거나 또는 문서의 작성일자 전에 이미 사망한 경우에는 사문서위조죄 및 동행사죄가 성립하지 않는다고 판시한 대법원 1957.8.30, 4290형상214 등은 이를 모두 변경하기로 한다(반대의견 없음).

2. 문서에 해당하지 않는 것을 모두 조합한 것은? (다툼이 있으면 판례에 의하고, 판례가 없을 때에는 통설에 의함)

㉠ 소개장	㉡ 명함	㉢ 예술작품의 낙관
㉣ 문서의 초안	㉤ 이력서	㉥ 가영수증
㉦ 압날된 접수일부인		

① ㉠㉡㉤　② ㉡㉢㉣　③ ㉢㉥㉦
④ ㉡㉢㉣㉤　⑤ ㉠㉡㉢㉣㉥　⑥ ㉠㉣㉤㉥㉦

해설

㉠㉤(○) 작성명의인의 의사가 표시된 것이므로 문서에 해당한다.
㉡(×) 명함은 사상 또는 관념을 표시한 것이 아니다.
㉢(×) 통설은 예술작품에 예술가가 한 서명과 낙관은 문서가 아니라고 한다. 법률상 중요한 사실을 증명하는 것이 아님을 이유로 한다. 그러나 이를 문서라고 해석하는 견해도 있다.
㉣(×) 확정적 의사표시가 없으므로 문서가 아니다.
㉥(○) 시한부로 작성된 것이지만 확정적 의사를 가지고 있으므로 문서에 해당한다.
㉦(○) 의사표시의 방법은 문자나 부호로서, 부호도 문자에 대신할 수 있는 가독적 부호이면 족하고 반드시 발음적 부호일 것을 요하지 않으므로 압날된 접수일부인도 문서에 해당한다(대법원 1995.9.5, 95도1269). 〈답 ②〉

대법원 1995.9.5, 95도1269 이른바 생략문서도 그것이 사람
데에 그치지 않고 그 이외의 사항도 증명, 표시하는 한 인정
로서 취급하여야 한다. 구청 세무계장 명의의 소인을 세금
의미는 은행 등 수납기관으로부터 그 수납기관에 세금이 징
지의 영수필 통지서가 송부되어 와서 이에 기하여 수납부
그 영수필 통지서는 보관하면 된다는 점을 확인함에 있는
위와 같은 것이라면 이는 하나의 문서로 보아야 한다.

3. 문서에 관한 죄에 대한 설명 중 옳은 것을 모두
에는 판례에 의함)

㉠ 공증인합동사무소에서 온천수개발에 관한
받은 후 합의서의 내용을 일부 고친 행위는
㉡ 금원사취를 위해 '서울 남대문경찰서장인'
이를 사용하여 영치금수령통지서를 작성하
위조미수죄와 공인위조죄의 경합범이 된다
㉢ 사법경찰관이 피의자신문조서를 작성하면
누락한 경우에는 허위공문서작성죄가 성립
㉣ 대리권자 또는 대표권자가 그 권한의 범
본인 명의의 문서를 작성한 경우에는 사
㉤ 지방세의 수납업무를 일부 관장하는 시
증은 공문서에 해당하지 않는다.
㉥ 공사를 발주한 관서의 장을 대리하여
관한 감독업무에 종사하는 공사감독관
문서에 해당한다.

① ㉢　② ㉢㉤
④ ㉠㉢㉤　⑤ ㉡㉢㉤㉥

해설

㉠(×) 공증인이 공증인법 제57조 1항의 규정에 의
서증서에 나타난 서명·날인이 작성명의인에 의하
일 뿐 그 사서증서의 기재내용을 인증하는 것은
부분은 공문서에 해당한다고 하겠으나, 위와 같
서의 기재내용이 공문서인 인증기재 부분의 내용
로, 사서증서의 기재내용을 일부 변조한 행위는
해당한다(대법원 2005.3.24, 2003도2144).
㉡(×) 인장·서명의 위조는 대개의 경우에 문
하여지며, 그것이 문서와 결부될 때에는 문서위
로 문서위조죄가 성립할 때에는 인장에 관한
는다.
㉢(○) 사법경찰관이 허위내용의 공문서를 작성

식으로 작성한 문서에 표현된 의사 또는 관념이 귀속되는 주체는 대표이사 개인이 아닌 주식회사이므로, 그 문서의 명의자는 주식회사이다. 위와 같은 문서 작성행위가 위조에 해당하는지는 그 작성자가 주식회사 명의의 문서를 적법하게 작성할 권한이 있는지에 따라 판단하여야 하고, 문서에 대표이사로 표시되어 있는 사람으로부터 그 문서작성에 관하여 위임 또는 승낙을 받았는지에 따라 판단할 것은 아니다)의 내용과 일치한다. 〈답 ④〉

5. 다음 중 (　　) 안의 범죄가 성립하는 것을 모두 고르면? (판례에 의함)

㉠ 작성명의자의 승낙이나 위임이 없이 그 명의를 모용하여 토지사용에 관한 책임각서 등을 작성하면서 작성명의자의 서명이나 날인은 하지 않고 다만 실제작성자 자신의 이름으로 보증인란에 서명·날인한 경우 (사문서위조죄)
㉡ 이사회를 개최함에 있어 이사들의 권한을 위임받아 실제로는 이사회에 참석하지 않았음에도 불구하고 마치 참석하여 의결권을 행사한 것처럼 이사회 회의록에 기재한 경우 (사문서위조죄)
㉢ 정기문중총회 회의록을 임의로 작성하고 종중원들을 찾아다니며 회의록의 내용 등에 관하여 제대로 알려 주지 아니한 채 서명·날인을 받은 경우 (사문서위조죄)
㉣ 사문서인 매도증서를 위조하였으나 행사하지 않고 소지하던 중 위 매도증서에 관한 사문서위조죄의 공소시효가 완성된 후 이를 전자복사기로 복사하여 그 사본을 법원에 제출한 경우 (사문서위조죄와 위조사문서행사죄)
㉤ 매수인으로부터 매도인과의 토지매매계약체결에 관하여 포괄적 위임을 받은 자가 실제 매수가격보다 높은 가격을 매매대금으로 기재하여 매수인 명의의 매매계약서를 작성한 경우 (사문서위조죄)

① ㉢ ㉣　② ㉣ ㉤　③ ㉠ ㉢ ㉤
④ ㉡ ㉣ ㉤　⑤ ㉠ ㉢ ㉣ ㉤　⑥ ㉠ ㉡ ㉢ ㉣ ㉤

해설

㉠(×) 대법원은 사문서위조죄는 그 작성명의인의 서명이나 날인이 있을 것을 요하는 것은 아니나, 일반인이 명의자의 진정한 사문서로 오신하기에 충분한 정도에 이르러야 한다는 전제에서, 작성명의자의 서명이나 날인은 없이 자신의 이름으로 보증인란에 서명·날인한 것만으로는 명의자가 작성한 진정한 각서로 오신하기에 충분한 형식을 갖춘 문서라고 할 수 없다고 판시하였다(대법원 1997.12.26, 95도2221).
㉡(×) 명의자의 포괄적 위임이 있는 경우에는 사문서위조죄가 성립하지 않는다.
㉢(○) 명의인을 기망하여 문서를 작성케 하는 경우는 서명·날인이 정당하게 성립된 경우에도 기망자는 명의인을 이용하여 서명·날인자의 의사에 반하는 문서를 작성케 하는 것이므로 사문서위조죄가 성립한다(대법원 2000.6.13, 2000도778).
㉣(○) 전자복사기로 복사한 문서의 사본도 문서위조죄 및 동행사죄의 객체인 문서에 해당하며(대법원 1989.9.12, 87도506 전원합의체), 위조된 문서원본을 단순히 전자복사기로

복사하여 사본을 만드는 행위도 공공의 신용을 해할 우려가 있는 별개의 문서사본을 창출하는 행위로서 문서위조행위에 해당하므로 사문서위조죄가 성립하고, 법원에 제출하여 이를 행사하였으므로 위조사문서행사죄가 성립하며, 공소시효가 문제되지도 않는다(대법원 1996.5.14, 96도785).

ⓜ(×) 매수인으로부터 매도인과의 토지매매계약체결에 관하여 포괄적 권한을 위임받은 자는 위임자 명의로 토지매매계약서를 작성할 적법한 권한이 있다 할 것이므로 매수인으로부터 그 권한을 위임받은 자가 실제 매수가격보다 높은 가격을 매매대금으로 기재하여 매수인 명의의 매매계약서를 작성하였다 하여도 그것은 작성권한 있는 자가 허위내용의 문서를 작성한 것일 뿐 사문서위조죄가 성립할 수는 없다(대법원 1984.7.10, 84도1146).

〈답 ①〉

6. 사문서위조죄 · 동행사죄에 대한 설명 중 판례와 일치하지 않는 것을 모두 고르면?

㉠ 신탁자에게 아무런 부담이 없이 재산이 수탁자에게 명의신탁된 경우라도 신탁자가 신탁재산의 처분에 필요한 서류를 작성함에 있어 수탁자로부터 개별적인 승낙을 받지 아니하였다면, 사문서위조 · 동행사죄가 성립한다.

㉡ 甲이 乙과의 동업계약에 따라 甲의 명의로 변경하기 위하여 乙의 인장이 날인된 백지의 건축주명의변경신청서를 받아 보관하고 있던 중 丙 앞으로 건축주명의를 변경하는 건축주명의변경신청서를 작성하여 구청에 제출하였다면 사문서위조 및 동행사죄가 성립한다.

㉢ 甲이 권한 없이 A명의의 입점자 각서를 임의로 작성한 후 그 정을 모르는 A에게 그 사본을 첨부하여 우송하였다면, 사문서위조죄와 위조사문서행사죄가 성립한다.

㉣ 甲이 행사할 목적으로 A명의의 매매계약서, 위임장 등을 위조하여 A소유의 부동산에 B명의의 가등기를 경료하였다. A는 나중에 이를 알고서도 甲에게 1억원을 반환할 처지에 있었으므로 그 가등기를 甲에 대한 위 채무를 담보하는 것으로 하자고 약정함으로써, 위조한 사문서의 기재내용이 사후에 승인되었고, 위 가등기가 실체권리관계에 부합하게 되었다고 하더라도 사문서위조죄, 공정증서원본 부실기재죄가 성립한다.

㉤ 담뱃갑의 표면에 그 담배의 제조회사와 담배의 종류를 구별 · 확인할 수 있는 특유의 도안이 표시되어 있는 경우 그러한 담뱃갑은 문서 등 위조의 대상인 도화에 해당한다.

㉥ 부가가치세 과세사업자가 재화나 용역을 공급하는 때에 이를 공급받은 자에게 작성 · 교부하여야 하는 세금계산서의 공급받는 자 란에 임의로 다른 사람을 기재한 경우 사문서위조죄에 해당한다.

① ㉠ ㉢ ② ㉠ ㉥ ③ ㉣ ㉤

④ ㉤ ㉥ ⑤ ㉠ ㉢ ㉥ ⑥ ㉡ ㉣ ㉤

해설

㉠(×) 신탁자에게 아무런 부담이 없이 재산이 수탁자에게 명의신탁된 경우에는 그 재산의 처분 기타 권한행사에 있어서는 수탁자가 자신의 명의사용을 포괄적으로 신탁자에게 허용하였다고 봄이 상당하므로, 신탁자가 수탁자 명의로 신탁재산의 처분에 필요한 서류를 작성함에 있어 수탁자로부터 개별적인 승낙을 받지 아니하였다 하더라도 사문서위조·동행사죄가 성립하지 아니한다(대법원 2007.11.30, 2007도4812).

㉡(○) 대법원 1984.6.12, 83도2408(타인으로부터 위탁된 권한을 초월하여 위탁자 명의의 문서를 작성하거나, 타인의 서명·날인이 정당하게 성립한 때라 하더라도 그 서명·날인자의 의사에 반하는 문서를 작성하는 경우에는 사문서위조죄가 성립한다).

㉢(○) 위조문서행사죄에 있어서의 행사는 위조된 문서를 진정한 것으로 사용함으로써 문서에 대한 공공의 신용을 해칠 우려가 있는 행위를 말하므로, 행사의 상대방에는 아무런 제한이 없고 위조된 문서의 작성명의인이라고 하여 행사의 상대방이 될 수 없는 것은 아니다(대법원 2005.1.28, 2004도4663).

㉣(○) 사후에 승인하였거나 실체관계와 부합하게 되었다고 할지라도 이미 성립한 사문서위조 및 공정증서원본 부실기재죄에 영향을 미치지 않는다(대법원 1999.5.14, 99도202).

㉤(○) 담뱃갑의 표면에 그 담배의 제조회사와 담배의 종류를 구별·확인할 수 있는 특유의 도안이 표시되어 있는 경우에는 일반적으로 그 담뱃갑의 도안을 기초로 특정 제조회사가 제조한 특정한 종류의 담배인지 여부를 판단하게 된다는 점에 비추어서도 그 담뱃갑은 적어도 그 담뱃갑 안에 들어 있는 담배가 특정 제조회사가 제조한 특정한 종류의 담배라는 사실을 증명하는 기능을 하고 있으므로, 그러한 담뱃갑은 문서 등 위조의 대상인 도화에 해당한다(대법원 2010.7.29, 2010도2705).

㉥(×) 부가가치세법 제16조 1항에 의하면 세금계산서의 작성권자는 어디까지나 재화나 용역을 공급하는 공급자라고 보아야 할 것이고, 공급받는 자의 상호, 성명, 주소는 필요적 기재사항이 아닌 임의적 기재사항에 불과하여(부가가치세법 시행령 제53조 1항) 공급받는 자의 상호, 성명, 주소가 기재되어 있지 않은 세금계산서라도 그 효력에는 영향이 없으며, 공급자가 세금계산서를 작성함에 있어 공급받은 자의 동의나 협조가 요구되지도 않는 점 등에 비추어 세금계산서상의 공급받는 자는 그 문서내용의 일부에 불과할 뿐 세금계산서의 작성명의인은 아니라 할 것이니, 공급받는 자 란에 임의로 다른 사람을 기재하였다 하여 그 사람에 대한 관계에서 사문서위조죄가 성립된다고 할 수 없다(대법원 2007.3.15, 2007도169).

〈답 ②〉

7. 문서위조 및 동행사죄에 관한 설명 중 옳지 않은 것은? (판례에 의함)

① 지방자치단체의 장 또는 계약담당자가 지방자치단체를 당사자로 하는 계약의 이행완료에 관한 검사를 위임받아 수행한 전문기관으로부터 검사결과를 검사조서로 작성·보고받고 이를 확인하여 승인하는 의미로 결재한 검사조서는 허위공문서작성죄의 객체인 공문서에 해당한다.

② 정부에서 발주하는 공사를 낙찰받기 위해 허위사실을 기재한 공사실적증명원을 구청의 담당직원에게 제출하여 그 내용이 허위인 정을 모르는 담당직원으로부터 기재된 사실을 증명한다는 취지로 구청장의 직인을 날인받은 경우 공문서위조죄의 간접정범이 성립한다.

③ 타인의 명의를 도용하여 구체적인 요구사항을 적시하고 이를 이행하지 않으면 법적·행정적 책임을 묻겠다는 내용의 건의문과 호소문을 작성한 경우 사문서위조죄에 해당한다.

④ 위조한 문서를 모사전송(facsimile)의 방법으로 타인에게 제시하는 행위는 위조문서행사죄를 구성한다.

⑤ 가정법원의 서기관 등이 이혼의사확인서등본을 작성한 뒤 이를 이혼의사확인신청 당사자 쌍방에게 교부하면서 이혼신고서를 확인서등본 뒤에 첨부하여 그 직인을 간인하였는데, 당사자가 이혼의사확인서등본과 간인으로 연결된 이혼신고서를 떼어내고 원래 이혼신고서의 내용과는 다른 이혼신고서를 작성하여 이혼의사확인서등본과 함께 호적관서에 제출하였더라도 공문서변조·동행사죄에 해당하지 않는다.

해설

①(○) 대법원 2010.4.29, 2010도875(지방자치단체를 당사자로 하는 계약의 이행완료에 관한 검사는 지방자치단체의 장 또는 계약담당자의 직무권한에 속하는 사항으로서 이를 전문기관에 위임하여 수행하게 한다고 하여 그 직무 소관이 달라지는 것은 아니고 다만 이때에는 전문기관으로부터 검사결과를 문서로 통보받아 확인하는 방법으로 그 직무를 집행하게 되는 것이므로, 그와 같이 결재된 검사조서는 공무원이 그 직무권한 내에서 작성한 문서로서 허위공문서작성죄의 객체인 공문서에 해당한다).

②(×) 어느 문서의 작성권한을 갖는 공무원이 그 문서의 기재사항을 인식하고 그 문서를 작성할 의사로써 이에 서명·날인하였다면, 설령 그 서명·날인이 타인의 기망으로 착오에 빠진 결과 그 문서의 기재사항이 진실에 반함을 알지 못한 데 기인한다고 하여도, 그 문서의 성립은 진정하며 여기에 하등 작성명의를 모용한 사실이 있다고 할 수는 없으므로, 공무원 아닌 자가 관공서에 허위내용의 증명원을 제출하여 그 내용이 허위인 정을 모르는 담당공무원으로부터 그 증명원 내용과 같은 증명서를 발급받은 경우 공문서위조죄의 간접정범으로 의율할 수는 없다(대법원 2001.3.9, 2000도938).

③(○) 대법원 2009.4.23, 2008도8527(중요한 사실을 증명하는 사실증명에 관한 문서에 해당한다).

④(○) 대법원 1994.3.22, 94도4.

⑤(○) 대법원 2009.1.30, 2006도7777(구 호적법 제79조 1항 및 구 호적법 시행규칙 등을 종합하여 볼 때, 가정법원의 서기관 등이 이혼의사확인서등본을 작성한 뒤 이를 이혼의사확인신청 당사자 쌍방에게 교부하면서 이혼신고서를 확인서등본 뒤에 첨부하여 그 직인을 간인하였다고 하더라도, 그러한 사정만으로 이혼신고서가 공문서인 이혼의사확인서등본의 일부가 되었다고 볼 수 없으므로) 〈답 ②〉

8. 甲에게 괄호 안의 범죄가 성립하는 경우를 모두 조합한 것은? (판례에 의함)

㉠ 甲은 자신의 이름과 나이를 속이는 용도로 사용할 목적으로 주민등록증의 이름·주민등록번호란에 글자를 오려붙인 후 이를 컴퓨터 스캔장치를 이용하여 이미지 파일로 만들어 컴퓨터 모니터로 출력하는 한

편 타인에게 이메일로 전송하였다. (공문서위조죄 및 위조공문서행사죄)
㉡ 甲은 자신의 주민등록증 비닐커버 위에 검은색 볼펜을 사용하여 주민등록번호 전부를 덧기재하고 투명 테이프를 붙이는 방법으로 주민등록번호 중 출생연도를 나타내는 '71'을 '70'으로 고쳤다. (공문서변조죄)
㉢ 회사의 실질적 경영자 甲은 회사에 형식적으로 취임한 대표이사로부터 회사의 운영에 관한 대표이사로서의 전반적인 권한을 포괄적으로 위임받은 상태에서 처음부터 상법상 특별배임죄의 범행에 사용할 목적으로 대표이사 명의의 문서를 작성하였다. (사문서위조죄)
㉣ 식당의 주·부식 구입업무를 담당하는 공무원 甲이 계약 등에 의하여 공무소의 주·부식 구입과 검수업무 등을 담당하는 조리장·영양사 등의 명의를 위조하여 검수결과보고서를 작성하였다. (공문서위조죄)
㉤ 공무원 甲은 신청인에게 농업경영능력이나 영농의사가 없음을 알거나 이를 제대로 알지 못하면서도 농지취득자격에 아무런 문제가 없다는 내용으로 농지취득자격증명통보서를 작성하였다. (허위공문서작성죄)

① ㉢ ㉤　　② ㉠ ㉢ ㉤　　③ ㉡ ㉢ ㉤
④ ㉡ ㉣ ㉤　　⑤ ㉠ ㉡ ㉢ ㉤　　⑥ ㉠ ㉢ ㉣ ㉤

해설

㉠(×) 컴퓨터 모니터 화면에 나타나는 이미지는 형법상 문서에 관한 죄의 문서에 해당하지 않으므로 공문서위조 및 위조공문서행사죄를 구성하지 않는다(대법원 2007.11.29, 2007도7480).
㉡(×) 변조행위가 공문서 자체에 변경을 가한 것이 아니며 그 변조방법이 조잡하여 공문서에 대한 공공의 위험을 초래할 정도에 이르지 못하였으므로 공문서변조에 해당하지 아니한다(대법원 1997.3.28, 97도30).
㉢(○) 대법원 2006.9.28, 2006도1545(사문서를 작성함에 있어 그 명의자의 명시적이거나 묵시적인 승낙 내지 위임이 있었다면 이는 사문서위조에 해당한다고 할 수 없을 것이지만, 문서 작성권한의 위임이 있는 경우라고 하더라도 그 위임을 받은 자가 그 위임받은 권한을 초월하여 문서를 작성한 경우는 사문서위조죄가 성립한다).
㉣(×) 대법원 2008.1.17, 2007도6987(형법 제225조의 공문서변조나 위조죄의 객체인 공문서는 공무원 또는 공무소가 그 직무에 관하여 작성하는 문서이고, 그 행위주체가 공무원과 공무소가 아닌 경우에는 형법 또는 기타 특별법에 의하여 공무원 등으로 의제되는 경우를 제외하고는 계약 등에 의하여 공무와 관련되는 업무를 일부 대행하는 경우가 있다 하더라도 공무원 또는 공무소가 될 수는 없다).
㉤(○) 대법원 2007.1.25, 2006도3996(농지법 제8조 1항 소정의 농지취득자격증명은 농지를 취득하는 자가 그 소유권에 관한 등기를 신청할 때에 첨부하여야 할 서류로서(농지법 제8조 4항), 농지를 취득하는 자에게 농지취득의 자격이 있다는 것을 증명하는 것이므로). 〈답 ①〉

9. 허위진단서작성죄에 관한 설명으로 옳지 않은 것은?

① 의사가 오진으로 인하여 다른 병명으로 기재하였다면 허위진단서작성죄가 성립한다.

② 치과의사가 진단하지 않고 환자가 요구하는 진단서를 써 주었다면 허위진단서작성죄가 성립한다.
③ 한의사가 진단서에 치료기간을 길게 적어 주었다면 허위진단서작성죄가 성립한다.
④ 조산사가 사망진단서의 사망일자를 사실과 다르게 기재하였다면 허위진단서작성죄가 성립한다.
⑤ 문서의 명칭이 소견서로 되어 있더라도 그 내용이 의사가 진찰한 결과 알게 된 병명이나 상처의 부위, 정도 또는 치료기간 등의 건강상태를 증명하기 위하여 작성된 것이라면 진단서에 해당한다.

해설

허위진단서작성죄(제233조)가 성립하려면 의사 · 한의사 · 치과의사 · 조산사가 진단서 등을 작성한다는 사실과 기재내용이 허위라는 사실을 인식할 것을 요하므로 ①은 고의가 없어 본죄를 구성하지 않는다. 본죄의 행위는 허위의 문서를 작성하는 것인데 허위란 진실에 반하는 것을 말하고, 이는 병명 · 사인 · 사망 등 사실에 관한 것이건 판단에 관한 것이건 묻지 않으므로 ③④는 본죄에 해당한다. ②의 경우도 본죄는 성립한다. 다만 기재내용이 진실과 일치할 때에는 본죄는 성립하지 않는다. ⑤ 진단서란 의사가 진단의 결과에 대한 판단을 표시하여 사람의 건강상태를 증명하기 위하여 작성하는 문서를 말하며, 문서의 명칭은 묻지 않는다. 따라서 소견서로 표시된 것도 여기에 포함된다(대법원 1990.3.27, 89도2083). 〈답 ①〉

10. 허위공문서작성죄가 성립하는 경우는? (다수설에 의함)

① 행정서기보가 허위의 피의자신문조서를 만들었다.
② 주민등록표 등본작성업무의 보조자가 등본작성업무자 모르게 허위의 주민등록표 등본을 작성하였다.
③ 문서를 보충기재할 권한만 위임받은 공무원이 허위문서를 작성하였다.
④ 동사무소 임시직원이 허위의 소재증명서를 작성하였다.
⑤ 신고사항이 허위임을 알면서 공무원이 이를 등기부에 기재하였다.

해설

허위공문서작성죄는 작성권한 있는 공무원이 행사할 목적으로 직무에 관하여 허위의 문서 또는 도화를 작성함으로써 성립하는 범죄로서 내용의 진실을 보호하는 범죄이다(제227조).

①④(×) 공무원이라 할지라도 당해문서의 작성권한 없는 자는 본죄의 주체가 될 수 없으므로 본죄를 구성하지 않는다.

②③(×) 공문서위조죄가 성립한다(대법원 1984.9.11, 84도368; 대법원 1979.12.11, 78도704).

⑤(○) 일정한 형식을 구비한 신고가 있는 때에는 공무원에게 문서를 작성할 직무상의 의무가 있다는 이유로 본죄의 성립을 부정하는 견해도 있으나, 판례(대법원 1977.12.27, 77도2155)와 다수설(이재상 §32/66)은 신고사실이 허위인 것을 알고 문서를 작성한 이상

당권설정등기를 경료케 한 경우에는 공정증서원본 부실기재죄가 성립하지 않는다.

해설

①(○) 형법 제228조 1항이 규정하는 공정증서원본 부실기재죄의 객체인 공정증서원본은 그 성질상 허위신고에 의해 부실한 사실이 그대로 기재될 수 있는 공문서이어야 한다고 할 것인바, 민사조정법상 조정신청에 의한 조정제도는 원칙적으로 조정신청인의 신청 취지에 구애됨이 없이 조정담당판사 등이 제반 사정을 고려하여 당사자들에게 상호 양보하여 합의하도록 권유·주선함으로써 화해에 이르게 하는 제도인 점에 비추어, 그 조정절차에서 작성되는 조정조서는 그 성질상 허위신고에 의해 부실한 사실이 그대로 기재될 수 있는 공문서로 볼 수 없어 공정증서원본에 해당하는 것으로 볼 수 없다(대법원 2010.6.10, 2010도3232).

②(○) 위 상속권자들의 지분에 관한 피고인 명의의 소유권이전등기의 원인행위인 증여계약은 객관적으로 존재하는 것이므로, 설사 거기에 취소사유에 해당되는 기망이라는 하자가 있다고 하더라도 이를 이유로 그 증여계약이 취소되지 아니한 이상 피고인이 등기공무원에게 허위의 사실을 신고하여 등기부에 부실의 사실을 기재하게 한 것이라고 할 수 없다(대법원 2004.9.24, 2004도4012).

③(○) 사후의 동의 또는 추인은 공정증서원본 부실기재죄의 성부에 영향을 미치지 않는다.

④(×) 실제로 재건축조합의 조합총회에서 그와 같은 내용의 임원개임결의가 이루어졌고 그 결의에 따라 임원변경등기를 마쳤다면 공정증서원본 부실기재죄가 성립하지 아니한다(대법원 2004.10.15, 2004도3584).

⑤(○) 부동산의 소유자로 하여금 근저당권자를 자금주라고 믿도록 속여서 근저당권설정등기를 경료케 한 경우라도 정당한 권한있는 자에 의하여 작성된 문서를 제출하여 그 등기가 이루어진 것이라면 당사자의 의사에 합치되는 등기라 할 것이므로 공정증서원본 부실기재죄가 성립하지 않는다(대법원 1982.7.13, 82도39). 〈답 ④〉

16. 공정증서원본 부실기재죄에 관한 설명 중 옳지 않은 것은? (판례에 의함)

① 실제로는 채권·채무관계가 존재하지 아니함에도 공증인에게 허위신고를 하여 가장된 금전채권에 대하여 집행력이 있는 공정증서원본을 작성하고 이를 비치하게 한 것이라면 공정증서원본 부실기재죄 및 부실기재공정증서원본행사죄의 죄책을 면할 수 없다.

② 주주총회의 소집절차 등에 관한 하자가 주주총회결의의 취소사유에 불과하여 그 취소 전에 주주총회의 결의에 따른 감사변경등기를 한 것이라면 공정증서원본 부실기재죄를 구성하지 않는다.

③ 자동차운전면허증 재교부신청서의 사진란에 본인의 사진이 아닌 다른 사람의 사진을 붙여 제출함으로써 담당공무원으로 하여금 운전면허 행정사무집행의 편의를 위하여 범칙자, 교통사고유발자의 인적사항·면허번호 등을 기재하거나 운전면허증의 교부 및 재교부 등에 관한 사항을 기재하는 자동차운전면허대장에 부실의 사실을 기재하게 하였더라도 공

정증서원본 부실기재죄가 성립하지 아니한다.

④ 협의상 이혼의 의사표시가 기망에 의하여 이루어진 경우 형식적으로는 협의상 이혼의사의 합치에 따라 이혼신고를 하여 호적에 그 협의상 이혼사실이 기재된 것처럼 보인다고 하더라도, 이는 공정증서원본 부실기재죄에 정한 부실의 사실에 해당한다.

⑤ 타인의 부동산을 자기 또는 제3자의 소유라고 허위의 사실을 신고하여 소유권이전등기를 경료한 후 그 부동산이 자기 또는 당해 제3자의 소유인 것처럼 가장하여 그 부동산에 관하여 자기 또는 당해 제3자 명의로 채권자와의 사이에 근저당권설정등기를 경료한 경우 별도로 공정증서원본 부실기재 및 동행사죄가 성립한다.

해설

①(○) 대법원 2008.12.24, 2008도7836 참조.

②(○) 공정증서원본에 기재된 사항이 외관상 존재하는 사실이라 하더라도, 이에 무효나 부존재에 해당되는 흠이 있다면 그 기재는 부실기재에 해당된다. 그러나 그것이 객관적으로 존재하는 사실이고 이에 취소사유에 해당되는 하자가 있을 뿐인 경우에는 그 취소 전에 그 사실의 내용이 공정증서원본에 기재된 이상, 그 기재가 공정증서원본 부실기재죄를 구성하지 않는다(대법원 2009.2.12, 2008도10248).

③(○) 형법 제228조 1항에서 말하는 공정증서란 권리의무에 관한 공정증서만을 가리키는 것이고 사실증명에 관한 것은 이에 포함되지 아니하는바, 도로교통법 시행령 제94조와 같은 법 시행규칙 제38조 등의 규정 취지를 종합하여 보면, 자동차운전면허대장은 운전면허 행정사무집행의 편의를 위하여 범칙자, 교통사고유발자의 인적사항·면허번호 등을 기재하거나 운전면허증의 교부 및 재교부 등에 관한 사항을 기재하는 것에 불과하며, 그에 대한 기재를 통해 당해 운전면허 취득자에게 어떠한 권리의무를 부여하거나 변동 또는 상실시키는 효력을 발생하게 하는 것으로 볼 수는 없고, 따라서 자동차운전면허대장은 사실증명에 관한 것에 불과하므로 형법 제228조 1항에서 말하는 공정증서원본이라고 볼 수 없다(대법원 2010.6.10, 2010도1125).

④(×) 협의상 이혼의 의사표시가 기망에 의하여 이루어진 것일지라도 그것이 취소되기까지는 유효하게 존재하는 것이므로, 협의상 이혼의사의 합치에 따라 이혼신고를 하여 호적에 그 협의상 이혼사실이 기재되었다면, 이는 공정증서원본 부실기재죄에 정한 부실의 사실에 해당하지 않는다(대법원 1997.1.24, 95도448).

⑤(○) 대법원 1997.7.25, 97도605(근저당권은 근저당물의 소유자가 아니면 설정할 수 없으므로) 참조. 〈답 ④〉

17. 다음 설명 중 옳은 것을 모두 고르면? (판례에 의함)

㉠ 허위공문서작성죄 및 그 행사죄는 '공무원'만이 그 주체가 될 수 있는 신분범이므로, 신분상 공무원이 아님이 분명한 자들을 위 죄로 처벌하려면 그에 관한 특별규정이 있어야 할 것이고, 그들의 업무가 국가의 사무에 해당한다거나, 그들이 소속된 위원회의 행정기관성이

> 인정된다는 사정만으로는 그들을 위 죄로 처벌할 수 없다.
> ㉡ 문서를 작성할 권한이 있는 공무원을 보조하는 기안담당자인 공무원이 결재를 받지 않고 임의로 허위공문서를 작성한 경우에는 공문서위조죄가 성립한다.
> ㉢ 보험대리점 업체가 보험회사와 보험모집 법인대리점 계약을 체결하면서 업체에서 퇴사한 직원의 동의 없이 그의 주민등록번호를 기재한 법인대리점 보험모집 유자격자 명단을 보험회사에 제출한 경우 주민등록번호 부정사용죄에 해당하지 않는다.
> ㉣ 도립대학 교수가 대학이 설립한 특성화사업단의 단장의 지위에서 납품검사와 관련하여 작성한 납품검수조서 및 물품검수내역서 등은 공무원이 직무권한 내에서 작성한 문서로서 '공문서'에 해당한다.

① ㉠ ㉣ ② ㉡ ㉢ ③ ㉡ ㉣
④ ㉠ ㉡ ㉣ ⑤ ㉠ ㉢ ㉣ ⑥ ㉠ ㉡ ㉢ ㉣

해설

㉠(○) 대법원 2009.3.26, 2008도93 참조.
㉡(○) 대법원 1981.7.28, 81도898(허위공문서작성죄의 주체는 그 문서를 작성할 권한이 있는 명의인인 공무원에 한하고, 그 공무원의 문서작성을 보조하는 직무에 종사하는 공무원은 위 죄의 주체가 되지 못하므로 보조공무원이 허위공문서를 기안하여 그 정을 모르는 작성권자의 결재를 받아 공문서를 완성한 때에는 허위공문서작성죄의 간접정범이 되고, 이러한 결재를 거치지 않고 임의로 허위내용의 공문서를 완성한 때에는 공문서위조죄가 성립한다) 참조.
㉢(○) 대법원 2009.9.10, 2009도4574(타인의 주민등록번호를 신분확인과 관련하여 사용한 것으로 볼 수 없으므로) 참조.
㉣(○) 대법원 2009.9.24, 2007도4785 참조. 〈답 ⑥〉

18. 공정증서원본 부실기재죄가 성립하는 경우를 모두 고르면? (다툼이 있는 경우에는 판례에 의함)

> ㉠ 한국인 甲은 미국시민권을 가지고 있던 자로서 이후에 한국에 귀환하여 있으면서 미국시민권이 상실될 여건에 있음에도 불구하고 甲이 이를 은폐한 채 서울주재 미국영사관에서 여권신청을 하고 허위사실을 진술한 후에 그 사실이 발각된 경우
> ㉡ 甲이 자기명의로 건축허가를 얻은 관계로 절차상 필요에 의하여 乙의 소유가옥을 자기소유로 가옥대장에 신고기재하게 한 경우
> ㉢ 발행인과 수취인이 통모하여 진정한 어음채무의 부담이나 어음채권의 취득에 관한 의사 없이 단지 발행인의 채권자로부터 채권의 추심이나 강제집행을 받는 것을 회피하기 위하여 형식적으로만 약속어음의 발행을 가장하고 공증인에게 허위로 신고함으로써 공증인으로 하여금 집행력 있는 어음공정증서원본을 작성하게 하고 이를 비치하게

한 경우
㉣ 종중의 대표자가 종중총회의 결의 없이 종중재산인 부동산에 근저당권설정등기를 마친 경우
㉤ 확정판결의 내용이 진실에 반하는 것임을 알면서 이에 기하여 등기공무원에게 등기신청을 하여 판결내용에 따른 등기가 행해진 경우
㉥ 주식회사의 신주발행에 법률상 무효사유가 존재함에도 불구하고 그 신주발행사실을 담당공무원에게 신고하여 법인등기부에 기재하게 한 경우

① ㉢ ㉤　② ㉠ ㉡ ㉣　③ ㉢ ㉣ ㉤
④ ㉢ ㉤ ㉥　⑤ ㉠ ㉢ ㉤ ㉥　⑥ ㉢ ㉣ ㉤ ㉥

해설

㉠(×) 여권을 신청하고 허위의 진술을 하여 그 공무원으로 하여금 허위의 사실을 기재하게 한 행위는 여권부실기재죄에 해당한다. 그러나 미국의 여권은 여권부실기재죄의 객체가 되지 아니한다.

㉡(×) 가옥대장은 권리·의무관계를 증명하는 공문서가 아니므로 공정증서에 해당하지 않는다. 따라서 설문은 공정증서원본 부실기재죄에 해당하지 않는다.

㉢(○) 이러한 어음발행행위는 통정허위표시로서 무효이므로, 이와 같이 발행인과 수취인 사이에 통정허위표시로서 무효인 어음발행행위를 공증인에게는 마치 진정한 어음발행행위가 있는 것처럼 허위로 신고함으로써 공증인으로 하여금 그 어음발행행위에 대하여 집행력 있는 어음공정증서원본을 작성케하고 이를 비치하게 하였다면 공정증서원본부실기재 및 부실기재공정증서원본행사죄에 해당한다(대법원 2012.4.26, 2009도5786).

㉣(○) 종중의 대표자가 종중총회의 결의 없이 종중재산인 부동산에 근저당권설정등기를 마친 경우 근저당권설정등기는 그 원인된 법률행위에 무효에 해당하는 하자가 있으므로 공정증서원본 부실기재죄에 해당한다(대법원 2005.8.25, 2005도4910).

㉤(○) 등기부의 기재가 확정판결에 의하여 되었다 하더라도 피고인이 그 확정판결의 내용이 진실에 반하는 것임을 알면서 이에 기하여 등기공무원에게 등기신청을 하는 것은 형법 제228조의 소위 공무원에 대하여 허위신고를 하는 것에 해당한다(대법원 1996.5.31, 95도1967).

㉥(×) 형법 제228조 1항의 공정증서원본 부실기재죄는 특별한 신빙성이 인정되는 공문서에 대한 공공의 신용을 보장함을 보호법익으로 하는 범죄로서 공무원에 대하여 진실에 반하는 허위신고를 하여 공정증서원본 또는 이와 동일한 전자기록 등 특수매체기록에 실체관계에 부합하지 아니하는 부실의 사실을 기재 또는 등록하게 함으로써 성립하는 것이므로, 공정증서원본 등에 기재된 사항이 존재하지 아니하거나 외관상 존재한다고 하더라도 무효에 해당하는 하자가 있다면 그 기재는 부실기재에 해당한다고 할 것이다. 그러나 주식회사의 신주발행의 경우 신주발행에 법률상 무효사유가 존재한다고 하더라도 그 무효는 신주발행무효의 소에 의해서만 주장할 수 있고, 신주발행무효의 판결이 확정되더라도 그 판결은 장래에 대하여만 효력이 있으므로(상법 제429조, 제431조 1항), 그 신주발행이 판결로써 무효로 확정되기 이전에 그 신주발행사실을 담당공무원에게 신고하여 공정증서인 법인등기부에 기재하게 하였다고 하여 그 행위가 공무원에 대하여 허위신고를 한 것이라거나 그 기재가 부실기재에 해당하는 것이라고 할 수는 없다(대법원 2007.5.31, 2006도8488).

〈답 ③〉

19. 공정증서원본등 부실기재죄에 관한 설명 중 옳은 것을 모두 고른 것은? (다툼이 있는 경우에는 판례에 의함) <사시 2011년: 배점 3>

ㄱ. 사업자등록증은 공정증서원본등 부실기재죄의 대상인 등록증에 해당하지 않는다.
ㄴ. 채권양도인이 허위의 채권에 관하여 그 정을 모르는 양수인과 실제로 채권양도의 법률행위를 한 후 공증인에게 그 채권양도의 법률행위에 관한 공정증서를 작성하게 한 경우 공정증서원본등 부실기재죄가 성립하지 않는다.
ㄷ. 기재내용이 실체법률관계와 일치한다고 하더라도 사망자를 상대로 승소판결을 받아 소유권이전등기를 한 절차상 하자가 있는 경우 공정증서원본등 부실기재죄가 성립한다.
ㄹ. 주금의 납입이 오로지 증자에 즈음하여 등기를 하기 위한 편법에 지나지 아니한 이른바 가장납입의 방법으로 증자등기를 한 경우 공정증서원본등 부실기재죄가 성립한다.
ㅁ. 1인주주 회사에서 1인주주가 주주총회의 소집 등 상법 소정의 절차를 거치지 않고 이사를 해임하였다는 내용을 법인등기부에 기재하게 한 경우 공정증서원본등 부실기재죄가 성립한다.
ㅂ. 토지거래허가구역 안의 토지에 대하여 매매계약을 체결하였음에도 등기원인을 증여로 하여 소유권이전등기를 한 경우 처음부터 토지거래허가를 잠탈하려는 목적이 있었다고 하더라도 당사자 사이에 소유권이전등기를 할 의사가 있었다면 공정증서원본등 부실기재죄가 성립하지 않는다.

① ㄱ ㄴ ② ㄹ ㅁ ③ ㄱ ㄴ ㄹ
④ ㄱ ㄴ ㅂ ⑤ ㄱ ㄹ ㅁ ⑥ ㄴ ㄷ ㄹ
⑦ ㄷ ㄹ ㅁ ⑧ ㄱ ㄴ ㄹ ㅂ

해설

ㄱ(○) 형법 제228조 2항의 '등록증'은 공무원이 작성한 모든 등록증을 말하는 것이 아니라, 일정한 자격이나 요건을 갖춘 자에게 그 자격이나 요건에 상응한 활동을 할 수 있는 권능 등을 인정하기 위하여 공무원이 작성한 증서를 말한다고 할 것인바, 사업자등록증은 단순한 사업사실의 등록을 증명하는 증서에 불과하고 그에 의하여 사업을 할 수 있는 자격이나 요건을 갖추었음을 인정하는 것은 아니라고 할 것이어서 형법 제228조 1항에 정한 '등록증'에 해당하지 않는다(대법원 2005.7.15, 2003도6934).
ㄴ(○) 공증인이 채권양도 · 양수인의 촉탁에 따라 그들의 진술을 청취하여 채권의 양도 · 양수가 진정으로 이루어짐을 확인하고 채권양도의 법률행위에 관한 공정증서를 작성한 경우 그 공정증서가 증명하는 사항은 채권양도의 법률행위가 진정으로 이루어졌다는 것일 뿐 그 공정증서가 나아가 양도되는 채권이 진정하게 존재한다는 사실까지 증명하는 것으로 볼 수는 없으므로, 양도인이 허위의 채권에 관하여 그 정을 모르는 양수인과 실제로 채권양도의 법률행위를 한 이상, 공증인에게 그러한 채권양도의 법률행위에 관한

공정증서를 작성하게 하였다고 하더라도 그 공정증서가 증명하는 사항에 관하여는 부실의 사실을 기재하게 하였다고 볼 것은 아니고, 따라서 공정증서원본 부실기재죄가 성립한다고 볼 수 없다(대법원 2004.1.27, 2001도5414).

ㄷ(×) 피고인이 그가 점유하고 있는 토지에 대하여 매매를 원인으로 하는 소유권이전등기소송을 제기하여서 의제자백에 의한 승소판결을 받아 경료된 피고인 명의의 소유권이전등기가 비록 절차상의 하자가 있다 하더라도 점유에 의한 소유권취득시효가 완성함으로써 결국 위 소유권이전등기가 실체적 권리관계에 부합하는 유효한 등기라고 한다면 위의 소송에 있어서 피고인에게 위 토지를 편취하려는 범의가 있었다고 볼 수 없고 또한 위와 같이 경료된 등기 역시 부실의 등기라고도 할 수 없다(대법원 1987.3.10, 86도864).

ㄹ(○) 당초부터 진실한 주금납입으로 회사의 자금을 확보할 의사 없이 형식상 또는 일시적으로 주금을 납입하고 이 돈을 은행에 예치하여 납입의 외형을 갖추고 주금납입증명서를 교부받아 설립등기나 증자등기의 절차를 마친 다음 바로 그 납입한 돈을 인출한 경우에는, 납입가장죄 및 공정증서원본 부실기재죄와 부실기재공정증서원본행사죄가 성립한다(대법원 2004.6.17, 2003도7645 전원합의체).

ㅁ(×) 1인주주 회사에 있어서는 그 1인주주의 의사가 바로 주주총회 및 이사회의 결의로서 1인주주는 타인을 이사 등으로 선임하였다 하더라도 언제든지 해임할 수 있으므로, 1인주주가 특정인과의 합의가 없이 주주총회의 소집 등 상법 소정의 형식적인 절차도 거치지 않고 특정인을 이사의 지위에서 해임하였다는 내용을 법인등기부에 기재하게 하였다고 하더라도 공정증서원본에 부실의 사항을 기재케 한 것이라고 할 수는 없다(대법원 1996.6.11, 95도2817).

ㅂ(×) 토지거래허가구역 안의 토지에 관하여 실제로는 매매계약을 체결하고서도 처음부터 토지거래허가를 잠탈하려는 목적으로 등기원인을 '증여'로 하여 소유권이전등기를 경료한 경우, 비록 매도인과 매수인 사이에 실제의 원인과 달리 '증여'를 원인으로 한 소유권이전등기를 경료할 의사의 합치가 있더라도, 허위신고를 하여 공정증서원본에 부실의 사실을 기재하게 한 때에 해당한다(대법원 2007.11.30, 2005도9922). 〈답 ③〉

20. 문서에 관한 죄에 대한 설명 중 옳은 것을 모두 모은 것은? (다툼이 있는 경우에는 판례에 의함) <사시 2009년 변형>

> 가. 사문서의 작성명의자의 인장이 압날되지 아니하고 주민등록번호가 기재되지 않았더라도 일반인으로 하여금 그 작성명의자가 진정하게 작성한 사문서로 믿기에 충분할 정도의 형식과 외관을 갖추었으면 사문서위조죄 및 동행사죄의 객체가 되는 사문서라고 보아야 한다.
>
> 나. 형법 제237조의2에 따라 전자복사기, 모사전송기 기타 이와 유사한 기기를 사용하여 복사한 문서의 사본도 문서원본과 동일한 의미를 가지는 문서로서 이를 다시 복사한 문서의 재사본도 문서위조죄 및 동행사죄의 객체인 문서에 해당한다 할 것이므로, 타인의 주민등록증사본의 사진란에 자신의 사진을 붙여 복사하여 행사한 행위도 공문서위조죄 및 동행사죄에 해당한다.
>
> 다. 문서의 변조는 이미 진정하게 성립한 타인명의의 문서에 그 동일성을 해하지 않을 정도로 변경을 가하는 것으로 그 변경내용이 비록

객관적인 진실에 합치하는 것이라 하더라도 사문서변조죄의 구성요건을 충족한다.

라. 당사자로부터 뇌물을 받고 고의로 적용하여서는 안 될 조항을 적용하여 과세표준을 결정하고 그 과세표준에 기하여 세액을 산출하였다고 하더라도, 그 세액계산서에 허위내용의 기재가 없다면 허위공문서작성죄에는 해당하지 않는다.

마. 출원에 대한 심사업무를 담당하는 공무원이 출원인의 출원사유가 허위라는 사실을 알면서도 결재권자로 하여금 오인, 착각, 부지를 일으키게 하고 그 오인, 착각, 부지를 이용하여 인·허가처분에 대한 결재를 받아낸 경우에는 허위공문서작성죄의 간접정범이 성립한다.

① 가 나 마　② 가 다 마　③ 나 다 라
④ 다 라 마　⑤ 가 나 다 라　⑥ 나 다 라 마

해설

가(○) 사문서의 작성명의자의 인상이 압날되지 아니하고 주민등록번호가 기재되지 않았더라도, 일반인으로 하여금 그 작성명의자가 진정하게 작성한 사문서로 믿기에 충분할 정도의 형식과 외관을 갖추었으면 사문서위조죄 및 동행사죄의 객체가 되는 사문서라고 보아야 한다(대법원 1989.8.8, 88도2209).

나(○) 진정한 문서의 사본을 전자복사기를 이용하여 복사하면서 일부 조작을 가하여 그 사본 내용과 전혀 다르게 만드는 행위는 공공의 신용을 해할 우려가 있는 별개의 문서사본을 창출하는 행위로서 문서위조행위에 해당하며, 타인의 주민등록증사본의 사진란에 피고인의 사진을 붙여 복사하여 행사한 행위는 공문서위조죄 및 동행사죄에 해당한다(대법원 2000.9.5, 2000도2855).

다(○) 피고인이 나중에 관련 민사소송에서 그 어음을 그 계쟁 부동산을 담보물로 한 은행융자금채무의 상환을 위하여 교부받은 것이라는 주장사실을 입증하는 데 사용할 목적으로 당시 보관 중이던 그 영수증 위의 "할부금"이라는 기재부분 옆에다 그 작성명의인인 망인의 승낙 없이 임의로 그 계쟁 부동산을 지칭하는 표시로서 "733-19번지"라고 써넣은 것이라면, 그 변경내용이 비록 객관적인 진실에 합치하는 것이라 하더라도, 이는 그 영수증에 새로운 증명력을 가져오게 한 것임이 분명하므로, 사문서변조죄의 구성요건을 충족한다고 보아야 한다(대법원 1995.2.24, 94도2092).

라(○) 허위공문서작성죄란 공문서에 진실에 반하는 기재를 하는 때에 성립하는 범죄이므로, 고의로 법령을 잘못 적용하여 공문서를 작성하였다고 하더라도 그 법령적용의 전제가 된 사실관계에 대한 내용에 거짓이 없다면 허위공문서작성죄가 성립될 수 없는바 당사자로부터 뇌물을 받고 고의로 적용하여서는 안 될 조항을 적용하여 과세표준을 결정하고 그 과세표준에 기하여 세액을 산출하였다고 하더라도, 그 세액계산서에 허위내용의 기재가 없다면 허위공문서작성죄에는 해당하지 않는다(대법원 1996.5.14, 96도554).

마(×) 출원에 대한 심사업무를 담당하는 공무원이 출원인의 출원사유가 허위라는 사실을 알면서도 결재권자로 하여금 오인, 착각, 부지를 일으키게 하고 그 오인, 착각, 부지를 이용하여 인·허가처분에 대한 결재를 받아낸 경우에는 출원자가 허위의 출원사유나 허위의 소명자료를 제출한 경우와는 달리 더 이상 출원에 대한 적정한 심사업무를 기대할 수 없게 되었다고 할 것이어서 그와 같은 행위는 위계로써 결재권자의 직무집행을 방해한 것에 해당하므로 위계에 의한 공무집행방해죄가 성립한다(대법원 1997.2.28, 96도2825). 〈답 ⑤〉

21. 자격모용에 의한 사문서작성죄에 대한 설명 중 판례와 일치하는 것을 모두 고르면?

> ㉠ 대표이사로부터 포괄적으로 권한을 위임받은 사람이 주식회사 명의로 문서를 작성하는 행위는 자격모용사문서작성 또는 위조에 해당한다.
> ㉡ 자격모용에 의한 사문서작성죄에서의 '타인'이란 자연인과 법인을 말하며, 거래관계에서 독립한 사회적 지위를 갖고 활동하고 있는 존재로 취급될 수 있다고 하더라도 법인격 없는 단체 등은 여기에 해당되지 아니한다.
> ㉢ 재건축조합의 조합장이 아닌 사람이 재건축조합 조합장의 직함을 사용하여 재건축사업에 관한 계약서를 작성한 경우 계약의 상대방이 자격모용사실을 알고 있었고 그 계약서에 조합장의 직인이 아닌 다른 인장을 날인하였다면 자격모용에 의한 사문서작성죄의 범의와 행사의 목적을 인정할 수 없다.
> ㉣ 토지매수권한을 위임받은 대리인이 매도인측 대표자와 공모하여 매매대금 일부를 착복하기로 하고 위임받은 특정 매매금액보다 낮은 금액을 허위로 기재한 매매계약서를 작성한 경우 자격모용사문서작성죄에 해당한다.
> ㉤ 식당의 주·부식 구입업무를 담당하는 공무원이 주·부식 구입요구서의 과장결재란에 권한 없이 자신의 서명을 한 경우 자격모용공문서작성죄에 해당한다.
> ㉥ 종중의 임원 선임결의가 무효라고 하더라도 전임 이사들이 계속 종전 그 직무를 수행하면서 임원 자격으로 작성한 이사회 의사록 등은 자격을 모용하여 작성한 문서에 해당한다.

① ㉠ ㉤ ② ㉡ ㉢ ③ ㉣ ㉥
④ ㉠ ㉣ ㉤ ⑤ ㉡ ㉢ ㉣ ⑥ ㉢ ㉣ ㉤

해설

㉠(○) 대법원 2008.11.27, 2006도2016.
㉡(×) 자격모용에 의한 사문서작성죄에서의 '타인'에는 자연인뿐만 아니라 법인, 법인격 없는 단체를 비롯하여 거래관계에서 독립한 사회적 지위를 갖고 활동하고 있는 존재로 취급될 수 있으면 여기에 해당된다(대법원 2008.2.14, 2007도9606).
㉢(×) 재건축조합의 조합장이 아닌 사람이 재건축조합 조합장의 직함을 사용하여 재건축사업에 관한 계약서를 작성하였다면, 계약의 상대방이 자격모용사실을 알고 있었다거나 그 계약서에 조합장의 직인이 아닌 다른 인장을 날인하였더라도 자격모용에 의한 사문서작성죄의 범의와 행사의 목적이 인정된다(대법원 2007.7.27, 2006도2330).
㉣(×) 타인의 대표자 또는 대리자가 그 대표 또는 대리 명의로 문서를 작성할 권한을

가지는 경우에 그 지위를 남용하여 단순히 자기 또는 제3자의 이익을 도모할 목적으로 문서를 작성하였다 하더라도 자격모용사문서작성죄는 성립하지 아니한다(대법원 2007.10.11, 2007도5838).

ⓜ(○) 대법원 2008.1.17, 2007도6987(과장의 자격을 모용하여 자신의 이름으로 공문서를 작성한 것이므로 자격모용공문서작성죄가 성립하고 공문서위조죄는 문제되지 않는다).

ⓑ(×) 종중의 대표자 등 임원 선임결의가 무효인 경우, 전임 이사들이 계속 종전 그 직무를 수행하면서 임원 자격으로 작성한 이사회 의사록 등은 자격을 모용하여 작성한 문서가 아니다(대법원 2007.7.26, 2005도4072). 〈답 ①〉

대법원 2008.11.27, 2006도2016 주식회사의 적법한 대표이사라 하더라도 그 권한을 포괄적으로 위임하여 다른 사람으로 하여금 대표이사의 업무를 처리하게 하는 것은 허용되지 않는다. 따라서 대표이사로부터 포괄적으로 권한 행사를 위임받은 사람이 주식회사 명의로 문서를 작성하는 행위는 원칙적으로 권한 없는 사람의 문서 작성행위로서 자격모용사문서작성 또는 위조에 해당하고, 대표이사로부터 개별적·구체적으로 주식회사 명의의 문서 작성에 관하여 위임 또는 승낙을 받은 경우에만 예외적으로 적법하게 주식회사 명의로 문서를 작성할 수 있다.

22. 판례가 공문서부정행사죄를 인정한 것을 모두 고르면?

ⓖ 타인의 주민등록표등본을 자신의 것인 것처럼 행사하였다.
ⓛ 신원증명서를 피증명인의 의사에 의하지 아니하고 사용하였다.
ⓓ 화해조서 갱정결정신청 기각결정문을 화해조서정본인 것처럼 등기서류로 제출하였다.
ⓡ 타인인 양 허위신고하여 자신의 사진과 지문이 찍힌 타인의 주민등록증을 발급받아 이를 검문경찰관에게 제시하였다.
ⓜ 자동차를 임차하려는 자가 자동차 대여업체의 직원으로부터 운전면허증의 제시를 요구받자 타인의 운전면허증을 자신의 것인 양 제시하였다.
ⓑ 습득한 타인의 주민등록증을 가족의 것이라고 제시하면서 그 명의로 이동전화 가입신청을 하였다.
ⓢ 甲선박에 의해 발생한 사고를 마치 乙선박에 의해 발생한 것처럼 허위신고를 하면서 그에 대한 검정용 자료로서 乙선박의 선박국적증서와 선박검사증서를 제출하였다.

① ⓓ ⓡ ② ⓡ ⓜ ③ ⓡ ⓜ ⓢ
④ ⓜ ⓑ ⓢ ⑤ ⓖ ⓛ ⓓ ⓜ ⑥ ⓓ ⓜ ⓑ ⓢ

해설

ⓡ 대법원 1982.9.28, 82도1297, ⓜ 대법원 1998.8.21, 98도1701이 공문서부정행사죄를 인정하였다.

판례는 '공문서부정행사죄는 사용권한자와 용도가 특정되어 작성된 공문서를 사용권한 없는 자가 사용권한이 있는 것처럼 가장하여 부정한 목적으로 행사하거나 권한 있는 사라도 정당한 용법에 반하여 부정하게 행사하는 경우에 성립된다'(대법원 1999.5.14, 99도206; 대법원 1985.5.28, 84도2999)고 한다. 따라서 사용권한자가 특정되어 있는 것도 아니고 용도도 다양한 공문서(주민등록표등본, 인감증명서, 등기필증 등)를 문서상의 명의인인 양 가장하여 이를 행사(㉠)하거나, 용도가 다양한 공문서를 사용권한 있는 자가 용도외로 사용(㉡㉢)한 경우 또는 사용권한 없는 자가 공문서 본래의 용도에 따르지 않고 사용(㉥)하였다 하더라도 공문서부정행사죄가 성립하지 않는다고 한다.
㉠ 대법원 1999.5.14, 99도206, ㉡ 대법원 1993.5.11, 93도127, ㉢ 대법원 1984.2.28, 82도2851, ㉥ 대법원 2003.2.26, 2002도4935, ㉦ 대법원 2009.2.26, 2008도10851 참조. 〈답 ②〉

① **대법원 2009.2.26, 2008도10851** 어떤 선박이 사고를 낸 것처럼 허위로 사고신고를 하면서 그 선박의 선박국적증서와 선박검사증서를 함께 제출하였다고 하더라도, 선박국적증서와 선박검사증서는 위 선박의 국적과 항행할 수 있는 자격을 증명하기 위한 용도로 사용된 것일 뿐 그 본래의 용도를 벗어나 행사된 것으로 보기는 어려우므로, 이와 같은 행위는 공문서부정행사죄에 해당하지 않는다.

② **대법원 2003.2.26, 2002도4935** 피고인이 기왕에 습득한 타인의 주민등록증을 피고인 가족의 것이라고 제시하면서 그 주민등록증상의 명의 또는 가명으로 이동전화 가입신청을 한 경우, 타인의 주민등록증을 본래의 사용용도인 신분확인용으로 사용한 것이라고 볼 수 없어 공문서부정행사죄가 성립하지 않는다.

③ **대법원 1998.8.21, 98도1701** 자동차를 임차하려는 피고인들이 자동차 대여업체의 담당직원들로부터 임차할 자동차의 운전에 필요한 운전면허가 있고 또 운전면허증을 소지하고 있는지를 확인하기 위한 운전면허증의 제시 요구를 받자 타인의 운전면허증을 소지하고 있음을 기화로 자신이 타인의 자동차운전면허를 받은 사람들인 것처럼 행세하면서 자동차 대여업체의 직원들에게 이를 제시한 것이라면, 피고인들의 위와 같은 행위는 단순히 신분확인을 위한 것이라고는 할 수 없고, 이는 운전면허증을 사용권한이 없는 자가 사용권한이 있는 것처럼 가장하여 부정한 목적으로 사용한 것이기는 하나 운전면허증의 본래의 용도에 따른 사용행위라고 할 것이므로 공문서부정행사죄에 해당한다.

<table>
<tr><th>구분</th><th>문서행사</th><th>통화행사</th><th>유가증권행사</th></tr>
<tr><td>유통에 놓을 것</td><td>×</td><td>○</td><td>×</td></tr>
<tr><td>신용력을 위한 제시</td><td>○</td><td>×</td><td>○</td></tr>
<tr><td rowspan="2">공범 등 정을 아는 자에 대한 교부</td><td rowspan="2">×</td><td>○</td><td>○</td></tr>
<tr><td colspan="2">유통 · 행사 의사 있는 자에 대한 교부는 행사</td></tr>
<tr><td>사본의 제시</td><td>○</td><td>○</td><td>×</td></tr>
<tr><td>명의인의 실재 여부</td><td>×</td><td></td><td>×</td></tr>
</table>

23. 문서에 관한 죄에 대한 설명 중 옳지 않은 것은? (다툼이 있는 경우에는 판례에 의함)

① 한국전기통신공사가 발행한 타인의 후불식 공중전화카드를 본인의 승낙 없이 공중전화기에 넣어 사용한 경우 사문서부정행사죄가 성립한다.

② 일련번호 16번까지 투표지를 받은 사람들의 기명 및 서명이 기재되어

있고, 투표 후 확인업무 담당자가 그 하단 공백 부분에 서명한 '건물 임시관리단집회 투표지대장'의 일련번호 17번란에 자신의 이름을 기명하고 서명하였더라도 사문서변조죄가 성립하지 아니한다.

③ 문장의 일부가 생략된 이른바 생략문서라도 그 내용이 법률상 · 사회생활상 주요사항을 증명 · 표시하는 한 문서죄의 객체인 문서이다.

④ 문서는 그 작성자를 의미하는 명의인이 표시되어야 하며, 명의인이 명시되지 아니한 경우라도 문서의 형식과 내용에 의하여 누가 작성하였는가를 알 수 있는 정도이면 족하다.

⑤ 신용장에 날인된 시중은행의 접수일부인은 사실증명에 관한 사문서에 해당되므로 위탁된 권한을 넘어서 신용장에 허위의 접수일부인을 날인한 것은 사문서위조에 해당된다.

해설

①(○) 절취한 후불식 전화카드를 사용하여 공중전화를 건 행위는 사문서부정행사죄에 해당한다(대법원 2002.6.25, 2002도461).

②(×) 투표지대장은 투표자격이 있는 사람을 확인하여 그에게 투표지를 교부하는 업무를 담당하는 사람이 위와 같은 확인업무를 기록에 남기기 위한 용도로 작성된 것으로서(즉 투표자들이 공동의 의사로 어떤 법률관계를 형성한다는 의사표시가 표시된 것이 아니다), 확인업무 담당자가 그와 같은 업무를 담당하면서 최종적으로 총 16명이 투표지를 받아 투표를 하였다는 사실을 확인한 후 이에 서명한 것이므로, 위와 같이 확인업무 담당자가 서명을 마친 투표지대장은 개별투표자 및 그 총인원수를 증명하는 기능을 가진 확인업무 담당자 명의의 독립적인 문서로도 완성되었다고 할 것이고, 그 후에 피고인이 임의로 17번란에 기명하고 서명한 것은 위와 같이 완성된 문서의 동일성을 해한 것이어서 사문서변조죄가 성립한다(대법원 2010.1.28, 2009도9997).

③(○) 대법원 1995.9.5, 95도1269.

④(○) 대법원 1997.12.26, 95도2221.

⑤(○) 대법원 1979.10.30, 77도1879. 〈답 ②〉

대법원 2002.6.25, 2002도461 사용자에 관한 각종 정보가 전자기록되어 있는 자기띠가 카드번호와 카드발행자 등이 문자로 인쇄된 플라스틱 카드에 부착되어 있는 전화카드의 경우 그 자기띠 부분은 카드의 나머지 부분과 불가분적으로 결합되어 전체가 하나의 문서를 구성하므로, 전화카드를 공중전화기에 넣어 사용하는 경우 비록 전화기가 전화카드로부터 판독할 수 있는 부분은 자기띠 부분에 수록된 전자기록에 한정된다고 할지라도, 전화카드 전체가 하나의 문서로서 사용된 것으로 보아야 하고 그 자기띠 부분만 사용된 것으로 볼 수는 없으므로 절취한 전화카드를 공중전화기에 넣어 사용한 것은 권리 · 의무에 관한 타인의 사문서를 부정행사한 경우에 해당한다.

24. 다음 설명 중 옳은 것만으로 조합한 것은? (판례에 의함)

㉠ 권한 없는 자가 임의로 인감증명서의 사용용도란의 기재를 고쳐 썼

다고 하더라도 공문서변조죄나 이를 전제로 하는 변조공문서행사죄가 성립되지는 않는다.

㉡ 문서변조죄에 있어서 행사할 목적이란 변조된 문서를 진정한 문서인 것처럼 사용할 목적을 말하는 것으로 적극적 의욕이나 확정적 인식을 요하지 아니하고 미필적 인식이 있으면 족하다.

㉢ 공문서 작성권자로부터 일정한 요건이 구비되었는지 여부를 심사하여 그 요건이 구비되었음이 확인될 경우에 한하여 작성권자의 직인을 사용하여 작성권자 명의의 공문서를 작성하라는 포괄적인 권한을 수여받은 업무보조자인 공무원이, 그 위임의 취지에 반하여 공문서 용지에 허위내용을 기재하고 그 위에 보관하고 있던 작성권자의 직인을 날인하였다면, 그 업무보조자인 공무원에게 허위공문서작성죄가 성립한다.

㉣ 시스템의 설치 · 운영 주체로부터 각자의 직무범위에서 개개의 단위정보의 입력권한을 부여받은 사람이 그 권한을 남용하여 허위의 정보를 입력함으로써 시스템 설치 · 운영 주체의 의사에 반하는 전자기록을 생성하는 경우도 형법 제227조의2에서 말하는 전자기록의 '위작'에 포함된다.

㉤ 부동산에 관한 종중 명의의 등기에 있어서 허위의 종중 대표자를 기재한 것은 공정증서원본 부실기재죄의 대상이 되는 부실의 기재에 해당하지 않는다.

① ㉠ ㉡ ② ㉠ ㉢ ③ ㉡ ㉤
④ ㉢ ㉣ ⑤ ㉣ ㉤

해설

㉠(○) 대법원 2004.8.20, 2004도2767.
㉡(○) 대법원 2006.1.26, 2004도788.
㉢(×) 공문서 작성권자로부터 일정한 요건이 구비되었는지 여부를 심사하여 그 요건이 구비되었음이 확인될 경우에 한하여 작성권자의 직인을 사용하여 작성권자 명의의 공문서를 작성하라는 포괄적인 권한을 수여받은 업무보조자인 공무원이, 그 위임의 취지에 반하여 공문서 용지에 허위내용을 기재하고 그 위에 보관하고 있던 작성권자의 직인을 날인하였다면, 그 업무보조자인 공무원에게 공문서위조죄가 성립할 것이고, 그에게 위와 같은 행위를 하도록 지시한 중간결재자인 공무원도 공문서위조죄의 공범으로서의 책임을 면할 수 없다(대법원 1996.4.23, 96도424).
㉣(×) 대법원 2005.6.9, 2004도6132.
㉤(×) 종중 대표자의 기재는 당해 부동산의 처분권한과 관련된 중요한 부분의 기재로서 이에 대한 공공의 신용을 보호할 필요가 있으므로 이를 허위로 등재한 경우에는 공정증서원본 부실기재죄의 대상이 되는 부실의 기재에 해당한다(대법원 2006.1.13, 2005도4790).

〈답 ①〉

25. 사례에서 (   )의 내용과 甲의 죄책(문서에 관한 죄에 한함)**이 부합하지 않는 것은?** (다툼이 있는 경우에는 판례에 의함) <사시 2006년 변형>

① 자동차등록 담당공무원 甲이 여객자동차 운수사업법상 차량충당연한 규정에 위배되어 영업용으로 변경 및 이전등록을 할 수 없는 차량인 것을 알면서 자동차등록정보 처리시스템의 자동차등록원부 용도란에 '영업용'이라고 입력하였으나, 변경 및 이전등록에 관한 구체적 등록내용인 최초등록일 등은 사실대로 입력한 경우 (공전자기록위작죄 성립)

② 甲이 부부관계를 설정할 의사 없이 중국내 조선족여자의 국내취업을 위한 입국을 목적으로 중국에서 중국의 방식에 따라 혼인식을 거행하고 국내에서 형식상 혼인신고까지 마쳐 호적부에 등재 및 비치케 한 경우 (공정증서원본 부실기재 및 부실기재공정증서원본행사죄 성립)

③ 은행의 지배인으로 등기되어 있는 甲이 회사 내부규정 등에 의하여 제한된 권한 범위를 벗어나서, 신용이나 담보가 부족한 차주 회사가 대출기관에서 대출을 받는 데 사용하도록 지급보증의 성질이 있는 은행 명의의 대출채권양수도약정서와 사용인감계를 작성한 경우 (사문서위조죄 성립)

④ 경찰서 보안과장인 甲이 乙의 음주운전을 눈감아주기 위하여 그에 대한 음주운전자 적발보고서를 찢어버리고, 부하인 丙으로 하여금 일련번호가 동일한 가짜 음주운전자 적발보고서에 丁에 대한 음주운전 사실을 기재케 하여 그 정을 모르는 담당경찰관으로 하여금 주취운전자 음주측정처리부에 丁에 대한 음주운전 사실을 기재하도록 하였으나, 사실관계가 밝혀져 乙이 음주운전으로 인하여 처벌을 받은 경우 (허위공문서작성 및 허위작성공문서행사죄의 간접정범 성립)

⑤ 甲이 乙로부터 부동산을 매수하는 매매계약을 체결하고, 乙이 계약금과 대부분의 중도금을 받은 상태에서 법무사인 丙에게 소유권이전등기에 필요한 서류 일체를 맡기고 나중에 잔금지급이 되면 그 등기신청을 하도록 위임하였는데, 甲이 丙에게 잔금을 모두 지급하였다고 기망하여, 이에 기망당한 丙이 잔금이 모두 지급된 것으로 잘못 알고 등기신청을 하여 등기담당 공무원으로 하여금 그 부동산에 관한 소유권이전등기를 경료하게 하고 이를 비치케 한 경우 (공정증서원본 부실기재 및 부실기재공정증서원본행사죄 불성립)

해설

①(×) 자동차등록원부상 '영업용으로의 용도변경 및 이전'에 관한 등록정보가 확인 · 공시하는 내용에 자동차가 영업용으로 용도변경되어 이전되었다는 사실 외에 변경 및 이전등록에 필요한 법령상 자격의 구비 사실까지 포함한다고 볼 법적인 근거가 없고, 최초등

록일 등 등록과 관련된 사실관계에 대한 내용에 거짓이 있다고 볼 수 없는 이상, 위 행위가 공전자기록등위작죄의 '위작'에 해당한다고 할 수 없다(대법원 2011.5.13, 2011도1415).

②(○) 피고인과 조선족 여자 사이에는 혼인의 계출에 관하여는 의사의 합치가 있었으나 참다운 부부관계의 설정을 바라는 효과의사는 없었다고 인정되므로 피고인의 혼인은 우리나라의 법에 의하여 혼인으로서의 실질적 성립요건을 갖추지 못하여 그 효력이 없고, 따라서 피고인이 중국에서 중국의 방식에 따라 혼인식을 거행하였다고 하더라도 우리나라의 법에 비추어 그 효력이 없는 혼인의 신고를 한 이상 피고인의 행위는 공정증서원본부실기재 및 동행사죄의 죄책을 면할 수 없다(대법원 1996.11.22, 96도2049).

③(○) 회사 내부규정 등에 의하여 각 지배인이 회사를 대리할 수 있는 행위의 종류, 내용, 상대방 등을 한정하여 권한을 제한한 경우에 제한된 권한 범위를 벗어나서 회사 명의의 문서를 작성하였다면, 이는 자기 권한 범위 내에서 권한 행사의 절차와 방식 등을 어긴 경우와 달리 문서위조죄에 해당한다(대법원 2012.9.27, 2012도7467).

④(○) 대법원 1996.10.11, 95도1706.

⑤(○) 위 법무사의 등기신청행위에 하자가 있다고 할 수는 있으나(위 신청이 무효라고는 할 수 없다), 위 소유권이전등기의 원인이 되는 법률관계인 매매 내지는 물권적 합의가 객관적으로 존재하지 아니하는 것이라고는 할 수 없으니, 피고인이 위 법무사를 통하여 등기공무원에게 허위의 사실을 신고하여 등기부에 부실의 사실을 기재하게 한 것이라고는 할 수 없다(대법원 1996.6.11, 96도233). 〈답 ①〉

26. 옳은 설명(○)과 옳지 않은 설명(×)을 바르게 표시한 것은? (판례에 의함)

㉠ 인낙조서에 첨부되어 있는 도면 및 그 사본에 특별한 설명 없이 임의로 점선을 그은 경우에는 공도화변조죄에 해당하지 아니한다.

㉡ 유상증자 등기신청시 발행주식 총수 및 자본의 총액이 증가한 사실이 허위임을 알면서 증자등기를 신청하여 상업등기부원본에 그 기재를 하게 한 경우, 등기신청서류로 제출된 주금납입금보관증명서가 위조된 것임을 몰랐다면 공정증서원본 부실기재죄가 성립하지 아니한다.

㉢ 실질적인 채권 · 채무관계 없이 당사자간의 합의로 작성한 '차용증 및 이행각서'를 소지하고 있던 중 작성명의인들의 의사에 의하지 아니하고 위 문서상의 채권이 실제로 존재하는 것처럼 그 지급을 구하는 민사소송을 제기하면서 위 '차용증 및 이행각서'를 법원에 제출하였다면 사문서부정행사죄에 해당한다.

㉣ 공군 복지근무지원단의 부대매점 및 창고관리 부사관이 위 지원단의 업무관리시스템에 자신이 그 전에 이미 횡령한 바 있는 면세주류를 마치 정상적으로 판매한 것처럼 허위로 입력하였더라도 공전자기록위작 · 변작죄의 '사무처리를 그르치게 할 목적'이 있었다고 할 수 없다.

㉤ 주민등록법에 의해 처벌되는 '주민등록 또는 주민등록증에 관하여 거짓의 사실을 신고 또는 신청'함으로써 성립하는 주민등록법 위반죄와 사문서위조죄, 위조사문서행사죄는 각기 독립된 별개의 구성요건이다.

① ㉠(○) ㉡(○) ㉢(×) ㉣(×) ㉤(×)
② ㉠(×) ㉡(○) ㉢(○) ㉣(×) ㉤(×)
③ ㉠(○) ㉡(×) ㉢(×) ㉣(×) ㉤(○)
④ ㉠(×) ㉡(○) ㉢(○) ㉣(×) ㉤(○)
⑤ ㉠(○) ㉡(×) ㉢(○) ㉣(○) ㉤(○)

해설

㉠(○) 인낙조서에 첨부되어 있는 도면 및 그 사본에 임의로 그은 점선은 인낙조서 본문이나 도면에서 그에 대한 설명이 없는 이상 특정한 의미 내용을 갖지 아니한 단순한 도형에 불과하여 그 자체로서 새로운 증명력이 작출케 된다고 할 수 없으므로, 그와 같은 점선을 그은 행위가 문서의 손괴에 해당할 수 있음은 별론으로 하고, 공도화로서의 공공적 신용을 해할 위험이 있는 공도화변조죄에 해당한다고 할 수 없다(대법원 2000.11.10, 2000도3033).

㉡(×) 등기신청서류로 제출된 주금납입금보관증명서가 위조된 것임을 몰랐다고 하더라도 공정증서원본 부실기재죄가 성립한다(대법원 2006.10.26, 2006도5147).

㉢(×) 사용권한자가 특정되어 있다고 할 수 없고 또 그 용도도 다양하므로, 사문서부정행사죄에 해당하지 않는다(대법원 2007.3.30, 2007도629).

㉣(×) 공전자기록위작 · 변작죄의 '사무처리를 그르치게 할 목적'이 있었다(대법원 2010.7.8, 2010도3545).

㉤(○) 대법원 2007.8.23, 2007도2551(주민등록법 위반죄는 문서의 진정에 대한 공공의 신용을 그 직접적 보호법익으로 하는 사문서위조죄 및 위조사문서행사죄와 그 보호법익 및 구성요건의 내용을 서로 달리하는 것이므로, 주민등록법 규정이 형법 제231조, 제234조의 규정에 흡수되는 관계라기보다는 각기 독립된 별개의 구성요건이다)의 내용이다. 〈답 ③〉

① **대법원 2007.3.30, 2007도629** 실질적인 채권 · 채무관계 없이 당사자간의 합의로 작성한 '차용증 및 이행각서'는 그 작성명의인들이 자유의사로 작성한 문서로 그 사용권한자가 특정되어 있다고 할 수 없고 또 그 용도도 다양하므로, 설령 피고인이 그 작성명의인들의 의사에 의하지 아니하고 위 '차용증 및 이행각서' 상의 채권이 실제로 존재하는 것처럼 그 지급을 구하는 민사소송을 제기하면서 소지하고 있던 위 '차용증 및 이행각서'를 법원에 제출하였다고 하더라도 사문서부정행사죄에 해당하지 않는다.

② **대법원 2006.10.26, 2006도5147** 공정증서원본 부실기재죄는 공무원에 대하여 허위신고를 하여 공정증서원본에 진실에 반하는 사실을 기재하게 함으로써 성립하는 것이므로, 유상증자 등기의 신청시 발행주식 총수 및 자본의 총액이 증가한 사실이 허위임을 알면서 증자등기를 신청하여 상업등기부원본에 그 기재를 하게 한 경우, 등기신청서류로 제출된 주금납입금보관증명서가 위조된 것임을 몰랐다고 하더라도 공정증서원본 부실기재죄가 성립한다.

27. 판례에 따를 때 (   ) 안의 범죄가 성립하는 것은? <사시 2007년 변형>

① 부동산에 관하여 가장매매를 원인으로 소유권이전등기를 경료한 경우 (공정증서원본 부실기재죄 및 동행사죄)

② 타인의 주민등록표등본을 그와 아무런 관련이 없는 사람이 마치 자신의

것인 것처럼 행사한 경우 (공문서부정행사죄)

③ 간접정범을 통한 위조문서행사범행에 있어 문서가 위조된 것임을 알지 못하는 도구로 이용된 자에게 행사한 경우 (위조문서행사죄)

④ 공문서의 작성권한 없는 자가 공무원의 자격을 모용하여 공문서를 작성한 경우 (공문서위조죄)

⑤ 교회 목사가 자신을 지지하는 일부 교인들과 교회를 탈퇴한 후 교회 명의로 교회 소유 부동산을 자신에게 매도하는 내용의 매매계약서를 작성하고 이를 행사한 경우 (자격모용사문서작성죄 및 동행사죄)

해설

①(×) 피고인이 부동산에 관하여 가장매매를 원인으로 소유권이전등기를 경료하였더라도, 그 당사자 사이에는 소유권이전등기를 경료시킬 의사는 있었다고 할 것이므로 공정증서원본 부실기재죄 및 동행사죄는 성립하지 않고, 또한 등기의무자와 등기권리자(피고인) 간의 소유권이전등기신청의 합의에 따라 소유권이전등기가 된 이상, 등기의무자 명의의 소유권이전등기가 원인이 무효인 등기로서 피고인이 그 점을 알고 있었다고 하더라도, 특별한 사정이 없는 한 바로 피고인이 등기부에 부실의 사실을 기재하게 하였다고 볼 것은 아니다(대법원 1991.9.24, 91도1164).

②(×) 공문서부정행사죄는 사용권한자와 용도가 특정되어 작성된 공문서 또는 공도화를 사용권한 없는 자가 사용권한이 있는 것처럼 가장하여 부정한 목적으로 행사하거나 또는 권한 있는 자라도 정당한 용법에 반하여 부정하게 행사하는 경우에 성립되는 것인데, 주민등록표등본은 시장 · 군수 또는 구청장이 주민의 성명, 주소, 성별, 생년월일, 세대주와의 관계 등 주민등록법 소정의 주민등록사항이 기재된 개인별 · 세대별 주민등록표의 기재내용 그대로를 인증하여 사본 · 교부하는 문서로서 그 사용권한자가 특정되어 있다고 할 수 없고, 또 용도도 다양하며, 반드시 본인이나 세대원만이 사용할 수 있는 것이 아니므로, 타인의 주민등록표등본을 그와 아무런 관련 없는 사람이 마치 자신의 것인 것처럼 행사하였다고 하더라도 공문서부정행사죄가 성립되지 아니한다(대법원 1999.5.14, 99도206).

③(○) 대법원 2012.2.23, 2011도14441의 내용이다.

④(×) 공문서위조죄는 공문서의 작성권한 없는 자가 공무소, 공무원의 명의를 이용하여 문서를 작성하는 것을 말하고, 공문서의 작성권한 없는 자가 공무원의 자격을 모용하여 공문서를 작성하는 경우에는 자격모용공문서작성죄가 성립한다(대법원 2008.1.17, 2007도6987).

⑤(×) 甲 교회 목사인 피고인이 자신을 지지하는 일부 교인들과 甲 교회를 탈퇴함으로써 대표자의 지위를 상실하였으므로, 그 후 甲 교회 명의로 甲 교회 소유 부동산을 자신에게 매도하는 내용의 매매계약서를 작성하고 이를 행사한 행위는 사문서위조죄 및 위조사문서행사죄에 해당한다(대법원 2011.1.13, 2010도9725). 〈답 ③〉

28. 컴퓨터와 관련한 범죄의 설명 중 옳지 않은 것은? (특별법 위반은 논외로 함)

① 전산실의 서버컴퓨터 일부를 손괴하여 수리에 1주일 이상 걸리게 하여 업무를 방해하였다면 업무방해죄가 성립한다. (손괴죄는 불문)

② 전자기록 등 특수매체기록에 수록된 데이터를 삭제하거나 데이터의 내

용의 일부를 변경하였다면 손괴죄가 성립한다.
③ 공전자기록위작 · 변작죄의 객체는 공무원 또는 공무소의 전자기록 등 특수매체기록이다.
④ 컴퓨터에 대한 작업을 명령하는 프로그램은 사전자기록등위작 · 변작죄의 사전자기록에 해당하지 않는다.
⑤ 전송 중인 데이터도 전자기록 등 특수매체기록에 포함된다.

해설

전자기록 등 특수매체기록이란 일정한 매체에 전기적 · 자기적으로 저장된 기록을 말하므로 전송 중인 데이터는 매체에 저장된 기록이 아니다. ④ 사전자기록등위작 · 변작죄의 행위객체인 전자기록 등 특수매체기록은 권리 · 의무 또는 사실증명에 관한 의사가 표현된 것임을 요하므로 컴퓨터 프로그램은 여기에 해당하지 않는다. 〈답 ⑤〉

29. 문서범죄에 대한 설명으로 옳지 않은 것을 모두 고르면? (판례에 의함)

㉠ 민사소송에서 자신이 언제부터 회사에서 급여를 받았는지가 중요한 사항이었는데 자기의 예금통장 기장내용 중 특정 일자에 회사로부터 지급받은 월급여의 입금자 부분을 화이트테이프로 지우고 복사하여 그 통장사본을 법원에 증거로 제출하였다면 사문서변조 및 동행사죄가 성립한다.
㉡ 종중의 신임 대표자 등이 선임되고 전임 대표자에 대한 직무집행정지 가처분결정이 있은 후 위 가처분결정이 취소된 경우, 신임 대표자 선임결의가 무효라 하더라도 전임 대표자가 위 가처분결정을 알면서 가처분결정시부터 취소시 사이에 대표자 자격으로 작성한 이사회 의사록 등은 자격을 모용하여 작성한 문서이다.
㉢ 위조하여 작성된 집행수락부 약속어음 공정증서는 형법 제228조 1항에서 정한 공정증서원본에 해당한다.
㉣ 타인의 대표자 또는 대리자가 그 대표 또는 대리명의로 문서를 작성할 권한을 가지는 경우에 그 지위를 남용하여 단순히 자기 또는 제3자의 이익을 도모할 목적으로 문서를 작성하였다 하더라도 자격모용사문서작성죄는 성립하지 아니한다.
㉤ 자신의 부(父)에게서 부 소유 부동산의 매매에 관한 권한 일체를 위임받아 이를 매도하였는데, 부가 갑자기 사망하자 부동산 소유권 이전에 사용할 목적으로 부가 자신에게 인감증명서 발급을 위임한다는 취지의 인감증명 위임장을 작성한 경우 사문서위조죄는 성립하지 않는다.
㉥ 부동산의 양도계약이 중간생략등기의 합의에 의하여 순차 이루어져 최초 양도인으로부터 최종 양수인에게 소유권이전등기청구권이 전전 양도되어 최종 양수인의 직전 양도인이 최초 양도인으로부터 대리권

한을 수여받지 않고 최초 양도인의 대리인으로서 최종 양수인에게 부동산 매매계약서를 작성·교부하였다면 자격모용에 의한 사문서작성 및 동행사죄가 성립한다.

① ㉤ ② ㉢ ㉤ ③ ㉤ ㉥
④ ㉠ ㉢ ㉤ ⑤ ㉡ ㉣ ㉥ ⑥ ㉢ ㉤ ㉥

해설

㉠(○) 대법원 2011.9.29, 2010도14587.
㉡(○) 대법원 2007.7.26, 2005도4072.
㉢(○) 대법원 2006.6.27, 2006도2864.
㉣(○) 대법원 2007.10.11, 2007도5838(자격모용사문서작성죄를 구성하는지 여부는 그 문서를 작성함에 있어 타인의 자격을 모용하였는지 아닌지의 형식에 의하여 결정하여야 하고, 그 문서의 내용이 진실한지 아닌지는 이에 아무런 영향을 미칠 수 없으므로).
㉤(×) 부의 사망으로 포괄적인 명의사용의 근거가 되는 위임관계 내지 포괄적인 대리관계는 종료된 것으로 보아야 하므로 특별한 사정이 없는 한 피고인은 더 이상 위임받은 사무처리와 관련하여 부의 명의를 사용하는 것이 허용된다고 볼 수 없고, 피고인이 사망한 부의 명의를 모용한 인감증명 위임장을 작성하여 인감증명서를 발급받아야 할 급박한 사정이 있었다고 볼 만한 사정도 없으며, 인감증명 위임장은 본래 생존한 사람이 타인에게 인감증명서 발급을 위임한다는 취지의 문서라는 점을 고려하면, 이미 사망한 부가 '병안 중'이라는 사유로 피고인에게 인감증명서 발급을 위임한다는 취지의 인감증명 위임장이 작성됨으로써 문서에 관한 공공의 신용을 해할 위험성이 발생하였다 할 것이고, 피고인이 명의자 부가 승낙하였을 것이라고 기대하거나 예측한 것만으로는 사망한 부의 승낙이 추정된다고 단정할 수 없는데도, 이와 달리 피고인에게 무죄를 인정한 원심판결에 사망한 사람 명의의 사문서위조죄에서 승낙 내지 추정적 승낙에 관한 법리오해의 위법이 있다(대법원 2011.9.29, 2011도6223).
㉥(○) 자격모용에 의한 사문서작성죄를 구성하는지 여부는 그 문서를 작성하면서 타인의 자격을 모용하였는지 아닌지의 형식에 의하여 결정하여야 하고, 그 문서의 내용이 진실한지 아닌지는 이에 아무런 영향을 미칠 수 없는바, 부동산의 양도계약이 중간생략등기의 합의에 의하여 순차 이루어져 최초 양도인으로부터 최종 양수인에게 소유권이전등기청구권이 전전 양도된다고 하여 최초 양도인이 그 후의 양수인에게 최초 양도인을 대리하여 그를 매도인으로 하는 부동산매매계약서를 작성할 권한까지 수여한 것으로는 볼 수 없으므로, 최종 양수인의 직전 양도인이 최초 양도인으로부터 대리권한을 수여받지 않고 최초 양도인의 대리인으로서 최종 양수인에게 부동산 매매계약서를 작성·교부하였다면 자격모용에 의한 사문서작성 및 동행사죄가 성립한다(대법원 2008.5.29, 2008도1506). 〈답 ①〉

30. 다음 사례와 괄호 안의 죄책이 올바르게 연결된 것으로만 묶인 것은? (다툼이 있는 경우에는 판례에 의함) <사시 2010년: 배점 2>

가. 컴퓨터 스캔 및 이미지 편집 프로그램을 이용하여 공인중개사 자격증의 이미지 파일을 만들어 낸 후 이를 이메일에 첨부하여 전송함

> 으로써 다른 사람으로 하여금 모니터 화면을 통해 그 이미지 파일을 열어보도록 한 경우 (공문서위조 및 위조공문서행사)
> 나. 경찰서에서 조사를 받던 사람이 제3자로 행세하면서 피의자신문조서에 제3자의 서명을 기재하였으나 조사경찰관의 서명 · 날인 등이 완료되기 전에 그 서명위조 사실이 발각된 경우 (사서명위조 및 위조사서명행사)
> 다. 일반인으로 하여금 명의인인 주식회사의 권한 내에서 작성된 문서라고 믿게 할 수 있는 정도의 형식과 외관을 갖춘 문서를 작성 · 제시하였으나, 문서의 작성 · 제시가 이미 해산 등기를 마쳐 그 주식회사의 법인격이 소멸한 이후에 이루어진 경우 (무죄)
> 라. 시청 공무원이, 시청 청사신축공사 현장에 출장을 나간 적이 없는 동료 공무원이 마치 현장출장을 간 것처럼 시청 행정지식관리시스템에 허위의 정보를 입력하여 출장복명서를 생성한 후 그 사실을 모르는 결재권자에게 이를 전송한 경우 (공전자기록등위작 및 위작공전자기록등행사)
> 마. 주식회사에서 사용하는 컴퓨터 임시 기억장치 중 하나인 램(RAM)에 올려진 전자기록에 허구의 내용을 권한 없이 수정 입력하였으나 원본파일의 변경까지는 초래하지 아니한 경우 (사전자기록등변작)

① 나 다　　② 다 마　　③ 가 라 마
④ 나 라 마　　⑤ 가 나 라 마

해설

가(×) 컴퓨터 스캔 작업을 통하여 만들어낸 공인중개사 자격증의 이미지 파일은 전자기록으로서 전자기록 장치에 전자적 형태로서 고정되어 계속성이 있다고 볼 수는 있으나, 그러한 형태는 그 자체로서 시각적 방법에 의해 이해할 수 있는 것이 아니어서 이를 형법상 문서에 관한 죄에 있어서의 '문서'로 보기 어렵다(대법원 2008.4.10, 2008도1013).
나(○) 사서명위조죄 및 동행사죄가 성립한다(대법원 2005.12.23, 2005도4478).
다(×) 사문서위조 및 동행사죄에 해당된다(대법원 2005.3.25, 2003도4943).
라(○) 출장복명서상 실제 체비지 현장에 출장을 나가서 그 현황을 파악한 공무원이 누구인지 여부에 관한 정보는 그 출장복명서의 내용의 신뢰도에 직접 영향을 미치며 그 관련업무를 처리함에 있어서 중요한 정보가 된다고 할 것이고, 따라서 이에 관하여 허위의 정보를 입력하는 것은 그 사무처리를 그르치게 할 목적으로 시청 행정지식관리시스템을 설치 · 운영하는 주체의 의사에 반하는 전자기록인 허위의 출장복명서를 생성하는 것으로서 공전자기록등위작의 범의가 충분히 인정된다고 할 것이고, 그 출장복명서상 기타 내용이 사실과 다르지 않다는 사정이나 업무관행상 그와 같이 작성하여 왔다는 사정만으로는 위작의 범위를 부정할 수는 없다(대법원 2007.7.27, 2007도3798).
마(○) 램에 올려진 전자기록은 원본파일과 불가분적인 것으로 원본파일의 개념적 연장선상에 있는 것이므로, 비록 원본파일의 변경까지 초래하지는 아니하였더라도 이러한 전자기록에 허구의 내용을 권한 없이 수정 입력한 것은 그 자체로 그러한 사전자기록을 변작한 행위의 구성요선에 해당하며 그러한 수정입력의 시점에서 사전자기록변작죄의 기수

에 이르렀다고 볼 것이다(대법원 2003.10.9, 2000도4993). 〈답 ④〉

31. 아래 문서죄에 관한 사례에서 甲의 죄책을 <보기>에서 골라 올바르게 연결한 것은? (다툼이 있는 경우에는 판례에 의하며, 甲에게는 행사할 목적이 있었다는 것을 전제로 함) <사시 2012년: 배점 3>

가. 甲은 다방 업주로부터 선불금을 받고 그 반환을 약속하는 내용의 현금보관증을 작성하면서 가명과 4살 어린 허위의 출생연도를 기재한 후, 이를 그 사실을 모르는 다방 업주에게 교부하였다(그 가명을 그 다방에서 근무하는 동안 계속 사용함).
나. 甲은 이미 위조된 휴대전화 신규 가입신청서(휴대전화 신규 가입신청서의 위조 부분은 논외로 함)를 스캐너로 읽어들여 이미지화하고, 그 이미지 파일을 이메일로 전송하여 그 사실을 모르는 제3자로 하여금 컴퓨터 화면상으로 보게 하였다.
다. 음주운전으로 단속된 甲은 주취운전자 적발보고서의 운전자란에 타인의 성명을 기재하고 그 타인의 서명을 한 후, 이를 그 사실을 모르는 경찰관에게 제출하였다.
라. 甲은 乙로부터 乙이 등록한 '○○부동산'의 등록 명의를 빌려 중개행위를 하던 중, 매매계약 중개 과정에서 자신을 '○○부동산'의 대표자라고 자칭하면서 부동산매매계약서의 공인중개사란에 '○○부동산 대표 甲'이라고 기재하고, 이를 그 사실을 모르는 매수인에게 교부하였다.

〈보기〉
A. 사문서위조죄 B. 위조사문서행사죄
C. 공문서위조죄 D. 위조공문서행사죄
E. 자격모용사문서작성죄 F. 자격모용작성사문서행사죄
G. 무죄

	가	나	다	라
①	G	A와 B	C와 D	E와 F
②	A와 B	B	A와 B	E와 F
③	G	G	C와 D	A와 B
④	A와 B	G	A와 B	G
⑤	A와 B	B	C와 D	E와 F
⑥	G	A와 B	A와 B	G

✍ 해설

가. 사문서위조죄, 동행사죄(대법원 2010.11.11, 2010도1835). (i) 실제의 본명 대신 가명이나 위명을 사용하여 사문서를 작성한 경우에 그 문서의 작성명의인과 실제 작성자 사이에 인경의 동일성이 그대로 유지되는 때에는 위조가 되지 않으나, 명의인과 작성자의 인격이 상이할 때에는 위조죄가 성립할 수 있다. (ii) 피고인이 다방 업주로부터 선불금을 받고 그 반환을 약속하는 내용의 현금보관증을 작성하면서 가명과 허위의 출생연도를 기재한 후 이를 교부한 행위는 문서의 명의인과 작성자 사이에 인격의 동일성이 인정되지 않는다고 보아야 하므로 사문서위조죄 및 동행사죄에 해당한다.

나. 위조사문서행사죄(대법원 2008.10.23, 2008도5200). (i) 위조문서행사죄에 있어서 행사라 함은 위조된 문서를 진정한 문서인 것처럼 그 문서의 효용방법에 따라 이를 사용하는 것을 말하고, 위조된 문서를 제시 또는 교부하거나 비치하여 열람할 수 있게 두거나 우편물로 발송하여 도달하게 하는 등 위조된 문서를 진정한 문서인 것처럼 사용하는 한 그 행사의 방법에 제한이 없다. 또한 위조된 문서 그 자체를 직접 상대방에게 제시하거나 이를 기계적인 방법으로 복사하여 그 복사본을 제세하는 경우는 물론 이를 모사전송의 방법으로 제시하거나 컴퓨터에 연결된 스캐너로 읽어 들여 이미지화한 다음 이를 전송하여 컴퓨터 화면상에서 보게 하는 경우도 행사에 해당하여 위조문서행사죄가 성립한다. (ii) 이미지 파일 자체는 문서에 관한 죄의 '문서'에 해당하지 않으나, 이를 전송하여 컴퓨터 화면상으로 보게 한 행위는 이미 위조한 가입신청서를 행사한 것에 해당하므로 위조사문서행사죄가 성립한다.

다. 사문서위조죄, 동행사죄(대법원 2004.12.22, 2004도6483). 주취운전자 적발보고서, 주취운전자 정황진술보고서의 각 운전자란에 타인의 성명을 기재하여 경찰관에게 제출한 것은 사문서위조 및 동행사죄에 해당한다.

라. 자격모용사문서작성죄, 자격모용작성사문서행사죄(대법원 2008.2.14, 2007도9606). 부동산중개사무소를 대표하거나 대리할 권한이 없는 사람이 부동산매매계약서의 공인중개사란에 '○○부동산 대표 △△△(피고인의 이름)'라고 기재한 경우 '○○부동산'이라는 표기는 단순히 상호를 가리키는 것이 아니라 독립한 사회적 지위를 가지고 활동하는 존재로 취급될 수 있으므로 자격모용사문서작성죄의 '명의인'에 해당한다. 〈답 ②〉

32. 문서에 대한 죄에 관한 설명 중 옳지 않은 것은? (다툼이 있는 경우에는 판례에 의함) <사시 2013년: 배점 2>

① 허위진단서작성죄의 대상은 공무원이 아닌 의사가 사문서로서 진단서를 작성한 경우에 한정되고, 공무원인 의사가 공무소의 명의로 허위진단서를 작성한 경우에는 허위공문서작성죄만 성립하고 허위진단서작성죄는 별도로 성립하지 않는다.

② 주식회사의 지배인이 그 권한을 남용하여 자신을 그 회사의 대표이사로 표시하여 연대보증채무를 부담한다는 취지의 회사 명의의 차용증을 작성한 경우에 사문서위조죄가 성립하지 않는다.

③ 폭력행위등처벌에관한법률위반(공동폭행)죄의 피의자가 신분을 확인하려는 경찰공무원에게 자신의 인적사항을 속이기 위하여 다른 사람의 운전면허증을 제시한 행위는 공문서부정행사죄에 해당한다.

④ 사문서위조죄는 그 명의자가 진정으로 작성한 문서로 볼 수 있을 정도의 형식과 외관을 갖추어 일반인이 명의자의 진정한 사문서로 오신하기에 충분한 정도이면 성립하는 것이고, 반드시 그 작성명의자의 서명이나 날인이 있어야 하는 것은 아니다.

⑤ 일반인으로 하여금 공무소에서 작성한 것으로 믿게 할 만한 형식과 외관을 갖추고 있으면 설령 그러한 공무소가 실존하지 않아도 공문서위조죄가 성립하지만, 사문서의 경우에는 법인이 실존하지 않으면 사문서위조죄가 성립하지 않는다.

해설

①(○) 판례는 공무원인 의사가 허위진단서를 작성한 때에는 허위공문서작성죄만 성립한다고 한다(대법원 2004.4.9, 2003도7762).

②(○) 주식회사의 지배인이 자신을 그 회사의 대표이사로 표시하여 연대보증채무를 부담하는 취지의 회사 명의의 차용증을 작성·교부한 경우, 그 문서에 일부 허위 내용이 포함되거나 위 연대보증행위가 회사의 이익에 반하는 것이더라도 사문서위조 및 위조사문서행사에 해당하지 않는다(대법원 2010.5.13, 2010도1040).

③(○) 제3자로부터 신분확인을 위하여 신분증명서의 제시를 요구받고 다른 사람의 운전면허증을 제시한 행위는 그 사용목적에 따른 행사로서 공문서부정행사죄에 해당한다고 보는 것이 옳다(대법원 2001.4.19, 2000도1985 전원합의체).

④(○) 대법원 2007.5.10, 2007도1674.

⑤(×) 명의인이 실재하지 않는 허무인이거나 또는 문서의 작성일자 전에 이미 사망하였다고 하더라도 그러한 문서 역시 공공의 신용을 해할 위험성이 있으므로 공문서와 사문서를 가리지 아니하고 문서위조죄가 성립한다고 봄이 상당하며, 이러한 법리는 법률적, 사회적으로 자연인과 같이 활동하는 법인 또는 단체에도 그대로 적용된다(대법원 2005.3.25, 2003도4943). 〈답 ⑤〉

제4절 인장에 관한 죄

1. 인장에 관한 죄의 객체가 될 수 없는 것은?

① 상호 ② 약호 ③ 지장
④ 낙관 ⑤ 기념스탬프

해설

인장에 관한 죄의 객체는 인장, 서명, 기명 및 기호이다. 서명은 성명을 표시하는 것이 일반적이나 상호·아호·옥호(屋號)를 표시하는 경우를 포함한다. 인장은 성명임을 요하지 않으며 반드시 문자임을 요하는 것도 아니므로 지장이나 무인도 인장에 해당한다. 이에 반하여 명승지나 사원의 기념스탬프는 인장이 아니다. 권리·의무 또는 사실증명을 위하여 사용된 것이 아니기 때문이다. 〈답 ⑤〉

2. 인장에 관한 죄에 대한 설명 중 옳지 않은 것을 모두 고르면? (판례에 의함)

> ㉠ 성립의 진정만을 보호하고 내용의 진실은 문제삼지 않는다.
> ㉡ 통설은 인장에는 인영과 인과가 포함된다고 한다.
> ㉢ 인장은 권리 · 의무에 관한 것임을 요하고 사실증명을 위하여 사용한 것은 포함되지 않는다.
> ㉣ 인장에 관한 죄의 미수범은 처벌된다.
> ㉤ 부정사용된 공기호를 공범자 이외의 자에게 보이는 것도 행사에 해당한다.
> ㉥ 음주운전으로 경찰서에서 조사를 받으면서 제3자로 행세하여 피의자 신문조서의 진술자란에 제3자의 서명을 기재하였으나 그 후 진술자의 간인이나 조사경찰관의 서명 · 날인이 완료되기 전에 서명위조사실이 발각되었다면 위조사서명행사죄는 성립하지 아니한다.

① ㉠ ② ㉡ ㉣ ③ ㉢ ㉥
④ ㉣ ㉤ ⑤ ㉠ ㉢ ㉥ ⑥ ㉢ ㉣ ㉥

해설

㉠(○) 인장에 관한 죄는 내용의 진실을 문제삼지 않는다.
㉢(×) 인장은 권리 · 의무뿐만 아니라 사실증명에 관한 것이면 족하다.
㉣(○) 형법 제240조.
㉥(×) 사서명위조죄 및 그 행사죄가 성립한다(대법원 2005.12.23, 2005도4478). 〈답 ③〉

대법원 2005.12.23, 2005도4478 수사기관이 수사대상자의 진술을 기재한 후 진술자로 하여금 그의 면전에서 조서의 말미에 서명 등을 하도록 한 후 그 자리에서 바로 회수하는 수사서류의 경우에는, 그 진술자가 그 문서에 서명을 하는 순간 바로 수사기관이 열람할 수 있는 상태에 놓이게 되는 것이므로, 그 진술자가 마치 타인인 양 행세하며 타인의 서명을 기재한 경우 그 서명을 수사기관이 열람하기 전에 즉시 파기하였다는 등의 특별한 사정이 없는 이상 그 서명 기재와 동시에 위조사서명행사죄가 성립하는 것이며, 그와 같이 위조사서명행사죄가 성립된 직후에 수사기관이 위 서명이 위조된 것임을 알게 되었다고 하더라도 이미 성립한 위조사서명행사죄를 부정할 수 없다 할 것이다.

3. 甲은 신진화가 A에게 그림 한 점을 그려 달라고 부탁한 후 유명화가인 乙의 서명과 낙관을 A에게 찍어 달라고 하였다. 그리고 그 그림을 싼 값에 사서 자기 사무실에 걸어두고 乙의 작품이라고 동료들에게 자랑하였다. 甲과 A의 형사책임으로 옳은 것은?

① 甲 · A 모두 무죄이다.
② 甲은 사인위조교사죄, A는 사인위조죄에 해당한다는 것이 통설이다.
③ 甲은 위조사인행사죄, A는 사인위조죄에 해당한다.
④ 甲은 사문서위조교사죄, A는 사문서위조죄에 해당한다.

⑤ 甲은 사문서위조교사죄와 위조사인행사죄의 상상적 경합, A는 사문서위조죄와 사인위조죄의 상상적 경합

해설

통설은 서화에 사용된 서명과 낙관은 법률상 중요성을 갖는 사실을 증명하는 것이 아닌 한 문서에 해당한다고 할 수 없으므로 인장에 관한 죄가 성립할 뿐이라고 한다. 이에 의하면 甲의 행위는 사인위조교사죄, A는 사인위조죄에 해당한다. 일본의 판례(日大判 明治 43.5.13)는 서화의 낙관에 서명·날인만 한 때에는 인장위조가 되지만 이름을 쓰고 서명한 때에는 문서위조가 된다고 한다. 이에 대하여 서명과 낙관도 생략문서이고 예술가가 자기의 작품임을 표현한 것이므로 문서에 해당한다고 해석하는 견해도 있다(이재상 §32/12).

여기서 甲과 A에게 행사의 목적을 인정할 수 있는가는 의문이다. 그러나 사인위조죄에 있어서의 행사의 목적에는 자신이 행사할 목적뿐만 아니라 제3자에게 행사시킬 목적을 포함하며, 위조인장을 진정한 인장으로 일반인에게 사용할 목적이면 행사의 목적은 인정된다. 〈답 ②〉

4. 甲은 乙의 자동차를 훔쳐 자신의 낡은 자동차 번호판을 떼어 훔친 차에 부착하고 타고 다니다가 경찰로부터 음주단속 검문을 당하여 운전면허증제시를 요구받자 빌려 소지하고 있던 丙의 운전면허증을 자기 것처럼 제시하였다. 그러나 이를 알아차린 경찰관에 의해 체포되었다. 甲의 형법상 책임으로 가장 타당한 것은? <사시 2001년>

① 절도죄, 공기호부정사용죄, 위계에 의한 공무집행방해죄의 미수
② 절도죄, 부정사용공기호행사죄, 공문서부정행사죄
③ 절도죄, 공기호부정사용죄, 부정사용공기호행사죄, 공문서부정행사죄
④ 자동차등불법사용죄, 공기호부정사용죄, 공문서부정행사죄
⑤ 절도죄, 위계에 의한 공무집행방해죄의 미수, 공문서부정행사죄

해설

乙의 자동차를 훔친 것이 절도죄에 해당함은 당연하다. 자동차번호판은 공기호에 해당한다. 따라서 자신의 낡은 자동차에 번호판을 부착한 것은 공기호부정사용죄, 이를 타고 다닌 것은 부정사용공기호행사죄가 되고, 경찰관에게 丙의 면허증을 제시한 것은 사용권한 없는 자가 용도에 따라 면허증을 사용한 것이므로 공문서부정행사죄를 구성한다. 판례에 의하면 이들 각 범죄는 경합범의 관계에 있다(대법원 1997.7.8, 96도3319). 〈답 ③〉

제3장 공중의 건강에 대한 죄

제 1 절 음용수에 관한 죄

1. 음용수사용방해죄와 음용수유해물혼입죄의 객체는 일상음용에 공하는 정수이다. 다음 중 이에 해당하지 않는 것은?

① 일가족의 음용에 공하기 위하여 담아 둔 물
② 계곡에 흐르는 물
③ 화학상 순수하지는 않아도 음용에 적합할 정도의 물
④ 공업용수로 사용되는 먹을 수 있는 물
⑤ 인공수

해설

일상음용에 공하는 정수란 불특정 또는 다수인이 반복 · 계속하여 음용에 사용할 수 있는 물을 말하며, 다수인은 어느 정도의 다수인으로 족하다. 따라서 일가족이 음용에 사용하기 위하여 모아 둔 물도 음용에 공하는 정수라고 할 수 있다. 음용수는 화학상 순수할 것을 요하지 않으며, 공업용수 또는 기타의 용도에 사용되어도 좋으며, 자연수인가 인공수인가를 불문한다. 다만 계속 · 반복하여 음용에 사용되어야 하므로 계곡에 흐르는 물과 같이 일시적으로 음용에 공하는 정수는 여기에 포함되지 않는다. 〈답 ②〉

2. 음용수사용방해죄의 객체가 아닌 것은?

① 수도의 정수 ② 샘물 ③ 인공수
④ 자연수 ⑤ 법인소유의 정수

해설

음용수사용방해죄의 객체는 일상음용에 사용하는 정수이다. 그것은 다수인이 음용하기 위한 샘물은 물론 인공수인가 자연수인가도 불문한다. 소유자가 누구인가도 불문한다. 이에 반하여 수도의 정수는 수도음용수사용방해죄의 객체가 될 뿐이다(제193조). 〈답 ①〉

3. 음용수에 관한 죄에 대한 설명 중 옳지 않은 것은?

① 우물바닥의 흙을 들추어 물을 흐리게 하는 것은 음용수사용방해죄가 된다.
② 음용수에 오물을 혼입하였으나 음용할 수 없는 정도에 이르지 않은 때에는 음용수사용방해죄의 미수이다.

③ 정수에 소변을 보는 경우도 음용수사용방해죄에 해당한다.
④ 음용수에 전염병균을 넣을 때에는 음용수유해물혼입죄를 구성한다.
⑤ 자기와 가족이 이용하는 전용수도에 오물을 혼입한 때에는 수도음용수사용방해죄가 성립하지 않는다.

해설

①(○) 우물바닥의 흙을 들추어 물을 흐리게 하는 것은 오물을 혼입한 경우에 해당한다.
②(×) 음용수사용방해죄는 일상 음용에 공하는 정수에 오물을 혼입하여 음용하지 못하게 하는 것이다. 음용수사용방해죄는 미수범을 처벌하지 아니하며, 따라서 오물을 혼입하였으나 음용하지 못할 정도에 이르지 않을 때에는 경범죄처벌법에 해당할 뿐이다(제1조 14호).
③(○) 음용할 수 없는 이유는 물리적이든 감정적 · 심리적이든 불문한다.
④(○) 일상음용에 공하는 정수에 전염병균을 넣는 것은 음용수유해물혼입죄를 구성한다.
⑤(○) 수도음용수사용방해죄는 수도에 의하여 공중의 음용에 공하는 정수 또는 수원을 객체로 하므로 본인과 가족이 이용하는 전용수도는 그 객체가 아니다. 〈답 ②〉

4. 마을에 음용수를 공급하는 수도관을 자른 경우에 어떤 범죄가 성립하는가?

① 음용수사용방해죄
② 수도음용수사용방해죄
③ 수도음용수유해물혼입죄
④ 수도불통죄
⑤ 손괴죄

해설

공중의 음용수를 공급하는 수도 기타 시설을 손괴 기타 방법으로 불통하게 한 때에는 수도불통죄(제195조)를 구성한다. 〈답 ④〉

제 2 절 아편에 관한 죄

1. 甲이 허가 없는 아편 및 마약의 거래에 관한 처벌규정을 모르고 乙로부터 대물변제의 대가로 아편 30g을 받아 임자가 있으면 팔려고 집에 있는 금고에 넣어두었다가 마약단속반에게 적발된 경우의 형사책임은? (다툼이 있는 경우에는 판례에 의함)

① 대물변제의 대가로 받은 것이니 죄가 안 된다.
② 아편 및 마약에 대한 처벌규정을 모르므로 처벌하지 아니한다.
③ 포섭의 착오로서 책임이 조각된다.
④ 아편소지죄가 된다.
⑤ 고발 없이는 처벌하지 못한다.

✍ 해설

법률의 부지는 법률의 착오에 해당하지 않는다는 것이 판례의 태도이다(대법원 2002.1. 25, 2000도1696). 따라서 甲에게는 아편소지죄가 성립한다. 〈답 ④〉

2. 다음 중 목적범인 것은?

① 아편흡식죄 ② 아편흡식장소제공죄 ③ 아편등제조죄
④ 아편소지죄 ⑤ 아편등판매목적소지죄

✍ 해설

아편·몰핀이나 그 화합물 또는 아편흡식기를 소지한 때에는 아편등소지죄가 성립하고(제205조), 판매의 목적으로 아편 등을 소지한 때에는 아편등판매목적소지죄가 성립한다(제198조). 〈답 ⑤〉

3. 아편에 관한 죄의 설명 중 옳지 않은 것은?

① 통설에 의하면 마약류관리에관한법률은 아편에 관한 죄의 특별법이다.
② 아편을 소지하다가 흡식한 때에는 아편소지죄와 아편흡식죄의 경합범이 된다.
③ 범죄에 제공된 아편이나 몰핀 등을 몰수할 수 있는 임의적 몰수 규정을 두고 있다.
④ 아편흡식이나 몰핀주사의 장소를 제공한 때에는 이익을 취득한 결과가 발생하여야 아편흡식등장소제공죄가 성립한다.
⑤ 아편을 소지한 때에는 아편소지죄가 성립하며, 판매목적으로 소지한 때에는 그 형이 가중된다.

✍ 해설

아편에 관한 죄에 제공한 아편·몰핀이나 그 화합물 또는 아편흡식기구는 필요적으로 몰수한다(제206조). 〈답 ③〉

4. 아편에 관한 죄의 기술 중 옳지 않은 것은?

① 단순히 아편을 흡식하거나 몰핀을 주사한 것만으로는 범죄가 되지 않는다.
② 아편흡식등장소제공죄는 아편흡식의 장소를 제공하는 것으로 족하지 않고 이익취득의 결과가 발생해야 한다.
③ 아편을 판매할 목적으로 소지하는 경우뿐만 아니라 단순히 소지하는 행위도 처벌받는다.
④ 아편등수입죄는 육로에 의할 때에는 국경선을 넘을 때, 해로에 의할 때에는 육지에 양륙될 때에 기수가 된다.

⑤ 세관공무원이 아편의 수입을 허용한 때에는 아편수입죄에 대하여 형이 가중된다.

해설

①(×) 아편을 흡식하거나 몰핀을 주사하는 것으로도 아편흡식등죄가 성립하며(제201조 1항), 이는 아편에 관한 죄의 기본적 구성요건이다.
②(○) 아편흡식등장소제공죄는 아편흡식의 장소를 제공하여 이익을 취하여야 성립한다(제201조 2항).
③(○) 형법은 아편등판매목적소지죄뿐만 아니라 아편등소지죄를 두고 있다(제205조).
⑤(○) 세관공무원이 아편수입을 허용한 때에는 세관공무원의 아편등수입허용죄가 성립한다(제200조). 〈답 ①〉

제4장 사회의 도덕에 대한 죄

제1절 성풍속에 관한 죄

1. 간통죄에 대한 설명으로 잘못된 것을 모두 고르면? (다툼이 있는 경우에는 판례에 의함)

> ㉠ 배우자 있는 자가 강간한 때에는 성립하지 않는다.
> ㉡ 성교시마다 한 개의 간통죄가 성립한다.
> ㉢ 배우자가 있으나 혼인취소사유에 해당하는 자도 간통죄의 주체가 될 수 있다.
> ㉣ 친고죄이지만 혼인이 해소되거나 이혼소송을 제기한 후가 아니면 고소할 수 없다.
> ㉤ 간통죄를 범한 자의 배우자가 간통죄를 처벌하지 않는 국가의 국적을 가진 외국인이면 간통죄가 성립하지 않는다.
> ㉥ 간통자가 배우자에게 이혼소송을 제기하였으나, 배우자가 반소를 제기하면서 이혼청구에 응할 수 없음을 주장한 경우 간통의 유서에 해당하지 않는다.

① ㉠　　② ㉠ ㉤　　③ ㉡ ㉤
④ ㉤ ㉥　　⑤ ㉠ ㉡ ㉤　　⑥ ㉢ ㉣ ㉥

해설 ……………………………………

㉠(×) 간통죄는 배우자 있는 자가 간통하거나 그와 상간할 때에 성립하는 범죄이므로 배우자 있는 자가 강간한 때에는 강간죄와 간통죄의 상상적 경합이 된다.
㉡(○) 대법원 1985.8.20, 85도1171; 대법원 1982.12.14, 82도2448 참조.
㉢(○) 배우자와 혼인취소사유가 있는 때에도 혼인을 취소할 때까지는 배우자 있는 자에 속하므로 간통죄의 주체가 된다.
㉣(○) 형사소송법 제229조 1항.
㉤(×) 간통죄의 성립에 영향이 없다(대법원 2008.12.11, 2008도3656).
㉥(○) 대법원 2000.7.7, 2000도868. 〈답 ②〉

① **대법원 2008.12.11, 2008도3656** 형법 제2조는 형법의 적용범위에 관하여 속지주의 원칙을 채택하고 있는바, 대한민국 영역 내에서 배우자 있는 자가 간통한 이상, 그 간통죄를 범한 자의 배우자가 간통죄를 처벌하지 아니하는 국가의 국적을 가진 외국인이라 하더라도 간통행위자의 간통죄 성립에는 아무런 영향이 없고, 그 외국인 배

우자는 형사소송법의 규정에 따른 고소권이 있다.

② **대법원 1985.8.20, 85도1171** 간통죄는 각 성교행위마다 1개의 죄가 성립하고, 고소는 그 고소한 범죄사실이 특정되어야 하는 것이므로 공소제기된 수개의 간통행위 중 그 일부 간통행위에 대하여만 고소가 있고 다른 일부에 대하여는 고소가 없는 경우에 위 고소는 고소제기가 없는 간통행위에는 그 효력을 미칠 수 없다.

2. 간통죄에 관한 판례의 태도와 합치하지 않는 것은?

① 간통사건의 피해자가 범인에게 미안하다는 말을 했더라도 그것만으로 처벌불원의 의사를 표시했다고 볼 수 없다.

② 협의상 이혼의 확인이 있다하여 여기에 혼인생활 중에 있었던 간통행위를 유서한다는 의사가 당연히 내포되어 있다고는 할 수 없다.

③ 합의이혼서를 작성하려고 한 사실만 인정되고 완전한 합의이혼서를 작성하였다고 보이지 않는 이상, 다른 이성과 정교관계를 종용하는 의사표시가 포함되었다고 할 수 없다.

④ 배우자가 피고인을 상대로 이혼심판을 청구한 때에는 피고인에게 간통을 종용 또는 유서한 것으로 보아야 한다.

⑤ 피고인이 고소인을 상대로 폭행을 이유로 이혼의 소를 제기함에 대하여 고소인이 그 이혼청구에 응할 수 없다고 다투는 한편, 피고인의 이 사건 이전의 간통을 이유로 이혼을 청구하는 반소를 제기하는 경우에는 간통의 종용에 해당하지 않는다.

해설

①(○) 대법원 1985.8.20, 85도1288.
②(○) 대법원 1986.6.24, 86도482.
③(○) 대법원 1983.11.22, 83도2504.
④(×) 배우자가 이혼심판을 청구하였다는 이유만으로는 간통을 종용 또는 유서하였다고 할 수 없다(대법원 1989.9.12, 89도501).
⑤(○) 대법원 1997.11.11, 97도2245. 〈답 ④〉

3. 간통죄에 있어서의 유서 또는 종용에 관한 설명 중 가장 옳지 못한 것은?
(판례에 의함) <법원행시 2006년 변형>

① 피고인이 고소인을 상대로 제기한 이혼소송의 항소심에서 승소하였으나 고소인이 이에 불복 상고하여 그 판결이 확정되지 아니한 상태에 있었다면 고소인이 피고인의 간통을 종용하였다고 볼 수 없다.

② 간통죄의 고소 이후 이혼 등 청구의 소가 계속중에 혼인당사자인 고소인과 피고인이 동침하였다면 고소인이 피고인의 간통행위를 유서하였다고 볼 수 있다.

③ 이혼의사의 합의가 없는 경우에는 비록 이혼의사가 쌍방으로부터 잠정적·임시적·조건적으로 표출되었다고 하더라도 간통 종용에 해당하지 않는다.

④ 피고인들이 수년간 동거하면서 간통하고 있음을 고소인이 알면서 특별한 의사표시나 행동을 하지 않았더라도 고소인이 위 간통을 묵시적으로 유서하였다고 볼 수 없다.

⑤ 간통행위가 있은 후 고소가 있기 전에 고소인과 피고인이 법원으로부터 협의상 이혼의 확인을 받았다고 하더라도 혼인생활 중에 있었던 위 간통행위를 유서한 것으로 볼 수 없다.

해설

①(○) 대법원 2002.7.9, 2002도2312.
②(×) 간통죄의 고소 이후 이혼 등 청구의 소가 계속중에 혼인당사자인 고소인과 피고소인이 동침한 사실이 있다는 사정만으로는 고소인이 피고소인의 간통행위를 유서하였다고 볼 수 없다(대법원 2000.7.7, 2000도868).
③(○) 대법원 2000.7.7, 2000도868.
④(○) 대법원 1999.5.14, 99도826.
⑤(○) 대법원 1986.6.24, 86도482. 〈답 ②〉

① **대법원 2010.12.23, 2010도10650** 고소인이 간통사실을 알고 난 후에도 배우자와 동거하였다는 사정만으로는 간통을 유서하였다고 볼 수 없다.

② **대법원 2009.7.9, 2008도984** 협의이혼 의사확인 신청서를 제출하였더라도 혼인당사자 일방이 협의이혼 전 숙려기간 진행 중에 그 신청을 취하한 경우에는 이혼의사의 합치가 있었다고 보기 어렵고, 그 후 그 일방이 이혼소송을 제기하였다가 그 취하서를 제출하였다면 비록 상대방이 이전에 이혼청구를 인낙하는 취지로 답변하였다거나 소취하에 부동의하였더라도 간통 종용의 의사표시는 유효하게 철회되었다고 볼 수 있으므로, 협의이혼 의사확인 신청과 이혼소송의 제기 사실만으로는 간통행위에 대한 종용이 있었다고 볼 수 없다.

③ **대법원 2000.7.7, 2000도868** (i) 혼인당사자 일방인 피고소인이 고소인을 상대로 이혼 등의 소를 제기하자 상대방인 고소인이 별소로서 이혼심판청구의 소를 제기하였다가 심리의 편의상 별소를 취하하고 같은 취지의 반소를 제기하면서 피고소인의 이혼청구에 응할 수 없다고 다투던 중에 피고소인이 간통을 범하였다면 고소인은 피고소인의 이혼요구를 조건 없이 응낙한 것이 아니라 혼인관계의 파탄의 책임이 피고소인에게 있음이 인정됨을 조건으로 하여 이혼의 의사를 표명한 것으로 보아야 할 것이어서 고소인과 피고소인 사이에 서로 다른 이성과의 정교관계가 있어도 묵인한다는 의사가 포함된 이혼의사의 합치가 있었다고 보기는 어렵다. (ii) 간통죄의 고소 이후 이혼 등 청구의 소가 계속중에 혼인당사자인 고소인과 피고소인이 동침한 사실이 있다는 사정만으로는 고소인이 피고소인의 간통행위를 유서하였다고 볼 수 없다.

④ **대법원 1999.5.14, 99도826** 피고소인들이 수년간 동거하면서 간통하고 있음을 고소인이 알면서 특별한 의사표시나 행동을 하지 않은 경우에 그러한 사정만으로는 고소인이 위 간통을 묵시적으로 유서하였다고 볼 수 없다.

⑤ **대법원 1991.11.26, 91도2049** '용서해 줄테니 자백하라'고 말한 것만으로는 간통을 유서한 때에 해당한다고 보기 어렵다.

⑥ **대법원 1972.1.31, 71도2259** 부부 사이에 이혼합의가 성립하였다면 그 합의내용에는 이후 상대방에 대하여 다른 이성과의 정교관계를 종용하는 의사표시도 포함되어 있다.

4. 간통을 종용 또는 유서한 경우에 해당하는 것을 모두 고르면? (판례에 의함)

> ㉠ 고소인이 간통 후 피고인에게 한 달 후까지 금 1,000,000원을 지급하고 고소인의 영업장소 근처에 나타나지 아니하면 피고인의 간통행위를 없었던 것으로 하여 줄 수도 있다고 말하였으나 피고인이 고소인에게 금 500,000원을 지급하려 하자 고소인이 이를 거절한 경우
> ㉡ 이혼심판이 청구되어 있는 상태에서 일시 동거한 경우
> ㉢ 자유의사로 협의이혼신고서에 서명 · 날인하였으나 신고를 하지 않아 아직 이혼의 효력이 생기지 않은 경우
> ㉣ '용서해 줄 테니 자백하라'고 말하여 간통을 시인하는 자백서를 받은 경우
> ㉤ 이전의 간통을 이유로 고소인이 피고인을 상대로 제기한 이혼심판의 심리기일에 피고인의 소송대리인이 이혼청구에 응하겠다고 진술했는데 그 진술 이후에 간통한 경우

① ㉢ ㉣ ② ㉢ ㉤ ③ ㉣ ㉤
④ ㉠ ㉡ ㉣ ⑤ ㉡ ㉢ ㉣ ⑥ ㉢ ㉣ ㉤

해설

㉠(×) 고소인이 간통행위를 유서하였다고 볼 수 없다(대법원 1990.11.27, 90도2044).
㉡(×) 이혼심판이 청구되어 있는 이상 일시 동거한 사실만 가지고서는 간통을 유서한 것이라고 볼 수 없다(대법원 1973.3.13, 73도227).
㉢(○) 자유의사로 협의이혼신고서에 서명 · 날인한 것만으로는 아직 이혼의 효력이 생기지 않으나, 그 이혼의 의사표시에는 이후 다른 이성과의 정교관계가 있어도 서로 묵인한다는 의사가 포함되어 있다 할 것이고, 따라서 이는 형법 제241조 2항 단서에서 말하는 간통을 종용한 때에 해당한다(대법원 1969.2.25, 68도859).
㉣(×) '용서해 줄 테니 자백하라'고 말한 것만으로는 간통을 유서한 때에 해당한다고 보기 어렵다(대법원 1991.11.26, 91도2049).
㉤(○) 이전의 간통을 이유로 고소인이 피고인을 상대로 제기한 이혼심판의 심리기일에 피고인의 소송대리인이 이혼청구에 응하겠다고 진술하였을 때 고소인과 피고인 사이의 명백한 이혼의사의 합치가 있었다고 보는 것이 타당하고, 이는 그 이후의 간통에 대한 종용에 해당한다(대법원 1991.3.22, 90도1188). 〈답 ②〉

5. 간통죄에 대한 설명 중 옳은 것(○)과 옳지 않은 것(×)을 바르게 표시한

것은? (판례에 의함)

㉠ 이혼하기로 합의하고 협의이혼신고서까지 작성하여 관할구청에 접수시켰으나 서류미비로 접수가 되지 않은 경우 간통을 종용한 때에 해당한다고 할 수 없다. ㉡ 혼인당사자가 더 이상 혼인관계를 지속할 의사가 없고 이혼의사의 합치가 있었다고 하더라도 법률적으로 혼인관계가 존속하고 있는 이상 간통에 대한 사전동의인 종용의 의사표시가 있다고 볼 수 없다. ㉢ 고소 당시 이혼의 소를 제기하였다고 하더라도 그 소장이 각하된 경우에는 처음부터 이혼의 소를 제기하지 아니한 것과 같아, 그 고소는 소급하여 효력을 상실하게 된다. ㉣ 이혼소송을 제기한 후 협의이혼이 성립되어 협의이혼신고를 한 다음 이혼소송을 취하한 경우라도 간통고소는 취소된 것으로 간주된다.

① ㉠(○) ㉡(○) ㉢(○) ㉣(○) ② ㉠(×) ㉡(×) ㉢(×) ㉣(○)
③ ㉠(○) ㉡(○) ㉢(×) ㉣(×) ④ ㉠(×) ㉡(×) ㉢(○) ㉣(○)
⑤ ㉠(○) ㉡(○) ㉢(×) ㉣(○) ⑥ ㉠(×) ㉡(×) ㉢(○) ㉣(×)

✍ **해설** ……………………………………

㉠(×) 이혼의 효력은 발생하지 않았다 하더라도 그 후 다른 사람과 정교관계가 있어도 서로 묵인한다는 의사가 포함되었다고 할 것이고, 따라서 이는 형법 제241조 2항 단서에서 말하는 간통을 종용한 때에 해당하여 고소할 수 없다(대법원 1969.10.14, 69도1350).
㉡(×) 혼인당사자가 더 이상 혼인관계를 지속할 의사가 없고 이혼의사의 합치가 있는 경우에는 비록 법률적으로 혼인관계가 존속한다고 하더라도 간통에 대한 사전동의인 종용에 해당하는 의사표시가 그 합의 속에 포함되어 있는 것으로 보아야 한다(대법원 2000.7.7, 2000도868).
㉢(○) 대법원 1997.5.23, 95도477의 내용이다.
㉣(×) 형사소송법 제229조 2항에 의하여 고소를 취소한 것으로 간주되는 이혼소송의 취하는 그것에 의하여 혼인관계를 해소하려는 의사가 철회되어 결과적으로 혼인관계가 존속하는 경우를 의미하는 것일 뿐, 배우자가 이혼소송을 제기한 후 그 소송 외에서 협의이혼 등의 방법으로 혼인해소의 목적을 달성하게 되어 더 이상 이혼소송을 유지할 실익이 없어 이혼소송을 취하한 경우까지 의미하는 것이라고는 볼 수 없고, 이러한 경우 간통고소는 '이혼소송의 계속'과 선택적 관계에 있는 '혼인관계의 부존재'라는 고소의 유효조건을 충족시키고 있어 여전히 유효하게 존속한다(대법원 2007.1.25, 2006도7939).

〈답 ⑥〉

6. 간통죄에 관한 설명 중 옳지 않은 것은? (다툼이 있는 경우에는 판례에 의함)
<사시 2006년 변형>

① 유서를 하였는지의 여부를 판단함에 있어서는 다른 가족법관계에 있어서와 마찬가지로 당사자의 진실한 의사가 절대적으로 존중되어야 하고, 선의의 상대방 보호 및 거래의 인진과 신속을 도모하기 위하여 주로 재

산법관계에 적용되는 표시주의의 이론을 적용할 수는 없다.

② 이혼의사의 명백한 합의가 있었는지의 여부는 서면에 의한 합의서가 작성된 경우뿐만 아니라, 당사자의 언행 등 여러 가지 사정으로 보아 혼인당사자 쌍방이 더 이상 혼인관계를 유지할 의사가 없었던 사정이 인정되고, 어느 일방의 이혼요구에 상대방이 진정으로 응낙하는 언행을 보이는 사정이 인정되는 경우에도 그와 같은 의사의 합치가 있었다고 인정할 수 있다.

③ 간통 사건의 상소심에서 제1심 공소기각판결을 파기하고 사건을 제1심 법원에 환송하였는데 환송 후의 제1심판결 선고 전 간통죄의 고소가 취소된 경우 그 고소취소는 효력이 없다.

④ 배우자 있는 자들이 상대방에게도 배우자가 있음을 인식하면서 서로 간통하는 이른바 이중간통의 경우에는 쌍방 모두 형법 제241조 1항 전문과 후문에 해당하게 되고, 양자는 상상적 경합관계에 있다.

⑤ 배우자의 간통사실을 알게 된 후 상간자와 사이에 '이제까지 있었던 모든 것은 없던 것으로 하고 더 이상 배우자를 만나지 않겠다' 는 취지의 각서를 작성하여 공증하고 그 후 배우자와 재판상 이혼을 하였으나 동거는 계속하고 있다면 간통을 유서한 경우에 해당한다.

해설

①(○) 대법원 1991.11.26, 91도2049.
②(○) 대법원 1997.2.25, 95도2819.
③(×) 고소취소가 항소심에서 종전 제1심 공소기각판결이 파기되고 사건이 제1심법원에 환송된 후 진행된 환송 후 제1심판결이 선고되기 전에 이루어진 것으로서 적법하므로, 형사소송법 제327조 5호에 의하여 판결로써 공소를 기각하여야 한다(대법원 2011.8.25, 2009도9112).
④(○) 대법원 1990.1.25, 89도1317.
⑤(○) 대법원 1999.8.24, 99도2149. 〈답 ③〉

7. 교수가 'A女의 법률상 배우자인 甲男이 乙女와 2006. 7. 1. 23:00경 1회 간음하고 2006. 7. 3. 01:00경 1회 간음하여, A가 2006. 12. 10. 甲, 乙을 간통죄로 고소하였다'는 사실을 기초로 하여 <보기 1>과 같은 추가사례를 제시하자, 학생들은 추가사례를 각자 하나씩 분담하여 <보기 2>와 같이 논점을 발표하였다. 논점 발표 학생의 이름과 추가사례가 관련이 있는 것끼리 바르게 연결되어 있고 그 논점의 결론도 옳은 것을 모두 고른 것은? (각 추가사례는 상호 관련이 없음) <사시 2007년: 배점 4>

〈보기 1〉
㉠ 甲과 A의 혼인은 사실은 무효인데, 乙은 甲이 배우자 있는 남자로 알

고서 甲과 간음하였다가 A로부터 고소를 당하였다. 그 후 乙은 혼인의 효력문제는 언급함이 없이 '甲과 乙이 상간한 사실이 없는데도 있는 것처럼 A가 乙을 무고하였다'는 취지로 A를 고소하였다.

ⓛ 사실은 甲이 총각인 것처럼 행세하여 그 정을 모르는 乙을 혼인을 빙자하여 간음한 것이고, A도 이 사실을 알고 있으면서도 甲, 乙을 간통죄로 고소하였다.

ⓒ 乙에게도 법률상 배우자인 B男이 있었고, 甲, 乙 모두 서로 상대방이 배우자 있는 자임을 알았다.

ⓔ A는 2006.7.5. 甲을 상대로 이혼소송을 제기하였으나 2006.12.15. 쌍방 2회 불출석으로 인해 소취하로 간주되었고, 甲, 乙은 2006.12.20. 간통죄로 기소되었다.

ⓜ 甲이 2006.7.5. A를 상대로 이혼소송을 제기하였으나 A는 이에 응할 수 없다고 다투면서 2006.8.5. 甲을 상대로 이 사건 이전의 간통을 이유로 이혼을 청구하는 반소를 제기하였다.

〈보기 2〉

현주: 간통죄의 고소는 혼인관계의 부존속 또는 이혼소송의 계속을 유효조건으로 하는바, A의 고소 당시 이혼소송은 계속되고 있었으므로 고소의 조건을 갖춘 셈이 되고, 따라서 甲, 乙에게 간통의 적법한 증거가 있다면 유죄로 처벌된다.

종호: 甲, 乙의 2006.7.1. 간통은 각 형법 제241조 1항 전문과 후문에 해당하고, 이는 상상적 경합관계에 있으나, 이와 각 2006. 7. 3. 간통과는 각 실체적 경합관계에 있다.

태영: 결과적으로 乙의 행위가 간통죄를 구성하지 않는다는 객관적 사실에 부합하므로 乙에게는 A에 대한 무고죄가 성립하지 않는다.

유경: A가 甲에게 간통을 종용 또는 유서한 것으로 볼 수 없다.

동희: 甲이 혼인을 빙자하여 乙을 간음한 것은 간통죄에 해당하여 객관적 사실에 부합하므로, 甲, 乙에 대한 무고죄는 성립하지 아니한다.

① 현주-ⓜ 유경-ⓛ ② 현주-ⓔ 동희-ⓒ
③ 종호-ⓛ 동희-ⓔ ④ 현주-ⓜ 태영-ⓛ 유경-ⓔ
⑤ 현주-ⓔ 종호-ⓛ 동희-ⓒ ⑥ 종호-ⓒ 태영-ⓖ 유경-ⓜ
⑦ 현주-ⓔ 종호-ⓒ 태영-ⓛ 유경-ⓜ
⑧ 현주-ⓜ 종호-ⓒ 태영-ⓒ 동희-ⓛ

해설

ⓖ 무고죄의 성부가 문제되므로, 태영과 동희의 발표가 관련되는데 혼인이 무효인 경우에도 간통죄의 배우자 있는 자에 해당하여 간통죄가 성립하는지가 쟁점으로서 이를 다룬

것은 태영이다. 태영의 발표는 대법원 1982.6.22, 82도826의 내용이다.
㉡ 상대방이 배우자 있는 자임을 알지 못한 상간자인 혼인빙자간음죄의 피해자에게는 간통죄가 성립할 수 없는데, 이러한 사실을 알고 있음에도 상간자를 간통죄로 고소한 것이 무고죄를 구성하느냐의 문제이므로 동희의 발표와 관련되어 있다. 乙에게는 간통죄가 성립할 수 없음을 알면서도 A가 乙까지 간통죄로 고소하였으므로 무고죄가 된다. 따라서 동희의 발표내용은 틀렸다.
㉢ 〈보기 1〉만으로는 논점을 알 수 없으나 〈보기 2〉와 관련시켜 보면 논점이 간통죄의 죄수관계(쌍방 모두 배우자가 있는 경우 및 간통죄 자체)이므로 종호의 발표내용이 이에 해당된다. 종호의 발표는 대법원 1990.1.25, 89도1317과 대법원 1985.11.12, 84도2971(간통죄는 친고죄이고 1개의 성교행위마다 하나의 범죄가 성립)의 내용이다.
㉣ 친고죄인 간통죄 고소의 유효요건(형사소송법 제229조)이 논점이므로 현주의 발표내용과 관련된다. 간통에 대한 고소는 혼인관계의 부존재 또는 이혼소송의 계속을 그 유효조건으로 하고 있으므로, 고소 당시 이혼의 소를 제기하였다고 하더라도 그 소장이 각하된 경우에는 처음부터 이혼의 소를 제기하지 아니한 것과 같아 그 고소는 소급하여 효력을 상실하게 되며(대법원 1997.5.23, 95도477), 취하간주된 경우에도 간통고소는 소급하여 효력을 상실한다(대법원 1975.6.24, 75도1449 전원합의체). 따라서 형사소송법 제327조 2호에 의해 공소기각판결을 선고하여야 하므로 현주의 발표내용은 틀렸다.
㉤ 간통을 종용 또는 유서한 것으로 볼 수 있느냐의 문제이므로 유경의 발표가 이에 해당하며, 유경의 발표는 대법원 2000.7.7, 2000도868의 내용이다. 〈답 ⑥〉

대법원 1982.6.22, 82도826 혼인무효로 귀착되는 乙녀를 피고인이 배우자 있는 여자로 알고서 상간하였다가 호적상 배우자로 등재된 甲남으로부터 간통죄로 고소를 당한 후에, 피고인이 혼인의 효력문제는 언급함이 없이 乙녀와 상간한 사실이 없는데도 있는 것처럼 무고하였다는 취지로 제기한 위 甲남에 대한 고소는 결과적으로는 간통죄를 구성하지 아니한다는 객관적 사실에 부합하는 것이므로 위 甲남에 대한 무고죄가 성립하지 아니한다.

8. 음행매개죄에 관한 설명 중 옳지 않은 것은?

① 주체에는 제한이 없다.
② 매개되어 간음행위를 한 상대방은 본죄의 공범이 된다.
③ 여자는 물론 남자를 매개하여 간음하게 한 때에도 본죄가 성립한다.
④ 간음을 매개하였으나 응하지 않았을 때에는 본죄가 성립하지 않는다.
⑤ 영리의 목적이 있어야 한다.

해설

②(×) 음행매개죄는 음행을 한 부녀와 상대방을 필요로 하는 필요적 공범이지만 형법이 매개자만을 처벌하고 있으므로 간음행위를 한 상대방은 본죄의 주체가 되지 아니한다.
③⑤(○) 음행매개죄는 영리의 목적으로 사람을 매개하여 간음하게 함으로써 성립하는 범죄이다(제242조).
④(○) 간음하게 하여야 하므로 음행을 매개하였으나 간음하지 못한 때에는 본죄는 성립하지 아니한다. 〈답 ②〉

9. 음란성에 대한 설명 중 옳지 않은 것을 모두 고르면? (다툼이 있는 경우에는 판례에 의함)

> ㉠ 표현의 객관적 내용이 보통인의 성적 수치심과 건전한 도의감을 현저히 침해하는 것을 말한다.
> ㉡ 음란성의 판단기준은 보통인, 즉 통상의 성인이다.
> ㉢ 판단대상은 문서의 전체이다.
> ㉣ 통설은 예술성·과학성은 음란성과 양립할 수 없으므로 예술작품은 음란성이 부정된다고 한다.
> ㉤ 판례는 상대적 음란개념에 입각하고 있는데, 이에 의하면 과학적 논문도 음란문서가 될 수 있다고 한다.
> ㉥ 음란은 규범적인 개념이므로, 그 개념을 정립하는 것은 물론 구체적인 표현물의 음란성 여부도 종국적으로는 법원이 이를 판단하여야 한다.

① ㉣ ② ㉠ ㉡ ③ ㉡ ㉤
④ ㉢ ㉣ ⑤ ㉣ ㉥ ⑥ ㉤ ㉥

해설

음란성이란 보통인의 성적 수치심과 도의감을 현저히 침해하는 데 객관적으로 적합한 것을 말한다.

㉣(×) 과학시나 문예작품이 음란서가 될 수 있는가에 관하여 통설은 과학성·예술성과 음란성은 차원을 달리하는 것이므로 과학작품이나 예술작품도 음란성을 가질 수 있다고 한다. 판례는 예술성·사상성이 음란성을 완화할 수 있다고 본다(대법원 1995.6.16, 94도2413 소설 '즐거운 사라' 사건; 대법원 1995.6.16, 94도1758 사진첩 '산타페' 사건).

㉥(○) '음란'이라는 개념은 사회와 시대적 변화에 따라 변동하는 상대적이고도 유동적인 것이고, 그 시대에 있어서 사회의 풍속, 윤리, 종교 등과도 밀접한 관계를 가지는 추상적인 것이므로, 구체적인 판단에 있어서는 사회통념상 일반 보통인의 정서를 그 판단의 기준으로 삼을 수밖에 없다고 할지라도, 이는 일정한 가치판단에 기초하여 정립할 수 있는 규범적인 개념이므로, '음란'이라는 개념을 정립하는 것은 물론 구체적인 표현물의 음란성 여부도 종국적으로는 법원이 이를 판단하여야 한다(대법원 2008.3.13, 2006도3558).

〈답 ①〉

10. 성풍속에 대한 범죄의 설명 중 옳지 않은 것을 모두 고르면? (판례에 의함)

> ㉠ 피고인이 甲과 주차문제로 말다툼을 할 때 甲이 피고인에게 "술을 먹었으면 입으로 먹었지 똥구멍으로 먹었냐"라고 말한 것에 격분하여 甲이 운영하는 상점으로 찾아가 상점카운터를 지키고 있던 甲의 딸(여, 23세)을 보고 "주인 어디 갔느냐"고 소리를 지르다가 등을 돌려 엉덩이가 드러날 만큼 바지와 팬티를 내린 다음 엉덩이를 들이밀며 "똥구멍으로 어떻게 술을 먹느냐, 똥구멍에 술을 부어 보아라"라

고 말한 것은 음란한 행위에 해당한다.
㉡ 음화반포죄에 규정된 '음란한 문서 또는 도화'란 성욕을 자극하여 흥분시키고 일반인의 정상적인 성적 정서와 선량한 사회풍속을 해칠 가능성이 있는 도서를 말하며, 그 음란성의 존부는 작성자의 주관적인 의도가 아니라 객관적으로 도서 자체에 의하여 판단하여야 한다.
㉢ 고속도로에서 행패를 부리다가 경찰관이 출동하여 이를 제지하려고 하자 주위에 운전자 등 많은 사람이 운집한 가운데 시위조로 옷을 모두 벗고 알몸의 상태로 바닥에 드러눕거나 돌아다닌 행위는 공연음란죄에 해당한다.
㉣ PC방 운영자가 자신의 PC방 컴퓨터의 바탕화면에 음란한 영상을 전문적으로 제공하는 웹사이트로 연결되는 바로가기 아이콘을 설치하고 접속에 필요한 성인인증까지 미리 받아두었다 하여도 음란한 영상을 공연히 전시한다는 구성요건을 충족한다고 할 수 없다.
㉤ 남성용 자위기구인 모조여성성기는 음란한 물건에 해당한다.
㉥ 요구르트 제품의 홍보를 위하여 전라의 여성 누드모델들이 일반 관람객과 기자 등 수십명이 있는 자리에서, 알몸에 밀가루를 바르고 무대에 나와 분무기로 요구르트를 몸에 뿌려 밀가루를 벗겨내는 방법으로 알몸을 완전히 드러낸 채 음부 및 유방 등이 노출된 상태에서 무대를 돌며 관람객들을 향하여 요구르트를 던진 행위는 공연음란죄에 해당한다.

① ㉣ ② ㉠ ㉣ ③ ㉢ ㉤
④ ㉡ ㉢ ㉥ ⑤ ㉠ ㉢ ㉣ ㉤

해설

㉠(×) 대법원 2004.3.12, 2003도6514은 "경범죄처벌법 제1조 41호가 '여러 사람의 눈에 뜨이는 곳에서 함부로 알몸을 지나치게 내놓거나 속까지 들여다보이는 옷을 입거나 또는 가려야 할 곳을 내어 놓아 다른 사람에게 부끄러운 느낌이나 불쾌감을 준 사람'을 처벌하도록 규정하고 있는 점 등에 비추어 볼 때, 신체의 노출행위가 있었다고 하더라도 그 일시와 장소, 노출 부위, 노출 방법 · 정도, 노출 동기 · 경위 등 구체적 사정에 비추어, 그것이 일반 보통인의 성욕을 자극하여 성적 흥분을 유발하고 정상적인 성적 수치심을 해하는 것이 아니라 단순히 다른 사람에게 부끄러운 느낌이나 불쾌감을 주는 정도에 불과하다고 인정되는 경우 그와 같은 행위는 경범죄처벌법 제1조 41호에 해당할지언정, 형법 제245조의 음란행위에 해당한다고 할 수 없다"고 하면서 "말다툼을 한 후 항의의 표시로 엉덩이를 노출시킨 행위가 음란한 행위에 해당한다고 판단한 원심판결을 파기"하였다.
㉡(○) 대법원 1991.9.10, 91도1550.
㉢(○) 대법원 2000.12.22, 2000도4372.
㉣(×) PC방을 이용하는 불특정 다수인이 아무런 제한 없이 위 웹사이트의 음란한 영상을 접할 수 있는 상태를 조성한 것은 음란한 영상을 공연히 전시한다는 구 전기통신망이용촉진및정보보호등에관한법률 제65조 1항 2호의 구성요건을 충족한다(대법원 2008.2.1, 2007도8286).

ⓜ(○) 대법원 2003.5.16, 2003도988.
ⓑ(○) 대법원 2006.1.13, 2005도1264(형법 제245조 소정의 '음란한 행위'라 함은 일반 보통인의 성욕을 자극하여 성적 흥분을 유발하고 정상적인 성적 수치심을 해하여 성적 도의관념에 반하는 행위를 가리키는 것이고, 그 행위가 반드시 성행위를 묘사하거나 성적인 의도를 표출할 것을 요하는 것은 아니므로 공연음란죄에 해당한다). 〈답 ②〉

11. 성풍속에 관한 죄에 대한 설명 중 옳은 것은? (다툼이 있는 경우에는 판례에 의함) <사시 2011년: 배점 2>

① 공연음란죄가 성립하기 위해서는 음란성에 대한 의미의 인식이 있어야 할 뿐만 아니라 주관적으로 성욕의 흥분 또는 만족 등의 성적인 목적이 있어야 한다.

② 공연윤리위원회의 심의를 마친 영화의 장면으로써 제작한 포스터 등의 광고물은 법적인 절차를 거친 홍보물이라 하더라도 음화등반포 · 판매죄의 음화가 될 수 있다.

③ 음란한 영상화면을 수록한 컴퓨터 프로그램 파일 37개를 컴퓨터 통신망을 통하여 전송하는 방법으로 판매한 경우 음화등반포 · 판매죄의 포괄일죄가 성립한다.

④ 음행매개죄에서 16세의 부녀가 음행에 자진 동의한 경우 승낙에 의한 행위로서 동죄가 성립하지 않는다.

⑤ 음란한 부호 등이 전시된 웹페이지에 대한 링크행위로 인해 불특정 다수인이 별다른 제한 없이 음란한 부호 등에 바로 접할 수 있는 상태가 실제로 조성되었다 하더라도 이러한 링크행위는 음란한 부호 등을 공연히 전시한 경우에 해당하지 않는다.

해설

①(×) 형법 제245조 소정의 '음란한 행위'라 함은 일반 보통인의 성욕을 자극하여 성적 흥분을 유발하고 정상적인 성적 수치심을 해하여 성적 도의관념에 반하는 것을 가리킨다고 할 것이고, 위 죄는 주관적으로 성욕의 흥분 또는 만족 등의 성적인 목적이 있어야 성립하는 것은 아니지만 그 행위의 음란성에 대한 의미의 인식이 있으면 족하다(대법원 2000.12.22, 2000도4372).
②(○) 대법원 1990.10.16, 90도1485.
③(×) 컴퓨터 프로그램파일은 형법 제243조에서 규정하고 있는 문서, 도화, 필름 기타 물건에 해당한다고 할 수 없다(대법원 1999.2.24, 98도3140).
④(×) 형법 제242조 소정 미성년자에 대한 음행매개죄의 성립에는 그 미성년자가 음행의 상습이 있거나 그 음행에 자진 동의한 사실은 하등 영향을 미치는 것이 아니다(대법원 1955.7.8, 4288형상37).
⑤(×) 대법원 2003.7.8, 2001도1335. 〈답 ②〉

대법원 1999.2.24, 98도3140 형법 제243조는 음란한 문서, 도화, 필름 기타 물건을 반포·판매 또는 임대하거나 공연히 전시 또는 상영한 자에 대한 처벌규정으로서 컴퓨터 프로그램파일은 위 조문에서 규정하고 있는 문서, 도화, 필름 기타 물건에 해당한다고 할 수 없으므로, 음란한 영상화면을 수록한 컴퓨터 프로그램파일을 컴퓨터 통신망을 통하여 전송하는 방법으로 판매한 행위에 대하여 전기통신기본법 제48조의2의 규정을 적용할 수 있음은 별론으로 하고, 형법 제243조의 규정을 적용할 수 없다.

제2절 도박과 복표에 관한 죄

1. 도박죄에 대한 설명 중 옳지 않은 것을 모두 고르면? (통설·판례에 의함)

> ㉠ 필요적 공범으로서 대향범이다.
> ㉡ 우연에 의하여 승패가 결정되는 이상 보험계약도 도박이 될 수 있다.
> ㉢ 도금의 교부가 있을 때 도박죄는 기수가 된다.
> ㉣ 일시 오락을 위한 때에는 금전을 거는 경우에도 도박죄가 성립하지 않는다.
> ㉤ 당사자의 기능이 승패에 영향을 미치는 경우에도 도박이 된다.
> ㉥ 자신이 운영하는 여관에서 친구들과 함께 저녁을 시켜 먹은 후 그 저녁 값을 마련하기 위하여 속칭 '훌라'라는 도박을 한 경우 일시 오락에 불과하여 도박죄로 처벌할 수 없을뿐더러 풍속영업의 규제에 관한 법률 제3조 4호(풍속영업소에서 도박이나 그 밖의 사행행위를 하게 하여서는 아니 된다) 위반죄로도 처벌할 수 없다.

① ㉡ ② ㉡ ㉢ ③ ㉢ ㉥
④ ㉣ ㉤ ⑤ ㉡ ㉢ ㉥ ⑥ ㉢ ㉤ ㉥

해설

㉠㉣㉤(○) 옳다.
㉡(×) 도박은 우연에 의하여 재물의 득실이 결정되어야 하나, 우연에 의하여 결정되는 재산의 득실은 정당한 이익이 아니어야 한다. 따라서 보험계약을 도박이라고 할 수는 없다.
㉢(×) 도박죄는 추상적 위험범이다. 따라서 도박행위에 착수하면 기수에 이르며, 승패가 결정되거나 현실로 재물의 득실이 있었을 것도 요하지 않는다. 예컨대 화투나 트럼프에 의한 도박의 경우에는 화투의 배부를 시작한 때에 기수가 된다.
㉥(○) 대법원 2004.4.9, 2003도6351의 내용이다. 〈답 ②〉

2. 도박죄에 관한 설명 중 옳지 않은 것은?

① 도박의 장소를 제공한 때에는 도박개장죄가 성립한다.
② 도박을 개장한 자가 도박을 한 때에는 도박개장죄와 도박죄의 경합범이 된다.

③ 각자 핸디캡을 정하고 홀마다 또는 9홀마다 별도의 돈을 걸고 총 26 내지 32회에 걸쳐 내기 골프를 한 행위는 도박에 해당한다.

④ 유료낚시터를 운영하는 사람이 입장료 명목으로 요금을 받은 후 낚인 물고기에 부착된 시상번호에 따라 경품을 지급한 경우 도박개장죄에 해당한다.

⑤ 성인PC방 운영자가 손님들로 하여금 컴퓨터에 접속하여 인터넷 도박게임을 하고 게임머니의 충전과 환전을 하도록 하면서 게임머니의 일정 금액을 수수료 명목으로 받은 경우 도박개장죄에 해당한다.

해설 ··

①(×) 도박을 개장한다는 것은 영리의 목적으로 도박의 주재자가 되어 그 지배 하에 도박의 장소를 개설하는 것을 의미한다. 따라서 도박의 장소를 제공하는 데 그친 경우에는 도박죄의 종범이 될 뿐이다.
③(○) 대법원 2008.10.23, 2006도736.
④(○) 대법원 2009.2.26, 2008도10582.
⑤(○) 대법원 2008.10.23, 2008도3970. 〈답 ①〉

3. 다음 설명 중 옳은 것을 모두 조합한 것은? (통설 · 판례에 의함)

㉠ 도박죄의 객체에는 재물뿐만 아니라 재산상의 이익도 포함되나 재물의 액수는 확정되어야 한다.
㉡ 편면적 도박, 즉 사기도박의 경우에 사기행위자는 사기죄가, 상대방에게는 도박죄가 성립한다.
㉢ 화투로 도박을 한 때에는 화투의 배부를 시작하면 기수가 된다.
㉣ 도박 전과가 없는 자가 연말과 연초에 두 차례 아는 사람과 만나 도박한 때에는 상습도박죄가 성립한다.
㉤ 복표에 광고기능이 가미되어 있는 이른바 광고복권은 형법 제248조의 복권에 해당하지 않는다.

① ㉢ ② ㉠ ㉡ ③ ㉠ ㉢
④ ㉡ ㉤ ⑤ ㉠ ㉡ ㉢ ⑥ ㉢ ㉣ ㉤

해설 ··

㉠(×) 도박죄의 재물에는 재물과 재산상의 이익을 포함하지만 그 액수가 확정될 필요는 없다.
㉡(×) 사기도박의 경우 도박에 필요한 우연성이 결여되었기 때문에 도박죄는 성립하지 않으며, 사기행위자는 사기죄이지만, 상대방은 사기죄의 피해자로서 무죄이다.
㉢(○) 도박죄는 추상적 위험범이다.
㉣(×) 상습성을 인정함에 부족하다(대법원 1990.11.10, 90도2250).
㉤(×) 광고기능이 가미되어 있다고 하여 복표로서의 성질이 상실되지 않는다(대법원 2003.12.26, 2003도5433). 〈답 ①〉

4. 도박죄에 대한 설명 중 옳은 것(○)과 옳지 않은 것(×)을 바르게 표시한 것은?

> ㉠ 인터넷 고스톱 게임사이트를 유료화하는 과정에서 사이트를 홍보하기 위하여 고스톱대회를 개최하면서 참가자들로부터 참가비를 받고 입상자들에게 상금을 지급한 경우에는 도박개장죄가 성립한다.
> ㉡ 사기도박에 필요한 준비를 갖추고 그 실행에 착수한 후에 사기도박을 숨기기 위하여 얼마간 정상적인 도박을 한 경우 도박죄가 성립한다.
> ㉢ 도박은 재물의 득실이 우연에 의하여 결정되어야 하나 우연은 객관적으로 결정되는 것이다.
> ㉣ 가맹점을 모집하여 인터넷 도박게임이 가능하도록 시설 등을 설치하고 도박게임 프로그램을 가동하던 중 문제가 발생하여 더 이상의 영업으로 나아가지 못한 경우 도박개장죄는 미수에 불과하다.

① ㉠(○) ㉡(○) ㉢(×) ㉣(○) ② ㉠(○) ㉡(○) ㉢(×) ㉣(×)
③ ㉠(○) ㉡(×) ㉢(×) ㉣(○) ④ ㉠(○) ㉡(×) ㉢(×) ㉣(×)
⑤ ㉠(×) ㉡(○) ㉢(○) ㉣(○) ⑥ ㉠(×) ㉡(○) ㉢(×) ㉣(○)
⑦ ㉠(×) ㉡(×) ㉢(○) ㉣(×) ⑧ ㉠(×) ㉡(×) ㉢(×) ㉣(×)

해설 ……………………………………

㉠(○) 대법원 2002.4.12, 2001도5802.
㉡(×) 이는 사기죄의 실행행위에 포함되는 것이어서 피해자들에 대한 사기죄만이 성립하고 도박죄는 따로 성립하지 아니한다(대법원 2011.1.13, 2010도9330).
㉢(×) 도박죄의 요소인 우연은 주관적으로 결정될 수밖에 없다. 객관적인 의미에서의 우연이란 있을 수 없기 때문이다.
㉣(×) 도박개장죄는 영리의 목적으로 도박을 개장하면 기수에 이르고, 현실로 도박이 행하여졌음은 묻지 않으므로 도박개장죄는 '기수'에 이르렀다(대법원 2009.12.10, 2008도5282). 〈답 ④〉

5. <사례>에 대한 <보기>의 설명 중 옳지 않은 것을 모두 고른 것은? (다툼이 있는 경우에는 판례에 의함) <사시 2011년: 배점 4>

> 〈사례〉
> 사채업자 甲은 도박자금을 빌려주고 높은 이자를 받을 생각으로 자신의 원룸에서 도박을 개장하였다. 도박의 습벽이 있는 乙은 도박의 습벽이 없는 丙, 丁과 함께 甲의 원룸에서 거액의 판돈을 걸고 수십 회에 걸쳐 속칭 '고스톱' 도박을 하였다. 甲은 도박자금이 떨어진 丁에게 선이자 200만원을 공제하고 800만원을 빌려주었지만 丁은 빌린 돈마저 모두 잃었다. 甲은 丁으로부터 빌려준 돈을 변제받지 못하게 되자 丁을 사기죄로 고소하였다. 그 고소내용은 丁에게 자동차 구입대금으로 1,000만

원을 빌려주었으나 丁은 변제기일에 변제하지 않았을 뿐 아니라 자동차를 구입한 적도 없으므로 엄히 처벌해 달라는 것이었다.

〈보기〉
ㄱ. 甲은 입장료를 받지 않았지만 도박자금을 빌려주고 높은 이자를 받는 등 영리의 목적이 인정되므로 도박개장죄가 성립한다.
ㄴ. 甲에게 도박개장의 습벽이 있는 경우에는 상습도박개장죄가 성립한다.
ㄷ. 만약 도박의 습벽이 있는 乙이 처음으로 도박을 하는 丁에게 도박방법을 가르쳐주고 함께 도박을 하였다면 乙은 상습도박죄만 성립한다.
ㄹ. 甲의 고소는 도박자금으로 대여한 금전의 용도에 대하여 허위로 신고한 것에 불과하므로 甲에게는 무고죄가 성립하지 않는다.
ㅁ. 만약 甲, 乙, 丙이 비밀표시가 되어 있는 화투를 사용하여 丁 모르게 사기도박을 하였다면, 乙이 丁을 사기도박에 유인하기 위하여 고액의 수표를 제시해 보인 경우 위 수표를 도박에 사용하지 않았다고 하더라도 몰수할 수 있다.
ㅂ. 甲, 乙, 丙이 丁 모르게 사기도박을 하였더라도, 이런 사실을 모르고 도박을 한 丁에 대하여는 도박죄가 성립한다.

① ㄱ ㄷ ② ㄴ ㅂ ③ ㄹ ㅂ
④ ㄱ ㄴ ㄹ ⑤ ㄱ ㄹ ㅂ ⑥ ㄴ ㄷ ㄹ
⑦ ㄴ ㄹ ㅂ ⑧ ㄹ ㅁ ㅂ

해설

ㄱ(○) 형법 제247조의 도박개장죄는 영리의 목적으로 스스로 주재자가 되어 그 지배하에 도박장소나 공간을 개설함으로써 성립하는 것으로 도박죄와는 별개의 독립된 범죄이다. '영리의 목적'이란 도박개장의 대가로 불법한 재산상의 이익을 얻으려는 의사를 의미하고, 반드시 도박개장의 직접적 대가가 아니라 도박개장을 통하여 간접적으로 얻게 될 이익을 위한 경우에도 영리의 목적이 인정되며, 또한 현실적으로 그 이익을 얻었을 것을 요하지는 않는다(대법원 2008.10.23, 2008도3970). 甲은 도박자금을 빌려주고 높은 이자를 받을 생각이었으므로 영리의 목적이 인정된다. 따라서 甲에게는 도박개장죄가 성립한다.
ㄴ(×) 형법상 상습도박죄는 있으나 상습도박개장죄는 없다.
ㄷ(○) 상습도박의 죄나 상습도박방조의 죄에 있어서의 상습성은 행위의 속성이 아니라 행위자의 속성으로서 도박을 반복해서 거듭하는 습벽을 말하는 것인바, 도박의 습벽이 있는 자가 타인의 도박을 방조하면 상습도박방조의 죄에 해당하는 것이며, 도박의 습벽이 있는 자가 도박을 하고 또 도박방조를 하였을 경우 상습도박방조의 죄는 무거운 상습도박의 죄에 포괄시켜 1죄로서 처단하여야 한다(대법원 1984.4.24, 84도195).
ㄹ(×) 고소인이 상대방에게 도박자금으로 대여하였음에도 불구하고 단순히 그 대여금의 용도를 묵비한 것을 넘어서 실제와는 다른 장소에서 상대방의 교통사고 처리비용조로 금선을 대여하였고 상대방이 그 다음날 바로 변제하겠다고 약속하였다는 내용으로 고소하

여 그 대여한 금전의 용도에 대하여 허위로 진술한 것은, 수사기관이 고소인의 고소내용을 근거로 피고소인의 범행방법을 특정하여 수사권을 발동하고, 이를 기초로 하여 당해 행위에 있어 사기죄의 기망행위와 편취범의를 조사하여 형사처분을 할 것인지와 어떠한 내용의 형사처분을 할 것인지를 결정하는 데에 직접적인 영향을 줄 정도에 이르는 내용에 관하여 허위의 사실을 고소한 것이므로, 무고죄의 허위신고에 해당한다(대법원 2004.1.16, 2003도7178).

ㅁ(○) 대법원 2002.9.24, 2002도3589.

ㅂ(×) 사기도박의 경우 우연성이 결여되었기 때문에 도박죄는 성립하지 않는다. 이때 사기도박자에게는 사기죄가 성립하고, 상대방은 사기죄의 피해자로서 무죄이다(통설, 판례).

〈답 ⑦〉

제 3 절 신앙에 관한 죄

1. 장례식등방해죄에 관한 설명 중 옳지 않은 것은?

① 종교적 평온을 보호하기 위한 종교범죄이다.
② 비종교적 장례식을 방해하는 것도 본죄에 해당한다.
③ 장례식의 진행 중에 소음을 내거나 혼란에 빠뜨리는 것도 본죄를 구성한다.
④ 장례식을 주재하는 승려나 목사를 감금하여 식을 진행하지 못하게 하는 것도 포함한다.
⑤ 종교적 의식을 방해하는 결과가 발생해야 한다.

해설

장례식·제사·예배 및 설교방해죄는 종교적 행사를 방해하는 행위를 처벌하여 종교적 평온을 보호하는 추상적 위험범이다. 따라서 본죄는 장례식 등을 방해하면 족하고 종교적 의식이 방해되는 결과가 발생하여야 하는 것은 아니다. 〈답 ⑤〉

2. 사체오욕죄에 해당하지 않는 행위는?

① 사체를 몽둥이로 때렸다. ② 사체에 욕을 하였다.
③ 사체에 침을 뱉었다. ④ 사체에 방뇨하였다.
⑤ 사체를 간음하였다.

해설

사체오욕죄는 사체·유골 또는 유발을 오욕한 때에 성립하며, 오욕이란 폭행 기타 유형력의 행사에 의하여 모욕적인 의사를 표현하는 것을 말한다. 따라서 언어에 의하여 욕하는 경우는 오욕에 해당하지 않는다. 〈답 ②〉

3. 사체오욕죄에 관한 설명 중 옳지 않은 것은?

① 사자에 대한 사회의 경외와 존경의 감정을 보호하기 위한 범죄이다.
② 인체의 형태를 갖춘 사태(死胎)도 본죄의 객체가 된다.
③ 사체의 금니를 뽑는 것도 본죄에 해당한다.
④ 화장하고 버린 재도 유골에 해당한다.
⑤ 유골 · 유발이라도 학술상의 표본이 된 것은 본죄의 객체에서 제외된다.

해설

사체오욕죄는 사체나 유골 또는 유발을 오욕한 때에 성립한다. 유골이란 화장 기타의 방법에 의하여 백골이 된 사체의 일부분을 말하며, 화장하고 버려진 재는 여기에 포함되지 않는다.
〈답 ④〉

4. 분묘를 발굴하고 관내에 있는 물건을 영득한 경우의 죄책은?

① 절도죄 ② 분묘발굴죄 ③ 사체등영득죄
④ 점유이탈물영득죄 ⑤ 분묘발굴사체등영득죄

해설

분묘를 발굴하여 사체 · 유골 · 유발 또는 관내에 장치한 물건을 영득한 때에는 분묘발굴사체등영득죄(제161조 2항)가 성립한다. 본죄는 분묘발굴죄와 사체등영득죄의 결합범이다.
〈답 ⑤〉

5. 신앙에 관한 죄에 대한 판례의 태도와 부합하지 않는 것은?

① 분묘를 수호, 봉사하며 관리하고 처분할 권한이 있는 구 민법상 호주상속인이 사체에 대한 종교적, 관습적 양속에 따른 존숭의 예를 갖추어 분묘를 발굴하는 경우에는 분묘발굴죄의 위법성이 조각된다.
② 제사상에 사용할 음식을 마련하여 임시로 작은 상 위에 올려놓은 것을 발로 찬 행위는 제전(祭典)방해죄에 해당한다.
③ 분묘발굴죄에 있어서의 분묘의 발굴행위는 유골 · 시체가 외부로부터 인식할 수 있는 상태까지 현출함이 필요하지 않다.
④ 사체나 유골이 토괴화하였을 때에도 분묘이며, 그 사자가 누구인지 불명하다고 할지라도 현재 제사숭경하고 숭교적 의례의 대상으로 되어 있고 이를 수호봉사하는 자가 있으면 분묘발굴죄의 분묘에 해당한다.
⑤ 토지구획정리사업자로부터 분묘의 개장명령을 받았다 하더라도 그 분묘를 보존 · 수호하는 권한이 있는 자의 제지를 무릅쓰고 한 분묘발굴행위는 정당한 것이 될 수 없다.

해설

①(○) 대법원 2007.12.13, 2007도8131.

②(×) 제전(祭典)방해죄는 제전이 집행 중이거나 제전의 집행과 시간적으로 밀접불가분의 관계에 있는 준비단계에서 이를 방해하는 경우에만 성립한다 할 것이므로, 설문과 같은 정도의 행위는 제158조(장례식등방해죄)에 해당하지 않는다(대법원 1982.2.23, 81도2691).
③(○) 대법원 1962.3.29, 4294형상539.
④(○) 대법원 1990.2.13, 89도2061.
⑤(○) 대법원 1978.5.9, 77도3588. 〈답 ②〉

대법원 2007.12.13, 2007도8131 분묘발굴죄는 그 분묘에 대하여 아무런 권한 없는 자나 또는 권한이 있는 자라도 사체에 대한 종교적 양속에 반하여 함부로 이를 발굴하는 경우만을 처벌대상으로 삼는 취지라고 보아야 할 것이므로, 법률상 그 분묘를 수호, 봉사하며 관리하고 처분할 권한이 있는 자 또는 그로부터 정당하게 승낙을 얻은 자가 사체에 대한 종교적, 관습적 양속에 따른 존숭의 예를 갖추어 이를 발굴하는 경우에는 그 행위의 위법성은 조각된다고 할 것이고, 한편 분묘에 대한 봉사, 수호 및 관리, 처분권은 종중이나 그 후손들 모두에게 속하여 있는 것이 아니라 오로지 그 분묘에 관한 호주상속인에게 전속한다.

6. 신앙에 관한 죄에 대한 설명 중 옳지 않은 것은? (다툼이 있는 경우에는 판례에 의함)

㉠ 목사를 감금하여 장례식을 못하게 한 경우는 장례식방해죄와 감금죄의 상상적 경합이 된다.
㉡ 적법하게 매장되지 않은 분묘를 발굴한 때에도 분묘발굴죄가 성립한다.
㉢ 사람을 살해한 후에 시체를 다른 장소에 옮겨서 유기하거나 사체를 매몰한 때에는 사체등유기죄가 성립한다.
㉣ 사람을 살해하고 사체를 현장에 두고 도망하는 경우에도 사체유기 또는 은닉에 해당한다.
㉤ 범죄로 인하여 사망한 것이 명백한 자의 사체는 변사체검시방해죄의 객체가 될 수 없다.
㉥ 교회의 교인이었던 사람이 교인들의 총유인 교회 현판, 나무십자가 등을 떼어 내고 예배당 건물에 들어가 출입문 자물쇠를 교체하여 7개월 동안 교인들의 출입을 막은 경우 예배방해죄가 성립한다.

① ㉣ ② ㉠ ㉡ ③ ㉡ ㉤
④ ㉢ ㉤ ⑤ ㉣ ㉥ ⑥ ㉤ ㉥

해설

사체유기죄에 있어서 유기란 사체를 종교적·사회적으로 매장이라고 인정되는 방법에 의하지 않고 방기하는 것을 말한다.
㉣(×) 사체를 옮겨서 유기한 때에는 사체유기죄가 성립하고, 단순히 현장에 두고 도주하는 것만으로는 유기 또는 은닉이라고 할 수 없다.

ⓜ(○) 변사체검시방해죄는 종교적 평온이나 종교감정을 보호하기 위한 범죄가 아니라 공무방해죄의 성질을 가진 범죄이다. 변사자의 사체 또는 변사의 의심 있는 사체를 은닉·변경하거나 기타 방법으로 검시를 방해한 때에 성립하며, 사체를 화장하거나 손괴하는 경우가 기타 방법으로 검시를 방해하는 경우에 해당한다. 사인이 명백한 경우는 변사체라고 할 수 없다(대법원 2003.6.27, 2003도1331).
ⓑ(×) 예배방해죄가 성립하지 않는다(대법원 2008.2.1, 2007도5296). 〈답 ⑤〉

① **대법원 2008.2.1, 2007도5296** (i) 형법 제158조에 규정된 예배방해죄는 공중의 종교생활의 평온과 종교감정을 그 보호법익으로 하는 것이므로, 예배 중이거나 예배와 시간적으로 밀접불가분의 관계에 있는 준비단계에서 이를 방해하는 경우에만 성립한다. (ii) 교회의 교인이었던 사람이 교인들의 총유인 교회 현판, 나무십자가 등을 떼어 내고 예배당 건물에 들어가 출입문 자물쇠를 교체하여 7개월 동안 교인들의 출입을 막은 경우, 장기간 예배당 건물의 출입을 통제한 위 행위는 교인들의 예배 내지 그와 밀접불가분의 관계에 있는 준비단계를 계속하여 방해한 것으로 볼 수 없어 예배방해죄가 성립하지 않는다.

② **대법원 2003.6.27, 2003도1331** 형법 제163조의 변사자라 함은 부자연한 사망으로서 그 사인이 분명하지 않은 자를 의미하고 그 사인이 명백한 경우는 변사자라 할 수 없으므로, 범죄로 인하여 사망한 것이 명백한 자의 사체는 같은 법조 소정의 변사체검시방해죄의 객체가 될 수 없다.

제 3 편 국가적 법익에 대한 죄

제1장 국가의 존립과 권위에 대한 죄

제 1 절 내란의 죄

1. 내란죄에 대한 설명 중 옳지 않은 것을 모두 고르면?

㉠ 국가의 내적 안전을 보호법익으로 하는 위험범이다.
㉡ 다중의 집합을 필요로 하는 집합범이다.
㉢ 주체는 관여의 정도에 따라 유형별로 분류하여 형의 경중을 달리하고 있다.
㉣ 다수인의 폭행·협박이 있으면 기수에 이르고 폭행·협박의 정도는 불문한다.
㉤ 국토를 참절하거나 국헌을 문란할 목적이 있어야 성립하는 목적범이다.
㉥ 내란의 실행과정에서 폭동행위에 수반하여 개별적으로 발생한 살인행위는 내란죄와 살인죄의 상상적 경합이 된다.

① ㉣　② ㉡ ㉢　③ ㉣ ㉥
④ ㉠ ㉡ ㉤　⑤ ㉡ ㉣ ㉥　⑥ ㉣ ㉤ ㉥

해설

㉡㉢(○) 내란죄는 집합범이지만 형법은 주체를 관여의 정도에 따라 수괴, 모의참여자, 지휘자, 중요임무종사자, 부화수행자와 단순관여자로 구별하여 형의 경중에 차이를 두고 있다.
㉣(×) 내란죄의 행위는 폭동하는 것이며, 폭동이란 한 지방의 평온을 해할 정도로 폭행·협박하는 것을 말한다. 따라서 내란죄의 폭행·협박은 한 지방의 평온을 해할 정도에 이르러야 한다.
㉥(×) 내란의 실행과정에서 폭동행위에 수반하여 개별적으로 발생한 살인행위는 내란행위의 한 구성요소를 이루는 것이므로 내란행위에 흡수된다(대법원 1997.4.17, 96도3376 전원합의체). 〈답 ③〉

2. 내란죄와 소요죄에 관한 설명 중 옳지 않은 것은?

① 소요죄의 보호법익은 공공의 안전이라는 사회적 법익이지만, 내란죄는 국가의 내적 안전을 보호하기 위한 범죄이다.
② 소요죄의 주체에는 제한이 없지만, 내란죄는 다중의 집합을 요하는 집

합범이므로 다수인의 공동을 필요로 한다.

③ 소요죄의 주체는 조직적일 것을 요하지 않지만, 내란죄는 조직적인 통솔체제가 필요하다.

④ 소요죄는 고의범이므로 소요에 대한 인식이 있으면 성립하지만, 내란죄는 국토참절이나 국헌문란의 목적이 있어야 성립하는 목적범이다.

⑤ 소요죄는 미수범을 처벌하지 않지만, 내란죄의 미수범은 처벌된다.

해설

①③④⑤는 모두 내란죄와 소요죄의 중요한 차이점이다. 소요죄의 미수범은 처벌하지 않지만, 내란죄에는 미수범 처벌규정이 있다(제89조).
② 다중의 집합을 요하는 집합범이라는 점에서 내란죄는 소요죄와 성질을 같이한다. 〈답 ②〉

3. 내란죄의 목적에 해당하지 않는 것은?

① 영토의 일부를 외국에 양도하려고 하였다.

② 의회제도를 폐지하고자 하였다.

③ 국무총리를 살해하여 내각을 경질케 하려고 하였다.

④ 헌법기관인 헌법재판소를 폐지하고자 하였다.

⑤ 대한민국을 동 · 서로 2분하기로 하였다.

해설

내란죄는 국토참절이나 국헌문란의 목적으로 폭동하였을 때에 성립하는 범죄이다. ① 영토의 일부를 외국에 양도하거나, ⑤ 영토의 일부를 분리하는 것은 국토참절의 목적에 해당한다. ② 의회제도나 삼권분립 또는 사법권의 독립을 폐지하는 것은 민주적 기본질서에 반하는 것이므로, ④ 헌법기관의 기능을 정지시키는 것과 마찬가지로 국헌문란의 목적에 속한다. 이에 반하여 ③ 국무총리나 수상을 경질하는 정도로는 국헌문란의 목적이라고 할 수 없다. 〈답 ③〉

4. 내란죄의 주체에 관한 설명 중 옳지 않은 것은?

① 수괴는 내란의 발의자로서 폭동을 조직 · 지휘 · 통솔하는 자를 말한다.

② 지휘자는 폭동개시 전의 지휘자뿐만 아니라 폭동개시 후 현장에서 지휘한 자도 포함한다.

③ 탄약을 운반하거나 경리나 보급을 담당하는 자는 중요임무종사자이다.

④ 투석 · 방가 등의 행위를 한 자는 부화수행자이다.

⑤ 모의에 참여한 자도 지휘자와 같은 형으로 처벌받는다.

해설

수괴는 폭동을 조직, 지휘 또는 통솔하는 자를 말하지만 반드시 내란의 발의자이거나 주모자일 것을 요하지 않는다. 또 수괴는 1인이어야 하는 것도 아니고 폭동의 현장에 있을 필요도 없다. 〈답 ①〉

5. 내란목적살인죄에 관한 설명 중 옳지 않은 것은?

① 살인죄에 대한 가중적 구성요건이다.
② 내란시에 사람을 살해하는 경우에도 본죄를 구성한다.
③ 내란목적으로 경비병을 살해한 경우에도 본죄를 구성한다.
④ 살해행위가 폭동의 전인가 또는 후인가를 불문한다.
⑤ 폭동의 준비단계에서 사람을 살해하면 내란예비죄와 내란목적살인죄의 상상적 경합이 된다.

해설

①(○) 내란목적살인죄는 내란의 목적으로 사람을 살해한 때에 성립하는 목적범이며 살인죄에 대한 가중적 구성요건이다.
②(×) 내란시에 사람을 살해하는 경우에 언제나 본죄가 성립하는 것은 아니다(대법원 1997.4.17, 96도3376 전원합의체).
③(○) 본죄의 객체는 사람이므로 내란의 목적으로 경비병을 살해한 때에도 본죄가 성립한다. 〈답 ②〉

대법원 1997.4.17, 96도3376 전원합의체 내란목적살인죄는 국헌을 문란할 목적을 가지고 직접적인 수단으로 사람을 살해함으로써 성립하는 범죄라 할 것이므로, 국헌문란의 목적을 달성함에 있어 내란죄가 '폭동'을 그 수단으로 함에 비하여 내란목적살인죄는 '살인'을 그 수단으로 하는 점에서 두 죄는 엄격히 구별된다. 따라서 내란의 실행과정에서 폭동행위에 수반하여 개별적으로 발생한 살인행위는 내란행위의 한 구성요소를 이루는 것이므로 내란행위에 흡수되어 내란목적살인의 별죄를 구성하지 아니하나, 특정인 또는 일정한 범위 내의 한정된 집단에 대한 살해가 내란의 와중에 폭동에 수반하여 일어난 것이 아니라 그것 자체가 의도적으로 실행된 경우에는 이러한 살인행위는 내란에 흡수될 수 없고 내란목적살인의 별죄를 구성한다.

6. 내란죄에 관한 설명 중 옳은 것은?

> ㉠ 내란죄의 구성요건적 행위인 폭동의 의미는 폭행·협박·손괴와 같다.
> ㉡ 내란죄에 있어서의 폭행은 소요죄의 폭행과 같은 의미이다.
> ㉢ 국헌문란의 목적으로 정당지도자를 살해한 경우 내란죄와 살인죄의 상상적 경합이 된다.
> ㉣ 내란예비·음모죄는 내란의 실행에 이르기 전에 자수한 경우 형을 감경 또는 면제한다.

① ㉠ ㉡ ② ㉠ ㉣ ③ ㉡ ㉢
④ ㉡ ㉣ ⑤ ㉢ ㉣

해설

㉠(×) 내란죄의 행위는 폭동하는 것이며, 폭동이란 다수인이 결합하여 폭행·협박하는 것을 말한다. 다만 이 경우의 폭행·협박은 한 지방의 평온을 해할 정도에 이르러야 한

다. 내란죄의 폭동에는 폭행 · 협박 또는 손괴가 포함되지만 그것이 폭동과 같은 의미를 가진다고 할 수는 없다.
㉡(○) 내란죄와 소요죄에 있어서의 폭행은 최광의의 폭행으로서 사람에 대한 유형력의 행사이건 물건에 대한 유형력의 행사이건 불문한다.
㉢(×) 내란의 목적으로 사람을 살해한 때에는 내란목적살인죄가 성립하며, 목적의 달성여부는 본죄의 성립에 영향이 없다.
㉣(○) 내란예비 · 음모 · 선동 · 선전죄는 그 목적한 죄의 실행에 이르기 전에 자수한 때에는 그 형을 감경 또는 면제한다(제90조 1항 단서). 〈답 ④〉

제 2 절 외환의 죄

1. 외환죄에 대한 설명으로 옳지 않은 것은?

① 국가의 외적 안전을 보호법익으로 하며, 보호정도는 침해범이다.
② 내국인뿐만 아니라 외국인의 국외범에 대하여도 적용된다.
③ 대한민국에 적대하는 외국 또는 외국인의 단체는 적국으로 본다.
④ 예비 · 음모 · 선동 · 선전한 자를 처벌하지만 실행에 이르기 전에 자수한 때에는 그 형을 감경 또는 면제한다.
⑤ 외국이란 국제법상 승인된 국가임을 요하지 않는다.

해설

①(×) 외환죄는 국가의 외적 안전을 보호법익으로 하는 위험범이다.
②(○) 형법 제5조.
③(○) 형법 제102조.
④(○) 형법 제101조 1항 단서 참조. 〈답 ①〉

2. 외환의 죄에 대한 설명 중 옳은 것(○)과 틀린 것(×)을 바르게 표시한 것은?

㉠ 외국과 통모하여 대한민국에 대하여 전단(戰端)을 열게 하거나 외국인과 통모하여 대한민국에 항적한 경우 외환유치죄가 성립한다.
㉡ 외환유치죄에서 '전단을 연다는 것'은 국제법상의 전쟁을 개시하는 것을 말하며, 통모에 의하여 전단이 개시되면 기수가 된다.
㉢ 통모하여 전단을 열게 하면 외환유치죄가 성립하며, 전투개시의 의사를 일으켰을 것은 요하지 않는다.
㉣ 병기 · 탄약 기타 군용에 공하는 물건을 적국에 제공한 경우 물건제공이적죄가 성립한다.

① ㉠(○) ㉡(○) ㉢(○) ㉣(×)
② ㉠(×) ㉡(×) ㉢(×) ㉣(○)
③ ㉠(○) ㉡(○) ㉢(×) ㉣(○)
④ ㉠(×) ㉡(×) ㉢(○) ㉣(×)
⑤ ㉠(○) ㉡(×) ㉢(○) ㉣(×)
⑥ ㉠(×) ㉡(○) ㉢(×) ㉣(○)

⑦ ㉠(○) ㉡(×) ㉢(×) ㉣(×)　　⑧ ㉠(×) ㉡(○) ㉢(○) ㉣(○)

해설

㉠(○) 형법 제92조.
㉡(×) 외환유치죄의 전쟁은 국제법상의 전쟁을 개시하는 경우에 제한되지 않고 사실상의 전쟁도 포함된다고 해석하는 것이 다수설이다. 외국군대에 의한 영토의 침입, 영토에 대한 포격이나 폭격이 그것이다.
㉢(○)
㉣(×) 군사시설이나 병기·탄약 기타 군사상 필요한 물건을 적국에 제공한 때에는 시설제공이적죄가 성립한다(제95조). 군용에 공하지 아니하는 병기나 탄약 등을 제공한 때에 물건제공이적죄가 성립한다(제97조). 〈답 ⑤〉

3. 간첩죄에 대한 설명 중 옳지 않은 것은?

① 간첩이란 적국을 위하여 국가기밀을 탐지·수집하는 것을 말한다.
② 간첩은 적국을 위하여 국가기밀을 탐지하면 족하므로 편면적 간첩도 가능하다.
③ 적국에는 사실상 국가에 준하는 단체를 포함한다.
④ 간첩이 탐지·수집하여 지득하고 있는 사항을 타인에게 보고·누설하는 행위는 간첩의 사후행위로서 간첩행위 자체라고 할 수 없다.
⑤ 간첩방조는 간첩죄에 대하여 형을 감경하지 아니한다.

해설

②(×) 적국을 위하여야 하므로 간첩에는 적국과의 의사연락을 필요로 하며, 따라서 편면적 간첩은 있을 수 없다.
④(○) 대법원 2011.1.20, 2008재도11 전원합의체. 〈답 ②〉

4. 간첩죄의 객체인 국가기밀에 관한 설명 중 옳지 않은 것은? (판례에 의함)

① 대한민국의 안전을 위하여 객관적으로 적국에 대하여 비밀로 해야 할 이익이 있는 것을 말한다.
② 군사기밀뿐만 아니라 정치·경제·문화·사회의 각 방면에 걸친 비밀을 포함한다.
③ 국내에서 공지인 사실도 국가기밀이 될 수 있다.
④ 모자이크이론이란 공지의 사실도 결합하여 새로운 전체형상이 될 때에는 국가기밀이 될 수 있다는 이론이다.
⑤ 위법한 기밀이라도 국가의 외적 안전에 필요한 것이라면 국가기밀이 될 수 있다.

해설

종래 판례는 국내에서 공지의 사실이거나 국민에게 널리 알려져 있는 사실, 신문·잡지 · 라디오에 보도된 사실도 간첩죄의 객체인 국가기밀이 될 수 있다고 하였다(대법원 1991.3.12, 91도3; 대법원 1987.5.26, 87도432; 대법원 1982.11.9, 82도2239). 그러나 대법원은 전원합의체에 의하여 국내에서 일반인에게 널리 알려진 공지의 사실은 국가기밀이 될 수 없다고 판시하였다(대법원 1997.7.16, 97도985 전원합의체). 〈답 ③〉

대법원 1997.7.16, 97도985 전원합의체 국가보안법 제4조 1항의 국가기밀은 정치 · 경제 · 사회 · 문화 등 각 방면에 관하여 반국가단체에 대하여 비밀로 하거나 확인되지 아니함이 대한민국의 이익이 되는 모든 사실, 물건 또는 지식으로서, 그것이 국내에서의 적법한 절차 등을 거쳐 일반인에게 널리 알려진 공지의 사실, 물건 또는 지식에 속하지 아니한 것이어야 하고, 또 그 내용이 누설되는 경우 국가의 안전에 위험을 초래할 우려가 있어 기밀로 보호할 실질가치를 갖춘 것이어야 한다.

5. 외환의 죄에 대한 설명 중 옳은 것(○)과 틀린 것(×)을 맞게 표시한 것은? (다툼이 있는 경우에는 판례에 의함)

> ㉠ 간첩죄의 실행의 착수시기는 국가기밀을 탐지 · 수집하는 행위를 개시한 때이다.
> ㉡ 간첩이 군사상의 기밀을 탐지 · 수집하였으나 이를 적국에 누설하지 못하고 검거된 경우에도 간첩죄의 기수이다.
> ㉢ 간첩죄와 일반이적죄에 대하여는 예비 · 음모 · 선동 · 선전행위를 처벌하지만, 중립명령위반죄에 대하여는 이들 행위를 처벌하지 않는다.

① ㉠(○) ㉡(○) ㉢(○) ② ㉠(○) ㉡(○) ㉢(×)
③ ㉠(○) ㉡(×) ㉢(○) ④ ㉠(×) ㉡(○) ㉢(○)
⑤ ㉠(×) ㉡(×) ㉢(×) ⑥ ㉠(×) ㉡(×) ㉢(○)

해설

㉠(×) 실행의 착수시기에 관한 개별적 객관설에 의하면 간첩죄의 착수시기는 국가기밀을 탐지 · 수집하는 행위를 개시할 때라고 해야 한다. 그러나 대법원은 일관하여 간첩을 위하여 국내에 잠입 또는 입국할 때에 실행의 착수가 있다고 판시하고 있다(대법원 1984.9.11, 84도1381; 대법원 1964.9.22, 64도290).
㉡(○) 간첩죄는 군사상의 기밀을 탐지 · 수집함으로써 기수가 되며, 수집한 국가기밀을 지령자에게 전달하였는가는 문제되지 않는다. 탐지한 국가기밀을 적국에 전달한 경우에도 그것은 불가벌적 사후행위에 지나지 않는다.
㉢(○) 형법은 내란죄와 내란목적살인죄, 간첩죄와 일반이적죄에 대하여 예비 · 음모 · 선동 · 선전행위를 벌하는 규정(제90조, 제101조)을 두고 있다. 〈답 ④〉

6. 간첩방조죄에 해당하는 것은? (판례에 의함)

① 간첩에 숙식을 제공했다. ② 간첩을 숨겨 주었다.
③ 간첩의 안부편지를 전해 주었다. ④ 간첩의 상륙을 도와주었다.
⑤ 간첩이 무전기를 매몰하는 데 망을 봐 주었다.

✍ **해설**

①(×) 대법원 1986.2.25, 85도2533.
②(×) 대법원 1979.10.10, 75도1003.
③(×) 대법원 1966.7.12, 66도470.
④(○) 간첩방조는 간첩이 국가기밀을 탐지·수집하는 것을 도와주는 것을 말한다. 간첩의 상륙을 도와주는 것은 간첩의 착수행위를 돕는 것이므로 간첩방조에 해당한다(대법원 1961.1.27, 60도807).
⑤(×) 대법원 1983.4.26, 83도416. 〈답 ④〉

제3절 국기와 국교에 관한 죄

1. 국기에 관한 죄의 행위의 태양이 아닌 것은?

① 손상 ② 제거 ③ 오욕
④ 비방 ⑤ 은닉

✍ **해설**

국기에 관한 죄에는 국기·국장모독죄(제105조)와 국기·국장비방죄(제106조)가 있다. 국기·국장모독죄는 국기 또는 국장을 손상·제거 또는 오욕할 때에 성립하며, 국기·국장비방죄는 이를 비방함으로써 성립한다. 〈답 ⑤〉

2. 국기·국장모독죄에 대한 설명 중 옳지 않은 것은?

① 게양된 국기를 가려서 보이지 않게 하는 것도 본죄에 해당한다.
② 모욕의 목적이 있어야 성립하는 목적범이다.
③ 군기나 대사관 또는 공관의 휘장도 본죄의 객체가 된다.
④ 국기 또는 국장은 공용에 공하는 것이어야 한다.
⑤ 국가의 권위와 체면을 보호법익으로 하는 위험범이다.

✍ **해설**

국기·국장모독죄(제105조)에 있어서의 국기 또는 국장은 반드시 공용에 공하는 것임을 요하지 않고 사용에 공하는 것도 포함된다는 점에서 외국국기·국장모독죄(제109조)의 경우와는 구별된다. 〈답 ④〉

3. 다음 중 백지형법은?

① 국기모독죄 ② 국기비방죄 ③ 외국사절폭행죄
④ 외국에 대한 사전죄 ⑤ 중립명령위반죄

✍ **해설**

중립명령위반죄는 외국간의 교전에 있어서 중립명령을 위반함으로써 성립하는 범죄이다(제112조). 어떤 행위가 중립명령에 위반되는가는 중립명령에 의하여 결정되는 것이므로

백지형법의 대표적인 예에 속한다고 할 수 있다. 〈답 ⑤〉

4. 국교에 관한 죄에 대한 설명 중 옳지 않은 것은?

① 내각책임제의 수상은 외국원수에 해당하지 않는다.
② 제3국에 파견되어 부임 중인 외국사절은 외국사절이 아니다.
③ 외국국기는 공용에 공하는 것에 제한된다.
④ 외국인 또는 외국의 집단을 상대로 한 사전은 외국에 대한 사전죄를 구성하지 않는다.
⑤ 외교상의 기밀을 적국에 누설하는 경우에도 외교상의 기밀누설죄가 성립한다.

해설

①(○) 외국원수에 대한 폭행죄는 대한민국에 체재하는 외국원수를 폭행·협박·모욕 또는 명예훼손한 경우에 성립한다. 원수란 외국에 대하여 국가를 대표할 수 있는 자를 말하므로 내각책임제의 수상은 제외된다.
②(○) 외국사절폭행등죄의 객체는 대한민국에 파견된 외국사절이다.
③(○) 외국국기·국장모독죄는 외국을 모욕할 목적으로 공용에 공하는 국기 또는 국장을 손상·제거 또는 오욕함으로써 성립한다.
④(○) 외국에 대한 사전(私戰)죄는 외국에 대하여 사전할 것을 요건으로 한다.
⑤(×) 외교상의 기밀도 국가기밀이므로 이를 적국에 누설할 때에는 간첩죄가 성립한다. 따라서 외교상기밀누설죄는 외교상의 기밀을 적국이 아닌 외국에 누설하였을 때에만 성립한다. 〈답 ⑤〉

5. 외교상기밀누설죄에 관한 설명 중 옳지 않은 것은? (다툼이 있는 경우에는 판례에 의함)

① 공무원을 주체로 하는 신분범이다.
② 외교상의 기밀이란 외국과의 관계에서 국가가 보지해야 할 기밀을 말한다.
③ 외국에 대하여 공지인 사실은 기밀이라고 할 수 없다.
④ 외교상의 기밀을 적국에 누설한 때에는 성립하지 않는다.
⑤ 누설할 목적으로 외교상의 기밀을 탐지 또는 수집한 자도 처벌된다.

해설

①(×) 외교상기밀누설죄는 그 주체에 제한이 없다는 점에서 공무원 또는 공무원이었던 자를 주체로 하는 공무상비밀누설죄(제127조)와 구별된다.
③(○) 외국언론에 보도되어 외국에서 공지인 사실은 외교상의 기밀에 해당하지 않는다(대법원 1995.12.5, 94도2379).
④(○) 적국에 대하여 외교상의 기밀을 누설한 때에는 간첩죄를 구성한다.
⑤(○) 형법 제113조 2항 참조. 〈답 ①〉

6. 甲은 '말'지의 특집호에서 외국언론에 이미 보도된 바 있는 우리나라의 외교정책이나 활동에 관련된 사항에 관하여 정부가 이른바 보도지침의 형식으로 국내언론기관의 보도 여부 등을 통제하고 있다는 사실을 알면서도 이를 발표하였다. 甲의 죄책은? (판례에 의함)

① 무죄 ② 외교상기밀누설죄 ③ 외교상기밀탐지죄
④ 간첩죄 ⑤ 공무상비밀누설죄

해설

우리나라의 외교정책이나 활동에 관한 비밀은 외교상의 기밀에 해당한다. 그러나 제113조 1항에서 말하는 외교상의 기밀이라 함은 외국과의 관계에서 국가가 보지해야 할 기밀로서, 외교정책상 외국에 대하여 비밀로 하거나 확인되지 아니함이 대한민국의 이익이 되는 모든 정보자료를 뜻한다. 따라서 외국에 이미 널리 알려져 있는 사항은 특단의 사정이 없는 한 이를 비밀로 하거나 확인되지 아니함이 외교정책상의 이익이 된다고 할 수 없는 것이어서 외교상의 기밀에 해당하지 아니한다. 다만 외국에 널리 알려진 사항이라고 하더라도 대한민국 정부가 외교정책상 그 사항의 존재 또는 진위 여부 등을 외국에 대하여 공식적으로 알리지 아니하거나 확인하지 아니함이 외교정책상의 이익으로 되는 예외적인 경우가 있을 수는 있다(대법원 1995.12.5, 94도2379). 따라서 甲에게 ②와 ③의 죄는 성립하지 아니한다. ④ 간첩죄는 적국을 위하여 국가기밀을 탐지·수집했을 때 성립하며, ⑤는 공무원 또는 공무원이었던 자가 법령에 의한 직무상 비밀을 누설하였을 때에 성립하는 범죄로서 신분범이다. 따라서 甲의 행위는 무죄이다. 〈답 ①〉

제2장 국가의 기능에 대한 죄

제1절 공무원의 직무에 관한 죄

1. 직무유기죄에 관한 설명 중 옳지 않은 것은? (통설 · 판례에 의함)

① 국가의 기능을 보호법익으로 하는 구체적 위험범이며, 직무는 공무원법상의 고유한 구체적인 직무에 제한된다.

② 객관적으로 직무 또는 직장을 벗어나는 행위가 있어야 할 뿐만 아니라 주관적으로 직무수행을 거부하거나 버린다는 인식도 있어야 한다.

③ 교원, 우편집배원, 공법인의 직원은 주체가 되지만, 시청소속 청소부는 주체가 되지 않는다.

④ 직무유기죄는 그 직무를 수행하여야 하는 작위의무의 존재와 그에 대한 위반을 전제로 하고 있으므로, 그 작위의무를 수행하지 아니함으로써 곧바로 성립하는 즉시범이다.

⑤ 직무를 수행한 이상 법정절차를 이행하지 않아도 본죄는 성립하지 않는다.

해설

①(○) 직무유기죄는 공무원의 법령, 내규 또는 지시 및 통첩에 의한 추상적인 충실근무의 의무를 태만하는 일체의 경우를 말하는 것이 아니라 직장의 무단이탈, 직무의 의식적인 포기 등과 같은 행위가 있을 것을 요하는 구체적 위험범이며(대법원 1980.2.26, 79도31), 직무는 구체적 직무임을 요하므로 직무의 내용은 성문법에 의한 법령의 근거가 있거나 특별한 지시 또는 명령이 있어야 한다(대법원 1976.10.12, 75도1895).
②(○) 대법원 1982.3.23, 81도861.
③(○) 일반적으로 공무원이란 법령에 의하여 국가 또는 지방자치단체의 사무에 종사하는 직원을 말한다. 그러나 형법상의 공무원의 범위는 형법의 독자적 입장에 따라 수정되어야 할 것이므로, 청소부 · 인부 또는 사환 등과 같이 단순한 노무에 종사하는 공무원은 여기서 말하는 공무원에서 제외되지만, 행정기관에 준하는 공법인의 직원은 공무원에 속한다고 해석하는 것이 통설 · 판례(대법원 2002.11.22, 2000도4593)이다. 우편집배원의 직무는 공정성과 정신적 · 지능적 판단을 요하므로 공무원에 속한다는 것이 통설이다.
④(×) 직무유기죄는 그 직무를 수행하여야 하는 작위의무의 존재와 그에 대한 위반을 전제로 하고 있는바, 그 작위의무를 수행하지 아니함으로써 구성요건에 해당하는 사실이 있었고 그 후에도 계속하여 그 작위의무를 수행하지 아니하는 위법한 부작위상태가 계속되는 한 가벌적 위법상태는 계속 존재하고 있다고 할 것이며 형법 제122조 후단은 이를 전체적으로 보아 1죄로 처벌하는 취지로 해석되므로 이를 즉시범이라고 할 수 없다(대법

원 1997.8.29, 97도675).
⑤(○) 직무유기죄는 공무원이 당해 직무를 유기할 것을 요하므로 직무를 집행한 때에는 직무집행에 있어서 법정절차를 이행하지 않았거나(대법원 1961.8.23, 4294형상223), 태만, 분망, 착각 등으로 인하여 직무를 성실히 수행하지 아니한 경우나 형식적으로 또는 소홀히 직무를 수행하였기 때문에 성실한 직무수행을 못한 것에 불과한 경우에는 직무유기죄는 성립하지 않는다(대법원 1997.4.11, 96도2753). 〈답 ④〉

2. 직무유기죄가 성립하는 것을 모두 고르면? (판례에 의함)

㉠ 수사관이 허위내용의 피의자신문조서를 작성하였다. ㉡ 세관감시과 소속 공무원이 범칙사건을 조사하고 은폐하기 위하여 허위내용의 전말서를 작성하였다. ㉢ 상황실에서 당직근무 중 잠을 잤다. ㉣ 예비군교관이 교육과목을 다른 과목으로 대체하였다. ㉤ 과세자료처리를 담당하던 세무공무원이 양도소득세 과세자료가 은닉되어 있는 것을 보고도 방치하였다. ㉥ 경찰관이 자신이 편승한 승용차가 사고를 내고 도주하였음에도 의법조치하지 않고 방치하였다.

① ㉤ ㉥ ② ㉠ ㉡ ㉣ ③ ㉠ ㉢ ㉣
④ ㉡ ㉣ ㉥ ⑤ ㉢ ㉣ ㉥ ⑥ ㉢ ㉤ ㉥

해설

㉠(×) 직무를 수행한 이상 허위내용의 진술조서를 작성하거나 기타 공무원이 허위의 공문서를 작성한 때에도 직무유기에 해당하지 않는다.
㉡(×) 세무공무원이 범칙사건을 수사하고 관계서류를 작성함에 있어서 그 혐의사실을 고의로 은폐하여 허위내용의 전말서나 진술조서 등을 작성·행사하였다면 허위공문서작성죄 및 동행사죄만이 성립하고 직무유기죄는 성립하지 않는다(대법원 1971.8.31, 71도1176).
㉢㉣(×) 직무를 집행한 이상 그 내용이 부실하다고 하여도 직무유기죄가 성립하는 것은 아니다(대법원 1984.3.27, 83도3260; 대법원 1979.3.27, 79도2113).
㉤(○) 공무원에게는 과세자료전을 조속히 처리함으로써 세원을 양성화하여 국가의 적정한 조세징수권행사를 할 수 있도록 조치할 의무가 있으므로 그대로 방치하였다면 직무유기죄를 구성한다(대법원 1984.4.10, 83도1653).
㉥(○) 정당한 이유 없이 직무수행을 의식적으로 방임 내지 포기한 경우에는 직무유기죄가 성립한다. 자기가 편승한 차라고 할지라도 사고 후 도주한 운전자를 검거하여 법에 따른 조치를 해야 하는 것은 경찰관의 직무이다. 〈답 ①〉

≪직무유기죄가 성립하는 경우≫

① **대법원 1972.6.27, 72도969** 차량번호판의 교부담당 직원이 운행정지처분을 받은 자동차에 대하여 번호판을 재교부한 경우

② **대법원 1971.6.22, 71도778** 인감증명발급사무 담당 공무원이 내용의 기재와 인감

의 날인도 없는 인감증명서에 동장의 인장을 날인하여 교부한 경우

③ **대법원 1959.12.4, 4291형상105** 세관서기가 무단승선자를 묵인하고 밀수품 양륙을 묵인한 경우

≪직무유기죄가 성립하지 않는 경우≫

① **대법원 2004.3.26, 2002도5004** 공무원이 어떠한 위법사실을 발견하고도 직무상 의무에 따른 적절한 조치를 취하지 아니하고 위법사실을 적극적으로 은폐할 목적으로 허위공문서를 작성·행사한 경우에는 직무위배의 위법상태는 허위공문서작성 당시부터 그 속에 포함되는 것으로 작위범인 허위공문서작성 및 그 행사죄만이 성립하고 부작위범인 직무유기죄는 따로 성립하지 아니한다.

② **대법원 1991.6.11, 91도96** 교도소 보안과 출장계장과 감독교사가 호송교도관의 감독을 소홀히 하여 재소자 집단도주사고가 발생한 경우

③ **대법원 1971.2.9, 70도2590** 야간의 특파공무원이 밤 10시경에 근무상의 관례에 따라 귀가한 경우

④ **대법원 1970.11.24, 70도2113** 세관의 검사담당직원이 보세화물장치요강에 따라 위험물을 위험창고에 옮기지 않은 경우

⑤ **대법원 1969.8.19, 69도932** 시청 양정계 직원이 보관하고 있던 정부양곡을 형식적으로 소홀히 조사한 경우

⑥ **대법원 1969.2.4, 67도184** 약사감시원이 무허가약국개설자를 적발하고 상사에게 보고하여 그 지시에 따라 약국을 폐쇄토록 하였다면 수사기관에 고발하지 아니하였다 하여 직무를 유기했다고 할 수 없다.

⑦ **대법원 1966.7.26, 66도122** 부대물품출납관이 물품불출청구 후 즉시 불출되지 않은 이유를 확인하지 않은 경우

3. 직무유기죄에 대한 설명 중 옳지 않은 것은?

① 지방자치단체장이 전국공무원노동조합이 주도한 파업에 참가한 소속 공무원들에 대하여 관할 인사위원회에 징계의결요구를 하지 아니하고 가담정도의 경중을 가려 자체 인사위원회에 징계의결요구를 하거나 훈계처분을 하도록 지시한 행위는 직무유기죄를 구성하지 않는다.

② 경찰관이 불법체류자의 신병을 출입국관리사무소에 인계하지 않고 훈방하면서 이들의 인적사항조차 기재해 두지 아니하였다면 직무유기죄가 성립한다.

③ 어업허가신청자가 어업허가를 받을 수 없는 자임을 알면서도 담당 공무원이 실태조사를 하지 않고 오히려 부하직원에게 어업허가처리 기안문을 작성하게 한 다음 스스로 중간결재를 한 후 그 정을 모르는 농수산국장의 최종결재를 받았다면 위계에 의한 공무집행방해죄와 직무유기죄의 상상적 경합범이 성립한다.

④ 경찰관이 검사로부터 범인을 검거하라는 지시를 받고도 그 직무상의 의

무에 따른 적절한 조치를 취하지 아니하고 오히려 범인에게 전화로 도피하라고 권유하여 그를 도피케 하면, 범인도피죄만 성립하고 직무유기죄는 따로 성립하지 않는다.

⑤ 판례에 의하면, 공무원이 직무를 유기한 후 다른 목적을 위하여 그 사항에 관한 허위공문서를 작성한 경우 직무유기죄와 허위공문서작성죄의 실체적 경합이 된다.

해설

①(○) 대법원 2007.7.12, 2006도1390(직무유기죄는 공무원이 법령 · 내규 등에 의한 추상적 충근의무를 태만히 하는 일체의 경우에 성립하는 것이 아니라, 직장의 무단이탈이나 직무의 의식적인 포기 등과 같이 국가의 기능을 저해하고 국민에게 피해를 야기시킬 구체적 위험성이 있고 불법과 책임비난의 정도가 높은 법익침해의 경우에 한하여 성립하므로, 어떠한 형태로든 직무집행의 의사로 자신의 직무를 수행한 경우에는 그 직무집행의 내용이 위법한 것으로 평가된다는 점만으로 직무유기죄의 성립을 인정할 것은 아니다).

②(○) 대법원 2008.2.14, 2005도4202.

③(×) 직무위배의 위법상태가 위계에 의한 공무집행방해행위 속에 포함되어 있는 것이라고 보아야 할 것이므로, 이와 같은 경우에는 작위범인 위계에 의한 공무집행방해죄만이 성립하고 부작위범인 직무유기죄는 따로 성립하지 아니한다(대법원 1997.2.28, 96도2825).

④(○) 대법원 1996.5.10, 96도51의 내용이다.

⑤(○) 공무원이 직무유기를 은폐하기 위하여 허위공문서를 작성한 때에는 허위공문서작성죄만 성립하지만, 직무를 유기한 후 다른 목적을 위하여 허위공문서를 작성한 때에는 양 죄의 실체적 경합이 된다(대법원 1993.12.24, 92도3334). 〈답 ③〉

4. 대법원이 甲에게 직무유기죄의 성립을 인정한 것은?

㉠ 세무서 주세계장 甲은 양조장 주인의 비밀스런 주정사용과 탈세사실을 은폐하기 위하여 허위의 공문서를 작성하였다.

㉡ 행정공무원 甲은 건축물의 착공 · 준공 검사를 한 후 허가조건에 위배된 사실을 숨기기 위하여 허위복명서를 작성하였다.

㉢ 농지사무를 담당하고 있는 군직원 甲은 乙이 농지를 불법전용하고 있다는 사실을 알면서도 乙이 농지일시전용허가를 신청하자 이를 허가해 주기 위하여 '허가함이 타당하다'는 취지의 현장출장복명서 및 심사의견서를 작성하고, 이후 그 농지불법전용 사실에 대해서 아무런 조치를 취하지 아니하였다.

㉣ 경찰관 甲은 음주운전자의 음주운전 사실을 눈감아 주기 위하여 가짜의 음주운전자 적발보고서를 작성하였다.

㉤ 허가업무를 담당하던 시직원 甲이 시장과 절친하며 자신과도 가깝게 지내온 자의 물건적치기간 연장신청이 허가대상토지를 골재생산영업을 위한 부대시설로 편법적으로 사용하기 위한 것이라는 점을 잘 알

면서도, 허가요건 등을 자세히 검토하지도 않고 신청한 내용대로 물건적치기간 연장허가를 내주었다.

① ㉢ ② ㉡ ㉣ ③ ㉢ ㉣
④ ㉢ ㉤ ⑤ ㉠ ㉡ ㉣ ⑥ ㉠ ㉢ ㉤

해설

㉠(×) 대법원 1971.8.31, 71도1176은 허위공문서작성죄 및 동행사죄만 성립된다.
㉡(×) 대법원 1972.5.9, 72도722는 허위공문서작성죄 및 동행사죄만 성립한다.
㉢(○) 공무원이 어떠한 위법사실을 발견하고도 직무상 의무에 따른 적절한 조치를 취하지 아니하고 위법사실을 적극적으로 은폐할 목적으로 허위공문서를 작성·행사한 경우에는 직무위배의 위법상태는 허위공문서작성 당시부터 그 속에 포함되는 것으로 작위범인 허위공문서작성·동행사죄만이 성립하고 부작위범인 직무유기죄는 따로 성립하지 아니하나, 위 복명서 및 심사의견서를 허위작성한 것이 농지일시전용허가를 신청하자 이를 허가해 주기 위하여 한 것이라면 직접적으로 농지불법전용 사실을 은폐하기 위하여 한 것은 아니므로 위 허위공문서작성·동행사죄와 직무유기죄는 실체적 경합범의 관계에 있다(대법원 1993.12.24, 92도3334).
㉣(×) 대법원 1996.10.11, 95도1706은 허위공문서작성죄 및 동행사죄만 성립되고 직무유기죄는 성립하지 않는다고 한 경우이다.
㉤(○) 자신의 직무를 의식적으로 방임하거나 포기한 것으로서 직무유기죄에 해당한다(대법원 2009.3.26, 2007도7725). 〈답 ④〉

5. 직무유기죄가 성립하는 것을 모두 고르면? (판례에 의함)

㉠ 사법경찰관리가 위법사실을 조사한 후 형사피의사건으로 입건수사하지 않고 훈방한 경우 ㉡ 공무원이 신병치료를 이유로 상부의 승인 없이 업무 일체를 계원에게 맡겨두고 이에 대한 일체의 확인·감독마저 하지 않은 경우 ㉢ 가축도축업체에 배치되어 가축검사원으로 재직하는 공무원이 퇴근시 소 계류장의 시정·봉인 조치를 취하지 아니하고 그 관리를 도축장 직원에게 방치한 경우 ㉣ 병가 중인 공무원들이 그렇지 아니한 공무원들과 함께 정당행위에 해당하지 아니하는 파업에 참가한 경우 ㉤ 경찰관이 방치된 오토바이를 장기간에 걸쳐 여러 번 오토바이상회 운영자에게 보관시키고도 경찰관 스스로 소유자를 찾아 반환하도록 처리하거나 상회 운영자에게 반환 여부를 확인한 일이 전혀 없고, 상회 운영자로부터 오토바이를 보내준 대가 또는 그 처분대가로 돈을 지급받은 경우

① ㉣ ㉤ ② ㉠ ㉡ ㉢ ③ ㉡ ㉢ ㉤
④ ㉢ ㉣ ㉤ ⑤ ㉠ ㉡ ㉣ ㉤ ⑥ ㉡ ㉢ ㉣ ㉤

✍ 해설 ………………………………………

㉠(×) 공무원이 직무를 유기한 때라 함은 공무원이 법령 내규 또는 지시 통첩에 의한 추상적인 충근의무를 게을리한 일체의 경우를 지칭하는 것이 아니라 주관적으로 직무집행의사를 포기하고 객관적으로 정당한 이유 없이 직무집행을 하지 아니하는 부작위상태가 있어 국가기능을 저해하는 경우를 말한다 할 것인바, 사법경찰관리가 직무집행의사로 위법사실을 조사하여 훈방하는 등 어떤 형태로든지 그 직무집행행위를 하였다면 형사피의사건으로 입건수사하지 않았다 하여 곧 직무유기죄가 성립한다고 볼 수는 없다(대법원 1982.6.8, 82도117).

㉡(○) 대법원 1986.2.11, 85도2471(부대관례에 따른 정당한 위임의 정도를 벗어난 직무의 의식적인 포기).

㉢(○) 대법원 1990.5.25, 90도191.

㉣(○) 대법원 1997.4.22, 95도748(쟁의행위에 참가한 일부 조합원이 병가 중이어서 직무유기죄의 주체로 될 수는 없다 하더라도 직무유기죄의 주체가 되는 다른 조합원들과의 공범관계가 인정된다).

㉤(○) 대법원 2002.5.17, 2001도6170(경찰관의 행위는 습득물을 단순히 상회 운영자에게 보관시키거나 소유자를 찾아서 반환하도록 협조를 구한 정도를 벗어나 상회 운영자에게 그 습득물에 대한 임의적인 처분까지 용인한 것으로서 습득물처리지침에 따른 직무를 의식적으로 방임 내지 포기하고 정당한 사유 없이 직무를 수행하지 아니한 경우에 해당). 〈답 ⑥〉

6. 직무유기죄에 대한 설명 중 옳은 것(○)과 옳지 않은 것(×)을 바르게 표시한 것은? (판례에 의함)

> ㉠ 병가 중인 자는 직무유기죄의 주체가 될 수 없다.
> ㉡ 직무유기교사죄는 피교사자인 공무원별로 1개의 죄가 성립한다.
> ㉢ 위법건축물이 발생하지 않도록 자신은 물론 소관 부하직원들로 하여금 이를 예방단속하게 하여야 할 직무상 의무 있는 자가 위법건축을 하도록 타인을 교사한 경우 건축법위반교사죄와 직무유기죄는 실체적 경합범이 된다.
> ㉣ 사법경찰리 직무취급을 겸하여 산림법위반의 범죄수사에 종사하는 공무원이 특정범죄가중처벌등에관한법률위반의 범죄사실을 인지하고도 필요한 조치를 취하지 아니하고 그 범죄사실을 은폐하기 위하여 그 직무에 관한 허위의 공문서를 작성·행사하였다면 특정범죄가중처벌등에관한법률 제15조의 특수직무유기죄가 성립한다.

① ㉠(○) ㉡(○) ㉢(○) ㉣(○)
② ㉠(×) ㉡(×) ㉢(○) ㉣(×)
③ ㉠(○) ㉡(○) ㉢(○) ㉣(×)
④ ㉠(○) ㉡(○) ㉢(×) ㉣(×)
⑤ ㉠(○) ㉡(○) ㉢(×) ㉣(○)
⑥ ㉠(×) ㉡(○) ㉢(○) ㉣(×)

✍ 해설 ………………………………………

㉠(○) 병가 중인 자의 경우 구체적인 작위의무 내지 국가기능의 저해에 대한 구체적인 위험성이 있다고 할 수 없어 직무유기죄의 주체로 될 수는 없다(대법원 1997.4.22, 95도748).

㉡(○) 대법원 1997.8.22, 95도984의 내용이다.
㉢(×) 직무위배의 위법상태는 건축법위반 교사행위에 내재하고 있는 것이므로 건축법위반교사죄와 직무유기죄는 실체적 경합범이 되지 아니한다(대법원 1980.3.25, 79도2831).
㉣(○) 대법원 1984.7.24, 84도705의 내용이다. 〈답 ⑤〉

7. 甲에게 직무유기죄가 성립하는 것은? (다툼이 있는 경우에는 판례에 의함)
<사시 2007년: 배점 2>

① 경찰서 방범과장 甲이 부하직원으로부터 음반·비디오물및게임물에관한법률위반 혐의로 오락실을 단속하여 증거물로 오락기의 변조기판을 압수하여 사무실에 보관중임을 보고받아 알고 있었음에도 부하직원에게 위와 같이 압수한 변조기판을 돌려주라고 지시하여 오락실 업주에게 이를 돌려준 경우
② 예비군 중대장 甲은 그 소속 예비군대원의 훈련불참사실을 알았지만, 예비군대원의 훈련불참사실을 고의로 은폐할 목적으로 당해 예비군대원이 훈련에 참석한 양 허위내용의 학급편성명부를 작성, 행사한 경우
③ 세금계산서 관련업무를 담당하는 세무공무원 甲은 乙이 실제 거래 없이 교부받은 허위세금계산서를 사용하여 세금을 포탈한 사실을 확인하였음에도, 乙에 대한 세금추징조치만 취하였을 뿐 권한 있는 자에게 乙에 대한 통고처분이나 고발조치 건의 등의 절차는 취하지 않은 경우
④ 수사업무에 종사하는 순경 甲은 18명의 도박범행사실을 적발하고 그들의 인적사항을 확인하였음에도 이를 상사인 파출소장에게 즉시 보고하여 그 도금(賭金) 등을 압수하고 도박죄로 형사입건하는 등 범죄수사에 필요한 조치를 다하지 아니하고, 이를 묵인하여 달라는 부탁을 받고 그 도박사실을 발견하지 못한 것처럼 근무일지를 허위로 작성하고 소속 파출소장에게 이를 허위로 보고한 경우
⑤ 학생군사교육단의 당직사관으로 주번근무를 하던 육군 중위 甲이 당직근무를 함에 있어서 훈육관실에서 학군사관후보생 2명과 함께 술을 마시고 내무반에서 학군사관후보생 2명 및 애인 등과 함께 화투놀이를 한 다음 애인과 함께 자고 난 뒤 교대할 당직근무자에게 당직근무의 인계, 인수도 하지 아니한 채 퇴근한 경우

해설

①(×) 작위범인 증거인멸죄만이 성립하고 부작위범인 직무유기(거부)죄는 따로 성립하지 아니한다(대법원 2006.10.19, 2005도3909 전원합의체).
②(×) 직무위배의 위법상태는 허위공문서작성 당시부터 그 속에 포함되어 있는 것이고 그 후 소속 대대장에게 보고하지 아니하였다 하더라도 당초에 있었던 직무위배의 위법상태가 그대로 계속된 것에 불과하다고 보아야 하고, 별도의 직무유기죄가 성립하여 양 죄

가 실체적 경합범이 된다고 할 수 없다(대법원 1982.12.28, 82도2210).
③(×) 통고처분이나 고발을 할 권한이 없는 세무공무원이 그 권한자에게 범칙사건 조사결과에 따른 통고처분이나 고발조치를 건의하는 등의 조치를 취하지 않았다고 하더라도, 구체적 사정에 비추어 그것이 직무를 성실히 수행하지 못한 것이라고 할 수 있을지언정 그 직무를 의식적으로 방임 내지 포기하였다고 볼 수 없다(대법원 1997.4.11, 96도2753).
④(×) 공무원이 어떠한 위법사실을 발견하고도 직무상 의무에 따른 적절한 조치를 취하지 아니하고 위법사실을 적극적으로 은폐할 목적으로 허위공문서를 작성, 행사한 경우에는 직무위배의 위법상태는 허위공문서작성 당시부터 그 속에 포함되는 것으로 작위범인 허위공문서작성 · 동행사죄만이 성립하고 부작위범인 직무유기죄는 따로 성립하지 아니한다(대법원 1999.12.24, 99도2240).
⑤(○) 직무유기죄가 성립한다(대법원 1990.12.21, 90도2425). 〈답 ⑤〉

8. 직권남용죄가 성립하는 경우를 모두 지적한 것은? (판례에 의함)

> ㉠ 검사가 고발사건을 불기소결정하여 피고발인을 처벌받게 하려는 고발인의 의도가 이루어질 수 없게 하였다.
> ㉡ 대통령비서실 민정수석비서관이 대통령의 근친관련 업무와 관련하여 공사 대표이사에게 요구하여 일부 시설을 당초 예정된 공개입찰이 아닌 수의계약으로 대통령의 근친에게 임대케 하였다.
> ㉢ 교도소에서 접견업무를 담당하던 교도관이 접견신청에 대하여 법에 규정된 부적당한 사유가 있다고 판단하여 접견신청을 거부하였다.
> ㉣ 치안본부장이 국립과학수사연구소 법의학 1과장에게 고문치사자의 사인에 관하여 기자간담회에 참고할 메모를 작성하도록 요구하여 교부받았다.
> ㉤ 재정경제원장관이 대출요건이 갖추어지지 않은 기업의 주거래은행 은행장에게 위 기업에 대하여 다른 채권은행장들과 협조융자를 추진하고 대출을 실행해 줄 것을 요구하여 대출하도록 하였다.
> ㉥ 정보관계를 담당하는 경찰관이 정당의 지구당 집행위원회가 개최될 장소에 몰래 도청기를 설치하였다가 회의개최 전에 들켜 회의가 예정시간보다 10분 늦게 시작되었다.

① ㉠ ㉡ ② ㉡ ㉤ ③ ㉤ ㉥
④ ㉡ ㉣ ㉤ ⑤ ㉡ ㉤ ㉥ ⑥ ㉣ ㉤ ㉥

해설

㉠(×) 직권남용죄에 있어서 권리행사를 방해한다 함은 법령상 행사할 수 있는 권리의 정당한 행사를 방해하는 것을 말한다고 할 것이므로 이에 해당하려면 구체화된 권리의 현실적인 행사가 방해된 경우라야 할 것이어서, 검사가 고발사건을 불기소결정하여 피고발인으로 하여금 처벌받게 하려는 고발인의 의도가 이루어질 수 없게 되었다 하여 고발인의 권리행사를 방해하였다고는 말할 수 없다(대법원 1986.6.30, 86모12).
㉡(○) 대통령비서실 민정수석비서관은 대통령의 근친관련 업무와 관련하여 정부 각 부처에 대한 지시와 협조요청을 할 수 있는 일반적 권한을 갖고 있었음에 비추어 그가 농수산물관리공사 대표이사에게 요구하여 시장 내 주유소와 서비스동을 당초 예정된 공개

입찰이 아닌 수의계약으로 대통령의 근친에게 임대케 한 행위는 공무원이 그 일반적 직무권한에 속하는 사항에 관하여 위법·부당한 행위를 한 경우에 해당하여 직권남용죄의 구성요건을 충족한다(대법원 1992.3.10, 92도116).

ⓒ(×) 교도소에서 접견업무를 담당하던 교도관이 접견신청에 대하여 행형법 제18조 2항(개정 전) 소정의 '필요한 용무'가 있는 때에 해당하지 아니한다고 판단하여 그 접견신청을 거부하였다면, 직권남용에 대한 범의 자체가 없어 위 범죄를 구성하지 아니한다(대법원 1993.7.26, 92모29).

ⓔ(×) 치안본부장이 메모를 작성하게 한 것은 의무 없는 일을 하게 한 것이 아니므로 직권남용죄가 성립하지 않는다(대법원 1991.12.27, 90도2800).

ⓜ(○) 금융사무에 관하여 포괄적인 권한을 행사하는 재정경제원장관이 대출이 가능한 요건을 갖추었다고 보기 어려운 기업에 대하여 주거래은행의 은행장에게 대출을 실행하여 줄 것을 요구하고, 위 요구에 따라 위 은행장이 새로이 다른 채권은행장들과 협조융자를 추진하고 대출하도록 한 행위는 직권남용죄에 해당한다(대법원 2004.5.27, 2002도6251).

ⓑ(×) 직권남용죄가 기수에 이르려면 결과가 발생한 것을 필요로 하므로 공무원의 직권남용이 있다 하여도 현실적으로 권리행사의 저해가 없다면 기수를 인정할 수 없다. 따라서 회의가 10분 늦게 열렸다고 권리행사가 방해되었다고 할 수 없고, 직권남용죄는 미수범을 처벌하지 않는다(대법원 1978.10.10, 75도2665). 〈답 ②〉

9. 직권남용권리행사방해죄에 대한 설명 중 판례의 입장과 다른 것은?

① '직권의 남용'이란 공무원이 일반적 직무권한에 속하는 사항을 불법하게 행사하는 것, 즉 형식적, 외형적으로는 직무집행으로 보이나 그 실질은 정당한 권한 이외의 행위를 하는 경우를 의미한다.

② 형법 제123조의 직권남용권리행사방해죄에서 말하는 '권리'는 법률에 명기된 권리에 한하지 않고 법령상 보호되어야 할 이익이면 족한 것으로서, 공법상의 권리인지 사법상의 권리인지를 묻지 않는다.

③ 검찰의 고위 간부가 내사 담당 검사로 하여금 내사를 중도에서 그만두고 종결처리토록 한 행위는 직권남용권리행사방해죄에 해당한다.

④ 공무원이 자신의 직무권한에 속하는 사항에 관하여 실무 담당자로 하여금 그 직무집행을 보조하는 사실행위를 하도록 하더라도 직권남용권리행사방해죄에서 말하는 '의무 없는 일을 하게 한 때'에 해당한다.

⑤ 대통령비서실 정책실장이 공무원으로 하여금 특별교부세 교부대상이 아닌 특정 사찰의 증·개축사업을 지원하는 특별교부세 교부신청 및 교부결정을 하게 한 행위는 직권남용권리행사방해죄를 구성한다.

해설

①(○) 대법원 2012.1.27, 2010도11884.

②(○) 대법원 2010.1.28, 2008도7312.

③(○) 대법원 2007.6.14, 2004도5561.

④(×) 공무원이 자신의 직무권한에 속하는 사항에 관하여 실무 담당자로 하여금 그 직

무집행을 보조하는 사실행위를 하도록 하더라도 이는 공무원 자신의 직무집행으로 귀결될 뿐이므로 원칙적으로 직권남용권리행사방해죄에서 말하는 '의무 없는 일을 하게 한 때'에 해당한다고 할 수 없으나, 직무집행의 기준과 절차가 법령에 구체적으로 명시되어 있고 실무 담당자에게도 직무집행의 기준을 적용하고 절차에 관여할 고유한 권한과 역할이 부여되어 있다면 실무 담당자로 하여금 그러한 기준과 절차에 위반하여 직무집행을 보조하게 한 경우에는 '의무 없는 일을 하게 한 때'에 해당한다(대법원 2011.2.10, 2010도13766).

⑤(○) 대법원 2009.1.30, 2008도6950. 〈답 ④〉

10. 직권남용죄에 대한 설명 중 옳은 것을 모두 고르면? (판례에 의함)

> ㉠ 직무집행의 기준과 절차가 법령에 구체적으로 명시되어 있고 실무 담당자에게도 직무집행의 기준을 적용하고 절차에 관여할 고유한 권한과 역할이 부여되어 있다면 실무 담당자로 하여금 그러한 기준과 절차에 위반하여 직무집행을 보조하게 한 경우에는 '의무 없는 일을 하게 한 때'에 해당한다.
> ㉡ 어떠한 직무가 공무원의 일반적 권한에 속하는 사항이라고 하기 위해서는 그에 관한 법령상의 근거가 필요하지만, 명문이 없는 경우라도 법·제도를 종합적, 실질적으로 관찰해서 그것이 해당 공무원의 직무권한에 속한다고 해석되고, 남용된 경우 상대방으로 하여금 사실상 의무 없는 일을 행하게 하거나 권리를 방해하기에 충분한 것이라고 인정되는 경우에는 직권남용죄에서 말하는 '일반적 권한'에 포함된다고 보아야 한다.
> ㉢ 시장(市長)이 자신의 인사관리업무를 보좌하는 행정과장과 공동하여, 관련 법령에서 정한 절차에 따라 평정대상 공무원에 대한 평정단위별 서열명부 및 평정순위가 정해졌는데도 평정권자나 실무 담당자 등에게 특정 공무원에 대한 평정순위 변경을 구체적으로 지시하여 평정단위별 서열명부를 새로 작성하도록 한 경우 직권남용권리행사방해죄의 공동정범에 해당한다.
> ㉣ 해군 검찰업무뿐 아니라 소송, 징계업무 등 법무업무 전반에 관하여 해군참모총장을 보좌하는 자로서 해군 소속 인원의 사법처리와 관련된 중요 사항에 관하여 보고를 받을 일반적인 직무권한이 있는 해군본부 법무실장이 국방부 검찰수사관에게 군내 납품비리 수사와 관련한 수사기밀사항을 보고하게 한 경우 직권남용권리행사방해죄가 성립하지 아니한다.

① ㉠ ㉢ ② ㉠ ㉣ ③ ㉠ ㉡ ㉢
④ ㉡ ㉢ ㉣ ⑤ ㉠ ㉡ ㉢ ㉣

해설

㉠㉢(○) 대법원 2012.1.27, 2010도11884.

㉡(○) 대법원 2011.7.28, 2011도1739.
㉣(×) 해군 소속 인원의 사법처리와 관련된 중요 사항에 관하여 보고를 받을 일반적인 직무권한이 있으나, 여기서 나아가 국방부 검찰단의 향후 수사방향에 대한 내용 등 수사기밀사항에 대한 보고를 요구하는 행위는 형식적, 외형적으로는 직무집행으로 보이나 실질은 일반적 직무권한 범위를 넘어 직무의 행사에 가탁한 부당한 행위이고, 국방부 검찰수사관으로서는 외부에 유출될 경우 검찰단의 수사기능에 현저한 장애를 초래할 수 있는 검찰단 내부 수사내용을 피고인에게 보고할 법률상의 의무가 없었으므로 피고인에게 직권남용권리행사방해죄가 성립한다(대법원 2011.7.28, 2011도1739). 〈답 ③〉

11. 공무상 비밀에 해당하는 것을 모두 고르면? (다툼이 있는 경우에는 판례에 의함)

㉠ 시 도시계획위원회에서 가결된 시청이전 도시계획시설 결정안 ㉡ 기업의 비업무용 부동산 보유실태에 관한 감사원 보고서의 내용 ㉢ 고위공직자 부인이 옷값 대납을 요구하였다는 첩보내용은 사실무근이라는 것이 주된 내용인 참고인들의 진술요지가 간단히 기재되어 있는 경찰청 조사과의 내사결과보고서의 내용 ㉣ 국가정보원 내부의 감찰과 관련하여 감찰조사 개시시점, 감찰대상자의 소속 및 인적 사항 ㉤ 검찰의 특정 사건에 대한 수사진행 상태에서 검찰이 현재 어떤 자료를 확보하였고 해당 사안이나 피의자의 죄책, 신병처리에 대하여 수사책임자가 어떤 의견을 가지고 있는지의 정보 ㉥ 지방자치단체의 장 또는 계약담당공무원이 수의계약에 부칠 사항에 관하여 당해 규격서 및 설계서 등에 의하여 결정한 예정가격

① ㉠ ㉥ ② ㉡ ㉢ ③ ㉣ ㉤
④ ㉠ ㉡ ㉣ ⑤ ㉠ ㉤ ㉥ ⑥ ㉢ ㉣ ㉤

해설

공무원 또는 공무원이었던 자가 법령에 의한 직무상의 비밀을 누설한 때에는 공무상비밀누설죄가 성립한다(제127조). 법령에 의한 비밀의 의미에 관하여 다수설은 법령에 의하여 비밀로 분류된 것임을 요한다고 해석함에 반하여, 판례는 객관적 · 일반적으로 외부에 알려지지 않는 것에 상당한 이익이 있는 사항을 포함한다고 해석하고 있다.
㉠(○) 대법원 1982.6.22, 80도2822.
㉡(×) 대법원 1996.5.10, 95도780.
㉢(×) 대법원 2003.12.26, 2002도7339(내사결과보고서의 내용이 비공지의 사실이기는 하나 실질적으로 비밀로서 보호할 가치가 있는 것이라고 인정할 수 없다).
㉣(×) 대법원 2003.11.28, 2003도5547(국가정보원의 정상적인 정보수집활동 등의 기능에 지장을 초래할 것도 아니고, 달리 국가 또는 국가정보원의 기능에 위협이 있을 것이라고 볼 수도 없어 위 누설사실들은 비밀로서의 가치가 없다).
㉤(○) 대법원 2007.6.14, 2004도5561.
㉥(○) 대법원 2008.3.14, 2006도7171. 〈답 ⑤〉

대법원 2007.6.14, 2004도5561 (i) 형법 제127조는 공무원 또는 공무원이었던 자가 법령에 의한 직무상 비밀을 누설하는 것을 구성요건으로 하고 있는바, 여기서 법령에 의한 직무상 비밀이란 반드시 법령에 의하여 비밀로 규정되었거나 비밀로 분류 명시된 사항에 한하지 아니하고, 정치, 군사, 외교, 경제, 사회적 필요에 따라 비밀로 된 사항은 물론 정부나 공무소 또는 국민이 객관적·일반적인 입장에서 외부에 알려지지 않는 것에 상당한 이익이 있는 사항도 포함하나, 실질적으로 그것을 비밀로서 보호할 가치가 있다고 인정할 수 있는 것이어야 하고, 한편 공무상비밀누설죄는 기밀 그 자체를 보호하는 것이 아니라 공무원의 비밀엄수의무의 침해에 의하여 위험하게 되는 이익, 즉 비밀의 누설에 의하여 위협받는 국가의 기능을 보호하기 위한 것이다. (ii) 검찰 등 수사기관이 특정 사건에 대하여 수사를 진행하고 있는 상태에서, 수사기관이 현재 어떤 자료를 확보하였고 해당 사안이나 피의자의 죄책 및 신병처리에 대하여 수사책임자가 어떤 의견을 가지고 있는지 등의 정보는, 그것이 수사의 대상이 될 가능성이 있는 자 등 수사기관 외부로 누설될 경우 피의자 등이 아직까지 수사기관에서 확보하지 못한 자료를 인멸하거나, 수사기관에서 파악하고 있는 내용에 맞추어 증거를 조작하거나, 허위의 진술을 준비하는 등의 방법으로 수사기관의 범죄수사 기능에 장애를 초래할 위험이 있다는 점에 비추어 볼 때, 그것은 해당 사건에 대한 종국적인 결정을 하기 전까지 외부에 누설되어서는 안 될 수사기관 내부의 비밀에 해당한다.

12. 다음 설명 중 옳지 않은 것을 모두 고르면? (다툼이 있는 경우에는 판례에 의함)

> ㉠ 공무원의 직무상 범죄에 대한 형의 가중규정(제135조)은 공무원의 직무에 관한 죄에 대해서는 적용되지 않는다.
> ㉡ 상급 경찰관이 직권을 남용하여 부하 경찰관들의 수사를 중단시키거나 사건을 다른 경찰관서로 이첩하게 한 경우 '권리행사를 방해함으로 인한 직권남용권리행사방해죄'만 성립하고 '의무 없는 일을 하게 함으로 인한 직권남용권리행사방해죄'는 따로 성립하지 아니한다.
> ㉢ 국가정보기관의 전(前) 직원이 대기업 임원과 언론 사주 사이의 정치권 동향과 정치자금 제공 등에 관한 대화를 도청하여 작성한 녹취보고서와 녹음테이프 등의 도청자료 중 도청자료 내용의 수집경위에 관한 부분이나 도청자료 자체의 내용은 비밀에 해당하지 않는다.
> ㉣ 한국토지공사 지사가 폐기물최종처리시설 부지를 분양하면서 지방자치단체장의 추천을 받아 분양신청을 한 사람을 분양대상자로 제한하였는데, 지방자치단체장이 분양신청을 하려는 특정인에 대하여 추천서발급을 거부한 경우 직권남용권리행사방해죄가 성립한다.
> ㉤ 구청에서 체납차량 영치 및 공매 등의 업무를 담당하던 공무원이 부탁을 받고 차적 조회 시스템을 이용하여 유사휘발유 제조 현장 부근에서 경찰의 잠복근무에 이용되고 있던 경찰청 소속 차량의 소유관계에 관한 정보를 알아내 알려 준 것은 공무상비밀누설죄에 해당한다.

① ㉠ ㉡　　　② ㉠ ㉣　　　③ ㉡ ㉤

④ ㉢ ㉣ ⑤ ㉡ ㉢ ㉣ ⑥ ㉢ ㉣ ㉤

해설

㉠(○) 형법 제135조 참조.

㉡(○) 상급 경찰관이 직권을 남용하여 부하 경찰관들의 수사를 중단시키거나 사건을 다른 경찰관서로 이첩하게 한 경우, 일단 '부하 경찰관들의 수사권 행사를 방해한 것'에 해당함과 아울러 '부하 경찰관들로 하여금 수사를 중단하거나 사건을 다른 경찰관서로 이첩할 의무가 없음에도 불구하고 수사를 중단하게 하거나 사건을 이첩하게 한 것'에도 해당된다고 볼 여지가 있다. 그러나 이는 어디까지나 하나의 사실을 각기 다른 측면에서 해석한 것에 불과한 것으로서, '권리행사를 방해함으로 인한 직권남용권리행사방해죄'와 '의무 없는 일을 하게 함으로 인한 직권남용권리행사방해죄'가 별개로 성립하는 것이라고 할 수는 없다. 따라서 위 두 가지 행위 태양에 모두 해당하는 것으로 기소된 경우, '권리행사를 방해함으로 인한 직권남용권리행사방해죄'만 성립하고 '의무 없는 일을 하게 함으로 인한 직권남용권리행사방해죄'는 따로 성립하지 아니하는 것으로 봄이 상당하다(대법원 2010.1.28, 2008도7312).

㉢(×) 국가정보기관의 전(前) 직원이 대기업 임원과 언론 사주 사이의 정치권 동향과 정치자금 제공 등에 관한 대화를 도청하여 작성한 녹취보고서와 녹음테이프 등의 도청자료를 타인에게 교부함으로써 누설한 내용 중 도청자료 내용의 수집 경위에 관한 부분은 국가정보원지원법 제17조에서 정하는 '직무상 지득한 비밀'에 해당하고, 도청자료 자체의 내용은 위 비밀에 해당하지 않는다(대법원 2006.6.16, 2006도1368).

㉣(×) 직권남용권리행사방해죄에 해당하려면 구체화된 권리의 현실적인 행사가 방해된 경우라야 할 것이므로 직권남용권리행사방해죄가 성립하지 않는다(대법원 2008.12.24, 2007도9287).

㉤(×) 재산의 소유 주체에 관한 정보에 불과한 자동차 소유자에 관한 정보를 정부나 공무소 또는 국민이 객관적, 일반적인 입장에서 외부에 알려지지 않는 것에 상당한 이익이 있는 사항으로서 실질적으로 비밀로 보호할 가치가 있다거나, 그 누설에 의하여 국가의 기능이 위협받는다고 볼 수 없고, 경찰청 소속 차량으로 잠복수사에 이용되는 경우 소속이 외부에 드러나지 말아야 할 사실상의 필요성이 있다는 사정만으로 달리 볼 것이 아니어서, 피고인이 제공한 차량 소유관계에 관한 정보가 형법 제127조에서 정한 '법령에 의한 직무상 비밀'에 해당한다고 볼 수 없다(대법원 2012.3.15, 2010도14734). 〈답 ⑥〉

13. 공무원의 직무에 관한 죄에 대한 설명 중 옳은 것은? (다툼이 있는 경우에는 판례에 의함) <사시 2012년: 배점 2>

① 경찰관들이 현행범인으로 체포한 일부 도박혐의자들을 제대로 조사하지 않고 석방하고, 그 석방사실을 검사에게 보고하거나 석방일시 · 사유를 기재한 서면을 기록에 편철하지 않고, 압수한 일부 도박자금에 대한 압수조서 및 목록을 작성하지 않은 채 검사 지휘 없이 반환하고, 일부 혐의자의 명의도용 사실과 도박범죄 전력을 확인하였으나 추가조사 없이 석방한 경우, 직무유기죄는 성립하지 않는다.

② 변호사 사무실 직원이 법원공무원에게 부탁하여, 수사 중인 사건의 체포영장 발부자 53명의 명단을 누설받은 경우, 변호사 사무실 직원의 행

위는 공무상비밀누설교사죄에 해당한다.

③ 공무원이 어느 회사의 폐수배출시설 폐쇄명령 불이행 사실을 은폐하는데 행사할 목적으로 자신의 출장복명서의 폐쇄명령 이행사항 확인란을 허위로 작성한 경우, 직무유기죄와 허위공문서작성죄의 상상적 경합이 된다.

④ 시 · 도 교육청 소속 교육공무원에 대한 인사권을 가진 교육감이 인사담당 장학관 등에게 지시하여 승진후보자명부상 승진 또는 자격연수 대상이 될 수 없는 특정 교원들을 적격 후보자인 것처럼 추천하거나 임의로 평정점을 조정하는 방법으로 승진임용하거나 그 대상자가 되도록 한 경우, 형법 제123조의 직권남용권리행사방해죄가 성립하지 않는다.

⑤ 공무원의 직권남용행위가 있었다 할지라도 현실적으로 권리행사의 방해라는 결과가 발생하지 아니하였다면 형법 제123조의 직권남용권리행사방해죄의 기수를 인정할 수 없다.

해설

①(×) 단순히 업무를 소홀히 수행한 것이 아니라 정당한 사유 없이 의도적으로 수사업무를 방임 내지 포기한 것이라고 봄이 상당하다(대법원 2010.6.24, 2008도11226).

②(×) 2인 이상 서로 대향된 행위의 존재를 필요로 하는 대향범에 대하여는 공범에 관한 형법총칙 규정이 적용될 수 없는데, 형법 제127조는 공무원 또는 공무원이었던 자가 법령에 의한 직무상 비밀을 누설하는 행위만을 처벌하고 있을 뿐 직무상 비밀을 누설 받은 상대방을 처벌하는 규정이 없는 점에 비추어, 직무상 비밀을 누설 받은 자에 대하여는 공범에 관한 형법총칙 규정이 적용될 수 없다(대법원 2011.4.28, 2009도3642). 따라서 변호사 사무실 직원의 행위는 공무상비밀누설교사죄에 해당하지 아니한다.

③(×) 공무원이 어떠한 위법사실을 발견하고도 직무상 의무에 따른 적절한 조치를 취하지 아니하고 위법사실을 적극적으로 은폐할 목적으로 허위공문서를 작성, 행사한 경우에는 직무위배의 위법상태는 허위공문서작성 당시부터 그 속에 포함되는 것으로 작위범인 허위공문서작성 및 그 행사죄만이 성립하고 부작위범인 직무유기죄는 따로 성립하지 아니한다(대법원 2004.3.26, 2002도5004).

④(×) 그 실질은 정당한 권한 행사를 넘어 직무의 행사에 가탁한 부당한 행위라고 할 것이므로 직권남용에 해당하고, 인사실무를 담당하는 장학관이나 장학사로 하여금 법령에 위배되는 일을 하게 하여 그들이 이와 같은 역할을 수행한 것은 그들에게 법령상 의무 없는 일을 하게 한 것이다(대법원 2011.2.10, 2010도13766).

⑤(○) 직권남용권리행사방해죄에 해당하려면 구체화된 권리의 현실적인 행사가 방해된 경우라야 할 것이고, 따라서 공무원의 직권남용행위가 있었다 할지라도 현실적으로 권리행사의 방해라는 결과가 발생하지 아니하였다면 본죄의 기수를 인정할 수 없다(대법원 2008.12.24, 2007도9287).

〈답 ⑤〉

14. 뇌물죄에 대한 설명 중 옳지 않은 것을 모두 고르면?

㉠ 공무원만이 주체가 될 수 있다.
㉡ 사교적 의례인 재물은 가액의 대소를 불문하고 뇌물이 되지 않는다.

㉢ 뇌물을 수수한 후에 반환한 경우에도 수뢰죄의 성립에는 영향이 없다. ㉣ 수뢰죄가 성립하기 위하여는 영득의 의사가 있어야 한다. ㉤ 직무에 관하여 뇌물을 약속하는 것만으로도 수뢰죄가 성립한다.

① ㉠ ㉡　　② ㉡ ㉢　　③ ㉢ ㉣
④ ㉠ ㉡ ㉣　　⑤ ㉢ ㉣ ㉤

해설

㉠(×) 공무원뿐만 아니라 중재인도 뇌물죄의 주체가 된다(제129조). 여기서 중재인이란 법령에 의하여 중재의 직무를 담당하는 자를 말하며, 노동조합및노동관계조정법에 의한 중재위원(제64조), 중재법에 의한 중재인(제12조)이 여기에 해당한다.
㉡(×) 직무에 대한 대가관계가 인정되지 않는 사교적 증여는 뇌물이 아니다. 그러나 직무와 대가관계가 인정되거나 사교적 범위를 초과하는 금액일 때에는 사교적 의례의 범위를 벗어난다고 해야 한다.
㉢㉣(○) 뇌물을 수수한다는 것은 영득의 의사로서 받는 것을 말하므로 후일 반환할 의사로써 일단 받아둔 것에 불과하다면 뇌물의 수수라고 할 수 없지만(대법원 1985.1.22, 84도2082), 일단 영득의 의사로 수수한 것이라면 후일 이를 반환하였다고 하여도 뇌물죄의 성립에는 아무런 영향이 없다(대법원 1987.9.22, 87도1472).
㉤(○) 뇌물죄는 공무원 등이 직무에 관하여 뇌물을 수수 또는 요구하는 경우뿐만 아니라 약속을 하는 경우에도 성립한다(제129조). 〈답 ①〉

≪뇌물죄가 인정되는 경우≫

① **대법원 2009.5.14, 2008도8852** 국회의원이 특정 협회로부터 요청받은 자료를 제공하고 그 대가로서 후원금 명목으로 금원을 교부받은 경우 직무관련성이 있어 뇌물죄가 성립한다.

② **대법원 2008.6.12, 2006도8568** 뇌물죄는 공여자의 출연에 의한 수뢰자의 영득의사의 실현으로서, 공여자의 특정은 직무행위와 관련이 있는 이익의 부담 주체라는 관점에서 파악하여야 하므로, 금품이나 재산상 이익 등이 반드시 공여자와 수뢰자 사이에 직접 수수될 필요는 없고, 그 사이에서 제3자가 먼저 공여자를 대신하여 자신의 자금으로 수뢰자에게 지급한 다음 공여자로부터 그 금액을 상환받는 방식으로 수수되었다 할지라도, 공여자와 수뢰자 사이에 금품 제공에 관한 의사의 합치가 존재하고 또한 그러한 지급방법에 관하여 수뢰자가 양해하였다고 인정되는 한, 공여자와 수뢰자 사이에 직접 금품이 수수되지 아니하였다는 사정만으로는 뇌물수수죄의 죄책을 면할 수 없다.

③ **대법원 2007.8.23, 2007도4956** 정치자금·선거자금 등의 명목으로 이루어진 금품의 수수라 하더라도 정치인인 그것이 직무행위에 대한 대가로서의 실체를 가지는 한 뇌물로서의 성격을 잃지 아니하며, 뇌물죄는 직무집행의 공정과 이에 대한 사회의 신뢰에 기하여 직무수행의 불가매수성을 그 직접의 보호법익으로 하고 있으므로, 공무원의 직무와 금원의 수수가 전체적으로 대가관계에 있으면 뇌물수수죄가 성립하고, 특별히 청탁의 유무, 개개의 직무행위의 대가적 관계를 고려할 필요가 없으며, 그 직무행위가 특정된 것일 필요도 없다.

④ **대법원 2004.5.28, 2004도1442** 공무원이 그 직무에 관하여 금원을 무기한·무이

자로 차용한 경우에는 수뢰자가 받은 실질적 이익은 무기한 · 무이자 차용금의 금융이익 상당이므로 위의 경우에는 그 금융이익이 뇌물이라 할 것인바, 대대 주임원사가 소속 사병의 부모로부터 무이자로 금원을 차용한 것은 그 이자액 상당의 재산상 금융이익을 취득함으로써 뇌물을 수수하였다고 할 것이다.

⑤ **대법원 2002.5.10, 2000도2251** 뇌물죄에서 뇌물의 내용인 이익이라 함은 금전, 물품 기타의 재산적 이익뿐만 아니라 사람의 수요 · 욕망을 충족시키기에 족한 일체의 유형 · 무형의 이익을 포함한다고 해석되고, 투기적 사업에 참여할 기회를 얻는 것도 이에 해당한다.

⑥ **대법원 2001.9.18, 2000도5438** 피고인이 그 소유의 甲토지를 청탁자 소유의 乙토지와 교환한 경우 甲토지의 시가가 乙토지의 시가보다 비싸다고 하더라도 피고인으로서는 장기간 처분하지 못하던 토지를 처분하는 한편 매수를 희망하던 전원주택지로 향후 개발이 되면 가격이 많이 상승할 토지를 매수하게 되는 무형의 이익을 얻었다고 봄이 상당하다.

⑦ **대법원 1999.11.9, 99도2530** 음주운전을 적발하여 단속에 관련된 제반 서류를 작성한 후 운전면허취소업무를 담당하는 직원에게 이를 인계하는 업무를 담당하는 경찰관이 피단속자로부터 운전면허가 취소되지 않도록 하여 달라는 청탁을 받고 금원을 교부받은 경우, 뇌물수수죄가 성립한다.

⑧ **대법원 1998.3.10, 97도3113** 뇌물죄가 직무집행의 공정과 이에 대한 사회의 신뢰를 그 보호법익으로 하고 있음에 비추어 볼 때, 공무원이 그 이익을 수수하는 것으로 인하여 사회일반으로부터 직무집행의 공정성을 의심받게 되는지의 여부도 뇌물죄의 성부를 판단함에 있어서의 판단기준이 된다.

⑨ **대법원 1992.12.22, 92도1762** 뇌물이란 금전, 물품 기타의 재산적 이익 등 사람의 수요 · 욕망을 충족시키기에 족한 유형 · 무형의 일체의 이익이 포함되므로, 조합아파트 가입권에 붙은 소위 프리미엄도 뇌물에 해당한다.

⑩ **대법원 1985.2.8, 84도2625** 경락허가결정문의 문안작성을 처리해 온 관여 주사보가 허부결정에 대한 청탁을 받고 금원을 수수한 경우

⑪ **대법원 1984.4.10, 83도1499** 시가 70,000원 상당의 주식(酒食)을 접대받은 경우도 단순한 사교적 예의의 범위에 속하는 향응에 불과하다고 볼 수 없다.

⑫ **대법원 1983.8.23, 82도2350** 상급승인기관에게 신청서를 전달하는 직무에 종사하는 공무원이 그 신청에 관하여 금품을 수수한 경우

⑬ **대법원 1973.12.11, 73도2526** 육군본부 진급심의위원회의 간부가 심사위원들의 진급판정을 보조하는 지위에 있으면서 장교의 진급에 관련하여 금원을 교부받은 경우

⑭ **대법원 1968.10.8, 68도1066** 폭행사건을 관대하게 처리하여 달라는 뜻으로 그 사건을 취급하는 검찰청 서기의 처에게 시가 430원 상당의 과자와 쇠고기를 공여한 것은 사교적 예의에 불과하다고 볼 수 없다.

≪뇌물죄가 부정되는 경우≫

① **대법원 2002.5.31, 2001도670** 국립대학교 교수가 부설연구소의 책임연구원의 지위에서 연구소 자체가 수주한 어업피해조사용역업무를 수행하는 것이 교육공무원의 직무에 해당한다고 볼 수 없다.

② **대법원 1980.10.14, 80도1373** 법원의 참여주사가 공판에 참여하여 양형에 관한

사항의 심리내용을 공판조서에 기재한다고 하더라도 이를 가지고 형사사건의 양형이 참여주사의 직무와 밀접한 관계가 있는 사무라고는 할 수 없으므로 참여주사가 양형을 감경케 하여 달라는 청탁과 함께 금품을 수수하였다고 하더라도 뇌물수수죄의 주체가 될 수 없다.

③ **대법원 1979.5.22, 78도296** 교육부 편수국 교육연구관이 발행자로부터 검정교과서의 내용검토와 개편 등을 의뢰받고 그에 소요되는 비용을 받은 경우

④ **대법원 1977.11.8, 77도2311** 모친 회갑축의금으로 금 2만원을 받은 경우

15. 다음 중 괄호 안의 범죄가 성립하지 않는 것을 모두 고르면? (판례에 의함)

㉠ 공무원이 부정한 청탁을 받지는 않았지만 직무와 관련하여 업자로 하여금 자신의 아들에게 금원을 주도록 하여 아들이 받은 경우 (수뢰죄의 간접정범)

㉡ 교통경찰관이 위반차량을 단속하였는데 위반차량의 운전자가 돈을 주면서 봐달라고 하는 것을 거절하고 경찰서로 연행하려 하자 주민등록증이 없는 여자 손님이 자진하여 정조를 제공하겠다고 하므로 정교를 하고 모두 불문에 붙인 경우 (직무유기죄와 수뢰죄)

㉢ 자기 자신의 이득을 취하기 위하여 공무원이 취급하는 사건 또는 사무에 관하여 청탁한다는 등의 명목으로 금품 등을 교부받은 경우 (증뢰물전달죄)

㉣ 경찰관이 재건축조합 직무대행자에 대한 진정사건을 수사하면서 진정인 측에 의하여 재건축 설계업체로 선정되기를 희망하던 건축사사무소 대표로부터 금원을 수수한 경우 (수뢰죄)

㉤ 육군본부 정보작전지원참모부에서 육군의 각 부대별 조직과 편성의 타당성을 검토하여 부대를 창설 또는 해체하는 등 조직의 구조와 기능을 진단·조정하는 업무를 담당하는 조직진단관으로 근무하는 3급 군무원이 장군진급심사를 앞두고 있던 자로부터 인사참모부 선발관리실장에게 부탁하여 장군진급이 되도록 하여 달라는 부탁을 받고 돈을 받은 경우 (알선수뢰죄)

① ㉢ ② ㉠ ㉣ ③ ㉡ ㉤
④ ㉢ ㉤ ⑤ ㉠ ㉡ ㉣ ⑥ ㉢ ㉣ ㉤

해설

㉠(○) 공무원이 공무원 아닌 자를 이용하여 뇌물을 수수한 때에는 수뢰죄의 간접정범이 된다.

㉡(○) 직무유기란 직무에 관한 의식적인 방임 내지 포기 등 정당한 이유 없이 직무를 수행하지 않는 경우를 말한다. 따라서 교통경찰관은 위반자를 경찰서에 연행하여야 함에도 불구하고 정당한 이유 없이 그 직무수행을 하지 않았으므로 직무유기죄가 성립하며, 이성간의 정교도 뇌물이고 여자 손님의 정조제공이 교통경찰관의 직무와 관련을 가진 것이므로 수뢰죄도 성립한다.

ⓒ(×) 공무원이 취급하는 사건 또는 사무에 관한 청탁을 받고 청탁 상대방인 공무원에게 제공할 금품을 받아 그 공무원에게 단순히 전달한 경우와는 달리, 자기 자신의 이득을 취하기 위하여 공무원이 취급하는 사건 또는 사무에 관하여 청탁한다는 등의 명목으로 금품 등을 교부받으면 그로써 곧 구 변호사법(1996.12.12. 개정 전의 법률) 제90조 1호 위반죄가 성립하고 이와 같은 경우에는 형법 제133조 2항 증뢰물전달죄는 성립할 여지가 없다(대법원 2006.11.24, 2005도5567).
ⓔ(○) 경찰관이 재건축조합 직무대행자에 대한 진정사건을 수사하면서 진정인측에 의하여 재건축 설계업체로 선정되기를 희망하던 건축사사무소 대표로부터 금원을 수수하였다면, 금원의 수수와 경찰공무원의 직무인 진정사건 수사와의 관련성을 배척할 수 없다(대법원 2007.4.27, 2005도4204).
ⓜ(×) 금원을 수수할 당시 자신의 지위를 이용하여 선발관리실장의 진급업무와 관련하여 사실상 영향을 줄 수 있는 관계에 있었다고 하기에 부족하다고 보아 무죄를 인정한 원심판결을 수긍하였다(대법원 2010.11.25, 2010도11460). 〈답 ④〉

16. 뇌물죄에 관한 설명 중 옳지 않은 것은? (다툼이 있는 경우에는 판례에 의함)

① 공무원이 직접 뇌물을 받지 아니하고 증뢰자로 하여금 다른 사람에게 뇌물을 공여하도록 한 경우라도 다른 사람이 공무원의 사자 또는 대리인으로서 뇌물을 받은 경우 등과 같이 사회통념상 다른 사람이 뇌물을 받은 것을 공무원이 직접 받은 것과 같이 평가할 수 있는 관계가 있는 경우에는 형법 제129조 1항 뇌물수수죄가 성립한다.

② 재건축추진위원장이 재건축조합의 조속한 설립인가를 위해 담당공무원에게 두 차례에 걸쳐 점심식사를 제공한 경우 뇌물공여죄가 성립하지 아니한다.

③ 어느 금품이 정치자금으로 수수되었다고 하더라도 그 실질에 있어 정치자금으로서의 성격을 띠는 동시에 뇌물로서의 성격을 아울러 갖게 되는 것이 반드시 불가능한 것은 아니다.

④ 직무행위에 대한 대가로서의 성질과 직무 외의 행위에 대한 사례로서의 성질이 불가분적으로 결합되어 있는 경우에는, 그 수수·요구 또는 약속한 금품 전부가 불가분적으로 직무행위에 대한 대가로서의 성질을 가진다.

⑤ 형법 제129조 내지 제132조에서 정한 '공무원'이란 국가공무원법과 지방공무원법상 공무원 및 다른 법률에 따라 위 규정들을 적용할 때 공무원으로 간주되는 자 외에 법령에 기하여 국가 또는 지방자치단체 및 이에 준하는 공법인의 사무에 종사하는 자로서 노무의 내용이 단순한 기계적·육체적인 것에 한정되어 있지 않은 자를 말한다.

해설

①(○) 대법원 2011.11.24, 2011도9585.

②(×) 공무원이 직무와 관련하여 금품을 수수하였다면 비록 사교적 의례의 형식을 빌려 금품을 주고받았다 하더라도 그 수수한 금품은 뇌물이 된다(대법원 2008.11.27, 2006도8779).
③④(○) 대법원 2012.1.12, 2011도12642.
⑤(○) 대법원 2011.3.10, 2010도14394. 〈답 ②〉

17. 뇌물죄에 관한 설명 중 옳지 않은 것은? (판례에 의함)

① 국회 정무위원회 수석전문위원이 그 소관 기관 등의 업무에 관한 청탁 또는 부탁을 받고 금품을 수수한 경우 알선수뢰죄에 해당한다.
② 공무원이 이익을 수수하는 것으로 인하여 사회일반으로부터 직무집행의 공정성을 의심받게 되는지 여부도 뇌물죄 성부의 판단기준이 된다.
③ 뇌물을 차용금 명목으로 수수하여도 뇌물죄가 성립한다.
④ 공무원이 직무에 관하여 타인을 기망하여 재물을 교부받은 경우에는 뇌물수수죄와 사기죄의 상상적 경합이 된다.
⑤ 공무원으로 의제되는 재건축조합 조합장이 재건축상가 일반분양분의 매수를 위한 청탁 명목으로 제공된다는 사정을 알면서 돈이 입금되어 있는 통장과 현금카드를 교부받았다면 뇌물수수죄가 성립한다.

해설

①(×) 국회 정무위원회 수석전문위원으로서 정무위원회 소관 기관에 대하여 상당한 영향력을 가진 피고인이 그 소관 기관 등의 업무에 관한 청탁 또는 부탁을 받고 금품을 수수한 경우 피고인의 행위는 자신의 직무이거나 그 직무와 밀접한 관계가 있는 행위라고 할 것이어서 형법 제129조의 수뢰죄에 해당한다(대법원 2010.12.23, 2010도10910).
②(○) 대법원 2001.9.18, 2000도5438.
③(○) 대법원 1977.6.7, 76도3662.
④(○) 대법원 1977.6.7, 77도1069.
⑤(○) 대법원 2010.12.23, 2010도13584(재건축상가 일반분양분의 매각은 조합장의 직무와 밀접한 관련이 있다). 〈답 ①〉

18. 뇌물에 대한 설명 중 옳지 않은 것은?

① 공무원으로서의 자신의 직무와는 무관하게 다른 공무원의 직무에 관하여 뇌물에 공할 목적의 금품이라는 정을 알고 이를 전달해준다는 명목으로 취득한 경우라면 제3자 뇌물취득죄가 성립된다.
② 판례에 의하면 뇌물죄와 관련한 직무의 범위 내지 권한은 상사의 명령에 의하여 소관 이외의 사무를 일시 대리할 경우의 직무를 포함한다.
③ 판례는 국회의원이 의정활동과 전체적·포괄적으로 대가관계가 있는 금원을 교부받았다면 금원수수가 어느 직무행위와 대가관계에 있는 것인

지 특정할 수 없다고 하더라도 국회의원의 직무에 관련된 것으로 보아야 한다고 판시하여 이른바 포괄적 뇌물개념을 인정하였다.

④ 국립대학교 의과대학 교수 겸 국립대학교병원 의사가 수감자의 처로부터 부탁을 받고 구치소로 왕진을 나가 수감자를 진료하고 진단서를 작성해 주거나 구속집행정지신청에 관한 법원의 사실조회에 대하여 회신을 해주는 일련의 구속집행정지와 관련한 과정에서 수감자의 처로부터 사례금 명목으로 돈을 받은 경우 뇌물수수죄가 성립한다.

⑤ 현재 도박범행의 수사 등에 관한 구체적인 사무를 담당하고 있지 아니한 교통계근무 경찰관이 도박장개설 및 도박범행을 묵인하고 편의를 봐주는 데 대한 사례비 명목으로 금품을 수수하고, 나아가 도박장개설 및 도박범행사실을 잘 알면서도 이를 단속하지 아니하면 수뢰후부정처사죄가 성립한다.

해설

①(○) 대법원 2002.6.14, 2002도1283.
②(○) 대법원 1998.2.27, 96도582.
③(○) 대법원 1997.12.26, 97도2609.
④(×) 대법원 2006.6.15, 2005도1420은 구치소로 왕진을 나가 진료하고 진단서를 작성해 주거나 법원의 사실조회에 대하여 회신을 해주는 것은 의사로서의 진료업무라고 보이고, 그것이 교육공무원인 국립대학교 의과대학 교수의 직무와 밀접한 관련 있는 행위라고는 할 수 없다는 이유로, 무죄를 선고한 원심의 조치를 수긍하였다.
⑤(○) 뇌물죄의 '직무'에는 법령에 정하여진 직무뿐만 아니라 그와 관련 있는 직무, 과거에 담당하였거나 장래에 담당할 직무 외에 사무분장에 따라 현실적으로 담당하지 않는 직무라도 법령상 일반적인 직무권한에 속하는 직무 등 공무원이 그 직위에 따라 공무로 담당할 일체의 직무를 포함한다(대법원 2003.6.13, 2003도1060). 〈답 ④〉

19. 알선수뢰죄에 관한 설명 중 옳은 것을 모두 고르면? (판례에 의함)

㉠ 알선수뢰죄의 '공무원이 그 지위를 이용하여'란 다른 공무원이 취급하는 사무처리에 법률상이나 사실상 영향력을 행사할 수 있는 관계에 있어야 하므로, 알선하는 공무원과 다른 공무원은 반드시 상하관계·협동관계·감독권한 등의 특수한 관계에 있어야 한다.

㉡ 친구관계나 친족관계를 이용하는 것도 알선수뢰죄에서의 '지위를 이용하여'에 해당한다.

㉢ 공무원의 지위에 있으면 충분하고 현실적으로 사인의 지위에서 알선하였다 하더라도 알선수뢰죄가 성립된다.

㉣ 당해 공무원이 적극적으로 그 지위를 이용할 필요는 없지만, 적어도 다른 공무원의 직무에 일반적 또는 구체적으로 영향을 미칠 수 있는 공무원일 것을 요한다.

ⓜ 알선자가 수수한 금품에 그 알선행위에 대한 대가로서의 성질과 그 외의 행위에 대한 대가로서의 성질이 불가분적으로 결합되어 있는 경우에는 그 전부가 불가분적으로 알선행위에 대한 대가로서의 성질을 가진다고 봄이 상당하다.

① ㉢ ② ㉠ ㉣ ③ ㉡ ㉤
④ ㉣ ㉤ ⑤ ㉠ ㉡ ㉢ ⑥ ㉢ ㉣ ㉤

해설

㉠(×)
㉡(×) '공무원이 그 지위를 이용하여'라 함은 친구, 친족관계 등 사적인 관계를 이용하는 경우에는 이에 해당한다고 할 수 없으나, 다른 공무원이 취급하는 사무의 처리에 법률상이거나 사실상으로 영향을 줄 수 있는 관계에 있는 공무원이 그 지위를 이용하는 경우에는 이에 해당하고, 그 사이에 상하관계, 협동관계, 감독권한 등의 특수한 관계가 있음을 요하지 않는다(대법원 2001.10.12, 99도5294).
㉢(×)
㉣(○) 공무원이 지위를 이용한다 함은 단순히 공무원의 신분만 있으면 족하다는 의미가 아니라 직무를 처리하는 공무원과 직무상 직접 또는 간접의 연관관계를 가지고 법률상 또는 사실상 영향을 미칠 수 있는 공무원일 것을 요한다(대법원 1983.6.14, 83도894).
㉤(○) 알선자가 수수한 금품에 그 알선행위에 대한 대가로서의 성질과 그 외의 행위에 대한 대가로서의 성질이 불가분적으로 결합되어 있는 경우에는 그 전부가 불가분적으로 알선행위에 대한 대가로서의 성질을 가진다고 봄이 상당하다(대법원 2012.4.13, 2010도9612).
〈답 ④〉

≪알선수뢰죄가 성립하는 경우≫

① **대법원 2001.10.12, 99도5294** 서울시 중구청장을 역임한 서울시 지역경제국장이, 자판기운영업자들이 계속 영업할 수 있도록 서울시 지하철공사 사장에게 청탁해달라는 부탁을 받고 금품과 향응을 받은 경우

② **대법원 1994.10.21, 94도852** 중부지방국세청 광명세무서장이 같은 지방국세청 재산국 제3부동산 조사담당관의 양도소득세 관련 세무조사 사무의 알선에 관하여 수뢰한 경우

③ **대법원 1993.7.13, 93도1056** 시청 지방세 세외수입계장이 전에 계장으로 근무한 바 있는 같은 시청 공단관리계의 직무의 알선에 관하여 뇌물을 수수한 경우

④ **대법원 1992.5.8, 92도532** 국민연금관리공단 서울지부장이 공단사옥 매수담당 총무부장, 회계과장 등에게 건물을 사옥으로 매입하도록 청탁하고 중개인으로부터 사례비를 받은 경우

⑤ **대법원 1990.7.27, 90도890** 지역경제계장이 직전에 자신이 계장으로 있던 지적과 지정계 직원에게 토지거래계약허가를 받도록 알선하고 뇌물을 교부받은 경우

⑥ **대법원 1989.12.26, 89도2018** 다른 세무서의 징세계장으로 근무하는 전임 징세계장은 후임 징세계장의 직무에 관하여 사실상의 영향력을 행사할 수 있는 지위에 있다.

⑦ **대법원 1989.9.12, 89도1297** 노동부 직업안정국 고용대책과장이 관계공무원에게 청탁하여 연예인 국외공급 사업허가를 받아달라는 부탁과 함께 금원을 교부받은 경우

⑧ **대법원 1969.8.26, 69도1120** 병무청 심리연구사보가 징병검사기피자로부터 출국절차를 원만히 해결해달라는 부탁을 받고 병무담당자에게 부탁하여 병종 불합격된 것으로 병적을 고쳐 정리하여 주겠다고 말하고 금원을 교부받은 경우

≪알선수뢰죄가 성립하지 않는 경우≫

① **대법원 1984.1.31, 83도3015** 군청 건설과 농림계 공무원은 도지사의 직무에 관하여 영향을 미칠 수 없으므로 알선수뢰죄가 성립하지 아니한다.

② **대법원 1982.6.8, 82도403** 검찰주사는 검사의 직무에 대하여 영향을 미칠 수 없으므로 알선수뢰죄는 성립하지 아니한다.

20. 뇌물죄에 관한 설명 중 옳지 않은 것은? (다툼이 있는 경우에는 판례에 의함)

① 공무원이 될 자가 청탁을 받고 뇌물을 수수한 다음 공무원이 되어 부정한 행위를 하면 수뢰후부정처사죄가 성립한다.

② 경찰청장으로서 모든 범죄수사에 관하여 직무상 또는 사실상의 영향력을 행사할 수 있는 지위에 있던 자가 1년에 3~4차례 정도 전화로 안부인사를 나눌 정도였던 자로부터 미화 2만 달러를 받은 것은 직무와 관련하여 뇌물로 수수한 것이다.

③ 공무원이 부정한 청탁을 받고 제3자에게 뇌물을 공여하게 하였으나 제3자가 뇌물을 수수하지 않은 경우에도 제3자 뇌물공여죄가 성립한다.

④ 시 · 도지사에 의하여 '○○위원회의 위원'으로 임명 또는 위촉된 자는 그때부터 수뢰죄의 주체인 공무원에 해당하게 되고, 특정 안건을 심의하기 위한 '○○위원회의 회의' 개최를 앞두고 위원장에 의하여 그 회의의 위원으로 지명된 때에 비로소 수뢰죄에 정한 '공무원'에 해당하게 되는 것은 아니다.

⑤ 구청 공무원이 유흥주점의 업주에게 '유흥주점 영업과 관련하여 생기면 다른 담당 공무원에게 부탁하여 도움을 주겠다'면서 그 대가로 금품을 요구한 당시 알선에 의하여 해결을 도모해야 할 현안이 존재하지 않았다면 알선뇌물요구죄가 성립하지 않는다.

해설

①(○) 사전수뢰죄의 경우에도 직무상 부정행위를 한 때에는 수뢰후부정처사죄가 성립한다.

②(○) 대법원 2010.4.29, 2010도1082.

④(○) 대법원 2009.2.12, 2007도2733.

⑤(×) 알선행위는 장래의 것이라도 무방하므로 알선뇌물요구죄가 성립하기 위하여는 뇌물을 요구할 당시 반드시 상대방에게 알선에 의하여 해결을 도모하여야 할 현안이 존재하여야 할 필요는 없다(대법원 2009.7.23, 2009도3924). 〈답 ⑤〉

21. 다음 (1)~(5)의 경우에 성립되는 범죄에 해당하지 않는 것을 <보기>에서 모두 고르면?

(1) 검사가 피의자로부터 돈을 받고 증거물을 압수하지 않았다.
(2) 시청 건설과에 임용이 예정된 상태에서 관내 건설업자로부터 '임용되면 적법한 직무범위 내에서 편의를 봐 달라'는 부탁과 함께 돈을 받은 후 건설과의 공무원으로 임용되었다.
(3) 지방법원장이 소속 법관의 직무에 관하여 금품을 받았다.
(4) 교통경찰관이 음주운전을 단속하던 중 적발한 음주운전자가 봐 달라고 하자 돈을 내놓지 않으면 연행하겠다고 위협하여 돈을 받아냈다.
(5) 국립대학 교수가 수험생 부모로부터 아들 A의 합격을 위해 입시담당자 B에게 부탁하여 점수를 올려달라는 부탁을 받고 B에게 줄 돈을 수령한 후 A의 점수를 알아보았는데, 합격점수에 이른 것을 확인하자 B에게 부탁하지 않고 그 돈을 돌려주었다.

〈보기〉

㉠ 수뢰죄	㉡ 사전수뢰죄	㉢ 알선수뢰죄
㉣ 수뢰후부정처사죄	㉤ 공갈죄	㉥ 증뢰물전달죄
㉦ 직무유기죄	㉧ 제3자 뇌물제공죄	

① ㉢ ㉧　② ㉥ ㉦　③ ㉦ ㉧
④ ㉡ ㉢ ㉧　⑤ ㉢ ㉦ ㉧　⑥ ㉥ ㉦ ㉧

해설

(1) 공무원 또는 중재인이 수뢰행위를 하였을 뿐만 아니라 더 나아가 부정한 행위를 한 때에는 수뢰후부정처사죄(㉣)에 해당한다(제131조 1항). 국가기능의 공정성이 구체적으로 위험에 처하게 되었다는 것을 고려하여 형을 가중한 것이다. 본죄의 부정한 행위는 작위·부작위를 불문한다. 따라서 수사기록의 일부를 파기·소각하거나 응찰자에게 예정가격을 보여 주는 경우나 회의에 참석하지 않는 경우에도 본죄가 성립할 수 있다. (2) 공무원이 될 자가 그 담당할 직무에 관하여 청탁을 받고 뇌물을 수수한 후에 공무원이 된 때에는 사전수뢰죄(㉡)가 성립한다(제129조 2항). (3) 공무원이 그 지위를 이용하여 다른 공무원의 직무에 속한 사항의 알선에 관하여 뇌물을 수수·요구 또는 약속한 때에는 알선수뢰죄(㉢)가 성립한다(제132조). 여기서 지위를 이용한다고 함은 적어도 당해 직무를 처리하는 공무원과 직무상 직접·간접의 연관관계를 가지고 법률상이거나 사실상이거나를 막론하고 어떠한 영향력을 미칠 수 있는 지위에 있을 것을 요한다(대법원 1982.6.8, 82도403). 지방법원장은 사법행정의 책임자로서 예하 법관에 대한 지휘·감독권을 보유한 이상 그 지휘는 예하 법관에 대하여 영향을 줄 수 있으므로 알선수뢰죄의 주체가 된다(대법원 1956.3.2, 4288형상179). (4) 공무원이 직무집행의 의사로 당해 직무와 관련하여 타인을 폭행 또는 협박하여 재물의 교부를 받았기 때문에 수뢰죄(㉠)와 공갈죄(㉤)의 상상적 경합이 된다. (5) 뇌물에 공할 목적으로 제3자에게 금품을 교부하거나 그 정을 알면서 교부받은 때에는 증뢰물전달죄(㉥)가 성립하며(제133조 2항), 제3자가 교부받은 금품을 수뢰할 사람에게 전달하지 아니하였다 하더라도 본죄의 성립에는 아무런 영향이 없다(대법원 1985.1.22, 84도1033). 따라서 ㉦㉧이 성립되지 않는다. 〈답 ③〉

22. 뇌물죄에 관한 설명 중 옳은 것을 모두 고른 것은? (다툼이 있는 경우에는 판례에 의함) <사시 2009년: 배점 2>

가. 뇌물로 공여된 당좌수표가 수수 후 부도가 되었다 하더라도 뇌물수수죄가 성립한다.
나. 뇌물죄의 가중처벌을 규정한 「특정범죄가중처벌등에관한법률」 제2조 1항의 적용여부를 가리는 수뢰액을 정함에 있어서는 그 공범자 전원의 수뢰액을 합한 금액을 기준으로 하여야 한다.
다. 공무원이 직무집행의 의사 없이 또는 직무처리와 대가적 관계없이 타인을 공갈하여 재물을 교부하게 한 경우에는 공갈죄만이 성립하고 따로 뇌물수수죄는 성립하지 않는다.
라. 뇌물의 내용에는 일체의 유형, 무형의 이익이 포함되므로 투기적 사업에 참여할 기회를 얻는 것도 이에 해당하며, 이 경우 그 기수시기는 투기적 사업에 참여하여 이익을 얻은 행위가 종료한 때로 보아야 한다.

① 가 나 ② 가 다 ③ 가 라
④ 나 다 ⑤ 나 라 ⑥ 다 라
⑦ 가 나 다 ⑧ 가 나 라

해설

가(○) 대법원 1983.2.22, 82도2964.
나(○) 대법원 1999.8.20, 99도1557.
다(○) 대법원 1994.12.22, 94도2528.
라(×) 공무원이 뇌물로 투기적 사업에 참여할 기회를 제공받은 경우, 뇌물수수죄의 기수시기는 투기적 사업에 참여하는 행위가 종료된 때로 보아야 하며, 그 행위가 종료된 후 경제사정의 변동 등으로 인하여 당초의 예상과는 달리 그 사업 참여로 아무런 이득을 얻지 못한 경우라도 뇌물수수죄의 성립에는 영향이 없다(대법원 2002.11.26, 2002도3539).

〈답 ⑦〉

23. 甲의 행위를 기술한 것 중 ( ) 안의 범죄가 성립하는 것끼리 짝지어진 것은? (다툼이 있는 경우에는 판례에 의함) <사시 2007년: 배점 3>

㉠ 공무원인 乙이 직무집행의 의사는 물론이고 직무처리와 대가적인 관계도 없이 甲을 공갈하여 甲은 어쩔 수 없이 乙이 공무원이라는 사실을 알고 재물을 교부한 경우 (증뢰죄)
㉡ 乙, 丙, 丁은 사전에 승부를 조작하는 사기도박을 하기로 모의하고 甲을 속여서 같이 도박에 참여시켜, 甲이 많은 돈을 잃은 경우 (도박죄)
㉢ 공무원 甲은 민원인인 乙로부터 직무와 관련하여 거액의 뇌물을 수수하여 자신의 계좌에 예금시켰으나 막상 받아 놓고 보니 액수가 예상한 것보다 너무 많아서 은행에서 수수한 금액과 동일한 액수를 수

표로 인출하여 그 다음날 乙에게 돌려준 경우 (수뢰죄)

㉣ 공사에 근무하는 과장급 이상의 고위직에 한해서 뇌물죄의 주체가 되는 공무원으로 취급하는 특별법에 의해서 과장급 이상인 고위직에 있는 乙과 과장급이 아닌 하위직에 있는 甲이 공동하여 뇌물을 받은 경우 (수뢰죄의 공동정범)

㉤ 甲은 토지를 공유하고 있던 타 공유자가 이미 사망하였음에도 마치 자신이 타 공유자로부터 토지지분을 매입한 것처럼 법원을 기망하여 그를 상대로 매매를 원인으로 하는 소유권이전청구의 소를 제기하였다. 재판결과 승소한 甲이 해당 토지를 자신의 명의로 등기까지 완료한 경우 (사기죄의 불능미수)

㉥ 재건축조합 조합장 甲이 조합장 개인을 위하여 자신의 위법행위에 관한 형사사건의 변호인을 선임하는 데 있어서 자신이 보관하는 재건축조합의 자금으로 자신의 변호사 비용을 지출하였다. 위 형사사건의 변호사 선임료를 지출함에 있어 이사 및 대의원회의 승인을 받았을 경우 (업무상 횡령죄)

① ㉠ ㉢ ② ㉡ ㉣ ③ ㉢ ㉣
④ ㉢ ㉤ ⑤ ㉣ ㉤ ⑥ ㉤ ㉥

해설

㉠(×) 공무원이 직무집행의 의사 없이 또는 직무처리와 대가적 관계없이 타인을 공갈하여 재물을 교부하게 한 경우에는 공갈죄만이 성립하고, 이러한 경우 재물의 교부자가 공무원의 해악의 고지로 인하여 외포의 결과 금품을 제공한 것이라면 그는 공갈죄의 피해자가 될 것이고 뇌물공여죄는 성립할 수 없다(대법원 1994.12.22, 94도2528).

㉡(×) 사기도박의 경우에 사기죄만이 성립하고 도박죄는 성립하지 아니한다(대법원 1960.11.16, 4293형상743).

㉢(○) 일단 영득의 의사로 뇌물을 수수하였지만 액수가 너무 많아서 나중에 반환할 의사로 보관하였다 하더라도 뇌물죄의 성립에는 영향이 없다(대법원 1992.2.28, 91도3364).

㉣(○) 정부관리기업체의 과장대리급 이상이 아닌 직원도 다른 과장대리급 이상인 직원들과 함께 뇌물수수죄의 공동정범이 될 수 있다(대법원 1992.8.14, 91도3191).

㉤(×) 소송사기에 있어서 피기망자인 법원의 재판은 피해자의 처분행위에 갈음하는 내용과 효력이 있는 것이어야 하고, 그렇지 아니하는 경우에는 착오에 의한 재물의 교부행위가 있다고 할 수 없어서 사기죄는 성립되지 아니한다고 할 것이므로, 피고인의 제소가 사망한 자를 상대로 한 것이라면 사망한 자에 대한 판결은 그 내용에 따른 효력이 생기지 아니하여 상속인에게 그 효력이 미치지 아니하고 따라서 사기죄를 구성한다고 할 수 없고 소송사기죄의 불능미수에 해당한다고 볼 수도 없다(대법원 2002.1.11, 2000도1881).

㉥(○) 재건축조합 조합장이 조합장 개인을 위하여 자신의 위법행위에 관한 형사사건의 변호인을 선임하는 것을 재건축조합의 업무라고 볼 수 없으므로, 그가 재건축조합의 자금으로 자신의 변호사 비용을 지출하였다면 이는 횡령에 해당하고, 위 형사사건의 변호사 선임료를 지출함에 있어 이사 및 대의원회의 승인을 받았다 하여도 재건축조합의 업무집행과 무관한 조합장 개인의 형사사건을 위하여 변호사 선임료를 지출하는 것이 위법한 이상 위 승인은 내재적 한계를 벗어나는 것으로서 횡령죄의 성립에 영향을 미치지 아

니한다(대법원 2006.10.26, 2004도6280). 〈답 ③〉

24. 다음 중 옳지 않은 것을 모두 고르면? (다툼이 있는 경우에는 판례에 의함)

㉠ 집행관사무소의 사무원은 공무원으로 취급되는 집행관에게 채용되어 업무를 보조하는 자에 불과할 뿐, 그를 대신하거나 그와 독립하여 집행에 관한 업무를 수행하는 자의 지위에 있지는 않으나 집행관을 보조하여 담당하는 사무의 성질이 국가의 사무에 준하는 측면이 있으므로 형법 제129조 내지 제132조에서 정한 '공무원'에 해당한다.
㉡ 알선의뢰인이 알선수재자에게 알선의 대가를 형식적으로 체결한 고용계약에 터잡아 급여의 형식으로 지급한 경우에, 알선수재액은 명목상의 급여액이 아니라 원천징수된 근로소득세 등을 제외하고 알선수재자가 실제 지급받은 금액으로 보아야 한다.
㉢ 뇌물수수죄의 뇌물의 '약속'은 양 당사자의 뇌물수수의 합의를 말하고, 여기에서 '합의'란 그 방법에 아무런 제한이 없고 명시적일 필요도 없으며, 장래 공무원의 직무와 관련하여 뇌물을 수고받겠다는 양 당사자의 의사표시가 확정적으로 합치하여야 하는 것도 아니다.
㉣ 해양수산부 해운정책과 소속 공무원이 해운회사의 대표이사에게서 중국의 선박운항허가 담당부서가 관장하는 중국 국적선사의 선박에 대한 운항허가를 받을 수 있도록 노력해 달라는 부탁을 받고 돈을 받은 경우 뇌물수수죄가 성립한다.

① ㉠ ㉣ ② ㉡ ㉢ ③ ㉡ ㉣
④ ㉠ ㉢ ㉣ ⑤ ㉠ ㉡ ㉢ ㉣

해설

㉠(×) 공무원으로 취급되는 집행관의 지위와 비슷한 면이 있기는 하지만, '지방법원에 소속되어 법률이 정하는 바에 따라 재판의 집행, 서류의 송달 그 밖에 법령에 따른 사무에 종사'하는 집행관(집행관법 제2조)과 달리 그에게 채용되어 업무를 보조하는 자에 불과할 뿐(같은 규칙 제21조 1항), 그를 대신하거나 그와 독립하여 집행에 관한 업무를 수행하는 자의 지위에 있지는 않다. 그리고 피고인에게 불리한 형벌법규의 유추적용은 엄격히 제한되어야 한다는 점 등에 비추어 보면, 집행관사무소의 사무원이 집행관을 보조하여 담당하는 사무의 성질이 국가의 사무에 준하는 측면이 있다는 사정만으로는 형법 제129조 내지 제132조 및 구 변호사법 제111조에서 정한 '공무원'에 해당한다고 보기 어렵다(대법원 2011.3.10, 2010도14394).
㉡(○) 대법원 2012.6.14, 2012도534.
㉢(×) 형법 제129조의 구성요건인 뇌물의 '약속'은 양 당사자의 뇌물수수의 합의를 말하고, 여기에서 '합의'란 그 방법에 아무런 제한이 없고 명시적일 필요도 없지만, 장래 공무원의 직무와 관련하여 뇌물을 주고 받겠다는 양 당사자의 의사표시가 확정적으로 합치하여야 한다(대법원 2012.11.15, 2012도9417).
㉣(×) 관련 규정에 의하면 해운정책과 업무에는 대한민국 국적선사의 선박에 관한 것만

포함되어 있을 뿐 외국 국적선사의 선박에 대한 행정처분에 관한 것은 포함되어 있지 않고, 또한 외국 국적선사의 선박에 대한 구체적인 행정처분은, 해운정책과 소속 공무원에게 이를 좌우할 수 있는 어떠한 영향력이 있다고 할 수도 없어 해운정책과 소속 공무원의 직무와 밀접한 관계에 있는 행위라거나 또는 그가 관여하는 행위에 해당한다고 볼 수 없으므로, 직무관련성이 없어 뇌물수수죄가 성립하지 않는다(대법원 2011.5.26, 2009도2453). 〈답 ④〉

25. 뇌물의 몰수와 추징에 관한 설명 중 옳은 것을 모두 고르면? (판례에 의함)

㉠ 수수한 뇌물의 액수를 특정할 수 없다고 판단한 이상, 추징을 선고하여서는 안 된다.
㉡ 피고인이 뇌물로 받은 돈을 그 후 다른 사람에게 다시 뇌물로 공여한 경우에도 피고인으로부터 그 수뢰액 전부를 추징하여야 한다.
㉢ 뇌물의 몰수가 불가능한 때에 추징하여야 할 가액의 산정은 재판선고시의 가격을 기준으로 하여야 한다.
㉣ 피고인이 뇌물로 받은 주식이 압수되어 있지 않고 주주명부상 피고인의 배우자 명의로 등재되어 있으며, 배우자는 몰수의 선고를 받은 자가 아니라면 주식을 몰수하는 대신 그 가액을 추징할 수 있다.
㉤ 피고인이 증뢰자와 함께 향응을 하고 증뢰자가 이에 소요되는 금원을 지출한 경우에는 증뢰자가 소비한 비용도 결국 증뢰에 따른 비용으로 지출된 것이므로 이를 모두 피고인의 수뢰액으로 인정하여 그 가액을 추징하여야 한다.

① ㉢ ㉣ ② ㉠ ㉡ ㉣ ③ ㉡ ㉢ ㉣
④ ㉠ ㉡ ㉢ ㉣ ⑤ ㉠ ㉡ ㉢ ㉤ ⑥ ㉡ ㉢ ㉣ ㉤

해설

㉠(○) 대법원 2009.8.20, 2009도4391(추징을 함에 있어서도 그 추징의 대상이 되는 뇌물의 액수를 특정할 수 없는 경우에 해당)과 일치한다.
㉡(○) 금품을 받을 당시부터 그 금품을 그와 같이 사용하기로 예정되어 있었기 때문에 그와 같이 사용한 것이 아니라 범인이 독자적인 판단에 따라 경비로 사용한 것이라면, 이는 범인이 받은 돈을 소비하는 방법에 지나지 아니하므로 그 금액 역시 범인으로부터 추징하여야 한다(대법원 1999.5.11, 99도963).
㉢(○) 대법원 1991.5.28, 91도352와 일치한다.
㉣(○) 피고인이 뇌물로 받은 주식이 압수되어 있지 않고 주주명부상 피고인의 배우자 명의로 등재되어 있으며, 위 배우자는 몰수의 선고를 받은 자가 아니어서 그에 대해서는 몰수물의 제출을 명할 수도 없고, 몰수를 선고한 판결의 효력도 미치지 않는 등의 이유로 위 주식을 몰수함이 상당하지 아니하다고 보아 몰수하는 대신 그 가액을 추징할 수 있다(대법원 2005.10.28, 2005도5822).
㉤(×) 피고인이 증뢰자와 함께 향응을 하고 증뢰자가 이에 소요되는 금액을 지출한 경우에 피고인의 수뢰액을 인정함에 있어서는 먼저 피고인의 접대에 요한 비용과 증뢰자가 소비한 비용을 가려내어 전자의 액수를 피고인의 수뢰액으로 하여야 하고, 만약 각자에

요한 비용액이 불명일 때에는 이를 평등하게 분할한 액을 가지고 피고인의 수뢰액으로 인정해야 한다(대법원 2001.10.12, 99도5294). 〈답 ④〉

26. 공무원 甲은 모건설회사 사장 乙로부터 업무와 관련하여 청탁을 하기 위해 식사를 같이 하자는 요청을 받고 이에 응하여 친구인 丙과 함께 乙로부터 200만원 상당의 식사와 술을 대접받았다. 이때 乙은 자신의 회사 상무인 丁과 같이 동석하였다. 乙은 이 자리에서 甲에게 100만원짜리 자기앞수표 10장을 뇌물로 제공하였으며, 甲은 그 금액이 지나치게 많은 것을 알고 어느 정도의 대가를 지불하려고 생각하던 중, 乙에게 200만원 상당의 도자기를 선물하였다. 한편 甲은 혼자서는 乙의 청탁을 들어주기가 곤란하다고 스스로 판단하고, 그 업무를 처리하는 공무원 戊에게 300만원을 전달하였으며, 후에 이러한 사실이 알려져 문제가 되자 자신의 은행계좌에서 현금 500만원을 인출하여 乙에게 돌려주었다. 이 경우 甲으로부터 몰수 또는 추징할 금액의 합계는? (다툼이 있는 경우에는 판례에 의함) <사시 2006년>

① 700만원 ② 800만원 ③ 900만원
④ 1,050만원 ⑤ 1,100만원

해설

(1) 먼저 향응을 받은 경우의 추징액을 본다. 피고인이 증뢰자와 함께 향응을 하고 증뢰자가 이에 소요되는 금원을 지출한 경우 먼저 피고인의 접대에 요한 비용과 증뢰자가 소비한 비용을 가려내어 전자의 수액을 가지고 피고인의 수뢰액으로 하여야 하고 만일 각자에 요한 비용액이 불명일 때에는 이를 평등하게 분할한 액을 가지고 피고인의 수뢰액으로 인정하여야 할 것이고, 피고인이 향응을 제공받는 자리에 피고인 스스로 제3자를 초대하여 함께 접대를 받은 경우에는, 그 제3자가 피고인과는 별도의 지위에서 접대를 받는 공무원이라는 등의 특별한 사정이 없는 한 그 제3자의 접대에 요한 비용도 피고인의 접대에 요한 비용에 포함시켜 피고인의 수뢰액으로 보아야 한다(대법원 2001.10.12, 99도5294). 따라서 향응과 관련하여 甲으로부터 추징할 금액은 자신의 친구가 대접받은 비용까지 포함하여 100만원이다. (2) 다음으로 뇌물로 받은 1,000만원을 나중에 되돌려 준 경우의 추징액을 본다. ㉠ 도자기를 선물한 것은 뇌물 그 자체의 반환이 아니므로 수뢰액에서 공제되지 않는다. ㉡ 공무원의 직무에 속한 사항의 알선에 관하여 금품을 받고 그 금품 중의 일부를 받은 취지에 따라 청탁과 관련하여 관계 공무원에게 뇌물로 공여하거나 다른 알선행위자에게 청탁의 명목으로 교부한 경우에는 그 부분의 이익은 실질적으로 범인에게 귀속된 것이 아니어서 이를 제외한 나머지 금품만을 몰수하거나 그 가액을 추징하여야 하지만(대법원 2002.6.14, 2002도1283), 뇌물로 받은 돈을 다른 사람에게 다시 뇌물로 공여한 것은 수뢰한 돈을 소비하는 방법에 지나지 아니하므로 피고인으로부터 그 수뢰액 전부를 추징하여야 한다(대법원 1986.11.25, 86도1951). ㉢ 뇌물로 받은 돈을 은행에 예금한 후 수뢰자가 같은 액수의 돈을 증뢰자에게 반환하였다 하더라도 이를 뇌물 그 자체의 반환으로 볼 수 없으니 이러한 경우에는 수뢰자로부터 그 가액을 추징하여야 한다(대법원 1996.10.25, 96도2022). 따라서 1,000만원 모두 甲으로부터 추징하여야 한다. 결국 甲으로부터 향응비용 100만원과 자기앞수표 수뢰액 1,000만원을 합한 1,100만원을 추징하여야 한다. 〈답 ⑤〉

27. 뇌물죄에 관련된 몰수 및 추징에 관한 사례 설명 중 옳은 내용을 모두 고른 것은? (다툼이 있는 경우에는 판례에 의함) <사시 2009년: 배점 3>

ㄱ. 공무원인 甲이 乙로부터 1,000만원을 뇌물로 받아 그 중 500만원을 술을 마시느라 소비하고 나머지 500만원을 은행에 예금해 두었다가 이를 인출하여 乙에게 반환한 경우 甲으로부터 500만원을 추징하고 乙로부터 500만원을 몰수 또는 추징한다.
ㄴ. 공무원인 甲이 乙로부터 1,000만원을 뇌물로 받은 후 뇌물 액수가 과다하다고 판단하여 그 중 500만원을 그대로 乙에게 돌려준 경우 甲과 乙로부터 각각 500만원을 몰수 또는 추징한다.
ㄷ. 공무원인 甲이 乙로부터 같은 관공서에 근무하는 丙의 직무에 관한 사항의 알선에 관하여 1,000만원을 받고 그 취지에 따라 그 중 300만원을 丙에게 乙의 청탁과 관련하여 다시 뇌물로 공여한 경우, 甲으로부터 700만원을, 丙으로부터 300만원을 각각 몰수 또는 추징한다.
ㄹ. 공무원인 甲이 乙로부터 뇌물로 1,000만원을 받고 甲의 고등학교 동창생인 A, B를 불러 4명이 함께 골프를 치고 술을 마심으로써 乙로 하여금 400만원을 추가로 지출하게 하였을 경우 甲으로부터 합계 1,100만원{1,000만원 + 100만원(400만원×1/4)}을 몰수 또는 추징한다.

① ㄱ ② ㄴ ③ ㄷ
④ ㄹ ⑤ ㄱ ㄷ ⑥ ㄱ ㄹ
⑦ ㄴ ㄷ ⑧ ㄴ ㄹ

해설

ㄱ(×) 뇌물로 받은 돈을 은행에 예금한 경우 그 예금행위는 뇌물의 처분행위에 해당하므로 그 후 수뢰자가 같은 액수의 돈을 증뢰자에게 반환하였다 하더라도 이를 뇌물 그 자체의 반환으로 볼 수 없으니 이러한 경우에는 수뢰자로부터 그 가액을 추징하여야 한다(대법원 1996.10.25, 96도2022). 따라서 甲이 500만원을 예금한 것은 뇌물의 처분행위에 해당하고 예금을 인출하여 500만원을 반환하였다고 하더라도 뇌물 그 자체의 반환으로 볼 수 없으므로 소비한 500만원뿐만 아니라 예금한 500만원 부분도 추징의 대상이 되어 1,000만원 전부를 추징하여야 한다.
ㄴ(○) 영득의 의사로 뇌물을 수령한 이상 후에 이를 반환하였다고 하더라도 뇌물죄의 성립에는 영향이 없다(대법원 2007.3.29, 2006도9182). 甲은 1,000만원에 대한 수뢰죄의 죄책을 지지만 증뢰자에게 반환한 때는 증뢰자로부터 몰수·추징해야 하므로 500만원은 乙로부터 몰수 또는 추징하고 나머지 500만원은 甲으로부터 몰수 또는 추징하여야 한다.
ㄷ(○) 공무원의 직무에 속한 사항의 알선에 관하여 금품을 받고 그 금품 중의 일부를 받은 취지에 따라 청탁과 관련하여 관계 공무원에게 뇌물로 공여하거나 다른 알선행위자에게 청탁의 명목으로 교부한 경우에는 그 부분의 이익은 실질적으로 범인에게 귀속된 것이 아니어서 이를 제외한 나머지 금품만을 몰수하거나 그 가액을 추징하여야 한다(대법원 2002.6.14, 2002도1283). 따라서 甲이 乙로부터 받은 1,000만원 중 丙에게 뇌물로 공여한 300만원은 丙으로부터 몰수 또는 추징하고 이를 제외한 나머지 700만원은 甲으로부터 몰수 또는 추징하여야 한다.

ㄹ(×) 각자에 요한 비용액이 불명일 때에는 이를 평등하게 분할한 액을 가지고 피고인의 수뢰액으로 인정하여야 할 것이고, 피고인이 향응을 제공받는 자리에 피고인 스스로 제3자를 초대하여 함께 접대를 받은 경우에는, 그 제3자가 피고인과는 별도의 지위에서 접대를 받는 공무원이라는 등의 특별한 사정이 없는 한 그 제3자의 접대에 요한 비용도 피고인의 접대에 요한 비용에 포함시켜 피고인의 수뢰액으로 보아야 한다(대법원 2001.10.12, 99도5294). 甲이 乙로부터 수뢰한 1,000만원은 甲으로부터 몰수 또는 추징하여야 한다. 그리고 골프와 향응에 관련된 甲의 수뢰액을 인정함에 있어서는 400만원을 평등하게 분할한 비용액(각 100만원) 중 A, B의 접대비용도 甲의 접대비용에 포함시켜 甲의 수뢰액으로 보아야 하므로 400만원의 3/4인 300만원을 甲의 수뢰액으로 보아야 한다. 따라서 甲으로부터 합계 1,300만원을 몰수 또는 추징하여야 한다. 〈답 ⑦〉

28. 甲은 乙과 공모하여 A에게 승용차대금 명목으로 1,400만원을 뇌물로 제공할 것을 약속하였고, 또 乙, 丙, 丁과 공모하여 A에게 100만원짜리 자기앞수표 10장을 뇌물로 제공하기로 뇌물공여의 의사표시를 한 경우 甲으로부터 추징할 금액은? (자기앞수표 10장은 공범 중 누가 보관하고 있다가 몰수불능에 이르렀는지 분명하지 않음) (판례에 의함)

① 2,400만원 ② 950만원 ③ 700만원
④ 600만원 ⑤ 250만원

✍ **해설**

형법 제134조는 뇌물에 공할 금품을 필요적으로 몰수하고 이를 몰수하기 불가능한 때에는 그 가액을 추징하도록 규정하고 있는바, 몰수는 특정된 물건에 대한 것이고 추징은 본래 몰수할 수 있었음을 전제로 하는 것임에 비추어 뇌물에 공할 금품이 특정되지 않았던 것은 몰수할 수 없고 그 가액을 추징할 수도 없다. 따라서 자기앞수표 10장은 일단 특정되어 범행에 제공된 뒤 공범들 중 누가 보관하고 있다가 몰수불능에 이르렀는지가 분명하지 않아 그 가액을 공범들에게 균분하여 추징할 수밖에 없으므로, 피고인으로부터 그 가액을 균분한 금 250만원을 추징한 것은 정당하다 할 것이지만, 한편 뇌물로 약속된 승용차대금 명목의 금품은 특정되지 않아 이를 몰수할 수 없었으므로 그 가액을 추징할 수 없다(대법원 1996.5.8, 96도221). 〈답 ⑤〉

29. 뇌물죄에 있어서 몰수·추징의 범위에 관한 판례의 태도를 설명한 것이다. 옳지 않은 것을 모두 고르면?

㉠ 금품의 무상차용을 통하여 범인이 받은 부정한 이익은 그로 인한 금융이익 상당액이므로 추징의 대상이 되는 것은 무상으로 대여받은 금품 그 자체가 아니라 위 금융이익 상당액이다.
㉡ 공무원이 향응을 받는 자리에 스스로 제3자를 초대한 때에는 제3자의 접대비용은 수뢰자의 추징액에서 제외된다.
㉢ 공무원이 뇌물을 받음에 있어서 비용의 일부를 출연한 때에는 비용을 제외한 금액을 수뢰자로부터 몰수 또는 추징해야 한다.
㉣ 수수한 돈에 직무관련성이 있는 업무에 대한 대가의 성질과 직무관

련성이 없는 업무에 대한 사례의 성질이 불가분적으로 결합되어 구분이 객관적으로 불가능하다면 비율적 방법으로 직무관련성이 있는 업무와 대가관계에 있는 수뢰액을 추산하여 추징할 수 있다.

① ㉢ ② ㉠ ㉢ ③ ㉡ ㉢
④ ㉢ ㉣ ⑤ ㉡ ㉢ ㉣

해설

㉠(○) 대법원 2008.9.25, 2008도2590.
㉡(×) 제3자가 피고인과는 별도의 지위에서 접대를 받는 공무원이라는 등의 특별한 사정이 없는 한 그 제3자의 접대에 요한 비용도 피고인의 접대에 요한 비용에 포함시켜 피고인의 수뢰액으로 보아야 한다(대법원 2001.10.12, 99도5294).
㉢(×) 공무원이 뇌물을 받음에 있어서 그 취득을 위하여 상대방에게 이익의 일부를 비용의 명목으로 출연하거나 그 밖에 경제적 이익을 제공한 때에는, 이는 뇌물을 받는 데 지출한 부수적 비용에 불과하다고 보아야 할 것이므로 몰수·추징에 있어서는 그 받은 뇌물 자체를 몰수하여야 한다(대법원 1999.10.8, 99도1638).
㉣(×) 구분이 객관적으로 불가능하다면 추징을 아예 하지 않거나, 그렇지 않고 추징을 할 것이라면 직무관련성이 있는 수뢰액을 특정하여 그에 따라 적용법조 및 추징액을 결정하였어야 하는데도, 단지 양자의 구분이 어렵다는 이유로 명확한 근거도 없이 비율적 방법으로 직무관련성이 있는 업무와 대가관계에 있는 수뢰액을 추산하여 추징한 원심판단에 수뢰액의 산정과 추징에 관한 법리오해 및 심리미진의 위법이 있다(대법원 2011.5.26, 2009도2453).

〈답 ⑤〉

30. 아래 <사례> 에서 피고인 甲, 乙, 丙, 丁에 대한 공소사실이 모두 유죄로 인정되는 경우 ㉠~㉥ 중 몰수·추징에 관하여 옳은 것을 모두 고른 것은?
(다툼이 있는 경우에는 판례에 의함) <사시 2007년: 배점 4>

〈사례〉
甲은 乙의 집에 침입하여 그 집 부엌에 있던 과도(증 제1호)를 乙에게 들이대면서 돈을 내어 놓으라고 협박하여 반항을 억압한 후 금품을 강취하려고 하였으나 乙의 가족들이 돌아오는 소리가 나자 범행을 포기하고 도주하였다. 甲은 범행에 실패하고 홧김에 술을 마시고 차를 운전하던 중 경찰관인 丙에게 음주운전으로 단속되자 이를 눈감아 달라고 하면서 10만원권 자기앞수표 20장을 그에게 교부하였고, 이에 丙은 甲의 음주운전 사건을 입건하지 않았다. 丙은 위와 같이 뇌물로 교부받은 자기앞수표 중 10장은 동료들과 회식하면서 모두 소비하였고, 나머지 10장(증 제2호)은 뇌물수수 혐의에 대한 수사가 개시된 후 따로 마련한 현금 100만원과 함께 甲에게 반환하였다. 한편 변호사가 아닌 丁은 丙이 위 뇌물수수건으로 고민하는 것을 알고는 접근한 다음, 자신이 관할 검찰청에 근무하는 직원 중 잘 아는 戊가 있다며 그를 통하여 담당 검사에게 청탁하여 기소유예로 사건이 종결될 수 있도록 도와주겠다며 그 명목으로 현금 500만원을 요구하여 丙으로부터 이를 교부받아 그 중 200만원은 실제로 위와 같은 취지로 청탁하며 戊에게 교부하였고, 나머지 300만원은 자신의 유흥비 등으로 모두 소비하였다. 그 후 일이 뜻대로 잘 풀릴 것 같지 않자 우선 자신이 따로 100만원권 자기앞수표 3장(증 제3호)으로 300만원을 마련하여 丙에게 반환하였다.

증 제1호와 증 제2호는 甲이 소지하고 있다가, 증 제3호는 丙이 소지하고 있다가 수사과정에서 모두 압수되었고, 甲에 대하여는 특수강도미수죄, 뇌물공여죄로, 丙에 대하여는 수뢰후부정처사죄, 丁에 대하여는 변호사법 위반죄로 모두 유죄판결이 선고되었다.

㉠ 증 제1호를 甲으로부터 몰수할 수 있다.
㉡ 증 제2호를 甲으로부터 몰수하여야 한다.
㉢ 증 제3호를 丙으로부터 몰수하여야 한다.
㉣ 甲으로부터 100만원을 추징하여야 한다.
㉤ 丁으로부터 300만원을 추징하여야 한다.
㉥ 丙으로부터 200만원을 추징하여야 한다.

① ㉠ ㉥ ② ㉡ ㉤ ③ ㉠ ㉡ ㉢
④ ㉢ ㉣ ㉥ ⑤ ㉠ ㉡ ㉣ ㉤ ⑥ ㉡ ㉢ ㉣ ㉤
⑦ ㉠ ㉡ ㉢ ㉤ ㉥ ⑧ ㉠ ㉢ ㉣ ㉤ ㉥

해설

㉠(×) 과도(증 제1호)는 강도행위에 제공한 물건이지만 범인 이외의 자인 피해자의 소유에 속하므로 몰수할 수 없다.
㉡(○) 뇌물인 10만원권 자기앞수표 20장은 필요적 몰수의 대상(제134조)인데, 수뢰자가 뇌물 그 자체를 반환한 10만원권 자기앞수표 10장(증 제2호)은 증뢰자인 甲으로부터 몰수하여야 한다(대법원 1984.2.28, 83도2783).
㉢(×) 100만원권 자기앞수표 3장(증 제3호)은 필요적 몰수·추징의 대상이 아니며, 丁으로부터 300만원을 추징하여야 한다(㉤ 설명 참조).
㉣(×) 수뢰자가 뇌물을 소비한 후 그와 같은 액수의 금원을 증뢰자에게 반환한 경우에는 수뢰자로부터 그 가액을 추징하여야 하므로(대법원 1986.10.14, 86도1189) 丙으로부터 100만원을 추징하여야 한다.
㉤(○) 피해자로부터 교제비로 받은 금원을 그대로 반환한 것이 아니고 그 금원을 일단 소비한 뒤 받은 금원 상당의 금원을 반환하였다면 받은 금액 자체를 몰수할 수 없어 그 금액 상당의 금원을 피고인으로부터 추징할 수밖에 없으므로(대법원 1986.11.11, 86도1713), 丁으로부터 300만원을 추징하여야 한다.
㉥(×) 변호사법 제116조에 의하면, 제109조 1호의 죄를 범한 자 또는 그 정을 아는 제3자가 받은 금품 기타 이익에 대한 몰수·추징은 필요적이다. 그런데 변호사법 제116조의 몰수·추징도 형법 제134조의 몰수·추징과 동일하게 '금품 기타 이익을 받은 자로부터 이를 박탈하여 그들로 하여금 부정한 이익을 보유하지 못하게 함에 그 목적이 있는 것'이므로(대법원 1999.4.9, 98도4374), '공무원의 직무에 속한 사항의 알선에 관하여 금품을 받고 그 금품 중의 일부를 받은 취지에 따라 청탁과 관련하여 관계 공무원에게 뇌물로

공여하거나 다른 알선행위자에게 청탁의 명목으로 교부한 경우에는 그 부분의 이익은 실질적으로 범인에게 귀속된 것이 아니어서 이를 제외한 나머지 금품만을 몰수하거나 그 가액을 추징하여야 한다'는 판례(대법원 2002.6.14, 2002도1283)에 의해 丁이 받은 500만원 중 받은 취지에 따라 청탁하며 戊에게 교부한 200만원은 丙이나 丁으로부터 몰수·추징할 수 없다. 또한 수뢰후부정처사죄와 관련해서는 丙으로부터 100만원을 추징하여야 한다(㉣ 설명 참조). 〈답 ②〉

① **대법원 2006.11.23, 2005도3255** 변호사가 형사사건 피고인으로부터 담당 판사에 대한 교제 명목으로 받은 돈의 일부를 공동변호 명목으로 다른 변호사에게 지급한 경우, 이는 변호사법위반으로 취득한 재물의 소비방법에 불과하므로 위 돈을 추징에서 제외할 수 없다.

② **대법원 2000.5.26, 2000도440** 변호사를 선임하여 주겠다는 명목이 아니라 판사, 검사에게 청탁하여 석방시켜 주겠다는 명목으로 돈을 받은 이상 그 중 일부를 변호사 선임비로 사용하였다 하더라도 이는 변호사법위반으로 취득한 재물의 소비방법에 불과하므로 변호사 선임비로 사용한 금액 상당을 추징액에서 제외할 수는 없다.

31. 뇌물죄에 관한 다음 설명 중 옳은 것(○)과 옳지 않은 것(×)을 올바르게 조합한 것은? (다툼이 있는 경우에는 판례에 의함) <사시 2008년: 배점 3>

가. 뇌물죄에서 말하는 직무에는 법령에 정하여진 직무뿐만 아니라 그와 관련 있는 직무를 포함하나, 과거에 담당하였던 직무는 포함되지 않는다.
나. 공무원인 甲이 먼저 뇌물 200만원을 요구하였는데 증뢰자로부터 당초 요구액보다 훨씬 많은 2,000만원을 영득의 의사로 제공받았다면, 그 액수가 예상한 것보다 너무 많은 액수여서 2주 뒤에 이를 반환하였다고 하더라도 2,000만원 전부에 대하여 뇌물수수죄가 성립한다.
다. 甲이 뇌물로 제공할 목적으로 乙에게 금품을 교부하였다면 乙이 수뢰할 사람에게 금품을 전달하지 않았다고 하더라도 甲에게는 제3자 뇌물교부죄가 성립한다.
라. 수뢰자가 자기앞수표를 뇌물로 받아 이를 소비한 후 자기앞수표 상당액을 증뢰자에게 반환하였다면 증뢰자로부터 그 가액을 추징하여야 한다.
마. 甲이 A로부터 공무원의 직무에 속한 사항의 알선에 관하여 1,000만원을 받고 그 중 일부인 500만원을 받은 취지에 따라 청탁과 관련하여 관계 공무원 B에게 뇌물로 공여한 경우에는 甲으로부터 애초에 받은 금원 전부인 1,000만원을 몰수하거나 추징하여야 한다.

① 가(○) 나(○) 다(○) 라(×) 마(×)
② 가(×) 나(○) 다(×) 라(○) 마(○)
③ 가(○) 나(×) 다(○) 라(○) 마(×)

④ 가(○) 나(×) 다(×) 라(○) 마(×)
⑤ 가(○) 나(×) 다(×) 라(×) 마(○)
⑥ 가(×) 나(×) 다(×) 라(○) 마(○)
⑦ 가(×) 나(○) 다(○) 라(×) 마(×)
⑧ 가(×) 나(○) 다(○) 라(×) 마(○)

해설

가(×) 뇌물죄에서 말하는 '직무'에는 법령에 정하여진 직무뿐만 아니라 그와 관련 있는 직무, 과거에 담당하였거나 장래에 담당할 직무 외에 사무분장에 따라 현실적으로 담당하지 않는 직무라도 법령상 일반적인 직무권한에 속하는 직무 등 공무원이 그 직위에 따라 공무로 담당할 일체의 직무를 포함한다(대법원 2003.6.13, 2003도1060).
나(○) 뇌물을 수수한다는 것은 영득의 의사로 금품을 수수하는 것을 말하므로, 뇌물인지 모르고 이를 수수하였다가 뇌물임을 알고 즉시 반환하거나, 증뢰자가 일방적으로 뇌물을 두고 가므로 후일 기회를 보아 반환할 의사로 어쩔 수 없이 일시 보관하다가 반환하는 등 그 영득의 의사가 없었다고 인정되는 경우라면 뇌물을 수수하였다고 할 수 없겠지만, 피고인이 먼저 뇌물을 요구하여 증뢰자가 제공하는 돈을 받았다면 피고인에게는 받은 돈 전부에 대한 영득의 의사가 인정된다고 하지 않을 수 없고, 이처럼 영득의 의사로 뇌물을 수령한 이상 그 액수가 피고인이 예상한 것보다 너무 많은 액수여서 후에 이를 반환하였다고 하더라도 뇌물죄의 성립에는 영향이 없다(대법원 2007.3.29, 2006도9182).
다(○) 대법원 2002.6.14, 2002도1283의 내용이다.
라(×) 뇌물 그 자체를 반환한 것은 아니므로 이를 몰수할 수 없고 수뢰자로부터 그 가액을 추징하여야 한다(대법원 1999.1.29, 98도3584).
마(×) 형법 제134조의 규정에 의한 필요적 몰수 또는 추징은, 범인이 취득한 당해 재산을 범인으로부터 박탈하여 범인으로 하여금 부정한 이익을 보유하지 못하게 함에 그 목적이 있는 것으로서, 공무원의 직무에 속한 사항의 알선에 관하여 금품을 받고 그 금품 중의 일부를 받은 취지에 따라 청탁과 관련하여 관계 공무원에게 뇌물로 공여하거나 다른 알선행위자에게 청탁의 명목으로 교부한 경우에는 그 부분의 이익은 실질적으로 범인에게 귀속된 것이 아니어서 이를 제외한 나머지 금품만을 몰수하거나 그 가액을 추징하여야 한다(대법원 2002.6.14, 2002도1283). 〈답 ⑦〉

32. 뇌물죄에 관한 설명 중 옳지 않은 것은? (다툼이 있는 경우에는 판례에 의함)
<변호사 2012년>

① 자기앞수표를 뇌물로 받아 모두 소비한 후 액면 상당의 현금을 증뢰자에게 반환한 경우에도 수뢰자로부터 그 가액을 추징하여야 한다.
② 공무원이 투기적 사업에 참여할 기회를 뇌물로 제공받아 실제 참여하였으나 경제 사정의 변동 등으로 인하여 당초의 예상과는 달리 그 사업 참여로 인한 아무런 이득을 얻지 못한 경우에도 뇌물수수죄가 성립한다.
③ 공무원이 직접 뇌물을 받지 아니하고 증뢰자로 하여금 공무원 자신의 채권자에게 뇌물을 공여하도록 하여 공무원이 그만큼 지출을 면하게 되는 경우에는 뇌물수수죄가 아니라 제3자뇌물제공죄가 성립한다.

④ 증뢰물전달죄는 증뢰자나 수뢰자가 아닌 제3자가 증뢰자로부터 수뢰할 사람에게 전달될 금품이라는 정을 알면서 그 금품을 받으면 성립하고, 그 금품을 전달하였는지 여부는 증뢰물전달죄의 성립에 영향이 없다.

⑤ 뇌물공여죄가 성립되기 위해서는 반드시 상대방 측에서 뇌물수수죄가 성립되어야 할 필요는 없다.

해설

①(○) 대법원 1999.1.29, 98도3584(뇌물 그 자체를 반환한 것은 아니므로).

②(○) 대법원 2002.5.10, 2000도2251(뇌물수수죄의 기수 시기는 투기적 사업에 참여하는 행위가 종료된 때).

③(×) 공무원이 직접 뇌물을 받지 아니하고, 증뢰자로 하여금 다른 사람에게 뇌물을 공여하도록 하고 그 다른 사람으로 하여금 뇌물을 받도록 한 경우라 할지라도 그 다른 사람이 공무원의 사자 또는 대리인으로서 뇌물을 받은 경우나 그 밖에 예컨대 평소 공무원이 그 다른 사람의 생활비 등을 부담하고 있었다거나 혹은 그 다른 사람에 대하여 채무를 부담하고 있었다는 등의 사정이 있어서 그 다른 사람이 뇌물을 받음으로써 공무원은 그만큼 지출을 면하게 되는 경우 등 사회통념상 그 다른 사람이 뇌물을 받은 것을 공무원이 직접 받은 것과 같이 평가할 수 있는 관계가 있는 경우에는 형법 제129조 1항의 단순수뢰죄가 성립한다(대법원 1998.9.22, 98도1234).

④(○) 대법원 1997.9.5, 97도1572.

⑤(○) 대법원 1987.12.22, 87도1699. 〈답 ③〉

33. 다음 설명 중 옳은 것은? (다툼이 있는 경우에는 판례에 의함)

<사시 2012년: 배점 2>

① 공무원이 직무와 관련하여 뇌물수수를 약속하고 퇴직 후 이를 수수하는 경우에도 뇌물약속과 뇌물수수가 시간적으로 근접하여 연속되어 있다면 뇌물수수죄가 성립한다.

② 오로지 공무원을 함정에 빠뜨릴 의사로 직무와 관련되었다는 형식을 빌려 그 공무원에게 금품을 공여한 경우에도 공무원이 그 금품을 직무와 관련하여 수수한다는 의사를 가지고 받아들이면 뇌물수수죄가 성립한다.

③ 구청장이 구청 관내의 공사 인·허가와 관련하여 건설회사로부터 부정한 청탁을 받고 경로당 누각을 구(區)에 기부채납하게 한 경우, 뇌물수수죄가 성립할 수 있음은 별론으로 하더라도 구청장은 구(區)를 대표하는 지위에 있어 구(區)는 제3자뇌물수수죄의 제3자가 될 수 없으므로 제3자뇌물수수죄가 성립하지 않는다.

④ 뇌물죄에서 '직무'에는 공무원이 법령상 관장하는 직무 및 직무와 밀접한 관계가 있는 행위가 포함되나, 관례상이나 사실상 소관하는 직무행위 및 결정권자를 보좌하거나 영향을 줄 수 있는 행위는 제외된다.

⑤ 수뢰자가 증뢰자로부터 10만원권 자기앞수표로 3,000만원을 교부받아

모두 소비한 후 증뢰자에게 다른 돈으로 3,000만원 및 이에 대한 이자를 반환하였다면 증뢰자로부터 3,000만원을 몰수하여야 한다.

해설

①(×) 뇌물수수죄는 공무원 또는 중재인이 그 직무에 관하여 뇌물을 수수한 때에 성립하는 것이어서 그 주체는 현재 공무원 또는 중재인의 직에 있는 자에 한정되므로, 뇌물약속과 뇌물수수가 시간적으로 근접하여 연속되어 있다고 하더라도, 뇌물약속죄 및 사후수뢰죄가 성립할 수 있음은 별론으로 하고, 뇌물수수죄는 성립하지 않는다(대법원 2008.2.1, 2007도5190).

②(○) 대법원 2008.3.13, 2007도10804.

③(×) 공무원인 지방자치단체장이 직무에 관하여 부정한 청탁을 받고 지방자치단체에 금품을 제공하게 하였다면 공무원 개인이 금품을 취득한 경우와 동일시할 수는 없고 그 공무원이 단체를 대표하는 지위에 있는 경우에도 마찬가지여서 형법 제130조의 제3자뇌물제공죄가 성립할 수 있으므로, 기부채납 재산을 취득한 지방자치단체인 구는 '제3자뇌물제공죄의 제3자'가 될 수 없다고 판단한 것은 잘못이다(대법원 2011.4.14, 2010도12313).

④(×) 형법 제129조에서 직무라 함은 공무원이 법령상 관장하는 직무 그 자체뿐만 아니라 그 직무와 밀접한 관계가 있는 행위 또는 관례상이나 사실상 소관하는 직무행위 및 결정권자를 보좌하거나 영향을 줄 수 있는 직무행위를 포함한다(대법원 2010.12.23, 2010도10910).

⑤(×) 뇌물 그 자체를 반환한 것은 아니므로 이를 몰수할 수 없고 수뢰자로부터 그 가액을 추징하여야 할 것이다(대법원 1999.1.29, 98도3584). 〈답 ②〉

34. 국가적 법익에 대한 죄에 관한 설명 중 옳은 것은? (다툼이 있는 경우에는 판례에 의함) <사시 2013년: 배점 2>

① 사전수뢰죄에서 '공무원 또는 중재인이 될 자'란 공무원 또는 중재인이 될 것이 예정되어 있는 자를 말하며 공직취임에 대하여 어느 정도 개연성을 갖추었더라도 그 가능성이 확실하지 않은 경우는 포함되지 않는다.

② 뇌물의 내용인 이익이라 함은 금전, 물품 기타의 재산적 이익뿐만 아니라 사람의 수요·욕망을 충족시키기에 족한 일체의 유형·무형의 이익을 포함하는데, 이는 개인적 법익에 대한 죄인 배임수재죄의 재산상 이익과 내용이 같다.

③ 공무원이 예전에 자신의 부하로 근무한 자의 직무에 관한 사항에 대해 알선하고 그 대가로 일정한 이익을 취득한 경우 그 부하가 취급하는 업무처리에 사실상 영향력을 행사할 수 있는 지위에 있다면 그 부하가 이미 부서를 옮겨 가서 상하관계나 협동관계에 있지 않더라도, 공무원에게 알선수뢰죄가 성립한다.

④ 직권남용권리행사방해죄의 직권남용이란 공무원이 그의 일반적 권한에 속하는 사항에 관하여 그것을 불법하게 행사하는 것으로 세무공무원이 세금미납자를 감금하는 것은 직권남용권리행사방해죄에 해당한다.

⑤ 수의계약을 체결하는 공무원이 공사업자와 계약금액을 부풀려서 계약하고 부풀린 금액을 자신이 되돌려 받기로 사전에 약정한 다음 그에 따라 계약을 체결한 후 부풀린 금액을 공사업자로부터 수수하였다면 부정처사후수뢰죄가 성립한다.

해설

①(×) 형법 제129조 2항에 정한 '공무원 또는 중재인이 될 자'란 공무원채용시험에 합격하여 발령을 대기하고 있는 자 또는 선거에 의해 당선이 확정된 자 등 공무원 또는 중재인이 될 것이 예정되어 있는 자뿐만 아니라 공직취임의 가능성이 확실하지는 않더라도 어느 정도의 개연성을 갖춘 자를 포함한다(대법원 2010.5.13, 2009도7040).
②(×) 뇌물의 내용인 이익이라 함은 금전, 물품 기타의 재산적 이익뿐만 아니라 사람의 수요 욕망을 충족시키기에 족한 일체의 유형, 무형의 이익을 포함(대법원 2011.7.28, 2009도9122)하지만, 배임수재죄의 재산상 이익은 재산적 가치가 있는 이익을 말하므로, 양자는 다르다.
③(○) 대법원 2006.4.27, 2006도735.
④(×) 직권남용권리행사방해죄의 '직권남용'이란 공무원이 일반적 직무권한에 속하는 사항을 불법하게 행사하는 것, 즉 형식적 · 외형적으로는 직무집행으로 보이나 실질은 정당한 권한 이외의 행위를 하는 경우를 의미한다(대법원 2012.1.27, 2010도11884). 세무공무원이 세금미납자를 감금하는 것은 그의 직무권한에 속하지 않으므로 직권남용에 해당하지 않는다.
⑤(×) 수수한 돈은 성격상 뇌물이 아니고 횡령금에 해당된다(대법원 2007.10.12, 2005도7112).
〈답 ③〉

제2절 공무방해에 관한 죄

1. 공무집행방해죄에 대한 설명 중 옳지 않은 것을 모두 고르면?

㉠ 직무행위는 당해 공무원의 추상적 직무권한에 속하면 충분하며, 구체적으로도 그 권한 내에 있어야 하는 것은 아니다.
㉡ 공무원의 직무의 집행은 다소라도 강제적인 성질의 것이라야 한다.
㉢ 물건에 대한 유형력의 행사라도 그것이 간접적으로 공무원에 대한 폭행으로 볼 수 있으면 충분하다.
㉣ 공무원의 직무집행이 현실적으로 방해되었음을 요하지 않으며, 폭행 · 협박이 가해짐으로써 곧 기수에 이른다.
㉤ 주관적 요건으로 공무원의 직무의 집행을 방해할 의사가 있어야 한다.

① ㉠ ㉡ ② ㉡ ㉣ ③ ㉡ ㉤
④ ㉠ ㉡ ㉤ ⑤ ㉢ ㉣ ㉤

해설

㉠(×) 공무원의 직무집행이 적법하다고 하기 위하여는 행위가 당해 공무원의 추상적 직

무권한에 속할 뿐만 아니라 구체적 권한에 속해야 한다.
㉡(×) 직무의 집행이란 널리 공무원이 직무상 취급할 수 있는 사무를 행하는 것을 말하므로 직무집행이 강제적 성질을 가질 필요는 없다.
㉢(○) 본죄의 폭행은 광의의 폭행으로서 사람에 대한 직접·간접의 유형력의 행사이면 족하므로 직접적으로는 물건에 대한 폭행이라 하더라도 간접적으로 공무원에 대한 폭행으로 볼 수 있는 경우에는 본죄의 폭행에 해당한다. 따라서 파출소 사무실 바닥에 인분을 뿌리고 재털이에 인분을 담아 바닥에 던지는 것도 공무원에 대한 폭행에 해당한다(대법원 1981.3.24, 81도326).
㉣(○) 본죄는 추상적 위험범이므로 직무집행의 방해라는 결과가 발생하였을 것을 요하지 않는다.
㉤(×) 주관적 요건으로는 직무를 집행하는 공무원에 대하여 폭행·협박한다는 사실에 대한 인식만 있으면 족하며, 특히 방해의 의사를 필요로 하지 않는다. 〈답 ④〉

2. 다음 중 공무집행방해죄가 성립할 수 없는 경우를 모두 고르면?

㉠ 파출소 바닥에 인분을 뿌렸다.
㉡ 집행관이 데리고 있는 인부를 폭행하였다.
㉢ 공무원이 들어오지 못하게 맹견을 풀었다.
㉣ 공무원이 들어오려는데 문을 열어 주지 않았다.
㉤ 직무집행을 하기 위하여 대기하고 있는 공무원을 폭행하였다.
㉥ 일하기 위하여 출근하고 있는 공무원을 폭행하였다.
㉦ 사무실에 앉아 쉬고 있는 공무원을 폭행하였다.

① ㉣ ㉥ ② ㉠ ㉢ ㉣ ③ ㉡ ㉢ ㉣
④ ㉣ ㉤ ㉥ ⑤ ㉠ ㉢ ㉣ ㉥ ⑥ ㉢ ㉣ ㉤ ㉥

해설

㉣ 공무집행방해죄의 폭행·협박은 적극적인 행위에 의할 것을 요한다. 따라서 소극적인 거동이나 불복종, 예컨대 공무원의 출입을 막기 위하여 문을 열어 주지 않는 경우나 풀려진 맹견을 묶지 않는 경우 또는 체포를 방해하기 위하여 앉아 있거나 누워 있는 것만으로는 폭행에 해당한다고 할 수 없다. ㉤㉦ 공무집행 중이거나 집무시간 중에 정석에 착석하고 있는 경우, 직무집행을 대기하고 있는 경우, 일시 휴식하고 있는 경우와 같이 공무집행 중이라고 볼 만한 근접한 행위가 있으면 직무집행에 포함될 수 있다. 그러나 ㉥의 경우처럼 단순히 직무집행이 예상된다는 것만으로는 직무집행에 해당한다고 할 수 없다. 〈답 ①〉

3. 공무집행방해죄가 성립하지 않는 경우는?

① 甲은 세무조사를 면하기 위하여 조사하러 나온 세무서원 乙을 구타하였다. 당시 乙은 신분증을 소지하지 않았으나, 甲도 신분증의 제시를 요구하지 않았다.
② 甲은 깡패인 丙이 경찰관 乙에 의하여 체포되어 수갑이 채워지려는 것

을 보고, 丙을 잡아당겨 乙로부터 도망하게 하였다.
③ 甲은 乙경찰서에서 다음날 자신의 일당을 수사하려는 것을 알고 그 전날 밤 수사에 사용하는 차의 타이어를 펑크내었다.
④ 甲은 경찰관이 압수하여 가는 장부를 탈취하여 도망하였다.
⑤ 甲은 공무를 집행 중인 경찰관을 향하여 돌멩이를 던졌으나 옆에 있는 사람을 맞추었을 뿐이었다.

해설

①(○) 乙의 직무행위는 적법하다.
②④(○) 乙에 대한 간접적인 폭행에 해당한다.
③(×) 수사에 사용할 차를 펑크내는 것만으로는 직무를 집행하는 공무원에게 폭행 또는 협박하였다고 할 수 없다. 물건에 대한 유형력의 행사도 공무원에 대한 것으로 볼 수 있을 때에는 본죄의 폭행에 해당하나, 직무집행과 접착되어 있을 것을 요한다.
⑤(○) 본죄는 공무원에 대하여 폭행 또는 협박을 하면 완성된다. 〈답 ③〉

4. 공무집행방해죄에 대한 설명으로 옳지 않은 것은? (판례에 의함)
① 음주운전을 하다가 경찰관에게 발각되었는데, 경찰관이 실력으로 경찰서로 끌고 가려고 하자 경찰관을 때리고 도주한 경우 공무집행방해죄는 성립하지 않는다.
② 불법주차차량에 스티커를 붙였다가 장애인 차량임을 알고 이를 떼어 낸 직후의 주차단속 공무원을 폭행한 경우 폭행 당시 이미 주차단속업무는 종료된 시점이므로 공무집행방해죄에 해당하지 않는다.
③ 피의자에 대한 구속영장을 소지하였다 하여도 체포 당시 피의자에게 범죄사실의 요지, 체포의 이유 및 변호인을 선임할 권리 등을 고지하지 않고 실력으로 연행하려 하는 경찰관에게 피의자가 반항하며 폭행한 것은 공무집행방해죄에 해당하지 아니한다.
④ 국민기초생활 보장법상 '자활근로자'로 선정되어 주민자치센터 사회복지담당 공무원의 복지도우미로 근무하는 사람을 협박하여 그 직무집행을 방해한 경우 공무집행방해죄는 성립하지 않는다.
⑤ 화물자동차 운송주선사업자가 관할 행정청에 주기적으로 허가기준에 관한 사항을 신고하는 과정에서 가장납입에 의하여 발급받은 허위의 예금잔액증명서를 제출하여 허가를 받은 경우 위계에 의한 공무집행방해죄는 성립하지 않는다.

해설

①(○) 경찰관이 경찰서에 끌고 가려고 한 것은 음주측정을 하기 위한 것일 뿐 음주운전이나 음주측정거부의 현행범인으로 체포하려고 한 것인지 불명확할 뿐만 아니라 체포의 절차를 거치지 않았으므로 적법한 직무집행이라고 할 수 없다(대법원 1994.10.25, 94도

2283). 따라서 공무집행방해죄는 성립하지 아니하며, 폭행죄도 정당방위에 의하여 위법성이 조각된다.
②(×) 공무집행방해죄에 있어서 '직무를 집행하는'이란 직무수행에 직접 필요한 행위를 현실적으로 하고 있는 경우뿐만 아니라 직무수행을 위하여 근무 중인 상태도 포함한다(대법원 1999.9.21, 99도383).
③(○) 직무집행의 적법성은 법령이 정한 방식과 절차에 따를 것을 요하므로 현행범인이나 긴급체포의 요건이 갖추어진 때에도 체포 또는 구속과정에 적법한 절차를 거치지 않으면 적법한 직무집행이라고 할 수 없다(대법원 1996.12.23, 96도2673).
④(○) 공무원으로서 공무를 담당하고 있었다고 볼 수 없다(대법원 2011.1.27, 2010도14484).
⑤(○) 위 신고는 행정청의 단순한 접수나 형식적 심사를 거친 수리 외에 신고에 대응한 어떠한 적극적·실질적 행정작용에 나아갈 것이 예정되어 있다고 볼 수 없을 뿐 아니라, 행정청이 신고내용의 진실성이나 첨부자료의 취지를 제대로 따져보지 않아 추가 조사를 통한 적정한 관리감독권의 행사에 나아가지 않았더라도 이를 신고인의 위계에 의한 방해의 결과로 볼 수 없어 위계에 의한 공무집행방해죄가 성립한다고 볼 수 없다(대법원 2011.8.25, 2010도7033). 〈답 ②〉

대법원 1999.9.21, 99도383 공무집행방해죄에 있어서 '직무를 집행하는'이라 함은 공무원이 직무수행에 필요한 행위를 현실적으로 행하고 있는 때만을 가리키는 것이 아니라 공무원이 직무수행을 위하여 근무 중인 상태에 있는 때를 포함한다 할 것이고, 직무의 성질에 따라서는 그 직무수행의 과정을 개별적으로 분리하여 부분적으로 각각의 종료와 개시를 논하는 것이 부적절하고 여러 종류의 행위를 포괄하여 일련의 직무수행으로 파악함이 상당한 경우가 있다. 그러므로 불법주차 차량에 불법주차 스티커를 붙였다가 이를 다시 떼어 낸 직후에 있는 주차단속 공무원을 폭행한 경우, 폭행 당시 주차단속 공무원은 일련의 직무수행을 위하여 근무 중인 상태에 있었다고 보아야 할 것이므로 공무집행방해죄가 성립한다.

5. 甲에게 공무집행방해죄가 성립하는 경우를 모두 조합한 것은? (판례에 의함)

㉠ 甲은 음주측정을 요구받고 지시에 따라 플래쉬봉에 입김을 3회 불었으나 음주 여부를 확인할 수 없다고 하여 다시 음주측정기로 검사하자고 하는 경찰관 乙을 폭행하였다.
㉡ 甲은 경범죄를 범하고 있는 현장을 발각한 경찰관 乙이 연행하려고 하자 乙을 폭행하였다.
㉢ 甲은 경찰관 乙이 다음날 자신을 수사하는 것을 막기 위하여 사무실에서 다른 사람과 잡담하고 있는 乙을 폭행하였다.
㉣ 甲은 경찰서에서 사기죄로 조사를 받고 있던 중 경찰관 乙이 아무런 설명 없이 보호실에 유치하려고 하자 乙을 폭행하였다.
㉤ 불심검문 중 동의를 하고 경찰서까지 동행한 자가 경찰관의 조사받기를 거부하고 경찰서에서 나가려고 하였는데, 경찰관이 제지하자 이에 항거하여 경찰관을 폭행하고 경찰서를 빠져나왔다.
㉥ 형사가 체포대상자를 영장에 의해 체포하려고 하자 체포대상자의 동

> 생이 선량한 형을 체포하는 것은 불법이라고 단정하고 이유를 따졌으나 불응하므로 형사의 머리 부위를 잡고 시비하는 도중, 체포대상자가 곤봉으로 형사를 구타하여 상해를 가하고 도주하였다.

① ㉠ ㉢ ② ㉡ ㉤ ③ ㉢ ㉣
④ ㉤ ㉥ ⑤ ㉠ ㉣ ㉥

해설

공무집행방해죄는 적법한 공무집행을 전제로 하며, 공무집행이 적법하기 위하여는 행위가 당해 공무원의 추상적 직무권한에 속할 뿐만 아니라 구체적으로도 그 권한 내에 속하여야 하고, 또 직무행위로서의 중요한 방식을 갖추어야 한다.
㉠㉢ 공무집행방해죄가 성립한다. ㉠ 경찰관이 재차 음주측정을 요구하였다고 하여 직무집행이 부적법하다고 할 수 없고(대법원 1992.4.28, 92도220), ㉢ 직무집행 중 일시 휴식하고 있는 경우에도 직무집행 중이라고 볼 만한 근접한 행위라고 볼 수 있기 때문이다.
㉡ 법정형이 5만원 이하의 벌금, 구류 또는 과료에 해당하는 경미한 범죄의 현행범을 강제로 연행하려고 하는 경찰관의 행위는 적법한 공무집행이라고 볼 수 없다(대법원 1992.5.22, 92도506). ㉣ 보호실에 유치되는 사람은 구금을 받는 결과가 되므로 구속영장을 발부받음이 없이 보호실에 유치한 행위는 영장주의에 위배되는 위법한 구금으로 적법한 공무수행이라 할 수 없다(대법원 1994.3.11, 93도958). ㉤ 임의동행은 상대방의 동의 또는 승낙을 그 요건으로 하는 것이므로 경찰관으로부터 임의동행 요구를 받은 경우 상대방은 이를 거절할 수 있을 뿐만 아니라 임의동행 후 언제든지 경찰관서에서 퇴거할 자유가 있다 할 것이고, 경찰관직무집행법 제3조 6항이 임의동행한 경우 당해인을 6시간을 초과하여 경찰관서에 머물게 할 수 없다고 규정하고 있다고 하여 그 규정이 임의동행한 자를 6시간 동안 경찰관서에 구금하는 것을 허용하는 것은 아니다(대법원 1997.8.22, 97도1240). ㉥ 체포하려는 형사는 범죄사실의 요지, 체포의 이유와 변호인을 선임할 수 있음을 말하고 변명할 기회를 준 후가 아니면 체포할 수 없으므로(형사소송법 제200조의5), 형사의 행위는 적법한 공무집행행위라고 할 수 없다(대법원 2006.11.23, 2006도2732). 따라서 공무집행방해죄는 성립하지 아니하고, 상해죄만 성립한다. 도주원조죄는 법률에 의하여 구금된 자를 탈취하거나 도주하게 하는 경우에 성립하므로, 설문의 경우에는 성립할 여지가 없다. 〈답 ①〉

6. 공무집행방해죄가 성립하는 경우를 모두 열거한 것은? (판례에 의함)

> ㉠ 파출소로 임의동행할 것을 요구하는 경찰관을 폭행하였다.
> ㉡ 주최 또는 참가행위가 형사처벌의 대상이 되는 위법한 집회 · 시위에 참가하기 위하여 시간적 · 장소적으로 근접하지 않은 다른 지역에서 출발 또는 이동하는 행위를 함부로 제지하는 경찰관을 폭행하였다.
> ㉢ 운전 중 운전면허증의 제시를 요구하는 교통경찰관을 폭행하였다.
> ㉣ 참고인조사를 받는 줄 알고 자진출석한 변호사 사무장이 조사 중 합리적 근거 없이 긴급체포하겠다는 검사를 폭행하였다.

① ㉠ ㉢ ② ㉡ ㉢ ③ ㉡ ㉣

④ ㉠ ㉡ ㉢ ⑤ ㉠ ㉢ ㉣

해설

㉠(○) 경찰관은 임의동행을 요구할 수 있다(대법원 1970.9.17, 70도1391).
㉡(×) 시간적 · 장소적으로 근접하지 않은 다른 지역에서 그 집회 · 시위에 참가하기 위하여 출발 또는 이동하는 행위를 함부로 제지하는 것은 경찰관직무집행법 제6조 1항의 행정상 즉시강제인 경찰관의 제지의 범위를 명백히 넘어 허용될 수 없으므로 이러한 제지행위는 공무집행방해죄의 보호대상이 되는 공무원의 적법한 직무집행이 아니다(대법원 2008.11.13, 2007도9794).
㉢(○) 교통경찰관이 운전자에게 면허증제시를 요구하는 것은 적법한 직무집행이다(대법원 1994.9.27, 94도886).
㉣(×) 검사나 사법경찰관이 수사기관에 자진출석한 사람을 긴급체포의 요건을 갖추지 못하였음에도 실력으로 체포하려고 하였다면 적법한 공무집행이라고 할 수 없고, 자진출석한 사람이 검사나 사법경찰관에 대하여 이를 거부하는 방법으로써 폭행을 하였다고 하여 공무집행방해죄가 성립하는 것은 아니다(대법원 2006.9.8, 2006도148). 〈답 ①〉

7. 다음 중 판례의 태도와 부합하지 않는 것은?

① 공무집행방해죄에 있어서의 폭행 · 협박은 성질상 공무원의 직무집행을 방해할 만한 정도의 것이어야 하므로, 경미하여 공무원이 개의치 않을 정도의 것이라면 여기의 폭행 · 협박에는 해당하지 아니한다.
② 甲은 부당해고를 항의하며 회사 앞길을 점거하고 농성을 하여 도로교통법 제68조 3항에 의하여 20만원 이하의 벌금이나 구류 또는 과료에 처하는 행위를 하고 있었다. 경찰관 乙은 甲이 현행범인일 뿐만 아니라 교통단속을 위해서도 甲을 경찰서에 데려가야 하겠다고 생각하고 甲을 연행하려고 하였던바, 甲은 乙을 때리고 도주하였다. 甲의 행위는 공무집행방해죄에 해당하지 않는다.
③ 교육인적자원부 장관이 약학대학 학제개편에 관한 공청회를 개최하면서 행정절차법상 통지절차를 위반하였더라도, 위 공청회 개최업무는 공무집행방해죄의 보호대상인 '적법한 공무집행'에 해당한다.
④ 경찰서 내 대기실로서 일반인과 면회인 및 경찰관이 수시로 출입하는 곳이고 여닫이문만 열면 나갈 수 있도록 된 구조라면, 즉결심판 피의자의 정당한 귀가요청을 거절한 채 다음날 즉결심판법정이 열릴 때까지 피의자를 보호실에 강제유치시키려고 함으로써 즉결피의자 대기실에 10~20분 동안 있게 한 행위는 불법감금에 해당하지 않는다.
⑤ 부동산강제집행효용침해죄에 있어 '강제집행으로 명도 또는 인도된 부동산'에는 퇴거집행된 부동산이 포함된다.

해설

①(○) 대법원 2007.6.1, 2006도4449의 내용이다.

②(○) 50만원 이하의 벌금이나 구류 또는 과료에 처하는 행위에 대하여는 현행범인이라 할지라도 범인의 주거가 불명일 때가 아니면 현행범인으로서 영장 없이 체포할 수 없고(형사소송법 제214조), 범죄의 사전진압이나 교통단속을 이유로 강제로 연행할 수도 없으므로 乙의 행위는 적법한 공무집행이 될 수 없다(대법원 1992.5.22, 92도506).
③(○) 대법원 2007.10.12, 2007도6088의 내용이다.
④(×) 즉결심판 피의자를 보호실에 유치하는 것은 불법감금죄에 해당한다(대법원 1997.6.13, 97도877).
⑤(○) 대법원 2003.5.13, 2001도3212의 내용이다. 〈답 ④〉

8. 다음은 공무집행방해죄에 있어서 직무집행의 적법성의 체계적 지위에 관한 학설 및 이에 따른 적법성의 착오에 대한 처리와 그 견해에 대한 비판을 적은 것이다. 바르게 연결된 것은?

〈학설〉
㉮ 처벌조건설 ㉯ 위법성조각사유설 ㉰ 구성요건요소설

〈적법성에 대한 착오의 해결〉
ⓐ 적법성에 대한 착오는 위법성의 착오로서 형법 제16조에 의하여 해결한다.
ⓑ 적법성에 대한 착오는 사실의 착오로서 고의를 조각한다.
ⓒ 적법성의 인식은 고의의 내용이 아니며, 그 착오는 범죄의 성립에 영향이 없다.

〈학설에 대한 비판〉
㉠ 적법한 직무집행을 위법하다고 오인한 경우를 모두 처벌하지 못하는 것은 형사정책상 부당하다.
㉡ 직무행위의 적법성은 범죄가 성립하기 위한 요건이다.
㉢ 위법한 직무행위에 대한 저항도 공무집행방해죄의 구성요건에 해당한다는 것은 부당하다.
㉣ 형사정책적 필요성 때문에 범죄론의 체계를 무시하는 것은 부당하다.

① ㉮ ⓑ ㉡, ㉯ ⓒ ㉠, ㉰ ⓐ ㉣
② ㉮ ⓒ ㉠, ㉯ ⓐ ㉢, ㉰ ⓑ ㉣
③ ㉮ ⓒ ㉡, ㉯ ⓐ ㉢, ㉰ ⓑ ㉠
④ ㉮ ⓒ ㉡, ㉯ ⓐ ㉢, ㉰ ⓑ ㉣
⑤ ㉮ ⓒ ㉢, ㉯ ⓐ ㉡, ㉰ ⓑ ㉠
⑥ ㉮ ⓒ ㉢, ㉯ ⓐ ㉣, ㉰ ⓑ ㉠
⑦ ㉮ ⓒ ㉣, ㉯ ⓐ ㉢, ㉰ ⓑ ㉡
⑧ ㉮ ⓒ ㉣, ㉯ ⓑ ㉢, ㉰ ⓐ ㉠

해설

㉮ 처벌조건설에 의하면, 적법성의 인식은 고의의 내용이 아니며 그 착오는 범죄의 성립에 영향이 없다(ⓒ). 이에 대하여는 직무행위의 적법성은 범죄가 성립하기 위한 요건이며(㉡), 형사정책적 필요성 때문에 범죄론의 체계를 무시하는 것은 부당하다는 비판이 제기된다(㉣). 따라서 ①②⑤⑥은 정답이 아니다.

㉯ 위법성조각사유설에 의하면, 적법성에 대한 착오는 위법성의 착오가 된다(ⓐ). 이에 대하여는 위법한 직무행위에 대한 저항도 공무집행방해죄의 구성요건에 해당한다는 것은 부당하다는 비판이 제기된다(ⓒ). 따라서 ㉯는 ⓐⓒ과 연결되며, ⑧은 정답에서 제외된다.
㉰ 구성요건요소설에 의하면, 적법성에 대한 착오는 사실의 착오로서 고의를 조각한다(ⓑ). 이에 대하여는 적법한 직무집행을 위법하다고 오인한 경우를 모두 처벌하지 못하는 것은 형사정책상 부당하다는 비판이 가능하다(㉠). ㉰는 ⓑ㉠과 연결되며, 따라서 ③④⑦ 중에서 ③이 정답이 된다. 〈답 ③〉

9. 공무집행방해죄와 관련된 기술 중 타당하지 않은 것은?

① 공무집행방해죄에 있어서 협박이라 함은 상대방에게 공포심을 일으킬 목적으로 해악을 고지하는 행위를 의미하는 것으로서 고지하는 해악의 내용이 그 경위, 행위 당시의 주위 상황, 행위자의 성향, 행위자와 상대방과의 친숙함의 정도, 지위 등의 상호관계 등 행위 당시의 여러 사정을 종합하여 객관적으로 상대방으로 하여금 공포심을 느끼게 하는 것이어야 한다.

② 경찰관이 벌금형에 따르는 노역장 유치의 집행을 위하여 형집행장을 소지하지 아니한 채 벌금미납자로 지명수배된 피고인을 구인할 목적으로 그의 주거지를 방문하여 임의동행의 형식으로 데리고 가다가, 피고인이 동행을 거부하며 다른 곳으로 가려는 것을 제지하면서 체포·구인하려고 하자 피고인이 이를 거부하면서 경찰관을 폭행한 경우 공무집행방해죄가 성립하지 아니한다.

③ 도깨비시장 상인 甲은 특정외래품을 압수하러 온 관세청 직원 乙에게 '왜 다른 시장에는 하지 않고 우리만 하느냐? 만일 계속해서 물건을 압수해 가면 너의 목을 자르겠다'고 소리치면서 乙의 멱살을 잡고 떠밀어냈지만 乙이 계속해서 특정외래품을 압수해 간 경우 甲의 행위는 공무집행방해죄에 해당하지 않는다.

④ 교도관과 재소자가 상호 공모하여 재소자가 교도관으로부터 소지가 금지된 담배를 교부받아 이를 흡연하고 허가 없이 휴대폰을 교부받아 외부와 통화한 경우 위계에 의한 공무집행방해죄가 성립하지 아니한다.

⑤ 형법 제139조에 규정된 인권옹호직무명령불준수죄와 형법 제122조에 규정된 직무유기죄의 각 구성요건과 보호법익 등을 비교하여 볼 때, 인권옹호직무명령불준수죄가 직무유기죄에 대하여 법조경합 중 특별관계에 있다고 보기는 어렵고 양 죄를 상상적 경합관계로 보아야 한다.

해설

①(○) 대법원 2011.2.10, 2010도15986.
②(○) 위와 같이 피고인을 체포·구인하려고 한 것은 노역장 유치의 집행에 관한 법규

정에 반하는 것으로서 적법한 공무집행행위라고 할 수 없으며, 또한 그 경우에 형집행장의 제시 없이 구인할 수 있는 '급속을 요하는 경우'(형사소송법 제85조 3항)에 해당한다고 할 수 없고, 이는 피고인이 벌금미납자로 지명수배되었다고 하더라도 달리 볼 것이 아니므로, 공무집행방해죄는 성립하지 아니한다(대법원 2010.10.14, 2010도8591).

③(×) 공무집행방해죄는 직무를 집행하는 공무원에 대하여 폭행 또는 협박을 가함으로써 성립하는 범죄로서 폭행·협박이 가하여짐으로써 즉시 완성되고 직무집행이 현실로 방해될 것을 요하지 않는 추상적 위험범이다.

④(○) 수용자가 교도관의 감시·단속을 피하여 규율위반행위를 하는 것만으로는 단순히 금지규정에 위반되는 행위를 한 것에 지나지 아니할 뿐 이로써 위계에 의한 공무집행방해죄가 성립한다고는 할 수 없고, 교도관이 수용자의 규율위반행위를 알면서도 이를 방치하거나 도와주었더라도 이를 다른 교도관 등에 대한 관계에서 위계에 의한 공무집행방해죄가 성립하는 것으로 볼 수는 없다(대법원 2003.11.13, 2001도7045).

⑤(○) 대법원 2010.10.28, 2008도11999. 〈답 ③〉

10. <예시문> 의 ㉠~㉣ 각 행위에 대한 형법적 평가를 할 경우 옳은 것은? (다툼이 있는 경우에는 판례에 의함) <사시 2007년: 배점 2>

〈예시문〉 ㉠ 甲은 밤늦게 귀가하는 丙의 뒤로 몰래 접근하여 손가방을 강제로 낚아채었다. 이에 丙이 자신의 손가방을 가지고 도주하는 甲의 옷을 잡자, 甲은 체포를 면하려고 충동적으로 丙의 손을 뿌리치고 도주하기 시작하였다. ㉡ 이때 골목길을 순찰하던 경찰관 丁이 이를 목격하고 甲을 추적하기 시작하였다. 도주하던 甲은 막다른 골목길에 이르자, 체포를 면탈하기 위해 상점 앞에 놓여 있는 빈 맥주병을 집어 들어 경찰관 丁의 어깨를 내리친 후 그의 추격을 따돌렸다. ㉢ 丙의 손가방 안에 들어 있는 자기앞수표 10만원권 1장을 발견한 甲은 그 자기앞수표를 2만원 상당의 음식대금으로 교부하고, 8만원을 거스름돈으로 받았다. ㉣ 이후 경찰의 수표추적으로 인하여 甲에게 혐의가 쏠리자 甲은 쌍둥이 동생 乙에게 수사기관에서 범인임을 자처하고 대신 형사처벌을 받을 것을 부탁하였다. 이에 乙은 甲의 부탁대로 甲의 형사처벌을 면하게 할 목적으로 위 사건조사를 담당한 경찰관에게 자신이 범인이라고 진술하였다.

① ㉠의 경우 준강도죄가 성립한다.
② ㉡의 경우 준강도죄와 공무집행방해죄의 상상적 경합이 된다.
③ ㉢의 경우 사기죄가 성립한다.
④ ㉣의 경우 甲에게는 범인도피죄의 교사범이 성립하지 아니한다.
⑤ ㉣의 경우 乙에게는 위계에 의한 공무집행방해죄가 성립한다.

해설

①(×) 피고인이 옷을 잡히자 체포를 면하려고 충동적으로 저항을 시도하여 잡은 손을 뿌리친 정도의 폭행을 준강도죄로 의율할 수는 없다(대법원 1985.5.14, 85도619).

②(○) 절도범인이 체포를 면탈할 목적으로 경찰관에게 폭행·협박을 가한 때에는 준강도

죄와 공무집행방해죄를 구성하고, 양 죄는 상상적 경합관계에 있다(대법원 1992.7.28, 92도917). 다만 깨어지지 아니한 맥주병도 위험한 물건이므로(대법원 1991.12.27, 91도2527), 특수강도의 준강도죄(대법원 1973.11.13, 73도1553 전원합의체)와 특수공무방해죄(제144조 1항)의 상상적 경합이 될 것이다.
③(×) 절취한 자기앞수표를 음식대금으로 교부하고 거스름돈을 환불받은 행위는 절도의 불가벌적 사후처분행위로서 사기죄가 되지 아니한다(대법원 1987.1.20, 86도1728).
④(×) 범인이 자신을 위하여 타인으로 하여금 허위의 자백을 하게 하여 범인도피죄를 범하게 하는 행위는 방어권의 남용으로 범인도피교사죄에 해당하는바, 무면허운전으로 사고를 낸 사람이 동생을 경찰서에 대신 출두시켜 피의자로 조사받도록 한 행위는 범인도피교사죄를 구성한다(대법원 2006.12.7, 2005도3707).
⑤(×) 수사기관이 범죄사건을 수사함에 있어서는 피의자나 피의자로 자처하는 자 또는 참고인의 진술 여하에 불구하고 피의자를 확정하고 그 피의사실을 인정할 만한 객관적인 제반 증거를 수집·조사하여야 할 권리와 의무가 있는 것이라고 할 것이므로, 피의자나 참고인이 아닌 자가 자발적이고 계획적으로 피의자를 가장하여 수사기관에 대하여 허위사실을 진술하였다 하여 바로 이를 위계에 의한 공무집행방해죄가 성립한다고 할 수 없다(대법원 1977.2.8, 76도3685). 〈답 ②〉

11. 위계에 의한 공무집행방해죄가 성립하지 않는 경우는?

① 국립대학의 중간고사에서 답을 적은 쪽지를 보고 썼다.
② 운전면허시험에 대리응시하였다.
③ 국가고시자격에 필요한 응시자격을 증명하는 허위의 증명서를 제출하였다.
④ 개인택시운송사업 양도·양수를 위하여 허위의 신청사유를 주장하면서 의사로부터 허위진단서를 발급받아 소명자료로 제출하여 행정청으로부터 양도·양수 인가처분을 받았다.
⑤ 수사기관의 신문에 대하여 참고인이 허위의 진술을 하였다.

해설

위계에 의한 공무집행방해죄는 위계에 의하여 공무원의 직무집행을 방해함으로써 성립하는 범죄이다(제137조). 여기서 위계란 타인의 부지 또는 착오를 이용하는 일체의 행위를 말한다.
①(○) 대법원 1967.5.23, 67도650은 위계에 의한 공무집행방해죄가 성립한다.
②(○) 대법원 1986.9.9, 86도1245는 위계에 의한 공무집행방해죄가 성립한다고 판시한다.
③(○) 대법원 1982.7.27, 82도1301은 위계에 의한 공무집행방해죄가 성립한다고 한 경우이다.
④(○) 출원자가 허위의 신청사유를 주장하면서 이에 들어맞는 거짓 소명자료를 제출하여 행정청의 충분한 심사에도 불구하고 신청사유 및 소명자료가 거짓임을 밝히지 못하고 허가처분을 한 때에는 위계에 의한 공무집행방해죄가 성립한다(대법원 2002.9.10, 2002도2131).
⑤(×) 공무원이 사실을 수사 또는 심리해야 할 사항에 대하여 허위의 진술을 하거나 또는 허위신고를 하였다는 것만으로는 여기의 위계에 해당하지 아니한다(대법원 1977.2.8, 76도3685). 〈답 ⑤〉

대법원 2002.9.10, 2002도2131 행정청이 당사자의 신청에 따라 인·허가처분을 함에 있어서는 그 신청사유가 사실과 들어맞지 아니하는 경우가 있음을 전제로 하여 인·허가 여부를 심사·결정하는 것이므로, 행정청이 사실을 충분히 확인하지 아니한 채 신청인이 제출한 사실과 다른 신청사유나 소명자료를 믿고 인·허가를 하였다면, 이는 행정청의 불충분한 심사로 인한 것으로서 신청인의 위계에 의한 것이었다고 볼 수 없어 위계에 의한 공무집행방해죄가 성립하지 아니한다 할 것이나, 당사자가 행정청에 사실과 다른 신청사유를 주장하면서 이에 들어맞는 거짓 소명자료를 첨부하여 제출한 경우 행정청이 관계 법령에 따라 인·허가요건에 해당하는지의 여부에 관하여 충분히 심사하였으나 신청사유와 소명자료가 거짓임을 발견하지 못하여 인·허가처분을 하게 되었다면, 이는 행정청의 불충분한 심사로 인한 것이 아니라 신청인의 위계에 의한 것으로서 위계에 의한 공무집행방해죄가 성립한다.

12. (위계에 의한) **공무집행방해죄에 대한 설명 중 옳은 것(○)과 옳지 않은 것(×)을 맞게 표시한 것은?** (다툼이 있는 경우에는 판례에 의함)

> ㉠ 오락실 밖에서 기판이 든 박스를 옮기고 있던 의경을 뒤쫓아 가 '이 박스는 압수된 것이 아니다'라고 말하며 의경의 손에 있던 박스를 들고 갔다면 의경이 즉각적으로 대응하거나 저항하지 아니하였다고 하더라도 공무집행방해죄가 성립한다.
> ㉡ 타인의 소변을 마치 자신의 소변인 것처럼 건네주어 필로폰 음성반응이 나오게 한 행위는 위계에 의한 공무집행방해죄가 성립한다.
> ㉢ 담당자가 아닌 공무원이 출원인의 청탁을 들어줄 목적으로 자신의 업무 범위에 속하지도 않는 업무에 관하여 그 일부를 담당 공무원을 대신하여 처리하면서 위계를 써서 담당 공무원으로 하여금 인·허가 처분을 하게 하였다면, 위계에 의한 공무집행방해죄가 성립한다.
> ㉣ 강제출국당한 전력이 있는 사람이 외국 주재 한국영사관에 허위의 호구부 및 외국인등록신청서 등을 제출하여 사증 및 외국인등록증을 발급받은 경우, 위계에 의한 공무집행방해죄가 성립한다.
> ㉤ 국립대학교의 전임교원 공채 지원자가 학과장의 도움으로 이미 논문접수가 마감된 학회지에 논문을 추가게재하여 심사요건 이상의 전공논문실적을 확보한 경우 위계에 의한 공무집행방해죄가 성립한다.

① ㉠(○) ㉡(○) ㉢(○) ㉣(×) ㉤(×)
② ㉠(○) ㉡(○) ㉢(×) ㉣(×) ㉤(○)
③ ㉠(○) ㉡(×) ㉢(○) ㉣(○) ㉤(×)
④ ㉠(×) ㉡(○) ㉢(○) ㉣(○) ㉤(×)
⑤ ㉠(×) ㉡(○) ㉢(×) ㉣(○) ㉤(○)
⑥ ㉠(×) ㉡(×) ㉢(○) ㉣(×) ㉤(○)

✍ **해설**

㉠(×) 피고인이 오락실 밖에서 기판이 든 박스를 옮기고 있던 의경을 뒤쫓아 가 '이 박스는 압수된 것이 아니다'라고 말하며 의경의 손에 있던 박스를 들고 간 것은 당시 의경이 즉각적으로 대응하거나 저항하지 아니한 점에 비추어 의경의 공무집행을 방해할 만한 폭행 또는 협박에 해당하지 아니한다(대법원 2007.6.1, 2006도4449).

㉡(○) 단순히 피의자가 수사기관에 대하여 허위사실을 진술하거나 자신에게 불리한 증거를 은닉하는 데 그친 것이 아니라 수사기관의 착오를 이용하여 적극적으로 피의사실에 관한 증거를 조작한 것이므로 위계에 의한 공무집행방해죄가 성립한다(대법원 2007.10.11, 2007도6101).

㉢(○) 허가관청의 불충분한 심사가 원인이 된 것이 아니라 담당자가 아닌 공무원의 위계행위가 원인이 된 것이어서 위계에 의한 공무집행방해죄가 성립한다(대법원 2008.3.13, 2007도7724).

㉣(○) 대법원 2009.2.26, 2008도11862 참조.

㉤(×) 국립대학교의 전임교원 공채 지원자인 乙이 학과장 甲의 도움으로 이미 논문접수가 마감된 학회지에 논문을 추가 게재하여 심사요건 이상의 전공논문실적을 확보하였더라도, 이는 乙이 자신의 노력에 의한 연구결과물로서 심사기준을 충족한 것이고 이후 다른 전형절차들을 모두 거쳐 최종 선발된 것이라면, 乙의 행위가 형법 제137조에 정한 '위계'에 해당하지 않는다(대법원 2009.4.23, 2007도1554). 〈답 ④〉

13. 위계에 의한 공무집행방해죄에 대한 설명 중 옳지 않은 것은? (판례에 의함)

① 위계에 의한 공무집행방해죄에 있어서 범죄행위가 구체적인 공무집행을 저지하거나 현실적으로 곤란하게 하는 데까지는 이르지 아니하고 미수에 그친 경우에는 위계에 의한 공무집행방해죄의 미수범으로 처벌된다.

② 위계에 의한 공무집행방해죄에서의 공무원의 직무집행이란 법령의 위임에 따른 공무원의 적법한 직무집행인 이상 공권력의 행사를 내용으로 하는 권력적 작용뿐만 아니라 사경제주체로서의 활동을 비롯한 비권력적 작용도 포함된다.

③ 고등학교 입학원서 추천서란을 사실과 다르게 조작·허위기재하여 그 추천서 성적이 고등학교 입학전형의 자료가 되었다면 위계에 의하여 고등학교 입학전형 업무를 방해한 것이다.

④ 수용자가 교도관의 감시·단속을 피하여 규율위반행위를 하는 것만으로는 위계에 의한 공무집행방해죄가 성립한다고는 할 수 없고, 수용자가 아닌 자가 교도관의 검사 또는 감시를 피하여 금지물품을 교도소 내로 반입되도록 한 경우도 위계에 의한 공무집행방해죄에 해당하는 것으로는 볼 수 없다.

⑤ 국립대학교의 전임교원 공채심사위원인 학과장 甲이 지원자 乙의 부탁을 받고 이미 논문접수가 마감된 학회지에 乙의 논문이 게재되도록 도와준 후 甲이 연구실적심사의 기준을 강화하자고 제안한 것은 설사 甲

의 행위가 결과적으로는 乙에게 유리한 결과가 되었다 하더라도 형법 제137조에서 말하는 '위계'에 해당하지 않는다.

해설

①(×) 위계에 의한 공무집행방해죄에 있어서 위계라 함은 행위자의 행위목적을 이루기 위하여 상대방에게 오인, 착각, 부지를 일으키게 하여 그 오인, 착각, 부지를 이용하는 것을 말하는 것으로 상대방이 이에 따라 그릇된 행위나 처분을 하여야만 이 죄가 성립하는 것이고, 만약 범죄행위가 구체적인 공무집행을 저지하거나 현실적으로 곤란하게 하는 데까지는 이르지 아니하고 미수에 그친 경우에는 위계에 의한 공무집행방해죄로 처벌할 수 없다(대법원 2003.2.11, 2002도4293).

②(○) 대법원 2003.12.26, 2001도6349.

③(○) 대법원 1983.9.27, 83도1864.

④(○) 대법원 2003.11.13, 2001도7045.

⑤(○) 대법원 2009.4.23, 2007도1554(해당 학과의 전임교원 임용 목적에 부합하는 것으로서 공정한 경우에 해당하므로). 〈답 ①〉

14. 판례에 의할 때 위계에 의한 공무집행방해죄가 성립하는 경우를 모두 조합한 것은?

㉠ 지방자치단체의 공사입찰에 있어서 허위서류를 제출하여 입찰 참가자격을 얻고 낙찰자로 결정되어 계약을 체결하였다.
㉡ 감척어선 입찰자격이 없는 자가 제3자와 공모하여 제3자의 대리인 자격으로 제3자 명의로 입찰에 참가하고, 낙찰받은 후 자신의 자금으로 낙찰대금을 지급하여 감척어선에 대한 실질적 소유권을 취득하였다.
㉢ 보험회사 임원이, 회사 전산시스템에서 관리하고 있던 보험금 출금 관련 데이터가 특별검사에 의해 압수될 상황에 이르게 되자 특정 기간의 위 전산데이터를 삭제하였다.
㉣ 교도소 재소자가 교도관에게 위계를 사용하여 교도소 내에서 재소자가 흡연하거나 담배를 수수·교부하는 것을 감시·단속하지 못하게 하였다.
㉤ 병역법상의 지정업체에서 산업기능요원으로 근무할 의사가 없음에도 해당 지정업체의 장과 공모하여 허위내용의 편입신청서를 제출하여 관할관청으로부터 산업기능요원 편입을 승인받고, 나아가 관할관청의 실태조사를 회피하기 위하여 허위서류를 작성·제출하는 등의 방법으로 파견근무를 신청하여 관할관청으로부터 파견근무를 승인받았다.

① ㉠㉢㉣ ② ㉡㉢㉤ ③ ㉡㉣㉤
④ ㉠㉡㉣㉤ ⑤ ㉠㉡㉢㉣㉤

해설

㉠(○) 대법원 2003.10.9, 2000도4993 참조.

㉡(○) 위계에 의한 공무집행방해죄에서 공무원의 직무집행이란 법령의 위임에 따른 공무

원의 적법한 직무집행인 이상 공권력의 행사를 내용으로 하는 권력적 작용뿐만 아니라 사경제주체로서의 활동을 비롯한 비권력적 작용도 포함되는 것으로 봄이 상당하다(대법원 2003.12.26, 2001도6349).

㉢(×) 피의자나 참고인은 수사기관에 진실만을 진술하거나 증거를 제출하여야 할 법률상의 의무를 지는 것은 아니므로, 피의자나 참고인 등이 적극적으로 피의자의 무고함을 입증하는 등의 목적으로 허위의 증거를 조작하여 제출한 것이 아니라 단순히 증거를 감추거나 없애 버린 것만으로는 위계로써 수사기관으로 하여금 오인, 착각, 부지를 일으키게 하였다고 할 수 없다. 즉 '위계로써 특별검사 등의 직무수행을 방해한 것'이라고 볼 수 없다(대법원 2009.6.11, 2008도9437).

㉣(○) 재소자들이 위계를 사용하여 교도관들의 재소자 흡연 단속업무를 방해한 것이다(대법원 2003.11.13, 2001도7045).

㉤(○) 이러한 파견근무의 승인 등은 관할관청의 불충분한 심사가 원인이 된 것이 아니라 출원인의 위계행위가 원인이 된 것이어서 위계에 의한 공무집행방해죄가 성립한다(대법원 2009.3.12, 2008도1321).

〈답 ④〉

15. 괄호 안의 범죄가 성립하지 않는 것을 모두 고른 것은? (다툼이 있는 경우에는 판례에 의함)

> ㉠ 음주운전을 하다가 교통사고를 야기한 후 그 형사처벌을 면하기 위하여 타인의 혈액을 자신의 혈액인 것처럼 교통사고 조사 경찰관에게 제출하여 감정하도록 한 경우 (위계에 의한 공무집행방해죄)
>
> ㉡ 자가용 차를 운전하다가 교통사고를 낸 사람이 경찰관서에 신고함에 있어 가해차량이 자가용일 경우 피해자와 합의하는 데 불리하다고 생각하여 영업용 택시를 운전하다가 사고를 내었다고 허위신고를 한 경우 (위계에 의한 공무집행방해죄)
>
> ㉢ 공장에서 파업투쟁 중인 노조원들이 경찰관들의 공장진입에 대비하여 미리 윤활유나 철판조각을 바닥에 뿌려 놓음으로써 진입하는 경찰관들이 이에 미끄러져 넘어지거나 철판조각에 찔려 다친 경우 (특수공무집행방해치상죄)
>
> ㉣ 허위의 매매계약서 및 영수증을 소명자료로 첨부하여 가처분신청을 하여 법원으로부터 유체동산에 대한 잘못된 가처분결정을 받은 경우 (위계에 의한 공무집행방해죄)
>
> ㉤ 지방의회 의장선거의 감표위원이 사전에 투표용지에 감표위원 확인 도장을 날인하면서 누가 어떤 후보에게 투표하였는지 구별할 수 있도록 투표용지에 표시하고 그 용지에 의하여 투표가 행해진 경우 (위계에 의한 공무집행방해죄)

① ㉠ ㉡ ② ㉡ ㉣ ③ ㉠ ㉢ ㉤
④ ㉡ ㉢ ㉣ ⑤ ㉡ ㉣ ㉤

해설

㉠(○) 단순히 피의자가 수사기관에 대하여 허위사실을 진술하거나 자신에게 불리한 증거를 은닉하는 데 그친 것이 아니라 수사기관의 착오를 이용하여 적극적으로 피의사실에 관한 증거를 조작한 것으로서 위계에 의한 공무집행방해죄가 성립한다(대법원 2003.7. 25, 2003도1609).

㉡(×) 이 사실만으로 공무원의 직무집행을 방해할 의사가 있었다고 단정하기 어려우므로 위계에 의한 공무집행방해죄가 성립하지 않는다(대법원 1974.12.10, 74도2841).

㉢(×) 형법 제144조 2항의 특수공무집행방해치상죄는 단체 또는 다중의 위력을 보이거나 위험한 물건을 휴대하여 직무를 집행하는 공무원에 대하여 폭행 또는 협박하여 공무원을 상해에 이르게 함으로써 성립하는 범죄이고, 여기에서의 폭행은 유형력을 행사하는 것을 말한다. 그런데 피고인이 노조원들과 함께 경찰관인 피해자들이 파업투쟁 중인 공장에 진입할 경우에 대비하여 그들의 부재 중에 미리 윤활유나 철판조각을 바닥에 뿌려 놓은 것에 불과하고, 위 피해자들이 이에 미끄러져 넘어지거나 철판조각에 찔려 다쳤다는 것에 지나지 않은 경우 피고인 등이 위 윤활유나 철판조각을 위 피해자들의 면전에서 그들의 공무집행을 방해할 의도로 뿌린 것이라는 등의 특별한 사정이 있는 경우는 별론으로 하고 이를 가리켜 위 피해자들에 대한 유형력의 행사, 즉 폭행에 해당하는 것으로 볼 수 없다(대법원 2010.12.23, 2010도7412).

㉣(×) 법원의 가처분 결정 업무의 적정성이 침해되었다고 볼 여지는 있으나 법원의 구체적이고 현실적인 어떤 직무집행이 방해되었다고 할 수는 없으므로, 기만적인 행위로 인하여 잘못된 가처분결정이 내려졌다는 이유만으로 바로 위계에 의한 공무집행방해죄가 성립하지는 않는다(대법원 2012.4.26, 2011도17125).

㉤(○) 누가 어떤 후보에게 투표를 하였는지 구별할 수 있도록 그 용지에 표시를 하는 행위는 무기명투표의 비밀성을 침해하는 행위로서, 그 후에 그 용지에 의하여 투표가 행하여졌다면 그 자체만으로 의원들의 비밀선거에 의한 의장선출 직무와 의장의 투표사무 감독직무를 위계로써 방해하는 행위에 해당한다고 할 것이다. 거기서 나아가 의원들이 비밀성이 침해되었음을 알아서 자신들의 소신과 다른 투표를 하게 되어야 비로소 의원들 및 의장의 위 직무의 집행이 방해되었다고 할 것은 아니다(대법원 2009.9.10, 2009도6541).

〈답 ④〉

16. <사례>에 대한 <보기>의 설명 중 옳은 것을 모두 고른 것은? (다툼이 있는 경우에는 판례에 의함) <사시 2011년: 배점 3>

〈사례〉

출입국관리공무원 A는 불법체류자 단속업무를 하면서 공장장의 동의나 승낙 없이 조사대상 공장에 들어가 그 공장 내에서 일하고 있던 甲 등을 상대로 단속업무를 개시하였다. 이에 甲은 단속을 피하기 위하여 식칼로 A의 오른쪽 허벅지를 찔러 상해를 가하였다.

※ 출입국관리법 제81조(출입국관리공무원등의 외국인동향조사)

① 출입국관리공무원 및 대통령령이 정하는 관계기관소속공무원은 외국인이 이 법 또는 이 법에 의한 명령에 따라 적법하게 체류하고 있는지 여부를 조사하기 위하여 외국인, 그 외국인을 고용한 자, 그 외

국인의 소속단체 또는 그 외국인이 근무하는 업소의 대표자와 그 외국인을 숙박시킨 자를 방문하여 질문을 하거나 기타 필요한 자료의 제출을 요구할 수 있다.
② 제1항의 규정에 의하여 질문을 받거나 자료의 제출을 요구받은 자는 정당한 이유 없이 이를 거부하여서는 아니 된다.

〈보기〉
ㄱ. A의 단속행위는 출입국관리법 제81조에 근거한 적법한 공무집행행위이다.
ㄴ. 甲의 행위는 특수공무집행방해죄를 구성한다.
ㄷ. 甲의 상해행위는 현재의 부당한 침해를 방어하기 위한 상당한 이유가 있는 행위로 볼 수 없다.

① 없음 ② ㄱ ③ ㄴ
④ ㄷ ⑤ ㄱ ㄴ ⑥ ㄱ ㄷ
⑦ ㄴ ㄷ ⑧ ㄱ ㄴ ㄷ

해설

ㄱ(×) 영장주의 원칙의 예외로서 출입국관리공무원 등에게 외국인 등을 방문하여 외국인동향조사 권한을 부여하고 있는 출입국관리법 규정의 입법 취지 및 그 규정 내용 등에 비추어 볼 때, 출입국관리공무원 등이 출입국관리법 제81조 1항에 근거하여 제3자의 주거 또는 일반인의 자유로운 출입이 허용되지 아니한 사업장 등에 들어가 외국인을 상대로 조사하기 위해서는 그 주거권자 또는 관리자의 사전 동의가 있어야 한다(대법원 2009.3.12, 2008도7156).
ㄴ(×) 출입국관리공무원이 관리자의 사전 동의 없이 사업장에 진입하여 불법체류자 단속업무를 개시한 경우 이 불법체류자 단속업무는 적법한 공무집행행위로 볼 수 없어 공무집행방해죄가 성립하지 않는다(대법원 2009.3.12, 2008도7156).
ㄷ(○) 위험한 물건인 칼로 피해자의 오른쪽 허벅지를 고의적으로 찔러 상해를 가한 피고인의 행위는 현재의 부당한 침해를 방어하기 위한 상당한 이유가 있는 행위로 볼 수 없다(대법원 2009.3.12, 2008도7156). 〈답 ④〉

17. 다음 기술 중 옳지 않은 것은? (다툼이 있는 경우에는 판례에 의함)
<사시 2010년: 배점 2>

① 범죄피해신고를 받고 출동한 두 명의 경찰관에게 욕설을 하면서 순차로 폭행을 하여 신고처리 및 수사업무에 관한 정당한 직무집행을 방해한 경우 두 경찰관에 대한 공무집행방해죄는 실체적 경합관계에 있다.
② 불법주차 단속권한이 없는 야간 당직근무 중인 구청 소속 청원경찰에게 불법주차 단속을 요구하였으나 그 청원경찰이 현장을 확인만 하고 주간 근무자에게 전달하여 단속하겠다고 했다는 이유로 민원인이 청원경찰을

폭행한 경우, 그 민원인에게는 공무집행방해죄가 성립한다.

③ 폭행·협박에 이르지 않는 정도의 위력으로 공무원이 직무상 수행하는 공무를 방해한 경우 공무집행방해죄는 물론 업무방해죄로도 처벌하지 못한다.

④ 변호사가 접견을 핑계로 수용자를 위하여 휴대전화와 증권거래용 단말기를 구치소 내에 사실상 적발하기 어려운 방법으로 반입하여 이용하게 한 행위는 위계에 의한 공무집행방해죄에 해당한다.

⑤ 민사소송을 제기함에 있어 피고의 주소를 허위로 기재하여 법원공무원으로 하여금 변론기일소환장 등을 허위주소로 송달케 하였다는 사실만으로는 위계에 의한 공무집행방해죄가 성립하지 않는다.

해설 ······································

①(×) 동일한 공무를 집행하는 여럿의 공무원에 대하여 폭행·협박 행위를 한 경우에는 공무를 집행하는 공무원의 수에 따라 여럿의 공무집행방해죄가 성립하고, 위와 같은 폭행·협박 행위가 동일한 장소에서 동일한 기회에 이루어진 것으로서 사회관념상 1개의 행위로 평가되는 경우에는 여럿의 공무집행방해죄는 상상적 경합의 관계에 있다(대법원 2009.6.25, 2009도3505). 판례는 공무집행방해죄의 죄수에 관하여 공무원기준설을 따르고 있다고 평가된다.
②(○) 야간 당직근무자는 불법주차 단속권한은 없지만 민원 접수를 받아 다음날 관련 부서에 전달하여 처리하고 있으므로 불법주차 단속업무는 야간 당직근무자들의 민원업무이자 경비업무로서 공무집행방해죄의 '직무집행'에 해당하여 공무집행방해죄가 성립한다(대법원 2009.1.15, 2008도9919).
③(○) 대법원 2009.11.19, 2009도4166 전원합의체. 업무방해죄의 업무에 공무는 포함되지 않는다는 견해(공무제외설)이다.
④(○) 대법원 2005.8.25, 2005도1731.
⑤(○) 대법원 1996.10.11, 96도312(이로 인하여 법원공무원의 구체적이고 현실적인 어떤 직무집행이 방해되었다고 할 수 없으므로). 〈답 ①〉

대법원 2005.8.25, 2005도1731 '수용자가 교도관의 감시·단속을 피하여 규율위반행위를 하는 것만으로는 단순히 금지규정에 위반되는 행위를 한 것에 지나지 아니할 뿐 위계에 의한 공무집행방해죄가 성립한다고 할 수 없고, 또 수용자가 아닌 자가 교도관의 검사 또는 감시를 피하여 금지물품을 반입하거나 허가 없이 전화 등의 방법으로 다른 사람과 연락하도록 하였더라도 교도관에게 교도소 등의 출입자와 반출·입 물품을 단속·검사할 권한과 의무가 있는 이상, 수용자 아닌 자의 그러한 행위는 특별한 사정이 없는 한 위계에 의한 공무집행방해죄에 해당하는 것으로는 볼 수 없다 할 것이나, 구체적이고 현실적으로 감시·단속업무를 수행하는 교도관에 대하여 그가 충실히 직무를 수행한다고 하더라도 통상적인 업무처리과정하에서는 사실상 적발이 어려운 위계를 적극적으로 사용하여 그 업무집행을 하지 못하게 하였다면 이에 대하여 위계에 의한 공무집행방해죄가 성립한다'고 하면서 '변호사가 접견을 핑계로 수용자를 위하여 휴대전화와 증권거래용 단말기를 구치소 내로 몰래 반입하여 이용하게 한 행위가 위계에 의한 공무집행방해죄에 해당한다'고 하였다.

18. 다음 사건과 관련된 설명 중 옳은 것은? (다툼이 있는 경우에는 판례에 의함)
<변호사 2013년>

甲은 승용차를 운전하던 중 음주단속을 피하기 위해 승용차로 단속경찰관을 들이받아 경찰관의 공무집행을 방해하고 경찰관에게 상해를 입혔는데, 甲은 공무집행방해의 고의는 물론 상해의 고의도 가지고 있었다.

① 甲은 특수공무집행방해죄와 상해죄의 상상적 경합으로 처벌된다.
② 甲은 특수공무집행방해치상죄로 처벌된다.
③ 甲은 특수공무집행방해치상죄와 폭력행위 등 처벌에 관한 법률위반(집단 · 흉기등상해)죄의 상상적 경합으로 처벌된다.
④ 甲은 특수공무집행방해치상죄와 폭력행위 등 처벌에 관한 법률위반(집단 · 흉기등상해)죄의 실체적 경합으로 처벌된다.
⑤ 이 경우는 '위험한 물건의 휴대'라고 인정되지 아니하므로 특수공무집행방해치상죄는 물론 폭력행위 등 처벌에 관한 법률위반(집단 · 흉기등상해)죄도 성립할 수 없다.

해설

직무를 집행하는 공무원에 대하여 위험한 물건을 휴대하여 고의로 상해를 가한 경우에는 특수공무집행방해치상죄만 성립할 뿐, 이와는 별도로 폭력행위 등 처벌에 관한 법률위반(집단 · 흉기 등 상해)죄를 구성하지 않는다(대법원 2008.11.27, 2008도7311). 〈답 ②〉

19. 공무상표시무효죄(제140조 1항)**에 해당하지 않는 것을 모두 고르면?** (다툼이 있으면 판례에 의함)

㉠ 남편을 채무자로 한 출입금지가처분을 무시하고 처가 출입하였다. ㉡ 점유이전금지가처분에 위배하여 점유를 이전하였다. ㉢ 영업금지가처분이 있음에도 불구하고 판매업무를 계속하였다. ㉣ 압류물을 상당한 거리에 있는 다른 장소로 이전하였다. ㉤ 출입금지의 표지를 그대로 두고 이를 무시하여 그 토지 내에 들어가 경작하였다. ㉥ 강제집행으로 명도된 건물에 채무자가 다시 들어갔다.

① ㉠ ㉥　② ㉡ ㉤　③ ㉣ ㉤
④ ㉠ ㉢ ㉥　⑤ ㉡ ㉢ ㉣

해설

㉠(×) 강제처분의 내용에 저촉되는 행위를 하여 기타의 방법으로 효용을 해하는 경우에 해당하는 것은 강제처분의 대상이 된 채무자에 대하여만 가능하기 때문에, 남편을 채무자로 한 출입금지 가처분명령의 효력은 그 처에게는 미치지 아니하므로 그 처가 이를 무

시하고 출입금지된 밭에 들어가 작업을 한 경우 공무원이 직무에 관하여 실시한 강제처분표시의 효용을 해한 것이라고는 할 수 없다(대법원 1979.2.13, 77도1455).
ⓛ(○) 대법원 1972.9.12, 72도1441.
ⓒ(○) 대법원 1971.3.23, 70도2688.
ⓔ(○) 대법원 1986.3.25, 86도69.
ⓜ(○) ⓜ의 경우도 ⓛⓒⓔ의 경우처럼 봉인 기타 강제처분의 표시를 물질적으로 파괴하지 않고 사실상 효력을 상실시킬 수 있는 것으로서 기타의 방법으로 효용을 해하는 경우에 해당한다.
ⓑ(×) 집달관이 채무자 겸 소유자의 건물에 대한 점유를 해제하고 이를 채권자에게 인도한 후 채무자의 출입을 봉쇄하기 위하여 출입문을 판자로 막아둔 것을 채무자가 이를 뜯어내고 그 건물에 들어갔다 하더라도 이는 강제집행이 완결된 후의 행위로서 채권자들의 점유를 침범하는 것은 별론으로 하고 공무상표시무효죄에 해당하지 않는다(대법원 1985.7.23, 85도1092). 〈답 ①〉

20. 공무상비밀표시무효죄등에 관한 설명 중 옳지 않은 것은? (판례에 의함)

① 공무원이 실시한 봉인 등의 표시에 절차상 또는 실체상의 하자가 있으나 객관적 · 일반적으로 그것이 공무원이 그 직무에 관하여 실시한 봉인 등으로 인정할 수 있는 상태에 있는 경우, 공무상표시무효죄의 객체가 된다.

② 점유이전금지가처분 채권자는 가처분 채무자로부터 점유를 이전받은 제3자를 상대로 본안판결에 대한 승계집행문을 부여받아 가처분의 피보전권리를 실현할 수 있으므로, 피고인이 점유이전금지가처분을 받아 그 고시문이 건물에 부착된 이후에 제3자로 하여금 영업을 할 수 있도록 이를 무상으로 사용케 하였더라도 공무상표시무효죄가 성립하지 아니한다.

③ 공무상표시무효죄가 성립하기 위하여는 행위 당시에 강제처분의 표시가 현존할 것을 요한다.

④ 피고인을 피신청인으로 하는 점유이전금지가처분결정의 집행이 이루어진 부동산 중 당시 피고인이 점유하고 있던 부분은 방 1칸으로서 그 부분은 이미 피고인이 매도하여 명도 및 소유권이전등기의 경료까지 마친 타인소유의 주택 중 일부였고 위 방은 위 명도 및 소유권이전등기 이후에 새로이 피고인이 세를 얻어 점유하고 있었던 경우, 위 가처분집행 후에 위 방을 소유자에게 다시 명도해 준 행위는 가처분표시의 효용을 해한 것이 된다.

⑤ 채무자가 불가피한 사정으로 집행관의 승인은 얻지 못한 가운데 채권자의 승낙만을 얻어 압류물을 이동시켰다면 공무상표시무효죄가 성립하지 않는다.

해설

①(○) 대법원 2001.1.16, 2000도1757.

②(×) 점유이전금지가처분 채무자인 피고인은 집행관이 건물에 관하여 가처분을 집행하면서 '채무자는 점유를 타에 이전하거나 또는 점유명의를 변경하여서는 아니 된다'는 등의 집행취지가 기재되어 있는 고시문을 건물에 부착한 이후에 제3자로 하여금 건물 중 3층에서 카페 영업을 할 수 있도록 이를 무상으로 사용케 하였다는 것인바, 이러한 피고인의 행위는 위 고시문의 효력을 사실상 멸각시키는 행위라 할 것이고 가족, 고용인 기타 동거자 등 가처분 채무자에게 부수하는 사람을 거주시키는 것과 같이 가처분 채무자가 그 목적물을 사용하는 하나의 태양에 지나지 아니하는 행위라고 보기는 어려우므로 형법 제140조 1항 소정의 공무상표시무효죄에 해당한다 할 것이고, 비록 점유이전금지가처분 채권자가 가처분이 가지는 당사자항정효로 인하여 가처분 채무자로부터 점유를 이전받은 제3자를 상대로 본안판결에 대한 승계집행문을 부여받아 가처분의 피보전권리를 실현할 수 있다 하더라도 달리 볼 것은 아니다(대법원 2004.10.28, 2003도8238).

③(○) 대법원 1997.3.11, 96도2801.

④(○) 대법원 1980.12.23, 80도1963(직접점유자에 대한 점유이전금지가처분결정이 집행된 후 그 피신청인인 직접점유자가 가처분 목적물의 간접점유자에게 그 점유를 이전한 경우에는 그 가처분표시의 효용을 해한 것이 된다).

⑤(○) 대법원 2004.7.9, 2004도3029. 〈답 ②〉

21. 공무상비밀표시무효죄가 성립하는 것을 모두 고르면? (판례에 의함)

> ㉠ 압류표시된 원동기를 가동하였다.
> ㉡ 제3자가 법원으로부터 받은 甲회사에 대한 건축공사중지명령의 가처분집행이 완료된 뒤 피고인이 건축허가 명의를 자기가 대표이사로 있는 乙회사로 변경하여 위 가처분집행으로서 설치한 푯말을 그대로 둔 채 그 건축공사를 계속하였다.
> ㉢ 출입금지가처분의 표시가 다른 사람에 의하여 손괴되어 현존하지 않았지만 피고인이 가처분 사실을 알고 있는 상태에서 그 취지에 반하여 출입하였다.
> ㉣ 집달리가 채무자의 점유를 해제하고 채권자에게 인도함으로써 토지인도의 강제집행을 완결한 후 그 인도집행의 뜻을 기재하고 세운 표목을 채무자가 빼어버리고 그 토지에 들어갔다.
> ㉤ 채무자가 채권가압류결정의 정본을 송달받고서 제3채무자에게 가압류된 돈을 지급하였다.
> ㉥ 압류물을 집달관의 승인 없이 임의로 그 관할구역 밖으로 옮겼다.

① ㉥ ② ㉡ ㉤ ③ ㉣ ㉤
④ ㉣ ㉥ ⑤ ㉣ ㉤ ㉥ ⑥ ㉠ ㉡ ㉣ ㉥

해설

㉠(×) 압류는 채무자의 처분행위를 금하는 것이므로 압류의 효용을 손상하지 않는다면 압류상태에서 그 용법에 따라 종전대로 사용하는 것은 허용된다 할 것이므로, 피고인이 압류표시된 원동기를 가동하였다 하여 공무상표시무효죄를 구성한다고 볼 수 없다(대법원 1984.3.13, 83도3291).

㉡(×) 제3자가 법원으로부터 받은 건축공사중지명령의 가처분집행은 어디까지나 '甲' 회사에 대하여 부작위 명령을 집행한데 불과한 것이므로, 위 가처분집행이 완료된 뒤 피고인이 시공중인 건축허가 명의를 자기가 대표이사로 있는 '乙' 회사로 변경하여 위 가처분집행을 그대로 둔 채 그 건축공사를 계속하였다는 사실 자체만으로는 위와 같은 내용의 가처분집행표시의 효용을 해한 것이라고는 할 수 없으므로 형법 제140조 1항 소정 공무상표시무효죄가 성립하지 아니한다(대법원 1976.7.27, 74도1896).
㉢(×) 공무상표시무효죄가 성립하기 위하여는 행위 당시에 강제처분의 표시가 현존할 것을 요한다(대법원 1997.3.11, 96도2801).
㉣(×) 부동산인도의 강제집행에 있어서 집달리가 채무자의 점유를 해제하고 이를 채권자에게 인도함으로써 강제집행을 완결한 후 그 인도집행의 뜻을 기재한 표목을 세웠다 하여도 그 표시는 법률상 아무런 효력을 발생할 수 없는 것이므로, 채무자가 그 표목을 빼어버리고 그 토지에 들어갔다 하여도 공무상비밀표시무효죄가 성립하지 아니한다(대법원 1965.9.25, 65도495).
㉤(×) 채권가압류결정의 송달을 받은 것이 형법 제142조 소정의 공무상 보관명령이 있는 경우도 아니고 형법 제140조 1항 소정의 강제처분의 표시가 있었다고 볼 수 없으니 공무상보관물무효죄 또는 공무상비밀표시무효죄가 성립하지 않는다(대법원 1975.5.13, 73도2555).
㉥(○) 압류집행의 효용을 해하게 된다고 할 것이므로 공무상비밀표시무효죄가 성립한다(대법원 1992.5.26, 91도894). 〈답 ①〉

22. 공무상비밀표시무효죄에 대한 설명 중 옳지 않은 것을 모두 고르면? (판례에 의함)

> ㉠ 가처분결정이 부당한 것이라면 그 가처분결정이 적법한 절차에 의하여 취소되지 않은 상태일지라도 그 강제처분표시의 효용을 해하는 행위를 하였다 하여 공무상비밀표시무효죄가 성립되는 것은 아니다.
> ㉡ 봉인·압류 기타 강제처분의 표시가 법률상 전혀 효력을 발생할 수 없는 무효의 것이라면, 설혹 그 표시를 손괴 기타 방법으로 이를 무효케 하였다 하여도 형법 제140조의 공무상표시무효죄가 성립될 여지가 없다.
> ㉢ 유체동산 가압류결정에 대하여 취소처분이 없다 하더라도 채권자와 채무자 간에 그 채권변제에 관한 합의나 그 집행을 취소하겠다는 합의가 있었다면 가압류결정집행의 효력이 소멸된다.
> ㉣ 압류집행을 함에 있어 그 압류물을 종전과 같이 사용할 수 있는 상태대로 압류하여 채무자에게 보관시킨 경우에는 채무자는 압류 그대로의 상태하에서 종전과 같은 방법으로 그 압류물을 사용할 수 있다.
> ㉤ 형법 제140조 1항 규정의 공무상표시무효죄 중 '공무원이 그 직무에 관하여 실시한 압류 기타 강제처분의 표시를 기타 방법으로 그 효용을 해하는 것'이라 함은 손상 또는 은닉 이외의 방법으로 그 표시 자체의 효력을 사실상으로 감쇄 또는 멸각시키는 것을 의미하는 것이지, 그 표시의 근거인 처분의 법률상의 효력까지 상실케 한다는

> 의미는 아니다.
> ㉥ 공무원이 그 직무에 관하여 실시한 봉인 등의 표시를 손상 또는 은닉 기타의 방법으로 그 효용을 해함에 있어서 그 봉인 등의 표시가 법률상 효력이 없다고 믿은 경우, 그와 같이 믿은 데에 정당한 이유가 없다고 하더라도 공무상표시무효죄의 죄책을 물을 수 없다.

① ㉠ ㉥ ② ㉣ ㉤ ③ ㉠ ㉡ ㉣
④ ㉠ ㉢ ㉥ ⑤ ㉠ ㉡ ㉢ ㉤ ⑥ ㉡ ㉢ ㉤ ㉥

해설

㉠(×) 법원의 가처분결정에 기하여 집달관이 한 강제처분표시의 효력은 그 가처분결정이 적법한 절차에 의하여 취소되지 않는 한 지속되는 것이며, 그 가처분결정이 부당하다고 하여 효력이 부정되는 것은 아니다(대법원 1985.7.9, 85도1165).
㉡(○) 대법원 1965.9.25, 65도495(형법 제140조에 규정된 공무원이 그 직무에 관하여 실시한 봉인 또는 압류 기타 강제처분의 표시는 법률상 유효히 실시된 것이라야 법률에 의한 보호를 받을 가치가 있는 것이므로).
㉢(×) 유체동산 가압류결정에 대하여 그 취소처분이 없는 이상, 채권자와 채무자 간에 그 채권변제에 관한 합의나 그 집행을 취소하겠다는 합의가 있었다는 것만으로는 가압류결정집행의 효력이 소멸될 수 없다(대법원 1972.8.29, 72도1603).
㉣(○) 대법원 1969.6.24, 69도481.
㉤(○) 대법원 2004.10.28, 2003도8238.
㉥(×) 공무원이 그 직무에 관하여 실시한 봉인 등의 표시를 손상 또는 은닉 기타의 방법으로 그 효용을 해함에 있어서 그 봉인 등의 표시가 법률상 효력이 없다고 믿은 것은 법규의 해석을 잘못하여 행위의 위법성을 인식하지 못한 것이라고 할 것이므로 그와 같이 믿은 데에 정당한 이유가 없는 이상, 그와 같이 믿었다는 사정만으로는 공무상표시무효죄의 죄책을 면할 수 없다(대법원 2000.4.21, 99도5563). 〈답 ④〉

23. 공무상표시무효죄에 대한 설명 중 옳은 것(○)과 옳지 않은 것(×)을 맞게 표시한 것은? (다툼이 있는 경우에는 판례에 의함)

> ㉠ 압류된 골프장시설을 보관하는 회사의 대표이사가 위 압류시설의 사용 및 봉인의 훼손을 방지할 수 있는 적절한 조치 없이 골프장을 개장하게 하여 봉인이 훼손되게 하였다고 하더라도 공무상표시무효죄가 성립하는 것은 아니다.
> ㉡ 공무원이 그 직권을 남용하여 위법하게 실시한 봉인 또는 압류 기타 강제처분의 표시임이 명백하여 법률상 당연무효 또는 부존재라고 볼 수 있는 경우에는 그 봉인 등의 표시는 공무상표시무효죄의 객체가 되지 아니한다.
> ㉢ 피고인이 특허권을 침해하였다는 소명이 있다는 이유로 가처분집행이 행하여졌으나 후일 그 본안소송에서 위 특허가 무효라는 취지의 대법원판결이 신고되어 그 피보전권리의 부존재가 확정되었다 하더라도 피

고인에 대한 공무상표시무효죄가 성립함에는 아무런 영향이 없다.
㉣ 온천수 사용금지 가처분결정이 있기 전부터 온천이용허가권자인 가처분 채무자로부터 이를 양수하고 임대차계약의 형식을 빌어 온천수를 이용하여 온 제3자가 위 금지명령을 위반하여 계속 온천수를 사용한 경우, 위 제3자는 실질적으로는 가처분 채무자와 같은 당사자 위치에 있었으므로 그의 위반행위는 공무상표시무효죄를 구성한다.
㉤ 집행관이 부작위를 명하는 가처분 발령사실을 고시하였을 뿐 구체적인 집행행위를 하지 않은 상태에서 채무자가 부작위명령을 위반하였다는 것만으로는 공무상 표시의 효용을 해하는 행위에 해당하지 않는다.

① ㉠(×) ㉡(○) ㉢(○) ㉣(○) ㉤(×)
② ㉠(×) ㉡(×) ㉢(○) ㉣(×) ㉤(○)
③ ㉠(×) ㉡(○) ㉢(○) ㉣(×) ㉤(○)
④ ㉠(○) ㉡(○) ㉢(○) ㉣(×) ㉤(○)
⑤ ㉠(○) ㉡(○) ㉢(×) ㉣(○) ㉤(×)
⑥ ㉠(○) ㉡(×) ㉢(○) ㉣(○) ㉤(×)

해설

㉠(×) 부작위에 의한 공무상표시무효죄가 성립한다(대법원 2005.7.22, 2005도3034).
㉡(○) 대법원 1965.9.25, 65도495.
㉢(○) 대법원 2007.3.15, 2007도312.
㉣(×) 공무상표시무효죄를 구성하지 않는다(대법원 2007.11.16, 2007도5539).
㉤(○) 대법원 2008.12.24, 2006도1819. 〈답 ③〉

① **대법원 2008.12.24, 2006도1819** 형법 제140조 1항의 공무상표시무효죄는, 공무원이 그 직무에 관하여 봉인, 동산의 압류, 부동산의 점유 등과 같은 구체적인 강제처분을 실시하였다는 표시를 손상 또는 은닉하거나 기타 방법으로 그 효용을 해함으로써 성립하는 범죄이므로, 집행관이 법원으로부터 피신청인에 대하여 부작위를 명하는 가처분이 발령되었음을 고시하는 데 그치고 나아가 봉인 또는 물건을 자기의 점유로 옮기는 등의 구체적인 집행행위를 하지 아니하였다면 단순히 피신청인이 위 가처분의 부작위 명령에 위반하였다는 것만으로는 공무상표시의 효용을 해하는 행위에 해당한다고 볼 수 없다.

② **대법원 2007.11.16, 2007도5539** (i) 가처분은 가처분 채무자에 대한 부작위 명령을 집행하는 것이므로 가처분의 채무자가 아닌 제3자가 그 부작위 명령을 위반한 행위는 그 가처분집행 표시의 효용을 해한 것으로 볼 수 없다. (ii) 온천수 사용금지 가처분결정이 있기 전부터 온천이용허가권자인 가처분 채무자로부터 이를 양수하고 임대차계약의 형식을 빌어 온천수를 이용하여 온 제3자가 위 금지명령을 위반하여 계속 온천수를 사용한 경우, 위 제3자가 위 가처분 사건 당사자 사이의 권리관계 내용을 잘 알고 있었다거나 그가 실질적으로는 가처분 채무자와 같은 당사자 위치에 있었다는 등의 사정이 있다 하여도 위 위반행위는 공무상표시무효죄를 구성하지 않는다.

③ **대법원 2005.7.22, 2005도3034** 압류시설의 보관자 지위에 있는 회사로서는 압류시설을 선량한 관리자로서 보관할 주의의무가 있다 할 것이고, 그 대표이사로서 압류시설이 위치한 골프장의 개장 및 운영 전반에 걸친 포괄적 권한과 의무를 지닌 피고인으로서는 회사의 대외적 의무사항이 준수될 수 있도록 적절한 조치를 취할 위임계약 혹은 조리상의 작위의무가 존재한다고 보아야 할 것인데, 이러한 작위의무의 내용 중에 불특정의 고객 등 제3자에 의한 위 봉인의 훼손행위를 방지할 일반적 안전조치를 취할 의무까지 있다고 할 수는 없겠지만, 적어도 위 압류, 봉인에 의하여 사용이 금지된 골프장 시설물에 대하여 위 시설물의 사용 및 그 당연한 귀결로서 봉인의 훼손을 초래하게 될 골프장의 개장 및 그에 따른 압류시설 작동을 제한하거나 그 사용 및 훼손을 방지할 수 있는 적절한 조치를 취할 의무는 존재한다고 보아야 할 것이고, 그럼에도 피고인이 그러한 조치 없이 위 개장 및 압류시설 작동을 의도적으로 묵인 내지 방치함으로써 예견된 결과를 유발한 경우에는 부작위에 의한 공무상표시무효죄의 성립을 인정할 수 있다.

24. 공용서류등무효죄와 관련하여 판례에 따를 때 타당한 것은?

① 입학고사시험지는 사립학교의 것이라도 사립학교 교원이 준공무원 대우를 받는 것과 같이 공용서류로 취급되어, 이를 손상 · 은닉하는 경우 공용서류등의 무효죄가 성립한다.

② 경찰이 작성한 진술조서가 미완성이고, 작성자와 진술자가 서명 · 날인 또는 무인한 것이 아니어서 공문서로서의 효력이 없다면, 형법 제141조 1항이 규정하고 있는 공무소에서 사용하는 서류에 해당하지 아니한다.

③ 공용서류무효죄에서의 공용서류는 공무소에서 사용 · 보관중인 공문서에 국한되므로 사문서는 이에 해당되지 않는다.

④ 피고인이 작성한 허위내용의 문서라 할지라도 면사무소에 비치 · 보관되어 있는 문서라면, 이를 찢은 경우 공용서류무효죄가 성립한다.

⑤ 상사에게 정식 보고 되지 않고 수사기록에 편철되지도 않은 진술조서라면, 이를 폐기하였다고 하여 공용서류무효죄에는 해당하지 아니한다.

해설

① 사립학교는 공무소가 아니다(대법원 1966.4.26, 66도30). ② 진술조서가 미완성이고, 작성자와 진술자가 서명 · 날인 또는 무인한 것이 아니어서 공문서로서의 효력이 없더라도(대법원 2006.5.25, 2003도3945), ③ 공무소에서 사용하는 서류인 이상, 공문서인가 사문서인가를 불문하고 공용서류무효죄의 객체가 된다. ⑤ 수사기록에 편철되지 않은 진술조서를 폐기한 때(대법원 1982.10.12, 82도368)에도 공용서류무효죄가 성립한다. 〈답 ④〉

25. 다음 (1)~(5)의 행위에 대하여 성립하지 않는 범죄를 <보기>에서 모두 고르면? (판례에 의함)

(1) 세무공무원이 상속세신고서 및 세무서 작성의 부과결정서 등을 임의로 반환하였다.

(2) 공무소의 명령에 의하여 간수하고 있는 자기소유의 물건을 은닉하였다.
(3) 정보통신부장관이 개인휴대통신 사업자선정과 관련하여 서류심사가 완결된 상태에서 청문심사의 배점방식을 변경하였다.
(4) 인신구속에 관한 직무를 행하는 자가 피해자를 구속하기 위하여 진술조서 등을 허위로 작성한 후 이를 기록에 첨부하여 구속영장을 신청하여 구속영장을 발부받아 피해자를 구금하였다.
(5) 동양화 1점에 대한 뇌물수수 사건의 조사 직전에 기증물관리대장을 조작하도록 지시하고, 담당 직원으로 하여금 위 그림을 정상적인 절차에 따라 기증받아 종전부터 존재하는 기증물관리대장에 등재하여 관리하고 있는 것처럼 허위 진술하도록 지시하였다.

〈보기〉
㉠ 위계에 의한 공무집행방해죄 ㉡ 공무상보관물무효죄
㉢ 직권남용죄 ㉣ 불법체포 · 감금죄
㉤ 공무상표시무효죄 ㉥ 공용서류무효죄

① ㉤ ② ㉢ ㉤ ③ ㉠ ㉡ ㉤
④ ㉢ ㉣ ㉤ ⑤ ㉣ ㉤ ㉥

해설

(1) 공용서류무효죄의 객체는 그것이 공무소에서 사용하는 서류인 이상, 공문서이거나 사문서이거나 또는 정식절차를 밟아 접수 또는 작성된 것이거나 완성된 것이거나를 묻지 않는다고 할 것이므로, 세무공무원이 상속세신고서 및 세무서 작성의 부과결정서 등을 임의로 반환한 경우에는 위 죄(㉥)에 해당한다(대법원 1981.8.25, 81도1830). (2) 공무소로부터 보관명령을 받거나 공무소의 명령으로 타인이 관리하는 자기의 물건을 손상 · 은닉 기타의 방법으로 효용을 해한 때에는 공무상보관물무효죄(제142조)가 성립한다(㉡). (3) 정보통신부장관이 직권을 남용하였다 하더라도, 이로 인하여 최종사업권자로 선정되지 못한 경쟁업체가 가진 구체적인 권리의 현실적 행사가 방해되는 결과가 발생하지는 아니하였다는 이유로 무죄를 선고하였다(대법원 2006.2.9, 2003도4599). (4) 감금죄는 간접정범의 형태로도 행하여질 수 있는 것이므로, 인신구속에 관한 직무를 행하는 자 또는 이를 보조하는 자가 피해자를 구속하기 위하여 진술조서 등을 허위로 작성한 후 이를 기록에 첨부하여 구속영장을 신청하고, 진술조서 등이 허위로 작성된 정을 모르는 검사와 영장전담판사를 기망하여 구속영장을 발부받은 후 그 영장에 의하여 피해자를 구금하였다면 형법 제124조 1항의 불법체포 · 감금죄(㉣)가 성립한다(대법원 2006.5.25, 2003도3945). (5) 위계에 의한 공무집행방해죄(㉠)에 해당한다(대법원 2011.2.10, 2010도15986). 결국 (1)~(5)의 행위에 대하여 성립하지 않는 범죄는 ㉢㉤이다. 〈답 ②〉

26. 국가적 법익에 대한 죄에 관한 설명 중 옳은 것을 모두 고른 것은? (다툼이 있는 경우에는 판례에 의함) <사시 2011년: 배점 4>

ㄱ. 공무원이 직무와 관련하여 뇌물수수를 약속하고 퇴직 후 이를 수수

하는 경우 뇌물약속과 뇌물수수가 시간적으로 근접하여 연속되어 있기 때문에 하나의 뇌물수수죄가 성립한다.

ㄴ. 직접점유자에 대한 점유이전금지가처분결정이 집행된 후 그 피신청인인 직접점유자가 가처분 목적물의 간접점유자에게 그 점유를 이전한 경우 가처분표시의 효용을 해할 염려가 없으므로 공무상비밀표시무효죄가 성립하지 않는다.

ㄷ. 공무원이 투기적 사업에 참여할 기회를 뇌물로 제공받아 실제 참여하였으나 경제 사정의 변동 등으로 인하여 당초의 예상과는 달리 그 사업 참여로 인한 아무런 이득을 얻지 못한 경우에도 뇌물수수죄가 성립한다.

ㄹ. 인신구속에 관한 직무를 담당하는 자가 피해자를 구속하기 위하여 진술조서 등을 허위로 작성한 후 검사와 영장전담판사를 기망하여 구속영장을 발부받아 피해자를 구금하였다면 직권남용감금죄가 성립한다.

ㅁ. 과속으로 인하여 단속카메라에 촬영되더라도 불빛을 반사시켜 차량번호핀이 식별되지 않도록 하는 기능이 있는 제품을 차량번호판에 뿌린 상태로 차량을 운행한 경우 위계에 의한 공무집행방해죄가 성립하지 않는다.

ㅂ. 수의계약을 체결하는 공무원이 공사업자와 계약금액을 부풀려서 계약하고 부풀린 금액을 자신이 되돌려 받기로 사전에 약정한 다음 그에 따라 계약을 체결한 후 부풀린 금액을 공사업자로부터 수수하였다면 부정처사후수뢰죄가 성립한다.

ㅅ. 뇌물의 내용인 이익이라 함은 금전, 물품 기타의 재산적 이익뿐만 아니라 사람의 수요 · 욕망을 충족시키기에 족한 일체의 유형 · 무형의 이익을 포함하는데, 이는 개인적 법익에 관한 죄인 배임수재죄의 재산상 이익과 내용이 같다.

ㅇ. 개인휴대통신 사업자 선정과 관련하여 서류심사는 완결된 상태에서 청문심사의 배점방식을 변경함으로써 직권을 남용한 경우, 이로 인하여 최종 사업권자로 선정되지 못한 경쟁업체가 가진 구체적인 권리의 현실적 행사가 방해되는 결과가 발생하지 않았더라도 직권남용권리행사방해죄가 성립한다.

① ㄱ ㅅ ㅇ ② ㄷ ㄹ ㅁ ③ ㄹ ㅁ ㅇ
④ ㄱ ㄴ ㄷ ㄹ ⑤ ㄴ ㄷ ㄹ ㅁ ⑥ ㄴ ㄷ ㄹ ㅅ
⑦ ㄷ ㄹ ㅁ ㅂ ⑧ ㄱ ㄴ ㄷ ㄹ ㅁ

해설

ㄱ(×) 뇌물수수죄는 공무원 또는 중재인이 그 직무에 관하여 뇌물을 수수한 때에 성립하는 것이어서 그 주체는 현재 공무원 또는 중재인의 직에 있는 자에 한정되므로, 공무원이 직무와 관련하여 뇌물수수를 약속하고 퇴직 후 이를 수수하는 경우에는, 뇌물약속

과 뇌물수수가 시간적으로 근접하여 연속되어 있다고 하더라도, 뇌물약속죄 및 사후수뢰죄가 성립할 수 있음은 별론으로 하고, 뇌물수수죄는 성립하지 않는다(대법원 2008.2.1, 2007도5190).

ㄴ(×) 직접 점유자에 대한 점유이전금지가처분결정이 집행된 후 그 피신청인인 직접점유자가 가처분 목적물의 간접점유자에게 그 점유를 이전한 경우에는 그 가처분표시의 효용을 해한 것이 된다(대법원 1980.12.23, 80도1963).

ㄷ(○) 대법원 2002.11.26, 2002도3539.

ㄹ(○) 대법원 2006.5.25, 2003도3945.

ㅁ(○) 대법원 2010.4.15, 2007도8024.

ㅂ(×) 수의계약을 체결하는 공무원이 해당 공사업자와 적정한 금액 이상으로 계약금액을 부풀려서 계약하고 부풀린 금액을 자신이 되돌려 받기로 사전에 약정한 다음 그에 따라 수수한 돈은 성격상 뇌물이 아니고 횡령금에 해당한다(대법원 2007.10.12, 2005도7112).

ㅅ(×) 뇌물의 내용인 이익이라 함은 금전, 물품 기타의 재산적 이익뿐만 아니라 사람의 수요·욕망을 충족시키기에 족한 일체의 유형·무형의 이익을 포함한다(대법원 2010.5.13, 2009도7040; 대법원 2005.7.15, 2003도4293). 따라서 재산죄인 배임수재죄의 '재산상' 이익 보다 넓다.

ㅇ(×) 형법 제123조가 규정하는 직권남용권리행사방해죄에서 권리행사를 방해한다 함은 법령상 행사할 수 있는 권리의 정당한 행사를 방해하는 것을 말한다고 할 것이므로 이에 해당하려면 구체화된 권리의 현실적인 행사가 방해된 경우라야 할 것이고, 또한 공무원의 직권남용행위가 있었다 할지라도 현실적으로 권리행사의 방해라는 결과가 발생하지 아니하였다면 본죄의 기수를 인정할 수 없다(대법원 2006.2.9, 2003도4599). 〈답 ②〉

대법원 2010.4.15, 2007도8024 (i) 법령에서 어떤 행위의 금지를 명하면서 이를 위반하는 행위에 대한 벌칙을 두는 한편, 공무원으로 하여금 그 금지규정의 위반 여부를 감시·단속하게 하고 있는 경우 그 공무원에게는 금지규정 위반행위의 유무를 감시하여 확인하고 단속할 권한과 의무가 있다 할 것인데, 만약 어떠한 행위가 공무원이 관계 법령이 정한 바에 따라 금지규정 위반행위의 유무를 충분히 감시하여 확인하고 단속하더라도 이를 발견하지 못할 정도에 이른 것이라면 이는 위계에 의하여 공무원의 감시·단속업무를 적극적으로 방해한 것으로서 위계에 의한 공무집행방해죄가 성립된다고 할 것이지만, 그와 같은 행위가 이에 이르지 않고 단순히 공무원의 감시·단속을 피하여 금지규정에 위반하는 행위를 한 것에 불과하다면 이는 공무원의 불충분한 감시·단속에 기인한 것이지, 행위자 등의 위계에 의하여 공무원의 감시·단속에 관한 직무가 방해되었다고 할 수 없을 것이어서 위계에 의한 공무집행방해죄가 성립된다고 할 수 없다. (ii) 과속단속카메라에 촬영되더라도 불빛을 반사시켜 차량 번호판이 식별되지 않도록 하는 기능이 있는 제품('파워매직세이퍼')을 차량 번호판에 뿌린 상태로 차량을 운행한 행위만으로는, 교통단속 경찰공무원이 충실히 직무를 수행하더라도 통상적인 업무처리과정 하에서 사실상 적발이 어려운 위계를 사용하여 그 업무집행을 하지 못하게 한 것으로 보기 어렵다.

제 3 절 도주와 범인은닉의 죄

1. 도주죄의 주체가 될 수 없는 자를 모두 조합한 것은? (판례에 의하고, 판례가 없으면 다수설에 의함)

> ㉠ 소년원에 수용되어 있는 자
> ㉡ 아동보호시설에 수용되어 있는 자
> ㉢ 피고인 · 피의자로 구속되어 있는 자
> ㉣ 벌금형을 선고받고 노역장에 유치되어 있는 자
> ㉤ 경찰관에 의하여 불법하게 긴급체포되어 있는 자
> ㉥ 유죄의 확정판결을 받고 형집행을 위해 구금된 자

① ㉠ ㉣ ② ㉠ ㉤ ③ ㉡ ㉤
④ ㉢ ㉣ ⑤ ㉣ ㉤ ⑥ ㉤ ㉥

해설

도주죄의 주체는 법률에 의하여 체포 또는 구금된 자이다(제145조). ㉢㉣㉥이 도주죄의 주체가 된다는 점에는 견해가 일치한다. ㉠ 견해가 대립되고 있으나, 다수설은 실질적으로 구금되어 있는 자라는 이유로 본죄의 주체가 된다고 해석한다. ㉡ 본죄의 주체가 될 수 없다. ㉤ 불법하게 긴급체포된 자는 법률에 의하여 체포된 자라고 할 수 없다(대법원 2006.7.6, 2005도6810). 결국 도주죄의 주체가 될 수 없는 것은 ㉡㉤이다. 〈답 ③〉

2. 특수도주죄가 되지 않는 경우는?

① 수갑을 풀고 달아났다.
② 간수를 때리고 도주하였다.
③ 교도소의 담을 부수고 달아났다.
④ 2인 이상이 합동하여 도주하였다.
⑤ 포승줄을 칼로 절단하고 도주하였다.

해설

특수도주죄는 수용설비 또는 기구를 손괴하거나, 사람에게 폭행 또는 협박을 가하거나, 2인 이상이 합동하여 도주함으로써 성립하는 범죄이다(제146조). 여기서 수용설비란 교도소 · 소년교도소 · 구치소 · 미결수용소 또는 경찰서의 유치장 등의 구금장소를 의미하고, 기구는 포승 · 수갑 등과 같이 신체를 직접 구속하는 기구를 말한다. 다만 본죄의 행위태양인 손괴는 물리적 손괴만을 의미하므로 단순히 수갑을 풀고 달아나는 것만으로는 여기에 해당하지 않는다. 〈답 ①〉

3. 도주원조죄에 대한 다음 설명 중 옳은 것은? (다툼이 있는 경우에는 판례에 의함)
<법원행시 2007년>

① 도주하는 자와 함께 구금되어 있는 자는 단순도주원조죄의 주체가 될 수 없다.

② 미수는 처벌되지만 예비 · 음모는 처벌되지 않는다.
③ 甲이 도주행위를 하여 도주죄의 기수에 이른 후에 乙이 甲의 도피를 도와주더라도 乙은 도주원조죄의 죄책을 지지 아니한다.
④ 호송 또는 간수의 임무를 갖고 있는 동안에 도주하게 하였지만 임무해제 후에 도주의 결과가 발생하면 간수자도주원조죄는 성립하지 않는다.
⑤ 친족간의 특례가 적용된다.

해설

①(×) 도주원조죄의 주체에 제한이 없다.
②(×) 예비 · 음모도 처벌한다(제150조).
③(○) 도주죄가 기수에 이른 이후에는 도주원조죄는 성립할 수 없고 범인도피죄가 성립한다(대법원 1991.10.11, 91도1656).
④(×) 행위시에 간수자라는 신분이 있고 현실적으로 그 임무에 종사하고 있으면 족하고 반드시 공무원일 것을 요하지 아니한다.
⑤(×) 범인은닉죄나 증거인멸죄와는 달리 도주원조죄에는 친족간의 특례규정이 없다.
〈답 ③〉

4. 범인은닉죄에 대한 설명 중 옳은 것은?

① 범인은닉죄는 진범에 대한 공소가 전제되어야 한다.
② '죄를 범한 자'는 진범인이 아니라도 범죄의 혐의를 받아 수사대상이 되어 있다면 이를 포함한다.
③ 과실치사죄를 범한 자를 은닉하였으나 후에 기소유예 되었다면 범인은닉죄는 성립하지 않는다.
④ 모욕죄를 범한 자를 은닉한 경우에도 범인은닉죄는 성립하지 않는다.
⑤ 폭행죄를 범하여 벌금형을 선고받았으나 벌금을 납입하지 않고 도주한 자를 은닉한 때에는 범인은닉죄가 성립하지 않는다.

해설

①(×) 범인은닉죄의 객체인 죄를 범한 자라고 하여 유죄판결이 확정되었거나 공소가 제기되었을 것을 요하는 것은 아니다. 따라서 범죄의 혐의를 받고 수사가 진행중인 자도 여기에 포함된다(대법원 1983.8.23, 83도1486).
②(○) 대법원 1982.1.26, 81도1931 참조.
③(×) 형이 확정되었는가, 수사중인가 또는 앞으로 불기소처분이 될 것인가는 불문한다.
④⑤(×) 벌금 이상의 형에 해당하는 죄를 범한 자를 은닉 또는 도피하게 한 때에는 범인은닉죄가 성립한다.
〈답 ②〉

5. 다음의 자를 숨겨주었을 때 범인은닉죄가 성립하는 경우를 2개씩 바르게 조합한 것은?

㉠ 무죄판결을 받은 자

㉡ 공소시효가 완성된 자
㉢ 불기소처분을 받은 자
㉣ 친고죄에서 고소가 없는 자
㉤ 공소가 제기되기 전의 피의자
㉥ 진범이지만 면소의 확정판결을 받은 자
㉦ 공소가 제기되었으나 유죄판결을 받기 전의 피고인

① ㉠ ㉢ ② ㉠ ㉦ ③ ㉡ ㉤
④ ㉡ ㉥ ⑤ ㉢ ㉣ ⑥ ㉣ ㉤

해설

㉣ 소송조건은 공소제기의 유효조건으로 범죄의 성부와는 관계가 없이 고소가 없더라도 수사를 진행할 수 있으므로, 단순히 고소가 없는 경우에는 본죄의 객체가 된다. 다만 고소권이 소멸하여 고소의 가능성이 없는 경우에는 본죄의 객체가 될 수 없다. ㉤㉦ 범인은닉죄의 객체는 벌금 이상의 형에 해당하는 죄를 범한 자로서 공소의 제기 여부를 묻지 않으며, 아직 수사대상이 되어 있지 않은 경우라도 범인은닉죄가 성립한다(대법원 2003.12.12, 2003도4533).
범인은닉죄의 객체는 벌금 이상의 형에 해당하는 죄를 범한 자이다. 죄를 범한 자라고 하기 위하여는 구성요건에 해당하고 위법 · 유책할 뿐만 아니라 처벌조건과 소송조건을 구비하였을 것을 요한다. 따라서 ㉠㉡㉥ 또는 형의 폐지에 의하여 소추나 처벌이 불가능한 때에는 여기에 해당하지 않는다. ㉢ 구속수사의 대상이 된 사람이 그 후 무혐의로 석방되었다 하더라도 본죄의 객체가 됨에는 아무런 영향이 없으나(대법원 1982.1.26, 81도1931), 검사에 의하여 불기소처분을 받은 후에는 본죄의 객체에 포함시킬 수 없다. 〈답 ⑥〉

6. 범인도피 · 은닉죄가 성립하는 것을 모두 조합한 것은? (다툼이 있는 경우에는 판례에 의함)

㉠ 살인미수의 피의자들을 서로 연락하여 만나게 해 주었다.
㉡ 절도사건과 관련하여 사법경찰로부터 조사받는 과정에서 공범자들의 이름을 묵비하였다.
㉢ 경찰에서 수배중인 자임을 인식하면서 그를 자기의 집에 투숙하게 하였다.
㉣ 사인이 범인임을 알면서도 수사기관에 신고하지 않았다.
㉤ 수사기관에서 자신이 오락실의 실제 업주로서 단독으로 운영하였다는 취지로 허위진술하여 오락실을 주로 운영한 공범의 존재를 숨겼다.
㉥ 폭행사건 현장의 참고인이 출동한 경찰관에게 범인의 이름 대신 허무인의 이름을 대면서 구체적인 인적사항에 대한 언급을 피하였다.

① ㉢ ② ㉠ ㉢ ③ ㉡ ㉥
④ ㉠ ㉢ ㉤ ⑤ ㉡ ㉣ ㉥ ⑥ ㉡ ㉤ ㉥

해설

㉠(○) 범인도피죄에 해당한다(대법원 1990.12.26, 90도2439).
㉡(×) 절도범인들을 도피하게 하였다고 볼 수 없다(대법원 1984.4.10, 83도3288).
㉢(○) 경찰에서 수배중인 자임을 인식하면서 동인을 투숙케 하여 체포를 면하게 한 경우에는 범인은닉죄가 성립한다(대법원 1983.8.23, 83도1486).
㉣(×) 사인은 범인을 신고할 의무가 없어 보증인 지위에 있지 않다.
㉤(×) 대법원 2008.12.24, 2007도11137(범인도피죄에서 '도피하게 하는 행위'는 은닉행위에 비견될 정도로 수사기관의 발견 · 체포를 곤란하게 하는 행위, 즉 직접 범인을 도피시키는 행위 또는 도피를 직접적으로 용이하게 하는 행위에 한정된다).
㉥(×) 대법원 2008.6.26, 2008도1059. 〈답 ②〉

7. 乙은 범죄의 혐의를 받아 수사의 대상이 된 자이다. 甲의 행위가 범인은닉(도피)죄에 해당되는 사례를 빠짐없이 모두 묶은 것은? (다툼이 있는 경우에는 판례에 의함) <사시 2004년 변형>

㉠ 甲은 단순도박죄(법정형 500만원 이하의 벌금 또는 과료)의 혐의로 숨어다니는 친구 乙을 자기 집에 며칠 동안 머물게 해 주었다.
㉡ 甲은 친구 乙이 절도 혐의를 받고 있는 사실을 알았지만 진범이 아니라고 생각하고, 乙을 자기 집에 며칠 동안 머물게 해 주었다.
㉢ 甲은 타인의 살인행위를 방조한 친구 乙을 그 정을 모르는 다른 친구 丙에게 알선하여 丙의 집에 머물게 해 주었다.
㉣ 甲은 도피중인 피의자 乙에게 수사상황을 알려 주었다.
㉤ 수사경찰관 甲은 친구 乙이 수배중인 피의자임을 알면서 체포하지 않았다.

① ㉠ ㉡ ㉣ ② ㉠ ㉡ ㉢ ㉤ ③ ㉠ ㉢ ㉣ ㉤
④ ㉡ ㉢ ㉣ ㉤ ⑤ ㉠ ㉡ ㉢ ㉣ ㉤

해설

범인은닉 · 도피죄는 벌금 이상의 형에 해당하는 죄를 범한 자를 은닉 또는 도피하게 함으로써 성립하는 범죄(제151조 1항)이며, ㉠㉡㉢㉣㉤ 모두 범인은닉(도피)죄에 해당한다.
㉠ 단순도박죄는 법정형에 벌금형을 포함하고 있는 범죄이고, 죄를 범한 자란 반드시 공소제기가 되거나 유죄의 판결을 받은 자뿐만 아니라 범죄의 혐의를 받아 수사중인 자도 포함된다(대법원 1983.8.23, 83도1486). ㉡ 형법 제151조 1항 소정의 '죄를 범한 자'라 함은 범죄의 혐의를 받아 수사대상이 되어 있는 자를 포함하므로, 구속수사의 대상이 된 자가 그 후 무혐의로 석방되었다 하더라도 본죄의 성립에는 영향이 없다(대법원 1982.1.26, 81도1931). ㉢ 본죄의 객체는 정범 · 공범을 불문하고, 스스로 은닉하거나 혹은 정을 모르는 제3자를 이용한 간접정범의 형태로도 성립이 가능하다. ㉣ 도피하게 하는 것은 은닉 이외의 방법으로 관헌의 체포 · 발견을 곤란하게 하는 일체의 행위를 말한다(대법원 1990.12.26, 90도2439). ㉤ 부작위에 의하여 본죄를 범한 경우이다. 〈답 ⑤〉

8. 도주죄와 범인은닉죄에 대한 설명으로 옳은 것은? (판례에 의함)

<법원행시 2004년>

① 형법 제151조 2항은 친족 또는 동거의 가족이 본인을 위하여 범인은닉죄 또는 범인도피죄를 범한 때에는 처벌하지 아니한다고 규정하고 있는바, 사실혼관계에 있는 자도 위 조항에서 말하는 친족에 해당한다.

② 벌금 이상의 형에 해당하는 죄를 범한 자라는 것을 인식하면서도 도피하게 한 경우에는 그 자가 당시에는 아직 수사대상이 되어 있지 않았다고 하더라도 범인도피죄가 성립한다.

③ 참고인이 수사기관에서 범인에 관하여 조사를 받으면서 그가 알고 있는 사실을 단순히 묵비하거나 허위로 진술한 경우에도 범인도피죄가 성립한다.

④ 도로교통법위반으로 체포된 범인이 타인의 성명을 모용한다는 정을 알면서 신원보증인으로서 신원보증서에 체포된 범인의 인적사항을 허위로 기재하여 제출한 경우 특별한 사정이 없는 한 범인도피죄가 성립한다.

⑤ 범인이 자신을 위하여 타인으로 하여금 허위의 자백을 하게 하여 범인도피죄를 범하게 하는 경우에는 범인도피교사죄가 성립하지 않는다.

해설 ……………………………………

①(×) 사실혼관계에 있는 자는 민법 소정의 친족이라 할 수 없어 형법 제151조 2항 및 제155조 4항에서 말하는 친족에 해당하지 않는다(대법원 2003.12.12, 2003도4533).

②(○) 대법원 2003.12.12, 2003도4533.

③(×) 그것이 적극적으로 수사기관을 기만하여 착오에 빠지게 함으로써 범인의 발견 또는 체포를 곤란 내지 불가능하게 할 정도의 것이 아니라면 범인도피죄를 구성하지 않는다(대법원 2003.2.14, 2002도5374).

④(×) 대법원 2003.2.14, 2002도5374(수사절차에서 작성되는 신원보증서는 체포된 피의자 석방의 필수적인 요건이거나 어떠한 법적 효력이 있는 것은 아니고, 다만 피의사건이 비교적 경미한 경우 피의자와 일정한 관계에 있는 신원보증인이 수사기관에 대하여 피의자의 신분·직업·주거 등을 보증하고 향후 수사기관이나 법원의 출석요구에 사실상 협조하겠다는 의사를 표시하는 것으로서 피의자나 신원보증인에게 심리적인 부담을 줌으로써 수사기관이나 재판정에의 출석 또는 형 집행 등 형사사법절차상의 편의를 도모하는 것에 불과하여 보증인에게 법적으로 진실한 서류를 작성·제출할 의무가 부과된 것은 아니므로).

⑤(×) 방어권의 남용으로 범인도피교사죄에 해당한다(대법원 2000.3.24, 2000도20).

〈답 ②〉

9. 범인도피(은닉)죄와 관련된 설명 중 옳지 않은 것은? (판례에 의함)

<법원행시 2006년 변형>

① 경찰관 甲은 폭행을 교사한 혐의를 받고 있는 乙을 검거하라는 검사의 지시를 받은 후 乙에게 전화를 걸어 '형사들이 나갔으니 무조건 튀라'고 알려 주어 乙로 하여금 도피하게 한 경우에는 범인도피죄가 성립한다.

② 범인도피죄는 위험범으로서, 현실적으로 형사사법 작용을 방해하는 결과를 초래할 필요는 없으나 적어도 함께 규정되어 있는 은닉행위에 비견될 정도로 수사기관의 발견·체포를 곤란하게 하는 행위, 즉 직접 범인을 도피시키는 행위 또는 도피를 직접적으로 용이하게 하는 행위에 이르러야 성립한다.

③ 범인 아닌 자가 수사기관에서 범인임을 자처하고 허위사실을 진술하여 진범의 체포와 발견에 지장을 초래하게 한 행위는 범인도피죄에 해당한다.

④ 형법 제151조(범인은닉 및 도피죄)에서 '죄를 범한 자'라 함은 공소제기가 되거나 유죄의 판결을 받은 자뿐만 아니라 범죄의 혐의를 받아 수사중인 자도 포함되므로, 경찰에서 수배중인 자임을 인식하면서 동인을 투숙하게 하여 체포를 면하게 한 경우에는 범인은닉죄가 성립한다.

⑤ 범인이 자신을 위해 타인이 허위의 자백을 하는 것을 방조한 경우, 범인도피방조죄가 성립하지는 않는다.

해설

①(○) 甲이 검사로부터 범인을 검거하라는 지시를 받고서도 그 직무상의 의무에 따른 적절한 조치를 취하지 아니하고 오히려 범인에게 전화로 도피하라고 권유하여 그를 도피케 하였다는 범죄사실만으로는 직무위배의 위법상태가 범인도피행위 속에 포함되어 있는 것으로 보아야 할 것이므로, 이와 같은 경우에는 작위범인 범인도피죄만이 성립하고 부작위범인 직무유기죄는 따로 성립하지 아니한다(대법원 1996.5.10, 96도51).

②(○) 대법원 2011.4.28. 2009도3642.

③(○) 대법원 2000.11.24, 2000도4078.

④(○) 대법원 1983.8.23, 83도1486.

⑤(×) 범인이 자신을 위하여 타인으로 하여금 허위의 자백을 하게 하여 범인도피죄를 범하게 하는 행위는 방어권의 남용으로 범인도피교사죄에 해당하는바, 범인을 위해 타인이 범하는 범인도피죄를 범인 스스로 방조하는 경우에도 마찬가지로 적용된다(대법원 2008.11.13, 2008도7647). 〈답 ⑤〉

10. 범인은닉(도피)죄에 해당하는 것을 모두 고르면? (다툼이 있는 경우에는 판례에 의함)

> ㉠ 참고인이 실제의 범인이 누군지도 정확하게 모르는 상태에서, 수사기관에서 실제의 범인이 아닌 어떤 사람을 범인이 아닐지도 모른다고 생각하면서도 그를 범인이라고 지목하는 허위의 진술을 하여, 범인으로 지목된 사람이 구속기소됨으로써 실제의 범인이 용이하게 도피하는 결과를 초래하였다.
>
> ㉡ 개업식 날 찾아 온 범인에게 '도망다니면서 이렇게 와 주니 고맙다. 항상 몸조심하고 주의하여 다녀라. 열심히 살면서 건강에 조심하라'고 말하였다.

> ㉢ 범인이 편취하여 마련한 자금 중 일부를 여러 차례에 걸쳐 가명으로 예금하고 입금과 출금을 되풀이하면서 그 인출한 돈 중 일부를 범인의 자녀들의 생활비 및 범인의 유령회사들의 운영유지비 등으로 사용하게 하였다.
> ㉣ 범인의 자녀들을 미국으로 보내기 위하여 공항까지 안내하여 자녀들을 미국으로 보냈다.
> ㉤ 피고인이 음주운전 혐의로 적발되자 평소 알고 지내던 경찰관을 불러내어 그에게 '어떻게 좀 해 보라'고 계속 재촉하여, 그로 하여금 단속경찰관이 피고인에 대한 주취운전자 적발보고서를 작성하거나 재차 음주측정을 하지 못하도록 제지하였다.

① ㉤ ② ㉠ ㉤ ③ ㉠ ㉡ ㉢
④ ㉠ ㉢ ㉤ ⑤ ㉡ ㉢ ㉣ ⑥ ㉠ ㉢ ㉣

해설

㉠ 그것만으로는 참고인에게 적극적으로 실제의 범인을 도피시켜 국가의 형사사법의 작용을 곤란하게 할 의사가 있었다고 볼 수 없어 참고인을 범인도피죄로 처벌할 수는 없다(대법원 1997.9.9, 97도1596). ㉡ 단순히 안부를 묻거나 통상적인 인사말 등만으로는 범인을 도피하게 한 것이라고 할 수 없다(대법원 1992.6.12, 92도736). ㉢㉣ 범인이 안심하여 도피생활을 계속할 수 있다고 하여도 이로써 범인의 도주를 직접적으로 용이하게 하였다고는 말할 수 없을 뿐만 아니라 범인의 가족을 돕는 행위나 자녀들을 미국으로 보내는 행위는 다른 특별한 사정이 없는 한 사회적 상당성이 있는 행위로서 범인도피죄는 성립하지 아니한다(대법원 1995.3.3, 93도3080).
㉤ 평소 알고 지내던 경찰관을 불러내어 그로 하여금 단속경찰관이 피고인에 대한 주취운전자 적발보고서를 작성하거나 재차 음주측정을 하지 못하도록 제지하는 등으로 단속경찰관의 수사를 곤란하게 한 피고인의 행위는 범인도피죄에서 말하는 도피에 해당하고, 나아가 피고인이 위 경찰관에게 전화를 걸어 음주단속 현장으로 나오게 한 점이나 그에게 '어떻게 좀 해 보라' 고 계속 재촉한 사정 등에 비추어 보면 피고인에게 범인도피교사에 대한 범의가 없었다고 보기 어렵다(대법원 2006.5.26, 2005도7528). 〈답 ①〉

11. 다음 설명 중 옳지 않은 것은? (판례에 의함)

① 지명수배자가 친구들과 술을 마시다가 검문을 받아 도주한 사실을 알면서, 검찰에서 참고인으로 진술함에 있어서 지명수배자를 잘 알지 못할 뿐 아니라 친구들과 함께 술을 마신 사람 가운데 지명수배자는 없었다고 허위진술을 한 것은 범인도피죄를 구성하지 않는다.
② 사실혼관계에 있는 자가 벌금 이상의 형에 해당하는 죄를 범한 자라는 것을 인식하면서 도피하게 한 경우(행위 당시 아직 수사대상이 되어 있지 않은 경우)에도 범인도피죄로 처벌된다.
③ 무면허운전으로 사고를 낸 사람이 동생을 경찰서에 대신 출두시켜 피의자로 조사받도록 한 행위는 범인도피교사죄를 구성한다.

④ 도주죄의 범인이 도주행위를 하여 기수에 이른 이후에 도주죄의 범인의 도피를 도와주는 행위도 도주원조죄에 해당한다.

⑤ 수사기관에서 조사받는 피의자가 사실은 게임장 · 오락실 · 피씨방 등의 실제 업주가 아님에도 불구하고 자신이 실제 업주라고 허위로 진술하였다고 하더라도 그 자체만으로 범인도피죄를 구성하는 것은 아니다.

해설

①(○) 대법원 1991.8.27, 91도1441(참고인이 수사기관에서 범인에 관하여 조사를 받으면서 그가 알고 있는 사실을 묵비하거나 허위로 진술하였다고 하여도 그것이 적극적으로 수사기관을 기만하여 착오에 빠지게 함으로써 범인의 발견 또는 체포를 곤란 내지 불가능하게 할 정도의 것이 아니라면 범인도피죄를 구성하지 않는다).

②(○) 사실혼관계에 있는 자는 민법 소정의 친족이라고 할 수 없다(대법원 2003.12.12, 2003도4533).

③(○) 판례는 범인이 타인을 교사하여 자신의 범인도피행위를 하게 한 때에도 범인도피교사죄가 성립한다고 한다(대법원 2006.12.7, 2005도3707).

④(×) 도주죄의 범인이 도주행위를 하여 기수에 이른 이후에 범인의 도피를 도와주는 행위는 범인도피죄에 해당할 수 있을 뿐, 도주원조죄에는 해당하지 아니한다(대법원 1991.10.11, 91도1656).

⑤(○) 다만, 그 피의자가 실제 업주로부터 금전적 이익 등을 제공받기로 하고 단속이 되면 실제 업주를 숨기고 자신이 대신하여 처벌받기로 하는 역할(이른바 바지사장)을 맡기로 하는 등 수사기관을 착오에 빠뜨리기로 하고, 단순히 실제 업주라고 진술하는 것에서 나아가 게임장 등의 운영 경위, 자금 출처, 게임기 등의 구입 경위, 점포의 임대차계약 체결 경위 등에 관해서까지 적극적으로 허위로 진술하거나 허위 자료를 제시하여 그 결과 수사기관이 실제 업주를 발견 또는 체포하는 것이 곤란 내지 불가능하게 될 정도에까지 이른 것으로 평가되는 경우 등에는 범인도피죄를 구성할 수 있다(대법원 2010.2.11, 2009도12164). 〈답 ④〉

12. 범인도피죄에 관한 다음 설명 중 옳은 것을 모두 고른 것은? (다툼이 있는 경우에는 판례에 의함) <사시 2008년: 배점 2>

㉠ 범인도피죄에 있어서 '죄를 범한 자'에는 범죄의 혐의를 받아 수사대상이 되어 있는 자도 포함되므로 그가 나중에 혐의없음 처분을 받거나 무죄판결을 선고받은 경우에도 범인도피죄의 성립에는 영향이 없으나, 아직 수사기관에 포착되지 않아 수사대상이 되어 있지 않은 자는 포함되지 않는다.

㉡ 범인이 자신을 위하여 타인으로 하여금 허위의 자백을 하게 하여 범인도피죄를 범하게 하는 행위는 방어권의 남용으로 범인도피교사죄에 해당한다.

㉢ 범인이 기소중지를 당하는 바람에 집에 들어갈 수 없다며 甲에게 값이 싼 방을 구하여 계약서를 대신 작성해 달라는 부탁을 하자, 甲이 자신의 처 명의로 오피스텔에 대한 임대차계약을 체결해 주었다 하

더라도 수사기관의 범인 체포 가능성에는 차이가 없으므로 甲에게는 범인도피죄가 성립하지 않는다.
㉣ 甲이 수사기관에서 참고인으로 진술을 함에 있어 범인으로 체포된 사람과 자신이 목격한 범인이 동일함에도 불구하고 단순히 동일한 사람이 아니라고 허위진술을 하여 이로 말미암아 증거불충분으로 범인을 석방하게 되는 결과가 되었더라도 甲에게는 범인도피죄가 성립하지 않는다.
㉤ 범인 스스로가 도피한 때에는 범인도피죄가 성립하지 않으나, 공동정범 중의 한 사람이 다른 공범을 도피하게 한 때에는 범인도피죄가 성립한다.

① ㉠ ㉡ ㉣ ② ㉠ ㉡ ㉤ ③ ㉠ ㉢ ㉣
④ ㉠ ㉢ ㉤ ⑤ ㉠ ㉣ ㉤ ⑥ ㉡ ㉢ ㉣
⑦ ㉡ ㉢ ㉤ ⑧ ㉡ ㉣ ㉤

해설

㉠(×) 범인은닉죄는 형사사법에 관한 국권의 행사를 방해하는 자를 처벌하고자 하는 것이므로 형법 제151조 1항 소정의 '죄를 범한 자'라 함은 범죄의 혐의를 받아 수사대상이 되어 있는 자를 포함하며, 따라서 구속수사의 대상이 된 자가 그 후 무혐의로 석방되었다 하더라도 위 죄의 성립에 영향이 없다(대법원 1982.1.26, 81도1931). 형법 제151조에서 규정하는 범인도피죄는 범인은닉 이외의 방법으로 범인에 대한 수사, 재판 및 형의 집행 등 형사사법의 작용을 곤란 또는 불가능하게 하는 행위를 말하는 것으로서 그 방법에는 어떠한 제한이 없고, 또 위 죄는 위험범으로서 현실적으로 형사사법의 작용을 방해하는 결과가 초래될 것이 요구되지 아니하므로, 형법 제151조 1항의 이른바, 죄를 범한 자라 함은 범죄의 혐의를 받아 수사대상이 되어 있는 자를 포함하며, 나아가 벌금 이상의 형에 해당하는 죄를 범한 자라는 것을 인식하면서도 도피하게 한 경우에는 그 자가 당시에는 아직 수사대상이 되어 있지 않았다고 하더라도 범인도피죄가 성립하고, 한편 증거인멸죄에 관한 형법 제151조 1항의 이른바 타인의 형사사건이란 인멸행위시에 아직 수사절차가 개시되기 전이라도 장차 형사사건이 될 수 있는 것까지 포함한다(대법원 2003.12.12, 2003도4533).
㉡(○) 대법원 2006.12.7, 2005도3707의 내용이다.
㉢(×) 비록 임대차계약서가 공시되는 것은 아니라 하더라도 수사기관이 탐문수사나 신고를 받아 범인을 발견하고 체포하는 것을 곤란하게 한 것이므로 범인도피죄에 해당한다(대법원 2004.3.26, 2003도8226).
㉣(○) 참고인이 범인 아닌 다른 자를 진범이라고 내세우는 경우 등과 같이 적극적으로 허위의 사실을 진술하여 수사관을 기만, 착오에 빠지게 함으로써 범인의 발견·체포에 지장을 초래케 하는 경우와 달리 참고인이 수사기관에서 진술을 함에 있어 단순히 범인으로 체포된 사람과 동인이 목격한 범인이 동일함에도 불구하고 동일한 사람이 아니라고 허위진술을 한 정도의 것만으로는 참고인의 그 허위진술로 말미암아 증거가 불충분하게 되어 범인을 석방하게 되는 결과가 되었다 하더라도 바로 범인도피죄를 구성한다고는 할 수 없다(대법원 1987.2.10, 85도897).
㉤(○) 형법 제151조 1항 소정의 범인도피죄에 있어서 공동정범 중의 1인이 타 공동정범인을 도피시킴에 대하여 동조 2항과 같은 불처벌의 특례를 규정한 바 없으므로 공동정범

중의 1인이 타 공동정범을 도피시킴은 범인도피죄의 죄책을 면치 못한다(대법원 1958.1.14, 4290형상393).

〈답 ⑧〉

13. 다음 설명 중 옳은 것끼리만 짝지어진 것은? (다툼이 있는 경우에는 판례에 의함)

<사시 2007년: 배점 3>

A. 노동조합이 긴급한 경영상의 이유로 정리해고를 실시하기로 한 회사측에 맞서 정리해고 자체를 수용할 수 없다며 한 쟁의행위는 정당행위에 해당되지 않는다.
B. 알선수뢰죄의 주체가 되기 위해서는 당해 직무를 처리하는 공무원과 직접·간접의 연관관계를 가지고 법률상·사실상 어떠한 영향력을 미칠 수 있는 지위에 있는 공무원이라야 하는바, 검찰주사는 같은 청에 근무하는 검사에 대해 사실상의 영향력을 미칠 수 있는 지위에 있지 않아 알선수뢰죄의 주체에 해당하지 아니한다.
C. 공문서부정행사죄의 '부정행사'는 본래의 사용용도에 따른 공문서의 사용만으로 축소해석하는 것이 판례의 입장이다.
D. 업무방해죄의 업무는 업무의 기초가 되는 계약이나 행정행위 등이 반드시 적법해야 하는 것은 아니므로, 법원의 직무집행정지 가처분 결정에 의해 그 직무집행이 정지된 자가 법원의 결정에 반해 직무를 수행함으로써 업무를 계속 행하는 경우 이는 동죄의 업무에 해당한다.
E. 법원이나 집행관의 허락을 받지 않았다고 하더라도 출입금지가처분 결정 채권자의 승낙을 얻어 가처분의 대상인 건조물 등에 출입한 경우, 출입금지가처분 표시의 효용을 해한 것이라고 할 수 없다.
F. 사법경찰관이 범인을 수사관서까지 동행한 것이 사실상의 강제연행인 경우, 약 6시간 상당이 경과한 후 다시 긴급체포가 이루어졌다고 하더라도 그 범인은 형법 제145조 1항에 정한 '법률에 의하여 체포 또는 구금된 자'에 해당하지 아니하여 도주죄의 주체가 될 수 없다.

① A D E ② A E F ③ B C D
④ B C F ⑤ B D E ⑥ B D F
⑦ C D E ⑧ C E F

해설

A(○) 정리해고나 부서·조직의 통폐합 등 구조조정의 실시 여부는 경영주체에 의한 고도의 경영상 결단에 속하는 사항으로서 이는 원칙적으로 단체교섭의 대상이 될 수 없고, 그것이 긴박한 경영상의 필요나 합리적인 이유 없이 불순한 의도로 추진되는 등의 특별한 사정이 없는 한, 노동조합이 실질적으로 그 실시 자체를 반대하기 위하여 쟁의행위에 나아간다면, 비록 그 실시로 인하여 근로자들의 지위나 근로조건의 변경이 필연적으로 수반된다 하더라도 그 쟁의행위는 목적의 정당성을 인정할 수 없다(대법원 2003.12.26, 2001도3380).

B(○) 지방검찰청 지청의 검찰사무주무(검찰주사)인 피고인이 같은 지청의 수사담당 검사 A, 입회 검찰주사 B가 수사하게 된 甲 등 5인에 대한 관세법위반 피의사건의 조사와 관련하여 검사 A에게 직무상 어떠한 연관관계를 가지고 법률상 또는 사실상 어떤 영향력을 미칠 수 있는 지위에 있었다고 보기 어렵다 할 것이므로, 피고인에 대한 알선수뢰죄의 공소사실은 범죄의 증명이 없는 때에 해당한다(대법원 1982.6.8, 82도403).

C(×) 판례는 사용권한자와 용도가 특정되어 있는 공문서를 사용권한 없는 자가 사용한 경우에는 그 공문서 본래의 용도에 따른 사용이 아니면 공문서부정행사죄가 성립하지 아니한다고 하면서(대법원 2003.2.26, 2002도4935), 권한 있는 자라도 정당한 용법에 반하여 부정하게 행사하는 경우에 공문서부정행사죄가 성립한다고 한다(대법원 2007.3.30, 2007도629).

D(×) 법원의 직무집행정지 가처분결정에 의하여 그 직무집행이 정지된 자가 법원의 결정에 반하여 직무를 수행함으로써 업무를 계속 행하는 경우, 그 업무는 국법질서와 재판의 존엄성을 무시하는 것으로서 사실상 평온하게 이루어지는 사회적 활동의 기반이 되는 것이라 할 수 없고, 비록 그 업무가 반사회성을 띠는 경우라고까지는 할 수 없다고 하더라도 법적 보호라는 측면에서는 그와 동등한 평가를 받을 수밖에 없으므로, 그 업무 자체는 법의 보호를 받을 가치를 상실하였다고 하지 않을 수 없어 업무방해죄에서 말하는 업무에 해당하지 않는다(대법원 2002.8.23, 2001도5592).

E(○) 출입금지가처분은 그 성질상 가처분 채권자의 의사에 반하여 건조물 등에 출입하는 것을 금지하는 것이므로, 비록 가처분결정이나 그 결정의 집행으로서 집행관이 실시한 고시에 그러한 취지가 명시되어 있지 않다고 하더라도 가처분 채권자의 승낙을 얻어 그 건조물 등에 출입하는 경우에는 출입금지가처분 표시의 효용을 해한 것이라고 할 수 없다(대법원 2006.10.13, 2006도4740).

F(○) 사법경찰관이 피고인을 수사관서까지 동행한 것이 사실상의 강제연행, 즉 불법체포에 해당하고, 불법체포로부터 6시간 상당이 경과한 후에 이루어진 긴급체포 또한 위법하므로 피고인이 불법체포된 자로서 형법 제145조 1항에 정한 '법률에 의하여 체포 또는 구금된 자'가 아니어서 도주죄의 주체가 될 수 없다(대법원 2006.7.6, 2005도6810). 《답 ②》

14. 다음 각 사례에서 답이 ㉠이 되는 것은 모두 몇 개인가? (다툼이 있으면 판례에 의하고, 판례가 없으면 다수설에 의함)

〈사례 1〉 법률에 의해 구금된 자를 탈취한 행위는?
㉠ 범인은닉 · 도피죄 ㉡ 도주원조죄

〈사례 2〉 부정수표단속법 피의자 A가 B에 대하여 지는 또 다른 노임채무를 甲이 인수키로 하는 지불각서를 작성하여 주고 B가 A를 수사당국에 인계하는 것을 포기하기로 하는 합의가 이루어져 A가 수사당국에 인계되지 않은 경우 甲의 행위는?
㉠ 범인은닉 · 도피죄 ㉡ 무죄

〈사례 3〉 수표가 지급거절되리라는 사정을 알면서 그 수표부도 직전에 발행인을 은닉한 행위는?
㉠ 범인은닉 · 도피죄 ㉡ 무죄

〈사례 4〉 살인사건의 피고인 甲은 구치소에 수감되어 있으면서 재판을 받기 위하여 법원으로 호송되던 도중 교도관의 눈을 피하여 수감을 찬 채 도망하였다. 몇 시간 후 甲은 자동차를 운전하고 있는 乙을 만났다. 乙은 사정을 알면서 차 안에서 甲의 수갑을 풀어 주고 甲을 역까지 태워다 주었다. 甲의 죄책은?
㉠ 단순도주죄　　㉡ 특수도주죄
〈사례 5〉 위 〈사례 5〉에서 乙의 죄책은?
㉠ 범인은닉 · 도피죄　　㉡ 도주죄의 종범
〈사례 6〉 구인장이 집행되어 구금중 도주한 증인을 은닉한 행위는?
㉠ 범인은닉 · 도피죄　　㉡ 무죄
〈사례 7〉 수사관 甲은 부하직원 乙 · 丙이 참고인 A를 고문하다 사망케 하였고, 위 고문에 가담한 자가 乙 · 丙 이외에 더 있다는 사실을 충분히 인식하고 있었다. 그런데도 甲은 A가 단순 쇼크로 사망하였다는 변사사건 발생보고서를 부하직원인 丁으로부터 받아 보고 이를 그대로 용인한 다음 이를 치안본부장 및 검찰에 제출하게 하고, 나아가 검찰에서 조사를 받고 있는 위 乙 · 丙에게 다른 범인이 더 있음을 실토하지 아니하도록 설득하였다. 甲의 죄책은?
㉠ 범인은닉 · 도피죄　　㉡ 무죄

① 1개　　② 2개　　③ 3개
④ 4개　　⑤ 5개　　⑥ 6개

해설

〈사례 1〉 ㉡ 법률에 의하여 구금된 자를 탈취하거나 도주하게 한 때에는 도주원조죄를 구성한다(제147조). 탈취의 결과가 나타남으로써 본죄는 기수가 되며, 피구금자의 동의 유무는 문제되지 않는다.
〈사례 2〉 ㉡ 피고인들이 부정수표단속법 피의자 A가 B에 대하여 지는 또 다른 노임채무를 인수키로 하는 지불각서를 작성하여 주고 위 B가 A를 수사당국에 인계하는 것을 포기하기로 하는 합의가 이루어져 위 A가 수사당국에 인계되지 않은 경우이면 피고인들에 대하여 범인도피죄의 성립을 인정할 수 없다(대법원 1984.2.14, 83도2209).
〈사례 3〉 ㉠ 부정수표단속법 제2조 2항 위반의 범죄는 예금부족으로 인하여 제시일에 지급되지 아니할 것이라는 결과발생을 예견하고 수표를 발행한 때에 바로 성립하는 것이고 수표소지인의 제시일에 수표금의 지급이 거절된 때에 비로소 성립하는 것은 아니므로, 피고인이 수표발행인을 은닉한 것이 그 수표가 부도나기 전날이라고 하더라도 그 수표가 부도날 것이라는 사정과 수표발행인이 부정수표단속법위반으로 수사관서의 수배를 받게 되리라는 사정을 알았다면 범인은닉에 관한 범의가 없다고 할 수는 없다(대법원 1990.3.27, 89도1480).
〈사례 4〉 ㉠, 〈사례 5〉 ㉠ 甲은 수갑을 찬 채 도주하였으므로 단순도주죄가 성립하지만, 乙은 甲이 도주한 후에 만났으므로 도주원조죄나 도주죄의 방조범이 될 수 없다(대법원 1991.10.11, 91도1656).
〈사례 6〉 ㉡ 구인중인 피고인 · 피의자는 도주죄의 주체이지만 증인은 도주죄의 주체가 아니라는 것이 다수설이므로, 구인중인 증인이 도주한 때에는 도주죄가 성립하지 않는다. 따라서 그를 은닉한 행위는 범인은닉죄에 해당하지 않는다.

〈사례 7〉 ㉠ 범인 아닌 자가 수사기관에서 범인임을 자처하고 허위사실을 진술하여 진범의 수사와 발견에 지장을 초래하게 한 때에는 범인도피죄가 성립하지만(대법원 2000.11.24, 2000도4078; 대법원 1996.6.14, 96도1016), 수사기관에서 참고인이 조사를 받으면서 알고 있는 사실을 묵비하거나 허위의 사실을 진술하였다는 것만으로 범인도피죄가 성립하는 것은 아니다(대법원 1997.9.9, 97도1596). 그러나 공범이 더 있다는 사실을 숨긴 채 허위보고를 하고 조사를 받고 있는 범인에게 다른 공범이 더 있음을 실토하지 못하도록 하는 등의 행위를 하였다면 도피행위에 대한 고의가 인정된다(대법원 1995.12.26, 93도904).

〈답 ④〉

대법원 1991.10.11, 91도1656 도주죄는 즉시범으로서 범인이 간수자의 실력적 지배를 이탈한 상태에 이르렀을 때에 기수가 되어 도주행위가 종료하는 것이고, 도주원조죄는 도주죄에 있어서의 범인의 도주행위를 야기시키거나 이를 용이하게 하는 등 그와 공범관계에 있는 행위를 독립한 구성요건으로 하는 범죄이므로, 도주죄의 범인이 도주행위를 하여 기수에 이르른 이후에 범인의 도피를 도와주는 행위는 범인도피죄에 해당할 수 있을 뿐 도주원조죄에는 해당하지 아니한다.

제 4 절 위증과 증거인멸의 죄

1. 위증죄에 대한 설명 중 옳지 않은 것을 모두 고르면? (다툼이 있는 경우에는 판례에 의함)

㉠ 보호법익은 국가의 사법작용 및 징계작용이고, 추상적 위험범이다.
㉡ 목적범이고, 자수범이다.
㉢ 선서무능력자의 경우에는 위증죄가 성립하지 않는다.
㉣ 자기 사건에서 허위의 진술을 한 경우에는 위증죄가 성립하지 않는다.
㉤ 법관이 위증의 벌을 경고하지 않고 선서하게 한 경우에는 위증죄가 성립하지 않는다.
㉥ 참고인이 검사 면전에서 허위의 진술을 한 경우에는 위증죄가 성립하지 않는다.

① ㉡ ㉤ ② ㉢ ㉤ ③ ㉢ ㉥
④ ㉣ ㉤ ⑤ ㉡ ㉢ ㉤

해설

㉠(○) 위증죄는 법률에 의하여 선서한 증인이 허위의 진술을 함으로써 국가의 사법기능이 침해될 추상적 위험이 있으면 완성된다.
㉡(×) 모해위증죄(제152조 2항)는 목적범이지만, 단순위증죄(제152조 1항)는 목적범이 아니다. 위증죄는 법률에 의하여 선서한 증인이라는 신분을 요하는 신분범일 뿐만 아니라, 이러한 신분을 가진 자가 스스로 허위의 증언을 할 때에만 성립하는 자수범이다.
㉢(○) 위증죄는 법률에 의해 선서한 증인이 주체가 되므로, 선서능력이 없는 자는 주체가 될 수 없다.

㉣㉥(○) 본죄의 주체는 법률에 의하여 선서한 증인에 제한된다. 증인이란 법원 또는 법관에 대하여 과거의 경험사실을 진술하는 제3자를 말한다. 따라서 피고인이 피고사건에 대하여 허위의 진술을 하는 것은 본죄에 해당하지 않는다. 참고인이 허위의 진술을 한 때에도 같다.
㉤(×) 선서는 유효할 것을 요하지만, 선서나 선서절차에 사소한 결함이 있다는 이유만으로는 선서가 효력을 잃는 것은 아니다. 〈답 ①〉

2. 위증죄에 관한 설명으로 옳지 않은 것은? (통설과 판례에 의함)

① 증인의 진술이 객관적 사실과 부합하지 아니하는 경우 그것만으로 위증죄가 되는 것은 아니다.
② 제3자가 심문절차로 진행되는 소송비용확정신청사건에서 증인으로 출석하여 선서를 하고 진술함에 있어서 기억에 반하는 허위의 공술을 하였더라도 위증죄가 성립하지 않는다.
③ 증언거부권이 있는 사람이라 하더라도 선서한 후 증언거부권을 포기하고 증언하였다면 위증죄의 주체가 될 수 있다.
④ 유죄판결이 확정된 자가 별건으로 기소된 공범의 형사사건에서 자신의 범행사실을 부인하는 증언을 한 경우 위증죄가 성립한다.
⑤ 병원 원장이 직원과 근무시간 외에 매일 전화통화를 하고, 수회 자정이 넘은 시간에 서로 만나는 등 다른 직원들과 달리 서로 긴밀한 관계를 유지해 왔는데, 증인으로 증언하면서 '단순히 원장과 직원과의 관계입니다. 모든 직원들한테 했듯이 똑같이 대하였습니다'라는 취지로 증언한 것은 위증에 해당한다.

해설

①(○) 위증죄의 허위란 기억에 반하는 진술이라는 것(주관설)이 판례의 태도(대법원 1988.12.13, 88도80)이므로 기억에 반하는 진술을 하여야 위증죄가 성립한다.
②(○) 대법원 1995.4.11, 95도186(그 선서는 법률상 근거가 없어 무효라고 할 것이므로).
③(○) 대법원 1987.7.7, 86도1724 전원합의체.
④(○) 대법원 2008.10.23, 2005도10101.
⑤(×) 대법원 2009.3.12, 2008도11007은 원장과 직원 관계라고 한 것이나 다른 직원과 똑같이 대했다고 한 것은 사실 그대로이거나 주관적 평가 내지 의견을 말한 것에 지나지 않는다고 봄이 상당하고, 이를 위증죄의 대상이 되는 과거에 경험한 사실을 허위로 진술한 경우에 해당한다고 보기는 어렵다고 하였다. 〈답 ⑤〉

3. 위증죄에 관한 설명 중 옳은 것을 모두 고르면? (판례에 의함)

㉠ 피고인을 공동피고로 한 민사사건에서 피고인이 의제자백에 의해 분리되고, 공소외인만이 피고로 남은 사건에서 한 증언이 기억에 반한 것이라면 위증죄에 해당한다.

> ㉡ 타인으로부터 전해들은 금품의 전달사실을 마치 증인 자신이 전달한 것처럼 진술하였더라도 위증죄는 성립하지 않는다.
> ㉢ 증인이 종중의 이사회결의나 임원회의 결의가 있었음을 알면서도 이에 반하는 진술을 하였지만, 동 결의가 종중규약에 위반하여 효력이 없는 것이라면 위증죄가 성립하지 않는다.
> ㉣ 증인이 상세한 내용의 증인신문사항을 파악하지 못하였거나 또는 기억하지 못함에도 불구하고 이를 그대로 긍정하는 취지의 답변을 하였다면 위증죄가 성립한다.
> ㉤ 이미 유죄판결을 받아 확정된 후 별건으로 기소된 공범에 대한 공판절차의 증인으로 출석하여 허위의 진술을 한 경우 증언거부권을 고지받지 못하였더라도 위증죄가 성립한다.

① ㉢ ㉤ ② ㉣ ㉤ ③ ㉠ ㉡ ㉤
④ ㉠ ㉣ ㉤ ⑤ ㉢ ㉣ ㉤ ⑥ ㉠ ㉢ ㉣ ㉤

해설

㉠(○) 대법원 1983.10.25, 83도1318(이는 타인 사이의 사건이라고 할 것이므로 그 사건에서 한 증인이 기억에 반한 것인 이상 위증죄에 해당한다).
㉡(×) 타인으로부터 전해들은 금품의 전달사실을 마치 증인 자신이 전달한 것처럼 진술한 것은, 증인의 기억에 반하는 허위진술이라고 할 것이므로 그 진술 부분은 위증에 해당한다(대법원 1990.5.8, 90도448).
㉢(×) 위증죄는 법률에 의하여 선서한 증인이 자기의 기억에 반하는 사실을 진술함으로써 성립된다 할 것이므로, 피고 등이 종중의 이사회결의나 임원회의 결의 등이 있었음을 알면서도 이에 반하는 공술을 한 이상, 동 결의가 종중규약에 위반하여 효력이 없는 것이라 한들 위증죄의 성립에 영향을 미치지 않는다(대법원 1983.8.23, 82도1989).
㉣(○) 대법원 1981.6.23, 81도118(기억에 반하여 허위의 진술을 한 것).
㉤(○) 대법원 2011.11.24, 2011도11994(피고인에게 증언을 거부할 권리가 없으므로 증언거부권을 고지받지 못하였더라도 증인신문절차상 잘못이 없다). 〈답 ④〉

4. 위증죄에 대한 설명 중 옳지 않은 것은? (판례에 의함)

① 타인이 법원에 출석하여 당사자 본인신문에 응하여 진술한 사실을 모르고 증언을 한 것이라 하더라도, 위 타인이 증인의 형수이고 그 민사소송사건의 당사자 본인이어서 동인이 법원에 출석·진술할 여지가 있었음에도 이러한 사실을 확인함이 없이, 동인은 의사표시의 능력도 없는 사람이고 법정에 서서 진술한 사실이 전혀 없는 노인이라고 단정 증언하였다면 위증죄가 성립한다.

② 증인으로 출석하여 한 허위진술이 철회·시정된 바 없이 증인신문절차가 종료된 후 증인으로 다시 신청·채택되어 다시 출석하여 종전 선서의 효력이 유지됨을 고지받고 증언하면서 종전 기일에 한 허위진술을

철회하였다면 위증죄는 성립하지 않는다.

③ 공범으로 기소되어 공동피고인으로 재판을 받던 중, 다른 공범자의 공소사실에 관한 증인으로 증언하면서 허위사실을 진술하였더라도 위증죄가 성립하지 아니한다.

④ 증인이 증언내용사실을 잘 알지 못하면서 잘 아는 것으로 증언한 것이라면 위증죄가 성립한다.

⑤ 판사가 증인이 경찰과 검사에게 진술한 내용이 사실이냐고 묻고 수사기록을 제시하고 그 요지를 고지한 즉 증인이 사실대로 진술하였으며 그 내용도 상위없다고 답변하였을 뿐이라면, 설사 그 진술조서에 기재된 내용 중 증인의 기억에 반하는 부분이 있다고 하여도 위증한 것이라고 할 수는 없다.

해설

①(○) 기억에 반한 진술이라고 하지 않을 수 없다(대법원 1985.8.20, 85도868).

②(×) 증인의 증언은 그 전부를 일체로 관찰·판단하는 것이므로 선서한 증인이 일단 기억에 반하는 허위의 진술을 하였더라도 그 신문이 끝나기 전에 그 진술을 철회·시정한 경우 위증이 되지 아니한다고 할 것이나, 증인이 1회 또는 수회의 기일에 걸쳐 이루어진 1개의 증인신문절차에서 허위의 진술을 하고 그 진술이 철회·시정된 바 없이 그대로 증인신문절차가 종료된 경우 그로써 위증죄는 기수에 달하고, 그 후 별도의 증인 신청 및 채택 절차를 거쳐 그 증인이 다시 신문을 받는 과정에서 종전 신문절차에서의 진술을 철회·시정한다 하더라도 그러한 사정은 형법 제153조가 정한 형의 감면사유에 해당할 수 있을 뿐, 이미 종결된 종전 증인신문절차에서 행한 위증죄의 성립에 어떤 영향을 주는 것은 아니다. 위와 같은 법리는 증인이 별도의 증인신문절차에서 새로이 선서를 한 경우뿐만 아니라 종전 증인신문절차에서 한 선서의 효력이 유지됨을 고지받고 진술한 경우에도 마찬가지로 적용된다(대법원 2010.9.30, 2010도7525).

③(○) 공범인 공동피고인의 증인적격과 관련하여, 대법원은 소송절차가 분리되지 않은 한 공범인 공동피고인의 증인적격을 부정하므로, 증인적격이 없어 위증죄가 성립하지 않는다(대법원 2008.6.26, 2008도3300).

④(○) 그 증언은 기억에 반한 진술이다(대법원 1986.9.9, 86도57).

⑤(○) 판사가 증인이 경찰과 검사에게 진술한 내용이 사실이냐고 묻고 수사기록을 제시하고 그 요지를 고지한즉 증인이 사실대로 진술하였으며 그 내용도 상위없다고 답변하였을 뿐이라면 증인이 수사기록에 있는 그의 진술조서에 기재된 내용을 기억하여 반복 진술한 것이라고 할 수는 없으므로, 설사 그 진술조서에 기재된 내용 중 증인의 기억에 반하는 부분이 있다고 하여도 그 기재내용을 상위없다고 하는 진술 자체가 위증이 될 수 있음은 별론으로 하고 그 진술기재 내용을 위증한 것이라고 할 수는 없다(대법원 1989.9.12, 88도1147). 〈답 ②〉

5. 위증죄에 있어서 허위의 진술의 개념에 관하여는 주관설(기억에 반하는 것)**과 객관설**(객관적 진실에 반하는 것)**이 대립되고 있다. 다음의 사례에서 주관설과 객관설이 결론을 달리하는 경우는 몇 개인가?**

㉠ 증인이 진실이 아닌 것을, 자신의 기억에 반하여 진실이 아니라고

믿고 증언하였다.
㉡ 증인이 진실한 사실을, 기억에 따라 진실이라고 믿고 증언하였다.
㉢ 증인이 진실에 반한 사실을, 기억에 따라 진실이라고 믿고 증언하였다.
㉣ 증인이 진실이 아닌 사실을, 기억에 반하여 진실이라고 믿고 증언하였다.
㉤ 증인이 진실한 사실을, 기억에 반하여 진실이 아니라고 믿고 증언하였다.
㉥ 증인이 진실한 사실을, 기억에 반하여 진실이라고 믿고 증언하였다.

① 0개 ② 1개 ③ 2개
④ 3개 ⑤ 4개 ⑥ 5개

해설

주관설과 객관설에 의하는 경우에 위증죄가 성립하는가를 도식화하면 아래와 같다.

	㉠	㉡	㉢	㉣	㉤	㉥
주관설	○	×	×	○	○	○
객관설	○	×	×	×	×	×

주관설은 기억에 반하는 진술을 허위의 진술이라고 해석함에 반하여, 객관설은 객관적 진실에 반하는 경우를 말한다고 한다. 다만 객관설에 의할 때에도 객관적으로 진실에 반하는 진술이라 할지라도 진실이라고 믿고 증언한 때(㉢㉣)에는 위증의 고의가 없기 때문에 위증죄는 성립하지 않는다. 결국 주관설과 객관설이 결론을 달리하는 것은 ㉣㉤㉥의 3개이다.

〈답 ④〉

6. 위증죄에 관한 설명 중 옳지 않은 것은? (다툼이 있는 경우에는 판례에 의함)

<변호사 2013년>

① 허위의 진술이란 그 객관적 사실이 허위라는 것이 아니라 스스로 체험한 사실을 기억에 반하여 진술하는 것을 뜻한다.
② 경험한 사실에 대한 법률적 평가나 단순한 의견에 지나지 아니한 경우 다소의 오류가 있더라도 허위의 진술에 해당하지 아니한다.
③ 증인의 진술내용이 당해 사건의 요증사실에 관한 것인지, 판결에 영향을 미친 것인지 여부는 위증죄의 성립과 아무런 관계가 없다.
④ 하나의 사건에 관하여 한 번 선서한 증인이 수개의 사실에 관하여 허위의 진술을 한 경우 한 개의 위증죄가 성립한다.
⑤ 자기의 형사사건에 관하여 타인을 교사하여 위증을 하게 하는 것은 피고인의 형사사건의 방어권 행사와 동일한 의미이므로 위증교사의 책임을 지지 않는다.

✍ 해설 ……………………………………

①(○) 대법원 1984.2.28, 84도114.
②(○) 진술의 대상은 사실에 제한되며 가치판단을 포함하지 않는다. 따라서 경험한 객관적 사실에 대한 증인 나름의 법률적·주관적 평가나 의견을 부연한 부분에 다소의 오류나 모순이 있더라도 위증죄가 성립하는 것은 아니다(대법원 2009.3.12, 2008도11007).
③(○) 대법원 1990.2.23, 89도1212; 대법원 1982.6.8, 81도 3069.
④(○) 대법원 2007.3.15, 2006도9463; 대법원 1998.4.14, 97도3340.
⑤(×) 자기의 형사사건에 관하여 타인을 교사하여 위증하게 한 경우 위증교사죄가 성립하는가에 대해 견해가 대립하는데, 대법원은 방어권의 남용을 이유로 교사범의 성립을 인정한다(대법원 2004.1.27, 2003도5114). 〈답 ⑤〉

7. 증언거부권자에게 증언거부권을 고지하지 아니하고 신문한 결과 허위의 진술을 한 증인에게 위증죄가 성립하는가에 대한 다음 주장 중 판례의 태도와 일치하는 것은?

① 소송법규정의 위반은 위증죄의 성립에 영향이 없으므로, 증언거부권을 고지하지 않은 경우에도 당연히 위증죄가 성립한다.
② 소송법규정의 위반이 증인의 진술의 자유를 침해하거나 본질적인 법치국가 원칙에 반하는 경우에만 위증죄의 성립을 부정해야 하므로, 단순히 증언거부권을 고지하지 않은 것만으로는 위증죄의 성립에 영향을 미치지 않는다.
③ 원칙적으로는 위증죄의 성립에 영향이 없지만, 위법한 절차에 의하여 수집된 증거는 위증죄의 보호대상이 될 수 없기 때문에 증언거부권을 고지하지 않은 때에는 그 증언의 증거능력이 부정되어 위증죄가 성립할 수 없다.
④ 증인신문절차에서 법률에 규정된 증인보호를 위한 규정이 지켜진 것으로 인정되지 않은 경우에는 "법률에 의하여 선서한 증인"에 해당하지 아니하여 위증죄로 처벌할 수 없지만, 증언거부권을 고지받았더라도 허위진술을 하였을 것이라고 볼 만한 정황이 있는 때에는 증언거부권이 침해되었다고 볼 수 없어 위증죄가 성립할 수 있다.
⑤ 위증죄에서 법률에 의하여 선서한 증인이란 증인신문이 법률이 정한 절차조항을 준수하여 적법하게 이루어진 경우임을 요한다고 보아야 하므로, 증인신문절차에서 증언거부권을 고지하지 않은 때에는 법률에 의하여 선서한 증인에 해당하지 아니하여 위증죄가 성립할 여지는 없다.

✍ 해설 ……………………………………

①②③(×) 독일에서 주장되는 견해이다.
④(○) 소송법규정을 위반한 경우 이로 인하여 법률에 의하여 선서한 증인이 허위의 진술을 했다고 인정할 수 없는 때에는 위증죄가 성립할 수 없다는 점에 의문이 없다. 문제

는 증언거부권의 불고지와 위증죄의 성부인데, 이에 대하여 대법원 2010.2.25, 2007도6273과 대법원 2010.1.21, 2008도942 전원합의체는 증인에게 증언거부권을 고지하지 않은 경우에 당해 사건에서 증언 당시 증인이 처한 구체적인 상황, 증언거부사유의 내용, 증인이 증언거부사유 또는 증언거부권의 존재를 이미 알고 있었는지 여부, 증언거부권을 고지 받았더라도 허위진술을 하였을 것이라고 볼 만한 정황이 있는지 등을 전체적 · 종합적으로 고려하여 위증죄의 성립여부를 판단해야 한다고 판시하였다.
⑤(×) 대법원 2010.1.21, 2008도942 전원합의체가 원칙적으로 취한 입장이다. 그러나 대법원은 증인보호에 사실상 장애가 초래되었다고 볼 수 없는 경우에까지 예외 없이 위증죄의 성립을 부정할 것은 아니라고 하였다. 〈답 ④〉

① **대법원 2010.2.25, 2007도6273** (i) 재판장이 신문 전에 증인에게 증언거부권을 고지하지 않은 경우에도 당해 사건에서 증언 당시 증인이 처한 구체적인 상황, 증언거부사유의 내용, 증인이 증언거부사유 또는 증언거부권의 존재를 이미 알고 있었는지 여부, 증언거부권을 고지받았더라도 허위진술을 하였을 것이라고 볼 만한 정황이 있는지 등을 전체적 · 종합적으로 고려하여 증인이 침묵하지 아니하고 진술한 것이 자신의 진정한 의사에 의한 것인지 여부를 기준으로 위증죄의 성립 여부를 판단하여야 한다. (ii) 전 남편에 대한 도로교통법 위반(음주운전) 사건의 증인으로 법정에 출석한 전처(前妻)가 증언거부권을 고지받지 않은 채 공소사실을 부인하는 전 남편의 변명에 부합하는 내용을 적극적으로 허위 진술한 사안에서, 증인으로 출석하여 증언한 경위와 그 증언 내용, 증언거부권을 고지받았더라도 그와 같이 증언을 하였을 것이라는 취지의 진술내용 등을 전체적 · 종합적으로 고려할 때 선서 전에 재판장으로부터 증언거부권을 고지받지 아니하였다 하더라도 이로 인하여 증언거부권이 사실상 침해당한 것으로 평가할 수는 없다는 이유로 위증죄의 성립을 긍정하였다.

② **대법원 2010.1.21, 2008도942 전원합의체** (i) 위증죄와 형사소송법의 취지, 정신과 기능을 고려하여 볼 때, 형법 제152조 1항에서 정한 '법률에 의하여 선서한 증인'이라 함은 '법률에 근거하여 법률이 정한 절차에 따라 유효한 선서를 한 증인'이라는 의미이고, 그 증인신문은 법률이 정한 절차 조항을 준수하여 적법하게 이루어진 경우여야 한다. (ii) 위증죄의 의의 및 보호법익, 형사소송법에 규정된 증인신문절차의 내용, 증언거부권의 취지 등을 종합적으로 살펴보면, 증인신문절차에서 법률에 규정된 증인보호를 위한 규정이 지켜진 것으로 인정되지 않은 경우에는 증인이 허위의 진술을 하였다고 하더라도 위증죄의 구성요건인 "법률에 의하여 선서한 증인"에 해당하지 아니한다고 보아 이를 위증죄로 처벌할 수 없는 것이 원칙이다. 다만, 법률에 규정된 증인보호 절차라 하더라도 개별 보호절차 규정들의 내용과 취지가 같지 아니하고, 당해 신문과정에서 지키지 못한 절차 규정과 그 경위 및 위반의 정도 등 제반 사정이 개별 사건마다 각기 상이하므로, 이러한 사정을 전체적 · 종합적으로 고려하여 볼 때, 당해 사건에서 증인보호에 사실상 장애가 초래되었다고 볼 수 없는 경우에까지 예외 없이 위증죄의 성립을 부정할 것은 아니다. (iii) 증언거부권 제도는 증인에게 증언의무의 이행을 거절할 수 있는 권리를 부여한 것이고, 형사소송법상 증언거부권의 고지 제도는 증인에게 그러한 권리의 존재를 확인시켜 침묵할 것인지 아니면 진술할 것인지에 관하여 심사숙고할 기회를 충분히 부여함으로써 침묵할 수 있는 권리를 보장하기 위한 것임을 감안할 때, 재판장이 신문 전에 증인에게 증언거부권을 고지하지 않은 경우에도 당해 사건에서 증언 당시 증인이 처한 구체적인 상황, 증언거부사유의 내용, 증인이 증언거부사유 또는 증언거부권의 존재를 이미 알고 있었는지 여부, 증언거부권을 고지 받았더라도 허위진술을 하였을 것이라고 볼 만한 정황이 있는지 등

을 전체적·종합적으로 고려하여 증인이 침묵하지 아니하고 진술한 것이 자신의 진정한 의사에 의한 것인지 여부를 기준으로 위증죄의 성립 여부를 판단하여야 한다. 그러므로 헌법 제12조 2항에 정한 불이익 진술의 강요금지 원칙을 구체화한 자기부죄거부특권에 관한 것이거나 기타 증언거부사유가 있음에도 증인이 증언거부권을 고지받지 못함으로 인하여 그 증언거부권을 행사하는 데 사실상 장애가 초래되었다고 볼 수 있는 경우에는 위증죄의 성립을 부정하여야 한다. (iv) 피고인이 공소외인과 쌍방 상해 사건으로 공소제기되어 공동피고인으로 함께 재판을 받으면서 자신은 폭행한 사실이 없다고 주장하며 다투던 중 공소외인에 대한 상해사건이 변론분리되면서 피해자인 증인으로 채택되어 검사로부터 신문받게 되었고 그 과정에서 피고인 자신의 공소외인에 대한 폭행 여부에 관하여 신문을 받게 됨에 따라 증언거부사유가 발생하게 되었는데도, 재판장으로부터 증언거부권을 고지받지 못한 상태에서 자신의 종전 주장을 그대로 되풀이함에 따라 결국 거짓 진술에 이르게 된 사정 등을 이유로 피고인에게 위증죄의 죄책을 물을 수 없다고 판단한 것은 결론에 있어 정당하다.

8. 다음 설명 중 옳지 않은 것은? (다툼이 있는 경우에는 판례에 의함)

<사시 2013년: 배점 2>

① 무고죄에서 무고는 '타인으로 하여금 형사처분 또는 징계처분'을 받게 할 목적으로 허위의 사실을 신고하는 행위를 말하며, '징계처분'에는 변호사에 대한 징계처분도 포함된다.

② 재산세 과세대장을 작성할 권한이 있던 자가 인사이동되어 그 권한이 없어진 후 그 기재내용을 변경한 경우, 공문서변조죄가 성립한다.

③ 자신의 강도상해 범행을 일관되게 부인하였으나 유죄판결이 확정된 甲이 별건으로 공소제기된 강도상해 공범 乙의 형사사건에서 범행 사실을 부인하는 증언을 한 경우, 甲에게는 사실대로 진술할 기대가능성이 있으므로 위증죄가 성립한다.

④ 돈을 갚지 않은 차용인을 사기죄로 고소하면서 변제의사와 능력의 유무에 관하여 기망하였다는 내용으로 고소한 경우, 고소인이 차용금의 '용도'를 묵비하거나 사실과 달리 신고하더라도 무고죄의 '허위사실신고'에 해당하지 않아 무고죄가 성립하지 않는다.

⑤ 증언거부권자가 증언거부권을 고지받지 못하고 허위진술한 경우라도 증언거부권을 고지받았어도 그와 같이 증언했을 것이라는 취지의 증언거부권자의 진술 내용이 있다면 위증죄가 성립하지 않는다.

해설

①(○) 대법원 2010.11.25, 2010도10202.
②(○) 대법원 1996.11.22, 96도1862.
③(○) 대법원 2008.10.23, 2005도10101.
④(○) 대법원 2011.9.8, 2011도3489(차용금의 용도와 무관하게 다른 자료만으로도 충분히 차용인의 변제의사나 능력의 유무에 관한 기망사실을 인정할 수 있는 경우도 있을 것이므로,

차용금의 실제 용도에 관하여 사실과 달리 신고하였다는 것만으로는 범죄사실의 성립 여부에 영향을 줄 정도의 중요한 부분을 허위로 신고하였다고 할 수 없다).
⑤(×) 증인으로 출석하여 증언한 경위와 그 증언 내용, 증언거부권을 고지받았더라도 그와 같이 증언을 하였을 것이라는 취지의 진술 내용 등을 전체적·종합적으로 고려할 때 선서 전에 재판장으로부터 증언거부권을 고지받지 아니하였다 하더라도 이로 인하여 증언거부권이 사실상 침해당한 것으로 평가할 수 없으므로 위증죄가 성립한다(대법원 2010.2.25, 2007도6273). 〈답 ⑤〉

9. 증거인멸죄에 대한 설명 중 옳은 것은?

① 무고한 자를 구하기 위하여 증거를 인멸한 때에는 증거인멸죄가 성립되지 않는다.
② 증거능력 없는 증거를 인멸한 때에는 본죄가 성립하지 않는다.
③ 진범 아닌 자가 범인이라고 경찰에 신고하고 출석하여 진술조서를 받는 경우에는 본죄를 구성한다.
④ 변호인이 위조된 증거임을 알면시 증거조사를 청구하는 경우에는 본죄가 성립한다.
⑤ 벌금 이하의 형에 해당하는 타인의 형사피고사건에 대하여 증거를 인멸한 때에는 본죄가 성립하지 않는다.

해설

①②(×) 타인이 진범인가의 여부는 물론, 인멸한 증거가 증거능력이 있는가의 여부도 문제되지 않는다.
③(×) 진범인이 아닌 자가 경찰에 출석하여 진범이라고 진술하는 경우에는 범인은닉죄가 성립한다.
④(○) 위조된 증거의 조사를 청구하는 것은 위조한 증거를 사용하는 경우에 해당한다.
⑤(×) 타인의 형사사건이나 징계사건에 대하여 증거를 인멸하면 본죄가 성립한다.
〈답 ④〉

10. 형법 제155조(증거인멸등)**와 관련된 설명 중 적절치 않은 것은?** (판례에 의함)
<법원행시 2001년 변형>

① 증거위조죄에서의 '위조'란 문서에 관한 죄에 있어서의 위조 개념과는 달리 새로운 증거의 창조를 의미하므로 존재하지 아니한 증거를 이전부터 존재하고 있는 것처럼 작출하는 행위도 증거위조에 해당한다.
② 증거가 문서의 형식을 갖는 경우 증거위조죄에 있어서의 증거에 해당하는지 여부가 그 작성권한의 유무나 내용의 진실성에 좌우되는 것은 아니다.
③ 형법 제155조 3항에서 말하는 '피의자'에는 수사기관에 의하여 범죄의 인지 등으로 수사가 개시되어 있는 자는 물론 장차 형사입건될 가능성

이 큰 자도 해당한다.

④ 자기의 이익을 위한 증거인멸행위가 동시에 자기의 공범자가 아닌 자의 형사사건이나 징계사건에 관한 증거를 인멸한 결과가 된다고 하더라도 증거인멸죄가 성립하지 아니한다.

⑤ 증거은닉죄에 있어서 '타인의 형사사건 또는 징계사건'이란 은닉행위시에 아직 수사 또는 징계절차가 개시되기 전이라도 장차 형사 또는 징계사건이 될 수 있는 것까지를 포함한다.

해설

①②(○) 대법원 2011.2.10, 2010도15986.

③(×) 형법 제155조 3항에서 말하는 '피의자'라고 하기 위해서는 수사기관에 의하여 범죄의 인지 등으로 수사가 개시되어 있을 것을 필요로 하고, 그 이전의 단계에서는 장차 형사입건될 가능성이 크다고 하더라도 그러한 사정만으로 '피의자'에 해당한다고 볼 수는 없다(대법원 2010.6.24, 2008도12127).

④(○) 대법원 1995.9.29, 94도2608(피고인 자신이 직접 형사처분이나 징계처분을 받게 될 것을 두려워한 나머지 자기의 이익을 위하여 그 증거가 될 자료를 인멸하였다면, 그 행위가 동시에 다른 공범자의 형사사건이나 징계사건에 관한 증거를 인멸한 결과가 된다고 하더라도 이를 증거인멸죄로 다스릴 수 없고, 이러한 법리는 그 행위가 피고인의 공범자가 아닌 자의 형사사건이나 징계사건에 관한 증거를 인멸한 결과가 된다고 하더라도 마찬가지이다).

⑤(○) 대법원 2003.12.12, 2003도4533 참조. 〈답 ③〉

11. 증거인멸죄 등에 관한 다음 설명 중 옳다고 보기 어려운 것은? (다툼이 있는 경우에는 판례, 다수설 순에 의함) <법원행시 2007년 변형>

① 형사사건의 재심이나 비상상고사건에 관한 증거도 증거인멸죄의 행위의 객체에 포함된다.

② 노동조합 지부장 甲이 업무상횡령 혐의로 조합원들로부터 고발을 당하자 乙과 공동하여 조합 회계서류를 무단 폐기한 후 폐기에 정당한 근거가 있는 것처럼 乙로 하여금 조합 회의록을 조작하여 수사기관에 제출하도록 교사한 경우, 甲은 증거변조죄 및 변조증거사용죄의 교사범이 성립한다.

③ 선서무능력자로서 범죄현장을 목격하지도 못한 사람으로 하여금 형사법정에서 범죄현장을 목격한 양 허위의 증언을 하도록 하는 것은 형법 제155조 1항이 규정하는 증거위조죄를 구성하지 아니한다.

④ 자기의 형사사건에 관한 증거를 위조하기 위하여 타인을 교사하여 죄를 범하게 한 자에 대하여는 증거위조교사죄가 성립한다.

⑤ 사실혼관계에 있는 자가 본인을 위하여 증거인멸행위를 한 경우 사실혼관계에 있는 자에게는 증거인멸죄에 관한 친족간 특례규정(형법 제155조 4항)이 적용되지 아니한다.

해설

①(○) 형사사건의 재심이나 비상상고사건에 관한 증거도 증거인멸죄의 행위객체에 포함된다는 것이 다수설 · 판례이다.
②(×) 회의록의 변조 · 사용은 甲과 乙이 공범관계에 있는 문서손괴죄 형사사건에 관한 증거를 변조 · 사용한 것으로 볼 수 있어 乙에 대한 증거변조죄 및 변조증거사용죄가 성립하지 않으며, 피교사자인 乙이 증거변조죄 및 변조증거사용죄로 처벌되지 않은 이상 甲에 대하여 공범인 교사범은 물론 그 간접정범도 성립하지 않는다(대법원 2011.7.14, 2009도13151).
③(○) 대법원 1998.2.10, 97도2961.
④(○) 대법원 2011.2.10, 2010도15986.
⑤(○) 사실혼관계에 있는 자는 민법 소정의 친족이라 할 수 없어 형법 제151조 2항 및 제155조 4항에서 말하는 친족에 해당하지 않는다(대법원 2003.12.12, 2003도4533).

〈답 ②〉

12. 다음 설명 중 옳지 않은 것은? (다툼이 있는 경우에는 판례에 의함)

<사시 2005년>

① 피고인 자신이 직접 형사처분이나 징계처분을 받게 될 것을 두려워한 나머지 자기의 이익을 위하여 증인이 될 사람을 도피하게 하였다면, 그 행위가 동시에 다른 공범자의 형사사건이나 징계사건에 관한 증인을 도피하게 한 결과가 된다고 하더라도 이를 증인도피죄로 처벌할 수 없다.
② 무고죄에 있어서 범의는 반드시 확정적 고의임을 요하지 아니하고 미필적 고의로도 족하다 할 것이므로, 무고죄는 신고자가 진실하다는 확신 없는 사실을 신고함으로써 성립하고 그 신고사실이 허위라는 것을 확신함을 필요로 하지 않는다.
③ 민사소송의 당사자인 법인의 대표이사는 증인능력이 없으므로, 증인으로 선서하고 증언하였다고 하더라도 위증죄의 주체가 될 수 없다.
④ 자기의 형사사건에 관한 증거를 인멸하기 위하여 타인을 교사하여 죄를 범하게 한 자에 대하여는 증거인멸죄의 교사범이 성립하지 아니한다.
⑤ 신원보증서를 작성하여 수사기관에 제출하는 보증인이 피의자의 인적 사항을 허위로 기재하였다고 하더라도, 그로써 적극적으로 수사기관을 기망한 결과 피의자를 석방하게 하였다는 등 특별한 사정이 없는 한 범인도피죄가 성립하지 아니한다.

해설

①(○) 대법원 2003.3.14, 2002도6134의 내용이다.
②(○) 무고죄에 있어서 허위의 사실의 인식이 확정적 고의를 요하는가에 대하여 미필적 인식으로 족하다는 견해와 확정적 인식을 요한다는 견해로 대립되고 있다. 판례는 풍문을 경신하고 확신 없는 사실을 신고해도 무고죄가 성립한다고 판시한 이후(대법원 1955.3.22, 4287형상65), 일관되게 미필적 인식으로도 충분하다는 입장이다(대법원 2003.1.24, 2002도

5939; 대법원 1997.3.28, 96도2417).
③(○) 위증죄의 주체는 법률에 의하여 선서한 증인에 제한되므로, 민사소송의 당사자신문에 의하여 선서하고 진술하는 당사자는 본죄의 주체가 될 수 없으며, 당사자인 법인의 대표자인 경우에도 위증죄의 주체가 될 수 없다(대법원 1998.3.10, 97도1168).
④(×) 자기의 형사사건에 대하여 증거를 인멸하기 위하여 타인을 교사한 때에 증거인멸죄가 성립하는가에 관해 학설은 자기비호권의 한계를 일탈한 것이며, 범인 스스로 도피하는 경우와 달리 기대가능성도 인정되므로, 본죄의 교사범의 성립을 긍정하는 적극설과, 자기비호의 연장에 불과하고, 본죄의 정범이 될 수 없는 자가 교사에 의하여 본죄를 범한다는 것은 인정할 수 없다는 이유로, 본죄의 성립을 부정하는 소극설이 대립한다. 판례는 '자기의 형사사건에 관한 증거를 인멸하기 위하여 타인을 교사하여 죄를 범하게 한 자에 대하여는 증거인멸교사죄가 성립한다'고 한다(대법원 2000.3.24, 99도5275).
⑤(○) 신원보증서를 작성하여 수사기관에 제출하는 보증인이 피의자의 인적사항을 허위로 기재하였다고 하더라도, 그로써 적극적으로 수사기관을 기망한 결과 피의자를 석방하게 하였다는 등 특별한 사정이 없는 한, 그 행위만으로 범인도피죄가 성립되지 않는다(대법원 2003.2.14, 2002도5374). 〈답 ④〉

13. 각 사례에서 답이 ㉠이 되는 것은 모두 몇 개인가? (판례에 의하고, 판례가 없을 시 다수설에 의함)

〈사례 1〉 甲은 형사사건의 피고인 丙을 모해할 목적으로 증인 乙에게 위증할 것을 교사하여 실행케 하였다. 그러나 위증을 한 乙에게 모해의 목적이 없었을 경우 甲의 죄책은?
㉠ 위증교사죄 ㉡ 모해위증교사죄
〈사례 2〉 위 〈사례 1〉에서 乙의 죄책은?
㉠ 위증죄 ㉡ 모해위증죄
〈사례 3〉 甲은 증인 乙에게 사례금을 주고 위증을 부탁하였다. 그러나 평소 피고인 A에게 불만이 있던 乙은 A를 모해할 목적으로 위증하였다. 甲의 죄책은?
㉠ 위증교사죄 ㉡ 모해위증교사죄
〈사례 4〉 위 〈사례 3〉에서 乙의 죄책은?
㉠ 위증죄 ㉡ 모해위증죄
〈사례 5〉 甲은 친구 乙을 위하여 乙에 관한 형사사건의 참고인 丙을 도피시켰다. 甲의 죄책은?
㉠ 증인도피죄 ㉡ 무죄
〈사례 6〉 甲과 乙은 부부 사이이다. 甲과 乙은 乙이 바람을 피웠다는 이유로 심하게 싸우다가, 乙이 순간적으로 흥분하여 면도칼로 자신의 동맥을 절단하고 심하게 피를 흘리면서 쓰러지게 되었다. 그런데 甲은 이러한 상황을 보고 자기에게 乙을 구호해야 할 의무가 없으며 부정한 행위를 한 여자는 차라리 죽는 것이 낫다고 생각하고, 자신도 괴로워 소주를 두 병이나 마시고 의식을 잃었다. 3

시간 만에 깨어 보니 乙은 이미 죽어 있었다. 甲은 자신이 누명을 쓸 것이 두려워 乙을 승용차로 운반하여 야산에 몰래 묻어 버렸다. 甲의 죄책은?
㉠ 자살방조죄와 사체은닉죄의 실체적 경합범
㉡ 자살방조죄와 사체은닉죄 및 증거인멸죄의 실체적 경합범
〈사례 7〉 경찰관이 압수물을 범죄혐의의 입증에 사용하도록 하는 등의 적절한 조치를 취하지 않고 피압수자에게 돌려준 경우 경찰관의 죄책은?
㉠ 증거인멸죄
㉡ 증거인멸죄와 직무유기죄의 상상적 경합범

① 1개 ② 2개 ③ 3개
④ 4개 ⑤ 5개 ⑥ 6개

해설

〈사례 1〉 ㉡, 〈사례 2〉 ㉠ 대법원은 모해위증죄(제152조 2항)의 '모해의 목적'도 신분요소로 이해하여 모해위증죄를 신분관계로 인하여 형이 가중되는 가중적 신분범으로 파악하고 있다. 그리하여 甲이 모해의 목적을 가지고 모해의 목적이 없는 乙에게 위증을 교사한 위 사건에 대해서 공범과 신분에 관한 제33조 단서를 적용하여 甲에게는 모해위증죄의 교사범을, 乙에게는 위증죄의 정범을 인정하고 있다(대법원 1994.12.23, 93도1002).
〈사례 3〉 ㉠, 〈사례 4〉 ㉡ 정범이 교사의 범위를 초과하여 실행한 경우로서 양적 초과에 해당하므로, 교사자는 정범이 초과실행한 부분에 대하여는 책임이 없다. 따라서 甲은 위증교사죄로, 乙은 모해위증죄로 처벌된다.
〈사례 5〉 ㉠ 타인의 형사사건 또는 징계사건에 관한 증인을 은닉 또는 도피하게 한 때에는 증인은닉·도피죄(제151조 1항)를 구성한다. 여기의 증인에는 형사소송법상의 증인뿐만 아니라 수사기관에서 조사하는 참고인을 포함한다. 따라서 甲에게는 증인도피죄가 성립한다.
〈사례 6〉 ㉠ 甲은 乙의 생명을 보호해야 할 보증인이고 부작위인 방치행위에 의하여 자살방조죄가 규정하고 있는 동가치의 행위를 하였다고 볼 수 있으므로, 부작위에 의한 자살방조죄의 구성요건을 실현한 것이 분명하다. 부진정부작위범에 있어서 보증인지위는 구성요건요소이지만, 그의 발생근거가 되는 보증인의무는 위법성요소이므로 甲이 乙을 구호할 의무가 없다고 오인한 것은 법률의 착오에 해당하며, 甲의 착오에는 정당한 이유가 없다고 보여지므로 자살방조죄의 책임을 면할 수 없다. 甲이 乙이 사망하자 그 사체를 야산에 묻어 발견하지 못하게 매장한 것은 사체은닉죄에 해당한다. 자살방조죄와 사체은닉죄는 실체적 경합범관계에 있다. 증거인멸죄는 범인 자신이 아닌 타인의 형사사건에 관한 증거를 인멸·은닉하는 경우에 성립하는 범죄이므로, 甲에게 증거인멸죄가 성립하지 않는다.
〈사례 7〉 ㉠ 작위범인 증거인멸죄만이 성립하고 부작위범인 직무유기죄는 따로 성립하지 아니한다(대법원 2006.10.19, 2005도3909 전원합의체). 〈답 ⑤〉

14. **위증과 증거인멸의 죄에 대한 설명 중 옳지 않은 것을 모두 고르면?** (판례에 의함)

㉠ 증거위조죄에서 '증거'란 타인의 형사사건 또는 징계사건에 관하여

수사기관이나 법원 또는 징계기관이 국가의 형벌권 또는 징계권의 유무를 확인하는 데 관계있다고 인정되는 일체의 자료를 의미하고, 타인에게 유리한 것이건 불리한 것이건 가리지 아니하며 또 증거가치의 유무 및 정도를 불문한다.

㉡ 타인의 형사사건과 관련하여 수사기관이나 법원에 제출하거나 현출되게 할 의도로 법률행위 당시에는 존재하지 아니하였던 처분문서를 사후에 그 작성일을 소급하여 작성한 경우 그 작성자에게 해당 문서의 작성권한이 있고, 또 그와 같은 법률행위가 당시에 존재하였으며, 그 내용이 진실하다면 증거위조죄는 성립하지 아니한다.

㉢ 민사소송절차에 증인으로 출석한 자가 증언거부권이 있는데도 재판장으로부터 증언거부권을 고지받지 않은 상태에서 허위의 증언을 한 경우 위증죄가 성립하지 아니한다.

㉣ 행정소송사건의 같은 심급에서 변론기일을 달리하여 수차 증인으로 나가 수 개의 허위진술을 하더라도 최초 한 선서의 효력을 유지시킨 후 증언한 이상 1개의 위증죄를 구성함에 그친다.

㉤ 모해위증죄에 있어서 모해할 목적이란 피고인·피의자 또는 징계혐의자를 불리하게 할 목적을 의미하는 것으로서, 모해위증죄에 있어서 허위진술의 대상이 되는 사실에는 공소범죄사실을 직접, 간접적으로 뒷받침하는 사실은 물론 이와 밀접한 관련이 있는 것으로서 만일 그것이 사실로 받아들여진다면 피고인이 불리한 상황에 처하게 되는 사실도 포함된다.

① ㉡ ② ㉠ ㉤ ③ ㉡ ㉢
④ ㉣ ㉤ ⑤ ㉠ ㉡ ㉣ ⑥ ㉡ ㉢ ㉣

해설

㉠(○) 대법원 2007.6.28, 2002도3600.

㉡(×) 증거위조죄의 구성요건을 충족시키는 것이라고 보아야 하고, 비록 그 내용이 진실하다 하여도 국가의 형사사법기능에 대한 위험이 있다는 점은 부인할 수 없다(대법원 2007.6.28, 2002도3600).

㉢(×) 민사소송법은 형사소송법과 달리, '선서거부권 제도'(제324조), '선서면제 제도'(제323조) 등 증인으로 하여금 위증죄의 위험에서 벗어날 수 있도록 하는 이중의 장치를 마련하고 있어 증언거부권 고지규정을 두지 아니한 것이 입법의 불비라거나 증언거부권 있는 증인의 침묵할 수 있는 권리를 부당하게 침해하는 입법이라고 볼 수도 없다. 그렇다면 민사소송절차에서 재판장이 증인에게 증언거부권을 고지하지 아니하였다 하여 절차위반의 위법이 있다고 할 수 없고, 따라서 적법한 선서절차를 마쳤는데도 허위진술을 한 증인에 대해서는 달리 특별한 사정이 없는 한 위증죄가 성립한다(대법원 2011.7.28. 2009도14928).

㉣(○) 대법원 2007.3.15, 2006도9463.

㉤(○) 대법원 2007.12.27, 2006도3575. 〈답 ③〉

대법원 2007.6.28, 2002도3600 타인의 형사사건 또는 징계사건에 관한 증거를 위조한 경우에 성립하는 형법 제155조 1항의 증거위조죄에서 '증거'라 함은 타인의 형사사건 또는 징계사건에 관하여 수사기관이나 법원 또는 징계기관이 국가의 형벌권 또는 징계권의 유무를 확인하는 데 관계있다고 인정되는 일체의 자료를 의미하고, 타인에게 유리한 것이건 불리한 것이건 가리지 아니하며 또 증거가치의 유무 및 정도를 불문하는 것이고, 여기서의 '위조'란 문서에 관한 죄에 있어서의 위조 개념과는 달리 새로운 증거의 창조를 의미하는 것이므로 존재하지 아니한 증거를 이전부터 존재하고 있는 것처럼 작출하는 행위도 증거위조에 해당하며, 증거가 문서의 형식을 갖는 경우 증거위조죄에 있어서의 증거에 해당하는지 여부가 그 작성권한의 유무나 내용의 진실성에 좌우되는 것은 아니다. 타인의 형사사건과 관련하여 수사기관이나 법원에 제출하거나 현출되게 할 의도로 법률행위 당시에는 존재하지 아니하였던 처분문서, 즉 그 외형 및 내용상 법률행위가 그 문서 자체에 의하여 이루어진 것과 같은 외관을 가지는 문서를 사후에 그 작성일을 소급하여 작성하는 것은, 가사 그 작성자에게 해당 문서의 작성권한이 있고, 또 그와 같은 법률행위가 당시에 존재하였다거나 그 법률행위의 내용이 위 문서에 기재된 것과 큰 차이가 없다 하여도 증거위조죄의 구성요건을 충족시키는 것이라고 보아야 하고, 비록 그 내용이 진실하다 하여도 국가의 형사사법기능에 대한 위험이 있다는 점은 부인할 수 없다.

15. 다음 사례를 읽고 甲과 乙의 죄책에 대한 <보기>의 설명 중 옳지 않은 것을 모두 고른 것은? (다툼이 있는 경우에는 판례에 의함) <사시 2012년: 배점 4>

> ○○조합 조합장 甲은, 방송에서 조합에 기부된 돈을 자신이 횡령하였다는 의혹이 보도되자 장차 수사가 진행될 것에 대비하여, 자신이 그 기부금을 횡령한 사실을 잘 알고 있는 직원 乙에게 해당 기부금이 조합을 위해 사용되었다는 내용의 자료를 만들라고 지시하였다. 甲의 처벌을 원하지 않던 乙은 甲의 지시에 따라 자신의 명의로 허위의 기부금사용내역서를 작성하였다. 甲에 대한 검찰 수사가 개시된 후 乙은 甲의 지시에 따라 검찰에서 '기부금이 조합을 위해 사용되었다'는 취지로 진술하면서 그 기부금사용내역서를 제출하였다. 그 후 甲은 기부금 횡령 등의 혐의로 공소제기되자 乙에게 '甲으로부터 허위 기부금사용내역서를 작성하라는 지시를 받은 적이 없다'고 허위진술해 줄 것을 부탁하였고, 이에 따라 乙은 甲에 대한 형사사건의 법정에 증인으로 출석하여 선서하고 甲의 지시대로 허위의 진술을 하였다.

> 〈보기〉
> ㄱ. 乙이 甲에 대한 검찰 수사개시 전에 기부금사용내역서를 작성한 것은 증거위조죄에 해당한다.
> ㄴ. 乙이 검찰에서 허위진술한 것은 증거위조죄에 해당한다.
> ㄷ. 만약 위 횡령사건에 대하여 甲이 불기소처분을 받았다면 甲에게는 증거위조교사죄 및 위조증거사용교사죄가 성립하지 아니한다.

ㄹ. 乙의 위증에 대하여 甲에게는 위증교사죄가 성립한다.

① ㄱ ㄴ ② ㄴ ㄷ ③ ㄷ ㄹ
④ ㄱ ㄴ ㄷ ⑤ ㄴ ㄷ ㄹ

해설

㉠(○)
㉡(×) 형법 제155조 1항에서 타인의 형사사건에 관한 증거를 위조한다 함은 증거 자체를 위조함을 말하는 것이고, 참고인이 수사기관에서 허위의 진술을 하는 것은 이에 포함되지 아니한다(대법원 1995.4.7, 94도3412).
㉢(×) 형법 제155조 1항의 증거위조죄에서 타인의 형사사건이란 증거위조 행위시에 아직 수사절차가 개시되기 전이라도 장차 형사사건에 될 수 있는 것까지 포함하고, 그 형사사건이 기소되지 아니하거나 무죄가 선고되더라도 증거위조죄의 성립에 영향이 없다. 여기에서의 '위조'란 문서에 관한 죄에 있어서의 위조 개념과는 달리 새로운 증거의 창조를 의미하는 것이므로 존재하지 아니한 증거를 이전부터 존재하고 있는 것처럼 작출하는 행위도 증거위조에 해당하며, 증거가 문서의 형식을 갖는 경우 증거위조죄에 있어서의 증거에 해당하는지 여부가 그 작성권한의 유무나 내용의 진실성에 좌우되는 것은 아니다. 또한 자기의 형사사건에 관한 증거를 위조하기 위하여 타인을 교사하여 죄를 범하게 한 자에 대하여는 증거위조교사죄가 성립한다(대법원 2011.2.10, 2010도15986).
㉣(○) 피고인이 자기의 형사사건에 관하여 타인을 교사하여 위증죄를 범하게 하는 것은 방어권을 남용하는 것이라고 할 것이어서 교사범의 죄책을 부담케 함이 상당하다(대법원 2004.1.27, 2003도5114).

〈답 ②〉

제 5 절 무고의 죄

1. 무고죄가 성립하는 경우를 모두 고른 것은?

㉠ 친구를 모함하려고 형사에게 허위사실을 알린 경우
㉡ 징계처분을 받게 할 목적으로 비리를 조작하여 신문사에 알린 경우
㉢ 형사처분을 받게 할 목적으로 허위사실을 진정의 형식으로 대통령에게 신고한 경우
㉣ 강간을 당한 것을 고소하면서, 강간으로 입은 것이 아닌 상해사실을 포함시킨 경우
㉤ 타인의 형사피고사건에 증인으로 출두하여 피고인을 미워한 나머지 거짓 진술을 한 경우

① ㉠ ㉢ ② ㉠ ㉤ ③ ㉢ ㉤
④ ㉠ ㉡ ㉢ ⑤ ㉠ ㉢ ㉤ ⑥ ㉡ ㉣ ㉤

해설

㉠(○) 형사는 형사처분할 수 있는 수사기관이다.

㉡(×) 행위의 대상은 공무소 또는 공무원이므로 신문사에 허위의 사실을 알린 것은 무고죄를 구성하지 않는다.
㉢(○) 대통령은 정부의 수반으로서 중앙행정기관의 장을 지휘·감독할 수 있고 법무부장관은 구체적인 사건에 관해서 검찰총장을 지휘·감독하는 것이므로 대통령은 법무부장관에 대한 지휘·감독을 통해서 수사기관의 직권발동을 촉구시킬 수 있는 위치에 있다고 할 것이므로, 형사처분을 받게 할 목적으로 허위사실을 진정의 형식으로 대통령에게 신고하면 그로써 무고죄는 성립된다고 봄이 상당하다(대법원 1977.6.28, 77도1445).
㉣(×) 강간을 당하여 상해를 입었다는 고소내용은 하나의 강간행위에 대한 고소사실이고, 이를 분리하여 강간에 관한 고소사실과 상해에 관한 고소사실의 두 가지 고소내용이라고 볼 수는 없으므로 강간을 당한 것이 사실인 이상, 이를 고소함에 있어서 강간으로 입은 것이 아닌 상해사실을 포함시켰다 하더라도 이는 고소내용의 정황을 과장한 것에 지나지 아니하여 따로이 무고죄를 구성하지 아니한다(대법원 1983.1.18, 82도2170).
㉤(×) 무고죄의 신고는 자발성을 요건으로 하므로, 이 경우에는 위증죄가 성립한다.

〈답 ①〉

2. 무고죄에 대한 설명 중 옳지 않은 것을 모두 조합한 것은? (다툼이 있는 경우에는 판례에 의함)

> ㉠ 행위의 대상에는 검사, 사법경찰관뿐만 아니라 그 보조자가 포함된다.
> ㉡ 신고는 자발적이어야 하며, 허위인 정을 모르고 신고한 자가 방치한 경우와 같이 부작위에 의한 무고는 불가능하다.
> ㉢ 객관적 진실에 반하는 사실을 신고하였다면, 신고자가 이를 진실이라고 확신하였더라도 무고죄는 성립한다.
> ㉣ 자신의 채무를 갚지 않는다고 하여 사실확인 없이 추측에 의하여 막연히 사기죄로 고소한 경우, 무고죄가 성립한다.
> ㉤ 진실한 사실이 들어 있다면, 다소 과장이 있거나 구체적 행위자를 잘못 선택한 경우라도 무고죄는 성립하지 아니한다.
> ㉥ 사자나 허무인 또는 자기 자신을 무고한 경우 무고죄가 성립하지 아니한다.
> ㉦ 친구의 소개로 만난 청와대 부정공무원담당비서관에게 자기와 원한관계에 있는 경찰관을 허위의 뇌물수수사실로 신고한 경우 무고죄가 성립하지 않는다.

① ㉢ ㉥　② ㉢ ㉦　③ ㉠ ㉡ ㉣
④ ㉢ ㉤ ㉥　⑤ ㉡ ㉢ ㉣ ㉤　⑥ ㉡ ㉢ ㉤ ㉥

해설

㉠(○) 행위의 대상은 공무소 또는 공무원이다. 여기서 공무원이라 함은 형사처분에 있어서는 검사 또는 사법경찰관뿐만 아니라 그 보조자도 포함하며, 징계처분에 있어서는 징계처분을 할 수 있는 직권있는 소속장뿐만 아니라 이를 촉구할 수 있는 기관을 포함한다.
㉡(○) 무고죄에 있어서의 신고는 자발성을 요건으로 한다. 따라서 검사 또는 사법경찰관의 신문에 대한 대답으로서 진정내용 이외의 사실에 관하여 한 진술은 피고인의 자발

적 진정내용에 해당하지 아니하므로 무고죄를 구성하지 않는다(대법원 1990.8.14, 90도595). 부작위에 의한 무고가 가능하다는 견해도 있으나, 본죄의 불법내용은 허위의 사실을 자진하여 적극적으로 신고함에 의하여 형사처분 또는 징계처분의 원인을 제공함에 있다고 하는 점에 비추어 볼 때 부작위에 의한 무고는 성립할 수 없다.

ⓒ(×) 무고죄는 고의범이므로 공무소 또는 공무원에 대하여 허위의 사실을 신고한다는 인식이 있어야 하기 때문에 허위의 사실을 진실이라고 확신하고 신고하였을 때에는 무고죄가 성립하지 않는다.

ⓓ(○) 무고죄에 있어 범의는 반드시 확정적 고의임을 요하지 아니하고 미필적 고의로서도 족하다 할 것이므로, 무고죄는 신고자가 진실하다는 확신 없는 사실을 신고함으로써 성립하고 그 신고사실이 허위라는 것을 확신함을 필요로 하지 않는다(대법원 1988.2.9, 87도2366).

ⓔ(○) 신고한 사실이 허위인가의 여부는 사실의 핵심 또는 중요내용이 진실과 부합하는가에 따라서 판단된다(대법원 1986.7.22, 86도582; 대법원 1982.4.27, 81도2341).

ⓕ(○) 무고죄는 타인으로 하여금 형사처분 또는 징계처분을 받게 할 목적을 요하므로, 자기무고는 구성요건해당성이 없다. 또한 타인이란 살아 있는 사람을 요하므로 사자·허무인에 대한 무고죄는 성립할 수 없다.

ⓢ(×) 무고죄의 행위의 대상인 공무소 또는 공무원은 형사처분 또는 징계처분을 할 수 있는 권한을 가진 자와 기관뿐만 아니라, 그러한 처분을 촉구할 수 있는 자 또는 기관을 포함한다. 따라서 수사기관을 통할하는 대통령, 관내경찰서장을 지휘·감독하는 도지사에게 처벌을 요구하는 진정서를 제출하는 것도 여기에 해당한다. 설문의 청와대 부정공무원담당비서관이라면 징계권의 발동을 촉구할 수 있는 직권을 가진 자라고 볼 수 있으므로 무고죄에 해당한다. 〈답 ②〉

3. 무고죄에 대한 설명 중 옳지 않은 것을 모두 조합한 것은? (다툼이 있는 경우에는 판례에 의함)

> ㉠ 위법성조각사유가 있는 것을 알고도 숨기고 신고한 경우에 무고죄가 성립한다.
> ㉡ 무고죄는 신고자가 진실하다는 확신 없는 사실을 신고함으로써 성립하고, 그 신고사실이 허위라는 것을 확신함을 필요로 하지 않는다.
> ㉢ 계주의 계금 일부에 대한 상계주장에 불만을 표시하였으나 나중에 보충시켜 주겠다는 계주의 약속을 받아들여 승복한 뒤 계주가 그 약속을 지키지 않자, 계주가 계금 중 일부를 미지급함으로써 배임행위를 하였다는 취지로 고소한 것은 무고죄에 해당하지 아니한다.
> ㉣ 타인의 소개로 검찰청에서 만난 검찰수사관에게 허위의 사실을 말하여 변호사법 위반죄의 혐의를 인정하게 한 다음 위 검찰수사관으로부터 그와 같은 내용으로 진술조서를 받음에 있어 처벌을 요구하는 진술을 한 것이라면 무고죄에 있어서의 신고에 해당한다.
> ㉤ 무고죄에 있어서 허위사실 적시의 정도는 수사관서 또는 감독관서에 대하여 수사권 또는 징계권의 발동을 촉구하는 정도의 것이면 충분하고, 반드시 범죄구성요건 사실이나 징계요건 사실을 구체적으로

명시하여야 하는 것은 아니다.

① ㉢　② ㉡ ㉢　③ ㉡ ㉣
④ ㉢ ㉤　⑤ ㉣ ㉤　⑥ ㉡ ㉢ ㉣

해설

㉠(○) 허위의 사실을 신고한 경우에 해당한다(대법원 1998.3.24, 97도2956).
㉡(○) 무고죄에 있어서 범의는 반드시 확정적 고의임을 요하지 아니하고 미필적 고의로서도 족하다 할 것이므로, 무고죄는 신고자가 진실하다는 확신 없는 사실을 신고함으로써 성립하고 그 신고사실이 허위라는 것을 확신함을 필요로 하지 않는다(대법원 2006.5.25, 2005도4642).
㉢(×) 무고죄에 해당한다(대법원 1983.5.10, 83도818).
㉣(○) 위와 같은 진술행위는 단순히 수사기관의 추문에 의하여 행해진 것이라거나 수사기관의 요청에 의한 범죄의 정보제공에 불과한 것이 아니라, 자진하여 타인으로 하여금 형사처분을 받게 할 목적으로 수사기관에 대하여 허위의 사실을 신고한 것으로서 형법 제156조 소정의 무고죄에 있어서의 신고에 해당한다(대법원 1988.2.23, 87도2454).
㉤(○) 대법원 2006.5.25, 2005도4642의 내용이다. 〈답 ①〉

4. 무고죄에 관한 판례의 태도로서 옳지 않은 것은?

① 허위의 일부사실의 존부가 범죄사실 또는 징계사유의 성부에 직접 영향을 줄 정도에 이르지 않은 경우는 허위의 사실이라고 할 수 없다.
② 무고사실 중 일부가 혐의 없음이 밝혀졌다 하더라도 나머지 무고사실이 인정되는 이상 무고죄의 죄책을 면할 수 없다.
③ 피무고자의 승낙을 받고 무고한 때에도 무고죄가 성립한다.
④ 진정서에 진정내용이 징벌위원회 회의록이 허위로 작성되었다는 취지로서 피진정인이 '목포교도소 징벌위원회'로 되어 있다면, 피진정인을 특정할 수 없다.
⑤ 형사처분 또는 징계처분을 받게 할 목적은 결과발생을 희망하는 것을 요하는 것은 아니다.

해설

①(○) 무고죄에서 허위의 사실이란 객관적 진실에 반하는 것을 말하며, 신고된 사실이 허위인가의 여부는 사실의 핵심 또는 중요내용이 진실과 부합하는가에 따라서 판단해야 하므로, 대법원도 이 경우는 허위의 사실이라고 할 수 없다고 판시하였다(대법원 1986.9.23, 86도556).
②(○) 대법원 1989.9.26, 88도1533.
③(○) 무고죄는 국가의 형사사법권 또는 징계권의 적정한 행사를 주된 보호법익으로 하고, 다만 개인의 부당하게 처벌 또는 징계받지 아니할 이익을 부수적으로 보호하는 죄이므로, 설사 무고에 있어서 피무고자의 승낙이 있었다고 하더라도 무고죄의 성립에는 영향을 미치지 못한다(대법원 2005.9.30, 2005도2712).
④(×) 공무원 또는 공무소에 대한 허위사실의 신고를 무고죄로 처벌하기 위하여는 그

신고에 피무고자의 성명이 표시되어 있지 않더라도 그 신고내용에 의하여 객관적으로 피무고자를 특정할 수 있으면 족한바, 진정서에 피진정인이 '목포교도소 징벌위원회'로 되어 있지만 그 진정내용은 징벌위원회 회의록이 허위로 작성되었다는 취지이므로 그 회의록의 작성권한을 가지는 징벌위원회 위원장을 그 피진정인으로 특정할 수 있다(대법원 2006.6.9, 2006도417).
⑤(○) 통설과 판례는 형사처분 또는 징계처분을 받게 할 목적은 미필적 인식으로 족하고 결과발생을 희망할 것을 요하지 않는다(대법원 1991.5.10, 90도2601). 〈답 ④〉

5. 다음 중 甲에게 무고죄가 성립하지 않는 경우는? (판례에 의함)

① 甲은 乙에게 실제로 돈을 대여한 바 없거나 또는 일부 대여한 돈을 이미 변제받았음에도 불구하고 마치 돈을 대여하였거나 그로 인한 채권이 여전히 존재하는 것처럼 허위내용의 사실을 신고하였다.

② 甲은 乙이 자기소유의 물건을 절취하였다고 고소하였으나, 수사결과 그 물건은 甲의 소유가 아니라 乙의 소유이어서 乙의 행위는 절도죄를 구성하지 아니하고 권리행사방해죄를 구성하였다.

③ 甲은 '피고소인들이 甲의 양팔을 잡고 제3자가 안면부를 때려 상해를 입혔다'는 취지로 고소하였으나, 피고소인들은 甲과 제3자와의 싸움을 말리려고 하다가 甲이 말을 듣지 아니하여 만류를 포기하고 옆에서 보고만 있었을 뿐이었다.

④ 甲은 먼저 자신을 때려 주면 돈을 주겠다고 하여 A, B가 甲을 때리고 지갑을 교부받아 그 안에 있던 현금을 가지고 간 것임에도, 'A 등이 甲을 폭행하여 돈을 빼앗았다'는 취지로 신고하였다.

⑤ 甲은 乙을 처벌받도록 하려는 목적이 아니라 장부상의 비리를 밝혀 정당한 정산을 구하기 위하여 고소장을 수사기관에 제출하였다.

해설

①(○) 단순히 신고사실의 정황을 과장한 데에 지나지 않는다고 말할 수는 없어 무고죄가 성립한다(대법원 1995.3.10, 94도2598).
②(×) 乙의 행위가 절도죄를 구성하지 아니하여도 권리행사방해죄를 구성하는 경우에는 甲의 고소를 무고라고 할 수는 없다(대법원 1994.11.11, 94도343). 무고죄에서 말하는 허위라 함은 객관적인 사실에 반하는 것을 말하고, 객관적인 사실관계를 자신이 인식한 대로 신고하는 이상 객관적인 사실을 토대로 한 나름대로의 주관적 · 법적 구성이나 평가에 잘못이 있다 하더라도 이는 허위의 사실을 신고한 것에 해당한다고 볼 수 없기 때문이다.
③(○) 甲의 고소는 고소내용 전체가 객관적인 진실에 반하는 허위의 사실을 신고한 것으로서 그것이 단지 신고사실의 정황을 과장하는 데 불과하다고 볼 수는 없어 무고죄가 성립한다(대법원 1995.2.24, 94도3068).
④(○) 그 폭행의 경위에 관한 허위사실만으로도 국가의 심판작용을 그르치거나 부당하게 처벌을 받지 아니할 개인의 법적 안정성을 침해할 우려가 있을 정도로 고소사실 전체의 성질을 변경시킨 것으로 무고죄가 성립한다(대법원 2010.4.29, 2010도2745).
⑤(○) 무고죄에 있어서 형사처분 또는 징계처분을 받게 될 목적은 허위신고를 함에 있

어서 다른 사람이 그로 인하여 형사 또는 징계처분을 받게 될 것이라는 인식이 있으면 족한 것이고 그 결과발생을 희망하는 것을 요하는 것은 아니므로, 甲이 고소장을 수사기관에 제출한 이상 그러한 인식은 있었다 할 것이어서 甲이 고소를 한 목적이 乙을 처벌받도록 하는 데에 있지 아니하더라도 무고죄가 성립한다(대법원 1991.5.10, 90도2601). 〈답 ②〉

6. 무고죄에 대한 설명 중 옳지 않은 것을 조합한 것은? (판례에 의함)

> ㉠ 고소인이 허위로 알고 신고한 내용이 우연히 객관적으로 진실한 사실에 부합한 경우에는 무고죄가 성립하지 않는다.
> ㉡ 허위사실을 신고하였다 하더라도 그 사실 자체가 형사범죄로 구성되지 아니한다면 무고죄는 성립하지 아니한다.
> ㉢ 무고죄의 사실의 적시는 수사관서 또는 감독관서에 대하여 수사권 또는 징계권의 발동을 촉구하는 정도의 것이라면 충분하다.
> ㉣ 사자(死者)인 자가 살인을 하였다는 허위사실을 신고한 경우에는 무고죄가 성립한다.
> ㉤ 피무고자의 교사·방조하에 제3자가 피무고자에 대한 허위의 사실을 신고한 경우 피무고자는 무고죄의 교사·방조범으로서 죄책을 진다.
> ㉥ 허위인 일부사실이 심판작용을 그르치거나 부당하게 처벌을 받지 아니할 개인의 법적 안정성을 침해할 우려가 있을 정도로 고소사실 전체의 성질을 변경시키는 때에는 무고죄가 성립할 수 있다.
> ㉦ 국세청장에게 탈세혐의사실에 관한 허위의 진정서를 제출하였다고 하여 무고죄가 성립하는 것은 아니다.

① ㉠ ㉣　　② ㉢ ㉤　　③ ㉣ ㉦
④ ㉤ ㉦　　⑤ ㉣ ㉤ ㉦　　⑥ ㉡ ㉢ ㉤

해설

㉠(○) 진실한 사실일 때에는 허위사실을 신고한 것이라고는 할 수 없으므로 무고죄에 해당하지 아니한다(대법원 1991.10.11, 91도1950).
㉡(○) 타인에게 형사처벌을 받게 할 목적으로 허위의 사실을 신고한 행위가 무고죄를 구성하기 위해서는 신고된 사실 자체가 형사처벌의 원인이 될 수 있는 것이어야 하고, 만약 그 사실 자체가 형사범죄로 구성되지 아니한다면 허위의 사실을 신고하였다 하더라도 무고죄는 성립하지 아니한다(대법원 2002.11.8, 2002도3738).
㉢(○) 무고죄에 있어서 사실의 적시는 수사관서 또는 감독관서에 대하여 수사권 또는 징계권의 발동을 촉구하는 정도의 것이라면 충분하고 그 사실이 해명된 죄명 등 법률적 평가까지 명시하여야 하는 것은 아니다(대법원 2009.3.26, 2008도6895; 대법원 1987.3.24, 87도231).
㉣(×) 사자에 대한 무고는 구성요건해당성이 없다.
㉤(○) 피무고자의 교사·방조하에 제3자가 피무고자에 대한 허위의 사실을 신고한 경우 제3자의 행위는 무고죄의 구성요건에 해당하여 무고죄를 구성하므로 제3자를 교사·방조한 피무고자도 교사·방조범으로서의 죄책을 부담한다(대법원 2008.10.23, 2008도4852).
㉥(○) 무고죄에 있어서 허위의 사실이라 함은 그 신고된 사실로 인하여 상대방이 형사

처분이나 징계처분 등을 받게 될 위험이 있는 것이어야 하고, 비록 신고내용에 일부 객관적 진실에 반하는 내용이 포함되었다 하더라도 그것이 범죄사실의 성립 여부에 직접 영향을 줄 정도에 이르지 아니하는 내용에 관계되는 것이라면 무고죄가 성립하지 아니한다(대법원 1996.5.31, 96도771).
ⓢ(×) 국세청장은 조세범칙행위에 대하여 벌금 상당액의 통고처분을 하거나 검찰에 이를 고발할 수 있는 권한이 있으므로, 국세청장에 대하여 탈세혐의사실에 관한 허위의 진정서를 제출하였다면 무고죄가 성립한다(대법원 1991.12.13, 91도2127). 〈답 ③〉

7. '허위'의 개념에 관한 설명 중 옳지 않은 것은? (다툼이 있는 경우에는 판례에 의함) <사시 2007년: 배점 2>

① 위증죄에서 '허위의 진술'에서 허위는 객관적 사실이 허위라는 의미가 아니라 체험한 사실을 기억에 반하여 진술하는 것을 말한다.
② 무고죄에서 '허위의 사실을 신고'에서 허위는 신고자의 기억에 반하는 사실을 신고하는 것이므로, 사실을 다소 과장하는 경우도 허위의 사실이라고 볼 수 있다.
③ 허위공문서작성죄에서 문서의 허위작성은 문서에 허위내용을 기재하는 것으로, 허위란 진실에 반하는 것을 의미한다.
④ 허위유가증권작성죄에서 허위사항을 기재하는 것은 기재권한 있는 자가 기존의 유가증권에 진실에 반하는 사항을 기재하는 것을 말한다.
⑤ 허위진단서작성죄에서 허위란 진실에 반하는 것을 말하며, 의사가 진찰을 소홀히 하거나 오진하여 진실에 반하는 기재를 한 때에는 허위진단서작성죄의 고의를 인정할 수 없다.

해설

①(○) 위증죄의 허위의 개념에 대하여 다수설과 판례는 주관설을 취하고 있다. 위증죄에 있어서의 허위의 공술이란 증인이 자기의 기억에 반하는 사실을 진술하는 것을 말하는 것으로서 그 내용이 객관적 사실과 부합한다고 하여도 위증죄의 성립에 장애가 되지 않는다(대법원 1996.8.23, 95도192).
②(×) 무고죄에서 허위사실의 신고라 함은 신고사실이 객관적 사실에 반한다는 것을 확정적이거나 미필적으로 인식하고 신고하는 것을 말하는 것이므로, 신고사실의 일부에 허위의 사실이 포함되어 있다고 하더라도 그 허위 부분이 범죄의 성부에 영향을 미치는 중요한 부분이 아니고, 단지 신고한 사실을 과장한 것에 불과한 경우에는 무고죄에 해당하지 아니하지만, 그 일부 허위인 사실이 국가의 심판작용을 그르치거나 부당하게 처벌을 받지 아니할 개인의 법적 안정성을 침해할 우려가 있을 정도로 고소사실 전체의 성질을 변경시키는 때에는 무고죄가 성립할 수 있다(대법원 2004.1.16, 2003도7178).
③(○) 허위공문서작성죄란 공문서에 진실에 반하는 기재를 하는 때에 성립하는 범죄이므로, 고의로 법령을 잘못 적용하여 공문서를 작성하였다고 하더라도 그 법령 적용의 전제가 된 사실관계에 대한 내용에 거짓이 없다면 허위공문서작성죄가 성립할 수 없다(대법원 2000.6.27, 2000도1858).
④(○) 허위유가증권작성죄는 작성권한 있는 자가 자기명의로 기본적 증권행위를 함에

있어서 유가증권의 효력에 영향을 미칠 기재사항에 관하여 진실에 반하는 내용을 기재하는 경우에 성립하는바, 자기앞수표의 발행인이 수표의뢰인으로부터 수표자금을 입금받지 아니한 채 자기앞수표를 발행하더라도 그 수표의 효력에는 아무런 영향이 없으므로 허위유가증권작성죄가 성립하지 아니한다(대법원 2005.10.27, 2005도4528).
⑤(○) 허위진단서작성죄는 의사가 사실에 관한 인식이나 판단의 결과를 표현함에 있어서 자기의 인식 판단이 진단서에 기재된 내용과 불일치하는 것임을 인식하고서도 일부러 내용이 진실 아닌 기재를 하는 것을 말하는 것이므로, 의사가 주관적으로 진찰을 소홀히 한다던가 착오를 일으켜 오진한 결과로 객관적으로 진실에 반한 진단서를 작성하였다면 허위진단서작성에 대한 인식이 있다고 할 수 없으니 동 죄가 성립하지 아니한다(대법원 1976.2.10, 75도1888).
〈답 ②〉

8. 무고죄에 대한 설명 중 옳지 않은 것은? (판례에 의하되, 판례가 없으면 다수설에 의함)

① 무고죄에서 신고한 사실의 허위 여부는 그 범죄의 구성요건과 관련하여 신고사실의 핵심 또는 중요내용이 허위인가에 따라 판단하여 무고죄의 성립 여부를 가려야 한다.
② 무고죄를 범한 자가 그 무고한 사건의 재판 또는 징계처분이 확정되기 전에 자백 또는 자수한 때에는 그 형을 감경 또는 면제하여야 한다.
③ 금원을 대여한 고소인이 차용금을 갚지 않는 차용인을 사기죄로 고소하면서 차용인이 차용금의 용도를 속이는 바람에 대여하였다고 주장하는 경우 차용금의 실제용도에 관하여 고소인이 허위로 신고를 하였다면 그 것만으로도 무고죄에 있어서의 허위의 사실을 신고한 경우에 해당한다.
④ 고소를 한 목적이 상대방을 처벌받도록 하는 데 있지 않고 시비를 가려달라는 데에 있다면 무고죄의 범의가 있다고 할 수 없다.
⑤ 한 통의 서면으로 여러 사람을 무고한 경우에는 포괄일죄가 아니라 상상적 경합이다.

해설

①(○) 대법원 2006.2.10, 2003도7487의 내용이다.
②(○) 필요적 감면사유이다(제157조, 제153조).
③(○) 금원을 대여한 고소인이 차용금을 갚지 않는 차용인을 사기죄로 고소함에 있어서, 피고소인이 차용금의 용도를 사실대로 이야기하였더라면 금원을 대여하지 않았을 것인데 차용금의 용도를 속이는 바람에 대여하였다고 주장하는 사안이라면 그 차용금의 실제용도는 사기죄의 성부에 영향을 미치는 것으로서 고소사실의 중요한 부분이 되고 따라서 그 실제용도에 관하여 고소인이 허위로 신고를 할 경우에는 그것만으로도 무고죄에 있어서의 허위의 사실을 신고한 경우에 해당한다(대법원 2004.12.9, 2004도2212).
④(×) 고소를 한 목적이 상대방을 처벌받도록 하는 데 있지 않고 시비를 가려달라는 데에 있다고 하여 무고죄의 범의가 없다고 할 수는 없다(대법원 2007.4.26, 2007도1423).
⑤(○) ⑤에 대하여는 일죄기 성립한다는 견해도 있으나, 이로 인하여 수인의 법익을 침해하였을 뿐만 아니라 국가적 법익설에 의할 때에도 국가의 심판기능은 사람에 따라 별

도로 발생하는 것이라는 점에 비추어 수죄의 상상적 경합이 된다(다수설). 〈답 ④〉

9. 무고죄에 관한 설명 중 옳은 것을 모두 묶은 것은? (다툼이 있는 경우에는 판례에 의함) <사시 2006년 변형>

> ㉠ 무고죄에 있어서의 신고는 자발적인 것이어야 하고 수사기관 등의 추문(推問)에 대하여 허위의 진술을 하는 것은 무고죄를 구성하지 않으므로, 당초 고소장에 기재하지 않은 사실을 수사기관에서 고소보충조서를 받을 때 자진하여 진술하였더라도 이 부분까지 신고한 것으로 볼 수 없다.
> ㉡ 피고소인에게 1,000만원을 도박자금으로 빌려주었다가 이를 돌려받지 못하게 되자 위 돈을 도박자금으로 빌려주었다는 사실을 감추고 단순한 대여금인 것처럼 하여 '피고소인이 사고가 나서 급하다고 하면서 1,000만원을 빌려간 후 변제하지 아니하고 있으니 사기로 처벌하여 달라'는 취지로 고소하였다면 무고죄를 구성하지 아니한다.
> ㉢ 객관적인 진실에 반하는 신고내용이 신고 상대방에게 범죄를 성립하는 요건에 관계되는 것이 아니라 위법성조각사유에 관계되는 것이라면, 그로 인하여 상대방이 형사처분 또는 징계처분을 받게 될 위험이 있더라도 무고죄는 성립하지 않는다.
> ㉣ 초등학교를 졸업하였음에도 초등학교 중퇴 이하의 학력자라는 허위내용의 인우보증서를 첨부하여 운전면허 구술시험에 응시하였다면 위계에 의한 공무집행방해죄가 성립한다.
> ㉤ 무고죄의 자수는 그 신고한 사건의 재판 또는 징계처분이 확정되기 전에 하여야 하므로, 신고 상대방에 대한 재판 또는 징계처분이 확정된 이후에는 자수하더라도 자수감경을 할 수 없다.

① ㉡　② ㉤　③ ㉠ ㉢
④ ㉣ ㉤　⑤ 없음

해설

㉠(×) 무고죄에 있어서의 신고는 자발적인 것이어야 하고 수사기관 등의 추문에 대하여 허위의 진술을 하는 것은 무고죄를 구성하지 않는 것이지만, 당초 고소장에 기재하지 않은 사실을 수사기관에서 고소보충조서를 받을 때 자진하여 진술하였다면 이 진술 부분까지 신고한 것으로 보아야 한다(대법원 1996.2.9, 95도2652).
㉡(×) 도박자금으로 대여하였음에도 불구하고 단순히 그 대여금의 용도를 묵비한 것을 넘어서 실제와는 다른 장소에서 사고 처리비용조로 금전을 대여하였고 그 다음날 바로 변제하겠다고 약속하였다는 내용으로 고소하여 그 대여한 금전의 용도에 대하여 허위로 진술한 것은, 수사기관이 피고인의 고소내용을 근거로 피고소인의 범행방법을 특정하여 수사권을 발동하고, 이를 기초로 하여 당해 행위에 있어 사기죄의 기망행위와 편취범의를 조사하여 형사처분을 할 것인지와 어떠한 내용의 형사처분을 할 것인지를 결정하는 데에 직접적인 영향을 줄 정도에 이르는 내용에 관하여 허위의 사실을 고소한 것이다(대

법원 2004.1.16, 2003도7178).
㉢(×) 위법성조각사유가 있음을 알면서도 '피고소인이 허위사실을 공표하였다'고 고소함으로써 결국 적극적으로 위법성조각사유가 적용되지 않는 공직선거및선거부정방지법 제250조의 허위사실공표죄로 처벌되어야 한다고 주장한 것과 같이 보아 무고죄의 성립을 인정하였다(대법원 1998.3.24, 97도2956).
㉣(×) 초등학교를 졸업하였음에도 초등학교 중퇴 이하의 학력자라는 허위내용의 인우보증서를 첨부하여 운전면허 구술시험에 응시하였다는 사실만으로는 위계에 의한 공무집행방해죄가 성립하지 않는다(대법원 2007.3.29, 2006도8189).
㉤(×) 무고죄도 위증죄와 같이 그 신고한 사건의 재판 또는 징계처분이 확정되기 전에 자수한 때에는 형을 감경 또는 면제한다(제157조, 제153조). 문제는 '재판 또는 징계처분이 확정된 이후에 자수'한 경우 제157조에 의한 필요적 감면은 불가능하지만, 제52조에 의한 임의적 감면은 가능한가이다. 제52조의 자수는 시기제한이 없으나, 제157조는 무고죄의 경우 국가의 적정한 심판기능의 침해를 미연에 방지하기 위해 정책적으로 '자수시기를 제한'하여 필요적 감면의 혜택을 준 특례규정일 뿐 제52조의 적용을 배제하는 것은 아니므로, 재판 또는 징계처분이 확정된 이후에 자수한 때에는 제52조가 적용된다. 그렇지 않으면 무고죄의 자수는 '재판 또는 징계처분이 확정되기 전'으로 제한되는데, 이는 '유추해석금지의 원칙은 모든 형벌법규의 구성요건과 가벌성에 관한 규정에 준용되는데, 위법성 및 책임의 조각사유나 소추조건, 또는 처벌조각사유인 형면제 사유에 관하여 그 범위를 제한적으로 유추적용하게 되면 행위자의 가벌성의 범위는 확대되어 행위자에게 불리하게 되는바, 이는 가능한 문언의 의미를 넘어 범죄구성요건을 유추적용하는 것과 같은 결과가 초래되므로 죄형법정주의의 파생원칙인 유추해석금지의 원칙에 위반하여 허용될 수 없다'는 판례(대법원 1997.3.20, 96도1167 전원합의체)의 취지에 반하는 결과가 된다. 〈답 ⑤〉

10. 국가적 법익에 대한 범죄의 설명 중 옳은 것은? (다툼이 있는 경우에는 판례에 의함)

① 위증죄와 무고죄에 있어서의 허위는 모두 주관적인 기억에 반하는 것을 의미한다.
② 무고죄의 본질상 '타인' 이란 자연인만을 의미할 뿐 법인은 포함되지 아니한다.
③ 일반인에 의하여 현행범으로 체포된 자가 도주한 경우에도 단순도주죄가 성립한다고 보는 것이 통설이다.
④ 변호사로 하여금 징계처분을 받게 할 목적으로 서울지방변호사회에 위 변호사회 회장을 수취인으로 하는 허위 내용의 진정서를 제출한 경우 무고죄가 성립한다.
⑤ 증인으로 선서한 후 위증을 한 자가 그 진술한 사건의 재판 또는 징계처분이 확정되기 전에 자백 또는 자수를 하여도 형을 감경 또는 면제할 수 없다.

해설

①(×) 위증죄에 있어서의 허위의 공술은 자기가 체험한 바 그 기억에 맞지 않는 사실을

진술하는 것임에 반하여, 무고죄에서 말하는 허위라 함은 객관적 사실에 반하는 것을 말한다(대법원 1984.5.29, 83도2410).
②(×) 무고의 상대방은 자연인이건 법인이건 불문하며, 반드시 형사처분 또는 징계처분을 받을 자격이 있을 것을 요하는 것도 아니다.
③(×) 일반인에 의하여 체포된 자가 도주하였다고 하여 국가의 구금권이 침해된다고 할 수 없다.
④(○) 형법 제156조의 '징계처분'이란 공법상의 특별권력관계에 기인하여 질서유지를 위하여 과하여지는 제재를 의미하고, 또한 '공무소 또는 공무원'이란 징계처분에 있어서는 징계권자 또는 징계권의 발동을 촉구하는 직권을 가진 자와 그 감독기관 또는 그 소속 구성원을 말한다. 변호사에 대한 징계처분은 형법 제156조에서 정하는 '징계처분'에 포함된다고 봄이 상당하고, 구 변호사법 제97조의2 등 관련 규정에 의하여 그 징계 개시의 신청권이 있는 지방변호사회의 장은 형법 제156조에서 정한 '공무소 또는 공무원'에 포함된다(대법원 2010.11.25, 2010도10202).
⑤(×) 형법 제153조는 형을 감경 또는 면제한다고 규정하고 있다. 〈답 ④〉

11. 국가적 법익에 대한 죄의 설명 중 옳은 것(○)과 옳지 않은 것(×)을 바르게 표시한 것은? (판례에 의함)

㉠ '피고소인이 임야에서 자생하게 될 송이의 채취권을 이중으로 양도하여 손해를 입었으니 엄벌하여 달라'는 고소내용이 허위라면 무고죄가 성립한다.
㉡ 1통의 고발장에 의하여 수개의 혐의사실을 들어 고발한 경우, 그 중 일부 사실이 진실이라 하더라도 다른 사실이 허위이면 그 허위사실 부분은 독립하여 무고죄를 구성한다.
㉢ 금원을 대여한 고소인이 차용금을 갚지 않는 차용인이 그의 변제의사와 능력의 유무에 관하여 기망하였다는 내용으로 고소하면서, 차용금의 실제용도가 도박자금이었음에도 불구하고 이와 달리 신고하였다면 이는 무고죄에 있어서 허위사실을 신고한 것이다.
㉣ 경찰관이 甲을 현행범으로 체포하려는 상황에서 乙이 경찰관을 폭행하여 乙을 현행범으로 체포하였는데, 乙이 경찰관의 현행범 체포업무를 방해한 일이 없다며 경찰관을 불법체포로 고소한 경우 무고죄가 성립한다.

① ㉠(○) ㉡(○) ㉢(○) ㉣(×) ② ㉠(○) ㉡(○) ㉢(×) ㉣(×)
③ ㉠(○) ㉡(×) ㉢(○) ㉣(×) ④ ㉠(○) ㉡(×) ㉢(×) ㉣(○)
⑤ ㉠(×) ㉡(○) ㉢(○) ㉣(○) ⑥ ㉠(×) ㉡(○) ㉢(×) ㉣(○)
⑦ ㉠(×) ㉡(×) ㉢(○) ㉣(○) ⑧ ㉠(×) ㉡(×) ㉢(×) ㉣(○)

해설

㉠(×) 고소사실이 횡령죄나 배임죄 기타 형사범죄를 구성하지 않는 내용의 신고에 불과하여 그 신고내용이 허위라고 하더라도 무고죄가 성립할 수 없다(대법원 2007.4.13, 2006

도558).
㉡(○) 대법원 2007.3.29, 2006도8638의 내용이다.
㉢(×) 금원을 대여한 고소인이 차용금을 갚지 않는 차용인을 사기죄로 고소함에 있어서, 피고소인이 차용금의 용도를 사실대로 이야기하였더라면 금원을 대여하지 않았을 것인데 차용금의 용도를 속이는 바람에 대여하였다고 주장하는 사안이라면 그 차용금의 실제 용도는 사기죄의 성립 여부에 영향을 미치는 것으로서 고소사실의 중요한 부분이 되고 따라서 그 실제 용도에 관하여 고소인이 허위로 신고를 할 경우에는 그것만으로도 무고죄에 있어서의 허위의 사실을 신고한 경우에 해당한다고 할 수 있다. 그러나 단순히 차용인이 변제의사와 능력의 유무에 관하여 기망하였다는 내용으로 고소한 경우에는 차용금의 용도와 무관하게 다른 자료만으로도 충분히 차용인의 변제의사나 능력의 유무에 관한 기망사실을 인정할 수 있는 경우도 있을 것이므로, 그 차용금의 실제 용도에 관하여 사실과 달리 신고하였다 하더라도 그것만으로는 범죄사실의 성립 여부에 영향을 줄 정도의 중요한 부분을 허위로 신고하였다고 할 수 없다. 이와 같은 법리는 고소인이 차용사기로 고소함에 있어서 묵비하거나 사실과 달리 신고한 차용금의 실제 용도가 도박자금이었다고 하더라도 달리 볼 것은 아니다(대법원 2011.1.13, 2010도14028).
㉣(○) 신고사실의 일부에 허위의 사실이 포함되어 있다고 하더라도 그 허위부분이 범죄의 성부에 영향을 미치는 중요한 부분이 아니고, 단지 신고한 사실을 과장한 것에 불과한 경우에는 무고죄에 해당하지 아니하지만, 그 일부 허위인 사실이 국가의 심판작용을 그르치거나 부당하게 처벌을 받지 아니할 개인의 법적 안정성을 침해할 우려가 있을 정도로 고소사실 전체의 성질을 변경시키는 때에는 무고죄가 성립한다(대법원 2009.1.30, 2008도8573).
〈답 ⑥〉

12. 무고죄에 대한 설명 중 옳은 것을 모두 고르면? (다툼이 있는 경우에는 판례에 의함)

㉠ 영수증을 정당하게 작성·교부하거나 적법하게 백지보충권을 수여하여 그에 따라 백지보충이 이루어졌음에도 불구하고 상대방이 그 영수증을 위조하였다고 신고하였다면, 이는 무고죄에서 말하는 허위사실의 신고에 해당하는 것으로 보아야 한다.
㉡ 금원을 대여한 고소인이 차용금을 갚지 않은 차용인을 사기죄로 고소하는 데 있어서, 피고소인이 차용금의 용도를 사실대로 이야기하였더라면 금원을 대여하지 않았을 것인데 차용금의 용도를 속이는 바람에 대여하였다고 주장하는 경우 실제 용도에 관하여 고소인이 허위로 신고할 경우에는 그것만으로도 무고죄에서 허위의 사실을 신고한 경우에 해당한다.
㉢ A로부터 건물 일부를 임차하여 B에게 다방운영을 위탁한 甲이, A가 B와 통모하여 甲 모르게 임차인을 B로 하는 임대차계약서를 다시 작성하고 甲을 배제시켜 임차보증금과 권리금을 B가 편취하였으니 A와 B를 배임죄 또는 사기죄로 처벌하여 달라는 허위사실로 고소한 경우 무고죄가 성립한다.
㉣ 고소인이 고소장을 접수하면서 수사기관의 고소인 출석요구에 응하

지 않음으로써 그 단계에서 수사가 중지되고 고소가 각하될 것으로 의도하고 있었고, 더 나아가 피고소인들에 대한 출석요구와 피의자 신문 등의 수사권까지 발동될 것은 의욕하지 않았다면 무고죄는 성립하지 아니한다.

ⓜ 甲이 자신은 A로부터 파커수성볼심 4,004개를 인수한 후 백지에 숫자 '4004'를 기재하고 영문으로 자신의 서명을 하였을 뿐인데 A가 함부로 "파커수성볼심 세 박스 4004개 정히 인수함 2003년 3월 30일 인수자"를 추가 기재하여 인수증을 위조하였다는 취지의 허위사실로 고소하였다고 하여도 무고죄는 성립하지 아니한다.

① ㉠ ㉤ ② ㉠ ㉡ ㉤ ③ ㉠ ㉢ ㉣
④ ㉠ ㉡ ㉢ ㉣ ⑤ ㉡ ㉢ ㉣ ㉤

해설

㉠(○) 대법원 2007.6.1, 2007도2299.

㉡(○) 대법원 2011.9.8, 2011도3489(차용금의 실제 용도는 사기죄의 성립 여부에 영향을 미치는 것으로서 고소사실의 중요한 부분이 되므로).

㉢(×) 甲의 고소사실이 위와 같다면 사문서위조죄가 성립할 여지가 없고(가사 고소사실과 같이 甲의 승낙 없이 A와 B가 그들 명의의 임대차계약서를 새로 작성하였다고 하더라도 작성권한 없는 자가 타인명의의 문서를 작성한 경우에 해당하지 아니하여), 횡령죄나 배임죄도 성립할 여지가 없으므로(임대차보증금이 있는 임대차계약에 있어 임대인은 임차인으로 하여금 목적물을 사용·수익하게 할 의무와 임대차가 종료한 경우 임대차보증금 중 연체차임 등 당해 임대차에 관하여 명도시까지 생긴 임차인의 채무를 청산한 나머지 금액을 반환할 사법상의 의무만 있을 뿐이고, 임차인을 위하여 임대차보증금을 보관하거나 임차인의 사무를 처리하는 지위에 있지 아니하다), 고소사실 자체가 범죄를 구성하지 않음은 명백하다(대법원 2002.11.8, 2002도3738).

㉣(×) 고소인이 고소장을 접수하더라도 수사기관의 고소인 출석요구에 응하지 않음으로써 그 단계에서 수사가 중지되고 고소가 각하될 것으로 의도하고 있었고, 더 나아가 피고소인에 대한 출석요구와 피의자신문 등의 수사권까지 발동될 것은 의욕하지 않았다고 하더라도 고소인이 허위사실이 기재된 고소장을 수사기관에 제출한 이상 피고소인들이 그로 인하여 형사처분을 받게 될 수도 있다는 점에 대한 인식이 있었다고 보아야 하고, 또 그 고소장 접수 당시에 이미 국가의 형사사법권의 적정한 행사가 저해될 위험도 발생하였다고 보아야 한다(대법원 2006.8.25, 2006도3631).

㉤(○) 타인에게 형사처분을 받게 할 목적으로 허위의 사실을 신고한 행위가 무고죄를 구성하기 위하여는 신고된 사실 자체가 형사처분의 원인이 될 수 있어야 할 것이어서, 가령 허위의 사실을 신고하였다 하더라도 그 사실 자체가 형사범죄로 구성되지 아니한다면 무고죄는 성립하지 아니하는바, 甲이 백지에 숫자와 영문 서명을 기재한 것은 甲이 A로부터 파커수성볼심 4,004개를 인수하였다는 뜻을 나타내는 것임을 고소장 기재 자체에서 확인할 수 있다 할 것이고, 따라서 그후 A가 같은 의미의 문구를 추가 기재하였다고 하더라도 이로써 별개의 새로운 문서를 만들어내거나 그 내용에 전혀 영향을 미쳤다고 할 수 없으므로, 甲이 고소장에 위와 같은 고소사실에 대한 주관적 법률평가를 잘못한 나머지 A가 인수증을 위조한 것으로 표현하였다고 하더라도 이 고소내용 자체만으로는 문서위조죄 내지 문서변조죄가 성립할 여지가 없다. 이와 같이 형사범죄가 되지 아니

하는 내용의 허위사실을 甲이 신고하였다면 甲에 대하여 무고죄는 성립할 수 없다(대법원 2008.1.24, 2007도9057). 〈답 ②〉

13. 무고죄에 관한 설명 중 옳지 않은 것은? (다툼이 있는 경우에는 판례에 의함) <사시 2008년: 배점 2>

① 신고자가 그 신고내용을 허위라고 믿었다 하더라도 그것이 객관적으로 진실한 사실에 부합할 때에는 무고죄는 성립하지 않으며, 위 신고한 사실의 허위 여부는 그 범죄의 구성요건과 관련하여 신고사실의 핵심 또는 중요내용이 허위인가에 따라 판단하여야 한다.

② 고소사실에 대한 공소시효가 객관적으로 완성되었더라도 마치 공소시효가 완성되지 아니한 것처럼 고소한 경우에는 국가기관의 직무를 그르칠 염려가 있으므로 무고죄가 성립할 수 있다.

③ 위증혐의로 고소한 경우 그 고소사실 중 허위로 인정된 사실이 위증한 당해 사건의 요증사항이 아닐 뿐 아니라 재판 결과에 영향을 미치지 않았더라도 무고죄의 성립에는 영향이 없다.

④ 타인명의의 고소장을 대리하여 작성하고 제출하는 형식으로 고소가 이루어진 경우 명의자를 대리한 자가 실제 고소의 의사를 가지고 고소행위를 주도한 경우라면 무고죄의 주체는 명의자를 대리한 자로 보아야 한다.

⑤ 고소당한 범죄가 유죄로 인정되는 경우에, 고소를 당한 사람이 자신을 고소한 사람에 대하여 '고소당한 죄의 혐의가 없는 것으로 인정된다면 고소인이 자신을 무고한 것에 해당하므로 고소인을 처벌해 달라'는 내용의 고소장을 수사기관에 제출하였다면 자신의 결백을 주장하기 위한 것이므로 무고죄의 범의를 인정하기 어렵다.

해설

①(○) 대법원 1991.10.11, 91도1950.
②(○) 대법원 1995.12.5, 95도1908.
③(○) 대법원 1989.9.26, 88도1533.
④(○) 대법원 2007.3.30, 2006도6017.
⑤(×) 설사 그것이 자신의 결백을 주장하기 위한 것이라고 하더라도 방어권의 행사를 벗어난 것으로서 고소인을 무고한다는 범의를 인정할 수 있다(대법원 2007.3.15, 2006도9453). 〈답 ⑤〉

14. 다음 설명 중에서 옳은 것을 모두 모은 것은? (다툼이 있는 경우에는 판례에 의함) <사시 2009년: 배점 2>

가. 형법 제155조 1항은 '타인의 형사사건 또는 징계사건에 관한 증거를

인멸, 은닉, 위조 또는 변조하거나 위조 또는 변조된 증거를 사용한 자'를 처벌한다고 규정하고 있고 증거인멸죄는 국가의 형사사법작용 내지 징계작용을 그 보호법익으로 하므로, 위 법조문에서 말하는 징계사건은 국가의 징계사건에 한정된다.

나. 범인이 자신을 위하여 타인으로 하여금 허위의 자백을 하게 하여 범인도피죄를 범하게 하는 행위는 범인도피교사죄에 해당하나, 그 타인이 형법 제151조 2항에 의하여 처벌을 받지 아니하는 친족 또는 동거의 가족에 해당하는 경우에는 범인도피교사죄의 죄책을 지지 않는다.

다. 토지거래허가구역 안의 토지에 관하여 실제로는 매매계약을 체결하고서도 처음부터 토지거래허가를 잠탈하려는 목적으로 등기원인을 증여로 하여 소유권이전등기를 경료한 경우 그 토지거래계약은 확정적 무효이고, 이에 터잡은 소유권이전등기는 실체관계에 부합하지 않으므로 비록 매도인과 매수인 사이에 증여를 원인으로 한 소유권이전등기를 경료할 의사의 합치가 있더라도 공정증서원본 부실기재죄에 해당한다.

라. 형법 제156조의 무고죄는 국가의 형사사법권 또는 징계권의 적정한 행사를 보호법익으로 하는 죄이므로, 피무고자의 교사 하에 제3자가 피무고자에 대한 허위의 사실을 신고한 경우라도 피무고자는 무고교사범의 죄책을 지지 않는다.

① 가 나　　② 가 다　　③ 가 라
④ 나 다　　⑤ 나 라　　⑥ 다 라
⑦ 가 나 다　　⑧ 가 다 라

해설

가(○) 형법 제155조 1항은 '타인의 형사사건 또는 징계사건에 관한 증거를 인멸, 은닉, 위조 또는 변조하거나 위조 또는 변조한 증거를 사용한 자'를 처벌한다고 규정하고 있는바, 증거인멸등죄는 위증죄와 마찬가지로 국가의 형사사법작용 내지 징계작용을 그 보호법익으로 하므로, 위 법조문에서 말하는 '징계사건'이란 국가의 징계사건에 한정되고 사인(私人) 간의 징계사건은 포함되지 않는다(대법원 2007.11.30, 2007도4191).

나(×) 범인이 자신을 위하여 타인으로 하여금 허위의 자백을 하게 하여 범인도피죄를 범하게 하는 행위는 방어권의 남용으로 범인도피교사죄에 해당하는바, 이 경우 그 타인이 형법 제151조 2항에 의하여 처벌을 받지 아니하는 친족, 호주 또는 동거 가족에 해당한다 하여 달리 볼 것은 아니다(대법원 2006.12.7, 2005도3707).

다(○) 토지거래허가구역 안의 토지에 관하여 실제로는 매매계약을 체결하고서도 처음부터 토지거래허가를 잠탈하려는 목적으로 등기원인을 '증여'로 하여 소유권이전등기를 경료한 경우, 비록 매도인과 매수인 사이에 실제의 원인과 달리 '증여'를 원인으로 한 소유권이전등기를 경료할 의사의 합치가 있더라도, 허위신고를 하여 공정증서원본에 부실의 사실을 기재하게 한 때에 해당한다(대법원 2007.11.30, 2005도9922).

라(×) 형법 제156조의 무고죄는 국가의 형사사법권 또는 징계권의 적정한 행사를 주된 보호법익으로 하는 죄이나, 스스로 본인을 무고하는 자기무고는 무고죄의 구성요건에 해당하지 아니하여 무고죄를 구성하지 않는다. 그러나 피무고자의 교사·방조하에 제3자가 피무고자에 대한 허위의 사실을 신고한 경우에는 제3자의 행위는 무고죄의 구성요건에 해당하여 무고죄를 구성하므로, 제3자를 교사·방조한 피무고자도 교사·방조범으로서의 죄책을 부담한다(대법원 2008.10.23, 2008도4852). 〈답 ②〉

15. 다음 기술 중 옳은 것을 모두 고른 것은? (다툼이 있는 경우에는 판례에 의함)

<사시 2010년: 배점 2>

가. 수표발행인이 은행에 지급제시된 수표가 위조되었다는 내용의 허위 신고를 하여 그 사실을 모르는 은행직원이 수사기관에 고발을 함에 따라 수사가 개시되고, 수표발행인이 경찰에 출석하여 위조자로 특정인을 지목하는 진술을 한 경우, 수표발행인이 자발적으로 수사기관에 대하여 허위의 사실을 신고한 것으로 평가되므로 무고죄가 성립한다.

나. 게임장의 종업원이 그 운영자와 함께 공범으로 기소되어 공동피고인으로 재판을 받던 중, 소송절차가 분리되지 않은 상태에서 운영자에 대한 공소사실과 관련하여 증인으로 선서를 하고 허위의 진술을 한 경우 위증죄가 성립한다.

다. 심문절차로 진행되는 가처분사건에서 제3자가 증인으로 선서를 하고 허위의 진술을 한 경우에는 위증죄가 성립하지 않는다.

라. 무고죄에 있어서의 범의는 확정적 고의임을 요하지 않고 미필적 고의로도 족하며, 신고사실의 진실성을 인정할 수 없다는 소극적 증명만으로도 그 신고사실이 객관적 진실에 반하는 허위의 사실임을 인정할 수 있다.

마. 자신이 상대방의 범행에 공범으로 가담하였음에도 자신의 가담사실은 숨긴 채 상대방의 범행부분만을 고소하였더라도 무고죄는 성립하지 않는다.

바. 위증죄에 있어 형이 감경 또는 면제되는 자백은 자발적이어야 하므로 수사기관의 심문을 받아 고백한 경우에는 자발적인 자백이라 할 수 없다.

① 가 다 마 ② 가 마 바 ③ 나 다 바

④ 나 라 마 ⑤ 다 라 마 ⑥ 다 마 바

해설

가(○) 피고인이 위조수표에 대한 부정수표단속법 제7조의 고발의무가 있는 은행원을 도구로 이용하여 수사기관에 고발을 하게 하고, 이어 수사기관에 대하여 특정인을 위조자로 지목함으로써 자발적으로 수사기관에 대하여 허위의 사실을 신고한 것으로 평가하여야 한다(대법원 2005.12.22, 2005도3203).

나(×) 소송절차가 분리되지 않은 이상 위 종업원은 증인적격이 없어 위증죄가 성립하지 않는다(대법원 2008.6.26, 2008도3300). 즉 대법원은 공범인 공동피고인은 변론을 분리하여야 증인으로 신문이 가능하다는 견해를 취하였다.
다(○) 가처분사건이 변론절차에 의하여 진행될 때에는 제3자를 증인으로 선서하게 하고 증언을 하게 할 수 있으나 심문절차에 의할 경우에는 법률상 명문의 규정도 없고, 또 구 민사소송법(2002.1.26. 전문 개정 전의 법률)의 증인신문에 관한 규정이 준용되지도 아니하므로 선서를 하게 하고 증언을 시킬 수 없다고 할 것이고, 따라서 제3자가 심문절차로 진행되는 가처분 신청사건에서 증인으로 출석하여 선서를 하고 진술함에 있어서 허위의 공술을 하였다고 하더라도 그 선서는 법률상 근거가 없어 무효라고 할 것이므로 위증죄는 성립하지 않는다(대법원 2003.7.25, 2003도180).
라(×) 대법원 2006.5.25, 2005도4642.
마(○) 피고인 자신이 상대방의 범행에 공범으로 가담하였음에도 자신의 가담사실을 숨기고 상대방만을 고소한 경우, 피고인의 고소내용이 상대방의 범행 부분에 관한 한 진실에 부합하므로 이를 허위의 사실로 볼 수 없고, 상대방의 범행에 피고인이 공범으로 가담한 사실을 숨겼다고 하여도 그것이 상대방에 대한 관계에서 독립하여 형사처분 등의 대상이 되지 아니할뿐더러 전체적으로 보아 상대방의 범죄사실의 성립 여부에 직접 영향을 줄 정도에 이르지 아니하는 내용에 관계되는 것이므로 무고죄가 성립하지 않는다(대법원 2008.8.21, 2008도3754).
바(×) 형법 제153조 소정의 위증죄를 범한 자가 자백, 자수를 한 경우의 형의 감면규정은 재판 확정 전의 자백을 형의 필요적 감경 또는 면제사유로 한다는 것이며, 또 위 자백의 절차에 관하여는 아무런 제한이 없으므로 그가 공술한 사건을 다루는 기관에 대한 자발적인 고백은 물론, 위증사건의 피고인 또는 피의자로서 법원이나 수사기관의 심문에 의한 고백도 위 자백의 개념에 포함된다(대법원 1973.11.27, 73도1639). 〈답 ①〉

16. 기수와 미수에 관한 설명 중 옳은 것은? (다툼이 있는 경우에는 판례에 의함)
<사시 2011년: 배점 2>

① 국가기밀을 탐지, 수집하기 위하여 대한민국 지배지역 내에 잠입한 후 국가기밀을 탐지, 수집하였으나 수집한 국가기밀을 북한에 전달하지 못하고 체포된 경우 간첩죄의 미수가 된다.

② 식품 제조회사를 상대로 1억원을 지정한 예금계좌에 입금하지 아니하면 식품에 독극물을 투입하겠다고 협박하여 위 예금계좌에 1억원을 입금받고 아직 인출하지 않은 경우 공갈죄의 미수가 된다.

③ 방송국 프로듀서가 특정 가수의 노래만을 자주 방송하여 달라는 청탁과 함께 그 대가로 1,000만원을 교부받았으나 위 청탁대로 이행하지 않은 경우 배임수재죄의 미수가 된다.

④ 경찰서에 허위 내용의 고소장을 우송하였고 그 고소장이 도달하였다면 수사에 착수하기 전에 그 고소장을 다시 반환받았다고 하더라도 무고죄의 기수가 된다.

⑤ 금융거래기관 직원이 거래처의 기존 대출금에 대한 연체이자에 충당하기 위하여 대출금을 실제로 교부한 것은 아니지만 위 거래처가 신규대출을 받은 것처럼 서류상 정리를 한 경우 업무상 배임죄의 기수가 된다.

✍ **해설** ....

①(×) 형법 제98조 1항에 규정된 간첩행위는 기밀에 속한 사항 또는 도서, 물건을 탐지 수집한 때에 기수가 되는 것이고 간첩이 탐지, 수집한 사항을 타인에게 보고, 누설하는 행위는 간첩행위 자체라고는 볼 수 없다(대법원 1982.2.23, 81도3063).

②(×) 피해자들을 공갈하여 피해자들로 하여금 지정한 예금구좌에 돈을 입금케 한 이상, 위 돈은 범인이 자유로이 처분할 수 있는 상태에 놓인 것으로서 공갈죄는 이미 기수에 이르렀다 할 것이다(대법원 1985.9.24, 85도1687).

③(×) 방송국 프로듀서의 담당 방송프로그램에 특정 가수의 노래만을 자주 방송하여 달라는 청탁은 사회상규나 신의성실의 원칙에 반하는 부정한 청탁이며(대법원 1991.1.15, 90도2257), 형법 제357조 1항의 배임수재죄는 타인의 사무를 처리하는 자가 그 임무에 관하여 부정한 청탁을 받고 재물 또는 재산상의 이익을 취득함으로써 성립되고 청탁에 따른 일정한 행위가 현실적으로 행하여질 것을 요하지 않는다(대법원 1987.11.24, 87도1560). 따라서 배임수재죄의 기수이다.

④(○) 대법원 1985.2.8, 84도2215.

⑤(×) 금융기관이 거래처의 기존 대출금에 대한 원리금 및 연체이자에 충당하기 위하여 위 거래처가 신규대출을 받은 것처럼 서류상 정리하였더라도 금융기관이 실제로 위 거래처에게 대출금을 새로 교부한 것이 아니라면 그로 인하여 금융기관에게 어떤 새로운 손해가 발생하는 것은 아니라고 할 것이므로 업무상 배임죄가 성립된다고 볼 수 없다(대법원 2000.6.27, 2000도1155).

〈답 ④〉

17. 사회적 법익 및 국가적 법익에 관한 설명 중 옳지 않은 것은? (다툼이 있는 경우에는 판례에 의함) <변호사 2013년>

① 출원에 대한 심사업무를 담당하는 공무원이 출원인의 출원사유가 허위라는 사실을 알면서도 결재권자로 하여금 오인, 착각, 부지를 일으키게 하고 그 오인, 착각, 부지를 이용하여 인·허가 처분에 대한 결재를 받아낸 경우에는 위계에 의한 공무집행방해죄가 성립한다.

② 甲은 乙과 乙에게 피해를 당한 사람들 사이의 합의를 주선하기 위하여 甲도 피해자인 것처럼 행세하기 위한 방편으로 乙을 고소하기로 하고 이러한 취지를 乙에게도 미리 알린 후 乙의 승낙을 얻어 乙로부터 차용금 피해를 당한 것처럼 허위사실을 기재하여 乙을 고소하였다. 그러나 甲은 바로 乙에게 합의서를 작성하여 교부해 주는 한편 수사기관의 고소인 출석요구에 응하지 않았고 형사처벌이라는 결과발생을 희망하지 않았으므로 무고죄가 성립하지 않는다.

③ 甲이 乙로부터 그 전에 미리 서명날인만을 받아 놓은 백지 약속어음에 발행일, 금액, 수취인을 함부로 기재한 후, 乙을 상대로 제기한 약속어음금 청구사건에서 그 청구를 대여금 청구로 변경하면서 그 소 변경신청서에 위 약속어음을 복사한 사본을 첨부하여 제출하였다면 위조유가증권행사죄는 성립하지 않는다.

④ 공정증서원본부실기재죄가 성립한 후 사후에 피해자의 동의 또는 추인

등의 사정으로 문서에 기재된 대로 효과의 승인을 받거나, 등기가 사후에 실체적 권리 관계에 부합하게 되었다 하더라도 이미 성립한 범죄에는 아무런 영향이 없다.

⑤ 인터넷도박게임 사이트 개설자가 영리를 목적으로 인터넷도박게임 사이트를 개설한 후, 사이트에 접속하여 도박게임을 하고 게임머니를 획득한 게임이용자들에게 환전을 해 줄 수 있는 상태에 있으면, 게임이용자들이 위 사이트에 접속하여 실제로 게임을 하였는지 여부와 관계없이 도박개장죄의 기수에 해당된다.

해설

①(○) 대법원 1997.2.28, 96도2825(출원자가 허위의 출원사유나 허위의 소명자료를 제출한 경우와는 달리 더 이상 출원에 대한 적정한 심사업무를 기대할 수 없게 되었다고 할 것이어서 그와 같은 행위는 위계로써 결재권자의 직무집행을 방해한 것에 해당하므로).

②(×) 대법원 2005.9.30, 2005도2712(설사 무고에 있어서 피무고자의 승낙이 있었다고 하더라도 무고죄의 성립에는 영향을 미치지 못한다 할 것이고, 무고죄에 있어서 형사처분 또는 징계처분을 받게 할 목적은 허위신고를 함에 있어서 다른 사람이 그로 인하여 형사 또는 징계처분을 받게 될 것이라는 인식이 있으면 족한 것이고 그 결과발생을 희망하는 것까지를 요하는 것은 아니므로, 고소인이 고소장을 수사기관에 제출한 이상 그러한 인식은 있었다고 보아야 할 것이다).

③(○) 대법원 1998.2.13, 97도2922(위조유가증권행사죄에 있어서의 유가증권이라 함은 위조된 유가증권의 원본을 말하는 것이지 전자복사기 등을 사용하여 기계적으로 복사한 사본은 이에 해당하지 않는다).

④(○) 대법원 1998.4.14, 98도16.

⑤(○) 대법원 2009.12.10, 2008도5282. 〈답 ②〉

이 재 상
서울대학교 법과대학 졸업
제6회 사법시험 합격
사법대학원 수료(법학석사)
서울대학교 대학원(법학박사)
독일 Freiburg대학 수학
육군 법무관
법무부 검찰국 겸 서울지방검찰청 검사
변호사
서울대학교 법과대학 강사
경희대학교 법과대학 교수
이화여자대학교 법과대학 교수
사법시험위원
법무부 법무자문위원, 보안처분심의위원
형사법개정특별심의위원회 위원
형사판례연구회 회장
한국형사정책학회 회장
한국형사법학회 회장
한국형사정책연구원 원장
법조윤리협의회 위원장
현재 형사법개정특별심의위원회 위원장
이화여자대학교 법학전문대학원 석좌교수

강 동 범
서울대학교 법과대학 졸업
서울대학교 대학원 졸업(법학박사)
대법원 판례심사위원회 조사위원
서경대학교 법학과 교수
서울시립대학교 법학부 교수
사법시험, 행정고시, 입법고등고시 시험위원
한국형사정책학회 회장
현재 이화여자대학교 법학전문대학원 교수
e-mail: dbkang@ewha.ac.kr

정 현 미
이화여자대학교 법학과 졸업
이화여자대학교 대학원 졸업(법학석사)
독일 Freiburg대학(법학박사)
독일 Max-Planck 형법연구소 객원연구원
한국형사정책연구원 선임연구원
법무부 사법시험위원, 가석방심사위원
법조윤리협의회 위원
형사법개정특별심의위원회 위원
현재 이화여자대학교 법학전문대학원 교수
e-mail: hyonmi@ewha.ac.kr

저 서
보안처분의 연구(1978)
사회보호법론(1981)
형법기본판례(총론)(2011)
형사소송법 기본판례(2013)
형법총론(제7판, 2011)
형법각론(제8판, 2012)
형사소송법(제9판, 2012)
형법연습(제8판, 2012)
형법학[선택형 문제해설](제16판, 2013)
형사소송법연습(제7판, 2012)

제16판
형 법 학 [선택형 문제해설]

1996년 5월 20일 초 판 제1쇄발행
2013년 8월 25일 제16판 제1쇄인쇄
2013년 8월 30일 제16판 제1쇄발행

공저자 이재상 · 강동범 · 정현미
발행인 이 명 재
발행처 **신 조 사**
서울특별시 마포구 염리동 161-5 201호
전화 (02) 713-0402 FAX (02) 713-0403
등록 1994. 7. 4. 제17-179호(倫)
E-mail: sinjosa@sinjosa.co.kr http: //www.sinjosa.co.kr

新潮社

파본은 바꿔드립니다.

정가 44,000원 ISBN 978-89-92841-78-8